Beck'sches
Steuerberater-Handbuch
1986

SCHRIFTEN DES
DEUTSCHEN WISSENSCHAFTLICHEN STEUERINSTITUTS
DER STEUERBERATER UND
STEUERBEVOLLMÄCHTIGTEN E.V.

Beck'sches Steuerberater-Handbuch 1986

Gesamtverantwortung

Dr. Jürgen Pelka

Steuerberater und Rechtsanwalt in Köln

bearbeitet von

Klaus P. Blobel, Steuerberater und Wirtschaftsprüfer in Köln; *Wilfried Duske*, Steuerberater in Berlin; *Dr. Ben Elsner*, Rechtsanwalt in Köln; *Dr. Horst W. Endriss*, Steuerberater in Köln; *Volker Fasolt*, Steuerberater in Berlin; *Klaus Hartmann*, Rechtsanwalt in Nürnberg; *Dr. Alexander Hollerbaum*, Steuerberater und Rechtsanwalt in Köln; *Dr. Bernd Klasmeyer*, Rechtsanwalt und Fachanwalt für Steuerrecht in Köln; *Hans-Joachim Krei*, Köln; *Dr. Bruno Kübler*, Rechtsanwalt und Fachanwalt für Steuerrecht in Köln; *Dr. Bernd Lauth*, Steuerberater und Wirtschaftsprüfer in Köln; *Dr. Klaus-Jürgen Lehwald*, Steuerberater und Wirtschaftsprüfer in Brühl; *Dr. Walter Niemann*, Steuerberater, Wirtschaftsprüfer und Rechtsanwalt in Köln; *Dr. Jürgen Pelka*, Steuerberater und Rechtsanwalt in Köln; *Prof. Dr. Herbert Peusquens*, Steuerberater in Köln; *Dr. Harald Richardt*, Steuerberater und Wirtschaftsprüfer in Ennepetal; *Dr. Harald Schaumburg*, Rechtsanwalt und Fachanwalt für Steuerrecht in Bonn; *Achim Schmidt*, Steuerberater und Wirtschaftsprüfer in Hannover; *Dietmar Schreyer*, Steuerberater und Rechtsanwalt in München; *Hubert Seitz*, Steuerberater und Wirtschaftsprüfer in Memmingen; *Prof. Dr. Michael Wohlgemuth*, Steuerberater in Düsseldorf

Verlag des wissenschaftlichen Instituts
der Steuerberater und Steuerbevollmächtigten G.m.b.H. Bonn
Verlag C.H. Beck München

Zitierweise: Pelka/Bearbeiter, Beck'sches StB-Handbuch 1986, Teil ... Rz. ...

CIP-Kurztitelaufnahme der Deutschen Bibliothek

Beck'sches Steuerberater-Handbuch ... –
Bonn : Verlag des Wiss. Inst. d. Steuerberater u. Steuerbevollmächtigten ; München : Beck
(Schriften des Deutschen Wissenschaftlichen Steuerinstituts der Steuerberater und Steuerbevollmächtigten e. V.)
Erscheint unregelmäßig. – Aufnahme nach 1986
1986 –
NE: Steuerberater-Handbuch ...

ISBN 3 406 30607 1

C. H. Beck'sche Verlagsbuchhandlung (Oscar Beck), München 1986
Druck der C. H. Beck'schen Buchdruckerei, Nördlingen

Geleitwort

Das Deutsche wissenschaftliche Steuerinstitut der Steuerberater und Steuerbevollmächtigten e.V., Bonn, hat von Beginn seiner Tätigkeit an stets Aufgaben erfüllt, die ihm aus den praktischen Bedürfnissen des steuerberatenden Berufs heraus zuwuchsen. Zuverlässige Steuerberatung erfordert zunächst Kenntnis der einschlägigen Gesetze, Durchführungsverordnungen und Verwaltungsrichtlinien. So veröffentlicht das Steuerinstitut als Herausgeber seit 1963 in jährlicher Wiederkehr die Handbücher zu den Steuerveranlagungen, die aus der Hand des Steuerpraktikers gewiß nicht mehr wegzudenken sind. Das Steuerinstitut ist durch diese seit langem eingeführte Buch-Palette als zuverlässiger Partner aller Beratungspraxen ausgewiesen.

Das heute vorgelegte Steuerberater-Handbuch, dem der Titel Beck'sches Steuerberater-Handbuch gegeben wurde, um es von ähnlichen Publikationen abzugrenzen und Verwechslungen auszuschließen, läßt sich auf langjährige Planung und die eingehende Überlegung zurückführen, ein Buch zu schaffen, das der Steuerpraktiker über die Veranlagungshandbücher hinaus als ständige berufsbegleitende Informationsquelle braucht. Es soll vorhandene Literatur nicht ersetzen, sondern den vom praktischen Erfordernis her notwendigerweise weit gezogenen Wissensstoff bündeln und damit die steuerliche Rechtsmaterie und andere zum Berufsbild des Steuerberaters gehörende Bereiche handhabbarer machen. Wie breit dieses Feld ist, das bei der Konzeption des Buches zu berücksichtigen war, zeigt schon ein Blick in das Inhaltsverzeichnis.

Qualifizierte Steuerberatung ist heute weit mehr als die Aufgabe, in den klassischen Steuerarten richtig zu beraten. Steuerberatung heißt auch, die vielen rechtlichen und betriebswirtschaftlichen Aspekte – von der Gründung eines Unternehmens bis hin zu seiner gewollten oder notfalls unabweisbaren Beendigung – richtig einzuschätzen, dem Mandanten verständlich zu machen und die Behörden davon zu überzeugen. Als Berater Bescheid zu wissen heißt weiter, sich auszukennen im rechtlichen Verhältnis zum Mandanten, in der berufsrechtlichen und strafrechtlichen Verantwortung gegenüber den Behörden, in Haftungsfragen und Gebührensachen. Dies alles sind Bereiche, die im vorliegenden Werk praxisbedeutsam aufbereitet sind.

Das Erscheinen des Werks ist abgestimmt auf den Verabschiedungzeitpunkt des Bilanzrichtlinien-Gesetzes vom 19. Dezember 1985 (BGBl. I S. 2355) zum 1. Januar 1986. Es berücksichtigt dieses Gesetz in seiner verabschiedeten Fassung in vollem Umfang. Deshalb waren außer dem erwähnten Stoff schwerpunktmäßig und breiter darzustellen die Rechnungslegung nach Handels- und Steuerrecht, die Prüfungstechnik, die Vorschriften über den Lagebericht, die Offenlegung des Jahresabschlusses und die Konzernrechnungslegung nach derzeitigem und künftigem Recht.

Ein besonderer Abschnitt ist der Tätigkeit des Steuerberaters als Abschlußprüfer gewidmet, wie sie das Bilanzrichtlinien-Gesetz regelt. Die Prüfungstätigkeit des Steuerberaters erweitert sich durch das neue Recht auch auf gesetzliche Abschlußprüfungen, wenn er die Zusatzqualifikation eines vereidigten Buchprüfers erwirbt.

Die Arbeit an der ersten Auflage dieses Werks, das die Schriften des Steuerinstituts konsequent und in sinnvoller Weise erweitert, ist getan. Ich habe den Autoren des Handbuchs für ihre Arbeit zu danken. Alle haben Wissen und Können und ihre reiche berufliche Erfahrung in den Dienst der Steuerberatung gestellt. Den Benutzern des Buches wünsche ich aus seiner Handhabung Nutzen und Erfolg.

Bonn, 3. Januar 1986   Deutsches wissenschaftliches Steuerinstitut
                             der Steuerberater und Steuerbevollmächtigten e.V.
                             Der Vorsitzende
                             Dr. Wilfried Dann

Vorwort

Die Herausgabe des Beck'schen Steuerberater-Handbuches geht auf langjährige Vorarbeiten und Planungen zurück. Die Verabschiedung des Bilanzrichtlinien-Gesetzes zum 1. Januar 1986 verstärkte die Notwendigkeit, dem Angehörigen der steuerberatenden Berufe ein solches Werk an die Hand zu geben.

Kein einzelnes Buch kann den gesamten, für die Steuerberatungspraxis notwendigen Wissensstoff vermitteln. Bei der Konzeption des Werkes wurde der Schwerpunkt der Bearbeitung deshalb auf eine sorgfältige Darstellung des neuen Bilanzrechts gelegt. Darüber hinaus werden die vielfältigen Fragen angesprochen, die in einer Steuerberatungskanzlei außerhalb des materiellen Steuerrechts anfallen. Für die einzelnen Steuerarten werden im wesentlichen Schnellübersichten und sinnvolle Tabellen zu solchen Fragen dargestellt, die in der Berufspraxis besondere Bedeutung haben. Das Beck'sche Steuerberater-Handbuch versteht sich in diesem Bereich als sinnvolle Ergänzung der Steuerveranlagungs-Handbücher.

Die einzelnen Kapitel (Teile) des Werkes wurden ausnahmslos von Autoren verfaßt, die die Fragestellungen der Praxis aus ihrer eigenen Berufstätigkeit kennen. Wir hoffen, hierdurch in besonderem Maße ein für den Praktiker brauchbares Werk geschaffen zu haben.

Schwerpunkt der Darstellungen zum Rechnungswesen ist der Teil B. Dort wird der Jahresabschluß nach handels- und steuerrechtlichen Vorschriften erläutert. Die Kommentierung ist nach den einzelnen Bilanzposten und nach den Posten der Gewinn- und Verlustrechnung gegliedert. Die Erläuterung folgt damit der praktischen Arbeit bei der Aufstellung des Jahresabschlusses nach Handels- und Steuerrecht. Im Hinblick auf die sich dem Steuerberater neu eröffnende Möglichkeit der Prüfung des Jahresabschlusses für bestimmte Unternehmen wurde zusätzlich die Prüfungstechnik dargestellt, und zwar in Teil B, soweit sie sich auf die Positionen der Bilanz und der Gewinn- und Verlustrechnung bezieht, und in Teil C, soweit es sich um übergreifende Grundsätze handelt. Obwohl sich die Aufstellung einer Bilanz und ihre Prüfung durch denselben Berufsangehörigen aus Rechtsgründen ausschließen, ist die Darstellung sowohl der Regeln zur Aufstellung der Bilanz als auch der Prüfungstechnik sinnvoll. Die Grundsätze über die Prüfungstechnik geben stets auch Anhaltspunkte für eine zutreffende Erstellung des Jahresabschlusses, da sich eine Prüfung immer am Sollzustand des Prüfungsobjektes ausrichtet.

Teil I Verfahrensrecht behandelt die in der Steuerberatungskanzlei häufig vorkommenden Fragen der Abgabenordnung und der Finanzgerichtsordnung; eingehende Musterschriftsätze hierzu sollen dem Benutzer die Berufsarbeit erleichtern. In den Teilen J und K werden die zunehmend wichtiger werdenden Fragen der Außenprüfung (Betriebsprüfung), der Steuerfahndung und des Steuerstrafrechts erläutert. Vorschläge über notwendige oder zweckmäßige Maßnahmen auf diesem Gebiet ergänzen die Darstellung. Die Abhandlung zum Lohnsteuerrecht und zum Sozialversicherungsrecht (Teil L) richten sich in erster Linie an die für die Lohnbuchhaltung zuständigen Mitarbeiter des Berufsangehörigen. Die gerade in diesem Bereich auftauchenden vielfältigen Fragen machen ein Nachschlagewerk dazu sinnvoll. Die für jede Kanzlei wichtigen Fragen des Gebührenrechtes (Teil W) und ein ebenfalls auf die Berufspraxis ausgerichteter Tabellenanhang (Teil X) runden das Werk ab.

Das Beck'sche Steuerberater-Handbuch richtet sich in erster Linie an die Angehörigen der steuerberatenden Berufe. Wir hoffen, daß das Werk ein nützliches Hilfsmittel auch für alle übrigen Beteiligten ist, die von den hier angesprochenen Fragen betroffen sind.

Das späte Verabschieden des Bilanzrichtlinien-Gesetzes hat für Autoren und Lektorat wegen der erheblichen Änderungen bis zum Abschluß des Gesetzgebungsverfahrens besondere zeitliche und organisatorische Probleme verursacht. Ich schulde daher allen Mitautoren besonderen Dank dafür, daß sie den knappen Terminplan trotz der beruflichen Belastung eines jeden Bearbeiters haben einhalten können. Ich danke auch Herrn Rechtsanwalt Peter Jacobi für seine Mitwirkung am Teil Arbeits-

Vorwort

recht und Herrn Dipl.-Oec. Reinhard Lange für seine Arbeiten zum Teil Jahresabschluß nach Handels- und Steuerrecht. Weiter danke ich Herrn Dipl.-Oec. Wolfgang H. Deitelhoff für die kritische Durchsicht von Teilen des Manuskripts. Ganz besonderer Dank gebührt dem Lektor des Beck-Verlags, Herrn Albert Buchholz, für sein großes Engagement und seinen unermüdlichen Einsatz für dieses Werk.

Ein Steuerberater-Handbuch lebt von und für die Praxis. Anregungen und Verbesserungsvorschläge der Benutzer sind daher stets willkommen.

Köln, den 3. Januar 1986   Dr. Jürgen Pelka

Inhaltsübersicht

Detaillierte Inhaltsverzeichnisse befinden sich vor den jeweiligen Teilen

A. Buchführung und Bilanzierung 1
B. Der Jahresabschluß nach Handels- und Steuerrecht (Aufstellung und Prüfung) 95
C. Prüfungstechnik 445
D. Lagebericht 489
E. Offenlegung des Jahresabschlusses 493
F. Konzernrechnungslegung 501
G. Der Steuerberater als Abschlußprüfer 559
H. Die einzelnen Steuerarten 571
    I. Einkommensteuer 571
    II. Kirchensteuer 614
    III. Körperschaftsteuer 616
    IV. Gewerbesteuer 635
    V. Umsatzsteuer 645
    VI. Vermögensteuer 659
    VII. Erbschaft- und Schenkungsteuer 669
    VIII. Grunderwerbsteuer 676
    IX. Berlinförderungsgesetz 683
    X. Sonstige Fördergesetze, insbesondere Investitionszulagengesetz 703
    XI. Umwandlungsrecht/Umwandlungssteuerrecht 714
    XII. Außensteuergesetz/Internationales Steuerrecht 740
I. Verfahrensrecht mit Musterformularen 761
J. Außenprüfung (Betriebsprüfung) 837
K. Steuerfahndung, Steuerstraf- und Steuerordnungswidrigkeitenrecht 875
L. Sozialversicherungs- und Lohnsteuerrecht 927
M. Arbeitsrecht 1021
N. Insolvenzrecht 1081
O. Prüfung nach der Makler- und Bauträgerverordnung (§ 16 MaBV) 1147
P. Treuhandtätigkeit und Vermögensverwaltung 1159
Q. Gutachtertätigkeit/Schiedsgerichtsverfahren 1173
R. Unternehmensberatung 1181
S. Der Steuerberatungsvertrag (Begründung, Durchführung und Beendigung des Mandats) 1255
T. Zivilrechtliche Haftung und Berufshaftpflichtversicherung 1271
U. Typische Fehlerquellen der Berufstätigkeit 1285
V. Steuerstraf- und wirtschaftsstrafrechtliche Verantwortung des Steuerberaters 1297
W. Gebührenrecht 1309
X. Tabellen 1349
    I. AfA-Berechnungen 1349
    II. Bewertungsrechtliche Tabellen 1365
    III. Finanzmathematische Tabellen 1374
    IV. Geld- und Kapitalmarkt, Preisindices 1444
    V. Sonstige Informationen 1456
Sachverzeichnis 1475

Abkürzungsverzeichnis

a. A.	anderer Ansicht
a. a. O.	am angegebenen Ort
ABl.EG	Amtsblatt der Europäischen Gemeinschaften
ABRennwLottG	Ausführungsbestimmungen zum Rennwett- und Lotteriegesetz
Abs.	Absatz
Abschn.	Abschnitt
AdV	Aussetzung der Vollziehung
aE	am Ende
a. F.	alte Fassung
AfA	Absetzung für Abnutzung
AfaA	Absetzung für außergewöhnliche Absetzung
AFG	Arbeitsförderungsgesetz
AfS	Absetzung für Substanzverringerung
AG	Aktiengesellschaft; auch Zeitschrift „Die Aktiengesellschaft"; mit Ortsbezeichnung Amtsgericht
AIG	Auslandsinvestitionsgesetz
AktG	Aktiengesetz
aM	anderer Meinung
AmtlSlG	Amtliche Sammlung
AN	Arbeitnehmer
AngKschG	Angestelltenkündigungsschutzgesetz
Anm.	Anmerkung
AO	Abgabenordnung 1977
AOK	Allgemeine Ortskrankenkasse
ApothekG	Gesetz über das Apothekenwesen
ArbeitsentgVO	Arbeitsentgeltverordnung
ArbGeb	Arbeitgeber
ArbG	Arbeitsgericht
ArbGG	Arbeitsgerichtsgesetz
ArbPlSchG	Arbeitsplatzschutzgesetz
Art.	Artikel
ASB	Auditing Statement Board der UEC
AStG	Gesetz über die Besteuerung bei Auslandsbeziehungen (Außensteuergesetz)
AsylVfG	Asylverfahrensgesetz
AÜG	Arbeitnehmerüberlassungsgesetz
Aufl.	Auflage
AuslG	Ausländergesetz
AuslInvestmG	Gesetz über den Vertrieb ausländischer Investmentanteile und über die Besteuerung der Erträge aus ausländischen Investmentanteilen (Auslandsinvestmentgesetz)
AuslInvG	Gesetz über steuerliche Maßnahmen bei Auslandsinvestitionen der deutschen Wirtschaft (Auslandsinvestitionengesetz)
AV	Arbeitsvertrag
AVG	Angestelltenversicherungsgesetz
AWD	Außenwirtschaftsdienst des BB (ab 1975 RIW)
AZO	Arbeitszeitordnung
BAB	Betriebsabrechnungsbogen
BAföG	Bundesausbildungsförderungsgesetz
BAG	Bundesarbeitsgericht
BAnz	Bundesanzeiger
BAT	Bundesangestelltentarifvertrag
BAV	Bundesaufsichtsamt für das Versicherungswesen

Abkürzungen

BaWü	Baden-Württemberg
BayOLG	Bayerisches Oberstes Landesgericht
BB	Der Betriebs-Berater (Zeitschrift)
BBauG	Bundesbaugesetz
BBG	Bundesbeamtengesetz
BBK	Buchhaltungsbriefe, Zeitschrift für Buchführung, Bilanz und Kostenrechnung
BdF	Bundesminister der Finanzen
BDSG	Gesetz zum Schutz vor Mißbrauch personenbezogener Daten bei der Datenverarbeitung (Bundesdatenschutzgesetz)
BEG	Bundesentschädigungsgesetz
BergPG	Gesetz über Bergmannsprämien
BerlinFG	Berlinförderungsgesetz
BetrAV	Mitteilungsblatt der Arbeitsgemeinschaft für betriebl. Altersversorgung
BetrAVG	Gesetz zur Verbesserung der betrieblichen Altersversorgung (= Betriebsrentengesetz)
BetrVerfG	Betriebsverfassungsgesetz
BewDV	Durchführungsverordnung zum Bewertungsgesetz
BewG	Bewertungsgesetz
BewRGr	Bewertungsrichtlinien Grundvermögen
BfA	Bundesversicherungsanstalt für Angestellte
BFH	Bundesfinanzhof
BFHE	Sammlung der Entscheidungen des Bundesfinanzhofs, hrsg. von den Mitgliedern des Bundesfinanzhofs
BFHEntlG	Gesetz zur Entlastung des Bundesfinanzhofs
BFinBl	Amtsblatt des Bundesfinanzministeriums
BFuP	Betriebswirtschaftliche Forschung und Praxis (Zeitschrift)
BGaragenO	Bundesgaragenordnung
BGB	Bürgerliches Gesetzbuch
BGBl.	Bundesgesetzblatt
BGH	Bundesgerichtshof
BGHSt	Bundesgerichtshof in Strafsachen
BGHZ	Amtliche Sammlung von Entscheidungen des Bundesgerichtshofs in Zivilsachen
BKGG	Bundeskindergeldgesetz
BlStA	Blätter für Steuerrecht, Sozialversicherung und Arbeitsrecht
BMF	Bundesministerium der Finanzen
BMJ	Bundesminister der Justiz
BNotO	Bundesnotarordnung
BPg	Die steuerliche Betriebsprüfung (Zeitschrift)
BPO	Betriebsprüfungsordnung
BR	Bundesrat
BRAGO	Bundesrechtsanwaltsgebührenordnung
BRAO	Bundesrechtsanwaltsordnung
BRD	Bundesrepublik Deutschland
BR-Drs	Bundesrats-Drucksache
BReg	Bundesregierung
BSG	Bundessozialgericht
BSGE	Entscheidungen des Bundessozialgerichts
BSpG	Gesetz über Bausparkassen (Bausparkassengesetz)
BStBl. I, II, III	Bundessteuerblatt Teil I, II, III Jahr und Seite
BT	Bundestag
BT-Drs	Bundestags-Drucksache
BuchfVO	Verordnung über die Buchführung der Handwerker, Kleingewerbetreibenden und freien Berufe
Buchst.	Buchstabe
BUKG	Bundesumzugskostengesetz
BUrlG	Bundesurlaubsgesetz

Abkürzungen

BVerfG	Bundesverfassungsgericht
BVerfGE	Amtliche Sammlung von Entscheidungen des BVerfG
BVerwG	Bundesverwaltungsgericht
BVerwGE	Entscheidungen des Bundesverwaltungsgerichts
BVG	Bundesversorgungsgesetz
BZRG	Bundeszentralregistergesetz
bzw.	beziehungsweise
DB	Der Betrieb (Zeitschrift)
DBA	Doppelbesteuerungsabkommen
DBW	Die Betriebswirtschaft (Zeitschrift)
DDR	Deutsche Demokratische Republik
DepotG	Depotgesetz
DEVO	Datenerfassungsverordnung
DGStZ	Deutsche Gemeindesteuerzeitung
d. h.	das heißt
Diss.	Dissertation
DJZ	Deutsche Juristenzeitung
DM	Deutsche Mark
DNotZ	Deutsche Notar-Zeitschrift
Drs	Drucksache
DStBl	Deutsches Steuerblatt
DStPr	Deutsche Steuerpraxis
DStR	Deutsche Steuer-Rundschau (bis 1961); Deutsches Steuerrecht (ab 1962); (Zeitschrift)
DStZ	Deutsche Steuerzeitung
DSWR	Datenverarbeitung in Steuer, Wirtschaft und Recht (Zeitschrift)
DÜVO	Datenübermittlungsverordnung
DV, DVO	Durchführungsverordnung
DVR	Deutsche Verkehrsteuer-Rundschau
EFG	Entscheidungen der Finanzgerichte
EG	Europäische Gemeinschaft
EGAO	Einführungsgesetz zur AO 77
EGBGB	Einführungsgesetz zum Bürgerlichen Gesetzbuch
EGGVG	Einführungsgesetz zum Gerichtsverfassungsgesetz
EK	Eigenkapital
EntwLStG	Entwicklungsländer-Steuergesetz
ErbStG	Erbschaftsteuer- und Schenkungsteuergesetz
ErbStRG	Erbschaftsteuer-Reformgesetz
ErfVO	Erfinderverordnung
ERP	European Recovery Program
EStÄndG	Einkommensteueränderungsgesetz
EStÄR	Einkommensteuer-Änderungsrichtlinien
EStDV	Einkommensteuer-Durchführungsverordnung
EStG	Einkommensteuergesetz
EStR	Einkommensteuer-Richtlinien
EStRG	Einkommensteuerreformgesetz
etc	et cetera
EWG	Europäische Wirtschaftsgemeinschaft
EWIR	Entscheidungen zum Wirtschaftsrecht (Entscheidungssammlung)
f	folgender
FA, FÄ	Finanzamt, Finanzämter
FAMA	Fachausschuß für moderne Abrechnungssysteme des Instituts der Wirtschaftsprüfer in Deutschland e. V.
FeuerschStG	Feuerschutzsteuergesetz
ff	fortfolgende
FG	Finanzgericht
FG BaWü	Finanzgericht Baden-Württemberg

Abkürzungen

FG Berlin	Finanzgericht Berlin
FG Bremen	Finanzgericht Bremen
FG D'dorf	Finanzgericht Düsseldorf
FG Hamburg	Finanzgericht Hamburg
FG Hessen	Hessisches Finanzgericht
FG Köln	Finanzgericht Köln
FG München	Finanzgericht München
FG Münster	Finanzgericht Münster
FG Nürnberg	Finanzgericht Nürnberg
FG Nds.	Niedersächsisches Finanzgericht
FG RhPf	Finanzgericht Rheinland-Pfalz
FG Saarland	Finanzgericht des Saarlandes
FG SchlHol	Schleswig-Holsteinisches Finanzgericht
FGEntlG	Gesetz zur Entlastung der Gerichte in der Verwaltungs- und Finanzgerichtsbarkeit
FGO	Finanzgerichtsordnung
FMBl	Finanzministerialblatt
FN	Fachnachrichten des Instituts der Wirtschaftsprüfer in Deutschland e. V., Düsseldorf
FR	Finanz-Rundschau (Zeitschrift)
FVG	Gesetz über die Finanzverwaltung
GAL	Gesetz über eine Altershilfe für Landwirte
GAV	Gewinnabführungsvertrag
GBl	Gesetzblatt
GbR	Gesellschaft bürgerlichen Rechts
gem.	gemäß
GenG	Gesetz betreffend die Erwerbs- und Wirtschaftsgenossenschaften (Genossenschaftsgesetz)
GewArch	Gewerbe Archiv
GewO	Gewerbeordnung
GewSt	Gewerbesteuer
GewStDV	Gewerbesteuer-Durchführungsverordnung
GewStG	Gewerbesteuergesetz
GewStR	Gewerbesteuerrichtlinien
GG	Grundgesetz
ggf	gegebenenfalls
GKG	Gerichtskostengesetz
GmbH	Gesellschaft mit beschränkter Haftung
GmbHG	Gesetz betreffend die GmbH
GmbHR	GmbH-Rundschau (Zeitschrift)
GNOFÄ	Grundsätze zur Neuorganisation der Finanzämter und zur Änderung des Besteuerungsverfahrens
GoB	Grundsätze ordnungsmäßiger Buchführung
GrEStG	Grunderwerbsteuergesetz
GrS	Großer Senat
GüKG	Güterkraftverkehrsgesetz
GuV-Rechnung	Gewinn- und Verlustrechnung
GVBl, GVOBl	Gesetz- und Verordnungsblatt
GVG	Gerichtsverfassungsgesetz
HAG	Heimarbeitergesetz
HandwO	Handwerksordnung
HdR	Handwörterbuch des Rechnungswesens
HFA	Hauptfachausschuß des Instituts der Wirtschaftsprüfer in Deutschland e. V.
HFlV	Hackfleischverordnung
HFR	Höchstrichterliche Finanzrechtsprechung
HGA	Hypothekengewinnabgabe
HGB	Handelsgesetzbuch
HGBE	Entwurf eines Dritten Buchs des Handelsgesetzbuchs

Abkürzungen

h. M.	herrschende Meinung
HWR	Handwörterbuch der Revision
idF	in der Fassung
idR	in der Regel
IdW	Institut der Wirtschaftsprüfer
IFAC	International Federation of Accountants
IHK	Industrie- und Handelskammer
i.J.	im Jahr
Inf	Die Information über Steuer und Wirtschaft (Zeitschrift)
insbes.	insbesondere
InstFSt	Institut Finanzen und Steuern
InvZulG	Investitionszulagengesetz
iSd(e)	im Sinne des (eines)
iSv	im Sinne von
i. V. m.	in Verbindung mit
IWB	Internationale Wirtschaftsbriefe
JArbSchG	Jugendarbeitsschutzgesetz
JbFfSt	Jahrbuch der Fachanwälte für Steuerrecht
JDStJG	Jahrbuch der Deutschen Steuerjuristischen Gesellschaft e. V.
JDStJG 1979	Tipke, Übertragung von Einkunftsquellen, 1978
JDStJG 1980	Kruse, Die Grundprobleme der Personengesellschaft im Steuerrecht, 1979
JDStJG 1981	Söhn, Die Abgrenzung der Betriebs- oder Privatsphäre im Einkommensteuerrecht, 1980
JDStJG 1982	Ruppe, Gewinnrealisierung im Steuerrecht, 1981
JDStJG 1983	Tipke, Grenzen der Rechtsfortbildung durch Rechtsprechung und Verwaltungsvorschriften im Steuerrecht, 1982
JDStJG 1984	Raupach, Werte und Wertermittlung, 1984
JDStJG 1985	Vogel, Grundfragen des Internationalen Steuerrechts, 1985
JGG	Jugendgerichtsgesetz
JR	Juristische Rundschau (Zeitschrift)
JuS	Juristische Schulung
JW	Juristische Wochenschrift
JZ	Juristenzeitung
KAGG	Gesetz über Kapitalanlagegesellschaften
KapErhG	Gesetz über die Kapitalerhöhung aus Gesellschaftsmitteln und über die Verschmelzung von Gesellschaften mit beschränkter Haftung (Kapitalerhöhungsgesetz)
KapErhStG	Gesetz über steuerrechtliche Maßnahmen bei Erhöhung des Nennkapitals aus Gesellschaftsmitteln (Kapitalerhöhungs-Steuergesetz)
Kaug	Konkursausfallgeld
Kfz	Kraftfahrzeug
KG	Kammergericht; Kommanditgesellschaft
KGaA	Kommanditgesellschaft auf Aktien
Kj	Kalenderjahr
KÖSDI	Kölner Steuerdialog (Zeitschrift)
KO	Konkursordnung
KohleG	Gesetz zur Anpassung und Gesundung des deutschen Steinkohlenbergbaus und der deutschen Steinkohlenbergbaugebiete
KostVerz	Kostenverzeichnis
KschG	Kündigungsschutzgesetz
KSt	Körperschaftsteuer
KStDV	Körperschaftsteuer-Durchführungsverordnung
KStG	Körperschaftsteuergesetz
KStR	Körperschaftsteuerrichtlinien
KStZ	Kommunale Steuerzeitung
KSVG	Künstlersozialversicherungsgesetz

Abkürzungen

KTS	Zeitschrift für Konkurs-, Treuhand- und Schiedsgerichtswesen
KVStG	Kapitalverkehrsteuergesetz
KWG	Gesetz über das Kreditwesen
LAB	Lastenausgleichsbank
LAG	Lastenausgleichsgesetz
LBauO	Landesbauordnung
Lbj.	Lebensjahr
lfd	laufende
LFG	Gesetz über die Fortzahlung des Arbeitsentgelts im Krankheitsfall (Lohnfortzahlungsgesetz)
LG	Landgericht
LKW	Lastkraftwagen
LM	Das Nachschlagewerk des Bundesgerichtshofes; herausgegeben von Lindenmaier und Möhring
LStDV	Lohnsteuer-Durchführungsverordnung
LStJA	Lohnsteuerjahresausgleich
LStR	Lohnsteuer-Richtlinien
LSW	Lexikon des Steuer- und Wirtschaftsrechts
MaBV	Verordnung über die Pflichten der Makler, Darlehens- und Anlagenvermittler, Bauträger und Baubetreuer
m. a. W.	mit anderen Worten
max.	maximal
MDR	Monatsschrift für Deutsches Recht
m. E.	meines Erachtens
MinBl	Ministerialblatt
MitBestG	Gesetz über die Mitbestimmung der Arbeitnehmer (Mitbestimmungsgesetz)
MuSchG	Mutterschutzgesetz
m. w. N.	mit weiteren Nachweisen
ND	Nutzungsdauer
n. F.	neue Fassung
NJW	Neue Juristische Wochenschrift (Zeitschrift)
nom.	nominal
Nr.	Nummer
Nrn.	Nummern
NRW	Nordrhein-Westfalen
NSt	Neues Steuerrecht von A bis Z
NW	Nordrhein-Westfalen
NWB/F	Neue Wirtschaftsbriefe/Fach
OFD	Oberfinanzdirektion
o. g.	oben genannt
OHG	Offene Handelsgesellschaft
OLG	Oberlandesgericht
OWiG	Gesetz über Ordnungswidrigkeiten
p. a.	per annum
ParteiG	Parteiengesetz
PbefG	Personenbeförderungsgesetz
PKW	Personenkraftwagen
PSV	Pensionssicherungsverein
PublG	Gesetz über die Rechnungslegung von bestimmten Unternehmen und Konzernen (Publizitätsgesetz)
RAO	Reichsabgabenordnung
RAP	Rechnungsabgrenzungsposten
RegE	Regierungsentwurf eines Gesetzes zur Durchführung der Siebenten und Achten Richtlinie des Rates der Europäischen Gemeinschaften zur Koordinierung des Gesellschaftsrechts vom 3. 6. 1985, BT-Drucksache 10/3440

Abkürzungen

RennWettLottAB	Ausführungsbestimmungen zum Renn-, Wett- und Lotteriegesetz
RennWettLottG	Renn-, Wett- und Lotteriesteuergesetz
RFHE	Entscheidungen des Reichsfinanzhofs
RG	Reichsgericht
RGBL	Reichsgesetzblatt
RhPf.	Rheinland-Pfalz
RichtlStB	Richtlinien für die Berufsausübung der Steuerberater und Steuerbevollmächtigten
RiW	Recht der internat. Wirtschaftspraxis (bis 1974 AWD)
RKnappschG, RKG	Reichsknappschaftsgesetz
RL	Richtlinie
ROI	Return On Investment
RpflG	Rechtspflegergesetz
RVO	Rechtsverordnung, Reichsversicherungsordnung
RWP	Rechts- und Wirtschaftspraxis, Blattei-Handbuch (Zeitschrift)
Rz	Randziffer
s	siehe
S.	Seite
SachBezV	Sachbezugsverordnung
SchwbG	Gesetz zur Sicherung der Eingliederung Schwerbehinderter in Arbeit, Beruf und Gesellschaft (Schwerbehindertengesetz)
SG	Sozialgericht
SGB	Sozialgesetzbuch (1. Buch)
sog	sogenannte(r)
SozPlG	Gesetz über den Sozialplan im Konkurs- und Vergleichsverfahren vom 20. Febr. 1985
Sp.	Spalte
SparPDV	Sparprämien-Durchführungs-Verordnung
SparPG	Sparprämiengesetz
StÄndG	Steueränderungsgesetz
Stahl-InvZulG	Stahl-Investitionszulagengesetz
StAnpG	Steueranpassungsgesetz
StB	Der Steuerberater (Zeitschrift)
StBerG	Gesetz über die Rechtsverhältnisse der Steuerberater und Steuerbevollmächtigten (Steuerberatungsgesetz)
Stbg	Die Steuerberatung (Zeitschrift)
StBGebV	Steuerberatergebührenverordnung
StBHB	Steuerberater-Handbuch
StbJb	Steuerberater-Jahrbuch
StBP	Steuerliche Betriebsprüfung (Zeitschrift)
Std.	Stunde
StEK	Steuererlasse in Karteiform, herausgegeben von Felix
Steufa	Steuerfahndung
StGB	Strafgesetzbuch
StK	Steuerrecht in Kurzform
StKonRep	Steuerberater-Kongreß-Report
StPO	Strafprozeßordnung
StQ	Die Quintessenz des steuerlichen Schrifttums
str	strittig
Strabu	Straf- und Bußgeldsachenstelle
StRK	Steuerrechtsprechung in Karteiform
StRKAnm	Anmerkungen zur Steuerrechtsprechung in Karteiform
StuW	Steuer und Wirtschaft (Zeitschrift)
StVZO	Straßenverkehrszulassungsordnung
StWA	Steuerwarte
TDM	Tausend Deutsche Mark

Abkürzungen

t	Tonne (Gewichtseinheit)
u. a.	unter anderem
u. a. m.	und andere(s) mehr
u. E.	unseres Erachtens
UEC	Union Européenne des Experts Comptables Economiques et Financiers
UmwG	Umwandlungsgesetz
UmwStG	Gesetz über Steuererleichterungen bei der Umwandlung von Kapitalgesellschaften und bergrechtlichen Gewerkschaften (Umwandlungssteuergesetz)
UR	Umsatzsteuer-Rundschau (Zeitschrift)
USG	Unterhaltssicherungsgesetz
UStDV	Umsatzsteuer-Durchführungsverordnung
UStG	Umsatzsteuergesetz
UStR	Umsatzsteuer-Richtlinien
usw.	und so weiter
u. U.	unter Umständen
UWG	Gesetz gegen den unlauteren Wettbewerb
v.	von, vom
VAG	Gesetz über die Beaufsichtigung privater Versicherungsunternehmen (Versicherungsaufsichtsgesetz)
vEK	verwendbares Eigenkapital
VerBAV	Veröffentlichungen des Bundesaufsichtsamtes für Versicherungswesen
Verf.	Verfasser
VergütungsVO	Vergütungsverordnung
VergVO	Verordnung über die Vergütung des Konkursverwalters, des Vergleichsverwalters, der Mitglieder des Gläubigerausschusses und der Mitglieder des Gläubigerbeirates; Vergütungsverordnung
VerlagsG	Verlagsgesetz
VermBDV	Verordnung zur Durchführung des Vermögensbildungsgesetzes
VermBG	Gesetz zur Vermögensbildung der Arbeitnehmer (Vermögensbildungsgesetz)
VersG	Versicherungsgesetz
VersStG	Versicherungssteuergesetz
VFA	Versicherungsfachausschuß des Instituts der Wirtschaftsprüfer in Deutschland e. V.
vGA	verdeckte Gewinnausschüttung
vgl.	vergleiche
VglO	Vergleichsordnung
v. H.	vom Hundert
VHG	Gesetz über die richterliche Vertragshilfe
VO	Verordnung
VStG	Vermögensteuergesetz
VStR	Vermögensteuer-Richtlinien
vT	von Tausend
VVaG	Versicherungsverein auf Gegenseitigkeit
VVG	Versicherungsvertragsgesetz
VwGO	Verwaltungsgerichtsordnung
VwZG	Verwaltungszustellungsgesetz
VZ	Veranlagungszeitraum
WFA	Wohnungswirtschaftlicher Fachausschuß des Instituts der Wirtschaftsprüfer Deutschland e. V.
WG	Wechselgesetz
WgM der DDR	Währungsgebiet Mark der Deutschen Demokratischen Republik
Wistra	Zeitschrift für Wirtschaft, Steuer, Strafrecht

Wj	Wirtschaftsjahr
WM	Zeitschrift für Wirtschaft und Bankrecht – Wertpapiermitteilungen
WoBauG	Wohnungsbaugesetz
WoPG	Wohnungsbauprämiengesetz
WPflG	Wehrpflichtgesetz
WPg	Die Wirtschaftsprüfung (Zeitschrift)
WPO	Wirtschaftsprüferordnung
WStDV	Wechselsteuerdurchführungsverordnung
z. B.	zum Beispiel
ZDG	Zivildienstgesetz
ZfB	Zeitschrift für Betriebswirtschaft
ZfbF	Zeitschrift für betriebswirtschaftliche Forschung
ZfV	Zeitschrift für Versicherungswesen
ZfZ	Zeitschrift für Zölle und Gebrauchsteuern
ZG	Zollgesetz
ZgK	Zeitschrift für das gesamte Kreditwesen
ZGR	Zeitschrift für Unternehmens- und Gesellschaftsrecht
ZHR	Zeitschrift für das gesamte Handels- und Wirtschaftsrecht
ZIP	Zeitschrift für Wirtschaftsrecht und Insolvenzpraxis
ZPO	Zivilprozeßordnung
ZRFG	Zonenrandförderungsgesetz
ZuSEG	Zeugen- und Sachverständigen-Entschädigungs-Gesetz
ZVG	Gesetz über die Zwangsversteigerung und Zwangsverwaltung
z. Z.	zur Zeit
ZZP	Zeitschrift für deutsches Zivilprozeßrecht

Literaturverzeichnis

Kommentare, Handbücher, Monographien

Adler/Düring/Schmaltz: Rechnungslegung und Prüfung der Aktiengesellschaft Bd. 1: Rechnungslegung, 4. Aufl., Frankfurt a. M./Heidelberg/Köln 1967.
– Rechnungslegung und Prüfung der Aktiengesellschaft Bd. 2: Prüfung, Feststellung, Rechtsbehelfe, 4. Aufl., Frankfurt a. M./Heidelberg/Köln 1970.
– Rechnungslegung und Prüfung der Aktiengesellschaft Bd. 3: Rechnungslegung im Konzern, Frankfurt/Heidelberg/Köln 1971.
v. Ahsen, H. B.: Sammelbewertung des Vorratsvermögens, Wiesbaden 1977.
Albach, H.: Neue Entwicklungstendenzen in der Teilwertlehre, in: Steuerberaterjahrbuch 1965/66, Köln 1966, S. 307–329.
– Steuerliche Probleme der Abgrenzung von Anlage- und Umlaufvermögen, in: Steuerberaterjahrbuch 1973/74, Köln 1974, S. 265 ff.
Arbeitskreis der Schmalenbach-Gesellschaft: Die Vorratsinventur, Köln und Opladen 1967.
Baetge, S. (Hrsg.): Das neue Bilanzrecht – Ein Kompromiß divergierender Interessen, Düsseldorf 1985.
Baumbach/Duden/Hopt: Handelsgesetzbuch mit Nebengesetzen (Kommentar), 25. Aufl., München 1983.
Baumbach/Hueck: GmbH Gesetz (Kommentar), 14. Aufl., München 1985.
Baumbach/Lauterbach/Albers/Hartmann: Zivilprozeßordnung (Kommentar), 43. Aufl., München 1985.
Baur, F.: Die Eigenhaftung des Konkursverwalters bei Fortführung des gemeinschuldnerischen Betriebs, in: Gedächtnisschrift Bruns, v. Baltzer/Baumgärtel (Hrsg.), München 1980, S. 241.
Baur/Stürner: Zwangsvollstreckungs-, Konkurs- und Vergleichsrecht, 11. Aufl., Heidelberg 1983.
Bergmeister/Reiß: Die Prüfung von Bauträgern gem. § 16 der Makler- und Bauträgerverordnung (MaBV), Düsseldorf 1984.
Biener, H.: AG – KGaA – GmbH – Konzern, Köln 1979.
Biener/Schatzmann: Konzernrechnungslegung, Düsseldorf 1983.
Biergans, E.: Einkommensteuer und Steuerbilanz, 3. Aufl., München 1985.
Blohm/Lüder: Investition, 5. Aufl., Berlin 1983.
Blümich/Falk: Einkommensteuergesetz (Kommentar, Loseblatt), 12. Aufl., München 1985, Stand: Mai 1985.
Böhle-Stamschräder/Kilger: Konkursordnung (Kommentar), 14. Aufl., München 1983.
– Vergleichsordnung (Kommentar), 10. Aufl., München 1982.
Bohlen, E.: Der Sicherheitenpool, Bielefeld 1984.
Bordewin, A.: Bilanzierung der Umsatzsteuer auf Anzahlungen, in: NWB (Loseblatt), Fach 17a, S. 739.
Bordt, K.: Die Eventualverbindlichkeiten, in: Handbuch des Jahresabschlusses in Einzeldarstellungen (Loseblatt), v. von Wysocki/Schulze-Osterloh, F. (Hrsg.), Köln 1985, Abt. III/9.
Bramsemann, R.: Controlling, 2. Aufl., Wiesbaden 1980.
Brezing, K.: Der Gegenstand der Bilanzierung und seine Zurechnung im Handels- und Steuerrecht, in: Handbuch des Jahresabschlusses in Einzeldarstellungen (Loseblatt) v. von Wysocki/Schulze-Osterloh (Hrsg.), Köln 1984/85, Abt. I/4.
– Zwischenbilanz zum Körperschaftsteuergesetz 1977, in: Steuerberater Jahrbuch 1981/82, u. a. Köln 1982, S. 402.
Buchner, R.: Bilanzanalyse und Bilanzkritik, in: Handwörterbuch des Rechnungswesens, v. Kosiol, E., u. a. (Hrsg.), 1. Aufl., Stuttgart 1984, Sp. 218 ff.
– Grundzüge der Finanzanalyse, 1. Aufl., München 1981.

Literatur

Bülow, P.: Recht der Kreditsicherheiten, Bewegliche Sachen und Rechte, Personen, Heidelberg 1984.
Bundesminister der Justiz (Hrsg.): Erster Bericht der Kommission für Insolvenzrecht, Köln 1985.
Busse v. Colbe/Ordelheide: Rechnungslegung von Konzernen nach der 7. EG-Richtlinie, in: IWB (Loseblatt), Fach 5, Gruppe 3, 41 ff.
– Konzernabschlüsse, 5. Aufl., Wiesbaden 1984.

Clemente, C.: Die Sicherungsgrundschuld in der Bankpraxis, Köln 1985.
Coenenberg, A. G.: Jahresabschluß und Jahresabschlußanalyse, 7. Aufl., Landsberg am Lech 1984.
Coenenberg/Hille: Latente Steuern, in: Handwörterbuch des Rechnungswesens, v. Kosiol, E., u. a. (Hrsg.), 1. Aufl., Stuttgart 1981, Sp. 1141 ff.
– Latente Steuern, Prüfung, in: Handwörterbuch der Revision, Coenenberg, A. G., u. a. (Hrsg.), Stuttgart 1983, Sp. 911 ff.

Döllerer, G.: Bericht über die Podiumsdiskussion, in: Steuerberaterjahrbuch 1968/69, Köln 1969, S. 429–438.
Dötsch/Eversberg/Jost/Witt: Die Körperschaftsteuer, Kommentar zum Körperschaftsteuergesetz und zu den einkommensteuerrechtlichen Vorschriften des Anrechnungsverfahrens (Loseblatt), 1. Aufl., Stuttgart 1983.
Dreger, K.-M.: Der Konzernabschluß, Wiesbaden 1969.

Eckert/Böttcher: Steuerberatergebührenverordnung mit steuerlichem Kostenrecht (Kommentar), 1. Aufl., München 1982.
Eifler, G.: Grundsätze ordnungsmäßiger Bilanzierung für Rückstellungen, Düsseldorf 1976.
Esenwein-Rothe, I.: Statistische Kennzahlen, in: Handwörterbuch des Rechnungswesens, v. Kosiol, E. (Hrsg.), 1. Aufl., Stuttgart 1984, Sp. 827 ff.

Falterbaum/Beckmann: Buchführung und Bilanz, 10. Aufl., Achim 1982.
Felix/Streck: KStG Körperschaftsteuergesetz 1977 (Kommentar), 2. Aufl., München 1984.
Financial Accounting Standards Board (FASB): Accounting for the Translation of Foreign Currency, Transactions and Foreign Currency, in: Financial Statements (No. 8.), v. FASB (Hrsg.), o. O. 1975.
– Statement of Financial Accounting Standards No. 52, Foreign Currency Translation, o. O. 1981.
Fischer, O.: Finanzwirtschaft der Unternehmung II, 1. Aufl., Düsseldorf 1982.
Fischer/Lutter: GmbH-Gesetz (Kommentar), 11. Aufl., Köln 1985.
Flick/Wassermeyer/Becker: Kommentar zum Außensteuerrecht (Loseblatt), 4. Aufl., Köln 1985.
Franzen/Gast/Samson: Steuerstrafrecht (Kommentar), 3. Aufl., München 1985.
Freericks, W.: Bilanzierungsfähigkeit und Bilanzierungspflicht in Handels- und Steuerbilanz, Köln 1976.
Fricke, G.: Rechnungslegung für Beteiligungen nach der Anschaffungswertmethode und nach der Equity-Methode, Bochum 1983.
Funk, J.: Die Bilanzierung nach neuem Recht aus der Sicht eines international tätigen Unternehmens, in: Das neue Bilanzrecht – Ein Kompromiß divergierender Interessen?, v. Baetge, J. (Hrsg.), Düsseldorf 1985, S. 145 ff.
Fülling, F.: Grundsätze ordnungsmäßiger Bilanzierung für Vorräte, Düsseldorf 1976.

Gail/Goutier/Grützner: Körperschaftsteuergesetz, KStG 1977 (Kommentar, Loseblatt), Herne, Berlin 1984.
Gehre, H.: Steuerberatungsgesetz (Kommentar), München 1981.
George, H.: Berliner Steuerpräferenzen, 6. Aufl., Stuttgart 1983.
Gerhardt, W.: Insolvenzverfahren und Einzelzwangsvollstreckung, in: Einhundert Jahre Konkursordnung 1877–1977, v. Uhlenbruck, W., u. a. (Hrsg.), Köln 1977, S. 11.

- Grundpfandrechte im Insolvenzverfahren, 3. Aufl., Köln 1985, RWS-Skript Nr. 35.
Gerth, A.: Atypische Kreditsicherheiten, 2. Aufl., Frankfurt 1980.
Geßler/Hefermehl/Eckardt/Kropff: Aktiengesetz, Band II, §§ 76–147 (Kommentar), München 1972. Band III, §§ 148–178 (Kommentar), München 1973.
Glade/Steinfeld: Umwandlungssteuergesetz 1977 (Kommentar), 3. Aufl., Herne, Berlin 1980.
Godin/Wilhelmi: Aktiengesetz (Kommentar), 3. Aufl., Berlin, New York 1967.
Göhler, E.: Gesetz über Ordnungswidrigkeiten (Kommentar), 7. Aufl., München 1984.
Grünewälder, O.: Die Bilanzierung stillgelegter Betriebsanlagen, Düsseldorf 1973.
Gürsching/Stenger: Kommentar zum Bewertungsgesetz und Vermögensteuergesetz (Loseblatt), 8. Aufl., Köln 1985.
Gutenberg, E.: Grundlagen der Betriebswirtschaftslehre, Bd. 1, Die Produktion, 15. Aufl., Berlin, New York 1969.

Haberstock, L.: Kostenrechnung I, 7. Aufl., Hamburg 1985.
- Kostenrechnung II, 6. Aufl., Hamburg 1984.
Habscheid, W.: Zur rechtlichen Problematik des außergerichtlichen Sanierungsvergleichs, in: Gedächtnisschrift Bruns, v. Baltzer/Baumgärtel (Hrsg.), München 1980, S. 253.
Hachenburg, M.: Gesetz betreffend die Gesellschaften mit beschränkter Haftung (Kommentar), 7. Aufl., Berlin 1975.
Hartmann/Böttcher/Nissen/Bordewin: Kommentar zum Einkommensteuergesetz (Loseblatt), o. O. 1984.
Hahn, C. (Hrsg.): Die gesamten Materialien zur Konkursordnung, Berlin 1881.
Hanisch, H.: Probleme des internationalen Insolvenzrechts, in: Probleme des internationalen Insolvenzrechts, v. von Marschall, u. a. (Hrsg.), Frankfurt 1982, S. 9.
Hartz/Meeßen/Wolf: ABC Führer Lohnsteuer einschließlich Verfahrensrecht (Kommentar, Loseblatt), 4. Aufl., Stuttgart 1981.
Henckel, W.: Aktuelle Probleme der Warenlieferanten beim Kundenkonkurs, RWS-Skript Nr. 125, 2. Aufl., Köln 1984.
Hennerkes/Binz: Die GmbH & Co, 7. Aufl., München 1984.
Hennig, B.: Bilanzierung latenter Steuern, Diss. Bochum 1982.
Heinen, E.: Handelsbilanzen, 11. Aufl., Wiesbaden 1985.
Herrmann/Heuer/Raupach: Einkommensteuer- und Körperschaftsteuergesetz (Kommentar, Loseblatt), 19. Aufl., Köln 1982, Stand: Juni 1985.
Herzig, N.: Verluste im körperschaftsteuerlichen Anrechnungsverfahren, in: Steuerberater Jahrbuch 1982/83, Köln 1983, S. 141.
Heß/Kropshofer: Konkursordnung (Kommentar), 2. Aufl., Neuwied 1982.
Heuser, P. J.: Die neue Bilanz der GmbH, ihre Prüfung und Publizität, Köln 1985.
Hille, K.: Latente Steuern im Einzel- und Konzernabschluß, Frankfurt a. M., Bern 1982.
Hofbauer, M. A.: Gewerberechtliche Vorschriften für Wohnungsunternehmen, Immobilienmakler und Anlagevermittler, München 1980.
Hollatz/Moebus: Steuerliche Checkliste für Auslandsbeteiligungen, IWB (Loseblatt), Fach 3, Gr. 1, S. 713.
Holzer, P.: Direct Costing, in: Handwörterbuch des Rechnungswesens, v. Kosiol, E. u. a. (Hrsg.), 1. Aufl., Stuttgart 1984, Sp. 413.
Huber, V.: Vermögensanteil, Kapitalanteil und Gesellschaftsanteil an Personalgesellschaften des Handelsrechts, Heidelberg 1970.
Hübschmann/Hepp/Spitaler: Kommentar zur Abgabenordnung und Finanzgerichtsordnung (Loseblatt), 8. Aufl., Köln 1981, Stand: November 1985.
Hüttemann, U.: Die Verbindlichkeiten, in: Handbuch des Jahresabschlusses in Einzeldarstellungen (Loseblatt), v. von Wysocki/Schulze-Osterloh (Hrsg.), Köln 1984/85, Abt. III 8.
- Grundsätze ordnungsmäßiger Bilanzierung für Verbindlichkeiten, Düsseldorf 1970.
- Posten der aktiven und passiven Rechnungsabgrenzung, in: Handbuch des Jahres-

Literatur

abschlusses in Einzeldarstellungen, v. von Wysocki/Schulze-Osterloh (Hrsg.), Köln 1984/85, Abt. II 8.
Husemann, K.-H.: Grundsätze ordnungsmäßiger Bilanzierung für Anlagegegenstände, 2. Aufl., Düsseldorf 1976.

IdW: Die Fachgutachten und Stellungnahmen des Instituts der Wirtschaftsprüfer auf dem Gebiete der Rechnungslegung und Prüfung (Loseblatt), Düsseldorf, Stand Mai 1985.
- Wirtschaftsprüfer-Handbuch 1981, Düsseldorf 1981.

Institute of Chartered Accountants in England and Wales: Foreign Currency Translation (SSAP 20), o. O., o. J.
IHK-Berlin: Berlinförderungsgesetz mit Erläuterungen, Stand März 1985.

Jaeger, E.: Konkursordnung mit Einführungsgesetzen: §§ 1–9, 9. Aufl., Berlin 1977; §§ 19–28, 9. Aufl., Berlin 1982; §§ 71–206, 8. Aufl., Berlin 1973.
- Lehrbuch des deutschen Konkursrechtes, 8. Aufl., Berlin 1932.

Jonas, H.: Die EG-Bilanzrichtlinie, Freiburg i. Br. 1980.
Jung, W.: US-amerikanische und deutsche Rechnungslegung, Düsseldorf/Frankfurt, 1979.
Jauernig, O. (Hrsg.): Bürgerliches Gesetzbuch mit Gesetz zur Regelung des Rechts der Allgemeinen Geschäftsbedingungen (Kommentar), 3. Aufl., München 1984.

Kappler/Rehkugler: Kapitalwirtschaft, in: Industriebetriebslehre, v. Heinen, E. (Hrsg.), 6. Aufl., Wiesbaden 1981.
Kilger, W.: Plankostenrechnung, in: Handwörterbuch des Rechnungswesens, v. Kosiol, E., u. a. (Hrsg.), 1. Aufl., Stuttgart 1984, Sp. 1342ff.
Kleinknecht/Meyer: Strafprozeßordnung, Gerichtsverfassungsgesetz, Nebengesetze und ergänzende Bestimmungen (Kommentar), 37. Aufl., München 1985.
Klein/Orlopp: AO – Abgabenordnung (Kommentar), 2. Aufl., München 1979.
Kloock/Sieben/Schildbach: Kosten und Leistungsrechnung, 3. Aufl., Köln und Passau 1984.
KMR-Müller: Strafprozeßordnung (Kommentar, Loseblatt), v. Müller, u. a. (Hrsg.), 7. Aufl. 1980, o. O.
KMR-Paulus: Strafprozeßordnung (Kommentar, Loseblatt), v. Müller u. a. (Hrsg.), 7. Aufl. 1980, o. O.
Knobbe-Keuk, B.: Bilanz- und Unternehmenssteuerrecht, 4. Aufl., Köln 1983.
Kobs, E.: Bilanzen und Ergänzungsbilanzen bei Personengesellschaften, 7. Aufl., Herne, Berlin 1982.
Koch, K.: Abgabenordnung AO 77 (Kommentar), 2. Aufl., Köln 1979.
Kölner Kommentar: Kölner Kommentar zum Aktiengesetz, v. Zöllner, W. (Hrsg.), 2. Aufl., Köln, Berlin, Bonn, München 1973–1985.
Kohlmann, G.: Steuerstraf- und Steuerordnungswidrigkeitenrecht einschließlich Verfahrensrecht (Kommentar, Loseblatt), 3. Aufl., Köln 1980.
Kosiol, E., u. a. (Hrsg.): Handwörterbuch des Rechnungswesens, 1. Aufl., Stuttgart 1984.
Kropff, B.: Aktiengesetz, Düsseldorf 1965.
Kruschwitz, L.: Investitionsrechnung, 2. Aufl., Berlin, New York 1985.
Kühn/Kutter/Hofmann: Abgabenordnung, Finanzgerichtsordnung, Nebengesetze (Kommentar), 14. Aufl., Stuttgart 1983.
Küting, K.: Konsolidierungspraxis, 2. Aufl., Berlin 1981.
Kupsch, P.: Bilanzierung von Rückstellungen und ihre Berichterstattung, Herne, Berlin 1975.

Lademann (Hrsg.): Kommentar zum Körperschaftsteuergesetz (Loseblatt), Hannover, München.
Lademann/Söffing/Brockhoff (Hrsg.): Kommentar zum Einkommensteuergesetz (Loseblatt), Hannover, München.
Lamers, A.: Aktivierungsfähigkeit und Aktivierungspflicht immaterieller Werte, München 1981.

Landmann-Rohmer: Gewerbeordnung und ergänzende Vorschriften (Kommentar, Loseblatt), München 1979.
Leffson, U.: Die Grundsätze ordnungsmäßiger Buchführung (GoB), 6. Aufl., Düsseldorf 1982.
- Bedeutung und Ermittlung der Grundsätze ordnungsmäßiger Buchführung, in: Handbuch des Jahresabschlusses in Einzeldarstellungen, v. von Wysocki/Schulze-Osterloh (Hrsg.), Köln 1984/85, Abt. I 2.
- Die Erfassungs- und Bewertungsprinzipien des Handelsrechts, in: Handbuch des Jahresabschlusses in Einzeldarstellungen, v. von Wysocki/Schulze-Osterloh (Hrsg.), Köln 1984/85, Abt. I 7.
- Wirtschaftsprüfung, 2. Aufl., Wiesbaden 1980.

Lenski/Steinberg: Kommentar zum Gewerbesteuergesetz (Loseblatt), 6. Aufl., Köln 1984.
Littmann, E.: Das Einkommensteuerrecht (Kommentar), 13. Aufl., Stuttgart 1981.
Löwe/Rosenberg: Großkommentar zur Strafprozeßordnung und zum Gerichtsverfassungsgesetz, 23. Aufl., Berlin 1976.

Mansch, H.: Ertragswerte in der Handelsbilanz, Thun, Frankfurt a. M. 1979.
Mellerowicz u.a.: Aktiengesetz (Kommentar), 3. Aufl., Berlin, New York 1973.
Mentzel/Kuhn/Uhlenbruck: Konkursordnung (Kommentar), 9. Aufl., München 1979.
Michel/Torspecken: Grundlagen der Kostenrechnung, Kostenrechnung I, 2. Aufl., München und Wien 1985.
Moxter, A.: Bilanzierung nach der Rechtsprechung des Bundesfinanzhofs, Tübingen 1982.

Niehus, R. J.: Rechnungslegung und Prüfung der GmbH nach neuem Recht, Kommentar zu den die GmbH betreffenden Vorschriften des Regierungsentwurfs eines Bilanzrichtlinien-Gesetzes vom 12. 2. 1982, Vorabdruck, Berlin, New York 1982.
Niemann, U.: Herstellungskosten in: Steuerberaterjahrbuch 1968/69, Köln 1969, S. 429–439.
- Rückstellungen im Handels- und Steuerrecht nach gegenwärtigem Recht, in: Steuerberaterjahrbuch 1974/75, Köln 1974, S. 259–321.

Oeftering/Görbing: Das gesamte Lohnsteuerrecht (Kommentar, Loseblatt), 4. Aufl., Berlin u. Frankfurt.
OFD Düsseldorf/Köln/Münster: Betriebsprüfungskartei, 9. Aufl., Köln 1984.

Palandt: Bürgerliches Gesetzbuch (Kommentar), 45. Aufl., München 1984.
Paulick, H.: Handbuch der stillen Gesellschaft, 3. Aufl., Köln-Marienburg 1981.

Reuter, E.: Bilanzierung in Ländern mit hohen Inflationsraten aus der Sicht einer multinationalen Großunternehmung, in: Das neue Bilanzrecht – ein Kompromiß divergierender Interessen?, v. Baetge, J. (Hrsg.), Düsseldorf 1985, S. 17ff.
Richter, M.: Das Sachanlagevermögen, in: Handbuch des Jahresabschlusses in Einzeldarstellungen, v. von Wysocki/Schulze-Osterloh (Hrsg.), Köln 1984/85, Abt. II 1.
- Die immateriellen Anlagewerte, in: Handbuch des Jahresabschlusses in Einzeldarstellungen, v. von Wysocki/Schulze-Osterloh (Hrsg.), Köln 1984/85, Abt. II 2.
- Die Bilanzierungshilfen, in: Handbuch des Jahresabschlusses in Einzeldarstellungen, v. von Wysocki/Schulze-Osterloh (Hrsg.), Köln 1984/85, Abt. II 9.
Rimmelspacher, B.: Kreditsicherungsrecht, München 1980.
Rössler/Troll/Langner: Bewertungsgesetz und Vermögensteuergesetz (Kommentar), 13. Aufl., München 1983.
Rose, G.: Ertragsteuern, 8. Aufl., Wiesbaden 1984.
Roth, G.: Gesetz betreffend die Gesellschaften mit beschränkter Haftung (GmbHG) mit Erläuterungen (Kommentar), München 1983.
Rowedder/Koppensteiner: Gesetz betreffend die Gesellschaften mit beschränkter Haftung (Kommentar), München 1985.

Literatur

Sabothil/Heinen: Informationswirtschaft, in: Industriebetriebslehre, v. Heinen, E. (Hrsg.), 6. Aufl., Wiesbaden 1981, S. 882ff.
Schäfer, H.: Bilanzierung von Beteiligungen an assoziierten Unternehmen nach der Equity-Methode, Frankfurt 1982.
Schaub, G.: Arbeitsrechts-Handbuch, 5. Aufl., München 1983.
Schedlbauer, H.: Sonderprüfungen, 1. Aufl., Stuttgart 1984.
Schmalenbach, E.: Kostenrechnung und Preispolitik, Köln und Opladen 1963.
Schmidt, L.: Einkommensteuergesetz (Kommentar), 4. Aufl., München 1985.
Schneider, D.: Investition und Finanzierung, 1. Aufl., Köln und Opladen 1970.
– Die wirtschaftliche Nutzungsdauer von Anlagegütern als Bestimmungsgrund der Abschreibungen, Köln und Opladen 1961.
Scholz, F.: Kommentar zum GmbH-Gesetz, 6. Aufl., Köln 1978.
Schroeder/Muuss: Handwörterbuch der steuerlichen Betriebsprüfung, Die Außenprüfungen, 1. Aufl., Köln 1984.
Schruff, L.: Zur Bilanzierung latenter Verpflichtungen aus Besserungsscheinen, in: Bilanzfragen, Festschrift zum 65. Geburtstag von Prof. Dr. Ulrich Leffson, v. Baetge, u. a. (Hrsg.), S. 155ff.
Schruff, W.: Einflüsse der 7. EG-Richtlinie auf die Aussagefähigkeit des Konzernabschlusses, Berlin 1984.
Schulze zur Wiesche, D.: Grundsätze ordnungsmäßiger Inventur, Düsseldorf 1961.
Schwarz, B.: Abgabenordnung AO (Kommentar, Loseblatt), Freiburg i. Br., 1976ff.
Serick, R.: Eigentumsvorbehalt und Sicherungsübertragung,
Band I, Heidelberg 1963;
Band II, Heidelberg 1965;
Band III, Heidelberg 1970;
Band IV, Heidelberg 1976;
Band V, Heidelberg 1982.
Senst/Eickmann/Mohn: Handbuch für das Konkursgericht, 5. Aufl., Berlin 1976.
Siegel, T.: Bilanzierung latenter Steuern, in: Das neue Bilanzrecht – Ein Kompromiß divergierender Interessen?, v. Baetge, J. (Hrsg.), Düsseldorf 1985, S. 81ff.
Sönksen/Söffing: Berlinförderungsgesetz (Kommentar, Loseblatt), Berlin 1979.
Staudinger/Sehlosser: Kommentar zum Bürgerlichen Gesetzbuch mit Einführungsgesetz und Nebengesetzen, 12. Aufl., Berlin 1983.
Sudhoff, H.: Der Gesellschaftsvertrag der Personengesellschaften, 6. Aufl., München 1985.

Thomas/Putzo: Zivilprozeßordnung (Kommentar), 13. Aufl., München 1985.
Tillmann, B.: Das neue Körperschaftsteuerrecht der GmbH, Köln 1978.
Tipke, K.: Steuerrecht, 10. Aufl., Köln 1985.
Tipke/Kruse: Abgabenordnung, Finanzgerichtsordnung (Kommentar, Loseblatt), 11. Aufl., Köln 1983, Stand November 1985.

Uhlenbruck, W.: Die GmbH & Co. KG in der Krise, Konkurs und Vergleich, Köln 1977.
Uhlenbruck, W. u. a. (Hrsg.): Einhundert Jahre Konkursordnung 1877–1977, Köln 1977.

Wassermeyer, F.: Die Abgrenzung des Betriebsvermögens vom Privatvermögen, in: Jahrbuch der Deutschen Steuerjuristischen Gesellschaft 1979, Köln 1980, S. 315.
Weber, E.: Grundsätze ordnungsgemäßer Bilanzierung für Beteiligungen, Düsseldorf 1980.
Widmann/Mayer: Umwandlungsrecht (Kommentar, Loseblatt), Bonn 1985.
Witte, E.: Die Finanzwirtschaft der Unternehmung, Wiesbaden 1976.
Wohlgemuth, M.: Die Anschaffungskosten in der Handels- und Steuerbilanz, in: Handbuch des Jahresabschlusses in Einzeldarstellungen, v. von Wysocki/Schulze-Osterloh (Hrsg.), Köln 1984/85, Abt. I 9.
– Die Herstellungskosten in der Handels- und Steuerbilanz, in: Handbuch des Jahresabschlusses in Einzeldarstellungen v. von Wysocki/Schulze-Osterloh (Hrsg.), Köln 1984/85, Abt. I 10.

v. Wysocki, U.: Bemerkungen zur künftigen Konzernrechnungslegung, insbesondere der GmbH-Konzerne nach der 7. EG-Richtlinie, in: 75 Jahre Süddeutsche Treuhandgesellschaft Aktiengesellschaft, München 1982, S. 27 ff.
v. Wysocki/Wohlgemuth: Konzernrechnungslegung, 2. Aufl., Düsseldorf 1984.

Beiträge in Zeitschriften

Agthe, K.: Fixkostendeckung im System des Direct Costing, ZfB 1977, S. 406 ff.
Arbeitskreis Weltabschlüsse der Schmalenbach-Gesellschaft: Aufstellung internationaler Konzernabschlüsse, ZfbF 1979, Sonderheft 9.
Arnold, G.: Der Europarats-Entwurf eines europäischen Konkursabkommens, ZIP 1984, S. 1144 ff.
Auler, W.-D.: Der Überschuldungsstatus als Bewertungsproblem, DB 1976, S. 2169 ff.
Bachmayer, K. E.; Bundesfinanzhof gegen Überbewertung in der Handelsbilanz, BB 1976, S. 561 ff.
Ballwieser, W.: Sind mit der neuen Generalklausel zur Rechnungslegung auch neue Prüfungspflichten verbunden? BB 1985, S. 1034–1044.
Biener, H.: Die Konzernrechnungslegung nach der Siebenten Richtlinie des Rates der Europäischen Gemeinschaften über den Konzernabschluß, DB 1983, Beilage 19/83.
Blaschczok, C.: Die schweizerisch-deutschen Staatsverträge auf dem Gebiet des Insolvenzrechts, ZIP 1983, S. 141 ff.
Bockholt, E.: Bemessungsgrundlage für die Ermittlung der Abschreibungen beim Kauf älterer Eigentumswohnungen, DB 1983, S. 150 ff.
Bolin/Zündorf: Zur Problematik der Konzernrechnungslegung nach der 7. EG-Richtlinie, BB 1983, S. 1447 ff.
Bremer, J.-G.: Zur Diskussion über latente Ertragsteuern bei gespaltenem Steuersatz, DB 1984, S. 2417 ff.
Bühner/Hille: Anwendungsprobleme der Equity-Methode für die Konzernrechnungslegung in der Europäischen Gemeinschaft, WPg 1980, 261 ff.
Bundessteuerberaterkammer: Merkblatt über die wichtigsten Aufbewahrungsfristen nach der Abgabenordnung 1977, dem Handelsgesetzbuch, der Makler- und Bauträgerverordnung und dem Steuerberatungsgesetz, DStR 1979, Beilage zu Heft 4.
Bunte, H.-J.: Mandatsbedingungen der Rechtsanwälte und das AGB-Gesetz, NJW 1981, S. 2657 ff.
– Allgemeine Auftragsbedingungen für Wirtschaftsprüfer und Wirtschaftsprüfungsgesellschaften und das AGB-Gesetz, BB 1981, S. 1064 ff.
Busse von Colbe, W.: Aufbau und Informationsgehalt von Kapitalflußrechnungen, ZfB 1966, S. 114 ff.
– Der Konzernabschluß im Rahmen des Bilanzrichtlinien-Gesetzes, ZfbF 1985, 761 ff.

Coenenberg/Hille: Latente Steuern in Einzel- und Konzernabschluß, DBW 1979, 601 ff.
Curtius-Hartung, R.: Steuerneutralität des Bilanzrichtlinie-Gesetzentwurfes, WPg 1982, S. 369–373.

Damm/Zündorf: Offene Fragen zur Konzernbildung nach dem Entwurf eines Transformationsgesetzes der 7. EG-Richtlinie, DB 1984, S. 2573 ff., S. 2631 ff.
Dankmeyer, U.: Die Änderungen des EStG und der EStDV durch das Einführungsgesetz zur AO 1977, DB 1976, S. 2274 ff.
Döllerer, G.: Die Beteiligung einer Kapitalgesellschaft an einer Personenhandelsgesellschaft nach Handelsrecht und Steuerrecht, WPg 1977, S. 81 ff.
Dziadkowski, D.: Bilanzhilfeposten (Bilanzierungshilfen) und Bewertungshilfen im künftigen Handelsbilanzrecht, BB 1982, S. 1336 ff.
– Die Aktivierungsunfähigkeit handelsrechtlicher Bilanzierungshilfen in der Steuerbilanz, BB 1980, S. 1515 ff.

Literatur

Emmerich, G.: Zur Zulässigkeit von Gängigkeitsabschreibungen bei der Bewertung von Hilfs- und Betriebsstoffen, DB 1980, S. 2297 ff.

Federmann, R.: Zur Problematik eines eigenständigen Bilanzansatzes für auf das Vorratsvermögen entfallende Zölle und Verbrauchsteuern, DB 1977, S. 1149 ff.
- Zeitbestimmtheit bei transitorischer Rechnungsabgrenzung in der Handels- und Steuerbilanz, BB 1984, S. 246 ff.

Felix, G.: Grundsätzliches und Kritisches zur Beschäftigungsförderungszulage 1982, BB 1982, S. 1600 ff.

Forster, K.-H.: Der Ansatz von Beteiligungen an Personenhandelsgesellschaften in der Handelsbilanz der AG, AG 1976, S. 77.
- Zur Frage der Ermittlung der Herstellungskosten nach § 153 Abs. 2 AktG 1965, WPg 1967, S. 237–240.
- Bewertungsstetigkeit und Rechnungslegung nach dem AktG 1965, WPg 1966, S. 555–559.
- Rückstellungen für Verluste aus schwebenden Geschäften, WPg 1971, S. 393–399.

Forster/Havermann: Zur Ermittlung der konzernfremden Gesellschaftern zustehenden Kapital- und Gewinnanteile, WPg 1969, S. 1 ff.

Gebhardt, G.: Kapitalflußrechnungen als Mittel zur Darstellung der „Finanzlage", WPg 1984, S. 481 ff.

Geiß/Grötzinger: Das Außensteuergesetz in Form von Prüfdiagrammen, DB 1973, Beilage 10/73.

Gerhardt, W.: Inhalt und Umfang der Sequestrationsanordnungen, ZIP 1982, S. 1.

Geßler, E.: Der Ausweis der Beteiligung an einer Personenhandelsgesellschaft in der aktienrechtlichen Bilanz, WPg 1978, S. 93 ff.

Glade, A.: Die Berücksichtigung späterer besserer Erkenntnisse beim Ansatz von Rückstellungen, FR 1965, S. 319–321.

Haase, K. D.: Zur Zwischenerfolgseliminierung bei Equity-Bilanzierung, BB 1985, S. 1702 ff.

Hanisch, H.: Deutsches internationales Insolvenzrecht in Bewegung, ZIP 1983, S. 1289.

Harms/Knischewski: Quotenkonsolidierung versus Equity-Methode im Konzernabschluß, DB 1985, S. 1353 ff.

Harms/Küting: Bilanzielle Probleme des Gewinnausweises im Konzernabschluß, DB 1979, S. 2333 ff.
- Bilanzpolitische Bedeutung von Bilanzierungshilfen nach altem und neuem Recht, BB 1984, S. 649 ff.
- Der Konzernanhang nach künftigem Recht, DB 1984, S. 1977 ff.
- Die Eliminierung von Zwischenverlusten nach der 7. EG-Richtlinie, BB 1983, S. 1891 ff.
- Equity-Accounting im Konzernabschluß, BB 1982, S. 2150 ff.
- Konsolidierung bei unterschiedlichen Bilanzstichtagen nach künftigem Konzernrecht, BB 1985, S. 432 ff.
- Latente Steuern im Konzernabschluß, ZfB 1981, S. 146 ff.
- Latente Steuern nach dem Regierungsentwurf des Bilanzrichtlinie-Gesetzes, BB 1982, S. 837 ff.
- Probleme latenter Steuern im Entwurf des Bilanzrichtlinie-Gesetzes, BB 1985, S. 94 ff.
- Zur Anwendungsproblematik der angelsächsischen Methode der Kapitalkonsolidierung im Rahmen der 7. EG-Richtlinie, AG 1980, S. 93 ff.
- Zur Weiterentwicklung des Erfolgs- und Ergebnisausweises im Konzernabschluß, BB 1983, S. 344 ff.

Havermann, H.: Zur Bilanzierung von Beteiligungen an Kapitalgesellschaften in Einzel- und Konzernabschlüssen – Einige Anmerkungen zum Equity-Accounting, WPg 1975, S. 233 ff.

Heine, K. H.: Bilanzierungsprobleme bei langfristigen Ausleihungen nach dem AktG 1965, WPg 1967, S. 365 ff.

Heinrich, H.: Einzelne Grundsatzfragen zur Steuerberatergebührenverordnung, Stb 1982, S. 241 ff.
Heinze/Roolf: Die Behandlung des derivativen negativen Geschäftswerts in der Handels- und Steuerbilanz sowie bei der Einheitsbewertung, DB 1976, S. 214 ff.
Helmrich, H.: Zur Umsetzung der 4. und 7. EG-Richtlinie im deutschen Handels- und Gesellschaftsrecht, ZfbF 1985, S. 723 ff.
Herzig, N.: Zuschreibungen in der Handelsbilanz nach vorangegangenen steuerlichen Sonderabschreibungen, DB 1977, S. 1277 ff.
Hetzel, H., Gewerbesteuerersparnis als Folge der Rückstellung für latente Steuern, DB 1985, S. 289 ff.
– Latente Probleme latenter Steuern, BB 1985, S. 1173 ff.
Hoffmann, G.: Zahlungsunfähigkeit und Zahlungseinstellung, MDR 1979, S. 713 ff.
Horn, W.: Pflicht zur Anwendung der StBGebV oder Vertragsfreiheit?, Stb 1983, S. 158 ff.

IdW (Hrsg.): Die Behandlung der Mehrwertsteuer im Jahresabschluß der AG, in: WPg 1969, S. 15, WPg 1972, S. 46.
IdW: Stellungnahme zur Transformation der 7. EG-Richtlinie, WPg 1984, S. 509 ff.
IdW: 2. Stellungnahme zur Transformation der 7. EG-Richtlinie, WPg 1985, S. 189 ff.
IdW/WP-Kammer: Gemeinsame Stellungnahme zum Entwurf eines Bilanzrichtliniengesetzes, WPg 1985, S. 537 ff.

Kilger, W.: Kurzfristige Erfolgsrechnung, Die Wirtschaftswissenschaften 1962, S. 32 ff.
Klasmeyer/Kübler: Buchführungs-, Bilanzierungs- und Steuererklärungspflichten des Konkursverwalters sowie Sanktionen im Falle ihrer Verletzung, BB 1978, S. 369 ff.
Kleber, C.-D.: Zur Konkursfähigkeit und Insolvenzsicherung juristischer Personen des öffentlichen Rechts, ZIP 1982, S. 1299 ff.
Klemm, U.: Verstößt die Saldierung aktiver und passiver latenter Steuern gegen das Vorsichtsprinzip?, WPg 1984, S. 267 ff.
Knobbe-Keuk, B.: Gesellschaftsanteile in Handels- und Steuerbilanz, AG 1979, S. 293 ff.
Koch, H.: Zur Problematik des Teilwertes, ZfhF 1960, S. 319–353.
König, J.: Zum Saldierungsverbot aktivischer und passivischer latenter Steuern nach § 251 RegE HGB, WPg 1983, S. 607 ff.
Kommission Rechnungswesen: Stellungnahme zur Umsetzung der z. EG-Richtlinie, DBW 1985, S. 267 ff.
Kommission Rechnungswesen: 4. EG-Richtlinie, Reformvorschläge zur handelsrechtlichen Rechnungslegung, DBW 1979, Sonderheft 1 a, S. 30 ff.
Krag/Müller: Zur Zweckmäßigkeit von Teilkonzernabschlüssen der 7. EG-Richtlinie für Minderheitsgesellschafter, BB 1985, S. 307 ff.
Kubin/Lück: Zur funktionalen Währungsumrechnungsmethode in internationalen Konzernabschlüssen, BFuP 1984, S. 357 ff.
Kübler, B.: Sondersituationen bei Unternehmensfortführung und Unternehmenskauf im Konkurs, ZGR 1982, S. 498 ff.
Küting, K.: Die angelsächsische Methode der Kapitalkonsolidierung, DB 1983, S. 457 ff.
– Zur Problematik des Art. 18 der 7. EG-Richtlinie – Einbeziehung von Gemeinschaftsunternehmen in den Konsolidierungsbereich auf der Grundlage der Quotenkonsolidierung, DB 1980, S. 5 ff.
– Zur Problematik des Ausgleichspostens für Anteile in Fremdbesitz im Rahmen des zukünftigen Konzernbilanzrechts, ZfB 1984, S. 548 ff.
– Die Quotenkonsolidierung nach der 7. EG-Richtlinie, BB 1983, S. 804 ff.
Küting/Zündorf: Die Ermittlung der Minderheitsanteile im Rahmen der Buchwert- und Neubewertungsmethode des zukünftigen Konzernbilanzrechts, BB 1985, S. 1166 ff.

Literatur

– Zurechnungsmodalitäten stiller Reserven im Rahmen der Kapitalkonsolidierung nach künftigem Konzernbilanzrecht, BB 1985, S. 1302 ff.
Kupsch, P.: Die bilanzielle Behandlung von Baumaßnahmen auf fremden Grundstücken, BB 1981, S. 212 ff.

Langer, K.: Einige Anmerkungen zum Ausweis latenter Steuern nach dem Entwurf des Bilanzrichtlinie-Gesetzes, WPg 1983, S. 393 ff.
Lehwald, K.-J.: Die Vereinbarung von Pauschalvergütungen nach § 14 Steuerberatergebührenverordnung, StB 1982, S. 81 ff.
– Auslegungsfragen zur Steuerberatergebührenverordnung, BB 1983, S. 2109.
– Zur Anwendung der Steuerberatergebührenverordnung in der Praxis der steuerberatenden Berufe, DStZ 1982, S. 311.
Lemontey: Bericht zum Entwurf eines EG-Konkursabkommens, ZIP 1981, S. 547 ff.
List, H.: Probleme der Beschäftigungszulage, DStZ 1983, S. 111.

Maas/Schruff: Unterschiedliche Stichtage im künftigen Konzernabschluß?, WPg 1985, S. 1 ff.
Mansch, H.: Die Umrechnung von Abschlüssen ausländischer Konzernunternehmen, ZfbF 1983, S. 436 ff.
Maret/Wicher: Fremdwährungsumrechnung – Neues aus USA, DB 1982, S. 1941 ff.
Messmer, E.: Haftpflichtgefahr im EDV-Zeitalter, DSWR 1984, S. 187 ff.
– Fragen der Berufshaftpflicht, DStR 1970, S. 282 ff.
Mittelbach, R.: Forderungsbewertung nach der retrospektiven Methode, Inf. 1978, S. 73 ff.
Mohr, H.: Zuschreibungen und Nachaktivierungen in der Handelsbilanz und ihre Abgrenzung, WPg 1963, S. 659 ff.
Moxter, A.: Aktivierungsgrenzen bei „immateriellen Anlagewerten:", BB 1978, S. 821 ff.
– Immaterielle Anlagewerte im neuen Bilanzrecht, BB 1979, S. 1102 ff.
Müller, E.: Der Einfluß des Bilanzrichtlinie-Gesetzes auf die Daten zur Steuerung eines Konzerns, DB 1985, S. 241 ff.
Mutze, O.: Zur Bilanzierung und Bewertung von Beteiligungen an Kapitalgesellschaften, AG 1977, S. 7 ff.

Niehus, R.: „True and fair view" – in Zukunft auch ein Bestandteil der deutschen Rechnungslegung?, DB 1979, S. 221–225.
– Die 7. EG-Richtlinie und die „Pooling-of Interests"-Methode einer konsolidierten Rechnungslegung, WPg 1983, S. 437 ff.
– Vorbemerkungen zu einer Konzernbilanzrichtlinie, WPg 1984, S. 285 ff., 320 ff.
– Neues Konzernrecht für die GmbH, DB 1984, S. 1789 ff.
Niehus/Scholz: Ausübung von Konsolidierungswahlrechten und Berichterstattung im Konzernanhang, GmbHR 1984, S. 217 ff.

Obermüller, M.: Konkursanmeldung bei Zahlungsunfähigkeit und Überschuldung, DB 1973, S. 267 ff.
Ordelheide, D.: Kapitalkonsolidierung nach der Erwerbsmethode, WPg 1984, S. 237 ff.
– Bilanzansatz und Bewertung im Konzernabschluß, WPg 1985, S. 509 ff.
– Einheitliche Bewertung sowie Kapital- und Equity-Konsolidierung im Konzernabschluß, WPg 1985, S. 575 ff.

Pape, G.: Bevorzugung der „Neumassegläubiger" im masseunzulänglichen Konkursverfahren, ZIP 1984, S. 796 ff.
Papke, H.: Zum Begriff der Zahlungsunfähigkeit, DB 1969, S. 735 ff.
Paulick, H.: Rechtsberatung und Steuerberatung, Stb 1978, S. 105 ff.
Peiner, W.: Zur Aktivierung der Verbrauchsteuer als Teil der Herstellungskosten, WPg 1976, S. 69 ff.
Pohlmann, B.: Systematik und Probleme latenter Steuern, in: ZfbF 1983, S. 1094 ff.
Rätsch, C.: Betrachtungen zur Konzernrechnungslegung nach der 7. EG-Richtlinie im Vergleich zur Praxis in den USA, BFuP 1981, 568 ff.

Riebel P.: Das Rechnen mit Einzelkosten und Deckungsbeiträgen, ZfhF 1959, S. 213–238.
Rohling, R. H.: Teilwertabschreibung auf den Firmenwert in der Steuerbilanz, DB 1982, S. 2002 ff.
Roser, U.: Ausweis der Beteiligung an einer Personenhandelsgesellschaft in der aktienrechtlichen Bilanz, DB 1977, S. 2241 ff.
Rudolph, H.: Verbrauchsteuern, Abfüll- und Transportkosten auf Außenlager als Teil der Herstellungskosten, BB 1976, S. 877 ff.

Sahner, F.: Die Bedeutung des Einheitsgrundsatzes für den Konzernabschluß im Aktiengesetz und in der 7. EG-Richtlinie, ZfbF 1981, S. 711 ff.
Saur/Althaus: Bilanzierung von Beteiligungen an Personengesellschaften, WPg 1971, S. 1 ff.
Schaffer, W.: 7. EG-Richtlinie (Konzernrichtlinie) im Vergleich zu den Vorschriften im Aktiengesetz und anderen international diskutierten Normen, DB 1980, S. 889 ff., S. 941 ff., S. 986 ff.
Schedlbauer, H.: Die Aktivierung latenter Steuern wird aktuell, DB 1985, S. 2469 ff.
Schindler, J.: Latente Steuern im konsolidierten Abschluß nach der Konzernbilanzrichtlinie, BB 1984, S. 1654 ff.
Schmidt, K.: Vom Konkursrecht der Gesellschaften zum Insolvenzrecht der Unternehmen, ZIP 1980, S. 233 ff.
Schlüchter, E.: Die Krise im Sinne des Bankrottstrafrechts, MDR 1978, S. 265 ff.
Schneider, D.: Die Problematik betriebswirtschaftlicher Teilwertlehren, WPg 1969, S. 305–313; 1970, S. 68–72.
Schürer-Waldheim, R.: Die Aufteilung eines Gesamtkaufpreises bei Erwerb von Grund und Gebäude im Betriebsvermögen, StuW 1983, S. 217 ff.
Siegel, T.: Latente Steuern, 4. EG-Richtlinie und Bilanzrichtlinie-Gesetz, BB 1985, S. 495 ff.
– Probleme latenter Steuern im Entwurf des Bilanzrichtlinie-Gesetzes, BB 1984, S. 1909 ff.
– Zum wunderbaren Gewerbesteuervorteil bei latenten Steuern, BB 1985, S. 1373 ff.
Stripf, E.: Zur Abschreibung des derivativen Geschäftswerts in der Steuerbilanz, in: BB 1980, S. 318 ff.
Stobbe, T.: Zur Umsetzung der Art. 7 und 8 der 7. EG-Richtlinie, BB 1985, S. 150 ff.
Strobel, W.: Die Neufassung des Bilanzrichtlinien-Gesetzes unter Einbezug der Konzernbilanzrichtlinie, DB 1984, S. 1485 ff.
– Die Prüfer-Neuerungen des Bilanzrichtliniengesetzes und die Gesetzesübertragung in die Praxis, BB 1985, S. 202 ff.

Tjaden, W.: Bilanzierungsfragen bei Zuwendungen der öffentlichen Hand, WPg 1985, S. 33–44.
Tubbesing, G.: Bilanzierungsprobleme bei Fremdwährungsposten im Einzelabschluß, ZfbF 1981, S. 804 ff.

Uhlenbruck, W.: Überlegungen vor einer Eröffnung und bei Abwicklung gerichtlicher Insolvenzverfahren, WPg 1978, S. 661 ff.
– Die Vergütung des im Insolvenzverfahren tätigen Steuerberaters, DStR 1979, S. 123 ff.
Uhlig/Lüchau: Bewertung von Beteiligungen an Kapitalgesellschaften in der Handelsbilanz, WPg 1971, S. 553 ff.
Ulmer, P.: Konkursantragspflicht bei Überschuldung der GmbH und Haftungsrisiken bei Konkursverschleppung, KTS 1981, S. 469 ff.
– Notarielle Vertragsmuster und AGB Inhaltskontrolle, DNotZ 1981, S. 86 ff.

Veit, K.-R.: Die Definition der Zahlungsunfähigkeit als Konkursgrund, ZIP 1982, S. 273 ff.
– Zur Bilanzierung von Organisationsausgaben und Gründungsausgaben nach künftigem Recht, WPg 1984, S. 66 ff.

Literatur

v. Wysocki, K.: Die Kapitalflußrechnung als integrierter Bestandteil des aktienrechtlichen Jahresabschlusses, WPg 1971, S. 618 ff.
– Weltbilanzen als Planungsobjekte und Planungsinstrumente multinationaler Unternehmen, ZfbF 1971, S. 682 ff.
– Zum Informationsgehalt von Weltbilanzen deutscher Obergesellschaften, WPg 1973, S. 26 ff.

Wagner, F. W.: Der Firmenwert in der Steuerbilanz – Ein ertragswertorientiertes Abschreibungsverfahren, WPg 1980, S. 477 ff.
Wagner, J.: Die Aussagefähigkeit von cash-flow-Ziffern für die Beurteilung der finanziellen Lage einer Unternehmung, DB 1985, S. 1602 ff.
Wichmann, G.: Die Aufteilungsproblematik hinsichtlich der Anschaffungskosten für ein bebautes Grundstück, DStR 1983, S. 379 ff.
Wöhe, G.: Zur Bilanzierung und Bewertung des Firmenwertes, StuW 1980, S. 89 ff.
Wohlgemuth, M.: Die Auswirkungen von Bezugsrechtsverkäufen auf den Buchwert der alten Aktien, AG 1973, S. 296 ff.

Zillessen, W.: Zur Praxis der Währungsumrechnung deutscher Konzerne, DBW 1982, S. 533 ff.

A. Buchführung und Bilanzierung

Bearbeiter: Achim Schmidt

Übersicht

	Rz.		Rz.
Vorbemerkung	1	Geschäftsvorfall	224–226
Abschreibungen	2–51	Going-Concern-Prinzip	227, 228
Anschaffungskosten	52–75	Grundsätze ordnungsmäßiger Buchführung (GoB)	229–277
Anschaffungskostenerhöhung, nachträgliche	76–80	Grundsätze ordnungsmäßiger Speicherbuchführung (GOS)	278, 279
Anschaffungsnahe Aufwendungen	81–85	Herstellungskosten	280–304b
Anschaffungsnebenkosten	86–89	Inventar/Inventur	305–330
Anschaffungswertprinzip	90–92	Maßgeblichkeitsgrundsatz	331–353
Aufbewahrungspflichten	93–117	Nichtigkeit des Jahresabschlusses	354–361
Beizulegender Wert	118–122	Niederstwertprinzip	369–374
Beleg	123–134	Offene-Posten-Buchhaltung	375–378
Betriebsvermögen	135–144	Realisationsprinzip	379–382
Betriebsvermögensvergleich	145–150	Stichtagsprinzip	383, 384
Bilanzänderung/Bilanzberichtigung	151–168	Teilwert/Teilwertabschreibung	385–398
Buchführungs- und Aufzeichnungspflichten	169–197	Wertaufhellung	399–406
Generalklauseln für den Jahresabschluß	198–211	Zuschreibungen	407–418
Geschäftsjahr/Wirtschaftsjahr	212–223		

Vorbemerkung

1 In diesem Teil des Steuerberater-Handbuchs werden Erläuterungen zu einigen zentralen Fragen der Buchführung und Bilanzierung gegeben. Im Hinblick darauf, daß in Teil B. des Ersten Teils dieses Handbuchs die Erläuterungen zur Aufstellung und zur Prüfung des Jahresabschlusses entsprechend den einzelnen Posten der Bilanz und der Gewinn- und Verlustrechnung sowie entsprechend den einzelnen Teilen des Anhangs gegliedert sind, erschien es sinnvoll, die Erläuterungen des Teils A. nach Stichworten zu gliedern. Aufgrund seines Charakters kann ein solches Register nicht sämtliche Zusammenhänge der häufig komplexen Buchführungs- und Bilanzierungsfragen aufzeigen; insoweit ist das nachstehende Register als Ergänzung der umfassenden Erläuterungen in Teil B. zu sehen.

Abschreibungen

Übersicht

	Rz.		Rz.
I. Abschreibungsursachen	2–4	**III. Außerplanmäßige Abschreibungen**	36–44
II. Planmäßige Abschreibungen	5–35	1. Abschreibungen nach dem Niederstwertprinzip	36–38
1. Gesetzliche Regelungen im Handels- und Steuerrecht	5–6	2. Sonderabschreibungen und erhöhte Absetzungen nach steuerlichen Spezialvorschriften	39–42
2. Die Bemessung der planmäßigen Abschreibungen	7–35	3. Handelsrechtliche Sonderabschreibungen im Rahmen vernünftiger kaufmännischer Beurteilung	43–44
a) Bemessungsgrundlage	8	4. Beibehaltungswahlrecht, Wertaufholungsgebot	45–48
b) Planung der Abschreibungsdauer	9–12	**IV. Folgen des Unterlassens von Abschreibungen**	49–51
c) Beginn der Abschreibungen	13–17		
d) Abschreibungsmethoden	18–26		
e) Änderungen des Abschreibungsplans	27–29		
f) Beendigung der Abschreibungen	30		
g) Planmäßige Abschreibungen in Sonderfällen	31–35		

I. Abschreibungsursachen

– Siehe auch Teil X Rz. 1–6 –

2 In der Betriebswirtschaftslehre werden folgende **Abschreibungsursachen** genannt:
a) sog. technischer Verschleiß, d. h. Abnutzung durch Gebrauch
b) sog. ruhender Verschleiß, d. h. natürlicher Wertverzehr durch Verwitterung, Zersetzung, Rost o. ä.

c) technische Überholung, d. h. technisches Veralten vor dem Zeitpunkt des totalen technischen oder natürlichen Verschleißes
d) wirtschaftliche Überholung durch Nachfrageveränderungen
e) Substanzminderungen, z. B. bei Bodenschätzen
f) Entwertung durch Fristablauf, z. B. bei Schutzrechten
g) Fehlinvestitionen
h) Katastrophenverschleiß
i) bilanzpolitische Maßnahmen durch Ausübung von Bewertungswahlrechten.

3   Für die Einteilung von Abschreibungsarten können verschiedene Kriterien herangezogen werden. Abgesehen von einer Einteilung nach Ursachen oder Methoden bzw. Verfahren können Abschreibungen auch nach ihren Funktionen unterschieden werden. Danach stehen in Abhängigkeit von den unterschiedlichen Zwecken des Rechnungswesens handelsbilanzmäßige, steuerbilanzmäßige und kalkulatorische Abschreibungen nebeneinander, wobei zwischen den einzelnen Arten unterschiedlich enge Verbindungen bestehen. Im folgenden werden lediglich die handelsbilanz- und steuerbilanzmäßigen Abschreibungen behandelt (s. auch Teil B Rz. 176 ff.).

4   Grundsätzlich kommen Abschreibungen bei allen Vermögensgegenständen und einigen anderen auf der Aktivseite der Bilanz auszuweisenden Posten in Betracht. Im folgenden werden ausschließlich Abschreibungen auf das Anlagevermögen behandelt. Die Abschreibungen auf andere Bilanzposten werden im Zusammenhang mit den jeweiligen Posten (z. B. Vorräte, fertige Erzeugnisse) erläutert.

II. Planmäßige Abschreibungen

1. Gesetzliche Regelungen nach Handels- und Steuerrecht

5   Handelsrechtlich sind planmäßige Abschreibungen bei allen Vermögensgegenständen des Anlagevermögens vorzunehmen, deren Nutzung zeitlich begrenzt ist (s. auch Teil B Rz. 195 ff.). Der Plan muß die Anschaffungs- oder Herstellungskosten auf die Geschäftsjahre verteilen, in denen der Vermögensgegenstand voraussichtlich genutzt werden kann (§ 253 Abs. 2 S. 1, 2 HGB n. F.).

6   Für die steuerliche Gewinnermittlung ergibt sich aus der Vornahme planmäßiger Abschreibungen (Absetzungen für Abnutzung bzw. Substanzverringerung, ,,AfA") aus § 7 EStG. Diese Vorschrift enthält Regeln, die je nach Art des Wirtschaftsguts (Gebäude, bewegliche Anlagegüter) differenziert sind. Diesen Regeln liegt gemeinsam der Gedanke zugrunde, daß grundsätzlich die Anschaffungs- oder Herstellungskosten nach Maßgabe der betriebsgewöhnlichen Nutzungsdauer auf die Jahre der Nutzung zu verteilen sind.

2. Die Bemessung der planmäßigen Abschreibungen

7   Die Höhe der jährlich vorzunehmenden planmäßigen Abschreibungen wird handels- und steuerrechtlich bestimmt durch
– die Bemessungsgrundlage
– die Planung der Abschreibungsdauer
– die Wahl der Abschreibungsmethode.
Dem Erfordernis des Abschreibungsplans i. S. v. § 253 Abs. 2 S. 2 HGB n. F. kann i. d. R. dadurch entsprochen werden, daß im Jahr der Anschaffung bzw. Herstellung nach Maßgabe der Schätzung der voraussichtlichen Nutzungsdauer Abschreibungsprozentsatz und Abschreibungsmethode – sowie ggfs. bei Berücksichtigung eines Restwertes – das Abschreibungsvolumen festgelegt werden. Damit sind Daten und Merkmale, die für die künftige Berechnung der planmäßigen Abschreibungen maßgebend sind, hinreichend genug bestimmt (vgl. auch *Adler/Düring/Schmaltz* § 154 Anm. 19).

a) Die Bemessungsgrundlage

8   Die handelsrechtlichen Vorschriften schreiben nicht vor, daß die gesamten Anschaffungs- bzw. Herstellungskosten während der Nutzungsdauer planmäßig abzu-

schreiben sind. Grundsätzlich kann daher bei der Bemessung des Abschreibungsvolumens ein Restwert berücksichtigt werden (vgl. St/NA 1/1968, WPg 1968, S. 72f). Im Hinblick auf die häufig hohen Ausbau-, Abbruch- oder Veräußerungskosten (vgl. WP-Handbuch 1985/86, S. 557) sowie aufgrund der abweichenden steuerrechtlichen Möglichkeiten wird in der Praxis i. d. R. jedoch der Gesamtbetrag der Anschaffungs- bzw. Herstellungskosten auf die Nutzungsdauer verteilt (bis auf einen Erinnerungswert von DM 1,– (Beschluß des Großen Senats des BFH v. 7. 12. 1967, BStBl. II 1968, 268). Abweichend von dem Gesetzeswortlaut verlangen BFH und Finanzverwaltung, einen Schrottwert bei der Bemessung der AfA in Ausnahmefällen zu berücksichtigen, wenn er – wie das im allgemeinen bei Gegenständen von großem Gewicht oder wertvollem Material der Fall ist – im Vergleich zu den Anschaffungs- oder Herstellungskosten und auch bei Anlegung eines absoluten Maßstabs erheblich ist. Ein steuerlich zu berücksichtigender Schrottwert werde im allgemeinen nur bei Seeschiffen vorliegen (vgl. BFH-Beschluß v. 7. 12. 1967, BStBl 1968, 268; BFH-Urteil v. 22. 7. 1971, BStBl II, 800; Abschn. 43 Abs. 4 S. 2ff. EStR).

b) Die Planung der Abschreibungsdauer

9 Technischer Verschleiß, ruhender Verschleiß, absehbare technische und/oder wirtschaftliche Überholung, Substanzminderung und Entwertung durch Fristablauf sind die Abschreibungsursachen, die bei der **Festlegung des Abschreibungsplans** zu berücksichtigen sind. Bei der Schätzung der Nutzungsdauer ist demnach keineswegs allein auf die zu erwartende technisch mögliche Nutzungszeit einer bestimmten Anlage abzustellen; vielmehr wird die wirtschaftliche Abnutzung i. d. R. die vorrangig zu berücksichtigende Abschreibungsursache sein. Für die Bemessung der Abschreibungen ist der Wahrscheinlichkeitsgrad der den Abschreibungsursachen zugrunde liegenden Annahmen von Bedeutung. Sind die Erwartungen über den Eintritt der verschiedenen Abschreibungsursachen in unterschiedlichem Maße wahrscheinlich, so ist eine angemessene Gewichtung der Erwartungen bei der Bemessung der Abschreibungsdauer vorzunehmen.

10 Die Absetzung für Abnutzung ist nach der **betriebsgewöhnlichen Nutzungsdauer** eines Wirtschaftsguts zu bemessen (§ 7 Abs. 1 S. 2 EStG). Dabei ist betriebsgewöhnlich die Nutzungsdauer, die sich unter Berücksichtigung der Verhältnisse des jeweiligen Betriebs ergibt, zu dessen Vermögen das Wirtschaftsgut gehört. Zu berücksichtigen sind nicht allein die besonderen technischen Verhältnisse des jeweiligen Betriebes (z. B. die Frage, ob es sich um einen Einschicht- oder Mehrschichtbetrieb handelt), sondern vor allen Dingen auch die wirtschaftlich mögliche Nutzungsdauer (Einschränkungen können z. B. durch technischen Fortschritt, Nachfrageänderungen oder rechtliche Umstände, die die Nutzungsmöglichkeit zeitlich begrenzen, gegeben sein). Bei der Bestimmung der technisch möglichen Nutzungsdauer ist eine ordnungsgemäße Instandhaltung zu unterstellen.

11 Sofern die Nutzungsdauer im Zugangsjahr ordnungsgemäß geschätzt worden ist, ist es nicht zulässig, die danach festgelegte AfA deshalb zu korrigieren, weil sich bei einer späteren Veräußerung des Wirtschaftsguts oder am Ende der Nutzungsdauer herausstellt, daß das Wirtschaftsgut noch einen **über den Restbuchwert hinausgehenden Wert** hat (vgl. z. B. BFH-Urteil v. 7. 2. 1975, BStBl. II, 478).

12 Der BdF hat in Zusammenarbeit mit den Finanzverwaltungen der Länder aufgrund von Erfahrungen der steuerlichen Außenprüfung und unter Mitwirkung der Fachverbände der Wirtschaft sog. **AfA-Tabellen** aufgestellt. In diesen AfA-Tabellen wird die betriebsgewöhnliche Nutzungsdauer für allgemein verwendbare Anlagegüter sowie für Anlagegüter, deren Nutzungsdauer in Abhängigkeit von der Verwendung in bestimmten Wirtschaftszweigen verschieden ist, angegeben. Die Finanzverwaltung verlangt, daß bei Abweichungen von der in der AfA-Tabelle zugrunde gelegten Nutzungsdauer „besondere, objektiv nachprüfbare Gründe" angeführt werden („z. B. Einfluß von Nässe, Säure, außergewöhnlich hohe Beanspruchung oder veränderte wirtschaftliche Verhältnisse"). In den für einzelne Wirtschaftszweige aufgestellten AfA-Tabellen sind deren besondere Verhältnisse und Bedingungen bereits berücksichtigt. Die Tabelle der allgemein verwendbaren Anlagegüter ist in Teil X Rz. 1 wiedergegeben.

c) Beginn der Abschreibungen

13 Handels- und steuerrechtlich hat die Abschreibung mit dem Zeitpunkt zu beginnen, zu dem der Anlagegegenstand zugegangen ist, da von diesem Zeitpunkt an regelmäßig die eingangs genannten Abschreibungsursachen auf den Anlagegegenstand einwirken. Sofern die tatsächliche Ingebrauchnahme nicht zu diesem Zeitpunkt erfolgt – beispielsweise, wenn es sich um selbständig zu bewertende Gegenstände einer Gesamtanlage mit langer Bauzeit handelt –, ist den Abschreibungsursachen, die neben dem später eintretenden technischen Verschleiß gegeben sind, bereits Rechnung zu tragen.

14 Grundsätzlich entfällt bei Anlagegegenständen, die im Laufe des Geschäftsjahres angeschafft oder hergestellt werden, auf das Zugangsjahr nur ein zeitanteiliger Betrag der planmäßigen Abschreibung. Hierzu bestehen jedoch – im Einzelfall häufig materiell bedeutsame – **Ausnahmen:**

15 – steuerrechtlich wird aus Vereinfachungsgründen zugelassen, **bei beweglichen Anlagegütern** und **bei Betriebsvorrichtungen,** die in der ersten Hälfte eines Geschäftsjahres angeschafft oder hergestellt werden, den vollen Jahresbetrag und auf die Zugänge des zweiten Halbjahres den halben Jahresbetrag zu verrechnen (Abschn. 43 Abs. 7 S. 3 EStR). Diese Regelung wurde steuerrechtlich zugelassen, da sie kaufmännischer Übung entsprach. Ihre Anwendung wird handelsrechtlich (nicht steuerrechtlich) auch bei unbeweglichen abnutzbaren Anlagegegenständen für zulässig gehalten (vgl. *Adler/Düring/Schmaltz* § 154 Anm. 65),

16 – **bei Gebäuden** kann die lineare AfA nur zeitanteilig verrechnet werden. Die degressive AfA gem. § 7 Abs. 5 EStG kann dagegen im Jahr der Fertigstellung des Gebäudes mit dem vollen Jahresbetrag angesetzt werden (vgl. Abschn. 42 Abs. 5 EStR; BFH-Urteil v. 18. 8. 1977, BStBl. II 1977, 835),

17 – **Sonderregelungen** hinsichtlich der Bemessung der Abschreibungen im Jahr des Zugangs bestehen **bei Sonderabschreibungen und erhöhten Absetzungen.** In der Regel ist unabhängig vom Zeitpunkt des Zugangs im Jahr der Anschaffung oder Herstellung (ggfs. sogar bereits bei Leistung von Anzahlungen) ein bestimmter Prozentsatz der Bemessungsgrundlage abschreibungsfähig. Sind Sonderabschreibungen oder außergewöhnliche Absetzungen nach Maßgabe steuerlicher Spezialvorschriften vorgenommen worden, so sind die Abschreibungen nach Ablauf des Begünstigungszeitraums grundsätzlich unter Berücksichtigung des Restbuchwertes und der Restnutzungsdauer vorzunehmen. Hiervon bestehen jedoch wiederum Ausnahmen, insbesondere bei Gebäuden und anderen unbeweglichen Wirtschaftsgütern (vgl. § 7a Abs. 9 EStG sowie z. B. § 82a EStDV).

d) Die Abschreibungsmethoden

18 aa) Folgende Abschreibungsmethoden kommen in Betracht:

19 (1) Lineare Abschreibung

Die Abschreibung erfolgt mit einem gleichbleibenden Prozentsatz von den Anschaffungs- bzw. Herstellungskosten.

Die Aufwandsverrechnung entspricht einer kontinuierlichen Abnutzung. Handels- und steuerrechtlich ist die Methode bei allen Anlagegütern, die der Abnutzung unterliegen, uneingeschränkt zulässig (vgl. auch § 7 Abs. 1 S. 2 EStG).

Besonderheiten gelten für die lineare AfA bei Gebäuden gem. § 7 Abs. 4 EStG. Danach sind bei Gebäuden – unabhängig von der tatsächlichen Nutzungsdauer – folgende AfA-Sätze anwendbar:

– bei Gebäuden, soweit sie zu einem Betriebsvermögen gehören und nicht Wohnzwecken dienen und für die der Antrag auf Baugenehmigung nach dem 31. 3. 1985 gestellt worden ist, 4% p. a.;
– bei Gebäuden, soweit sie die vorstehenden Voraussetzungen nicht erfüllen und die
  • nach dem 31. 12. 1924 fertiggestellt worden sind, 2% p. a.
  • vor dem 1. 1. 1925 fertiggestellt worden sind, 2,5% p. a.

Die vorstehenden AfA-Sätze sind auch dann anzuwenden, wenn die voraussichtliche Nutzungsdauer länger ist, als bei Festlegung der vorstehenden Prozentsätze zu-

Abschreibungen

grunde gelegt (25 bzw. 50 bzw. 40 Jahre). Die Anwendung niedrigerer AfA-Sätze ist gem. Abschn. 42 Abs. 2 EStR ausgeschlossen.
Beträgt die tatsächliche Nutzungsdauer eines Gebäudes weniger als bei den vorstehenden AfA-Sätzen unterstellt, so können an deren Stelle AfA-Sätze verwendet werden, die der tatsächlichen Nutzungsdauer entsprechen (§ 7 Abs. 4 S. 2).

(2) Degressive Abschreibung

20 Bei degressiven Abschreibungsmethoden wird mit einem von Jahr zu Jahr geringer werdenden Abschreibungsbetrag abgeschrieben. Zu unterscheiden sind die geometrisch-degressive Abschreibung, die arithmetisch-degressive Abschreibung und die Abschreibung mit fallenden Staffelsätzen:

– *Geometrisch-degressive Abschreibung*

21 Bei der geometrisch-degressiven Abschreibung wird mit einem gleichbleibenden Prozentsatz auf den jeweiligen Buchwert zu Beginn des Geschäftsjahrs abgeschrieben; danach ergeben sich Abschreibungsbeträge, die jährlich um einen gleichbleibenden Prozentsatz sinken und eine abnehmende (unendliche) geometrische Reihe bilden. Sofern bei Anwendung dieser Methode die Anschaffungs- oder Herstellungskosten im Laufe der zu erwartenden Nutzungsdauer verrechnet werden sollen, ist ein Abschreibungssatz zu verwenden, der in etwa dreimal so hoch ist wie bei der linearen Abschreibung. Die ersten Nutzungsjahre sind danach erheblich stärker belastet als bei Anwendung der linearen Abschreibungsmethode. Die wirtschaftliche Rechtfertigung hierfür liegt darin, daß in den späteren Jahren der Nutzung erheblich steigender Instandhaltungsaufwand erforderlich werden kann, so daß eine gleichmäßigere Aufwandsbelastung der Geschäftsjahre durch Anwendung der degressiven Abschreibungsmethode erreicht wird.

Berechnungsbeispiel:

Die Anschaffungskosten eines abnutzbaren Anlageguts mit einer voraussichtlichen Nutzungsdauer von zehn Jahren betragen DM 100000,–. Bei Anwendung der geometrisch-degressiven Absetzung ergibt sich folgender Abschreibungsverlauf:

Anschaffungskosten	DM 100000,–
Abschreibung im ersten Geschäftsjahr	DM 30000,–
Restbuchwert am Ende des ersten Geschäftsjahres	DM 70000,–
Abschreibung im zweiten Geschäftsjahr	DM 21000,–
Restbuchwert am Ende des zweiten Geschäftsjahres	DM 49000,–
Abschreibung im dritten Geschäftsjahr	DM 14700,–
Restbuchwert am Ende des dritten Geschäftsjahres	DM 34300,–
Abschreibung im vierten Geschäftsjahr	DM 10290,–
Restbuchwert am Ende des vierten Geschäftsjahres	DM 24010,–
Abschreibung im fünften Geschäftsjahr	DM 7203,–
Restbuchwert am Ende des fünften Geschäftsjahres	DM 16807,–
Abschreibung im sechsten Geschäftsjahr	DM 5042,–
Restbuchwert am Ende des sechsten Geschäftsjahres	DM 11465,–
Abschreibung im siebten Geschäftsjahr	DM 3530,–
Restbuchwert am Ende des siebten Geschäftsjahres	DM 8235,–
Abschreibung im achten Geschäftsjahr	DM 2471,–
Restbuchwert am Ende des achten Geschäftsjahres	DM 5764,–
Abschreibung im neunten Geschäftsjahr	DM 1729,–
Restbuchwert am Ende des neunten Geschäftsjahres	DM 4035,–
Abschreibung im zehnten Geschäftsjahr	DM 1210,–*
Restbuchwert am Ende des zehnten Geschäftsjahres	DM 2825,–*

Steuerrechtlich ist die geometrisch-degressive AfA (§ 7 Abs. 2 EStG) ausschließlich bei beweglichen Wirtschaftsgütern des Anlagevermögens zulässig. Die Degressionshöhe ist zur Zeit eingeschränkt auf das Dreifache des Betrages, der sich bei linearer AfA ergeben würde; des weiteren darf der AfA-Satz 30% nicht übersteigen. Formelle Voraussetzung ist die Führung eines besonderen Verzeichnisses gem. § 7a Abs. 8 EStG, sofern die dort verlangten Angaben nicht aus der Buchführung ersichtlich sind; siehe dazu auch Teil X Rz. 3.
In der Praxis geht man i. d. R. im Verlauf der Nutzungszeit **von der geome-**

---

* Bei einer geometrisch-degressiven Abschreibung von 30% verbleibt nach Ablauf der geschätzten Nutzungsdauer noch ein Restwert von ca. 3% der ursprünglichen Bemessungsgrundlage. Der Restbetrag ist im letzten Nutzungsjahr in voller Höhe als Aufwand zu verrechnen.

trisch-degressiven Abschreibung zur linearen Abschreibung über. Dabei erfolgt der Übergang in dem Jahr, in dem die gleichmäßige Verteilung des Restbuchwertes auf die restliche Nutzungsdauer zu höheren jährlichen Abschreibungen führt als die Fortführung der geometrisch-degressiven Abschreibung. In dem obigen Beispiel würde man erstmals im achten Nutzungsjahr einen nach der linearen Methode ermittelten Abschreibungsbetrag ansetzen (DM 2745,– anstelle von DM 2471,–).

– **Arithmetisch-degressive Abschreibung**

22 Bei dieser Methode werden die jährlichen Abschreibungsbeträge als Bruchteil der Anschaffungs- oder Herstellungskosten errechnet. Zur Ermittlung des jährlich abzuschreibenden Bruchteils ist der Nenner mit der Summe der Nutzungsjahre anzusetzen. Der Zähler des Bruchs wird durch das jeweilige Nutzungsjahr bestimmt, für das die Abschreibung zu berechnen ist.

Berechnungsbeispiel:

Die Anschaffungskosten eines Anlagegegenstands, dessen zu erwartende Nutzungsdauer zehn Jahre beträgt, belaufen sich auf DM 100000,–. Der Nenner des Bruchs (Summe der Nutzungsjahre) ist wie folgt zu ermitteln:

$$\frac{(1 + \text{Nutzungsdauer}) \times \text{Nutzungsdauer}}{2}$$

Dies ergibt in dem Beispiel

$$\frac{(1 + 10) \times 10}{2} = 55$$

Die jährlichen Abschreibungsbeträge ergeben sich dann mit 10/55 (18,18%), 9/55 (16,36%), 8/55 (14,54%) etc. der ursprünglichen Anschaffungskosten; dabei ergeben sich gleichmäßig fallende Prozentsätze bezogen auf die Anschaffungskosten.

In dem Beispiel ergibt sich folgender Abschreibungsverlauf:

Anschaffungskosten	DM 100000,–
Abschreibung im ersten Geschäftsjahr 10/55 (18,18%)	DM 18182,–
Restbuchwert am Ende des ersten Geschäftsjahres	DM 81818,–
Abschreibung im zweiten Geschäftsjahr 9/55 (16,36%)	DM 16364,–
Restbuchwert am Ende des zweiten Geschäftsjahres	DM 65454,–
Abschreibung im dritten Geschäftsjahr 8/55 (14,54%)	DM 14545,–
Restbuchwert am Ende des dritten Geschäftsjahres	DM 50909,–
Abschreibung im vierten Geschäftsjahr 7/55 (12,72%)	DM 12727,–
Restbuchwert am Ende des vierten Geschäftsjahres	DM 38182,–
Abschreibung im fünften Geschäftsjahr 6/55 (10,90%)	DM 10909,–
Restbuchwert am Ende des fünften Geschäftsjahres	DM 27273,–
Abschreibung im sechsten Geschäftsjahr 5/55 (9,09%)	DM 9091,–
Restbuchwert am Ende des sechsten Geschäftsjahres	DM 18182,–
Abschreibung im siebten Geschäftsjahr 4/55 (7,27%)	DM 7273,–
Restbuchwert am Ende des siebten Geschäftsjahres	DM 10909,–
Abschreibung im achten Geschäftsjahr 3/55 (5,54%)	DM 5455,–
Restbuchwert am Ende des achten Geschäftsjahres	DM 5454,–
Abschreibung im neunten Geschäftsjahr 2/55 (3,63%)	DM 3636,–
Restbuchwert am Ende des neunten Geschäftsjahres	DM 1818,–
Abschreibung im zehnten Geschäftsjahr 1/55 (1,81%)	DM 1818,–
Restbuchwert am Ende des zehnten Geschäftsjahres	DM 0,–

Steuerrechtlich ist die arithmetisch-degressive AfA (digitale AfA) nach dem Steuerbereinigungsgesetz 1985 für Zugänge vom 1. 1. 1985 an nicht mehr zulässig. Für die in vorhergehenden Veranlagungszeiträumen angeschafften Wirtschaftsgüter des Anlagevermögens galt die Einschränkung des § 11 a EStDV.

– **Abschreibung mit fallenden Staffelsätzen**

23 Bei dieser Abschreibung wird die Nutzungsdauer in verschiedene, gleichlange Teilabschnitte eingeteilt. Innerhalb der Teilabschnitte wird mit gleichen Prozentsätzen abgeschrieben. **Steuerrechtlich** ist diese Art der degressiven AfA bei beweglichen Wirtschaftsgütern vom 1. 1. 1985 an nicht mehr zulässig.

Bei **Gebäuden** können steuerrechtlich bestimmte degressive AfA mit fallenden Staffelsätzen verrechnet werden, und zwar können Bauherren und Erwerber gem. § 7 Abs. 5 EStG bei im Inland belegenen Gebäuden in den
– Nutzungsjahren 1– 8   jeweils 5%

- Nutzungsjahren 9–14 jeweils 2,5%
- Nutzungsjahren 15–30 jeweils 1,25%

der Anschaffungs- bzw. Herstellungskosten abschreiben. Andere AfA-Methoden mit anderer Staffelung oder degressiver AfA nach Maßgabe einer kürzeren oder längeren Nutzungsdauer sind nicht zulässig (Abschn. 42 Abs. 2 EStR).

N. B.: Zu beachten ist, daß steuerrechtlich im Fall der Anwendung degressiver AfA-Methoden bei beweglichen Wirtschaftsgütern des Anlagevermögens Absetzungen für außergewöhnliche technische oder wirtschaftliche Abnutzung nicht zulässig sind (§ 7 Abs. 2 S. 4 EStG). Unbenommen bleibt jedoch die Möglichkeit der Teilwertabschreibung gem. § 6 EStG.

(3) Progressive Abschreibung

24   Die Abschreibung mit steigenden Abschreibungsbeträgen kann entsprechend der degressiven Abschreibungsmethode arithmetisch oder geometrisch bestimmt werden. In der Praxis wird die progressive Methode selten angewandt. Sie kann – nach dynamischer Bilanzauffassung – jedoch bei solchen Anlagen sinnvoll sein, bei denen von vornherein feststeht, daß eine hohe Investition aus technischen Gründen im Verlauf ihrer Nutzungszeit erst nach und nach wirtschaftlich voll genutzt werden kann. Dies gilt bei nicht beliebig teilbaren, langlebigen Anlagen, z. B. Pipelines, Talsperren, o. ä. Die Abschreibung muß in jedem Fall den vollen Wertverzehr erfassen, bei zunächst noch nicht genutzten Kapazitätsteilen muß beispielsweise zwingend der sog. ruhende Verschleiß erfaßt werden. Darüber hinaus ist nach Maßgabe des Vorsichtsprinzips der technischen und insbesondere auch der wirtschaftlichen Überholungsgefahr Rechnung zu tragen.

In der Praxis wird die progressive Abschreibung wegen der vorgenannten Risiken handelsrechtlich nur in ganz seltenen Ausnahmefällen zulässig sein (vgl. *Adler/Düring/Schmaltz* § 154 Anm. 41; *Husemann* Grundsätze ordnungsmäßiger Bilanzierung für Anlagegegenstände 1970, S. 170). Steuerrechtlich ist diese Methode nicht zugelassen.

(4) Abschreibung nach Maßgabe der Leistung

25   Bei Anwendung dieser Methode ist die zu erwartende Gesamtleistung zu schätzen. Durch Division der Anschaffungs- bzw. Herstellungskosten durch die Gesamtleistung ergibt sich ein Abschreibungsbetrag je Leistungseinheit. Dieser Abschreibungsbetrag ist mit der für die einzelnen Geschäftsjahre festzustellenden Leistungsabgabe des jeweiligen Anlagegegenstands zu multiplizieren, das Ergebnis ist der Abschreibungsbetrag für das Geschäftsjahr.

Die Bemessung der Abschreibung nach Maßgabe der Leistung ist bei solchen Anlagegegenständen sinnvoll, deren Nutzungszeit nahezu ausschließlich durch die technischen Möglichkeiten der insgesamt abzugebenden Leistung begrenzt wird und deren Leistung erheblich schwankt. Typisches Beispiel ist die Abschreibung eines Fahrzeugs nach Maßgabe der gefahrenen Kilometer.

Steuerrechtlich ist die AfA nach Maßgabe der Leistung bei beweglichen Wirtschaftsgütern des Anlagevermögens zulässig; Voraussetzung ist, daß die Methode wirtschaftlich begründet ist (§ 7 Abs. 1 S. 3 EStG).

bb) Wechsel der Abschreibungsmethoden

26   Bei Planung der Abschreibungen im Jahr des Zugangs kann von vornherein ein Wechsel der Methoden vorgesehen werden. Allgemein üblich und zulässig ist der Übergang sowohl von der degressiven als auch von der leistungsabhängigen Abschreibung zu der linearen Abschreibung. In Betracht kommt auch, daß bei Anwendung der leistungsabhängigen Abschreibung zwecks Berücksichtigung der Abschreibungsursachen, die neben dem technischen Verschleiß gegeben sind, ein linear zu ermittelnder Mindestabschreibungsbetrag festgelegt wird.

Auch die sofortige Abschreibung der geringwertigen Anlagegüter im Jahr des Zugangs kann Bestandteil des Abschreibungsplans sein.

Steuerrechtlich gilt hinsichtlich des Methodenwechsels folgendes:
Bei **Gebäuden** ist der Übergang von der degressiven AfA mit fallenden Staffelsätzen (§ 7 Abs. 5 EStG) zur linearen AfA (§ 7 Abs. 4 EStG) nicht zulässig und umgekehrt. Gleiches gilt für den Wechsel zwischen den Methoden gem. § 7 Abs. 5 EStG und § 7b EStG (vgl. Abschn. 42 Abs. 7 EStR).

Bei **beweglichen Wirtschaftsgütern des Anlagevermögens** ist der Übergang von der degressiven zur linearen AfA zulässig. Dagegen ist der Übergang von der linearen AfA zur degressiven AfA nicht gestattet (vgl. § 7 Abs. 3 EStG). Ein Wechsel zwischen den verschiedenen Formen der degressiven AfA war auch solange unzulässig, als die digitale AfA und die AfA mit fallenden Staffelsätzen noch erlaubt war (§ 11a EStDV).

Der Wechsel zwischen der AfA nach Maßgabe der Leistung und anderen AfA-Methoden ist gesetzlich bisher nicht geregelt. Der Übergang von der linearen und von der degressiven AfA zur Leistungs-AfA sollte jedoch dann zulässig sein, wenn er „wirtschaftlich begründet" ist. Nach den Grundsätzen, die für den Wechsel zwischen anderen Methoden gelten, wird der Übergang von der Leistungs-AfA zur linearen AfA in jedem Fall möglich sein, nicht dagegen der Übergang von der Leistungs-AfA zur degressiven AfA (vgl. auch *Herrmann/Heuer/Raupach* EStG, § 7 Anm. 203).

e) Änderungen des Abschreibungsplans

27   Die planmäßige Verteilung der Anschaffungs- bzw. Herstellungskosten auf die voraussichtliche Nutzungsdauer dient der Vergleichbarkeit der aufeinander folgenden Jahresabschlüsse. Willkürliche Planänderungen – z. B. im Hinblick auf die Ergebnisentwicklung – sind unzulässig.

Zulässige Änderungen der Abschreibungsmethoden ergeben sich in folgenden Fällen:

aa) Notwendige Planänderungen

28   Das Abschreibungsverfahren ist zu ändern, wenn neue, bessere Erkenntnisse über die zu erwartende Nutzungsdauer vorliegen, die für die Abschreibungsbemessung nicht von untergeordneter Bedeutung sind. Dabei werden Planberichtigungen aufgrund einer ursprünglich zu kurz geschätzten Nutzungsdauer nur in Betracht kommen, wenn der Jahresabschluß insgesamt bei Fortführung der Abschreibungsmethode ein völlig falsches Bild von der Ertragslage des Unternehmens vermitteln würde. Allerdings wird in solchen Fällen zumindest ein Recht zu einer planmäßigen Verteilung des Restbuchwertes auf die Restnutzungsdauer bestehen (vgl. *Adler/Düring/Schmaltz* § 154 Anm. 53).

Sobald feststeht, daß ein Anlagegegenstand nicht für die gesamte ursprünglich geschätzte Nutzungsdauer genutzt werden kann und eine Veräußerung zu dem jeweiligen Restbuchwert nicht möglich sein wird, ist der Restbuchwert nach einer zulässigen Abschreibungsmethode auf die nunmehr neu zu schätzenden Jahre der Nutzung zu verteilen. Nicht zulässig ist eine Korrektur in der Weise, daß eine Sonderabschreibung nach Maßgabe des Buchwertes vorgenommen wird, der sich ergeben hätte, wenn von vornherein die nunmehr zugrunde gelegte Nutzungsdauer für den Abschreibungsplan maßgebend gewesen wäre. Eine Sonderabschreibung im Fall der Korrektur der Nutzungsdauerschätzung ist nur dann möglich, wenn sie im Rahmen der Bestimmungen für außerplanmäßige Abschreibungen vorgenommen werden kann.

Eine Änderung des Abschreibungsplans ist dann geboten, wenn eine außerplanmäßige Abschreibung den Buchwert, abweichend von dem ursprünglichen Plan, gemindert hat. Dieser Restbuchwert ist dann planmäßig nach einer zulässigen Abschreibungsmethode auf die Restnutzungszeit zu verteilen.

bb) zulässige freiwillige Planänderungen

29   Nach dem Aktienrecht war bisher der Übergang von einer zulässigen Abschreibungsmethode auf eine andere zulässige Abschreibungsmethode möglich; er löste lediglich besondere Berichtspflichten gem. § 160 Abs. 2 S. 4 ggf. S. 5 AktG aF. aus. Der Grundsatz der materiellen Bilanzkontinuität war bisher handelsrechtlich nicht vorgeschrieben. Auch für den aktienrechtlichen Jahresabschluß gab es kein Gebot zur stetigen Bewertung. Vielmehr konnten für jeden Jahresabschluß die Bewertungsmethoden neu gewählt werden (vgl. *Forster* Bewertungsstetigkeit und Rechnungslegung nach dem AktG 1965, in WPg 1966, S. 555). Hiervon ausgenommen war

lediglich das Gebot zur Verrechnung planmäßiger Abschreibungen auf Gegenstände des abnutzbaren Anlagevermögens.

Mit dem Bilanzrichtlinien-Gesetz wird neben dem Grundsatz der planmäßigen Verrechnung von Abschreibungen vorgeschrieben, daß die auf den vorhergehenden Jahresabschluß angewandten Bewertungsmethoden beibehalten werden *sollen* (§ 252 Abs. 1 Nr. 6 HGB nF.). Von diesem Grundsatz darf nur in begründeten Ausnahmefällen abgewichen werden (§ 252 Abs. 2 HGB nF.). Hiernach wird nunmehr der Übergang von einer zulässigen Abschreibungsmethode auf eine andere zulässige Abschreibungsmethode, der abweichend von dem ursprünglich festgelegten Abschreibungsplan erfolgt, nur noch ,,in begründeten Ausnahmefällen" möglich sein. Begründete Ausnahmefälle können zunächst bei neuen besseren Erkenntnissen über die Nutzungsdauer des zu bewertenden Gegenstands vorliegen, die bei Vorliegen weiterer Voraussetzungen (vgl. Rz. 28) zwingend eine Änderung des Abschreibungsplans erforderlich machen. Freiwillige Änderungen des Abschreibungsplans werden aber nur zulässig sein
– sofern aufgrund einer Durchbrechung der materiellen Bilanzkontinuität Steuerersparnisse zu erlangen sind (z. B. Rettung eines sonst verfallenden Verlustvortrages; auch der steuerlich zulässige Wechsel der Abschreibungsmethode wird – da die Steuerneutralität erklärte Nebenbedingung des Gesetzgebers zur Umsetzung der IV. EG-Richtlinie war – die handelsrechtliche Zulässigkeit des Wechsels begründen),
– sofern sich die wirtschaftlichen Gegebenheiten sich ändern und die neue Abschreibungsmethode dem Entwertungsverlauf besser entspricht.

In jedem Fall lösen Durchbrechungen der Bewertungsstetigkeit bei Kapitalgesellschaften besondere Angabepflichten im Anhang aus (§ 284 Abs. 2 Nr. 3 HGB nF.).

f) Beendigung der Abschreibungen

30 Scheidet ein Anlagegegenstand endgültig durch Stillegung oder Verschrottung aus dem Prozeß der betrieblichen Leistungserstellung aus, so ist die Abschreibung des Restbuchwerts grundsätzlich bis zu dem Zeitpunkt des Ausscheidens vorzunehmen. Im Fall der Veräußerung wird in der Praxis häufig aus Vereinfachungsgründen die Abschreibung nur bis zum Beginn des Geschäftsjahres berechnet, in dem die Veräußerung stattfindet. Diese Handhabung kann als zulässig angesehen werden, solange sie nicht zu einer materiell bedeutsamen Beeinträchtigung des Einblicks in die Vermögens- und Ertragslage führt. **Steuerrechtlich** ist zu beachten, daß in den Fällen, in denen stille Reserven bzw. Rücklagen gem. § 6b EStG oder Abschn. 35 EStR übertragen werden, zwecks Ermittlung der stillen Reserven bei dem ausgeschiedenen Wirtschaftsgut Abschreibungen bis zum Tag des Ausscheidens vorgenommen werden können.

g) Planmäßige Abschreibungen in Sonderfällen

31 Der Gesetzgeber hat in einigen bilanzrechtlichen Sonderfällen die Vornahme der Abschreibungen im einzelnen geregelt. Hierzu gehören die Abschreibungen
(1) des Disagios (§ 250 Abs. 3 S. 2 HGB nF.)
(2) des Geschäfts- oder Firmenwerts (§ 255 Abs. 4 S. 2 HGB nF.)
(3) der Aufwendungen für die Ingangsetzung und Erweiterung des Geschäftsbetriebs (§ 282 HGB nF.)
(4) des sog. Verschmelzungsmehrwerts (§ 348 Abs. 2 S. 2 AktG).

Zu (1) Abschreibung des Disagios

32 **Handelsrechtlich** darf der Unterschied zwischen Rückzahlungs- und Ausgabebetrag einer Verbindlichkeit unter den Rechnungsabgrenzungsposten aktiviert werden. Der Posten ist planmäßig während der Laufzeit der Verbindlichkeit abzuschreiben. Ist die Laufzeit nicht abschließend bestimmt, so muß nach dem Vorsichtsprinzip die Abschreibung vollständig bis zu dem Zeitpunkt erfolgen, zu dem die Verbindlichkeit nach den Vereinbarungen über die Kündigung erstmals zur Rückzahlung fällig werden kann.

Steuerrechtlich besteht für das Disagio eine Aktivierungspflicht (vgl. z. B. BFH-Urteil v. 19. 1. 1978, BStBl. II, 262; Abschn. 37 Abs. 3 EStR).
Ein linearer Abschreibungsverlauf ist aus betriebswirtschaftlicher Sicht nur bei Fälligkeitsdarlehen zutreffend. Bei Tilgungsdarlehen sollte das Disagio aufgrund seines zinsähnlichen Charakters entsprechend der Inanspruchnahme des Darlehens degressiv abgeschrieben werden; da nach herrschender Meinung die Abschreibung nach der Zinsstaffelmethode nach GoB nicht gefordert ist, besteht bei Tilgungsdarlehen handels- und steuerrechtlich ein Wahlrecht zwischen der linearen und der degressiven Abschreibungsmethode (vgl. BFH-Urteil v. 19. 1. 1978 aaO). Bemerkenswert ist, daß der entsprechende Passivposten bei Kreditinstituten zwingend nach der Zinsstaffelmethode aufzulösen ist (vgl. BFH-Urteil v. 17. 7. 1974, BStBl. II 1974, 684; BMF BStBl. I 1978, 352).

Zu (2) Abschreibung des Geschäfts- oder Firmenwerts

33 **Handelsrechtlich** ist nach § 255 Abs. 4 S. 1 HGB nF. ein Aktivierungswahlrecht für den derivativen Geschäfts- oder Firmenwert gegeben. Es sind planmäßig Abschreibungen vorzunehmen, die entweder in jedem auf das Zugangsjahr folgenden Geschäftsjahr mit mindestens 25% des aufgewendeten Betrages anzusetzen oder auf die Jahre der voraussichtlichen Nutzungsdauer zu verteilen sind.

Steuerrechtlich besteht für diesen Posten eine Aktivierungspflicht. Bisher wurde der Geschäfts- oder Firmenwert grundsätzlich nicht als abnutzungsfähiges Wirtschaftsgut angesehen (§ 6 Abs. 1 Nr. 2 EStG aF.). Bei Vorliegen der entsprechenden Voraussetzungen waren lediglich Teilwertabschreibungen möglich (vgl. z. B. BFH-Urteile v. 28. 10. 1976, BStBl. II 1977, 73 sowie v. 13. 4. 1983, BStBl. II, 667). Lediglich dann, wenn abgrenzbare und nach objektiver Feststellung mit besonderem Anschaffungsaufwand erworbene immaterielle Einzelwirtschaftsgüter vorlagen, zu denen bei Übernahme eines Unternehmens auch die Einführung in die persönlichen Geschäftsbeziehungen gehören konnte, kamen auch Absetzungen für Abnutzung in Betracht (vgl. z. B. BFH-Urteile v. 16. 9. 1970, BStBl. II 1971, 175; v. 18. 7. 1972, BStBl. II, 884 sowie v. 13. 12. 1979, BStBl. II 1980, 346.
Im Rahmen des Bilanzrichtlinien-Gesetzes sind die §§ 6, 7 EStG bezüglich der Behandlung des Geschäfts- oder Firmenwerts geändert worden. Ziel war, eine stärkere Verknüpfung der steuerrechtlichen mit der handelsrechtlichen Gewinnermittlung zu erreichen. Der entgeltlich erworbene Geschäfts- oder Firmenwert kann nunmehr auch bei der steuerrechtlichen Gewinnermittlung abgeschrieben werden (wegen des Inkrafttretens der neuen Fassung vgl. § 52 Abs. 6a EStG 1986). Allerdings ist steuerrechtlich abweichend von der handelsbilanzmäßigen Regelung ein Abschreibungszeitraum von 15 Jahren vorgeschrieben.

Zu (3) Abschreibungen der Aufwendungen für die Ingangsetzung und Erweiterung des Geschäftsbetriebs

34 § 248 HGB nF. schreibt vor, daß Aufwendungen für die Gründung und für die Beschaffung des Eigenkapitals eines Unternehmens nicht aktiviert werden dürfen. Dagegen können Kapitalgesellschaften nach § 269 HGB nF. Aufwendungen für die Ingangsetzung des Geschäftsbetriebs und dessen Erweiterung als Bilanzierungshilfe gesondert aktivieren. Hiernach sind die Aufwendungen aktivierungsfähig, die durch Aufbau der Betriebs-, Vertriebs- und Verwaltungsorganisation anläßlich der erstmaligen Ingangsetzung des Geschäftsbetriebs oder dessen Erweiterung veranlaßt sind. Der Gesetzgeber hat offengelassen, ob auch entsprechende Aufwendungen für Betriebsverlegungen oder -umstellungen aktiviert werden dürfen. Nach Sinn und Zweck der Vorschrift ist m. E. die Aktivierungsfähigkeit der damit in Zusammenhang stehenden Organisationsaufwendungen nicht auszuschließen.
Die Aufwendungen sind gem. § 282 HGB nF. in jedem auf das Zugangsjahr folgenden Geschäftsjahr mindestens mit 25% der ursprünglich aktivierten Aufwendungen abzuschreiben. Spätestens nach fünf Jahren ist der Posten damit vollständig abgeschrieben.
Es ist hervorzuheben, daß die vorstehende **Bilanzierungshilfe** nicht allen Kaufleuten, sondern nur den Kapitalgesellschaften eingeräumt ist. Im übrigen ist diese Bilan-

Abschreibungen   35–38 **A**

zierungshilfe nur in Verbindung mit einer Ausschüttungssperre zugelassen worden (§ 269 S. 2 HGB nF.).

Steuerrechtlich führen Aufwendungen für die Ingangsetzung und Erweiterung des Geschäftsbetriebs nicht zu einem aktivierungsfähigen Wirtschaftsgut.

Zu (4) Abschreibung des sog. Verschmelzungsmehrwerts

35   Der im Fall einer Verschmelzung mit Kapitalerhöhung der aufnehmenden Gesellschaft ggfs. entstehende Verschmelzungsmehrwert kann gem. § 348 Abs. 2 S. 1 AktG aktiviert werden. Ein aktivierter Betrag ist wie ein Geschäfts- oder Firmenwert in den auf die Bildung folgenden Geschäftsjahren mit mindestens 25% abzuschreiben.

Steuerrechtlich ist ein Verschmelzungsmehrwert in dieser Form nicht zu aktivieren.

III. Außerplanmäßige Abschreibungen

1. Abschreibungen nach dem Niederstwertprinzip

36   Gemäß § 253 Abs. 2 S. 2 HGB nF. können bei Vermögensgegenständen des Anlagevermögens außerplanmäßige Abschreibungen vorgenommen werden, um sie mit dem – im Verhältnis zum bisherigen Buchwert bzw. zu dem sonst nach Vornahme der planmäßigen Abschreibung sich ergebenden Restbuchwert – niedrigeren beizulegenden Wert anzusetzen; bei einer voraussichtlich dauernden Wertminderung sind die außerplanmäßigen Abschreibungen zwingend vorzunehmen (s. auch Teil B Rz. 220 ff.). Die vorstehende Regelung gilt uneingeschränkt allerdings nur für Kaufleute, die nicht Kapitalgesellschaften sind; denn Kapitalgesellschaften dürfen außerplanmäßige Abschreibungen auf Sachanlagen nur bei voraussichtlich dauernden Wertminderungen vornehmen. Vgl. allerdings unter dem Stichwort ,,Zuschreibungen'' Rz. 407 ff. Lediglich bei den Finanzanlagen dürfen auch vorübergehende Wertminderungen berücksichtigt werden (vgl. § 279 Abs. 1 S. 2 HGB nF.).

§ 253 Abs. 2 S. 2 HGB nF. kodifiziert das sog. gemilderte Niederstwertprinzip, demzufolge – anders als bei den Posten des Umlaufvermögens – bei einer vorübergehenden Wertminderung nicht zwingend auf den niedrigeren beizulegenden Wert abgeschrieben werden muß, sondern nur dann, wenn die Wertminderung voraussichtlich von Dauer ist. Der beizulegende Wert ist nach der Zwecksetzung des Niederstwertprinzips der Wert, der zur Vermeidung eines zu hohen Vermögens und Gewinnausweises unter Berücksichtigung der Verhältnisse des Einzelfalls als sinnvollster Wert anzusehen ist. Als Ausgangspunkt für die Bestimmungen des beizulegenden Werts kommen je nach Art des Anlagegegenstands beispielsweise Wiederbeschaffungswerte (bei abnutzbaren Anlagegegenständen: Wiederbeschaffungszeitwerte), Reproduktionskostenwerte, Einzelveräußerungswerte, Ertragswerte oder Börsenkurse in Betracht (vgl. *Adler/Düring/Schmaltz* § 154 Anm. 73 ff.).

Da grundsätzlich nach Maßgabe des Vorsichtsprinzips zu bewerten ist (vgl. § 252 Abs. 1 Nr. 4 HGB nF.), ist hinsichtlich der Dauer einer tatsächlich eingetretenen Wertminderung nur dann davon auszugehen, daß es sich um eine nur vorübergehende Wertminderung handelt, wenn hierfür konkrete Anhaltspunkte vorliegen (vgl. auch *Adler/Düring/Schmaltz* § 154 Anm. 83).

37   **Steuerrechtlich** können bei Vorliegen bestimmter Voraussetzungen **Teilwertabschreibungen** nach Maßgabe von § 6 Abs. 1 Nr. 1 S. 2 bzw. Nr. 2 S. 2 sowie Absetzungen für außergewöhnliche Abnutzung gem. § 7 Abs. 1 S. 4 EStG vorgenommen werden. Zur Teilwertabschreibung vgl. die Erläuterungen zu dem Stichwort ,,Teilwert''.

38   **Absetzungen für außergewöhnliche Abnutzung** (,,AfaA'') sind dann möglich, wenn durch besondere Umstände technische oder wirtschaftliche Abnutzungen eintreten, die bei der Festlegung der AfA nach der betriebsgewöhnlichen Abnutzung nicht berücksichtigt wurden.

Kennzeichen der außergewöhnlichen technischen Abnutzung sind Beschädigungen oder Zerstörungen. Voraussetzung ist nicht, daß eine betriebliche Veranlassung für die außerordentliche Abnutzung gegeben ist. Vielmehr kann die Verringerung der technischen Nutzbarkeit auch durch höhere Gewalt eintreten (vgl. z. B. RFH-Urteil v. 19. 12. 1934, StuW 1935 Nr. 159).

Außergewöhnliche wirtschaftliche Abnutzungen können insbesondere durch Nachfrageänderungen gegeben sein. Beispielsweise können Änderungen in den Qualitätsansprüchen oder im modischen Geschmack der Kunden die Rentabilität einzelner Anlagegüter entscheidend verändern (vgl. z. B. RFH-Urteil v. 12. 12. 1928, RStBl. 1929, 87; BFH-Urteil v. 8. 7. 1980, BStBl. II, 743). Solange die wirtschaftliche Nutzungsdauer eines Wirtschaftsguts durch die Veränderung der Rentabilität nicht verkürzt wird, ist m. E. die Voraussetzung für eine AfaA nicht gegeben. Allerdings wird in solchen Fällen zu prüfen sein, ob nicht die Voraussetzungen für eine Teilwertabschreibung gegeben sind.

Während die Teilwertabschreibung ausschließlich bei Wertänderungen vorgenommen werden kann **(statische Betrachtung)**, zielt die AfaA auf die periodengerechte Zuordnung außergewöhnlicher technischer oder wirtschaftlicher Umstände ab **(dynamische Betrachtung)**. Im Gegensatz zur Teilwertabschreibung ist die AfaA nur bei abnutzbaren Wirtschaftsgütern des Anlagevermögens zulässig und sie setzt regelmäßig eine Beeinträchtigung der künftigen Nutzbarkeit voraus. Hervorzuheben ist, daß die AfaA zu einem Bilanzansatz führen kann, der unter dem Teilwert liegt (so jedenfalls RFH v. 1. 3. 1939, RStBl., 630).

Schwierigkeiten entstehen bei der Bemessung der Absetzung für außergewöhnliche Abnutzung. Bei einer außergewöhnlichen technischen Abnutzung wird die Bemessung der AfaA nach Maßgabe der Beeinträchtigung der künftigen Leistungsfähigkeit vorgenommen werden können. Bei einer außergewöhnlichen wirtschaftlichen Abnutzung könnte das Ausmaß der Verringerung der Rentabilität (z. B. aufgrund technischer Überholung durch leistungsfähigere Maschinen oder wirtschaftliche Überholung durch Bedarfsverschiebungen) für die AfaA zugrunde gelegt werden (vgl. auch *Herrmann/Heuer/Raupach* § 7 Anm. 227). Im Ergebnis kann die AfaA dann allerdings einer Teilwertabschreibung gleichkommen.

2. Sonderabschreibungen und erhöhte Absetzungen nach steuerlichen Spezialvorschriften

39 Außerplanmäßige Abschreibungen können handelsrechtlich auch vorgenommen werden, wenn die Voraussetzungen für eine steuerrechtliche Sonderabschreibung gegeben sind (§ 254 HGB nF.). Da andererseits der Gesetzgeber durch § 6 Abs. 3 EStG verlangt, daß erhöhte Absetzungen und Sonderabschreibungen in der Handelsbilanz vorgenommen werden müssen, um steuerlich wirksam werden zu können (Prinzip der Maßgeblichkeit der Handelsbilanz für die Steuerbilanz), wird mit dieser Regelung sichergestellt, daß entsprechende steuerrechtliche Möglichkeiten voll ausgenutzt werden können.

40 Insbesondere kommen folgende Sonderabschreibungen bzw. erhöhte Absetzungen in Betracht (siehe auch Teil X Rz. 2 ff.):

Rechtsgrundlage	Begünstigte Anlagegüter bzw. Maßnahmen
§ 7 b EStG	Einfamilien-, Zweifamilienhäuser und Eigentumswohnungen (vgl. auch Anlage 4a zu EStR 1984)
§ 7 d EStG	bewegliche und unbewegliche Wirtschaftsgüter, die dem Umweltschutz dienen
§ 7 f EStG	Anlagegüter privater Krankenhäuser
§ 7 g EStG	neue bewegliche Anlagegüter bei kleineren und mittleren Betrieben
§ 79 EStDV	Anlagen zur Verhinderung, Beseitigung oder Verringerung von Schädigungen durch Abwässer
§ 81 EStDV	bestimmte Anlagegüter im Kohlen- und Erzbergbau
§ 82 EStDV	Anlagen zur Verhinderung, Beseitigung oder Verringerung der Verunreinigung der Luft
§ 82a EStDV	bestimmte Anlagen und Einrichtungen bei Gebäuden

Rechtsgrundlage	Begünstigte Anlagegüter bzw. Maßnahmen
§ 82d EStDV	abnutzbare Anlagen, die der Forschung und Entwicklung dienen
§ 82e EStDV	Anlagen zur Verhinderung, Beseitigung oder Verringerung von Lärm oder Erschütterungen
§ 82f EStDV	inländische Handelsschiffe, Seefischereifahrzeuge, Luftfahrzeuge
§ 82g EStDV	bestimmte Baumaßnahmen nach dem Städtebauförderungsgesetz
§ 3 ZonRFG	Investitionen im Zonenrandgebiet
§ 14 BerlinFG	bestimmte Anlagegüter, die zu in Berlin belegenen Betriebsstätten gehören.

41 Zu den Sonderabschreibungen i. S. v. § 254 HGB nF. zählen auch die Sonderregelungen nach § 6 Abs. 2 und § 6b EStG sowie nach Abschn. 35 EStR.

42 Bei Inanspruchnahme von Sonderabschreibungen und erhöhten Absetzungen sind die Einschränkungen bzw. Sonderregelungen nach § 7a EStG zu beachten.

3. Handelsrechtliche Sonderabschreibungen im Rahmen vernünftiger kaufmännischer Beurteilung

43 Einzelkaufleute und Personenhandelsgesellschaften können neben den zuvor erläuterten planmäßigen und außerplanmäßigen Abschreibungen im Rahmen vernünftiger kaufmännischer Beurteilung weitere Abschreibungen vornehmen (§ 253 Abs. 4 HGB nF.; diese Regelung gilt nicht für Kapitalgesellschaften, vgl. § 279 Abs. 1 S. 1 HGB nF.).

Einzelkaufleuten und Personenhandelsgesellschaften ist danach die Bildung stiller Reserven durch Abschreibungen auf Posten des Anlage- und des Umlaufvermögens möglich, die über die planmäßigen Abschreibungen und die außerplanmäßigen Abschreibungen zwecks Einhaltung des Niederstwertprinzips hinausgehen. Das Erfordernis der vernünftigen kaufmännischen Beurteilung schließt jedoch die Bildung willkürlicher stiller Reserven aus. Insoweit müssen die Abschreibungen konkreten Risiken Rechnung tragen. Bei Abschätzung der Risiken müssen plausible, objektiv nachprüfbare Gründe für die Abschreibungen zugrunde gelegt werden. Wenn auch Vornahme und Ausmaß der Abschreibungen als Ausfluß des Vorsichtsprinzips in das Ermessen des bilanzierenden Kaufmanns gestellt werden, so hat die Ausübung des Ermessens in jedem Fall willkürfrei zu erfolgen.

44 *Steuerrechtlich* sind die vorstehenden Sonderabschreibungen nicht zulässig.

4. Beibehaltungswahlrecht, Wertaufholungsgebot

45 **Einzelkaufleute** und **Personenhandelsgesellschaften** dürfen handelsrechtlich den niedrigeren Wertansatz, der sich aufgrund außerplanmäßiger Abschreibungen ergeben hat, fortführen, auch wenn die Gründe für die Vornahme der außerplanmäßigen Abschreibungen nicht mehr bestehen (§ 253 Abs. 5 HGB nF.). Dies gilt auch, sofern sich herausstellt, daß steuerlich zunächst für zulässig erachtete Abschreibungen später von Finanzbehörden oder Finanzgerichten nicht anerkannt werden. Diese Abschreibungen brauchen *handelsrechtlich* nicht rückgängig gemacht zu werden. Gleiches gilt, wenn eine auflösende Bedingung für eine Steuervergünstigung eintritt (z. B. wenn die Verbleibfristen i. S. v. § 3 ZonRFG oder § 14 BerlinFG nicht eingehalten werden); vgl. § 254 S. 2 i. V. m. § 253 Abs. 5 HGB nF..

46 Die vorstehenden Regelungen gelten nicht uneingeschränkt für **Kapitalgesellschaften**. Wenn die Gründe für die Vornahme der außerplanmäßigen Abschreibung nicht mehr bestehen, ist grundsätzlich eine Zuschreibung im Umfang der Werterhöhung – ggfs. unter Berücksichtigung der Abschreibungen, die inzwischen vorzunehmen gewesen wären – vorzunehmen. Die Zuschreibung kann lediglich dann unterbleiben, wenn der niedrigere Wertansatz in der Steuerbilanz beibehalten werden kann; dabei ist Voraussetzung für die Beibehaltung, daß der niedrigere Wertansatz auch in der Handelsbilanz beibehalten wird (vgl. § 280 Abs. 1, 2 HGB nF. sowie § 6 Abs. 3 S. 2 EStG).

47 Vor Inkrafttreten des Bilanzrichtlinien-Gesetzes gilt steuerrechtlich, daß nach Teilwertabschreibungen ein in Folgejahren wieder gestiegener Teilwert
– bei Wirtschaftsgütern des abnutzbaren Anlagevermögens nicht angesetzt werden durfte,
– bei allen anderen Wirtschaftsgütern (nicht abnutzbares Anlagevermögen, Umlaufvermögen) angesetzt werden durften.

48 Auch wenn bei Vornahme einer Absetzung für außergewöhnliche Abnutzung der eingetretene Schaden ersetzt oder beseitigt wird, besteht weder die Möglichkeit noch die Pflicht zu einer späteren Zuschreibung. Für die bilanzielle Behandlung des Schadensersatzes oder der Aufwendungen für die Schadensbeseitigung gelten die allgemeinen Regeln (vgl. *Herrmann/Heuer/Raupach* § 7 Anm. 222f). Lediglich dann, wenn die AfaA wegen rückständigen Erhaltungsaufwands vorgenommen wurde, ist die Nachholung bis zur Höhe der AfaA wie Herstellungsaufwand zu behandeln (*Herrmann/Heuer/Raupach* aaO).

IV. Folgen des Unterlassens von Abschreibungen

49 Die Unterlassung von Abschreibungen führt zu **Überbewertungen**.

50 **Handelsrechtlich** bestehen keine für alle Kaufleute gültigen Vorschriften hinsichtlich der Folgen von Überbewertungen. Lediglich das Aktiengesetz regelt in § 256 Abs. 5 u. a., daß Jahresabschlüsse nichtig sind, in denen Posten mit einem höheren Wert angesetzt wurden, als nach §§ 253 bis 256 i. V. m. §§ 279 bis 283 HGB nF. zulässig ist (nach *Adler/Düring/Schmaltz* § 256 Anm. 77f. führen bei Aktiengesellschaften Bagatellfälle nicht zur Nichtigkeit des Jahresabschlusses). In entsprechender Anwendung dieser Vorschrift ist der Jahresabschluß einer GmbH dann nichtig, wenn Überbewertungen vorliegen, die den Grundsätzen ordnungsmäßiger Bilanzierung widersprechen und der Höhe nach nicht bedeutungslos sind (vgl. z. B. *Schilling/Zutt* in *Hachenburg* GmbHG Anh. § 47 Anm. 68; *Scholz/K. Schmidt* GmbHG § 46 Anm. 39).

Mit Rücksicht auf das Prinzip des Gläubigerschutzes wird man m. E. die für GmbH geltenden Grundsätze auch auf Personenhandelsgesellschaften, bei denen kein unbeschränkt haftender Gesellschafter eine natürliche Person ist, anwenden müssen. Fraglich ist, ob die analoge Anwendung auch bei Einzelkaufleuten und Personenhandelsgesellschaften, bei denen natürliche Personen unbeschränkt haften, geboten ist. Bei willkürlichen Verstößen gegen Grundsätze ordnungsmäßiger Bilanzierung sollten jedenfalls Jahresabschlüsse dieser Kaufleute m. E. wegen der zentralen Bedeutung des Gläubigerschutzprinzips für die Rechnungslegung ebenfalls nichtig sein.

51 **Steuerrechtlich** werden die Folgen eines Unterlassens von Abschreibungen vorwiegend daran geknüpft, ob die Abschreibung versehentlich oder absichtlich unterblieb.

Ist eine AfA versehentlich unterblieben, so kann sie in der Weise nachgeholt werden, daß der Buchwert entsprechend der bei dem Anlagegut angewandten Abschreibungsmethode auf die verbleibende Restnutzungsdauer verteilt wird (BFH-Urteil v. 21. 2. 1967, BStBl. III, 386).

Eine versehentlich unterbliebene Teilwertabschreibung kann nachgeholt werden, wenn am darauffolgenden Bilanzstichtag die entsprechenden Voraussetzungen noch gegeben sind.

Sind AfA, AfaA oder Teilwertabschreibungen absichtlich unterblieben, um dadurch ungerechtfertigte Steuerersparnisse zu erlangen, so dürfen sie nicht **nachgeholt werden** (zur absichtlich unterlassenen AfA vgl. BFH-Urteile v. 3. 7. 1956, BStBl. III, 250 und v. 3. 7. 1980, BStBl. II 1981, 255; nach dem Grundsatz von Treu und Glauben wird der Steuerpflichtige auch im Fall einer mit dem Ziel der Steuerersparnis unterlassenen, nach GoB notwendigen AfA oder Teilwertabschreibung an seinem Verhalten festzuhalten sein).

Ist eine AfA, AfaA oder Teilwertabschreibung zwar absichtlich, aber nicht mit dem Ziel der Steuerersparnis unterblieben, so gelten die Ausführungen zu versehentlichen Unterlassungen entsprechend (z. B. BFH-Urteil v. 7. 10. 1971, BStBl. II 1972, 271 für den Fall, in dem der Steuerpflichtige durch Unterlassen der AfA eine offensichtlich zu kurze Nutzungsdauerschätzung korrigieren wollte).

Auf die Ausführungen zu den Stichworten „Bilanzänderung" und „Bilanzberichtigung" wird verwiesen.

Anschaffungskosten

Übersicht

	Rz.
I. Begriff	52–53
II. Ermittlung der Anschaffungskosten	54–75
1. Grundsatz der Einzelermittlung	54
2. Vereinfachungsverfahren	55–59
3. Sonderfälle	60–75
a) Aufteilung der Anschaffungskosten bei Erwerb mehrerer Vermögensgegenstände zu einem Gesamtpreis	60
b) Kaufpreis in Auslandswährung	61
c) Behandlung von Finanzierungskosten	62–64
aa) Eigenkapitalzinsen	62
bb) Fremdkapitalzinsen	63
cc) Kosten der Geldbeschaffung	64
d) Anschaffung auf Rentenbasis	65
e) Anschaffung im Zwangsversteigerungsverfahren	66–67
f) Anschaffungskosten bei Tauschgeschäften	68
g) Die Behandlung von Zuschüssen, Zulagen und sonstigen Subventionen bei der Ermittlung von Anschaffungskosten	69–71
h) Anschaffungskosten bei unentgeltlichem Erwerb	72–74
i) Anschaffungskosten bei Einlagen	75

I. Begriff

52 Anschaffungskosten sind die Aufwendungen, die geleistet werden, um einen Vermögensgegenstand zu erwerben und ihn in einen betriebsbereiten Zustand zu versetzen. Dazu gehören außer dem Anschaffungspreis auch alle Aufwendungen, die im Zusammenhang mit dem Erwerb und der Herstellung des betriebsbereiten Zustands des Vermögensgegenstands stehen, soweit diese Aufwendungen dem Vermögensgegenstand und einzeln zugeordnet werden können. Die vorstehenden Aufwendungen sind um Rabatte und alle Arten von Nachlässen (z. B. Skonti, Boni etc.), die Anschaffungskostenminderungen darstellen, zu ermäßigen (vgl. auch § 255 Abs. 1 HGB nF., mit dem erstmals eine Kodifizierung des Begriffs erfolgt sowie BMF-Schreiben vom 16. 6. 1982, BStBl. I, 596).

53 Die Anschaffungskosten werden hiernach durch die Höhe der Gegenleistung für den erworbenen Vermögensgegenstand bestimmt; damit wird dem Zweck des Anschaffungswertprinzips entsprochen, wonach der Anschaffungsvorgang lediglich als Vermögensumschichtung und damit erfolgsneutral behandelt werden soll. Der Unterschied zum Herstellungsvorgang liegt darin, daß bei der Anschaffung ein bereits bestehender Vermögensgegenstand erworben, bei der Herstellung jedoch ein Vermögensgegenstand erst neu geschaffen wird.

II. Ermittlung der Anschaffungskosten

1. Grundsatz der Einzelermittlung

54 Entsprechend dem Grundsatz der Einzelbewertung (§ 252 Abs. 1 Nr. 3 HGB nF.) sind die Anschaffungskosten der zu bewertenden Vermögensgegenstände grundsätzlich individuell zu ermitteln. Die Anschaffungskosten umfassen die Kosten des Beschaffungsvorgangs, die unmittelbar und ausschließlich durch die Beschaffung des zu bewertenden Vermögensgegenstands verursacht worden sind. Der bei der Bewertung zu berücksichtigende Beschaffungsvorgang beginnt mit der ersten Maßnahme zum Erwerb des Vermögensgegenstands und endet mit Erreichen des betriebsbereiten Zustands (bei Vermögensgegenständen des Sachanlagevermögens nach Aufstellung und ggfs. Durchführung von Probeläufen; bei Vermögensgegenständen des Vorratsvermögens mit der ersten Einlagerung; vgl. auch die Erläuterungen zu „Anschaffungsnebenkosten").

Die Bestimmung der Anschaffungskosten ist auch von der Art des Anschaffungsvorgangs abhängig. Neben dem Kauf kommen als Anschaffungsvorgänge insbesondere in Betracht: Tausch, unentgeltlicher Erwerb, Sacheinlagen, Umwandlungen, Verschmelzungen (vgl. hierzu die Sonderfälle der Anschaffungskostenermittlung).

2. Vereinfachungsverfahren

55 Die individuelle Ermittlung der Anschaffungskosten wird schwierig, wenn in einem Wirtschaftsjahr eine Vielzahl gleichartiger Vermögensgegenstände zu verschiedenen Zeitpunkten und unterschiedlichen Preisen angeschafft wurde und wenn darüber hinaus der Bestand durch Verbrauch von Vermögensgegenständen vermindert wurde. Als Verfahren zur Vereinfachung der Ermittlung der Anschaffungskosten kommen in Betracht:
– die Durchschnittsmethode,
– Verfahren mit der Fiktion einer bestimmten Verbrauchsfolge.

Die vorstehenden Verfahren sind **handelsrechtlich** bei ,,gleichartigen Gegenständen des Vorratsvermögens" (vgl. § 256 HGB nF.) und **steuerrechtlich** bei ,,vertretbaren Wirtschaftsgütern des Vorratsvermögens" (vgl. Abschn. 36 Abs. 2 EStR) anwendbar.

56 Bei der einfachsten Form der **Durchschnittsmethode** wird aus dem Anfangsbestand und den Zugängen während des Wirtschaftsjahres ein gewogener Durchschnittspreis gebildet, mit dem sowohl die verbrauchten Vermögensgegenstände als auch der in der Bilanz zu berücksichtigende Endbestand bewertet werden.

Zulässig ist es auch, den Bestand am Jahresende mit den durchschnittlichen Anschaffungskosten einer **Teilperiode** bis zum Ende des Wirtschaftsjahres anzusetzen, sofern der Jahresendbestand in etwa dem Zugang während dieser Teilperiode entspricht. Bei höherem Lagerumschlag ist eine genauere Ermittlung der Anschaffungskosten dadurch möglich, daß nach jeder Anschaffung ein neuer Durchschnittspreis gebildet und jeder Verbrauch mit diesem Durchschnittspreis bewertet wird, vgl. im übrigen Teil B Rz. 559.

57 Zu den Verfahren mit der Fiktion einer **bestimmten Verbrauchsfolge** zählen **lifo-, fifo-, hifo** und ähnliche Verfahren, vgl. auch Teil B Rz. 560ff. Handelsrechtlich sind diese Verfahren grundsätzlich unabhängig von der tatsächlichen bzw. wahrscheinlichen Verbrauchsfolge anwendbar. Nur in Ausnahmefällen, wenn nach den tatsächlichen Verhältnissen die Verbrauchsfolge in keinem Fall mit der mit dem jeweiligen Verfahren verbundenen Fiktion übereinstimmen kann (z. B. bei verderblichen Waren), ist die Anwendung eines solchen Verfahrens nach Grundsätzen ordnungsmäßiger Buchführung ausgeschlossen (vgl. Adler/Düring/Schmaltz § 155 Tz. 93ff., insb. Tz. 95). Steuerrechtlich sind die o. g. Vereinfachungsverfahren nur dann anwendbar, wenn der Steuerpflichtige glaubhaft macht, daß die Fiktion des Vereinfachungsverfahrens dem tatsächlichen Ablauf entspricht (vgl. zur Anwendbarkeit des lifo-Verfahrens Abschn. 36 Abs. 2 EStR).

58 Das **fifo (first in – first out)-Verfahren** unterstellt, daß die zuerst angeschafften Vermögensgegenstände auch zuerst verbraucht werden. Zur Ermittlung der Anschaffungskosten des Bestands am Bilanzstichtag genügt es danach, die letzten Eingangsrechnungen des Wirtschaftsjahres nur insoweit zu berücksichtigen, als hierdurch der mengenmäßige Endbestand gedeckt wird.

59 Das **lifo (last in – first out)-Verfahren** unterstellt, daß die zuletzt angeschafften Bestände zuerst verbraucht werden. Bei diesem Verfahren wird der Verbrauch an Vermögensgegenständen – inflatorische Preisentwicklung unterstellt – mit jeweils gegenwartsnahen Anschaffungskosten erfaßt und der Bestand am Bilanzstichtag mit Anschaffungskosten der Vergangenheit bewertet. In der Praxis üblich ist das sog. **Perioden-lifo,** bei dem lediglich der Jahresendbestand bewertet und nicht alle Zu- und Abgänge während des Wirtschaftsjahres mengen- und wertmäßig erfaßt werden. Sofern bei Anwendung des Perioden-lifos der mengenmäßige Endbestand größer ist als der Bestand zu Beginn des Wirtschaftsjahres, wird die dem Anfangsbestand entsprechende Menge des Endbestands mit dem Wert des Anfangsbestands angesetzt. Der Mehrbestand ist mit Anschaffungskosten des Wirtschaftsjahres anzusetzen, zu dessen Ende die Bewertung vorzunehmen ist. Nach herrschender Auffassung können die Anschaffungskosten des Mehrbestands
– nach den tatsächlichen Verhältnissen individuell ermittelt (in praxi wenig gebräuchlich) oder

Anschaffungskosten 60–62 A

– nach Maßgabe der durchschnittlichen Anschaffungskosten des Wirtschaftsjahres (Durchschnittsmethode) oder
– nach den letzten Anschaffungskosten eines Wirtschaftsjahres für eine Menge, die dem Mehrbestand entspricht,
bewertet werden.

Anfangs- und Mehrbestand können danach in der Weise zu einem Gesamtbestand zusammengezogen werden, daß für jeden Teil des Gesamtbestands der Durchschnittswert des Gesamtbestands als dessen Anschaffungskosten gilt. Nach einem anderen Verfahren, das vor allem in den USA angewendet wird, ist der Mehrbestand für jedes Jahr, in dem sich ein Mehrbestand ergibt, gesondert fortzuführen. Die gesonderte Fortführung der Mehrbestände erlangt besondere Bedeutung bei Mengenrückgängen und Teilwertabschreibungen zu späteren Bilanzstichtagen.

Sofern im Rahmen des sog. Perioden-lifo der mengenmäßige Endbestand geringer ist als der Bestand zu Beginn des Wirtschaftsjahres, kann bei Bewertung des Endbestands der Durchschnittswert des Vorjahres zugrunde gelegt werden. Wurden in Vorjahren die sog. Mehrbestände gesondert fortgeführt, so sind bei Mengenrückgängen zuerst die zuletzt gebildeten Mehrbestände aufzulösen. Wegen weiterer Einzelheiten zu den Verfahren mit der Fiktion einer bestimmten Verbrauchsfolge wird auf Abschnitt B, der Jahresabschluß nach Handels- und Steuerrecht, Rz. 560 ff., verwiesen.

3. Sonderfälle
a) Aufteilung der Anschaffungskosten bei Erwerb mehrerer Vermögensgegenstände zu einem Gesamtpreis

60   Nach dem Grundsatz der Einzelbewertung (vgl. Erläuterungen zu diesem Stichwort, Rz. 54) ist es erforderlich, bei Erwerb mehrerer Vermögensgegenstände (z. B. beim Kauf ganzer Unternehmen oder Unternehmensteile), für den ein einheitlicher Gesamtkaufpreis festgelegt wird, diesen Gesamtanschaffungspreis einschließlich der Anschaffungsnebenkosten den einzelnen Vermögensgegenständen zuzuordnen.

In den Fällen, in denen der Gesamtpreis nur eine rechnerische Zusammenfassung der Einzelpreise für die erworbenen Vermögensgegenstände darstellt, werden häufig die von den Parteien bei Ableitung des Gesamtkaufpreises entwickelten Wertvorstellungen für einzelne Vermögensgegenstände in den Vertrag aufgenommen. Die so festgelegten Bestandteile des Gesamtkaufpreises können bei Bemessung der Anschaffungskosten der einzelnen Vermögensgegenstände insoweit zugrunde gelegt werden, als sie ein angemessenes Verhältnis der beizulegenden Werte (vgl. Erläuterungen zu diesem Stichwort, Rz. 118 ff.) der einzelnen Vermögensgegenstände zu dem Gesamtkaufpreis widerspiegeln. Sofern diese Voraussetzung gegeben ist, ist die danach vorgenommene Aufteilung der Anschaffungskosten für die einzelnen Vermögensgegenstände handels- und steuerrechtlich maßgebend. Etwas anderes gilt dann, wenn die Anschaffungskosten einzelner Vermögensgegenstände willkürlich zu hoch und dafür die anderer Vermögensgegenstände zu niedrig angesetzt worden sind. Den Nachweis einer darin liegenden Steuerumgehung i. S. v. § 42 AO hat die Finanzverwaltung zu führen (vgl. z. B. BFH-Urteil v. 5. 2. 1969, BStBl. II, 334; BFH-Urteil v. 31. 1. 1973, BStBl. II, 391).

b) Kaufpreis in Auslandswährung

61   Sofern die Bezahlung des Kaufpreises in der Zeit bis zum Tag des Gefahrenübergangs erfolgt, werden die Anschaffungskosten durch den tatsächlich aufgewendeten DM-Betrag bestimmt (Gleiches gilt für die Leistung von Anzahlungen). Erfolgt die Bezahlung nach dem Tag des Gefahrenübergangs, so ist für die Bestimmung der Anschaffungskosten der Wechselkurs am Tag des Gefahrenübergangs maßgebend. Wechselkursänderungen nach dem Tag des Gefahrenübergangs führen nicht zur Änderung der Anschaffungskosten.

c) Behandlung von Finanzierungskosten
aa) Eigenkapitalzinsen

62   Da Anschaffungskosten pagatorischer Natur sind und damit tatsächlich anfallende Ausgaben umfassen und Eigenkapitalzinsen demgegenüber grundsätzlich kalkulato-

rische Kosten darstellen, sind Eigenkapitalzinsen bei der Ermittlung von Anschaffungskosten grundsätzlich nicht zu berücksichtigen. Eine Ausnahme gilt für sog. Bauzinsen i. S. v. § 57 Abs. 3 AktG (vgl. hierzu *Adler/Düring/Schmaltz* § 153 Tz. 46).

bb) Fremdkapitalzinsen

63   Fremdkapitalzinsen gehören nach herrschender Meinung nicht zu den Anschaffungskosten. Unterschiedliche Auffassungen werden hinsichtlich der Behandlung von Fremdkapitalzinsen für solche Fälle vertreten, in denen die Finanzierung sich über einen längeren Zeitraum erstreckt und die Höhe des Kaufpreises von der Art der Finanzierung abhängig ist (vgl. *Adler/Düring/Schmaltz* § 153 Tz. 47 ff., *Wohlgemuth* Die Anschaffungskosten in der Handels- und Steuerbilanz, HdJ, Tz. 27 f., *Littmann* § 6 EStG Tz. 103 mit Hinweisen auf die steuerliche Rechtsprechung). Da nach der Zielsetzung des Anschaffungswertprinzips (vgl. Erläuterungen zu „Anschaffungswertprinzip", Rz. 90 ff.) der Anschaffungsvorgang erfolgsneutral behandelt werden soll und Verbindlichkeiten nach den Grundsätzen ordnungsmäßiger Buchführung mit dem Rückzahlungsbetrag anzusetzen sind, sollten m. E. bei dem Unternehmen, das einen Vermögensgegenstand anschafft, die mit der Anschaffung etwa in Zusammenhang stehenden Fremdkapitalzinsen nicht Bestandteil der Anschaffungskosten sein. Da der Gesetzgeber im Rahmen des Bilanzrichtlinien-Gesetzes bei Ermittlung der Herstellungskosten ein Wahlrecht einräumt und keine entsprechende Regelung für die Ermittlung der Anschaffungskosten trifft, kann angenommen werden, daß handelsrechtlich die Aktivierung von Fremdkapitalzinsen als Bestandteil von Anschaffungskosten nicht zulässig sein soll.

cc) Kosten der Geldbeschaffung

64   Die Kosten der Beschaffung von Finanzierungsmitteln für die Anschaffung von Vermögensgegenständen gehören nach herrschender Meinung nicht zu deren Anschaffungskosten.

d) Anschaffung auf Rentenbasis

65   Bei einem Kauf auf Rentenbasis ergibt sich aus dem Erfordernis der Bewertung der Rentenverpflichtung mit ihrem Barwert einerseits und dem Ziel der erfolgsneutralen Behandlung des Anschaffungsvorgangs nach dem Anschaffungswertprinzip andererseits, daß die Anschaffungskosten unter Zugrundelegung des Barwerts der Rentenverpflichtung zum Zeitpunkt des Gefahrenübergangs angesetzt werden. Die später tatsächlich geleisteten Rentenzahlungen haben hiernach keine Auswirkung auf die Höhe der Anschaffungskosten. Auch Veränderungen der Rentenzahlungen aufgrund von Wertsicherungsklauseln führen nicht zur nachträglichen Änderung der Anschaffungskosten (vgl. Erlaß Bremen v. 5. 2. 1962, Inf 1962, 153; BFH-Urteil v. 29. 11. 1983, BStBl II 1984, 109), sondern lediglich zur Veränderung des Wertansatzes für die Rentenverpflichtung.

e) Anschaffung im Zwangsversteigerungsverfahren

66   Auch bei dem Erwerb eines Vermögensgegenstands im Zwangsversteigerungsverfahren gilt, daß die Anschaffungskosten grundsätzlich durch die Höhe der Gegenleistung bestimmt werden. Hiernach zählen zu den Anschaffungskosten grundsätzlich das Bargebot und alle Verpflichtungen, die der Ersteigerer übernimmt, wie etwa bestehenbleibende Belastungen (vgl. z. B. BFH-Urteile v. 17. 12. 1970, BStBl II 1971, 325; 26. 4. 1977, BStBl II, 714).

67   Strittig ist die Ermittlung der Anschaffungskosten in dem Fall, in dem ein Sicherungsgläubiger zur Abwendung des Ausfalls seiner Forderung den Vermögensgegenstand im Zwangsversteigerungsverfahren erwirbt, das der Sicherung der Forderung diente. *Adler/Düring/Schmaltz* (§ 153 Tz. 33) halten die Aktivierung des Vermögensgegenstands mit einem über dem Meistgebot liegenden Zeitwert für möglich. Diese Auffassung erscheint im Hinblick auf die Zielsetzung von Anschaffungswert- und Realisationsprinzip bedenklich, da die Hinzurechnung des Teils der gesicherten Forderung zu den Anschaffungskosten, der der Differenz zwischen dem geschätzten Zeitwert (bzw. dem Betrag der ausgefallenen Hypothek) und dem Meistgebot entspricht, zu einer Kompensation eines realisierten Verlustes mit einem nicht gegenüber Dritten realisierten Gewinn führt (vgl. auch *Wohlgemuth* Die An-

schaffungskosten in der Handels- und Steuerbilanz, in HdJ, Tz. 64). Steuerrechtlich ist eine Aktivierung des durch das Gebot des Sicherungsgläubigers nicht gedeckten Teils seiner durch ein Grundpfandrecht gesicherten Forderung nicht geboten, wenn der gemeine Wert des Grundstücks diesen Teil nicht deckt (vgl. BFH-Urteil v. 25. 7. 1972, BStBl. II, 881).

f) Anschaffungskosten bei Tauschgeschäften

68 Handelsrechtlich ist früher die Auffassung vertreten worden, daß einem Tausch keine Gewinnerzielungsabsichten zugrunde liegen und demzufolge die Anschaffungskosten für einen eingetauschten Vermögensgegenstand mit dem Buchwert des hingegebenen Vermögensgegenstands anzusetzen sind (vgl. z. B. *Godin/Wilhelmi* 3. Aufl. § 153 Anm. 3). Die **steuerliche** Rechtsprechung ist dieser Auffassung nicht gefolgt. Sie hat vielmehr die Auffassung vertreten, daß die Anschaffungskosten bei einem Tausch in der Regel dem gemeinen Wert des hingegebenen Wirtschaftsguts entsprechen. Lediglich in bestimmten, von der Rechtsprechung präzisierten Fällen führt ein Tausch nicht zur Gewinnverwirklichung: z. B. BFH-Gutachten v. 16. 2. 1958, BStBl. III 1959, 30 zum Tausch von art-, wert- und funktionsgleichen Anteilen an Kapitalgesellschaften; BFH-Urteil v. 2. 11. 1965, BStBl. II 1966, 127, insbesondere zur Funktionsgleichheit von Beteiligungen; BFH-Urteil v. 17. 5. 1952, BStBl. III 1952, 208; BFH-Urteil v. 26. 8. 1960, BStBl. III 1961, 31; BFH-Urteil v. 27. 5. 1970, BStBl. II 1970, 743 zum Tausch sonstiger Wirtschaftsgüter, das Urteil v. 27. 5. 1970 faßt die steuerlichen Grundsätze zur Frage der Gewinnrealisation beim Tausch zusammen.

Im Hinblick auf die steuerliche Betrachtungsweise halten *Adler/Düring/Schmaltz* folgende handelsrechtliche Bilanzierungen für möglich (§ 153 Tz. 27 ff.):
– Tausch ohne Gewinnrealisation; d. h., die Anschaffungskosten des erhaltenen Vermögensgegenstands werden mit dem Buchwert des hingegebenen Vermögensgegenstands gleichgesetzt; hinzu kommen ggfs. Anschaffungsnebenkosten.
– Tausch mit Gewinnrealisation; die Anschaffungskosten werden in Höhe des vorsichtig geschätzten Zeitwerts des hingegebenen Vermögensgegenstands angesetzt.
– Tausch mit teilweiser Gewinnrealisation; die Anschaffungskosten des erhaltenen Vermögensgegenstands ergeben sich aus dem Buchwert des hingegebenen Vermögensgegenstands zuzüglich der steuerlichen Belastung aus dem Tauschvorgang; mit dieser Vorgehensweise wird der Tauschvorgang insgesamt erfolgsneutral behandelt.

g) Die Behandlung von Zuschüssen, Zulagen und sonstigen Subventionen bei der Ermittlung von Anschaffungsksoten

69 Die **bilanzielle Behandlung** von Zulagen, Zuschüssen und sonstigen Subventionen ist z. Z. teilweise strittig. Nach der Zielsetzung des Anschaffungswertprinzips wurde handelsrechtlich zunächst die Auffassung vertreten, daß zu den Anschaffungskosten nur die Beträge gehören, die das Unternehmen selbst für die Anschaffung bzw. Herstellung von Vermögensgegenständen aufzuwenden hatte. Zuwendungen von Dritten für die Beschaffung von Vermögensgegenständen sollten danach beim Zuwendungsempfänger im Geschäftsjahr des Zuflusses erfolgsneutral als Minderung der Anschaffungs- bzw. Herstellungskosten behandelt werden.

70 Die **steuerliche Behandlung** ist unterschiedlich:
aa) Bei der Gewährung von **Investitionszuschüssen** besteht grundsätzlich ein Wahlrecht (vgl. BFH-Urteil v. 4. 11. 1965, BStBl III 1966, 167; Abschn. 34 EStR):
– Die Zuschüsse können im Jahr des Zuflusses als Betriebseinnahmen angesetzt werden; Anschaffungs- bzw. Herstellungskosten der geförderten Wirtschaftsgüter werden in diesem Fall nicht durch die Zuschüsse gemindert. Eine Minderung der Bemessungsgrundlage für die AfA tritt hiernach nicht ein.
– Die Zuschüsse können aber auch im Jahr des Zuflusses erfolgsneutral behandelt werden; die Zuschüsse mindern in diesem Fall die Anschaffungs- bzw. Herstellungskosten.

Damit wird auch die Bemessungsgrundlage für die Berechnung der AfA entsprechend gemindert. Hinsichtlich der bilanziellen Behandlung der Zuschußgewährung im Fall des zeitlichen Auseinanderfallens von Zufluß und Anschaffung bzw. Herstellung vgl. Abschn. 34 Abs. 2, 3 EStR.

bb) **Investitionszulagen** nach (z. B. nach dem InvZulG und nach § 19 BerlinFG) mindern nicht die steuerlichen Anschaffungs- oder Herstellungskosten. Der Grund hierfür wird darin gesehen, daß die Betriebseinnahmen aus diesen Zulagen steuerfrei sind.

71 Im Hinblick auf Umfang, Bedeutung und Differenziertheit der Subventionierung von Unternehmen einerseits sowie das Erfordernis eines möglichst sicheren Einblicks in die Vermögens-, Finanz- und Ertragslage der Unternehmen andererseits ist eine Vereinheitlichung und damit verbunden auch eine Einschränkung von Bilanzierungswahlrechten, zumindest aber eine klare Beschreibung der gewählten Bilanzierungsmethode im Fall der Ausübung von Wahlrechten bei der Bilanzierung von Zulagen, Zuschüssen und sonstigen Subventionen wünschenswert. Der Hauptfachausschuß des IdW hat angesichts des Fehlens handelsrechtlicher Vorschriften in seiner Stellungnahme *HFA* 1/1984: ,,Bilanzierungsfragen bei Zuwendungen, dargestellt am Beispiel finanzieller Zuwendungen der öffentlichen Hand", behandelt (WPg 1984, 612ff.; Einführungsaufsatz hierzu *Tjaden* Bilanzierungsfragen bei Zuwendungen der öffentlichen Hand, WPg 1985, 33ff.). Derzeit ist noch nicht absehbar, ob die in der Stellungnahme des IdW vorgeschlagenen Verfahren zur Vereinnahmung von Zuwendungen Dritter in der handelsrechtlichen Praxis uneingeschränkt Anwendung finden werden. Das Fortbestehen der steuerlichen Wahlrechte kann dazu führen, daß zumindest die Unternehmen, die Handels- und Steuerbilanz einheitlich gestalten wollen, in der Stellungnahme vorgeschlagene Verfahren nicht anwenden.

h) Anschaffungskosten bei unentgeltlichem Erwerb

72 Bei unentgeltlichem Erwerb, z. B. im Wege der Schenkung oder Erbschaft, hat das Unternehmen, das den Vermögensgegenstand erhält, keine Gegenleistung aufzuwenden. Nach dem Grundsatz des Anschaffungswertprinzips wären unentgeltlich erworbene Vermögensgegenstände grundsätzlich nicht zu aktivieren. Die herrschende Meinung räumt im Hinblick auf das Erfordernis des möglichst sicheren Einblicks in die Vermögens-, Finanz- und Ertragslage **handelsrechtlich** ein **Aktivierungswahlrecht** ein (vgl. *Adler/Düring/Schmaltz* § 153 Anm. 52ff. mit weiteren Literaturhinweisen). Im Falle der Aktivierung darf der Wertansatz höchstens den vorsichtig zu schätzenden fiktiven Anschaffungswert erreichen.

73 **Steuerlich** gilt, daß **bei betrieblicher Veranlassung** eines unentgeltlichen Erwerbs eines Wirtschaftsguts der Betrag als Anschaffungskosten anzusetzen ist, der für das einzelne Wirtschaftsgut im Zeitpunkt des Erwerbs hätte aufgewendet werden müssen (§ 7 Abs. 2 EStDV). Der unentgeltliche Erwerb des Wirtschaftsguts führt damit steuerlich zur Gewinnrealisierung.

Sofern der unentgeltliche Erwerb **privat veranlaßt** ist, kann nach der steuerlichen Rechtsprechung beim Erwerber keine Gewinnrealisierung angenommen werden (vgl. BFH-Urteil v. 14. 4. 1967, BStBl III 1967, 391).

74 Bei unentgeltlicher Übertragung eines Betriebs, eines Teilbetriebs oder eines Mitunternehmeranteils sind die Anschaffungskosten des Erwerbers identisch mit den bisherigen Buchwerten der übertragenen Wirtschaftsgüter (vgl. § 7 Abs. 1 EStDV).

i) Anschaffungskosten bei Einlagen

75 Steuerrechtlich sind Einlagen alle Wirtschaftsgüter (Bareinzahlungen und sonstige Wirtschaftsgüter), die der Steuerpflichtige dem Betrieb im Laufe des Wirtschaftsjahres zugeführt hat (§ 4 Abs. 1 S. 5 EStG). Gegenstand von Einlagen können hiernach neben Barzahlungen auch andere Sachen und Rechte sowie Dienstleistungen und Nutzungen sein, soweit sie als Wirtschaftsgüter einzustufen sind.

Die Bewertung erfolgt grundsätzlich mit dem Teilwert für den Zeitpunkt der Zuführung; höchstens jedoch mit den Anschaffungs- oder Herstellungskosten, wenn das eingelegte Wirtschaftsgut
– innerhalb der letzten drei Jahre vor dem Zeitpunkt der Einlage angeschafft oder hergestellt worden ist oder
– ein Anteil an einer Kapitalgesellschaft ist und der Steuerpflichtige an der Gesellschaft wesentlich i. S. v. § 17 EStG beteiligt ist. Bei Einlage eines abnutzbaren

Wirtschaftsguts sind die Anschaffungs- oder Herstellungskosten um die AfA zu kürzen, die auf den Zeitraum zwischen Anschaffung oder Herstellung des Wirtschaftsguts und Einlage entfallen. Ist das eingelegte Wirtschaftsgut zuvor aus einem Betriebsvermögen des Steuerpflichtigen, der die Einlage leistet, entnommen worden, so ist anstelle der Anschaffungs- oder Herstellungskosten der Entnahmewert anzusetzen (vgl. § 6 Abs. 1 Nr. 5 EStG).

Anschaffungskostenerhöhung, nachträgliche

76 Bei Ermittlung der Anschaffungskosten sind **handelsrechtlich** nur die Aufwendungen zu berücksichtigen, die bis zum Ende des Beschaffungsvorgangs anfallen. Dieser Zeitpunkt ist dann erreicht, wenn der Vermögensgegenstand seiner bestimmungsgemäßen Nutzung zugeführt worden ist. Der Anschaffungsvorgang ist danach aber nicht zwingend bereits mit der Erlangung des wirtschaftlichen Eigentums abgeschlossen. Nach herrschender Meinung gehören deshalb nach dem Erwerbszeitpunkt noch anfallende Aufwendungen zu den Anschaffungskosten, sofern sie noch erforderlich sind, um den Vermögensgegenstand seiner bestimmungsgemäßen Nutzung zuzuführen (vgl. auch § 255 Abs. 2 S. 2 HGB n. F.). Nachträgliche Anschaffungskosten fallen in der Regel in engem zeitlichen Zusammenhang mit dem Erwerb des Vermögensgegenstands an. Typische Fälle dieser Art sind Aufwendungen für Verbesserungen, Reparaturen oder Umbauten, die bei der Bemessung des ursprünglichen Anschaffungspreises bewußt in Kauf genommen wurden (vgl. auch *Adler/Düring/Schmaltz* § 153 Tz. 35).

77 **Steuerrechtlich** sind nach dem Beschluß des Großen Senats des BFH v. 22. 8. 1966 (vgl. BStBl II 1966, 672 ff.) grundsätzlich nur die Aufwendungen als Anschaffungskosten anzusehen, die dazu dienen, das Wirtschaftsgut von der fremden in die eigene wirtschaftliche Verfügungsgewalt zu überführen. Sobald der Steuerpflichtige die wirtschaftliche Verfügungsgewalt erlangt habe, sei der Erwerbsvorgang abgeschlossen. Für die Bilanzierungspraxis bedeutet dies jedoch nicht, daß Aufwendungen, die im Anschluß an den Anschaffungsvorgang getätigt werden, nicht aktiviert werden müssen, denn der BFH hat Aufwendungen, die nach Beendigung des Anschaffungsvorgangs anfielen, dann, wenn ein enger zeitlicher Zusammenhang zum Anschaffungsvorgang bestand, häufig als Herstellungskosten angesehen (vgl. z. B. BFH-Urteile v. 29. 7. 1970 BStBl II, 810 und v. 8. 7. 1980 BStBl II, 744; vgl. des weiteren zu anschaffungsnahen Aufwendungen auch Abschn. 157 Abs. 5 EStR).

78 Bei der Anschaffung von Gebäuden ist steuerrechtlich beispielsweise davon auszugehen, daß dann, wenn durch die Aufwendungen das Wesen eines Gebäudes verändert, sein Nutzungswert erheblich erhöht oder seine Nutzungsdauer erheblich verlängert wird, anschaffungsnahe Aufwendungen als Herstellungskosten zu behandeln sind.

79 Wegen der Behandlung der **Abbruchkosten von Gebäuden** oder Gebäudeteilen im Zusammenhang mit dem Erwerb eines Grundstücks wird auf Abschn. 33 a Abs. 5 EStR verwiesen.

80 Bei **Betriebsvorrichtungen** und **beweglichen Wirtschaftsgütern** ist davon auszugehen, daß bewußt in Kauf genommene Aufwendungen, die im Anschluß an den Erwerb getätigt werden, den Anschaffungskosten des jeweiligen Wirtschaftsguts zuzurechnen sind (vgl. z. B. BFH-Urteil v. 12. 2. 1964, StRK EStG R 665). Die üblichen Abgrenzungskriterien für die Unterscheidung zwischen Erhaltungs- und Herstellungsaufwand gelten demnach bei anschaffungsnahen Aufwendungen nicht (vgl. auch *Herrmann/Heuer/Raupach*: Anm. 524 zu § 6 EStG). Auf die Erläuterungen zu dem Stichwort „Anschaffungsnahe Aufwendungen" wird verwiesen.

Anschaffungsnahe Aufwendungen

81 Im **Steuerrecht** werden unter anschaffungsnahen Aufwendungen solche Aufwendungen verstanden, die in einem engen zeitlichen Zusammenhang mit der Anschaffung eines Wirtschaftsguts stehen, aber nicht durch die Anschaffung selbst veranlaßt sind. Anschaffungsnahe Aufwendungen können grundsätzlich im Zusammenhang mit der Anschaffung aller Arten von Wirtschaftsgütern anfallen (vgl. BFH-Urteil v. 12. 2. 1964, StRK EStG § 4 R. 665). In der Regel handelt es sich um Aufwendungen für Reparaturen, Mängelbeseitigungen oder Umbauten.

82 Die Rechtsprechung hat sich insbesondere mit der Behandlung solcher Aufwendungen, die in engem zeitlichen Zusammenhang mit der Anschaffung von Gebäuden anfielen, befaßt. Danach werden bei Vorliegen bestimmter Kriterien Aufwendungen selbst dann als **Herstellungskosten** angesehen, wenn diese Aufwendungen bei dem Veräußerer als Erhaltungs- bzw. Instandsetzungsaufwand behandelt worden wären. Nach dem Beschluß des Großen Senats des BFH v. 22. 8. 1966 (BStBl III, 672) und BFH-Urteil v. 8. 7. 1980 (BStBl II, 744) werden solche Aufwendungen als Herstellungskosten behandelt, die
– im Anschluß an die Anschaffung eines Gebäudes gemacht werden und
– im Verhältnis zum Kaufpreis hoch sind und
– im Vergleich zum Zustand des Gebäudes im Anschaffungszeitpunkt
  • das Wesen des Gebäudes verändern oder
  • den Nutzungswert erheblich erhöhen oder
  • die Nutzungsdauer erheblich verlängern.

Ob anschaffungsnaher Herstellungsaufwand vorliegt, ist für die ersten drei Jahre nach der Anschaffung eines Gebäudes von der Finanzverwaltung nur zu prüfen, wenn die Aufwendungen für Instandsetzungen in diesem Zeitraum insgesamt 20% der Anschaffungskosten des Gebäudes übersteigen. Bei Instandsetzungsarbeiten, die erst nach Ablauf von drei Jahren seit der Anschaffung durchgeführt werden, wird im allgemeinen ein Zusammenhang mit der Anschaffung des Gebäudes nicht mehr angenommen (Abschn. 157 Abs. 5 S. 7, 9 EStR).

83 Aufwendungen für Baumaßnahmen, durch die ein Gebäude wesentlich in seiner Substanz vermehrt, in seinem Wesen erheblich verändert oder über seinen bisherigen Zustand hinaus deutlich verbessert wird, sind schon nach den Kriterien, die generell für die Abgrenzung zwischen Erhaltungs- und Herstellungsaufwand verwendet werden, als Herstellungskosten anzusehen (vgl. hierzu Abschn. 157 Abs. 3 EStR und dort angegebenen BFH-Urteile).

84 Bei Aufwendungen, die im zeitlichen Zusammenhang mit der Anschaffung anfallen und den Zustand eines Gebäudes insoweit verändern, als die den Nutzungswert erheblich erhöhen oder die Nutzungsdauer erheblich verlängern, ist zu unterscheiden zwischen Aufwendungen, die vor dem Anschaffungszeitpunkt verursacht wurden und solchen, deren Ursache nach dem Anschaffungszeitpunkt liegt. Lag die Ursache zeitlich vor dem Anschaffungszeitpunkt und hätten die Aufwendungen bei ordnungsmäßiger Unterhaltung des Gebäudes bereits vor dem Anschaffungszeitpunkt getätigt werden müssen, so handelt es sich um anschaffungsnahe Aufwendungen (Herstellungskosten). Dies gilt unstreitig für solche Mängel, die dem Erwerber zum Zeitpunkt des Kaufs bekannt waren. Handelt es sich um Aufwendungen für die Beseitigung verborgener Mängel, so sind diese nach Ansicht des BFH – bei Vorliegen der übrigen Voraussetzungen zu a) bis c) – nur dann als Herstellungskosten zu behandeln, wenn die verdeckten Mängel zu einer Minderung des Kaufpreises geführt haben (Beschluß des Großen Senats des BFH v. 22. 8. 1966 a. a. O.).

Nach *Herrmann/Heuer/Raupach* sollte darauf abgestellt werden, ob der Erwerber den Mangel gekannt hat; wenn nein, sollte unterstellt werden, daß der Mangel den Kaufpreis nicht beeinflußt hat (§ 6 Anm. 524).

85 Die vorstehenden Grundsätze wurden überwiegend im Zusammenhang mit Streitfragen über anschaffungsnahe Aufwendungen bei Gebäuden entwickelt; sie gelten aber auch für die Beurteilung anschaffungsnaher Aufwendungen bei anderen Wirtschaftsgütern.

Anschaffungsnebenkosten

86 Bei den Anschaffungsnebenkosten handelt es sich um Aufwendungen, die zusätzlich zum Anschaffungspreis erforderlich sind, um einen Vermögensgegenstand zu erwerben und in einen betriebsbereiten Zustand zu versetzen. Danach sind Anschaf-

Anschaffungsprinzip

fungsnebenkosten – soweit sie dem Vermögensgegenstand einzeln zugeordnet werden können – zwingend zu aktivieren.

87 Zu den Anschaffungsnebenkosten gehören beispielsweise: Transport-, Umschlag- und Lagerkosten, wie z. B. Eingangsfrachten, Rollgelder, Transportversicherungen, Lager- und Liegegelder, des weiteren Eingangszölle, Provisionen, Courtage, Kommissionen, Kosten der Begutachtung des angeschafften Vermögensgegenstands, Notariats- und Gerichtskosten, Grunderwerbsteuer, Börsenumsatzsteuer, nicht abziehbare Vorsteuerbeträge gem. § 15 UStG insoweit, als sie nicht gem. § 9b Abs. 1 EStG bei Ermittlung der Anschaffungskosten außer Betracht bleiben können (vgl. auch Abschn. 86 EStR). Auch Kosten innerbetrieblicher Leistungen, wie innerbetriebliche Transportkosten (direkt zurechenbare variable Einzelkosten des Transports mit eigenen Fahrzeugen), Montagekosten für die Aufstellung von Aggregaten und Fundamentierungskosten, zählen zu den Anschaffungsnebenkosten.

88 Nach bisheriger kaufmännischer Übung und auch nach dem Wortlaut der erstmaligen Kodifizierung der Anschaffungskosten (§ 255 Abs. 1 HGB nF.) sind Gemeinkosten des Anschaffungsvorgangs nicht in die Anschaffungsnebenkosten einzubeziehen (Aufwendungen..., „soweit sie dem Vermögensgegenstand einzeln zugeordnet werden können.").

89 Sofern die Ermittlung der Anschaffungsnebenkosten aufgrund der Gegebenheiten des betrieblichen Rechnungswesens nicht oder nur mit unverhältnismäßig hohem Zeitaufwand ermittelt werden können, ist es auch zulässig, die Anschaffungsnebenkosten, die keine Gemeinkosten sind, nach betrieblichen Erfahrungssätzen zu pauschalieren.

Anschaffungswertprinzip

90 Das Anschaffungswertprinzip steht in engem Zusammenhang mit dem Realisationsprinzip. Beide Prinzipien, die seit langem zu den Grundsätzen ordnungsmäßiger Buchführung gehören, sollen verhindern, daß durch Ausschüttung nicht realisierter Gewinne die Haftungsgrundlage für die Gläubiger geschmälert wird (**Gläubigerschutz**).

91 Nach dem Anschaffungswertprinzip sind die in der Bilanz zu erfassenden Vermögensgegenstände grundsätzlich mit ihren Anschaffungs- bzw. Herstellungskosten – die Vermögensgegenstände des abnutzbaren Anlagevermögens vermindert um planmäßige Abschreibungen (handelsrechtlich) bzw. Absetzungen für Abnutzungen (steuerrechtlich gem. § 7 EStG) – anzusetzen. Eine Bewertung über die Anschaffungs- oder Herstellungskosten hinaus – bei den abnutzbaren Vermögensgegenständen des Anlagevermögens vermindert um planmäßige Abschreibungen bzw. AfA gem. § 7 EStG – ist unzulässig. Zu handels- und steuerrechtlichen Möglichkeiten von Zuschreibungen vgl. die Erläuterungen zu dem Stichwort „Zuschreibungen".
Gesetzliche Grundlagen sind handelsrechtlich § 253 Abs. 1 HGB nF. und steuerrechtlich § 6 Abs. 1 Ziff. 1 und 2 EStG.

92 Das Anschaffungswertprinzip führt bei inflationsbedingtem Preisanstieg unter anderem dadurch, daß die Anschaffungs- oder Herstellungskosten die Bemessungsgrundlage für die Abschreibungen der abnutzbaren Anlagegegenstände bilden, zu Scheingewinnen. Deren Besteuerung und Ausschüttung verhindern die Erhaltung der Substanz der Unternehmen, sofern nicht bilanzpolitische Gegenmaßnahmen ergriffen werden. Um den Ausweis solcher **Scheingewinne** zu verhindern, wären grundsätzlich Abschreibungen von den Wiederbeschaffungskosten erforderlich. Der deutsche Gesetzgeber hat Abschreibungen von Wiederbeschaffungswerten bisher jedoch weder handelsrechtlich noch steuerrechtlich zugelassen; die Möglichkeiten zur Scheingewinneliminierung, die die IV. EG-Richtlinie den Mitgliedsländern eingeräumt hat, sind nicht in das Bilanzrichtlinien-Gesetz aufgenommen worden.

Aufbewahrungspflichten

Übersicht

	Rz.		Rz.
I. Aufzubewahrende Unterlagen	93–102	IV. Ort der Aufbewahrung	115–116
II. Aufbewahrungsfristen	103–107	V. Rechtsfolgen von Verstößen gegen die Aufbewahrungspflicht	117
III. Aufbewahrungsformen	108–114		

I. Aufzubewahrende Unterlagen

– Siehe auch Teil I Rz. 27 ff. –

93 Gemäß § 257 Abs. 1 HGB nF. ist jeder Kaufmann verpflichtet, die folgenden Unterlagen geordnet aufzubewahren:

1. Handelsbücher, Inventare, Eröffnungsbilanzen, Jahresabschlüsse, Lageberichte, Konzernabschlüsse, Konzernlageberichte sowie die zu ihrem Verständnis erforderlichen Arbeitsanweisungen und sonstigen Organisationsunterlagen,
2. die empfangenen Handelsbriefe,
3. Wiedergaben der abgesandten Handelsbriefe,
4. Belege für Buchungen in den von ihm nach § 238 Abs. 1 HGB n F. zu führenden Büchern (Buchungsbelege).

94 Der Katalog der nach § 147 AO aufzubewahrenden Unterlagen entspricht mit den nachstehend aufgeführten Abweichungen bzw. Ergänzungen dem des § 257 HGB n F.:

– nach Nr. 1 sind aufzubewahren: Bücher und Aufzeichnungen, Inventare, Jahresabschlüsse, Lageberichte, die Eröffnungsbilanz sowie die zu ihrem Verständnis erforderlichen Arbeitsanweisungen und sonstigen Organisationsunterlagen,
– unter Nr. 4 sind lediglich „Buchungsbelege" genannt und
– ergänzend wird nach § 147 Nr. 5 auch die Aufbewahrung „sonstiger Unterlagen, soweit sie für die Besteuerung von Bedeutung sind" verlangt.

95 Die in § 257 HGB n F. und § 147 AO normierte **Aufbewahrungspflicht** für die dort bezeichneten Unterlagen ist ein **Bestandteil der Buchführungspflicht**, da erst anhand der aufzubewahrenden Unterlagen die Buchführung auf Vollständigkeit und Richtigkeit hin überprüft werden kann.

96 Der zur Aufbewahrung **verpflichtete Personenkreis** ist mit demjenigen identisch, der nach handels- und/oder steuerrechtlichen Vorschriften Bücher zu führen bzw. Aufzeichnungen zu erstellen hat.

97 Im Hinblick auf den Kreis der nach steuerrechtlichen Vorschriften Buchführungs- bzw. Aufzeichnungspflichtigen sind die **steuerrechtlich** aufbewahrungspflichtigen Unterlagen wie folgt definiert (§ 147 Abs. 1 AO):

98 **Bücher** im Sinne der vorstehenden Vorschriften sind nicht nur die sog. Handelsbücher, sondern alle Geschäftsbücher, die im Rahmen der Buchführung geführt werden, insbesondere Haupt-, Grund- und Nebenbücher sowie Warenausgangs- und Wareneingangsbücher.

99 Zu den **Arbeitsanweisungen** und **Organisationsunterlagen** gehören beispielsweise Buchungsanweisungen und Kontenpläne. Bei Verwendung von EDV-Anlagen sind Programm- und Systemunterlagen aufzubewahren, soweit sie zum Verständnis und zum Nachweis der Ordnungsmäßigkeit der Buchführung erforderlich sind.

100 Unter **Handelsbriefen** ist die Korrespondenz des Kaufmanns, die Handelsgeschäfte betrifft (§ 44 Abs. 1 HGB n F.), unter **Geschäftsbriefen** die Korrespondenz der übrigen Buchführungs- und Aufzeichnungspflichtigen zu verstehen.

101 **Buchungsbelege** sind Belege, die den Eintragungen in die nach handels- oder steuerrechtlichen Vorschriften oder freiwillig geführten Bücher zu Grunde liegen (vgl. auch die Erläuterungen zu dem Stichwort „Beleg").

102 **Sonstige Unterlagen** i. S. v. § 147 Abs. 1 Nr. 5 AO sind alle Unterlagen, die im Unternehmen anfallen, ohne Buchungsbelege zu sein. Sie sind für die Besteuerung von Bedeutung (und damit aufbewahrungspflichtig), soweit sie Aussagen oder Teilaussagen über steuerlich bedeutsame Vorgänge enthalten (z. B. Unterlagen über Aufträge und Bestellungen, Aus- und Einfuhren, Bewertungen sowie Preisverzeich-

Aufbewahrungspflichten

nisse, Mahnvorgänge, Konto- und Depotauszüge, Grundbuch- und Handelsregisterauszüge; *Tipke/Kruse* Anm. 7 zu § 147.

II. Aufbewahrungsfristen

103 gemäß § 147 Abs. 3 i. V. m. § 1 AO gelten folgende Aufbewahrungsfristen:
– **Zehn Jahre** aufzubewahren sind:
Bücher und Aufzeichnungen, Inventare, Bilanzen sowie die zu ihrem Verständnis erforderlichen Arbeitsanweisungen und sonstigen Organisationsunterlagen. Belege, die durch ihre geordnete Ablage die Führung von Büchern ersetzen, sind wie Handelsbücher zehn Jahre lang aufzubewahren. Ebenfalls müssen Datenträger, auf denen Buchungen gespeichert sind, zehn Jahre aufbewahrt werden.

– Grundsätzlich **sechs Jahre** lang aufzubewahren sind:
Die empfangenen Handels- oder Geschäftsbriefe Wiedergaben der abgesandten Handels- oder Geschäftsbriefe
Buchungsbelege
Sonstige Unterlagen, soweit sie für die Besteuerung von Bedeutung sind.

Diese Aufbewahrungsfrist gilt auch für Datenträger, auf denen die vorgenannten Unterlagen gespeichert sind.

104 Sofern andere **Steuergesetze** dies zulassen, können die Aufbewahrungsfristen auch kürzer als die vorgenannten Fristen sein (§ 147 Abs. 3 S. 1 AO). An anderen Vorschriften sind zu nennen: § 41 Abs. 1 S. 8 EStG (Lohnkonten), § 15 WechselStDV (Wechsel), §§ 11–13 RennWettLottAB (Durchschriften von Wettscheinen und sonstige Unterlagen) und § 36 Abs. 1 KVStDV (Schlußnoten für Börsenumsatzsteuerzwecke).

Nach Ablauf der in § 147 Abs. 3 S. 1 AO genannten oder der in anderen Steuergesetzen zugelassenen kürzeren Aufbewahrungsfristen brauchen die Unterlagen nur noch aufbewahrt zu werden, wenn und soweit sie für eine begonnene Außenprüfung, für eine vorläufige Steuerfestsetzung nach § 65 AO, für anhängige steuerstraf- oder bußgeldrechtliche Ermittlungen, für ein schwebendes oder aufgrund einer Außenprüfung zu erwartendes Rechtsbehelfsverfahren oder zur Begründung von Anträgen des Steuerpflichtigen von Bedeutung sind (vgl. BdF-Erlaß v. 25. 10. 1977, BStBl I 1977, 487). Sofern hiernach die steuerliche Außenprüfung nicht vor Ablauf der Aufbewahrungsfrist begonnen hat, tritt keine Ablaufhemmung für die Berechnung der Aufbewahrungsfrist ein.

105 Abweichend von dem Gesetzeswortlaut nach § 147 Abs. 3 S. 1 AO sollen nach dem BFH-Urteil v. 2. 2. 1982 (BStBl II, 409 ff.) auch steuerrechtlich kürzere Fristen als die zuvor genannten maßgeblich sein, wenn Bücher und Aufzeichnungen nach anderen Gesetzen als den Steuergesetzen auch im Interesse der Besteuerung zu führen sind und die anderen Gesetze Aufbewahrungsfristen anordnen, die kürzer sind als die allgemeinen steuerrechtlichen Aufbewahrungsfristen.

106 In praxi besteht dennoch i. d. R. keine Übereinstimmung zwischen handels- und steuerrechtlichen Aufbewahrungsfristen, da gem. § 147 Abs. 3 S. 2 AO die Aufbewahrungsfrist nicht abläuft, soweit und solange die Unterlagen für Steuern von Bedeutung sind, für welche die Festsetzungsfrist noch nicht abgelaufen ist. Hiernach sind bei der Fristberechnung die ablaufhemmenden Tatbestände gem. § 171 AO zu berücksichtigen; die verlängerte Festsetzungsfrist bei vorsätzlicher oder leichtfertiger Steuerverkürzung gem. § 169 Abs. 2 S. 2 AO gilt jedoch nicht.

107 Die Aufbewahrungsfrist **beginnt** mit dem Schluß des Kalenderjahres, in dem die letzte Eintragung in das Buch gemacht, das Inventar, die Eröffnungsbilanz, der Jahresabschluß oder der Lagebericht, der Handels- oder Geschäftsbrief empfangen oder abgesandt worden oder der Buchungsbeleg entstanden ist, ferner die Aufzeichnung vorgenommen worden ist oder die sonstigen Unterlagen entstanden sind (§ 147 Abs. 4 AO).

III. Aufbewahrungsformen

108 Die Nachprüfbarkeit der aufzubewahrenden Unterlagen innerhalb eines angemessenen Zeitraums ist nur dann gewährleistet, wenn die Aufbewahrung geordnet und systematisch erfolgt.

109 Mit Ausnahme der Bilanz können die Unterlagen auch als Wiedergabe auf einem Bildträger oder auf anderen Datenträgern aufbewahrt werden, wenn dies den Grundsätzen ordnungsmäßiger Buchführung entspricht und sichergestellt ist, daß die Wiedergaben oder die Daten
1. mit den empfangenen Handelsbriefen und den Buchungsbelegen bildlich und mit den anderen Unterlagen inhaltlich übereinstimmen, wenn sie lesbar gemacht werden,
2. während der Dauer der Aufbewahrungsfrist verfügbar sind und jederzeit innerhalb angemessener Frist lesbar gemacht werden können.

110 Sind Unterlagen aufgrund des § 239 Abs. 4 S. 1 HGB nF. bzw. § 146 Abs. 5 AO auf Datenträgern hergestellt worden, können statt des Datenträgers die Daten auch ausgedruckt aufbewahrt werden; die auf Datenträgern hergestellten Unterlagen können aber auch auf Bild- und anderen Datenträgern aufbewahrt werden (vgl. § 257 Abs. 3 HGB nF., § 147 Abs. 2 AO).

111 Außer Bilanz und GuV können danach alle aufbewahrungspflichtigen Unterlagen auf Bild- und anderen Datenträgern aufbewahrt werden. Unter Bildträgern sind Foto- und Mikrokopien sowie Mikrofilme, unter anderen Datenträgern sind Lochkarten, Lochstreifen, Magnetbänder und Magnetplatten zu verstehen.

112 Zur Aufbewahrung auf Datenträgern vgl. BdF-Erlaß v. 5. 7. 1978, BStBl I, 253 (Tz. 7). Die Anwendung des COM-Verfahrens (das ist die direkte Übertragung elektronisch verarbeiteter Daten auf Mikrofilm) ist zulässig; gleiches gilt für die Übertragung von Datenträger zu Datenträger.

113 Wer aufzubewahrende Unterlagen nur in der Form einer Wiedergabe auf einem Bildträger oder auf anderen Datenträgern vorlegen kann, ist verpflichtet, auf seine Kosten diejenigen Hilfsmittel zur Verfügung zu stellen, die erforderlich sind, um die Unterlagen lesbar zu machen (Lesegeräte, Personal, das mit dem technischen Umgang der verwendeten Anlage vertraut ist); soweit erforderlich bzw. auf Verlangen der Finanzbehörde hat er die Unterlagen unverzüglich ganz oder teilweise auf seine Kosten auszudrucken oder ohne Hilfsmittel lesbare Reproduktionen beizubringen (vgl. § 261 HGB nF. bzw. § 147 Abs. 5 AO).

114 Wegen der Bewilligung von Erleichterungen durch die Finanzbehörden vgl. § 148 AO.

IV. Ort der Aufbewahrung

115 Handelsrechtlich ist kein bestimmter Ort der Aufbeahrung vorgeschrieben. Es muß lediglich die jederzeitige Verfügbarkeit der Unterlagen gewährleistet sein.

116 **Steuerrechtlich** gilt gem. § 146 Abs. 2 S. 1 AO, daß Bücher und die sonst erforderlichen Aufzeichnungen in der Bundesrepublik einschließlich West-Berlin aufzubewahren sind. Für ausländische Betriebsstätten gilt, daß dann, wenn eine nach ausländischem Recht gegebene Verpflichtung zur Führung von Büchern und Aufzeichnungen erfüllt wird, im Inland keine Pflicht zur Führung und Aufbewahrung von Büchern und Aufzeichnungen für diese ausländischen Betriebsstätten besteht (vgl. § 146 Abs. 2 S. 2 AO und *Tipke/Kruse* Tz. 11 zu § 146 AO).

V. Rechtsfolgen von Verstößen gegen die Aufbewahrungspflicht

117 Verstöße gegen die Aufbewahrungspflicht stellen zugleich Verstöße gegen Buchführungs- bzw. Aufzeichnungspflichten dar. Sofern aufbewahrungspflichtige Unterlagen nicht zur Verfügung stehen, kann die Finanzbehörde wegen fehlender Beweiskraft der Buchführung die Besteuerungsgrundlagen schätzen (§ 162 AO). Auf die Erläuterungen zu den Rechtsfolgen bei Verstößen gegen Buchführungs- und Aufzeichnungspflichten wird verwiesen.

Beizulegender Wert

118 Nach § 40 Abs. 2 HGB aF. waren bei der Aufstellung des Inventars und der Bilanz sämtliche Vermögensgegenstände und Schulden nach dem Werte anzusetzen, der ihnen in dem Zeitpunkte beizulegen war, für welchen die Aufstellung stattfand.

Diese Vorschrift hatte den Charakter einer Generalnorm, derzufolge die Wertansätze in der Bilanz nach den Grundsätzen ordnungsmäßiger Buchführung und Bilanzierung zu bestimmen waren.

119 Auch aus dem Zusammenwirken der nach dem Inkrafttreten des Bilanzrichtlinien-Gesetzes geltenden Bewertungsnormen ergibt sich, daß nur in solchen Fällen, in denen Wertansätze entsprechend dem Imparitätsprinzip, insbesondere in dessen spezieller Ausgestaltung des Niederstwertprinzips und des Prinzips der verlustfreien Bewertung zu bestimmen sind, der Ansatz des sog. beizulegenden Werts geboten ist. Der beizulegende Wert ist dann der Wert, der zur Vermeidung eines zu hohen Vermögens- und Gewinnausweises unter Berücksichtigung der Verhältnisse des Einzelfalls als sinnvollster Wert anzusehen ist. Als Ausgangspunkt für die Bestimmung dieses beizulegenden Werts kommen beispielsweise Wiederbeschaffungswerte, Reproduktionskostenwerte, Börsen- oder Marktpreise, Einzelveräußerungswerte oder Ertragswerte in Betracht (vgl. *Adler/Düring/Schmaltz* Anm. 73 zu § 154).

120 Der Ansatz des beizulegenden Werts ist nach den Grundsätzen ordnungsmäßiger Buchführung und Bilanzierung bzw. nach folgenden gesetzlichen Vorschriften geboten:
- § 253 Abs. 2 S. 3 HGB nF.: (Niederstwertprinzip für Posten des Anlagevermögens)
- § 253 Abs. 3 S. 1, 2 HGB nF.: (Niederstwertprinzip für Posten des Umlaufvermögens).

121 Auf die Ausführungen zu dem Stichwort ,,Abschreibungen", ,,Niederstwertprinzip" sowie zu den Bilanzposten ,,Anlagevermögen" und ,,Umlaufvermögen" wird verwiesen.

122 Im **Bilanzsteuerrrecht** erfüllt der Teilwert die Funktion, die der beizulegende Wert bei der Aufstellung der Handelsbilanz erfüllt. Beide Werte können sich entsprechen (vgl. *Adler/Düring/Schmaltz* Anm. 81 zu § 154); Unterschiede können sich jedoch daraus ergeben, daß nur für die Ableitung des Teilwerts die Fiktion zugrunde zu legen ist, daß ein Erwerber des ganzen – fortzuführenden – Betriebes im Rahmen eines Gesamtkaufpreises dem einzelnen Wirtschaftsgut einen Wert (Teilwert) zuordnet. Auf die Erläuterungen zu dem Stichwort ,,Teilwert" wird hiernach ebenfalls verwiesen.

Beleg

Übersicht

	Rz.		Rz.
I. Begriff	123–125	2. Anforderungen an den Beleginhalt	128–130
		3. Buchfunktion	131
II. Belegarten	126	4. Belegprinzip bei EDV-Buchführung	132–133
III. Belegprinzip	127–133	**IV. Rechtsfolgen bei Verstößen gegen**	
1. Inhalt und Bedeutung des Belegprinzips	127	**das Belegprinzip**	134

I. Begriff

123 Belege sind authentische Nachweise über wirtschaftliche und/oder rechtliche Vorgänge sowie über tatsächliche Zustände, die ein Unternehmen betreffen. Sofern diese Belege Vorgänge oder Zustände dokumentieren, die den Eintragungen in den nach handels- oder steuerrechtlichen Vorschriften und ggf. freiwillig geführten Büchern und Aufzeichnungen zugrunde liegen, handelt es sich um **Buchungsbelege**.

124 Eine Legaldefinition des Begriffs "Buchungsbeleg" existiert nicht. Welche Unterlagen im Einzelfall als Buchungsbeleg anzusehen sind, ergibt sich aus den Grundsätzen ordnungsmäßiger Buchführung. Nach diesen Grundsätzen haben den Eintragungen in die Geschäftsbücher Buchungsbelege zugrunde zu liegen. Der Begriff des Buchungsbelegs wird danach funktional verstanden, so daß je nach Art der Buchung verschiedene Unterlagen Buchungsbeleg sein können. Die Buchungsunterlage ist dann nach den Grundsätzen ordnungsmäßiger Buchführung als ordnungsmäßiger

Beleg anzusehen, wenn sie einem sachverständigen Dritten in angemessener Zeit einen ausreichend sicheren, klaren und verständlichen Nachweis für den Anlaß der Buchung vermittelt.

125 Inhaltlich abzugrenzen von den Buchungsbelegen sind **sonstige Unterlagen,** die zwar für die Rechnungslegung von Bedeutung sind, nicht jedoch den einzelnen Buchungen unmittelbar zugrunde liegen. Nicht um Buchungsbelege handelt es sich hiernach beispielsweise bei Uraufschreibung in der Lohnerfassung, die lediglich das Mengengerüst der Lohnberechnung erfassen. Diese Belege stellen aufgrund des Fehlens wertmäßiger Angaben keine Buchungsbelege dar.

II. Belegarten

126 Je nachdem, ob die Belege Vorgänge des wirtschaftlichen und/oder rechtlichen Verkehrs mit Stellen außerhalb des Unternehmens oder innerbetriebliche Vorgänge dokumentieren, unterscheidet man zwischen externen und internen Belegen.

Als externe Belege sind danach beispielsweise eingegangene Rechnungen, Kopien ausgegangener Rechnungen, Lieferscheine, Frachtbriefe, Kassenzettel, Quittungen, sonstige Unterlagen über den Zahlungsverkehr und schriftliche Verfügungen der öffentlichen Hand anzusehen.

Zu den internen Belegen gehören beispielsweise Inventurunterlagen, Anweisungen zu Abschlußbuchungen sowie Lohn- und Gehaltsjournale.

III. Belegprinzip

1. Inhalt und Bedeutung des Belegprinzips

127 Das Belegprinzip gehört zu den Grundsätzen ordnungsmäßiger Buchführung. Eine Buchführung kann nur dann als ordnungsgemäß bezeichnet werden, wenn jeder Buchung ein Beleg zugrunde liegt, der den Zusammenhang zwischen Geschäftsvorfall und Buchung deutlich macht; darüber hinaus müssen die Belege geordnet aufbewahrt werden. Die Beweiskraft der Buchführung ergibt sich erst aus der Verbindung der Buchung mit dem Beleg, nicht aus der Buchung allein (vgl. BGH-Urteil v. 25. 3. 1954, in DB 1954, 431).

Mittelbar ergibt sich der **Belegzwang** auch aus § 145 AO, wonach die Buchführung so beschaffen sein muß, daß sie einem sachverständigen Dritten innerhalb angemessener Zeit einen Überblick über die Geschäftsvorfälle und über die Vermögenslage des Unternehmens vermitteln kann.

2. Anforderungen an den Beleginhalt

128 Die Geschäftsvorfälle können in ihrer Entstehung und Abwicklung nur verfolgt werden (§ 145 Abs. 1 S. 2 AO), wenn der Zusammenhang zwischen Geschäftsvorfall, Buchung und Beleg sichtbar gemacht wird. Im einzelnen muß der Beleg folgende Bestandteile enthalten (vgl. hierzu auch Abschn. C der Stellungnahme *FAMA* 1/75 des IdW, WPg 1975, 556f.):

- Belegtext (Erläuterung und ggfs. Begründung des Geschäftsvorfalls),
- zu buchender Betrag (ggfs. auch Mengen- und Wertangaben, aus denen sich der zu buchende Betrag ergibt),
- Ausstellungsdatum,
- Bezeichnung des Ausstellers,
- Kontierung,
- Belegnummer bzw. Ordnungskriterium für die Belegablage,
- Buchungsdatum.

Buchungsbelege müssen so ausführlich gestaltet sein, daß aus ihnen die Geschäftsvorfälle hinreichend genau ersichtlich sind und deren sachgerechte Verbuchung möglich ist. Sofern der einer Buchung zugrunde liegende Sachverhalt nicht direkt oder abschließend aus dem Buchungsbeleg ersichtlich ist, muß der Buchungsbeleg einen Hinweis auf sonstige Unterlagen enthalten, aus denen der Sachverhalt hervorgeht. Diese Unterlagen sind dann ebenfalls als Buchungsbelege anzusehen und demgemäß auch hinsichtlich der Aufbewahrungspflichten wie diese zu behandeln.

129 Jeder Buchungsbeleg ist nach erfolgter Buchung mit einer Buchungsbestätigung zu versehen, damit Mehrfachbuchungen desselben Geschäftsvorfalls vermieden werden.

130 Für die Ordnungsmäßigkeit und Beweiskraft der Buchführung ist es erforderlich, daß sämtliche Buchungsbelege geordnet aufbewahrt werden. Der Nachweis der Vollständigkeit kann dabei durch die fortlaufende Numerierung innerhalb eines Belegkreises erleichtert werden.

3. Buchfunktion von Belegen

131 Belege können Buchfunktion erfüllen. Das Wesen der Belegbuchführung besteht darin, daß auf die Grundbuchungen verzichtet und die Grundbuchfunktion durch eine geordnete Ablage der Belege ersetzt wird. So kann z. B. der Zweck des Kontokorrentbuchs, die unbaren Geschäftsvorfälle aufgegliedert nach Geschäftsfreunden aufzuzeichnen, durch eine geordnete Ablage der nicht ausgeglichenen Rechnungen (**Offene-Posten-Buchhaltung**) erreicht werden.

Die Zulässigkeit der Offene-Posten-Buchhaltung ergibt sich aus § 239 Abs. 3 HGB nF. und § 146 Abs. 5 AO. Vgl. im übrigen die Erläuterungen zu diesem Stichwort Rz. 375 ff.

4. Belegprinzip bei EDV-Buchführung

132 Der Belegzwang besteht auch dann, wenn die Buchhaltung mit EDV-Anlagen geführt oder maschinell lesbar auf magnetischen Datenträgern bereitgestellt wird. Der Grundsatz, daß ein gesonderter Nachweis über sämtliche buchungspflichtigen Geschäftsvorfälle vorliegen muß, besteht unabhängig von der Art der Buchführungstechnik. Die Form der Belege und die Art ihrer Aufbewahrung kann jedoch durch Einsatz von EDV-Anlagen Modifikationen erfahren (vgl. Abschn. C der Stellungnahme *FAMA* 1/75 des IdW, aaO).

133 Bei Einsatz von EDV können z. B. gleichartige, wiederkehrende Geschäftsvorfälle vom Programm automatisch verbucht werden. Hierbei kann ein Dauerbeleg, der aus dem Programm und den entsprechenden Anweisungen besteht, für alle hiernach erzeugten Buchungen die Belegfunktion und damit die Dokumentations- und Nachweisfunktion erfüllen. Durch den Dauerbeleg muß eindeutig festgelegt sein, zu welchem Zeitpunkt bzw. in welchen Perioden die Buchungen erfolgen sollen. Zudem muß jede einzelne Buchung über das Grundbuch nachgewiesen werden können. Im einzelnen wird auf die Erläuterungen zu dem Stichwort **„Grundsätze ordnungsmäßiger Speicherbuchführung (GoS)"** verwiesen, vgl. Rz. 278 f.

IV. Rechtsfolgen bei Verstößen gegen das Belegprinzip

134 Bei fehlender Beweiskraft der Buchführung infolge fehlender oder nicht ausreichender Dokumentation der Geschäftsvorfälle durch Belege hat das Finanzamt die Besteuerungsgrundlagen zu schätzen (§ 162 Abs. 1 und 2 AO). Wird die Überprüfbarkeit durch solche Mängel nicht wesentlich beeinträchtigt, so kann das Buchführungsergebnis durch eine Zuschätzung richtig gestellt werden. Im Fall schwerwiegender Verstöße gegen das Belegprinzip ist nach den allgemeinen Grundsätzen die Ordnungsmäßigkeit der Buchführung nicht mehr gegeben (vgl. Abschn. 29 Abs. 2 Nr. 6 EStR) und es ist eine Vollschätzung vorzunehmen.

Betriebsvermögen

Übersicht

	Rz.		Rz.
I. Abgrenzung des Betriebsvermögens	135–139	1. Behandlung bei unterschiedlichen Nutzungszwecken	140
II. Die Zurechnung einzelner Wirtschaftsgüter zum Betriebsvermögen in Sonderfällen	140–144	2. Behandlung bei mehreren Berechtigten	141
		3. Die Bedeutung der wirtschaftlichen Zugehörigkeit	142–144

I. Abgrenzung des Betriebsvermögens

135 Für die steuerliche Gewinnermittlung ist das Betriebsvermögen von zentraler Bedeutung (vgl. § 4 Abs. 1, § 5 EStG). Der Begriff des Betriebsvermögens ist jedoch im Einkommensteuergesetz nicht definiert. Inhalt und Umfang des Betriebsvermögens werden durch die zu bilanzierenden Gegenstände bestimmt.

136 Handelsrechtlich hat der Kaufmann in der Bilanz sein Vermögen und seine Schulden darzustellen, § 242 HGB nF. (Neben Vermögensgegenständen und Schulden ist in der Bilanz zwingend das Eigenkapital auszuweisen. Zusätzlich können bei Vorliegen der entsprechenden Voraussetzungen Rückstellungen, Rechnungsabgrenzungsposten und sog. Bilanzierungshilfen zu erfassen sein.) Nach heute herrschender Auffassung wird in die Handelsbilanz nur das Geschäftsvermögen des Kaufmanns aufgenommen (vgl. *Knobbe-Keuk* Bilanz- und Unternehmensteuerrecht 1985 S. 46). Mit Fragen der Abgrenzung zwischen dem Vermögen, das dem Geschäftszweck dient, und anderen Vermögensteilen hat sich insbesondere die steuerliche Rechtsprechung befaßt. Die dabei entwickelten Grundsätze können grundsätzlich auch bei Aufstellung der Handelsbilanz verwendet werden.

Es ist zu unterscheiden zwischen
a) notwendigem Betriebsvermögen,
b) gewillkürtem Betriebsvermögen und
c) notwendigem Privatvermögen.

137 **Zu a): Notwendiges Betriebsvermögen** sind die Wirtschaftsgüter, die ausschließlich und unmittelbar für eigenbetriebliche Zwecke des Steuerpflichtigen genutzt werden (Abschn. 14a Abs. 1 S. 1 EStR). Die Wirtschaftsgüter müssen objektiv erkennbar zum unmittelbaren Einsatz im Betrieb selbst bestimmt sein (BFH-Urteil v. 23. 7. 1975, BStBl. II 1976, 179).

Die Zugehörigkeit eines Wirtschaftsguts zum notwendigen Betriebsvermögen hängt nicht davon ab, ob das Wirtschaftsgut buchmäßig erfaßt oder nicht erfaßt wird. Vielmehr ist die tatsächliche Beziehung zum Betrieb entscheidend. Notwendiges Betriebsvermögen ist ein Wirtschaftsgut danach dann, wenn es eine betriebliche Funktion erfüllt (ständige Rechtsprechung, z. B. RFH-Urteil v. 31. 7. 1935, RStBl., 1495, BFH-Urteil v. 12. 5. 1955, BStBl. III 1955, 205).

138 **Zu b): Gewillkürtes Betriebsvermögen** umfaßt Wirtschaftsgüter, die weder notwendiges Betriebsvermögen noch notwendiges Privatvermögen sind, sofern sie buchmäßig als Betriebsvermögen behandelt werden. Die Wirtschaftsgüter müssen danach in einem gewissen objektiven Zusammenhang mit dem Betrieb stehen und ihn zu fördern bestimmt und geeignet sein. In der Literatur wird inzwischen bestritten, daß die Einteilung des Betriebsvermögens in notwendiges und gewillkürtes Betriebsvermögen zulässig ist. Entscheidend für die Beantwortung der Frage, ob ein Wirtschaftsgut zum Betriebsvermögen gehört, könne nur die betriebliche Veranlassung der Einlage, Anschaffung oder Herstellung des Wirtschaftsguts sein (*Wassermeyer* JDStJG 1979 S. 321). Zwar hat auch der BFH bereits den Gesichtspunkt der betrieblichen Veranlassung bei der Beurteilung entsprechender Zweifelsfragen herangezogen, jedoch steht die endgültige Abkehr der höchstrichterlichen Rechtsprechung von dem eingangs genannten Begriffsbestimmung des gewillkürten Betriebsvermögens noch aus. Sofern ein Steuerpflichtiger sich dazu entschließt ein Wirtschaftsgut als gewillkürtes Betriebsvermögen zu behandeln, muß die Entscheidung in einem eindeutigen und klaren und bilanzmäßigen Ausweis zum Ausdruck kommen (vgl. BFH-Urteil vom 15. 4. 1981, BStBl. II 1981, 618).

139 **Zu c): Notwendiges Privatvermögen** sind die Wirtschaftsgüter, die ihrem Wesen nach nicht geeignet sein können, dem Betrieb zu dienen; diese Wirtschaftsgüter stehen privaten Zwecken zur Verfügung.

Die Abgrenzung zum Privatvermögen ist insbesondere deshalb von Bedeutung, weil bei der handels- und der steuerrechtlichen Gewinnermittlung nur mengen- und wertmäßige Veränderungen des Betriebsvermögens zu erfassen sind.

II. Die Zurechnung einzelner Wirtschaftsgüter zum Betriebsvermögen in Sonderfällen

1. Behandlung bei unterschiedlichen Nutzungszwecken

140   Wirtschaftsgüter können sowohl privaten als auch betrieblichen Zwecken dienen. Abgesehen von Grundstücken, bei denen eine Aufteilung nach Maßgabe der Nutzung vorgenommen wird, gilt der Grundsatz der einheitlichen Behandlung, demzufolge ein Wirtschaftsgut entweder als Betriebsvermögen oder als Privatvermögen zu behandeln ist. Sofern das Wirtschaftsgut zu mehr als 50% betrieblich genutzt wird, ist es im vollen Umfang dem notwendigen Betriebsvermögen zuzurechnen. Sofern die private Nutzung überwiegt und die betriebliche Nutzung nicht unbedeutend ist, kann das Wirtschaftsgut als gewillkürtes Betriebsvermögen behandelt werden. Eine unbedeutende betriebliche Nutzung wird angenommen, wenn der Anteil der betrieblichen Nutzung unter 10% liegt (vgl. hierzu im einzelnen Abschn. 14a Abs. 1 EStR). Auch wenn Wirtschaftsgüter nach den vorstehenden Grundsätzen dem Betriebsvermögen zugeordnet werden, sind die mit dem Wirtschaftsgut verbundenen Aufwendungen, soweit sie auf die private Nutzung entfallen, als nicht abzugsfähige Kosten der privaten Lebensführung zu behandeln.

Die Aufteilung von Wirtschaftsgütern in einen Teil, der als Betriebsvermögen und einen Teil, der als Privatvermögen behandelt wird, ist nach der steuerlichen Rechtsprechung bei Grundstücken und Gebäuden geboten. Nur die Teile von Grundstücken und Gebäuden, bei denen die Voraussetzungen zur Behandlung als notwendiges oder als gewillkürtes Betriebsvermögen vorliegen und die demnach nicht Privatvermögen sind, werden dem Betriebsvermögen zugerechnet. Wegen der Einzelheiten vergleiche Abschn. 14 EStR.

2. Behandlung bei mehreren Berechtigten

141   Dem Betrieb eines Steuerpflichtigen können Wirtschaftsgüter dienen, die nicht in seinem Alleineigentum, sondern – unter seiner Beteiligung – in gesamthänderisch gebundenen Eigentum oder in einer Miteigentümerschaft stehen. Nach Ansicht der Rechtsprechung ist in diesen Fällen nicht der Anteil des Steuerpflichtigen an der Gesamthand oder an der Eigentumsgemeinschaft, sondern der fiktive Anteil des Steuerpflichtigen an dem Wirtschaftsgut zu bilanzieren (BFH-Urteile v. 18. 3. 1958, BStBl. III, 262 und v. 26. 1. 1978, BStBl. II, 368).

Bei Personenhandelsgesellschaften kommt es häufig vor, daß einzelne Gesellschafter der Gesellschaft Wirtschaftsgüter zur Nutzung überlassen und dafür im Rahmen der Gewinnverteilung nach Maßgabe des Gesellschaftsvertrags oder aufgrund eines gesondert abgeschlossenen zivilrechtlichen Vertrages Vergütungen erhalten. Solche Grundstücke, die dem Betrieb der Personengesellschaft ausschließlich und unmittelbar dienen, sind als notwendiges Betriebsvermögen der Personengesellschaft anzusehen (BFH-Urteil v. 2. 12. 1982, BStBl. 1983 II, 215). Sofern solche Grundstücke dem Betrieb der Personengesellschaft nur zum Teil dienen, sind sie auch nur mit ihrem betrieblich genutzten Teil dem notwendigen Betriebsvermögen zuzurechnen (vgl. auch BFH-Urteil v. 18. 3. 1958, BStBl. III, 262). Soweit das Grundstück oder Grundstücksteile eines Gesellschafters in einem gewissen objektiven Zusammenhang mit dem Betrieb der Personenhandelsgesellschaft stehen und ihn zu fördern bestimmt und geeignet sind, können sie als gewillkürtes Betriebsvermögens behandelt werden. Vgl. hierzu auch das Schreiben des BMF v. 20. 12. 1977, betr. Besteuerung der Mitunternehmer von Personengesellschaften (BStBl. 1978 I, 8ff.).

3. Die Bedeutung der wirtschaftlichen Zugehörigkeit

142   Im Hinblick auf den Grundsatz der wirtschaftlichen Zugehörigkeit sind zwei Fragen von Bedeutung:
a) Wem sind Vermögensgegenstände und Schulden bzw. Wirtschaftsgüter zuzurechnen?
b) Von welchem Zeitpunkt an, bzw. bis zu welchem Zeitpunkt sind Vermögensgegenstände und Schulden, bzw. Wirtschaftsgüter einem bestimmten Betriebsvermögen zuzurechnen?

143 Zu a): Nach den Grundsätzen ordnungsmäßiger Buchführung ist die Frage, welche Posten in der Bilanz zu erfassen sind, primär nicht nach rechtlichen, sondern nach wirtschaftlichen Gesichtspunkten zu beantworten. Entscheidend ist demnach nicht das formalrechtliche Eigentum, sondern die wirtschaftliche Zugehörigkeit (vgl. *Adler/Düring/Schmaltz* § 149 Anm. 31). Das Steuerrecht enthält in § 39 Abs. 1 und 2 Nr. 1 AO eine konkrete Zurechnungsvorschrift, die auch für den Bereich des Bilanzsteuerrechts gilt. Die einzelnen Regelungen stehen in Übereinstimmung mit den Grundsätzen ordnungsmäßiger Buchführung, so daß Fragen der Zurechnung für Handels- und Steuerbilanz grundsätzlich einheitlich beantwortet werden können.

Es ist allerdings nicht zu übersehen, daß – wie auf anderen Gebieten der GoB – in Einzelfragen handels- und steuerrechtlich unterschiedliche Auffassungen vertreten werden können; vgl. z. B. die unterschiedliche Behandlung von Leasingverträgen nach St/HFA 1/1973, WPg 1973, 101 f. sowie den Mobilien-Leasing-Erlaß des BdF v. 19. 4. 1971, BStBl. I, 264 und den Immobilien-Erlaß v. 21. 3. 1972, BStBl. I, 188.

Im einzelnen wird in folgenden Fällen angenommen, daß das wirtschaftliche Eigentum nicht mit dem rechtlichen Eigentum übereinstimmt:
– Unter Eigentumsvorbehalt gelieferte Gegenstände sind in der Bilanz des Käufers zu berücksichtigen. Dies gilt jedenfalls solange, als der Eigentumsvorbehalt nicht von dem Verkäufer geltend gemacht wird.
– Zur Sicherheit übereignete Sachen oder zur Sicherheit abgetretene Forderungen sind in den Bilanzen der Treugeber und nicht in denen der Treuhänder, zu deren Sicherheit die Übereignungen bzw. Abtretungen vorgenommen wurden, auszuweisen.
– Auch bei den verschiedenen Formen der Treuhandverhältnisse verbleibt das wirtschaftliche Eigentum in der Regel bei dem Treugeber (vgl. im einzelnen *Adler/Düring/Schmaltz* § 148 Anm. 51 ff.).
– Gebäude, die auf fremdem Grund und Boden errichtet wurden sowie Einbauten in Gebäuden, die Dritten gehören sind grundsätzlich bilanziell demjenigen zuzurechnen, der die Gebäude bzw. Einbauten errichtet hat.
– Bei der Verkaufskommission verbleibt das rechtliche und das wirtschaftliche Eigentum an den dem Kommissionär mit dem Ziel des Verkaufs übergebenen Sachen zunächst noch bei dem Kommitenten. Bei der Einkaufskommission erwirbt der Kommissionär zwar rechtlich das Eigentum an der Kommissionsware, wirtschaftlich ist die Ware dagegen dem Kommitenten zuzurechnen, da sie für seine Rechnung und auf sein Risiko eingekauft wird.

144 Zu b): Auch für den Zeitpunkt der Erfassung im Betriebsvermögen kommt es nicht auf die formalrechtliche Entstehung eines Rechts oder einer Verpflichtung an. Entscheidend ist vielmehr, wann – nach den GoB – wirtschaftlich eine Vermögensmehrung oder eine Vermögensminderung eingetreten ist. Bei der Beschaffung der Wirtschaftsgüter von Dritten ist für die Bilanzierung in der Regel der Zeitpunkt maßgebend, zu dem das Risiko des zufälligen Untergangs des Wirtschaftsguts auf den Erwerber übergeht. Im einzelnen gelten die Erläuterungen zum Realisationszeitpunkt unter dem Stichwort „Realisationsprinzip" sinngemäß.

Betriebsvermögensvergleich

145 Die steuerrechtliche Gewinnermittlung erfolgt bei den Steuerpflichtigen, die Bücher zu führen haben auf der Grundlage eines Betriebsvermögensvergleichs. Je nachdem, um welchen Personenkreis es sich handelt, kommt entweder der Betriebsvermögensvergleich nach § 4 Abs. 1 oder der nach § 5 EStG in Betracht.

146 Einen **Betriebsvermögensvergleich i. S. v. § 4 Abs. 1 EStG** haben aufzustellen:
– **Land- und Forstwirte,**
 sofern sie nach §§ 140, 141 AO zur Buchführung verpflichtet sind oder freiwillig Bücher führen und Abschlüsse machen und ein entsprechender Antrag gemäß § 13a Abs. 2 Nr. 1 EStG gestellt wurde (vgl. auch Abschn. 12 Abs. 2 EStR);
– **Gewerbetreibende ohne Buchführungspflicht,**
 sofern sie nicht freiwillig Bücher führen und ihre Aufzeichnungen für eine Einnahmeüberschußrechnung gem. § 4 Abs. 3 EStG nicht ausreichen. Der Gewinn ist in diesem Fall nach § 4 Abs. 1 EStG unter Berücksichtigung der Verhältnisse des

Einzelfalls, gegebenenfalls unter Anwendung von Richtsätzen zu schätzen (vgl. auch Abschn. 12 Abs. 3 S. 5 EStR);
- **Angehörige der freien Berufe,**
sofern sie freiwillig Bücher führen und regelmäßig Abschlüsse machen (vgl. Abschn. 142 Abs. 2 EStR).

147 Einen **Betriebsvermögensvergleich** gem. § 5 EStG haben Gewerbetreibende durchzuführen, die aufgrund gesetzlicher Vorschriften verpflichtet sind, Bücher zu führen und regelmäßig Abschlüsse zu machen oder die ohne eine solche Verpflichtung Bücher führen und regelmäßig Abschlüsse machen.

148 Hiernach sind zunächst die Personenkreise, die den Betriebsvermögensvergleich i. S. v. § 4 Abs. 1 oder i. S. v. § 5 EStG durchzuführen haben, zu unterscheiden. Der materielle **Unterschied der beiden Gewinnermittlungsarten** ergibt sich daraus, daß bei der Gewinnermittlung gem. § 4 Abs. 1 EStG lediglich eine Steuerbilanz und demgegenüber bei der Gewinnermittlung gem. § 5 EStG zunächst eine den GoB entsprechende Handelsbilanz aufzustellen ist, die dann nach dem Maßgeblichkeitsprinzip die Grundlage für die Steuerbilanz bildet: Hiernach ist das handelsrechtliche **Niederstwertprinzip** zwingend **nur im Rahmen des Betriebsvermögensvergleichs gem. § 5 EStG** zu beachten, da die übrigen steuerrechtlichen Bewertungsvorschriften kein Gebot zum Ansatz des niedrigeren Teilwerts enthalten (vgl. § 6 Abs. 1 Nr. 1, 2 EStG).

149 Die allgemeinen Regeln der kaufmännischen Buchführung sind allerdings auch bei der Gewinnermittlung gem. § 4 Abs. 1 EStG zu beachten (BFH-Urteil v. 18. 2. 1966, BStBl. II, 269).

150 Bei beiden Arten des Betriebsvermögensvergleichs gelten einheitlich die Regeln über die Abgrenzung des Betriebsvermögens vom Privatvermögen; auch kommt bei beiden Gewinnermittlungsarten die Bildung gewillkürten Betriebsvermögens in Betracht.

Bilanzänderung/Bilanzberichtigung

Übersicht

	Rz.		Rz.
I. Handelsrecht	151–154	2. Bilanzberichtigung	157–162
II. Steuerrecht		3. Bilanzänderung	163–168
1. Gesetzliche Grundlage	155, 156		

I. Handelsrecht

151 Berichtigungen fehlerhafter und Änderungen gesetzlich und gesellschaftsvertraglich bzw. satzungsmäßig zulässiger Jahresabschlüsse sind teilweise geboten und im übrigen grundsätzlich möglich.

152 Notwendig ist die Berichtigung fehlerhafter Jahresabschlüsse, wenn Fehler von so großer Bedeutung gemacht wurden, daß der Jahresabschluß ohne deren Beseitigung nichtig wäre (vgl. z. B. § 256 AktG). Die Notwendigkeit zur Änderung handelsrechtlicher Jahresabschlüsse kann sich auch aus sog. Steuerklauseln ergeben, die zur Vermeidung etwaiger Nachteile aus steuerlichen Außenprüfungen im Hinblick auf das Maßgeblichkeitsprinzip in Gesellschaftsverträge aufgenommen worden sind.

153 Die Möglichkeit zur Änderung von Jahresabschlüssen, die nicht – oder nicht schwerwiegend – fehlerhaft sind, besteht dann, wenn die Änderung aus wirtschaftlichen (meist steuerlichen) Gründen angebracht erscheint, nicht willkürlich ist und den Grundsätzen von Treu und Glauben nicht widerspricht (vgl. *WP-Handbuch 1981*, S. 662 sowie *Adler/Düring/Schmaltz*, § 172 Anm. 19).

154 Die verfahrensmäßigen Erfordernisse der Bilanzänderungen bzw. -berichtigungen hängen davon ab, welche Beschlußfassungen hinsichtlich des Jahresabschlusses bereits vorgenommen worden sind und welcher Vertrauensschutz gegebenenfalls aufgrund der Publizität des Jahresabschlusses bereits entstanden ist.
Grundsätzlich müssen Änderungen bzw. Berichtigungen von Jahresabschlüssen von den Organen beschlossen werden, die den ursprünglichen Jahresabschluß verab-

schiedet haben. Die Änderungs- bzw. Berichtigungsmöglichkeit findet ihre Grenze dort, wo Gläubigerrechte der Gesellschafter aufgrund bereits gefaßter Gewinnverwendungsbeschlüsse berührt werden; denn bereits verteilte Gewinne können nur mit Zustimmung der einzelnen betroffenen Gesellschafter zurückgefordert werden.

II. Steuerrecht

1. Gesetzliche Grundlage

155 Die Zulässigkeit von Bilanzberichtigungen und Bilanzänderungen ergibt sich aus § 4 Abs. 2 S. 1, 2 EStG:

„Der Steuerpflichtige darf die Vermögensübersicht (Bilanz) auch nach ihrer Einreichung beim Finanzamt ändern, soweit sie den Grundsätzen ordnungsmäßiger Buchführung unter Befolgung der Vorschriften dieses Gesetzes nicht entpricht. Darüber hinaus ist eine Änderung der Vermögensübersicht (Bilanz) nur mit Zustimmung des Finanzamtes zulässig."

156 Das Gesetz verwendet hiernach nicht den Begriff „Bilanzberichtigung". Im Hinblick auf die unterschiedlichen Voraussetzungen und die danach bestehenden erheblichen Unterschiede hinsichtlich der Änderungsmöglichkeiten und -erfordernisse wird zwischen „Bilanzberichtigungen" (§ 4 Abs. 2 S. 1 EStG) und „Bilanzänderungen" im engeren Sinne (§ 4 Abs. 2 S. 2 EStG) unterschieden. Eine Bilanzänderung im engeren Sinne ist der Ersatz eines handels- und steuerrechtlich zulässigen Bilanzansatzes durch einen anderen, ebenfalls handels- und steuerrechtlich zulässigen Bilanzansatz. Dagegen ist die Bilanzberichtigung der Ersatz eines handels- und/oder steuerrechtlich unzulässigen Bilanzansatzes durch einen zulässigen Bilanzansatz.

2. Bilanzberichtigung

157 Bilanzberichtigungen sind zulässig und – wenn materiell bedeutsam – geboten, wenn bestimmte Bilanzansätze unrichtig sind. Unrichtig sind solche Bilanzansätze, die gegen zwingende Vorschriften des Handelsrechts, gegen einkommensteuerrechtlich beachtliche Grundsätze ordnungsmäßiger Buchführung oder gegen zwingende Vorschriften des Einkommensteuerrechts verstoßen.

158 Die Berichtigung der Steuerbilanz hat nicht die förmliche Änderung der Handelsbilanz zur Voraussetzung, da im Fall des Vorliegens der Voraussetzungen für eine Bilanzberichtigung keine Bindung der Steuerbilanz an die Handelsbilanz besteht.

159 Bilanzberichtigungen sind auch nicht an die Zustimmung des Finanzamtes gebunden. Die Berichtigung ist aufgrund einer entsprechenden Mitteilung an das Finanzamt in jedem Fall durchzuführen, solange die entsprechende Veranlagung noch nicht bestandskräftig ist; allerdings ist die Unrichtigkeit eines Bilanzansatzes im Klageverfahren spätestens bis zum Ergehen des Urteils vorzubringen, da die Geltendmachung neuer Tatsachen im Revisionsverfahren nicht mehr zulässig ist (vgl. § 118 Abs. 2 FGO). Nachdem die Veranlagung rechtskräftig geworden ist, sind Bilanzberichtigungen nur im Rahmen der Vorschriften der §§ 172 ff. AO zulässig.

160 Besondere Probleme entstehen, wenn die Unzulässigkeit eines Bilanzpostens erst nach Aufstellung und Verabschiedung der Folgebilanz entdeckt wird. Soweit die Berichtigung der Bilanz, in der erstmals der Bilanzierungsfehler gemacht wurde, nach den verfahrensrechtlichen Vorschriften nicht mehr möglich ist, muß der falsche Bilanzansatz grundsätzlich in der Schlußbilanz des ersten Jahres, dessen Veranlagung geändert werden kann, erfolgswirksam richtig gestellt werden. Die Berichtigung eines unrichtigen Ansatzes in einer Anfangsbilanz ist nach Ansicht des BFH aufgrund der formellen Schlußkontinuität nicht zulässig, wenn die mit der Anfangsbilanz identische Schlußbilanz der Veranlagung eines früheren Jahres zugrunde gelegen hat und wenn diese Bilanz nach den Vorschriften der AO nicht mehr geändert werden kann oder der sich bei einer Änderung der Veranlagung ergebende höhere Steueranspruch wegen Ablaufs der Festsetzungsfrist erloschen wäre (BFH-Beschluß v. 29. 11. 1965, BStBl. 1966 III, 142). Die Bilanzberichtigungen erfolgen hiernach lediglich dann für das Jahr, in dem die Fehlerquelle aufgetreten ist, wenn die fehlerhafte Gewinnermittlung noch nicht einer Veranlagung zugrunde gelegen hat oder die darauf beruhenden Veranlagungen nach allgemeinen Grundsätzen noch berichtigt werden können.

161 Bilanzberichtigungen sind nicht nur auf Veranlassung des Steuerpflichtigen, sondern bei Erkennen des Fehlers auch von Amts wegen von den Finanzbehörden vorzunehmen.

162 Die Berichtigung der Bilanzen zurück bis zu dem Jahr, in dem die Fehlerquelle erstmals aufgetreten ist, soll nach der Rechtsprechung dann nicht erfolgen, wenn
- der fehlerhafte Bilanzansatz sich auf die Höhe der veranlagten Steuer nicht auswirkt (z. B. BFH-Urteil v. 27. 3. 1962, BStBl. III, 273) oder
- wenn der Grundsatz von Treu und Glauben eine Durchbrechung des Grundsatzes der formellen Bilanzkontinuität gestattet. Dies ist beispielsweise der Fall, wenn der Steuerpflichtige den unrichtigen Ansatz zu einem früheren Zeitpunkt guten Gewissens mit Erfolg gegenüber den Finanzbehörden vertreten hatte oder wenn ein Steuerpflichtiger einen fehlerhaften Bilanzansatz zur Erlangung ungerechtfertigter Steuervorteile angesetzt hatte (z. B. BFH-Urteil v. 3. 7. 1956, BStBl. III, 250).

3. Bilanzänderung

163 Die Bilanzänderung hat den Ersatz eines gewählten zulässigen Bilanzansatzes durch einen anderen zulässigen Bilanzansatz zum Ziel. Voraussetzung, ist daß sowohl handelsrechtlich als auch steuerrechtlich entsprechende Wertansatz- oder Bewertungswahlrechte bestehen (vgl. z. B. BFH-Urteil v. 9. 4. 1981, BStBl. II, 220).

164 Nach Einreichung der Steuerbilanz sowie der ihr zugrunde liegenden Handelsbilanz kann die Bilanzänderung nur auf Antrag des Steuerpflichtigen und mit Zustimmung des Finanzamtes erfolgen. Über den Antrag wird im steuerlichen Veranlagungsverfahren – gegebenenfalls bis zur Beendigung eines vor dem Finanzgericht anhängigen Verfahrens – entschieden. Voraussetzung ist, daß die Änderung der Handelsbilanz formgerecht erfolgt ist. Ausnahmsweise ist eine Änderung der Steuerbilanz ohne Änderung der Handelsbilanz zulässig, wenn
- innerhalb der gleichen Bilanzposition einzelne Posten in der Weise gegenläufig geändert werden, so daß im Ergebnis die Bilanzposition in gleicher Höhe bestehen bleibt,
- bei Vornahme einer Bilanzberichtigung ein Bilanzansatz, der im unmittelbaren Zusammenhang mit dem zu berichtigenden Posten steht, geändert wird. Die Zustimmung des Finanzamtes zur Änderung der Steuerbilanz ist in diesem Fall jedoch auch erforderlich.

165 Die Zustimmung des Finanzamtes hat in Ausübung des pflichtgemäßen Ermessens nach den Grundsätzen der Billigkeit und Zweckmäßigkeit zu erfolgen.

166 Die Bilanzänderung hat grundsätzlich nur Änderungen aufgrund der Ausübung von Ansatz- oder Bewertungswahlrechten zum Inhalt. Die Rückgängigmachung von Geschäftsvorfällen fällt grundsätzlich nicht hierunter (vgl. BFH-Urteil v. 5. 11. 1953, BStBl. III 1954, 4). Lediglich dann, wenn der Zusammenhang der rückgängig zu machenden Maßnahme mit einem Irrtum über ihre steuerrechtlichen Folgen klar nachgewiesen und jede Manipulation ausgeschlossen ist, kann eine Rückgängigmachung von Geschäftsvorfällen mit steuerrechtlicher Wirkung anerkannt werden; dabei darf sich die Maßnahme steuerrechtlich nicht bereits anderweitig ausgewirkt haben (BFH-Urteil v. 22. 6. 1967, BStBl. II 1968, 4).

167 Eine Änderung der Steuerbilanz setzt bei Kaufleuten, die zur Aufstellung einer Handelsbilanz verpflichtet sind, wegen der Maßgeblichkeit der Handelsbilanz für die Steuerbilanz regelmäßig eine entsprechende Änderung der Handelsbilanz voraus (z. B. BFH-Urteil v. 30. 3. 1983, BStBl. II, 512).

168 Keine Bilanzänderung i. S. v. § 4 Abs. 2 S. 2 EStG liegt vor, wenn nachträglich der Gewinnverwendungsbeschluß einer Kapitalgesellschaft geändert wird. Sofern zu der Änderung des Gewinnverwendungsbeschlusses jedoch eine Änderung der Handelsbilanz erforderlich ist, die sich auf das steuerliche Ergebnis auswirkt, kann die Handelsbilanz nur mit Zustimmung des Finanzamtes geändert werden. Die Zustimmung des Finanzamtes ist dagegen nicht erforderlich, wenn die Änderung des Gewinnverwendungsbeschlusses sich zwar auf den Steuertarif auswirkt, Wertansätze der Vermögensgegenstände, Schulden, Rückstellungen und Rechnungsabgrenzungsposten aber nach den gesetzlichen bzw. gesellschaftsvertraglichen Bestimmungen nicht geändert werden müssen (vgl. z. B. BFH-Urteil v. 22. 11. 1972, BStBl. II 1973, 195 sowie BFH-Urteil v. 30. 3. 1983, BStBl. II, 512).

Buchführungs- und Aufzeichnungspflichten

Übersicht

	Rz.		Rz.
I. Buchführungspflicht	169–176	d) Besondere einkommensteuerrechtliche Aufzeichnungspflichten	186–187
1. Buchführungspflicht nach Handelsrecht	169	e) Aufzeichnungspflichten beim Lohnsteuerabzug	188
2. Buchführungspflicht nach Steuerrecht	170–173		
a) Abgeleitete Buchführungspflicht	170	**III. Beginn und Ende der Buchführungs- bzw. Aufzeichnungspflichten**	189–193
b) Originäre Buchführungspflicht	171–173	1. Handelsrecht	189–192
3. Ort der Führung und Aufbewahrung der Bücher	174	2. Steuerrecht	193
4. Anforderungen an die Buchführung	175–176	**IV. Bewilligung von Erleichterungen**	194
II. Aufzeichnungspflichten	177–188	**V. Freiwillige Führung von Büchern und Aufzeichnungen**	195
1. Außersteuerrechtliche Aufzeichnungspflichten	178–181	**VI. Folgen von Verstößen gegen Buchführungs- und Aufzeichnungspflichten**	196–197
2. Steuerrechtliche Aufzeichnungspflichten	182–188		
a) Aufzeichnung des Wareneingangs	183		
b) Aufzeichnung des Warenausgangs	184		
c) Aufzeichnungen für umsatzsteuerliche Zwecke	185		

I. Buchführungspflicht

1. Buchführungspflicht nach Handelsrecht

169 Gem. § 238 Abs. 1 HGB n. F. ist jeder Kaufmann verpflichtet, Bücher zu führen und in diesen seine Handelsgeschäfte und die Lage seines Vermögens nach den Grundsätzen ordnungsmäßiger Buchführung ersichtlich zu machen. Die Buchführungsverpflichtung gilt für alle Vollkaufleute i. S. d. HGB, also auch für Soll- und Kannkaufleute, die erst durch die Eintragung in das Handelsregister Vollkaufleute werden. Neben den Vollkaufleuten sind Sollkaufleute, wenn im übrigen die Voraussetzungen gem. § 2 HGB erfüllt sind, auch ohne Eintragung in das Handelsregister gem. § 262 i. V. m. § 238 Abs. 1 HGB zur Buchführung verpflichtet.
Nicht buchführungspflichtig sind die sog. Minderkaufleute i. S. v. § 4 HGB.

2. Buchführungspflicht nach Steuerrecht

a) Abgeleitete Buchführungspflicht

170 Gem. § 140 AO hat derjenige, der nach anderen Gesetzen als den Steuergesetzen Bücher und Aufzeichnungen zu führen hat, die für die Besteuerung von Bedeutung sind, die Verpflichtungen die ihm nach den anderen Gesetzen obliegen, auch für die Besteuerung zu erfüllen. Danach werden die außersteuerrechtlichen Buchführungs- und Aufzeichnungspflichten – insbesondere die Buchführungspflicht des Vollkaufmanns nach § 238 Abs. 1 HGB n. F. – vollinhaltlich zu steuerrechtliche Pflichten, für deren Nichteinhaltung demgemäß neben den handels- und strafrechtlichen Vorschriften auch die entsprechenden steuerrechtlichen Vorschriften gelten (siehe hierzu auch Teil I Rz. 34).

b) Originäre Buchführungspflicht

171 Durch § 141 Abs. 1 AO wird der Kreis der Buchführungspflichtigen für den Bereich des Steuerrechts über den Umfang der durch § 140 AO bereits erfaßten Buchführungspflichtigen hinaus erweitert. Buchführungspflicht besteht danach auch für gewerbliche Unternehmer i. S. d. Einkommensteuerrechts sowie im übrigen Land- und Forstwirte, sofern nach den Feststellungen der Finanzbehörde einzelne ihrer Betriebe eines der folgenden Kriterien erfüllen (siehe auch Teil I Rz. 27):

– Umsätze einschl. der steuerfreien Umsätze (ausgenommen die Umsätze nach § 4 Nr. 8–10 UStG) von mehr als DM 500000,– im Kalenderjahr (bis 1985: DM 360000,–) oder
– ein Betriebsvermögen von mehr als DM 125000,– (bis 1985: DM 100000,–) oder
– selbstbewirtschaftete land- und forstwirtschaftliche Flächen mit einem Wirtschaftswert i. S. v. § 46 des BewG von mehr als DM 40000,– oder

– ein Gewinn aus Gewerbebetrieb von mehr als DM 36000,– im Wirtschaftsjahr oder
– ein Gewinn aus Land- und Forstwirtschaft von mehr als DM 36000,– im Kalenderjahr.

172 Buchführungspflicht besteht auch für die Betriebe der Land- und Forstwirte, die die o. g. Voraussetzungen erfüllen. Die Buchführungspflicht gem. § 141 AO gilt des weiteren für ausländische Unternehmer, wenn sie im Inland eine Betriebsstätte unterhalten oder für sie ein ständiger Vertreter bestellt ist (vgl. BdF-Erlaß v. 31. 5. 1979, BStBl. I, 306). Die Bücher sind im Geltungsbereich der AO zu führen (vgl. § 146 Abs. 2 S. 1 AO). Unternehmen, die im Geltungsbereich der AO eine Zweigniederlassung i. S. v. § 13 HGB unterhalten, sind gem. § 140 AO buchführungspflichtig.

173 Die Buchführungspflicht gem. § 141 AO betrifft jeden einzelnen Betrieb des Steuerpflichtigen (vgl. BFH-Urteil v. 23. 2. 1978, BStBl. II, 477). Betrieb ist jede planmäßig organisierte Wirtschaftseinheit, in der Arbeitskräfte, Betriebsmittel und Werkstoffe zur Produktion von Sachgütern und Bereitstellung von Dienstleistungen kombiniert werden (vgl. *Herrmann/Heuer/Raupach* EStG § 4 Anm. 4p).

3. Ort der Führung und Aufbewahrung der Bücher

174 Bücher und sonst erforderliche Aufzeichnungen sind im Geltungsbereich der AO zu führen und aufzubewahren, da sie ansonsten der inländischen Hoheitsgewalt entzogen wären. Soweit für Betriebsstätten außerhalb des Geltungsbereichs der AO nach dortigem Recht eine Verpflichtung besteht, Bücher und Aufzeichnungen zu führen und sofern diese Verpflichtung erfüllt wird, besteht keine Verpflichtung, zusätzlich im Geltungsbereich der AO Bücher und sonstige Aufzeichnungen zu führen und aufzubewahren.

In diesem Falle sowie dann, wenn Organgesellschaften ihren Sitz außerhalb des Geltungsbereichs der AO haben, müssen die Ergebnisse der dortigen Buchführung in die Buchführung des hiesigen Unternehmens übernommen werden, soweit sie für die Besteuerung von Bedeutung sind. Dabei sind die erforderlichen Anpassungen an die inländischen steuerrechtlichen Vorschriften vorzunehmen und kenntlich zu machen (vgl. § 146 Abs. 2 AO).

4. Anforderungen an die Buchführung

175 Die Buchführung muß – auch wenn Sie gem. § 141 Abs. 1 AO nur für steuerliche Zwecke geführt wird – den Grundsätzen des Handelsrechts entsprechen. Vgl. § 141 Abs. 1 S. 2 AO i. V. m. §§ 238, 240 bis 242 Abs. 1, 243 bis 256 HGB.

176 Im übrigen wird wegen der weiteren Anforderungen an die Buchführung auf die Erläuterungen zu dem Stichwort *„Grundsätze ordnungsmäßiger Buchführung"* verwiesen.

II. Aufzeichnungspflichten

177 Das Steuerrecht kennt neben den Buchführungspflichten auch Aufzeichnungspflichten. Im Gegensatz zu der Buchführungspflicht, die die Erfassung sämtlicher Geschäftsvorfälle verlangt, erfassen Aufzeichnungspflichten nur bestimmte Arten von Geschäftsvorfällen. Dabei lassen sich außersteuerrechtliche und steuerrechtliche Aufzeichnungspflichten unterscheiden.

1. Außersteuerrechtliche Aufzeichnungspflichten

178 Aufgrund einer Vielzahl von Gesetzen und Verordnungen wird entweder Angehörigen bestimmter Berufsgruppen oder für den Fall der Ausführung bestimmter Leistungen die Erstellung bestimmter Aufzeichnungen vorgeschrieben.

179 Der Einführungserlaß des BdF zur AO 1977 vom 1. 10. 1976 enthält zu § 140 folgenden Katalog (BStBl. I 1976, 600f. (s. auch Tabelle Teil I Rz. 35):

Zu § 140 – Buchführungs- und Aufzeichnungspflichten nach anderen Gesetzen:
Durch die Vorschrift werden die sog. außersteuerlichen Buchführungs- und Aufzeichnungsvorschriften, die auch für die Besteuerung von Bedeutung sind, für das Steuerrecht nutzbar gemacht. In

Betracht kommen einmal die allgemeinen Buchführungs- und Aufzeichnungsvorschriften des Handels-, Gesellschafts- und Genossenschaftsrechts. Zum anderen fallen hierunter die Buchführungs- und Aufzeichnungspflichten für bestimmte Betriebe und Berufe, die sich aus einer Vielzahl von Gesetzen und Verordnungen ergeben (z. B. sind folgende Bücher zu führen bzw. Aufzeichnungen zu machen):

1. von **Einsammlern oder Beförderern von Abfällen** sowie von **Abfallbeseitigern** Nachweisbücher nach § 2 Abs. 2 und 3 der Abfallnachweis-VO (v. 29. 7. 1974, BGBl. I, 1574);
2. von Unternehmen, in denen **Altöle** in einem gewissen Umfang anfallen oder die Altöle in einem gewissen Umfange übernehmen, Nachweisbücher über Art, Menge und Verbleib der Altöle nach § 6 Abs. 1 des Altölgesetzes (v. 23. 12. 1968, BGBl. I, 1419) i. V. mit §§ 1–3 der 2. VO zur Durchführung des Altölgesetzes (v. 2. 12. 1971, BGBl. I, 1939);
3. von **Apotheken** Herstellungsbücher und Prüfungsbücher nach §§ 6 Abs. 4 und 7 Abs. 6 der Apothekenbetriebsordnung (v. 7. 8. 1968, BGBl. I, 939);
4. von **Auskunfteien** und Detekteien Aufzeichnungen über die erteilten Aufträge nach von einzelnen Ländern erlassenen Landesverordnungen, so z. B. nach § 1 Abs. 1 der bayer. Auskunftei- und Detekteiverordnung (v. 19. 10. 1964, GVBl. Bayern, 188);
5. von **Baugewerbebetreibenden** und **Baugewerbempfängern**, die der Herstellung eines Neubaues unternehmen, Baubücher nach § 2 des Gesetzes über die Sicherung von Bauforderungen (v. 1. 6. 1909, RGBl. 449);
6. bei **öffentlichen Aufträgen für Bauleistungen** von dem Auftragnehmer für jeden Bauauftrag ein besonderes Baukonto nach § 16 Abs. 1 der BaupreisVO (VO PR Nr. 1/72 über die Preise bei öffentlichen Aufträgen für Bauleistungen, BGBl. 1972 I, 293);
7. von Inhabern von **Beherbergungsstätten** Fremdenverzeichnisse nach Landesrecht, so z. B. nach § 18 Abs. 1 des Meldegesetzes des Landes Nordrhein-Westfalen (v. 28. 4. 1950, GVBl. NW, 117);
8. von Betrieben, die eine **Besamungsstation** betreiben, Aufzeichnungen u. a. über die Gewinnung, Abgabe und Verwendung des Samens nach § 18 Abs. 3 des Tierzuchtgesetzes (v. 20. 4. 1976, BGBl. I, 1045);
9. von Unternehmen, die unter das **Betäubungsmittelgesetz** fallende Stoffe einführen, ausführen, anbauen, gewinnen, gewerbsmäßig herstellen und verarbeiten, mit ihnen handeln, sie erwerben, abgeben und veräußern, Lagerbücher über den Eingang und Ausgang sowie die Verarbeitung der Betäubungsmittel nach § 5 Abs. 1 des Betäubungsmittelgesetzes (i. d. F. v. 10. 1. 1972, BGBl. I, 1);
10. von Apotheken, ärztlichen und tierärztlichen Hausapotheken, Praxen und Kliniken Bücher oder Karteikarten über den Verbleib der **Betäubungsmittel** (Betäubungsmittelbücher) nach § 15 der Betäubungsmittel-Verschreibungs-Verordnung (v. 24. 1. 1974, BGBl. I, 110);
11. von Unternehmen des **Bewachungsgewerbes** Aufzeichnungen über die Bewachungsverträge nach § 11 Abs. 1 der VO über das Bewachungsgewerbe (v. 1. 6. 1976, BGBl. I, 1341);
12. von **Bezirksschornsteinfegermeistern** Kehrbücher nach § 14 Abs. 1 der VO über das Schornsteinfegerwesen (v. 19. 12. 1969, BGBl. I, 2363);
13. von Inhaber und Leitern von **Blindenwerkstätten** Aufzeichnungen über die Menge und Erlös der verkauften Blindenwaren und Zusatzwaren nach § 3 Abs. 1 der VO zur Durchführung des Blindenwarenvertriebsgesetzes (i. d. F. der Änd. VO v. 25. 3. 1969, BGBl. I, 283);
14. von **Buchmachern** Durchschriften der Wettscheine oder Wettbücher, Aufstellungen und Abrechnungen mit den Buchmachergehilfen und Geschäftsbücher nach § 4 Abs. 1 Rennw-LottG (v. 8. 4. 1922, RGBl. I, 335, 393), §§ 10 bis 13 ABRennwLottG (Ausführungsbestimmungen zum Rennwett- und Lotteriegesetz vom 16. 6. 1922, Zentralblatt für das Deutsche Reich, 351);
15. von Betrieben, die **Butter** verarbeiten, besondere Aufzeichnungen nach § 7 der Milchfettverbilligungs-VO – Verarbeitung und Ausfuhr (v. 26. 3. 1974, BGBl. I, 785);
16. von **Denaturierungsbetrieben** (Denaturierung von Weichweizen) Aufzeichnungen u. a. über Herkunft und Verbleib des Weichweizens sowie über die täglich denaturierten Mengen an Weichweizen nach §§ 12 Abs. 1 Nr. 1, 12 Abs. 2 Nr. 1 der VO Denaturierungsprämie Getreide (v. 19. 11. 1971, BGBl. I, 1831);
17. von **Effektenverwahrern** Verwahrungsbücher für die verwahrten Wertpapiere nach § 14 Abs. 1 des Gesetzes über die Verwahrung und Anschaffung von Wertpapieren (Depotgesetz) (v. 4. 2. 1937, RGBl. I, 171);
18. von Betrieben, die **Eiprodukte** vorbehandeln, Aufzeichnungen u. a. über die ein- und ausgehenden Eiprodukte nach § 5 Abs. 2 Nr. 2 der Eiprodukten-VO (v. 19. 2. 1975, BGBl. I, 537);
19. von Inhabern von **Fahrschulen** Aufzeichnungen über die Ausbildung eines jeden Fahrschülers sowie über das erhobene Entgelt nach § 18 Abs. 1 und 2 des Fahrlehrergesetzes (v. 25. 8. 1969, BGBl. I, 1336, geändert durch Art. 1 Nr. 9 des Gesetzes v. 3. 2. 1976, BGBl. I, 257);
20. von den verantwortlichen Leitern der amtlich anerkannten **Fahrlehrerausbildungsstätten** Aufzeichnungen über die Ausbildung eines jeden Fahrlehreranwärters nach § 28 Abs. 1 des Fahrlehrergesetzes;
21. von Haltern der mit **Fahrtschreibern oder Kontrollgeräten auszurüstenden Kraftfahrzeuge** Schaublätter nach § 57a StVZO (v. 15. 11. 1974, BGBl. I, 3193);
22. von **Forstsamen- und Forstpflanzenbetrieben** Kontrollbücher über alle Vorräte, Eingänge, Vorratsveränderungen und Ausgänge von Saat- und Pflanzengut nach § 12 Abs. 1 des Gesetzes über forstliches Saat- und Pflanzengut (i. d. F. v. 29. 10. 1969, BGBl. I, 2057);
23. von **Gasöl-Beihilfeberechtigten** Verwendungsbücher für Gasöl nach § 9 Abs. 1 Gasöl-Betriebsbeihilfe-VO-Werkfernverkehr (v. 20. 3. 1961, BGBl. I, 260), § 8 Abs. 1 Gasöl-Betriebsbeihilfe-Vo-Wirtschaft (v. 20. 3. 1961, BGBl. I, 264), § 8 Gasöl-Betriebsbeihilfe-VO-Schienenverkehr (v. 11. 12. 1973, BGBl. I, 1900) und § 8 Gasöl-Betriebsbeihilfe-VO-Straßenverkehr (vom 21. 12. 1973, BGBl. I, 1962);

Buchführungs- und Aufzeichnungspflichten

24. von Betrieben, die gewerbsmäßig mit **Geflügel** handeln, Kontrollbücher über Bestand, Zu- und Abgang von Geflügel nach § 2 der Geflügelpest-VO (v. 19. 12. 1972, BGBl. I, 2509);
25. von Landwirten, die frisches **Geflügelfleisch** abgeben oder liefern, besondere Aufzeichnungen über Abgabe oder Lieferung nach § 3 Abs. 2 der Geflügelfleischausnahme-VO (v. 19. 7. 1976, BGBl. I, 1857);
26. von Bearbeitungs- und Verarbeitungsbetrieben der **Getreide- und Futtermittelwirtschaft** unter bestimmten Voraussetzungen Bücher über sämtliche Geschäftsvorfälle, insbesondere über die Einzelheiten des Erwerbs, der Lagerung, der Be- und Verarbeitung, der Veräußerung sowie der Vermittlung der Waren nach § 16 Abs. 1 des Getreidegesetzes (v. 24. 11. 1951, BGBl. I, 901);
27. von **Gebrauchtwaren- und Edelmetallhändlern** über ihre Geschäfte Gebrauchtwarenbücher nach Landesrecht, so z. B. nach §§ 1 Abs. 1, 2 Abs. 1 der Gebrauchtwaren-VO des Landes Nordrhein-Westfalen (v. 19. 3. 1958, GVBl. NRW, 79);
28. von Unternehmen des **Güterfernverkehrs** Fahrtenbücher, Bücher für den Güterfernverkehr, Beförderungs- und Begleitpapiere über die Vermittlung von Ladegut oder Laderaum nach §§ 28 Abs. 1 und 2, 29 Satz 1 und 32 Abs. 1 des Güterkraftverkehrsgesetzes (v. 6. 8. 1975, BGBl. I, 2132) i. V. mit §§ 1–3a der VO über die Tarifüberwachung im Güterfernverkehr und grenzüberschreitenden Güterkraftverkehr (i. d. F. v. 30. 9. 1974, BGBl. I, 2428);
29. von **Hebammen** Rechnungsbücher über ihre Berufstätigkeit nach § 10 der 2. VO zur Durchführung des Hebammengesetzes (v. 13. 9. 1939, RGBl. I, 1764);
30. von Unternehmern, die **Heimarbeit** ausgeben, weitergeben oder abnehmen, Beschäftigtenlisten, Entgeltverzeichnisse und Entgeltbücher nach §§ 6 Satz 1 und 8 Abs. 1 des Heimarbeitsgesetzes (v. 14. 3. 1951, BGBl. I, 191) i. V. m. §§ 9 ff. der 1. VO zur Durchführung des Heimarbeitsgesetzes (v. 27. 1. 1976, BGBl. I, 222);
31. von Herstellern, Vermischern, Einführern oder Großverteilern von **leichtem Heizöl** oder **Dieselkraftstoff** Tankbelegungsbücher, aus denen sich die Lieferanten ergeben, nach § 5 Abs. 1 der 3. BImSchV (v. 15. 1. 1975, BGBl. I, 264);
32. von **Hopfenerzeugern** Aufzeichnungen über den verkauften und gelieferten Hopfen nach § 6 der VO flächenbezogene Hopfenbeihilfe (v. 18. 12. 1975, BGBl. I, 3135);
33. von Unternehmern, die **Kriegswaffen** herstellen, befördern lassen oder selbst befördern oder die tatsächliche Gewalt über Kriegswaffen von einem anderen erwerben oder einem anderen überlassen, Kriegswaffenbücher zum Nachweis des Verbleibs der Kriegswaffen nach § 12 Abs. 2 des Gesetzes über die Kontrolle von Kriegswaffen (v. 20. 4. 1961, BGBl. I, 444);
34. von **Kursmaklern** Tagebücher nach § 33 Abs. 1 des Börsengesetzes (i. d. F. v. 27. 5. 1908, RGBl. 215);
35. von **Lagerhaltern** Lagerscheinregister und Lagerbücher nach §§ 37 Abs. 1 und 38 Abs. 3 Nr. 1 der VO über Orderlagerscheine (v. 16. 12. 1931, BGBl. I, 763);
36. von **Lohnsteuerhilfevereinen** besondere Aufzeichnungen u. a. über die Einnahmen, Ausgaben und Vermögenswerte nach § 21 des StBerG (v. 4. 11. 1975, BGBl. I, 2735);
37. von Herstellern von **Luftfahrtgeräten** Aufzeichnungen über die ordnungsmäßige Durchführung der Stückprüfung nach § 23 der Prüfordnung für Luftfahrtgerät (v. 16. 5. 1968, BGBl. I, 416);
38. von luftfahrttechnischen Betrieben Aufzeichnungen über die Durchführung der Nachprüfung von Luftfahrtgeräten nach § 38 der Prüfordnung für Luftfahrtgerät;
39. von Haltern von **Luftfahrzeugen** Aufzeichnungen bei den genehmigungspflichtigen Selbstkostenflügen über Flugstrecke, Flugzeug und Kosten je Flugstunde nach § 72 der Luftverkehrs-Zulassungs-Ordnung (i. d. F. v. 28. 11. 1968, BGBl. I, 1263);
40. von Betrieben, die **Magermilchpulver** verarbeiten, besondere Aufzeichnungen u. a. über Zugang, Abgang und Bestand an Magermilchpulver nach § 7 der Magermilch-Verbilligungs-VO (v. 19. 2. 1976, BGBl. I, 346);
41. von **Maklern, Darlehens- und Anlagevermittlern, Bauträgern und Baubetreuern** Angaben über die Aufträge bzw. Bauvorhaben nach § 10 der Makler- und Bauträger-VO (v. 11. 6. 1975, BGBl. I, 1351);
42. von **Metallhändlern** Geschäftsbücher (Metallbücher) über ihre Erwerbungen nach § 6 Abs. 1 des Gesetzes über den Verkehr mit unedlen Metallen (v. 23. 7. 1926, RGBl. I, 415) sowie den hierzu ergangenen Landesverordnungen, so z. B. nach § 4 der VO des Landes Nordrhein-Westfalen über den Handel mit unedlen Metallen und über den Kleinhandel mit Schrott (v. 19. 3. 1958, GVBl. NRW, 82);
43. von Betrieben der **Milch- und Fettwirtschaft** Bücher über sämtliche Geschäftsvorfälle, insbesondere über Einzelheiten des Erwerbs, der Lagerung, der Be- und Verarbeitung, der Veräußerung sowie der Vermittlung bestimmter Erzeugnisse nach § 23 Abs. 1 des Milch- und Fettgesetzes (v. 28. 2. 1951, BGBl. I, 135);
44. von Betrieben, die **Mischfuttermittel**, Zusatzstoffe oder Vermischungen herstellen oder in den Verkehr bringen, Bücher über die Herstellung, Bestände, Eingänge und Ausgänge nach § 17 Abs. 3 des Futtermittelgesetzes (v. 2. 7. 1975, BGBl. I, 1745 i. V. m. § 31 der FuttermittelVO v. 16. 6. 1976, BGBl. I, 1497);
45. von Züchtern und Händlern von **Papageien und Sittichen** Bücher u. a. über Art und Zahl der Tiere nach § 7 der Papageien-Einfuhr-VO (v. 3. 3. 1975, BGBl. I, 653); Bücher nach § 4 der Psittakose-VO (v. 18. 6. 1975, BGBl. I, 1429);
46. von **Pfandleihern** Aufzeichnungen über jedes Pfandleihgeschäft und seine Abwicklung nach § 3 Abs. 1 der VO über den Geschäftsbetrieb der gewerblichen Pfandleiher (v. 1. 6. 1976, BGBl. I, 1334);

Schmidt

47. von **Prüfstellen** für die Beglaubigung von **Meßgeräten** für Elektrizität, Gas, Wasser oder Wärme nachprüfbare Unterlagen über die von ihnen durchgeführten Beglaubigungen, Befundprüfungen und Sonderprüfungen nach § 17 der Prüfstellenverordnung (v. 18. 6. 1970, BGBl. I, 795);
48. von **Reisebüros** und **Unterkunftsvermittlern** besondere Aufzeichnungen nach Landesrecht (GVBl. Rheinl.-Pfalz 1958, 173; GVBl. Hessen 1958, 188; GVBl. Bayern 1959, 53; GVBl. Nieders. 1959, 1; GVBl. Hamburg 1964, 99);
49. von Betrieben, die bestimmtes **Saatgut** erzeugen oder verteiben, Aufzeichnungen über Gewicht oder Stückzahl des von ihnen abgegebenen, im eigenen Betrieb verwendeten oder vertriebenen Saatguts nach §§ 13, 19 Abs. 2 und 21 Abs. 2 des Saatgutverkehrsgesetzes (v. 23. 6. 1975, BGBl. I, 1453);
50. von Betrieben, die Saargut vertreiben, gewerbsmäßig abfüllen oder für andere bearbeiten, Kontrollbücher über den Eingang und Vertrieb von Saatgut nach § 35 Abs. 2 des Saatgutverkehrsgesetzes (v. 23. 6. 1975 aaO);
51. von Personen, die die **Schädlingsbekämpfung** mit hochgiftigen Stoffen verantwortlich leiten, Niederschriften über ausgeführte Durchgasungen nach § 12 der VO zur Ausführung der VO über die Schädlingsbekämpfung mit hochgiftigen Stoffen (v. 25. 3. 1931, RGBl. I, 83);
52. von Erzeugern von **Schlachtrindern** sowie von **Schlachtbetrieben** Schlachtkarten nach §§ 6 und 11 der VO Erzeugerprämie Schlachtrinder (v. 28. 4. 1975, BGBl. I, 999);
53. von Verkäufern von **Schlachtvieh** und Agenturen auf den Großviehmärkten über jeden Verkauf auszustellende Marktschlußscheine nach § 10 Abs. 1 des Vieh- und Fleischgesetzes (v. 25. 4. 1951, BGBl. I, 272);
54. von gewerbsmäßigen Herstellern von **Schußwaffen** Waffenherstellungsbücher, von Unternehmen, die gewerbsmäßig Schußwaffen erwerben, vertreiben oder anderen überlassen, Waffenhandelsbücher
55. und von Unternehmen, die gewerbsmäßig **Munition** herstellen, erwerben, vertreiben oder anderen überlassen Munitionshandelsbücher nach § 12 Abs. 1–3 des Waffengesetzes (v. 8. 3. 1976, BGBl. I, 432) i. V. m. §§ 14 bis 18 der 1. VO zum Waffengesetz (v. 24. 5. 1976, BGBl. I, 1285);
56. von Betrieben, in denen mindestens 1250 **Schweine** gehalten werden können, Kontrollbücher über den Zu- und Abgänge von Schweinen nach § 13 Abs. 1 der Massentierhaltungs-VO-Schweine (v. 9. 4. 1975, BGBl. I, 885);
57. von Herstellern eines **Serums** oder Impfstoffes (§ 17c des Viehseuchengesetzes i. d. F. v. 19. 12. 1973, BGBl. I, 1974, 1) Bücher über u. a. Datum der Herstellung, die Nummer und Menge jeder einzelnen Charge nach § 15 der VO über Sera und Impfstoffe (v. 27. 2. 1973, BGBl. I, 134);
58. von Unternehmen, die die Erlaubnis für den Umgang und Verkehr mit **Sprengstoffen** haben, Verzeichnisse über die Menge der hergestellten, wiedergewonnenen, erworbenen, eingeführten oder sonst in den Geltungsbereich des Gesetzes verbrachten, überlassenen, verwendeten oder vernichteten Sprengstoffe nach § 15 Abs. 1 des Sprengstoffgesetzes (v. 25. 8. 1969, BGBl. I, 1358) i. V. m. §§ 52 u. 53 des 2. DV Sprengstoffgesetzes (vom 24. 4. 1972, BGBl. I, 633, geändert durch VO v. 28. 6. 1976, BGBl. I, 1713);
59. von **Tierärzten**, die eine Hausapotheke betreiben, Aufzeichnungen (Nachweise) über den Erwerb, die Herstellung, die Aufbewahrung und die Abgabe von Arzneimitteln nach § 5 Abs. 2 bis 4 und § 13 der VO über tierärztliche Hausapotheken (v. 31. 7. 1975, BGBl. I, 2115);
60. von Inhabern von **Tierkörperbeseitigungsanstalten** Aufzeichnungen u. a. über Menge des angelieferten Materials nach § 12 der Tierkörperbeseitigungsanstalten-VO (v. 1. 9. 1976, BGBl. I, 2587);
61. von **Versicherungsunternehmen** eine besondere Rechnungslegung nach der Externen RechVU-VO (v. 11. 7. 1973, BGBl. I, 1209, geändert durch VO vom 16. 8. 1976, BGBl. I, 2388) und nach der Internen RechVUVO (v. 17. 10. 1974, BGBl. I, 2543, geändert durch VO v. 11. 5.1976, BGBl. I, 1252);
62. von **kleineren Versicherungsvereinen auf Gegenseitigkeit** eine besondere Rechnungslegung nach der RechbkVVO (v. 18. 10. 1974, BGBl. I, 2909, geändert durch VO v. 24. 3. 1975, BGBl. I, 847);
63. von **Versteigerern** Aufzeichnungen über die Versteigerungsaufträge nach § 21 Abs. 1 der VO über gewerbsmäßige Versteigerungen (v. 1. 6. 1976, BGBl. I, 1345);
64. von **Verwaltern des gemeinschaftlichen Eigentums der Wohnungseigentümer** Wirtschaftspläne, Abrechnungen und Rechnungslegungen nach § 28 Abs. 1, 3 und 4 des Wohnungseigentumsgesetzes (v. 15. 3. 1951, BGBl. I, 175);
65. von **Viehhändlern** Kontrollbücher über die in ihrem Besitze befindlichen Pferde, Rinder und Schweine nach § 20 der Ausführungsvorschriften des Bundesrats zum Viehseuchengesetz (v. 7. 12. 1911, RGBl. 1912, 3);
66. von Inhabern öffentlicher **Waagen** Unterlagen über die beurkundeten öffentlichen Wägungen nach § 8 Abs. 3 der Wägeordnung (v. 18. 6. 1970, BGBl. I, 799);
67. von Unternehmen, die der Erzeugnisse i. S. d. **Weingesetzes** (v. 14. 7, 1971, BGBl. I, 893) herstellen, in Verkehr bringen, ins Inland aus dem Inland verbringen, Weinbücher nach § 57 Abs. 1 Nr. 1 des Weingesetzes i. V. m. § 1 der Wein-Überwachungs-VO i. d. F. v. 30. 3. 1973, BGBl. I, 245); über analytische Untersuchungen von Erzeugnissen i. S. d. Weingesetzes für andere Betriebe Analysenbücher nach § 57 Abs. 1 Nr. 3 i. V. m. § 2 der Wein-ÜberwachungsVO;
68. von Inhabern von Betrieben, die gewerbsmäßig **Wildbret** verkaufen, ankaufen, tauschen, verarbeiten oder verbrauchen, Wildhandelsbücher nach § 36 des Bundesjagdgesetzes (i. d. F. v. 30. 3. 1961, BGBl. I, 304);
69. von **Wohnungsunternehmen** Bücher (Geschäftsberichte) gemäß den Richtlinien des Spitzenver-

bandes nach § 23 Abs. 1 und 2 der VO zur Durchführung des Wohnungsgemeinnützigkeitsgesetzes (i. d. F. v. 24. 11. 1969, BGBl. I, 2141);

70. von den Be- und Verarbeitungsbetrieben und Handelsbetrieben der **Zuckerwirtschaft** und den Lager- und Beförderungsbetrieben, die Zucker einlagern oder befördern, Bücher über sämtliche Geschäftsvorfälle (insbesondere über Erwerb, Lagerung, Be- und Verarbeitung, Veräußerung, Vermittlung) nach § 12 Abs. 1 u. 3 des Zuckergesetzes (v. 5. 1. 1951, BGBl. I, 47).

180 Verstöße gegen diese außersteuerlichen Buchführungs- und Aufzeichnungspflichten stehen den Verstößen gegen steuerrechtliche Buchführungs- und Aufzeichnungsvorschriften gleich. Folgen können sein § 162 Abs. 2 (Schätzung), § 379 Abs. 1 (Steuergefährdung).

181 Eine Übersicht über im Betrieb zu führende Karteien, Listen, Verzeichnisse und Bücher ist im übrigen enthalten in der Beilage 3 zu Heft 9, BB 1983.

2. Steuerrechtliche Aufzeichnungspflichten

182 Steuerpflichtige, die weder nach Handelsrecht noch nach Steuerrecht der Buchführungspflicht unterliegen, können nach Maßgabe verschiedener steuerrechtlicher Vorschriften zu bestimmten Aufzeichnungen verpflichtet sein. Des weiteren können aber auch von Buchführungspflichtigen Aufzeichnungen verlangt werden, die sich nicht unmittelbar aus der Buchführung ergeben. Im folgenden seien die wesentlichen Aufzeichnungspflichten genannt:

a) Aufzeichnung des Wareneingangs

183 Nach § 143 Abs. 1 AO sind alle gewerblichen Unternehmer zur gesonderten Aufzeichnung des Wareneingangs verpflichtet (i. S. v. § 15 EStG). Diese Verpflichtung wird in der Regel durch die Führung eines Wareneingangsbuchs erfüllt; bei buchführenden Gewerbetreibenden genügt die gesonderte Aufzeichnung innerhalb der Buchführung. Zum Umfang der Aufzeichnungspflicht sowie zu den erforderlichen Mindestangaben vgl. § 143 Abs. 2, 3 AO.

Die Aufzeichnung des Wareneingangs wird verlangt, um der Finanzverwaltung die Möglichkeit zur Überprüfung des Betriebsergebnisses zu verschaffen.

b) Aufzeichnung des Warenausgangs

184 Gem. § 144 Abs. 1 AO sind gewerbliche Unternehmer, die nach der Art ihres Geschäftsbetriebs Waren regelmäßig an andere gewerbliche Unternehmer zur Weiterveräußerung oder zum Verbrauch als Hilfsstoffe liefern, verpflichtet, den erkennbar für diese Zwecke bestimmten Warenausgang gesondert aufzuzeichnen. Die Verpflichtung gilt auch für Land- und Forstwirte, die gem. § 141 AO buchführungspflichtig sind (§ 144 Abs. 1 AO).

Die Verpflichtung wird in der Regel durch die Führung eines Warenausgangsbuchs erfüllt. Zu Umfang und Inhalt der Aufzeichnungen vgl. im einzelnen § 144 Abs. 2 und 3 AO.

Zulässig ist auch die gesonderte Aufzeichnung des Warenausgangs im Rahmen einer Buchführung oder durch eine gesonderte Ablage der Belege in einem den GoB entsprechenden Verfahren.

Im Zusammenhang mit der Aufzeichnungspflicht für den Warenausgang ist darauf hinzuweisen, daß der Unternehmer über jede Lieferung zur gewerblichen Weiterverwendung dem Abnehmer einen Beleg erteilen muß (§ 144 Abs. 4 AO). Der Pflicht zur Belegerteilung wird durch die Erteilung der Rechnungen i. S. d. § 14 UStG entsprochen. Die nach § 14 Abs. 6 UStG i. V. m. §§ 31–34 UStDV zulässigen Erleichterungen gelten auch für die gem. § 144 Abs. 4 zu erteilenden Belege.

Aufzeichnung und Belegerteilung über den Warenausgang dienen der Verbesserung der Kontrolle durch die Finanzverwaltung.

c) Aufzeichnungen für umsatzsteuerliche Zwecke

185 Gem. § 22 Abs. 1 UStG ist der Unternehmer i. S. d. Umsatzsteuerrechts verpflichtet, zur Feststellung der Steuer und der Grundlagen ihrer Berechnungen, Aufzeichnungen zu machen. Inhalt und Umfang der Aufzeichnungspflichten ergeben sich aus § 22 Abs. 2 UStG und den §§ 63–68 UStDV.

Die Aufzeichnungspflicht gem. § 22 UStG besteht unabhängig von der Pflicht zur Aufzeichnung des Wareneingangs gem. § 143 AO. Es ist zulässig und aus organisatorischen Gründen in der Regel zweckmäßig, den beiden vorstehenden Aufzeichnungspflichten im Rahmen einer zusammengefaßten Aufzeichnung nachzukommen; die zusammengefaßten Aufzeichnungen haben den Anforderungen gem. § 22 UStG und § 143 AO insgesamt zu entsprechen.

Eine weitere umsatzsteuerrechtliche Aufzeichnungspflicht besteht gem. § 72 Abs. 2 UStDV hinsichtlich steuerfreier Reiseleistungen i. S. v. § 25 UStG.

Der BdF hat im übrigen mit Schreiben vom 31. 3. 1981 (BStBl. I, 297 ff.) detailliert zu Fragen der Aufzeichnungspflichten im Bereich der Umsatzsteuer Stellung genommen.

Gem. § 56 UStDV ist der Empfänger von steuerpflichtigen Werklieferungen oder steuerpflichtigen sonstigen Leistungen eines nicht im Erhebungsgebiet ansässigen Unternehmers zu bestimmten Aufzeichnungen verpflichtet, wenn er ein Unternehmer oder eine juristische Person des öffentlichen Rechts ist.

d) Besondere einkommensteuerrechtliche Aufzeichnungspflichten

186   Gemäß § 4 Abs. 7 EStG sind Aufwendungen i. S. v.

- § 4 Abs. 5 Nr. 1 (Aufwendungen für bestimmte Geschenke)
- § 4 Abs. 5 Nr. 2 (bestimmte Bewirtungsaufwendungen)
- § 4 Abs. 5 Nr. 3 (für bestimmte Einrichtungen, die der Bewirtung, Beherbergung oder Unterhaltung dienen)
- § 4 Abs. 5 Nr. 4 (für Jagd oder Fischerei, für Segel- oder Motorjachten sowie für ähnliche Zwecke und für die hiermit zusammenhängenden Bewirtungen)
- § 4 Abs. 5 Nr. 5 (für bestimmte Mehraufwendungen, für Verpflegung)
- § 4 Abs. 5 Nr. 7 (für die Lebensführung des Steuerpflichtigen oder anderer Personen, soweit sie nach allgemeiner Verkehrsauffassung als angemessen anzusehen sind)

einzeln und getrennt von den sonstigen Betriebsausgaben aufzuzeichnen.

187   Soweit diese Aufwendungen nicht ohnehin vom Abzug ausgeschlossen sind, dürfen sie bei der Gewinnermittlung nur berücksichtigt werden, wenn sie einzeln und getrennt von den sonstigen Betriebsausgaben aufgezeichnet sind (§ 4 Abs. 7 S. 2 EStG). Art und Umfang der Aufzeichnungspflichten ist im einzelnen Abschn. 20 EStR zu entnehmen.

Bei Führung eines Bestandsverzeichnisses für die beweglichen Wirtschaftsgüter des Sachanlagevermögens entfällt handels- und steuerrechtlich das Erfordernis der jährlichen körperlichen Bestandsaufnahme. Einzelheiten sind Abschn. 31 EStR zu entnehmen.

e) Aufzeichnungspflichten beim Lohnsteuerabzug

188   Der Arbeitgeber hat am Ort der Betriebsstätte für jeden Arbeitnehmer und für jedes Kalenderjahr ein Lohnkonto zu führen. In das Lohnkonto sind die für den Lohnsteuerabzug erforderlichen Merkmale aus der Lohnsteuerkarte oder aus einer entsprechenden Bescheinigung zu übernehmen. Bei jeder Lohnzahlung sind im Lohnkonto die Art und Höhe des gezahlten Arbeitslohns einschließlich der steuerfreien Bezüge sowie die einbehaltene oder übernommene Lohnsteuer einzutragen (im einzelnen vgl. § 7 LStDV).

Bei der Pauschalierung der Lohnsteuer für Teilzeitbeschäftigte (§ 40a EStG) muß der Arbeitgeber gem. § 7 Abs. 2 Nr. 2, 7 EStDV ebenfalls bestimmten Aufzeichnungspflichten nachkommen. Die Oberfinanzdirektionen können auf Antrag bei Arbeitgebern, die für die Lohnabrechnung ein maschinelles Verfahren anwenden, Ausnahmen hiervon zulassen, wenn die Möglichkeit zur Nachprüfung in anderer Weise sichergestellt ist (§ 7 Abs. 3 LStDV).

III. Beginn und Ende der Buchführungs- bzw. Aufzeichnungspflichten

1. Handelsrecht

189 Die Buchführungspflicht beginnt zu dem Zeitpunkt, zu dem die Eigenschaft des Vollkaufmanns erlangt wird. Je nach Art der Kaufmannseigenschaft beginnt die Buchführungspflicht hiernach

- beim sog. Mußkaufmann i. S. v. § 1 HGB mit Beginn der Tätigkeit (sofern der Kaufmann nicht als Minderkaufmann i. S. v. § 4 Abs. 1 HGB anzusehen ist), dazu gehören auch Vorbereitungshandlungen,
- beim sog. Sollkaufmann i. S. v. § 2 HGB mit Eintritt der Verpflichtung, die Eintragung in das Handelsregister vornehmen zu lassen,
- beim sog. Kannkaufmann i. S. v. § 3 HGB mit der Eintragung in das Handelsregister,
- beim sog. Formkaufmann i. S. v. § 6 HGB mit der Eintragung in das Handelsregister, es sei denn, der Formkaufmann betreibt ein Grundhandelsgewerbe; in diesem Fall beginnt die Buchführungspflicht bereits mit Beginn der Tätigkeit der sog. Vorgesellschaft.

190 Die Buchführungspflicht endet grundsätzlich mit der Beendigung der Kaufmannseigenschaft, ggfs. mit dem Übergang vom Vollhandels- zum Minderhandelsgewerbe. Personenhandelsgesellschaften sind auch während der Liquidation buchführungspflichtig (vgl. *Baumbach/Duden* Anm. 1 zu § 154 HGB).

191 **Im Vergleich** bleibt die Buchführungspflicht des Kaufmanns bestehen. Die Einhaltung der Buchführungspflicht ist von dem Vergleichsverwalter zu prüfen (vgl. *Böhle-Stamschräder/Kilger,* (VerglO, Anm. 2, 3 zu § 39).

192 **Im Konkursfall** endet die Buchführungspflicht, die mit Eröffnung des Konkursverfahrens auf den Konkursverwalter übergeht, ebenfalls erst mit der Beendigung der Kaufmannseigenschaft des Unternehmens, das in Konkurs gefallen ist (es sei denn, es vollzieht sich vorher bereits der Übergang vom Vollhandels- zum Minderkaufmann). Vgl. hierzu §§ 34, 35 AO (vgl. *Hübschman/Hepp/Spitaler,* AO Anm. 9 zu § 140). Im übrigen erstellt der Konkursverwalter üblicherweise im Hinblick auf das Erfordernis der Schlußrechnung gem. § 86 KO eine Einnahmen-Ausgabenrechnung. *Böhle-Stamschräder/Kilger* halten die Forderung nach Erfüllung der Buchführungspflicht neben der Rechnungslegung, die den konkursrechtlichen Anforderungen entspricht, aus Kostengründen für nicht vertretbar (vgl. Anm. 1 zu § 86 KO).

2. Steuerrecht

193 Beginn und Ende der abgeleiteten Buchführungs- und Aufzeichnungspflichten nach § 140 AO werden durch die zuvor erläuterten außersteuerlichen Vorschriften bestimmt.

Die originäre Verpflichtung zur Buchführung gem. § 141 Abs. 1 AO beginnt mit Beginn des Wirtschaftsjahres, das auf die Bekanntgabe der Mitteilung folgt, durch die die Finanzbehörde auf den Beginn dieser Verpflichtung hingewiesen ist (§ 141 Abs. 2 S. 1 AO). Die Buchführungspflicht endet mit dem Ablauf des Wirtschaftsjahres, das auf das Wirtschaftsjahr folgt, in dem die Finanzbehörde festgestellt hat, daß die Voraussetzungen des § 141 Abs. 1 AO nicht mehr vorliegen (§ 141 Abs. 2 S. 2 AO). Werden die Buchführungsgrenzen i. S. v. § 141 Abs. 1 AO einmalig unterschritten, so entfällt die Buchführungspflicht dann nicht, wenn im Laufe des Wirtschaftsjahres, das der Feststellung des Wegfalls der Buchführungspflicht folgt, wiederum festgestellt wird, daß Buchführungspflicht besteht. Durch diese Handhabung sollen allzu häufige Veränderungen der Buchführungspflicht vermieden werden. Für den Fall, daß die Buchführungsgrenzen voraussichtlich nur einmalig überschritten werden, besteht die Möglichkeit, gem. § 148 AO Befreiungen von der Buchführungspflicht zu erlangen (vgl. auch *Hübschmann/Hepp/Spitaler,* Anm. 12 zu § 141 AO).

IV. Bewilligung von Erleichterungen

194 Die Finanzbehörden können für einzelne Fälle oder für bestimmte Gruppen von Fällen Erleichterungen bewilligen, wenn die Einhaltung der durch die Steuergesetze begründeten Buchführungs-, Aufzeichnungs- und Aufbewahrungspflichten Härten mit sich bringt und die Besteuerung durch die Erleichterung nicht beeinträchtigt wird (§ 148 AO). Gegenstand der Bewilligung kann nur die Erleichterung, nicht aber die Befreiung von Buchführungs-, Aufzeichnungspflicht schlechthin sein. Im übrigen können die Finanzbehörden Erleichterungen nur hinsichtlich steuerrechtlicher, nicht jedoch hinsichtlich handelrechtlicher Pflichten bewilligen (zu den Erleichterungen z. B. für land- und forstwirtschaftliche Betriebe vgl. BMF-Schreiben v. 15. 12. 1981, BStBl. I, 878 ff.). In Betracht kommt der Verzicht auf die Führung einzelner Bücher und Aufzeichnungen.

Die durch die Erfüllung der Buchführungs- und Aufzeichnungspflichten hervorgerufenen Härten müssen auf sachlichen Gründen beruhen. Persönliche Gründe, z. B. Alter oder Krankheit, rechtfertigen für sich allein in der Regel nicht die Bewilligung von Erleichterungen (vgl. z. B. BFH-Urteil v. 14. 7. 1954, BStBl. III, 253).

Hervorzuheben ist, daß die Erleichterung nicht die Besteuerung beeinträchtigen darf.

Als Erleichterung kommt auch die Hinausschiebung des Beginns der Buchführungspflicht in Betracht. Diese Maßnahme kann geboten sein, wenn der Beginn der Buchführungspflicht vom Ausgang eines nicht völlig aussichtslosen Rechtsbefehlsverfahrens abhängig ist. Die Finanzbehörde hat nach pflichtgemäßem Ermessen zu entscheiden.

V. Freiwillige Führung von Büchern und Aufzeichnungen

195 Führt ein Steuerpflichtiger Bücher und Aufzeichnungen, ohne zu deren Führung verpflichtet zu sein, so haben diese gleichwohl den Ordnungsvorschriften i. S. v. §§ 145, 146 AO zu genügen (§ 146 Abs. 6 AO).

Die vorstehende Verpflichtung ergibt sich daraus, daß die Finanzverwaltung vor Täuschungsmanövern geschützt sein muß, die sich mit freiwillig geführten, aber unrichtigen Büchern oder Aufzeichnungen ausführen ließen (vgl. *Hübschmann/Hepp/Spitaler,* Anm. 10 zu § 140 AO). Beruft sich der Steuerpflichtige der Finanzbehörde gegenüber auf freiwillig, aber falsch geführte Bücher und Aufzeichnungen, ohne deren Mängel anzugeben, so kann darin der Tatbestand einer Steuerhinterziehung verwirklicht sein. Dem Steuerpflichtigen kann jedoch dann aus der mangelhaften Führung freiwillig geführter Bücher und Aufzeichnungen kein Nachteil entstehen, wenn er die Finanzbehörde mit diesen Aufzeichnungen nicht täuscht und sie im übrigen rechtzeitig auf deren Mängel aufmerksam macht (*Tipke/Kruse,* Anm. 5 vor § 140 AO).

VI. Folgen von Verstößen gegen Buchführungs- und Aufzeichnungspflichten

196 Abgesehen davon, daß schwerwiegende Verstöße gegen Buchführungspflichten zur Nichtigkeit von Jahresabschlüssen führen können (vgl. *Adler/Düring/Schmaltz* § 256 AktG, Anm. 9 ff.), können Verletzungen der Buchführungspflicht gem. § 38 ff. HGB bei Vorliegen der jeweiligen Voraussetzungen nach strafrechtlichen Sanktionen begründen. So wurden im Hinblick auf Konkursstraftaten die entsprechenden Vorschriften des Strafgesetzbuches durch das 1. Gesetz zur Bekämpfung der Wirtschaftskriminalität vom 29. 7. 1976 (BGBl. I, 2034 ff.) ergänzt und verschärft (§§ 283 ff. StGB). Strafrechtliche Folgen können sich auch aus den für die jeweiligen Rechtsformen maßgebenden Vorschriften ergeben (vgl. §§ 400, 401 AktG, § 280 GmbHG, § 147 GenG). Werden Buchführungsunterlagen vernichtet, beschädigt oder den Finanzbehörden im Rahmen der Prüfung für steuerliche Zwecke vorenthalten, so kann der Tatbestand der Urkundenunterdrückung gem. § 274 StGB vorliegen (vgl. BGH NJW 1980, 1174).

197 **Steuerrechtlich** können sich bei Nichterfüllung der Buchführungs- und Aufzeichnungspflichten nachstehende Folgen ergeben:
– Zur Durchführung der Besteuerung sind dann, wenn der Steuerpflichtige Bücher oder Aufzeichnungen, zu deren Führung er nach §§ 140–144 AO verpflichtet ist, nicht vorlegen kann oder wenn die Bücher oder Aufzeichnungen unvollständig, formell oder sachlich unrichtig sind, die Besteuerungsgrundlagen gem. § 162

Abs. 2 Satz 2 AO zu schätzen. Die Art der **Schätzung** hängt davon ab, inwieweit nach den Umständen des Einzelfalls die Buchführung als nicht beweiskräftig i. S. v. § 158 AO anzusehen ist.

Machen die sachlich nicht ordnungsgemäß verbuchten Geschäfte lediglich einen abgrenzbaren Teil des Gewinns aus oder liegen punktuelle Unrichtigkeiten vor, so kommt eine **Teilschätzung** in Betracht (vgl. RFH, RStBl. 1933, 576; 1937, 233; BFH-Urteil v. 13. 10. 1976, BStBl. II 1977, 260). Verdient die Buchführung als Ganzes kein Vertrauen oder legt der Steuerpflichtige die Bücher nicht vor, weil er sie nicht vorlegen kann oder nicht vorlegen will, so wird eine Vollschätzung unter Verwendung etwa noch zugänglicher Buchführungsunterlagen vorgenommen (vgl. RFH, RStBl. 1931, 395 und RFH in StuW 36 Nr. 75).

Für Klein- und Mittelbetriebe kann die Schätzung der Besteuerungsgrundlagen nach Maßgabe der jährlich veröffentlichten **Richtsatzsammlungen** erfolgen. Zur Anwendung weiterer Schätzungsmethoden vgl. *Tipke/Kruse* AO, Anm. 8 zu § 162.

- Die Nichterfüllung der Buchführungs- und Aufzeichnungspflichten kann im übrigen zur **Festsetzung von Zwangsgeldern** gem. §§ 328, 329 AO führen.
- Bei Vorliegen der jeweiligen weiteren Voraussetzungen kann die Verletzung von Buchführungs- und Aufzeichnungspflichten auch steuerstrafrechtliche Folgen haben (§§ 370, 378, 379 AO).

Generalklauseln für den Jahresabschluß

198 Für alle Kaufleute gilt hinsichtlich der Aufstellung des Jahresabschlusses **die Generalnorm des § 243 Abs. 1, 2 HGB n. F.**:
(1) der Jahresabschluß ist nach den Grundsätzen ordnungsmäßiger Buchführung aufzustellen.
(2) Er muß klar und übersichtlich sein.

199 Formale und materielle GoB sind entsprechend den Zwecken der Buchführung und des Jahresabschlusses ausgerichtet. Für den Jahresabschluß, der der Rechenschaft über abgeschlossene Rechnungsperioden dient, konkretisiert § 242 HGB nF. unter anderem, daß der Kaufmann für den Schluß eines jeden Geschäftsjahres ein das Verhältnis seines Vermögens und seiner Schulden darstellenden Abschluß (Bilanz) sowie eine Gegenüberstellung der Aufwendungen und Erträge des Geschäftsjahres (Gewinn- und Verlustrechnung) aufzustellen hat. Der Jahresabschluß hat hiernach Aufschluß zu geben über
- das Vermögen und die Schulden,
- das Eigenkapital,
- den Periodenerfolg,
- die Quellen des Erfolgs.

200 Der Jahresabschluß kann verschiedenen Adressaten als Informationsmittel und zum Teil auch als Entscheidungsgrundlage dienen, deren Interessen- und Informationsbedürfnisse erhebliche Unterschiede aufweisen können. Die unterschiedliche Gewichtung der einzelnen Informationsbedürfnisse führt dazu, daß ein Jahresabschluß kaum aus der Sicht sämtlicher Adressaten zweckentsprechend gestaltet werden kann. Die hieraus sich ergebenden Zielkonflikte haben zu umfangreichen betriebswirtschaftlichen und bilanzrechtlichen Diskussionen über die materiellen Grundsätze zur Gestaltung des Jahresabschlusses geführt, auf die im Rahmen dieses Handbuchs nicht eingegangen werden kann.

201 Für die Praxis der Aufstellung von Jahresabschlüssen ist jedenfalls von Bedeutung, daß im Rahmen des Bilanzrichtlinien-Gesetzes eine Reihe der für alle Kaufleute geltenden Grundsätze ordnungsmäßiger Buchführung erstmals im HGB kodifiziert worden ist (vgl. hierzu im einzelnen die §§ 242 bis 256 HGB nF.).

202 Die **Generalnorm für Kapitalgesellschaften***, die im Rahmen der Umsetzung der IV. EG-Richtlinie in nationales Recht Gegenstand intensiver Erörterungen gewesen ist, hat nunmehr folgenden Wortlaut:

---

* Im Rahmen der Erörterung des Bilanzrichtlinien-Gesetzes hatte der Gesetzgeber zeitweilig auch in Aus-

Der Jahresabschluß der Kapitalgesellschaft hat unter Beachtung der Grundsätze ordnungsmäßiger Buchführung ein den tatsächlichen Verhältnissen entsprechendes Bild der Vermögens-, Finanz- und Ertragslage der Kapitalgesellschaft zu vermitteln. Führen besondere Umstände dazu, daß der Jahresabschluß ein den tatsächlichen Verhältnissen entsprechendes Bild i. S. d. Satzes 1 nicht vermittelt, so sind im Anhang zusätzliche Angaben zu machen (§ 264 Abs. 2 HGB nF.).

203 Für die GmbH ist damit erstmals eine sehr weitreichende Generalnorm geschaffen worden. Für Aktiengesellschaften galt bisher, daß der Jahresabschluß im Rahmen der Bewertungsvorschriften einen möglichst sicheren Einblick in die Vermögens- und Ertragslage der Gesellschaft geben muß (§ 149 Abs. 1 S. 2 AktG). Nach dem jeweiligen Wortlaut könnten bei einem Vergleich der beiden Generalnormen Erwartungen geweckt werden, nach denen der Informationsgehalt des Jahresabschlusses nach dem Bilanzrichtlinien-Gesetz gegenüber dem aktienrechtlichen Abschluß steigen könnte (vgl. *Ballwieser* Sind mit der neuen Generalklausel zur Rechnungslegung auch neue Prüfungspflichten verbunden? in: BB 1985, 1034). Die Entwicklungsgeschichte der IV. EG-Richtlinie zeigt jedoch zunächst einmal, daß die Forderung nach einem den tatsächlichen Verhältnissen entsprechenden Bild nichts anderes beinhaltet als die Forderung nach Beachtung der Grundsätze ordnungsmäßiger Bilanzierung (vgl. *Niehus* „True and fair view" – in Zukunft auch ein Bestandteil der deutschen Rechnungslegung?, DB 1979, 221 ff; Nach *Niehus* ist die Aufnahme beider Anforderungen in die Generalnorm unter entstehungsgeschichtlichen Gesichtspunkten „schlicht Tautologie", ebenda S. 225).

204 Da die Grundsätze der Bilanzierung jedoch teilweise geändert und im übrigen erheblich verfeinert worden sind, bleibt allerdings weiterhin die Frage zu klären, ob nicht schon wegen der Wechselbeziehung zu den Einzelvorschriften auch die Generalnorm zu höheren Anforderungen an die Aussagefähigkeit führt als bisher.

Der Gesetzgeber hat es unterlassen, im Rahmen der Generalnorm die Maßstäbe zu konkretisieren, die für die Vermittlung des Bildes der tatsächlichen Verhältnisse gelten sollen. Er geht aber davon aus, daß der Generalnorm im allgemeinen entsprochen wird, wenn die einzelnen gesetzlichen Vorschriften und – soweit nicht darin bereits kodifiziert – die Grundsätze ordnungsmäßiger Buchführung beachtet werden. Hieraus wird gefolgert, daß für die Rechnungslegung der Aktiengesellschaften sich in materiell-rechtlicher Hinsicht kaum Änderungen ergeben (vgl. BT-Drs. 10/317 v. 26. 8. 1983. Gesetzentwurf der Bundesregierung zum Bilanzrichtlinie-Gesetz, S. 68). Diesem Gedanken kann insoweit nicht gefolgt werden, als zur Interpretation der Generalnorm auch die Einzelvorschriften heranzuziehen sind, die nach Bilanzrichtlinien-Gesetz weitergehende und vor allem erheblich detailliertere Regelungen als nach bisher geltendem Aktienrecht enthalten. Aufgrund der Wechselbeziehung zwischen Einzelvorschriften und Generalklausel ergibt sich, daß nach der Generalklausel – schon unabhängig von deren Neufassung – höhere Ansprüche an die Rechnungslegung zu stellen sind als bisher. Hinzu kommt, daß in dem Anhang zwingend Erläuterungen zu den tatsächlichen Verhältnissen zu machen sind, sofern bei Vorliegen besonderer Umstände der nach GoB aufgestellte Jahresabschluß das den tatsächlichen Verhältnissen entsprechende Bild nicht vermittelt (§ 264 Abs. 2 S. 2 HGB nF.).

205 Im Hinblick auf die praktische Bedeutung dieser Schlußfolgerung ist zu fragen, in welchen Fällen die Generalklausel Anwendung findet. Dem Charakter als Generalnorm entsprechend ist sie insbesondere dann anzuwenden, wenn Einzelvorschriften grundsätzlich auslegungsbedürftig sind (*Ballwieser* aaO S. 1035).

Darüber hinaus erlangt die Generalnorm dann Bedeutung, wenn ein Einzelfall soweit von den durch Einzelvorschriften geregelten Normalfällen abweicht, daß die

---

sicht genommen, die nunmehr nur für Kapitalgesellschaften geltende Generalnorm für alle Kaufleute verbindlich werden zu lassen. Hiervon wurde aus folgenden Gründen abgesehen: „Der Unterausschuß ist zu dem Ergebnis gekommen, daß die Bildung stiller Reserven und die Anwendung von Vorschriften des Steuerrechts ohne zusätzliche Angaben im Anhang mit der generellen Zielsetzung der IV. Richtlinie nicht unvereinbar wäre. Da indessen die für Kaufleute, die nicht unter die IV. Richtlinie fallen, bestehenden Regelungen nicht verschärft werden sollen, kann lediglich verlangt werden, daß der Jahresabschluß nach den Grundsätzen ordnungsmäßiger Buchführung aufzustellen ist und daß er klar und übersichtlich sein muß" (Erläuterungen des Unterausschusses des Rechtsausschusses des Deutschen Bundestages zum Bilanzrichtlinie-Gesetz vom 1. 8. 1985, S. 25).

Geschäftsjahr/Wirtschaftsjahr

Anwendung der Einzelvorschrift in der vorliegenden besonderen Situation in Anbetracht der Generalnorm offenbar sachwidrig wäre. Der Anwendbarkeit der Generalnorm in Fällen dieser Art sind jedoch Grenzen gesetzt, weil die Adressaten von Jahresabschlüssen davon ausgehen, daß die entsprechenden Einzelvorschriften bei Aufstellung des Jahresabschlusses beachtet worden sind. Dies gilt insbesondere auch, weil der Gesetzgeber für Sonderfälle bereits die Regelung des § 264 Abs. 2 S. 2 HGB nF. mit den entsprechenden Berichtspflichten im Anhang geschaffen hat.

Geschäftsjahr/Wirtschaftsjahr

Übersicht

	Rz.
I. Handelsrecht	212–216
II. Steuerrecht	217–223

I. Handelsrecht

212 Handelsrechtlich wird der Rechnungslegungszeitraum des Kaufmanns als Geschäftsjahr bezeichnet. Die Bilanz als stichtagsbezogene Zahlenzusammenstellung ist auf den letzten Tag des Geschäftsjahres, die Gewinn- und Verlustrechnung als zeitraumbezogene Zahlenzusammenstellung für die gesamte Dauer des Geschäftsjahres aufzustellen. Der Anhang, der bei Kapitalgesellschaften integrierter Bestandteil des Jahresabschlusses ist (vgl. § 264 Abs. 1 HGB nF.), enthält in den Erläuterungen der Bilanz und der Gewinn- und Verlustrechnung (§ 284 HGB nF.) sowie in den sonstigen Pflichtangaben (§ 285 HGB nF.) im wesentlichen Erläuterungen zu Daten des Geschäftsjahres. Auch der zusätzlich von Kapitalgesellschaften aufzustellende Lagebericht (§ 289 HGB nF.) hat Geschäftsverlauf und Lage der Kapitalgesellschaft in dem jeweiligen Geschäftsjahr darzustellen; darüber hinaus ist aber unter anderem auch einzugehen auf
– Vorgänge von besonderer Bedeutung, die nach dem Schluß des Geschäftsjahres eingetreten sind und
– die voraussichtliche Entwicklung der Kapitalgesellschaft.

213 Das Geschäftsjahr darf die **Dauer** von zwölf Monaten nicht überschreiten; es muß nicht mit dem Kalenderjahr übereinstimmen.

214 Kaufleute können handelsrechtlich den **Bilanzstichtag frei wählen** und nach Maßgabe ihrer gesellschaftsvertraglichen Bestimmungen auch wechseln. Die **Umstellung des Geschäftsjahres** durch Einlegung eines Rumpfgeschäftsjahres darf jedoch nicht mit dem Ziel der Verschleierung der Lage des Unternehmens erfolgen, da dies den Grundsätzen einer getreuen Rechenschaft zuwiderlaufen würde.

215 **Rumpfgeschäftsjahre** entstehen – abgesehen von den Fällen, in denen das Geschäftsjahr umgestellt wird – in der Regel bei Gründung, Auflösung, übertragender Umwandlung und Verschmelzung von Unternehmen bzw. Gesellschaften.

216 Die Geschäftsjahre vieler Unternehmen weichen vom Kalenderjahr ab. Maßgebend hierfür sind häufig historische Gründe sowie Gesichtspunkte der Branchenüblichkeit (vgl. z. B. das Getreidejahr, das Braujahr) sowie der Zweckmäßigkeit (insbesondere im Hinblick auf die Durchführung der Inventur).

II. Steuerrecht

217 Steuerrechtlich wird der Gewinnermittlungszeitraum bei Gewerbetreibenden (und bei Land-und Forstwirten) als ,,Wirtschaftsjahr'' bezeichnet (vgl. § 4a EStG).

218 Wirtschaftsjahr ist bei Gewerbetreibenden, deren Firma im Handelsregister eingetragen ist, der Zeitraum, für den sie regelmäßig Abschlüsse machen, bei anderen Gewerbetreibenden grundsätzlich das Kalenderjahr.

219 Die **Höchstdauer** des Wirtschaftsjahres beträgt zwölf Monate.

220 Bei der **Wahl des Abschlußstichtages** sind Gewerbetreibende, deren Firma im Handelsregister eingetragen ist, bei Beginn ihrer Tätigkeit zunächst frei. Gewerbe-

treibende, die mehrere selbständige Betriebe haben, können handels- und steuerrechtlich für die einzelnen Betriebe auch abweichende Geschäftsjahre bestimmen. Handelsgesellschaften mit mehreren Niederlassungen können nur einen einheitlichen Jahresabschluß für ein Geschäftsjahr bzw. Wirtschaftsjahr erstellen; dies gilt auch für die Einbeziehung der Zahlen ausländischer Betriebsstätten.

221 Die **Umstellung** des Wirtschaftsjahres bei in das Handelsregister eingetragenen Gewerbetreibenden erfordert die Zustimmung des Finanzamtes (sofern das Wirtschaftsjahr, auf das umgestellt werden soll, nicht mit dem Kalenderjahr identisch ist, vgl. § 4a Abs. 1 Nr. 2 S. 2 EStG).

Das Zustimmungserfordernis wurde für notwendig erachtet, um willkürliche Änderungen des Wirtschaftsjahres aus steuerlichen Gründen zu vermeiden. Dementsprechend hat die Finanzbehörde bei ihrer Entscheidung über einen Antrag auf Umstellung des Wirtschaftsjahres auf einen vom Kalenderjahr abweichenden Zeitraum darauf abzustellen, daß Mißbräuche verhindert werden. Nach der Rechtsprechung rechtfertigen betriebliche Vorteile eine Umstellung. Dies gilt auch dann, wenn dabei steuerliche Vorteile als Nebenfolge eintreten. Betriebliche Gründe sind z. B.: Vereinfachung der Inventurarbeiten, Herstellung der Vergleichbarkeit des Jahresabschlusses mit dem anderer Betriebe, Vereinheitlichung der Rechnungslegung in einem Konzern oder einem sonstigen Unternehmensverbund durch Wahl eines einheitlichen Abschlußstichtages.

222 Sofern ein handelsrechtlich zulässigerweise gewählter Abschlußstichtag steuerlich nicht anerkannt wird, ist die Ordnungsmäßigkeit der Buchführung nicht beeinträchtigt (vgl. z. B. BFH-Urteil v. 7. 2. 1969, BStBl. II, 337).

223 Bei nicht im Handelsregister eingetragenen Gewerbetreibenden ist das Wirtschaftsjahr grundsätzlich mit dem Kalenderjahr identisch; dabei ist unerheblich, ob der Gewerbetreibende als Kaufmann zur Buchführung verpflichtet ist. Maßgebend ist vielmehr nur, daß der Steuerpflichtige nicht im Handelsregister eingetragen ist. Allerdings kann der Steuerpflichtige dann, wenn er gleichzeitig buchführender Land- oder Forstwirt ist, das für den land- oder forstwirtschaftlichen Betrieb maßgebende Wirtschaftsjahr mit Zustimmung des Finanzamts auch für sein gewerbliches Wirtschaftsjahr wählen (§ 4a Abs. 1 Nr. 3 S. 2 EStG). Diese Sonderregelung gilt vor allem für gewerbliche Nebenbetriebe der Land- und Forstwirte.

Geschäftsvorfall

224 Gemäß § 238 Abs. 1 HGB hat der Kaufmann in seinen Büchern seine Handelsgeschäfte und die Lage seines Vermögens nach Maßgabe der Grundsätze ordnungsmäßiger Buchführung ersichtlich zu machen. Die danach vorzunehmenden Buchungen werden jedoch nicht zwingend unmittelbar durch jeden Abschluß eines Handelsgeschäfts oder durch jede Änderung von Vermögenswerten ausgelöst; vielmehr sind nur die nach den Grundsätzen ordnungsmäßiger Buchführung relevanten Handelsgeschäfte und Vermögensänderungen zu erfassen. Die in der Buchführung danach zu erfassenden Vorgänge werden „Geschäftsvorfälle" genannt. (Beispielsweise ist bei einem Beschaffungsvorgang der zu buchende Geschäftsvorfall nicht in dem Abschluß des Kaufvertrags, sondern lediglich in dem Zugang des Vermögensgegenstandes bei Erfüllung des Kaufvertrags zu sehen).

225 Geschäftsvorfälle sind
– Vorgänge zwischen dem buchführenden Unternehmen und anderen Rechtsträgern, die nach den Grundsätzen ordnungsmäßiger Buchführung zu Aufwendungen oder Erträgen führen oder
– Vorgänge, die einzelne in der Bilanz zu erfassende Vermögensgegenstände, Schulden, Rechnungsabgrenzungs- oder Eigenkapitalposten
berühren.

226 Es sind grundsätzlich alle Geschäftsvorfälle in der Buchführung zu erfassen. Lediglich in bestimmten Einzelfällen läßt die Finanzverwaltung zu, daß Entstehung von Forderungen und Schulden sowie deren Tilgung nicht als getrennte Geschäftsvorfälle zu behandeln sind. Gem. Abschn. 29 Abs. 2 Ziff. 3 EStR wird beispielsweise nicht beanstandet, „wenn Waren und Unkostenrechnungen, die innerhalb von acht Tagen nach Rechnungseingang oder innerhalb der ihren gewöhnlichen Durchlauf durch

den Betrieb entsprechenden Zeit beglichen werden, kontokorrentmäßig nicht erfaßt werden". Wegen weiterer Ausnahmen wird auf Abschn. 29 Abs. 2 Ziff. 4 EStR verwiesen.

Going-Concern-Prinzip

227 Bei Bewertung der im Jahresabschluß auszuweisenden Vermögensgegenstände und Schulden ist die Fortsetzung der Unternehmenstätigkeit zu unterstellen, sofern dem nicht tatsächliche oder rechtliche Gegebenheiten entgegenstehen. Die Kodifizierung dieses seit langem geltenden Grundsatzes ist durch das Bilanzrichtlinien-Gesetz in § 252 Abs. 1 Nr. 2 HGB nF. erfolgt. Anders als bei Aufstellung einer Statusbilanz zur Feststellung einer etwaigen Überschuldung oder bei Aufstellung einer Liquidationsbilanz ist der Ansatz von Liquidationswerten im Jahresabschluß im Regelfall nicht zulässig.

228 Problematisch ist allerdings die Bestimmung des Zeitpunktes, bis zu dem das Going-Concern-Prinzip noch angewendet werden kann. Die Anwendung wird nur dann zulässig sein, wenn das bilanzaufstellende Organ bei sorgfältiger betriebswirtschaftlicher Analyse der gegebenen Rentabilität und der bestehenden Finanzierungsmöglichkeiten des Unternehmens sowie aufgrund plausibler Erwartungen hinsichtlich deren zukünftiger Entwicklung davon überzeugt ist, daß das Unternehmen im ganzen oder sachlich zusammenhängende Unternehmensteile nicht innerhalb der nächsten Zukunft aus Gründen der Existenzgefährdung liquidiert werden müssen. Kennzeichen der Existenzgefährdung sind beispielsweise in nachhaltiger Ertragslosigkeit, drohender Überschuldung und zu erwartenden Liquiditätsengpässen zu sehen (vgl. auch *Niehus:* Rechnungslegung und Prüfung der GmbH nach neuem Recht, 1982 S. 140f.).

Grundsätze ordnungsmäßiger Buchführung (GoB)

Übersicht

	Rz.
I. Geltungsbereich und rechtliche Grundlagen	229–231
II. Aufgabe der Grundsätze ordnungsmäßiger Buchführung	232–235
III. Anforderungen an die Dokumentation	236–271
1. Buchführungssysteme	236–239
2. Zu führende Bücher	240–250
a) Grundbücher	241–243
b) Hauptbücher	244
c) Nebenbücher	245–250
3. Form der Bücher	251
4. Ordnungsmäßigkeit der Eintragungen	252–265
a) Vollständige, richtige, zeitgerechte und geordnete Eintragungen	252–260
b) Unveränderlichkeit der Eintragungen und Aufzeichnungen	261–263
c) Verwendung einer lebenden Sprache	264–265
5. Grundsätze ordnungsmäßiger Buchführung bei Einsatz von EDV-Anlagen	266–271
a) Konventionelle EDV-Buchführung	266–267
b) COM-Verfahren (Computer Output on Microfilm)	268–269
c) Speicherbuchführung	270
d) Fernbuchführung	271
IV. Frist zur Aufstellung des Jahresabschlusses	272–273
V. Rechtsfolgen bei fehlender Ordnungsmäßigkeit der Buchführung	274–277

I. Geltungsbereich und rechtliche Grundlagen

229 Im Rahmen der Buchführungspflicht gem. § 238 Abs. 1 S. 1 HGB ergibt sich für jeden Kaufmann unter anderem auch die Verpflichtung, die Grundsätze ordnungsmäßiger Buchführung („GoB") zu beachten. Gem. § 5 Abs. 1 EStG gilt diese handelsrechtliche Verpflichtung für alle buchführenden Gewerbetreibenden. Die **GoB sind** für den vorbezeichneten Kreis danach **handels- bzw. steuerrechtlich zwingendes Recht.**

230 Mit dem unbestimmten Rechtsbegriff „GoB" hat der Gesetzgeber auf Wert- und Ordnungsvorstellungen verwiesen, die nach herrschender Auffassung deduktiv, d.h., durch Überlegungen darüber, wie die Anforderungen an die Redlichkeit und Sorgfalt eines ordentlichen Kaufmanns zu gestalten sind, gewonnen werden.

231 GoB sind in der Vergangenheit lediglich teilweise kodifiziert worden. Auch nach der Übernahme einer beträchtlichen Zahl von GoB durch das sog. Bilanzrichtlinien-Gesetz in das Dritte Buch des HGB sind die GoB nicht abschließend gesetzlich geregelt. Mit dem generellen Verweis auf die GoB in § 238 Abs. 1 S. 1 HGB (Buchführungspflicht) und die Generalklauseln für die Aufstellung von Jahresabschlüssen in den §§ 243 und 264 Abs. 2 HGB ist jedoch wiederum auch gewährleistet, daß die GoB sich entsprechend zukünftigen Veränderungen der Anforderungen an die Rechnungslegung fortentwickeln können (vgl. auch *Helmrich,* Zur Umsetzung der 4. und 7. EG-Richtlinie in deutsches Handels- und Gesellschaftsrecht, in ZfbF 1985, 729).

II. Aufgabe der Grundsätze ordnungsmäßiger Buchführung

232 Die Buchführung dient zunächst der **systematischen Erfassung der Geschäftsvorfälle**. Sie liefert darüber hinaus die **Ausgangsdaten für den** zu erstellenden **Jahresabschluß**. Für Erfassung der Geschäftsvorfälle und Erstellung des Jahresabschlusses gelten Regeln, die im einzelnen festlegen, was, wann, auf welche Weise gebucht und was bei Aufstellung des Jahresabschlusses zur zweckentsprechenden Darstellung der Vermögens-, Schuld-, Eigenkapital- und Rechnungsabgrenzungsposten sowie der Aufwendungen und Erträge erfolgen muß bzw. kann. Diese Regeln werden als Grundsätze ordnungsmäßiger Buchführung („GoB") bezeichnet; sie umfassen sowohl formale als auch materielle Regeln zur Handhabung bzw. Gestaltung der Buchführung und des Jahresabschlusses (*Leffson* Bedeutung und Ermittlung der Grundsätze ordnungsmäßiger Buchführung, in HdJ, Abt. I/2 Tz. 1).

233 **Formale und materielle GoB** sind entsprechend den Zwecken der Buchführung und des Jahresabschlusses ausgerichtet. Als Zwecke sind zu nennen:
– Dokumentation der Geschäftsvorfälle
– Rechenschaft über abgeschlossene Rechnungsperioden, insbesondere über
• – – Vermögen und Schulden
• – – Eigenkapital
• – – Periodenerfolg
• – – Quellen des Erfolgs.

234 Die Rechenschaftslegung durch den Jahresabschluß dient in der Regel verschiedenen Adressaten als Informationsmittel und zum Teil auch als Entscheidungsgrundlage. Im wesentlichen deshalb, weil Interessen- und Informationsbedürfnisse der Adressaten Unterschiede aufweisen und demnach aus Sicht verschiedener Interessengruppen einzelnen Gesichtspunkten zur zweckentsprechenden Gestaltung von Jahresabschlüssen unterschiedliches Gewicht beigemessen wird, ergeben sich Zielkonflikte, die zu umfangreichen betriebswirtschaftlichen und bilanzrechtlichen Diskussionen über die materiellen Grundsätze zur Gestaltung des Jahresabschlusses geführt haben und auch weiterhin noch führen werden.

235 Im Rahmen dieses Handbuchs ist auf die weitreichenden Diskussionsbeiträge zu Sinn und Zweck der materiellen Grundsätze nicht einzugehen. Im folgenden wird lediglich eine Übersicht über den derzeitigen Stand der GoB und des Bilanzrechts wesentlichen formalen Grundregeln gegeben. Auf die materiellen Grundsätze wird vor allem im Rahmen der Erläuterungen zu den einzelnen Posten des Jahresabschlusses eingegangen.

III. Anforderungen an die Dokumentation

1. Buchführungssysteme

236 Den Buchführungspflichtigen ist grundsätzlich freigestellt, welches Buchführungssystem sie verwenden, sofern das gewählte System die Anforderungen an die Orgnungsmäßigkeit der Buchführung erfüllt. Grundsätzlich sind zwei kaufmännische Buchführungssysteme – die einfache und die doppelte Buchführung – zu unterscheiden.

237 Die **einfache Buchführung** ist im wesentlichen dadurch gekennzeichnet, daß die einzelnen Geschäftsvorfälle lediglich mit einer Buchung (d.h. ohne Gegenbuchung)

erfaßt werden. Aufwendungen und Erträge werden nicht festgehalten. Der Gewinn einer Periode kann danach nur durch Betriebsvermögensvergleich ermittelt werden.

In einem Grundbuch werden die Geschäftsvorfälle in zeitlicher Reihenfolge aufgezeichnet, in einem Hauptbuch wird –getrennt nach Geschäftsfreunden – die Abrechnung mit Kunden und Lieferanten erfaßt und ein Kassenbuch dient der Dokumentation der Barvorgänge.

Die einfache Buchführung hat in der Praxis lediglich für Gewerbetreibende mit ganz geringem Geschäftsumfang Bedeutung, da Aussage und Kontrollmöglichkeiten über die geschäftlichen Vorgänge in einem Unternehmen erheblich eingeschränkt sind.

238 Im Gegensatz zur einfachen Buchführung werden durch die **doppelte Buchführung** die Geschäftsvorfälle nicht nur in zeitlicher, sondern auch in sachlicher Hinsicht geordnet festgehalten. Jeder Geschäftsvorfall wird nach dem System der Doppik auf zwei Konten, und zwar einmal im Soll und einmal im Haben, festgehalten. Dabei werden Bestands- und Erfolgskonten geführt. Der Periodenerfolg ergibt sich sowohl aus der Bilanz als auch aus der Gewinn- und Verlustrechnung. Die doppelte Buchführung stellt nunmehr das handelsrechtlich allein zulässige Buchführungssystem dar, da jeder Kaufmann gem. § 242 HGB einen aus Bilanz und Gewinn- und Verlustrechnung bestehenden Jahresabschluß aufzustellen hat.

239 Die **kameralistische Buchführung** ist lange Zeit das vorwiegend verwendete Buchführungssystem der Behörden gewesen. Für die kaufmännische Rechnungslegung kommt dieses System nicht in Betracht, weil Inventur und Bewertung des Vermögens nicht vorgenommen werden.

2. Zu führende Bücher

240 Die Arten der im Hinblick auf die GoB zu führenden Bücher haben sich in der Praxis entwickelt; gesetzliche Vorschriften existieren bisher hierzu nicht. Zur Erfüllung der Buchführungszwecke und der Anforderungen, die sich aus diesen Zwecken für die Ordnungsmäßigkeit der Buchführung ableiten lassen, werden
– Grundbücher,
– Hauptbücher und
– Nebenbücher
geführt.

a) Grundbücher

241 In den Grundbüchern werden sämtliche Geschäftsvorfälle in ihrer **zeitlichen Reihenfolge** erfaßt. Die Erfassung hat **zeitnah und geordnet** zu erfolgen. Die Grundbücher sollen es ermöglichen, zu jedem beliebigen Zeitpunkt, auch für die Vergangenheit, ohne große Mühe den einzelnen Geschäftsvorfall bis zum Beleg zurückverfolgen zu können (BFH-Urteil v. 26. 3. 1968, BStBl. II, 527).

242 Die Zahl der zu führenden Grundbücher hängt von Umfang und Struktur der Geschäftsvorfälle ab. In der Regel werden Rechnungseingangs- und Rechnungsausgangsbücher sowie Kassen-, Bank- und Postscheckbücher geführt.

243 Die Funktion der **Grundbuchaufzeichnungen** kann auch **durch** eine **geordnete und übersichtliche Belegablage** erfüllt werden (§ 239 Abs. 4 HGB nF., § 146 Abs. 5 AO). Danach kann beispielsweise die übersichtliche Sammlung und Aufbewahrung der Postgiro- und Bankauszüge die Führung von Grundbüchern ersetzen, sofern Vollständigkeit und Richtigkeit der Kontoauszüge und deren unmittelbarer Zusammenhang mit der Buchführung in angemessener Zeit geprüft werden können (*Hübschmann/Hepp/Spitaler* Tz. 10 zu § 145 AO).

b) Hauptbücher

244 In den Hauptbüchern werden bei der doppelten Buchführung Geschäftsvorfälle **nach sachlichen Gesichtspunkten gegliedert** aufgezeichnet. Die sachliche Gliederung der Konten des Hauptbuchs ist nach einem betriebsindividuellen Kontenplan vorzunehmen, der in der Regel in Anlehnung an die für verschiedene Geschäftszweige entwickelten Kontenrahmen aufgebaut wird. Aus den Endsalden der Konten des

Hauptbuchs werden auf den Schluß des Geschäftsjahres die Bilanz sowie die Gewinn- und Verlustrechnung entwickelt.

c) Nebenbücher

245 Die Fülle des Buchungsstoffs kann dazu führen, daß bestimmte Geschäftsvorfälle nicht mehr im einzelnen im Hauptbuch erfaßt werden, da dies die Übersichtlichkeit und damit die Ordnungsmäßigkeit der Buchführung gefährden würde. Die Geschäftsvorfälle werden dann in sog. Nebenbüchern erfaßt. Die Salden der Nebenbücher werden in bestimmten Abständen (in der Regel monatlich) auf das entsprechende Sachkonto des Hauptbuchs übernommen. Bei Aufstellung des Jahresabschlusses ist eine Abstimmung der Salden der Nebenbücher mit den jeweiligen Hauptbuchkonten erforderlich.

246 In der Praxis werden vorwiegend Nebenbücher für
– die kontokorrentmäßige Abwicklung des Lieferungs- und Leistungsverkehrs mit Kunden und Lieferanten (Geschäftsfreundebuch)
– die Lohn- und Gehaltsabrechnung (Lohn- bzw. Gehaltsjournale)
– den Kassen-, Wechsel- und Scheckverkehr (Kassen-, Wechselkopier- und Scheckkopierbücher) sowie
– die Lagerbestände und Lagerbewegungen (Lagerbücher)
geführt.

247 Abschn. 29 Abs. 2 Nr. 4 EStR enthält die Anforderungen an das **Geschäftsfreunde-(Kontokorrent-)buch:**

,,Neben der Erfassung der Kreditgeschäfte in einem Grundbuch muß grundsätzlich auch ein Kontokorrentbuch mit einer kontenmäßigen Darstellung der unbaren Geschäftsvorfälle, aufgegliedert nach Geschäftsfreunden, geführt werden. Das Kontokorrentbuch soll den Kaufmann über den Stand seiner Forderungen und Schulden gegenüber seinen Geschäftsfreunden auf dem laufenden halten. Dieser Zweck des Kontokorrentbuchs kann durch Führung besonderer Personenkonten oder durch eine gesonderte Ablage der nicht ausgeglichenen Rechnungen (Offene-Posten-Buchhaltung, vgl. Abschn. 29 Abs. 2 Nr. 2 Satz 5 EStR) erfüllt werden. Ist die Zahl der Kreditgeschäfte verhältnismäßig gering, so gelten hinsichtlich ihrer Erfassung die folgenden Erleichterungen:

(1) Besteht kein laufender unbarer Geschäftsverkehr mit Geschäftsfreunden, so braucht auch kein Kontokorrentbuch geführt zu werden. Es müssen jedoch für jeden Bilanzstichtag über die an diesem Stichtag bestehenden Forderungen und Schulden Personenübersichten aufgestellt werden (RFH-Urteil v. 21. 6. 1939, RStBl. 955 und BFH-Urteil v. 21. 6. 1939, RStBl. 955 und BFH-Urteil v. 23. 2. 1951, BStBl. III, 75). Die gelegentlichen unbaren Geschäftsvorfälle müssen ferner in einem Grundbuch – bei doppelter Buchführung auf dem Kontokorrentkonto – verbucht werden.

(2) Einzelhändler und Handwerker können darüber hinaus Krediteinkäufe und Kreditverkäufe kleineren Umfangs vereinfacht verbuchen. Es genügt, wenn sie diese Wareneinkäufe auf Kredit im Wareneingangsbuch in einer besonderen Spalte als Kreditgeschäfte kennzeichnen und den Tag der Begleichung der Rechnung vermerken. Bei kleineren Warenverkäufen auf Kredit ist es ausreichend, wenn einschließlich der Zahlungen in einer Kladde festgehalten werden, die als Teil der Buchführung aufzubewahren ist. Außerdem müssen in beiden Fällen für jeden Bilanzstichtag Personenübersichten aufgestellt werden (RFH-Urteil vom 27. 4. 1938, RStBl. 491 und BFH-Urteil vom 23. 2. 1951, BStBl. III, 75). In diesen Fällen wird also insoweit nicht nur auf die Führung eines Kontokorrentbuchs, sondern auch auf eine Buchung in einem Grundbuch – bei der doppelten Buchführung auf dem Kontokorrentkonto – verzichtet".

248 In den **Lohn- und Gehaltsjournalen** werden für die einzelnen Arbeitnehmer deren Bruttobezüge, die einzelnen Abzugsbeträge und die danach sich ergebenden Nettobezüge erfaßt. In das Grundbuch und in das Hauptbuch werden in der Praxis i. d. R. nur die monatlichen Gesamtsummen übernommen. Lohn- und Gehaltsjournale sind dann als Nebenbücher Bestandteil der Buchführung (wegen der Eintragungen in den Lohnkonten vgl. § 41 EStG, § 7 LStDV).

249 **Wechselkopier- und Scheckkopierbücher** dienen der Aufzeichnung des Wechsel- und Scheckverkehrs. Sie enthalten i. d. R. Einzelangaben zu den aus diesen Wertpapieren Begünstigten und Verpflichteten, zu Ausstellungsort und -datum und zusätzlich bei Wechseln zum Verfalldatum und zum Zahlungsort.

250 In **Lagerbüchern** für den Bereich der Roh-, Hilfs- und Betriebsstoffe sowie der Waren werden die Anschaffungskosten der angeschafften Partien sowie die mengenmäßigen Lagerbewegungen festgehalten. Sie ermöglichen damit die jederzeitige Feststellung des buchmäßigen Bestandes.

3. Form der Bücher

251 Die äußere Gestaltung der Bücher und Aufzeichnungen ist im einzelnen nicht vorgeschrieben. Die Form muß jedoch dem Zweck der GoB entsprechen. Hiernach kommt es für die äußere Gestaltung darauf an, daß der Nachweis der vollständigen, zeitgerechten und geordneten Eintragung der einzelnen Geschäftsvorfälle erbracht werden kann. Hierzu müssen Bücher im herkömmlichen Sinne gebunden und die einzelnen Seiten lückenlos numeriert sein. Mit der Fortentwicklung der Buchführungsverfahren sind an die Stelle gebundener Bücher im herkömmlichen Sinne Kontokarten, Lochkarten, Magnetbänder, Disketten bzw. Plattenspeicher getreten. Die Ordnungsmäßigkeitskriterien sind entsprechend dem technischen Fortschritt im einzelnen fortentwickelt und ausgestaltet worden (vgl. z. B. § 146 Abs. 5 AO). Auf die Erläuterungen zu den Stichworten *„Grundsätze ordnungsmäßiger Speicherbuchführung"* und *„Offene-Posten-Buchhaltung"* wird verwiesen.

4. Ordnungsmäßigkeit der Eintragungen

a) Vollständige, richtige, zeitgerechte und geordnete Eintragungen

252 Gemäß § 239 Abs. 2 HGB nF. und § 146 Abs. 1 S. 1 AO sind die Buchungen und die sonst erforderlichen Aufzeichnungen
(1) vollständig,
(2) richtig,
(3) zeitgerecht und
(4) geordnet
vorzunehmen. Diese Vorschriften kodifizieren die Grundsätze der Wahrheit sowie der Klarheit und Übersichtlichkeit.

Zu (1) vollständige Verbuchung

253 Der Grundsatz der Wahrheit verlangt u. a. eine lückenlose Erfassung sämtlicher Geschäftsvorfälle. Wer buchungs- oder aufzeichnungspflichtige Geschäftsvorfälle nicht oder in tatsächlicher Hinsicht unrichtig verbucht oder verbuchen läßt und dadurch ermöglicht, daß Steuereinnahmen verkürzt oder ungerechtfertigte Steuervorteile erlangt werden, handelt ordnungswidrig (§ 379 Abs. 1 S. 1 Nr. 2 AO).

Zu (2) richtige Verbuchung

254 Unter dem Grundsatz der richtigen Verbuchung ist das Erfordernis der materiellen Richtigkeit und Wahrheit zu verstehen. Danach sind die Buchungen nach Maßgabe der tatsächlichen Geschäftsvorfälle und in Übereinstimmung mit dem Inhalt der Buchungsbelege vorzunehmen. Der Grundsatz der Richtigkeit verlangt des weiteren, daß die Geschäftsvorfälle auf den dafür vorgesehenen Konten erfaßt werden.

Zu (3) zeitgerechte Verbuchung

255 Gemäß Abschn. 29 Abs. 2 Nr. 2 EStR sind sämtliche Geschäftsvorfälle zeitnah in Grundbüchern zu erfassen. Die zeitnahe Erfassung erfordert – mit Ausnahme des baren Zahlungsverkehrs – keine tägliche Aufzeichnung. Ein zeitlicher Zusammenhang zwischen den Vorgängen und ihrer buchmäßigen Erfassung muß jedoch gewährleistet sein. Wann dieser zeitliche Zusammenhang noch gegeben ist, richtet sich

in bestimmtem Umfang nach den Verhältnissen des Einzelfalls, die wiederum durch die Fülle des Buchungsstoffs und die Art der Buchführungstechnik gekennzeichnet sind. Grundsätzlich gilt, daß mit steigender Zahl der Geschäftsvorfälle eine frühere Erfassung in der Buchführung geboten ist. Um die Rationalisierungsbestrebungen in der Praxis nicht zu beeinträchtigen, wird es nicht beanstandet, wenn die grundbuchmäßige Erfassung der Kreditgeschäfte eines Monats bis zum Ablauf des folgenden Monats erfolgt, sofern organisatorische Vorkehrungen getroffen werden, die sicherstellen, daß Buchführungsunterlagen bis zu ihrer grundbuchmäßigen Erfassung nicht verloren gehen (lfd. Numerierung der eingehenden und ausgehenden Rechnungen, Abheftung der Buchführungsunterlagen in besonderen Mappen oder Ordnern). Sofern die vorgenannten Voraussetzungen nicht erfüllt sind, ist bei kleinen Betrieben ohne EDV-Einsatz ein Buchungsrückstand bis zu einem Monat nur bei wenigen Geschäftsvorfällen unschädlich. Für den Regelfall läßt die Rechtsprechung dagegen nur einen Rückstand von bis zu 10 Tagen zu; ein Rückstand von 14 Tagen oder gar einem Monat nimmt der Buchführung die Ordnungsmäßigkeit (vgl. BFH-Urteil v. 26. 3. 1960, BStBl. II, 527 ff.). Bei der Erfassung des Kassenverkehrs ist der Grundsatz der fortlaufenden Verbuchung streng auszulegen. Nach § 146 Abs. 1 S. 2 AO sollen Kasseneinnahmen und Kassenausgaben täglich festgehalten werden.

Zu (4) geordnete Verbuchung (Klarheit und Übersichtlichkeit)

256 „Die Buchführung muß so beschaffen sein, daß sie einem Sachverständigen Dritten innerhalb angemessener Zeit einen Überblick über die Geschäftsvorfälle und über die Lage des Unternehmens vermitteln kann. Die Geschäftsvorfälle müssen sich in ihrer Entstehung und Abwicklung verfolgen lassen" (§ 238 Abs. 1 S. 2 und 3 HGB nF.; vgl. auch § 145 Abs. 1 AO).

257 Eine geordnete Verbuchung ist nur dann gegeben, wenn
– die Bearbeitung des Buchungsstoffes systematisch nach feststehenden Bearbeitungsregeln erfolgt und
– der Zusammenhang zwischen Buchung, Beleg und Geschäftsvorfall für einen Sachkundigen ohne Schwierigkeiten zu erkennen ist.

258 Im Hinblick auf das Erfordernis der systematischen Bearbeitung des Buchungsstoffes sind gleichartige Geschäftsvorfälle nach einheitlichen Bearbeitungskriterien zu erfassen. Fallen viele verschiedenartige Geschäftsvorfälle an, so ist zumindest die Aufstellung eines Kontenplans und ggf. darüber hinaus die Erstellung von Kontierungs- und sonstigen Arbeitsanweisungen erforderlich.

Die geordnete Erfassung der Geschäftsvorfälle ist auch Voraussetzung dafür, daß der verarbeitete Buchungsstoff die Ausgangsdaten für die Erstellung eines den GoB entsprechenden Jahresabschlusses liefert.

259 I. d. R. werden die Geschäftsvorfälle nicht nur nach sachlichen Gesichtspunkten gegliedert, sondern auch entsprechend der Reihenfolge ihres zeitlichen Anfalls erfaßt. Die Ordnung der Zeitfolge nach ist jedoch dann nicht erforderlich, wenn auf andere Weise eine geordnete Verbuchung der Geschäftsvorfälle gewährleistet wird. Dies ist beispielsweise bei einer ordnungsmäßigen **Speicherbuchführung** der Fall. Hier werden die Buchungsdaten auf Datenträgern gespeichert und dem Grundsatz der geordneten Verbuchung ist durch die systematische Ablauforganisation zu entsprechen. Die Voraussetzung dafür, daß ein sachverständiger Dritter innerhalb eines angemessenen Zeitraums einen Überblick gewinnen kann, ist durch eine Dokumentation der Regelungen für die Datenverarbeitung zu schaffen (vgl. die Erläuterungen zu dem Stichwort „*Grundsätze ordnungsmäßiger Speicherbuchführung*", Rz. 278 ff.).

260 Der **Zusammenhang zwischen Buchung, Beleg und Geschäftsvorfall** muß aus lesbaren Aufzeichnungen eindeutig zu erkennen sein. Neben ausreichenden Angaben über den zugrunde liegenden Beleg sollte die Buchung auch Angaben zum Buchungsdatum und zu dem angesprochenen Gegenkonto enthalten. Werden Abkürzungen, Ziffern, Buchstaben oder Symbole verwendet, muß im Einzelfall deren Bedeutung eindeutig festliegen (§ 239 Abs. 1 S. 2 HGB nF.).

Grundsätze ordnungsmäßiger Buchführung 261–268 **A**

b) Unveränderlichkeit der Eintragungen und Aufzeichnungen

261 Gemäß § 239 Abs. 3 HGB nF. dürfen „solche Veränderungen nicht vorgenommen werden, deren Beschaffenheit es ungewiß läßt, ob sie ursprünglich oder erst später gemacht worden sind" (vgl. auch § 146 Abs. 4 AO).

262 Eintragungen und Aufzeichnungen haben mit Tinte, Tintenstift, Maschinenschrift oder Kugelschreibern zu erfolgen. Es muß gewährleistet sein, daß sie nicht spurlos beseitigt oder geändert werden können. Durchstreichungen, die den ursprünglichen Inhalt nicht mehr erkennen lassen, sowie Überklebungen o. ä. sind danach unzulässig. Eintragungen und Aufzeichnungen sind im übrigen so vorzunehmen, daß sie bis zum Ablauf der Aufbewahrungsfrist leserlich bleiben.

263 Bei Einsatz von EDV-Anlagen ist durch programmtechnische Vorkehrungen sicherzustellen, daß verarbeitete Daten nicht gelöscht oder ohne Kennzeichnung geändert werden können. Wie bei konventionellen Buchungstechniken müssen Änderungen als solche erkennbar sein.

c) Verwendung einer lebenden Sprache

264 „Bei der Führung der Handelsbücher und bei den sonst erforderlichen Aufzeichnungen hat sich der Kaufmann einer lebenden Sprache zu bedienen" (§ 239 Abs. 1 S. 1 HGB nF., vgl. auch § 146 Abs. 3 S. 1 AO).

Lebende Sprachen sind solche, die in bestehenden Sprachräumen tatsächlich gesprochen werden. Die Verwendung der lateinischen und altgriechischen Sprache sowie einer Kunstsprache wie Esperanto ist danach nicht möglich.

Auch im Geltungsbereich des HGB sowie des deutschen Steuerrechts darf bei der Buchführung und bei sonstigen Aufzeichnungen hiernach anstelle der deutschen Sprache eine andere lebende Sprache verwendet werden. Die Finanzverwaltung kann in einem solchen Fall jedoch Übersetzungen verlangen.

Die Buchführung darf auch in ausländischer Währung erstellt werden.

265 Der Jahresabschluß ist nach der Neufassung des HGB durch das Bilanzrichtlinien-Gesetz jedoch in jedem Fall in deutscher Sprache und in Deutscher Mark aufzustellen (§ 244 HGB nF.).

5. Grundsätze ordnungsmäßiger Buchführung bei Einsatz von EDV-Anlagen

a) Konventionelle EDV-Buchführung

266 Bei diesem Buchführungssystem werden unter Einsatz von EDV-Anlagen in herkömmlicher Form Grundbücher, Hauptbücher und Nebenbücher ausgedruckt. Dabei muß der gesamte Buchungsstoff nicht laufend ausgedruckt werden; vielmehr reicht es aus, wenn der Buchungsstoff während der Aufbewahrungsfristen ausdruckbereit gehalten wird (vgl. auch §§ 146 Abs. 5, 147 Abs. 2 AO).

267 Der Zusammenhang zwischen Buchung, Beleg und Geschäftsvorfall ist nur dann in angemessener Zeit zu erkennen, wenn die angewendeten EDV-Verfahren ausreichend dokumentiert sind. In der Stellungnahme FAMA 1/1975 des IdW (WPg 1975, 575 ff.) sind die Anforderungen an eine ordnungsmäßige EDV-Verfahrensdokumentation im einzelnen dargestellt. Generell müssen aus der Verfahrensdokumentation Aufbau und Ablauf der angewendeten Verfahren vollständig ersichtlich sein (z. B. durch Ablaufpläne und Arbeitsanweisungen; dabei können auch Grafiken die angewendeten Verfahren deutlich machen). Wesentlich ist die Darstellung der Anweisungen an die EDV-Programmierung (Regelungen zur Aufgabenstellung, Datenerfassung -eingabe und -ausgabe, zur Datensicherung sowie zur Sicherung der anweisungsgemäßen Programmanwendung einschließlich der vorzunehmenden Kontrollen und Abstimmungen. Besondere Dokumentationspflichten gelten für die Einführung neuer Verfahren sowie für die Änderung bisher angewendeter Verfahren).

b) COM-Verfahren (Computer-Output on Microfilm)

268 Das COM-Verfahren stellt eine Variante der EDV-Buchführungssysteme dar, bei dem die auf Datenträgern gespeicherten Daten automatisch unmittelbar auf Mikro-

film ausgegeben werden und auf die Verfilmung des Originals sowie auf den Papierausdruck verzichtet wird. Es ist dabei sicherzustellen,
- daß die spätere Wiedergabe mit den aufbewahrungspflichtigen Unterlagen (bei empfangenen Handels- oder Geschäftsbriefen sowie bei Buchungsbelegen bildlich, bei anderen Unterlagen inhaltlich) übereinstimmt, und
- daß die Unterlagen während der Aufbewahrungsfrist verfügbar sind und jederzeit innerhalb angemessener Frist lesbar gemacht werden können.

Vgl. hierzu §§ 238 Abs. 2 und 239 Abs. 4 HGB n. F. (Die Zulässigkeit des COM-Verfahrens wird weiterhin zulässig sein, obwohl Bildträger als solche im Gegensatz zu der bislang maßgebenden Gesetzesfassung nunmehr nicht mehr ausdrücklich genannt sind) und § 147 Abs. 2 AO. Der Mikrofilm ist in diesem Fall keine Wiedergabe, sondern das Original des Handelsbuches, das einer ausgedruckten Liste im Dokumentationswert gleichgestellt ist (WP-Handbuch 1981, 1151).

269 Keine unmittelbare Anwendung für das COM-Verfahren finden die sog. **Mikrofilmgrundsätze**, die lediglich Regelungen für die herkömmliche Schriftgutverfilmung enthalten (vgl. BdF v. 1. 2. 1984, BStBl. I, 155ff.).

c) Speicherbuchführung

270 Bei der Speicherbuchführung handelt es sich um ein EDV-Buchführungssystem, durch das die Geschäftsvorfälle zunächst verarbeitungsfähig gespeichert werden. Verarbeitung und Ausdruck bzw. Sichtbarmachung erfolgen entsprechend den betrieblichen Erfordernissen. Die Erstellung von Protokollen mit Grundbuchfunktion entfällt. Wegen der speziellen Ausgestaltung der Grundsätze ordnungsmäßiger Buchführung bei dem Einsatz von Speicherbuchführungen wird auf die Erläuterungen zu dem Stichwort *„Grundsätze ordnungsmäßiger Speicherbuchführung"* verwiesen.

d) Fernbuchführung

271 Die Fernbuchführung ist inzwischen bei jeder Unternehmensgröße zulässig (vgl. BFH-Urteil v. 10. 8. 1978, BStBl. II 1979, 20). Die Frage der Ordnungsmäßigkeit der Fernbuchführung stellte sich vor allem im Hinblick auf das Erfordernis der zeitnahen Verbuchung aller Geschäftsvorfälle. Nach dem vorgenannten Urteil genügt es, wenn die Geschäftsvorfälle eines Monats durch Erstellung von Lochstreifen und Primanota erfaßt werden. Der Primanota kommt dabei Grundbuchfunktion zu, weil sie die Geschäftsvorfälle chronologisch festhält und damit auch die vollständige Verarbeitung des Buchungsstoffs dokumentiert.

Zu beachten ist, daß die buchführende Stelle zwar technisch die Erfüllung der Buchführungspflicht übernimmt, die Verantwortung für Inhalt und Richtigkeit der Buchführung nach handels- und steuerrechtlichen Vorschriften jedoch beim Buchführungspflichtigen verbleibt.

IV. Frist zur Aufstellung des Jahresabschlusses

272 Gemäß § 243 Abs. 3 HGB nF. ist der Jahresabschluß **innerhalb der einem ordnungsmäßigen Geschäftsgang entsprechenden Zeit** aufzustellen. Abgesehen von den rechtsformspezifisch festgelegten Aufstellungsfristen für Kapitalgesellschaften (§ 264 Abs. 1 HGB nF.: Aufstellung generell in den ersten drei Monaten für das vergangene Geschäftsjahr; lediglich für kleine Kapitalgesellschaften i. S. v. § 267 Abs. 1 HGB nF. ist die Aufstellungsfrist auf sechs Monate verlängert) legt das HGB die Aufstellungsfrist nicht abschließend fest. Für Unternehmen, die dem Publizitätsgesetz unterliegen, gilt in jedem Fall die Aufstellungsfrist von drei Monaten (§ 5 Abs. 1 PublG).

273 Die **Steuerrechtsprechung** hat sich wiederholt mit der Frage der Angemessenheit des Bilanzaufstellungszeitraumes auseinandergesetzt (vgl. z. B. FG Berlin v. 2. 7. 1969, EFG 1970, 54; HessFG vom 3. 6. 1970, EFG 1970 494; FG Düsseldorf vom 25. 8. 1971, EFG 1972, 13; BFH vom 12. 12. 1972, BStBl. II 1973, 555; BFH vom 6. 12. 1983, BStBl. II 1984, 227). Nach der Entwicklung dieser Rechtsprechung ist davon auszugehen, daß die Bilanzaufstellung innerhalb eines Jahres nach Ablauf des Geschäftsjahres erfolgen muß, sofern nicht spezielle Regelungen kürzere Fristen vorschreiben.

V. Rechtsfolgen bei fehlender Ordnungsmäßigkeit der Buchführung

274 Bei Fehlen der Ordnungsmäßigkeit der Buchführung können sich strafrechtliche, handelsrechtliche und steuerrechtliche Konsequenzen ergeben. Prozeßrechtlich kommt im übrigen nur ordnungsgemäß geführten Büchern Beweiskraft zu; vgl. auch § 258 HGB nF. sowie wegen der weiteren Voraussetzungen § 286 ZPO.

275 **Strafrechtlich** kann die Verletzung von Buchführungspflichten zur Bestrafung gem. § 283 StGB (Bankrott) und § 283 b StGB (Verletzung der Buchführungspflicht) führen, wenn der Täter seine Zahlungen eingestellt hat oder über sein Vermögen das Konkursverfahren eröffnet oder der Eröffnungsantrag mangels Masse abgewiesen worden ist.

276 Bei wesentlichen Mängeln der Buchführung von Unternehmen, deren Jahresabschlüsse aufgrund gesetzlicher Verpflichtung oder freiwillig von Wirtschaftsprüfern bzw. Wirtschaftsprüfungsgesellschaften geprüft werden, kann der Abschlußprüfer zu einer **Einschränkung oder Versagung des Bestätigungsvermerks** berechtigt sein (vgl. IdW-FG 3/1977 Abschn. D in WPg 1977, 217ff.).

277 Gemäß § 162 Abs. 2 S. 2 AO sind die **Besteuerungsgrundlagen** zu **schätzen**, wenn der Steuerpflichtige Bücher oder Aufzeichnungen, zu deren Führung er nach den §§ 140–144 AO verpflichtet ist, nicht vorlegen kann oder wenn die Bücher oder Aufzeichnungen unvollständig bzw. formell oder sachlich unrichtig sind. Dabei rechtfertigen schwerwiegende Buchführungsmängel auch ein verhältnismäßig grobes Schätzungsverfahren (vgl. BFH-Urteil v. 2. 2. 1982, BStBl. II, 409ff.). Handelt es sich dagegen um unwesentliche Mängel, sind z. B. unbedeutende Vorgänge nicht oder falsch erfaßt, so wird die Ordnungsmäßigkeit der Buchführung dadurch nicht berührt (vgl. Abschn. 29 Abs. 2 Nr. 6 EStR). Zahlreiche Beispiele zu wesentlichen Mängeln sind bei *Tipke/Kruse* (Tz. 17 zu § 146 AO) dargestellt.

Solange die Mängel nicht wesentlich sind, kann das Buchführungsergebnis durch eine **Zuschätzung** richtiggestellt werden. Für die Anerkennung des Buchführungsergebnisses ist allerdings auch von Bedeutung, ob die Mängel auf ein offensichtliches Versehen oder auf bewußte Falschbuchungen bzw. auf bewußt unterlassene Buchungen zurückgehen. Bewußt herbeigeführte Mängel stellen nach der Rechtsprechung des BFH einen stärkeren Verstoß als versehentlich entstandene Mängel dar (vgl. BFH-Urteil v. 10. 2. 1953, BStBl. III, 106).

Grundsätze ordnungsmäßiger Speicherbuchführung (GoS)

278 Die Speicherbuchführung ist eine Form der EDV-Buchführung, bei der die auf maschinell lesbaren Datenträgern aufgezeichneten Buchungen im Gegensatz zur konventionellen EDV-Buchführung nicht mehr im Anschluß an die Bearbeitung ausgedruckt bzw. über das COM-Verfahren dauerhaft lesbar gemacht werden. Vielmehr werden die Buchungen nur bei Bedarf einzeln oder verdichtet lesbar gemacht.

279 Der Ausschuß für wirtschaftliche Verwaltung in Wirtschaft und öffentlicher Hand e. V. (AWV) hat unter Mitwirkung der von den Betriebsprüfungsreferenten der Obersten Finanzbehörden des Bundes und der Länder eingesetzten Arbeitsgruppe „Speicherbuchführung" die nachstehenden Grundsätze ordnungsmäßiger Speicherbuchführung (GoS) erarbeitet (Anlage zu dem Schreiben des BMF betreffend Grundsätze ordnungsmäßiger Speicherbuchführung vom 5. 7. 1978, BStBl. I S. 250ff.)*:

1. Einleitung

1.0 Die elektronische Datenverarbeitung (EDV) löst zunehmend die alten Buchführungstechniken ab. So können die Handelsbücher, Bücher und die sonst erforderlichen Aufzeichnungen mit Hilfe der Speichertechnik der EDV geführt werden (Speicherbuchführung). Die gesetzlichen Voraussetzungen dafür sind in den §§ 38ff. des Handelsgesetzbuches (HGB) und in den §§ 145ff. der Abgabenordnung enthalten.

Die Technologie der EDV und die Vorschriften, mit denen der Gesetzgeber dieser Entwicklung

---

* Die Hinweise auf Vorschriften des HGB beziehen sich auf die bis zum 31. 12. 1985 geltende Fassung. Materielle Änderungen sind in den von den GoS angesprochenen Bereichen durch das Bilanzrichtlinien-Gesetz nicht eingetreten.

Rechnung getragen hat, werfen für den Benutzer sowie für den Prüfer eine Reihe von Fragen in bezug auf die Ordnungsmäßigkeit der Buchführung auf, deren Regelung mit diesen Grundsätzen erfolgen soll.

1.1 Bei der Speicherbuchführung sind insbesondere die §§ 43 Abs. 4 und 44 Abs. 1 und 3 HBG sowie die §§ 146 Abs. 5 und 147 Abs. 1 und 2 AO zu beachten.

1.2 Die Speicherbuchführung besteht darin, daß die Buchungen auf maschinell lesbaren Datenträgern aufgezeichnet (gespeichert) und bei Bedarf für den jeweils benötigten Zweck einzeln oder kumulativ (verdichtet) lesbar gemacht werden. Die Buchungen müssen insbesondere einzeln und geordnet nach Konten und diese fortgeschrieben nach Kontensummen oder Salden sowie nach Abschlußpositionen dargestellt werden können. Sie müssen jederzeit in angemessener Frist lesbar gemacht werden können.
Die konventionelle EDV-Buchführung besteht darin, daß die auf maschinell lesbaren Datenträgern aufgezeichneten Buchungen unabhängig von Prüfungserfordernissen im Anschluß an die Verarbeitung vollständig und dauerhaft lesbar gemacht werden (visuell) und diese Datenträger nach Prüfung der richtigen und vollständigen Wiedergabe gelöscht werden.
Konventionelle EDV-Buchführung und Speicherbuchführung können auch in Mischform auftreten.

1.3 Für die Speicherbuchführung gelten die Grundsätze ordnungsmäßiger Buchführung in gleicher Weise wie für andere Techniken der Buchführung. Das bedeutet:
1.3.0 Ein sachverständiger Dritter muß sich in der Buchführung in angemessener Zeit zurechtfinden und sich einen Überblick über die Geschäftsvorfälle und die Vermögenslage des Unternehmens verschaffen können.
1.3.1 Die richtige und vollständige Erfassung der buchungspflichtigen Geschäftsvorfälle (Grundbuchfunktion) und der Bestände sowie der Überblick über die Vermögens- und Ertragslage (Kontenfunktion) müssen auch bei der Speicherbuchführung gewährleistet sein. Die Geschäftsvorfälle sind zeitgerecht zu erfassen und so zu speichern, daß sie geordnet darstellbar sind. Sie müssen sich in ihrer Entstehung und Abwicklung verfolgen lassen.
1.3.2 Die gespeicherten Buchungen sind bei der Lesbarmachung sachlich richtig und übersichtlich wiederzugeben.

2. Belegaufbereitung und Belegfunktion

2.0 Buchungen müssen auch bei der Speicherbuchführung durch Einzel-, Sammel- oder Dauerbelege (Eigen-, Fremdbelege) nachgewiesen werden.
2.1 Die Belege sind so aufzubereiten, daß eine ordnungsmäßige Verarbeitung in der Speicherbuchführung möglich ist und die sachliche und zeitliche Zuordnung der Geschäftsvorfälle nachgeprüft werden kann.
2.2 Belege können auch innerhalb eines EDV-Systems direkt auf Datenträgern hergestellt werden. Das Verfahren des Zustandekommens solcher Belege ist zu dokumentieren.
2.3 Belege können auch aufgrund eines Austauschs von Daten, z. B. auf Datenträgern oder durch Datenfernübertragung, empfangen werden. Die Belegfunktion ist erfüllt, wenn die Vollständigkeit der Inhalte nachgewiesen werden kann, z. B. durch Kontrollsummen unterteilt nach Ordnungskriterien der Einzelbuchungen oder durch Protokolle über empfangene oder abgesandte Datenträger. Nachweise über empfangene Handelsbriefe (Geschäftsbriefe) zu behandeln.
2.4 Wird ein Beleg auf einem Datenträger hergestellt oder empfangen, können die Daten des Belegs statt auf diesem Datenträger als Wiedergabe auf einem Bildträger oder auf einem anderen Datenträger oder ausgedruckt aufbewahrt werden.

3. Buchung

3.0 Geschäftsvorfälle sind ordnungsgemäß gebucht, wenn sie nach einem Ordnungsprinzip zeitgerecht erfaßt und mit Zuordnungsmerkmalen (Kontenfunktion) und Identifizierungsmerkmalen (Belegfunktion) auf einem Datenträger, z. B. Lochkarte, Lochstreifen, Magnetband, Magnetplatte, Magnettrommel, verarbeitungsfähig gespeichert sind. Die Vollständigkeit und die formale Richtigkeit der Datenerfassung müssen gewährleistet sein (siehe auch 1.3.1 sowie 6.2.1).
Unter diesen Voraussetzungen können Buchungen auch innerhalb des EDV-Systems erzeugt und auf Datenträgern gespeichert werden, z. B. Abschreibungen, Zinsen, oder aufgrund eines Austausches von Daten erfolgen.
3.1 Wird eine Buchung verändert, so muß ihr ursprünglicher Inhalt feststellbar bleiben, z. B. durch Protokolle (Fehlerlisten) über durchgeführte Änderungen. Diese Änderungsnachweise sind aufzubewahren.
3.2 Werden Daten vor dem Abschluß der Buchungen, z. B. wegen offenbarer Unrichtigkeit geändert, braucht der ursprüngliche Inhalt nicht feststellbar sein.

4. Kontrolle und Abstimmung

Die Vollständigkeit und Richtigkeit der auf Datenträgern aufgezeichneten Buchungen sind durch geeignete organisatorische Vorkehrungen, z. B. durch programmierte und/oder andere Kontrollen, sicherzustellen. Für Aufzeichnungen über Kontrollen und Abstimmungen gelten, soweit sie Buch- oder Belegfunktion erfüllen, die gesetzlichen Aufbewahrungsfristen.

5. Datensicherung

5.0 Der Buchführungspflichtige ist während der Aufbewahrungsfristen für die sichere und dauerhafte Speicherung der Daten verantwortlich; er hat sie vor Verfälschung zu schützen.

Bei Wechsel des Systems oder des Datenträgers hat er die Überleitbarkeit, Verarbeitungs- und Darstellungsfähigkeit der gespeicherten Daten zu gewährleisten.
5.1 Bei der Übertragung gespeicherter Daten von einem Datenträger auf einen anderen maschinell lesbaren Datenträger muß die inhaltliche Übereinstimmung sichergestellt werden, z. B. durch automatisches Mitführen von Abstimmzahlen.

6. Dokumentation und Prüfbarkeit

6.0 Die Speicherbuchführung muß wie jede Buchführung von einem sachverständigen Dritten hinsichtlich ihrer formellen und sachlichen Richtigkeit prüfbar sein; dies muß sowohl durch die Prüfbarkeit einzelner Geschäftsvorfälle (fallweise Prüfung) als auch durch die Prüfbarkeit des Abrechnungsverfahrens (Verfahrensprüfung) möglich sein.
6.1 Aus der dazu erforderlichen Verfahrensdokumentation müssen Aufbau und Ablauf des Abrechnungsverfahrens vollständig ersichtlich sein. Sie kann verbal, z. B. durch Arbeitsanweisungen, graphisch, z. B. durch Ablaufpläne und/oder tabellarisch, z. B. durch Entscheidungstabellen, erfolgen.
6.2 Die Verfahrensdokumentation muß sich insbesondere erstrecken auf
   6.2.1 sachlogische Beschreibung des EDV-Abrechnungsverfahrens im Sinne von Anweisungen an die EDV-Programmierung; diese muß folgende Problembereiche behandeln:
      Aufgabenstellung
      Beschreibung der Dateneingabe
      Regelung der Datenerfassung
      Verarbeitungsregeln einschließlich Kontrollen und Abstimmverfahren
      Fehlerbehandlung
      Beschreibung der Datenausgabe
      Datensicherung
      Sicherung der ordnungsgemäßen Programmanwendung.
   6.2.2 Anweisungen zur Regelung der Kommunikation des EDV-Abrechnungsverfahrens mit dem Gesamtsystem der Buchführung, wie z. B. die manuelle Vor- bzw. Nachbehandlung von Daten an den Schnittstellen zu anderen Abrechnungsverfahren.
   6.2.3 Beschreibung des Freigabeverfahrens, mit dem die Übereinstimmung der Anweisungen (siehe 6.2.1) mit den Funktionen der EDV-Programme festgestellt wurde.
6.3 Änderungen des Abrechnungsverfahrens sind in der Dokumentation so zu vermerken, daß die zeitliche Abgrenzung einzelner Verfahrensversionen ersichtlich ist.
6.4 Die Verfahrensdokumentation gehört zu den Arbeitsanweisungen und sonstigen Organisationsunterlagen im Sinne der §§ 44 HGB bzw. 147 AO, jeweils Absatz 1, Nummer 1.
6.5 Der Buchführungspflichtige hat zu gewährleisten, daß die gespeicherten Buchungen jederzeit innerhalb angemessener Frist lesbar gemacht werden können. Er muß die dafür erforderlichen Darstellungsprogramme sowie Maschinenzeiten und sonstigen Hilfsmittel, z. B. Personal, Bildschirme, Lesegeräte, bereitstellen. Auf Verlangen hat er die gespeicherten Buchungen unverzüglich auszudrucken oder bei Ausgabe auf Bildträgern ohne Hilfsmittel lesbare Reproduktionen beizubringen.

7. Aufbewahrung und Sicherung der Datenträger

7.0 Datenträger, auf denen Buchungen gespeichert sind, müssen als Handelsbücher im Sinne des § 44 Abs. 1 Nr. 1 HGB und als Bücher im Sinne des § 147 Abs. 1 Nr. 1 AO 10 Jahre aufbewahrt werden. Datenträger, die ausschließlich Belegfunktion haben, sind 6 Jahre aufzubewahren.
7.1 Werden Buchungen nur teilweise dauerhaft lesbar gemacht (visuell), müssen die Datenträger weiterhin aufbewahrt werden, wenn die vollständige Lesbarmachung der gespeicherten Buchungen in Form von Handelsbüchern oder Büchern andernfalls nicht gewährleistet ist.
7.2 Die Datenträger sind in angemessenen Zeitabständen auf ihre Funktionsfähigkeit zu überprüfen. Die Überprüfung, festgestellte Fehler oder Schäden sowie deren Beseitigung sind zu protokollieren.
7.3 Die Datenträger müssen vor Verwechslung, Beeinträchtigung und Verlust geschützt werden. Hierzu gehört auch der Schutz z. B. gegen schädliche Magnetfelder, Temperatureinflüsse oder Feuchtigkeit.

8. Wiedergabe der auf Datenträgern geführten Unterlagen

8.0 Das Verfahren für die Wiedergabe der auf Datenträgern geführten Unterlagen (Datenausgabe) ist in einer Arbeitsanweisung des Buchführungspflichtigen schriftlich niederzulegen (z. B. Durckanweisung, COM-Anweisungen, Anweisungen für den Dialogverkehr zur Selektion und Darstellung der auf Speichern geführten Unterlagen auf Sichtgeräten).
In der Arbeitsanweisung ist das Ordnungsprinzip für die Wiedergaben zu beschreiben und das Verfahren zur Feststellung der Vollständigkeit und der Richtigkeit der Wiedergaben zu regeln.
Die Wiedergaben müssen dem Rechnungswerk des Buchführungspflichtigen eindeutig zugeordnet werden können.
8.1 Die inhaltliche Übereinstimmung der selektiven Wiedergabe mit den auf maschinell lesbaren Datenträgern geführten Unterlagen muß nachprüfbar sein (siehe auch 7.1).

9. Verantwortlichkeit

Für die Einhaltung der Grundsätze ordnungsmäßiger Buchführung ist auch bei der Speicherbuchführung der Buchführungspflichtige verantwortlich.

Gemäß Schreiben des BMF vom 5. Juli 1978 (abgedruckt in BStBl. I, 250f.) gilt für die Anwendung der vorstehenden Grundsätze folgendes:

I. Rechtsgrundlage, Wesen und Anwendungsbereich (Tz. 1 der GoS)

a) Nach § 146 Abs. 5 der Abgabenordnung 1977 (AO) können die nach steuerlichen Vorschriften zu führenden Bücher und sonst erforderlichen Aufzeichnungen auf Datenträgern geführt werden, soweit diese Form der Buchführung einschließlich des dabei angewandten Verfahrens den Grundsätzen ordnungsmäßiger Buchführung (GoB) entspricht; § 147 Abs. 2 AO läßt unter gewissen Voraussetzungen die Aufbewahrung von Unterlagen auf Datenträgern zu. Als ,,Datenträger" i. S. dieser Vorschriften kommen in erster Linie die nur maschinell lesbaren Datenträger (z. B. Lochkarte, Magnetband, Magnetplatte, Diskette) in Betracht.

b) Mit den GoS sollen die allgemeinen GoB insbesondere für den Bereich der Speicherbuchführung ergänzt werden. Deren Ordnungsmäßigkeit richtet sich grundsätzlich nach den gleichen Vorschriften und Grundsätzen, die auch für die anderen Buchführungsformen maßgebend sind. Insbesondere sind neben den allgemein maßgebenden handelsrechtlichen Grundsätzen ordnungsmäßiger Buchführung die §§ 145 bis 147 AO zu beachten. Die wichtigsten der bisher geltenden GoB sind in Abschn. 29 der Einkommensteuer-Richtlinien 1975 (EStR 1975) dargestellt. Sie gelten grundsätzlich auch für die Speicherbuchführung, soweit sie nicht an die Neuregelung der Buchführungs- und Aufzeichnungsvorschriften in der AO und im HGB anzupassen sind (z. B. Abschnitt 29 Abs. 3 S. 1, Abs. 5 S. 4, Abs. 5 S. 6).

c) Wenn sich auch die GoS unmittelbar nur auf die Speicherbuchführung beziehen, so schließt dies nicht aus, daß ein Teil dieser Grundsätze auch für andere ADV-Buchführungen maßgeblich sein kann. Die Speicherbuchführung ist nur eine Art der ADV-Buchführung. Während bei der Speicherbuchführung die einzelnen Geschäftsvorfälle verarbeitungsfähig gespeichert werden (s. Tz. 3.0 der GoS), steht bei den anderen ADV-Buchführungen die Verarbeitung der Daten stets im engen zeitlichen Zusammenhang zu der Datenerfassung. Die Verarbeitung der Daten erfolgt durch programmgesteuerte Funktionsabläufe (z. B. Rechnen, Vergleichen, Übertragen, Sortieren, Prüfen, Verdichten, Ausdrucken) innerhalb der Datenverarbeitungsanlage; hierdurch entsteht das Buchführungswerk, das entweder sofort oder erst später ganz oder teilweise lesbar gemacht wird. Bei der Speicherbuchführung wird der Zeitpunkt des Abschlusses der Datenverarbeitung hinausgeschoben; dies stellt erhöhte Anforderungen an die Betriebsbereitschaft der Hardware, Software und Datenbestände, um die Daten später, z. B. anläßlich einer Außenprüfung, endgültig verarbeiten und lesbar machen zu können. Im übrigen gibt es keine entscheidenden Unterschiede gegenüber anderen ADV-Buchführungen, denn die Verarbeitungsergebnisse werden bei jeder ADV-Buchführung durch programmgesteuerte Funktionsabläufe gewonnen. Da diese neben der Dateneingabe und Datenerfassung zu den wichtigsten Bereichen eines ADV-Abrechnungsverfahrens gehören, ist es sachgerecht, wenn die allgemeinen Grundsätze der Anforderungen an die Dokumentation und Prüfbarkeit (Tz. 6 der GoS) auch für andere ADV-Buchführungen als maßgeblich angesehen werden.

II. Belegaufbereitung und Belegfunktion (Tz. 2 der GoS)

a) Bei ADV-Buchführung kann durch Programm sichergestellt werden, daß alle Vorgänge vergleichbarer Ausgangslage einheitlich verarbeitet werden. Es ist in einem solchen Fall nicht erforderlich, die Verarbeitung jedes einzelnen Vorgangs zu belegen, sondern es genügt, wenn der Nachweis für dieselbe Kategorie von Buchungsvorfällen nur einmal geführt wird. Dieser Nachweis erfolgt durch die Dokumentation (s. zu IV. sowie Tz. 6 der GoS) des betreffenden programmierten Verfahrensablaufs, sofern der Verfahrensablauf und die Dokumentation den GoB entsprechen. Der Dokumentation kommt insoweit auch die Funktion eines Dauerbelegs (s. Tz. 2.0 der GoS) zu. Ein solcher Nachweis kann in Betracht kommen bei der automatischen Korrektur der Vorsteuer, bei der Inanspruchnahme von Lieferantenskonti, bei der Berechnung der Kursdifferenzen für Auslandskunden, bei der Bonusabrechnung auf der Grundlage des Jahresbezugs und in ähnlichen Fällen.

b) Der Verzicht auf einen herkömmlichen Beleg darf die Möglichkeit der Prüfung des betreffenden Buchungsvorgangs in formeller und sachlicher Hinsicht nicht beeinträchtigen.

III. Buchung (Tz. 3 der GoS)

Eine ,,verarbeitungsfähige Speicherung" eines Geschäftsvorfalls i. S. der Tz. 3.0 der GoS ist gegeben, wenn nach der Organisation und Technik der jeweiligen Buchführung alle Voraussetzungen für die endgültige Verarbeitung der Angaben über den Geschäftsvorfall, insbesondere auch für eine sach- und personenkontenmäßige Verbuchung, vorliegen und die Daten außerdem gegen eine unbefugte oder unkontrollierbare Veränderung gesichert sind. Diese Voraussetzungen sind z. B. dann nicht erfüllt, wenn bei der Dateneingabe keine maschinellen Kontrollen wirksam werden, die eine Weiterverarbeitung aller gespeicherten Daten durch die ADV-Anlage gewährleisten. Das ist von besonderer Bedeutung bei ADV außer Haus, wenn die Speicherung auf Lochkarten oder Lochstreifen erfolgt. Die allgemeinen Grundsätze darüber, bis zu welchem Zeitpunkt eine Buchung bei ordnungsmäßiger Buchführung vorgenommen werden muß, gelten auch für ADV.

IV. Dokumentation und Prüfbarkeit (Tz. 6 der GoS)

a) Für jedes ADV-Verfahren ist eine Dokumentation zu erstellen (Verfahrensdokumentation). Unter einer Dokumentation ist im Zusammenhang mit ADV-Buchführungen eine Sammlung von Unterlagen zu verstehen, die sicherstellen soll, daß solche Buchführungen innerhalb angemessener Zeit prüfbar sind (s. § 145 Abs. 1 AO). Die Verfahrensdokumentation muß nach Umfang und Form so gestaltet sein, daß sie es einem sachverständigen Dritten ermöglicht, neben der herkömmlichen Einzelfallprüfung eine Prüfung der Richtigkeit und Vollständigkeit der Buchungen vom Verfahren her vorzunehmen (Verfahrensprüfung oder Systemprüfung). Ohne eine solche Verfahrensprüfung ist in der Regel eine Prüfung „innerhalb angemessener Zeit" (s. § 145 Abs. 1 AO) nicht möglich, so daß die Buchführung nicht ordnungsmäßig wäre, wenn die erforderliche Dokumentation fehlt. Die Verfahrensprüfung ist darüber hinaus auch erforderlich, um die Richtigkeit der programmgesteuerten Funktionsabläufe (s. zu I.) materiell überprüfen zu können.

b) Tz. 6.2 der GoS zeigt Bereiche auf, auf die sich die Verfahrensdokumentation „insbesondere" erstrecken muß. Es handelt sich nicht um eine abschließende Aufzählung aller aufbewahrungspflichtigen Dokumentationsunterlagen, sondern lediglich um einen Rahmen für den Umfang der Dokumentation. Dieser Rahmen ist nach den Verhältnissen im Einzelfall so auszufüllen, daß Aufbau und Ablauf des computergestützten Verfahrens vollständig ersichtlich sind und dem sachverständigen Dritten eine ordnungsmäßige Verfahrensprüfung möglich ist.

c) Ein wichtiges Dokument für die Prüfbarkeit einer ADV-Buchführung ist das sog. Programmprotokoll (Umwandlungsliste, Übersetzungsliste). Hierbei handelt es sich um ein Protokoll, das bei der Umwandlung eines in einer Programmiersprache geschriebenen Programms in die Maschinensprache der Datenverarbeitungsanlage automatisch erstellt wird. In Form einer ausgedruckten Liste umfaßt dieses Protokoll meist das Ursprungsprogramm des Programmierers sowie das durch die Umwandlung entstandene Maschinenprogramm. Weil das Programmprotokoll in der Regel den einzigen genauen Nachweis über den Inhalt des tatsächlich verwendeten Programms darstellt, zählt es in diesen Fällen zu den aufbewahrungspflichtigen Dokumentationsunterlagen.

d) Die zur Ausdruckbereitschaft des Steuerpflichtigen und zum Ausdruckverlangen der Finanzbehörde bereits getroffenen Regelungen bleiben unberührt (vgl. AO-Einführungserlaß Nr. 3 zu § 146).

V. Aufbewahrungsfristen (Tz. 7 der GoS)

Die in Tz. 7.0 der GoS genannten Aufbewahrungsfristen können sich gemäß § 147 Abs. 3 S. 2 AO verlängern. Zur Anwendung dieser Bestimmung ist eine Verwaltungsregelung ergangen (BStBl. I 1977, 487).

VI. Durch die GoS bleiben die Regelungen der „Mikrofilm-Erlasse" (BStBl. I 1971, 647) unberührt.

Herstellungskosten

Übersicht

	Rz.		Rz.
I. Begriffsbestimmungen	280–289e	2. Materialeinzelkosten	291–291b
1. Gesetzliche Definition der Herstellungskosten	280–282	3. Materialgemeinkosten	292–292b
		4. Fertigungseinzelkosten	293–293a
2. Inhalt und Merkmale der zur Definition der Herstellungskosten verwendeten Begriffe	283–289e	5. Fertigungsgemeinkosten	293b–293f
		6. Sonderkosten der Fertigung	294–294a
a) Veranlassung und Zweck der Aufwendungen	284–285	7. Kosten der allgemeinen Verwaltung	295–295a
		8. Soziale Aufwendungen	296–296a
b) Herstellung	286	9. Fremdkapitalzinsen	297
c) Erweiterung	287	10. Eigenkapitalzinsen	298–298a
d) Wesentliche Verbesserung	288–289e		
II. Aktivierungspflichtige und aktivierungsfähige Kostenarten	290–298a	**III. Wertobergrenzen/Wertuntergrenzen**	299–304b
1. Übersicht	290–298a	1. Unterscheidung nach Kostenarten	299–300
		2. Angemessenheitsprinzip	301–304b

I. Begriffsbestimmungen

1. Gesetzliche Definition der Herstellungskosten

280 Der Gesetzgeber hat **handelsrechtlich** den Begriff erstmals in § 255 Abs. 2 HGB umfangreich definiert, nachdem auch im Aktiengesetz bisher in § 153 Abs. 2 lediglich eine Teilregelung zur Bestimmung der nicht unmittelbar zurechenbaren Kosten getroffen worden war. § 255 Abs. 2 HGB nF. hat folgenden Wortlaut:

„Herstellungskosten sind die Aufwendungen, die durch den Verbrauch von Gütern und die Inanspruchnahme von Diensten für die Herstellung eines Vermögensgegenstands, seine Erweiterung oder für eine über seinen ursprünglichen Zustand hinausgehende wesentliche Verbesserung entstehen. Dazu gehören die Materialkosten, die Fertigungskosten und die Sonderkosten der Fertigung. Bei der Berechnung der Herstellungskosten dürfen auch angemessene Teile der notwendigen Materialgemeinkosten, der notwendigen Fertigungsgemeinkosten und des Wertverzehrs des Anlagevermögens, soweit er durch die Fertigung veranlaßt ist, eingerechnet werden. Kosten der allgemeinen Verwaltung sowie Aufwendungen für soziale Einrichtungen des Betriebs, für freiwillige soziale Leistungen und für betriebliche Altersversorgung brauchen nicht eingerechnet zu werden. Aufwendungen im Sinne der Sätze

3 und 4 dürfen nur insoweit berücksichtigt werden, als sie auf den Zeitraum der Herstellung entfallen. Vertriebskosten dürfen nicht in die Herstellungskosten einbezogen werden."

281 Die **Steuergesetze** enthalten keine Definition des Begriffs „Herstellungskosten", der in den §§ 6, 7 EStG verwendet wird. Allerdings enthalten die Einkommensteuerrichtlinien (Abschn. 33 Abs. 1) eine Bestimmung des Begriffs:

„Herstellungskosten im Sinne des § 6 EStG sind die Aufwendungen, die durch den Verbrauch von Gütern und die Inanspruchnahme von Diensten für die Herstellung eines Erzeugnisses entstehen. Sie setzen sich zusammen aus den Materialkosten einschließlich der notwendigen Materialgemeinkosten und den Fertigungskosten (insbesondere den Fertigungslöhnen) einschließlich der notwendigen Fertigungsgemeinkosten."

In den nachfolgenden Absätzen des Abschn. 33 werden die Bestandteile der Herstellungskosten weiter definiert. (Wegen der steuerlichen Bestandteile der Herstellungskosten vgl. auch BdF v. 11. 11. 1974, BStBl. I, 1000 ff.)

282 Der Gesetzgeber hat sich bei der Abfassung der handelsrechtlichen Vorschrift von dem Gedanken leiten lassen, daß die Definition der Herstellungskosten in Abschn. 33 der Einkommensteuerrichtlinien handelsrechtliche Grundsätze ordnungsmäßiger Buchführung wiedergibt und deshalb die dort zur Definition der Herstellungskosten im einzelnen verwendeten Begriffe weitgehend übernommen. Unterschiede ergeben sich im einzelnen vor allem hinsichtlich der Abgrenzung der aktivierungspflichtigen von den aktivierungsfähigen Bestandteilen der Herstellungskosten.

Im übrigen hat der Gesetzgeber unverändert auch aus dem Aktiengesetz weiterhin an dem Begriff „Herstellungs*kosten*" festgehalten, obwohl seit langem Einigkeit darüber besteht, daß der bilanzrechtliche Kostenbegriff von dem betriebswirtschaftlichen Kostenbegriff abweicht. Nach betriebswirtschaftlichen Kriterien müßte aufgrund der pagatorischen Natur der zu aktivierenden Posten von „Herstellungs*aufwand*" gesprochen werden. (vgl. auch *Adler/Düring/Schmaltz* § 155 Tz. 19 f.).

2. Inhalt und Merkmale der zur Definition der Herstellungskosten verwendeten Begriffe

283 Inhalt und Merkmale der im einzelnen zur Definition der Herstellungskosten verwendeten Begriffe sind an dem Zweck der Aktivierung von Herstellungskosten ausgerichtet, der die Erfassung der in einem Geschäftsjahr erbrachten Leistung verlangt. Entsprechend dem Vorsichtsprinzip in Verbindung mit dem Realisationsprinzip erfolgt die Aktivierung eigener Leistungen nicht zu Verkaufspreisen, sondern nach Maßgabe der für die Herstellung angefallenen Aufwendungen.

a) Veranlassung und Zweck der Aufwendungen

284 Zunächst bestimmen Veranlassung bzw. Zweck der Aufwendungen den Inhalt des handelsrechtlichen Herstellungskostenbegriffs. Die Aufwendungen müssen für
a) die Herstellung eines Vermögensgegenstands oder
b) die Erweiterung eines Vermögensgegenstands oder
c) eine über den ursprünglichen Zustand des Vermögensgegenstands hinausgehende wesentliche Verbesserung
angefallen sein. Dabei kann die Veranlassung durch das Unternehmen selbst – gewollt oder ungewollt – und durch Umstände, die außerhalb des Unternehmens liegen (z. B. behördliche Auflagen), gegeben sein.

Die Veranlassung muß zu einem Verbrauch von Gütern und/oder zur Inanspruchnahme von Diensten für die vorgenannten Zwecke gedient haben. Der Inhalt der Herstellungskosten ist insoweit zunächst entsprechend betriebswirtschaftlichen Grundsätzen bestimmt. Unter betriebswirtschaftlichen Gesichtspunkten zählen auch die mit dem betrieblichen Leistungsprozeß verbundenen Steuern und Abgaben zu den Kosten. Bilanzrechtlich und bilanzsteuerrechtlich wird ein Teil dieser Steuern und Abgaben den Rechnungsabgrenzungsposten zugeordnet (vgl. § 250 Abs. 1 Nr. 1 HGB nF. und § 5 Abs. 4 S. 2 Nr. 1 EStG). Andere Steuern, die mit dem betrieblichen Leistungsprozeß im Zusammenhang stehen, werden entgegen dem Gesetzeswortlaut auch bilanzrechtlich und bilanzsteuerrechtlich den Herstellungskosten zugeordnet (z. B. Gewerbekapital- und Grundsteuer).

Herstellungskosten **285–288 A**

285 **Steuerrechtlich** werden Aufwendungen für die Erweiterung (Mehrung der Substanz, Rz. 287) und wesentliche Verbesserung (Rz. 288) sowie Aufwendungen, die zu einer erheblichen Wesensänderung von Vermögensgegenständen geführt haben, als „**Herstellungsaufwand**" bezeichnet (vgl. Abschn. 157 EStR). In der weiteren steuerlichen Handhabung (z. B. AfA-Bemessung, Übertragung stiller Reserven) ergibt sich **materiell kein Unterschied zu den Herstellungskosten.**

b) Herstellung

286 Unter Herstellung eines Vermögensgegenstands ist die Neuschaffung eines bisher noch nicht bestehenden Vermögensgegenstands zu verstehen.

Da es sich bei der Herstellung um einen zeitraumbezogenen Vorgang handelt, sind auch Beginn und Ende der Herstellung zur Bestimmung der aktivierungsfähigen bzw. -pflichtigen Kosten von Bedeutung. Entscheidend für die Bestimmung des Herstellungszeitraums ist nach der Rechtsprechung des BFH der innere Sachzusammenhang, der auf die Fertigstellung eines Vermögensgegenstands bzw. Wirtschaftsguts abzielt und zur Veranlassung der Aufwendungen geführt hat.

Der Beginn der Herstellung wird in der Regel durch die unmittelbare Personal- und Materialbereitstellung für den eigentlichen Fertigungsprozeß bestimmt; die allgemeinen Beschaffungskosten gehören deshalb nicht zu den Herstellungskosten.

Die Herstellung ist bei zum Absatz bestimmten Erzeugnissen beendet, wenn die Erzeugnisse Absatzreife erreicht haben. Der BFH unterscheidet in diesem Zusammenhang z. B. zwischen „Innenverpackung" und „Außenverpackung". Soweit die Verpackungskosten noch dazu dienen, ein Wirtschaftsgut verkaufsreif zu machen, zählen sie unter dem Gesichtspunkt der Innenverpackung zu den Herstellungskosten (BFH-Urteil v. 21. 1. 1971, BStBl. II, 304). Zu den Kosten der Außenverpackung, die den Vertriebskosten zuzurechnen sind, zählen solche Kosten, bei denen das Vertriebsmoment im Vordergrund steht (z. B. Etiketten, Banderolen, o. ä., vgl. BFH-Urteil v. 3. 3. 1978, BStBl. II, 413).

Bei Gegenständen, die in dem Unternehmen selbst weiterverwendet werden (Sachanlagen, Halbfertigteile), ist die Herstellung beendet, wenn die Gegenstände betriebsfertig sind (bei Sachanlagen beispielsweise nach Probeläufen).

Die unbestimmten Begriffe „Veranlassung" und „innerer Sachzusammenhang", die zur Bestimmung des Herstellungszeitraums herangezogen werden, können in Einzelfällen jedoch immer wieder unterschiedlich ausgelegt werden (vgl. z. B. BFH-Urteil v. 18. 6. 1975, BStBl. II, 809; BFH-Urteil v. 11. 3. 1976, BStBl. II, 614). Dies gilt sowohl für die einzubeziehenden Kostenarten (z. B. vorbereitende Arbeiten, die zu Kosten für Planungen, Modelle, Formen etc. geführt haben) als auch für die Bestimmung des Anteils der zeitraumbezogenen fixen Kosten. Fragen zu Beginn und Ende des Herstellungsprozesses sowie zur etwaigen Abgrenzung von anderen Wirtschaftsgütern, die im Zusammenhang mit der Herstellung eines Gebäudes angeschafft oder hergestellt werden, machen die steuerlichen Besonderheiten bei der Ermittlung der Herstellungskosten bei Gebäuden aus, vgl. hierzu Abschn. 33 a EStR.

c) Erweiterung

287 Nach herrschender Meinung wird hierunter bisher eine materielle Mehrung verstanden (z. B. Schaffung eines Anbaus für ein bereits bestehendes Gebäude, Erweiterung um ein Stockwerk, Anbau eines Balkons).

Mit der Vermehrung der Substanz ist fast stets eine Vermehrung der Nutzungsmöglichkeiten verbunden. Hierzu zählt beispielsweise auch der Einbau einer Fahrstuhlanlage in ein bereits bestehendes Gebäude.

d) Wesentliche Verbesserung

288 Die Frage, wann eine wesentliche Verbesserung über den ursprünglichen Zustand hinaus vorliegt, ist Gegenstand zahlreicher steuerrechtlicher Verfahren gewesen, in denen es um die Abgrenzung zwischen **Herstellungsaufwand** und **Erhaltungsaufwand** ging. Nach der Rechtsprechung ist eine wesentliche Verbesserung nicht schon deshalb anzunehmen, weil mit notwendigen Erhaltungsmaßnahmen eine dem technischen Fortschritt entsprechende übliche Modernisierung verbunden ist (vgl. BFH-

Urteil v. 8. 3. 1966, BStBl. III, 324; GrS v. 26. 11. 1973, BStBl. II 1974, 137; Abschn. 157 Abs. 3 S. 5 EStR). Eine wesentliche Verbesserung, die zu einer Aktivierung von Herstellungskosten führt, liegt in der Regel auch dann nicht vor, wenn die Aufwendungen zur Verlängerung der Nutzungsdauer führen. Dies kann auch bei voll abgeschriebenen Wirtschaftsgütern gelten (vgl. z. B. BFH-Urteil v. 30. 5. 1974, BStBl. II, 520; BFH-Urteil v. 25. 3. 1977, BStBl. II, 577), sofern es sich nicht um eine aktivierungspflichtige **Generalüberholung** handelt. Aufwendungen für Generalüberholungen sind Herstellungsaufwand. Die Abgrenzung gegenüber Erhaltungsaufwendungen ist nach Maßgabe der Definition in § 255 Abs. 2 S. 1 HGB vorzunehmen. Das heißt, durch die Aufwendungen für die Generalüberholungen muß ein Vermögensgegenstand bzw. Wirtschaftsgut neu geschaffen oder erweitert oder über seinen ursprünglichen Zustand hinaus wesentlich verbessert worden sein.

289 Der Gesetzgeber hat in § 255 Abs. 2 S. 1 HGB nF. nicht das von der steuerlichen Rechtsprechung ebenfalls zur Abgrenzung von Herstellungs- und Erhaltungsaufwand herangezogene Kriterium der erheblichen **Wesensveränderung** berücksichtigt. Der Übergang von Fällen, die nach diesem Kriterium zu entscheiden sind, zu den Fällen der Herstellung eines neuen Wirtschaftsguts (vgl. z. B. BFH-Urteil v. 3. 12. 1958, BStBl. II 1959, 95), seiner Erweiterung oder seiner wesentlichen Verbesserung ist aber ohnehin fließend. Die Wesensart eines Wirtschaftsguts wird durch seine Gebrauchs- und Verwendungsfähigkeit bestimmt. Aufwendungen, durch die die Gebrauchs- und Verwendungsfähigkeit des Wirtschaftsguts verändert wird, sind als Herstellungskosten anzusehen (z. B. Umbau eines Lagerhauses in ein Verwaltungsgebäude). Ebenfalls als Herstellungskosten zu behandeln sind solche Aufwendungen, die nach Verlust der Gebrauchs- und Verwendungsfähigkeit und einer entsprechenden Absetzung für außergewöhnliche technische oder wirtschaftliche Abnutzung die Gebrauchs- und Verwendungsfähigkeit wiederherstellen (*Herrmann/Heuer/Raupach* EStG § 6 Anm. 499).

289 a Aufwendungen, die nach den o. g. Abgrenzungsmerkmalen als Herstellungskosten zu klassifizieren sind, können auch nicht deshalb teilweise als Erhaltungsaufwand behandelt werden, weil aufgrund des Anfalls der Herstellungskosten sonst erforderlich gewesene Erhaltungsaufwendungen entfallen. Nach Ansicht der Rechtsprechung liegt hier ein wirtschaftlich einheitlicher Vorgang vor, der auch steuerlich einheitlich beurteilt werden muß (vgl. BFH-Urteil v. 9. 3. 1962, BStBl. III, 195).

289 b Die Entscheidung darüber, ob Erhaltungsaufwendungen oder Herstellungskosten vorliegen, hängt nicht davon ab, ob das betreffende Wirtschaftsgut noch einen bestimmten Buchwert besitzt. Auch bei voll abgeschriebenen Wirtschaftsgütern sind die grundsätzlichen Abgrenzungsmerkmale maßgebend. Fallen für ein vollständig oder nahezu vollständig abgeschriebenes Wirtschaftsgut erhebliche Aufwendungen an, so wird jedoch sorgfältig zu prüfen sein, ob nicht aktivierungspflichtige Herstellungskosten vorliegen (vgl. z. B. BFH-Urteile v. 31. 1. 1956, BStBl. II, 86; v. 30. 5. 1974, BStBl. II, 520; v. 25. 3. 1977, BStBl. II, 577 und v. 3. 12. 1958, BStBl. II 1959, 95).

289 c Aufwendungen für die **Modernisierung** eines Wirtschaftsguts stellen solange keine Herstellungskosten dar, als die vorgenannten Kriterien nicht erfüllt sind. Auch die Nachholung von aufgestautem Erhaltungsaufwand führt für sich allein betrachtet nicht zu Herstellungskosten (BFH-Urteil v. 25. 3. 1977, BStBl. II, 577). Auch Aufwendungen, die planmäßig nicht als regelmäßig wiederkehrende **Instandhaltungsaufwendungen** auftreten, sind nicht ohne weiteres als Herstellungskosten anzusehen (z. B. aufgrund besonderer Umstände erforderlich werdende Auswechslung eines Teils eines Wirtschaftsguts, die sich bis zum Ende der Nutzungsdauer wahrscheinlich nicht wiederholen wird (vgl. auch BFH-Urteil v. 29. 1. 1963, BStBl. II, 158).

289 d Solange es sich nicht um wesentliche Verbesserungen in technischer oder wirtschaftlicher Hinsicht handelt, sind die entsprechenden Aufwendungen, auch wenn sie sich werterhöhend auswirken, keine Herstellungskosten. Dies gilt auch für **Wertsteigerungen,** die über den Betrag der durch AfA berücksichtigten Wertminderung hinausgehen.

289 e Trotz der Formulierung allgemeiner Abgrenzungsmerkmale ist es unvermeidlich, daß in einzelnen Fällen Zweifel auftreten. Die Grenzen zwischen Herstellungsaufwand und Erhaltungsaufwand sind auch nach der Rechtsprechung des BFH fließend,

„so daß vom Einzelfall losgelöste allgemein gültige Unterscheidungsmerkmale kaum aufgestellt werden können" (BFH-Urteil v. 23. 1. 1964, BStBl. III, 187). Eine abschließende Festlegung wo die Grenze liegt, (z. B. aufgrund der Relation zwischen den Aufwendungen und dem durch sie bewirkten wirtschaftlichen Erfolg) erscheint dem BFH nicht sinnvoll, „um die Entwicklung der Rechtsprechung in dieser Frage, die stets auf den Einzelfall ausgerichtet sein muß, nicht zu hemmen" (BFH GrS v. 22. 8. 1966, BStBl. II, 674). Hierdurch wird dem Umstand Rechnung getragen, daß die zu beurteilenden Sachverhalte sich aufgrund der technischen und wirtschaftlichen Entwicklung ändern.

II. Aktivierungspflichtige und aktivierungsfähige Kostenarten

1. Übersicht

290 Folgende Kostenarten kommen nach § 255 HGB für die Berechnung der Herstellungskosten in Betracht:
Materialkosten (gemeint sind die Materialeinzelkosten)
Fertigungskosten (gemeint sind die Fertigungseinzelkosten)
Sonderkosten der Fertigung.
Soweit sie auf den Zeitraum der Herstellung entfallen, kommen hinzu
– angemessene Teile
  • der notwendigen Materialgemeinkosten
  • der notwendigen Fertigungsgemeinkosten
  • des durch die Fertigung veranlaßten Wertverzehrs des Anlagevermögens sowie
– Kosten der allgemeinen Verwaltung
– Aufwendungen für soziale Einrichtungen des Betriebs
– für freiwillige soziale Leistungen
– für betriebliche Altersversorgung
– Zinsen für Fremdkapital, das zur Finanzierung der Herstellung eines Vermögensgegenstands verwendet wird.

290a Im übrigen gehören Zinsen für Fremdkapital (grundsätzlich) und Vertriebskosten (ohne Ausnahme) nicht zu den Herstellungskosten.

2. Materialeinzelkosten

291 Materialkosten i. S. v. § 255 Abs. 2 S. 2 HGB nF. sind die Materialeinzelkosten, zu denen die Aufwendungen für unmittelbar für die Herstellung von Erzeugnissen verbrauchte Roh- Hilfs- und Betriebsstoffe sowie für selbst erstellte oder fremd bezogene Halb- und Teilerzeugnisse zählen. Der **Verbrauch** ist nur insoweit bei Berechnung der Herstellungskosten zu erfassen, als er direkt den zu bewertenden Produkten zugerechnet werden kann; dies gilt u. a. auch für den Fall der Wiederverwendung von **Abfällen.** Zu den Herstellungskosten zählen auch die Kosten des Materialschwunds, der infolge der technischen Gegebenheiten des Herstellungsvorgangs auftritt.

291a Handels- und steuerrechtlich zählen die Materialeinzelkosten zu den aktivierungspflichtigen Herstellungskosten (§ 255 Abs. 2 S. 2 HGB nF.; Abschn. 33 Abs. 1 S. 2 EStR).

91b Zur Ermittlung der Herstellungskosten ist der Materialverbrauch, ausgehend von den Anschaffungs- oder Herstellungskosten, zu bewerten.
Handelsrechtlich besteht kein zwingender Zusammenhang zwischen der Bewertung des verbrauchten Fertigungsmaterials und der Bewertung der Roh-, Hilfs- und Betriebsstoffe (vgl. *Adler/Düring/Schmaltz* § 155 Tz. 42). Es ist allerdings von einer technisch-organisatorisch möglichen Verbrauchsfolge auszugehen.
Steuerrechtlich ist der Verbrauch mit den tatsächlichen Anschaffungs-* bzw. Herstellungskosten oder dem niedrigeren Buchwert anzusetzen (vgl. z. B. BFH-Urteil v. 11. 10. 1960, BStBl. III, 492 und BFH-Urteil v. 6. 12. 1978, BStBl. II 1979,

---

* Bei vertretbaren Wirtschaftsgütern mit im Einzelnen nicht mehr feststellbaren Anschaffungskosten sind durchschnittliche Anschaffungskosten zugrunde zu legen, es sei denn, der Steuerpflichtige kann glaubhaft machen, daß die Voraussetzungen zur Anwendung der Lifo-Methode gegeben sind (Abschn. 36 Abs. 2 S. 4 EStR).

262). Dies gilt nur dann nicht, wenn nach einer vorgenommenen Teilwertabschreibung der Teilwert wieder gestiegen ist; in diesem Fall kann das Material bei Berechnung der Herstellungskosten mit dem höheren Teilwert – höchstens jedoch mit den Anschaffungs- oder Herstellungskosten – bewertet werden (vgl. *Herrmann/Heuer/Raupach:* EStG § 6 Anm. 976).

3. Materialgemeinkosten

292 Zu den Materialgemeinkosten gehören vor allem die Kosten der Einkaufsabteilung, Warenannahme einschließlich Materialprüfung, Kosten der Lagerung und der Verwaltung des zu verbrauchenden Materials sowie die Kosten der Prüfung der entsprechenden Eingangsrechnungen.

292a Die Materialgemeinkosten werden in der Praxis in der Regel in eine Relation zu den Materialeinzelkosten gesetzt; der danach sich ergebende Prozentsatz wird dann bei Berechnung der Herstellungskosten verwendet.

292b **Handelsrechtlich** besteht ein Wahlrecht, **steuerrechtlich** die Pflicht zum Ansatz der Materialgemeinkosten (§ 255 Abs. 2 S. 3 HGB nF.; Abschn. 33 Abs. 1 S. 2 EStR).

4. Fertigungseinzelkosten

293 Unter den Fertigungskosten i. S. v. § 255 Abs. 2 S. 2 HGB sind betriebswirtschaftlich die Fertigungseinzelkosten zu verstehen. Sie umfassen die den einzelnen Erzeugnissen direkt zurechenbaren Fertigungslöhne und Fertigungsgehälter einschließlich von Überstunden- und Feiertagszuschlägen, bezahlte Ausfallzeiten sowie gesetzliche Sozialabgaben und tarifliche Sozialaufwendungen, soweit sie nicht auf die betriebliche Altersversorgung entfallen.

293a Handels- und steuerrechtlich zählen die Fertigungseinzelkosten zu den aktivierungspflichtigen Herstellungskosten (§ 255 Abs. 2 S. 2 HGB nF.; Abschn. 33 Abs. 1 S. 2 EStR).

5. Fertigungsgemeinkosten

293b Zu den Fertigungsgemeinkosten sind diejenigen Aufwendungen für die betriebliche Leistungserstellung zu zählen, die nicht Materialeinzel- oder -gemeinkosten, Fertigungslöhne oder Sonderkosten der Fertigung sind. Des weiteren zählen hierzu auch nicht Verwaltungs-, Vertriebs- und Fremdkapitalkosten. In der Praxis ist die Abgrenzung zwischen Fertigungsgemeinkosten und Verwaltungskosten häufig schwierig. Den Fertigungsgemeinkosten sind beispielsweise folgende **Kostenarten bzw. Kostenstellen zuzurechnen:**

> Betriebsstoffe (die unmittelbar oder mittelbar bei der Herstellung der zu bewertenden Erzeugnisse verbraucht werden) sowie Reinigungs- und Schmiermaterial, die nicht als Materialeinzelkosten erfaßt werden Hilfsstoffe, Hilfslöhne einschl. Nebenkosten, Abschreibungen auf Fertigungsanlagen (Wertverzehr des Anlagevermögens), Konstruktionsbereich, Arbeitsvorbereitung und Kontrolle der Fertigung, Betriebsleitung, Werkstattverwaltung, Lohnbüro, innerbetrieblicher Transport; hinzu kommen Raumkosten, Sachversicherungsprämien und laufende Instandhaltungen für den Fertigungsbereich, Gewerbekapital-, Vermögen- (nur handelsrechtlich, steuerrechtlich sind nicht abzugsfähige Ausgaben im Rahmen der Herstellungskosten nicht aktivierbar) und Grundsteuer, Wagniskosten sind ansetzbar, sofern sie pagatorischer Natur sind und einer Normalisierung der im Fertigungs- oder Materialbereich auftretenden Wagniskosten dienen *(Adler/Düring/Schmaltz* § 155 Tz. 47).

293c Des weiteren zählt zu den Fertigungsgemeinkosten auch der – im HGB gesondert aufgeführte – **Wertverzehr des Anlagevermögens,** soweit er durch die Fertigung veranlaßt ist. Der Gesetzgeber hat in § 255 Abs. 2 S. 2 HGB nF. mit der Formulierung, daß angemessene Teile des „Wertverzehrs des Anlagevermögens, soweit er durch die Fertigung veranlaßt ist", in die Herstellungskosten einbezogen werden können, den Begriff des Wertverzehrs i. S. v. Abschn. 33 Abs. 4 S. 1 EStR übernommen. Steuerrechtlich wird grundsätzlich bei Ermittlung der Herstellungskosten der Ansatz der linearen oder degressivien AfA verlangt (bei Inanspruchnahme von Bewertungsfreiheiten, Sonderabschreibungen oder erhöhten Absetzungen, die nicht in die Herstellungskosten eingerechnet wurden, ist die lineare AfA von den ursprünglichen Anschaffungs- oder Herstellungskosten anzusetzen. Im einzelnen vgl.

Abschn. 33 Abs. 4 EStR). Handelsrechtlich können bei der Berechnung der Herstellungskosten anstelle der bilanziellen auch **kalkulatorische Abschreibungen** auf die ursprünglichen Anschaffungs- bzw. Herstellungskosten – allerdings nur bis zur Höhe der jährlich planmäßig verrechenbaren Abschreibungen – berücksichtigt werden (vgl. *Adler/Düring/Schmaltz* § 155 Tz. 55 ff).

293 d **Außerordentliche Aufwendungen,** z. B. nicht laufend wiederkehrende Instandhaltungen, Aufwendungen für Risikorückstellungen und gewinnabhängige Aufwendungen, z. B. Körperschaftsteuer, Gewerbeertragsteuer (steuerrechtlich besteht ein Wahlrecht zur Einbeziehung in die Herstellungskosten, vgl. Abschn. 33 Abs. 6 S. 2 EStR) und erfolgsabhängige Tantiemen, zählen nicht zu den Herstellungskosten.

293 e Handelsrechtlich besteht ein Wahlrecht, steuerrechtlich die Pflicht zum Ansatz der Fertigungsgemeinkosten (§ 255 Abs. 2 S. 3 HGB nF; Abschn. 33 Abs. 1 S. 2 EStR).

294 f Zur **Ermittlung** der Fertigungsgemeinkosten ist i. d. R. eine kombinierte Kostenarten-/Kostenstellenrechnung erforderlich, durch die die Gemeinkosten – ggfs. unter Berücksichtigung von Hilfskostenstellen – den einzelnen Kostenstellen zugeordnet und die Zuschlagsätze für die Kostenträgerrechnung errechnet werden.

6. Sonderkosten der Fertigung

294 Sonderkosten der Fertigung sind z. B. Kosten für Modelle, Spezialwerkzeuge, Lizenzen und auftragsbezogene Entwicklungs-, Versuchs- und Konstruktionskosten (nicht Vertriebslizenzen). Sofern die letzteren Kosten nicht auftragsgebunden sind, werden sie nicht als aktivierbar angesehen (*Adler/Düring/Schmaltz* § 155 Tz. 50).

294 a Die Sonderkosten der Fertigung zählen handels- und steuerrechtlich zu den aktivierungspflichtigen Bestandteilen der Herstellungskosten (§ 255 Abs. 2 S. 2 HGB nF.; Abschn. 33 Abs. 3 EStR).

7. Kosten der allgemeinen Verwaltung

295 Hierzu zählen Personalkosten des Verwaltungsbereichs, Abschreibungen auf Verwaltungsgebäude und Geschäftsausstattung, Porto, Telefon und Fernschreibgebühren sowie Reisekosten, Beratungskosten und dergl. (*Adler/Düring/Schmalz* § 155 Tz. 51).

295 a Sowohl handelsrechtlich als auch steuerrechtlich besteht ein Wahlrecht zur Einbeziehung der allgemeinen Verwaltungskosten (§ 255 Abs. 2 S. 4 HGB nF.; Abschn. 33 Abs. 2 S. 2 EStR).

8. Soziale Aufwendungen

296 Hierzu zählen gem. § 255 Abs. 2 S. 4 HGB nF.: Aufwendungen für soziale Einrichtungen des Betriebs, für freiwillige soziale Leistungen und für betriebliche Altersversorgung. Zu nennen sind beispielsweise: Aufwendungen für Gesundheitspflege, Fürsorge, Betriebssport, -kantinen, -kindergärten, freiwillige Versicherungen zugunsten von Betriebsangehörigen etc. Die Aufwendungen für betriebliche Altersversorgung umfassen die Zuführung zu Pensionsrückstellungen, Pensionszahlungen, die nicht durch Pensionsrückstellungen gedeckt sind, Zuweisungen zu Unterstützungs- und Pensionskassen, Lebensversicherungsprämien zugunsten von Mitarbeitern etc.

296 a Die vorstehenden sozialen Aufwendungen müssen weder handels- noch steuerrechtlich in die Herstellungskosten einbezogen werden (§ 255 Abs. 2 S. 4 HGB nF; Abschn. 33 Abs. 5 EStR).

9. Fremdkapitalzinsen

297 Grundsätzlich gehören Fremdkapitalzinsen nicht zu den Herstellungskosten; nur Zinsen für das Fremdkapital, das zur Finanzierung der Herstellung eines Vermögensgegenstands verwendet wird, dürfen insoweit angesetzt werden, als sie auf den Zeitraum der Herstellung entfallen (§ 255 Abs. 3 HGB nF. (*Adler/Düring/Schmaltz* hielten – allerdings vor Neufassung des HGB – nur bei längerem Herstellungszeitraum die Aktivierung von Fremdkapitalzinsen für zulässig, § 153 Tz. 48).

Steuerlich ist die Aktivierung von Fremdkapitalzinsen im Vergleich zu der neuen handelsrechtlichen Regelung eingeschränkt. Fremdkapitalzinsen sind nur dann in die Herstellungskosten einzubeziehen, wenn die Herstellung des Wirtschaftsguts, für dessen Finanzierung ein Kredit aufgenommen wurde, sich über einen Zeitraum von mehr als einem Jahr erstreckt (vgl. Abschn. 33 Abs. 7 S. 3ff. EStR).

10. Eigenkapitalzinsen

298 Eigenkapitalzinsen sind nach Grundsätzen ordnungsmäßiger Bilanzierung nicht in die Berechnung der Herstellungskosten einzubeziehen, da diese Handhabung nicht zur Neutralisierung betrieblicher Aufwendungen für die Leistungserstellung, sondern zur Aktivierung noch nicht realisierter Gewinne führen würde (Verstoß gegen das Realisationsprinzip). Lediglich die Aktivierung sog. Bauzinsen i. S. v. § 57 Abs. 3 AktG wird innerhalb der Grenzen, die für die Aktivierung von Fremdkapitalzinsen gelten, für zulässig erachtet (*Adler/Düring/Schmaltz* § 153 Tz. 46).

298a Sowohl handels- als auch steuerrechtlich wird allerdings in einem Sonderfall eine Durchbrechung des Realisationsprinzips zugelassen. Die Ausnahme betrifft das Wahlrecht, die Aktivierung anteiliger, vorsichtig zu schätzender Gewinne bei einer sich über mehrere Jahre erstreckenden Herstellung von Großanlagen vor dem Zeitpunkt der Auslieferung vorzunehmen (*Adler/Düring/Schmaltz* § 149 Tz. 70f.; BFH-Urteil v. 18. 12. 1956, BStBl. III 1957, 27).

III. Wertobergrenzen/Wertuntergrenzen

1. Unterscheidung nach Kostenarten

299 Die nachstehende Übersicht soll Aufschluß darüber geben, wie die zuvor erläuterten Kostenarten bei der Bestimmung der handels- und steuerrechtlichen Wertober- und Wertuntergrenzen zu berücksichtigen sind.

299a

Kostenarten	Handelsbilanz	Steuerbilanz
Materialeinzelkosten (Rz. 291a)	Pflicht	Pflicht
Materialgemeinkosten (Rz. 292b)	Wahlrecht	Pflicht
Fertigungseinzelkosten (Rz. 293a)	Pflicht	Pflicht
Fertigungsgemeinkosten (Rz. 293e), grundsätzlich: jedoch gilt bei nachstehenden Kostenarten (die im übrigen auf die Fertigung entfallen müssen) folgendes:	Wahlrecht	Pflicht
– Vermögensteuer (Rz. 293b)	Wahlrecht	Verbot
– Gewerbekapitalsteuer (Rz. 293e)	Wahlrecht	Pflicht
– Gewerbeertragsteuer (Rz. 293d)	Verbot	Wahlrecht
– Abschreibungen (Rz. 293c)	Wahlrecht, dabei im einzelnen weitreichende Gestaltungsmöglichkeiten	Pflicht, grundsätzlich liniare oder degressive AfA
– Aufwendungen für betriebliche Altersversorgung (Rz. 296a)	Wahlrecht	Wahlrecht
– Aufwendungen für soziale Einrichtungen, freiwillige soziale Aufwendungen (Rz. 296a)	Wahlrecht	Wahlrecht
Sonderkosten der Fertigung (Rz. 294a)	Pflicht	Pflicht
Kosten der allgemeinen Verwaltung (Rz. 295a)	Wahlrecht	Wahlrecht
Vertriebskosten (Rz. 290a)	Verbot	Verbot
Fremdkapitalzinsen (Rz. 297), grundsätzlich:	Verbot	Verbot
für bestimmte Bestandteile:	Wahlrecht	Wahlrecht*
Eigenkapitalzinsen (Rz. 298f.), grundsätzlich:	Verbot	Verbot
aber bei langfristigen Fertigungsprozessen abschnittsweise vorsichtige Aktivierung möglich	Wahlrecht	Wahlrecht

* Enger als die handelsrechtliche Vorschrift, da nur aktivierungsfähig, sofern die Herstellung der Wirtschaftsgüter sich über einen längeren Zeitraum – im allgemeinen mehr als ein Jahr – erstreckt.

300 Hiernach ergeben sich folgende Wertober- und Wertuntergrenzen für die Aktivierung von Herstellungskosten:

Herstellungskosten

Handelsbilanz	Steuerbilanz
Materialeinzelkosten Fertigungseinzelkosten Sonderkosten der Fertigung	Materialeinzelkosten Fertigungseinzelkosten Sonderkosten der Fertigung
Wertuntergrenze *	
in den Grenzen des Angemessenheitsprinzips (nur soweit notwendig und – bei fixen Kosten – auf den Zeitraum der Herstellung entfallend): Materialgemeinkosten Fertigungsgemeinkosten**	Materialgemeinkosten Fertigungsgemeinkosten **, bis auf die Kosten, bei denen Wahlrechte bestehen
	Wertuntergrenze
	Teile der Fertigungsgemeinkosten – Gewerbeertragsteuer – Aufwendungen für Altersversorgung – Aufwendungen für soziale Einrichtungen, freiwillige soziale Aufwendungen
Kosten der allgemeinen Verwaltung eingeschränkte Wahlrechte bei bestimmten – Fremdkapitalzinsen – Eigenkapitalzinsen	Kosten der allgemeinen Verwaltung eingeschränkte Wahlrechte bei bestimmten – Fremdkapitalzinsen – Eigenkapitalzinsen
Wertobergrenze	Wertobergrenze

* Nach der bisher gültigen aktienrechtlichen Regelung wurde im Hinblick auf die Interpretation des Begriffs „Betriebskosten" in § 153 Abs. 2 AktG die Wertuntergrenze in den leistungsabhängigen Fertigungskosten, d. h. den variablen Kosten einschl. der variablen Gemeinkosten gesehen (FG des IdW 4/66: Untergrenze der Herstellungskosten, in: WPg 1966 S. 329: **Nach der Regelung durch das Bilanzrichtlinien-Gesetz zählen die variablen Material- und Fertigungsgemeinkosten nicht mehr zu den handelsrechtlich aktivierungspflichtigen Kosten.**
** Einzelne Kostenarten, die zu den Fertigungsgemeinkosten gehören, werden handels- und steuerrechtlich unterschiedlich behandelt (z. B. Vermögensteuer, Gewerbeertragsteuer) und berechnet (z. B. Abschreibungen).

2. Angemessenheitsprinzip

301 Von den notwendigen Materialgemeinkosten, den notwendigen Fertigungsgemeinkosten und dem durch die Fertigung veranlaßten Wertverzehr des Anlagevermögens dürfen nur angemessene Teile in die Herstellungskosten eingerechnet werden (§ 255 Abs. 2 S. 3 HGB nF.).

Das Postulat, lediglich angemessene Teile der vorstehenden Kosten in die Herstellungskosten einrechnen zu dürfen, resultiert letztlich aus dem Vorsichtsprinzip. Die Verknüpfung der Regeln über die Zulässigkeit der Ermittlung von Herstellungskosten mit dem Vorsichtsprinzip ist deshalb geboten, weil die verursachungsgerechte Zurechnung sämtlicher Kosten zu den einzelnen Leistungseinheiten, soweit es sich um echte Gemeinkosten und fixe Kosten handelt, zu den ungeklärten betriebswirtschaftlichen Fragen gehört (vgl. *Riebel:* Das Rechnen mit Einzelkosten und Deckungsbeiträgen, in ZfhF 1959 S. 235. Die Antwort auf diese Frage wird nach Riebel viel Dichtung und wenig Wahrheit enthalten).

302 Nach *Adler/Düring/Schmaltz* sind **handelsrechtlich** als Basis der Berechnung der Herstellungskosten denkbar (*Adler/Düring/Schmaltz* § 155 Tz. 23 ff.):
(1) die tatsächlich angefallenen Kosten

(2) die Kosten auf Basis einer Normalbeschäftigung
(3) die Kosten auf Basis einer optimalen Beschäftigung
(4) die Kosten des innerhalb eines Unternehmen am kostengünstigsten arbeitenden Betriebes
(5) die Kosten des innerhalb eines Konzerns kostengünstigsten Unternehmens oder Betriebes
(6) Die Kosten eines nach dem jeweiligen Stand der Technik kostengünstigsten Betriebes.

303 In die Herstellungskosten dürfen nur solche Kosten einbezogen werden, die den einzelnen Kostenträgern nach anerkannten betriebswirtschaftlichen Grundsätzen zugerechnet werden können. Für die Zurechnung variabler Gemeinkosten bedeutet dies, daß deren Schlüsselung dem Grundsatz der Proportionalität entsprechen muß. Insoweit bestehen auch handels- und steuerrechtlich keine unterschiedlichen Auffassungen.

Uneinheitlich sind dagegen die Meinungen über die Art der Zurechnung der fixen Kosten zu den Herstellungskosten der einzelnen im Jahresabschluß zu erfassenden Vermögensgegenstände bzw. Wirtschaftsgüter.

304a **Handelsrechtlich** herrscht Einigkeit darüber, daß der Ansatz von Istkosten i. S. v. Ziff. 1 der Übersicht unter Rz. 302, dann nicht möglich ist, wenn ein Unternehmen sich im Stadium der Unterbeschäftigung befindet und bei Umlage der Fixkosten den Kostenträgern danach Leerkosten zugerechnet würden (vgl. *Forster:* Ermittlung der Herstellungskosten, in WPg 1967 S. 373).

Das Angemessenheitsprinzip verlangt, daß lediglich Nutzkosten und nicht Leerkosten aktiviert werden dürfen (ebenda). Zur Trennung der Leerkosten von den Nutzkosten wird es überwiegend als sinnvoll angesehen, die Fixkosten generell auf Basis einer Normalbeschäftigung zu verrechnen. Daher sollte die Normalbeschäftigung nicht mit Durchschnittswerten der Vergangenheit festgelegt werden, sondern mit einer praktisch realisierbaren Kapaziät im Rahmen der Kapazitätsplanung (*Fülling* Grundsätze ordnungsmäßiger Bilanzierung für Vorräte, 1976 S. 144f.).

Diese Normalbeschäftigung kann der optimalen Beschäftigung der einzelnen Fertigungsbereiche nahekommen, wenn die Teilkapazitäten des Unternehmens entsprechend aufeinander abgestimmt sind.

Ob Sollkosten i. S. v. Ziff. 4 bis 6 der Aufstellung unter Rz. 302 zum Ansatz kommen können, ist insbesondere deshalb strittig, weil bei diesen Verfahren nicht die tatsächlich in dem bilanzierenden Unternehmen anfallenden Kosten verrechnet werden (vgl. *Wohlgemuth,* Die Herstellungskosten in der Handels- und Steuerbilanz, in: HdJ, Abt. I/10, Tz. 44). Auch die Formulierung in Art. 35 Der IV. EG-Richtlinie, die lediglich von dem einzelnen Erzeugnis „zurechenbaren" Kosten spricht, verlangt m. E. die Zugrundelegung der tatsächlichen Verhältnisse in dem bilanzierenden Unternehmen.

304b **Steuerrechtlich** ist teilweise umstritten, ob und inwieweit Kosten der nicht genutzten Kapazität den einzelnen Erzeugnissen zugerechnet werden dürfen. Die Einkommensteuerrichtlinien führen hierzu aus, daß die nicht volle Ausnutzung von Produktionsanlagen dann nicht zu einer Minderung der in die Herstellungskosten einzubeziehenden Fertigungsgemeinkosten führt, wenn sich die Beschäftigungsschwankung aus der Art der Produktion als Folge der Abhängigkeit von natürlichen Verhältnissen ergibt (Beispiel: Zuckerfabrik). Wird dagegen ein Betrieb infolge teilweiser Stillegung oder mangelnder Aufträge nicht voll ausgenutzt, so sind die dadurch verursachten Kosten bei der Berechnung der Herstellungskosten nicht zu berücksichtigen (Abschn. 33 Abs. 8 S. 1, 2 EStR). Die vorstehende Formulierung, daß bei nicht voller Ausnutzung infolge mangelnder Aufträge, die dadurch verursachten Kosten nicht einzubeziehen wären, macht m. E. deutlich, daß auch steuerrechtlich Leerkosten nicht aktiviert werden dürfen und demnach handels- und steuerrechtliche Übereinstimmung hinsichtlich der Wertobergrenze aus der Verrechnung von Fixkosten bestehen müßte.

In der Literatur wird jedoch auch die Ansicht vertreten, daß Gemeinkosten (gemeint sind fixe Gemeinkosten) auch dann als **angemessen oder notwendig** angesehen werden können, „wenn sie durch Aufwendungen für unterbeschäftigte, **zur Betriebsfortführung jedoch unentbehrliche Arbeitskräfte und Fertigungsanlagen** verursacht sind" (*Haas* in *Blümich/Falk* EStG § 6 TZ. 543 ff.) Die Relativierung der notwendigen Kosten auf die nach den Gegebenheiten des jeweiligen Betriebes kurzfristig nicht vermeidbaren Kosten kann im Bereich der variablen Gemeinkosten zulässig sein, weil dort die Einbeziehung dieser Kosten entsprechend dem Verursachungsprinzip nach Maßgabe der Verhältnisse in dem jeweiligen Unternehmen erfolgt. Im Bereich der fixen Kosten ist diese Relativierung m. E. unzulässig, weil die Leerkosten gerade dadurch entstehen, daß die Kapazität nicht voll genutzt wird. Bei den Leerkosten handelt es sich nach betriebswirtschaftlichen Grundsätzen bei kurzfristiger Betrachtungsweise nicht um nicht vermeidbare Kosten der gefertigten Erzeugnisse, sondern um nicht vermeidbare Kosten der Aufrechterhaltung des Betriebes. Die Aktivierung solcher risikobehafteter Kosten erscheint unter Berücksichtigung der besonderen Ausgestaltung des Vorsichtsprinzips durch das Angemessenheitsprinzip nicht zulässig. Hierfür spricht ebenfalls, daß die Einbeziehung des Wertverzehrs des Anlagevermögens in die Herstellungskosten auch nach Ansicht der Finanzverwaltung nur insoweit erfolgen darf, ,,soweit er (der Wertverzehr, nicht etwa das Anlagevermögen, Anm. d. Verf.) der Fertigung der Erzeugnisse gedient hat" (Abschn. 33 Abs. 4 S. 1 EStR). Da die Formulierung auf eine kurzfristige Betrachtung abstellt, sind hiernach von dem Wertverzehr des Anlagevermögens lediglich Nutzkosten bei Berechnung der Herstellungskosten zu berücksichtigen. Dieser Gedanke erscheint ohne weiteres auf andere Fixkosten übertragbar.

Im übrigen kann das Ausmaß der Unterbeschäftigung nicht für die grundsätzliche Beantwortung der Frage maßgebend sein, ob Leerkosten aktiviert werden dürfen (woraus dann auch der Schluß gezogen wird, daß sie steuerrechtlich aktiviert werden müssen, z. B. *Döllerer* in: Steuerberaterjahrbuch 1968/69 S. 433) oder nicht. Ein geringes Ausmaß an Unterbeschäftigung kann lediglich nach dem Grundsatz der ,,Materiality" dazu führen, daß bestehende Kostenrechnungsverfahren nicht umgestellt werden müssen, wenn die daraus sich ergebende Aktivierung von Leerkosten geringfügig ist. Die Frage der ,,Materiality" ist aber wiederum für Handels- und Steuerbilanz einheitlich zu beantworten.

Inventar/Inventur

Übersicht

		Rz.			Rz.
I.	Gesetzliche Verpflichtung zur Aufstellung des Inventars und zur Durchführung der Inventur	305	3. Permanente Inventur		316–317
			4. Stichprobeninventur		318–319
II.	Durchführung der Inventur	306–310	5. Festwerte		320–321
			6. Gruppenbewertung		322
III.	Aufnahmezeitpunkt	311–323	7. Bestandsverzeichnis des Sachanlagevermögens		323
1.	Stichtagsinventur	311–313	IV. Inventurunterlagen		324
2.	Vor- oder nachverlegte Stichtagsinventur	314–315	V. Aufbewahrungspflichten		325–330

I. Gesetzliche Verpflichtung zur Aufstellung des Inventars und zur Durchführung der Inventur

305 **Handelsrechtlich** hat jeder Kaufmann gem. § 240 Abs. 1, 2 HGB nF. zu Beginn seines Handelsgewerbes und für den Schluß eines jeden Geschäftsjahres ,,seine Grundstücke, seine Forderungen und Schulden, den Betrag seinen baren Geldes sowie seine sonstigen Vermögensgegenstände genau zu verzeichnen und dabei den Wert der einzelnen Vermögensgegenstände und Schulden anzugeben". Das **Inventar** ist danach eine **detaillierte Aufstellung** sämtlicher Vermögensgegenstände und Schulden eines Kaufmanns. Grundlage für die Aufstellung des Inventars ist die **Inventur**, d. h. die **körperliche Bestandsaufnahme** für den Beginn des Handelsgewerbes und für den Schluß eines jeden Geschäftsjahres.

Steuerrechtlich ergibt sich die Verpflichtung zur Bestandsaufnahme, deren Durchführung wiederum Voraussetzung der Ordnungsmäßigkeit der Buchführung ist, aus §§ 140, 141 AO.

II. Durchführung der Inventur

306 Die Inventur muß entsprechend dem **Grundsatz der Vollständigkeit** sämtliche Vermögensgegenstände umfassen. Dies bedeutet, daß auch bei Inanspruchnahme der unter Abschn. III „Aufnahmezeitpunkt" angesprochenen Erleichterungen die Vollständigkeit der körperlichen Aufnahme gewährleistet sein muß. Da Fragen der rechtlichen und/oder wirtschaftlichen Zugehörigkeit erst bei der Inventurauswertung zu entscheiden sind, müssen auch solche Gegenstände aufgenommen werden, von denen anzunehmen ist, daß sie Dritten gehören; im übrigen kann in solchen Fällen die Abgabe einer Fremdlagerbestätigung ebenfalls eine körperliche Aufnahme erforderlich machen.

307 Nach dem **Grundsatz der Richtigkeit** ist dafür Sorge zu tragen, daß keine Doppelerfassungen einzelner Positionen vorkommen.

308 Aus dem **Grundsatz der Klarheit** ergibt sich, daß die Inventuraufzeichnungen klar und übersichtlich zu gestalten sind.

309 Eine ordnungsmäßige Inventur läßt sich nur durch eine auf die Bedürfnisse des jeweiligen Betriebes abgestimmte **Inventurplanung,** eine sorgfältige Ausführung und eine laufende und nachträgliche Kontrolle erreichen (vgl. *Fülling* Grundsätze ordnungsmäßiger Bilanzierung für Vorräte, Düsseldorf 1976 S. 52f.).

310 Bei **körperlichen Gegenständen** erfolgt die Inventur durch Zählen, Messen oder Wiegen. Lediglich dann, wenn die Feststellung der Bestände nach den vorgenannten Verfahren technisch unmöglich oder wirtschaftlich (dies wird nur bei unbedeutenden Bestandsgruppen zulässig sein) nicht geboten ist, kommen hilfsweise Schätzungen in Betracht.

Bei anderen Vermögensgegenständen und bei Schulden ist der Bestand für den Schluß des Geschäfts- bzw. Wirtschaftsjahres auf der Grundlage von Kontoauszügen, Saldenbestätigungen und sonstigen Belegen, d. h. durch Buchinventur zu ermitteln. Der Bestand an Grundvermögen ist durch Grundbuchauszüge zu belegen.

III. Aufnahmezeitpunkt

1. Stichtagsinventur

311 Die Inventur *für* den Bilanzstichtag braucht nicht *am* Bilanzstichtag selbst vorgenommen zu werden. Sie ist aber grundsätzlich **zeitnah** – in der Regel innerhalb von zehn Tagen vor oder nach dem Bilanzstichtag – durchzuführen. Dabei muß sichergestellt sein, daß sämtliche Bestandsveränderungen zwischen dem Tag der Bestandsaufnahme und dem Bilanzstichtag lückenlos anhand von Belegen und Aufzeichnungen nachgewiesen werden können (vgl. Abschn. 30 Abs. 1 EStR).

312 Da die Durchführung der Inventur in der Regel mit erheblichem Arbeitsaufwand verbunden ist, hat der Gesetzgeber sowohl hinsichtlich der Wahl des Zeitpunkts der Inventur als auch hinsichtlich der Technik der Durchführung Sonderregelungen getroffen, die der Verrringerung des Aufwands für Inventurarbeiten dienen sollen.

313 In zeitlicher Hinsicht gelten neben der sog. zeitlich ausgeweiteten Stichtagsinventur (zeitnahe Aufnahme innerhalb von zehn Tagen vor oder nach dem Bilanzstichtag) folgende Erleichterungen:

2. Vor- oder nachverlegte Stichtagsinventur

314 Bei dieser Art der Inventur werden Art, Menge und Wert der einzelnen Vermögensgegenstände und Schulden in einem Inventar verzeichnet, das für einen Tag innerhalb der letzten drei Monate vor oder der ersten beiden Monate nach dem Schluß des Geschäftsjahres aufgestellt ist. Der in diesem besonderen Inventar ausgewiesene Bestand wird nur noch wertmäßig nach einem den Grundsätzen ordnungsmäßiger Buchführung entsprechenden Verfahren auf den Bilanzstichtag fortgeschrieben bzw. zurückgerechnet (§ 241 Abs. 3 HGB nF). Dieses Verfahren ist auch steuerlich zugelassen (vgl. Abschn. 30 Abs. 3 EStR).

315 Bei Durchführung der vor- oder nachverlegten Stichtagsinventur sind hiernach folgende **Arbeitsgänge** erforderlich (*Arbeitskreis Ludewig* Die Vorratsinventur, S. 45):

Inventar/Inventur

(1) Ermittlung der Mengen auf den vor- oder nachverlegten Inventurstichtag.
(2) Bewertung der Mengen auf den Inventurstichtag.
(3) Abstimmung des Inventurbestands mit dem Sollbestand am Inventurstichtag nach den Konten der Buchhaltung.
(4) Wertfortschreibung bzw. Wertrückrechnung vom Inventurstichtag auf den Bilanzstichtag.

(4.1) Wertfortschreibung:

    Wert der Bestände am Inventurstichtag
+ Wert der Zugänge zwischen Inventur und Bilanzstichtag
./. Wert der Abgänge zwischen Inventur und Bilanzstichtag
= Wert der Bestände am Bilanzstichtag

(4.2) Wertrückrechnung:

    Wert der Bestände am Inventurstichtag
+ Wert der Abgänge zwischen Inventur- und Bilanzstichtag
./. Wert der Zugänge zwischen Inventur- und Bilanzstichtag

    Wert der Bestände am Bilanzstichtag

(5) Überprüfung und ggf. Berichtigung der Werte am Bilanzstichtag.

Die Fort- bzw. Rückrechnung der Bestände setzt in jedem Fall voraus, daß, abgestimmt auf die jeweiligen Verhältnisse des Betriebes, Gruppen gleichartiger Vorräte gebildet werden, deren Preisentwicklung weitgehend homogen ist.

3. Permanente Inventur

316 Sofern Art, Menge und Wert der Bestände zum Bilanzstichtag nach einem den Grundsätzen ordnungsmäßiger Buchführung entsprechenden anderen Verfahren auch ohne körperliche Aufnahme festgestellt werden können, ist gemäß § 241 Abs. 2 HGB nF. die Anwendung der sog. permanenten Inventur zulässig. In Abschn. 30 Abs. 2 EStR sind die Voraussetzungen aufgeführt, die sowohl handels- wie auch steuerrechtlich gegeben sein müssen, damit das Inventurverfahren den Grundsätzen ordnungsmäßiger Buchführung entspricht:

(1) In den Lagerbüchern und Lagerkarteien müssen alle Bestände und alle Zugänge und Abgänge einzeln nach Tag, Art und Menge (Stückzahl, Gewicht oder cbm-Inhalt) eingetragen werden. Alle Eintragungen müssen belegmäßig nachgewiesen werden.
(2) In jedem Wirtschaftsjahr muß mindestens einmal durch körperliche Bestandsaufnahme geprüft werden, ob das Vorratsvermögen, das in den Lagerbüchern oder Lagerkarteien ausgewiesen wird mit den tatsächlich vorhandenen Beständen übereinstimmt (BFH-Urteil vom 11. 11. 1966, BStBl. 1967 III, 113). Die Prüfung braucht nicht gleichzeitig für alle Bestände vorgenommen zu werden. Sie darf sich aber nicht nur auf Stichproben oder die Verprobung eines repräsentativen Querschnitts beschränken; die Regelung in § 39 Abs. 2a HGB *(nunmehr § 241 Abs. 1 HGB nF., Anm. d. Verf.)* bleibt unberührt. Die Lagerbücher und Lagerkarteien sind nach dem Ergebnis der Prüfung zu berichten. Der Tag der körperlichen Bestandsaufnahme ist in den Lagerbüchern oder Lagerkarteien zu vermerken.
(3) Über die Durchführung und das Ergebnis der körperlichen Bestandsaufnahme sind Aufzeichnungen (Protokolle) anzufertigen, die unter Angabe des Zeitpunkts der Aufnahme von den aufnehmenden Personen zu unterzeichnen sind. Die Aufzeichnungen sind wie Handelsbücher zehn Jahre aufzubewahren.

317 In sachlicher Hinsicht gelten folgende Erleichterungen:

4. Stichprobeninventur

318 Gemäß § 241 Abs. 1 HGB nF. darf bei der Aufstellung des Inventars der Bestand der Vermögensgegenstände nach Art, Menge und Wert auch mit Hilfe anerkannter, mathematisch-statistischer Methoden aufgrund von Stichproben ermittelt werden. Das Verfahren muß den Grundsätzen ordnungsmäßiger Buchführung entsprechen. Der Aussagewert des auf diese Weise aufgestellten Inventars muß dem Aussagewert eines aufgrund einer körperlichen Bestandsaufnahme aufgestellten Inventars gleichkommen.

319 Bei der Stichprobeninventur ist die Erfassung einer jeden einzelnen Bestandsposition nicht erforderlich. Vielmehr wird nach mathematisch-statistischen Verfahren aus dem Gesamtbestand eine zu bestimmende Anzahl von Wirtschaftsgütern für die Durchführung der körperlichen Bestandsaufnahme ausgewählt. Das danach sich ergebende Stichprobenergebnis wird für den Gesamtbestand hochgerechnet (vgl. hierzu St/HFA 1/1981 Stichprobenverfahren für die Vorratsinventur zum Jahresabschluß, in WPg 1981 S. 479ff.).

5. Festwerte

320 Nach § 240 Abs. 3 HGB nF. können Vermögensgegenstände des Sachanlagevermögens sowie Roh-, Hilfs- und Betriebsstoffe mit einem Festwert angesetzt werden, wenn sie regelmäßig ersetzt werden und ihr Gesamtwert für das Unternehmen von nachrangiger Bedeutung ist, sofern im übrigen ihr Bestand in seiner Größe, seinem Wert und seiner Zusammensetzung nur geringen Veränderungen unterliegt. Bei Vorräten muß jedoch i. d. R. an jedem dritten Bilanzstichtag eine körperliche Bestandsaufnahme durchgeführt werden, um zu überprüfen, ob der Ansatz der bisherigen Menge und des bisherigen Werts noch gerechtfertigt ist.

321 Bei den mit einem Festwert angesetzten Posten des beweglichen Sachanlagevermögens ist mindestens an jedem Bilanzstichtag, der dem Hauptfeststellungszeitpunkt für die Feststellung des Einheitswerts des Betriebsvermögens vorangeht, spätestens aber an jedem fünften Bilanzstichtag, eine Inventur vorzunehmen (Abschn. 31 Abs. 5 S. 3 EStR). Der Festwert darf nur der Erleichterung der Inventur und der Bewertung, nicht jedoch dem Ausgleich von Preisschwankungen, insbesondere nicht dem Ausgleich von Preissteigerungen dienen. Für die Ermittlung des Festwerts gilt Abschn. 31 Abs. 5 S. 4–7 EStR.

6. Gruppenbewertung

322 Zur Erleichterung der Inventur und der Bewertung können gem. § 240 Abs. 4 HGB nF. gleichartige Vermögensgegenstände des Vorratsvermögens sowie andere gleichartige oder annähernd gleichwertige bewegliche Vermögensgegenstände jeweils zu einer Gruppe zusammengefaßt und mit dem gewogenen Durchschnittswert angesetzt werden.

Die Gruppenbildung und Gruppenbewertung darf im einzelnen Fall nicht gegen die Grundsätze ordnungsmäßiger Buchführung verstoßen (vgl. im einzelnen Abschn. 37 Abs. 3 S. 4–9 EStR).

7. Bestandsverzeichnis des Sachanlagevermögens

323 Die jährliche Durchführung einer körperlichen Bestandsaufnahme bei den Posten des Sachanlagevermögens ist in vielen – insbesondere den größeren – Unternehmen aus Kostengründen nicht möglich. Da die einzelnen Wirtschaftsgüter des Anlagevermögens dem Unternehmen in der Regel für einen längeren Zeitraum zur Verfügung stehen, ist die jährliche Inventur dieser Posten auch nicht zwingend erforderlich, wenn durch ein den Grundsätzen ordnungsmäßiger Buchführung entsprechendes Verfahren sichergestellt wird, daß die für die Inventarisierung und Bilanzierung erforderlichen Angaben zu jedem Bilanzstichtag zur Verfügung stehen. Der Bestand der Sachanlagen kann durch **Fortschreibung** ermittelt werden, wenn die Fortschreibung in einem Bestandsverzeichnis erfolgt, das folgende **Angaben** enthält:
– Das Bestandsverzeichnis muß **vollständig** sein und demnach auch die Posten enthalten, die bereits in voller Höhe abgeschrieben worden sind.
  Hiervon ausgenommen sind lediglich geringwertige Anlagegüter, deren Anschaffungskosten nicht mehr als DM 100.– betragen haben. Des weiteren sind die geringwertigen Anlagegüter ausgenommen, die auf einem besonderen Konto verbucht bzw. bei ihrer Anschaffung oder Herstellung in einem besonderen Verzeichnis erfaßt worden sind. Ebenfalls ausgenommen von der Pflicht zur Aufnahme in das Bestandsverzeichnis sind die Gegenstände des Anlagevermögens, für die zulässigerweise ein Festwert gebildet worden ist.
– Der Anlagegegenstand ist **genau** zu bezeichnen.
– Das **Datum des Zugangs** und ggfs. des Abgangs ist anzugeben.
– Die **Anschaffungs- oder Herstellungskosten** sind aufzuführen.

Inventar/Inventur

– Die **Abschreibungsmethode** ist aufzuführen (ggfs. reicht die Angabe des Abschreibungssatzes aus).
– Der auf jedes einzelne Geschäftsjahr entfallende **Abschreibungsbetrag** sowie der **Restbuchwert** zum jeweiligen Ende des Geschäftsjahres ist aufzuzeichnen.

Die vorbezeichneten Angaben sind erforderlich für das abnutzbare Sachanlagevermögen (hinsichtlich der Einzelheiten zur bestandsmäßigen Erfassung des beweglichen Anlagevermögens vgl. Abschn. 31 EStR). Für die nicht abnutzbaren Wirtschaftsgüter des Sachanlagevermögens (Grund und Boden, immaterielle Anlagegegenstände) genügt der buch- und belegmäßige Nachweis.

IV. Inventurunterlagen

324   Die Ausgestaltung des Inventars hängt von der jeweiligen Art des Bilanzpostens ab.
Wegen der Besonderheiten bei Posten des **Sachanlagevermögens** wird auf den Abschnitt II. 7. verwiesen.
Für die Vorräte hat das Inventar die folgenden Angaben zu enthalten:
– die genaue Bezeichnung der einzelnen Posten,
– die Menge der aufgenommenen Bestände, Qualitätsangaben und
– den einzelnen Wertmaßstab (z. B. DM/kg) und den errechneten Wert des aufgenommenen Postens.

Für **Kassenbestände,** Besitzwechsel, Schecks und Wertpapiere, die das Unternehmen selbst verwahrt, ist das Inventar auf der Grundlage einer körperlichen Aufnahme zu erstellen.
Für **Forderungen und Verbindlichkeiten** sind Saldenlisten aufzustellen, die nach Kunden bzw. Lieferanten getrennt die einzelnen Salden aus dem Debitoren- und Kreditorenkontokorrent aufführen.
Bankguthaben und -verbindlichkeiten sowie Postscheckguthaben werden durch Tagesauszüge und Saldenbestätigungen nachgewiesen.
Für **Schuldwechsel** ist ein Wechselkopierbuch zu führen, aus dem sich der Bestand zum Bilanzstichtag ergibt.
Besondere Probleme ergeben sich bei **selbsterstellten Anlagen,** die am Bilanzstichtag noch im Bau befindlich sind sowie bei differenzierten Fertigungsverfahren beispielsweise bei der Einzelfertigung im Maschinenbau. Hier sollte das Mengengerüst der zum Bilanzstichtag zu bewertenden Posten durch eine detaillierte Leistungsfortschreibung ermittelt werden. Die körperliche Aufnahme zum Bilanzstichtag dient in solchen Fällen der Verifizierung der Fortschreibung.

V. Aufbewahrungspflichten

325   Gemäß §§ 257 Abs. 1 Nr. 1 HGB nF., 147 Abs. 1 Nr. 1 AO gehört das Inventar zu den aufbewahrungspflichtigen Unterlagen. Die Aufbewahrungsfrist beträgt handels- und steuerrechtlich zehn Jahre.

326   Die gesetzlichen Bestimmungen sagen explizit nichts darüber aus, ob auch die Inventurunterlagen aufzubewahren sind. Die Aufbewahrungspflicht ergibt sich jedoch aus den Grundsätzen ordnungsmäßiger Buchführung. Der BFH hat beispielsweise in seinem Urteil vom 6. 12. 1955 (BStBl. III 1956, 83) folgendes ausgeführt:
„Grundsätzlich müssen nicht nur die Bestandsverzeichnisse selbst aufbewahrt werden, sondern auch die Belege, die den Bestandsverzeichnissen zugrunde liegen. Wenn die Verpflichtung zur Aufbewahrung solcher Belege vielleicht auch nicht unmittelbar aus § 44 HGB abgeleitet werden kann, so entspricht die Aufbewahrung doch kaufmännischen Gepflogenheiten und ist dadurch ein Bestandteil der Grundsätze ordnungsmäßiger kaufmännischer Buchführung geworden".

327   Hinsichtlich des Umfangs der aufzubewahrenden Unterlagen wird in dem vorstehenden Urteil ausgeführt, daß die Aufbewahrungspflicht sich auf die Unterlagen erstreckt, die ein geeignetes Hilfsmittel sind, um unter Mitwirkung der an der Inventur beteiligten Personen den Bilanzansatz in angemessener Weise prüfen zu können. Um eine ausreichende Kontrollmöglichkeit zu gewährleisten, seien zum Beispiel die Aufnahmelisten aufzubewahren, während kurze Notizen, Schmierzettel und dergl.,

Schmidt

die nur als vorübergehende Gedächtnisstütze dienen, nicht aufbewahrt zu werden brauchen (vgl. auch *Schulze zu Wiesche:* Grundsätze zur ordnungsmäßigen Inventur, 1961 S. 76 ff.).

328 Zur Durchführung der Inventur mit Hilfe von Tonbandgeräten vgl. Verfügung der OFD Düsseldorf v. 27. 9. 1958 (GmbH-Rundschau 1959, S. 16).

Imparitätsprinzip

329 Nach dem Imparitätsprinzip werden zum Bilanzstichtag nach Maßgabe des Realisationsprinzips noch nicht abgeschlossene Vorgänge unterschiedlich behandelt: Gewinne dürfen nicht berücksichtigt werden, wenn ihre Realisation bis zum Bilanzstichtag noch nicht eingetreten ist. Noch nicht realisierte Verluste, deren Verursachung vor dem Bilanzstichtag liegt, müssen demgegenüber bereits berücksichtigt werden. Das Gebot, diese Verluste zu antizipieren, dient ebenso wie das Anschaffungswert- und das Realisationsprinzip dem **Gläubigerschutz**.

330 In allgemeiner Form ist das Imparitätsprinzip nunmehr in § 252 Abs. 1 Nr. 4 HGB nF. kodifiziert: Der **Grundsatz der Vorsicht** ist einzuhalten, namentlich sind vorsehbare Risiken und Verluste, die in dem Geschäftsjahr oder einem früheren Geschäftsjahr entstanden sind, zu berücksichtigen, selbst wenn diese Umstände erst zwischen dem Abschlußstichtag und dem Tag der Aufstellung des Jahresabschlusses bekannt geworden sind; Gewinne sind nur zu berücksichtigen, wenn sie am Abschlußstichtag realisiert sind.

Konkrete Ausgestaltungen des Imparitätsprinzips finden sich desweiteren in
– § 253 Abs. 2 S. 3 HGB nF. (gemildertes Niederstwertprinzip für Posten des Anlagevermögens)
– § 253 Abs. 3 S. 1, 2 HGB nF. (strenges Niederstwertprinzip für Posten des Umlaufvermögens)
– § 249 Abs. 1 HGB nF. (drohenden Verlusten aus schwebenden Geschäften ist durch Rückstellungsbildung Rechnung zu tragen).

Maßgeblichkeitsgrundsatz

Übersicht

	Rz.		Rz.
I. Gesetzliche Grundlagen	331–334	a) Ansatzgebote und -verbote	336
II. Inhalt und Bedeutung des Maßgeblichkeitsprinzips	335–349	b) Ansatzwahlrechte	337–340
		c) Bilanzierungshilfen	341
1. Bedeutung der handelsrechtlichen Ansatzgebote und -verbote sowie der Ansatzwahlrechte und Bilanzierungshilfen	335–345	d) Offene Fragen	342–345
		2. Bedeutung der handelsrechtlichen Bewertungsvorschriften	346–349
		III. Umkehrung des Maßgeblichkeitsprinzips	350–353

I. Gesetzliche Grundlagen

331 Der Grundsatz der Maßgeblichkeit der Handelsbilanz für die Steuerbilanz ist in § 5 Abs. 1 EStG verankert:

„Bei Gewerbetreibenden, die aufgrund gesetzlicher Vorschriften verpflichtet sind, Bücher zu führen und regelmäßig Abschlüsse zu machen oder die ohne eine solche Verpflichtung Bücher führen und regelmäßig Abschlüsse machen, ist für den Schluß des Wirtschaftsjahres das Betriebsvermögen anzusetzen (§ 4 Abs. 1 Satz 1), das nach den handelsrechtlichen Grundsätzen ordnungsmäßiger Buchführung auszuweisen ist".

Sofern die Rechnungslegung nach den Grundsätzen ordnungsmäßiger Buchführung erfolgt, ist sie demnach zwingend als Grundlage für die steuerliche Gewinnermittlung heranzuziehen.

332 Zur **Ermittlung des steuerrechtlichen Gewinns** ist das Ergebnis der handelsrechtlichen Rechnungslegung jedoch ggfs. im Hinblick auf die gem. § 5 Abs. 5 EStG gebotenen Abweichungen zu **korrigieren**. Der Katalog der möglichen Abweichungen betrifft die

Maßgeblichkeitsgrundsatz

- Entnahmen und die Einlagen,
- Zulässigkeit der Bilanzänderung,
- Betriebsausgaben,
- Bewertung und
- die Absetzung für Abnutzung oder Substanzverringerung.

333 Die steuerrechtlichen Vorschriften regeln nicht, mit welcher Technik die vorstehenden Korrekturen vorzunehmen sind. § 60 Abs. 3 EStDV schreibt lediglich vor, daß die Ansätze oder Beträge in der als Anlage zu der Steuererklärung einzureichenden Bilanz, die den steuerlichen Vorschriften nicht entsprechen, durch ,,Zusätze" oder ,,Anmerkungen" den steuerlichen Vorschriften anzupassen sind. Der Steuerpflichtige kann auch eine den steuerlichen Vorschriften entsprechende Steuerbilanz beifügen.

334 In der Mehrzahl der Fälle werden die aufgrund der steuerlichen Vorschriften erforderlichen Korrekturen der handelsrechtlichen Rechnungslegung in einer gesonderten Darstellung, meist als sog. **Mehr- und Wenigerrechnung,** erfaßt. Bei Vorliegen einer Vielzahl erforderlicher Korrekturen werden auch gesonderte Steuerbilanzen erstellt.

II. Inhalt und Bedeutung des Maßgeblichkeitsprinzips

1. Bedeutung der handelsrechtlichen Ansatzgebote und -verbote sowie der Ansatzwahlrechte und Bilanzierungshilfen

335 Nach dem Gesetzeswortlaut bezieht sich der Maßgeblichkeitsgrundsatz auf das für den Schluß des Wirtschaftsjahres nach GoB auszuweisende **Betriebsvermögen.** Es herrscht jedoch Einigkeit darüber, daß bei Anwendung des Maßgeblichkeitsgrundsatzes grundsätzlich die in der Handelsbilanz angesetzten **Vermögensgegenstände, Schulden** und **Rechnungsabgrenzungsposten** in die Steuerbilanz zu übernehmen sind, sofern dem nicht die unter Rz. 232 genannten Ausnahmeregelungen entgegenstehen.

a) Ansatzgebote und -verbote

336 Grundsätzlich gelten die handelsrechtlichen Aktivierungs- und Passivierungsgebote sowie die handelsrechtlichen Aktivierungs- und Passivierungsverbote auch für die Steuerbilanz, d. h.
(a) **Posten, die handelsrechtlich aktiviert bzw. passiviert werden müssen, sind auch in der Steuerbilanz zu erfassen** (z. B. Rechnungsabgrenzungsposten gem. § 250 HGB nF.; Rückstellungen gem. § 249 Abs. 1 S. 1, 2 HGB nF.).
(b) **Posten, die handelsrechtlich nicht aktiviert bzw. passiviert werden dürfen, sind auch in der Steuerbilanz nicht auszuweisen** (z. B. selbst geschaffene immaterielle Anlagegüter, Forschungs- und Entwicklungskosten).

b) Ansatzwahlrechte

337 Nach der Rechtsprechung des BFH (z. B. BFH v. 3. 2. 1969, GrS 2/68, BStBl. II 1969, 291 ff. (,,da der Zweck der steuerrechtlichen Gewinnermittlung in der Erfassung des vollen Gewinns liegt, ... kann es nicht im Belieben des Kaufmanns stehen, sich durch Nichtaktivierung von Wirtschaftsgütern, die handelsrechtlich aktiviert werden dürfen oder durch den Ansatz eines Passivpostens, der handelsrechtlich nicht geboten ist ärmer zu machen als er ist".) müssen in der Steuerbilanz solche Posten aktiviert werden, bei denen handelsrechtlich ein Ansatzwahlrecht besteht (z. B. bei entgeltlich erworbenen immateriellen Anlagegütern, bei dem Disagio), auch wenn handelsrechtlich dieses Wahlrecht nicht ausgeübt wird.
Besteht handelsrechtlich ein Wahlrecht über den Ansatz eines Passivpostens, so dürfen diese Posten in der Steuerbilanz auch dann nicht angesetzt werden, wenn sie in der Handelsbilanz passiviert worden sind (z. B. Rückstellungen gem. § 249 Abs. 1 S. 3 HGB nF. für unterlassene Instandhaltungen, die zwar im nachfolgenden Geschäftsjahr, aber erst nach Ablauf von drei Monaten nachgeholt werden; Aufwandsrückstellungen i. S. v. § 249 Abs. 2 HGB nF.).

338 Das Maßgeblichkeitsprinzip gilt demnach in der Bilanzierungspraxis nicht für die Fälle, in denen handelsrechtlich Ansatzwahlrechte bestehen (in der Literatur ist diese Auffassung allerdings umstritten. Vgl. hierzu die umfassenden Erläuterungen bei *Herrmann/Heuer/Raupach* § 5 EStG Anm. 49 g).

339 Abweichend von dem vorstehenden Grundsatz bestand lediglich hinsichtlich der Bildung von Pensionsrückstellungen kraft gesetzlicher Vorschrift (§ 6a EStG) trotz des – vor Inkrafttreten des Bilanzrichtlinien-Gesetzes überwiegend angenommenen – handelsrechtlichen Passivierungswahlrechts nicht ein Verbot der steuerrechtlichen Passivierung, sondern ebenfalls ein Wahlrecht.

340 Aufgrund der Entwicklung der Gesetzgebung sind im übrigen die handels- und steuerrechtlichen Bilanzierungsregeln für zwei Bilanzposten, bei denen die Durchbrechung des Maßgeblichkeitsprinzips von Bedeutung gewesen war, inzwischen auch deckungsgleich: Es sind dies die Regeln für die Rechnungsabgrenzungsposten (§ 250 HGB nF. und § 5 Abs. 4 EStG) sowie für immaterielle Anlagegüter (vgl. § 248 Abs. 2 HGB nF. und § 5 Abs. 2 EStG).

c) Bilanzierungshilfen

341 Zur Bereinigung des Jahresergebnisses um außerordentliche Aufwendungen, die durch die Ingangsetzung oder Erweiterung des Geschäftsbetriebs verursacht worden sind, hat der Gesetzgeber deren Aktivierung im Jahr des Anfalls und ihre Verteilung durch Abschreibung auf die vier darauffolgenden Jahre zugelassen (§§ 269, 282 HGB nF.).

Unabhängig davon, ob die Bilanzierungshilfe in der Handelsbilanz in Anspruch genommen wird oder nicht, besteht steuerrechtlich bisher kein Aktivierungsgebot für Organisationsaufwendungen dieser Art (BFH v. 28. 1. 1954, BStBl. III, 109, Schreiben des BdF v. 27. 4. 1970, BB 1970, 652).

Es ist zu erwarten, daß die gleiche Auffassung hinsichtlich des Aktivierungswahlrechts im Fall latenter Steueransprüche i. S. v. § 274 Abs. 2 HGB nF. vertreten wird.

d) Offene Fragen

342 Unter Berufung auf die GoB werden zur bilanziellen Behandlung einzelner Sachverhalte – insbesondere im Hinblick auf die Aktivierung entgeltlich erworbener, immaterieller Wirtschaftsgüter und auf die Passivierung von Rückstellungen – unterschiedliche Lösungen vorgeschlagen. Aus dem umfangreichen Katalog strittiger Fälle sei z. B. verwiesen auf die Diskussionen über die Aktivierung von Aufwendungen für Werbefeldzüge, Zuschüsse oder Bezugsrechte sowie über die Passivierung der Rückstellungen für Gewährleistungen, die ohne rechtliche Verpflichtung erbracht werden, der Rückstellungen für Prüfungskosten und für Jubiläumszuwendungen.

343 Die Ursache für die unterschiedlichen Auffassungen liegt vor allem darin, daß das in der Steuerbilanz zu erfassende Betriebsvermögen **Wirtschaftsgüter** umfaßt, die Handelsbilanz dagegen **Vermögensgegenstände** und **Schulden** zu enthalten hat. Die in der Steuerbilanz und in der Handelsbilanz dem Grunde nach anzusetzenden Posten sind danach nicht zwingend in allen Fällen deckungsgleich (teilweise strittig, gleicher Ansicht z. B. *Littmann* Einkommensteuerrecht, Anm. 346 f. zu §§ 4, 5). Dies resultiert – trotz der für Handels- und Steuerbilanz vorgeschriebenen einheitlichen Basis der GoB – daraus, daß die Zwecke der Rechnungslegung unterschiedlich gewichtet werden. Der BFH gibt im Zusammenhang mit der Rechtsprechung zum Begriff „Wirtschaftsgut" die Ermittlung des periodengerechten Erfolgs als vorrangigen Zweck der Steuerbilanz an (BFH v. 3. 2. 1969, GrS 2/68, BStBl. II 1969, 291 ff.). Abgesehen davon, daß schon die Schlußfolgerungen aus der Zwecksetzung „Ermittlung des periodengerechten Erfolgs" handels- und steuerrechtlich häufig auseinanderfallen, ist festzustellen, daß dem Grundsatz des vorsichtigen Gewinnausweises im Interesse des Gläubigerschutzes handelsrechtlich zwingend ein höheres Gewicht zukommt als steuerrechtlich – jedenfalls nach Ansicht des BFH. Auch der Gesetzgeber geht trotz des Bekenntnisses zur Maßgeblichkeit der Handelsbilanz für die Steuerbilanz nicht immer einheitlich vor: So sind z. B. gem. § 5 Abs. 3 S. 2 EStG Rückstellungen wegen der Verletzung bestimmter Schutzrechte spätestens im dritten Wirtschaftsjahr nach deren Bildung wieder aufzulösen, wenn Ansprüche nicht geltend gemacht worden sind. Demgegenüber dürfen Rückstellungen handelsrechtlich nur aufgelöst werden, soweit der Grund für die Rückstellungsbildung entfallen ist (§ 249 Abs. 2 S. 2 HGB nF.).

345   Eine weitere Frage zu diesem Problemkreis ist mit der Verabschiedung des Bilanzrichtlinien-Gesetzes bald zu klären: Kapitalgesellschaften haben zwingend eine Rückstellung für latente Steuerbelastungen zu bilden (§ 274 Abs. 1 HBG nF., mit dieser Regelung ist ein angelsächsischer Bilanzierungsgrundsatz in das deutsche Bilanzrecht übernommen worden). Wenn der BFH an dem Grundsatz der periodengerechten Erfolgsermittlung konsequent festhält und danach das Maßgeblichkeitsprinzip auch in diesem Fall gilt, würde die Gewerbeertragsteuerbelastung zukünftiger Gewinne im Rahmen der Abgrenzung latenter Steuern mit ertragsteuerlicher Wirkung zurückgestellt werden können (vgl. hierzu auch *Curtius-Hartung* Steuerneutralität des Bilanzrichtlinie-Gesetzentwurfs, in WPg 1982 S. 369 ff.).

2. Bedeutung der handelsrechtlichen Bewertungsvorschriften

346   Die Wertansätze sind – sofern sie handelsrechtlich zulässig sind – insoweit für die Steuerbilanz zu übernehmen, als sie den steuerlichen Vorschriften über die Bewertung (§ 6 EStG) und über die Absetzung für Abnutzung bzw. für Substanzverringerung (§ 7 EStG) entsprechen (§ 5 Abs. 5 EStG).

347   Die Ausübung **handelsrechtlicher Bewertungswahlrechte** ist auch für die Steuerbilanz maßgebend, wenn die Wertansätze den steuerlichen Bewertungs- und Abschreibungsvorschriften entsprechen.

348   Die Ausübung **steuerlicher Bewertungswahlrechte** ist nur möglich, wenn der – in handelsrechtlich zulässiger Weise angesetzte – Handelsbilanzwert bereits unter Berücksichtigung des steuerlich anzusetzenden Werts gewählt wird.

349   **Abweichungen** hinsichtlich der Bewertung einzelner Bilanzposten resultieren im wesentlichen aus den unterschiedlichen Wertkategorien, die zur Umsetzung des Imparitätsprinzips in Handels- und Steuerrecht maßgebend sind (handelsrechtlich: der beizulegende Wert; steuerrechtlich: der Teilwert) sowie aus den unterschiedlichen Abschreibungsmöglichkeiten zwecks Verteilung der Anschaffungs- bzw. Herstellungskosten auf die betriebsgewöhnliche Nutzungsdauer.

III. Umkehrung des Maßgeblichkeitsprinzips

350   Da die Wertansätze in der Steuerbilanz von den Wertansätzen der entsprechenden Posten in der Handelsbilanz abhängig sind, kann die volle Wirksamkeit steuerlicher Bewertungswahlrechte nur erreicht werden, wenn die steuerlich möglichen Ansätze auch bereits in der Handelsbilanz gewählt werden können. Dies gilt unzweifelhaft für Wertansätze, die gem. §§ 6, 7 EStG zu bestimmen sind.

351   Die Berücksichtigung von Steuervergünstigungen – beispielsweise §§ 6b, 7bff. EStG; § 80 EStDV; §§ 14, 14a, 14b, 15 BerlinFG; § 3 ZonenRFG – in der Handelsbilanz, wird durch die §§ 247 Abs. 3, 254 HGB nF. ermöglicht.

352   In der Literatur ist umstritten, ob die Umkehrung des Maßgeblichkeitsprinzips für die Inanspruchnahme von Steuervergünstigungen überhaupt erforderlich ist, sofern das Gesetz im Einzelfall nicht anordnet, daß eine steuerliche Vergünstigung auch in der Handelsbilanz berücksichtigt werden muß (§ 6b Abs. 3 EStG) (vgl. z. B. *Knobbe-Keuk* Bilanz- und Unternehmenssteuerrecht, S. 20 ff. mit weiteren Literaturhinweisen). Die Finanzverwaltung ging jedenfalls davon aus, daß das Maßgeblichkeitsprinzip bei Steuervergünstigungen – und damit die Notwendigkeit zu deren Berücksichtigung in der Handelsbilanz – gilt, sofern nicht ausdrücklich eine Abweichung zugelassen ist (z. B. Abschn. 228 Abs. 5 EStR i. V. m. § 74 EStDV – Preissteigerungsrücklage).

Der BFH hat zu dieser Frage unterschiedliche Urteile abgegeben. In der Entscheidung vom 24. April 1985 (I R 65/80) wurde für den Fall der Zuschreibung nach in früheren Wirtschaftsjahren in Anspruch genommenen Steuervergünstigungen das Erfordernis der Maßgeblichkeit nicht angenommen. Dagegen enthält die am 25. April 1985 (IV R 83/73) ergangene Entscheidung die ausdrückliche Feststellung, daß das Bewertungswahlrecht gem. § 6b EStG in der Handelsbilanz ausgeübt werden muß, um steuerrechtlich zur Wirkung zu kommen.

353 Der bestehende Widerspruch ist im Rahmen des Bilanzrichtlinien-Gesetzes durch § 6 Abs. 3 EStG nF. in der Weise gelöst worden, daß Sonderabschreibungen, erhöhte Absetzungen und ähnliche Maßnahmen zur Erlangung von Steuervergünstigungen in der Handelsbilanz und in der Steuerbilanz gleichermaßen vorgenommen werden müssen (Maßgeblichkeit der Handelsbilanz im Jahr der Sonderabschreibung etc.) und daß spätere Zuschreibungen in der Handelsbilanz auch zu einer steuerlichen Gewinnerhöhung führen (Maßgeblichkeit der Handelsbilanz in den Jahren nach Vornahme von Sonderabschreibungen etc.).

Nichtigkeit des Jahresabschlusses

354 Ein Jahresabschluß kann nichtig sein
a) wenn bei seiner Aufstellung bestimmte materiell bedeutsame Fehler gemacht wurden,
b) wenn bestimmte Mängel bei dem Verfahren zur Feststellung des Jahresabschlusses (bei juristischen Personen und Gesellschaften, die keine juristischen Personen sind) aufgetreten sind,
c) wenn er bei bestimmten Unternehmen nicht unter Beachtung hierfür vorgesehener Vorschriften geprüft worden ist (§ 256 Abs. 1 Nr. 2 und 3 AktG; § 10 PublG).

355 Nachstehend werden lediglich Nichtigkeitsgründe aufgrund von Fehlern bei der Aufstellung des Jahresabschlusses behandelt.

Umfassende, für alle Kaufleute geltende gesetzliche Spezialvorschriften existieren nicht. Auch im Rahmen des Bilanzrichtlinien-Gesetzes sind in das HGB, das nunmehr umfangreiche Regelungen zur Aufstellung und Prüfung des Jahresabschlusses enthält, keine Vorschriften aufgenommen worden, die abschließend die Nichtigkeit von Jahresabschlüssen regeln. Das Aktiengesetz bestimmt auch bisher schon, bei welcher Art von Verstößen der Jahresabschluß nichtig ist. § 256 AktG regelt u. a. die Nichtigkeitsfolge für **Verstöße gegen bestimmte Bilanzierungsgrundsätze:**

– ein festgestellter Jahresabschluß ist nichtig, wenn er durch seinen Inhalt Vorschriften verletzt, die ausschließlich oder überwiegend zum Schutze der Gläubiger der Gesellschaft oder sonst im öffentlichen Interesse gegeben sind (§ 256 Abs. 1 Nr. 1),
– wegen Verstoßes gegen die Vorschriften über die Gliederung des Jahresabschlusses sowie wegen der Nichtbeachtung von Formblättern, nach denen der Jahresabschluß zu gliedern ist, ist der Jahresabschluß nur nichtig, wenn seine Klarheit und Übersichtlichkeit dadurch wesentlich beeinträchtigt sind (§ 256 Abs. 4),
– wegen Verstoßes gegen die Bewertungsvorschriften ist der Jahresabschluß nichtig, wenn
1. Posten überbewertet oder
2. Posten unterbewertet sind und dadurch die Vermögens- und Ertragslage der Gesellschaft vorsätzlich unrichtig wiedergegeben oder verschleiert wird (§ 256 Abs. 5).

Überbewertet sind Aktivposten, wenn sie mit einem höheren Wert, Passivposten, wenn sie mit einem niedrigeren Betrag angesetzt sind als nach §§ 253 bis 256 HGB nF. i. V. m. §§ 279 bis 283 HGB nF. zulässig ist. Unterbewertet sind Aktivposten, wenn sie mit einem niedrigeren Wert, Passivposten, wenn sie mit einem höheren Betrag angesetzt sind als nach §§ 253 bis 256 des HGB i. V. m. §§ 279 bis 283 HGB nF. zulässig ist (§ 256 Abs. 5 S. 2, 3 AktG).

356 Die Bedeutung des § 256 Abs. 1 Nr. 1 AktG, die der Formulierung nach als Generalklausel für Verstöße gilt, die in den weiteren Regelungen des § 256 nicht genannt sind, ist relativ gering. Dies resultiert vor allem daraus, daß die wesentlichen Nichtigkeitsgründe dem Gläubigerschutzprinzip Rechnung tragen und die Regelungen in §§ 256 Abs. 4 und 5 die insoweit ins Gewicht fallenden Verstöße gegen Gliederungs- und Bewertungsvorschriften bereits erfassen (vgl. *Adler/Düring/Schmaltz* § 256 Tz. 5).

357 Verstöße gegen die Gliederungsvorschriften sind gem. § 256 Abs. 4 AktG im Hinblick auf die Nichtigkeitsfolge daran zu messen, ob die **Verstöße, die Klarheit und Übersichtlichkeit** des Jahresabschlusses wesentlich **beeinträchtigen.** Der Gesetzgeber hat mit Verabschiedung des Bilanzrichtlinien-Gesetzes die spezifizierte Regelung des § 256 Abs. 4 Satz 2 AktG aF., in der Gliederungsverstöße einzeln genannt waren, die eine wesentliche Beeinträchtigung darstellten, ersatzlos gestrichen. Danach ist davon auszugehen, daß Verstöße gegen die Gliederungsvorschriften, die zur Nichtigkeit des Jahresabschlusses führen sollen, deutlich schwerwiegender sein müssen als nach der alten Rechtslage, obwohl die Anforderungen an die Gliederung ihrerseits wiederum durch das Bilanzrichtlinien-Gesetz erheblich höher geschraubt worden sind. Dem Gesetzgeber scheint es nicht so sehr auf den Umstand der Verletzung einzelner Vorschriften als vielmehr auf den Umfang des Verstoßes im Verhältnis zu der Bedeutung der jeweiligen Gliederungsvorschrift für den klaren und sicheren Einblick in die Vermögens-, Finanz- und Ertragslage anzukommen.

358 Trotz des entgegenstehenden Gesetzeswortlauts in § 256 Abs. 5 war bisher schon herrschende Meinung, daß nicht etwa jede Überbewertung, sondern nur **Überbewertungen,** die keine Bagatellfälle mehr sind, zur Nichtigkeit von Jahresabschlüssen der Aktiengesellschaft führen konnten (vgl. *Adler/Düring/Schmaltz* § 256 Tz. 78).

359 Bei **Unterbewertungen** tritt die Nichtigkeitsfolge praktisch nur bei erheblichen Manipulationen des Jahresergebnisses auf, die mit dem Ziel vorgenommen werden, die Vermögens- und Ertragslage erheblich schlechter als nach den Bilanzierungsvorschriften und GoB zulässig darzustellen.

360 Nachdem HGB, GmbHG und PublG keine Vorschriften enthalten, die die Nichtigkeit des Jahresabschlusses infolge von Verstößen gegen die Richtigkeit seines Inhalts betreffen, wendet die Rechtsprechung inzwischen für den Bereich der **GmbH** in Fällen der Überbewertung, die den Grundsätzen ordnungsgemäßer Bilanzierung widersprechen und ihrem Umfange nach nicht bedeutungslos sind, § 256 Abs. 5 AktG analog an (vgl. z. B. BGH-Urteil v. 1. 3. 1982, BGHZ 341 ff. mit Hinweisen auf *Schilling/Zut* in *Hachenburg* GmbHG 7. Aufl. Anh. § 47 Rdn. 68 und *Scholz/C. Schmidt* GmbHG 6. Aufl. § 46 Anm. 39 (S. 347); vgl. des weiteren auch RG 115, 382; 120, 32; JW 1938, 747). Diese Lösung entspricht dem Grundgedanken, daß Gläubiger von Unternehmen anderer Rechtsform als der AG, nicht weniger schutzwürdig sein können als die Gläubiger einer AG, zumal im Bereich des Aktienrechts noch weitere Schutzmechanismen vorhanden sind (vgl. z. B. § 92 Abs. 1 AktG).

361 Auch der Jahresabschluß der **Personenhandelsgesellschaft** oder der des Einzelkaufmanns kann nichtig sein, wenn er gegen zwingendes Recht verstößt, das dem Gläubigerschutz dient. Für den Bereich der Personengesellschaften wird bisher die Auffassung vertreten, daß es sich dabei jedoch stets um willkürliche, kaufmännisch unvertretbare Maßnahmen handeln muß und daß geringe Überbewertungen für die Nichtigkeit nicht ausreichen (vgl. *Sudhoff* Der Gesellschaftsvertrag der Personengesellschaft, 6. Aufl. 1985 S. 249 mit Hinweis auf RG 120, 32; 159, 336). M. E. ist es nicht vertretbar, die Frage des Verstoßes gegen das Prinzip des Gläubigerschutzes durch Überbewertungen im Jahresabschluß für die verschiedenen Rechtsformen unterschiedlich zu beantworten. Für diese Überlegung spricht zum einen, daß trotz der nach Rechtsformen teilweise erheblich differenzierten Regelungen für die Rechnungslegung die Wertobergrenzen einheitlich definiert sind. Zum anderen sollten gerade die Unternehmen, die nicht den strengen Offenlegungspflichten unterliegen, die im Interesse des Gläubigerschutzes geschaffen wurden, bei Verstößen gegen entspr. Rechnungslegungsvorschriften den gleichen Rechtsfolgen ausgesetzt sein.

Niederstwertprinzip

369 Das Niederstwertprinzip hat als Teil des Imparitätsprinzips seine konkreten Ausgestaltungen in den Niederstwertvorschriften des Handelsgesetzbuches und des Einkommensteuergesetzes gefunden.

370 Für die **Handelsbilanz** beinhaltet § 253 Abs. 2 S. 3 HGB nF. das sog. **gemilderte Niederstwertprinzip für Posten des Anlagevermögens:**

> Ohne Rücksicht darauf, ob ihre Nutzung zeitlich begrenzt ist, können bei Vermögensgegenständen des Anlagevermögens außerplanmäßige Abschreibungen oder Wertberichtigungen vorgenommen

werden, um die Vermögensgegenstände mit dem niedrigeren Wert anzusetzen, der ihnen am Abschlußstichtag beizulegen ist; sie sind vorzunehmen bei einer voraussichtlich dauernden Wertminderung.

Eine Bewertung mit dem sog. beizulegenden Wert („Niederstwert") ist dann zwingend geboten, wenn
- dieser Wert unter den Anschaffungs- bzw. Herstellungskosten, ggfs. vermindert um planmäßige Abschreibungen und/oder früher bereits vorgenommener außerplanmäßiger Abschreibungen liegt und
- die Wertminderung voraussichtlich von Dauer ist. Ist sie nach dem Erwartungshorizont zum Zeitpunkt der Bilanzaufstellung nur vorübergehend, so besteht handelsrechtlich ein Abschreibungswahlrecht. Für Kapitalgesellschaften besteht dieses Wahlrecht nach den handelsrechtlichen Vorschriften jedoch nur bei Vermögensgegenständen des Finanzanlagevermögens (Beteiligungen, Wertpapiere des Anlagevermögens, Ausleihungen sowie Anteile an verbundenen Unternehmen und Ausleihungen an verbundene Unternehmen bzw. Unternehmen, mit denen ein Beteiligungsverhältnis besteht), nicht dagegen bei solchen des Sachanlagevermögens (§ 279 Abs. 1 i. V. m. § 253 Abs. 2 S. 3 HGB nF.); vgl. aber Rz. 3.

Hiernach sind in Zukunft abweichend von dem bisher geltenden Aktienrecht außerplanmäßige Abschreibungen auf den niedrigeren beizulegenden Wert bei Sachanlagen nicht mehr zulässig, wenn die Wertminderung voraussichtlich nicht von Dauer ist.

371 Für die **Steuerbilanz** gilt, daß zwar nach § 6 Abs. 1 Ziff. 1 S. 2 und Ziff. 2 S. 2 EStG bei Wirtschaftsgütern des Anlagevermögens der Teilwert angesetzt werden kann, wenn er niedriger ist als die Anschaffungs- bzw. Herstellungskosten – ggfs. vermindert um Absetzungen für Abnutzung nach § 7 EStG –; da aber nach § 5 Abs. 1 EStG für buchführende Gewerbetreibende bei Aufstellung der Steuerbilanz die handelsrechtlichen Grundsätze ordnungsmäßiger Buchführung zugrunde zu legen sind, gilt auch für diesen Personenkreis (dies gilt nicht für Steuerpflichtige, die ihre Einkünfte durch einen Betriebsvermögensvergleich gem. § 4 Abs. 1 EStG ermitteln) für die Steuerbilanz, daß bei einer voraussichtlich dauernden Wertminderung eine Teilwertabschreibung zwingend vorzunehmen ist. Ist die Wertminderung voraussichtlich nicht von Dauer, so besteht nach der gegenwärtigen Rechtslage steuerrechtlich ein Wahlrecht, auf sämtliche Posten des Anlagevermögens eine Teilwertabschreibung bei Vorliegen der entspechenden Voraussetzungen vorzunehmen (vgl. *Herrmann-Heuer-Raupach* Anm. 767 zu § 6 EStG). Wegen des Maßgeblichkeitsprinzips ist dieses Wahlrecht bereits in der Handelsbilanz auszuüben. Für Kapitalgesellschaften ergibt sich hiernach, daß trotz der Regelung gem. § 279 Abs. 1 i. V. m. § 253 Abs. 2 S. 3 HGB nF. auch bei einer vorübergehenden Minderung des Teilwerts von Sachanlagen handelsrechtlich eine außerplanmäßige Abschreibung zulässig ist. Die Zulässigkeit ergibt sich aus dem umgekehrten Maßgeblichkeitsprinzip (§ 279 Abs. 2 i. V. m. § 254 HGB nF.).

372 Für die **Vermögensgegenstände des Umlaufvermögens** ist **handelsrechtlich** das **strenge Niederstwertprinzip** in § 253 Abs. 3 S. 1, 2 HGB nF. kodifiziert:

Bei Vermögensgegenständen des Umlaufvermögens sind Abschreibungen vorzunehmen, um diese mit einem niedrigeren Wert anzusetzen, der sich aus dem Börsenkurs oder Marktpreis am Abschlußstichtag ergibt. Ist ein Börsen- oder Marktpreis nicht festzustellen und übersteigen die Anschaffungs- oder Herstellungskosten den Wert, der zu den Vermögensgegenständen am Abschlußstichtag beizulegen ist, so ist auf diesen Wert abzuschreiben.

Die vorstehende Regelung ist als Grundsatz ordnungsmäßiger Buchführung anzusehen.

373 **Steuerrechtlich** gilt für buchführende Gewerbetreibende trotz des in § 6 Abs. 1 Ziff. 2 S. 2 EStG eingeräumten Wahlrechts für den Ansatz des niedrigeren Teilwerts, daß über § 5 Abs. 1 i. V. m. den handelsrechtlichen Grundsätzen ordnungsmäßiger Buchführung ein Zwang zum Ansatz des Teilwerts besteht, wenn dieser niedriger ist als die Anschaffungs- bzw. Herstellungskosten des zu bewertenden Wirtschaftsguts. Der Zwang zur Abwertung gilt grundsätzlich wiederum nicht für Steuerpflichtige, die einen Betriebsvermögensvergleich durchführen (allerdings hat auch dieser Personenkreis in extremen Fällen Teilwertabschreibungen zwingend vorzunehmen, z. B.

Offene-Posten-Buchhaltung 374–377 **A**

dann, wenn Wirtschaftsgüter des Vorratsvermögens nahezu wertlos sind (ESt-Kommission: Untersuchungen zum ESt-Recht, 1964, S. 84 mit Hinweis auf BFH-Urteil v. 1. 12. 1950, BStBl. III 1951, 10).

374 Wegen der Ableitung des Niederstwerts in konkreten Einzelfällen wird auf die Erläuterungen zu den einzelnen Bilanzposten verwiesen.

Offene-Posten-Buchhaltung

375 In der Praxis werden neben dem Hauptbuch häufig Nebenbücher und Hilfsbücher geführt. Ein häufig vorkommendes Nebenbuch ist das **Kontokorrentbuch**. In ihm werden Forderungen und Schulden gegenüber Geschäftsfreunden von ihrer Entstehung bis zur Begleichung – getrennt für die einzelnen Kunden und Lieferanten – kontenmäßig dargestellt. In der Vergangenheit erfolgte dies vorwiegend auf sog. **Personenkonten,** die neben den Sachkonten des Hauptbuchs geführt wurden. Mit zunehmender Rationalisierung des Rechnungswesens ist häufig an die Stelle der Kontokorrentbücher die geordnete Ablage von Belegen durch die Offene-Posten-Buchhaltung getreten. Diese Form des Nebenbuchs ist 1977 gesetzlich durch § 44a Abs. 2 HGB und § 146 Abs. 5 AO zugelassen worden, nachdem bereits 1963 die Anforderungen an die Ordnungsmäßigkeit der Offene-Posten-Buchhaltung durch einen gemeinsamen Ländererlaß geregelt worden waren (vgl. BStBl. II 1963, 93f.).

376 Bei der Offene-Posten-Buchhaltung wird der unbare Geschäftsverkehr in der Regel periodenweise auf den Debitoren- bzw. Kreditoren-Sachkonten des Hauptbuchs erfaßt. Auf die Führung der Personenkonten in der herkömmlichen Form wird verzichtet. Die Information über den jeweils aktuellen Stand der Forderungen und Schulden gegenüber den Geschäftsfreunden erfolgt auf der Grundlage einer geordneten Ablage der nicht ausgeglichenen Rechnungen (vgl. im übrigen auch Abschn. 29 Abs. 2 Nr. 2 und 4 EStR).

377 Der unter Rz. 375 genannte Erlaß hinsichtlich der Anforderungen an die Ordnungsmäßigkeit hat folgenden Wortlaut:

(1) Im Rahmen der Rationalisierung des Rechnungswesens gehen Unternehmen dazu über, das Kontokorrentbuch mit der kontenmäßigen Darstellung des unbaren Geschäftsverkehrs mit den einzelnen Geschäftsfreunden in Form einer Offene-Posten-Buchhaltung zu führen. Bei der Offene-Posten-Buchhaltung wird der unbare Geschäftsverkehr weiterhin auf dem Kontokorrentkonto (Debitoren- und Kreditoren-Sachkonto) gebucht. Es wird jedoch auf die Führung der besonderen Personenkonten des Kontokorrentbuchs in der herkömmlichen Form verzichtet; ihre Funktion, den Kaufmann über den Stand seiner Forderungen und Schulden gegenüber seinen Geschäftsfreunden auf dem laufenden zu halten, wird von einer gesonderten Ablage der nicht ausgeglichenen Rechnungen übernommen. Gleichzeitig kann die grundbuchmäßige Aufzeichnung des unbaren Geschäftsverkehrs vereinfacht werden.

(2) Die Ausgestaltung der Offene-Posten-Buchhaltung im einzelnen hängt – wie auch bei der herkömmlichen Buchführung – im wesentlichen von der Art und der Größe des Unternehmens ab und muß dem Steuerpflichtigen überlassen bleiben (vgl. auch BFH-Urteil v. 23. 2. 1951 – BStBl. 1951 III, 75). Es müssen jedoch, wenn die Offene-Posten-Buchhaltung als ordnungsmäßig anerkannt werden soll, neben den allgemeinen Anforderungen an eine ordnungsmäßige Buchführung (Anm. d. Verf., nach derzeitiger Rechtslage: Abs. 2 EStR) die folgenden Voraussetzungen erfüllt sein:
1. Sämtliche Geschäftsvorfälle müssen der Zeitfolge nach aufgezeichnet werden. Dieser Aufzeichnungspflicht ist hinsichtlich der ein- und ausgehenden Rechnungen genügt, wenn
   a) eine Durchschrift der Rechnungen der Zeitfolger nach abgelegt wird,
   b) die Rechnungsbeträge nach Tagen addiert und – bei doppelter Buchführung – die Tagessummen in das Debitoren- bzw. Kreditoren-Sachkonto und die zugehörigen Gegenkonten übernommen werden und
   c) die Additionsstreifen oder sonstigen Zusammenstellungen der Rechnungsbeträge mit den Rechnungsdurchschriften 10 Jahre aufbewahrt werden (diese Unterlagen haben Grundbuchfunktion).
   Die Buchstaben b) und c) gelten sinngemäß für die Behandlung der Zahlungseingänge und Zahlungsausgänge.
2. Eine zweite Rechnungsdurchschrift ist bis zum Ausgleich des Rechnungsbetrages nach einem bestimmten Ordnungsprinzip aufzubewahren (Offene-Posten). Das jeweils gewählte Ordnungsprinzip muß gewährleisten, daß die Forderungen und Schulden gegenüber den einzelnen Geschäftsfreunden jederzeit festgestellt werden können. Als Ordnungsprinzip kommt eine Aufbewahrung z. B. nach den Kunden- oder Lieferantennamen, Ortsnamen, Vertreter- oder Inkassobezirken oder Fälligkeitstagen in Betracht. Der Ausgleich des Rechnungsbetrags ist auf den Rechnungsdurchschriften unter Angabe etwaiger Zahlungsabzüge zu vermerken. Nach Aus-

gleich des Rechnungsbetrags sind die Rechnungsdurchschriften nach einem Ordnungsprinzip im Sinne der Sätze 1 und 2 dieser Ziffer abzulegen und als Bestandteil der Buchführung 10 Jahre lang aufzubewahren. Ein Verzeichnis über die abgelegten Rechnungsdurchschriften ist nicht erforderlich.
3. Die Summe der vorhandenen offenen Posten ist bei doppelter Buchführung in angemessenen Zeitabständen mit dem Saldo des Debitoren- bzw. Kreditoren-Sachkontos abzustimmen. Der Zeitpunkt der Abstimmung und ihr Ergebnis sind festzuhalten.
4. Die Sammlung der Rechnungsdurchschriften nach Ziffer 1 genügt für den dadurch erfaßten Wareneingang und Warenausgang zugleich den Anforderungen der Verordnung über die Führung eines Wareneingangsbuchs und der Verordnung über die Verbuchung des Warenausgangs (§ 1 Abs. 9 der Verordnung über die Führung eines Wareneingangsbuchs, § 1 Abs. 9 der Warenausgangsverordnung; *Anm. d. Verf., nunmehr §§ 143, 144 AO*).
5. Die Ziffern 1 bis 4 gelten sinngemäß, wenn die Offene-Posten-Buchhaltung im Lochkartenverfahren geführt wird.

(3) Ob eine Offene-Posten-Buchhaltung den oben bezeichneten Voraussetzungen entspricht und danach als ordnungsmäßig anzuerkennen ist, kann nur im Einzelfall geprüft werden. Eine Zustimmung des Finanzamts zur Offene-Posten-Buchhaltung ist nicht mehr erforderlich. Abschnitt 29 Abs. 2 Ziff. 2 EStR *(Anm. d. Verf.: 1961, inzwischen überholt)* ist insoweit nicht mehr anzuwenden.

378   Im Hinblick auf das Erfordernis gem. Ziff. 1 b der täglichen Addition der Rechnungsbeträge ist bei Einsatz elektronischer Datenverarbeitungsanlagen anzumerken, daß in begründeten Einzelfällen die Addition der Rechnungsbeträge auch für längere Zeiträume – höchstens jedoch bis zu einem Monat – erfolgen kann, wenn danach die Prüfung der Aufzeichnungen und der Rückgriff auf die Rechnungen ohne große Schwierigkeit und in angemessener Frist möglich ist. Die Erfassungsperiode wird allerdings regelmäßig um so kürzer sein, je höher der Anfall der Rechnungen ist (vgl. hierzu Verfügung der OFD Hamburg v. 24. 5. 1974, NSt-Kurzinf. I 1974 Ziff. 184).

Realisationsprinzip

379   Das Realisationsprinzip soll ebenso wie das Anschaffungswertprinzip dem **Gläubigerschutz** dadurch dienen, daß die Ausschüttung unrealisierter Gewinne verhindert und somit das Nominalkapital erhalten wird.

380   In seiner allgemeinen Form besagt das Prinzip, daß nur bis zum Bilanzstichtag eingetretene Gewinne im Jahresabschluß zu berücksichtigen sind. In § 252 Abs. 1 HGB nF. ist folgende Kodifizierung erfolgt: Der Grundsatz der Vorsicht ist einzuhalten, namentlich sind nur die am Abschlußstichtag realisierten Gewinne auszuweisen.

381   Insbesondere regelt das Realisationsprinzip nach herrschender Auffassung die Bestimmung des Realisationszeitpunkts. Nach überwiegender Auffassung wird der Realisationszeitpunkt bei Unternehmensleistungen mit dem Zeitpunkt gleichgesetzt, zu dem das zur Leistung verpflichtete Unternehmen alle zur Erfüllung erforderlichen Handlungen bewirkt und damit auch den unbedingten Anspruch auf die Gegenleistung erlangt hat. Da es für die Bilanzierung grundsätzlich nicht auf die Erlangung bzw. Verschaffung des rechtlichen Eigentums ankommt, ist hiernach – je nach Art des Verpflichtungsgeschäfts bzw. nach sonstigen Umständen des Sachverhalts – zu unterscheiden:

Sachverhalt	Realisationszeitpunkt
1. Verkauf einer beweglichen Sache	Einigung über den Eigentumsübergang und Übergabe an den Käufer.
2. Versendungskauf	Übergabe an den Frachtführer bzw. Spediteur.
3. Versandbereite Waren, Erzeugnisse	Bei Annahmeverzug des Käufers oder Vereinbarung über Lagerung beim Lieferanten auf Wunsch des Käufers ist Gewinnrealisierung bei Herstellung der Versandbereitschaft gegeben.
4. Grundstücksverkauf	Nach erfolgter Auflassung der Zeitpunkt, von dem ab der Käufer nach dem

Sachverhalt	Realisationszeitpunkt
	Willen des Verkäufers wirtschaftlich über das Grundstück verfügen kann (tatsächlicher Übergang der Nutzungen und Lasten).
5. Werkvertrag	Bei Abnahme, d. h. bei Anerkennung der vertragsmäßigen Herstellung; sofern bei objektiver Beurteilung das vertragsmäßige Werk vollständig hergestellt ist und keine Schwierigkeiten bei der Abnahme zu erwarten sind oder auf die Abnahme verzichtet wird, tritt die Realisation bei Vollendung des Werks ein.
6. Sonstige Leistungen	Vollendung der Leistung.
7. Teilleistungen	Gewinnrealisierung nur dann, wenn die abgrenzbare Teilleistung fertig und von dem Vertragspartner abgenommen worden oder als abgenommen anzusehen ist. Bei bis zum Bilanzstichtag erbrachten, selbständig abrechenbaren Teilleistungen ist die Gewinnrealisierung auch dann erfolgt, wenn hierfür ein Anspruch auf eine Vergütung nach einer Gebührenverordnung oder aufgrund von Vereinbarungen entstanden ist (BFH-Urteil v. 18. 12. 1956, BStBl. III 1957, 27).
8. Langfristige Fertigung	Bei bestimmten Fertigungen (z. B. von kompletten Anlagen, Brücken, Fabriken und sonstigen Großbauten, Kraftwerken, Reaktoren, Schiffen) erstreckt sich der Fertigstellungsprozeß häufig über mehrere Jahre. Sofern hierbei keine abgrenzbaren, abrechnungsfähigen Teilleistungen erbracht werden, wird der Einblick in die Ertragslage in dem Zeitraum seit Beginn der Fertigung bis zur Abnahme erheblich beeinträchtigt, da zunächst nicht alle Kosten des Unternehmens als Bestandteile der Herstellungskosten aktiviert werden können und bei Abnahme des Werkes i. d. R. ein höherer Differenzbetrag zwischen vereinbartem Preis und bis dahin angefallenen Herstellungskosten in der Gewinn- und Verlustrechnung zu vereinnahmen ist. Nach herrschender Meinung dürfen unter den nachstehenden Voraussetzungen bei nicht abrechenbaren Leistungen Gewinne bereits teilweise realisiert werden: – der Herstellungsprozeß erstreckt sich über mehrere Jahre – der zu beruteilende Vorgang der langfristigen Fertigung oder eine Mehrzahl entsprechender Fälle ist für das bilanzierende Unternehmen von so großer Bedeutung, daß ohne die vor-

zeitige Teilgewinnrealisierung ein völlig falsches Bild von der wirklichen Ertragslage vermittelt würde
– von dem ermittelten Teilgewinn des bis zum Bilanzstichtag erreichten Fertigstellungsgrads sind in ausreichendem Maß Abschläge für etwaige Risiken späterer Bauabschnitte vorzunehmen.

Sowohl handels- als auch steuerrechtlich besteht aufgrund des Vorsichtsprinzips lediglich ein Wahlrecht und keine Pflicht zu der vorgezogenen Teilgewinnrealisierung (vgl. *Adler/Düring/Schmaltz* Anm. 70 f. zu § 149, RFH-Urteil v. 22. 10. 1931, RStBl. 1932, 13, BFH-Urteil v. 18. 12. 1956, BStBl. III 1957, 27).

382 Für Erträge, die nicht aus Unternehmensleistungen resultieren, ist der Realisationszeitpunkt schwer zu definieren. Solche Erträge können erst dann als realisiert gelten, wenn feststeht, daß eine Vermögensänderung rechtswirksam eingetreten ist. Hiernach muß bis zum Bilanzstichtag der Eingang eines entsprechenden Geldbetrags bzw. Sachguts oder zumindest die rechtswirksame Entstehung einer Forderung erfolgt sein (*Leffson* Die Erfassungs- und Bewertungsprinzipien des Handelsrechts, in HdJ Rm 94; die steuerliche Rechtsprechung hat in Einzelfällen hiervon abweichend eine frühere Berücksichtigung der Erträge, die nicht aus Unternehmensleistungen rsultieren, für zulässig erachtet; vgl. z. B. die BFH-Urteile v. 28. 9. 1967, BStBl. III, 763 und v. 9. 2. 1978, BStBl. II, 370).

Stichtagsprinzip

383 Aus dem Zusammenwirken der zur Zeit geltenden Bilanzierungsnormen ergibt sich, daß nur in wenigen, bestimmten Fällen der Wertansatz in der Bilanz entsprechend dem Stichtagsprinzip – nach den Wertverhältnissen des Bilanzstichtags – erfolgt. Der Stichtagswert ist dann der Wert, der zur Verhütung eines zu hohen Vermögens- und Gewinnausweises unter Berücksichtigung der Verhältnisse des Einzelfalls als sinnvollster Wert anzusehen ist. Als Ausgangspunkte für die Bestimmung dieses Stichtagswerts kommen beispielsweise Wiederbeschaffungswerte, Reproduktionskostenwerte, Börsen- oder Marktpreise, Einzelveräußerungswerte oder Ertragswerte in Betracht (vgl. hierzu die Erläuterungen zu den einzelnen Bilanzposten).

384 Stichtagsprinzip und die Theorie der **Wertaufhellung** besagen ferner, daß bei Aufstellung des Jahresabschlusses alle Informationen – auch die in der Zeit zwischen dem Bilanzstichtag und dem Tag der Bilanzaufstellung gewonnenen – zu berücksichtigen sind, um zu gewährleisten, daß die Verhältnisse am Stichtag so zutreffend als möglich erfaßt werden (vgl. § 252 Abs. 1 Nr. 4 HGB nF.). Erlangt das bilanzierende Unternehmen trotz sorgfältiger Bemühungen Informationen über die Verhältnisse am Bilanzstichtag erst nach dem Zeitpunkt der Bilanzaufstellung, so werden durch Nichtberücksichtigung dieser Informationen einzelne Posten des Jahresabschlusses nicht im nachhinein unrichtig in dem Sinne, daß diese Posten als über- oder unterbewertet mit den sich daraus ergebenden Rechtsfolgen gelten. Eine Pflicht zur Berücksichtigung dieser nachträglich erlangten Informationen besteht nicht (vgl. hierzu auch die Erläuterungen zu den Stichworten *„Bilanzänderung", „Bilanzberichtigung"* und *„Wertaufhellung"*).

Teilwert/Teilwertabschreibung

Übersicht

	Rz.		Rz.
I. Definition	385	III. Die vom Gesetz vorgesehenen Fälle zum Ansatz des Teilwerts	388–391
II. Problematik des Teilwertbegriffs	386–387	IV. Ermittlung des Teilwerts in der Praxis	392–398

I. Definition

385 Die Legaldefinition des Teilwerts enthält § 6 Abs. 1 Nr. 1 S. 3 EStG:

Teilwert ist der Betrag, den ein Erwerber des ganzen Betriebs im Rahmen des Gesamtkaufpreises für das einzelne Wirtschaftsgut ansetzen würde; dabei ist davon auszugehen, daß der Erwerber den Betrieb fortführt.

Die vorstehende Definition ist von der Rechtsprechung des RFH entwickelt worden und wurde 1934 in das Einkommensteuergesetz eingeführt. Sie blieb seitdem unverändert und entspricht im übrigen der Fassung des § 10 BewG (abgesehen davon, daß das Wort „Betrieb" im BewG durch das Wort „Unternehmen" ersetzt ist).

II. Problematik des Teilwertbegriffs

386 Nach dem Gesetzeswortlaut ist der Teilwert wie folgt abzuleiten:
a) Zunächst ist von der Fiktion auszugehen, daß der Betrieb, zu dem das zu bewertende Wirtschaftsgut gehört, im Ganzen veräußert wird.
b) Des weiteren ist davon auszugehen, daß der gedachte Erwerber den Betrieb fortführt.
c) Hiernach ist nach den Vorstellungen eines gedachten Erwerbers ein Teilbetrag des fiktiven Gesamtkaufpreises dem einzelnen Wirtschaftsgut zuzuordnen.

387 Abgesehen davon, daß aus theoretischer Sicht die Zweckmäßigkeit des Ansatzes von Teilwerten teilweise bestritten wird (vgl. z. B. *Albach* Neue Entwicklungstendenzen in der Teilwertlehre, in Steuerberater-Jahrbuch 1965/66 S. 307 ff.; *Koch* Zur Problematik des Teilwerts in ZfhF 1960 S. 319 ff.; *Schneider, Dieter* Die Problematik betriebswirtschaftlicher Teilwertlehren, in WPg 1969 S. 305 ff., 1970 S. 68 ff.), bereitet die Befolgung der vorstehend beschriebenen Methode zur Ermittlung von Teilwerten praktische Probleme. Der Gesamtwert eines Betriebes ist grundsätzlich aus dem Barwert der zukünftigen Einnahmenüberschüsse abzuleiten. Die Unsicherheit der Erwartungen über die künftige Entwicklung kann zu beträchtlichen Bandbreiten in der Wertermittlung führen. Hinzu kommt, daß es nicht möglich ist, einen aus zukünftigen Einnahmeüberschüssen abgeleiteten Gesamtwert eines Betriebes auf einzelne Wirtschaftsgüter aufzuteilen. Um dennoch mit dem Teilwertbegriff arbeiten zu können, hat die Rechtsprechung Teilwertvermutungen aufgestellt und Teilwertgrenzen festgelegt.

III. Die vom Gesetz vorgesehenen Fälle zum Ansatz des Teilwerts

388 Der Teilwert erfüllt in der Steuerbilanz – abgesehen von der Bewertung von Einlagen – die Funktion, die in der Handelsbilanz der sog. beizulegende Wert bzw. der Börsen- oder Marktpreis zu erfüllen hat: Durch den Ansatz dieser Werte anstelle der durch das Anschaffungswertprinzip bestimmten Wertansätze muß bzw. kann in bestimmten Fällen nach dem Imparitätsprinzip ein zu hoher Ausweis des Vermögens bzw. des Gewinns vermieden werden (vgl. die Erläuterungen zu den Stichworten „*Imparitätsprinzip*" und „*Niederstwertprinzip*").

389 Bei den Wirtschaftsgütern des Anlagevermögens, die der Abnutzung unterliegen, kann der Teilwert angesetzt werden, wenn er niedriger ist als der Wert, der sich aus den Anschaffungs- bzw. Herstellungskosten, vermindert um die Absetzung für Abnutzungen nach § 7 EStG, ergibt. Für Unternehmen, die ihren Gewinn gem. § 5 EStG ermitteln, kann anstelle des Wertansatzwahlrechts gem. § 6 Abs. 1 Ziff. 1 S. 2

EStG eine Pflicht zur Vornahme einer Teilwertabschreibung gegeben sein, wenn nach den handelsrechtlichen Bewertungsvorschriften eine außerplanmäßige Abschreibung geboten ist; dies ist der Fall bei voraussichtlich dauernden Wertminderungen (vgl. § 253 Abs. 2 S. 3, 2. Halbsatz HGB nF.).

390 Für die nicht abnutzbaren Wirtschaftsgüter des Anlagevermögens sowie für Wirtschaftsgüter des Umlaufvermögens gelten die vorstehenden Grundsätze entsprechend (vgl. § 6 Abs. 1 Ziff. 2 S. 1 und 2 EStG). Dabei ist zu beachten, daß handelsrechtlich nach dem strengen Niederstwertprinzip bei Vermögensgegenständen des Umlaufvermögens bereits im Fall vorübergehender Wertminderungen gegenüber den Anschaffungs- oder Herstellungskosten zwingend Abschreibungen vorzunehmen sind (§ 253 Abs. 3 S. 1 und 2 HGB nF.).

391 Der Ansatz eines wieder gestiegenen Teilwerts ist nur bei nicht abnutzbaren Wirtschaftsgütern des Anlagevermögens (Grund und Boden, Beteiligungen, Geschäfts- oder Firmenwert) sowie bei Wirtschaftsgütern des Umlaufvermögens möglich (§ 6 Abs. 1 S. 2 EStG). Für Wirtschaftsgüter des abnutzbaren Anlagevermögens gilt das Prinzip des uneingeschränkten Wertzusammenhangs: Ein wieder gestiegener Teilwert darf nicht angesetzt werden (§ 6 Abs. 1 Nr. 1 S. 4 EStG). Im Zusammenhang mit dem zum 1. Januar 1986 in Kraft getretenen Bilanzrichtlinien-Gesetz ist dieser Grundsatz insoweit modifiziert worden, als nunmehr in der Steuerbilanz auch bei den Wirtschaftsgütern des abnutzbaren Anlagevermögens früher vorgenommene erhöhte Absetzungen und Sonderabschreibungen iSv. § 6 Abs. 3 Satz 1 EStG wieder rückgängig gemacht werden dürfen, sofern die entsprechende Zuschreibung auch in der Handelsbilanz erfolgt (vgl. hierzu die Erläuterungen unter dem Stichwort *Zuschreibungen* Rz. 413).

IV. Ermittlung des Teilwerts in der Praxis

392 Aus Gründen der Praktikabilität hat die Rechtsprechung für die Ableitung von Teilwerten im Einzelfall Teilwertvermutungen aufgestellt und auch obere und untere Grenzen der Teilwertermittlung festgelegt.

393 Für die Teilwertvermutung ist nicht die subjektive Auffassung des Steuerpflichtigen, sondern vielmehr der nach allgemeiner Auffassung gegebene objektive Sachverhalt maßgebend (vgl. z. B. BFH-Urteile v. 26. 1. 1956, BStBl. III, 113; 17. 1. 1978, BStBl. II, 335). Der Kaufmann muß danach die Verhältnisse, die für die Ableitung des Teilwerts maßgebend sind, nach pflichtmäßigem Ermessen sorgfältig abwägen und innerhalb des naturgemäß gegebenen Schätzungsrahmens zu einer objektiv vertretbaren Teilwertermittlung kommen, die ihre Grundlage in objektiv nachprüfbaren Verhältnissen des Betriebs hat. Die Ableitung des Teilwerts darf nicht willkürlich erfolgen (vgl. RFH-Urteil v. 15. 1. 1931, RStBl. 201; RFH-Urteil v. 4. 9. 1934, RStBl. 1.366; BFH-Urteile v. 31. 5. 1954, BStBl. III, 222; v. 31. 1. 1956, BStBl. III, 86). Die Schätzung des Steuerpflichtigen ist allerdings solange maßgebend, als die Finanzverwaltung nicht nachgewiesen hat, daß der Bilanzansatz des bilanzierenden Kaufmanns nicht nach den vorgenannten Grundsätzen ermittelt worden ist.

394 Nach ständiger Rechtsprechung besteht für den Zeitpunkt der Anschaffung oder Herstellung eines Wirtschaftsguts die Vermutung, daß dessen Teilwert den entsprechenden Anschaffungs- bzw. Herstellungskosten entspricht (vgl. z. B. RFH-Urteil v. 14. 12. 1926, RStBl. 1927, 85; BFH-Urteile v. 19. 11. 1953, BStBl. III 1954, 16; v. 22. 4. 1964, BStBl. III, 362; v. 19. 10. 1972, BStBl. II 1973, 54; Beschluß des Großen Senats v. 25. 10. 1972, BStBl. II 1973, 79). Diese Vermutung gilt nach der Rechtsprechung auch dann, wenn der Erwerber wegen einer Zwangslage mehr als den gemeinen Wert zahlt (vgl. z. B. BFH-Urteil v. 4. 1. 1962, BStBl. III, 186).

Gleiches gilt für überhöhte Aufwendungen, die der Steuerpflichtige aufgrund der besonderen Umstände des Einzelfalls bewußt in Kauf nimmt (vgl. z. B. BFH-Urteil v. 30. 8. 1962, StRK EStG § 6 Abs. 1 Ziff. 1 R 96).

395 Die Vermutung kann allerdings entkräftet werden, wenn die Anschaffung oder Herstellung offensichtlich als Fehlmaßnahme anzusehen ist (vgl. z. B. BFH-Urteile v. 4. 6. 1959, BStBl. III, 324; v. 20. 9. 1960, BStBl. III, 461). Allerdings ist die Durchsetzung von Teilwertabschreibungen aufgrund von Fehlmaßnahmen in der Praxis relativ selten. Die Rechtsprechung geht davon aus, daß der Kaufmann bei

Wertaufhellung

Erwerb von Wirtschaftsgütern trotz des möglichen Vorhandenseins ungünstiger Umstände bewußt Risiken in Kauf nimmt (vgl. z. B. BFH-Urteile v. 19. 11. 1953, BStBl. III 1954, 16; v. 11. 7. 1961, BStBl. III, 462; v. 11. 1. 1966, BStBl. II, 310; v. 13. 10. 1976, BStBl. II 1977, 540).

396 Der Grundsatz, daß der Teilwert vermutlich den Anschaffungs- oder Herstellungskosten entspricht, gilt um so mehr, je kürzer der zeitliche Abstand zwischen Anschaffungs- bzw. Herstellungszeitpunkt und Bewertungsstichtag ist. Umgekehrt werden die Anforderungen, die an den Nachweis einer Teilwertminderung gestellt werden, entsprechend höher (vgl. BFH-Urteil v. 17. 1. 1978, BStBl. II, 335).

Für die einzelnen Gruppen von Bilanzposten gelten im übrigen folgende Teilwertvermutungen:
- Für nicht abnutzbare Wirtschaftsgüter des Anlagevermögens gilt die Vermutung, daß der Teilwert den Anschaffungs- bzw. Herstellungskosten entspricht.
- Bei abnutzbaren Wirtschaftsgütern des Anlagevermögens wird angenommen, daß deren Teilwert den Anschaffungs- bzw. Herstellungskosten abzüglich AfA gem. § 7 EStG entspricht. Obwohl die Steuerpflichtige die Wahl zwischen mehreren steuerlich zulässigen Absetzungsmethoden hat, kann die Begründung, daß beispielsweise bei Vornahme degressiver Abschreibungen der Buchwert niedriger wäre als bei der tatsächlich vorgenommenen linearen Abschreibung, nicht zur Begründung für eine Teilwertabschreibung herangezogen werden.
- Bei den Posten des Umlaufvermögens soll der Teilwert in der Regel den Wiederbeschaffungskosten am Bilanzstichtag entsprechen.

397 Die Obergrenze des Teilwerts wird nach ständiger Rechtsprechung in den Wiederbeschaffungskosten eines Wirtschaftsguts gesehen (vgl. z. B. RFH-Urteil v. 28. 2. 1930, RStBl. 287; BFH-Urteile v. 28. 9. 1962, BStBl. III, 510; v. 19. 5. 1972, BStBl. II, 748; v. 20. 7. 1973, BStBl. II, 794; v. 13. 10. 1976, BStBl. II 1977, 540).

398 Die Untergrenze für die Bemessung des Teilwerts wird in dem Einzelveräußerungspreis gesehen. Der Einzelveräußerungspreis kommt vor allen Dingen dann für die Bestimmung des Teilwerts in Betracht, wenn es sich um Wirtschaftsgüter handelt, die für die Führung des Betriebs nicht zwingend notwendig sind (vgl. z. B. BFH-Urteil v. 22. 3. 1972, BStBl. II, 489).

Wertaufhellung

399 Nach dem Grundsatz der Wertaufhellung sind bei der Bilanzierung auch die erst nach dem Bilanzstichtag erworbenen Kenntnisse über die Verhältnisse vor dem Bilanzstichtag – die den Wert aufhellenden Umstände – zu berücksichtigen. Hierbei sind zu unterscheiden:
a) Informationen über Ereignisse vor dem Bilanzstichtag
b) Informationen über Ereignisse nach dem Bilanzstichtag
   ba) Informationen über am Bilanzstichtag zu erwartende Ereignisse
   bb) Informationen über am Bilanzstichtag nicht zu erwartende Ereignisse

Zu a) Informationen über Ereignisse vor dem Bilanzstichtag

400 Soweit Ereignisse bis zum Bilanzstichtag eingetreten sind, entstehen keine Zweifelsfragen hinsichtlich ihrer bilanziellen Behandlung: Der Grundsatz der Vollständigkeit verlangt in Verbindung mit dem Realisationsprinzip und den Grundsätzen über die Periodisierung des Aufwands bzw. der Betriebsausgaben, alle Ereignisse zu berücksichtigen, die bis zum Bilanzstichtag eingetreten sind, auch soweit sie erst bis zur Aufstellung des Jahresabschlusses bekannt werden.

Zu ba) Informationen über am Bilanzstichtag zu erwartende Ereignisse

401 Im Einzelfall ist es oft schwierig zu entscheiden, ob ein Ereignis nach dem Bilanzstichtag das Ergebnis einer Entwicklung darstellt, die schon vor dem Bilanzstichtag begonnen hat. Als typisches Beispiel für ein Ereignis, daß Aufschluß über die zum Bilanzstichtag bestehenden Verhältnisse geben kann, wird der Fall angesehen, in dem ein Schuldner aufgrund einer bereits vor dem Bilanzstichtag gegebenen negativen Ertragsentwicklung seine Zahlungen in der Zeit zwischen Bilanzstichtag und Bilanzaufstellung einstellt. Bei der Bewertung der Forderung kann nur die Zahlungsfähig-

keit des Schuldners, wie sie am Bilanzstichtag bereits objektiv bestand, berücksichtigt werden. Die Vermutung spricht dafür, daß die Forderung schon zum Bilanzstichtag nur noch mit der mutmaßlichen Konkursquote bewertet werden kann. Strittig ist derzeit, ob die Berücksichtigung sog. **wertaufhellender Umstände** weiterhin noch zur Voraussetzung hat, daß die Wahrscheinlichkeit des späteren Eintritts des Ereignisses am Bilanzstichtag objektiv bereits erkennbar war (das Erfordernis bejahend z. B. *Forster* in WPg 1971 S. 396; *Niemann* in StB-Jahrbuch 1974/75 S. 275; BFH-Urteil v. 22. 6. 1967, BStBl. II 1968, 7; auch § 252 Abs. 1 Nr. 6 HGBE muß in diesem Sinne verstanden werden; demgegenüber scheint der BFH in seiner neueren Rechtsprechung diese Bedingung nicht für erforderlich zu halten, vgl. BFH-Urteil v. 21. 10. 1981, BStBl. II 1982, 121).

Zu bb) Informationen über am Bilanzstichtag nicht zu erwartende Ereignisse

402   Ereignisse nach dem Bilanzstichtag, die von einem **objektiven Standpunkt** aus nicht erwartet werden konnten, sind zur Beurteilung der Stichtagsverhältnisse grundsätzlich nicht mit heranzuziehen. In der steuerlichen Rechtsprechung werden Sachverhalte dieser Art als **wertbeeinflussende Umstände** bezeichnet.

403   Unter dem Gesichtspunkt einer getreuen Rechenschaft erscheint es bedenklich, Empfänger von Jahresabschlüssen nicht darauf hinzuweisen, daß erhebliche negative Wertänderungen nach dem Bilanzstichtag eingetreten sind, die nach den Grundsätzen ordnungsmäßiger Bilanzierung in dem vorgelegten Jahresabschluß noch nicht zu erfassen waren. Unternehmen, die nach dem sog. Bilanzrichtlinien-Gesetz zur Aufstellung eines Lageberichts verpflichtet werden, haben über Vorgänge von besonderer Bedeutung, die nach dem Schluß des Geschäftsjahres eingetreten sind, zu berichten, vgl. § 289 Abs. 2 Nr. 1 HGB nF.

404   In der Praxis entsteht – insbesondere im Rahmen steuerlicher Außenprüfungen – häufig Streit darüber, ob es sich bei den von dem Steuerpflichtigen bei der Bilanzierung berücksichtigten Verhältnissen um wertaufhellende oder wertbeeinflussende Tatsachen handelt. Die Rechtsprechung hat darin, daß die Entwicklung nach dem Bilanzstichtag für einen Teilwert sprach, den der Steuerpflichtige bereits in seiner Bilanz berücksichtigt hatte, eine Bestätigung der richtigen Teilwertvermutung gesehen (vgl. hierzu RFH-Urteil v. 2. 3. 1932, RStBl. 1932, 510; BFH-Urteile v. 1. 4. 1958, BStBl. III 1958, 291; v. 18. 10. 1960, BStBl. III 1960, 495; v. 24. 7. 1962, BStBl. III 1962, 440).

405   Sofern die Entwicklung nach dem Bilanzstichtag anders verläuft, als der Steuerpflichtige bei Ermittlung des Teilwerts erwartet hatte, liefert die spätere, bessere Erkenntnis der Finanzverwaltung für sich allein keinen Grund, die bei Aufstellung der Bilanz begründete Teilwertvermutung als unzulässig anzusehen (vgl. z. B. *Glade, A.* Berücksichtigung späterer, besserer Erkenntnisse beim Ansatz von Rückstellungen, Finanz-Rundschau 1965 S. 320, mit zahlreichen Hinweisen auf die Rechtsprechung. Im übrigen vgl. BFH-Urteile v. 7. 8. 1952, StRK § 6 [1] Ziff. 3 EStG R 22; v. 10. 11. 1960, StRK § 5 R 296; und v. 22. 6. 1967, BStBl. II 1968, 7).

406   Informationen über Ereignisse nach dem Bilanzstichtag werden nach herrschender Meinung bei der bilanziellen Vorsorge für **latente Risiken** grundsätzlich nicht berücksichtigt. Die Pauschalwertberichtigung zu Forderungen, pauschale Rückstellungen für Garantieverpflichtungen etc. werden i. d. R. aufgrund der Erfahrungen aus einem längeren, zurückliegenden Zeitraum bemessen. Da sie unter Durchbrechung des Stichtagsprinzips zur Deckung stets sich erneuernder Risiken zur Verfügung stehen sollen, sollten auch die für die nächste Zukunft erwarteten Verhältnisse bei der Dotierung berücksichtigt werden. Abweichend von den vorgenannten Grundsätzen gilt die Aufhellungstheorie grundsätzlich für die Bildung einer Rückstellung für das **Wechselobligo.** Nach dem BFH-Urteil vom 19. 12. 1972 (BStBl. II 1973, 218) kommt eine Pauschalrückstellung für Wechselobligo nicht in Betracht, soweit die Wechsel am Bilanzaufstellungstag eingelöst waren. Im übrigen sollen bei Rückstellungen für Wechselobligo alle bis zum Tag der Bilanzaufstellung eingetretenen oder bekanntgewordenen Umstände berücksichtigt werden, die Rückschlüsse auf die Bonität des Kundenwechsels am Bilanzstichtag zulassen. Entsprechendes gilt für die Wertberichtigung auf Forderungen (BdF-Schreiben v. 29. 4. 1974, DB 1974 S. 848).

Zuschreibungen

Übersicht

	Rz.		Rz.
I. Begriff	407	2. Zulässigkeit von Zuschreibungen bei Posten des Umlaufvermögens	415–417
II. Zulässigkeit	408–409		
1. Zulässigkeit von Zuschreibungen bei Posten des Anlagevermögens	410–414	III. Behandlung der Erträge aus Zuschreibungen	418

I. Begriff

407 Unter einer Zuschreibung ist eine Erhöhung eines Bilanzansatzes zu verstehen, deren Ursache in der Veränderung der Bewertungsmaßstäbe liegt. Sie ist zu unterscheiden von dem Begriff des Zugangs, der lediglich mengenmäßige Vermögensmehrungen umfaßt. Da für die Bilanzierung nach deutschem Bilanzrecht bzw. Bilanzsteuerrecht das sog. Nominalwertprinzip gilt, demzufolge Bilanzierungsmethoden, die unmittelbar der Neutralisation von Inflationseffekten dienen (z. B. durch den Ansatz gestiegener Wiederbeschaffungspreise), nicht zugelassen sind, stellen Zuschreibungen **Korrekturen früher vorgenommener Abschreibungen** dar. Darüber hinaus wird in der Bilanzierungspraxis auch die **Nachholung zunächst unterlassener Aktivierungen** als Zuschreibung behandelt, obwohl es sich hierbei um die erstmalige bilanzielle Erfassung einer mengenmäßigen Vermögensmehrung handelt, die in einem früheren Geschäftsjahr stattfand.

II. Zulässigkeit

408 In der Entwicklung des Bilanzrechts war die Zulässigkeit der Zuschreibung umstritten (vgl. hierzu z. B. *IdW Fachgutachten 2/37* „Zuschreibungen" auf Anlagewerte und Beteiligungen, in Gutachtensammlung, S. 114; *Husemann* Grundsätze ordnungsmäßiger Bilanzierung für Anlagegegenstände, S. 142ff.).

409 Handelsrechtlich darf die Zuschreibung grundsätzlich nicht zu einer willkürlichen Durchbrechung der Bewertungskontinuität führen. Im einzelnen ist die Zulässigkeit von Zuschreibungen nach dem Bilanzrichtlinien-Gesetz nunmehr differenziert geregelt.

1. Zulässigkeit von Zuschreibungen bei Posten des Anlagevermögens

410 Nach § 253 Abs. 5 HGB nF. darf in der **Handelsbilanz** ein Vermögensgegenstand des Anlagevermögens, dessen Wertansatz zuvor durch eine außerplanmäßige Abschreibung gemindert worden ist, auch dann noch mit dem entsprechend verringerten Wertansatz angesetzt werden, wenn die Gründe für die außerplanmäßige Abschreibung nicht mehr bestehen. Hieraus kann geschlossen werden, daß die Zuschreibung auf einen wieder gestiegenen Stichtagswert zulässig ist. Der Ansatz von Zwischenwerten ist ebenfalls möglich. Die obere Grenze für Zuschreibungen stellen die Anschaffungs- oder Herstellungskosten – bei abnutzbaren Gegenständen des Anlagevermögens, vermindert um notwendige, planmäßige und außerplanmäßige Abschreibungen – dar.

411 In § 280 Abs. 1 HGB nF. ist **für Kapitalgesellschaften** allerdings ein **Wertaufholungsgebot** u. a. für den Fall vorgesehen, daß die Gründe für eine zuvor vorgenommene außerplanmäßige Abschreibung nicht mehr bestehen. Die Zuschreibung braucht wiederum nicht zu erfolgen, wenn bei einer steuerrechtlichen Gewinnermittlung der niedrigere Wertansatz beibehalten werden kann und nach dem Grundsatz der umgekehrten Maßgeblichkeit bilanziert wird, d. h. in Handels- und Steuerbilanz der niedrigere Wertansatz fortgeführt wird (§ 280 Abs. 2 HGB nF. i. V. m. § 6 Abs. 1 Nr. 1 S. 4, Nr. 2 S. 3 und Abs. 3 EStG nF.).

412 Das Handelsgesetzbuch behandelt nicht die Frage, ob und inwieweit Zuschreibungsmöglichkeiten auch dann gegeben sind, wenn sich herausstellt, daß die den planmäßigen Abschreibungen gem. § 253 Abs. 2 S. 1, 2 HGB nF. zugrunde gelegte Nutzungsdauer länger ist, als ursprünglich angenommen. Die Korrektur der danach bisher zu hoch verrechneten Abschreibungen darf nach herrschender Meinung wegen des Grundsatzes der Bewertungsstetigkeit lediglich in der Weise vorgenommen werden, daß der Abschreibungsplan geändert und dabei der Restbuchwert auf die neu zu schätzende Restnutzungsdauer verteilt wird.

Abweichend hiervon sind jedoch solche Zuschreibungen als zulässig zu erachten, die zwecks Anpassung der Handels- an die Steuerbilanz vorgenommen werden.

413 In der **Steuerbilanz** waren Zuschreibungen bei Wirtschaftsgütern des Anlagevermögens, die der Abnutzung unterliegen, bisher nicht zulässig (vgl. § 6 Abs. 1 Ziff. 1 Satz 4 EStG). Im Rahmen des Bilanzrichtlinien-Gesetzes ist diese Vorschrift allerdings geändert und durch die Regelung in § 6 Abs. 3 EStG ergänzt worden. Die neuen Fassungen lauten:

§ 6 Abs. 1 Nr. 1 S. 4: Bei Wirtschaftsgütern, die bereits am Schluß des vorangegangenen Wirtschaftsjahres zum Anlagevermögen des Steuerpflichtigen gehört haben, darf *vorbehaltlich der Regelung in Abs. 3* S. 2 der Bilanzansatz nicht über den letzten Bilanzansatz hinausgehen.

§ 6 Abs. 3: Voraussetzung für die Inanspruchnahme erhöhter Absetzungen, Sonderabschreibungen, Abschreibungen nach Abs. 2 und des Abzugs nach § 6b Abs. 1 oder Abs. 3 S. 2 bei Wirtschaftsgütern des Anlagevermögens sowie des Ansatzes der nach § 51 Abs. 1 Nr. 2 Buchstabe m oder Buchstabe z zulässigen Werte bei Wirtschaftsgütern des Umlaufvermögens ist, daß die Wirtschaftsgüter in der handelsrechtlichen Jahresbilanz mit den sich danach ergebenden niedrigeren Werten ausgewiesen werden. Soweit in einem folgenden Wirtschaftsjahr bei einem Wirtschaftsgut in der handelsrechtlichen Jahresbilanz eine in Abs. 1 vorgenommene Bewertung durch eine Zuschreibung rückgängig gemacht wird, erhöht der Betrag der Zuschreibung den Buchwert des Wirtschaftsguts. Bei Wirtschaftsgütern des Anlagevermögens ist Abs. 1 Nr. 1 S. 4 in diesen Fällen nicht anzuwenden.

Hiernach können nunmehr auch bei abnutzbaren Wirtschaftsgütern des Anlagevermögens erhöhte Absetzungen, Sonderabschreibungen etc. iSv. § 6 Abs. 3 Satz 1 EStG in späteren Jahren rückgängig gemacht werden, sofern die entsprechende Zuschreibung auch in der Handelsbilanz erfolgt (wegen des Inkrafttretens vgl. § 52 Abs. 4a EStG i. d. F. des Steuerbereinigungsgesetzes 1986).

414 Bei anderen Wirtschaftsgütern des Anlagevermögens können gem. § 6 Abs. 1 Ziff. 2 Satz 2 EStG – in Zukunft wie auch schon bisher – die Teilwerte zum jeweiligen Bilanzstichtag auch dann angesetzt werden, wenn sie höher sind als der letzte Bilanzansatz. Die Anschaffungs- bzw. Herstellungskosten stellen jedoch die Obergrenze für den anzusetzenden Wert dar. Der Ansatz von Zwischenwerten ist zulässig. Auch hier gilt, daß Voraussetzung für die Zuschreibung in der Steuerbilanz die entsprechende Zuschreibung in der Handelsbilanz ist.

2. Zulässigkeit von Zuschreibungen bei Posten des Umlaufvermögens

415 Nach § 253 Abs. 5 HGB nF. können Wertansätze für Vermögensgegenstände des Umlaufvermögens, die aufgrund von Abschreibungen
– nach dem Niederstwertprinzip (§ 253 Abs. 3 S. 1, 2 HGB nF.) oder
– nach § 253 Abs. 3 S. 3 HGB nF. zum Ausgleich zu erwartender Wertschwankungen innerhalb der nächsten Zukunft oder
– nach § 254 HGB nF. aufgrund steuerlicher Vorschriften – z. B. § 80 EStDV, sog. Importwarenabschlag –
unter den ursprünglichen Anschaffungs- oder Herstellungskosten liegen, auch dann fortgeführt werden, wenn die Gründe für die zuvor vorgenommenen Abschreibungen nicht mehr bestehen. Hieraus ist wiederum zu schließen, daß Zuschreibungen bei Wirtschaftsgütern des Umlaufvermögens im Anschluß an die zuvor genannten Abschreibungen zulässig; auch der Ansatz von Zwischenwerten ist zulässig.

416 Bei Kapitalgesellschaften gilt für die Bewertung von Wirtschaftsgütern des Umlaufvermögens ebenfalls das sog. Wertaufholungsgebot (§ 280). Hinsichtlich der Umkehrung der Maßgeblichkeit und der damit verbundenen Möglichkeit, die Zuschreibung zu unterlassen, vgl. § 280 Abs. 2 HGB nF. i. V. m. § 6 Abs. 1 Nr. 2 S. 3 und Abs. 3 EStG nF.

417 Steuerrechtlich sind bei den Posten des Umlaufvermögens Zuschreibungen auf den Teilwert – höchstens jedoch bis zu den Anschaffungs- oder Herstellungskosten –

zulässig (vgl. § 6 Abs. 1 Ziff. 2 Satz 3 EStG). Der Ansatz von Zwischenwerten ist auch hier möglich.

III. Behandlung der Erträge aus Zuschreibungen

418 Durch die Vornahme von Zuschreibungen kann grundsätzlich der Einblick in die Vermögenslage eines Unternehmens verbessert werden. Eine Verbesserung des Einblicks in die Ertragslage kann ebenfalls erzielt werden, da nach Vornahme der Zuschreibung die spätere Aufwandsverrechnung zwischenzeitlich geänderten Verhältnissen besser Rechnung trägt. Nachteilig ist jedoch, daß Zuschreibungen in jedem Fall dem Grundsatz der Bewertungsstetigkeit zuwiderlaufen und insofern die Vergleichbarkeit der Rechnungslegung beeinträchtigt wird. Hinzu kommt, daß bei Zuschreibungen Manipulationsspielräume entstehen können. In jedem Fall führen Zuschreibungen zu Erträgen, die nicht aus der laufenden Geschäftstätigkeit resultieren. Aus diesem Grund wurde früher empfohlen, Zuschreibungsgewinne in der Regel in Rücklagen einzustellen (vgl. *Adler/Düring/Schmaltz* § 149 Tz. 75; *Leffson* Grundsätze ordnungsmäßiger Buchführung, 2. Auflage, S. 314).

Bei Konzipierung des Bilanzrichtlinien-Gesetzes war zunächst vorgesehen, Erträge aus Zuschreibungen auf Grund des Wertaufholungsgebots in eine sogenannte Wertaufholungsrücklage einzustellen. Diese Regelung ist nicht in die endgültige Gesetzesfassung übernommen worden. Begründet wurde dies damit, daß eine solche Rücklage auch ohne eine entsprechende Vorschrift im Rahmen der Gewinnverwendung gebildet werden könne.

B. Der Jahresabschluß nach Handels- und Steuerrecht (Aufstellung und Prüfung)

Bearbeiter: Dr. Walter Niemann (Prüfungstechnik), Prof. Dr. Herbert Peusquens (Bewertungsrecht), Achim Schmidt (Vorbemerkung), Hubert Seitz (Handels- und Ertragsteuerrecht), Prof. Dr. Michael Wohlgemuth (Handels- und Ertragsteuerrecht)

Übersicht

1. Unterabschnitt: Vorbemerkung zum Bilanzrichtlinien-Gesetz

	Rz.
A. Überblick	1–5
B. Umsetzung der IV. und der VII. EG-Richtlinie	10–32
I. Rechtsformunabhängige Regelungen	12–18
II. Rechtsformspezifische Regelungen	19–32
1. Regelungen für Kapitalgesellschaften	19–31
a) Rechnungslegung	20–24
b) Prüfung des Jahresabschlusses und des Kontenabschlusses sowie der jeweiligen Lageberichte	25–28
c) Offenlegung	29, 30
d) Inkrafttreten	31
2. Regelungen für Genossenschaften	32
C. Umsetzung der VIII. EG-Richtlinie	36
D. Die Gliederung des handelsrechtlichen Jahresabschlusses der Einzelkaufleute und Personenhandelsgesellschaften	40–43

	Rz.
E. Die Gliederung des erweiterten Jahresabschlusses der Kapitalgesellschaften	50–90
I. Die Dreiteilung des Jahresabschlusses	50–54
II. Wesentliche Änderungen in der Form der Darstellung der Vermögens-, Finanz- und Ertragslage	55–90
1. Der Zwangscharakter der Gliederung	55–64
2. Regelungen zur Verbesserung des Einblicks in die Vermögens- und Kapitalstruktur	65–73
3. Regelungen zur Verbesserung des Einblicks in die Finanzlage	74–78
4. Regelungen zur Verbesserung des Einblicks in die Ertragslage	79–84
5. Darstellung der Ergebnisverwendung	85
6. Darstellung der Beziehungen zu Beteiligungsgesellschaften und zu verbundenen Unternehmen	86–90

2. Unterabschnitt: Erläuterungen zu den einzelnen Bilanzposten

Aktiva

A. (–) Ausstehende Einlagen auf das gezeichnete Kapital	100–111
1. Behandlung nach Handelsrecht	100–103
2. Ertragsteuerliche Behandlung	104, 105
3. Bewertungsrechtliche Behandlung	106, 107
4. Prüfungstechnik	108–111
B. (–) Aufwendungen für die Ingangsetzung und die Erweiterung des Geschäftsbetriebs	120–137
1. Behandlung nach Handelsrecht	120–127
2. Ausweisalternativen	128, 129
3. Ertragsteuerliche Behandlung	130
4. Bewertungsrechtliche Behandlung	131
5. Prüfungstechnik	132–137
C. (A.) Anlagevermögen	150–512
(Vorbemerkungen)	150–238
1. Begriff des Anlagevermögens	150–153
2. Gliederung des Anlagevermögens	154–180
a) Vertikale Gliederung	154–160
b) Horizontale Gliederung	161–180
3. Bewertungsgrundsätze	185–238
a) Handelsrechtliche Bewertungsgrundsätze	185–190
b) Steuerrechtliche Bewertungsgrundsätze	191–194
c) Die planmäßige Abschreibung	195–214
(1) Die planmäßige Abschreibung in der Handelsbilanz	195–207

(2) Die planmäßige Abschreibung in der Steuerbilanz	208–214
d) Die außerplanmäßige Abschreibung	220–238
(1) Außerplanmäßige Abschreibung in der Handelsbilanz	220–225
(2) Das Wertaufholungsgebot	226–230
(3) Außerplanmäßige Abschreibung in der Steuerbilanz	231–238
I. Immaterielle Vermögensgegenstände	250–303
1. Konzessionen, gewerbliche Schutzrechte und ähnliche Rechte und Werte sowie Lizenzen an solchen Rechten und Werten	252–270
a) Behandlung nach Handelsrecht	252–257
b) Ertragsteuerliche Behandlung	258
c) Bewertungsrechtliche Behandlung	259–261
d) Prüfungstechnik	262–270
2. Geschäfts- oder Firmenwert	271–291
a) Behandlung nach Handelsrecht	271–278
b) Ertragsteuerliche Behandlung	280, 281
c) Bewertungsrechtliche Behandlung	282
d) Prüfungstechnik	283–291
3. Geleistete Anzahlungen	292–303
a) Behandlung nach Handelsrecht	292, 293
b) Ertragsteuerliche Behandlung	294
c) Bewertungsrechtliche Behandlung	295
d) Prüfungstechnik	296–303

B Der Jahresabschluß nach Handels- und Steuerrecht

	Rz.
II. Sachanlagen	310–410
1. Grundstücke, grundstücksgleiche Rechte und Bauten einschließlich der Bauten auf fremden Grundstücken	312–355
a) Behandlung nach Handelsrecht	312–329
(1) Ausweis	314–322
(2) Bewertung	323–329
b) Ertragsteuerliche Behandlung	330–338
c) Bewertungsrechtliche Behandlung	340–344
d) Prüfungstechnik	345–355
2. Technische Anlagen und Maschinen	356–384
a) Behandlung nach Handelsrecht	356–362
b) Ertragsteuerliche Behandlung	363, 363a
c) Bewertungsrechtliche Behandlung	364–368
d) Prüfungstechnik	369–384
3. Andere Anlagen, Betriebs- und Geschäftsausstattung	390–397
a) Behandlung nach Handelsrecht	390–394
b) Ertragsteuerliche Behandlung	395
c) Bewertungsrechtliche Behandlung	396
d) Prüfungstechnik	397
4. Geleistete Anzahlungen und Anlagen im Bau	398–410
a) Behandlung nach Handelsrecht	398–402
b) Ertragsteuerliche Behandlung	403, 404
c) Bewertungsrechtliche Behandlung	405
d) Prüfungstechnik	406–410
III. Finanzanlagen	420–512
1. Anteile an verbundenen Unternehmen	423–431
a) Behandlung nach Handelsrecht	423–428
b) Ertragsteuerliche Behandlung	429
c) Bewertungsrechtliche Behandlung	430
d) Prüfungstechnik	431
2. Ausleihungen an verbundenen Unternehmen	432
3. Beteiligungen	433–470
a) Behandlung nach Handelsrecht	433–447
b) Ertragsteuerliche Behandlung	448–454
(1) Anteile an Kapitalgesellschaften	449–453
(2) Beteiligungen an Personengesellschaften	454
c) Bewertungsrechtliche Behandlung	455–459
d) Prüfungstechnik	460–470
4. Ausleihungen an Unternehmen, mit denen ein Beteiligungsverhältnis besteht	471
5. Wertpapiere des Anlagevermögens	475–480
a) Behandlung nach Handelsrecht	475–477
b) Ertragsteuerliche Behandlung	478
c) Bewertungsrechtliche Behandlung	479
d) Prüfungstechnik	480
6. (–) Ausleihungen an Gesellschafter	481
7. (6.) Sonstige Ausleihungen	485–512
a) Behandlung nach Handelsrecht	485–496
b) Ertragsteuerliche Behandlung	497–501
c) Bewertungsrechtliche Behandlung	502
d) Prüfungstechnik	503–512
D. (B.) Umlaufvermögen (Vorbemerkung)	530–803
(Vorbemerkung)	530–546
1. Begriff und Mindestgliederung des Umlaufvermögens	530–533
2. Bewertungsgrundsätze	534–546
a) Handelsrechtliche Bewertungsgrundsätze	534–545
b) Ertragsteuerliche Regelung	546
I. Vorräte	550–644
1. Roh-, Hilfs- und Betriebsstoffe	553–597
a) Behandlung nach Handelsrecht	553–574
b) Ertragsteuerliche Behandlung	575, 576
c) Bewertungsrechtliche Behandlung	577
d) Prüfungstechnik	578–597

	Rz.
2. Unfertige Erzeugnisse	600–623
a) Behandlung nach Handelsrecht	600–606
b) Ertragsteuerliche Behandlung	607
c) Bewertungsrechtliche Behandlung	608, 609
d) Prüfungstechnik	610–623
3. Fertige Erzeugnisse und Waren	624–635
a) Behandlung nach Handelsrecht	624–631
b) Ertragsteuerliche Behandlung	632
c) Bewertungsrechtliche Behandlung	633
d) Prüfungstechnik	634, 635
4. Geleistete Anzahlungen	636–644
a) Behandlung nach Handelsrecht	636–638
b) Ertragsteuerliche Behandlung	639
c) Bewertungsrechtliche Behandlung	640
d) Prüfungstechnik	641–644
II. Forderungen und sonstige Vermögensgegenstände	650–724
1. Forderungen aus Lieferungen und Leistungen	655–691
a) Behandlung nach Handelsrecht	655–670
b) Ertragsteuerliche Behandlung	671, 672
c) Bewertungsrechtliche Behandlung	673
d) Prüfungstechnik	674–691
2. Forderungen gegen verbundene Unternehmen	693–700
a) Behandlung nach Handelsrecht	693–696
b) Ertragsteuerliche Behandlung	697
c) Bewertungsrechtliche Behandlung	698
d) Prüfungstechnik	699, 700
3. Forderungen gegen Unternehmen, mit denen ein Beteiligungsverhältnis besteht	701, 702
4. (–) Forderungen an Gesellschafter	705–707
5. (–) Eingeforderte Nachschüsse	708–710
6. (4.)Sonstige Vermögensgegenstände	712–724
a) Behandlung nach Handelsrecht	712–715
b) Ertragsteuerliche Behandlung	716, 717
c) Bewertungsrechtliche Behandlung	718
d) Prüfungstechnik	719–724
III. Wertpapiere	725–760
1. Anteile an verbundenen Unternehmen	727–733
a) Behandlung nach Handelsrecht	727–730
b) Ertragsteuerliche Behandlung	731
c) Bewertungsrechtliche Behandlung	732
d) Prüfungstechnik	733
2. Eigene Anteile	735–748
a) Behandlung nach Handelsrecht	735–742
b) Ertragsteuerliche Behandlung	743
c) Bewertungsrechtliche Behandlung	744
d) Prüfungstechnik	745–748
3. Sonstige Wertpapiere	750–760
a) Behandlung nach Handelsrecht	750, 751
b) Ertragsteuerliche Behandlung	752
c) Bewertungsrechtliche Behandlung	753
d) Prüfungstechnik	754–760
IV. Schecks, Kassenbestand, Bundesbank- und Postgiroguthaben, Guthaben bei Kreditinstituten	765–803
1. (–) Schecks	766–773
a) Handelsrechtliche und ertragsteuerliche Behandlung	766
b) Bewertungsrechtliche Behandlung	767
c) Prüfungstechnik	768–773
2. (–) Kassenbestand, Bundesbank- und Postgiroguthaben	775–785
a) Handelsrechtliche und ertragsteuerliche Behandlung	775–777
b) Bewertungsrechtliche Behandlung	778
c) Prüfungstechnik	779–785
3. (–) Guthaben bei Kreditinstituten	790–802
a) Handelsrechtliche und ertragsteuerliche Behandlung	790–794

Übersicht B

	Rz.
b) Bewertungsrechtliche Behandlung	795
c) Prüfungstechnik	797–802

E. (C.) Rechnungsabgrenzungsposten 820–853
1. (–) Disagio (Damnum) 825–834
   - a) Behandlung nach Handelsrecht ... 825, 826
   - b) Ertragsteuerliche Behandlung 827–829
   - c) Bewertungsrechtliche Behandlung 830
   - d) Prüfungstechnik 831–834
2. (–) Sonstige Rechnungsabgrenzungsposten 835–853

	Rz.
a) Behandlung nach Handelsrecht ...	835–845
b) Ertragsteuerliche Behandlung	846–848
c) Bewertungsrechtliche Behandlung	849
d) Prüfungstechnik	850–853

F. (–) Latente Steuern 860–867

G. (–) Nicht durch Eigenkapital gedeckter Fehlbetrag 875–880
1. Behandlung nach Handelsrecht... 875–877
2. Ertragsteuerliche Behandlung ... 878
3. Bewertungsrechtliche Behandlung . 879
4. Prüfungstechnik 880

Passiva

A. Eigenkapital 881–1009

I. Gezeichnetes Kapital 885–923
- a) Behandlung nach Handelsrecht..... 885–911
  - (1) Kapitalgesellschaften 885–892
  - (2) Personenhandelsgesellschaften, Einzelunternehmen 895–911
    - a) Kapitalkonten der Einzelunternehmer, OHG-Gesellschafter, Komplementäre 895–902
    - b) Kapitalkonten der Kommanditisten 903–908
    - c) Kapitalkonten der stillen Gesellschafter 909–911
- b) Ertragsteuerliche Behandlung...... 912–914
- c) Gesellschaftsteuerliche Behandlung .. 915, 916
- d) Bewertungsrechtliche Behandlung .. 917
- e) Prüfungstechnik 918–923

II. Kapitalrücklage 925–943
- a) Behandlung nach Handelsrecht..... 925–936
- b) Ertragsteuerliche Behandlung...... 937, 938
- c) Bewertungsrechtliche Behandlung .. 939
- d) Prüfungstechnik 940–943

III. (–) Eingeforderte Nachschüsse/Nachschußkapital 945–950

IV. (III.) Gewinnrücklagen 952–997
1. Gesetzliche Rücklage 955–961
   - a) Behandlung nach Handelsrecht ... 955–959
   - b) Ertragsteuerliche und bewertungsrechtliche Behandlung......... 960
   - c) Prüfungstechnik 961
2. Rücklage für eigene Anteile/Aktien .. 962–966
   - a) Behandlung nach Handelsrecht ... 962–964
   - b) Ertragsteuerliche und bewertungsrechtliche Behandlung......... 965
   - c) Prüfungstechnik 966
3. Satzungsmäßige Rücklage 970–975
   - a) Behandlung nach Handelsrecht ... 970–973
   - b) Ertragsteuerliche und bewertungsrechtliche Behandlung......... 974
   - c) Prüfungstechnik 975
4. Andere Gewinnrücklagen 980–988
   - a) Behandlung nach Handelsrecht ... 980–984
   - b) Ertragsteuerliche und bewertungsrechtliche Behandlung......... 985
   - c) Prüfungstechnik 986–988
5. (–) Rücklage nach § 58 Abs. 2a AktG nF., § 29 Abs. 4 GmbHG nF...... 990–997
   - a) Behandlung nach Handelsrecht ... 990–992
   - b) Ertragsteuerliche und bewertungsrechtliche Behandlung......... 993
   - c) Prüfungstechnik 994–997

V. (IV.) Gewinnvortrag/Verlustvortrag 1000–1002

VI. (V.) Jahresüberschuß-/Jahresfehlbetrag 1005–1007

VII. (–) Bilanzgewinn/Bilanzverlust 1008, 1009

B. (–) Sonderposten mit Rücklageanteil 1015–1069
- a) Behandlung nach Handelsrecht..... 1015–1023
- b) Ertragsteuerliche Behandlung...... 1024–1060
  - (1) Preissteigerungsrücklage nach § 74 EStDV 1024
  - (2) Übertragung stiller Reserven bei Veräußerung bestimmter Anlagegüter nach § 6b EStG 1025–1039
  - (3) Berücksichtigung von Zuschüssen nach Abschn. 34 EStR 1040, 1041
  - (4) Abschreibungen bzw. Rücklage nach § 3 ZRFG 1042–1044
  - (5) Rücklage nach § 82 StBauFG ... 1045
  - (6) Stille Rücklagen; Rücklage für Ersatzbeschaffung, Abschn. 35 EStR 1047–1051
  - (7) Rücklage bei Erwerb gefährdeter Betriebe, § 6d EStG 1052, 1053
  - (8) Rücklage von Kapitalanlagen in Entwicklungsländern nach dem EntwLStG 1054
  - (9) Rücklage nach dem Gesetz über steuerliche Maßnahmen bei Auslandsinvestitionen der deutschen Wirtschaft (AuslInvG) 1055
  - (10) Rücklage nach § 52 Abs. 5 EStG aus der Änderung des Rechenzinsfußes bei Pensionsrückstellungen 1056
  - (11) Erhöhte Absetzungen für private Krankenanstalten nach § 7f EStG 1057
  - (12) Erhöhte Abschreibung nach § 14 BerlinFG 1058
  - (13) Erhöhte Abschreibungen auf Baumaßnahmen nach dem BBauG und StBauFG, § 82g EStDV 1058a
  - (14) Erhöhte Abschreibungen für Wirtschaftsgüter, die dem Umweltschutz dienen 1059
  - (15) Importwarenabschlag nach § 80 EStDV 1060
- c) Bewertungsrechtliche Behandlung .. 1065
- d) Prüfungstechnik 1066–1069

C. (B.) Rückstellungen 1075–1375
1. Rückstellung für Pensionen u. ä. Verpflichtungen 1091–1134
   - a) Behandlung nach Handelsrecht ... 1091–1105
   - b) Ertragsteuerliche Behandlung 1106–1127
   - c) Bewertungsrechtliche Behandlung 1128
   - d) Prüfungstechnik 1129–1134
2. Steuerrückstellungen 1140–1157
   - a) Behandlung nach Handelsrecht ... 1140–1142
   - b) Ertragsteuerliche Behandlung 1143–1148
   - c) Bewertungsrechtliche Behandlung 1149
   - d) Prüfungstechnik 1150–1157
3. (–) Rückstellungen für latente Steuern 1160–1175
   - a) Behandlung nach Handelsrecht ... 1160–1169
   - b) Ertragsteuerliche Behandlung 1170

	Rz.
c) Bewertungsrechtliche Behandlung	1171
d) Prüfungstechnik	1172–1175
4. (3.) Sonstige Rückstellungen	1180–1375
4.1 Rückstellungen für unterlassene Instandhaltung oder Abraumbeseitigung	1182–1191
a) Behandlung nach Handelsrecht	1182–1185
b) Ertragsteuerliche Behandlung	1186
c) Bewertungsrechtliche Behandlung	1187
d) Prüfungstechnik	1188–1191
4.2 Rückstellungen für Gewährleistungen, die ohne rechtliche Verpflichtung erbracht werden	1195–1202
a) Behandlung nach Handelsrecht	1195, 1196
b) Ertragsteuerliche Behandlung	1197
c) Bewertungsrechtliche Behandlung	1198
d) Prüfungstechnik	1199–1202
4.3 Aufwandsrückstellungen	1205–1212
a) Behandlung nach Handelsrecht	1205, 1206
b) Ertragsteuerliche Behandlung	1207
c) Bewertungsrechtliche Behandlung	1208
d) Prüfungstechnik	1209–1212
4.4 Andere Rückstellungen	1215–1375
a) Behandlung nach Handelsrecht	1215–1225
b) Ertragsteuerliche Behandlung	1226–1229
c) Bewertungsrechtliche Behandlung	1230
d) Prüfungstechnik	1231–1240
e) Wesentliche Beispiele zu den anderen Rückstellungen (ABC-Form)	1250–1375
D. (C.) Verbindlichkeiten (Vorbemerkungen)	1400–1611
I. Vorbemerkungen	1400–1477
1. Begriff	1400–1410
a) Zwang zur Leistung	1401–1405
b) Quantifizierbarkeit der Leistung	1406
c) Wirtschaftliche Belastung	1407, 1408
d) Abgrenzung der Verbindlichkeiten von den Rückstellungen	1409, 1410
2. Passierungspflicht für Verbindlichkeiten	1411–1417
3. Saldierungsverbot	1418, 1419
4. Bilanzierung von Verbindlichkeiten in Sonderfällen	1425–1433
a) Bedingte Verbindlichkeiten	1425, 1426
b) Gewinnabhängige Verbindlichkeiten	1427–1431
c) Verbindlichkeiten aus Treuhandverhältnissen	1432, 1433
5. Bewertung der Verbindlichkeiten nach Handels- und Steuerrecht	1435–1464
a) Allgemeine Bewertungsvorschriften	1435–1440
b) Damnum, Disagio und Begebungsagio	1441
c) Geldbeschaffungskosten	1442, 1443
d) Überverzinsliche Verbindlichkeiten	1444–1447
e) Unterverzinsliche Verbindlichkeiten	1448–1450
f) Fremdwährungsverbindlichkeiten	1451–1457
g) Wertschulden	1458–1460
h) Verbindlichkeiten mit Wertsicherungsklauseln	1461–1464
6. Gliederungsvorschriften	1470, 1471
7. Besondere Vermerk- und Erläuterungspflichten	1473–1477
II. Verbindlichkeiten (Erläuterungen der Einzelposten)	1480–1611
1. Anleihen	1480–1490
a) Behandlung nach Handelsrecht	1480–1484

	Rz.
b) Ertragsteuerliche Behandlung	1485
c) Bewertungsrechtliche Behandlung	1486
d) Prüfungstechnik	1487–1490
2. Verbindlichkeiten gegenüber Kreditinstituten	1495–1504
a) Behandlung nach Handelsrecht	1495, 1496
b) Ertragsteuerliche Behandlung	1497–1499
c) Bewertungsrechtliche Behandlung	1500, 1501
d) Prüfungstechnik	1502–1504
3. Erhaltene Anzahlungen auf Bestellungen	1505–1514
a) Behandlung nach Handelsrecht	1505–1507
b) Ertragsteuerliche Behandlung	1508, 1509
c) Bewertungsrechtliche Behandlung	1510
d) Prüfungstechnik	1511–1514
4. Verbindlichkeiten aus Lieferungen und Leistungen	1517–1528
a) Behandlung nach Handelsrecht	1517–1521
b) Ertragsteuerliche Behandlung	1522
c) Bewertungsrechtliche Behandlung	1523
d) Prüfungstechnik	1524–1528
5. Verbindlichkeiten aus der Annahme gezogener Wechsel und der Ausstellung eigener Wechsel	1530–1543
a) Behandlung nach Handelsrecht	1530–1536
b) Ertragsteuerliche Behandlung	1537, 1538
c) Bewertungsrechtliche Behandlung	1539
d) Prüfungstechnik	1540–1543
6. Verbindlichkeiten gegenüber verbundenen Unternehmen	1547–1565
a) Behandlung nach Handelsrecht	1547–1550
b) Ertragsteuerliche Behandlung	1551–1561
c) Bewertungsrechtliche Behandlung	1562–1564
d) Prüfungstechnik	1565
7. Verbindlichkeiten gegenüber Unternehmen, mit denen ein Beteiligungsverhältnis besteht	1570–1575
a) Behandlung nach Handelsrecht	1570–1572
b) Ertragsteuerliche Behandlung	1573
c) Bewertungsrechtliche Behandlung	1574
d) Prüfungstechnik	1575
8. (–) Verbindlichkeiten gegenüber Gesellschaftern	1580–1587
a) Behandlung nach Handelsrecht	1580, 1581
b) Ertragsteuerliche Behandlung	1582–1585
c) Bewertungsrechtliche Behandlung	1586
d) Prüfungstechnik	1587
9. (8) Sonstige Verbindlichkeiten	1590–1611
a) Behandlung nach Handelsrecht	1590–1595
b) Ertragsteuerliche Behandlung	1596–1599
c) Bewertungsrechtliche Behandlung	1600–1607
d) Prüfungstechnik	1608–1611
E. (D.) Rechnungsabgrenzungsposten	1630–1636
a) Behandlung nach Handelsrecht	1630
b) Ertragsteuerliche Behandlung	1631
c) Bewertungsrechtliche Behandlung	1632
d) Prüfungstechnik	1633–1636
F. (–) Eventualverbindlichkeiten	1650–1682
a) Behandlung nach Handelsrecht	1650–1680
(1) Verbindlichkeiten aus der Begebung und Übertragung von Wechseln	1664–1667
(2) Verbindlichkeiten aus Bürgschaften, Wechsel- und Scheckbürgschaften	1668–1670
(3) Verbindlichkeiten aus Gewährleistungsverträgen	1671–1674
(4) Haftungsverhältnisse aus der Bestellung von Sicherheiten für fremde Verbindlichkeiten	1675, 1676
(5) Sonstige Haftungsverhältnisse	1677–1680
b) Prüfungstechnik	1682–1685

Übersicht

3. Unterabschnitt: Erläuterungen zu den einzelnen Posten der Gewinn- und Verlustrechnung

	Rz.
1. Umsatzerlöse	1699–1707
2. Erhöhung oder Verminderung des Bestandes an fertigen und unfertigen Erzeugnissen	1710–1715
3. Andere aktivierte Eigenleistungen	1718–1721
4. Sonstige betriebliche Erträge	1725–1740
a) Behandlung nach Handelsrecht	1725–1737
b) Prüfungstechnik	1738–1740
5. Materialaufwand	1745–1755
a) Aufwendungen für Roh-, Hilfs- und Betriebsstoffe und für bezogene Waren	1748–1753
b) Aufwendungen für bezogene Leistungen	1754, 1755
6. Personalaufwand	1760–1785
a) Löhne und Gehälter	1762–1781
b) Soziale Abgaben und Aufwendungen für Altersversorgung und für Unterstützung, davon für Altersversorgung	1782–1785
7. Abschreibungen	1790–1797
a) Abschreibungen auf immaterielle Vermögensgegenstände des Anlagevermögens und Sachanlagen sowie auf aktivierte Aufwendungen für die Ingangsetzung und Erweiterung des Geschäftsbetriebes	1790–1794
b) Abschreibungen auf Vermögensgegenstände des Umlaufvermögens, soweit diese die in der Kapitalgesellschaft üblichen Abschreibungen überschreiten	1795–1797
8. Sonstige betriebliche Aufwendungen	1798–1808
a) Behandlung nach Handelsrecht	1798–1803
b) Prüfungstechnik	1804–1808
9. Erträge aus Beteiligungen davon aus verbundenen Unternehmen	1810–1814
10. (–) Aufgrund einer Gewinngemeinschaft, eines Gewinnabführungs- oder eines Teilabführungsvertrages erhaltene Gewinne	1820–1825
11. (10.) Erträge aus anderen Wertpapieren und Ausleihungen des Finanzlagevermögens, davon aus verbundenen Unternehmen	1830–1833
12. (11.) Sonstige Zinsen und ähnliche Erträge davon aus verbundenen Unternehmen	1837–1842
13. (12.) Abschreibungen auf Finanzanlagen und auf Wertpapiere des Umlaufvermögens	1845–1850
14. (–) Aufwendungen aus Verlustübernahme	1855–1860
15. (13.) Zinsen und ähnliche Aufwendungen davon an verbundene Unternehmen	1865–1869
16. (14.) Ergebnis der gewöhnlichen Geschäftigkeit	1873
17. (15.) Außerordentliche Erträge	1876–1881
18. (16.) Außerordentliche Aufwendungen	1885–1887
19. (17.) Außerordentliches Ergebnis	1890
20. (18.) Steuern vom Einkommen und vom Ertrag	1894–1902
21. (19.) Sonstige Steuern	1905–1908
22. (–) Erträge aus Verlustübernahme	1915–1917
23. (–) Aufgrund einer Gewinngemeinschaft, eines Gewinnabführungs- oder eines Teilgewinnabführungsvertrages abgeführte Gewinne	1920, 1921
24. (20.) Jahresüberschuß/Jahresfehlbetrag	1925
25. (21.) Gewinnvortrag/Verlustvortrag aus dem Vorjahr	1928–1930
26. (22.) Entnahmen aus der Kapitalrücklage	1933
27. (23.) Entnahmen aus Gewinnrücklagen	1936, 1937
28. (24.) Einstellungen in Gewinnrücklagen	1940
29. (–) Einstellung in die Kapitalrücklage	1943, 1944
30. (25.) Bilanzgewinn/Bilanzverlust	1947

4. Unterabschnitt: Erläuterung des Anhangs

	Rz.
I. Grundlagen	1960–1968
II. Äußere Form und Aufbau des Anhangs	1970–1972
III. Inhalt des Anhangs	1975–1985
IV. Prüfungstechnik	1990–1995

1. Unterabschnitt: Vorbemerkung zum Bilanzrichtlinien-Gesetz

A. Überblick

1 Am 1. Januar 1986 ist das Gesetz zur Durchführung der IV., VII. und VIII. Richtlinie des Rates der Europäischen Gemeinschaften zur Koordinierung des Gesellschaftsrechts (Bilanzrichtlinien-Gesetz) vom 19. 12. 1985 (BGBl. I 1985 S. 2355) in Kraft getreten. Damit ist der Gesetzgeber der Verpflichtung zur Transformation der EG-Richtlinien nachgekommen, die der Rat der Europäischen Gemeinschaften im Rahmen der Maßnahmen zur Harmonisierung des Gesellschaftsrechts
– am 25. Juli 1978 (IV. Richtlinie, sog. Bilanzrichtlinie),
– am 13. Juni 1983 (VII. Richtlinie, sog. Konzernbilanzrichtlinie) und
– am 10. April 1984 (VIII. Richtlinie, sog. Prüferrichtlinie)
aufgrund von Art. 54 Abs. 3 lit. g der Römischen Verträge verabschiedet hatte. Die Richtlinien zur Rechnungslegung hätten danach bis zum 1. August 1980 (IV. Richtli-

nie) bzw. bis zum 31. Dezember 1987 (VII. Richtlinie) in nationales Recht umgesetzt werden müssen.

2   Der deutsche Gesetzgeber hat die IV. Richtlinie dem Wunsch der betroffenen Wirtschaftskreise und der Verbände entsprechend im wesentlichen deshalb gemeinsam mit der VII. Richtlinie umgesetzt, um der Praxis bei der Umstellung auf die neuen und geänderten Anforderungen an die Einzelabschlüsse die Möglichkeit zu geben, die zukünftig erforderlichen, weiteren Umstellungsmaßnahmen aufgrund der Erfordernisse der Konzernabschlüsse bereits berücksichtigen zu können. Damit können die Umstellungsmaßnahmen bereits in einem Schritt vollzogen werden; gleichwohl sind die neuen Vorschriften zwingend auf Einzelabschlüsse für Geschäftsjahre, die nach dem 31. Dezember 1986 beginnen, und auf Konzernabschlüsse für Geschäftsjahre, die nach dem 31. Dezember 1989 beginnen, anzuwenden (vgl. Erläuterungen des Unterausschusses des Rechtsausschusses des Deutschen Bundestags zum Bilanzrichtlinien-Gesetzentwurf vom 1. 8. 1985).

3   Hinsichtlich der **Grundkonzeption zur Umsetzung** in nationales Recht war vor allem erörtert worden, ob die Transformation der EG-Richtlinien zur Rechnungslegung und Prüfung bestimmter Unternehmen
– durch ein Artikelgesetz (zwecks Übertragung der EG-Richtlinien im vorgeschriebenen Mindestumfang durch Anpassung des Aktiengesetzes und des GmbH-Gesetzes) oder
– ein Rechnungslegungsgesetz (zwecks Zusammenfassung sämtlicher Vorschriften für Rechnungslegung und Prüfung aller Kaufleute in einem Spezialgesetz)
erfolgen sollte.

4   Bei dem am 19. Dezember 1985 verabschiedeten Bilanzrichtlinien-Gesetz handelt es sich formal zwar um ein Artikelgesetz, bei seiner Ausgestaltung hat die Transformation der IV. und VII. EG-Richtlinie letztlich jedoch den Charakter eines Rechnungslegungsgesetzes erhalten, da die wesentlichen Fragen der handelsrechtlichen Rechnungslegung nunmehr schwerpunktmäßig im Dritten Buch des HGB geregelt sind.

5   Das **Dritte Buch des HGB** hat jetzt folgenden Aufbau:
Erster Abschnitt: Vorschriften für alle Kaufleute (§§ 238–263)
Zweiter Abschnitt: Ergänzende Vorschriften für Kapitalgesellschaften (AG, KGaA und GmbH)
Erster Unterabschnitt (§§ 264–289): Jahresabschluß und Lagebericht,
Zweiter Unterabschnitt (§§ 290–315): Konzernabschluß und Konzernlagebericht,
Dritter Unterabschnitt (§§ 316–324): Prüfung des Jahres- bzw. Konzernabschlusses einschließlich der entsprechenden Lageberichte,
Vierter Unterabschnitt (§§ 325–329): Offenlegung (d. h. Einreichung zu einem Register, Bekanntmachung im Bundesanzeiger), Veröffentlichung und Vervielfältigung sowie Prüfung durch das Registergericht,
Fünfter Unterabschnitt (§ 330): Verordnungsermächtigung für Formblätter und andere Vorschriften,
Sechster Unterabschnitt (§§ 331–335): Straf- und Bußgeldvorschriften, Zwangsgelder
Dritter Abschnitt: Ergänzende Vorschriften für eingetragene Genossenschaften (§§ 336–339).

B. Umsetzung der IV. und der VII. EG-Richtlinie

10   Im Rahmen der Umsetzung der IV. und der VII. Richtlinie sind im wesentlichen
– die in der Richtlinie enthaltenen Vorgaben übernommen sowie
– die §§ 38–47b HGB aF,
– die §§ 148 ff. AktG und
– die §§ 41 ff. GmbHG
neugeordnet, teilweise umformuliert und aufgehoben worden (vgl. aber auch Rz. 4).

11   Wie aus der Übersicht unter Rz. 5 ersichtlich, sind die Vorschriften zur Rechnungslegung nach ihren rechtsformspezifischen Geltungsbereichen in drei Abschnitte unterteilt worden. Zu beachten ist in diesem Zusammenhang, daß nunmehr die Vorschriften im AktG und im GmbHG nur noch wenige, gesellschaftsformspezifi-

Umsetzung der IV. und der VII. EG-Richtlinie **12 B**

sche Bestimmungen zur Rechnungslegung enthalten, die die Rechnungslegungsvorschriften des HGB ergänzen.

I. Rechtsformunabhängige Regelungen

12 Die allgemein gültigen – rechtsformunabhängigen – **Rechnungslegungsvorschriften für alle Kaufleute** enthält der erste Abschnitt des Dritten Buches (Handelsbücher) des HGB in der Fassung vom 1. Januar 1986. Dieser **erste Abschnitt** ist wie folgt **gegliedert**:

Gliederung des Gesetzes	Anmerkung
Erster Unterabschnitt (Buchführung, Inventar)	
§ 238 (Buchführungspflicht)	Übernahme von § 38 HGB aF. und § 145 Abs. 1 AO
§ 239 (Führung der Handelsbücher)	Übernahme von § 44 HGB aF.
§ 240 (Inventar)	im wesentlichen Übernahme von § 39 Abs. 1, 2 und § 40 Abs. 4 HGB aF.
§ 241 (Inventurvereinfachungsverfahren)	im wesentlichen Übernahme von § 39 Abs. 2a bis 4 HGB aF.
Zweiter Unterabschnitt (Eröffnungsbilanz, Jahresabschluß)	
Erster Titel (Allgemeine Vorschriften)	
§ 242 (Pflicht zur Aufstellung)	im wesentlichen Übernahme von § 39 Abs. 1 HGB aF. Neu ist das gesetzliche Erfordernis zur Aufstellung einer GuV, die zusammen mit der Bilanz den Jahresabschluß bildet (kein Anhang als integrierter Bestandteil des Jahresabschlusses; kein Lagebericht)
§ 243 (Aufstellungsgrundsatz)	Kodifizierung – der Generalklausel (Aufstellung des Jahresabschlusses nach GoB) – des Grundsatzes der Klarheit und Übersichtlichkeit – des Grundsatzes der zeitgerechten Aufstellung
§ 244 (Sprache, Währungseinheit)	Aufstellung in deutscher Sprache und Deutscher Mark
§ 245 (Unterzeichnung)	Übernahme von § 41 HGB aF.
Zweiter Titel (Ansatzvorschriften)	
§ 246 (Vollständigkeit, Verrechnungsverbot)	Kodifizierung der entsprechenden GoB
§ 247 (Inhalt der Bilanz)	Abs. 1: Generalnorm für die Gliederung der Bilanz Abs. 2: Zuordnung von Gegenständen zum Anlagevermögen Abs. 3: Bilanzierung ergebnisabhängiger Steuern
§ 248 (Bilanzierungsverbote)	Kodifizierung bestehender GoB: Keine Aktivierung des sog. Gründungsaufwands nichtentgeltlich erworbener immaterieller Anlagegüter
§ 249 (Rückstellungen)	Abs. 1 S. 1 Kodifizierung bestehender GoB für die bilanzielle Berücksichtigung ungewisser Verbindlichkeiten und drohender Verluste aus schwebenden Geschäften, im übrigen Neuregelungen für die Berücksichtigung von – unterlassenen Aufwendungen für Instandhaltung oder Abraumbeseitigung – Gewährleistungen, die ohne rechtliche Verpflichtung erbracht werden – bestimmte Aufwandsrückstellungen
§ 250 (Rechnungsabgrenzungsposten)	Inhaltliche Übernahme von § 5 Abs. 4 EStG sowie von § 156 Abs. 3 AktG (Behandlung des Disagios)
§ 251 (Haftungsverhältnisse)	Pflicht zur zusammengefaßten Angabe bestimmter Eventualverpflichtungen, soweit diese nicht passiviert sind

Gliederung des Gesetzes	Anmerkung
Dritter Titel (Bewertungsvorschriften)	
§ 252 (Allgemeine Bewertungsgrundsätze)	Kodifizierung bestehender GoB: 1. formelle Bilanzkontinuität 2. Going-Concern-Prinzip 3. Einzelbewertung 4. Vorsichtsprinzip, Wertaufhellung, Realisationsprinzip 5. Unabhängigkeit der sachgerechten Erfassung der Ertragsgrößen ,,Aufwand" und ,,Ertrag" von den entsprechenden Ein- und Auszahlungszeitpunkten 6. materielle Bilanzkontinuität (Sollvorschrift)
§ 253 (Wertansätze der Vermögensgegenstände und Schulden)	Umfangreiche Kodifizierung bestehender GoB, u. a.: – Anschaffungswertprinzip – Prinzip der planmäßigen Abschreibung abnutzbarer Anlagegüter – Niederstwertprinzip sowie zusätzliche Abwertungswahlrechte
§ 254 (steuerrechtliche Abschreibungen)	Sog. umgekehrtes Maßgeblichkeitsprinzip
§ 255 (Anschaffungs- und Herstellungskosten)	Begriffsbestimmungen; hinzu kommt in Abs. 4 das Ansatzwahlrecht für den Geschäfts- oder Firmenwert
§ 256 (Bewertungsvereinfachungsverfahren)	fifo-, lifo- und sonstige Verbrauchsfolgeverfahren
Dritter Unterabschnitt (Aufbewahrung und Vorlage)	
§ 257 (Aufbewahrung von Unterlagen, Aufbewahrungsfristen)	Übernahme von § 44 HGB aF., wobei in diese Regelung zusätzlich einbezogen werden: Lageberichte, Konzernabschlüsse und Konzernlageberichte
§ 258 (Vorlegung im Rechtsstreit)	
§ 259 (Auszug bei Vorlegung im Rechtsstreit)	Prozeßrechtliche Bedeutung der Handelsbücher, Übernahme der §§ 45–47 HGB aF.
§ 260 (Vorlegung bei Auseinandersetzungen)	Prozeßrechtliche Bedeutung der Handelsbücher, Übernahme der §§ 45–47 HGB aF.
§ 261 (Vorlegung von Unterlagen auf Bild- oder Datenträgern)	Übernahme von § 47a HGB aF.
Vierter Unterabschnitt (Sollkaufleute, Landesrecht)	
§ 262 (Anwendung auf Sollkaufleute)	Übernahme von § 47b HGB aF.
§ 263 (Vorbehalt landesrechtlicher Vorschriften)	Von den Vorschriften des ersten Abschnitts des Dritten Buches des HGB abweichende Landesvorschriften für bestimmte Regiebetriebe bleiben unberührt

13 Die Zusammenstellung läßt erkennen, daß die Vorschriften über den Jahresabschluß (§§ 242–256 HGB nF.) den Schwerpunkt des ersten Abschnitts bilden. Das HGB enthält nunmehr einen wesentlichen Teil bisher nicht oder nur in Spezialgesetzen – insbesondere im Aktiengesetz – kodifizierter Grundsätze ordnungsmäßiger Bilanzierung. Insbesondere sind Regeln zum Ansatz und zur Bewertung der Bilanzposten in das HGB aufgenommen worden. Beispielsweise wurden erstmals umfassend die Begriffe ,,Anschaffungskosten" und ,,Herstellungskosten" definiert.

14 Die obenstehenden Vorschriften **gelten** in dieser Form **abschließend für Einzelkaufleute und Personenhandelsgesellschaften** (auch soweit ein persönlich haftender Gesellschafter eine natürliche Person ist), sofern sie nicht unter das Publizitätsgesetz fallen oder nach Art ihres Geschäftszweiges spezielle Vorschriften zu beachten haben (z. B. Kreditinstitute, Versicherungen, gemeinnützige Wohnungsunternehmen). Für diese Unternehmen sowie für Kapitalgesellschaften und Genossenschaften gelten die §§ 238–263 HGB nF. grundsätzlich insoweit, als nicht besondere Vorschriften dem entgegenstehen.

15 Für Vereine, deren Zweck auf einen wirtschaftlichen Geschäftsbetrieb gerichtet ist und für die nach Art und Umfang ein in kaufmännischer Weise eingerichteter Geschäftsbetrieb erforderlich ist, für die rechtsfähigen Stiftungen des bürgerlichen Rechts, wenn sie ein Gewerbe betreiben sowie für die Körperschaften, Stiftungen oder Anstalten des öffentlichen Rechts, sofern sie im Handelsregister eingetragen sind, gelten die Vorschriften des Ersten Abschnitts des Dritten Buchs (d. h. die §§ 238–263 HGB nF.) sowie ggf. die Vorschriften des PublG.

16 **Spezielle Rechnungslegungsvorschriften** sind von den vorgenannten Unternehmen zu beachten, wenn sie die Voraussetzungen für die Rechnungslegung nach dem sog. Publizitätsgesetz erfüllen, oder sog. Formblattunternehmen, wie z. B. Kreditinstitute oder Versicherungsunternehmen sind.

17 Im Gegensatz zu den Kapitalgesellschaften haben die Unternehmen, für die die §§ 238 bis 262 HGB nF. die Rechnungslegung abschließend regeln (das sind die Einzelkaufleute und Personenhandelsgesellschaften, die nicht den Vorschriften des Publizitätsgesetzes unterliegen und/oder keine Formblattunternehmen sind), nach den gesetzlichen Einzelvorschriften, insbesondere
a) nicht zwingend bestimmte Gliederungsschemata für Bilanz und Gewinn- und Verlustrechnung zu verwenden (allerdings sind in jedem Fall das Anlage- und das Umlaufvermögen, das Eigenkapital, die Schulden sowie die Rechnungsabgrenzungsposten gesondert auszuweisen und im Hinblick auf die GoB im allgemeinen und den Grundsatz der Klarheit und Übersichtlichkeit im besonderen hinreichend aufzugliedern),
b) außerordentliche Erträge und außerordentliche Aufwendungen nicht gesondert auszuweisen (es sei denn, der gesonderte Ausweis wäre nach den GoB unter dem Gesichtspunkt der Materiality erforderlich),
c) keinen sog. Anlagespiegel für die Posten des Anlagevermögens zu erstellen,
d) keine latenten Steueransprüche bzw. -verbindlichkeiten zu berücksichtigen,
e) das für Kapitalgesellschaften neu geschaffene Wertaufholungsgebot nicht zu beachten,
f) den Jahresabschluß nicht um den Anhang zu erweitern,
g) keinen Lagebericht zu erstatten,
h) keinen Konzernabschluß und keinen Konzernlagebericht zu erstellen und
i) den Jahresabschluß sowie weitere Bestandteile der Rechnungslegung nicht offenzulegen (d. h. nicht zum Handelsregister einzureichen und im Bundesanzeiger bekanntzumachen) und nicht prüfen zu lassen.

18 Es bleibt aber abzuwarten, ob und inwieweit externe Adressaten von Jahresabschlüssen in Zukunft auch von den Kaufleuten, die nicht Kapitalgesellschaften sind, Jahresabschlüsse erwarten, die über die gesetzlichen Minimalerfordernisse hinausgehen.

II. Rechtsformspezifische Regelungen

1. Regelungen für Kapitalgesellschaften

19 Der zweite Abschnitt des Dritten Buches des HGB nF. enthält ergänzende Vorschriften zu Rechnungslegungs-, Prüfungs- und Offenlegungspflichten der Kapitalgesellschaften. Die Vorschriften zur Rechnungslegung führen im Vergleich zu denen der Einzelkaufleute und Personenhandelsgesellschaften zu einer erheblich differenzierten und teilweise auch abweichenden Bilanzierung. Die Offenlegungs- und Prüfungspflichten sind für den weitaus größeren Teil der betroffenen Kapitalgesellschaften neu. Dabei sind die Anforderungen an die Kapitalgesellschaften teilweise nach Größenklassen abgestuft; die Einteilung nach Größenklassen ist für den Einzelabschluß in § 267, vgl. Rz. 56, und für den Konzernabschluß in § 293 HGB nF., vgl. Rz. 23, geregelt.

a) Rechnungslegung

20 Der zweite Abschnitt des Dritten Buches des HGB nF. enthält die ergänzenden Vorschriften für die Handelsbücher der Kapitalgesellschaften (Aktiengesellschaften, Kommanditgesellschaften auf Aktien und Gesellschaften mit beschränkter Haftung).

21 Der Erste Unterabschnitt befaßt sich mit dem Jahresabschluß der Kapitalgesellschaft und dem Lagebericht und enthält die entsprechenden Regelungsinhalte der IV. EG-Richtlinie. Er umfaßt die §§ 264 bis 289 HGB nF. und ist in folgende sechs Titel gegliedert:
1. Allgemeine Vorschriften (§§ 264, 265)
2. Bilanz (§§ 266 bis 274)
3. Gewinn- und Verlustrechnung (§§ 275 bis 278)
4. Bewertungsvorschriften (§§ 279 bis 283)
5. Anhang (§§ 284 bis 288)
6. Lagebericht (§ 289).

22 Erläuterungen zu den Vorschriften der ersten vier Titel enthalten Teil A sowie Teil B Rz. 100ff., Rz. 1699ff., in denen insbesondere auf die Gliederung des Jahresabschlusses sowie auf Ausweis und Bewertung der einzelnen Posten eingegangen wird. Inhalt und Ausgestaltung des Anhangs sowie des Lageberichts sind unter Rz. 1960ff. bzw. in Teil D erläutert.

23 Der Zweite Unterabschnitt des Dritten Buches des HGB enthält die Umsetzung der Siebenten EG-Richtlinie. Durch die danach aufzustellenden Konzernabschlüsse wird erreicht, daß der Einblick in die Vermögens-, Finanz- und Ertragslage von Unternehmen, die unter der einheitlichen Leitung einer Kapitalgesellschaft im Inland stehen, ermöglicht wird. Betroffen sind Muttergesellschaften in den Rechtsformen AG, KGaA oder GmbH, sofern an zwei aufeinanderfolgenden Bilanzstichtagen zwei oder drei nachstehende Größenmerkmale erfüllt sind:
a) Konzernbilanzsumme größer als DM 39 Mio.
b) Konzernumsatzerlöse größer als DM 80 Mio,
c) Arbeitnehmer im Konzern mehr als 500 im Jahresdurchschnitt.

24 Auf die Erläuterungen zum Konzernabschluß und zum Konzernlagebericht in Teil F wird verwiesen.

b) Prüfung des Jahresabschlusses und des Konzernabschlusses sowie der jeweiligen Lageberichte

25 Gemäß § 316 Abs. 1, 2 HGB nF. haben mittelgroße und große Kapitalgesellschaften ihren Jahresabschluß und den Lagebericht sowie Kapitalgesellschaften mit den entsprechenden Voraussetzungen auch ihren Konzernabschluß sowie den Konzernlagebericht durch einen Abschlußprüfer nach den entsprechenden Vorschriften des HGB nF. und den für die jeweilige Rechtsform und ggfs. den Geschäftszweig geltenden Vorschriften prüfen zu lassen. Darüber hinaus sind freiwillig aufgestellte, sog. befreiende Konzernabschlüsse und Konzernlageberichte ebenfalls zu prüfen.

26 Die Prüfung von Jahresabschlüssen stellt die mit der Durchführung dieser Aufgabe betrauten Berufsstände der Wirtschaftsprüfer und vereidigten Buchprüfer (Das umfassende Recht zur Durchführung sämtlicher Prüfungen i. S. v. § 316 HGB steht ausschließlich Wirtschaftsprüfern und Wirtschaftsprüfungsgesellschaften zu; lediglich mittelgroße GmbH können sich auch von dem wiedereröffneten Berufsstand des vereidigten Buchprüfers und von Buchprüfungsgesellschaften prüfen lassen; vgl. auch Rz. 27, sowie Teil G) vor zahlreiche schwierige fachliche Fragen. Der Berufsstand der Wirtschaftsprüfer hatte bereits im Jahr 1933 beim Institut der Wirtschaftsprüfer einen Fachausschuß gebildet, der die Aufgabe hatte, zu wichtigen Fragen auf dem Gebiet der Rechnungslegung und Prüfung sowie zur Entwicklung der Grundsätze ordnungsmäßiger Bilanzierung und Abschlußprüfung Stellung zu nehmen, um eine einheitliche Berufsausübung zu sichern. Diesem allgemeinen Fachausschuß, der heute als Hauptfachausschuß bezeichnet wird, wurden später mehrere Unterausschüsse zur Behandlung spezieller Fragen angegliedert. Der Hauptfachausschuß und die einzelnen Fachausschüsse haben im Lauf der Jahre zahlreiche Verlautbarungen erarbeitet, die vor allem die Berufsausübung, im übrigen aber auch Gesetzgebung und Rechnungslegung beeinflußt haben. Bei Durchführung der Prüfungen ist sorgfältig zu untersuchen, ob die Grundsätze eines Fachgutachtens oder einer Stellungnahme eines Fachausschusses des IdW anzuwenden sind. Darüber hinaus sind die fachlichen Verlautbarungen internationaler Berufsorganisationen, denen der deutsche Berufsstand angehört, zu beachten, sofern dem nicht nationale Vorschriften

Umsetzung der IV. und der VII. EG-Richtlinie 27–30 **B**

oder Grundsätze entgegenstehen. Für die Durchführung von Jahresabschlußprüfungen ist das Fachgutachten 1/1977 (FG 1/1977: Grundsätze ordnungsmäßiger Durchführung von Abschlußprüfungen, in WPg 1977, 210ff) von herausragender Bedeutung, vgl. Teil C Rz. 123ff.

27 Der Abschlußprüfer ist gem. § 321 HGB nF. verpflichtet, über das Ergebnis seiner Prüfung schriftlich zu berichten (vgl. hierzu Fachgutachten 2/1977: Grundsätze ordnungsmäßiger Berichterstattung bei Abschlußprüfungen, in WPg 1977, 214ff, sowie Teil C Rz. 18ff.). Sofern nach dem abschließenden Ergebnis der Prüfung keine Einwendungen zu erheben sind, hat der Abschlußprüfer zum Jahresabschluß bzw. zum Konzernabschluß einen Bestätigungsvermerk zu erteilen (§ 321 HGB nF.).

Der **Bestätigungsvermerk zum Einzelabschluß** lautet wie folgt:

„Die Buchführung und der Jahresabschluß entsprechen nach meiner pflichtgemäßen Prüfung den gesetzlichen Vorschriften. Der Jahresabschluß vermittelt unter Beachtung der Grundsätze ordnungsgemäßer Buchführung ein den tatsächlichen Verhältnissen entsprechendes Bild der Vermögens-, Finanz- und Ertragslage der Kapitalgesellschaft. Der Lagebericht steht im Einklang mit dem Jahresabschluß."

Der **Bestätigungsvermerk zum Konzernabschluß** lautet:

„Der Konzernabschluß entspricht nach meiner pflichtgemäßen Prüfung den gesetzlichen Vorschriften. Der Konzernabschluß vermittelt unter Beachtung der Grundsätze ordnungsgemäßer Buchführung ein den tatsächlichen Verhältnissen entsprechendes Bild der Vermögens-, Finanz- und Ertragslage des Konzern. Der Konzernlagebericht steht im Einklang mit dem Konernabschluß."

28 Wegen weiterer Einzelheiten zur Erteilung des Bestätigungsvermerks vgl. § 322 HGB, Teil C Rz. 32ff. sowie – allerdings zur bisherigen Rechtslage – das Fachgutachten 3/1977: Grundsätze für die Erteilung von Bestätigungsvermerken bei Abschlußprüfungen (in WPg 1977, 217ff.; ergänzt um Anmerkungen in WPg 1982, 94).

c) Offenlegung

29 In den §§ 325–329 HGB nF. ist die Offenlegung des Jahresabschlusses und des Lageberichtes sowie ggfs. des Konzernabschlusses und des Konzernlageberichtes geregelt. Die Vorschriften betreffen im einzelnen:
– die Offenlegung (§ 325 HGB nF.)
– größenabhängige Erleichterungen der Offenlegung (§§ 326, 327 HGB nF.)
– Form und Inhalt der Offenlegung, Veröffentlichung und Vervielfältigung (§ 328 HGB nF.)
– die Prüfungspflicht des Registergerichts (§ 329 HGB nF.).

30 Die Geschäftsführer von Kapitalgesellschaften sind danach im Rahmen der Offenlegungspflicht verpflichtet, folgende Unterlagen dem Registergericht einzureichen bzw. Angaben zu machen:
– Jahresabschluß
– Lagebericht
– Bericht des Aufsichtsrats
– Jahresergebnis
– Vorschlag über die Verwendung des Ergebnisses
– Beschluß über seine Verwendung.

Unverzüglich nach Einreichung vorstehender Unterlagen bzw. Angaben ist im Bundesanzeiger bekanntzumachen, bei welchem Registergericht und unter welcher Nummer Unterlagen und Angaben eingereicht worden sind.

Große Kapitalgesellschaften haben die oben aufgeführten Unterlagen/Angaben zunächst im Bundesanzeiger bekanntzumachen und anschließend die Bekanntmachung unter Beifügung der beizeichneten Unterlagen zum Handelsregister am Sitz der Kapitalgesellschaft einzureichen.

Sofern ein Konzernabschluß und Konzernlagebericht aufzustellen war, haben die Geschäftsführer der Kapitalgesellschaften auch die Pflicht, den Konzernabschluß mit dem Bestätigungsvermerk und dem Konzernlagebericht im Bundesanzeiger bekanntzumachen und die Bekanntmachung unter Beifügung der bezeichneten Unterlagen zum Handelsregister am Sitz der Kapitalgesellschaft einzureichen.

Die Offenlegung der Unterlagen/Angaben zum Jahresabschluß bzw. Konzernabschluß hat unverzüglich nach Vorlage der Unterlagen an die Gesellschafter, späte-

Schmidt

stens jedoch vor Ablauf des neunten Monats nach dem jeweiligen Abschlußstichtag zu erfolgen.
Vgl. zu den Fragen der Offenlegung im übrigen Teil E.

d) Inkrafttreten

31 Die Vorschriften über Aufstellung, Offenlegung und Prüfung sind anzuwenden:
a) Für den Jahresabschluß und den Lagebericht erstmals auf das nach dem 31. Dezember 1986 beginnende Geschäftsjahr,
b) für den Konzernabschluß und den Konzernlagebericht erstmals auf das nach dem 31. Dezember 1989 beginnende Geschäftsjahr.
Die neuen Vorschriften können auf ein früheres Geschäftsjahr angewendet werden, jedoch nur insgesamt (Art. 23 Abs. 1, 2 E-HGB nF.).

2. Regelungen für Genossenschaften

32 Die Genossenschaften sind in die Reform, die wegen der Anpassung des Deutschen Rechts an die IV. EG-Richtlinie notwendig geworden war, einbezogen worden. Die entsprechenden Regelungen zur Änderung des Genossenschaftsgesetzes finden sich in Art. 4 BiRiLiG. Danach gelten für Inhalt und Gliederung der Jahresabschlüsse der Genossenschaften zunächst die rechtsformunabhängigen Vorschriften des HGB nF. (§§ 238–263) und darüber hinaus die speziellen Vorschriften für Kapitalgesellschaften (§§ 264–289 HGB nF.), soweit sie anwendbar sind, entsprechend.

C. Umsetzung der VIII. EG-Richtlinie

36 Die Frage, ob und wenn ja in welchem Umfang Steuerberatern und Rechtsanwälten wegen der Einführung der Pflichtprüfungen für die Jahresabschlüsse von mittelgroßen und großen GmbH sowie der Pflichtprüfung von bestimmten Konzernabschlüssen Prüfungsrechte eingeräumt werden sollen, ist ausgiebig diskutiert worden. Die gesetzgeberische Lösung sieht vor, den Beruf des vereidigten Buchprüfers mit dem Recht, mittelgroße GmbH zu prüfen für solche Steuerberater und Rechtsanwälte wieder zu schaffen, die bestimmte Anforderungen erfüllen und insbesondere ein weiteres Examen ablegen. Außerdem wird bestimmten vereidigten Buchprüfern, Steuerberatern und Rechtsanwälten mit einem bestimmten Besitzstand die Möglichkeit eingeräumt, die Qualifikation als Wirtschaftsprüfer unter erleichterten Voraussetzungen zu erwerben. Einzelheiten enthält Art. 6 BiRiLiG (Änderung der Wirtschaftsprüferordnung), vgl. hierzu Teil G.

D. Die Gliederung des Jahresabschlusses der Einzelkaufleute und der Personenhandelsgesellschaften

40 Der Jahresabschluß der Einzelkaufleute und Personenhandelsgesellschaften, die nicht dem Publizitätsgesetz unterliegen* oder für deren Jahresabschluß nicht aufgrund der Art des Geschäftszweiges** besondere Vorschriften gelten, besteht aus einer Bilanz sowie einer Gewinn- und Verlustrechnung (§ 242 HGB nF.). Im Regel-

---

* Für Inhalt, Gliederung und Behandlung einzelner Posten des Jahresabschlusses der dem Publizitätsgesetz unterliegenden Untenrehmen gelten die wesentlichen Vorschriften, die Kapitalgesellschaften anzuwenden haben, sinngemäß (vgl. § 5 Abs. 1 S. 2 PublG n.F.). Für die Gliederung des Jahresabschlusses dieser Unternehmen bedeutet dies, daß die für Kapitalgesellschaften geltenden Gliederungsvorschriften insoweit anzuwenden sind, als die abweichende Rechtsform keine andere Handhabung nahelegt (zu den durch die Rechtsform gebotenen Abweichungen vgl. *IdW* HFA 1/1976: Zur Bilanzierung bei Personenhandelsgesellschaften, in WPg 1976 S. 114ff.).
** Sonderregelungen gelten beispielsweise für Kreditinstitute, (Art. 7 BiRiLiG – Änderung des Gesetzes über das Kreditwesen) Versicherungsunternehmen (Art. 8 BiRiLiG – Änderung des Versicherungsaufsichtsgesetzes) sowie weitere in Art. 10 BiRiLiG genannte Unternehmen.

fall ist hiernach der Jahresabschluß nicht wie bei den Kapitalgesellschaften um einen Anhang zu ergänzen und des weiteren auch kein Lagebericht aufzustellen.

41 Für die Gliederung der Bilanz und der Gewinn- und Verlustrechnung gelten **keine bestimmten Gliederungsschemata;** da aber der Jahresabschluß nach den Zwecken der Rechnungslegung klar und übersichtlich einen Überblick über
- Vermögen und Schulden,
- die Posten des Eigenkapitals,
- den Periodenerfolg sowie die Quellen des Erfolgs

ermöglichen soll, ist die Gliederung des Jahresabschlusses nach den vorgenannten Zwecken auszurichten. Folgende **Grundregeln** sind zu beachten:
- Der Jahresabschluß hat **klar und übersichtlich** das Verhältnis des Vermögens und der Schulden sowie die Aufwendungen und Erträge des Unternehmens darzustellen (§ 243 Abs. 2 i. V. m. § 242 Abs. 1, 2 HGB nF.).
- Dem Zweck der Klarheit und Übersichtlichkeit dient auch das sog. *Verrechnungsverbot* gem. § 246 Abs. 2 HGB nF.: ,,Posten der Aktivseite dürfen nicht mit Posten der Passivseite, Aufwendungen dürfen nicht mit Erträgen, Grundstücksrechte nicht mit Grundstückslasten verrechnet werden".
- Nicht nur **gesondert auszuweisen,** sondern auch **hinreichend aufzugliedern** sind
  - das Anlagevermögen
  - das Umlaufvermögen
  - das Eigenkapital
  - die Schulden sowie
  - die Rechnungsabgrenzungsposten.
- Unter der Bilanz sind die nicht auf der Passivseite der Bilanz auszuweisenden **Haftungsverhältnisse** zu **vermerken;** diese dürfen in einem Betrag angegeben werden (§ 251 HGB nF.).
- Für die Gewinn- und Verlustrechnung verlangt das Gesetz lediglich eine Gegenüberstellung der Aufwendungen und Erträge des Geschäftsjahres (§ 242 Abs. 2 HGB nF.). Eine bestimmte Spezifizierung ist nicht vorgeschrieben; es fehlt sogar der für die Gliederung der Bilanz geltende Hinweis, daß eine ,,hinreichende" Aufgliederung vorzunehmen ist. Aus dem auch für Einzelkaufleute und Personenhandelsgesellschaften geltenden Grundsatz der Klarheit und Übersichtlichkeit ist jedoch abzuleiten, daß unabhängig von dem Fehlen einer entsprechenden Spezialvorschrift die Gewinn- und Verlustrechnung so zu gliedern ist, daß die Quellen des Erfolgs deutlich werden. In Abhängigkeit von Art und Umfang der Geschäftstätigkeit und unter Berücksichtigung etwaiger besonderer Umstände, die das Jahresergebnis maßgeblich beeinflußt haben, ist hiernach eine zweckentsprechende Gliederung der Gewinn- und Verlustrechnung vorzunehmen.

42 Für **Personenhandelsgesellschaften** gelten aufgrund ihrer Rechtsnatur **besondere Anforderungen** an die Gliederung; hierzu gehören beispielsweise:
- bei der **Gliederung der Kapitalkonten** kann lediglich die Zusammenfassung von Konten mit gleichen Rechten und Pflichten als zulässig angesehen werden,
- des weiteren sind **Kommanditeinlagen** getrennt von den Einlagen der Komplementäre auszuweisen,
- **Gesellschafterdarlehen,** die Gläubigerrechte gegenüber der Gesellschaft begründen, sollen nicht unter den Eigenkapitalposten ausgewiesen werden, auch wenn es sich etwa um sog. kapitalersetzende Darlehen i. S. v. §§ 129a, 172a HGB handeln sollte,
- ebenfalls sollten **negative Kapitalkonten,** die aus Verlusten entstanden sind, und **ausstehende Kommanditeinlagen** gesondert von Forderungen aus Leistungsabrechnungen mit Gesellschaftern ausgewiesen werden.

43 Zur **Klärung einzelner Bilanzierungsfragen,** die aus den rechtlichen Besonderheiten der Personenhandelsgesellschaften resultieren, sollte die Stellungnahme des Hauptfachausschusses des Instituts der Wirtschaftsprüfer 1/1976 herangezogen werden (WPg 1976, 114 ff.); vgl. im übrigen auch die Erläuterungen zu den einzelnen Posten des Jahresabschlusses in Rz. 100 ff.

E. Die Gliederung des erweiterten Jahresabschlusses der Kapitalgesellschaften

I. Die Dreiteilung des Jahresabschlusses

50 Der Jahresabschluß der Kapitalgesellschaften besteht aus Bilanz, Gewinn- und Verlustrechnung sowie einem – in Form und Inhalt auch für Aktiengesellschaften neuen – Anhang. Zusätzlich zum Jahresabschluß ist ein Lagebericht aufzustellen.

Der Grund für die Erweiterung der Rechnungslegungspflicht um den Anhang liegt darin, daß Zahlenreihen allein in der Regel nicht die wirtschaftlichen Verhältnisse eines Unternehmens verdeutlichen können. Deshalb bilden Bilanz, Gewinn- und Verlustrechnung und Anhang demnächst eine Einheit, die nach der **Generalnorm** des § 264 Abs. 2 HGB nF. unter Beachtung der Grundsätze ordnungsmäßiger Buchführung ein den tatsächlichen Verhältnissen entsprechendes Bild der Vermögens-, Finanz- und Ertragslage zu vermitteln hat. Die Anforderungen an die Rechnungslegung der Kapitalgesellschaften sind hiernach, abgesehen von der Fülle der neu geschaffenen Einzelregelungen, schon im Hinblick auf die Formulierung der Generalnorm höher als die Anforderungen an die Rechnungslegung der Unternehmen, die diese Vorschrift nicht zu beachten haben.

51 Die **Angaben im Anhang** (vgl. Rz. 1960 ff.) lassen sich grob wie folgt systematisieren:
a) Generelle Erläuterungen zu den Posten der Bilanz und der Gewinn- und Verlustrechnung sowie zu den angewendeten Bilanzierungsgrundsätzen (vergleichbar mit § 160 Abs. 2 AktG aF.).
b) Einzelangaben zu Posten der Bilanz und der Gewinn- und Verlustrechnung. Dabei können bestimmte Angaben auch wahlweise in der Bilanz bzw. in der Gewinn- und Verlustrechnung erfolgen. Hieran wird auch deutlich, daß der Anhang integrierter Bestandteil des Jahresabschlusses ist.
c) Ergänzende Informationen, die im wesentlichen Beschäftigte, Leistungen an Organe und Unternehmensverbindungen betreffen.

52 Die Erweiterung des Jahresabschlusses um den Anhang hat auch Bedeutung für die **Publizität;** denn als Bestandteil des Jahresabschlusses unterliegt der Anhang grundsätzlich den gleichen Offenlegungs- und – bei den großen Kapitalgesellschaften – Veröffentlichungspflichten wie die Bilanz und die Gewinn- und Verlustrechnung; vgl. Teil E.

53 Im **Lagebericht** (vgl. Teil D) ist eine zusammengefaßte Übersicht über Geschäftsverlauf und Lage der Gesellschaft im abgelaufenen Geschäftsjahr in der Weise zu geben, daß ein den tatsächlichen Verhältnissen entsprechendes Bild vermittelt wird. Des weiteren soll eingegangen werden auf Vorgänge von besonderer Bedeutung, die nach dem Schluß des Geschäftsjahrs eingetreten sind, auf die voraussichtliche Entwicklung der Gesellschaft und auf den Bereich Forschung und Entwicklung.

54 Bemerkenswert ist im übrigen, daß eine **Kapitalflußrechnung** – in den USA seit 1963 und in England seit 1975 verlangt – nicht vorgesehen ist; vgl. hierzu Teil R Rz. 262 ff.

II. Wesentliche Änderungen in der Form der Darstellung der Vermögens-, Finanz- und Ertragslage

1. Der Zwangscharakter der Gliederung

55 Die Regelungen über die Gliederung des Jahresabschlusses haben für die Kapitalgesellschaften Zwangscharakter. Umfang und Detaillierung der Einzelangaben, die in der Bilanz, in der Gewinn- und Verlustrechnung und im Anhang zu erfolgen haben, hängen für die einzelnen Kapitalgesellschaften von ihrer Größe ab.

56 Gemäß § 267 HGB nF. sind drei **Größenkategorien** zu unterscheiden:

Größenklassen der Kapitalgesellschaften	Bilanzsumme (DM Mio)	Umsatz (DM Mio)	Arbeitnehmer (Jahresdurchschnitt)
a) kleine	≤ 3,9	≤ 8,0	≤ 50
b) mittelgroße	> 3,9 ≤ 15,5	> 8,0 ≤ 32,0	> 50 ≤ 250
c) große	> 15,5	> 32,0	> 250

Zu a)
Kleine Kapitalgesellschaften sind solche, die mindestens zwei der drei Merkmale in Zeile a) nicht überschreiten.

Zu b)
Mittelgroße Kapitalgesellschaften sind solche, die mindestens zwei der drei in Zeile 1 bezeichneten Merkmale überschreiten und jeweils mindestens zwei der drei Merkmale in Zeile b) nicht überschreiten.

Zu c)
Große Kapitalgesellschaften sind solche, die mindestens zwei der drei in Zeile c) bezeichneten Merkmale überschreiten.

57 Die **Rechtsfolgen der vorstehenden Merkmale** treten nur ein, wenn sie an den Abschlußstichtagen von zwei aufeinanderfolgenden Geschäftsjahren über- bzw. unterschritten werden. Besonderheiten gelten für die Fälle der Verschmelzung, Umwandlung oder Neugründung.

58 Die Vorschriften für den Jahresabschluß der Kapitalgesellschaft und den Lagebericht sind gesetzestechnisch auf die Anforderungen an die großen Kapitalgesellschaften abgestellt. Diese Regelungen stellen die ,,Leitlinie" des Gesetzgebers dar. Die Erleichterungen für die mittelgroßen und kleinen Kapitalgesellschaften sind im einzelnen in verschiedenen Vorschriften geregelt. Die umfangreichsten Anforderungen werden hiernach an die großen Kapitalgesellschaften gestellt.

59 Aus der Übersicht unter Rz. 89f. sind die beiden **Gliederungsschemata, die für die Bilanzen** der großen und mittelgroßen Kapitalgesellschaften einerseits sowie der kleinen Kapitalgesellschaften andererseits anzuwenden sind, zu ersehen. Die darin ausgewiesenen Posten sind – bei Vorliegen der entsprechenden Voraussetzungen – nach Maßgabe der §§ 268 bis 274 HGB zu ergänzen und/oder im Anhang zu erläutern. Einzelheiten hierzu ergeben sich aus der Erläuterung der einzelnen Bilanzpositionen in Teil B.

60 In der Übersicht unter Rz. 90 sind die **Gliederungsalternativen für die Gewinn- und Verlustrechnung** der großen Kapitalgesellschaften in der Form des Gesamtkosten- und des Umsatzkostenverfahrens gegenübergestellt. Zu beachten ist, daß die kleinen und mittelgroßen Kapitalgesellschaften bei Anwendung des Gesamtkostenverfahrens die Posten 1. bis 5. und bei Anwendung des Umsatzkostenverfahrens die Posten 1. bis 3. und 6. zu einem Posten zusammenfassen dürfen, der als ,,Rohergebnis" zu bezeichnen ist.

61 Für sog. **Formblattunternehmen** – z. B. Banken, Versicherungen – gelten in Zukunft im wesentlichen noch der bisherigen Regelungen. Das Bilanzrichtlinien-Gesetz enthält für diese Unternehmen allerdings einige Folgeänderungen des KWG und des VAG in den Art. 7 und 8 sowie eine Verordnungsermächtigung für den Bundesminister der Justiz zum Erlaß von Formblättern für Kapitalgesellschaften. Aufgrund der Harmonisierungsbestrebungen in der EG existieren zur Zeit Richtlinienvorschläge für Banken und für Versicherungen.

62 Der Zwangscharakter der für Kapitalgesellschaften vorgeschriebenen Gliederungen für die Bilanz und die Gewinn- und Verlustrechnung dient der **Vergleichbarkeit** der Abschlüsse
– mit den Abschlüssen anderer Kapitalgesellschaften und
– mit dem Vorjahresabschluß.

63 Im Hinblick auf die **Vergleichbarkeit mit dem Abschluß für das vorangegangene Geschäftsjahr** sind zwei Grundsätze von Bedeutung:
– die Gliederungen der aufeinanderfolgenden Bilanzen und Gewinn- und Verlustrechnungen sind beizubehalten. Abweichungen kommen nur dann in Betracht, wenn sie in Ausnahmefällen wegen besonderer Umstände erforderlich sind. Im übrigen müssen diese Abweichungen im Anhang angegeben und begründet werden.
– Die entsprechenden Beträge des vorhergehenden Geschäftsjahres sind anzugeben. Bei erstmaliger Anwendung des Bilanzrichtlinien-Gesetzes wird die Angabe der Vorjahreszahlen nicht verlangt. Bei fehlender Vergleichbarkeit sind Angaben und Erläuterungen im Anhang erforderlich.

64 Im Hinblick auf den Grundsatz der Klarheit und Übersichtlichkeit ist auch das **Verrechnungsverbot** gemäß § 246 Abs. 2 HGB nF. zu beachten: Posten der Aktivseite dürfen nicht mit Posten der Passivseite, Aufwendungen dürfen nicht mit Erträgen, Grundstücksrechte nicht mit Grundstückslasten verrechnet werden.

2. Regelungen zur Verbesserung des Einblicks in die Vermögens- und Kapitalstruktur

65 Um die Vermögens- und Kapitalstruktur deutlich zu machen, wurde die Aktivseite in die Hauptposten **A. Anlagevermögen** (darunter: I. Immaterielle Vermögensgegenstände, II. Sachanlagen, III. Finanzanlagen) und **B. Umlaufvermögen** (darunter: I. Vorräte, II. Forderungen und sonstige Vermögensgegenstände, III. Wertpapiere, IV. Schecks, Kassenbestand, Bundesbank- und Postgiroguthaben, Guthaben bei Kreditinstituten) eingeteilt. Die Passivseite umfaßt die Hauptposten **A. Eigenkapital** (darunter: I. Gezeichnetes Kapital, II. Kapitalrücklage, III. Gewinnrücklagen, IV. Ergebnisvortrag, V. Jahresergebnis), **B. Rückstellungen** und **C. Verbindlichkeiten.** Hinzu kommen auf Aktiv- und Passivseite die Rechnungsabgrenzungsposten. Neu ist bis hierhin vor allem, daß sämtliche Eigenkapitalposten in einer Gruppe auszuweisen sind.

Folgende **wesentliche Neuerungen** sind im einzelnen eingetreten:

66 – Die **Entwicklung des Anlagevermögens,** die in der Bilanz oder im Anhang darzustellen ist, muß in Zukunft brutto erfolgen, d. h., auszuweisen sind die historischen Anschaffungs- oder Herstellungskosten nach Maßgabe der zu Beginn des Geschäftsjahres vorhandenen Vermögensgegenstände, die Zugänge, Abgänge, Umbuchungen und Zuschreibungen des laufenden Geschäftsjahres, die bis zum Ende des Geschäftsjahres insgesamt aufgelaufenen Abschreibungen sowie die danach sich ergebenden Nettowerte zum Ende des Geschäftsjahres. Sind bei erstmaliger Anwendung der neuen Vorschriften die Anschaffungs- oder Herstellungskosten von Gegenständen des Anlagevermögens nicht ohne unverhältnismäßige Kosten oder Verzögerungen feststellbar, so dürfen die bisherigen Buchwerte fortgeführt werden; vgl. im einzelnen Rz. 161 ff.

– Die auf das Geschäftsjahr entfallenden **Abschreibungen auf Sachanlagen** (sowie auf etwaige Aufwendungen für die Ingangsetzung und Erweiterung des Geschäftsbetriebs) sind entweder in der Bilanz bei den betreffenden Posten zu vermerken oder im Anhang in einer entsprechenden Aufgliederung anzugeben; vgl. Rz. 161, 164.

67 – **Wertberichtigungen** zu den Posten des Anlagevermögens dürfen nicht mehr auf der Passivseite ausgewiesen werden. Auch die **Pauschalwertberichtigung** zu Forderungen ist in Zukunft unmittelbar von den jeweiligen Aktivposten abzusetzen; vgl. Rz. 178.

68 – Der bisher (bei Rechnungslegung nach dem AktG) verlangte gesonderte Ausweis zahlungshalber hereingenommene **Wechsel** entfällt (auch ein Vermerk über die Innehabung von Wechseln bei den einzelnen Bilanzposten, unter denen die jeweiligen Forderungen ausgewiesen werden, ist nicht erforderlich); vgl. Rz. 651.

69 – Abgesehen von wenigen Sonderfällen werden sämtliche **Posten des Eigenkapitals** grundsätzlich in einer Gruppe ausgewiesen; vgl. Rz. 881 ff.

70 – Die bisherige Handhabung der **Sonderposten mit Rücklageanteil** ist übernommen worden. Zusätzlich werden unter diesem Posten Wertberichtigungen auszuweisen sein, die gebildet werden dürfen, wenn und soweit aufgrund der sog. Umkehrung des Maßgeblichkeitsgrundsatzes von den handelsrechtlich gebotenen Bilanzierungs- und Bewertungsvorschriften abgewichen wird; vgl. Rz. 1015 ff.

71 – Bei den **Rückstellungen** sind zwei neue Posten hervorzuheben:
(1) Die Rückstellung für bestimmte Steuerbelastungen nachfolgender Geschäftsjahre, die zwingend zu bilden ist; für voraussichtliche Steuerentlastungen nachfolgender Geschäftsjahre darf auf der Aktivseite ein Abgrenzungsposten als Bilanzierungshilfe gebildet werden (vgl. hierzu § 274 HGB nF. **Steuerabgrenzung** sowie Rz. 860 ff., 1160 ff.).
(2) Die Rückstellungen für ihrer Eigenart nach genau umschriebene, dem Geschäftsjahr oder einem früheren Geschäftsjahr zuzuordnende Aufwendungen,

die am Abschlußstichtag wahrscheinlich oder sicher, aber hinsichtlich ihrer Höhe oder des Zeitpunkts ihres Eintritts unbestimmt sind (§ 249 Abs. 2 HGB nF.); vgl. Rz. 1205 ff.

72 – Für **Pensionsrückstellungen** gilt folgende Regelung (vgl. auch Rz. 1091 ff.): Gemäß § 249 Abs. 1 Satz 1 HGB sind Pensionsrückstellungen bei Vorliegen der entsprechenden Voraussetzungen zwingend zu bilden; der Gesetzgeber hat lediglich mit Rücksicht auf die bisher noch weitverbreitete Nichtberücksichtigung dieser Verpflichtungen folgende Übergangsregelung geschaffen (Art. 28):

„(1) Für eine laufende Pension, eine Anwartschaft auf eine Pension oder eine ähnliche Verpflichtung braucht eine Rückstellung nach § 249 Abs. 1 Satz 1 des Handelsgesetzbuches nicht gebildet zu werden, wenn der Pensionsberechtigte seinen Rechtsanspruch vor dem 1. Januar 1987 erworben hat. Satz 1 ist nicht auf Erhöhungen von Ansprüchen nach Satz 1 anzuwenden, wenn die Erhöhung nach dem 31. Dezember 1986 vereinbart wird.

(2) Bei Anwendung des Abs. 1 Satz 1 müssen Kapitalgesellschaften die in der Bilanz nicht ausgewiesenen Rückstellungen für laufende Pensionen, Anwartschaften auf Pensionen und ähnliche Verpflichtungen im Anhang in einem Betrag angeben."

73 – Als **Rechnungsabgrenzungsposten** sind grundsätzlich wie bisher nur transitorische Posten auszuweisen. Hinzu kommen auf der Aktivseite neuerdings Zölle und Verbrauchssteuern, die auf am Bilanzstichtag auszuweisende Vorräte entfallen. Des weiteren ist die Umsatzsteuer auf erhaltene Anzahlungen am Bilanzstichtag aktivisch abzugrenzen (§ 250 Abs. 1 HGB; a. A. noch BFH-Urteil v. 26. 6. 1979, BStBl. II, S. 625 ff.); vgl. im einzelnen Rz. 820 ff., 1630 ff.

3. Regelungen zur Verbesserung des Einblicks in die Finanzlage

74 Um den Einblick in die Finanzlage bei Kapitalgesellschaften zu verbessern, wurden folgende Regelungen für zweckmäßig erachtet:
– Kapitalgesellschaften, bei denen das Eigenkapital durch Verluste aufgebraucht ist und bei denen sich danach ein Überschuß der Passivposten über die Aktivposten ergibt, haben die bilanzielle Unterdeckung auf der Aktivseite gesondert in der Position **„Nicht durch Eigenkapital gedeckter Fehlbetrag"** auszuweisen (§ 268 Abs. 3 HGB nF.); vgl. Rz. 875 ff.

75 – **Forderungen mit einer Restlaufzeit von mehr als einem Jahr** sind bei jedem gesondert ausgewiesenen Posten zu vermerken (§ 268 Abs. 4 HGB nF.).

76 – Die Verbindlichkeiten sind nicht mehr nach vereinbarten Laufzeiten gegliedert. Bei jedem einzelnen Posten sind die **Verbindlichkeiten mit einer Restlaufzeit bis zu einem Jahr** gesondert zu vermerken. Hinzu kommt, daß der Gesamtbetrag der Verbindlichkeiten mit einer **Restlaufzeit von mehr als fünf Jahren** im Anhang zu nennen ist. Des weiteren ist im Anhang der Gesamtbetrag der Verbindlichkeiten, die durch Pfandrechte oder ähnliche Rechte gesichert sind, unter Angabe von **Art und Form der Sicherheiten** anzugeben (§ 285 Nr. 1 HGB nF.; mittelgroße und große Kapitalgesellschaften müssen die vorstehenden Angaben für jeden einzelnen Posten der Verbindlichkeiten machen); vgl. im einzelnen Rz. 1473 ff.

77 Die **Eventualverpflichtungen** aus Haftungsverhältnissen sind unter der Bilanz anzugeben (§ 251 HGB nF.); vgl. Rz. 1650 ff.

78 – Mittelgroße und große Kapitalgesellschaften haben **aus der Bilanz nicht erkennbare finanzielle Verpflichtungen** anzugeben, sofern diese Verpflichtungen für die Beurteilung der Finanzlage von Bedeutung sind (§ 285 Nr. 3 HGB nF.); vgl. Rz. 1477, 1981. Hierunter können Verpflichtungen aus Miet- oder Leasingverträgen, aus Investitionsvorhaben, aus künftigen Großreparaturen und beispielsweise auch aus notwendig werdenden Umweltschutzmaßnahmen gehören.

4. Regelungen zur Verbesserung des Einblicks in die Ertragslage

79 Die Gestaltung der beiden in Betracht kommenden Gliederungsschemata für die Gewinn- und Verlustrechnung ist mit der Zielsetzung erfolgt, die Erfolgsquellen deutlich zu machen. Dabei ist man bei dem **Gesamtkostenverfahren** dem sog. Primärprinzip (d. h. Gliederung nach Aufwands- bzw. Ertragsarten) und bei dem **Umsatzkostenverfahren** – im wesentlichen – dem sog. Sekundärprinzip (d. h. Gliederung nach Funktionsbereichen: Betrieb, Vertrieb, Verwaltung) gefolgt.

80 Die einzelnen Posten entsprechen – vor allem beim Gesamtkostenverfahren – weitgehend denen, die bisher gemäß §§ 157, 158 AktG auszuweisen sind. Eine **bessere Übersichtlichkeit** wird jedoch dadurch erreicht, daß die Posten anders gegliedert sind. So werden durch Gruppenbildung die Komponenten des Jahreserfolgs erkennbar:

81 – Das **Ergebnis der gewöhnlichen Geschäftstätigkeit** (Nr. 14 bzw. Nr. 13 der Gliederungsschemata vgl. Rz. 1873), das untergliedert werden kann in ein Ergebnis vor Beteiligungsergebnissen und Zinsen (Saldo nach Nr. 8 bzw. nach Nr. 7 der Gliederungsschemata) und ein Beteiligungs- und Zinsergebnis (Zwischensumme nach Nr. 13 bzw. Nr. 12 der Gliederungsschemata).

82 – Nach dem Ergebnis der gewöhnlichen Geschäftstätigkeit sind die Summen der außerordentlichen Aufwendungen und Erträge sowie **das außerordentliche Ergebnis** gesondert auszuweisen, vgl. Rz. 1890. Nach den neuen Regelungen sind Ausweis und Unterscheidung ordentlicher und außerordentlicher Posten anders als bisher im AktG geregelt. Nach dem AktG waren lediglich die unter den sonstigen Erträgen auszuweisenden außerordentlichen Posten zu vermerken. Nunmehr sind sämtliche außerordentliche Erträge und Aufwendungen gesondert auszuweisen. Im Gegensatz zu der bisherigen aktienrechtlichen Handhabung haben nur noch solche Posten außerordentlichen Charakter, die außerhalb des regelmäßigen Geschäftsverlaufs anfallen. Periodenfremde Erträge und Aufwendungen sind, sofern sie innerhalb des regelmäßigen Geschäftsverlaufs anfallen, hiernach nicht gesondert auszuweisen; sofern solche Aufwendungen oder Erträge dazu führen, daß ein den tatsächlichen Verhältnissen entsprechendes Bild der Ertragslage nicht vermittelt wird, sind im Anhang zusätzliche Angaben zu machen (§ 264 Abs. 2 HGB nF.).

83 Anders als bisher werden **die ergebnisabhängigen Steuern** gesondert ausgewiesen, da die Steuern vom Vermögen nunmehr den sonstigen Steuern zugeordnet werden, vgl. Rz. 1906. Darüber hinaus ist im Anhang anzugeben, in welchem Umfang die ergebnisabhängigen Steuern (Gewerbeertrag- und Körperschaftsteuer) auf das Ergebnis der gewöhnlichen Geschäftstätigkeit und auf das außerordentliche Ergebnis entfallen, siehe hierzu Rz. 1979.

84 Im Hinblick auf die Kenntlichmachung der Quellen des Erfolgs ist ebenfalls von Bedeutung, daß große Kapitalgesellschaften bei erheblichen Unterschieden zwischen mehreren Tätigkeitsbereichen und/oder geographisch bestimmten Märkten eine entsprechende **Untergliederung der Umsatzerlöse** vorzunehmen haben (§ 285 Nr. 4 HGB nF.); hier gibt es allerdings auch eine Schutzklausel, die Anwendung findet, wenn solche Angaben geeignet sind, dem Unternehmen einen erheblichen Nachteil zuzufügen (§ 286 Abs. 2 HGB nF.); siehe auch Rz. 1979.

5. Darstellung der Ergebnisverwendung

85 Eine wesentliche Neuerung betrifft auch die Darstellung der Ergebnisverwendung. Zukünftig besteht ein – bisher für Aktiengesellschaften nicht gegebenes – **Wahlrecht:** Der Jahresabschluß kann vor oder nach vollständiger bzw. teilweiser Verwendung des Jahresergebnisses aufgestellt werden; vgl. Rz. 1005 ff., 1008 ff.

6. Darstellung der Beziehungen zu Beteiligungsgesellschaften und zu verbundenen Unternehmen

Die Entwicklung, die mit dem AktG 1937 begann und mit dem AktG 1965 erheblich vorangetrieben wurde, wird in drei Richtungen fortgesetzt:

86 a) Nach dem Bilanzrichtlinien-Gesetz haben nunmehr alle Kapitalgesellschaften (nicht mehr nur Unternehmen, die nach dem AktG Rechnung zu legen haben) Angaben über Verbindungen zu bestimmten anderen Unternehmen zu machen, vgl. Rz. 420.

87 b) Die Angaben und Vermerke erstrecken sich nicht nur auf Beziehungen zu verbundenen Unternehmen i. S. v. § 271 Abs. 2 HGB nF., sondern auch auf Beziehungen zu anderen Beteiligungen. Hervorzuheben ist auch die **neue Definition der Beteiligungen** (§ 271 Abs. 1 HGB nF.): Beteiligungen sind Anteile an anderen Unternehmen, die bestimmt sind, dem eigenen Geschäftsbetrieb durch Herstellung

einer dauernden Verbindung zu jenen Unternehmen zu dienen. Anteile an einer Kapitalgesellschaft von mehr als 20% gelten im Zweifel als Beteiligung; siehe hierzu auch Rz. 433 ff.

88 c) Der Katalog der Angaben und Vermerke ist – auch soweit er verbundene Unternehmen betrifft – umfangreicher geworden:
- In der Bilanz wird beispielsweise bei bestimmten Finanzanlagen sowie bei Forderungen und Verbindlichkeiten der gesonderte Ausweis der Beträge verlangt, die auf verbundene Unternehmen oder auf Unternehmen, mit denen ein Beteiligungsverhältnis besteht, entfallen; vgl. Rz. 420 m. w. N. 693 ff., 701 ff., 1547 ff., 1570 ff.
- In der Gewinn- und Verlustrechnung sind bei den einzelnen Erträgen aus Finanzanlagen die Beträge anzugeben, die aus der finanziellen Verpflichtung mit anderen Unternehmen resultieren; vgl. Rz. 1810 ff., 1830 ff., 1837 ff., 1865 ff.
- Im Anhang sind über die bisher in Geschäftsberichten von Aktiengesellschaften erforderlichen Angaben hinaus bestimmte Einzelangaben zu Unternehmen, an denen die Kapitalgesellschaft mittelbar oder unmittelbar mindestens zu 20% beteiligt ist, zu machen (darunter die Beteiligungsquote, das Eigenkapital und das letzte vorliegende Jahresergebnis); siehe Rz. 1982.

89 Gegenüberstellung der Gliederungsschemata gem. § 266 HGB nF.* für die verschiedenen Größenklassen der Kapitalgesellschaften

Bilanz – Aktivseite

Große und mittelgroße Kapitalgesellschaften	Kleine Kapitalgesellschaften
A. Anlagevermögen	**A. Anlagevermögen**
I. Immaterielle Vermögensgegenstände	**I. Immaterielle Vermögensgegenstände**
1. Konzessionen, gewerbliche Schutzrechte und ähnliche Rechte und Werte sowie Lizenzen an solchen Rechten und Werten	
2. Geschäfts- oder Firmenwert	
3. geleistete Anzahlungen	
II. Sachanlagen	**II. Sachanlagen**
1. Grundstücke, grundstücksgleiche Rechte und Bauten einschließlich der Bauten auf fremden Grundstücken	
2. technische Anlagen und Maschinen	
3. andere Anlagen, Betriebs- und Geschäftsausstattung	
4. geleistete Anzahlungen und Anlagen im Bau	
III. Finanzanlagen	**III. Finanzanlagen**
1. Anteile an verbundenen Unternehmen	
2. Ausleihungen an verbundene Unternehmen	
3. Beteiligungen	
4. Ausleihungen an Unternehmen, mit denen ein Beteiligungsverhältnis besteht	
5. Wertpapiere des Anlagevermögens	
6. sonstige Ausleihungen	
B. Umlaufvermögen	**B. Umlaufvermögen**
I. Vorräte	**I. Vorräte**
1. Roh-, Hilfs- und Betriebsstoffe	

---

* Über das hiernach vorgeschriebene Schema hinaus enthalten Vorschriften des HGB nF. weitere Einzelregelungen für die Gliederung der Bilanz oder alternativ Angaben im Anhang, z. B. für die Entwicklung der einzelnen Posten des Anlagevermögens (Anlagespiegel) gem. § 268 Abs. 2), für ausstehende Einlagen (§ 272 Abs. 1 S. 2, 3), Aufwendungen für die Ingangsetzung und Erweiterung des Geschäftsbetriebs (§ 269), das Disagio (§ 250 Abs. 6), latente Steuern (§ 274), Forderungen mit einer Restlaufzeit von mehr als einem Jahr (§ 268 Abs. 4), Verbindlichkeiten mit einer Restlaufzeit bis zu einem Jahr (§ 268 Abs. 5), Sonderposten mit Rücklageanteil (§ 273), den nicht durch Eigenkapital gedeckten Fehlbetrag (§ 268 Abs. 3), Mitzugehörigkeitsvermerke (§ 265 Abs. 3 S. 1) sowie zu den Rechtsgrundlagen der Sonderposten mit Rücklageanteil (§ 281 Abs. 1 S. 2). Hinzu kommen weitere Einzelregelungen in den für bestimmte Rechtsformen geltenden Gesetzen, z. B. § 152 AktG.

2. unfertige Erzeugnisse, unfertige Leistungen
3. fertige Erzeugnisse und Waren
4. geleistete Anzahlungen

II. **Forderungen und sonstige Vermögensgegenstände**
1. Forderungen aus Lieferungen und Leistungen
2. Forderungen gegen verbundene Unternehmen
3. Forderungen gegen Unternehmen, mit denen ein Beteiligungsverhältnis besteht
4. sonstige Vermögensgegenstände

III. **Wertpapiere**
1. Anteile an verbundenen Unternehmen
2. eigene Anteile
3. sonstige Wertpapiere

IV. **Schecks, Kassenbestand, Bundesbank- und Postgiroguthaben, Guthaben bei Kreditinstituten**

C. **Rechnungsabgrenzungsposten**

II. **Forderungen und sonstige Vermögensgegenstände**

III. **Wertpapiere**

IV. **Schecks, Kassenbestand, Bundesbank- und Postgiroguthaben, Guthaben bei Kreditinstituten**

C. **Rechnungsabgrenzungsposten**

Bilanz – Passivseite

Große und mittelgroße Kapitalgesellschaften

Kleine Kapitalgesellschaften

A. **Eigenkapital**
  I. Gezeichnetes Kapital
  II. Kapitalrücklage
  III. Gewinnrücklagen
    1. gesetzliche Rücklage
    2. Rücklage für eigene Anteile
    3. satzungsmäßige Rücklagen
    4. andere Gewinnrücklagen
  IV. Gewinnvortrag/Verlustvortrag
  V. Jahresüberschuß/Jahresfehlbetrag

B. **Rückstellungen**
  1. Rückstellungen für Pensionen und ähnliche Verpflichtungen
  2. Steuerrückstellungen
  3. sonstige Rückstellungen

C. **Verbindlichkeiten**
  1. Anleihen
     davon konvertibel
  2. Verbindlichkeiten gegenüber Kreditinstituten
  3. erhaltene Anzahlungen auf Bestellungen
  4. Verbindlichkeiten aus Lieferungen und Leistungen
  5. Verbindlichkeiten aus der Annahme gezogener Wechsel und der Ausstellung eigener Wechsel
  6. Verbindlichkeiten gegenüber verbundenen Unternehmen
  7. Verbindlichkeiten gegenüber Unternehmen, mit denen ein Beteiligungsverhältnis besteht
  8. sonstige Verbindlichkeiten
     davon aus Steuern
     davon im Rahmen der sozialen Sicherheit

D. **Rechnungsabgrenzungsposten**

A. **Eigenkapital**
  I. Gezeichnetes Kapital
  II. Kapitalrücklage
  III. Gewinnrücklagen

  IV. Gewinnvortrag/Verlustvortrag
  V. Jahresüberschuß/Jahresfehlbetrag

B. **Rückstellungen**

C. **Verbindlichkeiten**

D. **Rechnungsabgrenzungsposten**

Gliederungsalternativen* für die Gewinn- und Verlustrechnung der großen Kapitalgesellschaften** gemäß § 275 HGB nF.

Gesamtkostenverfahren

1. Umsatzerlöse
2. Erhöhung oder Verminderung des Bestands an fertigen und unfertigen Erzeugnissen
3. aktivierte Eigenleistungen
4. betriebliche Erträge
5. Materialaufwand:
   Aufwendungen für Roh-, Hilfs- und Betriebsstoffe und für bezogene Waren
   Aufwendungen für bezogene Leistungen
6. Personalaufwand:
   Löhne und Gehälter
   soziale Abgaben und Aufwendungen für Altersversorgung und für Unterstützung
   davon für Altersversorgung
7. Abschreibungen:
   a) auf immaterielle Vermögensgegenstände des Anlagevermögens und Sachanlagen sowie auf aktivierte Aufwendungen für die Ingangsetzung und Erweiterung des Geschäftsbetriebs
   b) auf Vermögensgegenstände des Umlaufvermögens, soweit diese die in der Kapitalgesellschaft üblichen Abschreibungen überschreiten
8. sonstige betriebliche Aufwendungen
9. Erträge aus Beteiligungen
   davon aus verbundenen Unternehmen
10. Erträge aus anderen Wertpapieren und Ausleihungen des Finanzlagevermögens
    davon aus verbundenen Unternehmen
11. sonstige Zinsen und ähnliche Erträge
    davon aus verbundenen Unternehmen
12. Abschreibungen auf Finanzanlagen und auf Wertpapiere des Umlaufvermögens
13. Zinsen und ähnliche Aufwendungen
    davon an verbundene Unternehmen
14. Ergebnis der gewöhnlichen Geschäftstätigkeit
15. außerordentliche Erträge
16. außerordentliche Aufwendungen
17. außerordentliches Ergebnis
18. Steuern vom Einkommen und vom Ertrag
19. sonstige Steuern
20. Jahresüberschuß/Jahresfehlbetrag

Umsatzkostenverfahren*

1. Umsatzerlöse
2. Herstellungskosten der zur Erzielung der Umsatzerlöse erbrachten Leistungen
3. Bruttoergebnis vom Umsatz
4. Vertriebskosten
5. allgemeine Verwaltungskosten
6. sonstige betriebliche Erträge
7. sonstige betriebliche Aufwendungen
8. Erträge aus Beteiligungen
   davon aus verbundenen Unternehmen
9. Erträge aus Wertpapieren, Ausleihungen und sonstigen Finanzanlagen
   davon aus verbundenen Unternehmen
10. sonstige Zinsen und ähnliche Erträge
    davon aus verbundenen Unternehmen
11. Abschreibungen auf Finanzanlagen und auf Wertpapiere des Umlaufvermögens
12. Zinsen und ähnliche Aufwendungen
    davon an verbundene Unternehmen
13. Ergebnis der gewöhnlichen Geschäftstätigkeit
14. außerordentliche Erträge
15. außerordentliche Aufwendungen
16. außerordentliches Ergebnis
17. Steuern vom Einkommen und vom Ertrag
18. sonstige Steuern
19. Jahresüberschuß/Jahresfehlbetrag

---

* Über das hiernach vorgeschriebene Schema hinaus enthalten Vorschriften des HGB nF. weitere Einzelregelungen für die Gliederung der Gewinn- und Verlustrechnung oder alternative Angaben im Anhang, z. B. über Erträge und Aufwendungen aus Verlustübernahme sowie aufgrund einer Gewinngemeinschaft, eines Gewinn- oder Teilgewinnabführungsvertrages erhaltene oder abgeführte Gewinne (§ 277 Abs. 3 S. 2), außerplanmäßige Abschreibungen (§ 277 Abs. 3 S. 1), Auflösungen und Einstellungen bei den Sonderposten mit Rücklageanteil (§ 281 Abs. 2 S. 2). Hinzu kommen weitere Einzelregelungen für Unternehmen bestimmter Rechtsformen in den für sie maßgebenden Gesetzen (z. B. § 158 AktG).

** Für kleine und mittelgroße Kapitalgesellschaften gilt eine Erleichterung für die Gliederung in der Weise, daß
– bei Anwendung des Gesamtkostenverfahrens die Posten 1.–5. zu einem Posten ,,Rohergebnis" zusammengefaßt werden dürfen oder
– bei Anwendung des Umsatzkostenverfahrens die Posten 1.–3. und 6. zu einem Posten ,,Rohergebnis" zusammengefaßt werden dürfen.

*** Bei Anwendung des Umsatzkostenverfahrens ist im Anhang anzugeben (§ 285 Nr. 4 HGB nF.):
– der Materialaufwand des Geschäftsjahres (gegliedert wie bei Anwendung des Gesamtkostenverfahrens in die Posten 2.–5.) und
– der Personalaufwand des Geschäftsjahres (gegliedert wie bei Anwendung des Gesamtkostenverfahrens des Postens 6.).

2. Unterabschnitt: Erläuterungen zu den Bilanzposten

Aktiva

A. (–*) Ausstehende Einlagen auf das gezeichnete Kapital davon eingefordert:

1. Behandlung nach Handelsrecht

100 **Ausstehende Einlagen** stellen rechtlich eine Forderung der Gesellschaft an ihre Gesellschafter dar. Wirtschaftlich bilden sie einen Korrekturposten zum gezeichneten Kapital. Bilanztechnisch ist der Ausweis der ausstehenden Einlagen erforderlich, da das gezeichnete Kapital bei Kapitalgesellschaften auf der Passivseite in voller Höhe auszuweisen ist (vgl. Rz. 885 ff.).
Bei **Kapitalgesellschaften** i. S. v. § 264 I HGB nF. sind die ausstehenden Einlagen gesondert auf der Aktivseite vor dem Anlagevermögen unter entsprechender Bezeichnung auszuweisen; die davon eingeforderten Einlagen sind zu vermerken (bisheriges Recht § 151 Abs. 1 AktG aF.; neues Recht § 272 Abs. 1 HGB nF.). Alternativ dazu besteht nach neuer Rechtslage die Möglichkeit, die nicht eingeforderten ausstehenden Einlagen von dem Posten „Gezeichnetes Kapital" offen abzusetzen. Der noch verbleibende Kapitalbetrag ist dann als „Eingefordertes Kapital" in der Hauptspalte auszuweisen. Außerdem ist der eingeforderte, aber noch nicht eingezahlte Betrag unter den Forderungen gesondert auszuweisen und entsprechend zu bezeichnen. Danach ergeben sich folgende Darstellungsmöglichkeiten (*Niehus* § 42 Anm. 300):

Alternative 1:

Aktiva	DM	Passiva	DM
A. Ausstehende Einlagen auf das gezeichnete Kapital davon eingefordert: DM: 50 000,–	100 000,–	A. Eigenkapital I. Gezeichnetes Kapital	200 000,–

Alternative 2:

Aktiva	DM	Passiva	DM	DM
B. II. Forderungen und sonstige Wirtschaftsgüter 5. eingeforderter, aber noch nicht einbezahlter Betrag der Einlagen	50 000,–	A. Eigenkapital I. Gezeichnetes Kapital nicht eingeforderte ausstehende Einlagen eingefordertes Kapital	200 000,– – 50 000,–	150 000,–

Für die Bilanzierung dieses Postens ist es ohne Belang, ob die ausstehende Einlage bereits eingefordert worden ist oder nicht. Der Ausweis ist bei Kapitalgesellschaften auch dann vorzunehmen, wenn von vornherein mit einer Einforderung nicht zu rechnen ist.

101 Ausstehende **Nebenleistungen** von Aktionären (§ 55 AktG) und Zuzahlungen sind nicht als ausstehende Einlagen, sondern unter der Position „Sonstige Vermögensgegenstände" auszuweisen. Bei einer GmbH ist das Recht der Gesellschaft zur Einziehung von **Nachschüssen** der Gesellschafter in der Bilanz insoweit zu aktivieren, als die Einziehung bereits beschlossen ist und den Gesellschaftern ein Recht, sich von der Zahlung der Nachschüsse zu befreien, nicht zusteht. Der nachzuschießende

---

* Im gesetzlichen Gliederungsschema ist keine gesonderte Bezifferung vorgesehen.

Ausstehende Einlagen 102–107 **B**

Betrag ist auf der Aktivseite unter den Forderungen gesondert unter der Bezeichnung „Eingeforderte Nachschüsse" auszuweisen, soweit mit der Zahlung gerechnet werden kann (vgl. Rz. 708ff.). Ein dem Aktivposten entsprechender Betrag ist auf der Passivseite in dem Posten „Kapitalrücklage" (vgl. Rz. 945ff.) gesondert auszuweisen (§ 42 Abs. 2 GmbHG nF.).

102 Im Gegensatz zu Kapitalgesellschaften ist bei **Personenhandelsgesellschaften** eine analoge Bilanzierung von bedungenen aber nicht eingeforderten Einlagen zulässig, jedoch nicht zwingend vorgeschrieben. Der Ausweis von ausstehenden Einlagen kommt nur insoweit in Betracht, als eine Zahlungsverpflichtung besteht. Ob eine echte Zahlungsverpflichtung vorliegt, ist insbesondere nach den Vereinbarungen des Gesellschaftsvertrags zu beurteilen. Sind im Gesellschaftsvertrag eine Pflichteinlage und Zahlungsfristen vereinbart, so sollte dementsprechend die Aktivierung der ausstehenden Einlagen erfolgen. Sofern sich die Gesellschafter einig sind, daß in absehbarer Zeit keine Einzahlung der vereinbarten Kapitaleinlagen vorgenommen werden soll, ist eine Aktivierung nicht gerechtfertigt (*Schlegelberger* § 120 Anm. 14; *Hofbauer* WPg 1964, 654; *Klußmann* DB 1967, 389).

Nach h. M. sollte für Kommanditisten unabhängig von der Fälligkeit die bedungene Einlage (§ 167 HGB), d. h. die tatsächlich geschuldete Pflichteinlage, stets in voller Höhe passiviert werden. Sofern die Kommanditeinlage nicht oder noch nicht voll geleistet wurde, ist insoweit aktivisch eine Einzahlungsverpflichtung anzusetzen.

103 Die **Bewertung** der ausstehenden Einlagen hat wie diejenige jeder anderen Forderung (zur Bewertung von Forderungen vgl. im einzelnen Rz. 662ff.) grundsätzlich zum Nennbetrag, d. h. zu den Anschaffungs- oder Herstellungskosten zu erfolgen. In Abhängigkeit von der Bonität des Schuldners kann ggf. eine Bewertung einzelner ausstehender Einlagen unter ihrem Nennwert zum niedrigeren beizulegenden Wert (§ 253 Abs. 3 HGB nF.) erforderlich sein. Eine Pauschalwertberichtigung kommt regelmäßig nicht in Betracht. Wertkorrekturen der Forderungen gegenüber einzelnen Gesellschaftern können nur durch eine aktivische Absetzung vorgenommen werden. Allerdings verlangt die Doppelnatur der ausstehenden Einlagen (einerseits Forderung an Gesellschafter, andererseits Korrekturposten zum Eigenkapital), daß der Nennbetrag dieses Postens aus der Bilanz ersichtlich ist. Daher ist die Einzelwertberichtigung auf ausstehende Einlagen in einer Vorspalte offen abzusetzen oder der Nominalbetrag einer abgewerteten Einzahlungsverpflichtung zu vermerken (*Adler/Düring/Schmaltz* § 151 Anm. 46).

2. Ertragsteuerliche Behandlung

104 Forderungen einer **Kapitalgesellschaft** gegen ihre Gesellschafter sind nach den allgemeinen Grundsätzen zu bewerten, auch wenn es sich um eine Ein-Mann-Gesellschaft handelt (*Hermann/Heuer/Raupach* § 6 Anm. 922). Zur Bewertung von Forderungen vgl. Rz. 671.

105 Auf Forderungen einer **Personenhandelsgesellschaft** gegen ihre Gesellschafter sind die allgemeinen Bewertungsgrundsätze nur dann anwendbar, wenn die Forderung nicht als Teil der Beteiligung, sondern wie eine Forderung gegen Fremde zu behandeln ist. Da die ausstehende Einlage ihre Ursache im Gesellschaftsverhältnis hat, kommt eine Abwertung dieser Forderung mit steuerlicher Wirkung nicht in Betracht.

3. Bewertungsrechtliche Behandlung

106 Der Anspruch auf die ausstehenden Einlagen gehört zum Betriebsvermögen der **Kapitalgesellschaft,** auch wenn die Einlagen noch nicht eingefordert worden sind. Es handelt sich um eine Kapitalforderung, für die nach § 109 Abs. 4 BewG der Buchwert der Steuerbilanz anzusetzen ist. Zum Ansatz von Einzahlungsansprüchen einer GmbH nach Kapitalerhöhung wird auf BFH v. 6. 3. 1985, BStBl II 1985, 388 verwiesen.

107 Bei **Personengesellschaften** gehört der Anspruch auf ausstehende Einlagen nicht zum Betriebsvermögen der Gesellschaft, da es grundsätzlich im Verhältnis zwischen

der Gesellschaft und den Gesellschaftern ebensowenig wie zwischen dem Betriebsvermögen und dem sonstigen Vermögen eines Einzelunternehmers Forderungen und Verbindlichkeiten gibt (Abschn. 16 VStR).

4. Prüfungstechnik

108 Bei der **Prüfung des internen Kontrollsystems** ist darauf zu achten, daß die ausstehenden Einlagen in personeller Hinsicht kontenmäßig gegliedert sind.
Außerdem muß gewährleistet sein, daß zur Überwachung oder zur Vermeidung größerer Außenstände die erforderlichen Maßnahmen (vgl. Rz. 675) durchgeführt werden.
Im übrigen erfolgt die Prüfung des internen Kontrollsystems im Zusammenhang mit der Prüfung des gezeichneten Kapitals (vgl. Rz. 918).

109 Bei Kapitalgesellschaften erfolgt die **Prüfung des Nachweises** der ausstehenden Einlagen anhand der Gesellschafterliste gemäß § 40 GmbHG nF. bzw. anhand des nach § 67 AktG zu führenden Aktienbuches.
Bei Personenhandelsgesellschaften erfolgt im Falle einer gesonderten Aktivierung ausstehender Einlagen der Nachweis anhand einer vom Unternehmen anzufordernden Saldenliste sowie den zugehörigen vertraglichen Unterlagen und den Anforderungsschreiben gegenüber dem Gesellschafter.
Die rechnerische Richtigkeit der Saldenliste muß gewährleistet sein.
Soweit die Höhe der ausstehenden Einlagen absolut oder relativ von Bedeutung ist, sind zur weiteren Prüfung des Soll-Bestandes Saldenbestätigungen einzuholen (vgl. Rz. 679 ff.).

110 Die **Prüfung der Bewertung** erstreckt sich darauf, ob die ausstehenden Einlagen mit dem Nennwert angesetzt wurden. Außerdem erstreckt sich die Prüfung darauf, ob der Ansatz von Abschreibungen nach § 253 Abs. 3 HGB nF. erforderlich ist und ob bei Kapitalgesellschaften Zuschreibungen nach § 280 HGB nF. möglich sind (vgl. Rz. 666, 668).

111 Die **Ausweisprüfung** erfordert die Kontrolle, ob die in Betracht kommenden Ausweismöglichkeiten beachtet wurden (vgl. Rz. 100). Vgl. im übrigen WPH 1981, 1202.

B. (–*) Aufwendungen für die Ingangsetzung und Erweiterung des Geschäftsbetriebs

1. Behandlung nach Handelsrecht

120 Nach § 269 Satz 1 HGB nF. dürfen **Kapitalgesellschaften** Ingangsetzungsaufwendungen und Aufwendungen für die Erweiterung des Geschäftsbetriebs aktivieren. Es handelt sich um ein Bilanzierungswahlrecht, das als **Bilanzierungshilfe** gewährt wird. Die Bilanzierungshilfe kann nur Beträge erfassen, die weder als Vermögensgegenstände noch als Rechnungsabgrenzungsposten bilanzierungsfähig sind (zum Begriff der Bilanzierungshilfe vgl. *Dziadkowski* BB 1980, 1515 ff.; *ders.* BB 1982, 1336 ff.). Durch die Möglichkeit, Beträge, die sonst als Aufwand die GuV des Jahres der Gründung oder der Erweiterung des Geschäftsbetriebs belasten würden, in die Bilanz einzustellen, soll in diesen für die Unternehmung häufig schwierigen Phasen „eine sonst eventuell eintretende Überschuldung vermieden werden können" (Begründung zum Bilanzrichtlinien-Gesetz § 241, BT-Drucksache 10/317). Da die bilanzielle Überschuldung ein spezifisches Problem der Kapitalgesellschaft bildet, ist die vom Gesetzgeber vorgenommene Einordnung dieses Wahlrechts in den Bereich der Vorschriften für die Kapitalgesellschaften verständlich.

121 Die Bilanzposition besteht aus zwei Teilen. Die **Ingangsetzungsaufwendungen** fallen während der Anlaufphase des Unternehmens an, die **Erweiterungsaufwendungen** entstehen in einer späteren Phase durch Vorgänge, die denen der Anlaufphase ähnlich sind.

---

* Im gesetzlichen Gliederungsschema ist keine gesonderte Bezifferung vorgesehen.

Das **bisherige Aktienrecht** sieht in § 153 Abs. 4 Satz 2 AktG aF. nur ein Aktivierungswahlrecht für die „**Kosten der Ingangsetzung** des Geschäftsbetriebs der Gesellschaft" vor. Aufwendungen für die Erweiterung des Geschäftsbetriebs dürfen gegenwärtig noch nicht bilanziert werden. Für die **GmbH** handelt es sich insgesamt um eine Neuerung, da bisher nach § 42 Nr. 2 GmbHG aF. „die Kosten der Organisation und Verwaltung" nicht aktiviert werden dürfen (vgl. *Baumbach/Hueck* § 42 Anm. 30).

122 Aktivierungsfähig sind alle **Aufwendungen**, die für die eigentliche Ingangsetzung des Betriebs bzw. des erweiterten Betriebsteils (z. B. Anlaufkosten der Anlagen, Anzeigen zur Personalbeschaffung, Marktstudien, Einführungswerbung) und den Aufbau bzw. die Erweiterung der Innen- und Außenorganisation anfallen.

Als Aufwendungen für die Erweiterung des Geschäftsbetriebs gelten auch solche, die bei Umstellung und Verlegung des Geschäftsbetriebs und bei Aufnahme neuer Betriebszweige entstehen. Erfolgt nach längerer Stillegung des Betriebs oder eines wesentlichen Betriebsteils eine Wiederinbetriebnahme, so dürften auch diese Aufwendungen aktivierungsfähig sein. Um eine mißbräuchliche Ausübung des Wahlrechts zu verhindern, ist § 269 Satz 1 HGB nF. restriktiv auszulegen, so daß es sich nur um **Vorgänge außerordentlicher Art** handeln darf, die eine wesentliche Erweiterung des bestehenden Betriebs darstellen und Aufwendungen verursachen, die bei sofortiger Erfolgswirksamkeit zu einer erheblichen Belastung des Periodenerfolgs führen (vgl. *Richter* HdJ Abt. II/9 Anm. 34). Aufwendungen für Werbemaßnahmen, die dazu dienen, eine erweiterte Produktionskapazität durch Erhöhung des Absatzvolumens auszulasten, dürften grundsätzlich nicht aktivierbar sein. Eine andere Beurteilung wäre nur dann denkbar, wenn es um die Aufnahme neuer Unternehmensaktivitäten geht, über die potentielle Kunden in einer einmaligen Aktion informiert werden sollen.

123 Voraussetzung der Aktivierung von Ingangsetzungs- und Erweiterungsaufwendungen ist nach den GoB, daß in Höhe der aktivierten Beträge mit entsprechenden **künftigen Erträgen** gerechnet werden kann, d. h., daß man davon ausgehen kann, daß die jetzt aktivierten Beträge in Zukunft auch tatsächlich erwirtschaftet werden. Der Zeitraum der Ertragserwartungen ist jedoch nicht auf den Abschreibungszeitraum (s. u.) begrenzt. Nicht erforderlich ist, daß durch die Aufwendungen sichtbare Werte geschaffen werden. (vgl. *Ader/Düring/Schmaltz* § 153 Anm. 125 f.)

124 Unter dem Vorsichtsaspekt ist auch die **Ausschüttungssperre** des § 269 Satz 2 HGB nF. zu verstehen, nach der Gewinne nur ausgeschüttet werden dürfen, soweit den aktivierten Aufwendungen – nach der Gewinnausschüttung – jederzeit auflösbare Gewinnrücklagen zuzüglich eines Gewinnvortrags und abzüglich eines Verlustvortrags mindestens entsprechen. Diese Vorschrift findet keine Parallele im geltenden Aktienrecht.

125 Aufwendungen für bilanzierungsfähige Vermögensgegenstände gehören nicht zu den Aufwendungen für Ingangsetzung und Erweiterung des Geschäftsbetriebs. Sie sind unter den entsprechenden Bilanzpositionen auszuweisen. **Nicht aktivierungsfähig** sind Aufwendungen für die Unternehmensgründung und die Beschaffung des Eigenkapitals (z. B. Gerichts- und Notariatskosten, Maklergebühren, Druckkosten für Aktien, Geschäftsanteile und Prospekte, Kapitalverkehrsteuern, Aufwendungen für Gutachten, Provisionen). Hierfür besteht gem. 248 Abs. 1 HGB nF./§ 153 Abs. 4 Satz 1 AktG aF. ein ausdrückliches Bilanzierungsverbot. Da es sich bei diesen Aufwendungen i. d. R. um einen besonders gewichtigen Teil der in der Anlaufphase und ggf. auch bei der Erweiterung einer Unternehmung einmalig anfallenden Beträge handelt, wird die Bedeutung der in § 269 HGB nF./§ 153 Abs. 4 Satz 2 AktG aF. gewährten Bilanzierungshilfe stark eingeschränkt.

126 Für **Einzelkaufleute und Personenhandelsgesellschaften** besteht die Möglichkeit einer Aktivierung von Ingangsetzungs- und Erweiterungsaufwendungen nicht, da in dieser Bilanzierungshilfe kein Grundsatz ordnungsmäßiger Buchführung zu sehen ist und die gesetzliche Regelung im HGB nF. ausdrücklich in dem Bereich der Spezialvorschriften für Kapitalgesellschaften vorgenommen wird (vgl. Bericht zu § 269, BT-Drucksache 10/4268, *Maul* AG 1980, 234; *Veit* WPg 1984, 66; *Harms/Küting* BB 1984, 649). Nach WPH 1981, S. 830 und *Richter* HdJ Abt. II/9, Anm. 6a wird die

Aktivierung der Ingangsetzungskosten nach bisherigem Recht für Personenhandelsgesellschaften als zulässig angesehen.

Eine Ausnahme ist künftig für **Personenhandelsgesellschaften, die unter das Publizitätsgesetz fallen** (§ 1 Abs. 1 PublG nF./aF.), vorgesehen, da für diese die Bilanzierungshilfe des § 269 HGB nF. über § 5 Abs. 1 PublG nF. zulässig ist. Im Gegensatz dazu fand bisher § 153 Abs. 4 Satz 2 AktG aF. gemäß § 5 Abs. 2 PublG aF. keine Anwendung, so daß das Bilanzierungswahlrecht für die Ingangsetzungsaufwendungen auch für große Personenhandelsgesellschaften bislang nicht galt.

127 Anders als im bisherigen Recht, das in § 153 Abs. 4 Satz 3 AktG aF. eine **Abschreibungsdauer** von 5 Jahren vorsah, sind die aktivierten Aufwendungen gem. § 282 HGB nF. künftig jährlich mit mindestens einem Viertel durch Abschreibungen zu tilgen. Wie bisher beginnt die Frist im Jahr nach der Geschäftsaufnahme bzw. nach Abschluß der Erweiterung (zur Abschreibungsregelung s. auch *Biener* Anm. zu Art. 34 4. EG-Richtlinie, 121). Die Abschreibung muß nicht planmäßig erfolgen; höhere Abschreibungen und somit Verkürzungen der Abschreibungsdauer oder eine vorzeitige vollständige Abschreibung sind zulässig; vgl. im übrigen Teil A Rz. 34.

2. Ausweisalternativen

128 Wird das Bilanzierungswahlrecht für die Ingangsetzungs- und Erweiterungsaufwendungen des Geschäftsbetriebs im Sinne einer Aktivierung ausgeübt, dann muß der Ausweis unter der Bezeichnung „Aufwendungen für die Ingangsetzung und Erweiterung des Geschäftsbetriebs" **vor dem Anlagevermögen** erfolgen. Die Position ist im Anhang zu erläutern.

Während im HGB nF. die Bezeichnung und der Ausweis im Gliederungsschema vorgeschrieben wird, sah das bisherige Aktienrecht in **§ 153 Abs. 4 AktG aF.** lediglich einen gesonderten Ausweis unter den Posten des Anlagevermögens vor. Dem Charakter eines immateriellen Anlagewertes entsprechend erfolgte der gesonderte Ausweis im Anschluß an die übrigen immateriellen Anlagewerte (§ 151 Abs. 1 Ziff. II. A. 8. AktG. aF.; (zum Begriff immaterieller Anlagewerte vgl. *Richter* HdJ. Abt. II/ 2).

129 Die **Entwicklung der Position** ist gem. § 268 Abs. 2 Satz 1 HGB nF./152 Abs. 1 Satz 2 AktG. aF. in der Bilanz oder nach neuem Recht wahlweise auch im Anhang (§ 268 Abs. 2 Satz 1 HGB nF.) darzustellen. Nach **neuem Recht** sind in den Anlagespiegel (zum Anlagespiegel vgl. Rz. 161 ff.) die ursprünglich aktivierten Beträge, die Zugänge des Geschäftsjahres und die kumulierten Abschreibungsbeträge aufzunehmen (§ 268 Abs. 2 Satz 2 HGB nF.). Die Abschreibungen des jeweiligen Geschäftsjahres sind nach § 268 Abs. 2 Satz 3 HGB nF. in der Bilanz bei den Ingangsetzungs- und Erweiterungsaufwendungen zu vermerken oder im Anhang in einer der Bilanz entsprechenden Aufgliederung der Aktivseite anzugeben.

Im Gegensatz dazu verlangte § 152 Abs. 1 Satz 2 **AktG aF.** im Anlagespiegel nur die Darstellung der Entwicklung, die die Bilanzposition im laufenden Geschäftsjahr genommen hat.

Ein getrennter Auweis der Aufwendungen für die Ingangsetzung und für Erweiterungen des Geschäftsbetriebs ist gesetzlich nicht vorgesehen; eine freiwillige Trennung ist nach § 265 Abs. 5 HGB nF. aber zulässig.

3. Ertragsteuerliche Behandlung

130 Der BFH versagt in seinen Entscheidungen vom 28. 1. 1954 (BStBl. III 1954, 109) und 14. 6. 1955 (BStBl. III 1955, 221) handelsrechtlichen Bilanzierungshilfen die steuerliche Anerkennung (so auch BdF vom 27. 4. 1970, BB 1970, S. 652). Obwohl handelsrechtliche Aktivierungswahlrechte sonst grundsätzlich zu steuerlichen Aktivierungspflichten führen, sind die Ingangsetzungs- und Erweiterungsausgaben steuerlich nicht aktivierungsfähig und daher als **abzugsfähige Betriebsausgaben** der Periode zu behandeln. Eine Aktivierung wäre nach Auffassung des BFH nur möglich, wenn den Aufwendungen ein Wirtschaftsgut gegenüberstehen würde.

4. Bewertungsrechtliche Behandlung

131 Die sog. Anlaufkosten sind auch bewertungsrechtlich nicht als Wirtschaftsgut anzusetzen (vgl. BFH v. 28. 1. 1954, BStBl. III 1954, 109; BdF v. 27. 4. 1970, BB 1970, 652).

5. Prüfungstechnik

132 Die **Prüfung des internen Kontrollsystems** erstreckt sich auf
- die Führung eines Bestandsverzeichnisses, das bei Kapitalgesellschaften die für die Erstellung eines Anlagegitters erforderlichen Daten (vgl. Rz. 161 ff.) sowie zur Ableitung des Buchwerts aus den historischen Anschaffungskosten Angaben über die kumulierten Zuschreibungen enthalten sollte,
- die regelmäßige Abstimmung des Bestandsverzeichnisses mit den Konten der Finanzbuchhaltung,
- die Organisation der korrekten Verbuchung von Ingangsetzungs- und Erweiterungsaufwendungen durch Anweisungen für die Abgrenzung von anderen Aufwendungen, insbesondere Gründungsaufwendungen,
- die kritische Durchsicht eventuell vorhandener Bewertungsrichtlinien auf Übereinstimmung mit den gesetzlichen Rechnungslegungsvorschriften.

133 Die **Prüfung des Nachweises** erfolgt anhand des fortgeschriebenen Bestandsverzeichnisses und der zugehörigen Belege. Es ist darauf zu achten, daß für Personenhandelsgesellschaften und Einzelkaufleute eine Aktivierung nicht in Betracht kommt, vgl. Rz. 126.

Erforderlich ist eine Abstimmung des Bestandsverzeichnisses mit den Sachkonten am Ende und ggf. am Beginn des Geschäftsjahres sowie mit den Bilanzposten (vgl. Rz. 370).

134 Die **Zugänge** des Berichtsjahres sind zu kontrollieren auf ihre Bilanzierungsfähigkeit als Bilanzierungshilfe. Zu diesem Zweck ist erforderlich
- die Abgrenzung zu den übrigen Aufwendungen, insbesondere zu den Gründungskosten vgl. Rz. 125,
- die Abgrenzung zu bilanzierungsfähigen Vermögensgegenständen, (vgl. Rz. 125),
- die Feststellung, daß in Höhe der aktivierten Aufwendungen mit Erträgen in der Zukunft zu rechnen ist (vgl. Rz. 123).

Die Abstimmung des Mengengerüstes der gebuchten Zugänge ist mit den erbrachten Leistungen abzustimmen.

Bei der **Prüfung der Abgänge** kann nach Vollabschreibung der mengenmäßige Abgang fiktiv unterstellt werden. Im Falle des Abgangs bedarf es der Kontrolle, ob die auf Abgänge entfallenden aufgelaufenen Wertberichtigungen ausgebucht wurden.

135 Die **Prüfung der Bewertung** erstreckt sich darauf, ob die ausgewiesenen Zugänge zutreffend bewertet und ob die Abschreibungen methodengerecht ermittelt wurden.

Die Bewertungsprüfung der Zugänge erfolgt bei Inspruchnahme von Leistungen Dritter anhand der vorliegenden Eingangsrechnungen.

Soweit die Leistungen durch das Unternehmen selbst erbracht wurden, sind die gebuchten Zugänge von Materialien, von aktivierten Löhnen, von Sondereinzelkosten und von Gemeinkosten (vgl. Rz. 379 ff.) zu kontrollieren. Dabei ist zu beachten, daß auch die zurechenbaren Kosten der Vertriebsorganisation aktivierbar sind.

Grundlage für die Prüfung der Abschreibungen ist zunächst das Bestandsverzeichnis.

136 Die Prüfung bezieht sich auf
- die Einhaltung des maximalen Abschreibungszeitraums von 4 Jahren bzw. die Beachtung des gesetzlich eingeräumten Wahlrechts, diesen Zeitraum zu verkürzen,
- den Beginn der Abschreibung in dem auf die Aktivierung folgenden Jahr,
- die rechnerische Ermittlung der Abschreibung,
- die Abstimmung der laufenden Abschreibungen des Geschäftsjahres mit dem in der GuV verbuchten Betrag.

137 Die **Ausweisprüfung** erfordert
- die Abstimmung der Werte der Anlagenkartei mit dem Ausweis in der Bilanz,
- die Beachtung der Ausschüttungssperre nach § 269 Satz 2 HGB nF.
- die Prüfung des Anlagengitters nach § 268 Abs. 2 HGB nF., das wahlweise in der Bilanz oder im Anhang bei Kapitalgesellschaften wiederzugeben ist; zu den Einzelheiten des Anlagegitters vgl. Rz. 161 ff. Die Prüfung erstreckt sich insoweit auf
  • die rechnerische Überprüfung des Anlagengitters,
  • die Abstimmung der Werte der Anlagenkartei mit dem Anlagengitter in der Bilanz.
- die Prüfung, ob die im Berichtsjahr angefallenen Abschreibungen entweder in einer Zusatzspalte des Anlagengitters oder im Anhang in einer der Gliederung des Anlagevermögens entsprechenden Aufgliederung angegeben sind,
- die Abstimmung des im Anlagengitters oder im Anhang angegebenen Betrages der im Berichtsjahr angefallenen Abschreibungen der GuV-Position „Abschreibungen auf immaterielle Wirtschaftsgüter und Sachanlagen sowie dauf aktivierte aufwendungen für die Ingangsetzung und Erweiterung des Geschäftsbetriebes",
- die Erläuterung der aktivierten Ingangsetzungs- und Erweiterungskosten im Anhang, § 269 Satz 1 HS. 2 HGB nF.,
- die Angabe der Übergangsregelung des Art. 24 Abs. 6 EG HGB nF. für die Ermittlung der Aufwendungen im Anhang.

Wegen der Passivierung von latenten Steuern vgl. Rz. 1160 ff. vgl. i. ü. *Marettek* HdR 624 ff.

C. (A*) Anlagevermögen

Vorbemerkungen

1. Begriff des Anlagevermögens

150 Unter den Positionen des Anlagevermögens „sind nur die Gegenstände auszuweisen, die bestimmt sind, **dauernd dem Geschäftsbetrieb zu dienen**" (§ 247 Abs. 2 HGB nF.). Die Zugehörigkeit richtet sich nach der betriebsindividuellen Zweckbestimmung des zu aktivierenden Vermögensgegenstandes am jeweiligen Bilanzstichtag. Als allgemeine Regel gilt, daß die Vermögensgegenstände des Anlagevermögens Nutzungen über eine gewisse Zeit abgeben, während die Vermögensgegenstände des Umlaufvermögens durch eine einmalige Nutzung (Verbrauch, Verarbeitung, Verkauf) gekennzeichnet sind. Die Vorschrift des § 247 Abs. 2 HGB nF. entspricht der des § 152 Abs. 1 Satz 1 AktG aF., jedoch mit der Abweichung, daß u. a. aus Gründen der Steuerneutralität die Worte „am Abschlußstichtag" aus dem AktG aF. nicht übernommen wurden (zu Einzelheiten siehe Bericht zu § 247, BT-Drucksache 10/4268).

151 Mit dem **Begriff der „dauernden Nutzung"** ist naturgemäß keine unbeschränkte Nutzungsdauer gemeint; der Begriff beinhaltet nicht einmal eine Mindestnutzungsdauer. Es ist lediglich erforderlich, daß das Unternehmen am Abschlußstichtag die Absicht verfolgt, den Vermögensgegenstand durch (weiteren) Gebrauch zu nutzen. Dies bedeutet, daß primär die Nutzung nicht in Zusammenhang mit dem Ausscheiden des Vermögensgegenstandes aus dem Unternehmen stehen darf. Unbeachtlich ist jedoch, daß ein späteres Ausscheiden des Vermögensgegenstandes dem Unternehmen einen zusätzlichen Nutzen bringen kann.

152 Die Absicht, eine zum Anlagevermögen gehörende Maschine, Immobilie, etc. **später** einmal zu **veräußern,** ist solange unbeachtlich, wie diese Vermögensgegenstände noch betrieblich genutzt werden. Maßgeblich ist jeweils die am Bilanzstichtag, nicht die im Augenblick des Zugangs bestehende Absicht. Daher hat grundsätzlich eine periodische Überprüfung der aktuellen Verwendungsabsicht des Vermögensgegenstandes zu erfolgen. Wird eine Zweckänderung festgestellt, dann hat eine Umgliederung zu erfolgen (vgl. *Adler/Düring/Schmaltz* § 152 Anm. 4). Die Beto-

---

* Bezeichnung lt. gesetzlichem Gliederungsschema.

nung der **unternehmensindividuellen Zweckbestimmung** zeigt, daß die Art des jeweiligen Vermögensgegenstandes für seine Zuordnung zum Anlage- oder Umlaufvermögen nicht entscheidend ist. Sogar Immobilien können zum Umlaufvermögen gehören, wenn die Absicht ihrer Weiterveräußerung besteht (z. B. bei Bauunternehmungen). Bei einer Automobilfabrik gehören die hergestellten PKW grundsätzlich zum Umlaufvermögen; dies gilt jedoch nicht für solche selbsterstellten PKW, die im eigenen Fuhrpark genutzt werden sollen. Diese sind Bestandteil des Anlagevermögens, auch wenn die Nutzung nur für wenige Monate vorgesehen sein sollte.

153 **Die Definition des Anlagevermögens ist rechtsformunabhängig** und erfolgt somit zurecht in dem für alle Kaufleute geltenden Abschnitt des HGB nF. Dies bedeutet jedoch keine Änderung gegenüber dem geltenden Recht; denn die bisher im AktG aF. kodifizierte Definition des Anlagevermögens und die damit verbundene Forderung einer Trennung von Anlage- und Umlaufvermögen stellt einen Grundsatz ordnungsmäßiger Buchführung dar und galt somit auch bereits bisher für Unternehmen mit anderer Rechtsform (vgl. *Leffson* GoB, 187 ff.).

Im **Steuerrecht** findet sich keine Definition des Anlagevermögens. Wegen der Gültigkeit des Maßgeblichkeitsprinzips kommt die dargestellte handelsrechtliche Abgrenzung auch steuerlich zum Zuge.

2. Gliederung des Anlagevermögens

Das Anlagevermögen kann vertikal und horizontal gegliedert werden.

a) Vertikale Gliederung

154 Als **vertikale Gliederung** des Anlagevermögens bezeichnet man die Einteilung des Anlagevermögens in bestimmte **Gruppen artverwandter Vermögensgegenstände**. Nach der vertikalen **Grobgliederung** (§ 266 Abs. 2 HGB nF./§ 151 Abs. 1 AktG aF.) wird das Anlagevermögen in die folgenden drei Gruppen aufgeteilt:
– Immaterielle Vermögensgegenstände
– Sachanlagen
– Finanzanlagen.

In dieser Aufteilung kommt ein Grundsatz ordnungsmäßiger Buchführung zum Ausdruck. Sie ist daher für alle Unternehmen ohne Rücksicht auf ihre Rechtsform verbindlich.

Die vertikale **Feingliederung** nach § 266 Abs. 2 HGB nF. ist dagegen kein GoB. Sie ist nach § 266 Abs. 1 Satz 2 HGB nF. nur für **große und mittelgroße Kapitalgesellschaften** (AG, KGaA, GmbH) vorgeschrieben. Für mittelgroße Kapitalgesellschaften, die die Größenmerkmale nach § 267 Abs. 2 HGB nF. erfüllen und nicht unter § 267 Abs. 3 Satz 2 HGB nF. fallen (vgl. Rz. 56 ff.), bestehen bezüglich der Aufstellung des Jahresabschlusses keine Erleichterungen gegenüber den großen Kapitalgesellschaften.

Erleichterungen werden **mittelgroßen Kapitalgesellschaften** nur bei der **Offenlegung** (Einreichung zu einem Register, Bekanntmachung im Bundesanzeiger) gewährt. Nach § 327 Nr. 1 HGB nF. darf die Bilanz in der für kleine Kapitalgesellschaften vorgesehenen Form veröffentlicht werden, wobei allerdings eine ganze Reihe von Zusatzangaben verlangt wird (zu Einzelheiten der Offenlegung siehe Rz. 155 und insbesondere Teil E).

Für **kleine Kapitalgesellschaften** sieht § 266 Abs. 1 Satz 3 HGB nF. Erleichterungen bei der Gliederung vor. Wenn die in § 267 HGB nF. aufgeführten Merkmale für kleine Kapitalgesellschaften erfüllt sind, dann brauchen diese Gesellschaften nur die Posten in ihre Bilanz gesondert und in der vorgeschriebenen Reihenfolge aufzunehmen, die in § 266 Abs. 2 HGB nF. mit Buchstaben und römischen Zahlen bezeichnet sind.

Das **bisherige Aktienrecht** kannte diese größenabhängigen Erleichterungen nicht. Das Gliederungsschema des § 151 Abs. 1 AktG aF. galt für sämtliche Aktiengesellschaften und Kommanditgesellschaften auf Aktien. Für Gesellschaften mbH galten grundsätzlich ebenfalls größenunabhängig die Vorschriften des § 42 Nr. 2–5 GmbHG aF. und die GoB. Ein Sonderfall lag nur dann vor, wenn eine GmbH die Größenmerkmale des § 1 Abs. 1 PublG aF. überschritt und den Jahresabschluß nach

§ 5 Abs. 2 PublG aF., d. h. nach den aktienrechtlichen Vorschriften, zu erstellen hatte.

155 Eine Gegenüberstellung der Gliederung des Anlagevermögens nach HGB nF. und AktG aF. findet sich nachstehend.

Gliederung und Offenlegung des Anlagevermögens
(nach HGB nF. für Kapitalgesellschaften und AktG aF. für AG und KGaA)

Künftiges Recht (HBG nF.)					Bisheriges Recht (AktG aF.)	
Große und mittelgroße Kapitalgesellschaften			Kleine Kapitalgesellschaften		AG und KGaA	
Gliederung	Offenlegung große Ges.	mittelgroße Ges.	Gliederung	Offenlegung	Gliederung	Offenlegung
					I. Ausstehende Einlagen auf das Grundkapital; davon eingefordert:	x
A. Anlagevermögen:	x	x	A. Anlagevermögen:	x	II. Anlagevermögen:	x
I. Immaterielle Vermögensgegenstände:	x	x	I. Immaterielle Vermögensgegenstände	x		
1. Konzessionen, gewerbliche Schutzrechte und ähnliche Rechte und Werte sowie Lizenzen an solchen Rechten und Werten;	x					
2. Geschäfts- oder Firmenwert;	x	x[1]				
3. geleistete Anzahlungen	x					
II. Sachlagen:	x	x	II. Sachanlagen	x	A. Sachanlagen und immaterielle Anlagewerte:	x
1. Grundstücke, grundstücksgleiche Rechte und Bauten einschließlich der Bauten auf fremden Grundstücken;	x	x[1]			1. Grundstücke und grundstücksgleiche Rechte mit Geschäfts-, Fabrik- und anderen Bauten;	x
2. technische Anlagen und Maschinen;	x	x[1]			2. Grundstücke und grundstücksgleiche Rechte mit Wohnbauten;	x
3. andere Anlagen, Betriebs- und Geschäftsausstattung;	x	x[1]			3. Grundstücke und grundstücksgleiche Rechte ohne Bauten;	x
4. geleistete Anzahlungen und Anlagen im Bau;	x	x[1]			4. Bauten auf fremden Grundstücken, die nicht zu Nummer 1 oder 2 gehören;	x
					5. Maschinen und maschinelle Anlagen;	x
					6. Betriebs- und Geschäftsausstattung;	x
					7. Anlagen im Bau und Anzahlungen auf Anlagen;	x
					8. Konzessionen, gewerbliche Schutz-	x

Anlagevermögen (Vorbemerkungen)

Künftiges Recht (HBG nF.)					Bisheriges Recht (AktG aF.)	
Große und mittelgroße Kapitalgesellschaften			Kleine Kapitalgesellschaften		AG und KGaA	
Gliederung	Offenlegung große Ges.	mittelgroße Ges.	Gliederung	Offenlegung	Gliederung	Offenlegung
					rechte und ähnliche Rechte sowie Lizenzen an solchen Rechten.	
III. Finanzanlagen:	x	x	III. Finanzanlagen	x	B. Finanzanlagen:	x
1. Anteile an verbundene Unternehmen;	x	x¹			1. Beteiligungen;	x
2. Ausleihungen an verbundene Unternehmen;	x	x¹			2. Wertpapiere des Anlagevermögens, die nicht zu Nummer 1 gehören;	x
3. Beteiligungen;	x	x¹			3. Ausleihungen mit einer Laufzeit von mindestens vier Jahren; davon durch Grundpfandrechte gesichert:	x
4. Ausleihungen an Unternehmen, mit denen ein Beteiligungsverhältnis besteht;	x	x¹				
5. Wertpapiere des Anlagevermögens;	x					
6. Ausleihungen an Gesellschafter (nur bei GmbH)¹	x	x	Ausleihungen an Gesellschafter (nur bei GmbH)¹	x		
7. Sonstige Ausleihungen.	x					

¹ alternativ Angabe im Anhang möglich

156 Zum Inhalt der Bilanz von **Einzelkaufleuten** und **Personenhandelsgesellschaften** enthält das HGB nF. die folgende Vorschrift:

§ 247 Abs. 1 HGB nF.: ,,In der Bilanz sind das Anlage- und das Umlaufvermögen, das Eigenkapital, die Schulden sowie die Rechnungsabgrenzungsposten gesondert auszuweisen und hinreichend aufzugliedern".

Diese Vorschrift ist jedoch nicht als Gliederungsvorschrift zu verstehen und ,,sie soll nicht bedeuten, daß eine Bilanz, die den gesonderten Ausweis dieser Posten enthält, schon den Grundsätzen ordnungsmäßiger Buchführung entspricht" (Bericht zu § 247 Abs. 1, BT-Drucksache 10/4268).

Eine dieser Minimalgliederung entsprechende Darstellung der Vermögenswerte und Schulden dürfte auch bei einem ungewöhnlich kleinen Geschäftsbetrieb nicht den GoB genügen. Es muß daher in allen Fällen eine mehr oder weniger umfangreiche **weitergehende Aufgliederung** der Bilanzpositionen erfolgen, um der Vorschrift des § 243 Abs. 2 HGB nF., in der mit der Forderung von Klarheit und Übersichtlichkeit des Jahresabschlusses ebenfalls ein GoB kodifiziert ist, zu genügen. Wieweit diese Gliederung sich den für Kapitalgesellschaften geltenden Vorschriften anzunähern hat, läßt sich nur im Einzelfall entscheiden. Somit gelten wie bisher nur die GoB als Grundlage für die Gliederung bei allen Nicht-Kapitalgesellschaften, es sei denn ein Unternehmen würde die Größenmerkmale des PublG überschreiten und damit den Gliederungsvorschriften für Kapitalgesellschaften unterworfen.

157 Die gesetzlich vorgeschriebenen Gliederungen nach HGB nF. und AktG aF. stellen **Mindestgliederungen** dar. Freiwillige **weitergehende Untergliederungen** sind, soweit die Übersichtlichkeit der Bilanz nicht leidet, zulässig (§ 265 Abs. 5 HGB nF.) Sie sind erforderlich, wenn andernfalls die Verpflichtung des § 243 Abs. 2 HGB nF./ § 149 Abs. 1 Satz 2 AktG aF., die die Erstellung eines klaren und übersichtlichen Jahresabschlusses verlangt, nicht erfüllt werden könnte. Nach neuem Recht ist bei Kapitalgesellschaften u. U. auch eine weitere Untergliederung erforderlich, damit der Jahresabschluß „ein den tatsächlichen Verhältnissen entsprechendes Bild der Vermögens-, Finanz- und Ertragslage" (§ 264 Abs. 2 HGB nF.) vermittelt.

Die weitere Untergliederung kann in der **Aufspaltung** von im Gliederungsschema bereits vorhandenen Positionen bestehen; es können aber auch **zusätzliche Positionen** in das Gliederungsschema eingefügt werden.

Ergänzungen des Gliederungsschemas können erforderlich sein, wenn ein Unternehmen **mehrere Geschäftszweige** betreibt, für die unterschiedliche Gliederungsvorschriften gelten. In diesem Fall ist die Gliederungsvorschrift eines Geschäftszweigs zugrunde zu legen und nach den Ansprüchen für die übrigen Geschäftszweige zu erweitern. Diese Ergänzungen sind im Anhang anzugeben und zu begründen (§ 265 Abs. 4 HGB nF.).

Änderungen der Gliederung und der Bezeichnungen der einzelnen Bilanzpositionen sind erforderlich, wenn wegen der Besonderheit der Kapitalgesellschaft andernfalls der Jahresabschluß den Grundsätzen der Klarheit und Übersichtlichkeit nicht genügen würde (§ 265 Abs. 6 HGB nF.).

158 **Zusammenfassungen von einzelnen Posten** sind nach § 265 Abs. 7 HGB nF. nur möglich, wenn die einzelnen Posten nur einen Betrag enthalten, der für die Vermittlung eines den tatsächlichen Verhältnissen entsprechenden Bildes im Sinne des § 264 Abs. 2 HGB nF. nicht erheblich ist (Abs. 7 Nr. 1) oder wenn die Zusammenfassung die Klarheit der Darstellung erhöht (Abs. 7 Nr. 2). Im letzten Fall müssen die zusammengefaßten Posten im Anhang gesondert ausgewiesen werden. Eine Zusammenfassung ist unzulässig, wenn besondere Formblätter vorgeschrieben sind, die den Ausweis dieser Posten vorsehen. **Leerpositionen** brauchen nicht aufgeführt zu werden; es sei denn, daß im vorhergehenden Geschäftsjahr unter diesem Posten ein Betrag ausgewiesen wurde (§ 265 Abs. 8 HGB nF.).

159 Die Form der Darstellung, insbesondere die **Gliederung von aufeinanderfolgenden Bilanzen,** ist beizubehalten; Abweichungen sind nur in Ausnahmefällen wegen besonderer Umstände zulässig. Die Abweichungen sind im Anhang anzugeben und zu begründen (§ 265 Abs. 1 HGB nF.).

160 **Steuerrechtlich** findet sich nur eine sehr grobe Gliederung der Wirtschaftsgüter. In § 6 EStG werden lediglich folgende Kategorien unterschieden:
– Wirtschaftsgüter des Anlagevermögens, die der Abnutzung unterliegen (§ 6 Abs. 1 Nr. 1 EStG)
– andere als die bezeichneten Wirtschaftsgüter des Betriebs (Grund und Boden, Beteiligungen, Umlaufvermögen (§ 6 Abs. 1 Nr. 2 EStG nF.; nach bisherigem Recht – § 6 Abs. 1 Ziff. 2 EStG aF. – gehörte auch der Geschäfts- oder Firmenwert zum nicht abnutzbaren Anlagevermögen)).

Diese geringe Differenzierung hat jedoch keine Bedeutung für das Aussehen der Steuerbilanz, da aufgrund des Maßgeblichkeitsprinzips die handelsrechtliche Gliederung auch steuerlich zu beachten ist.

b) Horizontale Gliederung

161 **Kapitalgesellschaften** müssen nach **§ 268 Abs. 2 HGB nF.** die **Entwicklung des Anlagevermögens** von den historischen Anschaffungs- und Herstellungskosten über Mengen- und Wertänderungen sowie Umbuchungen bis zum Buchwert des Bilanzstichtages darstellen. In einer horizontalen Gliederung (Anlagespiegel, Anlagegitter) werden daher für jede einzelne Position des Anlagevermögens und für die aktivierten Aufwendungen für die Ingangsetzung und Erweiterung des Geschäftsbetriebs die historischen Anschaffungs- und Herstellungskosten des vorjährigen Bestandes, die Zugänge, Abgänge, Umbuchungen und Zuschreibungen des Geschäftsjahres und die bisher vorgenommenen Abschreibungen als Gesamtsumme gezeigt. Aus der Queraddition der einzelnen Zeilen ergibt sich der Buchwert am Bilanzstichtag.

Der Aufbau des Anlagespiegels nach dem sog. **Bruttoprinzip** bewirkt, daß Vermögensgegenstände solange im Anlagespiegel ausgewiesen werden, wie sie im Unternehmen vorhanden sind. Dies gilt auch, wenn die Vermögensgegenstände bereits vollständig abgeschrieben sind. Die richtige Darstellung des Restbuchwertes am Bilanzstichtag wird durch den Ausweis der kumulierten Abschreibungen gewährleistet.

Anlagevermögen (Vorbemerkungen)

Die **Abschreibungen**, die in dem jeweiligen Geschäftsjahr vorgenommen wurden, sind gemäß § 268 Abs. 2 Satz 3 HGB nF. gesondert auszuweisen. Sowohl für den Anlagespiegel als auch für den Ausweis der Abschreibungen des Geschäftsjahres besteht nach § 268 Abs. 2 HGB nF. das Wahlrecht eines Ausweises als **Teil der Bilanz** oder im **Anhang**.

162 Auch nach bisherigem Recht mußten **Aktiengesellschaften und Kommanditgesellschaften a. A.** einen Anlagespiegel erstellen (§ 152 Abs. 1 Satz 2 AktG aF.). Das Anlagevermögen mußte hier jedoch nicht nach dem Bruttoprinzip, sondern konnte nach dem **Nettoprinzip** dargestellt werden. Das heißt, daß die Entwicklung nicht von den historischen Anschaffungs- und Herstellungskosten, sondern von den Buchwerten der vorangegangenen Periode ausging und über die Zugänge, Abgänge, Umbuchungen, Abschreibungen und Zuschreibungen des Geschäftsjahres zum Buchwert des Bilanzstichtages führte (zur Bildung von Wertberichtigungen zum Anlagevermögen vgl. Rz. 176 ff.). Die Vermögensgegenstände wurden nach ihrer vollständigen Abschreibung nicht mehr im Anlagespiegel erfaßt, auch wenn weiterhin eine betriebliche Nutzung gegeben war. Eine Ausnahme galt nur in dem Fall, daß sämtliche Vermögensgegenstände einer Bilanzposition voll abgeschrieben waren. Unter diesen Umständen wurde ein ,,**Erinnerungswert** von 1 DM" beibehalten, damit die Bilanzposition nicht als Leerposition entfiel.

Gesellschaften mbH waren nach bisherigem GmbH-Recht nicht zur Erstellung eines Anlagespiegels verpflichtet. Eine solche Pflicht ergibt sich erst in Zukunft nach § 268 Abs. 2 HGB nF.

Einzelkaufleute und Personenhandelsgesellschaften sind weder nach bisherigem noch nach neuem Recht zur Darstellung der Entwicklung des Anlagevermögens verpflichtet, falls sie nicht unter das PublG fallen.

163 **Steuerrechtlich** wird die Erstellung eines Anlagespiegels nicht ausdrücklich verlangt. Sie kann jedoch aufgrund des Maßgeblichkeitsprinzips erforderlich werden.

164 **Anlagespiegel nach § 268 Abs. 2 HGB nF.**

	historische Anschaffungs- und Herstellungskosten	Zugänge	Abgänge	Umbuchungen	Zuschreibungen	Abschreibungen	Stand am Bilanzstichtag
		des Geschäftsjahres				als Gesamtsumme	
einzelne Positionen*							

* mit Vermerk der Abschreibung im Geschäftsjahr, falls keine Angabe im Anhang

Anlagespiegel nach § 152 Abs. 1 Satz 2 AktG aF.

	Stand zu Beginn des Geschäftsjahres	Zugänge	Abgänge	Zuschreibungen	Abschreibungen	Umbuchungen	Stand am Ende des Geschäftsjahres
		des Geschäftsjahres					
einzelne Positionen							

Der **Aufbau des Anlagespiegels** nach § 268 Abs. 2 HGB nF. orientiert sich hier nach dem Gesetzestext; wie nach geltendem Recht ist eine bestimmte Reihenfolge der Spalten jedoch nicht vorgeschrieben. Eine **Zusammenfassung von Spalten** ist auch weiterhin zulässig, soweit kein Informationsverlust entsteht. So werden weiterhin z. B. Umbuchungen mit den Zugängen bzw. Abgängen in einer Spalte ausgewiesen werden können, wenn die Einzelbeträge pro Position eindeutig erkennbar sind (z. B. Kennzeichnung der Umbuchungen in der Zugangs- bzw. Abgangsspalte mit „U").

165 Da sich die historischen Anschaffungs- und Herstellungskosten beim erstmaligen Wechsel von der Netto- zur Bruttomethode nicht immer ermitteln lassen, kann zur Vermeidung eines unzumutbaren Aufwands auch von den Restbuchwerten des letzten Geschäftsjahres ausgegangen werden (Art. 24 Abs. 6 EGHGB nF.).

Zugänge

166 Als Zugänge sind **mengenmäßige Mehrungen** des Anlagevermögens auszuweisen (vgl. *Kropff*, 233). Sie sind im Geschäftsjahr der Anschaffung oder Herstellung mit den Anschaffungs- oder Herstellungskosten zu aktivieren (§§ 253 Abs. 1, 255 HGB nF./§ 153 Abs. 1 Satz 2 AktG aF.); ein um die Abschreibungen des Zugangsjahres verminderter Ausweis ist nicht zulässig. Auch wenn von der steuerlich gegebenen Möglichkeit der Übertragung von Rücklagen gem. § 6 b EStG oder Abschn. 35 EStR Gebrauch gemacht werden soll, ist der Betrag der Anschaffungs- oder Herstellungskosten ungekürzt als Zugang auszuweisen. Die Übertragung der Rücklagen erfolgt dann im Rahmen einer außerplanmäßigen Abschreibung (vgl. *IdW HFA 2/1965*).

Zu den Zugängen gehören neben den neu erworbenen oder hergestellten Vermögensgegenständen auch die **Herstellungsaufwendungen** für Substanzvermehrung, Nutzungsänderung oder wesentliche Verbesserung bereits vorhandener Gegenstände (vgl. dazu die Abgrenzung zwischen Herstellungs- und Erhaltungsaufwand Teil A Rz. 288 ff., *Biergans* 278 ff.).

167 Bei **nachträglichen Anschaffungs- oder Herstellungskosten,** z. B. wegen ursprünglich fehlerhafter Ermittlung der Anschaffungs- oder Herstellungskosten oder **Nachaktivierungen,** z. B. bei irrtümlicher Nichtaktivierung im Zugangsjahr, wird die Meinung vertreten, daß ein Ausweis als Zugang nicht in Frage komme, weil es sich um keine im Geschäftsjahr eingetretene Mehrung des Anlagevermögens handelt. Diese Fälle müßten daher als Zuschreibung behandelt werden (vgl. *Adler/Düring/Schmaltz* § 152 Anm. 25; *WPH* 1981, 667). Wenngleich man der Auffassung, die den Ausweis als Zugang grundsätzlich auf erfolgsneutrale Vermögensumschichtungen beschränken will (vgl. *Adler/Düring/Schmaltz* § 152 Anm. 14), durchaus zustimmen kann, so erscheint jedoch auch ein Ausweis als Zugang mit den Bilanzierungszielen vereinbar, solange durch einen Bilanzvermerk oder eine Angabe im Anhang auf die vom Geschäftsjahr der Bilanz abweichende Zugangsperiode des ausgewiesenen Betrags aufmerksam gemacht wird (vgl. *Mohr* WPg 1963, 659 ff.; *Richter* HdJ Abt. II/1 Anm. 69).

168 In voller Höhe aktivierungspflichtig und als Zugang auszuweisen sind auch **geringwertige Wirtschaftsgüter** (Anschaffungs- oder Herstellungskosten $\leq$ 800 DM), auch wenn die angeschafften Vermögensgegenstände im Zugangsjahr voll abgeschrieben werden (zur Abschreibung geringwertiger Wirtschaftsgüter siehe auch Rz. 225, 235). Für Anschaffungen bis zu 100 DM kann auf eine Erfassung unter den Zugängen verzichtet werden. Gleiches gilt auch für **kurzlebige Wirtschaftsgüter** (Nutzungsdauer < ein Jahr) unabhängig von ihren Anschaffungs- oder Herstellungskosten. In beiden Fällen werden die Anschaffungs- oder Herstellungskosten im Zugangsjahr ohne Aktivierung unmittelbar als Aufwand gebucht.

169 In den Fällen, in denen ein **Aktivierungswahlrecht** besteht, wie z. B. bei den Aufwendungen für die Ingangsetzung und Erweiterung des Geschäftsbetriebs (§ 269 HGB nF./§ 153 Abs. 4 AktG aF. nur Ingangsetzungsaufwand) und beim Geschäfts- oder Firmenwert (§ 255 Abs. 4 HGB nF./§ 153 Abs. 5 AktG aF.), ist der Ausweis als Zugang nicht notwendig, wenn auf eine Aktivierung verzichtet werden soll. Gleiches gilt für den Verschmelzungsmehrwert (§ 348 Abs. 2 AktG nF./aF.).

Abgänge

170 Abgänge sind gegeben, wenn Vermögensgegenstände des Anlagevermögens aus dem Unternehmen ausscheiden (z. B. durch Veräußerung, Verschrottung, Brand, Diebstahl, Enteignung). Es handelt sich somit um eine **mengenmäßige Minderung** des Anlagebestands. Die Höhe des auszuweisenden Abgangs wird nach künftigem Recht durch die im Anlagespiegel erfaßten historischen Anschaffungs- oder Herstel-

Anlagevermögen (Vorbemerkungen) 171–175 B

lungskosten des ausscheidenden Vermögensgegenstandes bestimmt (zur Behandlung der kumulierten Abschreibungen siehe Rz. 175, 179). Nach bisherigem Recht mußte als Abgang der Restbuchwert des ausscheidenden Vermögensgegenstandes zum Zeitpunkt des Ausscheidens, welcher unmittelbar – unter Berücksichtigung der zeitanteiligen Jahresabschreibung – aus der Anlagenkartei oder dem Sachkonto entnommen werden konnte, verbucht werden. Nur in den Fällen, in denen der Betrag der Jahresabschreibung relativ und absolut sehr gering war, wurde auch der Ausweis des Buchwerts am letzten Bilanzstichtag als Abgang für zulässig angesehen.

171   Als Abgänge sind sowohl nach bisherigem als auch nach neuem Recht **nachträgliche Minderungen der Anschaffungs- und Herstellungskosten** (s. auch oben unter nachträglichen Anschaffungskosten, Rz. 167 sowie Teil A Rz. 76ff.) und Korrekturen fehlerhafter Zugangsbuchungen auszuweisen. Diese Vorgänge sind im Anlagespiegel gesondert zu kennzeichnen. Dies könnte zweckmäßig durch den Ausweis negativer Beträge in der Zugangsspalte erfolgen (nach *Adler/Düring/Schmaltz* § 153 Anm. 37 ist die Berücksichtigung als Abschreibung ebenfalls zulässig).

172   Bei geringwertigen Wirtschaftsgütern kann im Fall der Sofortabschreibung ein fiktiver sofortiger Abgang im Jahr des Zugangs unterstellt werden (vgl. Bericht zu § 268, BT-Drucksache 10/4268). Bei dieser Vorgehensweise kommt allerdings die Erfolgswirksamkeit des Vorgangs im Anlagespiegel nicht zum Ausdruck. Daher wäre es wünschenswert, wenn der Abschreibungscharakter des ausgewiesenen Abgangs vermerkt würde. Dies gilt um so mehr, als auch aus der Gewinn- und Verlustrechnung diese Information nicht entnommen werden kann.

Zuschreibungen

173   Unter Zuschreibungen sind **Werterhöhungen von Zugängen früherer Perioden** zu verstehen, die regelmäßig durch die **Rücknahme überhöhter außerplanmäßiger Abschreibungen** begründet sind. Die Pflicht zur Zuschreibung (Wertaufholungsgebot) bzw. ihre Zulässigkeit ergibt sich nach neuem Recht für die Kapitalgesellschaften aus § 280 Abs. 1 HGB nF. und für die übrigen Rechtsformen nach § 253 Abs. 5 HGB nF. Die Möglichkeit, außerplanmäßige Abschreibungen, deren Gründe weggefallen sind, durch Zuschreibungen rückgängig zu machen, bestand für alle Rechtsformen auch im bisherigen Recht. Dieses Wahlrecht war in § 154 Abs. 2 Satz 2 AktG aF. kodifiziert (zur Zulässigkeit von Zuschreibungen vgl. Rz. 226ff.) sowie Teil A Rz. 457ff.

Neben der Aufhebung von Abschreibungen sind hier auch **nachträgliche Anschaffungs- oder Herstellungskosten** und Nachaktivierungen zu erfassen, die im Jahr des Zugangs nicht aktiviert wurden. Ein Ausweis unter den Zugängen (siehe Rz. 167) wird auch als zulässig erachtet.

174   **Korrekturen von zu hohen planmäßigen Abschreibungen** führen nicht zu Zuschreibungen, sondern können nur durch eine Korrektur des Abschreibungsplanes (Aufteilung des Buchwerts der Periode auf die neu geschätzte Restnutzungsdauer) für die Zukunft erfolgen (vgl. *Adler/Düring/Schmaltz* § 149 Anm. 73; siehe auch Rz. 197). Sollen planmäßige Abschreibungen in der Handelsbilanz nicht beibehalten werden, weil sich ihre Höhe für die Steuerbilanz als nicht zulässig erwiesen hat (z. B. nach einer steuerlichen Betriebsprüfung), dann kann die Anpassung der Handelsbilanz an die Steuerbilanz durch eine Zuschreibung in Höhe der ursprünglich zu hoch angesetzten Abschreibungen erfolgen. Die Zuschreibung wird als zulässig angesehen, weil die überhöhten Abschreibungen aus Vorjahren als außerplanmäßige steuerliche Sonderabschreibungen (i. S. v. § 254 HGB nF./§ 154 Abs. 2 Nr. 2 AktG aF.) angesehen werden können, deren Rücknahme durch Zuschreibungen zu erfolgen hat (vgl. *Adler/Düring/Schmaltz* § 149 Anm. 74).

174a Sowohl nach neuem als auch nach bisherigem Recht werden die Zuschreibungen nur in der Periode ihrer Entstehung im Anlagespiegel ausgewiesen. Nach zukünftigem Recht ist aber erforderlich, daß in der Anfangsbilanz des folgenden Jahres die Zuschreibungen **mit den kumulierten Abschreibungen saldiert** werden (vgl. Bericht zu § 268 Abs. 2, BT-Drucksache 10/4268).

Umbuchungen

175   Umbuchungen zeigen lediglich Ausweisänderungen zwischen den Positionen des vertikalen Gliederungsschemas und stellen keine Wert- oder Mengenänderungen

dar. Regelmäßig werden aus den Positionen geleistete Anzahlungen und Anlagen im Bau Umbuchungen auf andere Positionen des Anlagevermögens vorkommen. Soweit eine Aufgliederung der Position Grundstücke (§ 266 Abs. 2 A. II. 1. HGB nF.) entsprechend dem aktienrechtlichen Gliederungsschema nach § 151 Abs. 1 Aktiva II. A. 1.–4. AktG aF. erfolgt, werden auch zwischen den verschiedenen Grundstücksarten bisweilen Umbuchungen auftreten (z. B. bei Bebauung von bisher unbebauten Grundstücken). Ansonsten stellen Umbuchungen seltene Ausnahmefälle dar.

Die Systematik des Anlagespiegels nach künftigem Recht verlangt, daß auch die **Umbuchungen brutto** durchzuführen sind. Danach müssen in der Umbuchungsspalte die gesamten historischen Anschaffungs- oder Herstellungskosten des zu übertragenden Vermögensgegenstandes ausgewiesen werden. Ggf. vorhandene Abschreibungen sind aus der bisherigen in die neue Position zu übernehmen. Demgegenüber erfolgten nach bisherigem Recht die Umbuchungen in Höhe des Restbuchwertes des Vermögensgegenstandes.

Abschreibungen

176 **Wertminderungen** von Vermögensgegenständen des Anlagevermögens und der Ingangsetzungs- und Erweiterungsaufwendungen werden als Abschreibungen ausgewiesen (siehe dazu auch Teil A Rz. 2 ff.). Es sind hier sowohl die **planmäßigen** als auch die **außerplanmäßigen Abschreibungen** zu erfassen; ein getrennter Ausweis ist nicht erforderlich.

Bilanztechnisch können Abschreibungen direkt oder indirekt vorgenommen werden. Nach der **direkten Abschreibungsmethode** wird der Abschreibungsbetrag der Periode aktivisch von dem letzten Bilanzansatz des Vermögensgegenstandes abgesetzt. Wird die Abschreibung **indirekt** durchgeführt, dann wird der Vermögensgegenstand bis zu seinem Ausscheiden aus dem Unternehmen mit seinen historischen Anschaffungs- oder Herstellungskosten ausgewiesen. Die Abschreibungen werden kumuliert als passiver Korrekturposten (Wertberichtigung) in die Bilanz aufgenommen (§ 151 Abs. 1 Passiva III. AktG aF.).

177 Nach **§ 152 Abs. 6 AktG aF.** durften **Wertberichtigungen** nur zu Sachanlagen, Beteiligungen und Wertpapieren des Anlagevermögens sowie als Pauschalwertberichtigung wegen des allgemeinen Kreditrisikos zu Forderungen (siehe auch Rz. 665 ff.) gebildet werden. Ebenso wie beim Anlagevermögen war auch die Entwicklung der Wertberichtigungen in einer horizontalen Gliederung darzustellen. Die Gliederung mußte nach § 152 Abs. 6 Satz 2 AktG aF. die der Aktivseite entsprechen, so daß hier folgende Spalten auszuweisen waren (vgl. *Adler/Düring/Schmaltz* § 152 Anm. 90):
– Vortrag
– Zuführungen
– Umbuchungen
– Auflösungen aus Abgängen
– Auflösungen aus Zuschreibungen
– Stand am Bilanzstichtag

Die Pauschalwertberichtigungen zu Forderungen wurden nicht horizontal gegliedert; sie wurden gesondert als Pauschalwertberichtigung zu Forderungen in einem Betrag passiviert.

178 Nach **bisherigem Recht** bestand für sämtliche Unternehmen ein **Wahlrecht bezüglich der direkten oder indirekten Abschreibungsmethode.** Die Einschränkungen des § 152 Abs. 6 AktG aF. betrafen nur Unternehmen, die nach Aktienrecht bilanzierten. Soweit die Unternehmen nicht zur aktienrechtlichen Rechnungslegung verpflichtet waren, war auch die Darstellung der Entwicklung der Wertberichtigungen nicht erforderlich. Die vertikale Gliederung der Wertberichtigungen mußte jedoch der Gliederung der betreffenden Aktivpositionen entsprechen.

Nach **künftigem Recht** dürfen **Abschreibungen grundsätzlich** nur noch **aktivisch** vorgenommen werden. In dem für Kapitalgesellschaften vorgeschriebenen Gliederungsschema (§ 266 Abs. 2 HGB nF.) ist die Position Wertberichtigungen daher nicht mehr vorgesehen.

179 Eine Ausnahme von der generellen Regelung stellt die Behandlung **steuerrechtlicher Sonderabschreibungen** nach § 254 i. V. m. § 281 HGB nF. dar. Kapitalgesell-

Anlagevermögen (Vorbemerkungen) 179a–189 **B**

schaften können den Unterschiedsbetrag zwischen der betriebswirtschaftlich erforderlichen und der steuerlich zulässigen Abschreibung in Form einer Wertberichtigung durch Einstellung in den Sonderposten mit Rücklageanteil (vgl. Rz. 1015 ff.) ausweisen.

179a Während nach bisherigem Recht die Abschreibungen nur im Jahr ihrer Erfolgswirksamkeit im Anlagespiegel erfaßt wurden, sind künftig die **Abschreibungen vergangener Perioden**, einschließlich des abgelaufenen Geschäftsjahres, korrigiert um ggf. vorgenommene Zuschreibungen (siehe Rz. 174a), auszuweisen. Diese kumulierten Abschreibungen werden ebenso wie die historischen Anschaffungs- oder Herstellungskosten solange im Anlagespiegel ausgewiesen, wie die **Vermögensgegenstände im Unternehmen vorhanden** sind. Erst beim Abgang des Vermögensgegenstandes entfällt der Ausweis der Abschreibungen. Bei Umbuchungen folgt die Abschreibung dem Ausweis des umgebuchten Gegenstands.

180 Für die **Steuerbilanz** gibt es keine spezielle Vorschrift hinsichtlich der Behandlung von Abschreibungen, so daß die handelsrechtliche Vorgehensweise zu übernehmen ist.

3. Bewertungsgrundsätze

a) Handelsrechtliche Bewertungsgrundsätze

185 Allgemein gilt für die Bewertung das Prinzip der **Einzelbewertung** (vgl. Teil A Rz. 54), d. h. jeder Vermögensgegenstand wird einzeln für sich bewertet. Nur unter bestimmten Voraussetzungen sind Bewertungsvereinfachungen durch Ansatz eines **Festwertes** (§ 240 Abs. 3 i. V. m. § 256 Satz 2 HGB nF.) oder Durchführung einer **Durchschnittsbewertung** (§ 240 Abs. 4 i. V. m. § 256 Satz 2 HGB nF.) zulässig (zu Einzelheiten vgl. Teil A Rz. 55 f. sowie Teil B Rz. 394, 556 ff.).

186 Vermögensgegenstände des Anlagevermögens sind in der Handelsbilanz grundsätzlich mit ihren Anschaffungs- oder Herstellungskosten (vgl. Teil A Rz. 52 ff., 280 ff.) zu bewerten. Es handelt sich bei diesen Wertansätzen, entsprechend dem **Anschaffungswertprinzip** (vgl. Teil A Rz. 90 ff.), um eine absolute Bewertungsobergrenze, die auch bei höheren Wiederbeschaffungskosten der Vermögensgegenstände nicht überschritten werden darf. Diese Vorschrift ist als GoB anzusehen und somit für alle Rechtsformen verbindlich. Er ist in § 253 Abs. 1 HGB nF./§ 153 Abs. 1 AktG aF. und § 42 Nr. 1 GmbHG aF. kodifiziert.

187 Ist die Nutzung von Gegenständen des Anlagevermögens zeitlich begrenzt, dann müssen sie planmäßig abgeschrieben werden (vgl. Rz. 195 ff.). Man gelangt dann zu den sog. **„fortgeführten oder fortgeschriebenen"** Anschaffungs- oder Herstellungskosten.

188 Bei Wertminderungen, die zu einem Zeitwert führen, der unter den (fortgeführten) Anschaffungs- oder Herstellungskosten liegt, verlangt oder gestattet das **Niederstwertprinzip** (vgl. Teil A Rz. 369 ff.) eine außerplanmäßige Abschreibung. Ob die außerplanmäßige Abschreibung obligatorisch ist oder freiwillig vorgenommen werden darf, hängt von der Art des Vermögensgegenstandes (Anlage- oder Umlaufvermögen) und der voraussichtlichen Dauer der Wertminderung ab.

Für das Anlagevermögen gilt das gemilderte Niederstwertprinzip (§ 253 Abs. 2 HGB nF./§ 154 Abs. 2 AktG aF.), im Gegensatz zum Umlaufvermögen (zu Einzelheiten vgl. Rz. 536 ff.), für das das strenge Niederstwertprinzip (§ 253 Abs. 3 HGB nF./§ 155 Abs. 2 AktG aF.) vorgeschrieben ist.

189 Bei allen Rechtsformen außer bei der Aktiengesellschaft und der Kommanditgesellschaft auf Aktien (gem. bisherigem Recht) bzw. den Kapitalgesellschaften (gem. künftigem Recht) sind sowohl die (fortgeführten) Anschaffungs- oder Herstellungskosten als auch die aufgrund des Niederstwertprinzips anzusetzenden Zeitwerte lediglich Wertobergrenzen (vgl. § 253 Abs. 1 HGB nF.). Man spricht hier vom sog. **„Höchstwertprinzip"**. (Diese Bezeichnung darf nicht damit verwechselt werden, daß bei Anwendung des Niederstwertprinzips auf Passivposten ebenfalls z. T. von einem „Höchstwertprinzip" gesprochen wird. Die identischen Bezeichnungen haben nichts miteinander zu tun.) Die (fortgeführten) Anschaffungs- oder Herstellungskosten oder die niedrigeren Zeitwerte dürfen bei allen Unternehmen, für die das Höchstwertprinzip gilt, unterschritten werden, soweit ein niedrigerer Wertan-

satz, im Rahmen einer „vernünftigen kaufmännischen Beurteilung" zu vertreten ist (vgl. § 253 Abs. 4 HGB nF.). Diese Möglichkeit entspricht den geltenden GoB.

Für die übrigen Rechtsformen, d. h. AG und KGaA nach bisherigem Recht bzw. den Kapitalgesellschaften nach künftigem Recht, bilden die (fortgeführten) Anschaffungs- oder Herstellungskosten bzw. der niedrigere Zeitwert gleichzeitig die Ober- und die Untergrenze des möglichen Wertansatzes. Hier sind also der Bilanzierung feste Werte vorgegeben (vgl. §§ 153 Abs. 1, 154 Abs. 2, 155 Abs. 1 und 2 AktG aF./ § 279 Abs. 1 HGB nF.). Man spricht daher vom sog. **„Fixwert-"** oder **„Festwertprinzip"**. (Das Festwertprinzip darf nicht mit dem ähnlich klingenden Begriff „Festbewertung" verwechselt werden.)

190 Weitere für die Bewertung wichtige Grundsätze, auf die an anderer Stelle eingegangen wird, sind:
– Going-Concern-Prinzip (vgl. Teil A Rz. 227 f.)
– Imparitätsprinzip (vgl. Teil A Rz. 329 f.)
– Realisationsprinzip (vgl. Teil A Rz. 379 ff.)
– Stichtagsprinzip (vgl. Teil A Rz. 383 f.)

b) Steuerrechtliche Bewertungsgrundsätze

191 Das **Prinzip der Maßgeblichkeit der Handels- für die Steuerbilanz** beinhaltet vor allem die Maßgeblichkeit der handelsrechtlichen Bewertung. Aufgrund steuerrechtlicher Bilanzierungsziele, die von den handelsrechtlichen Zielsetzungen abweichen, wird das Maßgeblichkeitsprinzip verschiedentlich durch den Bewertungsvorbehalt des § 5 Abs. 5 EStG durchbrochen. Die Festlegung, daß die steuerrechtlichen Vorschriften über die Bewertung (§ 6 EStG) und über die Absetzung für Abnutzung oder Substanzverringerung (§ 7 EStG) anzuwenden sind, legt die diesbezügliche Priorität des Steuerrechts gegenüber dem Handelsrecht fest. Die handelsrechtlichen Bewertungsvorschriften bleiben insoweit maßgeblich, als sie mit dem erkennbaren Zweck des steuerrechtlichen Vorbehalts nicht kollidieren (vgl. *Moxter* Bilanzierung nach der Rechtsprechung des Bundesfinanzhofs, 9).

192 Die für die Handelsbilanz angesprochenen **Bewertungsprinzipien** gelten grundsätzlich auch für die Steuerbilanz, wobei jedoch vor allem dem Vorsichtsprinzip ein geringeres Gewicht zukommt. Dies wirkt sich u. a. darin aus, daß in der Steuerbilanz das Höchstwertprinzip unbekannt ist. Die Wirtschaftsgüter sind steuerrechtlich zu den (fortgeführten) Anschaffungs- oder Herstellungskosten (zum unterschiedlichen Inhalt der Anschaffungs- und Herstellungskosten in der Handels- und Steuerbilanz s. Teil A Rz. 52 ff., 280 ff., vgl. auch *Wohlgemuth* HdJ Abt. I/9, und *ders.* HdJ Abt. I/10) oder zu dem niedrigeren Teilwert anzusetzen (Festwertprinzip). Eine Unterschreitung dieser Werte aufgrund kaufmännischer Ermessensentscheidungen ist nicht möglich.

193 In der Steuerbilanz sind ebenso wie in der Handelsbilanz planmäßige und außerplanmäßige **Abschreibungen** vorgesehen. Die verwendete Terminologie ist jedoch unterschiedlich. Für die handelsrechtliche planmäßige Abschreibung verwendet § 6 Abs. 1 Ziff. 1 i. V. m. § 7 EStG die Begriffe der Absetzung für Abnutzung (AfA) oder Absetzung für Substanzverringerung (AfS). Außerplanmäßige Abschreibungen treten nach § 7 Abs. 1 letzter Satz EStG als Absetzung für außergewöhnliche technische oder wirtschaftliche Abnutzung (AfaA) und als Teilwertabschreibung nach § 6 Abs. 1 EStG auf (zur Abgrenzung siehe *Biergans*, 328 f.).

Aufgrund des Maßgeblichkeitsprinzips gilt für das **Verhältnis der Abschreibungen in der Handelsbilanz** und **in der Steuerbilanz,** daß der Restbuchwert in der Steuerbilanz niemals unter demjenigen in der Handelsbilanz liegen darf. Im einzelnen Geschäftsjahr darf jedoch beispielsweise bedingt durch unterschiedliche Abschreibungsverfahren oder unterschiedliche Bemessung der Herstellungskosten der steuerlich anzusetzende Abschreibungsbetrag durchaus den handelsrechtlichen Betrag übersteigen.

194 Oberster Bewertungsmaßstab bei der **Einheitsbewertung** des gewerblichen Betriebs ist gemäß § 109 Abs. 1 BewG der Teilwert. Für die in den Absätzen 2–4 des § 109 BewG aufgeführten Wirtschaftsgüter gelten jedoch die dort normierten besonderen Bewertungsmaßstäbe.

Anlagevermögen (Vorbemerkungen)

c) Die planmäßige Abschreibung

(1) Die planmäßige Abschreibung in der Handelsbilanz

195 Gegenstände des Anlagevermögens sind planmäßig abzuschreiben, wenn ihre Nutzungsdauer zeitlich begrenzt ist (§ 253 Abs. 2 HGB nF./§ 154 Abs. 1 AktG aF.). Die Nutzungsdauer von Anlagegegenständen kann bedingt durch die Nutzung (z. B. technischer Verschleiß bei Maschinen, Betriebs- und Geschäftsausstattung), äußere Einflüsse (z. B. Witterungseinflüsse bei Gebäuden), die Ausbeutung (z. B. Abbau von Steinbrüchen), den technischen Fortschritt oder den Zeitablauf (z. B. Ablauf von Schutzrechten, Konzessionen) zeitlich begrenzt sein. In diesen Fällen sind die Anschaffungs- oder Herstellungskosten mit Hilfe eines **Abschreibungsplanes** auf die Jahre der voraussichtlichen Nutzungsdauer zu verteilen (siehe auch Teil A Rz. 5ff.). Dies gilt jedoch nur, soweit gesetzlich nicht eine bestimmte Abschreibungsdauer festgelegt ist, wie z. B. bei den Aufwendungen für die Ingangsetzung oder Erweiterung des Geschäftsbetriebs, dem Geschäfts- oder Firmenwert und dem Verschmelzungsmehrwert.

Zur Durchführung der Abschreibung ist es erforderlich, daß im ersten Jahr der Nutzung aufgrund der Schätzung der voraussichtlichen Nutzungsdauer der Abschreibungsprozentsatz sowie die Abschreibungsmethode und ggf. ein erwarteter Restwert festgelegt wird. Durch diese Angaben ist der Abschreibungsplan eindeutig festgelegt.

196 Bei der **Schätzung der Nutzungsdauer** sind die technischen und wirtschaftlichen Entwicklungsfaktoren (zu Einzelheiten der Berechnung vgl. *Schneider* Die wirtschaftliche Nutzungsdauer von Anlagegütern als Bestimmungsgrund der Abschreibungen) zu berücksichtigen, die sich beim betriebsindividuellen Einsatz der Vermögensgegenstände ergeben. Risiken, wie z. B. Schäden durch höhere Gewalt, das allgemeine Konjunkturrisiko, die das Unternehmen insgesamt betreffen, sind nicht berücksichtigungsfähig.

Vor allem in innovationsintensiven Branchen ist die **wirtschaftliche Nutzungsdauer** i. d. R. erheblich kürzer als die technische. Für die Bemessung der Abschreibungen ist immer die kürzere wirtschaftliche Nutzungsdauer zugrunde zu legen. Ist die Nutzung von Patenten, Lizenzen usw. vertraglich begrenzt, so ist dieser Zeitraum als Nutzungsdauer festzulegen, soweit die wirtschaftliche Nutzungsdauer nicht kürzer ist.

Zu berücksichtigen ist auch, ob die Anlagegüter im Ein- oder Mehrschichtbetrieb genutzt werden, wobei eine höhere Intensität der Nutzung grundsätzlich zu einer Verkürzung der Nutzungsdauer führt.

Für die Bemessung der Nutzungsdauer werden von Wirtschaftsfachverbänden und von der Finanzverwaltung **Abschreibungstabellen** (AfA-Tabellen) herausgegeben. Die dort wiedergegebenen Zeiträume der Nutzung basieren auf Erfahrungswerten und berücksichtigen nicht betriebsindividuelle Gegebenheiten (siehe dazu Teil X Rz. 1). Die Tabellen sind daher nicht verbindlich.

197 Stellt sich im Zeitablauf heraus, daß die **Nutzungsdauer erheblich zu lang geschätzt** wurde, dann ist der Abschreibungsplan für die Zukunft zu ändern. Der Restbuchwert ist auf die neu bemessene Restnutzungsdauer zu verteilen. In wesentlichen Fällen kann auch eine außerplanmäßige Abschreibung erfolgen.

Wurde die **Nutzungsdauer zu kurz geschätzt**, dann wird nur in Ausnahmefällen – wenn sonst der Jahresabschluß ein falsches Bild von der Vermögens- und Ertragslage des Unternehmens zeigen würde – eine Korrektur des Abschreibungsplanes erforderlich sein. Zuschreibungen sind nur in Sonderfällen (Fusion, Sanierung u. ä.) zulässig; ein Aussetzen der Abschreibung ist unzulässig (vgl. *Adler/Düring/Schmaltz* § 149 Anm. 73).

198 Das Problem der **Nutzungsdauerschätzung ist nicht unabhängig von dem zu wählenden Abschreibungsverfahren.** Das die handelsrechtliche Bilanzierung beherrschende Vorsichtsprinzip verlangt eine angemessene Berücksichtigung der zu erwartenden Wertminderungen bei der Festlegung der Komponenten, die den jeweiligen Restbuchwert bestimmen. Ob Risiken primär durch eine relativ kurze Nutzungsdauerschätzung oder primär durch Wahl eines Abschreibungsverfahrens, das relativ schnell zu niedrigen Buchwerten führt, berücksichtigt werden, ist zweitrangig. Es würde jedoch eine unangemessene Gewichtung des Vorsichtsprinzips bedeuten, wenn erwartete Risiken unabhängig voneinander in die Bestimmung beider Komponenten einfließen würden. Dies bedeutet, daß bei der Wahl eines degressiven Abschreibungsverfahrens im Zweifel eine längere Nutzungsdauer zugrunde gelegt werden kann, als beispielsweise bei der Wahl des linearen Verfahrens.

199 Nach dem Gesetzeswortlaut sind grundsätzlich die Anschaffungs- oder Herstellungskosten auf die geschätzte Nutzungsdauer zu verteilen. Eine Ausnahme besteht in den Fällen, in denen nach Ablauf der wirtschaftlichen Nutzungsdauer ein in Relation zu den Anschaffungs- oder Herstellungskosten erheblicher **Restwert** (Veräußerungserlös/Schrottwert ./. Ausbau-, Abbruch- oder Veräußerungskosten) vorliegt (vgl. *IdW* NA 1/1968). Hier haben die Anschaffungs- oder Herstellungskosten vermindert um diesen Restwert die Basis für die Abschreibung zu bilden.

200 Es kommen folgende **Abschreibungsmethoden** in Betracht:
– **lineare Abschreibung** (siehe Teil A Rz. 19)
  Die Abschreibung erfolgt mit einem gleichbleibenden Prozentsatz von den Anschaffungs- oder Herstellungskosten. Sie ist die in der Praxis am häufigsten verwendete Methode, da ihre rechnerische Durchführung sowie die handels- und steuerrechtliche Anwendung ohne Probleme sind.
– **degressive Abschreibung** (siehe Teil A Rz. 20ff.)
  Das Kennzeichen dieser Methode ist, daß der Abschreibungsbetrag von Jahr zu Jahr geringer wird. Sie tritt in zwei Grundformen auf:
  • **arithmetisch-degressiv (= digital)**
    Die jährlichen Abschreibungsbeträge vermindern sich in jeder Periode um den gleichen Betrag, vgl. das Berechnungsbeispiel in Teil A Rz. 22.
  • **geometrisch-degressiv (= Buchwertmethode)**
    Die jährlichen Abschreibungsbeträge vermindern sich in jeder Periode um den gleichen Prozentsatz, da die Abschreibung mit einem festen Prozentsatz vom jeweiligen Buchwert zu Periodenbeginn erfolgt. Bei dieser Methode kann der Nullwert nicht erreicht werden, vgl. das Berechnungsbeispiel in Teil A Rz. 21.
– **progressive Abschreibung**
  Die Abschreibung erfolgt hier mit steigenden Werten. Die Methode kann arithmetisch- oder geometrisch-progressiv durchgeführt werden. Ihre Anwendung in der Praxis ist beschränkt auf besonders langlebige Anlagen, die nach einer Anlaufzeit erst allmählich in die Nutzung hineinwachsen und langfristig erst zur Vollnutzung führen. Bei Anwendung dieser Methode ist stets zu prüfen, ob nicht gegen das Vorsichtsprinzip verstoßen wird.
– **leistungsabhängige Abschreibung** (siehe Teil A Rz. 24ff.)
  Zur Durchführung dieser Methode ist die mögliche Gesamtleistung zu schätzen und die Leistungsabgabe der Periode festzustellen. Die Anschaffungs- oder Herstellungskosten dividiert durch die Gesamtleistung ergibt den Abschreibungsbetrag pro Leistungseinheit; dieser multipliziert mit der Leistung der Periode ergibt die Abschreibung dieser Periode.

201 Neben den genannten Abschreibungsmethoden sind auch **Mischformen** dieser Methoden zulässig. Als solche kommen die Kombinationen von degressiver und linearer Abschreibung sowie leistungsbedingter und linearer Abschreibung in Betracht. Die erstgenannte Kombination wird gewählt, da die geometrisch-degressive Abschreibung rechentechnisch nicht zu einem Restbuchwert von Null führen kann. Der Übergang von der degressiven zur linearen Abschreibung erfolgt zweckmäßigerweise zu dem Zeitpunkt, von dem ab die linearen Abschreibungsbeträge diejenigen der degressiven Abschreibung übersteigen.

202 Diese Mischformen gelten als eigenständige Methoden, so daß der planmäßige Übergang innerhalb der Methoden nicht nach § 284 Abs. 2 Nr. 3 HGB nF./§ 160 Abs. 2 AktG aF. berichtspflichtig ist (zur Berichtspflicht bei Wechsel der Abschreibungsmethode vgl. Rz. 1976). Grundsätzlich stehen alle diese Abschreibungsmethoden für die handelsrechtliche Bilanzierung zur Auswahl. Es gilt lediglich die Bedingung, daß das gewählte **Verfahren den GoB entsprechen** muß. Daraus ergibt sich jedoch kaum einmal eine Einschränkung der Wahlfreiheit, weil ein Widerspruch zu den GoB nur bei einem dem tatsächlichen Werteverzehr völlig widersprechenden Abschreibungsverlauf anzunehmen ist. Dies wäre im allgemeinen nur bei der pro-

Anlagevermögen (Vorbemerkungen)

gressiven Abschreibungsmethode denkbar. Hervorzuheben ist, daß der Bilanzierende nicht gehalten ist, ein dem voraussichtlichen Werteverzehr möglichst nahekommendes Verfahren zu wählen; denn die planmäßige Abschreibung dient nicht der Ermittlung der voraussichtlich „richtigen Zeitwerte" zu den künftigen Bilanzstichtagen, sondern der aufwandsmäßigen Abgrenzung (Periodisierung) der angefallenen Ausgaben. Man spricht daher auch von der sog. „**Verteilungsabschreibung**". Im Gegensatz zur außerplanmäßigen Abschreibung ist die planmäßige Abschreibung nicht von der Bilanz, sondern von der Erfolgsrechnung her zu verstehen (vgl. *Adler/ Düring/Schmaltz* § 154 Anm. 13).

203 Es besteht keine Pflicht, eine einzige Methode für alle Anlagegüter anzuwenden, so daß **nebeneinander mehrere Abschreibungsmethoden** im Unternehmen zulässig sind. Ein **Methodenwechsel** bei einem Anlagegegenstand ist in Ausnahmefällen möglich; er darf aber nicht willkürlich erfolgen, sondern muß mit den Besonderheiten des Anlagegegenstandes zu begründen sein.

Ein **mehrfacher Methodenwechsel** bei einem Vermögensgegenstand wird regelmäßig nicht begründbar sein und eine willkürliche Durchbrechung des Stetigkeitsgrundsatzes der Bewertung darstellen. Dies gilt auch bei mehrfacher Änderung der Nutzungsdauer.

204 **Kapitalgesellschaften** sind nach § 284 Abs. 2 HGB nF./§ 160 Abs. 2 AktG aF. (ohne GmbH) verpflichtet, **im Anhang bzw. Geschäftsbericht** über die Abschreibungsverfahren und ggf. vorgenommene Abschreibungsänderungen zu **berichten**.

205 Der **Abschreibungsbeginn** erfolgt regelmäßig in der Periode des Zugangs bzw. der Lieferung oder Fertigstellung des Vermögensgegenstandes, da von diesem Zeitpunkt an eine Nutzung möglich ist. Auf die tatsächliche Ingebrauchnahme kommt es aber nicht an. Erfolgt der Zugang im laufenden Geschäftsjahr, dann hat die Abschreibung zeitanteilig (pro rata temporis) zu erfolgen. Aus Vereinfachungsgründen kann der steuerrechtlich für bewegliche Anlagegüter zugelassenen Möglichkeit gefolgt werden und bei Zugängen in der ersten Hälfte des Geschäftsjahres die volle Jahresabschreibung und bei Zugängen in der zweiten Hälfte die halbe Jahresabschreibung angesetzt werden.

Werden Großanlagen erworben oder hergestellt, dann kommt es häufig vor, daß wegen der langen Bauzeit vor Inbetriebnahme der Gesamtanlage **Teilanlagen** fertiggestellt werden. Diese fertiggestellten und selbständig bewertbaren Teilanlagen können – soweit sie noch nicht genutzt werden – ab dem Zugangsjahr planmäßig oder auch erst bei Fertigstellung der Gesamtanlage abgeschrieben werden. Werden die Teilanlagen in Betrieb genommen, obwohl die Gesamtanlage noch nicht genutzt wird, dann ist planmäßig ab Inbetriebnahme abzuschreiben (vgl. *Adler/Düring/ Schmaltz* § 154 Anm. 65; *Richter* HdJ Abt. II/1 Anm. 127).

206 **Stillgelegte Anlagen,** deren Stillegung nur vorübergehend ist (Reserveanlagen; Anlagen, die wahrscheinlich wieder eingesetzt werden), sind ebenfalls planmäßig abzuschreiben. Es ergibt sich jedoch eine längere Nutzungsdauer als bei gleichen Anlagen, die betrieblich genutzt werden. Werden voraussichtlich die stillgelegten Anlagen ganz oder teilweise nicht mehr genutzt, dann hat eine außerplanmäßige Abschreibung zu erfolgen (zur Bilanzierung vgl. auch *Grünewälder* Die Bilanzierung stillgelegter Betriebsanlagen). **Ersatzteile und Reparaturmaterialien,** die zum Anlagevermögen gehören, unterliegen ebenfalls der planmäßigen Abschreibung. In diesen Fällen kann der Abschreibungsbeginn auch bis zur Inbetriebnahme hinausgeschoben werden. Ist die Nutzungsfähigkeit jedoch von der Existenz einer bestimmten Anlage abhängig (Spezialreserveteile), dann ist die Nutzungsdauer der Anlage auch für die Ersatzteile maßgebend (vgl. *Adler/Düring/Schmaltz* § 154 Anm. 66ff.).

207 Die planmäßige **Abschreibung endet,** wenn der Vermögensgegenstand aus dem Unternehmen ausscheidet. Wie bei Beginn der Abschreibung hat die Abschreibung auch in der letzten Periode zeitanteilig zu erfolgen, wobei die Vereinfachungsregeln auch hier gelten. Bei einer sehr geringfügigen Jahresabschreibung könnte auf die zeitanteilige Abschreibung in der letzten Periode auch ganz verzichtet werden.

(2) Die planmäßige Abschreibung in der Steuerbilanz

208 Die **Wahlmöglichkeiten** bei der Bemessung der Abschreibung sind gegenüber den Möglichkeiten in der Handelsbilanz erheblich **eingeschränkt.** Als Normalfall des

Abschreibungsverfahrens gilt die Methode der **linearen Abschreibung** (§ 7 Abs. 1 EStG). Sie ist für alle Wirtschaftsgüter, die der Abnutzung unterliegen, uneingeschränkt zulässig. Daneben kann die Methode der **geometrisch degressiven Abschreibung** (§ 7 Abs. 2 EStG) Anwendung finden. Ihre Zulässigkeit ist aber auf die Abschreibung beweglicher Wirtschaftsgüter des Anlagevermögens beschränkt. Nach § 7 Abs. 2 EStG wird ferner die Degressionshöhe eingeschränkt (höchstens das Dreifache des sich bei linearer Abschreibung ergebenden Betrages, wobei 30% nicht überschritten werden dürfen). Für die degressiv abzuschreibenden Wirtschaftsgüter ist nach § 7a Abs. 8 EStG ein besonderes Verzeichnis zu führen. Die **arithmetisch degressive Abschreibung** ist seit dem VZ 1984 nicht mehr zulässig. Die progressive Abschreibung wird allgemein ebenfalls als nicht zulässig angesehen, da sie weder im EStG noch in der EStDV erwähnt wird (a. A. *Biergans,* 305).

209   Die **leistungsabhängige Abschreibung** ist nach § 7 Abs. 1 Satz 4 EStG nF./§ 7 Abs. 1 Satz 3 EStG aF. zulässig, wenn der Steuerpflichtige den Umfang der Leistung, der auf das einzelne Jahr entfällt, nachweist. Zur Voraussetzung der wirtschaftlichen Begründung dieser Methode s. Abschn. 43 Abs. 5 EStR, *Herrmann/Heuer/Raupach* § 7 Anm. 205.

210   **Kombinierte Methoden** sind nur zulässig, soweit der vorgesehene Übergang auch bei einem **Methodenwechsel** gestattet wäre. Nach § 7 Abs. 3 EStG kann kein freier Methodenwechsel – auch wenn er betriebswirtschaftlich begründbar wäre – erfolgen. Im EStG ausdrücklich erlaubt ist nur der Wechsel von der degressiven zur linearen Abschreibung. Demgegenüber ist der Übergang von der linearen zur degressiven Abschreibung (§ 7 Abs. 3 Satz 3) ausdrücklich untersagt. Gesetzlich nicht geregelt, aber als zulässig angesehen wird die Kombination zwischen der linearen und der Leistungsabschreibung.

211   Hinsichtlich der Anwendung der amtlichen **AfA-Tabellen** gelten die Ausführungen zur Handelsbilanz (Rz. 196). Diese Tabellen geben einen Anhaltspunkt für die gewöhnliche Nutzungsdauer, von ihnen kann nur in begründbaren Ausnahmefällen abgewichen werden (vgl. auch BFH v. 8. 6. 1961, HFR 1962, 78). Wurden in den AfA-Tabellen keine Mehrschichtennutzungen berücksichtigt, so dürfen beim Zweischichtbetrieb 125 v. H. und beim Dreischichtbetrieb 150 v. H. der Normalabschreibung angesetzt werden (Vorbemerkungen zu den AfA-Tabellen für verschiedene Wirtschaftszweige Nr. 6).

212   Eine Verpflichtung, den voraussichtlichen **Restwert** bei der Bemessung der Abschreibungen zu berücksichtigen, kann aus § 7 Abs. 1 EStG nicht abgeleitet werden. Nach *Littmann* ist steuerlich kein Restwert zu berücksichtigen, da die Abschreibung eine nicht nach betriebswirtschaftlichen Grundsätzen zu bemessende Verteilungsabschreibung ist, „eine Abschreibung also, bei der es darauf ankommt, die Anschaffungs- oder Herstellungskosten in bestimmten jährlichen Teilbeträgen auf die Gesamtnutzungsdauer eines Wirtschaftsgutes zu verteilen" (*Littmann* § 7 Anm. 1167). In den Fällen, in denen der Restwert im Vergleich zu den Anschaffungs- oder Herstellungskosten oder auch absolut gesehen ins Gewicht fällt, darf er jedoch nach der Rechtsprechung des RFH und BFH nicht vernachlässigt werden (vgl. RFH v. 1. 7. 1931, RStBl. 1931, 877; BFH v. 7. 12. 1967, BStBl. II 1968, 268; v. 22. 7. 1971, BStBl. II 1971, 800; Abschn. 43 Abs. 4 EStR).

213   Für die **Abschreibung im Jahr des Zugangs und im Jahr des Ausscheidens** der Wirtschaftsgüter gelten die Ausführungen zur handelsrechtlichen Regelung analog. Die Vereinfachungsregel, daß von den in der ersten Hälfte des Geschäftsjahres angeschafften beweglichen Wirtschaftsgütern des Anlagevermögens die volle und von den in der zweiten Jahreshälfte angeschafften Wirtschaftsgütern die halbe Jahresabschreibung abgesetzt werden kann, findet sich in Abschn. 43 Abs. 7 EStR.

214   Sind AfA bei beweglichen und bei immateriellen Wirtschaftsgütern sowie bei unbeweglichen Wirtschaftsgütern, die keine Gebäude oder Gebäudeteile sind, unterblieben, dann ist eine **Nachholung** zulässig, soweit die Unterlassung nicht willkürlich erfolgte. Die unterbliebenen Absetzungen können in der Weise nachgeholt werden, daß die noch nicht abgesetzten Anschaffungs- oder Herstellungskosten auf die noch verbleibende Restnutzungsdauer verteilt werden (vgl. BFH v. 21. 2. 1967, BStBl. III 1967, 386; *Herrmann/Heuer/Raupach* § 7 Anm. 96f.; Abschn. 43 Abs. 8 EStR). Bei Gebäuden können unterlassene Abschreibungen nur durch eine entspre-

chende Verlängerung des Abschreibungszeitraums ausgeglichen werden (vgl. Rz. 334).

d) Außerplanmäßige Abschreibungen
(1) Außerplanmäßige Abschreibungen in der Handelsbilanz

220 Außerplanmäßige Abschreibungen können sowohl bei den abnutzbaren als auch bei den nichtabnutzbaren Vermögensgegenständen des Anlagevermögens erfolgen, wenn die gesetzlichen Voraussetzungen erfüllt sind, vgl. Teil A Rz. 36ff. **Kapital- und Personenhandelsgesellschaften** müssen gem. § 253 Abs. 2 letzter Halbsatz HGB nF./§ 154 Abs. 2 Satz 1 AktG aF. die Vermögensgegenstände außerplanmäßig abschreiben, wenn der Wert dieser Gegenstände am Bilanzstichtag (beizulegender Wert; zur Ermittlung vgl. Teil A Rz. 118ff.) unter den (fortgeführten) Anschaffungs- oder Herstellungskosten liegt und wenn es sich voraussichtlich um eine dauerhafte Wertminderung handelt.

221 Eine **dauerhafte Wertminderung** ist gegeben, wenn bei **abnutzbaren Anlagegütern** der Zeitwert voraussichtlich über den größten Teil der Restnutzungsdauer unter den planmäßig fortgeführten Anschaffungs- oder Herstellungskosten liegt. *Adler/Düring/Schmaltz* weisen darauf hin, daß vor allem diejenige Wertminderung nicht als dauerhaft anzusehen ist, die häufig mit der Inbetriebnahme einer Anlage entsteht und über der planmäßigen Abschreibung der ersten Perioden liegt, da im Zeitablauf normalerweise ein automatischer Ausgleich zwischen tatsächlicher Wertminderung und planmäßiger Abschreibung erfolgt (vgl. *Adler/Düring/Schmaltz* § 154 Anm. 83). Dem ist zuzustimmen, wobei jedoch anzumerken ist, daß es überhaupt fraglich ist, ob allein durch die Inbetriebnahme ein Sinken des beizulegenden Wertes unter die fortgeführten Anschaffungs- oder Herstellungskosten eintritt, da wegen der Gültigkeit des going-concern-Prinzips gem. § 252 Abs. 1 Nr. 2 HGB nF. (vgl. Teil A Rz. 227f.) nicht ein eventueller Wiederverkaufswert für die Festlegung des beizulegenden Wertes heranzuziehen, sondern die Nutzungsmöglichkeit im Unternehmen ausschlaggebend ist.

Bei **nicht abnutzbaren Vermögensgegenständen** kann ein überhöhter Buchwert nicht automatisch durch planmäßige Abschreibungen korrigiert werden, so daß hier besonders vorsichtig und frühzeitig abgewogen werden muß, ob eine eingetretene Wertminderung als dauerhaft anzusehen und damit eine Verpflichtung zur Vornahme einer außerplanmäßigen Abschreibung gegeben ist. Nur wenn konkrete Anhaltspunkte vorliegen, die für eine nur kurzfristige Wertminderung sprechen, kann auf eine Abwertung verzichtet werden.

222 Ist die **Wertminderung voraussichtlich nicht dauerhaft,** so dürfen **Kapitalgesellschaften** nach § 253 Abs. 2 Satz 3 i. V. m. § 279 Abs. 1 Satz 2 HGB nF. nur Vermögensgegenstände, die **Finanzanlagen** sind, außerplanmäßig auf den niedrigeren Stichtagswert abschreiben; vgl. auch *Schmidt* Teil A Rz. 371. Gegenüber dem bisherigen Recht liegt hier eine Einschränkung vor, da nach § 154 Abs. 2 Ziff. 1 AktG aF. dieses Wahlrecht für das gesamte Anlagevermögen galt (gemildertes Niederstwertprinzip; vgl. dazu Teil A Rz. 371). **Einzelunternehmen** und **Personenhandelsgesellschaften** können nach § 253 Abs. 2 Satz 3 HGB nF. wie bisher dieses durch das gemilderte Niederstwertprinzip gegebene Wahlrecht uneingeschränkt ausüben. Darüber hinaus können sie gem. § 253 Abs. 4 HGB nF. einen niedrigeren Wert ansetzen, der im Rahmen vernünftiger kaufmännischer Beurteilung zulässig ist. Die Wertuntergrenze wird hier durch das Gebot der Willkürfreiheit begrenzt (vgl. Rz. 541). Diese handelsrechtlich zulässige Unterbewertung war auch nach bisherigem Recht zulässig und galt wegen des Höchstwertprinzips (vgl. Rz. 189) nach § 42 Ziff. 1 GmbHG aF. bis zum Inkrafttreten des HGB nF. auch für Gesellschaften mbH.

223 **Unabhängig von der Rechtsform** können Unternehmen nach § 254 HGB nF./ § 154 Abs. 2 Ziff. 2 AktG aF. **Abschreibungen** vornehmen, die **allein steuerrechtlich begründet** sind. Bei **Kapitalgesellschaften** ist die Zulässigkeit dieser steuerrechtlichen Abschreibungen aber auf solche Fälle beschränkt, bei denen die steuerrechtliche Anerkennung von der entsprechenden Vorgehensweise in der Handelsbilanz abhängt (vgl. § 279 Abs. 2 HGB nF.; zum Maßgeblichkeitsprinzip vgl. Teil A Rz. 331 ff.; zu den steuerrechtlichen Sonderabschreibungen s. Rz. 231 ff.). Die Abschreibungshöhe wird bestimmt durch den Betrag, der bei vernünftiger Beurteilung

als steuerrechtlich zulässig angesehen wird und in der Steuerbilanz angesetzt werden soll. Abschreibungen sind generell aktivisch vorzunehmen; für **Kapitalgesellschaften** besteht nach § 281 Abs. 1 HGB nF. das Wahlrecht, die allein steuerrechtlich bedingten Abschreibungen von den übrigen Abschreibungen, die aktivisch abzusetzen sind, zu trennen und sie in den **Sonderposten mit Rücklageanteil** einzustellen (zu Einzelheiten siehe Rz. 1015 ff., zur Bilanzierungstechnik der Abschreibungen s. Anlagespiegel, Rz. 176 ff.; zur Berichtspflicht nach §§ 281 Abs. 2, 285 Nr. 5 HGB nF. s. Rz. 1978).

224   Die Vornahme außerplanmäßiger Abschreibungen führt regelmäßig zu einer **Änderung des Abschreibungsplanes**. Der verbleibende Restwert der Anlage ist auf die Restnutzungsdauer aufzuteilen, die ggf. aufgrund der Umstände, die die außerplanmäßige Abschreibung hervorgerufen haben, ebenfalls angepaßt werden muß.

225   Die sofortige Abschreibung erworbener oder selbst hergestellter **geringwertiger Vermögensgegenstände** (vgl. Rz. 172, 235) im Geschäftsjahr, in dem ihr Zugang erfolgt, entspricht kaufmännischer Übung (vgl. *IdW* NA 2/1966). Während handelsrechtlich keine Höchstgrenzen vorgeschrieben sind, dürfen steuerrechtlich die Anschaffungs- oder Herstellungskosten geringwertiger Gegenstände des Anlagevermögens nicht mehr als 800 DM betragen. Obwohl die steuerrechtlichen Vorschriften für die Handelsbilanz nicht maßgeblich sind, orientiert sich die Sofortabschreibung in der Handelsbilanz regelmäßig nach den steuerrechtlich vorgeschriebenen Voraussetzungen, so daß diese Vermögensgegenstände als mit dem „niedrigeren steuerlichen Wert" bewertet angesehen werden können (so z. B. *Heinen*, 200 f., 213; *Coenenberg*, 114). Da die Behandlung der geringwertigen Wirtschaftsgüter nicht „allein nach steuerrechtlichen Vorschriften" erfolgt, entfällt die Berichtspflicht der Kapitalgesellschaften sowohl nach § 281 Abs. 2 HGB nF. als auch nach § 285 Nr. 5 HGB nF. Zur Berichtspflicht nach bisherigem Aktienrecht vgl. *Adler/Düring/Schmaltz* § 160 Anm. 34; zum Ausweis im Anlagespiegel vgl. Rz. 168, 172).

(2) Das Wertaufholungsgebot

226   Wenn in einem späteren Geschäftsjahr die Gründe für eine außerplanmäßige Abschreibung weggefallen sind, dann sind **Kapitalgesellschaften** nach § 280 Abs. 1 HGB nF. verpflichtet, den Betrag dieser Abschreibung im Umfang der Werterhöhung zuzuschreiben (zum Wegfall der Gründe steuerrechtlicher Sonderabschreibungen vgl. *Herzig* DB 1977, 1277 ff.). Die **Zuschreibung** darf aber nur bis zu den um planmäßige Abschreibungen verminderten ursprünglichen Anschaffungs- oder Herstellungskosten oder einem ggf. bestehenden niedrigeren Stichtagswert erfolgen; vgl. auch Teil A Rz. 407 ff.

227   Von diesem **Wertaufholungsgebot** darf nur **abgewichen** werden, wenn die Beibehaltung des niedrigeren Wertansatzes in der Steuerbilanz von der Beibehaltung im handelsrechtlichen Jahresabschluß abhängig ist (§ 280 Abs. 2 HGB nF.). Da Zuschreibungen in der Handelsbilanz zur Rückgängigmachung erhöhter Abschreibungen, Sonderabschreibungen, Abschreibungen nach §§ 6 Abs. 2, 6b Abs. 1 oder Abs. 3 EStG bei Vermögensgegenständen des Anlagevermögens nach § 6 Abs. 3 EStG nF. grundsätzlich auch zu Zuschreibungen in der Steuerbilanz führen, besteht für die Anwendung des Wertaufholungsgebots handelsrechtlich weitestgehende Dispositionsfreiheit.

Wird von dem Beibehaltungswahlrecht Gebrauch gemacht, dann ist **im Anhang** der Betrag der im Geschäftsjahr aus steuerrechtlichen Gründen **unterlassenen Zuschreibungen** anzugeben und hinreichend zu begründen (§ 280 Abs. 3 HGB nF.). Darüber hinaus müssen große und mittelgroße Kapitalgesellschaften nach § 285 Nr. 5 HGB nF. angeben, wie das Jahresergebnis durch die unterlassene Zuschreibung beeinflußt wurde und welche steuerlichen Belastungen – soweit sie erheblich sind – sich zukünftig aus dieser Bewertung ergeben.

228   Im Rahmen der **Gewinnverwendung** bleibt es den Unternehmen überlassen, ob sie den zugeschriebenen Betrag in die Rücklagen einstellen oder nicht. Für den Fall, daß eine Thesaurierung vorgesehen ist, kann dies unter den Gewinnrücklagen – evtl. mit einer besonderen Bezeichnung wie z. B. Wertaufholungsrücklage – erfolgen. Bezüglich der Auflösung der Rücklage bestehen keine gesetzlichen Vorschriften.

229   Für **Einzelunternehmen** und **Personenhandelsgesellschaften** besteht **kein Wert-

aufholungsgebot. Ein niedrigerer Wertansatz darf beibehalten werden, auch wenn die Gründe dafür nicht mehr bestehen (§ 253 Abs. 5 HGB nF.).

230 Im Vergleich zum bisherigen Recht ergeben sich für Einzelunternehmen und Personenhandelsgesellschaften hier keine Änderungen. Durch die Einfügung des § 6 Abs. 3 EStG nF. kommt man praktisch auch bei Kapitalgesellschaften zum gleichen Ergebnis. Für nach AktG bilanzierende Unternehmen war das Beibehaltungswahlrecht bisher in § 154 Abs. 2 Satz 2 AktG aF. kodifiziert.

(3) Außerplanmäßige Abschreibungen in der Steuerbilanz

231 Absetzungen für **außergewöhnliche technische oder wirtschaftliche Abnutzung (AfaA)** (vgl. § 7 Abs. 1 Satz 5 EStG nF./§ 7 Abs. 1 Satz 4 EStG aF.) können bei abnutzbaren Wirtschaftsgütern des Anlagevermögens vorgenommen werden, wenn ungewöhnliche, bei Schätzung der Nutzungsdauer nicht eingeplante Wertminderungen technischer oder wirtschaftlicher Art eingetreten sind. Beide Abschreibungsursachen können zusammen auftreten.

Eine **außergewöhnliche technische Abnutzung** kann sich dadurch ergeben, daß ein Wirtschaftsgut durch Brand, Explosion, Hochwasser, Bergschäden etc. Schaden nimmt, aber auch dadurch, daß eine vorübergehende erhöhte Inanspruchnahme z. B. durch Einlegen einer zweiten Schicht erfolgt. Die Ursachen für eine **außergewöhnliche wirtschaftliche Abnutzung** führen stets zu einer Einschränkung der wirtschaftlichen Leistungsfähigkeit des Wirtschaftsgutes. Dafür kommen z. B. eine Einschränkung oder der Fortfall der Verwendungsmöglichkeit durch technischen Fortschritt, durch Nachfragerückgang aufgrund eines eingetretenen Modewechsels, durch Verlust von Absatzgebieten wegen politischer Ereignisse oder wirtschaftspolitischer Maßnahmen in Frage (vgl. *Wöhe* Betriebswirtschaftliche Steuerlehre I, 508).

232 Wertminderungen, die **keinen Einfluß auf die Nutzungsdauer** haben, sind durch einen einmaligen Wertabschlag zu berücksichtigen; der verbleibende Restwert wird auf die unverkürzte Restnutzungsdauer aufgeteilt. Treten Wertminderungen und eine **Verkürzung der Nutzungsdauer** auf, dann ist der sich nach der AfaA ergebende Restwert auf die verkürzte Nutzungsdauer aufzuteilen. Vermindert sich durch das außergewöhnliche Ereignis nur die Nutzungsdauer, dann erfolgt kein Wertabschlag; der bisherige Buchwert ist lediglich auf die verkürzte Nutzungsdauer zu verteilen und planmäßig abzuschreiben. Absetzungen für außergewöhnliche Abnutzung sind auch vorzunehmen, wenn sich herausstellt, daß die ursprünglich geschätzte Nutzungsdauer zu lang und daher die vorgenommene planmäßige Abschreibung zu niedrig war.

233 Die **AfaA** ist nach § 7 Abs. 1 Satz 5 EStG nF./§ 7 Abs. 1 Satz 4 EStG aF. i. V. m. § 7 Abs. 2 Satz 4 EStG **für das gesamte abnutzbare Anlagevermögen** zulässig, jedoch mit der Einschränkung, daß bei beweglichen Wirtschaftsgütern die planmäßige Abschreibung nicht degressiv vorgenommen werden darf. Für Gebäude, die nach der degressiven Abschreibungsmethode des § 7 Abs. 5 EStG oder nach § 7b abgeschrieben werden, sind außerplanmäßige Abschreibungen zulässig (vgl. Abschn. 42a Abs. 6 EStR; BFH v. 27. 6. 1978, BStBl. II 1979, 8).

Die außerplanmäßige Abschreibung hat in dem Jahr zu erfolgen, in dem die außergewöhnliche Abnutzung eingetreten ist. Eine **Nachholung** in späteren Jahren ist grundsätzlich **nicht zulässig;** wird die Abschreibungsursache jedoch erst in einer späteren Periode festgestellt, so kann ausnahmsweise die AfaA in dieser Periode geltend gemacht werden (vgl. RFH v. 1. 3. 1939, RStBl. 1939, 630). Für die Inanspruchnahme der AfaA nach § 7 Abs. 1 EStG gilt das Maßgeblichkeitsprinzip, so daß außerplanmäßige Abschreibungen in der Steuerbilanz nur möglich sind, wenn sie auch in der Handelsbilanz vorgenommen wurden. Künftig sieht § 6 Abs. 3 Satz 1 EStG nF. ausdrücklich vor, daß die Voraussetzung für die Inanspruchnahme erhöhter Absetzungen der Ansatz des niedrigeren Wertes in der Handelsbilanz ist.

234 Neben den außergewöhnlichen Absetzungen sind **Abschreibungen auf den niedrigeren Teilwert** möglich (zum Begriff des Teilwerts und der Teilwertabschreibung vgl. Teil A Rz. 385 ff.). Der Teilwert tritt in der Steuerbilanz an die Stelle des beizulegenden Wertes der Handelsbilanz. Während die AfaA nur für abnutzbare Anlagegegenstände vorgesehen und bei beweglichen abnutzbaren Wirtschaftsgütern an die lineare planmäßige Abschreibung gebunden ist, können nach § 7 Abs. 1 und 2 EStG Teilwertabschreibungen für sämtliche Anlagegegenstände ohne Bindung an

eine bestimmte planmäßige Abschreibung oder Abschreibungsursache vorgenommen werden. Eine Abgrenzung zwischen der AfaA und der Teilwertabschreibung ist oft schwierig, da sie sich häufig überschneiden. Teilwertabschreibungen werden regelmäßig vorzunehmen sein, wenn die Wiederbeschaffungskosten gesunken sind. Der Ansatz des niedrigeren Teilwertes ist nicht zwingend, der Ansatz von Zwischenwerten ist zulässig, aber auch hier ist die Vorgehensweise in der Handelsbilanz maßgeblich für die Steuerbilanz.

Der Teilwert ist nach dem Grundsatz der Einzelbewertung für jedes einzelne Wirtschaftsgut gesondert festzustellen. Um den Teilwertbegriff praktikabel zu gestalten, hat die Rechtsprechung Ober- und Untergrenzen für den Teilwert festgelegt (sog. **Teilwertvermutungen**), die solange gelten, wie sie vom Steuerpflichtigen nicht widerlegt werden (vgl. dazu Teil A Rz. 392 ff.).

235 Für **geringwertige Anlagegüter** (vgl. Rz. 168, 172, 225) besteht nach § 6 Abs. 2 EStG die Möglichkeit der **Sofortabschreibung**, wenn die dort verlangten Voraussetzungen (bewegliches Anlagegut, selbständig bewertungs- und nutzungsfähig, Anschaffungs- oder Herstellungskosten abzüglich der darin enthaltenen Vorsteuer, höchstens 800 DM) erfüllt sind. Soweit die Anschaffungs- oder Herstellungskosten, vermindert um den darin enthaltenen Vorsteuerbetrag, einen Betrag von 100 DM überschreiten, sind die Wirtschaftsgüter nach § 6 Abs. 2 Satz 4 EStG, Abschn. 31 Abs. 3 EStR in ein Bestandsverzeichnis aufzunehmen. Die Sofortabschreibung ist nur zulässig, soweit sie auch in der Handelsbilanz vorgenommen wird (zukünftig ausdrücklich in § 6 Abs. 3 Satz 1 EStG nF. gefordert).

Bei **kurzlebigen Wirtschaftsgütern** wird steuerrechtlich die handelsrechtliche Vorgehensweise (vgl. Rz. 168) anerkannt.

236 Neben den planmäßigen AfA und den außerplanmäßigen Abschreibungen (AfaA und Teilwertabschreibungen) sieht das Steuerrecht eine große Anzahl von **Sonderabschreibungen**, die regelmäßig Ausfluß wirtschaftspolitischer Zielsetzungen sind vor (vgl. auch Teil A Rz. 39 ff. und Teil X Rz. 2 ff.).

237 Bei Vornahme erhöhter Absetzungen oder Sonderabschreibungen sind die Vorschriften des **§ 7a EStG** zu beachten. Hier wird u. a. geregelt, wie im Begünstigungszeitraum anfallende nachträgliche Anschaffungs- oder Herstellungskosten von Wirtschaftsgütern zu behandeln sind, für die erhöhte Abschreibungen oder Sonderabschreibungen in Anspruch genommen wurden (Abs. 1) und welche Auswirkungen Sonderabschreibungen und erhöhte Absetzungen auf Anzahlungen und Teilherstellungskosten bezüglich der Zulässigkeit von weiteren außerplanmäßigen Abschreibungen auf das später angeschaffte oder hergestellte Wirtschaftsgut haben (Abs. 2). Neben verschiedenen, z. T. technischen Einzelregelungen finden sich dort auch Vorschriften, die das Verhältnis von planmäßigen und außerplanmäßigen Abschreibungen regeln.

Für die Inanspruchnahme steuerrechtlicher Sonderabschreibungen gilt ebenso wie für die bereits genannten außerplanmäßigen Abschreibungen, daß der niedrigere steuerrechtlich zulässige Wert auch in der Handelsbilanz angesetzt werden muß (künftig ausdrücklich vorgeschrieben in § 6 Abs. 3 Satz 1 EStG nF.).

238 **Zuschreibungen** bis maximal zu den Anschaffungs- oder Herstellungskosten wegen gestiegener Teilwerte gegenüber den letzten Bilanzansätzen waren nach bisherigem Recht nur bei nicht abnutzbaren Anlagegütern zulässig (§ 6 Abs. 1 Ziff. 2 Satz 3 EStG aF.). Für abnutzbare Anlagegüter war eine Zuschreibung ausdrücklich nicht zulässig (Prinzip des Wertzusammenhangs, § 6 Abs. 1 Ziff. 1 Satz 4 EStG aF.). Nach künftigem Recht gilt nach § 6 Abs. 1 Ziff. 1 Satz 4 EStG nF. das **Prinzip des Wertzusammenhangs** nur vorbehaltlich der Regelung in § 6 Abs. 1 Ziff. 2 EStG nF., nach der die Rücknahme von erhöhten Absetzungen, Sonderabschreibungen, Abschreibungen nach § 6 Abs. 2 und des Abzugs nach § 6b Abs. 1 oder Abs. 3 Satz 2 EStG durch Zuschreibungen in der Handelsbilanz auch zu Zuschreibungen in der Steuerbilanz führen. Zum Zeitpunkt der erstmaligen Anwendung des § 6 Abs. 3 EStG nF. siehe § 52 Abs. 4a EStG nF.

I. Immaterielle Vermögensgegenstände

250 Das HGB nF. sieht für **mittelgroße und große Kapitalgesellschaften** folgende **Gliederung** des immateriellen Anlagevermögens vor:

- Konzessionen, gewerbliche Schutzrechte und ähnliche Rechte und Werte sowie Lizenzen an solchen Rechten und Werten
- Geschäfts- oder Firmenwert
- geleistete Anzahlungen.

Der wesentlichste Unterschied im Vergleich zum Gliederungsschema des § 151 AktG aF. liegt in der bisher nicht vorgesehenen Verpflichtung zum gesonderten Ausweis der auf immaterielle Anlagewerte geleisteten Anzahlungen.

Kleine Kapitalgesellschaften, ebenso wie **Personenhandelsgesellschaften und Einzelunternehmen,** können nach § 266 Abs. 1 Satz 3 HGB nF. auf die Untergliederung verzichten und alle immateriellen Anlagewerte in einer Position zusammengefaßt zeigen.

251 Diese Erleichterungen können bei der **Offenlegung der Bilanz** (nicht bei der Erstellung der Bilanz) auch mittelgroße Unternehmen in Anspruch nehmen. Falls in der erstellten Bilanz ein Geschäfts- oder Firmenwert ausgewiesen wird, so muß dieser jedoch gesondert gezeigt werden. Dies braucht nicht in der Bilanz, sondern kann auch im Anhang geschehen (vgl. § 327 Nr. 1 HGB nF.).

1. Konzessionen, gewerbliche Schutzrechte und ähnliche Rechte und Werte sowie Lizenzen an solchen Rechten und Werten

a) Behandlung nach Handelsrecht

252 Im einzelnen gehören hierher:
Konzessionen: öffentlich-rechtliche Genehmigungen zum Betrieb eines Gewerbes, Verkehrskonzessionen, wasserrechtliche Genehmigungen usw.
gewerbliche Schutzrechte: Patente, Warenzeichen, Gebrauchs- und Geschmacksmuster, Marken-, Urheber- und Verlagsrechte
ähnliche Rechte: Nutzungsrechte (wie Wohn-, Belegungs-, Bohrrechte), Zuteilungsrechte, Bezugsrechte, Brenn- und Braurechte, Nießbrauch
Lizenzen an Konzessionen, gewerblichen Schutzrechten und ähnlichen Rechten
Werte: Erfindungen, Rezepte, know how, Kundenstamm, Archive, Produktionsverfahren, EDV-Programme, Anschriftenmaterial usw.

253 **Voraussetzung für die Aktivierung** ist, daß die immateriellen Anlagewerte entgeltlich von Dritten erworben wurden (= **derivative Werte**). Sie müssen unmittelbar Gegenstand des Erwerbsvorgangs gewesen sein. Im Einzelfall kann es sich um einen Kauf, Tausch oder um eine gesellschaftsrechtliche Einbringung handeln (vgl. *Moxter* BB 1978, 821 ff.; *ders.* BB 1979, 1102ff.).

Eine weitere Voraussetzung ist, daß **keine direkte Bindung an eine bestimmte Sachanlage** gegeben sein darf. Sind z. B. Konzessionskosten für die Inbetriebnahme einer bestimmten Anlage angefallen, dann sind diese als Anschaffungsnebenkosten der aktivierten Anlage zu bilanzieren (vgl. *Husemann,* 267; *Richter* HdJ Abt. II/2 Anm. 6).

254 Alle Unternehmen müssen bei Vorliegen der Voraussetzungen die immateriellen Vermögensgegenstände aktivieren. Diese Pflicht ergibt sich aus dem Vollständigkeitsgebot des § 246 Abs. 1 HGB nF. Das **Bilanzierungsgebot** erstreckt sich aber nur auf **entgeltlich erworbene immaterielle Anlagewerte;** für nicht entgeltlich erworbene, d. h. **selbstgeschaffene (= originäre) immaterielle Anlagewerte** besteht nach § 248 Abs. 2 HGB nF. ein ausdrückliches **Bilanzierungsverbot** (vgl. auch *Lamers* Aktivierungsfähigkeit und Aktivierungspflicht immaterieller Werte).

255 **Große und mittelgroße Kapitalgesellschaften** müssen die Konzessionen, gewerblichen Schutzrechte usw. in einer **gesonderten Bilanzposition** ausweisen (§ 266 Abs. 2 A. I. 1. HGB nF.), während für **kleine Kapitalgesellschaften** die größenmäßigen Erleichterungen des § 266 Abs. 1 Satz 3 HGB nF. gelten. Bei diesen Unternehmen ebenso wie bei **Einzelunternehmen und Personenhandelsgesellschaften** können die Konzessionen, gewerblichen Schutzrechte etc. mit dem übrigen immateriellen Anlagevermögen in einer Bilanzposition „Immaterielle Vermögensgegenstände" **zusammengefaßt** werden (vgl. Rz. 155).

256 Ist die Nutzungsdauer der immateriellen Vermögensgegenstände begrenzt (z. B. durch Vertragsablauf), dann sind sie planmäßig abzuschreiben (§ 253 Abs. 2 HGB nF.). Außerplanmäßige **Abschreibungen** haben zu erfolgen, wenn die Vorausset-

zungen des § 253 Abs. 2 Satz 3 HGB nF. gegeben sind (s. Bewertungsgrundsätze, Rz. 220 ff.; zur Bemessung der Abschreibungen vgl. auch *Adler/Düring/Schmaltz* § 153 Anm. 119).

257 **Bis zum Inkrafttreten des HGB nF.** bestand bei sämtlichen Unternehmen ein Aktivierungswahlrecht für alle derivativen immateriellen Anlagewerte. Dies war für die nach AktG aF. bilanzierenden Unternehmen ausdrücklich in § 153 Abs. 3 AktG aF. festgelegt. Die Ausübung des Wahlrechts erlaubte den Verzicht auf eine Aktivierung, ließ aber auch zu, daß im Zugangsjahr eine Aktivierung und eine vollständige Abschreibung erfolgte. Ebenso war es zulässig, wenn nur ein Teil der Anschaffungskosten aktiviert wurde. Eine uneinheitliche Behandlung der einzelnen immateriellen Anlagewerte war gestattet (vgl. *Adler/Düring/Schmaltz* § 153 Anm. 117 f.). Aktivierte immaterielle Anlagewerte waren nach bisherigem Recht ebenso abzuschreiben, wie dies für die Zukunft im HGB nF. vorgesehen ist.

Nach bisherigem Recht bestand auch für originäre immaterielle Anlagewerte ein Bilanzierungsverbot.

b) Ertragsteuerliche Behandlung

258 Unabhängig von der bisherigen handelsrechtlichen Vorgehensweise besteht für **entgeltlich erworbene immaterielle Wirtschaftsgüter** in der Steuerbilanz eine **Aktivierungspflicht** (§ 5 Abs. 2 EStG).

Bei der Bewertung ist auch hier zwischen abnutzbaren und nicht abnutzbaren Vermögensgegenständen zu unterscheiden. Nicht abnutzbare immaterielle Anlagegüter dürften selten gegeben sein. Sie unterliegen keiner planmäßigen Abschreibung und sind nur ggf. auf den niedrigeren Teilwert abzuschreiben. Obwohl der BFH diese immateriellen Einzelwirtschaftsgüter als firmenwertähnliche Wirtschaftsgüter bezeichnet, sind sie vom Firmenwert streng abzugrenzen und selbständig zu bewerten.

Immaterielle Anlagewerte, deren Nutzung zeitlich beschränkt ist, sind planmäßig abzuschreiben. Der Maßgeblichkeitsgrundsatz findet Anwendung bezüglich der Schätzung der Nutzungsdauer. Als Abschreibungsmethode ist steuerrechtlich nur die lineare Abschreibung zulässig (vgl. BFH v. 27. 6. 1978, BStBl. II 1979, 38; Abschn. 43 Abs. I EStR).

c) Bewertungsrechtliche Behandlung

259 Bei der Einheitsbewertung des Betriebsvermögens sind **immaterielle Wirtschaftsgüter** anzusetzen, wenn
– die selbständige Bewertungsfähigkeit durch die allgemeine Verkehrsanschauung anerkannt wird,
– das Wirtschaftsgut entgeltlich erworben wurde oder
– die selbständige Bewertungsfähigkeit durch Aufwendungen des Unternehmens selbst oder dritter Personen anerkannt wird, die auf das Wirtschaftsgut gemacht worden sind und sich von den laufenden Aufwendungen erkennbar abheben.

Die für die Steuerbilanz geltende Schranke des § 5 Abs. 2 EStG besteht im Bewertungsrecht nicht; deshalb sind in der Vermögensaufstellung auch selbstgeschaffene immaterielle Wirtschaftsgüter zu erfassen.

260 Eigene (geschützte und ungeschützte) Erfindungen und Urheberrechte gehören beim unbeschränkt Steuerpflichtigen nach § 101 Nr. 2 BewG allerdings nicht zum Betriebsvermögen, gleichgültig, ob sie im eigenen Betrieb verwertet werden oder in Lizenz vergeben sind. Diensterfindungen bleiben beim Arbeitgeber insoweit außer Ansatz, als sie in dessen eigenem Betrieb verwertet werden.

Immaterielle Wirtschaftsgüter sind mit dem Teilwert am Bewertungsstichtag anzusetzen. Zum steuerpflichtigen Vermögen gehörende Erfindungen und Urheberrechte werden mangels anderer Anhaltspunkte mit dem kapitalisierten Reinertrag bewertet; näheres siehe Abschn. 64 Abs. 2 VStR.

261 Im Inland belegene Bodenschätze (**Mineralgewinnungsrechte**) sind, da für sie nach § 19 Abs. 1 Nr. 3 BewG ein besonderer Einheitswert festgestellt wird, gemäß § 109 Abs. 2 Satz 1 BewG mit dem zuletzt festgestellten Einheitswert anzusetzen. Bodenschätze werden nach näherer Maßgabe des § 100 BewG als selbständige Wirtschaftsgüter – neben dem Grundstück – mit dem gemeinen Wert bewertet. Gegenstand der Bewertung sind nicht die Bodenschätze selbst, sondern die Berechtigung, die Bodenschätze zu gewinnen und zu verwerten, eben das Mineralgewinnungsrecht; der Wert der Bodenschätze bildet lediglich die rechnerische Grundlage für die Bewertung dieses Recht.

Für jedes einzelne (inländische) Mineralgewinnungsrecht wird eine Einheitsbewertung durchgeführt. Die letzte Hauptfeststellung der Einheitswerte der Mineralgewinnungsrechte erfolgte auf den 1. 1. 1983 (vgl. § 21 Abs. 1 Nr. 1 BewG).

Für im Ausland belegene Mineralgewinnungsrechte wird ebensowenig wie für ausländische Grundstücke ein Einheitswert festgestellt; sie sind, sofern sie nicht durch ein DBA (Art. 22 und 23 A OECD-Musterabkommen) freigestellt sind, bei der Vermögensaufstellung mit dem gemeinen Wert anzusetzen.

d) Prüfungstechnik

262 Zur **Prüfung des internen Kontrollsystems** ist das angestrebte Kontrollsystem anhand von Fragebögen, verbalen Beschreibungen etc. zu ermitteln und in einem Dauerarbeitspapier zu dokumentieren. Der Soll-Zustand sollte umfassen:
- die Führung einer Anlagenkartei, die bei Kapitalgesellschaft die für die Erstellung eines Anlagengitters erforderlichen Daten (vgl. Rz. 161 ff.) sowie zur Ableitung des Buchwerts aus den historischen Anschaffungskosten Angaben über kumulierte Zuschreibungen enthalten sollte,
- die systematische und übersichtliche Sammlung der Vertragsunterlagen über den entgeltlichen Erwerb sowie eventuelle Registrierunterlagen,
- die regelmäßige Abstimmung der Anlagenkartei mit den Konten der Finanzbuchhaltung,
- die Übereinstimmung evtl. vorhandener Bewertungsrichtlinien mit den gesetzlichen Rechnungslegungsvorschriften,
- eine Funktionentrennung (die Buchhaltung darf keinen Einfluß auf die Verwaltung, keinen Zugang zu Geld etc. haben).

Die Prüfung umfaßt außerdem die Beurteilung, ob die vorgesehenen Kontrollen ausreichend sind.

Sie bezieht sich auch auf die Ermittlung des Ist-Zustandes des internen Kontrollsystems und die Würdigung eventueller Soll/Ist-Abweichungen.

263 Die **Prüfung des Nachweises** erfolgt anhand der fortgeschriebenen Anlagenkartei sowie der Verträge über den entgeltlichen Erwerb.

Die Prüfung der vollständigen und richtigen Erfassung der immateriellen Wirtschaftsgüter erfolgt progressiv anhand der folgenden Unterlagen:
- Unterlagen der Rechtsabteilung
- Protokolle der Organe der Gesellschaft
- Buchhaltung und Belege in neuer Rechnung
- Lohnbuchhaltung (Arbeitnehmererfindungen)

Erforderlich ist eine Abstimmung der Anlagenkartei mit den Sachkonten am Ende und ggf. am Beginn des Geschäftsjahres sowie mit den Bilanzposten (vgl. Rz. 370).

264 Die **Zugänge** des Berichtsjahres sind darauf zu überprüfen, ob die Voraussetzungen für die buchhalterische Erfassung bereits gegeben sind, durch
- Feststellung des Rechtserwerbs im Berichtsjahr anhand der zugehörigen Vertragsunterlagen,
- Feststellung des entgeltlichen Erwerbs des Rechts als solchem und damit der Aktivierbarkeit.

265 Für die **Abgänge** des Berichtsjahres muß der Rechtsverlust anhand der Vertragsunterlagen festgestellt werden.

Soweit die Feststellung des Rechtsverlustes nicht möglich ist, kann bei Vollabschreibung der Abgang fiktiv unterstellt werden.

Außerdem bedarf es der Kontrolle, ob die auf Abgänge entfallenden aufgelaufenen Wertberichtigungen entsprechend ausgebucht wurden.

Im Hinblick auf eventuelle Investitionszulagen oder -zuschüsse ist zu untersuchen,
- ob sie gewährt wurden oder die Absicht (die Möglichkeit) besteht, solche zu beantragen,
- ob bereits erhaltene Investitionszulagen oder -zuschüsse im Jahresabschluß korrekt behandelt wurden.

266 Schließlich muß geprüft werden, ob **Umbuchungen** von der Position ,,Geleistete Anzahlungen" gerechtfertigt sind.

267 Die **Prüfung der Bewertung** erstreckt sich darauf, ob die ausgewiesenen Zugänge zutreffend bewertet wurden, und ob die Zu- und Abschreibungen methodengerecht ermittelt wurden. Grundlage für die Prüfung der Bewertung ist die Anlagenkartei.

Die im Berichtsjahr verzeichneten **Zugänge** müssen mit den Anschaffungs- und Anschaffungsnebenkosten angesetzt worden sein.

268 Prüfungsunterlagen für die **Anschaffungskosten** sind die Vertragsunterlagen und Abrechnungen.

Gegenstand der Prüfung ist
– der geleistete Betrag. Dabei ist darauf zu achten,
  - daß bei Veräußerungen zwischen verbundenen Unternehmen kein Mißbrauch vorliegt,
  - daß bei einer Zahlung der Kaufpreisraten in der Zukunft (z. B. bei einem Kauf auf Rentenbasis) der Barwert der künftigen Zahlungen als Anschaffungskosten angesetzt wird,
  - daß beim Erwerb gegen Zahlungen in Fremdwährung die Umrechnung zutreffend erfolgte (vgl. Teil A Rz. 61).
– die zutreffende Ermittlung des Zeitwertes bei Einbringung von immateriellen Wirtschaftsgütern nach dem Ertragswert.

Anschaffungskostenminderungen sind ebenfalls anhand der Abrechnungen zu prüfen.

Prüfungsunterlagen für die **Anschaffungsnebenkosten** sind die jeweiligen Eingangsrechnungen (für Notariats- und Gerichtskosten, Provisionen etc.)

269 Zur Prüfung der **Abschreibungen** vgl. Rz. 381.

Bei der Prüfung der Abschreibungsgrundlagen, insbesondere der Nutzungsdauer, können gesetzliche oder vertragliche Laufzeiten (z. B. die Patentschutzfrist) nur Orientierungsdaten sein. Insoweit müssen zusätzliche Erfolgsprognosen einbezogen werden, die auf ihre Plausibilität zu prüfen sind.

Zur Prüfung der **Zuschreibungen** vgl. Rz. 382.

270 Die **Prüfung des Ausweises** erfolgt in gleicher Weise wie bei dem übrigen Anlagevermögen (vgl. Rz. 383 ff.). Vgl. im übrigen *WPH* 1981, 1206; *Maul* HdR 617 ff.

2. Geschäfts- oder Firmenwert

a) Behandlung nach Handelsrecht

271 Unter dem Geschäfts- oder Firmenwert versteht man grundsätzlich den Betrag, um den der Gesamtwert eines Unternehmens die Summe der Zeitwerte der im Unternehmen vorhandenen Vermögensgegenstände übersteigt. Bei einem ertragstarken Unternehmen kann der Geschäfts- oder Firmenwert einen erheblichen Betrag erreichen. Es ist durchaus denkbar, daß er den Betrag des ausgewiesenen Eigenkapitals übersteigt.

272 Die Ermittlung des **originären Geschäfts- oder Firmenwertes**, d. h. des Geschäfts- oder Firmenwertes, der sich in einem bestehenden Unternehmen gebildet hat, ist schwierig und mit großen Unsicherheiten behaftet. Hierzu wäre in jedem Fall eine Unternehmungsbewertung erforderlich. Schon aus Vorsichtsgründen besteht daher für den originären Geschäfts- oder Firmenwert ein Bilanzierungsverbot, § 248 Abs. 2 HGB nF/§ 153 Abs. 3 AktG aF.

273 Als Geschäfts- oder Firmenwert darf nach § 255 Abs. 4 Satz 1 HGB nF. ,,der Unterschiedsbetrag angesetzt werden, um den die für die Übernahme eines Unternehmens bewirkte Gegenleistung den Wert der einzelnen Vermögensgegenstände des Unternehmens abzüglich der Schulden zum Zeitpunkt der Übernahme übersteigt". Aktivierbar ist danach nur ein **derivativer Geschäfts- oder Firmenwert** d. h. ein Wert, der entgeltlich erworben wurde. Hier kann an die Stelle des Ergebnisses einer sonst durchzuführenden Unternehmungsbewertung der eindeutig festliegende Kaufpreis treten. Voraussetzung für die Aktivierung eines Geschäfts- oder Firmenwertes ist, daß ein Unternehmen von einem anderen Unternehmen gekauft wird und dabei ein Kaufpreis vereinbart wurde, der die Zeitwerte der übernommenen Vermögensgegenstände übersteigt (die übernommenen Aktiva und Passiva sind in der Bi-

lanz mit den Zeitwerten zum Zeitpunkt des Erwerbs anzusetzen, vgl. *Adler/Düring/ Schmaltz* § 153 Anm. 136; *Wöhe* StuW 1980, 95 f.). Das übernehmende Unternehmen bezahlt den Mehrpreis als Anschaffungskosten für den übernommenen Geschäfts- oder Firmenwert. Dahinter verbirgt sich u. a. ein Entgelt für den guten Ruf des erworbenen Unternehmens, evtl. auch für eine eingeführte Markenbezeichnung, für qualifiziertes, eingearbeitetes Personal, für die bestehende Betriebs- und Vertriebsorganisation, für die Beziehungen zu Kunden (evtl. fester Kundenstamm) und Lieferanten usw., alles Faktoren, die die im Kaufpreis abgegoltenen günstigen Ertragserwartungen des Käufers begründen.

274 Durch eine Aktivierung des Geschäfts- oder Firmenwertes kann der Unternehmenserwerb im Abschluß des übernehmenden Unternehmens erfolgsneutral gestaltet werden, da letztlich der Gesamtbetrag der beim Kauf erbrachten Gegenleistung Eingang in die Bilanz finden kann. Wird auf eine Aktivierung des Geschäfts- oder Firmenwertes verzichtet, so belastet dieser Betrag die Erfolgsrechnung der Übernahmeperiode (zur Behandlung eines negativen Geschäftswertes siehe *Adler/Düring/ Schmaltz* § 153 Anm. 51; nach h. M. ist die Passivierung eines negativen Geschäftswertes unzulässig, a. A. *Heinze/Roolf* DB 1976, 214 ff.).

275 Wenn eine Unternehmung auf dem Weg eines **Erwerbs sämtlicher Anteile** übernommen wird, kann es nicht zum Ausweis eines Geschäfts- oder Firmenwertes kommen. Der Gesamtbetrag der für das übernommene Unternehmen erbrachten Gegenleistung einschließlich des für den Geschäfts- oder Firmenwert aufgewandten Teilbetrags bildet in diesem Fall den Betrag der Anschaffungskosten der Beteiligung, so daß bei ihrer Aktivierung unmittelbar die Erfolgsneutralität des Unternehmenserwerbs gegeben ist.

276 Für den **derivativen Geschäfts- oder Firmenwert** sieht § 255 Abs. 4 HGB nF. ein **Aktivierungswahlrecht** für sämtliche Unternehmen ohne Berücksichtigung der Rechtsform vor.

277 Nach § 255 Abs. 4 Satz 2 HGB nF. ist der aktivierte Betrag in jedem Geschäftsjahr zu mindestens einem Viertel **abzuschreiben**. Die Abschreibungsfrist beginnt im Geschäftsjahr nach der erstmaligen Aktivierung. Eine kürzere Abschreibungsdauer einschließlich Sofortabschreibung ist zulässig; außerplanmäßige Abschreibungen sind vorzunehmen, wenn die Voraussetzungen dafür vorliegen (§ 253 Abs. 2 Satz 3 HGB nF.). Die Regelung des HGB nF. entspricht grundsätzlich dem bisherigen Recht. Ein Unterschied besteht nur bei der höchstzulässigen Abschreibungsdauer, die bisher bei 5 Jahren lag (§ 153 Abs. 5 AktG aF.), vgl. im übrigen Teil A Rz. 33.

278 In Weitergabe eines Wahlrechts der 4. EG-Richtlinie (Art. 37 Abs. 2, siehe auch Bericht zu § 255 Abs. 4, BT-Drucksache 10/317) wird abweichend vom bisherigen Recht in Zukunft aber auch eine **längere Abschreibungsdauer** für den Firmenwert zugelassen. § 255 Abs. 4 Satz 3 HGB nF. bestimmt: „Die Abschreibung des Geschäfts- oder Firmenwerts kann aber auch planmäßig auf die Geschäftsjahre verteilt werden, in denen er voraussichtlich genutzt wird." Der Geschäfts- oder Firmenwert wird dann ebenso behandelt wie Vermögensgegenstände des Anlagevermögens, die eine beschränkte Nutzungsdauer haben. Auf die entsprechenden Ausführungen zur Nutzungsdauerschätzung (vgl. Rz. 196 ff.) und zur Wahl des Abschreibungsverfahrens (vgl. Rz. 200 ff.) wird verwiesen. Bei Anwendung des § 255 Abs. 4 Satz 3 HGB nF. sind nach § 285 Nr. 13 HGB nF. die Gründe für die planmäßige Abschreibung im Anhang anzugeben.

b) Ertragsteuerliche Behandlung

280 Steuerrechtlich ist nach künftigem Recht ein **derivativer Geschäfts- oder Firmenwert** nach § 6 Abs. 1 Ziff. 1 EStG nF. als abnutzbares Wirtschaftsgut **aktivierungspflichtig**. Wie im Handelsrecht besteht für den **originären Geschäfts- oder Firmenwert** ein **Aktivierungsverbot**.

Im bisherigen Recht wurde der Geschäfts- oder Firmenwert als **nicht abnutzbares Wirtschaftsgut** angesehen, eine planmäßige Abschreibung war somit nicht zulässig (§ 6 Abs. 1 Nr. 2 EStG aF.). Nach der Einheitstheorie des RFH (vgl. RFH v. 29. 7. 1931, RStBl. 1931, 852) war er ein einheitliches Wirtschaftsgut; es war nicht zwischen einem erworbenen und einem nach dem Erwerb neu geschaffenen Geschäfts- oder Firmenwert zu unterscheiden, so daß ein ggf. gesunkener alter Geschäfts- oder

Firmenwert grundsätzlich als durch einen vom Erwerber neu geschaffenen Geschäfts- oder Firmenwert ersetzt angesehen wurde (obwohl die Aktivierung eines originären Geschäfts- oder Firmenwerts ansonsten nicht zulässig war). Nur eine außerplanmäßige Abschreibung war bei nachgewiesener Wertminderung auf den niedrigeren Teilwert möglich. Dieser Nachweis war allerdings sehr schwer zu erbringen. Zur Teilwertabschreibung vgl. BFH v. 18. 1. 1967, BStBl. III 1967, 334; v. 2. 2. 1972, BStBl. II 1972, 381; v. 28. 10. 1976, BStBl. II 1977, 73; v. 9. 2. 1977, BStBl. II 1977, 412; v. 24. 4. 1980, BStBl. II 1980, 690; v. 29. 7. 1982, BStBl. II 1982, 650; v. 13. 4. 1983, BStBl. II 1983, 667; *Stripf* DB 1980, 318 ff.; *Wagner* WPg 1980, 477 ff.; *Rohling* DB 1982, 2002 ff.

281 **Künftig** wird diese Einordnung des Geschäfts- oder Firmenwertes aufgehoben (vgl. Änderung von § 6 Abs. 1 Nr. 2 Satz 1 EStG aF.) und in § 7 Abs. 1 Satz 3 EStG nF. eine **gesetzliche Festlegung der betriebsgewöhnlichen Nutzungsdauer auf 15 Jahre** vorgenommen. Sofern handelsrechtlich eine kürzere Nutzungs- bzw. Abschreibungsdauer zugrunde gelegt wird, kommt es zu einer Durchbrechung des Maßgeblichkeitsprinzips.

Zum Zeitpunkt der erstmaligen Anwendung der §§ 6 Abs. 1 Ziff. 2 Satz 1, 7 Abs. 1 Satz 3 EStG nF. siehe §§ 52 Abs. 4a, 6a EStG nF.

c) Bewertungsrechtliche Behandlung

282 Nach § 101 Nr. 4 BewG nF. gehört ein nicht entgeltlich erworbener (originärer) Geschäfts- oder Firmenwert mit Wirkung vom Stichtag 1. 1. 1986 nicht zum Betriebsvermögen. Ebenso werden Konzessionen nach dem Güterkraftverkehrsgesetz behandelt. Die Bewertung erfolgt mit dem Teilwert; als solcher gilt der Anschaffungspreis. Auch wenn der Teilwert im Laufe der Zeit über die Anschaffungskosten steigen sollte, ist an den Anschaffungskosten festzuhalten.

d) Prüfungstechnik

283 Die **Prüfung des internen Kontrollsystems** wird wie bei den immateriellen Wirtschaftsgütern (vgl. Rz. 262) durchgeführt.

284 Die **Prüfung des Nachweises** erfolgt anhand der fortgeschriebenen Anlagenkartei, den Vertragsunterlagen, die der Übernahme des Unternehmens zugrunde liegen sowie einer Übernahmebilanz.

Erforderlich ist eine Abstimmung der Anlagenkartei mit den Sachkonten am Ende und ggf. am Beginn des Geschäftsjahres sowie mit den Bilanzposten (vgl. 370).

285 Die **Zugänge** des Berichtsjahres sind im Hinblick darauf zu überprüfen, ob die Voraussetzungen für die buchhalterische Erfassung bereits gegeben sind, durch
– Feststellung des Rechtserwerbs anhand der Vertragsunterlagen, die der Übernahme des Unternehmens zugrunde liegen,
– Feststellung des entgeltlichen Erwerbs,
– Abgrenzung zu einem evtl. ebenfalls möglichen entgeltlichen Erwerb anderer immaterieller Wirtschaftsgüter.

286 Die Überprüfung der **Abgänge** erfolgt durch Feststellung des Verlustes des Firmen- oder Geschäftswertes anhand der maßgebenden Vertragsunterlagen. Nach Vollabschreibung kann der mengenmäßige Abgang fiktiv unterstellt werden. Im Falle des Abgangs bedarf es der Kontrolle, ob die auf Abgänge entfallenden aufgelaufenen Wertberichtigungen ausgebucht werden.

287 Außerdem ist zu kontrollieren, ob **Umbuchungen** von der Position „Geleistete Anzahlungen" gerechtfertigt sind.

288 Die **Prüfung der Bewertung** erstreckt sich darauf, ob die ausgewiesenen Zugänge zutreffend bewertet wurden, und ob die Zu- und Abschreibungen methodengerecht ermittelt wurden. Grundlage für die Prüfung der Bewertung ist die Anlagenkartei.

Die **Zugänge** im Berichtsjahr müssen mit den Anschaffungs- und Anschaffungsnebenkosten angesetzt worden sein.

289 Prüfungsunterlagen für die **Anschaffungskosten** eines Firmenwertes sind die Übernahmebilanz, die Vertragsunterlagen und die Abrechnungen. Gegenstand der Prüfung ist
– der als Gegenleistung für die Übernahme des Unternehmens vereinbarte Kaufpreis abzüglich der Werte der einzelnen Vermögensgegenstände des übernommenen

Unternehmens im Zeitpunkt der Übernahme. Dabei ist auf die unter genannten Besonderheiten zu achten,
- die zutreffende Ermittlung der Gegenleistung im Falles eines durch Tausch übernommenen Unternehmens.

Anschaffungskostenminderungen sind ebenfalls an Hand der Abrechnungen zu überprüfen.

Prüfungsunterlagen für die **Anschaffungsnebenkosten** sind die jeweiligen Eingangsrechnungen (für Notariats- und Gerichtskosten, Provisionen etc., nicht jedoch für Kosten der Entscheidungsvorbereitung, wie z. B. Kosten eines Bewertungsgutachtens).

290 Zur Prüfung der **Abschreibungen** vgl. Rz. 381.

Bei der Prüfung der Abschreibungsunterlagen ist zusätzlich zu beachten
- die Einhaltung des materiellen Abschreibungszeitraumes von 4 Jahren bzw. die Beachtung des gesetzlich eingeräumten Wahlrechts zur Verkürzung dieses Zeitraumes,
- der Beginn der Abschreibung in dem auf die Aktivierung folgenden Jahr.
- die Möglichkeit der planmäßigen Abschreibung nach § 255 Abs. 4 Satz 3 HGB nF.

Zur Prüfung der **Zuschreibungen** vgl. Rz. 382.

291 Die **Prüfung des Ausweises** erfolgt in gleicher Weise wie bei dem übrigen Anlagevermögen (vgl. Rz. 383 ff.). Dabei ist zusätzlich auf die Berichtspflicht im Anhang nach § 285 Nr. 13 HGB nF. zu achten, sofern der Firmenwert planmäßig nach § 255 Abs. 4 Satz 3 HGB nF. abgeschrieben wird.

3. Geleistete Anzahlungen

a) Behandlung nach Handelsrecht

292 Bei Anzahlungen handelt es sich immer um Vorleistungen (hier des bilanzierenden Unternehmens) auf noch schwebende Geschäfte. **Mittelgroße und große Kapitalgesellschaften** im Sinne von § 267 HGB nF. sind zum **gesonderten Ausweis der auf immaterielle Anlagewerte geleisteten Anzahlungen** verpflichtet. Eine Trennung der Anzahlungen nach den verschiedenen Positionen der immateriellen Vermögensgegenstände ist nicht erforderlich. Der Ausweis unter den Sachanlagen ist (wie noch nach AktG aF. möglich) künftig unzulässig. Bei Abschluß des Geschäftsvorganges hat eine Umbuchung zur entsprechenden Bilanzposition zu erfolgen.

Personenhandelsgesellschaften und kleine Kapitalgesellschaften können die auf immaterielle Anlagegegenstände geleisteten Anzahlungen zusammen mit dem immateriellen Anlagevermögen in einem Betrag ausweisen.

293 Nach dem bis zum Inkrafttreten des HGB nF. gültigen Recht konnten Anzahlungen auf immaterielle Anlagegegenstände zusammen mit den immateriellen Vermögensgegenständen oder als Sonderposten bei den anderen Anzahlungen auf Anlagegegenstände ausgewiesen werden, wenn nicht schon hier von dem Aktivierungswahlrecht immaterieller Vermögensgegenstände Gebrauch gemacht und auf die Aktivierung der Anzahlungen überhaupt verzichtet wurde. Die nach AktG aF. bilanzierenden Unternehmen hatten den Ausweis nicht unter Anzahlungen auf Anlagen (§ 151 Abs. 1 Pos. II. A. 7. AktG aF.), sondern unter Konzessionen, gewerbliche Schutzrechte und ähnliche Rechte sowie Lizenzen an solchen Rechten (Pos. A. 8.) vorzunehmen, wenn kein gesonderter Ausweis vorgezogen wurde (vgl. *Richter* HdJ Abt. II/1 Anm. 63; a. A. (Ausweis unter A. 7.) *Geßler/Hefermehl/Eckardt/Kropff* § 151 Anm. 28).

b) Ertragsteuerliche Behandlung

294 Steuerrechtlich sind Anzahlungen auf immaterielle Anlagegegenstände aktivierungspflichtig. Aufgrund des Maßgeblichkeitsprinzips kommt die handelsrechtliche Gliederung auch für die Steuerbilanz zum Zuge.

c) Bewertungsrechtliche Behandlung

295 Die bilanzmäßigen Grundsätze über die Behandlung schwebender Geschäfte gelten auch für die Vermögensaufstellung. Geleistete Anzahlungen, die auf ein immate-

rielles Wirtschaftsgut gerichtet sind, werden mit dem Teilwert angesetzt, d. h. mit den Wiederbeschaffungskosten; letztere entsprechen in aller Regel dem Steuerbilanzwert.

d) Prüfungstechnik

296 Zur **Prüfung des internen Kontrollsystems** ist das angestrebte Kontrollsystem anhand von Fragebögen, verbalen Beschreibungen etc. zu ermitteln und in einem Dauerarbeitspapier zu dokumentieren. Der Soll-Zustand sollte umfassen:
- die Führung einer Anlagenkartei, die bei Kapitalgesellschaften die für das Anlagengitter erforderlichen Daten (vgl. Rz. 161 ff.) sowie zur Ableitung des Buchwerts aus den historischen Anschaffungskosten Angaben über die kumulierten Zuschreibungen enthalten sollte,
- die regelmäßige Kontrolle von Saldenlisten,
- die Einholung von Saldenbestätigungen und deren Kontrolle durch das Unternehmen,
- Anweisungen über die Handhabung des Verrechnungsverkehrs mit verbundenen Unternehmen, insbesondere dessen Aufgliederung nach Lieferungen von Finanz- oder Sachanlagen sowie sonstigen Lieferungen,
- die regelmäßige Überwachung sowie ihre richtige Abgrenzung gegenüber anderen geleisteten Anzahlungen und den Rechnungsabgrenzungsposten,
- die zutreffende Kürzung von geleisteten Anzahlungen beim Eingang der Rechnungen und die Kontrolle des zu zahlenden Restbetrages (z. B. durch Vermerk der geleisteten Anzahlungen in den Vertrags- oder Bestellunterlagen durch die Abteilung Rechnungsprüfung),
- die gesonderte Erfassung von geleisteten Anzahlungen an verbundene Unternehmen,
- eine Funktionentrennung (zwischen Buchhaltung, Verwaltung, Bestellung und denjenigen Personen, die Zugang zu Geld haben),

Die Prüfung umfaßt außerdem die Beurteilung, ob die vorgesehenen Kontrollen ausreichend sind.

Sie bezieht sich auch auf die Ermittlung des Ist-Zustandes und die Würdigung eventueller Soll/Ist-Abweichungen.

297 Die **Prüfung des Nachweises** erfolgt anhand der fortgeschriebenen Anlagenkartei, ggf. unter Hinzuziehung von Saldenbestätigungen bzw. Saldenlisten.

Erforderlich ist eine Abstimmung der Anlagenkartei mit der Saldenliste und mit den Sachkonten am Ende und ggf. am Beginn des Geschäftsjahres sowie mit dem Bilanzausweis sowie ggf. eine Abstimmung mit den Saldenbestätigungen.

298 Bei den **Zugängen** sind die Anzahlungen mit den Saldenbestätigungen und den in Betracht kommenden Personenkonten abzustimmen.

Zugänge, die während des Jahres zu einer Umbuchung auf endgültige Anlagepositionen geführt haben, sind nicht hier, sondern direkt bei diesen endgültigen Anlagepositionen als Zugang zu zeigen.

299 Die **Abgänge** des Berichtsjahres sind darauf zu überprüfen, ob die Voraussetzungen für die Ausbuchung bereits gegeben sind (z. B. Verzicht auf Rückforderung der Anzahlung etc.). Dabei ist auch zu kontrollieren, ob die auf Abgänge entfallenden aufgelaufenen Wertberichtigungen ausgebucht wurden.

300 Soweit einzelne Posten im Berichtsjahr zugegangen sind, müssen sie auf evtl. erforderliche **Umbuchungen** zu anderen Positionen des Finanzanlagevermögens kontrolliert werden.

301 Die **Prüfung der Bewertung** erstreckt sich darauf, ob die ausgewiesenen Zugänge zutreffend bewertet und ob die Zu- und Abschreibungen methodengerecht ermittelt wurden. Grundlage für die Prüfung der Bewertung ist die Anlagenkartei.

Die **Zugänge** im Berichtsjahr sind mit den geleisteten Zahlungen anzusetzen.

302 Als **Abschreibungen** kommen lediglich außerplanmäßige Abschreibungen gemäß § 253 Abs. 2 Satz 3 HGB nF. in Betracht. Grundlage für deren Prüfung ist die Anlagenkartei.

Die Prüfung erstreckt sich auf
- die Abwicklung der Anzahlungen in der Zeit zwischen dem Bilanzstichtag und dem Prüfungstag,

Sachanlagen 303–312 **B**

– die Überfälligkeit der entsprechenden Leistungen bei noch nicht abgewickelten Anzahlungen, sowie auf die Frage ob sich daraus der Schluß ziehen läßt, daß die betreffenden Anzahlungen risikobehaftet sind,
– die Übereinstimmung mit den steuerlichen Vorschriften, einschließlich eventueller Abweichungen (bei Unterschieden: Aktivierung oder Passivierung von latenten Steuern bei Kapitalgesellschaften gemäß § 274 HGB nF. vgl. Rz. 860ff., 1160ff.),
– steuerliche Sonderabschreibungen, §§ 254, 281 HGB nF.,
– die rechnerische Ermittlung,
– die Abstimmung der Abschreibung des Geschäftsjahres mit dem in der GuV verbuchten Betrag.
Zur Prüfung der **Zuschreibungen** vgl. Rz. 382.

303 Die **Prüfung des Ausweises** erfolgt in gleicher Weise wie bei dem übrigen Anlagenvermögen (vgl. Rz. 383ff.). Vgl. im übrigen *WPH* 1981, 1221.

II. Sachanlagen

310 Das **HGB nF.** sieht für **mittelgroße und große Kapitalgesellschaften** folgende **Gliederung des Sachanlagevermögens** vor:
– Grundstücke, grundstücksgleiche Rechte und Bauten einschließlich der Bauten auf fremden Grundstücken
– technische Anlagen und Maschinen
– andere Anlagen, Betriebs- und Geschäftsausstattung
– geleistete Anzahlungen auf Anlagen im Bau
Der wesentlichste **Unterschied** im Vergleich zum Gliederungsschema des § 151 AktG aF. liegt in der Möglichkeit, in Zukunft alle Immobilien in einer einzigen Bilanzposition zusammenfassen zu können.
Kleine Kapitalgesellschaften, ebenso wie **Personenhandelsgesellschaften und Einzelunternehmen,** können nach § 266 Abs. 1 HGB nF. auf die Untergliederung der Sachanlagen verzichten und das gesamte Sachanlagevermögen in eine Bilanzposition zusammenfassen.

311 Bei der **Offenlegung** besteht für **mittelgroße Kapitalgesellschaften** im Vergleich zu den großen Kapitalgesellschaften kaum eine Erleichterung. Sie haben lediglich das Recht, die Aufteilung des Sachanlagevermögens anstatt in der Bilanz im Anhang vorzunehmen (vgl. Rz. 155). Die für die großen Kapitalgesellschaften geltende Untergliederung ist auch hier verbindlich (vgl. § 327 Abs. 2 HGB nF.).

1. Grundstücke, grundstücksgleiche Rechte und Bauten einschließlich der Bauten auf fremden Grundstücken

a) Behandlung nach Handelsrecht

312 Zu den Grundstücken zählen **sämtliche Arten von Grundvermögen,** unabhängig von ihrer Zweckbestimmung – soweit sie als Dauerbesitz anzusehen sind – und unabhängig von der Tatsache, ob sie bebaut sind und ggf. welcher Art die Bebauung ist.
Grundstücksgleiche Rechte sind dingliche Rechte, die bürgerlichrechtlich wie Grundstücke behandelt werden. Für sie wird ein eigenes Grundbuchblatt angelegt. Belastungen durch Hypotheken, Grundschulden etc. sind ebenso wie bei einem Grundstück möglich. Die wichtigsten grundstücksgleichen Rechte sind das Erbbaurecht (vgl. ErbbauVO) und das Wohnungseigentum (vgl. WohnungseigentumsG).
Unter den Begriff **Bauten** fallen nur Bauwerke, die entsprechend dem allgemeinen Sprachgebrauch auch nach außen hin als solche in Erscheinung treten, nicht Einbauten in fremde Gebäude als Mieter oder Pächter (z. B. Ladeneinbauten). Wenn „Gebäude" nur Teile von Maschinen oder technischen Anlagen sind (z. B. Transformatorenhaus), dürfen sie nicht unter den Immobilien ausgewiesen werden, sondern gehören in die Position „technische Anlagen und Maschinen" (vgl. Rz. 359).

313 Nach **bisherigem Aktienrecht** war eine relativ **weitgehende Untergliederung** beim Ausweis der Immobilien vorgeschrieben. Gemäß § 151 AktG aF. waren gesondert zu zeigen:
- Grundstücke und grundstücksgleiche Rechte mit Geschäfts-, Fabrik- und anderen Bauten
- Grundstücke und grundstücksgleiche Rechte mit Wohnbauten
- Grundstücke und grundstücksgleiche Rechte ohne Bauten
- Bauten auf fremden Grundstücken

Diese Aufspaltung erlaubte einen deutlich besseren Einblick in die Struktur des Immobilienvermögens als die Mindestgliederung des HGB nF. Bei umfangreichem und ungleichartigem Immobilienbesitz wäre eine dem geltenden Aktienrecht entsprechende Untergliederung auch in Zukunft wünschenswert. Sie ist gem. § 265 Abs. 5 HGB nF. zulässig, dürfte jedoch kaum einmal im Hinblick auf § 264 Abs. 2 HGB nF. (Vermittlung eines den tatsächlichen Verhältnissen entsprechenden Bildes) erforderlich sein.

(1) **Ausweis**
Die Besprechung des Ausweises der Immobilien wird nachfolgend nach der Differenzierung des geltenden Aktienrechts vorgenommen.

314 **Grundstücke und grundstücksgleiche Rechte mit Geschäfts-, Fabrik- und anderen Bauten**

Auszuweisen sind hier alle **bebauten Grundstücke,** die im Eigentum des Unternehmens stehen und als solche dem Betrieb des Unternehmens dienen und nicht zu den Grundstücken mit Wohnbauten gehören. Dem handelsrechtlichen Zuordnungsgrundsatz entsprechend kommt es jedoch nicht auf das juristische Eigentum, sondern auf die **wirtschaftliche Zugehörigkeit** (wirtschaftliches Eigentum) an (zum wirtschaftlichen Eigentum vgl. *Brezing* HdJ Abt. I/4 Anm. 77ff.; *Leffson* HdJ Abt. I/ 7 Anm. 21ff.). Ein käuflich erworbenes Fabrikgebäude ist daher bereits ab dem in einem rechtsgültigen Kaufvertrag festgelegten Übernahmezeitpunkt und nicht erst bei Eintragung des Eigentumswechsels im Grundbuch auszuweisen. Grundstücksteile, die vermietet oder verpachtet sind, brauchen nicht gesondert ausgewiesen zu werden, eine Kenntlichmachung würde jedoch die Aussagefähigkeit der Bilanzposition erhöhen. Unüblich, aber möglich ist innerhalb dieser Position eine Trennung zwischen Grundstücks- und Gebäudewert. Unzulässig wäre jedoch der Ausweis des reinen Grundstückswertes unter den unbebauten Grundstücken.

315 **Einrichtungen,** die der Benutzung des Gebäudes dienen (Heizungs-, Beleuchtungs-, Lüftungs- und Klimaanlagen, Installationen, Rolltreppen usw.), gehören zu den Gebäuden. Maschinen, maschinelle Anlagen und Betriebsvorrichtungen gehören – auch wenn sie mit dem Grundstück oder Gebäude fest verbunden sind – nicht zu den Geschäfts-, Fabrik- oder sonstigen Bauten, sondern sind nach AktG aF. unter ,,Maschinen und maschinelle Anlagen" bzw. nach HGB nF. unter ,,technische Anlagen und Maschinen" auszuweisen.

316 Als **grundstücksgleiche Rechte** werden die Rechte bezeichnet, die wirtschaftlich dem Eigentum nahestehen. So ist das aufgrund eines Erbbaurechts errichtete Gebäude nicht als wesentlicher Bestandteil des Grundstücks, sondern des Erbbaurechts und als Eigentum des Erbbauberechtigten anzusehen und hier auszuweisen (§ 12 ErbbauVO).

317 Zu den **anderen Bauten** gehören z. B. Brücken, Kühltürme, Verkehrsanlagen, Kanalbauten, Parkplätze, Straßen, Eisenbahnanlagen. Schachtanlagen und andere Bauten unter der Erde können ebenfalls hier gezeigt werden; ein gesonderter Ausweis in einer speziellen Position ist jedoch vorzuziehen.

318 **Obligatorische Rechte** wie Miete und Pacht dürfen keine Berücksichtigung finden.

319 **Grundstücke und grundstücksgleiche Rechte mit Wohnbauten**

Hier sind das **Wohnungseigentum** (§§ 1, 4, 7 WEG) und alle **Bauten** auszuweisen, die überwiegend Wohnzwecken dienen, wie z. B. Werkswohnungen, Wohnheime, werkseigene Gästehäuser, Erholungsheime, Kindergärten und ähnliche Sozialeinrichtungen. Einheitliche Gebäudekomplexe, die sowohl dem Geschäftsbetrieb als

Sachanlagen   320–324 **B**

auch Wohnzwecken dienen, sind nach der überwiegenden Nutzungsart einzuordnen. U. U. ist ein Vermerk der Mitzugehörigkeit zu der nicht gewählten Position erforderlich (§ 151 Abs. 3 AktG aF.). Auch bei wechselnden Nutzungen entscheidet die überwiegende über den Ausweis.

Zu den **grundstücksgleichen Rechten** zählen hier das Erbbaurecht und das Dauerwohnrecht (§ 31 WEG).

320   **Grundstücke und grundstücksgleiche Rechte ohne Bauten**

In dieser Position werden alle Grundstücke ausgewiesen, die im Eigentum des Unternehmens stehen und auf denen sich **keine werkseigenen Gebäude** befinden. Grundstücke, auf denen Bauten von Dritten aufgrund eines dinglichen (z. B. Erbbaurecht) oder obligatorischen Rechts (z. B. Pacht) erbaut wurden, gelten als unbebaut. In solchen Fällen sind Angaben im Geschäftsbericht/Anhang erforderlich, da diese Grundstücke keine frei verfügbare Fläche darstellen (vgl. *Adler/Düring/Schmaltz* § 151 Anm. 63).

Betrieblich ausgebeutete Grundstücke sollten gesondert ausgewiesen werden; evtl. sind auch Angaben im Geschäftsbericht/Anhang notwendig, um bei bedeutenden Beträgen den Charakter der Position klarzustellen.

Bei der Eingruppierung räumlich zusammenhängender Grundstücke, die **teilweise bebaut** und unbebaut sind, hat eine Teilung nach wirtschaftlichen Gesichtspunkten zu erfolgen. Nur die Grundstücke, die nicht im direkten Nutzungszusammenhang mit Gebäuden stehen und daher auch selbständig verwertbar wären, sind als unbebaut auszuweisen. Die grundbuchamtlichen Eintragungen sind hier ohne Bedeutung.

321   Als **grundstücksgleiche Rechte** sind hier eigene Erbbaurechte an Grundstücken Dritter sowie Bergwerksrechte, Rechte zum Abbau von Steinbrüchen u. ä. auszuweisen.

322   **Bauten auf fremden Grundstücken**

Geschäfts-, Fabrik- und andere Bauten sind hier auszuweisen, wenn sie auf Grundstücken erbaut wurden, die nicht im Eigentum des Unternehmens stehen und an denen keine dinglichen Rechte bestehen. Es sind folglich nur **Bauten** auszuweisen, die **aufgrund eines obligatorischen Rechts errichtet** wurden (z. B. Bauten auf gepachteten Grundstücken). Gebäude, die aufgrund eines Erbbaurechts erbaut wurden, sind wie Bauten auf eigenen Grundstücken auszuweisen. Ein getrennter Ausweis entsprechend der Nutzung ist innerhalb der Position „Bauten auf fremden Grundstücken" nicht erforderlich.

Wurden Bauten zum Teil auf fremdem und zum Teil auf eigenem Grund und Boden errichtet, dann ist, soweit möglich, eine Aufteilung vorzunehmen, ansonsten kommt eine Zuordnung zu dem Posten, zu dem sie überwiegend gehören, in Betracht, wobei ggf. auf die Mitzugehörigkeit zu der nicht berücksichtigten Position verwiesen werden muß (§ 151 Abs. 3 AktG aF.).

323   **(2) Bewertung**

Die Bewertung der Grundstücke und der grundstücksgleichen Rechte hat mit den Anschaffungskosten, die der Gebäude mit den Anschaffungs- oder Herstellungskosten unter Berücksichtigung planmäßiger und außerplanmäßiger Abschreibungen zu erfolgen (§ 253 HGB nF., s. allgemeine Bilanzierungsgrundsätze Rz. 195 ff.). Die Abschreibungsdauer muß der voraussichtlichen Nutzungsdauer entsprechen. Für die Ermittlung der Abschreibungen ist eine Trennung von Grundstücks- und Gebäudewert in der Anlagenkartei notwendig. Eine bestimmte Aufteilungsmethode ist nicht vorgeschrieben; sie muß sich aber sachlich rechtfertigen lassen und den GoB entsprechen (vgl. *Adler/Düring/Schmaltz* § 153 Anm. 50, sowie die speziellen steuerrechtlichen Vorschriften Rz. 331).

324   Zu den **Anschaffungskosten** zählen alle Ausgaben, die erforderlich sind, bis ein Grundstück bestimmungsgemäß genutzt werden kann (zur Ermittlung der Anschaffungskosten vgl. Teil A Rz. 52ff., vgl. auch *Wohlgemuth* HdJ Abt. I/9). Neben dem eigentlichen Anschaffungspreis eines Grundstücks sind somit die Anschaffungsnebenkosten (Notargebühren, Grunderwerbsteuer, Grundbuchkosten, Vermessungskosten, Gerichtskosten, Vermittlungsprovisionen, Erschließungskosten usw.) aktivierungspflichtig (§ 255 Abs. 1 HGB nF.). Kosten für die Inbetriebnahme eines Grundstücks (Abbruchkosten, Entwässerungskosten, Planierungskosten) zählen ebenfalls zu den Anschaffungskosten.

325 **Finanzierungskosten** sind grundsätzlich kein Bestandteil der Anschaffungs- oder Herstellungskosten. Dies gilt jedoch nicht, wenn der Verkäufer seine Finanzierungskosten in Rechnung stellt. Kreditzinsen sind weiterhin im Rahmen der Herstellungskosten aktivierungsfähig (Wahlrecht), soweit sie auf den Zeitraum der Herstellung entfallen, wenn bei Gebäuden zwischen der Fremdkapitalaufnahme und der Herstellung ein unmittelbarer wirtschaftlicher Zusammenhang besteht (§ 255 Abs. 3 HGB nF.; vgl. *Adler/Düring/Schmaltz* § 153 Anm. 44 ff.). Wurden Zinsen für Fremdkapital in die Herstellungskosten einbezogen, dann ist darüber nach § 284 Nr. 5 HGB nF. im Anhang zu berichten. Zur Ermittlung der Anschaffungskosten bei zinsloser Stundung des Kaufpreises und bei Ratenzahlungen vgl. *Adler/Düring/Schmaltz* § 153 Anm. 49; *Geßler/Hefermehl/Eckardt/Kropff* § 153 Anm. 8.

326 **Anschaffungskostenminderungen** (Preisnachlässe) sind bei Ermittlung der Anschaffungskosten zu berücksichtigen.

327 **Betrieblich ausgebeutete Grundstücke** sind entsprechend der Substanzminderung **planmäßig abzuschreiben.** Unbebaute Grundstücke unterliegen keiner planmäßigen Abschreibung. **Außerordentliche Abschreibungen** sind vorzunehmen, wenn Wertminderungen z. B. durch Erdbeben, Hochwasser, Bau eines Flughafens oder einer Industrieanlage in der Nähe eines für Wohnzwecke vorgesehenen Grundstücks eingetreten sind.

328 **Erbbaurechte** sind mit ihren Anschaffungskosten zu bewerten und entsprechend der voraussichtlichen Nutzungsdauer abzuschreiben.

329 **Gebäude auf fremdem Grund** sind mit ihren Anschaffungs- oder Herstellungskosten, vermindert um planmäßige Abschreibungen zu bilanzieren (vgl. auch *Kupsch* BB 1981, 212 ff.). Die **Abschreibungshöhe** wird bestimmt von der vertraglichen Nutzungsdauer des fremden Grundstücks und der Verwendung des Gebäudes nach Ablauf der Nutzungsdauer. Geht das Gebäude nach §§ 93, 94, 964 BGB in das Eigentum des Grundstückseigentümers über, dann ist im Abschreibungsplan ein Restwert in Höhe der vom Grundstückseigentümer zu zahlenden Vergütung (nach § 812 ff. BGB), soweit vertraglich nicht ausgeschlossen, zu berücksichtigen. Ist die Übernahme durch den Grundstückseigentümer nicht vorgesehen, dann hat eine volle Abschreibung zu erfolgen. Für eventuell anfallende Abbruchkosten, wenn das Grundstück in den ursprünglichen Zustand zurückzuversetzen ist, ist eine Rückstellung zu bilden.

b) Ertragsteuerliche Behandlung

330 Für den **Bilanzausweis** gilt steuerrechtlich das Maßgeblichkeitsprinzip. Grund und Boden gehört zu den nicht abnutzbaren Anlagegegenständen (§ 6 Abs. 1 Nr. 2 EStG), die mit den Anschaffungskosten anzusetzen sind. Abschreibungen sind nur auf den gesunkenen Teilwert zulässig. Gebäude zählen zu den abnutzbaren Wirtschaftsgütern des Anlagevermögens und unterliegen einer planmäßigen Abschreibung.

331 Erwirbt der Steuerpflichtige ein **bebautes Grundstück,** so sind die **Anschaffungskosten** auf das Grundstück und das Gebäude aufzuteilen. Während handelsrechtlich die Aufteilungsmethode freigestellt ist, hat der RFH (vgl. RFH v. 19. 11. 1941, RStBl. 1942, 42) und später auch der BFH (vgl. BFH v. 15. 10. 1965, BStBl. 1965 III, 720) das sogenannte Differenzenverfahren vorgeschlagen, wonach sich der Gebäudewert als Differenz zwischen dem Gesamtkaufpreis und dem gemeinen Wert des unbebauten Grundstücks ergab. Da bei diesem Verfahren nicht berücksichtigt wird, daß für unbebaute Grundstücke regelmäßig höhere Bodenpreise erzielt werden als für bebaute, läßt der BFH (vgl. BFH v. 21. 1. 1971, BStBl. II 1971, 682; v. 12. 6. 1978, BStBl. II 1978, 620; v. 16. 12. 1981, BStBl. II 1982, 320) auch eine Aufteilung der Anschaffungskosten nach dem Verhältnis der gemeinen Werte zu. (Zu Einzelheiten der Aufteilung eines Gesamtpreises für mehrere Wirtschaftsgüter siehe *Herrmann/Heuer/Raupach* § 6 Anm. 304 ff.; *Wichmann* DStR 1983, 379 ff.; *Schürer-Waldheim* StuW 1983, 217 ff.; *Bockholt* DB 1983, 150 ff.)

Sachanlagen **332–335 B**

332 Zur **Ermittlung der Anschaffungskosten von Grund und Boden** vgl. Teil A Rz. 52 ff. Aufwendungen zur Nutzbarmachung bisher nicht nutzbarer Grundstücke (Urbarmachung) zählen zu den Anschaffungs- oder Herstellungskosten (vgl. *Herrmann/Heuer/Raupach* § 6 Anm. 784). Die vom Grundstückskäufer übernommenen *Lasten, die auf einem Grundstück* ruhen, erhöhen die Anschaffungskosten (vgl. BFH v. 8. 6. 1966, BStBl. III 1966, 535). Zu den Anschaffungskosten des Grundstücks zählen ferner die *Anlieger- und Erschließungsbeiträge* nach § 127 Bundesbaugesetz für den Anschluß des Grundstücks an öffentliche Versorgungsleitungen (vgl. BFH v. 18. 9. 1964, BStBl. III 1965, 85; v. 3. 8. 1966, BStBl. III 1967, 600; v. 22. 2. 1967, BStBl. III 1967, 417) und die *Kanalanschlußgebühren* für den Anschluß an die öffentliche Abwasserbeseitigungsanlage (vgl. BFH v. 24. 11. 1967, BStBl. II 1968, 178; wegen Erfassung als Betriebsausgabe bei betriebsbedingter erhöhter Abwasserzuführung siehe BFH v. 26. 2. 1980, BStBl. II 1980, 687). *Anliegerbeiträge* zur Verbesserung einer Ortsstraße oder zur Errichtung einer *Fußgängerzone* (vgl. BFH v. 16. 11. 1982, BStBl. II 1983, 111; v. 12. 4. 1984, BStBl. II 1984, 489) gelten ebenfalls als Anschaffungskosten; in den Fällen, in denen die Aufwendungen durch die besondere Nutzung des Grundstücks entstehen (z. B. *Zuschüsse* eines Fuhrunternehmens zum betriebsnotwendigen Ausbau einer Straße – vgl. BFH v. 26. 2. 1980, BStBl. II 1980, 687), sind sie als Betriebsausgaben sofort abzugsfähig. Auf dem Grundstück befindliche gärtnerische Anlagen *(Grünanlagen)* sowie Gartenwege, Wasserleitungen zum Bewässern des Gartens usw. sind regelmäßig als selbständige Wirtschaftsgüter zu beurteilen (vgl. BFH v. 16. 3. 1962, BStBl. III 1962, 302; v. 15. 10. 1965, BStBl. III 1966, 12; Abschn. 33 a Abs. 3 Nr. 3 EStR). Zum Grundstückserwerb bei *Zwangsversteigerung* siehe BFH v. 26. 4. 1977, BStBl. II 1977, 714; v. 17. 12. 1970, BStBl. II 1971, 325; v. 26. 4. 1979, BStBl. II 1979, 667; v. 25. 7. 1972, BStBl. II 1972, 881.

333 Als **Anschaffungs- oder Herstellungskosten des Gebäudes** (vgl. Rz. 323, 329) sind die Aufwendungen für *Zuleitungsanlagen vom Gebäude an das öffentliche Kanalnetz* (vgl. BFH v. 24. 11. 1967, BStBl. II 1968, 178), *an das Stromversorgungsnetz* (vgl. BFH v. 15. 1. 1965, BStBl. III 1965, 226), *an das Gasnetz* und die *Wasser- und Wärmeversorgung* (vgl. Abschn. 33 a Abs. 1 Nr. 1 EStR) zu erfassen. *Ablösungszahlungen* (z. B. zur Ablösung der Verpflichtung zum Bau von PKW-Einstellplätzen nach der Reichsgaragenordnung, vgl. BFH v. 27. 5. 1964, BStBl. III 1964, 477) und Abstandszahlungen an Mieter oder andere Nutzungsberechtigte für die vorzeitige Räumung eines Grundstücks (wenn z. B. ein Parkplatz oder Gebäude darauf neu errichtet werden soll, vgl. BFH v. 29. 7. 1970, BStBl. II 1970, 810) oder Gebäudes (wenn z. B. das Gebäude wegen eines Neubaus abgerissen werden soll, vgl. BFH v. 1. 10. 1975, BStBl. II 1976, 184; v. 12. 6. 1978, BStBl. II 1978, 620; v. 9. 2. 1983, BStBl. II 1983, 451) zählen ebenfalls zu den Herstellungskosten des Gebäudes. In den Fällen, in denen Abstandszahlungen nicht zur Errichtung eines neuen Wirtschaftsgutes gezahlt werden, also nicht durch einen Anschaffungs- oder Herstellungsvorgang veranlaßt sind, sind sie als Betriebsausgaben abzugsfähig (vgl. BFH v. 6. 5. 1982, BStBl. II 1982, 691).

334 Da Gebäude zu den abnutzbaren Wirtschaftsgütern des Anlagevermögens gehören, sind sie **planmäßig abzuschreiben** (s. auch allg. Bewertungsgrundsätze Rz. 208 ff.). Als Abschreibungsmethoden kommen die lineare (§ 7 Abs. 4 EStG) und die degressive Abschreibung (§ 7 Abs. 5 EStG) mit jeweils gesetzlich fixierten Abschreibungsquoten in Betracht. Danach sind Gebäude, die bis zum 31. 12. 1924 fertiggestellt wurden, **linear** mit jährlich 2,5 v. H. und Gebäude, die nach dem 31. 12. 1924 fertiggestellt wurden, mit 2 v. H. jährlich abzuschreiben. Die fiktive Nutzungsdauer beträgt somit 40 bzw. 50 Jahre. Nur in den Fällen, in denen die tatsächliche Nutzungsdauer unter dieser fiktiven liegt, kann eine höhere Abschreibungsquote angesetzt werden (§ 7 Abs. 4 Satz 2 EStG). Unterlassene Abschreibungen führen nicht zu einer Änderung des Abschreibungssatzes; die Abschreibung muß unverändert fortgesetzt werden, so daß nur eine Verlängerung des Abschreibungszeitraumes möglich ist (vgl. BFH v. 3. 7. 1984, BStBl. II 1984, 709).

335 Wird die **degressive Abschreibung** nach § 7 Abs. 5 Satz 1 EStG gewählt (zum Anwendungsbereich siehe § 52 Abs. 8 EStG), so sind bei im Inland belegenen Gebäuden die Anschaffungs- (nur bei Erwerb bis zum Ende des Jahres der Fertigstellung) oder Herstellungskosten im Jahr der Fertigstellung bzw. Anschaffung und in den folgenden 7 Jahren um 5 vom Hundert, in den darauffolgenden 6 Jahren um 2,5 vom Hundert und in den letzten 36 Jahren um 1,25 vom Hundert zu mindern. Diese Abschreibungsmethode ist nach § 7 Abs. 5 Satz 2 EStG nur zulässig, wenn der Bauherr sie in Anspruch nimmt oder wenn bei Inanspruchnahme durch den Erwerber der Bauherr bzw. Veräußerer weder die Abschreibung nach § 7 Abs. 5 Satz 1 EStG noch erhöhte Absetzungen oder Sonderabschreibungen in Anspruch genommen hat.

336 Ein **Wechsel** von der linearen (§ 7 Abs. 4 EStG) zur degressiven Abschreibung (§ 7 Abs. 5 EStG) und umgekehrt ist nicht zulässig. Ebenso ist ein Wechsel von der Abschreibung nach § 7 Abs. 5 EStG zur erhöhten Abschreibung nach § 7b und umgekehrt unzulässig (vgl. Abschn. 42 Abs. 7 EStR).

337 **Außergewöhnliche Abschreibungen** sind bei der linearen Abschreibung nach § 7 Abs. 4 Satz 3 i. V. m. § 7 Abs. 1 letzter Satz EStG zulässig, werden aber auch von der Finanzverwaltung bei der degressiven Abschreibung anerkannt (vgl. Abschn. 42a Abs. 6 EStR). Abschreibungen für außergewöhnliche Abnutzung können auch bei Inanspruchnahme erhöhter Absetzungen nach § 7b EStG in Betracht kommen (vgl. BFH v. 27. 6. 1978, BStBl. II 1979, 8).

338 Gebäude sind grundsätzlich hinsichtlich der Abschreibung als eine **alle Gebäudebestandteile umfassende Einheit** anzusehen (vgl. BFH v. 26. 11. 1973, BStBl. II 1974, 132). Unselbständige Gebäudeteile, die mit dem Gebäude in einem einheitlichen Nutzungs- und Funktionszusammenhang stehen (nach Abschn. 42a Abs. 4 EStR z. B. Heizungs- und Lüftungszusammenhang), sind zusammen mit dem Gebäude abzuschreiben, soweit sie nicht als Betriebsvorrichtungen anzusehen sind. **Betriebsvorrichtungen** (z. B. Maschinen, Öfen) dienen nicht der Nutzung des Gebäudes, sondern stehen in Beziehung zur Ausübung des Gewerbebetriebes (zur Abgrenzung der Betriebsvorrichtungen siehe Ländererlaß v. 31. 3. 1967, BStBl. II 1967, 127). Sie sind ebenso wie selbständige Gebäudeteile (vgl. Abschn. 13b EStR) gesondert abzuschreiben (vgl. Abschn. 42a Abs. 5 EStR). Zur ertragsteuerlichen Behandlung von Mietereinbauten und Mieterumbauten siehe BdF v. 15. 1. 1976, BStBl. I 1976, 66.

Zur Ermittlung der Gebäudeabschreibung im Jahr der Anschaffung und des Verkaufs siehe Abschn. 42 Abs. 2 und 5 EStR, zur Einbeziehung nachträglicher Anschaffungs- oder Herstellungskosten und aktivierungspflichtiger Herstellungsaufwendungen (zum Begriff siehe Teil A Rz. 76 ff., 288 ff.) in die Gebäudeabschreibung und der dadurch verlängerten Abschreibungszeit über die fiktive Nutzungsdauer von 40 bzw. 50 Jahren hinaus siehe BFH v. 25. 11. 1970, BStBl. II 1971, 142; v. 20. 2. 1975, BStBl. II 1975, 412; v. 7. 6. 1977, BStBl. II 1977, 606; v. 28. 6. 1977, BStBl. II 1977, 725; FG Düsseldorf v. 14. 12. 1972, EFG 1973, 202. Zur Abschreibung von älteren Eigentumswohnungen vgl. *Bockholt* DB 1983, 150 ff.

c) Bewertungsrechtliche Behandlung

340 In die Vermögensaufstellung werden nur solche Grundstücke aufgenommen, die **Betriebsgrundstücke i. S. des § 99 BewG** sind. Ob ein Grundstück nach dieser Vorschrift Betriebsgrundstück ist, wird gemäß § 19 Abs. 3 Nr. 1 BewG bei der Feststellung des Einheitswerts des Grundstücks entschieden.

Als Betriebsgrundstücke im bewertungsrechtlichen Sinn gelten auch Gebäude auf fremdem Grund und Boden. Für sie wird gemäß § 94 BewG ein gesonderter Einheitswert festgestellt. Nach dem FM NRW v. 5. 6. 1968 (DB 1968, 1337) unterbleibt jedoch die Feststellung eines Einheitswerts, wenn dieser nicht mehr als DM 1000,- betragen würde; in einem solchen Fall ist das Gebäude auf fremdem Grund und Boden nicht in die Vermögensaufstellung aufzunehmen.

341 Da nach § 99 Abs. 2 Satz 1 und 2 BewG das gesamte Grundstück entweder Betriebsgrundstück oder Grundvermögen ist, kommt ein Ansatz lediglich des betrieblich genutzten Teils von Grundstücken und Gebäuden – anders als in der Steuerbilanz – nicht in Betracht. Gleiches gilt, wenn ein Grundstück mehreren Personen gehört; nur wenn sämtliche Miteigentümer an dem Gewerbebetrieb beteiligt sind, ist das Grundstück Betriebsgrundstück. Es ist allerdings die Zurechnungsvorschrift des § 26 Nr. 1 BewG zu beachten. Sie hat zur Folge, daß ein Grundstück, das dem Betriebsinhaber und seinem Ehegatten gemeinsam oder sogar ausschließlich dem Ehegatten gehört, Betriebsgrundstück ist, falls es zu mehr als der Hälfte dem Betrieb

Sachanlagen 342–346 **B**

dient; ebenso wird bei Personengesellschaften der Grundstücksanteil des Ehegatten eines Gesellschafters diesem zugerechnet.

Eine Ausnahme von dem aufgezeigten Prinzip des „alles oder nichts" bilden die in § 97 Abs. 1 BewG aufgeführten Körperschaften, Personenvereinigungen und Vermögensmassen; ein ihnen zuzurechnender Grundstücksteil stellt stets ein Betriebsgrundstück dar (§ 99 Abs. 2 Satz 4 BewG).

342 Nicht in die Vermögensaufstellung aufzunehmen sind:
– Grundstücke in der Deutschen Demokratischen Republik, § 101 Nr. 1 BewG i. V. m. § 1 Abs. 3 VStG,
– ausländische Grundstücke, die durch ein DBA (Art. 22 und 23 A OECD-Musterabkommen) freigestellt sind.

343 Für die Bewertung der Betriebsgrundstücke gilt § 109 Abs. 2 Satz 1 BewG; danach ist der zuletzt festgestellte Einheitswert anzusetzen. Soweit es sich nicht um Betriebe der Land- und Forstwirtschaft handelt, ist der Einheitswert gemäß § 121 a BewG um 40 v. H. aufzustocken.

344 Ausländische Grundstücke, die nicht durch ein DBA freigestellt sind, werden gemäß § 31 BewG mit dem gemeinen Wert angesetzt.

d) Prüfungstechnik

(1) Prüfung des internen Kontrollsystems

345 Das angestrebte Kontrollsystem in anhand von Fragebögen, verbalen Beschreibungen etc. zu ermitteln und in einem Dauerarbeitspapier zu dokumentieren. Der **Soll-Zustand** sollte umfassen:
– die Führung einer Anlagenkartei; bei Kapitalgesellschaften sollte die Anlagenkartei die für das Anlagengitter benötigten Daten (vgl. Rz. 161 ff.) sowie zur Ableitung des Buchwerts aus den historischen Anschaffungs- und Herstellungskosten Angaben über die kumulierten Zuschreibungen enthalten,
– die regelmäßige Abstimmung der Anlagenkartei mit den Konten der Finanzbuchhaltung,
– die systematische und übersichtliche Führung von Grundstücksakten (Kaufverträge, Grundbuchauszüge, Veränderungsnachweise, Lagepläne u. ä.),
– Regeln über die Berechtigung und rechtliche Legitimation zum Erwerb, zur Veräußerung und zur Belastung von Grundstücken sowie ihre Eignung zu Kontrollzwecken,
– die Übereinstimmung eventueller Bewertungsrichtlinien mit den gesetzlichen Rechnungslegungsvorschriften,
– die Organisation der korrekten Verbuchung von Grundstücksgeschäften durch
  • Anweisungen, daß Verträge über Grundstücksgeschäfte zur Kenntnis der Buchhaltung gelangen,
  • Anweisungen für die Abgrenzung von Erhaltungs- und Herstellungsaufwand,
– eine Funktionentrennung von Anlagenbuchhaltung, -verwaltung, Bestellung und Verwaltung von Geld,
– die sachliche und rechnerische Überprüfung von Anlagerechnungen vor Verbuchung durch das Unternehmen,
– die Organisation des Versicherungsschutzes.
Die Prüfung umfaßt außerdem die Beurteilung, ob die vorgesehenen Kontrollen ausreichend sind.
Sie bezieht sich auch auf die Ermittlung des Ist-Zustandes und die Würdigung eventueller Soll/Ist-Abweichungen.

(2) Prüfung des Nachweises

346 Die Prüfung des Nachweises erfolgt anhand der fortgeschriebenen Anlagenkartei. Eine körperliche Bestandsaufnahme ist nicht erforderlich.
Folgende Prüfungsschritte sind vorzunehmen:
– Prüfung der betrieblichen Nutzung des nachgewiesenen Grundbesitzes (z. B. durch Betriebsbegehung etc.),
– Prüfung der Vollständigkeit des Anlagenverzeichnisses durch Zuziehung von Grundbuchauszügen.

Die Anlagenkartei ist mit den Sachkonten am Ende und ggf. am Beginn des Geschäftsjahres sowie mit den Bilanzposten abzustimmen (vgl. Rz. 370).

347 Bei den **Zugängen** des Berichtsjahres ist zu überprüfen, ob die Voraussetzungen für die buchhalterische Erfassung bereits gegeben sind, durch
- Feststellung des Überganges von Besitz, Nutzen und Lasten anhand der Bestimmungen des Kaufvertrages,
- Zuziehung von Grundbuchauszügen neuesten Datums,
- Zuziehung von Veränderungsnachweisen der Katasterämter und Vergleich der in den Veränderungsnachweisen enthaltenen Flächenangaben mit den Flächenangaben des Kaufvertrages und den Eintragungen in der Anlagenkartei; gegebenenfalls Feststellung von Änderungen des Grundstückskaufpreises aufgrund zwischenzeitlich erfolgter Vermessungen.

Bei Zugängen von Anlagen im Bau, die im Berichtsjahr umgebucht wurden, ist das Mengengerüst der Herstellungskosten mit dem Baukonto abzustimmen. Der Reparaturaufwand ist unter Aktivierungsgesichtspunkten zu überprüfen, vgl. Teil A Rz. 288 ff.

348 Die **Abgänge** des Berichtsjahres sind wie die Zugänge darauf zu untersuchen, ob die Voraussetzungen für das buchhalterische Ausscheiden gegeben sind. Zur Überprüfung von Gewinnen und Verlusten aus Anlagenabgängen erfolgt in der Regel eine Abstimmung des für die Gewinn- bzw. Verlustermittlung angenommenen Buchwerts mit dem nach der Finanzbuchhaltung abgegangenen Buchwert sowie eine Abstimmung des Veräußerungserlöses mit dem Kaufpreis lt. Grundstückskaufvertrag. Die auf Abgänge entfallende aufgelaufene Wertberichtigung muß ausgebucht worden sein.

Es muß festgestellt werden, in welcher Höhe, für welche Verbindlichkeit und zugunsten welchen Gläubigers der Grundbesitz mit **Immobiliarsicherheiten** belastet ist (vgl. die Berichtspflicht im Anhang oder in der Bilanz gemäß § 285 Nr. 1b, Nr. 2 HGB nF.

349 In **steuerlicher Hinsicht** ist zu prüfen, ob
- die Möglichkeiten für eine § 6b-Rücklage, eine Rücklage für Ersatzbeschaffung oder sonstige steuerliche Vergünstigungen gegeben sind und in Anspruch genommen werden,
- Investitionszulagen oder Zuschüsse gewährt wurden oder die Absicht (die Möglichkeit) besteht, solche zu beantragen,
- bereits erhaltene Investitionszulagen oder Zuschüsse im Jahresabschluß korrekt behandelt wurden.

Eventuell vorliegende **Leasingverträge** sind darauf zu überprüfen, ob sie Regeln enthalten, die zu einer Zurechnung des Leasinggegenstandes beim Leasingnehmer führen. Wegen evtl. Angabepflichten im Anhang von mittelgroßen und großen Kapitalgesellschaften nach § 285 Nr. 3 Halbs. 1 HGB nF. vgl. Rz. 1981.

350 Die **Umbuchungen** von der Position „Geleistete Anzahlungen oder Anlagen im Bau" müssen gerechtfertigt sein (Übergang von Besitz, Nutzen und Lasten im Berichtsjahr, Fertigstellung des Baus).

(3) Prüfung der Bewertung

351 Die Prüfung erstreckt sich darauf, ob die ausgewiesenen Zugänge zutreffend bewertet wurden und ob die Zu- und Abschreibungen methodengerecht ermittelt wurden. Ggf. ist die Übergangsregelung gemäß Art. 24 Abs. 1, 3 EG HGB anzuwenden. Grundlage für die Prüfung der Bewertung ist die Anlagenkartei.

Die **Zugänge** sind mit den Anschaffungs- und Anschaffungsnebenkosten abzgl. Anschaffungskostenminderungen bzw. Herstellungskosten anzusetzen.

352 Prüfungsunterlagen für die **Anschaffungskosten** von Grundstücken und grundstücksgleichen Rechten mit Geschäfts-, Fabrik- und anderen Bauten sind die jeweiligen nortariellen Kaufverträge. Die Prüfung erstreckt sich
- auf die Einbeziehung von Schulden oder Lasten, die ebenfalls zum Anschaffungspreis gehören,
- auf die evtl. erforderliche Abzinsung des Kaufpreises im Falle einer längeren Stundung,
- im Falle der Vereinbarung einer Kaufpreis-Leibrente als Anschaffungspreis auf die zutreffende Ermittlung des Barwerts der Rente,

Sachanlagen   353–357 **B**

- auf die Angemessenheit des Anschaffungspreises, sofern die Tatbestände einer verdeckten Gewinnausschüttung oder einer verdeckten Einlage gegeben sein können,
- auf die Aufteilung des Anschaffungspreises auf Grund und Boden und auf Gebäude (vgl. Rz. 331 f.),
- auf die Abstimmung der insgesamt in der Anlagenkartei ausgewiesenen Anschaffungskosten mit dem verbuchten Betrag.

Soweit Unterlagen für die Prüfung von Anschaffungskosten in Sonderfällen nicht vorliegen (z. B. bei Tauschgeschäften, Sacheinlagen) ist zu untersuchen, ob der Wertansatz des zugegangenen Gegenstandes angemessen ist (Zuziehung von Vergleichswerten, Einholung von Auskünften des Gutachterausschusses etc.).

Im Fall der Übertragung aufgelöster stiller Reserven (§ 6b EStG, § 4 AuslInvG, § 82 StädtebauFG) ist es erforderlich, die gesellschaftsvertraglich vereinbarte Bilanzierungsmethode zu überprüfen. Bei der Bilanzierung nach steuerrechtlichen Grundsätzen gilt der um den übertragenen Gewinn geminderte Betrag für die Folgezeit als Anschaffungskosten des Wirtschaftsguts, bei Bilanzierung nach handelsrechtlichen Grundsätzen ist die Übertragung von Veräußerungsgewinnen eine außerplanmäßige Abschreibung.

353 **Anschaffungskostenminderungen** sind anhand der zugrundeliegenden Abrechnungen zu überprüfen. Prüfungsunterlagen für die **Anschaffungsnebenkosten** sind die jeweiligen Eingangsrechnungen bzw. Bescheide.

Die Prüfung erstreckt sich nicht nur auf die sachliche und rechnerische Richtigkeit, sondern auch auf die Aktivierungsfähigkeit (z. B. bei der Aktivierung von Finanzierungskosten, falls der Kredit nachweisbar der Finanzierung von Anzahlungen oder Vorauszahlungen gedient hat); bei Notar- und Grundbuchgebühren ist darauf zu achten, daß Kosten der Finanzierungsbeschaffung nicht als Anschaffungsnebenkosten aktiviert werden können, soweit auch die Kosten der beschafften Kredite nicht aktiviert werden können.

Soweit das im Berichtsjahr zugegangene Gebäude von dem Unternehmen selbst erstellt wurde, sind die angesetzten **Herstellkosten** der Prüfung zu unterziehen.

354 Dabei sind die gebuchten Zugänge von Materialien, von aktivierten Löhnen, von Sonder-Einzelkonten und von Gemeinkosten anhand des Baukontos im einzelnen zu untersuchen.

Zur Prüfung der Materialeinzelkosten, der Lohneinzelkosten, der Sondereinzelkosten und der Gemeinkosten vgl. Rz. 378 ff.

Zur Prüfung der **Abschreibungen** und der **Zuschreibungen** vgl. Rz. 381, 382.

(4) Prüfung des Ausweises
355 Vgl. Rz. 383 ff.
Vgl. im übrigen *Maier* HdR 571 ff.; *WPH* 1981, 1203 ff.

2. Technische Anlagen und Maschinen

a) Behandlung nach Handelsrecht

356 Die Position ,,technische Anlagen und Maschinen" deckt sich inhaltlich mit der Position ,,Maschinen und maschinelle Anlagen" in § 151 AktG aF. Als technische Anlagen und Maschinen sind die Vermögensgegenstände des Anlagevermögens auszuweisen, die **unmittelbar der Leistungserstellung dienen**.

Zu den **technischen Anlagen** gehören z. B. Hochöfen, Gießereien, Krane, chemische Produktionsanlagen, Kokereien, Arbeitsbühnen, Transportbänder, Rohrleitungen, Gasometer, Silos, Kühltürme, Transformatorenstationen usw. Die **Abgrenzung** zu den auszuweisenden Bauten (vgl. Rz. 312 ff.) ist nicht immer eindeutig. Sie muß unternehmensindividuell vorgenommen werden. An eine einmal vorgenommene Einordnung ist die Unternehmung grundsätzlich gebunden. Bei den **Maschinen** handelt es sich um die eigentlichen Kraft- und Arbeitsmaschinen.

357 Der **Ausweis** erfolgt nach dem Gesichtspunkt der **wirtschaftlichen Zugehörigkeit** und nicht nach juristischen Gesichtspunkten, so daß die Anlagen und Maschinen hier ohne Rücksicht darauf auszuweisen sind, ob sie durch den Einbau in Gebäude oder Grundstücke rechtlich unselbständige Bestandteile geworden sind oder nicht.

Nicht entscheidend ist ebenfalls das juristische Eigentum dieser Anlagegegenstände bei Einbau in fremden Gebäuden. Handelt es sich hier jedoch um erhebliche Werte, bei denen kein Eigentum gegeben ist, so kann ein Vermerk in der Bilanz oder eine Angabe im Anhang erforderlich werden (vgl. *IdW* NA 1/1968 Anm. 7), um ein den tatsächlichen Verhältnissen entsprechendes Bild zu liefern.

358 **Spezialreserveteile** als Ersatz, zur Erweiterung oder Reparatur dieser Anlagen und Maschinen sind grundsätzlich zusammen mit den Anlagengegenständen, zu denen sie gehören, und nicht unter den Vorräten zu erfassen. Ein Ausweis von Ersatzteilen unter den Vorräten kommt allerdings in der Praxis häufig vor, ist aber nur für allgemein im Unternehmen verwendbare Reparatur- und Ersatzteile angebracht (vgl. *Husemann,* 67).

359 Wenn Gebäude und technische Anlagen oder Maschinen eine **geschlossene Nutzungseinheit** darstellen (z. B. Transformatorenhäuser), kann das Gebäude zusammen mit den Anlagen ausgewiesen werden. Dies wird regelmäßig dann der Fall sein, wenn die gesamte Einheit einheitlich abgeschrieben wird, da die Lebensdauer der einzelnen zusammengefaßten Anlagegüter wesentlich voneinander abhängt.

Ein Ausweis von technischen Anlagen oder Maschinen unter Gebäuden ist erforderlich, wenn die Anlagen unmittelbar der **Nutzung des Gebäudes** (z. B. Rolltreppen, Fahrstühle, Heizungsanlagen) und nur mittelbar dem Produktions- oder Geschäftsbetrieb dienen.

360 **Große und mittelgroße Kapitalgesellschaften** müssen nach § 266 Abs. 2 Pos. II. 2. **HGB nF.** die technischen Anlagen und Maschinen als eigenen Posten in der Bilanzgliederung ausweisen; eine Differenzierung nach technischen Anlagen und Maschinen ist nicht erforderlich. Ohne Berücksichtigung von Größenmerkmalen waren gem. § 151 Abs. 1 Pos. Aktiva II. A. 5. **AktG aF.** die nach AktG bilanzierenden Unternehmen zum gesonderten Ausweis der Position „Maschinen und maschinelle Anlagen" verpflichtet.

361 Die **Bewertung** erfolgt zu den Anschaffungs- oder Herstellungskosten. Als Anschaffungsnebenkosten sind alle Aufwendungen zu erfassen, die bis zur Inbetriebnahme der technischen Anlagen und Maschinen erforderlich sind (Transportkosten, Fundamentierungskosten, Prüfungs- und Abnahmekosten, ggf. einschließlich der Kosten für Probeläufe usw.). Zu den Abschreibungen vgl. Rz. 195 ff., 220 ff. Zur Bewertung mit Festwerten vgl. Rz. 394, 557 f.

Wenn Maschinen etc. **abgebaut** und an anderer Stelle im Unternehmen **wieder aufgestellt** werden, so müssen die dafür anfallenden Kosten ebenfalls aktiviert werden. Die früheren Fundamentierungs-, Installations- und ähnlichen Kosten sind außerplanmäßig abzuschreiben.

362 **Generalüberholungen** bzw. **Großreparaturen,** die den Kriterien des Herstellungsaufwands (vgl. Teil A Rz. 288 ff.) entsprechen, sind aktivierungspflichtig.

b) Ertragsteuerliche Behandlung

363 Die handelsrechtliche Abgrenzung der Bilanzposition wird steuerrechtlich übernommen. Die Bewertung erfolgt nach den allgemeinen Regeln der §§ 6 Abs. 1 Nr. 1 und 7 EStG. Zur Abschreibung vgl. Rz. 208 ff., 231 ff.

363a Bei Betrieben, deren Einheitswert 120 000.– DM und deren Gewerbekapital 500 000.– DM nicht übersteigt, kann die **Abschreibungsvergünstigung gemäß § 7g EStG** in Anspruch genommen werden. Danach ist für neue Wirtschaftsgüter des Anlagevermögens im ersten Jahr neben der planmäßigen Abschreibung gemäß § 7 Abs. 1 oder Abs. 2 EStG eine Sonderabschreibung in Höhe von 10% möglich. Voraussetzung dafür ist, daß es sich um neu angeschaffte bewegliche Wirtschaftsgüter handelt, die ausschließlich oder fast ausschließlich betrieblich genutzt werden und wenigstens ein Jahr in einer inländischen Betriebstätte des Unternehmens verbleiben. In den folgenden Jahren bemessen sich die planmäßigen Abschreibungen nach dem Restwert und der Restnutzungsdauer.

c) Bewertungsrechtliche Behandlung

364 Die Bewertung des Betriebsvermögens in der Vermögensaufstellung erfolgt grundsätzlich mit dem **Teilwert,** §§ 109 Abs. 1, 10 BewG. Bei den Wirtschaftsgü-

Sachanlagen 365–368 **B**

tern des beweglichen Anlagevermögens orientiert sich der Teilwert an den Wiederbeschaffungskosten. Es besteht aber eine Vermutung, daß der Teilwert den tatsächlichen Anschaffungs- oder Herstellungskosten abzüglich AfA entspricht (Abschn. 52 Abs. 1 Satz 3 VStR); somit kann grundsätzlich der **Buchwert** der Steuerbilanz übernommen werden. Ertragsteuerlich zulässige Sonderabschreibungen und erhöhte Absetzungen dürfen allerdings nicht übernommen werden, ebensowenig ein Abzug stiller Reserven, z. B. gemäß § 6b EStG. Wird ein Wirtschaftsgut in der Steuerbilanz degressiv abgeschrieben, so kann angesichts der derzeitigen hohen AfA-Sätze für Zwecke der Teilwertermittlung eine niedrigere Absetzung in Betracht kommen.

365 Eventuelle **Preisveränderungen** gegenüber den tatsächlichen Anschaffungs- oder Herstellungskosten dürfen bei Wirtschaftsgütern, die innerhalb der letzten 3 Jahre vor dem Bewertungsstichtag angeschafft oder hergestellt worden sind, unberücksichtigt bleiben (Abschn. 52 Abs. 2 Satz 1 VStR). Bei Wirtschaftsgütern, die nicht innerhalb der letzten 3 Jahre vor dem Bewertungsstichtag angeschafft oder hergestellt worden sind, kann es notwendig sein, die Preisveränderungen zu berücksichtigen. Dies geschieht durch einen Zuschlag zu den tatsächlichen Anschaffungs- oder Herstellungskosten. Der Zuschlag kann sich am Index des Statistischen Bundesamts orientieren. Die so berechneten Wiederbeschaffungskosten gelten für ein gleichartiges neuwertiges Wirtschaftsgut; es müssen aber die Wiederbeschaffungskosten für ein gleichartiges gebrauchtes Wirtschaftsgut ermittelt werden. Deshalb ist noch die AfA zu berücksichtigen.

Es darf jedoch nicht übersehen werden, daß bei Wirtschaftsgütern, die schon mehrere Jahre im Betrieb genutzt werden, in der Regel eine weitgehende technische oder wirtschaftliche Überalterung eingetreten ist. Abschläge wegen Überalterung würden den eventuellen Zuschlag wegen Preissteigerungen kompensieren. Infolgedessen können vielfach für Wirtschaftsgüter, die mehr als 3 Jahre vor dem Bewertungsstichtag angeschafft oder hergestellt worden sind, ebenfalls die in der Steuerbilanz ausgewiesenen Werte als Wiederbeschaffungskosten angesetzt werden (*Rössler/Troll/Langner* § 109 BewG Anm. 8).

366 Für die im Betrieb noch genutzten Wirtschaftsgüter ist stets ein angemessener **Restwert** anzusetzen. Angemessen sind nach Abschn. 52 Abs. 3 VStR
1. bei Wirtschaftsgütern, die innerhalb von 10 Jahren vor dem jeweiligen Hauptfeststellungszeitpunkt angeschafft oder hergestellt worden sind, 30 v. H. und
2. bei Wirtschaftsgütern, die nicht unter 1. fallen, 15 v. H. der tatsächlichen Anschaffungs- oder Herstellungskosten.

Für geringwertige Wirtschaftsgüter sind nach Abschn. 52 Abs. 4 Satz 4 VStR in der Regel 40 v. H. der Anschaffungs- oder Herstellungskosten der in den letzten 5 Jahren insgesamt angeschafften oder hergestellten geringwertigen Wirtschaftsgüter anzusetzen.

Sowohl bei den geringwertigen Wirtschaftsgütern wie bei den Wirtschaftsgütern, für die ein Restwert anzusetzen ist, haben der Steuerpflichtige und das Finanzamt die Möglichkeit, andere, den Gegebenheiten des Einzelfalls besser entsprechende Teilwerte nachzuweisen.

367 Werden Wirtschaftsgüter nur **vorübergehend** im Betrieb **genutzt,** ist nach Abschn. 51 Abs. 2 Satz VStR in der Regel der **Einzelveräußerungspreis** anzusetzen; seine Untergrenze bildet der Material- oder Schrottwert. Falls Wirtschaftsgüter wegen Betriebseinschränkung, Kurzarbeit o. ä. nur eingeschränkt genutzt werden, liegt ihr Teilwert zwischen den Wiederbeschaffungskosten und dem Einzelveräußerungspreis; dabei richtet sich die Höhe des Teilwerts nach dem Grad der Minderausnutzung (Abschn. 51 Abs. 2 Satz 5 und 6 VStR). Um den Grad der Minderausnutzung zu bestimmen, kann in Anlehnung an Abschn. 40 GrStR der normalen Ausnutzung die tatsächliche Ausnutzung gegenübergestellt werden; der Grad der tatsächlichen Ausnutzung ist nach objektiven Kriterien wie Ausstoß, Arbeits- oder Maschinenstunden zu ermitteln.

368 **Mietereinbauten und -umbauten,** die als Betriebsvorrichtungen zu qualifizieren sind (Abschn. 43 Abs. 2 EStR), werden bewertungsrechtlich ebenfalls als bewegliche Wirtschaftsgüter behandelt. Im Falle einer Beseitigungspflicht kann der Mieter eine abzugsfähige Last geltend machen (Abschn. 29 Abs. 4 VStR).

Peusquens

d) Prüfungstechnik

(1) Prüfung des internen Kontrollsystems

369 Der **Soll-Zustand** ist anhand von Fragebögen, verbalen Beschreibungen oder Ablaufschaubildern zu ermitteln und in einem Dauerarbeitspapier zu dokumentieren. Er soll umfassen:
- die Führung einer Anlagenkartei mit den erforderlichen Einzelangaben (Abschn. 31 Abs. 6 EStR) oder – falls diese nicht geführt wird – die jährliche körperliche Bestandsaufnahme; bei Kapitalgesellschaften sollte die Anlagenkartei die für das Anlagengitter erforderlichen Daten (vgl. Rz. 161 ff.) sowie zur Ableitung des Buchwerts aus den historischen Anschaffungs- und Herstellungskosten Angaben über die kumulierten Zuschreibungen enthalten,
- die regelmäßige Abstimmung der Anlagenkartei oder des Inventars aufgrund körperlicher Bestandsaufnahme mit den Konten der Finanzbuchhaltung,
- die regelmäßige Überprüfung des Buchbestandes der Anlagenkartei durch körperliche Bestandsaufnahmen,
- die Erfassung der GWG in einer Anlagenkartei oder auf einem besonderen Konto (Abschn. 31 Abs. 3 EStR),
- die Kontrolle über kleinere Werkzeuge und Anlagegegenstände, die nicht besonders in der Anlagenkartei erfaßt sind,
- ein Genehmigungsverfahren für
  - Anlagenzugänge,
  - Abbrucharbeiten, Verkauf oder Verschrottung von beweglichen Anlagegegenständen,
  - den Abschluß von Leasingverträgen

  sowie dessen Eignung zu Kontrollzwecken,
- die ordnungsmäßige Dokumentation und Überprüfung von Festwerten, die für die Gegenstände des Anlagevermögens gebildet werden,
- die ausreichende Kontrolle und die buchhalterische Erfassung von Abgängen,
- die Kontrolle von Verlagerungen von Anlagegütern zwischen selbständig bilanzierenden Einheiten des Unternehmens bzw. zwischen verbundenen Unternehmen,
- die Übereinstimmung evtl. vorhandener Bewertungsrichtlinien mit den gesetzlichen Rechnungslegungsvorschriften,
- die Organisation der korrekten Verbuchung von Zugängen, Abgängen und Abschreibungen durch
  - Anweisungen, daß die maßgeblichen Geschäftsvorfälle zur Kenntnis der Buchhaltung gelangen,
  - Anweisungen für die Abgrenzung von Erhaltungs- und Herstellungsaufwand,
- die Funktionentrennung (Anlagenbuchhalter darf einen Einfluß auf Bestellung, Zahlungsmodalitäten, Anlagenverwaltung, keinen Zugang zu Geld etc. haben),
- die sachliche und rechnerische Überprüfung von Anlagerechnungen vor Verbuchung durch das Unternehmen,
- die Organisation des Versicherungsschutzes, insbesondere im Hinblick auf Zu- und Abgänge.

Die Prüfung umfaßt außerdem die Beurteilung, ob die vorgesehenen Kontrollen ausreichend sind.

Sie umfaßt zugleich die Ermittlung des Ist-Zustandes und die Würdigung eventueller Soll/Ist-Abweichungen.

(2) Prüfung des Nachweises

370 Die Prüfung des Nachweises erfolgt anhand der fortgeschriebenen Anlagenkartei oder – falls diese nicht geführt wird – anhand des Inventars aufgrund einer körperlichen Bestandsaufnahme.

Das Anlagenverzeichnis ist durch Betriebsbegehung oder Zuziehung von geeigneten Unterlagen (Kfz-Briefe etc.) in Stichproben auf seine Vollständigkeit zu prüfen. Dabei sind auch Feststellungen zu treffen, ob die Anlagen oder Maschinen betrieblich genutzt werden.

Die Summen der
- Anfangsbestände der kumulierten historischen Anschaffungs-/Herstellungskosten

Sachanlagen 371–375 **B**

(bei erstmaliger Anwendung des HGB nF. stattdessen auch Buchwerte, sofern die kumulierten historischen Anschaffungs-/Herstellungskosten nicht ohne unverhältnismäßige Kosten oder Verzögerungen feststellbar sind),
– Zugänge,
– Abgänge,
– Umbuchungen,
– kumulierten Abschreibungen,
– laufenden Abschreibungen,
– kumulierten Zuschreibungen,
– laufenden Zuschreibungen,
– Endbestände zu Buchwerten
lt. Anlagenkartei sind mit den Sachkonten am Ende und ggf. am Beginn des Geschäftsjahres sowie mit den Bilanzposten abzustimmen.

371   Bei den **Zugängen** des Berichtsjahres müssen die Voraussetzungen für die buchhalterische Erfassung bereits gegeben sein (Übergang von Besitz, Nutzen und Lasten). Die Zugänge von Anzahlungen auf Anlagen oder im Bau befindlichen Anlagen sind, soweit diese im Berichtsjahr umgebucht wurden, mit den jeweiligen Personenkonten (Anzahlungen) oder mit dem Nachweis des Mengengerüstes der Herstellungskosten, z. B. Stücklisten, Fertigungsplänen, Protokollen über Bearbeitungszeiten etc. (Anlagen im Bau) abzustimmen. Der Reparaturaufwand muß unter Aktivierungsgesichtspunkten geprüft werden. Die Voraussetzungen eines evtl. angesetzten Festwerts gemäß § 240 Abs. 3 HGB nF. und Abschn. 31 Abs. 3 letzter Satz EStR müssen gegeben sein.

372   **Abgänge** des Berichtsjahres sind daraufhin zu überprüfen, ob die Voraussetzungen für die Ausbuchung bereits gegeben sind (Beendigung von Besitz, Nutzen und Lasten). Erforderlich ist eine Kontrolle der Abgänge bei den GWG; bei Sofortbeschreibung kann ein fiktiver Abgang im Jahr des Zugangs unterstellt werden (vgl. *Harms/Küting* DB 1984, 1997 ff., vgl. i. ü. Rz. 172). Eventuelle Gewinne und Verluste aus Anlagenabgängen sind durch Abstimmung des für die Gewinn- bzw. Verlustermittlung angenommenen Buchwerts mit dem lt. Finanzbuchhaltung abgegangenen Buchwert und durch Abstimmung des Veräußerungserlöses mit dem Kaufpreis auf ihre Vollständigkeit zu prüfen. Die auf Abgänge entfallenden aufgelaufenen Wertberichtigungen müssen ausgebucht worden sein.
In **steuerlicher Hinsicht** ist zu prüfen, ob
– die Möglichkeiten für eine § 6b-Rücklage, eine Rücklage für Ersatzbeschaffung oder sonstige steuerliche Vergünstigungen gegeben sind und in Anspruch genommen werden,
– Investitionszulagen oder Zuschüsse gewährt wurden oder die Absicht (die Möglichkeit) besteht, solche zu beantragen,
– bereits erhaltene Investitionszulagen oder Zuschüsse im Jahresabschluß korrekt behandelt wurden.
Eventuell vorliegende **Leasingverträge** sind daraufhin zu untersuchen, ob sie Regeln enthalten, die zu einer Zurechnung des Leasinggegenstandes beim Leasingnehmer führen. Wegen evtl. Angabepflichten im Anhang von mittelgroßen und großen Kapitalgesellschaften nach § 285 Nr. 3 Halbs. 1 HGB nF., vgl. Rz. 1981.

373   Die **Umbuchungen** von der Position „Geleistete Anzahlungen oder Anlagen im Bau" müssen gerechtfertigt sein (Übergang von Besitz, Nutzen und Lasten bzw. Fertigstellung im Berichtsjahr).

(3) Prüfung der Bewertung

374   Die Prüfung erstreckt sich darauf, ob die ausgewiesenen Zugänge zutreffend bewertet wurden, und ob die Zu- und Abschreibungen methodengerecht ermittelt wurden. Ggf. ist die Übergangsregelung des Art. 24 Abs. 1, 3 EG HGB nF. anzuwenden. Grundlage für die Prüfung der Bewertung ist die Anlagenkartei.
Die **Zugänge** sind mit den Anschaffungs- und Anschaffungsnebenkosten abzüglich Anschaffungskostenminderungen bzw. mit den Herstellungskosten anzusetzen.

375   Prüfungsunterlagen für die **Anschaffungskosten** von technischen Anlagen und Maschinen sind die jeweiligen Kaufverträge und Eingangsrechnungen. Die Prüfung erstreckt sich auf

- die sachliche und rechnerische Richtigkeit des Beleges, die Kontrolle der Bestellung und der Auftragsbestätigung bzw. des Kaufvertrages,
- die evtl. erforderliche Abzinsung des Kaufpreises im Falle einer längeren Stundung,
- nachträgliche Veränderungen der Anschaffungskosten im Prozeßwege, sofern es sich bei der nachträglichen Zahlung nicht um Aufwendungen aufgrund von Schadensersatzansprüchen oder um Prozeßaufwendungen handelt,
- die Angemessenheit des Anschaffungspreises, sofern die Tatbestände einer verdeckten Gewinnausschüttung oder einer verdeckten Einlage gegeben sein können,
- die Abstimmung der insgesamt in der Anlagenkartei ausgewiesenen Anschaffungs-/Herstellungskosten mit dem verbuchten Betrag.

Soweit Prüfungsunterlagen für die Prüfung von Anschaffungskosten in Sonderfällen nicht vorliegen (z. B. bei Tauschgeschäften, Sacheinlagen) erstreckt sich die Prüfung darauf, ob der Wertansatz des zugegangenen Gegenstandes angemessen ist (Zuziehung von Vergleichswerten etc.).

Im Fall der Übertragung aufgelöster stiller Reserven (§ 6b EStG, § 4 AuslInvG) ist die gesellschaftsvertraglich vereinbarte Bilanzierungsmethode zu prüfen. Bei der Bilanzierung nach steuerrechtlichen Grundsätzen gilt der um den übertragenen Gewinn geminderte Betrag für die Folgezeit als Anschaffungskosten des Wirtschaftsguts, bei Bilanzierung nach handelsrechtlichen Grundsätzen ist die Übertragung von Veräußerungsgewinnen eine außerplanmäßige Abschreibung.

376 Prüfungsunterlagen für die **Anschaffungskostenminderungen** sind ebenfalls die zugrunde liegenden Belege. In Betracht kommen:
- Skonti, Boni, Rabatte,
- zurückgewährte Entgelte,

zur Behandlung von Zuschüssen, Zulagen, etc. vgl. Teil A Rz. 69 ff.

Prüfungsunterlagen für die **Anschaffungsnebenkosten** sind die jeweiligen Eingangsrechnungen für Frachten, Transportversicherung, Zölle, Provisionen, Lagergeld, Abbruchkosten, Montage- und Fundamentierungsaufwand, Aufwendungen der Sicherheitsüberprüfung und Abnahme, Prozeßaufwendungen (sofern mit ihnen von vornherein zu rechnen war), Schmiergelder (sofern sie in einem engen wirtschaftlichen Zusammenhang mit dem Anschaffungsvorgang stehen), Finanzierungskosten (falls der Kredit nachweisbar der Finanzierung von Anzahlungen oder Vorauszahlungen gedient hat) etc.

Die Prüfung erstreckt sich auf
- die Aktivierungsfähigkeit,
- die sachliche und rechnerische Richtigkeit der Eingangsrechnungen bzw. Bescheide.

378 Soweit das im Berichtsjahr zugegangene Anlagegut von dem Unternehmen selbst erstellt wurde, sind die angesetzten **Herstellungkosten** der Prüfung zu unterziehen.

Der Gegenstand der Prüfung ist von dem zugrunde gelegten Kalkulationsverfahren abhängig. Bei Divisionskalkulation ist der Einsatz von Einzelkosten in der Referenzperiode und bei Zuschlagskalkulation der Einsatz von Einzelkosten für die Herstellung einer Mengeneinheit zu prüfen.

379 Die Prüfung umfaßt die gebuchten Zugänge von Materialien, von aktivierten Löhnen, von Sondereinzelkonten und von Gemeinkosten.

Als Prüfungsunterlagen für die Prüfung der **Material-Einzelkosten** sollten im einzelnen jeweils bewertete Materialentnahmescheine oder Stücklisten herangezogen werden, wobei auch insoweit die Anschaffungs- bzw. Herstellungskosten zu überprüfen sind.

Die Prüfung der **Lohn-Einzelkosten** erfordert:
- die rechnerische Nachvollziehung der aktivierten Löhne,
- die Abstimmung mit der Lohnabrechnung und
- die Abgrenzung zu den Fertigungsgemeinkosten.

Die Prüfung der **Sondereinzelkosten** (z. B. Gerätemieten, Subunternehmerleistungen etc.) erfolgt im wesentlichen anhand der Eingangsrechnungen. Sie erstreckt sich auf
- die sachliche und rechnerische Richtigkeit,
- die Zuordnung der Sondereinzelkosten zu der Bauerrichtung.

Sachanlagen 380–382 **B**

380 Die Prüfung der **Gemeinkosten** erfolgt bei Vorliegen einer Kostenstellenrechnung mit BAB durch
- Überprüfung des Verfahrens der Betriebsabrechnung einschließlich der Beurteilung der Angemessenheit von Umlagen und deren Schlüsselung,
- Kontrolle der Einhaltung des Verursachungsprinzips bei der Kostenzurechnung.

Bei Fremdfinanzierung der Herstellung ist insbesondere darauf zu achten, ob und in welchem Umfang Fremdkapitalzinsen in Ausübung des insoweit bestehenden Wahlrechts in die Herstellungskosten einbezogen wurden und ob der Beginn und das Ende des Herstellungsvorganges zutreffend angenommen wurden,
- Feststellung, ob alle nicht aktivierbaren Kosten (z. B. kalkulatorische Kosten) eliminiert wurden.

Es ist darauf zu achten, daß die Prüfung der Gemeinkosten sich nicht darauf erstrecken kann, die darin verrechneten Kosten im einzelnen zu überpüfen; vielmehr sollte primär festgestellt werden, ob das angewandte System des BAB zu einem vernünftigen betriebswirtschaftlichen Ergebnis führt.

Soweit ein BAB nicht vorliegt, kann die Angemessenheit kalkulatorisch verrechneter Gemeinkosten nur durch kritische Durchsicht der Kalkulationsunterlagen und durch Vergleich mit den effektiv angefallenen Gemeinkosten überprüft werden.

Die festgestellten Ist-Kosten sind zu vergleichen mit den Ansätzen der Vorkalkulation bzw. der Planung unter Berücksichtigung des für den Stichtag festgestellten Herstellungsstandes.

Die aktivierten Eigenleistungen sind abzustimmen mit dem in der GuV verbuchten Betrag.

381 Grundlage für die Prüfung der **Abschreibungen** ist zunächst die Anlagenkartei.
Die Prüfung erstreckt sich bei sämtlichen Unternehmen auf
- die Feststellung der Methoden der laufenden Abschreibungen im Berichtsjahr und eventuelle Änderungen der Abschreibungsmethoden gegenüber dem Vorjahr einschließlich ihrer betragsmäßigen Auswirkungen,
- die Abschreibungsgrundlagen (insbesondere die Nutzungsdauer) im Jahr eines Zugangs, einer Zuschreibung oder einer Sonderabschreibung bzw. einer Abschreibung aufgrund außerordentlicher Wertminderung,
- den Grund außerplanmäßiger Abschreibungen durch
  - Bildung eines eigenen Urteils anhand geeigneter Unterlagen (z. B. Betriebsbesichtigung etc.),
  - Befragung der zuständigen Personen,
  - erforderlichenfalls Zuziehung von Sachverständigen.

In diesem Zusammenhang ist zu beachten, daß Wertminderungen von vorübergehender Dauer nur bei Nichtkapitalgesellschaften zu außerplanmäßigen Abschreibungen des Sachanlagevermögens führen können.
- die Feststellung, ob Übereinstimmung mit den steuerlichen Vorschriften vorliegt, einschließlich der Feststellung evtl. Abweichungen (bei Unterschieden: Aktivierung oder Passivierung von latenten Steuern bei Kapitalgesellschaften gemäß § 274 HGB nF., vgl. Rz. 860 ff., 1160 f. insbesondere Rz. 1164a),
- steuerliche Sonderabschreibungen, §§ 254, 281 HGB nF.,
- die rechnerische Ermittlung der Abschreibung,
- die Abstimmung der laufenden Abschreibung des Geschäftsjahres mit dem in der GuV verbuchten Betrag.

382 Die Prüfung der **Zuschreibungen** erfordert folgende Prüfungsschritte:
- die Beachtung des Zuschreibungswahlrechts
  - bei Einzelkaufleuten und Personengesellschaften gemäß § 253 Abs. 5 HGB nF.,
  - bei Kapitalgesellschaften nur unter bestimmten Voraussetzungen gemäß § 280 Abs. 2 HGB nF.,
- Prüfung der Vertretbarkeit des Grundes der Zuschreibung (z. B. Wegfall des Grundes für außerplanmäßige Abschreibungen, Angleichung an die Werte der Steuerbilanz, zu niedrig geschätzte Nutzungsdauer, Fusion, Umwandlung, Ausscheiden eines Gesellschafters aus einer Personenunternehmung etc.),
- bei Wegfall des Grundes für außerplanmäßige Abschreibungen ist dieser Sachverhalt durch

- Bildung eines eigenen Urteils anhand geeigneter Unterlagen (z. B. Betriebsbesichtigung etc.),
- Befragung der zuständigen Personen,
- erforderlichenfalls Zuziehung von Sachverständigen zu kontrollieren;
– der Zeitwert sowie die Anschaffungs- oder Herstellungskosten (ggfs. vermindert um planmäßige Abschreibungen), die nicht überschritten werden dürfen, sind zu beachten,
– rechnerische Ermittlung der Zuschreibungen,
– Abstimmung der laufenden Zuschreibungen des Geschäftsjahres mit dem in der GuV verbuchten Betrag,
– die Feststellung, ob Übereinstimmung mit den steuerlichen Vorschriften besteht (bei Abweichungen: Aktivierung oder Passivierung von latenten Steuern bei Kapitalgesellschaften, vgl. Rz. 860 ff., 1160 f. insbesondere Rz. 1164a).

(4) Prüfung des Ausweises

383 Die Ausweisprüfung erfordert **bei sämtlichen Unternehmen**
– die Abstimmung der Werte der Anlagenkartei mit dem Ausweis,
– die Abgrenzung zu den in Betracht kommenden anderen Positionen des Anlagevermögens,
– die Prüfung, ob ein Entschluß zur Veräußerung vorliegt, der einen Abgang ins Umlagevermögen erforderlich macht,
– die Kontrolle, ob bei Umbuchungen von geleisteten Anzahlungen oder Anlagen im Bau die darauf entfallenden Zugänge auch nach der Umbuchung als solche ausgewiesen werden,
– die Abstimmung der aktivierten Eigenleistungen mit dem in der GuV verbuchten Betrag,
– die Abstimmung der Abschreibungen mit dem in der GuV verbuchten Betrag,
– die zutreffende Erfassung der Erträge aus dem Abgang von Wirtschaftsgütern des Anlagevermögens und aus der Zuschreibung zu Wirtschaftsgütern des Anlagevermögens sowie der Verluste aus dem Abgang von Wirtschaftsgütern des Anlagevermögens in der GuV.

384 Bei **Kapitalgesellschaften** ist zusätzlich auf folgendes zu achten:
– die Führung eines Anlagengitters gemäß § 268 Abs. 2 Satz 1 HGB nF.,
– die Beachtung der vertikalen Gliederung (vgl. Rz. 154 ff.) bei mittelgroßen und großen Gesellschaften,
– die rechnerische Überprüfung des Anlagengitters,
– die Abstimmung der Werte der Anlagenkartei mit dem Anlagengitter,
– die Prüfung, ob die im Berichtsjahr angefallenen Abschreibungen in einer Zusatzspalte des Anlagegitters oder im Anhang in einer der Gliederung des Anlagevermögens entsprechenden Aufgliederung angegeben sind,
– die Abstimmung des im Anlagegitter oder im Anhang angegebenen Betrages der im Berichtsjahr angefallenen Abschreibungen mit der GuV-Position „Abschreibungen auf immaterielle Wirtschaftsgüter und Sachanlagen sowie auf aktivierte Aufwendungen für die Ingangsetzung und Erweiterung des Geschäftsbetriebes",
– Angabe der Anwendung der Übergangsregelung gemäß Art. 24 Abs. 6 EG HGB nF. für die Ermittlung der ursprünglichen Anschaffungs- und Herstellungskosten im Anhang,
– bei Unterschieden zwischen steuerlicher und handelsrechtlicher Bewertung
  - die Bildung von aktiven Posten für latente Steuern (Aufwand vor Betriebsausgaben oder Betriebseinnahmen vor Ertrag) oder
  - die Bildung von Rückstellungen für latente Steuern (Betriebsausgaben vor Aufwand oder Erträge vor Betriebseinnahmen),
– das Wahlrecht zum Ausweis von steuerlichen Sonderabschreibungen (aktivisches Abschreiben oder Bildung eines Sonderpostens mit Rücklageanteil in Höhe des Unterschiedsbetrages zwischen steuerlich zulässiger höherer Sonderabschreibung und handelsrechtlicher Abschreibung), § 281 Abs. 1 Satz 1 HGB nF., sowie die Angabe der Vorschriften in der Bilanz oder im Anhang, nach denen die Wertberichtigung gebildet worden ist, § 281 Abs. 1 Satz 2 HGB nF.

Sachanlagen **390–394 B**

- Angabe des Betrages der im Geschäftsjahr nach steuerlichen Vorschriften vorgenommenen Abschreibungen und Rücklagen und Begründung dazu in der Bilanz, der GuV oder dem Anhang, § 281 Abs. 2 HGB nF.,
- Angabe und Begründung des Betrages der im Geschäftsjahr aus steuerlichen Gründen unterlassenen Zuschreibungen im Anhang, § 280 Abs. 3 HGB nF.,
- die Berichtspflicht im Anhang, wenn Fremdkapitalzinsen als Anschaffungsnebenoder Herstellungskosten aktiviert wurden (§ 284 Abs. 2 Satz 5 HGB nF.).
Vgl. *Kleekämper/Seitz* HdR 182 ff.; *Castan* HdR 18 ff.; *Heinen/Weidemann* HdR 602 ff.; *WPH* 1981, 1203 ff.

3. Andere Anlagen, Betriebs- und Geschäftsausstattung

a) Behandlung nach Handelsrecht

390 Diese Position entspricht der Position ,,Betriebs- und Geschäftsausstattung" in § 151 AktG aF. Es handelt sich um eine **Doppelposition**. Vermögensgegenstände, die der Ausstattung des Produktionsbetriebes dienen und nicht Teil einer technischen Anlage (i. S. v. § 266 Abs. 2 Pos. A. II. 2. HGB nF.) sind, gehören zur **Betriebsausstattung** (z. B. Gleisanlagen, Lokomotiven, Wagen, Werkstätteneinrichtungen, Drahtseilbahnen, Werkzeuge, Modelle, Vorrichtungen, Lastkraftwagen), Vermögensgegenstände, die dem kaufmännischen Bereich zuzuordnen sind, zur **Geschäftsausstattung** (z. B. Büro- und Geschäftseinrichtungen, Büromöbel, Rohrpostanlagen, Kopiergeräte, Ladeneinrichtungen, Personenkraftwagen).

Die Hinzufügung des Begriffs ,,andere Anlagen" in der Gliederung des HGB nF. bedeutet keine inhaltliche Erweiterung der Bilanzposition gegenüber dem bisherigen Recht. Es wird lediglich verdeutlicht, daß unter dieser Position sämtliche zur Verfügung stehende Gegenstände des Sachanlagevermögens erfaßt werden sollen, die nicht als technische Anlagen und Maschinen oder als Immobilien gesondert gezeigt werden müssen.

391 Die **Abgrenzung** zu diesen Positionen ist in vielen Fällen nicht eindeutig. Verschiedentlich könnten Vermögensgegenstände sowohl der Position II. 2. als auch der Position II. 3. zugeordnet werden. Je enger ein Vermögensgegenstand mit dem eigentlichen **Produktionsprozeß verbunden** ist, desto eher kommt der Ausweis unter II. 2. in Frage (vgl. *Richter* HdJ Abt. II/1 Anm. 56; danach sind beispielsweise Handwerkzeuge ein Teil der Betriebs- und Geschäftsausstattung, während Maschinenwerkzeuge auch in der Position Maschinen ausgewiesen werden können; vgl. Anm. 59).

392 Die **Abgrenzung zu der Immobilien-Position** soll danach erfolgen, ob eine Anlage erforderlich ist, um ein Gebäude zweckgerecht zu nutzen oder ob sie eher zur Durchführung des spezifischen Produktions- oder Geschäftsbetriebs benötigt wird. Da letztlich die zweckgerechte Nutzung eines Gebäudes nie ganz unabhängig von der sich darin vollziehenden Produktions- oder Geschäftstätigkeit gesehen werden kann, ist dieses Kriterium nicht trennscharf. Eine Abgrenzung ist dann nur danach vorzunehmen, ob eine Anlage regelmäßig in Gebäuden der vorliegenden Art vorhanden ist oder ob die Anlage speziellerer Natur ist. Letztlich muß in vielen Fällen unternehmensindividuell eine Zuordnung vorgenommen werden, die dann für die Unternehmung in den späteren Bilanzen grundsätzlich bindend ist.

393 **Kleinere Vermögensgegenstände** der allgemeinen Geschäftsausstattung, bei denen mit dem Einsatz gleichzeitig der Verbrauch angenommen wird (z. B. bei Bauunternehmen Schaufeln, Schubkarren u. ä.), werden i. d. R. als Vorräte im Umlaufvermögen erfaßt (vgl. *Adler/Düring/Schmaltz* § 151 Anm. 78).

394 Die **Bewertung** erfolgt entsprechend den allgemeinen Bewertungsgrundsätzen mit den Anschaffungs- oder Herstellungskosten unter Berücksichtigung von planmäßigen oder außerplanmäßigen Abschreibungen. Vermögensgegenstände dieser Position kommen relativ häufig für die Bildung eines **Festwerts** in Frage. Wird davon Gebrauch gemacht, so werden sowohl nach künftigem als auch nach bisherigem Recht im **Anlagespiegel** (vgl. Rz. 161 ff.) keine Bewegungen gezeigt, solange der Festwert unverändert bleibt. Die künftige Darstellung des Anlagespiegels nach der Bruttomethode wirkt sich aber auf den Aufweis des Festwerts aus. Danach müssen auch die Anschaffungs- oder Herstellungskosten der mit einem Festwert bewerteten Anlagegegenstände in ihrer ursprünglichen Höhe gezeigt werden. Die Differenz zu dem als Festwert festgelegten Betrag wird in der Abschreibungsspalte ausgewiesen. Diese Darstellung wird solange fortgeführt, wie der Festwert unverändert bleibt. Zu Einzelheiten der Festbewertung vgl. *Adler/Düring/Schmaltz* § 153 Anm. 61 ff.; Rz. 557). Zur Bewertung geringwertiger Wirtschaftsgüter vgl. Rz. 225. Bei Ausweis von Vermögensgegenständen der Betriebs- und Geschäftsausstattung als Betriebsmaterialien im Vorratsvermögen entfällt die Möglichkeit der Sofortabschreibung wegen Geringwertigkeit, da diese auf Anlagegegenstände beschränkt ist.

b) Ertragsteuerliche Behandlung

395 Hier gelten die gleichen **Grundsätze wie für technische Anlagen und Maschinen.** Die Bewertung in der Steuerbilanz erfolgt nach § 6 Abs. 1 Nr. 1 i. V. m. § 7 EStG (vgl. Rz. 191 ff.).
Geringwertige Wirtschaftsgüter müssen im Jahr der Anschaffung oder Herstellung in voller Höhe abgeschrieben werden, wenn das Wahlrecht des § 6 Abs. 2 EStG in Anspruch genommen werden soll. Es ist nicht zulässig, nur einen Teil der Anschaffungs- oder Herstellungskosten eines geringwertigen Wirtschaftsgutes im Zugangsjahr abzuschreiben und den restlichen Teil auf die betriebsgewöhnliche Nutzungsdauer zu verteilen (vgl. Abschn. 40 Abs. 6 EStR). Man kann jedoch die Sofortabschreibung auf einen Teil der geringwertigen Wirtschaftsgüter beschränken und bei den übrigen eine planmäßige Abschreibung durchführen. Wird auf eine sofortige Abschreibung im Jahr der Anschaffung oder Herstellung verzichtet, dann ist eine Nachholung in späteren Jahren nicht zulässig (vgl. BFH v. 17. 3. 1982, BStBl. II 1982, 545). Nach § 6 Abs. 3 EStG nF. wird als Voraussetzung für die Sofortabschreibung die gleichzeitige Abschreibung in der Handelsbilanz ausdrücklich vorgeschrieben. Bezüglich der steuerrechtlich erforderlichen Erfassung auf besonderen Konten vgl. Abschn. 31 Abs. 3 EStR.

c) Bewertungsrechtliche Behandlung

396 Zur bewertungsrechtlichen Behandlung wird auf Rz. 364 ff. verwiesen. **Bei Mietereinbauten und -umbauten** ist zusätzlich das folgende zu beachten:
Mietereinbauten und -umbauten, die Scheinbestandteile darstellen (vgl. Nr. 2 BdF v. 15. 1. 1976, BStBl. I 1976, 66), sind bewegliche Wirtschaftsgüter, die mit dem Teilwert anzusetzen sind; dieser entspricht den tatsächlichen Aufwendungen abzüglich AfA, mithin dem Buchwert der Steuerbilanz. Die Verpflichtung des Mieters zur Wiederherstellung des vor dem Umbau bestehenden Zustandes ist nach Abschn. 29 Abs. 4 VStR als Schuld abzugsfähig.
Mietereinbauten und -umbauten, die weder Betriebsvorrichtungen noch Scheinbestandteile sind, werden bewertungsrechtlich als immaterielle Wirtschaftsgüter des Mieters qualifiziert (BFH v. 25. 5. 1984, BStBl. II 1984, 617 m. w. N.). Die Ein- und Umbauten werden außerdem gemäß § 68 BewG bei der Grundstücksbewertung erfaßt; dadurch kann es zu einer Doppelerfassung kommen, wenn die Ein- und Umbauten zu einer Werterhöhung des Grundstücks führen und die Wertgrenzen für eine Fortschreibung nach § 22 Abs. 1 Nr. 1 BewG erreicht sind. Beim Vermieter ist nach Abschn. 50 Abs. 3 VStR eine besondere Belastung zu berücksichtigen. Eine eingehende Kritik der BFH-Rechtsprechung zur bewertungsrechtlichen Behandlung von Mietereinbauten und -umbauten findet sich bei *Rössler/Troll/Langner* § 95 BewG Anm. 78.
Der Teilwert von Mietereinbauten und -umbauten, die bewertungsrechtlich immaterielle Wirtschaftsgüter darstellen, ist auf der Grundlage des Kostenaufwands zu ermitteln, der dem Mieter entstanden ist. Der Kostenaufwand ist nicht beschränkt auf die Herstellungskosten i. S. d. Ertragsteuerrechts, sondern umfaßt die Summe der Bauaufwendungen, die mit der Erlangung des – längerfristigen – Gebrauchsvorteils wirtschaftlich unmittelbar zusammenhängen. An den auf das Jahr der Ein- und Umbauten folgenden Stichtagen ist als Teilwert der um die jeweilige AfA gekürzte Kostenaufwand anzusetzen. Bei der Bemessung der AfA ist grundsätzlich auf die

Vertragsdauer des Mietverhältnisses abzustellen; ist der Mietvertrag unbefristet, ist Hilfsmaßstab für die Bemessung der AfA die betriebsgewöhnliche Nutzungsdauer der Mietereinbauten und -umbauten (BFH v. 24. 8. 1984, BStBl. II 1984, 818).

d) Prüfungstechnik

397 Die Prüfung erfolgt in gleicher Weise wie die Prüfung der technischen Anlagen und Maschinen (vgl. Rz. 369ff.).

4. Geleistete Anzahlungen und Anlagen im Bau

a) Behandlung nach Handelsrecht

398 Bei den **geleisteten Anzahlungen für Sachanlagen** handelte es sich um Vorleistungen des bilanzierenden Unternehmens auf im übrigen noch schwebende Geschäfte. Ihre Aktivierung im Anlagevermögen ist wirtschaftlich begründet, da dem Mittelabfluß Ansprüche auf Lieferungen von Vermögensgegenständen des Sachanlagevermögens gegenüberstehen. Die Voraussetzung für die Aktivierung ist, daß die Anzahlungen tatsächlich bis zum Bilanzstichtag geleistet wurden. Eine vertragliche Zusage zur Leistung einer Anzahlung ist nicht bilanzierungsfähig. Eine verbindlich zugesagte, aber nicht geleistete Anzahlung führt auch nicht zum Ausweis einer Verbindlichkeit (bei wesentlichen Beträgen kann eine Berichterstattung im Anhang (bzw. Geschäftsbericht) notwendig werden; ggf. auch eine Rückstellung wegen möglicher Vertragsstrafe). Langfristige Mietvorauszahlungen gehören nicht zu den Anzahlungen.

399 Unter **Anlagen im Bau** sind die Ausgaben bzw. Aufwendungen zu aktivieren, die für bis zum Bilanzstichtag noch nicht fertiggestellte Investitionen in Sachanlagen angefallen sind. Es sind sowohl Fremd- als auch Eigenleistungen zu berücksichtigen.

Vom Unternehmen für spätere Investitionen bei Kreditinstituten angelegte oder intern **reservierte flüssige Mittel** dürfen nicht zusammen mit Anzahlungen und Anlagen im Bau ausgewiesen werden. Ein Ausweis als Sonderposten zwischen dem Anlage- und Umlaufvermögen erscheint bei entsprechender Bezeichnung als möglich (vgl. *Adler/Düring/Schmaltz* § 151 Anm. 86).

400 Die Zusammenfassung von Anzahlungen auf Vermögensgegenstände des Anlagevermögens und Anlagen im Bau in einer **Doppelposition** entspricht dem bisherigen Recht (vgl. § 151 AktG aF.). Sie ist sinnvoll, weil nicht immer klar erkennbar ist, inwieweit eine Lieferung bereits vollzogen worden ist, d. h. in den wirtschaftlichen Verfügungsbereich des Anzahlungsgebers übergegangen und somit auch von ihm zu bilanzieren ist. Dies gilt vor allem, wenn für größere Objekte Teilleistungen erbracht werden. *Adler/Düring/Schmaltz* weisen darauf hin, daß die **Abgrenzung** zwischen ‚Anzahlungen auf Anlagen' und ‚Anlagen im Bau' **von Zufälligkeiten abhängen** und erheblich von der Art der Abrechnung zwischen den Vertragspartnern beeinflußt sein kann, wobei vor allem der Charakter sog. Zwischenabrechnungen bisweilen unklar sei (vgl. *Adler/Düring/Schmaltz* § 151 Anm. 84). Wenn diese Probleme nicht bestehen, ist selbstverständlich auch der Ausweis der geleisteten Anzahlungen und der Anlagen im Bau in zwei getrennten Bilanzpositionen möglich.

401 Die **Bewegungen im Anlagespiegel** (vgl. Rz. 161ff.) beschränken sich weitgehend auf die Zugänge und die Umbuchungen. Abschreibungen und Abgänge sind bei dieser Position auf Ausnahmefälle beschränkt.

Bezüglich der als **Zugänge** auszuweisenden Beträge werden **zwei Alternativen** diskutiert (vgl. *Adler/Düring/Schmaltz* § 151 Anm. 87). Das geläufigere Verfahren ist die sog. **Nettomethode,** bei der als Zugang nur Beträge für Investitionen gezeigt werden, die am Jahresende noch nicht abgeschlossen sind. Demgegenüber weist die sog. **Bruttomethode** sämtliche Beträge, die für Anzahlungen und Anlagen im Bau während des Geschäftsjahres geleistet worden sind, aus, unabhängig davon, ob die Investitionen während des Geschäftsjahres vollendet werden konnten oder nicht. Dementsprechend hoch sind dann auch die zum Jahresende vorzunehmenden Umbuchungen. Diese Methode führt zu einer überflüssigen Aufblähung der im Anlagespiegel gezeigten Bewegungen; sie erscheint wenig zweckmäßig. Vorzuziehen ist die Nettomethode, bei der alle Beträge, die für Investitionen aufgewandt wurden, die während des Geschäftsjahres beendet werden konnten, unmittelbar bei der betroffenen endgültigen Bilanzposition als Zugang gezeigt werden.

Umbuchungen erfolgen immer dann, wenn eine Investition abgeschlossen ist und die Anzahlungen oder Anlagen im Bau einer endgültigen Anlageposition zugeordnet werden können.

402 Die **Anzahlungen** sind mit den **tatsächlich gezahlten Beträgen** anzusetzen; **Anlagen im Bau** sind mit den **Anschaffungs- oder Herstellungskosten** zu bewerten. Während planmäßige **Abschreibungen** nicht in Betracht kommen, sind außerplanmäßige Abschreibungen nach § 253 Abs. 2 HGB nF. vorzunehmen, wenn sich herausstellt, daß die aktivierten Beträge für Anlagen im Bau überhöht oder nicht aktivierbar waren oder wenn steuerrechtliche Sonderabschreibungen nach § 254 HGB nF. vorgenommen werden können (vgl. Rz. 223).

b) Ertragsteuerliche Behandlung

403 Die **Bewertung** der geleisteten Anzahlungen erfolgt nach § 6 Abs. 1 Ziff. 2 EStG mit den Anschaffungskosten. Die Anlagen im Bau sind nach § 6 Abs. 1 Nr. 1 i. V. m. § 7 EStG mit den Anschaffungs- oder Herstellungskosten zu bewerten (zu Einzelheiten vgl. Rz. 191 ff.). Planungskosten für Errichtung eines Gebäudes stellen aktivierungspflichtige Herstellungskosten dar (vgl. BFH v. 11. 3. 1976, BStBl. II 1976, 614).

404 In Sonderfällen ist es steuerlich gestattet, bereits für **Anzahlungen auf Anschaffungskosten** und für **Teilherstellungskosten** erhöhte Absetzungen vorzunehmen (vgl. dazu §§ 7d Abs. 5, 7f Abs. 3 EStG, §§ 81 Abs. 4, 82d Abs. 2, 82f Abs. 4 EStDV, §§ 14 Abs. 5, 14a Abs. 6 BerlinFG). Wegen des Maßgeblichkeitsprinzips müssen sie auch in der Handelsbilanz berücksichtigt werden (explizit in § 6 Abs. 3 EStG nF. gefordert). Zu erhöhten Absetzungen oder Sonderabschreibungen für Anzahlungen oder Anlagen im Bau (Teilherstellungskosten) und der späteren Geltendmachung von erhöhten Absetzungen oder Sonderabschreibungen nach Anschaffung oder Fertigstellung des Wirtschaftsgutes s. § 7a Abs. 2 EStG, vgl. Rz. 236f.

c) Bewertungsrechtliche Behandlung

405 Der aus Anzahlungen resultierende **Sachleistungsanspruch** ist mit dem Teilwert zu bewerten. Nur bei einem Rechtsgeschäft, das die Übertragung eines Grundstücks zum Gegenstand hat, ist der maßgebende steuerliche Wert, d. h. der Einheitswert, anzusetzen (Abschn. 48 Abs. 1a VStR).

Bei Grundstücken im Zustand der Bebauung wird nach § 91 Abs. 2 BewG ein besonderer Einheitswert festgestellt, der sich zusammensetzt aus dem Wert Einheitswert für das unbebaute Grundstück und dem für das unfertige Gebäude. Soweit es sich bei den im Bau befindlichen Anlagen um Maschinen und Betriebsvorrichtungen handelt (§ 68 Abs. 2 Nr. 2 BewG), erfolgt die Bewertung mit dem Teilwert. Dieser entspricht regelmäßig den in der Steuerbilanz ausgewiesenen Herstellungskosten; insoweit wird auf Rz. 364 ff. Bezug genommen.

d) Prüfungstechnik

(1) Prüfung des internen Kontrollsystems

406 Zur Prüfung bei **geleisteten Anzahlungen** vgl. Rz. 296.

Bei **Anlagen im Bau** ist der angestrebte Zustand des internen Kontrollsystems anhand von Fragebögen, verbalen Beschreibungen oder Ablaufschaubildern zu ermitteln und in einem Dauerarbeitspapier zu dokumentieren. Der Soll-Zustand soll umfassen:
– die Führung einer Anlagenkartei mit den erforderlichen Einzelangaben (Abschnitt 31 Abs. 6 EStR) oder – falls diese nicht geführt wird – auf die jährliche körperliche Bestandsaufnahme; bei Kapitalgesellschaften sollte die Anlagenkartei die für das Anlagengitter benötigten Daten (vgl. Rz. 161 ff.) sowie zur Ableitung des Buchwerts aus den historischen Anschaffungs- und Herstellungskosten Angaben über die kumulierten Zuschreibungen enthalten,
– die regelmäßige Abstimmung der Anlagenkartei oder des Inventars aufgrund körperlicher Bestandsaufnahme mit den Konten der Finanzbuchhaltung,

Sachanlagen

- die regelmäßige Überprüfung des Buchbestandes der Anlagenkartei durch körperliche Bestandsaufnahmen,
- das Genehmigungsverfahren für
  - Anlagenzugänge,
  - Abbrucharbeiten, Verkauf oder Verschrottung von Anlagegegenständen sowie dessen Eignung zu Kontrollzwecken,
- die ausreichende Kontrolle und die buchhalterische Erfassung von Abgängen,
- die Kontrolle von Verlagerungen von Anlagegütern zwischen selbständig bilanzierenden Einheiten des Unternehmens bzw. zwischen verbundenen Unternehmen,
- die kritische Durchsicht evtl. vorhandener Bewertungsrichtlinien auf Übereinstimmung mit den gesetzlichen Rechnungslegungsvorschriften,
- die Organisation der korrekten Verbuchung von Zugängen und Abgängen durch Anweisungen, daß die maßgeblichen Geschäftsvorfälle zur Kenntnis der Buchhaltung gelangen,
- die Funktionentrennung (der Anlagenbuchhalter darf keinen Einfluß auf Bestellung, Zahlungsmodalitäten, Anlagenverwaltung, keinen Zugang zu Geld etc. haben),
- die sachliche und rechnerische Überprüfung von Anlagerechnungen vor Verbuchung durch das Unternehmen,
- die Organisation des Versicherungsschutzes, insbesondere im Hinblick auf Zu- und Abgänge.

Die Prüfung umfaßt außerdem die Beurteilung, ob die vorgesehenen Kontrollen ausreichend sind.

Sie umfaßt zugleich die Ermittlung des Ist-Zustandes und die Würdigung eventueller Soll/Ist-Abweichungen.

(2) Prüfung des Nachweises

407 Die Prüfung des Nachweises erfolgt anhand der fortgeschriebenen Anlagenkartei, ggf. unter Hinzuziehung von Saldenbestätigungen bzw. der Saldenliste (bei geleisteten Anzahlungen), bzw. anhand des Inventars aufgrund einer körperlichen Bestandsaufnahme (bei Anlagen im Bau).

Die Vollständigkeit des Inventars ist stichprobenweise durch Zuziehung von geeigneten Unterlagen oder durch Betriebsbegehung zu prüfen.

Erforderlich ist eine Abstimmung der Anlagenkartei mit den verschiedenen Inventaren, mit den Sachkonten am Ende und ggf. am Beginn des Geschäftsjahres sowie mit den Bilanzposten (vgl. Rz. 370).

Die **Zugänge** werden überprüft
- durch Abstimmung der Anzahlungen mit den Saldenbestätigungen und den in Betracht kommenden Personenkonten,
- durch Abstimmung des Nachweises des Mengengerüstes der Herstellungskosten mit Stücklisten, Fertigungsplänen, Protokollen über Bearbeitungszeiten etc.

Es ist zu kontrollieren, ob Zugänge, die während des Jahres zu einer Umbuchung auf endgültige Anlagepositionen geführt haben, nicht hier, sondern direkt bei diesen endgültigen Anlagepositionen als Zugang gezeigt werden.

Die **Abgänge** des Berichtsjahres sind darauf zu untersuchen, ob die Voraussetzungen für die Ausbuchung bereits gegeben sind (Verzicht auf Rückforderung der Anzahlung, Verschrottung, Beendigung von Besitz, Nutzen und Lasten etc.).

Bei denjenigen Posten, die im Berichtsjahr geliefert bzw. fertiggestellt wurden, ist zu prüfen, ob die **Umbuchungen** zu den jeweiligen Anlagepositionen erfolgt sind.

(3) Prüfung der Bewertung

408 Die Prüfung erstreckt sich darauf, ob die ausgewiesenen Zugänge zutreffend bewertet und ob die Zu- und Abschreibungen methodengerecht ermittelt wurden. Ggf. ist die Übergangsregelung nach Art. 24 Abs. 1, 3 EG HGB nF. anzuwenden. Grundlage für die Prüfung der Bewertung ist die Anlagenkartei.

Die Bewertungsprüfung der **Zugänge** erstreckt sich darauf, ob die im Berichtsjahr geleisteten Anzahlungen in Höhe des Anzahlungsbetrages und die Anlagen im Bau mit den Anschaffungs- bzw. Herstellungskosten angesetzt wurden.

Bei Fremdfinanzierung von Anlagen im Bau muß die Prüfung auch die Aktivierungsfähigkeit evtl. aktivierter Finanzierungskosten umfassen.

409 Als **Abschreibungen** kommen lediglich außerplanmäßige Abschreibungen in Betracht. Grundlage für deren Prüfung ist die Anlagenkartei. In diesem Zusammenhang ist zu beachten, daß Wertminderungen von vorübergehender Dauer nur bei Nichtkapitalgesellschaften zu außerplanmäßigen Abschreibungen des Sachanlagevermögens führen können.

Die Prüfung erstreckt sich auf
– den Grund außerplanmäßiger Abschreibungen durch Bildung eines eigenen Urteils anhand geeigneter Unterlagen (z. B. durch Betriebsbesichtigung etc.), durch Befragung der zuständigen Personen und erforderlichenfalls durch Zuziehung von Sachverständigen. Bei den geleisteten Anzahlungen ist insbesondere zu prüfen,
  • wie weit die Anzahlungen in der Zeit zwischen dem Bilanzstichtag und dem Prüfungstag abgewickelt wurden,
  • ob für die noch nicht abgewickelten Anzahlungen die entsprechenden Lieferungen und Leistungen überfällig sind,
  • ob sich daraus der Schluß ziehen läßt, daß die betreffenden Anzahlungen risikobehaftet sind.

Bei den Anlagen im Bau ist darauf zu achten, ob wegen
  • Änderungen der Investitionsvorhaben,
  • vorliegender Fehlinvestitionen
außerplanmäßige Abschreibungen erforderlich sind.
– die Vornahme steuerlicher Sonderabschreibungen, §§ 254, 281 HGB nF.,
– die Feststellung, ob Übereinstimmung mit den steuerlichen Vorschriften vorliegt, einschließlich der Feststellung evtl. Abweichungen (bei Unterschieden: Aktivierung oder Passivierung von latenten Steuern bei Kapitalgesellschaften gemäß § 274 HGB nF., vgl. Rz. 860 ff., 1160 ff.),
– die rechnerische Ermittlung der Abschreibung,
– die Abstimmung der Abschreibung des Geschäftsjahres mit dem in der GuV verbuchten Betrag.

Zur Prüfung der **Zuschreibungen** vgl. Rz. 382.

(4) Prüfung des Ausweises

410 Vgl. Rz. 383 ff. sowie im übrigen *WPH* 1981, 1221.

III. Finanzanlagen

420 Das **HGB nF.** sieht für **mittelgroße und große Kapitalgesellschaften** folgende **Gliederung** des Finanzanlagevermögens vor:
– Anteile an verbundenen Unternehmen
– Ausleihungen an verbundene Unternehmen
– Beteiligungen
– Ausleihungen an Unternehmen, mit denen ein Beteiligungsverhältnis besteht
– Wertpapiere des Anlagevermögens
– bei GmbH: Ausleihungen an Gesellschafter
– sonstige Ausleihungen

Deutlich zu erkennen ist die Zweiteilung des Finanzanlagevermögens in **Anteilsrechte** und **Ausleihungen** und der hohe Stellenwert, der der Kenntlichmachung der **finanziellen Verflechtungen** mit verbundenen bzw. Beteiligungsunternehmen eingeräumt wird. In letzterem Aspekt ist der wesentlichste gliederungstechnische Unterschied zum bisherigen Aktienrecht zu sehen, das den Ausweis eines wesentlichen Teils dieser finanziellen Verflechtungen in einer besonderen Position im Rahmen des Umlaufvermögens vorschrieb. Für das Finanzanlagevermögen beschränkte sich **§ 151 AktG aF.** auf die Untergliederung in:
– Beteiligungen
– Wertpapiere des Anlagevermögens, die nicht zu Beteiligungen gehören
– Ausleihungen mit einer Laufzeit von mindestens vier Jahren (mit Vermerk des grundpfandrechtlich gesicherten Teils)

Finanzanlagen

Kleine Kapitalgesellschaften können nach § 266 Abs. 1 Satz 3 HGB nF. ebenso wie **Personenhandelsgesellschaften** und **Einzelunternehmen** auf die Untergliederung des Finanzanlagevermögens verzichten und das gesamte Finanzanlagevermögen in einer Bilanzposition zusammenfassen.

421 Bei der **Offenlegung** besteht für **mittelgroße Kapitalgesellschaften** nur eine geringe Erleichterung im Vergleich zu den großen Kapitalgesellschaften durch die Möglichkeiten, die Wertpapiere des Anlagevermögens und die sonstigen Ausleihungen zusammenzufassen. Die übrigen für die große Kapitalgesellschaft vorgeschriebenen Positionen müssen einzeln gezeigt werden, wobei allerdings dieser Ausweis statt in der Bilanz auch im Anhang erfolgen kann (vgl. § 327 Nr. 1 HGB nF.).

422 **Steuerrechtlich** gehören Kapitalanlagen (Anteile, Beteiligungen, Wertpapiere) zum nicht abnutzbaren Anlage- oder Umlaufvermögen (§ 6 Abs. 1 Ziff. 2 EStG).

Für die Zuordnung zum Anlagevermögen ist steuerrechtlich ebenso wie handelsrechtlich entscheidend, daß die Kapitalanlagen dauerhaft, d.h. für längere Zeit dem Unternehmen zum Gebrauch dienen (vgl. BFH v. 13. 1. 1972, BStBl. II 1972, 744). Die Beurteilung der Zwecksetzung hat von der Einschätzung am Bilanzstichtag auszugehen (vgl. BFH v. 31. 3. 1977, BStBl. II 1977, 684).

Da das Steuerrecht keine besondere Gliederung vorsieht, ist die handelsrechtliche Gliederung der Finanzanlagen auch für die Steuerbilanz maßgeblich.

1. Anteile an verbundenen Unternehmen

a) Behandlung nach Handelsrecht

423 Das **HGB nF.** definiert den **Kreis der verbundenen Unternehmen** in § 271 Abs. 2 wie folgt:

„Verbundene Unternehmen im Sinne dieses Buches sind solche Unternehmen, die als Mutter- oder Tochterunternehmen (§ 290) in den Konzernabschluß eines Mutterunternehmens nach den Vorschriften über die Vollkonsolidierung einzubeziehen sind, die als oberstes Mutterunternehmen den am weitestgehenden Konzernabschluß nach dem Zweiten Unterabschnitt aufzustellen hat, auch wenn die Aufstellung unterbleibt, oder das einen befreienden Konzernabschluß nach § 291 oder nach einer nach § 292 erlassenen Rechtsverordnung aufstellt oder aufstellen könnte; Tochterunternehmen, die nach § 295 oder § 296 nicht einbezogen werden, sind ebenfalls verbundene Unternehmen."

Diese Definition bedeutet eine Festlegung des Kreises der verbundenen Unternehmen auf alle Unternehmen, die in einen umfassenden **Konzernabschluß** einbezogen werden könnten, und zusätzlich derjenigen Unternehmen, die wegen einer sonst zu befürchtenden Einschränkung der Aussagefähigkeit des Konzernabschlusses unberücksichtigt zu lassen sind.

Sie unterscheidet sich nicht nur formal, sondern auch materiell von der im **bisherigen Aktienrecht** vorgenommenen und auch in Zukunft weiterhin gültigen **Definition,** die durch die Auflistung einer größeren Anzahl unterschiedlicher Arten von Verbundenheitsbeziehungen in § 15 AktG aF. vorgenommen wird.

§ 15 AktG aF.: „Verbundene Unternehmen sind rechtlich selbständige Unternehmen, die im Verhältnis zueinander in Mehrheitsbesitz stehende Unternehmen und mit Mehrheit beteiligte Unternehmen (§ 16 AktG aF.), abhängige und herrschende Unternehmen (§ 17 AktG aF.), Konzernunternehmen (§ 18 AktG aF.), wechselseitig beteiligte Unternehmen (§ 19 AktG aF.) oder Vertragsteile eines Unternehmensvertrages (§§ 291, 292 AktG aF.) sind."

424 Die **Pflicht zur Konzernrechnungslegung** wird in § 290 HGB nF. für Kapitalgesellschaften und in § 11 PublG nF./aF. für Personenhandelsgesellschaften und Einzelunternehmungen geregelt. Danach werden inländische Muttergesellschaften in der Rechtsform einer **Kapitalgesellschaft** zur Konzernrechnungslegung verpflichtet, wenn sie eine Beteiligung gem. § 271 Abs. 1 HGB nF. besitzen und die einheitliche Leitung über die Tochtergesellschaften ausüben (§ 290 Abs. 1 HGB nF.) oder wenn ihnen unabhängig davon die Mehrheit der Stimmrechte zusteht (§ 290 Abs. 2 Ziff. 1 HGB nF.), sie das Recht haben, die Mehrheit der Mitglieder des Verwaltungs-, Leitungs- oder Aufsichtsorgans der Tochterunternehmen zu bestellen oder abzuberufen, und gleichzeitig Gesellschafter dieses Unternehmens sind (§ 290 Abs. 2 Ziff. 2 HGB nF.) oder das Recht haben, einen beherrschenden Einfluß aufgrund eines mit einer Tochtergesellschaft geschlossenen Beherrschungsvertrags oder aufgrund einer

Satzungsbestimmung dieses Unternehmens auszuüben (§ 290 Abs. 2 Ziff. 3 HGB nF.).

425 Für die Konzernrechnungslegungspflicht von **Nicht-Kapitalgesellschaften** nach dem Publizitätsgesetz gilt nur das Merkmal der einheitlichen Leitung (§ 11 PublG nF./aF.). Die Konzernrechnungslegungspflicht besteht nicht bei reinen Vermögensverwaltungsgesellschaften in der Rechtsform einer Personenhandelsgesellschaft oder Einzelunternehmung.

Der **Kreis der verbundenen Unternehmen nach HGB nF.** besteht somit aus dem Mutterunternehmen und allen in- und ausländischen Tochterunternehmen (§ 294 Abs. 1 HGB nF.), unabgängig davon, ob diese tatsächlich alle in den Konzernabschluß einbezogen worden sind oder aufgrund des Einziehungsverbots von § 295 HGB nF. oder dem Einbeziehungswahlrecht von § 296 HGB nF. unberücksichtigt geblieben sind.

426 Zum Vergleich des Begriffs „verbundene Unternehmen" nach AktG aF. und HGB nF. vgl. die nachstehende Übersicht.

Verbundene Unternehmen nach AktG aF./HGB nF.

§ 15 AktG aF. (gilt auch zukünftig für Aktiengesellschaften und Kommanditgesellschaften a.A., aber nicht für die Rechnungslegung)	§ 271 HGB nF. gilt nur für die Rechnungslegung nach HGB nF. (Einzel- und Konzernabschluß von Kapitalgesellschaften)
1. In Mehrheitsbesitz stehende Unternehmen und mit Mehrheit beteiligte Unternehmen (§ 16) a) Mehrheit der Anteile (§ 16 Abs. 2) b) Mehrheit der Stimmrechte (§ 16 Abs. 3)	**Unternehmen des Konzernkreises** Zugehörigkeit zum Konzernkreis wegen: entfällt – Mehrheit der Stimmrechte (§ 290 Abs. 2 Nr. 1)
2. Abhängige und herrschende Unternehmen (§ 17) Beherrschung durch: a) Mehrheitsbeteiligung b) qualifizierte Minderheitsbeteiligung bei Rest in Streubesitz c) Stimmbindungsverträge d) Satzungsbestimmungen	 entfällt entfällt – Mehrheit der Stimmrechte (§ 290 Abs. 2 Nr. 1) – Beherrschung aufgrund von Satzungsbestimmungen (§ 290 Abs. 2 Nr. 3)
3. Konzernunternehmen (§ 18) Merkmal: einheitliche Leitung	– einheitliche Leitung (§ 290 Abs. 1)
4. Wechselseitig beteiligte Unternehmen (§ 19) Merkmal: Anteil jeweils > 25%	entfällt
5. Vertragsteile eines Unternehmensvertrages a) Beherrschungsvertrag (§ 291) (unwiderlegbare Konzernvermutung – § 17 Abs. 1 Satz 2) b) Gewinnabführungsvertrag (§ 291) c) Gewinngemeinschaftsvertrag (§ 292 Abs. 1 Nr. 1) d) Teilgewinnabführungsvertrag (§ 292 Abs. 1 Nr. 2) e) Betriebspachtvertrag (§ 292 Abs. 1 Nr. 3) f) Betriebsüberlassungsvertrag (§ 292 Abs. 1 Nr. 3)	– Beherrschungsvertrag (§ 290 Abs. 2 Nr. 3) entfällt entfällt entfällt entfällt entfällt
6. Eingegliederte Unternehmen (§ 319) (unwiderlegbare Konzernvermutung – § 17 Abs. 1 Satz 2)	– einheitliche Leitung (§ 290 Abs. 1)

427 Als **Anteile** gelten Mitgliedsrechte (Eigentumsrechte) an anderen Unternehmen. Ein Ausweis in dieser Position ist vorzunehmen, wenn die Anteile an verbundenen

Finanzanlagen

Unternehmen dazu bestimmt sind, dauerhaft dem Unternehmen zu dienen. Für den Ausweis ist entscheidend, daß das **Kriterium der Verbundenheit am Bilanzstichtag** erfüllt wird. Ist am Stichtag keine Verbundenheitsbeziehung gegeben, werden die Anteile regelmäßig als Beteiligungen, bei Fehlen des Beteiligungskriteriums (vgl. Rz. 433 ff.) als Wertpapiere des Anlagevermögens auszuweisen sein. Dem Verwendungszweck entsprechend (keine Daueranlage, zum Verkauf bestimmte Anteile) kann aber auch ein Ausweis im Umlaufvermögen als ‚Anteile an verbundenen Unernehmen' oder als ‚sonstige Wertpapiere' in Betracht kommen.

Im einzelnen können hier folgende Anteile ausgewiesen werden: Aktien von Aktiengesellschaften und Kommanditgesellschaften a. A., Anteile an einer GmbH, Anteile an einer bergrechtlichen Gewerkschaft (Kuxe), Kapitaleinlagen als persönlich haftender Gesellschafter, Kommanditeinlagen, Genossenschaftsanteile. Festverzinsliche Wertpapiere gewähren keine Mitgliedschaftsrechte und können somit keine Beteiligungen oder Anteile an verbundenen Unternehmen sein.

Dividendenforderungen oder entsprechende Gewinnansprüche aus diesen Anteilen sind nicht hier, sondern unter Forderungen gegen verbundene Unternehmen auszuweisen. Gleiches gilt für Ansprüche aus Beherrschungs-, Gewinnabführungs-, Gewinngemeinschafts-, Betriebspacht- oder Betriebsüberlassungsverträgen, die mit verbundenen Unternehmen geschlossen wurden. Zur zeitkongruenten Vereinnahmung des Gewinns von Kapitalgesellschaften vgl. Rz. 694.

428 Der **gesonderte Ausweis** gem. § 266 Abs. 2 A. III. 1. HGB nF. ist nur für **große und mittelgroße Kapitalgesellschaften** zwingend vorgeschrieben.

Werden unter den Anteilen an verbundenen Unternehmen auch **Anteile eines herrschenden oder eines mit Mehrheit beteiligten Unternehmens** gehalten, dann besteht nach § 272 Abs. 4 letzter Satz HGB nF. die Pflicht, eine **Rücklage** für diese Anteile zu bilden. Da für die Bildung und die Höhe die gleiche Regelung wie bei eigenen Aktien gilt, siehe zu Einzelheiten dort, Rz. 739.

Für die Bilanzierung und Bewertung der Anteile an verbundenen Unternehmen gelten die Ausführungen zu den Beteiligungen sinngemäß, vgl. Rz. 433 ff.

Im **bisherigen Aktienrecht** waren Anteile an verbundenen Unternehmen nur dann **gesondert auszuweisen,** wenn es sich um ‚‚Anteile an einer herrschenden oder an der Gesellschaft mit Mehrheit beteiligten Kapitalgesellschaft oder bergrechtlichen Gewerkschaft" handelte. Für diese Anteile sah § 151 AktG aF. eine Sonderposition im Umlaufvermögen vor, unabhängig davon, ob die Anteile Dauerbesitz waren oder nur vorübergehend gehalten werden sollten. In den übrigen Fällen der Verbundenheit erfolgte bei Dauerbesitz ein Ausweis im Finanzanlagevermögen nach den allgemeinen Zuordnungskriterien.

b) Ertragsteuerliche Behandlung

429 Das Steuerrecht unterscheidet nicht zwischen Anteilen an verbundenen Unternehmen und Beteiligungen. Da das handelsrechtliche Gliederungsschema auch für die Steuerbilanz gilt, sind Beteiligungen, die an verbundenen Unternehmen bestehen, ebenso wie in der Handelsbilanz auszuweisen.

Zu Einzelheiten der steuerlichen Bilanzierung und Bewertung der Anteile an verbundenen Unternehmen siehe unter Beteiligungen, vgl. Rz. 448 ff.

c) Bewertungsrechtliche Behandlung

430 Bei der Einheitsbewertung des Betriebsvermögens einer Kapitalgesellschaft bleiben Anteile an verbundenen inländischen Unternehmen außer Ansatz; es greift das **Schachtelprivileg** des § 102 Abs. 1 BewG ein. Die Beteiligung der Obergesellschaft muß mindestens ein Zehntel betragen. Das Schachtelprivileg erfaßt nur die Anteile, die die Obergesellschaft ununterbrochen seit mindestens zwölf Monaten vor dem maßgebenden Abschlußzeitpunkt hält. Im übrigen siehe Abschn. 24 VStR. Die Schachtelbeteiligung ist zwar in dem Erklärungsvordruck zur Vermögensaufstellung unter ‚‚Anteile an Kapitalgesellschaften" – mit dem Steuerbilanzwert (vgl. Abschn. 76 Satz 2 VStR) – anzugeben; ihr Wert wird aber unter den Schuldposten wieder abgesetzt. Während bei inländischen Tochtergesellschaften das Schachtelprivileg kraft Gesetzes gewährt wird, bedarf es im Falle ausländischer Tochtergesellschaften

nach § 102 Abs. 2 BewG eines entsprechenden Antrags der Obergesellschaft. Zu beachten ist ferner, daß für ausländische Tochtergesellschaften das Schachtelprivileg nur gewährt wird, wenn die Produktivitätsklausel gemäß § 8 AStG erfüllt ist.
Wegen der Bewertung der Anteile wird auf Rz. 455 ff. verwiesen.

d) Prüfungstechnik

431 Die Prüfung erfolgt in gleicher Weise wie die Prüfung von Beteiligungen (vgl. 460 ff.).

2. Ausleihungen an verbundenen Unternehmen

432 Unter dieser Position sind sämtliche Ausleihungen (vgl. Rz. 485 ff.) auszuweisen, die an verbundene Unternehmen (vgl. Rz. 423 ff.) gegeben wurden. Zur Bewertung und ertragsteuerlichen Behandlung wird auf die entsprechenden Ausführungen unter Pos. 7 ,,Sonstige Ausleihungen" (vgl. Rz. 488 ff. und Rz. 497 ff.) verwiesen.
Bei der Einheitsbewertung sind Ausleihungen, da es sich um Kapitalforderungen handelt, nach § 109 Abs. 4 BewG mit dem Steuerbilanzwert anzusetzen.
Die Prüfung erfolgt in gleicher Weise wie die Prüfung der sonstigen Ausleihungen (vgl. Rz. 503 ff.).

3. Beteiligungen

a) Behandlung nach Handelsrecht

433 Der **Begriff der Beteiligungen** ist in § 271 Abs. 1 HGB nF. definiert. Danach sind Beteiligungen ,,Anteile an anderen Unternehmen, die bestimmt sind, dem eigenen Geschäftsbetrieb durch Herstellung einer dauernden Verbindung zu jenen Unternehmen zu dienen."
Es ist nicht notwendig, daß das Unternehmen die Absicht hat, auf die Geschäftsführung des anderen Unternehmens Einfluß auszuüben. Das Ziel der Beteiligung muß aber über das Ziel einer reinen Kapitalanlage hinausgehen. Werden die Beteiligungen an verbundenen Unternehmen gehalten, so ist hierfür im Gliederungsschema des § 266 Abs. 2 HGB nF. die Position ,,Anteile an verbundenen Unternehmen" vorgesehen (vgl. Rz. 423 ff.).
Wie bei den Anteilen an verbundenen Unternehmen ist es unerheblich, ob die Beteiligungen in Wertpapieren verbrieft sind oder nicht.

434 Die Beteiligungsabsicht ist nicht an eine bestimmte Höhe des Anteilsbesitzes gebunden. **Im Zweifel** gelten als **Beteiligung an einer Kapitalgesellschaft** Anteile, deren Nennbeträge insgesamt den fünften Teil des Nennkapitals dieser Gesellschaft überschreiten (§ 271 Abs. 1 Satz 3 HGB nF.). Auf die Berechnung ist § 16 Abs. 2 und 4 des Aktiengesetzes (AktG nF./aF.) entsprechend anzuwenden.
Die **Beteiligungsvermutung** ist **widerlegbar**, da nicht die Anteilshöhe, sondern der Verwendungszweck für die Zuordnung zu den Bilanzpositionen maßgeblich ist. Erfolgt eine Widerlegung, dann sind die Anteile als Wertpapiere des Anlagevermögens (Pos. A. III. 5.) auszuweisen. Wird auch keine Daueranlage beabsichtigt, dann hat der Ausweis unter sonstigen Wertpapieren des Umlaufvermögens (Pos. B. III. 3.) zu erfolgen.

435 **Anteile an einer Personenhandelsgesellschaft** (steuerliche Mitunternehmerschaft) gelten immer als Beteiligungen. Wegen der im allgemeinen vorliegenden Personenbezogenheit der **Anteile an einer GmbH** sind auch hier im Normalfall Beteiligungen anzunehmen. Ist in Ausnahmefällen der Beteiligungscharakter von GmbH-Anteilen widerlegbar, dann sind diese Anteile bei Daueranlage als gesonderter Posten unter entsprechender Bezeichnung im Finanzanlagevermögen auszuweisen, da es sich nicht um Wertpapiere handelt. Ist auch die Daueranlage nicht gegeben, dann sind die GmbH-Anteile als sonstige Vermögensgegenstände (Pos. B. II. 4.) auszuweisen. Ein solcher Ausweis gilt auch für **Genossenschaftsanteile**, da diese gem. § 271 Abs. 1 Satz 5 nicht zu den Beteiligungen gehören.

436 **Ansprüche aus Gesellschaftsverträgen** (Betriebs-, Vertriebs-, Gewinn- und ähnlichen Interessengemeinschaften wie Arbeits-, Patentverwertungsgemeinschaften so-

Finanzanlagen   437–445 **B**

wie aus Betriebspacht- und Betriebsüberlassungsverträgen) sind als sonstige Vermögensgegenstände des Umlaufvermögens auszuweisen (vgl. *Adler/Düring/Schmaltz* § 151 Anm. 92).

437 Die **Bewertung** erfolgt mit den Anschaffungskosten (Kaufpreis bei Erwerb von Dritten, Einlage bei Neugründung) einschließlich der Anschaffungsnebenkosten (Notariatskosten, Börsenumsatzsteuer, Provisionen und Spesen). Zur Ermittlung der Anschaffungskosten bei Tausch und Sacheinlage vgl. Teil A Rz. 68, 75.

438 Vom bilanzierenden Unternehmen geleistete **Zu- oder Nachschüsse** sind nur aktivierbar, wenn sie zu einer dauerhaften Wertsteigerung der Anteile führen und nicht nur dem Ausgleich von nicht durch Abschreibungen erfaßten Wertminderungen der Anteile oder dem Ausgleich eines Verlustvortrages dienen (vgl. auch *Weber*, 83 ff.).

439 **Thesaurierte Gewinne** von **Kapitalgesellschaften** dürfen wegen des Realisationsprinzips nicht den Anteilen zugeschrieben werden. Dies gilt nicht, wenn früher aufgrund einer ungünstigen Ertragslage des verbundenen Unternehmens außerplanmäßige Abschreibungen der Anteile erfolgten, die nun bei verbesserter Ertragslage durch Zuschreibungen rückgängig gemacht werden sollen (vgl. *Adler/Düring/Schmaltz* § 153 Anm. 94).

440 **Dividendenforderungen** sind unter den sonstigen Vermögensgegenständen zu erfassen.

441 **Kapitalrückzahlungen, Liquidationsraten und Anteilsverkäufe** sind als Abgang zu verbuchen. Der Erlös aus dem **Verkauf von Bezugsrechten** führt zu einer Minderung des Anteilsansatzes. (Zur Ermittlung der Wertminderung nach der Gesamt- oder Durchschnittswertmethode vgl. *Adler/Düring/Schmaltz* § 153 Anm. 97 ff.; *Wohlgemuth* AG 1973, 296 ff.). Wird das Bezugsrecht ausgeübt, dann sind die neuen Anteile mit dem Ausgabebetrag zuzüglich des von den Altanteilen abzuschlagenden Bezugsrechts anzusetzen.

442 Für die Bewertung von neuen Anteilen bei der **Kapitalerhöhung aus Gesellschaftsmitteln** sind nach § 220 AktG nF./aF. die Anschaffungskosten der alten Anteile nach dem Verhältnis der Nennbeträge auf die alten und neuen Anteile zu verteilen. Für Gesellschaften mbH gilt die gleiche Regelung nach § 17 KapErhG nF./aF. Es erfolgt kein Ausweis als Zugang.

443 **Gewinne einer Personenhandelsgesellschaft** stehen anders als bei Kapitalgesellschaften, wo es eines Gewinnverwendungsbeschlusses bedarf, den Gesellschaftern direkt zu und sind ggf. dort bilanzierungspflichtig. Der Ausweis des Gewinnanteils erfolgt grundsätzlich unter den sonstigen Vermögensgegenständen. Eine Erhöhung des Buchwertes der Beteiligungen durch Zuschreibung bzw. Ausweis als Zugang kommt dann in Frage, wenn die Gewinnanteile zur Leistung ausstehender Einlagen (vgl. Rz. 100 ff.), zur Rücklagenbildung oder zum Ausgleich von durch Verluste geminderten Einlagen, sofern diese Verluste zu einer früheren außerplanmäßigen Abschreibung geführt haben, verwendet werden (vgl. *IdW* HFA 3/1976; *Saur/Althaus* WPg 1971, 1 ff.; BFH v. 23. 7. 1975, BStBl. II 1976, 73; *Forster* AG 1976, 77; *Döllerer* WPg 1977, 81 ff.; *Roser* DB 1977, 2241 ff.; *Geßler* WPg 1978, 93 ff.; *Knobbe-Keuk* AG 1979, 293 ff.).

444 Übernommene, aber noch **nicht voll eingezahlte Anteile** sind in Höhe der Einzahlung zu aktivieren. Im Anhang ist die Haftung auf Vollzahlung zu erwähnen. Es besteht aber auch die Möglichkeit, die gesamte Einzahlungsverpflichtung bei Übernahme der Anteile zu aktivieren und den Differenzbetrag zwischen geleisteter Einzahlung und gesamter Einzahlungsverpflichtung als Verbindlichkeiten auszuweisen. Ein Ausweis als Verbindlichkeit mit gleichzeitiger Anpassung des für die Anteile aktivierten Betrages ist spätestens bei der Einforderung ausstehender Einlagen erforderlich (vgl. *Adler/Düring/Schmaltz* § 151 Anm. 49).

445 Nach § 253 Abs. 2 HGB nF./§ 154 Abs. 2 AktG aF. können die Anteile außerplanmäßig auf den am Bilanzstichtag geltenden niedrigeren beizulegenden Wert **abgeschrieben** werden (gemildertes Niederstwertprinzip). Bei voraussichtlich dauernder Wertminderung besteht eine Pflicht zur Abschreibung.

Als **Abschreibungsgrund** ist bei börsennotierten Wertpapieren eine Kurssenkung am Bilanzstichtag unter die Anschaffungskosten besonders augenfällig. Sofern für die Anteile keine Börsennotiz besteht, können längerfristige ertragschwache Perioden oder Verlustsituationen bei dem Unternehmen an dem die Beteiligung besteht

Anlaß zu einer außerplanmäßigen Abschreibung geben. Letztlich kommt es hier auf die Entwicklung des Ertragswertes (innerer Wert) der Anteile an (zur Bewertung der Anteile mit ihrem inneren Wert vgl. *Adler/Düring/Schmaltz* § 154 Anm. 77; *Uhlig/Lüchau* WPg 1971, 553 ff.; *Mutze* AG 1977, 11 f.; *Mansch,* 99 ff.).

446 Bei Anteilen an ausländischen Unternehmen, für die die **Anschaffungskosten in Fremdwährung** bezahlt wurden, ist bei einer Veränderung der Währungsrelation zugunsten der DM nicht ohne weiteres eine Abschreibung der aktivierten Anschaffungskosten vorzunehmen. Auch hier kommt es auf die Entwicklung des Zeitwerts an, der wiederum seinen Ausdruck in dem Ertragswert der Anteile und ggf. einer Börsennotierung findet.

447 Das **bisherige Recht** weist gegenüber dem HGB nF. vor allem folgende Unterschiede auf:
– Für die Existenz einer Beteiligung wurde eine „**Beteiligungsabsicht**", d. h. das Bestreben, aktiv auf das Beteiligungsunternehmen einzuwirken, vorausgesetzt (vgl. *Adler/Düring/Schmaltz* § 152 Anm. 28 ff.). Dieser Anspruch war höher als derjenige des HGB nF. In der Regel läuft die Beteiligungsabsicht aber auf das Herstellen einer relativ engen wirtschaftlichen Verbindung hinaus, so daß im Ergebnis keine wesentliche Abweichung von der Definition des § 271 Abs. 1 HGB nF. vorliegt.
– Das AktG aF. nahm **im Zweifel** erst bei einem **Anteilsbesitz in Höhe von 25%** eine Beteiligung an (§ 152 Abs. 2 AktG aF.).
– Unter den Beteiligungen waren **auch solche an verbundenen Unternehmen** auszuweisen, sofern für diese nicht die für bestimmte Verbundenheitsbeziehungen vorgesehene Sonderposition im Umlaufvermögen in Frage kam (vgl. Rz. 729).

b) Ertragsteuerliche Behandlung

448 Kapitalanteile und ihnen wirtschaftlich gleichstehende Kapitalanlagen gelten als Beteiligungen, wenn sie dem Betrieb dauernd dienen sollen und wenn eine tatsächliche Einflußnahme möglich ist, die sich durch in Geld quantifizierbare Vorteile des Anteilsinhabers messen läßt (vgl. RFH v. 30. 9. 1929, RStBl. 1930, 92; v. 10. 3. 1931, RStBl. 1931, 302).

(1) Anteile an Kapitalgesellschaften

449 Die **Bewertung** erfolgt nach § 6 Abs. 1 Nr. 2 EStG mit den Anschaffungskosten der Beteiligung oder dem niedrigeren Teilwert, wobei Zwischenwerte zulässig sind. Zuschreibungen auf den gestiegenen Teilwert (Obergrenze Anschaffungskosten) sind möglich. Der Wertansatz in der Handelsbilanz ist maßgeblich für die Steuerbilanz.

Der steuerrechtliche Begriff der Beteiligung entspricht dem bisherigen handelsrechtlichen Begriff. Die einzelnen **Kapitalanteile,** die die Beteiligung bilden, werden hinsichtlich der Bewertung und Bilanzierung wie **ein einziges Wirtschaftsgut** behandelt (vgl. BFH v. 14. 2. 1973, BStBl. II 1973, 397). Bei sukzessivem Erwerb einer Beteiligung entsprechen ihre Anschaffungskosten der Summe der Anschaffungskosten der einzelnen Anteile.

Teilwertabschreibungen sind entsprechend den Prinzipien der **Sammelbewertung** nur vorzunehmen, wenn z. B. der für die einzelne Aktie errechnete Durchschnittspreis höher als ihr Börsenkurs am Bilanzstichtag ist. Eine Einzelbewertung der Anteile, die die Beteiligung bilden, ist solange nicht zulässig, wie die Beteiligung besteht (zur Bilanzierung und Einzelbewertung von Wertpapieren des Anlagevermögens siehe Rz. 478). Die Auffassung des BFH ist nach *Herrmann/Heuer/Raupach* § 6 Anm. 811 bedenklich wegen des Verstoßes gegen den Grundsatz der Einzelbewertung (zur Teilwertabschreibung von Beteiligungen vgl. auch *Moxter* Bilanzierung nach der Rechtsprechung des Bundesfinanzhofs, 237 f.).

450 Werden **weitere Anteile** eines Unternehmens erworben, an dem eine Beteiligung besteht, so ist zu prüfen, ob die Beteiligung aufgestockt wird oder ob es sich um andere Wertpapiere des Anlage- oder Umlaufvermögens handelt. Die Eingruppierung beeinflußt die Bewertung. Bei Aufstockung der Beteiligung wird der Neuzugang der Beteiligungseinheit zugerechnet und mit ihr bewertet. Werden die Anteile

den Wertpapieren des Anlagevermögens zugeordnet, kann eine Teilwertabschreibung bereits vorgenommen werden, wenn z. B. der Börsenkurs von Aktien unter ihre Anschaffungskosten gesunken ist. Bei Eingruppierung in das Umlaufvermögen gilt gleiches, wobei das strenge Niederstwertprinzip anzuwenden ist (vgl. BFH v. 14. 2. 1973, BStBl. II 1973, 397). Der Wertansatz richtet sich wegen des Maßgeblichkeitsprinzips nach der Handelsbilanz.

451 Bei börsengängigen Anteilen deckt sich der **Teilwert** mit dem Börsenkurswert zuzüglich sämtlicher (fiktiven) Nebenkosten des Anteilserwerbs. Bei nicht börsengängigen Anteilen ist der Teilwert zu schätzen; Anhaltspunkt kann eine dem Bilanzstichtag naheliegende Veräußerung bieten.

Generell gilt die widerlegbare Vermutung, daß sich der Teilwert einer Beteiligung mit ihren Anschaffungskosten deckt. Im einzelnen sind **Teilwertabschreibungen** vorzunehmen, wenn mit einem längerfristigen Verlust des Beteiligungsunternehmens gerechnet werden muß oder wenn die wirtschaftlichen Erwartungen bei Anteilserwerb nicht erfüllt werden konnten (Irrtum über Substanzwert, Ertragswert oder Bedeutung der Beteiligung für das eigene Unternehmen), so daß eine Fehlinvestition gegeben ist (vgl. BFH v. 31. 10. 1978, BStBl. II 1979, 108). Gleiches gilt auch, wenn eine Kapitaleinlage für wertlose Fehlmaßnahmen ausgegeben wurde (vgl. BFH v. 6. 8. 1971, BStBl. II 1972, 109). Anlaufverluste rechtfertigen keine Teilwertabschreibung, da ihr Ausgleich im normalen Geschäftsbetrieb erwartet werden kann (vgl. BFH v. 22. 4. 1964, BStBl. III 1964, 362; v. 20. 5. 1965, BStBl. III 1965, 503; v, 27. 3. 1968, BStBl. II 1968, 521; v. 23. 9. 1969, BStBl. II 1970, 87). Gewinnausschüttungen können ausnahmsweise zu Teilwertabschreibungen führen, wenn der Substanzwert des Beteiligungsunternehmens so gemindert wird, daß ein Ausgleich durch den Ertragswert oder die Bedeutung für das eigene Unternehmen nicht möglich ist (vgl. BFH v. 2. 2. 1972, BStBl. II 1972, 397).

452 Die **Erträge aus Beteiligungen** sind mit Entstehen des Anspruchs (Beschlußfassung der Organe des Beteiligungsunternehmens) zu verbuchen. Eine Aktivierung der Erträge mit der Beteiligung ist nur zulässig, wenn die Ansprüche in Kapitaleinlagen umgewandelt wurden (vgl. *Falterbaum/Beckmann*, 257).

Bei verbundenen Unternehmen, die die Voraussetzungen einer **Organschaft** erfüllen (§ 14 KStG; vgl. im übrigen Rz. 1552 ff.), ist das Einkommen der Organgesellschaft dem Organträger zuzurechnen (§ 14 Satz 1 KStG).

Bei Bestehen eines Gewinnabführungsvertrages ist eine Teilwertabschreibung wegen eines **Verlustes der Organgesellschaft** nicht zulässig (vgl. BFH v. 17. 9. 1969, BStBl. II 1970, 48; v. 12. 10. 1972, BStBl. II 1973, 76; Organschaftserlaß des BMWF v. 30. 12. 1971, Anm. 44, BStBl. I 1972, 10; a. A. *Herrmann/Heuer/Raupach* § 6 Anm. 819). Nach Abschn. 60 KStR kann eine Teilwertabschreibung nur dann vorgenommen werden, wenn der innere Wert der Organgesellschaft trotz Verlustübernahme durch den Organträger gesunken ist.

453 Bei Erwerb von **Gratisaktien** im Zusammenhang mit einer Kapitalerhöhung aus Gesellschaftsmitteln ergeben sich die Anschaffungskosten der neuen Anteile ebenso wie für die Handelsbilanz (vgl. Rz. 442) durch die Aufteilung der Anschaffungskosten bzw. Buchwerte der bezugsberechtigten alten Anteile auf die Nennwerte der neuen und alten Anteile. Die **Ermittlung der Buchwerte von Bezugsrechten** ist nur nach der Gesamtwertmethode zulässig (vgl. BFH v. 6. 12. 1968, BStBl. II 1969, 105).

(2) Beteiligungen an Personenhandelsgesellschaften

454 Der Grundsatz der Maßgeblichkeit gilt auch hinsichtlich des Ausweises der Beteiligungen an Personenhandelsgesellschaften. Für die Besteuerung kommt dem Ausweis dieser Beteiligungen in der Handelsbilanz und in der aus dieser abgeleiteten Steuerbilanz aber keine selbständige Bedeutung zu (vgl. BFH v. 23. 7. 1975, BStBl. II 1976, 73; v. 29. 9. 1976, BStBl. II 1977, 259). Nach § 180 Abs. 1 Ziff. 2a AO sind die Gewinne – unabhängig von Ausschüttungen oder Thesaurierungen – und Verluste – ohne Berücksichtigung der Haftung – einheitlich und gesondert festzustellen und den Gesellschaftern im Veranlagungszeitraum, in dem das Geschäftsjahr der Personengesellschaft endet, zuzurechnen. Damit wird eine Beteiligung verfahrensmäßig mit den Anschaffungskosten angesetzt, die um die Ergebnisanteile sowie

Einlagen und Entnahmen erhöht bzw. vermindert wird (zu beachten ist § 15a EStG wegen der Verlustzuweisung bei beschränkter Haftung). Der Beteiligungswert entspricht somit dem Saldo eines variabel geführten Kapitalkontos in der Personenhandelsgesellschaft (**Spiegelbildmethode**). Für Abschreibungen auf den niedrigen Teilwert besteht kein Raum (vgl. BFH v. 23. 7. 1975, BStBl. II 1976, 73). Zu Einzelheiten vgl. *Herrmann/Heuer/Raupach* § 6 Anm. 835; *Saur/Althaus* WPg 1971, 1 ff.; *Döllerer* WPg 1977, 81 ff.; *Knobbe-Keuk* AG 1979, 305.

c) Bewertungsrechtliche Behandlung

455 Für die von einer Kapitalgesellschaft gehaltene Beteiligung kann das Schachtelprivileg des § 102 BewG (vgl. Rz. 430) in Betracht kommen.

Die Bewertung von **Beteiligungen an Kapitalgesellschaften** erfolgt nach Maßgabe des § 109 Abs. 3 BewG. Danach sind börsengängige und im geregelten Freiverkehr gehandelte Anteile mit dem Kurswert zu bewerten. Stichtag für die Bewertung ist, auch wenn der Betrieb einen abweichenden Abschlußzeitpunkt i. S. v. § 106 Abs. 3 BewG hat, der 31. Dezember des Jahres, das dem für die Veranlagung der Vermögensteuer maßgebenden Zeitpunkt vorangeht (§ 112 BewG). Die maßgebenden Kurse – die sog. Steuerkurswerte – werden vom Bundesminister der Finanzen im Bundessteuerblatt veröffentlicht (§ 113 BewG). – Die Steuerkurswerte sind dem Depotauszug der Bank zu entnehmen.

Anteile an inländischen Kapitalgesellschaften, die keinen Kurswert im Inland haben, sind gemäß § 109 Abs. 3 i. V. m. § 11 Abs. 2 BewG mit dem gemeinen Wert anzusetzen; dieser wird vom Finanzamt in einem besonderen Verfahren festgestellt (§ 113a BewG). Soweit sich der gemeine Wert nicht aus Verkäufen ableiten läßt, wird das in Abschn. 76–90 VStR beschriebene sog. **Stuttgarter Verfahren** angewendet. Der im Rahmen der Anteilsbewertung für je 100 DM Beteiligung festgestellte Wert ist für die Vermögensaufstellung bindend. Er wird nach den nachfolgend beschriebenen Verfahren ermittelt.

Schätzung des gemeinen Werts (Abschn. 76 VStR)

456 1. Vermögenswert
1.1. Einheitswert des Betriebsvermögens – ggf. korrigiert[4] – auf den 1.1. 19......[1] .... DM
1.2. dazu
1.2.1. nach § 101 BewG nicht zum Betriebsvermögen gehörende Wirtschaftsgüter (z. B. nach Doppelbesteuerungsabkommen befreites Auslandsvermögen)... .... DM
1.2.2. Schachtelbeteiligungen (§ 102 BewG) .... DM
1.2.3. Bewertungsabschläge und Rücklagebeträge nach § 7 Abs. 2 und 3 des Entwicklungshilfe-Steuergesetzes oder Rücklagebeträge nach § 7 Abs. 2 des Entwicklungsländer-Steuergesetzes .... DM
1.2.4. Rücklagebeträge nach § 5 Abs. 1 des Gesetzes zur Förderung der Verwendung von Steinkohle in Kraftwerken vom 12. 8. 1965 .... DM
1.3. Summe .... DM
1.4. ab
1.4.1. Rückstellungen nach Abschn. 77 Abs. 1 Satz 10 VStR ... . DM
1.4.2. in wirtschaftlichem Zusammenhang mit den Vermögenswerten 1.2.1. und 1.2.2. stehende Schulden .... DM
1.4.3. Gemeiner Wert von Beteiligungen i. S. des Abschn. 83 Abs. 1 VStR ... . DM
 abzüglich damit wirtschaftlich zusammenhängende Schulden .... DM .... DM .... DM
1.5. Summe .... DM
1.6.1. Verkehrswert[5] der Betriebsgrundstücke ....
 abzüglich Wertansatz der Betriebsgrundstücke im Einheitswert des Betriebsvermögens .... DM .... DM
1.6.2. Sonstige Zu- und Abrechnungen (Abschn. 77 Abs. 2 VStR)[2] .... DM

Finanzanlagen 456 **B**

1.7. Summe (nach rechts übertragen, wenn sich die Summe wesentlich auswirkt, insbesondere wenn sie mehr als 10 v. H. der Summe 1.5. beträgt) .... DM .... DM

1.8. Vermögen .... DM

1.9.1. Berechnung des Vermögenswerts nach Abschn. 77 Abs. 5 VStR
Vermögen (1.8.) .... DM
Abschlag 15 v. H.[7] .... = ... DM
gekürztes Vermögen .... DM
Vermögenswert .... = $\dfrac{\text{gek. Vermögen} \times 100}{\text{Nennkapital}^8}$
$\times\,100$ = ... v. H.

1.9.2. Berechnung des Vermögenswerts nach Abschn. 80 Abs. 2 VStR[6]
Vermögen (1.8.) .... = ... DM
Abschlag 15 v. H.[7] .... = ... DM
gekürztes Vermögen .... DM
Vermögenswert .... = $\dfrac{\text{gek. Vermögen} \times 100}{\text{Nennkapital}^8}$
$\times\,100$ = ... v. H.

2. Ertragshundersatz

	19......[1] DM	19......[1] DM	19......[1] DM
2.1. Körperschaftsteuerliches Einkommen ...			
2.2. dazu			
2.2.1. Einkommensminderungen aus Beteiligungen im Sinne von Abschn. 83 Abs. 1 VStR			
2.2.2. Sonderabschreibungen und erhöhte Absetzungen (z. B. nach §§ 7b, 7e EStG, § 14 Berlin FG)			
2.2.3. Bewertungsabschläge und Zuführungen zu steuerfreien Rücklagen sowie Teilwertabschreibungen (Abschn. 78 Abs. 1 Nr. 1 Buchst. a VStR)			
2.2.4. Verlustabzug nach § 10d EStG			
2.2.5. Einmalige Veräußerungsverluste			
2.2.6. steuerfreie Vermögensmehrungen			
2.2.7. Kapitalerträge, die dem Steuerabzug von 30 v. H. unterlegen haben			
2.2.8. Investitionszulagen			
Summe 1 (2.1. plus 2.2.)			
2.3. hiervon ab			
2.3.1. Einkommenserhöhungen aus Beteiligungen im Sinne d. Abschn. 83 Abs. 1 VStR .			
2.3.2. einmalige Veräußerungsgewinne sowie Auflösungsbeträge steuerfreier Rücklagen			
2.3.3. zurückgeflossene unverzinsliche Darlehen i. S. des § 7c EStG oder ähnlicher Vorschriften, die vor dem 1.1.1955 hingegeben wurden			
2.3.4. Nichtabziehbare Aufwendungen mit Ausnahme der Körperschaftsteuer (z. B. Vermögensteuer, Teil der Aufsichtsratsvergütungen)			
2.3.5. 127 v. H. aus 2.3.4. gem. Abschn. 78 Abs. 1 Nr. 2e VStR			
2.3.6. Abschlag nach Abschn. 78 Abs. 2 VStR			
Betriebsergebnis (Summe 1 minus 2.3.)			

Peusquens

2.4.1. Betriebsergebnisse

19.....[1]	.... DM
19.....[1]	.... DM
19.....[1]	.... DM
Summe	.... DM
Durchschnittsertrag (bei Verlust 0 v. H.)	.... DM
in Zukunft erzielbarer Durchschnittsertrag[2]	.... DM
Abschlag nach Abschn. 78 Abs. 3 VStR 30 v. H.	.... DM
Verbleibender Jahresertrag	.... DM

2.4.2. Dividende zuzüglich Steuergutschrift (nur in Fällen des Abschn. 80 Abs. 1 VStR) Dividende

19.....[1]	.... v. H.
19.....[1]	.... v. H.
19.....[1]	.... v. H.
Summe	.... v. H.
Durchschnittsdividende	.... v. H.
in Zukunft zu erwartende Dividende[2]	.... v. H.
Steuergutschrift von 9/16 (= 56 v. H.) der Dividende	.... v. H.
Summe	.... v. H.

2.5.1. Ertragshundertsatz $= \dfrac{\text{Ertrag} \times 100}{\text{Nennkapital}^8}$

$\dfrac{}{} \times 100 =$ .... v. H.

2.5.2. Ertragshundertsatz (2.4.2., höchst. 2.5.1.) .... v. H.

3. Gemeiner Wert nach Abschn. 79 VStR

3.1. Vermögenswert (1.9.1.) .... v. H.

3.2. dazu

3.2.1. Ertragshundertsatz (2.5.1.) .... v. H. × 5 = ... v. H.

Summe .... v. H.

3.3. 65 v. H. der Summe (Abschn. 79 Abs. 2 VStR) .... v. H.

3.4. Abschlag wegen geringer Erträge nach Abschn. 79 Abs. 3 VStR

3.4.1. Rendite = $\dfrac{\text{Ertragshundertsatz (2.5.1.)} \times 100}{\text{Vermögenswert (1.9.1.)}} = \dfrac{ \times 100}{} =$ .... v. H.[9]

3.4.2. Abschlag ...... v. H. von 3.3. .... = ... v. H.

3.5. Wert für 100 DM Nennkapital (3.3. ./. 3.4.2.) in v. H. .... v. H.

3.6. $\dfrac{\text{Wert C. 1.4.3.} \times 100}{\text{Nennkapital}^8} = \dfrac{ \times 100}{}$ .... = ... v. H.

3.7. Gemeiner Wert für 100 DM Nennkapital (3.5. + 3.6.) .... v. H.

abgerundet .... v. H.

4. Gemeiner Wert nach Abschn. 80 VStR

4.1. Vermögenswert (1.9.2.) .... v. H.

4.2. dazu

4.2.1. Ertragshundertsatz (2.5.2.) .... v. H. × 5 = ... v. H.

Summe .... v. H.

4.3. 65 v. H. der Summe (Abschn. 79 Abs. 2 VStR) .... v. H.

4.4. Abschlag wegen geringer Erträge nach Abschn. 79 Abs. 3 VStR

4.4.1. Abschlag wie 3.4.2. .... v. H. von 4.3. .... = ... v. H.

4.5. Gemeiner Wert für 100 DM Nennkapital (4.3. ./. 4.4.1.) .... v. H.

abgerundet .... v. H.

Finanzanlagen 457–460 **B**

5. Gemeiner Wert nach Abschn. 80 VStR in den Fällen der Abschn. 81 und 83 VStR
5.1. Wert nach Abschn. 81 oder 83 VStR (3.7.) . . . . v. H.
5.2. Abschlag 10 v. H. (Abschn. 81) bzw. 15 v. H. (Abschn. 83) von 5.1. . . . . . = ... v. H.
5.3. Gemeiner Wert für 100 DM Nennkapital (5.1. ./. 5.2.) . . . . v. H.
    abgerundet . . . . v. H.

---

[1] Anzusetzen sind der Bewertungsstichtag bzw. die drei vorhergehenden Jahre bei der Ermittlung des Betriebsergebnisses.
[2] Eingehende Begründung auf besonderer Anlage ist erforderlich.
[3] Käufer und Verkäufer (ggf. Verwandtschaftsverhältnis) bitte auf besonderer Anlage angeben.
[4] Bei abweichendem Wirtschaftsjahr sind wesentliche Vermögensänderungen zwischen Abschluß- und Feststellungszeitpunkt zu berücksichtigen (Abschn. 77 Abs. 1 VStR). Das Betriebsvermögen ist im Falle des Abschn. 87 Abs. 1 VStR ohne den Wert der eigenen Anteile anzusetzen.
[5] Grundbesitz ist mit dem gemeinen Wert (Verkehrswert) anzusetzen. Wird bei der Ermittlung des gemeinen Werts der Betriebsgrundstücke vom Einheitswert ausgegangen, ist regelmäßig ein Zuschlag zu machen. Sofern nicht andere Anhaltspunkte für den Verkehrswert vorliegen, sind Betriebsgrundstücke mit 280 v. H. des am jeweiligen Stichtag maßgeblichen Einheitswerts (ohne Zuschlag nach § 121a BewG), mindestens aber mit dem in der Steuerbilanz ausgewiesenen Wert anzusetzen.
[6] Die Berechnung nach 1.9.2. ist nur erforderlich für Anteile, die nach Abschn. 80 VStR zu bewerten sind (Hinweis auf Abschnitt A II und A III).
[7] In den Fällen des Abschn. 81 Abs. 1 VStR kommt ein Abschlag nicht in Betracht. In diesen Fällen ist der Vermögenswert als gemeiner Wert nach 3.7. zu übertragen.
[8] Vom Nennkapital abzusetzen sind die eigenen Anteile, soweit diese 10 v. H. des Nennkapitals nicht übersteigen (Abschn. 87 Abs. 1 VStR) und das nicht eingezahlte Kapital, sofern sich die Beteiligung am Vermögen und am Gewinn auf Grund einer ausdrücklichen Vereinbarung der Gesellschafter nach der jeweiligen Höhe des eingezahlten Stammkapitals richtet (Abschn. 85 Abs. 2 VStR).
[9] Dieser Wert ist jeweils auf das nächst niedrigere ganze oder halbe Prozent abzurunden.

457 Für **nichtorientierte Anteile an ausländischen Kapitalgesellschaften** findet kein gesondertes Feststellungsverfahren statt; solche Anteile werden mit dem gemeinen Wert angesetzt, wobei von den Kursen des Emissionslandes auszugehen ist.
Wegen eines eventuellen Paketzuschlags i. S. v. § 11 Abs. 3 BewG wird auf Abschn. 74 Abs. 4 VStR verwiesen.

458 **Geschäftsguthaben** (Anteile an Genossenschaften) sind als Kapitalforderungen gemäß § 109 Abs. 4 BewG mit dem Steuerbilanzwert anzusetzen.

459 **Beteiligungen an einer** inländischen **Personengesellschaft** sind mit dem nach § 19 Abs. 3 Nr. 2 BewG festgestellten Anteil des Mitunternehmers am Einheitswert des Betriebsvermögens der Gesellschaft anzusetzen; näheres siehe Abschn. 43 VStR. Beteiligungen an ausländischen Personengesellschaften sind mit dem gemeinen Wert zu bewerten, § 31 BewG.
Die Beteiligung als **typischer stiller Gesellschafter** ist als Kapitalforderung nach § 109 Abs. 4 BewG zu behandeln; in die Vermögensaufstellung wird der Steuerbilanzwert übernommen. Wegen Ausnahmen wird auf Abschn. 56 Abs. 7 VStR verwiesen.

d) Prüfungstechnik

(1) Prüfung des internen Kontrollsystems

460 Der Soll-Zustand des internen Kontrollsystems ist anhand von Fragebögen, verbalen Beschreibungen oder anhand von Ablaufschaubildern zu ermitteln und in einem Dauerarbeitspapier zu dokumentieren. Der Soll-Zustand sollte umfassen:
– die Führung einer Anlagenkartei. Dabei sollte auch die Rechtsform sowie die absolute und prozentuale Beteiligungshöhe in der Kartei aufgeführt werden. Bei Kapitalgesellschaften sollte die Anlagenkartei die für das Anlagengitter benötigten Daten (vgl. Rz. 161 ff.) sowie zur Ableitung des Buchwerts aus den historischen Anschaffungskosten Angaben über die kumulierten Zuschreibungen enthalten,
– die Erstellung eines Aufnahmeprotokolls über die körperliche Bestandsaufnahme von verbrieften Anteilen, die selbst verwahrt werden,
– die Einholung von Depotbestätigungen bei verbrieften Anteilen, die bei Dritten verwahrt werden,
– die systematische und übersichtliche Führung von Beteiligungsakten (Gründungsprotokolle und -berichte, Gesellschaftsverträge, Kaufverträge, Protokolle über

Gesellschafterversammlungen, Liste der Gesellschafter gemäß § 40 GmbH-Gesetz, Handelsregisterauszüge, Treuhandverträge, Verträge mit den Beteiligungsgesellschaften, Zwischenabschlüsse, Jahresabschlüsse, Prüfungsberichte, Schriftwechsel u. ä.),
- die regelmäßige Abstimmung der Anlagenkartei mit den Beteiligungsakten, bei verbrieften Anteilen mit den Aufnahmeprotokollen bzw. den Depotbestätigungen und den Konten der Finanzbuchhaltung,
- Regelungen über die Berechtigung und die rechtliche Legitimation zum Beteiligungserwerb, zur Beteilgungsbetreuung und -veräußerung sowie ihre Eignung zu Kontrollzwecken,
- eine geeignete Arbeitsablauforganisation für die Beteiligungsverwaltung und -buchhaltung (Organisationspläne, Arbeitsanweisungen), die zu gewährleisten hat, daß sämtliche Informationen über Beteiligungen der Beteiligungsverwaltung und dem Rechnungswesen zur Kenntnis gelangen und ggf. im Rechnungswesen ihren Niederschlag finden, insbesondere
  • Einzahlungsverpflichtungen,
  • personelle Verflechtungen zwischen der Gesellschaft und dem Beteiligungsunternehmen,
  • Gewinnabführungsansprüche und Verlustübernahmeverpflichtungen;
- die Übereinstimmung evtl. vorhandener Bewertungsrichtlinien mit den gesetzlichen Rechnungslegungsvorschriften,
- die Überprüfung des Eingangs der Erträge aus Beteiligungen, insbesondere die Abstimmung der Soll-Erträge mit den tatsächlichen Eingängen,
- die Beachtung der Funktionentrennung durch Trennung von buchhalterischen, verwaltenden und bearbeitenden Funktionen,
- die Sicherung der Aufbewahrung von verbrieften Anteilen.

Die Prüfung umfaßt außerdem die Beurteilung, ob die vorgesehenen Kontrollen ausreichend sind.

Sie erstreckt sich zugleich auf die Ermittlung des Ist-Zustandes und die Würdigung eventueller Soll/Ist-Abweichungen.

(2) Prüfung des Nachweises

461 Die Prüfung des Nachweises erfolgt anhand der fortgeschriebenen Anlagenkartei. Der Nachweis der in Wertpapieren verbrieften Anteilen ist bei Selbstverwahrung durch ein Aufnahmeprotokoll über die körperliche Bestandsaufnahme zum Bilanzstichtag zu führen. In dem Protokoll sind auch Dividenden- und Erneuerungsscheine aufzuführen. Bei Fremdverwahrung erfolgt der Nachweis durch Depotauszüge, Verwahrbestätigungen etc.

Die nicht verbrieften Anteile sind durch Gründungsprotokolle und -berichte, Gesellschaftsverträge, Kaufverträge, Handelsregisterauszüge, Treuhandverträge etc. nachzuweisen. Beim Nachweis der nicht verbrieften Anteile ist – sofern der Bestandsnachweis nicht zum Bilanzstichtag erfolgt – sicherzustellen, daß sich zwischen Datum des Bestandsnachweises und Bilanzstichtag keine Veränderungen ergeben haben.

Erforderlich ist eine Abstimmung der Anlagenkartei mit den in Betracht kommenden Nachweisen sowie mit den Sachkonten am Ende und ggf. am Beginn des Geschäftsjahres und mit den Bilanzposten (vgl. Rz. 370).

462 Die Überprüfung der **Zugänge** des Berichtsjahres erstreckt sich darauf, ob die Voraussetzungen für eine buchhalterische Erfassung gegeben sind. Dies erfolgt durch
- Abstimmung des mengenmäßigen Zugangs an Anteilsrechten mit der entsprechenden Rechtsgrundlage (z. B. Neugründung, Kauf, Kapitalerhöhung gegen Bar- oder Sacheinlagen, Kapitalerhöhung aus Gesellschaftsmitteln, Umwandlung, Umgründung, Verschmelzung, Tausch, Erfüllung einer Zuschuß-, Nachschuß- bzw. Einzahlungsverpflichtung),
- Feststellung, daß auch bei wirtschaftlicher Betrachtungsweise ein mengenmäßiger Zugang vorliegt (dies ist z. B. bei einer Kapitalerhöhung aus Gesellschaftsmitteln nicht der Fall, da hier lediglich eine Umbuchung von Rücklagen in Kapital erfolgt),

Finanzanlagen

– Feststellung, daß auch das wirtschaftliche Eigentum an den Gesellschaftsanteilen übertragen wurde, d. h., daß der Anteil an Substanz und Ertrag, die Chance einer evtl. Wertsteigerung und die Gefahrtragung auf den Erwerber übergegangen sind. Es ist außerdem zu prüfen, ob die für den Beteiligungserwerb erforderlichen Genehmigungen, z. B. durch die Kartellrechtsbehörde, die ausländische Devisenbehörde, den Aufsichtsrat etc., vorliegen.

463 Die Überprüfung der **Abgänge** des Berichtsjahres erfolgt grundsätzlich nach denselben Kriterien, die bei der Prüfung der Zugänge zu beachten sind, und zwar durch
– Abstimmung des mengenmäßigen Abgangs an Anteilsrechten mit der entsprechenden Rechtsgrundlage (z. B. Beendigung der Beteiligungsgesellschaft, Austritt aus der Gesellschaft, Verkauf, Kapitalrückzahlung),
– Feststellung, daß auch bei wirtschaftlicher Betrachtungsweise ein mengenmäßiger Abgang vorliegt (z. B. nicht bei einer Kapitalherabsetzung zum Ausgleich von Verlusten, die allenfalls eine außerplanmäßige Abschreibung rechtfertigt),
– Feststellung, daß auch Nutzen und Lasten nicht mehr bei der Gesellschaft liegen, und zwar
  • bei Beendigung (Liquidation) der Beteiligungsgesellschaft durch Feststellung, daß die Rechte und Pflichten der Anteilseigner erloschen sind und das Vermögen verteilt wird,
  • bei einem Austritt aus einer Gesellschaft oder bei einer Veräußerung eines Gesellschaftsanteils durch Feststellung, daß der Anteil an Substanz und Ertrag, die Chance einer evtl. Wertsteigerung und die Gefahrtragung nicht mehr bei der Gesellschaft liegen,
  • bei Kapitalrückzahlung durch Feststellung, daß der Anspruch auf Rückzahlung entstanden ist.

Bei einem Abgang von Bezugsrechten ist darauf zu achten, daß der Verkauf von Bezugsrechten nach herrschender Meinung einen Abgang aus der noch weiter gehaltenen Beteiligung, eine Ausübung des Bezugsrechts, eine Minderung des Bestandes der Altanteile und eine Erhöhung der Anschaffungskosten der Neuanteile darstellt.

Eventuelle Gewinne und Verluste aus Anlagenabgängen sind durch Abstimmung des für die Gewinn- bzw. Verlustermittlung angenommenen Buchwerts mit dem lt. Finanzbuchhaltung abgegangenen Buchwert und durch Abstimmung des Erlöses aus dem Abgang mit dem schuldrechtlich vorgesehenen Erlös zu prüfen.

Die auf Abgänge entfallenden aufgelaufenen Wertberichtigungen müssen ausgebucht worden sein.

Steuerliche Gesichtspunkte müssen beachtet werden, insbesondere, ob die Möglichkeiten für eine § 6b-Rücklage oder sonstige steuerliche Vergünstigungen gegeben sind und in Anspruch genommen wurden.

(3) Prüfung der Bewertung

464 Die Prüfung erstreckt sich darauf, ob die ausgewiesenen Zugänge zutreffend bewertet wurden, und ob die Zu- und Abschreibungen methodengerecht ermittelt wurden. Ggf. ist die Übergangsregelung nach Art. 24 Abs. 1, 3 EG HGB nF. anzuwenden. Grundlage für die Prüfung der Bewertung ist die Anlagenkartei.

Die im Berichtsjahr zugegangenen Beteiligungen müssen mit den Anschaffungs- und Anschaffungsnebenkosten angesetzt worden sein.

465 Prüfungsunterlagen für die **Anschaffungskosten** von Beteiligungen sind die Vertragsunterlagen und Abrechnungen. Die Prüfung erstreckt sich auf
– den geleisteten Betrag bei einer Bargründung, einer Kapitalerhöhung oder dem Beteiligungserwerb von Dritten. Dabei ist darauf zu achten,
  • daß die anteiligen Gegenleistungen für erworbene Gewinnansprüche keine Anschaffungskosten für Beteiligungen darstellen, sondern als Forderungen auszuweisen sind,
  • daß bei einer Zahlung der Kaufpreisraten in der Zukunft (z. B. bei einem Kauf auf Rentenbasis, bei einem Kaufpreis in Abhängigkeit von der zukünftigen Ertragslage) der Barwert der (wahrscheinlichen) zukünftigen Zahlungen als Anschaffungskosten der Beteiligung anzusetzen ist,
  • daß beim Erwerb gegen Zahlung in Fremdwährung die Umrechnung zutreffend erfolgte,

Niemann

- daß die Abrechnung sachlich und rechnerisch ist,
- daß die Verbuchung zutreffend erfolgte;
- die zutreffende Ermittlung des Zeitwerts der eingebrachten Vermögensgegenstände im Fall einer Beteiligung gegen Sacheinlagen,
- die Erfassung von Zu- und Nachschüssen als Zugang, auch wenn diese zum Ausgleich einer außerplanmäßigen Abschreibung geleistet wurden, so daß keine Werterhöhung vorliegt; in diesem Fall ist auf die rechtzeitige Abschreibung in Höhe der Zu- und Nachschüsse zu achten,
- den Ansatz eines Merkpostens, sofern für die Beteiligung keine Einlage zu leisten ist (z. B. bei einem Komplementär).

466 **Anschaffungskostenminderungen** sind anhand der zugrundeliegenden Belege zu prüfen.

Prüfungsunterlagen für die **Anschaffungsnebenkosten** sind die jeweiligen Eingangsrechnungen (für Notariats- und Gerichtskosten, Provisionen, Kosten des Aktiendrucks, von der Gesellschaft übernommenen Kosten der Gründungsprüfung, nicht jedoch für Kosten der Entscheidungsvorbereitung, wie z. B. der Kosten eines Bewertungsgutachtens) und Bescheide (für Kapitalverkehrsteuer).

467 Als **Abschreibungen** kommen lediglich außerplanmäßige Abschreibungen in Betracht. Grundlage für deren Prüfung sind
- die Anlagenkartei,
- Geschäfts- und Prüfungsberichte, geprüfte oder bescheinigte Jahresabschlüsse, Erfolgsrechnungen und statistische Zusammenstellungen für die Vergangenheit,
- Finanzpläne, Umsatz- und Ertragsschätzungen, Unterlagen für die Kaufpreisermittlung, Aufklärungen und Nachweise der Beteiligungsgesellschaft für die künftige Entwicklung.

Die Prüfung erstreckt sich auf
- den Grund außerplanmäßiger Abschreibungen durch
  - Ermittlung des niedrigeren Werts einer Beteiligung nach dem Ertragswert bzw. dem Liquidationswert als Wertungsgrenze,
  - Berücksichtigung des niedrigeren Börsenkurses (ggf. zuzüglich eines Paketzuschlages), sofern eine Kursbeeinflussung oder Zufallsentwicklungen ausgeschlossen sind,
  - Berücksichtigung von politischen Risiken (z. B. Krieg, Enteignung), Transferbeschränkungen oder steuerliche Beschränkungen bei Beteiligungen im Ausland,
  - Ermittlung von Anlaufverlusten, die bei einem Beteiligungserwerb abschreibungsfähig sind, sofern sie nicht in der geplanten Höhe anfallen und nicht in der Ertragswertberechnung, die den Anschaffungskosten zugrunde lag, berücksichtigt wurden,
  - Ermittlung des anteiligen abschreibungsfähigen Verlustes aus einer Beteiligung an einer Personenhandelsgesellschaft;
  dabei ist zu beachten, daß Wertminderungen von vorübergehender Dauer auch bei Kapitalgesellschaften zu außerplanmäßigen Abschreibungen des Finanzanlagevermögens führen können.
- die konforme Bilanzierung im Bereich anderer Bilanzpositionen, und zwar
  - die gesonderte Aktivierung von Dividendenansprüchen,
  - die Passivierung der noch nicht geleisteten Einlage als Resteinzahlungsverpflichtung,
  - die Passivierung einer Verbindlichkeit oder Rückstellung für evtl. mögliche ungewisse Ausgleichs- oder Haftungsverbindlichkeiten bei voll abgeschriebenem Beteiligungswert (Buchwert),
- eventuelle Sonderabschreibungen, §§ 254, 281 HGB nF.,
- die Feststellung, ob Übereinstimmung mit den steuerlichen Vorschriften vorliegt, einschließlich der Feststellung evtl. Abweichungen (bei Unterschieden: Aktivierung oder Passivierung von latenten Steuern bei Kapitalgesellschaften (vgl. Rz. 860 ff., 1160 ff. insbesondere Rz. 1164a),
- die rechnerische Ermittlung der Abschreibung,
- die Abstimmung der Abschreibung des Geschäftsjahres mit dem in der GuV verbuchten Betrag.

468 Die Prüfung der **Zuschreibungen** erstreckt sich bei sämtlichen Unternehmen auf
- die Beachtung des Zuschreibungswahlrechts
  - bei Einzelkaufleuten und Personengesellschaften gemäß § 253 Abs. 5 HGB nF.,
  - bei Kapitalgesellschaften nur unter bestimmten Voraussetzungen gemäß § 280 Abs. 2 HGB nF.,
- die Vertretbarkeit des Grundes der Zuschreibung (z. B. Wegfall des Grundes für außerplanmäßige Abschreibungen, Angleichung an die Werte der Steuerbilanz, Fusionen, Umwandlung, Ausscheiden eines Gesellschafters aus einer Personenunternehmung, Verwendung von Gewinnanteilen aus Personengesellschaften zur Erfüllung von Einlageverpflichtungen, zur Wiederauffüllung von durch Verlusten geminderten Einlagen oder zur Rücklagenbildung etc.),
- den Wegfall des Grundes für außerplanmäßige Abschreibungen; dieser Sachverhalt ist in entsprechender Weise wie der Grund für außerplanmäßige Abschreibungen zu überprüfen (vgl. Rz. 467),
- die Beachtung der Anschaffungskosten, die bei Zuschreibungen nicht überschritten werden dürfen,
- die rechnerische Ermittlung der Zuschreibung,
- die Abstimmung der laufenden Zuschreibungen des Geschäftsjahres mit dem in der GuV verbuchten Betrag,
- die Feststellung, ob Übereinstimmung mit den steuerlichen Vorschriften besteht (bei Abweichungen: Aktivierung oder Passivierung von latenten Steuern bei Kapitalgesellschaften, vgl. Rz. 860ff., 1160ff., insbesondere Rz. 1164a).

(4) Prüfung des Ausweises

469 Die Ausweisprüfung erfordert bei **sämtlichen Unternehmen**
- die Abstimmung der Werte der Anlagenkartei mit dem Ausweis,
- die Prüfung der Beteiligungsvoraussetzungen und die Abgrenzung zu verbundenen Unternehmen und Wertpapieren des Anlagevermögens, ggf. Prüfung, ob eine Umgliederung im Bereich des Finanzanlagevermögens erforderlich ist,
- die Prüfung, ob ein Abgang ins Umlaufvermögen ausgewiesen werden muß (Beachtung von § 265 III Satz 2 EHGB nF.),
- die Abstimmung der Abschreibungen mit dem in der GuV verbuchten Betrag,
- die zutreffende Erfassung der Erträge und Aufwendungen aus Beteiligungsabgängen in der GuV.

470 Bei **Kapitalgesellschaften** erfordert die Ausweisprüfung zusätzlich
- die Beachtung der in Rz. 383 genannten Besonderheiten,
- die Berichtspflicht für Aktiengesellschaften über wechselseitige Beteiligungen im Anhang,
- die Pflicht zur Angabe von Einzelheiten über die Beteiligungsgesellschaft im Anhang, § 285 Nr. 11 HGB nF.,
- die Abstimmung der Erträge aus den Anteilen mit der zugehörigen GuV-Position „Erträge aus Beteiligungen" unter Beachtung des bei großen prüfungspflichtigen Unternehmen erforderlichen Vermerks „davon aus verbundenen Unternehmen" oder – bei Gewinnabführungs- oder Teilgewinnabführungsverträgen – bei der hierfür vorgesehenen gesonderten GuV-Position (vgl. Rz. 1810ff., 1820ff.).
- Angabe der Anwendung der Übergangsregelung gemäß Art. 24 Abs. 6 EG HGB nF. für die Ermittlung der ursprünglichen Anschaffungs- und Herstellungskosten im Anhang,
- bei Unterschieden zwischen steuerlicher und handelsrechtlicher Bewertung
  - die Bildung von aktiven Abgrenzungsposten für latente Steuern (Aufwand vor Betriebsausgaben oder Betriebseinnahmen vor Ertrag) oder
  - die Bildung von Rückstellungen für latente Steuern (Betriebsausgaben vor Aufwand oder Erträge vor Betriebseinnahmen),
- das Wahlrecht zum Ausweis von steuerlichen Sonderabschreibungen (aktivisches Abschreiben oder Bildung eines Sonderpostens mit Rücklageanteil in Höhe des Unterschiedsbetrages zwischen steuerlich zulässiger höherer Sonderabschreibung und handelsrechtlicher Abschreibung).

Vgl. *Förschle* HdR 138ff.; *WPH* 1981, 1207ff.

4. Ausleihungen an Unternehmen, mit denen ein Beteiligungsverhältnis besteht

471 Zum Begriff der Ausleihungen vgl. Rz. 485f. Der Begriff der Beteiligungen ist in § 271 Abs. 1 HGB nF. definiert (vgl. Rz. 433ff.). Werden an Unternehmen, mit denen ein Beteiligungsverhältnis besteht, langfristige Ausleihungen vergeben, dann sind diese hier gesondert auszuweisen.

Zu Einzelfragen der Bewertung und Bilanzierung in der Handels- und Steuerbilanz gelten die Erläuterungen zu den sonstigen Ausleihungen, Rz. 485ff., sinngemäß.

Bewertungsrechtlich sind Ausleihungen nach § 109 Abs. 4 BewG mit dem Steuerbilanzwert anzusetzen, da es sich um Kapitalforderungen handelt.

Die Prüfung erfolgt in gleicher Weise wie die Prüfung von sonstigen Ausleihungen, vgl. 503 ff..

5. Wertpapiere des Anlagevermögens

a) Behandlung nach Handelsrecht

475 Zu dieser Position gehören Wertpapiere, die zur **langfristigen Kapitalanlage** gehalten werden. Sie erfüllen nicht die Kriterien, um Anteile an verbundenen Unternehmen oder Beteiligungen zu sein. Des weiteren darf gesetzlich nicht ein gesonderter Ausweis vorgesehen sein, wie dies im bisherigen Recht, z. B. bei eigenen Aktien, Wechseln, Schecks, der Fall war.

Im einzelnen handelt es sich um folgende Wertpapiere:
1. Wertpapiere mit festem Zinsertrag (z. B. Industrieobligationen, Pfandbriefe, öffentliche Anleihen des Bundes, der Länder und Gemeinden, Schuldbuchforderungen, die zum Börsenhandel zugelassen sind)
2. Wertpapiere mit variablem Zinsertrag, sog. Dividendenpapiere (z. B. Aktien, Kuxe, Genußscheine)

Anteile an Gesellschaften mbH, die ausnahmsweise nicht Beteiligungen sind oder an verbundenen Unternehmen bestehen, sind gesondert auszuweisen, da es sich nicht um Wertpapiere handelt.

476 Die **Ansprüche auf Erträge** aus den Wertpapieren des Anlagevermögens sind als sonstige Vermögensgegenstände des Umlaufvermögens (Pos. B. II. 4.) auszuweisen. Ansprüche gegenüber verbundenen Unternehmen oder Unternehmen, mit denen ein Beteiligungsverhältnis besteht, sind unter den entsprechenden Forderungspositionen (B. II. 2. oder B. II. 3.) zu erfassen. Ebenso sollten Wertpapiere, deren Veräußerung gesetzlich oder vertraglich beschränkt ist, als sonstige Vermögensgegenstände des Umlaufvermögens ausgewiesen werden (vgl. *Adler/Düring/Schmaltz* § 151 Anm. 98).

Zum Ausweis von Wertpapieren in den Jahresbilanzen von Versicherungsunternehmen vgl. *IdW* VFA 1/1983.

477 Die **Bewertung** erfolgt im wesentlichen wie bei den Beteiligungen (Pos. A. III. 2.). Es gilt grundsätzlich das Prinzip der Einzelbewertung. Wenn gleiche Wertpapiere zu verschiedenen Zeitpunkten und zu unterschiedlichen Preisen erworben wurden, ist nur bei genauem Identitätsnachweis eine individuelle Zuordnung der Anschaffungskosten möglich. Wertpapiere der gleichen Art können daher auch mit Durchschnittsanschaffungskosten bewertet werden (§ 240 Abs. 4 HGB nF.; zu Einzelheiten vgl. Rz. 185, 559).

b) Ertragsteuerliche Behandlung

478 Für die Steuerbilanz gelten die Ausführungen zu Beteiligungen sinngemäß. Wertpapiere gleicher Art, die nicht individuell bestimmbar sind (insbes. Wertpapiere in Girosammelverwahrung, Schuldbuchforderungen), sind mit den **durchschnittlichen Anschaffungskosten** zu bewerten; diese sind auch bei einem Verkauf von Teilen der Wertpapiere dem Veräußerungserlös gegenüberzustellen (vgl. BFH v. 15. 2. 1966, BStBl. III 1966, 274; gemeinsamer Ländererlaß v. 20. 6. 1968, BStBl. I 1968, 986 und v. 20. 9. 1968, BStBl. I 1968, 1144). Individuell bestimmbare gleichartige Wertpapiere (insbes. Wertpapiere in Streifband- oder Eigenverwahrung) können auch einzeln bewertet werden (vgl. *Herrmann/Heuer/Raupach* § 6 Anm. 1108 und die dort angegebene Literatur).

c) Bewertungsrechtliche Behandlung

479 **Notierte Wertpapiere** sind mit dem Steuerkurswert und **nichtnotierte Wertpapiere**, die Anteile an Kapitalgesellschaften verbriefen, mit dem im Verfahren gemäß § 113a BewG festgestellten Wert anzusetzen; insoweit wird auf die Ausführungen zu Rz. 449ff. Bezug genommen. Nichtnotierte Wertpapiere, die keine Anteile an Kapitalgesellschaften verbriefen, stellen Kapitalforderungen dar; sie sind daher gemäß § 109 Abs. 4 BewG mit dem Steuerbilanzwert anzusetzen.

Anteilscheine (Zertifikate) an Kapitalanlagegesellschaften und ausländische Investmentanteile werden nach § 109 Abs. 3 i. V. m. § 11 Abs. 4 BewG mit dem Rücknahmepreis bewertet. Auch dieser Rücknahmepreis wird gemäß § 113 BewG im Bundessteuerblatt veröffentlicht. – Die Rücknahmepreise sind dem Depotauszug der Bank zu entnehmen.

d) Prüfungstechnik

480 Die Prüfung erfolgt in gleicher Weise wie die Prüfung verbriefter Beteiligungen, vgl. Rz 460ff.

6. (–**) Ausleihungen an Gesellschafter

481 **Gesellschaften mit beschränkter Haftung** müssen Ausleihungen, die sie an Gesellschafter vorgenommen haben, in einer gesonderten Position mit entsprechender Bezeichnung zeigen (§ 42 Abs. 3 GmbHG nF.). Alternativ ist auch eine Angabe dieser Ausleihungen im Anhang möglich. In diesem Fall muß bei der Bilanzposition, in der die Ausleihungen an Gesellschafter ausgewiesen werden, ein entsprechender Bilanzvermerk erfolgen. Die Verpflichtung zur Kennzeichnung der Ausleihungen an Gesellschafter kannte das GmbHG aF. nicht.

Der Ausweis von Ausleihungen, die **Personenhandelsgesellschaften** an ihre Gesellschafter vergeben haben, erfolgt analog dem Ausweis von Forderungen an Gesellschafter (vgl. Rz. 705f.).

Zum **Begriff der Ausleihungen,** zu Einzelfragen der **Bilanzierung** und **Bewertung,** zur **bewertungsrechtlichen Behandlung** sowie zur **Prüfungstechnik** vgl. unter sonstigen Ausleihungen Rz. 485ff.

7. (6.*) Sonstige Ausleihungen

a) Behandlung nach Handelsrecht

485 Hierher gehören alle Ausleihungen, die nicht an verbundene Unternehmen (A. III. 2.) oder Unternehmen, mit denen ein Beteiligungsverhältnis besteht (A. III. 4.), gegeben wurden.

Als Ausleihungen sind nur **langfristige Finanz- und Kapitalforderungen** zu aktivieren. Waren- und Leistungsforderungen sind ohne Berücksichtigung ihrer Fristigkeit im Umlaufvermögen auszuweisen (vgl. *Adler/Düring/Schmaltz* § 151 Anm. 100ff.). Dies gilt auch dann, wenn ein langfristiges Zahlungsziel eingeräumt wird (sog. eingefrorene Forderungen). Während nach AktG aF. langfristige Ausleihungen durch eine Laufzeit von mindestens vier Jahren gekennzeichnet sind, macht das HGB nF. keine spezielle Angabe darüber, wie der Begriff der Ausleihungen abzugrenzen ist. Es ist somit auch hier nur die generelle Zuordnungsregel, die für alle Vermögensgegenstände des Anlagevermögens gilt, vorgeschrieben. Man kann aber davon ausgehen, daß als Kriterium für die Einstufung langfristiger Ausleihungen die Vier-Jahresregel weiterhin anzuwenden ist, da sie auch in der Bankpraxis üblich ist

---

* Bezeichnung lt. gesetzlichem Gliederungsschema.
** Im gesetzlichen Gliederungsschema ist keine gesonderte Bezifferung vorgesehen.

und kein Hinweis auf ein Abweichen von der bisherigen Handhabung aus dem Gesetzestext oder aus der Begründung ersichtlich ist.

486 Maßgebend für die Beurteilung der Langfristigkeit ist die **vereinbarte Laufzeit** und nicht die Restlaufzeit. Die Rückzahlung von Teilbeträgen innerhalb der vereinbarten Laufzeit ist für den Ausweis unerheblich. Kurzfristige Ausleihungen erfüllen bei verzögerter Tilgung nicht das Kriterium der Langfristigkeit.

Im einzelnen sind hier langfristige Darlehen, Hypotheken, Grund- und Rentenschulden einschließlich der Schiffs- und Sicherungshypotheken auszuweisen. Waren- und Leistungsforderungen können nur dann zu den Ausleihungen gerechnet werden, wenn sie unmittelbar mit einem Finanzgeschäft verknüpft sind. Dies ist z. B. gegeben, wenn dem Empfänger einer Lieferung oder Leistung ein langfristiger Kredit zur Finanzierung von Lieferungen oder Leistungen des Kreditgebers zur Verfügung gestellt wird. Werden Waren oder Leistungsforderungen förmlich in ein langfristiges Darlehen umgewandelt, dann erfolgt ein Ausweis unter den Ausleihungen in dem Geschäftsjahr, in dem die Schuldumwandlung vereinbart wurde.

Geleistete Mietvorauszahlungen und verlorene Baukostenzuschüsse sind keine Ausleihungen, sondern **Vorauszahlungen;** dies gilt auch dann, wenn eine langfristige Laufzeit vereinbart wurde.

487 Der **gesonderte Ausweis** von Ausleihungen im Finanzanlagevermögen ist nach § 266 Abs. 1 HGB nF. nur von **großen und mittelgroßen Kapitalgesellschaften** vorzunehmen.

Nach § 285 Nr. 9c HGB nF. ist im Anhang über die Höhe der **Organkredite,** deren Zinssatz, wesentliche Bedingungen, Tilgungen im Geschäftsjahr sowie zugunsten der im einzelnen genannten Organe (vgl. Rz. 653f., 1983) eingegangenen Haftungsverhältnisse zu berichten. Die Erläuterungen haben für jede Personengruppe getrennt zu erfolgen. Dies gilt auch für kleine Kapitalgesellschaften, da eine Befreiung von der Erläuterungspflicht nach § 288 HGB nF. nicht vorgesehen ist.

Der bisher nach Aktiengesetz aF. erforderliche Vermerk der Ausleihungen, die durch Grundpfandrechte gesichert sind, ist im HGB nF. nicht mehr vorgesehen.

488 Die langfristigen Ausleihungen sind nach § 253 Abs. 1 HGB nF./§ 153 Abs. 1 AktG aF. mit ihren **Anschaffungskosten** anzusetzen, die regelmäßig den an die Darlehnsnehmer ausgezahlten Beträgen entsprechen (Auszahlungsbetrag).

Wird ein Darlehen mit einem **Damnum** (Auszahlungsdisagio) versehen, so ist auch hier grundsätzlich der Auszahlungsbetrag zu aktivieren; das Damnum stellt einen zusätzlichen Zins dar und ist über die Laufzeit erfolgswirksam zu vereinnahmen (vgl. *Adler/Düring/Schmaltz* § 153 Anm. 112). Dabei werden die vereinnahmten Teilbeträge durch Erhöhung des für die Ausleihung aktivierten Betrags berücksichtigt, so daß sich am Ende der Laufzeit ein Ausweis in Höhe des Rückzahlungsbetrags ergibt. Die jährliche Erhöhung des Betrages ist systemgerecht als Zugang auszuweisen; denn der Rückzahlungsbetrag der Ausleihung wächst über den Auszahlungsbetrag an, weil aufgrund des Damnums ein relativ niedriger Zinssatz vereinbart wurde. Der damit für die kreditgewährende Unternehmung verbundene Verzicht auf höhere jährliche Zinszuflüsse ist den Anschaffungsauszahlungen bei der Darlehnsgewährung gleichzusetzen und dementsprechend als Zugang zu behandeln.

489 Zulässig ist auch, bei Darlehensausgabe den vollen Rückzahlungsbetrag zu aktivieren und das **Damnum unter den passiven Rechnungsabgrenzungsposten** auszuweisen, um es dann, dem Zeitablauf entsprechend, durch Abschreibung erfolgserhöhend zu vereinnahmen.

490 Bei **unverzinslichen** oder **niedrig verzinslichen** langfristigen Ausleihungen liegt der Zeitwert, ausgedrückt durch den Barwert der Forderung, unter den Anschaffungskosten (zur Ermittlung s. Teil X Rz. 23ff.). Aufgrund des Niederstwertprinzips muß eine außerplanmäßige Abschreibung auf den niedrigeren Zeitwert erfolgen. Sie ist im Anlagespiegel darzustellen. Der Differenzbetrag zwischen Auszahlungsbetrag (= Zugang) und Barwert ist Aufwand des Geschäftsjahres der Darlehnsgewährung. In den Folgejahren ist er auf die Laufzeit des Darlehens verteilt den Ausleihungen erfolgswirksam zuzuschreiben (Ausweis im Anlagespiegel als Zuschreibung; vgl. auch *Coenenberg,* 99). Es findet sich auch die Einräumung eines Wahlrechts, den ursprünglich angesetzten Tageswert bis zur Rückzahlung fortzuführen (vgl. *Biergans* S. 283).

Finanzanlagen **491–495 B**

Eine **Aktivierung des Differenzbetrages** kann in Betracht kommen, wenn dem bilanzierenden Unternehmen für die Zinskonditionen bestimmte Vorteile eingeräumt werden, wie z. B. Belegungsrechte bei Gewährung zinsloser Wohnungsbaudarlehen (vgl. *Heine* WPg 1967, 365 ff.). Unter diesen Umständen dürfte die Ausleihung aber auch nur mit ihrem Zeitwert ausgewiesen werden. Die erworbenen Rechte wären unter dem immateriellen Anlagevermögen in Höhe der Differenz zwischen Nominalwert und Zeitwert der Ausleihung zu aktivieren, wenn sie die grundsätzlichen Voraussetzungen für die Bilanzierung immaterieller Anlagewerte erfüllen (vgl. Rz. 253). Bei relativ unbedeutenden Ausleihungen erscheint eine Trennung des Auszahlungsbetrags in Barwert und Gegenleistung für die Vorteilsgewährung nicht erforderlich, so daß der Gesamtbetrag der Ausleihung aktiviert werden kann.

Aus **Vereinfachungsgründen** kann bei unbedeutenden Ausleihungsbeträgen und einer relativ kurzen Laufzeit auf eine Abzinsung verzichtet werden (vgl. *Adler/Düring/Schmaltz* § 153 Anm. 110).

491 Eine Abschreibung der Ausleihungen ist erforderlich, wenn die Forderung **zweifelhaft** oder **uneinbringlich** wird (§ 252 Abs. 1 Nr. 4 i. V. m. § 253 Abs. 2 Satz 3 HGB nF.). Bei der Bewertung dinglich gesicherter Ausleihungen ist der Wert der Sicherung zu berücksichtigen.

492 **Ausleihungen in Fremdwährung** sind mit dem Geldkurs ihres Entstehungstages zu aktivieren. Kursgewinne dürfen dem Realisationsprinzip entsprechend (§ 252 Abs. 1 Ziff. 4 letzter Halbsatz HGB nF.) erst bei Eingang der Forderung vereinnahmt werden. Voraussichtlich nur vorübergehende Kursverluste können, voraussichtlich dauernde müssen gem. § 253 Abs. 2 Satz 3 HGB nF. berücksichtigt werden.

493 Diese Bewertungsregeln sind auch für **Wertminderungen** aufgrund anderer Ursachen verbindlich. Sie gelten für sämtliche Rechtsformen. Die Vornahme einer Abschreibung bei nicht dauerhafter Wertminderung ist für Kapitalgesellschaften ausdrücklich nach § 279 Abs. 1 Satz 2 HGB nF. zulässig. Personenhandelsgesellschaften können darüber hinaus nach § 253 Abs. 4 HGB nF. einen nach vernünftiger kaufmännischer Beurteilung niedrigeren Wertansatz wählen, der nach § 279 Abs. 1 Satz 1 HGB nF. für Kapitalgesellschaften nicht zulässig ist.

494 **Entfällt** im Zeitablauf **der Grund für die vorgenommene außerplanmäßige Abschreibung,** dann dürfen Personenhandelsgesellschaften den niedrigeren Wert beibehalten, während Kapitalgesellschaften nach § 280 Abs. 1 HGB nF. zur Zuschreibung verpflichtet sind. Da Forderungen steuerrechtlich nicht abnutzbare Wirtschaftsgüter sind, führt eine Zuschreibung in der Handelsbilanz wegen des Maßgeblichkeitsprinzips auch zu einer Zuschreibung in der Steuerbilanz. Soll der niedrigere Wertansatz in der Steuerbilanz beibehalten werden, können Kapitalgesellschaften auf die Zuschreibung in der Handelsbilanz nach § 280 Abs. 2 HGB nF. verzichten. Im Anhang ist der Betrag der unterlassenen Zuschreibung anzugeben und hinreichend zu begründen (§ 280 Abs. 3 HGB nF.); zur Berichtspflicht nach § 285 Nr. 5 HGB nF. vgl. Rz. 227 und Rz. 1979.

495 Im **Vergleich zum bisherigen Recht** haben sich durch das HGB nF. die Bilanzierungs- und Bewertungsregeln für den Ausweis von Ausleihungen bei **Personenhandelsgesellschaften und Einzelunternehmen** nicht geändert.

Für bisher nach **Aktiengesetz bilanzierende Unternehmen** ist neu, daß im Anlagevermögen ein differenzierter Ausweis der Ausleihungen nach Forderungen an verbundene Unternehmen, an Unternehmen, mit denen ein Beteiligungsverhältnis besteht, Gesellschafter, soweit es sich bei dem Bilanzierungspflichtigen um eine GmbH handelt, und sonstigen Ausleihungen erfolgen muß. Nach § 151 Abs. 1 AktG aF. waren unter B. 3. alle langfristigen Ausleihungen auszuweisen, außer denjenigen, die verbundenen Unternehmen oder Vorstands- und Aufsichtsratsmitgliedern gewährt wurden. Die letztgenannten Ausleihungen waren im Umlaufvermögen – ohne Berücksichtigung der Laufzeit – unter B. 10. (Forderungen an verbundene Unternehmen) und B. 11. (Forderungen aus Krediten, die unter §§ 89 und 115 AktG aF. fallen) zu bilanzieren. Bei einem Ausweis unter Ausleihungen war die Mitzugehörigkeit zu B. 10. immer und zu B. 11. dann zu vermerken, wenn dies zur Aufstellung einer klaren und übersichtlichen Jahresbilanz nötig war (vgl. § 151 Abs. 3 AktG aF.).

Nach § 154 Abs. 2 Satz 2 AktG aF. durften die **niedrigeren Wertansätze** auch dann beibehalten werden, wenn die Gründe der außerplanmäßigen Abschreibung nicht mehr bestanden. Wegen der Einschränkung des Wertaufholungsgebots nach § 280 Abs. 2 HGB nF. aus steuerrechtlichen Gründen ergeben sich materiell keine Unterschiede zwischen bisherigem AktG aF. und dem HGB nF. Eine Berichtspflicht, wie sie nach § 280 Abs. 3 und § 285 Nr. 5 HGB nF. für unterlassene Zuschreibungen erforderlich ist, gab es allerdings nach AktG aF. nicht.

496 Bei **Gesellschaften mbH**, die derzeit weitgehend wie Personenhandelsgesellschaften bilanzieren und bewerten, ist der für große und mittelgroße Unternehmen verlangte differenzierte Ausweis der Auslühungen und die für alle Kapitalgesellschaften geltende Berichtspflicht über aus steuerrechtlichen Gründen unterlassene Zuschreibungen neu. Für **kleine Aktiengesellschaften** und Kommanditgesellschaften a. A., für die es nach AktG aF. keine größenspezifischen Erleichterungen gab, bringt das HGB nF. Ausweiserleichterungen.

b) Ertragsteuerliche Behandlung

497 Die handelsrechtlichen Bilanzierungs- und Bewertungsvorschriften gelten auch steuerrechtlich. So sind Darlehnsforderungen grundsätzlich mit dem **Nennwert** anzusetzen.

Im Gegensatz zur handelsrechtlichen Vorgehensweise ist der Ansatz des Nennwerts steuerrechtlich auch bei unverzinslichen Darlehen möglich (vgl. BFH v. 23. 4. 1975, BStBl. II 1975, 875). Für die **Abzinsung** unverzinslicher langfristiger Darlehen besteht ein **Wahlrecht**. Soll eine Abzinsung vorgenommen werden, dann ist ein Rechnungszinsfuß von 5,5% anzuwenden (zu Einzelheiten bezüglich des Zinssatzes siehe *Herrmann/Heuer/Raupach* § 6 Anm. 936). Wegen des Maßgeblichkeitsprinzips wird auch in der Steuerbilanz regelmäßig eine Abzinsung vorzunehmen sein. Das Maßgeblichkeitsprinzip wird nur in den Fällen durchbrochen, in denen der handelsrechtliche Rechnungszinsfuß mehr als 5,5% beträgt.

498 Das Abzinsungswahlrecht gilt nicht, wenn vom Schuldner **für die Unverzinslichkeit** abgrenzbare **wirtschaftliche Vorteile** gewährt werden. Eine Abschreibung kann nur dann erfolgen, wenn der Wert der Forderung einschließlich aller Vorteile unter dem Teilwert liegt (vgl. BFH v. 17. 3. 1959, BStBl. III 1959, 320; v. 26. 2. 1975, BStBl. II 1976, 13). In den Fällen, in denen die Unverzinslichkeit als Gegenleistung für die Anschaffung eines selbständig aktivierbaren Wirtschaftsgutes anzusehen ist, muß die Darlehnsforderung abgezinst und das Wirtschaftsgut mit dem Betrag der Abzinsung aktiviert werden (vgl. BFH v. 9. 7. 1969, BStBl. II 1969, 744). Zu Einzelheiten bezüglich unverzinslicher Forderungen siehe *Herrmann/Heuer/Raupach* § 6 Anm. 932 ff.; *Moxter* Bilanzierung nach der Rechtsprechung des Bundesfinanzhofs, 239 ff.

499 Werden **niedrig verzinsliche Darlehen** vergeben, dann können Teilwertabschreibungen nur in den Fällen vorgenommen werden, in denen eine ungewöhnlich niedrige Verzinsung und eine längere Unkündbarkeit (über 4 Jahre, vgl. BFH v. 3. 3. 1972, BStBl. II 1972, 516) vereinbart wurde (vgl. BFH v. 2. 12. 1955, BStBl. III 1956, 49; v. 9. 7. 1969, BStBl. II 1969, 744; zu Einzelheiten *Herrmann/Heuer/Raupach* § 6 Anm. 946).

Als Rechnungszinsfuß ist die Differenz zwischen dem Satz von 5,5% und dem tatsächlich ausbedungenen Zinssatz anzuwenden (Festlegung für Arbeitnehmerdarlehen durch Erlaß des FM NRW v. 28. 3. 1980, WPg 1980, 329 f.).

500 Das bilanzierende Unternehmen ist steuerrechtlich gem. § 6 Abs. 1 Ziff. 2 EStG nicht verpflichtet, während der Laufzeit einer abgezinsten Ausleihung wieder eine **Zuschreibung** bis zur Höhe des Nominalwertes vorzunehmen. Die nach dem Ansatz des niedrigeren Teilwerts eingetretene Wertsteigerung braucht somit erst bei Rückzahlung der Ausleihung vereinnahmt zu werden (vgl. BFH v. 23. 4. 1975, BStBl. II 1975, 875). Wegen des Maßgeblichkeitsprinzips hängt die steuerrechtliche Behandlung von der Vorgehensweise in der Handelsbilanz ab.

501 Wird das Darlehen unter Abzug eines **Damnums** ausbezahlt, dann ist der Nennwert (Rückzahlungsbetrag) zu aktivieren (vgl. BFH v. 23. 4. 1975, BStBl. II 1975, 875). Das Damnum ist unter den passiven Rechnungsabgrenzungsposten zu erfassen und über die Laufzeit des Darlehens erfolgswirksam aufzulösen. Da eine Aktivierung in Höhe des Auszahlungsbetrages mit allmählicher Aktivierung des Damnums über die Laufzeit für die steuerrechtliche Gewinnermittlung zu keinen anderen Ergebnis-

Finanzanlagen

sen führt als die erstgenannte Verfahrensweise, erscheint sie auch für die Steuerbilanz zulässig, so daß auch hier dem Prinzip der Maßgeblichkeit der Handelsbilanz voll entsprochen werden kann.

c) Bewertungsrechtliche Behandlung

502 Ausleihungen sind, da es sich um Kapitalforderungen handelt, nach § 109 Abs. 4 mit dem Steuerbilanzwert anzusetzen.

d) Prüfungstechnik

503 Zur **Prüfung des internen Kontrollsystems** ist der Soll-Zustand ist anhand von Fragebögen, verbalen Beschreibungen etc. zu ermitteln und in einem Dauerarbeitspapier zu dokumentieren. Er soll umfassen:
– die Führung einer Anlagenkartei. Dabei sollten für Darlehen zusätzlich folgende Angaben aufgeführt werden:
 • Ursprungsbetrag,
 • Zinssatz,
 • Zinstermine,
 • rückständige Zinszahlungen,
 • Rückzahlungsraten,
 • Rückzahlungstermine,
 • rückständige Tilgungsraten,
 • Sicherheiten, davon Grundpfandrechte;
 bei Kapitalgesellschaften sollte die Anlagenkartei außerdem die für das Anlagengitter benötigten Daten (vgl. Rz. 161 ff.) sowie zur Ableitung des Buchwerts aus den historischen Anschaffungskosten Angaben über die kumulierten Zuschreibungen enthalten;
– die regelmäßige Kontrolle von Saldenlisten,
– die Einholung von Saldenbestätigungen und deren Kontrolle durch das Unternehmen,
– die systematische und übersichtliche Führung von Akten für die Ausleihungen (Verträge, ggf. Grundbuchauszüge neuesten Datums, notarielle Urkunden, Hypotheken- und Grundschuldbriefe etc.),
– die regelmäßige Abstimmung der Anlagenkartei mit den Akten für die Ausleihungen,
– Regelungen über die Berechtigung und rechtliche Legitimation zur Gewährung von Ausleihungen,
– die kritische Durchsicht evtl. vorhandener Bewertungsrichtlinien auf Überstimmung mit den gesetzlichen Rechnungslegungsvorschriften,
– die regelmäßige Kontrolle der vertraglich vereinbarten Verzinsung und Tilgung mit der tatsächlichen Verzinsung und Tilgung,
– die Beachtung der Funktionentrennung durch Trennung von buchhalterischen, verwaltenden und bearbeitenden Funktionen.
Die Prüfung umfaßt außerdem die Beurteilung, ob die vorgesehenen Kontrollen ausreichend sind.
Sie erstreckt sich zugleich auf die Ermittlung des Ist-Zustandes und die Würdigung eventueller Soll/Ist-Abweichungen.

504 Die **Prüfung des Nachweises** erfolgt anhand der fortgeschriebenen Anlagenkartei und anhand der Saldenbestätigungen bzw. der Saldenliste.
Erforderlich ist eine Abstimmung der Anlagenkartei mit den in Betracht kommenden Nachweisen sowie mit den Sachkonten am Ende und ggf. am Beginn des Geschäftsjahres und mit den Bilanzposten (vgl. Rz. 370).

505 Zur Überprüfung der **Zugänge** sind die Personenkonten mit der Anlagenkartei, den Saldenbestätigungen und den Darlehnsakten für die im Berichtsjahr zugegangenen Ausleihungen abzustimmen.

506 Die Überprüfung der **Abgänge** erfolgt durch Abstimmung der auf den Personenkonten verbuchten Tilgungen mit den entsprechenden Ausweisen in der Anlagenkartei und den aus der Darlehensakte sich ergebenden vertraglichen Vereinbarungen. Im Fall des Abgangs von wertberichtigten Ausleihungen ist zu kontrollieren, ob die

auf die Abgänge entfallenden aufgelaufenen Wertberichtigungen entsprechend ausgebucht wurden.

507   Die **Prüfung der Bewertung** erstreckt sich darauf, ob die ausgewiesenen Zugänge zutreffend bewertet wurden, und ob die Zu- und Abschreibungen methodengerecht ermittelt wurden. Ggf. ist die Übergangsregelung nach Art. 24 Abs. 1, 3 EG HGB nF. anzuwenden. Grundlage für die Prüfung der Bewertung ist die Anlagenkartei.

Die Bewertungsprüfung der Zugänge erstreckt sich darauf, ob die im Berichtsjahr zugegangenen Ausleihungen mit den Anschaffungskosten – das sind in der Regel die Auszahlungsbeträge – und den Anschaffungsnebenkosten angesetzt wurden.

508   Prüfungsunterlagen für die **Anschaffungskosten** sind die Vertragsunterlagen und die Abrechnungen. Zu kontrollieren sind in der Regel:
– der ausgezahlte Betrag,
– eine evtl. erforderliche Abzinsung bei Zinslosigkeit oder niedriger Verzinsung; eine dann spätere Aufzinsung wegen der Laufzeitverkürzung kann im Jahr der Aufzinsung als Zugang ausgewiesen werden,
– bei Ausleihungen in Fremdwährung die zutreffende Umrechnung,
– die sachliche und rechnerische Richtigkeit der Abrechnung,
– die Verbuchung.

509   **Anschaffungskostenminderungen** sind ebenfalls anhand der zugrundeliegenden Abrechnungen zu prüfen. Prüfungsunterlagen für die **Anschaffungsnebenkosten** sind die jeweiligen Eingangsrechnungen.

510   Als **Abschreibungen** kommen lediglich außerplanmäßige Abschreibungen in Betracht, die anhand der Anlagenkartei zu überprüfen sind. Die Prüfung erstreckt sich auf
– den Grund außerplanmäßiger Abschreibungen; insbesondere ist darauf zu achten, ob sich aus dem schleppenden Eingang von Zinsen und Tilgungsleistungen ein außerplanmäßiger Abschreibungsbedarf ergibt. Dabei ist zu beachten, daß Wertminderungen von vorübergehender Dauer auch bei Kapitalgesellschaften zu außerplanmäßigen Abschreibungen des Finanzanlagevermögens führen können.
– evtl. steuerliche Sonderabschreibungen, §§ 254, 281 HGB nF.,
– die Feststellung, ob Übereinstimmung mit den steuerlichen Vorschriften vorliegt, einschließlich der Feststellung evtl. Abweichungen (bei Unterschieden: Aktivierung oder Passivierung von latenten Steuern bei Kapitalgesellschaften, vgl. Rz. 860 ff., 1160 ff. insbesondere Rz. 1164a),
– die rechnerische Ermittlung der Abschreibung,
– die Abstimmung der Abschreibung des Geschäftsjahres mit dem in der GuV verbuchten Betrag.

511   Die Prüfung der **Zuschreibung** erstreckt sich auf
– die Beachtung des Zuschreibungswahlrechts
  • bei Einzelkaufleuten und Personengesellschaften gemäß § 253 Abs. 5 HGB nF.,
  • bei Kapitalgesellschaften nur unter bestimmten Voraussetzungen gemäß § 280 Abs. 2 HGB nF.,
– den Wegfall des Grundes für außerplanmäßige Abschreibungen; dieser Sachverhalt ist in entsprechender Weise wie der Grund für außerplanmäßige Abschreibungen zu überprüfen (vgl. Rz. 510),
– die Beachtung der Anschaffungskosten, die bei Zuschreibungen nicht überschritten werden dürfen,
– die rechnerische Ermittlung der Zuschreibungen,
– die Abstimmung der laufenden Zuschreibungen des Geschäftsjahres mit dem in der GuV verbuchten Betrag,
– die Feststellung, ob Übereinstimmung mit den steuerlichen Vorschriften vorliegt (bei Abweichungen: Aktivierung oder Passivierung von latenten Steuern bei Kapitalgesellschaften vgl. Rz. 860 ff., 1160 ff. insbesondere Rz. 1164a.

512   Zur **Prüfung des Ausweises** vgl. Rz. 469 ff. Die Abstimmung der Erträge aus den Ausleihungen muß mit der zugehörigen GuV-Position, bei Kapitalgesellschaften mit der Position „Erträge aus anderen Wertpapieren und Ausleihungen des Finanzanlagevermögens" unter Beachtung des erforderlichen Vermerks „davon aus verbundenen Unternehmen" erfolgen.

Vgl. *Förschle* HdR 64 ff.; *WPH* 1981, 1208 f.

D. (B.*) Umlaufvermögen

Vorbemerkung

1. Begriff und Mindestgliederung des Umlaufvermögens

530 Weder im bisherigen noch im künftigen Recht findet sich eine **Definition des Umlaufvermögens**. Der Inhalt des Umlaufvermögens läßt sich nur durch negative Abgrenzung vom Begriff des Anlagevermögens (vgl. dazu § 247 Abs. 2 HGB nF., § 152 Abs. 1 AktG aF., vgl. Rz. 150 ff.) bestimmen. Während das Anlagevermögen dem Unternehmen dauerhaft zur betrieblichen Leistungserstellung dient, ist die Verweildauer von Vermögensgegenständen des Umlaufvermögens kurzfristiger Natur. Diese Vermögensgegenstände werden verbraucht oder veräußert oder, wie z. B. bei Forderungen, in liquide Form überführt. Die bestimmungsgemäße Nutzung der Vermögensgegenstände des Umlaufvermögens ist unmittelbar mit ihrem Ausscheiden (Umwandlung) verbunden. Für die Zuordnung eines Vermögensgegenstandes zum Umlaufvermögen ist die Verwendungsabsicht der Unternehmung am Bilanzstichtag maßgeblich.

531 Nach bisherigem und zukünftigem Bilanzrecht sind mindestens folgende 4 Gruppen von Vermögensgegenständen des Umlaufvermögens gesondert auszuweisen:
– Vorräte
– Forderungen
– Wertpapiere
– Zahlungsmittel

Dieses allgemeine Gliederungsschema stellt einen GoB dar und gilt somit für sämtliche bilanzierenden Unternehmen. Eine weitergehende Unterteilung ist nach § 266 Abs. 1 HGB nF. nur für große und mittelgroße Kapitalgesellschaften gesetzlich vorgeschrieben (siehe auch Erläuterungen zur Gliederung, Rz. 532). Die aktienrechtliche Gliederung des Umlaufvermögens nach § 151 Abs. 1 Aktiva III. AktG aF. galt für Aktiengesellschaften und Kommanditgesellschaften a. A. ohne Berücksichtigung der Unternehmensgröße.

532 Eine Gegenüberstellung der Gliederung des Umlaufvermögens nach HGB nF. und AktG aF. wird nachstehend vorgenommen.

Gliederung und Offenlegung des Umlaufvermögens
nach HGB nF. für Kapitalgesellschaften und AktG aF. für AG und KGaA

Künftiges Recht (HGB nF.)					Bisheriges Recht (AktG aF.)	
Große und mittelgroße Kapitalgesellschaften			Kleine Kapitalgesellschaften		AG und KGaA	
Gliederung	Offenlegung		Gliederung	Offen-legung	Gliederung	Offen-legung
	große Ges.	mittel-große Ges.				
B. Umlaufvermögen:	x	x	B. Umlaufvermögen:	x	III. Umlaufvermögen:	x
I. Vorräte:	x	x	I. Vorräte	x	A. Vorräte:	x
1. Roh-, Hilfs- und Betriebsstoffe;	x				1. Roh-, Hilfs- und Betriebsstoffe;	x
2. unfertige Erzeugnisse;	x				2. unfertige Erzeugnisse;	x
3. fertige Erzeugnisse und Waren;	x				3. fertige Erzeugnisse, Waren;	x
4. geleistete Anzahlungen;	x					

* Bezeichnung lt. gesetzlichem Gliederungsschema.

Künftiges Recht (HGB nF.)					Bisheriges Recht (AktG aF.)	
Große und mittelgroße Kapitalgesellschaften			Kleine Kapitalgesellschaften		AG und KGaA	
Gliederung	Offenlegung große Ges.	mittelgroße Ges.	Gliederung	Offenlegung	Gliederung	Offenlegung
II. Forderungen und sonstige Vermögensgegenstände:	x	x	II. Forderungen und sonstige Vermögensgegenstände	x	B. Andere Gegenstände des Umlaufvermögens:	x
1. Forderungen aus Lieferungen und Leistungen;	x				1. geleistete Anzahlungen, soweit sie nicht zu II A Nr. 7 gehören;	x
2. Forderungen gegen verbundene Unternehmen;	x	x[1]			2. Forderungen aus Lieferungen und Leistungen; davon mit einer Restlaufzeit von mehr als einem Jahr:	x
3. Forderungen gegen Unternehmen, mit denen ein Beteiligungsverhältnis besteht;	x	x[1]				
4. Forderungen an Gesellschafter (nur bei GmbH)[1];	x	x	– Forderungen an Gesellschafter (nur bei GmbH)[1]	x	3. Wechsel; davon bundesbankfähig:	x
					4. Schecks;	x
5. Eingeforderte Nachschüsse (nur bei GmbH);	x	x	– Eingeforderte Nachschüsse (nur bei GmbH)	x	5. Kassenbestand, Bundesbank- und Postscheckguthaben;	
6. sonstige Vermögensgegenstände;	x				6. Guthaben bei Kreditinstituten;	x
III. Wertpapiere:	x	x	III. Wertpapiere	x		
1. Anteile an verbundenen Unternehmen;	x	x[1]			7. Wertpapiere, die nicht zu Nummer 3, 4, 8 oder 9 oder zu II B gehören;	x
2. eigene Anteile	x	x[1]			8. eigene Aktien unter Angabe ihres Nennbetrags;	x
3. sonstige Wertpapiere;	x				9. Anteile an einer herrschenden oder an der Gesellschaft mit Mehrheit beteiligten Kapitalgesellschaft …	x
IV. Schecks, Kassenbestand, Bundesbank- und Postgiroguthaben, Guthaben bei Kreditinstituten.	x	x	IV. Schecks, Kassenbestand, Bundesbank- und Postgiroguthaben, Guthaben bei Kreditinstituten.	x		
					10. Forderungen an verbundene Unternehmen;	x
					11. Forderungen aus Krediten, die a) unter § 89, b) unter § 115 fallen;	x
					12. sonstige Vermögensgegenstände.	x

[1] alternativ Angabe im Anhang möglich.

D. (B.) Umlaufvermögen (Vorbemerkung) 533–538 B

533 Das **Steuerrecht** enthält wie das Handelsrecht keine Definition des Umlaufvermögens. Die obigen Ausführungen gelten daher analog. Es gibt auch keine steuerrechtlichen Gliederungsvorschriften für das Umlaufvermögen. Daher kommt über das Maßgeblichkeitsprinzip die handelsrechtliche Gliederung unverändert auch steuerrechtlich zum Zuge (vgl. *Albach* StBJb 1973/74, 265 ff.).

2. Bewertungsgrundsätze

a) Handelsrechtliche Bewertungsgrundsätze

534 Die in Zusammenhang mit dem Anlagevermögen behandelten Bewertungsgrundsätze (vgl. Rz. 185 ff.) gelten in entsprechender Form auch für das Umlaufvermögen. Es sind vor allem bedeutsam:
– Prinzip der Einzelbewertung und die Möglichkeiten seiner Durchbrechung (vgl. Teil A Rz. 54 ff.)
– Anschaffungswertprinzip (vgl. Teil A Rz. 90 ff.)
– Höchstwert- und Fixwertprinzip (vgl. Rz. 189)
– Wertaufholungsgebot (vgl. Teil A Rz. 407 ff.)

535 Weiterhin spielen folgende in Teil A dargestellte Bewertungsgrundsätze eine wichtige Rolle:
– Going-Concern-Prinzip (vgl. Teil A Rz. 227 f.)
– Imparitätsprinzip (vgl. Teil A Rz. 329 f.)
– Stichtagsprinzip (vgl. Teil A Rz. 383 f.)

536 Die **Bewertung des Umlaufvermögens** weist im Vergleich zur Bewertung des Anlagevermögens zwei wichtige **Unterschiede** auf:
– keine planmäßigen Abschreibungen
– Gültigkeit des strengen Niederstwertprinzips.

537 Aus der Natur der Vermögensgegenstände des Umlaufvermögens (vgl. Rz. 530) ergibt sich, daß es **keine planmäßigen Abschreibungen** geben kann. Es kann nur zu außerplanmäßigen Abschreibungen kommen. Während für das Anlagevermögen das gemilderte Niederstwertprinzip gilt, ist für das Umlaufvermögen sowohl nach bisherigem Recht als auch nach künftigem Bilanzrecht das **strenge Niederstwertprinzip** vorgeschrieben:

§ 253 Abs. 3 Satz 1 und 2 HGB nF.: „Bei Vermögensgegenständen des Umlaufvermögens sind Abschreibungen vorzunehmen, um diese mit einem niedrigeren Wert anzusetzen, der sich aus einem Börsen- oder Marktpreis am Abschlußstichtag ergibt. Ist ein Börsen- oder Marktpreis nicht festzustellen und übersteigen die Anschaffungs- oder Herstellungskosten den Wert, der den Vermögensgegenständen am Abschlußstichtag beizulegen ist, so ist auf diesen Wert abzuschreiben."

Das hier kodifizierte strenge Niederstwertprinzip ist ein GoB und damit **für alle Rechtsformen** verbindlich (vgl. auch *Fülling* Grundsätze ordnungsmäßiger Bilanzierung für Vorräte; vgl. im übrigen Teil A Rz. 369 ff.). Er ergab sich bisher in einer inhaltsgleichen Formulierung aus § 155 Abs. 2 AktG aF. Das strenge Niederstwertprinzip verlangt, daß zu jedem Bilanzstichtag der Zeitwert der Vermögensgegenstände mit dem Buchwert verglichen wird; der niedrigere der beiden Werte ist anzusetzen. Dies gilt auch dann, wenn die **Wertminderung** nur **vorübergehender Natur** ist, möglicherweise im Zeitpunkt der Bilanzerstellung bereits wieder entfallen ist.

538 Im HGB nF. ebenso wie im AktG aF. werden zwei spezielle Arten von Zeitwerten ausdrücklich angesprochen. Es handelt sich dabei um den Wert, der aus dem Börsenpreis, und um den Wert, der aus dem Marktpreis abzuleiten ist.

Unter einem **Börsenpreis** versteht man den Preis, der für vertretbare Güter, deren Beschaffenheit allgemein bekannt ist und deren Mengen untereinander austauschbar sind, an einer amtlich anerkannten Börse festgestellt wird. Werden die Güter an mehreren Börsen gehandelt, dann ist der Börsenpreis für die Bewertung maßgeblich, der sich an dem Börsenplatz ergibt, an dem der Bilanzierende überwiegend seine Geschäfte abwickelt. Wenn die Geschäfte regelmäßig in annähernd gleichem Umfang an mehreren Börsenplätzen getätigt werden, dann bleibt es dem Bilanzierenden überlassen, welchen Börsenplatz er für die Ermittlung des Börsenpreises zugrunde legen will (zu weiteren Einzelheiten vgl. *Wohlgemuth* HdJ Abt. I/11 Anm. 10 ff.).

Bei dem **Marktpreis** handelt es sich um einen ,,Durchschnittspreis, der sich unabhängig von besonderen zufälligen Umständen der Preisbildung aus der Vergleichung einer größeren Anzahl an diesem Orte zur maßgebenden Zeit geschlossener Kaufverträge für Waren der betreffenden Beschaffenheit ergibt" – *Palandt* § 453 BGB Anm. 2.

Die Zeitwerte ergeben sich in diesen Fällen dadurch, daß die Börsen- bzw. Marktpreise noch um die üblichen **Anschaffungsnebenkosten** erhöht und u. U. auch um **Anschaffungskostenminderungen** reduziert werden (vgl. *Adler/Düring/Schmaltz* § 155 Anm. 163 ff.).

539 Bei den – meistens gegebenen – Fällen, in denen zur Ermittlung des Zeitwerts weder von dem Preis an einer Börse noch vom Preis eines Marktes ausgegangen werden kann, spricht das Gesetz vom sog. **,,beizulegenden Wert"**. Der beizulegende Wert tritt somit immer dann auf, wenn bei der Ermittlung des Tageswertes eines Vermögensgegenstandes von einem ,,sonstigen Preis" ausgegangen werden muß, oder wenn zur Ermittlung des Tageswertes überhaupt keine Preise, sondern andere Größen, wie z. B. Kosten im Sinne der Kostenrechnung oder eventuell auch zukünftige Erträge verwendet werden müssen (zu Einzelheiten der Ermittlung der aus einem Börsen- oder Marktpreis abzuleitenden Zeitwerte und der Bestimmung des beizulegenden Wertes vgl. *Wohlgemuth* HdJ Abt. I/11 Anm. 4 ff. sowie Teil A Rz. 118 ff.).

540 Das vom Gesetzgeber verwandte Unterscheidungskriterium ist für die tatsächliche Höhe des Zeitwertes nebensächlich. Wenn ein Preis die Grundlage der Ermittlung des Zeitwertes bildet, so ist vielmehr die Unterscheidung, ob es sich um einen **Beschaffungs-** oder um einen **Absatzpreis** handelt, von vorrangiger Bedeutung. Auch in den anderen Fällen wird die Höhe des Zeitwertes wesentlich vom Charakter der jeweiligen Ausgangsgröße bestimmt. Dementsprechend sind als Zeitwerte im Rahmen des Niederstwertprinzips für das Umlaufvermögen folgende Werte von praktischer Bedeutung:
– Wiederbeschaffungskosten
– Reproduktionskosten
– vom Verkaufswert abgeleitete Werte (retrograde Bewertung)
– spezielle Zeitwerte (z. B. für Forderungen)

Zum Inhalt und zur Ermittlung dieser Werte vgl. Rz. 574 ff., 106 ff., 631 f.; zu weiteren Einzelheiten vgl. *Wohlgemuth* HdJ Abt. I/11 Anm. 15 ff.

541 Wenn die Ansprüche des strengen Niederstwertprinzips erfüllt sind, sehen sowohl das bisherige als auch das zukünftige Bilanzrecht in speziellen Fällen die **Möglichkeit zusätzlicher Abwertungen** vor. Es handelt sich hier um fakultative, d. h. im Gegensatz zu den obligatorischen niedrigeren Zeitwerten im Rahmen des Niederstwertprinzips, freiwillig wählbare niedrigere Wertansätze.

Personenhandelsgesellschaften und Einzelunternehmen dürfen nach § 253 Abs. 4 HGB nF. die Vermögensgegenstände des Umlaufvermögens, ebenso wie diejenigen des Anlagevermögens (vgl. dazu Rz. 222), einen Wert ansetzen, der unter demjenigen des Niederstwertprinzips liegt, wenn dies im ,,Rahmen **vernünftiger kaufmännischer Beurteilung**" (d. h. unter Berücksichtigung des Gebotes der Willkürfreiheit; vgl. Bericht zu § 253, BT-Drucksache 10/4268) notwendig ist.

542 **Kapitalgesellschaften** dürfen (ebenso wie Personenhandelsgesellschaften und Einzelunternehmen) für Vermögensgegenstände des Umlaufvermögens einen niedrigeren Wert ansetzen, wenn die Abschätzung der voraussichtlichen zukünftigen Entwicklung (Zeitraum von ca. 2 Jahren) einen **niedrigeren Zukunftswert** erwarten läßt und wenn durch Ansatz dieses Wertes Änderungen des Wertansatzes der Vermögensgegenstände in der nächsten Zukunft verhindert werden können (§ 253 Abs. 3 Satz 3 HGB nF.).

Unter **Wertschwankungen** sind sowohl erwartete periodisch wiederkehrende Preisschwankungen, wie z. B. bei Weltmarktrohstoffen und Wertpapieren, als auch einmalige Preisrückgänge zu verstehen (vgl. *Adler/Düring/Schmaltz* § 155 Anm. 195 ff.).

Für die Ermittlung des niedrigeren Zukunftswertes ist es erforderlich, daß im Sinne einer vernünftigen kaufmännischen Beurteilung **sowohl positive als auch negative Entwicklungstendenzen,** die auf Erfahrungen und konkretisierbaren Risiken

Umlaufvermögen (Vorbemerkung)

basieren und intersubjektiv nachprüfbar sind, berücksichtigt werden. Extrem pessimistische Beurteilungen sind auszuscheiden.

543 Für die Bewertung mit dem **niedrigeren Zukunftswert** nach § 253 Abs. 3 Satz 3 HGB nF. gilt nicht die **Voraussetzung,** daß sich die Vermögensgegenstände am nächsten Bilanzstichtag noch im Vermögen der Gesellschaft befinden. Bei Vermögensgegenständen, die veräußert oder verbraucht werden sollen, ohne daß eine Ersatzbeschaffung geplant ist, wird die Abschreibung für die künftig erwartete Wertminderung von dem Bestand am Bilanzstichtag ermittelt, soweit bis zur Bilanzerstellung noch kein Verkauf oder Verbrauch stattgefunden hat. Wurde der Bestand bis zum Zeitpunkt der Bilanzerstellung abgebaut, dann ist die zukünftige Wertminderung von dem zu diesem Zeitpunkt vorhandenen Bestand zu ermitteln. Die bis dahin verbrauchten oder veräußerten Vermögensgegenstände sind mit ihren Anschaffungs- oder Herstellungskosten bzw. ihren niedrigeren beizulegenden Werten ggf. unter Berücksichtigung der bis zu ihrem Ausscheiden bereits eingetretenen Wertminderungen ohne Berücksichtigung evtl. (weiterer) künftiger Wertminderungen zu aktivieren, da sie davon nicht betroffen werden. Bei Vermögensgegenständen, die nach Verkauf oder Verbrauch wiederbeschafft werden sollen, ist die Abschreibung grundsätzlich von dem am Bilanzstichtag vorhandenen Bestand zu ermitteln. Bis zur Bilanzerstellung erfolgte Zukäufe, die den Bestand erhöhen, dürfen nicht berücksichtigt werden. Zu Einzelheiten vgl. *Adler/Düring/Schmaltz* § 155 Anm. 204 ff.

544 Des weiteren ist der Ansatz eines unter dem Niederstwert liegenden Wertes für alle Rechtsformen nach §§ 254, 279 Abs. 2 HGB nF. zulässig, soweit das Steuerrecht, wegen der Gültigkeit des Grundsatzes der Maßgeblichkeit der Handelsbilanz für die Steuerbilanz, einen **für steuerrechtliche Zwecke zulässigen niedrigeren Wertansatz** in der Handelsbilanz verlangt. Dieser ,,niedrigere steuerliche Wert" muß von der bilanzierenden Unternehmung für zulässig gehalten werden. Ob er im Einzelfall auch tatsächlich von der Finanzverwaltung anerkannt wird, kann sich u. U. erst Jahre später erweisen. Aus Praktikabilitätsgründen ist es daher für die steuerlich bedingte Abwertung ausreichend, daß der Bilanzierende ernst zu nehmende Gründe für die Zulässigkeit der gewünschten Bewertungsvergünstigung geltend machen kann (vgl. *Adler/Düring/Schmaltz* § 155 Anm. 211; *IdW* NA 1/1968).

545 Diese unter die Wertansätze des Niederstwertprinzips führenden Abschreibungen waren auch nach **bisherigem Recht** zulässig. Für Einzelunternehmungen, Personenhandelsgesellschaften und GmbH ergaben sie sich aus der Gültigkeit des für diese Rechtsformen geltenden Höchstwertprinzips (vgl. Rz. 189). Für nach AktG aF. bilanzierende Unternehmen waren sie in § 155 AktG aF. ausdrücklich zugelassen, und zwar die
– Abschreibung auf den niedrigeren Zukunftswert in § 155 Abs. 3 Nr. 1
– Abschreibung auf den niedrigeren steuerlichen Wert in § 155 Abs. 3 Nr. 2

Personenhandelsgesellschaften und Einzelunternehmen können nach § 253 Abs. 5 HGB nF. den einmal in einem Jahresabschluß angesetzten **niedrigeren Wertansatz beibehalten,** auch wenn die Gründe für seine Bildung nicht mehr bestehen.

Für **Kapitalgesellschaften** gilt nach § 280 Abs. 1 HGB nF. grundsätzlich die **Pflicht zur Wertaufholung,** wenn die Gründe für eine außerplanmäßige Abschreibung nicht mehr bestehen. Diese Pflicht wird jedoch durch § 280 Abs. 2 HGB nF. insofern abgeschwächt, als auf eine Zuschreibung verzichtet werden darf, wenn der niedrigere Wertansatz in der Handelsbilanz angesetzt werden muß, um auch in der Steuerbilanz angesetzt werden zu können. Kann aus diesem Grund der **niedrigere Wertansatz beibehalten** werden, so besteht nach § 280 Abs. 3 HGB nF. die Pflicht, die Höhe der unterlassenen Zuschreibung im Anhang anzugeben und hinreichend zu begründen. Weitere Angaben von großen und mittelgroßen Kapitalgesellschaften sind nach § 285 Nr. 5 HGB nF. erforderlich (vgl. Rz. 227, 1979).

Nach **bisherigem Recht** bestand bei allen Rechtsformen ein **Beibehaltungswahlrecht** für den niedrigeren Wertansatz. Für nach Aktienrecht bilanzierende Unternehmen war es ausdrücklich in § 155 Abs. 4 AktG aF. formuliert. Eine Berichterstattungspflicht, wie sie das künftige Recht vorsieht, existierte nicht.

b) Ertragsteuerliche Regelung

546 Die Bewertung des Umlaufvermögens ist in § 6 Abs. 1 Nr. 2 EStG geregelt; danach gelten folgende **Bewertungsregeln:**
- Wie nach Handelsrecht dürfen die Vermögensgegenstände höchstens mit den **Anschaffungs-** oder **Herstellungskosten** (vgl. Teil A Rz. 52ff., Rz. 280ff.) bewertet werden.
- Statt der Anschaffungs- oder Herstellungskosten kann der **niedrigere Teilwert** angesetzt werden. Das Steuerrecht kennt explizit nicht das strenge Niederstwertprinzip. Wegen der Gültigkeit des Grundsatzes der Maßgeblichkeit der Handelsbilanz für die Steuerbilanz kommt dieses Prinzip aber auch in der Steuerbilanz zur Anwendung.
- Der Teilwert von Wirtschaftsgütern des Vorratsvermögens, deren Einkaufspreis am Bilanzstichtag unter die Anschaffungskosten gesunken ist, deckt sich regelmäßig mit den Wiederbeschaffungskosten am Bilanzstichtag, und zwar auch dann, wenn mit einem entsprechenden Rückgang der Verkaufspreise nicht gerechnet zu werden braucht (vgl. Abschn. 36 Abs. 1 Satz 8 EStR). Der **niedrigere Börsen- oder Marktpreis** stellt regelmäßig auch den niedrigeren Teilwert dar (vgl. BFH v. 26. 1. 1956, BStBl. III 1956, 113; v. 29. 7. 1965, BStBl. III 1965, 648). Bei der am Absatzmarkt orientierten retrograden Wertermittlung kann der beizulegende handelsrechtliche Wert höher sein als der Teilwert, da nach Abschn. 36 Abs. 1 EStR der Gewinnaufschlag im Gegensatz zum Handelsrecht vom voraussichtlichen Verkaufserlös abgezogen werden darf. Zum Importwarenabschlag vgl. § 80 EStDV (Rz. 576b). Hinsichtlich weiterer Einzelheiten zum Teilwert vgl. Rz. 576a, Teil A Rz. 385ff., s. auch *Herrmann/Heuer/Raupach* § 6 Anm. 1002ff.
- Steigt der niedrigere Teilwert in späteren Jahren wieder an, so besteht ein **Wahlrecht zur Zuschreibung** (bis maximal zu den Anschaffungs- oder Herstellungskosten) oder Beibehaltung. Auch hier ist nach dem Maßgeblichkeitsprinzip der Wertansatz in der Handelsbilanz bestimmend für die Steuerbilanz.

I. Vorräte

550 Als **Vorräte** eines Unternehmens werden alle auf Lager befindlichen Vermögensgegenstände des Umlaufvermögens erfaßt, die für die Leistungserstellung oder die Veräußerung vorgesehen sind. Das HGB nF. betrachtet Anzahlungen, die auf Vorräte geleistet wurden, als Vorstufe dieser Vermögensgegenstände und schreibt daher ihren Ausweis ebenfalls im Rahmen des Vorratsvermögens vor, während nach der Gliederung des AktG aF. ein Ausweis unter den ,,anderen Gegenständen des Umlaufvermögens" vorgesehen war.

551 Nach HGB nF. ist für **mittelgroße und große Kapitalgesellschaften** folgende **Gliederung** der Vorräte vorgesehen:
- Roh-, Hilfs- und Betriebsstoffe
- Unfertige Erzeugnisse, unfertige Leistungen
- Fertige Erzeugnisse und Waren
- Geleistete Anzahlungen

Kleine Kapitalgesellschaften (nach § 266 Abs. 1 Satz 3 HGB nF.) und **Nicht-Kapitalgesellschaften** können die gesamten Vorräte einschließlich der geleisteten Anzahlungen in einer Position ausweisen.

Bei der **Offenlegung** des Jahresabschlusses haben **mittelgroße Unternehmen** das Recht, alle Vorräte in einer Position zusammengefaßt zu zeigen (§ 327 Nr. 1 HGB nF.).

552 Die Gliederung des **bisherigen Rechts** in § 151 Abs. 1 AktG aF. stimmt mit der Gliederung des HGB nF. mit Ausnahme der ausdrücklich genannten unfertigen Leistungen und der unterschiedlichen Einordnung der auf das Vorratsvermögen geleisteten Anzahlungen überein. Im Vergleich zum bisherigen Recht ist die eingeschränkte Ausweisverpflichtung kleiner Kapitalgesellschaften in der Rechtsform der AG und KGaA und der erweiterte Ausweis großer und mittelgroßer Gesellschaften mbH neu.

1. Roh-, Hilfs- und Betriebsstoffe

a) Behandlung nach Handelsrecht

553 Zu den **Rohstoffen** gehören alle Stoffe, die unmittelbar in das Erzeugnis eingehen und einen wesentlichen Bestandteil bilden.

Hilfsstoffe gehen ebenfalls in das Erzeugnis ein, bilden aber nur unwesentliche Bestandteile (z. B. Lacke, Beizen, Leim, Schrauben, Nägel in der Möbelindustrie). Verpackungsmaterial gilt nur dann als Hilfsstoff, wenn es für die Verkaufsfähigkeit erforderlich und im Verkaufspreis enthalten ist (z. B. Verpackung bei Zigaretten, Schokolade).

Betriebsstoffe gehen nicht in das Erzeugnis ein, sondern werden bei der Produktion mittelbar oder unmittelbar verbraucht (z. B. Brennstoffe, Reinigungs- und Schmiermittel). Vorratsbestände an Büromaterial, Lebensmittel für die Werkskantine, Werbematerial gehören ebenfalls zu den Betriebsstoffen, soweit eine Veräußerung als Handelsware nicht beabsichtigt ist. Eine scharfe Trennung zwischen Roh-, Hilfs- und Betriebsstoffen ist für die Bilanzierung nicht von Bedeutung, da nach bisherigem und zukünftigem Recht alle Stoffe in einer Bilanzposition zusammengefaßt werden dürfen.

554 Die mengenmäßige Ermittlung des Vorratsbestandes am Bilanzstichtag erfolgt durch die Inventur (vgl. Teil A Rz. 305ff.).

Für die Bewertung gilt grundsätzlich das Prinzip der **Einzelbewertung**. Fremdbezogene Gegenstände sind danach mit ihren Anschaffungskosten (zu Einzelheiten siehe Teil A Rz. 52ff.; *Wohlgemuth* HdJ Abt. I/9) zu bewerten. Selbsterstellte Roh-, Hilfs- und Betriebsstoffe werden i. d. R. unter den Erzeugnissen, Pos. B. I. 2. oder 3. ausgewiesen. Da die individuelle Ermittlung der Anschaffungskosten gleichartiger Gegenstände des Vorratsvermögens häufig daran scheitert, daß die Zu- und Abgänge der Vermögensgegenstände nicht einzeln verfolgt werden können, hat der Gesetzgeber sowohl nach zukünftigem als auch nach bisherigem Recht unter bestimmten Voraussetzungen die Durchbrechung des Prinzips der Einzelbewertung zugelassen und eine **gruppenweise Bewertung** gestattet (Sammelbewertung, nichtindividuelle Bewertung). Für die Zusammenfassung von Vermögensgegenständen zu einer Gruppe zum Zwecke der gemeinsamen Bewertung ist es generell erforderlich, daß die Vermögensgegenstände gleichartig sind.

555 Die Voraussetzung der **Gleichartigkeit** ist erfüllt, wenn die Vermögensgegenstände des Vorratsvermögens einer gleichen Warengattung angehören, d. h. funktionsgleich sind; auf eine Übereinstimmung des Materials, aus dem die Gegenstände bestehen, kommt es nicht an. Zu den Merkmalen der Gleichartigkeit gehört auch eine weitgehende Wertgleichheit. Ähnliche Gegenstände, die erhebliche Wertunterschiede aufweisen, sind somit nicht als gleichartig einzustufen. Nur unter diesen Voraussetzungen entspricht die gruppenweise Zusammenfassung den GoB, d. h. ist trotz der fehlenden Individualität kein nennenswerter Genauigkeitsverlust der Bewertung zu befürchten. (Zu weiteren Einzelheiten der Voraussetzungen einer Sammelbewertung vgl. Rz. 557ff.; v. *Ahsen*, 150ff.)

Das im **HGB aF.** genannte Zusammenfassungskriterium, nach dem „solche gleichartigen Vermögensgegenstände, bei denen nach der Art des Bestandes oder auf Grund sonstiger Umstände ein Durchschnittswert bekannt ist, zu einer Gruppe zusammengefaßt werden" (§ 40 Abs. 4 Nr. 1 HGB aF.) dürfen (Gruppenbewertung), taucht im HGB nF. nicht mehr auf. Vgl. zu der Problematik des „bekannten Durchschnittswertes" *Adler/Düring/Schmaltz* § 155 Anm. 141 f.

556 Im einzelnen kommen folgende **Verfahren der nichtindividuellen Bewertung** (Sammelbewertung) in Betracht:
- Festbewertung
- Durchschnittsmethode
- Verbrauchsfolgefiktionen

557 Die **Festbewertung** ist nach § 240 Abs. 3 HGB nF./§ 40 Abs. 4 Nr. 2 HGB aF. für die Bewertung der Roh-, Hilfs- und Betriebsstoffe zulässig. Nach dieser Bewertungsmethode können die Vermögensgegenstände, „wenn sie regelmäßig ersetzt werden und ihr Gesamtwert für das Unternehmen von nachrangiger Bedeutung ist, mit einer gleichbleibenden Menge und einem gleichbleibenden Wert angesetzt werden, sofern ihr Bestand in seiner Größe, seinem Wert und seiner Zusammensetzung nur geringen Veränderungen unterliegt" (§ 240 Abs. 3 HGB nF). Dieser „Bewertung mit **eisernen Beständen**" liegt die Annahme zugrunde, daß sich der Verbrauch und die Neuzugänge bzw. Ersatzbeschaffungen entsprechen, so daß die Zugänge direkt als Aufwand verbucht werden können.

558 Bei erstmaliger Anwendung der Festbewertung im Vorratsvermögen sind als **Festwert** die gewogenen durchschnittlichen Anschaffungs- und Herstellungskosten der Güter anzusetzen, falls nicht ein niedrigerer Zeitwert gegeben ist. Eine **Änderung des Festwertes** ist vorzunehmen, wenn der durch körperliche Bestandsaufnahme ermittelte Wert den bisherigen Festwert um mehr als 10% übersteigt, wobei die absolute Höhe im Einzelfall von Bedeutung ist (vgl. *Adler/Düring/Schmaltz* § 153 Anm. 68; Abschn. 31 Abs. 5 EStR). Bei hohen Beständen wird daher bereits bei geringerem prozentualen Wertzuwachs der Festwert angepaßt werden müssen, während, zumindest handelsrechtlich, bei niedrigen Beständen eine Erhöhung des Wertes auch über 10% toleriert werden kann. Eine Verringerung des Wertes der im Festwert zusammengefaßten Vermögensgegenstände führt generell zu einer Berichtigung des Festwertes.

559 Die **Durchschnittsmethode** gilt als die in der Praxis am weitesten verbreitete Methode. Sie findet in zwei Ausprägungen Anwendung. Bei der einfachsten Form wird der **gewogene Durchschnittswert** ermittelt, indem aus Anfangsbestand und Zugängen jährlich ein gewogener Durchschnittsbetrag der Anschaffungskosten gebildet wird. Mit diesem Betrag wird der Endbestand bewertet. Eine Erhöhung der Aktualität des ermittelten Durchschnittsbetrages kann erreicht werden, wenn nicht der Anfangsbestand und die gesamten Zugänge, sondern nur die Zugänge des letzten Halb- oder Vierteljahres in die Berechnung eingehen. Dies gilt aber nur, wenn die zuerst angeschafften Vermögensgegenstände auch zuerst verbraucht oder veräußert werden. Als zweite Methode gilt die Ermittlung eines **gleitenden Durchschnittswertes**. Hier wird bei jedem Zugang, der zu einem Betrag erfolgt, der von den bis dahin geltenden Durchschnittswert abweicht, ein neuer Durchschnittswert ermittelt, mit dem auch die nachfolgenden Abgänge bewertet werden, vgl. auch Teil A Rz. 56.

Diese Verfahren der **Durchschnittsbewertung** sind gem. § 240 Abs. 4 HGB nF. für gleichartige Vermögensgegenstände des Vorratsvermögens zugelassen. Sie entsprechen geltenden **GoB**. Wenden **Kapitalgesellschaften** das Durchschnittsverfahren an, dann muß der **Unterschiedsbetrag** zwischen der Bewertung nach § 240 Abs. 4 HGB nF. und der Bewertung auf der Grundlage des letzten vor dem Abschlußstichtag bekannten Börsenkurses oder Marktpreises im Anhang angegeben werden. Die Angabepflicht ist auf erhebliche Unterschiedsbeträge beschränkt. Die Angaben können pauschal für die jeweilige Vorratsvermögensgruppe erfolgen (vgl. § 284 Abs. 2 Nr. 4 HGB nF.). Eine solche Berichtspflicht sah das AktG aF. demgegenüber nicht vor.

560 **Verbrauchsfolgefiktionen** können gem. § 256 HGb nF./§ 155 Abs. 1 Satz 3 AktG aF. für gleichartige Gegenstände des Vorratsvermögens gewählt werden:

„Soweit es den Grundsätzen ordnungsmäßiger Buchführung entspricht, kann für den Wertansatz gleichartiger Vermögensgegenstände des Vorratsvermögens unterstellt werden, daß die zuerst oder daß die zuletzt angeschafften oder hergestellten Vermögensgegenstände zuerst oder in einer sonstigen bestimmten Folge verbraucht oder veräußert worden sind" (§ 256 Satz 1 HGB nF.).

Demnach sind alle Verfahren zulässig, die nicht mißbräuchlich gegen die Zielsetzung des Jahresabschlusses verstoßen. Das gewählte Verfahren muß nicht mit der tatsächlichen Verbrauchsfolge übereinstimmen. Ein willkürlicher Wechsel der Methoden ist unzulässig (§ 252 Abs. 1 Nr. 6 HGB nF.).

Im einzelnen kommen vor allem folgende **Verfahren** in Betracht (vgl. auch Teil A Rz. 57 ff.):

561 – **Lifo**(last in – first out)-**Methode**
Hier wird unterstellt, daß die zuletzt angeschafften oder hergestellten Vorräte zuerst veräußert oder verbraucht werden und daß sich der Endbestand aus den zuerst erworbenen oder hergestellten Vermögensgegenständen zusammensetzt. Die am Bilanzstichtag vorhandenen Bestände werden mit den Anschaffungs- oder

Herstellungskosten der ersten Lagerzugänge bewertet. Ist der Endbestand mengenmäßig größer als die zuerst erworbene oder hergestellte Menge, dann ist die zusätzliche Menge mit dem Betrag der nächsten Lieferung zu bewerten usw.

562 – **Fifo(first in – first out)-Methode**
Bei dieser Methode besteht die Annahme, daß die zuerst erworbenen Wirtschaftsgüter das Lager auch wieder zuerst verlassen. Der Endbestand wird mit den Anschaffungs- oder Herstellungskosten des letzten Lagerzuganges bewertet. Reicht die Menge nicht aus, wird zusätzlich der Betrag der vorletzten Lieferung herangezogen usw.

563 – **Hifo(highest in – first out)-Methode**
Die Hifo-Methode geht davon aus, daß die Vermögensgegenstände mit den höchsten Anschaffungs- oder Herstellungskosten zuerst das Lager verlassen. Die Bewertung der Endbestände erfolgt dementsprechend mit den niedrigsten Anschaffungs- bzw. Herstellungskosten.

564 – **Lofo(lowest in – first out)-Methode**
Hier wird unterstellt, daß die Vorräte, die mit den niedrigsten Preisen angeschafft wurden, zuerst veräußert oder verbraucht wurden.

565 – **Kifo(Konzern in – first out)-Methode**
Dieses Verfahren kann angewandt werden, wenn gleichartige Vermögensgegenstände sowohl aus Lieferungen von Konzernunternehmen als auch von Nichtkonzernunternehmen stammen. Man unterstellt bei dem Kifo-Verfahren, daß die aus Konzernlieferungen stammenden Vorräte zuerst das Lager verlassen. Diese Fiktion bringt Vorteile bei der Erstellung eines Konzernabschlusses, da das Problem der Zwischenerfolgseliminierung vermindert wird.
Zur Dollar-value- und Retail-lifo-Methode vgl. *Adler/Düring/Schmaltz* § 155 Anm. 127f.

566 Die Verbrauchsfolgeverfahren können sowohl **periodisch** als auch **permanent** (d. h. jeder einzelne Abgang wird entsprechend der gewählten Methode bewertet) angewendet werden; vgl. dazu und zu weiteren Varianten *Adler/Düring/Schmaltz* § 155 Anm. 106ff. Der durch die Verbrauchsfolgefiktionen primär angestrebte Vereinfachungseffekt kommt im wesentlichen nur bei Anwendung der periodischen Varianten der Verfahren zustande. Die übrigen Varianten sind ungebräuchlich.

567 Die genannten Verbrauchsfolgefiktionen gelten so lange als **mit den GoB vereinbar,** als in der Praxis eine tatsächliche Verbrauchsfolge möglich wäre, die der gewählten Fiktion entspricht. Nur bei objektiver Unmöglichkeit der praktischen Verwirklichung einer Verbrauchsfolge scheidet diese Fiktion für die Erstellung des handelsrechtlichen Jahresabschlusses aus (vgl. *IdW* NA 5/1966). So ist beispielsweise wegen der Verderblichkeit der Vorräte das Lifo-Verfahren für die Bestandsbewertung einer Konservenfabrik ausgeschlossen. Das Fifo-Verfahren scheidet für Güter, die auf Halde gelagert werden, aus.
Es ist nicht erforderlich, eine Verbrauchsfolgefiktion zu wählen, die der **tatsächlichen Verbrauchsreihenfolge** möglichst nahe kommt. Nach h. M. darf das Lifo-Verfahren auch dann angewandt werden, wenn ausnahmsweise während des Jahres die Bestände ganz geräumt waren. Die Ursache für die vollständige Bestandsräumung muß jedoch tatsächlich außergewöhnlicher Natur gewesen sein (z. B. überraschende Lieferstockung, einmaliges Versäumen des rechtzeitigen Bestelltermins, unvorhersehbarer Mehrverbrauch u. ä.). Eine regelmäßige oder häufigere Lagerräumung, wie z. B. bei Saisonbetrieben, die in jeder Saison die Rohstoffe völlig aufarbeiten (Zuckerfabrik), verbietet die Anwendung des Lifo-Verfahrens (zur handelsrechtlichen Zulässigkeit von Verbrauchsfolgeunterstellungen vgl. *Wöhe* Bilanzierung und Bilanzpolitik, 488ff. und die dort angegebene Literatur).

568 Es muß beachtet werden, daß durch die Verwendung von Verbrauchsfolgefiktionen (lediglich auf einfachere Weise) die **Anschaffungs- oder Herstellungskosten ermittelt** werden. Der obligatorische zweite Schritt der Bewertung, bei dem die Anschaffungs- oder Herstellungskosten mit dem Zeitwert zu vergleichen sind, muß auch hier erfolgen. Auch fakultative niedrigere Wertansätze können an die Stelle der durch Verbrauchsfolgefiktionen ermittelten Anschaffungs- oder Herstellungskosten treten.

569 Bei **sinkenden Preisen** führt die Anwendung des Lifo-Verfahrens regelmäßig zu einer Bestandsabschreibung aufgrund des Niederstwertprinzips; beim Lofo-Verfahren ist dies unabhängig von der Preisentwicklung fast immer der Fall, daher hat das Lofo-Verfahren keine praktische Bedeutung.

570 Wenden **Kapitalgesellschaften** ein Verbrauchsfolgeverfahren an, dann besteht nach § 284 Abs. 2 Nr. 4 HGB nF. die Pflicht zur **Angabe des Unterschiedsbetrages** zwischen der Bewertung nach § 256 Satz 1 HGB nF. und der Bewertung auf der Grundlage des letzten vor dem Abschlußstichtag bekannten Börsenkurses oder Marktpreises im Anhang. Dies gilt jedoch nur, wenn sich ein erheblicher Unterschiedsbetrag ergibt. Die Angaben können pauschal für die jeweilige Vorratsvermögensgruppe erfolgen. Eine derartige Angabepflicht kannte das bisherige Recht nicht.

571 Die Roh-, Hilfs- und Betriebsstoffe sind so lange mit den entsprechend der Einzel- oder Sammelbewertung (vgl. Rz. 554 ff.) ermittelten Anschaffungskosten zu bewerten, als nicht wegen der Gültigkeit des **strengen Niederstwertprinzips** (§ 253 Abs. 3 HGB nF./§ 155 Abs. 2 AktG aF.) ein niedrigerer Wert anzusetzen ist (siehe auch handelsrechtliche Bewertungsgrundsätze, Rz. 536 ff.).

572 In diesem Zusammenhang kommen als **Vergleichswerte** fast ausschließlich die vom **Beschaffungsmarkt** abgeleiteten **Wiederbeschaffungskosten** in Betracht. Unter den Wiederbeschaffungskosten versteht man für die Bewertung des Vorratsvermögens den Wiederbeschaffungsneuwert. Es handelt sich dabei um den Betrag, der unter der Fiktion der Wiederbeschaffung als aktuelle Anschaffungskosten eines gleichen Gutes zu zahlen wäre. Die üblicherweise anfallenden Anschaffungsnebenkosten und Anschaffungskostenminderungen sind dem Beschaffungspreis hinzuzurechnen bzw. von ihm abzuziehen.

573 Innerhalb dieser konkreten Ausprägungsform des Zeitwerts (Tageswerts) finden die vom Gesetzgeber formulierten Unterscheidungsmerkmale ihren Niederschlag. So kann es sich bei den Wiederbeschaffungskosten um einen Markt- oder Börsenpreis oder um einen beizulegenden Wert handeln.

574 Die Bewertung der Roh-, Hilfs- und Betriebsstoffe mit einem **Wert unterhalb der Wiederbeschaffungskosten** ist erforderlich, wenn die Gebrauchsfähigkeit der Vorräte z. B. durch Beschädigung oder Überalterung eingeschränkt ist. In diesen Fällen ist der Wert anzusetzen, den die Güter für den Bilanzierenden haben. Ggf. kann ein vom **Absatzmarkt** ermittelter **Verkaufswert (-preis)** (siehe Rz. 605) oder **Schrottwert** angesetzt werden. Bei umfangreichen Lagerbeständen wird es für zulässig angesehen, daß aus Vereinfachungsgründen, um nicht die Gebrauchsfähigkeit eines jeden Vermögensgegenstandes feststellen zu müssen, pauschale Abschläge von den Anschaffungskosten vorgenommen werden (**Gängigkeitsabschreibungen;** zu Einzelheiten vgl. *Adler/Düring/Schmaltz* § 155 Anm. 174 f.; *Emmerich* DB 1980, 2297 ff.).

574a Der vom **Absatzmarkt** abgeleitete Verkaufswert wird auch für die Bewertung von Überbeständen und für Bestände, die für die künftige Produktion nicht mehr benötigt werden, empfohlen (vgl. *Adler/Düring/Schmaltz* § 155 Anm. 160).

574b Die Bewertung mit einem Wert unterhalb desjenigen, der sich nach dem Niederstwertprinzip ergibt, ist zulässig, wenn der Bilanzierende vom Bewertungswahlrecht Gebrauch macht und den **„niedrigeren Zukunftswert"** (§ 253 Abs. 3 Satz 3 HGB nF./§ 155 Abs. 3 Ziff. 1 AktG aF.; vgl. Rz. 542) oder den **„niedrigeren steuerlichen Wert"** (§§ 254, 279 Abs. 2 HGB nF./§ 155 Abs. 3 Ziff. 2 AktG aF.; vgl. Rz. 544) der Vermögensgegenstände ansetzt.

b) Ertragsteuerliche Behandlung

575 Mangels eigenständiger steuerrechtliche Regelungen gelten für die **Bilanzgliederung** die Aussagen zur Handelsbilanz analog.

Zur **Bewertung** des Vorratsvermögens siehe Erläuterungen zur Bewertung des Umlaufvermögens in der Steuerbilanz, Rz. 546. Grundsätzlich ist auch hier eine Einzelbewertung vorzunehmen; aus Vereinfachungsgründen sind die Gruppenbewertung (nach Abschn. 36 Abs. 3 EStR), die Festbewertung (nach Abschn. 36 Abs. 4 EStR) und die Durchschnittsmethoden (Abschn. 36 Abs. 2 EStR) auch steuerrechtlich zulässig. Die Bewertung mit Verbrauchsfolgeunterstellungen ist nur zulässig, wenn durch die Art der Lagerhaltung sichergestellt ist, daß die unterstellte Verbrauchsfolge tatsächlich gegeben ist (Abschn. 36 Abs. 2 EStR). Soweit es sich nur um eine fiktive Verbrauchsfolge handelt, wird die handelsrechtliche Bewertungsmöglichkeit steuerrechtlich nicht anerkannt.

576 Durch die fehlende steuerrechtliche Anerkennung wird den **Verbrauchsfolgefiktionen** bei allen Unternehmen, die keine gesonderte Handelsbilanz erstellen, die wirtschaftliche Bedeutung genommen. Auch in den übrigen Fällen kann das ursprüngliche Ziel der Bewertungsvereinfachung mit Hilfe der Verbrauchsfolgefiktionen nicht mehr verwirklicht werden, da bei Abweichen der fingierten von der tatsächlichen Verbrauchsreihenfolge in jedem Fall eine gesonderte Bewertung für die ertragsteuerlichen Zwecke erforderlich wird. Es handelt sich hier um eine Durchbrechung des Maßgeblichkeitsprinzips, die durch keine gesetzliche Stütze legitimiert ist.

576a Die Bestimmung der für die Roh-, Hilfs- und Betriebsstoffe maßgeblichen **Zeitwerte** erfolgt analog der Vorgehensweise in der Handelsbilanz. Der Teilwert der Wirtschaftsgüter am Bilanzstichtag entspricht ihren Wiederbeschaffungskosten, die i. d. R. aus den Tagespreisen (Börsen- oder Marktpreisen) abgeleitet werden können (vgl. RFH v. 22. 10. 1931, RStBl. 1932, 22; v. 17. 3. 1932, RStBl. 1932, 459; BFH v. 26. 1. 1956, BStBl. III 1956, 113; v. 11. 10. 1960, BStBl. III 1960, 492; v. 29. 7. 1965, BStBl. III 1965, 648; zu Einzelheiten vgl. *Herrmann/Heuer/Raupach* § 6 Anm. 1003 ff.). Eine Teilwertabschreibung kann bei nachhaltig gesunkenen Wiederbeschaffungskosten und bei Wertminderungen z. B. durch Beschädigung der Stoffe in Betracht kommen. Lange Lagerzeiten rechtfertigen eine Teilwertabschreibung nur, wenn die Qualität der Wirtschaftsgüter durch die Lagerdauer vermindert wird (vgl. BFH v. 22. 8. 1968, BStBl. II 1968, 801). Der durch lange Lagerzeiten entstehende Zinsverlust rechtfertigt für sich allein keine Abschreibung auf den niedrigeren Teilwert (vgl. BFH v. 22. 8. 1968, BStBl. II 1968, 801; v. 6. 11. 1975, BStBl. II 1977, 377). Roh-, Hilfs- und Betriebsstoffe, die naturgemäß nicht zum Absatz bestimmt sind, dürfen nicht nach den sich am Bilanzstichtag abzeichnenden Absatzverhältnissen bewertet werden (vgl. BFH v. 30. 1. 1980, BStBl. II 1980, 327). Die Ableitung des Teilwerts aus dem Verkaufspreis abzüglich noch entstehender Lager- und Vertriebskosten wird steuerrechtlich wie handelsrechtlich bei Vorräte, die nicht mehr für die Produktion vorgesehen sind, als zulässig erachtet (vgl. *Biergans* 288).

576b Für bestimmte, in Anlage 3 EStDV aufgezählte Wirtschaftsgüter des Umlaufvermögens ausländischer Herkunft, deren Preis auf dem Weltmarkt wesentlichen Schwankungen unterliegt, kann nach § 80 EStDV ein Bewertungsabschlag bis zu 20 v. H. der Anschaffungskosten oder des niedrigeren Börsen- oder Marktpreises am Bilanzstichtag vorgenommen werden. Voraussetzung für den sog. **Importwarenabschlag** ist nach § 80 Abs. 2 EStDV, daß

1. die Wirtschaftsgüter im Ausland erzeugt oder hergestellt wurden,
2. die Wirtschaftsgüter nach der Anschaffung nicht be- oder verarbeitet wurden,
3. das Land Berlin für die Wirtschaftsgüter nicht das mit der Einlagerung vorhandene Preisrisiko vertraglich übernommen hat,
4. die Wirtschaftsgüter sich am Bilanzstichtag im Inland befunden haben oder nachweislich zur Einfuhr in das Inland bestimmt waren. Dies wird stets angenommen, wenn sich die Wirtschaftsgüter spätestens neun Monate nach dem Bilanzstichtag im Inland befinden.
5. der Anschaffungszeitpunkt und die Anschaffungskosten aus der Buchführung ersichtlich sind.

Der Wertansatz eines nach § 80 EStDV angesetzten Wirtschaftsgutes darf den Wertansatz in der Handelsbilanz nicht unterschreiten. Zu weiteren Einzelheiten vgl. Abschn. 233a EStR; *Herrmann/Heuer/Raupach* § 6 Anm. 1030 ff.

576c Für Roh-, Hilfs- und Betriebsstoffe, unfertige und fertige Erzeugnisse sowie Waren, die vertretbare Wirtschaftsgüter sind, kann nach § 74 EStDV eine **Rücklage für Preissteigerungen** gebildet werden, wenn der Börsen- oder Marktpreis dieser Güter am Bilanzstichtag gegenüber dem Börsen- oder Marktpreis am Schluß des vorangegangenen Wirtschaftsjahres um mehr als 10 v. H. gestiegen ist. Zu Einzelheiten siehe Rz. 1024; *Herrmann/Heuer/Raupach* § 6 Anm. 1069 ff.; Abschn. 228 EStR.

Die genannten Begünstigungen dürfen nur alternativ und nicht kumulativ gewählt werden. Nach § 74 Abs. 3 Satz 3 EStDV gilt als Voraussetzung für die Preissteigerungsrücklage, daß die entsprechenden Wirtschaftsgüter mit den ursprünglichen Anschaffungs- bzw. Herstellungskosten oder dem niedrigeren Teilwert am Bilanzstichtag bewertet sein müssen. Ein Importwarenabschlag darf somit nicht vorgenommen worden sein.

576 d Zu weiteren **Bewertungsabschlägen für staatlich bevorratete Wirtschaftsgüter des Umlaufvermögens** siehe *Herrmann/Heuer/Raupach* § 6 Anm. 1060.

c) Bewertungsrechtliche Behandlung

577 Für die Ermittlung des Teilwerts von Roh-, Hilfs- und Betriebsstoffen ist von den Wiederbeschaffungskosten auszugehen, die aus den Tagespreisen (Marktpreisen) am Bewertungsstichtag abzuleiten sind. In der Regel wird der Marktpreis mit den in der Steuerbilanz ausgewiesenen Anschaffungskosten übereinstimmen. Zusätzlich sind nach Abschn. 51 Abs. 4 Satz 2 VStR werterhöhend die Kosten zu berücksichtigen, die bis zum Stichtag für innerbetriebliche Transporte und für Verpackung angefallen sind. Bei stark schwankenden Marktpreisen kann ein Durchschnittspreis aus einem Zeitraum zugrunde gelegt werden, der einen Monat vor dem Stichtag beginnt und einen Monat nach dem Stichtag endet (Abschn. 51 Abs. 4 Satz 3 VStR).

d) Prüfungstechnik

(1) Prüfung des internen Kontrollsystems

578 Es ist zu prüfen, wie die Materialbewegungen und -bestände nach dem Soll-Zustand und nach dem Ist-Zustand erfaßt werden.
Zur Erfassung des Soll-Zustandes empfiehlt sich eine Dokumentation der Verfahren
– der mengenmäßigen Bestandsbewegungen (Organisation der Lagerverwaltung, Ermittlung der Bestände, Bestandskontrollen etc.)
– der Ermittlung des Mengengerüstes für die Bilanzierung (Inventuren)
– der angewandten Bewertungsverfahren für die Bilanzierung in Form eines Dauerarbeitspapiers.
Die festgestellten und dokumentierten Verfahren sind auf Übereinstimmung mit den gesetzlichen Rechnungslegungsvorschriften zu überprüfen.
Darüber hinaus sollte sich die Prüfung des Soll-Zustandes wie auch des Ist-Zustandes im wesentlichen auf die folgenden Maßnahmen erstrecken:

579 Wareneingang
Bei dem Wareneingang ist sicherzustellen:
– daß eine Eingangskontrolle durchlaufen wird, die vom Einkauf unabhängig ist,
– daß Menge und Beschaffenheit aller Materialien von der Eingangskontrolle geprüft werden,
– daß für jeden Wareneingang ein Eingangsschein von der Eingangskontrolle ausgestellt wird,
– daß Wareneingänge mit Bestellungen abgestimmt werden,
– daß Warenrücksendungen autorisiert erfolgen und buchmäßig getrennt erfaßt werden,
– daß zur Vermeidung von Unterschlagungen bei Gratislieferungen, Nachlieferungen oder Lieferungen, denen keine Bestellung zugrunde liegt, Kontrollen vorgesehen sind; bei wesentlicher Einkaufstätigkeit erstrecken sich die Kontrollen auch auf die Lebensführung der Einkäufer;
– daß eine buchmäßige Synchronisation von Wareneingängen und entsprechenden Belastungen bzw. Warenrücksendungen und entsprechenden Gutschriften in der gleichen Rechnungsperiode erfolgt;
– daß Funktionenkollisionen vermieden werden (Kreditorenbuchhalter darf keinen Einfluß auf Bestellung, Wareneingang, Zahlungsmodalitäten, keinen Zugang zu Geld, Vorräten etc. haben);

580 Lagerverwaltung

Im Bereich der Lagerverwaltung ist folgendes sicherzustellen:
- Unterbringung sämtlicher Materialien in hierfür bestimmten Lägern und nicht dort, wo gerade Platz ist;
- ausreichende körperliche und buchmäßige Kontrolle über
  - Dritten gehörende Ware,
  - Schrott, abgeschriebene Waren oder sonstige Lagerhüter,
  - Nebenprodukte;
- ausreichende Kontrolle über Materialien in Lägern außerhalb des Unternehmens;
- ausreichende Sicherheitsmaßnahmen zur Verhinderung von Unterschlagungen und Diebstählen (Aufsicht von Lagerverwaltern etc.);
- Ausgabe des Materials nur gegen Materialentnahmescheine;
- Anordnungen über Rücknahme unverbrauchter oder überzähligen Materials;
- Verwendung von Lagerfachkarten;
- Fortschreibung der Mengen und Werte in einer Lagerbuchführung;
- Erfassung des Lagerausgangs durch Abstimmung der Warenentnahmescheine einer Periode mit den Eintragungen auf den Lagerfachkarten und dem Abgang in der Lagerbuchführung;
- Abstimmung der monatlichen Lagerbewegungen laut Lagerbuchführung mit den Zu- und Abgängen der Konten Roh-, Hilfs- und Betriebsstoffe der Hauptbuchhaltung;
- zeitliche Synchronisation zwischen Waren- und Belegdurchlauf;
- ausreichende Maßnahmen zur Sicherung der genauen zeitlichen Abgrenzung bei Buchungsabschluß;
- Vermeidung von Funktionenkollisionen (Trennung von Lagerbuchhaltung/Lagerverwaltung und Rechnungserteilung oder Rechnungseingang.

Eventuelle Soll/Ist-Abweichungen des internen Kontrollsystems sind kritisch zu würdigen.

Die Prüfung umfaßt außerdem die Beurteilung, ob die vorgesehenen Kontrollen ausreichend sind.

(2) Prüfung des Nachweises

581

Vor der Erfassung der Vorräte ist bei absoluter oder relativer Bedeutung (vgl. Teil C Rz. 129) der Vorräte zu überprüfen, ob und in welchem Umfang eine Anwesenheit bei der körperlichen Aufnahme erforderlich ist, um sich durch eigene Beobachtung von der Zuverlässigkeit des Aufnahmeverfahrens und von der Ordnungsmäßigkeit der Handhabung zu überzeugen, vgl. zur Inventur Teil A Rz. 305. Die weitere Prüfung gestaltet sich unterschiedlich, je nachdem ob der Prüfer an der Aufnahme teilnimmt oder nicht.

Teilnahme an der Inventur

582

Zur **Vorbereitung der Prüfung** der Aufnahme ist es erforderlich,
- einen Lageplan der einzelnen Läger zur Dauerakte zu nehmen,
- durch das Lager zu gehen, um einen ersten Überblick zu gewinnen,
- die schriftlichen Inventuranweisungen zu überprüfen und eventuell erforderliche Verbesserungen für die bevorstehende Aufnahme anzuregen,
- zu überprüfen, ob
  - die Art der Lagerung eine ordnungsgemäße Aufnahme zuläßt,
  - die Läger nach Bereichen unterteilt sind,
  - vornumerierte Aufnahmevordrucke verwendet werden,
  - aufzunehmendes Material von nicht aufzunehmendem Material getrennt ist.
  - die Verantwortlichkeit nach Bereichen abgegrenzt ist,
  - die Inventuraufnahmegruppen (mindestens bestehend aus einem Zählenden und einem Schreiber) gebildet worden sind,
  - das Personal, das die Inventur durchführt, entsprechend unterwiesen ist.
- Die Begründung, die für eine Nichtaufnahme bestimmter Materialen gegeben wird, muß einleuchtend sein;
- Zweifelsfragen sollten in der Vorbereitungsphase mit der Inventurleitung besprochen werden;

- Vor der Inventurbeobachtung sollte die Auswahl der Stichproben bestimmt werden; dabei sollten die Artikel mit den voraussichtlich höchsten Werten in der bewerteten Inventurliste ausgewählt werden, wobei von Informationen durch den Mandanten, von der Lagerkartei, der Vorjahresinventare, den Produktionsmeldungen o. ä. ausgegangen werden sollte.

583 Während der **Prüfung der Aufnahme** muß der Prüfer sich von der Ordnungsmäßigkeit der Handhabung des Aufnahmeverfahrens überzeugen.
- Die Vorräte müssen in der Reihenfolge ihrer Lagerung aufgenommen werden. Ein Artikel sollte nicht an verschiedenen Stellen lagern.
- Die aufgenommenen Bestände müssen durch Klebezettel oder Signierung mit Farbe oder Kreide deutlich gekennzeichnet werden (unterschiedlich für erste und zweite Zählung, falls so gehandhabt).
- Die Eintragungen in den vornumerierten Aufnahmevordrucken müssen korrekt sein:
  • Sie müssen an Ort und Stelle vorgenommen werden.
  • Es dürfen keine Bleistifte verwendet werden.
  • Es dürfen auf den vornumerierten Aufnahmevordrucken keine Zeilen freigelassen werden.
  • Jeder beschriebene Aufnahmevordruck ist von dem Zählenden und dem Schreiber zu unterzeichnen.
  • Verschriebene Aufnahmezettel dürfen nicht vernichtet werden, sondern müssen ebenfalls zurückgegeben werden.
- Das Aufnahmepersonal darf keinen Zugang zu Lagerkarteien haben; bei den Beständen angebrachte Lagerfachkarten sind vor der Aufnahme zu entfernen.
- Sonderfälle wie
  • Lagerhüter, wenig gängiges oder nicht mehr voll verwertbares Material,
  • Vorräte, die im Aufnahmebereich lagern, aber von einem anderen Aufnahmebereich verwaltet werden,
  • Material für Investitionen, das bereits auf Kostenstellen verbucht ist,
  müssen besonders gekennzeichnet sein.
- Die Genauigkeit beim mechanischen Verfahren (Wiegen, Messen, Schätzen) muß hinreichend sein.
- Wertvolle Materialien sind besonders sorgfältig aufzunehmen.
- Warenbewegungen dürfen während der Inventur nicht erfolgen.
- Die Durchführung in sachlicher und zeitlicher Hinsicht muß dem Plan entsprechen.

Im Hinblick auf die während der späteren Prüfung des Jahresabschlusses benötigten Informationen muß sich die Prüfung der Aufnahme der Vorräte insbesondere erstrecken auf
- die während der Vorbereitung der Inventur gewählten Stichproben; die ausgewählten Posten sind dabei so in den Arbeitspapieren zu vermerken, daß später eine Prüfung der ordnungsgemäßen Übernahme von den Aufnahmevordrucken in die endgültige Inventurliste möglich ist (Artikelbezeichnung, Artikelnummer, Stückzahl, Gewicht, Aufnahmeort, Zustand).
- Der Stichprobenumfang ist während der Aufnahme auszudehnen, sofern Aufnahmefehler festgestellt werden.
- Falls Aufnahmevordrucke nicht unmittelbar in die endgültige Inventurliste übernommen werden, ist die Übertragung der Werte von den Aufnahmezetteln in die Aufnahmeblätter zu überprüfen.
- Es ist zu kontrollieren,
  • daß nur dem Mandanten gehörendes Material aufgenommen wird, und daß Fremdvorräte entsprechend gekennzeichnet werden,
  • daß auch Hilfsstoffe aufgenommen werden, sofern erforderlich (Verpackung, Büromaterial, Prospekte, Kleinwerkzeuge etc.),
  • daß Gegenstände, die zum Anlagevermögen gehören, gesondert verzeichnet werden, sofern sie überhaupt aufgenommen werden (z. B. Werkzeuge, Behälter, Gerüste etc.)
  • daß Bestände, die für verbundene Unternehmen verwaltet oder in Konsigna-

tion geführt werden, gesondert aufgenommen werden; sofern eine spätere Überprüfung dieser Bestände erforderlich ist, sind insoweit gesonderte Aufzeichnungen zu machen.
- Es ist darauf zu achten, daß tatsächlich gezählt wird (keine Abschreibung von den Lagerfachkarten oder Vorzählungseintragungen). Sofern einzelne Posten nicht körperlich gezählt, sondern geschätzt oder durch andere Annäherungsverfahren ermittelt werden, sind diese gesondert festzuhalten.
- Es ist darauf zu achten, daß auch auswärts bei Kunden, Spediteuren, Subunternehmern lagernde Ware durch Fremdlagerbestätigungen ebenso erfaßt wird wie Unterwegsware durch Sammlung der zugehörigen Dokumente.
- Während der Prüfung ist besonders auch auf unzugängliche Ecken zu achten oder darauf, daß hohe Stapel in der Mitte nicht hohl sind.
- Originalverpackte Waren brauchen im allgemeinen nicht geöffnet zu werden, falls der Inhalt deutlich gekennzeichnet oder auf andere Weise einwandfrei zu ermitteln ist.
- Zur Überprüfung einer korrekten Abgrenzung zu den Forderungen und Verbindlichkeiten sind
  • die letzten Lagerein- und -ausgänge zu notieren,
  • die Waren zu trennen und gesondert zu erfassen, die während der Inventur aus- und eingehen,
  • erhaltenes Material, das noch nicht berechnet ist, und
  • das Material für Investitionen, das bereits auf Kostenstellen verbucht ist, gesondert zu erfassen.
- Bei erkennbar schlecht gängigen Beständen sind etwa vorhandene Informationen über das Alter der Bestände festzuhalten.
- Auf die gesonderte Kennzeichnung abgewerteter Vorräte ist besonders zu achten.
- Nicht gängige und nicht vollwertige Vorratsposten sind in den Arbeitspapieren festzuhalten, sofern es sich um wesentliche Posten handelt; erforderlichenfalls ist der Stichprobenumfang auszudehnen. Die in den Arbeitspapieren festzuhaltenden Informationen sollen eine Identifizierung dieser Posten im Rahmen der späteren Prüfung des Jahresabschlusses ermöglichen.
- Die Bestände sind mit der Lagerkartei abzustimmen (insbesondere bei permanenter Inventur); Inventurdifferenzen sind festzuhalten.
- Die Nummern der benutzten und der nicht benutzten Aufnahmevordrucke, Aufnahmeblätter oder Aufnahmelisten sind in den Arbeitspapieren zu vermerken.

584 Die **Prüfung nach Abschluß der Aufnahme** erstreckt sich vor Freigabe des Lagers noch einmal auf die Vollständigkeit der Aufnahme; alle Lagerposten sollten eine Kennzeichnung über die erfolgte Aufnahme aufweisen.

Es ist darauf zu achten, daß das Lager – oder entsprechende Teile davon – erst nach Abschluß der Inventur und nach nochmaligem Rundgang durch den Prüfer freigegeben wird.

In den Arbeitspapieren sollte die Aufnahme der Bestände beurteilt werden im Hinblick auf
- die ordnungsgemäße Vorbereitung,
- die Aufnahme,
- die Qualifikation des Aufnahme- und Überwachungspersonals,
- die Vollständigkeit der Aufnahme,
- die einwandfreie Verbindung von Orginal-Aufnahmebeleg zur Inventurliste.

585 Im Fall der Teilnahme des Prüfers an der Aufnahme setzt sich die Prüfung des Nachweises während der späteren Prüfung des Jahresabschlusses wie folgt fort:
- Die mengenmäßige Erfassung der Aufnahme festgehaltenen Posten ist in den einzelnen Inventurzusammenstellungen zu überprüfen.
- Die in der Inventurzusammenstellung enthaltenen Posten, die nicht zu den Stichproben gezählt haben, sollten über die zwischenzeitliche Mengenfortschreibung mit dem Buchbestand abgestimmt werden, sofern sie einen erheblichen Wert ausmachen.
- Die endgültige Inventurliste ist darauf zu überprüfen, ob sie nur auf Aufnahmevordrucken oder -listen basiert, die während der Aufnahme als ,,benutzt" gekennzeichnet wurden.

586 Falls der Mandant Konsignationslager unterhält, sind Bestätigungen einzuholen; es ist zu prüfen, ob der Mandant Kontrolle über die Bewegungen auf dem Konsignationslager ausübt.

Sofern bei dem Mandanten Konsignationsware von Fremden eingelagert wird, ist darauf zu achten, daß diese nicht in die Vorräte des Mandanten eingeht.

Falls Festwerte gebildet sind, ist die Zulässigkeit ihrer Bildung und Beibehaltung (vgl. Rz. 557 f.) zu überprüfen; die Einzelheiten sind in einem Dauerarbeitspapier festzuhalten.

587 Im Rahmen der Abgrenzung der Buchbestände mit den Forderungen und Verbindlichkeiten sind die Vorräte wie folgt auf Unter- bzw. Überbewertung zu überprüfen:

– Zur **Prüfung einer Unterbewertung** sind
  • die während der Inventuraufnahme festgehaltenen letzten Wareneingänge mit den von der Gesellschaft bis zum Inventurstichtag gebuchten Wareneingängen abzustimmen,
  • die unmittelbar nach dem Inventurstichtag gebuchten Wareneingänge mit dem Wareneingangsdatum auf den Wareneingangsbelegen abzustimmen,
  • die während der Inventurbeobachtung notierten letzten Warenausgänge, sofern sie in den Inventurbestand einbezogen wurden, mit den Abgangsbuchungen für den Zeitraum nach dem Inventurstichtag abzustimmen.
  • die unmittelbar vor dem Stichtag verbuchten Warenausgänge sind auf ein zeitgleiches Lieferdatum zu überprüfen.

– Zur **Prüfung einer Überbewertung** ist
  • eine Abstimmung der während der Inventurbeobachtung notierten letzten Lagerausgänge, die nicht mehr in den Inventurbestand aufgenommen wurden, mit den vor dem Stichtag verbuchten Warenausgängen erforderlich,
  • die Gewißheit zu gewinnen, daß den vor dem Stichtag verbuchten Warenausgängen entsprechende Lieferscheine zugeordnet sind, die eine Lieferung vor dem Inventurstichtag dokumentieren,
  • eine Abstimmung der während der Inventurbeobachtung notierten letzten Lagereingänge, die nicht mehr körperlich aufgenommen wurden, mit den für den Zeitraum nach dem Stichtag verbuchten Wareneinkäufen erforderlich,
  • darauf zu achten, daß den unmittelbar vor dem Stichtag verbuchten Wareneingängen Wareneingangsbelege zugeordnet werden, die auf ein Datum vor dem Inventurstichtag datieren.

588 Festgestellte Inventurdifferenzen sind in den Arbeitspapieren festzuhalten. Es ist anzugeben, ob und wann die Einbuchung dieser Inventurdifferenzen in den Hauptbuchkonten erfolgte.

Der Grund für wertmäßige Inventurdifferenzen ist zu untersuchen und festzuhalten (falsche Zuschlagssätze, veraltetes Kalkulationsverfahren etc.).

Bei abweichenden Inventurstichtagen ist zu prüfen, ob die handels- und steuerrechtlichen Voraussetzungen für das Inventurverfahren gegeben sind (vgl. Teil A Rz. 305 ff.).

Bei vorverlegter Inventur mit Mengenfortschreibung ist die Mengenfortschreibung vom Aufnahmezeitpunkt zum Bilanzstichtag zu überprüfen.

Bei vorverlegter Stichtagsinventur mit Wertfortschreibung ist zu überprüfen, ob die Wertfortschreibung in den Büchern zwischen Aufnahme- und Bilanzstichtag ordnungsgemäß ist.

589 **Nichtteilnahme an der Inventur**

Kommt der Prüfer zu dem Ergebnis, daß eine Teilnahme an der Inventur nicht erforderlich ist, sind geeignete **alternative Prüfungshandlungen** vorzunehmen, insbesondere die
– Durchsicht des Hauptbuchkontos,
– Überprüfung der Wareneingangsmeldungen mit Buchungen auf den Warenkonten,
– Abstimmung zwischen Wareneingang, Lieferantenrechnung und Bezahlung der Lieferantenrechnung,
– Überprüfung der externen Versandbelege (Frachtbriefe, Übernahmebestätigun-

gen bei Selbstabholung) und Versandanzeigen mit Buchungen auf den Warenkonten,
- Abstimmung zwischen Warenausgang, Einbuchung der Forderung und Einlösung der Forderung,
- Ermittlung des Verbrauchs der einzelnen Roh-, Hilfs- und Betriebsstoffe nach folgender **Formel:**
   Anfangsbestand am Stichtag der Eröffnungsbilanz
   + Zugänge im Geschäftsjahr
   − Endbestand am Stichtag der Schlußbilanz
   = Verbrauch im Geschäftsjahr, das ist der Verbrauch an Roh-, Hilfs- und Betriebsstoffen in der GuV
- Versendung von Bestätigungen an Kunden oder Lieferanten,
- Durchsicht aller diesbezüglichen Unterlagen auf ungewöhnliche Transaktionen.

Das Inventar ist in ausreichendem Umfang rechnerisch zu prüfen. Dabei ist insbesondere auf mögliche Kommafehler der Multiplikation von Menge und Wert zu achten. Außerdem ist darauf zu achten, daß bei der Multiplikation von Menge und Wert der Wert auf die richtige Mengeneinheit bezogen wurde.

Zur Prüfung der nach § 39 Abs. 2a HGB zugelassenen Stichprobeninventur vgl. IdW HFA 1/1981 ,,Stichprobenverfahren für die Vorratsinventur zum Jahresabschluß" sowie Teil A Rz. 319f.

(3) Prüfung der Bewertung

590 Die Prüfung der Bewertung erstreckt sich darauf, ob die Roh-, Hilfs- und Betriebsstoffe individuell mit den Anschaffungs- und Anschaffungsnebenkosten abzüglich Anschaffungskostenminderungen angesetzt wurden oder – falls eine individuelle Ermittlung nicht vorgenommen wurde – ob die zulässigen vereinfachten Verfahren der Anschaffungskostenermittlung beachtet wurden. Außerdem erstreckt sich die Prüfung darauf, ob bei individuell ermitteltem Wert der Roh-, Hilfs- und Betriebsstoffe der Ansatz von Abschreibungen nach §§ 253 Abs. 3, 4, 254 HGB nF. und von Zuschreibungen nach §§ 253 Abs. 5, 280 HGB nF. erforderlich ist. Ggf. ist die Übergangsregelung nach Art. 24 Abs. 2, 3 EG HGB nF. anzuwenden.

591 Prüfungsunterlagen bei einer individuellen Ermittlung der **Anschaffungskosten** sind die jeweiligen Kaufverträge und Eingangsrechnungen. Die Prüfung erstreckt sich
- auf die sachliche und rechnerische Richtigkeit des Beleges, die Kontrolle der Bestellung und der Auftragsbestätigung bzw. des Kaufvertrages,
- auf die Angemessenheit des Anschaffungspreises, sofern die Tatbestände einer verdeckten Gewinnausschüttung oder einer verdeckten Einlage gegeben sein können,
- auf die Abstimmung der insgesamt ausgewiesenen Anschaffungsksoten mit dem verbuchten Betrag.

592 Prüfungsunterlagen für die **Anschaffungskostenminderungen** sind ebenfalls die zugrundeliegenden Belege. In Betracht kommen
- Skonti, Boni, Rabatte,
- zurückgewährte Entgelte.

593 Prüfungsunterlagen für die **Anschaffungsnebenkosten** sind die jeweiligen Eingangsrechnungen für Frachten, Transportversicherung, Zölle, Provisionen, Lagergeld, Prozeßaufwendungen (sofern mit ihnen von vornherein zu rechnen war), Schmiergelder (sofern sie in einem engen wirtschaftlichen Zusammenhang mit dem Anschaffungsvorgang stehen), etc.

Die Prüfung erstreckt sich
- auf die Aktivierungsfähigkeit,
- auf die sachliche und rechnerische Richtigkeit der Eingangsrechnungen.

Bei Pauschalierung der Anschaffungsnebenkosten ist festzustellen, ob die Anwendung des Pauschalierungsverfahrens handels- bzw. steuerrechtlichen Vorschriften entspricht (vgl. Teil A Rz. 89), und ob das Verfahren richtig angewandt wurde.

Bei der Anwendung von Vereinfachungsverfahren für die Ermittlung der Anschaffungskosten (Durchschnittsmethode, Verfahren mit der Fiktion einer bestimmten Verbrauchsfolge, Gruppenbewertung, Festbewertung) erstreckt sich die Prüfung

594 Bei Anwendung des Durchschnittsverfahrens ist insbesondere zu überprüfen, ob
- der Anfangsbestand mit einbezogen wurde,
- die Fortschreibung der Durchschnittswerte aufgrund der tatsächlichen (chronologischen Reihenfolge der) Zugänge bzw. Zu- und Abgänge vorgenommen wurde und
- Preisdifferenzen ausgebucht wurden, wenn der mengenmäßige Bestand Null erreicht hat.

Bei der Bewertung mit der Fiktion einer bestimmten Verbrauchsfolge ist insbesondere zu überprüfen, ob
- von den tatsächlichen Bewegungen wie bei einer Bestandsfortschreibung (permantes Lifo-, Fifo- oder Hifo-Verfahren)
- oder, sofern nicht über längere Zeit ein Null-Bestand vorlag, ob
  - von den tatsächlichen Zugängen unter Einschluß des Anfangsbestandes (Zugangs- Lifo, -Fifo oder -Hifo) oder
  - von einem Periodenvergleich (Perioden-Lifo, -Fifo oder -Hifo)

ausgegangen wurde. Beim Periodenvergleich ist auf die zutreffende Bewertung der Mehr- oder Mindermengen gegenüber dem letzten Bilanzstichtag zu achten (vgl. Teil A Rz. 59).

595 Die Prüfung eventuell erforderlicher **Abschreibungen** erfordert in Stichproben einen Vergleich zwischen den Anschaffungskosten einerseits und dem jeweils niedrigeren Börsen- oder Marktpreis, dem beizulegenden Wert, dem wahlweise anzusetzenden Wert wegen zukünftiger Wertschwankungen, dem Wert aufgrund vernünftiger kaufmännischer Beurteilung oder dem steuerlichen Wert andererseits. Grundlage der Prüfung sind dabei
- amtliche Notierungen, Aufzeichnungen von Verbänden, Wirtschaftsvereinigungen, Handelskammern und anderer Statistiken sowie Aufzeichnungen des Unternehmens zur Ermittlung des Börsen- oder Marktpreises (des Beschaffungsmarktes; bei Überbeständen: des Absatzmarktes),
- Lagerkarteien, soweit in sie die Einstandspreise eingetragen werden, Inventurunterlagen zum Stichtag und zum vorangegangenen Stichtag oder die Inventurunterlagen von gleichartigen Zweigniederlassungen, sofern sie dieselben Materialien führen, jeweils zur Ermittlung eines niedrigeren beizulegenden Wertes oder eines niedrigeren Wertes wegen zukünftiger Wertschwankungen,
- geeignete Unterlagen der Gesellschaft zur Berechnung des niedrigeren steuerlichen Wertes.

Die Prüfung erstreckt sich bei sämtlichen Unternehmen auf
- den Grund der Abschreibungen durch
  - Berücksichtigung des niedrigeren Börsen- oder Marktpreises (gegebenenfalls unter Berücksichtigung einer verlustfreien Bewertung, sofern der Börsen- und Marktpreis des Absatzmarktes anzusetzen ist),
  - Beachtung der Gängigkeit, einer eventuellen längeren Lagerdauer oder der technischen Beschaffenheit der Bestände zur Ermittlung eines niedrigeren beizulegenden Wertes,
  - Kontrolle von Wertschwankungen, aus denen sich Wertschwankungen in nächster Zukunft ableiten lassen, sowie Beachtung der nach vernünftiger kaufmännischer Beurteilung sich ergebenden Notwendigkeit, aufgrund dieser Wertschwankungen eine Abwertung vorzunehmen;
- steuerliche Sonderabschreibungen, §§ 254, 281 HGB nF.,
- die Feststellung, ob Übereinstimmung mit den steuerlichen Vorschriften vorliegt, einschließlich der Feststellung eventueller Abweichungen, z. B. im Falle der Bildung eines Importwarenabschlages (bei Unterschieden: Aktivierung oder Passivierung von latenten Steuern bei Kapitalgesellschaften gemäß § 274 HGB nF, vgl. Rz. 860 ff., 1160 ff.),
- die rechnerische Ermittlung der Abschreibung oder Wertberichtigung.

596 Die Prüfung der **Zuschreibungen** erstreckt sich auf
- die Beachtung des Zuschreibungswahlrechts

Vorräte 597–600 **B**

- bei Einzelkaufleuten und Personengesellschaften gemäß § 253 Abs. 5 HGB nF.,
- bei Kapitalgesellschaften nur unter bestimmten Voraussetzungen gemäß § 280 Abs. 2 HGB nF.,
– die Vertretbarkeit des Grundes der Zuschreibung (z. B. Wegfall des Grundes für Abschreibungen oder Wertberichtigungen, Angleichung an die Werte der Steuerbilanz, Fusion, Umwandlung und Ausscheiden eines Gesellschafters einer Personenunternehmung etc.)
– die Beachtung des Zeitwerts sowie der Anschaffungskosten, die nicht überschritten werden dürfen,
– die rechnerische Ermittlung der Zuschreibungen,
– die Feststellung, ob Übereinstimmung mit den steuerlichen Vorschriften vorliegt (bei Abweichungen: Aktivierung oder Passivierung von latenten Steuern bei Kapitalgesellschaften, vgl. Rz. 860 ff., 1160 ff.).

(4) Prüfung des Ausweises

597 Die Ausweisprüfung erfordert bei **sämtlichen Unternehmen** die Kontrolle, daß die Gegenbuchungen zutreffend erfaßt sind, und zwar
– bei Anwendung des Gesamtkostenverfahrens unter den Aufwendungen für Roh-, Hilfs- und Betriebsstoffe; zusätzlich ist hier der gesonderte Ausweis der Abschreibungen auf die Wirtschaftsgüter des Umlaufvermögens zu beachten, soweit sie die üblichen (vgl. Rz. 1795 ff.) Abschreibungen überschreiten,
– bei Anwendung des Umsatzkostenverfahrens unter dem Herstellungsaufwand der zur Herstellung der Umsatzerlöse erbrachten Leistungen und zwar außer dem Verbrauchsaufwand auch die Korrekturen wegen Bestandsdifferenzen und den üblichen Abwertungsaufwand.

Bei **Kapitalgesellschaften** erstreckt sich die Prüfung zusätzlich auf
– eine getrennte Erfassung der Roh-, Hilfs- und Betriebsstoffe von den übrigen Vorratsposten, soweit es sich um mittelgroße oder große Gesellschaften handelt,
– den Ausweis eines Unterschiedsbetrages im Anhang bei Anwendung der Durchschnittsmethode oder der Unterstellung einer bestimmten Verbrauchsfolge, wenn der Börsen- bzw. Marktpreis erheblich von diesem Wertansatz abweicht, § 284 Abs. 2 Nr. 4 HGB nF.,
– die Angabe und Begründung des Betrages der im Geschäftsjahr nach steuerlichen Vorschriften vorgenommenen Abschreibungen und Rücklagen im Anhang, der Bilanz oder der GuV,
– die Angabe und Begründung des Betrages der im Geschäftsjahr aus steuerlichen Gründen unterlassenen Zuschreibungen,
– die Berichtspflicht im Anhang, wenn Fremdkapitalzinsen als Anschaffungsneben- oder Herstellungskosten aktiviert wurden, § 284 Abs. 2 Nr. 6 HGB nF.,
– bei Unterschieden zwischen steuerlicher und handelsrechtlicher Bewertung
  - die Bildung von aktiven Abgrenzungsposten für latente Steuern (Aufwand vor Betriebsausgaben oder Betriebseinnahmen vor Ertrag) oder
  - die Bildung von Rückstellungen für latente Steuern (Betriebsausgaben vor Aufwand oder Erträge vor Betriebseinnahmen), vgl. Rz. 860 ff., 1160 ff.,
– das Wahlrecht zum Ausweis von steuerlichen Sonderabschreibungen (aktivisches Abschreiben oder Bildung eines Sonderpostens mit Rücklageanteil in Höhe des Unterschiedsbetrages zwischen steuerlich zulässiger höherer Sonderabschreibung und handelsrechtlicher Abschreibung),
– die Angabe der Vorschriften, nach denen Wertberichtigungen vorgenommen wurden, die in den Sonderposten mit Rücklageanteil einzustellen sind, in der Bilanz oder im Anhang, § 281 Abs. 1 Satz 2 HGB nF.

Vgl. *Klocke* HdR 1313 ff.; *Castan* HdR 18 ff.; *WPH* 1981, 1183 ff., 1209 ff.

2. Unfertige Erzeugnisse, unfertige Leistungen

a) Behandlung nach Handelsrecht

600 Zu den **unfertigen Erzeugnissen** gehören alle Vorräte, durch deren Be- oder Verarbeitung bereits Aufwendungen entstanden sind, denen aber die Verkaufsfertigkeit noch fehlt. Die Palette der unfertigen Erzeugnisse kann außerordentlich breit sein, da z. B. Material mit dem ersten Bearbeitungsschritt bereits zu einem unfertigen Erzeugnis wird und bis zum Abschluß des letzten Bearbeitungsschrittes ein unfertiges Erzeugnis bleibt.

601 Bei Dienstleistungsunternehmen, die Leistungen erbringen und keine Erzeugnisse produzieren, tritt an die Stelle der unfertigen Erzeugnisse der Begriff **unfertige Leistungen**. Ein getrennter Ausweis der unfertigen Erzeugnisse und unfertigen Leistungen ist nach dem HGB nF. nicht erforderlich. Das AktG aF. sah als Gliederungsposten nur den Ausweis unfertiger Erzeugnisse vor, so daß Dienstleistungsunternehmen häufig einen Posten „in Arbeit befindliche Aufträge" oder „nicht abgerechnete Leistungen" (Bauten) ausgewiesen haben. Obwohl Dienstleistungen rechtlich Forderungen und keine Sachen darstellen, wird der Ausweis unter den Vorräten als zulässig erachtet. Im bisherigen Recht durfte eine Zusammenfassung dieses Postens mit unfertigen Erzeugnissen nach Meinung von *Adler/Düring/Schmaltz* jedoch nicht erfolgen (vgl. *Adler/Düring/ Schmaltz* § 151 Anm. 122; zum Ausweis als Forderungen s. Rz. 658).

602 Bei Großaufträgen, bei denen sich **Objekte** bereits beim Kunden **in Montage** befinden, ist der Ausweis unter den Vorräten so lange vorzunehmen, als die wirtschaftliche Zugehörigkeit noch nicht auf den Abnehmer übergegangen ist.

603 Für die Bewertung der unfertigen Erzeugnisse gilt grundsätzlich das Prinzip der **Einzelbewertung**. Die Erzeugnisse sind mit ihren Herstellungskosten (zu Einzelheiten vgl. Teil A Rz. 280ff.; *Wohlgemuth* HdJ Abt. I/10) zu bewerten. Es ist vor allem darauf zu achten, daß der jeweilige Fertigstellungsgrad, den die unfertigen Erzeugnisse am Bilanzstichtag aufweisen, genau berücksichtigt wird.

604 Die unfertigen Erzeugnisse sind so lange mit den Herstellungskosten zu bewerten, als nicht das **strenge Niederstwertprinzip** (§ 255 Abs. 3 HGB nF./§ 155 Abs. 2 AktG aF.) einen niedrigeren Wertansatz gebietet (vgl. Rz. 536).

Für die unfertigen Erzeugnisse kommen folgende niedrigere Zeitwerte in Betracht:
– Vom Verkaufswert abgeleitete Werte
– Reproduktionskosten
– Wiederbeschaffungskosten

605 Von vorrangiger Bedeutung für die Bewertung unfertiger (und fertiger) Erzeugnisse ist der **vom Verkaufswert abgeleitete Wert**. Es handelt sich dabei um einen Zeitwert, der vom Absatzmarkt her festgelegt wird. Seine Ermittlung kann nach folgendem Schema erfolgen:

<u>Voraussichtlicher Verkaufserlös
– bis zum Verkauf erwartete Aufwendungen
– erwartete Erlösschmälerungen</u>
= vom Verkaufswert abgeleiteter Wert

Diese Bewertungsmethode wird als **retrograde Bewertung** bezeichnet. Sie berücksichtigt die nach dem Imparitätsprinzip gebotene **verlustfreie Bewertung**, nach der die Folgeperiode vor Verlusten, die in Vorperioden begründet sind, zu schützen ist. Ein durchschnittlicher Unternehmensgewinn darf von den geschätzten Verkaufserlösen nicht abgesetzt werden. Zur Bedeutung des Stichtagsprinzips für die zu erfassenden Wertänderungen vgl. *Wohlgemuth* HdJ Abt. I/11 Anm. 23f. sowie Teil A Rz. 383f.

606 Als **Reproduktionskosten** gelten die zur erneuten Herstellung eines Gegenstandes notwendigen fiktiven Herstellungskosten. Die Ermittlung erfolgt auf der Grundlage einer Kalkulation der Kosten am Bilanzstichtag. Sowohl Kostensteigerungen als auch Kostenminderungen im Vergleich zu den historischen Ist-Herstellungskosten müssen berücksichtigt werden. Der Reproduktionskostenwert ist ein am Beschaffungsmarkt orientierter Bewertungsmaßstab.

Der **Anwendungsbereich** der Reproduktionskosten ist auf die Bewertung fertiger und unfertiger Erzeugnisse beschränkt (bei der Bewertung des Anlagevermögens können sie zur Bewertung der selbsterstellten Anlagen herangezogen werden).

606a Da die Bewertung der Erzeugnisse grundsätzlich nach den Verhältnissen des Absatzmarktes zu erfolgen hat, besteht eine Pflicht zum Ansatz des niedrigeren vom Verkaufswert abgeleiteten Wertes. Mit der damit vollzogenen verlustfreien Bewertung sind die Ansprüche des Niederstwertprinzips erfüllt. Darüber hinaus wird es als zulässig angesehen, einen ggf. **niedrigeren Reproduktionskostenwert** anzusetzen. Die Reproduktionskosten sind vor allem dann von Bedeutung, wenn eine Bewertung vom Absatzmarkt her nicht möglich ist (vgl. *Adler/Düring/Schmaltz* § 155 Anm. 175).

606 b Die Ermittlung der **Wiederbeschaffungskosten** (vgl. Rz. 571 f.) ist für die Bewertung der Erzeugnisse von nachrangiger Bedeutung, da sie nur in den Fällen herangezogen werden können, in denen auch ein Fremdbezug möglich ist. Sie können dann unter den gleichen Voraussetzungen wie die Reproduktionskosten zur niedrigeren Bewertung verwendet werden.

606 c Zum Ansatz von Werten unterhalb des Niederstwertprinzips vgl. Rz. 541 ff. und Rz. 607.

606 d Für die Bewertung von **Überbeständen** an unfertigen (und fertigen) Erzeugnissen sind nach *Adler/Düring/Schmaltz* sowohl die Verhältnisse des Beschaffungsmarktes als auch die des Beschaffungsmarktes maßgeblich (sog. **doppelte Maßgeblichkeit**), wobei der jeweils niedrigere Wert anzusetzen ist (vgl. *Adler/Düring/Schmaltz* § 155 Anm. 152, 157.

b) Ertragsteuerliche Behandlung

607 Bezüglich der **ertragsteuerlichen Behandlung** gelten die Ausführungen zur Handelsbilanz und den Roh-, Hilfs- und Betriebsstoffen (vgl. Rz. 575 ff.) entsprechend. Zur steuerrechtlichen Ermittlung der Herstellungskosten vgl. Teil A Rz. 280 ff.

Im Gegensatz zur handelsrechtlichen Bestimmung des vom Verkaufswert abgeleiteten Wertes ist **steuerrechtlich** auch ein **durchschnittlicher Unternehmensgewinn** zu berücksichtigen (vgl. BFH v. 5. 5. 1966, BStBl. III 1966, 370; Abschn. 36 Abs. 1 Satz 10 EStR). Wegen des Maßgeblichkeitsprinzips ist diese Bewertungsmaßnahme auch bereits in der Handelsbilanz zu berücksichtigen.

Zu Einzelheiten des Teilwerts unfertiger Erzeugnisse vgl. auch *Herrmann/Heuer/Raupach* § 6 Anm. 1003 ff.

c) Bewertungsrechtliche Behandlung

608 Unfertige Erzeugnisse werden mit dem Teilwert, d. h. mit den Wiederherstellungskosten bewertet. Zur Ermittlung der Wiederherstellungskosten sind die in der Steuerbilanz nach Abschn. 33 EStR angesetzten Herstellungskosten zu übernehmen und um die bis zum Stichtag angefallenen Vertriebskosten zu erhöhen (Abschn. 52 a Abs. 1 Satz 3 VStR). Die Vertriebskosten können auch durch einen prozentualen Zuschlag auf die Herstellungskosten nach der Steuerbilanz berücksichtigt werden; der Zuschlag muß den individuellen Verhältnissen des einzelnen Betriebs Rechnung tragen (Abschn. 52 a Abs. 2 VStR).

609 Halbfertige Bauten auf fremdem Grund und Boden bzw. die daraus resultierenden Ansprüche rechnen zu den Kapitalforderungen, für die gemäß § 109 Abs. 4 BewG der Steuerbilanzwert übernommen wird (FM Rheinland Pfalz v. 24. 7. 1975, StEK BewG 1965 § 109 Nr. 63).

d) Prüfungstechnik

610 Die **Prüfung des internen Kontrollsystems** erstreckt sich darauf, wie die Bestände an unfertigen Erzeugnissen nach dem Soll-Zustand und nach dem Ist-Zustand erfaßt werden.

Zur Erfassung des Soll-Zustandes empfiehlt sich eine Dokumentation der nachfolgenden Verfahren in Form von Dauerarbeitspapieren und zwar
– der mengenmäßigen Bestandsbewegungen (Organisation der Lagerverwaltung, Ermittlung der Bestände, Bestandskontrollen etc.)
– der Ermittlung des Mengengerüstes für die Bilanzierung (Inventuren),
– der angewandten Bewertungsverfahren für die Bilanzierung
Dabei ist darauf zu achten, daß die festgestellten und dokumentierten Verfahren mit den gesetzlichen Rechnungslegungsvorschriften übereinstimmen.

Darüber hinaus sollte sich die Prüfung des Soll-Zustandes wie auch des Ist-Zustandes im wesentlichen auf die Lagerverwaltung erstrecken (vgl. Rz. 580).

Eventuelle Soll/Ist-Abweichungen des internen Kontrollsystems sind kritisch zu würdigen.

Die Prüfung umfaßt außerdem die Beurteilung, ob die vorgesehenen Kontrollen ausreichend sind.

611 In Ergänzung zu der **Prüfung des Nachweises** bei den Roh-, Hilfs- und Betriebsstoffen (vgl. Rz. 581 ff.) muß sich die Prüfung des Nachweises der unfertigen Erzeugnisse auch auf den Fertigungsgrad erstrecken. Dabei ist darauf zu achten, daß bereits in den Daten der Inventur das Mengengerüst der in Frage kommenden Kostenbestandteile (Fertigungsmaterial, Fertigungslöhne, Sondereinzelkosten der Fertigung, gegebenenfalls auch Entwicklungs-, Versuchs- und Konstruktionskosten sowie Sondereinzelkosten des Vertriebs) prüfbar nachgewiesen wird.

Die **Prüfung des mengenmäßigen Nachweises** von

612 – **Fertigungsmaterial** erfolgt durch Abstimmung der in das Inventar aufgenommenen mengenmäßigen Angaben (Kilogramm, Meter, Liter, Kubikmeter etc.) und der Materialart mit den Aufzeichnungen der Fertigung oder den Stücklisten; sofern bei Einzelfertigung das Inventar keine entsprechenden Angaben enthält, erfolgt der Nachweis des Fertigungsmaterials ausschließlich anhand der Stücklisten, die in diesem Fall auf ihre korrekte Erstellung zu überprüfen sind.

613 – **Fertigungslöhnen** durch Abstimmung der in der Inventur enthaltenen Bearbeitungszeiten mit den Arbeitsplänen, Protokollen über Zeitaufnahmen oder mit Bearbeitungszeiten in neuer Rechnung; sofern das Inventar keine ensprechenden Angaben enthält, erfolgt der mengemäßige Nachweis der Fertigungsstunden durch den Fertigungsplan, der anhand der Angaben der Arbeitsvorbereitung zum Aufnahmestichtag zu überprüfen ist.

Der mengenmäßige Nachweis von **Fertigungszeiten bei zu erbringenden Dienstleistungen** wird in der Regel durch Aufzeichnungen über die geleisteten Stunden oder durch Feststellung des Fertigungsgrades erbracht und anhand geeigneter Aufzeichnungen oder Unterlagen der Gesellschaft überprüft.

614 – **Sondereinzelkosten** der Fertigung oder der Entwicklung und Konstruktion durch Abstimmung der Angaben der Fertigungspläne oder – im Fall von Entwicklungs- und Konstruktionskosten – der auftragsbezogenen Stundennachweise mit den Angaben der Arbeitsvorbereitung oder der entsprechenden Abteilungen.

Der mengenmäßige Nachweis von eventuellen Sondereinzelkosten des Vertriebs wird durch Heranziehung der zugehörigen Zahlungsbelege überprüft.

615 Die **Prüfung der Bewertung** erstreckt sich darauf, ob die unfertigen Erzeugnisse mit den Anschaffungs- und Anschaffungsnebenkosten abzüglich Anschaffungskostenminderungen bzw. den Herstellungskosten angesetzt wurden, und ob der Ansatz von Abschreibungen nach §§ 253 Abs. 3 und 4, 254 HGB nF. bzw. von Zuschreibungen nach §§ 253 Abs. 5, 280 HGB nF. erforderlich ist. Ggf. ist die Übergangsregelung nach Art. 24 Abs. 2, 3 EG HGB nF. anzuwenden.

Zur Prüfung der im Regelfall nicht anfallenden **Anschaffungskosten, Anschaffungskostenminderungen** und **Anschaffungsnebenkosten** vgl. Rz. 591 ff.

616 Die Prüfung der **Herstellungskosten** erstreckt sich auf die gebuchten Zugänge von Materialien, von aktivierten Löhnen, von Sondereinzelkosten und von Gemeinkosten.

Der Gegenstand der Prüfung ist von dem zugrunde gelegten Kalkulationsverfahren abhängig. Bei Divisions-Kalkulationen ist der Einsatz von Einzelkosten in der Referenzperiode und bei Zuschlags-Kalkulation der Einsatz von Einzelkosten für die Herstellung einer Mengeneinheit zu prüfen.

617 Als Prüfungsunterlagen für die Prüfung der **Material-Einzelkosten** sollten im einzelnen jeweils bewertete Materialentnahmescheine oder Stücklisten herangezogen werden, wobei auch insoweit die Anschaffungs- bzw. Herstellungskosten zu überprüfen sind.

618 Die Prüfung der **Lohn-Einzelkosten** erfolgt durch
– rechnerische Nachvollziehung der aktivierten Löhne; erfolgt dabei die Vergütung nach einem Akkord-System, so muß auch die Berechnung des durchschnittlichen Akkordsatzes, zweckmäßigerweise gestützt auf Kennzahlen der Lohnabrechnungen aus mehreren Monaten vor dem Bewertungsstichtag, geprüft werden,

Vorräte **619–623 B**

- Abstimmung mit der Lohnabrechnung und
- Abgrenzung zu den Fertigungsgemeinkosten.

619 Die Prüfung der **Sondereinzelkosten** erfolgt im wesentlichen anhand der Eingangsrechnungen. Sie erstreckt sich auf die Überprüfung
- der sachlichen und rechnerischen Richtigkeit,
- der konkreten Zuordnung zu einem Auftrag.

Sofern es sich bei Sondereinzelkosten um Kostenstellen-Kosten handelt, erfolgt deren Überprüfung nach den Grundsätzen der Prüfung der Gemeinkosten.

620 Die Prüfung der **Gemeinkosten** erfolgt bei Vorliegen einer Kostenstellenrechnung mit BAB
- durch Überprüfung des Verfahrens der Betriebsabrechnung einschließlich der Beurteilung der Angemessenheit von Umlagen und deren Schlüsselung,
- durch Kontrolle der Einhaltung des Verursachungsprinzips bei der Kostenzurechnung,
- durch Feststellung, ob alle nicht aktivierbaren Kosten (z. B. kalkulatorische Kosten) eliminiert wurden.

Es ist darauf zu achten, daß die Prüfung der Gemeinkosten sich nicht darauf erstrecken kann, die darin verrechneten Kosten im einzelnen zu überprüfen; vielmehr sollte primär festgestellt werden, ob das angewandte System des BAB zu einem vernünftigen betriebswirtschaftlichen Ergebnis führt. Soweit ein BAB nicht vorliegt, kann die Angemessenheit kalkulatorisch verrechneter Gemeinkosten nur durch kritische Durchsicht der Kalkulationsunterlagen und durch Vergleich mit den effektiv angefallenen Gemeinkosten überprüft werden.

621 Zur Überprüfung der **Abschreibungen** und **Zuschreibungen** vgl. Rz. 595f. Bei der Prüfung des Grundes der Abschreibungen ist zusätzlich zu untersuchen, ob die bilanzierten unfertigen Erzeugnisse in der Folgezeit ohne Realisierung eines Verlustes bewertet werden können. Der **verlustfreie Wert** zum Bilanzstichtag ergibt sich aus dem zu erwartenden Netto-Erlös abzüglich noch anfallender Vertriebs-, Lager- und Versandkosten sowie Herstellungskosten bei unfertigen Erzeugnissen (vgl. Rz. 606). Kapitaldienstkosten sind zusätzlich zu berücksichtigen, wenn mit der Verwertung der Bestände nicht in kürzerer Zeit nach dem Bilanzstichtag zu rechnen ist.

622 Die Einzelbestandteile des verlustfreien Werts werden wie folgt der Prüfung unterzogen:
- die Netto-Erlöse ausgehend von am Bilanzstichtag bereits vorliegenden Aufträgen oder aufgrund der tatsächlich erzielten Erlöse für einzelne Erzeugnisse oder Erzeugnisgruppen in neuer Rechnung,
- die Vertriebs-, Lager- und Versandkosten durch Abstimmung mit der geprüften Kostenrechnung des abgelaufenen Geschäftsjahres,
- noch zu erwartende Herstellungskosten für Erzeugnisse der Einzelfertigung durch Vergleich der Ist-Kosten zum Bewertungsstichtag mit den Gesamtkosten lt. Vorkalkulation; ggf. kann insoweit auch der Fertigstellungsgrad vom Aufnahmestichtag einen Anhaltspunkt geben; bei den Herstellungskosten sind die vollen Herstellungskosten anzusetzen. Die nicht aktivierungspflichtigen bzw. -fähigen Kostenbestandteile sind nicht auszusondern,
- noch zu erwartende Herstellungskosten für Erzeugnisse der Serienfertigung durch Anwendung des prozentualen Abschlags von Herstellungskosten vergleichbarer fertiger Erzeugnisse auf die Herstellungskosten der unfertigen Erzeugnisse; auch hier sind die nicht aktivierungspflichtigen bzw. -fähigen Kostenbestandteile nicht auszusondern.

623 Zur **Prüfung des Ausweises** vgl. Rz. 597.
Bei der Kontrolle der richtigen Gegenbuchung ist darauf zu achten, daß der Unterschiedsbetrag zwischen den Beständen am Bilanzstichtag und am vorhergehenden Bilanzstichtag bei Anwendung des Gesamtkostenverfahrens als Bestandsveränderung in die Gewinn- und Verlustrechnung eingeht. Zum Umsatzkostenverfahren vgl. *Biener* Anm. zu Art. 22 IV. EG-Richtlinie 76ff.; vgl. im übrigen *Thoennes* HdR 1600ff.; *WPH* 1981, 1209ff.; *Heinen/Weidermann* HdR 602ff.

3. Fertige Erzeugnisse und Waren

a) Behandlung nach Handelsrecht

624 Als **fertige Erzeugnisse** sind Vorräte auszuweisen, deren Herstellung abgeschlossen ist und die verkaufs- und versandfertig sind.

Waren sind Güter, die von Dritten bezogen wurden und ohne oder nur mit unwesentlicher Weiterverarbeitung veräußert werden.

Die am Bilanzstichtag zu aktivierenden fertigen Erzeugnisse und Waren können in einer Summe ausgewiesen werden.

625 Gekaufte, aber am Bilanzstichtag **noch nicht eingegangene Handelswaren** sind nach den GoB nicht zu bilanzieren. Eine Bilanzierung ist, dem Prinzip der wirtschaftlichen Zugehörigkeit (wirtschaftliches Eigentum) entsprechend, nur in den Fällen zulässig, in denen der Käufer bereits die Verfügungsmacht (z. B. durch Aushändigung von Konnossamenten, Ladescheinen o. ä.) erhalten hat und der Übergang der wirtschaften Zugehörigkeit auch dem Willen des Verkäufers entspricht. Grundsätzlich ist für die Bilanzierung der Waren ebenso wie bei anderen Vermögensgegenständen der Zeitpunkt des Gefahrenübergangs entscheidend (zu Einzelheiten des Zugangszeitpunktes vgl. *Leffson* HdJ Abt. I/7 Anm. 16ff.).

626 Entsprechendes gilt für verkaufte, aber **noch nicht ausgelieferte Waren** oder fertige Erzeugnisse. Diese sind so lange unter den Vorräten zu erfassen, wie der Gefahrenübergang auf den Käufer noch nicht erfolgt ist (zu Einzelheiten des Abgangszeitpunktes vgl. *Leffson* HdJ Abt. I/7 Anm. 47ff.).

Bestände in Konsignationslagern sind ebenfalls zu aktivieren; in Kommission genommene Waren dürfen nicht bilanziert werden.

627 Unter **Eigentumsvorbehalt** bezogene Waren sind so lange zu bilanzieren, als der Eigentumsvorbehalt nicht geltend gemacht wird.

628 **Verpackungen,** die dem Abnehmer leihweise zur Verfügung gestellt werden (Leihembalagen), sind grundsätzlich nicht unter den Vorräten, sondern als Betriebs- und Geschäftsausstattung zu bilanzieren. Ein Ausweis unter den Vorräten ist nur möglich, wenn es dem Abnehmer zur Wahl gestellt wird, die Materialien zu erwerben oder zurückzugeben. Wird bei Ausgabe ein Pfandgeld berechnet, dann ist in dieser Höhe eine Rückstellung zu bilden (vgl. *Adler/Düring/Schmaltz* § 151 Anm. 129).

629 Für **erhaltene Anzahlungen** läßt das HGB nF. zwei Möglichkeiten der bilanziellen Behandlung zu. Sie können als ,,erhaltene Anzahlungen auf Bestellungen" im Rahmen der Verbindlichkeiten passiviert oder offen in einer Vorspalte von den Vorräten abgesetzt werden (§ 268 Abs. 5 Satz 2 HGB nF.; vgl. Rz. 1505ff.). Das bisherige Bilanzrecht sah zwar das Absetzen einer Anzahlung von den Vorräten nicht ausdrücklich vor; diese Vorgehensweise wurde aber allgemein als zulässig angesehen (vgl. *Adler/Düring/Schmaltz* § 151 Anm. 250). Die Verrechnung mußte jedoch offengelegt werden. Ohne Offenlegung würde sie gegen das Saldierungsverbot von § 246 Abs. 2 HGB nF. bzw. § 152 Abs. 8 AktG aF. verstoßen.

630 Für die **Bewertung der fertigen Erzeugnisse** und Waren gilt grundsätzlich das Prinzip der Einzelbewertung. Erleichterungen ergeben sich aufgrund der Zulässigkeit von Gruppenbewertungsverfahren. Dafür kommen das Durchschnittsverfahren und die Verbrauchsfolgefiktionen in Betracht (vgl. dazu Rz. 559ff.).

631 Als **niedrigere Zeitwerte** sind für die fertigen Erzeugnisse vor allem die vom Verkaufsmarkt abgeleiteten Zeitwerte wichtig. Daneben spielen die Reproduktionskosten und nur in Ausnahmefällen die Wiederbeschaffungskosten eine Rolle. Die Ausführungen zur Bewertung unfertiger Erzeugnisse gelten analog (vgl. Rz. 603ff.).

631a Für die **Bewertung der Handelswaren** ist sowohl der Absatzmarkt als auch der Beschaffungsmarkt maßgeblich. Als Zeitwert kommt nur der niedrigere der beiden Werte in Betracht (vgl. *Adler/Düring/Schmaltz* § 155 Anm. 152, 221). Zur Ermittlung der Wiederbeschaffungskosten vgl. die Ausführungen zu den Roh-, Hilfs- und Betriebsstoffen (Rz. 572) und zur Ermittlung des vom Verkaufswert abgeleiteten Wertes die Ausführungen zu den unfertigen Erzeugnissen (Rz. 605).

b) Ertragsteuerliche Behandlung

632 Bezüglich der ertragsteuerlichen Behandlung gelten die Ausführungen zu den Roh-, Hilfs- und Betriebsstoffen (vgl. Rz. 575 ff.) und den unfertigen Erzeugnissen entsprechend (vgl. Rz. 607).
Zur steuerrechtlichen Ermittlung der Anschaffungs- und Herstellungskosten vgl. Teil A Rz. 52 ff., 280 ff.

c) Bewertungsrechtliche Behandlung

633 Fertigerzeugnisse sind wie unfertige Erzeugnisse und Waren wie Roh-, Hilfs- und Betriebsstoffe zu behandeln. Der Importwarenabschlag nach § 80 EStDV darf in die Vermögensaufstellung nicht übernommen werden. Für sogenannte Ladenhüter u. ä. kann entsprechend Abschn. 36 Abs. 1 Satz 10 ff. EStR der niedrigere Teilwert angesetzt werden.

d) Prüfungstechnik

634 Zur **Prüfung des internen Kontrollsystems** vgl. Rz. 578 ff und Rz. 610
Bei der Prüfung des Soll-Zustandes wie auch des Ist-Zustandes des Warenverkehrs erstreckt sich die Prüfung nicht nur auf den Wareneingang und die Lagerverwaltung, wie bei der Prüfung der Roh-, Hilfs- und Betriebsstoffe und der unfertigen Erzeugnisse, sondern auch auf den Warenausgang.
Beim **Warenausgang** ist sicherzustellen, daß
– keine unbefugte Entnahme möglich ist, z. B. durch innerbetriebliche Kontrollen,
– alle versandte Güter berechnet und buchmäßig erfaßt und alle zu versendenden Güter versandt werden, z. B. durch Verwendung vornumerierter Auftragsbestätigungen und Rechnungen, die zwischen Rechnungsabteilung und Buchhaltung untereinander abzustimmen sind,
– für alle ausgelieferten Waren eine vornumerierte Versandanzeige ausgestellt wird,
– alle Mengenangaben der Versandanzeige überprüft werden,
– Rechnungserteilung und Versendung aufeinander abgestimmt sind, so daß beide Vorgänge in dieselbe Rechnungsperiode fallen und sämtliche Versendungen rechnungsmäßig erfaßt wurden,
– bei der Warenrücksendung ordnungsgemäße physische und buchmäßige Kontrolle und Erfassung gewährleistet ist,
– der Durchlauf ordnungsmäßig ist (numerischer Formularsatz von Auftragsbestätigung, Versandanzeige, Rechnung inkl. Buchhaltungskopie, Verzeichnis der ausgegebenen Auftragsnummern, periodische Durchsicht nicht ausgeführter Aufträge, Abstimmung von Auftragsbestätigung mit Versandpapieren und Ausgangsrechnung, rechnerische Überprüfung der Ausgangsrechnung, Ablage der vorgenannten Unterlagen zusammen mit dem Zahlungsträger etc.).
Die vollständige rechnungsmäßige Erfassung aller Versendungen muß regelmäßig kontrolliert werden.
Eine Funktionenkollision muß vermieden werden (Versendung, Rechnungserteilung und Verbuchung durch unterschiedliche Abteilungen oder Personen ohne gegenseitige Einflußnahme).

635 Zur **Prüfung des Nachweises,** der **Bewertung** und des **Ausweises** vgl. Rz. 581 ff., 611 ff.; 590 ff., 615 ff.; 597.
Vgl. *WPH* 1981, 1186 f.

4. Geleistete Anzahlungen

a) Behandlung nach Handelsrecht

636 Geleistete Anzahlungen sind **Vorauszahlungen an Dritte** aufgrund abgeschlossener Lieferungs- oder Leistungsverträge, für die die Lieferung oder Leistung noch aussteht. Ob die später erbrachte Lieferung oder Leistung aktivierbar ist oder nicht, ist für den Ausweis der Anzahlungen ohne Bedeutung (vgl. *Adler/Düring/Schmaltz* § 151 Anm. 134).

Die Höhe des **Ausweises** wird durch den geleisteten Auszahlungsbetrag (ohne Umsatzsteuer, es sei denn, der Vorsteuerabzug wäre ausgeschlossen) bestimmt. Für die **Bewertung** gelten die gleichen Grundsätze wie für die Bewertung von Forderungen (vgl. Rz. 662 ff.). Das allgemeine Kreditrisiko kann durch eine Pauschalwertberichtigung berücksichtigt werden. Steht fest, daß der Anzahlungsempfänger seinen Verpflichtungen zur Lieferung oder Leistung nicht nachkommt, dann sind die Anzahlungen unter den sonstigen Vermögensgegenständen auszuweisen.

637 Ist die **Gegenleistung**, für die Anzahlung geleistet wurde, im Geschäftsjahr **erbracht** worden, und ist bei der Bilanzerstellung der endgültige Rechnungsbetrag noch offen, dann ist der wahrscheinliche Betrag zu schätzen, mit der Anzahlung aufzurechnen und der Rest als Rückstellung zu passivieren.

638 Leisten große oder mittelgroße Kapitalgesellschaften Anzahlungen an **verbundene Unternehmen** oder Unternehmen, mit denen ein **Beteiligungsverhältnis** besteht, dann hat der Ausweis nach **HGB nF.** vorrangig unter den Forderungen (Pos. B. II. 2. bzw. 3.) zu erfolgen. Ein Ausweis der geleisteten Anzahlungen unter der Pos. B. I. 4. erscheint zwar auch möglich. In diesem Fall dürfte der Vermerk der Mitzugehörigkeit zu B. II. 2. bzw. B. II. 3. aber unumgänglich sein (vgl. Rz. 420, 657). Nach **Aktiengesetz aF.** waren nur die Anzahlungen an verbundene Unternehmen im Sinne dieses Gesetzes als Forderungen an verbundene Unternehmen auszuweisen. Erfolgte ein Ausweis unter Anzahlungen, dann war die Mitzugehörigkeit in jedem Fall in der Bilanz anzugeben (§ 151 Abs. 3 AktG aF.).

b) Ertragsteuerliche Behandlung

639 **Anzahlungen** sind auch ertragsteuerlich bilanzierungspflichtige Vorleistungen. Sie sind unabhäng von der Aktivierbarkeit der Gegenleistung zu aktivieren (vgl. BFH v. 16. 5. 1973, BStBl. II 1974, 25).

c) Bewertungsrechtliche Behandlung

640 Der aus Anzahlungen resultierende Sachleistungsanspruch ist mit dem Teilwert anzusetzen. In der Regel wird der Teilwert der Aufwendung entsprechen, die das Unternehmen gemacht hat, um den Anspruch zu erwerben.

d) Prüfungstechnik

641 Zur **Prüfung des internen Kontrollsystems** ist der Soll-Zustand anhand von Fragebogen, verbalen Beschreibungen etc. zu ermitteln, und in einem Dauerarbeitspapier zu dokumentieren. Der Soll-Zustand sollte umfassen:
– die regelmäßige Kontrolle von Saldenlisten,
– die Einholung von Saldenbestätigungen und deren Kontrolle durch das Unternehmen, soweit dies erforderlich erscheint,
– die regelmäßige Überwachung der Anzahlungen sowie ihre richtige Abgrenzung gegenüber anderen geleisteten Anzahlungen und den Rechnungsabgrenzungsposten,
– die zutreffende Kürzung von geleisteten Anzahlungen beim Eingang der Rechnungen und die Kontrolle des zu zahlenden Restbetrages (z. B. durch Vermerk der geleisteten Anzahlungen in den Vertrags- oder Bestellunterlagen durch die Abteilung Rechnungsprüfung),
– die gesonderte Erfassung von geleisteten Anzahlungen an verbundene Unternehmen,
– Regelungen zur Vermeidung von Funktionenkollisionen (zwischen Buchhaltung, Bestellung und denjenigen Personen, die Zugang zu Geld haben).

642 Die **Prüfung des Nachweises** erfolgt anhand von Saldenlisten, gegebenenfalls unter Hinzuziehung von Saldenbestätigungen.
Erforderlich ist eine rechnerische Überprüfung der Saldenlisten und eine Abstimmung der Saldenliste mit den Sach- und Personenkonten, mit dem Bilanzausweis sowie gegebenenfalls mit den Saldenbestätigungen.

643 Die **Prüfung der Bewertung** erstreckt sich darauf, ob die Anzahlungen mit den geleisteten Anschaffungskosten (d. s. die Zahlungen) angesetzt wurden, vermindert

Forderungen und sonstige Vermögensgegenstände 644–651 **B**

um Abschreibungen gemäß §§ 253 Abs. 3 und 4, 254 HGB nF. und unter Ansatz von Zuschreibungen nach §§ 253 Abs. 5, 280 HGB nF. Ggf. ist die Übergangsregelung nach Art. 24 Abs. 2, 3 HGB nF. anzuwenden.

644 Die Prüfung eventuell erforderlicher **Abschreibungen** erfordert in Stichproben einen Vergleich zwischen den geleisteten Zahlungen einerseits und dem jeweils niedrigeren beizulegenden Wert, dem wahlweise anzusetzenden Wert wegen zukünftiger Wertschwankungen, dem Wert aufgrund vernünftiger kaufmännischer Beurteilung oder dem steuerlichen Wert andererseits. Grundlage der Prüfung sind dabei geeignete Unterlagen der Gesellschaft zur Überprüfung der in Betracht kommenden Werte.

Bei der Prüfung des Grundes der Abschreibungen ist zu prüfen,
– wie weit die Anzahlungen in der Zeit zwischen dem Bilanzstichtag und dem Prüfungstag abgewickelt wurden,
– ob für die noch nicht abgewickelten Anzahlungen die entsprechenden Lieferungen und Leistungen überfällig sind,
– ob sich daraus der Schluß ziehen läßt, daß die betreffenden Anzahlungen risikobehaftet sind.

Zur Prüfung der **Zuschreibungen** vgl. Rz. 596.
Zur **Prüfung des Ausweises** vgl. Rz. 597.
Vgl. *WPH* 1981, 1221 ff.

II. Forderungen und sonstige Vermögensgegenstände

650 Für **mittelgroße und große Kapitalgesellschaften** verlangt das HGB nF. eine **Gliederung** der Forderungen und sonstigen Vermögensgegenstände in
– Forderungen aus Lieferungen und Leistungen
– Forderungen gegen verbundene Unternehmen
– Forderungen gegen Unternehmen, mit denen ein Beteiligungsverhältnis besteht
– bei GmbH: Forderungen am Gesellschafter
– bei GmbH: eingeforderte Nachschüsse
– sonstige Vermögensgegenstände.

Es handelt sich dabei um eine Zusammenfassung von Positionen des Umlaufvermögens in einer eigenständigen Gruppe, die bisher im AktG aF. einen Teil der „anderen Gegenstände des Umlaufvermögens" gebildet haben.

Kleine Kapitalgesellschaften sowie **Personenhandelsgesellschaften und Einzelunternehmen** dürfen die Forderungen und sonstigen Vermögensgegenstände in einer Summe zusammengefaßt ausweisen.

Bei der **Offenlegung** des Jahresabschlusses besteht für **mittelgroße Kapitalgesellschaften** eine gewisse Erleichterung darin, daß sie neben dem Gesamtbetrag der „Forderungen und sonstigen Vermögensgegenstände" nur die „Forderungen gegen verbundene Unternehmen" und die „Forderungen gegen Unternehmen, mit denen ein Beteiligungsverhältnis besteht", gesondert in der Bilanz oder im Anhang zu zeigen haben. Dies bedeutet die Möglichkeit der zusammengefaßten Veröffentlichung der „Forderungen aus Lieferungen und Leistungen" und der „sonstigen Vermögensgegenstände".

651 Eine **Abweichung gegenüber dem bisherigen Recht** besteht vor allem für große und mittelgroße Kapitalgesellschaften in dem gesonderten Bilanzausweis (bzw. der Angabe im Anhang) der „Forderungen gegenüber Unternehmen, mit denen ein Beteiligungsverhältnis besteht". Soweit der Verbundenheitstatbestand gem. § 15 AktG aF. erfüllt war, bildeten sie bisher einen Bestandteil der „Forderungen an verbundene Unternehmen". Für kleine Kapitalgesellschaften ergibt sich künftig eine Ausweiserleichterung, da das AktG aF. eine größenabhängige Bilanzierung nicht kannte.

Bedeutsam ist auch der Wegfall der gesonderten Bilanzpositionen der **Besitzwechsel**. Während § 239 Abs. 4 Nr. 4 des Entwurfs des Bilanzrichtlinien-Gesetzes v. 26. 8. 1983 (Bundestagsdrucksache 10/317) noch vorsah, daß die Innehabung von Wechseln, denen Forderungen des Umlaufvermögens zugrunde liegen, bei den entsprechenden Posten zu vermerken ist, verzichtet das **HGB nF.** auf jeglichen Ausweis oder Vermerk der Wechselforderungen im Jahresabschluß.

652 Demgegenüber waren Besitzwechsel nach **AktG aF.** an Stelle der ursprünglichen Forderung gesondert auszuweisen (§ 151 Abs. 1 Pos. B. III. 3. AktG aF.). Der Betrag der bundesbankfähigen Wechsel war gesondert zu vermerken. Mit dem Wegfall der Position Besitzwechsel entfällt gleichzeitig auch diese Vermerkpflicht. Dies wirkt sich für die Beurteilung der Finanzlage negativ aus, so daß ein freiwilliger Vermerk der Besitzwechsel und davon der bundesbankfähigen Wechsel in der Bilanz oder im Anhang wünschenswert wäre.

653 Eine **Änderung** gegenüber dem bisherigen Recht ist auch dadurch eingetreten, daß sog. **Organkredite** nicht mehr in einer gesonderten Bilanzposition gezeigt werden müssen. Kredite an Mitglieder oder Angehörige der Verwaltungsorgane von Kapitalgesellschaften sind künftig entsprechend der Krediteigenschaft als Ausleihungen, Forderungen aus Lieferungen und Leistungen oder als sonstige Vermögensgegenstände auszuweisen. Allerdings regelt das AktG nF. weiterhin die Voraussetzungen für die Kreditgewährung in §§ 89, 115 AktG nF. Ein Vermerk, daß es sich um Organkredite handelt, ist nicht erforderlich. Nach § 285 Nr. 9 c HGB nF. sind „die gewährten Vorschüsse und Kredite unter Angabe der Zinssätze, der wesentlichen Bedingungen und der gegebenenfalls im Geschäftsjahr zurückgezahlten Beträge sowie die zugunsten dieser Personen eingegangenen Haftungsverhältnisse" im Anhang anzugeben. Die Angabepflicht gilt für sämtliche Kapitalgesellschaften unabhängig von ihren Größenmerkmalen.

Demgegenüber sah das **Aktienrecht aF.** bisher vor, daß Kredite an Vorstandsmitglieder und Aufsichtsratsmitglieder gesondert im Umlaufvermögen (§ 151 Abs. 1 Aktiva III. B. 11. AktG aF.) als Forderungen aus Krediten, die a) unter § 89 und b) unter § 115 fallen, auszuweisen waren. Wurden die Kredite nicht gesondert ausgewiesen, dann war die Mitzugehörigkeit nach § 151 Abs. 3 AktG aF. zu vermerken, soweit dies zur Aufstellung einer klaren und übersichtlichen Jahresbilanz erforderlich war. Darüber hinausgehende Berichtspflichten sah das Aktienrecht nicht vor (zu Einzelheiten der Organkredite vgl. *Adler/Düring/Schmaltz* § 151 Anm. 175 ff.).

654 Für **Gesellschaften mbH** bestand eine Berichtspflicht für Kredite aus ungebundenem Vermögen nach § 43 a GmbHG aF. an ihre Organe nicht (zu Einzelheiten vgl. *Baumbach/Hueck* § 43 a Anm. 1 ff.). Zukünftig besteht lediglich die Pflicht zum gesonderten Ausweis von Ausleihungen, Forderungen und Verbindlichkeiten gegenüber Gesellschaftern nach § 42 Abs. 3 GmbHG nF.

1. Forderungen aus Lieferungen und Leistungen

(davon mit einer Restlaufzeit von mehr als einem Jahr: DM)

a) Behandlung nach Handelsrecht

655 **Lieferungs- und Leistungsforderungen** sind Ansprüche aus Verträgen, die im Rahmen der normalen Geschäftstätigkeit des Unternehmens geschlossen wurden (Lieferungs-, Werk-, Dienstleistungsverträge u. ä.) und deren Erfüllung durch das bilanzierende Unternehmen bereits erfolgte, während die Leistung des Schuldners (Zahlung des Entgelts) noch aussteht. Die Forderung entsteht in dem Zeitpunkt, in dem die Lieferung oder Leitung erbracht wird und die Gefahr des zufälligen Untergangs oder der zufälligen Verschlechterung der gelieferten Ware auf den Käufer bzw. Auftraggeber übergegangen ist (zu Einzelheiten siehe *Adler/Düring/Schmaltz* § 149 Anm. 43 sowie Teil A Rz. 379 ff.).

656 Mit dem Ausweis einer Forderung aus einer Lieferung oder Leistung wird der **Erfolg** des Geschäftes als **realisiert** gezeigt (vgl. Teil A Rz. 379 ff.). Daher ist die Beachtung des richtigen Zeitpunktes für die Bilanzierung einer Forderung von großer Bedeutung. Der Tag der Rechnungserteilung ist dafür grundsätzlich unbeachtlich. Durch vorzeitiges oder verspätetes Stellen einer Rechnung kann der Zeitpunkt der Erfolgsrealisation nicht beeinflußt werden.

657 Für Forderungen aus Lieferungen und Leistungen gegenüber **verbundenen Unternehmen** oder Unternehmen, mit denen ein **Beteiligungsverhältnis** besteht, ist in der Bilanz von großen und mittelgroßen Kapitalgesellschaften ein gesonderter Ausweis unter den Pos. B. II. 2. und 3. vorgesehen. Ein Ausweis unter B. II. 1. „Forderungen aus Lieferungen und Leistungen" erscheint nach **HGB nF.** zwar auch möglich, doch

Forderungen und sonstige Vermögensgegenstände 658–662 B

dürfte dann regelmäßig der nach § 265 Abs. 3 HGB nF. vorgesehene Vermerk der Mitzugehörigkeit zur Pos. B. II. 2. bzw. B. II. 3. (oder die Angabe der Mitzugehörigkeit im Anhang) erforderlich sein, um zu einem im Sinne des künftigen Rechts klaren und übersichtlichen Jahresabschluß zu gelangen; denn die besondere Verdeutlichung der Beziehungen zu verbundenen Unternehmen und Unternehmen, mit denen ein Beteiligungsverhältnis besteht, ist als Ziel des HGB nF. deutlich sichtbar. Der Bilanzvermerk oder die Angabe im Anhang dürfte somit ggf. auch nicht mit Hinweis auf die Geringfügigkeit von Beträgen unterbleiben.

Das **bisherige Aktiengesetz** sah auch einen gesonderten Ausweis für Forderungen an verbundene Unternehmen (in der Abgrenzung von § 15 AktG aF. (vgl. dazu Rz. 423, 693 ff.)) vor. Bei einem davon abweichenden Bilanzausweis mußte die Mitzugehörigkeit nach § 151 Abs. 3 AktG aF. immer in der Bilanz vermerkt werden.

658 Bauunternehmen, die Gebäude auf fremdem Grund für fremde Rechnung errichtet haben, müssen ihre Leistungen unter den Forderungen ausweisen, wenn eine Abnahme der Gebäude oder von Gebäudeteilen erfolgt ist und entsprechende Abrechnungen erstellt wurden.

659 Bei **Warenlieferungen mit Rückgaberecht des Empfängers** (Kauf auf Probe gem. § 495 BGB) entspricht die Forderung bis zur Billigung des Kaufes durch den Käufer dem Warenwert (Anschaffungs- oder Herstellungskosten). Voraussichtlich anfallende Rücknahmekosten und Wertminderungen durch Beschädigungen der Waren sind durch die Bildung einer Rückstellung zu berücksichtigen. Sind Erfahrungswerte über die Rücknahmequote und die Kosten bekannt, kann auch eine pauschale Abschreibung wegen spezieller Risiken in Betracht kommen. Nach Wegfall des Rückgaberechts ist die Forderung mit ihrem Nennwert anzusetzen und die Rückstellung aufzulösen; die Beibehaltung des niedrigeren Wertansatzes ist aber ebenfalls möglich (vgl. Rz. 545). Es wird auch für zulässig gehalten, daß Versandhandelsunternehmen die Forderungen bereits bei Lieferung mit ihrem Nennwert ausweisen und in Höhe der Differenz zwischen Nennwert und Warenwert zuzüglich der Rücknahmekosten und Wertminderungen eine Rückstellung bilden. Wesentliche Forderungen sollten in der Bilanzposition Forderungen z. B. durch einen Vermerk „davon mit Rückgaberecht" gesondert gekennzeichnet werden (vgl. *WPH* 1981, 729).

660 Waren- und Leistungsforderungen verlieren bei **längerfristiger Stundung** (über das branchenübliche Ziel hinaus) ihren ursprünglichen Charakter und sind dann unter den sonstigen Vermögensgegenständen zu erfassen. Ein Ausweis unter den Ausleihungen ist nur in Sonderfällen möglich (vgl. Rz. 486).

661 Grundsätzlich dürfen **Forderungen nicht mit Verbindlichkeiten aufgerechnet** werden (§ 246 Abs. 2 HGB nF./§ 152 Abs. 8 AktG aF.). Ausnahmen können in Betracht kommen, wenn neben der Gleichartigkeit von Forderungen und Verbindlichkeiten die weiteren allgemeinen Aufrechnungsvoraussetzungen gem. § 387 BGB, Identität von Gläubiger und Schuldner (Gegenseitigkeit) und Gleichfristigkeit der Forderungen, erfüllt sind. Eine Aufrechnung wird auch schon für zulässig angesehen, wenn bei gleichartigen Forderungen und Verbindlichkeiten die Fälligkeiten nicht wesentlich voneinander abweichen und im übrigen die Bedingungen des § 387 BGB gegeben sind (vgl. *Adler/Düring/Schmaltz* § 152 Anm. 167). Eine **Aufrechnungspflicht** ist nach den GoB gegeben, wenn dies zwischen den Vertragspartnern (auch aufgrund allgemeiner Geschäftsbedingungen) vereinbart wurde und die vereinbarten Voraussetzungen eingetreten sind oder bei Vorliegen von Kontokorrentverhältnissen. Ohne Aufrechnung würde der Jahresabschluß in diesen Fällen kein den tatsächlichen Verhältnissen entsprechendes Bild vermitteln.

662 Die Forderungen sind als Gegenstände des Umlaufvermögens nach §§ 240 Abs. 1, 253 Abs. 1 HGB nF./§ 40 Abs. 2 HGB aF., § 155 Abs. 1 AktG aF. grundsätzlich mit ihren **Anschaffungskosten,** d. h. mit ihrem Nennwert nach Abzug von Rabatten, Umsatzprämien oder sonstigen Preisnachlässen zu bilanzieren. Aufgrund des Niederstwertprinzips ist ggf. eine Abwertung auf den niedrigeren Zeitwert vorzunehmen.

Der **Grundsatz der Einzelbewertung** (§ 252 Abs. 1 Nr. 3 HGB nF./§ 39 HGB aF., § 149 AktG aF.) gilt auch für Forderungen. **Zweifelhafte Forderungen** sind mit ihrem wahrscheinlich eingehenden Wert zu bilanzieren; **uneinbringliche Forderun-

gen sind abzuschreiben. Beitreibungskosten (z. B. Kosten des Mahnverfahrens, Gerichtskosten, Kosten der Zwangsvollstreckung) wirken nicht wertmindernd. Sie sind durch die Bildung einer Rückstellung zu berücksichtigen. **Unverzinsliche** oder **niedrig verzinsliche Forderungen** sind mit ihrem Barwert anzusetzen (s. unter Ausleihungen Rz. 490 und Teil X Rz. 23ff.), soweit nicht aus Vereinfachungsgründen auf die Abzinsung verzichtet werden kann (regelmäßig zulässig bei kurzfristigen Forderungen mit einer Restlaufzeit bis zu 3 Monaten).

663   Zur Bestimmung der Anschaffungskosten von **Valutaforderungen** muß eine Umrechnung mit dem zum Zeitpunkt des Entstehens der Forderung geltenden Wechselkurs erfolgen. Spätere **Wechselkursänderungen** sind imparitätisch zu behandeln: Am Stichtag unrealisierte Währungsverluste aufgrund einer Abwertung der Auslandswährung (Aufwertung der Inlandswährung) müssen (wegen des strengen Niederstwertprinzips) durch Verminderung des Forderungsbetrages erfolgswirksam berücksichtigt werden, während unrealisierte Währungsgewinne aufgrund einer Aufwertung der Auslandswährung (Abwertung der Inlandswährung) ohne Auswirkungen auf die Bilanzierung bleiben. Eine Ausnahme von dieser Regel kann bei einer sog. **Währungsbuchführung** gegeben sein, bei der eine größere Anzahl kurzfristiger Valutaforderungen in einem Kontokorrent nur in fremder Währung geführt und zur Bilanzierung mit dem aktuellen Stichtagskurs umgerechnet wird; der jeweilige Kurs im Entstehungszeitpunkt der Forderungen wird nicht festgehalten. Eine Grenze findet dieses Verfahren, wenn bei einer Aufwertung der Auslandswährung (Abwertung der Inlandswährung) erhebliche einmalige Währungsgewinne entstehen (vgl. *Adler/ Düring/Schmaltz* § 155 Anm. 223; kritisch zur nichtindividuellen Behandlung der Forderungen *Tubbesing* ZfbF 1981, 804ff.).

664   Bei größeren Forderungsbeständen mit einer **großen Anzahl von kleinen Forderungen** erscheint die Einzelbewertung als zu zeitraubend und kostenaufwendig. In der Praxis hat sich daher eine **Sammelbewertung** der Forderungen durchgesetzt. Dies geschieht in der Weise, daß bei allen Forderungen, die nicht aufgrund spezifischer Informationen bereits einzelwertberichtigt wurden, die im Forderungsbestand enthaltenen speziellen Risiken pauschal durch den Abzug eines nach den Erfahrungen und individuellen Verhältnissen des bilanzierenden Unternehmens bestimmten Prozentsatzes vom Nennwert berücksichtigt werden (pauschal ermittelte Absetzung wegen spezieller Risiken). Bei großen Forderungen ist jedoch die Einzelbewertung unverzichtbar.

665   Neben den speziellen Kreditrisiken, die sich aus der individuellen Bonität des Schuldners ergeben, ist das allgemeine Ausfallrisiko (beispielsweise ist bei Abschwächung der Konjunktur auch bei ursprünglich guter Bonität der Schuldner mit Ausfällen zu rechnen; weitere Beispiele bei *Adler/Düring/Schmaltz* § 152 Anm. 85) zu beachten und durch eine **Pauschalwertberichtigung** zu berücksichtigen. Sie wird ebenfalls durch Anwendung eines auf den Erfahrungen der Vergangenheit aufbauenden, unternehmensindividuell zu bestimmenden Prozentsatzes auf den Forderungsbestand ermittelt. Im allgemeinen wird in der Praxis eine überschneidungsfreie Differenzierung zwischen speziellen und allgemeinen Risiken kaum möglich sein. Es ist daher üblich, alle Forderungen, die bereits wegen spezieller Risiken abgewertet wurden, von der Pauschalwertberichtigung wegen des allgemeinen Kreditrisikos auszunehmen.

Zu beachten ist, daß nur der Nettowert der Forderung (ohne USt) abzuschreiben ist, da bei Uneinbringlichkeit der Forderung die USt-Erstattung durch das Finanzamt erfolgt.

666   Die Abschreibung der Forderungen wegen spezieller Einzelrisiken, unabhängig davon, ob diese individuell oder pauschal berücksichtigt werden, erfolgt in Befolgung des **Niederstwertprinzps**. Die Pflicht zur Abschreibung auf den niedrigeren Zeitwert ergibt sich für alle Rechtsformen aus § 253 Abs. 3 HGB nF. Sie ist als GoB anzusehen, der bisher in § 155 Abs. 2 AktG aF. kodifiziert war. Die Vornahme einer Pauschalwertberichtigung geschieht in Wahrnehmung der Möglichkeit der Bewertung zu einem niedrigeren **Zukunftswert** (vgl. *Adler/Düring/Schmaltz* § 152 Anm. 85, § 155 Anm. 208). Sie ist dem Unternehmen freigestellt und ergibt sich für sämtliche Unternehmen nach § 253 Abs. 3 Satz 3 HGB nF. Dem Charakter der Bewertung mit einem Zukunftswert entspricht es, daß man sich bei der Ermittlung

Forderungen und sonstige Vermögensgegenstände 667–670 **B**

des Abschreibungsprozentsatzes nicht nur auf die Erfahrungen vergangener Perioden stützt, sondern die voraussichtliche Entwicklung mitberücksichtigt. Dies könnte beispielsweise bei einer sich abzeichnenden konjunkturellen Abschwächung und dem unter diesen Umständen erfahrungsgemäß zu erwartenden Anstieg der Forderungsausfälle durch einen Zuschlag zu dem Erfahrungssatz der Vergangenheit erfolgen.

Bei einer sich abzeichnenden umgekehrten Entwicklung wäre auch ein Abschlag vom Durchschnittssatz der vergangenen Perioden denkbar.

667 Während **Abschreibungen** auf Forderungen nach dem HGB nF. unabhängig davon, ob es sich um Einzel- oder Pauschalwertberichtigungen handelt, **nur noch aktivisch** vorgenommen werden dürfen, mußten die nach bisherigem Aktienrecht bilanzierenden Unternehmungen die Pauschalwertberichtigungen wegen des allgemeinen Kreditrisikos nach § 152 Abs. 6 Satz 2 AktG aF. passivisch ausweisen.

Der Pflicht zur direkten Abschreibung steht aber nicht entgegen, daß **unternehmensintern** die Abschreibungen über passive **Wertberichtigungskonten** erfolgen, um so ein klares Bild über den Nennwert der Forderungen zu behalten. Zum Bilanzstichtag werden diese Wertberichtigungskonten über die Sachkonten abgeschlossen.

668 Entfällt der Grund für eine Forderungsabschreibung, so kann der **niedrigere Wertansatz beibehalten** werden. Für Einzelunternehmen und Personenhandelsgesellschaften ergibt sich dies aus § 253 Abs. 5 HGB nF. und für Kapitalgesellschaften aus der Einschränkung des Wertaufholungsgebots nach § 280 Abs. 2 HGB nF. In diesem Fall ergeben sich Berichtspflichten nach § 280 Abs. 3 und § 285 Nr. 5 HGB nF. Bisher war das Beibehaltungsrecht nur für die nach Aktienrecht bilanzierenden Unternehmen in § 155 Abs. 4 AktG aF. ausdrücklich vorgesehen. Für die übrigen Unternehmen galt es aufgrund des Höchstwertprinzips.

669 Der Betrag der Forderungen mit einer **Restlaufzeit von mehr als einem Jahr** ist von Kapitalgesellschaften gesondert zu vermerken (§ 268 Abs. 4 HGB nF.). Während große und mittelgroße Kapitalgesellschaften nach § 266 Abs. 1 Satz 1 HGB nF. sowohl die Forderungen aus Lieferungen und Leistungen als auch die anderen Forderungen gesondert auszuweisen müssen und auch bei jedem Forderungsposten ggf. den Vermerk der Restlaufzeit vorzunehmen haben, ist bei kleinen Kapitalgesellschaften nur der Gesamtbetrag der Forderungen mit einer Restlaufzeit von mehr als einem Jahr zu vermerken. Bislang war der Vermerk der Restlaufzeit bei den Forderungen aus Lieferungen und Leistungen nur für die nach Aktiengesetz bilanzierenden Unternehmen gem. § 151 Abs. 1 Aktiva III. B. 2 AktG aF. vorgesehen.

Unter **Restlaufzeit** ist der Zeitraum zwischen dem aktuellen Bilanzstichtag und dem voraussichtlichen Forderungseingang zu verstehen. Der Zeitpunkt des Vertragsabschlusses und die Gesamtlaufzeit sind für den Vermerk ohne Relevanz. Berücksichtigt werden müssen jedoch Zielverlängerungen bei Forderungen, die in weniger als einem Jahr fällig wären, wenn der Zahlungseingang erst nach mehr als einem Jahr erwartet wird. Ursprünglich langfristige Forderungen, deren Restaufzeiten sich durch den Zeitablauf oder durch vertragliche Regelungen auf weniger als ein Jahr verkürzt haben, sind nicht mehr zu vermerken. Bei Forderungen, die durch Ratenzahlungen getilgt werden, ist nicht der gesamte Forderungsbetrag, sondern nur die Summe der Tilgungsbeträge, die in dem Zeitraum nach Ablauf eines Jahres fällig werden, zu vermerken (zu Einzelheiten vgl. *Adler/Düring/Schmaltz* § 151 Anm. 142).

670 Im Gegensatz zum bisherigen Recht ist nach § 266 Abs. 2 HGB nF. für **Wechselforderungen** keine besondere Bilanzposition vorgesehen. Sie sind gemäß der Art der den Wechseln zugrunde liegenden Forderungen in das Gliederungsschema einzuordnen. Wechsel, die für Lieferungen und Leistungen angenommen wurden, werden daher künftig als Forderungen aus Lieferungen und Leistungen ausgewiesen. Sobald Wechsel zur Begleichung eigener Verbindlichkeiten verwendet oder einem Kreditinstitut zur Diskontierung eingereicht werden, scheiden die zugehörigen Forderungen aus der Bilanz aus.

Wechsel, die am Bilanzstichtag **zum Inkasso versandt** wurden, sind grundsätzlich noch als Forderungen auszuweisen, wenn die Gutschrift des Wechselbetrages erst in neuer Rechnung erfolgt. Wird ein Betrag jedoch kurze Zeit nach dem Bilanzstichtag noch in alter Rechnung gutgeschrieben, so ist die Erhöhung des Bankguthabens zu bilanzieren. Gleiches gilt auch, wenn Wechsel zur Diskontierung einer Bank eingereicht wurden.

Die **Bewertung der Wechsel** erfolgte nach AktG aF. analog der Bewertung der Forderungen, wobei die Bonität anderer Wechselverpflichteten zu berücksichtigen war. Die Wechsel waren mit dem Nennwert nach Abzug von Diskont und Wechselspesen auszuweisen. Bestand ein Anspruch auf Erstattung des Wechseldiskonts und der Wechselspesen, so war dieser unter den sonstigen Vermögensgegenständen zu aktivieren. (Zu Einzelheiten des Wechselausweises nach AktG aF. siehe *Adler/Düring/Schmaltz* § 151 Anm. 143 ff.).

b) Ertragsteuerliche Behandlung

671 Für die **Bewertung** der Forderungen aus Lieferungen und Leistungen gelten die allgemeinen Bewertungsregeln gem. § 6 Abs. 1 Nr. 2 EStG, nach denen die Forderungen mit den Anschaffungskosten (= Nominalwert) oder ggf. mit dem Teilwert anzusetzen sind. Da sich die handels- und steuerrechtliche Bilanzierung weitgehend entsprechen, gelten obige Ausführungen auch für die Steuerbilanz.

Wie im Handelsrecht kann neben der **Einzelbewertung** auch eine **Pauschalbewertung** von Forderungen durchgeführt werden. Für die Ermittlung des Pauschalsatzes gilt, daß die Schätzung auf der Basis der tatsächlichen Verhältnisse und nicht aufgrund bloßer Vermutungen oder pessimistischer Beurteilungen erfolgen muß (vgl. RFH v. 17. 10. 1934, StuW 1935, Nr. 16; BFH v. 26. 1. 1956, BStBl. III 1956, 113; v. 1. 4. 1958, BStBl. III 1958, 291). Kenntnisse, die der Steuerpflichtige nach dem Bilanzstichtag, aber vor der Bilanzerstellung über einen geminderten Teilwert am Bilanzstichtag erlangt hat (z. B. Konkurs des Schuldners), sind bei der Bewertung zu berücksichtigen (vgl. *Mittelbach* Inf. 1978, 76; zur Wertaufhellungstheorie vgl. *Herrmann/Heuer/Raupach* § 6 Anm. 179 ff.).

672 Die Bewertung der **Besitzwechsel** erfolgt entsprechend der Bewertung der zugrunde liegenden Forderung (vgl. BFH v. 31. 10. 1963, HFR 1964, 114).

c) Bewertungsrechtliche Behandlung

673 **Forderungen** sind in die Vermögensaufstellung grundsätzlich aufzunehmen, wenn sie rechtlich begründet sind; besteht jedoch keine Möglichkeit der Realisierung, z. B. weil die Forderung verjährt ist, reicht die rechtliche Begründetheit allein nicht aus. Umgekehrt sind Forderungen auch ohne Rechtsverbindlichkeit anzusetzen, falls mit ihrer Erfüllung sicher zu rechnen ist. Vor allem ist § 4 BewG zu beachten: Forderungen, deren Entstehung aufschiebend bedingt ist, bleiben außer Ansatz, solange die Bedingung noch nicht eingetreten ist.

Ist eine Forderung bewertungsrechtlich in der Vermögensaufstellung zu erfassen, so ist gemäß § 109 Abs. 4 BewG der Steuerbilanzwert zu übernehmen; das gilt auch für Forderungen in ausländischer Währung. **Wertberichtigungen** sind in gleicher Höhe wie in der Steuerbilanz zulässig; sie müssen unmittelbar beim Wertansatz der Forderung berücksichtigt werden (Abschn. 44 Abs. 3 VStR). Wie Forderungen sind **Besitzwechsel** zu behandeln.

Forderungen, die keine Geldleistung zum Gegenstand haben, sind mit dem Teilwert anzusetzen. In der Regel wird der Teilwert den Aufwendungen entsprechen, die das Unternehmen gemacht hat, um den Anspruch zu erwerben.

Investitionszulagen sind Kapitalzuschüsse. Der Anspruch auf eine Investitionszulage ist in der Vermögensaufstellung nur zu erfassen, wenn die Zulage am Stichtag beantragt worden ist und die gegebenenfalls erforderliche Bescheinigung über die Förderungswürdigkeit der maßgebenden Anlagegüter vorliegt. Der Anspruch ist mit seinem Nennwert anzusetzen.

d) Prüfungstechnik

(1) Prüfung des internen Kontrollsystems

674 Es ist zu prüfen, wie die Verkäufe und ihre buchmäßige Erfassung nach dem Soll-Zustand und nach dem Ist-Zustand organisiert sind.

Zur Erfassung des **Soll-Zustandes** empfiehlt sich eine Dokumentation des Verfahrens der Abwicklung der Verkäufe und ihrer Verbuchung (einschließlich der Be-

Forderungen und sonstige Vermögensgegenstände

handlung der Umsatzsteuer, der Erlösschmälerungen und der Retouren) in Form eines Dauerarbeitspapiers. Es ist darauf zu achten, daß das festgestellte und dokumentierte Verfahren mit den gesetzlichen Rechnungslegungsvorschriften übereinstimmt.

675 Darüber hinaus sollte sich die Prüfung im wesentlichen auf die folgenden Maßnahmen erstrecken:
- Zur Überwachung oder Vermeidung größerer Außenstände ist es erforderlich, daß
  - Kundenkredite durch die hierfür vorgesehene Person genehmigt werden,
  - vor Einräumung größerer Kredite Auskünfte eingeholt werden,
  - von der Abteilung Verkauf keine Kunden beliefert werden, die wegen größerer Forderungsrückstände ,,gesperrt" sind,
  - der Außendienst über Mahnungen, Zielüberschreitungen und ,,Sperrungen" rechtzeitig informiert wird,
  - säumige Kunden systematisch angemahnt werden,
  - eine Mahnkartei geführt wird und die Mahnungen auf den Kontokorrent-Karten vermerkt werden,
  - das Mahnwesen von der übrigen Kontokorrentbuchhaltung getrennt ist,
  - Zinsen und Kosten bei Zielüberschreitungen und Mahnungen berechnet werden,
  - Eintreibungsmaßnahmen bei erfolglosen Mahnungen in die Wege geleitet werden,
  - die Ausbuchung oder Abschreibung von Forderungen von der vorgesetzten Stelle genehmigt werden muß, gegebenenfalls unter Einräumung bestimmter Wertgrenzen,
  - ausgebuchte und/oder abgeschriebene Forderungen periodisch durchgesehen und auf eventuelle Zahlungseingänge überwacht werden.
- Bei der Bearbeitung von eingehenden Aufträgen muß sichergestellt sein, daß
  - keine Unterschlagungen vorkommen können,
  - Irrtümer weitgehend ausgeschlossen sind. Zu diesem Zweck empfehlen sich vornumerierte Auftragsbestätigungen, Versandanzeigen und Rechnungen, Erstellung eines Verzeichnisses der ausgegebenen Auftragsnummern, periodische Durchsicht der nicht ausgeführten Aufträge etc.,
- Die Auftragsbearbeitung muß getrennt von der Konditionengewährung erfolgen; von den Allgemeinen Geschäftsbedingungen abweichende Konditionen müssen gesondert genehmigt werden,
- Das interne Kontrollsystem des Warenausgangs muß funktionieren, vgl. Rz. 634,
- Bei der Rechnungserteilung muß sichergestellt sein, daß
  - jede Rechnung aufgrund nachprüfbarer Unterlagen erstellt wird,
  - eine unabhängige Prüfung der Rechnung vorgenommen wird,
  - die ausgegebenen Nummern für Auftragsbestätigungen und Rechnungen kontrolliert werden,
  - Rechnungen vor dem Versand nicht unterdrückt werden können.
- Die Gutschrifterteilung muß unabhängig von der Rechnungserteilung erfolgen. Sie muß durch die hierfür vorgesehenen Personen durch handschriftliches Abzeichnen genehmigt werden, erforderlichenfalls unter Einhaltung bestimmter Wertgrenzen.

676 Der **Ist-Zustand** des internen Kontrollsystems muß dem Soll-Zustand entsprechen. Dabei ist von unabhängig erstellten Unterlagen auszugehen (z. B. von Bestellungen, Auftragskopien, Warenausgangsscheinen, Versandkopien, Lagerkarteien, Dienstleistungsverträgen oder anderen Kontrakten, wobei diese von Personen erstellt sein sollten, die keinerlei Funktion bei der Erstellung von Ausgangsrechnungen ausüben). Die Unterlagen sind zu überprüfen auf
- die vollständige Erfassung der Umsätze in den Ausgangsrechnungen,
- die Richtigkeit der eingesetzten Preise anhand der Preislisten,
- die Einhaltung von Kreditgrenzen,
- die rechnerische Richtigkeit.
Die Daten aus den zuvor geprüften Belegen müssen richtig in die Sach- und Personenkonten übernommen worden sein.

Zur Prüfung derjenigen Beträge, die die in den Ausgangsrechnungen erfaßten Erlöse mindern, sind die Bankauszüge für einen bestimmten Zeitraum auf Erlösminderungen zu überprüfen. Dabei sind zu kontrollieren
- die materielle Richtigkeit (z. B. Genehmigung, Ausgangsrechnung, Wareneingangsschein, Korrespondenz, Anweisung, Verbuchung etc.),
- die richtige Übernahme in die Debitorenbuchhaltung.

Es ist darauf zu achten, daß für die Warenforderungen ein eigenes Kontokorrent gebildet wird, das von den anderen Kontokorrenten (Konzernforderungen, Hypotheken, Darlehen, Forderungen an Betriebsangehörige etc.) sowie entsprechenden Verbindlichkeiten klar getrennt ist. Im einzelnen ist zu beachten, daß
- für das Kontokorrent der Warenforderungen wie für die übrigen Kontokorrente unterschiedliche Kontenkarten verwendet werden,
- jeder Kopf der Kontenkarten die nötigen Angaben über Zahlungsziel, Kreditgrenzen, eventuelle Sicherheiten und sonstige Vereinbarungen enthält,
- ein vollständiges Verzeichnis aller Kontokorrent-Karten geführt wird,
- für jedes Geschäftsjahr neue Konten angelegte werden,
- ausgeglichene und abgeschlossene Konten übersichtlich abgelegt und aufbewahrt werden,
- die Abwicklung der einzelnen Posten gekennzeichnet ist,
- Konten ,,pro diverse" oder ,,sonstige" nur in untergeordnetem Umfang geführt werden,
- bei umfangreicheren Kontokorrenten die Kontenführer gelegentlich untereinander ausgetauscht werden,
- regelmäßig Saldenlisten mit Angabe des Altersaufbaus der Forderungen angefertigt, mit der Hauptbuchhaltung abgestimmt und der vorgesetzten Stelle zur Bereinigung eventueller Abstimmungsdifferenzen vorgelegt werden,
- die Kontenstände regelmäßig mit den Geschäftsfreunden abgestimmt werden und eventuelle Abstimmungsdifferenzen zur Bereinigung der vorgesetzten Stelle vorgelegt werden,
- Genehmigungen für die Ausbuchung oder Abschreibung eingehender Forderungen oder Teilen von Forderungen durch schriftliches Handzeichen erfolgen.

677 Bei einer **Offene-Posten-Buchhaltung** müssen gewährleistet sein (Abschn. 29 Abs. 2 EStR) (vgl. auch Teil A, Rz. 375ff.):
- zeitliche Ablage der Rechnungsdurchschriften,
- sachliche Ablage (nach Kunden) einer weiteren Rechnungsdurchschrift bis zur Regulierung,
- zeitnahe Addition und Buchung der Rechnungen und Zahlungen,
- jederzeitige (monatliche) Abstimmung.

Eventuelle Soll/Ist-Abweichungen des internen Kontrollsystems sind kritisch zu würdigen.

Die Prüfung umfaßt außerdem die Beurteilung, ob die vorgesehenen Kontrollen ausreichend sind.

Es dürfen keine Funktionenkollisionen bestehen (Anweisung und Verbuchung durch unterschiedliche Personen, Verwendung und Rechnungserteilung durch unterschiedliche Abteilungen, Einflußnahme auf Forderungsverbuchung und Zugang zu Geld durch unterschiedliche Personen).

(2) Prüfung des Nachweises

678 Die in der Bilanz ausgewiesenen Forderungen aus Lieferungen und Leistungen sind mit der vom Unternehmen anzufordernden Saldenliste zum Stichtag (Inventar bzw. Soll-Bestand der Forderungen) und den Sachkonten sowie mit den Personenkonten abzustimmen. Die Abstimmung mit den Personenkonten kann in Stichproben erfolgen.

Bei einer Offene-Posten-Buchhaltung erfordert die Abstimmung mit den ,,Personenkonten" die Abstimmung mit den in Betracht kommenden Belegen der ,,Offene-Posten-Datei" und der ,,Ausgeglichene-Posten-Datei"; zweckmäßigerweise sollte das geprüfte Unternehmen insoweit Zusammenstellungen der einzelnen Posten fertigen.

Die rechnerische Richtigkeit der Saldenliste zum Stichtag muß gewährleistet sein; bei manueller Erstellung der Saldenliste sollte sie zumindest in Stichproben nachaddiert werden, wobei gleichzeitig die Seitenüberträge geprüft werden müssen.

Die Posten mit einer Laufzeit von mehr als einem Jahr sollten in der Saldenliste gesondert vermerkt sein; die Laufzeit ist in Stichproben anhand der zugrundliegenden Vereinbarung zu prüfen.

Es ist festzustellen, ob die Höhe der Forderungen absolut oder relativ von Bedeutung ist. Ist die Höhe der Forderungen absolut oder relativ von Bedeutung, so sind zur weiteren Prüfung des Soll-Bestandes der Forderungen Saldenbestätigungen einzuholen, vgl. Teil C Rz. 129.

679 Für den Fall, daß Saldenbestätigungen einzuholen sind, ist auf eine ausreichende **Vorbereitung der Saldenbestätigungsaktion** zu achten. Hierzu zählen folgende Maßnahmen:
– Festlegung des Bestätigungszeitpunktes: Im Regelfall empfiehlt sich im Hinblick auf die Durchführung und den Ablauf der Bestätigungsaktion ein Zeitpunkt vor dem Bilanzstichtag, sofern die Buchhaltung und das interne Kontrollsystem eine Fortschreibung der Forderungen zum Bestätigungszeitpunkt gewährleisten. Bei vom Bilanzstichtag abweichendem Inventurstichtag sollten Bestätigungszeitpunkt und Inventurstichtag zweckmäßigerweise übereinstimmen, um Abgrenzungsfehler bei der Inventur durch Saldenbestätigungen aufdecken zu können.
– Anzahl und Auswahl der Salden: Es muß sichergestellt sein, daß die zu beurteilende Anzahl der Salden unter Berücksichtigung des internen Kontrollsystems, der Besonderheiten der Branche, der Erfahrungen in der Vergangenheit oder der absoluten und relativen Bedeutung der einzelnen Positionen eine repräsentative Auswahl bedeutet.

Die Auswahlkriterien sind zu dokumentieren; bei bewußter Auswahl kann z. B. maßgebend sein
– die Höhe des Saldos,
– der Anfangsbuchstabe des Debitors,
– die Höhe des Umsatzes.

Im einzelnen ist auf folgendes zu achten:
– Die Auswahl erfolgt anhand einer Saldenliste zum Bestätigungszeitpunkt, die erforderlichenfalls rechnerisch zu überprüfen, deren Gesamtsumme mit dem Sachkonto abzustimmen ist, und bei der die für die Saldenbestätigung ausgewählten Salden mit den Personenkonten abzustimmen sind.
– In die Auswahl sind auch ausgeglichene Konten einzubeziehen.
– Sofern das Unternehmen die Bestätigung einzelner Salden nicht wünscht, sollte hierzu eine schriftliche Stellungnahme vorliegen.
– Formulierung der Anforderung für die Saldenbestätigungen und der Rückantwort:

Saldenbestätigung zum .... Stichtag

Sehr geehrte Damen und Herren,
die Prüfung des Jahresabschlusses unseres Unternehmens zum ......, die z. Z. durch unseren Abschlußprüfer, Herrn ......, durchgeführt wird, macht eine Saldenbestätigung unserer Forderungen (bzw. geleisteten Anzahlungen) an Sie notwendig. Wir bitten Sie daher, den auf beigefügtem Kontoauszug ausgewiesenen Betrag von

DM

zum Stichtag ...... (wie oben) anhand Ihrer Buchführung zu überprüfen und unserem Prüfer die Richtigkeit des o. a. Saldos unmittelbar zu bestätigen.
Sollten Ihre Bücher von dem von uns ermittelten Saldo abweichen, bitten wir um direkte Übersendung aller zur Klärung notwendigen Unterlagen an unseren Wirtschaftsprüfer. Bitte verwenden sie diesen Brief sowie den adressierten Freiumschlag für Ihre Antwort.
Mit verbindlichem Dank für Ihre Mühe und vorzüglicher Hochachtung

An ......
WPG – StBG

Wir bestätigen ihnen hiermit, daß der oben angegebene Stand unseres Kontos mit unseren Büchern zum ...... (Stichtag) übereinstimmt und richtig ist mit den folgenden Ausnahmen: ...... (ggf. streichen)

Datum   Firma (Unterschrift)

680   Bei der **Durchführung der Bestätigungsaktion** ist darauf zu achten, daß
- die Bestätigungsschreiben Kennzeichnungen enthalten, die eine eindeutige Zuordnung zu der jeweiligen Prüfung erlauben,
- sämtliche Bestätigungen durch den Prüfer selbst, zumindest jedoch unter seiner Kontrolle versandt werden. Dabei sollten Kuverts des Prüfers verwandt werden, um sicherzustellen, daß Anfragen, die den Empfänger aus irgendwelchen Gründen nicht erreichen oder an den Absender zurückgehen, dem Prüfer zur Kenntnis gelangen, so daß er alles Weitere veranlassen kann,
- die Bestätigungsaktion laufend anhand eines Arbeitspapiers kontrolliert wird; eingehende Antworten und eventuelle betragsmäßige Abweichungen sind in diesem Arbeitspapier zu vermerken. Dabei empfiehlt sich, die Abweichungen nach verschiedenen Kriterien einzuteilen, etwa
  • Zahlung bzw. Rechnung unterwegs,
  • Rechnung bzw. Gutschrift nicht erhalten oder nicht anerkannt usw.
- bei Ausbleiben einer Bestätigung innerhalb von 10 bis 14 Tagen eine Zweitanforderung versandt und dies in dem Arbeitspapier vermerkt wird.

Nach Erhalt der Saldenbestätigungen müssen die Abweichungen zwischen dem Soll- und dem Ist-Bestand weiter verfolgt werden. Sofern sich die Abweichungen nicht aus der Saldenbestätigung selbst oder aus einem beigefügten Kontoauszug ableiten lassen, sollte der Mandant eine Überleitung erstellen, die im einzelnen zu überprüfen ist.

Sind auf eine Zweitanforderung die ausgewählten Posten nicht bestätigt worden, oder ist von einer Anforderung einer Bestätigung oder einer Zweitanforderung abgesehen worden, bieten sich folgende alternative Prüfungshandlungen an:
- Prüfung eventueller Zahlungseingänge nach dem Bestätigungszeitpunkt anhand der Zahlungsbelege,
- Abstimmung des Saldos mit den zugrundeliegenden Rechnungen und sonstigen Belegen,
- Prüfung der Lieferscheine oder sonstigen Unterlagen, die dem Nachweis dienen, daß der Versand an oder vor dem Zeitpunkt der Rechnungsstellung stattgefunden hat,
- Prüfung des Auftrags sowie eventueller Lieferbestätigungen des Kunden,
- Beiziehen der Korrespondenz mit dem Kunden,
- unter Umständen Prüfung, ob der Kunde tatsächlich existiert (Einblick ins Telefonbuch, Einholung einer Auskunft o. ä.).

Bei unterschiedlichem Bestätigungszeitpunkt und Bilanzstichtag muß eine ordnungsgemäße und nachprüfbare Fortschreibung bis zum Bilanzstichtag sichergestellt sein. Zu ihrer Überprüfung ist regelmäßig erforderlich:
- der Vergleich der Summen der Saldenlisten zum Bestätigungszeitpunkt und zum Bilanzstichtag und die Analyse der Abweichungen,
- die Überprüfung wesentlicher Abweichungen bei den in die Bestätigungsaktion einbezogenen Einzelsalden,
- Einholung von Saldenbestätigungen zum Bilanzstichtag bei neuen und betragsmäßig außergewöhnlich hohen Salden,
- alternative Prüfungshandlungen; wie bereits ausgeführt

681   Das **Ergebnis der Bestätigungsaktion** sollte zumindest in einem Dauerarbeitspapier nach den folgenden Kriterien zusammengefaßt werden:
- Anzahl der Kunden,
- Anzahl der abgesandten Bestätigungen,
- Anzahl der erhaltenen Antworten (davon ohne bzw. mit Abweichungen)
- zugehörige DM-Beträge,
- wesentliche Gründe für Abweichungen.

Anhand der Gutschriften in neuer Rechnung ist festzustellen, ob hierin größere Beträge enthalten sind, die schon zum Bilanzstichtag hätten erfaßt werden müssen. Sind Buchungen in neuer Rechnung noch nicht erfolgt, sollte diese Prüfungshandlung anhand der Gutschriftanzeigen oder ähnlicher Unterlagen erfolgen.

682 Zum Bilanzstichtag muß eine ordnungsgemäße **Abgrenzung zwischen Vorräten und Umsätzen** gewährleistet sein. Folgende Fehlermöglichkeiten kommen in Betracht:
– Forderung aber noch Bestand,
– nicht Bestand, aber auch nicht Umsatz.
Die im Rahmen der Inventurbeobachtung (vgl. Rz. 583, 587f.) vorgesehenen Prüfungsmaßnahmen sind für eine ausreichende Anzahl von Stichproben vorzunehmen.

Anhand der Saldenliste ist festzustellen, daß zur Konsignation versandte Ware nicht als Forderung oder Umsatz erfaßt wird.

683 Der Nachweis eventuell vorhandener Besitzwechsel ist durch folgende Maßnahmen zu prüfen:
– Teilnahme an der Bestandsaufnahme,
– falls die Wechsel nicht vom Mandanten, sondern von einer Bank verwahrt werden, Anforderung von Bankbestätigungen, Formulierung vgl. Rz. 801
– Abstimmung der Bestandsaufnahme oder Bankbestätigung mit dem ausgewiesenen Wechselbestand,
– Prüfung etwaiger Abweichungen
– Abstimmung des Wechselbestands mit dem Wechselkopierbuch,
– Erfassung der Besitzwechsel (Wechselbestand oder Obligo) im Rahmen der Debitorensaldenbestätigungsaktion, soweit für den betreffenden Wechselschuldner eine Debitorensaldenbestätigung angefordert wird.
Die kreditorischen Debitoren sind auf ihre Ursache zu untersuchen.

(3) Prüfung der Bewertung

684 Die Prüfung der Bewertung erstreckt sich darauf, ob die Forderungen mit den Anschaffungskosten (Nennwert) angesetzt wurden. Außerdem erstreckt sich die Prüfung darauf, ob der Ansatz von Abschreibungen nach §§ 253 Abs. 3 und 4, 254 HGB nF. – einzeln oder pauschal – bzw. von Zuschreibungen nach §§ 253 Abs. 5, 280 HGB nF. erforderlich ist. Ggf. ist die Übergangsregelung nach Art. 24 Abs. 2, 3 EG HGB n.F. anzuwenden.

Prüfungsunterlagen für die Ermittlung der **Anschaffungskosten (Nennwert)** sind die jeweiligen Aufträge und die Ausgangsrechnungen. Zu prüfen ist
– die sachliche und rechnerische Richtigkeit des Beleges und des Auftrages,
– die zutreffende Umrechnung von Fremdwährungsposten in DM,
– die richtige Verbuchung (Abstimmung von Belegen und verbuchtem Betrag).

685 Die Prüfung von **Abschreibungen** beschränkt sich in der Praxis auf die Abschreibung auf den niedrigeren beizulegenden Wert, und zwar im wesentlichen bei Währungsforderungen, niedrig verzinslichen oder unverzinslichen Forderungen und zweifelhaften Forderungen.

686 Bei **Währungsforderungen** (vgl. Rz. 663) ist zu prüfen,
– ob ihnen aufgrund einer Kursveränderung zwischen dem Geldkurs am Entstehungstag und dem Geldkurs am Bilanzstichtag bzw. dem durch Termingeschäft oder langfristige Valutaverbindlichkeiten abgedeckten Kurs ein niedriger Wert beizulegen ist; daraus sich ergebende Kursgewinne und -verluste sind in den Arbeitspapieren festzuhalten,
– ob sich besondere Risiken aus
 – Transferschwierigkeiten,
 – politischen Umständen,
 – sonstigen Umständen
ergeben und diese Risiken abgesichert sind, durch Kreditversicherungen, Kurssicherungsklauseln, Ausfuhrgarantien, Ausfuhrbürgschaften etc.

Bei mittel- und langfristig **unverzinslichen** oder nur **gering verzinslichen Forderungen** ist zu prüfen, ob diese auf der Grundlage eines normalisierten Zinssatzes auf den Barwert abgezinst wurden (vgl. Rz. 662).

687 Zur Prüfung der Wertberichtigung von **zweifelhaften Forderungen** ist vom Mandanten eine Altersaufgliederung erstellen zu lassen, die auch Informationen über eventuelle Wechselhereinnahmen, Gutschriften oder Ausbuchungen enthalten sollte. Zu prüfen sind lediglich die noch offenen Forderungen einschließlich der umlaufenden Wechsel. Bei der Prüfung ist auf folgende Anhaltspunkte zu achten:
- die Höhe der Salden; bei wenigen großen Salden ist das Ausfallrisiko größer als bei vielen kleinen und mittleren Salden,
- Art der Zahlung (z. B. Wechsel),
- regelmäßige Verlängerung von Akzepten,
- Nichteinlösung von Wechseln,
- regelmäßige Überschreitungen des Zahlungszieles,
- Anzahl der notwendigen Mahnungen und Reaktionen auf diese Mahnungen,
- Art der Auskünfte und Sicherheiten,
- Rechtsstreitigkeiten oder sonstige Meinungsverschiedenheiten über Forderungen,
- Eröffnung von Vergleichs- oder Konkursverfahren.

688 Bei der Bewertung eventuell vorhandener **Besitzwechsel** ist zusätzlich auf die ordnungsgemäße Abgrenzung der Zinsen und Gebühren zu achten; erforderlichenfalls sind Abzinsungen zu veranlassen.

Für die Bewertung der einzelnen Debitoren ist jeweils das Gesamtengagement des betreffenden Schuldners maßgebend, das sich aus Warenforderungen, Darlehensforderungen, Bürgschaften und erhaltenen Sicherheiten zusammensetzt.

Die im Prüfungszeitraum vorgenommenen Ausbuchungen von Forderungen sind auf ihre Belegung und Genehmigung zu überprüfen.

689 Wurde zusätzlich zu den Einzelwertberichtigungen eine aktivisch abzusetzende **Pauschalwertberichtigung** zur Berücksichtigung des allgemeinen Ausfallrisikos sowie zur Berücksichtigung von Skonto Aufwendungen und Zinsverluste gebildet, so sind zur Beurteilung des allgemeinen Risikos die tatsächlichen Forderungsverluste der letzten Jahre, die Eingänge auf abgeschriebene Forderungen sowie die Veränderung der durchschnittlichen Zahlungsziels als Hilfsgrößen heranzuziehen. Die Bemessungsdaten sind in einem Dauerarbeitspapier festzuhalten.

Vom Mandanten ist eine Aufgliederung der Abschreibungs- und Wertberichtigungskonten zu geben. Es ist festzustellen, ob die Abschreibungen und Wertberichtigungen mit den GuV-Ausweisen übereinstimmen.

Zur Prüfung von Abschreibungen im Bereich des Umlaufvermögens vgl. im übrigen Rz. 595

690 Die Prüfung der **Zuschreibungen** erstreckt sich bei sämtlichen Unternehmen auf
- die Beachtung des Zuschreibungswahlrechts
  - bei Einzelkaufleuten und Personengesellschaften gemäß § 253 Abs. 5 HGB nF.,
  - bei Kapitalgesellschaften nur unter bestimmten Voraussetzungen gemäß § 280 Abs. 2 HGB nF. und unter Beachtung der dabei sich ergebenden Berichtspflichten, vgl. Rz. 545, 668.
- die Vertretbarkeit des Grundes der Zuschreibung (z. B. Wegfall des Grundes für die Abschreibung, insbesondere auf Aufzinsung der im Vorjahr abgezinsten Forderungen, Angleichung an die Werte der Steuerbilanz, Fusion, Umwandlung und Ausscheiden eines Gesellschafters einer Personenunternehmung etc),
- die rechnerische Ermittlung der Zuschreibungen.

Bei Kapitalgesellschaften erstreckt sich die Prüfung zusätzlich auf
- die Feststellung, ob Übereinstimmung mit den steuerlichen Vorschriften vorliegt (bei Abweichungen: Aktivierung oder Passivierung von latenten Steuern bei Kapitalgesellschaften, vgl. Rz. 860 ff., 1160 ff.).

(4) Prüfung des Ausweises

691 Die Ausweisprüfung erfordert bei **sämtlichen Unternehmen**
- die Abstimmung der Werte der Saldenliste mit dem Ausweis,
- die Prüfung der zutreffenden Erfassung von Gegenbuchungen,
- die Feststellung, daß unzulässige Saldierungen unterblieben sind,
- die Umgliederung wesentlicher kreditorischer Debitoren in die Verbindlichkeiten.

Bei **Kapitalgesellschaften** ist zusätzlich erforderlich
- die Kontrolle einer getrennten Erfassung der Forderungen aus Lieferungen und

Leistungen, der Forderungen gegenüber verbundenen Unternehmen, der Forderungen gegenüber Unternehmen, mit denen ein Beteiligungsverhältnis besteht, der sonstigen Wirtschaftsgüter sowie der Wertpapiere und der flüssigen Mittel, soweit es sich um große oder mittelgroße Gesellschaften handelt,
- die Beachtung des gesonderten Vermerks des Betrages der Forderungen mit einer Restlaufzeit von mehr als einem Jahr, § 268 Abs. 4 HGB nF.,
- die Umgliederung wesentlicher kreditorischer Debitoren in die Verbindlichkeiten unter Ziff. ,,8. Sonstige Verbindlichkeiten", soweit es sich um mittelgroße oder große Gesellschaften handelt,
- die gesonderte Angabe der Grundlagen für eine evtl. erforderliche Währungsumrechnung im Anhang, § 284 Abs. 2 Nr. 2 HGB nF.
- die Angabe und Begründung des Betrags der im Geschäftsjahr aus steuerlichen Gründen unterlassenen Zuschreibung

Vgl. *Raff* HdR 400ff.; *Uhlig* HdR 1629ff.; *WPH* 1981, 1216ff., 1181ff.; *Langenbucher* Wpg 1978, 148ff.

2. Forderungen gegen verbundene Unternehmen
(davon mit einer Restlaufzeit von mehr als einem Jahr: DM)

a) Behandlung nach Handelsrecht

693 Zum Begriff ,,verbundene Unternehmen" siehe Rz. 423ff.

In dieser Position sind **alle kurzfristigen Forderungen gegen verbundene Unternehmen** zu erfassen, gleichgültig aus welchem Grund sie entstanden sind. Für die Bilanzierung ist maßgeblich, daß der Tatbestand der Verbundenheit am Bilanzstichtag gegeben ist. Forderungen, die vor der Entstehung der Verbundenheit begründet wurden, sind ebenfalls hier auszuweisen. Bei Wegfall der Verbundenheit sind die Forderungen entsprechend ihrem Charakter umzubuchen.

Im einzelnen sind hier folgende **Forderungen** zu bilanzieren:
- Forderungen aus dem Waren-, Leistungs- und Finanzverkehr mit verbundenen Unternehmen, einschließlich geleisteter Anzahlungen an verbundene Unternehmen
- Forderungen aus Anteilen an verbundenen Unternehmen (Gewinnanteile in Form von Dividenden o. ä.)
- Forderungen aus Unternehmensverträgen mit verbundenen Unternehmen (nach § 271 Abs. 2 i. V. m. § 290 Abs. 2 Nr. 3 HGB nF. Beherrschungsverträge/nach § 15 AktG aF. zusätzlich Betriebspacht- und Betriebsüberlassungsverträge, Gewinnabführungs-, Gewinngemeinschafts- oder Teilgewinnabführungsverträge).

Eine Aufteilung nach Entstehungsursachen ist zulässig, aber gesetzlich nicht erforderlich.

694 Die **Erträge aus den Anteilen** (z. B. Dividenden) **an verbundenen Kapitalgesellschaften** sind zu aktivieren, sobald ein Rechtsanspruch besteht. Dazu ist grundsätzlich ein Ausschüttungsbeschluß erforderlich. Soll eine Aktivierung zeitkongruent mit der Gewinnentstehung bei der Tochtergesellschaft erfolgen, dann muß entweder ein Gewinnabführungsvertrag (§ 291 AktG nF./aF.; vgl. auch Rz. 1820) bestehen oder bei Mehrheitsbeteiligung der Muttergesellschaft ein Geschäftsjahr der Tochtergesellschaft, das nicht nach dem Bilanzstichtag der Muttergesellschaft endet, muß der Jahresabschluß der Tochtergesellschaft vor dem Abschluß der Prüfung des Jahresabschlusses der Muttergesellschaft festgestellt worden sein, und es muß mindestens ein Gewinnverwendungsvorschlag der Tochtergesellschaft vorliegen (zu Einzelheiten vgl. BGH-Urteil v. 3. 11. 1975, WPg 1976, 80ff.).

695 **Erträge aus Anteilen an verbundenen Personengesellschaften** stehen den Gesellschaftern ohne formalen Übertragungsakt zu. Sie sind grundsätzlich im Jahr der Gewinnentstehung zu vereinnahmen und dementsprechend ggf. als Forderungen gegen verbundene Unternehmen auszuweisen. Zur Problematik der Erfassung dieser Erträge als Zuschreibung oder Zugang zu den Anteilen siehe Ausführungen zu Beteiligungen, Rz. 443.

696 Zum Vermerk der **Restlaufzeit** der Forderungen und der Behandlung von **Besitzwechseln** siehe unter Forderungen aus Lieferungen und Leistungen, Rz. 669f.

Die **Bewertung** der Forderungen erfolgt entsprechend den Bewertungsgrundsätzen des Umlaufvermögens (vgl. Rz. 534 ff.). Zu den Besonderheiten der Bewertung von Forderungen vgl. die Ausführungen zu den Forderungen aus Lieferungen und Leistungen, Rz. 661 ff.

b) Ertragsteuerliche Behandlung

697   Ein gesonderter **Ausweis** von Forderungen gegen verbundene Unternehmen ist steuerrechtlich nicht vorgesehen, ergibt sich aber wegen der Maßgeblichkeit der Handelsbilanz für die Steuerbilanz.

Für die **Bewertung** gelten die allgemeinen Bewertungsregeln des § 6 Abs. 1 Nr. 2 EStG; vgl. dazu Rz. 546.

c) Bewertungsrechtliche Behandlung

698   Für Forderungen gegen verbundene Unternehmen gelten in bewertungsrechtlicher Hinsicht dieselben Grundsätze wie für Forderungen aus Lieferungen und Leistungen (vgl. Rz. 673).

d) Prüfungstechnik

Zur **Prüfung des internen Kontrollsystems** vgl. Rz. 674 ff.

699   Die **Prüfung des Nachweises** erfolgt wie bei den Forderungen aus Lieferungen und Leistungen. (vgl. Rz. 678 ff.)

Für eine Saldenbestätigungsaktion gilt die Besonderheit, daß
– der Bestätigungszeitpunkt und der Bilanzstichtag zur Erleichterung einer eventuell vorzunehmenden Konsolidierung übereinstimmen sollten. Soweit nicht monatliche Abstimmungen vorgenommen werden, empfiehlt es sich, daß die Salden bereits einen Monat vor dem Bilanzstichtag abgestimmt werden, um Differenzen aus den Geschäftsvorfällen des Jahres zu klären,
– von verbundenen Unternehmen sämtliche Salden lückenlos bestätigt werden sollten, da auch auf diese Weise eine eventuelle Konsolidierung erleichtert wird.

Bei der Klärung von Abweichungen zwischen dem Soll- und dem Ist-Bestand der Forderungen ist u. a. auf die Möglichkeit unterwegs befindlicher Geldbeträge und deren Verbuchung als Eingang bzw. Ausgang zu achten.

Der Bestand der Forderungen ist außerdem durch Abstimmung mit den zugrundeliegenden Verträgen nachzuweisen. Wesentliche Verträge sind zu den Dauerakten zu nehmen.

Die Angemessenheit der Preisgestaltung ist sowohl anhand des zugrundeliegenden Vertrages als auch des Beleges, der der Abrechnung zugrunde liegt, zu überprüfen.

Die Prüfung sollte sich auch auf eine angemessene Verzinsung der Forderungen erstrecken.

Es ist darauf zu achten, daß Gewinnansprüche (Beteiligungserträge) bei Mehrheitsbeteiligungen schon dann als Forderung bilanziert werden, wenn der Jahresabschluß des in Mehrheitsbesitz stehenden Unternehmens festgestellt ist und ein Gewinnverwendungsvorschlag vorliegt.

Zur **Prüfung der Bewertung** vgl. Rz. 684 ff.

700   Bei der **Prüfung des Ausweises** ist die Art der Unternehmensverbindung zum Schuldner nachzuvollziehen; sofern ein Beteiligungsverhältnis besteht, ist darauf zu achten, daß Forderungen gegenüber Unternehmen, mit denen ein Beteiligungsverhältnis besteht, gesondert ausgewiesen werden.

Im Zusammenhang mit der Prüfung des zutreffenden Ausweises der Gegenbuchung ist bei Kapitalgesellschaften auf die Beachtung des Vermerks „davon aus verbundenen Unternehmen" bei folgenden GuV-Positionen zu achten:
– Erträge aus Beteiligungen,
– Erträge aus Wertpapieren, Ausleihungen und sonstigen Finanzanlagen,
– Sonstige Zinsen und ähnliche Erträge
– Zinsen und ähnliche Aufwendungen.

Vgl. zur Ausweisprüfung i. ü. Rz. 691.

Vgl. *Bareis*, HdR 408 ff.; *WPH* 1981, 1221; *Langenbucher* Wpg 1978, 148 ff.

3. Forderungen gegen Unternehmen, mit denen ein Beteiligungsverhältnis besteht
(davon mit einer Restlaufzeit von mehr als einem Jahr: DM)

701 Zum Begriff **Beteiligungsverhältnis** siehe Erläuterungen zu Beteiligungen (vgl. Rz. 433 ff.).
Für die hier zu bilanzierenden Forderungsarten gelten die gleichen handels- und steuerrechtlichen Grundsätze wie bei den Forderungen gegen verbundene Unternehmen. Forderungen aus Unternehmensverträgen sind nur dann hier auszuweisen, wenn der Unternehmensvertrag ausnahmsweise nicht den Verbundenheitstatbestand auslöst und die Voraussetzung des Beteiligungsverhältnisses gegeben ist.
Das **bisherige aktienrechtliche Gliederungsschema** kannte den Ausweis von Forderungen an Beteiligungsunternehmen nicht. Dort wurden diese Forderungen entsprechend ihrem Charakter ausgewiesen.

702 Die **Prüfung** der Forderungen gegen Unternehmen, mit denen ein Beteiligungsverhältnis besteht, erfolgt in gleicher Weise wie die Prüfung der Forderungen gegenüber verbundenen Unternehmen; vgl. Rz. 699 f.

4. (–*) Forderungen an Gesellschafter
(davon mit einer Restlaufzeit von mehr als einem Jahr: DM)

705 Im Gegensatz zum GmbHG aF., das eine besondere Behandlung der Forderungen an Gesellschafter nicht kannte, müssen künftig **Gesellschaften mit beschränkter Haftung** sämtliche Forderungen, die am Bilanzstichtag gegenüber ihren Gesellschaftern bestehen, in einer gesonderten Bilanzposition mit entsprechender Bezeichnung ausweisen (§ 42 Abs. 3 GmbHG nF.). An die Stelle der gesonderten Bilanzposition kann auch eine Angabe der Forderungen im **Anhang** treten. In diesem Fall müssen die Forderungen an Gesellschafter bei den in Frage kommenden Bilanzpositionen **vermerkt** werden.
Bei **längerfristigen Forderungen** an Gesellschafter ist der Vermerk der Forderungen mit einer Restlaufzeit von mehr als einem Jahr gem. § 268 Abs. 4 HGB nF. zwingend.

706 Nach Auffassung des IdW (vgl. HFA 1/1976) sind Forderungen an Gesellschafter auch von **Personenhandelsgesellschaften** aus Gründen der Bilanzklarheit getrennt von den übrigen Forderungen der Gesellschaft auszuweisen. An die Stelle einer gesonderten Bilanzposition kann auch ein entsprechender **Vermerk** bei der Position, in der die Forderungen an Gesellschafter ausgewiesen werden, treten. Forderungen an Gesellschafter von Personenhandelsgesellschaften dürfen nicht mit Kapitalanteilen saldiert werden. **Negative Kapitalanteile** von Gesellschaftern dürfen nicht als „Forderungen an Gesellschafter" gezeigt werden (vgl. *IdW* HFA 1/1976).

707 Forderungen an Gesellschafter werden ertragsteuerlich, bewertungsrechtlich und prüfungstechnisch wie diejenigen Forderungen behandelt, denen sie i. ü. zugehören.

5. (–*) Eingeforderte Nachschüsse
(davon mit einer Restlaufzeit von mehr als einem Jahr: DM)

708 Nach § 42 Abs. 2 GmbHG nF./§ 42 Nr. 3 GmbHG aF. müssen Gesellschaften mbH ausstehende Nachschüsse aktivieren, soweit „die Einziehung bereits beschlossen ist und den Gesellschaftern ein Recht, durch Verweisung auf den Geschäftsanteil sich von der Zahlung der Nachschüsse zu befreien, nicht zusteht. Der nachzuschießende Betrag ist auf der Aktivseite unter den Forderungen gesondert unter der Bezeichnung ‚Eingeforderte Nachschüsse' auszuweisen, soweit mit der Zahlung gerechnet werden kann" (§ 42 Abs. 2 GmbH nF.; vgl. auch *Baumbach/Hueck* § 42 Anm. 40). Zur Passivierung des Nachschußkapitals unter den Kapitalrücklagen vgl. Rz. 945 ff.

709 Bewertungsrechtlich handelt es sich um eine Kapitalforderung, für die nach § 109 Abs. 4 BewG der Buchwert der Steuerbilanz anzusetzen ist.

710 Die Prüfung erfolgt in gleicher Weise wie die Prüfung der ausstehenden Einlagen; vgl. Rz. 108 ff.

---

* Im gesetzlichen Gliederungsschema ist keine gesonderte Bezifferung vorgesehen.

6. (4.*) Sonstige Vermögensgegenstände
(davon mit einer Restlaufzeit von mehr als einem Jahr: DM)

a) Behandlung nach Handelsrecht

712   Als sonstige Vermögensgegenstände werden Gegenstände des Umlaufvermögens ausgewiesen, die **keinen anderen** Bilanzpositionen zuzuordnen sind. Auszuweisen sind hier z. B.:
Darlehen (deren gesonderter Ausweis weder im Anlage- noch im Umlaufvermögen gefordert wird), Gehaltsvorschüsse, Kostenvorschüsse (die nicht Anzahlungen sind), Kautionen, Steuererstattungsansprüche, Schadenersatzansprüche, Forderungen aus Bürgschaftsübernahmen und Treuhandverhältnissen, GmbH- und Genossenschaftsanteile (die nicht unter den Finanzanlagen auszuweisen sind), Finanzwechsel, Ansprüche auf Erstattung des Wechseldiskonts und der Wechselspesen.

713   Wenn unter den sonstigen Vermögensgegenständen **antizipative Posten** ausgewiesen werden, die wirtschaftlich als Forderungen einzustufen sind, aber rechtlich erst nach dem Bilanzstichtag entstehen, dann wird gem. § 268 Abs. 4 Satz 2 HGB nF. eine Erläuterung im Anhang verlangt, sofern es sich um größere Beträge handelt. Es könnte sich hier beispielsweise um anteilige Mieterträge des abgelaufenen Geschäftsjahres handeln, wenn die Mietperiode vom Geschäftsjahr abweicht und eine nachträgliche Mietzahlung vereinbart wurde. Der Kreis der aktivierbaren antizipativen Posten wird durch diese Bestimmung gegenüber dem bisherigen Recht nicht verändert. Nach wie vor müssen diese Posten die Kriterien eines Vermögensgegenstandes erfüllen. Für sie besteht aufgrund des Vollständigkeitsprinzips (vgl. § 246 Abs. 1 HGB nF.) eine Bilanzierungspflicht. Eine Erläuterungspflicht war im bisherigen Aktienrecht explizit nicht vorgesehen (zu Einzelheiten vgl. *Adler/Düring/Schmaltz* § 152 Anm. 174, 176, 184; *Wöhe* Bilanzierung und Bilanzpolitik, 125 ff.).

714   Unter den sonstigen Vermögensgegenständen sind auch die **Kredite** auszuweisen, die Mitgliedern des **Vorstands** gem. § 89 AktG nF./aF. und des **Aufsichtsrats** gem. § 115 AktG nF./aF. sowie diesen gleichgestellten Personen gewährt wurden, soweit sie nicht unter den Ausleihungen oder Forderungen aus Lieferungen und Leistungen zu bilanzieren sind. Diese Kredite mußten bislang nach dem Aktienrecht bilanzierenden Unternehmen in gesonderten Positionen des Umlaufvermögens gezeigt werden. Zu Einzelheiten siehe Rz. 653.

715   Wegen der **Heterogenität** der unter der Position „sonstige Vermögensgegenstände" zusammengefaßten Werte und der damit verbundenen geringen Aussagefähigkeit dieser Position sollte der Umfang dieser **Position möglichst klein** gehalten und versucht werden, soweit dies möglich ist, Vermögensgegenstände, die unter diese Position fallen können, anderen spezifischeren Positionen zuzuordnen. Bei bedeutenden Beträgen könnte ggf. auch an die Erweiterung des Gliederungsschemas um eine Zusatzposition gedacht werden, um die für Kapitalgesellschaften geforderte Vermittlung des den tatsächlichen Verhältnissen entsprechenden Bildes (§ 264 Abs. 2 HGB nF.) zu gewährleisten.
Zur rechtsformabhängigen Ausweis- und Offenlegungspflicht siehe Erläuterungen zur Gliederung (Rz. 532).
Die **Bewertung** richtet sich nach den einzelnen Arten der Vermögensgegenstände, die hier erfaßt werden.

b) Ertragsteuerliche Behandlung

716   **Antizipative Forderungen** dürfen, wie nach Handelsrecht, nicht als Rechnungsabgrenzungsposten ausgewiesen werden (§ 5 Abs. 4 Satz 1 EStG). Sie sind, wenn sich aus den ihnen zugrunde liegenden Geschäftsvorfällen bereits Forderungen ergeben haben, als solche zu aktivieren (vgl. Abschn. 31a Abs. 4 EStG); dafür dürfte, dem handelsrechtlichen Ausweis entsprechend, vornehmlich die Position „sonstige Wirtschaftsgüter" in Frage kommen. Die Behandlung der Umsatzsteuer richtet sich nach den §§ 13 ff. UStG.

717   Zur Aktivierung von **Schadenersatzansprüchen** vgl. BFH v. 10. 4. 1956, BStBl. III 1956, 173; v. 26. 2. 1964, HFR, 117; v. 11. 10. 1973, BStBl. II 1974, 90. Danach ist

---

* Bezeichnung lt. gesetzlichem Gliederungsschema.

ein Schadensersatzanspruch erst aktivierungspflichtig, wenn er am Bilanzstichtag hinreichend konkretisiert ist. Dies ist nach Ansicht des BFH durch Anerkenntnis oder obsiegendes rechtskräftiges Urteil gegeben.

c) Bewertungsrechtliche Behandlung

718 **Ansprüche aus Versicherungsverträgen** bleiben, soweit sie überhaupt zum Betriebsvermögen gehören, vor Eintritt des Versicherungsfalles gemäß § 4 BewG bei der Einheitsbewertung des gewerblichen Betriebs außer Ansatz. Eine Ausnahme gilt für **noch nicht fällige Ansprüche** aus Lebens-, Kapital- oder Rentenversicherungen. Sie sind nach der ausdrücklichen Vorschrift des § 12 Abs. 4 BewG mit zwei Dritteln der eingezahlten Prämien oder Kapitalbeiträge zu bewerten oder mit dem nachgewiesenen Rückkaufswert. Ergänzende Bestimmungen enthält § 73 BewDV.

Fällige Ansprüche aus Versicherungen jeder Art sind in die Vermögensaufstellung aufzunehmen. Richtet sich der Anspruch auf Zahlung einer Geldsumme, ist gemäß § 109 Abs. 4 BewG der Steuerbilanzwert anzusetzen. Geht der Anspruch jedoch auf Zahlung einer Rente, ist deren Kapitalwert (§§ 13, 14 BewG) anzusetzen.

Rechte aufgrund eines **Nießbrauchs** und andere **wiederkehrende Bezüge** einschließlich fälliger **Renten** sind gemäß §§ 13–16 BewG zu kapitalisieren. Zu den wiederkehrenden Bezügen rechnet auch Erbbauzinsanspruch; allerdings kommt hier eine Beschränkung des Jahreswerts nach § 16 BewG nicht mehr in Betracht (Näheres s. *Rössler/Troll/Langner* § 16 BewG Anm. 13). In allen diesen Fällen ist die Anlage FR auszufüllen.

Steuererstattungs- und Steuervergütungsansprüche sind in die Vermögensaufstellung auch dann einzubeziehen, wenn die entsprechenden Steuern ertragsteuerlich nicht abzugsfähig sind (z. B. Körperschaftsteuer und Vermögensteuer). Im übrigen wird auf Abschn. 47 VStR verwiesen.

d) Prüfungstechnik

719 Da es sich bei der Position ,,Sonstige Vermögensgegenstände" um eine Misch- und Sammelposition für die nicht gesondert auszuweisenden Vermögensgegenstände jeder Art handelt, variiert die Prüfungstechnik entsprechend der Art der hier ausgewiesenen Vermögensgegenstände. So ist z. B. für die folgenden ,,sonstigen Vermögensgegenstände" die Prüfungstechnik für die jeweils angegebenen Bilanzpositionen anzuwenden:
– Darlehen: Ausleihungen an verbundene Unternehmen, Sonstige Ausleihungen (vgl. Rz. 503 ff.),
– Bausparkassenguthaben: Guthaben bei Kreditinstituten (vgl. Rz. 796 ff.),
– Kostenvorschüsse: Geleistete Anzahlungen (vgl. Rz. 641 ff.),
– GmbH-Anteile: Wertpapiere des Anlagevermögens (vgl. Rz. 480, 460 ff.), Sonstige Wertpapiere des Umlaufvermögens (vgl. Rz. 754 ff.),
– Anteile an Gesamthand- oder Bruchteilsgemeinschaftsverhältnissen: Beteiligungen (vgl. Rz. 460 ff.).

Bei den meisten anderen ,,sonstigen Vermögensgegenständen", die Forderungscharakter haben, erfolgt die Prüfung nach den folgenden Grundsätzen:

720 Bei der **Prüfung des internen Kontrollsystems** ist darauf zu achten, daß die sonstigen Vermögensgegenstände in sachlicher Hinsicht kontenmäßig gegliedert sind und die Kontokorrente ordnungsgemäß geführt werden.

Außerdem muß gewährleistet sein, daß zur Überwachung oder Vermeidung größerer Außenstände ausreichende Maßnahmen (vgl. Rz. 675) durchgeführt werden.

Die Prüfung muß sich zudem darauf erstrecken, ob Funktionenkollisionen zwischen der Buchhaltung und den Personen, die Zugang zu Geld haben, ausgeschlossen sind.

Erforderlichenfalls ist der Soll-Zustand des internen Kontrollsystems in einem Dauerarbeitspapier festzulegen; zugleich ist der Ist-Zustand festzustellen. Abweichungen des Ist-Zustandes sind kritisch zu würdigen.

721 Zur **Prüfung des Nachweises** sind die in der Bilanz ausgewiesenen sonstigen Vermögensgegenstände mit der Saldenliste zum Stichtag, den Sachkonten und – soweit vorhanden – den Personenkonten abzustimmen.

Für die in der Saldenliste aufgeführten Posten müssen Einzelnachweise vorliegen, die
- den Entstehungsgrund
- die Konditionen
- die Besicherungen

im einzelnen angeben (z. B. vertragliche Vereinbarungen bei Versicherungsleistungen, Sparbücher, Kautionen, Gutachten für Rückkaufswerte aus Lebensversicherungen, Steuerschätzungen oder -berechnungen, Steuererklärungen, Steuerbescheide etc.).

Soweit die Einzelnachweise für die Prüfung in Folgejahren von Bedeutung sind, sind sie zu der Dauerakte zu nehmen.

Die rechnerische Richtigkeit der Saldenliste und der Einzelnachweise zum Bilanzstichtag muß gewährleistet sein; erforderlichenfalls hat eine rechnerische Prüfung zu erfolgen.

Die Posten mit einer Laufzeit von mehr als einem Jahr sollten in der Saldenliste gesondert vermerkt sein, da Kapitalgesellschaften insoweit besondere Ausweispflichten haben, § 268 Abs. 4 Satz 1 HGB nF.; die Laufzeit ist in Stichproben anhand der zugrundeliegenden Vereinbarungen zu überprüfen.

Größere Posten, die erst nach dem Bilanzstichtag entstehen, sind ebenfalls gesondert zu vermerken. Kapitalgesellschaften müssen hierüber im Anhang berichten, § 268 Abs. 4 Satz 2 HGB nF.

Soweit die Höhe der unter ,,Sonstige Vermögensgegenstände" ausgewiesenen Forderungen absolut oder relativ von Bedeutung ist, sind zur weiteren Prüfung des Soll-Bestandes der Forderungen Saldenbestätigungen einzuholen (vgl. Rz. 679 ff.).

722 Zur **Prüfung der Bewertung** vgl. Rz. 684 ff.

723 Die **Prüfung des Ausweises** erfolgt in gleicher Weise wie bei den Forderungen aus Lieferungen und Leistungen, vgl. Rz. 691.

Zusätzlich ist bei Kapitalgesellschaften darauf zu achten, daß alternativ zu dem unter der Position ,,A. Ausstehende Einlagen auf das gezeichnete Kapital" vorgesehenen Vermerk des eingeforderten Betrags auch ein gesonderter Ausweis des eingeforderten Betrags vor der Position ,,Sonstige Vermögensgegenstände" möglich ist, § 272 Abs. 1 HGB nF.

724 Außerdem ist bei Kapitalgesellschaften die Pflicht zur Berichterstattung im Anhang über größere Posten zu beachten, die erst nach dem Abschlußstichtag rechtlich entstehen.

Vgl. *WPH* 1981, 1221 f.

III. Wertpapiere

725 Für **mittelgroße und große Kapitalgesellschaften** verlangt das HGB nF. eine **Gliederung** der Wertpapiere des Umlaufvermögens in
- Anteile an verbundenen Unternehmen
- eigene Anteile
- sonstige Wertpapiere.

Ähnlich wie bei den unter B. II. zusammengefaßten Forderungen, so handelt es sich auch bei dem Posten B. III. ,,Wertpapiere" um eine Zusammenfassung von Positionen des Umlaufvermögens in einer eigenständigen Gruppe, die bisher im AktG aF. mit fast identischem Inhalt einen Teil der ,,anderen Gegenstände des Umlaufvermögens" gebildet haben.

Kleine Kapitalgesellschaften sowie **Personenhandelsgesellschaften und Einzelunternehmen** dürfen die Wertpapiere in einer Summe zusammengefaßt ausweisen.

726 Für **mittelgroße Kapitalgesellschaften** gibt es bei der **Offenlegung** so gut wie keine Erleichterung gegenüber einer großen Kapitalgesellschaft, da die ,,Anteile an verbundenen Unternehmen" und die ,,eigenen Anteile" gesondert angegeben werden den müssen. Dies kann allerdings anstatt in der Bilanz auch im Anhang erfolgen.

1. Anteile an verbundenen Unternehmen

a) Behandlung nach Handelsrecht

727 In Abhängigkeit vom Vorliegen des Kriteriums der Daueranlage sieht das HGB nF. den gesonderten Ausweis der „Anteile an verbundenen Unternehmen" sowohl im Anlage- als auch im Umlaufvermögen vor. Zur Abgrenzung des **Begriffs der verbundenen Unternehmen** nach HGB nF. und seinen Unterschieden im Vergleich zum Begriff der verbundenen Unternehmen nach AktG aF. vgl. Rz. 423 ff. Eine Einordnung der Anteile an verbundenen Unternehmen zum Umlaufvermögen ist immer vorzunehmen, wenn die Unternehmung am Bilanzstichtag nicht die Absicht einer Daueranlage verfolgt.

728 Die Probleme der **Bewertung** der nur kurzfristig gehaltenen Anteile an verbundenen Unternehmen stimmen mit denen der Anteile des Anlagevermögens grundsätzlich überein; vgl. Rz. 437 ff. Ein Unterschied besteht jedoch insofern, als für das Umlaufvermögen das strenge Niederstwertprinzip gilt und daher auch nur vorübergehende Wertminderungen durch eine außerplanmäßige Abschreibung berücksichtigt werden müssen. Als Vergleichswert ist bei börsengängigen Papieren der Börsenkurs heranzuziehen, der um die Verkaufsspesen zu kürzen ist, wenn eine alsbaldige Veräußerung beabsichtigt ist. Ist eine kurzfristige Veräußerung nicht beabsichtigt, so ist der Börsenkurs zuzüglich der Anschaffungsnebenkosten als Vergleichswert zu verwenden. Nicht notierte Wertpapiere sind nach den gleichen Gesichtspunkten entweder mit ihrem Veräußerungs- oder Wiederbeschaffungswert zu bewerten (des weiteren gelten die allgemeinen Bewertungsgrundsätze für das Umlaufvermögen, vgl. Rz. 534 ff.).

729 Einen Teil der „Anteile an verbundenen Unternehmen" bilden die **„Anteile an einer herrschenden oder an der Gesellschaft mit Mehrheit beteiligten Kapitalgesellschaft** oder bergrechtlichen Gewerkschaft". Das bisherige Aktienrecht forderte ihren Ausweis in einer Sonderposition des Umlaufvermögens, während die übrigen „Anteile an verbundenen Unternehmen" i. S. d. HGB nF. nicht gesondert gezeigt werden mußten. Der Ausweis im Umlaufvermögen hatte bisher aktienrechtlich auch bei einer beabsichtigten Daueranlage zu erfolgen. Nach **HGB nF.** weisen **große und mittelgroße Kapitalgesellschaften** diese Anteile demgegenüber zusammen mit den anderen Anteilen an verbundenen Unternehmen im Umlaufvermögen aus, soweit eine Daueranlage nicht vorgesehen ist (zum Ausweis im Finanzanlagevermögen siehe Rz. 423 ff.). **Kleine Kapitalgesellschaften** können diese Anteile zusammen mit den anderen Anteilen und Wertpapieren des Umlaufvermögens in einer Position ausweisen.

730 Ohne Berücksichtigung von Größenmerkmalen müssen die Kapitalgesellschaften nach § 272 Abs. 4 Satz 4 HGB nF. in Höhe des aktivierten Betrages der Anteile an einem herrschenden oder mit Mehrheit beteiligten Unternehmen eine **Rücklage** bilden. Zu Einzelheiten dieser Rücklage siehe Rz. 962 ff. und unter eigene Anteile Rz. 739, da für die Bildung und Auflösung der Rücklage die gleiche Regelung wie für die Rücklage für eigene Anteile gilt. Die Pflicht zur Rücklagenbildung für diese Anteile bestand auch nach § 150a Abs. 2 AktG aF.

b) Ertragsteuerliche Behandlung

731 Für den Ausweis der Anteile an verbundenen Unternehmen bzw. an einer herrschenden oder an einer mit Mehrheit beteiligten Kapitalgesellschaft ist die **handelsrechtliche Bilanzierung** im Umlaufvermögen **maßgeblich**. Die **Bewertung** erfolgt nach den allgemeinen Grundsätzen für das Umlaufvermögen (§ 6 Abs. 1 Nr. 2 EStG).

c) Bewertungsrechtliche Behandlung

732 Es gelten die zur bewertungsrechtlichen Behandlung von Beteiligungen aufgezeigten Grundsätze, vgl. Rz. 455.

d) Prüfungstechnik

733 Die Prüfung erfolgt in gleicher Weise wie die Prüfung der ,,Sonstigen Wertpapiere" des Umlaufvermögens (vgl. Rz. 754 ff.).

2. Eigene Anteile

a) Behandlung nach Handelsrecht

735 Der entgeltliche Erwerb eigener Anteile durch eine Kapitalgesellschaft bedeutet wirtschaftlich eine Minderung ihrer Haftungssubstanz. Dementsprechend ist der Nominalwert der eigenen Anteile als aktivischer **Korrekturposten des gezeichneten Kapitals** (Grund- oder Stammkapital) zu interpretieren. Im Konkursfalle sind eigene Anteile wertlos. Solange eine Unternehmung prosperiert, stellen eigene Anteile jedoch **echte Vermögenswerte** dar, durch deren Verkauf bei Bedarf liquide Mittel beschafft werden können. Eigene Anteile können u. a. auch an Arbeitnehmer des Unternehmens weitergegeben oder zur Abfindung von Aktionären nach § 305 Abs. 2 AktG nF./aF. (bei Beherrschungs- oder Gewinnabführungsverträgen) oder § 320 Abs. 5 AktG nF./aF. (bei Eingliederung) benötigt werden.

736 Dieser Doppelcharakter der eigenen Anteile hat den Gesetzgeber veranlaßt, den **Erwerb eigener Anteile** nicht zu verbieten, aber dem Grunde und der Höhe nach zu **beschränken**. Entsprechendes gilt auch für die dem Erwerb gleichgestellte Inpfandnahme eigener Anteile. Im einzelnen ergeben sich die zulässigen Fälle des Erwerbs und der Inpfandnahme für Aktiengesellschaften und Kommanditgesellschaften a. A. aus den §§ 71 Abs. 1 und 2, 71 e AktG nF./aF. und für Gesellschaften mbH aus § 33 Abs. 2 GmbHG nF./aF. Der Erwerb eigener Anteile durch Dritte oder durch abhängige oder in Mehrheitsbesitz stehende Unternehmen ist nach § 71 d AktG nF./aF. nur zulässig, soweit der Erwerb auch nach § 71 Abs. 1 Nr. 1 bis 5 und Abs. 2 AktG nF./aF. gestattet wäre. Der Besitz eigener Anteile ist bei Aktiengesellschaften und Kommanditgesellschaften a. A. grundsätzlich auf einen Gesamtnennbetrag von 10% des Grundkapitals beschränkt (§ 71 Abs. 2 AktG nF./aF.). Zu den Ausnahmen vgl. § 71 Abs. 1 Ziff. 4–6 AktG nF./aF.

737 Der im HGB nF. für große und mittelgroße Kapitalgesellschaften vorgesehene **Ausweis** im Bilanzgliederungsschema ist nach § 265 Abs. 3 Satz 2 HGB nF. uneingeschränkt vorrangig. Der Ausweis in einer anderen Position und der Vermerk der Mitzugehörigkeit ist ausgeschlossen. Gleiches galt auch nach bisherigem Recht gem. § 151 Abs. 3 Satz 3 AktG aF. für Aktiengesellschaften und Kommanditgesellschaften a. A. Bemerkenswert ist die sowohl nach bisherigem als auch nach künftigem Recht vorgesehene Einordnung der Position ,,eigene Anteile" als Sonderposition des Umlaufvermögens. Sie ist unabhängig von der beabsichtigten Besitzdauer der eigenen Anteile und unterwirft sie den im Vergleich zum Anlagevermögen strengeren Bewertungsvorschriften des Umlaufvermögens.

Die **Angabe des Nennbetrages** in der Bilanz ist im HGB nF., anders als im **AktG aF.**, nicht vorgesehen.

738 Für **Aktiengesellschaften und Kommanditgesellschaften a. A.** besteht nach § 160 Abs. 1 Nr. 2 AktG nF. eine **Erläuterungspflicht** im Anhang (§ 160 Abs. 3 Nr. 2 AktG aF: Geschäftsbericht). Ohne Berücksichtigung von Größenmerkmalen sind nach § 160 Abs. 1 Nr. 2 AktG nF. Angaben zu machen über ,,den Bestand an eigenen Aktien der Gesellschaft, die sie, ein abhängiges oder im Mehrheitsbesitz der Gesellschaft stehendes Unternehmen oder ein anderer für Rechnung der Gesellschaft oder eines abhängigen oder eines im Mehrheitsbesitz der Gesellschaft stehenden Unternehmens erworben oder als Pfand genommen hat; dabei sind die Zahl und der Nennbetrag dieser Aktien sowie deren Anteil am Grundkapital, für erworbene Aktien ferner der Zeitpunkt des Erwerbs und die Gründe für den Erwerb anzugeben. Sind solche Aktien im Geschäftsjahr erworben oder veräußert worden, so ist auch über den Erwerb oder die Veräußerung unter Angabe der Zahl und des Nennbetrags dieser Aktien, des Anteils am Grundkapital und des Erwerbs- oder Veräußerungspreises, sowie über die Verwendung des Erlöses zu berichten". Diese Erläuterungspflicht ist nach § 284 HGB nF. nicht vorgesehen, sie gilt somit nicht für die GmbH.

Wertpapiere   739–745 **B**

739   Werden eigene Anteile ausgewiesen, dann besteht nach § **272 Abs. 4 HGB nF.** die Pflicht, eine **Rücklage für eigene Anteile** zu bilden. Diese Vorschrift gilt **für sämtliche Kapitalgesellschaften**, also auch für kleine, die eigene Anteile zusammen mit anderen Wertpapieren des Umlaufvermögens in einer Position ausweisen dürfen. Die Höhe der Rücklage wird bestimmt durch den für die eigenen Anteile zu aktivierenden Betrag. Eine vollständige oder teilweise Auflösung der Rücklage ist nur bei Veräußerung, Einzug oder Abschreibung nach § 253 Abs. 3 HGB nF. zulässig. Die Bildung der Rücklage darf weder das gezeichnete Kapital noch die nach Gesetz, Satzung oder Gesellschaftsvertrag zu bildenden Rücklagen mindern. Eine gleiche Regelung bestand bereits bisher nach § **150a AktG aF. für Aktien- und Kommanditgesellschaften a. A.**

740   Aktiengesellschaften und Kommanditgesellschaften a. A. müssen auch bei **Verstoß gegen § 71 Abs. 1 und 2 AktG nF./aF.** die eigenen Aktien bilanzieren, da nach § 71 Abs. 4 Satz 1 AktG nF. der dingliche Eigentumserwerb auf jeden Fall wirksam bleibt, auch wenn das schuldrechtliche Verpflichtungsgeschäft nach § 71 Abs. 4 Satz 2 AktG nF./aF. nichtig ist. Es ist dabei unerheblich, ob der Nennbetrag oder der höhere Ausgabebetrag voll geleistet ist oder nicht.

Die Bilanzierung eigener Aktien ist jedoch unzulässig, wenn das **Rechtsgeschäft nach § 71a AktG nF./aF. nichtig** ist. Dies ist nach Abs. 1 der Fall, wenn das Rechtsgeschäft „die Gewährung eines Vorschusses oder eines Darlehens oder die Leistung einer Sicherheit durch die Gesellschaft an einen anderen zum Zweck des Erwerbs von Aktien dieser Gesellschaft zum Gegenstand hat" (zur Besonderheit bei Kreditinstituten und bei Erwerb der Anteile durch Arbeitnehmer siehe § 71a Abs. 1 Satz 2 AktG nF./aF.). Nach Absatz 2 sind Rechtsgeschäfte zwischen der Gesellschaft und Dritten nichtig, wenn „dieser berechtigt oder verpflichtet sein soll, Aktien der Gesellschaft für Rechnung der Gesellschaft oder eines abhängigen oder eines in ihrem Mehrheitsbesitz stehenden Unternehmens zu erwerben, soweit der Erwerb durch die Gesellschaft gegen § 71 Abs. 1 oder 2 verstoßen würde". In Höhe der Rückforderung des Kaufpreises ist eine Forderung unter den sonstigen Vermögensgegenständen zu aktivieren.

741   **Gesellschaften mbH** müssen eigene Geschäftsanteile, auf welche bei Erwerb die Einlagen vollständig geleistet sind, grundsätzlich aktivieren (zum gesonderten Ausweis als eigene Geschäftsanteile vgl. Rz. 532). Dies gilt auch dann, wenn der Erwerb gegen § 33 Abs. 2 GmbHG nF./aF. verstößt. Ist die Einlage noch nicht voll eingezahlt, dann ist eine Aktivierung unzulässig, da nach § 33 Abs. 1 GmbHG nF./aF. der dingliche Erwerb der Anteile nicht möglich ist. Die Rückforderung des Kaufpreises ist durch den Ausweis einer Forderung zu berücksichtigen.

Für Gesellschaften mbH war nach bisherigem GmbH-Gesetz weder ein gesonderter Ausweis der eigenen Geschäftsanteile noch die Bildung einer speziellen Rücklage vorgesehen. Der gesonderte Ausweis eigener Anteile wurde aber allgemein gefordert (vgl. *Baumbach/Hueck* § 42 Anm. 62 und die dort angegebene Literatur).

742   Für die **Bewertung** eigener Anteile gilt das strenge Niederstwertprinzip. Ein Bilanzansatz unter den Anschaffungskosten bzw. unter dem Börsenpreis kann z. B. erforderlich sein, wenn die eigenen Anteile als sog. Arbeitnehmeranteile an Mitarbeiter des Unternehmens mit einem Wertabschlag veräußert werden sollen.

b) Ertragsteuerliche Behandlung

743   Eigene Anteile sind wegen des Maßgeblichkeitsprinzips auch in der Steuerbilanz im Umlaufvermögen auszuweisen und nach dem strengen Niederstwertprinzip zu bewerten (vgl. Rz. 369ff., 537f., 546).

c) Bewertungsrechtliche Behandlung

744   **Eigene Anteile** sind in der Vermögensaufstellung nur anzusetzen, wenn sie bereits im Verkehr waren (Abschn. 11 Abs. 3 VStR). Wegen der Bewertung wird auf die Ausführungen zu den Wertpapieren des Anlagevermögens (Rz. 479) verwiesen.

d) Prüfungstechnik

745   Die **Prüfung des internen Kontrollsystems** erfolgt zusammen mit der Prüfung des gezeichneten Kapitals (vgl. Rz. 918ff.).

746 Die **Prüfung des Bestandsnachweises** für eigene Anteile weist gegenüber dem Bestandsnachweis von Beteiligungen keine Besonderheiten auf (vgl. Rz. 461 ff.). Zusätzlich ist zu prüfen, ob die Beschränkungen, die für das Halten eigener Anteile gelten, beachtet wurden, §§ 71, 71 a–e AktG, § 33 GmbHG.

747 Die **Prüfung der Bewertung** erstreckt sich darauf, ob die Anteile mit den Anschaffungs- und Anschaffungsnebenkosten, gegebenenfalls abzüglich Anschaffungskostenminderungen angesetzt wurden. Außerdem erstreckt sich die Prüfung darauf, ob der Ansatz von Abschreibungen nach § 253 Abs. 3 und 4 HGB nF. bzw. von Zuschreibungen nach §§ 253 Abs. 5, 280 HGB nF. erforderlich ist. Ggf. ist die Übergangsregelung nach Art. 24 Abs. 2, 3 EG HGB nF. anzuwenden (vgl. Rz. 756 ff.).

Bei der Prüfung, ob Abschreibungen erforderlich sind, ist zu berücksichtigen, daß für eigene Anteile in der Regel eine entsprechende Rücklage im Eigenkapital vorhanden sein muß, die ein Abwertungserfordernis normalerweise ausschließt. Dies gilt nicht, wenn in der Bilanz trotz Vorhandenseins entsprechender Rücklage ein Bilanzverlust ausgewiesen wird, der die für die eigenen Anteile vorhandenen Rücklagen sowie die in den eigenen Anteilen enthaltenen stillen Reserven aufzehrt.

748 Bei der **Prüfung des Ausweises** ist zu beachten, daß
– bei großen und mittelgroßen Kapitalgesellschaften ein gesonderter Ausweis unter den Wertpapieren des Umlaufvermögens zu erfolgen hat,
– eine Rücklage für eigene Anteile zu bilden ist,
– eine Saldierung mit der Rücklage für die eigenen Anteile nicht möglich ist, § 246 Abs. 2 HGB nF.,
– für Aktiengesellschaften Angaben über eigene Aktien im Anhang erforderlich sind, § 160 Abs. 1 Nr. 2 AktG nF., und zwar nach herrschender Meinung eine weitere Erläuterung zu dem Zeitpunkt des Erwerbs, den Gründen des Erwerbs, dem Erwerbs- und dem Veräußerungspreis und der Verwendung des Veräußerungserlöses (vgl. Niehus § 42 Anm. 284, *WPH* 1981, 1225).

3. Sonstige Wertpapiere

a) Behandlung nach Handelsrecht

750 Die Position „sonstige Wertpapiere" bildet eine **Sammelposition** für alle Wertpapiere, die nicht zum Anlagevermögen gehören und nicht Anteile an verbundenen Unternehmen oder eigene Anteile sind. Sie deckt sich inhaltlich fast vollständig mit der Position III. B. 7. des Gliederungsschemas zu § 151 AktG aF. Besitzwechsel sind nicht hier zu erfassen, sondern bei den Forderungen, für die sie in Empfang genommen wurden. Auszuweisen sind jedoch die Wechsel mit Wertpapiercharakter wie z. B. Schatzwechsel des Bundes, der Länder und der Bundesbahn (siehe Rz. 651 f., 670). Abgetrennte Zins- und Dividendenscheine sind grundsätzlich ebenfalls hier zu bilanzieren; soweit sie jedoch von Anteilen an verbundenen Unternehmen oder von Beteiligungen i. S. v. Pos. A. III. 3. stammen, sollte ihr Ausweis unter Forderungen gegen verbundene Unternehmen (B. II. 2.) bzw. Unternehmen, mit denen ein Beteiligungsverhältnis besteht (B. II. 3.), erfolgen.

Da Vermögensgegenstände des Umlaufvermögens grundsätzlich nur kurzfristig gehalten werden, müssen Kapitalgesellschaften bei Wertpapieren, deren **Veräußerung beschränkt** ist, eine entsprechende Angabe im Anhang vornehmen, sofern es sich um größere Beträge handelt (vgl. § 264 Abs. 2 HGB nF.).

751 Für die **Bewertung** gelten die Erläuterungen zu den Anteilen an verbundenen Unternehmen und den eigenen Anteilen sinngemäß; vgl. Rz. 728, 742.

b) Ertragsteuerliche Behandlung

752 Die Erläuterungen zu den Anteilen an verbundenen Unternehmen und den eigenen Anteilen gelten sinngemäß; vgl. Rz. 731 und 743.

c) Bewertungsrechtliche Behandlung

753 Die sonstigen Wertpapiere werden nach denselben Grundsätzen wie die Wertpapiere des Anlagevermögens in die Vermögensaufstellung einbezogen, vgl. Rz. 479.

Wertpapiere 754–758 **B**

d) Prüfungstechnik

754 Die **Prüfung des internen Kontrollsystems** für Wertpapiere des Umlaufvermögens erfolgt im wesentlichen in gleicher Weise wie die gleichgelagerte Prüfung bei Beteiligungen (vgl. Rz. 460 ff.).

Anstelle einer Anlagenkartei ist bei den Wertpapieren des Umlaufvermögens ein **Wertpapierbuch** zu führen oder in regelmäßigen Zeitabständen ein **Wertpapierinventar** aufzustellen.

755 Die **Prüfung des Nachweises** erfolgt anhand des Wertpapierbuchs (soweit vorhanden) oder des von der Gesellschaft aufgestellten Inventars.

Der Nachweis der in Wertpapieren verbrieften Anteile ist bei Selbstverwahrung durch ein Aufnahmeprotokoll über die körperliche Bestandsaufnahme zum Bilanzstichtag zu führen. In das Protokoll sind auch Dividenden- und Erneuerungsscheine aufzunehmen. Bei Fremdverwahrung erfolgt der Nachweis durch Depotauszüge, Verwahrbestätigungen etc.

Die nichtverbrieften Anteile sind durch Gründungsprotokolle und -berichte, Gesellschaftsverträge, Kaufverträge, Handelsregisterauszüge, Treuhandverträge, etc. nachzuweisen. Beim Nachweis der nichtverbrieften Anteile ist – sofern der Bestandsnachweis nicht zum Bilanzstichtag erfolgt – sicherzustellen, daß sich zwischen Datum des Bestandsnachweises und Bilanzstichtag keine Veränderungen ergeben haben.

Zu prüfen ist, ob die Voraussetzungen für die buchhalterische Erfassung sämtlicher Anteile gegeben sind durch die Feststellung, daß auch bei wirtschaftlicher Betrachtungsweise die Anteile beim Unternehmen zu bilanzieren sind, d. h. daß die Anteile an Substanz und Ertrag, die Chance einer eventuellen Wertsteigerung und die Gefahrtragung beim Unternehmen liegen.

Es ist außerdem zu prüfen, ob die für den Erwerb erforderlichen Genehmigungen, z. B. durch den Aufsichtsrat etc., vorliegen.

Die Prüfung beinhaltet weiterhin eine Abstimmung des Wertpapierbuchs (soweit vorhanden) oder des Inventars der Gesellschaft mit den in Betracht kommenden Nachweisen sowie mit dem Sachkonto zum Bilanzstichtag.

756 Die **Prüfung der Bewertung** erstreckt sich darauf, ob die Anteile mit den Anschaffungs- und Anschaffungsnebenkosten, gegebenenfalls abzüglich Anschaffungskostenminderungen, angesetzt wurden. Außerdem erstreckt sich die Prüfung darauf, ob der Ansatz von Abschreibungen nach §§ 253 Abs. 3 und 4, 254 HGB nF. bzw. von Zuschreibungen nach §§ 253 Abs. 5, 280 HGB nF. erforderlich ist. Ggf. ist die Übergangsregelung nach Art. 24 Abs. 2, 3 EG HGB nF. anzuwenden.

757 Prüfungsunterlagen für die **Anschaffungskosten** der Anteile und evtl. **Anschaffungskostenminderungen** sind die Vertragsunterlagen und Abrechnungen (vgl. Rz. 465).

Prüfungsunterlagen für die **Anschaffungsnebenkosten** sind die jeweiligen Eingangsrechnungen (vgl. Rz. 466).

758 Die Prüfung eventuell erforderlicher **Abschreibungen** beschränkt sich in der Praxis auf die Abschreibung auf den niedrigeren Börsen- oder Marktpreis, den niedrigeren beizulegenden Wert oder den niedrigeren Wert aufgrund vernünftiger kaufmännischer Beurteilung.

Grundlage für die Prüfung sind
- das Wertpapierbuch (soweit vorhanden) bzw. das Inventar,
- Geschäfts- und Prüfungsberichte, geprüfte oder bescheinigte Jahresabschlüsse, Erfolgsrechnungen und statistische Zusammenstellungen für die Vergangenheit,
- Finanzpläne, Umsatz- und Ertragsschätzungen, Unterlagen für die Kaufpreisermittlungen, Aufklärungen und Nachweise über die künftige Entwicklung des Unternehmens, von dem Anteile gehalten werden.

Die Prüfung erstreckt sich auf
- den Grund der Abschreibungen oder Wertberichtigungen durch
  • Berücksichtigung des niedrigeren Börsenkurses (gegebenenfalls zuzüglich eines Paketzuschlages), sofern eine Kursbeeinflussung oder Zufallsentwicklungen ausgeschlossen sind,
  • Ermittlung des niedrigeren Werts des Wertpapiers nach dem Ertragswert bzw. dem Liquidationswert als Wertuntergrenze,

- Berücksichtigung von politischen Risiken (z. B. Krieg, Enteignung), Transferbeschränkungen oder steuerlichen Beschränkungen bei Wertpapieren, die im Ausland gehalten werden,
- Ermittlung des anteiligen abschreibungsfähigen Verlustes, sofern der Anteil an einer Personengesellschaft gehalten wird.
- die konforme Bilanzierung im Bereich anderer Bilanzpositionen, und zwar
  - die gesonderte Aktivierung von Dividendenansprüchen,
  - die Passivierung der noch nicht geleisteten Einlage als Resteinzahlungsverpflichtung,
  - die Passivierung einer Verbindlichkeit oder Rückstellung für eventuell mögliche ungewisse Ausgleichs- oder Haftungsverbindlichkeiten bei voll abgeschriebenem Anteilswert,
- evtl. Sonderabschreibungen, §§ 254, 281 HGB nF.,
- die Feststellung, ob Übereinstimmung mit den steuerlichen Vorschriften vorliegt, einschließlich der Feststellung evtl. Abweichungen (bei Unterschieden: ggf. Aktivierung oder Passivierung von latenten Steuern bei Kapitalgesellschaften, vgl. Rz. 860 ff., 1160 ff.),
- die rechnerische Ermittlung der Abschreibungen,
- die Abstimmung der Abschreibung mit dem in der GuV verbuchten Betrag.

759 Die Prüfung der **Zuschreibungen** erfolgt in gleicher Weise wie bei den Beteiligungen, vgl. Rz. 468.

760 Die **Ausweisprüfung** erfordert
- die Abgrenzung zu den übrigen Wertpapieren des Umlaufvermögens, soweit diese bei mittelgroßen oder großen Kapitalgesellschaften gesondert auszuweisen sind,
- die Abgrenzung zu den Finanzanlagen,
- die Prüfung der zutreffenden Erfassung von Gegenbuchungen, insbesondere ob
  - die Erträge aus den Wertpapieren vollständig erfaßt sind,
  - in der GuV zutreffend Bruttobeträge ausgewiesen wurden, bei Kapitalgesellschaften unter dem Posten ,,Sonstige Zinsen und ähnliche Erträge'' unter Beachtung des Vermerks ,,davon aus verbundenen Unternehmen'', und
  - eventuell anfallende anrechnungsfähige Körperschaftsteuer oder Kapitalertragsteuer in der GuV separat, bei Kapitalgesellschaften unter dem Posten ,,Steuern vom Einkommen und vom Ertrag'' ausgewiesen wurde.
- Die gesonderte Angabe der Grundlagen für eine evtl. erforderliche Währungsumrechnung im Anhang, § 284 Abs. 2 Nr. 2 HGB nF.,
- die Angabe und Begründung des Betrages, der im Geschäftsjahr nach steuerlichen Vorschriften vorgenommenen Abschreibungen und Rücklagen im Anhang, der Bilanz oder der GuV,
- die Angabe und Begründung des Betrages der im Geschäftsjahr aus steuerlichen Gründen unterlassenen Zuschreibung,
- bei Unterschieden zwischen steuerlicher und handelsrechtlicher Bewertung
  - die Bildung von aktiven Abgrenzungsposten für latente Steuern (auch bei Vorbetriebsausgaben oder Betriebseinnahmen vor Ertrag) oder
  - die Bildung von Rückstellungen für latente Steuern (Betriebsausgaben vor Aufwand oder Erträge vor Betriebseinnahmen),
- das Wahlrecht zum Ausweis von steuerlichen Sonderabschreibungen (aktivisches Abschreiben oder Bildung eines Sonderpostens mit Rücklageanteil in Höhe des Unterschiedsbetrages zwischen steuerlich zulässiger höherer Sonderabschreibung und handelsrechtlicher Abschreibung),
- die Angabe der Vorschriften, nach denen Wertberichtigungen vorgenommen wurden, die in dem Sonderposten mit Rücklageanteil einzustellen sind, in der Bilanz oder im Anhang, § 281 Abs. 1 Satz 2 HGB nF.

Vgl. WPH 1981, 1225.

IV. Schecks, Kassenbestand, Bundesbank- und Postgiroguthaben, Guthaben bei Kreditinstituten

765 Unter dieser Position faßt das HGB nF. die Vermögensgegenstände höchster Liquidität zusammen. Für die nach Aktienrecht bilanzierenden Unternehmen bestand

bisher nach dem Gliederungsschema des § 151 AktG aF. die Verpflichtung eines gesonderten Ausweises folgender **Einzelpositionen:**
- Schecks
- Kassenbestand, Bundesbank- und Postscheckguthaben
- Guthaben bei Kreditinstituten

Die übrigen Unternehmen konnten auch bisher bereits eine Zusammenfassung, wie sie das HGB nF. vorsieht, vornehmen.

Auch nach künftigem Recht ist eine weitere Aufgliederung im Sinne der bisherigen Gliederung des AktG aF. möglich (vgl. § 265 Abs. 5 HGB nF.). Diese Aufteilung oder entsprechende Angaben im Anhang wären bei Kapitalgesellschaften erforderlich, wenn Teile dieser Sammelposition ein ungewöhnliches Gewicht erreichen (z. B. ungewöhnliche Höhe des Betrages der Schecks innerhalb dieser Position).

1. (−*) Schecks

a) Handelsrechtliche und ertragsteuerliche Behandlung

766 Die Bedeutung dieser Position ist normalerweise gering, da Schecks regelmäßig sofort zum Inkasso eingereicht werden. Der zu aktivierende **Scheckbestand** setzt sich daher in der Regel aus Schecks zusammen, die kurz vor oder am Bilanzstichtag eingegangen sind und sich noch im Unternehmen befinden oder bei denen eine Gutschrift noch nicht erfolgte. Die Ausführungen zu Wechseln (vgl. Rz. 670) gelten sinngemäß. Vordatierte Schecks, die nach § 28 Abs. 2 ScheckG am Tage der Vorlage nach dem Bilanzstichtag fällig sind, müssen ebenfalls aktiviert werden. Sind **Schecks von verbundenen Unternehmen** oder von Unternehmen, mit denen ein **Beteiligungsverhältnis** besteht, zu aktivieren, dann muß der Ausweis unter Forderungen gegen diese Unternehmen erfolgen oder die Mitzugehörigkeit vermerkt werden.

b) Bewertungsrechtliche Behandlung

767 Schecks beinhalten bewertungsrechtlich Kapitalforderungen und sind daher gemäß § 109 Abs. 4 BewG mit dem Steuerbilanzwert anzusetzen.

c) Prüfungstechnik

768 Die **Prüfung des internen** Kontrollsystems erstreckt sich auf den Soll-Zustand der erforderlichen Sicherungsmaßnahmen, insbesondere bei den Scheckein- und Scheckausgängen und dem damit zusammenhängenden Scheckverkehr. Der Soll-Zustand ist erforderlichenfalls in einem Dauerarbeitspapier anhand einer verbalen Beschreibung oder eines Ablaufschaubildes festzuhalten.

Erforderlich ist, daß
- die Schecks nicht frei zugänglich sind, sondern unter Verschluß gehalten werden,
- zum Nachweis der Scheckbestände Scheckkopierbücher geführt werden oder – bei sofortiger Weitergabe an die Bank – in anderer Weise, zB durch Inventare oder die Versandunterlagen, nachgewiesen werden können.

769 Die **Scheckeingänge** müssen vor Unterschlagung geschützt sein. Im Hinblick darauf ist zu prüfen, ob
- die Post von zwei Personen geöffnet wird; bei prüfungstechnisch kleinen Unternehmen (vgl. Teil C, Rz. 147) genügt es, wenn
  • sämtliche Post vom Unternehmer/Geschäftsführer entgegengenommen und geöffnet wird, oder, sofern die Post von anderen Personen geöffnet wird, diese Personen zum Rechnungswesen keine Verbindung haben (z. B. die Sekretärin des Unternehmers, Geschäftsführers)
  • die Post vor ihrer Verteilung an die entsprechenden Mitarbeiter dem Unternehmer/Geschäftsführer vorgelegt wird und die Schecks von ihm geprüft werden,
- für eingehende Schecks in der Poststelle besondere Listen geführt werden, deren Summen täglich mit dem Kontenführer abgestimmt werden,
- eingehende Barschecks von der Poststelle in Verrechnungsschecks umgestempelt werden,
- eingehende Schecks unverzüglich zum Diskont an die Bank weitergeleitet werden.

---
* Im gesetzlichen Gliederungsschema ist keine Bezifferung vorgesehen.

770 Bei den **Scheckausgängen** erstreckt sich die Prüfung darauf, daß
- Zahlungsanweisungen nur aufgrund genehmigter Belege erstellt werden,
- die Zahlungsanweisung und die genehmigten Belege dem Unterschriftsberechtigten mit dem Scheck gleichzeitig vorgelegt werden,
- mindestens zwei Unterschriften auf dem Scheck vorgesehen sind, von denen bei prüfungstechnisch kleinen Unternehmen (vgl. Teil C, Rz. 147) mindestens eine dem Geschäftsführer/Unternehmer gehören muß,
- die gleichen Unterlagen nicht zweimal für die Unterschrift vorgelegt werden („bezahlt"-Stempel),
- versandfertige Schecks vor dem Versand nicht an den Aussteller zurücklaufen,
- grundsätzlich nur Verrechnungsschecks ausgestellt werden, mit Ausnahme der Schecks zur Auffüllung des Kassenbestandes,
- Blanko-Schecks in der Regel nicht ausgeschrieben werden,
- entwertete Schecks als solche gekennzeichnet werden,
- sämtliche Schecknummern erfaßt werden (Scheckkopierbuch).

Bei der Prüfung ist außerdem darauf zu achten, daß Funktionenkollisionen nicht bestehen, insbesondere die Schecks getrennt von Kasse und Debitoren-Buchführung verwaltet werden.

Eventuelle Soll/Ist-Abweichungen des internen Kontrollsystems sind kritisch zu würdigen.

Die Prüfung umfaßt außerdem die Beurteilung, ob die vorgesehenen Kontrollen ausreichend sind.

771 Zur **Prüfung des Nachweises** sind die in der Bilanz ausgewiesenen Schecks mit dem Sachkonto und dem Scheckkopierbuch, mit Bestandsbescheinigungen Dritter oder den Versandunterlagen abzustimmen.

772 Die **Prüfung der Bewertung** erfolgt in gleicher Weise wie die Prüfung der Forderungen aus Lieferungen und Leistungen, insbesondere der Besitzwechsel, vgl. Rz. 684ff.

Bei der Ermittlung der Anschaffungskosten (des Nennbetrages) von Währungsschecks sollte eine Abstimmung mit dem auf dem Bankkonto gutgeschriebenen Betrag erfolgen.

Es ist zu beachten, daß allein die Gutschrift eines Schecks auf dem Bankkonto eventuelle Zweifel an der Werthaltigkeit nicht ausschließt, da bei Scheckeinreichungen die Banken zunächst vorläufige Gutschriften erteilen, die im Falle der Nichteinlösung nach einigen Tagen storniert werden.

Die Bonitätsprüfung der aus einem Scheck Verpflichteten sollte unter Berücksichtigung aller Forderungen (auch Eventualforderungen) erfolgen, und zwar im Regelfall bei Prüfung der Forderungen aus Lieferungen und Leistungen.

773 Zur **Prüfung des Ausweises** vgl. im wesentlichen Rz. 691.
Vgl. *WPH* 1981, 1193ff., 1222f.; *Rusch* HdR 393ff.

2. (–*) Kassenbestand, Bundesbank- und Postgiroguthaben

a) Handelsrechtliche und ertragsteuerliche Behandlung

775 Zum **Kassenbestand** am Bilanzstichtag zählen das in den Haupt- und Nebenkassen befindliche Bargeld (einschließlich ausländischer Sorten), nicht verbrauchte Brief-, Wechselsteuer-, Gerichtskosten- und ähnliche Marken und Francotypwerte. Zinsund Dividendenscheine sind nicht hier, sondern unter Wertpapieren auszuweisen. Quittungen über Vorschüsse und Darlehen sind unter den sonstigen Vermögensgegenständen zu aktivieren.

776 **Guthaben bei der Bundesbank und beim Postgiroamt** werden grundsätzlich in Höhe des durch Saldenauszug zum Bilanzstichtag nachgewiesenen Betrages angesetzt. Bei im alten Geschäftsjahr eingereichten Schecks, die erst in neuer Rechnung gutgeschrieben wurden, oder Überweisungen, die im alten Jahr angewiesen, aber erst unmittelbar zu Beginn des neuen Jahres ausgeführt wurden, ist ebenfalls noch eine Berücksichtigung im alten Jahr möglich.

777 Die **Bewertung** erfolgt zum Nennwert; ausländische Sorten sind mit dem am Bilanzstichtag geltenden Geldkurs umzurechnen. Wird bei größeren Sortenbestän-

---

* Im gesetzlichen Gliederungsschema ist keine Bezifferung vorgesehen.

den mit einer Abwertung der ausländischen Währung gerechnet, oder ist diese bis zur Bilanzerstellung bereits eingetreten, dann kann der niedrigere Zukunftswert nach § 253 Abs. 3 Satz 3 HGB nF./§ 155 Abs. 3 Nr. 1 AktG aF. angesetzt werden.

b) Bewertungsrechtliche Behandlung

778 Der Teilwert des Kassenbestandes entspricht dem Steuerbilanzwert. Bundesbank- und Postscheckguthaben stellen Kapitalforderungen dar und sind daher gemäß § 109 Abs. 4 BewG mit dem Steuerbilanzwert anzusetzen.

c) Prüfungstechnik

779 Im folgenden wird lediglich die Prüfungstechnik von Kassenbeständen dargestellt. Die Prüfung von Bundesbank- und Postscheckguthaben erfolgt in gleicher Weise wie die Prüfung von Guthaben bei Kreditinstituten (vgl. Rz. 796 ff.).

Die **Prüfung des internen Kontrollsystems** erstreckt sich auf den Soll-Zustand bestimmter Sicherungs- und Kontrollmaßnahmen, insbesondere bei dem Kassenverkehr. Der Soll-Zustand ist zweckmäßigerweise in Form eines Dauerarbeitspapiers (verbale Beschreibung, Ablaufschaubild etc.) festzuhalten.

Zur Sicherung der Barbestände sind notwendig:
– ein Verzeichnis der Kassen und Nebenkassen sowie ihrer Höchstbestände,
– Einzelangaben im Kassenbuch (Belegnummer, Buchungsdatum, Buchungstext, Gegenkonto, Buchungsbetrag) sowie vollständig ausgefüllte Belege. Änderungen sollten daher mit Tinte, Tintenstift oder Kugelschreiber vorgenommen werden; außerdem sollte das Durchstreichen leerer Zwischenräume vorgeschrieben sein,
– die Verwendung vorgedruckter und numerierter Formulare für Einzahlungen, auf denen die Unterschrift des Einzahlenden vorgesehen ist,
– Kontrollmaßnahmen hinsichtlich der ausgegebenen Block-Serien, der abgerechneten Quittungen sowie die Entwertung von nicht benötigten oder verschriebenen Quittungen,
– regelmäßige Kassenbestandsaufnahmen und die Fertigung von Protokollen über die Bestandsaufnahme; Muster eines Kassenprotokolls:

Protokoll über die Kassenaufnahme
am............ um.......... Uhr

I. Istbestand

1. Scheine gebündelt	DM
Aufführung aller vorhandenen Stückelungen	DM
2. Münzen in Rollen	DM
Aufführung aller vorhandenen Stückelungen	DM
3. Münzen lose	DM
Aufführung aller vorhandenen Stückelungen	DM............
Bargeld insgesamt	DM

II. Sollbestand

Sollbestand lt. Kassenbuch S.	DM
./. Habenbestand lt. Kassenbuch S.	DM............
Saldo lt. Kassenbuch S.	DM
./. unverbuchte Ausgabebelege	DM
+ unverbuchte Einnahmebelege	DM............
Bestand lt. Kassenbuch +./. unverbuchte Belege	DM

III. Soll-/Ist-Vergleich

Sollbestand ./. Istbestand	DM............
Differenz	DM

– die regelmäßige Abstimmung der Kassenbestände mit den Kassenbüchern und die Abzeichnung des Kassenbuches durch den vorgesetzten Mitarbeiter oder – bei prüfungstechnisch kleinen Unternehmen (vgl. Teil C Rz. 147) – durch den Unternehmer/Geschäftsführer,
– die Bereinigung von Differenzen nur mit Zustimmung des vorgesetzten Mitarbeiters,

- die regelmäßige Verbuchung der Kassenumsätze in der Hauptbuchhaltung,
- die Kontrolle von Barverkäufen durch Kassenstreifen, die sich in einer abschließbaren Vorrichtung befinden und die nur von dem vorgesetzten Mitarbeiter – bei prüfungstechnisch kleinen Unternehmen (vgl. Teil C Rz. 147) nur von dem Unternehmer/Geschäftsführer – geöffnet werden kann,
- die tägliche Abstimmung der vorgenannten Kassenstreifen mit den Einnahmen aus Barverkäufen,
- das regelmäßige Gutbringen von erhaltenem Bargeld auf dem Bankkonto (ca. alle 3 Tage),
- Zuverlässigkeit des Kassenführers,
- eine Unterschlagungsversicherung.

780 Die **Kassenverkehrsprüfung** dient der Prüfung des Ist-Zustandes. Sie erstreckt sich lückenlos auf die Zahlungseingänge und -ausgänge für einen bestimmten Zeitraum.

Zahlungseingänge:

781 Die Prüfung der Zahlungseingänge sollte progressiv (vgl. Teil C Rz. 175) erfolgen; Ausgangspunkt sind daher nicht die Konten der Finanzbuchhaltung oder die Aufzeichnungen im Kassenbuch, sondern hiervon unabhängig erstellte Unterlagen (z. B. Verkaufsaufstellungen, Auslieferungsscheine, Inventurkarten, Verwertungs- und Verschrottungsberichte etc.). Es ist darauf zu achten, daß die ausgewählten Unterlagen nicht von dem Kassenführer erstellt werden.

Die progressive Prüfung der Zahlungseingänge erstreckt sich auf die Abstimmung der ausgewählten Unterlagen mit den zugehörigen Belegen, den Aufzeichnungen im Kassenbuch sowie der zugehörigen Buchung in der Hauptbuchhaltung.

Die Abstimmung der Prüfungsunterlagen mit den Belegen, dem Kassenbuch und der Hauptbuchhaltung sollte gleichzeitig die Prüfung der formellen Ordnungsmäßigkeit der Belege einbeziehen. Dabei ist insbesondere auf folgendes zu achten:
- fortlaufende Numerierung der Eingangsbelege,
- Angabe der Belegnummer im Kassenbuch,
- Belegdatum und Buchungsdatum in zeitlichem Zusammenhang,
- Unterschrift des Einzahlenden auf dem Einzahlungsbeleg,
- Übereinstimmung von Buchungstext und Belegtext,
- keine Radierungen,
- rechnerische Richtigkeit der Unterlagen und Belege.

Belege, die kurz vor oder nach dem letzten Bilanzstichtag bzw. vor der Kassenprüfung gebucht werden, sollten besonders kritisch untersucht werden, da bei ihnen die Wahrscheinlichkeit eines künstlichen Kassenausgleichs besonders groß ist.

Bei der Prüfung festgestellte Abzüge sind auf ihre Angemessenheit und auf ihre richtige Verbuchung (entsprechende Berichtigung der Umsatzsteuer) zu überprüfen.

Zahlungsausgänge:

782 Die Prüfung der Zahlungsausgänge erfolgt nicht progressiv, sondern retrograd anhand der Aufzeichnungen des Kassenbuchs und der zugehörigen Belege.

Die Aufzeichnungen in dem Kassenbuch sind mit den zugehörigen Belegen und der entsprechenden Buchung in der Hauptbuchhaltung abzustimmen.

Die Abstimmung sollte gleichzeitig die Prüfung der formellen Ordnungsmäßigkeit der Belege einbeziehen. Insbesondere ist auf folgendes zu achten:
- zeitliche Kongruenz von Belegdatum und Buchungsdatum,
- Unterschrift der Empfänger auf den Auszahlungsbelegen,
- Anweisung der Kassenauszahlungen durch Anweisungsberechtigte,
- Entwertung der Belege durch „bezahlt"-Stempel,
- Übereinstimmung von Buchungs- und Belegtext,
- das Radieren oder Überschreiben von Zahlen sollte vermieden werden,
- rechnerische Überprüfung der untersuchten Belege.

Die kurz vor oder nach dem letzten Bilanzstichtag bzw. der Kassenprüfung gebuchten Zahlungsausgänge sind besonders kritisch zu untersuchen.

Bei den untersuchten Zahlungsausgängen ist die Angemessenheit und Richtigkeit des Zahlungsvorgangs durch Heranziehung von Gegenkonten und Korrespondenz zu überprüfen. Dies schließt die Untersuchung ein, ob Skontofristen gewahrt wurden und Skonti richtig abgezogen wurden. Bei Skonto-Inanspruchnahme ist darauf zu achten, ob die Umsatzsteuer entsprechend berichtigt wurde.

Eine stichprobenweise Überprüfung des Kassenbuches sollte sich auf eventuelle Unregelmäßigkeiten, insbesondere auch auf zeitweise „negative" Kassenbestände richten, vgl. Teil C Rz. 228.

Funktionenkollisionen sollten vermieden werden. Insbesondere sollten folgende Funktionen getrennt werden:
– Kassenführung und Buchhaltung
– Buchhaltung und Ausstellung von Rechnungen,
– Ausstellung und Anweisung von Zahlungsbelegen,
– Kassenführung und Bankvollmacht, Zugang zu Wertpapieren, Zugang zu Vorräten.

Eventuelle Soll/Ist-Abweichungen des internen Kontrollsystems sind kritisch zu würdigen.

Die Prüfung umfaßt außerdem die Beurteilung, ob die vorgesehenen Kontrollen ausreichend sind.

783   Die **Prüfung des Nachweises** der Kassenbestände erfolgt anhand eines Kassenprotokolls zum Bilanzstichtag, vgl. Rz. 779.

Existiert ein Kassenprotokoll nicht, ist der Kassenbestand zum Prüfungsstichtag zu ermitteln und auf den Bilanzstichtag wie folgt rückzurechnen:

Kassenbestand am Prüfungsstichtag .... DM
+ Ausgaben zwischen Bilanz- und Prüfungsstichtag .... DM
– Einnahmen zwischen Bilanz- und Prüfungsstichtag ...... DM
Kassenbestand am Bilanzstichtag..................... DM

Es ist darauf zu achten, daß auch für alle Nebenkassen einschließlich der Markenbestände des Freistemplers entsprechende Aufnahmeprotokolle zum Stichtag vorliegen.

Der Bestand laut Aufnahmeprotokoll muß mit dem Saldo des Kassenbuchs und dem Hauptbuchkonto am Bilanzstichtag übereinstimmen.

784   Bei der **Prüfung der Bewertung** ist auf die richtige Umrechnung von Sortenbeständen mit dem Kurs zum Bilanzstichtag zu achten.

785   Bei der **Prüfung des Ausweises** ist darauf zu achten, daß außer den Kassenbeständen auch ausländische Sorten sowie die Bestände an Brief- und Gerichtskosten, Wechselsteuern und anderen Marken sowie nicht verbrauchte Francotyp-Werte als Kassenbestand ausgewiesen werden.

Vgl. WPH 1981, 1188 ff., 1223 f.; Rusch HdR 393 ff.; Weyershaus HdR 1833 ff.

3. (–*) Guthaben bei Kreditinstituten

a) Handels- und ertragsteuerliche Behandlung

790   Auszuweisen sind hier sämtliche Guthaben bei Banken, Sparkassen und sonstigen Unternehmen, die Bankgeschäfte i. S. d. § 1 KWG betreiben, mit Ausnahme der Guthaben bei der Bundesbank und der Bundespost (Postgiroamt). Guthaben bei Bausparkassen, die nach § 2 KWG keine Kreditinstitute sind, werden unter den sonstigen Vermögensgegenständen bilanziert.

Als Guthaben sind sowohl täglich fällige Gelder als auch Festgelder zu erfassen. Bei Festgeldern mit erheblich ins neue Geschäftsjahr hineinreichender Festlegungsdauer ist ein Bilanzvermerk oder eine Erläuterung im Anhang bzw. Geschäftsbericht erforderlich, wenn über diese Beträge auch nicht bei entsprechender Zinsberechnung vorzeitig verfügt werden darf. Zugesagte, aber nicht in Anspruch genommene Kredite sind nicht aktivierungsfähig.

791   Bei **Guthaben bei ausländischen Kreditinstituten,** über die nicht frei verfügt werden darf, ist eine entsprechende Erläuterung im Anhang/Geschäftsbericht erforderlich. Guthaben bei ausländischen Kreditinstituten, die aufgrund ausländischer Geset-

---

* Im gesetzlichen Gliederungsschema ist keine gesonderte Bezifferung vorgesehen.

ze gesperrt wurden, sind nicht hier, sondern unter den sonstigen Vermögensgegenständen zu aktivieren.

792 Guthaben und Verbindlichkeiten bei einem Kreditinstitut sind aufzurechnen, soweit die allgemeinen **Aufrechnungsvoraussetzungen** Gleichartigkeit und Gleichfristigkeit gegeben sind. Die Aufrechnung von Guthaben und Verbindlichkeiten unterschiedlicher Kreditinstitute ist unzulässig.

793 Guthaben bei Kreditinstituten, die **verbundene Unternehmen** sind oder mit denen ein **Beteiligungsverhältnis** besteht, sind unter den entsprechenden Forderungen auszuweisen, oder es ist die Mitzugehörigkeit zu vermerken.

794 Die **Bewertung** erfolgt grundsätzlich zum Nennwert; Valuta-Guthaben bei ausländischen Kreditinstituten sind mit dem am Bilanzstichtag geltenden Geldkurs umzurechnen. Zum Ansatz eines Mittelkurses bei stark schwankenden Kursen siehe *Adler/Düring/Schmaltz* § 155 Anm. 167ff. Der Ansatz eines niedrigeren Zukunftskurses ist zulässig. Guthaben bei notleidend gewordenen Kreditinstituten sind generell wie Forderungen mit ihrem wahrscheinlichen Wert anzusetzen.

b) Bewertungsrechtliche Behandlung

795 Guthaben bei Kreditinstituten sind als Kapitalforderungen nach § 109 Abs. 4 BewG mit dem Steuerbilanzwert zu bewerten.

c) Prüfungstechnik

796 Die **Prüfung des internen Kontrollsystems** erstreckt sich auf den Soll-Zustand bestimmter Sicherungsmaßnahmen, insbesondere auf den Bankverkehr. Der Soll-Zustand ist zweckmäßigerweise in einem Dauerarbeitspapier (verbale Beschreibung, Ablaufschaubilder) festzuhalten.

797 Auf folgende Sicherungs- und Kontrollmaßnahmen ist im Rahmen der **Prüfung des Soll-Zustandes** zu achten:
– Sicherung des Posteingangs von Bankauszügen,
– Abstimmung der eingelösten Schecks mit dem Scheckkopierbuch durch eine Person, die unabhängig von dem Scheckaussteller ist,
– regelmäßige Abstimmung der Bankkonten mit den Auszügen der Institute,
– die Einhaltung eventueller Kreditlinien,
– die Gültigkeit von Bankvollmachten nur in Verbindung mit weiteren Unterschriften,
– regelmäßige Verbuchung der Bankumsätze in der Hauptbuchhaltung,
– regelmäßige Abstimmung des Verkehrs zwischen den Bankkonten und der Kasse,
– Kontrolle der erforderlichen Abstimmungen durch den vorgesetzten Mitarbeiter oder – bei prüfungstechnisch kleinen Unternehmen (vgl. Teil C Rz. 147) – den Unternehmer/Geschäftsführer.

798 Die **Bankverkehrsprüfung** dient der Prüfung des Ist-Zustandes. Sie erstreckt sich auf die Zahlungsein- und -ausgänge für einen bestimmten Zeitraum, wobei innerhalb des Zeitraums lückenlos zu prüfen ist.

799 **Zahlungseingänge:**

Die Prüfung der Zahlungseingänge erfolgt progressiv. Ausgangspunkt sind nicht die Konten der Finanzbuchhaltung oder die Kontoauszüge der Kreditinstitute, sondern hiervon unabhängig erstellte Unterlagen (Verkaufsaufstellungen, Auslieferungsscheine, Inventurkarten, Verwertungs- und Verschrottungsberichte, Inventar der Beteiligungen, Dividenden-Bekanntmachungen, Protokolle von Organen der Gesellschaft, Mietverträge, Lizenzabkommen etc.).

Die ausgewählten Unterlagen sind mit den zugehörigen Belegen, den Auszügen der Kreditinstitute sowie der zugehörigen Buchung in der Hauptbuchhaltung abzustimmen.

Die Abstimmung der Prüfungsunterlagen mit den Belegen, den Bankauszügen und der Hauptbuchhaltung sollte gleichzeitig der Prüfung der formellen Ordnungsmäßigkeit der Belege einbeziehen. Dabei ist insbesondere auf folgendes zu achten:
– Belegdatum und Buchungsdatum in zeitlichem Zusammenhang,
– rechnerische Richtigkeit der Unterlagen und Belege.

Den Einzahlungen um den Bilanzstichtag oder kurz vor dem Prüfungsstichtag ist erhöhte Aufmerksamkeit zu schenken.
Bei der Prüfung festgestellte Abzüge sind auf ihre Angemessenheit und auf ihre richtige Verbuchung (entsprechende Berichtigung der Umsatzsteuer) zu überprüfen.

Zahlungsausgänge:

800 Die Prüfung der Zahlungsausgänge erfolgt retrograd anhand der Aufzeichnungen der Bankauszüge und der zugehörigen Belege.
Neben der Abstimmung der Bankauszüge mit den zugehörigen Buchungen in der Hauptbuchhaltung sind folgende Abstimmungen erforderlich:
– bei Bezahlung durch Überweisungsträger: Vergleich der Kopien des Überweisungsauftrages mit der Belastungsanzeige der Bank hinsichtlich aller interessierenden Einzelheiten,
– bei Bezahlung durch Scheck: Überprüfung der Scheckkopie auf alle notwendigen Eintragungen,
– bei Bezahlung durch Wechsel: Vergleich der Eintragungen in das Wechselkopierbuch,
– bei Bezahlung durch Lastschriften und Bankeinzugsverfahren: Vergleich der Buchungen auf dem Bankauszug mit den Lastschriften, Vergleich der Lastschriften mit der Erfassung auf den Gegenkonten.
Die Abstimmung sollte gleichzeitig die Prüfung der formellen Ordnungsmäßigkeit der Belege einbeziehen. Insbesondere ist auf folgendes zu achten:
– zeitliche Kongruenz von Belegdatum und Buchungsdatum,
– Anweisung der Auszahlungen durch Anweisungsberechtigte,
– Entwertung der Belege durch ,,bezahlt"-Stempel,
– Übereinstimmung von Buchungs- und Belegtext,
– rechnerische Überprüfung der untersuchten Belege.
Die kurz vor oder nach dem letzten Bilanzstichtag bzw. dem Prüfungstag gebuchten Zahlungsausgänge sind besonders kritisch zu untersuchen.
Bei den untersuchten Zahlungsausgängen ist die Angemessenheit und Richtigkeit des Zahlungsvorgangs durch Heranziehung von Gegenkonten und Korrespondenz zu überprüfen. Dies schließt die Untersuchung ein, ob Skontofristen gewahrt werden und Skonti richtig abgezogen wurden. Bei Skonto-Inanspruchnahme ist darauf zu achten, ob die Umsatzsteuer entsprechend berichtigt wurde.
Funktionenkollisionen sollten vermieden werden. Insbesondere sollten folgende Funktionen getrennt sein:
– Bankvollmacht und Buchhaltung
– Buchhaltung und Ausstellung von Rechnungen,
– Ausstellung und Anweisung von Zahlungsbelegen,
– Ausstellung und Unterzeichnung von Zahlungsbelegen,
– Bankvollmacht und Kassenführung, Zugang zu Wertpapieren, Zugang zu Vorräten.
Eventuelle Soll/Ist-Abweichungen des internen Kontrollsystems sind kritisch zu würdigen.
Die Prüfung umfaßt außerdem die Beurteilung, ob die vorgesehenen Kontrollen ausreichend sind.

801 Die **Prüfung des Nachweises** der Kassenbestände erfolgt anhand der Bankkontoauszüge oder anhand von Saldenbestätigungen der Banken
Musterschreiben zur Einholung einer Bankbestätigung:
Betr.: Prüfung unseres Jahresabschlusses zum ...

Sehr geehrte Damen und Herren,
der Abschlußprüfer unseres Unternehmens, Herr ...... führt zur Zeit die Prüfung unseres Jahresabschlusses zum ...... durch. Hierfür bitten wir Sie zum Gesamtumfang unserer geschäftlichen Beziehungen um folgende Angaben, die unmittelbar an unseren Abschlußprüfer zu leiten sind:
a) Stand unserer sämtlichen Konten, jeweils mit genauer Kontobezeichnung und Zinssatz;
b) Auflistung von uns oder von Dritten für uns gegebener Sicherheiten einschließlich der damit zusammenhängenden Konditionen;

c) Bestätigung der Kreditlinie, falls uns Kredite eingeräumt sind, die zum Stichtag nicht oder nicht voll in Anspruch genommen waren;
d) Gesamthöhe aller bis zum Stichtag anfallenden Zinsen und Spesen;
e) Auflistung unseres in Ihrem Depot befindlichen Wertpapierbesitzes einschließlich etwaiger Verfügungsbeschränkungen;
f) Gesamtsumme aller Ihnen von uns zum Inkasso gegebenen, noch nicht gutgeschriebenen Wechsel und Schecks;
g) Gesamthöhe unserer Verpflichtung aus Wechseln, die
 – Ihnen von uns zum Diskont gegeben wurden,
 – von uns ausgestellt und von Ihnen akzeptiert wurden;
h) Gesamthöhe aller von Ihnen für uns übernommenen Verpflichtungen aus
 – Bürgschaftsverträgen,
 – sonstigen Geschäften (z. B. Termingeschäften);
 mit genauer Bezeichnung sowie Angabe der von uns geleisteten Sicherheiten.
i) Bürgschaftserklärungen, die wir Ihnen gegenüber oder in Ihrem Interesse abgegeben haben;
k) Vermögensgegenstände, die von Ihnen treuhänderisch für uns gehalten werden oder bei Ihnen für uns hinterlegt sind;
l) Andere Sicherheiten (einschließlich Blankoschecks oder -wechseln), die wir Ihnen geleistet haben;
m) Namen aller Zeichnungsberechtigten für die von Ihnen für uns geführten Konten, einschließlich etwaiger Einschränkungen der Zeichnungsbefugnis und aller Änderungen, die sich im Laufe des am Stichtag endenden Jahres ergeben haben.

Sofern zu einzelnen Punkten keine Angaben zu machen sind, ist dies durch ausdrückliche Fehlanzeige unter Benennung des betreffenden Buchstabens zu vermerken. Bitte geben Sie außerdem gegenüber unserem Abschlußprüfer die Erklärung ab, daß zum Stichtag außer den aufgeführten Verpflichtungen und Forderungen keine weiteren bestanden haben.

Eine Kopie Ihres Schreibens an unseren Abschlußprüfer erbitten wir für unsere Unterlagen.

Mit verbindlichem Dank und vorzüglicher Hochachtung

Der Bestand laut Kontoauszug oder laut Bankbestätigung muß mit dem Hauptbuchkonto am Bilanzstichtag übereinstimmen.

Abweichungen, insbesondere zeitliche Buchungsunterschiede, sind zu klären. Folgende Abweichungen sind möglich:
– Posten, die als Gutschrift für die Bank bereits in den Büchern des Unternehmens, noch nicht aber bei der Bank gebucht sind (z. B. unterwegs befindliche Schecks),
– Posten, die als Lastschrift für die Bank bereits in den Büchern des Unternehmens, noch nicht aber bei der Bank gebucht sind (z. B. bei der Bank noch nicht eingebuchte eingegangene eigene Überweisungen),
– Posten, die als Gutschrift des Unternehmens noch nicht in dessen Büchern, wohl aber bei der Bank gebucht sind (z. B. Zinsen und Dividenden),
– Posten, die als Lastschrift für das Unternehmen noch nicht in dessen Büchern, wohl aber bei der Bank gebucht sind (z. B. Spesen und Gebühren).

Die Bankauszüge der ersten 10 Tage nach dem Bilanzstichtag sind mit den Überweisungs- und Belastungsträgern stichprobenweise abzustimmen; dabei ist besonders auf Posten zu achten, die bereits zum Bilanzstichtag hätten erfaßt werden müssen.

Auf die ordnungsgemäße Abgrenzung von Zinsen und Gebühren ist zu achten.

Ein Verzeichnis mit sämtlichen Bankverbindungen, Kreditlinien, Konditionen und Unterschriftsberechtigungen ist als Dauerarbeitspapier zu den eigenen Akten zu nehmen und bei Änderung jeweils fortzuschreiben.

802 Die **Prüfung der Bewertung** erfolgt in gleicher Weise wie die Prüfung der Bewertung von Forderungen aus Lieferungen und Leistungen, vgl. Rz. 684 ff.

Zur **Prüfung des Ausweises** vgl. im wesentlichen Rz. 691. Im Zusammenhang mit der Prüfung der erfolgswirksamen Gegenbuchungen empfiehlt sich eine Überprüfung der im Berichtsjahr angefallenen Zinsaufwendungen und Zinserträge für das

jeweilige Bankkonto sowie eine Plausibilitätsprüfung der insgesamt angefallenen Zinsaufwendungen und Zinserträge.
Vgl. *WPH* 1981, 1191ff., 1224; *Rusch* HdR 393ff.; *Weyershaus* HdR 1833ff.

E. (C.*) Rechnungsabgrenzungsposten

820 Die Bildung von Rechnungsabgrenzungsposten dient der **periodengerechten Erfolgsabgrenzung**. Im Rahmen der aktiven Rechnungsabgrenzung treten 2 Gruppen von Rechnungsabgrenzungsposten auf:
– Rechnungsabgrenzungsposten mit Bilanzierungswahlrecht
– Rechnungsabgrenzungsposten mit Bilanzierungspflicht.
Zu den Rechnungsabgrenzungsposten mit **Aktivierungswahlrecht** gehören folgende im HGB nF. ausdrücklich genannte Fälle:
– als Aufwand berücksichtigte Zölle und Verbrauchsteuern
– als Aufwand berücksichtigte Umsatzsteuer
– Disagio.

821 **Aktivierungspflichtig** sind die transitorischen Posten in der Abgrenzung von § 250 Abs. 1 Satz 1 HGB nF./§ 152 Abs. 9 Nr. 1 AktG aF.
Der Kreis der als Rechnungsabgrenzungsposten auszuweisenden Beträge ist damit **abschließend festgelegt**. Weitere Beträge dürfen nicht als Rechnungsabgrenzungsposten ausgewiesen werden.
Eine Gegenüberstellung der Gliederung der Rechnungsabgrenzungsposten nach HGB nF. und AktG aF. wird nachstehend vorgenommen.

822 **Gliederung und Offenlegung der Rechnungsabgrenzungsposten**
nach HGB nF. für Kapitalgesellschaften und AktG aF. für AG und KGaA

Künftiges Recht (HGB nF.)					Bisheriges Recht (AktG aF.)	
Große u. mittelgroße Kapitalgesellschaften			Kleine Kapitalgesellschaften		AG und KGaA	
Gliederung	Offenlegung		Gliederung	Offenlegung	Gliederung	Offenlegung
	große Ges.	mittelgroße Ges.				
C. Rechnungsabgrenzungsposten	x	x	C. Rechnungsabgrenzungsposten	x	IV. Rechnungsabgrenzungsposten	x
– Disagio¹ (Damnum)	x	x	– Disagio¹ (Damnum)	x	– Disagio (Damnum)	x
– Sonstige Rechnungsabgrenzungsposten	x	x	– Sonstige Rechnungsabgrenzungsposten	x	– Sonstige Rechnungsabgrenzungsposten	x

¹ Alternativ Angabe im Anhang möglich

1. (–**) Disagio (Damnum)

a) Behandlung nach Handelsrecht

825 Ist der **Rückzahlungsbetrag** von Verbindlichkeiten oder Anleihen **höher als der Ausgabebetrag**, so darf der Unterschiedsbetrag (Ausgabedisagio [Damnum] oder Rückzahlungsagio) unter den Rechnungsabgrenzungsposten des Anlagevermögens ausgewiesen werden (§ 250 Abs. 3 HGB nF./§ 156 Abs. 3 AktG aF.). Als Ausgabebetrag gilt der Betrag, der dem Unternehmen vertraglich zugeflossen ist ohne Berücksichtigung der Ausgabekosten. Diese sind als Aufwand des Geschäftsjahres zu verbuchen.

826 Wird das Wahlrecht ausgeübt und der Differenzbetrag aktiviert, dann ist er **planmäßig abzuschreiben**. Die Gesamtlaufzeit der Verbindlichkeit oder Anleihe stellt die

---

* Bezeichnung lt. gesetzlichem Gliederungsschema.
** Im gesetzlichen Gliederungsschema ist keine gesonderte Bezifferung vorgesehen.

Obergrenze der Abschreibungsdauer dar. Die Verteilung des Disagios auf kürzere Zeiträume ist zulässig. **Außerplanmäßige Abschreibungen** sind immer dann erforderlich, wenn eine vollständige oder teilweise Tilgung der Verbindlichkeit erfolgte. Darüber hinaus sind freiwillige außerplanmäßige Abschreibungen zulässig, die aber wegen der Durchbrechung der Planmäßigkeit zur Berichtspflicht führen.

Wird auf eine Aktivierung verzichtet, dann stellt der gesamte Unterschiedsbetrag Aufwand des Geschäftsjahres dar.

Die Inanspruchnahme des Wahlrechts kann nur im Ausgabejahr erfolgen. Die Beschränkung der Aktivierung auf einen Teilbetrag ist zulässig.

826 a Kapitalgesellschaften sind – ohne Berücksichtigung ihrer Größenmerkmale – nach § 250 Abs. 3 i. V. m. § 268 Abs. 6 HGB nF. zum gesonderten Ausweis des Disagios unter den Rechnungsabgrenzungsposten verpflichtet. Alternativ kann eine entsprechende Angabe im Anhang erfolgen. Das bisherige Aktienrecht sah demgegenüber in § 156 Abs. 3 AktG aF. ausschließlich den gesonderten Ausweis des Disagios unter den Rechnungsabgrenzungsposten vor.

Personenhandelsgesellschaften und Einzelkaufleute können künftig wie auch nach bisherigem Recht das Disagio zusammen mit den anderen Rechnungsabgrenzungsposten in einer Summe ausweisen.

b) Ertragsteuerliche Behandlung

827 Steuerrechtlich besteht eine **Pflicht zur Aktivierung des Unterschiedsbetrages** (Abschn. 37 Abs. 3 EStR). Auf eine Aufteilung des Unterschiedsbetrages in Disagio etc. im engeren Sinn und Geldbeschaffungskosten kann verzichtet und für den gesamten Betrag ein zinsähnlicher Aufwand angenommen werden (vgl. BFH v. 8. 11. 1963, BStBl. III 1964, 31; v. 6. 12. 1965, BStBl. III 1966, 144). Werden dem Darlehensnehmer weitere Verwaltungs- oder Bearbeitungsgebühren bei Darlehensaufnahme gesondert in Rechnung gestellt, dann sind auch diese aktivisch auszuweisen (vgl. BFH v. 19. 1. 1978, BStBl. II 1978, 262; BMF v. 4. 9. 1978, BStBl. I 1978, 352). Provisionszahlungen an Dritte für die Vermittlung des Darlehens sind Aufwand des Geschäftsjahres (vgl. BFH v. 4. 3. 1976, BStBl. II 1977, 380; v. 4. 5. 1977, BStBl. II 1977, 802). Wurde ein Rückzahlungsagio vereinbart, dann gelten die obigen Erläuterungen analog (vgl. BFH v. 29. 6. 1967, BStBl. III 1967, 670).

828 Die **Abschreibungsdauer** hat der Laufzeit des Darlehens zu entsprechen. Bei Verkürzung der Laufzeit ist der Unterschiedsbetrag entsprechend neu zu verteilen. Bei Verlängerung der Laufzeit kann auf eine Änderung des Abschreibungsplanes verzichtet werden (vgl. RFH v. 5. 12. 1934, RStBl. 1935, 336). Eine außerplanmäßige Abschreibung ist bei vorzeitiger Tilgung vorzunehmen. Gleiches gilt bei Umschuldung, soweit das Disagio nicht bei wirtschaftlicher Betrachtung als zusätzliche Gegenleistung für das neue oder veränderte Darlehen anzusehen ist (vgl. BFH v. 13. 3. 1974, BStBl. II 1974, 359).

829 Eine **lineare Abschreibung** des Unterschiedsbetrags ist nur bei tilgungsfreien Darlehen zutreffend; bei Tilgungsdarlehen trifft eine **degressive Verteilung** entsprechend der Inanspruchnahme des Darlehens (nach der Zinsstaffelmethode) den Sachverhalt genauer. (Eine Entscheidung des BFH liegt bisher nur für die Behandlung beim Kreditgeber vor. Danach muß der entsprechende Passivposten bei Kreditinstituten kapitalanteilig nach der Zinsstaffelmethode aufgelöst werden; vgl. BFH v. 17. 7. 1974, BStBl. II 1974, 684; BMF v. 4. 9. 1978, BStBl. I 1978, 352; vgl. auch Teil A Rz. 32; ein Wahlrecht zwischen linearer und degressiver Abschreibung kann u. U. aus BFH v. 19. 1. 1978, BStBl. II 1978, 262, abgeleitet werden; a. A. *Biergans*, 243).

c) Bewertungsrechtliche Behandlung

830 Das vom Darlehensnehmer in der Steuerbilanz zum Zwecke der Periodenabgrenzung angesetzte Disagio darf in die Vermögensaufstellung nicht übernommen werden, da das Disagio bewertungsrechtlich keinen Anspruch darstellt.

d) Prüfungstechnik

831 Die **Prüfung des internen Kontrollsystems** erfolgt wie bei der Prüfung sonstiger Rechnungsabgrenzungsposten (vgl. Rz. 850).

Rechnungsabgrenzungsposten 832–836 **B**

832 Die **Prüfung des Nachweises** erfolgt anhand der fortgeschriebenen Einzelaufstellungen und der zugehörigen Vertragsunterlagen. Die Einzelaufstellung ist zu den Dauerakten zu nehmen.
Die Prüfung erstreckt sich auf
– die rechnerische Überprüfung der Einzelaufstellung,
– die Abstimmung der Einzelaufstellung mit dem zugehörigen Sachkonto der Finanzbuchhaltung,
– die Vollständigkeit der abzugrenzenden Posten.

833 Im Rahmen der **Bewertungsprüfung** ist darauf zu achten,
– daß die planmäßigen Abschreibungen eingehalten werden,
– daß außerplanmäßige Abschreibungen geboten sind, wenn die korrespondierende Verbindlichkeit vorzeitig ganz oder teilweise zurückgezahlt wird oder das Zinsniveau sich wesentlich nach unten entwickelt hat,
– daß aufgrund des Aktivierungswahlrechts nach § 250 Abs. 3 HGB nF. freiwillig außerplanmäßige Abschreibungen vorgenommen werden können,
– daß die Abschreibungen richtig ermittelt wurden.

834 Bei der **Prüfung des Ausweises** ist darauf zu achten,
– daß für aktive und passive Posten ein Saldierungsverbot besteht,
– daß die jeweilige Gegenbuchung zutreffend ausgewiesen wurde,
– daß mehrere Unterschiedsbeträge aus verschiedenen Verbindlichkeiten zu einem Posten zusammengefaßt werden können,
– daß sämtliche Unterschiedsbeträge bei Kapitalgesellschaften unter der hier erörterten Position oder im Anhang gesondert ausgewiesen werden, § 268 Abs. 6 HGB nF.,
– in der Gewinn- und Verlust-Rechnung von Kapitalgesellschaften die planmäßigen Abschreibungen unter ,,Zinsen und ähnliche Aufwendungen" und außerplanmäßige Abschreibungen unter ,,Außerordentliche Aufwendungen" ausgewiesen werden,
– außerplanmäßige Abschreibungen im Anhang von Kapitalgesellschaften erläutert werden, sofern sie für die Ertragslage nicht von untergeordneter Bedeutung sind (entsprechende Anwendung von § 277 Abs. 4 HGB nF.).
Vgl. *Sarx* HdR 1251 ff., *WPH* 1981, 1226.

2. (–*) Sonstige Rechnungsabgrenzungsposten

a) Behandlung nach Handelsrecht

835 Mit Ausnahme der unten behandelten Sonderfälle (vgl. Rz. 841 ff., 843 ff.) besteht nach § 250 HGB nF. die **Pflicht** zur Bildung von Rechnungsabgrenzungsposten für **sämtliche Rechtsformen**. Diese Verpflichtung gehört zu den GoB. Eine Einschränkung gilt nur für regelmäßig wiederkehrende Beträge wie Steuern, Versicherungen u. ä., solange sie geringfügig sind (vgl. *Adler/Düring/Schmaltz* § 152 Anm. 184).
Die Basis für eine **Rechnungsabgrenzung** stellt am Bilanzstichtag das zeitliche Auseinanderfallen von Aufwendungen/Erträgen und Ausgaben/Einnahmen dar. Von den möglichen Fällen sind aber nur die sog. **transitorischen Vorgänge** (Ausgaben/Einnahmen vor dem Bilanzstichtag, Aufwendungen/Erträge nach dem Bilanzstichtag) und diese auch nur unter bestimmten Voraussetzungen (transitorische Vorgänge im engeren Sinn) als Rechnungsabgrenzungsposten bilanzierbar. **Antizipative Vorgänge** (Aufwendungen/Erträge vor dem Bilanzstichtag, Ausgaben/Einnahmen nach dem Bilanzstichtag) werden als Verbindlichkeiten/Forderungen ausgewiesen (vgl. dazu Rz. 713; s. auch zur Berichtspflicht der Kapitalgesellschaften § 268 Abs. 4 Satz 2 HGB nF.).

836 Als Rechnungsabgrenzungsposten auf der Aktivseite sind nach § 250 Abs. 1 Satz 1 HGB nF. und § 152 Abs. 9 Ziff. 1 AktG aF. **Ausgaben vor dem Abschlußstichtag** auszuweisen, wenn sie **Aufwand** für eine **bestimmte Zeit** nach diesem Tag darstellen.
Damit ist der Ausweis von aktiven Rechnungsabgrenzungsposten an drei Voraussetzungen geknüpft:
– Vorliegen von Ausgaben

---

* Im gesetzlichen Gliederungsschema ist keine gesonderte Bezifferung vorgesehen.

B 837–841   Der Jahresabschluß nach Handels- und Steuerrecht

– Erfolgswirksamkeit (Aufwand) nach Ablauf des Geschäftsjahres
– Eindeutige zeitliche Begrenzung der Erfolgswirksamkeit.

837   Als **Ausgaben** gelten Zahlungsvorgänge (Barzahlung, unbare Zahlung durch Überweisung oder mit Scheck oder Wechsel) sowie ausnahmsweise auch Nicht-Zahlungsvorgänge (Ausweis als Verbindlichkeit beim Schuldner/Forderung beim Gläubiger), wenn bei vertragsgemäßer Geschäftsabwicklung vor Ende des Geschäftsjahres ein Zahlungsvorgang hätte stattfinden müssen. Dieser Fall liegt vor, wenn eine im alten Geschäftsjahr fällige Verbindlichkeit erst im neuen Geschäftsjahr bezahlt wird (vgl. dazu ein Beispiel bei *Adler/Dürig/Schmaltz* § 152 Anm. 180).

838   Damit das Merkmal der **Erfolgswirksamkeit nach dem Bilanzstichtag** erfüllt ist, muß ein Teil der vom Vertragspartner zu erbringenden Gegenleistung erst in dem nächsten oder u. U. auch erst in späteren Geschäftsjahren erbracht werden. Meistens handelt es sich um Gegenleistungen, die aus ihrer Natur her nur kontinuierlich im Zeitablauf erfolgen können (z. B. Versicherungsleistungen, Mietleistungen). Aus der Zielsetzung eines Abgrenzungspostens folgt, daß in dieser Position nur Zahlungen ausgewiesen werden dürfen, die bereits zu einem Teil das abgelaufene Geschäftsjahr betroffen haben. Wenn die gesamte Zahlung das nächste Geschäftsjahr oder spätere Geschäftsjahre betrifft, so ist bis zum Bilanzstichtag nichts aufzuteilen (abzugrenzen). Unter diesen Umständen sollte der Betrag je nach seinem Charakter als Anzahlung oder unter den sonstigen Vermögensgegenständen ausgewiesen werden. Ein Ausweis als Rechnungsabgrenzungsposten wird aber auch in diesem Fall als zulässig angesehen (vgl. *Hüttemann* HdJ Abt. II/8 Anm. 8).

839   Das Merkmal der **eindeutigen zeitlichen Begrenzung der Erfolgswirksamkeit** ist erforderlich, um die transitorischen Aktiva im engeren Sinn von denen im weiteren Sinn abzugrenzen.

Eine bestimmte Zeit nach dem Stichtag bedeutet, daß sich Anfang und Ende des Zeitraums, für den die Ausgabe gilt, aus dem Sachverhalt ergeben muß, daher im Zeitpunkt der Ausgabe bekannt und kalendermäßig bestimmbar sein muß (zu Einzelheiten vgl. *Federmann* BB 1984, 246 ff.). Als mögliche Fälle kommen beispielsweise in Betracht: Vorauszahlungen für Miete oder Pacht, Zahlung von Versicherungsprämien oder Zinsen, Zahlungen für regelmäßig wiederkehrende Werbemaßnahmen (z. B. Anzeigenwerbung) usw. Das Ende des bestimmbaren Zeitraums muß jedoch nicht im folgenden Geschäftsjahr liegen; auch Abgrenzungen über mehrere Geschäftsjahre sind zulässig.

840   Ist das Ende des **Zeitraums nicht eindeutig bestimmbar,** z. B. bei Ausgaben für Werbemaßnahmen, deren Wirkungsdauer ungewiß ist (vgl. BFH v. 26. 6. 1969, BStBl. II 1970, 35, bei Reklamefeldzug), einmalige Entschädigungszahlungen, deren Nutzungsdauer nicht vertraglich festgelegt ist (vgl. BFH v. 17. 7. 1980, BStBl. II 1981, 669), so handelt es sich um transitorische Aktiva im weiteren Sinn, die nicht abgegrenzt werden dürfen (vgl. auch BFH v. 29. 10. 1969, BStBl. II 1970, 178, wegen Vermittlungsprovision für Abonnementverträge; BFH v. 4. 8. 1976, BStBl. II 1976, 675, wegen Provisionsvorschüsse; BFH v. 4. 5. 1977, BStBl. II 1977, 802, wegen Gesellschaftsteuer für kapitalersetzende Darlehen; BFH v. 3. 11. 1982, BStBl. II 1982, 132, wegen Abschlußgebühren für Bausparbeiträge). Sie stellen Aufwand des Geschäftsjahres dar, in dem sie angefallen sind, oder sind, falls die dafür erforderlichen Voraussetzungen vorliegen, als Anzahlungen oder sonstige Vermögensgegenstände (z. B. bei Vorauszahlungen für Kataloge, die im nächsten Jahr erscheinen) zu bilanzieren.

841   Nach § 250 Abs. 1 Satz 2 Nr. 1 HGB nF. besteht ein Wahlrecht für die Abgrenzung von **als Aufwand berücksichtigten Zöllen und Verbrauchsteuern,** soweit sie auf am Abschlußstichtag auszuweisende Vermögensgegenstände des Vorratsvermögens entfallen. Ein derartiger Rechnungsabgrenzungsposten ist für das Handelsrecht neu und wurde nur zugelassen, um die Einheitlichkeit von Handels- und Steuerbilanz zu ermöglichen, da die Aktivierung dieser Beträge nach § 5 Abs. 4 Satz 2 Nr. 1 EStG vorgeschrieben ist (vgl. Begründung zum Bilanzrichtlinien-Gesetz § 247, BT-Drucksache 10/317).

Die **Voraussetzungen** für die Aktivierung als Rechnungsabgrenzungsposten sind:
– es muß sich um Zölle oder Verbrauchsteuern handeln
– diese müssen im Zusammenhang mit dem Vorratsvermögen angefallen sein

Rechnungsabgrenzungsposten

- das Vorratsvermögen muß am Bilanzstichtag noch vorhanden sein
- die Aufwendungen dürfen nicht zu den Anschaffungs- oder Herstellungskosten des Vorratsvermögens gehören
- die Abgabeschuld muß bis zum Bilanzstichtag entrichtet oder als Verbindlichkeit ausgewiesen sein.

In den Fällen, in denen die Aufwendungen z. B. als Anschaffungsnebenkosten aktiviert wurden, scheidet eine Rechnungsabgrenzung aus. Gleiches gilt bei Verkauf der Vorräte auf Ziel, da sich die Zölle und Verbrauchsteuern, wegen der regelmäßigen Überwälzung auf den Käufer, in den Forderungen niederschlagen.

842 Für die Abgrenzung wird vor allem die **Biersteuer** in Frage kommen, die gemäß § 2 BierStG als Fertigfabrikatsteuer auf das Fertigprodukt Bier erhoben wird. Sie wird fällig, wenn Bier aus der Brauerei entfernt, also bereits dann, wenn das Bier in eine Niederlassung oder ein Auslieferungslager der Brauerei transportiert wird. Da sie nicht mehr zum Aufwand der Fertigung gehört, scheidet steuerlich eine Einbeziehung in die Herstellungskosten aus (vgl. BFH v. 26. 2. 1975, BStBl. II 1976, 13). Gleiches gilt auch für andere Verbrauchsteuern (vgl. *Bachmayr* BB 1976, 561 ff.) und Zölle mit vergleichbaren Erhebungsmodalitäten (z. B. ausländische Einfuhrzölle, die anfallen, wenn Vorräte von einer inländischen in eine ausländische Niederlassung transportiert werden und eine Zollgrenze überschritten wird).

Nach der Stellungnahme des IdW (vgl. *IdW* HFA 5/1975) wird eine Aktivierung der Biersteuer (ebenso auch der Mineralöl- und Tabaksteuer) im Rahmen der Herstellungskosten für zulässig erachtet, so daß sich für diesen Fall eine besondere Aktivierung als Rechnungsabgrenzungsposten erübrigt (vgl. auch *Peiner* WPg 1976, 69 ff.; a. A. *Rudolph* BB 1976, 877 ff.).

843 Nach § 250 Abs. 1 Satz 1 Nr. 2 HGB nF. kann die **als Aufwand berücksichtigte Umsatzsteuer** auf am Abschlußstichtag auszuweisende oder von den Vorräten offen abgesetzten Anzahlungen unter den Rechnungsabgrenzungsposten ausgewiesen werden. Dieser Posten ist ebenso wie der für Zölle und Verbrauchsteuern aus dem EStG (§ 5 Abs. 4 Satz 2 Nr. 2) übernommen worden.

844 Die **Voraussetzungen** im einzelnen:
- Die Umsatzsteuer muß auf erhaltene Anzahlungen entfallen (die Fälligkeit der Umsatzsteuer ist ohne Bedeutung)
- Die Anzahlungen müssen das nachfolgende oder ein späteres Geschäftsjahr berühren und passiviert oder offen von den Vorräten abgesetzt werden
- Die Anzahlungen müssen brutto, d. h. einschließlich Umsatzsteuer verbucht werden
- Die Umsatzsteuerschuld muß erfolgswirksam verbucht sein.

Das Wahlrecht kann folglich nicht ausgeübt werden, wenn die Anzahlungen netto, d. h. unter Umgehung des Steueraufwandkontos, passiviert werden und daneben die Umsatzsteuerschuld gegenüber dem Finanzamt ausgewiesen wird, da hier die Umsatzbesteuerung erfolgsneutral verbucht wurde. Das Wahlrecht gilt ebenfalls nicht bei Anzahlungen unter DM 10000 (wenn im Rechnungsbetrag die USt nicht gesondert ausgewiesen ist), da in diesen Fällen keine Umsatzsteuerschuld anfällt (§ 13 Abs. 1 Nr. 1 a Satz 5 UStG).

845 Nicht abzugrenzen ist die Umsatzsteuer, die bei Vorauszahlungen des Bilanzierenden anfällt, da diese nach § 15 Abs. 1 UStG (dies gilt auch für die Mindest-Ist-Besteuerung des § 13 Abs. 1 Nr. 1 a Satz 4 i. V. m. § 15 Abs. 1 Satz 2 UStG), wenn die sonstigen Voraussetzungen des Vorsteuerabzugs gegeben sind, als Vorsteuer und nicht als Aufwand zu berücksichtigen ist.

845a Die Rechnungsabgrenzungsposten können **undifferenziert in einer Summe ausgewiesen** werden. Wenn Kapitalgesellschaften das Disagio gesondert ausweisen, sollten die übrigen Rechnungsabgrenzungsposten als „Sonstige Rechnungsabgrenzungsposten" ausgewiesen werden (zur Ausweispflicht des Disagios vgl. Rz. 826 a).

b) Ertragsteuerliche Behandlung

846 Die handelsrechtlichen Ausführungen gelten auch steuerrechtlich (§ 5 Abs. 4 Satz 1 EStG). Es müssen **Vorleistungen eines Kaufmanns** aufgrund von gegenseitigen Verträgen oder gesetzlichen Bestimmungen vorliegen, denen eine **noch nicht**

erbrachte **zeitbezogene Gegenleistung** des Vertragspartners gegenübersteht (vgl. BFH v. 4. 3. 1976, BStBl. II 1977, 380; v. 26. 6. 1979, BStBl. II 1979, 625). Steuerrechtlich gilt ebenfalls wie für die Handelsbilanz eine Bilanzierungspflicht für Rechnungsabgrenzungsposten. Beträge von untergeordneter Bedeutung, die das Ergebnis nur geringfügig beeinflussen, brauchen aus Vereinfachungsgründen nicht periodisiert zu werden (vgl. BFH v. 28. 1. 1954, BStBl. III 1954, 109; v. 19. 12. 1957, BStBl. III 1958, 162; v. 15. 4. 1958, BStBl. III 1958, 260; v. 13. 5. 1958, BStBl. III 1958, 331; v. 13. 5. 1958, DB 1958, 971; v. 16. 9. 1958, BStBl. III 1958, 462; v. 2. 6. 1960, HFR 1961, 73; v. 15. 12. 1960, BStBl. III 1961, 48; v. 28. 9. 1967, BStBl. III 1967, 761; FG Düsseldorf v. 18. 7. 1967, DStZ/E, 423).

847   Auch für **als Aufwand berücksichtigte Zölle und Verbrauchsteuern** besteht steuerrechtlich eine **Aktivierungspflicht;** die vom BFH vertretene Auffassung (vgl. BFH v. 26. 2. 1975, BStBl. II 1976, 13), daß eine Aktivierung unter den Rechnungsabgrenzungsposten abzulehnen ist, gilt nach dem BdF v. 19. 12. 1975 (BStBl. I 1976, 7) nur für den entschiedenen Fall und ist darüber hinaus nicht zu beachten. Zu Einzelheiten vgl. *Herrmann/Heuer/Raupach* § 5 EK Lfg. 138, 8 ff., Abschn. 31 a Abs. 5 EStR.

Der Ausweis der Zölle und Verbrauchsteuern hat gem. § 5 Abs. 4 Satz 2 EStG in einem gesonderten Posten auf der Aktivseite zu erfolgen, der einen steuerlichen Sonderposten und nicht einen Rechnungsabgrenzungsposten i. S. v. § 5 Abs. 4 Satz 1 EStG darstellt (vgl. *Herrmann/Heuer/Raupach* § 5 EK Lfg. 138, 11, *Federmann* DB 1977, 1152; *Dankmeyer* DB 1976, 2274).

848   Für die als Aufwand berücksichtigte **Umsatzsteuer** besteht steuerrechtlich eine **Aktivierungspflicht** (§ 5 Abs. 4 Satz 2 Nr. 2 EStG). Das Urteil des BFH v. 26. 6. 1979, BStBl. II 1979, 625, nach dem die Umsatzsteuer auf Anzahlungen im Jahr der Anzahlung beim Empfänger erfolgswirksam zu verbuchen und eine Rechnungsabgrenzung im obigen Sinn nicht zulässig sei, ist nach BdF v. 24. 3. 1980 (BStBl. I 1980, 188) über den entschiedenen Fall hinaus nicht anzuwenden.

c) Bewertungsrechtliche Behandlung

849   In der Steuerbilanz gebildete Rechnungsabgrenzungsposten dürfen in die Vermögensaufstellung nur dann übernommen werden, wenn dem Rechnungsabgrenzungsposten unter dem Gesichtspunkt eines schwebenden Geschäfts ein **bewertbarer Anspruch** gegenübersteht (z. B. Mietvorauszahlung) oder wenn der Rechnungsabgrenzungsposten für sich betrachtet ein **selbständig bewertbares Wirtschaftsgut** darstellt. So sind nach Abschn. 48 Abs. 3 Satz 3 und 4 VStR vorausgezahlte Prämien auf Haftpflichtversicherung und Kraftfahrzeugversicherung anzusetzen, ebenso vor dem Fälligkeitspunkt entrichtete Kraftfahrzeugsteuerbeträge; für Kraftfahrzeugsteuerbeträge, die am oder nach dem Fälligkeitszeitpunkt entrichtet worden sind, ist dagegen kein Rechnungsabgrenzungsposten in die Vermögensaufstellung zu übernehmen. Eine Sonderregelung gilt für den in der Steuerbilanz nach § 5 Abs. 4 Satz 2 EStG angesetzten Aufwand für Zölle und Steuern; er ist gemäß § 98 a Satz 2 BewG auch bei der Einheitsbewertung des gewerblichen Betriebs zu berücksichtigen und gemäß § 109 Abs. 4 BewG mit dem Steuerbilanzwert anzusetzen.

d) Prüfungstechnik

850   Die **Prüfung des internen Kontrollsystems** erstreckt sich auf
 – die Führung einer Einzelaufstellung der abgegrenzten Posten. Die Aufstellung sollte auch nähere Angaben über die abzugrenzenden Zeiträume enthalten.
 – die regelmäßige Abstimmung der Einzelaufstellung mit den Konten der Finanzbuchhaltung.

851   Die **Nachweisprüfung** erfolgt anhand der von dem Mandanten zu stellenden und zur Dauerakte zu nehmenden Einzelaufstellung.
Die Aufstellung ist zu überprüfen auf
 – die Vollständigkeit der aktivierten Abgrenzungsposten. Hierzu sind ausgewählte Konten der GuV hinzuzuziehen, da für die Abgrenzungen grundsätzlich alle regelmäßig wiederkehrenden Aufwendungen und Erträge in Frage kommen,
 – die ausschließliche Erfassung von

- Ausgaben vor dem Abschlußstichtag, soweit sie Aufwand für eine bestimmte Zeit nach diesem Tag darstellen,
- als Aufwand berücksichtigte Zölle und Verbrauchsteuern, soweit sie auf am Abschlußstichtag auszuweisende Wirtschaftsgüter des Vorratsvermögens entfallen,
- als Aufwand berücksichtigte Umsatzsteuer auf am Abschlußstichtag auszuweisende oder von den Vorräten offen abgesetzte Anzahlungen.

852 Bei der **Bewertungsprüfung** ist darauf zu achten,
- ob die Abschreibungen entsprechend dem zu verteilenden Aufwand vorgenommen wurden,
- ob die Abschreibungen rechnerisch richtig ermittelt sind.

853 Die **Ausweisprüfung** hat zu berücksichtigen,
- daß ein Saldierungsverbot für aktive und passive Rechnungsabgrenzungsposten besteht,
- daß antizipative aktive Rechnungsabgrenzungsposten unter den sonstigen Vermögensgegenständen ausgewiesen werden,
- daß die Abschreibungen in der Gewinn- und Verlustrechnung unter der für den abgegrenzten Aufwand vorgesehenen Position ausgewiesen werden.

Vgl. *Sarx* HdR 1251 ff.; *WPH* 1981, 1226.

F. (–*) Latente Steuern

860 Das **Ziel** der Bilanzierung latenter Steuern ist es, in der Handelsbilanz den **Ertragsteueraufwand** einer Periode in einer Höhe auszuweisen, die dem **handelsrechtlichen Periodenerfolg** entspricht und nicht dem steuerrechtlichen Periodenerfolg entspricht. Man fingiert also die Relevanz des handelsrechtlichen Periodenergebnisses für die Ertragsbesteuerung. Somit kommt es grundsätzlich zu einer Aktivierung latenter Steuerbeträge in Perioden, in denen das steuerrechtliche Ergebnis das handelsrechtliche übersteigt; liegt das steuerrechtliche Ergebnis unter dem handelsrechtlichen, ist grundsätzlich eine Passivierung latenter Steuerbeträge angezeigt. Stimmen das handelsrechtliche und das steuerrechtliche Ergebnis überein, so können keine latenten Steuern auftreten (zu Einzelheiten der Ursachen latenter Steuern vgl. *Coenenberg/Hille* DBW 1979, 601 ff.; *Hille*, 5 ff.; *Harms/Küting* BB 1982, 839 ff.; *Siegel* BB 1984, 1911 ff.). Latente Steuern sind somit eine Konsequenz der **Durchbrechung des Prinzips der Maßgeblichkeit** der Handelsbilanz für die Steuerbilanz. Bei „**Einheitsbilanzen**", die gleichzeitig den handels- und den steuerrechtlichen Bilanzierungs- und Bewertungsvorschriften genügen, kann es keine latenten Steuerbeträge geben.

861 Diese der dynamischen Bilanzauffassung entsprechende Vorgehensweise dient der **zeitlichen Abgrenzung des Ertragsteueraufwands.** Aus dem Charakter einer rein zeitlichen Abgrenzung ergibt sich, daß nicht jede Abweichung zwischen Handels- und Steuerbilanz zu einer Bilanzierung latenter Steuerbeträge führt, sondern nur solche Differenzen, die sich im Zeitablauf ausgleichen (**zeitliche Differenzen**). Nur auf diese Fälle beschränkt auch das HGB nF. den Ausweis latenter Steuern in der Bilanz (vgl. § 274 HGB nF.). Damit scheidet in folgenden Fällen die Bilanzierung latenter Steuern aus:
- zeitlich unbegrenzte (permanente) Differenzen
- quasi permanente Differenzen.

862 Zu **zeitlich unbegrenzten (permanenten) Differenzen** kommt es vor allem, wenn handelsrechtliche Aufwendungen steuerrechtlich nicht als abzugsfähige Betriebsausgaben anerkannt werden.

Bei Differenzen, deren Umkehrung erst in sehr ferner Zukunft, u. U. erst bei Liquidation des Unternehmens, erwartet werden kann, spricht man von **quasi permanenten Differenzen.** Sie könnten sich beispielsweise aus einer steuerrechtlich nicht anerkannten außerplanmäßigen Abschreibung auf ein unbebautes Grundstück in der Handelsbilanz ergeben. Ihre Berücksichtigung bei der Bilanzierung latenter

---

* Im gesetzlichen Gliederungsschema ist keine gesonderte Bezeichnung vorgesehen.

Steuern würde nach *Coenenberg/Hille* (DBW 1979, 603) dem going-concern-Prinzip widersprechen. Sie muß ebenfalls als unzulässig angesehen werden.

863 Die gemäß § 274 Abs. 2 HGB nF. mögliche Aktivierung latenter Steuerbeträge stellt eine **Bilanzierungshilfe** dar. Der Betrag ist unter einer entsprechenden Bezeichnung **gesondert auszuweisen** und im **Anhang** zu **erläutern**. Als Postenbezeichnung bietet sich ,,latente Steuern" oder ,,latente Steuerforderungen" an, wobei gegen die letzte Bezeichnung eingewandt werden könnte, daß es sich um keinen echten Anspruch gegen den Fiskus handelt.

Für die **Einordnung** eines zu aktivierenden latenten Steuerbetrags ist keine der in § 266 Abs. 2 HGB nF. vorgesehenen Gruppen von Bilanzpositionen geeignet, da es sich weder um Anlagevermögen noch um Umlaufvermögen, aber auch um keine Rechnungsabgrenzungsposten handelt. Die Einordnung unter den Rechnungsabgrenzungsposten scheidet aus, weil es an der genauen zeitlichen Bestimmtheit der Erfolgswirksamkeit fehlt und die latenten Steuern auch unter keine der Ausnahmen fallen, die das HGB nF. für die Rechnungsabgrenzung kennt (vgl. Rz. 833ff., 841ff.). Ein Ausweis unter den Forderungen des Umlaufvermögens ist nicht möglich, weil es sich bei den latenten Steuern um keine rechtswirksamen Ansprüche handelt. Daher müssen aktive latente Steuerbeträge, ähnlich wie die Bilanzierungshilfe betreffend die ,,Aufwendungen für die Ingangsetzung und Erweiterung des Geschäftsbetriebs" (vgl. Rz. 120ff.) als **Sonderposition** neben die übrigen Gruppen von Positionen treten. Der Ausweis wäre beispielsweise als Position ,,Latente Steuern", im Anschluß an die Posten der Rechnungsabgrenzung, denkbar (zum Ausweis latenter Steuern vgl. auch *Pohlmann* ZfbF 1983, 1098ff.).

Wenn latente Steuern aktiviert werden, ,,so dürfen Gewinne nur ausgeschüttet werden, wenn die nach der Ausschüttung verbleibenden jederzeit auflösbaren **Gewinnrücklagen** zuzüglich eines Gewinnvortrags und abzüglich eines Verlustvortrags dem angesetzten Betrag mindestens entsprechen" (§ 274 Abs. 2 Satz 3 HGB nF.).

864 Wenn sich in späteren Perioden die – vom handelsrechtlichen Standpunkt – ,,vorausgezahlten Ertragsteuern" auswirken und zu einer Steuerentlastung führen, muß der Betrag der aktivierten latenten Steuern in entsprechender Höhe **aufgelöst** werden. Eine Auflösung muß auch dann erfolgen, wenn mit der Steuerentlastung voraussichtlich nicht mehr zu rechnen ist, d. h., wenn aus den ursprünglich als zeitliche Differenzen eingestuften Abweichungen der Handels- von der Steuerbilanz permanente oder quasi-permanente Differenzen geworden sind.

865 Wesentliche **Anwendungsbeispiele** für aktivische latente Steuern sind
– unterlassene Aktivierung des Unterschiedsbetrags bei Verbindlichkeiten (§ 250 Abs. 3 HGB nF.),
– Ansatz geringerer Herstellungskosten in der Handelsbilanz als in der Steuerbilanz,
– die Ausübung handelsrechtlicher Ansatzwahlrechte für Rückstellungen.

Zu einer Auflösung von aktivierten latenten Steuern müßte es dann beispielsweise bei einem Abbau der Erzeugnisbestände oder bei der Inanspruchnahme des Unternehmens in Fällen, für die nur in der Handelsbilanz, nicht aber in der Steuerbilanz Rückstellungen gebildet worden sind, kommen.

866 Die Steuerabgrenzung für das jeweilige Geschäftsjahr ist unter **gleichzeitiger Berücksichtigung der Steuerabgrenzung aus Vorjahren** durchzuführen. Für die Bilanzierungshilfe der aktiven latenten Steuern gilt das grundsätzliche Saldierungsverbot nicht (vgl. Bericht zu § 274, BT-Drucksache 10/4268), so daß die Aktivierung latenter Steuern nur alternativ zur Passivierung einer Rückstellung für latente Steuern in Frage kommt. Zu Einzelfragen latenter Steuern vgl. auch *Langer* WPg 1983, 393ff.; *König* WPg 1983, 607ff.; *Klemm* WPg 1984, 267ff.; *Bremer* DB 1984, 2417ff.; *Siegel* BB 1984, 1909ff.; *ders.* BB 1985, 495ff.; *ders.* BB 1985, 1373ff.; *Harms/Küting* BB 1985, 94ff.; *Hetzel* DB 1985, 289ff.; *ders.* BB 1985, 1173ff.

867 Die Möglichkeit, latente Steuern zu aktivieren, ist eine ausschließlich für die Handelsbilanz vorgesehene Bilanzierungshilfe. Von dieser Bilanzposition gehen **keinerlei steuerrechtliche Wirkungen** aus; sie findet keine Entsprechung in der Steuerbilanz.

Die **Prüfung der aktivisch abgegrenzten latenten Steuern** erfolgt nach denselben Grundsätzen wie die Prüfung der Rückstellungen für latente Steuern (vgl. Rz. 1172ff.).

G. (–*) Nicht durch Eigenkapital gedeckter Fehlbetrag

1. Behandlung nach Handelsrecht

875 Sofern das Eigenkapital (Rz. 881 ff.) durch Verluste oder Entnahmen aufgebraucht ist und sich ein Überschuß der Passivposten über die Aktivposten ergibt, ist dieser Betrag als letzte Position der Bilanz auf der Aktivseite unter der Bezeichnung „**Nicht durch Eigenkapital gedeckter Fehlbetrag**" gesondert auszuweisen (§ 268 Abs. 3 HGB nF.). Dieser aktivische Ausweis stellt eine Ausnahme von dem Grundsatz dar, das Eigenkapital des Unternehmens geschlossen auf der Passivseite der Bilanz darzustellen. Damit wird jedoch verhindert, daß Beträge mit negativen Vorzeichen in die Bilanz aufgenommen werden müssen (*Niehus* § 42 Anm. 296). Nach dem bisher geltenden Recht war ein vergleichbarer Ausweis nicht vorgesehen.

876 Die **Ermittlung** des auszuweisenden Betrags dürfte auf der Passivseite in einer Vorspalte zum Bilanzposten Eigenkapital vorzunehmen sein, da unter dem Posten V. der Eigenkapitalposition ein Jahresüberschuß bzw. Jahresfehlbetrag stets in voller Höhe zu zeigen ist. Das Ergebnis dieser Rechnung ist dann aktivisch als nicht durch Eigenkapital gedeckter Fehlbetrag auszuweisen; das Eigenkapital weist auf der Passivseite in der Hauptspalte keinen Betrag auf (*Niehus* § 42 Anm. 296).

Ein **Beispiel** soll die Entwicklung und die Darstellung des negativen Eigenkapitals veranschaulichen:

Aktiva	DM	DM
.		
.		
G (–). Nicht durch Eigenkapital gedeckter Fehlbetrag		55 000,–
Passiva		
A. Eigenkapital		
I. Gezeichnetes Kapital	150 000,–	
II. Kapitalrücklage	10 000,–	
III. Gewinnrücklage	–,–	
IV. Verlustvortrag	– 40 000,–	
V. Jahresfehlbetrag	– 175 000,–	
	– 55 000,–	–,–
.		

877 Der beschriebene Ausweis ist für **Kapitalgesellschaften** obligatorisch. Für **Personengesellschaften** und Einzelunternehmen ist der Ausweis eines negativen Kapitals nicht explizit geregelt, doch empfiehlt es sich, eine Darstellung in der für Kapitalgesellschaften vorgeschriebenen Form zu wählen. Eine Saldierung positiver Kapitalkonten bestimmter Gesellschafter mit negativen Kapitalkonten anderer Gesellschafter ist grundsätzlich zulässig (Rz. 900 ff.). Wegen der unterschiedlichen haftungsrechtlichen Bedeutung ist allerdings eine Zusammenfassung von Kapitalanteilen der Komplementäre und Kommanditisten zu einem einzigen Posten nicht vertretbar (Rz. 907 f.). Vielmehr sollte zumindest der Saldo der Kapitalkonten beider Gesellschaftergruppen in der Vorspalte offen ausgewiesen und der Saldo hieraus in die Hauptspalte der Bilanz übernommen werden.

2. Ertragsteuerliche Behandlung

878 Der Ausweis eines „nicht durch Eigenkapital gedeckten Fehlbetrags" ist nur handelsrechtlich vorgeschrieben. In der Steuerbilanz kann dieser Posten unverändert übernommen werden.

3. Bewertungsrechtliche Behandlung

879 Der „nicht durch Eigenkapital gedeckte Fehlbetrag" ist eine Art negatives Eigenkapital. Nach § 98a BewG wird der Einheitswert des Betriebsvermögens durch

---

* Im gesetzlichen Gliederungsschema ist keine gesonderte Bezifferung vorgesehen.

Abzug der Schulden vom Rohbetriebsvermögen ermittelt. Übersteigen die Schulden das Rohbetriebsvermögen, so ergibt sich ein negativer Einheitswert. Der „nicht durch Eigenkapital gedeckte Fehlbetrag" wird daher nicht in die Vermögensaufstellung übernommen, er schlägt sich aufgrund des § 98a BewG (wertmindernd) im Einheitswert nieder.

4. Prüfungstechnik

880   Die Prüfung des nicht durch Eigenkapital gedeckten Fehlbetrages erfolgt im Zusammenhang mit der Prüfung des gezeichneten Kapitals (vgl. Rz. 918ff.).

Passivseite

A. Eigenkapital

881   Die bilanzielle **Darstellung des Eigenkapitals** von Kapitalgesellschaften nach § 266 HGB nF. i. V. m. § 272 HGB nF. hat sich gegenüber der bisherigen aktienrechtlichen Gliederung (§ 151 AktG aF.) nicht unwesentlich geändert und ist nunmehr auch für die GmbH verbindlich geregelt. Über die geänderten Positionenbezeichnungen hinaus ist künftig insbesondere eine Trennung der Rücklagen in Kapital- und Gewinnrücklagen vorzunehmen. Letztere sind im Gegensatz zur bisherigen Handhabung tiefer aufzugliedern. Die nachfolgende Übersicht stellt die Gliederung des Eigenkapitals unter Berücksichtigung des Sonderpostens mit Rücklageanteil nach § 266 HGB nF. der bisherigen aktienrechtlichen Gliederung gegenüber:

882   **Gliederungsschema für Eigenkapital und Sonderposten mit Rücklageanteil**
(einschließlich Offenlegungspflicht nach §§ 325ff. HGB nF./§ 178 Abs. 1 AktG nF.)

Künftiges Recht (HGB nF.)					Bisheriges Recht (AktG aF.)	
Große und mittelgroße Kapitalgesellschaften			Kleine Kapitalgesellschaften		AG und KGaA	
Gliederung	Offenlegung große Ges.	mittelgroße Ges.	Gliederung	Offenlegung	Gliederung	Offenlegung
A. Eigenkapital:	x	x	A. Eigenkapital:	x	I. Grundkapital	x
I. Gezeichnetes Kapital	x	x	I. Gezeichnetes Kapital	x	II. Offene Rücklagen:	x
II. Kapitalrücklage	x	x	II. Kapitalrücklage	x	1. gesetzliche Rücklage	x
III. (–) Eingeforderte Nachschüsse (Nachschußkapital) (nur bei GmbH)	x	x	III. Eingeforderte Nachschüsse (Nachschußkapital) (nur bei GmbH)	x		
IV. (III.) Gewinnrücklagen:	x	x	IV. (III.) Gewinnrücklagen	x	2. Rücklage für eigene Aktien	
1. gesetzliche Rücklage	x				3. andere Rücklagen (freie Rücklagen)	x
2. Rücklage für eigene Anteile (Aktien)	x					
3. satzungsmäßige Rücklagen	x					
4. andere Rücklagen	x					
5. (–) Rücklage nach §§ 58 Abs. 2 AktG nF., 29 Abs. 4 GmbHG nF.	x					

Nicht durch Eigenkapital gedeckter Fehlbetrag **883 B**

	Künftiges Recht (HGB nF.)					Bisheriges Recht (AktG aF.)	
Große und mittelgroße Kapitalgesellschaften			Kleine Kapitalgesellschaften			AG und KGaA	
Gliederung	Offenlegung große Ges.	mittelgroße Ges.	Gliederung	Offenlegung		Gliederung	Offenlegung
V. (IV.) Gewinnvortrag/ Verlustvortrag	x	x	V. (IV.) Gewinnvortrag/ Verlustvortrag	x			
VI. (V.) Jahresüberschuß/ Jahresfehlbetrag	x	x	VI. (V.) Jahresüberschuß/Jahresfehlbetrag	x			
B. Sonderposten mit Rücklageanteil	x	x	B. Sonderposten mit Rücklageanteil	x		II a. Sonderposten mit Rücklageanteil	x
						VIII. Bilanzgewinn	x

883 Zweckmäßigerweise werden die Veränderungen des Eigenkapitals anhand eines sog. **Kapitalspiegels** dargestellt:

	Stand 1. 1.	Kapitalerhöhung	Kapitalherabsetzung	Einstellung durch Gesellschafterbeschluß aus dem Jahresüberschuß des Vorjahres	Einstellung aus dem Jahresüberschuß des Geschäftsjahres	Entnahme für das Geschäftsjahr	Einstellungen	Entnahmen	Stand 31. 12.
	DM	DM	DM	DM	DM	DM	DM	DM	DM
I. Gezeichnetes Kapital									
II. Kapitalrücklagen									
III. (–) Eingeforderte Nachschüsse/ Nachschußkapital (nur bei GmbH)									
IV. (III.) Gewinnrücklagen									
V. (IV.) Gewinn-/ Verlustvortrag									
VI. (V.) Jahresüberschuß/-fehlbetrag									

Seitz

I. Gezeichnetes Kapital

a) Behandlung nach Handelsrecht

(1) Kapitalgesellschaften

885   Unter dem **gezeichneten Kapital** ist nach § 272 Abs. 1 HGB nF. dasjenige Kapital zu verstehen, auf das die Haftung der Gesellschafter für die Verbindlichkeiten des Unternehmens gegenüber den Gläubigern beschränkt ist, soweit die Gesellschafter sich zu dessen Aufbringung verpflichtet haben. Das gezeichnete Kapital ist zum Nennbetrag anzusetzen. Fehlt ein Nennbetrag, so ist der eingezahlte oder einzuzahlende Betrag, bei Sacheinlagen der Betrag, zu dem sie geleistet worden sind, anzusetzen (§ 283 HGB nF.).

886   Soweit das Eigenkapital durch Verluste oder Entnahmen aufgebraucht ist und sich ein Überschuß der Passivposten über die Aktivposten ergibt, haben Kapitalgesellschaften gem. § 268 Abs. 3 HGB nF. diesen Betrag am Schluß der Aktivseite unter der Bezeichnung „**Nicht durch Einlagen gedeckter Fehlbetrag**" gesondert auszuweisen (Rz. 875 ff.).

887   Als gezeichnetes Kapital sind insbesondere das **Grundkapital** der AG (§ 152 Abs. 1 AktG nF.) und das **Stammkapital** der GmbH (§ 42 Abs. 1 GmbHG nF.) auszuweisen. Sowohl das Grundkapital als auch das Stammkapital sind grundsätzlich zum Nennbetrag anzusetzen. Der Mindestnennbetrag des Grundkapitals einer AG beträgt DM 100000,– (§ 7 AktG); das Stammkapital einer GmbH muß mindestens DM 50000,– betragen (§ 5 Abs. 1 GmbHG). Ausstehende Einlagen können wahlweise auf der Aktivseite bilanziert oder offen vom gezeichneten Kapital abgesetzt werden (vgl. Erläuterung zur Position Ausstehende Einlagen auf das gezeichnete Kapital, Rz. 100 ff.). Eigene Anteile sind immer gesondert unter dem Umlaufvermögen (III. Wertpapiere) zu bilanzieren (Rz. 735 ff.). Im Interesse des Gläubigerschutzes verbietet sowohl § 57 AktG als auch § 30 GmbHG ausdrücklich die Rückgewähr von Einlagen.

888   **Entscheidend für den Ausweis** des gezeichneten Kapitals ist die **Eintragung im Handelsregister**. Hiervon kennt lediglich das Aktienrecht einige wenige Ausnahmen: die Ausgabe von Bezugsakten bei bedingter Kapitalerhöhung (§ 200 AktG), die Kapitalherabsetzung durch Einziehung von Aktien (§ 238 AktG) sowie die Rückbeziehung der vereinfachten Kapitalherabsetzung mit oder ohne gleichzeitiger Kapitalerhöhung (§§ 244, 235 AktG). In diesen Fällen kann unter bestimmten Voraussetzungen die Veränderung des Grundkapitals der AG vor Eintragung im Handelsregister bilanziert werden.

889   Sofern verschiedene **Aktiengattungen** ausgegeben werden, sind die Gesamtnennbeträge jeder Aktiengattung nach § 152 Abs. 1 AktG nF. gesondert anzugeben. Das bedingte Kapital ist mit dem Nennbetrag zu vermerken. Bestehen Mehrstimmrechtsaktien, so sind beim gezeichneten Kapital die Gesamtstimmzahl der Mehrstimmrechtsaktien und die der übrigen Aktien zu vermerken.

890   Eine **Kapitalherabsetzung** wird – von den genannten Ausnahmen des Aktienrechts abgesehen – erst mit der Eintragung in das Handelsregister rechtswirksam. **Erst mit der Eintragung** kann die Kapitalherabsetzung **bilanziell nachvollzogen** werden. Das Aktienrecht kennt **drei Formen** der Kapitalherabsetzung: die ordentliche Kapitalherabsetzung (§§ 222 ff. AktG), die vereinfachte Kapitalherabsetzung (§§ 229 ff. AktG) und die Kapitalherabsetzung durch Einziehung von Aktien (§§ 237 ff. AktG). Bei GmbH bedarf es zu einer Kapitalherabsetzung (Satzungsänderung) des Beschlusses der Gesellschafter. Dieser Beschluß muß mit einer Dreiviertelmehrheit der abgegebenen Stimmen gefaßt werden und ist notariell zu beurkunden. Der Herabsetzungsbeschluß muß in den Gesellschaftsblättern dreimal veröffentlicht werden. Erst mit dem Ablauf eines Jahres seit dem Tag der dritten Bekanntmachung kann – anders als im Aktienrecht – die Anmeldung zum Handelsregister erfolgen. In der Bilanz kann das herabgesetzte Kapital somit erst nach Ablauf dieses Sperrjahres ausgewiesen werden.

891   Ebenso kann im Falle einer **Kapitalerhöhung** deren Durchführung erst **nach der Eintragung** in das Handelsregister **in der Bilanz ausgewiesen** werden. Für Aktien-

gesellschaften sind die Kapitalerhöhung gegen Einlagen (§§ 182 ff. AktG), die bedingte Kapitalerhöhung (§§ 192 ff. AktG), das genehmigte Kapital (§§ 202 ff. AktG) und die Kapitalerhöhung aus Gesellschaftsmitteln (§§ 207 ff. AktG) vorgesehen. Bei GmbH kann eine Kapitalerhöhung gegen Einlage oder eine Kapitalerhöhung aus Gesellschaftsmitteln, d. h. durch Umwandlung von Rücklagen, durchgeführt werden. Hierbei sind die Vorschriften des KapErhG zu beachten, welches die Kapitalerhöhung aus Gesellschaftsmitteln für GmbH analog zu den §§ 207 ff. AktG regelt.

Liegen bei einer Kapitalerhöhung gegen **Einlagen** bereits **vor der Eintragung** in das Handelsregister Bar- oder Sacheinlagen vor, so sollten diese **gesondert als „zur Durchführung der beschlossenen Kapitalerhöhung geleistete Einlagen"** ausgewiesen werden. Sofern die Eintragung im Zeitpunkt der Bilanzerstellung bereits erfolgt war und das Datum der Eintragung in der Bilanz vermerkt wird, sollte ein solcher Posten unmittelbar unter dem gezeichneten Kapital ausgewiesen werden. Andernfalls empfiehlt es sich, den entsprechenden Posten nach den Rücklagen zu zeigen, um nicht den Eindruck zu erwecken, es handele sich um haftendes Kapital (*Adler/Düring/Schmaltz* § 152 Anm. 37).

892 In welchem Umfang bei einer **AG** für eine **Kapitalerhöhung aus Gesellschaftsmitteln** Kapital- bzw. Gewinnrücklagen in Grundkapital umgewandelt werden dürfen, regelt § 208 AktG nF. Voraussetzung ist, daß die betreffende Rücklage in der dem Kapitalerhöhungsbeschluß zugrundegelegten Bilanz als Kapital- oder Gewinnrücklage oder im letzten Beschluß über die Verwendung des Ergebnisses als Zuführung zu diesen Rücklagen ausgewiesen war. Die Gewinnrücklagen können in voller Höhe, die Kapitalrücklage und die gesetzliche Rücklage nur, soweit sie zusammen den zehnten oder den in der Satzung bestimmten höheren Teil des bisherigen Grundkapitals übersteigen, in Grundkapital umgewandelt werden. Liegt in der dem Beschluß zugrundegelegten Bilanz ein Verlust einschließlich eines Verlustvortrages vor, so können die Kapitalrücklage und die Gewinnrücklagen nicht umgewandelt werden. Für **GmbH** legt § 2 KapErhG nF. die umwandlungsfähigen Rücklagen fest: Kapital- und Gewinnrücklagen; Zweckrücklagen nur, soweit dies mit ihrer Zweckbestimmung vereinbar ist. Ein Ausweis unter Rücklagen in der letzten Jahresbilanz ist Voraussetzung.

(2) Personenhandelsgesellschaften, Einzelunternehmen

(a) Kapitalkonten der Einzelunternehmer, OHG-Gesellschafter, Komplementäre

895 Während die Bilanzierung des Eigenkapitals von Kapitalgesellschaften weitgehend gesetzlich geregelt ist, fehlen vergleichbare Vorschriften für Personenhandelsgesellschaften und Einzelunternehmen. Kennzeichnend für beide Unternehmensformen sind **variable Kapitalkonten**, d. h. daß das Kapital von Jahr zu Jahr schwankt. Auf einem variablen Eigenkapitalkonto werden in der Regel alle Einlagen, Entnahmen, Verluste und nicht entnommene Gewinne verbucht. In einem System variabler Kapitalkonten erübrigt sich grundsätzlich der Ausweis von Rücklagekonten in der Bilanz.

896 Grundsätzlich ist **kein Unternehmer bzw. Gesellschafter einer Personenhandelsgesellschaft** kraft Gesetzes zur **Einzahlung einer Kapitaleinlage** verpflichtet. Vielmehr kann die Einlage auch in Form einer Gebrauchsüberlassung oder als Leistung von Diensten erbracht werden. Allerdings kann der Gesellschaftsvertrag eine Einzahlungsverpflichtung vorsehen, die dann für die Bilanzierung des Kapitalanteils und einer eventuell ausstehenden Einlage (vgl. Ausführungen zur Position „Ausstehende Einlagen auf das gezeichnete Kapital", Rz. 100 ff.) maßgebend ist.

897 Häufig werden auch bei Personenhandelsgesellschaften in Anlehnung an die Bilanzierung von Kapitalgesellschaften **feste Kapitalkonten** geführt. Eine entsprechende Handhabung ist insbesondere oft in Gesellschaftsverträgen gefordert. Danach sind die ursprünglichen Einlagen auf Kapitalkonten unverändert fortzuführen; Entnahmen, Einlagen, nicht entnommene Gewinne und etwaige Verluste sind auf einem oder mehreren Sonderkonten (häufig auch als Kapitalkonten II, Gesellschafterverrechnungskonten oder Darlehenskonten bezeichnet) zu erfassen. Bezüglich der Bilanzierung ausstehender Einlagen bei Personengesellschaften sei auf die Ausführung zur Position „Ausstehende Einlagen auf das gezeichnete Kapital" (Rz. 100 ff.) verwiesen.

898 Sind feste Kapitalanteile vereinbart, ist es notwendig, den **Charakter der sonstigen Gesellschafterkonten** zu bestimmen. Diese Konten stellen **nur dann Eigenkapital** dar, wenn künftige Verluste mit diesen Konten bis zur vollen Höhe – auch mit Wirkung gegenüber den Gesellschaftsgläubigern – zu verrechnen sind. Weitere Bedingungen zur Qualifizierung als Eigenkapital sind, daß diese Konten im Falle eines Konkurses der Gesellschaft nicht als Konkursforderung geltend gemacht werden können oder bei einer Liquidation der Gesellschaft erst nach Befriedigung aller Gesellschaftsgläubiger auszugleichen sind (*IdW* HFA 1/1976).

899 Ist das **variable Kapitalkonto** – wie es in der Regel der Fall sein wird – als **Eigenkapital** zu qualifizieren, so stellt es zusammen mit dem Festkapital das „Kapital" des Gesellschafters dar; beide Konten zusammen repräsentieren seine Einlage. Bei **beschränkter Verlustbeteiligung** stellt ein Guthaben, wenn die Rückzahlung im Auseinandersetzungsfall dem Gesellschafter fest zugesagt ist, im Zweifelsfall ein Darlehen dar.

900 Wird das **variable Kapitalkonto** dadurch, daß die Verluste und Entnahmen die Gewinne übersteigen **aktivisch**, so ist der Gesellschafter grundsätzlich nicht verpflichtet, diesen Forderungssaldo auszugleichen. Gleiches gilt auch während bestehender Gesellschaft, wenn das Gesamtkapital (Festkapital + Kapitalkonto II) negativ wird. Nach § 707 BGB ist der Gesellschafter nicht verpflichtet, den vereinbarten Betrag zu erhöhen oder die durch Verluste verminderte Einlage zu ergänzen. Einzahlungen des Gesellschafters auf das sog. Kapitalkonto II würden nachträgliche Einlagen darstellen; wie oben angeführt stellt das variable Kapitalkonto lediglich einen, nämlich den sich ändernden Teil des Gesamtkapitals des Gesellschafters dar. Zu solchen nachträglichen Einlagen ist der Gesellschafter aber nicht verpflichtet. Das gilt auch dann, wenn der Forderungssaldo nicht durch Verluste, sondern durch Entnahmen des Gesellschafters entstanden ist und die Mitgesellschafter die – nicht durch Gewinne gedeckten – Entnahmen gestattet haben. Lediglich wenn es sich zweifelsfrei um einen rückzahlbaren Betrag handelt, kann das aktivische „Kapital"-Konto II als Forderung gegenüber dem Gesellschafter angesehen werden.

901 Bedeutung erlangt der **negative Kapitalanteil** eines unbeschränkt haftenden Gesellschafters (OHG-Gesellschafter, Komplementär) im Falle der **Beendigung der Gesellschaft**. In diesem Fall ist der Gesellschafter verpflichtet, den negativen Kapitalanteil gegenüber seinen Mitgesellschaftern auszugleichen. Nach § 735 Satz 1 BGB müssen die Gesellschafter, wenn das Gesellschaftsvermögen zur Bezahlung der gemeinschaftlichen Schulden und zur Rückerstattung der Einlagen nicht ausreicht, für den Fehlbetrag nach dem Verhältnis ihrer Verlustbeteiligung aufkommen. Da die jährlichen Verluste bereits am Ende jeder Bilanzperiode auf die Gesellschafter verteilt wurden (§ 120 HGB), ist in der Liquidationsschlußbilanz lediglich noch der zusätzliche Liquidationsverlust zu verteilen. Ein danach sich ergebender negativer Kapitalanteil ist auszugleichen; ein positiver Kapitalanteil stellt eine Forderung dar (*Huber*, Personalgesellschaften, 266ff.).

902 Eine **Saldierung positiver Kapitalkonten** bestimmter Gesellschafter **mit negativen Kapitalkonten anderer Gesellschafter** wird grundsätzlich als zulässig angesehen, da die Kapitalkonten weder Forderungen noch Verbindlichkeiten darstellen. Sie schaffen vielmehr lediglich den bilanzmäßigen Ausgleich und entsprechen in ihrer Gesamtheit dem Nennkapital der Kapitalgesellschaften.

(b) Kapitalkonten der Kommanditisten

903 Für **Kommanditisten** sind abweichend von den bisherigen Ausführungen die folgenden Besonderheiten bei der Bilanzierung des Kapitalanteils zu beachten. Sofern der Gesellschaftsvertrag keine abweichende Regelung trifft, ist als Kommanditanteil stets der nominelle Betrag der **bedungenen Einlage** auszuweisen. Unter bedungener Einlage (§ 167 HGB) ist dabei die Pflichteinlage des Kommanditisten zu verstehen, also diejenige Einlage, zu deren Leistung er sich gegenüber seinen Mitgesellschaftern verpflichtet hat. Kraft Gesetzes ist auch ein Kommanditist nicht zur Leistung einer Kapitaleinlage verpflichtet. **Kein Maßstab für die Bilanzierung ist die sog. Hafteinlage** (§ 161 Abs. 1 HGB) des Kommanditisten. In Höhe dieser Hafteinlage – vom Gesetzgeber als „Vermögenseinlage" bezeichnet – haftet der Kommanditist den Gläubigern der Gesellschaft unmittelbar, unabhängig davon, ob nach dem Gesell-

schaftsvertrag zur Leistung einer Pflichteinlage verpflichtet ist. Etwas anderes gilt dann, wenn er die Hafteinlage bereits an die Gesellschaft geleistet hat (§ 171 Abs. 1 HGB). Eine unmittelbare Leistungspflicht gegenüber der Gesellschaft besteht nur insoweit, als eine Pflichteinlage vereinbart wurde. Nur diese ist Grundlage für die Bilanzierung des Kapitalanteils von Kommanditisten (*Hofbauer* WPg 1964, 654 ff.; *Klußmann* DB 1967, 389 ff.). Die Hafteinlage des Kommanditisten sollte grundsätzlich in der Bilanz vermerkt werden (*Hofbauer* WPg 1964, 656; einschränkend *Klußmann* DB 1967, 389 ff., der lediglich den Vermerk abweichender Hafteinlagen befürwortet; anderer Ansicht *IdW* HFA 1/1976).

904 Im Gegensatz zu den OHG-Gesellschaftern und Komplementären werden den Kapitalkonten der Kommanditisten **Gewinnanteile** nur solange gutgeschrieben, als die vereinbarte Pflichteinlage (bedungene Einlage) nicht erreicht oder durch zwischenzeitliche Verlustabbuchungen nicht wieder erreicht ist. Darüber hinausgehende Gewinnanteile sind vorbehaltlich einer abweichenden gesellschaftsvertraglichen Regelung auf den Privatkonten zu erfassen, da der Kommanditist insoweit eine echte Gläubigerstellung innehat. Soweit der Gesellschaftsvertrag keine abweichenden Regelungen enthält, sind **Verlustanteile** von den Kapitalkonten zu kürzen. Wie die persönlich haftenden Gesellschafter ist auch der Kommanditist nicht zum Ausgleich von Verlusten durch Einzahlungen verpflichtet. Allerdings haben Kommanditisten spätere Gewinnanteile zur Auffüllung des Kapitalkontos bis zur Höhe der Pflichteinlage zu verwenden. Nur darüber hinausgehende Gewinnanteile dürfen entnommen werden.

905 Auch für Kommanditisten ist das System von **festen und variablen** Kapitalkonten möglich und üblich. Wird vertraglich vereinbart, daß auf diesem Kapitalkonto II alle Einlagen, Entnahmen, Verluste und nicht entnommene Gewinne verbucht werden, so hat dies zur Folge, daß einmal entstandene Forderungen aus stehengelassenen Gewinnen durch spätere Verluste aufgezehrt werden können. Darin ist ein entscheidender Unterschied zu oben beschriebenen gesetzlichen Regelung zu sehen. Das Guthaben auf dem Kapitalkonto II bringt hier also nicht eine endgültig feststehende Forderung des Kommanditisten zum Ausdruck, sondern eine Kapitalbeteiligung, die durch spätere Verluste wieder wegfallen kann. **Bei der rechtlichen Beurteilung** ist also **genau zu unterscheiden:** soweit auf dem variablen Kapitalkonto des Kommanditisten nur die Gewinne und Entnahmen gebucht werden, handelt es sich um ein Forderungskonto (in diesem Fall besser Privatkonto genannt); werden neben Gewinnen und Entnahmen auch Verluste gebucht, handelt es sich um ein Einlagekonto (*Huber* Personalgesellschaften, 259). Die Bezeichnung des Kontos ist unerheblich.

906 Aus diesem Grunde empfiehlt es sich, bei den Kommanditisten gesellschaftsvertraglich eine **klare Trennung von Privat- und Kapitalkonten** vorzusehen. Über das (variable) Kapitalkonto sind diejenigen Vorgänge abzuwickeln, die die Kapitaleinlage des Gesellschafters berühren. Demgegenüber sollten über das sog. Privatkonto des Kommanditisten Gewinngutschriften (sofern die bedungene Einlage erreicht wurde) und Entnahmen des Gesellschafters aus diesem Guthaben abgewickelt werden. Ebenso sollten Gutschriften und Lastschriften dann über dieses Privatkonto gebucht werden, wenn der Gesellschafter der Gesellschaft gegenüber als Gläubiger oder Schuldner auftritt, d. h. wenn beispielsweise ein schuldrechtliches Verhältnis vorliegt.

Bei Verlusten empfiehlt es sich – sofern keine Abbuchung vom Kommanditkapital vorgesehen ist –, diese einem gesonderten Verlustvortragskonto einem Unterkonto des Kapitalkontos zu belasten.

907 Wird durch Verluste das **Gesamtkapital** (Festkapital + variables Kapitalkonto bzw. Verlustvortragskonto) aufgezehrt und dieses schließlich **negativ**, so ist aus Gründen der Bilanzklarheit auf einen eindeutigen Bilanzausweis des Komplementär- und Kommanditkapitals zu achten. Zwar ist es in vielen Fällen üblich, auch die Hafteinlage übersteigenden Verluste der Kommanditisten vorzutragen, doch kommt diesen Aktivposten rechtlich keinerlei Bedeutung zu. Soweit der Kommanditist seine Hafteinlage an die Gesellschaft geleistet hat, ist er von jeder Haftung gegenüber den Gesellschaftsgläubigern frei, auch wenn seine ursprüngliche Kommanditeinlage durch Verluste aufgezehrt ist. Das negative Kapitalkonto stellt rechtlich gesehen einen Luftposten dar (*Thiel* DB 1964, 1166 ff.). Dies ändert jedoch nichts daran, daß

Verluste handelsbilanziell unabhängig vom Vorliegen eines negativen Kapitalkontos weiterhin anteilig den Kommanditisten belastet werden. Nach h. M. bestimmt § 167 Abs. 3 HGB nur die Obergrenze des vom Kommanditisten zu tragenden Verlustes für den Fall der Beendigung der Gesellschaft oder seiner Beteiligung. Während des Bestehens der Gesellschaft bzw. der Beteiligung folgt aus der Teilnahme des Kommanditisten am Verlust der Gesellschaft lediglich eine vertraglich abdingbare Verpflichtung des Kommanditisten, Entnahmen zu unterlassen (§ 169 Abs. 1 Satz 2 HGB). Handelsrechtlich stellt also das negative Kapitalkonto für den Kommanditisten **keine zusätzliche Haftung** dar, sofern er seine Hafteinlage erbracht hat. Der negative Kapitalanteil soll **keine Verbindlichkeit des Kommanditisten** zum Ausdruck bringen, sondern lediglich einen Erinnerungsposten in der Bilanz, einen Verlustvortrag, darstellen. Es soll zum Ausdruck gebracht werden, daß dem Kommanditisten erst dann, wenn er den negativen Kapitalanteil durch Einlagen oder Gewinne ausgeglichen hat, ein Wertanteil am Gesellschaftsvermögen in der Bilanz gutgeschrieben werden kann (*Huber* Personalgesellschaften, 283).

908 Die **Kapitalanteile der Kommanditisten** können zu einem Posten mit entsprechender Bezeichnung **in der Bilanz zusammengefaßt** werden. Dabei ist es zulässig, positive und negative Kapitalanteile (erkennbar oder nicht erkennbar) zu saldieren. Wegen der unterschiedlichen haftungsrechtlichen Bedeutung der Anteile von Komplementären und Kommanditisten ist es allerdings nicht vertretbar, diese Kapitalanteile zu einem einzigen Posten zusammenzufassen (*IdW* HFA 1/1976).

(c) Kapitalkonten der stillen Gesellschafter

909 Voraussetzung für die Beteiligung als **stiller Gesellschafter** ist die Leistung einer **Einlage,** die in das Vermögen des Inhabers des Unternehmens übergeht. Der stille Gesellschafter kann seinen Beitrag zu dieser Gesellschaft dadurch leisten, daß er dem Unternehmen des Inhabers Kapital, andere Vermögensgegenstände oder seine Arbeitskraft zur Verfügung stellt. Durch den Gesellschaftsvertrag verpflichten sich die Gesellschafter gegenseitig zur Förderung eines gemeinsamen Zwecks.

Da es an einem Gesellschaftsvermögen fehlt, leitet sich die **Rechtsstellung** des stillen Gesellschafters nicht aus der dinglichen Vermögenslage ab; sie ergibt sich einzig und allein **aus dem Gesellschaftsvertrag.** Hinsichtlich des Vermögens des Geschäftsinhabers besteht keine sachenrechtliche Gemeinschaft, weder in Form einer Bruchteilsgemeinschaft noch in Form eines Gesamthandeigentums. Aus diesem Grunde sind die §§ 718, 719, 738 BGB auf die stille Gesellschaft nicht anwendbar, da diese Vorschriften das Vorhandensein eines Gesellschaftsvermögens voraussetzen (*Paulick* Stille Gesellschaft, 68).

910 Das **Einlagekonto** des stillen Gesellschafters bringt dementsprechend nicht seine wirtschaftliche Beteiligung am Geschäftsvermögen zum Ausdruck; es stellt lediglich ein **Kreditorenkonto** dar, auf dem die geleistete Einlage gutgeschrieben wird. Das Kapitalkonto des stillen Gesellschafters unterscheidet sich damit grundlegend von der Kapitaleinlage des Kommanditisten, da es eine echte **Verbindlichkeit des Inhabers** gegenüber dem stillen Gesellschafter darstellt (*Paulick* Stille Gesellschaft, 87).

911 Ein **negatives Kapitalkonto** des stillen Gesellschafters bringt eine Schuld gegenüber dem Geschäftsinhaber zum Ausdruck. Allerdings muß diese Verbindlichkeit **lediglich aus rückständigen Einlagen oder aus künftigen Gewinnen gedeckt** werden. Soweit der stille Gesellschafter seine Einlage geleistet hat, kann er weder während des Bestehens der Gesellschaft noch bei ihrer Beendigung zur Abdeckung des negativen Einlagekontos herangezogen werden (*Paulick* Stille Gesellschaft, 87).

b) Ertragsteuerliche Behandlung

912 Der **Erwerb neuer Anteilsrechte** aus einer Kapitalerhöhung durch Umwandlung von Rücklagen gehört bei den Anteilseignern **nicht zu den steuerlichen Einkünften** (§ 1 KapErhStG). Gesellschaftsteuer ist nicht zu entrichten (§ 7 Abs. 3 Nr. 3 KVStG). Bei der Kapitalerhöhung aus Gesellschaftsmitteln gelten die **verwendbaren Eigenkapitalanteile** i. S. v. § 30 Abs. 2 Nr. 3 und 4 KStG (EK 03 und EK 04) in dieser Reihenfolge als vor den übrigen Kapitalteilen umgewandelt (§ 41 Abs. 3 KStG). Diese sog. Altrücklagen scheiden aus dem verwendbaren Eigenkapital aus und werden übriges Eigenkapital. Gelten für die Kapitalerhöhung Rücklagen als

Gezeichnetes Kapital 913–918 **B**

verwendet, die in einem nach dem 31. 12. 1976 abgelaufenen Wirtschaftsjahr gebildet werden (sog. Neurücklagen), so gehören die Teilbeträge nach § 30 Abs. 1 Nr. 1 und 2 KStG (EK 56 und EK 36) und § 30 Abs. 2 Nr. 1 und 2 KStG (EK 01 und EK 02) weiterhin zum verwendbaren Eigenkapital (§ 29 Abs. 3 KStG). Bei einer Rückzahlung gelten sie als zuerst verwendet.

913 Die **Kosten der Ausgabe** von Gesellschaftsanteilen dürfen nach dem Wegfall des § 9 Nr. 1 KStG (Art. 6 Nr. 1 StEntlG 1984 vom 22. 12. 1983) nunmehr in vollem Umfang als Betriebsausgaben abgezogen werden (§ 4 Abs. 4 EStG i. V. m. § 8 Abs. 1 KStG), sofern die Gründung der Kapitalgesellschaft oder die Kapitalerhöhung nach dem 28. 6. 1983 durchgeführt worden ist.

914 Die einem Kommanditisten zuzurechnenden Anteile am Verlust dürfen nicht mit anderen Einkünften ausgeglichen oder nach § 10d EStG abgezogen werden, soweit ein negatives Kapitalkonto entsteht oder sich erhöht (**§ 15a EStG**). Diese steuerlich nicht ausgeglichenen Verluste mindern die Gewinnanteile, die dem Kommanditisten in späteren Jahren aus der Beteiligung zuzurechnen sind.

c) Gesellschaftsteuerliche Behandlung

915 Der **Erwerb von Gesellschaftsrechten** an einer inländischen Kapitalgesellschaft im Rahmen einer Kapitalerhöhung durch Einlage wie auch bei einer Neugründung unterliegt der **Gesellschaftsteuer,** sofern ein Ersterwerb vorliegt (§ 2 Abs. 1 Nr. 1 KVStG).

916 Nach § 5 Abs. 2 Nr. 3 KVStG **zählt die GmbH & Co.** – auch die mehrstöckige GmbH & Co. – **zu den Kapitalgesellschaften;** der Ersterwerb von Gesellschaftsrechten an der KG und der GmbH unterliegt daher der Gesellschaftsteuer. Maßgeblich für die Bemessung der **Gesellschaftsteuer** sind die tatsächlich geleisteten Einzahlungen; die Höhe der Hafteinlage oder Pflichteinlage sind ohne Bedeutung. Gleichermaßen unterliegen spätere Einzahlungen zum Zweck des Ersterwerbs von Gesellschaftsrechten der Gesellschaftsteuer. Ebenso löst der Verlustausgleich regelmäßig Gesellschaftsteuer aus, wenn der Verlust mit positiven Darlehenskonten der Gesellschafter verrechnet oder durch Zuschüsse der Gesellschafter (steuerliche Einlagen) ausgeglichen wird. Gesellschaftsteuer fällt dagegen nicht an, wenn bei der GmbH & Co. der Verlust offen vorgetragen wird (Verlustvortragskonto auf der Aktivseite) oder mit dem nominellen Kommanditkapital verrechnet wird, welches durch spätere Gewinne wieder aufgefüllt wird.

d) Bewertungsrechtliche Behandlung

917 Da das **Eigenkapital** keine Schuld gegenüber Dritten darstellt, ist es nicht als Rechenposten **bei der Ermittlung des Einheitswerts** des gewerblichen Betriebs anzusetzen. Vielmehr tritt der Einheitswert, der nach § 98a BewG in der Weise ermittelt wird, daß das Rohbetriebsvermögen um die betrieblichen Schulden gekürzt wird, an die Stelle des in Handels- und Steuerbilanz ausgewiesenen Eigenkapitals, ohne mit diesem der Höhe nach übereinzustimmen.

Bei einer sich über den Bewertungsstichtag hinziehenden Kapitalerhöhung gegen Einlage ist in der Vermögensaufstellung der Kapitalgesellschaft ausnahmsweise ein Ausgleichsposten in Höhe der vorgeleisteten Einlage als Schuldverpflichtung anzusetzen (BFH v. 15. 10. 1981, BStBl. II 1982, 15).

e) Prüfungstechnik

(1) Prüfung des internen Kontrollsystems

918 Die Prüfung des internen Kontrollsystems bezieht sich auf
– die systematische und übersichtliche Führung von Akten über die gesellschaftsrechtlichen Verhältnisse des zu prüfenden Unternehmens (sie sollten enthalten: Gründungsprotokolle und -berichte, Gesellschaftsverträge, Protokolle über Gesellschafterversammlungen, Aufsichtsrats- und Vorstandssitzungen, Handelsregisterauszüge, Treuhandverträge, Aktienbuch gemäß § 67 AktG für Namensaktien, Gesellschafterliste gemäß § 40 GmbHG, Mitteilungen gemäß §§ 20, 21 GmbHG, Jahresabschlüsse, Prüfungsberichte, Schriftwechsel etc.),

- die Sicherung der Aufbewahrung der vorgenannten Akten,
- die Formalisierung von Gesellschafterbeschlüssen und Beschlüssen der Organe der Gesellschaft, insbesondere bei Familiengesellschaften und Personenhandelsgesellschaften,
- die Ablauforganisation, die zu gewährleisten hat, daß sämtliche Informationen über die gesellschaftsrechtlichen Verhältnisse dem Rechnungswesen zur Kenntnis gelangen und gegebenenfalls dort ihren Niederschlag finden, insbesondere
  • Einzahlungsverpflichtungen der Gesellschafter,
  • Ausschüttungsverpflichtungen der Gesellschaft,
  • Rücklagenbildung,
  • Verträge zwischen der Gesellschaft und den Gesellschaftern, etc.
  • die Durchführung der Rechtsbeziehungen zwischen der Gesellschaft und ihren Gesellschaftern.

(2) Prüfung des Nachweises

919 Die Nachweisprüfung wird anhand einer von der Gesellschaft zu fertigenden Übersicht durchgeführt, die zweckmäßigerweise in Form eines Kapitalspiegels (vgl. Rz. 883) zu gliedern ist. Dabei sind die horizontalen und vertikalen Gliederungsposten nur auszuweisen, sofern keine Leerposten bestehen.

Die Nachweisprüfung erstreckt sich auf
- die rechnerische Richtigkeit des Kapitalspiegels,
- die Übereinstimmung mit den vertraglichen Vereinbarungen,
- die öffentliche Dokumentation im Handelsregister,
- die Abstimmung mit den Konten der Finanzbuchhaltung und
- die Ordnungsmäßigkeit der Verbuchung.

920 Prüfungsunterlagen bei **Kapitalgesellschaften** sind:
- die Konten der Finanzbuchhaltung,
- die Satzung oder der Gesellschaftsvertrag,
- ein Handelsregisterauszug neuesten Datums,
- Protokolle der Organe der Gesellschaft.

Die Prüfung des Nominalkapitals erfolgt durch Abstimmung mit der Satzung/ dem Gesellschaftsvertrag und dem Handelsregisterauszug.

Bei Gesellschaften in der Rechtsform der GmbH ist zusätzlich zur Abstimmung die Gesellschafterliste nach § 40 GmbHG heranzuziehen.

Soweit bei Aktiengesellschaften Namensaktien ausgegeben wurden, ist zu prüfen, ob das in § 67 AktG geforderte Aktienbuch ordnungsgemäß geführt wurde.

Bei der Gründung einer Gesellschaft sowie bei Kapitalerhöhungen und Kapitalherabsetzungen erstreckt sich die Prüfung auf die Einhaltung der gesetzlichen Vorschriften sowie der Beschlüsse der Organe der Gesellschaft. Insbesondere ist zu prüfen, ob die Einlageverpflichtungen tatsächlich erfüllt wurden.

Die Protokolle der Organe der Gesellschaft sind darauf zu untersuchen, ob Beschlüsse gefaßt wurden, die eine zukünftige Änderung des Kapitals vorbereiten (bedingtes Kapital, genehmigtes Kapital).

Im Hinblick auf das Verbot der offenen oder verdeckten Rückgewähr von Kapitaleinlagen in Kapitalgesellschaften ist insbesondere bei Gesellschaften, bei denen eine enge personelle Verflechtung zwischen den Gesellschaftern und den Organen besteht, auf die Einhaltung dieses Verbotes zu achten. Hierbei sind insbesondere zu untersuchen:
- die offene Rückgewähr,
- der unzulässige Erwerb eigener Aktien (im Gegensatz zu dem zulässigen Erwerb eigener Anteile gemäß §§ 33 GmbHG nF., 71–71e AktG nF.),
- die verdeckte Rückgewähr im Rahmen von schuldrechtlichen Leistungsbeziehungen zwischen der Gesellschaft und dem Gesellschafter (z. B. durch zu hohe oder zu niedrige Kaufpreise, Miet- und Pachtzahlungen, Werk-, Dienstleistungs- oder Lizenzentgelte etc.). Dabei ist darauf zu achten, daß Leistungen aufgrund von Unternehmensverträgen (§§ 291 ff. AktG) keine offene oder verdeckte Rückgewähr beinhalten.
- die Aufzehrung des buchmäßigen Eigenkapitals durch Verluste; sofern mehr als die Hälfte des buchmäßigen Kapitals verloren ist oder sogar möglicherweise Über-

schuldung vorliegt, sind zusätzliche Prüfungshandlungen zur Prüfung einer Überschuldung vorzunehmen,
- die ordnungsgemäße Verbuchung des Kapitalausweises.

921 Prüfungsunterlagen bei **Personenhandelsgesellschaften** und **Einzelunternehmen** sind:
- die Konten der Finanzbuchhaltung,
- ggf. die Gesellschaftsverträge,
- ggf. die Gesellschafterbeschlüsse,
- ggf. die Verträge mit den Gesellschaftern.

Die Prüfung erstreckt sich zunächst darauf, welche Kapitalkonten dem Eigenkapital und welche den Forderungen bzw. Verbindlichkeiten (Privatkonten) zuzurechnen sind.

Im Rahmen der zutreffenden Verbuchung ist zu prüfen, ob die Gutschriften und Lastschriften auf den Kapitalkonten den gesellschafts- und sonstigen vertraglichen Vereinbarungen entsprechen und ihnen tatsächliche Leistungen zugrunde liegen (z. B. bei Sacheinlagen die dingliche Übertragung der Gegenstände etc.). Bei der Frage, ob die Gut- oder Lastschriften auf dem jeweiligen Konto vertraglich vereinbart wurden, ist insbesondere zu untersuchen, ob sie mit Zustimmung der übrigen Gesellschafter erfolgten. Die Zustimmung muß sich auch darauf erstrecken, daß die Gut- oder Lastschrift auf dem jeweiligen Konto verrechnet wird und den entsprechenden Charakter, z. B. einer Entnahme, hat.

Zur Frage der zutreffenden Verbuchung vgl. Rz. 905f.

Bei Kommanditgesellschaften sollten Gutschriften auf die (variablen) Kapitalkonten nur solche Leistungen betreffen, zu denen sich der Gesellschafter durch den Gesellschaftsvertrag zur Förderung des Gesellschaftszwecks verpflichtet hat, insbesondere also Kapitaleinlagen des Gesellschafters. Auf den (variablen) Kapitalkonten dürfen nur solche Vorgänge als Lastschriften gebucht worden sein, die tatsächlich als Kapitalentnahmen, d. h. als Minderung des Kapitalanteils des Gesellschafters anzusehen sind.

Als Gutschriften auf den Privatkonten sollten zumindest bei Kommanditgesellschaften nur solche Leistungen verbucht sein, bei denen der Gesellschafter der Gesellschaft als Gläubiger gegenübertritt, z. B. aufgrund schuldrechtlicher Leistungs- oder Schadensersatzbeziehungen. Als Lastschriften auf den Privatkonten sollten bei Kommanditgesellschaften die Verfügungen des Gesellschafters über sein Guthaben verbucht werden, im übrigen aber auch sämtliche anderen schuldrechtlichen Beziehungen, insbesondere echte Forderungen der Gesellschaft gegen den Gesellschafter.

Zu prüfen ist weiterhin, wem das Recht aus dem Kapitalkonto und damit aus der Beteiligung an der Gesellschaft zusteht, insbesondere beim Erbfall, bei dem in der Regel nicht die Auflösung der Gesellschaft erfolgt und häufig einzelne Erben nicht Gesellschafter werden. In diesem Zusammenhang ist auch zu entscheiden, ob die Kapitalguthaben weiterhin Eigenkapital im bilanziellen Sinn darstellen.

Im Rahmen der Nachweisprüfung ist auch die Gewinnverteilung nach den vertraglichen Vorschriften zu überprüfen.

Bei der Kommanditgesellschaft ist zu prüfen, ob die Eintragung der Haftsumme im Handelsregister mit den vertraglichen Vereinbarungen übereinstimmt, ob die Hafteinlage voll geleistet ist, oder ob sie durch Kapitalrückzahlung gemindert ist.

Bei Gesellschaftern in der Rechtsform der GmbH & Co. KG erstreckt sich die Prüfung außerdem darauf, ob das nominelle Kapital verbraucht ist und Anhaltspunkte für eine Überschuldung vorliegen.

(3) Prüfung der Bewertung

922 Zu prüfen ist, ob das Kapital mit seinem Nominalbetrag angesetzt wurde. Soweit Sacheinlagen erfolgten, ist zu prüfen, ob im Rahmen der Gründung oder der Kapitalerhöhung die Sacheinlagen nach den hierfür vorgesehenen Vorschriften getätigt wurden, §§ 183, 194, 205 i. V. m. §§ 33–35 AktG, § 19 Abs. 5 i. V. m. § 5 Abs. 4 GmbHG.

(4) Prüfung des Ausweises

923 Die Prüfung des Ausweises bei **Kapitalgesellschaften** erstreckt sich auf den Ausweis des ungeschmälerten Nennbetrages laut Eintragung im Handelsregister.

Beim Grundkapital einer AG sind gemäß § 152 Abs. 1 AktG nF. Angaben gemäß Rz. 889 zu machen.

Bei **Personenhandelsgesellschaften** und **Einzelunternehmen** erstreckt sich die Ausweisprüfung auf
- den Ausweis der Kapitalkonten entsprechend den gesellschaftsvertraglichen Regelungen, und zwar getrennt nach Festkapital- und sonstigen Kapitalkonten oder unter Zusammenfassung des Ausweises sämtlicher Kapitalanteile, Einlagen oder Entnahmen, sofern der Ausweis mit ,,Einlagen und gezeichnetes Kapital" bezeichnet wird,
- den getrennten Ausweis der Kapitalkonten der persönlich haftenden Gesellschafter und der beschränkt haftenden Gesellschafter,
- den Ausweis des nominellen Betrages der Pflichteinlage eines Kommanditisten, sofern der Gesellschaftsvertrag keine abweichende Regelung trifft.

Vgl. *Schwab* HdR 257 ff.; *WPH* 1981, 1226 f.

II. Kapitalrücklage

a) Behandlung nach Handelsrecht

925   Im deutschen Bilanzrecht ist der **Begriff der Kapitalrücklage neu.** Sie ist – wie alle Rücklagen – Teil des Eigenkapitals; ihr Ausweis ist nur bei Kapitalgesellschaften vorgeschrieben. Bei Personenhandelsgesellschaften (und bei Einzelunternehmen) erfolgt der Ausweis eines zusätzlich vorhandenen Eigenkapitals regelmäßig auf den Kapitalkonten der Gesellschafter.

926   Nach § 272 Abs. 2 HGB n. F. sind **als Kapitalrücklage Beträge auszuweisen,** die
- bei der Ausgabe von Anteilen einschließlich von Bezugsanteilen über den Nennbetrag hinaus erzielt werden,
- bei der Ausgabe von Schuldverschreibungen für Wandlungsrechte und Optionsrechte zum Erwerb von Anteilen erzielt werden,
- Gesellschafter als Zuzahlung gegen Gewährung eines Vorzugs für ihre Anteile leisten,
- Gesellschafter als andere Zuzahlungen in das Eigenkapital leisten.

927   Die Vorschrift des § 272 Abs. 2 HGB n. F. regelt die in die Kapitalrücklage einzustellenden Beträge abschließend; zur Kapitalrücklage sind **alle Einlagen von Gesellschaftern** zu rechnen, **die nicht zum gezeichneten Kapital zählen** (vgl. § 272 Abs. 2 Nr. 4 HGB nF.). Die Einstellung in die Kapitalrücklage ist unabhängig davon, ob ein Jahresüberschuß oder ein Jahresfehlbetrag erzielt worden ist, bereits bei der Aufstellung der Bilanz vorzunehmen (§ 270 Abs. 1 HGB nF.).

928   Leisten bei der Gründung einer Kapitalgesellschaft oder anläßlich einer Kapitalerhöhung aus Gesellschaftsmitteln die Gesellschafter ein **Aufgeld (Agio)**, so ist dieses Agio ungekürzt um die Ausgabekosten der Kapitalrücklage zuzuführen. Ausgabekosten mindern das jeweilige Jahresergebnis (*Adler/Düring/Schmaltz* § 150 Anm. 19). Das Agio stellt die Differenz zwischen der Zahlung der Gesellschafter an die Gesellschaft und dem Nennbetrag ihrer Einlage dar.

929   Bei einer **Sacheinlage** tritt an die Stelle der – den Nennbetrag übersteigenden – Zahlung der Betrag, mit dem die eingebrachten Gegenstände bewertet worden sind. Werden die Gegenstände der Sacheinlage zulässigerweise mit einem unter ihrem tatsächlichen Wert liegenden Betrag angesetzt, so entstehen aus diesem Vorgang zwangsläufig stille Reserven, wenn der Nennbetrag der ausgegebenen Kapitalanteile dem so angesetzten Betrag entspricht. Eine Verpflichtung, diese stillen Reserven auszuweisen und einer Rücklage zuzuführen, besteht nicht (*Adler/Düring/Schmaltz* § 150 Anm. 22).

930   Nach § 272 Abs. 2 Nr. 2 HGB nF. ist der Betrag, der bei der Ausgabe von Schuldverschreibungen für Wandlungsrechte und Optionsrechte zum Erwerb von Anteilen erzielt wird, in die Kapitalrücklage einzustellen. Die Ausgabe von Wandelschuldverschreibungen regelt § 221 AktG; sie erfolgt in der Regel im Zusammenhang mit der bedingten Kapitalerhöhung einer AG. Da das GmbHG eine entsprechende Vorschrift nicht kennt, dürfte diese Form der Kapitalrücklage bei einer GmbH nicht auftreten.

Die Ausgabe von Wandelschuldverschreibungen ist ein selbständiger Grund für eine Zuführung zur Kapitalrücklage; ob die Wandelschuldverschreibungen später umgetauscht werden oder nicht ist unerheblich. Auch dieses Agio ist ohne Berücksichtigung der Emissionskosten ungekürzt der Kapitalrücklage zuzuführen. Unter Agio sind diejenigen Beträge zu verstehen, die bei der Ausgabe von Wandelschuldverschreibungen über deren Rückzahlungsbetrag hinaus erzielt werden. Rückzahlungsbetrag ist der bei Fälligkeit der Schuldverschreibung an den Gläubiger zu zahlende Betrag. Gegenleistung für die Hingabe von Wandlungsrechten und Optionsrechten zum Erwerb von Anteilen kann allerdings u. a. auch die Einräumung eines unter dem Kapitalmarktzins liegenden Zinssatzes sein. Auch dieser Sachverhalt wird von der Vorschrift erfaßt.

931 Die Vorschrift des § 272 Abs. 2 Nr. 3 HGB nF. verfolgt das Ziel, daß **Zuzahlungen von Gesellschaftern** – die auch in Form von Sachleistungen erfolgen können – nicht alsbald wieder zur Verteilung zur Verfügung stehen. Zu diesem Zwecke erfolgt die Einstellung dieser Beträge in die Kapitalrücklage. Voraussetzung ist, daß die Zuzahlung gegen Gewährung eines Vorzugs erfolgt. Zuzahlungen seitens der Gesellschafter ohne Gewährung von Vorzügen sind nach § 272 Abs. 2 Nr. 4 HGB nF. der Kapitalrücklage zuzuführen.

Für Aktiengesellschaften gestattet § 11 AktG ausdrücklich die Ausgabe von Aktien, die verschiedene Rechte gewähren, insbesondere bei der Verteilung des Gewinns und des Gesellschaftervermögens. Wenn auch das GmbHG keine vergleichbare Vorschrift kennt, sind aufgrund der Gestaltungsfreiheit der rechtlichen Verhältnisse der Gesellschafter untereinander auch bei einer GmbH Zuzahlungen gegen Gewährung von Vorzügen möglich. Da für die Anzahl der Stimmen und für den Anteil am Gewinn und Liquidationsüberschuß der Nennbetrag der Anteile nur maßgebend ist, wenn der Gesellschaftsvertrag keine abweichende Regelung enthält, müssen derartige Zuzahlungen in der GmbH-Satzung festgelegt oder aufgrund eines Beschlusses der Gesellschafterversammlung erfolgen (*Niehus* § 42 Anm. 309).

932 Zuzahlungen oder Zuschüsse gegen Gewährung eines Vorzugs aufgrund eines Gesellschafterbeschlusses sind insbesondere bei GmbH häufig in Verbindung mit dem „**Schütt aus – hol zurück** – Verfahren" anzutreffen (*Felix/Streck* DStR 1977, 42ff.; *Hintzen* BB 1977, 1247ff.). Diese Zuzahlungen sind – soweit die genannten Voraussetzungen vorliegen – künftig unter der Kapitalrücklage auszuweisen.

933 Aktiengesellschaften haben den **Unterschiedsbetrag**, der bei einer **vereinfachten Kapitalherabsetzung** (§§ 229ff. AktG) dadurch auftritt, daß die bei der Beschlußfassung angenommenen Wertminderungen oder Verluste in dieser Höhe nicht eingetreten oder ausgeglichen wurden, in die Kapitalrücklage einzustellen (§ 232 AktG nF.). Die Einstellung in die Kapitalrücklage ist nach § 240 Satz 2 AktG nF. in der GuV-Rechnung gesondert als „Einstellung in die Kapitalrücklage nach den Vorschriften über die vereinfachte Kapitalherabsetzung" auszuweisen.

934 Weiterhin haben Aktiengesellschaften im Falle der **Kapitalherabsetzung durch Einziehung von Aktien** (§§ 237ff. AktG) unter bestimmten Voraussetzungen Beträge in die Kapitalrücklage einzustellen. Eine Rücklagenbildung ist vorzunehmen, wenn die Aktien der Gesellschaft unentgeltlich zur Verfügung gestellt werden oder zu Lasten des Bilanzgewinns oder einer anderen Gewinnrücklage eingezogen werden und deshalb die Vorschriften über die ordentliche Kapitalherabsetzung nicht befolgt zu werden brauchen (§ 237 Abs. 3 AktG nF.). In diesem Fall ist ein Betrag in die Kapitalrücklage einzustellen, der dem Gesamtnennbetrag der eingezogenen Aktien gleichkommt (§ 237 Abs. 5 AktG nF.).

935 Die **Verwendung der Kapitalrücklage** ist bei Aktiengesellschaften gemeinsam mit der Verwendung der gesetzlichen Rücklage geregelt (§ 150 Abs. 3 und 4 AktG nF.) und abhängig davon, ob beide Rücklagen zusammen den zehnten oder den in der Satzung bestimmten höheren Teil des Grundkapitals übersteigen oder nicht (vgl. im einzelnen Rz. 957). Für GmbH bestehen vergleichbare Regelungen nicht, so daß die Gesellschafter nach ihrem Ermessen über die Verwendung der Kapitalrücklage beschließen können.

Einstellungen in die Kapitalrücklage und deren Auflösung sind bereits bei der Aufstellung der Bilanz vorzunehmen, § 270 Abs. 1 HGB nF.

Seitz

936   Aktiengesellschaften müssen zu dem Posten Kapitalrücklage **in der Bilanz oder im Anhang gesondert angeben:**
1. den Betrag, der während des Geschäftsjahres eingestellt wurde;
2. den Betrag, der für das Geschäftsjahr entnommen wird (§ 152 Abs. 2 AktG nF).
Außerdem muß die **GuV** nach dem Posten Jahresüberschuß/Jahresfehlbetrag u. a. um die Position „Entnahmen aus der Kapitalrücklage" ergänzt werden, § 158 Abs. 1 AktG nF. (vgl. Rz. 1933). Statt dessen kann diese Angabe auch im Anhang erfolgen, vgl. Rz. 1933, 1943.

b) Ertragsteuerliche Behandlung

937   Auch steuerlich zählt die Kapitalrücklage zum Eigenkapital; sie kann **unverändert in die Steuerbilanz** übernommen werden. Inhaltlich deckt sich die Kapitalrücklage weitgehend mit dem körperschaftsteuerlichen EK 04.

938   Steuerlich dürfen die **Kosten der Ausgabe** von Gesellschaftsanteilen nach dem Wegfall des § 9 Nr. 1 KStG (Art. 6 Nr. 1 StEntlG 1984 v. 22. 12. 1983) nunmehr in vollem Umfang als Betriebsausgaben abgezogen werden (§ 4 Abs. 4 EStG i. V. m. § 8 Abs. 1 KStG), sofern die Gründung der Kapitalgesellschaft oder die Kapitalerhöhung nach dem 28. 6. 1983 durchgeführt worden ist.

c) Bewertungsrechtliche Behandlung

939   Die **Kapitalrücklage** ist als Teil des Eigenkapitals **keine abzugsfähige Schuld,** da es an einer Verpflichtung gegenüber Dritten fehlt. Die Kapitalrücklage schlägt sich im Einheitswert nieder (vgl. § 98a BewG).

d) Prüfungstechnik

940   Die **Prüfung des internen Kontrollsystems** erstreckt sich auf
- die regelmäßige Fertigung und Fortschreibung von Einzelaufstellungen über die Rücklagen,
- die regelmäßige Abstimmung der Einzelaufstellungen mit den Konten der Finanzbuchhaltung.

941   Für die **Prüfung des Nachweises** ist Prüfungsunterlage zweckmäßigerweise ein von der Gesellschaft zu fertigender Bestandsnachweis in Form eines Kapitalspiegels (vgl. Rz. 883).
Die Nachweisprüfung erstreckt sich auf
- die rechnerische Richtigkeit des Kapitalspiegels,
- die Abstimmung mit den Konten der Finanzbuchhaltung.

942   Die **Prüfung der Bewertung** erfolgt im Zusammenhang mit den zugehörigen Geschäftsvorfällen bei den genannten Bilanzpositionen:
- Agio: Gezeichnetes Kapital, vgl. Rz. 918 ff.
- Betrag, der bei der Ausgabe von Schuldverschreibungen für Wandlungsrechte und Optionsrechte zum Erwerb von Anteilen erzielt wird: Anleihen, vgl. Rz. 1487 ff.
- Zuzahlungen von Gesellschaftern für die Gewährung von Vorzügen und andere Zuzahlungen von Gesellschaftern in das Eigenkapital: Forderungen gegen verbundene Unternehmen, vgl. Rz. 699 f. Forderungen gegen Unternehmen, mit denen ein Beteiligungsverhältnis besteht, vgl. Rz. 702 ff. Sonstige Vermögensgegenstände, vgl. Rz. 718 ff. Zahlungsverkehr, vgl. Rz. 797 ff. Gezeichnetes Kapital, vgl. Rz. 918 ff.

Aus den gesetzlichen Vorschriften über die Bildung und Verwendung von Rücklagen ergeben sich zugleich die Prüfungshandlungen.
Bei der Bildung einer Rücklage für ein Agio ist darauf zu achten, daß bei Sacheinlagen an die Stelle der Zahlung der Betrag tritt, mit dem der eingebrachte Gegenstand bewertet worden ist.
Außerdem ist bei einem Agio zu berücksichtigen, daß es zugunsten des Bilanzgewinns zum Ausgleich eines durch die Kosten der Ausgabe von Gesellschaftsanteilen geminderten Jahresüberschusses (bzw. eines Jahresfehlbetrages) aufgelöst werden kann, und zwar durch Gesellschafterbeschluß im Rahmen der Feststellung des Jahresabschlusses.
Bei Zuzahlungen gegen Gewährung von Vorzügen für einzelne Gesellschafter ist

zu überprüfen, ob tatsächlich Vorzüge gewährt wurden. Soweit solche Vorzüge nicht gewährt wurden, ist zu prüfen, ob die Zuzahlung gewollt in das Eigenkapital geleistet wurde: trifft auch dies nicht zu, gehen die Zuzahlungen in die Gewinn- und Verlustrechnung ein.

943 Bei der **Prüfung des Ausweises** ist darauf zu achten, ob
- der Gliederungsausweis eingehalten wurde,
- die Rücklage ordnungsgemäß verbucht wurde, insbesondere
  - die Zuweisungen zur Rücklage im Zusammenhang mit den entsprechenden Geschäftsvorfällen verbucht wurden, z. B. mit der Aktivierung des Nachschußanspruchs und
  - die Auflösung der Rücklage im Rahmen der Ergebnisverwendung ausgewiesen wurde,
- ein Agio gesondert ausgewiesen wurde,
- für Aktiengesellschaften besondere Angabepflichten bestehen, vgl. Rz. 936.

Vgl. *Chmielewicz* HdR 995 ff.; *WPH* 1981, 1227 ff.

III. (–*) Eingeforderte Nachschüsse/Nachschußkapital

945 Ebenfalls unter dem Posten ,,Kapitalrücklage" sind die von GmbH-Gesellschaftern **eingeforderten Nachschüsse** gesondert auszuweisen; auf der Aktivseite ist der entsprechende Betrag unter den Forderungen gesondert unter der Bezeichnung ,,Eingeforderte Nachschüsse" zu bilanzieren (§ 42 Abs. 2 GmbH nF.). Vgl. hierzu Rz. 708. Die Postenbezeichnung ,,eingeforderte Nachschüsse" ist nur insoweit zu verwenden, als auf die Nachschüsse noch keine Zahlungen geleistet wurden. Nach Zuzahlung der Nachschüsse sollte die Postenbezeichnung ,,Nachschußkapital" verwendet werden (*Niehus* § 42 Anm. 310).
Bei den Nachschüssen nach den §§ 26 ff. GmbHG handelt es sich um weitere, über den Betrag der Stammeinlagen hinausgehende Einzahlungen. Die eingezahlten Nachschüsse sind keine Darlehen, die von den Gesellschaftern gekündigt werden können. Eine gesetzliche Nachschußpflicht ist nicht vorgesehen; Nachschüsse sind nur zu leisten, wenn dies der Gesellschaftsvertrag vorschreibt. Das Nachschußkapital kann nur unter Beachtung von § 30 Abs. 2 GmbHG durch Beschluß der Gesellschafter nach § 46 Nr. 3 wieder zurückgezahlt werden.

946 Der **Zweck der Nachschüsse** ist die Herbeiführung einer freieren Beweglichkeit des Gesellschaftskapitals einer GmbH; das Aktienrecht kennt eine vergleichbare Regelung nicht. Das Nachschußkapital soll einer Gesellschaft die Möglichkeit geben, sich die weiter erforderlichen Mittel zu verschaffen bzw. sich von Überschüssen zu erleichtern, ohne den umständlichen Weg einer Kapitalerhöhung oder -herabsetzung wählen zu müssen. Schließlich kann durch die Einforderung von Nachschüssen eine Unterbilanz ohne Kapitalherabsetzung beseitigt werden (*Hachenburg* § 26 Anm. 4 ff.).

947 **Voraussetzung für die Passivierung** der eingeforderten Nachschüsse unter den Kapitalrücklagen (wie auch für die gleichzeitige Aktivierung der Ansprüche der GmbH gegenüber den Gesellschaftern) sind, daß über die Einziehung der Nachschüsse ein Gesellschafterbeschluß vorliegt und den Gesellschaftern ein Recht, sich der Zahlung des Nachschusses zu entziehen **(Abandonrecht)**, nicht zusteht. Das Abandonrecht steht dem Gesellschafter i. d. R. dann nicht zu, wenn die Nachschußpflicht beschränkt ist oder die einmonatige Abandonfrist verstrichen ist (*Niehus* § 42 Anm. 310).

948 Das Nachschußkapital darf nur **verwendet** werden zur:
- Rückzahlung gemäß § 30 Abs. 2 GmbHG
- Tilgung eines Bilanzverlustes oder Verlustvortrages
- Kapitalerhöhung aus Gesellschaftsmitteln (*Hachenburg* § 32 Anm. 133).

949 Der Posten eingeforderte Nachschüsse kann **unverändert in die Steuerbilanz** übernommen werden.
Da die Leistung von Nachschüssen aufgrund einer im Gesellschaftsverhältnis be-

---
* Im gesetzlichen Gliederungsschema ist keine gesonderte Bezifferung vorgesehen.

gründeten Verpflichtung bewirkt wird, unterliegen diese Zahlungen der **Gesellschaftsteuer** (§ 2 Abs. 1 Nr. 2 KVStG).
Als Kapitalrücklage sind Nachschüsse in der Vermögensaufstellung nicht absetzbar.

950 Die **Prüfung** erfolgt im Zusammenhang mit dem gesondert unter den Forderungen bilanzierten Aktivposten. Die Prüfungstechnik entspricht der bei Kapitalrücklagen (vgl. Rz. 940 ff.).

IV. (III.*) Gewinnrücklagen

952 Als weitere Rücklagenart nennt das HGB nF. neben der Kapitalrücklage die **Gewinnrücklagen** (§ 272 Abs. 2 HGB nF.). Als solche dürfen nur Beträge ausgewiesen werden, die im Geschäftsjahr oder in einem früheren Geschäftsjahr aus dem Ergebnis gebildet worden sind. Mit dem Begriff Gewinnrücklage soll zum Ausdruck gebracht werden, daß es sich hierbei um Rücklagen aus dem einbehaltenen erwirtschafteten Ergebnis, also von „innen", handelt, während die Kapitalrücklage aus Einlagen der Gesellschafter – also von „außen" – herrührt.

953 Im einzelnen zählen zu den Gewinnrücklagen **folgende Einzelposten,** die grundsätzlich gesondert auszuweisen sind (§ 266 Abs. 3 HGB nF.):
– gesetzliche Rücklage
– Rücklage für eigene Anteile/Aktien
– satzungsmäßige Rücklagen
– andere Gewinnrücklagen
– Rücklagen nach § 58 Abs. 2a AktG nF., § 29 Abs. 4 GmbHG nF.
Kleine Kapitalgesellschaften (§ 267 Abs. 1 HGB nF.) können die Gewinnrücklagen zusammengefaßt in einer Summe ausweisen (§ 266 Abs. 1 HGB nF.).

Wird die Bilanz nach vollständiger oder teilweiser Verwendung des Jahresergebnisses aufgestellt, so sind Entnahmen aus den Gewinnrücklagen sowie Einstellungen in Gewinnrücklagen, die nach Gesetz, Gesellschaftsvertrag oder Satzung vorzunehmen oder aufgrund solcher Vorschriften beschlossen worden sind, bereits **bei der Aufstellung** der Bilanz zu berücksichtigen (§ 270 Abs. 2 HGB nF.).

Aktiengesellschaften haben zu den einzelnen Posten der Gewinnrücklagen in der Bilanz oder im Anhang jeweils gesondert anzugeben
1. die Beträge, die die Hauptversammlung aus dem Bilanzgewinn des Vorjahres eingestellt hat;
2. die Beträge, die aus dem Jahresüberschuß des Geschäftsjahres eingestellt werden;
3. die Beträge, die für das Geschäftsjahr entnommen werden.

Die Gewinn- und Verlustrechnung ist nach dem Posten „Jahresüberschuß/Jahresfehlbetrag" unter anderem zu ergänzen um die Posten:
– Entnahmen aus Gewinnrücklagen
 a) aus der gesetzlichen Rücklage
 b) aus der Rücklage für eigene Aktien
 c) aus satzungsmäßigen Rücklagen
 d) aus anderen Rücklagen
– Einstellungen in Gewinnrücklagen
 a) in die gesetzliche Rücklage
 b) in die Rücklage für eigene Aktien
 c) in satzungsmäßige Rücklagen
 d) in andere Gewinnrücklagen.
Siehe hierzu § 158 AktG nF. sowie Rz. 1936 ff.

1. Gesetzliche Rücklage

a) Behandlung nach Handelsrecht

955 Die Pflicht zur **Bildung einer gesetzlichen Rücklage** ist auch künftig im wesentlichen auf Unternehmen in der **Rechtsform der AG und KGaA** beschränkt (§§ 150, 278 Abs. 3 AktG nF.). Allerdings unterscheidet sich die Gesetzliche Rücklage im

---

* Bezeichnungspflicht lt. gesetzlichen Gliederungsschema.

Gewinnrücklagen

Inhalt wesentlich von der bisher nach § 151 Abs. 1 AktG aF. unter den offenen Rücklagen (Passivseite Position II.) auszuweisenden ,,Gesetzlichen Rücklage". Nach der bisherigen aktienrechtlichen Regelung beinhaltet dieser Posten neben der gesetzlich vorgeschriebenen Mindestrücklage auch die gesetzlich vorgeschriebenen Rücklagen aus der Ausgabe von Gesellschaftsanteilen und Wandelschuldverschreibungen, aus Zuzahlungen von Gesellschaftern gegen Gewährung eines Vorzugs und andere Einlagen von Gesellschaftern, welche nicht zum gezeichneten Kapital zählen. Mit Ausnahme der Mindestrücklage gehören die genannten Posten – da nicht aus dem erwirtschafteten Ergebnis gebildet – künftig nicht mehr zu der den Gewinnrücklagen zuzurechnenden gesetzlichen Rücklage, sondern sind unter den Kapitalrücklagen auszuweisen (vgl. die Ausführungen zu ,,Kapitalrücklagen" Rz. 925ff., und ,,Eingeforderte Nachschüsse" Rz. 945ff.).

956 Nach § 150 Abs. 2 AktG nF. haben Aktiengesellschaften, in die gesetzliche Rücklage **jährlich** 5% des um einen Verlustvortrag aus dem Vorjahr geminderten Jahresüberschusses **einzustellen,** bis die Summe aus gesetzlicher Rücklage und Kapitalrücklage (§ 272 Abs. 2 HGB nF.) den zehnten Teil des Grundkapitals oder den in der Satzung bestimmten höheren Teil erreicht. Unter Grundkapital ist der unter der Position gezeichnetes Kapital auszuweisende Nennbetrag zu verstehen; ausstehende Einlagen und bedingtes Kapital bleiben unberücksichtigt (*Adler/Düring/Schmaltz* § 150 Anm. 14).

957 Die **Verwendung** der gesetzlichen Rücklage regelt § 150 AktG nF. in den Abs. 3 und 4 in Verbindung mit der Verwendung der Kapitalrücklage. Danach ist zu unterscheiden, ob die gesetzliche Rücklage und die Kapitalrücklage zusammen den zehnten bzw. den in der Satzung bestimmten höheren Teil des Grundkapitals übersteigen oder nicht. **Übersteigen beide Rücklagen** den vorgeschriebenen Teil des Grundkapitals **nicht,** so dürfen sie nur verwandt werden:
– zum Ausgleich eines Jahresfehlbetrags, soweit er nicht durch einen Gewinnvortrag aus dem Vorjahr gedeckt ist und nicht durch Auflösung anderer Gewinnrücklagen ausgeglichen werden kann;
– zum Ausgleich eines Verlustvortrags aus dem Vorjahr, soweit er nicht durch einen Jahresüberschuß gedeckt ist und nicht durch Auflösung anderer Gewinnrücklagen ausgeglichen werden kann (§ 150 Abs. 3 AktG nF.).

958 Sofern die **gesetzliche Rücklage und die Kapitalrücklage** zusammen den zehnten oder den in der Satzung bestimmten höheren Teil des Grundkapitals **übersteigen,** darf der übersteigende Betrag gemäß § 150 Abs. 4 AktG nF. nur verwandt werden:
– zum Ausgleich eines Jahresfehlbetrags, soweit er nicht durch einen Gewinnvortrag aus dem Vorjahr gedeckt ist;
– zum Ausgleich eines Verlustvortrags aus dem Vorjahr, soweit er nicht durch einen Jahresüberschuß gedeckt ist;
– zur Kapitalerhöhung aus Gesellschaftsmitteln nach §§ 207 bis 220 AktG.

959 Die Verwendung nach den Alternativen 1 und 2 des § 150 Abs. 4 AktG nF. ist jedoch nicht zulässig, wenn gleichzeitig Gewinnrücklagen zur Gewinnausschüttung aufgelöst werden (§ 150 Abs. 4 letzter Satz AktG nF.).

b) Ertragsteuerliche und bewertungsrechtliche Behandlung

960 Soweit die gesetzliche Rücklage aus dem erwirtschafteten Ergebnis des Geschäftsjahrs bzw. Veranlagungszeitraums stammt, handelt es sich ertragsteuerlich um Gewinn. Im übrigen, d. h. soweit die gesetzlichen Rücklagen in früheren Geschäftsjahren erwirtschaftet worden sind, gehören sie auch steuerlich zum Eigenkapital und können in die Steuerbilanz übernommen werden.
Bewertungsrechtlich sind die gesetzlichen Rücklagen keine abzugfähige Last, da sie in vollem Umfang Eigenkapital darstellen. Sie finden im Einheitswert (werterhöhend) Ausdruck.

c) Prüfungstechnik

961 Wegen der **Prüfung des internen Kontrollsystems** und der **Prüfung des Nachweises** vgl. Rz. 940f.
Für die **Prüfung der Bewertung** ergeben sich aus den gesetzlichen Vorschriften

Niemann

über die Bildung und Verwendung der gesetzlichen Rücklage zugleich die Prüfungshandlungen.

Zu prüfen ist insbesondere, daß die Rücklage nicht überdotiert wird, da eine solche Überdotierung die Nichtigkeit des Jahresabschlusses zur Folge hat (§ 256 Abs. 1 Nr. 4 AktG nF.).

Bei der **Prüfung des Ausweises** ist darauf zu achten, daß
- der gesonderte Ausweis bei großen und mittelgroßen Kapitalgesellschaften beachtet wurde,
- die Zuführung zur Rücklage und die Auflösungen im Rahmen der Ergebnisverwendung ausgewiesen wurden,
- bei Aktiengesellschaften die hierfür vorgesehenen Ausweis- und Berichtsvorschriften eingehalten wurden, vgl. Rz. 953.

Vgl. *Chmielewicz* HdR 995 ff.; *WPH* 1981, 1227 f.

2. Rücklage für eigene Anteile/Aktien

a) Behandlung nach Handelsrecht

962 In die **Rücklage für eigene Anteile** ist der Betrag einzustellen, der dem auf der Aktivseite der Bilanz für die eigenen Anteile (bei AG: Aktien; bei GmbH: Stammeinlage) anzusetzenden Betrag entspricht. Die Rücklage ist auch für Anteile eines herrschenden oder eines mit Mehrheit beteiligten Unternehmens zu bilden (§ 272 Abs. 4 HGB nF.).

Mit dieser Vorschrift soll verhindert werden, daß über den Erwerb eigener Anteile eine Kapitalrückzahlung stattfindet. Die Rücklage für eigene Anteile hat somit vor allem die Funktion einer **Ausschüttungssperre**.

963 Die **Bildung der Rücklage** hat bereits bei der Aufstellung der Bilanz, also in der Bilanz des Abschlußjahres, zu erfolgen (§ 272 Abs. 4 HGB nF.). Sie ist im Rahmen der Ergebnisverwendung vorzunehmen und zwar zu Lasten – d. h. im Rahmen der Ermittlung – des Jahresergebnisses (*Niehus* § 42 Anm. 312). Zur Bildung der Rücklage für eigene Anteile können auch vorhandene Gewinnrücklagen herangezogen werden, soweit diese frei verfügbar sind (§ 272 Abs. 4 HGB nF.).

964 Eine **Auflösung der Rücklage** ist nur zulässig, soweit die eigenen Anteile ausgegeben, veräußert oder eingezogen werden oder soweit nach §§ 253 Abs. 3, 279 Abs. 2 HGB nF. auf der Aktivseite ein niedrigerer Betrag angesetzt wird (§ 272 Abs. 4 HGB nF.).

b) Ertragsteuerliche und bewertungsrechtliche Behandlung

965 Ertragsteuerlich kann eine Rücklage für eigene Anteile nicht gewinnmindernd gebildet werden.

Bei der Einheitsbewertung des Betriebsvermögens ist die Rücklage für eigene Anteile mangels einer Verpflichtung gegenüber Dritten nicht abzugsfähig. In diesem Zusammenhang ist zu bemerken, daß nach Abschn. 11 Abs. 3 VStR eigene Anteile im Rahmen des Rohvermögens nur anzusetzen sind, wenn sie bereits im Verkehr waren.

c) Prüfungstechnik

966 Zur **Prüfung des internen Kontrollsystems** und der **Prüfung des Nachweises** vgl. Rz. 940 f.

Bei der **Prüfung der Bewertung** ist festzustellen, ob
- die Rücklage nach § 272 Abs. 4 HGB nF. in Höhe der aktivierten eigenen Anteile und der aktivierten Anteile eines herrschenden oder eines mit Mehrheit beteiligten Unternehmens gebildet wurde,
- Auflösungen nur in Höhe der gesetzlich zugelassenen Fälle, § 272 Abs. 4 HGB nF., vorgenommen wurden.

Bei der **Ausweisprüfung** ist zu beachten, daß
- die Rücklage bei großen und mittelgroßen Kapitalgesellschaften gesondert ausgewiesen wurde,

- die Rücklage im Rahmen der Ergebnisverwendung gebildet bzw. aufgelöst wurde oder eine Umbuchung aus den freien Gewinnrücklagen erfolgte,
- bei Aktiengesellschaften die hierfür vorgesehenen Ausweis- und Berichtsvorschriften eingehalten wurden, vgl. Rz. 953.

Vgl. *Chmielewicz* HdR 995 ff.; *WPH* 1981, 1227 f.

3. Satzungsmäßige Rücklage

a) Behandlung nach Handelsrecht

970 Unter diesem Posten sind alle Rücklagen zu erfassen, zu deren Bildung die Gesellschaft aufgrund **statutarischer Gewinnverwendungsbestimmungen** verpflichtet ist.

Die **Satzung einer GmbH** kann im Rahmen der grundsätzlichen Vertragsfreiheit beliebige Gewinnverwendungsregelungen vorsehen, sofern der Gleichbehandlungsgrundsatz beachtet wird. Dies kann auch nachträglich durch Satzungsänderung mit satzungsändernder Mehrheit geschehen (*Hachenburg* § 29 Anm. 48). Der wichtigste praktische Anwendungsfall solcher Bestimmungen betrifft die Rücklagenbildung.

971 Für **Aktiengesellschaften** regelt § 58 Abs. 1 AktG die Bildung satzungsmäßiger Rücklagen. Danach kann die Satzung, sofern die Hauptversammlung den Jahresabschluß feststellt, bestimmen, daß Beträge aus dem Jahresüberschuß in freie Rücklagen einzustellen sind. Aufgrund einer solchen Satzungsbestimmung kann **höchstens die Hälfte** des Jahresüberschusses der Rücklage zugewiesen werden. Dabei sind Beträge, die in die gesetzliche Rücklage einzustellen sind, und ein Verlustvortrag vorab vom Jahresüberschuß abzuziehen. Statutarische Rücklagen bedürfen keiner besonderen Zweckbestimmung, wenngleich eine Zweckbindung nicht unüblich ist: Substanzerhaltungsrücklagen, Werkerneuerungsrücklagen, Rationalisierungsrücklage, Rücklage für den Ausbau der Vertriebsorganisation etc.

972 Grundsätzlich kann eine satzungsmäßige Rücklage nur nach den jeweiligen Satzungsvorschriften **aufgelöst** werden; fehlen entsprechende Satzungsbestimmungen und liegt keine Zweckbindung vor, so liegt es im freien Ermessen der Geschäftsführung (AG: Vorstand und Aufsichtsrat) die Rücklage aufzulösen. Aktiengesellschaften haben allerdings die Bestimmungen des § 150 Abs. 3 und 4 AktG nF. zu beachten (vgl. Rz. 955 ff.).

973 Die **Verwendung einer zweckgebundenen Rücklage** ist auf ihre Zweckbestimmung beschränkt. Sie kann jedenfalls ohne Inanspruchnahme von Fremdmitteln solange nicht aufgelöst werden, als entsprechendes Vermögen auf der Aktivseite gebunden bleibt (*Hachenburg* § 42 Anm. 127).

b) Ertragsteuerliche und bewertungsrechtliche Behandlung

974 Die Zuführung aus dem Jahresergebnis zu den satzungsmäßigen Rücklagen stellt ertragsteuerlich eine den Gewinn nicht mindernde Ergebnisverwendung dar. Der aus den Ergebnissen früherer Geschäftsjahre stammende Teil der Rücklagen ist auch ertragsteuerlich Eigenkapital; insoweit können die Rücklagen in die Steuerbilanz übernommen werden.

Bewertungsrechtlich ist die „satzungsmäßige Rücklage" Eigenkapital und folglich in der Vermögensaufstellung nicht abzusetzen.

c) Prüfungstechnik

975 Wegen der **Prüfung des internen Kontrollsystems** und der **Prüfung des Nachweises** vgl. Rz. 940 f.

Die **Bewertungsprüfung** erstreckt sich auf die Einhaltung der satzungsmäßigen Bestimmungen bei der Bildung und der Auflösung der Rücklage sowie gegebenenfalls auf die Beachtung evtl. vorhandener Zweckbestimmungen für die Rücklage.

Bei der **Prüfung des Ausweises** ist
- der gesonderte Ausweis der Rücklage bei großen und mittelgroßen Kapitalgesellschaften,
- die Zuweisung zu der Rücklage bzw. deren Auflösung im Rahmen der Ergebnisverwendung,

– bei Aktiengesellschaften die Einhaltung der hierfür vorgesehenen Ausweis- und Berichtsvorschriften, vgl. Rz. 953.
zu prüfen.
Vgl. *Chmielewicz* HdR 995ff.; *WPH* 1981, 1227f.

4. Andere Gewinnrücklagen

a) Behandlung nach Handelsrecht

980   Die **anderen Gewinnrücklagen** umfassen alle Rücklagenzuweisungen aus dem Jahresergebnis, welche nicht gesondert auszuweisen sind. Im wesentlichen handelt es sich dabei um Beträge, über deren Verwendung das die Bilanz feststellende Organ bestimmen kann. Zuführungen zu den anderen Rücklagen sind unabhängig davon, ob diese bereits in der Bilanz des Abschlußjahres ausgewiesen oder erst in der Folgebilanz gezeigt werden, bereits in die Darstellung der Ergebnisverwendung aufzunehmen; entsprechendes gilt für die Auflösungen dieser Rücklagen.

981   Bei **Aktiengesellschaften** können **Vorstand und Aufsichtsrat**, sofern diese den Jahresabschluß feststellen, einen **Teil des Jahresüberschusses,** höchstens jedoch die Hälfte, den anderen Gewinnrücklagen zuführen (§ 58 Abs. 2 AktG). Die Satzung kann Vorstand und Aufsichtsrat allerdings ermächtigen, mehr als die Hälfte des Jahresüberschusses in die anderen Gewinnrücklagen einzustellen. Übersteigen die anderen Gewinnrücklagen vor oder nach der Einstellung die Hälfte des Grundkapitals, so darf insoweit von dieser Satzungsermächtigung kein Gebrauch gemacht werden. Die Möglichkeit von Vorstand und Aufsichtsrat, höchstens die Hälfte des Jahresüberschusses in die anderen Gewinnrücklagen einzustellen, wird dadurch jedoch nicht berührt. Beträge, die in die gesetzliche Rücklage einzustellen sind und ein Verlustvortrag sind vorab vom Jahresüberschuß abzuziehen.

982   Ebenfalls unter den „**Anderen Gewinnrücklagen**" sind Beträge auszuweisen, welche durch die Hauptversammlung in die Gewinnrücklagen eingestellt werden. Nach § 58 Abs. 3 AktG kann die **Hauptversammlung** zusätzlich zu den von Vorstand und Aufsichtsrat aus dem Jahresüberschuß gebildeten Gewinnrücklagen im Beschluß über die **Verwendung des Bilanzgewinns** weitere Beträge – auch den gesamten Bilanzgewinn – den Gewinnrücklagen zuführen.

983   Bei **Gesellschaften mit beschränkter Haftung** steht grundsätzlich den Gesellschaftern das Recht der Ergebnisverwendung zu. Die **Gesellschafterversammlung** kann daher Teile des Ergebnisses einbehalten und in die Gewinnrücklagen einstellen (§ 29 Abs. 2 GmbHG nF.), sofern der Gesellschaftsvertrag nichts anderes bestimmt. Allerdings kann bei Gesellschaften mit beschränkter Haftung im Gegensatz zum Aktienrecht die Befugnis zur Verwendung des Jahresergebnisses auch einem anderen Organ (z. B. Beirat) übertragen werden (*Heuser* Anm. 571).

984   Die **Auflösung** der Anderen Gewinnrücklagen kann nur im Rahmen der Feststellung des Jahresabschlusses durch das dafür zuständige Organ vorgenommen werden. Bei Aktiengesellschaften werden dementsprechend in der Regel **Vorstand und Aufsichtsrat** über die Verwendung der Anderen Gewinnrücklagen beschließen (§ 172 AktG); stellt die Hauptversammlung den Jahresabschluß nach § 173 Abs. 1 AktG fest, so steht ihr dieses Recht zu. Die Verwendung der Anderen Rücklagen kann unabhängig davon, welches Organ deren Bildung vorgenommen hat, vom jeweils zuständigen Organ beschlossen werden (*Adler/Düring/Schmaltz* § 150 Anm. 107). Über die Verwendung der Anderen Gewinnrücklagen einer GmbH kann ebenfalls nur das feststellende Organ (i. d. R. die **Gesellschafterversammlung**) beschließen, sofern der Gesellschaftsvertrag nichts Abweichendes vorsieht. Besondere Stimmenmehrheiten sind nicht erforderlich; es genügt die für die Bilanzfeststellung erforderliche Mehrheit (*Hachenburg* § 42 Tz. 125).

b) Ertragsteuerliche und bewertungsrechtliche Behandlung

985   Soweit es sich bei den „anderen Rücklagen" um Zuführungen aus dem Jahresergebnis handelt, liegt ertragsteuerlich Gewinn vor. Der aus den Ergebnissen früherer Geschäftsjahre stammende Teil der Rücklagen ist auch ertragsteuerlich Eigenkapital; insoweit können die Rücklagen-Beträge in die Steuerbilanz übernommen werden.

Bewertungsrechtlich sind die „anderen Rücklagen" in vollem Umfang Eigenkapital. Sie sind folglich in der Vermögensaufstellung nicht abzusetzen.

c) Prüfungstechnik

986 Die **Prüfung des internen Kontrollsystems** und die **Prüfung des Nachweises** erfolgen in gleicher Weise wie bei der Kapitalrücklage (vgl. Rz. 940 f.).

987 Zur **Prüfung der Bewertung** ist zu untersuchen, ob
– die Rechtsgrundlagen für die Rücklagenbildung und die Auflösung der Rücklagen beachtet wurden,
– die Rücklage rechnerisch ermittelt wurde (z. B. rechnerische Ermittlung des Eigenkapitalanteils einer Preissteigerungsrücklage, die in voller Höhe oder wahlweise auch in Zwischenwerten angesetzt werden kann).

988 Bei der **Prüfung des Ausweises** ist darauf zu achten, daß
– der gesonderte Ausweis bei großen und mittelgroßen Kapitalgesellschaften beachtet wurde,
– die Gegenbuchung bei Bildung oder Auflösung der Rücklage im Rahmen der Ergebnisverwendung erfolgte,
– bei Aktiengesellschaften die hierfür vorgesehenen Ausweis- und Berichtsvorschriften eingehalten wurden.
Vgl. *Chmielewicz* HdR 995 ff.; *WPH* 1981, 1227 f.

5. (–*) **Rücklage nach § 58 Abs. 2a AktG nF., § 29 Abs. 4 GmbHG nF.**

a) Behandlung nach Handelsrecht

990 Unabhängig von der Rücklagenbildung nach § 58 Abs. 1 und 2 AktG können Vorstand und Aufsichtsrat der AG im Rahmen der Gewinnverwendung den Eigenkapitalteil von Wertaufholungen bei Vermögensgegenständen des Anlage- und Umlaufvermögens (§ 280 HGB nF.) in andere Gewinnrücklagen (**Wertaufholungsrücklage**) einstellen (§ 58 Abs. 2a AktG nF.). In gleicher Weise kann eine Gewinnrücklage für den Eigenkapitalanteil eines **lediglich bei der steuerlichen Gewinnermittlung berücksichtigten Passivpostens,** der nicht im Sonderposten mit Rücklageanteil ausgewiesen werden darf (im wesentlichen nur Preissteigerungsrücklage gem. § 74 EStDV, Abschn. 228 EStR, die bei Kapitalgesellschaften nicht als Sonderposten mit Rücklageanteil ausgeworfen werden dürfen, vgl. Rz. 1024) gebildet werden. Unter dem Eigenkapitalanteil ist der Zuschreibungsbetrag bzw. die Preissteigerungsrücklage abzüglich der darauf entfallenden Körperschaft- und Gewerbeertragsteuer zu verstehen. Der Fremdkapitalanteil (Steueranteil) ist als Verbindlichkeit oder ggf. als Rückstellung für latente Steuern (Rz. 1160 ff.) zu erfassen.

991 Durch diese Vorschrift soll Vorstand und Aufsichtsrat die Möglichkeit gegeben werden, eine unerwünschte **Ausschüttung** von Buchgewinnen zu **verhindern.** Der Betrag dieser Rücklage ist entweder in der Bilanz gesondert auszuweisen oder im Anhang anzugeben (§ 58 Abs. 2a AktG nF.).

992 Für Gesellschaften mit beschränkter Haftung sieht § 29 Abs. 4 GmbHG nF. eine analoge Regelung vor. Danach können die Geschäftsführer mit Zustimmung des Aufsichtsrats oder der Gesellschafter den Eigenkapitalanteil von Wertaufholungen und von den nur bei der steuerlichen Gewinnermittlung gebildeten Passivposten in andere Gewinnrücklagen einstellen. Von dieser Möglichkeit kann unabhängig davon Gebrauch gemacht werden, daß die Gesellschafter grundsätzlich Anspruch auf den Jahresüberschuß haben (§ 29 Abs. 1 GmbHG nF.) oder daß abweichende Gewinnverteilungsabreden vorliegen. Die Rücklage ist entweder in der Bilanz gesondert auszuweisen oder im Anhang anzugeben.

b) Ertragsteuerliche und bewertungsrechtliche Behandlung

993 Eine Wertaufholung ist ertragsteuerlich nur bei den unter § 6 Abs. 1 Nr. 2 EStG fallenden Wirtschaftsgütern statthaft sowie aufgrund des Maßgeblichkeitsgrundsatzes nach § 6 Abs. 3 EStG geboten. Eine handelsrechtlich statthafte oder vorgeschriebene Wertaufholung ist aufgrund des Maßgeblichkeitsgrundsatzes in die Steuerbilanz

---

* Im gesetzlichen Gliederungsschema ist keine gesonderte Bezifferung vorgesehen.

zu übernehmen. Die Bildung einer Wertaufholungsrücklage ist jedoch ertragsteuerlich nicht zulässig.

Bei der Einheitsbewertung des Betriebsvermögens sind die Wirtschaftsgüter gemäß § 109 Abs. 1 BewG grundsätzlich mit dem Teilwert anzusetzen, auch wenn dieser über den Anschaffungs- oder Herstellungskosten liegt. Insofern hat der Gedanke der Wertaufholung auch im Bewertungsrecht Geltung. Der durch eine Wertaufholung entstandene (Buch)Gewinn berechtigt aber nicht zum Abzug eines Schuldpostens bei Einheitsbewertung. Auf die Wertaufholungsrücklage treffen die gleichen Erwägungen zu, die der Bundesfinanzhof (Urteil v. 30. 4. 1959, BStBl III 1959, 288) hinsichtlich der Nichtabzugsfähigkeit von Preissteigerungsrücklagen anführt: Die Rücklage ist keine Schuld, sie hat vielmehr nur die Aufgabe der Gewinnregulierung.

c) Prüfungstechnik

994 Zur **Prüfung des internen Kontrollsystems** ist das angestrebte Kontrollsystem anhand von Fragebögen, verbalen Beschreibungen etc. zu ermitteln und in einem Dauerarbeitspapier zu dokumentieren. Der Soll-Zustand sollte umfassen:
- die Führung eines Verzeichnisses von Zuschreibungen auf Wirtschaftsgüter sowie des darauf entfallenden Eigenkapitalanteils,
- die Erstellung und regelmäßige Fortführung einer Einzelaufstellung über die Rücklage,
- die regelmäßige Abstimmung der Einzelaufstellung mit den Konten der Finanzbuchhaltung.

Die Prüfung umfaßt außerdem die Beurteilung, ob die vorgesehenen Kontrollen ausreichend sind.

Sie bezieht sich außerdem auf die Ermittlung des Ist-Zustands des internen Kontrollsystems und die Würdigung eventueller Soll/Ist-Abweichungen.

995 Prüfungsunterlage für die **Prüfung des Nachweises** ist ein von der Gesellschaft zu fertigender Bestandsnachweis in Form eines Kapitalspiegels (vgl. Rz. 883).

Die Nachweisprüfung erstreckt sich auf
- die rechnerische Richtigkeit des Kapitalspiegels,
- die Abstimmung der in die Rücklage eingegangenen Beträge mit den zugehörigen Zuschreibungen in der Anlagenkartei,
- die Abstimmung mit den Konten der Finanzbuchhaltung.

996 Die **Prüfung der Bewertung** erstreckt sich darauf, daß die Rücklage in Höhe des Eigenkapitalanteils der Zuschreibungen gebildet werden kann. Dabei ist die Höhe der Rücklage auch rechnerisch nachzuvollziehen.

Außerdem ist bei der Prüfung der Bewertung darauf zu achten, daß die Rücklage aufzulösen ist
- beim Abgang eines Wirtschaftsgutes,
- im Falle einer erneuten Abschreibung des Wirtschaftsgutes in anteiliger Höhe.

997 Die **Prüfung des Ausweises** erstreckt sich darauf, ob
- die Wertaufholungsrücklage gesondert neben den anderen Rücklagen ausgewiesen oder im Anhang angegeben wurde,
- die Gegenbuchung bei Bildung oder Auflösung der Rücklage im Rahmen der Ergebnisverwendung erfolgte,
- die für Aktiengesellschaften vorgesehenen Ausweis- und Berichtsvorschriften eingehalten wurden (vgl. Rz. 953).

V. (IV.*) Gewinnvortrag/Verlustvortrag

1000 Der gesonderte Ausweis des Postens Gewinnvortrag bzw. Verlustvortrag ist in dieser Form neu; bisher war eine gesonderte Darstellung nur in der Gewinn- und Verlustrechnung im Rahmen der Entwicklung des Bilanzgewinns erforderlich. Da Personengesellschaften und Einzelunternehmen den Jahresüberschuß oder Jahresfehlbetrag in der Regel bereits auf die Kapitalkonten der Gesellschafter bzw. Unter-

---

* Bezeichnung lt. gesetzlichen Gliederungsschema.

Bilanzgewinn/Bilanzverlust

1001 Als Gewinnvortrag oder Verlustvortrag ist der **Restbetrag** auszuweisen, der sich **aus der Ergebnisverwendung des Vorjahres** ergibt. Sofern die letzte Jahresbilanz mit einem Bilanzverlust abschloß, ist dieser als Verlustvortrag auszuweisen. Schloß dagegen das Vorjahr mit einem Bilanzgewinn ab, so stellt der Gewinnvortrag den nach einer Gewinnausschüttung bzw. nach einer Einstellung in Gewinnrücklagen verbleibenden Betrag dar. Der hier auszuweisende Gewinn- oder Verlustvortrag entspricht der gleichnamigen Position, die für AG für den Fall der teilweisen Ergebnisverwendung als Ergänzung des GuV-Schemas nach dem Posten „Jahresüberschuß/Jahresfehlbetrag" auszuweisen ist (§ 158 Abs. 1 AktG nF.). Ebenso ist bei Aktiengesellschaften im Beschluß über die Verwendung des Jahresergebnisses ein Gewinnvortrag anzugeben (§ 174 Abs. 2 AktG nF.); dieser ist ggf. in der Bilanz des Folgejahres als solcher auszuweisen. Ein Gewinnvortrag erhöht das Eigenkapital, ein Verlustvortrag vermindert das Eigenkapital. Der Posten ist mit dem entsprechenden Vorzeichen in die Bilanz des Abschlußjahres zu übernehmen.

1002 Ein **Ausweis** kommt nur in Betracht, wenn die Bilanz **vor Verwendung** des Jahresergebnisses aufgestellt wird. Die Bilanz kann allerdings auch nach vollständiger oder teilweiser Verwendung des Jahresergebnisses aufgestellt werden, soweit nicht gesetzliche Vorschriften entgegen stehen (Rz. 1009). Erfolgt die Bilanzaufstellung nach teilweiser Verwendung des Jahresergebnisses, so tritt an die Stelle der Posten „Gewinnvortrag/Verlustvortrag" und „Jahresüberschuß/Jahresfehlbetrag" der Posten „Bilanzgewinn/Bilanzverlust". Ein vorhandener Gewinn- oder Verlustvortrag ist in den Posten „Bilanzgewinn/Bilanzverlust" einzubeziehen und zu vermerken (§ 268 Abs. 1 HGB nF.).

VI. (V.*) Jahresüberschuß/Jahresfehlbetrag

1005 Auch der Ausweis dieses Postens war im deutschen Bilanzrecht bisher nicht vorgesehen; ebenso wie der Posten „Gewinnvortrag/Verlustvortrag" wird diese Position in der Regel **nur bei Kapitalgesellschaften** auszuweisen sein (Rz. 1000).

1006 Der Jahresüberschuß bzw. Jahresfehlbetrag zeigt die Höhe des im abgelaufenen Geschäftsjahr **erwirtschafteten Gewinns bzw. Verlusts** an; er korrespondiert mit dem entsprechenden Betrag in der GuV-Rechnung (vgl. Rz. 1925).

1007 Der Posten ist nur **auszuweisen**, wenn die Bilanz **vor Verwendung** des Jahresergebnisses aufgestellt wird. Sofern die Bilanz nach vollständiger oder teilweiser Verwendung des Jahresergebnisses aufgestellt wird, entfällt dieser Posten und wird durch den „Bilanzgewinn/ Bilanzverlust" ersetzt (§ 268 Abs. 1 HGB; vgl. Rz. 1002).

VII. (–**) Bilanzgewinn/Bilanzverlust

1008 Der Bilanzgewinn oder Bilanzverlust ist unter dem Eigenkapital gesondert auszuweisen, wenn die Bilanz **nach teilweiser Verwendung** des Jahresergebnisses aufgestellt wird (§ 268 Abs. 1 HGB nF.). Wird der Jahresabschluß nach vollständiger Verwendung des Jahresergebnisses aufgestellt so entfällt dieser Posten (wie auch die Posten „Gewinnvortrag/Verlustvortrag" und „Jahresüberschuß/Jahresfehlbetrag") es sei denn, es ergibt sich aus der Ergebnisverwendung ein Gewinn- oder Verlustvortrag des Abschlußjahres. Dieser Vortrag ist nach § 268 Abs. 1 Satz 2 HGB nF. in den Posten „Bilanzgewinn/Bilanzverlust" einzubeziehen und zu vermerken.

1009 Soweit keine gesetzlichen Vorschriften entgegenstehen, gestattet § 268 Abs. 1 HGB nF. ausdrücklich die Aufstellung der Bilanz unter Berücksichtigung der vollständigen oder teilweisen Verwendung des Jahresergebnisses. Eine **Einschränkung** der Möglichkeit, die Ergebnisverwendung vor der Bilanzaufstellung vorzunehmen, sieht insbesondere § 58 AktG für **Aktiengesellschaften** vor. Danach können Vorstand und Aufsichtsrat, sofern diese den Jahresabschluß feststellen, grundsätzlich höchstens die Hälfte des Jahresüberschusses in die freien Rücklagen einstellen (vgl.

---

* Bezeichnung lt. gesetzlichen Gliederungsschema.
** Im gesetzlichen Gliederungsschema ist keine gesonderte Bezifferung vorgesehen.

Seitz

Rz. 981). Daneben gestattet der neu eingefügte § 58 Abs. 2a AktG nF. Vorstand und Aufsichtsrat die Verwendung weiterer Teile des Jahresüberschusses (vgl. Rz. 990). Über die Verwendung eines danach verbleibenden Bilanzgewinns beschließt die Hauptversammlung; sie kann weitere Beträge den Rücklagen zuführen und/oder die Ausschüttung des Bilanzgewinns beschließen (§ 58 Abs. 3 und 4 AktG). Bei Aktiengesellschaften kann aus diesem Grunde die Bilanz i. d. R. nicht nach vollständiger Verwendung des Jahresergebnisses aufgestellt werden; der Posten ,,Bilanzgewinn/ Bilanzverlust" wird immer auszuweisen sein. Bei **GmbH** entscheiden grundsätzlich die Gesellschafter über eine Verwendung des Bilanzgewinns. Infolge der i. d. R. nur beschränkten Anzahl von Gesellschaftern dürfte es darum möglich sein, bereits vor Bilanzaufstellung einen Gewinnverwendungsbeschluß herbeizuführen, so daß dieser im Jahresabschluß der GmbH berücksichtigt werden kann.

Am folgenden **Beispiel** soll dies aufgezeigt werden:

	TDM
Jahresüberschuß	1000
Verlustvortrag aus dem Vorjahr	− 15
Einstellung in Gewinnrücklagen	− 470
Auszuschüttender Betrag	− 500
Gewinnvortrag	15

In diesem Beispiel sind die Positionen ,,Jahresüberschuß" und ,,Verlustvortrag" in der Bilanz nicht auszuweisen, da die Bilanz nach teilweiser Verwendung des Jahresergebnisses aufgestellt wurde. Die Einstellung in Gewinnrücklagen (TDM 470) ist bereits dort auszuweisen; der auszuschüttende Betrag (TDM 500) kann bereits als Dividendenverbindlichkeit bilanziert werden, sofern ein Gewinnverwendungsbeschluß vorliegt (i. d. R. nur bei GmbH möglich). Diese Verbindlichkeiten gegenüber Gesellschaftern sind nach § 42 Abs. 3 GmbHG nF. gesondert auszuweisen; werden sie unter anderen Posten ausgewiesen, so muß diese Eigenschaft vermerkt werden. Der verbleibende Gewinnvortrag von TDM 15 ist in den Posten Bilanzgewinn einzubeziehen und zu vermerken. Danach zeigt die Passivseite der Bilanz im vorliegenden **Beispiel** folgendes Bild:

	TDM
A. Eigenkapital	
.	
.	
III. Gewinnrücklagen	470
IV. Bilanzgewinn	15
(davon Gewinnvortrag TDM 15)	
.	
.	
D. Verbindlichkeiten	
.	
.	
Verbindlichkeiten gegenüber Gesellschaftern	500

B. (−*) Sonderposten mit Rücklageanteil

a) Behandlung nach Handelsrecht

1015 Grundsätzlich werden Rücklagen aus bereits versteuerten Gewinnen gebildet. In einigen Fällen sind Zuführungen zu den **Rücklagen ertragsteuerlich abzugsfähig**. Diese für steuerliche Zwecke gebildeten Passivposten dürfen **auch in die Handelsbilanz** übernommen werden (§ 247 Abs. 3 HGB nF.). Die Beträge sind als Sonderpo-

---

* Im gesetzlichen Gliederungsschema ist keine gesonderte Bezifferung vorgesehen.

sten mit Rücklageanteil auszuweisen. **Für Kapitalgesellschaften gilt einschränkend**, daß ein Sonderposten mit Rücklageanteil nur insoweit gebildet werden darf, als das Steuerrecht die Anerkennung des Wertansatzes bei der steuerrechtlichen Gewinnermittlung davon abhängig macht, daß der Sonderposten in der Handelsbilanz gebildet wird. Kapitalgesellschaften müssen den Posten auf der Passivseite **vor den Rückstellungen ausweisen** und die Vorschriften nach denen er gebildet worden ist in der Bilanz oder im Anhang angeben (§ 273 HGB nF.). Es empfiehlt sich, für Personengesellschaften und Einzelunternehmen den Ausweis analog vorzunehmen.

1016 Im allgemeinen werden Sonderposten mit Rücklageanteil nur vorübergehend der Ertragsbesteuerung entzogen, die Versteuerung nur für bestimmte Zeit – bis zur ihrer Auflösung – hinausgeschoben. Aus diesem Grunde stellen diese Posten einen **Mischposten aus Eigen- und Fremdkapital** dar, der sowohl Rücklagen- als auch Rückstellungscharakter trägt. Der Rückstellungscharakter zeigt sich darin, daß der genaue Zeitpunkt der endgültigen Versteuerung sowie die Höhe der Steuerschuld ungewiß sind (*Coenenberg* Jahresabschluß, 167).

1017 **Rechtsgrundlagen** für die Einstellung von Rücklagen in den Sonderposten mit Rücklageanteil stellen die verschiedensten **steuerlichen Vorschriften** dar. Unter anderem zählen derzeit zu diesen Rücklagen:
– Preissteigerungsrücklage nach § 74 EStDV
– Rücklage für Veräußerungsgewinne, § 6b EStG
– Rücklage für Zuschüsse, Abschnitt 34 Abs. 3 EStR
– Rücklage nach § 3 ZRFG
– Rücklage gemäß § 82 StBauFG
– Rücklage für Ersatzbeschaffung, Abschnitt 35 EStR
– Rücklage bei Erwerb gefährdeter Betriebe, § 6d EStG
– Rücklage für Kapitalanlagen in Entwicklungsländern nach dem EntwLStG
– Rücklage nach dem Gesetz über steuerliche Maßnahmen bei Auslandsinvestitionen der deutschen Wirtschaft
– Rücklage nach § 52 Abs. 5 EStG (Änderung des Rechnungszinsfußes bei Pensionsrückstellungen)
– Rücklage nach § 5 des Gesetzes zur Förderung der Verwendung von Steinkohle in Kraftwerken

1018 Nach § 254 HGB nF. können **Abschreibungen** auf Gegenstände des Anlage- oder Umlaufvermögens auch vorgenommen werden, soweit dies allein **aufgrund steuerlicher Vorschriften** gestattet ist. Für Kapitalgesellschaften gilt dies einschränkend nur dann, wenn das Steuerrecht die Anerkennung der Absetzung davon abhängig macht, daß der steuerliche Wertansatz auch im handelsrechtlichen Jahresabschluß nachvollzogen wird (Prinzip der umgekehrten Maßgeblichkeit, § 279 Abs. 2 HGB nF.).

1019 Kapitalgesellschaften **dürfen** (Wahlrecht) diese Abschreibung nach § 281 Abs. 1 HGB nF. auch in der Weise vornehmen, daß der Unterschiedsbetrag zwischen der Bewertung nach § 253 HGB nF. (Normalabschreibung) und der nach § 254 HGB nF. zulässigen Bewertung (erhöhte steuerliche Abschreibung bzw. Sonderabschreibung) in den Sonderposten mit Rücklageanteil eingestellt wird. In diesem Fall ist das betreffende Wirtschaftsgut – ungekürzt um die steuerliche Sonderabschreibung – entsprechend der handelsrechtlichen Bewertung zu aktivieren. Nach dem bisherigen Handelsrecht wurden die erhöhten steuerlichen Abschreibungen und die steuerlichen Sonderabschreibungen grundsätzlich aktivisch abgesetzt. Insoweit kann der Umfang des Sonderpostens mit Rücklageanteil über die Bilanzierung nach dem bisherigen Handelsrecht hinausgehen.

1020 Unter anderem können nach dem derzeitigen Steuerrecht **folgende Absetzungen** geltend gemacht werden, die im Fall der Behandlung als Wertberichtigung unter den Sonderposten mit Rücklageanteil auszuweisen sind:
– Sonderabschreibung zur Förderung kleiner und mittlerer Betriebe, § 7g EStG
– Sonderabschreibung nach § 3 ZRFG
– Sonderabschreibung auf Wirtschaftsgüter des Kohlen- und Erzbergbaus, § 81 EStDV
– Sonderabschreibungen auf Anlagegegenstände, die der Forschung und Entwicklung dienen, § 82d EStDV

Seitz

- Sonderabschreibungen für private Krankenanstalten, § 7f EStG
- Erhöhte Absetzungen für Baudenkmäler, § 82i EStDV
- Erhöhte Absetzungen nach § 14 BerlinFG
- Erhöhte Absetzungen für Baumaßnahmen nach dem BBauG und StBauFG, § 82g EStDV
- Erhöhte Absetzungen für Wirtschaftsgüter, die dem Umweltschutz dienen, § 7d EStG
- Importwarenabschlag nach § 80 EStDV.

1021 Ist der **Ansatz eines Sonderpostens** mit Rücklageanteil **nicht Voraussetzung** für die Anerkennung der steuerfreien Rücklage bzw. der steuerlichen Abschreibungen bei der steuerlichen Gewinnermittlung (z. B. Preissteigerungsrücklage, § 74 EStDV, Abschn. 228 EStR, vgl. Rz. 1024), so kommt bei Kapitalgesellschaften ein Ausweis unter den Sonderposten nicht in Betracht. Soll beispielsweise die Preissteigerungsrücklage auch in der Handelsbilanz ausgewiesen werden, so kann dies **nur im Rahmen der Gewinnverwendung** geschehen. Für **Aktiengesellschaften** sieht § 58 Abs. 2a AktG nF. ausdrücklich vor, daß Vorstand und Aufsichtsrat unbeschadet ihrer sonstigen Gewinnverwendungsbefugnis den Eigenkapitalanteil dieses steuerrechtlichen Passivpostens in andere Gewinnrücklagen (Rz. 990) einstellen können. Gegebenenfalls ist eine Rückstellung für latente Ertragsteuerbelastung zu bilden (vgl. Rz. 1162).

Bei **GmbH** können die Geschäftsführer – mit Zustimmung des Aufsichtsrats oder der Gesellschafter – den Eigenkapitalanteil eines nur in der Steuerbilanz angesetzten Passivposten, der nicht im Sonderposten mit Rücklageanteil ausgewiesen werden darf, in andere Gewinnrücklagen einstellen (§ 29 Abs. 4 GmbHG nF.). Vgl. hierzu auch Rz. 992.

1022 Kapitalgesellschaften dürfen – wie alle anderen Unternehmen – die Einstellungen in den Sonderposten mit Rücklageanteil und auch dessen Auflösung bereits **bei der Aufstellung der Bilanz** vornehmen (§ 270 Abs. 1 HGB nF.). Grundsätzlich ist der Sonderposten **nach Maßgabe des Steuerrechts aufzulösen** (§ 247 Abs. 3 HGB nF.). Bei Sonderposten mit Rücklageanteil, die aufgrund steuerlicher Sonderabschreibungen oder erhöhter steuerlicher Abschreibungen gebildet wurden, ist darüber hinaus § 281 Abs. 1 Satz 3 HGB nF. zu beachten. Danach ist unabhängig von der steuerlichen Regelung der Sonderposten mit Rücklageanteil insoweit aufzulösen, als die betreffenden Vermögensgegenstände ausscheiden oder handelsrechtliche Abschreibungen vorgenommen werden. Beim Abgang ist der Sonderposten in voller Höhe aufzulösen; bei der Vornahme handelsrechtlicher Abschreibungen anteilig entsprechend der Abschreibungsmethode. Im letzteren Fall ist der Sonderposten auf die Nutzungsdauer des Vermögensgegenstands jährlich um den Differenzbetrag zwischen handelsrechtlicher Normalabschreibung und steuerlich wirksamer Abschreibung aufzulösen. Am nachfolgenden **Beispiel** soll dies erläutert werden:

Anschaffungskosten					DM 100000,-
Übertragung eines Buchgewinns nach § 6b EStG					DM 60000,-
planmäßige Abschreibung (10%)					DM 10000,-

Ende des Jahres	Buchwerte	Abschreibung	Sonderposten	Auflösung Sonderposten	Nettoaufwand in HB + StB
DM (1)	DM (2)	DM (3)	DM (4)	DM (5)	DM (3)–(5)
	100000		60000		
	10000	10000	6000	6000	4000
1	90000		54000		
	10000	10000	6000	6000	4000
2	80000		48000		
	10000	10000	6000	6000	4000
3	70000		42000		
	10000	10000	6000	6000	4000
4	60000		36000		

Sonderposten mit Rücklageanteil

Die Auflösung des Sonderpostens mit jährlich DM 6000 läßt sich aus der Differenz zwischen handelsrechtlicher Normalabschreibung (DM 10000) und steuerlich wirksamer Abschreibung (10% von DM 40000 = DM 4000) erklären.

Erträge aus der Auflösung des Sonderpostens mit Rücklageanteil sind in dem Posten „Sonstige betriebliche Erträge" (Rz. 1725 ff.), Einstellungen in dem Posten „Sonstige betriebliche Aufwendungen" (Rz. 1798 ff.) der GuV-Rechnung gesondert auszuweisen (§ 281 Abs. 2 Satz 2 HGB nF.).

1023 Kapitalgesellschaften haben den Betrag der im Geschäftsjahr allein nach steuerlichen Vorschriften vorgenommenen Abschreibungen **im Anhang anzugeben,** und hinreichend zu begründen, soweit sich diese Beträge nicht aus der Bilanz oder GuV-Rechnung ergeben (§ 281 Abs. 2 Satz 1 HGB nF.). Ferner ist im Anhang das Ausmaß anzugeben, in dem das Jahresergebnis durch steuerrechtliche Abschreibungen nach § 254 HGB nF. oder die Beibehaltung eines niedrigeren Wertansatzes (§ 280 Abs. 2 HGB nF.), die im Geschäftsjahr oder in früheren Jahren vorgenommen wurden, beeinflußt wurde. Die Auswirkung der Bildung eines Sonderpostens mit Rücklageanteil auf das Jahresergebnis ist gleichermaßen im Anhang anzugeben (§ 285 Nr. 5 HGB nF.). Im Interesse der Übersichtlichkeit der Bilanz dürfte es sich empfehlen, die geforderten Angaben in den Anhang aufzunehmen. Erläuterungen und Begründung der einzelnen Maßnahmen können damit geschlossen an einer Stelle vorgenommen werden.

b) Ertragsteuerliche Behandlung

Nachfolgend werden die wesentlichen Anwendungsfälle für die Bilanzierung von Sonderposten mit Rücklageanteil beschrieben.

(1) Preissteigerungsrücklage nach § 74 EStDV

1024 Steuerpflichtige, die den Gewinn nach § 5 EStG ermitteln, können für Roh-, Hilfs- und Betriebsstoffe, halbfertige und fertige Erzeugnisse sowie Waren eine Rücklage für Preissteigerung bilden. **Voraussetzung** ist, daß es sich um vertretbare Wirtschaftsgüter handelt (§ 91 BGB), deren Börsen- oder Marktpreis (Wiederbeschaffungspreis) am Bilanzstichtag gegenüber dem Schluß des vorangegangenen Wirtschaftsjahres um mehr als 10 v. H. gestiegen ist (§ 74 Abs. 1 EStDV).

Bei Wirtschaftsgütern im Zustand der Be- oder Verarbeitung ist die Preissteigerung nach dem Börsen- oder Marktpreis des nächsten Wirtschaftsguts zu berechnen, in welches das im Zustand der Be- oder Verarbeitung befindliche Wirtschaftsgut eingeht und für welches ein Börsen- oder Marktpreis vorliegt (§ 74 Abs. 4 EStDV). Die Rücklage kann nicht für Wirtschaftsgüter gebildet werden, die nach § 80 EStDV (Importwarenabschlag, vgl. Rz. 1060) bewertet worden sind (Abschn. 228 Abs. 4 EStR). Die Rücklage für Preissteigerung ist spätestens bis zum Ende des auf die Bildung folgenden sechsten Wirtschaftsjahrs gewinnerhöhend aufzulösen (§ 74 Abs. 5 EStDV).

Zur **Errechnung der Rücklage** für Preissteigerung ist der Vomhundertsatz zu ermitteln, um den der Börsen- oder Marktpreis am Schluß des vorangegangenen Wirtschaftsjahrs zuzüglich 10 v. H. dieses Preises niedriger ist als der Börsen- oder Marktpreis am Schluß des Wirtschaftsjahres (§ 74 Abs. 2 EStDV).

Beispiel:
Ein Steuerpflichtiger hat in der Steuerbilanz vom 31. 12. 02 fünf Einheiten eines Wirtschaftsguts im Sinne des § 74 Abs. 1 EStDV mit den Anschaffungs- oder Herstellungskosten von insgesamt 6500,– DM angesetzt.
Der Börsen- oder Marktpreis dieses Wirtschaftsguts beträgt je Einheit:
am 31. 12. 01   1000,– DM
am 31. 12. 02   1500,– DM.
Die Preissteigerung beträgt 50% des Börsen- oder Marktpreises vom 31. 12. 01, also mehr als 10%.
Der Börsen- oder Marktpreis vom 31. 12. 01 zuzüglich 10% dieses Preises beträgt 1100,– DM.
Der Vomhundertsatz, um den 1100,– DM niedriger sind als 1500,– DM, beträgt
$$\frac{(400 \times 100)}{1500} = 26{,}6\%.$$
Die steuerlich zulässige Rücklage beträgt 26,6% von 6500,– DM = 1729,– DM (Abschn. 228 Abs. 3 EStR).

Seitz

Nach Abschn. 228 Abs. 5 EStR ist es **nicht** erforderlich, daß die Preissteigerungsrücklage auch **in der Handelsbilanz** berücksichtigt wird. Vielmehr braucht die Rücklage nur in der Steuerbilanz ausgewiesen werden. Wegen des in diesem Fall durchbrochenen Grundsatzes der Maßgeblichkeit der Handelsbilanz für die Steuerbilanz ist künftig – im Gegensatz zur bisherigen handelsrechtlichen Regelung – **nurmehr bei Personenhandelsgesellschaften und Einzelunternehmen ein Ausweis** der Preissteigerungsrücklage **in der Handelsbilanz** möglich (§ 247 Abs. 3 HGB nF.). Für den Ansatz von Sonderposten mit Rücklageanteil in der Handelsbilanz von Kapitalgesellschaften ist nach dem Bilanzrichtliniengesetz Voraussetzung, daß das Steuerrecht die Anerkennung des Wertansatzes bei der steuerrechtlichen Gewinnermittlung davon abhängig macht, daß der Posten auch in der Handelsbilanz gebildet wird (§ 273 HGB nF.). Da das Steuerrecht die Anerkennung der Preissteigerungsrücklage nicht von einem Ansatz in der Handelsbilanz abhängig macht, können **Kapitalgesellschaften künftig eine Preissteigerungsrücklage nicht mehr in der Handelsbilanz** ausweisen. Allerdings besteht für Kapitalgesellschaften die Möglichkeit, in Höhe des Eigenkapitalanteils der Preissteigerungsrücklage eine **Gewinnrücklage** zu bilden (§ 58 Abs. 2a AktG nF., § 29 Abs. 4 GmbHG nF., vgl. auch Rz. 990ff. und Rz. 1021). Zur Frage der Bildung einer Rückstellung für latente Steuern in diesem Zusammenhang vgl. Rz. 1162.

(2) Übertragung stiller Reserven bei Veräußerung bestimmter Anlagegüter nach § 6b EStG

1025　Nach dieser Vorschrift können **Gewinne aus der Veräußerung** bestimmter Wirtschaftsgüter des Anlagevermögens unter gewissen Voraussetzungen von den Anschaffungs- oder Herstellungskosten bestimmter in der gleichen Periode angeschaffter oder hergestellter Wirtschaftsgüter des Anlagevermögens **abgezogen** werden. Damit soll Unternehmen die Möglichkeit gegeben werden, Wirtschaftsgüter des Anlagevermögens, die nicht mehr benötigt werden oder infolge von strukturellen Veränderungen bzw. Standortverlagerungen abgegeben werden müssen, ohne Steuerbelastung zu veräußern. Der Veräußerungsgewinn kann somit voll zur Finanzierung betriebsnotwendiger Neuinvestitionen herangezogen werden.

In § 6b Abs. 1 EStG sind die **begünstigten Wirtschaftsgüter** abschließend aufgezählt. Danach ist nur der Gewinn aus der Veräußerung folgender Wirtschaftsgüter begünstigt:

1026　– **Grund und Boden**
hierbei wird lediglich der ,,nackte" Grund und Boden erfaßt: Bodenschätze, Gebäude, Betriebsvorrichtungen etc. zählen selbst dann nicht zum Grund und Boden, wenn sie mit diesem fest verbunden sind (Abschn. 41a Abs. 1 EStR).

1027　– **Aufwuchs** auf oder **Anlagen** im Grund und Boden mit dem dazugehörigen Grund und Boden, wenn die Anlagen oder der Aufwuchs zu einem land- und forstwirtschaftlichen Betrieb gehören. Aufwuchs sind alle Pflanzen (stehendes Holz, Obstbäume, Rebstöcke), die auf dem Grund und Boden gewachsen und noch darin verwurzelt sind. Zu den Anlagen im Grund und Boden gehören insbesondere Be- und Entwässerungsanlagen, Hofbefestigungen, Wirtschaftswege und Brücken (Abschn. 41a Abs. 2 EStR).

1028　– **Gebäude**
Ein Gebäude ist ein Bauwerk auf eigenem oder fremden Grund und Boden, das Menschen oder Sachen durch räumliche Umschließung Schutz gegen äußere Einflüsse gewährt, den Aufenthalt von Menschen gestattet, fest mit dem Grund und Boden verbunden, von einiger Beständigkeit und standfest ist.

1029　– Abnutzbare **bewegliche Wirtschaftsgüter** mit einer betriebsgewöhnlichen **Nutzungsdauer von mindestens 25 Jahren.** Maßgebend für die Frage, ob die betriebsgewöhnliche Nutzungsdauer 25 Jahre oder mehr beträgt, ist die Nutzungsdauer, die bei der Abschreibung zulässigerweise zugrunde gelegt worden ist (Abschn. 41a Abs. 4 EStR).

1030　– **Schiffe**
Hierzu zählen alle Wasserfahrzeuge, die in der Schiffsregisterordnung angesprochen sind (Abschn. 41a Abs. 5 EStR).

Sonderposten mit Rücklageanteil

1031 – **Anteile an Kapitalgesellschaften**
Unter Anteile an Kapitalgesellschaften fallen Aktien, Anteile an einer GmbH, Kuxe, Genußscheine oder ähnliche Beteiligungen und Anwartschaften auf solche Beteiligungen.

1032 – **Lebendes Inventar land- und forstwirtschaftlicher Betriebe** im Zusammenhang mit einer **Betriebsumstellung**. Eine Betriebsumstellung liegt nur bei einer Änderung der agrarwirtschaftlichen Grundstruktur (z. B. Umstellung auf viehlose Wirtschaft oder Umstellung von Milchwirtschaft auf Schweinemast) vor (Abschn. 41a Abs. 7 EStR).

1033 Nach § 6b Abs. 1 Satz 2 bestehen folgende **Übertragungsmöglichkeiten**:

Gewinne aus der Veräußerung	Können übertragen werden auf Anschaffungs- oder Herstellungskosten von				
	Abnutzbaren beweglichen Wirtschaftsgütern (auch Schiffe und lebendes Inventar)	Grund und Boden	Gebäuden	Aufwuchs auf oder Anlagen im Grund und Boden	Anteile an Kapitalgesellschaften
Grund und Boden	ja	ja	ja	ja	nein
Aufwuchs auf oder Anlagen im Grund und Boden	ja	nein	ja	ja	nein
Gebäude	ja	nein	ja	nein	nein
Abnutzbare bewegliche Wirtschaftsgüter (Nutzungsdauer 25 Jahre)	ja	nein	nein	nein	nein
Schiffe	ja	nein	nein	nein	nein
Anteile an Kapitalgesellschaften	ja	nein	ja	nein	ja
Lebendes Inventar land- und forstwirtschaftlicher Betriebe	ja	nein	nein	nein	nein

1034 Der **Abzug** aufgedeckter stiller Reserven von den Anschaffungs- oder Herstellungskosten eines Wirtschaftsguts (§ 6b Abs. 1 EStG) oder die Rücklagenbildung (§ 6b Abs. 3 EStG) sind **nur in Höhe des begünstigten Gewinns** zulässig; begünstigter Gewinn ist ein Betrag bis zur Höhe von 80% des bei der Veräußerung entstandenen Gewinns. Bei der Veräußerung von Grund und Boden oder Gebäuden kann ein Betrag bis zur vollen Höhe des entstandenen Gewinns abgezogen werden. Gewinn im Sinne dieser Vorschrift ist der Betrag, um den der Veräußerungspreis nach Abzug der Veräußerungskosten den Buchwert (§ 6 EStG) übersteigt. Das bedeutet, daß bei abnutzbaren Anlagegütern auch noch Abschreibungen nach § 7 EStG sowie etwaige Sonderabschreibungen für den Zeitraum vom letzten Bilanzstichtag bis zum Veräußerungszeitpunkt vorgenommen werden können (Abschn. 41a Abs. 9 EStR).

1035 **Veräußerung** ist die entgeltliche Übertragung des wirtschaftlichen Eigentums an einem Wirtschaftsgut. Das wirtschaftliche Eigentum ist in dem Zeitpunkt übertragen, in dem die Verfügungsmacht (Herrschaftsgewalt) auf den Erwerber übergeht. Ohne Bedeutung ist, ob das Wirtschaftsgut freiwillig oder unter Zwang veräußert wird. Auch der Tausch von Wirtschaftsgütern ist eine Veräußerung (Abschn. 41a Abs. 8 EStR).

1036 Der Abzug von den Anschaffungs- oder Herstellungskosten eines Wirtschaftsguts nach § 6b Abs. 1 oder 3 EStG kann **nur in dem Wirtschaftsjahr** vorgenommen werden, in dem das Wirtschaftsgut **angeschafft oder hergestellt** worden ist. Der Abzug kommt nicht mehr in Betracht bei nachträglichen Anschaffungs- oder Herstellungskosten für Wirtschaftsgüter, die bereits am letzten Bilanzstichtag vorhanden waren, es sei denn, es handelt sich dabei um Aufwendungen für die Erweiterung, den Ausbau oder den Umbau eines Gebäudes oder Schiffes (Abschn. 41b Abs. 2 EStR).

Seitz

1037 Soweit der Abzug der stillen Reserven im Jahr der Veräußerung nicht möglich ist, kann eine den steuerlichen Gewinn mindernde **Rücklage** gebildet werden (§ 6b Abs. 3 EStG). Ob die Absicht besteht, den Veräußerungserlös zu reinvestieren, ist für die Bildung der Rücklage unerheblich. Die Rücklage kann in den folgenden zwei Wirtschaftsjahren ganz oder teilweise auf in diesen beiden Wirtschaftsjahren angeschaffte oder hergestellte Anlagegüter übertragen werden. Die Frist verlängert sich bei neu hergestellten Gebäuden und Schiffen auf vier Jahre, wenn mit der Herstellung vor Ablauf des zweiten auf die Bildung der Rücklage folgenden Wirtschaftsjahres begonnen worden ist. Soweit die Rücklage innerhalb der Frist von zwei oder vier Jahren nicht auf in diesen Jahren angeschaffte oder hergestellte Wirtschaftsgüter übertragen werden konnte, ist sie am Schluß des zweiten bzw. vierten auf ihre Bildung folgenden Wirtschaftsjahres gewinnerhöhend aufzulösen.

1038 **Voraussetzung** für die Übertragung stiller Reserven bzw. die Bildung einer Rücklage ist, daß der Steuerpflichtige den Gewinn nach § 4 Abs. 1 oder § 5 EStG ermittelt. Soweit eine Handelsbilanz aufgestellt wird, muß auch dort die Rücklage ausgewiesen werden. Weitere Voraussetzungen sind, daß die veräußerten Wirtschaftsgüter im Zeitpunkt der Veräußerung und bis dahin mindestens sechs Jahre ununterbrochen zum Anlagevermögen einer inländischen Betriebsstätte gehört haben. Ebenso müssen die angeschafften oder hergestellten Wirtschaftsgüter, auf die aufgedeckte stille Reserven bzw. die zunächst gebildete steuerfreie Rücklage übertragen werden sollen, zum Anlagevermögen einer inländischen Betriebsstätte des Steuerpflichtigen gehören. Der Abzug bzw. die Übertragung der steuerfreien Rücklage ist bei Wirtschaftsgütern, die zu einem land- und forstwirtschaftlichen Betrieb gehören oder der selbständigen Arbeit dienen, nicht zulässig, wenn der Gewinn bei der Veräußerung von Wirtschaftsgütern eines Gewerbebetriebs entstanden ist (§ 6b Abs. 4 EStG).

1039 Hat ein Unternehmer die Steuervergünstigung nach § 6b EStG in Anspruch genommen und zunächst auch die infolge Übertragung der stillen Reserven auf neu angeschaffte Wirtschaftsgüter herabgesetzten Werte in die Handelsbilanz übernommen, so **darf ihm diese Vergünstigung nicht** unter Berufung auf § 4 Absatz 3 Nr. 2 StAnpG **nachträglich entzogen werden,** wenn er die Ansätze der von der Steuervergünstigung betroffenen Vermögensgegenstände **in späteren Jahren durch Zuschreibungen erhöht** (BFH v. 24. 4. 1985, DB 1985, 1818). Allerdings bewirkt der neu in das Gesetz eingefügte Abs. 3 des § 6 EStG, daß sich künftig jede handelsbilanzielle Zuschreibung gleichermaßen auf die Steuerbilanz auswirkt und zu einer Versteuerung des Zuschreibungsgewinns führt.

(3) Berücksichtigung von Zuschüssen nach Abschn. 34 EStR

1040 Werden Anlagegüter mit Zuschüssen aus öffentlichen oder privaten Mitteln angeschafft oder hergestellt, so hat der Steuerpflichtige grundsätzlich ein **Wahlrecht.** Er kann die Zuschüsse **als Betriebseinnahmen** ansetzen; in diesem Fall werden die Anschaffungs- oder Herstellungskosten der betreffenden Wirtschaftsgüter durch die Zuschüsse nicht berührt. Er kann die Zuschüsse aber auch **erfolgsneutral** behandeln; in diesem Fall dürfen die Anlagegüter, für die die Zuschüsse gewährt worden sind, nur mit den Anschaffungs- oder Herstellungskosten bewertet werden, die der Steuerpflichtige selbst, also ohne Berücksichtigung der Zuschüsse aufgewendet hat. Bei abnutzbaren Anlagegütern bilden dann lediglich diese eigenen Aufwendungen die Grundlage für die Bemessung der Abschreibungen (Abschn. 34 Abs. 1 EStR).

1041 Werden zur Anschaffung eines Anlageguts Zuschüsse gewährt, die erfolgsneutral behandelt werden sollen, wird aber das Anlagegut ganz oder teilweise erst in dem auf die Gewährung des Zuschusses folgenden Wirtschaftsjahr angeschafft oder hergestellt, so kann in Höhe der – noch – nicht verwendeten Zuschußbeträge eine **steuerfreie Rücklage** gebildet werden, die im Wirtschaftsjahr der Anschaffung oder Herstellung auf das Anlagegut zu übertragen ist (Abschn. 34 Abs. 3 EStR).

(4) Abschreibungen bzw. Rücklage nach § 3 ZRFG

1042 Steuerpflichtige, die in einer gewerblichen Betriebsstätte im **Zonenrandgebiet** (vgl. Anhang zu § 9 ZRFG) Investitionen vornehmen, können im Hinblick auf wirtschaftliche Nachteile, die sich aus den besonderen Verhältnissen dieses Gebietes ergeben, auf Antrag **Sonderabschreibungen** vornehmen. Diese dürfen bei beweglichen Wirtschaftsgütern des Anlagevermögens insgesamt 50%, bei unbeweglichen insgesamt 40% der Anschaffungs- oder Herstellungskosten nicht übersteigen (§ 3 Abs. 2 ZRFG). Sie können im Jahr der Anschaffung oder Herstellung und in den vier folgenden Wirtschaftsjahren in Anspruch genommen werden. Neben diesen Sonderabschreibungen sind nur lineare Normalabschreibungen möglich (§ 7a Abs. 4 EStG). Nach Ablauf des Begünstigungszeitraums bemessen sich die Abschreibungen nach dem Restwert und der Restnutzungsdauer (§ 7a Abs. 9 EStG).

1043 Zur Erleichterung der Finanzierung von Investitionen im Zonenrandgebiet kann in Ausnahmefällen auch die Bildung einer **steuerfreien Rücklage** zugelassen werden. Voraussetzung für die Bildung der steuerfreien Rücklage ist, daß die Wirtschaftsgüter, deren Finanzierung durch die steuerfreie Rücklage erleichtert werden soll, in den folgenden zwei Wirtschaftsjahren angeschafft oder hergestellt werden. Diese Frist verlängert sich für die Herstellung von Gebäuden auf vier Jahre, wenn mit der Herstellung vor dem Ende des zweiten auf die Bildung der steuerfreien Rücklage folgenden Wirtschaftsjahrs begonnen worden ist. Die steuerfreie Rücklage ist zweckgebunden für die Anschaffung oder Herstellung begünstigter Wirtschaftsgüter und für die Durchführung begünstigte Ausbauten und Erweiterungen durch den Steuerpflichtigen. Sie kann bis zu der Höhe zugelassen werden, in der für die begünstigten Wirtschaftsgüter oder für die ausgebauten und neu hergestellten Teile des Gebäudes Sonderabschreibungen in Betracht kommen.

1044 Die steuerfreie Rücklage ist **gewinnerhöhend aufzulösen,** soweit für die begünstigten Wirtschaftsgüter, deren Finanzierung durch die steuerfreie Rücklage erleichtert werden soll, Sonderabschreibungen vorgenommen werden können. Werden die begünstigten Wirtschaftsgüter nicht fristgerecht angeschafft oder hergestellt, ist die steuerfreie Rücklage in dem Wirtschaftsjahr aufzulösen, in dem die Frist zur Anschaffung oder Herstellung abgelaufen ist (BdF v. 10. 11. 1978, BStBl. I 1978, 451).

(5) Rücklage nach § 82 StBauFG

1045 Für Gewinne, die bei der Übertragung von Wirtschaftsgütern des Anlagevermögens im Sinne des § 6b Abs. 1 EStG zur Vorbereitung oder Durchführung von **Sanierungs- oder Entwicklungsmaßnahmen** entstanden sind, kann eine **Rücklage nach § 6b Abs. 3 EStG** gebildet werden (Rz. 1037). Der nach § 6b Abs. 3 Satz 2 EStG zulässige Abzug von den Anschaffungs- oder Herstellungskosten kann in den auf das Wirtschaftsjahr der Veräußerung folgenden sieben Wirtschaftsjahren vorgenommen werden; diese Frist verlängert sich bei neu hergestellten Gebäuden und Schiffen auf neun Wirtschaftsjahre, wenn mit der Herstellung vor dem Schluß des siebten auf die Bildung der Rücklage folgenden Wirtschaftsjahres begonnen worden ist. Sofern die Rücklage am Schluß des siebten (bzw. neunten) Wirtschaftsjahres noch vorhanden ist, ist sie in diesem Zeitpunkt gewinnerhöhend aufzulösen.

(6) Stille Rücklagen; Rücklage für Ersatzbeschaffung, Abschn. 35 EStR

1047 Bei buchführenden Land- und Forstwirten, Gewerbetreibenden und selbständig Tätigen, deren Gewinn durch Vermögensvergleich ermittelt wird (vgl. aber Rz. 1051), sollen die aufgedeckten **stillen Reserven** dann **nicht der Besteuerung unterliegen,** wenn das Wirtschaftsgut infolge höherer Gewalt (Brand, Diebstahl) oder zur Vermeidung eines behördlichen Eingriffs (drohende Enteignung, Inanspruchnahme für Verteidigungszwecke) aus dem Betriebsvermögen ausscheidet und im selben Wirtschaftsjahr ein Ersatzwirtschaftsgut angeschafft oder hergestellt wird. Die stille Rücklage darf in diesem Fall **auf das Ersatzwirtschaftsgut übertragen** werden. Dieses ist mit den Anschaffungs- oder Herstellungskosten abzüglich der übertragenen stillen Reserven (Entschädigung abzüglich Buchwert) anzusetzen. Die Abschreibung hat von diesem verminderten Betrag unter Zugrundelegung der betriebsgewöhnlichen Nutzungsdauer zu erfolgen (Abschn. 35 Abs. 2 EStR).

1048 Weitere **Voraussetzungen** für die Übertragung der stillen Rücklagen sind,
– daß das Wirtschaftsgut gegen Entschädigung (Brandentschädigung, Enteignungsentschädigung, Zwangsveräußerungserlös) ausgeschieden ist. Es genügt nicht, wenn das Wirtschaftsgut durch Entnahme aus dem Betriebsvermögen ausscheidet (BFH v. 24. 5. 1973, BStBl. II 1973, 582);
– daß die Entschädigung nur für das aus dem Betriebsvermögen ausgeschiedene

Wirtschaftsgut als solches und nicht für Folgeschäden (z. B. Aufräumkosten, Umzugskosten) gezahlt worden ist (Abschn. 35 Abs. 3 Satz 1 Nr. 1 EStR);
– daß das Ersatzwirtschaftsgut wirtschaftlich dieselbe oder eine entsprechende Aufgabe erfüllt wie das ausgeschiedene Wirtschaftsgut (Abschn. 35 Abs. 3 Satz 1 Nr. 2 EStR).

1049 Ist die Ersatzbeschaffung im Jahr des Ausscheiden des Wirtschaftsguts aus dem Betriebsvermögen noch nicht erfolgt, können buchführende Land- und Forstwirte, Gewerbetreibende und selbständig Tätige, die den Gewinn durch Vermögensvergleich ermitteln, am Schluß des Wirtschaftsjahrs, in dem ein Wirtschaftsgut aus den angeführten Gründen aus ihrem Betriebsvermögen ausgeschieden ist, eine **steuerfreie „Rücklage für Ersatzbeschaffung" bilden,** wenn sie zu diesem Zeitpunkt eine Ersatzbeschaffung ernstlich geplant haben (Abschn. 35 Abs. 4 EStR). Diese Rücklage kann in Höhe des Unterschieds zwischen dem Buchwert des ausgeschiedenen Wirtschaftsguts und der Entschädigung gebildet werden. Im **Zeitpunkt der Ersatzbeschaffung** ist sie durch Übertragung auf die Anschaffungs- oder Herstellungskosten des Ersatzwirtschaftsguts **aufzulösen.** Die Aktivierung des Ersatzwirtschaftsguts erfolgt daher mit den Anschaffungs- oder Herstellungskosten abzüglich des Betrags der aufgelösten Rücklage. Der verbleibende Betrag ist bei abnutzbaren Anlagegütern die Bemessungsgrundlage für Abschreibungen (Abschn. 35 Abs. 5 EStR).

1050 Ist eine Ersatzbeschaffung nicht ernsthaft geplant und nicht zu erwarten, ist die **Rücklage** am Ende des Wirtschaftsjahres, in dem das Anlagegut ausgeschieden ist, **aufzulösen** und **voll zu versteuern.** Die Rücklage ist ebenfalls gewinnerhöhend aufzulösen, wenn bis zum Schluß des ersten, bei einem Grundstück oder Gebäude am Schluß des zweiten auf ihre Bildung folgenden Jahres ein Ersatzwirtschaftsgut weder angeschafft oder hergestellt noch bestellt worden ist. Unter bestimmten Umständen kann diese Frist von einem Jahr bzw. von zwei Jahren im Einzelfall angemessen verlängert werden. Wird die erhaltene Entschädigung nicht in voller Höhe zur Beschaffung eines Ersatzwirtschaftsguts verwendet, darf die Rücklage nur anteilig auf das Ersatzwirtschaftsgut übertragen werden (Abschn. 35 Abs. 6 EStR).

1051 Land- und Forstwirte, Gewerbetreibende und selbständig Tätige, die den **Gewinn nach § 4 Abs. 3 EStG ermitteln,** können entsprechend verfahren (Abschn. 35 Abs. 7 EStR). Die Einnahmeüberschußrechnung bedingt dabei eine **andere buchmäßige Behandlung.** Sämtliche Entschädigungsleistungen sind als Betriebseinnahmen und der noch nicht abgesetzte Betrag der Anschaffungs- oder Herstellungskosten des ausgeschiedenen Wirtschaftsgut als Betriebsausgabe zu berücksichtigen. Die durch eine Entschädigungsleistung offengelegte stille Rücklage wird in der Weise auf das Ersatzwirtschaftsgut übertragen, daß sie im Wirtschaftsjahr der Ersatzbeschaffung von den Anschaffungs- oder Herstellungskosten des Ersatzwirtschaftsguts sofort voll abgesetzt wird. Der Restbetrag ist auf die Gesamtnutzungsdauer des Ersatzwirtschaftsguts zu verteilen. Fallen zeitlich das Ausscheiden des Wirtschaftsguts aus dem Betriebsvermögen, die Entschädigungsleistung und die Schadensbeseitigung in verschiedene Wirtschaftsjahre, so kann der Schaden in dem Wirtschaftsjahr berücksichtigt werden, in dem die Entschädigung geleistet wird, wenn die Entschädigung nicht in dem Wirtschaftsjahr zufließt, in dem der Schaden entstanden ist. Andererseits kann der Schaden und auch die Entschädigungsleistung in dem Wirtschaftsjahr berücksichtigt werden, in dem der Schaden beseitigt wird, wenn der Schaden nicht in dem Wirtschaftsjahr beseitigt wird, in dem er eingetreten ist oder in dem die Entschädigung gezahlt wird.

(7) Rücklage bei Erwerb gefährdeter Betriebe, § 6d EStG

1052 Unter bestimmten Voraussetzungen darf eine den Gewinn mindernde **Rücklage nach § 6d EStG** gebildet werden, wenn der Steuerpflichtige einen **inländischen Betrieb, Teilbetrieb** oder eine inländische **Betriebsstätte,** einen **Mitunternehmeranteil** eines inländischen Betriebs (Teilbetriebs) oder **Anteile an einer Kapitalgesellschaft** mit Sitz und Geschäftsleitung im Inland vor dem 1. 1. 1987 **erwirbt.** Die Rücklage darf 30% der Anschaffungskosten der Kapitalanlage nicht übersteigen; hat der Erwerber weniger als 50 Mio. DM Umsätze, so darf die Rücklage bis zur Höhe von 40% der Anschaffungskosten gebildet werden. Voraussetzung für die Bildung der Rücklage ist der Nachweis durch eine Bescheinigung, daß der erworbene Betrieb stillgelegt oder von der Stillegung bedroht war, der Erwerb zur Sicherung des Fortbestands des Betriebs und bestehender Dauerarbeitsplätze geeignet ist, die Kapitalanlage für die Wettbewerbsverhältnisse unbedenklich ist und die eigenen Umsätze im Jahr des Erwerbs weniger als 200 Mio. DM betragen haben.

1053 Die Rücklage ist spätestens vom sechsten auf die Bildung folgenden Wirtschaftsjahr an mit jährlich mindestens einem Fünftel **gewinnerhöhend aufzulösen**. Sie ist vorzeitig aufzulösen, wenn der Betrieb, Teilbetrieb oder die Betriebsstätte stillgelegt oder die Kapitalanlage veräußert oder entnommen wird oder die Anteile an einer Kapitalgesellschaft mit dem niedrigeren Teilwert anzusetzen sind.

(8) Rücklage für Kapitalanlagen in Entwicklungsländern nach dem EntwLStG

1054 Soweit Steuerpflichtige aus Mitteln eines inländischen Betriebs, dessen Gewinn nach § 4 Abs. 1 oder § 5 EStG ermittelt wird, **Kapitalanlagen in Entwicklungsländern** vornehmen, können sie zu Lasten des Gewinns eine **Rücklage** von 100% (Gruppe 1) bzw. 40% (Gruppe 2) der Anschaffungs- oder Herstellungskosten bilden (§ 1 EntwLStG). Die Entwicklungsländer der Gruppe 1 und Gruppe 2 sind in § 6 EntwLStG aufgezählt. Nach § 1 Abs. 1 Satz 3 EntwLStG ist die Rücklage spätestens vom sechsten auf ihre Bildung folgenden Wirtschaftsjahr mit jährlich mindestens einem Zwölftel (Gruppe 1) **aufzulösen**. Bei Kapitalanlagen in Ländern der Gruppe 2 ist generell eine Auflösung mit jährlich mindestens einem Sechstel, unter bestimmten Voraussetzungen mit einem Zwölftel, vorgeschrieben.

(9) Rücklage nach dem Gesetz über steuerliche Maßnahmen bei Auslandsinvestitionen der deutschen Wirtschaft (AuslInvG)

1055 Nach § 1 des AuslInvG kann eine den steuerlichen Gewinn mindernde Rücklage gebildet werden, wenn ein Steuerpflichtiger, der seinen Gewinn nach § 4 Abs. 1 oder § 5 EStG ermittelt, im Zusammenhang mit Investitionen abnutzbare Wirtschaftsgüter des Anlagevermögens in die Gesellschaft im Ausland überführt. Die **Rücklage** kann bis zur Höhe des **durch die Überführung entstandenen Gewinns** gebildet werden. Investitionen im Sinne dieser Vorschrift sind der Erwerb von Beteiligungen an Kapitalgesellschaften mit Sitz im Ausland, Einlagen in ausländische Personengesellschaften und die Zuführung von Betriebsvermögen in einen ausländischen Betrieb/Teilbetrieb des Steuerpflichtigen. Die Rücklage ist vom fünften auf ihre Bildung folgenden Wirtschaftsjahr an jährlich mit mindestens einem Fünftel **gewinnerhöhend aufzulösen**.

(10) Rücklage nach § 52 Abs. 5 EStG aus der Änderung des Rechnungszinsfußes bei Pensionsrückstellungen

1056 Für alle nach dem 31. 12. 1981 endende Wirtschaftsjahre war erstmals bei der Berechnung der Pensionsrückstellungen ein Rechnungszinsfuß von 6% – gegenüber bisher 5,5% – anzuwenden (§ 6a EStG). Ein aus dieser **Zinsfußänderung herrührender Gewinn** aus der Herabsetzung der Rückstellung konnte im Übergangsjahr in eine steuerlichen Gewinn mindernde **Rücklage eingestellt** werden. Die Rücklage ist im Übergangsjahr und in den folgenden elf Wirtschaftsjahren jeweils mit mindestens einem Zwölftel **gewinnerhöhend aufzulösen** (§ 52 Abs. 5 EStG).

(11) Erhöhte Absetzungen für private Krankenanstalten nach § 7f EStG

1057 Die Betreiber eines Krankenhauses im Inland können bei **Anlagegütern, die dem Betrieb des Krankenhauses dienen,** im Jahre der Anschaffung oder Herstellung und in den vier folgenden Jahren **Sonderabschreibungen** bis zur Höhe von 50% (bewegliche Wirtschaftsgüter) bzw. 30% (unbewegliche Wirtschaftsgüter) der Anschaffungs- oder Herstellungskosten vornehmen (§ 7f Abs. 1 EStG). Voraussetzung ist, daß das Krankenhaus ein Zweckbetrieb im Sinne von § 67 AO ist. Die Abschreibungen können **bereits auf Anzahlungen** und **Teilherstellungskosten** in Anspruch genommen werden (§ 7f Abs. 3 EStG). Neben der Sonderabschreibung sind lineare Normalabschreibungen möglich (§ 7a Abs. 4 EStG). Nach Ablauf des Begünstigungszeitraums bemessen sich die Abschreibungen bei beweglichen Wirtschaftsgütern stets nach dem Restwert und der Restnutzungsdauer, bei Gebäuden nach dem Restwert und dem nach § 7 Abs. 4 EStG maßgebenden Prozentsatz (§ 7a Abs. 9 EStG).

Seitz

(12) Erhöhte Abschreibung nach § 14 BerlinFG

1058 Bei abnutzbaren Wirtschaftsgütern, die zum Anlagevermögen einer in Berlin (West) belegenen Betriebstätte gehören und bei denen die Voraussetzungen des § 14 Abs. 2 BerlinFG vorliegen, können im Wirtschaftsjahr der Anschaffung oder Herstellung und in den vier folgenden Wirtschaftsjahren an Stelle der nach § 7 EStG zu bemessenden Absetzungen für Abnutzung **erhöhte Absetzungen** bis zur Höhe von insgesamt 75 v. H. der Anschaffungs- oder Herstellungskosten vorgenommen werden. Die erhöhten Absetzungen nach § 14 Abs. 1, 3 und 4 BerlinFG können **bereits für Anzahlungen** auf Anschaffungskosten und für **Teilherstellungskosten** in Anspruch genommen werden (§ 14 Abs. 5 BerlinFG).

(13) Erhöhte Abschreibungen auf Baumaßnahmen nach dem BBauG und StBauFG, § 82g EStDV

1058a Der Steuerpflichtige kann von den durch Zuschüsse aus Sanierungs- oder Entwicklungsfördermitteln nicht gedeckten Herstellungskosten für Modernisierungs- und Instandsetzungsmaßnahmen i. S. d. § 39e BBauG und für Maßnahmen i. S. des § 43 Abs. 3 StBauFG, die für Gebäude in einem Sanierungsgebiet aufgewendet worden sind, an Stelle der Abschreibungen nach § 7 Abs. 4 oder 5, § 7b oder § 54 EStG im Jahr der Herstellung und in den neun folgenden Jahren jeweils **Abschreibungen bis zu 10%** absetzen.

(14) Erhöhte Abschreibungen für Wirtschaftsgüter, die dem Umweltschutz dienen

1059 Bei abnutzbaren beweglichen und unbeweglichen Wirtschaftsgütern des Anlagevermögens, die dem Umweltschutz dienen und nach dem 31. 12. 1974 und bis zum 31. 12. 1990 angeschafft oder hergestellt worden sind, können im Jahr der Anschaffung oder Herstellung **bis zu 60%** und in den folgenden Wirtschaftsjahren **bis zur vollen Abschreibung jeweils bis zu 10%** der Anschaffungs- oder Herstellungskosten abgesetzt werden (§ 7d Abs. 1 EStG). Nicht in Anspruch genommene erhöhte Absetzungen können nachgeholt werden.

Die Wirtschaftsgüter müssen in einem im Inland belegenen Betrieb unmittelbar und **zu mehr als 70% dem Umweltschutz** dienen. Als **steuerbegünstigte Wirtschaftsgüter** werden Anlagen anerkannt, die den Anfall von Abwasser, die Schädigung durch Abwasser, die Verunreinigung der Gewässer, die Verunreinigung der Luft sowie Lärm oder Erschütterungen verhindern, beseitigen oder verringern. Anlagen zur Beseitigung von Abfall werden begünstigt, wenn die Beseitigung nach den Grundsätzen des Abfallbeseitigungsgesetzes (BGBl. I 1972, 873) erfolgt.

(15) Importwarenabschlag nach § 80 EStDV

1060 Steuerpflichtige, die den Gewinn nach § 5 EStG ermitteln, können bestimmte, in der Anlage 3 zu § 80 EStDV bezeichnete Wirtschaftsgüter des Umlaufvermögens statt mit dem sich nach § 6 Abs. 1 Nr. 2 EStG ergebenden Wert **mit einem niedrigeren Wert ansetzen,** der bis zu 20% unter den Anschaffungskosten oder dem niedrigeren Börsen- oder Marktpreis (Wiederbeschaffungspreis) des Bilanzstichtages liegt.

Voraussetzungen für die Vornahme des Bewertungsabschlags sind unter anderem, daß das Wirtschaftsgut im Ausland erzeugt oder hergestellt worden ist und nach der Anschaffung keine Be- oder Verarbeitung stattgefunden hat, vgl. i. ü. Rz. 576b.

c) Bewertungsrechtliche Behandlung

1065 Sonderposten mit Rücklagenanteil sind bei der Einheitsbewertung des gewerblichen Betriebs nicht abzugsfähig. Eine Ausnahme gilt für die in Abschn. 28 Abs. 4 Satz 4 VStR 1983 genannte Rücklage nach dem Steinkohleförderungsgesetz und nach dem Entwicklungsländer-Steuergesetz. Die Rücklage nach dem Entwicklungsländer-Steuergesetz darf in die Vermögensaufstellung allerdings nur in derselben Höhe eingestellt werden, wie sie in der Steuerbilanz ausgewiesen ist (§ 7 Abs. 2 EntwLStG).

Bei der Ermittlung des Teilwerts für die Wirtschaftsgüter des Betriebsvermögens

Sonderposten mit Rücklageanteil

(§ 109 Abs. 1 BewG) dürfen Sonderabschreibungen und erhöhte Absetzungen, die ertragsteuerlich zulässig sind, nicht berücksichtigt werden (vgl. Abschn. 52 Abs. 1 Satz 4 VStR). Die Sonderabschreibungen und erhöhten Absetzungen berechtigen erst recht nicht zum Ansatz einer abzugsfähigen Last.

d) Prüfungstechnik

1066 Zur **Prüfung des internen Kontrollsystems** ist zunächst dessen Soll-Zustand anhand von Fragebögen, verbalen Beschreibungen etc. zu ermitteln und in einem Dauerarbeitspapier zu dokumentieren. Der Soll-Zustand sollte umfassen:
- die Führung einer Nebenbuchhaltung (für die Güter des Anlagevermögens zweckmäßigerweise korrespondierend mit der Anlagenkartei), aus der sich für jedes einzelne Wirtschaftsgut ergeben:
  - der Betrag des Sonderpostens am Beginn des Wirtschaftsjahres,
  - die Zuführung zum Sonderposten im Wirtschaftsjahr,
  - die Auflösung des Sonderpostens im Wirtschaftsjahr,
  - der Stand des Sonderpostens am Ende des Wirtschaftsjahres,
  - die Vorschrift, nach der der Sonderposten mit Rücklageanteil gebildet wurde,
- die regelmäßige Abstimmung der Nebenbuchhaltung mit der Finanzbuchhaltung,
- die vollständige Erfassung aller für die Bilanzierung der Sonderposten mit Rücklageanteil erforderlichen Informationen (insbesondere auch den Betrag der handelsrechtlichen Abschreibung und die Daten des Zu- bzw. Abgangs des Wirtschaftsgutes); die Erfassung erfolgt zweckmäßigerweise korrespondierend mit der Anlagenkartei,
- die Abstimmung des Buchbestandes der Wirtschaftsgüter, für die Sonderposten mit Rücklageanteil gebildet wurden, mit dem Inventar für die Wirtschaftsgüter zum Bilanzstichtag,
- die Fertigung eines Verzeichnisses der Sonderposten zum Bilanzstichtag, in dem die Vorschriften anzugeben sind, nach denen die Sonderposten gebildet wurden; es empfiehlt sich, dieses Verzeichnis wie folgt vertikal zu gliedern:
  - noch nicht versteuerte Rücklagen,
  - steuerliche Sonderabschreibungen.

Die Prüfung umfaßt weiterhin die Beurteilung, ob die vorgesehenen Kontrollen ausreichend sind.

Sie erstreckt sich im übrigen auf den Ist-Zustand des internen Kontrollsystems und die Würdigung evtl. Soll-/Ist-Abweichungen. Evtl. vorhandene Bilanzierungsrichtlinien sind dabei kritisch auf Übereinstimmung mit den gesetzlichen Rechnungslegungsvorschriften zu überprüfen.

1067 Die **Prüfung des Nachweises** erfolgt anhand des Verzeichnisses der Sonderposten. Die Nachweisprüfung erstreckt sich auf
- die rechnerische Richtigkeit des Nachweises,
- die Übereinstimmung der Einzelposten, insbesondere der Zuführung und der Auflösung, mit den steuerlichen Vorschriften,
- die Abstimmung mit der Nebenbuchhaltung und der Finanzbuchhaltung zum Bilanzstichtag.

1068 Zur **Prüfung der Bewertung** ist nachzuvollziehen, ob der steuerlich zulässige Wertansatz für die Sonderposten mit Rücklageanteil beachtet wurde. Dabei ist zu berücksichtigen, daß die Sonderposten unbeschadet steuerlicher Vorschriften mit den zugehörigen Sonderabschreibungen insoweit aufzulösen sind als die Wirtschaftsgüter, für die sie gebildet wurden, aus dem Vermögen ausgeschieden sind oder die Sonderabschreibungen durch handelsrechtliche Abschreibungen ersetzt wurden.

Die Bewertungsprüfung erfordert weiterhin eine rechnerische Überprüfung des gebildeten Wertansatzes.

1069 Die **Prüfung des Ausweises** erstreckt sich auf
- die Beachtung des gesonderten Ausweises,
- die Angabe der Vorschrift, nach der die Sonderposten gebildet wurden, in der Bilanz oder im Anhang,
- den zutreffenden Ausweis der Gegenbuchung unter den sonstigen betrieblichen Erträgen oder den sonstigen betrieblichen Aufwendungen,

– die Beachtung des Saldierungsverbotes von Zuführungen und Auflösungen zu den Sonderposten.
– die Beachtung der im Zusammenhang mit der Bilanzierung von Sonderposten außerdem geltenden Berichtspflichten für Kapitalgesellschaften vgl. Rz. 1023.
Vgl. im übrigen *Sarx* HdR 1411 ff.

C. (B.*) Rückstellungen

1075 Rückstellungen dienen der Erfassung von **nicht genau bestimmbaren Schulden, Aufwendungen oder Wagnissen,** die erst in einer späteren Periode zu einer in ihrer Höhe und/oder ihrer Fälligkeit am Bilanzstichtag noch nicht feststehenden Auszahlung oder Mindereinnahme führen. Genau bestimmbare Schulden sind folglich nicht als Rückstellungen, sondern als Verbindlichkeiten auszuweisen (vgl. Rz. 1406); ggf. ist der ungewisse Teil unter den Rückstellungen zu erfassen. Ein Rückstellungstatbestand liegt allerdings nicht schon dann vor, wenn lediglich hinsichtlich der Fälligkeit Ungewißheit herrscht. In diesem Falle ist der Betrag unter den Verbindlichkeiten auszuweisen. Etwas anderes gilt nur, wenn die Ungewißheit über die Fälligkeit auch die Höhe der Verbindlichkeit entscheidend beeinflußt. Rückstellungen sind dann zu bilden, wenn mit einer Inanspruchnahme ernsthaft zu rechnen ist (*Adler/Düring/Schmaltz* § 152 Anm. 103 ff.).

1076 Zur Klärung des Rückstellungsbegriffs haben auch die statische und die dynamische Bilanzauffassung beigetragen. Nach der **statischen Bilanzauffassung** sind die Rückstellungen dazu bestimmt, die bestehenden Verpflichtungen der Gesellschaft richtig darzustellen. Zu den Rückstellungen gehören nach dieser Auffassung diejenigen Verpflichtungen, die wegen der Ungewißheit ihres Bestehens oder ihrer Höhe noch nicht endgültig als Verbindlichkeit bilanziert worden sind (**Vollständigkeit des Schuldenausweises**). Entscheidende Kriterien für die Beurteilung eines Postens als Rückstellung sind nach der statischen Bilanzauffassung demnach, daß eine Verbindlichkeit gegenüber Dritten am Bilanzstichtag bereits bestanden hat oder daß nach den Grundsätzen einer vorsichtigen Bilanzierung von dem Bestehen einer Verbindlichkeit ausgegangen werden muß, (*Adler/Düring/Schmaltz* § 152 Anm. 95).

1077 Die **dynamische Bilanzauffassung** definiert Rückstellungen in erster Linie unter dem Gesichtspunkt der **Vergleichbarkeit der Erfolgsrechnung.** Danach ist es erforderlich, Aufwendungen und Erträge derjenigen Periode zuzurechnen, in der sie verursacht sind (Verursachungsprinzip). Nach der dynamischen Bilanzauffassung sind Rückstellungen eine besondere Art von Abgrenzungsposten für solche Aufwendungen, die nach dem Verursachungsprinzip einer bereits vergangenen Periode zuzurechnen sind, aber erst in der Zukunft zu einer exakt bezifferbaren Ausgabe führen (*Adler/Düring/Schmaltz* § 152 Anm. 96).

1078 **Zusammenfassend** können die Rückstellungen auch **definiert** werden als
– Passivposten für Vermögensminderungen,
– die Aufwand vergangener Rechnungsperioden darstellen,
– durch künftige Handlungen der Unternehmung (Zahlungen, Dienstleistungen oder Eigentumsübertragungen an Sachen und Rechten) entstehen,
– nicht den Bilanzansatz bestimmter Aktivposten korrigieren und
– sich nicht eindeutig, aber hinreichend genau quantifizieren lassen.
(Vgl. im einzelnen *Eifler* Rückstellungen S. 32).

1079 Betriebswirtschaftlich stellen Rückstellungen **Fremdkapital** dar; dadurch unterscheiden sie sich von den Rücklagen, die Eigenkapitalcharakter haben und von den Sonderposten mit Rücklageanteil, die ein Mischposten aus Eigen- und Fremdkapital sind (vgl. auch Rz. 1016). Die passiven Rechnungsabgrenzungsposten (Rz. 1630) unterscheiden sich von den Rückstellungen dadurch, daß bei ersteren vor dem Bilanzstichtag stets eine Einnahme vorgelegen haben muß.

1080 Der erforderliche Rückstellungsbetrag kann durch Bildung von **Einzel- oder Sammelrückstellungen** ermittelt werden; möglich ist auch eine Kombination aus Einzel- und Sammelrückstellungen.

---

* Bezeichnung lt. gesetzlichen Gliederungsschema.

1081 Rückstellungen sind jährlich daraufhin zu untersuchen, ob und in welchem Umfang sie für den ursprünglich gebildeten Zweck noch erforderlich sind. Stellt sich dabei heraus, daß die **Rückstellungen nicht mehr benötigt** werden, dürfen sie nicht mehr beibehalten werden, sondern sind **aufzulösen.** Es ist nicht zulässig, nicht mehr benötigte Rückstellungen für einen neuen Rückstellungsbedarf heranzuziehen, ohne die bisherige Rückstellung vorher erfolgswirksam aufzulösen (*Adler/ Dürig/Schmaltz* § 157 Anm. 127 ff.).

1082 Die **Bildung** von Rückstellungen hat grundsätzlich zu Lasten derjenigen **Aufwandsart** zu erfolgen, unter die der Aufwand fallen würde, wenn er im laufenden Geschäftsjahr angefallen wäre. Der spätere **Verbrauch,** d. h. die Inanspruchnahme, der Rückstellung berührt die GuV-Rechnung nicht mehr, es sei denn, die Rückstellung hat sich als zu hoch oder zu niedrig erwiesen. Ein Mehraufwand ist wiederum der sachlich zutreffenden Aufwandsart zuzurechnen, während die **Auflösung** über den Posten „sonstige betriebliche Erträge" (Rz. 1735) vorgenommen wird. Soweit die Bildung der Rückstellung nicht eindeutig einer Aufwandsart zugeordnet werden kann und auch eine sachgerechte Aufteilung auf mehrere Aufwandsarten nicht in Betracht kommt (z. B. Garantierückstellungen, Reparaturen etc.), kann die Bildung der Rückstellung zu Lasten der Position „sonstige betriebliche Aufwendungen" (Rz. 1803) vorgenommen werden. In diesem Fall sind die entsprechenden Aufwendungen bei der späteren Inanspruchnahme der Rückstellungen unter den jeweils sachlich zutreffenden Aufwandsarten zu erfassen; gleichzeitig wird in Höhe der Inanspruchnahme ein Ausgleichsposten unter den „sonstigen betrieblichen Erträgen" erfaßt. Auch eine Verrechnung mit den „sonstigen betrieblichen Aufwendungen" wird für zulässig erachtet, da hierdurch erreicht wird, daß die Gesamtaufwendungen des jeweiligen Geschäftsjahres nicht überhöht ausgewiesen werden.

1083 Im § 249 HGB nF. ist abschließend bestimmt, für welche Zwecke **Rückstellungen zu bilden** sind:

– Rückstellungen für ungewisse Verbindlichkeiten
– Rückstellungen für drohende Verluste aus schwebenden Geschäften
– Rückstellungen für unterlassene Aufwendungen für Instandhaltung oder Abraumbeseitigung, die im folgenden Geschäftsjahr nachgeholt werden
– Rückstellungen für Gewährleistungen, die ohne rechtliche Verpflichtung erbracht wurden
– Rückstellungen für genau umschriebene Aufwendungen.

Für andere als die genannten Zwecke dürfen Rückstellungen nicht gebildet werden (§ 249 Abs. 3 HGB nF.). Konkret bedeutet dies, daß insbesondere keine Rückstellungen für Selbstversicherung, Schadensausgleich und das allgemeine Unternehmerwagnis (z. B. Forschungs- oder Exportrisiko) zulässig sind.

1084 Bei Kapitalgesellschaften ist der **Ausweis von Rückstellungen** auf der Passivseite der Bilanz im einzelnen grundsätzlich wie folgt vorzunehmen (§§ 249, 266, 274 HGB nF.):

C. (B) Rückstellungen

– Rückstellungen für Pensionen und ähnliche Verpflichtungen
– Steuerrückstellungen
– Rückstellungen für latente Steuern
– Sonstige Rückstellungen.

1085 **Kleine Kapitalgesellschaften** dürfen die Rückstellungen **in einer Summe** unter „C. (B.) Rückstellungen" ausweisen (§ 266 Abs. 1 HGB nF. i. V. m. § 267 Abs. 1 HGB nF.). **Kapitalgesellschaften** müssen Rückstellungen, die in der Bilanz unter dem Posten „sonstige Rückstellungen" nicht gesondert ausgewiesen werden, **im Anhang angeben und erläutern,** sofern diese Rückstellungen einen nicht unerheblichen Umfang haben (§ 285 Nr. 12 HGB nF.).

Die nachfolgende Übersicht stellt die einzelnen Ausweis- und Offenlegungspflichten nach neuem Recht (§§ 266, 325 ff. HGB nF.) den bisher geltenden aktienrechtlichen Vorschriften (§§ 151 und 178 AktG aF.) gegenüber:

1086 Gliederungsschema für Rückstellungen
(einschließlich Offenlegungspflicht nach §§ 325 ff. HGB nF./§ 178 Abs. 1 AktG aF.)

Künftiges Recht (HGB nF.)					Bisheriges Recht (AktG aF.)	
Große und mittelgroße Kapitalgesellschaften			Kleine Kapitalgesellschaften		AG, KGaA	
Gliederung	Offenlegung		Gliederung	Offenlegung	Gliederung	Offenlegung
	große Ges.	mittelgroße Ges.				
C. (B.) Rückstellungen:	x	x	C. (B.) Rückstellungen	x	IV. Rückstellungen:	x
1. Rückstellungen für Pensionen und ähnliche Verpflichtungen	x				1. Pensionsrückstellungen	x
					2. andere Rückstellungen	x
2. Steuerrückstellungen	x	x				
3. Rückstellung für latente Steuern	x					
4. Sonstige Rückstellungen						

1087 Die Entwicklung der einzelnen Rückstellungen wird zweckmäßigerweise in einem sogenannten „**Rückstellungsspiegel**" fortgeführt, der folgende Spalten aufweist:

Stand 1. 1. 19..	Verbrauch	Auflösung	Zuführung	Stand 31. 12. 19..
DM	DM	DM	DM	DM

1. Rückstellung für Pensionen und ähnliche Verpflichtungen
a) Behandlung nach Handelsrecht

1091 Nach **bisherigen Handelsrecht** besteht – im Gegensatz zum Bilanzrichtlinien-Gesetz (Rz. 1092) – für Pensionsrückstellungen ein **Passivierungswahlrecht** (BGH v. 27. 2. 1961, WPg 1961, 241). Dieses Ansatzwahlrecht ist bemerkenswert, da die Pensionszusage eine Verbindlichkeit gegenüber Dritten begründet und die Pensionsrückstellungen somit zur Gruppe der Rückstellungen für ungewisse Verbindlichkeiten zählt, für welche grundsätzlich Passivierungspflicht besteht.

Ungeachtet dieser Rechtslage war das Passivierungswahlrecht weiterhin umstritten. Das Passivierungswahlrecht erlaubte den Unternehmen einen legalen bilanzpolitischen Spielraum. Bei jeder einzelnen Pensionszusage und in jedem Geschäftsjahr konnte unabhängig von der bisherigen Handhabung grundsätzlich neu entschieden werden, ob für diese Zusage eine Rückstellung gebildet wird. Wurden auf diese Weise in den einzelnen Geschäftsjahren zur planmäßigen Bereitstellung des Versorgungskapitals notwendige und daher zulässige Rückstellungszuführungen unterlassen, so konnten diese handelsrechtlich jederzeit nachgeholt werden. Für die Steuerbilanz bestand allerdings ein Nachholverbot (vgl. Rz. 1115f.).

1092 Das **künftige Handelsrecht** sieht demgegenüber eine generelle **Passivierungspflicht** für Pensionsrückstellungen vor, unabhängig von der Rechtsform des Unternehmens. Die Verpflichtung zur Bildung ergibt sich aus der allgemeinen Rückstellungsverpflichtung für ungewisse Verbindlichkeiten nach § 249 Abs. 1 HGB nF. Einer weitergehenden gesetzlichen Regelung bedurfte es nicht (Begründung zu § 249 HGB nF.). Die Passivierungspflicht wird jedoch, um nicht in bestehende Vertragsverhältnisse einzugreifen, **nicht rückwirkend,** sondern nur für künftige Zusagen vorgeschrieben werden. So gestattet Art. 28 Abs. 1 des EGHGB, daß für eine laufende Pension, eine Anwartschaft auf eine Pension oder eine ähnliche Verpflichtung, eine Rückstellung nach § 249 Abs. 1 Satz 1 HGB nF. nicht gebildet zu werden braucht, sofern der Pensionsberechtigte seinen Rechtsanspruch vor dem 1. 1. 1987 erworben hat oder sich ein vor diesem Zeitpunkt erworbener Rechtsanspruch nach dem 31. 12. 1986 erhöht **(Wahlrecht).**

1093 Für eine **mittelbare Verpflichtung** aus einer Zusage für eine laufende Pension oder eine Anwartschaft auf eine Pension (z. B. durch eine Unterstützungskasse) sowie für eine ähnliche unmittelbare oder mittelbare Verpflichtung braucht eine **Rückstellung in keinem Fall** gebildet werden (Art. 28 Abs. 1 EGHGB).

1094 Machen Kapitalgesellschaften von dem Passivierungswahlrecht bereits bestehender Pensionsverpflichtungen Gebrauch, müssen die in der Bilanz **nicht ausgewiesenen Rückstellungen** für laufende Pensionen, Anwartschaften auf Pensionen und ähnliche Verpflichtungen **im Anhang** in einem Betrag angegeben werden (Art. 28 Abs. 2 EGHGB).

1095 Ist eine **Rückdeckungsversicherung** für Pensionszusagen abgeschlossen, so ist der für diese Rückdeckungsversicherung zu aktivierende Betrag auf der Aktivseite unter den sonstigen Vermögensgegenständen (Rz. 712ff.) auszuweisen. Eine Saldierung mit den Pensionsverpflichtungen ist auch bei kongruenter Rückdeckung nicht zulässig und würde gegen das Saldierungsverbot verstoßen (*Adler/Düring/Schmaltz* § 152 Anm. 162a).

1096 Die **handelsrechtliche Bewertung** der Pensionsverpflichtungen gestattet einen weiteren **Spielraum** als das Steuerrecht. Wesentliche beeinflussende Rechnungsgrundlagen bei der Ermittlung des Rückstellungsbetrags sind der Zins und biologische Wahrscheinlichkeiten (Sterbenswahrscheinlichkeit, Invaliditätsrisiko). Bei der Bewertung von Versorgungsverpflichtungen in der Handelsbilanz ist im allgemeinen von einem Zinssatz von mindestens 3% auszugehen. Eine Obergrenze für den zu verwendenden Zinsfuß stellen die für langfristig aufgenommenes Fremdkapital üblichen Zinsen dar. Innerhalb dieses Rahmens ist der bei der handelsrechtlichen Bilanzierung von Pensionsverpflichtungen zu berücksichtigende **Zinsfuß frei wählbar** (*Adler/Düring/Schmaltz* § 156 Anm. 58). Die biologischen Wahrscheinlichkeiten werden in Untersuchungen, etwa des Statistischen Bundesamtes, ermittelt und finden ihren Niederschlag in Sterbetafeln und ähnlichen statistischen Werken.

1097 Die bilanzielle Erfassung von Versorgungsverpflichtungen kann nach verschiedenen Methoden erfolgen. Bei bereits **laufenden Renten** kann nur der nach versicherungsmathematischen Grundsätzen ermittelte **Barwert** der noch zu erbringenden Leistungen angesetzt werden. Der Barwert einer laufenden Rente ist der abgezinste Wert, der aufgrund der Erlebenswahrscheinlichkeit zu erwartenden künftigen Leistungen.

1098 Für **Anwartschaften** ist die Bewertung in der Handelsbilanz mit dem **Barwert** nur **unter bestimmten Voraussetzungen** möglich. Nach dem Barwertverfahren wird für eine Versorgungsleistung bereits in dem Geschäftsjahr, in dem die Versorgungszusage abgegeben wurde, der versicherungsmathematische Barwert der Anwartschaft zurückgestellt. Da die zugesagte Versorgungsleistung i. d. R. ein zusätzliches Entgelt an den Arbeitnehmer darstellt, ist das Barwertverfahren handelsrechtlich nicht zulässig, da andernfalls eine Rückstellung zu einem Zeitpunkt gebildet würde, zu dem weder eine entsprechende wirtschaftliche Schuld noch eine demgemäße rechtliche Verpflichtung vorliegt. Sind dagegen bei der Abgabe einer Pensionszusage zukünftige Dienstleistungen des Versorgungsberechtigten nicht mehr zu erwarten, so ist die Barwertmethode für die Handelsbilanz auch bei Anwartschaften anwendbar (*Adler/Düring/Schmaltz* § 156 Anm. 71).

1099 Als weitere – und wohl am häufigsten angewandte – Methode der handelsbilanziellen Erfassung von Versorgungsverpflichtungen kommt das **Anwartschaftsdeckungsverfahren** in Betracht. Nach diesem Verfahren wird bereits unmittelbar nach der Abgabe einer Versorgungszusage mit der Bildung einer Pensionsrückstellung begonnen, die jährlich um mit Hilfe versicherungsmathematischer Methoden errechnete Rückstellungszuführungen erhöht wird, bis sie in dem Geschäftsjahr, in dem der Versorgungsberechtigte voraussichtlich in den Ruhestand treten wird, die Höhe

Seitz

des versicherungsmathematischen Barwerts der zukünftigen Rentenzahlungen erreicht. Es existieren **zwei Varianten des Anwartschaftsdeckungsverfahren,** die sich hinsichtlich der zeitlichen Verteilung des Versorgungsaufwands unterscheiden: das Gegenwartswert- und des Teilwertverfahren.

1100 Das **Gegenwartsverfahren** geht davon aus, daß die einem Arbeitnehmer in Aussicht gestellten Versorgungszahlungen als Entgelt für die Dienstleistungen aufzufassen sind, die der Versorgungsberechtigte dem Arbeitgeber vom Zeitpunkt der Zusage an bis zu seinem Eintritt in den Ruhestand voraussichtlich noch erbringen wird. Dementsprechend wird nach dieser Methode der gesamte aufgrund einer Pensionsverpflichtung zu erwartende Versorgungsaufwand nach versicherungsmathematischen Grundsätzen gleichmäßig auf die Anwartschaftszeit verteilt (*Adler/Düring/Schmaltz* § 156 Anm. 67ff.). Handelsrechtlich wird das Gegenwartsverfahren grundsätzlich als zulässig angesehen.

1101 Unter dem **Teilwert** ist dagegen der Wert zu verstehen, der sich für einen bestimmten Bilanzstichtag ergeben würde, wenn die versicherungsmathematische Gleichverteilung nicht mit dem Zeitpunkt der Pensionszusage, sondern mit dem **Diensteintritt** des Berechtigten beginnt. Sofern die Pensionszusage bereits bei Diensteintritt erteilt worden ist und sich während der Laufzeit nicht verändert hat, stimmten Gegenwartswert und Teilwert überein (*Adler/Düring/Schmaltz* § 156 Anm. 70ff.). Handelsrechtlich ist das Teilwertverfahren uneingeschränkt zulässig.

1102 Die Bewertung der Pensionsverpflichtungen mit Hilfe versicherungsmathematischer **Näherungsverfahren** wird als zulässig erachtet. Voraussetzung ist allerdings, daß diese Verfahren zu keiner Überdotierung der Rückstellung führen (*Adler/Düring/Schmaltz* § 156 Anm. 71).

1103 Der Pensionsrückstellung ist jährlich der **Differenzbetrag** zwischen Rückstellungswert zu Beginn und zu Ende des Wirtschaftsjahres **zuzuführen.** Nach Eintritt **des Versorgungsfalles** ist die Rückstellung ab dem Geschäftsjahr nach und nach **aufzulösen,** in dem der Barwert (nur dieser darf nach Eintritt des Versorgungsfalls sowohl handels- als auch steuerrechtlich höchstens bilanziert werden) der laufenden Renten den zum Jahresbeginn vorhandenen Rückstellungsbestand erstmals unterschreitet. Zur Auflösung der Pensionsrückstellung stehen zwei Verfahren zur Verfügung: die versicherungsmathematische und die buchhalterische Methode.

1104 Nach der **versicherungsmathematischen Auflösungsmethode,** die sowohl handelsrechtlich als auch steuerlich zulässig ist, wird die Pensionsrückstellung jährlich um den Betrag herabgesetzt, der sich aus der Subtraktion des Barwerts der laufenden Rente zum Ende von demjenigen zu Anfang des jeweiligen Geschäftsjahrs ergibt. Üblicherweise werden die Auflösungen bei den laufenden Pensionen mit den Zuführungen bei den Anwartschaften innerhalb der Pensionsrückstellungen verrechnet; nur der Saldo wird in der GuV-Rechnung ausgewiesen.

1105 Zur Vereinfachung darf in der Handels- und in der Steuerbilanz auch die sog. **buchhalterische Methode** angewendet werden. Danach wird die zu Beginn eines Geschäftsjahres vorhandene Pensionsrückstellung um die Summe der während dieses Jahres geleisteten Pensionszahlungen gemindert. Allerdings ist dann zum Jahresende i. d. R. wieder eine Zuführung erforderlich.

b) Ertragsteuerliche Behandlung

1106 Ein Arbeitgeber kann für eine Pensionsverpflichtung in der Steuerbilanz **nur dann eine Rückstellung** passivieren, wenn er dem begünstigten Arbeitnehmer einen einklagbaren Rechtsanspruch auf seine Versorgungsleistungen eingeräumt hat, d. h. es muß eine **rechtsverbindliche Pensionszusage** vorliegen (§ 6a Abs. 1 Nr. 1 EStG). Ob diese Bedingung erfüllt ist, ist in Zweifelsfällen nach arbeitsrechtlichen Grundsätzen zu beurteilen (Abschn. 41 Abs. 1 EStR). Dabei ist es für die steuerliche Zulässigkeit einer Pensionsrückstellung unerheblich, ob die Anwartschaft des Versorgungsberechtigten bereits unverfallbar geworden ist.

1107 Zudem ist die Bildung von Pensionsrückstellungen steuerlich nur insoweit zulässig, als die betreffenden Versorgungsverpflichtungen dem Grunde und der Höhe nach **schriftlich festgelegt** sind. Der Arbeitgeber muß also die Pensionszusage unter Angabe der Art und der Höhe der vorgesehenen Versorgungsleistungen in Schriftform erteilt haben (§ 6a Abs. 1 Nr. 3 EStG). Diese Voraussetzung ist erfüllt, wenn die Pensionsverpflichtung ihre Existenz einem Einzelvertrag, einer Besoldungs- oder Pensionsordnung (Gesamtzusage), einer Betriebsvereinbarung oder einem Tarifvertrag verdankt. Beruht sie dagegen auf einer betrieblichen Übung, dem Grundsatz der Gleichbehandlung, einer mündlichen Vereinbarung oder einer stillschweigenden Übereinkunft oder geht der Arbeitgeber aus moralischen Gründen vom Bestehen einer solchen Verpflichtung aus, so genügt dies nicht dem Erfordernis der Schriftform. Deshalb darf insoweit keine Pensionsrückstellung gebildet werden, es sei denn, das Vorhandensein eines Versorgungsanspruchs des begünstigten Arbeitnehmers wurde durch Gerichtsurteil festgestellt. Der Beschluß der Gesellschafterversammlung einer GmbH über die Pensionsgewährung ist keine schriftliche Zusage i. S. des § 6a Abs. 1 Nr. 3 EStG (FG Rheinland-Pfalz vom 21. 5. 1984, EFG 1984, 625).

1108 Ferner darf für eine Versorgungszusage, die einen **Vorbehalt** enthält, der den Arbeitgeber dazu berechtigt, dem begünstigten Arbeitnehmer seinen Anspruch auf die vereinbarten Versorgungsleistungen nach freiem Belieben, also ohne Rücksicht auf dessen Interessen, zu kürzen oder vollständig zu entziehen, während der Anwartschaftszeit steuerlich **keine Rückstellung** angesetzt werden (Abschn. 41 Abs. 2 Sätze 1 bis 4 EStR). Da jedoch nach der Rechtsprechung des BAG ein Widerruf der Pensionszusage dann, wenn sich der Versorgungsberechtigte bereits im Ruhestand oder unmittelbar davor befindet, ohnehin nur noch nach billigem Ermessen – also „unter verständiger Abwägung der berechtigten Interessen des Pensionsberechtigten einerseits und des Unternehmens andererseits" – zulässig ist, können in solchen Fällen mit dem Eintritt des Versorgungsfalls auch in der Steuerbilanz Pensionsrückstellungen passiviert werden (Abschn. 41 Abs. 2 Satz 5 und 6 EStR).

Ist eine Versorgungszusage dagegen mit einem Vorbehalt versehen, der dem Arbeitgeber ihren Widerruf oder ihre Abänderung zu Lasten des Arbeitnehmers von vornherein nur nach billigem Ermessen gestattet, so ist sie bereits während der Anwartschaftszeit steuerlich rückstellungsfähig (Abschn. 41 Abs. 3 Satz 1 EStR).

1109 Darüber hinaus ist die Bildung von **Pensionsrückstellungen** in der Steuerbilanz für Versorgungszusagen **unzulässig**, die eine **Inhaberklausel** enthalten, die die Haftung des Arbeitgebers für die Versorgungsverpflichtungen auf das Betriebsvermögen beschränken oder die dem Unternehmen das Recht einräumen, die Pensionsverpflichtung vor Eintritt des Versorgungsfalls auf eine außerbetriebliche Versorgungseinrichtung ohne Rechtsanspruch zu übertragen (Abschn. 41 Abs. 2 EStR).

1110 Erfüllt eine Versorgungszusage alle erforderlichen Voraussetzungen, so darf für sie **erstmals in dem Geschäftsjahr,** in dem die Zusage abgegeben wurde, frühestens jedoch in dem Wirtschaftsjahr, bis zu dessen Mitte der Versorgungsberechtigte das 30. Lebensjahr vollendet, in der Steuerbilanz eine Pensionsrückstellung passiviert werden (§ 6a Abs. 2 Nr. 1 EStG). Ist der Versorgungsfall bereits eingetreten, berechtigt dies den Arbeitgeber auch dann zur Rückstellungsbildung, wenn der begünstigte Arbeitnehmer das versicherungsmathematische Alter 30 noch nicht erreicht hat (§ 6a Abs. 2 Nr. 2 EStG).

1111 Die bilanzielle Erfassung von Versorgungsverpflichtungen kann nach verschiedenen Methoden erfolgen, die jeweils zu unterschiedlichen Ergebnissen führen (vgl. Rz. 1097ff.). Für die Steuerbilanz gilt jedoch, daß Pensionsverpflichtungen **höchstens mit ihrem Teilwert** angesetzt werden dürfen (§ 6a Abs. 3 EStG). Als Teilwert einer Pensionsanwartschaft gilt der Barwert der künftigen Pensionsleistungen am Schluß des Wirtschaftsjahres abzüglich des sich auf denselben Zeitpunkt ergebenden Barwerts betragsmäßig gleichbleibender Jahresbeträge. Nach Beendigung des Dienstverhältnisses ist der Teilwert gleich dem Barwert der künftigen Pensionsleistungen am Bewertungsstichtag. Bei der Berechnung des Teilwerts der Pensionsverpflichtung ist nach § 6a Abs. 3 EStG ein **Rechnungszinsfuß** von 6% zugrundezulegen. Eine Sonderregelung gilt für Westberlin (§ 13a BerlinFG).

1112 Für die Bildung der Pensionsrückstellung sind die **Verhältnisse am Bilanzstichtag maßgebend.** Änderungen der Bemessungsgrundlage, die erst nach dem Bilanzstichtag wirksam werden, sind zu berücksichtigen, wenn sie am Bilanzstichtag bereits feststehen (Abschn. 41 Abs. 18 EStR). Die Pensionsverpflichtungen sind grundsätzlich aufgrund einer körperlichen **Bestandsaufnahme** für den Bilanzstichtag zu ermitteln. Allerdings kann unter bestimmten Voraussetzungen die Feststellung der Pensionsberechtigten und die Höhe ihrer Pensionsansprüche auch im Rahmen der vorverlegten Stichtagsinventur (§ 241 Abs. 3 HGBE nF.) auf einen Tag innerhalb von 3 Monaten vor oder 2 Monaten nach dem Bilanzstichtag vorgenommen werden (Abschn. 41 Abs. 19 EStR).

1113 Das in § 5 Abs. 1 EStG verankerte **Maßgeblichkeitsprinzip** schreibt die Anwendung der GoB und der einschlägigen handelsrechtlichen Vorschriften für die Steuerbilanz insoweit vor, als dem nicht spezifisch steuerliche Bestimmungen entgegenstehen. Es fordert, daß die Wertansätze der Handelsbilanz in die Steuerbilanz übernommen werden, soweit dadurch nicht gegen steuerliche Vorschriften verstoßen wird. Dies gilt auch für Bilanzpositionen, für deren Ansatz steuerlich ein Wahlrecht besteht. Daraus folgt, daß die handelsrechtliche Passivierungspflicht (für Ansprüche, die nach dem 31. 12. 1986 erworben wurden vgl. Rz. 1092 f.) und das steuerliche Passivierungswahlrecht für Pensionsverpflichtungen nicht unabhängig voneinander ausgeübt werden können.

Wurde für eine Versorgungsverpflichtung in der Handelsbilanz eine Pensionsrückstellung angesetzt, so ist diese grundsätzlich in der gleichen Höhe auch in der Steuerbilanz zu passivieren, soweit dadurch keine steuerlichen Vorschriften verletzt werden. Umgekehrt darf in der Steuerbilanz eine Pensionsrückstellung nur dann gebildet werden, wenn sie mit demselben oder einem höheren Betrag bereits in die Handelsbilanz aufgenommen wurde (Abschn. 41 Abs. 23 EStR).

1114 Der **Maßgeblichkeitsgrundsatz** bezieht sich nur auf die in der Handels- und der Steuerbilanz enthaltenen Rückstellungsbestände, **nicht** dagegen auf die jährlichen **Rückstellungszuführungen**. Demzufolge ist es prinzipiell zulässig, den steuerlichen Pensionsrückstellungen höhere Beträge zuzuführen als den handelsrechtlichen, solange dadurch der in der Steuerbilanz ausgewiesene Rückstellungsbestand nicht über den in der Handelsbilanz vorhandenen hinaus anwächst (Abschn. 41 Abs. 23 Satz 2 EStR).

1115 Grundsätzlich sind **Auflösungen** oder **Teilauflösungen** von Pensionsrückstellungen in der Steuerbilanz nur insoweit zulässig, als sich die Höhe der Pensionsverpflichtung vermindert hat (Abschn. 41 Abs. 23 und 24 EStR). Werden allerdings handelsrechtlich Pensionsrückstellungen in einem größeren als dem steuerlich zulässigen Umfang aufgelöst, kann der in der Handelsbilanz passivierte Rückstellungsbetrag unter den in der Steuerbilanz ausgewiesenen absinken. In einem solchen Fall dürfen steuerlich solange keine Zuführungen zu den Pensionsrückstellungen erfolgen, bis der in der Handelsbilanz enthaltene Rückstellungsbestand wieder die Höhe des in der Steuerbilanz vorhandene Rückstellungsbetrags erreicht hat (Abschn. 41 Abs. 23 Satz 7 EStR).

Wegen des derzeit noch geltenden Passivierungswahlrechts (zur künftigen handelsrechtlichen Passivierungspflicht vgl. Rz. 1092 f.) für Pensionsverpflichtungen kann die Rückstellungsbildung sowohl handelsrechtlich als auch steuerlich über ein oder mehrere Jahre unterbrochen und später wieder fortgesetzt werden oder ganz unterbleiben. Dabei kann das Unternehmen wegen des Grundsatzes der Einzelbewertung mit jeder einzelnen Versorgungsverpflichtung anders verfahren. Wurden auf diese Weise in den einzelnen Geschäftsjahren zur planmäßigen Bereitstellung des Versorgungskapitals notwendige und daher zulässige **Rückstellungszuführungen unterlassen**, können diese handelsrechtlich nachgeholt werden. Für die **Steuerbilanz** ist dies wegen des **Nachholverbots** jedoch vorläufig untersagt, d. h. einmal entstandene Fehlbeträge bleiben steuerlich zunächst bestehen. Für Erhöhungen von Pensionszusagen nach dem 31. 12. 1986, bei denen der Pensionsberechtigte seinen Rechtsanspruch vor diesem Zeitpunkt erworben hat, besteht auch weiterhin handelsrechtlich ein Passivierungswahlrecht (Rz. 1092). Unterbleibt in der Handelsbilanz eine Erhöhung dieser sog. ,,Altzusagen", so greift auch hier das steuerliche Nachholverbot ein.

1116 Für eine Versorgungsverpflichtung darf in dem Wirtschaftsjahr, in dem der Versorgungsfall eingetreten oder der Versorgungsberechtigte mit einer unverfallbaren Anwartschaft aus dem Unternehmen ausgeschieden ist, in der Steuerbilanz eine Rückstellung bis zur Höhe des Barwerts der laufenden Rente bzw. der Anwartschaft angesetzt werden (§ 6a Abs. 4 Satz 4 i. V. m. Abs. 3 Ziff. 2 EStG). Folglich besteht in diesem Geschäftsjahr die Möglichkeit, **unterbliebene Rückstellungszuführungen**

nachzuholen und so vorhandene Fehlbeträge zu beseitigen. Dies gilt auch dann, wenn für die betreffende Pensionsverpflichtung bisher überhaupt keine Rückstellung angesetzt worden ist. Man spricht in diesem Zusammenhang von der Lockerung des Nachholverbots. Nimmt der Steuerpflichtige diese Gelegenheit nicht wahr, so ist ihm die Nachholung unterlassener Rückstellungszuführungen für diese Versorgungsverpflichtung steuerlich endgültig verwehrt.

◀117 In dem Wirtschaftsjahr, in dem mit der Bildung einer Pensionsrückstellung frühestens begonnen werden darf (**Erstjahr**), darf die Rückstellung bis zur Höhe des Teilwerts der Pensionsverpflichtung am Schluß des Wirtschaftsjahrs gebildet werden; diese Rückstellung kann auf das Erstjahr und die beiden folgenden Wirtschaftsjahre **gleichmäßig verteilt** werden. Erhöht sich in einem Wirtschaftsjahr gegenüber dem vorangegangenen Wirtschaftsjahr der Barwert der künftigen Pensionsleistungen um mehr als 25 vom Hundert, so kann die für dieses Wirtschaftsjahr zulässige Erhöhung der Pensionsrückstellung auf dieses Wirtschaftsjahr und die beiden folgenden Wirtschaftsjahre gleichmäßig verteilt werden (§ 6a Abs. 4 EStG).

◀118 Nach dem BFH-Urteil vom 22. 1. 1958 (BStBl. III 1958, 186) **schließen sich Zuwendungen an Pensions- und Unterstützungskassen** und die Bildung von **Pensionsrückstellungen** gegenseitig **aus**. Dies gilt jedoch nur für den Fall, der auch dem Urteil zugrunde lag, daß die gleichen Versorgungsleistungen an denselben Empfängerkreis sowohl über eine Pensions- oder Unterstützungskasse als auch über Pensionsrückstellungen finanziert werden sollen. Eine schädliche Überschneidung liegt dagegen nicht vor, wenn es sich um verschiedene Versorgungsleistungen handelt, z. B. bei der Finanzierung der Invaliditätsrenten über Pensions- oder Unterstützungskassen und der Altersrenten über Pensionsrückstellungen oder der Finanzierung rechtsverbindlich zugesagter Leistungen über Rückstellungen und darüber hinausgehender freiwilliger Leistungen über eine Unterstützungskasse.

◀119 **Unterstützungskassen** sind rechtsfähige Versorgungseinrichtungen, die auf ihre Leistungen keinen Rechtsanspruch gewähren. Beim Trägerunternehmen kommt ein Abzug von Zuwendungen an die Unterstützungskasse in dem Wirtschaftsjahr in Betracht, in dem die Zuwendung geleistet wird. Um Finanzierungsprobleme der Unterstützungskassen zu vermeiden, gestattet § 4d Abs. 2 Satz 2 EStG, daß **Zuwendungen**, die innerhalb eines Monats nach Aufstellung oder Feststellung der Bilanz des Trägerunternehmens für den Schluß eines Wirtschaftsjahres geleistet werden, von dem Trägerunternehmen noch für das abgelaufene Wirtschaftsjahr **durch eine Rückstellung gewinnmindernd berücksichtigt** werden können.

120 Für Pensionszusagen an **Gesellschafter-Geschäftsführer** einer **Personengesellschaft** darf **keine Pensionsrückstellung** gebildet werden, da diese Pensionszusagen als Gewinnverteilungsabreden anzusehen sind (BFH v. 16. 2. 1967, BStB III 1967, 222; BFH v. 21. 12. 1972, BStB II 1973, 298; BFH v. 8. 1. 1975, BStB II 1975, 437). Die Pensionsleistungen sind wie alle sonstigen Tätigkeitsvergütungen an den Gesellschafter nicht als Betriebsausgaben abzugsfähig, sondern nach § 15 Abs. 1 Nr. 2 seinem Gewinnanteil hinzuzurechnen. Dies gilt auch bei geringer Beteiligung. Die gleichen Grundsätze sind bei einer GmbH & Co. KG anzuwenden, bei welcher die lediglich die Geschäfte der KG führende GmbH ihrem Geschäftsführer, der zugleich Kommanditist der KG ist, eine Pensionszusage erteilt. Eine Rückstellung darf in diesem Fall weder bei der GmbH noch bei der KG gebildet werden. Etwas anderes gilt allerdings dann, wenn der Geschäftsführer der Komplementär-GmbH nicht zugleich Kommanditist ist; es sind die Grundstäze für die Bildung von Pensionsrückstellungen für Gesellschaftergeschäftsführer von Kapitalgesellschaften anzuwenden (Rz. 1122).

121 **Wechselt ein Arbeitnehmer in eine Gesellschafterstellung,** so bleibt die Pensionszusage, soweit sie auf die Zeit der Arbeitnehmereigenschaft des Pensionsberechtigten entfällt, Vergütung für die Arbeitnehmertätigkeit. Die entsprechende Rückstellungsbildung bleibt zulässig (BFH v. 8. 1. 1975, BStBl. II 1975, 437 und BFH v. 22. 6. 1977, BStB II 1977, 798). Der Rückstellungsberechnung ist in der Folge wie bei ausgeschiedenen Arbeitnehmern in der Zeit der Arbeitnehmereigenschaft ratierlich erdiente Pensionsanspruch zugrunde zu legen. **Wechsel der Gesellschafter zum Arbeitnehmer,** so kann von diesem Zeitpunkt ab eine Pensions-

rückstellung in voller Höhe (das Nachholverbot ist nicht anzuwenden) gebildet werden; die Pensionszusage stellt keine Gewinnverteilungsabrede mehr dar.

1122 Eine Pensionsrückstellung nach § 6a EStG kann grundsätzlich auch für **Gesellschafter-Geschäftsführer von Kapitalgesellschaften** gebildet werden, wenn ein steuerlich anerkanntes Arbeitsverhältnis besteht; gleiches gilt für beherrschende Gesellschaftergeschäftsführer. Allerdings ist zu beachten, daß eine Pensionsrückstellung dann nicht mit steuerlicher Wirkung gebildet werden kann, wenn die zugrunde liegende Pensionszusage als vGA anzusehen ist. Die Frage, ob eine vGA vorliegt oder nicht, ist nach den Kriterien Ernsthaftigkeit der Zusage, Angemessenheit der Zusage, Verbot der Nachzahlung und Verbot des Selbstkontrahierens zu beantworten. Die **Ernsthaftigkeit der Zusage** ist gegeben, wenn mit einer späteren Belastung zu rechnen ist. Die Rechtsprechung zum maßgebenden Pensionsalter hat der BFH in seinem Urteil vom 28. 4. 1982 geändert (BStBl II 1982, 612); auch für beherrschende Gesellschaftergeschäftsführer ist bei der Berechnung der Pensionsrückstellung zu unterstellen, daß die Jahresbeträge nach § 6a Abs. 3 Nr. 1 Satz 3 EStG vom Beginn des Dienstverhältnisses, frühestens vom Alter 30, bis zur vertraglich vorgesehenen Altersgrenze, mindestens jedoch bis zum Alter 65, aufzubringen sind. Zur Prüfung der **Angemessenheit der Zusage** sind die Gesamtbezüge des Gesellschaftergeschäftsführers heranzuziehen. Die Gesamtbezüge gelten als angemessen, wenn ein nicht beteiligter Geschäftsführer in der Gesellschaft oder in vergleichbaren Unternehmen entsprechende Gesamtvergütungen erhält. Das **Verbot der Nachzahlung** bestimmt, daß Pensionszusagen an beherrschende Gesellschaftergeschäftsführer nachträglich weder erteilt noch erhöht werden dürfen. Nach § 181 BGB ist eine Pensionszusage eines beherrschenden Gesellschaftergeschäftsführers an sich selbst zivilrechtlich unwirksam, es sei denn, er war zum Zeitpunkt der Erteilung der Zusage durch den Gesellschaftsvertrag von dem **Verbot des Selbstkontrahierens befreit.**

1123 **Pensionszusagen zwischen Ehegatten,** die im Rahmen von steuerlich anzuerkennenden Arbeitsverhältnissen erteilt werden, berechtigen zur Bildung von Pensionsrückstellungen. An den Nachweis der Ernsthaftigkeit solcher Pensionszusagen sind jedoch mit Rücksicht auf die besonderen persönlichen Beziehungen der Vertragspartner **strenge Anforderungen** zu stellen (BMF v. 4. 9. 1984, DB 1984, 1958). **Voraussetzungen** sind nach Abschn. 174a Abs. 3 EStR, daß
– eine ernstliche gewollte, klar und eindeutig vereinbarte Verpflichtung vorliegt,
– die Zusage dem Grunde nach angemessen ist und
– der Arbeitgeber-Ehegatte auch tatsächlich mit der Inanspruchnahme aus der gegebenen Pensionszusage rechnen muß.

1124 Für die Bildung der Pensionsrückstellung bei Pensionszusagen zwischen Ehegatten in Einzelunternehmen kommt nur eine Zusage auf Alters-, Invaliden- und Waisenrente in Betracht. Eine Zusage auf **Witwen-/Witwerversorgung** ist im Rahmen von Ehegatten-Pensionszusagen in Einzelunternehmen **nicht rückstellungsfähig,** da hier bei Eintritt des Versorgungsfalls Anspruch und Verpflichtung in einer Person zusammentreffen. Sagt hingegen eine Personengesellschaft einem Arbeitnehmer, dessen Ehegatte Mitunternehmer der Personengesellschaft ist, eine Witwen-/Witwerrente zu, so kann sie hierfür eine Rückstellung bilden (BFH v. 29. 1. 1976, BStBl. II 1976, 372).

1125 Erteilt ein Arbeitgeber-Ehegatte seinem **wesentlich jüngeren Arbeitnehmer-Ehegatten** eine Pensionszusage, so ist bei einem Einzelunternehmen eine Rückstellung für eine Pensionsverpflichtung nur dann zulässig, wenn eine Betriebsübernahme durch den Arbeitnehmer-Ehegatten ausgeschlossen werden kann und wenn bei einer Betriebsveräußerung durch den Arbeitgeber-Ehegatten mit einer Übernahme der Pensionsverpflichtung durch den Erwerber zu rechnen ist, soweit sie nicht aus dem Veräußerungserlös erfüllt werden kann (BFH v. 29. 5. 1984, BStBl. II 1984, 661).

1126 Die Grundsätze über Pensionszusagen an Arbeitnehmer-Ehegatten sind auch anzuwenden, wenn der Arbeitgeber eine **GmbH** ist, welche **von dem Ehegatten des Arbeitnehmers beherrscht** wird. Arbeitet der Arbeitnehmer unter Verzicht auf ein laufendes Gehalt allein für eine Pensionszusage, so spricht dies gegen deren betriebliche Veranlassung, steht jedoch der Anerkennung von sog. Direktversicherungen nicht entgegen (FG Rheinl.-Pfalz v. 13. 6. 1983, EFG 1983, 81; Rev. eingelegt).

1127 In der Steuerbilanz kann eine **Rückstellung** wegen einer Pension, die der im Betrieb mitarbeitenden Ehefrau zugesagt worden ist, **nicht gebildet** werden, wenn nach dem der Pensionsvereinbarung zugrunde liegenden Rechtsverhältnis **außer der Pension kein Arbeitslohn** zu zahlen ist (BFH v. 23. 2. 1984, BStBl. II 1984, 551).

c) Bewertungsrechtliche Behandlung

1128 Die Pensionsverpflichtung gegenüber einer Person, bei der der **Versorgungsfall noch nicht eingetreten** ist, ist eine aufschiebend bedingte Last. Kraft der ausdrücklichen Regelung des § 104 BewG sind Pensionsverpflichtungen jedoch abzugsfähig. Die Abzugsfähigkeit setzt voraus, daß die Pensionsanwartschaft auf einer rechtsverbindlichen Pensionszusage beruht; Näheres dazu ist Abschn. 41 EStR zu entnehmen. Die Berechnung der Rückstellung erfolgt nach den gleichlautenden Länder-Erlassen vom 30. 10. 1985 (BStBl. I 1985, 652). Sofern das die Pension zusagende Unternehmen seine Verpflichtung durch einen Versicherungsvertrag abdeckt, sind die Ansprüche gegen den Versicherer selbständig neben den Pensionsverpflichtungen zu berücksichtigen (*Rössler/Troll/Langer* § 103 BewG Anm. 36).

Nach **Eintritt des Versorgungsfalles** ist die Pensionsverpflichtung mit dem gemäß §§ 13 bis 15 BewG ermittelten Kapitalwert anzusetzen.

Für den Fall, daß das Unternehmen eine rechtsfähige Pensions- oder Unterstützungskasse errichtet und durch Zuweisungen das Kassenvermögen immer wieder auffüllt, siehe Abschn. 36a Abs. 3 VStR. Rückstellungen für Zuwendungen an betriebliche Pensions- und Unterstützungskassen, die aufgrund der §§ 4c und 4d EStG in die Schlußbilanz des Wirtschaftsjahres eingestellt werden, werden bei der Einheitsbewertung nicht als Schuldposten anerkannt (Abschn. 33 VStR).

d) Prüfungstechnik

(1) Prüfung des internen Kontrollsystems

1129 Gegenstand der Prüfung ist die vollständige und laufende Fortschreibung des Mengengerüstes (Zusammenstellung der Anspruchsberechtigten) unter Vermeidung einer Funktionenkollision zwischen den anweisenden, bearbeitenden und verbuchenden Stellen.

(2) Prüfung des Nachweises

1130 Zum Bilanzstichtag ist ein Bestandsnachweis anzufordern der auch bei Rückstellungen für Pensionen und ähnliche Verpflichtungen nach § 240 Abs. 2 HGB nF zu führen ist. Der Bestandsnachweis muß die Aufgliederung jeder Rückstellung auf sämtliche Einzelposten, d. h. auch eine Aufgliederung auf alle Einzelzusagen enthalten und sollte möglichst in Form eines **Rückstellungsspiegels** (vgl. Rz. 1087) gegliedert sein.

Erforderlich ist die rechnerische Überprüfung des Rückstellungsspiegels (horizontal und vertikal).

Da auch bei Rückstellungen für Pensionen und ähnliche Verpflichtungen der Grundsatz der Einzelbewertung gilt, müssen für jede Rückstellung und jeden darin enthaltenen Einzelposten – lückenlos oder in Stichproben – geprüft werden:
– dessen **Stand am Beginn des Geschäftsjahres** durch Abstimmung mit dem entsprechenden Wert in dem Rückstellungsspiegel des Vorjahres,
– die in der Rechnungsperiode erfolgten Abbuchungen aus dem **Verbrauch bzw.** der **Inanspruchnahme** der Rückstellung, z. B. bei laufenden Pensionszahlungen, bei der Übertragung von unverfallbaren Anwartschaften durch Abstimmung von Buchung und Beleg,
– die Abbuchungen aufgrund von **Auflösungen,** da kein entsprechendes Risiko mehr besteht,
– die **Zuführungsbeträge** und
– deren **Stand in der** zu prüfenden Bilanz **(Schlußbilanz)** durch Abstimmung mit den einzelnen Posten.

1131 Der Rückstellungsspiegel kann auch **vereinfacht** dargestellt werden (vgl. *Adler/Düring/Schmaltz* § 156 Anm. 73):
– durch Auflösung der Einzelrückstellungen in Höhe des Unterschiedes zwischen

dem Stand in der Anfangsbilanz und dem Stand in der zu prüfenden Bilanz, sofern die laufenden Zahlungen direkt über die Gewinn- und Verlustrechnung verbucht werden,
- durch Saldierung der Auflösungen bei einzelnen Zusagen mit den Zuführungen bei anderen Zusagen, so daß nur der Gesamtsaldo in der Gewinn- und Verlustrechnung ausgewiesen wird.

Die Summen des Rückstellungsspiegels sind mit den Buchungen in der Eröffnungsbilanz, denen in der Gewinn- und Verlustrechnung und denen in der zu prüfenden Bilanz abzustimmen.

1132 Falls die **Berechnung der Rückstellung durch versicherungsmathematische Gutachten** erfolgt, erstreckt sich die weitere Prüfung der Rückstellungen auf die vollständige und richtige Erfassung der für die Berechnung relevanten Daten unter Hinzuziehung der zivilrechtlich (Pensionszusagen, Tarifvertrag, Betriebsvereinbarung) und steuerrechtlich (Abschn. 41 EStR) wirksamen Unterlagen und zwar lückenlos oder in Stichproben nach den im folgenden aufgeführten Kriterien:
- **vollständige Erfassung:** Kontrolle, ob alle Pensionsansprüche (laufende Pensionen und Pensionsanwartschaften) erfaßt sind und ob keine Rückstellungen zu Unrecht im Bestandsnachweis aufgenommen wurden. Zu beachten ist, daß ausgeschiedene Mitarbeiter unverfallbare Anwartschaften haben können, für die bei fortbestehenden Pensionsansprüchen weiter Rückstellungen zu bilden sind,
- **richtige Erfassung** der für die Berechnung relevanten Daten:
Für die Rückstellungsberechnung sind in der Regel erforderlich:
- Name oder Personalnummer,
- Geschlecht,
- Geburtsdatum,
- Eintrittsdaten (Eintrittsdatum aufgrund der Zusage, Eintrittsdatum zur Berechnung des steuerlichen Teilwerts nach Abschn. 41 Abs. 11 EStR und Eintrittsdatum für die Ermittlung des Zeitpunkts der Unverfallbarkeit),
- Datum der Zusage,
- Status (tätige Anwärter, mit unverfallbarem Anspruch ausgeschiedene Anwärter, Altersrentner, Invalidenrentner, Witwe, Waise),
- Zeitpunkt der Statusänderung,
- pensionsberechtigte Bezüge,
- Höhe des Anspruchs,
- Höhe einer Witwenrente,
- Höhe einer Waisenrente,
- Pensionierungsalter,
- Tod eines pensionierungsberechtigten Familienangehörigen,
- Ausscheiden eines Berechtigten mit verfallbarem Anspruch,
- Aufhebung des Pensionsvertrages,
- automatische Veränderung der berechnungsgrundlage (Index, Beamtengehalt u. ä.).

Falls die **Berechnung der Rückstellung durch das Unternehmen** erfolgt, muß die Kontrolle des Mengengerüstes in entsprechender Weise erfolgen.

Bei Pensionsrückstellungen ist bezüglich der laufenden Renten zu prüfen, ob die Anpassungsprüfung gemäß § 16 Betriebsrentengesetz im Dreijahresturnus erfolgte. Unterblieb die Anpassung, ist dieser Tatbestand mit der Geschäftsleitung zu erörtern und ggf. eine Anpassung der Rückstellung wegen möglicher Pensionsnachforderungen vorzunehmen.

(3) Prüfung der Bewertung

1133 Erfolgt die **Berechnung der Rückstellung durch versicherungsmathematische Sachverständige,** erstreckt sich die Prüfung darauf, ob der Sachverständige
- die Bewertungsmethode und
- den Rechnungszinsfuß

entsprechend den handelsrechtlichen Anforderungen zutreffend angesetzt hat.

Der Prüfer sollte sich im übrigen durch Vergleich mit dem Vorjahresgutachten davon überzeugen, ob und ggf. welche Bewertungsänderungen vorgenommen wurden und ob die Berechnung plausibel ist.

Erfolgt die **Berechnung der Rückstellung durch das Unternehmen**, muß sich der Prüfer davon überzeugen, ob der Berechnung ein anerkanntes mathematisches Verfahren zugrunde liegt und die Berechnung fachgerecht erfolgte. Falls hierbei Zweifel aufkommen, sollte zur Überprüfung der Rückstellungsberechnung ein Sachverständiger zugezogen werden.

Die Einhaltung der steuerrechtlichen Bewertungsgrundsätze ist zu überprüfen; gegebenenfalls ist ein eventueller Differenzbetrag zwischen handels- und steuerrechtlicher Bewertung zu ermitteln und in den Arbeitspapieren festzuhalten.

(4) Prüfung des Ausweises

1134 Die Ausweisprüfung erfordert die Kontrolle
- des gesonderten Ausweises der Rückstellungen für Pensionen und ähnliche Verpflichtungen in der Bilanz von großen und mittelgroßen Kapitalgesellschaften. Eine Trennung nach laufenden Pensionen und Anwartschaften ist nicht erforderlich,
- des Ausweises von Zuführungen zu Rückstellungen für Pensionen und ähnliche Verpflichtungen und Zahlungen auf solche Verpflichtungen unter ,,Aufwendungen für Altersversorgung" in der Gewinn- und Verlustrechnung,
- des Ausweises der Auflösung der Rückstellung unter ,,Sonstige betriebliche Erträge" in der Gewinn- und Verlustrechnung,
- der Angabe des nicht zurückgestellten Betrages für Pensionsberechtigte, die ihren Anspruch vor dem 1.1.1987 erworben haben im Anhang Art. 28 Abs. 2 EG HGB nF.
- der wahlweisen Bildung von aktiven Abgrenzungsposten für latente Steuern bei Unterschieden zwischen steuerrechtlicher und handelsrechtlicher Bewertung, vgl. Rz. 860 ff.

Vgl. *Luik* HdR 1337 ff.; *WPH* 1981, 1229 ff.

2. Steuerrückstellungen

a) Behandlung nach Handelsrecht

1140 Kapitalgesellschaften haben künftig **Steuerrückstellungen** im Gegensatz zur bisherigen Rechtslage **gesondert auszuweisen** (§ 266 Abs. 3 HGB nF.), kleine Kapitalgesellschaften (§ 267 Abs. 1 HGB nF.) dürfen die Rückstellungen jedoch unter ,,B. Rückstellungen" in einer Summe ausweisen (§ 266 Abs. 1 HGB nF.). Eine Rückstellung ist für diejenigen Steuern und Abgaben zu bilden, die bis zum Ende des Geschäftsjahres **wirtschaftlich oder rechtlich entstanden** sind und am Bilanzstichtag geschuldet werden. Dies ist nach den Vorschriften des Steuerrechts zu beurteilen. Rückstellungen kommen nur für diejenigen Steuerarten in Betracht, für welche das Unternehmen Steuerschuldner ist.

1141 **Rechtskräftig veranlagte** Steuern sind nicht als Rückstellung sondern unter den ,,**sonstigen Verbindlichkeiten**" gesondert auszuweisen (Rz. 1591). Zu den notwendigen Rückstellungen gehört auch eine Rückstellung für Steuern, die möglicherweise **aufgrund einer Betriebsprüfung nachzuzahlen** sind. Der zurückgestellte Betrag muß allerdings begründbar sein; eine Rückstellung allein aufgrund allgemeiner Erfahrung von Steuernachzahlungen im Zusammenhang mit Betriebsprüfungen ist nicht zulässig.

1142 Die **Berechnung** der Steuerrückstellung hat grundsätzlich nach den steuerlichen Vorschriften zu erfolgen und ist im einzelnen unter b) (Rz. 1144 ff.) dargestellt. Nach § 278 HGB nF. ist bei der Berechnung der Steuern vom Einkommen und Ertrag (Körperschaftsteuer) der **Beschluß über die Verwendung des Ergebnisses** zugrunde zu legen. Wurde ein solcher Beschluß noch nicht gefaßt, so ist vom Vorschlag über die Verwendung des Ergebnisses auszugehen. Weicht der endgültige Beschluß vom Vorschlag ab, so braucht der Jahresabschluß nicht geändert werden. Die **zusätzlichen Erträge oder Aufwendungen** aus der geänderten Ergebnisverwendung sind im Rahmen der Ergebnisverwendung zu berücksichtigen. Ein Ausweis unter den Aufwendungen und Erträgen des folgenden Jahres kommt nicht in Betracht. Daraus resultierende Forderungen bzw. Verbindlichkeiten oder Rückstellungen sind im nächsten Geschäftsjahr – ohne Berührung der GuV-Rechnung – zu aktivieren bzw. zu passivieren. Zusätzliche Erträge und Aufwendungen können sich insbesondere

Seitz

dann ergeben, wenn nach dem Gewinnverwendungsbeschluß weitere Beträge in die Gewinnrücklagen eingestellt oder auch zusätzliche Beträge ausgeschüttet werden sollen und sich dann infolge des gespaltenen Steuersatzes eine Körperschaftsteuererhöhung oder -minderung ergibt. Aktiengesellschaften müssen den zusätzlichen Aufwand oder Ertrag im Beschluß über die Verwendung des Ergebnisses gesondert angeben (§ 174 Abs. 2 AktG nF.).

b) Ertragsteuerliche Behandlung

1143   Die wesentlichen Anwendungsfälle für **Steuerrückstellungen** betreffen u. a. die **Körperschaftsteuer**, die **Gewerbeertrag-** und **Gewerbekapitalsteuer** sowie die **Vermögensteuer**. Zur Ermittlung der VSt- GewSt- und KSt-Rückstellung bzw. -Aktivierung sind die nachstehen wiedergegebenen Musterformulare zu empfehlen, die alle wesentlichen, regelmäßig anfallenden Bearbeitungsschritte abdecken. Steuerliche Sonderprobleme sind in Nebenrechnungen abzuhandeln.

1144   **Berechnung der Vermögensteuer 19..**

für Firma:

	DM	%	DM
1. Betriebsvermögen auf den 01. 01. 19..		+	....
2. Steuerfreies Auslandsvermögen		./.	....
3. Steuerpflichtiges Vermögen			....
4. Steuerschuld von Kapitalgesellschaften:			
4.1 Auslandsvermögen, sofern steuerpflichtig	....	0,35	....
4.2 Übriges Inlandsvermögen	....	0,7	....
4.3 Steuerpflichtiges Vermögen/Steuerschuld		....	....
4.4 Vermögensteuervorauszahlungen		./.	....
4.5 Vermögensteuer-Rückstellung/-Aktivierung			....
5. Steuerschuld von natürlichen Personen und Personengesellschaften:			
5.1 Auslandsvermögen, sofern steuerpflichtig	....	0,25	....
5.2 Übriges Inlandsvermögen	....	0,5	....
5.3 Steuerpflichtiges Vermögen/Steuerschuld		....	....
5.4 Vermögensteuervorauszahlungen		./.	....
5.5 Vermögensteuer-Rückstellung/-Aktivierung			....

1145   **Berechnung der Gewerbesteuer 19..**

für Firma:

1. Ermittlung der Gewerbekapitalsteuer

	DM	DM
1 Einheitswert des Betriebsvermögens zum 1. 1. 19.. (bzw. Hilfswert) Hinzurechnungen (§ 12 Abs. 2 GewStG)		....
2 + Dauerschulden	....	
davon ab	50000,-	
3	....	
4 anzusetzen: 50% von Zeile 3		+ ....
5 + Renten und dauernde Lasten aus Gründung oder Erwerb		+ ....
6 + Einlagen stiller Gesellschafter		+ ....

Rückstellungen **1145 B**

		DM		DM
7	+ übrige Hinzurechnungen		+	....
	Kürzungen (§ 12 Abs. 3 GewStG)			
8	− Einheitswert der Betriebsgrundstücke (Ansatz zu 140%)		−	....
9	− Beteiligungen an Personengesellschaften		−	....
10	− Beteiligungen an Kapitalgesellschaften (soweit mind. 10%)		−	....
11	− übrige Kürzungen		−	....
12	Gewerbekapital			....
13	Abgerundet auf volle TDM			....
14	Freibetrag (max. Betrag aus Zeile 13)		−	120 000,−
15	Maßgebendes Gewerbekapital			....
16	Meßbetrag: 2‰ von Zeile 15	....		══════
17	× Hebesatz	............%		
18	= Gewerbekapitalsteuer		=	══════

2. Ermittlung der Gewerbeertragsteuer

19	Vorläufiger Gewinn vor Steuerberechnung		....
20	+ darin enthaltene KSt-Vorauszahlungen	+	
21	+ anrechenbare KST	+	
22	+ anrechenbare Kapitalertragsteuer	+	
23	+/− KSt-Rückstellung/KSt-Aktivierung bisher	+/−	
24	+ GewSt-Vorauszahlungen	+	
25	+/− GewSt-Rückstellung/GewSt-Aktivierung bisher	+/−	
		→	+/− ....
26	+/− KSt Vorjahre (Saldo aus Nachzahlungen und Erstattungen)	+/−	
26a	+/− Vermögensteuer (nach Verrechnung mit Erstattungen)	+/−	
	+ nicht abzugsfähige Aufwendungen		
27	gemäß § 4 Abs. 5 EStG	+	
28	gemäß § 9 Ziff. 3, § 10 KStG	+	
29	+ sonstige nichtabzugsfähige Aufwendungen (s. dazu Teil H Rz. 107 ff.)	+	
29a		→	+/− ....
30	− steuerfreie Erträge		− ....
31	+/− sonstige Zurechnungen/Abrechnungen		+/− ....
	Für Personengesellschaften:		
32	+ erfolgswirksam gebuchte Gesellschafterbezüge	+	
33	+ erfolgswirksam gebuchte Gesellschafterzinsen	+	
		→	+ ....
34	vorläufiges steuerpflichtiges Einkommen		....
35	− Gewerbekapitalsteuer (gem. Berechnung, Zeile 18)		− ....
36	vorläufiger Gewinn aus Gewerbebetrieb		....
	Hinzurechnungen (§ 8 GewStG)		
37	+ 50% der Dauerschuldzinsen	+	
38	+ Renten und dauernde Lasten aus Gründung oder Erwerb	+	
39	+ Gewinnanteile stiller Gesellschafter	+	
40	+ 50% bestimmter Miet-/Pachtzinsen	+	

Seitz

B 1145 Der Jahresabschluß nach Handels- und Steuerrecht

	DM	DM
41 + Verlustanteile aus Beteiligungen an Personengesellschaften	+	
42 + sonstige Hinzurechnungen	+	
43 Kürzungen (§ 9 GewStG)	→	+ ....
44 − 1,2% von 140% des Einheitswerts des betrieblichen Grundvermögens	−	
45 − Gewinnanteile aus Beteiligungen an Personengesellschaften	−	
46 − Gewinnanteile aus mind. 10%igen Beteiligungen an Kapitalgesellschaften	−	
47 − sonstige Kürzungen	−	
48	→	− ....
49 − Gewerbesteuerlicher Verlustvortrag		− ....
50 Gewerbertrag vor Gewerbeertragsteuer		
51 abgerundet auf volle DM 100,−		
52 Freibetrag für natürliche Personen und Personengesellschaften (DM 36000,−, max. Betrag aus Zeile 51)		− ....
53 vorläufiger Gewerbeertrag		....
54 × Multiplikator bei Hebesatz ......% (Tabelle der Multiplikatoren vgl. Rz. 1148)	....	
55 = Gewerbeertragsteuer		= ....

3. Ermittlung der GewSt-Rückstellung/Aktivierung

56 Gewerbekapitalsteuer (gem. Zeile 18)	....	
57 + Gewerbeertragsteuer (gem. Zeile 55)	+	
58 − GewSt-Vorauszahlungen (gem. Zeile 24)	−	
59 GewSt-Rückstellung/-Aktivierung	→	....

4. Verprobung

60 Gewerbeertrag vor Gewerbeertragsteuer (Zeile 50)		....
60a Freibetrag für natürliche Personen und Personengesellschaften (DM 36000,−, vgl. Zeile 52)		− ....
61 − Gewerbeertragsteuer (Zeile 55)		− ....
62 endgültiger Gewerbeertrag		....
63 abgerundet auf volle DM 100,−		....
64 Meßbetrag: 5% von Zeile 63	....	
65 × Hebesatz	..............%	
66 = Gewerbeertragsteuer		= ....
67 + Gewerbekapitalsteuer (Zeile 18)		+ ....
68 Jahresgewerbesteuer		....
69 − GewSt-Vorauszahlungen (Zeile 24)		− ....
70 GewSt-Rückstellung/-Aktivierung		....

Hinweis:
Weicht die GewSt-Rückstellung/-Aktivierung gem. Zeile 70 von der Berechnung gem. Zeile 59 um bis zu DM 20,− ab (Rundungsdifferenz), so ist der Wert gem. Zeile 70 der Bilanzierung zugrunde zu legen.

Seitz

Rückstellungen 1146 **B**

1146 Berechnung der Körperschaftsteuer 19..
für Firma:

		DM	DM
1	vorläufiges steuerpflichtiges Einkommen (vgl. Zeile 34 der GewSt-Berechnung)		....
2	− Jahresgewerbesteuer (Zeile 68 der GewSt-Berechnung)		− ....
3	+ Verlustrücktrag	+	
4	− Verlustabzug	− .... →	+/− ....
5	zu versteuerndes Einkommen		....
6	abgerundet auf volle DM 10,−		....
7	56% KSt von Zeile 6 (soweit vollständig mit 56% belastet)		− ....
8	− Saldo nichtabzugsfähige Aufwendungen (Zeile 29a der GewSt-Berechnung)		− ....
9	Zugang zum EK 56		....
10	+ Vortrag EK 56 nach Ausschüttung des Vorjahresgewinns		+ ....
11	Zur Ausschüttung verfügbares EK 56		============
12	Maximale Ausschüttung: 16/11 von Zeile 11		....
13	Tarifbelastung 56% (Zeile 7)	....	
14	− KSt-Minderung (5/16 der Ausschüttung von ...., max. Zeile 12)	−	
15	endgültige Körperschaftsteuer	→	....
16	− KSt-Vorauszahlungen (Zeile 20 der GewSt-Berechnung)		− ....
17	− anrechenbare KSt (Zeile 21 der GewSt-Berechnung)		− ....
18	− anrechenbare Kapitalertragsteuer (Zeile 22 der GewSt-Berechnung)		− ....
19	KSt-Rückstellung/-Aktivierung		....
20.	Eigenkapital lt. Handelsbilanz vor Gewinnausschüttung		
20.1	Grund-/Stammkapital	+	
20.2	Kapitalrücklagen	+	
20.3	Gewinnrücklagen	+	
20.4	Bilanzgewinn	+	
20.5	Eigenkapital vor Gewinnausschüttung	+	
20.6	Ausschüttung für 19..	./.	
20.7	Eigenkapital nach Gewinnausschüttung	....	....
21.	Eigenkapital aufgrund der EK-Gliederung		
21.1	Verwendbares EK nach der geplanten Ausschüttung		
	EK 56	....	
	EK 36	....	
	EK 01	....	
	EK 02	....	
	EK 03	....	
	EK 04	....	
21.2	verwendbares Eigenkapital	....	
21.3	Grund-/Stammkapital	+	
21.4	Eigenkapital nach Gewinnausschüttung	....	./. ....

Seitz

B 1147, 1148 Der Jahresabschluß nach Handels- und Steuerrecht

		DM	DM
22.	Abweichung der Handels- von der Steuerbilanz (Vermögensunterschied)		....
23.	Abweichungen HB/StB des laufenden Jahres		
23.1	Sonderabschreibungen	./.	
23.2	Pensionsrückstellungen	./.	
23.3	Sonstige Abweichungen	./.	
24.	Abweichungsdifferenz		– 0 –

1147 Nach Abschn. 22 Abs. 2 EStR kann die **GewSt-Rückstellung** näherungsweise mit **neun Zehntel** des Betrags der GewSt angesetzt werden, die sich ohne Berücksichtigung der GewSt als Betriebsausgabe ergeben würde. Dies schließt allerdings die Anwendung einer anderen Berechnungsmethode nicht aus. So wird häufig folgende **Berechnungsformel** angewandt, die eine exakte Berechnung der GewSt-Rückstellung erlaubt:

$$\frac{\text{Hebesatz}}{2000 + \text{Hebesatz}}$$

Bei einem Hebesatz von 400 ergibt das einen Faktor von

$$\frac{400}{2400} = 0{,}16666$$

Nach dieser Methode errechnen sich für die wesentlichsten Hebesätze folgende Multiplikatoren:

1148 **Multiplikatorentabelle** zur Ermittlung der Gewerbertragsteuer aus dem vorläufigen Gewerbeertrag

Hebesatz	Multiplikator	Hebesatz	Multiplikator
200	0,09091	355	0,15074
205	0,09297	360	0,15254
210	0,09502	365	0,15433
215	0,09706	370	0,15611
220	0,09909	375	0,15789
225	0,10112	380	0,15966
230	0,10313	385	0,16142
235	0,10514	390	0,16317
240	0,10714	395	0,16492
245	0,10913	400	0,16666
250	0,11111	405	0,16839
255	0,11308	410	0,17012
260	0,11504	415	0,17184
265	0,11699	420	0,17355
270	0,11894	425	0,17525
275	0,12087	430	0,17695
280	0,12280	435	0,17864
285	0,12472	440	0,18032
290	0,12663	445	0,18200
295	0,12854	450	0,18367
300	0,13043	455	0,18533
305	0,13232	460	0,18699
310	0,13419	465	0,18864
315	0,13606	470	0,19028
320	0,13793	475	0,19191
325	0,13978	480	0,19354
330	0,14163	485	0,19517
335	0,14346	490	0,19678
340	0,14529	495	0,19839
345	0,14712	500	0,20000
350	0,14893		

Gewerbesteuer = Vorläufiger Gewerbeertrag (Zeile 53 zu Rz. 1145) × Multiplikator.

Die Gewerbesteuer kann auch nach der **Divisor-Methode** berechnet werden (s. dazu Teil H Rz. 182 f.).

Rückstellungen

c) Bewertungsrechtliche Behandlung

1149 In der Handelsbilanz werden nur solche betrieblichen Steuern unter der Position „Sonstige Verbindlichkeiten" eingestellt, die rechtskräftig veranlagt sind; Steuern, die zwar entstanden, aber noch nicht rechtskräftig veranlagt sind, werden unter den Steuerrückstellungen ausgewiesen. Für die Abzugsfähigkeit einer Steuerschuld bei der Einheitsbewertung des gewerblichen Betriebs ist die Bestandskraft der Steuerfestsetzung bzw. des Steuerbescheids unerheblich. Es wird deshalb auf die Ausführungen zu den „Sonstigen Verbindlichkeiten" verwiesen (vgl. Rz. 1601 ff.).

d) Prüfungstechnik

1150 Gegenstand der **Prüfung des internen Kontrollsystems** ist die Organisation der Rückstellungsbildung und die Erfassung der Steuerrückstellung. Der Soll- und der Ist-Zustand der Organisation und der Erfassung sind zu ermitteln. Eventuelle Soll/Ist-Abweichungen sind zu würdigen, und die Angemessenheit der vorgesehenen Kontrollen und Anweisungen ist zu beurteilen.

1151 Zur **Prüfung des Nachweises** ist zum Bilanzstichtag ein Bestandsnachweis anzufordern, der nach § 240 Abs. 2 HGB nF. zu führen ist und horizontal in der Form eines **Rückstellungsspiegels** (vgl. Rz. 1087), gegliedert sein sollte; vertikal erfolgt die Aufteilung nach den einzelnen Steuerrückstellungen.

Der Rückstellungsspiegel ist rechnerisch (horizontal und vertikal) zu überprüfen.

Zur Vorbereitung der weiteren Überprüfung des Rückstellungsspiegels empfehlen sich folgende Prüfungsmaßnahmen:
– Aufgliederung des Steuerausweises in der Gewinn- und Verlustrechnung und Kennzeichnung des etwaigen Steueraufwandes für Vorjahre in einer Vorspalte,
– Stand des Veranlagungsverfahrens zum Prüfungszeitpunkt unter Angabe des Datums für die in Betracht kommen Steuerarten,
– sofern im Prüfungszeitraum eine Außenprüfung stattgefunden hat, Übernahme eines entsprechenden Bp-Berichtes in die Dauerakte,
– Abstimmung der Steuerzahlungen mit den lt. Steuerbescheiden/Vorauszahlungsbescheiden angeforderten Beträgen; Abstimmung mit den Auszügen der Finanzkassen,
– Erstellung einer Aufgliederung für jede Steuerart nach
  • Zahlungen für das Berichtsjahr,
  • Zahlungen für Vorjahre (nach Jahren),
  • Erstattungen, vereinnahmt (nach Jahren),
  • passiviertem Nachzahlungsaufwand,
  • aktiviertem Erstattungsbetrag.

1152 Für jede einzelne Steuerrückstellung, die zweckmäßigerweise zusätzlich nach den einzelnen Jahren aufgeteilt werden sollte, ist der Rückstellungsspiegel wie folgt zu prüfen:
– der **Stand am Beginn des Geschäftsjahres** durch Abstimmung mit dem Wert der Eröffnungsbilanz,
– die in der Rechnungsperiode erfolgten Abbuchungen aus dem **Verbrauch bzw.** der **Inanspruchnahme** der einzelnen Rückstellungen; Überprüfung des zugehörigen Kontos der Gewinn- und Verlustrechnung auf möglicherweise unterlassene Verbuchungen von Inanspruchnahmen der Rückstellungen,
– die Abbuchungen aufgrund von **Auflösungen** von Restbeständen der Rückstellungen; dabei ist darauf zu achten, daß Restbestände nicht für die Bildung neuer Rückstellungen verwandt werden, da ansonsten ordentliche Aufwendungen mit außerordentlichen Erträgen saldiert werden (Ausnahme: die Saldierung der Auflösung für ein bestimmtes Jahr mit der Zuführung für ein anderes Jahr innerhalb derselben Steuerart ist zulässig, jedoch aus Gründen der Klarheit nicht zweckmäßig),
– die **Zuführungsbeträge**,
– der **Stand in der** zu prüfenden Bilanz **(Schlußbilanz)** durch Abstimmung des nachgewiesenen Rückstellungsbetrages mit dem verbuchten Betrag.

1153 Die Prüfung der vollständigen und richtigen Erfassung der Steuerrückstellungen erfolgt progressiv anhand von

- Steuerschätzungen oder -berechnungen (Muster für Vermögensteuer, Gewerbesteuer, Körperschaftsteuer, vgl. 1144ff.),
- Steuererklärungen,
- Steuerbescheide,
- Buchhaltung (für Steuerzahlungen),
- Warenforderungen für Umsatzsteuer bei Ist-Versteuerung.

1154 Die Prüfung erstreckt sich insoweit auch auf eventuelle
Ertragsteuerrisiken
- verdeckte Gewinnausschüttungen,
- verdeckte Kapitalzuführungen,
- angemessene Konditionen zu nahestehenden Personen (arm's length-Preise),
- Einhaltung von steuerlichen Formvorschriften, z. B.
  • gesonderte Konten für Aufwendungen im Sinn von § 4 Abs. 5 EStG,
  • erforderliche Spendenbescheinigungen, ggf. Fehlliste anlegen,
  • erforderliche Steuerfreistellungs- oder Anrechnungsbescheinigungen, ggf. Fehlliste anlegen,

Gesellschaftsteuerrisiken durch unverzinsliche Gesellschafterdarlehen
Umsatzsteuerrisiken
- erforderliche Aufzeichnungen und buchmäßige Nachweise für Steuerfreiheit von Ausfuhrlieferungen und -leistungen,
- Nachweise nach dem Berlinförderungsgesetz,
- Versteuerung des Eigenverbrauchs,
- Versteuerung bei Vorteilsgewährung an Arbeitnehmer,
- Anforderungen für Vorsteuerabzug.

Lohnsteuerrisiken
- richtige Erfassung der Reisekosten,
- unangemessene Fahrtkostenerstattungen bei Fahrten zwischen Wohnung und Arbeitsstätte,
- zutreffende Behandlung der an Arbeitnehmer geleisteten Auslösungen,
- richtige Erfassung von geldwerten Vorteilen an Arbeitnehmer (z. B. private Pkw-Benutzung),
- sachliche und formelle Anforderungen an Lohnsteuerpauschalierungen.

Im Falle von Gewinnausschüttungen erstreckt sich zusätzlich die Überprüfung auf
- die Anmeldung und Abführung von Kapitalertragsteuer sowie die Beachtung der dabei geltenden Fristvorschriften,
- die Beantragung von (Teil-)Erstattungen der Kapitalertragsteuer nach dem maßgebenden DBA, sofern die Ausschüttung an ausländische Gesellschafter erfolgt ist.

1155 Die Prüfung der vollständigen und richtigen Erfassung erfordert außerdem die Prüfung der Anmeldung und Abführung von Abzugsteuern:
- Vergütungen an beschränkt steuerpflichtige Aufsichtsratmitglieder,
- Vergütungen nach § 50a Abs. 4 EStG (Lizenzgebühren, Know-how etc.) an beschränkt Steuerpflichtige, sofern für diese Fälle nicht eine vom Bundesamt für Finanzen ausgestellte Freistellungsbescheinigung vorliegt,
- Vergütungen auf typisch stille Beteiligungen und partiarische Darlehen.

1156 Die **Prüfung der Bewertung** erfolgt anhand von Steuerschätzungen (vgl. Rz. 1144ff.). Zur Prüfung der Rückstellungen der Steuern vom Einkommen und Ertrag ist der Beschluß über die Verwendung des Ergebnisses oder der Vorschlag der Verwendung des Ergebnisses hinzuzuziehen, § 278 HGB nF.

1157 Die **Prüfung des Ausweises** erfordert die Kontrolle
- des gesonderten Ausweises der Steuerrückstellungen bei mittelgroßen und großen Kapitalgesellschaften,
- des Ausweises von Zuführungen zu den Rückstellungen unter den Positionen „Steuern vom Einkommen und vom Ertrag" oder „Sonstige Steuern" in der Gewinn- und Verlustrechnung,
- des Ausweises der Auflösung von Rückstellungen unter der Position „Sonstige betriebliche Erträge" in der Gewinn- und Verlustrechnung.

Vg. *Moxter* HdR 1352ff.

3. (–*) Rückstellungen für latente Steuern

a) Behandlung nach Handelsrecht

160 Durch die Bilanzierung latenter Steuern soll der **Ertragsteueraufwand periodengerecht im Jahresabschluß** erfaßt werden; dies entspricht den Rückstellungserfordernissen der dynamischen Bilanzauffassung. Es soll ein Ertragsteuer-Gesamtaufwand ausgewiesen werden, der funktional aus dem handelsrechtlichen Ergebnis ableitbar ist. Nach § 274 ist für Kapitalgesellschaften der Ansatz einer **Rückstellung** für latente Steuern **zwingend vorgeschrieben;** für die Bilanzierung eines **latenten Steuererstattungsanspruchs** besteht ein **Wahlrecht** (Rz. 860 ff.). Die Rückstellung ist gesondert auszuweisen oder im Anhang anzugeben.

161 Eine Rückstellung für latente Steuern (Rückstellung zur Steuerabgrenzung) ist dann zu bilden, wenn der **Steueraufwand** des Geschäftsjahres und früherer Geschäftsjahre **im Verhältnis zum Jahresergebnis** der Handelsbilanz **zu niedrig** ist (§ 274 Abs. 1 HGB nF.). Für die Frage einer Passivierung latenter Steuern kommt es somit nur auf die Beurteilung des **Gesamtergebnisses eines Geschäftsjahres** unter gleichzeitiger **Saldierung** mit aktivischen und passivischen Steuerabgrenzungen aus Vorjahren an. Damit ist in diesem Punkt das generelle Saldierungsverbot aufgehoben. Ergibt sich als Saldo eine aktivische Steuerabgrenzung, so läßt § 274 Abs. 2 HGB nF. die Aktivierung des latenten Steuererstattungsanspruchs als Bilanzierungshilfe zu (Rz. 860 ff., 1168) (*Göllert/Ringling* BB 1985, 966). Einschränkend legt § 274 Abs. 1 HGB nF. allerdings fest, daß nur **solche Abweichungen** zwischen handelsrechtlichem und steuerlichem Ergebnis Berücksichtigung finden dürfen, die sich **in späteren Geschäftsjahren** voraussichtlich **ausgleichen;** permanente Differenzen dürfen nicht berücksichtigt werden. Permanente Unterschiede zwischen handelsrechtlichem und steuerlichem Ergebnis entstehen insbesondere durch nicht abzugsfähige Betriebsausgaben.
Bedingt durch das Maßgeblichkeitsprinzip (Maßgeblichkeit der Handelsbilanz für die Steuerbilanz) wird das Problem latenter Steuern in Deutschland keine große Bedeutung erlangen.

162 Den **wesentlichen Anwendungsfall** zur Bildung einer Rückstellung für latente Steuern dürfte die ausschließlich in der Steuerbilanz berücksichtigte **Preissteigerungsrücklage** (§ 74 EStDV) darstellen (vgl. Rz. 1024). Abschn. 228 Abs. 5 EStR räumt dem Steuerpflichtigen ausdrücklich die Möglichkeit ein, vom Maßgeblichkeitsgrundsatz abzuweichen und auf die Bilanzierung der Rücklage in der Handelsbilanz zu verzichten. Auf Grund dieser fehlenden Bindung der Steuerbilanz an die Handelsbilanz ist nach künftigem Handelsrecht eine **gewinnmindernde Bildung** der Preissteigerungsrücklage in der Handelsbilanz von Kapitalgesellschaften **nicht mehr möglich** (Rz. 1024). Dies bewirkt eine Steuerverlagerung; der vorübergehenden Steuerersparnis stehen höhere Steueraufwendungen im Jahr der Auflösung der Preissteigerungsrücklage gegenüber. Diese künftigen Steuerzahlungen haben Verbindlichkeitscharakter und sind, da bereits im Geschäftsjahr verursacht, durch eine Rückstellung zu berücksichtigen. Für diesen Sachverhalt bestand nach herrschender Meinung bereits bisher Passivierungspflicht (*Adler/Düring/Schmaltz* § 152 Anm. 70).

163 Als **weitere Ursachen,** die eine Passivierungspflicht für latente Steuern auslösen, kommen die **Aktivierung von Fremdkapitalzinsen** in den Herstellungskosten sowie eine **Bewertung nach der Fifo-Methode** bei steigenden Preisen statt der Anwendung der Durchschnittsmethode in Betracht. Auch in diesen Fällen wird ein Jahresüberschuß in der Handelsbilanz ausgewiesen, der höher ist als das Ergebnis der Steuerbilanz und damit auch dem ausgewiesenen Steueraufwand nicht mehr entspricht. Der Ausgleich wird durch die Bildung der Rückstellung für latente Steuern geschaffen.

164 Wenn auch bei der Aktivierung von **Aufwendungen für die Ingangsetzung und Erweiterung** des Geschäftsbetriebs in der Handelsbilanz (Rz. 120) wegen des steuerlichen Aktivierungsverbots ein Steueraufwand ausgewiesen wird, der im Verhältnis zum Jahresergebnis der Handelsbilanz zu niedrig ist, so kommt doch die Bildung

---

* Im gesetzlichen Gliederungsschema ist keine gesonderte Bezifferung vorgesehen.

einer **Rückstellung für latente Steuern nicht in Betracht.** Steuerlich werden diese Aufwendungen bereits im Jahr der handelsrechtlichen Aktivierung als Betriebsausgaben geltend gemacht (vgl. Rz. 130) und mindern dadurch endgültig den Steueraufwand. In diesem Fall fehlt es somit am Erfordernis der Steuerbelastung in späteren Geschäftsjahren (§ 274 Abs. 1 HGB nF.), die Voraussetzung für die Bildung einer Rückstellung für latente Steuern ist.

1164a   Auf Grund des neu in das Gesetz eingefügten § 6 Abs. 3 EStG nF. kommt eine **Rückstellung für latente Steuern auch im Zusammenhang mit dem handelsrechtlichen Wertaufholungsgebot** (§ 280 HGB nF.; zum Beibehaltungswahlrecht gem. § 280 Abs. 2 HGB nF. zur Vermeidung einer Versteuerung vgl. Rz. 227) **nicht mehr in Betracht.** Nach § 6 Abs. 3 EStG nF. wirkt sich eine handelsrechtliche Zuschreibung gleichermaßen in der Steuerbilanz aus, während bisher beim abnutzbaren Anlagevermögen kein Wertansatz zulässig war, der über dem Bilanzansatz des Vorjahres lag (§ 6 Abs. 1 Nr. 1 Satz 4 EStG aF.). Der Zuschreibungsgewinn ist somit in jedem Fall zu versteuern; das Ergebnis von Handels- und Steuerbilanz stimmen überein. Da der Steueraufwand des Jahresergebnis der Handelsbilanz entspricht, ist eine Passivierung latenter Steuern nicht mehr möglich.

1165   Die Rückstellung ist **in Höhe der voraussichtlichen Steuerbelastung** zu bilden und gesondert auszuweisen (§ 274 Abs. 1 HGB nF.); es sind die Körperschaftsteuer und die Gewerbeertragsteuer einzubeziehen. Wie bei jeder Rückstellungsbildung ist grundsätzlich von den Verhältnissen des Bilanzstichtages auszugehen. Bei der Gewerbeertragsteuer bedeutet dies den Ansatz der jeweils gültigen Hebesätze. Die Ermittlung der latenten Körperschaftsteuer gestaltet sich schwieriger, da unterschiedliche Steuersätze für Thesaurierung (56%) und Ausschüttung (36%) Anwendung finden. Auch der Ansatz eines Mischwertes aus beiden Steuersätzen wäre denkbar. Die Frage des anzuwendenden Steuersatzes bei der Körperschaftsteuer ist umstritten; überwiegend wird jedoch die Meinung vertreten, daß der Steuersatz von 56% heranzuziehen sei (*Bremer* DB 1984, 217 ff.; *Siegel* BB 1984, 1909 ff.; *Heuser* Anm. 189 FN 66).

1166   Eine Rückstellung für latente Steuern kommt nur in Betracht, sofern eine **künftige Steuerbelastung überhaupt entsteht.** Löst die Differenz zwischen handelsrechtlichem Jahresüberschuß und Gewinn der Steuerbilanz keine Steuerbelastung in der Zukunft aus – wie etwa bei der handelsrechtlichen Aktivierung von Ingangsetzungs- und Erweiterungsaufwendungen nach § 269 HGB nF. (vgl. Rz. 1164) – so besteht auch nicht die Möglichkeit zur Abgrenzung eines latenten Steueraufwands (*Baetge* Das neue Bilanzrecht, 99).

1167   Eine **Auflösung** der Rückstellung für latente Steuern ist vorzunehmen, sobald die höhere Steuerbelastung eintritt oder mit ihr voraussichtlich nicht mehr zu rechnen ist (§ 274 Abs. 1 Satz 2 HGB nF.).

Die Rückstellung ist dabei in dem Umfang aufzulösen, wie sich die ursprüngliche Differenz zwischen Handels- und Steuerbilanzergebnis abbaut, d. h.

– eine nur in der Steuerbilanz gebildete Rücklage oder Rückstellung aufzulösen ist oder

– die nur handelsrechtlich vorgenommenen Aktivierungen abgeschrieben werden.

1168   Eine **Aktivierung latenter Steuererstattungsansprüche** darf **(Bilanzierungshilfe)** vorgenommen werden, wenn der dem Geschäftsjahr und früheren Geschäftsjahren zuzurechnende Steueraufwand zu hoch ist, weil der zu versteuernde Gewinn höher als das handelsrechtliche Ergebnis ist (vgl. im einzelnen Rz. 860 ff.). **Voraussetzung** ist hier ebenso wie bei der Rückstellung für latente Steuern, daß sich die Differenz zwischen handels- und steuerrechtlichem Gewinn voraussichtlich in späteren Geschäftsjahren ausgleicht. Dieser Abgrenzungsposten ist unter entsprechender Bezeichnung auf der Aktivseite der Bilanz gesondert auszuweisen und im Anhang zu erläutern (§ 274 Abs. 2 HGB nF.). Wird ein entsprechender Posten aktiviert, so **dürfen Gewinne nur ausgeschüttet oder entnommen** werden, soweit die nach der Ausschüttung verbleibenden jederzeit auflösbaren Gewinnrücklagen zuzüglich eines Gewinnvortrages und abzüglich eines Verlustvortrages dem angesetzten Abgrenzungsposten mindestens entsprechen. Der Betrag ist **aufzulösen,** sobald die Steuerentlastung eintritt oder mit ihr voraussichtlich nicht mehr zu rechnen ist. Die Ausführungen zur Auflösung der Rückstellung für latente Steuern gelten insoweit analog

(Rz. 1167). Aktivische und passivische latente Steuern sind miteinander zu verrechnen; auszuweisen ist lediglich der Saldo aus beiden (Rz. 1161).

1169 Wesentliche **Anwendungsbeispiele** für aktivische latente Steuern sind (vgl. Rz. 860 ff.)
- Unterlassene Aktivierung des Unterschiedsbetrags bei Verbindlichkeiten (§ 250 Abs. 3 HGB nF.),
- Ansatz geringerer Herstellungskosten in der Handelsbilanz als in der Steuerbilanz,
- die Ausübung handelsrechtlicher Ansatzwahlrechte für Rückstellungen.

b) Ertragsteuerliche Behandlung

1170 Die Rückstellung für latente Steuern ist **nur in der Handelsbilanz** zu berücksichtigen. Mit Hilfe der latenten Steuern soll ein im Verhältnis zum Jahresergebnis der Handelsbilanz zu niedriger (oder zu hoher) Steueraufwand dem handelsbilanziellen Ergebnis angepaßt werden. Mit dieser ausschließlich handelsrechtlichen Bilanzierung sind keine steuerlichen Auswirkungen verbunden.

c) Bewertungsrechtliche Behandlung

1171 Der Abzug von Rückstellungen für latente Steuern wird durch § 105 BewG ausgeschlossen. Die dort für die Abzugsfähigkeit von Steuerschulden aufgestellten Voraussetzungen liegen bei latenten Steuern nicht vor. Die Auflösung stiller Reserven oder steuerfreier Rücklagen führt erst im Veranlagungszeitraum der Auflösung zu einem steuerlichen Gewinn und damit zum Entstehen einer Steuerschuld. (Vgl. BFH v. 2. 10. 1981, BStBl. II 1982, 8 m. w. N.)

d) Prüfungstechnik

1172 Gegenstand der **Prüfung des internen Kontrollsystems** ist die Organisation der Rückstellungsbildung und die Erfassung der Posten für latente Steuern. Der Soll- und der Ist- Zustand der Organisation und der Erfassung sind zu ermitteln; eventuelle Soll/Ist- Abweichungen sind zu würdigen, und die Angemessenheit der vorgesehenen Kontrollen und Anweisungen ist zu beurteilen.

1173 Die **Prüfung des Nachweises** erfolgt anhand eines Bestandsnachweises der Einzelposten, der wie ein Rückstellungsspiegel zu gliedern ist. Der Nachweis ist rechnerisch horizontal und vertikal zu prüfen und mit der Buchhaltung abzustimmen.

Die Prüfung der vollständigen und richtigen Erfassung der Rückstellungen für latente Steuern erfolgt progressiv anhand der bei den einzelnen Bilanzpositionen ermittelten Abweichungen zwischen Handels- und Steuerbilanz.

1174 Gegenstand der **Prüfung der Bewertung** ist die voraussichtliche zukünftige Steuerbelastung. Insbesondere ist erforderlich die
- Kontrolle der zeitgerechten Auflösung von früher gebildeten latenten Steuern,
- Prüfung der Wahrscheinlichkeit des angenommenen künftigen Ausschüttungsverhaltens im Hinblick auf § 27 Abs. 1 KStG.

1175 Die **Prüfung des Ausweises** erfordert die Kontrolle
- des gesonderten Ausweises der Rückstellungen für latente Steuern von den anderen Rückstellungen, insbesondere den Steuerrückstellungen,
- des gesonderten Ausweises aktivisch abgegrenzter latenter Steuern (nach möglichen Verrechnungen mit Rückstellungen für latente Steuern, vgl. Rz. 866, 1168) und deren Erläuterung im Anhang,
- des Ausweises von Zuführungen zu den Rückstellungen für latente Steuern unter der Position ,,Sonstige betriebliche Aufwendungen",
- des Ausweises von Inanspruchnahmen von Rückstellungen unter den ,,Sonstigen betrieblichen Erträgen", soweit diese nicht als Gegenposten zu den Mehraufwendungen gebucht werden,
- des Ausweises der Auflösung der Rückstellungen für latente Steuern unter der Position ,,Sonstige betriebliche Erträge" in der Gewinn- und Verlustrechnung. Vgl. *Coenenberg/Hille* HdR 911 ff.

4. (3.*) Sonstige Rückstellungen

1180 Unter den „**Sonstigen Rückstellungen**" sind alle diejenigen Rückstellungen zu erfassen, für welche kein gesonderter Ausweis vorgeschrieben ist. Nach § 249 HGB nF. handelt es sich dabei insbesondere um folgende Posten:
- Rückstellungen für im Geschäftsjahr **unterlassene Aufwendungen für Instandhaltung oder Abraumbeseitigung**
- Rückstellungen für **Gewährleistungen,** die ohne rechtliche Verpflichtung erbracht werden
- Rückstellungen für ihrer Eigenart nach **genau umschriebene,** dem Geschäftsjahr oder einem früheren Geschäftsjahr zuzuordnende **Aufwendungen**
- Rückstellungen für **drohende Verluste** aus schwebenden Geschäften
- Rückstellungen für **ungewisse Verbindlichkeiten.**

1181 Mit Ausnahme der Aufwandsrückstellungen besteht nunmehr für alle genannten Rückstellungsarten eine **Passivierungspflicht.** Darüber hinaus besteht auch eine Passivierungspflicht für Rückstellungen für unterlassene Instandhaltungs- und Abraumbeseitigungsaufwendungen, sofern die Aufwendungen nach Ablauf von drei Monaten des neuen Geschäftsjahrs nachgeholt werden. Nach dem bisher geltenden Aktienrecht galt für die Rückstellungen für unterlassene Instandhaltung oder Abraumbeseitigung und für die Rückstellung für Gewährleistung ohne rechtliche Verpflichtung ein Passivierungswahlrecht; insoweit engt das künftige Handelsrecht den Rahmen für bilanzpolitische Maßnahmen ein.

4.1. Rückstellungen für unterlassene Instandhaltung oder Abraumbeseitigung

a) Behandlung nach Handelsrecht

1182 Für unterlassene Aufwendungen zur **Instandhaltung,** die in den **ersten drei Monaten** des folgenden Geschäftsjahres **nachgeholt** werden, besteht nach künftigem Recht die **Pflicht zur Passivierung** einer Rückstellung (§ 249 Abs. 1 Satz 2 Nr. 1 HGB nF.). Darüber hinaus gewährt § 249 Abs. 1 Satz 3 HGB nF. ein **Wahlrecht** für die Bilanzierung einer Rückstellung für unterlassene Instandhaltungsaufwendungen, wenn die Maßnahmen zwar nach Ablauf von 3 Monaten jedoch **innerhalb des folgenden Geschäftsjahres** nachgeholt werden. Eine Rückstellung für unterlassene Aufwendungen für **Abraumbeseitigung** muß (Passivierungspflicht) gebildet werden, wenn die Abraumbeseitigung im folgenden Geschäftsjahr nachgeholt wird (§ 249 Abs. 1 Satz 2 Nr. 1 HGB nF.). Es handelt sich um eine sog. Aufwandsrückstellung, d.h. der schuldrechtliche Verpflichtungscharakter gegenüber Dritten fehlt. Die Rückstellung hat primär die Aufgabe, den Aufwand periodengerecht abzugrenzen.

1183 **Voraussetzungen** für die Bildung der Rückstellung sind, daß
- ein **unterlassener Aufwand** vorliegt. Bei wirtschaftlicher Betrachtungsweise muß die Notwendigkeit zur Durchführung einer Instandhaltung oder Abraumbeseitigung vorgelegen haben; die Verursachung einer später, nach weiterem Gebrauch notwendig werdenden Reparatur allein genügt nicht, da insoweit keine Unterlassung vorliegt.
- die Aufwendungen **das letzte Geschäftsjahr betrafen;** entscheidend ist, daß der Aufwand dem vergangenen Geschäftsjahr wirtschaftlich zuzurechnen ist. Bestand bereits in einem früheren Jahr die Notwendigkeit zur Vornahme der Instandhaltungsmaßnahme, so ist hierfür keine Rückstellungsbildung mehr möglich; insoweit besteht ein **Nachholverbot.** Im Vorjahr zulässigerweise gebildete Rückstellungen, die nicht in Anspruch genommen werden konnten, müssen aufgelöst werden **(Fortführungsverbot).**
- die Instandhaltung **innerhalb** der ersten **drei Monate** (Passivierungspflicht) oder nach dieser Frist **innerhalb des folgenden Geschäftsjahres** (Passivierungswahlrecht) nachgeholt werden bzw. die Abraumbeseitigung im folgenden Geschäftsjahr nachgeholt wird. Die Arbeiten können durch das Unternehmen selbst oder durch Dritte ausgeführt werden (*Adler/Düring/Schmaltz* § 152 Anm. 146ff.).

---

* Bezeichnung lt. gesetzlichem Gliederungsschema.

1184 Das Vorliegen unterlassener Instandhaltung läßt sich insbesondere anhand der folgenden Kriterien **nachweisen:**
– Instandhaltungspläne, Inspektionspläne, Inspektionshefte
– statistische Daten über den Instandhaltungsbedarf in der Vergangenheit.

Häufig liefern bereits die Hersteller mancher Maschinen Pläne für Instandhaltungsarbeiten in bestimmten Zeitintervallen; bei größeren Anlagen entwickeln viele Unternehmen auch selbst Instandhaltungspläne, um die wartungsbedingten Ausfallzeiten zu minimieren. Diese Instandhaltungspläne können zur Schätzung des unterlassenen Instandhaltungsaufwands herangezogen werden.

Falls keine Instandhaltungspläne vorliegen, besteht die Möglichkeit, die unterlassenen Instandhaltungsmaßnahmen anhand von Aufzeichnungen über die angefallenen Instandhaltungsausgaben früherer Perioden zu schätzen (*Eifler* Rückstellungen, 197 ff.).

1185 Um Bodenschätze im Tagebau zu fördern, müssen die darüberliegenden Erd- und Gesteinsmassen (Abraum) beseitigt werden. Zwischen den Bodenschätzen und den Kosten der Beseitigung des Abraums besteht somit ein sichtbarer Zusammenhang, der unter bestimmten Umständen **Rückstellungen für unterlassene Abraumbeseitigung** erfordert.

Rückstellungen für unterlassene Abraumbeseitigung sind dann zu bilden, wenn zwischen Unterlassen und Nachholen der Abraumbeseitigung ein Bilanzstichtag liegt. Sie dienen dem Zweck, nach dem Grundsatz der sachlichen Abgrenzung die Förderung der **Berichtsperiode mit sämtlichen zugehörigen Abraumkosten zu belasten** (*Eifler* Rückstellungen, 201 ff.).

b) Ertragsteuerliche Behandlung

1186 Ertragsteuerlich ist die Bildung von **Rückstellungen für unterlassene** Aufwendungen für **Instandhaltung grundsätzlich möglich** (Abschn. 31 a Abs. 6 EStR). Zwar hat der BFH in seiner Grundsatzentscheidung vom 23. 11. 1983 (DB 1984, 220) festgestellt, daß Rückstellungen für unterlassene Instandhaltungen in der Steuerbilanz nicht gebildet werden können, doch hat die Finanzverwaltung entschieden, vorerst weiterhin gemäß Abschn. 31 a Abs. 6 EStR entsprechende Rückstellungen zuzulassen (BdF v. 11. 4. 1984, BStBl I 1984, 261). Danach muß es sich bei den unterlassenen Instandhaltungsarbeiten um Erhaltungsarbeiten handeln, die bis **zum Bilanzstichtag bereits erforderlich** gewesen wären, aber erst nach dem Bilanzstichtag durchgeführt werden. Bei Erhaltungsarbeiten, die erfahrungsgemäß in ungefähr gleichem Umfang und in gleichen Zeitabständen anfallen und turnusgemäß durchgeführt werden, liegt in der Regel keine unterlassene Instandhaltung vor, so daß insoweit keine Rückstellung wegen unterlassener Instandhaltung gebildet werden kann. Rückstellungen für unterlassene Instandhaltung sind **steuerlich nur zulässig,** wenn die Instandhaltungsarbeiten **innerhalb von 3 Monaten** nach dem Bilanzstichtag nachgeholt werden. Diese Voraussetzung ist nur erfüllt, wenn die unterlassenen Instandhaltungsarbeiten bis zum Ablauf der 3-Monatsfrist **abgeschlossen** sind. Macht ein Unternehmen von dem handelsrechtlichen Wahlrecht Gebrauch, Rückstellungen für unterlassene Instandhaltungen zu bilden, die erst nach der 3-Monatsfrist, jedoch innerhalb des folgenden Geschäftsjahres nachgeholt werden, so hat dies keinen Einfluß auf die Höhe des zu versteuernden Gewinns; Rückstellungen dieser Art sind ertragsteuerlich unbeachtlich. Allerdings kommt in der Handelsbilanz die Möglichkeit der Aktivierung eines latenten Steuererstattungsanspruchs in Betracht (Rz. 860 ff.). Für die steuerliche Anerkennung der Rückstellung für Abraumrückstände ist es bisher unerheblich, ob der Aufwand im folgenden Geschäftsjahr nachgeholt wird (BFH v. 20. 4. 1961, HFR 1962, 159).

Da künftig – im Gegensatz zur bisher geltenden aktienrechtlichen Regelung – handelsrechtlich eine Passivierungspflicht für diese Rückstellungen besteht, ist zu erwarten, daß die Rückstellungen für unterlassene Instandhaltungen und Abraumbeseitigung auch weiterhin steuerlich angesetzt werden können; nach dem Maßgeblichkeitsprinzip dürfte die handelsrechtliche Passivierungspflicht auch steuerlich Geltung erlangen.

c) Bewertungsrechtliche Behandlung

1187 Rückstellungen für unterlassene Aufwendungen sind nicht abzugsfähig, da es sich nicht um eine rechtliche Verpflichtung gegenüber einem Dritten handelt.
Dagegen ist eine Rückstellung für **Abraumbeseitigung** auch bewertungsrechtlich zulässig. Ebenso sind **Rekultivierungskosten** und Bergschäden berücksichtigungsfähig (vgl. *Gürsching/Stenger* § 103 Anm. 74).

d) Prüfungstechnik

1188 Gegenstand der **Prüfung des internen Kontrollsystems** ist die Organisation der Rückstellungsbildung und die Erfassung der Rückstellungen. Der Soll- und der Ist-Zustand der Organisation und der Erfassung sind zu ermitteln; eventuelle Soll/Ist-Abweichungen sind zu würdigen, und die Angemessenheit der vorgesehenen Kontrollen und Anweisungen ist zu beurteilen.

1189 Zur **Prüfung des Nachweises** ist ein Bestandsnachweis in Form eines Rückstellungsspiegels (vgl. Rz. 1087) anzufordern, Dieser ist horizontal und vertikal rechnerisch zu überprüfen und mit der Buchhaltung abzustimmen.

Die Prüfung der vollständigen und richtigen Erfassung der Rückstellungen für unterlassene Aufwendungen für Instandhaltungen kann retrograd erfolgen, sofern für die unterlassenen Instandhaltungsmaßnahmen steuerrechtliche oder handelsrechtliche Nachholfristen zu beachten sind und diese Fristen bereits abgelaufen sind. Für diesen Fall sind die Kosten der Finanzbuchhaltung des Folgejahres darauf zu untersuchen, ob sämtliche Instandhaltungsmaßnahmen, für die Rückstellungen gebildet wurden, innerhalb der Nachholfrist vorgenommen wurden und ob weitere Instandhaltungsmaßnahmen angefallen sind, für die keine Rückstellungen gebildet wurden.

Soweit die Nachholfristen noch nicht abgelaufen sind, erfolgt die Prüfung progressiv anhand von
- Instandhaltungsplänen,
- Inspektionsplänen, -heften,
- statistischen Daten über den Instandhaltungsbedarf in der Vergangenheit,
- Inventur des Instandhaltungsbedarfs, sofern vorhanden.

1190 Zur **Prüfung der Bewertung** ist der zustückgestellte Betrag mit den effektiven Aufwendungen innerhalb der Nachholfrist des Folgejahres zu vergleichen.
Die Schätzung der voraussichtlich anfallenden Aufwendungen ist nachzuvollziehen.
Der Differenzbetrag zwischen dem handels- und dem steuerrechtlichen Ausweis ist zu ermitteln und in den Arbeitspapieren festzuhalten.
Ggf. ist die Übergangsregelung nach Art. 24 Abs. 4 EG HGB nF. anzuwenden.

1191 Die **Ausweisprüfung** erfordert die Kontrolle
- des Ausweises unter der Position ,,sonstige Rückstellungen", die ihrerseits bei großen und mittelgroßen Kapitalgesellschaften gesondert auszuweisen sind,
- der wahlweisen Bildung von aktiven Abgrenzungsposten für latente Steuern bei unterschiedlichen handels- und steuerrechtlichem Ausweis, vgl. Rz. 860ff.
- des Ausweises von Inanspruchnahmen der Rückstellungen unter den ,,sonstigen betrieblichen Erträgen", soweit diese nicht als Gegenposten zu den Mehraufwendungen gebucht werden,
- des Ausweises von Zuführungen zu den Rückstellungen unter der für die jeweilige Aufwandsart vorgeschriebenen Position in der Gewinn- und Verlustrechnung,
- des Ausweises der Auflösung von Rückstellungen unter der Position ,,Sonstige betriebliche Erträge" in der Gewinn- und Verlustrechnung,
- der Berichterstattung im Anhang von Kapitalgesellschaften, vgl. Rz. 1085.

Vgl. *Eifler* HdR 1366ff.

4.2. Rückstellungen für Gewährleistungen, die ohne rechtliche Verpflichtung erbracht werden

a) Behandlung nach Handelsrecht

1195 Bei der **Rückstellung für Gewährleistungen,** die ohne rechtliche Verpflichtung erbracht werden, handelt es sich häufig tatsächlich um Rückstellungen für ungewisse

Schulden, da sich das Unternehmen in vielen Fällen der Kulanzleistung aus wirtschaftlichen Gründen nicht entziehen kann. Wenn auch nicht rechtlich, so liegt doch wirtschaftlich eine Verpflichtung vor. Darüber hinaus werden „Kulanzleistungen" oftmals als solche bezeichnet und erbracht, um einer Klärung der Frage, ob nicht doch eine rechtliche Verbindlichkeit vorliegt, aus dem Wege zu gehen (*Adler/Düring/ Schmaltz* § 152 Anm. 152ff.); eine **Passivierungspflicht** gilt unabhängig davon, ob die Gewährleistung mit oder ohne rechtliche Verpflichtung erbracht wird.

1196 Eine Rückstellung für Gewährleistung kommt als solche nur in Betracht, wenn die **Leistungen ohne rechtliche Verpflichtung** erbracht werden. Die Gewährleistungsrückstellung ist insoweit zu bilden, als Leistungen nach dem Bilanzstichtag erbracht werden, auf die der Empfänger zwar keinen Anspruch hat, die aber der Behebung von Fehlern oder Mängeln früherer Lieferungen oder Leistungen dienen.

Die Schätzung des rückzustellenden Garantieaufwands wird überwiegend anhand der Garantieleistungen der Vorperioden sowie der Umsätze der Abrechnungsperiode durchgeführt.

b) Ertragsteuerliche Behandlung

1197 Die Rechtsprechung (BFH v. 20. 11. 1962, BStBl. III 1963, 113) hat Rückstellungen für Kulanzleistungen zugelassen, wenn **aufgrund von Kulanzleistungen in der Vergangenheit** unter Berücksichtigung des pflichtgemäßen Ermessens des vorsichtigen Kaufmanns damit zu rechnen ist, daß Kulanzleistungen auch in Zukunft verlangt werden, denen sich das Unternehmen **nicht entziehen** kann. Es genügt die Gewißheit, daß in den folgenden Jahren eine wirtschaftlich das abgelaufene Jahr treffende Schuld entstehen werde oder auch das Vorliegen einer sittlichen Verpflichtung, der sich der Unternehmer nicht zu entziehen können glaubt. Unter diesen Voraussetzungen können die handelsbilanziellen Rückstellungen für Gewährleistungen, die ohne rechtliche Verpflichtung erbracht werden, **auch in der Steuerbilanz** angesetzt werden. Eine Passivierung ist steuerlich allerdings dann nicht zulässig, wenn die Verursachung des Aufwands mehr im Motiv der Kundenpflege, d.h. der Werbung für künftige Aufträge, liegt (*Herrmann/Heuer/Raupach* § 5 Anm. 620).

c) Bewertungsrechtliche Behandlung

1198 Nach Abschn. 29 Abs. 3 VStR sind Garantierückstellungen nur zulässig, wenn der Abnehmer seine Ansprüche bis zum Stichtag geltend gemacht hat. Ein Schuldposten für Gewährleistungsverpflichtungen kann allerdings auch dann schon abgezogen werden, wenn bei serienmäßiger Herstellung ein Mangel bei allen Stücken gleichmäßig vorhanden ist, dieser bis zum Stichtag nur von einzelnen Abnehmern beanstandet worden ist, mit der Beanstandung der anderen Abnehmer aber gerechnet werden muß. Soweit eine Rückstellung gebildet werden darf, entspricht ihr Wert dem Aufwand, der zur Mängelbeseitigung erforderlich ist. Notfalls ist der Wert zu schätzen.

Rückstellungen für Gewährleistungen, die ohne rechtliche Verpflichtung erbracht werden (Kulanzrückstellungen), dürfen bei der Einheitsbewertung nicht abgesetzt werden.

d) Prüfungstechnik

1199 Gegenstand der **Prüfung des internen Kontrollsystems** ist die Organisation der Rückstellungsbildung und die Erfassung der Rückstellungen. Der Soll- und der Ist-Zustand der Organisation und der Erfassung sind zu ermitteln; eventuelle Soll/Ist-Abweichungen sind zu würdigen, und die Angemessenheit der vorgesehenen Kontrollen und Anweisungen ist zu beurteilen.

1200 Zur **Prüfung des Nachweises** ist ein Bestandsnachweis in Form eines Rückstellungsspiegels (vgl. Rz. 1087) anzufordern. Dieser ist horizontal und vertikal rechnerisch zu überprüfen und mit der Buchhaltung abzustimmen.

Die Prüfung der vollständigen und richtigen Erfassung der Rückstellungen für Gewährleistungen erfolgt progressiv anhand der folgenden Unterlagen:
– Unterlagen der Rechtsabteilung,
– Protokolle der Organe der Gesellschaft,
– Buchhaltung und Belege in neuer Rechnung.

Die Prüfung erstreckt sich auch auf die richtige zeitliche Zuordnung durch Abstimmung von zurückgestellter Kulanzleistung mit zugehörigen Rechtsgeschäften, die bereits vor dem Bilanzstichtag zu Lieferungen oder Leistungen geführt haben, ohne daß in ihnen Garantieverpflichtungen enthalten waren.

1201 Zur **Prüfung der Bewertung** ist die Schätzung der voraussichtlich anfallenden Aufwendungen nachzuvollziehen.

Der Differenzbetrag zwischen dem handels- und dem steuerrechtlichen Ergebnis ist zu ermitteln und in den Arbeitspapieren festzuhalten.

Ggf. ist die Übergangsregelung nach Art. 24 Abs. 4 EG HGB nF. anzuwenden.

1202 Die **Prüfung des Ausweises** erfordert die Kontrolle
- des Ausweises unter der Position „Sonstige Rückstellungen", die ihrerseits bei großen und mittelgroßen Kapitalgesellschaften gesondert auszuweisen sind,
- der wahlweisen Bildung von aktiven Abgrenzungsposten für latente Steuern bei unterschiedlichem handels- und steuerrechtlichen Ausweis,
- des Ausweises von Inanspruchnahmen von Rückstellungen bei Kapitalgesellschaften unter den „Sonstigen betrieblichen Erträgen", soweit diese nicht als Gegenposten zu den Mehraufwendungen gebucht werden,
- des Ausweises von Zuführungen zu den Rückstellungen unter der für die jeweilige Aufwandsart vorgeschriebenen Position in der Gewinn- und Verlustrechnung,
- des Ausweises der Auflösung von Rückstellungen bei Kapitalgesellschaften unter der Position „Sonstige betriebliche Erträge" in der Gewinn- und Verlustrechnung,
- der Berichterstattung im Anhang von Kapitalgesellschaften, vgl. Rz. 1085.

4.3. Aufwandsrückstellungen

a) Behandlung nach Handelsrecht

1205 Neben der Pflicht zur Bildung der Aufwandsrückstellung für unterlassene Instandhaltung gestattet § 249 Abs. 2 HGB nF. **(Wahlrecht)** über das bisherige Handelsrecht hinaus den Ansatz einer weiteren **Aufwandsrückstellung.** Nach dieser Vorschrift ist die Bildung dieser Rückstellung an folgende **Voraussetzungen** geknüpft:
- Es muß sich um ihrer Eigenart nach genau umschriebene Aufwendungen handeln,
- die Aufwendungen sind dem Geschäftsjahr oder einem früheren Geschäftsjahr zuzuordnen, d. h. es besteht **kein Nachholverbot,**
- die Aufwendungen sind am Bilanzstichtag als wahrscheinlich oder sicher zu bezeichnen,
- hinsichtlich ihrer Höhe oder dem Zeitpunkt ihres Eintritts sind die Aufwendungen unsicher.

1206 Mit dieser Aufwandsrückstellung soll die Möglichkeit eröffnet werden, Vorsorge für konkrete Aufwendungen zu treffen, die dem Geschäftsjahr oder einem früheren zuzuordnen sind und denen sich der Kaufmann nicht entziehen kann, wenn er seinen Geschäftsbetrieb unverändert fortführen will. Mit der Aufwandsrückstellung können die oft erheblichen Aufwendungen zur Überholung von Kraftwerken, Hochöfen, Flugzeugen, Werksanlagen, Maschinen, etc. betriebswirtschaftlich sinnvoll im verursachenden Geschäftsjahr erfaßt werden. Weitere Beispiele für Aufwandsrückstellungen sind Rückstellungen für Entsorgungsmaßnahmen, für Umstrukturierungskosten, z. B. aus Anlaß einer Geschäftsverlegung, der Stillegung einzelner Bereiche des Unternehmens oder für Forschungs- und Entwicklungskosten, die aufgeschoben wurden. Durch eine Glättung der Ergebnisbelastung soll in diesen Fällen ein unverhältnismäßig hoher Aufwand im Jahr der Maßnahme vermieden werden. Die Rückstellung dient damit dem Ziel der Darstellung der Ertragslage nach den tatsächlichen Verhältnissen (Zur Problematik der Rückstellung für Großreparaturen vgl. Selchert DB 1985, 1541 Streim BB 1985, 1575; Esser StbJb 1985, 151 ff.). Wegen des steuerlichen Passivierungsverbots kann in der Handelsbilanz die Aktivierung einer latenten Steuer vorgenommen werden (Rz. 860 ff.).

b) Ertragsteuerliche Behandlung

1207 Rückstellungen dieser Art können **ertragsteuerlich nicht in Ansatz** gebracht werden. Nach dem Beschluß des Großen Senats des BFH vom 3. 2. 1969 (BStBl. 1969 II,

291) gilt bei einem handelsrechtlichen Passivierungswahlrecht grundsätzlich ein steuerrechtliches Passivierungsverbot.

c) Bewertungsrechtliche Behandlung

1208 Es handelt sich um freiwillig gebildete Rückstellungen für zukünftige Zwecke; sie stellen keine Verbindlichkeiten gegenüber Dritten dar. Deshalb sind sie in der Vermögensaufstellung nicht abzugsfähig.

d) Prüfungstechnik

1209 Gegenstand der **Prüfung des internen Kontrollsystems** ist die Organisation der Rückstellungsbildung und die Erfassung der Rückstellungen. Der Soll- und der Ist-Zustand der Organisation und der Erfassung sind zu ermitteln; eventuelle Soll/Ist-Abweichungen sind zu würdigen, und die Angemessenheit der vorgesehenen Kontrollen und Anweisungen ist zu beurteilen.

1210 Zur **Nachweisprüfung** wird ein Bestandsnachweis in Form eines Rückstellungsspiegels (vgl. Rz. 1087) benötigt, der horizontal und vertikal rechnerisch zu prüfen und mit der Buchhaltung abzustimmen ist.

Die Prüfung der vollständigen und richtigen Erfassung der Rückstellungen erfolgt progressiv. Ausgangspunkt sind nicht die einzelnen Konten der Finanzbuchhaltung, sondern die in Betracht kommenden Geschäftsvorfälle. Die im folgenden aufgeführten Unterlagen gestatten im Regelfall eine Überprüfung der vollständigen und richtigen Erfassung der Rückstellungen:

- Rückstellungen für Großreparaturen:
  - Instandhaltungspläne
  - Inventur des Instandhaltungsbedarfs, sofern vorhanden
  - Protokolle der Organe über beabsichtige Großreparaturen
  - Unterlagen der Rechtsabteilung
- Rückstellungen für Entsorgungsmaßnahmen:
  - Entsorgungspläne
  - Protokolle der Organe über beabsichtigte Entsorgungsmaßnahmen
  - Unterlagen der Rechtsabteilung
- Rückstellungen für Umstrukturierungskosten:
  - Planungen der Gesellschaft über die Umstrukturierungsmaßnahmen
  - Protokolle der Organe über beabsichtigte Umstrukturierungsmaßnahmen
- Rückstellungen für Forschungs- und Entwicklungskosten:
  - Planungen der Gesellschaft für Forschungs- und Entwicklungsmaßnahmen
  - Protokolle der Organe über die Verschiebung von Forschungs- und Entwicklungsmaßnahmen etc.

1211 Zur **Prüfung der Bewertung** muß die Schätzung der voraussichtlich anfallenden Aufwendungen einer Prüfung unterzogen werden.

Der Differenzbetrag zwischen der handelsrechtlichen und der steuerrechtlichen Bewertung ist zu ermitteln und in den Arbeitspapieren festzuhalten.

Ggf. ist die Übergangsregelung nach Art. 24 Abs. 4 EG HGB nF. anzuwenden.

1212 Die **Ausweisprüfung** erfordert die Kontrolle
- des Ausweises unter der Position „Sonstige Rückstellungen", die ihrerseits bei großen und mittelgroßen Kapitalgesellschaften gesondert auszuweisen sind,
- der wahlweisen Bildung von Abgrenzungsposten für latente Steuern bei abweichenden handels- und steuerrechtlichem Ergebnis, vgl. Rz. 860 ff., 1160 ff.,
- des Ausweises von Inanspruchnahmen von Rückstellungen bei Kapitalgesellschaften unter den „Sonstigen betrieblichen Erträgen", soweit diese nicht als Gegenposten zu den Mehraufwendungen gebucht werden,
- des Ausweises von Zuführungen zu den Rückstellungen unter der für die jeweilige Aufwandsart vorgeschriebenen Positon in der Gewinn- und Verlustrechnung,
- des Ausweises der Auflösung von Rückstellungen bei Kapitalgesellschaften unter der Position „Sonstige betriebliche Erträge" in der Gewinn- und Verlustrechnung,
- der Berichterstattung im Anhang von Kapitalgesellschaften, vgl. Rz. 1085.

Vgl. *Eifler* HdR 1366 ff.

4.4. Andere Rückstellungen

1215 **a) Behandlung nach Handelsrecht**

Bei den anderen Rückstellungen handelt es sich um die nicht im HGB nF. gesondert genannten Rückstellungen für **ungewisse Verbindlichkeiten** und Rückstellungen für drohende Verluste aus schwebenden Geschäften.

1216 Rückstellungen für ungewisse Verbindlichkeiten werden durch den **Schuldcharakter** einerseits und durch die **Ungewißheit über** das **Bestehen, Entstehen** und/oder die **Höhe der Verbindlichkeit** andererseits bestimmt (*Adler/Düring/Schmaltz* § 152 Anm. 107).

1217 **Bestimmend für den Schuldcharakter** ist, daß eine Verpflichtung gegenüber Dritten vorliegt oder zumindest das Vorliegen einer Verpflichtung bei sorgfältiger Abwägung aller bekannten Umstände nicht verneint werden kann (*Adler/Düring/Schmaltz* § 152 Anm. 109). Sofern die Verpflichtung rechtlich bereits entstanden ist, liegt der Schuldcharakter eindeutig vor. Für die Rückstellungsbildung ist es nicht erforderlich, daß der Anspruch fällig ist oder geltend gemacht wurde; auch rechtlich noch nicht entstandene Verbindlichkeiten können zur Bildung von Rückstellungen für ungewisse Verbindlichkeiten führen. Es genügt, wenn die wirtschaftliche Verursachung des Entstehens der Verbindlichkeit zeitlich vor dem Bilanzstichtag liegt und aus der Sicht des bilanzierenden Unternehmens eine Verpflichtung vorliegt oder das Vorliegen angenommen werden muß.

1218 Eine Rückstellung für ungewisse Verbindlichkeiten kann auch durch einen **Leistungszwang** begründet sein, dem sich das Unternehmen aus wirtschaftlichen Gründen nicht entziehen kann oder den es auch ohne Rechtspflicht erfüllt (*Kropff* § 152 Anm. 50). Rückstellungen für freiwillige Leistungen des Unternehmens können nur dann unter den Rückstellungen für ungewisse Verbindlichkeiten erfaßt werden, wenn der Aufwand wirtschaftlich in die Zeit vor dem Bilanzstichtag fällt und sich das Unternehmen der Leistung faktisch nicht entziehen kann (*Adler/Düring/Schmaltz* § 152 Anm. 112; vgl. hierzu die Ausführungen zu den Rückstellungen für Gewährleistungen, die ohne rechtliche Verpflichtung erbracht werden, Rz. 1195 ff.).

1219 **Ungewißheit** bedeutet, daß der zu klärende Sachverhalt hinsichtlich der Höhe sowie des Bestehens oder Entstehens der Verbindlichkeit nicht abschließend beurteilt werden kann. Nicht jede denkbare Möglichkeit des Entstehens oder Bestehens einer Verbindlichkeit erfüllt den Tatbestand der Ungewißheit, vielmehr müssen vernünftige Anhaltspunkte dafür vorliegen, daß eine Inanspruchnahme des Unternehmens erfolgen kann. Gleiches gilt für die Ungewißheit in der Höhe einer Verbindlichkeit. Es kommt auch nicht jeder denkbare Betrag für die Dotierung der Rückstellung in Betracht, sondern nur der bei sorgfältiger kaufmännischer Beurteilung erforderliche. Innerhalb dieses Rahmens entscheidet dann allerdings das Ermessen des Kaufmanns über die Höhe der Rückstellung (*Adler/Düring/Schmaltz* § 152 Anm. 113 ff.). Eine ungewisse Verbindlichkeit im beschriebenen Sinne liegt nicht vor, wenn lediglich hinsichtlich der Fälligkeit Ungewißheit herrscht. In diesem Falle ist der Betrag unter den Verbindlichkeiten auszuweisen. Etwas anderes gilt nur, wenn die Ungewißheit über die Fälligkeit auch die Höhe der Verbindlichkeit entscheidend beeinflußt.

Rückstellungen dürfen nur für eindeutig bestimmbare Einzel- oder Gruppenrisiken gebildet werden.

1220 Bei den **Rückstellungen für drohende Verluste aus schwebenden Geschäften** handelt es sich nach h. M. um einen Unterfall der Rückstellungen für ungewisse Verbindlichkeiten. Die **Pflicht zu ihrer Bildung** läßt sich auch aus den GoB ableiten, wonach unrealisierte Verluste bereits zu erfassen sind, wenn ihr Eintritt droht.

1221 Grundsätzlich werden **schwebende Geschäfte**, also Geschäfte, die noch von keiner Seite erfüllt sind (vgl. hierzu Teil A Rz. 379 ff.), in der Buchhaltung **nicht erfaßt**, da zunächst davon auszugehen ist, daß sich Leistung und Gegenleistung entsprechen. Liegen konkrete Anzeichen dafür vor, daß aus dem beiderseits noch nicht erfüllten Geschäft ein **Verlust bevorsteht,** so ist der Betrag **zurückzustellen,** um den die Verbindlichkeit des Unternehmens aus dem schwebenden Geschäft ihre Forderung übersteigt. Die theoretische Möglichkeit für den Eintritt eines Verlustes genügt nicht; ebenso können allgemeine Risiken nicht berücksichtigt werden.

1222 Als Verlust aus dem schwebenden Geschäft ist die Differenz zwischen dem Wert der eigenen Leistung und dem Wert der zu erwartenden Gegenleistung zu verstehen. Für die Bemessung drohender **Verluste aus schwebenden Einkaufsgeschäften** ist die Entwicklung der vertraglich vereinbarten Beschaffungspreise zum Bilanzstichtag (u. U. zum Zeitpunkt der Bilanzerstellung) maßgebend. Ein rückstellungsfähiger Verlust entsteht erst, wenn die Absatzpreise der beschafften Güter und Leistungen die Selbstkosten unterschreiten oder ihre Beschaffung sich als Fehlmaßnahme erweist, weil sie nicht mehr abgesetzt werden können. Solange die am Absatzmarkt erzielten Preise alle aufwandsgleichen Kosten decken, entsteht kein einzelgeschäftlicher Verlust und dementsprechend auch nicht die Möglichkeit, nach dem Imparitätsprinzip eine Rückstellung für drohende Verluste aus schwebenden Geschäften zu bilden (*Eifler* Rückstellungen, 127 ff.).

1223 Bei **Absatzgeschäften** sind insbesondere unerwartete Faktorpreissteigerungen oder unerwartet hoher Faktorverbrauch Ursachen für Verluste. Daneben kommen aber auch Vertragstrafen bzw. Schadenersatzleistungen in Betracht. Bei der Ermittlung des drohenden Verlustes aus schwebenden Absatzgeschäften werden den vereinbarten Verkaufspreisen die Selbstkosten auf der Basis des Bilanzstichtags gegenübergestellt.

Nach dem Imparitätsprinzip sind auch nach dem Bilanzstichtag zu erwartende Preissteigerungen einzubeziehen, wenn mit ihrem Eintreten ausreichend sicher zu rechnen ist (*Eifler* Rückstellungen, 129 ff.).

1224 Die genannten Grundsätze gelten analog für **drohende Verluste aus Dauerschuldverhältnissen**, z. B. Mietverträge, Bierbezugsverträge etc. Zur Rückstellungsbildung bei überverzinslichen Verbindlichkeiten vgl. Rz. 1444 ff. Voraussetzung für die Bildung einer Rückstellung für drohende Verluste ist, daß nach den Verhältnissen am Bilanzstichtag die normalerweise vorhandene Wertausgeglichenheit der Rechte und Verpflichtungen nicht mehr besteht. Dabei dürfte im allgemeinen auf die Wertausgeglichenheit hinsichtlich der gesamten Vertragsdauer und nicht lediglich eines bestimmten Abschnitts abzustellen sein. Gelegentliche, in der Art des Vertrags begründete Schwankungen in der Ausgewogenheit bleiben außer Betracht. So genügt für die Rückstellungsbildung beispielsweise nicht, daß der Vermieter später einmal Instandhaltungsaufwendungen übernehmen muß. Die Höhe der Rückstellung bemißt sich normalerweise nach dem Zeitraum der noch nicht abgelaufenen Vertragsdauer; zu jedem Bilanzstichtag ist eine Neubewertung vorzunehmen. Dies bedeutet, daß die Rückstellung jeweils in Höhe der im vergangenen Geschäftsjahr verwirklichten Verluste aufzulösen ist.

1225 Rückstellungen für drohende Verluste aus schwebenden Geschäften können sowohl auf der Basis von **Vollkosten** als auch von **variablen Kosten** gebildet werden (*Forster* WPg 1971, 393). Allerdings ist der Ansatz lediglich der variablen Kosten dann nicht mehr möglich, wenn bei vernünftiger kaufmännischer Beurteilung davon auszugehen ist, daß die vorliegenden Aufträge die Annahme preisgünstigerer Aufträge verhindern. Bei der Bemessung der Rückstellung für drohende Verluste aus schwebenden Geschäften sind positive und negative Erwartungen miteinander zu verrechnen.

b) Ertragsteuerliche Behandlung

1226 Die handelsrechtliche **Passivierungspflicht** der Rückstellungen **für ungewisse Verbindlichkeiten** gilt gleichermaßen für das Steuerrecht, da Passivposten in der Steuerbilanz angesetzt werden dürfen und müssen, wenn sie in der Handelsbilanz passivierungspflichtig sind, Maßgeblichkeit der Handelsbilanz für die Steuerbilanz, vgl. Teil A Rz. 331 ff.

Nach dem BFH-Urteil vom 1. 8. 1984 (DB 1985, 260) setzt die Bildung einer Rückstellung für ungewisse Verbindlichkeiten – unter anderem – voraus, daß das Be- oder Entstehen der Verbindlichkeit und die Inanspruchnahme des Steuerpflichtigen wahrscheinlich sind; das ist der Fall, wenn auf der Grundlage am Bilanzstichtag vorliegender und spätestens bei der Aufstellung der Bilanz erkennbarer Tatsachen aus der Sicht eines sorgfältigen und gewissenhaften Kaufmanns mehr Gründe dafür als dagegen sprechen.

1227 Aufgrund des Maßgeblichkeitsprinzips sind **Rückstellungen für drohende Verluste aus schwebenden Geschäften** auch in der **Steuerbilanz passivierungspflichtig**. Bei der Bemessung der Rückstellung für drohende Verluste aus **schwebenden Einkaufsgeschäften** erkennt der BFH in seinem Urteil vom 26. 1. 1956 (BStBl. 1956 III, 113) eine Rückstellung bereits dann an, wenn für das gekaufte Wirtschaftsgut anderweitig ein geringerer Kaufpreis als der vereinbarte zu zahlen wäre und die Wiederbeschaffungskosten auf Dauer abgesunken sind. Eine Orientierung an den Absatzpreisen lehnt die Steuerrechtsprechung bei der Bemessung der Rückstellung für schwebende Einkaufsgeschäfte ab (*Herrmann/Heuer/Raupach* § 5 Anm. 49 y). Vielmehr sind Verluste dann zu berücksichtigen, wenn der Teilwert der angeschafften, aber noch nicht erhaltenen Gegenstände am Bilanzstichtag niedriger ist als die Kaufpreisschuld. Die Frage, ob bei der späteren Weiterveräußerung tatsächlich ein Verlust droht, bleibt außer Betracht.

1228 Bei **Liefergeschäften** ist als drohender Verlust die Differenz zwischen Anschaffungs- bzw. Selbstkosten und den niedrigeren vereinbarten Verkaufspreisen auszuweisen; der Unterschied zwischen dem Kaufpreis und den ihn übersteigenden Wiederbeschaffungskosten ist nicht relevant. Anzusetzen sind nicht nur die bis zum Bilanzstichtag angefallenen, sondern auch die nach diesem Zeitpunkt bis zur Auslieferung voraussichtlich entstehenden Kosten. Die **Bemessung der Rückstellung** in der Steuerbilanz ist entsprechend der Bewertung in der Handelsbilanz vorzunehmen, d. h. die Rückstellung kann auf der Basis der unmittelbaren oder variablen Kosten gebildet werden oder wahlweise auch unter Berücksichtigung der mittelbaren oder fixen Kosten. Übt ein Steuerpflichtiger in der Handelsbilanz das Wahlrecht im Sinne einer Einbeziehung der fixen Kosten aus, so muß er auch in der Steuerbilanz die Vollkosten ansetzen. Ein Passivierungszwang besteht hingegen nicht für fixe Kosten, wenn der Steuerpflichtige handelsrechtlich nur die variablen Kosten angesetzt hat (Rdvfg. d. OFD Düsseldorf v. 2. 10. 1985, WPg 1985, 610).

1228a Auch steuerrechtlich kommen **Rückstellungen für drohende Verluste aus schwebenden Dauerschuldverhältnissen** in Betracht (BFH v. 19. 7. 1983, BStBl. 1984 II, 56). Eine Rückstellung kann allerdings nach herrschender Meinung nur dann zum Ansatz kommen, wenn aus dem Dauerschuldverhältnis insgesamt ein Verlust droht; Verluste in einzelnen Geschäftsjahren genügen nicht. Es kommt darauf an, ob das Rechtsgeschäft in seiner Gesamtlaufzeit einschließlich erbrachter Leistungen ausgeglichen ist und nicht auf die Ausgewogenheit des Wertes der Summe der noch zu erbringenden Leistungen und Gegenleistungen (*Schmidt* § 5 Anm. 44c; a A. *Mathiak* StuW 1984, 274). Die **Höhe der Rückstellung** für drohende Verluste aus Dauerschuldverhältnissen ist in der Weise zu bestimmen, daß Leistung und Gegenleistung gegenübergestellt werden. Der Wert der einen Leistung, die nicht in Geld besteht, bemißt sich nach dem Geldwert der Aufwendungen, die zur Bewirkung der Leistung erforderlich sind, bewertet zu Vollkosten. Anzusetzen sind nur die tatsächlichen Aufwendungen, die während des Vertragsverhältnisses anfallen werden, nicht die kalkulatorischen Kosten. Auch für Rückstellungen für drohende Verluste aus schwebenden Geschäften gilt der Grundsatz der Bewertung nach den Verhältnissen am Bilanzstichtag. Daher ist – ähnlich wie bei Renten – der Barwert der künftigen Ansprüche und Verpflichtungen anzusetzen; er ist durch Abzinsung zu ermitteln (BFH v. 19. 7. 1983, BStBl. 1984 II, 56).

1229 Die Frage, ob ein gegenseitiger Vertrag am Bilanzstichtag **voll oder nur teilweise erfüllt** ist und daher noch ein zum Teil schwebendes Geschäft vorliegt, ist unter Berücksichtigung der bürgerlich-rechtlichen Vorschriften zu entscheiden, die für das jeweilige Rechtsgeschäft gelten. Erfüllt ist, wenn und soweit die geschuldete Leistung an den Gläubiger bewirkt wurde (BFH v. 8. 12. 1982, BStBl. 1983 II, 369).

c) Bewertungsrechtliche Behandlung

1230 Bei der Feststellung des Einheitswerts des gewerblichen Betriebs sind Rückstellungen grundsätzlich nur zulässig, wenn es sich um unbedingt entstandene Schulden und Lasten handelt, zu deren Erfüllung eine rechtliche Verpflichtung besteht. Die Höhe der Rückstellung ist gegebenenfalls zu schätzen, wobei der in der Steuerbilanz ausgewiesene Rückstellungsbetrag einen Anhalt bietet. **Schulden, deren Entstehung**

vorläufig noch **ungewiß ist,** werden mit Ausnahme der Sonderregelungen in den §§ 103a und 104 BewG wie aufschiebend bedingte Schulden und Lasten behandelt (Abschn. 28 Abs. 3 VStR). Bedingung ist die einem Rechtsgeschäft beigefügte Bestimmung, die die Rechtswirkung des Geschäfts von einem zukünftigen ungewissen Ereignis abhängig macht. Soll die Rechtswirkung erst mit dem Ereignis beginnen, spricht man von einer aufschiebenden Bedingung. Nach § 6 BewG werden aufschiebend bedingte Lasten nicht berücksichtigt.

Schwebende Geschäfte bleiben grundsätzlich unberücksichtigt. Am Stichtag **drohende Verluste aus schwebenden Geschäften** dürfen auch in der Vermögensaufstellung berücksichtigt werden. Abschn. 35 Satz 5 VStR gestattet, die Beträge aus der Steuerbilanz zu übernehmen.

Zur bewertungsrechtlichen Behandlung einzelner Rückstellungen wird auf Rz. 1250ff. verwiesen.

d) Prüfungstechnik

(1) Prüfung des internen Kontrollsystems

1231 Die Prüfung des internen Kontrollsystems erstreckt sich auf die Organisation der Rückstellungsbildung und die Erfassung der Rückstellungen. Der Soll- und der Ist-Zustand der Organisation und der Erfassung sind zu ermitteln; eventuelle Soll/Ist-Abweichungen sind zu würdigen, und die Angemessenheit der vorgesehenen Kontrollen und Anweisungen ist zu beurteilen.

Die Erfassung der ungewissen Verbindlichkeiten und drohenden Verluste aus schwebenden Geschäften kann dabei erfolgen anhand von
– schriftlichen Erklärungen der Fachbereiche, insbesondere der Fachbereiche Einkauf, Verkauf, Personal, Recht,
– Aufstellungen über Verträge, die zum Bilanzstichtag von keiner Seite erfüllt sind.

(2) Prüfung des Nachweises

1232 Die Nachweisprüfung wird anhand eines von der Gesellschaft zu fertigenden Bestandsnachweises zum Bilanzstichtag durchgeführt, der nach § 240 Abs. 1 HGB nF. zu führen ist und horizontal in der Form eines **Rückstellungsspiegels** (vgl. Rz. 1087) gegliedert sein sollte. Vertikal empfiehlt sich eine Aufteilung in Rückstellungen für ungewisse Verbindlichkeiten sowie in Rückstellungen für drohende Verluste aus schwebenden Geschäften (§ 249 Abs. 1 Satz 1 HGB nF.), da insoweit unterschiedliche Bewertungsregeln gelten.

Der Rückstellungsspiegel ist rechnerisch (horizontal und vertikal) zu prüfen.

Der Grundsatz der Einzelbewertung macht es notwendig, daß für jede einzelne Rückstellung im Sinne einer ungewissen Verbindlichkeit des Unternehmens gegenüber einem Gläubiger bzw. im Sinne eines drohenden Verlusts aus einem einzelnen Geschäft lückenlos oder in Stichproben geprüft werden
– der **Stand am Beginn des Geschäftsjahres** durch Abstimmung mit dem Wert der Eröffnungsbilanz,
– die in der Rechnungsperiode erfolgten Abbuchungen aus dem **Verbrauch bzw.** der **Inanspruchnahme** der einzelnen Rückstellungen durch Abstimmung von Buchung und Beleg,
– zusätzliche Überprüfung des zugehörigen Kontos der Gewinn- und Verlustrechnung auf möglicherweise unterlassene Verbuchungen von Inanspruchnahmen der Rückstellung,
– die Abbuchungen aufgrund von **Auflösungen** von Restbeständen der Rückstellungen; dabei ist darauf zu achten, daß Restbestände nicht für die Bildung neuer Rückstellungen verwandt werden, da ansonsten ordentliche Aufwendungen mit außerordentlichen Erträgen saldiert werden (Ausnahme: Der Rückstellungsbedarf bezieht sich auf frühere Geschäftsjahre und betrifft dieselbe Aufwandsart),
– die **Zuführungsbeträge,**
– der **Stand in der** zu prüfenden Bilanz **(Schlußbilanz)** durch Abstimmung des nachgewiesenen Rückstellungsbetrages mit dem verbuchten Betrag.

1233 Die Prüfung der vollständigen und richtigen Erfassung der **Rückstellungen für ungewisse Verbindlichkeiten** erfolgt progressiv. Ausgangspunkt sind nicht die einzelnen Konten der Finanzbuchhaltung, sondern die in Betracht kommenden Geschäftsvorfälle. Auf die dabei zu beachtenden Unterlagen wird in Rz. 1250 ff. verwiesen.

1234 Die Prüfung der vollständigen und richtigen Erfassung der **Rückstellungen für drohende Verluste aus schwebenden Geschäften** erfolgt ebenfalls progressiv anhand der folgenden Unterlagen:
- Rückstellungen für **Absatz- und Beschaffungsgeschäfte**
  - Verträge,
  - Unterlagen der Rechtsabteilung,
  - Protokolle der Organe der Gesellschaft,
  - Verträge über die Kompensation von Risiken aus Absatz- oder Beschaffungsgeschäften (im wesentlichen Devisentermingeschäfte zur Absicherung von Fremdwährungsrisiken).

1235 Bei **schwebenden Absatzgeschäften** erstreckt sich die Prüfung der vollständigen und richtigen Erfassung der Rückstellungen für drohende Verluste auch auf den mengenmäßigen Nachweis der aktivierten direkt zurechenbaren Kostenbestandteile, und zwar im Regelfall im Zusammenhang mit der Prüfung der Vorräte (vgl. Rz. 611 ff.).
- Rückstellungen für Risiken aus **Dauerschuldverhältnissen**
  - Leasingverträge,
  - Miet-/Pachtverträge,
  - Darlehensverträge,
  - Arbeitsverträge,
  - Unternehmensverträge,
  - sonstige Dauerschuldverhältnisse.
- Rückstellungen für **Währungsrisiken** bei Devisentermingeschäften
  - Vertragsunterlagen für Devisentermingeschäfte,
  - Nebenbücher für Devisentermingeschäfte,
  - Saldenbestätigungen (Musterwortlaut vgl. Rz. 801).

(3) Prüfung der Bewertung

1236 Bei Einzelbewertung ist eine lückenlose oder stichprobenweise Prüfung der Berechnungsunterlagen anhand der Verträge erforderlich, die die ungewisse Verbindlichkeit oder den drohenden Verlust begründen; bei Pauschalbewertung erfolgt die Prüfung in Form einer Plausibilitätsprüfung anhand von Vergangenheitswerten, und zwar lückenlos oder in Stichproben.

Die steuerrechtlichen Bewertungsgrundsätze sind einzuhalten; eventuelle Differenzbeträge zwischen handels- und steuerrechtlicher Bewertung sind zu ermitteln und in den Arbeitspapieren festzuhalten.

Ggf. ist die Übergangsregelung nach Art. 24 Abs. 4 EG HGB nF. anzuwenden.

Die Prüfung der Bewertung der **Rückstellungen für ungewisse Verbindlichkeiten** erstreckt sich auf
- die Vollständigkeit und Richtigkeit der Daten von Prognosen,
- den Wahrscheinlichkeitsbedarf der einzelnen Rückstellungen sowie dessen Auswirkungen auf die Höhe der Rückstellungsbildung,
- die Schätzungen, die der Bewertung der einzelnen Rückstellung zugrunde liegen,
- die wertaufhellenden Erkenntnisse zur Zeit der Bilanzerstellung und ihren Einfluß für die Rückstellungsbildung und -bewertung, vgl. Teil A Rz. 399 ff.

1237 Die Bewertung der **Rückstellungen für drohende Verluste aus schwebenden Geschäften** erfolgt getrennt nach Absatzgeschäften, Beschaffungsgeschäften und Dauerschuldverhältnissen.

Bewertung der Rückstellungen für schwebende **Absatzgeschäfte:**
Geprüft wird die Bewertung auf Einhaltung der Formel: Veräußerungserlös (abzüglich Erlösschmälerung) abzüglich aktivierter Anschaffungs- oder Herstellungskosten, abzüglich noch anfallender Aufwendungen (verlustfreie Bewertung). Erforderlich sind folgende Maßnahmen:
Die angesetzten Veräußerungserlöse sind durch Einsichtnahme in unabhängige Aufzeichnungen (Auftragsverzeichnisse, Vertragssammlungen etc.) zu prüfen.
Die im Rahmen der Rückstellungsbewertung angesetzten aktivierten Anschaffungs- und Herstellungskosten sind mit den gebuchten Werten abzustimmen.

Die noch anfallenden Aufwendungen sind mit Nachkalkulationen abzustimmen; falls diese nicht vorhanden sind, kann die Abstimmung mit auftragsbegleitenden Zwischenkalkulationen, oder, falls auch diese nicht vorhanden, mit Vorkalkulationen vorgenommen werden.

Falls keine Kalkulationen vorliegen, erstreckt sich die Prüfung auf die Angemessenheit der Schätzung. Dabei sind die angesetzte Fertigungsstundenzahl und der angesetzte Materialverbrauch durch Einsicht in Leistungsverzeichnisse, Stücklisten oder Unterlagen für gleiche oder vergleichbare Aufträge zu überprüfen.

Es ist zu untersuchen, ob bei der Bemessung von Verlustrückstellungen Vollkosten (ohne die kalkulatorischen Kosten und den Unternehmergewinn) oder nur variable Kosten einbezogen wurden.

Falls nur variable Kosten einbezogen wurden, ist zu überprüfen, ob bei der Auslegung des Begriffs „variable Kosten" das Vorsichtsprinzip beachtet wurde. Falls nur variable Kosten angesetzt wurden, ist zu ermitteln, ob durch Verlustaufträge die Hereinnahme preisgünstigerer Aufträge blockiert wird.

Sollten durch Verlustaufträge preisgünstigere Aufträge blockiert werden, ist zu kontrollieren, ob bei der Rückstellungsbewertung der vollen Auftragsselbstkosten (variable zuzüglich fixe Kosten) angesetzt wurden. Zumindest handelsrechtlich sind außerdem die durch die Kapazitätsblockierung entgehenden Deckungsbeiträge (Opportunitätskosten) bei der Bewertung anzusetzen.

Es muß ein Urteil über die Wahrscheinlichkeit möglicher künftiger Aufwendungen anhand statistischer Angaben der Vergangenheit gewonnen werden.

Eventuelle Kompensationssachverhalte (z. B. Verrechnung von Konventionalstrafen von Unterlieferanten, soweit nicht gesondert bilanziert; Lieferung auf Ziel in Fremdwährung und Abschluß eines entsprechenden Devisentermingeschäfts zur Deckung etc.) sind zu prüfen auf
- zutreffende wertmäßige Ermittlung,
- Übereinstimmung mit dem Grundsatz der Einzelbewertung.

Die Durchbrechung des Grundsatzes der Einzelbewertung kann nur in Ausnahmefällen (z. B. Einkaufs- und Verkaufsgeschäfte, die einander eindeutig zugeordnet werden können; verschiedene einzelne Aufträge, die technisch und wirtschaftlich eine Einheit bilden; etc.) hingenommen werden.

Bei der Bewertung sind eventuelle wertaufhellende Erkenntnisse zu berücksichtigen, vgl. Teil A Rz. 399 ff.

Die Prüfung der Bewertung der **Rückstellungen für schwebende Beschaffungsgeschäfte** erfordert folgende Einzelschritte:

Einhaltung der für die einzelnen zu beschaffenden Gegenstände in Betracht kommenden Bewertungsgrundsätze, die für den Fall einer Lieferung vor dem Bilanzstichtag anzuwenden wären (Anlagevermögen: § 253 Abs. 2 Satz 3 HGB nF.; Umlaufvermögen: § 253 Abs. 3 Satz 1 und 2 HGB nF., jedoch ohne Anwendung der Bewertungswahlrechte gemäß § 253 Abs. 3 Satz 3 und Abs. 4 HGB nF.

Eventuelle Kompensationssachverhalte sind auf ihre
- zutreffende wertmäßige Ermittlung,
- Übereinstimmung mit dem Grundsatz der Einzelbewertung
zu prüfen.

Ausnahmen von dem Grundsatz der Einzelbewertung sind nur in wirtschaftlich begründeten Ausnahmefällen (vgl. Rz. 1237) gestattet.

Eventuelle wertaufhellende Erkenntnisse müssen bei der Bewertung berücksichtigt worden sein, vgl. Teil A Rz. 399 ff.

Die Bewertung der **Rückstellungen für Risiken aus Dauerschuldverhältnissen** ist wie folgt zu prüfen:

Die in Betracht kommenden Verlustkomponenten sind nachzuvollziehen, z. B.
- durch Berechnung der noch ausstehenden Gegenleistungen, sofern die Leistung nicht mehr in Anspruch genommen wird (im wesentlichen bei Leasing-Verträgen, Miet- und Pachtverträgen),
- durch Ermittlung der noch anfallenden Aufwendungen, falls der Umsatz bereits realisiert, sämtliche Leistungen aber noch nicht erbracht sind,
- durch Vergleich der vertraglich geschuldeten Leistung mit den am Bilanzstichtag gültigen Marktkonditionen (im wesentlichen bei Darlehensverträgen),

– durch wertmäßigen Vergleich von Leistung und Gegenleistung.
– Kompensationssachverhalte, z. B. Ansprüche aus Untermietverhältnissen, sofern der gemietete oder geleaste Gegenstand durch das Unternehmen nicht mehr genutzt wird, sind bei der Bewertung einzubeziehen. Sie sind zu überprüfen auf
– rechnerische Richtigkeit,
– Übereinstimmung mit dem Grundsatz der Einzelbewertung.

Die steuerrechtlichen Bewertungsgrundsätze müssen eingehalten worden sein; ein eventueller Differenzbetrag ist zu ermitteln und in den Arbeitspapieren festzuhalten.

Eventuelle wertaufhellende Erkenntnisse müssen berücksichtigt worden sein, vgl. Teil A Rz. 399 ff.

(4) Prüfung des Ausweises

1240 Die Ausweisprüfung erfordert die Kontrolle
– des Ausweises unter der Position „Sonstige Rückstellungen"; die ihrerseits bei großen und mittelgroßen Kapitalgesellschaften gesondert auszuweisen sind,
– der wahlweisen Bildung von Abgrenzungsposten für latente Steuern bei abweichendem handels- und steuerrechtlichem Ergebnis, vgl. Rz. 860 ff., 1160 ff.
– des Ausweises von Inanspruchnahmen von Rückstellungen bei Kapitalgesellschaften unter den „Sonstigen betrieblichen Erträgen", soweit diese nicht als Gegenposten zu den Mehraufwendungen gebucht werden,
– des Ausweises von Zuführungen zu den Rückstellungen unter der für die jeweilige Aufwandsart vorgeschriebenen Position in der Gewinn- und Verlustrechnung,
– des Ausweises der Auflösung von Rückstellungen bei Kapitalgesellschaften unter der Position „Sonstige betriebliche Erträge" in der Gewinn- und Verlustrechnung.
– der Erläuterung wesentlicher Posten im Anhang von mittelgroßen und großen Kapitalgesellschaften, § 285 Nr. 12 HGB nF.

Vgl. *Moxter* HdR 1352 ff.; *Weirich* HdR 1323 ff.

e) Wesentliche Beispiele zu den anderen Rückstellungen

Ausgleichsanspruch der Handelsvertreter

1250 Nach § 89b HGB hat der Handelsvertreter einen unabdingbaren **Ausgleichsanspruch** nach Beendigung seines Vertreterverhältnisses. Der Ausgleichsanspruch entfällt bei Kündigung durch den Handelsvertreter, ohne daß der Unternehmer hierzu einen Grund gab, oder bei Kündigung durch den Unternehmer aus wichtigem Grund wegen schuldhaftenden Verhaltens des Handelsvertreters (§ 89b Abs. 3 HGB). In seiner Höhe ist der Ausgleichsanspruch auf eine nach dem Durchschnitt der letzten fünf Jahre berechnete Jahresprovision beschränkt (§ 89b Abs. 2 HGB). Voraussetzung für die Ausgleichszahlung ist, daß das Unternehmen aus den vom Vertreter angebahnten Geschäftsbeziehungen noch Vorteile hat, der Handelsvertreter infolge der Beendigung des Vertragsverhältnisses Provisionen verliert und die Ausgleichszahlung unter Berücksichtigung aller Umstände der Billigkeit entspricht.

1251 Die Bildung einer **Rückstellung für Ausgleichsansprüche** ist **handelsrechtlich zulässig** (BGH v. 11. 7. 1966, BB 1966, 915). In diesem Urteil vertrat der BGH die Auffassung, daß der Ausgleichsanspruch seine Grundlage in der vor Beendigung des Vertragsverhältnisses liegenden Tätigkeit des Handelsvertreters habe und als Ausfluß sozialrechtlicher Erwägungen sich dem Status eines Pensionsanspruchs nähere, mit dessen Geltendmachung der Unternehmer rechnen müsse. Der Unternehmer verstoße auch nicht gegen die Grundsätze ordnungsmäßiger Bilanzierung, wenn er für einen etwaigen Ausgleichsanspruch seines Handelsvertreters bereits vor Beendigung des Vertragsverhältnisses eine Rückstellung vornehme.

1252 **Steuerlich** kann die Rückstellung für den Ausgleichsanspruch der Handelsvertreter **nicht angesetzt** werden. Der BFH vertritt die Auffassung, daß der Anspruch rechtlich erst mit Beendigung des Vertragsverhältnisses entstehe (BFH v. 26. 5. 1971, BStBl. 1971 II, 704). Überdies sei der Kaufmann handelsrechtlich nicht verpflichtet und damit einkommensteuerrechtlich nicht befugt, für künftige Ausgleichsverpflichtungen gegenüber Handelsvertretern nach § 89b HGB bereits vor Beendigung des Vertragsverhältnisses Rückstellungen zu bilden (BFH v. 20. 1. 1983, BStBl. 1983 II, 375).

Bei der Prüfung der Rückstellungen für Ausgleichsansprüche der Handelsvertreter kann die vollständige Erfassung der zu bilanzierenden Posten überprüft werden anhand von
- Vertreterverträgen
- Statistiken über ausgeschiedene Handelsvertreter.

Ausbildungskosten

1255 Die Passivierung einer Rückstellung für **Ausbildungskosten** ist umstritten (*Bordewin/Lempenau/Streim* FR 1984, 461). Steuerlich kann wegen der zu erwartenden Ausbildungskosten im Rahmen eines Berufsausbildungsverhältnisses **grundsätzlich keine Rückstellung** gebildet werden (BFH v. 25. 1. 1984, DB 1984, 1071).

Soweit handelsrechtlich Ausbildungskosten zurückgestellt werden sollen, kann die Erfassung der zurückzustellenden Posten auf ihre Vollständigkeit überprüft werden anhand von
- Einzelverträgen mit den Auszubildenden
- Statistiken der Gesellschaft.

Ausstehende Rechnungen

1260 Zur Zeit der Aufstellung des Jahresabschlusses liegen in vielen Fällen **noch keine Rechnungen für Güter und Dienste** vor, die das Unternehmen bis zum Bilanzstichtag erhalten bzw. in Anspruch genommen hat. In Höhe der zu erwartenden Belastungen ist eine **Rückstellung für ausstehende Rechnungen** zu bilden. **Voraussetzung** für die Passivierung ist, daß das Unternehmen die Güter vor dem Bilanzstichtag geliefert erhalten hat und seitens der Lieferanten noch keine Rechnungstellung erfolgte. Gleiches gilt für Dienstleistungen. Sofern bis zur Bilanzerstellung eine Lieferantenrechnung vorliegt kommt nur ein Ausweis des dann endgültig feststehenden Schuldbetrags unter den Verbindlichkeiten in Betracht; für die Bildung einer Rückstellung fehlt es in diesem Fall an den Voraussetzungen. Eine Rückstellung für ausstehende Rechnungen ist auch dann nicht zu bilden, wenn es sich um ein beiderseits noch nicht erfülltes Geschäft handelt, es sei denn, aus dem schwebenden Einkaufsgeschäft ist mit einem Verlust zu rechnen (vgl. Rückstellung für drohende Verluste aus schwebenden Geschäften, Rz. 1220 ff. und 1228 a). Zur Bemessung der Rückstellung sind insbesondere Lieferscheine, Wareneingangsscheine, Wareneingangsbücher, Tätigkeitsberichte sowie Preislisten, Kaufverträge und ähnliche Preisvereinbarungen heranzuziehen.

Zur **Prüfung** der Vollständigkeit der zu bildenden Rückstellung sind die genannten Unterlagen sowie die Buchhaltung in neuer Rechnung einzusehen.

Berufsgenossenschaftsbeiträge

1265 Unternehmen, die regelmäßig versicherungspflichtige Arbeitnehmer beschäftigen, sind nach § 649 RVO Zwangsmitglied einer **Berufsgenossenschaft**. Zur Deckung des Finanzbedarfs erhebt die Berufsgenossenschaft im Umlageverfahren Beiträge. Eine Rückstellung für diese Beiträge kommt nur dann in Betracht, wenn es sich um bereits **am Bilanzstichtag entstandene Beitragsschulden**, d. h. um Beiträge für das Abschlußjahr oder frühere Perioden handelt. Bei einem vom Kalenderjahr abweichenden Wirtschaftsjahr können die anteilig das abgelaufene Wirtschaftsjahr betreffenden Beiträge zurückgestellt werden. Für künftig an die Berufsgenossenschaft zu entrichtende Beiträge dürfen keine Rückstellungen gebildet werden. Gleiches gilt für Unfallrenten, welche die Berufsgenossenschaft zu zahlen hat; Schuldner dieser Renten ist nicht das Unternehmen, sondern die Berufsgenossenschaft (BFH v. 24. 4. 1968, BStBl. 1968 II, 544).

Zur **Prüfung** der Rückstellung für Berufsgenossenschaftsbeiträge, insbesondere zur Schätzung der Höhe des zurückzustellenden Betrages, empfiehlt es sich, die Bescheide der Berufsgenossenschaft für das Vorjahr heranzuziehen und auf das Berichtsjahr pauschal fortzuschreiben.

Bonus- und Rabattverpflichtungen

1270 Boni sind nachträgliche, meist gestaffelte Preisnachlässe bei Erreichen bestimmter Umsätze. Eine Rückstellung für die Gewährung von Boni an Abnehmer kommt dann in Betracht, wenn die **nachträglich gewährten Boni** wirtschaftlich das abgelaufene Wirtschaftsjahr betreffen und der Verpflichtete mit diesem Aufwand am Bilanzstichtag nach pflichtmäßem Ermessen rechnen muß. Allerdings sind Bonusrückstellungen dann nicht zulässig, wenn am Bilanzstichtag die Ungewißheit über die tatsächliche Bonusgewährung so groß ist, daß eine künftige freiwillige Zahlung angenommen werden muß (BFH v. 13. 3. 1963, HFR 1963, 361).

1271 Mit der Ausgabe von **Rabattmarken** räumen Einzelhändler (Warenhäuser, Mitglieder von Genossenschaften) häufig ihren Kunden einen Barzahlungsrabatt ein. In Höhe des **Wertes der ausgegebenen aber noch nicht eingelösten Rabattmarken** ist eine Rückstellung zu bilden. Allerdings ist der Markenschwund zu berücksichtigen, d. h. der Anteil der Marken, der nie zurückgegeben wird (BFH v. 7. 2. 1968, BStBl. 1968 II, 445). Der Markenschwund ist nach den Erfahrungen zu schätzen (vgl. hierzu *Eifler* Rückstellungen S. 167). Die Finanzverwaltung beanstandet i. d. R. eine Rückstellung für Rabattverpflichtungen nicht, wenn sie 15% des Wertes der in den letzten 12 Monaten vor dem Bilanzstichtag ausgegebenen Rabattmarken nicht übersteigt.

In **bewertungsrechtlicher Hinsicht** sind Rückstellungen für Warenrückvergütungen und Kaufpreisrückvergütungen abzugsfähig, wenn am Stichtag bereits ein klagbarer Anspruch des Berechtigten bestanden hat. Bei gewinnabhängigen Rückvergütungen liegt eine aufschiebend bedingte Last vor, falls die Gewährung der Rückvergütung im Ermessen des Unternehmens liegt und die Entscheidung über die Gewährung erst nach dem Stichtag gefällt wird.

Die **Prüfung** der Vollständigkeit der zu bildenden Rückstellungen erfolgt anhand der zugehörigen Vertragsunterlagen und der Gutschriften in neuer Rechnung.

Bürgschaftübernahme

1275 Ist die Bürgschaftübernahme ein betrieblicher Vorgang, so kann bei **drohender Inanspruchnahme aus der Bürgschaft** eine Rückstellung gebildet werden. Eine solche drohende Inanspruchnahme wird regelmäßig dann anzunehmen sein, wenn zu erwarten ist, daß der Gläubiger sich wegen Zahlungsunfähigkeit des Hauptschuldners an den Bürgen wenden wird.

Die Passivierung kann unterbleiben, solange anzunehmen ist, daß das Risiko durch Rückgriffsrechte ausgeglichen ist. Wird die Verpflichtung aus der Bürgschaft dennoch passiviert, so müssen die Rückgriffsrechte grundsätzlich mit dem gleichen Betrag aktiviert werden; etwas anderes gilt dann, wenn die Rückgriffsrechte als nicht werthaltig anzusehen sind (*Hermann/Heuer/Raupach* § 5 Anm. 61).

In **bewertungsrechtlicher Hinsicht** sind Bürgschaftsverpflichtungen vor der Inanspruchnahme des Bürgen aufschiebend bedingt und daher nicht abzugsfähig (Abschn. 29 Abs. 3 S. 1 VStR).

Zur **Prüfung** empfiehlt es sich, von dem Unternehmen eine Liste der gewährten Bürgschaftsversprechen anzufordern.

Garantieverpflichtungen (Gewährleistung)

1280 **Garantieverpflichtungen** ergeben sich aus der Haftung eines Unternehmens zur **Beseitigung von Mängeln** an gelieferten Waren.

Derartige Verpflichtungen zur Garantieleistung (Gewährleistung) können sich aus Gesetz (z. B. §§ 459 ff., 633 ff. BGB), aus Vertrag oder aus dauernder Übung ergeben (BFH v. 20. 11. 1962, BStBl. 1963 III, 113). Von diesen Gewährleistungen sind die selbständigen Garantieverträge zu unterscheiden. Letztere begründen ohne Zusammenhang mit Absatzgeschäften die Verpflichtung, für einen bestimmten Erfolg einzustehen, z. B. für das Erreichen eines bestimmten Jahresumsatzes oder eines bestimmten Mindestgewinns.

1281 Rückstellungen für künftige, aus unselbständigen Garantiezusagen resultierende Leistungen sind **in Handels- und Steuerbilanz** insoweit **zulässig**, als sie auf realisierte Erträge entfallen (*Eifler* Rückstellungen S. 154). Ist im Bilanzstichtag eine Inanspruchnahme aus einer solchen Garantieverpflichtung noch nicht erfolgt, so stellt sich diese Verpflichtung als eine dem Grund und der Höhe nach **ungewisse Verbindlichkeit** dar, für die eine Rückstellung zu bilden ist, wenn am Bilanzstichtag Tatsachen vorliegen, aus denen sich mit einer gewissen Wahrscheinlichkeit eine spätere Inanspruchnahme herleiten läßt (BFH v. 26. 3. 1968, BStBl. II, 533).

Rückstellungen wegen Garantieverpflichtungen, die durch Lieferungen mangelfreier Sachen zu erfüllen sind, sind mit dem Betrage anzusetzen, den das Unternehmen voraussichtlich aufwenden muß, um seine Nachlieferungspflichten zu erfüllen (BFH v. 13. 12. 1972, BStBl. 1973 II, 217).

282 Die Entscheidung, **in welcher Höhe** für die am Bilanzstichtag drohenden Haftungen eine Rückstellung vorgenommen werden kann, ist weitgehend dem Ermessen des Unternehmens überlassen, weil es am besten die hierfür maßgebenden Umstände beurteilen kann. Das Ermessen ist aber nur dann ausschlaggebend, wenn es einer objektiven Beurteilung der gesamten Umstände standhält, wie sie am Bilanzstichtag gegeben waren. Tatsachen, die erst nach diesem Zeitpunkt eingetreten sind, müssen dabei grundsätzlich ausscheiden. Die nachträgliche Entwicklung kann nur berücksichtigt werden, wenn sie Rückschlüsse auf die bereits am Bilanzstichtag vorliegenden Verhältnisse zuläßt. Die **durchschnittliche Inanspruchnahme in der Vergangenheit** wird in der Regel die Bemessungsgrundlage für die Höhe etwaiger Ersatzleistungen und damit der Rückstellungen zu bilden haben. Das Unternehmen ist deshalb verpflichtet, zur Rechtfertigung der von ihm begehrten Rückstellungen konkrete Tatsachen, insbesondere die tatsächliche Inanspruchnahme in der Vergangenheit, darzulegen (OFD Freiburg, Karlsruhe, Stuttgart v. 20. 3. 1978).

283 Bei der Bildung einer Garantierückstellung kann sich das Unternehmen nur auf aufgezeichnete **tatsächlich erbrachte Garantieleistungen** berufen. Nicht aufgezeichnete („geheimgehaltene") Garantieleistungen können auch dann nicht berücksichtigt werden, wenn sie glaubhaft sind (FG BaWü v. 16. 12. 1981, EFG 1982, 405).

Eine bestehende Produkthaftpflichtversicherung mindert die Höhe von Gewährleistungsrückstellungen (FG Nürnberg v. 1. 7. 1981, EFG 1982, 15).

284 Auch bei Garantierückstellungen ist das **Einzel-, Pauschal-** oder **Mischbewertungsverfahren** zulässig. Grundsätzlich ist jeder Rückstellungsfall für sich zu beurteilen und muß im einzelnen aus konkreten Tatsachen herleitbar sein. Eine objektgebundene Garantierückstellung kann den besonderen Verhältnissen am ehesten Rechnung tragen. Es sind die Aufwendungen (Einzel- und Gemeinkosten) zu berücksichtigen, die für Ersatzleistungen bzw. Nachbesserungen voraussichtlich erforderlich sein werden. Da am Bilanzstichtag dieser Betrag in der Regel noch nicht genau bekannt ist, muß er geschätzt werden, wobei die bis zur Aufstellung der Bilanz gewonnenen besseren Erkenntnisse zu berücksichtigen sind.

Häufig wird bei der Bilanzierung jedoch mit noch unbekannten Inanspruchnahmen aufgrund eingegangener Garantieverpflichtungen zu rechnen sein. Für dieses Gesamtrisiko kann eine Rückstellung unter objektiver Beurteilung aller Umstände zum Bilanzstichtag pauschal geschätzt werden.

Prüfungstechnisch kann die Vollständigkeit der bilanzierten Rückstellung für Garantieverpflichtungen kontrolliert werden durch Hinzuziehung von
– Garantiebedingungen
– Gewährleistungsbedingungen
– Aufzeichnungen der in der Vergangenheit tatsächlich gegebenen Inanspruchnahmen
– Soweit vorhanden Dauerarbeitspapieren des Prüfers über Berechnungsgrundlagen der Vergangenheit.

Geschäftsverlegung

290 Eine Rückstellung wegen der mit einer **Geschäftsverlegung** verbundenen Risiken ist als Rückstellung für ungewisse Verbindlichkeiten erst in dem Wirtschaftsjahr zulässig, in dem einzelne Geschäftsverlegungsmaßnahmen tatsächlich in Angriff genommen werden. Das gilt auch, wenn die Geschäftsverlegung durch die Kündigung der gemieteten Räume notwendig wird, in denen der Steuerpflichtige seinen Betrieb führt (BFH v. 24. 8.1972, BStBl. 1972 II, 943). Darüberhinaus besteht handelsrechtlich unter bestimmten Voraussetzungen die Möglichkeit, insoweit eine Aufwandsrückstellung zu bilden, vgl. Rz. 1206.

Anhaltspunkte für die zu bildende Rückstellung für Geschäftsverlegung ergeben sich aus
– Protokollen der Organe des Unternehmens
– Unterlagen der Rechtsabteilung oder der beauftragten Rechtsberater des Unternehmens
– Mietverträgen etc.

Gewinnbeteiligungszusagen

1295 Hat ein Unternehmen seinen Arbeitnehmern eine **Gewinnbeteiligung zugesagt**, so liegt insoweit eine **ungewisse Verbindlichkeit** am Bilanzstichtag vor; diese Rückstellung ist passivierungspflichtig. Die Bildung einer Rückstellung für eine Gewinnbeteiligung der Arbeitnehmer ist nicht deshalb ausgeschlossen, weil die Bemessungsgrundlage für die Höhe der Gewinnbeteiligung am Bilanzstichtag noch nicht verbindlich festgelegt ist (FG Münster v. 14. 10.1976, EFG 1977, 107).

Betriebsschulden, deren Höhe von dem Ergebnis des Geschäftsjahres abhängen, sind in **bewertungsrechtlicher Hinsicht** aufschiebend bedingt, wenn die Gewährung der ihnen gegenüberstehenden Ansprüche im freien Ermessen des Unternehmens liegt und der Beschluß über die Gewährung erst nach dem Bewertungsstichtag gefaßt wird (Abschn. 31 Abs. 1 VStR). Besteht dagegen ein Rechtsanspruch und ist nur seine Höhe vom Geschäftsergebnis abhängig, so kann ein Schuldposten auch dann angesetzt werden, wenn die Höhe der Schuld am Stichtag noch nicht endgültig fest steht.

Zur **Prüfung** der Vollständigkeit von Rückstellungen für Gewinnbeteiligungszusagen sollten hinzugezogen werden:
– Einzelverträge
– Betriebsvereinbarungen
– Protokolle der Organe
– der Gesellschaftsvertrag.

Gratifikationen

1300 Aus besonderem Anlaß, z. B. Weihnachten, Jahresabschluß, Saisonende etc. werden neben dem Arbeitslohn **Sonderzuwendungen (Gratifikationen)** an Arbeitnehmer gezahlt. Die Gratifikationen werden häufig nach dem Bilanzstichtag für die im abgelaufenen Wirtschaftsjahr geleisteten Dienste gewährt. Eine Rückstellung kann auch gebildet werden, wenn – wie dies meist der Fall ist – eine rechtsverbindliche Verpflichtung nicht besteht (FG RhPf v. 16. 1.1974, EFG 1974, 354). Verpflichtungen aus einer Gratifikation, die an die Arbeitnehmer nach Ablauf mehrerer Jahre und unter der Voraussetzung weiterer Betriebszugehörigkeit auszuzahlen ist, müssen vom Arbeitgeber durch eine Rückstellung berücksichtigt werden. Von dem zugesagten Betrag ist ein Abschlag für die Fluktuation und für einen Zinsanteil zu machen (BFH v. 7. 7.1983, BStBl. 1983 II, 753).

Zur **Prüfung** der Vollständigkeit der zu bildenden Rückstellungen für Sonderzuwendungen sollte Einblick genommen werden in:
– Einzelverträge
– Betriebsvereinbarungen
– Tarifverträge
– Protokolle der Organe.

Haftpflichtverbindlichkeiten, insbesondere Produkthaftpflichtrisiken

1310 Unter **Haftpflichtverbindlichkeiten** versteht man Schadensersatzverpflichtungen, die ihren Ursprung im Rahmen einer beruflichen Tätigkeit haben.

Infolge der zunehmenden Verschärfung der **Produzentenhaftung** hat insbesondere die Rückstellung für Produkthaftpflichtrisiken zunehmend an Bedeutung gewonnen. Hierunter ist die Haftung des Herstellers für die ordnungsgemäße Beschaffenheit der von ihm in den Verkehr gebrachten Erzeugnisse gegenüber Verbrauchern, Benutzern und anderen Personen zu verstehen, die durch fehlerhafte Beschaffenheit der Erzeugnisse Schaden erleiden. Soweit vertragliche Beziehungen bestehen (z. B. Kaufvertrag) treten Gewährleistungsansprüche hinzu (Rz. 1280ff.).

1311 Die Bildung einer **Rückstellung setzt voraus,** daß eine Inanspruchnahme dem Grunde nach am Bilanzstichtag ernsthaft droht; die bloße Möglichkeit reicht nicht aus. Haftpflichtverbindlichkeiten treten im allgemeinen nur vereinzelt auf und bedingen – im Gegensatz zu den Garantieverpflichtungen – i. d. R. Verschulden. Wegen dieses Unterschieds zur Gewährleistung hält die Rechtsprechung **nur Einzelrückstellungen** für konkret bis zum Bilanzstichtag erkennbare Produkthaftungsrisiken für zulässig (BFH v. 30. 6. 1983, DB 1984, 590). In der Literatur wird abweichend davon auch eine Pauschalrückstellung für Produkthaftpflichtrisiken für zulässig erachtet (*Vollmer/Nick* DB 1985, 53).

Für die **Schätzung der Höhe** der Rückstellung kommen insbesondere konkrete Haftpflichtinanspruchnahmen in der Vergangenheit als objektiv nachprüfbare Tatsachen in Betracht. Darüber hinaus können Erfahrungswerte der Branche und von Versicherungen herangezogen werden. Eine Produkthaftpflichtversicherung mindert den Rückstellungsbetrag.

Rückstellungen für Haftpflichtverbindlichkeiten gelten in **bewertungsrechtlicher Hinsicht** vor der Inanspruchnahme des Schuldners als aufschiebend bedingt und sind daher nicht abzugsfähig. Erst, wenn der Schuldner in Anspruch genommen wird, kann in der Vermögensaufstellung eine Rückstellung berücksichtigt werden.

Prüfungstechnisch empfiehlt es sich, zur Prüfung der Vollständigkeit der als Rückstellung passivierten Beträge sowie zur Prüfung der Höhe der Rückstellung, folgende Unterlagen hinzuzuziehen:
- Auskünfte der Rechtsabteilung
- Auskünfte der beauftragten Anwälte

Musteranschreiben an Anwälte in diesem Zusammenhang:

....
Datum

Betr.: Bestätigung zum .... (Stichtag)

Sehr geehrte Damen und Herren,

zur Prüfung des Jahresabschlusses unseres Unternehmens benötigt unser Abschlußprüfer, die Firma ...., von Ihnen folgende Angaben:
(1) eine kurzgefaßte Auflistung aller gegen uns zum obigen Stichtag ausstehenden Forderungen oder Rechtsstreitigkeiten, die Ihnen bekannt sind, sowie Angaben (ggf. geschätzt) zum uns entstehenden Schaden oder der Haftung unserer Firma. Dies umfaßt auch Forderungen oder Rechtsstreitigkeiten, die seit dem Stichtag entstanden oder erledigt sind.
(2) Die Gesamthöhe der Ihnen zustehenden Honorare für Ihre bis zum Stichtag an uns erbrachten Leistungen.
Bitte leiten sie Ihre Antwort unserem Abschlußprüfer unmittelbar zu; ein adressierter Freiumschlag liegt diesem Schreiben bei. Sofern Ihnen zu Ziff. (1) keine Kenntnisse vorliegen, bitten wir Sie um ausdrückliche Fehlanzeige an unseren Prüfer. bitte senden Sie eine Zweitschrift Ihrer Angaben an uns.

Mit verbindlichem Dank und vorzüglicher Hochachtung

- Unterlagen über konkrete Inanspruchnahmen
- Erfahrungswerte der Branche oder von Versicherungen.

Heimfallverpflichtung

Eine **Heimfallverbindlichkeit** stellt eine privat- oder öffentlich-rechtlich begründete Verpflichtung dar, bestimmte Anlagen – entschädigungslos oder gegen volle oder teilweise Entschädigung – entweder zu einem bestimmten Termin oder zu einem durch Ausübung eines Gestaltungsrechts zu bestimmenden Zeitpunkt zu übereignen *(Armbrust* DB 1979, 2045). So werden beispielsweise aufgrund eines besonderen Rechtsverhältnisses (Miete, Pacht, Erbbaurecht) auf fremden Grundstücken Gebäude errichtet, die bei Vertragsbeendigung entgeltlich oder unentgeltlich auf den Grundstückseigentümer übergehen (Heimfall). Besondere Bedeutung haben Heimfallverpflichtungen in Konzessionsbescheiden der Versorgungs- und Verkehrswirtschaft.

In der Regel wird eine entschädigungslose Übertragung der Anlagegegenstände im Zeitpunkt des Heimfalls vereinbart. Um den Verlust der Buchwerte der zu übereignenden Anlagegüter gleichmäßig auf die Betriebsjahre zu verteilen, ist auf die Zeit der eigenen Nutzung eine Rückstellung in Höhe des zu erwartenden Verlusts aufzubauen. **Traditionelle Bewertungsverfahren** bemessen die Rückstellung für Heimfallverpflichtungen nach den auf der Basis der Anschaffungskosten ermittelten Abschreibungen auf die heimfallenden Anlagegüter. Zunehmend wird jedoch eine Rückstellungsbildung unter Heranziehung der **Wiederbeschaffungskosten** als angemessener im Hinblick auf die Substanzerhaltungsfunktion angesehen (*Armbrust* DB 1979, 2045).

Gewerbesteuerlich werden die Heimfallverpflichtungen unter Hinweis auf ihren langfristigen Charakter als Dauerschulden behandelt.

Eine in der Steuerbilanz passivierte Rückstellung für Heimfallverpflichtungen darf in der **Vermögensaufstellung** erst mit Ablauf der vereinbarten Frist ausgewiesen werden.

Zur **Prüfung** der Vollständigkeit der gebildeten Rückstellungen sowie der Höhe der gebildeten Rückstellungen empfiehlt es sich, die in Betracht kommenden Verträge mit Heimfallverpflichtungen, insbesondere Erbpachtverträge, hinzuzuziehen.

Jahresabschlußkosten

1315 Handelsrechtlich gilt eine **Passivierungspflicht** für die **Rückstellung für Jahresabschlußkosten**. Die Aufstellung und Prüfung des Jahresabschlusses ist – sofern gesetzlich vorgeschrieben – eine Verpflichtung, die an einen Sachverhalt des abgelaufenen Geschäftsjahres anknüpft. Mit Ablauf des Bilanzstichtages wird diese Verpflichtung für die Gesellschaft unabwendbar. Sie belastet das in diesem Zeitpunkt vorhandene Vermögen. Rückstellungen für Jahresabschluß- und Prüfungskosten, die auf Verpflichtungen gegenüber Dritten beruhen, sind daher handelsrechtlich zwingend geboten. Ihre Passivierung entspricht auch internationalen Bilanzierungsgrundsätzen (*idW* HFA 2/1973).

Entgegen der z. T. abweichenden früheren Rechtsprechung des BFH müssen nunmehr auch mit steuerlicher Wirkung folgende Aufwendungen im Zusammenhang mit dem Jahresabschluß rückgestellt werden:
– externe und interne **Kosten zur Aufstellung** des Jahresabschlusses
– **Steuererklärungskosten**
– Kosten für die gesetzliche **Prüfung** und **Veröffentlichung** des Jahresabschlusses (Kosten einer freiwilligen Jahresabschlußprüfung können nicht berücksichtigt werden)
– Kosten für die **Erstellung des Geschäftsberichts** (BFH v. 20. 3. 1980, BStBl. 1980 II, 297 und BFH v. 23. 7. 1980, BStBl. 1981 II, 63).

Eine Rückstellung für die Durchführung der Hauptversammlung ist in der Steuerbilanz nicht möglich (BFH v. 23. 7. 1980, BStBl. 1981 II, 62).

1316 Die Rückstellung für Kosten zur Erstellung des Jahresabschlusses ist zu bilden, soweit das Unternehmen einen Jahresabschluß aufgrund einer öffentlich-rechtlichen Verpflichtung erstellen muß; nach § 242 HGB nF. ist hierzu jeder Kaufmann verpflichtet. **Externe Kosten** zur Erstellung des Jahresabschlusses resultieren im wesentlichen aus Honoraren von Beratern. Daneben sind jedoch auch die internen Kosten im Zusammenhang mit der Erstellung des Jahresabschlusses in die Rückstellung einzubeziehen, soweit sie nach dem Bilanzstichtag anfallen.

1317 An **internen Kosten** sind in die Rückstellung die Aufwendungen für Löhne und Gehälter der mit dem Jahresabschluß befaßten Personen (Löhne und Gehälter zuzüglich Personalnebenkosten) sowie die Materialkosten einzubeziehen. Gemeinkosten wie Abschreibungen auf Gebäude und Betriebs- und Geschäftsausstattung, also mittelbare oder fixe Kosten, können bei der Bemessung der Rückstellung nicht berücksichtigt werden. Ebenso können laufende Buchführungsarbeiten, soweit diese nach dem Bilanzstichtag anfallen oder nachgeholt werden, nicht in die Rückstellung einbezogen werden (BMF v. 19. 11. 1982, DB 1982, 2490).

Nach einem Urteil des BFH ist die Rückstellung, die für die Kosten des Jahresabschlusses und (bzw. oder) für die Kosten der Erstellung von Betriebssteuererklärungen gebildet wird, mit dem Betrag des Honorars eines mit diesen Arbeiten beauftragten Dritten oder mit den durch den Abschluß bzw. durch die Erstellung der Steuererklärungen veranlaßten betriebsinternen Einzelkosten zu bewerten (BFH v. 24. 11. 1983, BStBl. 1984 II, 301).

1318 Für die Verpflichtung zur **Erstellung der Steuererklärungen**, die Betriebssteuern des abgelaufenen Jahres betreffen, sind Rückstellungen zu bilden (BFH v. 23. 7.

Rückstellungen

1980, BStBl. 1981 II, 63). Nicht rückstellungsfähig ist dagegen die Verpflichtung zur Erstellung der Erklärung für die gesonderte und einheitliche Feststellung des gewerblichen Gewinns einer Personengesellschaft; auch für die Verpflichtung zur Abgabe der Erklärung zur Feststellung des Einheitswerts des Betriebsvermögens ist in der Regel keine Rückstellung zu bilden.

Soweit die Verpflichtung zur Erstellung eines Konzernabschlusses besteht, dürfte auch hierfür eine Rückstellung möglich sein (Obergesellschaft).

In der **Vermögensaufstellung** dürfen die Kosten der gesetzlichen Pflichtprüfung des Jahresabschlusses nicht als abzugsfähige Schuld (Rückstellung) berücksichtigt werden (BFH v. 25. 11. 1983, BStBl. II 1984, 51). Ebensowenig begründen die Kosten für den jährlichen Buchführungsabschluß des vorangegangenen Geschäftsjahres eine abzugsfähige Schuld in der Vermögensaufstellung.

Zur **Prüfung** der Rückstellung für Jahresabschlußkosten sind hinzuzuziehen:
– der an Dritte erteilte Auftrag zur Erstellung des Jahresabschlusses
– Kalkulationsunterlagen des Prüfers
– Kalkulationsunterlagen des Unternehmens für die Kosten der Aufstellung des Jahresabschlusses
– Kalkulationsunterlagen des Unternehmens für die Gesellschafterversammlung.

Jubiläumsaufwendungen

320 Viele Unternehmen gewähren ihren Arbeitnehmern aus Anlaß bestimmter Arbeitnehmerjubiläen Zuwendungen in Form von Geld- oder Sachleistungen. Die für das Jubiläum maßgebliche Dienstzeit wird meist an § 4 LStDV zur Erlangung der Steuerfreiheit ausgerichtet. Teilweise wird unter Ausnutzung des nach § 4 Abs. 1 Satz 2 LStDV eingeräumten Spielraums statt des 40- und 50jährigen das 35-bzw. 45jährige Arbeitnehmerjubiläum zugrunde gelegt.

321 Nach der **bisherigen Rechtsprechung** des BFH war eine **Rückstellung** für Jubiläumsgaben **nicht zulässig**. Danach sei das einzelne Arbeitsverhältnis als gegenseitiger Vertrag anzusehen, der bilanziell nach den Regeln über schwebende Verträge zu behandeln sei. Bei solchen Verträgen gleiche sich die Verpflichtung auf Leistung und das Recht auf Gegenleistung in aller Regel aus. Die Jubiläumszuwendungen seien ein Teil der künftigen Lohnzahlungen und könnten nur im Rahmen der Bilanzierung des Arbeitsvertrages als solchen behandelt werden. Für die Annahme eines Verlustes aus dem laufenden Arbeitsverhältnis fehle die Unterlage. Es handele sich um eine soziale Leistung, die als Aufwand des Jahres zu behandeln sei, in dem sie getätigt wird (BFH v. 19. 7. 1960, BStBl. 1960 III, 347).

Das FG Hamburg hat demgegenüber in einer jüngsten Entscheidung festgestellt, daß es sich hier um eine ungewisse Verbindlichkeit handle, für die eine **Rückstellung gebildet werden müsse**. Nach den Feststellungen des FG hatte das Unternehmen eine bindende Verpflichtung ohne jeden Vorbehalt zur Zahlung der Jubiläumsaufwendungen eingegangen, so daß infolgedessen die vertragsmäßigen Voraussetzungen im wesentlichen bereits im abzuschließenden Geschäftsjahr eingetreten waren. Entscheidend war allein, daß die künftig zu leistenden Ausgaben wirtschaftlich und nicht rechtlich im abgelaufenen Wirtschaftsjahr verursacht waren. (FG Hamburg v. 8. 12. 1983, EFG 1984, 339, Rev. eingelegt).

Bei der **Prüfung** der vollständigen und richtigen Erfassung der Rückstellungen für Jubiläumsaufwendungen sind hinzuzuziehen:
– Einzelverträge mit den Mitarbeitern
– Betriebsvereinbarungen
– Protokolle der Organe des Unternehmens
– soweit vorhanden Statistiken des Unternehmens.

Kundendienstaufwendungen

325 Vielfach sind Händler, welche die Produkte eines Herstellers vertreiben, gegenüber dieser Herstellerfirma verpflichtet, durch einen **Kundendienst** für eine einwandfreie Betreuung der Kunden zu sorgen. Sind aufgrund einer solchen Verpflichtung vom Händler kostenlos Inspektionen und verbilligte Wartungsdienste durchzuführen, so darf der Händler hierfür **keine Rückstellung** bilden (BFH v. 22. 8. 1963, BStBl. 1963 III, 560).

Pachterneuerung

1330 Insbesondere bei der Verpachtung ganzer Unternehmen wird vielfach eine **Substanzerhaltungspflicht des Pächters** vereinbart. Danach verpflichtet sich dieser gegenüber dem Verpächter, die gepachteten abnutzbaren Anlagegegenstände instand zu halten und unbrauchbar gewordene Gegenstände auf seine Kosten durch neue zu ersetzen. Der Pächter darf weder die im Zeitpunkt des Pachtbeginns vorhandenen noch die später beschafften Anlagegüter aktivieren und abschreiben. Für die Verpflichtung zum kostenlosen Ersatz **muß der Pächter eine Rückstellung** für Pachterneuerung **bilden,** deren Höhe durch die Abnützung der gepachteten Wirtschaftsgüter während der Pachtzeit und die Widerbeschaffungkosten bestimmt wird. Hat der Pächter bei Beginn des Pachtvertrages gebrauchte Wirtschaftsgüter übernommen, so ist die Last des Pächters so zu bemessen, daß die Rückstellung im Zeitpunkt der Fälligkeit der Ersatzverpflichtung so viel von dem Preis für ein neues Ersatzwirtschaftsgut angesammelt hat, wie dem Wertigkeitsgrad des ersetzten Wirtschaftsguts im Zeitpunkt des Pachtbeginns entspricht. Wiederbeschaffungskosten sind über die Rückstellung zu verbuchen (BFH v. 2. 11. 1965, BStBl. 1966 II, 61).

Zur **Prüfung** der Vollständigkeit und richtigen Erfassung sowie der Bewertung der Rückstellungen für Pachterneuerung sollten die Pachtverträge sowie eventuell vorhandene Kostenschätzungen hinzugezogen werden.

Patentverletzungen

1331 Ein **Patent** gewährt dem Erfinder ein zeitlich begrenztes Recht zur ausschließlichen Verwertung; er kann den Gegenstand der Erfindung gewerbsmäßig herstellen, in Verkehr bringen, veräußern oder gebrauchen. Gegen eine widerrechtliche Benutzung des Patents kann dessen Inhaber Unterlassungsklage und bei Verschulden Schadenersatzklage erheben. Nach h. M. kann der Patentinhaber seine Schadenersatzansprüche nach dem entgangenen Gewinn, einer angemessenen Lizenzgebühr oder dem „Verletzergwinn" bemessen.

1332 **Voraussetzung für die Bildung** einer Rückstellung wegen Patentverletzung ist, daß der Patentinhaber mit einiger Wahrscheinlichkeit Ansprüche geltend machen wird. Das Steuerrecht gestattet eine Rückstellung erst dann, wenn der Rechtsinhaber Ansprüche wegen der Rechtsverletzung bereits geltend gemacht hat oder mit einer Inanspruchnahme ernsthaft zu rechnen ist (§ 5 Abs. 3 EStG).

Die **Höhe der Rückstellung** ist für den jeweiligen Bilanzstichtag zu schätzen. Anhaltspunkt dafür ist der Betrag, mit dem der Verletzer bei objektiver Würdigung aller Umstände voraussichtlich in Anspruch genommen wird. Macht der Berechtigte seine Ansprüche nicht geltend, so ist die Rückstellung spätestens in der Bilanz des dritten auf ihre erstmalige Bildung folgenden Wirtschaftsjahres aufzulösen (§ 5 Abs. 3 Satz 2 EStG).

In **bewertungsrechtlicher Hinsicht** sowie **prüfungstechnisch** werden die Rückstellungen für Patentverletzungen ebenso behandelt wie die Rückstellungen für Haftpflichtverbindlichkeiten (Vgl. Rz. 1312ff.).

Prozeßkosten und Strafverteidigungskosten

1335 Ein Prozeß kann für den Kläger wie auch für den Beklagten insbesondere mit einem Kostenrisiko verbunden sein, wenn der Ausgang des Verfahrens mangels eindeutiger Sach- und Rechtslage nicht vorhersehbar ist. Nach der Prozeßordnung hat die unterlegene Seite auch die Kosten der obsiegenden Partei zu übernehmen (§ 91 ZPO). Sofern der Prozeß betrieblich veranlaßt ist, sind die **Prozeßkosten** steuerlich abzugsfähige Betriebsausgaben; **Kosten einer Strafverteidigung** sind ebenfalls nur dann Betriebsausgaben, wenn die zur Last gelegte Tat aus der betrieblichen Tätigkeit veranlaßt ist (BFH vom 19. 2. 1982, DB 1982, 1598). Für die Frage, ob eine Handlung dem betrieblichen oder beruflichen Bereich einerseits oder dem privaten Lebensbereich andererseits zuzuordnen ist, kommt es auf die Schuldform nicht an (*Kuhlmann* DB 1985, 1613).

1336 Eine **Prozeßkostenrückstellung** kann in der Regel sowohl für Passiv- wie auch für Aktivprozesse erst dann gebildet werden, wenn die Streitsache rechtshängig geworden ist (BFH v. 24. 6. 1970, BStBl. 1970 II, 802). Im Falle eines Passivprozesses wird eine Rückstellung auch dann zu bilden sein, wenn nach Würdigung aller Umstände zum Bilanzstichtag eine Klageerhebung unabwendbar erscheint.

In der **Vermögensaufstellung** können die Rückstellungen für Prozeßkosten und Strafverteidigungskosten als Schuld angesetzt werden.

Zur **Prüfung** empfiehlt es sich, sich von den eingeschalteten Anwälten die Höhe der Rückstellung bestätigen zu lassen (ein Musteranschreiben findet sich in Rz. 1312).

Rekultivierungskosten

340 Unter **Rekultivierung** sind die verschiedensten Maßnahmen zur Beseitigung der Spuren der Ausbeute und zur Wiederherstellung eines ursprünglichen landschaftsmäßigen Zustands auf dem ausgebeuteten Grund und Boden zu verstehen. Im einzelnen kommen u. a. folgende Rekultivierungsmaßnahmen in Betracht: Wiederauffüllen von Gruben, Abböschen von Steilhängen, Planieren und Abdecken mit einer Humusschicht, Bepflanzen und Aufforsten, Abbrechen und Beseitigen von Gebäuden. Für die Verpflichtung zur Durchführung von Rekultivierungsmaßnahmen **muß eine Rückstellung gebildet** werden, soweit es sich um eine Verpflichtung gegenüber Dritten handelt (ungewisse Verbindlichkeit). Die Verpflichtung kann sich aus behördlichen Auflagen in Genehmigungsbescheiden, aus gesetzlichen Anordnungen oder im Falle von Pachtverträgen oder Substanzausbeuteverträgen aus Vereinbarungen mit dem Grundstückseigentümer ergeben. Soweit die Grundstücke von den Abbauunternehmen freiwillig, d. h. ohne bzw. auch nicht zur Vermeidung eines behördlichen oder gerichtlichen Zwangs rekultiviert werden, können die Rekultivierungskosten erst im Jahr ihrer Entstehung als Betriebsausgaben abgezogen werden (Bay. FinMin. v. 15. 12. 1975, StRK 1977 P 5 EStG K 16.1).

341 Nach Auffassung des BFH ist der Rückstellung **jeweils der Betrag zuzuführen,** der aufgewendet werden müßte, um den im laufenden Wirtschaftsjahr ausgebeuteten Teil des Geländes zu rekultivieren (BFH v. 19. 2. 1975, BStBl. 1975 II, 480). In der Literatur wird häufig der – vom BFH abgelehnten – sog. Abzinsungsmethode zur Bewertung der Rückstellung der Vorzug gegeben (*Wassermann/Teufel* DB 1983, 2004). Diese Methode basiert auf dem Kapitalwertkonzept der Investitionstheorie; die erwarteten Zahlungsmittelabflüsse sind auf den jeweiligen Bilanzstichtag zu diskontieren.

Zur **Prüfung** der Rückstellung für Rekultivierungskosten dienen die in Rz. 1340 genannten Unterlagen, aus denen sich die Verpflichtung ergibt (behördliche Auflagen, Genehmigungsbescheiden, gesetzliche Anordnungen, Pachtverträge, Substanzausbeuteverträge etc.).

Sozialpläne

345 Bei geplanten Betriebsänderungen im Sinne von § 111 Satz 1 BetrVerfG, die wesentliche Nachteile für die Belegschaft oder erhebliche Teile der Belegschaft zur Folge haben können (z. B. Einschränkungen, Stillegungen, Verlegungen oder Zusammenschluß von Betrieben), haben Arbeigeber und Betriebsrat zum Zwecke des Ausgleichs oder der Milderung der wirtschaftlichen Nachteile, die den Arbeitnehmern infolge der geplanten Betriebsänderungen entstehen, einen **Sozialplan** aufzustellen. Kommt zwischen Arbeitgeber und Betriebsrat eine Einigung über den Sozialplan nicht zustande, so entscheidet auf Antrag eines der Beteiligten die Einigungsstelle über die Aufstellung des Sozialplans (§ 112 Abs. 4, § 76 BetrVerfG). Der Sozialplan hat die Wirkung einer Betriebsvereinbarung, die den Arbeitnehmern unmittelbare Rechtsansprüche einräumt.

346 Hinsichtlich der aufgrund eines Sozialplans zu erbringenden Leistungen besteht eine ungewisse Verbindlichkeit und damit die **Pflicht zur Bildung einer Rückstellung** im allgemeinen ab dem Zeitpunkt, in dem der Unternehmer den Betriebsrat über die geplante Betriebsänderung gem. § 111 Satz 1 BetrVerfG unterrichtet hat. Eine ungewisse Verbindlichkeit liegt am Bilanzstichtag auch vor, wenn der Betriebsrat erst nach dem Bilanzstichtag, aber vor der Aufstellung oder Feststellung der Bilanz unterrichtet wird und der Unternehmer sich bereits vor dem Bilanzstichtag zu Betriebsänderung entschlossen hat oder schon vor dem Bilanzstichtag eine wirtschaftliche Notwendigkeit bestand, eine zur Aufstellung eines Sozialplans verpflichtende Maßnahme durchzuführen. Bei der Bemessung der Rückstellung sind grundsätzlich alle Leistungen zu berücksichtigen, die aufgrund des Sozialplans zusätzlich oder vorzeitig zu erbringen sind (BdF v. 2. 5. 1977, BStBl. 1977 I, 280).

In der **Vermögensaufstellung** ist die Rückstellung für Sozialplanverbindlichkeiten als Schuld unter denselben Voraussetzungen abzugsfähig wie in der Steuerbilanz.

Zur **Prüfung** der vollständigen und richtigen Erfassung der Bewertung der gebildeten Rückstellung sind hinzuzuziehen:
– soweit bereits vorhanden, die entsprechende Betriebsvereinbarung
– im übrigen Protokolle der Organe des Unternehmens
– Kostenschätzungen des Unternehmens.

Tantiemen

1350   An Vorstandsmitglieder, Geschäftsführer und sonstige leitende Angestellte werden i. d. R. **Tantiemen** gezahlt, die in der Höhe meist vom Umsatz und/oder Gewinn abhängen. Wirtschaftlich stellen die Tantiemen Aufwand des alten Jahres dar und sind deshalb nach den Grundsätzen der dynamischen Bilanzauffassung durch eine Rückstellung zu erfassen. Rückstellungen für Tantiemen oder Gratifikationen an wesentlich beteiligten Gesellschafter-Geschäftsführer und im Betriebe tätige beherrschende Gesellschafter einer GmbH können nur anerkannt werden, wenn die Vergütungen vor Ablauf des Wirtschaftsjahres klar und eindeutig, insbesondere auch rechnungsmäßig, beschlossen werden; andernfalls liegen verdeckte Gewinnausschüttungen vor (BFH v. 26. 2. 1964, StRK KStG: 6/1/2 R 95).

Soweit Tantiemen gewinnabhängig sind, gelten in **bewertungsrechtlicher Hinsicht** die in Rz. 1295 aufgezeigten Grundsätze.

Zur **Prüfung** der Rückstellung sollten vorliegen:
– Einzelverträge
– Protokolle der Organe
– Gesellschaftsvertrag.

Urlaubsverpflichtungen

1355   Eine Rückstellung ist zu bilden, soweit am Bilanzstichtag noch ein Anspruch auf Urlaub oder Barabgeltung besteht oder das Unternehmen unbeschadet der rechtlichen Regelung beabsichtigt, den rückständigen Urlaub abzugelten oder zu gewähren. Die Bilanzierung einer **Urlaubsrückstellung** ist handelsrechtlich **erforderlich** und steuerlich zulässig.

1356   Die **Rückstellung bemißt sich** nach der Anzahl der rückständigen Urlaubstage und dem betreffenden Lohn- bzw. Gehaltsaufwand. Da üblicherweise nur ein Teil des Personalaufwandes periodisch geleistet wird, empfiehlt es sich, der Berechnung den Jahresaufwand – möglichst unter Zugrundelegung der im folgenden Geschäftsjahr geltenden Löhne und Gehälter – zugrundezulegen. Ebenso ist die Zuführung zur Pensionsrückstellung zu berücksichtigen. Mit diesem durchschnittlichen Bruttolohn bzw. -gehalt sind die rückständigen Urlaubstage zu bewerten. Zusätzlich ist der Arbeitgeberanteil zur Sozialversicherung, einschließlich Arbeitslosenversicherung, Krankenkassen- und Berufsgenossenschaftsbeitrag (derzeit beträgt der Zuschlag für den Arbeitgeberanteil insgesamt ca. 18%) zu berücksichtigen (*Olbrich* WPg 1985, 174; teilweise a. A. hinsichtlich der Bemessung der Rückstellung: *Pingel* BB 1985, 1768).

Bei Unternehmen mit **abweichendem Wirtschaftsjahr** kann eine Rückstellung nur insoweit gebildet werden, wie sie Urlaub betrifft, der auf den vor dem Bilanzstichtag liegenden Teil des Urlaubsjahres entfällt (BFH v. 26. 6. 1980, BStBl. 1980 II, 506).

Die **Prüfung** von Rückstellungen für Urlaubsverpflichtungen sollte ausgehen von:
– Urlaubsstatistiken
– Urlaubskarteien
– Einzelverträgen
– Vertriebsvereinbarungen
– Tarifverträgen.

Verpflichtung zur Zahlung von Vorruhestandsleistungen

1360 Nach dem Gesetz zur Erleichterung des Übergangs vom Arbeitsleben in den Ruhestand vom 13. 4. 1984 (Vorruhestandsgesetz-VRG) können Arbeitnehmer, die das 58. Lebensjahr vollendet haben, **Vorruhestandsleistungen** gewährt werden. Das Vorruhestandsgeld wird bis zum Rentenbeginn des ausgeschiedenen Arbeitnehmers gezahlt (z. B. bis zur Vollendung des 63. Lebensjahres bei Inanspruchnahme der flexiblen Altersgrenze).

Die **rechtliche Grundlage** der Verpflichtung kann einzelvertraglicher oder kollektiver Art (Tarifvertrag, Betriebsvereinbarung) sein. **Konkretisierte** Vorruhestandsverpflichtungen gegenüber Arbeitnehmer liegen vor, wenn diese sich bereits im Vorruhestand befinden oder den Beginn verbindlich vereinbart oder erklärt haben (konkretes Risiko). **Potentielle** Verpflichtungen gegenüber Arbeitnehmern bestehen, wenn diese ein Wahlrecht zum Abschluß eines Vorruhestandsvertrages haben und der Arbeitgeber daran gebunden ist (einseitige Option) oder der Arbeitgeber auf freiwilliger Basis Verpflichtungen nur nach Vereinbarung eingehen muß (zweiseitige Option).

1361 Nach Auffassung des *IdW* (FN 1984, 176) handelt es sich bei den Verpflichtungen aus der Vorruhestandsregelung nicht um Pensionsverpflichtungen, sondern um Abfindungen. Deshalb bestehe bei der Bilanzierung konkretisierter Verpflichtungen und im Falle der einseitigen Option auch kein Wahlrecht wie bisher bei Pensionszusagen, sondern eine **Passivierungspflicht**. Die bisher für Pensionsverpflichtungen eingeräumte Möglichkeit der Nichtpassivierung könne als Bilanzierungshilfe nicht erweiternd auf Verpflichtungen zur Leistung von Vorruhestandsgeld ausgedehnt werden. Bei zweiseitiger Option ist eine Passivierungspflicht allerdings nur dann anzunehmen, wenn sich der Arbeitgeber durch entsprechende Erklärungen seiner Option begibt und Verpflichtungen wie im Falle der einseitigen Option entstehen können. Sofern dies nicht der Fall ist, sind keine bilanzierungsfähigen Verpflichtungen gegeben.

1362 Bereits **konkretisierte Vorruhestandsverpflichtungen** sind mit ihrem versicherungsmathematischen **Barwert** zu passivieren. Bei **potentiellen** Verpflichtungen ist dagegen ungewiß, in welchem Umfang die Arbeitnehmer von dem Angebot des Vorruhestandes Gebrauch machen werden. Zur Ermittlung der **Wahrscheinlichkeit** der voraussichtlichen Inanspruchnahme empfiehlt sich eine Befragung der Arbeitnehmer, ob und ggf. wann sie die Vorruhestandsleistungen in Anspruch nehmen wollen. Die Barwerte der maximalen Vorruhestandsverpflichtungen sind zur Bestimmung der Höhe der Rückstellung mit den durchschnittlichen Inanspruchnahmewahrscheinlichkeiten zu gewichten (*Förschle/Kropp* DB 1984, Beilage 23, 14ff.).

1363 Nach Auffassung der Finanzverwaltung kann die Rückstellung für Vorruhestandsverpflichtungen **entsprechend den Grundsätzen des § 6a EStG** vorgenommen werden. Das bedeutet u. a., daß steuerlich ein Passivierungswahlrecht angenommen werden muß, das Nachholverbot gilt und mit Rechnungszinsfuß von 6% anzuwenden ist. Eine Rückstellung für die Verpflichtung zur Erbringung der Vorruhestandsleistungen kann erstmals für das Wirtschaftsjahr gebildet werden, in dem der Tarifvertrag oder die Einzelvereinbarung mit den Arbeitnehmern abgeschlossen worden sind (BdF v. 16. 10. 1984, BStBl. 1984 I, 518).

1364 Das Vorruhestandsgesetz sieht vor, daß dem Arbeitgeber ein **Zuschuß** von 35% oder 34% von höchstens 65% des letzten Bruttogehalts gezahlt wird (§ 2 Abs. 1 Nr. 1a, § 3 Abs. 1 u. 5 VRG). Voraussetzung für den Zuschuß ist u. a., daß der Arbeitgeber einen beim Arbeitsamt gemeldeten Arbeitslosen auf dem frei gewordenen Arbeitsplatz beschäftigt (§ 2 Abs. 1 Nr. 5 VRG).

Sicher zu erwartende Zuschüsse der Bundesanstalt für Arbeit können auf ihren Barwert abgezinst **unter sonstige Vermögensgegenstände** ausgewiesen werden. Eine Saldierung von Verpflichtung und Zuschuß im Rahmen der Bilanz ist nur dann zu vertreten, wenn sich beide noch nicht hinreichend konkretisiert haben und somit auch unter dem Gesichtspunkt der Bildung von Rückstellungen für drohende Verluste aus schwebenden Geschäften eine Kompensation des Verlustes mit zukünftigen positiven Erfolgsbeiträgen möglich ist. Da es sich um einen Aufwandszuschuß handelt, ist eine Saldierung mit den Zuführungen zu Rückstellungen zulässig. Im Zeitpunkt der Inanspruchnahme des Vorruhestandes ist die Verbindlichkeit jedoch unsaldiert mit ihrem vollen Barwert zu passivieren, da sich die erwartete Verpflichtung zu einer effektiven rechtlichen Verbindlichkeit konkretisiert hat (*Förschle/Kropp* DB 1984, Beilage 23, 17 ff.).

Steuerlich dürfen die von der Bundesanstalt für Arbeit zu gewährenden Zuschüsse nicht berücksichtigt werden (BdF v. 16. 10. 1984, BStBl. I, 1984, 518).

1365 Auch für den Fall, daß die Vorruhestandsleistungen von **überbetrieblichen Versorgungseinrichtungen** erstattet werden (z. B. Zusatzversorgungskasse des Baugewerbes VVAG) wird der Arbeitgeber nicht von seiner Verpflichtung befreit. Demnach kann der Arbeitgeber steuerrechtlich die Verpflichtung zur Zahlung von Vorruhestandsleistungen weiterhin durch Bildung einer Rückstellung berücksichtigen. Die Umlagebeiträge an die Zusatzversorgungskasse sind Betriebsausgaben. Die von der Zusatzversorgungskasse dem Arbeitgeber auf Antrag und gegen Nachweis erstatteten Vorruhestandsleistungen sind Betriebseinnahmen.

In der **Vermögensaufstellung** kann die handelsrechtlich gebildete Rückstellung für Vorruhestandsverpflichtung in Höhe der ertragsteuerlich zulässigen Grenzen angesetzt werden. Dies gilt auch für den Fall, daß Rückstellungen ertragsteuerlich nicht oder nicht in voller Höhe gebildet wurden (gleichlautende Ländererlasse vom 22. 1. 1985, BStBl. I 1985, 76). Die von der Bundesanstalt für Arbeit zu gewährenden Zuschüsse sind unabhängig von ihrer ertragsteuerlichen Behandlung mit dem nach § 13 BewG berechneten Kapitalwert zu erfassen.

Zur **Prüfung** sind hinzuzuziehen:
– Einzelverträge
– Betriebsvereinbarungen
– Tarifverträge
– Statistiken und Berechnungen der Gesellschaft.

Wechselobligo

1370 Solange von Kunden erhaltende Wechsel nicht weitergegeben sind (Besitzwechsel) kann ein Ausfallrisiko wie bei jeder Forderung durch eine Wertberichtigung berücksichtigt werden. Sind die Wechsel jedoch weitergegeben, so entfällt diese Möglichkeit, da sie buchmäßig als Forderung untergegangen sind. Die Weitergabe eines Kundenwechsels kann jedoch noch nicht als endgültige Schuldentilgung angesehen werden, weil die Gefahr besteht, daß der Kunde den Wechsel nicht einlöst und das Unternehmen dann selbst ohne realisierbare Regreßmöglichkeit aus seiner **wechselrechtlichen Haftung** in Anspruch genommen wird. Wegen dieses Risikos kann in etwa demselben Umfang eine Rückstellung gebildet werden, in dem für die ohne die Wechselhingabe noch ausgewiesene Warenforderung eine Wertberichtigung zu bilden wäre (BFH v. 19. 1. 1967, BStBl. III, 1967, 336).

1371 Dabei sind alle bis zum Tage der Bilanzaufstellung eingetretenen oder bekanntgewordenen Umstände zu berücksichtigen, die Rückschlüsse auf die Bonität der Kundenwechsel am Bilanzstichtag zulassen (**wertaufhellende Tatsachen).** Eine wertaufhellende Tatsache liegt grundsätzlich auch dann vor, wenn ein Wechsel bis zum Tag der Bilanzaufstellung eingelöst worden ist (BFH v. 19. 12. 1972, BStBl. II, 1973, 218). Eine Einzelrückstellung kann daher für am Bilanzstichtag weitergegebene, aber bis zur Bilanzaufstellung eingelöste Kundenwechsel regelmäßig nicht gebildet werden. Wird eine Inanspruchnahme aus dem Wechselobligo bekannt, so ist in Höhe der vermutlichen Zahlungsverpflichtung eine Rückstellung zu bilden. Insoweit ist eine Einbeziehung unter die Bilanzvermerke für Eventualverbindlichkeiten nicht mehr erforderlich. Zum Bilanzvermerk des Wechselobligos vgl. Rz. 1664 ff. Umstände, die nicht mit den einzelnen Forderungen unmittelbar zusammenhängen, sondern zum allgemeinen Konjunktur- oder Geschäftsrisiko gehören, dürfen bei der Bemessung der Rückstellung für Wechselobligo nicht berücksichtigt werden (BFH v. 19. 1. 1967, BStBl. III, 1967, 335).

Für Wechselhaftung sind nach § 103a BewG Rückstellungen in der Vermögensaufstellung abzugsfähig. Die Steuerbilanzwerte sind nach § 109 Abs. 4 BewG in die **Vermögensaufstellung** zu übernehmen.

Die **Prüfung** der vollständigen und richtigen Erfassung erfolgt anhand des Wechselkopierbuchs sowie der von den Kreditinstituten einzuholenden Bankbestätigungen (zu dem hierbei zu verwendenden Musteranschreiben vgl. Rz. 801).

Weihnachtsgeld

1375 Eine noch offene Verpflichtung des Arbeitgebers auf Zahlung von **Weihnachtsgeld** kann nur bei Unternehmen mit einem vom Kalenderjahr abweichenden Wirtschaftsjahr und nur insoweit als Rückstellung ausgewiesen werden, als bei zeitproportionaler Aufteilung des Weihnachtsgeldes dieses auf die Zeit vor dem Bilanzstichtag fällt (BFH v. 26. 6. 1980, BStBl. II, 1980, 506).

In der **Vermögensaufstellung** kann diese Rückstellung, die bei abweichendem Wirtschaftsjahr zu bilden ist, nur als Schuld angesetzt werden, wenn bis zum Abschlußzeitpunkt ein entsprechender Beschluß vorliegt.

Zur **Prüfung** der vollständigen und richtigen Erfassung und der Bewertung der Rückstellung sollten hinzugezogen werden
- Einzelverträge
- Betriebsvereinbarungen
- Tarifverträge
- soweit vorhanden, Berechnungsunterlagen der Gesellschaft.

D. (C.*) Verbindlichkeiten

I. Vorbemerkungen

1. Begriff

1400 Eine **Verbindlichkeit** im bilanzrechtlichen Sinne liegt vor, wenn ein Unternehmen zu einer Leistung gezwungen werden kann, die eindeutig quantifizierbar ist und eine wirtschaftliche Belastung darstellt (*Hüttemann* Grundsätze, 8). Der Zeitpunkt der Fälligkeit der Leistung ist demgegenüber kein wesensbestimmendes Merkmal der Verbindlichkeit; er muß nicht von vornherein feststehen (*Hüttemann* Grundsätze S. 11; *Adler/Düring/Schmaltz* § 149 Anm. 38, § 152 Anm. 114).

a) Zwang zur Leistung

1401 Der **Zwang zur Leistung** kann auf einer privatrechtlichen, einer öffentlich-rechtlichen oder einer faktischen Verpflichtung beruhen (*Hüttemann* Verbindlichkeiten, Anm. 4). Der **privatrechtlichen Verpflichtung** liegt stets ein Schuldverhältnis i. S. v. § 241 BGB zugrunde, wonach der Berechtigte vom Verpflichteten ein bestimmtes Tun oder Unterlassen verlangen kann. Eine solche Verpflichtung wird ihre Entstehung zumeist einem Rechtsgeschäft, z. B. einem Kauf-, Miet-, Dienst- oder Werkvertrag (gegenseitige Rechtsgeschäfte) verdanken. Sie kann jedoch auch als Rechtsfolge einer Rechtsverletzung durch unternehmerisches Handeln entstanden sein, beispielsweise als Verpflichtung zum Ersatz eines durch eine unerlaubte Handlung (§§ 823ff. BGB) oder eine Vertragsverletzung (z. B. Verzug, Unmöglichkeit, positive Forderungsverletzung) verursachten Schadens. Schließlich können auch rechtliche oder tatsächliche Zustände zu einer Leistung verpflichten, so z. B. eine ungerechtfertigte Bereicherung durch einen Zahlungseingang für eine bereits beglichene Forderung.

1402 Eine privatrechtliche Verpflichtung kann jedoch auch vorhanden sein, ohne daß ein Zwang zu einer Leistung besteht. Kann der Schuldner ihr nämlich eine **zerstörende Einrede** (z. B. **Verjährung, Recht zur Wandelung**) entgegensetzen, braucht er die geschuldete Leistung nicht zu erbringen. Eine mit einer zerstörenden Einrede behaftete Verpflichtung ist daher wirtschaftlich als nicht existent zu betrachten und somit nicht zu passivieren. Dies gilt jedoch nicht, wenn noch nicht feststeht, ob und wann die Einrede überhaupt geltend gemacht werden soll, oder wenn das Unternehmen gar beabsichtigt, trotz der Einredemöglichkeit zu leisten (vgl. *Hüttemann* Grundsätze, 9, 34ff.; *Adler/Düring/Schmaltz* § 149 Anm. 37).

Bei einer verjährten Verpflichtung ist außerdem darauf zu achten, ob der Gläubiger in der Lage ist, sie gegen Forderungen der Unternehmung aufzurechnen (vgl.

---

* Bezeichnung lt. gesetzlichem Gliederungsschema.

Seitz

§ 390 BGB) oder ob er sich aus ihm gewährten Sicherheiten (z. B. Grundschuld, Sicherungsübereignung) befriedigen kann (vgl. § 223 Abs. 2 BGB). In diesen Fällen ist die Verpflichtung trotz Verjährung als Verbindlichkeit in die Bilanz aufzunehmen, da die von der Unternehmung zu erbringende Leistung immer noch erzwingbar ist (dazu im einzelnen *Hüttemann* Grundsätze, 34 ff.). Das **Recht zur Minderung,** das ebenfalls zu den zerstörenden Einreden gehört, stellt in diesem Zusammenhang einen Sonderfall dar. Die Ausübung des Minderungsrechts bewirkt, daß der ursprünglich vereinbarte Kaufpreis entsprechend der Schwere des Mangels der gelieferten Sache herabgesetzt wird (vgl. dazu *Palandt* § 472 Anm. 2–4). Der Zwang zur Leistung bleibt für den Käufer als Schuldner des Kaufpreises folglich bestehen; lediglich der Leistungsumfang wird reduziert. Dementsprechend ist eine Verbindlichkeit, der ein Minderungsrecht entgegengesetzt wird, gekürzt um den Minderungsbetrag auszuweisen. Sofern eine zerstörende Einrede nicht bereits vor der Bilanzerstellung mit Erfolg geltend gemacht werden konnte, z. B. durch eine außergerichtliche Einigung mit dem Gläubiger oder eine rechtskräftige Gerichtsentscheidung, sollte sie im Zweifel bei der Bilanzierung unberücksichtigt bleiben.

1403 Im Gegensatz zu den zerstörenden Einreden haben **aufschiebende Einreden** wie z. B. die **Einrede des noch nicht erfüllten Vertrags** (§ 320 BGB) oder die **Einrede des Zurückbehaltungsrechts** (§ 273 BGB) keinen Einfluß auf die Bilanzierung privatrechtlicher Verpflichtungen, da sie wirtschaftlich gesehen lediglich den Zeitpunkt der Fälligkeit der Leistung hinausschieben.

1404 Dem Zwang zur Leistung können ferner **öffentlich-rechtliche Verpflichtungen** zugrunde liegen. Sie entstehen durch die Verwirklichung öffentlich-rechtlicher Tatbestände, an die das Gesetz eine Leistungspflicht knüpft. Im Hinblick auf die Verbindlichkeiten sind dabei insbesondere die öffentlichen Abgaben von Bedeutung, die von den zuständigen öffentlich-rechtlichen Körperschaften in Form von Steuern, Gebühren und Beiträgen erhoben werden. Auch bei einer öffentlich-rechtlichen Verpflichtung muß sichergestellt sein, daß das Unternehmen die geschuldete Leistung tatsächlich erbringen wird, da andernfalls von einem Zwang zur Leistung nicht mehr die Rede sein kann. Der gegenüber der Unternehmung bestehende Anspruch muß daher in der Regel juristisch durchsetzbar sein (vgl. *Hüttemann* Grundsätze, 12 f.).

1405 Ein Zwang zu einer Leistung kann darüber hinaus auch ohne rechtliche Bindung aus wirtschaftlichen, sozialen oder sittlichen Gründen gegeben sein. So wird ein Unternehmen z. B. oft nicht in der Lage sein, seinen Kunden jahrelang ohne rechtliche Verpflichtung eingeräumte Boni, die auch von der Konkurrenz gewährt werden, für die Zukunft zu versagen, weil es dadurch seine eigene Wettbewerbsposition nachhaltig verschlechtern würde. Man spricht in solchen Fällen von **faktischen Verpflichtungen** (*Hüttemann* Grundsätze, 10 f.), die in der Bilanz regelmäßig als Rückstellungen zu berücksichtigen sind. Der Ausweis als Verbindlichkeiten kommt nur in Betracht, wenn auch die anderen hierfür erforderlichen Voraussetzungen (Quantifizierbarkeit der Leistung, wirtschaftliche Belastung) erfüllt sind und zweifelsfrei feststeht, daß die Unternehmung die Leistung tatsächlich erbringen wird. Im Zweifel sollte eine faktische Verpflichtung nur dann als Verbindlichkeit ausgewiesen werden, wenn die Leistung noch vor der Bilanzerstellung erbracht wurde (dazu im einzelnen *Hüttemann* Grundsätze, 11).

b) Quantifizierbarkeit der Leistung

1406 Die vom Unternehmen zu erbringende Leistung muß **eindeutig quantifizierbar** sein, sie muß also dem Umfang nach rechtlich oder faktisch eindeutig feststehen. Das bedeutet jedoch nicht, daß eventuelle zukünftige Veränderungen des Leistungsumfangs aufgrund von Ereignissen nach dem Bilanzstichtag bzw. nach der Fertigstellung der Bilanz absolut ausgeschlossen sein müssen. Für den Ansatz einer Verbindlichkeit reicht es bereits aus, wenn die Höhe der zu passivierenden Verpflichtung **zum Bilanzstichtag** eindeutig bestimmt werden kann (vgl. *Hüttemann* Grundsätze, 13 f.). So sind z. B. Verpflichtungen aus Warenlieferungen und Leistungen auch dann als Verbindlichkeiten auszuweisen, wenn noch nicht feststeht, ob sie um Skonti, nachträgliche Rabatte oder etwaige Minderungsansprüche gekürzt werden können. Zahlungsverpflichtungen in Auslandswährung sind ebenfalls den Verbindlichkeiten

Verbindlichkeiten (Vorbemerkungen) 1407–1410 B

zuzurechnen, obwohl sich der DM-Gegenwert des geschuldeten Fremdwährungsbetrags, falls keine Kurssicherungsmaßnahmen (z. B. Devisentermingeschäft) getroffen wurden, aufgrund zukünftiger Wechselkursschwankungen bis zum Zahlungszeitpunkt noch ändern kann (vgl. *Hüttemann* Verbindlichkeiten, Anm. 9). Kann die Höhe der vorhandenen Verpflichtung dagegen zum Bilanzstichtag nicht eindeutig ermittelt, sondern allenfalls geschätzt werden und ist erst von der Zukunft Aufklärung darüber zu erwarten, mit welchem genauen Wert die geschuldete Leistung zum Bilanzstichtag anzusetzen gewesen wäre, so kommt nur noch der Ausweis als Rückstellung in Betracht. Muß eine Unternehmung aufgrund einer rechtlichen oder faktischen Verpflichtung eine Leistung mit einem eindeutig feststehenden Mindestumfang erbringen und ist lediglich unklar, ob und inwieweit die geschuldete Leistung diesen Mindestumfang überschreiten kann, so ist nichts dagegen einzuwenden, die Leistungspflicht mit der sicheren Mindesthöhe als Verbindlichkeit und mit dem übersteigenden, unsicheren Anteil als Rückstellung zu bilanzieren (vgl. *Adler/Düring/Schmaltz* § 152 Anm. 103, 172).

c) Wirtschaftliche Belastung

407 Eine rechtliche oder faktische Verpflichtung ist nur dann als Verbindlichkeit zu bilanzieren, wenn sie für die Unternehmung eine **wirtschaftliche Belastung** darstellt. Dies setzt voraus, daß die Erfüllung der Verpflichtung beim Unternehmen zu einer Vermögensminderung führt und der geschuldeten Leistung keine entsprechende Gegenleistung gegenübersteht. Bei einem **zweiseitigen Vertrag** ist demzufolge die Leistungspflicht der Unternehmung erst mit dem Eingang der Gegenleistung des Vertragspartners als Verbindlichkeit zu passivieren. Solange beide Vertragspartner nicht geleistet haben, liegt ein schwebendes Geschäft vor, das nicht in die Bilanz aufzunehmen ist. Wird eine Gegenleistung laufend erbracht, wie z. B. bei Dauerschuldverhältnissen, ist das Unternehmen in dem Maße wirtschaftlich belastet, in dem die Gegenleistung bereits eingegangen ist. Entsprechendes gilt, wenn die Gegenleistung ratenweise erfolgt. Sind Leistung und Gegenleistung zeitraumabhängig, so bestimmt sich die Höhe der zu passivierenden Verbindlichkeit nach der bis zum Bilanzstichtag verstrichenen Zeit (vgl. *Hüttemann* Grundsätze, 14 ff.; *Kropff* § 149 Anm. 49).

408 Eine **einseitige Verpflichtung** zu einer (vermögensmindernden) Leistung, die einer Unternehmung ohne Anspruch auf eine Gegenleistung entstanden ist, stellt demgegenüber eine wirtschaftliche Belastung dar, sobald der für ihre Entstehung maßgebliche Tatbestand verwirklicht wurde. So muß beispielsweise eine Verpflichtung zum Schadensersatz wegen einer unerlaubten Handlung oder Vertragsverletzung unmittelbar nach der Verursachung des Schadens passiviert werden. Eine freiwillig eingegangene Leistungspflicht ist dementsprechend unmittelbar nach der Abgabe des Leistungsversprechens zu verbuchen. Der Ansatz einer Verbindlichkeit ist dabei nur zulässig, sofern bereits ein Rechtsanspruch gegenüber der Unternehmung besteht oder zumindest eine faktische Verpflichtung (Rz. 1405) vorliegt (vgl. *Hüttemann* Grundsätze, 16 ff.; *Kropff* § 149 Anm. 49).

d) Abgrenzung der Verbindlichkeiten von den Rückstellungen

409 Grundsätzlich können zwei Arten von Rückstellungen unterschieden werden: Rückstellungen für ungewisse Verbindlichkeiten und Rückstellungen für innerbetriebliche Aufwendungen (vgl. *Coenenberg* Jahresabschluß, 186 f.). Die **Rückstellungen für innerbetriebliche Aufwendungen,** die handels- und steuerrechtlich nur eingeschränkt zulässig sind (vgl. im einzelnen Rz. 1182 ff. und 1205 ff.), heben sich dadurch von den Verbindlichkeiten ab, daß ihnen keine (ungewissen) Verpflichtungen gegenüber Dritten zugrunde liegen. Sie dienen vielmehr dazu, aufgrund bevorstehender Maßnahmen des Unternehmens zu erwartende Aufwendungen dem Geschäftsjahr zu belasten, in dem sie wirtschaftlich verursacht wurden.

410 **Rückstellungen für ungewisse Verbindlichkeiten** werden demgegenüber für ungewisse Verpflichtungen gegenüber Dritten gebildet. Sie unterscheiden sich dadurch von den Verbindlichkeiten, daß bei ihnen eine rechtliche oder faktische Verpflichtung und damit ein Zwang zur Leistung nicht sicher, sondern nur mit einer gewissen

Seitz 343

Wahrscheinlichkeit besteht (z. B. von der Gegenseite eingeklagte streitige Verpflichtung) oder aufgrund eines vor dem Bilanzstichtag eingetretenen Sachverhalts wahrscheinlich entstehen wird (z. B. Verpflichtung zur Entschädigung für infolge des bereits durchgeführten Abbaus zu erwartende Bergschäden) oder daß die zu erbringende Leistung noch nicht eindeutig quantifizierbar ist (vgl. dazu *Adler/Dürig/ Schmaltz* § 152 Anm. 108 ff.; *Herrmann/Heuer/Raupach* § 5 Anm. 60r (2); BFH v. 1. 8. 1984, BStBl. II 1985, 44). Die Unsicherheit kann sich dabei auch gleichzeitig auf das Be- und Entstehen *und* die Höhe der Verpflichtung erstrecken. In jedem Fall muß aber die möglicherweise zu erbringende Leistung für das Unternehmen am Bilanzstichtag eine wirtschaftliche Belastung darstellen (*Hüttemann* Grundsätze, 18; *Kropff* § 152 Anm. 59; vgl. auch Rz. 1407 f.). Ist lediglich der Zeitpunkt der Fälligkeit der Leistung ungewiß, so rechtfertigt dies allein noch nicht den Ausweis unter den Rückstellungen (*Adler/Düring/Schmaltz* § 152 Anm. 114; a. A. *Mellerowicz* § 152 Anm. 62).

2. Passivierungspflicht für Verbindlichkeiten

1411 Wegen des Grundsatzes der Vollständigkeit des Jahresabschlusses, der schon bisher als GoB allgemein verbindlich war und auf den die neuen Rechnungslegungsvorschriften nunmehr explizit hinweisen (§ 246 Abs. 1 HGB nF.), besteht für Verbindlichkeiten sowohl handels- als auch steuerrechtlich (Maßgeblichkeitsprinzip; § 5 Abs. 1 EStG; vgl. Teil A Rz. 331 ff.) **Passivierungspflicht.** Darüber hinaus verbietet der Grundsatz der Richtigkeit bzw. Willkürfreiheit des Jahresabschlusses die Bildung stiller Reserven durch die Bilanzierung fiktiver Verbindlichkeiten (vgl. *Baumbach/ Duden/Hopt* § 39 Anm. 2 C; *Adler/Düring/Schmaltz* § 149 Anm. 26, 37; *Herrmann/ Heuer/Raupach* § 5 Anm. 60 c).

1412 In die **Handelsbilanz** einer **Kapital- oder Personenhandelsgesellschaft** sind demnach alle am Stichtag vorhandenen Verbindlichkeiten aufzunehmen, denen eine rechtliche oder faktische (vgl. Rz. 1401 ff.) Verpflichtung der Gesellschaft als juristische Person bzw. Gesamthandsgemeinschaft zugrunde liegt. Verbindlichkeiten, bei denen als Schuldner nicht die juristische Person bzw. Gesamthandsgemeinschaft, sondern lediglich einzelne Gesellschafter für sich allein oder gemeinschaftlich zur Leistung verpflichtet sind, dürfen dagegen in der Handelsbilanz der Gesellschaft nicht passiviert werden (vgl. *Hüttemann* Verbindlichkeiten Anm. 48 f.; *IdW* HFA 1/1976). Das gilt selbst dann, wenn diese Verbindlichkeiten einkommensteuerlich zum Sonderbetriebsvermögen der betreffenden Gesellschafter zu rechnen sind. Auch private Steuerschulden eines Mitunternehmers, die auf seinen Anteil am Betriebsgewinn oder -vermögen entfallen, dürfen in der Gesellschaftsbilanz nicht angesetzt werden. Soweit aber dem Gesellschafter in Höhe seiner betrieblich bedingten Steuerschulden ein Entnahmerecht zusteht, sollte der entnahmefähige Betrag im Jahresabschluß kenntlich gemacht werden (vgl. *IdW* HFA 1/1976).

1413 Bei einem **Einzelunternehmen** erstreckt sich die Passivierungspflicht auf sämtliche betrieblich veranlaßten Verbindlichkeiten des Unternehmers. Privatschulden des Einzelkaufmanns sind demgegenüber in der Handelsbilanz seiner Unternehmung nicht anzusetzen (*Baumbach/Duden/Hopt* § 39 Anm. 3; *Freericks* Bilanzierungsfähigkeit, 232 ff.). Zur Abgrenzung zwischen betrieblich und privat veranlaßten Verbindlichkeiten wird mangels anderer Kriterien regelmäßig auf die vom BFH für die Steuerbilanz vorgegebenen Maßstäbe zurückgegriffen (vgl. *Hüttemann* Verbindlichkeiten, Anm. 50). Danch zählt eine Verbindlichkeit zum notwendigen (passiven) Betriebsvermögen, wenn sie nach objektiven Gesichtspunkten ohne Rücksicht auf die Person des Gläubigers oder dessen Beweggründe in unmittelbarem Zusammenhang mit dem Betrieb steht oder zu dem Zweck eingegangen wurde, dem Betrieb Mittel zuzuführen oder die Anschaffung eines Wirtschaftsguts für den Betrieb zu finanzieren. Alle anderen Verbindlichkeiten sind Bestandteil des notwendigen Privatvermögens, da der BFH Schulden als gewillkürtes Betriebsvermögen grundsätzlich nicht anerkennt (BFH v. 1. 6. 1978, BStBl. II 1978, 618; BFH v. 7. 5. 1965, BStBl. III 1965, 445; BFH v. 29. 11. 1968, BStBl. II 1969, 233). Dies hat zur Konsequenz, daß bei Verbindlichkeiten die Entnahme in das Privat- oder die Einlage in das Betriebsvermögen im allgemeinen nicht möglich ist (z. B. BFH v. 18. 10. 1972,

Verbindlichkeiten (Vorbemerkungen) 1414–1418 B

BStBl. II 1973, 136). Hiervon ausgenommen sind jedoch solche Verbindlichkeiten, die in einem direkten Zusammenhang mit einem Wirtschaftsgut stehen (z. B. Kredit, mit dem die Anschaffung des Wirtschaftsguts finanziert wurde) und deshalb hinsichtlich der Zurechnung zum Privat- bzw. Betriebsvermögen dessen Schicksal teilen. Gehört ein solches Wirtschaftsgut zum gewillkürten Betriebsvermögen, so ist die korrespondierende Verbindlichkeit nach der Auffassung des BFH zum notwendigen Betriebsvermögen zu rechnen. Wird das Wirtschaftsgut in das Privatvermögen entnommen, so geht die Verbindlichkeit dadurch in das notwendige Privatvermögen über (vgl. BFH v. 10. 5. 1972, BStBl. II 1972, 620; BFH v. 7. 5. 1965, BStBl. III 1965, 445; *Herrmann/Heuer/Raupach* § 4 Anm. 10e [2]).

1414 Nach dem Maßgeblichkeitsprinzip sind grundsätzlich nur die in der Handelsbilanz enthaltenen Verbindlichkeiten, diese aber in vollem Umfang in die **Steuerbilanz** zu übernehmen. Unabhängig davon sind steuerlich jedoch alle zum notwendigen Betriebsvermögen zählenden Verbindlichkeiten passivierungspflichtig.

1415 Bei **Einzelunternehmen** ist dies im allgemeinen unproblematisch, weil deren Handelsbilanz bei ordnungsgemäßer Bilanzierung i. d. R. alle Verbindlichkeiten des Betriebsvermögens erfaßt und keine Privatschulden des Einzelkaufmanns enthält.

1416 Entsprechendes gilt auch bei **Kapitalgesellschaften,** da alle Verbindlichkeiten der juristischen Person zu ihrem Betriebsvermögen zu rechnen sind (vgl. *Herrmann/ Heuer/Raupach* § 6 KStG a. F. Anm. 31; ferner auch *Dötsch/Eversberg/Jost/Witt* § 8 Anm. 12 ff.). Hat die Gesellschaft Privatschulden eines Anteilseigners oder einer ihm nahestehenden Person ohne betrieblichen Anlaß übernommen, so zählt die auf diese Weise eingegangene Verbindlichkeit ebenfalls zu ihrem Betriebsvermögen. Die Schuldübernahme ist in solchen Fällen allerdings nicht als Betriebsaufwand, sondern als vGA zu behandeln (vgl. *Dötsch/Eversberg/Jost/Witt* § 8 Anm. 102, Stichwort Schuldübernahme; zum Problem des verdeckten Eigenkapitals vgl. Rz. 1582).

1417 Bei **Personenhandelsgesellschaften** reicht dagegen die Zugehörigkeit einer Verbindlichkeit zum Gesamthandsvermögen allein nicht aus, um die Passivierung in der Steuerbilanz zu rechtfertigen (*Blümich/Falk* § 15 Anm. 325). Privat veranlaßte Verbindlichkeiten der Gesellschaft, wie z. B. eine Verbindlichkeit aus einer Bürgschaft für eine Privatschuld eines Mitunternehmers (zum Begriff der Mitunternehmerschaft vgl. *Blümich/Falk* § 15 Anm. 159) oder einer ihm nahestehenden Person, zählen einkommensteuerlich nicht zum Betriebsvermögen der Unternehmung und sind daher nicht in die Steuerbilanz zu übernehmen (vgl. BFH v. 2. 6. 1976, BStBl. III 1976, 668; BFH v. 22. 5. 1975, BStBl. II 1975, 804). Andererseits sind bei Personenhandelsgesellschaften auch Verbindlichkeiten einzelner Mitunternehmer, obwohl sie nicht zum Gesamthandsvermögen gehören, im Rahmen der steuerlichen Gewinnermittlung zu berücksichtigen, wenn sie dem Unternehmen oder der Beteiligungen der betreffenden Mitunternehmer dienen und aus diesem Grund zu deren Sonderbetriebsvermögen zählen (vgl. dazu *Blümich/Falk* § 15 Anm. 326 ff.). Dies ist beispielsweise der Fall bei einem Darlehen, mit dem ein Mitunternehmer den Erwerb oder die Aufstockung seines Gesellschaftsanteils finanzierte (vgl. BFH v. 30. 6. 1966, BStBl. III 1966, 582) oder das er für die Anschaffung eines Wirtschaftsguts verwendete, das zu seinem Sonderbetriebsvermögen gehört, weil er es der Gesellschaft zur Nutzung überlassen hat (vgl. auch *Herrmann/Heuer/Raupach* § 15 Anm. 37 [1], E 222). Solche Verbindlichkeiten werden zusammen mit den übrigen Aktiva und Passiva des Sonderbetriebsvermögens des betreffenden Mitunternehmers in steuerlichen Ergänzungsbilanzen festgehalten, die zusammen mit der Gesellschaftsbilanz die Grundlage der einheitlichen und gesonderten Gewinnfeststellung für die Gesellschaft darstellen (vgl. dazu *Kobs,* 30 ff., 59 ff.). Eine weitere Besonderheit bei Personenhandelsgesellschaften besteht darin, daß der Gesellschaft von ihren Mitunternehmern gewährte Darlehen steuerlich regelmäßig als Eigenkapital zu behandeln sind mit der Konsequenz, daß die anfallenden Darlehenszinsen nicht als Betriebsausgaben abgezogen werden können (vgl. *Herrmann/Heuer/Raupach* § 15 Anm. 36).

3. Saldierungsverbot

1418 Das **Saldierungsverbot** (§ 246 Abs. 2 HGB nF.; bisher § 152 Abs. 8 Satz 1 AktG aF.), das zu den GoB zählt, verbietet im Interesse der Klarheit und Vollständigkeit

Seitz 345

des Jahresabschlusses die Verrechnung von Aktivposten mit Posten der Passivseite der Bilanz. Grundsätzlich ist daher auch die Saldierung von Forderungen und Verbindlichkeiten untersagt.

Das Verrechnungsverbot erstreckt sich jedoch nicht auf solche Forderungen und Verbindlichkeiten, die einander i. S. v. § 387 BGB aufrechenbar gegenüberstehen (*Adler/Düring/Schmaltz* § 152 Anm. 167 f.; *Niehus* § 42 Anm. 38 f.; *Blümich/Falk* § 6 Anm. 46). Eine **Saldierung** ist demnach **zulässig,** wenn am Bilanzstichtag folgende Voraussetzungen vorliegen:
– Die Forderungen und Verbindlichkeiten müssen gegenüber demselben Geschäftspartner bestehen. Der Gläubiger der Unternehmung muß also mit ihrem Schuldner identisch sein.
– Forderung und Verbindlichkeit müssen ihrem Gegenstand nach gleichartig sein. Daher dürfen beispielsweise die Anzahlung eines Kunden und eine ihm gegenüber bestehende Forderung aus einer Warenlieferung oder eine Verbindlichkeit, der die Verpflichtung zu einer Warenlieferung zugrunde liegt, und eine Geldforderung nicht miteinander verrechnet werden.
– Die Forderung muß bereits fällig, die Verbindlichkeit fällig oder zumindest erfüllbar sein.
– Der Forderung darf grundsätzlich keine Einrede entgegenstehen (vgl. aber § 390 Satz 2 BGB).

Darüber hinaus wird die Verrechnung von am Bilanzstichtag noch nicht fälligen Forderungen und Verbindlichkeiten dann für zulässig gehalten, wenn deren Fälligkeitszeitpunkte nur unwesentlich voneinander abweichen, alle übrigen Voraussetzungen des § 387 BGB vorliegen und die Saldierung die Klarheit und Übersichtlichkeit der Bilanz fördert (*Adler/Düring/Schmaltz* § 157 Anm. 167; *Niehus* § 42 Anm. 39).

1419 Eine **allgemeine Saldierungspflicht** für nach diesen Grundsätzen verrechenbare Forderungen und Verbindlichkeiten **besteht nicht** (*Kropff* § 152 Anm. 85; vgl. aber *Hüttemann* Grundsätze, 50 f.). In Einzelfällen kann jedoch die Verrechnung im Interesse der Aussagefähigkeit der Bilanz geboten sein, so z. B. wenn eine Niederlassung eines Unternehmens um Forderungsausfälle zu vermeiden nach firmeninterner Absprache an einen dubiosen Kunden nur bis zu dem Umfang auf Ziel liefert, in dem bei einer anderen Niederlassung Verbindlichkeiten aus Lieferungen desselben Geschäftspartners vorhanden sind (vgl. *Adler/Düring/Schmaltz* § 152 Anm. 167). Eine Pflicht zur Verrechnung besteht zweifellos bei Kontokorrentverhältnissen sowie in anderen Fällen, in denen die Vertragspartner von vornherein an ein Abrechnungsverhältnis dachten (*Adler/Düring/Schmaltz* § 152 Anm. 167). Durch Wechsel, Schecks, Hypotheken oder Grundschulden gesicherte Forderungen und Verbindlichkeiten fallen dagegen stets unter das Saldierungsverbot (*Adler/Düring/Schmaltz* § 152 Anm. 168).

4. Bilanzierung von Verbindlichkeiten in Sonderfällen

a) Bedingte Verbindlichkeiten

1425 Eine **aufschiebend bedingte** Verbindlichkeit wird rechtlich erst mit dem Eintritt der Bedingung wirksam (§ 158 Abs. 1 BGB; vgl. zum Folgenden *Hüttemann* Grundsätze, 24 f.; *Freericks* Bilanzierungsfähigkeit, 234 ff.; *Herrmann/Heuer/Raupach* § 5 Anm. 60 b). Ihre Bilanzierung richtet sich danach, ob sie bereits eine wirtschaftliche Belastung darstellt (vgl. dazu Rz. 1407 f.). Hat das Unternehmen keinen Anspruch auf eine entsprechende Gegenleistung, so ist die aufschiebend bedingte Verpflichtung erst dann als Verbindlichkeit auszuweisen, wenn die Bedingung eingetreten oder ihr Eintritt mit Sicherheit zu erwarten ist. Sofern eine gewisse Wahrscheinlichkeit für den Eintritt der Bedingung besteht, ist dementsprechend in der Bilanz eine Rückstellung anzusetzen. Ist der Eintritt der Bedingung unwahrscheinlich, jedoch nicht völlig auszuschließen, so kann es erforderlich sein, die aufschiebend bedingte Verpflichtung im Jahresabschluß als Eventualverbindlichkeit zu vermerken (vgl. dazu Rz. 1650 ff.).

Allerdings handelt es sich nicht um eine aufschiebend bedingte Verbindlichkeit im obigen Sinne, wenn sich die aufschiebende Bedingung nur auf die Fälligkeit der

Verbindlichkeiten (Vorbemerkungen)

geschuldeten Leistung bezieht. Die Verpflichtung zur Leistung besteht dann vielmehr unabhängig vom Eintritt der Bedingung und stellt für die Unternehmung – sofern keine Gegenleistung zu erwarten ist – von Anfang an eine wirtschaftliche Belastung dar; lediglich der Zeitpunkt, zu dem die geschuldete Leistung zu erbringen ist, steht vorerst noch nicht fest. Ist dabei infolge der Ungewißheit der Fälligkeit auch völlig offen, ob und in welchem Umfang die Unternehmung überhaupt jemals leisten muß, so ist entsprechend der Wahrscheinlichkeit, mit der die Bedingung voraussichtlich eintreten wird, eine Rückstellung zu bilden. Andernfalls ist die Verpflichtung unabhängig vom Bedingungseintritt in voller Höhe als Verbindlichkeit auszuweisen (vgl. dazu Rz. 1410).

426 **Auflösend bedingte** Verbindlichkeiten sind dagegen vom Zeitpunkt ihrer Entstehung an solange als Verbindlichkeiten auszuweisen, bis sie durch den Eintritt der Bedingung (§ 158 Abs. 2 BGB) oder aus anderen Gründen (z. B. Erfüllung; § 362 Abs. 1 BGB) erlöschen, es sei denn, es steht ihnen ein Anspruch auf eine entsprechende Gegenleistung gegenüber (a. A. *Siegel* FR 1981, 136).

b) Gewinnabhängige Verbindlichkeiten

427 Grundsätzlich sind **gewinnabhängige Verbindlichkeiten** insoweit passivierungspflichtig, als sie am Bilanzstichtag das Vermögen der Unternehmung wirtschaftlich belasten; ansonsten ist die Bilanzierung gewinnabhängiger Verpflichtungen unzulässig. Die Belastung zukünftiger Gewinne ist für sich genommen für eine Passivierung nicht ausreichend (vgl. *Adler/Düring/Schmaltz* § 149 Anm. 46; *Herrmann/Heuer/Raupach* § 5 Anm. 60b).

Gewinnabhängige Verbindlichkeiten sind in den verschiedensten Ausgestaltungen anzutreffen. Zum einen kann eine Gewinnbeteiligung als Entgelt für **laufend erbrachte Gegenleistungen** (z. B. Arbeits- und Dienstleistungen, Kreditgewährung) eingeräumt werden. Die für ein Geschäftsjahr zu zahlenden gewinnabhängigen Vergütungen sind dann in der Bilanz dieses Geschäftsjahres als Verbindlichkeiten auszuweisen, da sie das Entgelt für die innerhalb des Geschäftsjahres empfangenen Leistungen darstellen (*Hüttemann* Verbindlichkeiten, Anm. 54). Zum anderen kann die Gewinnbeteiligung als Entgelt für eine **einmalige Gegenleistung** (z. B. Übertragung von materiellen oder immateriellen Vermögensgegenständen oder Überlassung von liquiden Mitteln) gewährt werden. Falls dabei als Preis für die Gegenleistung die Zahlung eines festen Betrages in Raten vereinbart wurde, deren Höhe und Fälligkeit sich nach den zukünftigen Gewinnen der Unternehmung richten und die allesamt spätestens im Zeitpunkt der Konkurseröffnung fällig werden, handelt es sich jedoch um eine normale Verbindlichkeit, die mit dem Eingang der Gegenleistung zu verbuchen ist (*Hüttemann* Verbindlichkeiten, Anm. 55; vgl. auch *Herrmann/Heuer/Raupach* § 5 Anm. 60b). Daran kann auch die Ungewißheit der Fälligkeit nichts ändern, da sie sich auf die Höhe der Schuld nicht auswirkt. Es besteht in diesem Falle nämlich kein Zweifel daran, daß der geschuldete Betrag früher oder später in vollem Umfang fällig wird, weil die Unternehmung langfristig entweder Gewinne erzielen oder in Konkurs gehen wird. Allerdings läßt die Finanzverwaltung im Zusammenhang mit Film-, Explorations- oder vergleichbaren anderen Projekten die Passivierung solcher aus zukünftigen Gewinnen oder Erlösen zu tilgenden Verbindlichkeiten in der Steuerbilanz nur unter bestimmten Voraussetzungen zu (vgl. BdF v. 8. 5. 1978, BStBl. I 1978, 203; zur Kritik vgl. *Paulick* FR 1978, 592; *Gellert* FR 1979, 196; *Bordewin* FR 1979, 213; *Neumann* FR 1979, 545; *Bordewin* FR 1980, 161).

428 Sofern eine **Personenhandelsgesellschaft** einem **Nichtgesellschafter** als Entgelt für von ihm erhaltene Leistungen eine **Gewinnbeteiligung** einräumt, führt dies allein grundsätzlich nicht dazu, daß der Betreffende steuerlich als Mitunternehmer zu behandeln ist. Die steuerliche Mitunternehmereigenschaft setzt nämlich die zivilrechtliche Gesellschafterstellung oder – falls diese nicht vorhanden ist – zumindest eine wirtschaftlich vergleichbare Stellung voraus. Mitunternehmer kann grundsätzlich nur sein, wer zusammen mit anderen Personen Unternehmerinitiative entfalten kann und ein echtes Unternehmerrisiko trägt (dazu im einzelnen BFH v. 22. 1. 1985, BStBl. II 1985, 363; BFH v. 25. 6. 1984, BStBl. II 1984, 751).

1429 **Kapitalgesellschaften** gewähren als Gewinnbeteiligung im Gegenzug für empfangene Leistungen häufig **Genußrechte**, die sehr unterschiedlich ausgestaltet sein können, i. d. R. jedoch einen Anspruch auf einen Anteil an den zukünftigen Gewinnen und am Liquidationserlös beinhalten. Die Passivierung der aufgrund dieser Genußrechte voraussichtlich zu zahlenden Gewinnanteile kommt nach überwiegender Auffassung nur insoweit in Betracht, als dadurch gegebenenfalls die Ausschüttung der durch die Aktivierung der Gegenleistung bewirkten Erhöhung des Jahresüberschusses verhindert werden soll. Ansonsten ist in jedem Geschäftsjahr der Betrag als Verbindlichkeit auszuweisen, der den Inhabern der Genußrechte aufgrund des erzielten Gewinns zusteht (vgl. *Adler/Düring/Schmaltz* § 149 Anm. 46; § 151 Anm. 234; *Hüttemann* Grundsätze, 27 f.). Gewinnanteile, die auf Genußrechte entfallen, die eine Beteiligung am Gewinn **und** Liquidationserlös einräumen, dürfen allerdings gem. § 8 Abs. 3 Satz 2 KStG bei der Ermittlung des körperschaftsteuerpflichtigen Einkommens nicht als Betriebsausgaben abgezogen werden (hierzu im einzelnen *Dötsch/Eversberg/Jost/Witt* § 8 Anm. 102 a ff.).

1430 Im Zusammenhang mit dem Erlaß von Verbindlichkeiten zu Sanierungszwecken oder aus anderen Gründen werden den Gläubigern häufig **Besserungsrechte** eingeräumt, die deren Forderungen wieder aufleben lassen, wenn das Unternehmen wieder Gewinne erzielt oder der Konkursfall eintritt. Die Zahlungen, die aufgrund dieser Besserungsrechte aus zukünftigen Gewinnen voraussichtlich zu leisten sind, dürfen nach allgemeiner Auffassung nicht passiviert werden. Statt dessen ist für jedes Geschäftsjahr der Betrag als Verbindlichkeit zu bilanzieren, der den Inhabern der bestehenden Besserungsrechte aufgrund des erzielten Gewinns zusteht (vgl. *Adler/Düring/Schmaltz* § 149 Anm. 46). Die erlassenen Verbindlichkeiten werden üblicherweise auch im Fall der Gewährung von Besserungsrechten ausgebucht. Im Sanierungsfall ist der dadurch entstehende Ertrag gem. § 3 Nr. 66 EStG steuerfrei; die wegen der eingeräumten Besserungsrechte in späteren Jahren zu leistenden Zahlungen sind dafür grundsätzlich nicht als Betriebsausgaben abzugsfähig (§ 3 c EStG; vgl. *Blümich/Falk* § 3 c Anm. 36). Sofern allerdings eine Verbindlichkeit nicht erlassen, sondern lediglich ihre Fälligkeit bis zur Besserung der wirtschaftlichen Lage des Unternehmers verschoben wurde, darf sie auch dann nicht ausgebucht werden, wenn die zwischen dem Unternehmen und seinem Gläubiger getroffene Vereinbarung als Besserungsrecht bezeichnet wurde, da es sich in diesem Fall lediglich um eine Stundung handelt (*Schruff* Besserungsscheine, 161). In der Literatur ist die übliche Ausbuchung von Verbindlichkeiten im Zusammenhang mit der Einräumung von Besserungsrechten darüber hinaus auch in anderen Fällen auf Kritik gestoßen (vgl. insbesondere *Schruff* Besserungsscheine, 155; *Siegel* FR 1981, 137; *Hüttemann* Verbindlichkeiten, Anm. 56).

1431 **Dividendenschulden** dürfen in der Bilanz, die den zugrundeliegenden Bilanzgewinn ermittelt, nicht als Verbindlichkeiten erscheinen. Dies gilt auch für die Dividendenverpflichtungen aus Vorzugsaktien, für deren Entstehung ein Gewinnverteilungsbeschluß nicht erforderlich ist (vgl. *Hüttemann* Grundsätze, 29).

c) Verbindlichkeiten aus Treuhandverhältnissen

1432 Die Bilanzierung von Treuhandverbindlichkeiten richtet sich beim **Treugeber** nicht nach den rechtlichen, sondern nach den wirtschaftlichen Gegebenheiten. Daher hat der Treugeber in seiner Handels- und seiner Steuerbilanz auch solche Verbindlichkeiten auszuweisen, die nicht ihn, sondern den Treuhänder zur Leistung verpflichten, weil sie von diesem im eigenen Namen für Rechnung des Treugebers eingegangen wurden (*Hüttemann* Verbindlichkeiten, Anm. 45).

1433 Der **Treuhänder** muß diese Verbindlichkeiten ebenfalls passivieren, obwohl sie ihn im Ergebnis wirtschaftlich nicht belasten. Zum Ausgleich hat er seinen Anspruch gegenüber dem Treugeber auf Freistellung von diesen Verbindlichkeiten zu aktivieren. Es dürfte zweckmäßig sein, solche Forderungen und Verbindlichkeiten aus Treuhandgeschäften unter entsprechender Bezeichnung gesondert auszuweisen (*Adler/Düring/Schmaltz* § 149 Anm. 62). Dagegen sind Verbindlichkeiten, die der Treuhänder im Rahmen einer Vollmacht oder Ermächtigung im Namen des Treugebers eingegangen ist, in der Bilanz des Treuhänders nicht anzusetzen. I. d. R. vermerkt

Verbindlichkeiten (Vorbemerkungen) 1435, 1436 **B**

der Treuhänder bei einem Treuhandverhältnis das ihm anvertraute Treugut in seiner Bilanz („Ausweis vor dem Strich"). Dementsprechend muß er auch seine Verpflichtung zur Herausgabe des Treuguts an den Treugeber vor dem Strich ausweisen. Hat er das ihm überlassene Treugut ausnahmsweise aktiviert, so muß er die Herausgabeverpflichtung passivieren und als Treuhandverbindlichkeit kenntlich machen (*Adler/Düring/Schmaltz* § 149 Anm. 60; *Hüttemann* Verbindlichkeiten, Anm. 47).

5. Bewertung der Verbindlichkeiten nach Handels- und Steuerrecht

a) Allgemeine Bewertungsvorschriften

1435 **Verbindlichkeiten** sind gemäß § 253 Abs. 1 Satz 2 HGB nF. in der Handelsbilanz mit ihrem **Rückzahlungsbetrag** anzusetzen. Diese Regelung entspricht dem § 156 Abs. 2 AktG aF. und war nach der herrschenden Meinung schon bisher als GoB allgemein verbindlich. Unter dem Rückzahlungsbetrag einer Verbindlichkeit ist der Betrag zu verstehen, der zu ihrer Erfüllung aufgebracht werden muß. Er wird deshalb häufig auch als **Erfüllungsbetrag** bezeichnet (*Hüttemann* Verbindlichkeiten, Anm. 162; vgl. auch *Herrmann/Heuer/Raupach* § 6 Anm. 1135; *Kropff* § 156 Anm. 8).

Maßgebend ist grundsätzlich der Erfüllungsbetrag bei normaler Abwicklung der Verbindlichkeit, also ohne außergewöhnliche Aufwendungen wie z. B. Zuschläge wegen verspäteter Leistung (*Godin/Wilhelmi* § 156 Anm. 3; *Kropff* § 156 Anm. 9). Kosten der vorzeitigen Erfüllung einer Verbindlichkeit, wie z. B. ein Aufgeld im Falle der vorzeitigen Kündigung einer Anleihe, gehören jedoch zum Erfüllungsbetrag, sofern mit der vorzeitigen Tilgung der Verbindlichkeit ernsthaft zu rechnen ist (*Kropff* § 156 Anm. 9). Wird die Verbindlichkeit nur mit einiger Wahrscheinlichkeit vorzeitig erfüllt werden oder steht die Höhe des voraussichtlich zu leistenden Aufgeldes noch nicht eindeutig fest, so ist das zu erwartende Aufgeld wegen des Imparitätsprinzips (vgl. § 252 Abs. 1 Nr. 4 HGB nF.) ebenfalls zu passivieren. Es sollte dann aufgrund der vorhandenen Unsicherheit nicht den Bilanzwert der Verbindlichkeit erhöhen, sondern durch die Bildung einer Rückstellung berücksichtigt werden. Ein für den Fall der vorzeitigen Erfüllung einer Verbindlichkeit vereinbartes Abgeld (z. B. bei vorzeitiger Darlehensrückzahlung) darf dagegen wegen des Realisationsprinzips (vgl. § 252 Abs. 1 Nr. 4 HGB nF.) erst in dem Geschäftsjahr als Ertrag vereinnahmt werden, in dem die Verbindlichkeit getilgt wurde (vgl. dazu *Hüttemann* Verbindlichkeiten, Anm. 170). Kosten der Zahlung wie z. B. Überweisungskosten gehören nicht zum Erfüllungsbetrag (*Kropff* § 156 Anm. 9; *Niehus* § 42 Anm. 428). Ist der Erfüllungsbetrag im Zeitpunkt der Einbuchung bzw. der erstmaligen Bilanzierung nicht genau bekannt, weil in der Zukunft noch Schwankungen auftreten können (z. B. Fremdwährungsverbindlichkeiten, Sachwertschulden, etc.), so ist nach herrschender Auffassung von den Verhältnissen im Zeitpunkt der Einbuchung der Verbindlichkeit auszugehen (*Hüttemann* Verbindlichkeiten, Anm. 164; vgl. ferner auch Rz. 1406).

1436 Da Verbindlichkeiten mit dem Erfüllungsbetrag zu bilanzieren sind, der ihnen zum jeweiligen Bilanzstichtag beizulegen ist (vgl. § 252 Abs. 1 Nr. 3 HGB nF.), sind etwaige **Veränderungen des Erfüllungsbetrages** im Zeitablauf zu berücksichtigen. Stehen solche Veränderungen in unmittelbarem Zusammenhang mit der erhaltenen Gegenleistung (z. B. Bonus, Rabatt, Kaufpreisänderung), so handelt es sich grundsätzlich um eine erfolgsneutrale Korrektur der Anschaffungskosten, da sowohl der Bilanzwert der Gegenleistung als auch der Erfüllungsbetrag der Verbindlichkeit entsprechend anzupassen sind. Sofern die Gegenleistung nicht mehr bilanziert wird, führt die Korrektur des Erfüllungsbetrages zu einem Aufwand (z. B. nachträgliche Anhebung des Kaufpreises) oder Ertrag (z. B. teilweiser unbedingter Schulderlaß; vgl. *Hüttemann* Verbindlichkeiten, Anm. 169; zur Behandlung der Lieferantenskonti vgl. Rz. 1520). Bei erfolgswirksamen Veränderungen des Erfüllungsbetrages, die noch nicht sicher bzw. endgültig betrachtet werden können, z. B. weil weitere Veränderungen zu erwarten sind, müssen das Imparitäts- und das Realisationsprinzip beachtet werden (vgl. § 252 Abs. 1 Nr. 4 HGB nF.). Danach ist eine noch nicht endgültige Erhöhung des Erfüllungsbetrages durch eine entsprechende Anpassung des Bilanzansatzes der Verbindlichkeit zu berücksichtigen. Minderungen des Erfüllungsbetrages müssen dagegen bei der Bilanzierung solange außer acht bleiben, als

B 1437–1440 Der Jahresabschluß nach Handels- und Steuerrecht

sie noch nicht endgültig feststehen. In der Regel dürfen sie daher erst in dem Zeitpunkt als Ertrag vereinnahmt werden, in dem die Verbindlichkeit beglichen wird. Für zu erwartende Erhöhungen des Erfüllungsbetrages und für Erhöhungen, die dem Umfang oder dem Grunde nach noch nicht sicher feststehen, ist eine entsprechende Rückstellung zu bilden (vgl. *Hüttemann* Verbindlichkeiten, Anm. 170; zur Bewertung von Fremdwährungsverbindlichkeiten vgl. Rz. 1451 ff.).

1437 In der Literatur wird statt dessen für Verbindlichkeiten häufig analog zu dem für die Aktiva geltenden gemilderten bzw. strengen Niederstwertprinzip ein je nach der Laufzeit gemildertes bzw. strenges **Höchstwertprinzip** gefordert (*Herrmann/Heuer/Raupach* § 6 Anm. 1145 f.; ferner *Breitwieser* StBp 1978, 276; *Biergans* Einkommensteuer, 287 ff.). Die Bilanzierung von Verbindlichkeiten nach dem Höchstwertprinzip kann jedoch zu einer unrichtigen Erfassung und einem unzutreffenden Ausweis zukünftiger Verluste führen und ist daher bereits auf Ablehnung gestoßen (vgl. insbesondere *Hüttemann* Verbindlichkeiten, Anm. 175; ferner auch *Moxter* WPg 1984, 407).

1438 In der **Steuerbilanz** sind Verbindlichkeiten gemäß § 6 Abs. 1 Nr. 3 i. V. m. Nr. 2 EStG mit ihren Anschaffungskosten oder dem höheren Teilwert anzusetzen. Nach der neueren Rechtsprechung des BFH wird diese Vorschrift dahingehend ausgelegt, daß Verbindlichkeiten auch in der Steuerbilanz mit dem **Erfüllungsbetrag** zu passivieren sind (vgl. BFH v. 19. 7. 1983, BStBl. II 1984, 56; BFH v. 7. 7. 1983, BStBl. II 1983, 753; BFH v. 19. 1. 1972, BStBl. II 1972, 392; dazu im einzelnen *Blümich/Falk* § 6 Anm. 1174 ff.; vgl. auch *Knobbe-Keuk* Bilanz- und Unternehmenssteuerrecht S. 155 ff.; *Tipke* Steuerrecht S. 244 f.). Die unter Rz. 1436 für die Handelsbilanz erläuterten Grundsätze für die bilanzielle Behandlung von Veränderungen des Erfüllungsbetrages gelten auch für die Steuerbilanz, da sie in vollem Umfang den GoB Rechnung tragen, die aufgrund des Maßgeblichkeitsprinzips auch steuerlich verbindlich sind (vgl. § 5 Abs. 1 EStG).

1439 **Rentenverpflichtungen,** für die eine Gegenleistung nicht mehr zu erwarten ist, sind sowohl in der Handelsbilanz (§ 253 Abs. 1 Satz 2 HGB nF.; bisher § 156 Abs. 2 AktG aF.) als auch in der Steuerbilanz (vgl. BFH v. 31. 1. 1980, BStBl. II 1980, 491; BFH v. 20. 11. 1969, BStBl. II 1970, 309 und *Blümich/Falk* § 6 Anm. 1190 mit weiteren Nachweisen) mit ihrem Barwert anzusetzen, der sich als Summe der auf den Bilanzstichtag abgezinsten zukünftigen Rentenleistungen ergibt und gegebenenfalls nach versicherungsmathematischen Grundsätzen zu ermitteln ist (s. hierzu Teil X Rz. 25 ff.). Der für die Barwertberechnung verwendete Zinssatz sollte 3% nicht unterschreiten (vgl. *Adler/Düring/Schmaltz* § 156 Anm. 23; dagegen nennt *Hüttemann* Verbindlichkeiten, Anm. 217 aufgrund der heutigen Kapitalmarktverhältnisse als Untergrenze einen Zinsfuß von ca. 5%). Als Obergrenze sind die für langfristig aufgenommenes Fremdkapital üblichen Zinssätze heranzuziehen (*Adler/Düring/Schmaltz* § 156 Anm. 23). Der BFH hat sich in der Vergangenheit überwiegend an dem Zinsfuß von 5,5% orientiert (vgl. dazu *Blümich/Falk* § 6 Anm. 1190). Nach *Herrmann/Heuer/Raupach* ist der Barwertberechnung der Zinssatz zugrunde zu legen, der im Zeitpunkt der Eingehung bzw. Übernahme der Rentenverpflichtung für sichere langfristige Anleihen üblich ist (*Herrmann/Heuer/Raupach* § 6 Anm. 1165). Der Barwert einer Rentenverpflichtung ist für jeden Bilanzstichtag auf der Basis des im Zeitpunkt der Einbuchung verwendeten Abzinsungssatzes erneut zu berechnen (dazu und zur Problematik bei Änderungen des Zinsniveaus vgl. *Moxter* WPg 1984, 404, 407). Bei Rentenschulden i. S. v. § 1199 BGB ist als Barwert die Ablösungssumme anzusetzen, die anhand der Eintragung im Grundbuch zu ermitteln ist (vgl. § 1199 Abs. 2 Satz 2 BGB; *Adler/Düring/Schmaltz* § 156 Anm. 23). Hat die Unternehmung als Gegenleistung für die Rente einen Geldbetrag erhalten (z. B. Darlehen, das in Form einer Rente zurückzuzahlen ist), so ist grundsätzlich davon auszugehen, daß die empfangene Geldsumme zu dem Zeitpunkt, in dem die Rentenverpflichtung eingegangen oder übernommen wird, gleich dem Barwert der zukünftigen Rentenleistungen ist. Der Zinssatz, bei dem diese Bedingung erfüllt ist, ist der Barwertberechnung an den folgenden Bilanzstichtagen zugrunde zu legen (vgl. BFH v. 31. 1. 1980, BStBl. II 1980, 491; *Hüttemann* Verbindlichkeiten, Anm. 216).

1440 **Leibrentenverpflichtungen** sollten nicht als Verbindlichkeiten, sondern als Rückstellungen ausgewiesen werden, da bei ihnen der Umfang der in der Zukunft insge-

Verbindlichkeiten (Vorbemerkungen)

samt zu erbringenden Rentenleistungen nicht eindeutig bestimmt werden kann. Dieser ist nämlich vom Zeitpunkt des Todes des jeweiligen Rentenempfängers abhängig und kann durch die Berechnung des versicherungsmathematischen Barwerts zwar geschätzt, nicht aber exakt wiedergegeben werden (zur Ermittlung s. Teil X Rz. 31 ff.).

b) Damnum, Disagio und Begebungsagio

1441 Übersteigt der Erfüllungs- bzw. Rückzahlungsbetrag eines Darlehens oder einer Anleihe den Auszahlungsbetrag, so darf der Unterschiedsbetrag (Damnum bzw. Disagio; Rückzahlungsagio) in den Rechnungsabgrenzungsposten der Aktivseite aufgenommen werden (§ 250 Abs. 3 Satz 1 HGB nF.; bisher § 156 Abs. 3 Satz 1 AktG aF.). Zur Aktivierung vgl. Rz. 825 ff.

c) Geldbeschaffungskosten

1442 Die im Zusammenhang mit der Aufnahme eines Darlehens bzw. der Begebung einer Anleihe anfallenden Kosten wie z. B. Vermittlungsprovisionen, Grundbuch-, Notar-, Veröffentlichungskosten oder Schätzgebühren werden als **Geldbeschaffungskosten** bezeichnet. Ob derartige Aufwendungen zu aktivieren und über die Laufzeit der Verbindlichkeit zu verteilen oder sofort als Aufwand zu verbuchen sind, ist **handelsrechtlich** umstritten. Einerseits wird die Aktivierung von Geldbeschaffungskosten für unzulässig gehalten (vgl. *Adler/Düring/Schmaltz* § 156 Anm. 29; *Mellerowicz* § 156 Anm. 10; *Herrmann/Heuer/Raupach* § 6 Anm. 1137), andererseits wird ein Wahlrecht zur Aktivierung als Rechnungsabgrenzungsposten entsprechend der Behandlung des Damnums befürwortet (vgl. *Godin/Wilhelmi* § 156 Anm. 3; *Hüttemann* Grundsätze, 82 ff.; *Kropff* § 156 Anm. 28). Eine Pflicht zur Aktivierung als Rechnungsabgrenzungsposten besteht jedoch unbestritten für unmittelbar zeitraumbezogene Geldbeschaffungskosten wie z. B. Bürgschaftsgebühren (vgl. dazu BFH v. 19. 1. 1978, BStBl. II 1978, 262; *Hüttemann* Verbindlichkeiten, Anm. 195).

1443 In der **Steuerbilanz** dürfen Geldbeschaffungskosten, soweit ihnen Zahlungen an Dritte zugrunde liegen und sie nicht unmittelbar zeitraumbezogen sind (z. B. Vermittlungsprovisionen), nicht aktiviert werden. Sie stellen vielmehr Betriebsausgaben des Wirtschaftsjahrs dar, in dem sie anfallen (BFH v. 4. 5. 1977, BStBl. II 1977, 802; BFH v. 4. 3. 1976, BStBl. II 1977, 380; vgl. dazu auch *Müller* DB 1978, 714 ff.). Eine im Zusammenhang mit der Vergabe eines Darlehens an den Darlehensgeber geleistete einmalige Zahlung (z. B. Verwaltungsgebühr) ist dagegen selbst dann als Rechnungsabgrenzungsposten zu aktivieren und auf die Laufzeit des Darlehens zu verteilen, wenn sie dem Darlehensgeber Kosten ersetzen soll, die ihm durch die Beschaffung, Auszahlung oder Überlassung des Kapitals entstanden sind. Allerdings können auch derartige Sonderzahlungen insoweit sofort abziehbare Betriebsausgaben sein, als der Darlehensgläubiger den ihm zu erstattenden Betrag lediglich für den Darlehensschuldner verauslagt hatte (z. B. Beurkundungsgebühren; vgl. BFH v. 19. 1. 1978, BStBl. II 1978, 262; BFH v. 25. 9. 1968, BStBl. II 1969, 18).

d) Überverzinsliche Verbindlichkeiten

1444 Auch Verbindlichkeiten, deren Verzinsung erheblich über dem für gleichartige Verbindlichkeiten marktüblichen Zins liegt (**überverzinsliche Verbindlichkeiten**), sind in der **Handelsbilanz** stets mit ihrem Erfüllungsbetrag anzusetzen (§ 253 Abs. 1 Satz 2 HGB nF.). Die Passivierung mit dem höheren Teilwert kommt für die Handelsbilanz nicht in Betracht (vgl. dazu *Moxter* WPg 1984, 406). Die Überverzinslichkeit ist bei derartigen Verbindlichkeiten jedoch auf andere Weise zu berücksichtigen, wenn sie betragsmäßig ins Gewicht fallen und ihre Restlaufzeit mehrere Jahre beträgt (vgl. *Kropff* § 156 Anm. 15).

Wurde die überhöhte Verzinsung bereits bei Vertragsschluß als **Gegenleistung für laufende Vorteile des Schuldners** vereinbart (z. B. günstige Einkaufskonditionen während der Laufzeit eines Brauereikredits), so ergeben sich daraus keine weiteren bilanziellen Konsequenzen. Sofern die überhöhte Verzinsung eine Gegenleistung für einen **einmaligen Vorteil** (z. B. besonders niedriger Kaufpreis) darstellt, hat der Schuldner diesen Vorteil in Höhe des Barwerts der Mehrzinsen (vgl. Rz. 1445) zu

Seitz

aktivieren (z. B. Erhöhung des Kaufpreises bzw. der Anschaffungskosten) und eine gleich hohe Zinsrückstellung zu bilden (vgl. dazu *Hüttemann* Verbindlichkeiten, Anm. 167f.).

Steht der Überverzinslichkeit **kein entsprechender Vorteil für den Schuldner** gegenüber, so ist eine Rückstellung für drohende Verluste zu bilden (vgl. *Hüttemann* Verbindlichkeiten, Anm. 167, 172ff.; *Kropff* § 156 Anm. 15f.). Dies ist z. B. der Fall, wenn das allgemeine Zinsniveau seit der Auszahlung eines Darlehens dauerhaft gesunken ist und die für vergleichbares Fremdkapital übliche Verzinsung deswegen erheblich unter dem vereinbarten Darlehenszins liegt.

1445 Die **Höhe der Rückstellung** bemißt sich nach dem Barwert der Mehrzinsen, d. h. der Differenz zwischen dem Barwert der für das vorhandene Darlehen über die gesamte Restlaufzeit noch anfallenden Zinszahlungen und dem Barwert der über den gleichen Zeitraum zu entrichtenden Zinszahlungen für ein unter den derzeitigen Bedingungen erhältliches Vergleichsdarlehen. Ein noch aktiviertes (Rest-)Damnum ist dabei den künftig zu zahlenden Zinsen hinzuzurechnen, die bei einer Aufnahme des Vergleichsdarlehens anfallenden Geldbeschaffungskosten und ein etwaiges Damnum in die für das Alternativdarlehen zu entrichtenden Zinsen einzubeziehen (vgl. *Hüttemann* Verbindlichkeiten, Anm. 173). Für den Fall der Überverzinslichkeit eines Darlehens infolge gesunkener Kapitalmarktzinsen wird handelsrechtlich gegebenenfalls auch eine außerplanmäßige Abschreibung auf das aktivierte Damnum für zulässig gehalten (*Adler/Düring/Schmaltz* § 156 Anm. 20). Steuerlich ist eine Teilwertabschreibung auf das Damnum nicht möglich (BFH v. 20. 11. 1969, BStBl. II 1970, 209; BFH v. 15. 5. 1963, BStBl. III 1963, 327).

1446 Für die **Steuerbilanz** besteht grundsätzlich die widerlegbare Vermutung, daß der Teilwert einer überzinslichen Verbindlichkeit mit ihrem Erfüllungsbetrag übereinstimmt (vgl. *Herrmann/Heuer/Raupach* § 6 Anm. 1143). In den oben angesprochenen Fällen, die in der Handelsbilanz nach den GoB die Passivierung einer Rückstellung wegen Überverzinslichkeit erfordern (vgl. Rz. 1444f.), übersteigt der Teilwert den Erfüllungsbetrag der Verbindlichkeit. In der Steuerbilanz ist die Verbindlichkeit dann im Rahmen der Gewinnermittlung nach § 5 EStG mit dem höheren Teilwert anzusetzen (vgl. dazu *Blümich/Falk* § 6 Anm. 1173; zur Kritik an dem in der Literatur vorgeschlagenen Höchstwertprinzip vgl. Rz. 1437), der der Summe aus dem Erfüllungsbetrag und der in der Handelsbilanz wegen der Überverzinslichkeit zu bildenden Rückstellung entspricht; letztere darf dann allerdings nicht in die Steuerbilanz übernommen werden. Es sollte jedoch auch in der Steuerbilanz zulässig sein, derartige Verbindlichkeiten mit dem Erfüllungsbetrag auszuweisen und die Differenz zum Teilwert als Rückstellung für die überhöhte Verzinsung zu passivieren (vgl. dazu *Hüttemann* Verbindlichkeiten, Anm. 175).

1447 Bei einer bereits im Zeitpunkt ihrer Begründung überhöht verzinslichen Verbindlichkeit einer **Kapitalgesellschaft** gegenüber einem ihrer **Gesellschafter** oder einer einem Anteilseigner nahestehenden Person kann der Teil der anfallenden Zinszahlungen, der im jeweiligen Einzelfall als unangemessen zu betrachten ist, weil der bei Vertragsschluß vereinbarten Überverzinslichkeit kein entsprechender Vorteil für die Gesellschaft gegenübersteht, steuerlich nicht als Aufwand geltend gemacht werden; er ist vielmehr im jeweiligen Wirtschaftsjahr als vGA zu behandeln (vgl. BFH v. 25. 11. 1964, BStBl. III 1965, 176; BFH v. 28. 10. 1964, BStBl. III 1965, 119; *Blümich/Falk* § 6 Anm. 205). Eine in der Handelsbilanz aufgrund der Überverzinslichkeit gebildete Rückstellung kann daher in diesem Fall nicht in die Steuerbilanz übernommen werden (zur Bilanzierung von Verbindlichkeiten mit steigender Verzinsung vgl. *Scholz* WPg 1973, 53ff.; *Scheiterle* WPg, 1983, 558ff.).

e) Unterverzinsliche Verbindlichkeiten

1448 **Unterverzinsliche** – im Grenzfall **unverzinsliche** – **Verbindlichkeiten** sind in Handels- und Steuerbilanz mit ihrem Erfüllungsbetrag anzusetzen (§ 253 Abs. 1 Satz 2 HGB nF.). Ihre Abzinsung in Form der Passivierung des niedrigeren Barwerts oder der Aktivierung eines entsprechenden Rechnungsabgrenzungspostens ist insbesondere wegen des Realisationsprinzips (vgl. § 252 Abs. 1 Nr. 4 HGB nF.) grundsätzlich nicht zulässig (vgl. *Adler/Düring/Schmaltz* § 156 Anm. 14; *Herrmann/Heuer/*

Verbindlichkeiten (Vorbemerkungen)

Raupach § 6 Anm. 1152). Als Ausnahmen von diesem Grundsatz sind das handelsrechtliche Aktivierungswahlrecht bzw. die steuerliche Aktivierungspflicht für das Damnum (vgl. Rz. 825 ff.) und die Bilanzierung der Rentenverpflichtungen mit ihrem Barwert (vgl. Rz. 1439) anzuführen.

1449 Verbindlichkeiten aus Lieferungen und Leistungen werden mitunter längerfristig gestundet. Soweit in solchen Fällen keine angemessenen Stundungszinsen zu entrichten sind, ist davon auszugehen, daß die Verbindlichkeit neben dem Preis für die Lieferung bzw. Leistung einen (verdeckten) Zinsanteil enthält. Dies gilt selbst dann, wenn im Vertrag ausdrücklich die Unverzinslichkeit vereinbart wurde (vgl. *Adler/Düring/Schmaltz* § 156 Anm. 30; *Hüttemann* Verbindlichkeiten, Anm. 180; *Herrmann/Heuer/Raupach* § 6 Anm. 1156; vgl. auch BFH v. 25. 6. 1974, BStBl. II 1975, 431 und *Blümich/Falk* § 6 Anm. 214). Nach der Rechtsprechung des BFH ist bei Laufzeiten von mehr als einem Jahr regelmäßig ein **verdeckter Zinsanteil** anzunehmen (BFH v. 21. 10. 1980, BStBl. II 1981, 160), während die Literatur zur handelsrechtlichen Rechnungslegung die bilanzielle Berücksichtigung verdeckter Zinsen gewöhnlich nur bei mehrjährigen Laufzeiten fordert (vgl. *Adler/Düring/Schmaltz* § 156 Anm. 30; *Kropff* § 156 Anm. 17). In betragsmäßig wesentlichen Fällen sollte der Unterverzinslichkeit jedoch auch bei kurz- und mittelfristigen Verbindlichkeiten Rechnung getragen werden (vgl. *Hüttemann* Verbindlichkeiten, Anm. 181; *Herrmann/Heuer/Raupach* § 6 Anm. 1152).

Der verdeckte Zinsanteil, der der Differenz zwischen dem Erfüllungsbetrag und dem als Anschaffungskosten der Gegenleistung anzusetzenden niedrigeren Barwert der Verbindlichkeit entspricht (vgl. dazu *Blümich/Falk* § 6 Anm. 214; zur Ermittlung s. Teil X Rz. 23 ff.), ist in der Steuerbilanz zu aktivieren und wie ein Damnum (vgl. dazu Rz. 825 ff.) auf die Laufzeit der Verbindlichkeit zu verteilen (vgl. BFH v. 25. 2. 1975, BStBl. II 1975, 647; *Blümich/Falk* § 6 Anm. 215). Für die Handelsbilanz wird dagegen nach überwiegender Auffassung ein Aktivierungswahlrecht angenommen; der Zinsanteil kann daher im handelsrechtlichen Jahresabschluß auch unmittelbar als Aufwand verbucht werden (*Adler/Düring/Schmaltz* § 156 Anm. 30; *Kropff* § 156 Anm. 17; *Moxter* WPg 1984, 401). Sofern die Lieferschuld in Raten zu begleichen ist und die Ratenverbindlichkeit aufgrund ihrer Langfristigkeit und sonstigen Ausgestaltung einer Rentenschuld gleicht, kann eine dementsprechende Bilanzierung, d. h. der Ansatz der Verbindlichkeit zum Barwert, in Betracht kommen (*Hüttemann* Verbindlichkeiten, Anm. 183).

450 Hat eine **Kapitalgesellschaft** von einem **Gesellschafter** ein unter- oder unverzinsliches Darlehen erhalten, so ist der Vorteil der Minder- bzw. Unverzinslichkeit steuerlich grundsätzlich nicht als verdeckte Einlage zu behandeln. Eine andere Beurteilung ist allerdings insoweit geboten, als der Gesellschafter zum Zweck der Kapitalgewährung an die Gesellschaft seinerseits Fremdkapital in Anspruch nehmen mußte und auf die Erstattung der hierfür zu entrichtenden Zinsen verzichtet (vgl. dazu BFH v. 3. 2. 1971, BStBl. II 1971, 408; BFH v. 8. 11. 1960, BStBl. III 1960, 513; zu den Besonderheiten bei der Gewährung zinsverbilligter Darlehen zwischen Mutter- und Tochtergesellschaft oder unter Schwestergesellschaften vgl. *Dötsch/Eversberg/Jost/Witt* § 8 Anm. 86 ff.).

f) Fremdwährungsverbindlichkeiten

451 **Fremdwährungsverbindlichkeiten** sind in Handels- und Steuerbilanz ebenfalls mit ihrem Erfüllungsbetrag anzusetzen (§ 253 Abs. 1 Satz 2 HGB nF.). Sie sind mit dem Rückzahlungskurs zu bewerten, sofern dieser im Zeitpunkt ihrer Entstehung (vgl. Rz. 1407 ff.) bereits durch ein Devisentermingeschäft abgesichert ist (*Hüttemann* Verbindlichkeiten, Anm. 200). Andernfalls sind sie bei ihrer **Einbuchung** mit dem **Briefkurs** des Tages ihrer Entstehung in die Inlandswährung umzurechnen. Zur Vereinfachung dürfte es auch zulässig sein, den vom Bundesminister der Finanzen gemäß § 16 Abs. 6 UStG im Bundesgesetzblatt (Teil 1) und im Bundesanzeiger bekanntgegebenen Monatsdurchschnittskurs des Monats der Entstehung der Verbindlichkeit heranzuziehen (*Blümich/Falk* § 6 Anm. 195). Bei Anschaffungsgeschäften entspricht der DM-Betrag, mit dem eine Fremdwährungsverbindlichkeit erstmals eingebucht wird, grundsätzlich den Anschaffungskosten für die Gegenleistung

Seitz

(vgl. *Adler/Düring/Schmaltz* § 153 Anm. 26; *Hüttemann* Verbindlichkeiten, Anm. 200).

1452 Bei **Wechselkursschwankungen während der Laufzeit** einer Fremdwährungsverbindlichkeit sind das Imparitäts- und das Realisationsprinzip zu beachten (vgl. § 252 Abs. 1 Nr. 4 HGB nF.). Zu diesem Zweck ist der Entstehungskurs mit dem Briefkurs des Bilanzstichtags zu vergleichen. Soweit dieser über dem Entstehungskurs liegt, ist die Verbindlichkeit aufzuwerten und ein entsprechender Kursverlust zu verbuchen (vgl. *Adler/Düring/Schmaltz* § 156 Anm. 16; *Hüttemann* Verbindlichkeiten, Anm. 203; BFH v. 12. 12. 1951, BStBl. III 1952, 33; BFH v. 7. 8. 1951, BStBl. III 1951, 190; Abschn. 37 Abs. 2 EStR; erfolgt die Gewinnermittlung nicht nach § 5 EStG, so besteht steuerlich ein Aufwertungswahlrecht). War die Verbindlichkeit bereits am vorhergehenden Bilanzstichtag vorhanden, so ist der Vergleich mit dem Kurs durchzuführen, der dem Bilanzansatz des Vorjahres zugrunde lag (Entstehungskurs oder höherer Stichtagskurs). Darüber hinaus wird auch die Ansicht vertreten, daß Kurssteigerungen zwischen dem Bilanzstichtag und der Zeit der Bilanzerstellung bei der Bewertung von Fremdwährungsverbindlichkeiten zu berücksichtigen seien (*Kropff* § 156 Anm. 11).

1453 Liegt der Briefkurs des Bilanzstichtags unter dem Entstehungskurs, so ist eine entsprechende **Abwertung bei langfristigen Verbindlichkeiten** nach herrschender Ansicht unzulässig, da der Kursgewinn noch nicht realisiert ist und der Wechselkurs in der Zukunft wieder ansteigen könnte (vgl. z. B. *IdW* HFA 1/1962). Bei **kurz- und mittelfristigen Verbindlichkeiten** wurde dagegen für die Handelsbilanz bisher die Umrechnung mit dem **Stichtagskurs** auch dann überwiegend für zulässig gehalten, wenn dieser den Entstehungskurs unterschreitet (vgl. z. B. *Adler/Düring/Schmaltz* § 156 Anm. 16). In letzter Zeit wird jedoch in zunehmendem Maße auch für kurz- und mittelfristige Verbindlichkeiten die strikte Einhaltung des Realisationsprinzips verlangt (vgl. dazu *Moxter* WPg 1984, 400f.; *Tubbesing* zfbf 1981, 809ff.; *IdW* Entwurf einer Verlautbarung des HFA ,,Zur Währungsumrechnung im Einzel- und Konzernabschluß", WPg 1984, 586). Zur Bewertungsvereinfachung kämen dann geeignete Näherungsverfahren wie z. B. Schichtungen oder die sinngemäße Anwendung von den GoB entsprechenden Verbrauchsfolgeunterstellungen in Betracht (vgl. *IdW* Entwurf einer Verlautbarung des HFA ,,Zur Währungsumrechnung im Einzel- und Konzernabschluß", WPg 1984, 586). In der Steuerbilanz durfte der Einbuchungswert einer Fremdwährungsverbindlichkeit grundsätzlich schon bisher nicht unterschritten werden (vgl. RFH v. 8. 2. 1939, RStBl. 1939, 559; *Herrmann/Heuer/Raupach* § 6 Anm. 32; Abschn. 37 Abs. 2 EStR; *Hüttemann* Verbindlichkeiten, Anm. 204). Die Abwertung einer Fremdwährungsverbindlichkeit bei gesunkenen Wechselkursen ist allerdings wohl insoweit zulässig, als dadurch lediglich eine vorangegangene Aufstockung wegen gestiegener Wechselkurse ganz oder teilweise wieder rückgängig gemacht wird. Eine Pflicht zur Abwertung dürfte in diesem Fall jedoch nicht bestehen (vgl. *Hüttemann* Verbindlichkeiten, Anm. 204; *Herrmann/Heuer/Raupach* § 6 Anm. 32).

1454 Eine andere Behandlung von Fremdwährungsverbindlichkeiten ist angezeigt, wenn das Wechselkursrisiko durch **Deckungsgeschäfte oder andere Kompensationsmaßnahmen** ganz oder teilweise ausgeschaltet ist. So ist eine Fremdwährungsverbindlichkeit, die bereits im Zeitpunkt ihrer Entstehung durch ein **Devisentermingeschäft** gleicher Währung, Höhe und Fälligkeit abgedeckt ist, stets mit dem vereinbarten Termin- bzw. Rückzahlungskurs zu bewerten (*Hüttemann* Verbindlichkeiten, Anm. 207). Ihr Bilanzansatz wird von Kursschwankungen während ihrer Laufzeit nicht mehr berührt. Wird nach der Entstehung einer Fremdwährungsverbindlichkeit zu ihrer Deckung ein Devisentermingeschäft abgeschlossen, so hängt die Bilanzierung im weiteren Verlauf von dem Verhältnis zwischen dem Terminkurs und dem Entstehungskurs der Verbindlichkeit ab (vgl. dazu *Tubbesing* zfbf 1981, 822f.). Sind beide Kurse gleich oder liegt der Terminkurs unterhalb des Entstehungskurses, so ist die Verbindlichkeit bis zu ihrer Erfüllung unverändert mit dem Entstehungskurs anzusetzen; im Falle des niedrigeren Terminkurses kommt eine vorzeitige Verbuchung des Kursgewinns nicht in Betracht. Sofern der Terminkurs den Entstehungskurs überschreitet, dürfte es auch bei einem unter dem Terminkurs liegenden Stichtagskurs zulässig sein, die Verbindlichkeit auf den Terminkurs aufzuwerten; andernfalls müßte für das Devisentermingeschäft eine Rückstellung für drohende Verluste gebildet werden. Liegt der Stichtagskurs über dem Terminkurs, so ist die Verbindlichkeit auf den Terminkurs aufzuwerten.

1455 Fremdwährungsverbindlichkeiten können auch eine **Absicherung durch Fremdwährungsforderungen** erhalten. Stehen den Fremdwährungsverbindlichkeiten eines Unternehmens in gleicher Höhe Fremdwährungsforderungen gleicher Währung und Fälligkeit gegenüber, so werden unrealisierte Verluste bei den Verbindlichkeiten i. d. R. weitgehend durch unrealisierte Gewinne bei den Forderungen kompensiert und umgekehrt. In derartigen Fällen sollte bei etwaigen Wechselkursänderungen von der Einzelbewertung der betreffenden Posten abgesehen werden, da andernfalls unrealisierte Verluste aufgrund des Imparitätsprinzips in einem übertriebenen Umfang berücksichtigt würden, was eine verzerrte Darstellung insbesondere der Ertragslage zur Folge hätte (vgl. z. B. *Adler/Düring/Schmaltz* § 156 Anm. 17; ferner auch § 252 Abs. 2 HGB nF.); Kapitalgesellschaften wären dann zu zusätzlichen Angaben im Anhang verpflichtet (§ 264 Abs. 2 Satz 2 HGB nF.). Statt dessen sollten die betreffenden Forderungen und Verbindlichkeiten bis zu ihrer Erfüllung mit ihrem Entstehungskurs bewertet werden (*Hüttemann* Verbindlichkeiten, Anm. 208). Unter Umständen kann auch ihre Bewertung zum jeweiligen Stichtags(mittel)kurs in Betracht kommen, wobei etwaige Umrechnungsdifferenzen erfolgsneutral zu behandeln wären (vgl. *IdW* Entwurf einer HFA-Verlautbarung ,,Zur Währungsumrechnung im Jahres- und Konzernabschluß", WPg 1984, 587; *Tubbesing* zfbf 1981, 813). Allerdings ist eine derartige Kompensation von unrealisierten Kursverlusten mit unrealisierten Kursgewinnen nicht ohne weiteres möglich, soweit die den Buchwerten der betreffenden Forderungen und Verbindlichkeiten zugrunde liegenden Umrechnungskurse nicht wenigstens annähernd übereinstimmen. Hierzu folgendes Beispiel (vgl. *Tubbesing* zfbf 1981, 818 f.):

	US-$	Entstehungskurs		Einbuchungswert	
		a)	b)	a)	b)
Forderung	100 000	2,70	3,—	270 000	300 000
Verbindlichkeit	100 000	3,—	2,70	300 000	270 000

Liegt der Stichtagskurs zwischen DM 2,70 und DM 3,–, so ergibt sich im Fall a) sowohl für die Forderung als auch für die Verbindlichkeit ein unrealisierter Gewinn, der nicht vereinnahmt werden darf. Im Fall b) ist bei beiden Posten ein unrealisierter Verlust entstanden, der eine Anpassung an den Stichtagskurs erfordert (*Tubbesing* zfbf 1981, 819). Bei Kursen über DM 3,– und unter DM 2,70 ist im Fall a) eine Anpassung beider Posten nicht zulässig, da ansonsten per Saldo ein unrealisierter Gewinn vereinnahmt würde. Die Forderung und die Verbindlichkeit können in diesem Fall aber um jeweils den gleichen Betrag korrigiert werden. Im Fall b) sind beide Posten dem Stichtagskurs anzupassen, da per Saldo ein unrealisierter Verlust vorliegt (*Hüttemann* Verbindlichkeiten, Anm. 209).

1456 Sofern die einander gegenüberstehenden Fremdwährungsforderungen und -verbindlichkeiten sich in ihrer Höhe unterscheiden, ist auf die **Spitzenbeträge** der Grundsatz der Einzelbewertung anzuwenden (*Hüttemann* Verbindlichkeiten, Anm. 210). Stimmen sie in ihren Fälligkeiten nicht überein, so sind sie prinzipiell einzeln zu bewerten. Eine Kompensation ist dann nicht mehr zulässig, es sei denn, die zeitlichen Abweichungen sind relativ geringfügig und können durch Zwischenanlagen bzw. -kredite in der jeweiligen Fremdwährung oder durch Termingeschäfte überbrückt werden (vgl. *Tubbesing* zfbf 1981, 819; *IdW* Entwurf einer Verlautbarung des HFA ,,Zur Währungsumrechnung im Jahres- und Konzernabschluß", WPg 1984, 586). Die Ansicht, ein langfristiger Valutakredit könne der Absicherung gegen das Währungsrisiko eines revolvierenden Bestandes kurzfristiger Valutaforderungen dienen (vgl. *Adler/Düring/Schmaltz* § 156 Anm. 17; *IdW* Ergänzung zur Stellungnahme HFA 1/1962, WPg 1972, 46), wird mittlerweile als überholt betrachtet (vgl. *Tubbesing* zfbf 1981, 821; ebenso *Hüttemann* Verbindlichkeiten, Anm. 211).

1457 Zur **Abdeckung des Kursrisikos** von Fremdwährungsverbindlichkeiten können Fremdwährungsforderungen grundsätzlich nur dann dienen, wenn sie in derselben Währung vorliegen (vgl. *Tubbesing* zfbf 1981, 818; *Kropff* § 156 Anm. 14; *Adler/Düring/Schmaltz* § 156 Anm. 17; vgl. dagegen *IdW* Ergänzung zur Stellungnahme

HFA 1/1962, WPg 1972, 46). Forderungen, die – beispielsweise aus Bonitätsgründen – abgewertet werden müssen, können nicht zur Kompensation von Währungsrisiken herangezogen werden; sie sind vielmehr einzeln zu bewerten (*Hüttemann* Verbindlichkeiten, Anm. 212).

Kapitalgesellschaften haben die von ihnen im Jahresabschluß zur Währungsumrechnung verwendeten Methoden gemäß § 284 Abs. 2 Nr. 2 HGB nF. im **Anhang** zu beschreiben (vgl. dazu *Niehus* § 42 Anm. 539).

g) Wertschulden

1458   Eine **Sachwertschuld** liegt vor, wenn der Gläubiger vom Schuldner die Lieferung von vertretbaren Sachen (vgl. § 91 BGB) einer bestimmten Art, Menge und Güte verlangen kann, wie z. B. Getreide, Rohstoffe oder Maschinen, die serienmäßig hergestellt und nach Preislisten gehandelt werden. Ist der Schuldner dagegen zur Zahlung eines Geldbetrags verpflichtet, dessen Höhe vom Marktwert bestimmter Güter abhängt, so handelt es sich um eine **Geldwertschuld** (vgl. *Herrmann/Heuer/Raupach* § 6 Anm. 1160). Beide sind nach den gleichen Grundsätzen wie Fremdwährungsverbindlichkeiten zu bilanzieren (vgl. *Hüttemann* Verbindlichkeiten, Anm. 218).

1459   Die Einbuchung einer Wertschuld erfolgt mit den im Zeitpunkt ihrer Entstehung für den Erwerb der maßgeblichen Güter aufzuwendenden **Wiederbeschaffungskosten**. Liegen die Wiederbeschaffungskosten am Bilanzstichtag über dem Buchwert der Wertschuld, so ist nach dem Imparitätsprinzip eine entsprechende Aufwertung vorzunehmen. Im Falle gesunkener Wiederbeschaffungskosten kann die Wertschuld bei einer vorangegangenen Aufstockung entsprechend abgewertet werden, wobei jedoch ihr Einbuchungswert wegen des Realisationsprinzips nicht unterschritten werden darf (vgl. *Herrmann/Heuer/Raupach* § 6 Anm. 1161 f.; *Hüttemann* Verbindlichkeiten, Anm. 218).

1460   Allerdings ist die **Aufwertung einer Sachwertschuld** auch bei gestiegenen Wiederbeschaffungskosten insoweit unzulässig, als die zu ihrer Erfüllung benötigten Güter im Unternehmen bereitstehen (vgl. im einzelnen *Herrmann/Heuer/Raupach* § 6 Anm. 1162). Werden diese Güter während der Laufzeit einer Sachwertschuld zu einem über deren Buchwert liegenden Preis beschafft bzw. hergestellt, so ist die Sachwertschuld an die höheren Anschaffungs- bzw. Herstellungskosten anzugleichen. Im umgekehrten Falle ist eine Abwertung der Sachwertschuld nur bis zu ihrem Einbuchungswert zulässig (zu weiteren Einzelheiten vgl. *Herrmann/Heuer/Raupach* § 6 Anm. 1161 f.).

h) Verbindlichkeiten mit Wertsicherungsklauseln

1461   In Verträgen über langfristig zu erbringende Geldleistungen werden des öfteren **Wertsicherungsklauseln** vereinbart, die dem Gläubiger Leistungen von gleichbleibendem Realwert gewährleisten sollen (vgl. *von Lindeiner-Wildau* DB 1977, 132). Derartige Klauseln sehen i. d. R. vor, daß sich die vereinbarten Tilgungen erhöhen bzw. ermäßigen, wenn sich eine bestimmte Bezugsgröße – zumeist ein Index wie z. B. der Lebenshaltungs- oder der Baukostenindex – um mehr als einen bestimmten Prozentsatz (z. B. 5% oder 10%) verändert. Auch mit solchen Wertsicherungsklauseln behaftete Verbindlichkeiten sind gemäß § 253 Abs. 1 Satz 2 HGB nF. mit ihrem Erfüllungsbetrag oder – soweit es sich um Rentenverpflichtungen handelt – mit ihrem Barwert zu passivieren (vgl. *Hüttemann* Verbindlichkeiten, Anm. 219; BFH v. 13. 11. 1975, BStBl. II 1976, 142; *Herrmann/Heuer/Raupach* § 6 Anm. 1178).

1462   Bei einem **Anstieg der vereinbarten Bezugsgröße** über die festgesetzte Grenze hinaus ist die Verbindlichkeit bzw. der Bilanzwert der noch ausstehenden Tilgungen entsprechend anzuheben. Bleibt die Erhöhung der Bezugsgröße innerhalb des vorgegebenen Rahmens, so hat sie auf die Bilanzierung der Verbindlichkeit keinen Einfluß (vgl. *Hüttemann* Verbindlichkeiten, Anm. 220; BFH v. 13. 11. 1975, BStBl. II 1976, 142; *Herrmann/Heuer/Raupach* § 6 Anm. 1178). Sie ist dann allerdings durch eine Rückstellung für ungewisse Verbindlichkeiten zu berücksichtigen (vgl. *von Lindeiner-Wildau* DB 1977, 133 ff.). Dazu ist der Zeitpunkt der nächsten Erhöhung der Verbindlichkeit unter Zugrundelegung der voraussichtlichen Indexentwicklung zu

Verbindlichkeiten (Vorbemerkungen)

schätzen und der zu diesem Zeitpunkt unter Berücksichtigung der zwischenzeitlich erfolgten Tilgungen zur Aufstockung der Verbindlichkeit erforderliche Betrag zu bestimmen. Anschließend ist der Prozentsatz dieses Betrages zurückzustellen, in dessen Höhe die Bedingung für den Eintritt des Wertsicherungsfalls zum Bilanzstichtag bereits erfüllt ist. Bei Leibrentenverpflichtungen sind die bis zum Eintritt des Wertsicherungsfalls anfallenden Tilgungen dadurch auszuklammern, daß die Berechnung auf der Basis der Lebenserwartung des Berechtigten im voraussichtlichen Zeitpunkt der nächsten Erhöhung der Rentenleistungen vorgenommen wird (vgl. *von Lindeiner-Wildau* DB 1977, 133).

1463 Bei einem – in der Praxis allerdings sehr seltenen – **Absinken der Bezugsgröße** müßte eine derartige Rückstellung dementsprechend teilweise oder ganz aufgelöst werden. Sofern der vereinbarte Index über die vorgesehene Grenze hinaus abfällt, dürfte es zulässig sein, den Bilanzwert der zukünftigen Tilgungen entsprechend herabzusetzen. Dies gilt allerdings wegen des Realisationsprinzips nur insoweit, als der Index den Wert, den er im Zeitpunkt der Entstehung der Verbindlichkeit besaß, nicht unterschreitet (vgl. dazu *Blümich/Falk* § 6 Anm. 1193).

In die Bilanzierung einer Verbindlichkeit mit Wertsicherungsklausel ist nur die bis zum Bilanzstichtag eingetretene Veränderung der Bezugsgröße einzubeziehen. Ihre voraussichtliche Entwicklung am Stichtag berechtigt dagegen nicht zu Auf- oder Abwertungen; sie spielt lediglich bei der Berechnung einer eventuell erforderlichen Rückstellung eine gewisse Rolle (vgl. *von Lindeiner-Wildau* DB 1977, 134).

1464 Änderungen der Verbindlichkeit infolge von Veränderungen der Bezugsgröße haben nach dem Eingang der Gegenleistung keinen Einfluß auf deren Anschaffungskosten (vgl. *Adler/Düring/Schmaltz* § 153 Anm. 49a; *Hüttemann* Verbindlichkeiten, Anm. 222; BFH v. 11. 8. 1967, BStBl. III 1967, 699).

6. Gliederungsvorschriften

1470 In der nachfolgenden Übersicht werden die Mindestgliederung und die wichtigsten Offenlegungspflichten für Kapitalgesellschaften nach §§ 266, 325 ff. HGB nF. den Regelungen der §§ 151, 178 AktG aF. gegenübergestellt:

Gliederung und Offenlegung der Verbindlichkeiten
nach HGB nF. für Kapitalgesellschaften und AktG aF. für AG und KGaA

Künftiges Recht (HGB nF.)					Bisheriges Recht (AktG aF.)	
Große und mittelgroße Kapitalgesellschaften			Kleine Kapitalgesellschaften		AG und KGaA	
Gliederung	Offenlegung große Ges.	Offenlegung mittelgroße Ges.	Gliederung	Offenlegung	Gliederung	Offenlegung
C. Verbindlichkeiten	x	x	C. Verbindlichkeiten*	x	V. Verbindlichkeiten mit einer Laufzeit von mindestens vier Jahren	x
1. Anleihen* davon konvertibel	x	x¹			1. Anleihen**	x
2. Verbindlichkeiten gegenüber Kreditinstituten*	x	x¹			2. Verbindlichkeiten gegenüber Kreditinstituten**	x
3. erhaltene Anzahlungen auf Bestellungen*	x				3. sonstige Verbindlichkeiten**	x
4. Verbindlichkeiten aus Lieferungen und Leistungen*	x					

Seitz

Künftiges Recht (HGB nF.)					Bisheriges Recht (AktG aF.)	
Große und mittelgroße Kapitalgesellschaften			Kleine Kapitalgesellschaften		AG und KGaA	
Gliederung	Offenlegung große Ges.	Offenlegung mittelgroße Ges.	Gliederung	Offenlegung	Gliederung	Offenlegung
5. Verbindlichkeiten aus der Annahme gezogener Wechsel und der Ausstellung eigener Wechsel*	x				Von Nummern 1–3 sind vor Ablauf von vier Jahren fällig:	
					VI. Andere Verbindlichkeiten	x
6. Verbindlichkeiten gegenüber verbundenen Unternehmen*	x	x^1			1. Verbindlichkeiten aus Lieferungen und Leistungen	x
7. Verbindlichkeiten gegenüber Unternehmen, mit denen ein Beteiligungsverhältnis besteht*	x	x^1			2. Verbindlichkeiten aus der Annahme gezogener Wechsel und der Ausstellung eigener Wechsel	x
8. (–) Verbindlichkeiten gegenüber Gesellschaftern*^{2}		x^2			3. Verbindlichkeiten gegenüber Kreditinstituten, soweit sie nicht zu V gehören	x
9. (8.) sonstige Verbindlichkeiten* davon aus Steuern davon im Rahmen der sozialen Sicherheit	x^2				4. erhaltene Anzahlungen	x
					5. Verbindlichkeiten gegenüber verbundenen Unternehmen	x
					6. sonstige Verbindlichkeiten	x

* der Betrag der Verbindlichkeiten mit einer Restlaufzeit bis zu einem Jahr ist jeweils gesondert zu vermerken
** jeweils mit dem Vermerk: davon durch Grundpfandrechte gesichert
^{1} alternativ Angaben im Anhang möglich
^{2} Gesetzliche Verpflichtung zur gesonderten Angabe nur für GmbH gem. § 42 Abs. 3 GmbHG nF.; statt des Ausweises unter einer eigenen Bilanzposition ist auch ein Ausweis unter den jeweils in Betracht kommenden übrigen Verbindlichkeitsposten in Verbindung mit einem gesonderten Vermerk zu den betreffenden Positionen und Angabe des Gesamtbetrags im Anhang möglich

Verbindlichkeiten (Vorbemerkungen) 1471–1477 **B**

1471 Die **Bilanzgliederung** des § 266 HGB nF. ist für **große Kapitalgesellschaften** (vgl. Rz. 56) verbindlich vorgeschrieben (§ 266 Abs. 1 Satz 2 HGB nF.). **Kleine Kapitalgesellschaften** (vgl. Rz. 56) dürfen ihre Verbindlichkeiten dagegen auch in einem Betrag zusammengefaßt ausweisen (§ 266 Abs. 1 Satz 3 i. V. m. Abs. 3 HGB nF.). Dies gilt grundsätzlich auch für **Einzelunternehmen** und **Personenhandelsgesellschaften.** Sofern allerdings in der Rechtsform des Einzelunternehmens bzw. der Personengesellschaft betriebene Unternehmungen einen größeren Umfang erreichen und einen entsprechend hohen Bestand an Verbindlichkeiten aufweisen, werden i. d. R. die GoB – insbesondere der Grundsatz der Bilanzklarheit und – Übersichtlichkeit (vgl. § 243 Abs. 2 HGB nF.) – eine Untergliederung der Verbindlichkeiten erfordern (vgl. auch § 247 Abs. 1 HGB nF.), die sich an dem in § 266 Abs. 3 HGB nF. vorgebenen Gliederungsschema orientieren sollte (vgl. Rz. 40ff.). **Mittelgroße Kapitalgesellschaften** (vgl. Rz. 56) haben sich bei der Aufstellung ihrer Bilanz grundsätzlich ebenfalls an dieses Gliederungsschema zu halten. Für Zwecke der Offenlegung dürfen sie demgegenüber ihre Verbindlichkeiten in der Bilanz in einer Position zusammenfassen. In diesem Fall sind sie allerdings dazu verpflichtet, bestimmte Verbindlichkeitsposten in der § 266 HGB nF. vorgesehenen Bilanzgliederung entweder in der Bilanz („Davon-Vermerk") oder im Anhang gesondert anzugeben (vgl. § 327 Nr. 1 HGB nF.). In den Erläuterungen zu den betreffenden Positionen wird hierauf besonders hingewiesen.

7. Besondere Vermerk- und Erläuterungspflichten

1473 Hinsichtlich der Verbindlichkeiten bestehen für den handelsrechtlichen Jahresabschluß besondere **Angabe- und Erläuterungspflichten,** die – soweit sie nicht im Rahmen der Erläuterung der einzelnen Verbindlichkeitspositionen zur Sprache kommen – im folgenden kurz dargestellt werden:

1474 – Kapitalgesellschaften haben betragsmäßig ins Gewicht fallende **Verbindlichkeiten, die rechtlich erst nach dem Abschlußstichtag entstehen,** im Anhang zu erläutern (§ 268 Abs. 5 Satz 3 HGB nF.).

1475 – Sie müssen ferner den Gesamtbetrag ihrer **Verbindlichkeiten mit einer Restlaufzeit von mehr als fünf Jahren** im Anhang angeben (§ 285 Nr. 1a HGB nF.). Große und mittelgroße Kapitalgesellschaften sind darüber hinaus dazu verpflichtet, diesen Betrag im Anhang nach den in der Bilanz ausgewiesenen Verbindlichkeitsposten aufzugliedern, sofern die auf die verschiedenen Positionen entfallenden Teilbeträge nicht bereits aus der Bilanz ersichtlich sind (§§ 285 Nr. 2, 288 HGB nF.). Mittelgroße Kapitalgesellschaften dürfen ihren Anhang für Zwecke der Offenlegung auch ohne diese Aufgliederung zum Handelsregister einreichen (§ 327 Nr. 2 HGB nF.).

1476 – Kapitalgesellschaften haben den Gesamtbetrag ihrer **Verbindlichkeiten, die durch Pfandrechte oder ähnliche Rechte gesichert sind,** aufgeteilt nach Art und Form der Sicherheiten im Anhang darzustellen (§ 285 Nr. 1b HGB nF.; vgl. *Niehus* § 42 Anm. 545). Darüber hinaus müssen große und mittelgroße Kapitalgesellschaften diesen Betrag nach den in der Bilanz ausgewiesenen Verbindlichkeitspositionen aufspalten und die auf die einzelnen Verbindlichkeitsposten entfallenden Teilbeträge nach Art und Form der gewährten Sicherheiten aufgliedern, sofern diese Angaben nicht bereits aus der Bilanz hervorgehen (§§ 285 Nr. 2, 288 HGB nF.). Bei mittelgroßen Kapitalgesellschaften braucht der für Zwecke der Offenlegung zum Handelsregister eingereichte Anhang die Aufgliederung nach den einzelnen Verbindlichkeitspositionen nicht zu enthalten (§ 327 Nr. 2 HGB nF.).

1477 – Große und mittelgroße Kapitalgesellschaften müssen den **Gesamtbetrag ihrer sonstigen finanziellen Verpflichtungen,** die weder in der Bilanz erscheinen, noch nach den §§ 251, 268 Abs. 7 HGB nF. als Eventualverbindlichkeiten (vgl. Rz. 1650ff.) zu vermerken sind, im Anhang angeben, sofern diese Angaben für die Beurteilung der Finanzlage von Bedeutung sind. Verpflichtungen gegenüber verbundenen Unternehmen sind dabei gesondert anzugeben (§§ 285 Nr. 3, 288 HGB nF.).

Seitz

II. Erläuterung der Einzelposten

1. Anleihen
(davon mit einer Restlaufzeit bis zu einem Jahr: DM)
(davon konvertibel: DM)

a) Behandlung nach Handelsrecht

1480 Anleihen sind langfristige Darlehen, die am öffentlichen bzw. organisierten Kapitalmarkt aufgenommen werden (z. B. Industrieobligationen; vgl. *Hüttemann* Verbindlichkeiten, Anm. 86). Nicht zu den Anleihen rechnen demnach Darlehen, die nicht am organisierten Kapitalmarkt aufgenommen werden, wie z. B. Schuldscheindarlehen. Sie sind unter den Verbindlichkeiten gegenüber Kreditinstituten bzw. den sonstigen Verbindlichkeiten zu erfassen (*Adler/Düring/Schmaltz* § 151 Anm. 231). Sind Anleihen infolge Kündigung oder Zeitablaufs fällig, so kann es zweckmäßig sein, sie gesondert auszuweisen (vgl. *Adler/Düring/Schmaltz* § 151 Anm. 235).

1481 Zu den Anleihen gehören auch **Wandelschuldverschreibungen** und **Gewinnschuldverschreibungen** i. S. v. § 221 AktG. Während erstere den Gläubigern ein Umtausch- oder Bezugsrecht auf Anteile an der Gesellschaft einräumen und in der Bilanz gesondert anzugeben sind (vgl. unten Rz. 1484), räumen letztere, die ebenfalls gesondert ausgewiesen werden sollten (vgl. *Adler/Düring/Schmaltz* § 151 Anm. 232), den Gläubigern – teilweise neben einem festen Grundzins – einen Anspruch auf einen Anteil am Gewinn ein. Gewinnanteile, die den Inhabern von Gewinnschuldverschreibungen zustehen, sind als Zinsaufwand zu behandeln. Sofern sie noch von einem Gewinnverteilungsbeschluß abhängen, sind sie im Jahresabschluß zu passivieren (gegebenenfalls als Rückstellungen; vgl. *Adler/Düring/Schmaltz* § 151 Anm. 232). Aktiengesellschaften haben die Zahl der Wandelschuldverschreibungen und der vergleichbaren Wertpapiere unter Angabe der Rechte, die sie verbriefen, im Anhang zu vermerken (§ 160 Abs. 1 Nr. 5 AktG nF.).

1482 Soweit **Genußrechte** passiviert werden (vgl. Rz. 1429), sind sie ebenfalls unter den Anleihen zu erfassen; sie sollten dann gesondert ausgewiesen werden (vgl. *Adler/ Düring/Schmaltz* § 151 Anm. 234). Aktiengesellschaften haben im Anhang die Genußrechte, Rechte aus Besserungsscheinen (vgl. dazu Rz. 1430), und ähnliche Rechte unter Angabe der Art und Zahl der jeweils bestehenden sowie der im Geschäftsjahr neu entstandenen Rechte zu vermerken (§ 160 Abs. 1 Nr. 6 AktG nF.).

1483 **Anleihestücke,** die das Schuldnerunternehmen durch Rückzahlung oder Ankauf **wieder in seinen Besitz gebracht** hat, dürfen erst nach ihrer Vernichtung den passivierten Anleihebetrag schmälern. Vorher können sie – sofern sie mit der nach außen erkennbaren Absicht erworben wurden, sie nicht wieder in den Verkehr zu bringen – in der Bilanz in einer Vorspalte z. B. unter der Bezeichnung „davon in eigenem Besitz" von der passivierten Anleiheschuld offen abgesetzt werden. Ansonsten sind sie unter den Wertpapieren des Anlage- oder Umlaufvermögens zu aktivieren (vgl. *Adler/Düring/Schmaltz* § 151 Anm. 235). Bezüglich der Bewertung der Verbindlichkeiten in der Handelsbilanz wird auf Rz. 1435 ff. verwiesen.

1484 Der Betrag der in dieser Position enthaltenen Verbindlichkeiten mit einer **Restlaufzeit bis zu einem Jahr** ist gesondert zu vermerken (§ 268 Abs. 5 Satz 1 HGB nF.). Fallen hier ausgewiesene Verbindlichkeiten auch unter andere Posten der Bilanz, so ist die **Mitzugehörigkeit zu anderen Bilanzpositionen** zu vermerken oder im Anhang anzugeben, sofern dies aus Gründen der Klarheit und Übersichtlichkeit der Bilanz erforderlich ist (§ 265 Abs. 3 Satz 1 HGB nF.). Ferner ist zu dieser Position der Betrag der hier erfaßten **konvertiblen Anleihen** (Wandelschuldverschreibungen) i. S. v. § 221 AktG) gesondert zu vermerken (§ 266 Abs. 3 Buchst. C Nr. 1 HGB nF.; vgl. *Hüttemann* Verbindlichkeiten, Anm. 134). Machen **mittelgroße Kapitalgesellschaften** von ihrem Wahlrecht Gebrauch, ihre Verbindlichkeiten für Zwecke der Offenlegung in einer Position zusammengefaßt auszuweisen (vgl. Rz. 1471), so müssen sie den Betrag ihrer Anleihen in der Bilanz („Davon-Vermerk") oder im Anhang gesondert angeben (§ 327 Nr. 1 HGB nF.). Wegen weiterer Erläuterungen zum Bilanzausweis und zu allgemeinen Vermerkpflichten hinsichtlich der Verbindlichkeiten vgl. Rz. 1470 ff..

Verbindlichkeiten (Erläuterung der Einzelposten)   1485–1488   **B**

b) Ertragsteuerliche Behandlung

1485 Aufgenommene Anleihen stellen gewerbesteuerlich Dauerschulden dar. Die auf sie entfallenden Zinsaufwendungen sind dementsprechend als Dauerschuldzinsen zu behandeln (vgl. dazu Rz. 1599). Wegen der Bewertung der Anleihen in der Steuerbilanz wird auf Rz. 1435 ff. verwiesen.

c) Bewertungsrechtliche Behandlung

1486 Anleihen sind gemäß § 12 Abs. 1 BewG mit dem Nennwert anzusetzen.

d) Prüfungstechnik

1487 Die **Prüfung des internen Kontrollsystems** erfordert die Ermittlung des angestrebten Soll-Zustandes an Hand von Fragebögen oder verbalen Beschreibungen in Form eines Dauerarbeitspapiers. Dabei sollte der Soll-Zustand umfassen:
– die Führung eines Verzeichnisses über die Anleihen, das als Dauerarbeitspapier zu den Akten zu nehmen ist und folgende Angaben enthalten sollte:
  • Gläubiger
  • Ursprungsbetrag
  • Zinssatz
  • Zinstermine
  • rückständige Zinszahlungen
  • Rückzahlungsraten
  • Rückzahlungstermine
  • rückständige Tilgungsraten
  • Jahresendsaldo
  • gegebene Sicherheiten, davon Grundpfandrechte,
– die systematische und übersichtliche Führung von Akten für die Anleihen (sie sollten enthalten: Grundbuch, notarielle Urkunden, Verträge, Beschlüsse der Organe der Gesellschaft, Börsenprospekte, Abrechnungen der Emissionsbanken, Tilgungspläne, Auslosungsprotokolle etc.),
– die regelmäßige Abstimmung des Verzeichnisses mit den Akten,
– die Berechtigung und rechtliche Legitimation zur Auflage von Anleihen,
– die regelmäßige Kontrolle
  • der vertraglich vereinbarten Verzinsung und Tilgung mit der tatsächlichen Verzinsung und Tilgung,
  • der eingeräumten Kreditsicherungen,
– die rechtzeitige Bereitstellung von Mitteln für Tilgungen (insbesondere außerordentliche Tilgungen) und Zinszahlungen.
Die Prüfung umfaßt weiterhin die Beurteilung, ob die vorgesehenen Kontrollen ausreichend sind.
Sie erstreckt sich im übrigen auf die Ermittlung des Ist-Zustandes des internen Kontrollsystems und die Würdigung evtl. Soll-/Ist-Abweichungen.

1488 Die **Prüfung des Nachweises** erfolgt anhand des Verzeichnisses über die Anleihen. Erforderlich ist eine Abstimmung des Verzeichnisses
– mit den Konten der Finanzbuchhaltung und
– mit der Akte über die Anleihen.
Die Akte über die Anleihe ist kritisch darauf zu untersuchen, ob sich die vertraglichen Grundlagen seit der letzten Prüfung geändert haben. Insbesondere ist zu überprüfen, ob die Bedingungen für die Sicherheiten (z. B. Barreserven, Forderungsmindestbestände, Zustand der Gebäude etc.) eingehalten wurden.
Die Posten mit einer Laufzeit von weniger als einem Jahr und mehr als fünf Jahren sollten in dem Verzeichnis im Hinblick auf § 268 Abs. 5 und § 285 Nr. 1a HGB nF. gesondert vermerkt werden. Die Laufzeit ist anhand der zugrunde liegenden Vereinbarungen zu überprüfen.
Sofern im Berichtsjahr Zugänge erfolgten, sind zu überprüfen
– die Vereinnahmung des Anleihebetrages,
– die Genehmigung der Anleihevergabe durch die zuständigen Organe.
Rückzahlungen sind anhand von Bankauszügen zu überprüfen. Dabei ist darauf zu achten, ob Sicherheiten freigegeben wurden oder nicht.

1489 Die **Prüfung der Bewertung** erstreckt sich darauf, ob die Anleihen mit dem Rückzahlungsbetrag angesetzt wurden. Prüfungsunterlagen für die Ermittlung des Rückzahlungsbetrages sind das vom Mandanten geführte Verzeichnis sowie die für die Anleihen geführten Akten.

Ist der Rückzahlungsbetrag der Anleihen höher als der Ausgabebetrag, so ist das Aktivierungswahlrecht nach § 250 Abs. 3 HGB nF. für den Unterschiedsbetrag zu beachten (vgl. Rz. 825).

Ist der Rückzahlungsbetrag der Anleihen ausnahmsweise niedriger als der Ausgabebetrag, so ist der Unterschiedsbetrag zunächst zurückzustellen und anteilsmäßig während der Laufzeit der Verbindlichkeiten zu vereinnahmen.

Lauten die Anleihen auf ausländische Währung, so ist der Jahresendsaldo mit dem am Bilanzstichtag geltenden Briefkurs oder, soweit eine währungs- und fristenkongruente Sicherung der Währungsverbindlichkeiten besteht und die an der Sicherung beteiligten Geschäftspartner in ihrer Bonität außer Zweifel stehen, mit dem Kurswert zum Zeitpunkt der Ausgabe der Anleihe umzurechnen. Aus der Umrechnung sich ergebende Kursgewinne und -verluste sind in den Arbeitspapieren festzuhalten und daraufhin zu überprüfen, ob sie zutreffend bilanziert und ausgewiesen wurden.

1490 Die **Prüfung des Ausweises** erfordert
– die Beachtung des gesonderten Ausweises der Anleihen bei großen und mittelgroßen Kapitalgesellschaften,
– die Beachtung von Vermerkpflichten bei Kapitalgesellschaften (vgl. Rz. 1473 ff., 1484, 1481),
– die Prüfung der richtigen Erfassung von Gegenbuchungen. In diesem Zusammenhang empfiehlt sich eine Überprüfung
  • der im Berichtsjahr angefallenen Zinsaufwendungen und Zinserträge auf Anleihen (einschließlich der Gewinnanteile auf Gewinnschuldverschreibungen),
  • der wahlweise gemäß § 250 Abs. 3 HGB nF. möglichen Aktivierung eines Disagios als aktiver Rechnungsabgrenzungsposten,
  • des Ausweises nicht realisierter Kursgewinne entweder als Verbindlichkeit oder als Rückstellung.

Vgl. *WPH* 1981, 1233 f.

2. Verbindlichkeiten gegenüber Kreditinstituten
davon mit einer Restlaufzeit bis zu einem Jahr: DM

a) Behandlung nach Handelsrecht

1495 Unter dieser Position sind unabhängig von ihrer Laufzeit sämtliche **Verbindlichkeiten gegenüber Banken und Sparkassen sowie gleichartigen ausländischen Kreditinstituten** auszuweisen (vgl. dazu *Hüttemann* Verbindlichkeiten, Anm. 90). Die Spanne der hier zu erfassenden Verbindlichkeiten reicht von langfristigen Investitionskrediten bis zu ihrem Wesen nach stets kurzfristigen Kontokorrentkrediten (vgl. *Niehus* § 42 Anm. 334). Verbindlichkeiten gegenüber Bausparkassen dürften nicht an dieser Stelle, sondern unter den sonstigen Verbindlichkeiten auszuweisen sein (vgl. dazu *Adler/Düring/Schmaltz* § 151 Anm. 158, 236 und 249). Von Kreditinstituten gehaltene Stücke einer von der Unternehmung am Kapitalmarkt aufgenommenen Anleihe sind ebenfalls nicht hier, sondern unter der Bilanzposition „Anleihen" zu erfassen (vgl. *Hüttemann* Verbindlichkeiten, Anm. 88). Eine Saldierung von Bankverbindlichkeiten mit Bankguthaben dürfte wegen unterschiedlicher Fälligkeiten bzw. der jeweils selbständigen Abwicklung i. d. R. nicht in Betracht kommen (*Hüttemann* Verbindlichkeiten, Anm. 117; zu den für eine Saldierung erforderlichen Voraussetzungen vgl. Rz. 1418 ff.). Zur Bewertung in der Handelsbilanz vgl. Rz. 1435 ff.

1496 Der Betrag der hier erfaßten Verbindlichkeiten mit einer **Restlaufzeit bis zu einem Jahr** ist gesondert zu vermerken (§ 268 Abs. 5 Satz 1 HGB nF.). Gehören an dieser Stelle ausgewiesene Verbindlichkeiten auch zu anderen Posten der Bilanz, so ist ihre **Mitzugehörigkeit zu anderen Bilanzpositionen** zu vermerken oder im Anhang anzugeben, wenn die Klarheit und Übersichtlichkeit des Jahresabschlusses dies erfordern (§ 265 Abs. 3 Satz 1 HGB nF.). Sofern **mittelgroße Kapitalgesellschaften** für Zwecke der Offenlegung sämtliche Verbindlichkeiten in einem Betrag ausweisen

Verbindlichkeiten (Erläuterung der Einzelposten) 1497, 1498 **B**

(vgl. Rz. 1471), haben sie ihre Verbindlichkeiten gegenüber Kreditinstituten in der Bilanz („Davon-Vermerk") oder im Anhang gesondert anzugeben (§ 327 Nr. 1 HGB nF.). Wegen weiterer Vermerkpflichten hinsichtlich der Verbindlichkeiten und zum Bilanzausweis vgl. auch Rz. 1470 ff.

b) Ertragsteuerliche Behandlung

1497   Bankdarlehen und Kontokorrentkredite gehören steuerlich grundsätzlich auch dann zum **Betriebsvermögen** einer Personenhandelsgesellschaft oder einer Einzelunternehmung, wenn sie zur Abdeckung eines aufgrund von Entnahmen entstandenen Kreditbedarfs aufgenommen wurden. Dies setzt allerdings voraus, daß die Entnahmen der Deckung des üblichen Lebensbedarfs der betreffenden Mitunternehmer bzw. des Einzelunternehmers dienten. Dies trifft unter anderem auch für den Fall zu, daß die Entnahmen zur Tilgung von im wesentlichen durch die Gewinne der Unternehmung bedingten Steuerschulden erfolgten, selbst wenn es sich dabei um hohe Steuerrückstände handeln sollte (vgl. BFH v. 24. 5. 1984, BStBl. II 1984, 706). Dagegen gehört ein von der Unternehmung aufgenommener Kredit nicht zu ihrem Betriebsvermögen, soweit er bei wirtschaftlicher Betrachtung klar erkennbar der Finanzierung außergewöhnlicher privater Aufwendungen wie z. B. der Errichtung oder Anschaffung eines privaten Wohnhauses diente. Für Kontokorrentschulden gilt dies entsprechend. Gegebenenfalls sind der jeweilige Schuldenstand sowie die angefallenen Schuldzinsen in einen privaten und einen betrieblichen Anteil aufzuteilen, wobei die Anwendung der Zinszahlenstaffelmethode zweckmäßig erscheint (vgl. BFH v. 23. 6. 1983, BStBl. II 1983, 725). Die privat veranlaßten Zinsaufwendungen sind dann nicht als Betriebsausgaben abzugsfähig, der private Teil des Schuldsaldos ist nicht in die Steuerbilanz aufzunehmen. In Zweifelsfällen besteht die Vermutung, daß die Kreditaufnahme bzw. -aufstockung betrieblich veranlaßt ist (BFH v. 23. 6. 1983, BStBl. II 1983, 725). Vgl. hierzu auch Rz. 1414 ff.

1498   **Bankverbindlichkeiten** gehören gewerbesteuerlich regelmäßig zu den **Dauerschulden** (zum Begriff der Dauerschuld vgl. Rz. 1596 ff.), sofern sie nicht innerhalb von zwölf Monaten seit ihrer Auszahlung beglichen werden, es sei denn, sie stehen nachweislich im unmittelbaren Zusammenhang mit bestimmten Geschäftsvorfällen (z. B. Wareneinkauf, Finanzierung eines Ausfuhrgeschäfts) und werden in der nach der Art des jeweiligen Geschäftsvorfalls üblichen Frist getilgt (vgl. dazu BFH v. 12. 6. 1975, BStBl. II 1975, 784; BFH v. 4. 2. 1976, BStBl. II 1976, 551). Bankkredite, die wirtschaftlich mit dem Erwerb eines Mitunternehmeranteils zusammenhängen, sind stets als Dauerschulden zu behandeln (vgl. dazu BFH v. 9. 4. 1981, BStBl. II 1981, 621). **Zwischenkredite** mit einer Laufzeit von nicht mehr als einem Jahr rechnen dann zu den Dauerschulden, wenn sie durch langfristige Kredite desselben Gläubigers ersetzt werden oder wenn sie mit der Gründung, dem Erwerb, der Erweiterung oder Verbesserung des Betriebs zusammenhängen (vgl. dazu Rz. 1597). **Kontokorrentkredite**, die nicht in einem eindeutigen Zusammenhang mit einzelnen laufenden Geschäften stehen (vgl. dazu BFH v. 1. 12. 1959, BStBl. III 1960, 51) oder bei denen aus dem Geschäftsverhältnis zu schließen ist, daß der Unternehmung ein bestimmter Mindestkredit auf Dauer zur Verfügung stehen soll, stellen mit dem Mindestbetrag der Schuld, der während des ganzen Wirtschaftsjahrs bestanden hat, Dauerschulden dar. Die auf diesen Mindestbetrag entfallenden Zinsaufwendungen sind dementsprechend als Dauerschuldzinsen zu betrachten. Bei der Ermittlung dieses Mindestbetrags sind die niedrigsten Schuldenstände bzw. höchsten Kontenstände an insgesamt sieben Tagen des Wirtschaftsjahrs außer acht zu lassen.

Beispiel (vgl. dazu Abschn. 47 Abs. 8 GewStR):
Die acht höchsten täglichen Kontenstände eines Kontokorrentkontos (Sollzins 8%) beliefen sich im abgelaufenen Wirtschaftsjahr auf:
1. + 22000 DM
2. + 8000 DM
3. + 8000 DM
4. − 10000 DM
5. − 15000 DM
6. − 15000 DM

7. − 42 000 DM
8. − 60 000 DM

Demnach sind 8% von DM 60000, also DM 4800, als Dauerschuldzinsen zu behandeln (wegen der Hinzurechnung von Dauerschulden und Dauerschuldzinsen nach § 12 Abs. 2 Nr. 1 bzw. § 8 Nr. 1 GewStG wird auf Rz. 1599 verwiesen).

1499 Sofern die **Zinsen für einen Kontokorrentkredit** − abweichend von den Salden in den Kontoauszügen − nach der Zinsstaffelmethode berechnet werden, ist bei der Ermittlung des Mindestbetrags für die Berechnung der Dauerschuldzinsen nicht von den Salden der Kontoauszüge, sondern von den den Zinszahlungen tatsächlich zugrunde gelegten Beträgen auszugehen (vgl. BFH v. 28. 7. 1976, BStBl. II 1976, 792). Schulden mit ständig wechselndem Bestand können allerdings nicht generell nur in Höhe des Mindestbestands als Dauerschulden angesehen werden. Der Mindestbestand ist nur dann maßgeblich, wenn erst er die laufende Schuld zu einer Dauerschuld werden läßt (vgl. BFH v. 8. 2. 1984, BStBl. II 1984, 379). Zu weiteren Einzelheiten vgl. Abschn. 47 GewStR). Zur Bewertung von Verbindlichkeiten in der Steuerbilanz vgl. Rz. 1435 ff.

c) Bewertungsrechtliche Behandlung

1500 Bei Krediten, die in wirtschaftlichem **Zusammenhang mit Betriebsgrundstücken** stehen, ist zu beachten, daß Grundstücke, die nur teilweise betrieblich genutzt werden, nach § 99 Abs. 2 BewG − anders als in der Steuerbilanz (Abschn. 14 EStR) − entweder ganz zum Betriebsvermögen gehören oder gar nicht. Entsprechend sind die mit dem Grundstück zusammenhängenden Schulden zu behandeln. Rechnet das gesamte Grundstück bewertungsrechtlich zum Betriebsvermögen, sind alle Schulden Betriebsschulden, auch wenn sie nur mit dem nicht betrieblich genutzten Teil in wirtschaftlichem Zusammenhang stehen. Gehört das Grundstück dagegen nicht zum Betriebsvermögen, sind die Schulden bei der Einheitsbewertung des gewerblichen Betriebs nicht abzugsfähig; derartige Schulden sind bei der Ermittlung des Gesamtvermögens zu berücksichtigen, § 118 BewG. Bei den in § 97 Abs. 1 BewG genannten Körperschaften u. ä. sind, da bei ihnen das Betriebsvermögen zugleich das Gesamtvermögen darstellt, alle Schulden Betriebsschulden.

Keine Betriebsschulden sind solche Kredite, die in wirtschaftlichem **Zusammenhang mit steuerfreien Wirtschaftsgütern** stehen. Hier sind vor allem im Ausland belegenes Vermögen, das nach einem DBA von der deutschen Besteuerung befreit ist, zu nennen sowie Beteiligungen, die unter das Schachtelprivileg des § 102 BewG fallen.

1501 Wie für alle Schulden gilt auch für Verbindlichkeiten gegenüber Kreditinstituten das **Nennwertprinzip** des § 12 Abs. 1 BewG. Eine Abweichung vom Nennwert kommt nur in Ausnahmefällen in Betracht. Ein Ausnahmefall, der bei Krediten von Banken und Sparkassen auftreten kann, ist die hohe Verzinsung. Eine hoch verzinsliche Schuld, die über dem Nennwert anzusetzen ist, wird nach Abschn. 56 Abs. 6 VStR angenommen, wenn die Verzinsung über 10 v. H. liegt und die Rückzahlung am Stichtag noch für längere Zeit (mindestens vier Jahre) ausgeschlossen ist; außerdem dürfen der hohen Verzinsung keine wirtschaftlichen Vorteile gegenüberstehen. Der **Gegenwartswert einer** solchen **hochverzinslichen Schuld** wird in der Weise berechnet, daß dem Nennwert der Schuld der Kapitalwert der über einen Zinssatz von 10 v. H. hinausgehenden Jahreszinsen hinzugerechnet wird. Im Rahmen der Vermögensaufstellung ist für solche Schulden die Anlage FR zur Bewertung im maschinellen Verfahren auszufüllen.

Wegen der Ermittlung des Nennwerts bei Raten- und bei Annuitätentilgung wird auf *Gürsching/Stenger* § 12 BewG Anm. 21−24 verwiesen.

Kredite in ausländischer Währung sind nach dem Umrechnungskurs am Stichtag in Deutsche Mark umzurechnen. Die Umrechnungskurse werden im Bundessteuerblatt Teil I veröffentlicht. Weitere Einzelheiten siehe Abschn. 46 VStR.

d) Prüfungstechnik

1502 Zur **Prüfung des internen Kontrollsystems** und zur **Prüfung des Nachweises** vgl. Rz. 796 ff., 801 ff.

Verbindlichkeiten (Erläuterung der Einzelposten) 1503–1507 **B**

1503 Die **Prüfung der Bewertung** erstreckt sich darauf, ob die Verbindlichkeiten mit dem Rückzahlungsbetrag angesetzt wurden.

Prüfungsunterlagen sind die Saldenbestätigungen oder Saldomitteilungen in Verbindung mit den jeweiligen vertraglichen Vereinbarungen.

Bei Fremdwährungsverbindlichkeiten ist zu prüfen, ob
– der Banksaldo mit dem am Bilanzstichtag geltenden Briefkurs oder, soweit eine währungs- und fristenkongruente Sicherung der Währungsverbindlichkeiten besteht und die an der Sicherung beteiligten Geschäftspartner in ihrer Bonität außer Zweifel stehen, mit dem Kurswert zum Zeitpunkt ihrer Entstehung umgerechnet wurden,
– aus der Umrechnung sich ergebende Kursgewinne und -verluste zutreffend bilanziert und ausgewiesen wurden.

1504 Die **Ausweisprüfung** erfordert
– die Beachtung des gesonderten Ausweises der Verbindlichkeiten gegenüber Kreditinstituten bei großen und mittelgroßen Kapitalgesellschaften,
– die Beachtung von Vermerkpflichten bei Kapitalgesellschaften, vgl. Rz. 1473 ff., 1496
– die Prüfung des richtigen Ausweises von Gegenbuchungen; in diesem Zusammenhang empfiehlt sich eine Überprüfung
  • der im Berichtsjahr angefallenen Zinsaufwendungen und Zinserträge für das jeweilige Bankkonto,
  • der insgesamt angefallenen Zinsaufwendungen und Zinserträge,
  • des Ausweises nicht realisierter Kursgewinne entweder als Verbindlichkeit oder als Rückstellung.

Vgl. *WPH* 1981, 1234.

3. Erhaltene Anzahlungen auf Bestellungen
(davon mit einer Restlaufzeit bis zu einem Jahr: DM)

a) Behandlung nach Handelsrecht

1505 Als „**erhaltene Anzahlungen aus Bestellungen**" sind die an die Unternehmung geleisteten Vorauszahlungen für von ihr noch zu erbringende Lieferungen und Leistungen zu erfassen, sofern hinsichtlich dieser Lieferungen bzw. Leistungen bereits ein rechtsverbindlicher Auftrag des Kunden (und dessen Annahme durch die Unternehmung) vorliegt. Andernfalls handelt es sich bei derartigen Zahlungen um Darlehen, die i. d. R. unter den sonstigen Verbindlichkeiten auszuweisen sind (vgl. *Hüttemann* Verbindlichkeiten, Anm. 135), so z. B. wenn ein Kunde an die Unternehmung im Hinblick auf zukünftige Bestellungen einen größeren Geldbetrag als Vorauszahlung überweist. Bei Dauerschuldverhältnissen sind Vorauszahlungen, die nur einen Teil der insgesamt für einen vertraglich vereinbarten Zeitraum zu leistenden Zahlungen umfassen, ebenfalls unter den erhaltenen Anzahlungen aus Bestellungen und nicht unter den passiven Rechnungsabgrenzungsposten auszuweisen (vgl. *Hüttemann* Verbindlichkeiten, Anm. 136; *Adler/Düring/Schmaltz* § 151 Anm. 135; zu den Posten der passiven Rechnungsabgrenzung vgl. Rz. 1630 ff.).

1506 Erhaltene Anzahlungen sind grundsätzlich ergebnisneutral, d. h. mit dem der Unternehmung zugeflossenen Betrag zu bilanzieren. Soweit das Unternehmen aus den angezahlten Beträgen gemäß § 13 Abs. 1 Nr. 1a UStG **Umsatzsteuer** abzuführen hat, sollte es die erhaltenen Anzahlungen netto, d. h. ohne den darin enthaltenen Umsatzsteueranteil ausweisen (**Nettomethode**). Es ist jedoch auch zulässig, die Anzahlungen brutto, d. h. einschließlich Umsatzsteuer, zu passivieren, wenn die darin enthaltene Umsatzsteuer gleichzeitig als Rückerstattungsanspruch aktiviert wird (**Bruttomethode;** vgl. *IdW* HFA 1/1985). Für den Fall, daß erhaltene Anzahlungen offen von der Bilanzposition „Vorräte" abgesetzt werden (vgl. unten Rz. 1507), dürfte die Anwendung der Nettomethode allerdings zwingend sein. Soweit mit einer Rückzahlung erhaltener Anzahlungen zu rechnen ist, sind auch bei der Bilanzierung nach der Nettomethode die Bruttobeträge zu passivieren und der Umsatzsteueranteil zu aktivieren (vgl. *IdW* HFA 1/1985). Zu weiteren Einzelheiten hinsichtlich der Bewertung von Verbindlichkeiten in der Handelsbilanz vgl. Rz. 1435 ff.

1507 Erhaltene Anzahlungen mit einer **Restlaufzeit bis zu einem Jahr** sind gesondert zu vermerken (§ 268 Abs. 5 Satz 1 HGB nF.). Fallen als erhaltene Anzahlungen ausge-

B 1508–1511 Der Jahresabschluß nach Handels- und Steuerrecht

wiesene Beträge auch unter andere Posten der Bilanz, so ist die **Mitzugehörigkeit zu anderen Bilanzpositionen** zu vermerken oder im Anhang anzugeben, sofern dies aus Gründen der Klarheit und Übersichtlichkeit erforderlich ist (§ 265 Abs. 3 Satz 1 HGB nF.) Soweit erhaltene Anzahlungen betriebswirtschaftlich sinnvoll den Vorräten zugeordnet werden können – dies dürfte beispielsweise stets insoweit der Fall sein, als die von der Unternehmung zu erbringenden Gegenleistungen in der Bilanz als Waren, fertige oder unfertige Erzeugnisse aktiviert sind – dürfen sie anstelle des Ausweises unter den Verbindlichkeiten auch **von der Bilanzposition „Vorräte" offen abgesetzt** werden (vgl. § 268 Abs. 5 Satz 2 HGB nF.; *Adler/Düring/Schmaltz* § 151 Anm. 250). Zum Ausweis in der Handelsbilanz und zu weiteren Vermerkpflichten in bezug auf die Verbindlichkeiten vgl. auch Rz. 1470 ff.

b) Ertragsteuerliche Behandlung

1508 Hinsichtlich der Behandlung der **Umsatzsteuer auf Anzahlungen** gilt für die Steuerbilanz dasselbe wie für die Handelsbilanz. Zwar hat der BFH in einem Urteil vom 26. 6. 1979 (BStBl. II 1979, 625) entschieden, daß eine Anzahlung mit ihrem Bruttobetrag, also ohne Abzug der enthaltenen Umsatzsteuer, zu passivieren und der an das Finanzamt abzuführende Umsatzsteueranteil als Betriebsausgabe zu behandeln sei. Dieses Urteil ist jedoch auf heftige Kritik gestoßen (vgl. für viele *Bordewin* Umsatzsteuer auf Anzahlungen, 739 ff.; *Forster* AG 1980, 19 f.; *IdW* HFA 1/1979, WPg 1980, 80). Die Finanzverwaltung hat dementsprechend angeordnet, das Urteil über den entschiedenen Einzelfall hinaus nicht anzuwenden (vgl. BdF v. 24. 3. 1980, BStBl. I 1980, 188). Als Reaktion auf das oben angeführte Urteil ist schließlich auch die Vorschrift des § 5 Abs. 4 Satz 2 Nr. 2 EStG entstanden, die die erfolgsneutrale Behandlung der Anzahlungen gewährleisten soll (vgl. dazu *Herrmann/Heuer/Raupach* § 5 Anm. 12 ff. – auf grünen Blättern –). Da diese jedoch bereits durch die GoB sichergestellt ist (vgl. *IdW* HFA 1/1979 und oben Rz. 1506), dürfte die genannte Vorschrift praktisch kaum von Bedeutung sein (*Hüttemann* Verbindlichkeiten, Anm. 122).

1509 Erhaltene Anzahlungen dürften als **Dauerschulden** im Rahmen der Gewerbesteuer regelmäßig nicht in Betracht kommen (zum Begriff der Dauerschuld vgl. Rz. 1596 ff.), da sie stets mit bestimmten Geschäftsvorfällen unmittelbar zusammenhängen und die von der Unternehmung geschuldeten Leistungen i. d. R. vereinbarungsgemäß innerhalb der jeweils üblichen Frist erbracht werden (dazu im einzelnen Abschn. 47 Abs. 7 Nr. 1 GewStR). Zur Bewertung von Verbindlichkeiten in der Steuerbilanz vgl. auch Rz. 1435 ff.

c) Bewertungsrechtliche Behandlung

1510 Die aus erhaltenen Anzahlungen resultierende **Sachleistungsschuld** ist mit dem Teilwert zu bewerten. Bei einem Rechtsgeschäft, das zur Übertragung eines Grundstücks verpflichtet, ist der maßgebende steuerliche Wert, d. h. der Einheitswert des Grundstücks anzusetzen (Abschn. 44 Abs. 6 VStR). Nach einem bei *Gürsching/Stenger* bei § 109 BewG Anm. 83a abgedruckten Ländererlaß soll diese Ausnahmeregelung nicht zur Anwendung kommen, wenn ein Grundstück mit noch zu errichtendem Gebäude Gegenstand des Vertrages ist; Sachleistungsschuld aus einem derartigen Werklieferungsvertrag ist mit ihrem Teilwert anzusetzen.

Der Teilwert wird in der Regel den erhaltenen Anzahlungen abzüglich Umsatzsteuer entsprechen.

d) Prüfungstechnik

1511 Die **Prüfung des internen Kontrollsystems** erfordert die Ermittlung des angestrebten Soll-Zustands an Hand von Fragebogen oder verbalen Beschreibungen in Form eines Dauerarbeitspapiers. Dabei sollte der Soll-Zustand umfassen:
– die Erstellung und regelmäßige Kontrolle von Saldenlisten,
– die Einholung von Saldenbestätigungen und deren Kontrolle durch das Unternehmen, soweit dies erforderlich erscheint,
– die regelmäßige Überwachung der erhaltenen Anzahlungen, so daß Ausbuchun-

gen oder nicht vertragsgemäße Verwendungen (insbesondere Rückzahlungen) durch den Buchhalter ausgeschlossen sind,
- die Kontrolle des zu zahlenden Restbetrages (z. B. durch Vermerk der erhaltenen Anzahlungen in den Auftragsakten),
- die gesonderte Erfassung der erhaltenen Anzahlungen von verbundenen Unternehmen,
- die Beachtung der Funktionentrennung.

Die Prüfung umfaßt weiterhin die Beurteilung, ob die vorgesehenen Kontrollen ausreichend sind.

Sie erstreckt sich im übrigen auf die Ermittlung des Ist-Zustandes des internen Kontrollsystems und die Wirkung evtl. Soll-/Ist-Abweichungen.

1512 Die **Prüfung des Nachweises** erfolgt anhand von Saldenlisten, gegebenenfalls unter Hinzuziehung von Saldenbestätigungen.

Erforderlich ist eine rechnerische Überprüfung der Saldenliste und eine Abstimmung der Saldenliste mit den Sach- und Personenkonten, mit dem Bilanzausweis sowie gegebenenfalls mit den Saldenbestätigungen.

1513 Die **Prüfung der Bewertung** erstreckt sich darauf, daß sämtliche Anzahlungen mit dem Rückzahlungsbetrag, das ist der Nennwert bzw. Anrechnungsbetrag angesetzt wurden.

Prüfungsunterlagen sind die jeweiligen vertraglichen Vereinbarungen.

Zu prüfen sind
- die sachliche und rechnerische Richtigkeit der erhaltenen Anzahlung,
- bei Anzahlungen in ausländischer Währung eventuelle Auftragsverluste, sofern der Währungskurs gefallen ist (darüber hinaus können bei Anzahlungen in ausländischer Währung Kursrisiken grundsätzlich nicht vorliegen),
- die Kürzung der vom Unternehmen zu tragenden Zinsen auf Anzahlungen (Wechseldiskonte) vom umsatzsteuerpflichtigen Entgelt,
- die richtige Abgrenzung der Zinsen auf Anzahlungen (Wechseldiskonte) zum Bilanzstichtag. Es ist darauf zu achten, daß eine Abzinsung unverzinslicher oder niedrig verzinslicher erhaltener Anzahlungen nach § 253 Abs. 1 Satz 2 HGB nF. nicht zulässig ist.

514 Die **Prüfung des Ausweises** erfordert
- eine Kontrolle des gesonderten Ausweises der erhaltenen Anzahlungen bei großen und mittelgroßen Kapitalgesellschaften,
- die Beachtung der Vermerkpflichten (vgl. Rz. 1473 ff., 1507)
- die Beachtung von § 268 Abs. 5 HGB nF., wonach erhaltene Anzahlungen auf Bestellungen auch von den Vorräten offen abgesetzt werden können,
- die Feststellung, daß unzulässige Saldierungen mit geleisteten Anzahlungen unterblieben sind.

4. Verbindlichkeiten aus Lieferungen und Leistungen
(davon mit einer Restlaufzeit bis zu einem Jahr: DM)

a) Behandlung nach Handelsrecht

517 Als **Verbindlichkeiten aus Lieferungen und Leistungen** sind sämtliche Verbindlichkeiten auszuweisen, die dadurch entstanden sind, daß die Unternehmung Lieferungen oder Leistungen erhalten hat, ohne bisher die hierfür geschuldete Gegenleistung zu erbringen (vgl. *Hüttemann* Verbindlichkeiten, Anm. 105). I. d. R. wird es sich dabei um Zahlungsverpflichtungen des Unternehmens handeln, denen ein Kauf-, Werklieferungs-, Werkleistungs-, Dienst- oder ähnlicher Vertrag zugrunde liegen kann. Auch das auf **Teillieferungen bzw. -leistungen** des Vertragspartners entfallende, anteilige Entgelt ist unter dieser Position zu passivieren, sofern es der Höhe nach eindeutig bestimmbar ist (vgl. *Hüttemann* Verbindlichkeiten, Anm. 106). Andernfalls ist in entsprechender Höhe eine Rückstellung zu bilden. Sog. **debitorische Kreditoren**, d. h. Forderungen an Lieferanten aus Überzahlungen, Gutschriften etc., dürfen grundsätzlich nicht mit den Lieferverbindlichkeiten saldiert werden; sie sind vielmehr unter den sonstigen Vermögensgegenständen auszuweisen (vgl. dazu *Hüttemann* Verbindlichkeiten, Anm. 109; zu den Voraussetzungen für eine Saldierung vgl. Rz. 1418 f.).

Seitz

1518 Die **Laufzeit** der Verbindlichkeiten aus Lieferungen und Leistungen ist für ihren Ausweis grundsätzlich ohne Bedeutung (vgl. auch *Niehus* § 42 Anm. 336). Sie sind selbst dann unter dieser Position zu erfassen, wenn sie von vornherein über das branchenübliche Zahlungsziel hinaus gestundet werden oder wenn wie bei einem Darlehen Zinsen zu entrichten sind (vgl. *Hüttemann* Verbindlichkeiten, Anm. 108; *Kropff* § 151 Anm. 101, 52). Wird dagegen eine bereits bestehende Lieferverbindlichkeit durch eine Vereinbarung zwischen der Unternehmung und ihrem Gläubiger unter Festlegung entsprechender Zins- und Tilgungsmodalitäten in ein Darlehen umgewandelt und dabei das branchenübliche Zahlungsziel nicht nur geringfügig überschritten, so ist sie ab diesem Zeitpunkt unter den sonstigen Verbindlichkeiten auszuweisen (vgl. *Kropff* 151 Anm. 101, 52; *Hüttemann* Verbindlichkeiten, Anm. 108).

1519 Verbindlichkeiten aus Lieferungen und Leistungen setzen sich i. d. R. aus einem (Netto-)Entgelt für die Gegenleistung des Vertragspartners und der darauf entfallenden **Umsatzsteuer** zusammen. Als Verbindlichkeit ist dann stets der **Bruttobetrag** (inclusive Umsatzsteuer) zu passivieren. Sofern die Unternehmung für die erhaltenen Lieferungen bzw. Leistungen bereits **Anzahlungen** geleistet hatte, sind diese mit den entsprechenden Verbindlichkeiten zu verrechnen (*Hüttemann* Verbindlichkeiten, Anm. 109f.).

1520 **Lieferantenskonti** werden in der Praxis und auch in der Literatur überwiegend als Anschaffungskostenminderungen aufgefaßt (vgl. z. B. *Niehus* § 42 Anm. 71; *Adler/Düring/Schmaltz* § 157 Anm. 105; *Hild* DB 1971, 1433 ff.). Sie gehören zum Erfüllungsbetrag (vgl. Rz. 1435) der betreffenden Lieferverbindlichkeiten, sofern die Unternehmung im Interesse der Ausnutzung des Zahlungsziels nicht beabsichtigt, das Skonto abzuziehen, oder wenn sie nicht mehr zum Skontoabzug berechtigt ist, weil die Skontofrist bereits verstrichen ist. In diesen Fällen sind die erhaltenen Lieferungen bzw. Leistungen sowie die jeweiligen Lieferverbindlichkeiten also stets zum Zielpreis anzusetzen. Sie wären dagegen mit dem Barpreis zu bewerten, soweit die Skontierung am Bilanzstichtag beabsichtigt war und bis zur Bilanzerstellung auch durchgeführt wurde (vgl. *Hüttemann* Verbindlichkeiten, Anm. 178). Der BFH hat jedoch für die Steuerbilanz auch in diesem Fall den Ansatz mit dem Zielpreis gefordert (BFH v. 3. 12. 1970, BStBl. II 1971, 323). Aus Vereinfachungsgründen verfährt die Praxis auch bei der handelsrechtlichen Bilanzierung überwiegend nach diesem Urteil (vgl. dazu *Hüttemann* Verbindlichkeiten, Anm. 178; *Herrmann/Heuer/Raupach* § 6 Anm. 1500, Stichwort Skonto). Das Skonto führt dann erst im Zahlungszeitpunkt zu einer Korrektur der Anschaffungskosten der erhaltenen Gegenleistung; soweit diese nicht mehr zu Buche steht, ergibt sich aus der Skontierung ein Ertrag. Die freiwillige Rückzahlung eines zu Recht in Anspruch genommenen Skontos stellt keine nachträgliche Erhöhung der Anschaffungskosten dar (BFH v. 12. 3. 1976, BStBl. II 1976, 524).

Wegen der **Bewertung** der Verbindlichkeiten in der Handelsbilanz wird auf Rz. 1435ff. verwiesen.

1521 Der Betrag der hier erfaßten Verbindlichkeiten mit einer **Restlaufzeit bis zu einem Jahr** ist gesondert zu vermerken (§ 268 Abs. 5 Satz 1 HGB nF.). Sofern unter dieser Position ausgewiesene Verbindlichkeiten auch unter andere Posten der Bilanz fallen, ist ihre **Mitzugehörigkeit zu anderen Bilanzpositionen** zu vermerken oder im Anhang anzugeben, wenn die Klarheit und Übersichtlichkeit des Jahresabschlusses dies erfordern (§ 265 Abs. 3 Satz 1 HGB nF.). Zum Ausweis in der Handelsbilanz und wegen weiterer Vermerkpflichten zu den Verbindlichkeiten vgl. auch Rz. 1470ff.

b) Ertragsteuerliche Behandlung

1522 Verbindlichkeiten aus Lieferungen und Leistungen kommen gewerbesteuerlich als **Dauerschulden** (vgl. Rz. 1596ff.) nur insoweit in Betracht, als sie über das branchenübliche Zahlungsziel hinaus gestundet werden (vgl. dazu BFH v. 12. 6. 1975, BStBl. II 1975, 784 und Abschn. 47 Abs. 7 Nr. 1 GewStR mit weiteren Nachweisen). Zur Bewertung in der Steuerbilanz vgl. Rz. 1435ff. und oben Rz. 1519f.

Verbindlichkeiten (Erläuterung der Einzelposten)

c) Bewertungsrechtliche Behandlung

1523 Kapitalschulden, zu denen auch die Verbindlichkeiten aus Lieferungen und Leistungen rechnen, sind gemäß § 12 Abs. 1 BewG grundsätzlich mit dem Nennwert anzusetzen. Besondere Umstände, die zu einer Abweichung vom Nennwertprinzip führen, dürften bei Verbindlichkeiten aus Lieferungen und Leistungen nur selten vorkommen.

d) Prüfungstechnik

(1) Prüfung des internen Kontrollsystems

1524 Es ist zu prüfen, wie die Einkäufe und ihre buchmäßige Erfassung nach dem Soll-Zustand und nach dem Ist-Zustand organisiert sind.

Zur Erfassung des **Soll-Zustands** empfiehlt sich eine Dokumentation des Verfahrens der Abwicklung von Einkäufen und ihrer Verbuchung (einschließlich der Behandlung der Vorsteuer) in Form eines Dauerarbeitspapiers.

Der Soll-Zustand sollte im wesentlichen die folgenden Maßnahmen umfassen:
- Bei allen Einkäufen ist sicherzustellen, daß sie nur nach entsprechender Bewilligung gemacht werden können.
- Es empfiehlt sich im Interesse eines funktionierenden internen Kontrollsystems, daß alle wesentlichen Einkäufe aufgrund fortlaufend numerierter einheitlicher Bestellformulare mit Durchschlag vorgenommen werden und hierzu Gebote von verschiedenen Lieferanten eingeholt werden.
- Erforderlich ist eine buchmäßige Kontrolle über alle ausgehenden Bestellungen.
- Der Durchlauf muß ordnungsmäßig sein, insbesondere ist zu achten auf die
  - Abstimmung von Bestellkopie bzw. Auftragsbestätigung mit Wareneingangsschein und Lieferantenrechnung,
  - rechnerische Überprüfung der Lieferantenrechnung und Abzeichnen durch die Rechnungsprüfung,
  - Wahrung von Skontofristen,
  - Zahlungsanweisung,
  - Ablage der vorgenannten Unterlagen zusammen mit dem Zahlungsträger.
- Es ist sicherzustellen,
  - daß Rechnungen nicht doppelt bezahlt werden,
  - daß Rechnungen nicht trotz geleisteter Anzahlung bezahlt werden oder daß sie mit Forderungen aufgerechnet werden,
  - daß berechnete Verpackungen und andere Retouren ordnungsgemäß zurückgeschickt und entsprechende Gutschriften erteilt werden,
  - daß Rechnungen zeitnah verbucht werden,
  - daß Fracht- und andere Nebenrechnungen mit den Hauptrechnungen abgestimmt werden.

Das interne Kontrollsystem des Wareneingangs muß funktionieren, vgl. Rz. 579. Funktionenkollisionen sind zu vermeiden (der Kreditoren-Buchhalter darf keinen Einfluß auf Bestellung, Wareneingang, Zahlungsmodalitäten, keinen Zugang zu Geld, Vorräten etc. haben).

Das festgestellte und dokumentierte Verfahren ist auf Übereinstimmung mit den gesetzlichen Rechnungslegungsvorschriften zu überprüfen.

Die Prüfung umfaßt weiterhin die Beurteilung, ob die vorgesehenen Kontrollen ausreichend sind.

525 Der **Ist-Zustand** des internen Kontrollsystems muß dem Soll-Zustand entsprechen. Die Prüfung des Ist-Zustandes geht aus von den Eingangsrechnungen und den Bankauszügen. Sie sind zu überprüfen auf
- ihre materielle Richtigkeit (Wareneingang, Empfang der Dienstleistung, rechnerische Richtigkeit, Bewilligung etc.),
- die richtige Erfassung und Verbuchung der Vorsteuer.

Die Daten aus den zuvor geprüften Belegen müssen richtig in die Sach- und Personenkonten übernommen worden sein. Insbesondere sind diejenigen Beträge kritisch zu überprüfen, die die in den Eingangsrechnungen erfaßten Kaufpreise erhöhen. Ausgehend von dem Hauptbuchkonto sind dabei auch diejenigen Buchungen kritisch zu untersuchen, die nicht aus Einkäufen oder Zahlungsausgängen herrühren.

Die Prüfung der Verbuchung hat sich im übrigen darauf zu erstrecken, daß die Kontokorrente ordnungsmäßig geführt werden (vgl. Rz. 676).

Alle Eingangsrechnungen müssen unmittelbar nach ihrem Eingang im Rechnungswesen erfaßt werden.

Nachlässe oder Gutschriften für Retouren müssen unmittelbar beim Rücksenden der Retouren oder beim Geltendmachen der Minderung periodengerecht verbucht werden. Vereinbarte Rückvergütungen und Treue-, Umsatzprämien usw. sind in geeigneter Weise zu überwachen und gegebenenfalls anzumahnen. Der nachträgliche Eingang von Rücksendungen ist ebenfalls zu überprüfen.

Das festgestellte Verfahren zur Wahrung von Skontofristen ist auf seine tatsächliche Einhaltung zu überprüfen. Skontorechnungen müssen bevorzugt abgefertigt werden, um die Inanspruchnahme des Skontos jederzeit zu ermöglichen.

Es ist auf die Ausnutzung der eingeräumten Zahlungsziele zu achten. Die vorzeitige Bezahlung ist ebenso zu vermeiden wie die Anmahnung von Lieferantenrechnungen bzw. der Eingang von Zahlungsbefehlen.

Nach der Bezahlung der Lieferantenrechnungen muß eine ordnungsgemäße Entwertung der Belege (Bezahlt-Stempel etc.) erfolgen.

(2) Prüfung des Nachweises

1526 Die Prüfung des Nachweises erfolgt wie bei den Forderungen aus Lieferungen und Leistungen anhand der vom Unternehmen anzufordernden **Saldenliste** und bei absoluter oder relativer Bedeutung der Verbindlichkeiten anhand von **Saldenbestätigungen** (vgl. Rz. 679ff.).

Bei der Einholung von Saldenbestätigungen ist auf folgende Besonderheiten zu achten:
– Es kommt nicht nur darauf an, einen möglichst hohen Prozentsatz der ausgewiesenen Verbindlichkeiten abzudecken. Vielmehr sollte die Saldenbestätigungsaktion das Funktionieren des Verfahrens der Abwicklung der Einkäufe und ihrer buchmäßigen Erfassung bestätigen. Aus diesem Grunde sollten zusätzlich Saldenbestätigungen von denjenigen Lieferanten eingeholt werden, die bereits im Rahmen der Prüfung der Zahlungsausgänge während des Jahres (vgl. Rz. 800) überprüft wurden.
– Falls Saldenbestätigungen nicht eingehen oder nicht eingeholt werden können, erstrecken sich die alternativen Prüfungshandlungen auf
  • die in der Zeit zwischen Bilanzstichtag und Abschlußprüfung eingehenden Lieferantenrechnungen,
  • die bestehenden Bestellaufträge und die zugehörigen Wareneingangsmeldungen,
  • die nach dem Bilanzstichtag geleisteten Zahlungen an Lieferanten.

Zum Bilanzstichtag muß eine ordnungsmäßige Abgrenzung zwischen Vorräten und Aufwendungen gewährleistet sein. Folgende Fehlermöglichkeiten kommen in Betracht:
– Verbindlichkeit, aber nicht mehr Bestand,
– Bestand, aber nicht mehr Verbindlichkeit.

Die im Rahmen der Inventurbeobachtung (vgl. Rz. 583, 587) vorgesehenen Prüfungsmaßnahmen sind für eine ausreichende Anzahl von Stichproben vorzunehmen.

Die debitorischen Kreditoren sind auf ihre Ursache zu untersuchen.

(3) Prüfung der Bewertung

1527 Die Prüfung der Bewertung erstreckt sich darauf, ob die Verbindlichkeiten mit dem Rückzahlungsbetrag angesetzt wurden.

Prüfungsunterlagen für die Ermittlung des Rückzahlungsbetrages sind die jeweiligen Aufträge und die Eingangsrechnungen.

Zu prüfen sind
– die sachliche und rechnerische Richtigkeit des Beleges und des Auftrages,
– die zutreffende Umrechnung von Fremdwährungsverbindlichkeiten mit dem am Bilanzstichtag geltenden Briefkurs oder, soweit eine währungs- und fristenkon-

gruente Sicherung der Währungsverbindlichkeiten besteht und die eventuell an der Sicherung beteiligten Geschäftspartner in ihrer Bonität außer Zweifel stehen, mit dem Kurswert im Zeitpunkt ihrer Entstehung;
aus der Umrechnung sich ergebende Kursgewinne und -verluste sind in den Arbeitspapieren festzuhalten und daraufhin zu überprüfen, ob sie zutreffend bilanziert und ausgewiesen wurden,
– evtl. Schätzungen für den Wert von geschuldeten Leistungen, sofern fremdbezogenes Material bereits eingebucht ist, die Rechnung aber noch aussteht.

Es ist darauf zu achten, daß eine Abzinsung unverzinslicher oder niedrig verzinslicher Verbindlichkeiten nach § 253 Abs. 1 Satz 2 HGB nF. nicht zulässig ist.

(4) Prüfung des Ausweises

1528 Die Ausweisprüfung erfordert
– eine Kontrolle des gesonderten Ausweises der Verbindlichkeiten aus Lieferungen und Leistungen bei großen und mittelgroßen Kapitalgesellschaften,
– die Beachtung der Vermerkpflichten (vgl. Rz. 1473ff., 1521),
– die Feststellung, daß unzulässige Saldierungen unterblieben sind,
– die Umgliederung wesentlicher debitorischer Kreditoren in das Umlaufvermögen in die Position II. 4 ,,Sonstige Vermögensgegenstände",
– ggf. den Ausweis realisierter Kursgewinne entweder als Verbindlichkeit oder als Rückstellung.
Vgl. *Raff* HdR 1638ff.; *WPH* 1981, 1231.

5. Verbindlichkeiten aus der Annahme gezogener Wechsel und der Ausstellung eigener Wechsel
(davon mit einer Restlaufzeit bis zu einem Jahr: DM)

a) Behandlung nach Handelsrecht

1530 Unter dieser Position sind sämtliche **Schuldwechsel** auszuweisen, die das Unternehmen als eigene Wechsel (Solawechsel) selbst ausgestellt oder die es als Bezogener durch Querschreiben akzeptiert hat (Tratten), auch wenn es sich dabei um Gefälligkeitsakzepte handeln sollte (vgl. *Adler/Düring/Schmaltz* § 151 Anm. 243). Für den Bilanzausweis sind die Wechselverbindlichkeiten und die Verbindlichkeiten aus den Wechseln i. d. R. zugrundeliegenden Schuldverhältnissen (z. B. Verbindlichkeiten aus Lieferungen und Leistungen) als identisch zu betrachten (vgl. *Mellerowicz* § 151 Anm. 123; *Niehus* § 42 Anm. 337). Wegen der sog. Wechselstrenge – der Wechselanspruch gegenüber der Unternehmung kann in dem schnellen und strengen Verfahren des Wechselprozesses ohne Darlegung des für die Ausstellung des Wechsels ursächlichen Sachverhalts (z. B. Warengeschäft) eingeklagt werden, wobei Einwendungen des Wechselschuldners nur in beschränktem Maße möglich sind (vgl. Art. 17 WG) – ist dabei grundsätzlich dem Ausweis unter den Wechselverbindlichkeiten der Vorrang einzuräumen (vgl. *Hüttemann* Verbindlichkeiten, Anm. 112). Es ist daher nicht zulässig, z. B. eine Lieferverbindlichkeit getrennt von der zugehörigen Wechselverbindlichkeit an anderer Stelle zusätzlich zu passivieren oder die Wechselverbindlichkeit beispielsweise unter den Verbindlichkeiten aus Lieferungen und Leistungen auszuweisen (vgl. dazu *Adler/Düring/Schmaltz* § 151 Anm. 243; *Niehus* § 42 Anm. 337).

1531 Demgegenüber sollten **Wechselverbindlichkeiten gegenüber verbundenen Unternehmen** grundsätzlich unter der Bilanzposition ,,Verbindlichkeiten gegenüber verbundenen Unternehmen" erfaßt werden, wobei i. d. R. ihre Mitzugehörigkeit zu den Wechselverbindlichkeiten nach § 265 Abs. 3 Satz 1 HGB nF. zu vermerken sein wird. Wegen des besonderen Charakters dieser Verbindlichkeiten dürfte statt dessen aber auch ihr Ausweis unter der Position ,,Wechselverbindlichkeiten" zulässig sein, sofern durch einen Bilanzvermerk nach § 265 Abs. 3 Satz 1 HGB nF. auf ihre Mitzugehörigkeit zu den Verbindlichkeiten gegenüber verbundenen Unternehmen hingewiesen wird (vgl. dazu *Adler/Düring/Schmaltz* § 151 Anm. 246; *Niehus* § 42 Anm. 337). Soweit das verbundene Unternehmen die betreffenden Wechsel weitergibt, entfällt im letzten Fall der Vermerk; im ersten Fall ist dann eine Umbuchung zu den Wechselverbindlichkeiten erforderlich (vgl. dazu *Adler/Düring/Schmaltz* § 151 Anm. 246).

Seitz

B 1532–1538   Der Jahresabschluß nach Handels- und Steuerrecht

1532 Die Erläuterungen unter Rz. 1531 gelten entsprechend auch für **Wechselverbindlichkeiten gegenüber Unternehmen, mit denen ein Beteiligungsverhältnis besteht.** Wegen des Ausweises von **Wechselverbindlichkeiten gegenüber Gesellschaftern** wird auf Rz. 1580f. verwiesen.

1533 Hinterlegt die Unternehmung bei ihren Gläubigern (z. B. Banken, Lieferanten, Auftraggebern, Treuhändern) Wechsel unter der Vereinbarung, diese nur in den Verkehr zu bringen, wenn sie ihren Verpflichtungen nicht fristgerecht bzw. vertragsgemäß nachkommt (**Kautions-** bzw. **Sicherungswechsel**), so sind diese Wechsel nach der herrschenden Meinung grundsätzlich nicht zu passivieren, soweit nicht mit der wechselmäßigen Inanspruchnahme wegen einer Pflichtverletzung durch das Unternehmen gerechnet werden muß (*Adler/Düring/Schmaltz* § 151 Anm. 244). Allerdings wird im Anhang auf die Hinterlegung derartiger Wechsel unter Angabe der Verpflichtungsgründe hinzuweisen sein (vgl. *Niehus* § 42 Anm. 337; *Mellerowicz* § 151 Anm. 123). Kautions- bzw. Sicherungswechsel, die das Unternehmen für Verpflichtungen Dritter hinterlegt hat, sind in der Bilanz als Eventualverbindlichkeiten zu vermerken (dazu im einzelnen Rz. 1650ff.).

1534 **Wechselindossamente** begründen keine unmittelbare Verbindlichkeit der Unternehmung, sondern – sofern sie nicht mit einem dem entgegenstehenden Vermerk (z. B. ,,ohne Obligo", ,,ohne Gewähr") versehen wurden, was allerdings in der Praxis selten vorkommen dürfte – lediglich deren Haftung für die Annahme und Zahlung des Wechsels (vgl. Art. 15 Abs.1 WG). Das infolge eines Wechselindossaments für die Unternehmung entstandene Haftungsrisiko ist daher grundsätzlich nicht zu passivieren, sondern als Eventualverbindlichkeit (dazu im einzelnen Rz. 1650ff.) zu vermerken (vgl. *Hüttemann* Verbindlichkeiten, Anm. 111).

1535 Wechselverbindlichkeiten sind unabhängig davon, wie hoch die erhaltene Gegenleistung bzw. das ursprüngliche Schuldverhältnis war, stets **in Höhe der Wechselsumme** zu passivieren. Bei Gefälligkeitsakzepten ist in gleicher Höhe eine Rückgriffsforderung zu aktivieren, solange die Bonität des Begünstigten keine Wertberichtigung erfordert (vgl. *Hüttemann* Verbindlichkeiten, Anm. 185, 188). Die bei der Diskontierung eines Wechsels anfallenden **Diskontierungskosten**, die sich regelmäßig aus dem Diskont als einem Zinsabschlag, der Wechselsteuer und einer Bankprovision zusammensetzen, werden dem Schuldner i. d. R. weiterbelastet. Sofern sie am Bilanzstichtag bereits vom Schuldner entrichtet waren oder in der Wechselsumme enthalten sind, ist der **Diskont** aktiv abzugrenzen, soweit er auf die Laufzeit des Wechsels nach dem Bilanzstichtag entfällt (vgl. *Hüttemann* Verbindlichkeiten, Anm. 186). Teilweise wird auch die sofortige Verbuchung als Aufwand für zulässig gehalten (vgl. *Adler/Düring/Schmaltz* § 156 Anm. 13). Werden die Diskontierungskosten dem Wechselschuldner erst nach dem Bilanzstichtag belastet, so ist der Teil des Diskonts, der auf die Zeit bis zum Abschlußstichtag entfällt, unter den sonstigen Verbindlichkeiten zu passivieren. Die **Wechselsteuer** und die **Bankprovision** sind dagegen in beiden Fällen im Jahr der Entstehung der Wechselverbindlichkeit als Aufwand zu verbuchen (vgl. *Hüttemann* Verbindlichkeiten, Anm. 187).

1536 Der Betrag der hier ausgewiesenen Wechselverbindlichkeiten mit einer **Restlaufzeit bis zu einem Jahr** ist zu dieser Position gesondert zu vermerken (§ 268 Abs. 5 Satz 1 HGB nF.). Sofern an dieser Stelle erfaßte Wechselverbindlichkeiten auch unter andere Posten der Bilanz fallen, ist die **Mitzugehörigkeit zu anderen Bilanzpositionen** zu vermerken oder im Anhang anzugeben, wenn dies aus Gründen der Klarheit und Übersichtlichkeit erforderlich ist (§ 265 Abs. 3 Satz 1 HGB nF.). Zum Ausweis in der Handelsbilanz und zu weiteren Vermerkpflichten hinsichtlich der Verbindlichkeiten vgl. auch Rz. 1470ff..

b) Ertragsteuerliche Behandlung

1537 Für die **Steuerbilanz** dürfte hinsichtlich der Aktivierung bzw. Abgrenzung eines dem Wechselschuldner vor dem Bilanzstichtag belasteten Diskonts kein Wahlrecht, sondern entsprechend dem Damnum (vgl. Rz. 825ff.) eine Aktivierungspflicht bestehen. Ansonsten vgl. Rz. 1535.

1538 Auch Wechselkredite sind gewerbesteuerlich **Dauerschulden,** wenn sie wirtschaftlich mit der Gründung, einer Erweiterung oder Verbesserung des Betriebs zusam-

Verbindlichkeiten (Erläuterung der Einzelposten)   1539–1542 B

menhängen oder wenn sie nach der Laufzeit der Wechsel einer nicht nur vorübergehenden Verstärkung des Betriebskapitals dienen (vgl. BFH v. 19. 1. 1984, BStBl. II 1984, 376; BFH v. 15. 11. 1983, BStBl. II 1984, 213). Ein Wechselkredit kurzer Laufzeit kann die Eigenschaft einer Dauerschuld annehmen, sofern von vornherein beabsichtigt war, die Laufzeit des Wechsels dementsprechend zu verlängern (vgl. BFH v. 15. 11. 1983, BStBl. II 1984, 213; BFH v. 4. 7. 1969, BStBl. II 1969, 712). Kurzfristige Wechselkredite, die nicht mit einzelnen Geschäftsvorfällen wie z. B. Warenlieferungen in unmittelbaren Zusammenhang gebracht werden können, sind ferner auch dann als Dauerschulden zu behandeln, wenn sie ständig durch die Begebung neuer Wechsel revolviert werden, so daß der Unternehmung dadurch im Ergebnis ein Kredit über einen längeren Zeitraum als ein Jahr zur Verfügung steht (vgl. BFH v. 28. 6. 1978, BStBl. II 1978, 651), vorausgesetzt die Prolongationsmöglichkeit für einen Zeitraum von mehr als einem Jahr war von vornherein verbindlich vereinbart (vgl. BFH v. 15. 11. 1983, BStBl. 1984 II, 213; zu weiteren Einzelheiten vgl. Abschn. 47 Abs. 9 GewStR).

c) Bewertungsrechtliche Behandlung

1539 Auch Wechselschulden sind Kapitalschulden. Es gilt daher das zu Rz. 1523 Gesagte.

Verschafft sich ein Unternehmer dadurch einen Kredit, daß er wegen bestehender Verbindlichkeiten aus Warenlieferungen Wechselverpflichtungen mit späterer Fälligkeit eingeht, und zahlt er die bei der Wechseldiskontierung abgezogenen Zinsen, so ist der in der Steuerbilanz angesetzte aktive Rechnungsabgrenzungsposten bei der Einheitsbewertung des gewerblichen Betriebs zu übernehmen (BFH v. 27. 3. 1985, BStBl. II 1985, 416).

d) Prüfungstechnik

1540 Die **Prüfung des internen Kontrollsystems** erfordert die Ermittlung des angestrebten Soll-Zustands an Hand von Fragebögen oder verbalen Beschreibungen in Form eines Dauerarbeitspapiers. Der Soll-Zustand sollte umfassen:
– die lückenlose Erfassung des Wechselverkehrs in einem Wechselkopierbuch,
– die rechnerisch richtige Führung des Wechselkopierbuchs (Addition der Seiten des Wechselkopierbuches für einen bestimmten Zeitraum und die Überprüfung der Seitenüberträge),
– die getrennte Erfassung von Waren und Finanzwechseln,
– eventuelle Wechselprolongationen oder Wechselproteste,
– die Vermeidung von Funktionenkollisionen bei der Ausstellung von Wechseln (der Aussteller darf weder Zugang zu Geld, Vorräten oder zur Rechnungserteilung haben; Aussteller und Unterzeichner müssen verschiedene Personen sein).
Die vorgesehenen Kontrollen sind auf ihr Funktionieren zu beurteilen.
Die Prüfung erstreckt sich im übrigen auf die Ermittlung des Ist-Zustandes des internen Kontrollsystems und die Würdigung evtl. Soll/Ist-Abweichungen.

1541 Zur **Prüfung des Nachweises** ist der Wechselbestand laut Sachkonto mit dem Wechselkopierbuch abzustimmen. Dabei ist sicherzustellen, daß alle im Wechselkopierbuch als noch nicht fällig gekennzeichneten Wechsel unter den Schuldwechseln erfaßt sind.

Für Warenwechsel muß zum Bilanzstichtag eine ordnungsgemäße Abgrenzung zwischen Vorräten und Aufwendungen gewährleistet sein (vgl. Rz. 1526, 583, 587).

1542 Die **Prüfung der Bewertung** erstreckt sich darauf, ob die Schuldwechsel mit dem Rückzahlungsbetrag angesetzt wurden.

Bei Fremdwährungswechseln ist zu untersuchen, ob die Umrechnung mit dem am Bilanzstichtag geltenden Briefkurs oder, soweit eine währungs- und fristenkongruente Sicherung der Währungswechsel besteht und die an der Sicherung beteiligten Geschäftspartner in ihrer Bonität außer Zweifel stehen, mit dem Kurswert zum Zeitpunkt der Entstehung der Wechselverbindlichkeit erfolgte.

Aus der Umrechnung sich ergebende Kursgewinne und -verluste sind in den Arbeitspapieren festzuhalten und daraufhin zu überprüfen, ob sie zutreffend bilanziert und ausgewiesen wurden.

Zu achten ist auf eine ordnungsgemäße Abgrenzung der Zinsen und Gebühren.

1543 Die **Ausweisprüfung** erfordert
- die Kontrolle des gesonderten Ausweises der Wechselverbindlichkeiten bei großen und mittelgroßen Kapitalgesellschaften,
- die Erfassung der Umkehr-Wechsel (bei denen die Gesellschaft anstelle des Lieferanten den Wechsel bei ihrer Hausbank zum Diskont gibt) als Schuldwechsel,
- die Beachtung der Vermerkpflichten, vgl. Rz. 1473 ff., 1531, 1532, 1536,
- die Prüfung des richtigen Ausweises von Gegenbuchungen, insbesondere der aktivischen Abgrenzung von vorausgezahltem Wechseldiskont bzw. der Erfassung von Wechseldiskont unter den sonstigen Verbindlichkeiten, sofern er bei Wechseleinlösung gezahlt wird,
- den zutreffenden Ausweis nicht realisierter Kursgewinne entweder als Verbindlichkeit oder als Rückstellung.

Vgl. *WPH* 1981, 1193 ff., 1234.

6. Verbindlichkeiten gegenüber verbundenen Unternehmen
(davon mit einer Restlaufzeit bis zu einem Jahr: DM)

a) Behandlung nach Handelsrecht

1547 Der Begriff der verbundenen Unternehmen ist für den Bereich der Rechnungslegung in § 271 Abs. 2 HGB nF. abweichend von § 15 AktG neu definiert worden. **Verbundene Unternehmen** sind danach sämtliche Unternehmungen, die als Mutter- oder Tochterunternehmen i. S. v. § 290 HGB nF. in den Konzernabschluß desjenigen Mutterunternehmens einzubeziehen sind, das als oberstes Mutterunternehmen den umfassendsten Konzernabschluß
- nach den Vorschriften des Handelsgesetzbuchs zur Konzernrechnungslegung (§§ 290–315 HGB nF.) aufzustellen hat, wobei es für den Begriff der verbundenen Unternehmen ohne Bedeutung ist, ob diese Mutterunternehmung auch tatsächlich einen Konzernabschluß erstellt (vgl. z. B. die Befreiungstatbestände des § 293 HGB nF.), oder
- nach § 291 oder § 292 HGB nF. als befreienden Konzernabschluß aufstellt oder aufstellen könnte.

Tochterunternehmen, die nach § 295 oder § 296 HGB nF. nicht in den Konzernabschluß dieses obersten Mutterunternehmens einbezogen werden, gehören ebenfalls zu den verbundenen Unternehmen. Nicht zu den verbundenen Unternehmen zählen dagegen diejenigen Unternehmungen, die nach § 310 Abs. 1 HGB nF. anteilmäßig in den Konzernabschluß der obersten Muttergesellschaft einbezogen werden dürfen, und die assoziierten Unternehmen (vgl. § 311 HGB nF.; zu weiteren Einzelheiten vgl. die Erläuterungen zur Konzernrechnungslegung, Teil F, sowie unter Rz. 423 ff.).

1548 Unter der Position „**Verbindlichkeiten gegenüber verbundenen Unternehmen**" sind unabhängig vom Zeitpunkt ihrer Begründung sämtliche Verbindlichkeiten gegenüber denjenigen Unternehmungen zu erfassen, die am Bilanzstichtag zu den verbundenen Unternehmen zählen. Das gilt auch dann, wenn die Gläubigerunternehmung zur Zeit der Entstehung der Verbindlichkeit noch nicht dem Kreis der verbundenen Unternehmen angehörte. Umgekehrt sind Verbindlichkeiten, die zu einer Zeit entstanden sind, zu der das Gläubigerunternehmen noch zu den verbundenen Unternehmen zu rechnen war, nicht an dieser Stelle auszuweisen, wenn die Gläubigerunternehmung am Bilanzstichtag nicht mehr zu den verbundenen Unternehmen zählt (vgl. *Adler/Düring/Schmaltz* § 151 Anm. 251, 172).

1549 Der **Ausweis** unter den Verbindlichkeiten gegenüber verbundenen Unternehmen geht der Erfassung unter einer der übrigen Verbindlichkeitspositionen grundsätzlich vor (vgl. *Niehus* § 42 Anm. 338, 277). Nur für bestimmte Verbindlichkeitsarten – namentlich für Wechselverbindlichkeiten (vgl. auch Rz. 1531) und Verbindlichkeiten gegenüber Kreditinstituten – dürfte wegen ihres besonderen Charakters statt dessen auch der Ausweis an anderer Stelle zulässig sein, sofern die Mitzugehörigkeit zu den Verbindlichkeiten gegenüber verbundenen Unternehmen gemäß § 265 Abs. 3 Satz 1 HGB nF. in der Bilanz oder im Anhang vermerkt wird (vgl. *Niehus* § 42 Anm. 337; *Adler/Düring/Schmaltz* § 151 Anm. 251, 174). Jedoch sollte auch für derartige Verbindlichkeiten der Ausweis unter der Bilanzposition „Verbindlichkeiten gegenüber

Verbindlichkeiten (Erläuterung der Einzelposten) 1550–1553 **B**

verbundenen Unternehmen" – sofern erforderlich in Verbindung mit einem entsprechenden Mitzugehörigkeitsvermerk nach § 265 Abs. 3 Satz 1 HGB nF. – vorgezogen werden. Eine Untergliederung dieses Verbindlichkeitspostens nach den Entstehungsursachen der hier erfaßten Verbindlichkeiten (z. B. Verbindlichkeiten aus Lieferungen und Leistungen, Darlehen, etc.) kann zweckmäßig sein, ist jedoch nicht vorgeschrieben (vgl. dazu *Adler/Düring/Schmaltz* § 151 Anm. 251, 172; *Mellerowicz* § 151 Anm. 126). Zur Bewertung der Verbindlichkeiten in der Handelsbilanz vgl. Rz. 1435 ff..

1550 Der Gesamtbetrag der Verbindlichkeiten gegenüber verbundenen Unternehmen mit einer **Restlaufzeit bis zu einem Jahr** ist zu dieser Position gesondert anzugeben (§ 268 Abs. 5 Satz 1 HGB nF.). Fallen an dieser Stelle ausgewiesene Verbindlichkeiten auch unter andere Posten der Bilanz, so ist ihre **Mitzugehörigkeit zu anderen Bilanzpositionen** zu vermerken („Davon-Vermerk") oder im Anhang anzugeben, sofern dies im Interesse der Klarheit und Übersichtlichkeit erforderlich ist (§ 265 Abs. 3 Satz 1 HGB nF.). **Mittelgroße Kapitalgesellschaften,** die von ihrem Wahlrecht Gebrauch machen, ihre Verbindlichkeiten für Zwecke der Offenlegung in einem Betrag zusammengefaßt auszuweisen (vgl. Rz. 1471), haben die Summe ihrer gegenüber verbundenen Unternehmen bestehenden Verbindlichkeiten in der Bilanz („Davon-Vermerk") oder im Anhang gesondert anzugeben (§ 327 Nr. 1 HGB nF.). Zum Bilanzausweis und zu weiteren Vermerkpflichten bezüglich der Verbindlichkeiten vgl. auch Rz. 1470 ff.

b) Ertragsteuerliche Behandlung

1551 In den Verbindlichkeiten gegenüber verbundenen Unternehmen enthaltene **Dauerschulden** führen bei der Berechnung des Gewerbekapitals i. d. R. zu einer Hinzurechnung nach § 12 Abs. 2 Nr. 1 GewStG und im Rahmen der Ermittlung des Gewerbeertrags gegebenenfalls zu einer Hinzurechnung von Dauerschuldzinsen gemäß § 8 Nr. 1 GewStG (hierzu im einzelnen Rz. 1596 ff.). Zur Dauerschuldproblematik vgl. auch die Erläuterungen zu den verschiedenen Verbindlichkeitsarten. Hinsichtlich der Bewertung von Verbindlichkeiten in der Steuerbilanz wird auf Rz. 1435 ff. verwiesen. Zu den Problemen der verdeckten Gewinnausschüttung bzw. Entnahme und der verdeckten Einlage vgl. Rz. 1582 ff.

1552 Zwischen verbundenen Unternehmen wird nicht selten ein Organverhältnis bestehen. Das Rechtsinstitut der **Organschaft** bietet im Bereich der Ertragsteuern im wesentlichen folgende Vorteile: Zum einen erlaubt es die Verrechnung von steuerlichen Verlusten einer Kapitalgesellschaft (Organgesellschaft) mit steuerlichen Gewinnen des sie beherrschenden Unternehmens (Organträger), zum anderen bietet es die Möglichkeit, tariflich begünstigte Einkommensteile der Organgesellschaft an den Organträger weiterzuleiten, ohne auf die Tarifvergünstigung verzichten zu müssen (vgl. dazu § 19 KStG). Im Bereich der Gewerbesteuer wird darüber hinaus durch die Organschaft eine doppelte Besteuerung desselben Tatbestands vermieden (z. B. Darlehen des Organträgers an die Organgesellschaft, das bei der Organgesellschaft zu den Dauerschulden gehört; vgl. auch Rz. 1561).

1553 Ein **Organschaftsverhältnis** liegt vor, wenn folgende Voraussetzungen erfüllt sind: Der **Organträger** muß ein inländisches, gewerbliches Unternehmen sein (§ 14 Satz 1 KStG). Er muß die Voraussetzungen eines Gewerbebetriebs nach den Vorschriften des § 2 GewStG erfüllen (vgl. Abschn. 48 Abs. 1 KStR). Bei Einzelunternehmen und Personengesellschaften setzt dies die Ausübung einer gewerblichen Tätigkeit i. S. v. § 1 GewStDV voraus (vgl. auch Abschn. 8 GewStR). Auch Kapitalgesellschaften, die demgegenüber unabhängig von ihrer Tätigkeit allein aufgrund ihrer Rechtsform als Gewerbebetriebe gelten (§ 2 Abs. 2 Nr. 2 GewStG), werden nach der Rechtsprechung des BFH nur dann als Organträger anerkannt, wenn sie eine gewerbliche Tätigkeit i. S. v. § 1 GewStDV ausüben (vgl. dazu BFH v. 17. 12. 1969, BStBl. II 1970, 257 und BFH v. 18. 4. 1973, BStBl. II 1973, 740). Nach § 14 Nr. 3 KStG kommen als Organträger grundsätzlich in Betracht:
– unbeschränkt steuerpflichtige natürliche Personen (gewerbliche Unternehmer)
– nicht steuerbefreite Körperschaften, Personenvereinigungen und Vermögensmassen i. S. v. § 1 KStG mit Geschäftsleitung und Sitz im Inland

Seitz

– Personengesellschaften i. S. v. § 15 Abs. 1 Nr. 2 EStG mit Geschäftsleitung und Sitz im Inland (vgl. dazu § 14 Nr. 3 Sätze 2 bis 4 KStG).
Darüber hinaus kann unter bestimmten Voraussetzungen auch eine inländische, im Handelsregister eingetragene Zweigniederlassung eines ausländischen gewerblichen Unternehmens die Funktion des Organträgers übernehmen (vgl. dazu § 2 Abs. 2 Nr. 2 Satz 3 GewStG und § 18 KStG).

1554 Die **Organgesellschaft** muß eine Kapitalgesellschaft (z. B. AG, KGaA, GmbH) mit Sitz und Geschäftsleitung im Inland sein (vgl. §§ 14 Satz 1 und 17 KStG). Im Gegensatz zum Organträger braucht sie nicht gewerblich tätig zu sein (vgl. BFH v. 21. 1. 1970, BStBl. II 1970, 348).

1555 Die Organgesellschaft muß vom Beginn ihres Wirtschaftsjahrs an ohne Unterbrechung (vgl. dazu Abschn. 53 KStR) finanziell, wirtschaftlich und organisatorisch in das Unternehmen des Organträgers eingegliedert sein. Die **finanzielle Eingliederung** (vgl. § 14 Nr. 1 KStG) ist gegeben, wenn der Organträger unmittelbar an der Organgesellschaft beteiligt ist und ihm aus seinen Anteilen an der Organgesellschaft die Mehrheit der Stimmrechte zusteht. Das Erfordernis der finanziellen Eingliederung ist ferner auch dann erfüllt, wenn der Organträger an der Organgesellschaft mittelbar beteiligt ist und jede der Beteiligungen, auf denen die mittelbare Beteiligung beruht, die Mehrheit der Stimmrechte gewährt. Die finanzielle Eingliederung muß entweder auf einer mittelbaren oder auf einer unmittelbaren Beteiligung beruhen. Eine Zusammenrechnung von mehreren mittelbaren oder von unmittelbaren mit mittelbaren Beteiligungen kommt nicht in Betracht (vgl. Abschn. 49 KStR und die dort angeführten Beispiele).

1556 Die **organisatorische Eingliederung** liegt vor, wenn durch geeignete Maßnahmen sichergestellt ist, daß der Wille des Organträgers in der Geschäftsführung der Organgesellschaft tatsächlich durchgeführt wird. Das Merkmal der organisatorischen Eingliederung ist stets gegeben, wenn die Organgesellschaft die Leitung ihres Unternehmens durch einen Beherrschungsvertrag i. S. v. § 291 Abs. 1 AktG dem Unternehmen des Organträgers unterstellt hat oder wenn sie nach den §§ 319 bis 327 AktG nF. in das Unternehmen des Organträgers eingegliedert ist (vgl. § 14 Nr. 2 KStG, Abschn. 51 KStR).

1557 Die **wirtschaftliche Eingliederung** ist vorhanden, wenn die Organgesellschaft nach Art einer unselbständigen Betriebsabteilung in den Unternehmensaufbau des Organträgers eingeordnet ist und in dieser Funktion dessen gewerbliche Betätigung wirtschaftlich fördert und ergänzt (Abschn. 50 Abs. 1 Satz 6 KStR). Dies setzt voraus, daß der Organträger eine gewerbliche Tätigkeit i. S. v. § 1 GewStDV ausübt. Die Tätigkeit der Organgesellschaft muß demgegenüber nicht gewerblicher Natur sein; sie kann sich auch als reine Vermögensverwaltung darstellen oder auf das Halten von Beteiligungen beschränken (vgl. auch Rz. 1554). Der Organträger und die Organgesellschaft brauchen nicht dem gleichen Geschäftszweig anzugehören; sie müssen jedoch nach einer einheitlichen Gesamtkonzeption geführt werden (vgl. BFH v. 21. 1. 1976, BStBl. II 1976, 389; zu weiteren Einzelheiten vgl. Abschn. 50 KStR).

1558 Sind alle bisher genannten Voraussetzungen erfüllt, so liegt ein Organverhältnis vor, das allerdings für sich allein im Bereich der **Körperschaftsteuer** noch keine Auswirkungen hat. Die Organschaft im Sinne des Körperschaftsteuerrechts setzt außerdem voraus, daß die Organgesellschaft sich in einem **Gewinnabführungsvertrag** dazu verpflichtet hat, ihren ganzen Gewinn an den Organträger abzuführen. Ist die Organgesellschaft eine AG oder KGaA, so wird steuerlich nur ein Gewinnabführungsvertrag i. S. v. § 291 Abs. 1 AktG anerkannt (vgl. § 14 KStG). Falls die Organgesellschaft eine andere Rechtsform (z. B. GmbH) besitzt, muß der Gewinnabführungsvertrag den Vorschriften des § 17 KStG entsprechen. Der Gewinnabführungsvertrag muß für die Dauer von mindestens 5 Jahren abgeschlossen und während dieser Zeit auch tatsächlich durchgeführt werden (§ 14 Nr. 4 KStG, wegen weiterer Einzelheiten vgl. Abschn. 55 KStR; *Dötsch/Eversberg/Jost/Witt* § 14 Anm. 40ff.).

1559 Im Bereich der **Gewerbesteuer** setzt die Organschaft lediglich ein bestehendes Organverhältnis voraus (Rz. 1553 bis Rz. 1557); ein Gewinnabführungsvertrag ist dagegen nicht erforderlich (vgl. § 2 Abs. 2 Nr. 2 GewStG; Abschn. 17 Abs. 1 Sätze 1 bis 4 GewStR). Darüber hinaus kann im Gewerbesteuerrecht abweichend vom Körperschaftsteuerrecht auch eine ausländische Kapitalgesellschaft insoweit Organgesellschaft sein, als sie im Inland einen Gewerbebetrieb unterhält (vgl. BFH v. 28. 3. 1979, BStBl. II 1979, 447).

1560 Die Organschaft führt im wesentlichen zu folgenden **Besteuerungskonsequenzen:** Im Bereich der **Körperschaftsteuer** ist das Einkommen des Organs dem Organträger zuzurechnen und von diesem zu versteuern (vgl. § 14 KStG). Sind bei der Organgesellschaft die Voraussetzungen für besondere Tarifvorschriften erfüllt, die einen Abzug von der Körperschaftsteuer vorsehen, so sind diese Vorschriften grundsätzlich beim Organträger entsprechend anzuwenden (vgl. § 19 KStG, Abschn. 65 KStR). Ausgleichszahlungen an Gesellschafter der Organgesellschaft und die darauf entfallende Ausschüttungsbelastung i. S. v. § 27 KStG sind stets von der Organgesellschaft zu versteuern, auch wenn sie vom Organträger geleistet wurden (vgl. § 16 KStG, Abschn. 63 KStR). Bei der Ermittlung des Einkommens der Organgesellschaft ist ein Verlustabzug i. S. v. § 10d EStG nicht zulässig (vgl. § 15 Nr. 1 KStG; Abschn. 61 KStR).

1561 Im **Gewerbesteuerrecht** gilt die Organgesellschaft als Betriebsstätte des Organträgers (sog. Betriebsstättenfiktion; vgl. BFH v. 6. 10. 1953, BStBl. III 1953, 329); die Gewerbesteuer wird beim Organträger erhoben. Zu diesem Zweck werden die Gewerbeerträge und -kapitalien des Organträgers sowie der Organgesellschaft zunächst getrennt ermittelt und anschließend zur Ermittlung des einheitlichen GewSt-Meßbetrags (§ 14 GewStG) zusammengerechnet (vgl. dazu Abschn. 42 Abs. 1 und 83 Abs. 1 GewStR). Hinzurechnungen nach den §§ 8 und 12 Abs. 2 GewStG haben dabei insoweit zu unterbleiben, als die hierfür in Betracht kommenden Beträge bereits in einem der zusammenzurechnenden Gewerbeerträge bzw. -kapitalien enthalten sind und daher im Falle der Hinzurechnung doppelt versteuert würden (vgl. Abschn. 42 Abs. 1 und 83 Abs. 2 GewStR sowie BFH v. 23. 10. 1974, BStBl. II 1975, 46). Sofern erforderlich, ist der Gewerbeertrag der Organgesellschaft vor der Zusammenrechnung nach § 10 Abs. 3 GewStG auf einen Jahresbetrag umzurechnen (vgl. dazu BFH v. 5. 5. 1977, BStBl. II 1977, 701).

c) Bewertungsrechtliche Behandlung

1562 Da das Bewertungsrecht das Institut der Organschaft nicht kennt, vielmehr jede der beiden Gesellschaften als selbständig behandelt, sind Verbindlichkeiten gegenüber Unternehmen des **Organkreises** als Schulden abzugsfähig, wenn die sonstigen bewertungsrechtlichen Voraussetzungen gegeben sind. Die auf einem Ergebnisabführungsvertrag beruhende Verpflichtung der Organgesellschaft, den Handelsbilanzgewinn abzuführen, hat bewertungsrechtlich zur Folge, daß insoweit kein Eigenkapital vorliegt, sondern eine Schuld gegenüber dem Organträger.

Darlehen, die einer **Kapitalgesellschaft** von ihren Gesellschaftern gewährt werden, sind grundsätzlich als Schuld abzugsfähig. Nur in seltenen Ausnahmefällen können Gesellschafterdarlehen als verdeckte Einlagen zu werten sein; es gelten dieselben Maßstäbe wie bei den Ertragsteuern (Abschn. 11 Abs. 2 VStR).

Bei **Personenhandelsgesellschaften** bilden Darlehen, die ein Mitunternehmer seiner Gesellschaft gewährt, Eigenkapital, da es im Verhältnis zwischen Gesellschaft und Mitunternehmer in der Regel weder Forderungen noch Schulden gibt. Ausgenommen sind nur schuldrechtliche Beziehungen, die ihre Grundlage nicht im Gesellschaftsverhältnis haben.

1563 Stehen die Verbindlichkeiten gegenüber verbundenen Unternehmen in **wirtschaftlichem Zusammenhang mit steuerfreien Wirtschaftsgütern,** sind sie bei der Einheitsbewertung des gewerblichen Betriebs nicht abzugsfähig. Hier kommen vor allem unter das Schachtelprivileg des § 102 BewG fallende Beteiligungen und im Ausland belegenes Vermögen in Betracht, das nach einem DBA von der deutschen Besteuerung freigestellt ist.

Das **Nennwertprinzip des § 12 Abs. 1 BewG** gilt für Verbindlichkeiten gegenüber verbundenen Unternehmen ebenfalls. Eine Abweichung vom Nennwert ist nur in Ausnahmefällen gerechtfertigt. Den bedeutsamsten Ausnahmefall bilden unverzinsliche Schulden, deren Laufzeit mehr als ein Jahr beträgt und die zu einem bestimmten Zeitpunkt fällig sind. Sie sind mit dem Gegenwartswert anzusetzen, d. h. mit dem um Zwischenzinsen einschließlich Zinseszinsen geminderten Nennwert. Zur Berechnung des Abzinsungsbetrages wird auf Abschn. 56 Abs. 1 und 2 VStR und die dort genannten Hilfstafeln verwiesen.

1564 Auch **niedrig verzinsliche Verbindlichkeiten** können zu einer Abweichung vom Nennwertprinzip führen. Als niedrig verzinslich werden Schulden mit einem Zinssatz unter 4 v. H. angesehen, wenn die Kündbarkeit für mindestens vier Jahre eingeschränkt oder ausgeschlossen ist und der niedrigen Verzinsung nicht wirtschaftliche Nachteile gegenüberstehen. Niedrig verzinsliche Schulden sind mit dem um den Kapitalwert des jährlichen Zinsgewinns geminderten Nennwert anzusetzen. Zur Berechnung des Kapitalwerts wird auf Abschn. 56 Abs. 4 VStR einschließlich der dort genannten Hilfstafel verwiesen. Wegen hoch verzinslicher Verbindlichkeiten wird auf Rz. 1500 Bezug genommen.

In allen Fällen, in denen die Verbindlichkeiten nicht mit dem Nennwert angesetzt werden dürfen, ist im Rahmen der Vermögensaufstellung die Anlage FR zur Bewertung im maschinellen Verfahren auszufüllen.

d) Prüfungstechnik

1565 Die Prüfung des **internen Kontrollsystems, die Prüfung des Nachweises** und **der Bewertung** erfolgt in gleicher Weise wie bei den Verbindlichkeiten aus Lieferungen und Leistungen, vgl. Rz. 1524f., 1526.

Die **Prüfung des Ausweises** erfordert die Kontrolle des gesonderten Ausweises der Verbindlichkeiten gegenüber verbundenen Unternehmen bei großen und mittelgroßen Kapitalgesellschaften.

Die Art der Unternehmensverbindung zum Schuldner ist nachzuvollziehen; sofern ein Beteiligungsverhältnis besteht, ist darauf zu achten, daß Verbindlichkeiten gegenüber Unternehmen, mit denen ein Beteiligungsverhältnis besteht, gesondert ausgewiesen werden.

Zu beachten sind die Vermerkpflichten, vgl. Rz. 1473ff., 1550.

Die Prüfung erstreckt sich auch auf den richtigen Ausweis der Gegenbuchung.

7. Verbindlichkeiten gegenüber Unternehmen, mit denen ein Beteiligungsverhältnis besteht
(davon mit einer Restlaufzeit bis zu einem Jahr: DM)

a) Behandlung nach Handelsrecht

1570 Die Bilanzposition **„Verbindlichkeiten gegenüber Unternehmen, mit denen ein Beteiligungsverhältnis besteht"** ist neu; sie war bisher im aktienrechtlichen Gliederungsschema nicht vorgesehen (vgl. § 151 Abs. 1 AktG aF.). Unter dieser Position sind unabhängig vom Zeitpunkt ihrer Entstehung sämtliche am Bilanzstichtag vorhandenen Verbindlichkeiten gegenüber den Unternehmen auszuweisen,
– an denen das bilanzierende Unternehmen am Bilanzstichtag (vgl. hierzu die Ausführungen unter Rz. 1548) i. S. v. § 271 Abs. 1 HGB nF. beteiligt ist und
– die nicht zu den mit der bilanzierenden Unternehmung verbundenen Unternehmen zählen (vgl. dazu Rz. 1547). Andernfalls sind die betreffenden Verbindlichkeiten nicht an dieser Stelle, sondern unter der Bilanzposition „Verbindlichkeiten gegenüber verbundenen Unternehmen" zu erfassen (vgl. *Niehus* § 42 Anm. 339, 278).

1571 **Beteiligungen** i. S. v. § 271 Abs. 1 HGB nF. sind Anteile an anderen Unternehmen, die dazu bestimmt sind, dem eigenen Geschäftsbetrieb durch die Herstellung einer dauernden Verbindung zu diesen Unternehmen zu dienen, wobei es nicht darauf ankommt, ob die Anteile in Wertpapieren verbrieft sind oder nicht. Anteile an einer Kapitalgesellschaft, deren Nennbeträge insgesamt 20% des Nennkapitals dieser Gesellschaft überschreiten, gelten im Zweifel als Beteiligung (§ 271 Abs. 1 Satz 3 HGB nF.). Diese gesetzliche Beteiligungsvermutung, die nach altem Recht erst bei einem Anteil am Nennkapital von mindestens 25% eingriff (vgl. § 152 Abs. 2 AktG aF.), kann allerdings widerlegt werden (vgl. dazu *Adler/Düring/Schmaltz* § 152 Anm. 29ff.). Welcher Anteil am Nennkapital einer Kapitalgesellschaft einem Unternehmen zuzurechnen ist, bestimmt sich nach den §§ 16 Abs. 2 und 4 AktG (§ 271

Verbindlichkeiten (Erläuterung der Einzelposten)

Abs. 1 Satz 4 HGB nF.), wonach auch nicht unmittelbar von der Unternehmung gehaltene Anteile einzubeziehen sein können. Die Mitgliedschaft in einer Personengesellschaft gilt stets als Beteiligung (vgl. *Kropff* § 152 Anm. 17). Demgegenüber ist die Mitgliedschaft in einer eingetragenen Genossenschaft bei der Bilanzierung nicht als Beteiligung zu behandeln (§ 271 Abs. 1 Satz 5 HGB nF.). Zu weiteren Einzelheiten vgl. Rz. 433 ff.

Hinsichtlich der Abgrenzung der Bilanzposition „Verbindlichkeiten gegenüber Unternehmen, mit denen ein Beteiligungsverhältnis besteht" von den übrigen Verbindlichkeitsposten gelten die Ausführungen unter Rz. 1549 entsprechend. Zur Bewertung der Verbindlichkeiten in der Handelsbilanz vgl. Rz. 1435 ff.

1572 Der Betrag der unter diesem Bilanzposten ausgewiesenen Verbindlichkeiten mit einer **Restlaufzeit bis zu einem Jahr** ist zu dieser Position gesondert anzugeben (§ 268 Abs. 5 Satz 1 HGB nF.). Fallen an dieser Stelle erfaßte Verbindlichkeiten auch unter andere Verbindlichkeitsposten, so ist die **Mitzugehörigkeit zu anderen Bilanzpositionen** in der Bilanz („Davon-Vermerk") oder im Anhang zu vermerken, sofern die Klarheit und die Übersichtlichkeit des Jahresabschlusses dies erfordern (§ 265 Abs. 3 Satz 1 HGB nF.). **Mittelgroße Kapitalgesellschaften,** die ihre Verbindlichkeiten zum Zweck der Offenlegung in einem Betrag zusammengefaßt ausweisen (vgl. Rz. 1471), müssen die Summe ihrer Verbindlichkeiten gegenüber Unternehmen, mit denen ein Beteiligungsverhältnis besteht, in der Bilanz („Davon-Vermerk") oder im Anhang gesondert angeben (§ 327 Nr. 1 HGB nF.). Zu weiteren Vermerkpflichten und zum Bilanzausweis vgl. auch Rz. 1470 ff.

b) Ertragsteuerliche Behandlung

1573 In dieser Bilanzposition enthaltene **Dauerschulden** führen im Rahmen der Ermittlung des Gewerbekapitals regelmäßig zu einer Hinzurechnung nach § 12 Abs. 2 Nr. 1 GewStG und bei der Berechnung des Gewerbeertrags gegebenenfalls zur Hinzurechnung von Dauerschuldzinsen nach § 8 Nr. 1 GewStG (vgl. hierzu Rz. 1596 ff.). Zur Dauerschuldproblematik vgl. auch die Erläuterungen zu den anderen Verbindlichkeitspositionen. Hinsichtlich der Bewertung von Verbindlichkeiten in der Steuerbilanz wird auf Rz. 1435 ff. verwiesen. Zur verdeckten Gewinnausschüttung bzw. Entnahme und zur verdeckten Einlage vgl. Rz. 1582 f., zur Organschaft im Ertragsteuerrecht vgl. Rz. 1552 ff..

c) Bewertungsrechtliche Behandlung

1574 Vgl. Rz. 1562 ff.

d) Prüfungstechnik

1575 Die Prüfung erfolgt in gleicher Weise wie die Prüfung der Verbindlichkeiten gegenüber verbundenen Unternehmen, vgl. Rz. 1565. Bei der Prüfung des Ausweises ist auf die Einhaltung der in Rz. 1572 aufgeführten Vermerk- und Berichtspflichten zu achten.

8. (–*) Verbindlichkeiten gegenüber Gesellschaftern
(davon mit einer Restlaufzeit bis zu einem Jahr: DM)

a) Behandlung nach Handelsrecht

580 **Gesellschaften mit beschränkter Haftung** müssen sämtliche am Bilanzstichtag gegenüber ihren Gesellschaftern bestehenden Verbindlichkeiten entweder unter einer eigenen, entsprechend bezeichneten Bilanzposition ausweisen oder im Anhang gesondert angeben. Im letzten Fall haben sie in der Bilanz zu jeder Verbindlichkeitsposition den darin enthaltenen Betrag der Verbindlichkeiten gegenüber Gesellschaftern gesondert zu vermerken (§ 42 Abs. 3 GmbHG nF.). Mit Ausnahme der Angabe im Anhang gilt dies auch für **Personenhandelsgesellschaften,** wenn ihre gegenüber Gesellschaftern bestehenden Verbindlichkeiten betragsmäßig ins Gewicht fallen (vgl. *IdW* HFA 1/1976).

---

* Im gesetzlichen Gliederungsaufbau ist keine gesonderte Bezifferung vorgesehen.

1581 Weisen **Gesellschaften mit beschränkter Haftung** ihre Verbindlichkeiten gegenüber Gesellschaftern in einer eigenen Bilanzposition aus, so haben sie den Betrag der Verbindlichkeiten mit einer **Restlaufzeit bis zu einem Jahr** zu dieser Position gesondert zu vermerken (§ 268 Abs. 5 Satz 1 HGB nF.). Ferner müssen sie für die Verbindlichkeiten dieses Bilanzpostens die **Mitzugehörigkeit zu anderen Bilanzpositionen** gesondert vermerken, sofern dies im Interesse der Klarheit und Übersichtlichkeit des Jahresabschlusses erforderlich ist (§ 265 Abs. 3 Satz 1 HGB nF.). Dies ist stets der Fall, wenn ein Gläubiger bzw. Gesellschafter gleichzeitig auch dem Kreis der verbundenen Unternehmen angehört (vgl. Rz. 1547). Ein solcher Vermerk wird i. d. R. auch dann notwendig werden, wenn in dieser Position Verbindlichkeiten besonderen Charakters – namentlich Wechselverbindlichkeiten und Verbindlichkeiten gegenüber Kreditinstituten – enthalten sind. Eine Untergliederung dieses Verbindlichkeitspostens nach der Zugehörigkeit der hier ausgewiesenen Verbindlichkeiten zu anderen Bilanzpositionen kann zweckmäßig sein, ist jedoch nicht gesetzlich vorgeschrieben. Hinsichtlich weiterer Vermerkpflichten wird auf Rz. 1473 ff. verwiesen; zur Bewertung der Verbindlichkeiten in der Handelsbilanz vgl. Rz. 1435 ff.

b) Ertragsteuerliche Behandlung

1582 Grundsätzlich sind alle in der Handelsbilanz ausgewiesenen Verbindlichkeiten auch in der Steuerbilanz anzusetzen (vgl. Rz. 1414 ff.). Allerdings sind **Gesellschafterdarlehen** bei **Kapitalgesellschaften** steuerlich als verdecktes Eigenkapital zu behandeln, wenn aus rechtlichen oder wirtschaftlichen Gründen die Zuführung von Gesellschaftskapital allein möglich, also zwingend gewesen wäre, oder wenn sich die schuldrechtliche Vertragsgestaltung als so ungewöhnlich erweist, daß sie als Gestaltungsmißbrauch i. S. v. § 42 AO angesehen werden muß (vgl. dazu BFH v. 10. 12. 1975, BStBl. II 1976, 226 und die dort angeführten weiteren Rechtsprechungsnachweise). Dies kann beispielsweise der Fall sein, wenn die Gesellschafter und Darlehensgeber durch Bürgschaften das mangelnde Eigenkapital zu ersetzen versuchen und damit mittelbar dem Darlehen den obligatorischen Charakter nehmen (BFH v. 13. 1. 1959, BStBl. III 1959, 197); die anfallenden Zinsen stellen dann vGA dar. Die Beweislast trifft in derartigen Fällen die Finanzbehörden (vgl. *Tillmann* GmbHR 1981, 17). Die Annahme verdeckten Eigenkapitals ist jedoch durch die Rechtsprechung derart eingeengt worden, daß sie nur noch in krassen Ausnahmefällen in Betracht kommt. So ist selbst ein Gesellschafterdarlehen, das einer überschuldeten GmbH zu Abwendung des Konkurses gewährt wurde, grundsätzlich nicht als verdecktes Nennkapital zu behandeln (BFH v. 10. 12. 1975, BStBl. II 1976, 226). Auch kapitalersetzende Darlehen, die zivilrechtlich gemäß § 32a GmbHG als Haftkapital zu betrachten sind, stellen allein deswegen noch nicht verdecktes Eigenkapital dar (vgl. *Dötsch/Eversberg/Jost/Witt* § 8 Anm. 32a; dazu im einzelnen *Tillmann* GmbHR 1981, 17 ff.). Zur steuerlichen Behandlung von über- und von unter- bzw. unverzinslichen Gesellschafterdarlehen vgl. Rz. 1447 und Rz. 1450.

1583 Bei **Personengesellschaften** werden Darlehen, die der Gesellschaft von ihren Gesellschaftern gewährt werden, stets als Eigenkapital behandelt mit der Konsequenz, daß die anfallenden Zinsen nicht als Betriebsausgaben abziehbar, sondern im Rahmen der einheitlichen und gesonderten Gewinnfeststellung als Vorabgewinn des jeweiligen Gesellschafters zu berücksichtigen sind (vgl. dazu *Blümich/Falk* § 15 Anm. 371).

1584 Sofern bei **Kapitalgesellschaften** der tatsächliche Wert von **Lieferungen eines Gesellschafters** das hierfür vereinbarte Entgelt erheblich über- bzw. unterschreitet, hat die Gesellschaft die gelieferten Wirtschaftsgüter mit deren Teilwert zu aktivieren und die Differenz zum Kaufpreis als verdeckte Gewinnausschüttung bzw. verdeckte Einlage zu behandeln (vgl. dazu *Dötsch/Eversberg/Jost/Witt* § 8 Anm. 53 und Anm. 102, Stichwort Abschreibungen). Der Bilanzansatz der betreffenden Lieferverbindlichkeiten wird davon nicht berührt. Bei nicht bilanzierbaren **Leistungen eines Gesellschafters** (z. B. Dienstleistungen, Gebrauchs- bzw. Nutzungsüberlassung von Wirtschaftsgütern) kann je nach dem Verhältnis zwischen dem tatsächlichen Wert und dem vereinbarten Entgelt eine verdeckte Gewinnausschüttung, nicht aber eine verdeckte Einlage in Betracht kommen (vgl. dazu Abschn. 31, 36a KStR; zur steuerlichen Behandlung von Gesellschafterdarlehen vgl. Rz. 1582).

Verbindlichkeiten (Erläuterung der Einzelposten) 1585–1591 **B**

1585 Verbindlichkeiten einer **Personengesellschaft** aus **Lieferungen eines Gesellschafters** werden im Gegensatz zu den Gesellschafterdarlehen auch steuerlich als solche anerkannt, sofern sie nicht durch das Gesellschaftsverhältnis veranlaßt, sondern im Rahmen des üblichen Geschäftsverkehrs entstanden sind (vgl. dazu BFH v. 22. 1. 1981, BStBl. II 1981, 427; *Blümich/Falk* § 15 Anm. 344 f.). Falls das vereinbarte Entgelt dabei erheblich über dem tatsächlichen Wert der gelieferten Wirtschaftsgüter liegt, sind diese mit dem Teilwert zu aktivieren und der Differenzbetrag als Entnahme zu verbuchen (dazu und zum umgekehrten Fall vgl. *Blümich/Falk* § 15 Anm. 335; BdF v. 20. 12. 1977, BStBl. I 1978, 8). Der Bilanzansatz der betreffenden Lieferverbindlichkeiten wird dadurch nicht beeinflußt. Die Entgelte für **Leistungen eines Gesellschafters** stellen demgegenüber – unabhängig davon, ob sie von der Gesellschaft zu aktivieren sind – Sondervergütungen i. S. v. § 15 Abs. 1 Nr. 2 EStG dar (vgl. dazu BFH v. 23. 5. 1979, BStBl. II 1979, 763; *Blümich/Falk* § 15 Anm. 362 f.). Die entsprechenden Verbindlichkeiten zählen daher zum steuerpflichtigen Gewinn.

Zur Bewertung der Verbindlichkeiten in der Steuerbilanz vgl. Rz. 1435 ff., zum gewerbesteuerlichen Problem der Dauerschulden Rz. 1596 ff.

c) Bewertungsrechtliche Behandlung

1586 Vgl. Rz. 1562 ff.

d) Prüfungstechnik

1587 Verbindlichkeiten gegenüber Gesellschaftern werden in derselben Weise geprüft wie die in Betracht kommenden Verbindlichkeiten gegenüber anderen Personen. Zusätzlich ist auf die unter Rz. 1581 dargestellte Ausweis- und Vermerkproblematik zu achten.

9. (8.*) Sonstige Verbindlichkeiten

(davon mit einer Restlaufzeit bis zu einem Jahr: DM)
(davon aus Steuern: DM)
(davon im Rahmen der sozialen Sicherheit: DM)

a) Behandlung nach Handelsrecht

1590 Die Position „**Sonstige Verbindlichkeiten**" hat die Aufgabe eines **Sammelpostens,** unter dem alle Verbindlichkeiten auszuweisen sind, die nicht bereits unter einen der übrigen Verbindlichkeitsposten der Bilanzgliederung fallen, und stellt insofern das Gegenstück zu dem Aktivposten „Sonstige Vermögensgegenstände" dar. Abgesehen von den Steuerverbindlichkeiten (vgl. Rz. 1591) und den Verbindlichkeiten im Rahmen der sozialen Sicherheit (vgl. Rz. 1593) sind unter den sonstigen Verbindlichkeiten insbesondere zu erfassen:
– Darlehensverbindlichkeiten
– Verbindlichkeiten aus rückständigen Löhnen, Gehältern, Tantiemen und Gratifikationen
– fällige Kapitalzinsen und noch nicht abgehobene Dividenden
– fällige Miet- und Pachtzinsen
– fällige Provisionen
– fällige Vereins- und Verbandsbeiträge
– Kapitaleinzahlungsverpflichtungen gegenüber anderen Unternehmen
– Aufsichtsrats-, Beirats- und Gutachtergebühren und ähnliche Verbindlichkeiten (vgl. *Niehus* § 42 Anm. 340; *Adler/Düring/Schmaltz* § 151 Anm. 252).

1591 Zu den **Verbindlichkeiten aus Steuern,** die ebenfalls unter die sonstigen Verbindlichkeiten fallen und deren Gesamtbetrag zu dieser Position gesondert zu vermerken ist, gehören sowohl Verbindlichkeiten aus einbehaltenen und abzuführenden Steuern (z. B. Lohnsteuer, Kapitalertragsteuer) als auch eigene Steuerlasten (z. B. Umsatz-, Gewerbe-, Körperschaftsteuer; vgl. *Niehus* § 42 Anm. 340). Letztere werden i. d. R. nur insoweit an dieser Stelle ausgewiesen, als bereits eine Veranlagung erfolgt ist,

---

* Bezeichnung lt. gesetzlichen Gliederungsschema.

während noch nicht veranlagte Steuern unter den Rückstellungen erfaßt werden. Es bestehen jedoch keine Bedenken dagegen, eine noch nicht veranlagte Steuer mit dem unzweifelhaft geschuldeten Betrag als Verbindlichkeit auszuweisen und nur den darüber hinausgehenden ungewissen Betrag in die Rückstellungen aufzunehmen. So kann z. B. die Körperschaftsteuer einer Kapitalgesellschaft noch vor der Veranlagung in der Höhe, die dem von der Gesellschaft selbst erklärten steuerpflichtigen Gewinn entspricht, als Verbindlichkeit bilanziert werden. Entsprechendes gilt für bei einer Betriebsprüfung festgestellte Nachsteuern, die von der Unternehmung anerkannt sind, für die jedoch noch keine rechtskräftige Veranlagung vorliegt (vgl. *Adler/Düring/Schmaltz* § 151 Anm. 253). Die Berechnung der Steuerverbindlichkeiten (bzw. -rückstellungen) kann durch die Verwendung geeigneter Formulare erheblich vereinfacht werden, vgl. zur Berechnung der VSt. GewSt, KöSt. – Rückstellungen Rz. 1144 ff. Zur Umsatzsteuerverprobung ist die Anwendung des folgenden Formulars empfehlenswert:

1592 Umsatzsteuerberechnung

	Umsatz DM	USt DM
1. Umsatzkonten		
Kto. Kontobezeichnung		
8...... Erlöse 14%	....	+ ....
8...... Erlöse 7%	....	+ ....
8...... Erlöse aus Anlageverkäufen	....	+ ....
8...... Eigenverbrauch 14%	....	+ ....
8...... Eigenverbrauch 7%	....	+ ....
8...... unentgeltliche Leistungen 14%	....	+ ....
8...... unentgeltliche Leistungen 7%	....	+ ....
18 ... erhaltene, versteuerte Anzahlungen 14%	....	+ ....
18 ... erhaltene, versteuerte Anzahlungen 7%	....	+ ....
...... Sonstige Umsätze 14%	....	+ ....
...... Sonstige Umsätze 7%	....	+ ....
8...... steuerfreie Umsätze nach § 4 Nr. ... UStG (vorsteuerberechtigt)	....	...... 0 ......
8...... steuerfreie Umsätze nach § 4 Nr. ... UStG (nicht vorsteuerberechtigt)	....	...... 0 ......
8...... nicht steuerbare Umsätze	....	...... 0 ......
Summe Umsatzkonten	....	
Zwischensumme		+ ....

	Vorsteuer DM	
2. Vorsteuerkonten		
Kto Vorsteuer 7%	+	– ....
Kto Vorsteuer 14%	+	– ....
Kto Vorsteuer ...%	+	– ....
Kto Nichtabzugsfähige Vorsteuer	+	...... 0 ......
Nichtabzugsfähige Vorsteuer lt. Sonderberechnung	+ 0	+ ....
Kto Einfuhrumsatzsteuer	+	– ....
Kto Kürzung Berlin FG (ausgenommen § 13 BerlinFG)	+	– ....
Kto Kürzung aus dem WgM der DDR	+	– ....
Summe Vorsteuerkonten	....	
Zwischensumme		+/– ....
Vorsteuerbeträge gem. § 15a UStG		+/– ....
Kürzungsbetrag gem. § 13 Berlin FG für Berliner Unternehmer		– ....
Kürzungsbetrag gem. § 24d UStG		– ....
Steuerabzugsbetrag gem. § 19 Abs. 3 UStG		– ....
3. Umsatzsteuer/Überschuß		+/– ....

Verbindlichkeiten (Erläuterung der Einzelposten)

	DM
4. Vorauszahlungssoll des ganzen Jahres (Summe der angemeldeten Beträge) −	....
5. Umsatzsteuerverbindlichkeit/-erstattungsanspruch lt. Jahreserklärung +/−	....
6. Umsatzsteuerverbindlichkeit/-erstattungsanspruch aus noch nicht abgewickelten Voranmeldungen +/−	....
7. Gesamt Umsatzsteuerverbindlichkeit/ Forderung per 31. 12. xx +/−	....
8. Ausweis:	
9. Sonstige Verbindlichkeiten Umsatzsteuerverbindlichkeit	
– lt. Jahreserklärung +	....
– aus am Bilanzstichtag noch offenen Voranmeldungen +	....
10. Sonstige Vermögensgegenstände Umsatzsteuerforderungen	
– lt. Jahreserklärung −	....
– aus am Bilanzstichtag noch offenen Voranmeldungen −	....
11. Gesamtumsatzsteuerverbindlichkeit/-forderung +/−	....

1593 Auch die **Verbindlichkeiten im Rahmen der sozialen Sicherheit** gehören zu den sonstigen Verbindlichkeiten und sind zu dieser Position gesondert zu vermerken. Sie umfassen sämtliche Verbindlichkeiten, die sich aufgrund gesetzlicher Vorschriften, privatrechtlicher Vereinbarungen oder freiwilliger Zusagen zur Erbringung sozialer Leistungen für tätige oder ausgeschiedene Mitarbeiter ergeben. Soweit derartige Verpflichtungen noch nicht alle Merkmale einer Verbindlichkeit im bilanziellen Sinn erfüllen, sind sie nicht hier, sondern unter den Rückstellungen zu erfassen (zur Abgrenzung der Verbindlichkeiten von den Rückstellungen vgl. Rz. 1409ff.). Zu den Verbindlichkeiten im Rahmen der sozialen Sicherheit gehören im einzelnen:
– Verbindlichkeiten aus einbehaltenen und abzuführenden sowie aus selbst zu tragenden gesetzlichen Pflichtabgaben, wie z. B. Beiträge an die Angestellten-, Arbeitslosen-, Kranken- und Invalidenversicherung, Berufsgenossenschafts- und Knappschaftsbeiträge, Beiträge zur Insolvenzsicherung
– Verbindlichkeiten aus Zusagen im Rahmen der betrieblichen Altersversorgung, so z. B. Verbindlichkeiten gegenüber betrieblichen Sozialeinrichtungen wie Unterstützungs- und Pensionskassen oder Stiftungen
– Verbindlichkeiten zu Unterstützungszwecken, wie z. B. aus der Übernahme von Arzt-, Kur- oder Krankenhauskosten.
(Vgl. im einzelnen *Niehus* § 42 Anm. 340; *Jonas* S. 122)

594 Eine weitere Untergliederung der Bilanzposition „Sonstige Verbindlichkeiten" nach den Entstehungsursachen der hier ausgewiesenen Verbindlichkeiten (z. B. Darlehen, Verbindlichkeiten aus Steuern, wobei im letzten Fall der gesonderte Ausweis einen weiteren Vermerk erübrigen würde) ist zulässig (vgl. § 265 Abs. 5 HGB nF.) und dürfte bisweilen im Interesse der Bilanzklarheit auch erforderlich sein. Zur Bewertung von Verbindlichkeiten in der Handelsbilanz vgl. Rz. 1435ff.

595 Der Betrag der sonstigen Verbindlichkeiten mit einer **Restlaufzeit bis zu einem Jahr** ist zu dieser Position gesondert zu vermerken (§ 268 Abs. 5 Satz 1 HGB nF.). Darüber hinaus sind auch die **Verbindlichkeiten aus Steuern** und die **Verbindlichkeiten im Rahmen der sozialen Sicherheit,** die zu den sonstigen Verbindlichkeiten zu zählen sind, zu diesem Bilanzposten in einem „Davon-Vermerk" jeweils gesondert anzugeben (vgl. § 266 Abs. 3 Buchst. C Nr. 8 HGB nF.). Zu weiteren Vermerkpflichten bezüglich der Verbindlichkeiten und zum Bilanzausweis vgl. auch Rz. 1470ff.

Seitz

b) Ertragsteuerliche Behandlung

1596 Zur Bewertung der Verbindlichkeiten in der Steuerbilanz vgl. Rz. 1435ff.
Soweit die Position ,,Sonstige Verbindlichkeiten" **Dauerschulden** enthält, sind für Zwecke der Gewerbesteuer die Vorschriften der §§ 8 Nr. 1 und 12 Abs. 2 Nr. 1 GewStG zu beachten. Dauerschulden sind nach § 8 Nr. 1 GewStG Schulden, die
– wirtschaftlich mit der Gründung oder dem Erwerb des Betriebs bzw. Teilbetriebs oder eines Anteils am Betrieb oder
– mit einer Erweiterung oder Verbesserung des Betriebs zusammenhängen oder
– der nicht nur vorübergehenden Verstärkung des Betriebskapitals dienen.
Ob eine Dauerschuld vorliegt, richtet sich dabei in erster Linie nach dem Charakter der Schuld. Danach ist grundsätzlich zwischen zum laufenden Geschäftsverkehr gehörigen Schulden und Schulden, die der Verstärkung des dauernd dem Betrieb gewidmeten Kapitals dienen, zu unterscheiden (vgl. BFH v. 11. 8. 1959, BStBl. III 1959, 428). Zum laufenden Geschäftsverkehr gehören insbesondere Waren- und Wechselschulden (vgl. jedoch Rz. 1538) sowie Bankschulden, die zur Bezahlung von Warenschulden oder Löhnen aufgenommen werden (vgl. BFH v. 1. 12. 1959, BStBl. III 1960, 51; BFH v. 18. 8. 1959, BStBl. III 1959, 430 und Abschn. 47 Abs. 5 GewStR mit weiteren Rechtsprechungsnachweisen). Als weiterer Beurteilungsmaßstab für die Dauerschuldeigenschaft ist das zeitliche Moment heranzuziehen. Danach zählen Schulden mit einer Laufzeit von mehr als einem Jahr regelmäßig zu den Dauerschulden (vgl. dazu BFH v. 28. 7. 1976, BStBl. II 1976, 789 und Abschn. 47 Abs. 6 GewStR). Dies gilt zwar grundsätzlich nicht für zum laufenden Geschäftsverkehr gehörige Schulden, jedoch können auch diese im Einzelfall unter Berücksichtigung des Zeitmoments Dauerschuldcharakter annehmen (dazu im einzelnen Abschn. 47 Abs. 7 GewStR).

1597 Verbindlichkeiten, die mit der **Gründung oder dem Erwerb eines Betriebs,** Teilbetriebs oder eines Anteils am Betrieb zusammenhängen, sind nach der Rechtsprechung des BFH auch bei kürzeren Laufzeiten als ein Jahr stets Dauerschulden, soweit sie nicht dem laufenden Geschäftsverkehr zuzurechnen sind (vgl. BFH v. 8. 10. 1981, BStBl. II 1982, 73; BFH v. 30. 6. 1971, BStBl. II 1971, 750). Das gleiche gilt für Schulden, die mit einer Erweiterung oder Verbesserung des Betriebs zusammenhängen, soweit es sich dabei um so weitreichende Maßnahmen oder schwerwiegende Investitionen handelt, daß ihnen ein dem Gründungs- oder dem Erwerbsvorgang vergleichbares Gewicht zukommt (vgl. dazu BFH v. 15. 11. 1983, BStBl. II 1984, 214; BFH v. 8. 10. 1981, BStBl. II 1982, 73; BFH v. 16. 11. 1978, BStBl. II 1979, 151; zu weiteren Einzelheiten vgl. die Erläuterungen zu den einzelnen Verbindlichkeitspositionen sowie Abschn. 47 GewStR und *Lenski/Steinberg* § 8 Nr. 1 Anm. 5ff.).

1598 Unter den sonstigen Verbindlichkeiten werden insbesondere **Darlehensverbindlichkeiten** sowie **Verbindlichkeiten gegenüber betrieblichen Sozialeinrichtungen** (z. B. Unterstützungs- und Pensionskassen, Stiftungen) regelmäßig zu den Dauerschulden zu rechnen sein. Darüber hinaus zählen auch Steuerschulden insoweit zu den Dauerschulden, als sie nicht innerhalb von zwölf Monaten nach dem Zugang des Steuerbescheids getilgt werden (vgl. dazu BFH v. 13. 12. 1962, BStBl. II 1963, 405; BFH v. 11. 8. 1959, BStBl. III 1959, 428).

1599 Bei der **Ermittlung des Gewerbekapitals** ist der Wert, mit dem sämtliche Dauerschulden der Unternehmung bei der Feststellung des Einheitswerts des gewerblichen Betriebs in Abzug gebracht wurden, um einen Freibetrag von DM 50000 zu kürzen und der Restbetrag dem Einheitswert zur Hälfte wieder hinzuzurechnen (§ 12 Abs. 2 Nr. 1 GewStG; vgl. dazu auch die Beispiele in Abschn. 76 Abs. 2 GewStR). Im Rahmen der **Ermittlung des Gewerbeertrags** sind die auf die Dauerschulden entfallenden Zinsaufwendungen (Dauerschuldzinsen) dem Gewinn aus Gewerbebetrieb (vgl. § 7 GewStG) insoweit zur Hälfte wieder hinzuzurechnen, als sie bei dessen Ermittlung abgezogen worden sind (§ 8 Nr. 1 GewStG).

c) Bewertungsrechtliche Behandlung

1600 **Voraussetzung für den Abzug** einer Schuld ist, daß sie an dem maßgebenden Feststellungszeitpunkt **schon entstanden und noch nicht getilgt** ist und daß der

Verbindlichkeiten (Erläuterung der Einzelposten) 1601–1605 **B**

Schuldner ernstlich damit rechnen muß, in Anspruch genommen zu werden. Schulden, die nur formalrechtlich bestehen, dürfen nicht berücksichtigt werden, da sie für den Schuldner keine ernst zu nehmende Belastung darstellen. Die Fälligkeit der Schuld ist bewertungsrechtlich ohne Bedeutung.

Verbindlichkeiten, deren Entstehung vom Eintritt einer aufschiebenden Bedingung abhängt, dürfen bei der Einheitsbewertung des gewerblichen Betriebs nicht berücksichtigt werden. Insoweit wird auf die Ausführungen in Rz. 1230 Bezug genommen.

1601 **Steuerschulden** sind ebenso wie andere Betriebsschulden bei der Einheitsbewertung des gewerblichen Betriebs abzugsfähig. Für die laufend veranlagten Steuern schränkt § 105 Abs. 1 BewG allerdings die Abzugsfähigkeit ein. Schulden aus laufend veranlagten Steuern sind nur abzugsfähig, wenn die Steuern spätestens im Feststellungszeitpunkt fällig geworden sind oder für einen Zeitraum erhoben werden, der spätestens im Feststellungszeitpunkt geendet hat. Auf den Zeitpunkt der Steuerfestsetzung kommt es nicht an. Endet der Erhebungszeitraum erst nach dem Feststellungzeitpunkt, sind gemäß § 105 Abs. 1 Nr. 2 Satz 2 BewG die Steuerschulden insoweit abzuziehen, als sie auf die Zeit vor dem Feststellungszeitpunkt entfallen. Diese Regelung hat Bedeutung für die Fälle des § 105 Abs. 2 BewG und für in Liquidation befindliche Kapitalgesellschaften, bei denen nach § 11 Abs. 1 KStG Besteuerungszeitraum (Erhebungszeitraum) der Zeitraum der Abwicklung ist.

1602 Bei **Körperschaften** sind alle Steuerschulden als Betriebsschulden abzugsfähig, also insbesondere Körperschaftsteuer- und Vermögensteuerschulden. Entgegen Abschn. 37 Abs. 3 Satz 3 VStR 1983 hat der Bundesfinanzhof (Urteil v. 24. 4. 1985, BStBl II 1985, 361) entschieden, daß bei der Einheitsbewertung des Betriebsvermögens einer GmbH die Körperschaftsteuerschuld mit 56 v. H. des zu versteuernden Einkommens vom Rohbetriebsvermögen abzuziehen ist, wenn im maßgebenden Feststellungszeitpunkt ein Beschluß über die Gewinnausschüttung noch nicht vorliegt. Das Stichtagsprinzip verbietet es, die Körperschaftsteuerminderung (§ 27 KStG) auf Grund eines nach dem Stichtag gefaßten Ausschüttungsbeschlusses schon beim Ansatz der Körperschaftsteuerschuld zum Stichtag zu berücksichtigen. Die Finanzverwaltung will Abschn. 37 VStR entsprechend ändern (FM NW v. 4. 7. 1985, DB 1985, 1817); FM NRW v. 19. 11. 1985, DStR 1986, 2.

1603 Für Betriebe mit **abweichendem Wirtschaftsjahr** sind die abzugsfähigen Steuerschulden auf den nach § 106 Abs. 3 BewG maßgebenden Abschlußzeitpunkt zu ermitteln (§ 105 Abs. 2 BewG). In diesen Fällen endet der Erhebungszeitraum regelmäßig erst nach dem Abschlußzeitpunkt; die Steuerschulden sind insoweit abzuziehen, als sie noch auf die Zeit vor dem Abschlußzeitpunkt entfallen. Abschn. 37 Abs. 6 Satz 3 VStR erläutert, wie der abzugsfähige Teil von Körperschaftsteuer-, Gewerbesteuer- und Vermögensteuerschulden ermittelt wird.

1604 **Nachzahlungen von Betriebssteuern**, die sich auf Grund der Feststellungen einer nach dem maßgebenden Stichtag durchgeführten **Außenprüfung** ergeben, sind bereits an den zurückliegenden Stichtagen abzuziehen. Diese Steuerschulden sind nicht bis zur Aufdeckung des Steuertatbestandes durch die Außenprüfung aufschiebend bedingt; denn für die rechtliche Entstehung der Steuerschuld genügt allein die Verwirklichung des Steuertatbestandes. Ob das Finanzamt von dieser Verwirklichung Kenntnis hat, ist unerheblich. Die Steuerschulden stellen auch bereits an Stichtagen vor Durchführung der Außenprüfung eine wirtschaftliche Last dar, weil ein Unternehmer schon vor Durchführung der nächsten Außenprüfung damit rechnen muß, daß daraus eine weitere Steuerbelastung entstehen wird. Siehe auch Abschn. 37 Abs. 4 VStR.

1605 Als Kapitalschulden sind **Steuerschulden** grundsätzlich **mit dem Nennwert** anzusetzen (§ 12 Abs. 1 BewG). Bei Steuernachzahlungen aufgrund einer Außenprüfung kann, weil Nachzahlungen unverzinsliche Schulden sind, eine Abzinsung gemäß § 12 Abs. 3 BewG in Frage kommen. Nach dem Erlaß Nds. v. 15. 5. 1975, BB 1975, 689 erfolgt eine Abzinsung nur, wenn die Steuernachzahlung je Steuerart mindestens DM 50000,– beträgt. Maßgebend für die Abzinsung ist der Zeitraum zwischen dem zurückliegenden Stichtag und dem Beginn des Kalenderhalbjahres, in dem der Prüfungsbericht dem geprüften Unternehmen übersandt wird. Zur Berechnung des Abzinsungsbetrages wird auf Abschn. 56 Abs. 1 VStR verwiesen.

1606 Die Verpflichtung des Unternehmers auf Grund einer **typischen stillen Beteiligung** an seinem Unternehmen ist mit dem Teilwert anzusetzen. Dieser entspricht grundsätzlich dem Nennwert der Vermögenseinlage des stillen Gesellschafters.

1607 Verpflichtungen auf Grund eines **Nießbrauchs** und **andere wiederkehrende Lasten** sind gemäß §§ 13–16 BewG zu kapitalisieren. Zu den wiederkehrenden Lasten gehört auch die Erbbauzinsschuld. In allen diesen Fällen ist die Anlage FR zur Bewertung im maschinellen Verfahren auszufüllen.

d) Prüfungstechnik

1608 Die **Prüfung des internen Kontrollsystems** erfordert die Ermittlung des angestrebten Soll-Zustandes, u. U. an Hand von Fragebögen oder verbalen Beschreibungen in Form eines Dauerarbeitspapiers. Dabei ist darauf zu achten, daß
– die sonstigen Verbindlichkeiten in sachlicher Hinsicht kontenmäßig gegliedert sind und die Kontokorrente ordnungsmäßig geführt werden,
– langfristige Darlehensverbindlichkeiten wie Anleihen in einem gesonderten Verzeichnis erfaßt werden (vgl. Rz. 1487),
– alle Eingangsrechnungen unmittelbar nach ihrem Eingang im Rechnungswesen erfaßt werden; Gutschriften müssen unmittelbar nach Geltendmachung der Minderung periodengerecht verbucht werden,
– die eingeräumten Zahlungsziele beachtet werden. Die vorzeitige Bezahlung ist ebenso zu vermeiden wie die Anmahnung von Rechnungen bzw. der Eingang von Zahlungsbefehlen,
– ausreichende Kontrollen bestehen. Verbindlichkeiten dürfen nicht bezahlt werden, solange Aufrechnungsmöglichkeiten bestehen,
– keine Funktionenkollisionen bestehen (die Buchhaltung darf keinen Einfluß auf den Zahlungsverkehr und insbesondere keinen Zugang zu Geld etc. haben).

Die Prüfung umfaßt weiterhin die Beurteilung, ob die vorgesehenen Kontrollen ausreichend sind.

Sie erstreckt sich im übrigen auf die Ermittlung des Ist-Zustandes des internen Kontrollsystems und die Würdigung evtl. Soll/Ist-Abweichungen.

1609 Zur **Prüfung des Nachweises** sind die sonstigen Verbindlichkeiten mit der Saldenliste zum Stichtag, den Sachkonten und – soweit vorhanden – den Personenkonten abzustimmen.

Für die in der Saldenliste aufgeführten Posten müssen Einzelnachweise vorliegen, die zumindest Aufschluß geben über
– den Entstehungsgrund,
– die Konditionen,
– die Besicherungen.

Soweit die Einzelnachweise für die Prüfung in Folgejahren von Bedeutung sind, sind sie zu der Dauerakte zu nehmen.

Soweit die Höhe der unter den sonstigen Verbindlichkeiten ausgewiesenen Posten absolut oder relativ von Bedeutung ist, sind zur weiteren Prüfung des Soll-Bestandes der Verbindlichkeiten Saldenbestätigungen einzuholen (vgl. Rz. 1526 und 679 ff.).

Die rechnerische Richtigkeit der Saldenliste und der Einzelnachweise zum Bilanzstichtag muß gewährleistet sein; erforderlichenfalls hat eine rechnerische Überprüfung zu erfolgen.

1610 Zur **Prüfung der Bewertung** vgl. Rz. 1527.

1611 Die **Ausweisprüfung** erfordert
– die Kontrolle des gesonderten Ausweises bei großen und mittelgroßen Kapitalgesellschaften,
– die Beachtung der Vermerkpflichten (vgl. Rz. 1473 ff., 1595),
– die Feststellung, daß unzulässige Saldierungen unterblieben sind,
– ggf. den Ausweis realisierter Kursgewinne, entweder als Verbindlichkeit oder als Rückstellung.
Vgl. *WPM* 1981, 1235.

E. (D.*) Rechnungsabgrenzungsposten

a) Behandlung nach Handelsrecht

630 Nach § 250 Abs. 2 HGB nF./§ 152 Abs. 9 Ziff. 2 AktG aF. sind **Einnahmen vor dem Abschlußstichtag** periodisch abzugrenzen, soweit sie **Erträge für eine bestimmte Zeit nach diesem Tag** darstellen. Auch hier sind nur transitorische Passiva als Rechnungsabgrenzungsposten auszuweisen; antizipative Passiva sind als sonstige Verbindlichkeiten zu bilanzieren. Die Ausführungen zu den aktiven Posten der Rechnungsabgrenzung gelten analog (vgl. Rz. 820ff.).

Werden Darlehen vergeben, die mit einem **Disagio** etc. versehen sind, dann kann eine Passivierung unter den Rechnungsabgrenzungsposten in Betracht kommen (siehe unter Ausleihungen, vgl. Rz. 488f.). Die Erläuterungen zu den aktiven Rechnungsabgrenzungsposten gelten analog (vgl. Rz. 820ff.; zur Bewertung s. auch *Hüttemann* HdJ Abt. II/8, Anm. 59ff.).

b) Ertragsteuerliche Behandlung

631 Die Vorschriften für die aktive Rechnungsabgrenzung gelten analog. Zur Passivierung eines Disagios etc. siehe unter Ausleihungen, vgl. Rz. 489, 501. Ein passiviertes Disagio bei Tilgungsdarlehen ist nach der Zinsstaffelmethode kapitalanteilig aufzulösen (vgl. BFH v. 17. 7. 1974, BStBl. II 1974, 684; BMF v. 4. 9. 1978, BStBl. I 1978, 352).

c) Bewertungsrechtliche Behandlung

632 In der Steuerbilanz gebildete Rechnungsabgrenzungsposten dürfen in die Vermögensaufstellung übernommen werden, wenn sie bewertungsrechtlich als Schuld anzuerkennen sind oder die Grundsätze über die Behandlung schwebender Geschäfte eingreifen. Der Rechnungsabgrenzungsposten, den ein Darlehensgeber in die Steuerbilanz eingestellt hat, weil der Auszahlungsbetrag des Darlehens unter dem Nennbetrag liegt, ist in der Vermögensaufstellung nicht zu berücksichtigen (Abschn. 44 Abs. 3 Satz 4 VStR).

d) Prüfungstechnik

633 Zur **Prüfung des internen Kontrollsystems** vgl. Rz. 850.

634 Die **Nachweisprüfung** erfolgt anhand der vom Mandanten zu erstellenden und zu der Dauerakte zu nehmenden Einzelaufstellung und den zugehörigen Vertragsunterlagen.

Die Nachweisprüfung erstreckt sich auf
– die Vollständigkeit der passivierten Abgrenzungsposten. Hierzu sind ausgewählte Konten der Gewinn- und Verlustrechnung zu überprüfen, da für die Abgrenzung grundsätzlich alle regelmäßig wiederkehrenden Erträge in Betracht kommen,
– die ausschließliche Erfassung von Einnahmen vor dem Stichtag, soweit sie Ertrag für eine bestimmte Zeit danach darstellen.

635 Die **Bewertungsprüfung** erstreckt sich darauf, ob
– die planmäßigen Auflösungen entsprechend dem zu verteilenden Ertrag vorgenommen wurden,
– die Auflösungen rechnerisch ermittelt wurden,

636 Bei der **Prüfung des Ausweises** ist darauf zu achten,
– daß für aktive und passive Rechnungsabgrenzungsposten ein Saldierungsverbot besteht,
– antizipative passive Abgrenzungsposten unter den sonstigen Verbindlichkeiten oder Rückstellungen ausgewiesen werden,
– die planmäßigen Auflösungen in der Gewinn- und Verlustrechnung unter der für die abgegrenzten Erträge vorgesehenen Position ausgewiesen wurden,
– außerplanmäßige Auflösungen in der GuV zutreffend ausgewiesen werden.

Vgl. *Sarx* HdR 1251ff.; *WPH* 1981, 1226.

---

* Bezeichnung lt. gesetzlichem Gliederungsschema.

F. (–*) Eventualverbindlichkeiten

a) Behandlung nach Handelsrecht

1650 **Eventualverbindlichkeiten** sind aufschiebend bedingte Verbindlichkeiten (vgl. Rz. 1425), bei denen der Eintritt der Bedingung zwar nicht völlig ausgeschlossen, aber doch wenig wahrscheinlich ist (vgl. *Bordt* Eventualverbindlichkeiten, Anm. 2).

1651 **Personengesellschaften** und **Einzelunternehmen** haben gemäß § 251 Satz 1 HGB nF. folgende Eventualverbindlichkeiten unter der **Bilanz** zu vermerken:
– Verbindlichkeiten aus der Begebung und Übertragung von Wechseln (Rz. 1664 ff.),
– Verbindlichkeiten aus Bürgschaften, Wechsel- und Scheckbürgschaften (Rz. 1668 ff.),
– Verbindlichkeiten aus Gewährleistungsverträgen (Rz. 1671 ff.),
– Haftungsverhältnisse aus der Bestellung von Sicherheiten für fremde Verbindlichkeiten (Rz. 1675 f.).
Diese Regelung gilt für alle Vollkaufleute und wurde in das HGB neu aufgenommen. Allerdings wurde der Vermerk wesentlicher Eventualverbindlichkeiten in der Bilanz schon bisher als GoB für allgemein verbindlich gehalten (vgl. *Baumbach/Duden/Hopt* § 40 Anm. 36; *IdW* HFA 1/1976; *Niehus* § 42 Anm. 546). Während bislang auch der Ausweis in einer nicht mitaddierten Vorspalte „vor dem Strich" als zulässig betrachtet wurde (vgl. *Adler/Düring/Schmaltz* § 151 Anm. 279), schreibt § 251 Satz 1 HGB nF. nunmehr ausdrücklich den **Ausweis „unter dem Strich"** vor. Nach § 251 Satz 1 HGB nF. dürfen die betreffenden Eventualverpflichtungen im einem Betrag angegeben werden. Die GoB können jedoch in Ausnahmefällen einen gesonderten Ausweis ratsam erscheinen lassen.

1652 **Kapitalgesellschaften** sind dazu verpflichtet, die unter Rz. 1651 angeführten Eventualverbindlichkeiten **unter der Bilanz oder im Anhang jeweils gesondert** zu vermerken (§ 268 Abs. 7 i. V. m. § 251 HGB nF.). Diese Regelung entspricht im wesentlichen der Vorschrift des § 151 Abs. 5 AktG aF. **Große und mittelgroße Kapitalgesellschaften** (vgl. Rz. 56) haben darüber hinaus ihre aus der Bilanz nicht ersichtlichen **sonstigen Haftungsverhältnisse** (vgl. Rz. 1677 ff.), die AG und KGaA bisher gem. § 160 Abs. 3 Nr. 7 AktG aF. in ihrem Geschäftsbericht anführen mußten, bei der Ermittlung des Gesamtbetrags ihrer sonstigen finanziellen Verpflichtungen zu berücksichtigen, der von ihnen im Anhang anzugeben ist, sofern er für die Beurteilung ihrer Finanzlage von Bedeutung ist (vgl. §§ 285 Nr. 3, 288 HGB nF. und Rz. 1477).

1653 Der Vermerk als Eventualverbindlichkeit kommt nur in Betracht, soweit noch **keine Anzeichen für eine Inanspruchnahme** des Schuldners ersichtlich sind (vgl. dazu *Bordt* Eventualverbindlichkeiten Anm. 2). Ist bereits mit einer gewissen Wahrscheinlichkeit davon auszugehen, daß der Schuldner in Anspruch genommen wird, so ist dementsprechend eine Rückstellung zu bilden. In Höhe des zurückgestellten Betrags entfällt dann die Angabe der betreffenden Eventualverbindlichkeit unter dem Strich, da andernfalls dasselbe Risiko im Jahresabschluß doppelt in Erscheinung treten würde (vgl. § 251 Satz 1 HGB nF.). Steht die Inanspruchnahme mit Sicherheit bevor, so ist die Eventualverpflichtung in vollem Umfang als Verbindlichkeit auszuweisen. Dem Risiko der Inanspruchnahme sollte mit einem größeren Bestand an Eventualverbindlichkeiten durch eine angemessene Pauschalrückstellung Rechnung getragen werden (vgl. *Kropff* § 151 Anm. 124). Der jeweilige Bilanzvermerk ist dann anteilig um die bereits in der Rückstellung enthaltenen Beträge zu kürzen (vgl. *Bordt* Eventualverbindlichkeiten, Anm. 37).

1654 Bestehende Eventualverbindlichkeiten sind auch dann zu vermerken, wenn ihnen gleichwertige **Rückgriffsansprüche** gegenüberstehen (§ 251 Satz 2 HGB nF.). Die Saldierung von Eventualverbindlichkeiten mit korrespondierenden Eventual-Rückgriffsforderungen ist demnach unzulässig. Derartige potentielle Rückgriffsforderungen dürften im Fall der Inanspruchnahme der Unternehmung insbesondere bei den

---

* Im gesetzlichen Gliederungsschema ist keine gesonderte Bezifferung vorgesehen.

Eventualverbindlichkeiten

Verbindlichkeiten aus Bürgschaften und Gewährleistungsverträgen ohnehin weitgehend wertlos sein. Sofern allerdings einer solchen Rückgriffs-Eventualforderung im Regreßfall ausnahmsweise ein Wert beizumessen ist, z. B. weil sie durch eine Rückbürgschaft abgesichert ist, erscheint es zweckmäßig, darauf bei dem betreffenden Vermerkposten durch einen Ausgliederungsvermerk hinzuweisen wie z. B.: „davon durch Rückbürgschaft gesichert DM ...". Dies gilt für ähnliche Sachverhalte wie z. B. die Ausgleichspflicht unter Gesamtschuldnern oder Regreßansprüche aufgrund zivilrechtlicher Freihalteerklärungen entsprechend (vgl. *Bordt* Eventualverbindlichkeiten, Anm. 39). Sobald eine Eventualverbindlichkeit als Rückstellung oder Verbindlichkeit passiviert wird, ist auch ein etwaiger Rückgriffsanspruch – wenngleich er rechtlich noch gar nicht entstanden ist – unter vorsichtiger Bewertung zu aktivieren (vgl. *Adler/Düring/Schmaltz* § 151 Anm. 281).

1655 **Kapitalgesellschaften** haben gemäß § 268 Abs. 7 HGB nF. den im jeweiligen Vermerkposten enthaltenen Betrag, der auf **Eventualverpflichtungen gegenüber verbundenen Unternehmen** (vgl. Rz. 1547) entfällt, jeweils gesondert anzugeben. Dies kann durch einen „Davon-Vermerk" oder durch den gesonderten Ausweis in einer Vorspalte zu der betreffenden Position erfolgen. **Beispiele** (vgl. *Adler/Düring/Schmaltz* § 151 Anm. 276):

Verbindlichkeiten aus Gewährleistungsverträgen		DM ....
davon gegenüber verbundenen Unternehmen	DM	
oder		
Verbindlichkeiten aus Gewährleistungsverträgen		
gegenüber verbundenen Unternehmen	DM	
gegenüber Dritten	DM	DM ....

Sofern ein Vermerk ausschließlich verbundene Unternehmen betrifft, kann dem auch durch eine entsprechende Anpassung der Postenbezeichnung Rechnung getragen werden. Beispiel (vgl. *Bordt* Eventualverbindlichkeiten, Anm. 11):

Verbindlichkeiten aus Gewährleistungsverträgen gegenüber	
verbundenen Unternehmen	DM ....

Wünschenswert wäre darüber hinaus auch der gesonderte Ausweis von Eventualverbindlichkeiten, die zugunsten verbundener Unternehmen gegenüber Dritten eingegangen wurden. Er ist jedoch wie bisher nicht gesetzlich vorgeschrieben (vgl. dazu *Adler/Düring/Schmaltz* § 151 Anm. 277). Demgegenüber verpflichten die neuen Rechnungslegungsvorschriften **Personenhandelsgesellschaften** und **Einzelunternehmen** nicht zur separaten Angabe ihrer gegenüber verbundenen Unternehmen bestehenden Eventualverbindlichkeiten. In Fällen von Bedeutung erfordern jedoch die GoB den gesonderten Ausweis derartiger Verpflichtungen (vgl. *IdW* HFA 1/1976).

1656 Gelegentlich kann es vorkommen, daß eine fremde Verbindlichkeit durch **zwei nebeneinander bestehende Haftungsverhältnisse** gesichert ist. I. d. R. wird es sich dabei um eine obligatorische (z. B. Bürgschaft) und eine dingliche Sicherheit (z. B. Grundschuld) handeln. **Kapitalgesellschaften** haben in derartigen Fällen die obligatorische Sicherheit als Eventualverbindlichkeit zu vermerken und die dingliche Sicherheit in geeigneter Weise zu dem betreffenden Vermerkposten anzugeben (vgl. dazu auch § 268 Abs. 7 HGB nF.). **Beispiel** (nach *Bordt* Eventualverbindlichkeiten, Anm. 13):

Verbindlichkeiten aus Bürgschaften		DM ....
daneben durch die Bestellung von Grundschulden gesichert	DM	

1657 **Personenhandelsgesellschaften** und **Einzelunternehmen**, die ihre Eventualverbindlichkeiten in einem Betrag ausweisen (vgl. Rz. 1651), dürfen in derartigen Fällen nur eines der beiden Haftungsverhältnisse in ihren Bilanzvermerk einbeziehen, um so die doppelte Erfassung desselben Risikos zu vermeiden.

Im übrigen sind auch auf die Eventualverbindlichkeiten die allgemeinen Ausweisvorschriften anzuwenden. **Kapitalgesellschaften** sind demnach verpflichtet, zu den einzelnen Gruppen von Eventualverbindlichkeiten die jeweiligen **Vorjahreszahlen** anzugeben (§ 265 Abs. 2 Satz 1 HGB nF.). **Leerposten** brauchen nicht ausgewiesen

B 1658–1663 Der Jahresabschluß nach Handels- und Steuerrecht

zu werden, soweit zu den betreffenden Vermerkposten kein Vorjahresbestand anzugeben ist (vgl. dazu auch § 265 Abs. 8 HGB nF.).

1658 Eine **Anpassung der Postenbezeichnungen** für die ausgewiesenen Gruppen von Haftungsverhältnissen ist zu empfehlen, sofern dies die Klarheit und Übersichtlichkeit der Darstellung fördert (vgl. auch § 265 Abs. 6 HGB nF.). Dabei sollten jedoch die im Gesetz vorgesehenen Formulierungen nicht einengend abgeändert (z. B. Verbindlichkeiten aus Patronatserklärungen), sondern durch die Verwendung von Klammerzusätzen präzisiert werden (vgl. *Bordt* Eventualverbindlichkeiten, Anm. 12). Beispiel: ,,Verbindlichkeiten aus Gewährleistungsverträgen (Patronatserklärungen)"

1659 Dagegen können **Kurzbezeichnungen** wie ,,Wechselobligo" oder ,,Bürgschaften" (nicht jedoch ,,Gewährleistungen", da dadurch der Hinweis auf den Vertragscharakter verloren geht) wohl als zulässig betrachtet werden (vgl. *Bordt* Eventualverbindlichkeiten, Anm. 12).

Hinsichtlich der Sonderfälle der unter einer Bedingung übernommenen Eventualverbindlichkeiten und der Eventualverpflichtungen für erst zukünftig entstehende Hauptschulden vgl. *Bordt* Eventualverbindlichkeiten, Anm. 4 f. und die dort zitierte Literatur.

1660 Bei der **Bewertung der Eventualverbindlichkeiten** ist von den jeweils maßgeblichen **gesetzlichen oder vertraglichen Haftungsbestimmungen** auszugehen. § 253 Abs. 1 Satz 2 HGB nF., der den Ansatz der Verbindlichkeiten mit ihrem Rückzahlungsbetrag vorschreibt, dürfte für Eventualverbindlichkeiten entsprechend anwendbar sein (vgl. *Bordt* Eventualverbindlichkeiten, Anm. 33).

1661 **Verbindlichkeiten aus Bürgschaften und Gewährleistungsverträgen** sind nach der herrschenden Ansicht nicht in Höhe der Zusage, sondern mit dem Betrag zu vermerken, mit dem die Hauptschuld am Bilanzstichtag besteht (*Adler/Düring/Schmaltz* § 151 Anm. 300, 303). Sofern der Stand der Hauptschuld am Bilanzstichtag nicht oder nur mit unverhältnismäßig hohem Aufwand ermittelt werden kann, muß es jedoch als zulässig betrachtet werden, stattdessen den zugesagten Höchstbetrag anzugeben. In betragsmäßig wesentlichen Fällen ist hierauf im Vermerk durch einen geeigneten Zusatz hinzuweisen (vgl. *Bordt* Eventualverbindlichkeiten, Anm. 35).

1662 Bei **anteiliger Haftung**, z. B. als Mitbürge, ist lediglich der auf die Unternehmung entfallende Betrag zu vermerken. Bei **gesamtschuldnerischer Haftung** ist dagegen der volle Betrag der Gesamtschuld anzugeben (vgl. *Adler/Düring/Schmaltz* § 151 Anm. 303). Im letzten Falle kann auf die dem Unternehmen im Regreßfall zustehenden Ausgleichsforderungen in einem geeigneten Zusatzvermerk (z. B. ,,davon bestehen Ausgleichsansprüche aus Gesamtschuldverhältnissen gegenüber Dritten in Höhe von DM ...") hingewiesen werden, es sei denn, sie sind im Haftungsfall, z. B. wegen mangelnder Bonität der Verpflichteten, weitgehend wertlos (vgl. dazu *Bordt* Eventualverbindlichkeiten, Anm. 42).

1663 In den jeweiligen Bilanzvermerk sind grundsätzlich auch **Nebenkosten** sowie **rückständige Zinsen** einzubeziehen. Falls sich diese nicht eindeutig bestimmen lassen, dürfte jedoch der Vermerk der Hauptschuld ausreichend sein. Das hiermit verbundene Risiko dürfte i. d. R. durch vorhandene Pauschalrückstellungen (vgl. dazu Rz. 1653) mit abgedeckt sein (vgl. *Bordt* Eventualverbindlichkeiten, Anm. 36).

Es kommt nicht selten vor, daß das aufgrund einer Eventualverbindlichkeit bestehende **Risiko nicht eindeutig bezifferbar** ist (vgl. zum folgenden *Bordt* Eventualverbindlichkeiten, Anm. 40). Dies kann beispielsweise bei Patronatserklärungen (allgemeine Liquiditätszusage, Liquiditätsgarantie gegenüber einer Tochtergesellschaft; vgl. dazu *IdW* HFA 2/1976), Rentabilitätserklärungen, Rangrücktrittsvereinbarungen, Garantiezusagen für eigene Leistungen oder Bereitstellungserklärungen zugunsten des Komplementärs einer KG der Fall sein. In derartigen Fällen dürften **Kapitalgesellschaften** dazu verpflichtet sein, das betreffende Risiko im Anhang entsprechend zu erläutern (vgl. dazu auch *Adler/Düring/Schmaltz* § 151 Anm. 305). Fallen unter einen der gesondert auszuweisenden Eventualverbindlichkeitsposten (vgl. Rz. 1652) ausschließlich nicht bezifferbare Verpflichtungen, so ist dieser als Merkposten mit DM 1,– in die Bilanz bzw. den Anhang aufzunehmen. Unter Umständen kann dann eine Anpassung der Postenbezeichnung sinnvoll sein (vgl. Rz. 1658 f.). Sofern sich ein bestehendes Risiko nur teilweise beziffern läßt, ist der betreffende

390 Seitz

Eventualverbindlichkeiten 1664–1668 **B**

Teilbetrag in den zuständigen Vermerkposten aufzunehmen und das Restrisiko zu erläutern.

Nachfolgend werden die von Kapitalgesellschaften jeweils gesondert zu vermerkenden Arten von Eventualverbindlichkeiten (vgl. Rz. 1651) sowie die sonstigen Haftungsverhältnisse (vgl. dazu Rz. 1652) im einzelnen näher erläutert.

(1) Verbindlichkeiten aus der Begebung und Übertragung von Wechseln

1664 In den Vermerk der Verbindlichkeiten aus der Begebung und Übertragung von Wechseln – kurz **Wechselobligo** – sind unabhängig von der Bonität des Akzeptanten sämtliche Abschnitte einzubeziehen, aus denen das Unternehmen bei Nichteinlösung im Regreßweg als Aussteller (vgl. Art. 9 WG) oder als Indossant (vgl. Art. 15 WG) haftet (vgl. *Adler/Düring/Schmaltz* § 151 Anm. 284, 288). Dabei ist allerdings zu beachten, daß die Regreßmöglichkeit bei bestimmten Indossamentsformen (z. B. Vollmachtsindossament, Art. 18 WG, offenes Pfandindossament, Art. 19 WG, ,,ohne Obligo"-Klausel; vgl. Art. 15 WG und Rz. 1534) beschränkt sein kann (vgl. *Bordt* Eventualverbindlichkeiten, Anm. 14). Die Haftung aus **Gefälligkeitsindossamenten** sollte nach der herrschenden Meinung wegen ihres wirtschaftlichen Gehalts unter den Wechselbürgschaften (vgl. Rz. 1668ff.) vermerkt werden (vgl. *Adler/Düring/ Schmaltz* § 151 Anm. 291).

1665 Das Wechselobligo umfaßt die **Haftung aus allen Wechseln, die am Bilanzstichtag weitergegeben und noch nicht fällig waren**. Rechtlich wird das Unternehmen aus dem Obligo erst entlassen, wenn der Wechsel von dem Bezogenen, dem Aussteller oder einem Vorgiranten tatsächlich eingelöst worden ist. Da der Einlösungszeitpunkt der Unternehmung in der Praxis jedoch i. d. R. gar nicht bekannt ist, wird es allgemein für zulässig gehalten, von dem Erlöschen des Obligos und damit der Vermerkpflicht am Verfalltag – oder aus Gründen der Vorsicht – nach Ablauf eines Zeitraums von drei bis fünf Tagen nach dem Verfalltag auszugehen (vgl. *Adler/ Düring/Schmaltz* § 151 Anm. 285; *Kropff* § 151 Anm. 128).

1666 Bei Wechseln, die sich am Bilanzstichtag **im Bestand der Unternehmung** befanden oder lediglich **zum Inkasso weitergegeben** waren, besteht kein Obligo, das zu vermerken wäre (vgl. *Adler/Düring/Schmaltz* § 151 Anm. 290). Das Obligo aus **Mobilisierungs- und Kautionswechseln für eigene Verbindlichkeiten** sowie aus **Depotwechseln** ist nicht zu vermerken, da die ihnen zugrunde liegenden Verbindlichkeiten bereits passiviert sind (vgl. *Adler/Düring/Schmaltz* § 151 Anm. 292). Das Risiko aus der Hinterlegung von Kautionswechseln für in der Zukunft möglicherweise eintretende eigene Verbindlichkeiten (z. B. Vertragsstrafen) gehört zu den sonstigen Haftungsverhältnissen (vgl. Rz. 1677ff.). Zum Vermerk von für fremde Verbindlichkeiten hinterlegte Sicherungs- bzw. Kautionswechsel vgl. Rz. 1668ff.

1667 Die **Bewertung des Obligo** erfolgt in der Praxis regelmäßig mit dem Betrag, mit dem die Unternehmung aus dem Wechsel verpflichtet ist. Die im Regreßfall zusätzlich anfallenden Zinsen und Nebenkosten (vgl. dazu Art. 48, 49 WG) bleiben i. d. R. unberücksichtigt, da sie nicht von vornherein bestimmt werden können (vgl. *Niehus* § 42 Anm. 547). Sie dürften jedoch häufig bereits durch eine Pauschalrückstellung für die mögliche Inanspruchnahme mit abgedeckt sein (zur Bildung von Rückstellungen für den Fall der Inanspruchnahme der Unternehmung und der damit verbundenen Kürzung des Vermerks vgl. Rz. 1653; vgl. auch *Adler/Düring/Schmaltz* § 151 Anm. 286f.; *Bordt* Eventualverbindlichkeiten, Anm. 15).

(2) Verbindlichkeiten aus Bürgschaften, Wechsel- und Scheckbürgschaften

1668 Die Verbindlichkeiten aus Bürgschaften, Wechsel- und Scheckbürgschaften umfassen sämtliche Eventualverpflichtungen aus von der Unternehmung übernommenen **Bürgschaften**. Hierzu gehören neben den Wechselbürgschaften (Art. 30ff. WG; vgl. dazu *Adler/Düring/Schmaltz* § 151 Anm. 295) und Scheckbürgschaften (Art. 25ff. ScheckG) Bürgschaften aller Art (vgl. §§ 765ff. BGB; §§ 349ff. HGB) wie z. B. Ausfall-, Kredit-, Rück- oder Nachbürgschaften (vgl. dazu *Bordt* Eventualverbindlichkeiten, Anm. 21), sowie die Haftung der Unternehmung aus einem **Kreditauftrag** (vgl. § 778 BGB). Demgegenüber fallen **bürgschaftsähnliche Rechtsverhältnisse** wie z. B. Garantieverträge unter die Verbindlichkeiten aus Gewährleistungsverträgen (vgl. *Adler/Düring/Schmaltz* § 151 Anm. 294; zur Abgrenzung

Seitz 391

Bürgschaft/Garantievertrag vgl. *Haegert* AG 1965, 221 sowie BGH v. 5. 3. 1975, WM 1975, 348 und BGH v. 8. 3. 1967, WPg 1967, 263). **Bürgschaften Dritter zugunsten des Unternehmens** gehören ebenfalls nicht hierher; soweit sie wesentlich sind, kann es bei Kapitalgesellschaften erforderlich sein, im Anhang auf sie einzugehen (vgl. dazu *Niehus* § 42 Anm. 548).

1669 Die **Schuldmitübernahme,** durch die sich der Beitretende verpflichtet, die Verbindlichkeit des Schuldners gegenüber einem Dritten neben dem Schuldner als eigene Verbindlichkeit zu übernehmen, läßt sich nicht immer klar von der Bürgschaft abgrenzen (zur Abgrenzung vgl. *Haegert* AG 1965, 221 und BGH v. 25. 9. 1980, NJW 1981, 47 sowie BGH v. 7. 7. 1976, BB 1976, 1431). Bezweckt die Schuldmitübernahme die Freistellung des Hauptschuldners, so ist sie als eigene Schuld zu passivieren. Dient sie dagegen in erster Linie der Absicherung des Gläubigers, so gehört sie als bürgschaftsähnliches Rechtsverhältnis zu den Verbindlichkeiten aus Gewährleistungsverträgen (vgl. *Adler/Düring/Schmaltz* § 151 Anm. 297; *Niehus* § 42 Anm. 548).

1670 **Zeitpunkt und Höhe der Vermerkpflicht** richten sich bei Bürgschaften nach der Hauptschuld (vgl. *Bordt* Eventualverbindlichkeiten, Anm. 22; zur Höhe des Vermerks vgl. Rz. 1660 ff.). Dies gilt auch für die Nach- und die Rückbürgschaft. Der **Nachbürge** hat seine Verpflichtung dabei erst dann zu passivieren, wenn damit gerechnet werden muß, daß der Vorbürge seiner Verpflichtung nicht nachkommen wird (vgl. *Haegert* AG 1965, 104). **Wechsel- und Scheckbürgschaften** werden nur insoweit in den Vermerk einzubeziehen sein, als die betreffenden Wechsel bzw. Schecks am Bilanzstichtag noch nicht fällig waren (vgl. *Adler/Düring/Schmaltz* § 151 Anm. 302; zur Passivierung der Verpflichtungen aus Bürgschaften als Verbindlichkeiten bzw. als Rückstellungen und zu den damit verbundenen Auswirkungen auf die Höhe des Vermerks vgl. Rz. 1653; hinsichtlich der Besonderheiten bei Bürgschaften für aufschiebend bedingte Hauptschulden vgl. *Bordt* Eventualverbindlichkeiten, Anm. 4 f.).

(3) Verbindlichkeiten aus Gewährleistungsverträgen

1671 Der Begriff des **Gewährleistungsvertrages** ist gesetzlich nicht definiert. Nach der herrschenden Ansicht umfaßt er alle nicht als Bürgschaften zu qualifizierenden Verträge, mit denen eine Gewährleistung bezweckt wird, z. B. das Einstehen für einen Erfolg oder eine Leistung oder für den Nichteintritt eines bestimmten Nachteils oder Schadens (vgl. *IdW* HFA 2/1976, *Adler/Düring/Schmaltz* § 151 Anm. 304). Den Verbindlichkeiten aus Gewährleistungsverträgen können Gewährleistungen für fremde Leistungen, für eigene Leistungen und sonstige Gewährleistungen zugrunde liegen (vgl. *Bordt* Eventualverbindlichkeiten, Anm. 26).

1672 Die **Gewährleistungen für fremde Leistungen** umfassen alle Verpflichtungen, die zugunsten des Gläubigers eines Dritten eingegangen werden und die Gewährleistung gegenwärtiger oder zukünftiger Verbindlichkeiten des Dritten bezwecken, wobei es nicht darauf ankommt, in welche Rechtsform sie gekleidet oder ob sie mündlich oder schriftlich vereinbart wurden (vgl. *Adler/Düring/Schmaltz* § 151 Anm. 307; *Bordt* Eventualverbindlichkeiten, Anm. 28). Als Beispiele können genannt werden (vgl. dazu im einzelnen *Bordt* Eventualverbindlichkeiten, Anm. 28): Schuldübernahmen (vgl. auch Rz. 1669), Patronatserklärungen (hierzu ausführlich *Bordt* Eventualverbindlichkeiten, Anm. 43 ff.; *IdW* HFA 2/1976), Erwerbs- oder Abkaufsverpflichtungen, Delkredere-Haftung des Kommissionärs gemäß § 394 HGB, Rangrücktrittserklärungen und unter bestimmten Voraussetzungen auch produktionsunabhängige Abnahmeverträge. Zur Bewertung vgl. Rz. 1660 ff.).

1673 **Gewährleistungen für eigene Leistungen** können als unselbständige Garantiezusagen, durch die das Unternehmen hinsichtlich der von ihm zu erbringenden Leistung bestimmte Zusicherungen gibt und so seine gesetzliche Gewährleistungspflicht vertraglich erweitert, und als selbständige Garantieversprechen vorliegen, durch die der Garant die Gewähr für einen über die Vertragsmäßigkeit der eigenen Leistungen hinausgehenden Erfolg übernimmt. In beiden Fällen besteht insoweit eine Vermerkpflicht, als die Garantiezusage für die Unternehmung eine zusätzliche, außerhalb des normalen und branchenüblichen Risikos liegende Belastung darstellt (vgl. *Adler/Düring/Schmaltz* § 151 Anm. 305 f.; *Bordt* Eventualverbindlichkeiten, Anm. 29). Da-

Eventualverbindlichkeiten 1674–1678 **B**

nach dürften z. B. Kursgarantien für verkaufte Wertpapiere oder ausdrücklich übernommene Gewährleistungen für Prospektangaben stets vermerkpflichtig sein (vgl. *Bordt* Eventualverbindlichkeiten, Anm. 29). Zur Bewertung vgl. Rz. 1660 ff. und insbesondere Rz. 1663.

1674 Unter die **sonstigen Gewährleistungen** fallen die Garantien, die nicht auf eine Hauptleistungspflicht Bezugnehmen. Durch sie wird in der Regel die Gewähr für den Nichteintritt eines bestimmten Schadens übernommen (vgl. *Bordt* Eventualverbindlichkeiten, Anm. 30). Vermerkpflichtig sind hier z. B. Kursgarantien und unter bestimmten Voraussetzungen auch Ausbietungsgarantien. Zu den Besonderheiten bei Dividenden- und Rentabilitätsgarantien vgl. *Adler/Düring/Schmaltz* § 151 Anm. 308 und *Bordt* Eventualverbindlichkeiten, Anm. 30).

Zum Problem der Nichtbezifferbarkeit vgl. Rz. 1663. Zur Frage der Passivierung und der damit verbundenen Auswirkungen auf die Höhe des Vermerks vgl. Rz. 1653.

(4) Haftungsverhältnisse aus der Bestellung von Sicherheiten für fremde Verbindlichkeiten

1675 Die Haftungsverhältnisse aus der Bestellung von Sicherheiten für fremde Verbindlichkeiten umfassen alle Fälle der **Haftung eigener Vermögenswerte für Verbindlichkeiten Dritter**. In den Vermerk sind dementsprechend sämtliche von der Unternehmung für fremde Verbindlichkeiten eingeräumten Sicherheiten und darüber hinaus auch solche Sicherheiten einzubeziehen, die zwar ursprünglich für eigene Verbindlichkeiten bestellt wurden, die aber aufgrund einer Vereinbarung mit dem Sicherungsnehmer (z. B. Konzernklausel) auch für Verbindlichkeiten von anderen Schuldnern des Sicherungsnehmers (z. B. verbundene Unternehmen des Sicherungsgebers) haften (vgl. *Bordt* Eventualverbindlichkeiten, Anm. 32; *Kropff* § 151 Anm. 137). Vermerkpflichtig sind in diesem Zusammenhang lediglich dingliche Sicherheiten wie z. B. Grundpfandrechte, Verpfändungen beweglicher Sachen und Rechte, Sicherungsübereignungen und Sicherungsabtretungen (vgl. *Adler/Düring/Schmaltz* § 151 Anm. 309; *Niehus* § 42 Anm. 550).

1676 Die einzelnen Sicherheiten sind jeweils mit dem **Stichtagswert der gesicherten Verbindlichkeit** anzusetzen (vgl. *Kropff* § 151 Anm. 137). Sofern der Bilanzwert der als Sicherheit dienenden Vermögensgegenstände diesen Wert erheblich unterschreitet, dürfte ein entsprechender Hinweis im Vermerk erforderlich sein (vgl. *Bordt* Eventualverbindlichkeiten, Anm. 32). Zur Frage der Passivierung als Verbindlichkeit oder als Rückstellung und zu der damit verbundenen Auswirkungen auf die Höhe des Vermerks vgl. Rz. 1653.

(5) Sonstige Haftungsverhältnisse

1677 Große und mittelgroße Kapitalgesellschaften (vgl. Rz. 56) haben die aus der Bilanz nicht ersichtlichen **sonstigen Haftungsverhältnisse**, die AG und KGaA bisher in ihrem Geschäftsbericht darzustellen hatten (vgl. § 160 Abs. 3 Nr. 7 AktG aF.), in den Gesamtbetrag ihrer sonstigen finanziellen Verpflichtungen einzubeziehen, den sie im Anhang vermerken müssen, sofern er für die Beurteilung ihrer Finanzlage von Bedeutung ist (§§ 285 Nr. 3, 288 HGB nF.; vgl. Rz. 1477). Die sonstigen Haftungsverhältnisse umfassen sämtliche Eventualverpflichtungen des Unternehmens, die nicht bereits unter eine der vorstehend erläuterten Gruppen von Eventualverbindlichkeiten (vgl. Rz. 1651) fallen (vgl. dazu *Niehus* § 42 Anm. 551). Eine Vermerkpflicht wird für solche Haftungsverhältnisse grundsätzlich nur dann zu bejahen sein, wenn sie von wesentlicher Bedeutung sind und für die Gesellschaft ein über das normale, betriebs- bzw. branchenübliche Maß hinausgehendes Risiko darstellen. Haftungsverhältnisse, die als selbstverständlich zu betrachten sind oder mit denen nach der Art des Geschäftsbetriebs ohne weiteres gerechnet werden muß, brauchen daher in den Vermerk nach § 285 Nr. 3 HGB nF. nicht einbezogen zu werden (vgl. dazu *Adler/Düring/Schmaltz* § 160 Anm. 162, 165; *Kropff* § 160 Anm. 80).

1678 Eine etwaige **Haftung Dritter zugunsten des Unternehmens** (z. B. die Verpfändung des Warenlagers eines Großaktionäres für eine Schuld der Aktiengesellschaft) gehört nicht zu den unter § 285 Nr. 3 HGB nF. fallenden Haftungsverhältnissen (vgl. dazu *Adler/Düring/Schmaltz* § 160 Anm. 167). In Fällen von erheblicher Bedeutung kann jedoch eine entsprechende Erläuterung im Anhang zweckmäßig sein.

Seitz

B 1679–1683   Der Jahresabschluß nach Handels- und Steuerrecht

1679   Es erscheint fraglich, ob auch die **Haftung aus der Bestellung von Sicherheiten für eigene Verbindlichkeiten,** die bisher ebenfalls von der Berichtspflicht des § 160 Abs. 3 Nr. 7 AktG aF. erfaßt wurde, bei der Ermittlung des Gesamtbetrags der sonstigen finanziellen Verpflichtungen i. S. v. § 285 Nr. 3 HGB nF. zu berücksichtigen ist. Die besicherten Verbindlichkeiten sind nämlich bereits in der Bilanz passiviert und die gewährten Sicherheiten – in diesem Zusammenhang kommen nur dingliche Sicherheiten in Betracht (vgl. dazu *Kropff* § 160 Anm. 85) – sind nach § 285 Nr. 1 b HGB nF. ohnehin im Anhang darzustellen (vgl. Rz. 1476), wobei sie wie bisher nicht mit ihrem eigenen Wert, sondern in Höhe der besicherten Verbindlichkeiten angabepflichtig sind (vgl. dazu *Adler/Düring/Schmaltz* § 160 Anm. 173). Zudem kann das Ziel, das mit der Angabe der für eigene Verbindlichkeiten gewährten Sicherheiten nach § 160 Abs. 3 Nr. 7 AktG aF. verfolgt wurde, nämlich offenzulegen, in welchem Umfang das Vermögen der Unternehmung ihren Gläubigern als Sicherheit dient (vgl. dazu *Adler/Düring/Schmaltz* § 160 Anm. 173), durch den Einbezug derartiger Haftungsverhältnisse in den Gesamtbetrag der sonstigen finanziellen Verpflichtungen i. S. v. § 285 Nr. 3 HGB nF. nicht erreicht werden. Diesem Zweck dienen aber ganz offensichtlich bereits die Pflichtangaben nach § 285 Nr. 1 b HGB nF.

1680   Im einzelnen können je nach den Umständen des Einzelfalls ohne Anspruch auf Vollständigkeit insbesondere folgende sonstige Haftungsverhältnisse unter die Angabepflicht des § 285 Nr. 3 HGB nF. fallen (vgl. dazu *Niehus* § 42 Anm. 552; *Adler/Düring/Schmaltz* § 160 Anm. 170ff.): Nießbrauch an beweglichen Sachen oder Rechten, Einzahlungsverpflichtungen auf nicht voll bezahlte Aktien (§§ 54, 65 AktG), GmbH-Anteile (§§ 19, 22 GmbHG) oder Genossenschaftsanteile (§ 7 GenG), Vertragsstrafen, die Haftung für ein von einer Bank gestelltes unwiderrufliches Akkreditiv und die Haftung bei der Übernahme fremden Vermögens gemäß § 419 BGB sowie beim Erwerb eines Unternehmens oder eines gesondert geführten Betriebs gemäß § 75 AO.

b) Prüfungstechnik

1682   Die **Prüfung des internen Kontrollsystems** erfordert die Ermittlung des angestrebten Sollzustandes, u. U. anhand von Fragebögen oder verbalen Beschreibungen in Form eines Dauerarbeitspapiers. Dabei ist auf folgendes zu achten:
– Interne Anweisungen müssen sicherstellen, daß ein Sachbearbeiter des Rechnungswesens über alle Verpflichtungen, die für einen Bilanzvermerk in Betracht kommen, informiert wird, auch wenn sie zweifelhaft sind.
– Bei Eventualverbindlichkeiten größeren Umfangs sollte möglichst eine Vertragskartei geführt werden, die sämtliche wichtigen Daten der Verträge, insbesondere auch die daraus resultierenden Eventualverbindlichkeiten vollständig dokumentiert. Außerdem sollte eine Verbuchung der Eventualverbindlichkeiten auf Nebenkonten oder in Nebenbüchern erfolgen.

Die Prüfung umfaßt weiterhin die Beurteilung, ob die vorgesehenen Kontrollen ausreichend sind. Besondere Kontrollen sind insbesondere bei Unternehmensverbindungen und in Wirtschaftszweigen erforderlich, in denen Eventualverbindlichkeiten häufig anfallen. So sind z. B. bei Unternehmen, die Beteiligungsgesellschaften haben, häufig Bürgschaften, Schuldmitübernahmen, Garantien und Patronatserklärungen anzutreffen. Im Großanlagen- und Schiffbau kommen besonders häufig Garantiezusagen und selbständige Garantieverträge vor. In Unternehmen mit engen wirtschaftlichen Bindungen zwischen Lieferanten und Abnehmern, z. B. bei Brauereien und Gastwirtschaften, Automobilherstellern und Vertragshändlern, Baubetreuern und Bauherren, sind häufig Garantiezusagen, Garantieverträge und Bürgschaften anzutreffen.

Die Prüfung des internen Kontrollsystems erstreckt sich im übrigen auf die Würdigung eventueller Soll/Ist-Abweichungen.

1683   Die **Prüfung des Nachweises** erfolgt anhand von Saldenlisten, die zweckmäßigerweise für jede gesondert auszuweisende Position der Eventualverbindlichkeiten gefertigt werden sollte.

Soweit eine Nebenbuchhaltung für die Eventualverbindlichkeiten geführt wird, ist diese mit der Saldenliste abzustimmen.

Die Saldenlisten für die einzelnen Haftungsverhältnisse sowie die zugehörigen Einzelnachweise sind auf ihre rechnerische Richtigkeit zu überprüfen.

Die in den Saldenlisten ausgewiesenen Salden sind auf ihre Vollständigkeit und Richtigkeit zu kontrollieren. Zu diesem Zweck empfiehlt es sich, Saldenbestätigungen unter entsprechender Abwandlung des unter Rz. 679 vorgeschlagenen Bestätigungsschreibens einzuholen, sofern die unter den Eventualverbindlichkeiten ausgewiesenen Posten absolut oder relativ von Bedeutung sind.

Außerdem ist zur Prüfung der Vollständigkeit und Richtigkeit des Ausweises des **Wechselobligos** eine Abstimmung mit dem Wechselkopierbuch erforderlich.

Die Prüfung des Wechselobligos kann weiterhin im Zusammenhang mit der Prüfung der Debitoren und des dabei zu prüfenden Wechselbestandes erfolgen.

Die Vollständigkeit und Richtigkeit des Nachweises der ausgewiesenen **Bürgschaften** wird anhand der von der Geschäftsleitung oder der Rechtsabteilung vorzulegenden Verträge kontrolliert. Wechselbürgschaften müssen aus dem Wechselkopierbuch hervorgehen.

Die Vollständigkeit des Nachweises der Bürgschaft kann außerdem anhand der in der Gewinn- und Verlustrechnung ausgewiesenen Erträge aus Bürgschaftsprovisionen überprüft werden.

Die Prüfung der Vollständigkeit und Richtigkeit des Nachweises der **Verbindlichkeiten aus Gewährleistungsverträgen** erfolgt zunächst anhand der in Betracht kommenden Verträge. Soweit es sich um Gewährleistungen für fremde Leistungen handelt, besteht das Problem darin, die Gewährleistungszusage als solche zu erkennen, da aus dem Wortlaut nicht immer deutlich hervorgeht, ob ein selbständiges Garantieversprechen tatsächlich gewollt war. Dies gilt insbesondere für Patronatserklärungen, die aus verschiedenen Gründen oft bewußt unklar gestaltet werden (vgl. IdW HFA 2/1976). Bei Zweifeln darüber, ob eine Gewährleistungszusage vorliegt, sind zur Erforschung des Parteiwillens die Korrespondenz zuzuziehen und notfalls Auskünfte einzuholen.

Soweit Gewährleistungen für eigene Leistungen und sonstige Gewährleistungen übernommen wurden, erfolgt die Prüfung der Vollständigkeit und Richtigkeit des Nachweises ebenfalls anhand der zugrundeliegenden Verträge sowie erforderlichenfalls des zugehörigen Schriftwechsels.

Zur Prüfung der Vollständigkeit und Richtigkeit der **Haftungsverhältnisse aus der Bestellung von Sicherheiten für fremde Verbindlichkeiten** sind außerdem Unterlagen zur Prüfung heranzuziehen, die im Zusammenhang mit der Prüfung der Aktiva vorliegen sollten. Hierzu zählen
– die Grundbuchauszüge und die Grundstücksakten sowie Auskünfte der Rechtsabteilung zur Ermittlung der Belastungen des Grundbesitzes
– Depotauszüge, Bankbestätigungen (vgl. Rz. 801) zur Ermittlung eventueller Abtretungen oder Verpfändungen von Wertpapieren.

Die Vollständigkeit und Richtigkeit des Nachweises der **sonstigen Haftungsverhältnisse** ist ebenfalls anhand der vertraglichen Unterlagen sowie der zugehörigen Materialien und Auskünfte zu überprüfen. Soweit hier Haftungsverhältnisse aus der Bestellung von Sicherheiten für eigene Verpflichtungen auszuweisen sind (vgl. Rz. 1679) sollte insbesondere eine Bankbestätigung unter Verwendung des unter Rz. 801 vorgeschlagenen Bestätigungsschreibens eingeholt werden.

Die **Prüfung der Bewertung** erstreckt sich darauf, ob die Eventualverbindlichkeiten mit dem jeweiligen Haftungsbetrag angesetzt wurden (vgl. Rz. 1660ff.).

Es ist darauf zu achten, daß die Saldierung mit Regreßansprüchen nicht möglich ist (vgl. Rz. 1654).

Soweit Eventualverbindlichkeiten aus Bürgschaften und Gewährleistungsverträgen auszuweisen sind, erstreckt sich die Prüfung zusätzlich darauf, ob der zum Bilanzstichtag valutierende Betrag angesetzt wurde. Wurde der maximale Haftungsbetrag angesetzt, ist zusätzlich zu prüfen, ob dieser Wertansatz zu rechtfertigen ist (vgl. Rz. 1661).

Bei der Prüfung der Bewertung der Eventualverbindlichkeiten sind außerdem Nebenkosten und rückständige Zinsen sowie die Besonderheiten im Falle einer anteiligen Haftung oder bei nicht eindeutig bezifferbarem Risiko zu beachten (vgl. Rz. 1662ff.).

Die Bewertungsprüfung umfaßt schließlich auch die rechnerische Prüfung des angesetzten Betrages.

1685 Die **Prüfung des Ausweises** erfordert bei **Personenhandelsgesellschaften** und **Einzelunternehmen**
– die Kontrolle des Vermerks sämtlicher in § 251 Satz 1 HGB nF. genannten Haftungsverhältnisse in einem Betrag unter der Bilanz. Dabei ist darauf zu achten, daß zwei nebeneinander bestehende Haftungsverhältnisse nicht doppelt in den vermerkpflichtigen Betrag einbezogen werden (vgl. Rz. 1656f.).
Die Prüfung des Ausweises bei **Kapitalgesellschaften** erfordert
– die Kontrolle des gesonderten Ausweises der in §§ 268 Abs. 7, 251 HGB nF. genannten Haftungsverhältnisse unter der Bilanz oder im Anhang
– die Beachtung der Vermerkpflichten (vgl. Rz. 1477, 1655 und Rz. 1657ff.).
Vgl. *Haegert* HdR 344ff.; WPH 1981, 1235f.

3. Unterabschnitt: Erläuterungen zu den Posten der Gewinn- und Verlustrechnung

1690 Im Gegensatz zur Bilanz, in der die am Bilanzstichtag vorhandenen Vermögensgegenstände und Schulden ausgewiesen werden, wobei das Jahresergebnis bei Kapitalgesellschaften nur in einem Posten und bei Personengesellschaften regelmäßig durch Änderung der Eigenkapitalpositionen gezeigt wird, gibt die Gewinn- und Verlustrechnung als **Zeitraumrechnung** Auskunft über **Art und Höhe der Erfolgsquellen.**

1691 Die **Gewinn- und Verlustrechnung** bildet nach § 242 Abs. 3 HGB nF. zusammen mit der **Bilanz** den **Jahresabschluß.** Die Aufstellung einer Gewinn- und Verlustrechnung war auch nach bisherigem Recht für Kapitalgesellschaften (§ 148 AktG aF., § 41 Abs. 2 GmbHG aF.) ausdrücklich vorgeschrieben. Für Einzelunternehmen und Personenhandelsgesellschaften ergab sich diese Pflicht nicht direkt aus den §§ 38ff. HGB aF., sondern aus den GoB. Die Formulierung des § 242 Abs. 2 HGB nF. führt daher nicht zu einer Erhöhung der Anforderungen an den Jahresabschluß von Einzelunternehmen und Personenhandelsgesellschaften.

1692 Als **Gestaltungskriterien** für die Gewinn- und Verlustrechnung stehen jeweils alternativ das Gesamtkosten- oder das Umsatzkostenverfahren und die Konto- oder die Staffelform zur Verfügung. Man kann davon ausgehen, daß alle vier der durch Kombination der beiden Merkmale denkbaren Gestaltungsmöglichkeiten der Gewinn- und Verlustrechnung den Grundsätzen ordnungsmäßiger Buchführung entsprechen und daher nach Wahl der Bilanzierungspflichtigen angewandt werden dürfen, solange nicht für bestimmte Rechtsformen oder auf Grund anderer Kriterien gesetzliche Einschränkungen der Wahlfreiheit gelten.

1693 Hinsichtlich der **Alternative Konto- oder Staffelform** schreibt das **künftige Recht** für Kapitalgesellschaften die Staffelform zwingend vor (vgl. § 275 Abs. 1 HGB nF.). Für Einzelunternehmen und Personenhandelsgesellschaften besteht Wahlfreiheit. Im **bisherigen Recht** war nur für die Unternehmen, die nach Aktienrecht Rechnung zu legen hatten, eine Festlegung auf die Staffelform vorgenommen worden (vgl. § 157 AktG aF.); alle übrigen Unternehmen hatten Wahlfreiheit.

1694 Hinsichtlich der **Alternative Gesamtkosten- oder Umsatzkostenverfahren** gibt es im **künftigen Recht** keine Aussage für die Einzelunternehmen und Personenhandelsgesellschaften, während die Wahlfreiheit für die Kapitalgesellschaften ausdrücklich bestätigt wird (vgl. § 275 Abs. 1 HGB nF.). Im **bisherigen Recht** waren die Unternehmen, die nach Aktienrecht Rechnung zu legen hatten, auf das Gesamtkostenverfahren festgelegt.

1695 Unabhängig von den zugrunde gelegten äußeren Gestaltungskriterien wird die **Gliederung** der Gewinn- und Verlustrechnung von **Einzelunternehmen und Personenhandelsgesellschaften** nach bisherigem und zukünftigem Recht nur durch die **GoB** bestimmt. Danach dürfen dem **Bruttoprinzip** entsprechend Aufwendungen nicht mit Erträgen verrechnet werden. Nach dem Grundsatz der **Klarheit** und **Übersichtlichkeit** sind die Aufwands- und Ertragspositionen entsprechend zu bezeichnen und ihrem Charakter nach zu gliedern. Es ist vor allem erforderlich, die **betrieblichen Erfolgselemente** gesondert von den **neutralen** (außerordentlichen) auszuwei-

sen. Zur Gewinn- und Verlustrechnung von Nicht-Kapitalgesellschaften nach dem Publizitätsgesetz vgl. *IdW* HFA 3/1972.
Bis zum Inkrafttreten des HGB nF. galten vorstehende Aussagen auch für die Gliederung der Gewinn- und Verlustrechnung einer GmbH.

1696 Für **Kapitalgesellschaften** ist nach **§ 275 HGB nF.** das Gliederungsschema der Gewinn- und Verlustrechnung als **Mindestgliederung** bindend festgelegt worden. Danach müssen die in Abs. 2 und 3 aufgeführten Posten in der angegebenen Reihenfolge gesondert ausgewiesen werden. Nach Aktienrecht bilanzierende Unternehmen waren auch nach bisherigem Recht gemäß **§ 157 Abs. 1 AktG aF.** an ein vorgegebenes Gliederungsschema, ebenfalls als Mindestgliederung, gebunden. Hier wurde allerdings die Reihenfolge der Positionen nicht als bindend angesehen, solange durch Abweichungen nicht der Inhalt der vorgesehenen Zwischensummen verändert wurde (vgl. *Adler/Düring/Schmaltz* § 157 Anm. 30). Zur Gliederung der Gewinn- und Verlustrechnung von Kommanditgesellschaften a. A. vgl. *Adler/Düring/Schmaltz* § 157 Anm. 225.

1697 Wie das bisherige Aktienrecht, so sieht auch das HGB nF. **größenabhängige Erleichterungen** für Kapitalgesellschaften vor.
Kleine und mittelgroße Kapitalgesellschaften (die Größenmerkmale bestimmen sich nach § 267 Abs. 1, 2 HGB nF.) dürfen nach **§ 276 HGB nF.** die Posten § 275 Abs. 2 Nr. 1 bis 5 (beim Gesamtkostenverfahren) oder Abs. 3 Nr. 1 bis 3 und 6 (beim Umsatzkostenverfahren) zu einem Posten zusammenfassen und unter der Bezeichnung ,,Rohergebnis" ausweisen. Diese Regelung gilt sowohl für die offenlegungspflichtige Gewinn- und Verlustrechnung als auch für die interne, den Gesellschaftern vorzulegenden Jahresabschluß (vgl. Bericht zu § 276, BT-Drucksache 10/4268).
Eine Gegenüberstellung der Gliederung der Gewinn- und Verlustrechnung nach HGB nF. unter Zugrundelegung des Gesamtkostenverfahrens und nach AktG aF. findet sich nachstehend.

Gliederung und Offenlegung der Gewinn- und Verlustrechnung
nach HGB nF. für Kapitalgesellschaften und AktG aF. für AG und KGaA

Künftiges Recht (HGB nF.)			Bisheriges Recht (AktG aF.)	
Kapitalgesellschaften			AG und KGaA	
Gliederung (§ 275 Abs. 2 HGB nF.)	Offenlegung große und mittelgroße Ges.	kleine Ges.	Gliederung (§ 157 Abs. 1 AktG aF.)	Offenlegung
1.[1] Umsatzerlöse	x		1.[2] Umsatzerlöse	x
2.[1] Erhöhung oder Verminderung des Bestands an fertigen und unfertigen Erzeugnissen	x		2.[2] Erhöhung oder Verminderung des Bestands an fertigen und unfertigen Erzeugnissen	x
3.[1] andere aktivierte Eigenleistungen	x		3.[2] andere aktivierte Eigenleistungen	x
4.[1] sonstige betriebliche Erträge	x		4.[2] Gesamtleistung	x
5.[1] Materialaufwand: a) Aufwendungen für Roh-, Hilfs- und Betriebsstoffe und für bezogene Waren	x x		5.[2] Aufwendungen für Roh-, Hilfs- und Betriebsstoffe sowie für bezogene Waren	x
			6. Rohertrag/Rohaufwand	x
b) Aufwendungen für bezogene Leistungen	x		7. Erträge aus Gewinngemeinschaften, Gewinnabführungs- und Teilgewinnabführungsverträgen	x
6. Personalaufwand: a) Löhne und Gehälter	x			
b) soziale Abgaben und Aufwendungen für Altersversorgung und für Unterstützung, davon für Altersversorgung	x		8. Erträge aus Beteiligungen	x
			9. Erträge aus den anderen Finanzanlagen	x
			10. sonstige Zinsen und ähnliche Erträge	x
			11. Erträge aus dem Ab-	

Künftiges Recht (HGB nF.)			Bisheriges Recht (AktG aF.)	
Kapitalgesellschaften			AG und KGaA	
Gliederung (§ 275 Abs. 2 HGB nF.)	Offenlegung große und mittelgroße Ges.	kleine Ges.	Gliederung (§ 157 Abs. 1 AktG aF.)	Offenlegung
7. Abschreibungen: a) auf immaterielle Vermögensgegenstände des Anlagevermögens und Sachanlagen sowie auf aktivierte Aufwendungen für die Ingangsetzung und Erweiterung des Geschäftsbetriebs	x x		gang von Gegenständen des Anlagevermögens und aus Zuschreibungen zu Gegenständen des Anlagevermögens	
			12. Erträge aus der Herabsetzung der Pauschalwertberichtigung zu Forderungen	x
b) auf Vermögensgegenstände des Umlaufvermögens, soweit diese die in der Kapitalgesellschaft üblichen Abschreibungen überschreiten	x		13. Erträge aus der Auflösung von Rückstellungen	x
			14. sonstige Erträge davon außerordentliche	x
			15. Erträge aus Verlustübernahme	x
			16. Löhne und Gehälter	x
8. sonstige betriebliche Aufwendungen	x		17. soziale Abgaben	x
9. Erträge aus Beteiligungen, davon aus verbundenen Unternehmen	x		18. Aufwendungen für Altersversorgung und Unterstützung	
10. Erträge aus anderen Wertpapieren und Ausleihungen des Finanzanlagevermögens, davon aus verbundenen Unternehmen	x		19. Abschreibungen und Wertberichtigungen auf Sachanlagen und immaterielle Anlagewerte	x
11. sonstige Zinsen und ähnliche Erträge, davon aus verbundenen Unternehmen	x		20. Abschreibungen und Wertberichtigungen auf Finanzanlagen mit Ausnahme des Betrags, der in die Pauschalwertberichtigung zu Forderungen eingestellt ist	
12. Abschreibungen auf Finanzanlagen und auf Wertpapiere des Umlaufvermögens	x		21. Verluste aus Wertminderungen oder dem Abgang von Gegenständen des Umlaufvermögens außer Vorräten (§ 151 Abs. 1 Aktivseite III B) und Einstellung in die Pauschalwertberichtigung zu Forderungen	x
13. Zinsen und ähnliche Aufwendungen, davon an verbundene Unternehmen	x			
14. Ergebnis der gewöhnlichen Geschäftstätigkeit	x			
15. außerordentliche Erträge	x		22. Verluste aus dem Abgang von Gegenständen des Anlagevermögens	x
16. außerordentliche Aufwendungen	x		23. Zinsen und ähnliche Aufwendungen	x
17. außerordentliches Ergebnis	x		24. Steuern a) vom Einkommen, vom Ertrag und vom Vermögen b) sonstige	x
18. Steuern vom Einkommen und vom Ertrag	x			
19. sonstige Steuern	x		25. Aufwendungen aus Verlustübernahme	x
20. Jahresüberschuß/Jahresfehlbetrag	x		26. sonstige Aufwendungen	x
			27. auf Grund einer Gewinngemeinschaft, ei-	

Erläuterungen zu den Posten der GuV-Rechnung   1698, 1699 **B**

Künftiges Recht (HGB nF.)			Bisheriges Recht (AktG aF.)	
Kapitalgesellschaften			AG und KGaA	
Gliederung (§ 275 Abs. 2 HGB nF.)	Offenlegung		Gliederung (§ 157 Abs. 1 AktG aF.)	Offenlegung
	große und mittelgroße Ges.	kleine Ges.		
			nes Gewinnabführungs- und eines Teilgewinnabführungsvertrags abgeführte Gewinne	
			28. Jahresüberschuß/Jahresfehlbetrag	x
			29. Gewinnvortrag/Verlustvortrag aus dem Vorjahr	x
			30. Entnahmen aus offenen Rücklagen	x
			a) aus der gesetzlichen Rücklage	x
			b) aus der Rücklage für eigene Aktien	x
			c) aus freien Rücklagen	x
			31. Einstellungen aus dem Jahresüberschuß in offene Rücklagen	x
			a) in die gesetzliche Rücklage	x
			b) in die Rücklage für eigene Aktien	x
			c) in freie Rücklagen	x
			32. Bilanzgewinn/Bilanzverlust	x

[1] Kleine und mittelgroße Kapitalgesellschaften dürfen nach § 276 HGB nF. die Posten Nr. 1 bis 5 zu einem Posten „Rohergebnis" zusammenfassen.
[2] Kleine Gesellschaften und Familiengesellschaften brauchten nach § 157 Abs. 4 AktG aF. unter bestimmten Voraussetzungen die Posten Nr. 1 bis 5 nicht gesondert auszuweisen.

Nach § 157 Abs. 4 AktG aF. brauchten **nicht börsennotierte Aktiengesellschaften und Kommanditgesellschaften a. A.** mit einer Bilanzsumme bis zu 3 Mio. DM oder **nicht börsennotierte Familiengesellschaften** mit einer Bilanzsumme bis zu 10 Mio. DM (zu Einzelheiten vgl. *Adler/Düring/Schmaltz* § 157 Anm. 226 ff.) die Posten § 157 Abs. 1 Nr. 1–5 AktG aF. nicht gesondert auszuweisen. Diese Einschränkung galt bei Familiengesellschaften aber nur für den publizierten Jahresabschluß. Aktionäre konnten nach § 157 Abs. 4 letzter Satz AktG aF. verlangen, daß ihnen die Gewinn- und Verlustrechnung in der Hauptversammlung über den Jahresabschluß auch in der Form nach § 157 Abs. 1 AktG aF. vorgelegt wurde. Zur eingeschränkten Publizität von Familiengesellschaften vgl. auch *Adler/Düring/Schmaltz* § 157 Anm. 240 ff.

698   Die Posten der Gewinn- und Verlustrechnung werden nachfolgend unter Zugrundelegung des **Gesamtkostenverfahrens** behandelt. Zu den Besonderheiten des Umsatzkostenverfahrens vgl. *Biener* Anm. zu Art. 22 IV. EG-Richtlinie 76 ff.

1. Umsatzerlöse

699   Als Umsatzerlöse sind die Erlöse auszuweisen, die durch die **eigentliche Betriebsleistung** des Unternehmens entstehen. Der hier verwendete Begriff ist gegenüber dem des Umsatzsteuergesetzes eingeschränkt (§ 1 UStG), da dort alle Lieferungen und sonstigen Leistungen, die gegen Entgelt im Rahmen eines Unternehmens erbracht werden, als Umsätze gelten.

Für Kapitalgesellschaften ist der **Begriff in § 277 Abs. 1 HGB nF. definiert.** Danach gelten als Umsatzerlöse die Erlöse aus dem Verkauf, der Vermietung oder Verpachtung von für die gewöhnliche Geschäftstätigkeit typischen Erzeugnissen und

Waren sowie aus Dienstleistungen, die für die Geschäftstätigkeit typisch sind. Sie sind nach Abzug von Erlösschmälerungen und der Umsatzsteuer auszuweisen. Die Umschreibung der Umsatzerlöse stimmt inhaltlich mit der nach § 158 Abs. 1 AktG aF. überein.

Was als **gewöhnliche Geschäftstätigkeit** einer Kapitalgesellschaft anzusehen ist, bestimmt sich nach dem tatsächlichen Erscheinungsbild des Unternehmens und kann nicht ausschließlich aus der Satzung oder dem Gesellschaftsvertrag abgeleitet werden (vgl. *Adler/Düring/Schmaltz* § 158 Anm. 4). Die Aufzählung von Tätigkeitsmerkmalen dient dem Zweck einer Auslegungshilfe. Sie kann auch zur Bestimmung der Umsatzerlöse von Nicht-Kapitalgesellschaften angewendet werden.

1700 Im einzelnen können folgende **Umsatzerlöse** auftreten (vgl. dazu *Adler/Düring/Schmaltz* § 158 Anm. 8 ff.):

- Erlöse aus dem Verkauf der eigentlichen Enderzeugnisse, Handelswaren, Halbfabrikate oder Zwischenerzeugnisse
- Erlöse aus geschäftszweigüblichen Verkäufen von nicht mehr benötigten Roh-, Hilfs- und Betriebsstoffen
- Erlöse aus dem Verkauf von zwangsläufig durch die Produktion anfallendem Schrott (außer wenn Teile des Anlagevermögens als Schrott verkauft werden und dies gesondert erfaßbar ist; Ausweis dann unter sonstige betriebliche Erträge, § 275 Abs. 2 Nr. 4 HGB nF., bzw. Erträge aus dem Abgang von Gegenständen des Anlagevermögens, § 157 Abs. 1 Nr. 11 AktG aF.; vgl. Rz. 1726 ff.), Abfall- und Kuppelprodukte
- Miet- und Pachteinnahmen von Wohnungsunternehmen, Grundstücksgesellschaften, Leasingunternehmen, Brauereien (z. B. aus Verpachtung von Gaststätten) u. ä., nicht jedoch Mieteinnahmen aus Werkswohnungen, die als sonstige betriebliche Erträge erfaßt werden müssen
- Patent- und Lizenzeinnahmen, wenn sie die vom Patent- oder Lizenzgeber selbst hergestellten Produkte betreffen (in anderen Fällen sind sie als sonstige betriebliche Erträge zu verbuchen)
- Erträge aus Dienstleistungen, die Hauptleistungen sind (Nebenleistungen und Leistungen der Hilfsbetriebe werden unter sonstige betriebliche Erträge ausgewiesen)
- Speditionserträge bei Speditionsunternehmen
- Versicherungsentschädigungen für verkaufte Erzeugnisse (Entschädigungen für unfertige oder noch nicht verkaufte fertige Erzeugnisse sowie Versicherungsleistungen aus einer Betriebsunterbrechungsversicherung sind als sonstige betriebliche Erträge zu erfassen)
- Subventionen, die nicht speziell an ein einzelnes Unternehmen gezahlt werden und die keine Anschaffungsnebenkosten darstellen
- Provisionen aus Vermittlungs- und Kommissionsgeschäften

1701 Der in § 277 Abs. 1 HGB nF. vorgeschriebene Abzug von **Erlösschmälerungen** entspricht dem Abzug von **Preisnachlässen** und zurückgewährten Entgelten nach § 158 Abs. 2 AktG aF. Im einzelnen sind Barzahlungsnachlässe, Umsatzvergütungen, Mengenrabatte, Sondernachlässe, Kundenskonto, Treuerabatte u. ä. als Preisnachlässe abzuziehen. Für den Abzug ist es unerheblich, ob die Nachlaßgewährung einen Verstoß z. B. gegen das Rabattgesetz darstellt oder nicht.

1702 Als **zurückgewährte Entgelte** kommen Gutschriften an Abnehmer für Mängelrügen, Gewichts- und Preisdifferenzen in Betracht. Auch Zuführungen zu Rückstellungen für Preisnachlässe und zurückzugewährende Entgelte sind hier zu erfassen. Die Umsatzerlöse sind in Höhe des Rechnungsbetrages auszuweisen, also einschließlich Transport- und Verpackungskosten. Gutschriften für solche in den Preisen enthaltenen Kosten sind ebenfalls als Erlösschmälerungen abzuziehen. Warenrücksendungen sind in voller Höhe des ursprünglichen Rechnungsbetrages auszusetzen. Darüber hinausgehende Aufwandserstattungen an Abnehmer sind als sonstige betriebliche Aufwendungen zu erfassen. Des weiteren sind Abzinsungsbeträge von unverzinslichen oder niedrig verzinslichen langfristigen Forderungen aus Lieferungen und Leistungen als Erlösschmälerungen zu behandeln. Zu Einzelheiten vgl. *Adler/Düring/Schmaltz* § 158 Anm. 24 ff.

1703 Grundsätzlich dürfen Erlösschmälerungen nur von den Umsatzerlösen des Geschäftsjahres abgezogen werden, denen sie zugerechnet werden können. **Erlös-**

schmälerungen, die **Umsatzerlöse aus Vorjahren betreffen,** können aber, wenn für sie keine Rückstellungen gebildet wurden, auch als Erlösschmälerungen des laufenden Geschäftsjahres erfaßt werden, wenn es sich nicht um wesentliche oder größere einmalige Beträge handelt und wenn in jedem Geschäftsjahr in gleicher Weise verfahren wird (vgl. *Adler/Düring/Schmaltz* § 158 Anm. 28). Andernfalls sind sie als ,,sonstige betriebliche Aufwendungen" (Pos. 8 der GuV nach HGB nF.) bzw. ,,sonstiger Aufwand" (Pos. 26 der GuV nach AktG aF.) auszuweisen.

1704 Nach § 277 Abs. 1 HGB nF. sind bei Kapitalgesellschaften die **Umsatzerlöse nach Abzug der Umsatzsteuer** auszuweisen. Die Art der Behandlung der Umsatzsteuer konnte aus § 158 Abs. 2 AktG aF. nicht abgeleitet werden und war bisher umstritten. Von den drei bislang als zulässig erachteten Methoden (vgl. *IdW* HFA 3/1968, ersetzt durch HFA 1/1985) kommen in Zukunft nur der Nettoausweis der Umsatzerlöse und der offene Abzug der Umsatzsteuer von den Umsatzerlösen in einer Vorspalte in Betracht. Der Ausweis der Umsatzerlöse einschließlich Umsatzsteuer und die gleichzeitige Verbuchung der Umsatzsteuer als Steueraufwand ist zukünftig unzulässig (vgl. dazu *Wöhe* Bilanzierung und Bilanzpolitik, 281 f.). Da dieses Verfahren in der Praxis kaum Anwendung gefunden hat, ergeben sich für die Unternehmen nach dem HGB nF. keine besonderen Auswirkungen.

1705 **Große Kapitalgesellschaften** müssen nach § 285 Nr. 4 i. V. m. § 288 HGB nF. im **Anhang** die **Umsatzerlöse** nach Tätigkeitsbereichen und geographisch bestimmten Märkten **aufgliedern,** ,,soweit sich, unter Berücksichtigung der Organisation des Verkaufs von für die gewöhnliche Geschäftstätigkeit der Kapitalgesellschaft typischen Erzeugnissen und der für die gewöhnliche Geschäftstätigkeit der Kapitalgesellschaft typischen Dienstleistungen, die Tätigkeitsbereiche und geographisch bestimmten Märkte untereinander erheblich unterscheiden" (§ 285 Nr. 4 HGB nF.). Auf eine Aufgliederung kann verzichtet werden, wenn ,,die Aufgliederung nach vernünftiger kaufmännischer Beurteilung geeignet ist, der Kapitalgesellschaft oder einem Unternehmen, von dem die Kapitalgesellschaft mindestens den fünften Teil der Anteile besitzt, einen erheblichen Nachteil zuzufügen" (§ 286 Abs. 2 HGB nF.).

1706 Bei der **Prüfung der Umsatzerlöse** ist Prüfungsziel die vollständige und periodengerechte Erfassung sowie der richtige Bruttoausweis.

Die stichprobenweise Überprüfung der Umsatzerlöse im Hinblick auf dieses Prüfungsziel erfolgt bei den Positionen
- ,,fertige Erzeugnisse und Waren" im Zusammenhang mit der Prüfung des Warenausgangs (vgl. Rz. 634)
- ,,Forderungen aus Lieferungen und Leistungen", ,,Forderungen gegen verbundene Unternehmen" und ,,Forderungen gegen Unternehmen, mit denen ein Beteiligungsverhältnis besteht" im Zusammenhang mit der Überprüfung des Verfahrens der Erfassung und der Verbuchung der Forderungen (vgl. Rz. 676).

Zusätzlich ist eine analytische Durchsicht der angesprochenen Konten erforderlich (vgl. Teil C Rz. 1 ff.).

Die **Prüfung** erstreckt sich im übrigen auf die Trennung der umsatzsteuerpflichtigen Umsätze von den steuerbefreiten und den nicht steuerbaren Umsätzen.

1707 Für den gesamten Prüfungszeitraum ist eine **Abstimmung der Umsätze** lt. Hauptbuchkonto **mit** den Umsätzen lt. **Umsatzsteuererklärung** vorzunehmen (vgl. Rz. 1592). Die Prüfungsunterlage sollte vorzugsweise von dem geprüften Unternehmen angefertigt werden. Bei der Abstimmung ist auch die Plausibilität der geltend gemachten Vorsteuer etc. zu überprüfen.

Die sog. ,,große Umsatzprobe" (vgl. hierzu Teil C Rz. 111) ist keine spezifische Prüfungsmethode für die Umsatzerlöse, sondern generell zur Prüfung der Ordnungsmäßigkeit der Buchführung vorzunehmen (vgl. hierzu auch Teil C Rz. 53 ff.).

Bei der Prüfung des Ausweises ist die Abgrenzung zu den anderen GuV-Positionen zu beachten.

Außerdem ist die Einhaltung des Gliederungsgebots der Umsatzerlöse im Anhang zu kontrollieren, und zwar nach Tätigkeitsbereichen sowie nach geographisch bestimmten Märkten, es sei denn, durch diese Angaben würden für das Unternehmen erhebliche Nachteile entstehen, § 285 Nr. 4 in Verbindung mit § 286 Abs. 2 HGB nF.

Bei sämtlichen Unternehmen mit Ausnahme der großen und mittelgroßen Kapitalgesellschaften ist darauf zu achten, daß eine Zusammenfassung der GuV-Positionen 1–5 unter der Bezeichnung „Rohergebnis" möglich ist.

2. Erhöhung oder Verminderung des Bestands an fertigen und unfertigen Erzeugnissen

1710 Wird die Gewinn- und Verlustrechnung nach dem **Gesamtkostenverfahren** erstellt, dann stehen den Aufwendungen des Geschäftsjahres nicht ausschließlich die Umsatzerlöse aus dem Verkauf der in diesem Geschäftsjahr hergestellten Erzeugnisse gegenüber. Vielmehr werden auch Erzeugnisse aus Vorjahren veräußert und als Umsatzerlöse erfaßt, obwohl ihnen keine Aufwendungen der Periode gegenüberstehen, oder es werden Aufwendungen für auf Lager genommene Produkte ausgewiesen, denen noch keine Umsatzerlöse entsprechen.

Dieser Posten ist daher notwendig, um **Symmetrie zwischen** den ausgewiesenen **Aufwendungen und Erträgen der Periode** zu erzielen oder, mit anderen Worten, er wird gebraucht, damit die sich gegenüberstehenden Aufwendungen und Erträge zueinander passen. Als **Erhöhung des Bestands** der Erzeugnisse werden die Aufwendungen (Herstellungskosten) für Erzeugnisse erfaßt, die im abgelaufenen Geschäftsjahr produziert, aber nicht veräußert wurden. Dieser Betrag stimmt mit der Differenz aus Anfangs- und Endbestand der Bestandskonten „unfertige und fertige Erzeugnisse" überein. Da es sich um eine Leistung des Geschäftsjahres handelt und Aufwendungen dafür ausgewiesen wurden, ist dieser Betrag wie die Umsatzerlöse zu behandeln. Wenn im umgekehrten Fall **Lagerbestände aus der Produktion von Vorjahren veräußert** werden, dann sind diese Aufwendungen (Herstellungskosten) aus den gleichen Gründen von den Umsatzerlösen des Geschäftsjahres abzuziehen. Auch hier ergibt sich der abzuziehende Betrag aus der Differenz zwischen Anfangs- und Endbestand der Bestandskonten. Eine Aufteilung nach fertigen und unfertigen Erzeugnissen ist nicht erforderlich.

1711 **Waren,** die mit fertigen Erzeugnissen in einer Position ausgewiesen werden, sind bei der Ermittlung des Bestandes der fertigen Erzeugnisse abzuziehen. Bestandsänderungen der Waren sind hier nicht auszuweisen, da den Erlösen aus Warenverkäufen immer die entsprechenden Materialaufwendungen (§ 275 Abs. 2 Nr. 5a HGB nF./§ 157 Abs. 1 Nr. 5 AktG aF.) gegenüberstehen (vgl. Rz. 1752).

1712 Bestandsveränderungen von **noch nicht abgerechneten Leistungen,** wie in Arbeit befindliche Aufträge oder noch nicht abgenommene Bauten, sind ebenfalls hier zu erfassen, auch wenn für sie besondere Bestandskonten ausgewiesen werden. Eine Zusammenfassung dieser Bestandsänderungen mit denen der fertigen und unfertigen Erzeugnisse ist zulässig, wenn dies auch in der Postenbezeichnung zum Ausdruck kommt.

1713 Bestandsveränderungen **selbsterzeugter Roh-, Hilfs- und Betriebsstoffe,** die in der Bilanz unter Roh-, Hilfs- und Betriebsstoffen und nicht unter den Erzeugnissen ausgewiesen werden, sind ebenso wie die Bestandsveränderungen der fertigen und unfertigen Erzeugnisse zu berücksichtigen. Sie werden hier und nicht als andere aktivierte Eigenleistungen ausgewiesen (vgl. *Adler/Düring/Schmaltz* § 157 Anm. 55; Begründung zum Bilanzrichtlinien-Gesetz § 255, BT-Drucksache 10/317; a. A. *Biener* Anm. zu Art. 23 4. EG-Richtlinie, 85).

1714 Die Postenbezeichnung des HGB nF. stimmt mit der des bisherigen Aktiengesetzes überein. Bestandsveränderungen können aus **Mengen- und Bewertungsänderungen** einschließlich Inventurdifferenzen entstehen. Gegenüber dem AktG aF. ergibt sich aus § 277 Abs. 2 HGB nF. die Einschränkung, daß Abschreibungen nur noch als Bestandsveränderungen zu erfassen sind, soweit sie die in **Kapitalgesellschaft** sonst **üblichen Abschreibungen** nicht überschreiten. Geht die Wertminderung der Erzeugnisse über den üblichen Rahmen hinaus, dann muß der unübliche Teil unter den Abschreibungen des Umlaufvermögens (Posten § 275 Abs. 2 Nr. 7b; vgl. Rz. 1795ff.) ausgewiesen werden. Für Einzelunternehmen und Personenhandelsgesellschaften gilt diese Bestimmung nicht.

1715 Die materielle **Prüfung der Bestandsveränderungen** erfolgt bereits bei den Vorräten unter den Positionen „Unfertige Erzeugnisse", „Fertige Erzeugnisse und Waren".

Erläuterungen zu den Posten der GuV-Rechnung 1718–1725 **B**

Zusätzlich ist erforderlich
- eine Abstimmung des GuV-Ausweises mit den buchmäßigen Veränderungen der Bestände
- eine analytische Durchsicht der angesprochenen Konten (vgl. Teil C, Rz. 1 ff.)
- die Beachtung des zutreffenden Ausweises, insbesondere im Verhältnis zu den Materialaufwendungen.

Bei sämtlichen Unternehmen mit Ausnahme der großen und mittelgroßen Kapitalgesellschaften ist darauf zu achten, daß eine Zusammenfassung der GuV-Positionen 1–5 unter der Bezeichnung „Rohergebnis" möglich ist.

3. Andere aktivierte Eigenleistungen

1718 Der Ausweis der Position „andere aktivierte Eigenleistungen" erfüllt im Prinzip dieselbe Aufgabe wie die Position „Erhöhung oder Verminderung des Bestands an fertigen und unfertigen Erzeugnissen". Der wesentlichste Unterschied besteht darin, daß hier keine Gegenstände des Vorratsvermögens, sondern **selbsterstellte Vermögensgegenstände des Anlagevermögens** zugrunde liegen, für die während des Geschäftsjahres Aufwendungen angefallen und in der Gewinn- und Verlustrechnung angesetzt worden sind.

Die anderen aktivierten Eigenleistungen sind beispielsweise selbsterstellte Gebäude, Maschinen, Werkzeuge sowie aktivierte Großreparaturen. Zu ihnen gehören auch aktivierte Aufwendungen für die Ingangsetzung und Erweiterung des Geschäftsbetriebs.

1719 Als andere aktivierte Eigenleistungen darf nur ein Betrag ausgewiesen werden, dem **Aufwendungen des Geschäftsjahres** entsprechen. Aufwendungen früherer Perioden, deren Aktivierung z. B. nach einer steuerlichen Betriebsprüfung nachgeholt wird, sind nicht als andere aktivierte Eigenleistungen, sondern nach bisherigem Recht als „Zuschreibungen zu Gegenständen des Anlagevermögens" (§ 157 Abs. 1 Nr. 11 AktG aF.) oder nach künftigem Recht als „sonstige betriebliche Erträge" (§ 275 Abs. 2 Nr. 4 HGB nF., vgl. Rz. 1726 ff.) auszuweisen.

1720 Die Aufwendungen für die Erstellung eigener Anlagen, insbesondere von Baulichkeiten, beinhalten häufig **Fremdmaterialien** (z. B. Armaturen, fertige Einbauteile). Diese fremdbezogenen Materialien sind zusammen mit den Eigenleistungen des Unternehmens als andere aktivierte Eigenleistungen auszuweisen. Der für Fremdmaterialien aufgewandte Betrag muß gleichzeitig in die Position „Aufwendungen für bezogene Leistungen" (§ 275 Abs. 2 Nr. 5 b HGB nF., vgl. Rz. 1754 f.) einbezogen werden. Die dargestellte Vorgehensweise gilt aber nur, soweit den **vom Unternehmen erbrachten Eigenleistungen** im Rahmen des Gesamtobjektes eine **dominierende** Bedeutung zukommt. Ist dies nicht der Fall, spielt also der Wert der Fremdmaterialien im Verhältnis zum Wert des Gesamtobjektes eine nur untergeordnete Rolle, dann sind die Fremdmaterialien ohne Berührung der Aufwandskonten direkt auf den Anlagekonten zu verbuchen (vgl. auch *Adler/Düring/Schmaltz* § 157 Anm. 59).

1721 Die **Prüfung der anderen aktivierten Eigenleistungen** auf Vollständigkeit und periodengerechte Erfassung erfolgt bereits im Zusammenhang mit der Prüfung der Sachanlagen (vgl. Rz. 354, 378 ff., 397, 408).

Außerdem ist eine analytische Durchsicht (vgl. Teil C Rz. 1 ff.) der betreffenden Konten erforderlich.

Bei sämtlichen Unternehmen mit Ausnahme der großen und mittelgroßen Kapitalgesellschaften ist darauf zu achten, daß eine Zusammenfassung der GuV-Positionen 1–5 unter der Bezeichnung „Rohergebnis" möglich ist.

4. Sonstige betriebliche Erträge

a) Behandlung nach Handelsrecht

1725 Zu den in § 275 Abs. 2 Nr. 4 HGB nF. auszuweisenden Erträgen gehören alle Erträge, die im Rahmen der **gewöhnlichen Geschäftstätigkeit der Kapitalgesellschaft** anfallen (Umkehrschluß aus § 277 Abs. 4 HGB nF.), und für die nicht eine andere Ertragsposition vorgesehen ist. Es handelt sich um einen **Sammelposten**, in den verschiedene Positionen eingehen, die bisher im Gliederungsschema des § 157

Wohlgemuth 403

AktG aF. selbständig auszuweisen waren. Die „sonstigen betrieblichen Erträge" setzen sich zusammen aus:
- Erträge aus dem Abgang von Gegenständen des Anlagevermögens und aus der Zuschreibung zu Gegenständen des Anlagevermögens (§ 157 Abs. 1 Nr. 11 AktG aF.)
- Erträge aus der Zuschreibung zu Forderungen wegen Herabsetzung der Pauschalwertberichtigung zu Forderungen (§ 157 Abs. 1 Nr. 12 AktG aF.)
- Erträge aus der Auflösung von Rückstellungen (§ 157 Abs. 1 Nr. 13 AktG aF.)
- übrige sonstige betriebliche Erträge (§ 157 Abs. 1 Nr. 14 AktG aF. ohne die außerordentlichen Bestandteile i. S. v. § 277 Abs. 4 HGB nF.)

Eine Aufgliederung der sonstigen betrieblichen Erträge in die einzelnen Bestandteile ist gesetzlich nicht gefordert (vgl. Bericht zu § 275 HGB, BT-Drucksache 10/4268).

(1) Erträge aus dem Abgang von Gegenständen des Anlagevermögens und aus der Zuschreibung zu Gegenständen des Anlagevermögens

1726 Als Erträge aus dem Abgang von Gegenständen des Anlagevermögens sind die Differenzen zwischen den **letzten Buchwerten** der Vermögensgegenstände und ihren **höheren Verkaufserlösen** auszuweisen. Als letzter Buchwert kann aus Vereinfachungsgründen der letzte in der Handelsbilanz aktivierte Wert angesehen werden. Eine Fortsetzung der Abschreibung bis zum Veräußerungszeitpunkt ist jedoch erforderlich, wenn es sich um Objekte mit hohen Werten und nicht sehr langer Nutzungsdauer handelt.

Zu den Gegenständen des Anlagevermögens zählen sowohl das Sach- als auch das Finanzanlagevermögen, so daß hier auch **Erträge aus dem Abgang von Finanzanlagen,** Erträge aus der Auflösung eines Disagios (vgl. Rz. 488f.) und Erträge aus der Zuschreibung von in Vorjahren abgezinsten Ausleihungen (vgl. Rz. 490) zu erfassen sind. Dabei handelt es sich z. B. um Erträge aus der Veräußerung von Wertpapieren oder Bezugsrechten (zur Aufteilung des Veräußerungserlöses von Bezugsrechten vgl. Rz. 441). Sind in den Rückzahlungsbeträgen Zinsanteile o. ä. enthalten, dann sind diese nicht hier, sondern unter den Erträgen aus diesen Finanzanlagen auszuweisen (Posten § 275 Abs. 2 Nr. 9 und 10 HGB nF./§ 157 Abs. 1 Nr. 8 und 9 AktG aF.).

1727 Der **Veräußerungserlös** ist der Betrag, der dem Unternehmen zufließt. Abzüge sind wie bei den Umsatzerlösen notwendig, wenn Skonti, Rabatte, Nachlässe o. ä. gewährt werden.

Für den Abzug von **Erlösschmälerungen,** die **Anlagenabgänge in Vorjahren** betreffen, gelten nach dem HGB nF. die Ausführungen zu den Umsatzerlösen sinngemäß (vgl. Rz. 1703). Aktienrechtlich waren diese nachträglichen Gutschriften nicht als Erlösschmälerungen, sondern als sonstiger Aufwand (§ 157 Abs. 1 Nr. 26 AktG aF.) auszuweisen, da als Gewinn aus Anlageabgängen der außerordentliche Ertrag des laufenden Geschäftsjahres gezeigt werden mußte (vgl. *Adler/Düring/ Schmaltz* § 157 Anm. 118).

1728 **Ausbaukosten** z. B. von verkauften Maschinen mindern den Verkaufserlös. Der erzielte Verkaufspreis kann aufgeteilt werden auf die Ausbaukosten und den Erlös für die Maschine (vgl. *Adler/Düring/Schmaltz* § 157 Anm. 119). Nach bisherigem Recht war der den Ausbaukosten zugerechnete Teil als „sonstige Erträge" (Pos. 14 der GuV nach AktG aF.) auszuweisen. Da beide Bestandteile des Verkaufspreises sonstige betriebliche Erträge sind, ist eine Aufteilung nach HGB nF. nicht erforderlich.

1729 **Versicherungsentschädigungen** treten an die Stelle der Verkaufserlöse, wenn der Abgang von Wirtschaftsgütern durch einen Versicherungsfall verursacht wurde. Sollen die ggf. aufgelösten Reserven auf ein Ersatzwirtschaftsgut übertragen werden (Abschn. 35 EStR), dann ist die Differenz zwischen dem letzten Buchwert der Anlage und der Versicherungsentschädigung als Ertrag aus Anlagenabgang zu erfassen. In gleicher Höhe ist dann bei Ersatzbeschaffung im gleichen Geschäftsjahr eine außerplanmäßige Abschreibung (§ 275 Abs. 2 Nr. 7a – vgl. Rz. 1790 –, § 281 Abs. 2 Satz 1 HGB nF./ § 157 Abs. 1 Nr. 19 AktG aF.) oder wenn die Ersatzbeschaffung nicht im gleichen Geschäftsjahr erfolgt, eine Einstellung in den Sonderposten mit Rücklageanteil (§ 275 Abs. 2 Nr. 8 – vgl. Rz. 1803 – i. V. m. § 281 Abs. 2 Satz 2 HGB

Erläuterungen zu den Posten der GuV-Rechnung 1730–1737 **B**

nF./§ 158 Abs. 6 AktG aF.) auszuweisen. Gleiches gilt auch bei der Übertragung stiller Reserven nach § 6b EStG.

1730 Buchgewinne aus Anlagenabgängen dürfen nicht mit Buchverlusten aufgerechnet werden, da dies einen Verstoß gegen den **Bruttoausweis** nach § 246 Abs. 2 HGB nF. darstellen würde. Verluste aus dem Abgang von Gegenständen des Anlagevermögens sind nach HGB nF. unter den sonstigen betrieblichen Aufwendungen (§ 275 Abs. 2 Nr. 8 HGB nF., vgl. Rz. 1800) und nach AktG aF. unter Verluste aus dem Abgang von Gegenständen des Anlagevermögens (§ 157 Abs. 1 Nr. 22 AktG aF.) auszuweisen.

1731 Als **Erträge aus Zuschreibungen** zu den Gegenständen des Anlagevermögens (zum Begriff Zuschreibung siehe unter Gliederung, vgl. Rz. 173; zur Zulässigkeit von Zuschreibungen vgl. Rz. 226 ff.) ist der ungekürzte Zuschreibungsbetrag auszuweisen. Eine Aufrechnung mit Abschreibungen ist unzulässig.

(2) Erträge aus der Zuschreibung zu Forderungen wegen Herabsetzung der Pauschalwertberichtigung zu Forderungen

1732 **Pauschalwertberichtigungen von Forderungen** wegen des allgemeinen Kreditrisikos können sowohl nach HGB nF. als auch nach AktG aF. vorgenommen werden. Im Gegensatz zum Aktiengesetz darf die Pauschalwertberichtigung künftig aber nur aktivisch durchgeführt werden (zu Einzelheiten siehe unter Forderungen aus Lieferungen und Leistungen, vgl. Rz. 655).

Danach sind in jeder Periode die Forderungen um Abschreibungen (Ausweis unter sonstige betriebliche Aufwendungen, Posten § 275 Abs. 2 Nr. 8 HGB nF., vgl. Rz. 1798 ff.) in Höhe des geschätzten allgemeinen Kreditrisikos zu vermindern. Liegt der **tatsächliche Ausfall unter dem geschätzten,** dann ist der Differenzbetrag als Ertrag hier auszuweisen.

1733 Unter dem bisherigen Recht verfuhr die **Praxis** im allgemeinen so, daß die auf den Forderungsbestand gebildete **Pauschalwertberichtigung während des Jahres** – auch bei eintretenden Forderungsausfällen – **unberührt** blieb. Die Forderungsausfälle wurden als Aufwand der laufenden Periode berücksichtigt. Die Pauschalwertberichtigung wurde zum Bilanzstichtag durch Zuführung oder Auflösung von Teilbeträgen auf den erforderlichen aktuellen Stand gebracht. Eine entsprechende Vorgehensweise ist auch nach künftigem Recht denkbar. Dann kommt es nur bei einem gesunkenen Forderungsbestand und/oder einem herabgesetzten Prozentsatz, mit dem die Pauschalwertberichtigung berechnet wird, zu einer Herabsetzung der Pauschalwertberichtigung, d. h. einer Zuschreibung zu Forderungen in Höhe des Betrages der vorliegenden Überdeckung.

(3) Erträge aus der Auflösung von Rückstellungen

1735 **Rückstellungen** aus dem Vorjahresabschluß, die künftig nicht mehr oder zumindest nicht mehr in der ursprünglich vorgesehenen Höhe benötigt werden, müssen **aufgelöst** werden. Zur Bildung von Rückstellungen vgl. Rz. 1075 ff. Die Auflösungsbeträge bilden nach künftigem Recht einen Bestandteil der Position „sonstige betriebliche Erträge", während das bisherige Recht dafür die eigenständige Position „Erträge aus der Auflösung von Rückstellungen" (§ 157 Abs. 1 Nr. 13 AktG aF.) vorsah.

(4) Übrige sonstige betriebliche Erträge

1737 Neben den bisher gesondert angesprochenen betrieblichen Erträgen kann eine **Vielzahl weiterer betrieblicher Erträge** auftreten. Dazu gehören u. a. Erträge aus nicht eingetretenen Verlusten einzelwertberichtigter Forderungen, die nach HGB nF. ebenfalls unter den sonstigen betrieblichen Erträgen zu erfassen sind. Eine strenge Trennung, wie in der aktienrechtlichen Gewinn- und Verlustrechnung des bisherigen Rechts, nach der die Erträge aus der Herabsetzung der Pauschalwertberichtigung zu Forderungen (Posten § 157 Abs. 1 Nr. 12 AktG aF.) getrennt von den Erträgen aus einzelwertberichtigten Forderungen (Posten § 157 Abs. 1 Nr. 14 AktG aF.) ausgewiesen werden mußten, ist somit in Zukunft nicht mehr erforderlich.

Beispiele weiterer Erträge, die unter diese Position fallen, sind:
– Schuldnachlässe
– Buchgewinne aus dem Verkauf von Wertpapieren des Umlaufvermögens, soweit

die Veräußerung innerhalb der normalen Geschäftstätigkeit des Unternehmens erfolgt
- Kursgewinne aus Währungen, soweit es sich nicht um Spekulationsgewinne außerhalb der normalen Geschäftstätigkeit des Unternehmens handelt
- Kostenerstattungen, Rückvergütungen und Gutschriften für Vorjahre, die nicht als Anschaffungskostenminderungen berücksichtigt sind
- konzerninterne Verwaltungskostenumlagen
- Erträge aus der Weiterbelastung von Steuern an Organgesellschaften
- Steuererstattungen; auch solche aufgrund eines Verlustrücktrages
- Ausgleichsposten aus der Inanspruchnahme solcher Rückstellungen, die über sonstige betriebliche Aufwendungen zu bilden waren (Rz. 1082)
- Einnahmen aus Betriebsunterbrechungsversicherungen
- Versicherungsentschädigungen für fertige oder unfertige Erzeugnisse
- Erträge aus der Auflösung von Sonderposten mit Rücklageanteil
- Patent- und Lizenzgebühren

Die übrigen sonstigen betrieblichen Erträge entsprechen den in § 157 Abs. 1 Nr. 14 AktG aF. auszuweisenden sonstigen Erträgen, einschließlich der dort als außerordentlich zu vermerkenden Erträge, die zu einem früheren Geschäftsjahr gehören (aperiodische Erträge), soweit es sich um Erträge im Rahmen der gewöhnlichen Geschäftstätigkeit handelt.

b) Prüfungstechnik

1738 Die **Prüfung** erstreckt sich auf die vollständige und periodengerechte Erfassung und den richtigen Bruttoausweis.

Sie erfolgt bei der Prüfung der folgenden betrieblichen Erträge im Zusammenhang mit der Prüfung der ebenfalls genannten Bilanzpositionen:
- Erträge aus dem Abgang von Wirtschaftsgütern des Anlagevermögens und aus Zuschreibungen zu Wirtschaftsgütern des Anlagevermögens: Sach- und Finanzanlagen.
 Dabei ist darauf zu achten, daß nur die Differenz zwischen dem Buchwert der Anlagegegenstände und dem erzielten Erlös als Ertrag ausgewiesen wird.
 Zur Überprüfung der Vollständigkeit der ausgewiesenen Erträge aus dem Abgang von Wirtschaftsgütern des Anlagevermögens sollten sämtliche Buchwerte (historische Anschaffungskosten abzüglich aufgelaufene Abschreibungen zuzüglich aufgelaufene Zuschreibungen) der abgegangenen Anlagegegenstände mit den hier auszuweisenden Erträgen sowie den unter den sonstigen betrieblichen Aufwendungen auszuweisenden Verlusten aus dem Abgang von Gegenständen des Anlagevermögens abgestimmt werden.
- Erträge aus Zuschreibungen zu Forderungen wegen einer Kürzung der Pauschalwertberichtigung: Forderungen aus Lieferungen und Leistungen, sonstige Forderungen und Wirtschaftsgüter.
- Erträge aus der Auflösung von Rückstellungen: Rückstellungen; der in dem Rückstellungsspiegel ausgewiesene Auflösungsbetrag ist mit dem unter den sonstigen betrieblichen Erträgen ausgewiesenen Betrag abzustimmen.
- Erträge aus der Auflösung von Sonderposten mit Rücklageanteil: Sonderposten mit Rücklageanteil.

1739 Bei regelmäßig wiederkehrenden Erträgen, insbesondere Mieterträgen sind die gebuchten Erträge überschläglich mit dem Soll-Ertrag abzustimmen, wie er nach dem zugrunde liegenden Vertrag zu erwarten ist.

Alle übrigen betrieblichen Erträge sind anhand von Aufstellungen, die von der Gesellschaft zu fertigen sind, auf ihre Vollständigkeit zu überprüfen.

Erforderlich ist eine analytische Durchsicht der angesprochenen Einzelkonten, vgl. Teil C Rz. 1 ff.

Bei der Prüfung des zutreffenden Ausweises ist besonderer Augenmerk darauf zu legen, ob ein Ausweis an einer anderen Stelle in Frage kommen kann, da häufig Zweifel bezüglich der Zuordnung dazu führen, die zweifelhaften Positionen unter dem Sammelposten „sonstige betriebliche Erträge" auszuweisen. Außerordentliche Erträge sind unter der hierfür vorgesehenen gesonderten Position auszuweisen.

1740 Bei kleinen und mittelgroßen Kapitalgesellschaften ist darauf zu achten, daß eine Zusammenfassung der GuV-Positionen 1–5 unter der Bezeichnung ,,Rohergebnis" möglich ist.
Vgl. *Kunz* HdR 50 f.

5. Materialaufwand

1745 Der Ausweis dieses Aufwandspostens ist **nur bei** der nach dem **Gesamtkostenverfahren** (§ 275 Abs. 2 HGB nF.) aufgestellten GuV-Rechnung vorgesehen. Bei Anwendung des **Umsatzkostenverfahrens** (§ 275 Abs. 3 HGB nF.) gehen die Aufwendungen für Roh-, Hilfs- und Betriebsstoffe und für bezogene Waren **zusammen mit anderen Kostenarten** – im wesentlichen mit den auf die Herstellung entfallenden Personalkosten (vgl. Rz. 1760 ff.) und den ggf. gesondert ausgewiesenen (§ 277 Abs. 3 HGB nF.) Abschreibungen auf das Vorratsvermögen nach § 253 Abs. 3 Satz 3 HGB nF. – in die GuV-Position 2. ,,Herstellungskosten der zur Erzielung der Umsatzerlöse erbrachten Leistungen" ein.

1746 Der Gesamtbetrag der Kostenart Materialaufwand ist beim Umsatzkostenverfahren aus der GuV-Rechnung nicht ersichtlich. Aus diesem Grunde schreibt § 285 Ziff. 8 a HGB nF. **bei Anwendung des Umsatzkostenverfahrens** vor, daß der **Materialaufwand des Geschäftsjahres** entsprechend der Gliederung des Gesamtkostenverfahrens **im Anhang anzugeben** ist:
a) Aufwendungen für Roh-, Hilfs- und Betriebsstoffe und für bezogene Waren
b) Aufwendungen für bezogene Leistungen

a) Aufwendungen für Roh-, Hilfs- und Betriebsstoffe und für bezogene Waren

1748 Als Aufwendungen für Roh-, Hilfs- und Betriebsstoffe sind insbesondere der **gesamte Materialverbrauch aus dem Fertigungsbereich** des Unternehmens zu erfassen. Daneben ist auch der **Materialaufwand anderer betrieblicher Funktionsbereiche** (Verwaltung, Vertrieb) auszuweisen, da das Gesamtkostenverfahren lediglich einen kostenartenorientierten Ausweis kennt; eine Aufteilung der Kostenarten nach betrieblichen Funktionsbereichen erfolgt nicht. Insbesondere sind alle Fertigungsstoffe, Brenn- und Heizungsstoffe, Reinigungsmaterial, Reparaturstoffe, Reserveteile etc., unter der Position 5 a) auszuweisen. Da diese Position ggf. mit den Posten 1 bis 4 unter der Bezeichnung ,,Rohergebnis" zusammengefaßt werden kann (§ 276 HGB nF.), sollten hier alle Aufwendungen für Roh-, Hilfs- und Betriebsstoffe ausgewiesen werden, die mit den Ertragspositionen 1 bis 4 in einem wirtschaftlichen Zusammenhang stehen. So ist auch der Materialaufwand zu erfassen, der durch die sonstigen betrieblichen Erträge (Rz. 1725) verursacht worden ist (*Niehus* Anm. 469).

1749 Dieser Posten soll den gesamten Aufwand für Roh-, Hilfs- und Betriebsstoffe enthalten. Aus diesem Grunde sind hier **auch Inventur- und Bewertungsdifferenzen,** die ihre Ursache z. B. in Schwund, Qualitätsverlusten, rückläufigen Marktpreisen etc. haben, auszuweisen. Ebenfalls sind hier Beträge zu erfassen, die sich aus dem Übergang von einer zulässigen Bewertungsmethode zu einer anderen zulässigen Bewertungsmethode ergeben; bei diesen Beträgen kann es sich naturgemäß sowohl um Soll- als auch um Habenwerte handeln. Inventurdifferenzen, deren Ursache in Diebstählen, Brand, Zerstörung u. ä. liegt, sind dagegen – sofern es sich um wesentliche Beträge handelt – unter den sonstigen betrieblichen Aufwendungen auszuweisen (*Adler/Düring/Schmaltz* § 157 Anm. 73 ff.).

1750 Soweit Roh-, Hilfs- und Betriebsstoffe mit einem Festwert angesetzt werden, sind sowohl die Neuzugänge als auch die **Veränderungen des Festwerts** unter diesem Posten zu erfassen (*Adler/Düring/Schmaltz* § 157 Anm. 76).
Wird Sachanlagevermögen mit einem Festwert bewertet (Werkzeuge, Modelle, Formen, Schalungsteile etc.) so ist der Zugang dieser Anlagegegenstände direkt als Aufwand zu verrechnen; diese Aufwendungen können grundsätzlich als Sofortabschreibung angesehen werden. Ein Ausweis unter den Abschreibungen kommt jedoch nicht in Betracht. Vielmehr sind diese Beträge den Aufwendungen für Roh-, Hilfs- und Betriebsstoffe zuzuordnen, da es sich vielfach um Kleinmaterialien (Hilfsstoffe) handelt. Auch der Ausweis unter den sonstigen betrieblichen Aufwendungen wird als zulässig erachtet (*Adler/Düring/Schmaltz* § 157 Anm. 76).

1751 Die Aufwendungen sind **zu den Einstandswerten** der verbrauchten Materialien, **ohne Umsatzsteuer** (Vorsteuer), die mit der Steuerschuld verrechnet werden kann, auszuweisen. Nichtabzugsfähige Vorsteuern verteuern die Anschaffung eines Gegenstandes; sie zählen deshalb grundsätzlich zu den Anschaffungskosten. Aus Gründen der Vereinfachung erscheint es generell zulässig, bei Gegenständen des Umlaufvermögens die nichtabzugsfähigen Vorsteuern unmittelbar unter den Aufwendungen für Roh-, Hilfs- und Betriebsstoffe zu erfassen (*IdW* HFA 1/1985).

1752 **Aufwendungen für bezogene Waren** sind hier nur insoweit auszuweisen, als die Waren verkauft worden oder im Rahmen des normalen Lagerschwunds untergegangen sind; es ist also nicht der gesamte Einkauf an Waren hier zu erfassen. Wie bei den Aufwendungen für Roh-, Hilfs- und Betriebsstoffe sind auch Bewertungs- und Inventurunterschiede bei bezogenen Waren hier auszuweisen. Insgesamt läßt sich der Aufwand für bezogene Waren nach folgender Formel ermitteln:

Anfangsbestand
+ Zugang
./. Endbestand
= Aufwand

Größere Bestandsdifferenzen infolge Brand, Diebstahl etc. sind den sonstigen betrieblichen Aufwendungen zuzuordnen (*Adler/Düring/Schmaltz* § 157 Anm. 81).

1753 Die **Prüfung** erstreckt sich auf die vollständige und periodengerechte Erfassung und den richtigen Bruttoausweis der Aufwendungen. Sie erfolgt bereits bei den Positionen
- ,,Roh-, Hilfs- und Betriebsstoffe" und ,,Fertige Erzeugnisse und Waren" im Zusammenhang mit der Prüfung des Wareneingangs (vgl. Rz. 579)
- ,,Verbindlichkeiten aus Lieferungen und Leistungen", ,,Verbindlichkeiten aus der Annahme gezogener Wechsel und Ausstellung eigener Wechsel", ,,Verbindlichkeiten gegenüber verbundenen Unternehmen" und ,,Verbindlichkeiten gegenüber Unternehmen, mit denen ein Beteiligungsverhältnis besteht" im Zusammenhang mit der Überprüfung des Verfahrens der Abwicklung der Einkäufe und ihrer Verbuchung (vgl. Rz. 1525).

Zusätzlich ist eine analytische Durchsicht (vgl. Teil C Rz. 1 ff.) der angesprochenen Konten erforderlich.

Bei der Prüfung des Ausweises ist die Abgrenzung zu den anderen GuV-Positionen zu beachten.

Bei kleinen und mittelgroßen Kapitalgesellschaften ist darauf zu achten, daß eine Zusammenfassung der GuV-Positionen 1–5 unter der Bezeichnung ,,Rohergebnis" möglich ist.

b) Aufwendungen für bezogene Leistungen

1754 Hier sind **Aufwendungen für Fremdleistungen** insoweit auszuweisen, als sie den Aufwendungen für Roh-, Hilfs- und Betriebsstoffe entsprechen. Zu den Aufwendungen für bezogene Leistungen zählen beispielsweise Strom- und Energieaufwendungen, Aufwendungen für Fremdreparaturen, Aufwendungen der von Fremden durchgeführten Lohn- und Weiterverarbeitung, Fertigungslizenzen und Erfindervergütungen. Nicht hier, sondern unter den sonstigen betrieblichen Aufwendungen, sind Ausgangsfrachten und sonstige Transport- und Verkehrskosten auszuweisen (*Jonas* S. 133).

1755 Die **Prüfung** erfolgt in gleicher Weise wie die Prüfung der Aufwendungen für Roh-, Hilfs- und Betriebsstoffe und für bezogene Waren (vgl. Rz. 1573).

6. Personalaufwand

1760 Wie der Materialaufwand (Rz. 1745 f.) so ist auch der **Personalaufwand des Geschäftsjahres bei Anwendung des Umsatzkostenverfahrens aus der GuV-Rechnung nicht mehr ersichtlich;** der Ausweis dieses Aufwandspostens ist nur bei der nach dem Gesamtkostenverfahren (§ 275 Abs. 2 HGB nF.) gegliederten GuV-Rechnung vorgesehen. Die gesamten Personalkosten werden beim Umsatzkostenverfahren entsprechend ihrer Verursachung unter dem Posten 2. ,,Herstellungskosten der

Erläuterungen zu den Posten der GuV-Rechnung 1761–1767 B

zur Erzielung der Umsatzerlöse erbrachten Leistungen" (zusammen mit dem Materialaufwand, vgl. Rz. 1745 f.) sowie unter den Posten 4. „Vertriebskosten" und 5. „Allgemeine Verwaltungskosten" ausgewiesen.

1761 Allerdings schreibt § 285 Ziff. 8 b HGB nF. **bei Anwendung des Umsatzkostenverfahrens** vor, daß der **Personalaufwand des Geschäftsjahres** gegliedert nach § 275 Abs. 2 Nr. 6 HGB nF. **im Anhang anzugeben ist:**
a) Löhne und Gehälter
b) Soziale Abgaben und Aufwendungen für Altersversorgung und für Unterstützung, davon für Altersversorgung

a) Löhne und Gehälter

1762 Unter diesem Posten sind **sämtliche Bruttolöhne und -gehälter** (Nettobezüge zuzüglich der von den Arbeitnehmern zu tragenden Abzüge, wie Lohn- und Kirchensteuer, Sozialversicherungsbeiträge) aller Belegschaftsmitglieder (Arbeiter, Angestellte, Geschäftsführer, Vorstandsmitglieder) aufzuführen. Auszuweisen sind alle Vergütungen für die im Geschäftsjahr geleisteten Arbeiten sowie Nachzahlungen für Vorjahre, soweit hierfür keine Rückstellung gebildet war.

1763 Für den Ausweis unter dieser Position ist es **unerheblich, in welcher Form und unter welcher Bezeichnung** die Bezüge geleistet wurden. So sind hier auch Feiertags- und Urlaubslöhne, Hausstands- und Kinderzulagen, Weihnachtsgelder, Zahlungen aufgrund des Lohnfortzahlungsgesetzes, Zahlungen nach dem Vermögensbildungsgesetz, Wohnungsentschädigungen, Entgelte für Überstunden, Prämien, Sonderzulagen, Abfindungen für Erfindervergütungen, Bezüge der Auszubildenden, Vergütungen für Verbesserungsvorschläge der Arbeitnehmer und vertragliche Gewinnbeteiligungen auszuweisen. Es bleibt außer Betracht, welchem betrieblichen Funktionsbereich die Löhne und Gehälter zuzuordnen sind; auszuweisen sind sowohl Fertigungs-, Hilfs- und Reparaturlöhne als auch die Gehälter des Verwaltungs- und Vertriebsbereichs.

1764 Unter den Posten 6 a) fallen weiterhin die **vom Unternehmen übernommenen Lohn- und Kirchensteuern.** Auch freiwillig vom Arbeitgeber übernommene Beiträge der Belegschaftsmitglieder an die gesetzliche **Sozialversicherung** sowie Unternehmen getragene **Zuschüsse zu Versicherungen,** die zur Befreiung von der Pflichtversicherung abgeschlossen worden sind, zählen zu den Aufwendungen für Löhne und Gehälter. Ebenso sind **Jubiläumszahlungen** und **Erfolgsbeteiligungen** hier auszuweisen (*Adler/Düring/Schmaltz* § 157 Anm. 141). Im allgemeinen decken sich die Nebenbezüge, die bei den Löhnen und Gehältern einzubeziehen sind, mit den lohnsteuerpflichtigen Beträgen.

1765 Des weiteren gehören **alle in Sachwerten oder Sachleistungen gewährten Vergütungen** zum Lohn- und Gehaltsaufwand. Insbesondere kommen hierbei Deputate und Sachbezüge (mietfreie Wohnung, Nutzung eines Dienstwagens für private Zwecke) in Betracht. Die Höhe dieser Bezüge kann grundsätzlich nach den steuerlich zulässigen Werten bemessen werden (vgl. Abschn. 18 bis 21 LStR; Sachbezugsverordnung 1985, BStBl. I 1984, 656; BMF v. 8. 11. 1982, BStBl. I 1982, 814).

1766 **Nicht** zu den Löhnen und Gehältern zählen **Rückerstattungen bar verauslagter Unkosten** sowie pauschalierte Spesen für Reisen, Verpflegung und Übernachtung; diese Beträge sind unter den sonstigen betrieblichen Aufwendungen (Rz. 1798 ff.) auszuweisen. Abfindungen an Belegschaftsmitglieder, Geschäftsführer und Vorstände werden häufig für bereits geleistete Dienste gezahlt. In diesem Fall ist der Ausweis unter dem Posten 6 a) vorzunehmen. Überwiegt das Bestreben des Unternehmens, **lästige Arbeitnehmer abzufinden,** hat die Abfindung also weniger den Charakter eines Entgelts für geleistete Dienste, so ist der Betrag **unter den sonstigen betrieblichen Aufwendungen** (Rz. 1798 ff.) auszuweisen (*Adler/Düring/Schmaltz* § 157 Anm. 145).

1767 Da die **Mitglieder des Aufsichtsrats oder Beirats** in keinem Dienst- oder Anstellungsverhältnis zum Unternehmen stehen, sind deren Bezüge (feste und gewinnabhängige Tantiemen) als sonstige betriebliche Aufwendungen (Rz. 1798 ff.) zu erfassen. Ebenso zählen **Provisionen selbständiger Vertreter** zu den sonstigen betrieblichen Aufwendungen.

1768 Grundsätzlich **nicht zu den Aufwendungen für Löhne und Gehälter** gehören die **Bezüge von Arbeitskräften fremder Firmen,** auch wenn die Entgelte vom Unternehmen errechnet und ausbezahlt werden. Vielmehr sind diese Beträge unter den Aufwendungen für bezogene Leistungen auszuweisen, soweit sie den Aufwendungen für Roh-, Hilfs- und Betriebsstoffe entsprechen (Rz. 1754). Andernfalls kommt der Ausweis bei den sonstigen betrieblichen Aufwendungen in Betracht (Rz. 1798ff.).

1769 Bei der **Prüfung der Löhne und Gehälter** ist eine **Prüfung des internen Kontrollsystems des Lohn- und Gehaltsverkehrs** sowie seiner buchmäßigen Behandlung nach dem Soll- und nach dem Ist-Zustand einzubeziehen.

Zur Erfassung des **Soll-Zustandes** empfiehlt sich eine Dokumentation in Form eines Dauerarbeitspapiers, in dem das Verfahren der Erfassung, der Verbuchung und der Auszahlung von Löhnen und Gehältern, sozialen Abgaben, Pensionen und sonstiger von der Lohn- und Gehaltsbuchhaltung wahrgenommener Aufgaben beschrieben wird.

Der Soll-Zustand sollte im wesentlichen die folgenden Maßnahmen umfassen:
- schriftliche Genehmigung aller Einstellungen
- schriftliche Autorisation sämtlicher Lohn- und Gehaltsveränderungen
- ordnungsgemäße Führung von Personalakten, die außer den Arbeitsverträgen auch sämtliche schriftlichen Autorisationen von Lohn- und Gehaltsveränderungen enthalten sollten
- organisatorische Maßnahmen, die sicherstellen, daß der Lohnbuchhaltung sämtliche Neueinstellungen, Entlassungen, Entgeltabzüge etc. zur Kenntnis gelangen
- Durchführung von Anwesenheitskontrollen zur Lohnermittlung
- Ermittlung der tatsächlichen Arbeitszeiten
- Führung von Lohnnachweisen entsprechend den steuerlichen Vorschriften
- regelmäßige Kontrolle der Lohn- und Gehaltslisten durch Überprüfung mit den Steuer- und Versicherungskarten, den Arbeitsverträgen, den betrieblichen Vereinbarungen, den Mitteilungen über Lohn- und Gehaltsveränderungen, über Zusatzvergütungen oder Entgeltkürzungen
- regelmäßige Überprüfung der sachlichen und rechnerischen Richtigkeit der Lohn- und Gehaltslisten
- gesicherte Aufbewahrung der Steuer- und Versicherungskarten sowie deren Aushändigung nur gegen Quittung

Funktionenkollisionen sind zu vermeiden; die für die Gehalts- oder Lohnerrechnung zuständigen Personen sollen nicht die für die Ermittlung der Arbeitszeiten benötigten Belege erstellen; die Lohn- oder Gehaltsveränderungen sollten nicht durch die Lohnbuchhaltung autorisiert werden; die Auszahlungsstelle sollte keine weiteren Funktionen im Zusammenhang mit dem Personalwesen haben, insbesondere nicht mit der berechnenden Stelle identisch sein.

Das festgestellte und dokumentierte Verfahren ist auf Übereinstimmung mit den gesetzlichen Rechnungslegungsvorschriften zu überprüfen.

Die Prüfung umfaßt weiterhin die Beurteilung, ob die vorgesehenen Kontrollen ausreichend sind.

1770 Der **Ist-Zustand** des internen Kontrollsystems muß dem Soll-Zustand entsprechen. Die Prüfung des Ist-Zustandes erfolgt zweckmäßigerweise zusammen mit der Prüfung der vollständigen und periodengerechten Erfassung der Löhne und Gehälter. Sie sollte einen ausgewählten Zeitraum umfassen, der möglichst nicht kleiner sein sollte als ein Monat.

Die Prüfung des Ist-Zustandes erstreckt sich auf
- die tatsächliche Existenz des Beschäftigungsverhältnisses
- den Zeit- und Leistungsnachweis für die Löhne
- den Nachweis der Gehälter
- die Entgeltabzüge
- die Auszahlungen
- die vollständige Erfassung in der Finanzbuchhaltung

1771 Zur **Prüfung der tatsächlichen Existenz von Beschäftigungsverhältnissen** empfiehlt sich eine Abstimmung der Arbeitnehmer in der Lohn- bzw. Gehaltsliste mit den zugehörigen Lohnsteuerkarten bzw. den Sozialversicherungsnachweisen. Ergänzend können auch Aufzeichnungen der Personalabteilung über Einstellungen und Entlassungen hinzugezogen werden.

1772 Die **Prüfung des Zeit- und Leistungsnachweises für die Löhne** erstreckt sich auf die mengenmäßige Erfassung der Lohnstunden.

Die **mengenmäßige Erfassung der Lohnstunden** erfordert die Kontrolle der Anwesenheitsstunden. Sie können nachgewiesen werden durch
– Stechkarten
– Kontrolluhren
– Aufschreibung der Torkontrolle etc.

In diesem Zusammenhang sind insbesondere zu prüfen:
– handschriftliche Eintragungen auf den Stempelkarten und die Genehmigung dieser Eintragungen durch hierzu ausdrücklich Bevollmächtigte,
– manuelle Rechenvorgänge,
– die Beachtung innerbetrieblicher Anweisungen (z. B. zum Abzug von Zeiteinheiten für verspätetes Eintreffen oder vorzeitiges Verlassen.

Der mengenmäßige Nachweis der Lohnstunden erfordert außerdem eine Erfassung der Arbeitsstunden. Die Arbeitsstunden werden nachgewiesen durch
– Originalunterlagen, z. B. Zeitlohnscheine, Akkordlohnscheine,
– Lohnbücher, die eine Zusammenstellung täglicher oder wöchentlicher Arbeitszeiten enthalten.

Die Prüfung erstreckt sich auf
– die rechnerische Richtigkeit der Arbeitsnachweise,
– die Abstimmung mit den Originalunterlagen, sofern diese nicht unmittelbar den Arbeitsnachweis erbringen,
– die Trennung der nachgewiesenen Lohnstunden in Tarifstunden, Akkord-Mehrstunden, Prämienstunden, Mehrarbeitsstunden und Nachtarbeitsstunden im Hinblick auf die erforderliche Bewertung,
– Abweichungen zu den durchschnittlichen Akkordverdiensten, sofern Akkordlohn vereinbart ist.

Die mengenmäßige Erfassung der Lohnstunden erfordert außerdem eine Abstimmung der Anwesenheitsstunden mit den Arbeitsstunden sowie eine kritische Analyse eventueller Abweichungen.

1773 Die **Prüfung der Bewertung** des Mengengerüstes **der Lohnstunden** hat sich darauf zu erstrecken, ob die angesetzten Löhne sowie die Zulagen für Mehrarbeit, für Feiertagsarbeit, für Nachtarbeit oder für besonders schwierige, schmutzige, gefährliche oder gesundheitsschädigende Arbeit den tariflichen oder betrieblichen Vereinbarungen entsprechen. Als Prüfungsunterlagen dienen hierzu
– die Lohnkonten
– die tariflichen Vereinbarungen
– die betrieblichen Vereinbarungen
– Mitteilungen über Änderungen von Löhnen oder Zulagen
– evtl. erforderliche Genehmigungen der Geschäftsführung oder hierzu Bevollmächtigter.

Die im Zusammenhang mit der Bewertung erforderliche rechnerische Prüfung erfolgt in Stichproben, wobei die Anzahl der Stichproben von der Art und Weise der Erstellung der Lohnkonten (manuell oder maschinell) abhängt.

774 Die **Prüfung der Gehälter** sowie eventuell vereinbarte Zusatzvergütungen wie Weihnachtsgratifikationen, Urlaubsgelder, Tantiemen, Sondervergütungen, die abhängig sein können von der Produktion, vom Umsatz, vom Ergebnis, von der Mehrarbeit oder von sonstigen variablen Größen etc., erfolgt durch Abstimmung der Gehaltskonten mit den zugehörigen Verträgen.

Prüfungsunterlagen sind
– die Gehaltskonten
– Dienstverträge
– Mitteilungen über die Gewährung von Sondervergütungen oder über die Veränderung von Gehältern
– Genehmigungen der Geschäftsführung oder hierzu Bevollmächtigter für Änderungen von Gehältern oder Zusatzvergütungen
– innerbetriebliche Anweisungen

B 1775–1782   Der Jahresabschluß nach Handels- und Steuerrecht

1775   Bei der Vereinbarung von **Sondervergütungen** erstreckt sich die Prüfung zusätzlich auf die rechnerische Ermittlung der in den Lohnkonten ausgewiesenen Sondervergütungen.

1776   Die Prüfung der Löhne und Gehälter erfordert außerdem die Kontrolle, ob eventuelle **Entgeltabzüge** nach den gesetzlichen oder vertraglichen Vorschriften in zutreffender Höhe vorgenommen wurden. Als Prüfungsunterlagen sind hinzuzuziehen
- Lohnlisten
- Lohnsteuerkarten
- die in Betracht kommenden einkommensteuerrechtlichen Vorschriften sowie die Tabellen für den Lohn- und Kirchensteuerabzug
- die besonderen Vorschriften über den sozialversicherungspflichtigen Lohn bzw. das sozialversicherungspflichtige Gehalt und die Tabellen für die Errechnung der Sozialversicherungsabzüge
- Vereinbarungen und Vorschriften über persönliche Einbehalte, die bestehen können aus Abschlagszahlungen und Vorschüssen, Belastungen für Belegschaftsverkäufe, Telefonate oder Inanspruchnahme anderer Einrichtungen des Unternehmens, Darlehenstilgungen, Pfändungen etc.

Vor der Auszahlung der Löhne und Gehälter ist die Abrechnung durch den vorgesetzten Mitarbeiter, bei prüfungstechnisch kleinen (vgl. Teil C Rz. 147 ff.) Unternehmen durch den Unternehmer (Geschäftsführer) zu prüfen und abzuzeichnen.

1777   Zur **Prüfung der tatsächlichen Auszahlung** der Nettolöhne ist zu kontrollieren, daß die Netto-Auszahlungsbeträge sowie die Einbehalte und die Abzüge den berechtigten Mitarbeitern bzw. Gläubigern bei Fälligkeit bezahlt werden. Die Prüfung erfolgt in der Regel im Zusammenhang mit der Prüfung des Kassen- oder Bankverkehrs (vgl. Rz. 780 ff., 798 ff.).

1778   Die **Prüfung der vollständigen Erfassung der in der Lohnbuchhaltung ausgewiesenen Löhne und Gehälter** erfordert zusätzlich eine Abstimmung der Gesamtsumme der Löhne und Gehälter laut Lohn- und Gehaltsliste mit den entsprechenden Aufwandskonten in der Finanzbuchhaltung.

1779   Im Zusammenhang mit der Erfassung der Löhne und Gehälter ist zusätzlich zu prüfen, ob während des Berichtszeitraums eine **Lohnsteuerprüfung** stattgefunden hat. Trifft dies zu, ist der Bericht der Lohnsteuerprüfung im einzelnen auszuwerten. Dabei ist darauf zu achten, ob Beanstandungen beseitigt wurden.

1780   Außerdem ist im Zusammenhang mit der Erfassung der Löhne und Gehälter zu überprüfen, ob **Streitigkeiten mit Arbeitnehmern** bestehen. Sollte dies zutreffen, sind eventuell erkennbare Risiken mittels Rückstellungen abzudecken.

1781   Die Prüfung des Ausweises der „Löhne und Gehälter" erstreckt sich auf die **Beachtung des Gliederungsausweises.** Insbesondere dürfen unter den Löhnen und Gehältern nicht solche Aufwendungen ausgewiesen werden, die unter anderen Positionen auszuweisen sind, zum Beispiel Aufsichtsratsvergütungen, Ausbildungs- und Fortbildungskosten, Erstattung von Spesen, Nettoprämien für eine Rückdeckungsversicherung, etc.

Vgl. *Weyershaus* HdR 1031 ff.; *WPH* 1981, 1195 ff.

b) Soziale Abgaben und Aufwendungen für Altersversorgung und für Unterstützung, davon für Altersversorgung

1782   Die Aufwendungen für **soziale Abgaben umfassen nur die gesetzlichen Pflichtabgaben,** die vom Unternehmen als Arbeitgeber zu tragen sind, nicht dagegen Aufwendungen aufgrund von Tarifverträgen, Betriebsvereinbarungen oder einzelvertraglichen Regelungen. Im einzelnen handelt es sich bei den unter Position 6b) auszuweisenden Aufwendungen um Beiträge an die Angestelltenversicherung, Kranken- und Arbeitslosenversicherung, Knappschaft, Invalidenversicherung, Berufsgenossenschaft. **Beiträge zur Insolvenzsicherung** von betrieblichen Versorgungszusagen an den Pensionssicherungsverein sind ebenfalls hier auszuweisen. Die vom Unternehmen im Abzugsverfahren abzuführenden Arbeitnehmerbeiträge zur Sozialversicherung sind Teil des Bruttolohns und werden dementsprechend unter den Aufwendungen für Löhne und Gehälter erfaßt (Rz. 1762 ff.). Die **Schwerbeschädigtenausgleichsabgabe** ist unter den **sonstigen betrieblichen Aufwendungen** (Rz. 1798 ff.) auszuweisen.

Erläuterungen zu den Posten der GuV-Rechnung 1783–1790 **B**

1783 Unter den **Aufwendungen für Unterstützung** werden ausschließlich Leistungen an tätige und bereits ausgeschiedene Mitarbeiter erfaßt. Spenden und Unterstützungszahlungen an einen anderen Personenkreis sind daher nicht hier sondern als sonstige betriebliche Aufwendungen auszuweisen. Im einzelnen beinhalten die Aufwendungen für Unterstützung Kur- und Arztkosten, Erholungsbeihilfen, Heirats- und Geburtsbeihilfen, Krankheits- und Unfallunterstützungen sowie Zuführungen zu Unterstützungskassen (*Adler/Düring/Schmaltz* § 157 Anm. 153).

1784 Zu den **Aufwendungen für Altersversorgung** rechnen **Pensionszahlungen** mit oder ohne Rechtsanspruch, soweit sie nicht erfolgsneutral zu Lasten von Pensionsrückstellungen erfolgen (Rz. 1103 ff.). Weiterhin zählen **Zuführungen zu Pensionsrückstellungen** sowie vom Unternehmen übernommene Zahlungen für die künftige Altersversorgung der Mitarbeiter (z. B. Lebensversicherungsprämien) zu den Aufwendungen des Postens 6b), soweit die Mitarbeiter unmittelbar einen Anspruch auf Auszahlung der Altersversorgungsleistungen haben. Dagegen sind die Prämien zum Zwecke der Rückdeckung künftiger Versorgungsleistungen nicht hier, sondern unter den sonstigen betrieblichen Aufwendungen zu erfassen; sie dienen der Sicherstellung des Unternehmens selbst (*Adler/Düring/Schmaltz* § 157 Anm. 152). Die Aufwendungen für Altersversorgung sind in der Vorspalte gesondert zu vermerken.

1785 Die **Prüfung** der sozialen Abgaben erfolgt bereits im wesentlichen bei der Prüfung der Löhne und Gehälter, da der Arbeitnehmeranteil der sozialen Abgaben zu einem Entgeltabzug führt.

Zusätzlich ist in diesem Zusammenhang zu prüfen, ob auch die Arbeitnehmeranteile in gleicher Höhe wie die Arbeitgeberanteile angefallen sind.

Für Konkursausfallgeld, Beiträge zur Berufsgenossenschaft oder zum Pensionsversicherungsverein erfolgt die Prüfung durch Abstimmung der verbuchten Beträge mit den Beitragsbescheiden. Soweit solche noch nicht vorliegen, erfolgt die Prüfung bereits im Zusammenhang mit der Prüfung der entsprechenden Rückstellungen.

Die Prüfung der Aufwendungen für Altersversorgung erfolgt, soweit es sich um Pensionen handelt, im Zusammenhang mit der Prüfung der Pensionsrückstellung. Im übrigen erstreckt sich die Prüfung darauf, ob

– für Versicherungsprämien für Altersversorgung mit Direktanspruch des Arbeitnehmers über die Prämienhöhe Versicherungspolicen vorliegen,

– Zuweisungen an Unterstützungs- und Pensionskassen von einem hierzu Bevollmächtigten angewiesen wurden.

Die Prüfung der sozialen Abgaben und Aufwendungen für Altersversorgung und Unterstützung erfordert – wie die Prüfung der Löhne und Gehälter – eine Überprüfung der Auszahlung der Aufwendungen. Diese erfolgt im Zusammenhang mit der Bankverkehrsprüfung (vgl. Rz. 799 f.).

Außerdem ist eine Abstimmung erforderlich zwischen den in der Lohn- und Gehaltsbuchhaltung ausgewiesenen sozialen Abgaben und Aufwendungen für Altersversorgung und Unterstützung mit den entsprechenden Aufwandspositionen in der Finanzbuchhaltung.

Bei der Prüfung des Ausweises ist darauf zu achten, daß die Aufwendungen für Altersversorgung in dem ,,davon-Vermerk" zutreffend erfaßt sind.

Vgl. *Weyershaus* HdR 1031 ff.; *WPH* 1981, 1195 ff.

7. Abschreibungen

a) Abschreibungen auf immaterielle Vermögensgegenstände des Anlagevermögens und Sachanlagen sowie auf aktivierte Aufwendungen für die Ingangsetzung und Erweiterung des Geschäftsbetriebs

1790 In dem Posten 7a können alle Abschreibungen auf die in § 266 Abs. 2 A. I. und II. HGB nF. aufgeführten Einzelpositionen der immateriellen Vermögensgegenstände und Sachanlagen sowie die Abschreibung nach § 282 HGB nF. der nach § 269 HGB nF. aktivierbaren Ingangsetzungs- und Erweiterungsaufwendungen des Geschäftsbetriebs erfaßt werden. Wenn sich darunter auch außerplanmäßige Abschreibungen nach § 253 Abs. 2 Satz 3 HGB nF. (außerplanmäßige Abschreibungen des Anlagevermögens auf den niedrigeren beizulegenden Wert) befinden, so müssen sie im Anhang angegeben werden (§ 277 Abs. 3 HGB nF.). Alternativ zur Angabepflicht

B 1791–1796 Der Jahresabschluß nach Handels- und Steuerrecht

im Anhang kommt auch der Ausweis in einer gesonderten Position, die in das Gliederungsschema der GuV einzufügen ist, in Frage (§ 277 Abs. 3 HGB nF.).
Einschließlich der außerplanmäßigen Abschreibungen auf den niedrigeren beizulegenden Wert kann die Position 7a folgende **Bestandteile** aufweisen: Abschreibungen auf Konzessionen, gewerbliche Schutzrechte und ähnliche Rechte und Werte sowie Lizenzen an solchen Rechten und Werten, auf den derivativen Geschäfts- und Firmenwert nach § 255 Abs. 4 HGB nF. sowie den Verschmelzungsmehrwert nach § 348 Abs. 2 AktG nF., auf geleistete Anzahlungen, auf bebaute und unbebaute Grundstücke, auf Bauten auf fremden Grundstücken, auf technische Anlagen und Maschinen, auf andere Anlagen, auf Betriebs- und Geschäftsausstattung und Anlagen im Bau ebenso wie die ausdrücklich genannte Abschreibung auf aktivierte Ingangsetzungs- und Erweiterungsaufwendungen.

1791 **Abschreibungen aufgrund steuerrechtlicher Vorschriften** bilden ebenfalls einen Bestandteil der Pos. 7a. Sie müssen besonders kenntlich gemacht werden. Dies kann nach § 281 Abs. 2 HGB nF. in der Bilanz, in der Gewinn- und Verlustrechnung oder im Anhang erfolgen. Dazu kann auch ein Sonderposten im Bereich der Abschreibungen in die GuV eingefügt werden. Im Anhang müssen diese Abschreibungen hinreichend begründet werden.

1792 Der Posten § 275 Abs. 2 Nr. 7a HGB nF. entspricht dem Posten **§ 157 Abs. 1 Nr. 19 AktG aF.**, in den die Abschreibungen und Wertberichtigungen auf Sachanlagen und immaterielle Anlagewerte einschließlich der Abschreibungen auf vom Aktiengesetz ausdrücklich vorgesehene Sonderposten des Anlagevermögens einzubeziehen waren. Zu diesen Sonderposten gehörten die Abschreibungen auf die aktivierten Ingangsetzungsaufwendungen (§ 153 Abs. 4 AktG aF.), auf den derivativen Firmenwert (§ 153 Abs. 5 AktG aF.) und auf den Verschmelzungsmehrwert (§ 348 Abs. 2 Satz 2 AktG aF.). Ein gesonderter Ausweis bzw. eine Angabe der planmäßigen und außerplanmäßigen Abschreibungen war aktienrechtlich nicht gefordert, steuerrechtliche Sonderabschreibungen brauchten ebenfalls nicht gesondert vermerkt zu werden. Eine Berichtspflicht hatte sich aber regelmäßig aus § 160 Abs. 2 Satz 4 AktG aF. ergeben (zu Einzelheiten vgl. *Adler/Düring/Schmaltz* § 160 Anm. 46 ff.).

1793 Abschreibungen auf ein nach § 250 Abs. 3 HGB nF./§ 156 Abs. 3 AktG aF. aktiviertes Anleihedisagio sind sowohl nach HGB nF. als auch nach AktG aF. nicht hier ausweisbar. Sie sind unter dem Posten Zinsen und ähnliche Aufwendungen (§ 275 Abs. 2 Nr. 13 HGB nF./§ 157 Abs. 1 Nr. 23 AktG aF., vgl. Rz. 1865 ff.) zu erfassen.

1794 Die **Prüfung der Abschreibungen** erfolgt im Zusammenhang mit den angesprochenen Bilanzpositionen.
Bei der Prüfung des Ausweises ist darauf zu achten, daß der Betrag der außerplanmäßigen Abschreibungen nach § 253 Abs. 2 Satz 3 HGB nF. in der Gewinn- und Verlustrechnung von Kapitalgesellschaften gesondert auszuweisen oder im Anhang anzugeben ist, § 277 Abs. 3 HGB nF.

b) Abschreibungen auf Vermögensgegenstände des Umlaufvermögens, soweit diese die in der Kapitalgesellschaft üblichen Abschreibungen überschreiten

1795 Im Posten 7b sind Abschreibungen auf Vermögensgegenstände des Umlaufvermögens auszuweisen, soweit diese die in der Kapitalgesellschaft **üblichen Abschreibungen überschreiten.** Es kann sich dabei um den üblichen Rahmen übersteigende Wertminderungen des Bestandes an fertigen und unfertigen Erzeugnissen, Inventur- und Bewertungsunterschiede bei Roh-, Hilfs- und Betriebsstoffen sowie bezogenen Waren aufgrund von Schwund, Qualitätsverlusten oder rückläufigen Marktpreisen, Abschreibungen von Forderungen und sonstigen Vermögensgegenständen des Umlaufvermögens handeln. Zur Einordnung der Abschreibungen auf Wertpapiere vgl. Rz. 1845.
Im Vergleich zur Regelung des bisherigen Aktienrechts ist der gesonderte Ausweis der den üblichen Rahmen übersteigenden Wertminderungen der Vermögensgegenstände des Umlaufvermögens neu.

1796 Anzugeben ist nur der Betrag ungewöhnlicher Wertminderungen. **Wertminderungen,** die im Unternehmen **mit einer gewissen Regelmäßigkeit** anfallen, sind unter den Posten § 275 Abs. 2 Nr. 2 (Bestandsveränderungen, vgl. Rz. 1710 ff.), 5a (Materialaufwand, vgl. Rz. 1748 ff.) und 8 (sonstige betriebliche Aufwendungen, vgl. Rz. 1798 ff.) auszuweisen.

Erläuterungen zu den Posten der GuV-Rechnung 1797–1801 **B**

1797 Sind hier wegen Überschreitung des gewöhnlichen Rahmens auch Abschreibungen auf den **niedrigeren zukünftigen Wert** nach § 253 Abs. 3 Satz 3 HGB nF. auszuweisen, dann ist die Pflicht zum gesonderten Ausweis oder zur Angabe im Anhang zu beachten (vgl. § 277 Abs. 3 HGB nF.).
Die **Prüfung** erfolgt bei den zugehörigen Bilanzpositionen des Umlaufvermögens.
Bei der Prüfung des Ausweises ist darauf zu achten, daß der Betrag der außerplanmäßigen Abschreibungen nach § 253 Abs. 2 Satz 3 HGB nF. in der Gewinn- und Verlustrechnung von Kapitalgesellschaften gesondert auszuweisen oder im Anhang anzugeben ist, § 277 Abs. 3 HGB nF.

8. Sonstige betriebliche Aufwendungen

a) Behandlung nach Handelsrecht

1798 Zu den in § 275 Abs. 2 Nr. 8 HGB nF. auszuweisenden Aufwendungen gehören alle **Aufwandsteile, die im Rahmen der gewöhnlichen Geschäftstätigkeit der Kapitalgesellschaft** anfallen und für die nicht eine besondere Aufwandsposition vorgesehen ist (vgl. dazu die Position Nr. 4 ,,sonstige betriebliche Erträge", Rz. 1725 ff.). Es handelt sich um einen Sammelposten, in den Posten eingehen, die bisher im Gliederungsschema des § 157 AktG aF. z.T. selbständig auszuweisen waren und z.T. einen Bestandteil anderer Aufwandspositionen bildeten. Die ,,sonstigen betrieblichen Aufwendungen" setzen sich zusammen aus:
– Verluste aus dem Abgang von Gegenständen des Anlagevermögens (§ 157 Abs. 1 Nr. 22 AktG aF.)
– Verluste aus dem Abgang von Gegenständen des Umlaufvermögens (Teil von § 157 Abs. 1 Nr. 21 AktG aF.)
– Übrige sonstige betriebliche Aufwendungen (Teil von § 157 Abs. 1 Nr. 26 AktG aF.)
Eine Aufgliederung der sonstigen betrieblichen Aufwendungen in die einzelnen Bestandteile wird im HGB nF. nicht verlangt.

1799 Im Gegensatz zu dem Sammelposten Nr. 26 der GuV gem. § 157 AktG aF. dürfen hier nur Aufwendungen ausgewiesen werden, die durch die normalen betrieblichen Aktivitäten des Geschäftsjahres verursacht sind. Aufgrund dieser Einschränkung entfallen folgende Aufwendungen:
– Aufwendungen, deren Entstehungsursache außerhalb des Betriebszwecks liegt
– Aufwendungen, die das normale Ausmaß wesentlich übersteigen

(1) Verluste aus dem Abgang von Gegenständen des Anlagevermögens

1800 Als Abgangsverluste (zum Begriff Abgang vgl. Rz. 170ff.) sind Buchverluste auszuweisen, die sich ergeben, wenn die bei Anlageabgängen erzielten **Veräußerungserlöse unter den Buchwerten** der Anlagegüter liegen. Gleiches gilt auch für Versicherungsleistungen, die unter Umständen an die Stelle der Verkaufserlöse treten. Bei Abbruch oder Verschrottung von Anlagen entspricht der Verlust dem letzten Buchwert, soweit nicht ein Schrotterlös zu berücksichtigen ist. Zu Einzelheiten vgl. analog die Ausführungen zu ,,Erträgen aus dem Abgang von Gegenständen des Anlagevermögens", Rz. 1726ff.
Der Ausweis gilt für das Sach- und das Finanzanlagevermögen, so daß auch Verluste aus dem Verkauf von im Anlagevermögen ausgewiesenen Wertpapieren, Beteiligungen und Anteilen an verbundenen Unternehmen sowie Verluste aus Rückzahlungen langfristiger Ausleihungen hier erfaßt werden müssen.
Eine Aufrechnung der Abgangsverluste mit Erträgen aus Anlageabgängen (s. Posten 4, Rz. 1726ff.) ist unzulässig.
Dieser Posten entspricht inhaltlich dem Posten § 157 Abs. 1 Nr. 22 AktG aF.

(2) Verluste aus dem Abgang von Gegenständen des Umlaufvermögens

1801 Hierunter sind hauptsächlich Verluste auszuweisen, die bei der Veräußerung von Wertpapieren des Umlaufvermögens und Devisenbeständen durch Kursverluste entstehen. Soweit Verluste aus Verkäufen von Forderungen entstehen, sind diese ebenfalls hier zu erfassen.

Wohlgemuth 415

B 1802–1804   Der Jahresabschluß nach Handels- und Steuerrecht

Dieser Teil des Postens Nr. 8 entspricht dem Posten § 157 Abs. 1 Nr. 21 AktG aF. bezüglich des Teils der Abgangsverluste des Umlaufvermögens.
Nebenkosten, die mit der Veräußerung zusammenhängen (z. B. Provisionen), sollten nach dem bisherigen Aktienrecht nicht den Abgangsverlust erhöhen, sondern unter den betreffenden Aufwandsarten ausgewiesen werden (vgl. *Adler/Düring/Schmaltz* § 157 Anm. 163). Eine solche Vorgehensweise ist für die GuV-Gliederung des HGB nF. ohne Bedeutung, da diese Aufwendungen ebenfalls zu den sonstigen betrieblichen Aufwendungen zählen.

1802   Die im bisherigen Aktienrecht unter dem Posten Nr. 21 ebenfalls auszuweisenden **„Wertminderungen von Gegenständen des Umlaufvermögens außer Vorräten"** gehören nur insoweit zur Position Nr. 8 „sonstige betriebliche Aufwendungen" des HGB nF., als dafür keine besonderen Positionen vorgesehen sind. Besonders auszuweisen sind Wertminderungen, die das Normalmaß übersteigen; sie fallen unter die Position Nr. 7 b (vgl. Rz. 1795 ff.) und Wertminderungen bei Wertpapieren des Umlaufvermögens; für diese ist die Position 12 (vgl. Rz. 1845 ff.) vorgesehen.

Im bisherigen Aktienrecht gehörte zu dem Posten Nr. 21 auch der Aufwand für die Bildung der **Pauschalwertberichtigung zu Forderungen.** Er fällt nach HGB nF. ebenfalls unter die Position Nr. 8, soweit es sich nicht um Abschreibungen auf das Finanzanlagevermögen (Position Nr. 12, vgl. Rz. 1845 ff.) handelt. Zu den Besonderheiten der „Pauschalwertberichtigung" nach neuem Recht vgl. Rz. 665 ff.

(3) Übrige sonstige betriebliche Aufwendungen

1803   Neben den bisher gesondert behandelten betrieblichen Aufwendungen ist eine Vielzahl verschiedenartigster weiterer betrieblicher Aufwendungen denkbar, die unter die Position Nr. 8 fallen. **Beispiele** dafür sind:
– Einstellung in den Sonderposten mit Rücklageanteil (vgl. Rz. 1015 ff.)
– Zuführung zu Rückstellungen, soweit die Bildung der Rückstellung nicht eindeutig einer Aufwandsart zugeordnet werden kann und eine sachgerechte Aufteilung auf mehrere Aufwandsarten nicht in Betracht kommt (z. B. Garantierückstellung, vgl. Rz. 1195)
– Postgebühren, Fernsprech- und Fernschreibgebühren
– Beiträge, Gebühren
– Schwerbeschädigtenausgleichsabgabe
– Spenden
– Versicherungsprämien
– Bücher, Zeitschriften, Druckkosten
– Büromaterial
– Mieten und Pachten, Erbbauzinsen, sonstige Haus- und Grundstücksaufwendungen
– Transport- und Lagerkosten
– Kosten des Fuhrparks
– Reisekosten
– Provisionen
– Ausgangsfrachten, Verpackungskosten
– Kosten des Aufsichtsrats- oder Beirats einschließlich der Tantiemen
– Kosten der Hauptversammlung bzw. Gesellschafterversammlung
– Aufwendungen für Gästebewirtung
– Zuschüsse zu Kautionen, Erholungs- und Sportanlagen
– Jahresabschlußkosten einschließlich Prüfungskosten
– Rechts- und Beratungskosten
– Nebenkosten des Geldverkehrs
– Konventionalstrafen
– Beiträge an Berufsvertretungen

b) Prüfungstechnik

1804   Die **Prüfung** erstreckt sich auf die vollständige und periodengerechte Erfassung und den richtigen Bruttoausweis der Aufwendungen.

Sie erfolgt bei den folgenden betrieblichen Aufwendungen in Zusammenhang mit der Prüfung der ebenfalls genannten Bilanzpositionen.

– Verluste aus dem Abgang von Wirtschaftsgütern des Anlagevermögens: Sach- und Finanzanlagen
Dabei ist darauf zu achten, daß nur die Differenz zwischen dem Buchwert der Anlagegegenstände und dem erzielten Erlös als Verlust ausgewiesen wird. Zur Überprüfung der Vollständigkeit der hier ausgewiesenen Verluste sollten sämtliche Buchwerte (historische Anschaffungskosten abzüglich aufgelaufener Abschreibungen zuzüglich aufgelaufener Zuschreibungen) der abgegangenen Anlagegegenstände mit den hier auszuweisenden Verlusten sowie den unter den sonstigen betrieblichen Erträgen auszuweisenden Erträgen aus dem Abgang von Gegenständen des Anlagevermögens abgestimmt werden.
– Verluste aus dem Abgang von Vermögensgegenständen des Umlaufvermögens: die jeweiligen in Betracht kommenden Positionen des Umlaufvermögens
– Abschreibungen auf Vermögensgegenstände des Umlaufvermögens, soweit diese den üblichen Rahmen nicht überschreiten: die jeweils in Betracht kommenden Vermögensgegenstände des Umlaufvermögens,
– Einstellungen in Sonderposten mit Rücklageanteil: Sonderposten mit Rücklageanteil.

1805 Bei regelmäßig wiederkehrenden Aufwendungen, insbesondere Mietaufwendungen und Versicherungsaufwendungen, sind die gebuchten Aufwendungen überschlägig mit dem Soll-Aufwand abzustimmen, wie er nach dem zugrunde liegenden Vertrag zu erwarten ist.

1806 Reise- und Bewirtungskosten sind in angemessenen Stichproben zu überprüfen. Es ist auf ordnungsgemäße Belege, entsprechende Genehmigungen und auf die Art und Höhe der aufgeführten Beträge in Beziehung zur Stellung und zum Tätigkeitsbereich des Betreffenden zu achten. Die Prüfung erstreckt sich insbesondere darauf, ob die steuerlichen Höchstsätze und Dokumentationsvorschriften (getrennte Verbuchung der Bewirtungskosten etc.) beachtet wurden.

1807 Der Aufwand für Reparaturen und Instandhaltungen ist auf richtige Abgrenzung von (aktivierungspflichtigem) Herstellungsaufwand und (erfolgswirksamen) Erhaltungsaufwand zu kontrollieren. Hierzu ergeben die Reparaturaufträge und die Belege entsprechende Aufschlüsse. Zugleich ist darauf zu achten, ob insoweit Rückstellungen für noch nicht abgerechnete Arbeiten oder für rückständige Reparaturen, die im folgenden Geschäftsjahr nachgeholt werden (vgl. Rz. 1182ff.) zu bilden sind bzw. gebildet werden können.
Alle übrigen betrieblichen Aufwendungen sind anhand von Aufstellungen, die von der Gesellschaft zu fertigen sind, auf ihre Vollständigkeit zu überprüfen.
Erforderlich ist eine analytische Durchsicht (vgl. Teil C Rz. 1ff.) der angesprochenen Einzelkonten.

1808 Bei der Prüfung des zutreffenden Ausweises ist besonderes Augenmerk darauf zu legen, ob ein Ausweis an einer anderen Stelle infrage kommen kann, da häufig Zweifel bezüglich der Zuordnung dazu führen, das zweifelhafte Positionen unter dem Sammelposten ,,Sonstige betriebliche Aufwendungen" auszuweisen. Außerordentliche Aufwendungen sind unter der hierfür vorgesehenen gesonderten Position auszuweisen.
Vgl. *Kunz* HdR 50f.

9. Erträge aus Beteiligungen
(davon aus verbundenen Unternehmen DM:)

1810 Als Erträge aus Beteiligungen gelten die **laufenden Gewinnanteile** aus den im Finanzanlagevermögen ausgewiesenen Anteilen an verbundenen Unternehmen und Beteiligungen (§ 266 Abs. 2 III. 1. und 3. HGB nF.; vgl. dazu Rz. 439ff.). Im einzelnen sind hier Gewinnausschüttungen von Kapitalgesellschaften und anteilige Gewinne von Personengesellschaften sowie die Ausbeute von Gewerkschaften und Zinsen auf als Beteiligungen ausgewiesene beteiligungsähnliche Darlehen auszuweisen. Erträge aus Beherrschungsverträgen nach § 291 Abs. 1 AktG nF./aF. sind ebenfalls hier zu erfassen, soweit nicht gleichzeitig eine Abführung des vollen oder von Teilen des Gewinns des beherrschten Unternehmens vertraglich vorgesehen ist (vgl. *Adler/Düring/Schmaltz* § 157 Anm. 84; besteht gleichzeitig ein Gewinnabführungsvertrag,

B 1811–1822   Der Jahresabschluß nach Handels- und Steuerrecht

dann hat ein gesonderter Ausweis nach § 277 Abs. 3 Satz 2 HGB nF./§ 157 Abs. 1 Nr. 7 AktG aF. zu erfolgen; vgl. Rz. 1820 ff.).

1811   Der **Ausweis** hat **brutto**, also ohne Abzug der Kapitalertragsteuer, zu erfolgen. Der Bruttoausweis gilt auch bezüglich der körperschaftsteuerlichen Anrechnungsbeträge gem. § 36 Abs. 2 Nr. 3 EStG; diese sind wie die Barausschüttungen als Erträge aus Beteiligungen auszuweisen. Eine Saldierung mit dem Körperschaftsteueraufwand in Posten § 275 Abs. 2 Nr. 18 HGB nF. (Steuern vom Einkommen und vom Ertrag, vgl. Rz. 1894 ff.) ist ausgeschlossen. Gewinne aus dem Verkauf dieser Anteile sind nicht hier, sondern unter den sonstigen betrieblichen Erträgen (Posten § 275 Abs. 2 Nr. 4 HGB nF., vgl. Rz. 1725 ff.) zu erfassen. Eine Aufrechnung der Beteiligungserträge mit Abschreibungen dieser Anteile (Ausweis unter Posten § 275 Abs. 2 Nr. 12 HGB nF., vgl. Rz. 1845 ff.) ist unzulässig. Zum Zeitpunkt der Vereinnahmung der Beteiligungserträge siehe unter Beteiligungen und Forderungen gegen verbundene Unternehmen, Rz. 439 ff., 694 f.

1812   **Erträge aus Anteilen an verbundenen Unternehmen,** einschließlich der hier ausgewiesenen Erträge aus Beherrschungsverträgen, sind gesondert zu vermerken. Dieser Posten entspricht weitgehend dem Posten § 157 Abs. 1 Nr. 8 AktG aF.

1813   Die **Prüfung** der Erträge aus Beteiligungen auf Vollständigkeit, periodengerechte Erfassung und richtigen Bruttoausweis erfolgt bereits im Zusammenhang mit der Prüfung der Beteiligungen (vgl. Rz. 460 ff.).
Außerdem ist eine analytische Durchsicht (vgl. Teil C Rz. 1 ff.) der betreffenden Konten erforderlich.

1814   Bei der Prüfung des Ausweises ist darauf zu achten, daß
– die Beteiligungserträge brutto ausgewiesen werden und eventuell einbehaltene Kapitalertragsteuer im Posten ,,Steuern vom Einkommen und vom Ertrag" gesondert gezeigt werden
– die Beteiligungserträge aus verbundenen Unternehmen gesondert aufgeführt werden, und zwar in Form eines ,,davon-Vermerks"
– die Buchgewinne aus der Veräußerung von Beteiligungen als Erträge aus dem Abgang von Gegenständen des Anlagevermögens unter den ,,sonstigen betrieblichen Erträgen" zu zeigen sind.

10.(–*) Aufgrund einer Gewinngemeinschaft, eines Gewinnabführungs- oder eines Teilgewinnabführungsvertrags erhaltene Gewinne

1820   Der Ausweis dieser **aus Unternehmensverträgen resultierenden Erträge** ist im Gliederungsschema nach § 275 Abs. 2 HGB nF. nicht explizit vorgesehen. Die Pflicht zum gesonderten Ausweis unter entsprechender Bezeichnung ergibt sich aber aus § 277 Abs. 3 Satz 2 HGB nF. Die **Einordnung** dieser Positionen **in das Gliederungsschema** der Gewinn- und Verlustrechnung bleibt dem **pflichtgemäßen Ermessen** der Unternehmen überlassen (vgl. Begründung zum Bilanzrichtlinie-Gesetz § 241, BT-Drucksache 10/317). Eine ersatzweise Angabe im Anhang ist nicht zulässig. Im bisherigen Aktienrecht war für den Ausweis dieser Erträge in § 157 Abs. 1 AktG aF. die Position Nr. 7 vorgegeben. Auch künftig bietet sich ein Ausweis an entsprechender Stelle, im Anschluß an die Position 9 ,,Erträge aus Beteiligungen", an.

1821   Die Bezeichnung dieser Bilanzposition ist an die §§ 291 Abs. 1, 292 Abs. 1 Nr. 1 und 2 AktG nF./aF. angepaßt. Während dort jedoch auf eine AG oder KGaA abgestellt wird, die sich verpflichtet hat, ihren Gewinn ganz oder teilweise abzuführen, werden hier neben den Gewinnen aus diesen Verträgen auch Gewinne aus Verträgen mit Unternehmen anderer Rechtsform erfaßt.
Erträge aus Beherrschungsverträgen sind nicht hier, sondern unter Erträgen aus Beteiligungen (Posten 9, vgl. Rz. 1812) auszuweisen, falls nicht gleichzeitig einer der oben genannten Unternehmensverträge abgeschlossen wurde.

1822   Wenn ein Unternehmen gleichzeitig Erträge und Aufwendungen aus Gewinngemeinschaften, Gewinnabführungs- und Teilgewinnabführungsverträgen hat, dürfen **keine Saldierungen** vorgenommen werden.

---

* Im gesetzlichen Gliederungsschema ist keine gesonderte Bezifferung vorgesehen.

Erläuterungen zu den Posten der GuV-Rechnung   1823–1831 **B**

1823 Sind **Minderheiten** an dem zur Abführung von Gewinnen verpflichteten Unternehmen beteiligt, so besteht die Pflicht, diesen eine **Dividendengarantie** nach § 304 Abs. 1 AktG nF./aF. (Renten- oder Rentabilitätsgarantie) einzuräumen. Ist das Unternehmen direkt zur Ausgleichszahlung an die Minderheitsgesellschafter verpflichtet (Rentengarantie), dann sind die Erträge aus den genannten Unternehmensverträgen um diese Ausgleichszahlungen zu kürzen. Ein Abzug kommt aber nur bis zur Höhe der Erträge in Frage, wobei jedes Vertragsverhältnis gesondert zu betrachten ist.

1824 **Ausgleichszahlungen, die die Erträge übersteigen,** sind als Aufwendungen aus Verlustübernahme (vgl. Rz. 1855 ff.) zu erfassen. Ist das aus dem Unternehmensvertrag berechtigte Unternehmen verpflichtet, das andere Unternehmen so zu stellen, daß dieses aus ihrem Ergebnis eine vereinbarte Dividende an die Minderheitsaktionäre zahlen kann (Rentabilitätsgarantie), dann ist hier als Ertrag nur der vom berechtigten Unternehmen vereinnahmte Gewinn auszuweisen. Ist es erforderlich, daß zur Sicherung der Dividenden der Minderheiten Zahlungen an das andere Unternehmen geleistet werden müssen, dann sind diese als Aufwendungen aus Verlustübernahme (vgl. Rz. 1858) auszuweisen.

Die **Behandlung der Ausgleichszahlungen** ist für Aktiengesellschaften und Kommanditgesellschaften a. A. ausdrücklich in § 158 Abs. 2 AktG nF./§ 158 Abs. 3 AktG aF. geregelt.

1825 Die **Prüfung** der erhaltenen Gewinne auf Vollständigkeit, periodengerechte Erfassung und richtigen Bruttoausweis erfolgt bereits im Zusammenhang mit der Prüfung der Anteile an verbundenen Unternehmen, der Beteiligungen und/oder der Rechtsgrundlagen und der rechtlichen Verhältnisse der Gesellschaft (vgl. Rz. 431, 460 ff.; Teil C Rz. 199 ff.).

Erforderlich ist eine Abstimmung mit den Soll-Erträgen, die sich aus den Jahresabschlüssen der Gewinngemeinschaft bzw. der Beteiligungsgesellschaft ergeben.

Bei der Prüfung des Ausweises ist darauf zu achten, daß
– Erträge aus Beherrschungsverträgen unter der Position ,,Erträge aus Beteiligungen" auszuweisen sind,
– jedes Vertragsverhältnis im Hinblick auf den Ausweis gesondert zu beurteilen ist, so daß Saldierungen unterbleiben und ein gesonderter Ausweis der Aufwendungen aus Verlustübernahme, der Erträge aus Verlustübernahme und der aufgrund einer Gewinngemeinschaft, eines Gewinnabführungs- oder eines Teilgewinnabführungsvertrages abgeführten Gewinne gewährleistet ist.

11. (10.*) Erträge aus anderen Wertpapieren und Ausleihungen des Finanzanlagevermögens
(davon aus verbundenen Unternehmen DM:)

1830 In diesen Posten sind **Erträge aus im Finanzanlagevermögen ausgewiesenen Kapitalanlagen** auszunehmen, soweit sie nicht als Erträge aus Beteiligungen (Posten 9) auszuweisen sind. Im einzelnen handelt es sich um Erträge aus Wertpapieren des Anlagevermögens, Ausleihungen an verbundene Unternehmen und Unternehmen, mit denen ein Beteiligungsverhältnis besteht, sonstigen Ausleihungen und sonstigen Finanzanlagen wie z. B. Anteilen an einer GmbH, die zur Daueranlage erworben wurden, aber keine Beteiligung darstellen (vgl. Rz. 435) und nicht als Wertpapiere ausweisbar sind. Die Erträge aus Wertpapieren, Ausleihungen und sonstigen Finanzanlagen sind gesondert zu vermerken, soweit sie **verbundene Unternehmen** betreffen.

1831 Als Erträge sind hier im wesentlichen Gewinnausschüttungen, Zinsen, Ausbeuten bergrechtlicher Gewerkschaften, die erfolgswirksame Vereinnahmung eines Auszahlungsdisagios (Damnums) einer Ausleihung (vgl. Rz. 488 f.) und Aufzinsungsbeträge abgezinster langfristiger Ausleihungen zu erfassen (vgl. Rz. 490). Grundsätzlich ist es auch möglich, diese Aufzinsungserträge als Zuschreibungen zu Wirtschaftsgütern des Anlagevermögens (Posten 4, vgl. Rz. 1726 ff.) auszuweisen. Da es sich bei den Zuschreibungen des Anlagevermögens i. S. v. § 277 Abs. 4 HGB nF. um betriebliche

---

* Bezeichnung lt. gesetzlichem Gliederungsschema.

und nicht wie nach AktG aF. um außerordentliche Erträge handelt, entfallen diesbezügliche Bedenken (vgl. *Adler/Düring/Schmaltz* § 157 Anm. 99). Für den Bruttoausweis der Beträge, das Saldierungsverbot und die Behandlung von Veräußerungsgewinnen gelten die Ausführungen zu den Erträgen aus Beteiligungen analog (vgl. Rz. 1810 ff.).

1832 Erträge aus Wertpapieren des Umlaufvermögens sind nicht hier, sondern unter ,,sonstigen Zinsen und ähnliche Erträge" (Posten 11, vgl. Rz. 1837 ff.) auszuweisen.

Erträge aus Bezugsrechtsverkäufen gehören als Erträge aus dem Abgang von Gegenständen des Anlagevermögens zu den ,,sonstigen betrieblichen Erträgen" (Posten 4, vgl. Rz. 1726 ff.).

Der Posten 10 der GuV-Gliederung nach § 275 Abs. 2 HGB nF. stimmt inhaltlich mit dem Posten § 157 Abs. 1 Nr. 9 AktG aF. (Erträge aus den anderen Finanzanlagen) überein. Ein Vermerk der Erträge aus verbundenen Unternehmen war nach bisherigem Aktienrecht nicht erforderlich.

1833 Die **Prüfung** erfolgt in gleicher Weise wie die Prüfung der Erträge aus Beteiligungen (vgl. Rz. 1813 ff.).

12.(11.*) Sonstige Zinsen und ähnliche Erträge
(davon aus verbundenen Unternehmen DM:)

1837 Dieser Posten stimmt wörtlich mit Posten § 157 Abs. 1 Nr. 10 AktG aF. überein, wobei jedoch der Vermerk der Erträge aus verbundenen Unternehmen neu ist.

Hierunter können vor allem folgende Erträge fallen (vgl. *Adler/Düring/Schmaltz* § 157 Anm. 102):
- Zinsen für Einlagen bei Kreditinstituten und für Forderungen an Dritte (Bankguthaben, Darlehen und Hypotheken – soweit nicht Finanzanlagen, Wechselforderungen, andere Außenstände)
- Zinsen und Dividenden auf Wertpapiere des Umlaufvermögens (auch hier sind – wie dies bei den Beteiligungen ausgeführt wurde – die Erträge brutto auszuweisen, siehe unter Posten 9, Rz. 1811)
- Aufzinsungsbeträge für unverzinsliche oder niedrig verzinsliche Forderungen (soweit nicht Finanzanlagen, vgl. Rz. 662) einschließlich Forderungen aus Lieferungen incl. Leasingforderungen.

1838 **Nicht unter diese Position** gehören **Lieferantenskonti**. Diese stellen Anschaffungskostenminderungen und keinen Zinsertrag dar (vgl. *IdW* NA 5/1966). Ebenfalls nicht hier sind Fremdkapitalzinsen, die als Bestandteile der Anschaffungs- oder Herstellungskosten aktiviert wurden, auszuweisen. Sie wirken sich als Bestandsveränderungen der fertigen und unfertigen Erzeugnisse (Posten 2, vgl. Rz. 1710 ff.) aus, soweit sie die Vorräte betreffen. In den anderen Fällen sind sie in den aktivierten Eigenleistungen (Posten 3, vgl. Rz. 1718 ff.) enthalten, wenn sie nicht unmittelbar den betreffenden Anlagekonten belastet werden können.

1839 **Zinsaufwendungen** dürfen **nicht mit Zinserträgen aufgerechnet** werden. Dies gilt auch für Soll- und Habenzinsen auf einem Bankkonto oder auf verschiedenen Bankkonten, die bei einem Kreditinstitut geführt werden. Diskontaufwendungen dürfen grundsätzlich nicht mit Diskonterträgen saldiert werden. Eine Aufrechnung ist jedoch erforderlich, sofern Diskontaufwendungen und -erträge den Charakter eines durchlaufenden Postens haben. Dies kann bei einem Wechsel, der einem Kreditinstitut zum Diskont eingereicht worden ist, der Fall sein. Wenn in die Wechselsumme Aufzinsungsbeträge eingerechnet worden sind, dann dürfen diese nicht als Zinserträge ausgewiesen werden, sondern müssen von dem Betrag, der bei der Diskontierung des Wechsels von der Wechselsumme abgezogen wird, saldiert werden.

1840 **Den Zinsen ähnliche Erträge** stehen mit Krediten im Zusammenhang. Als solche gelten Erträge aus einem Agio, Disagio oder Damnum, Kreditprovisionen, Erträge für Kreditgarantien, Teilzahlungszuschläge u. ä. Gebühren für Leistungen, die im Zusammenhang mit Krediten entstehen, wie z. B. Bearbeitungsgebühren, Spesen oder Mahnkosten gelten nicht als den Zinsen ähnliche Erträge. Erträge aus Bezugsrechtsverkäufen sind ebenfalls nicht hier auszuweisen (vgl. *Adler/Düring/Schmaltz* § 157 Anm. 113).

---

* Bezeichnung lt. gesetzlichem Gliederungsschema.

Erläuterungen zu den Posten der GuV-Rechnung   1841–1847 **B**

Zinserträge aus langfristigen Ausleihungen sind nicht hier, sondern unter „Erträge aus anderen Wertpapieren und Ausleihungen des Finanzanlagevermögens" (Posten 10, vgl. Rz. 1830 ff.) zu erfassen.

1841 **Erträge** aus Anteilen an einer **herrschenden** oder an der Gesellschaft **mit Mehrheit beteiligten Kapitalgesellschaft** oder bergrechtlichen Gewerkschaft sind hier auszuweisen, soweit die Anteile im Umlaufvermögen ausgewiesen werden (§ 266 Abs. 2 B. III. 1., Rz. 729). Nach bisherigem Aktienrecht waren diese Erträge grundsätzlich als Zinsen und Dividenden auf Wertpapiere des Umlaufvermögens auszuweisen (vgl. *Adler/Düring/Schmaltz* § 157 Anm. 98).

1842 Die **Prüfung** der sonstigen Zinsen und ähnlichen Erträge auf Vollständigkeit, periodengerechte Erfassung und richtigen Bruttoausweis erfolgt im Zusammenhang mit der Prüfung der in Betracht kommenden Positionen des Umlaufvermögens.

Die Zinserträge sollten von der zu prüfenden Gesellschaft auf die einzelnen Kreditnehmer etc. aufgeteilt werden und sodann mit dem Soll-Ertrag nach den zugrunde liegenden Vereinbarungen abgestimmt werden.

Außerdem ist eine analytische Durchsicht (vgl. Teil C Rz. 1 ff.) der betreffenden Konten erforderlich.

Bei der Prüfung des Ausweises ist darauf zu achten, daß
– die Erträge brutto ausgewiesen werden und eventuell einbehaltene Kapitalertragsteuer im Posten „Steuern vom Einkommen und vom Ertrag" gesondert gezeigt werden,
– die Zinserträge zum Jahresende richtig abgegrenzt werden,
– Saldierungen mit Bankgebühren etc. unterbleiben,
– die Erträge aus verbundenen Unternehmen gesondert aufgeführt werden, und zwar in Form eines „davon-Vermerks".

13. (12.*) Abschreibungen auf Finanzanlagen und auf Wertpapiere des Umlaufvermögens

1845 In dieser Position sind Abschreibungen auf im Finanzanlagevermögen ausgewiesene Wertpapiere, Beteiligungen, Anteile an verbundenen Unternehmen und langfristige Ausleihungen in voller Höhe auszuweisen. Darüber hinaus sind hier auch Abschreibungen auf Wertpapiere des Umlaufvermögens (i. S. v. § 266 Abs. 2 B. III. 1.–3. HGB nF.) zu berücksichtigen, diese jedoch nur, wenn sie eine Höhe, die für das Unternehmen als üblich anzusehen ist, nicht übersteigen. Darüber hinausgehende Beträge (Spitzenbeträge) sind unter Posten 7 b (vgl. Rz. 1795 ff.) auszuweisen.

Der Systematik der GuV-Gliederung folgend (= Trennung in auf das Betriebsergebnis bezogene und auf das Finanz- und Konzernergebnis bezogene Posten; vgl. *Biener* Anm. zu Art. 23 4. EG-Richtlinie Posten 12 und Anm. 3.17,93), erscheint es auch zulässig, daß Abschreibungen auf Wertpapiere des Umlaufvermögens in voller Höhe, d. h. ohne Untersuchung ihrer Betriebsüblichkeit unter Position 12 der Gliederung der GuV nach HGB nF. erfaßt werden.

1846 **Außerplanmäßige Abschreibungen** auf Finanzanlagen nach § 253 Abs. 2 Satz 3 HGB nF. (Abschreibung auf den niedrigeren Zeitwert) und auf Wertpapiere des Umlaufvermögens nach § 253 Abs. 3 Satz 3 HGB nF. (Abschreibung auf den niedrigeren Zukunftswert) müssen gemäß § 277 Abs. 3 Satz 1 HGB nF. gesondert ausgewiesen oder im Anhang angegeben werden.

1847 Der Posten 12 ähnelt dem **Posten § 157 Abs. 1 Nr. 20 AktG aF.** (Abschreibungen und Wertberichtigungen auf Finanzanlagen mit Ausnahme des Betrags, der in die Pauschalwertberichtigung zu Forderungen eingestellt ist). Im Gegensatz zum bisherigen Aktienrecht sind hier sowohl Einzelwertberichtigungen als auch Pauschalwertberichtigungen wegen des allgemeinen Kreditrisikos langfristiger Ausleihungen auszuweisen, da nach HGB nF. nur noch direkte Abschreibungen zulässig sind (zur Technik der Pauschalwertberichtigung vgl. Rz. 1732 f.).

Darüber hinaus enthält Posten 12 auch die bisher in Posten § 157 Abs. 1 Nr. 21 AktG aF. auszuweisenden Wertminderungen des Umlaufvermögens, jedoch nur solche, die sich auf die Wertpapiere im Sinne der HGB-Gliederung (§ 266 Abs. 2

---

* Bezeichnung lt. gesetzlichem Gliederungsschema.

B 1848–1856 Der Jahresabschluß nach Handels- und Steuerrecht

B. III. HGB nF.) beziehen. Die Wertminderungen des restlichen Umlaufvermögens werden unter Posten 8 (sonstige betriebliche Aufwendungen, vgl. Rz. 1801 f.) ausgewiesen. Der Grund für die Abweichung vom aktienrechtlichen Gliederungsschema ist darauf zurückzuführen, daß **auf das Betriebsergebnis bezogene Posten (Nr. 1 bis 8) getrennt von denen, die sich auf das Finanz- und Konzernergebnis beziehen (Nr. 9 bis 13)**, ausgewiesen werden sollen (vgl. *Biener* Anm. zu Art. 23 4. EG-Richtlinie, 93). Eine Trennung der Abschreibungen in für das Unternehmen übliche und unübliche Teile sowie der gesonderte Ausweis der außerplanmäßigen Abschreibungen ist nach AktG aF. nicht erforderlich.

1848 Zur **Überleitung** dieser Posten soll folgende Darstellung (ohne Berücksichtigung direkter oder indirekter Abschreibungsverfahren) dienen:

1849

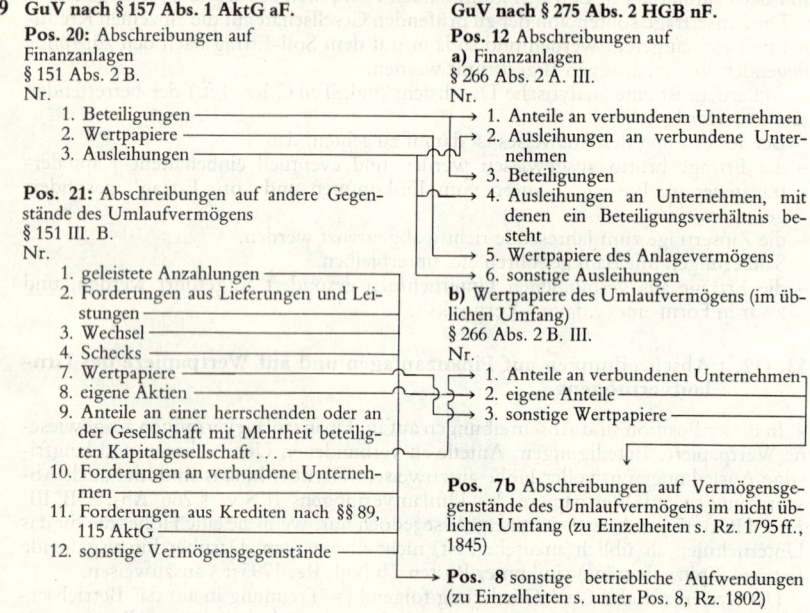

1850 Die **Prüfung** erfolgt im Zusammenhang mit den angesprochenen Bilanzpositionen.

14. (–*) Aufwendungen aus Verlustübernahme

1855 Der gesonderte **Ausweis** der Aufwendungen aus Verlustübernahme unter einer entsprechenden Bezeichnung wird in § 277 Abs. 3 Satz 2 HGB nF. gefordert; im Gegensatz zum bisherigen Recht (vgl. § 157 Abs. 1 Nr. 25 AktG aF.) ist dafür im Gliederungsschema der GuV des HGB nF. keine Position explizit vorgesehen (vgl. auch Rz. 1915 ff.). Es bietet sich ein Ausweis im Bereich der auf das Finanz- und Konzernergebnis bezogenen Posten an.

1856 Nach § 302 Abs. 1 AktG nF./aF. besteht bei Beherrschungs- oder Gewinnabführungsverträgen die Verpflichtung des anderen Vertragsteils, jeden während der Vertragsdauer entstehenden **Jahresfehlbetrag auszugleichen.** Die Verpflichtung besteht nach § 302 Abs. 2 AktG nF./aF. auch bei Betriebspacht- oder Betriebsüberlassungsverträgen zwischen einem herrschenden Unternehmen und einer abhängigen Gesellschaft, soweit die vereinbarte Gegenleistung das angemessene Entgelt nicht erreicht und dadurch ein Jahresfehlbetrag entsteht.

Als Aufwendungen aus Verlustübernahme sind nicht nur solche auszuweisen, die sich gesetzlich aus § 302 AktG nF./aF. auf der Basis der Definition der Gesellschafts-

---

* Im gesetzlichen Gliederungsschema ist keine gesonderte Bezifferung vorgesehen.

Erläuterungen zu den Posten der GuV-Rechnung

verträge nach den §§ 291, 292 AktG nF./aF. ergeben, sondern auch solche aus Verträgen mit Unternehmen anderer Rechtsform oder freiwillig übernommene Verlustübernahmen.

857 Wenn an eine Gesellschaft **Zuschüsse** gezahlt werden, **ohne** daß ein **Verlust** vorliegt, dann sind diese Aufwendungen nicht hier, sondern im Falle von regelmäßigen Zuschüssen unter den sonstigen betrieblichen Aufwendungen (Posten 8, vgl. Rz. 1798 ff.) und im Falle von einmaligen Zuschüssen unter den außerordentlichen Aufwendungen (Posten 16, vgl. Rz. 1885 ff.) auszuweisen.

858 **Ausgleichszahlungen an Minderheitsaktionäre** sind als Aufwendungen aus Verlustübernahme auszuweisen, soweit sie die Erträge aufgrund einer Gewinngemeinschaft, eines Gewinnabführungs- oder eines Teilgewinnabführungsvertrages übersteigen (vgl. Rz. 1824).

859 Auszuweisen sind **nur tatsächlich getragene Verluste**; Rückstellungen wegen drohender Verlustübernahme sind über sonstige betriebliche Aufwendungen (Posten 8, vgl. Rz. 1798 ff.) zu bilden. Ist der Verlust eingetreten, dann hat der Ausweis der Aufwendungen aus Verlustübernahme zu erfolgen, die Rückstellung ist über sonstige betriebliche Erträge (Posten 4, vgl. Rz. 1735 ff.) aufzulösen oder mit den sonstigen betrieblichen Aufwendungen zu verrechnen (vgl. *Adler/Düring/Schmaltz* Anm. 94 zu § 157).

860 Die **Prüfung** erfolgt im Zusammenhang mit der Prüfung der Anteile an verbundenen Unternehmen, der Beteiligungen und/oder der Rechtsgrundlagen der Gesellschaft und der rechtlichen Verhältnisse.

Erforderlich ist eine Abstimmung mit den Verlusten der Beteiligungsgesellschaft, die aufgrund des Beherrschungs- oder Gewinnabführungsvertrages zu übernehmen sind.

Bei der Prüfung des Ausweises ist darauf zu achten, daß
— Zuweisungen zu Rückstellungen für die Übernahme von zwar erkennbaren, aber noch nicht feststehenden Verlusten unter den sonstigen betrieblichen Aufwendungen zu zeigen sind und daß die endgültigen Verluste in solchen Fällen in voller Höhe unter den Aufwendungen aus Verlustübernahme ausgewiesen werden, ohne daß eine Saldierung mit der Inanspruchnahme der Rückstellung erfolgt,
— jedes Vertragsverhältnis im Hinblick auf den Ausweis gesondert zu beurteilen ist, so daß Saldierungen unterbleiben und ein jeweils gesonderter Ausweis der aufgrund einer Gewinngemeinschaft, eines Gewinnabführungs- oder eines Teilgewinnabführungsvertrages erhaltenen Gewinne bzw. abgeführten Gewinne sowie der Erträge und Aufwendungen aus Verlustübernahme gewährleistet ist.

15. (13.*) Zinsen und ähnliche Aufwendungen
(davon an verbundenen Unternehmen DM:)

865 Dieser Posten entspricht dem Posten § 157 Abs. 1 Nr. 23 AktG aF. in vollem Umfang. Der zusätzliche Vermerk der Aufwendungen, die verbundene Unternehmen betreffen, geht jedoch über den bisherigen aktienrechtlichen Anspruch hinaus.

866 **Im einzelnen** sind hier auszuweisen (vgl. *Adler/Düring/Schmaltz* § 157 Anm. 166):
— Zinsen aus Kreditaufnahme der Gesellschaft (z. B. Zinsen für Bankkredite, für Hypotheken, für Schuldverschreibungen, für Darlehen, für die Stundung von Lieferantenkrediten, für Leasingverbindlichkeiten, Verzugszinsen für verspätete Zahlungen)
— Diskontbeträge auf Wechsel und Schecks
— als zinsähnliche Aufwendungen geltende Nebenkosten der Kreditaufnahme wie z. B. Kredit-, Überziehungs- und Bürgschaftsprovisionen, Kreditbereitstellungsgebühren, Verwaltungskostenbeiträge
— Abschreibungen auf aktiviertes Agio, Disagio oder Damnum. Bei sofortiger vollständiger Abschreibung sollte der Ausweis nicht hier, sondern unter den sonstigen betrieblichen Aufwendungen (Posten 8) erfolgen.

866a **Umsatzprovisionen** werden häufig als zinsähnliche Aufwendungen ausgewiesen, obwohl es sich bei ihnen um Kosten des Zahlungsverkehrs handelt. Der Ausweis sollte daher unter der Position 8, sonstige betriebliche Aufwendungen, erfolgen.

---

* Bezeichnung lt. gesetzlichem Gliederungsschema.

B 1867–1878   Der Jahresabschluß nach Handels- und Steuerrecht

1867   **Kundenskonti** sind **nicht als Zinsaufwand,** sondern als Erlösschmälerung zu behandeln. Als zinsähnliche Aufwendungen gelten nicht die Aufwendungen der Kreditbeschaffung wie z.B. Vermittlungsprovisionen und Aufwendungen der Kreditüberwachung.

1868   Eine **Saldierung** der Zinsaufwendungen mit den Zinserträgen (Posten 11, vgl. Rz. 1837ff.) ist **unzulässig.** Zinszuschüsse der öffentlichen Hand sind mit den entsprechenden Zinsaufwendungen, für die sie gewährt wurden, aufzurechnen.

1869   Die **Prüfung** erfolgt im Zusammenhang mit den unter den Verbindlichkeiten ausgewiesenen Positionen.

Die Zinsaufwendungen sind von dem Unternehmen nach den verschiedenen Kreditgebern aufzuteilen und mit dem jeweiligen Soll-Aufwand abzustimmen.

Außerdem ist eine analytische Durchsicht (vgl. Teil C Rz. 1ff.) der betreffenden Konten erforderlich.

Bei der Prüfung des Ausweises ist darauf zu achten, daß
– eine Saldierung von Zinsaufwendungen und Zinserträgen unterbleibt,
– Bankspesen etc. nicht unter den Zinsaufwendungen ausgewiesen werden,
– die Zinsaufwendungen gegenüber verbundenen Unternehmen gesondert aufgeführt werden, und zwar in Form eines „davon-Vermerks".

16. (14.*) Ergebnis der gewöhnlichen Geschäftstätigkeit

1873   Diese **Zwischensumme** stellt den Saldo aus den Posten 1 bis 15 (13) dar. Ausgewiesen ist unter dieser Position damit das Jahresergebnis vor Berücksichtigung von Steuern sowie vor Berücksichtigung des außerordentlichen Ergebnisses.

Im Hinblick auf die Analyse der Ertragskraft eines Unternehmens im zwischenbetrieblichen Vergleich oder im Zeitvergleich könnte dieser Posten künftig eine gewisse Bedeutung erlangen (*Niehus* Anm. 496).

17. (15.*) Außerordentliche Erträge

1876   Nach dem **bisher geltenden Handelsrecht** (§ 157 AktG aF.) **war der Ausweis** von außerordentlichen Aufwendungen und außerordentlichen Erträgen **explizit nicht vorgesehen.** Lediglich der außerordentliche Teil der sonstigen Erträge (§ 157 Abs. 1 Nr. 14 AktG aF.) war gesondert zu vermerken. Daneben galten die „Abschreibungen und Wertberichtigungen auf Finanzanlagen" und „Verluste aus dem Abgang von Gegenständen des Anlagevermögens" als außerordentliche Aufwendungen. Analog dazu waren die „Erträge aus dem Abgang von Gegenständen des Anlagevermögens", die „Erträge aus der Herabsetzung der Pauschalwertberichtigung zu Forderungen" und die „Erträge aus der Auflösung von Rückstellungen" als außerordentlich anzusehen.

1877   **Künftig** sind unter den außerordentlichen Erträgen diejenigen Beträge auszuweisen, die **außerhalb der gewöhnlichen Geschäftstätigkeit des Unternehmens** anfallen (§ 277 Abs. 4 HGB nF.). Der Posten ist im Anhang zu erläutern, es sei denn, die ausgewiesenen Beträge sind für die Beurteilung der Ertragslage von untergeordneter Bedeutung. Dies gilt auch für Erträge, die einem anderen Geschäftsjahr zuzurechnen sind (§ 277 Abs. 4 Sätze 2 und 3 HGB nF.).

1878   Die Definition und damit der **Umfang der außerordentlichen Posten** wird sich **grundlegend von der bisherigen Bilanzierung unterscheiden.** Bei der Zuordnung von Beträgen zu den außerordentlichen Erträgen und Aufwendungen ist künftig **allein auf die normale Geschäftstätigkeit abzustellen.** Der Begriff der normalen Geschäftstätigkeit ist dabei sehr weit auszulegen. Zur Beurteilung, wann ein Posten als außerordentlich, d.h. nicht mehr im Rahmen der normalen Geschäftstätigkeit, zu gelten hat, können die einschlägigen angelsächsischen Bilanzierungsvorschriften herangezogen werden, zumal dort der Begriff „außerordentliche Posten" (extraordinary items) als grundlegender Bestandteil der Berichterstattung anerkannt und üblich ist. Aufwendungen und **Erträge sind danach im wesentlichen dann außeror-**

---

* Bezeichnung lt. gesetzlichem Gliederungsschema.

Erläuterungen zu den Posten der GuV-Rechnung   1879–1890   **B**

dentlich, wenn sie **ungewöhnlich** (unusual nature) **und selten** (infrequent) sind. (*AICPA* Professional Standards 1976, Volume 3, Section 2012.20). Ungewöhnlichkeit liegt dann vor, wenn das zugrundeliegende Ereignis **in hohem Maße außergewöhnlich für den normalen Geschäftsablauf** des Unternehmens ist **oder rein zufällig** eintrat. Als selten ist nach den Vorstellungen des AICPA ein Ereignis dann anzusehen, wenn **in absehbarer Zukunft nicht mit einer Wiederholung gerechnet** werden kann.

879 Damit ist der Umfang der außerordentlichen Posten stark eingeschränkt. Betriebsfremde und periodenfremde Erträge sind nur dann unter den außerordentlichen Erträgen auszuweisen, wenn sie nach der gegebenen Definition außerhalb der normalen Geschäftstätigkeit (außerordentlich) angefallen sind. Sich laufend wiederholende betriebsfremde Erträge sind dagegen unter dem Posten ,,4. sonstige betriebliche Erträge" auszuweisen. **Periodenfremde Posten sind nicht allein deshalb außerordentlich,** weil sie sich auf Vorjahre beziehen; ein Ausweis als außerordentliche Erträge kommt nur dann in Betracht, wenn sie gleichzeitig außerhalb der normalen Geschäftstätigkeit liegen (*Heuser/Seitz* GmbHR 1979, 152).

880 **Zu den außerordentlichen Erträgen zählen** damit z. B. Gewinne aus dem Verkauf eines Teilbetriebs, außergewöhnliche ertragserhöhende Ergebnisse langfristiger Gerichtsverfahren, ungewöhnliche Erträge aus langfristiger Auftragsfertigung etc. (*Jonas* S. 159). Grundsätzlich **nicht zu den außerordentlichen Erträgen zählen** dagegen u. a. Kantinenerlöse, Währungs- und Kursgewinne, Steuererstattungen, Gewinne aus dem Verkauf von Anlagegütern, Erträge aus der Herabsetzung der Pauschalwertberichtigung zu Forderungen, Erträge aus Zuschreibungen usw. (*Heuser/Seitz* GmbHR 1979, 155).

881 Die **Prüfung** erfolgt in gleicher Weise wie die Prüfung der sonstigen betrieblichen Erträge (vgl. Rz. 1738 ff.). Bei der Prüfung des Ausweises ist zusätzlich auf die Einhaltung der Erläuterungspflichten gemäß Rz. 1877 zu achten.

18. (16.[*]) Außerordentliche Aufwendungen

885 Auch unter den **außerordentlichen Aufwendungen** sind nur solche Beträge zu erfassen, die **außerhalb der normalen Geschäftstätigkeit** anfallen. Der Posten ist im Anhang zu erläutern, soweit die ausgewiesenen Beträge für die Beurteilung der Ertragslage von untergeordneter Bedeutung sind. Zur Definition außerordentlicher Posten vgl. Rz. 1876 ff..

886 Danach kommen als **außerordentliche Aufwendungen** insbesondere Verluste aus nicht betriebstypischen Geschäften, Abfindungen, Verluste aus ungewöhnlichen Schadensfällen (soweit nicht durch Versicherung abgedeckt), Verluste aufgrund von Enteignungen u. ä. in Betracht. **Nicht zu den außerordentlichen Aufwendungen zählen** – da üblicherweise im Rahmen der normalen Geschäftstätigkeit anfallend – in der Regel Währungs- und Kursverluste, Verluste aus Anlageverkäufen, Aufwand aus Inventurdifferenzen, Steuernachzahlungen, außerplanmäßige Abschreibungen, etc. (*Heuser/Seitz* GmbHR 1979, 155).

887 Die **Prüfung** erfolgt in gleicher Weise wie die Prüfung der sonstigen betrieblichen Aufwendungen (vgl. Rz. 1804 ff.). Bei der Prüfung des Ausweises ist außerdem auf die Einhaltung der Erläuterungspflichten gemäß Rz. 1885 zu achten.

19. (17.[*]) Außerordentliches Ergebnis

890 Der **Saldo** aus außerordentlichen Erträgen (Rz. 1876 ff.) und außerordentlichen Aufwendungen (Rz. 1885 ff.) wird unter dem Posten außerordentliches Ergebnis zusammengefaßt. Die Position kann einen **positiven oder negativen Wert** annehmen; d. h. es kann ein außerordentlicher Gewinn oder ein außerordentlicher Verlust vorliegen. Zusammen mit dem Posten ,,Ergebnis der gewöhnlichen Geschäftstätigkeit" (Rz. 1873) bildet das außerordentliche Ergebnis das vom Unternehmen erzielte Jahresergebnis vor Steuern.

---

[*] Bezeichnung lt. gesetzlichem Gliederungsschema.

20. (18.*) Steuern vom Einkommen und vom Ertrag

1894 Unter diesem Posten sind nur **diejenigen Einkommen- und Ertragsteuern** auszuweisen, die das **Unternehmen als Steuerschuldner** zu entrichten hat. Ein Ausweis von Steuerzahlungen der Gesellschafter kommt nicht in Betracht.

1895 Für den Ausweis unter dieser Position ist es unerheblich, ob es sich um **Vorauszahlungen** für das betreffende Wirtschaftsjahr, um **Zuführungen zu den Steuerrückstellungen** oder um **Aufwand für zurückliegende Jahre** handelt, für die keine ausreichenden Rückstellungen gebildet waren. **Steuererstattungen für Vorjahre** dürfen nicht mit Steueraufwendungen des laufenden Jahres verrechnet werden; sie sind vielmehr unter dem Posten sonstige betriebliche Erträge (Rz. 1737) auszuweisen. Lediglich soweit gleichzeitig ein Steueraufwand für frühere Jahre anfällt, wird eine Verrechnung der Steuererstattungen mit den Nachforderungen für Vorjahre als zulässig angesehen (*Adler/Düring/Schmaltz* § 157 Anm. 170).

Erträge aus der Auflösung nicht mehr benötigter Steuerrückstellungen sind nicht unter dieser Position, sondern unter den sonstigen betrieblichen Erträgen (Rz. 1735) auszuweisen.

1896 Bei Vorliegen eines **steuerlichen Organschaftsverhältnisses** ist grundsätzlich der **gesamte Steueraufwand beim Organträger auszuweisen.** Die Obergesellschaft ist Steuerschuldner auch für denjenigen Teil der Einkommen- und Ertragsteuern, der auf den ihr zuzurechnenden Gewinn des Organs entfällt. Die Organgesellschaft ist nur Steuerschuldner der Steuern auf ihre eigenen Einkommensteile (nicht abzugsfähige Ausgaben); diese Steuern sind beim Organ auszuweisen. Werden Steuern über eine sog. **Organumlage** vom Organträger an die Organgesellschaft weiterbelastet, so hat die Obergesellschaft einen sonstigen betrieblichen Ertrag (Rz. 1737) auszuweisen; die Organgesellschaft weist die an sie belasteten Einkommen- und Ertragsteuern als sonstigen betrieblichen Aufwand (Rz. 1798 ff.) aus. Soweit die Organumlage zutreffend ermittelt wurde und nicht nur grob geschätzt ist, wird es auch für zulässig erachtet, bei der Obergesellschaft die weiterbelasteten Steuern offen mit Posten Nr. 20 (18) zu kürzen; bei der Organgesellschaft kann der weiterbelastete Steueraufwand in einem besonderen Unterposten zur Position Steuern vom Einkommen und Ertrag gesondert aufgeführt werden (*Adler/Düring/Schmaltz* § 157 Anm. 173).

1897 Als **Steuer vom Einkommen** ist die **Körperschaftsteuer** vor Berücksichtigung von Körperschaftsteueranrechnungsbeträgen und vor Abzug etwaiger Kapitalertragsteuern auszuweisen, d. h. es ist grundsätzlich die sog. Bruttomethode bei der Verbuchung von Beteiligungserträgen (Rz. 1811) anzuwenden (*IdW* HFA 2/1977). Zum ausweispflichtigen Körperschaftsteueraufwand zählt **auch die Steuererhöhung nach § 27 Abs. 1 KStG** bei Verwendung von unbelastetem Eigenkapital (EK 0) zur Gewinnausschüttung; eine **Steuerminderung nach § 27 Abs. 1 KStG** bei Ausschüttung von ungemildert belastetem Eigenkapital (EK 56) reduziert den Körperschaftsteueraufwand dieser Position.

1898 Der **Körperschaftsteueraufwand** ist unter Zugrundelegung des **Beschlusses über die Verwendung des Ergebnisses** zu berechnen. Wurde ein solcher Beschluß noch nicht gefaßt, so ist vom Vorschlag über die Verwendung des Ergebnisses auszugehen (§ 279 HGBE). Einzelheiten zur Berechnung der Körperschaftsteuer vgl. „Steuerrückstellungen", Rz. 1140 ff.

1899 Die **Gewerbeertragsteuer** ist als **Steuer vom Ertrag** unter dieser Position auszuweisen. Wie alle Steuern vom Vermögen ist die **Gewerbekapitalsteuer unter den sonstigen Steuern** (Rz. 1905 ff.) zu erfassen. Zur Berechnung der Gewerbesteuer vgl. „Steuerrückstellungen", Rz. 1140 ff.

1900 Unter diesem Posten sind auch die **in ausländischen Staaten gezahlten Steuern** auszuweisen, soweit sie den inländischen Steuern vom Einkommen und Ertrag entsprechen.

1901 Im Anhang ist anzugeben, in welchem Umfang die Steuern vom Einkommen und vom Ertrag das Ergebnis der gewöhnlichen Geschäftstätigkeit und das außerordentliche Ergebnis belasten (§ 285 Nr. 6 HGB nF.). Vgl. auch Rz. 1960 ff.

---

* Bezeichnung lt. gesetzlichem Gliederungsschema.

Erläuterungen zu den Posten der GuV-Rechnung 1902–1917 **B**

902 Die **Prüfung** der Steuern vom Einkommen und vom Ertrag erfolgt im Zusammenhang mit der Steuerrückstellungen oder, soweit die Ungewißheit über die Verbindlichkeit nicht mehr besteht, im Zusammenhang mit der Prüfung der Verbindlichkeiten. Auf die Einhaltung der Eingabepflichten im Anhang ist zu achten (vgl. Rz. 1901).

21. (19.*) Sonstige Steuern

905 Unter diesem Posten sind **alle übrigen,** nicht unter der Position 20 (18) auszuweisenden **Steuern** zu erfassen. Auszuweisen sind nur Steuern, die das **Unternehmen als Steuerschuldner** zu entrichten hat.

906 Im einzelnen fallen hierunter: Vermögensteuer, Gewerbekapitalsteuer, Grundsteuer, Erbschaft- und Schenkungsteuer, Gesellschaftsteuer, Biersteuer, Branntweinsteuer, Teesteuer, Sektsteuer, Schankerlaubnissteuer, Kraftfahrzeugsteuer, Mineralölsteuer, Rennwett- und Lotteriesteuer, Vergnügungsteuer, Wechselsteuer, Versicherungsteuer, Wertpapiersteuer , Zölle. Die Umsatzsteuer mit Ausnahme der nicht abzugsfähigen Vorsteuer ist nicht unter diesem Posten auszuweisen, da es ihrem Charakter als durchlaufender Posten mehr entspricht, wenn in der GuV-Rechnung die Umsatzerlöse (Rz. 1704) netto, d. h. um die Umsatzsteuer gekürzt, ausgewiesen werden *IdW* HFA 1/1985; zur Berechnung und Verprobung der Umsatzsteuer vgl. Rz. 1592.

907 Soweit die genannten **Steuern Anschaffungsnebenkosten** darstellen (insbesondere Grunderwerbsteuer, Eingangszölle, Börsenumsatzsteuer, Branntweinsteuer), sind sie mit den jeweiligen Vermögensgegenständen zu aktivieren (vgl. Teil A Rz. 86 ff.).

908 Die **Prüfung** der sonstigen Steuern erfolgt im Zusammenhang mit der Prüfung der Steuerrückstellung oder der betreffenden Verbindlichkeiten.

22. (–**) Erträge aus Verlustübernahme

915 Zu den Erträgen aus Verlustübernahme gehören solche, die sich aus § 302 AktG nF./aF. ergeben, und solche aus Verträgen mit Unternehmen anderer Rechtsformen sowie freiwillig übernommene Verluste (vgl. dazu Rz. 1856 ff.). Für den **Ausweis** dieser Position, der gem. § 277 Abs. 3 HGB nF. zwingend ist, wurde im Gegensatz zum bisherigem Recht (§ 157 Abs. 1 Nr. 15 AktG aF.) in § 275 Abs. 2 HGB nF. kein Platz festgelegt (vgl. dazu auch Rz. 1855). Er wäre zweckmäßigerweise im Bereich des Finanz- und Konzernergebnisses z. B. nach den ,,Abschreibungen auf Finanzanlagen und auf Wertpapiere des Umlaufvermögens" oder ggf. im Anschluß an den Ausweis von ,,Aufwendungen aus Verlustübernahme" vorzunehmen, wenn nicht ein Ausweis unmittelbar vor dem ,,Jahresüberschuß/Jahresfehlbetrag" vorgezogen wird.

916 Werden an die Gesellschaft **Zuschüsse** gezahlt, **ohne** daß ein **Verlust** vorliegt, dann sind diese Erträge beim empfangenden Unternehmen nicht hier, sondern bei einmaligen Zuschüssen als außerordentliche Erträge (Posten 15, vgl. Rz. 1876 ff.) oder bei regelmäßigen Zuschüssen als sonstige betriebliche Erträge (Posten 4, vgl. Rz. 1725 ff.) auszuweisen.

917 Die **Prüfung** der Erträge aus Verlustübernahme erfolgt im Zusammenhang mit der Prüfung eventuell gehaltener Anteile an verbundenen Unternehmen sowie im Zusammenhang mit den Rechtsgrundlagen und den rechtlichen Verhältnissen der Gesellschaft (vgl. Rz. 431, 460 ff., 733, 754 ff.).

Bei der Prüfung des Ausweises ist darauf zu achten, daß jedes in Betracht kommende Vertragsverhältnis im Hinblick auf den Ausweis gesondert zu beurteilen ist, so daß Saldierungen unterbleiben und ein gesonderter Ausweis der auf Grund einer Gewinngemeinschaft, eines Gewinnabführungs- oder eines Teilgewinnabführungsvertrages erhaltenen Gewinne bzw. abgeführten Gewinne sowie sämtlicher Aufwendungen und Erträge aus Verlustübernahme gewährleistet ist.

---

* Bezeichnung lt. gesetzlichem Gliederungsschema.
** Im gesetzlichen Gliederungsschema ist keine gesonderte Bezifferung vorgesehen.

23. (–*) Aufgrund einer Gewinngemeinschaft, eines Gewinnabführungs- oder eines Teilgewinnabführungsvertrags abgeführte Gewinne

1920 Zum **Inhalt** und zur **Ausweisverpflichtung** dieser Position vgl. Rz. 1820 ff. Die **Einordnung in die Gewinn- und Verlustrechnung** nach HGB nF. erfolgt zweckmäßigerweise unmittelbar vor dem „Jahresüberschuß/Jahresfehlbetrag". Das bisherige Aktienrecht sah dafür in § 157 Abs. 1 Nr. 27 vor.

1921 Die **Prüfung** erfolgt in gleicher Weise wie die Prüfung der Erträge aus Verlustübernahme (vgl. Rz. 1917).

24. (20.**) Jahresüberschuß/Jahresfehlbetrag

1925 Dieser Posten stellt als **Saldo aller Erträge und Aufwendungen des Geschäftsjahres** den in der Periode neu erwirtschafteten Gewinn oder Verlust, vor Berücksichtigung eines Gewinn- oder Verlustvortrages aus dem Vorjahr sowie vor Rücklagenbewegungen, dar. Der hier ausgewiesene Betrag bildet die Ausgangsgröße für die Gewinnverwendung (§ 58 AktG nF.; § 29 GmbHG nF.). Vgl. hierzu auch Rz. 952 ff. insb. Rz. 980 ff.

Sofern der Jahresabschluß vor Verwendung des Jahresergebnisses aufgestellt wird, ist der Posten „Jahresüberschuß/Jahresfehlbetrag" **auch in der Bilanz auszuweisen** (vgl. Rz. 1005 ff.). Der dort ausgewiesene Betrag muß mit dem korrespondierenden Posten der GuV-Rechnung übereinstimmen.

25. (21.**) Gewinnvortrag/Verlustvortrag aus dem Vorjahr

1928 Eine Ergänzung des GuV-Schemas um die Posten 25 (21) mit 30 (25) ist in dieser Form **nur für Aktiengesellschaften vorgeschrieben** (§ 158 AktG nF.). Im HGB nF. ist für alle Kapitalgesellschaften lediglich geregelt, daß Veränderungen der Kapital- und Gewinnrücklagen in der GuV-Rechnung erst nach dem Posten 24 (20). „Jahresüberschuß/Jahresfehlbetrag" ausgewiesen werden dürfen (§ 275 Abs. 4 HGB nF.). Es empfiehlt sich allerdings, die Darstellung **auch für Kapitalgesellschaften anderer Rechtsformen in der für Aktiengesellschaften vorgeschriebenen** Form vorzunehmen. Aktiengesellschaften können diese Angaben allerdings wahlweise auch im Anhang machen.

1929 Der Ausweis der Posten 25 (21) mit 30 (25) des GuV-Schemas bleibt im wesentlichen **auf Kapitalgesellschaften beschränkt,** da bei Personengesellschaften und Einzelunternehmen der Jahresüberschuß bzw. Jahresfehlbetrag bereits im Jahr seiner Entstehung auf die Kapitalkonten der Gesellschafter bzw. Unternehmer umgebucht wird.

1930 Soweit der vorübergehende Jahresabschluß nicht ausgeglichen haben, kann er mit einem Bilanzgewinn oder Bilanzverlust abgeschlossen haben. Wies der **letzte Jahresabschluß einen Bilanzverlust** aus, so ist dieser als **Verlustvortrag aus dem Vorjahr** auszuweisen. Schloß dagegen das **Vorjahr mit einem Bilanzgewinn** ab, so stand dieser den Gesellschaftern zur Disposition (Hauptversammlung der Aktiengesellschaft, § 174 AktG nF.; Gesellschafter der GmbH). Ein **nach der Verwendung des Bilanzgewinns des Vorjahres verbleibender Saldo ist als Gewinnvortrag** aus dem Vorjahr auszuweisen. Wird der Jahresabschluß vor Verwendung des Jahresergebnisses aufgestellt, so ist der Posten „Gewinnvortrag/Verlustvortrag" **auch in der Bilanz auszuweisen** (vgl. Rz. 1000 ff.). Der dort ausgewiesene Betrag muß mit dem Posten der GuV-Rechnung übereinstimmen.

Hat sich aufgrund der Verwendung des Bilanzgewinns des Vorjahres ein **zusätzlicher Aufwand oder Ertrag** ergeben, so berühren diese Beträge die GuV-Rechnung nicht (vgl. hierzu im einzelnen Rz. 1142).

---

* im gesetzlichen Gliederungsschema ist keine gesonderte Bezifferung vorgesehen.
** Bezeichnung lt. gesetzlichen Gliederungsschema.

26. (22.*) Entnahmen aus der Kapitalrücklage

933 Mit diesem Posten werden in der GuV-Rechnung **alle Entnahmen aus der Kapitalrücklage** offen ausgewiesen, soweit sie sich auf den Bilanzgewinn/Bilanzverlust auswirken. Hinsichtlich der Verwendungsmöglichkeiten der Kapitalrücklage vgl. Rz. 935.

27. (23.*) Entnahmen aus Gewinnrücklagen

a) aus der gesetzlichen Rücklage
b) aus der Rücklage für eigene Aktien (Anteile)
c) aus satzungsmäßigen Rücklagen
d) aus anderen Rücklagen

936 Die Entnahmen aus den Gewinnrücklagen sind **grundsätzlich in voller Höhe unsaldiert** mit etwaigen Aufwendungen, die aus ihnen gedeckt werden sollen, hier auszuweisen (*Adler/Düring/Schmaltz* § 157 Anm. 190). Eine **Ausnahme** von diesem Grundsatz kann dann vorgenommen werden, wenn eine Entnahme zur Kapitalerhöhung aus Gesellschaftsmitteln vorgenommen wird. In diesem Fall sprechen nicht nur Gründe der Klarheit und Übersichtlichkeit dafür, von einem Ausweis als Entnahme in der GuV-Rechnung abzusehen und die Veränderung lediglich in der Bilanz kenntlich zu machen. Ein Ausweis in der GuV-Rechnung („Zuführung zum Grundkapital") ist in diesem Fall auch buchtechnisch nur möglich, wenn gleichzeitig ein Ertragsposten aufgenommen wird. Dieser Ausweis kann jedoch im Zusammenhang mit einer Kapitalerhöhung aus Gesellschaftsmitteln irreführend wirken (*Adler/Düring/Schmaltz* § 157 Anm. 193).

937 **Verschiebungen innerhalb der Gewinnrücklagen** sind grundsätzlich hier als Entnahme und in gleicher Höhe unter Posten 28 (24) als Einstellung in Gewinnrücklagen auszuweisen. Da jedoch das Ergebnis hiervon nicht berührt wird, dürfte man auch von einem Ausweis in der Gewinn- und Verlustrechnung absehen können, wenn der Übertrag in der Bilanz kenntlich gemacht wird (*Adler/Düring/Schmaltz* § 157 Anm. 199).

28. (24.*) Einstellungen in Gewinnrücklagen

a) in die gesetzliche Rücklage
b) in die Rücklage für eigene Aktien (Anteile)
c) in satzungsmäßige Rücklagen
d) in andere Rücklagen

940 Hinsichtlich der Möglichkeiten der einzelnen Organe des Unternehmens, Einstellungen aus dem Jahresüberschuß in die Gewinnrücklagen vorzunehmen vgl. Rz. 952 ff. **Nicht unter diesem Posten** sind Einstellungen in die Gewinnrücklagen auszuweisen, die aufgrund eines Beschlusses über die Verwendung des Bilanzgewinns (Beschluß der Hauptversammlung einer AG gem. § 174 AktG nF.; u. U. Beschluß der Gesellschafter einer GmbH) vorgenommen wurden.

29. (**) Einstellung in die Kapitalrücklage

943 Grundsätzlich **berühren Einstellungen in die Kapitalrücklage die GuV-Rechnung nicht**; diese Einstellungen betreffen Vorgänge der Kapitalseite und stehen mit der Ergebnisrechnung in keinem Zusammenhang. Sie sind **erfolgsneutral**. Die Gegenposten zu den Einstellungen in die Kapitalrücklage ergeben sich aus den jeweiligen Geschäftsvorfällen wie z. B. der Ausgabe von Anteilen oder Wandelschuldverschreibungen (vgl. im einzelnen Rz. 925 ff.).

944 Eine **Ausnahme** von diesem Grundsatz bildet allerdings die Einstellung des **Unterschiedsbetrags aus der vereinfachten Kapitalherabsetzung** nach §§ 229 ff. AktG

---

* Bezeichnung lt. gesetzlichen Gliederungsschema.
** Im gesetzlichen Gliederungsschema ist keine gesonderte Bezifferung vorgesehen.

B 1947–1963   Der Jahresabschluß nach Handels- und Steuerrecht

(vgl. Rz. 933). In diesem Fall ist die Einstellung in die Kapitalrücklage in der GuV-Rechnung gesondert als „Einstellung in die Kapitalrücklage nach den Vorschriften über die vereinfachte Kapitalherabsetzung" auszuweisen (§ 240 Satz 2 AktG nF.).

30. (25.*) Bilanzgewinn/Bilanzverlust

1947   Der Bilanzgewinn bzw. Bilanzverlust stellt den Saldo aus den Posten 24 (20) mit 29 (–) dar. Wird der Jahresabschluß nach vollständiger Verwendung des Jahresergebnisses aufgestellt und wird das Ergebnis des Geschäftsjahres unter Berücksichtigung der Rücklagenbewegungen und eines Ergebnisvortrags aus dem Vorjahr ausgeglichen, so beträgt der Bilanzgewinn/Bilanzverlust Null. Der unter diesem Posten ausgewiesene Betrag muß mit dem entsprechenden Posten der Jahresbilanz übereinstimmen (Rz. 1008 ff.), der dort allerdings – im Gegensatz zur GuV-Rechnung – nur dann auszuweisen ist, wenn der Jahresabschluß nach teilweiser Verwendung des Jahresergebnisses aufgestellt wird.

4. Unterabschnitt: Erläuterung des Anhangs

I. Grundlagen

1960   Kapitalgesellschaften i. S. v. § 264 HGB nF. haben, unabhängig von ihrer Größe (vgl. Rz. 56), im Gegensatz zu anderen Kaufleuten den Jahresabschluß um einen Anhang zu ergänzen, der mit der Bilanz und der Gewinn- und Verlustrechnung eine Einheit bildet (§ 264 Abs. 1 Satz 1 HGB nF.). Dies gilt selbst für solche Kapitalgesellschaften, die lediglich die Funktion einer Komplementärgesellschaft haben, z. B. im Rahmen einer GmbH & Co. KG.

1961   Der Anhang ist pflichtmäßiger **Bestandteil des Jahresabschlusses**. Bilanz, Gewinn- und Verlustrechnung und Anhang bilden eine **Einheit,** für die insgesamt dieselben Grundsätze gelten:
– Sie müssen unter Beachtung der Grundsätze ordnungsmäßiger Buchführung ein den tatsächlichen Verhältnissen entsprechendes Bild der Vermögens-, Finanz- und Ertragslage der Kapitalgesellschaft vermitteln. Soweit dabei die Bilanz und die Gewinn- und Verlustrechnung nicht zur vollständigen Erreichung dieser Zweckvorstellung ausreichen, ist der Anhang das zusätzliche Instrumentarium, das das Bild vervollständigen soll, § 264 Abs. 2 HGB nF.; vgl. hierzu auch Teil A Rz. 198 ff., 202 ff.
– Die Prüfung, der Prüfungsbericht und der Bestätigungsvermerk erstrecken sich auf den Jahresabschluß, d. h. alle drei Teile des Jahresabschlusses und damit auch auf den Anhang, § 316 Abs. 1 Satz 1, § 321 Abs. 1, § 322 Abs. 1 Satz 1 HGB nF.
– Die Pflicht zur Offenlegung erstreckt sich ebenfalls auf alle drei Teile des Jahresabschlusses, § 325 Abs. 1 Satz 1 HGB nF.

1962   Neben dem Jahresabschluß haben Kapitalgesellschaften außerdem einen **Lagebericht** zu erstellen (vgl. dazu Teil D).

1963   Die bei der Aufstellung des Jahresabschlusses und damit auch des Anhangs zu beachtende **Frist** beträgt wie auch bei der Aufstellung des Lageberichts 3 Monate nach Ende des vorangegangenen Geschäftsjahres. Nur bei kleinen Kapitalgesellschaften (vgl. Rz. 56) beträgt die Frist 6 Monate, sofern dies einem ordnungsgemäßen Geschäftsgang entspricht (vgl. § 264 Abs. 1 Sätze 2 und 3 HGB nF.).

Der **Inhalt des Anhangs** wird im wesentlichen durch §§ 284 bis 288 HGB nF. bestimmt. Darüber hinaus wird in zahlreichen Einzelvorschriften der Inhalt des Anhangs geregelt. Er wird durch abgestufte Berichterstattungs- und Berichtserläuterungspflichten bestimmt, indem für kleine und mittelgroße Kapitalgesellschaften in § 288 HGB nF. größenabhängige Erleichterungen vorgesehen sind. Außerdem sind in den jeweiligen Einzelvorschriften entweder Angabepflichten oder -wahlrechte vorgesehen, wobei in Einzelfällen auch alternative Darstellungsformen möglich sind. Zum Inhalt des Anhangs vgl. Rz. 1975 ff.

---

* Im gesetzlichen Gliederungsschema ist keine gesonderte Bezifferung vorgesehen.
* Bezeichnung lt. gesetzlichen Gliederungsschema.

Erläuterung des Anhangs 1964–1971 **B**

964 Im Anhang ist über alle angabepflichtigen Tatsachen **in jedem Jahr erneut** zu berichten, obwohl im Gesetz eine dementsprechende Regelung fehlt (*Niehus* § 42 Anm. 524; für die Berichterstattungspflicht im Geschäftsbericht vgl. *Adler/Düring/Schmaltz* § 160 Anm. 6).

965 Die **Ausnahmen von der Berichterstattungspflicht** hat der Gesetzgeber in § 286 HGB nF. geregelt. Nach § 286 Abs. 1 HGB nF. hat die Berichterstattung insoweit zu unterbleiben, als es für das Wohl der Bundesrepublik Deutschland oder eines ihrer Länder erforderlich ist (sog. „**Schutzklausel**"). Über die Anwendung der Schutzklausel ist im Anhang nicht zu berichten. Für die Anwendung der Schutzklausel besteht kein Wahlrecht, da die Interessen der Bundesrepublik Deutschland oder der Länder zwingend vorgehen. Die Kapitalgesellschaft hat jeweils nach pflichtgemäßem Ermessen zu entscheiden, ob die Voraussetzungen zur Anwendung der Schutzklausel erfüllt sind. Dies wird z. B. immer der Fall sein, wenn sich die Gesellschaft bei der Übernahme einer Beteiligung oder dem Eingehen eines Vertrages mit der öffentlichen Hand entweder ausdrücklich zu einer entsprechenden Verschwiegenheit verpflichten mußte oder eine Berichterstattung die Verletzung einer entsprechenden strafrechtlichen Vorschrift (§§ 99 ff. StGB) bedeuten würde (*Niehus* a. a. O., § 42 Anm. 526; *Adler/Düring/Schmaltz* § 160, Anm. 9).

966 Darüber hinaus bestehen bei verschiedenen Einzelangaben (§ 285 Nr. 4 und 11 HGB nF.) unter jeweils definierten Voraussetzungen Ausnahmen von der Berichterstattungspflicht (§ 286 Abs. 2 und 3 HGB nF.; vgl. i. ü. Rz. 1979, 1984). Bei Anwendung dieser Ausnahmeregelungen ist zu berücksichtigen, daß diese Vorschriften eng auszulegen sind. Eine analoge Anwendung auf andere Einzelangaben, die für den Anhang gesetzlich geregelt sind, ist daher nicht zulässig. Außerdem ist bei Anwendung der Ausnahmeregelungen darauf zu achten, daß durch das Unterlassen von Angaben niemals eine in sich falsche Aussage abgegeben werden darf. Die Aussagen des Anhangs müssen auch in ihrem Zusammenhang richtig sein. Sie dürfen kein falsches Bild über die Lage der Gesellschaft vermitteln. Je ungünstiger die Tatsache für die Gesellschaft ist, über die berichtet werden soll, desto schärfere Anforderungen sind an die Voraussetzungen für die Anwendung der Ausnahmeregelungen zu stellen (*Niehus* § 42 Anm. 526, *Adler/Düring/Schmaltz* § 160 Anm. 10 m. w. N.).

968 Während im Gesetzgebungsverfahren zu der Neufassung des HGB zunächst vorgesehen war, die freiwilligen Angaben im Anhang gesetzlich zu begrenzen, ist eine entsprechende Regelung im HGB nF. nicht mehr vorgesehen. Der Anhang kann daher, soweit die damit verbundene Zweckvorstellung der Vermittlung eines den tatsächlichen Verhältnissen entsprechenden Bildes der Vermögens-, Finanz- und Ertragslage der Kapitalgesellschaft gewährleistet ist, um **freiwillige Angaben** erweitert werden.

II. Äußere Form und Aufbau des Anhangs

970 Die äußere Form, der Aufbau und der Umfang des Anhangs müssen so erschöpfend übersichtlich und verständlich sein, daß der Anhang aus sich heraus verständlich ist (*Niehus* § 42 Anm. 529).

971 Um dem Grundsatz der Klarheit Rechnung zu tragen und dem Leser eine erleichterte Informationsaufnahme zu ermöglichen, ist eine **Strukturierung des Anhangs** geboten. Dabei dürfte es sich empfehlen, die Strukturierung nach sachlichen Gesichtspunkten, z. B. in der folgenden Weise vorzunehmen:
1. Bilanzierungs-, Bewertungs- und Umrechnungsmethoden
2. Erläuterungen zum Jahresabschluß
2.1 Zusätzliche Angaben nach § 264 Abs. 2 HGB nF.
2.2 Erläuterungen der Bilanz
2.3 Erläuterungen der Gewinn- und Verlustrechnung
2.4 Darstellung der Ergebnisverwendung
3. Sonstige Angaben
3.1 Haftungsverhältnisse und sonstige finanzielle Verpflichtungen
3.2 Beziehungen zu verbundenen Unternehmen
3.3 Organkredite und Aufwendungen für Organe
3.4 Weitere Angaben

B 1972–1976   Der Jahresabschluß nach Handels- und Steuerrecht

(Vgl. im einzelnen *Bolin/Haeger/Zündorf* BB 1984, S. 506–509; *Küting/Weber* Übergang auf die neue Rechnungslegung, 2. Aufl. S. 141 f.).

1972   Statt dessen können auch andere Strukturierungen, z. B. nach der Reihenfolge der für den Inhalt des Anhangs maßgebenden gesetzlichen Vorschriften etc., vorgenommen werden.

III. Inhalt des Anhangs

1975   Die folgende **Übersicht** zeigt die möglichen Berichterstattungs- und Berichtserläuterungspflichten unter Verweis auf die maßgebende Vorschrift auf. Dabei wurde die unter Rz. 1971 vorgeschlagene Strukturierung bereits vorgenommen:

Gegenstand der Berichts-pflicht	Vorschrift	Berichtpflicht bei			Angabe-pflicht	Angabe-wahlrecht	Alternative Darstellungs-möglichkeit
		großen KapGes.	mittelgr. KapGes.	kleinen KapGes.			
1976 1. **Bilanzierungs-, Bewertungs- und Umrechnungsmethoden**							
(1) **Allgemeine Erläuterung** der auf die Posten der Bilanz und der Gewinn- und Verlustrechnung angewandten Bilanzierungs- und Bewertungsmethoden, sofern diese Erläuterungen nicht bei den Erläuterungen zu den einzelnen Posten der Bilanz oder der GuV zweckmäßiger sind (vgl. Rz. 1978, Ziff. (1)	§ 284 Abs. 2 Nr. 1 HGB nF	x	x	x	x		
(2) Angaben über die **Grundlagen der Währungsumrechnung,** soweit der Jahresabschluß Posten enthält, denen Beträge zugrunde liegen, die auf fremde Währung lauten oder ursprünglich auf fremde Währung lauteten	§ 284 Abs. 2 Nr. 2 HGB nF	x	x	x	x		
(3) Angabe und Begründung der **Abweichungen von Bilanzierungs- und Bewertungsmethoden** sowie gesonderte Darstellung des **Einflusses dieser Änderungen auf die Vermögens-, Finanz- und Ertragslage**	§ 284 Abs. 2 Nr. 3 HGB nF	x	x	x	x		
(4) Angaben über die **Einbeziehung**	§ 284 Abs. 2 Nr. 5 HGB nF	x	x	x	x		

Erläuterung des Anhangs 1977, 1978 **B**

Gegenstand der Berichtspflicht	Vorschrift	Berichtspflicht bei			Angabepflicht	Angabewahlrecht	Alternative Darstellungsmöglichkeit
		großen KapGes.	mittelgr. KapGes.	kleinen KapGes.			
von Zinsen für Fremdkapital in die Herstellungskosten							
(5) Angabe und Begründung, wenn die **Darstellungsstetigkeit** unterbrochen wird	§ 265 Abs. 1 Satz 2 HGB nF	x	x	x	x		
(6) Angabe und Erläuterung, wenn **Beträge einzelner Abschlußposten nicht** mit den Angaben des Vorjahres **vergleichbar** sind	§ 265 Abs. 2 Satz 2 HGB nF	x	x	x	x		
(7) Angabe und Erläuterung, wenn **Vergleichszahlen des Vorjahres angepaßt** werden	§ 265 Abs. 2 Satz 3 HGB nF	x	x	x	x		
(8) Angabe und Begründung, wenn die Gliederung des Jahresabschlusses nach **verschiedenen Gliederungsvorschriften** erfolgen muß, da mehrere Geschäftszweige vorhanden sind	§ 265 Abs. 4 Satz 2 HGB nF	x	x	x	x		
2. **Erläuterungen zum Jahresabschluß**							
2.1 **Zusätzliche Angaben nach § 264 Abs. 2 Satz 2 HGB nF** Zusätzliche Angaben nach § 264 Abs. 2 Satz 2 HGB nF sind erforderlich, wenn der Jahresabschluß in Ausnahmefällen wegen besonderer Umstände ein den tatsächlichen Verhältnissen entsprechendes Bild der Vermögens-, Finanz- und Ertragslage nicht vermittelt	§ 264 Abs. 2 Satz 2 HGB nF	x	x	x	x		
2.2 **Erläuterungen der Bilanz**							
(1) Erläuterungen der auf die einzelnen Posten der Bilanz angewandten **Bilanzierungs- und Bewertungsmethoden,** soweit diese Erläuterungen bei	§ 284 Abs. 2 Nr. 1 HGB nF	x	x	x	x		

Niemann 433

Gegenstand der Berichts-pflicht	Vorschrift	Berichtspflicht bei			Angabe-pflicht	Angabe-wahlrecht	Alternative Darstellungs-möglichkeit
		großen KapGes.	mittelgr. KapGes.	kleinen KapGes.			
den einzelnen Bilanzpositionen zweckmäßig erscheinen							
(2) Ausweis eines **erheblichen Unterschiedsbetrages** bei Anwendung einer Bewertungsmethode nach § 240 Abs. 4 § 256 Satz 1 HGB nF, wenn der Börsenkurs oder Marktpreis erheblich von diesem Wertansatz abweicht	§ 284 Abs. 2 Nr. 4 HGB nF	x	x	x	x		
(3) Angabe und Begründung des **Betrages der im Geschäftsjahr aus steuerlichen Gründen unterlassenen Zuschreibungen**	§ 280 Abs. 3 HGB nF	x.	x	x	x		
(4) Angabe der **Vorschriften, nach denen Wertberichtigungen vorgenommen werden, die in den Sonderposten mit Rücklagenanteil eingestellt werden**	§ 281 Abs. 1 Satz 2 HGB nF	x	x	x		x	Bilanz
(5) Angabe und Begründung des **Betrages der im Geschäftsjahr nach steuerlichen Vorschriften vorgenommenen Abschreibungen und Rücklagen**, getrennt nach dem Anlage- und Umlaufvermögen	§ 281 Abs. 2 HGB nF	x	x	x		x	Bilanz, GuV
(6) Angabe, wenn ein **Vermögensgegenstand unter mehrere Posten der Bilanz fällt,** wenn dies zur Aufstellung eines klaren und übersichtlichen Jahresabschlusses erforderlich ist	§ 265 Abs. 3 HGB nF	x	x	x		x	Bilanz
(7) Gesonderter Ausweis von **Posten, die in der Bilanz zulässigerweise zusammengefaßt worden sind**	§ 265 Abs. 7 Nr. 2 HGB nF	x	x	x	x		

Erläuterung des Anhangs

Gegenstand der Berichtspflicht	Vorschrift	Berichtspflicht bei			Angabepflicht	Angabewahlrecht	Alternative Darstellungsmöglichkeit
		großen KapGes.	mittelgr. KapGes.	kleinen KapGes.			
(8) Erläuterungen von Beträgen mit einem größeren Umfang, die für **Vermögensgegenstände** ausgewiesen werden, **die erst nach dem Abschlußstichtag rechtlich entstehen**	§ 268 Abs. 4 Satz 2 HGB nF	x	x	x	x		
(9) Erläuterungen von Beträgen mit einem größeren Umfang, die für **Verbindlichkeiten** ausgewiesen werden, **die erst nach dem Abschlußstichtag rechtlich entstehen**	§ 268 Abs. 5 Satz 3 HGB nF	x	x	x	x		
(10) Erläuterung des Postens „**Aufwendungen für die Ingangsetzung und Erweiterung des Geschäftsbetriebes**"	§ 269 Satz 1 HGB nF	x	x	x	x		
(11) Darstellung des **Anlagegitters**	§ 268 Abs. 2 Satz 1 HGB nF	x	x	x		x	Bilanz
(12) Angabe der **Abschreibungen** des Geschäftsjahres in einer der Gliederung des Anlagevermögens (unter Einbeziehung der „Aufwendungen für die Ingangsetzung und Erweiterung des Geschäftsbetriebs") entsprechenden Aufgliederung	§ 268 Abs. 2 Satz 3 HGB nF	x	x	x		x	Bilanz
(13) Angabe des nach § 250 Abs. 3 HGB nF in den **Rechnungsabgrenzungsposten auf der Aktivseite aufgenommenen Unterschiedsbetrages**	§ 268 Abs. 6 HGB nF	x	x	x	x	x	Bilanz
(14) Erläuterung der Bilanzierungshilfe für **aktivische latente Steuern**	§ 274 Abs. 2 Satz 2 HGB nF	x	x	x	x		
(14a) Angabe der Rückstellung für **passive latente Steuern**	§ 274 Abs. 1 HGB nF	x	x	x	x		Bilanz
(14b) Angabe der Vorschriften, nach	§ 273 Satz 2 HGB nF	x	x	x	x		Bilanz

Gegenstand der Berichtspflicht	Vorschrift	Berichtspflicht bei großen KapGes.	Berichtspflicht bei mittelgr. KapGes.	Berichtspflicht bei kleinen KapGes.	Angabepflicht	Angabewahlrecht	Alternative Darstellungsmöglichkeit
denen **Sonderposten mit Rücklageanteil** gebildet werden							
(15) Angabe der nicht gebildeten **Pensionsrückstellung** für Pensionsberechtigte, die ihren Anspruch vor dem 1. 1. 1987 erworben haben sowie die übrigen in Art. 28 Abs. 1 EG HGB nF genannten Fälle	Art. 28 Abs. 2 EG HGB nF	x	x	x	x		
(16) Angabe und Erläuterung von **Rückstellungen, die in der Bilanz unter dem Posten „sonstige Rückstellungen" nicht gesondert ausgewiesen werden** und einen nicht unerheblichen Umfang haben	§ 285 Nr. 12 HGB nF	x	x		x		
(17) Angabe des Betrages der **Verbindlichkeiten mit einer Restlaufzeit von mehr als 5 Jahren**	§ 285 Nr. 1a, Nr. 2 HGB nF						
a) als Gesamtbetrag der entsprechenden Verbindlichkeit		x	x	x	x		
b) für jeden Posten der Verbindlichkeiten nach dem vorgeschriebenen Gliederungsschema, sofern nicht bereits aus der Bilanz ersichtlich		x	x		x		Bilanz
(18) Angabe des Betrages der **gesicherten Verbindlichkeiten** unter Angabe von Art und Form der Sicherheiten	§ 285 Nr. 1b, Nr. 2 HGB nF						
a) als Gesamtbetrag der entsprechenden Verbindlichkeiten		x	x	x	x		
b) für jeden Posten der Verbindlichkeiten nach dem vorgeschriebenen Gliederungsschema, sofern nicht bereits aus der Bilanz ersichtlich		x	x			x	Bilanz

Erläuterung des Anhangs 1978 **B**

Gegenstand der Berichtspflicht	Vorschrift	Berichtspflicht bei			Angabepflicht	Angabewahlrecht	Alternative Darstellungsmöglichkeit
		großen KapGes.	mittelgr. KapGes.	kleinen KapGes.			
(19) Angabe der Anwendung der **Übergangsregelung** gem. Art. 24 Abs. 6 EHGB nF **für die Ermittlung der ursprünglichen Anschaffungs- und Herstellungskosten** eines Vermögensgegenstandes des Anlagevermögens sowie für die Ermittlung der „Aufwendungen für die Ingangsetzung und Erweiterung des Geschäftsbetriebs"	Art. 24 Abs. 6 Satz 3 EHGB nF	x	x	x	x		
(20) Bei GmbH's: Angabe der **Ausleihungen, Forderungen und Verbindlichkeiten gegenüber GmbH-Gesellschaftern**	§ 42 Abs. 3 GmbHG nF	x	x	x		x	Bilanz
(21) Bei Aktiengesellschaften: Angabe des Betrages bei **Einstellung** in und bei **Entnahme aus dem Posten „Kapitalrücklage"**	§ 152 Abs. 2 AktG nF	x	x	x		x	Bilanz
(22) Bei Aktiengesellschaften: Angabe der Beträge bei **Einstellung** in und bei **Entnahme aus den einzelnen Posten der Gewinnrücklage**	§ 152 Abs. 3 AktG nF	x	x	x	x		Bilanz
(23) Bei Aktiengesellschaften: Angaben über **Vorratsaktien** und **eigene Aktien**	§ 160 Abs. 1 Nr. 1 und 2 AktG nF	x	x	x	x		
(24) Bei Aktiengesellschaften: Angabe über die **Zahl** und den **Nennbetrag der Aktien** jeder Gattung; davon sind Aktien, die bei einer bedingten Kapitalerhöhung oder einem genehmigten Kapital gezeichnet wurden, jeweils gesondert anzugeben	§ 160 Abs. 1 Nr. 3 AktG nF	x	x	x		x	Bilanz
(25) Bei Aktiengesellschaften:	§ 160 Abs. 1 Nr. 4 AktG nF	x	x	x	x		

Niemann

Gegenstand der Berichtspflicht	Vorschrift	Berichtspflicht bei großen KapGes.	Berichtspflicht bei mittelgr. KapGes.	Berichtspflicht bei kleinen KapGes.	Angabepflicht	Angabewahlrecht	Alternative Darstellungsmöglichkeit
Angabe über das **genehmigte Kapital**							
(26) Bei Aktiengesellschaften: Angabe über **Wandelschuldverschreibungen** und vergleichbare Wertpapiere	§ 160 Abs. 1 Nr. 5 AktG nF	x	x	x	x		
(27) Bei Aktiengesellschaften: Angabe über **Genußrechte,** Rechte aus Besserungsscheinen u. a.	§ 160 Abs. 1 Nr. 6 AktG nF	x	x	x	x		
(28) Bei Aktiengesellschaften: Angaben über das Bestehen von **wechselseitigen Beteiligungen**	§ 160 Abs. 1 Nr. 7 AktG	x	x	x	x		
(29) Bei Aktiengesellschaften: Angabe über das Bestehen einer **Beteiligung an der Gesellschaft, die ihr nach § 20 Abs. 1 oder 4 AktG nF** mitgeteilt worden ist	§ 160 Abs. 1 Nr. 8 AktG nF	x	x	x	x		
(30) Bei Aktiengesellschaften: Erläuterung der **Verwendung der bei vereinfachter Kapitalherabsetzung gewonnenen Beträge**	§ 240 Satz 3 AktG nF	x	x	x	x		
(31) Bei Aktiengesellschaften: Angabe der Gründe und Beifügung einer **Sonderrechnung,** falls eine **anläßlich einer Sonderprüfung** i. S. der §§ 258 ff. AktG nF festgestellte Unterbewertung nicht mehr zu einer entsprechenden Korrektur der Bilanzansätze geführt hat	§ 261 Abs. 1 Satz 3 und 4 AktG nF	x	x	x	x		
2.3 **Erläuterung der Gewinn- und Verlustrechnung**							
(1) Erläuterung der auf die Posten der Gewinn- und Verlustrechnung an-	§ 284 Abs. 2 Nr. 1 HGB nF	x	x	x	x		

Erläuterung des Anhangs 1979 **B**

Gegenstand der Berichtspflicht	Vorschrift	Berichtspflicht bei			Angabepflicht	Angabewahlrecht	Alternative Darstellungsmöglichkeit
		großen KapGes.	mittelgr. KapGes.	kleinen KapGes.			
gewandten **Bilanzierungs- und Bewertungsmethoden,** sofern dies bei der Erläuterung der Posten der Gewinn- und Verlustrechnung zweckmäßig ist							
(2) Gesonderter Ausweis von **Posten,** die in der Gewinn- und Verlustrechnung **zulässigerweise zusammengefaßt** wurden	§ 265 Abs. 7 Nr. 2 HGB nF	x	x	x		x	GuV
(3) **Aufgliederung der Umsatzerlöse** nach Tätigkeitsbereichen sowie nach geografisch bestimmten Märkten, sofern durch diese Angaben für die Kapitalgesellschaft oder ein Unternehmen, von dem die Kapitalgesellschaft mindestens den fünften Teil der Anteile besitzt, keine erheblichen Nachteile entstehen	§ 285 Nr. 4 i. V. m. § 286 Abs. 2 HGB nF	x			x		
(4) Bei Anwendung des **Umsatzkostenverfahrens** gem. § 275 Abs. 3 HGB nF:	§ 285 Nr. 8 HGB nF						
a) der Materialaufwand des Geschäftsjahres, gegliedert nach § 275 Abs. 2 Nr. 5 HGB nF		x	x		x		
b) der Personalaufwand des Geschäftsjahres, gegliedert nach § 275 Abs. 2 Nr. 6 HGB nF		x	x	x	x		
(4a) Gründe für eine **planmäßige Abschreibung des Geschäfts- oder Firmenwerts**	§ 285 Nr. 13 HGB nF	x	x	x	x		
(5) Angabe des Betrages der **außerplanmäßigen Abschreibungen** nach §§ 253 Abs. 2 Satz 3, 253 Abs. 3 Satz 3 HGB nF.	§ 277 Abs. 3 HGB nF	x	x	x		x	GuV
(6) Erläuterung der ausgewiesenen	§ 277 Abs. 4 HGB nF	x	x	x	x		

Gegenstand der Berichtspflicht	Vorschrift	Berichtspflicht bei großen KapGes.	mittelgr. KapGes.	kleinen KapGes.	Angabepflicht	Angabewahlrecht	Alternative Darstellungsmöglichkeit
außerordentlichen Aufwendungen und Erträge hinsichtlich ihres Betrages und ihrer Art, soweit die ausgewiesenen Beträge für die Beurteilung der Ertragslage nicht von untergeordneter Bedeutung sind							
(7) Angabe, in welchem Umfang die **Ertragssteuern** auf das ordentliche und außerordentliche Ergebnis entfallen	§ 285 Nr. 6 HGB nF	x	x	x	x		
(8) Angaben über das Ausmaß der **Ergebnisbeeinflussung durch Inanspruchnahme steuerlicher Vergünstigungen** nach §§ 254, 280 Abs. 2, 273 HGB nF (auch solcher in Vorjahren) und der künftig daraus folgenden steuerlichen Belastungen	§ 285 Nr. 5 HGB nF	x	x		x		
2.4 Darstellung der Ergebnisverwendung							
(1) Angabe der Einstellung des Eigenkapitalanteils von Wertaufholungen bei Vermögensgegenständen des Anlage- und Umlaufvermögens **und der bei der steuerrechtlichen Gewinnermittlung gebildeten Passivposten, die nicht im Sonderposten mit Rücklageanteil ausgewiesen werden,** in andere Gewinnrücklagen	§ 58 Abs. 2a Satz 2 AktG nF § 29 Abs. 4 GmbHG nF	x	x	x		x	Bilanz
(2) Gesonderte Angabe des **Gewinn-/Verlustvortrags** bei Bilanzaufstellung nach Ergebnisverwendung	§ 268 Abs. 1 HGB nF	x	x	x		x	Bilanz
3. **Sonstige Angaben**							

Erläuterung des Anhangs 1981–1983 **B**

	Gegenstand der Berichtspflicht	Vorschrift	Berichtspflicht bei			Angabepflicht	Angabewahlrecht	Alternative Darstellungsmöglichkeit
			großen KapGes.	mittelgr. KapGes.	kleinen KapGes.			
981	3.1 **Haftungsverhältnisse und sonstige finanzielle Verpflichtungen**							
	(1) Angabe der in § 251 HGB nF bezeichneten **Haftungsverhältnisse,** und zwar jeweils gesondert unter Angabe der gewährten Pfandrechte und sonstigen Sicherheiten	§ 268 Abs. 7 HGB nF	x	x	x		x	unter der Bilanz
	(2) Angabe des **Gesamtbetrages der sonstigen finanziellen Verpflichtungen,** die nicht in der Bilanz erscheinen oder nach § 251 HGB nF anzugeben sind, sofern diese Angaben für die Beurteilung der Finanzlage von Bedeutung sind	§ 285 Nr. 3 Halbsatz 1 HGB nF	x	x		x		
982	3.2 **Beziehungen zu verbundenen Unternehmen**							
	(1) Angabe des Betrages der **Haftungsverhältnisse gemäß § 251 HGB nF** (jeweils gesondert). Außerdem Angabe der **sonstigen finanziellen Verpflichtungen gegenüber verbundenen Unternehmen,** die nicht in der Bilanz erscheinen oder nach § 251 HGB nF anzugeben sind, sofern diese Angaben für die Beurteilung der Finanzlage von Bedeutung sind	§§ 268 Abs. 7, § 285 Nr. 3 Halbsatz 2 HGB nF	x	x		x		
	(2) Name und Sitz des Mutterunternehmens, der den Konzernabschluß aufstellt	§ 285 Nr. 14 HGB nF	x	x	x	x		
983	3.3 **Organe, Organkredite und Aufwendungen für Organe**							
	(1) Angabe der **Mitglieder der Geschäftsführungs-**	§ 285 Nr. 10 Satz 1 HGB nF	x	x	x	x		

Niemann 441

Gegenstand der Berichtspflicht	Vorschrift	Berichtspflicht bei großen KapGes.	mittelgr. KapGes.	kleinen KapGes.	Angabe-pflicht	Angabe-wahlrecht	Alternative Darstellungs-möglichkeit
organs u. des **Aufsichtsrats,** auch wenn sie im Geschäftsjahr oder später ausgeschieden sind, mit dem Familiennamen und mindestens einem ausgeschriebenen Vornamen							
(2) Gesonderte Bezeichnung des **Vorsitzenden eines Aufsichtsrats, seines Stellvertreters und eines etwaigen Vorsitzenden des Geschäftsführungsorgans**	§ 285 Nr. 10 Satz 2 HGB nF	x	x	x	x		
(3) Angabe der **Vorschüsse und Kredite an Mitglieder des** a) **Vorstands** b) **Aufsichtsrats** c) **Beirats** d) **ähnlicher Einrichtungen** sowie der zugunsten dieses Personenkreises eingegangenen Haftungsverhältnisse jeweils unter Angabe der Zinsen und wesentlichen sonstigen Bedingungen und der gegebenenfalls im Geschäftsjahr zurückgezahlten Beträge	§ 285 Nr. 9c HGB nF	x	x	x	x		
(4) Angaben über die **Gesamtbezüge der Mitglieder des** a) **Vorstands** b) **Aufsichtsrats** c) **Beirats** d) **ähnlicher Einrichtungen** sowie der Gesamtbezüge **der früheren Mitglieder** der bezeichneten Organe **und ihrer Hinterbliebenen**	§ 285 Nr. 9a, 9b HGB nF	x	x		x		
3.4 Weitere Angaben							
(1) Angabe der **durchschnittlichen Zahl der Arbeitnehmer während des Geschäftsjahres,** getrennt nach Gruppen	§ 285 Nr. 7 HGB nF	x	x		x		

Erläuterung des Anhangs **1984 B**

Gegenstand der Berichtspflicht	Vorschrift	Berichtspflicht bei			Angabepflicht	Angabewahlrecht	Alternative Darstellungsmöglichkeit
		großen KapGes.	mittelgr. KapGes.	kleinen KapGes.			
(2) Angabe von **Name, Sitz, Beteiligungsquote, Eigenkapital und letztem Jahresergebnis von Unternehmen, an denen die Kapitalgesellschaft oder eine für Rechnung der Kapitalgesellschaft handelnde Person mindestens den fünften Teil der Anteile besitzt**	§ 285 Nr. 11 HGB nF	x	x	x		x	Aufstellung über Anteilsbesitz gem. § 287 HGB nF, s. unter Ziff. (4)
Die Angaben können unterbleiben, soweit sie a) für die Darstellung der Vermögens-, Finanz- und Ertragslage der Kapitalgesellschaft nach § 264 Abs. 2 HGB nF von untergeordneter Bedeutung sind oder b) nach vernünftiger kaufmännischer Beurteilung geeignet sind, der Kapitalgesellschaft oder dem anderen Unternehmen einen erheblichen Nachteil zuzufügen	§ 286 Abs. 3 Satz 1 HGB nF						
Die Angabe des Eigenkapitals und des Jahresergebnisses kann unterbleiben, wenn das Unternehmen, über das zu berichten ist, seinen Jahresabschluß nicht offenzulegen hat und die berichtende Kapitalgesellschaft weniger als die Hälfte der Anteile besitzt	§ 286 Abs. 3 Satz 2 HGB nF						
(3) Soweit die Angaben nach § 285 Nr. 11 HGB nF unterbleiben, weil sie nach vernünftiger kaufmännischer Beurteilung geeignet sind, der Kapitalgesellschaft oder dem anderen Unternehmen einen erheblichen Nachteil zuzufügen, ist die Anwendung der **Ausnahmeregelung** anzugeben	§ 286 Abs. 3 Satz 3 HGB nF	x	x	x	x		

Niemann 443

Gegenstand der Berichtspflicht	Vorschrift	Berichtspflicht bei			Angabepflicht	Angabewahlrecht	Alternative Darstellungsmöglichkeit
		großen KapGes.	mittelgr. KapGes.	kleinen KapGes.			
(4) Hinweis auf die besondere **Aufstellung des Anteilsbesitzes** und den Ort ihrer Hinterlegung, sofern statt der in § 285 Nr. 11 HGB nF verlangten Angaben für den Anhang eine nach § 287 HGB nF mögliche gesonderte Aufstellung des Anteilsbesitzes gefertigt wird	§ 287 HGB nF	x	x	x	x		

1985 Der Anhang unterliegt als Teil des Jahresabschlusses wie dieser der Prüfung.

IV. Prüfungstechnik

1990 Es empfiehlt sich, die Prüfung des Anhangs erst nach Abschluß der Prüfung der Bilanz und der Gewinn- und Verlustrechnung vorzunehmen, da deren Ergebnisse die Prüfung des Anhangs erleichtern.

1991 Die Prüfung erstreckt sich darauf, ob die gesetzlichen Vorschriften und die sie ergänzenden Bestimmungen des Gesellschaftsvertrages oder der Satzung beachtet wurden, § 317 Abs. 1 Satz 2 HGB nF.

1992 Der Umfang der Prüfung hängt weitgehend von den vorausgegangenen Prüfungshandlungen ab. Sofern hier bereits die Mitteilungs- und Erläuterungspflichten für den Anhang überprüft wurden, kann eine gesonderte Überprüfung im Rahmen der Prüfung des Anhangs entfallen.

1993 Soweit das prüfende Unternehmen die Berichterstattung im Anhang unterläßt, weil es für das Wohl der Bundesrepublik Deutschland oder eines ihrer Länder erforderlich ist, § 286 Abs. 1 HGB nF., erstreckt sich die Prüfung darauf, ob das Unternehmen seine Entscheidung entsprechend dem Zweck dieser Regelung ausgeübt hat. Hierzu sollte eine schriftliche Begründung der Geschäftsführung angefordert, geprüft und zu den Arbeitsunterlagen genommen werden.

1994 Soweit die Aufgliederung der Umsatzerlöse nach § 285 Nr. 4 HGB nF. unterbleibt, weil die Aufgliederung nach vernünftiger kaufmännischer Beurteilung geeignet ist, der Kapitalgesellschaft oder einem Unternehmen, von dem die Kapitalgesellschaft mindestens den fünften Teil der Anteile besitzt, einen erheblichen Nachteil zuzufügen oder, soweit die Angaben nach § 285 Nr. 11 HGB nF. unterbleiben, weil sie nach vernünftiger kaufmännischer Beurteilung geeignet sind, der Kapitalgesellschaft oder dem anderen Unternehmen einen erheblichen Nachteil zuzufügen, ist ebenfalls eine schriftliche Begründung der Geschäftsführung anzufordern, zu überprüfen und zu den Arbeitsunterlagen zu nehmen.

1995 Bei der Berichterstattung über die Prüfung des Anhangs genügt es festzustellen, daß dieser die nach den gesetzlichen Vorschriften und sie ergänzenden Bestimmungen des Gesellschaftsvertrages oder der Satzung erforderlichen Erläuterungen und Angaben enthält.
Sind Einwendungen gegen den Anhang zu erheben, so ist hierauf einzugehen. Hat die Geschäftsführung berichts- oder erläuterungspflichtige Angaben nach § 286 HGB nF. unterlassen, so ist hierauf im Bericht über die Prüfung hinzuweisen und außerdem dazu Stellung zu nehmen, ob das Unterlassen der Erläuterungen gerechtfertigt war.

C. Prüfungstechnik

Bearbeiter: Dr. Walter Niemann

Übersicht

	Rz.
Analytische Durchsicht einzelner Konten	1
Arbeitspapiere	3–6
Auskunftsrechte	7
Auswahlkriterien	8
Berichterstattung	18–28
Berichtskritik	30
Bestätigungsvermerk	32–49
Bescheinigungen	51
Bewußte Auswahl	52
Buchführung, Prüfung der	53–56
Computergestützte Prüfungstechnik	58–65
Datenschutz und Prüfungstechnik	67–70
Direkte Prüfung	72
Dokumentation der Prüfung	74
EDV-Buchführung; Prüfung der	76–97
Ergebnisse Dritter, Verwertung bei der Prüfung	99–102
Flowcharts	104, 105
Formelle Berichtskritik	107
Formelle Prüfungen	109–115
Fragebogen als Prüfungshilfsmittel	117
Funktionentrennung	119
Geschäftsführung, Prüfung der	121
Globalstimmung und Verprobung	122
Grundsätze ordnungsmäßiger Durchführung von Abschlußprüfungen	123–131
Grundsätze ordnungsmäßiger Speicherbuchführung	133
Hauptabschlußübersicht, Prüfung der	135

	Rz.
Indirekte Prüfung	136
Internes Kontrollsystem	138–145
Kleine Unternehmen, Besonderheiten bei der Prüfung des Jahresabschlusses	147–153
Materielle Berichtskritik	155
Materielle Prüfungen	157
Nachtragsprüfung	159, 160
Planung der Prüfung	162–168
Plausibilitätsprüfungen	170
Prognosen, Prüfung von	172, 173
Progressive, retrograde Prüfung	175
Prüfungsbericht	178
Prüfungsergebnis	179
Prüfungsplanung	180
Prüfungsqualität	182–190
Prüfungsumfang	192–196
Quality-Control	197
Rechtliche Verhältnisse, Prüfung der	199–203
Redepflicht des Abschlußprüfers	205–210
Retrograde Prüfung	212
Saldenbestätigungen	213
Schlußbesprechung	215
Sonderprüfungen	217
Stichprobenauswahl	218
Systemprüfung	222
Unterschlagungsprüfung	224
Verprobung	226–232
Vollständigkeitserklärung	234
Vorprüfungen	236–238

Analytische Durchsicht einzelner Konten

1 Eine analytische Durchsicht einzelner Konten ist regelmäßig bei der **Überprüfung von GuV-Positionen** erforderlich. Zu diesem Zweck werden anhand von Dauerarbeitspapieren die angesprochenen Konten für die in Betracht kommenden Zeiträume (Zwischenperioden und Geschäftsjahre) gegenübergestellt, um analytisch festzustellen, ob sich die Beträge und ihre relative Bedeutung wesentlich verändert haben. Abweichungen von wesentlicher Bedeutung sind mit dem zu prüfenden Unternehmen im einzelnen zu erörtern.

Soweit Budgets aufgestellt wurden, sind diese zur Prüfung von Abweichungen hinzuziehen.

Wesentliche Abweichungen oder sonstige ungewöhnliche Ergebnisse sollten immer bis zu einem befriedigenden und aufklärenden Ergebnis hin verfolgt werden.

Arbeitspapiere

3 Der Abschlußprüfer hat im Rahmen der Durchführung von Abschlußprüfungen die vorgenommenen Prüfungshandlungen nach Art, Umfang und Ergebnis zu dokumentieren. Zu diesem Zweck sind Arbeitspapiere anzulegen, die die Prüfungsplanung, die Prüfungshandlungen, die Prüfungsfeststellungen und die Ableitung des Prüfungsergebnisses festhalten.

Arbeitspapiere sollten ihrem Inhalt nach so angelegt werden, daß ein Prüfer aus den Arbeitspapieren in Verbindung mit dem Prüfungsbericht in angemessener Zeit die Prüfung nachvollziehen kann. Es ist insbesondere zu achten auf
– Angaben darüber, von wem und wann die Arbeitspapiere angelegt und gegebenenfalls nachgeprüft wurden

- Aufzeichnungen über Art, Umfang und Ergebnis der Prüfungshandlungen; die Bedeutung einzelner Prüfungszeichen ist zu erläutern
- Angaben darüber, aus welcher Quelle Informationen stammen und von wem und wann zu den Arbeitspapieren genommene Unterlagen in Empfang genommen wurden
- Erkennbarkeit der Prüfungsschritte vom summarischen ins Detail oder umgekehrt
- Lesbarkeit von Text und Zahlen
- Übersichtlichkeit der Ordnung und Ablage der Arbeitspapiere

4 Bei Wiederholungsprüfungen empfiehlt sich die Anlage einer **Dauerakte** sowie die Anlage von laufenden Arbeitspapieren. In der Dauerakte empfiehlt sich die Ablage derjenigen Unterlagen, die über einen Zeitraum von mehreren Jahren Bedeutung haben, beispielsweise

a) Allgemeine Information
- genaue Firmenbezeichnung
- Anschrift, Telefon, Telex etc.
- evtl. Unterlagen über die Geschichte und die Entwicklung des Unternehmens

b) Rechtsverhältnisse
- Gesellschaftsvertrag
- Beteiligungsverhältnisse an der Gesellschaft
- Unternehmensverbindungen (Konzernschaubild, Unternehmensverträge)
- Beschlüsse von Gesellschaftsorganen mit längerfristiger Gültigkeit
- Handelsregisterauszüge
- Zweigniederlassungen/Betriebstätten
- Grundstücksnachweise
- Verträge von wesentlicher Bedeutung (z. B. Liefer- und Abnahmeverträge, Miet- und Leasingverträge, Lizenz- und Konzessionsverträge)
- Versorgungszusagen
- Betriebsvereinbarungen, Manteltarifverträge
- Gerichtsurteile

c) Geschäftsführung und Aufsichtsorgane
- Zusammensetzung
- Amtsdauer
- Vertretung und Geschäftsführungsbefugnisse
- Geschäftsordnung

d) Wirtschaftliche Grundlagen
- Geschäftsgebiete und Produktionsprogramme
- technische Kapazitäten
- abbaufähige Vorräte (bei Grundstoffgewinnung)
- Marktverhältnisse
- Zahl der Mitarbeiter
- Jahresabschlüsse und Lageberichte
- Versicherungsschutz

e) Organisation
- Organisationsplan unter Angabe der Funktionen der Geschäftsleitung und der Aufteilung der Verantwortlichkeiten
- Organisation des Rechnungswesens, insbesondere
  • Konten- und Kostenstellenplan
  • Beschreibung des Buchführungssystems
  • Dokumentation über den Ablauf des Rechnungslegungsprozesses (gegebenenfalls in Form von Flow-Charts, vgl. Rz. 104, 105)
  • unter Einbeziehung des internen Kontrollsystems

f) Prüfungsdurchführung
- längerfristig gültige Vereinbarungen mit dem Auftraggeber
- mehrjähriger Prüfungsplan unter Berücksichtigung des internen Kontrollsystems
- Besonderheiten der letzten Prüfung
- Hinweise für Folgeprüfungen

Auskunftsrechte 5–7 C

- übergreifende Feststellungen vorhergehender Prüfungen
- steuerliche Betriebsprüfung

Die Dauerakte sollte laufend ergänzt und auf dem neuesten Stand gehalten werden.

5 Als **laufende Arbeitspapiere** sollten diejenigen Unterlagen systematisch abgelegt werden, die den zu prüfenden Jahresabschluß betreffen. Folgende Unterlagen kommen beispielsweise in Betracht:
a) Auftrag und Auftragsbestätigung, Auftragsbedingungen
b) Prüfungsplan, soweit erforderlich, insbesondere Planung des zeitlichen Ablaufs, der Aufteilung des Prüfungsstoffs auf die Prüfer, der Prüfungsschwerpunkte und ihre Verteilung auf die einzelnen Jahre bei mehrjähriger Planung
c) Unterlagen zum Jahresabschluß (Jahresabschluß, Hauptabschlußübersicht, Nach- und Umbuchungslisten, Vollständigkeitserklärung, Unterlagen über Geschäftsvorgänge von Bedeutung nach Schluß des Geschäftsjahres
d) Abstimmung und Unterlagen der internen Revision; Prüfung des internen Kontrollsystems
e) Arbeitspapiere zur Prüfung und Darstellung der rechtlichen und wirtschaftlichen Verhältnisse
   - Verträge von Bedeutung, sofern diese Unterlagen nicht Bestandteil der Dauerakte sind
   - Protokollauszüge über Beschlüsse z. B. von Gesellschafterversammlungen und von Aufsichtsgremien, sofern diese Unterlagen nicht Bestandteil der Dauerakte sind
   - Ausarbeitungen über die Analyse des Jahresabschlusses hinsichtlich der Entwicklung der Ertragslage, des Vermögens- und Kapitalaufbaus und der Liquidität
f) Arbeitspapiere zu den einzelnen Posten des Jahresabschlusses
   - Darstellung der Zusammensetzung der Posten des Abschlusses und deren Ableitung aus dem Rechnungswesen
   - Aufzeichnungen über die Art und den Umfang der durchgeführten Prüfungshandlungen und die Prüfungsergebnisse hinsichtlich Bestandsnachweis, Bewertung und Ausweis
   - Aufzeichnungen darüber, inwieweit die Prüfungsfeststellung auf Eigenerhebungen des Prüfers, Auskünften der benannten Auskunftspersonen, Bestätigungen oder Arbeitsergebnissen Dritter beruhen
g) Arbeitspapiere zur Prüfung des Anhangs
   - Aufzeichnungen über die Beurteilung der Darstellung im Anhang
   - Aufzeichnungen über die Prüfung der Vollständigkeit und Richtigkeit der für den Anhang vorgeschriebenen Angaben
h) Arbeitspapiere zur Prüfung des Lageberichts
   - Aufzeichnungen über die Beurteilung der Darstellung im Lagebericht
   - Aufzeichnungen über die Prüfung der Vollständigkeit und Richtigkeit des Lageberichts
i) Abschließende Feststellungen
   - Abweichungen vom Prüfungsplan
   - Durchsicht der Arbeitspapiere durch den Prüfungsleiter
   - Prüfungskritik

6 Die Arbeitspapiere sind **Eigentum des Abschlußprüfers.** Die Verschwiegenheitspflicht gebietet es, vom Zeugnisverweigerungsrecht auch im Hinblick auf die Arbeitspapiere Gebrauch zu machen. Für ihre sichere Aufbewahrung sind geeignete Maßnahmen zu treffen; ausdrückliche gesetzliche Aufbewahrungsfristen bestehen nicht, jedoch sind i. d. R. in allgemeinen Auftragsbedingungen (zB. in den Allgemeinen Auftragsbedingungen für Wirtschaftsprüfer und Wirtschaftsprüfungsgesellschaften) Aufbewahrungsfristen vorgesehen.

Vgl. *IdW* HFA 2/1981; *Schultzke* HdR S. 30ff.

Auskunftsrechte

7 Die Auskunftsrechte des Abschlußprüfers sind generell geregelt in **§ 320 HGB nF.** sowie zusätzlich in § 313 Abs. 1 AktG nF. für den Abhängigkeitsbericht, in § 145

AktG für Sonderprüfungen nach §§ 142 ff. AktG nF., in § 258 Abs. 5 AktG für Sonderprüfungen wegen unzulässiger Unterbewertung, in §§ 35 Abs. 1, 52 Abs. 4 AktG für die Gründungsprüfung. Die generelle Regelung des Auskunftsrechts in § 320 HGB nF. besagt, daß der Abschlußprüfer von den gesetzlichen Vertretern u. a. **alle Aufklärungen und Nachweise** verlangen kann, **die für eine sorgfältige Prüfung notwendig sind.** Soweit dies die Vorbereitung der Abschlußprüfung erfordert, hat der Abschlußprüfer diese Rechte auch schon vor Aufstellung des Jahresabschlusses. Soweit es für eine sorgfältige Prüfung notwendig ist, hat der Abschlußprüfer die Rechte auch gegenüber Mutter- und Tochterunternehmen, sowie gegenüber einem verbundenen Unternehmen.
Vgl. *Jacobs* HdR S. 59 ff.

Auswahlkriterien

8   Prüfungsurteile können mit Hilfe einer Vollprüfung (lückenlose Prüfung) oder einer Stichprobenprüfung (Auswahlprüfung) gewonnen werden. Zu den Kriterien für die Auswahl der Prüfungselemente im Fall einer Stichprobenprüfung vgl. Rz. 192 ff.

Berichterstattung

18 Die Berichterstattung des Abschlußprüfers richtet sich bei **gesetzlich vorgeschriebenen Abschlußprüfungen** nach § 321 HGB nF.
Danach hat der Prüfer über das Ergebnis der Prüfung **schriftlich** zu berichten, und zwar vollständig, wahrheitsgetreu und mit der gebotenen Klarheit. Eine **vollständige** Berichterstattung erfordert, daß im Prüfungsbericht alle in den jeweiligen gesetzlichen Vorschriften oder vertraglichen Vereinbarungen geforderten Feststellungen zu treffen sind, und daß darüber zu berichten ist, welche wesentlichen Tatsachen die Prüfung erbracht hat. Eine **wahrheitsgemäße** Berichterstattung besagt, daß der Inhalt des Prüfungsberichtes nach der Überzeugung des Abschlußprüfers den tatsächlichen Gegebenheiten entspricht. Die Berichterstattung ist **klar**, sofern sie verständliche und eindeutige Darlegungen enthält.

19 Für die Berichterstattung empfiehlt sich folgende **Gliederung:**
   I. Auftrag und Auftragsdurchführung
   II. Grundlagen der Gesellschaft
      1. Rechtliche Verhältnisse
      2. Wirtschaftliche Verhältnisse
      3. Steuerliche Verhältnisse
   III. Rechnungswesen
   IV. Jahresabschluß
      1. Bilanz, Vermögens- und Finanzlage
      2. Gewinn- und Verlustrechnung, Ertragslage
      3. Anhang
   V. Lagebericht
   VI. Schlußbemerkung und Bestätigungsvermerk
   Erläuterungsteil
   Erläuterungen zu den Posten des Jahresabschlusses
      I. Bilanz
      II. Gewinn- und Verlustrechnung
      III. Anhang
   Erläuterung des Lageberichts
   Anlagen
      1. Jahresabschluß
      2. Lagebericht
      3. etc.
      4. Allgemeine Auftragsbedingungen

20 Im Zusammenhang mit den Erläuterungen zum **Auftrag** und zu der **Auftragsdurchführung** empfiehlt es sich, auf die dem Auftrag zugrunde liegenden Allgemeinen Auftragsbedingungen hinzuweisen, die als Anlage dem Bericht beizufügen sind. Es empfiehlt sich zusätzlich festzustellen, daß sie auch im Verhältnis zu Dritten

Berichterstattung

gelten sollen. Nach § 321 Abs. 1 Satz 2 HGB nF. ist ausdrücklich festzustellen, ob die gesetzlichen Vertreter des zu prüfenden Unternehmens die verlangten Aufklärungen und Nachweise erbracht haben. Auf die Vollständigkeitserklärung ist zu verweisen. Außerdem sollte der Zeitraum, in dem die örtliche Prüfung durchgeführt wurde, angegeben werden.

21 Soweit sich der Bericht auf die **Grundlagen der Gesellschaft** erstreckt, sollte er Angaben über die **rechtlichen Verhältnisse** enthalten. Zu ihnen gehören im allgemeinen die Veränderungen in der Zusammensetzung der Organe des Unternehmens, wesentliche Satzungsänderungen sowie sonstige rechtserhebliche Tatbestände von Bedeutung, z. B. der Abschluß langfristiger Verträge, Leasingverträge, schwebende Prozesse und die bestehende Altersversorgung. Die Berichterstattung über die **wirtschaftlichen Verhältnisse** erstreckt sich auf die Angabe wichtiger Kennziffern wie Beschäftigten- und Produktionszahlen und deren Veränderungen gegenüber dem Vorjahr, auf größere Investitionsvorhaben und deren Finanzierung. Im Rahmen der Berichterstattung über die **steuerlichen Verhältnisse** können wesentliche steuerliche Sachverhalte, insbesondere steuerliche Betriebsprüfungen, die Gliederung des verwendbaren Eigenkapitals etc. dargelegt werden. Generell richtet sich die Berichterstattung nach dem Informationswert für den Berichtsempfänger. Wiederholungen aus dem Lagebericht oder dem Anhang sind nicht erforderlich.

22 Die Berichterstattung zum **Rechnungswesen** erfordert grundsätzliche Ausführungen zur Form der Buchhaltung, zum Belegwesen, u. U. zur Ableitung des Abschlusses sowie zum internen Kontrollsystem bzw. zu Änderungen in diesem Bereich. Dabei ist festzustellen, ob die Buchführung den gesetzlichen Vorschriften entspricht.

23 Außerdem ist die Feststellung erforderlich ob der **Jahresabschluß** den gesetzlichen Vorschriften entspricht. Die Berichterstattung über den Jahresabschluß erstreckt sich außerhalb des Erläuterungsteils auf die **Bilanz**, und die Ableitung der **Vermögens- und Finanzlage**. Erörterungen zur Liquidität, zu Bewegungsbilanzen, Kapitalflußrechnungen (vgl. Teil R Rz. 262ff.) etc. können diesem Zweck dienen. Aus der **GuV-Rechnung** ist die **Ertragslage** abzuleiten. Die Vorjahreswerte sind gegenüberzustellen. Nachteilige Veränderungen der Vermögens-, Finanz- und Ertragslage sowie Verluste, die das Jahresergebnis nicht unwesentlich beeinflußt haben, sind anzuführen und zu erläutern. Die Berichterstattung über den **Anhang** erstreckt sich darauf, ob die gesetzlichen Vorschriften und die sie ergänzenden Bestimmungen des Gesellschaftsvertrages oder der Satzung beachtet wurden. Sind Einwendungen gegen den Anhang zu erheben, so ist hierauf einzugehen, insbesondere, wenn berichts- oder erläuterungspflichtige Tatsachen nicht aufgenommen wurden und Ausnahmen von der Berichterstattungspflicht nicht vorlagen.

24 Die Berichterstattung über den **Lagebericht** erstreckt sich darauf, ob der Lagebericht den gesetzlichen Vorschriften entspricht, insbesondere der Lagebericht mit dem Jahresabschluß in Einklang steht und ob die sonstigen Angaben im Lagebericht nicht eine falsche Vorstellung von der Lage des Unternehmens erwecken.

25 Abschließend ist in der **Schlußbemerkung** das Prüfungsergebnis in zusammengefaßter Form darzustellen. Eine Einschränkung oder Verweigerung des Bestätigungsvermerks ist zu begründen. Zu berichten ist auch über Beanstandungen, die sich auf den Bestätigungsvermerk nicht ausgewirkt haben, sofern deren Kenntnis für den Berichtsempfänger von Bedeutung sein kann, insbesondere über inzwischen behobene Fehler. Die Berichterstattung über das Prüfungsergebnis in zusammengefaßter Form beinhaltet auch die Aufnahme des **Bestätigungsvermerks** (vgl. Rz. 32ff.) in den Prüfungsbericht. Der Prüfungsbericht ist in Abstimmung mit dem Bestätigungsvermerk von dem Abschlußprüfer auf einen bestimmten Tag zu datieren. Das Datum der Vollständigkeitserklärung sollte hierzu zeitnah sein.

26 Soweit der Abschlußprüfer bei Wahrnehmung seiner Aufgaben Tatsachen festgestellt hat, die den Bestand eines geprüften Unternehmens gefährden oder seine Entwicklung wesentlich beeinträchtigen können oder die schwerwiegende Verstöße der gesetzlichen Vertreter gegen Gesetz, Gesellschaftsvertrag oder Satzung erkennen lassen, so hat er auch hierüber im Rahmen seiner „**Redepflicht**" zu berichten, § 321 Abs. 2 HGB nF. (vgl. Rz. 205ff.).

27 In dem Erläuterungsteil sind die Posten der **Bilanz**, der **Gewinn- und Verlustrechnung** und des **Anhangs** ausreichend aufzugliedern und zu erläutern, soweit dies

nicht bereits zuvor erfolgte. Dabei ist auf die angewandten Bewertungs- und Abschreibungsmethoden (einschließlich der Ausübung wesentlicher Bilanzierungswahlrechte) sowie auf wesentliche Veränderungen gegenüber dem Vorjahr einzugehen. Auch Angaben zu der Art des Bestandsnachweises und zu den Rechten Dritter kommen in Betracht.

28   Bei **nicht gesetzlich vorgeschriebenen Abschlußprüfungen** ergibt sich der Umfang der Berichterstattung nicht aus gesetzlichen Vorschriften, sondern aus etwaigen Bestimmungen des **Gesellschaftsvertrages**, der Satzung, der **Vereinbarung mit dem Auftraggeber** oder der **Berufsübung**. Angaben über den Auftrag sowie über Art, Umfang und Ergebnis der Prüfung sind generell zu machen. Soweit eine nicht gesetzlich vorgeschriebene Abschlußprüfung mit einem dem handelsrechtlichen Bestätigungsvermerk nachgebildeten Vermerk abschließt, so hat sich die Berichterstattung an den handelsrechtlichen Regelungen über die Berichterstattung (§ 321 HGB nF.) auszurichten. Dabei kann auf eine Aufgliederung und Erläuterung der einzelnen Posten des Jahresabschlusses verzichtet werden, sofern die entsprechenden Angaben den gesetzlichen Vertretern anderweitig zugänglich sind. Es ist jedoch erforderlich, daß der Abschlußprüfer auf die Tatsache einer auftragsgemäßen **eingeschränkten Berichterstattung** hinweist und die wesentlichen Bewertungs- und Abschreibungsmethoden (einschließlich der Ausübung wesentlicher Bilanzierungswahlrechte) und deren Veränderungen gegenüber dem Vorjahr angibt.

Vgl. *IdW* FG 2/1977; *WPH* 1981, 1001 ff. m. w. N.; *Pohlentz* HdR S. 1168 ff. m. w. N.

Berichtskritik

30   Die Berichtskritik erstreckt sich auf die kritische Durchsicht und Überarbeitung der Entwürfe von Prüfungsberichten und Gutachten durch eine Person innerhalb des Unternehmens des Abschlußprüfers, die an der Erstellung des Berichts in der Regel nicht mitgewirkt hat. Sie dient der Gewährleistung der Qualität des Berichts sowie der Überwachung einer fachgerechten Arbeit.

In **formeller** Hinsicht erstreckt sich die Berichtskritik auf die Berichtsgliederung, den Satzbau, die Klarheit des Ausdrucks, die Übersichtlichkeit von Zahlenaufstellungen und Tabellen sowie auf einwandfreie Rechtschreibung und Zeichensetzung. Dabei ist auch darauf zu achten, daß sich der Bericht auf das Wesentliche beschränkt und daß Wiederholungen vermieden werden.

Ziel der **materiellen** Berichtskritik ist es, darauf zu achten, daß der Bericht in sich schlüssig ist, und daß das Urteil des Abschlußprüfers folgerichtig aus den Feststellungen zum Sachverhalt und aus dem darauf basierenden Teilurteil abgeleitet ist. Die materielle Berichtskritik hat außerdem dafür Sorge zu tragen, daß der Bericht vollständig ist, insbesondere, daß alle in den jeweiligen gesetzlichen Vorschriften oder vertraglichen Vereinbarungen geforderten Feststellungen getroffen worden sind.

Vgl. *WPH* 1981, 1177 f., *Pfeiffer* HdR 115 ff., jeweils m. w. N.

Bestätigungsvermerk

32   Der nach **§ 322 HGB nF.** für **Pflichtprüfungen** vorgesehene Bestätigungsvermerk hat folgenden **Wortlaut:**

> „Die Buchführung und der Jahresabschluß entsprechen nach meiner (unserer) pflichtgemäßen Prüfung den gesetzlichen Vorschriften. Der Jahresabschluß vermittelt unter Beachtung der Grundsätze ordnungsgemäßer Buchführung ein den tatsächlichen Verhältnissen entsprechendes Bild der Vermögens-, Finanz- und Ertragslage der Kapitalgesellschaft. Der Lagebericht steht im Einklang mit dem Jahresabschluß."

Der Bestätigungsvermerk ist das nicht nur für den Auftraggeber, sondern auch für Dritte, in vielen Fällen die Öffentlichkeit, bestimmte **Ergebnis der Abschlußprüfung.** Er gibt das Gesamturteil auf Grund pflichtmäßiger, nach den geltenden Berufsgrundsätzen durchgeführte Prüfung wieder. Verantwortlich beurteilt wird die Übereinstimmung des Jahresabschlusses und des Lageberichtes sowie der zugrunde liegenden Buchführung mit den für das geprüfte Unternehmen geltenden Normen für die Rechnungslegung.

Wesentliches Kriterium ist danach, daß der Bestätigungsvermerk ein **Gesamturteil** ist und keine Addition oder Auflistung von Einzelfeststellungen. Diese sind lediglich für die Zusammenfassung im Bestätigungsvermerk unter Berücksichtigung ihrer Bedeutung für das Prüfungsergebnis zu würdigen.

Außerdem ist von wesentlicher Bedeutung, daß der Bestätigungsvermerk ein **Positivbefund** zur Gesetzes- und Ordnungsmäßigkeit der Rechnungslegung ist. Sofern wesentliche Einwendungen zu erheben sind, ist dies zum Ausdruck zu bringen. Hierdurch verliert der Bestätigungsvermerk jedoch nicht seinen Charakter als Positivbefund. Sofern ein – wenn auch eingeschränktes – positives Gesamturteil nicht vertretbar ist, ist der Bestätigungsvermerk zu versagen.

Schließlich ist es ein wesentliches Kriterium, daß die **formelhafte Ausprägung** des Bestätigungsvermerks es dem Adressaten ermöglicht, eine stets gleichbleibende – d. h. weder an das geprüfte Unternehmen noch an den Prüfer gebundene – Interpretation mit dem formelhaft verwendeten Text zu verbinden. Kürzungen des Bestätigungsvermerks sind ebensowenig zulässig wie eine Steigerung des Positivbefundes oder sonstige Änderungen, auch wenn diese die Aussage inhaltlich nicht verändern. Der Bestätigungsvermerk ist nur dann in geeigneter Weise zu **ergänzen**, wenn zusätzliche Bemerkungen erforderlich erscheinen, um einen falschen Eindruck über den Inhalt der Prüfung und die Tragweite des Bestätigungsvermerks zu vermeiden. Auf die Übereinstimmung mit dem Gesellschaftsvertrag oder der Satzung ist hinzuweisen, wenn diese in zulässiger Weise ergänzende Vorschriften über den Jahresabschluß enthalten, § 322 Abs. 2 HGB nF.

Der Bestätigungsvermerk ist **unter Angabe von Ort und Tag zu unterzeichnen** und in den Prüfungsbericht aufzunehmen. Er sollte an dem Tag erteilt werden, an dem die Prüfung des Jahresabschlusses und des Lageberichts materiell abgeschlossen und eine zeitnahe Vollständigkeitserklärung eingeholt worden ist.

Der Bestätigungsvermerk ist **in den Prüfungsbericht aufzunehmen**. Wird ein Bestätigungsvermerk außerhalb des Prüfungsberichtes verwandt, so ist er auf dem geprüften Jahresabschluß anzubringen oder mit ihm fest zu verbinden. Der Bestätigungsvermerk wird – wie in der Regel – in uneingeschränkter Form oder mit Einschränkungen erteilt, sofern er nicht versagt wird. Außerdem sind Zusätze zum Bestätigungsvermerk möglich.

Der **uneingeschränkte Bestätigungsvermerk** ist in der Form des § 322 Abs. 1 HGB nF., ggf. mit Ergänzungen, zu erteilen, wenn nach dem abschließenden Ergebnis der Prüfung keine Einwendungen zu erheben sind. Unwesentliche Beanstandungen schließen die Erteilung eines uneingeschränkten Bestätigungsvermerks nicht aus. Bei Überschuldung oder Zahlungsunfähigkeit ist die Erteilung eines uneingeschränkten Bestätigungsvermerks nur möglich, wenn der Jahresabschluß ein den tatsächlichen Verhältnissen entsprechendes Bild der Vermögens-, Finanz- und Ertragslage des zu prüfenden Unternehmens vermittelt und insbesondere die Wertansätze in der Jahresbilanz der Lage des Unternehmens (Möglichkeit der Fortführung des Betriebes oder der Einzelveräußerung von Vermögensgegenständen) entsprechen. Außerdem muß die Situation der Gesellschaft – auch ihre Entwicklung bis zum Abschluß der Prüfung – im Lagebericht zutreffend dargestellt sein. Anderenfalls ist eine Einschränkung oder Versagung des Bestätigungsvermerks notwendig.

Der Bestätigungsvermerk ist **einzuschränken**, wenn nach dem abschließenden Ergebnis der Prüfung Einwendungen zu erheben sind. Solche ergeben sich aus Verstößen gegen Normen über die Buchführung, den Jahresabschluß in bezug auf Ausweis, Nachweis und Bewertung und den Lagebericht oder bei nicht ausreichender Erfüllung von Aufklärungs- und Vorlegungspflichten.

Unwesentliche Beanstandungen führen nicht zu einer Einschränkung. **Wesentlich** sind **Beanstandungen** insbesondere dann, wenn damit zu rechnen ist, daß der Fehler wegen seiner relativen Bedeutung zu einer unzutreffenden Beurteilung der Vermögens-, Finanz- und Ertragslage der Gesellschaft und ihrer Rechnungslegung führen kann. Ein Mangel ist daher zur Feststellung der relativen Bedeutung in Beziehung zu entsprechenden Größen zu setzen und in seiner Auswirkung auf die Beurteilung der Vermögens-, Finanz- und Ertragslage sowie der Rechnungslegung des Unternehmens zu würdigen. Dabei können als Bezugsgrößen der Betrag der betroffenen Abschlußposition, das Jahresergebnis, das bilanzmäßige Eigenkapital und die Bilanz-

Niemann 451

summe in Betracht kommen. Mehrere für sich allein unwesentliche Beanstandungen können in ihrer Gesamtheit wesentlich sein. Ein Verstoß gegen Einzelvorschriften ist immer dann als Grund für eine wesentliche Beanstandung anzusehen, wenn die Einzelbestimmung nach ihrem Sinn und Zweck für die Rechnungslegung besonders bedeutsam ist. Das gilt z. B. für die gesetzlichen oder satzungsmäßigen Bestimmungen über die Rücklagenbildung oder über den Ausweis eigener Aktien oder über die Einzelangaben für den Anhang nach §§ 284, 285 HGB nF.

Der Bestätigungsvermerk ist nur einzuschränken, wenn der Fehler noch im Zeitpunkt des Abschlusses der Prüfung vorliegt. Beseitigt das Unternehmen den Fehler vor Abschluß der Prüfung, so ist – unbeschadet einer etwaigen Pflicht zur Berichterstattung im Prüfungsbericht – für eine Einschränkung des Bestätigungsvermerks kein Raum mehr. Umgekehrt führen auch wesentliche Beanstandungen in früheren Jahren, die sich in dem zu prüfenden Jahresabschluß noch auswirken, zu einer Einschränkung des Bestätigungsvermerks.

Einwendungen, die zumindest zu Einschränkungen des Bestätigungsvermerks führen, können sich aus der Anwendung nichtiger Satzungsbestimmungen ergeben. Sofern nichtige Satzungsbestimmungen nicht befolgt werden, kann ein Zusatz geboten sein.

Die Einschränkung muß so **klar** und **kurz** wie möglich gefaßt werden, und zwar in einer Weise, daß der positive Teil des Bestätigungsvermerks nicht allein steht (... mit der Einschränkung, daß ...). Der Bestätigungsvermerk muß das Wort ,,Einschränkung" enthalten und den Gegenstand der Beanstandung eindeutig erkennen lassen. Unzulässig ist es, den Bestätigungsvermerk etwa durch Weglassen von Bestandteilen des gesetzlich vorgeschriebenen Bestätigungsvermerks ,,einzuschränken".

40 Sofern ein Positivbefund zur Gesetzes- und Ordnungsmäßigkeit der Rechnungslegung nicht mehr möglich ist, ist der Bestätigungsvermerk zu **versagen**. Auch wenn ein Grund für die Nichtigkeit des Jahresabschlusses vorliegt, ist zu prüfen, ob nicht dennoch auf Grund der fehlerfreien Bereiche wegen des höheren Informationsgehalts und angesichts der faktischen Heilungsmöglichkeiten der Nichtigkeit eine Einschränkung des Bestätigungsvermerks möglich ist oder ob ausschließlich eine Versagung des Bestätigungsvermerks in Betracht kommt. Die Versagung ist durch einen **Vermerk zum Jahresabschluß** zu erklären und in geeigneter Form zu begründen. Dabei ist darauf zu achten, daß der **Versagungsvermerk kein Negativbefund** ist, sondern lediglich eine Bescheinigung darüber, daß die Prüfung stattgefunden hat, jedoch nicht zu einem positiven Gesamturteil geführt hat.

41 Bestätigungsvermerke können mit **Zusätzen** versehen werden, wenn der Prüfer Einwendungen nicht zu erheben hat und trotzdem eine zusätzliche Aussage erforderlich ist. Hierbei sind Zusätze in Form eines Vorbehalts und eines Hinweises zu unterscheiden. Zusätze sind so zu formulieren, daß die Verkehrs- und Aussagefähigkeit des Bestätigungsvermerks nicht beeinträchtigt wird und daß sie nicht den Anschein einer Einschränkung erwecken. Aus diesem Grunde müssen im umgekehrten Fall Einschränkungen als solche bezeichnet werden und dürfen nicht den Anschein eines Zusatzes erwecken.

42 **Vorbehalte** sind erforderlich, wenn im geprüften Abschluß Sachverhalte berücksichtigt sind, zu deren voller Rechtswirksamkeit noch Organbeschlüsse, Registereintragungen, behördliche Genehmigungen u. ä. ausstehen. Durch den Vorbehalt wird ausgedrückt, daß der Bestätigungsvermerk nur unter einer aufschiebenden Bedingung erteilt wird.

43 **Hinweisende Zusätze** sollen auf Besonderheiten aufmerksam machen, die sich bei der Prüfung ergeben haben, die aber nicht als Einwendungen zu verstehen sind und als solche auch nicht zu einer Einschränkung oder Versagung des Bestätigungsvermerks geführt haben. Sie sind in der Regel erforderlich, wenn der Prüfer bestimmte Risiken nicht endgültig beurteilen kann und hierauf hinweisen möchte, jedoch nur insoweit, als sich daraus keine Einwendungen gegen die Ordnungsmäßigkeit der Rechnungslegung ergeben. Bestehen z. B. Bedenken gegen die Angemessenheit der Bewertung, so ist eine Einschränkung oder Versagung des Bestätigungsvermerks geboten. Dagegen ist ein Zusatz möglich, wenn solche Bedenken nicht bestehen, gleichwohl aber der Wertansatz nicht beurteilt werden kann. Hinweise auf eine even-

tuelle Überschuldung, auf den Verlust des halben Nennkapitals, die Gefährdung der Liquidität oder sonstige Kennzeichen der wirtschaftlichen Lage sind nicht geboten, wenn und solange der Rechnungsabschluß richtig ist und ein den tatsächlichen Verhältnissen entsprechendes Bild der Vermögens-, Finanz- und Ertragslage gibt. Sofern sich der Prüfer nach pflichtgemäßem Ermessen auf die Prüfungsergebnisse anderer Abschlußprüfer gestützt hat, ist ein hierauf hinweisender Zusatz zum Bestätigungsvermerk nicht erforderlich.

44 Ein Bestätigungsvermerk wird **unwirksam,** wenn der Jahresabschluß oder der Lagebericht nach Vorlage des Prüfungsberichts geändert wird (§ 316 Abs. 3 HGB nF.). Die geänderten Unterlagen sind erneut zu prüfen, soweit es die Änderung erfordert. Über das Ergebnis dieser Nachtragsprüfung ist zu berichten. Der Bestätigungsvermerk ist entsprechend zu ergänzen. Da der ergänzte Bestätigungsvermerk sich auf den gesamten Jahresabschluß und den Lagebericht erstreckt, kann ein Zusatz zum Bestätigungsvermerk geboten sein, wenn zwischen Abschlußprüfung und Nachtragsprüfung ein längerer Zeitraum liegt. Es empfiehlt sich, diesen Zusatz wie folgt zu fassen:

„Diesen Bestätigungsvermerk erteile(n) ich (wir) auf Grund meiner (unserer) am .... abgeschlossenen Abschlußprüfung sowie der Nachtragsprüfung in bezug auf..."

Sofern im Fall einer Nachtragsprüfung nach § 173 Abs. 3 AktG nF. hinsichtlich der von der Hauptversammlung vorgenommenen Änderung ein uneingeschränkter Bestätigungsvermerk zu erteilen ist, nicht aber bezüglich des von dem Vorstand vorgelegten Jahresabschlusses und Lageberichts, so muß sich aus dem Bestätigungsvermerk ergeben, daß er nur hinsichtlich der Änderung des Jahresabschlusses uneingeschränkt erteilt ist. Im übrigen ist die Einschränkung oder Versagung anzugeben.

45 Ein Prüfer ist berechtigt und verpflichtet, den Bestätigungsvermerk zu **widerrufen,** wenn er erkennt, daß der Bestätigungsvermerk zu Unrecht erteilt wurde oder nur eingeschränkt hätte erteilt werden dürfen. Dabei ist es unerheblich, ob sich neue Erkenntnisse ergeben haben, ob der Abschlußprüfer getäuscht wurde oder ob er den Bestätigungsvermerk fahrlässig erteilt hatte. Der Widerruf des Bestätigungsvermerks ist schriftlich an den Auftraggeber zu richten und zu begründen. Eine Unterrichtung des Registergerichts sowie unter Umständen von Personen, die vom Bestätigungsvermerk Kenntnis haben dürften, kann sich empfehlen. Nach erfolgtem Widerruf kann ein eingeschränkter Bestätigungsvermerk erteilt werden, sofern die Voraussetzungen vorliegen.

46 Bei **freiwilligen Abschlußprüfungen** darf ein dem handelsrechtlichen Bestätigungsvermerk nachgebildeter Bestätigungsvermerk nur erteilt werden, wenn die Prüfung nach Art und Umfang der handelsrechtlichen Pflichtprüfung entspricht. Dabei muß gewährleistet sein, daß über Art, Umfang und Ergebnis der Prüfung schriftlich berichtet wird. Bei der Nachbildung des Bestätigungsvermerks ist darauf zu achten, daß der Wortlaut des handelsrechtlichen Bestätigungsvermerks soweit wie möglich zu übernehmen ist. Allerdings werden Anpassungen in der Regel nicht immer erforderlich sein, z. B. wenn ein Lagebericht nicht erstellt wird, etc.

47 In allen Fällen, in denen eine Abschlußprüfung im handelsrechtlichen Sinne nicht stattgefunden hat, kann nur eine **Bescheinigung** erteilt werden. Dabei müssen Art und Umfang der Tätigkeit aus der Bescheinigung oder aus dem Bericht, auf den die Bescheinigung verweist, ersichtlich sein. Die Erteilung einer Bescheinigung setzt voraus, daß kein Anlaß besteht, an der Ordnungsmäßigkeit des bescheinigten Sachverhalts zu zweifeln.

48 Eine Bescheinigung kommt insbesondere in Betracht, wenn ein Berufsangehöriger den **Abschluß selbst erstellt** hat, da sich Erstellung und Prüfung eines Abschlusses gegenseitig ausschließen. In diesem Fall muß sich aus der Bescheinigung ergeben, daß der Abschluß selbst erstellt wurde. Die Bescheinigung darf nicht in einer Weise formuliert werden, die den Eindruck erweckt, daß eine unabhängige Prüfung des Abschlusses erfolgt ist. Als Beispiel für eine Bescheinigung für einen Jahresabschluß, den der Berufsangehörige selbst erstellt hat, kommt folgender Text in Betracht:

„Vorstehender Jahresabschluß wurde von mir (uns) auf Grund der Buchführung der ... (Firma) unter Beachtung der gesetzlichen Vorschriften erstellt. Ich (wir) habe(n) mich (uns) davon überzeugt, daß der Jahresabschluß den gesetzlichen Vorschriften entspricht und unter Beachtung der Grundsätze ordnungsgemäßer Buchführung ein den tatsächlichen Verhältnissen entsprechendes Bild der Vermögens-, Finanz- und Ertragslage der Kapitalgesellschaft vermittelt. Ich habe mich außerdem davon überzeugt, daß der Lagebericht im Einklang mit dem Jahresabschluß steht."

49 Bescheinigungen sind **bei freiwilligen Abschlußprüfungen** auch zu erteilen, sofern der Prüfungsumfang eingeschränkt ist. In diesem Fall kommt als Beispiel folgende Bescheinigung in Betracht:

„Vorstehender Jahresabschluß wurde von mir (uns) auftragsgemäß nur in eingeschränktem Umfang geprüft. Über den Umfang und das Ergebnis dieser Prüfung unterrichtet mein (unser) schriftlicher Bericht vom ...."

Vgl. *IdW* FG 3/1977; *WPH* 1981, 1023 ff. m. w. N.; *Bolsenkötter* HdR, 125 ff. m. w. N.

Bescheinigungen

51 Siehe Rz. 47 ff.

Bewußte Auswahl

52 Siehe Rz. 195.

Buchführung, Prüfung der

53 Die Prüfung der Buchführung in ihrer jeweiligen Form (vgl. Teil A Rz. 229) ist Voraussetzung für die Prüfung des Jahresabschlusses. Sie erstreckt sich auf die Prüfung der Ordnungsmäßigkeit der **organisatorischen Gestaltung** der Buchführung, die Ordnungsmäßigkeit der **Führung der Handelsbücher** und die Ordnungsmäßigkeit der **Aufstellung des Inventars**. Die Prüfung erfolgt im wesentlichen im Zusammenhang mit der Prüfung der einzelnen Bilanz- und GuV-Positionen (vgl. Teil B Rz. 1690 ff.).

54 **Generell** ist darauf zu achten, daß
- die Aufgabenbereiche der einzelnen Mitarbeiter beschrieben und voneinander abgegrenzt sind
- die Art und Anzahl der Bücher den gesetzlichen Vorschriften entsprechen
- die Buchführung so beschaffen ist, daß sie von einem sachverständigen Dritten in angemessener Zeit verstanden wird
- die Geschäftsvorfälle zeitnah und in zeitlicher Reihenfolge gebucht werden
- auf den Konten Datum, Beleg-Nr., Buchungstext und Gegenkonto angegeben ist
- für verschlüsselte Buchungstexte Symbol- oder Schlüsselübersichten vorliegen
- keine Buchung ohne Beleg erfolgt
- die Belege numeriert sind, das Datum der Ausstellung, der Buchung, die zu belastenden und zu erkennenden Konten und die Unterschrift des Ausstellers und des Kontierenden erkennen lassen
- ein Buchungstext verwandt wird
- die Belege geordnet abgelegt werden
- die Buchungsbelege nach den handels- und steuerrechtlichen Vorschriften aufbewahrt werden (vgl. Teil A Rz. 93 ff.; sowie Teil I Rz. 28 ff.)
- Falschbuchungen storniert werden
- mit unauslöschlichen Schreibmitteln gebucht wird
- ein systematischer Kontenplan verwandt wird, der genügend gegliedert ist, so daß eine klare Trennung der Geschäftsvorfälle nach ihrer Verursachung möglich ist
- die Vorjahreskonten ordnungsgemäß abgeschlossen werden
- zwischen der Geschäftsbuchhaltung sowie der Betriebsbuchhaltung und den Nebenbuchhaltungen die erforderlichen Abstimmungen durchgeführt werden.

Besonderheiten ergeben sich je nach Art der Buchführungsformen.

55 Bei der **Durchschreibebuchführung** ist darauf zu achten, daß die Durchschrift klar leserlich ist und nicht ohne weiteres auszulöschen ist.

56 Bei der **Lose-Blatt-Buchführung** ist zur Verhinderung des Verlustes oder Entfernung von Kontenblättern die Anlage von Kontenleitkarten sowie die besondere Sicherung der abgelegten Blätter (etwa durch Einbinden) zu verlangen.

Die Besonderheiten bei der Prüfung der **EDV-Buchführung**, vgl. Rz. 76 ff.
Vgl. *WPH* 1981, 1180 ff.

Computergestützte Prüfungstechnik

58 Prüfungstechniken werden „computergestützt", soweit zur Unterstützung oder Durchführung von Prüfungshandlungen die EDV eingesetzt wird. Der Einsatz der EDV kann die Prüfung intensivieren, rationalisieren, beschleunigen und übersichtlicher machen. Er kann jedoch konventionelle Prüfungshandlungen, insbesondere solche, die eine qualitative Wertung erfordern, nur teilweise ersetzen.

Folgende Arbeiten lassen sich im Rahmen der Abschlußprüfung mit Hilfe der EDV durchführen:

59 Im Zusammenhang mit der **Prüfung von gespeicherten Daten** kann computergestützte Prüfungstechnik angewandt werden
 – bei der Auswahl (bewußte Auswahl bzw. Zufallsauswahl) der zu prüfenden Daten
 – dem Sortieren von gespeicherten Daten nach denjenigen Kriterien, die für weitere Prüfungshandlungen von Bedeutung sind (z. B. Herausfinden von Extremwerten, Häufungen, Vollständigkeit aufsteigender Nummernfolge etc.)
 – dem Mischen verschiedener Daten, z. B. der Zusammenführung von sortierten Datenbeständen nach gleichen Kriterien
 – dem Vergleich gespeicherter Daten verschiedener Datenbestände auf gemeinsame Merkmale
 – Rechenoperationen, insbesondere zum Nachvollziehen von Verarbeitungsschritten,
 – der Erstellung von Statistiken oder der Bildung von Kennzahlen
 – dem Verdichten gleichartiger oder dem Verknüpfen verschiedenartiger Daten zur Gewinnung neuer prüfungsrelevanter Ergebnisse (z. B. Hinweis auf die Bonität von Kunden aus der Umsatzentwicklung, Änderungen der Zahlungsgewohnheiten, Entwicklung der Auftragsgröße und der Rechnungsbeträge etc.)

60 Computergestützte **Prüfungshandlungen bei der Systemprüfung** (vgl. Rz. 222) können sich erstrecken auf:
 – Erzeugen von Testdaten aus echten und konstruierten Vorgängen
 – Testläufe oder Arbeitswiederholungen
 – Protokollierung des Programmablaufs
 – Feststellung der durchlaufenden Programmteile nach Art und Zahl
 – Feststellung der Programmidentität und der Programmänderungen, z. B. Vergleich der alten und der neuen Versionen
 – Erstellung von Programmabläufen.

61 Die **Erstellung von Arbeitspapieren** (vgl. Rz. 3 ff.) ergibt sich als Nebenprodukt anderer Prüfungshandlungen, da sich die Ergebnisse der EDV in geordneten Druckunterlagen niederschlagen. Die Arbeitspapiere müssen jedoch aussagefähig sein, z. B. durch Ausdruck von Auswahlkriterien.

Soweit prüfungsrelevante Daten für Folgeprüfungen benötigt werden, ergibt sich aus dem Einsatz computergestützter Prüfungstechniken auch die Möglichkeit der **Speicherung von Daten für Folgeprüfungen.**

62 Zur Anwendung computergestützter Prüfungstechniken können die **Rechenanlage** des zu prüfenden Unternehmens, andere fremde Rechenanlagen oder eigene Rechenanlagen, insbesondere Mikrocomputer, eingesetzt werden. Dabei kann die eigene Rechenanlage (insbesondere ein Mikrocomputer) wie eine Datensichtstation des Zentralrechners eingesetzt werden. Statt dessen ist es auch möglich, Daten des Zentralrechners auf die eigene Anlage zu übertragen und dort dezentral zu verarbeiten.

63 Weitere Voraussetzungen für die Anwendung computergestützter Prüfungstechniken ist das Vorhandensein geeigneter **Software.** Als solche kommen in Betracht:
 – Die Anwendungsprogramme des Mandanten für die einzelnen Arbeitsgebiete. Bei dem Einsatz von Anwendungsprogrammen des Mandanten muß sich der Prüfer jedoch einen hinreichenden Eindruck von der Verläßlichkeit der Programmierung und damit der Ergebnisse verschaffen.
 – Allgemeine Dienstprogramme der Hersteller oder Softwarehäuser, die der Prüfer in der Regel bei Mandanten vorfindet;
 – Listprogrammgeneratoren, die in der Regel von Softwarehäusern entwickelt werden und die sich im Besitz des Prüfers oder des Mandanten befinden können;

Niemann

– spezifische Prüfprogramme im Besitz des Prüfers, die speziell für den Zweck computergestützter Prüfungstechniken geschaffen wurden.

64 Im Rahmen der **Prüfungsplanung** (vgl. Rz. 162ff.) ist beim Einsatz von EDV für Prüfzwecke zu untersuchen, ob der EDV-Einsatz für Prüfzwecke durchführbar ist. Häufig liegen die gewünschten Auswertungen bereits vor und können – nach Prüfung der Verläßlichkeit – übernommen werden. Soweit eigene Auswertungen erstellt werden müssen, ist Voraussetzung, daß die für die jeweiligen Prüfungszwecke notwendigen Daten in maschinell lesbarer Form vorhanden sind; ansonsten ist eine gesonderte Datenerfassung für Prüfzwecke erforderlich. Sofern die erforderlichen Daten vorhanden sind, ist im Rahmen der Prüfungsplanung weiterhin zu untersuchen, ob sie zur Zeit der Prüfung dem jederzeitigen Zugriff unterliegen oder Beschränkungen der Zugriffsmöglichkeiten (z. B. auf Grund der Auslagerung von Daten) bestehen.

Im Rahmen der Prüfungsplanung ist weiterhin zu untersuchen, ob zur Anwendung computergestützter Prüfungstechniken geeignete EDV-Anlagen und Programme zur Verfügung stehen, die der Prüfer einsetzen kann.

Zusätzlich muß der Prüfer zu dem Ergebnis kommen, daß die Anwendung computergestützter Prüfungstechniken wirtschaftlich vertretbar ist und alternative Möglichkeiten (verschiedene Programme, manuelle Auswertungen) zur Erreichung des Prüfungszieles unter diesem Gesichtspunkt nicht in Betracht kommen.

Sofern aus einem der vorgenannten Gründe der Einsatz computergestützter Prüfungstechniken nicht in Betracht kommt, ist zusätzlich zu prüfen, ob möglicherweise die Voraussetzungen für den künftigen Einsatz der EDV als Prüfungshilfsmittel vorliegen.

65 Die praktische Durchführung computergestützter Prüfungstechniken unterscheidet sich nicht von dem allgemeinen Einsatz der EDV. Die **Konzeption der Prüfungshandlungen** erfordert aus der Kenntnis der organisatorischen Gegebenheiten die Auswahl der Daten und die Entwicklung der entsprechenden Auswertungsmöglichkeiten unter Hinzuziehung der vorhandenen Dateien der zur Verfügung stehenden Software. Bei der Anwendung standardisierter Programme sind zusätzlich Programmierarbeiten erforderlich, die EDV-Kenntnisse voraussetzen. Die Verarbeitung und die Datenein- und -ausgabe richtet sich nach der jeweils zur Verfügung stehenden Maschinenkonfiguration. Der Prüfer kann sich dabei nach pflichtgemäßem Ermessen Unterstützung durch Fachkräfte des Mandanten (Programmierer, Operator etc.) anfordern. Die Beurteilung der Ergebnisse, die auf Grund computergestützter Prüfungstechniken gewonnen werden, erfolgt im Regelfall in konventioneller Weise durch qualitativ wertende Tätigkeit des Prüfers.

Vgl. *IdW* FAMA 1/1978; *IdW* FN 1984, 25ff.; *WPH* 1981, 1160ff., jeweils m. w. N.

Datenschutz und Prüfungstechnik

67 Das Gesetz zum Schutz von Mißbrauch personenbezogener Daten bei der Datenverarbeitung (BDSG) vom 27. 1. 1977, BStBl. I 1977, 201 stellt keine Rechtsnorm zur Regelung der Rechnungslegung dar, sondern hat die Aufgabe, durch den Schutz personenbezogener Daten vor Mißbrauch bei ihrer Speicherung, Übermittlung, Veränderung und Löschung der Beeinträchtigung schutzwürdiger Belange der Betroffenen entgegenzuwirken. Gleichwohl erfordert die Einhaltung des BDSG technische und organisatorische Maßnahmen, die auch der Erfüllung der Ordnungsmäßigkeit der Buchführung dienen und die insoweit Gegenstand der Prüfung des internen Kontrollsystems im Rahmen der Jahresabschlußprüfung sind. Es handelt sich hierbei um die im BDSG vorgesehenen Sicherungsmaßnahmen im Rahmen der Abgangs-, Speicher- und Transportkontrolle zum Schutz von Daten vor Verfälschung oder Verlust. Demgegenüber ist die Ordnungsmäßigkeit der Buchführung und damit die Jahresabschlußprüfung nicht betroffen, soweit das BDSG Sicherungsmaßnahmen für Daten, die nicht mit der Rechnungslegung in Zusammenhang stehen, bzw. Sicherungsmaßnahmen gegen das unbefugte Abfragen von Daten fordert.

68 Im Rahmen der Jahresabschlußprüfung sind danach folgende Prüfungshandlungen im Bereich des Datenschutzes erforderlich:

EDV-Buchführung, Prüfung der   69–76 **C**

– die Überprüfung der ordnungsgemäßen Anwendung der Datenverarbeitungsprogramme, mit deren Hilfe personenbezogene Daten verarbeitet werden, § 29 Nr. 2 BDSG, soweit das Rechnungswesen berührt ist:
 – soweit die Eingabe, die Veränderung und die Löschung von Daten betroffen ist:
  • die Zugangskontrolle bei Personen
  • die Benutzerkontrolle
  • die Zugriffskontrolle
  • die Übermittlungskontrolle.
 – Soweit die Ordnungsmäßigkeit der Buchführung berührt ist:
  • die Abgangskontrolle bei Datenträgern
  • die Speicherkontrolle
  • die Eingabekontrolle
  • die Transportkontrolle
  • die Organisationskontrolle.

69 Demgegenüber sind die folgenden Prüfungshandlungen im Bereich des Datenschutzes nicht notwendiger Teil der Jahresabschlußprüfung
– Zulässigkeit der Datenverarbeitung (§ 3 i. V. m. §§ 23–25, 27 und 32–37 BDSG)
– die Verpflichtung der bei der Datenverarbeitung Beschäftigten auf das Datengeheimnis (§ 5 BDSG)
– die Benachrichtigungs- und Auskunftspflicht (§§ 26, 34 BDSG)
– die Bestellung eines Datenschutzbeauftragten (§ 28, 38 BDSG)
– Meldepflichten (§ 39 BDSG)
– die Führung der Datenübersichten gemäß § 29 Nr. 1 BDSG
– das Vertrautmachen der bei der Verarbeitung personenbezogener Daten tätiger Personen mit den relevanten datenschutzrechtlichen Bestimmungen (§ 29 Nr. 3 BDSG)
– die Mitwirkung bei der Auswahl der in der Datenverarbeitung tätigen Personen (§ 29 Nr. 4 BDSG)
– die Auftragskontrolle.

70 Soweit der Prüfer schwerwiegende Verstöße gegen das BDSG feststellt, ist er nach § 321 Abs. 2 HGB nF. verpflichtet, hierüber im Prüfungsbericht zu berichten.
Vgl. *IdW* FAMA 1/1979

Direkte Prüfung

72 Prüfungshandlungen werden als „**direkt**" bezeichnet, sofern sie darauf ausgerichtet sind, die richtige Verbuchung einzelner Geschäftsvorfälle sowie deren Bewertung und Ausweis im Jahresabschluß zu prüfen. Dabei liegt für jeden Geschäftsvorfall ein spezieller Sollzustand vor, mit dessen Hilfe der jeweilige Sachverhalt nachvollzogen wird, um seine Ordnungsmäßigkeit beurteilen zu können.
Demgegenüber wird bei einer „**indirekten**" Prüfungshandlung nicht eine auf das Prüfungsobjekt direkt entwickelte Prüfungsnorm herangezogen, sondern eine Vergleichsgröße, die mit dem Prüfungsobjekt in einem funktionalen Zusammenhang steht. Siehe auch unter Rz. 136.
Vgl. *WPH* 1981, 1131 ff.; *Peemöller* HdR, 243 ff. m. w. N.

Dokumentation der Prüfung

74 Siehe unter Rz. 3 ff.

EDV-Buchführung, Prüfung der

76 EDV-Buchführungen weisen die Besonderheit auf, daß die Geschäftsvorfälle programmgesteuert verarbeitet werden. Darüber hinaus werden in der Regel mehrere Arbeitsstufen zu einem geschlossenen maschineninternen Verarbeitungsprozeß zusammengefaßt, der anhand der abrufbaren Ausdrucke nicht in vollem Umfang nachvollzogen werden kann. Die vorgenannten Besonderheiten machen es erforderlich, die bei konventionellen Buchführungen angewandten Prüfungstechniken anzupassen, um ein Urteil über die Ordnungsmäßigkeit der Buchführung zu erhalten.
Ausgangspunkt einer jeden Prüfung der Ordnungsmäßigkeit der Buchführung sind die Vorschriften in **§§ 238–289 HGB nF**. In Zweifelsfällen können die in **§ 145**

Abs. 1 AO formulierten allgemeinen Anforderungen an eine Buchführung sowie deren Ausprägung durch die Rechtsprechung und durch die Änderungen der Finanzverwaltung und des Schrifttums zur Beurteilung herangezogen werden. Die für EDV-Buchführungen relevanten Auslegungen dieser Vorschriften finden sich insbesondere in dem BMF-Schreiben vom 5. 7. 1978 zu den Grundsätzen ordnungsmäßiger Speicherbuchführung, DB 1978, 1470ff. (vgl. Teil A Rz. 279), und der Stellungnahme FAMA 1/1975 des Instituts der Wirtschaftsprüfer.

77   Die anzuwendenden **Prüfungstechniken** sind jeweils **abhängig** von den im Einzelfall vorzufindenden **Formen und Gestaltungen der Buchführung.** Dabei kann es allgemeine Anweisungen für die Prüfung von EDV-Buchführungen nicht geben, da der Umfang der Ergebnisse und die Wege ihrer Ermittlung so vielfältig und unterschiedlich sind, wie die einzelnen Unternehmen und ihre Organisationsformen selbst.

78   Im Hinblick auf die Formen und Gestaltungen der in Betracht kommenden Buchführungen wird in der Regel zwischen ,,Speicherbuchführungen" und ,,konventionellen" Formen computergestützter Buchführungen unterschieden. Die **Speicherbuchführung** besteht darin, daß die Buchungen auf maschinell lesbaren Datenträgern (gespeichert) und bei Bedarf für den jeweils benötigten Zweck einzeln oder kumulativ (verdichtet) lesbar gemacht werden. Die **konventionelle EDV-Buchführung** besteht darin, daß die auf maschinell lesbaren Datenträgern aufgezeichneten Buchungen unabhängig von den Prüfungserfordernissen im Anschluß an die Verarbeitung vollständig und dauerhaft (visuell) lesbar gemacht und diese Datenträger nach Prüfung der richtigen und vollständigen Wiedergabe gelöscht werden (vgl. Anlage zum BMF-Schreiben vom 5. 7. 1978 DB 1978, 1470ff.). Darüber hinaus kann die Speicherbuchführung und die konventionelle Buchführung auch in **Mischformen** auftreten.

Die Unterschiedlichkeit der Formen der EDV-Buchführung führt nicht zu generell unterschiedlichen Prüfungstechniken, da das wesentliche Unterscheidungskriterium zwischen der Speicherbuchführung und der konventionellen EDV-Buchführung – der Zeitpunkt und der Umfang des Ausdrucks – nicht zu jeweils unterschiedlichen Anforderungen an die Buchführung oder an die für die Prüfung relevanten Kontrollprobleme führt. Vielmehr muß für jede individuelle EDV-Buchführung untersucht werden, in welchem Umfang weiterhin Einzelfallprüfungen vorzunehmen sind und inwieweit das Schwergewicht der Prüfung in den Bereich der Prüfung des internen Kontrollsystems sowie der EDV-System/Programmprüfung zu legen ist.

79   Die **Prüfung des internen Kontrollsystems** (vgl. Rz. 138ff.) bei einer EDV-Buchführung erstreckt sich regelmäßig auf die
– Programmerstellung und Programmdokumentation
– Belegverarbeitung und Datenerfassung
– Datenverarbeitung, und zwar die
  • Arbeitsabwicklung im Rechenzentrum und die
  • Datensicherung
– Kontrollen, insbesondere
  • Erfassungskontrollen
  • Ergebniskontrollen (Vollständigkeitskontrolle)
  • Kontrollen des Änderungsdienstes
– gegebenenfalls die interne Revision.

Die in den vorgenannten Bereichen getroffenen Regelungen müssen dokumentiert sein, um Dritten, insbesondere einem Prüfer, einen schnellen und sicheren Überblick über den Soll-Zustand zu ermöglichen.

Der Schwerpunkt bei der Prüfung des internen Kontrollsystems liegt bei der Feststellung der vorhandenen Kontrollen, bei der Prüfung ihrer Wirksamkeit und der Beurteilung ihrer Angemessenheit.

Bei der Feststellung der vorhandenen Kontrollen empfiehlt es sich, die vorhandenen schriftlichen Arbeitsanweisungen, Organisationspläne und gegebenenfalls Berichte der Innenrevision auf vorhandene Kontrollen zu untersuchen und ergänzend geeignete Fragebogen zur Feststellung der Kontrollen (z. B. den vom Institut der Wirtschaftsprüfer entwickelten Fragebogen, *IdW* FAMA 1/1974; vgl. auch Rz. 117) zu verwenden. Statt dessen können auch Ablaufschaubilder erstellt werden, was bei der Erstellung allerdings einen größeren Zeitaufwand und größere Erfahrungen voraussetzt als die Verwendung von Fragebogen.

Die Wirksamkeit der einzelnen Kontrollen wird in Stichproben überprüft. Zum Beispiel kann durch Einsicht in die Logbücher festgestellt werden, ob die Funktionentrennung zwischen Progammierung und Maschinenbedienung eingehalten ist. Die Verarbeitungskontrolle kann durch Abstimmung der Summen- oder Mengenangaben auf den Belegen mit den Daten des Eingabeprotokolls erfolgen.

Zur Beurteilung der Angemessenheit der Kontrollen ist generell zu prüfen, ob die EDV-Anlage regelmäßig gewartet wird. Weitere Prüfungshandlungen sind nur bei ungewöhnlichen Anlagenkonfigurationen, bei Betriebssystemen, die von dem geprüften Unternehmen selbst entwickelt wurden oder ähnlichen Fällen erforderlich. Dabei empfiehlt es sich, Spezialisten hinzuzuziehen.

80 Bei der **Prüfung der Rechnungslegung** sind weiterhin – je nach der Form und der Gestaltung der EDV-Buchführung – konventionelle Einzelfallprüfungen vorzunehmen.

81 Bei der Durchführung von **Einzelfallprüfungen** unter Anwendung konventioneller Prüfungsmethoden ist zu beachten, daß auf Grund der programmgesteuerten Verarbeitung gleichartige Geschäftsvorfälle falsch verarbeitet werden können. Aus diesem Grunde erstrecken sich die konventionellen Prüfungsmethoden im wesentlichen auf Abstimmprüfungen und Belegprüfungen.

82 Die Vornahme von geeigneten Abstimmungen ist bei EDV-Buchführungen die wichtigste konventionelle Prüfungsmethode. Nur durch die Bildung von geeigneten Abstimmsummen kann die Vollständigkeit und Richtigkeit, insbesondere bei der Eingabe von Daten überprüft werden. Dabei kann sich die Prüfung auf das Funktionieren von im System vorhandenen Abstimmungen beschränken. Unter Umständen sind jedoch zusätzliche Abstimmprüfungen vorzunehmen, sofern die systembedingten Abstimmaßnahmen nicht ausreichen.

Die Prüfung der Belege und ihrer Verbuchung erfolgt nach den gleichen Kriterien wie bei anderen Buchführungsverfahren.

83 Übertragungsprüfungen treten bei EDV-Buchführungen in den Hintergrund, sofern von der technischen Zuverlässigkeit der EDV-Anlage ausgegangen werden kann.

Entsprechendes gilt für die Nachvollziehung der Rechenoperation, die von der EDV-Anlage durchgeführt wird. Allerdings kann nicht generell davon ausgegangen werden, daß die Anlage ausschließlich rechnerisch richtige Ergebnisse liefert. Insbesondere Programmfehler und Manipulationen können zu Rechenfehlern führen, die durch geeignete Prüfungsmaßnahmen vermieden werden sollen. Dabei können rechnerische Überprüfungen erleichtert werden, sofern die Anlage in angemessenen Abständen Zwischensummen ausdruckt, die eine rechnerische Überprüfung von Teilabschnitten ermöglicht.

84 Bei EDV-Buchführungen liegt der Schwerpunkt der Prüfung der Rechnungslegung auf der **Prüfung des EDV-Systems**. Dabei handelt es sich um eine Verfahrensprüfung, die sich nicht auf die korrekte Verarbeitung eines einzelnen Geschäftsvorfalles, sondern auf die Zuverlässigkeit des Systems generell, insbesondere die Teilbereiche Programmierung, Belegwesen, Datenerfassung und Datenfluß, Ergebnis, Darstellung (Grundbuch und Konto) und die EDV selbst erstreckt.

Die wesentlichen Prüfungsmaßnahmen teilen sich dabei auf in die Prüfung der Verfahrensdokumentation und in die Prüfung des Verarbeitungsverfahrens.

85 Die Prüfung der **Verfahrensdokumentation** ist der Einstieg in die EDV-Systemprüfung. Dabei ist davon auszugehen, daß die Dokumentation sich in der Regel nicht als geschlossenes Werk darstellt, sondern die zur Dokumentation erforderlichen Unterlagen in verschiedenen Abteilungen verwahrt werden.

Ein Urteil über die Ordnungsmäßigkeit des EDV-Systems kann nur gewonnen werden, wenn das Buchführungssystem anhand der vorgelegten Dokumentation nachgewiesen wird. Sofern die Verfahrensdokumentation unvollständig ist, sind u. a. Listen mit den von der EDV-Anlage ausgedruckten Quellprogrammen bei der Systemprüfung heranzuziehen. Die Ordnungsmäßigkeit der Buchführung kann auch nur festgestellt werden, wenn die Dokumentation jeweils auf dem neuesten

Stand ist und Programmänderungen, die die materielle Verarbeitung des Buchungsstoffes betreffen, nur auf Grund autorisierter Anweisungen erfolgt sind.

86 Die Dokumentation ist im Regelfall vollständig und überprüfbar, sofern sie die folgenden Unterlagen umfaßt:
- Kontenplan
- Organisationsunterlagen (Problembeschreibungen, Aufgabenstellungen, Datenflußpläne)
- Verzeichnis sämtlicher Programme mit übersichtlicher Beschreibung der Programmabläufe; möglichst unter Kennzeichnung der Programmteile, die Buchungen selbst erzeugen
- Regelung der Datenerfassung, Beschreibung der Dateneingabe, Formularmuster der Eingabebelege
- Satzaufbau der Stamm- und Bewegungsdaten
- Beschreibung und Muster der Datenausgabe
- Schlüsselverzeichnisse
- Beschreibung der Kontroll- und Abstimmverfahren
- Anweisungen zur Vor- und Nachbehandlung von Daten durch die Fachabteilungen
- Anweisungen zur Fehlerbehandlung, Verzeichnis der auszudruckenden Fehlerprotokolle
- Anweisungen zur und Nachweis der Datensicherung
- Anweisungen zur Sicherung und Nachweis der ordnungsgemäßen Programmanwendung
- Nachweis der Testbeispiele und Testergebnisse
- Angaben über die jeweilige Gültigkeitsdauer der vorstehenden Unterlagen.

87 Zur Prüfung des **Verarbeitungsverfahrens** werden in der Praxis drei Prüfungstechniken verwandt: Die Arbeitswiederholung mit Hilfe der EDV-Anlage, die Prüfung mit Hilfe von Testfällen und die sachlogische Programmprüfung.

88 Bei der **Arbeitswiederholung mit Hilfe der EDV-Anlage** handelt es sich um die Wiederholung von Programmabläufen vereinzelter in sich geschlossener Arbeitsgebiete. Dabei ist zu beachten, daß diese Prüfungsmethode für sich allein weder die Richtigkeit des Programms bestätigt noch den Nachweis erbringen kann, daß das Programm effektiv verwandt wird. Außerdem kann diese Prüfungsmethode auch nicht den Nachweis erbringen, daß sämtliche Daten vollständig und richtig zur Datenverarbeitung übernommen wurden. Die Arbeitswiederholung mit Hilfe der EDV-Anlage dient lediglich der Bestätigung der auf andere Weise erzielten Ergebnisse der Programmprüfung. Im einzelnen ist eine stichprobenweise Nachverarbeitung eines repräsentativen Teils des jeweiligen Belegmaterials ausreichend. Vor der Arbeitswiederholung mit Hilfe der EDV-Anlage ist zu überprüfen, ob die zur Arbeitswiederholung erforderliche Maschinenzeit zur Verfügung steht (in der Regel nur bei verhältnismäßig kleinen und abrechnungsmäßig wenig umfangreichen Programmen), und ob die gewünschten Ergebnisse ausgedruckt werden können.

89 Bei der **Prüfung mit Hilfe von Testfällen** werden konstruierte Stammdaten und Abrechnungsfälle verarbeitet und mit vorher ermittelten manuellen Ergebnissen verglichen. Die Schwierigkeit dieser Prüfungsmethode liegt in dem Aufbau der Testfälle, die zur Kontrolle der Funktionsfähigkeit der einzelnen Programmschritte geeignet sein müssen. Schon bei einem mittleren Programm kann die Anzahl der möglichen Eingabedatenkombinationen so groß sein, daß es kaum möglich ist, sie umfassend durch Testfälle abzudecken. Außerdem müssen die Testfälle in der Lage sein, die programminternen Kontrollen zu überprüfen, z. B. durch Einbau von Fehlern, die durch die programminternen Kontrollen aufgedeckt werden müßten. Sofern das EDV-Programm durch Testfälle des Unternehmens überprüft wurde, erstreckt sich die Prüfung darauf, ob die dem Testergebnis zugrunde liegenden Testfälle in ihrer Zusammensetzung den genannten Anforderungen genügen.

90 Unter der **sachlogischen Programmprüfung** versteht man die Verfolgung von Einzelprogrammschritten in Programmablaufplänen und Programmlisten. Bei dieser Prüfungsmethode muß der Programmablauf für verschiedene Eingabedatenkombinationen verfolgt werden. Dabei hat der Prüfer ein Urteil darüber zu gewinnen, ob die von ihm hypothetisch gedachten Fälle vom Programm richtig verarbeitet wer-

den. Außerdem hat er festzustellen, ob alle praktisch denkbaren Buchungsfälle berücksichtigt wurden und ob der Programmablauf einen geschlossenen Kreislauf darstellt. Die Schwierigkeit dieser Prüfungsmethode liegt darin, daß auf Grund des Umfangs und der Kompliziertheit eines Programmes erheblicher Zeitaufwand benötigt wird. Außerdem setzt diese Prüfungsmethode beim Prüfer Kenntnisse in der Programmierung voraus, die nur selten anzutreffen sind. Dagegen hat die sachlogische Programmprüfung den Vorteil, daß sie immer durchgeführt werden kann, weil Programmunterlagen stets vorhanden sein müssen und keine Abhängigkeit von dem Eingabematerial besteht.

Soweit möglich, sollte die Prüfung des Verarbeitungsverfahrens kombiniert durchgeführt werden, und zwar durch Anwendung der sachlogischen Programmprüfung und durch die Prüfung von Testfällen.

91 Im Rahmen der Prüfung der EDV-Buchführung hat der Prüfer zu erwägen, ob er die **EDV-Anlage** des zu prüfenden Unternehmens oder eine eigene Anlage als **Prüfungshilfsmittel** verwendet (siehe unter Rz. 58 ff.).

92 Er hat außerdem im Rahmen der **Prüfungsplanung** den geeigneten Zeitpunkt für die Prüfungsmaßnahmen festzulegen. Für das geprüfte Unternehmen ist es dabei aus Kosten- und Zeitgründen sinnvoll, wenn der Prüfer bereits bei der Konzeption des Systems seine Prüfungsmaßnahmen beginnt. Zumindest sollte der Abschlußprüfer vor Programmübernahme seine Tätigkeit beginnen, um spätere Programmänderungen zu vermeiden. Sofern Prüfungen nach Programmübernahme erforderlich werden, insbesondere Prüfungen auf Einhaltung oder Veränderungen des Systems, empfiehlt es sich, diese außerhalb der Hauptprüfung durchzuführen, sofern nicht im Rahmen der Hauptprüfung ausreichend Zeit zur Verfügung steht.

93 Die Prüfung von EDV-Buchführungen hat auch die ordnungsgemäße **Aufbewahrung** zu umfassen. Sofern die Aufbewahrungsfristen (vgl. Teil A Rz. 103 ff.; Teil I Rz. 28 ff.) nicht eingehalten werden, hat der Abschlußprüfer hierauf schriftlich hinzuweisen.

94 Erfolgen die **EDV-Buchführungen** oder einzelne ihrer Teile (Belegerstellung und Kontierung, Erfassung der Geschäftsvorfälle, Verbuchung der Geschäftsvorfälle) **außer Haus,** so ergeben sich aus der Trennung zwischen der Person des buchführungspflichtigen Unternehmens einerseits und der Person, die die organisatorische und technische Erfüllung der Buchführungspflichten übernimmt, andererseits, besondere Probleme. Da das buchführungspflichtige Unternehmen weiterhin die Verantwortung für die Buchführung trägt, muß es durch geeignete Vertragsgestaltung dafür Sorge tragen, daß das externe Rechenzentrum seine Buchführungspflichten ordnungsgemäß erfüllt.

95 **Folgende Verfahren,** in denen sich eine **EDV-Buchführung außer Haus** abwickeln kann, sind möglich:
– die Buchführung wird insgesamt außer Haus geführt; sämtliche Originalbelege werden dem mit der Buchführung betrauten Unternehmen übergeben
– die verbindlichen Buchungsanweisungen werden von den Buchungspflichtigen selbst gegeben, jedoch von dem externen Unternehmen auf maschinell lesbaren Datenträgern erfaßt und verarbeitet
– die verbindlichen Buchungsanweisungen werden von den Buchungspflichtigen gegeben und auf maschinell lesbaren Datenträgern erfaßt, jedoch von dem externen Unternehmen eingegeben und verarbeitet
– die für die Buchführung erforderlichen Daten werden beim Buchführungspflichtigen im Wege der Datenfernverarbeitung auf einem eigenen Gerät unmittelbar eingegeben und von dem externen Unternehmen lediglich verarbeitet, insbesondere gespeichert, programmäßig umgewandelt und gesichert.

96 Mit den **externen Unternehmen** sind die einzelnen abrechnungstechnischen Bedürfnisse vertraglich eindeutig zu definieren und zu beschreiben. Das externe Unternehmen muß vertraglich verpflichtet werden, die Buchungsvorgänge und Abschlußerstellungen nach Maßgabe der Grundsätze ordnungsmäßiger Buchführung durchzuführen. Es muß die zum Verständnis der Buchführung erforderlichen Verfahrensdokumentationen verfügbar halten und sicherstellen, daß auch bei der zusammengefaßten und der parallelen Bearbeitung mehrerer Mandantenbuchführungen in einem

Programm oder in einem Datenspeicher eine sorgfältige und sichere Trennung der Buchführungsinhalte gewährleistet ist.

97 Neben der vertraglichen Beziehung zwischen dem zu prüfenden Unternehmen und dem externen Unternehmen erstreckt sich die Prüfung auf
- die regelmäßige Kontrolle der verarbeiteten Daten durch das buchführungspflichtige Unternehmen, z. B. anhand von Stammdaten, den bei der Datenerfassung gebildeten Abstimmsummen, Belegkreisen usw.
- die jederzeitige Verfügbarkeit der Originalbelege bei dem buchführungspflichtigen Unternehmen oder, sofern diese vorübergehend dem Rechenzentrum zur Verfügung gestellt werden, die jederzeitige Verfügbarkeit von Grundaufzeichnungen, anhand derer die Vollständigkeit der ausgegebenen Belege kontrolliert werden kann. Sofern die Originalbelege beim externen Unternehmen verbleiben, muß der jederzeitige Zugriff durch den Buchführungspflichtigen gewährleistet sein; solange und soweit Originalbelege bei dem externen Unternehmen sind, ist die Rekonstruierbarkeit dieses Materials wegen der Verlustgefahr sicherzustellen;
- (erforderlichenfalls) die Durchführung von Systemprüfungen nach den o. a. Grundsätzen (vgl. Rz. 84ff.); dabei muß der Vertrag zwischen dem buchführungspflichtigen Unternehmen und dem externen Unternehmen die Durchführung der Systemprüfung ermöglichen; statt dessen kann das externe Unternehmen auch durch einen neutralen sachverständigen Prüfer die Ordnungsmäßigkeit des angewandten Systems bestätigen lassen und diese Bestätigung dem buchführungspflichtigen Unternehmen zur Verfügung stellen. Der Prüfer hat in diesem Fall nach seinen berufsrechtlichen Grundsätzen zu entscheiden, ob eine solche Bestätigung eigene Prüfungshandlungen entbehrlich macht (siehe unter Rz. 99ff.).

Vgl. *IdW* FAMA 1/1961; FAMA 1/1972; FAMA 1/1974; FAMA 1/1975; BMF-Schreiben v. 5. 7. 1978, DB 1978, 1470ff.; *Wanik* HdR, 249ff. m. w. N.; *WPH* 1981, 1145ff. m. w. N.

Ergebnisse Dritter, Verwertung bei der Prüfung

99 Der Abschlußprüfer ist berufsrechtlich gehalten, sein Handeln in eigener Verantwortung zu bestimmen. Die **Eigenverantwortlichkeit** verlangt, daß sich der Abschlußprüfer sein Urteil selbst bildet und seine Entscheidungen selbst trifft.

Das Gebot eigenverantwortlichen Handelns schließt jedoch nicht aus, daß der Abschlußprüfer in seiner Verantwortung Prüfungsergebnisse und Untersuchungen anderer Prüfungseinrichtungen und sonstiger Stellen (Dritter) verwertet. Die Eigenverantwortlichkeit begründet lediglich die Verpflichtung, sich bei Verwendung von Ergebnissen Dritter über die Eignung der betreffenden Urteilspersonen in personeller und fachlicher Hinsicht (berufliche Befähigung) und die sachlichen Voraussetzungen (Vollständigkeit der Urteilsgrundlagen, Objektivität der Urteilsbildung) Klarheit zu verschaffen.

100 Die **Verwertung von Ergebnissen anderer Abschlußprüfer** ist in der Regel bei Konzernabschlußprüfungen, bei der Prüfung von Beteiligungen, im Falle eines Prüferwechsels sowie bei einer gemeinschaftlichen Prüfungsdurchführung von praktischer Bedeutung. Die Prüfungsergebnisse anderer Wirtschaftsprüfer oder ähnlich qualifizierter unabhängiger ausländischer Prüfer ist dabei statthaft, es sei denn, daß Anhaltspunkte dafür vorliegen, daß die Prüfungsergebnisse unzutreffend sind. Allerdings übernimmt im Fall einer gemeinschaftlichen Auftragsdurchführung jeder Abschlußprüfer grundsätzlich die volle Verantwortung auch für die jeweils vom anderen Abschlußprüfer geprüften Bereiche. Bei Prüfungsergebnissen ausländischer Abschlußprüfer muß der Abschlußprüfer der ausländischen Rechnungslegungsnormen sowie die berufliche Qualifikation und Unabhängigkeit des ausländischen Abschlußprüfers mit den entsprechenden deutschen Erfordernissen vergleichen und danach entscheiden, ob und in welcher Weise er die Ergebnisse übernehmen oder in Teilen verwerten kann. In Zweifelsfällen sollte dem Abschlußprüfer von dem geprüften Unternehmen die Möglichkeit eingeräumt werden, Auskünfte über Art und Umfang der Prüfungshandlungen des Dritten einzuholen, Einsicht in die Arbeitsunterlagen des Dritten zu nehmen oder an Schlußbesprechungen mit dem Dritten teilzunehmen.

101 Die **Ergebnisse von Prüfungseinrichtungen des geprüften Unternehmens** (inter-

102 Die **Ergebnisse von Untersuchungen sonstiger Einrichtungen** oder **Sachverständiger,** die für den Jahresabschluß des zu prüfenden Unternehmens von Bedeutung sind, sind von dem Abschlußprüfer kritisch zu würdigen und grundsätzlich in eigener Verantwortung nachzuprüfen (z. B. Bewertungsgutachten für Pensionsrückstellungen etc.).

Über den Umfang der Verwertung von Prüfungsergebnissen Dritter sollte im Prüfungsbericht berichtet werden.

Vgl. im einzelnen *WPH* 1981, 1162 ff. m. w. N.; *Klein* HdR, 314 ff. m. w. N.; *IdW* FG 1 1977 Abschn. C VIII; *UEC-Empfehlung zur Abschlußprüfung Nr. 2* FN 1978, 261 ff.

Flowcharts

104 Für die Zwecke der Darstellung von betrieblichen Arbeitsabläufen werden zunehmend **Ablaufdiagramme** (flowcharts) verwendet. Solche Ablaufpläne haben insbesondere im Bereich der EDV besondere Bedeutung, da mit ihnen die Einheiten und Zusammenhänge eines vollständigen Anwendungssystems (z. B. einer Lohn- und Gehaltsabrechnung oder eines Auftragsabwicklungssystems), der Informations- oder Systemfluß, der Fluß der Daten durch ein informationsverarbeitendes System unter Bezeichnung der auszuführenden Funktionen sowie der Datenträger (Datenflußplan) und die Art und Reihenfolge aller Operationen, wie z. B. Entscheidungen, Verzweigungen, Rechenoperationen, Speicheroperationen etc. innerhalb eines EDV-Programms (Programmablaufplan) dargestellt werden.

Um die bei der Erstellung von Datenflußplänen und Programmablaufplänen zu verwendenden Symbole zu vereinheitlichen, hat der Fachnormenausschuß Informationsverarbeitung (FNI) im Deutschen Normenausschuß (DNA) im Jahr 1966 die DIN 66001 (Deutsches Institut für Normung e. V. 1977) entwickelt, in denen Sinnbilder für die Erstellung von Datenflußplänen und Programmablaufplänen wiedergegeben werden. Diese Sinnbilder werden seither nicht nur für Datenfluß- und Programmablaufpläne, sondern auch für die Darstellung allgemeiner und manueller Ablauforganisationen verwandt.

105 Nachfolgend werden die **Sinnbilder** für Datenflußpläne und für Programmablaufpläne wiedergegeben.

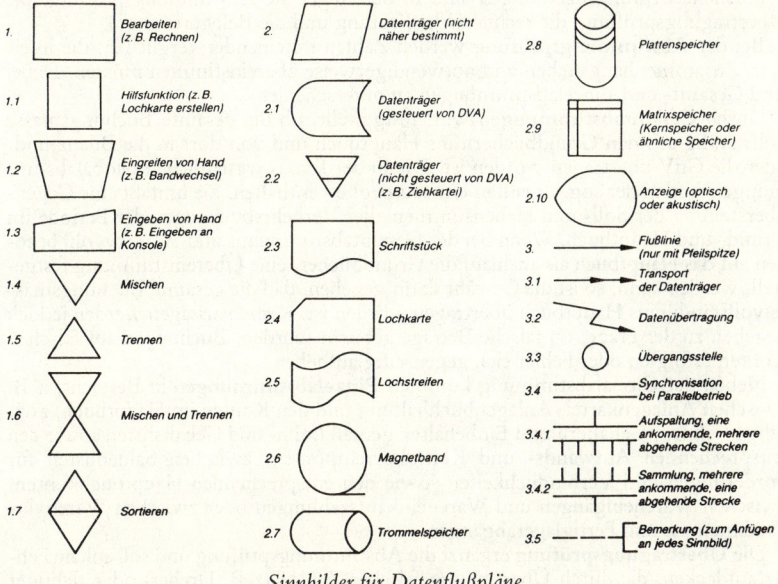

Sinnbilder für Datenflußpläne

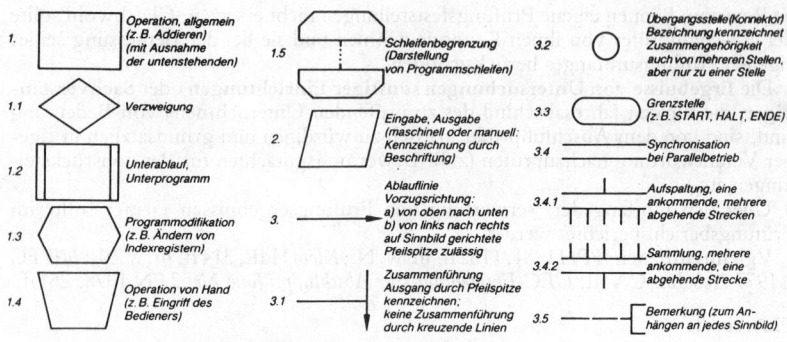

Sinnbilder für Programmablaufpläne

Entnommen aus *Stratmann* HdR 378 ff. m. w. N.

Formelle Berichtskritik

107 Siehe unter Rz. 30.

Formelle Prüfungen

109 Die Prüfungshandlungen lassen sich nach ihrer Zielsetzung in formelle und materielle Prüfungshandlungen unterscheiden.
Die formellen Prüfungshandlungen sind in ihrer Zielsetzung auf
- die ordnungsmäßige Erfassung sämtlicher Geschäftsvorfälle in den Belegen, Büchern und sonstigen Unterlagen der Gesellschaft
- die richtige Verarbeitung des Zahlenmaterials auf allen Stufen des Rechnungswesens bis hin zu den Posten des Jahresabschlusses und
- die Beachtung der formalen Ordnungsprinzipien der Buchführung, die insbesondere vom Handels- und Steuerrecht gesetzt sind,
gerichtet und umfassen auch die rechnerische Richtigkeit der Prüfungsobjekte.
Formelle Prüfungshandlungen sind in der Regel die Abstimmungsprüfung, die Übertragungsprüfung, die rechnerische Prüfung und die Belegprüfung.

110 Bei der **Abstimmungsprüfung** werden Zahlen miteinander verglichen, die in einem Zusammenhang stehen und notwendigerweise übereinstimmen müssen. Dabei sind Gesamt- und Einzelabstimmungen zu unterscheiden.

111 Durch **Gesamtabstimmungen** wird festgestellt, ob die gesamte Buchungsmasse vollständig aus den Grundbüchern ins Hauptbuch und von dort in die Bilanz und/oder die GuV übertragen worden ist. Die in der Praxis wesentlichen Globalabstimmungen sind in der sog. „großen Umsatzprobe" enthalten. Sie umfaßt eine Gegenüberstellung der Soll- und Habensummen aller Verkehrsbuchungen der Periode im Grund- und Hauptbuch. Wenn bei der Gesamtabstimmung, und zwar sowohl bezogen auf das Hauptbuch als auch auf die Grundbücher, eine Übereinstimmung festgestellt werden kann, so ist die Gewähr dafür gegeben, daß die gesamte Buchungsmasse vollständig ins Hauptbuch übertragen worden ist. Keine Aussagen werden jedoch gegeben zu der Frage, ob falsche Beträge gebucht wurden, Buchungen auf falschen Konten erfolgten oder Fehler sich gegenseitig aufheben.

112 Neben der Globalabstimmung kommen **Einzelabstimmungen** in Betracht, z. B. zwischen Anlagenkartei, Anlagenbuchhaltung und den Konten im Hauptbuch, zwischen Löhnen, Gehältern und Einbehalten gemäß Lohn- und Gehaltslisten sowie den entsprechenden Aufwands- und Kontokorrentkonten, zwischen Saldenlisten für Forderungen und Verbindlichkeiten sowie den entsprechenden Hauptbuchkonten, zwischen Wareneingängen und Wareneinkaufszahlungen oder zwischen Warenverkaufsmengen und Fertiglagerabgängen.

113 Die **Übertragungsprüfung** ergänzt die Abstimmungsprüfung und soll solche Fehler aufdecken, die durch Übertragung falscher Zahlen (z. B. Dreher) oder richtiger

Zahlen auf ein falsches Konto entstehen. Von wesentlicher Bedeutung ist dabei die Überprüfung, ob sämtliche Zahlen der Schlußbilanz eines Jahres auf die Bestandskonten des neuen Geschäftsjahres richtig übertragen wurden. Mit dieser Übertragungsprüfung wird die formelle Bilanzkontinuität nachgewiesen. In der Praxis sind darüber hinaus Übertragungsprüfungen von Bedeutung, soweit von einzelnen Konten und Journalseiten oder von Nebenbüchern in Hauptbüchern Überträge erfolgen. Übertragungsprüfungen haben im wesentlichen bei manuellen Buchführungen ihre Bedeutung. Je automatisierter ein Buchführungssystem ist, desto mehr werden Übertragungsprüfungen durch die Prüfung des Systems der automatisierten Buchführung ersetzt.

114 **Rechenprüfungen** sind in der Regel bei manuellen Buchführungen oder bei solchen Buchführungen, die mit nicht rechnenden Maschinen geführt werden, erforderlich. Sie erstrecken sich vor allem auf
- die Hauptbuchkonten (lückenlos)
- die Abschlußbuchungen (lückenlos)
- ausgewählte Teile der Grund-, Neben- und Hilfsbücher
- Belege (in Stichproben)
- Debitoren-Kreditoren-Saldenlisten (in Stichproben)
- Inventurlisten (in Stichproben).

Je automatisierter ein Buchführungssystem ist, desto mehr verlieren Rechenprüfungen ihre Bedeutung. Sie werden bei automatisierten Buchführungssystemen durch die Überprüfung des Systems jeder Buchführung ersetzt.

115 Die **Belegprüfung** ist in der Praxis von besonderer Bedeutung, da sie sicherstellt, daß keine falschen Zahlen in die Buchführung gelangen. Sie erstreckt sich auf die Abstimmung der Belege mit den Eintragungen in den Büchern und die Prüfung des Beleginhalts.

Die Abstimmung der Belege mit den Eintragungen in den Büchern muß auch den Vergleich zwischen Belegdatum und Buchungsdatum beinhalten und außerdem darauf gerichtet sein, daß Belege nicht doppelt verbucht werden (z. B. bei Duplikatbelegen).

Die Prüfung des Beleginhalts erstreckt sich im Regelfall auf
- die rechnerische Richtigkeit der Belege
- den Belegtext, der unmißverständlich sein muß
- die Autorisation bei internen Belegen
- die fortlaufende Numerierung von Belegen, insbesondere bei Kassenbelegen, und die lückenlose Ablage
- das Ausstellungsdatum und das Eingangsdatum der Belege
- die auf den Belegen erforderlichen Verweise auf die angesprochenen Konten.

Im Rahmen der Belegprüfung ist außerdem die ordnungsgemäße Aufbewahrung der Belege und die Beachtung der Aufbewahrungsfristen (vgl. Teil A Rz. 103ff.; Teil I Rz. 28ff.) zu kontrollieren.

Zur Abgrenzung von materiellen Prüfungen vgl. Rz. 157.

Vgl. *WPH* 1981, 1124ff. m. w. N.; *Seicht* HdR 417ff. m. w. N.

Fragebogen als Prüfungshilfsmittel

117 Bei Abschluß- und sonstigen Prüfungen werden häufig Prüfungsprogramme in der Form von Fragebögen verwendet. Mit ihnen kann die Effizienz der Prüfung gesteigert und außerdem kontrolliert werden, ob geplante Prüfungshandlungen bei Beendigung eines Auftrags auch durchgeführt wurden.

Die Fragen können in geschlossener Form (Antwort nur „ja" oder „nein") oder in offener Form (Antwort unter näherer Darlegung des Sachverhalts) gestellt werden. Die geschlossene Form hat den Vorteil, daß die Fragen so aufgebaut werden können, daß eine verneinende Antwort zugleich ein unzulängliches Prüfungsergebnis erkennen läßt. Demgegenüber ist die offene Form flexibler, da individuelle Sachverhalte besser berücksichtigt werden können.

Zweckmäßigerweise werden beide Aufbauformen kombiniert, indem die Möglichkeit geboten wird, zusätzlich zu der Antwort mit „ja" oder „nein" den Sachverhalt zu erläutern.

Zahlen auf ein falsches Konto entstehen. Von wesentlicher Bedeutung ist dabei die Überprüfung, ob sämtliche Zahlen der Schlußbilanz eines Jahres auf die Bestandskonten des neuen Geschäftsjahres richtig übertragen wurden. Mit dieser Übertragungsprüfung wird die formelle Bilanzkontinuität nachgewiesen. In der Praxis sind darüber hinaus Übertragungsprüfungen von Bedeutung, soweit von einzelnen Konten und Journalseiten oder von Nebenbüchern in Hauptbüchern Überträge erfolgen. Übertragungsprüfungen haben im wesentlichen bei manuellen Buchführungen ihre Bedeutung. Je automatisierter ein Buchführungssystem ist, desto mehr werden Übertragungsprüfungen durch die Prüfung des Systems der automatisierten Buchführung ersetzt.

114 **Rechenprüfungen** sind in der Regel bei manuellen Buchführungen oder bei solchen Buchführungen, die mit nicht rechnenden Maschinen geführt werden, erforderlich. Sie erstrecken sich vor allem auf
- die Hauptbuchkonten (lückenlos)
- die Abschlußbuchungen (lückenlos)
- ausgewählte Teile der Grund-, Neben- und Hilfsbücher
- Belege (in Stichproben)
- Debitoren-Kreditoren-Saldenlisten (in Stichproben)
- Inventurlisten (in Stichproben).

Je automatisierter ein Buchführungssystem ist, desto mehr verlieren Rechenprüfungen ihre Bedeutung. Sie werden bei automatisierten Buchführungssystemen durch die Überprüfung des Systems jeder Buchführung ersetzt.

115 Die **Belegprüfung** ist in der Praxis von besonderer Bedeutung, da sie sicherstellt, daß keine falschen Zahlen in die Buchführung gelangen. Sie erstreckt sich auf die Abstimmung der Belege mit den Eintragungen in den Büchern und die Prüfung des Beleginhalts.

Die Abstimmung der Belege mit den Eintragungen in den Büchern muß auch den Vergleich zwischen Belegdatum und Buchungsdatum beinhalten und außerdem darauf gerichtet sein, daß Belege nicht doppelt verbucht werden (z. B. bei Duplikatbelegen).

Die Prüfung des Beleginhalts erstreckt sich im Regelfall auf
- die rechnerische Richtigkeit der Belege
- den Belegtext, der unmißverständlich sein muß
- die Autorisation bei internen Belegen
- die fortlaufende Numerierung von Belegen, insbesondere bei Kassenbelegen, und die lückenlose Ablage
- das Ausstellungsdatum und das Eingangsdatum der Belege
- die auf den Belegen erforderlichen Verweise auf die angesprochenen Konten.

Im Rahmen der Belegprüfung ist außerdem die ordnungsgemäße Aufbewahrung der Belege und die Beachtung der Aufbewahrungsfristen (vgl. Teil A Rz. 103ff.; Teil I Rz. 28ff.) zu kontrollieren.

Zur Abgrenzung von materiellen Prüfungen vgl. Rz. 157.

Vgl. *WPH* 1981, 1124ff. m. w. N.; *Seicht* HdR 417ff. m. w. N.

Fragebogen als Prüfungshilfsmittel

117 Bei Abschluß- und sonstigen Prüfungen werden häufig Prüfungsprogramme in der Form von Fragebögen verwendet. Mit ihnen kann die Effizienz der Prüfung gesteigert und außerdem kontrolliert werden, ob geplante Prüfungshandlungen bei Beendigung eines Auftrags auch durchgeführt wurden.

Die Fragen können in geschlossener Form (Antwort nur „ja" oder „nein") oder in offener Form (Antwort unter näherer Darlegung des Sachverhalts) gestellt werden. Die geschlossene Form hat den Vorteil, daß die Fragen so aufgebaut werden können, daß eine verneinende Antwort zugleich ein unzulängliches Prüfungsergebnis erkennen läßt. Demgegenüber ist die offene Form flexibler, da individuelle Sachverhalte besser berücksichtigt werden können.

Zweckmäßigerweise werden beide Aufbauformen kombiniert, indem die Möglichkeit geboten wird, zusätzlich zu der Antwort mit „ja" oder „nein" den Sachverhalt zu erläutern.

Darüber hinaus kann es zweckmäßig sein, in dem Fragebogen Jahresspalten oder Spalten für Zwischen- und Hauptprüfungen vorzusehen, um auf diese Weise die Entwicklung des Prüfungsgegenstandes erkennbar zu machen.

Der Fragebogen sollte so aufgebaut sein, daß der Name der zu prüfenden Gesellschaft, die Prüfungsperiode, das Handzeichen des Prüfers und das Datum der Bearbeitung verzeichnet werden können. Außerdem sollte ausreichend Platz für Referenzen zu den Arbeitspapieren vorhanden sein.

Beispielhaft wird verwiesen auf den Fragebogen zur Prüfung eines Internen Kontrollsystems eines kleinen Unternehmens (Vgl. den revidierten Vorschlag zur Abschlußprüfung *ASB 14 der UEC* in FN 1985, S. 52 ff., Anlage B) sowie den Fragebogen zur Prüfung des Kontrollsystems bei Einsatz von EDV-Anlagen im Rechnungswesen, der als Anlage zu der Stellungnahme FAMA 1/1974 „Prüfung von EDV-Buchführungen" des Instituts der Wirtschaftsprüfer veröffentlicht ist (vgl. *IdW* FAMA 1/1974). Siehe auch den Fragebogen zur Nachprüfung der Prüfungsqualität (vgl. *IdW* VO 1/1982).

Vgl. *WPH* 1981, 1140 ff. m. w. N.

Funktionentrennung

119   Ein wirksames internes Kontrollsystem setzt voraus, daß bestimmte Funktionen, die Kontrollmechanismen beinhalten, nicht in einer Person oder Abteilung vereinigt sein sollen. Voneinander getrennt werden sollten z. B. verbuchende Funktionen (Finanz- und Betriebsbuchhaltung einschließlich aller Nebenbuchhaltungen), vollziehende Funktionen (z. B. Einkauf, Verkauf) und verwaltende Funktionen (z. B. Lagerverwaltung, Kassenführung). Die i. e. erforderlichen Maßnahmen sind in Teil B bezogen auf die einzelnen Bilanz- und GuV-Positionen im Zusammenhang mit der Prüfung des internen Kontrollsystems dargestellt.

Besonderheiten gelten für kleinere Unternehmen, bei denen aus personellen Gründen eine Trennung verschiedener Funktionen nicht möglich ist (vgl. Rz. 147 ff.).

Geschäftsführung, Prüfung der

121   Die Prüfung der Geschäftsführung ist grundsätzlich nicht Gegenstand einer Jahresabschlußprüfung. Lediglich in Ausnahmefällen ist die Ordnungsmäßigkeit der Geschäftsführung in die Prüfung einzubeziehen.

Zu den einzelnen Geschäftsführungsprüfungen und ihrer Durchführung vgl. *Saage* HdR, 472 ff. m. w. N.

Globalabstimmung und Verprobung

122   Siehe unter Rz. 109 ff.

Grundsätze ordnungsmäßiger Durchführung von Abschlußprüfungen

123   Die Durchführung von Abschlußprüfungen ist nicht im einzelnen gesetzlich geregelt. Die §§ 316–324, 332–334 HGB nF., 403, 404 AktG nF. und die berufsrechtlichen Regelungen enthalten ausfüllungsbedürftige Normen über die Abschlußprüfung und das Verhalten des Berufsangehörigen.

Der Berufsstand der Wirtschaftsprüfer hat in dem Fachgutachten *IdW* FG 1/1977 die Grundsätze ordnungsmäßiger Durchführung von Abschlußprüfungen zusammengestellt, die zur Ausfüllung der gesetzlichen Vorschriften dienen (vgl. außerdem die Grundsätze ordnungsmäßiger Berichterstattung bei Abschlußprüfungen und die Grundsätze für die Erteilung von Bestätigungsvermerken bei Abschlußprüfungen, *IdW* FG 2/1977; FG 3/1977; sowie unter Rz. 18 ff. und Rz. 32 ff.).

Die vom Institut der Wirtschaftsprüfer zusammengefaßten Grundsätze ordnungsmäßiger Durchführung von Abschlußprüfungen wurden auf eine Gesetzmäßigkeits- und Ordnungsprüfung im Sinne des Aktiengesetzes und damit auch im Sinne des HGB nF. abgestellt. Sie gelten analog auch für andere förmliche Prüfungen und verwandte Berufsaufgaben.

Danach sind folgende Grundsätze bei der Durchführung von Abschlußprüfungen zu beachten:

124 Prüfung der Einhaltung von Gesetz und Satzung: Der Prüfer hat die Beachtung folgender Normen zu prüfen: Gesetzliche Rechnungslegungsvorschriften; Satzung und Beschlüsse der Gesellschafterversammlung, soweit sich diese auf den Jahresabschluß auswirken; andere Vorschriften, z. B. des Steuerrechts, des Sozialversicherungsrechts, des Außenwirtschaftsrechts, etc. betreffen die Abschlußprüfung nur insoweit, als die durch die Nichtbeachtung dieser Vorschriften entstehenden Risiken in der Rechnungslegung zu berücksichtigen sind. Bei schwerwiegenden Verstößen muß der Abschlußprüfer jedoch die Organe des geprüften Unternehmens unverzüglich hiervon unterrichten. Auf die Aufdeckung und Aufklärung strafrechtlicher Tatbestände ist die Abschlußprüfung nicht ausgerichtet. Zur Aufdeckung von Unterschlagungen und ähnlichen Straftaten ist der Prüfer nur verpflichtet, wenn sie bei ordnungsmäßiger Durchführung der Abschlußprüfung mit deren Methoden feststellbar ist.

125 Prüfung der Einhaltung der Grundsätze ordnungsgemäßer Buchführung: Die Grundsätze ordnungsgemäßer Buchführung ergänzen die gesetzlichen Vorschriften über die Buchführung und Rechnungslegung. Auf sie wird zum Teil in den gesetzlichen Regelungen ausdrücklich verwiesen. Die Abschlußprüfung hat sich daher auch auf die Einhaltung der Grundsätze ordnungsgemäßer Buchführung zu erstrecken. Den Abschlußprüfer trifft in diesem Zusammenhang auch die Pflicht, sich über die fachliche Entwicklung im Bereich der Grundsätze ordnungsgemäßer Buchführung auf dem laufenden zu halten.

126 Beachtung fachlicher Verlautbarungen: Abschlußprüfer sind unabhängig davon, ob es sich um Wirtschaftsprüfer oder vereidigte Buchprüfer handelt, verpflichtet, sorgfältig zu prüfen, ob die von ihrer Berufsorganisation oder ihren Berufsverbänden, z. B. die vom Institut der Wirtschaftsprüfer abgegebenen Äußerungen, z. B. Fachgutachten und Stellungnahmen in dem von ihm zu bearbeitenden Fall anzuwenden sind. Diese Äußerungen geben nämlich die Auffassung des jeweiligen Berufsstandes zu fachlichen Fragen, insbesondere zu der Prüfung und Bilanzierung, wieder. Die Nichtbeachtung kann daher in einem berufsgerichtlichen Verfahren sowie in Regreßfällen zum Nachteil des Prüfers ausgelegt werden.

Planung und **Beaufsichtigung der Abschlußprüfung.** Siehe unter Rz. 162 ff., 188.

127 Art und Umfang der Prüfungshandlungen im allgemeinen: Der Prüfer muß Art und Umfang der Prüfungshandlungen gewissenhaft und mit berufsüblicher Sorgfalt so bemessen, daß eine sichere Beurteilung der Gesetz- und Ordnungsmäßigkeit der Rechnungslegung möglich ist. Den organisatorischen Gegebenheiten des zu prüfenden Unternehmens, der Bedeutung des einzelnen Prüfungsgegenstandes, sowie dem Fehlerrisiko ist dabei Rechnung zu tragen. Die Zielsetzung der Abschlußprüfung erfordert dabei im allgemeinen keine lückenlose Prüfung. Die Prüfungshandlungen sind vielmehr unter Berücksichtigung der Organisationsform, der Technik des Rechnungswesens und des internen Kontrollsystems so auszuwählen, daß die notwendigen Feststellungen zeitgerecht und in wirtschaftlicher Weise gewonnen werden können. Bei einer Prüfung in Stichproben kann der Abschlußprüfer, soweit zweckmäßig, auch mathematisch statistische Methoden anwenden. Dabei ist der notwendige Sicherheitsgrad unter Beachtung der Bedeutung des einzelnen Prüfungsgegenstandes und des Fehlerrisikos zu bemessen. Die Bedeutung des einzelnen Gegenstandes ergibt sich aus dessen absolutem und relativem Wert. Bei der Abschätzung des Fehlerrisikos ist der Stand des internen Kontrollsystems von besonderer Bedeutung. Soweit durch Stichproben Verstöße oder Fehler aufgedeckt werden, müssen die Prüfungshandlungen ausgedehnt werden (vgl. Rz. 192 ff.).

128 Prüfung des internen Kontrollsystems: Der Prüfer muß jeweils unter den gegebenen Verhältnissen entscheiden, welche Stellung und welches Gewicht der Prüfung des internen Kontrollsystems im Rahmen der Jahresabschlußprüfung beizulegen ist und seine Prüfungshandlungen danach auszurichten. Mit der Größe des zu prüfenden Unternehmens und dem Grad der Automatisierung des Rechnungswesens wächst die Bedeutung der Prüfung des internen Kontrollsystems als sachgemäßer und vorrangiger Prüfungshandlung. Wesentliche Schwächen und Unzulänglichkeiten des internen Kontrollsystems erfordern eine entsprechende Ausdehnung und Vertiefung der weiteren Prüfungshandlungen (zur Prüfung des internen Kontrollsystems siehe die Ausführungen zu den einzelnen Bilanzpositionen sowie unter Rz. 138 ff.)

129 **Prüfung von Bestandsnachweisen:** Sofern die Vorräte des zu prüfenden Unternehmens absolut oder relativ von Bedeutung sind, hat der Abschlußprüfer gewissenhaft zu prüfen, ob und in welchem Umfang seine Anwesenheit bei der körperlichen Bestandsaufnahme der Vorräte erforderlich ist, um sich durch eigene Beobachtung von der Zuverlässigkeit des Aufnahmeverfahrens und von der Ordnungsmäßigkeit der Handhabung zu überzeugen. (vgl. Teil B Rz. 582 ff.) Für von Dritten verwahrtes Vermögen sind Bestätigungen der Verwahrer einzuholen. Bei der Prüfung des Nachweises von Forderungen und Verbindlichkeiten einschließlich von Eventualverbindlichkeiten sind Saldenbestätigungen heranzuziehen, sofern die Höhe der Forderugnen oder Verbindlichkeiten absolut oder relativ von Bedeutung ist. (vgl. Teil B Rz. 679 ff.) Von der Einholung von Saldenbestätigungen kann jedoch abgesehen werden, wenn nach Art der Erfassung, Verwaltung und Abwicklung der Forderungen der Nachweis in anderer Weise einfacher und zuverlässiger erbracht werden kann.

Verwertung von Prüfungsergebnissen und Untersuchungen Dritter, siehe unter Rz. 99 ff.

130 **Einholung der Vollständigkeitserklärung:** Zu den Grundsätzen ordnungsmäßiger Abschlußprüfung zählt auch die Einholung einer Vollständigkeitserklärung (vgl. Rz. 234). Die Vollständigkeitserklärung bietet jedoch keinen Ersatz für eigene Prüfungshandlungen des Abschlußprüfers.

131 **Nachweis der Prüfungsdurchführung:** Arbeitspapiere müssen die vorgenommenen Prüfungshandlungen nach Art, Umfang und Ergebnis angemessen dokumentieren (siehe unter Rz. 3 ff.).
Vgl. *IdW* FG 1/1977 *Rückle* HdR, 554 ff. m. w. N.

Grundsätze ordnungsmäßiger Speicherbuchführung

133 Siehe unter Rz. 76 ff.

Hauptabschlußübersicht, Prüfung der

135 Vor der Prüfung der einzelnen Bilanzpositionen ist es erforderlich, die dem Jahresabschluß zugrunde liegende Hauptabschlußübersicht/Saldenbilanz zu überprüfen. Zu diesem Zweck sind die Vorträge der Hauptabschlußübersicht/Saldenbilanz mit dem Jahresabschluß des Vorjahres lückenlos abzustimmen.
Die Endsalden sind lückenlos mit dem Hauptbuch abzustimmen.
Es muß gewährleistet sein, daß die Hauptabschlußübersicht rechnerisch richtig ist.
Es muß sichergestellt sein, daß alle Um- und Nachbuchungen in einer detaillierten Nachbuchungsliste erfaßt sind und in das Kontenwerk übernommen werden.
Die Endsalden nach Vornahme der Umbuchungen sind mit dem Jahresabschluß abzustimmen.
Zur Erleichterung der Abstimmaßnahmen empfiehlt es sich, diejenigen Konten, die in dem Jahresabschluß zusammengefaßt (insbesondere unter den Positionen sonstige Vermögensgegenstände, sonstige Verbindlichkeiten, sonstige betriebliche Erträge bzw. Aufwendungen) ausgewiesen werden, in ihrer Zusammenfassung auf der Hauptabschlußübersicht zu kennzeichnen.

Indirekte Prüfung

136 Bei „indirekten" Prüfungshandlungen wird im Gegensatz zu „direkten" Prüfungshandlungen nicht eine auf das Prüfungsobjekt direkt entwickelte Prüfungsnorm herangezogen, sondern eine Vergleichsgröße, die mit dem Prüfungsobjekt in einem funktionalen Zusammenhang steht. Die indirekte Prüfung wird häufig auch als **„Plausibilitätsprüfung"** oder **„Verprobung"** bezeichnet. Sie führt in der Regel zu Global- oder Pauschalergebnissen und ist damit nur innerhalb gewisser Grenzen aussagefähig und keineswegs so beweiskräftig wie die Ergebnisse der direkten Prüfung. Indirekte Prüfungsmaßnahmen werden daher in der Regel ergänzend zu direkten Prüfungsmaßnahmen vorgenommen. Außerdem sind indirekte Prüfungen geeignet, Fehlerquellen relativ schnell zu erkennen.

Indirekte Prüfungen werden in der Regel durch Verwendung von Vergleichszahlen oder von Kennzahlen durchgeführt.
Die Prüfung mit Hilfe von Vergleichszahlen kann durch Anwendung eines Soll-Ist-Vergleichs, eines Periodenvergleichs oder eines zwischenbetrieblichen Vergleichs durchgeführt werden. Auf diese Weise können Abweichungen gegenüber den Vergleichszahlen auf ihre Plausibilität überprüft werden.
Die Prüfung mit Hilfe von Kennzahlen verwendet Zahlen, die sich aus der Relation von Abschlußzahlen ergeben (z. B. Cash flow, Verhältnis von Eigen- zu Fremdmitteln, Deckungsverhältnisse etc.). Die Kennzahlen geben Aufschluß über die Tendenz der wirtschaftlichen Entwicklung. Sie können darüber hinaus in Vergleich gesetzt werden zu branchenspezifischen Kennzahlen, die in statistischen Jahrbüchern oder von Banken veröffentlicht werden.
Vgl. *WPH* 1981, 1131 ff. m. w. N.; siehe auch unter Rz. 72, 226.

Internes Kontrollsystem

138 Das interne Kontrollsystem umfaßt sowohl den Organisationsplan als auch sämtliche aufeinander abgestimmte Methoden und Maßnahmen in einem Unternehmen, die dazu dienen, sein Vermögen zu sichern, die Genauigkeit und Zuverlässigkeit der Abrechnungsdaten zu gewährleisten und die Einhaltung der vorgeschriebenen Geschäftspolitik zu unterstützen. Es hat damit folgende **Aufgaben:**
- Sicherung und Schutz des vorhandenen Vermögens vor Verlusten aller Art
- Gewinnung genauer, aussagefähiger und zeitnaher Aufzeichnungen
- Förderung des betrieblichen Wirkungsgrades durch Auswertung der Aufzeichnungen
- Unterstützung der Befolgung der vorgeschriebenen Geschäftspolitik, vgl. *WPH* 1981, 1134

139 Für die Abschlußprüfung sind dabei im wesentlichen nur die **Sicherung und der Schutz des vorhandenen Vermögens** vor Verlusten aller Art sowie die Gewinnung aussagefähiger und zeitnaher Aufzeichnungen von Bedeutung. Die dazu erforderlichen Maßnahmen zur Gewährleistung und Prüfung eines internen Kontrollsystems sind bei den jeweiligen Bilanzpositionen im einzelnen aufgeführt (vgl. Teil B). Die für ein funktionierendes internes Kontrollsystem geforderte Organisation des betrieblichen Arbeitsablaufs setzt voraus, daß detaillierte Dienst- und Arbeitsanweisungen – möglichst in schriftlicher Form – für alle Arbeitsgänge vorliegen, die für die Bearbeitung eines Vorgangs innerhalb des Unternehmens erforderlich sind. Dabei ist es zweckmäßig, vorgedruckte Belege und Formulare zu verwenden, um den Arbeitsablauf weitestmöglich zu schematisieren. Abweichungen von diesen schematisierten Arbeitsabläufen sollten Kontrollinstanzen gemeldet und von diesen – soweit erforderlich – beseitigt werden.

140 Zu den Methoden und Maßnahmen, die von einem internen Kontrollsystem umfaßt werden, zählt außerdem die **Funktionentrennung** (vgl. auch Rz. 119). Es ist erforderlich, daß bestimmte Funktionen voneinander getrennt sein müssen, um zu gewährleisten, daß die Aufgabenstellung des internen Kontrollsystems erreicht werden kann. Es ist generell erforderlich, daß vollziehende Funktionen (z. B. Einkauf, Verkauf), verbuchende Funktionen (z. B. Finanz- und Betriebsbuchhaltung einschließlich aller Nebenbuchhaltungen) und verwaltende Funktionen (z. B. Lagerverwaltung, Kassenführung) voneinander getrennt sind. Im einzelnen wird auf die Prüfung des internen Kontrollsystems und der Funktionentrennung bei den jeweiligen Bilanzpositionen in Teil B verwiesen.

141 Ein funktionierendes internes Kontrollsystem setzt außerdem voraus, daß keine Arbeit ohne **Kontrolle** bleibt. Dazu ist es erforderlich, daß die Durchführung einer Arbeit mit den Ergebnissen einer anderen hiervon unabhängig erstellten Arbeit abgestimmt werden. Hierbei können drei Fälle unterschieden werden (vgl. *WPH* 1981, 1135).
- Die Kontrolle ist dem Arbeitsgang vorgeschaltet, z. B. Erfassung und Addition der Verrechnungsschecks beim Posteingang und tägliche Abstimmung des hierbei ermittelten Betrages mit der Buchhaltung;

- Die Kontrolle ist dem Arbeitsgang gleichgeschaltet, z. B. wenn innerbetriebliche Reparaturscheine von einem Sachbearbeiter nach ausführenden Kostenstellen, von einem anderen Sachbearbeiter nach belasteteten Kostenstellen bzw. Aktivierungen und Weiterberechnungen ausgewertet und die Endergebnisse unmittelbar miteinander verglichen werden;
- Die Kontrolle ist dem Arbeitsgang nachgeschaltet, z. B. wenn die rechnerische Richtigkeit der Kassenführung bei der Verbuchung der Kassenbelege in der Buchhaltung kontrolliert wird.

Die Kontrollen – insbesondere maschineller Art – können auch in Form von Plausibilitätskontrollen erfolgen, bei denen nicht einzelne Werte miteinandner abgestimmt werden, sondern lediglich die Plausibilität des Ergebnisses eines Arbeitsgangs beurteilt wird (vgl. Rz. 136, 226).

142 Um die von einem internen Kontrollsytem vorausgesetzten Erfordernisse zu erreichen, ist ein **Organisationsplan** erforderlich, der die Ablauforganisation im einzelnen festlegt, auf die Funktionentrennung achtet und die erforderlichen Kontrollen vorsieht.

143 Zur Realisierung dieses Organisationsplanes bedarf es detaillierter **Dienst- und Arbeitsanweisungen,** die Verwantwortlichkeiten und Zuständigkeiten festlegen und der Qualifikation der Beschäftigten gerecht werden. Die Anweisungen sollten festlegen, wer die einzelnen Tätigkeiten auszuführen hat, auf welche Weise sie zu erledigen sind und wann regelmäßig wiederkehrende Arbeiten vorgenommen werden sollten. Außerdem sollten die Anweisungen auch bestimmen, wer die erforderlichen Kontrollen vorzunehmen hat. Die Anweisungen sollten möglichst schriftlich gegeben werden.

144 Zu den Arbeitsanweisungen gehört auch ein detaillierter **Kontenplan** und erforderlichenfalls Kontierungsrichtlinien für die Eingabe von Geschäftsvorfällen in die Buchhaltung. Zur Kontrolle der hierbei anfallenden Arbeitsgänge sollte eine regelmäßige Kontenpflege vorgesehen werden.

Die von einem internen Kontrollsystem vorausgesetzten Kontrollen können manuell durch Vergleich, Nachrechnen, Abstimmen, Anfertigung von numerierten Belegsätzen, Gegenzeichnungen von Belegen, Belegentwertung, Ablage von Büchern und Belegen unter Verschluß und Belegausgabe gegen Quittung erfolgen. Sie können auch maschinell ausgeführt werden durch z. B. Fahrtenschreiber, Stechuhren, Wiegeeinrichtungen, Registrierkassen oder Kontrollen im Rahmen einer EDV.

Bestimmte Dienst- und Arbeitsanweisungen können durch vorgedruckte Belege oder Formulare sichergestellt werden, die den Bearbeiter zur Einhaltung eines durch die Dienst- und Arbeitsanweisungen geschaffenen Systems zwingen. Dabei sollte ein bestimmter Belegfluß vorgesehen werden, der durch Vordrucke oder Stempel, Bearbeitungsdatum, Namenszeichen des jeweiligen Bearbeiters belegt wird.

145 Auch bei einem funktionierenden internen Kontrollsytem ist es erforderlich, daß dieses regelmäßig auf seine Funktionsfähigkeit überprüft wird. Diese **Überprüfungsmaßnahmen** obliegen bei kleineren Utnernehmungen der Geschäftsleitung, bei größeren Unternehmen der internen Revision.

Zu den Besonderheiten eines internen Kontrollsystems bei prüfungstechnisch kleineren Unternehmen siehe unter Rz. 147 ff.

Vgl. *WPH* 1981, 1134 ff. m. w. N.

Kleine Unternehmen, Besonderheiten bei der Prüfung des Jahresabschlusses

147 Die Größenordnung der Unternehmen hat nicht nur Einfluß auf die Publizität des Jahresabschlusses und die Prüfungspflicht nach dem HGB nF., sie kann auch zu Besonderheiten bei der Jahresabschlußprüfung führen, sofern es sich bei dem Unternehmen um ein „kleines" **Unternehmen** handelt. Dabei wird unter „klein" nicht die Größenbeschreibung im Sinne von § 267 Abs. 1 HGB nF. verstanden. Für die Einordnung als „kleines" Unternehmen kommt es hier vielmehr – unabhängig von den Größenordnungsmerkmalen des § 267 HGB nF. – darauf an, daß die nachfolgend genannten Besonderheiten ganz oder zum Teil vorliegen und es rechtfertigen, das Unternehmen als „klein" zu bezeichnen:

Kleinere Unternehmen. Besonderheiten bei Jahresabschluß-Prüfung **148–151 C**

- Die Leitung des Unternehmens befindet sich in der Hand einer oder weniger Personen, die die Funktionen im Bereich von Einkauf, Absatz, Produktion, Personalwesen sowie im Finanz- und Rechnungswesen ganz oder zum wesentlichen Teil auf sich vereinigen.
- Die Geschäftsleitung und ihre Familienangehörigen sind Eigentümer des gesamten oder des größeren Teils des Unternehmens.
- Die Eigentumsrechte und die Fähigkeiten der Geschäftsleitung sichern ihr einen bestimmenden Einfluß auf die Geschicke des Unternehmens in allen entscheidenden Bereichen.
- Der Eigentümer/Geschäftsführer wird in die wesentlichen täglichen Routineangelegenheiten eingeschaltet.
- Es werden nur wenige Mitarbeiter beschäftigt, so daß eine angemessene Funktionentrennung nicht gewährleistet werden kann.
- Die Verfahrensabläufe des Unternehmens sind einfach angelegt.
- Der Eigentümer/Geschäftsführer vertraut in großem Maße auf die von externen Beratern erbrachten Dienstleistungen.

(Vgl. den revidierten Vorschlag *ASB 14 der UEC* FN 1985, 52 ff.).

148 Im Bereich des betrieblichen Rechnungswesens und der internen Kontrollen haben die vorgenannten Besonderheiten zur Folge, daß die Geschäftsleitung in größerem Umfang persönlich mitwirkt. Es werden informelle Verfahren der Berichterstattung, Analyse, Planung und Kontrolle angewandt. Die geringe Anzahl der Mitarbeiter des Unternehmens führt dazu, daß die Mitarbeiter des Rechnungswesens und der Verwaltung auch Zugang zu den Vermögensgegenständen des Unternehmens erhalten. Die Kontrollen im Bereich der Buchhaltung und des übrigen Rechnungswesens sind einfach angelegt. Schließlich werden Teilbereiche der Buchhaltung und des übrigen Rechnungswesens durch externe Berater geführt, u. U. von dem Abschlußprüfer, sofern seine Berufsgrundsätze dies erlauben.

149 Der Abschlußprüfer muß sich im Rahmen seiner Prüfung ein Urteil darüber bilden, ob das zu prüfende Unternehmen unter Berücksichtigung der vorgenannten Besonderheiten als „klein" zu beurteilen ist. Sofern er zu diesem Urteil gelangt, gilt zunächst als Grundsatz, daß das Prüfungsurteil nach denselben Grundsätzen zu bilden ist wie bei größeren Unternehmen. Die Buchführung, die Nachweise für die Vermögens- und Schuldpositionen des Unternehmens sowie die übrigen Aufzeichnungen des Rechnungswesens müssen das gleiche Maß an Sicherheit bieten, wie es bei größeren Unternehmen gefordert wird.

150 Auswirkungen ergeben sich lediglich im Hinblick auf die **Überprüfung der internen Kontrollen**, die auf Grund der Größe des Unternehmens nicht in gleicher Weise angelegt sein können wie bei größeren Unternehmen. Aus diesem Grunde empfiehlt es sich, die internen Kontrollen des kleinen Unternehmens weniger eingehend zu prüfen und zu beurteilen. Statt dessen sollte der Schwerpunkt auf die **Prüfung einzelner Geschäftsvorfälle** sowie auf die **analytische Durchsicht der Konten** (vgl. Rz. 1) gelegt werden.

151 Der **Prüfungsablauf** kann sich danach wie folgt gestalten:
- Der Abschlußprüfer sollte zunächst gründliche Kenntnisse von der Art und dem Umfang der Geschäftstätigkeit des Unternehmens gewinnen.
- Er sollte zusammen mit der Geschäftsleitung die Erstellung und die Prüfung des Jahresabschlusses planen und dabei auftretende Problembereiche sowie die erwarteten Ergebnisse erörtern.
- Er sollte sich Gewißheit darüber verschaffen, daß
  - alle Geschäftsvorfälle sowie sonstige für das Rechnungswesen bedeutsame Informationen, die aufzeichnungspflichtig sind, auch tatsächlich aufgezeichnet werden
  - Irrtümer oder Unregelmäßigkeiten in der Verarbeitung dieser Informationen offenbar werden
  - die aufgezeichneten Aktiva und Passiva auch tatsächlich vorhanden und betragsmäßig zutreffend aufgezeichnet sind
- Der Abschlußprüfer sollte sich davon überzeugen, daß sich die Geschäftsleitung für die Vermögensgegenstände des Unternehmens sowie für die Einrichtung und Aufrechterhaltung eines Systems des betrieblichen Rechnungswesens sowie der

dafür erforderlichen Kontrollen verantwortlich fühlt. Diese Kontrollen können von der Geschäftsleitung selbst oder von dritten Personen ausgeführt werden und der Größe des Unternehmens angemessen sein. Die Prüfung des Kontrollsystems kann anhand eines Fragebogens durchgeführt werden wie er z. B. als Anlage zu dem revidierten Vorschlag *ASB 14 der UEC*, FN 1985, 52ff. genommen wurde. Sie sollten zumindest die folgenden Maßnahmen umfassen:
- Genehmigung von Geschäftsabschlüssen durch vorherige Ermächtigung oder persönliche Genehmigung vor bzw. bei Zahlungsanweisungen (z. B. durch Gegenzeichnung von Schecks, Lohnlisten, Gutschriftsanzeigen, Bestellungen, Kontenabstimmung und Kreditinstituten, Kassenbücher, Abstimmungen etc.)
- Durchsicht der Kasseneinzahlungsbelege bei Barverkäufen, um den auf dem Kassenstreifen ausgewiesenen Gesamtbetrag mit dem Bestand abzustimmen
- Durchsicht der Eingangspost und der Kundenbeschwerden
- Durchsicht und Abzeichnung von Aufzeichnungen, die Kontrollen ermöglichen wie Verkaufsberichte, Auftragseingangsübersichten, Inventare, Kostenrechnungen etc.; Auswertung dieser Übersichten durch Vergleich mit den für Planungszwecke zugrunde gelegten Ansätzen unter Einbeziehung der Kenntnis der Geschäftstätigkeit
- Durchsicht der Außenstände anhand des Altersaufbaus sowie Genehmigung eventueller Ausbuchungen oder Abschreibungen
– Häufige Abwesenheit der Geschäftsleitung vom Betrieb oder die Vernachlässigung der Leitungsfunktion geben insoweit Anzeichen, daß die von der Geschäftsleitung oder den von diesen beauftragten Personen durchzuführenden Kontrollen nicht wirksam sind.
– Der Verfahrensablauf des Rechnungswesens und der Kontrollen ist in den Arbeitspapieren festzuhalten.
– Es sind in ausreichendem Umfang unter Berücksichtigung der Funktionsfähigkeit des Kontrollsystems Belegprüfungen (vgl. Rz. 115) bei einzelnen Geschäftsvorfällen vorzunehmen. Diese umfassen die Prüfung von Belegen und sonstigen Aufzeichnungen, insbesondere Inventaren sowie die Einholung von Bestätigungen Dritter in Bezug auf ausgewählte Geschäftsvorfälle oder Salden.
– Der Jahresabschlußprüfer hat festzustellen, ob die Posten des Jahresabschlusses die ihnen zugrunde liegenden Ereignisse und Geschäftsvorfälle gemäß den Aufzeichnungen des Unternehmens ordnungsgemäß wiedergeben.
– Er hat auf Grund einer analytischen Durchsicht der Konten (vgl. Rz. 3) aussagefähige Verhältniszahlen zu bilden, Vergleiche mit abgelaufenen Zeiträumen vorzunehmen und hiervon ausgehend die betriebliche Tätigkeit und die Finanz- und Ertragslage zu beurteilen. Dabei können sowohl die Erwartungen als auch die Kenntnisse der Geschäftstätigkeit des Unternehmens zur Beurteilung herangezogen werden.
– Der Jahresabschluß ist mit der Geschäftsleitung zu erörtern, um sicherzustellen, daß diese sich über das Ergebnis der Prüfung bewußt ist.
– Der Abschlußprüfer sollte eine berufsübliche Vollständigkeitserklärung einholen.

152 Sollte der Prüfer nicht in der Lage sein, den von dem Unternehmen bzw. der Geschäftsleitung vorgesehenen Kontrollen zu vertrauen, können **Ereignisse nach dem Bilanzstichtag** für die Durchführung von Einzelfallprüfungen herangezogen werden (z. B. zur Beurteilung von rückstellungspflichtigen Risiken etc.). Außerdem sollte bei nicht ausreichenden Kontrollen der Eigentümer/die Geschäftsleitung über die erkannten Schwächen informiert werden und Empfehlungen zu deren Behebung erhalten. Dies sollte in schriftlicher Form erfolgen und erkennen lassen, welche Kontrollen der Beurteilung unterzogen wurden und welche nicht.

153 Hinsichtlich der Erteilung des **Bestätigungsvermerks** gelten dieselben Grundsätze wie bei großen Unternehmen. Er ist uneingeschränkt in der Form des § 322 HGB nF. zu erteilen, wenn nach dem abschließenden Ergebnis der Prüfung keine Einwendungen zu erheben sind. Unwesentliche Beanstandungen schließen die Erteilung eines uneingeschränkten Bestätigungsvermerks nicht aus. Einschränkungen sind geboten, wenn nach dem abschließenden Ergebnis der Prüfung Einwendungen zu erheben sind, die sich aus Verstößen gegen Normen über die Buchführung, den Jahresabschluß in Bezug auf Ausweis, Nachweis und Bewertung, den Lagebericht

oder bei nicht ausreichender Erfüllung von Aufklärungs- und Vorlegungspflichten ergeben. Nur wenn ein Positivbefund nicht möglich ist, ist der Bestätigungsvermerk zu versagen (vgl. Rz. 32 ff.).
(Vgl. Revidierter Vorschlag *ASB 14 der UEC*, FN 1985, 52 ff.; *WPH* 1981, 1138 ff.).

Materielle Berichtskritik
155 Siehe unter Rz. 30.

Materielle Prüfungen
157 Die Prüfungshandlungen lassen sich nach ihrer Zielsetzung in formelle (vgl. Rz. 109 ff.) und materielle Prüfungshandlungen unterscheiden.

Materielle Prüfungen sind darauf gerichtet, ,,die inhaltliche Richtigkeit der einzelnen Posten des Jahresabschlusses, insbesondere deren Bewertung, festzustellen".

Typische materielle Prüfungshandlungen sind
– die Prüfung der Bewertung der einzelnen Bilanzpositionen
– die Analyse der Ertrags-, Vermögens-, Finanz- und Liquiditätslage

Eine exakte Abgrenzung zu formellen Prüfungshandlungen ist nicht möglich, da formelle Prüfungshandlungen ebenfalls materiellen Charakter haben und daher von ihrer Zielsetzung her sich mit materiellen Prüfungshandlungen vermischen.

Die bei einer Jahresabschlußprüfung vorzunehmenden wesentlichen materiellen Prüfungen werden bei den jeweiligen Positionen des Jahresabschlusses in Teil B aufgezeigt.

Nachtragsprüfung
159 Nach § 316 Abs. 3 HGB nF. und § 173 Abs. 3 AktG nF. hat der Abschlußprüfer eine Nachtragsprüfung durchzuführen, sofern der Jahresabschluß oder der Lagebericht nach Vorlage des Prüfungsberichtes geändert wird. Die geänderten Unterlagen sind erneut zu prüfen, soweit es die Änderung erfordert.

Über das Ergebnis der Prüfung ist zu berichten. Dabei können entsprechend dem Wunsch des Auftraggebers die Änderungen in den bisherigen Prüfungsbericht eingearbeitet werden. In diesem Fall müssen sämtliche Exemplare des Prüfungsberichts zurückgefordert und der Prüfungsbericht neu erstattet werden. Es ist jedoch auch möglich, einen Nachtragsbericht zu erstatten, der sich lediglich auf die Änderungen bezieht.

Im Fall einer Nachtragsprüfung wird der bereits erteilte Bestätigungsvermerk unwirksam. Nach Abschluß der Nachtragsprüfung ist der Bestätigungsvermerk mit neuem Datum zu erteilen oder gegebenenfalls zu versagen.

War der Jahresabschluß noch nicht veröffentlicht, so ist es nicht erforderlich, von dem gesetzlichen Wortlaut des Bestätigungsvermerks abzuweichen und von einem geänderten Jahresabschluß zu sprechen.

160 War der Jahresabschluß hingegen bereits veröffentlicht, so sollte in dem ergänzten Bestätigungsvermerk zum Ausdruck gebracht werden, daß dieser sich auf einen neu vorgelegten Jahresabschluß bezieht. Zu diesem Zweck kann ein Zusatz zu dem Bestätigungsvermerk mit folgendem Wortlaut gegeben werden:

,,Diesen Bestätigungsvermerk erteile(n) ich (wir) auf Grund meiner (unserer) am .... abgeschlossenen Abschlußprüfung sowie der Nachtragsprüfung in Bezug auf ...."

Soweit im Hinblick auf die von der Gesellschaft vorgenommenen Änderungen der Bestätigungsvermerk uneingeschränkt erteilt werden kann, bezüglich der übrigen Teile des Jahresabschlusses aber eingeschränkt bleiben muß, ist in dem Bestätigungsvermerk darauf hinzuweisen, daß er uneingeschränkt nur hinsichtlich der Änderungen, nicht aber bezüglich der übrigen Teile des Jahresabschlusses gilt.

Vgl. *WPH* 1981, 1048 ff. m. w. N., sowie Rz. 44

Planung der Prüfung

162 Zu den Grundsätzen ordnungsmäßiger Durchführung von Abschlußprüfungen zählt auch die Planung von Prüfungen (vgl. Rz. 123ff.). Vor Beginn jeder Prüfung ist ein Prüfungsplan aufzustellen, um die im Hinblick auf das Honorar und die Kosten vorgegebene Prüfungszeit angemessen aufzuteilen, die Fristen für die Ablieferung des Prüfungsergebnisses einzuhalten und Fehler, die auf mangelnder systematischer Vorbereitung beruhen, im Prüfungsablauf auszuschließen. **Ziel der Prüfungsplanung** ist es, bereits vor Beginn der eigentlichen Prüfung festzulegen,
- welche Prüfungshandlungen vorzunehmen sind (sachliche Planung)
- welche Prüfer dabei einzelne Aufgaben übernehmen sollen (personelle Planung) und
- wann mit der Prüfung bzw. mit einzelnen Prüfungshandlungen zu beginnen ist, damit das Prüfungsurteil termingerecht abgegeben werden kann (zeitliche Planung)

163 Die **sachliche Planung** erfordert zunächst eine **Beurteilung des internen Kontrollsystems** des zu prüfenden Unternehmens (vgl. Rz. 138ff.), da von dem Zustand des internen Kontrollsystems der Umfang der Prüfungshandlungen abhängt.

164 Weiterhin ist der Prüfungsstoff vollständig zu erfassen und zweckmäßig aufzuteilen. Hierzu empfiehlt es sich, einzelne **Prüffelder** zu bilden, für die hinsichtlich der vollständigen Erfassung Teilurteile zu bilden sind. In diesem Zusammenhang empfiehlt es sich, auch die Beschaffung der Prüfungsunterlagen zu planen (z. B. welche Dokumente wann zur Einsicht vorliegen und für welche Salden Bestätigungen einzuholen sind).

Sobald der Prüfungsstoff vollständig erfaßt und in Prüffelder aufgeteilt ist, erfolgt die **Zuordnung der einzelnen Prüffelder** zu den Mitarbeitern in Abstimmung mit der personellen Planung (vgl. Rz. 167).

165 Im Bereich der sachlichen Planung ist außerdem die Vorgehensweise zur Fehlerentdeckung zu planen. Hierzu sind **Art und der Umfang der vorgesehenen Prüfungshandlungen** sowie die Urteilskriterien zur Urteilsbildung festzulegen. Je mehr Informationen sich der Prüfer in diesem Zusammenhang über den Zustand des Prüfungsobjektes beschafft, desto geringer ist die Wahrscheinlichkeit, daß er für die Urteilsbildung relevante Sachverhalte übersieht und dadurch zu einem falschen Urteil gelangt. Bei der Planung der Art der Prüfungshandlungen können in Betracht kommen
- eigene Beobachtungen des Prüfers
- Einsicht in Dokumente
- gedankliche Wiederholung von Arbeitsabläufen bei der Beurteilung der Verarbeitungsergebnisse und
- Einholen von Auskünften

Hinsichtlich des Umfangs der Prüfungshandlungen ist zu entscheiden, ob eine Voll- oder wie in der Regel üblich, eine Auswahlprüfung zu planen ist. Die Auswahlkriterien sind bei den einzelnen Prüffeldern unter Berücksichtigung der jeweiligen Besonderheiten (Unterschlagungsrisiko etc.) festzulegen (vgl. Rz. 192ff.).

166 Bei der **Bestimmung der Urteilskriterien** ist darauf zu achten, daß nur solche Urteilskriterien herangezogen werden, die wesentliche Fehler für die Beurteilung maßgebend sein läßt. Ein Urteilskriterium ist falsch konstruiert, wenn es wesentliche Fehler als unwesentlich kennzeichnet.

167 Bei der **personellen Planung** ist zunächst die Qualifikation der Mitarbeiter nach Ausbildung, Erfahrung und gegebenenfalls Spezialkenntnissen zu beachten. Werden Prüfungsteams gebildet und die verantwortlichen Prüfer einzelnen Mitarbeitern zugeordnet, so sollten die erfahrensten Prüfer die schwierigsten Aufgaben übernehmen. Zudem müssen die Mitarbeiter aus Ausbildungsgründen mit Aufgaben betraut werden, zu deren Erledigung sie die notwendige Erfahrung erst noch gewinnen müssen. Weiterhin ist die zeitliche Verfügbarkeit der Mitarbeiter bei der Planung zu berücksichtigen. Ein weiterer Planungsaspekt ist die Kontinuität und/oder der Wechsel in der personellen Besetzung. Dabei sollte der Kontinuität in der personellen Besetzung der Vorrang eingeräumt werden, jedoch nur insoweit, als dadurch nicht die Gefahr der Betriebsblindheit des jeweiligen Prüfers entsteht. Schließlich sollten bei der personellen Prüfungsplanung mögliche Interessenkollisionen vermieden werden. Es muß gewährleistet sein, daß jeder einzelne Prüfer unabhängig und unbefangen seinen Auftrag ausführen kann.

68 Mit der **zeitlichen Planung** wird festgelegt, zu welchem Zeitpunkt mit der Prüfung insgesamt und innerhalb der einzelnen Prüffelder zu beginnen ist, damit das Prüfungsurteil termingerecht abgegeben werden kann. Hierzu ist es erforderlich, den Zeitbedarf für die einzelnen Prüfungsfelder festzulegen. Sobald der Zeitbedarf für die einzelnen Prüffeder feststeht, ist es möglich, die Gesamtzeit der Prüfung zu ermitteln und auf die Vor- und Hauptprüfung aufzuteilen. Dabei ist zu berücksichtigen, daß während des Prüfungsprozesses aller Erfahrung nach Ereignisse eintreten, die nicht vorhersehbar sind und eine Verlängerung der Prüfungszeit erforderlich machen. Die ermittelte Gesamtzeit muß mit der für den Prüfer oder das Prüfungsunternehmen bestehenden Gesamtplanung zur Prüfung der anderen Mandanten ebenso abgestimmt werden, wie mit den zu prüfenden Mandanten.
Vgl. *IdW* VO 1/1982; WPH 1981, 1165 ff. m. w. N.; *Leffson/Bönkhoff* HdR, 1187 ff. m. w. N.

Plausibilitätsprüfungen

70 Siehe unter Rz. 136, 226 ff.

Prognosen, Prüfung von

72 Die Prüfung von Prognosen wird in der Regel im Zusammenhang mit der Prüfung von zukünftig anfallenden Kosten bei einer verlustfreien Bewertung, der Rückstellungsbildung oder der Aussage des Lageberichts erforderlich. Daneben werden Prognosen in anderen zukunftsorientierten Rechnungen, z. B. Prospekten zu Kapitalanlagen aufgestellt, die ebenfalls der Prüfung unterliegen können.
Allgemeine Grundsätze zur Ordnungsmäßigkeit der Prognosebildung existieren nicht.
Praktikable Ansätze zur Beurteilung der Ordnungsmäßigkeit von Prognosen sind lediglich im Zusammenhang der Prüfung von Prospekten entwickelt worden. Danach ist wie folgt vorzugehen:

73 Soweit es sich bei den Prognosen um **Annahmen** handelt, müssen diese plausibel sein. Sie dürfen nicht in erkennbarem Widerspruch zu den vorliegenden Unterlagen und erteilten Auskünften sowie zu den allgemein bekannten wirtschaftlichen Tatsachen stehen. Sie müssen daher glaubhaft sein. Soweit es sich um **Folgerungen** handelt, müssen diese aus den bekannten Tatsachen oder den glaubhaften Annahmen rechnerisch und sachlich richtig entwickelt sein. Folgerungen müssen in diesem Sinne schlüssig sein. Soweit Folgerungen aus rechtlichen Vorschriften (z. B. steuerrechtlichen Vorschriften) abgeleitet werden, läßt sich die Schlüssigkeit durch Anwendung dieser Vorschriften nachvollziehen. Die Prüfung von Prognosen erstreckt sich daher bei Annahmen auf deren Glaubhaftigkeit, bei Folgerungen auf deren Schlüssigkeit. Dabei sollte der Prüfer jeweils die Überzeugung gewinnen, daß die verwendeten Prämissen wirklichkeitsnah und die Berechnungen richtig sind (vgl. *Bretzke* HdR, 1108 ff. m. w. N.; *IdW* WFA 1/1983 D II.

Progressive, retrograde Prüfung

75 Unterscheidet man Prüfungshandlungen nach ihrer Richtung, so ist zwischen progressiven Prüfungshandlungen, die an einem vorgelagerten Zustand beginnen und dem Ablauf im Hinblick auf den Endzustand folgen, und retrograden Prüfungshandlungen, die umgekehrt vom Endzustand ausgehen und danach erst zu den vorgelagerten Zuständen kommen, zu differenzieren.
Eine rein **progressive Prüfung** beginnt mit der Belegprüfung und verfolgt den Weg des Zahlenmaterials über Grundbücher, Journale, Hauptbuch bis zur Verarbeitung in dem Jahresabschluß.
Retrograde Prüfungen gehen demgegenüber den umgekehrten Weg, von der Bilanz oder Gewinn- und Verlustrechnung bis zur Uraufschreibung im Beleg. In der Regel wird der Prüfer im Rahmen einer Jahresabschlußprüfung retrograd prüfen. Es

sind jedoch auch progressive Prüfungshandlungen möglich. Es wird auf die Ausführungen zur Prüfungstechnik bei den einzelnen Posten des Jahresabschlusses in Teil B verwiesen.

Vgl. *Knoth* HdR, 1131 m. w. N.; *WPH* 1981, 1131.

Prüfungsbericht

178 Siehe unter Rz. 18 ff.

Prüfungsergebnis

179 Siehe unter Rz. 32 ff.

Prüfungsplanung

180 Siehe unter Rz. 162 ff.

Prüfungsqualität

182 Die Anforderungen an die Prüfungsqualität sind im HGB nF. (§§ 316 ff., insbesondere §§ 319, 323), dem StBG (insbesondere § 57 Abs. 1 und 2 StBG), der WPO (insbesondere § 43 Abs. 1 und 2 WPO) und im Berufsrecht des jeweiligen Berufsstandes sowie in den speziell zu Fragen der Prüfungsqualität gegebenen Empfehlungen des Instituts der Wirtschaftsprüfer und der internationalen Berufsorganisationen der Wirtschaftsprüfer niedergelegt (vgl. *IdW* VO 1/1982; *UEC* ASB 6 WPG 1979, 479 ff.; *IFAC*/Auditing Nr. 8, FN 1982, 215 ff.)

Prüfungsqualität ist von den Berufsangehörigen unabhängig von der Größe ihrer Praxis zu gewährleisten. Allerdings hängen Art und Umfang der erforderlichen Maßnahmen stark von der organisatorischen Struktur und der Größe der Prüfungspraxis sowie von dem Grad der Delegation von Aufgaben ab.

Die im folgenden aufgeführten Maßnahmen sind geeignet, die Prüfungsqualität zu gewährleisten:

183 Die **Entscheidung über die Auftragsannahme** und die jeweilige Auftragsfortführung sollte der Geschäftsleitung vorbehalten bleiben. Ihre Aufgabe ist es, zu prüfen, ob sie nach dem jeweils geltenden Berufsrecht einen Auftrag annehmen darf, und ob sie über die besonderen Kenntnisse und Erfahrungen verfügt, um den Auftrag sachgerecht durchzuführen. Sie hat in diesem Zusammenhang auch ausreichend Informationen über Art und Umfang des jeweiligen Auftrags und über Ausschließungsgründe einzuholen, wobei ggf. mit dem Mandatsvorgänger Kontakt aufzunehmen ist. Außerdem ist dafür Sorge zu tragen, daß der Auftrag in Abstimmung mit der personellen und zeitlichen Gesamtplanung des Prüfers durchgeführt wird.

184 Es muß sichergestellt sein, daß die in § 319 HGB nF. sowie die in dem jeweiligen Berufsrecht vorgesehenen Gebote der **Unabhängigkeit und Unbefangenheit** beachtet werden. Der Prüfer hat seine Tätigkeit zu versagen, wenn seine Unabhängigkeit gefährdet ist oder er sich befangen fühlt.

185 Die **fachliche Qaulifikation der Mitarbeiter des Prüfers** muß auf hohem Niveau liegen. Zu diesem Zweck sollten bereits bei der Einstellung Beurteilungskriterien festgelegt werden, die eine ausreichende Qualifikation gewährleisten. Außerdem ist es notwendig, Berufsanfänger über ihre besonderen Pflichten als Mitarbeiter eines Prüfers zu unterweisen und sie umfassend in ihr Arbeitsgebiet einzuweisen. Berufsanfänger sollten planmäßig vielseitig eingesetzt werden, um auf diese Weise ihre Qualifikation zu steigern. Außerdem ist sicherzustellen, daß Berufsanfänger theoretisch aus- und fortgebildet werden, und die Ablegung von Berufsexamina gefördert wird. Darüber hinaus ist es erforderlich, daß die Qaulifikation sämtlicher Mitarbeiter gesichert wird. Die Mitarbeiter sind zu einem angemessenen Studium der Fachliteratur anzuhalten und ausreichend und rechtzeitig über Entwicklungen auf dem Gebiet der Rechnungslegung und Prüfung, über Gesetzgebung, Rechtsprechung und Schrifttum sowie über berufliche und fachliche Verlautbarungen der jeweiligen Berufsorganisationen durch Rundschreiben, fachliche Mitteilungen etc. zu informieren. Es sollten eine Fachbibliothek unterhalten und aktuelle Fachzeitschriften zur Verfügung gestellt werden. Die Mitarbeiter sollten die Möglichkeit haben, Informationen

Prüfungsqualität

zu schwierigen fachlichen Fragen bei Spezialisten einzuholen. Sie sollten außerdem regelmäßig nach Maßgabe ihrer Verantwortlichkeit über die Berufsgrundsätze informiert werden. Hierzu empfiehlt es sich, den Mitarbeitern regelmäßig die in Betracht kommenden Berufsrichtlinien zur Kenntnisnahme vorzulegen und sich schriftlich bestätigen zu lassen, daß die Mitarbeiter von dem Inhalt dieser Richtlinien Kenntnis genommen haben.

186 Der Prüfer hat für sämtliche Aufträge eine **Gesamtplanung** zu erstellen, die die Voraussetzungen dafür schafft, daß die übernommenen und erwarteten Aufträge unter Beachtung der Grundsätze der Gewissenhaftigkeit, Eigenverantwortlichkeit und Unabhängigkeit durchgeführt werden. Diese Planung hat die fachlichen Voraussetzungen der einzelnen Mitarbeiter zu berücksichtigen und zu gewährleisten, daß die Prüfungen in der erforderlichen Zeit durchgeführt werden können. Zeitliche Reserven sind dabei einzukalkulieren. Die Organisation der Gesamtplanung hängt jeweils von der Größe und Struktur der einzelnen Praxis ab. Dabei empfiehlt es sich regelmäßig, die Planung schriftlich festzuhalten.

187 Für jeden Prüfungsauftrag sollten allgemeine **Anweisungen für die Prüfungsdurchführung** erteilt werden, die von den Mitarbeitern zu beachten sind. Diese Anweisungen sollten Regeln über die sachgerechte Vornahme der Prüfungshandlungen und ihre ausreichende Dokumentation sowie über eine ordnungsgemäße Berichterstattung enthalten. Solche Anweisungen können in Form von Fragebögen oder anderen Prüfprogrammen erteilt werden. Sie können aber auch für einzelne Prüffälle oder generell aus Hinweisen auf die Fachliteratur bestehen. In diesem Zusammenhang sollten auch Regelungen für die Fälle getroffen werden, in denen ein Prüfer der Meinung ist, daß von den Prüfungsanweisungen abgewichen werden sollte. Der Prüfer sollte nicht nur eine Gesamtplanung für sämtliche Aufträge, sondern auch eine Einzelplanung der jeweiligen Aufträge in sachlicher, personeller und zeitlicher Hinsicht vornehmen (vgl. Rz. 162ff.). Hierbei kann langfristig geplant werden, indem für verschiedene Jahre unterschiedliche Prüfungsschwerpunkte ausgewählt werden.

188 Die bei der Prüfungsdurchführung eingesetzten Mitarbeiter erfordern eine ordnungsgemäße **Beaufsichtigung**. Hierzu sind mindestens folgende Maßnahmen erforderlich:
– Durchsicht der Prüfungsunterlagen über die Beurteilung des internen Kontrollsystems im Hinblick auf Art, Umfang und Zeitpunkt der durchzuführenden Prüfungshandlungen,
– Überwachung des Prüfungsfortgangs anhand des Prüfungsplans,
– Entscheidung über die Verwertung von Prüfungsergebnissen Dritter (vgl. Rz. 99ff.),
– die Beachtung der berufsrechtlichen und fachlichen Verlautbarungen der Berufsorganisationen,
– Entscheidung über die Hinzuziehung von spezialisierten Mitarbeitern des Prüfers oder von externen Sachverständigen,
– Kenntnisnahme und Beurteilung aller wesentlichen Sachverhalte, die den Jahresabschluß und das Prüfungsergebnis betreffen, insbesondere von offenen Zweifelsfragen,
– Prüfung der Einhaltung der Prüfungsanweisungen,
– Durchsicht des Entwurfs des Prüfungsberichts, sofern der Prüfer den Bericht nicht selbst erstellt.

Die Überwachung kann abgestuft nach dem Qualifikationsgrad auch anderen Mitarbeitern übertragen werden. Die wesentlichen Feststellungen bei der Beaufsichtigung der Prüfungsdurchführung sind in den Arbeitspapieren festzuhalten.

189 Als weitere Maßnahme zur Gewährleistung der Prüfungsqualität ist eine **Prüfungs- und Berichtskritik** erforderlich. Hierzu empfiehlt es sich, anhand der Arbeitspapiere die wesentlichen Prüfungshandlungen und Prüfungsergebnisse selbst zu überprüfen oder durch einen bei der Prüfung nicht eingesetzten Mitarbeiter überprüfen zu lassen. Zudem sollte auch eine Berichtskritik vorgenommen werden (vgl. Rz. 30).

190 Die Prüfungsqualität ist nur gewährleistet, wenn durch **regelmäßige Kontrollmaßnahmen** sichergestellt wird, daß die festgelegten Qualitätsanforderungen auch

eingehalten werden. Diese Kontrollen obliegen dem Prüfer selbst bzw. der Geschäftsleitung des Prüfungsunternehmens. Sofern Mitarbeiter eingesetzt werden, sollten diese gegenüber dem Prüfer bzw. der Geschäftsleitung möglichst schriftlich berichten. Der Umfang der Kontrollen sollte in einem angemessenen Verhältnis zum Gesamtumfang der abgewickelten Prüfungstätigkeit stehen. Sofern erforderlich, sollten für diese Kontrollen Richtlinien erarbeitet werden, die Inhalt und Umfang der einzelnen Kontrollen festlegen. Statt dessen kann auch ein Fragebogen zur Nachprüfung der Prüfungsqualität verwandt werden, wie er z. B. in *IdW* VO 1/1982 a. a. O., entwickelt wurde, vgl. hierzu auch Rz. 117.

Vgl. *Beumer* HdR, 1243 ff. m. w. N.; *IdW* VO 1/1982.

Prüfungsumfang

192 Der Abschlußprüfer muß den Umfang der Prüfungshandlungen so bemessen, daß eine sichere Beurteilung der Gesetz- und Ordnungsmäßigkeit der Rechnungslegung möglich ist. Wesentliche Kriterien sind dabei die organisatorischen Gegebenheiten des zu prüfenden Unternehmens, insbesondere die Wirksamkeit des internen Kontrollsystems, die Bedeutung des einzelnen Prüfungsgegenstandes sowie die Wahrscheinlichkeit von Fehlern oder Verstößen gegen die Rechnungslegungsvorschriften.

193 Eine **lückenlose Prüfung** sämtlicher Geschäftsvorfälle ist in der Regel nicht erforderlich. Ausnahmsweise kann jedoch eine lückenlose Prüfung notwendig werden, z. B. bei kleinen Buchungskreisen mit nur wenigen Buchungen oder bei einer undurchsichtigen Buchführung, die dem Abschlußprüfer ein eigenes Urteil bezüglich der Gesetz- und Ordnungsmäßigkeit der Rechnungslegung nur bei systematischer Prüfung jedes einzelnen Geschäftsvorfalls ermöglicht.

194 Regelmäßig wird eine **Prüfung in Stichproben** durchgeführt. Dabei unterliegen nicht sämtliche Buchungsvorfälle der Prüfung, sondern nur einzelne Buchungsvorfälle aus bestimmten Teilbereichen jedes Prüffelds. Werden hierbei Fehler oder Verstöße gegen Rechnungslegungsvorschriften festgestellt, so ist der Umfang der Prüfungshandlungen soweit auszudehnen, daß der Prüfer sich ein Urteil über die Gesetz- und Ordnungsmäßigkeit der Rechnungslegung bilden kann. Eine solche Erweiterung der Prüfungshandlungen kann dazu führen, daß in Teilbereichen oder bezüglich der gesamten Buchführung eine lückenlose Prüfung erforderlich wird.

Die Auswahl der Stichproben kann nach verschiedenen Gesichtspunkten erfolgen. Grundsätzlich unterscheidet man die bewußte Auswahl und die (mathematisch-statistische) Zufallsauswahl.

195 Bei der **bewußten Auswahl** werden die in die Stichprobe einzubeziehenden Elemente vom Prüfer aufgrund seiner persönlichen Kenntnisse und Erfahrungen ausgewählt. Als Auswahlkriterien bieten sich dabei in der Regel an:
– die absolute oder relative Bedeutung eines Geschäftsvorfalls, z. B. Geschäftsvorfälle, die eine bestimmte Wert- oder Mengengrenze überschreiten,
– bestimmte Kunden oder Lieferanten, die die Bedeutung von Großabnehmern oder Großlieferanten haben,
– einzelne Aufträge, z. B. bei Einzelfertigung großer Objekte,
– verbundene Unternehmen, die im Hinblick auf die Rechtsbeziehungen, die Einflußnahme oder den Verrechnungsverkehr eine absolute oder relative Bedeutung haben,
– die Wahrscheinlichkeit von Fehlern oder von Verstößen gegen die Rechnungslegungsvorschriften („Fehlerrisiko"), z. B. aufgrund
  • des Befundes des internen Kontrollsystems,
  • der wirtschaftlichen Lage des Unternehmens,
  • der Ausbildung, Erfahrung und Gewissenhaftigkeit der Mitarbeiter des zu prüfenden Unternehmens;
  das Fehlerrisiko kann aufgrund von Abweichungen gegenüber Vorjahren oder Ergebnissen von Vorjahresprüfungen erkannt werden,
– Zeiträume, z. B. Monate vor und nach dem Bilanzstichtag, mit besonders starkem Geschäfts- oder Buchungsverkehr,
– Arbeitsgebiete bestimmter Angestellter,
– bestimmte Abteilungen (z. B. Anlagenbuchhaltung, Lagerbuchhaltung, Konto-

korrentbuchhaltung, Lohnbuchhaltung, Kassen, Niederlassungen, Außenstellen etc.)
- die Art der zu prüfenden Vermögenswerte oder Schulden
- Funktionen, z. B. Zahlungsverkehr, Warenverkehr, Lohn- und Gehaltsverkehr.

Die bewußte Auswahl beruht auf einer subjektiven Auswahlentscheidung, deren Repräsentanz sich nicht beweisen läßt. Gleichwohl ist sie in der Praxis verbreitet, da aufgrund der persönlichen Berufserfahrungen gezielt nach fehlerhaften Prüfungselementen gesucht wird. Bei Wiederholungsprüfungen ist allerdings darauf zu achten, daß der Prüfer andere Stichproben als im Vorjahr auswählt, da sonst die Kriterien der Stichprobenauswahl leicht durchschaut werden (*Lanfermann* HdR, 1468 ff.; *WPH* 1981, 1128 ff., jeweils m. w. N.).

196 Bei der **(mathematisch-statistischen) Zufallsauswahl** hat jeder Beleg und jeder Buchungsvorgang die gleiche Chance, von der Stichprobe erfaßt zu werden. Subjektive Auswahlkriterien sind ausgeschlossen. Die Repräsentanz der Auswahl ist gegeben, da ein mathematisch einwandfreier Schluß von der Fehlerzahl der Stichprobe auf die Fehlerzahl der Grundgesamtheit möglich ist; zu den einzelnen Methoden vgl. *Coenenberg/Hanisch* HdR, 1474 ff.; *Schildbach* HdR, 1458 ff.; *Zimmermann* HdR, 1487 ff., jeweils m. w. N..

Quality-Control

197 Siehe unter Rz. 182 ff.

Rechtliche Verhältnisse, Prüfung der

199 Die rechtlichen Verhältnisse eines Unternehmens werden im wesentlichen bestimmt durch
- die Satzung,
- die Vereinbarungen über Unternehmensverbindungen,
- die Vereinbarungen über rechtliche Außenbeziehungen, insbesondere mit Arbeitnehmern,
- Haftungstatbestände nach privat- und öffentlich-rechtlichen Vorschriften,
- die Regelungen über den Versicherungsschutz,
- evtl. vorliegende strafrechtliche Tatbestände.

Der Abschlußprüfer hat nach § 317 Abs. 1 HGB nF. den Jahresabschluß darauf zu überprüfen, ob die gesetzlichen Vorschriften und die sie ergänzenden Bestimmungen des Gesellschaftsvertrages oder der Satzung beachtet sind. Den Lagebericht hat er darauf zu prüfen, ob dieser mit dem Jahresabschluß in Einklang steht, und ob die sonstigen Angaben im Lagebericht nicht eine falsche Vorstellung von der Lage des Unternehmens erwecken. Bereits aufgrund des so umschriebenen Gegenstandes der Prüfung wird erkennbar, daß die Rechtsgrundlagen der Gesellschaft bei der Prüfung zu beachten sind. Darüber hinaus hat die Prüfung aber auch die übrigen rechtlichen Verhältnisse zu umfassen, da auch diese in aller Regel in der Buchhaltung, dem Jahresabschluß oder dem Lagebericht ihren Niederschlag finden.

200 Aus diesem Grunde sind **Gegenstand der Prüfung der rechtlichen Verhältnisse:**
- die Bestellung des Abschlußprüfers nach § 318 HGB nF. und die Auftragserteilung an den Abschlußprüfer,
- die rechtliche Existenz der Gesellschaft, wobei ggf. auch die Wirksamkeit von Umwandlungs- und Verschmelzungsbeschlüssen in die Prüfung einzubeziehen ist,
- die für den Jahresabschluß wesentlichen Satzungsbestimmungen, z. B. über das Kapital, die Rücklagen, die Entnahmen aus den Rücklagen, die Einstellungen in die Rücklagen etc.; der Abschlußprüfer ist in diesem Zusammenhang nicht verpflichtet, gesetzeswidrige Satzungsbestimmungen zu ermitteln; er hat hierüber jedoch zu berichten und die Fassung seines Bestätigungsvermerks darauf auszurichten, sofern er bei seiner Prüfung Gesetzesverstöße feststellt. Soweit der Abschlußprüfer fehlerhafte Satzungsbestimmungen feststellt, die nicht unmittelbar auf den Jahresabschluß einwirken, z. B. Bestimmungen über die Formen und Fristen der Einberufung der Gesellschafterversammlung etc., besteht eine Rede- und Mitteilungspflicht des Prüfers nicht. Es empfiehlt sich jedoch, den Auftraggeber auf solche Fehler aufmerksam zu machen,

- Satzungsänderungen,
- Handelsregisterauszüge,
- Gesellschafterbeschlüsse,
- Protokolle von Aufsichtsgremien,
- Verträge über Unternehmensverbindungen, insbesondere im Hinblick auf die Erstellung eines Abhängigkeitsberichtes (§ 312 AktG nF.),
- Mitteilungen von der Gesellschaft bzw. an die Gesellschaft nach § 20, 21 AktG,
- die Prüfung, Feststellung und Veröffentlichung des Jahresabschlusses des vorangegangenen Wirtschaftsjahres,
- die Wirksamkeit des Jahresabschlusses des vorangegangenen Geschäftsjahres, insbesondere unter Berücksichtigung eventueller Nichtigkeitsgründe,
- die Entlastung der Geschäftsführung und der Aufsichtsorgane,
- die Geschäftsführungs- und Vertretungsbefugnis, insbesondere die Wirksamkeit der Bestellung und die vertraglichen Grundlagen,
- die Erteilung sonstiger Vollmachten, insbesondere im Hinblick auf ihre Wirksamkeit, ihren Umfang und ihre Eintragung im Handelsregister,
- die übrigen Vertragsverhältnisse zu Dritten, insbesondere
  • langfristige Verträge mit Lieferanten und Kunden,
  • Verträge mit Lizenzgebern oder Lizenznehmern,
  • Pacht- oder Leasingverträge,
  • Gewinnpoolverträge, Interessengemeinschaftsverträge, Kartellverträge, Organschaftsverträge,
  • preis- oder absatzregelnde Verträge,
  • Zusagen über die Altersversorgung der Belegschaft,
  • sonstige Verträge mit Belegschaftsangehörigen,
- Unterlagen über Rechtsstreitigkeiten etc.

201 Der **Prüfungsablauf** erfolgt in der Weise, daß zunächst festgestellt wird, welche wichtigen Verträge und sonstigen Unterlagen bestehen, die zu den Rechtsverhältnissen zählen. Dabei sind auch solche Verträge und Unterlagen einzubeziehen, die sich nicht auf das normale Geschäft beziehen. Soweit umfangreiche rechtliche Verhältnisse vorliegen, kann es sich empfehlen, von dem zu prüfenden Unternehmen eine Inventarisierung sämtlicher rechtlichen Verhältnisse zu erbitten, wobei das Inventar sodann der Prüfung zu unterziehen ist.

202 Sobald der Prüfer sich einen Überblick über die rechtlichen Verhältnisse verschafft hat, hat er zu überprüfen, welche **Auswirkungen die rechtlichen Verhältnisse** auf die Buchführung, den Jahresabschluß und den Lagebericht sowie auf die einzelnen Prüfungshandlungen haben. Zur Absicherung der Vollständigkeit seiner Prüfung empfiehlt es sich, eine Vollständigkeitserklärung (vgl. Rz. 234) von dem zu prüfenden Unternehmen einzuholen.

203 Grundsätzlich ist es nicht Aufgabe des Abschlußprüfers, die Ordnungsmäßigkeit des **Versicherungsschutzes** zu überprüfen. Gleichwohl kann der konkrete Prüfungsauftrag die Prüfung des Versicherungsschutzes umfassen. In diesem Fall sollte der Prüfer wie folgt vorgehen:
- Erfassung des Versicherungsschutzes durch den Mandanten in Form einer Liste, die als Dauerarbeitspapier fortzuführen ist. Die Liste sollte enthalten:
  • Versicherer,
  • Versicherungsdauer,
  • kurze Beschreibung des versicherten Gegenstandes,
  • Versicherungssumme,
  • Prämien.
- Anhand der zugehörigen Versicherungspolice ist zu prüfen, ob die nach den Unterlagen der Gesellschaft abgedeckten Risiken tatsächlich abgedeckt sind;
- die Angemessenheit des Versicherungsschutzes ist durch den Prüfer zu beurteilen;
- es muß sichergestellt sein, daß die Prämienzahlungen termingerecht erfolgen;
- soweit sich der Prüfer kein Urteil über die Angemessenheit des Versicherungsschutzes bilden kann, sollte die Angemessenheit nach Rücksprache mit dem Mandanten von der Versicherungsgesellschaft bestätigt werden (vgl. *Schulze-Osterloh* HdR, 1273ff. m. w. N.; *WPH* 1981, 1199ff. m. w. N.).

Redepflicht des Abschlußprüfers

205 § 321 Abs. 2 HGB nF. begründet für den Abschlußprüfer eine Redepflicht im Rahmen der Erstattung des Prüfungsberichts, sofern er bei Wahrnehmung seiner Aufgaben Tatsachen feststellt, die den Bestand eines geprüften Unternehmens gefährden oder seine Entwicklung wesentlich beeinträchtigen können, oder die schwerwiegende Verstöße der gesetzlichen Vertreter gegen Gesetz, Gesellschaftsvertrag oder Satzung erkennen lassen.

206 Eine **Bestandsgefährdung des Unternehmens** ist anzunehmen, wenn ernsthaft damit zu rechen ist, daß das Unternehmen in absehbarer Zeit seinen Geschäftsbetrieb nicht mehr fortführen kann (vgl. *Adler/Düring/Schmaltz* § 166 Anm. 61; *WPH* 1981, 1007). Im Schrifttum werden dabei beispielhaft die folgenden Tatsachen als bestandsgefährdend genannt, da bei ihnen Konkurs, Vergleich oder Liquidation droht:
– eine kostendeckende Fertigung ist nicht mehr möglich;
– Liquiditätsengpässe häufen sich;
– es werden erhebliche laufende Verluste erzielt, deren Ende nicht abzusehen ist;
– der Absatz geht ständig zurück;
– Fremdkapital wird entzogen, ohne daß neue Kredite gewährt werden;
– das Unternehmen hat eine falsche Produktwahl getroffen;
– die Investitionen sind mangelhaft geplant, z. B. ohne Sicherung der Finanzierung;
– Schadensersatzansprüche drohen, die nicht finanzierbar sind;
– es besteht Abhängigkeit von einem Großabnehmer.

Dabei wird darauf hingewiesen, daß häufig erst ein Zusammentreffen mehrerer der genannten Tatsachen sich bestandsgefährdend auswirken kann, und daß nur in schwerwiegenden Fällen, d. h. nicht nur, wenn die Lage der Gesellschaft angespannt ist, eine Redepflicht entsteht (vgl. *Aschfalk* HdR 1282 ff.; *WPH* 1981, 1007).

207 Eine **Beeinträchtigung der Entwicklung des Unternehmens** ist bei einer Unterbrechung der Kontinuität in der wirtschaftlichen Expansion zu sehen (vgl. *Aschfalk*, a. a. O.). Dabei begründen die eine Unternehmensgefährdung indizierenden Tatsachen gleichermaßen eine Beeinträchtigung der Entwicklung des Unternehmens. Hinzu kommen beispielsweise
– eine deutliche Rentabilitätsverschlechterung,
– eine sich abzeichnende nachhaltige Dividendenlosigkeit,
– die Notwendigkeit der Veräußerung von Teilbetrieben oder Beteiligungen zur Aufrechterhaltung der Liquidität,
– dringend notwendige Investitionen können nicht rechtzeitig durchgeführt werden,
– Veränderungen der Marktverhältnisse auf der Beschaffungs- oder Absatzseite,
– Vornahme von Produktionsumstellungen mit hohen Produktions- und Absatzrisiken,
– Verlust wichtiger Märkte.

Auch insoweit kommen nur wesentliche Beeinträchtigungen der Entwicklung des Unternehmens in Betracht, so daß u. U. mehrere der vorgenannten Indizien festgestellt werden müssen (vgl. *Aschfalk*, a. a. O.; *WPH* 1981, 1008).

208 **Schwerwiegende Verstöße** der gesetzlichen Vertretung **gegen Gesetze oder Satzung** lösen die Redepflicht aus, sofern Verstöße gegen solche Vorschriften festgestellt werden, die außerhalb des Gebietes der Rechnungslegung liegen, und die Zweifel an der moralischen oder fachlichen Einigung der gesetzlichen Vertretung begründen können. Verstöße gegen Rechnungslegungsvorschriften werden insoweit nicht erfaßt, da der Abschlußprüfer über sie bereits im Rahmen von § 321 Abs. 1 HGB nF. zu berichten hat. Im Schrifttum werden beispielhaft Verstöße gegen die Vorschriften über
– die Aufbringung des Kapitals,
– die Erhaltung eines dem Kapital entsprechenden Vermögens,
– die Beschränkungen der Geschäftsführung, die sich aus der Satzung oder der Geschäftsordnung für die Geschäftsführung ergeben,
– Berichtspflichten gegenüber dem Aufsichtsorgan,
– sonstige Vorschriften des Handelsgesetzbuchs, des Steuerrechts, des Wettbewerbsrechts, des Kartellrechts oder des Strafrechts
genannt (vgl. *WPH* 1981, 1008).

Die vorgenannten Verstöße müssen schwerwiegend sein. Kriterien für die Schwere der Verstöße sind vor allem das für das Unternehmen verbundene Risiko, die Höhe eines bereits eingetretenen oder drohenden Schadens, die Bedeutung der verletzten Vorschrift sowie der Grad des Vertrauensbruchs durch die gesetzliche Vertretung.

209 Hinsichtlich der **Feststellung der Tatsachen,** die zur Redepflicht führen, gilt der Grundsatz, daß der Abschlußprüfer die Tatsachen bei Wahrnehmung seiner Aufgaben feststellen muß. Darüber hinaus umfaßt die Redepflicht des Abschlußprüfers auch solche Tatsachen, die ihm auf andere, nicht einer gesetzlichen Verschwiegenheitspflicht unterliegenden Weise bekanntgeworden sind (*IdW* FG 2/1977, Anm. 1 zu C. III). In diesem Zusammenhang werden die Prüfungsschwerpunkte und -intensitäten bei Unternehmen mit angespannten wirtschaftlichen Verhältnissen anders gelagert sein als bei Unternehmen mit gesunden wirtschaftlichen Verhältnissen. Die Redepflicht ist dem Abschlußprüfer nur auferlegt, sofern er die angeführten Tatsachen ,,festgestellt" hat. Dies bedeutet nicht, daß der Abschlußprüfer verpflichtet ist, redepflichtige Tatbestände von sich aus zu ermitteln, es sei denn, daß sie im Rahmen der von ihm wahrzunehmenden Aufgaben liegen. Besteht allerdings der Verdacht, daß eine berichtspflichtige Tatsache vorliegt, so hat der Abschlußprüfer diesem Verdacht nachzugehen, bis er sich ein substantiiertes Urteil bilden kann. Sollte der Abschlußprüfer zu einem abschließenden Urteil nicht gelangen, ist er gleichwohl gehalten, zumindest über solche Feststellungen zu berichten, die den Verdacht eines schwerwiegenden Verstoßes der gesetzlichen Vertretung gegen Gesetze oder Satzung begründet erscheinen lassen (vgl. *WPH* 1981, 1009 m. w. N.).

Die Berichterstattungspflicht besteht auch, wenn die berichtspflichtigen Tatsachen den gesetzlichen Vertretern des Unternehmens bekannt sind oder wenn auf die Tatsachen bereits im Lagebericht hingewiesen wurde. Dies ist schon deshalb erforderlich, weil nicht unterstellt werden kann, daß jedes Mitglied der gesetzlichen Vertretung die Situation voll übersieht. Hier hat die Stimme des Abschlußprüfers besondere Bedeutung (vgl. *IdW* Anm. 2 zu C. III).

Die Berichtspflicht bezieht sich auch auf Vorgänge, die sich nach dem Bilanzstichtag ereignet haben.

Die Redepflicht nach § 321 Abs. 2 HGB nF. wird grundsätzlich nur dem ,,Abschlußprüfer" auferlegt. Die Bedeutung der in § 321 Abs. 2 HGB nF. aufgeführten Sachverhalte und die Treuepflicht des Prüfers gegenüber seinem Auftraggeber (vgl. BGH v. 15. 12. 1954, DB 1955, 117) lassen es jedoch gerechtfertigt erscheinen, die Redepflicht auch denjenigen Prüfern aufzuerlegen, die mit anderen Aufgaben betraut sind (vgl. *Leffson* Wirtschaftsprüfung, S. 343 ff).

210 Liegen nach § 321 Abs. 2 HGB nF. berichtspflichtige Tatsachen vor, so muß die **Berichterstattung** des Abschlußprüfers dies eindeutig erkennen lassen. Die betreffenden Sachverhalte sind zu schildern und die sich daraus ergebenden Konsequenzen aufzuzeigen. Dabei empfiehlt es sich, bestandsgefährdende und entwicklungsbeeinträchtigende Tatsachen im Rahmen der Darstellung der Vermögens- und Ertragslage zu schildern. Keinesfalls genügen versteckte Hinweise auf redepflichtige Tatsachen, auch wenn es nicht erforderlich ist, einen ausdrücklichen Hinweis auf § 321 Abs. 2 HGB nF. zu geben.

Sollte die Abgabe des Prüfungsberichts sich verzögern, ist es erforderlich, vorweg einen besonderen Bericht zu erstatten, um notwendige Maßnahmen noch rechtzeitig einleiten zu können (vgl. *Aschfalk* HdR, 1282 ff.; *WPH* 1981, 1007 ff.; *Leffson* Wirtschaftsprüfung, S. 340 ff.; *IdW* FG 2/1977; C. III).

Retrograde Prüfung

212 Siehe unter Rz. 175.

Saldenbestätigungen

213 Siehe unter Rz. 123 ff. sowie in Teil B Rz. 679 ff.

Schlußbesprechung

215 Es entspricht allgemeiner Berufsübung, mit den geschäftsführungs- und vertretungsberechtigten Personen und den sonstigen zuständigen Mitarbeitern des geprüften Unternehmens das Ergebnis der Abschlußprüfung zu besprechen. Die Abhaltung einer solchen Schlußbesprechung ist allerdings bei der Abschlußprüfung nach dem HGB nF. – im Gegensatz zur Prüfung von Genossenschaften, vgl. § 57 Abs. 4 GenG – nicht zwingend vorgesehen. So kann sich die Abhaltung einer Schlußbesprechung erübrigen, wenn die zuständigen Stellen der Gesellschaft bereits während des Ablaufs der Abschlußprüfung regelmäßig informiert wurden.

Bei der Schlußbesprechung sollen die wichtigsten Prüfungsfeststellungen mitgeteilt und ein Bild von der allgemeinen Ordnungsmäßigkeit des Rechnungswesens gegeben werden. In der Regel werden diejenigen Sachverhalte schwerpunktmäßig in der Schlußbesprechung aufgegriffen, die zu Beanstandungen geführt haben. Dabei bietet sich die Möglichkeit, Empfehlungen zur Vermeidung von künftigen Beanstandungen zu geben. Außerdem hat die Gesellschaft noch einmal die Möglichkeit, zu den jeweiligen Sachverhalten Stellung zu nehmen und ggf. eine Klärung streitiger Fragen vor der endgültigen Berichtsabfassung zu erreichen.

Um spätere Diskussionen über den Berichtswortlaut zu vermeiden, empfiehlt es sich auch, bei der Schlußbesprechung bereits einen Berichtsentwurf als Disskussionsgrundlage zu haben (vgl. *WPH* 1981, 1177ff. m. w. N.).

Sonderprüfungen

217 Unter Sonderprüfungen werden solche Prüfungen verstanden, die aperiodisch aus besonderem Anlaß angeordnet werden. Dabei können Sonderprüfungen gesetzlich vorgesehen sein oder auch freiwillig anfallen.

Gesetzlich geregelte Sonderprüfungen sind im wesentlichen für die Aktiengesellschaft vorgesehen, und zwar
– die Gründungsprüfung gem. §§ 33ff. AktG nF.
– die Nachgründungsprüfung gem. § 52 AktG.
– die Sonderprüfung bei Kapitalerhöhungen mit Sacheinlagen gem. §§ 183 Abs. 3, 194 Abs. 4, 206 AktG nF.
– die Sonderprüfung im Zusammenhang mit einer Kapitalerhöhung aus Gesellschaftsmitteln gem. § 209 Abs. 4 AktG nF.
– Sonderprüfungen im Zusammenhang mit bestimmten Verschmelzungen gem. § 345 Abs. 3 Satz 2 AktG i. V. m. §§ 353–358 AktG.
– Sonderprüfung von Vorgängen bei der Gründung oder der Geschäftsführung gem. §§ 142 ff. AktG.
– Sonderprüfung wegen unzulässiger Unterbewertung gem. §§ 258 ff. AktG nF.
– Sonderprüfung der Liquidations-Jahresabschlüsse und der Liquidations-Eröffnungsbilanz gem. § 270 Abs. 2 AktG nF.
– Sonderprüfung der geschäftlichen Beziehungen einer abhängigen Gesellschaft zu dem herrschenden oder mit diesem verbundenen Unternehmen gem. § 315 AktG nF.

Freiwillige Sonderprüfungen können vorkommen als
– Prospektprüfungen,
– Unterschlagungsprüfungen (vgl. Rz. 224),
– externe Investitions- und Finanzierungsprüfungen,
– Prüfung von Planbilanzen und Prognoserechnungen,
– Prüfung der Ordnungsmäßigkeit der Geschäftsführung.

Zur Prüfungstechnik im einzelnen vgl. *Schedlbaur*, Sonderprüfungen, Stuttgart 1984 m. w. N.; bei aktienrechtlich vorgesehenen Sonderprüfungen vgl. *Schedlbaur* HdR, 1416 ff. m. w. N.

Stichprobenauswahl

218 Siehe unter Rz. 192 ff.

Systemprüfung

222 Eine Systemprüfung soll darüber Aufschluß geben, ob und inwieweit sich ein Prüfer auf die vollständige und zuverlässige Erfassung und Verarbeitung von Elementen eines Prüfobjektes verlassen kann. Da von dem Ergebnis einer Systemprüfung der Prüfungsumfang abhängt (vgl. Rz. 192 ff.), ist die Systemprüfung immer der erste Schritt zur Beurteilung eines Prüfungsobjektes.

Bei der Prüfung der einzelnen Posten des Jahresabschlusses wird regelmäßig die Wirksamkeit des internen Kontrollsystems geprüft (siehe in Teil B bei den einzelnen Positionen der Bilanz und der Gewinn- und Verlustrechnung die Ausführungen zu der Prüfungstechnik). Außerdem ist bei computergestützten Buchführungssystemen eine EDV-Systemprüfung erforderlich (vgl. Rz. 84ff.). Im Rahmen einer Jahresabschlußprüfung können weitere Systemprüfungen erforderlich sein, z. B. das System der Erfassung und Verarbeitung der in der Kostenrechnung erfaßten betrieblichen Daten (vgl. Teil B Rz. 610ff.), das Lager- und Inventursystem (vgl. Teil B Rz. 579 ff., 634; 583) etc.

Bei allen Systemprüfungen wird ermittelt, wie das System gestaltet ist, und wie es in dem zu beurteilenden Zeitraum angewandt worden ist.

Unterschlagungsprüfung

224 Unterschlagungsprüfungen werden als freiwillige Sonderprüfungen zur Aufdeckung von Unterschlagungen durchgeführt. Anders als die Abschlußprüfungen wird bei Unterschlagungsprüfungen der übliche Katalog der Prüfungsmethoden nicht alternativ, sondern in der Regel kombiniert, oft auch vollständig angewendet. Dabei werden direkte Prüfungshandlungen (vgl. Rz. 72) in demjenigen Bereich vorgezogen, in dem die Unterschlagung bereits festgestellt oder vermutet wurde. Darüber hinaus hängt es von den konkreten Einzelumständen ab, ob in den angrenzenden oder interdependenten Bereichen direkt oder indirekt geprüft wird. Außerdem wird in den betroffenen Bereichen in der Regel lückenlos (vgl. Rz. 193) geprüft, während in den angrenzenden Bereichen eine stichprobenweise Prüfung ausreichen kann.

Die Prüfungsdurchführung hängt i. e. von der konkreten Sachlage ab. Dabei ist zu entscheiden, welche Prüfungsmethode die größte Erfolgsaussicht hat. Es kann jedenfalls sowohl formell als auch materiell, retrograd und/oder progressiv geprüft werden (vgl. Rz. 109 ff., 157, 175). Bei der Unterschlagungsprüfung kann Schnelligkeit den Vorrang vor letzter Genauigkeit haben, um weitere Schäden von dem geprüften Unternehmen abzuwehren.

Der Prüfungsbericht bei Unterschlagungsprüfungen verlangt keine Beachtung von Besonderheiten. In ihm werden die angewandten Methoden und Techniken beschrieben und ihre Auswahl begründet. Der Bericht sollte die ziffernmäßig festgestellten Ergebnisse belegen. Er braucht nicht mit einem Bestätigungsvermerk abgeschlossen zu werden. Soweit es zweckmäßig erscheint, können Zwischenberichte erstellt werden, um Sofortmaßnahmen einleiten zu können, insbesondere wenn eine Unterschlagungsprüfung ungewöhnlich lange dauern sollte.

Vgl. *Zybon* HdR, 1615 ff. m. w. N.; *Schedlbaur*, Sonderprüfungen, Stuttgart 1984.

Verprobung

226 Bei der Verprobung handelt es sich um eine indirekte Prüfung, die häufig auch als Plausibilitätsprüfung bezeichnet wird. Verprobungen sind häufige Prüfungstechniken bei steuerlichen Außenprüfungen sowie bei der Prüfung von Mittel- und Kleinbetrieben. Dementsprechend sind Verprobungstechniken vor allem von seiten der steuerlichen Betriebsprüfung entwickelt worden (vgl. OFD Köln [Hrsg.]: Betriebsprüfungskartei, Teil II. Prüfungstechnik).

227 Verprobungen werden häufig bei der **mengen- oder wertmäßigen Überprüfung von Kontenständen** angewandt, sofern ausreichende Angaben zu Einzelkomponenten des Kontos außer der zu überprüfenden Größe vorhanden sind. Im einzelnen können überprüft werden
– der Endbestand als Saldo von Anfangsbestand, Zugängen und Abgängen,
– der Anfangsbestand als Saldo von Endbestand, Abgängen und Zugängen,

Verprobung

- die Abgänge als Saldo von Anfangsbestand, Zugängen und Endbestand,
- die Zugänge als Saldo von Endbestand, Abgängen und Anfangsbestand.

228 Unter Berücksichtigung dieser Zusammenhänge lassen sich z. B. verproben

- die **Kassenbuchführung,** indem man davon ausgeht, daß in einem bestimmten Zeitraum nicht mehr an Geld aus der Kasse ausgezahlt werden konnte als durch Anfangsbestand und Zugänge verfügbar ist. Dabei wird für bestimmte Zeiträume eine Zwischenrechnung erstellt und überprüft, ob die Auszahlungen aus den verfügbaren Geldbeträgen auch möglich waren.

Beispiel:

Kassenbestand per 7. 2.:	DM 15000,–
+ Einzahlungen 7. 2.–14. 2.	DM 7000,–
buchmäßig verfügbar	DM 22000,–
Auszahlungen 7. 2.–14. 2.	DM 25000,–
Kassenfehlbetrag (./.)	DM 3000,–

Der Kassenfehlbetrag zeigt an, daß die Auszahlungen die verfügbaren Geldbeträge übersteigen, was logisch unmöglich ist und eine fehlerhafte Kassenbuchführung belegt.

- **Wareneinkäufe:** Hier werden aus den Inventurbelegen und Rechnungen Rückschlüsse auf den Wareneingang gezogen.

Beispiel:

verkaufte Menge gemäß Verkaufsrechnungen	2000 Stück
+ Endbestand gemäß Inventur	700 Stück
./. Anfangsbestand gemäß Inventur	400 Stück
eingekaufte Menge gemäß Verprobung	2300 Stück
./. eingekaufte Menge gemäß Einkaufsrechnungen	2100 Stück
Differenz	200 Stück

Die Differenz belegt, daß Verkäufe nicht verbucht wurden. Ergäbe sich demgegenüber eine negative Differenz, könnte daraus geschlossen werden, daß Wareneinkäufe unverbucht geblieben sind.

- **Warenverkauf:** Insoweit müssen außer den Einkaufs- und Verkaufsrechnungen zuverlässige Belege über sonstige Abgänge wie Eigenverbrauch, Schwund etc. vorliegen.

Beispiel:

Anfangsbestand	1500 Stück
+ Zukäufe lt. Einkaufsrechnungen	3000 Stück
verfügbar	4500 Stück
./. Endbestand lt. Inventur	2500 Stück
verkaufte Menge gemäß Verprobung	2000 Stück
./. verkaufte Menge gemäß Verkaufsrechnungen	1300 Stück
./. sonstige belegte Abgänge (z. B. Eigenverbrauch, Schwund)	200 Stück
Differenz	500 Stück

Die Differenz kann Hinweise auf unverbuchte Umsätze geben, sofern die Differenz nicht anderweitig aufgeklärt werden kann.

Statt einer mengenmäßigen Verprobung wie in den vorgenannten Beispielen können auch wertmäßige Verprobungen der Kontenstände erfolgen, wenn eine einheitliche Mengenbasis nicht zugrunde liegt.

229 Verprobungen werden auch bei der pauschalen Prüfung des **betrieblichen Gütereinsatzes** und der **bewirkten Leistung** angewandt. Dabei sind die aufgrund der Einsatzmengen möglichen Leistungsmengen zu ermitteln und durch Anwendung mit den Verkaufspreisen auf die Umsätze der Periode umzurechnen: Für die Ermittlung der mengenmäßigen Leistung können folgende Beispiele angeführt werden (vgl. *OFD Köln* a. a. O.):

Beispiele:

Taxibetriebe: durchschnittlicher Kraftstoffverbrauch je 100 km × Kraftstoffverbrauch der Periode = Fahrleistung der Periode.

Schneidereibetriebe: durchschnittlicher Stoffverbrauch je Mantel, Kostüm, Anzug, Rock usw. × jeweiliger Stoffverbrauch = jeweils erzeugte abgesetzte Menge.

Gaststätten: Kohlensäureverbrauch: 1 Flasche mit 10 kg Kohlensäure drückt im Durchschnitt 20 bis 25 hl Bier; durchschnittliche Ausbeutezahl je hl Bier, Flasche Spirituosen oder Pfund Kaffee × Verbrauch dieser Güterart = Bier-, Spirituosen-, Kaffeeverkauf; Ausbeuterelationen z. B.

- 1 hl = 190 Gläser zu 0,5 l
- 1 hl Bier = 480 Gläser zu 0,2 l
- 1 l Spirituosen = 42 Gläser zu 2 cl
- 1 Pfd. Kaffee = 60 Tassen bei Einzelzubereitung bzw. 80 Tassen bei Maschinenzubereitung

230 Außerdem läßt sich durch Verprobungen eine **Umsatzschätzung** vornehmen, wenn Erfahrungszahlen darüber vorliegen, wieviele Male das Warenlager jährlich umgeschlagen wurde. In diesem Fall wird der Lagerbestand mit der Umschlagshäufigkeit multipliziert und auf das Produkt der betriebsübliche Rohaufschlag für übrige Kosten und Gewinne addiert.

Beispiel:

durchschnittlicher Warenvorrat zu Einstandspreisen	DM 5 000,-
× Umschlagshäufigkeit pro Jahr	12 ×
Warenbewegungen pro Jahr zu Einstandspreisen	DM 60 000,-
Eigenverbrauch zu Einstandspreisen	DM 2 000,-
Wareneinsatz zu Einstandspreisen	DM 58 000,-
+ 40% Rohgewinnaufschlag	DM 23 200,-
Wareneinsatz zu Verkaufspreisen (Umsatz)	DM 81 200,-

Aufgrund dieser Verprobung kann möglicherweise erkannt werden, ob Umsätze buchhalterisch erfaßt wurden oder nicht.

231 Die dabei erforderliche **Lagerumschlagshäufigkeit** kann auf Basis von Einkaufs- oder Verkaufspreisen wie folgt ermittelt werden:

Einkaufswert der umgesetzten Ware im Verhältnis zu dem durchschnittlichen Warenbestand zu Einkaufspreisen, bzw. Verkaufswert der umgesetzten Ware im Verhältnis zu dem durchschnittlichen Warenbestand zu Verkaufspreisen.

232 Die Finanzverwaltung führt häufig auch Verprobungen durch betriebswirtschaftliche Vergleiche mit Branchen- und Gruppendurchschnittswerten durch. Hierzu werden Richtsätze und Kennziffern als Hilfsmittel gesammelt, um Umsätze und Gewinne verschiedener Gewerbetreibender zu verproben oder erforderlichenfalls zu schätzen (vgl. *OFD Köln* a. a. O.). Sofern die Richtsatzkarteien der Finanzverwaltung nicht anwendbar sind, weil sie für einen bestimmten Einzelfall nicht oder nicht in der erforderlichen Genauigkeit vorliegen, können Verprobungen auch mit kalkulatorischen Rechnungen des zu prüfenden Unternehmens ausgeführt werden. Dabei hat die Finanzverwaltung verschiedene Berechnungsschemata aufgestellt, auf die im einzelnen verwiesen wird (vgl. *OFD Köln* a. a. O.).

Vgl. *OFD Köln* Betriebsprüfungskartei, Teil II: Prüfungstechnik; *Schroeder/Muuss* Handbuch der steuerlichen Betriebsprüfung – Die Außenprüfungen, Berlin 1977; *Lachnit* HdR, 519 ff. m. w. N.

Vollständigkeitserklärung

234 Zu den Grundsätzen ordnungsmäßiger Abschlußprüfung (vgl. Rz. 130) zählt die Einholung einer Vollständigkeitsprüfung. Diese kann zwar eigene Prüfungshandlungen des Abschlußprüfers nicht ersetzen. Sie ergänzt jedoch die eigenen Prüfungshandlungen, da mit ihr die gesetzliche Vertretung des zu prüfenden Unternehmens die Vollständigkeit sämtlicher Auskünfte und Nachweise, insbesondere auch in solchen Bereichen, die nicht in der Buchhaltung ihren Niederschlag finden, versichert. Das Institut der Wirtschaftsprüfer hat für die verschiedenen Rechtsformen der zu prüfenden Unternehmen sowie die in Betracht kommenden Prüfungen Vollständigkeitserklärungen entwickelt, die im Handel erhältlich sind.

Vorprüfungen

236 § 320 Abs. 2 Satz 2 HGB nF. ermöglicht dem Abschlußprüfer, die benötigten Aufklärungen und Nachweise, die für eine sorgfältige Prüfung notwendig sind, auch vor Aufstellung des Jahresabschlusses zu verlangen. Der Abschlußprüfer wird dadurch in die Lage versetzt, bereits vor Aufstellung des Jahresabschlusses Zwischen- oder Vorprüfungen durchzuführen, um auf diese Weise die Prüfungszeit nach Aufstellung des Jahresabschlusses zu verkürzen.

237 In Zwischenprüfungen werden zweckmäßigerweise Systemprüfungen (vgl. Rz. 222), insbesondere die Prüfung des internen Kontrollsystems, durchgeführt. Außerdem können solche Bilanzpositionen geprüft werden, die bereits abschließend bis zu dem vorgenannten Stichtag burteilt werden können, z. B. das Anlagevermögen, insbesondere die Zugänge bis zu dem Prüfungsstichtag. Saldenbestätigungen im Bereich der Forderungen und Verbindlichkeiten werden zweckmäßigerweise ebenfalls bei Zwischenprüfungen eingeholt.

Bei der Durchführung von Zwischenprüfungen muß gewährleistet sein, daß derjenige Teil des Geschäftsjahres, der zwischen dem Bilanzstichtag und der Zwischenprüfung liegt, ebenfalls geprüft wird. In der Regel erfolgt diese Prüfung bei der anschließenden Abschlußprüfung.

238 Sofern die Zwischenprüfung Anlaß zu Beanstandungen gibt, sollten diese bereits unmittelbar nach Beendigung der Zwischenprüfung der gesetzlichen Vertretung bekanntgegeben werden. Dies gilt insbesondere auch für redepflichtige Tatsachen (vgl. Rz. 205 ff.). Für den Fall, daß über einzelne Vorgänge, die im Rahmen der Zwischenprüfung ermittelt wurden, zu berichten ist, empfiehlt es sich, über das Ergebnis von Vor- und Zwischenprüfungen einen gesonderten Prüfungsbericht abzugeben, auf den im späteren Bericht über die Abschlußprüfung zu verweisen ist.

Vgl. *WPH* 1981, 1171 ff.

D. Lagebericht

Bearbeiter: Dr. Walter Niemann

Übersicht

	Rz.		Rz.
I. Grundlagen	1–4	III. Inhalt	6–20
II. Formelle Gestaltung	5	IV. Prüfungstechnik	21–25

I. Grundlagen

1 Kapitalgesellschaften i. S. des Zweiten Abschnitts des dritten Buchs des HGB nF. (Aktiengesellschaften, Kommanditgesellschaften auf Aktien und Gesellschaften auf beschränkter Haftung) haben unabhängig von ihrer Größe gemäß § 267 HGB nF. (vgl. Teil B Rz. 56) im Gegensatz zu anderen Kaufleuten ihren Jahresabschluß durch einen Anhang zu ergänzen und darüber hinaus nach § 264 Abs. 1 S. 1 HGB nF. einen Lagebericht aufzustellen. Dies gilt selbst für solche Kapitalgesellschaften, die lediglich die Funktion einer Komplementärgesellschaft haben, z. B. im Rahmen einer GmbH & Co. KG. Für sie gelten allerdings i. d. R. Besonderheiten bei der Offenlegung (vgl. Rz. 3) und der Prüfung (vgl. Rz. 20). Der Lagebericht ist zusammen mit dem Jahresabschluß von den gesetzlichen Vertretern in den ersten drei Monaten des Geschäftsjahres für das vergangene Geschäftsjahr aufzustellen. Lediglich kleine Kapitalgesellschaften i. S. von § 267 Abs. 1 HGB nF. (vgl. Teil B Rz. 56) dürfen den Lagebericht auch später aufstellen, wenn dies einem ordnungsgemäßen Geschäftsgang entspricht. Sie sind jedoch dann innerhalb der ersten sechs Monate des Geschäftsjahrs aufzustellen, § 264 Abs. 1 S. 2ff. HGB nF.

2 Der mit dem Lagebericht verfolgte **Zweck** ist die Ergänzung des Jahresabschlusses durch zusätzliche Informationen (BR-Drucksache 61/82, Begründung zu § 273 EHGB, S. 93). Dazu sind in dem Lagebericht besonders der Geschäftsverlauf und die Lage der Kapitalgesellschaft so darzustellen, daß ein den tatsächlichen Verhältnissen entsprechendes Bild vermittelt wird. Er soll außerdem Vorgänge von besonderer Bedeutung, die nach dem Schluß des Geschäftsjahres eingetreten sind, die voraussichtliche Entwicklung der Kapitalgesellschaft sowie den Bereich der Forschung und Entwicklung darstellen, § 289 HGB nF. (vgl. Rz. 6ff). Dabei steht generell die Information der Gesellschafter im Vordergrund. Darüber hinaus wird die Information der Gläubiger, der Belegschaft sowie der sonstigen Öffentlichkeit angestrebt, soweit der Lagebericht beim Handelsregister einzureichen ist.

3 Die **Offenlegung** des Lageberichts erfolgt in gleicher Weise wie die des Jahresabschlusses (vgl. Teil E Rz. 4ff.). Allerdings sehen §§ 325 Abs. 1, 326, 327 HGB nF. vor, daß nur große und mittelgroße Kapitalgesellschaften gemäß § 267 Abs. 2 und 3 HGB nF. (vgl. Teil B Rz. 56) verpflichtet sind, den Lagebericht offenzulegen.

4 Soweit eine Offenlegung des Lageberichts vorgesehen ist, ergibt sich das Problem der **Ausnahmen von der Berichterstattungspflicht**. Das HGB nF. enthält keine ausdrückliche Regelung, beispielsweise wie für den Anhang in § 286 HGB nF., wo solche Ausnahmetatbestände vorgesehen sind. Bereits für die Berichterstattung im Lagebericht des nach dem AktG aF vorgesehenen Geschäftsberichts war es jedoch anerkannt, daß eine Berichterstattung unterbleiben darf, wenn sie nach vernünftiger kaufmännischer Beurteilung geeignet ist, dem Unternehmen einen erheblichen Nachteil zuzufügen (*Pfeiffer* Wpg 1974, 163ff.).

II. Formelle Gestaltung

5 Das HGB nF. enthält keine ausdrücklichen Regelungen über die formelle Gestaltung des Lageberichts. Auch in der Praxis haben sich solche Regelungen für den Lagebericht, der im Rahmen des Geschäftsberichts nach dem Aktiengesetz aF vorge-

sehen war, nicht entwickelt. Es besteht daher **Gestaltungsfreiheit** hinsichtlich der formellen Gestaltung, doch dürfte es zweckmäßig sein, den durch § 289 HGB nF. vorgegebenen Aufbau beizubehalten. Darüber hinaus kann aus dem mit dem Jahresabschluß verbundenen Zweck – Ergänzung des Jahresabschlusses – abgeleitet werden, daß die für den Jahresabschluß geltenden Formkriterien ebenfalls einzuhalten sind. Sie sind zumindest insoweit auf den Lagebericht anzuwenden, als sie die Beachtung der Grundsätze der Klarheit und der Übersichtlichkeit erfordern, § 243 Abs. 2 HGB nF., und eine Aufstellung in deutscher Sprache und in deutscher Mark vorsehen, § 244 HGB nF. (*Niehus* § 42 Anm. 607).

III. Inhalt

6 Während § 264 Abs. 1 HGB nF. sich mit der Aufstellung des Lageberichts befaßt, regelt § 289 HGB nF. dessen Inhalt.

7 Nach § 289 Abs. 1 HGB nF. ist im Lagebericht zumindest der **Geschäftsverlauf** und die **Lage der Kapitalgesellschaft** so darzustellen, daß ein den tatsächlichen Verhältnissen entsprechendes Bild vermittelt wird.

Der Gesetzgeber hat im einzelnen nicht konkretisiert, welche Sachverhalte darzustellen sind, um den Geschäftsverlauf und die Lage der Gesellschaft zu konkretisieren. Es steht dem Unternehmen daher frei, die erforderlichen **Angaben** zu machen. Sie können sich erstrecken auf
– die Marktstellung des Unternehmens
– den Auftragseingang und den Auftragsbestand
– die Absatzmengen und Marktanteile
– Einkauf, Vorratspolitik und Lagerhaltung
– Produktions- und Absatzprogramm incl. eventueller Änderungen
– Beschäftigungsgrad
– die Entwicklung von Kosten und Leistungen, Aufwendungen und Erlösen
– Investitionen und deren Finanzierung
– Liquidität
– Kreditpolitik
– Rentabilität
– Betriebserweiterungen oder -stillegungen
– Gründung von Zweigniederlassungen
– Ereignisse bei verbundenen Unternehmen im Ausland
– gravierende Unglücksfälle
– schwebende Geschäfte
– wichtige Verträge
– den Ausgang wichtiger Rechtsstreitigkeiten
– Spartenrechnungen
– eine Zusammenfassung der Entwicklung des steuerlichen Eigenkapitals
– Angaben zur Arbeitnehmerschaft und den sozialen Verhältnissen, insbesondere über die Zusammensetzung der Arbeitnehmerschaft, die Arbeitsbedingungen, die sozialen Verhältnisse, die Gehälter und Löhne; diese sogenannte „Sozialbericht"-erstattung kann – sofern sie einen größeren Umfang annimmt – auch außerhalb des Lageberichts gesondert veröffentlicht werden (*WPH* 1981, 617; *Niehus* § 42 Anm. 611).

8 Die Berichterstattung über den Geschäftsverlauf und die Lage der Kapitalgesellschaft muß ein **den tatsächlichen Verhältnissen entsprechendes Bild** vermitteln, § 289 Abs. 1 HGB nF. Der Hinweis auf die tatsächlichen Verhältnisse entspricht der Generalnorm in § 264 Abs. 2 HGB nF., die für den Jahresabschluß vorsieht, daß er ein den tatsächlichen Verhältnissen entsprechendes Bild der Vermögens-, Finanz- und Ertragslage der Kapitalgesellschaft vermitteln muß.

9 § 289 Abs. 1 HGB nF. sieht außerdem vor, daß der Lagebericht „zumindest" eine Berichterstattung über den Geschäftsverlauf und die Lage des Unternehmens enthalten muß. Durch diese Formulierung soll klargestellt werden, daß außer den hier erwähnten Pflichtangaben noch andere Angaben zugelassen sind.

10 Die in der Regel **verbale Berichterstattung** kann durch **Zusatzrechnungen** er-

gänzt werden, insbesondere in Form von Spartenrechnungen, soweit über verschiedene Geschäftssparten berichtet wird. Die finanzwirtschaftliche Entwicklung kann durch Kapitalflußrechnungen und Bewegungsbilanzen (vgl. Teil R Rz. 262 ff.) verdeutlicht werden. Außerdem kann die finanzwirtschaftliche Entwicklung ebenso wie die Erfolgsrechnung durch Kennzahlen (vgl. Teil R Rz. 230 ff.) analysiert werden. Soweit die Liquidität zum Bilanzstichtag dargestellt oder analysiert wird, ist allerdings darauf zu achten, daß § 289 Abs. 1 HGB nF. neben der Darstellung der Lage der Gesellschaft auch die Darstellung des Geschäftsverlaufs erfordert. Es müssen daher auch die wichtigsten Vorgänge dargestellt werden, die für das Jahresergebnis unterjährig bedeutsam waren.

11   Nach § 289 Abs. 2 HGB nF. *soll* der Lagebericht auch eingehen auf Vorgänge von besonderer Bedeutung, die nach dem Schluß des Geschäftsjahres eingetreten sind, auf die voraussichtliche Entwicklung der Kapitalgesellschaft und auf den Bereich Forschung und Entwicklung. Der Kapitalgesellschaft wird durch diese „Soll"-Vorschrift zwar ein Ermessen hinsichtlich der Berichterstattung eingeräumt. Es muß jedoch weiterhin ein den tatsächlichen Verhältnissen entsprechendes Bild vermittelt werden. Die Kapitalgesellschaft hat daher nicht die Möglichkeit, die Berichterstattung über besonders bedeutungsvolle Vorgänge nach Schluß des Geschäftsjahres, über die voraussichtliche Entwicklung der Kapitalgesellschaft und über den Bereich Forschung und Entwicklung ganz oder zum Teil zu unterlassen, soweit der Sachverhalt wesentlich ist und Ausnahmen von der Berichterstattungspflicht (vgl. Rz. 4) nicht festzustellen sind.

12   Nach dem Schluß des Geschäftsjahres eingetretene **Vorgänge von besonderer Bedeutung** sind entsprechend dem Zweck der nach § 289 HGB nF. vorgesehenen Berichterstattung alle Ereignisse, die für die Beurteilung der dauernden Existenzfähigkeit des Unternehmens und seiner Zukunftsaussichten erheblich sein können (*Kropff* BFuP 1980, 530 m. w. N.). Zu berichten ist daher über die wirtschaftliche Entwicklung der Gesellschaft nach dem Abschlußstichtag bis zum Zeitpunkt der Berichterstattung. Dabei wird im wesentlichen auf ähnliche Vorgänge einzugehen sein, wie sie beispielhaft im Rz. 7 aufgeführt sind, sofern diese Vorgänge im Jahresabschluß bisher noch keinen Niederschlag gefunden haben.

13   Ob solche Vorgänge **wesentlich** sind, hängt von der Bedeutung ab, die sie für die Gesellschaft haben (*Niehus* § 42 Anm. 612).

14   Die Berichterstattung über Vorgänge von besonderer Bedeutung nach Abschluß des Geschäftsjahres erstreckt sich nicht nur auf **positive** Ereignisse. Es ist auch über **negative** Ereignisse zu berichten, da nur dann die Berichterstattung vollständig ist (*Adler/Düring/Schmaltz*, § 160 Anm. 25).

15   Nach § 289 Abs. 2 Nr. 2 HGB nF. soll der Lagebericht auch eingehend über die **voraussichtliche Entwicklung der Kapitalgesellschaft** berichten. Das Gesetz enthält keine weiteren Vorschriften über den Inhalt und den Umfang dieses Berichtsteils. Die voraussichtliche Entwicklung der Kapitalgesellschaft kann daher nach der subjektiven Einschätzung der Geschäftsführung dargestellt werden, sofern ein den tatsächlichen Verhältnissen entsprechendes Bild vermittelt wird. Auch insoweit können Ausnahmen von der Berichterstattungspflicht gerechtfertigt sein; vgl. hierzu Rz. 4.

16   Bei der Berichterstattung über die voraussichtliche Entwicklung der Kapitalgesellschaft sind zukunftsorientierte Informationen zu geben, die auf **Prognosen** aufbauen. Der **Prognosezeitraum** braucht dabei zwei Jahre nicht zu überschreiten. Die Prognosen müssen als solche gekennzeichnet sein. Die dabei verwandten Prämissen sollten offengelegt werden. Es genügt, wenn die Prognosen verbal beschrieben werden, doch sind ergänzende Prognoserechnungen ebenfalls als Informationsinstrument möglich. Dabei sollte immer beachtet werden, daß Ziel der Berichterstattung nicht eine Einzeldarstellung ist, sondern die Wiedergabe eines den tatsächlichen Verhältnissen entsprechenden Gesamtbildes.

17   Auch bei der Berichterstattung über die voraussichtliche Entwicklung der Kapitalgesellschaft genügt es nicht, nur **positive Entwicklungen** darzustellen, vielmehr müssen in derselben Weise **negative Entwicklungen** offengelegt werden.
Der Lagebericht soll nach § 289 Abs. 2 Nr. 3 auch eingehen auf den Bereich der **Forschung und Entwicklung**. Die Berichterstattungspflicht erstreckt sich in diesem Zusammenhang auf

- Einrichtungen der Kapitalgesellschaft für Forschungs- und Entwicklungszwecke
- die Zahl der beschäftigten Mitarbeiter in diesen Einrichtungen
- die in diesen Einrichtungen verfolgten Zielsetzungen
- eventuell die Höhe des Forschungsaufwandes.

18   Bei den Angaben über die Forschung und Entwicklung sollte die Geschäftsführung besonders darauf achten, ob die Berichterstattungspflicht ganz oder zum Teil unterbleiben kann, da möglicherweise dem Unternehmen erhebliche (Wettbewerbs-)Nachteile drohen können. Soweit diese Gefahr besteht, brauchen Einzelheiten nicht angegeben zu werden, doch sollte im Regelfall auf die Forschungs- und Entwicklungstätigkeiten in allgemeiner Weise hingewiesen werden (*Kropff* BFuP 1980, 525ff.; *Niehus* § 42 Anm. 614).

19   Soweit die Kapitalgesellschaft allerdings keine Forschungs- und Entwicklungstätigkeit ausübt, braucht ein **Negativvermerk** nicht in den Lagebericht aufgenommen zu werden.

20   Nach § 316 Abs. 1 S. 1 HGB nF. sind bei mittelgroßen und großen Kapitalgesellschaften i. S. v. § 267 Abs. 1 und 4 HGB nF. der Jahresabschluß und der Lagebericht durch einen Abschlußprüfer zu prüfen.

IV. Prüfungstechnik

21   Es empfiehlt sich, die Prüfung erst nach Abschluß der Prüfung der Bilanz und der Gewinn- und Verlustrechnung vorzunehmen, da die Kenntnisse aus diesen Prüfungsbereichen die Prüfung des Lageberichtes erleichtern.

22   Der Lagebericht ist darauf zu überprüfen, ob er mit dem Jahresabschluß in Einklang steht und ob die sonstigen Angaben im Jahresabschluß nicht eine falsche Vorstellung von der Lage des Unternehmens erwecken, § 317 Abs. 1 S. 3 HGB nF. In diesem Zusammenhang erstreckt sich die Prüfung darauf, ob der Lagebericht ein den tatsächlichen Verhältnissen der Kapitalgesellschaft entsprechendes Bild vermittelt. Dabei sind nur der Gesamteindruck des Lageberichts sowie wesentliche Einzelaussagen, die Einfluß auf das Gesamteindruck haben, zu prüfen, nicht jedoch sämtliche Einzelaussagen. Als Prüfungsunterlagen können dienen (vgl. *WPH* 1981, 1241):
- Zwischenberichte der Kapitalgesellschaft (Monats- oder Quartalsberichte) im neuen Geschäftsjahr
- Protokolle über Sitzungen der Geschäftsführung oder des Aufsichtsrates im neuen Geschäftsjahr
- Auskünfte der Geschäftsführung oder sonstiger Auskunftspersonen
- Durchsicht von Aufwendungen für Rechtsanwälte, Notare, sonstige Berater, Gerichte
- Informationen über schwebende Geschäfte
- Informationen über den Stand der steuerlichen Veranlagung
- Durchsicht der Aufwendungen für Forschung und Entwicklung.

23   Soweit sich die Kapitalgesellschaft in wirtschaftlichen Schwierigkeiten befindet, ist noch einmal abschließend zu überprüfen, ob tatsächliche oder rechtliche Gegebenheiten vorliegen, die eine „Going-concern"-Bewertung (§ 252 Abs. 1 Nr. 2 HGB nF., vgl. Teil A Rz. 227ff.) ausschließen. Eine abschließende Prüfung ist unter Berücksichtigung der nach § 289 HGB nF. berichtspflichtigen Sachverhalte ergänzend zu der entsprechenden Prüfungshandlung im Rahmen der Bewertung der einzelnen Vermögensgegenstände und Schulden geboten, da eine Bewertung, die nicht von der Fortführung des Unternehmens ausgeht, zu erheblichen abweichenden Ergebnissen führt und zusätzlich im Regelfall eine Redepflicht (vgl. Teil C, Rz. 205ff.) des Abschlußprüfers auslöst.

24   Zur Prüfung von Prognosen im Hinblick auf die voraussichtliche Entwicklung der Kapitalgesellschaft vgl. Teil C, Rz. 172ff.

25   Zur Berichterstattung vgl. Teil C Rz. 18ff.

E. Offenlegung des Jahresabschlusses

Bearbeiter: Dr. Walter Niemann

Übersicht

	Rz.
1. Überblick über die gesetzliche Regelung	1–3
2. Schema der Offenlegungspflicht für kleine, mittelgroße und große Kapitalgesellschaften	4–12b
3. Offenlegung außerhalb des HGB	13
4. Prüfungs- und Bekanntmachungspflicht des Registergerichts	14

1. Überblick über die gesetzliche Regelung

1   Für **sämtliche Kapitalgesellschaften** wird in §§ 325 ff. HGB nF. die Pflicht zur Offenlegung des Jahresabschlusses und verschiedener weiterer Unterlagen begründet und außerdem das Verfahren der Offenlegung, der Veröffentlichung und der Vervielfältigung festgelegt. Das Verfahren der Offenlegung, Veröffentlichung und Vervielfältigung wird dabei in Abhängigkeit von der Größe der Kapitalgesellschaften modifiziert.

Das HGB nF. übernimmt damit die in Art. 47 der IV. Richtlinie des Rates der Europäischen Gemeinschaften zur Koordinierung des Gesellschaftsrechts über den Jahresabschluß von Kapitalgesellschaften bestimmter Rechtsform (vgl. Amtsblatt der Europäischen Gemeinschaft vom 14. 8. 1978, S. 11 ff.) vorgesehene Verpflichtung zur Publizität und die größenabhängigen Erleichterungen für kleine und mittelgroße Kapitalgesellschaften.

Soweit die Vorschriften über die Offenlegung, Veröffentlichung und Vervielfältigung auch für andere Unternehmen als Kapitalgesellschaften von Bedeutung sind, erfolgt ihre Anwendung durch Verweisung, z. B. § 9 PublG.

2   Unter der **Offenlegung** i. S. d. §§ 325 ff. HGB nF. wird ausschließlich die Einreichung zum Handelsregister (sog. **„Registerpublizität"**) und die Bekanntmachung im Bundesanzeiger (sog. **„Bundesanzeigerpublizität"**) verstanden. Dies ergibt sich aus der Legaldefinition in der Überschrift zu den Offenlegungsvorschriften der §§ 325 ff. HGB nF. Daneben werden in § 328 HGB nF. als weitere Formen der Publizität auch die Veröffentlichung und die Vervielfältigung geregelt. Als **Veröffentlichung** wird dabei jede an die Öffentlichkeit gerichtete Bekanntgabe angesehen, z. B. die Mitteilung des Jahresabschlusses in den Gesellschaftsblättern, in gewerblichen Prospekten etc. Bei den **Vervielfältigungen** handelt es sich um mechanische Reproduktionen, die gegebenenfalls zur Verteilung an einen bestimmten Personenkreis, z. B. den Aufsichtsrat, vorgesehen sind.

3   Einzelheiten über die jeweils offenlegungspflichtigen Personen, den Umfang der Offenlegung sowie den Inhalt und die Form der Unterlagen bei der Offenlegung, der Veröffentlichung und Vervielfältigung, der Reihenfolge der Offenlegungsmaßnahmen, die Frist zur Einreichung beim Handelsregister und zur Bekanntmachung beim Bundesanzeiger, die Offenlegung im Falle der Änderung des Jahresabschlusses, die Befreiung von der Offenlegung, die Rechtsfolgen bei Nichtbeachtung der Offenlegungspflichten die Kosten sowie das Einsichtsrecht Dritter beim Handelsregister sind in der nachfolgenden Übersicht aufgeführt. Dabei werden die für kleine, mittelgroße und große Kapitalgesellschaften i. S. v. § 264 HGB nF. (vgl. hierzu Teil B Rz. 56) geltenden unterschiedlichen Regelungen einander gegenübergestellt.

2. Schema der Offenlegungspflicht für kleine, mittelgroße und große Kapitalgesellschaften

Regelungsbereich	Kleine Kapitalgesellschaften	Mittelgroße Kapitalgesellschaften	Große Kapitalgesellschaften
1. Offenlegungspflichtige Person	Die gesetzlichen Vertreter der Kapitalgesellschaft, § 325 Abs. 1 Satz 1 HGB nF.		
2. Umfang der Offenlegung	**Bilanz** in der Form für kleine Kapitalgesellschaften gemäß § 266 Abs. 1 S. 3 HGB nF., – § 325 Abs. 1 S. 1	**Bilanz** in der Form für kleine Kapitalgesellschaften gemäß § 266 Abs. 1 S. 3 HGB nF. mit folgenden Angaben in der Bilanz oder im Anhang: **Aktiva** A. I.2. Geschäfts- oder Firmenwert A. II.1. Grundstücke, grundstücksgleiche Rechte und Bauten einschließlich der Bauten auf fremden Grundstücken 2. Technische Anlagen und Maschinen 3. Andere Anlagen, Betriebs- und Geschäftsausstattung 4. Geleistete Anzahlungen und Anlagen im Bau A.III.1. Anteile an verbundenen Unternehmen 2. Ausleihungen an verbundene Unternehmen 3. Beteiligungen 4. Ausleihungen an Unternehmen, mit denen ein Beteiligungsverhältnis besteht B. II.2. Forderungen gegen verbundene Unternehmen 3. Forderungen gegen Unternehmen, mit denen ein Beteiligungsverhältnis besteht B.III.1. Anteile an verbundenen Unternehmen 2. Eigene Anteile **Passiva** C. 1. Anleihen, davon konvertibel	**Bilanz** in der Form für große Kapitalgesellschaften gemäß § 266 Abs. 2 HGB nF., – § 325 Abs. 1 S. 1 HGB nF. –

Schema der Offenlegungspflicht

Regelungsbereich	Kleine Kapitalgesellschaften	Mittelgroße Kapitalgesellschaften	Große Kapitalgesellschaften
		2. Verbindlichkeiten gegenüber Kreditinstituten 6. Verbindlichkeiten gegenüber verbundenen Unternehmen 7. Verbindlichkeiten gegenüber Unternehmen, mit denen ein Beteiligungsverhältnis besteht vgl. §§325 Abs. 1 S. 1, 327 Abs. 1 HGB nF.	
	Keine Gewinn- und Verlustrechnung **verkürzter Anhang** in der für kleine Kapitalgesellschaften vorgesehenen Form gemäß §§ 284, 285, 288 HGB n. F., weiterhin gekürzt um die Angaben gemäß	**Gewinn- und Verlustrechnung** **verkürzter Anhang** in der für mittelgroße Kapitalgesellschaften vorgesehenen Form gemäß §§ 284, 285 HGB nF., weiterhin gekürzt um die Angaben gemäß – § 285 Nr. 2 HGB nF. (Angabe von Gesamtbetrag mit Restlaufzeit von mehr als 5 Jahren, bzw. mit Absicherung durch Pfandrechte oder ähnliche Sicherheiten für jeden Einzelposten der Verbindlichkeiten; die Angabepflicht besteht insoweit aber weiterhin nach § 285 Nr. 1 HGB nF. für die insgesamt ausgewiesenen Verbindlichkeiten) – § 285 Nr. 5 HGB nF. (Angaben über das Ausmaß der Ergebnisbeeinflussung durch Inanspruchnahme steuerlicher Vergünstigungen) – § 285 Nr. 8a HGB nF. (Angabe des Materialaufwandes bei Anwendung des Umsatzkostenverfahrens) – § 285 Nr. 12 HGB nF. (Angabe und Erläuterung von wesentlichen Rückstellungen, die in der Bilanz unter dem Posten „sonstige Rückstellungen" nicht gesondert ausgewiesen werden)	**Gewinn- und Verlustrechnung** **Anhang** in der für große Kapitalgesellschaften vorgesehenen Form gemäß §§ 284, 285 HGB nF. – § 325 Abs. 1 S. 1 HGB nF. –

E 6 Offenlegung des Jahresabschlusses

Regelungsbereich	Kleine Kapitalgesellschaften	Mittelgroße Kapitalgesellschaften	Große Kapitalgesellschaften
	– Angaben, die die Gewinn- und Verlustrechnung betreffen § 326 S. 3 HGB nF.	Vgl. §§ 325 Abs. 1 S. 1, 327 Nr. 2 HGB nF.	
		Bestätigungsvermerk zusammen mit dem Jahresabschluß bzw. **Versagungsvermerk**, § 325 Abs. 1 S. 1 HGB nF.	**Bestätigungsvermerk** zusammen mit dem Jahresabschluß bzw. **Versagungsvermerk**, § 325 Abs. 1 S. 1 HGB nF.
		Lagebericht, § 325 Abs. 1 S. 1 HGB nF.	**Lagebericht**, § 325 Abs. 1 S. 1 HGB nF.
		Bericht des Aufsichtsrats bei Aktiengesellschaften, § 325 Abs. 1 S. 1 HGB nF.	**Bericht des Aufsichtsrats** bei Aktiengesellschaften, § 325 Abs. 1 S. 1 HGB nF.
	Vorschlag für die Verwendung des Ergebnisses, unter Angabe des **Jahresergebnisses,** soweit dieser und das Jahresergebnis sich nicht aus der offenzulegenden Bilanz oder aus dem offenzulegenden Anhang ergeben, § 326 S. 2 HGB nF.	**Vorschlag für die Verwendung des Ergebnisses,** unter Angabe des **Jahresergebnisses,** soweit dieser sich nicht aus dem eingereichten Jahresabschluß ergibt, § 325 Abs. 1 HGB nF.	**Vorschlag für die Verwendung des Ergebnisses,** unter Angabe des **Jahresergebnisses,** soweit dieser sich nicht aus dem eingereichten Jahresabschluß ergibt, § 325 Abs. 1 HGB nF.
	Beschluß über die Ergebnisverwendung unter Angabe des **Jahresergebnisses,** soweit dieser und das Jahresergebnis sich nicht aus der offenzulegenden Bilanz oder dem offenzulegenden Anhang ergeben, § 326 S. 2 HGB nF.	**Beschluß über die Ergebnisverwendung** unter Angabe des **Jahresergebnisses,** soweit dieser sich nicht aus dem eingereichten Jahresabschluß ergibt, § 325 Abs. 1 S. 1 HGB nF.	**Beschluß über die Ergebnisverwendung** unter Angabe des **Jahresergebnisses,** soweit dieser sich nicht aus dem eingereichten Jahresabschluß ergibt, § 325 Abs. 1 S. 1 HGB nF.
			Bekanntmachung im Bundesanzeiger, § 325 Abs. 2 HGB nF.
3. Inhalt und Form der Unterlagen bei der Offenlegung aufgrund Gesetz, bzw. bei Veröffentlichungen und Vervielfältigungen aufgrund Gesellschaftsvertrag oder Satzung	Einzureichen ist jeweils ein Original bzw. ein unterzeichnetes Druckstück der bezeichneten Unterlagen (Adler/Düring/Schmaltz § 177 Anm. 6). Diese müssen enthalten: – die **vollständige** und **richtige Wiedergabe** des Jahresabschlusses, des Vorschlags und des Beschlusses für die Ergebnisverwendung sowie ggf. der Aufstellung über den Anteilsbesitz gemäß § 287 HGB nF. unter Berücksichtigung der für das Unternehmen maßgeblichen Vorschriften für die Aufstellung, § 328 Abs. 1 Nr. 1 S. 1 i. V. m. § 328 Abs. 3 HGB nF., – die Angabe des **Datums der Feststellung des Jahresabschlusses,** sofern der Jahresabschluß festgestellt wurde, § 328 Abs. 1 Nr. 1 S. 2 HGB nF., – ein entsprechender Hinweis, sofern die **Offenlegung** des Jahresabschlusses zur Fristenwahrung **vor der Feststellung des Jahresabschlusses** erfolgt, § 328 Abs. 1 Nr. 2 HGB nF. Bei nicht gleichzeitiger Veröffentlichung des Vorschlags und des Beschlusses über die Ergebnisverwendung sowie ggf. der Aufstellung über den Anteilsbesitz mit dem Jahresabschluß sind der betreffende Jahresabschluß		

Schema der Offenlegungspflicht 7, 8 **E**

Regelungsbereich	Kleine Kapitalgesellschaften	Mittelgroße Kapitalgesellschaften	Große Kapitalgesellschaften
		und der Ort von dessen Offenlegung anzugeben, § 328 Abs. 3 S. 2 HGB nF.	– die **vollständige und richtige Wiedergabe des Lageberichts,** – die Wiedergabe des **vollen Wortlauts des Bestätigungsvermerks** oder des Vermerks über dessen Versagung, § 328 Abs. 1 Nr. 1 S. 3 HGB nF., – bei einer **teilweisen Offenlegung** des Jahresabschlusses und des Lageberichts wegen der Inanspruchnahme von Erleichterungen: den Hinweis, sofern sich der Bestätigungsvermerk auf den vollständigen Jahresabschluß und Lagebericht bezieht, – ein entsprechender Hinweis, sofern die **Offenlegung** des Jahresabschlusses zur Fristenwahrung **vor der Prüfung des Jahresabschlusses** erfolgt, § 328 Abs. 1 Nr. 2 HGB nF., Bei nicht gleichzeitiger Veröffentlichung des Lageberichts mit dem Jahresabschluß sind der betreffende Jahresabschluß und der Ort von dessen Offenlegung anzugeben, § 328 Abs. 3 S. 2 HGB nF.
7 4. Inhalt und Form der Unterlagen bei der Veröffentlichung und Vervielfältigung, die nicht durch Gesetz, Gesellschaftsvertrag oder Satzung vorgeschrieben sind		– Beachtung der Inhalt- und Formvorschriften, die für die Offenlegung aufgrund Gesetz, bzw. für Veröffentlichungen oder Vervielfältigungen aufgrund Gesetz oder Gesellschaftsvertrag gelten, § 328 Abs. 2 S. 1 HGB nF., s. Rz. 6. oder – **Hinweis in der Überschrift,** daß es sich nicht um eine der gesetzlichen Form entsprechende Veröffentlichung handelt, § 328 Abs. 2 S. 1 HGB nF., – **Angabe des Handelsregisters** und der **Nummer des Bundesanzeigers,** in denen die Offenlegung erfolgte, oder ein entsprechender Hinweis, daß noch keine Offenlegung erfolgt ist, § 328 Abs. 2 S. 4 HGB nF., – **Verbot der Beifügung eines Bestätigungsvermerks,** § 328 Abs. 2 S. 2 HGB nF., – Angabe, ob der Abschlußprüfer den in gesetzlicher Form erstellten Jahresabschluß bestätigt hat, oder ob er die Bestätigung eingeschränkt oder versagt hat, § 328 Abs. 2 S. 3 HGB nF.	
8 5. Reihenfolge der Offenlegungsmaßnahmen	– keine Bekanntmachung der offenzulegenden Unterlagen im Bundesanzeiger	– keine Bekanntmachung der offenzulegenden Unterlagen im Bundesanzeiger	– **Bekanntmachung der offenzulegenden Unterlagen im Bundesanzeiger,** jedoch ohne die Aufstellung des Anteilsbesitzes gemäß § 287 HGB nF.
	– **Einreichung der offenzulegenden Unterlagen** beim Handelsregister; dabei ist grundsätzlich das Handelsregister des Sitzes der Gesellschaft für die Offenlegungsmaßnahme	– **Einreichung der offenzulegenden Unterlagen** beim Handelsregister; dabei ist grundsätzlich das Handelsregister des Sitzes der Gesellschaft für die Offenlegungsmaßnahme	– **Einreichung der offenzulegenden Unterlagen** beim Handelsregister. Aufstellung über den Anteilsbesitz; dabei ist grundsätzlich das Handelsregister des Sitzes der Gesell-

Niemann 497

Offenlegung des Jahresabschlusses

Regelungsbereich	Kleine Kapitalgesellschaften	Mittelgroße Kapitalgesellschaften	Große Kapitalgesellschaften
	zuständig. Bei Gesellschaften mit einem Doppelsitz sind die Unterlagen bei beiden Registergerichten einzureichen. Soweit eine Gesellschaft Zweigniederlassungen hat, ist eine Einreichung der Unterlagen beim Registergericht der Zweigniederlassung nicht erforderlich (*Niehus* § 42f Anm. 9) – **Bekanntmachung der Einreichung beim Handelsregister im Bundesanzeiger,** und zwar – bei welchem Handelsregister – unter welcher Nummer § 325 Abs. 1 S. 2 HGB nF.	zuständig. Bei Gesellschaften mit einem Doppelsitz sind die Unterlagen bei beiden Registergerichten einzureichen. Soweit eine Gesellschaft Zweigniederlassungen hat, ist eine Einreichung der Unterlagen beim Registergericht der Zweigniederlassung nicht erforderlich (*Niehus* § 42f Anm. 9) – **Bekanntmachung der Einreichung beim Handelsregister im Bundesanzeiger,** und zwar – bei welchem Handelsregister – unter welcher Nummer § 325 Abs. 1 S. 2 HGB nF.	schaft für die Offenlegungsmaßnahme zuständig. Bei Gesellschaften mit einem Doppelsitz sind die Unterlagen bei beiden Registergerichten einzureichen. Soweit eine Gesellschaft Zweigniederlassungen hat, ist eine Einreichung der Unterlagen beim Registergericht der Zweigniederlassung nicht erforderlich (*Niehus* § 42f Anm. 9) – keine Bekanntmachung der Einreichung beim Handelsregister im Bundesanzeiger, § 325 Abs. 2 HGB nF.
6. **Frist zur Einreichung beim Handelsregister**	unverzüglich (ohne schuldhaftes Zögern, § 121 Abs. 1 BGB) nach Feststellung, spätestens vor Ablauf des **12. Monats** des dem Abschlußstichtag folgenden Geschäftsjahres – § 326 S. 1 HGB nF. – Zur Fristwahrung genügt die Einreichung der Bilanz und des verkürzten Anhangs; der Vorschlag und der Beschluß über die Ergebnisverwendung sind dann unverzüglich nach ihrem Vorliegen nachzureichen – § 325 Abs. 1 S. 3 HGB nF. –	unverzüglich (ohne schuldhaftes Zögern, § 121 Abs. 1 BGB) nach Feststellung, spätestens vor Ablauf des **9. Monats** des dem Abschlußstichtag folgenden Geschäftsjahres – § 325 Abs. 1 S. 1 HGB nF. – Zur Fristwahrung genügt die Einreichung des Jahresabschlusses (mit verkürztem Anhang) und des Lageberichts; der Vorschlag und der Beschluß über die Ergebnisverwendung, der Bestätigungsvermerk und (bei Aktiengesellschaften) der Bericht des Aufsichtsrats sind unverzüglich nach ihrem Vorliegen nachzureichen – § 325 Abs. 1 S. 3 HGB nF. –	unverzüglich (ohne schuldhaftes Zögern, § 121 Abs. 1 BGB) nach Feststellung, spätestens vor Ablauf des **9. Monats** des dem Abschlußstichtag folgenden Geschäftsjahres – § 325 Abs. 1 S. 1 HGB nF. – Zur Fristwahrung genügt die Einreichung der offenzulegenden Unterlagen beim Bundesanzeiger – § 325 Abs. 4 HGB nF. –
7. **Frist zur Bekanntmachung im Bundesanzeiger**	unverzüglich nach Einreichung beim Handelsregister – § 325 Abs. 1 S. 2 HGB nF. –	unverzüglich nach Einreichung beim Handelsregister – § 325 Abs. 1 S. 2 HGB nF. –	unverzüglich nach Feststellung, spätestens jedoch vor Ablauf des **9. Monats** nach Ablauf des dem Abschlußstichtag folgenden Geschäftsjahres

Offenlegung außerhalb des HGB   11–12b E

Regelungsbereich	Kleine Kapitalgesellschaften	Mittelgroße Kapitalgesellschaften	Große Kapitalgesellschaften
			– § 325 Abs. 2 HGB nF. – Zur Fristwahrung genügt die Einreichung des Jahresabschlusses und des Lageberichts; der Vorschlag und der Beschluß über die Ergebnisverwendung, der Bestätigungsvermerk und (bei Aktiengesellschaften) der Bericht des Aufsichtsrats sind unverzüglich nach ihrem Vorliegen nachzureichen – § 325 Abs. 2 i. V. m. § 325 Abs. 1 S. 3 HGB nF. –
11 8. Offenlegung bei Änderung des Jahresabschlusses aufgrund nachträglicher Prüfung oder Feststellung	Die Änderung unterliegt ebenfalls der Offenlegung in der dargestellten Weise, § 325 Abs. 1 S. 3 HGB nF.		
12 9. Rechtsfolgen bei Nichtbeachtung	Festsetzung eines **Zwangsgeldes** gemäß § 335 HGB nF. durch das Registergericht, sofern ein gesetzlicher Vertreter seiner Offenlegungspflicht nicht nachkommt, und sofern ein Gesellschafter, Gläubiger oder der Gesamtbetriebsrat oder – wenn solcher nicht besteht – der Betriebsrat der Kapitalgesellschaft dies beantragen. Bestrafung wegen einer **Ordnungswidrigkeit**, sofern bei der Offenlegung, Veröffentlichung oder Vervielfältigung die in § 328 HGB nF. vorgeschriebenen Inhalts- und Formerfordernisse vorsätzlich oder leichtfertig nicht beachtet werden, vgl. § 334 Abs 1 Nr. 5 HGB nF. **Zwangslöschung**, wenn die Gesellschaft in drei aufeinanderfolgenden Jahren ihren Jahresabschluß und die mit ihm offenzulegenden Unterlagen ganz oder teilweise nicht bekanntgemacht und zum Handelsregister eingereicht hat, und die Offenlegung auch nicht innerhalb von sechs weiteren Monaten bewirkt wurde, nachdem das Gericht die Löschungsabsicht mitgeteilt hat, und ein Beteiligter innerhalb dieser Frist nicht glaubhaft gemacht hat, daß die Gesellschaft Vermögen besitzt, § 2 Abs. 1 S. 2 des Gesetzes über die Auflösung und Löschung von Gesellschaften und Genossenschaften.		
12a 10. Kosten für die Aufbewahrung und Prüfung durch das Registergericht	**DM 50,–** § 86 Abs. 2 KostO	**DM 100,–** § 86 Abs. 2 KostO	**DM 100,–** § 86 Abs. 2 KostO
12b 11. Einsichtnahme Dritter beim Handelsregister	Von den Eintragungen und den zum Handelsregister eingereichten Schriftstücken kann eine **Abschrift** gefordert werden. Diese wird beglaubigt, sofern nicht auf die Beglaubigung verzichtet wird, § 9 Abs. 2 HGB nF.		

3. Offenlegung außerhalb des HGB

13   Soweit für die Kapitalgesellschaften Bekanntmachungspflichten außerhalb des HGB nF. begründet wurden, stellt § 325 Abs. 5 HGB nF. klar, daß diese Publizitätspflichten unberührt bleiben. Die Offenlegungspflichten des HGB nF. stehen daher neben gleichartigen Verpflichtungen aus anderen Gesetzen oder dem Gesellschaftsvertrag. Soweit die Publizitätspflichten außerhalb des HGB nF. jedoch dieselben Maßnahmen wie im HGB nF. vorsehen, z. B. die Bekanntmachung der Unterlagen im Bundesanzeiger, müssen diese Maßnahmen nur einmal erfolgen, auch wenn sich die zugrunde liegenden Publizitätspflichten aus mehreren Quellen ergeben (*Niehus* § 42f. Anm. 25).

4. Prüfungs- und Bekanntmachungspflicht des Registergerichts

14   Dem **Registergericht** obliegt nach § 329 HGB nF. die Prüfung der Vollzähligkeit der zum Handelsregister einzureichenden Unterlagen sowie bei großen Kapitalgesellschaften der Bekanntmachung der offenzulegenden Unterlagen. Die nach § 177 Abs. 3 AktG aF. vogesehene Prüfung der offensichtlichen Nichtigkeit des Jahresabschlusses entfällt nach den Publizitätsvorschriften des HGB nF.

Soweit die dem Registergericht obliegende Prüfung Anlaß zu der Annahme gibt, daß die Kapitalgesellschaft größenabhängige Erleichterungen nicht in Anspruch nehmen dürfen, hat das Registergericht die Möglichkeit, zu seiner Unterrichtung von der Kapitalgesellschaft innerhalb einer angemessenen Frist die Mitteilung der Umsatzerlöse und der durchschnittlichen Zahl der Arbeitnehmer zu verlangen, § 329 Abs. 2 Satz 1 HGB nF. Da dem Registergericht auf Grund der Einreichungspflicht nach § 325 Abs. 1 Satz 1 HGB nF. die jeweilige Bilanzsumme bekannt ist, hat das Registergericht auf diese Weise die Möglichkeit, sämtliche für die Größe einer Kapitalgesellschaft maßgebenden Kriterien selbst zu beurteilen. Unterläßt die Kapitalgesellschaft die fristgemäße Mitteilung der Umsatzerlöse und der durchschnittlichen Zahl der Arbeitnehmer, so gelten die Erleichterungen als zu Unrecht in Anspruch genommen, § 329 Abs. 2 Satz 2 HGB nF.

F. Konzernrechnungslegung

Bearbeiter: Dr. Harald Richardt

Übersicht

	Rz.
I. Grundlagen der Konzernrechnungslegung	1–49
1. Rechtliche Grundlagen: Pflicht zur Konzernrechnungslegung	1–16
a) Geltendes Recht	1–5
b) Künftiges Recht	6–16
2. Funktion	17–19
3. Konsolidierungsgrundsätze	20–49
a) Klarheit und True and Fair View	20, 21
b) Fiktion der rechtlichen Einheit	22–25
c) Maßgeblichkeit der Einzelabschlüsse für den Konzernabschluß/Einheitlichkeit der Bewertung im Konzernabschluß	26–38
d) Vollständigkeit des Konzernabschlusses	39–41
e) Stetigkeit	42–44
f) Einheitlichkeit der Abschlußstichtage	45–47
g) Wirtschaftlichkeit der Konzernrechnungslegung	48, 49
II. Abgrenzung des Konsolidierungskreises	50–76
1. Geltendes Recht	50–62
a) Einheitliche Leitung	51–53
b) Mehrheitsbeteiligung	54–56
c) Minderheitsbeteiligung	57, 58
d) 50:50-Beteiligung	59–61
e) Konzernunternehmen mit Sitz im Ausland	62
2. Künftiges Recht	63–76
a) Kriterien für die Begründung der Konzernrechnungslegungspflicht	63–70
b) Gleichordnungskonzerne	71
c) Konsolidierungsverbot	72
d) Konsolidierungswahlrecht	73–76
III. Konzernbilanz	77–203
1. Ausweis/Gliederung	77–79
a) Geltendes Recht	77, 78
b) Künftiges Recht	79
2. Bewertung	80–133
a) Allgemeine Bewertungsgrundsätze	80
b) Zwischenerfolgseliminierung	81–93
c) Fremdwährungsumrechnung	94–114
d) Latente Steuern	115–133
3. Kapitalkonsolidierung	134–181
a) Aufgabe	134
b) Methoden	135–163
c) Minderheitsanteile	164, 165
d) Quotenkonsolidierung	166–169
e) Equity-Methode	170–176
f) Kapitalkonsolidierung im Gleichordnungskonzern	177, 178

	Rz.
g) Technik der Kapitalkonsolidierung im mehrstufigen Konzern	179–181
4. Schuldenkonsolidierung	182–203
a) Begriff	182–185
b) Konsolidierungspflichtige Forderungen und Verbindlichkeiten	186–203
IV. Konzern-Gewinn- und Verlustrechnung	204–259
1. Ausweis/Gliederung	204–210
a) Geltendes Recht	204–208
b) Künftiges Recht	209, 210
2. Konsolidierungsvorgänge in der vollkonsolidierten Konzern-Erfolgsrechnung nach geltendem und künftigem Recht	211–242
a) Konsolidierung der Innenumsatzerlöse	211–221
b) Konsolidierung anderer Erträge und Verluste	222–228
c) Konsolidierung von Beteiligungserträgen aus dem Konsolidierungskreis	229–236
d) Konsolidierung von Beteiligungsabschreibungen	237, 238
e) Sonstige Konsolidierungsvorgänge	239–242
3. Konsolidierungsvorgänge in der aktienrechtlichen teilkonsolidierten Konzern-Erfolgsrechnung	243–247
4. Konsolidierungsvorgänge in der aktienrechtlichen Konzern-Erfolgsrechnung in vereinfachter Form	248–252
5. Konzernergebnis	253–259
V. Konzerngeschäftsbericht (Konzernanhang/Konzernlagebericht)	260–283
1. Geltendes Recht	260–272
a) Funktion und gesetzliche Grundlagen	260–262
b) Abgrenzung des Konsolidierungskreises	263–265
c) Lagebericht	266–268
d) Erläuterungsbericht	269–271
e) Schutzklausel	272
2. Künftiges Recht	273–283
a) Konzernanhang	275–280
b) Konzernlagebericht	281–283
VI. Prüfung und Offenlegung der Konzernrechnungslegung	284–303
1. Geltendes Recht	284–294
2. Künftiges Recht	295–303

I. Grundlagen der Konzernrechnungslegung

1. Rechtliche Grundlagen: Pflicht zur Konzernrechnungslegung

a) Geltendes Recht

aa) Gesamtkonzernrechnungslegung

1   Die Konzernrechnungslegung, bestehend aus Konzernbilanz und Konzern-Gewinn- und Verlustrechnung (Konzernabschluß) einerseits und dem Konzerngeschäftsbericht andererseits, ist derzeit in folgenden gesetzlichen Bestimmungen geregelt:
- §§ 329 bis 338 des Aktiengesetzes (AktG) vom 6. 9. 1965 (BGBl. I, 1089)
- § 28 des Einführungsgesetzes zum Aktiengesetz (EG AktG)
- §§ 11 bis 16 des Publizitätsgesetzes (PublG) vom 15. 8. 1969 (BGBl. I, 1189).

2   Die **aktienrechtliche** Pflicht zur **Konzernrechnungslegung** betrifft **Aktiengesellschaften (AG)** oder **Kommanditgesellschaften auf Aktien (KGaA)** mit Sitz im Inland, welche die einheitliche Leitung im Konzern ausüben, und zwar unabhängig von der Rechtsform der Untergesellschaften (§§ 329 Abs. 1, 334 AktG).

3   § 28 Abs. 1 EG AktG gilt für **Gesellschaften mit beschränkter Haftung (GmbH)**, und **bergrechtliche Gewerkschaften**, welche mindestens eine AG/KGaA einheitlich leiten.

4   Die **Konzernrechnungslegungspflicht nach dem PublG** betrifft gemäß § 13 Abs. 1 PublG inländische Konzernobergesellschaften jedweder Rechtsform – soweit nicht bereits die Konzernrechnungslegungsvorschriften des AktG oder EG AktG eingreifen –, wenn sie bestimmte Größenkriterien erfüllen (§ 11 Abs. 1 PublG):
- Konzernbilanzsumme: DM 125 Mio
- Außenumsatzerlöse: DM 250 Mio
- Arbeitnehmer: durchschnittlich 5000 in den inländischen Konzernunternehmen in den letzten zwölf Monaten vor dem Abschlußstichtag
- mindestens zwei der drei vorstehend genannten Größenmerkmale müssen an drei aufeinanderfolgenden Abschlußstichtagen überschritten sein.

Für die Konzernrechnungslegung nach PublG sind die aktienrechtlichen Bestimmungen sinngemäß anzuwenden (§ 13 Abs. 2 PublG i. V. m. §§ 329 Abs. 2, 331 bis 335 AktG).

Für **Versicherungs-** und **Bankkonzerne** gelten nach § 11 Abs. 4 i. V. m. § 1 Abs. 3 und 4 PublG modifizierte Größenkriterien (Einnahmen aus Versicherungsprämien DM 100 Mio bzw. modifizierte Konzernbilanzsumme DM 300 Mio).

Konzernleitungen in der **Rechtsform** eines **Einzelkaufmannes**/einer **Personengesellschaft** unterliegen gemilderten Publizitätspflichten: so kann die Publizierung der Konzern-Gewinn- und Verlustrechnung durch einen Anhang zur Konzernbilanz ersetzt werden, der lediglich Angaben über Umsatzerlöse, Beteiligungserträge, Personalaufwendungen, Bewertungs- und Abschreibungsmethoden sowie Beschäftigtenzahlen enthalten muß (§§ 13, Abs. 2, 5 Abs. 2 PublG). Bei Beschränkung auf eine vermögensverwaltende Tätigkeit schließlich entfällt die Konzernrechnungslegungspflicht des Einzel-/Personenunternehmens völlig (§ 11 Abs. 5 PublG). Dies gilt auch, wenn die einheitliche Leitung von Privatpersonen ausgeübt wird.

bb) Teilkonzernrechnungslegung

5   Wird die einheitliche Leitung von einer **inländischen Konzernobergesellschaft** wahrgenommen, die nicht nach dem AktG oder EG AktG (AG/KGaA, GmbH/bergrechtliche Gewerkschaft) oder PublG konzernrechnungslegungspflichtig sind, so sind diejenigen AG/KGaA bzw. GmbH/bergrechtliche Gewerkschaften i. S. von § 28 EG AktG, die der Konzernobergesellschaft am nächsten stehen, zur Teilkonzernrechnungslegung verpflichtet, soweit sie als **Zwischenholding** die einheitliche Leitung über andere Konzernunternehmen ausüben (§§ 330 Abs. 1 AktG, 28 Abs. 2 EG AktG).

Die Pflicht zur Teilkonzernrechnungslegung entfällt, wenn sich die Konzernleitung **freiwillig** den aktienrechtlichen oder publizitätsgesetzlichen Konzernrechnungslegungsvorschriften unterwirft (§ 330 Abs. 1 Satz 3 AktG).

Wird die einheitliche Leitung von einer **Konzernobergesellschaft** mit **Sitz im Ausland** ausgeübt, so gilt die vorstehend genannte Teilkonzernrechnungslegungsverpflichtung analog für die der ausländischen Konzernleitung am nächsten stehende inländische Zwischenholding, sofern diese nach Aktien- oder Publizitätsgesetz zur Konzernrechnungslegung verpflichtet ist (§§ 330 Abs. 2 AktG, 28 Abs. 2 EG AktG, 11 Abs. 3 PublG).

Die Pflicht zur Teilkonzernrechnungslegung entfällt, wenn die ausländische Konzernleitung nach den aktienrechtlichen Grundsätzen der §§ 331 bis 333 AktG einen Konzernabschluß aufstellt, der von einem Wirtschaftsprüfer geprüft und im Bundesanzeiger bekanntgemacht wird (§§ 330 Abs. 2 AktG, 28 EG AktG, 11 Abs. 3 PublG). Der Unterschied zur „befreienden" Gesamtkonzernrechnungslegung einer inländischen Konzernleitung besteht lediglich darin, daß die ausländische Obergesellschaft keinen Konzerngeschäftsbericht vorzulegen braucht und der Konzernabschluß nur den aktienrechtlichen Grundsätzen, nicht jedoch allen aktienrechtlichen Einzelbestimmungen entsprechen muß (zu Einzelheiten vgl. *WP-Handbuch 1981* S. 874ff.; *Adler/Düring/Schmaltz* § 330 AktG Anm. 23ff.).

b) Künftiges Recht

aa) Gesetzgebungsverfahren

6   Am 13. 6. 1983 hat der Rat der Europäischen Gemeinschaften (EG) **die 7. EG-Richtlinie** verabschiedet (7. Richtlinie des Rates vom 13. 6. 1983 aufgrund von Art. 54 Abs. 3 Buchstabe g) des Vertrages über den konsolidierten Abschluß, Amtsblatt der Europäischen Gemeinschaften Nr. L 193/1 vom 18. 7. 1983, 83/349 EWG; vgl. dazu und zu den Materialien insb. *Biener/Schatzmann* Konzernrechnungslegung, 7. EG-Richtlinie: Konzernbilanzrichtlinie, Düsseldorf 1983; vgl. ferner die Überblicksdarstellungen von *Busse v. Colbe/Ordelheide* Rechnungslegung von Konzernen nach der 7. EG-Richtlinie, IWB, Nr. 24 vom 27. 12. 1983, Fach 5, Gruppe 3, 41ff.; *diess.* Konzernabschlüsse, 5. Aufl. Wiesbaden 1984 S. 377ff.; *Niehus* Vorbemerkungen zu einer Konzernbilanzrichtlinie, WPg 1984, 285ff., 320ff.; *Schaffer* 7. EG-Richtlinie: Konzernrichtlinie im Vergleich zu den Vorschriften im Aktiengesetz und anderen international diskutierten Normen, DB 1980, 889ff.; 941ff.; 986ff.; *Bolin/Zündorf* Zur Problematik der Konzernrechnungslegung nach der 7. EG-Richtlinie, BB 1983, 1447ff.; *Biener* Die Harmonisierung der Konzernrechnungslegung in der Europäischen Gemeinschaft nach dem Vorschlag für eine Siebente gesellschaftsrechtliche Richtlinie, DB 1983, 1831ff.; *ders.* Die Konzernrechnungslegung nach der Siebenten Richtlinie des Rates der Europäischen Gemeinschaften über den Konzernabschluß, in DB 1983, Beilage 19/83; *v. Wysocki* Bemerkungen zur künftigen Konzernrechnungslegung, insbesondere der GmbH-Konzerne nach der 7. EG-Richtlinie, in 75 Jahre Süddeutsche Treuhandgesellschaft Aktiengesellschaft, München 1982 S. 27ff. Die Bestimmungen der 7. EG-Richtlinie werden im folgenden als Artikel (Art.) zitiert).

Die 7. EG-Richtlinie ist gemäß Art. 49 von den Mitgliedstaaten spätestens zum 31. 12. 1987 in nationales Recht umzusetzen. Die transformierten Bestimmungen gelten für alle Konzernabschlüsse, die Geschäftsjahre nach dem 31. 12. 1989 betreffen.

Am 16. 5. 1984 hat der Bundesminister der Justiz (BMJ) einen Formulierungsvorschlag für die Anpassung des Regierungsentwurfs eines **Bilanzrichtlinien-Gesetzes** (RegEBilRG) zur Umsetzung der 7. EG-Richtlinie vorgelegt (BMJ 3507-30 310/84, §§ 273a bis 273x; im folgenden als Formulierungsentwurf zitiert; §§ 329 bis 334 AktG nF.; §§ 41a, 41b GmbHG nF.; §§ 11 bis 16 PublG nF.; vgl. dazu die Überblicksdarstellungen von *Niehus* Neues Konzernrecht für die GmbH, DB 1984, 1789ff., *Strobel* Die Neufassung des Bilanzrichtlinien-Gesetzes unter Einbezug der Konzernbilanzrichtlinie, DB 1984, 1485ff.).

Das förmliche Gesetzgebungsverfahren wurde am 12. 4. 1985 mit der Vorlage des Regierungsentwurfs zur Durchführung der 7. und 8. EG-Richtlinie eingeleitet (vgl. BT-Drucksache 10/3440, Regierungsentwurf eines Gesetzes zur Durchführung der Siebenten und Achten Richtlinie des Rates der Europäischen Gemeinschaften zur Koordinierung des Gesellschaftsrechts vom 3. 6. 1985; die Vorschriften des Regierungsentwurfes werden im folgenden als § ... RegE zitiert).

Am 1. 8. 1985 hat der Rechtsausschuß des Deutschen Bundestages, Unterausschuß „Bilanzrichtlinien-Gesetz", den Entwurf eines Gesetzes zur Durchführung der Vierten, Siebenten und Achten Richtlinie des Rates der EG zur Koordinierung des Gesellschaftsrechtes (Bilanzrichtlinien-Gesetz) in vorläufiger und am 18. 10. 1985 sowie am 18. 11. 1985 (vgl. BT-Drucksache 10/4268) in überarbeiteter Form veröffentlicht. Dieser Entwurf faßt die beiden Regierungsentwürfe zur Durchführung der 4., 7. und 8. Richtlinie zu einem Gesetz zusammen, und zwar im dritten Buch des HGB.

Am 5. 12. 1985 schließlich wurde das Bilanzrichtlinien-Gesetz vom Bundestag und am 19. 12. 1985 vom Bundesrat verabschiedet (die Bestimmungen des Bilanzrichtlinien-Gesetzes werden im folgenden als HGB nF. zitiert); es ist am 1. 1. 1986 in Kraft getreten (BGBl. I, 2355).

Die Konzernrechnungslegungsvorschriften sind dort im 2. Unterabschnitt des 2. Abschnittes niedergelegt (§§ 290 bis 315 HGB nF.). Sie sind für Geschäftsjahre, die nach dem 31. 12. 1989 beginnen, obligatorisch; ihre fakultative Anwendung ist jedoch bereits für Geschäftsjahre gestattet, die nach dem 31. 12. 1986 beginnen. Sie können damit gleichzeitig mit den transformierten Vorschriften der 4. EG-Richtlinie praktiziert werden (vgl. *Helmrich* Zur Umsetzung der 4. und 7. EG-Richtlinie im deutschen Handels- und Gesellschaftsrecht, ZfbF 1985, 723 ff., 724).

bb) Gesamtkonzernrechnungslegung

7   Von den Bestimmungen der 7. EG-Richtlinie/des HGB nF. über die Konzernrechnungslegung (Konzernabschluß unter Einbeziehung des Konzernanhanges einerseits sowie Konzernlagebericht andererseits) werden gemäß Art. 4 Abs. 1 a/§ 290 Abs. 1 HGB nF. Kapitalgesellschaften in der Rechtsform der **AG, KGaA und GmbH mit Sitz im Inland erfaßt, die über mindestens ein konsolidierungspflichtiges Unternehmen verfügen,** und zwar unabhängig von dessen Rechtsform (z. B. OHG, KG).

8   Es ist derzeit noch ungeklärt, ob die persönlich haftende und geschäftsführende GmbH einer **GmbH & Co KG** der Konzernrechnungslegungspflicht unterliegt. Bei entsprechender Gestaltung von Gesellschaftsvertrag und Satzung erscheint dies zumindest nicht ausgeschlossen, insb. dann nicht, wenn die GmbH die Funktion der geschäftsleitenden Holding innehat (vgl. dazu *Baetke* und *Schruff* in *Funk/Helmrich/ Höfer/Reuter/Schruff/Siegel* Das neue Bilanzrecht – ein Kompromiß divergierender Interessen?, Düsseldorf 1985 S. 139 f.; *v. Wysocki* Bemerkungen zur künftigen Konzernrechnungslegung ..., 43 f.; *Strobel* DB 1984, 1485 ff., 1487; *Hommelhoff* Rechtliche Überlegungen zur Vorbereitung der GmbH auf das Bilanzrichtlinie-Gesetz, WPg 1984, 639 ff.). Bejaht man die Konsolidierungspflicht, so hätte dies zur Konsequenz, daß z. B. eine Flucht in die GmbH & Co KG mit dem Ziel, den verschärften Rechnungslegungs-, Prüfungs- und Offenlegungspflichten der Kapitalgesellschaften zu entgehen, ins Leere ginge. Die Absicht des Gesetzgebers, die GmbH & Co KG nicht den Kapitalgesellschaften gleichzustellen, wäre – unabhängig von denkbaren Interventionen der EG-Kommission gegen die deutsche Ungleichbehandlung von GmbH & Co KG und Kapitalgesellschaft – unterlaufen.

9   Von der Konzernrechnungslegungspflicht können auch **Betriebsaufspaltungen** erfaßt werden in dem – zugegeben seltenen – Fall, daß als Besitzgesellschaft eine GmbH fungiert (vgl. hierzu auch *Niehus* Neues Konzernrecht ... DB 1984, 1789).

10 § 293 HGB nF. macht von dem Mitgliedstaatenwahlrecht des Art. 6 der 7. EG-Richtlinie Gebrauch, indem die vorstehend genannten Unternehmen von den Konzernrechnungslegungspflichten freigestellt werden, wenn an zwei Abschlußstichtagen zwei der folgenden drei **Größenkriterien** nicht überschritten werden:
– Konzernbilanzsumme (nach Abzug eines auf der Aktivseite ausgewiesenen Fehlbetrages): DM 39,0 Mio
– Außenumsatzerlöse: DM 80 Mio
– Arbeitnehmer: 500 (im Durchschnitt der letzten zwölf Monate).

Werden die „Konzernbilanzsumme" und die „Konzernumsatzerlöse" näherungsweise durch einfache Addition der Einzelbilanzen/- Gewinn- und Verlustrechnungen ermittelt, so erhöhen sich die wertmäßigen Größenmerkmale um 20% auf DM 46,8 Mio bzw. DM 96,0 Mio.

11 Für **Bankkonzerne** gelten als Größenkriterien DM 110 Mio Konzernbilanzsumme (zzgl. der den Kreditnehmern abgerechneten eigenen Ziehungen im Umlauf, der

Indossamentverbindlichkeiten aus weitergegebenen Wechseln und der Verbindlichkeiten aus Bürgschaften, Wechsel- und Scheckbürgschaften sowie aus Gewährleistungsverträgen), für **Versicherungskonzerne** DM 36 Mio Bruttobeiträge aus dem gesamten Versicherungsgeschäft.

12 Da die 7. EG-Richtlinie die Konzernrechnungslegung nur für Muttergesellschaften in der Rechtsform der AG, KGaA und GmbH vorschreibt, ist das **Publizitätsgesetz** von ihr nicht unmittelbar betroffen. Die Vorschriften des PublG wurden jedoch den Rechnungslegungsbestimmungen des HGB nF. angepaßt (vgl. Art. 5 des HGB nF.: Änderung des Gesetzes über die Rechtlegung von bestimmten Unternehmen und Konzernen; im folgenden als PublG nF. zitiert).

cc) Teilkonzernrechnungslegung

13 Gemäß Art. 1 ist grundsätzlich jede Zwischenholding in einem tiefgestaffelten Konzern zur Konzernrechnungslegung verpflichtet (Zur Zweckmäßigkeit von Teilkonzernabschlüssen vgl. *Krag/Müller* Zur Zweckmäßigkeit von Teilkonzernabschlüssen der 7. EG-Richtlinie für Minderheitsgesellschafter, BB 1985, 307 ff.; vgl. ferner *Stobbe* Zur Umsetzung der Art. 7 und 8 der 7. EG-Richtlinie, BB 1985, 1508 ff.).

14 Die §§ 291 f. HGB nF. machen jedoch von den in Art. 7 bis 11 vorgesehenen Befreiungsmöglichkeiten weitgehend Gebrauch.

Hat die **Konzernleitung** ihren **Sitz innerhalb der EG**, d. h. in der Bundesrepublik Deutschland oder in anderen EG-Staaten, so entfällt die Konzernrechnungslegungspflicht für die deutsche Zwischenholding, wenn sie in den Konzernabschluß einbezogen ist; Befreiungsvoraussetzung ist ferner, daß die Konzernrechnungslegung nach den Bestimmungen der 7. EG-Richtlinie bzw. den transformierten Bestimmungen des Sitzstaates erfolgt und Konzernabschluß und -lagebericht in geprüfter Form und in deutscher Sprache offengelegt werden (§ 291 Abs. 1 HGB nF.).

Die Befreiungsmöglichkeit entfällt, wenn Minderheitsgesellschafter, die 10% der Anteile der Zwischenholding-AG/KGaA oder 20% der Anteile der Zwischenholding-GmbH innehaben, spätestens sechs Monate vor Ablauf des Konzerngeschäftsjahres die Aufstellung eines Konzernabschlusses und -lageberichts beantragen (§ 291 Abs. 3 HGB nF.).

15 Hat die **Konzernleitung** ihren **Sitz außerhalb der EG**, so statuiert § 292 HGB nF. eine Rechtsverordnungsermächtigung dergestalt, daß Konzernabschluß und Konzernlagebericht der Konzernleitung Befreiungsmöglichkeiten analog § 291 HGB nF. eröffnen, wenn sie nach den Bestimmungen der 7. EG-Richtlinie bzw. den transformierten Bestimmungen eines EG-Staates erstellt, geprüft und veröffentlicht werden. Zulässig ist auch die Anwendung von Regeln, die dem EG-Recht gleichwertig sind. Die Voraussetzungen für die Gleichwertigkeit dieser Bestimmungen können ebenfalls im Wege der Rechtsverordnung im einzelnen geregelt werden.

16 Die Wahlrechte gemäß Art. 7 Abs. 3, Art. 11 der 7. EG-Richtlinie, Teilkonzernabschlüsse börsennotierter Zwischenholdings ohne Befreiungsmöglichkeiten vorzuschreiben, wurden nicht ausgeübt (Zur Kritik vgl. *Kommission Rechnungswesen im Verband der Hochschullehrer für Betriebswirtschaft e. V.* Stellungnahme zur Umsetzung der 7. EG-Richtlinie: Konzernabschluß-Richtlinie, DBW 1985, 267 ff., 269).

2. Funktion

17 Dem Begriff des Konzerns ist es immanent, daß die Konzernunternehmen trotz ihrer rechtlichen Selbständigkeit eine wirtschaftliche Einheit bilden. Die einheitliche Leitung des Konzerns und die dadurch gegebenen Einwirkungsmöglichkeiten z. B. auf den Lieferungs- und Leistungsverkehr der verbundenen Unternehmen bewirken, daß die Einzelbilanzen der Konzernunternehmen, auch wenn man sie nebeneinander stellt (vgl. *Kropff* Aktiengesetz 1965, Düsseldorf 1965 S. 436, §§ 329 bis 338: Vorbemerkungen, und die dort wiedergegebene Begründung des RegE zum AktG) oder in Form von Summenbilanzen und -erfolgsrechnungen lediglich additiv zusammenfaßt, nur einen unzureichenden Einblick in die Vermögens-, Finanz- und Ertragslage des Konzerns bieten.

18 Die Konzernrechnungslegung versucht durch Eliminierung der innerkonzernlichen Schuld- und Beteiligungsverhältnisse sowie der Liefer- und Leistungsbeziehungen im Konzern diesen Einblick zu verbessern. Zur Vermeidung der Doppelerfassung von Vermögen wird im Rahmen der Konzernrechnungslegung eine **Kapitalkonsolidierung** (Verrechnung der Beteiligungsbuchwerte mit dem entsprechenden anteiligen Kapital der Beteiligungsunternehmen) vorgenommen, da andernfalls die in der Konzernbilanz ausgewiesenen einzelnen Vermögensgegenstände (Anlage-, Umlaufvermögen etc.) der Konzernunternehmen nochmals in Form des Beteiligungsansatzes erfaßt würden. Darüber hinaus werden durch den gesonderten Ausweis von Anteilen im Fremdbesitz im Rahmen der Kapitalkonsolidierung die Beteiligungsverhältnisse und damit das von der Obergesellschaft effektiv eingesetzte Kapital aufgedeckt.

Im Rahmen der **Schuldenkonsolidierung** werden die gegenseitigen Forderungen und Verbindlichkeiten der in die Konsolidierung einbezogenen Unternehmen miteinander saldiert. Dadurch wird einmal verhindert, daß Vermögens- und Schuldposten ausgewiesen werden, die aus der Sicht des einheitlichen Konzerns überhaupt nicht existieren. Zum anderen neutralisiert die Schuldenkonsolidierung z. B. finanzielle Transaktionen, die innerhalb des Konzerns mit dem Ziel durchgeführt werden, Liquidität von Konzernunternehmen, die keinen Veröffentlichungspflichten unterliegen, auf publizitätspflichtige Konzernunternehmen zu transferieren.

Der Einblick in die Ertragslage schließlich wird dadurch erhöht, daß aus konzerninternen Lieferungen und Leistungen resultierende und von der leistenden Konzerneinheit ausgewiesene **Zwischenerfolge eliminiert** werden, die aus der Sicht des Konzerns als Einheit nicht realisiert sind, da die betreffenden Güter und Dienstleistungen den Konsolidierungskreis noch nicht verlassen haben.

Dem gleichen Ziel dient die **Aufrechnung/Umgliederung der konzerninternen Aufwendungen und Erträge** (z. B. Konsolidierung der Innenumsatzerlöse) sowie die **Konsolidierung von** – ausgeschütteten – **Beteiligungserträgen.**

19 Ist aus den vorstehend genannten Gründen die Konzernrechnungslegung geeignet, den Informationsinteressenten (Anteilsigner, Gläubiger, Abnehmer, Lieferanten, Arbeitnehmer, Öffentlichkeit) – gegenüber den Einzelabschlüssen – einen verbesserten Einblick in die Vermögens-, Finanz- und Ertragslage zu gewähren, so wird sie anderseits einer Reihe von Funktionen nicht gerecht, die die Einzelabschlüsse erfüllen. So stellt der Konzernabschluß weder die Grundlage der Gewinnverteilung noch der Besteuerung dar; die Ansprüche der Anteilsigner wie des Fiskus wie auch sonstiger Gläubiger richten sich vielmehr gegen die einzelnen Konzernunternehmen und nicht gegen den Konzern als Ganzes. Eine ganz andere Frage ist es, daß einerseits Konzernunternehmen zugunsten von Tochter- oder Schwestergesellschaften z. B. Bürgschaftsverhältnisse eingehen können oder daß die Konzernrechnungslegung andererseits etwa eine wichtige Informationsquelle für die Anteilsigner und Gläubiger ist, um die Angemessenheit der Gewinnverteilung oder die Werthaltigkeit von Forderungen beurteilen zu können.

3. Konsolidierungsgrundsätze

a) Klarheit und True and Fair View

20 Gemäß der Generalklausel der §§ 331 Abs. 4, 332 Abs. 3 i. V. m. 149 AktG ist der Konzernabschluß so klar und übersichtlich aufzustellen, daß er einen möglichst sicheren Einblick in die Vermögens-, Finanz- und Ertragslage des Konzerns erlaubt.

21 Art. 16 Abs. 2/§ 297 Abs. 2 HGB nF. verpflichten ebenfalls zur Aufstellung eines klaren und übersichtlichen Konzernabschlusses (Zum Verhältnis der Generalklauseln des AktG und der 7. EG-Richtlinie vgl. *Schruff* Einflüsse der 7. EG-Richtlinie auf die Aussagefähigkeit des Konzernabschlusses, Berlin 1984 S. 78 ff.).

Dieser hat unter Beachtung der Grundsätze ordnungsmäßiger Buchführung ,,in den tatsächlichen Verhältnissen entsprechendes Bild der Vermögens-, Finanz- und Ertragslage des Konzerns zu vermitteln." Für den Fall, daß die Anwendung der Vorschriften der 7. EG-Richtlinie/des Bilanzrichtlinien-Gesetzes dazu nicht ausreichen, sind im Konzernanhang zusätzliche Angaben zu machen.

Die Vorschrift des Art. 16 Abs. 5, wonach von den Vorschriften der 7. EG-Richtlinie sogar abgewichen werden muß, wenn sie keinen True and Fair View gewährleisten, wurde nicht ins HGB nF. übernommen.

b) Fiktion der rechtlichen Einheit

22 Die **Einheitstheorie** geht davon aus, daß der Konzern eine wirtschaftliche Einheit darstellt ungeachtet der Tatsache, daß die einzelnen Konzernunternehmen rechtlich selbständig sind. Die Rechnungslegung soll sich von der Fiktion leiten lassen, als handele es sich bei den Konzernunternehmen insgesamt um ein auch rechtlich einheitliches Unternehmen mit Konzernunternehmen als unselbständigen Betriebsabteilungen.

23 Während die Einheitstheorie die Gesellschafter der Obergesellschaft und die Minderheitsgesellschafter der Untergesellschaften als im wesentlichen gleichgerichtete Anteilseigner-Gruppen betrachtet, sieht die **Interessentheorie** den Konzernabschluß im Prinzip aus der Sicht der Obergesellschaft und die Minderheitsgesellschafter mehr als außenstehende Gläubiger denn als Anteilseigner des Konzerns.

Praktische Bedeutung kommt dem Gegensatz von Einheits- und Interessentheorie bei der Lösung von Zweifelsfragen zu, die im Gesetz nicht eindeutig geregelt sind.

24 Die **Konzernrechnungslegungsvorschriften des Aktiengesetzes** basieren auf der Einheitstheorie (vgl. *Kropff* S. 442ff.; *WP-Handbuch 1981* S. 865ff., 867; *Adler/Düring/Schmaltz* §§ 329 bis 338: Vorbem. AktG, Anm. 6ff.). Jedoch enthalten sie – i. d. R. aus pragmatischen Gründen – eine Reihe von Regelungen, die mit diesem Konzept nicht vereinbar sind (Beispiele: die den Minderheitsgesellschaftern zustehenden Kapital- und Gewinn- und Verlustanteile müssen separat ausgewiesen werden; keine einheitliche Bewertung der Vermögens- und Schuldposten der einbezogenen Unternehmen; keine vollständige Einbeziehung der verbundenen Unternehmen, z. B. der ausländischen Gesellschaften. Zu Einzelheiten und weiteren Beispielen vgl. *v. Wysocki/Wohlgemuth* Konzernrechnungslegung, 2. Aufl., Düsseldorf 1984 S. 24; *Busse v. Colbe/Ordelheide* Konzernabschlüsse S. 37f.).

25 Auch die **7. EG-Richtlinie** (Art. 26 Abs. 1) und das **Bilanzrichtlinien-Gesetz** (§ 297 Abs. 3 HGB nF.) folgen im Prinzip der Einheitstheorie (vgl. *Sahner* Die Bedeutung des Einheitsgrundsatzes für den Konzernabschluß im Aktiengesetz und in der 7. EG-Richtlinie, ZfbF 1981, 711ff.; *Niehus* Neues Konzernrecht für die GmbH, DB 1984, 1789ff.).

Z. T. wird die Einheitstheorie konsequenter als vom Aktiengesetz umgesetzt: so ist im Gegensatz zum AktG (§ 332 Abs. 1 Nr. 1) nur die Vollkonsolidierung, nicht die nur teilweise Konsolidierung der konzerninternen Aufwendungen und Erträge zulässig (Art. 26, Abs. 1/§ 305 Abs. 1 HGB nF.); ferner wird der aktienrechtliche Grundsatz der Maßgeblichkeit der Einzelbilanzen für die Konzernbilanz durch den Grundsatz ersetzt, daß im Konzernabschluß eine einheitliche Bewertung zu erfolgen hat (Art. 29 Abs. 3/§ 308 HGB nF.).

Jedoch läßt das neue Recht auch Durchbrechungen des einheitstheoretischen Konzepts zu, und zwar z. T. in gleichem Umfange wie das AktG (z. B.: nicht alle Zwischenerfolge müssen eliminiert werden, die Minderheits-Kapitalanteile sind separat auszuweisen: vgl. Art. 26/§ 304 Abs. 2 HGB nF. sowie Art. 21/§ 307 HGB nF.), z. T. darüber hinaus (z. B.: Zulassung der sogenannten Pooling-of-Interests-Methode sowie der Quotenkonsolidierung als Kapitalkonsolidierungsmethoden – Art. 20/ § 302 HGB nF. sowie Art. 32/§ 310 HGB nF. –, Zulassung uneinheitlicher Abschlußstichtage, wenn die Stichtage nicht mehr als drei Monate voneinander abweichen: Art. 27 Abs. 3/§ 299 Abs. 2 HGB nF.).

c) Maßgeblichkeit der Einzelabschlüsse für den Konzernabschluß/Einheitlichkeit der Bewertung im Konzernabschluß

26 Der den **Maßgeblichkeitsgrundsatz** statuierende § 331 Abs. 1 Nr. 1 AktG, der auch für das PublG gilt (§ 13 Abs. 2 Satz 1 PublG), bestimmt, daß Vermögensgegenstände, Verbindlichkeiten, Sonderposten mit Rücklagenanteil, Wertberichtigungen und Rechnungsabgrenzungsposten aus den Einzelabschlüssen unverändert in die Konzernbilanz zu übernehmen sind. Entsprechendes gilt für die Konzern-Gewinn- und Verlustrechnung. Schließlich ist auch die Ausübung von Bilanzierungs- und

Bewertungswahlrechten in den Einzelbilanzen für den Konzernabschluß maßgebend.

Der Maßgeblichkeitsgrundsatz gilt jedoch nur für Bewertungs- und Bilanzierungsfragen, nicht für die Gliederung des Konzernabschlusses.

Der aktienrechtliche Maßgeblichkeitsgrundsatz kommt allerdings insoweit nicht zur Anwendung, als besondere Konsolidierungsvorgänge oder materielle Unrichtigkeiten Abweichungen erfordern (Ansatz niedrigerer Werte wegen Zwischengewinneliminierung, § 331 Abs. 2; Schuldenkonsolidierung, § 331 Abs. 1 Nr. 4; Umrechnung von Fremdwährungsabschlüssen ausländischer Tochtergesellschaften; Angleichung der Bilanzansätze an deutsche Grundsätze ordnungsmäßiger Buchführung etc.).

27 Im Gegensatz zum geltenden Recht geht das **künftige Recht** von der **Einheitlichkeit der Bewertung** der im Konzernabschluß einbezogenen Aktiva und Passiva aus (Art. 29/§ 273o Formulierungsentwurf/§ 308 HGB nF.), und zwar letztendlich – entgegen den abweichenden Bestimmungen des Regierungsentwurfs vom 3. 6. 1985 sowie des Entwurfs des Unterausschusses vom 1. 8. 1985 – auf der Basis der für den Jahresabschluß der Obergesellschaft angewandten oder anwendbaren Bewertungsmethoden.

28 Gemäß **Art. 29 Abs. 2/§ 273o Abs. 1 Formulierungsentwurf** sind im Konzernabschluß grundsätzlich die Bewertungsmethoden der Obergesellschaft anzuwenden. Diese Methoden haben den Bewertungsvorschriften der 4. EG-Richtlinie bzw. der §§ 238ff. des Bilanzrichtlinien-Gesetzes zu entsprechen.

Jedoch gestattet Art. 29 Abs. 2 auch, daß andere Bewertungsmethoden angewendet werden, soweit sich diese im Einklang mit der 4. EG-Richtlinie befinden. In Ausübung dieses Mitgliedstaatenwahlrechts erklärt § 273o Abs. 2 Formulierungsentwurf die Anwendung alternativer Methoden für zulässig,

„soweit diese in einem Mitgliedstaat der Europäischen Wirtschaftsgemeinschaft vorgeschrieben oder zulässig sind und diese Bewertungsmethoden unter Wirtschaftsgütern in Jahresabschlüssen von Tochterunternehmen angewendet werden. Dies gilt jedoch nur, wenn der Buchwert dieser Wirtschaftsgüter auf der Aktivseite des Konzernabschlusses mehr als die Hälfte der Konzernbilanzsumme beträgt."

29 **§ 308 des Entwurfs des Unterausschusses vom 1. 8. 1985** (ebenso § 289 des RegE vom 3. 6. 1985), der mit „einheitliche Bewertung" überschrieben ist, weicht in seinem Wortlaut von dem vorstehend dargelegten Bewertungskonzept des § 273o Formulierungsentwurf nicht unerheblich ab:

„(1) Auf den Konzernabschluß **dürfen** (Hervorhebung d. Verf.) die für den Jahresabschluß des Mutterunternehmens nach den §§ 252 bis 256, §§ 279 bis 283 zulässigen Bewertungsmethoden angewendet werden. Weichen die auf den Konzernabschluß angewandten Bewertungsmethoden von denen auf den Jahresabschluß des Mutterunternehmens angewandten Bewertungsmethoden ab, so ist die Abweichung im Konzernabschluß anzugeben und zu begründen.

(2) Sind in den Konzernabschluß zu übernehmende Vermögensgegenstände oder Schulden des Mutterunternehmens oder von Tochterunternehmen, in deren Bilanzen nach Methoden bewertet wurden, die sich von denen unterscheiden, die auf den Konzernabschluß angewendet werden, so sind sie nach den auf den Konzernabschluß angewandten Bewertungsmethoden neu zu bewerten und mit diesen Wertansätzen in den Konzernabschluß zu übernehmen..."

Danach ist die Anwendung der Bewertungsmethoden der Obergesellschaft nicht obligatorisch („dürfen"); welche alternativen Bewertungsmethoden zulässig sind, wird nicht näher erläutert. Nach dem Wortlaut der Bestimmung mußte man annehmen, daß damit die Bewertungsmethoden eines anderen EG-Landes oder auch die inländischen Bewertungsmethoden für Nicht-Kapitalgesellschaften gemeint waren (Zu anderen Auslegungsmöglichkeiten und zur Kritik vgl. insb. *Ordelheide* Bilanzansatz und Bewertung im Konzernabschluß, WPg 1985, 509ff.; vgl. ferner *Busse v. Colbe* Der Konzernabschluß im Rahmen des Bilanzrichtlinien-Gesetzes, ZfbF 1985, 761ff., 769).

Die daraus folgende Konsequenz, daß im Konzernabschluß u. a. stille Reserven gemäß § 253 Abs. 4 HGB nF. (Unterschreitung der Höchstwertansätze) gebildet werden können, wird jedoch von der Regierungsbegründung – ohne nähere Erläuterung – bestritten (vgl. Regierungsbegründung zu § 289 RegE: = § 308 HGB nF.).

Grundlagen der Konzernrechnungslegung

30 § 308 HGB nF. schwenkt – ebenso wie bereits der überarbeitende Entwurf des Unterausschusses vom 18. 10. 1985 – wieder, wenn auch in modifizierter Form, auf das Bewertungskonzept des Formulierungsentwurfs um, da es in § 308 Abs. 1 HGB nF. nun heißt:

„Die in den Konzernabschluß nach § 300 Abs. 2 übernommenen Vermögensgegenstände und Schulden der in den Konzernabschluß einbezogenen Unternehmen **sind** (Hervorhebung d. Verf.) nach den auf den Jahresabschluß des Mutterunternehmens anwendbaren Bewertungsmethoden einheitlich zu bewerten. Nach dem Recht des Mutterunternehmens zulässige Bewertungswahlrechte können im Konzernabschluß unabhängig von ihrer Ausübung in den Jahresabschlüssen der in den Konzernabschluß einbezogenen Unternehmen ausgeübt werden. Abweichungen von den auf den Jahresabschluß des Mutterunternehmens angewandten Bewertungsmethoden sind im Konzernanhang anzugeben und zu begründen."

Danach sind nunmehr die Bewertungsmethoden einheitlich anzuwenden, die für die Mutter-**Kapitalgesellschaft** gelten.

Nach § 308 Abs. 2 HGB nF. ist im Falle, daß die einbezogenen Einzelabschlüsse in ihrer Bewertung von den im Konzernabschluß zulässigen Bewertungsmethoden abweichen, eine Neubewertung auf der Grundlage der im Konzernabschluß tatsächlich angewandten, nicht der generell anwendbaren Bewertungsmethoden vorzunehmen (zur Kritik wegen der einschränkenden Wirkung vgl. *Ordelheide* Einheitliche Bewertung sowie Kapital- und Equity-Konsolidierung im Konzernabschluß, WPg 1985, 575 ff., 576).

31 Für Konzerne, die nach dem **Publizitätsgesetz** zur Konzernrechnungslegung verpflichtet sind, gelten die Konzernrechnungslegungsvorschriften der §§ 294 bis 314 HGB nF. sinngemäß (§ 13 Abs. 2 PublG nF.). Da § 13 Abs. 3 PublG nF. diese Konzerne ausdrücklich von der Verpflichtung zur Anwendung des § 279 Abs. 1 HGB nF. (keine Legung von stillen Reserven gemäß § 253 Abs. 4 HGB nF.) sowie des § 280 HGB nF. (Wertaufholungsgebot) ausnimmt, ist die Bildung bzw. Auflösung von stillen Reserven nach dem PublG nF. in höherem Maße möglich als bisher: wegen der Aufgabe des Maßgeblichkeitsgrundsatzes dürfen künftig auch die Jahresabschlüsse von Kapitalgesellschaften für Konzernrechnungslegungszwecke gemäß § 253 Abs. 4 HGB nF. „umbewertet" werden (Zur Kritik vgl. *Kommission Rechnungswesen im Verband der Hochschullehrer für Betriebswirtschaft e. V.*, DBW 1985, 274; *Ordelheide* Bilanzansatz..., WPg 1985, 509 ff., 515 ff.; ders. Einheitliche Bewertung ..., WPg 1985, 575 ff., 576).

Zu beachten ist allerdings, daß bei Inanspruchnahme der Bewertungserleichterungen im Konzernabschluß die Befreiung von der Pflicht, Teilkonzernabschlüsse zu erstellen, nur für Zwischenholdings in der Rechtsform der Personengesellschaft, nicht der Kapitalgesellschaft gilt (§ 13 Abs. 3 Satz 3 PublG nF.).

32 In Ausübung des in Art. 29 Abs. 5 der 7. EG-Richtlinie eingeräumten Mitgliedstaatenwahlrechts läßt § 308 Abs. 3 HGB nF. eine Durchbrechung des Grundsatzes der Einheitlichkeit der Bewertung zu, indem die **Übernahme nur steuerlich zulässiger** und für die steuerliche Anerkennung notwendiger **Wertansätze** aus den Einzelbilanzen in die Konzernbilanz gestattet wird.

Abschreibungen und Einstellungen in Sonderposten sowie der Betrag der unterlassenen Zuschreibungen, die sich aufgrund der steuerlichen Wertansätze ergeben, sind im Konzernanhang anzugeben und zu begründen.

33 § 300 HGB nF. regelt die Ausübung von **Bilanzansatzwahlrechten** (z. B. Aktivierung von Ingangsetzungs- und Erweiterungskosten i. S. von § 269 HGB nF., des Geschäfts- oder Firmenwertes i. S. von § 255 Abs. 4 HGB nF.) in der Konzernbilanz losgelöst von der Ausübung dieser Rechte in den Einzelbilanzen der einbezogenen Unternehmen:

Nach § 300 Abs. 1 HGB nF. sind die Aktiva und Passiva aus den Einzelbilanzen nur insoweit in die Konzernbilanz zu übernehmen, als „sie nach dem Recht des Mutterunternehmens bilanzierungsfähig sind und die Eigenart des Konzernabschlusses keine Abweichung bedingt" oder § 300 Abs. 2 HGB nF. nichts anderes bestimmt.

Gemäß § 300 Abs. 2 HGB nF. sind die Aktiva und Passiva sowie die Erträge und Aufwendungen der Einzelunternehmen unabhängig von ihrer Berücksichtigung in den Einzelabschlüssen in den Konzernabschluß zu übernehmen,

Richardt

„soweit nach dem Recht des Mutterunternehmens nicht ein Bilanzierungsverbot oder ein Bilanzierungswahlrecht besteht. Nach dem Recht des Mutterunternehmens bestehende Bilanzierungswahlrechte dürfen im Konzernabschluß unabhängig von ihrer Ausübung in den Jahresabschlüssen der in den Konzernabschluß einbezogenen Unternehmen ausgeübt werden."

Die Regelung des § 300 HGB nF. erlaubt also eine Vereinheitlichung der Bilanzansätze im Konzernabschluß auf der Basis des für die Muttergesellschaft geltenden Rechts der Kapitalgesellschaften, das u. U. auf einem höheren Anspruchsniveau angesiedelt ist als die Bilanzierungsvorschriften der Einzelunternehmen.

34   Da § 13 Abs. 2 **PublG nF.** auf § 300 HGB nF. Bezug nimmt, kann insoweit auf die vorstehenden Ausführungen verwiesen werden. Als Besonderheit ist folgendes herauszustellen: steht der Konzern unter der einheitlichen Leitung eines Einzelkaufmanns/einer Personengesellschaft, so sind auf den Konzernabschluß die Bilanzierungsvorschriften dieser Unternehmen anzuwenden, die u. a. die Aktivierung der Aufwendungen für die Ingangsetzung und Erweiterung des Geschäftsbetriebes (§ 269 HGB nF.) nicht zulassen.
Wurde daher von einer einbezogenen Kapitalgesellschaft im Einzelabschluß von § 269 nF. Gebrauch gemacht, so ist der Bilanzansatz nicht in die Konzernbilanz zu übernehmen (vgl. *Ordelheide* Bilanzansatz..., WPg 1985, 515).

35   Abschließend ist darauf hinzuweisen, daß der vorstehend dargestellte Grundsatz der Einheitlichkeit der Bewertung im Konzernabschluß nicht besagt, daß alle Konzernunternehmen für Zwecke des Konzernabschlusses von zulässigen **Bewertungswahlrechten** in gleicher Weise Gebrauch machen, da auch im Einzelabschluß Ansatz- und Bewertungswahlrechte unterschiedlich ausgeübt werden können (vgl. Regierungsbegründung zu § 289 RegE).

36   Gemäß Art. 29 Abs. 3/§ 308 Abs. 2 Satz 3 HGB nF. kann eine Umbewertung der Vermögens- und Schuldposten der einbezogenen Konzernunternehmen mit dem Ziel der Bewertungsvereinheitlichung unterbleiben, wenn die **Auswirkungen** der Umbewertung für die Vermögens-, Finanz- und Ertragslage des Konzerns **von untergeordneter Bedeutung** sind.

37   Gemäß Art. 29 Abs. 5 Satz 1 sind **steuerrechtlich bedingte Sonderabschreibungen** auf Aktiva zu eliminieren.
§ 308 Abs. 3 HGB nF. macht von dem in Art. 29 Abs. 5 Satz 2 alternativ eingeräumten Wahlrecht Gebrauch, die Sonderabschreibungen lediglich im Konzernanhang anzugeben und zu begründen.

38   Art. 29 Abs. 4/§ 306 HGB nF. schreiben **die Passivierung latenter Steuerverbindlichkeiten** bzw. die **Aktivierung latenter Steueransprüche** vor, die auf einem Mehrergebnis der Konzernerfolgsrechnung gegenüber der Summe der Einzelergebnisse der Konzernunternehmen lasten bzw. durch ein Konzernminderergebnis begründet sind. Solche Mehr- und Minderergebnisse können z. B. durch die o. g. Bewertungsvereinheitlichungen verursacht werden (zu Einzelheiten vgl. Rz. 115 ff.).

d) Vollständigkeit des Konzernabschlusses

39   Eine zutreffende Beurteilung der wirtschaftlichen Lage des Konzerns ist im Prinzip nur möglich, wenn alle Konzernunternehmen in die Konsolidierung einbezogen werden.

40   Das **Aktienrecht** (§ 329 Abs. 2) ermöglicht zwar einerseits die Einbeziehung sämtlicher Konzernunternehmen; es läßt aber andererseits die Ausklammerung einer Reihe von Konzerngesellschaften zu (z. B. Konzernunternehmen mit Sitz im Ausland; Konzernunternehmen, an denen keine Mehrheitsbeteiligung besteht).

41   Das **künftige Recht** geht von dem Grundsatz aus, daß sämtliche Konzernunternehmen in den Konzernabschluß einzubeziehen sind (Art. 3/§ 294 Abs. 1 HGB nF.), und zwar unabhängig vom Sitz der Konzernunternehmen (**Weltabschlußprinzip**).
Jedoch gestattet auch das künftige Recht die Nichteinbeziehung von Konzernternehmen in bestimmten Fällen (z. B. erhebliche und nachhaltige Beschränkungen der Verfügungsmacht über das Vermögen eines Konzernunternehmens; unverhältnismäßig hohe Kosten oder zeitliche Verzögerungen bei der Beschaffung der Konzernabschlußangaben; vgl. im einzelnen Art. 13 bis 15, §§ 295, 296 HGB nF.).

e) Stetigkeit

42 Die Aussagefähigkeit des Konzernabschlusses erfordert es, daß die Abgrenzung des Konsolidierungskreises sowie die Konsolidierungsmethoden kontinuierlich gehandhabt und nicht willkürlich geändert werden. Änderungen sind im Konzerngeschäftsbericht zu erläutern.

43 Das **Aktien- und Publizitätsgesetz** statuieren keine ausdrückliche Pflicht zur Einhaltung der Konsolidierungsstetigkeit; § 334 Abs. 3 AktG schreibt lediglich eine Berichtspflicht im Hinblick auf wesentliche Abweichungen gegenüber dem letzten Konzernabschluß vor.

Jedoch ist der Grundsatz der Konsolidierungsstetigkeit nach h. M. zu beachten (vgl. etwa *Adler/Düring/Schmaltz* § 329 Anm. 102; *WP-Handbuch 1981* S. 886; *Busse v. Colbe/Ordelheide* Konzernabschlüsse S. 43 f.).

44 **Art. 25 Abs. 1 sowie § 297 Abs. 3 HGB nF.** schreiben die Pflicht zur Beibehaltung der Konsolidierungsmethoden ausdrücklich vor. Abweichungen, die nur in Ausnahmefällen zugelassen werden, sind im Anhang anzugeben und zu begründen. Die Auswirkung auf die Vermögens-, Finanz- und Ertragslage des Konzerns ist zu benennen.

Gemäß Art. 28 sowie § 294 Abs. 2 HGB nF. sind erhebliche Veränderungen des Konsolidierungskreises so zu erläutern, daß die aufeinanderfolgenden Konzernabschlüsse sinnvoll miteinander verglichen werden können. Alternativ können die entsprechenden Beträge des vorhergehenden Konzernabschlusses an die Veränderungen angepaßt werden.

f) Einheitlichkeit der Abschlußstichtage

45 Die Vereinheitlichung der Abschlußstichtage der einbezogenen Konzernunternehmen ist erforderlich, um Verschleierungen der wirtschaftlichen Lage des Konzerns durch Transferierung von Vermögens- und Liquiditätspositionen zwischen den Konzernunternehmen zu verhindern.

46 **Aktien- und Publizitätsgesetz** statuieren die Pflicht zur Vereinheitlichung der Abschlußstichtage ohne Ausnahme: als Normalfall wird die Aufstellung des Konzernabschlusses auf den Stichtag der Obergesellschaft angesehen; jedoch kann auch ein anderer Stichtag gewählt werden, wenn dies der Klarheit und Übersichtlichkeit des Konzernabschlusses dient (§ 329 Abs. 1 AktG/§ 13 Abs. 1 PublG). Weichen die Abschlußstichtage der Konzernunternehmen voneinander ab, so sind Zwischenabschlüsse auf der Basis der allgemeinen Bilanzierungs- und Bewertungsvorschriften zu erstellen (§ 331 Abs. 3 Satz 2 AktG/§ 13 Abs. 2 PublG).

47 Das **künftige Recht** geht ebenfalls von dem Grundsatz aus, daß der Konzernabschluß auf den Bilanzstichtag der Konzernobergesellschaft aufgestellt wird (Art. 27 Abs. 1/§ 299 Abs. 1 HGB nF.). Zulässig ist die Wahl des davon abweichenden Stichtages der Mehrzahl oder der bedeutendsten einbezogenen Unternehmen. Die Abweichung ist im Konzernanhang anzugeben und zu begründen (Art. 27 Abs. 2/§ 299 Abs. 1 HGB nF.).

Im Gegensatz zum geltenden Recht können bei abweichenden Bilanzstichtagen der Konzernunternehmen in den Konzernabschluß auch Einzelabschlüsse einbezogen werden, deren **Stichtag bis zu drei Monaten** vom Stichtag des Konzernabschlußstichtages **abweicht** (Art. 27 Abs. 3/§ 299 Abs. 2 HGB nF.).

Allerdings sind in diesem Falle Vorgänge von besonderer Bedeutung für die Vermögens-, Finanz- und Ertragslage des Konzerns, die im genannten – maximalen – Drei-Monats-Zeitraum eintreten, im Konzernabschluß zu berücksichtigen oder im Konzernanhang anzugeben (Art. 27 Abs. 2/§ 299 Abs. 3 HGB nF.).

Die Aufgabe des Grundsatzes der strikten Einheitlichkeit der Abschlußstichtage ist im Schrifttum insbesondere wegen des dadurch eröffneten Manipulationsspielraums zu Recht auf erhebliche Kritik gestoßen (vgl. *WP-Kammer und IdW* Gemeinsame Stellungnahme zum Entwurf eines Bilanzrichtlinien-Gesetzes, WPg 1985, 537 ff., 544 f.; *v. Wysocki/Wohlgemuth* S. 39; *Maas/Schruff* Unterschiedliche Stichtage im künftigen Konzernabschluß?, WPg 1985, 1 ff.; *Harms/Küting* Konsolidierung bei unterschiedlichen Bilanzstichtagen nach künftigem Konzernrecht, BB 1985, 432 ff.;

IdW Stellungnahme zur Transformation der 7. EG-Richtlinie, WPg 1984, 509ff., 511; *IdW* 2. Stellungnahme zur Transformation der 7. EG-Richtlinie, WPg 1985, 189ff., 191; *Kommission Rechnungswesen im Verband der Hochschullehrer für Betriebswirtschaft e. V.* DWB 1985, 270f.: Verpflichtung zur Erstellung geprüfter Zwischenabschlüsse notwendig).

g) Wirtschaftlichkeit der Konzernrechnungslegung

48 In der Literatur wird schließlich der Grundsatz postuliert, daß die Konzernrechnungslegung wirtschaftlich sein muß im Sinne einer angemessenen Kosten-Nutzen-Relation der Information (vgl. *Busse v. Colbe/Ordelheide* Konzernabschlüsse S. 45f.). Entsprechend dem angelsächsischen Prinzip der „**materiality**" beachtet auch das Aktienrecht die Affinität zwischen Kosten und Genauigkeitsgrad der Rechnungslegung. So können gemäß § 329 Abs. 2 AktG z. B. Konzerngesellschaften geringer Bedeutung aus der Konsolidierung ausgeklammert werden. Auch werden Näherungslösungen bei der Zwischenerfolgseliminierung für zulässig erachtet (vgl. *Busse v. Colbe/Ordelheide* Konzernabschlüsse S. 45).

49 Der Wirtschaftlichkeitsgrundsatz ist auch im künftigen Recht verankert. So braucht ein Konzernunternehmen nicht einbezogen zu werden, wenn die für die Aufstellung des konsolidierten Abschlusses erforderlichen Angaben nicht ohne unverhältnismäßig hohe Kosten zu erhalten sind (Art. 13 Abs. 3b/§ 296 Abs. 1 Nr. 2 HGB nF.) oder wenn das Konzernunternehmen von untergeordneter Bedeutung ist (Art. 13 Abs. 1/§ 296 Abs. 2 HGB nF.).

II. Abgrenzung des Konsolidierungskreises

1. Geltendes Recht

50 Der für das Aktiengesetz, das Einführungsgesetz zum Aktiengesetz sowie das Publizitätsgesetz maßgebliche Kreis der in die Konsolidierung einzubeziehenden Unternehmen ist in § 329 Abs. 2 AktG definiert. Danach gelten folgende Kriterien für die Einbeziehung:

a) Einheitliche Leitung

51 Die in den Konzernabschluß einbezogenen Unternehmen müssen Konzernunternehmen im Sinne von § 18 Abs. 1 AktG (Unterordnungskonzern) oder von § 18 Abs. 2 AktG (Gleichordnungskonzern) sein.
Unabdingbare Voraussetzung dafür ist, daß die Unternehmen unter einheitlicher Leitung stehen. Die alleinige Erfüllung der Tatbestände der §§ 16 (Mehrheitsbeteiligung) und/oder 17 AktG (Abhängigkeit) reicht dazu nicht aus; bei Mehrheitsbeteiligungen wird lediglich ein Abhängigkeitsverhältnis (§ 17 Abs. 2 AktG) und bei Bestehen eines Abhängigkeitsverhältnisses ein Konzernverhältnis widerlegbar vermutet (§ 18 Abs. 1 AktG).

52 Nur für den Fall, daß sich die Abhängigkeit auf die Rechtsinstitute des Beherrschungsvertrages (§ 291 AktG) oder der Eingliederung (§§ 319f. AktG) gründet, besteht die unwiderlegbare Vermutung der einheitlichen Leitung und daher des Konzerns (§ 18 Abs. 1 Satz 2 AktG).

53 Im faktischen, d. h. nicht auf Beherrschungs- oder Eingliederungsvertrag beruhenden Konzern ist es dagegen im Einzelfall schwierig zu beurteilen, ob einheitliche Leitung vorliegt oder nicht. Als wichtige Kriterien können u. a. die beherrschende Einflußnahme auf die Besetzung der Führungs- und Aufsichtsgremien und auf die langfristige Unternehmensstrategie des verbundenen Unternehmens sowie dessen Einbindung in die Investitions- und Finanzplanung des Konzerns gelten (Zur Abgrenzung des im Gesetz nicht definierten Begriffs der einheitlichen Leitung im einzelnen wird auf das einschlägige Schrifttum verwiesen. Vgl. etwa *WP-Handbuch 1981* S. 1562ff.; *Adler/Düring/Schmaltz* § 329 Anm. 7ff.; *Rowedder/Koppensteiner* GmbHG Anh. § 52 Anm. 15; *Kölner Kommentar zum Aktiengesetz* § 18 Anm. 19ff.; *Geßler/Hefermehl/Eckardt/Kropff* § 18 Anm. 34 m. w. N.).

b) Mehrheitsbeteiligung

54 Inländische Konzernunternehmen, deren Anteile zu mehr als 50% anderen Konzernunternehmen gehören, unterliegen grundsätzlich der **Konsolidierungspflicht** (§ 329 Abs. 2 Satz 1 AktG). Unter „**Anteile**" ist dabei jede kapitalmäßige Beteiligung an einer Kapital- oder Personengesellschaft zu verstehen, die im **wirtschaftlichen Eigentum** von Konzernunternehmen steht.

55 Von einer Konsolidierung von im Mehrheitsbesitz befindlichen Konzernunternehmen kann nach § 329 Abs. 2 Satz 2 AktG abgesehen werden (**Konsolidierungswahlrecht**), wenn dadurch **wegen der geringen Bedeutung** dieser Konzernunternehmen der Aussagewert des Konzernabschlusses nicht gemindert wird (z. B. soziale Hilfsunternehmen des Konzerns). Die geringe Bedeutung wird man an dem Anteil der Bilanzsumme, der Umsatzerlöse etc. des Konzernunternehmens an den entsprechenden Positionen des Gesamtkonzerns ablesen können.

Zu beachten ist schließlich, daß die Frage der Geringfügigkeit der Bedeutung nicht für ein Konzernunternehmen allein, sondern für alle wegen geringer Bedeutung nicht einbezogener Unternehmen in ihre Gesamtheit zu beantworten ist (H. M., vgl. *Stellungnahme NA 2/1967 des IdW in Ergänzung 1967 der Sammlung ,,Die Fachgutachten und Stellungnahmen des Instituts der Wirtschaftsprüfer: IdW"*, Düsseldorf 1967ff. S. 102 = WPg 1967, 489; *Adler/Düring/Schmaltz* § 329 Anm. 81; *WP-Handbuch 1981* S. 882).

56 Von einer Konsolidierung der im Mehrheitsbesitz stehenden Konzernunternehmen muß abgesehen werden, wenn durch die Einbeziehung der Aussagewert des Konzernabschlusses beeinträchtigt wird, § 329 Abs. 2 Satz 3 (**Konsolidierungsverbot**). Diese Bestimmung ist nach h. M. restriktiv auszulegen; so rechtfertigt die unterschiedliche Branchenzugehörigkeit von Konzernunternehmen allein noch nicht die Anwendung des Einbeziehungsverbots (vgl. *Adler/Düring/Schmaltz* § 329 Anm. 83ff.; *WP-Handbuch 1981* S. 882f; *Busse v. Colbe/Ordelheide* Konzernabschlüsse S. 74ff.; zur Konsolidierungspraxis vgl. *Küting* Konsolidierungspraxis, Berlin, 2. Aufl. 1981, S. 83ff.).

c) Minderheitsbeteiligung

57 Minderheitsbeteiligungen an Konzernunternehmen dürfen in den Konzernabschluß einbezogen werden, wenn dessen Aussagewert dadurch nicht geschmälert wird, § 329 Abs. 2 Satz 4 AktG (**Konsolidierungswahlrecht**).

58 Minderheitsbeteiligungen an inländischen Konzernunternehmen müssen einbezogen werden, wenn ihre Einbeziehung zu einer anderen Beurteilung der Vermögens-, Finanz- und Ertragslage des Konzerns führt, § 329 Abs. 2 Satz 4 AktG (**Konsolidierungspflicht**).

Die Konsolidierung von Minderheitsbeteiligungen spielt in der Praxis nur eine sehr geringe Rolle (vgl. Küting, Konsolidierungspraxis, S. 98; *v. Wysocki/Wohlgemuth* S. 82).

d) 50:50-Beteiligung

59 Von häufiger praktischer Relevanz ist die Konstellation, daß zwei Obergesellschaften zu je 50% an einem **Gemeinschaftsunternehmen** beteiligt sind. Dieser Fall ist gesetzlich nicht geregelt.

60 Hat eine der beiden Obergesellschaften das Übergewicht und übt die einheitliche Leitung aus, so besteht zwischen dieser Gesellschaft und dem Gemeinschaftsunternehmen ein Konzernverhältnis. Die Konsolidierungsvoraussetzungen sind insoweit erfüllt.

61 Umstritten ist der Fall, wenn keine der beiden Obergesellschaften das Übergewicht hat. Es wird zunehmend die Auffassung vertreten, die gemeinsame einheitliche Leitung und daher die Einbeziehung des Gemeinschaftsunternehmens in die Konzernabschlüsse beider Obergesellschaften sei möglich (vgl. *Busse v. Colbe/Ordelheide* Konzernabschlüsse S. 86ff. m. w. N.; *WP-Handbuch 1981* S. 885f.; a. A. z. B. *Adler/Düring/Schmaltz* § 329 Anm. 18ff.).

e) Konzernunternehmen mit Sitz im Ausland

62 Für die Einbeziehung von Konzernunternehmen mit Sitz im Ausland besteht ein **Konsolidierungswahlrecht** (§ 329 Abs. 2 Satz 4 AktG), vorbehaltlich allerdings des oben dargelegten allgemeinen Konsolidierungsverbots gemäß § 329 Abs. 2 Satz 3 AktG.

Zu beachten ist, daß die selektive Einbeziehung von ausländischen Konzernunternehmen mit dem Ziel, die wirtschaftliche Lage des Konzerns manipulativ darzustellen, unzulässig ist (h. M.; vgl. statt vieler *Adler/Düring/Schmaltz* § 329 Anm. 93).

Von der Möglichkeit, sog. **Weltabschlüsse** zu erstellen, wird in der Praxis zunehmend Gebrauch gemacht (Zur Konsolidierungspraxis vgl. insb. *Busse v. Colbe/Ordelheide* Konzernabschlüsse S. 79 f.),

2. Künftiges Recht

a) Kriterien für die Begründung der Konzernrechnungslegungspflicht

aa) Einheitliche Leitung

63 In Ausübung des Mitgliedstaatenwahlrechts des Art. 1 Abs. 2b und in Übereinstimmung mit dem geltenden Recht macht § 290 Abs. 1 HGB nF. die einheitliche Leitung zum Ausgangspunkt der Konzernrechnungslegungspflicht. Diese tritt daher ein, wenn in einem Konzern eine inländische Muttergesellschaft die einheitliche Leitung über Beteiligungsunternehmen i. S. von § 271 Abs. 1 HGB nF. ausübt.

bb) Andere Kriterien

64 In § 290 Abs. 2 HGB nF. wird die Pflicht zur Konzernrechnungslegung auch für Fälle vorgeschrieben, in denen die einheitliche Leitung nicht ausgeübt wird; d. h. liegen die folgenden konzernspezifischen Merkmale vor, so können die Konzernrechnungslegungspflichten nicht mit Hinweis umgangen werden, es liege keine einheitliche Leitung vor (zum Verhältnis von § 290 Abs. 1 und 2 HGB nF. zueinander vgl. Regierungsbegründung, BT-Drucksache 10/3440, 48, rechte Spalte):

65 (1) Nach **§ 290 Abs. 2 Nr. 1 HGB nF.** ist – entsprechend Art. 1 Abs. 1a – ein Konzernabschluß aufzustellen, wenn eine Muttergesellschaft Eigentümerin der **Mehrheit der Stimmrechte** der Gesellschafter eines anderen Unternehmens (Tochtergesellschaft) hat. Gleiches gilt für den Fall, daß über die Mehrheit der Stimmen verfügt werden kann, z. B. aufgrund von Vereinbarungen mit anderen Gesellschaftern (vgl. § 290 Abs. 2 Nr. 1 i. V. m. § 290 Abs. 3 HGB nF; Art. 1 Abs. 1 d. bb).

Anders als im geltenden Recht wird also nicht auf die Mehrheit der Kapitalanteile, sondern der Stimmrechte abgestellt.

Maßgebend für die Berechnung der Mehrheit der Stimmrechte ist nach Art. 2 das wirtschaftliche Eigentum an den Stimmrechten.

66 (2) Nach **§ 290 Abs. 2 Nr. 2 HGB nF.** – entsprechend Art. 1 Abs. 1b – besteht die Konsolidierungspflicht auch bei Innehabung des Rechts, die **Aufsichts-, Verwaltungs- und Leitungsorgane eines Unternehmens mehrheitlich zu besetzen oder abzuberufen.** Im Vergleich zum AktG erweitert diese Vorschrift im Prinzip den Konsolidierungskreis, da die Ausübung des vorstehend genannten Rechts nicht erforderlich ist.

67 (3) Auch das **Recht zur Ausübung eines beherrschenden Einflusses aufgrund eines** zwischen Mutter- und Tochtergesellschaft geschlossenen **Beherrschungsvertrages** oder einer **Satzungsbestimmung** der Untergesellschaft begründet die Pflicht zur Konzernrechnungslegung (§ 290 Abs. 2 Nr. 3 HGB nF./Art. 1 Abs. 1 c).

Diese Bestimmung erweitert den Konsolidierungskreis im Vergleich zum geltenden Recht insoweit, als bereits die Möglichkeit des beherrschenden Einflusses aufgrund einer Satzungsbestimmung der Untergesellschaft die Konsolidierungspflicht erzeugt; nach Aktienrecht läge lediglich eine widerlegbare Konzernvermutung vor.

68 Die Bestimmung des Art. 1 Abs. 1 d aa, wonach die faktische Ausübung der Beherrschungsmöglichkeit die Konzernrechnungslegungspflicht auslöst, wenn die Aufsichts- oder Leitungsgremien des laufenden Geschäftsjahres sowie des Vorjahres von der Obergesellschaft durch Ausübung der Stimmrechte mehrheitlich besetzt wurden, wurde nicht in deutsches Recht transformiert. Die Regierungsbegründung

Abgrenzung des Konsolidierungskreises 69–74 **F**

stellt dazu fest, der Fall der Hauptversammlungsmehrheit als faktische Beherrschungsmöglichkeit habe in Deutschland keine wesentliche Bedeutung (vgl. BT-Drucksache 10/3440, 48, rechte Spalte).

69 Auch die in Art. 1 Abs. 2a vorgesehene Möglichkeit, die Konzernrechnungslegungspflicht bei sonstigen faktischen Beherrschungsverhältnissen vorzuschreiben, wurde nicht in nationales deutsches Recht umgesetzt.

70 Die Regierungsbegründung vermutet, daß sich durch die Aufstellung konzernspezifischer Merkmale in § 290 Abs. 2 HGB nF. und die daran geknüpfte Konsolidierungspflicht der Konsolidierungskreis gegenüber dem geltenden Recht nur ausnahmsweise ausweitet, da in Fällen des § 290 Abs. 2 HGB nF. meistens einerseits auch einheitliche Leitung gegeben sei und andererseits – bei Fehlen der einheitlichen Leitung – das Nichteinbeziehungswahlrecht des § 296 HGB nF. oder das Einbeziehungsverbot des § 295 HGB nF. zum Zuge komme (vgl. BT-Drucksache 10/3440, 48).

b) Gleichordnungskonzerne

71 Art. 12 räumt den Mitgliedstaaten ein Wahlrecht ein, auch Gleichordnungskonzerne der Pflicht zur Konzernrechnungslegung zu unterwerfen, und zwar in den Fällen, in denen eine Gruppe von Unternehmen auf der Basis von vertraglichen oder Satzungsbestimmungen einheitlich geleitet wird oder in denen die Verwaltungs-, Leitungs- oder Aufsichtsfunktionen mehrheitlich in Personalunion wahrgenommen werden.
Der deutsche Gesetzgeber hat von diesem Wahrecht keinen Gebrauch gemacht.

c) Konsolidierungsverbot

72 Gemäß Art. 14 Abs. 1/§ 295 Abs. 1 HGB nF. dürfen Konzernunternehmen nicht in die Konsolidierung einbezogen werden, wenn sich ihre Geschäftstätigkeit derart von der Tätigkeit der übrigen Konzernunternehmen unterscheidet, daß ihre Einbeziehung eine wirklichkeitsentsprechende Darstellung der Vermögens-, Finanz- und Ertragslage des Konzerns beeinträchtigen würde.
Die Vorschrift über das Konsolidierungsverbot ist restriktiv auszulegen. Dies folgt u. a. daraus, daß gemäß Art. 14 Abs. 2/§ 295 Abs. 2 HGB nF. die unterschiedliche Branchenzugehörigkeit der Konzernunternehmen zur Begründung einer das Konsolidierungsverbot auslösenden abweichenden Geschäftstätigkeit nicht ausreicht.
Die Anwendung der Art. 14 Abs. 1/§ 290 Abs. 1 HGB nF. ist im Konzernanhang anzugeben und zu begründen (§ 290 Abs. 3 HGB nF.).

d) Konsolidierungswahlrecht

aa) Untergeordnete Bedeutung der Konzernunternehmen

73 Analog zur Regelung im geltenden Recht kann auf die Einbeziehung von Konzernunternehmen verzichtet werden, wenn deren Bedeutung für die Vermögens-, Finanz- und Ertragslage des Konzerns gering ist (Art. 13 Abs. 1/§ 296 Abs. 2 HGB nF.).
Die herrschende Auslegung des § 329 Abs. 2 Satz 2 AktG, wonach es für die Frage der Nichteinbeziehung von Konzernunternehmen wegen deren untergeordneter Bedeutung auf die Gesamtheit der aus diesem Grunde nicht einbezogenen Unternehmen ankommt, wird nun ausdrücklich im Gesetz bestätigt (Art. 13 Abs. 2/§ 296 Abs. 2 Satz 2 HGB nF.).

bb) Erhebliche und andauernde Beschränkungen bei der Ausübung der Rechte des Mutterunternehmens

74 Ein Einbeziehungswahlrecht gilt auch für Fälle, in denen die einheitliche Leitung der Obergesellschaft in Bezug auf das Vermögen und die Geschäftsführung des verbundenen Unternehmens beeinträchtigt ist (Art. 13 Abs. 3a aa/§ 296 Abs. 1 Nr. 1 HGB nF.).
Als Beispiele werden genannt:
– Produktionsbeschränkungen
– Preisreglementierungen

– mangelnde Verfügbarkeit über Kapital und Vermögen (Devisenbeschränkungen, staatliche Maßnahmen der Wirtschaftslenkung, drohende Verstaatlichung)
– Organverbote für Ausländer (die Muttergesellschaft ist personell in der Geschäftsführung nicht vertreten).

Die Frage, ob die Beschränkungen so groß sind, daß die einheitliche Leitung und damit auch die Konsolidierungsmöglichkeit nicht mehr besteht, ist im Einzelfall schwierig zu beantworten. In der Vergangenheit sind die o. g. Beschränkungen oft der Grund für eine Beschränkung des Konsolidierungskreises gewesen.

Es wird aber andererseits auch die Meinung vertreten, der Begriff der einheitlichen Leitung erfordere nicht die volle Dispositionsfreiheit der Konzernleitung; es genüge, wenn sich die Geschäftspolitik der verbundenen Unternehmens sinnvoll in das Konzernkonzept einfügen lasse (So *Arbeitskreis Weltbilanz des IdW*, Die Einbeziehung ausländischer Unternehmen in den Konzernabschluß: „Weltabschluß", Düsseldorf 1977 S. 12 ff.; dieser Ansicht folgend z. B. *v. Wysocki/Wohlgemuth* S. 86 f.).

cc) Unverhältnismäßig hohe Kosten der Informationsbeschaffung – zeitliche Verzögerungen

75 Gemäß Art. 13 Abs. 3 b/§ 296 Abs. 1 Nr. 2 HGB nF. brauchen Konzernunternehmen nicht in die Konsolidierung einbezogen werden, wenn die Beschaffung der für die Konsolidierung erforderlichen Informationen nur unter Inkaufnahme hoher Kosten und zeitlicher Verzögerungen beschafft werden können.

Insb. auf dem Hintergrund des Vollständigkeitsgrundsatzes ist darauf hinzuweisen, daß die Inanspruchnahme dieses Konsolidierungswahlrechts nur in Ausnahmefällen zulässig ist (z. B. krasses Kosten-Nutzen-Mißverhältnis; so zurecht *v. Wysocki/ Wohlgemuth* S. 88).

dd) Ausschließlich zum Zwecke der Weiterveräußerung gehaltene Anteile

76 Werden Anteile an Konzernunternehmen nur zum Zwecke der Weiterveräußerung gehalten, so kann von einer Konsolidierung dieser Unternehmen Abstand genommen werden (Art. 13 Abs. 3 c/§ 296 Abs. 1 Nr. 3 HGB nF.).

Die Weiterveräußerungsabsicht ist unabdingbar; sie ist durch intensive Verkaufsbemühungen nachzuweisen (vgl. *Biener/Schatzmann* S. 26). Letztlich ist jedoch die intersubjektive Nachprüfbarkeit der Veräußerungsabsicht – z. B. durch den Abschlußprüfer – nur bedingt gegeben (vgl. *Kommission Rechnungswesen im Verband der Hochschullehrer für Betriebswirtschaft e. V.* DWB 1985, 271).

Praxisrelevant kann das vorstehend genannte Wahlrecht insb. für Kreditinstitute sein, die Konzernbeteiligungen nur vorübergehend halten (vgl. *v. Wysocki/Wohlgemuth* S. 88; *Schruff* Einflüsse ... S. 137).

III. Konzernbilanz

1. Ausweis/Gliederung

a) Geltendes Recht

77 Gemäß § 331 AktG gelten für den aktienrechtlichen Konzernabschluß folgende Gliederungsvorschriften (vgl. zur Konzernbilanzgliederung im einzelnen insb. *WP-Handbuch 1981* S. 886ff., 982ff.; *Adler/Düring/Schmaltz* § 331 AktG Anm. 1 ff.):

(1) Nach § 331 Abs. 4 AktG sind nachstehende **Bestimmungen des Einzelabschlusses** anzuwenden:

– § 149 (Klarheit und Übersichtlichkeit zur Ermöglichung eines sicheren Einblicks in die Vermögens- und Ertragslage)
– § 151 Abs. 1 (Pflicht zur Anwendung des aktienrechtlichen Formblattes, soweit der Geschäftszweig keine abweichende Gliederung bedingt)
– § 151 Abs. 2 (keine Pflicht zum Ausweis von Leerposten)
– § 151 Abs. 3 (Vermerk der Mitzugehörigkeit eines Bilanzpostens zu anderen Positionen)
– § 151 Abs. 5 (Unter-Strich-Ausweise von Haftungsverhältnissen und Eventualverbindlichkeiten)
– § 152 Abs. 1 Satz 1 (Definition des Begriffs „Gegenstände des Anlagevermögens")
– § 152 Abs. 2 (Definition der Beteiligung)
– § 152 Abs. 3 (Grundkapitalausweis)

Konzernbilanz   78, 79   **F**

- § 152 Abs. 5 (Sonderposten mit Rücklagenanteil)
- § 152 Abs. 7 (Rückstellungen)
- § 152 Abs. 8 (Saldierungsverbot, kein Ausweis der Rücklagen, Wertberichtigungen und Rückstellungen als Verbindlichkeiten)
- § 152 Abs. 9 (Beschränkungen des Ausweises der Rechnungsabgrenzungsposten auf transitorische).

(2) Gemäß der fehlenden Verweisung in § 331 Abs. 4 AktG auf Einzelabschlußbestimmungen einerseits sowie Kraft ausdrücklicher Regelung des § 331 Abs. 4 AktG andererseits gelten für den Konzernabschluß folgende **Vereinfachungen:**

- die Vorräte können in einem Posten, d. h. undifferenziert nach Roh-, Hilfs- und Betriebsstoffen, unfertigen und fertigen Erzeugnissen, Waren ausgewiesen werden
- der Anlagespiegel braucht nicht erstellt zu werden (§ 152 Abs. 1 Satz 2)
- die Rücklagen müssen nicht in ihrer Entwicklung gezeigt werden (§ 152 Abs. 4)
- die Ausweisvorschriften für Wertberichtigungen auf Sachanlagen sowie die Pauschalwertberichtigung zu Forderungen (§ 152 Abs. 6) sind nicht obligatorisch
- der gesonderte Ausweis des Disagios innerhalb der Rechnungsabgrenzungsposten ist nach dem Wortlaut des § 331 Abs. 4 i. V. m. § 156 Abs. 3 entbehrlich, nach der h. M. aber zweckmäßig
- ein Vermerk der Pensionszahlungen ist nicht erforderlich (§ 159).

(3) § 331 Abs. 1 AktG regelt den **Ausweis konsolidierungstechnischer Posten:**

- § 331 Abs. 1 Nr. 2: Ausgleichsposten für Anteile im Fremdbesitz
- § 331 Abs. 1 Nr. 3: Unterschiedsbetrag aus der Kapitalkonsolidierung.

(4) Gemäß § 331 Abs. 4 AktG sind die Gliederungsvorschriften der Einzelbilanz insoweit nicht anzuwenden, als **Abweichungen** in der Konzernbilanz **systembedingt** sind (z. B.: das Konzernunternehmen A weist in seinem Einzelabschluß unter der Position Vorräte eine Maschine aus, die das Konzernunternehmen B für eigene Produktionszwecke bestellt hat; in der Konzernbilanz ist die Maschine unter der Position Sachanlagevermögen auszuweisen; vgl. zu weiteren Beispielen z. B. *WP-Handbuch 1981* S. 890 f.).

78   Lt. § 13 Abs. 2 **PublG,** der auf § 331 AktG verweist, sind auf nach dem PublG erstellte Konzernbilanzen grundsätzlich die o. g. aktienrechtlichen Gliederungsvorschriften anzuwenden (Zur Zulässigkeit abweichender Bilanzschemata auf obligatorischer bzw. freiwilliger Basis vgl. insb. *WP-Handbuch 1981* S. 982 ff.).

b) Künftiges Recht

79   Nach **Art. 17 Abs. 1** ist die Konzernbilanz ausnahmslos nach den Bestimmungen der Art. 3 bis 10, 13 bis 26, 28 bis 30 der 4. EG-Richtlinie zu gliedern, allerdings unter Berücksichtigung von systembedingten und konsolidierungstechnisch verursachten Abweichungen der Konzernbilanz (Unterschiedsbetrag, Art. 19 Abs. 1; Ausweis der Anteile an der Obergesellschaft als eigene Anteile, Art. 19 Abs. 2; Anteile von Minderheiten am Kapital von Tochtergesellschaften, Art. 21; latente Steuern, Art. 29 Abs. 4; gesonderter Ausweis von Beteiligungen an assoziierten Unternehmen, Art. 33 Abs. 1).

Art. 17 Abs. 2 räumt zudem ein Mitgliedstaatenwahlrecht dahingehend ein, daß die Vorräte zusammengefaßt dargestellt werden dürfen, wenn dies aus Gründen der Wirtschaftlichkeit notwendig ist.

Die Gliederungsvorschriften sind im **Bilanzrichtlinien-Gesetz** in § 298 niedergelegt (zu den im Detail auftretenden Gliederungsproblemen vgl. *Damm/Zündorf* Offene Fragen zur Konzernbilanz nach dem Entwurf eines Transformationsgesetzes der 7. EG-Richtlinie, DB 1984, 2573 ff., 2631 ff.):

(1) Nach § 298 Abs. 1 HGB nF. sind auf die Konzernbilanzgliederung die folgenden **Vorschriften des Bilanzrichtlinien-Gesetzes für den Einzelabschluß** anzuwenden:

- § 244 (Sprache, Währungseinheit)
- § 245 (Unterzeichnung)
- § 246–251 (Ansatzvorschriften: Vollständigkeit/Verrechnungsverbot, Bilanzinhalt, Bilanzierungsverbote für Aufwendungen infolge Unternehmensgründung/Eigenkapitalbeschaffung/selbst geschaffene immaterielle Vermögensgegenstände, Rückstellungen, Rechnungsabgrenzungsposten, Haftungsverhältnisse)
- § 265 (Allgemeine Vorschriften für die Gliederung)

– § 266 (Gliederung der Bilanz)
– § 268 (Vorschriften zu einzelnen Posten der Bilanz, Bilanzvermerke; z. B. ist gemäß § 268 Abs. 2 HGB nF. der Anlagenspiegel nach dem Bruttoprinzip zu erstellen)
– § 269 (Aufwendungen für die Ingangsetzung und Erweiterung des Geschäftsbetriebes)
– § 270 (Bildung bestimmter Posten: Veränderungen der Kapital- und Gewinnrücklagen, der Sonderposten mit Rücklagenanteil)
– § 271 (Beteiligungen/verbundene Unternehmen)
– § 272 (Eigenkapital)
– § 273 (Sonderposten mit Rücklagenanteil)
– § 274 (Steuerabgrenzung).

(2) Es sind die **Vorschriften für große Kapitalgesellschaften** i. S. von § 267 Abs. 3 HGB nF. (Bilanzsumme nach Abzug eines auf der Aktivseite ausgewiesenen Fehlbetrages: DM 15,5 Mio; Umsatzerlöse: DM 32 Mio; 250 Arbeitnehmer; zwei dieser Größenmerkmale werden überschritten, vgl. Teil B Rz. 56 ff.) maßgebend; die Erleichterungen für kleine und mittelgroße Kapitalgesellschaften können nicht beansprucht werden (§ 298 Abs. 1 HGB nF.)

(3) Die **Vorräte** dürfen analog der Regelung der 7. EG-Richtlinie in einer Position zusammengefaßt werden (§ 298 Abs. 2 HGB nF.).

(4) **System- und konsolidierungstechnisch-bedingte Abweichungen** der Konzernbilanz von der Einzelbilanz sind zulässig (Unterschiedsbetrag aus Kapitalkonsolidierung, §§ 301, 302 HGB nF.; Anteile an der Muttergesellschaft als eigene Anteile, § 301 Abs. 4 HGB nF.; Steuerabgrenzung, § 306 HGB nF.; gesonderter Ausweis der Minderheitsanteile an Tochtergesellschaften, § 307 Abs. 1 HGB nF.; Ausweis von Beteiligungen an assoziierten Unternehmen, § 311 Abs. 1 HGB nF.; Quotenkonsolidierung, § 310 HGB nF.).

(5) Der **Geschäftszweig** kann die Anwendung anderer Gliederungsvorschriften erfordern (§ 298 Abs. 1 HGB nF.).

2. Bewertung

a) Allgemeine Bewertungsgrundsätze

80 Zu den allgemeinen Bewertungsgrundsätzen vgl. Rz. 26 ff.

b) Zwischenerfolgseliminierung

aa) Geltendes Recht

aaa) Pflicht zur Zwischengewinneliminierung

81 Die Fiktion der rechtlichen Einheit des Konzerns impliziert, daß Gewinne der einbezogenen Unternehmen erst als realisiert gelten, wenn sie durch Dritte am Markt bestätigt worden sind; solange die Waren und Dienstleistungen den Konsolidierungskreis nicht verlassen haben, sind daher die in den Bilanzansätzen der Einzelabschlüsse enthaltenen Zwischengewinne zu eliminieren. Die Eliminierung erstreckt sich gemäß der Einheitstheorie auf den vollen Zwischengewinn; sie beschränkt sich also nicht auf den der Konzernbeteiligungsquote gemäßen Anteil.

82 § 331 AktG setzt die Einheitstheorie nicht vollständig um, da er die Pflicht zur Zwischengewinneliminierung auf folgende Fälle beschränkt:
(1) Es handelt sich um **Vermögensgegenstände, die „ohne oder nach Bearbeitung oder Verarbeitung zur Weiterveräußerung bestimmt sind"** (§ 331 Abs. 2 Nr. 1 AktG).
Darunter fallen unfertige und fertige Erzeugnisse, Handelswaren sowie Roh- und Hilfsstoffe, soweit sie in die Fertigung eingehen. Werden die Roh- und Hilfsstoffe dagegen für die Erstellung oder Reparatur eigener Anlagegüter verwendet, so scheidet eine Eliminierungspflicht aus.
Nach dem Gesetzestext brauchen Zwischengewinne auch bei Betriebsstoffen (Verbrauchsstoffe wie z. B. Oel) nicht eliminiert werden (vgl. z. B. *Adler/Düring/ Schmaltz* § 331 AktG Anm. 175 f.).
(2) Es handelt sich um **Vermögensgegenstände, die „außerhalb des üblichen Lieferungs- und Leistungsverkehrs erworben wurden"** (§ 331 Abs. 2 Nr. 2 AktG).
Diese Bestimmung ist eine Auffangvorschrift, die die mißbräuchliche Ausnutzung der vom Gesetzgeber eingeräumten, nach der Einheitstheorie aber nicht zulässigen

Befreiung von der Zwischengewinneliminierungspflicht (z. B. keine Zwischengewinneliminierung im Anlagevermögen aus Praktikabilitätsgründen), verhindern soll (vgl. *Adler/Düring/Schmaltz* § 331 AktG Anm. 177).
Nach h. M. liegen außergewöhnliche Lieferungen und Leistungen i. S. des § 331 Abs. 2 Nr. 2 AktG vor, wenn die Vermögensgegenstände zu marktunüblichen Konditionen bezogen wurden, von fremden Dritten überhaupt nicht bezogen worden wären oder nicht zum üblichen Liefer- und Leistungsprogramm des leistenden Konzernunternehmens gehören.
(3) Allgemein wird die Eliminierungspflicht nach dem Gesetzeswortlaut des § 331 Abs. 2 AktG daran geknüpft, daß es sich um **Vermögensgegenstände** (Sachen, Rechte, nicht Leistungen) handelt, die **am Bilanzstichtag** bei einem in den Konzernabschluß einbezogenen Unternehmen **vorhanden** sind; sie müssen darüber hinaus aus Lieferungen anderer **einbezogener** Unternehmen, d. h. nicht Konzernunternehmen schlechthin stammen.

bbb) Freiwillige Zwischengewinneliminierung

83   Die Frage, ob Zwischengewinne freiwillig eliminiert werden dürfen in Fällen, in denen dazu keine gesetzliche Verpflichtung besteht (z. B. Lieferung von Gegenständen des Anlagevermögens zu marktüblichen Bedingungen), ist im Schrifttum strittig. Die h. M. bejaht dies gegen den Wortlaut des Gesetzes (Maßgeblichkeit der Einzelbilanz gemäß § 331 Abs. 1 AktG, wenn § 331 Abs. 2 AktG nicht greift), da der Sinn des Gesetzes an sich die volle Zwischengewinneliminierung gebiete (vgl. z. B. *WP-Handbuch 1981* S. 901; *v. Wysocki/Wohlgemuth* S. 156f.; *Adler/Düring/Schmaltz* § 331 Anm. 182ff.).

ccc) Konzernherstellungs- und Konzernanschaffungskosten

84   Das Aktiengesetz definiert den Begriff des **Zwischengewinns** nur indirekt, indem es als höchstmöglichen Bilanzansatz die Konzernherstellungs- bzw. Konzernanschaffungskosten vorschreibt (§ 331 Abs. 2). Der Zwischengewinn ergibt sich danach als Differenz zwischen diesen Konzernherstellungs-/-anschaffungskosten einerseits und dem höheren Einzelbilanzansatz andererseits.

85   Bei der Ermittlung der **Konzernherstellungskosten** ist von den Herstellungskosten des liefernden Konzernunternehmens auszugehen. Diese sind um Kostenbestandteile zu korrigieren, die aus der Sicht des Einzelunternehmens, nicht jedoch aus dem Blickwinkel des Konzerns als rechtliche Einheit aktivierungspflichtig sind (z. B. an einbezogene Unternehmen gezahlte Lizenzen) und umgekehrt (z. B. Sondereinzelkosten des Vertriebs des Einzelunternehmens, die aus Konzernsicht als innerbetriebliche Transportkosten in die Konzernherstellungskosten einzubeziehen sind).
Einigkeit besteht auch darüber, daß Verwaltungs- und Vertriebsgemeinkosten nicht Konzernherstellungskostenbestandteile darstellen.

86   § 331 Abs. 2 AktG wird jedoch unterschiedlich in Bezug auf den dort verwendeten Begriff der Konzernherstellungskosten ausgelegt:
(1) eine Meinung interpretiert die Vorschrift in dem Sinne, daß die Vermögensgegenstände höchstens zum Höchstwert der Konzernherstellungskosten angesetzt werden dürfen (so insb. *Busse v. Colbe/Ordelheide* Konzernabschlüsse S. 216ff. und dort angeführte Literatur). Dies hätte die Konsequenz, daß die Möglichkeiten einer die Vollkosten unterschreitenden niedrigeren Bewertung gemäß §§ 153ff. AktG (bei aktienrechtlichen Konzernabschlüssen) oder sogar in Anwendung der Grundsätze ordnungsmäßiger Buchführung (Konzernabschlüsse nach dem PublG) gegeben wären;
(2) die wohl überwiegende Meinung (vgl. etwa *v. Wysocki/Wohlgemuth* S. 158; *WP-Handbuch 1981* S. 897; *Adler/Düring/Schmaltz* § 331 Anm. 156, 167 und das dort jeweils angegebene Schrifttum) legt die Vorschrift so aus, daß die Konzernherstellungskosten als Vergleichsmaßstab mit dem Wert identisch sind, mit dem die Herstellungskosten in der Einzelbilanz höchstens angesetzt werden dürfen (Herstellungskosten auf Vollkostenbasis).

87   Der Begriff der **Konzernanschaffungskosten** umfaßt alle Anschaffungsnebenkosten, die aus der Sicht der Einheitstheorie der Aktivierung unterliegen.

ddd) Konzern-Niederstwertprinzip

88 Das **Konzern-Niederstwertprinzip** besagt, daß in der Konzernbilanz die Werte gemäß § 331 Abs. 1 AktG (Einzelbilanzansatz lt. Maßgeblichkeitsprinzip) und § 331 Abs. 2 AktG (Konzernherstellungs-/-anschaffungskosten) miteinander zu vergleichen sind; der niedrigere Wert ist anzusetzen.

89 Für den selteneren Fall, daß der Wert gemäß § 331 Abs. 2 AktG höher ist, besteht – auch wenn das betriebswirtschaftlich bedenklich erscheint – keine Pflicht, den niedrigeren Wertansatz gemäß § 331 Abs. 1 AktG auf Konzernherstellungs-/-anschaffungskostenniveau anzuheben (keine Pflicht zur Eliminierung von **Zwischenverlusten**). Auch eine freiwillige Zwischenverlusteliminierung ist nach überwiegender Auffassung nicht zulässig (vgl. etwa *Adler/Düring/Schmaltz* § 331 Anm. 184; *v. Wysocki/Wohlgemuth* S. 153 f.; a. A. z. B. *Busse v. Colbe/Ordelheide* Konzernabschlüsse S. 218 f.).

bb) Künftiges Recht
aaa) Pflicht zur Eliminierung von Zwischengewinnen und -verlusten

90 Die 7. EG-Richtlinie schreibt wie § 308 HGB nF. die Anwendung einheitlicher Bewertungsmethoden für den Konzernabschluß vor (Art. 29); in Verbindung mit der maßgebenden Einheitstheorie (Art. 26 Abs. 1/§ 304 Abs. 1 HGB nF.) bedeutet dies, **daß sowohl Zwischengewinne als auch -verluste zu eliminieren** sind (vgl. hierzu auch *Harms/Küting* Die Eliminierung von Zwischenverlusten nach der 7. EG-Richtlinie, BB 1983, 1891 ff.). Da der deutsche Gesetzgeber das von Art. 26 Abs. 1c Satz 2 eingeräumte Wahlrecht der Quotenkonsolidierung der Zwischenerfolge nicht umgesetzt hat, ist nach dem HGB nF. der **volle Zwischenerfolg** zu eliminieren, also auch der Teil, der nach der Interessentheorie auf die Minderheitsgesellschafter entfällt und daher als realisiert gilt.

Gemäß Art. 33 Abs. 7 bzw. § 312 Abs. 5 HGB nF. hat eine Zwischenerfolgseliminierung auch bei Anwendung der **Equity-Methode** zu erfolgen, „soweit die für die Beurteilung maßgeblichen Sachverhalte bekannt sind". Eine quotale Eliminierung entsprechend dem Beteiligungsanteil der Muttergesellschaft ist hier zulässig (Zur Kritik an dieser Vorschrift, insb. unter Hinweis auf den Wirtschaftlichkeitsgrundsatz vgl. *v. Wysocki/Wohlgemuth* S. 164 f.).

bbb) Konzernherstellungs-/Konzernanschaffungskosten

91 Mangels entgegenstehender Vorschriften in § 309 HGB nF. kann der oben dargestellte aktienrechtliche Streit um die Bestimmung des „Konzernhöchstwertes" gar nicht aufkommen; es sind daher alle Wertansätze zulässig, die sich aufgrund von Bewertungsmethoden ergeben, die nach § 308 HGB nF. (vgl. dazu Rz. 27 ff.) erlaubt sind (so auch *v. Wysocki/Wohlgemuth* S. 159 zur 7. EG-Richtlinie).

ccc) Wahlrechte zur Eliminierung von Zwischengewinnen und -verlusten

92 Nach Art. 26 Abs. 3/§ 304 Abs. 3 HGB nF. ist eine **Zwischenerfolgseliminierung** entbehrlich, wenn sie **unbedeutend** ist im Hinblick auf die Verpflichtung, ein wirklichkeitsgetreues Bild der Vermögens-, Finanz- und Ertragslage des Konzerns zu vermitteln. Diese Regelung entspricht dem Grundsatz der Wesentlichkeit.

93 § 304 Abs. 2 HGB nF. befreit in Übereinstimmung mit Art. 26 Abs. 2 ebenfalls von der Pflicht zur Zwischenerfolgseliminierung, wenn der **konzerninterne Lieferungs- oder Leistungsverkehr** zu „normalen Marktbedingungen" abgewickelt wurde und die Zwischengewinneliminierung einen „unverhältnismäßig hohen Aufwand" (kritisch wegen der Gefahr des Mißbrauchs: *Kommission Rechnungswesen im Verband der Hochschullehrer für Betriebswirtschaft e. V.* DBW 1985, 272; *WP-Kammer und IdW* Gemeinsame Stellungnahme ..., WPg 1985, 573 ff., 574 f.) erfordert. Die Anwendung dieser Vorschrift ist berichtspflichtig und – bei wesentlichem Einfluß auf die wirtschaftliche Lage des Konzerns – zu erläutern.

c) Fremdwährungsumrechnung

94 Das geltende Recht enthält keine Bestimmung über die Umrechnung von Fremdwährungsabschlüssen freiwillig in den Konzernabschluß einbezogener ausländischer Konzernunternehmen in DM.

Konzernbilanz 95–100 **F**

95 Dies gilt auch für das künftige Recht. Art. 34 Abs. 1 bzw. § 313 Abs. 1 Nr, 2 HGB nF. fordern lediglich, daß im Konzernanhang die Grundlagen für die Umrechnung in DM angegeben werden. Dies entspricht der Praxis zum geltenden Recht, die Umrechnungsmethoden im Konzerngeschäftsbericht zu erläutern. Weitergehenden Forderungen, eine Verpflichtung zur Angabe der Auswirkungen der angewendeten Umrechnungsmethoden sowie des Ausweises und der Erläuterung der Umrechnungsdifferenzen im Konzernabschluß vorzuschreiben (vgl. *Kommission Rechnungswesen im Verband der Hochschullehrer für Betriebswirtschaft e. V.* DWB 1985, 276; vgl. auch *Arbeitskreis ,,Weltbilanz" des IdW* S. 91f.), wurde nicht Rechnung getragen.

96 Grundsätze ordnungsmäßiger Währungsumrechnung gibt es derzeit noch nicht; Theorie und Praxis, national wie international, zeichnen sich dadurch aus, daß unterschiedliche Methoden empfohlen bzw. angewendet werden, die z. T. sehr stark voneinander abweichen, und zwar sowohl methodisch als auch in der praktischen Auswirkung auf die Höhe des Konzerngewinns (vgl. dazu *Niehus/Scholz* Ausübung von Konsolidierungswahlrechten und Berichterstattung im Konzernanhang, GmbHR 1984, 217ff., 226).

Das Problem der Fremdwährungsumrechnung wird tendenziell zukünftig an Bedeutung gewinnen, da die 7. EG-Richtlinie sowie die deutschen Umsetzungsbestimmungen – anders als das geltende Recht – grundsätzlich von der Pflicht zur Aufstellung eines Weltabschlusses ausgehen.

97 Bei der Fremdwährungsumrechnung stehen zwei Probleme im Mittelpunkt:
(1) Welche Umrechnungsmethode wird der Aufgabe des Konzernabschlusses, einen möglichst sicheren Einblick in die Vermögens-, Finanz- und Ertragslage des Konzerns zu vermitteln, am besten gerecht,
(2) wie sind die Umrechnungsdifferenzen zu behandeln.

aa) Umrechnungsmethode
aaa) Einheitliche Umrechnung zum Stichtagskurs (current rate oder closing rate method)

98 Weit verbreitet ist die Anwendung der **Stichtagsmethode,** bei der alle Positionen der Bilanz und Gewinn- und Verlustrechnung der in ausländischen Währungseinheiten aufgestellten Jahresabschlüsse zum einheitlichen Devisenmittelkurs des Bilanzstichtages umgerechnet werden. Häufig wird die Methode in der Form modifiziert, daß die Aufwands- und Ertragsposten als zeitraumbezogene Größen zu Jahresdurchschnittskursen konvertiert werden.

99 Diese Methode faßt den Umrechnungsvorgang nicht als selbständigen Bewertungsvorgang, sondern als **bloße lineare Transformation** in eine einheitliche Meßgröße mit dem Ziel auf, die Jahresabschlüsse konsolidierbar zu machen (vgl. insb. *v. Wysocki* Weltbilanzen als Planungsobjekte und Planungsinstrumente multinationaler Unternehmen, ZfbF 1971, 682ff;; *ders.* Zum Informationsgehalt von Weltbilanzen deutscher Obergesellschaften, WPg 1973, 26ff.; vgl. auch *Arbeitskreis ,,Weltbilanz" des IdW* S. 59f.).

Neben der Einfachheit der Handhabung wird vor allem zugunsten dieser Methode vorgebracht, die – alternative – Anwendung differenzierter Kurse verändere u. U. die Vermögens- und Kapitalstruktur der Einzelgesellschaften; sie bedeute darüber hinaus eine einseitige, auf Auslandsgesellschaften beschränkte Abkehr von der im Inland angewendeten Nominalrechnung mit dem Zweck, aus der Geldwertveränderung resultierende Scheinerfolge der einbezogenen ausländischen Unternehmen zu eliminieren.

00 Kritisch wird zu dieser Methode vor allem angemerkt, eine lineare Transformation sei nur sinnvoll, wenn die Jahresabschlüsse zu Tageswerten aufgestellt würden; in diesem Falle führe sie zu einheitlichen Wertansätzen im Konzernabschluß. Die lineare Umrechnung der auf dem Anschaffungskostenprinzip basierenden Abschlüsse übertrage dagegen die ,,Verzerrung der Meßwerte, die in den Einzelbilanzen durch unterschiedliche Inflationsraten eingetreten ist" (*Busse v. Colbe/Ordelheide* Konzernabschlüsse S. 329).

Richardt 521

bbb) Umrechnung zu differenzierten Kursen

101 Die im folgenden zu besprechenden Methoden versuchen im Gegensatz zur Stichtagskursmethode, durch Anwendung differenzierter Kurse auf die Bilanz- und Erfolgsrechnungspositionen eine **einheitliche Bewertung** im Konzernabschluß herbeizuführen (vgl. zu diesen Methoden im einzelnen: *Dreger* Der Konzernabschluß, Wiesbaden 1969 S. 266 ff.; *Jung* US-amerikanische und deutsche Rechnungslegung, Düsseldorf/Frankfurt 1979 S. 331 ff.; *Busse v. Colbe/Ordelheide* Konzernabschlüsse S. 314 ff., 325 ff.; *v. Wysocki/Wohlgemuth* S. 176 ff.; *Arbeitskreis „Weltbilanz" des IdW* S. 46 ff.; vgl. auch *Zillessen* Zur Praxis der Währungsrechnung deutscher Konzerne, DWB 1982, 533 ff.; *Reuter* Bilanzierung in Ländern mit hohen Inflationsraten aus der Sicht einer multinationalen Großunternehmung, in Das neue Bilanzrecht – ein Kompromiß divergierender Interessen?, Düsseldorf 1985 S. 179 ff.).

(1) Umrechnung nach der Fristigkeit der Bilanzpositionen (current-non current method)

102 Nach dieser vom US-amerikanischen Institut der Wirtschaftsprüfer (AICPA) 1953 empfohlenen Methode wird wie folgt differenziert: die **langfristig** gebundenen Passiva und Aktiva – einschließlich der darauf vorgenommenen Abschreibungen – werden mit den **historischen Kursen** zum Anschaffungszeitpunkt bzw. Zuflußzeitpunkt bewertet, die **kurzfristigen** Bilanzpositionen zum **Tageskurs**.

Die Methode geht von der damals zutreffenden Prämisse relativ stabiler Wechselkursparitäten aus. Bei nur geringfügigen Währungsschwankungen gleichen sich die Wertschwankungen langfristig aus, so daß eine Korrektur der Anschaffungskosten langfristiger Bilanzposten insofern entbehrlich erscheint.

Bei den kurzfristigen Bilanzposten hält die Methode dagegen die Realisierung eines Währungsgewinns/-verlustes durch den Ansatz des Tageswertes für geboten, da die endgültige Realisierung nahe am Bilanzstichtag liegt.

103 Der Methode kommt heute – insb. wegen der nicht mehr zutreffenden Prämisse geringer Währungsschwankungen – keine praktische Bedeutung mehr zu.

(2) Umrechnung nach dem Geldcharakter der Bilanzpositionen (monetary-non monetary method)

104 Die Methode, die ebenfalls in USA, und zwar insb. von der National Association of Accountants, 1960 entwickelt wurde, besagt, daß die Sachgegenstände (einschl. Vorräte), das Eigenkapital und die Rücklagen sowie die zugehörigen Positionen der Gewinn- und Verlustrechnung mit historischen Kursen umzurechnen sind, die Nominalwerte (incl. langfristiger Verbindlichkeiten) dagegen zum Tageswert.

Dieser Methode liegt die Überlegung zugrunde, daß in Zeiten des Sinkens der ausländischen Währungen im Vergleich zum Dollar bei den Sachwerten der Verfall der Währung im Außenverhältnis i. d. R. von entsprechenden Preissteigerungen im Inland begleitet ist. Eine Abwertung z. B. der Vorräte auf der Basis des niedrigeren Tageswertes sei entbehrlich, da einem dadurch verursachten Aufwand im Jahresabschluß eine adäquate Ertragsrealisierung in den folgenden Jahresabschlüssen entgegenstünde.

105 Dieser Methode kommt ebenfalls wegen der veränderten Verhältnisse keine praktische Bedeutung mehr zu.

(3) Umrechnung nach dem Zeitbezug der Jahresabschlußpositionen (temporal method)

106 Diese in 1972 in USA entwickelte und für US-Konzerne im Zeitraum 1975 bis 1982 verbindliche Methode (vgl. *Financial Accounting Standards Board (FASB)*: Statement of Financial Accounting Standards No. 8: Accounting for the Translation of Foreign Currency Transactions and Foreign Currency, Financial Statements, October 1975: **FASB No. 8**; ähnlich die Umrechnung nach dem **Äquivalenzprinzip** von *Busse v. Colbe/Ordelheide* Konzernabschlüsse S. 314 ff., 333 ff.) basiert auf dem Gedanken, die ausländischen Jahresabschlüsse seien so umzurechnen, als bilanziere das jeweilige ausländische Konzernunternehmen von vornherein in der Währung der Obergesellschaft.

107 Nach dieser Methode gelten folgende Umrechnungsregeln:
(a) **die** Bilanzposition, die im Einzelabschluß zu Anschaffungs- oder Herstellungskosten bilanziert sind, sind mit dem historischen Kurs zum Zeitpunkt der Anschaffung bzw. Herstellung zu bewerten; dadurch sind diese Werte nach Umrechnung noch als Anschaffungswert interpretierbar (DM-Betrag, der zum damaligen Zeitpunkt hätte transferiert werden müssen);
(b) **die** Bilanzpositionen, die im Einzelabschluß zu Tageswerten (Wiederbeschaffungskosten, niedrigerer beizumessender Wert) bilanziert werden, sind zum Stichtagskurs (Tageskurs) umzurechnen;
(c) die Positionen der Gewinn- und Verlustrechnung sind zu Jahresdurchschnittskursen umzurechnen mit Ausnahme der Wertänderungen und des Materialverbrauchs, die mit denselben Kursen umzurechnen sind wie die zugehörigen Vermögensgegenstände.

108 Die Regeln zu (a) und (b), die bereits die z. B. in Deutschland geltenden allgemeinen Bewertungsvorschriften des Anschaffungswert- und Niederstwertprinzips weitgehend berücksichtigen, werden um ein besonderes Niederstwertprinzip **(Niederstwerttest)** ergänzt: stellt man den zum Stichtagskurs umgerechneten Tageswerten die zu historischen Kursen bewerteten Anschaffungs-/Herstellungskosten der Vermögensgegenstände gegenüber, so ist der jeweils niedrigere Wertansatz zu wählen.

Nach *Busse v. Colbe/Ordelheide* (Konzernabschlüsse S. 337 ff.) ist die Anwendung des strengen Niederstwertprinzips bei **Vorräten** jedoch durch den **Wirtschaftlichkeitsgrundsatz** (Schwierigkeit bei der Ermittlung der Konzernherstellungskosten) begrenzt, soweit die Bewertung nicht nach dem Lifo-Verfahren erfolgt und es sich nicht um Vorräte in Ländern mit hoher Inflation handelt.

Ebenso wird die Modifikation des **Niederstwertprinzips/Imparitätsprinzips** bei der Bewertung von **Forderungen** und **Verbindlichkeiten** zur Verhinderung von Wertverzerrungen für zulässig erachtet (Bewertung von Forderungen und Verbindlichkeiten, die sich in Laufzeit, Betrag und Währung entsprechen, zum einheitlichen Tageskurs am Bilanzstichtag; Anwendung des Imparitätsgrundsatzes nur auf Forderungs- und Verbindlichkeitsspitzen). Aus dem Grundsatz der Wirtschaftlichkeit heraus wird es darüber hinaus für vertretbar gehalten, alle Forderungen und Verbindlichkeiten, ohne Beachtung des Grundsatzes der Fristen- und Währungskongruenz, zum Stichtagskurs umzurechnen.

(4) Funktionsspezifische Umrechnung

109 FASB No. 8 wurde in den USA von der Praxis heftig angegriffen. Ursache dafür war vor allem der Wertverlust der US-Währung gegenüber den Währungen einer Reihe von anderen westlichen Industriestaaten, der bei einer Nettoverschuldung der ausländischen US-Töchter und einer erfolgswirksamen Behandlung der Umrechnungsdifferenzen zu Umrechnungsverlusten in der US-Konzernbilanz führte. Dies wurde für ungerechtfertigt gehalten, da sich – so das Argument – Wechselkursänderungen nicht unmittelbar auf den cash flow aus der Geschäftstätigkeit der Muttergesellschaft auswirken.

FASB No. 8 wurde mit Wirkung ab 1983 durch das **FASB Statement No. 52 (SFAS 52)** ersetzt (vgl. *FASB* Statement of Financial Accounting Standards No. 52, Foreign Currency Translation, December 1981; vgl. dazu *Mansch* Die Umrechnung von Abschlüssen ausländischer Konzernunternehmen, ZfbF 1983, 436 ff.; *Kubin/Lück* Zur funktionalen Währungsumrechnungsmethode in internationalen Konzernabschlüssen, BFuP 1984, 357 ff.; *Maret/Wicher* Fremdwährungsumrechung – Neues aus den USA, DB 1982, 1941 ff. Zu der mit SFAS 52 großenteils übereinstimmenden Stellungnahme des englischen *Institute of Chartered Accountants in England and Wales* **SSAP 20**, Foreign Currency Translation, 1983, vgl. *v. Wysocki/Wohlgemuth* S. 185 ff.).

110 Im Mittelpunkt dieser Stellungnahme steht der Begriff der funktionalen Währung. Als **funktionale Währung** gilt (a) die **Währung des Sitzlandes der einbezogenen ausländischen Gesellschaft**, wenn deren Geschäftstätigkeit relativ eigenständig und in die Wirtschaft des Sitzlandes integriert ist. Dagegen gilt (b) die **Währung des Sitzlandes der Konzernobergesellschaft** als **funktionale Währung**, wenn entweder die Geschäftstätigkeit der ausländischen Untergesellschaft unmittelbarer und integrierter Bestandteil der Muttergesellschaft ist oder die Inflation im Land der Tochtergesellschaft sehr hoch ist (100% und mehr in drei Jahren). Im Fall (a) sind die Bilanzpositionen einheitlich mit dem gewogenen Stichtagskurs und die Posten der Erfolgsrechnung mit dem gewogenen Durchschnittskurs umzurechnen. Im Falle (b) bleibt FASB No. 8 in Kraft (temporal method)

bb) Behandlung der Umrechnungsdifferenzen

111 Wie für die Umrechnungsmethoden so hat sich auch für die Behandlung der durch die Umrechnung zu differenzierten Kursen ergebenden Differenzen (in der umgerechneten Einzelbilanz sowie der umgerechneten Erfolgsrechnung einerseits und zwischen deren Salden andererseits) noch keine einheitliche Bilanzierungspraxis eingestellt: die Umrechnungsdifferenzen werden z. T. **erfolgsneutral** behandelt (vgl. z. B. Arbeitskreis „Weltbilanz" des IdW S. 87; gemäß SFAS 52 soll für den Fall, daß die Währung der ausländischen Untergesellschaft als funktionale Währung angesehen wird, die Umrechnung zunächst erfolgsneutral durch Einstellung der Umrechnungsdifferenz in eine besondere Eigenkapitalposition erfaßt und erst erfolgswirksam werden, wenn die Untergesellschaft ganz oder z. T. verkauft/liquidiert wird); z. T. wird die **erfolgswirksame Behandlung** verlangt (vgl. FASB No. 8; SFAS 52 für den Fall, daß die Währung der Obergesellschaft die funktionale Währung darstellt; *Busse v. Colbe/Ordelheide* Konzernabschlüsse S. 352ff.); z. T. wird auch ein **Wahlrecht zwischen erfolgswirksamer und erfolgsneutraler Verrechnung** eingeräumt (vgl. *Arbeitskreis Weltabschlüsse der Schmalenbach-Gesellschaft* Aufstellung internationaler Konzernabschlüsse, ZfbF 1979, Sonderheft 9, Anm. 120f.).

112 Zum **Ausweis der Umrechnungsdifferenz** wird empfohlen (vgl. *Arbeitskreis Weltabschlüsse der Schmalenbach-Gesellschaft* ZfbF 1979, Sonderheft 9, Anm. 117f.), bei erfolgswirksamer Umrechnung die bilanzielle Umrechnungsdifferenz in der Gewinn- und Verlustrechnung als Sonderposten oder unter den sonstigen Erträgen bzw. Aufwendungen einzustellen. Bei erfolgsneutraler Umrechnung soll die bilanzielle Umrechnungsdifferenz im Rahmen des Eigenkapitalausweises verrechnet oder als Sonderposten gezeigt werden; der Jahresüberschuß/-fehlbetrag der Gewinn- und Verlustrechnung der Muttergesellschaft soll zum Stichtagskurs umgerechnet werden; die dann noch verbleibenden Umrechnungsdifferenzen bei den Aufwendungen und Erträgen sollen wie im Falle der erfolgswirksamen Verrechnung ausgewiesen werden.

cc) Zusammenfassung

113 Vor allem angesichts der Kritik, die SFAS 52 gefunden hat (vgl. dazu vor allem *Busse v. Colbe/Ordelheide* Konzernabschlüsse S. 349ff.), ist trotz der großen Bedeutung des US-Statement für die heutige internationale Konsolidierungspraxis ein Ende der Diskussion über die Grundsätze ordnungsgemäßer Währungsumrechnung noch nicht in Sicht.

114 Es besteht m. E. das vom IdW-Arbeitskreis (*Arbeitskreis „Weltbilanz" des IdW* S. 88ff.) postulierte allgemeine **Methodenwahlrecht** unter Beachtung der Grundsätze der Bestimmtheit, der Einheitlichkeit, der Stetigkeit und der Erläuterung der verwendeten Methoden fort.

d) Latente Steuern

aa) Begriff

115 Latente Steuern stellen

„den Unterschied zwischen einem fiktiven Steueraufwand aufgrund des aus handelsrechtlicher Sicht erwirtschafteten Ergebnisses und den aufgrund steuerlicher Vorschriften fälligen Steuern einer Periode (dar), sofern diese Differenz zeitlich begrenzt ist und durch ihre Umkehrung für den zukünftigen Steueraufwand bedeutsam wird"

(*Coenenberg/Hille* Latente Steuern, Prüfung, in Handwörterbuch der Revision: HWR, hrsg. von *Coenenberg/v. Wysocki*, Stuttgart 1983, Sp. 911ff., 913, vgl. auch *diess*, Latente Steuern, in Handwörterbuch des Rechnungswesens: HdR, hrsg. von *Kosiol/Chmielewicz/Schweitzer*, 2. Aufl. Stuttgart 1981, Sp. 1141ff., 1141; *diess*. Latente Steuern in Einzel- und Konzernabschluß, DBW 1979, 601ff.; vgl. ferner zum

Problem der latenten Steuern generell insb. *Hille.* Latente Steuern im Einzel- und Konzernabschluß, Frankfurt/Bern 1982; *Hennig* Bilanzierung latenter Steuern, Diss. Bochum 1982).

116 Differenzen der vorstehenden Art entstehen dadurch, daß **Aufwendungen und Erträge entweder nur in der Steuerbilanz oder nur in der Handelsbilanz oder in Handels- und Steuerbilanz periodenverschoben erfaßt** werden. Durch die Bilanzierung latenter Steueransprüche oder -verbindlichkeiten soll jedoch nur insofern eine Kongruenz zwischen – einer die tatsächlichen wirtschaftlichen Verhältnisse des Unternehmens wiederspiegelnden – Handelsbilanz und dem Ertragsteueraufwand hergestellt werden, als es sich um **zeitlich begrenzte Differenzen (timing differences)** handelt, die sich in einem überschaubaren Zeitraum auflösen (z. B.: eine nur in der Steuerbilanz ausgewiesene Preissteigerungsrücklage gemäß § 74 EStDV ist spätestens nach sechs Jahren aufzulösen; thesaurierte steuerfreie Gewinne einer Kapitalgesellschaft werden bei Ausschüttung versteuert). Differenzen, die **zeitlich unbegrenzt** (z. B. infolge steuerlich nicht abzugsfähiger Aufwendungen i. S. von § 10 KStG) oder **quasi zeitlich unbegrenzt** sind – **permanent differences** – (Beisp.: eine steuerlich nicht anerkannte Betriebsgrundstücksabwertung in der Handelsbilanz wirkt sich voraussichtlich erst bei Liquidation des Unternehmens aus), werden nicht erfaßt.

117 Im **Konzernabschluß** treten zu den vorstehend genannten latenten Steuern aus den Einzelbilanzen solche latente Steuerforderungen und -verbindlichkeiten hinzu, die sich aus **erfolgswirksamen Konsolidierungsmaßnahmen** und der daraus resultierenden periodenversetzten Erfassung von Aufwendungen und Erträgen im Konzernabschluß einerseits sowie in den Einzelbilanzen andererseits im Rahmen der Konzernabschlußerstellung ergeben:

118 bei der **Zwischenerfolgseliminierung** (s. Rz. 81 ff.) werden die in den Einzelabschlüssen ausgewiesenen Erfolge aus konzerninternen Lieferungen und Leistungen eliminiert, wenn diese aus der Sicht des Konzerns als rechtliche Einheit noch nicht in dieser, sondern erst in den nächsten Perioden realisiert sind.

Die Zwischenerfolgseliminierung würde bei gleichzeitiger unveränderter Übernahme des Steueraufwandes aus den Einzelabschlüsses bewirken, daß der Konzernsteueraufwand zu hoch (Zwischengewinneliminierung) oder zu niedrig (Zwischenverlusteliminierung) ausgewiesen ist. Handelt es sich z. B. um Gewinne oder Verluste aus der Lieferung von Waren, die zur Weiterveräußerung bestimmt sind, so ist ein aktiver oder passiver Steuerausgleichsposten in die Bilanz einzustellen.

119 Werden im Rahmen der **Schuldenkonsolidierung** (s. Rz. 199 ff.) echte Aufrechnungsdifferenzen aus konzerninternen Forderungen und Verbindlichkeiten erfolgswirksam verrechnet, so wurden in Einzelabschlüssen Aufwandsposten früher erfaßt als im Konzernabschluß. Der aus Konzernsicht daraus resultierende zu niedrige Steueraufwand der Einzelabschlüsse ist im Konzernabschluß durch die Passivierung latenter Steuern zu ,,normalisieren".

120 Die erfolgswirksame **Kapitalkonsolidierung** (vgl. Rz. 146 ff.) führt zwar über die Abschreibung der aufgestockten Buchwerte sowie des Goodwill der Tochtergesellschaft zu einem – verglichen mit der Summe der Einzelergebnisse – verminderten Konzernergebnis; da dieses Minderergebnis nicht durch ein Mehrergebnis in späteren Perioden kompensiert wird, handelt es sich nicht um zeitliche Differenzen, die zu latenten Steuern führen, sondern um zeitlich unbegrenzte Differenzen (vgl. *Coenenberg/Hille* Latente Steuern, in HdR, Sp. 1145).

121 Im Ergebnis gilt dies auch für Differenzen, die bei der ertragswirksamen **Währungsumrechnung** (vgl. Rz. 111) entstehen: zwar werden dadurch Währungsveränderungen im Konzernabschluß früher als im Einzelabschluß der Obergesellschaft, welche die Beteiligung hält, realisiert; diese Differenzen kehren sich jedoch nicht in absehbarer Zeit um, sondern erst bei einer Veräußerung der Beteiligung. Da es sich i. d. R. um eine quasi zeitlich unbegrenzte Differenz handelt, kommt insoweit ein Ansatz latenter Steuern nicht in Betracht (vgl. *Coenenberg/Hille* Latente Steuern, in HWR, Sp. 916).

122 Wird im Rahmen der Konzernabschlußerstellung die **Bewertung vereinheitlicht** (s. Rz. 26 ff.), indem z. B. die Bilanzpositionen der Einzelabschlüsse (Handelsbilanz I) auf der Basis der von der Muttergesellschaft angewandten Bewertungsmethoden neu bewertet und in eine Handelsbilanz II eingestellt werden, die der Konsolidierung zugrundegelegt wird, führen die Differenzen zwischen den Handelsbilanzen I und II zu latenten Steuern, wenn sie zeitlich begrenzt sind (z. B. Neubewertung von Vorräten).

123 Schließlich können auch **konzerninterne Dividendenzahlungen** zu latenten Steuern führen, dann nämlich, wenn Entstehung und Vereinnahmung der Beteiligungserträge zeitlich auseinanderfallen und ein dem deutschen KStG vergleichbares Steuersystem (gespaltener Steuersatz, Anrechnungsverfahren) besteht.

Werden die von der Tochtergesellschaft unter Herstellung der Ausschüttungsbelastung (36%) ausgeschütteten Gewinne bei der Muttergesellschaft thesauriert, so sind diese Gewinne aus der Sicht des Konzerns als Einheit bei einem körperschaftsteuerlichen Thesaurierungssatz von 56% mit weiteren 20% KöSt belastet; es wird daher für den Regelfall, daß die Konzernobergesellschaft nicht stets sämtliche Beteiligungserträge ausschüttet, die Passivierung einer entsprechenden Steuerlast befürwortet (vgl. *Coenenberg/Hille* Latente Steuern, in HWR, Sp. 916, 922; *Busse v. Colbe/Ordelheide* Konzernabschlüsse S. 299; v. *Wysocki/Wohlgemuth* S. 209).

bb) Methoden der Berücksichtigung

124 Im Rahmen der Bilanzierung von Forderungen und Verbindlichkeiten für latente Steuern gilt es das praktische Problem zu lösen, mit welchen **Steuersätzen** zu rechnen ist, wenn diese im Zeitablauf infolge einer Änderung der Steuerpolitik oder aber auch infolge einer geänderten Zusammensetzung des verwendbaren Eigenkapitals i. S. von § 47 KStG **schwanken.**

125 Die sog. **Liability-Methode** (vgl. *Coenenberg/Hille* Latente Steuern, in HWB, Sp. 922; *v. Wysocki/Wohlgemuth* S. 211 ff.), die bilanzorientiert ist, gebietet grundsätzlich die Anwendung künftiger Steuersätze, die bei Umkehr der Differenzen gelten; bei einer Änderung der Steuersätze sind die Altbestände an bilanzierten latenten Steuern entsprechend anzupassen (so auch *Coenenberg/Hille* in HWR, Sp. 922).

126 Nach der sog. **Deferral-Methode,** die ergebnisorientiert ist und die Steuerabgrenzungen mehr als Rechnungsabgrenzungsposten zur Ermittlung eines periodengerechten Ergebnisses ansieht, werden nur die Steuersätze zum Zeitpunkt der Bilanzierung der latenten Steuern berücksichtigt; spätere Anpassungen bei Steueränderungen werden unterlassen (für diese Methode auch *Arbeitskreis Weltbilanz der Schmalenbach-Gesellschaft* ZfbF 1979, Sonderheft 9, Anm. 341 f.).

127 In internationalen Konzernabschlüssen sind bei der Bilanzierung der latenten Steuern zwar grundsätzlich die **länderspezifischen Steuersätze** anzuwenden; man wird aber auch dieses Problem oft nur pragmatisch, z. B. durch Ansatz von einheitlichen Mischsteuersätzen im Konzern, lösen können (so *Coenenberg/Hille* Latente Steuern, in HWR, Sp. 922).

128 Dies gilt schließlich auch für die buchmäßige Fortschreibung der Ausgleichsposten für latente Steuern bzw. für die Ermittlung des jährlichen Abgrenzungsbetrages: aus ökonomischen Gründen sind Gruppenverfahren zuzulassen, um nicht die bilanzielle Entwicklung jeder einzelnen Differenz verfolgen zu müssen (vgl. *Coenenberg/Hille* in HdR, Sp. 1146).

cc) Latente Steuern im geltenden Recht

129 Das in Deutschland geltende Prinzip der Maßgeblichkeit der Handelsbilanz für die Steuerbilanz (§ 5 Abs. 1 EStG) bewirkt eine wesentlich stärkere Kongruenz zwischen Handels- und Steuerbilanz als z. B. in den angelsächsischen Ländern.

130 Zu **Abweichungen zwischen Handels- und Steuerbilanz** und damit zum Entstehen latenter Steuern kann es aber auch nach deutschem Recht kommen, nämlich in Fällen, in denen das **Maßgeblichkeitsprinzip durchbrochen** wird (z. B.: die Preissteigerungsrücklage gemäß § 74 EStDV muß nicht in der Handelsbilanz ausgewiesen werden) oder nicht gilt (z. B. handelsrechtliche Ansatzwahlrechte für entgeltlich erworbene immaterielle Wirtschaftsgüter, für Kosten der Ingangsetzung, für die Beibehaltung niedrigerer Wertansätze, für die Bewertung der Vorräte zu Teilkosten: vgl. im einzelnen *Coenenberg/Hille* Latente Steuern, in HWR, Sp. 918; insb. auch *diess.* DBW 1979, 605 f.).

131 Während die Bildung **passiver Ausgleichposten** für latente Steuern aktienrechtlich allgemein für **zulässig** gehalten wird, wird die **Aktivierung** latenter Steueransprüche überwiegend **abgelehnt**, da es sich weder um Rechnungsabgrenzungsposten noch um sonstige Forderungen handele (vgl. *Adler/Düring/Schmaltz* § 152 Anm. 70; *diess.* § 331, Anm. 78; *Arbeitskreis ,,Weltbilanz" des IdW* S. 44; *WP-Handbuch 1981* S. 661, 894f.: sogar für die Aktivierung von latenten Steuern; für Saldierbarkeit der aktiven latenten Steuern mit den passiven *Busse v. Colbe/Ordelheide* Konzernabschlüsse S. 302).

dd) Latente Steuern im künftigen Recht

132 Gemäß § 274 HGB nF. besteht im **Einzelabschluß** für die **Passivierung latenter Steuerverbindlichkeiten** eine Bilanzierungs**pflicht** (Abs. 1), für die **Aktivierung latenter Steueransprüche** ein Bilanzierungs**wahlrecht** verbunden mit einer Ausschüttungssperre Abs. 2; vgl. Teil B Rz. 860ff. und 1160ff. sowie, aus dem umfangreichen Schrifttum – das z. T. wegen der Neufassung der §§ 274, 306 HGB nF. überholt ist – *Harms/Küting* Latente Steuern nach dem Regierungsentwurf des Bilanzrichtlinie-Gesetzes, BB 1982, 837ff.; *diess.* Latente Steuern im Konzernabschluß, ZfB 1981, 146ff; *diess.* Probleme latenter Steuern im Entwurf des Bilanzrichtlinie-Gesetzes, BB 1985, 94ff.; *Siegel* Probleme latenter Steuern im Entwurf des Bilanzrichtlinie-Gesetzes, BB 1984, 1909ff.; *ders.* Latente Steuern, 4. EG-Richtlinie und Bilanzrichtlinie-Gesetz, BB 1985, 495ff.; *ders.*, Bilanzierung latenter Steuern, in *Funk/Helmrich/Höfer/Reuter/Schruff/Siegel* Das neue Bilanzrecht – Ein Kompromiß divergierender Interessen?, Düsseldorf 1985 S. 81ff.; *Hetzel* Latente Probleme latenter Steuern, BB 1985, 1173ff; *Schindler* Latente Steuern im konsolidierten Abschluß nach der Konzernbilanzrichtlinie, BB 1984, 1654ff.; *Langer* Einige Anmerkungen zum Ausweis latenter Steuern nach dem Entwurf eines Bilanzrichtlinie-Gesetzes, WPg 1983, 393ff.; *Clemm* Verstößt die Saldierung aktiver und passiver latenter Steuern gegen das Vorsichtsprinzip?, WPg 1984, 267ff; *Schedlbauer* Die Aktivierung latenter Steuern wird aktuell, DB 1985, 2469ff.).

133 Für die **Konzernrechnungslegung** ergibt sich über § 274 HGB nF. hinaus die Pflicht, die aus Konsolidierungsvorgängen resultierenden aktiven und passiven Ausgleichsposten für latente Steuern zu bilanzieren oder im Konzernanhang gesondert anzugeben (§ 306 HGB nF.). Die latenten Steuern gemäß § 306 HGB nF. dürfen mit denen nach § 274 HGB nF. zusammengefaßt werden.

3. Kapitalkonsolidierung

a) Aufgabe

134 Die Kapitalkonsolidierung dient dem Ziel, Doppelerfassungen, die im Sinne der Fiktion der rechtlichen Einheit des Konzerns unzulässig sind, zu verhindern: durch die Aufrechnung der von Mitgliedern des Konsolidierungskreises gehaltenen Anteile an einem einbezogenen Unternehmen gegen das entsprechende quotale Eigenkapital dieses Unternehmens soll erreicht werden, daß einerseits das Kapital aus der Sicht des Konzerns als rechtliche Einheit zutreffend dargestellt wird; andererseits wird bezweckt, die Vermögenswerte, die in den Einzelbilanzen sowohl im Beteiligungsansatz als auch in den einzelnen Vermögens- und Schuldposten der Untergesellschaft erfaßt sind, nur einmal auszuweisen.

b) Methoden

aa) Methode der erfolgswirksamen Stichtagsmethode (deutsche Methode)

aaa) Konsolidierungspflichtiges Kapital

135 Nach der in Deutschland derzeit noch vorherrschenden Stichtagsmethode wird der Beteiligungsbuchwert der Obergesellschaft ohne Berührung der Gewinn- und Verlustrechnung gegen das anteilige **Nominalkapital** (Grund-, Stamm-, Festkapital etc; vgl. im einzelnen *Adler/Düring/Schmaltz* § 331 Anm. 14) und die anteiligen offenen **Rücklagen** (freie, gebundene) der Untergesellschaft verrechnet (§ 331 Abs. 1 Nr. 1–3 AktG). Das **Bilanzergebnis** sowie **Bilanzergebnisvorträge** sind nach h. M. nicht in die Kapitalkonsolidierung einzubeziehen, sondern in der Konzernbilanz zusammen mit dem Ergebnis bzw. Ergebnisvortrag der Obergesellschaft im Konzernergebnis auszuweisen (vgl. etwa *WP-Handbuch 1981* S 906; *v. Wysocki/Wohlgemuth* S. 92; *Adler/Düring/Schmaltz* § 331 AktG. Anm. 12; a. A.: *Busse v. Colbe/Ordelheide* Konzernabschlüsse S. 105 f: Wahlrecht für Einbezug in die Kapitalkonsolidierung oder Ausweis im Konzernergebnis, da einerseits eine ausdrückliche aktienrechtliche Regelung fehle und andererseits das von der h. M. bemühte Argument der Einheitstheorie – das Bilanzergebnis muß das Ergebnis des Konzerns als Einheit zeigen – nicht überzeuge; zum Sonderfall, daß bei Beteiligungserwerb während des Geschäftsjahres die vor Übernahme der einheitlichen Leitung erwirtschafteten Ergebnisse in die Kapitalkonsolidierung einbeziehbar sind, vgl. *Busse v. Colbe/Ordelheide* Konzernabschlüsse S. 148 ff. m. w. N.).

136 Die **Sonderposten mit Rücklagenanteil** sind nicht Gegenstand der Kapitalkonsolidierung, da es sich nicht um Rücklagen i. S. von § 152 Abs. 5 AktG handelt.

137 **Ausstehende Einlagen** sind insoweit nicht in die Kapitalkonsolidierung einzubeziehen als sie **echten Forderungscharakter** haben. Insoweit sind sie **in der Konzernbilanz getrennt auszuweisen** (gegenüber nicht in die Konsolidierung einbezogenen Dritten eingeforderte oder nicht eingeforderte ausstehende Einlagen der Obergesellschaft oder der Untergesellschaften. *Adler/Düring/Schmaltz* § 331 Anm. 47 bevorzugen für den Fall, daß die ausstehenden Einlagen der Untergesellschaften von Dritten noch nicht eingefordert sind – entgegen der überwiegenden Meinung – eine Saldierung der ausstehenden Einlagen mit dem Kapital: Überwiegen des Korrekturpostencharakters) **oder im Rahmen der Schuldenkonsolidierung zu verrechnen** (eingeforderte ausstehende Einlagen an der Obergesellschaft oder an Untergesellschaften, die von einbezogenen Unternehmen zu erbringen sind).

Überwiegt dagegen der Chrakter eines **Korrekturpostens zum Eigenkapital,** so sind die ausstehenden Einlagen **mit dem Kapital zu verrechnen** (an sich trifft dies auf den Fall zu, daß ausstehende Einlagen der Obergesellschaft von konsolidierten Unternehmen noch nicht eingefordert sind; da jedoch § 331 Abs. 1 Nr. 1, Abs. 4 i. V. m. § 152 Abs. 3 AktG den ungeschmälerten Ausweis des Grundkapitals der Obergesellschaft fordert, sind diese ausstehenden Einlagen unverändert in die Konzernbilanz zu übernehmen; vgl. *Adler/Düring/Schmaltz* § 331 Anm. 41).

138 **Eigene Anteile** an der Obergesellschaft – auch soweit diese von Untergesellschaften gehalten werden (Rückbeteiligungen) – sind unverändert in die Konzernbilanz zu übernehmen, da es sich um kurzfristig realisierbare Vermögenswerte handelt und das Gesetz die Übernahme zwingend erfordert (§ 331 Abs. 1 Nr. 1 Abs. 4, § 152 Abs. 3 AktG).

Für eigene Anteile an Untergesellschaften wird überwiegend auch eine Saldierung mit dem Kapital dieser Gesellschaften für zulässig erachtet (vgl. z. B. *WP-Handbuch 1981* S. 916; *Adler/Düring/Schmaltz* § 331 Anm. 52).

bbb) Konsolidierungsausgleichsposten

139 I. d. R. sind Beteiligungsbuchwert der Obergesellschaft und anteiliges Eigenkapital der Untergesellschaft nicht deckungsgleich. Die Differenz zwischen beiden Größen ist als Konsolidierungsausgleichsposten in die Konzernbilanz einzustellen (§ 331 Abs. 1 Nr. 3 AktG), und zwar auf der Aktiv- oder Passivseite, je nachdem, ob der Beteiligungsansatz größer oder kleiner als das anteilige Eigenkapital ist.

Mehrere Ausgleichsposten dürfen zusammengefaßt werden; die Saldierung aktiver und passiver Ausgleichsposten ist zulässig (vgl. z. B. *WP-Handbuch 1981* S. 962).

140 Ein **aktiver Ausgleichsposten** kann folgende **Ursachen** haben (vgl. dazu *Kropff* Aktiengesetz 1965 S. 441 f.; *WP-Handbuch 1981* S. 960 ff.; *Busse v. Colbe/Ordelheide* Konzernabschlüsse S. 106 ff; *v. Wysocki/Wohlgemuth* S. 97):
– im Anschaffungspreis der Beteiligung wurden über das bilanzielle Eigenkapital hinaus die stillen Reserven und ein Goodwill sowie erhöhte Ertragserwartungen des Erwerbers abgegolten
– die Beteiligung ist überbewertet; dieser Fall ist nur bei einem Verstoß gegen den Bilanzierungsgrundsatz denkbar, daß eine Beteiligung bei nachhaltigem Wertverlust abzuschreiben ist.

141 Die **Ursachen** eines **passiven Ausgleichspostens** können sein:
– das Vermögen der Untergesellschaft ist überbewertet; der Konsolidierungsaus-

gleichsposten stellt eine Wertberichtigung dar. Dieser Fall ist praktisch nur bei Verstößen gegen allgemeine Bilanzierungsvorschriften denkbar, da Wertberichtigungen bereits in der Einzelbilanz vorgenommen werden müßten
– die Ertragserwartungen der Obergesellschaft waren so gering, daß sie für die Untergesellschaft nur einen unter dem bilanziellen Reinvermögen liegender Preis gezahlt hat; hier stellt der Ausgleichsposten einen Badwill dar
– die Beteiligung ist unterbewertet; der Ausgleichsposten hat Rücklagencharakter.

142 Ein zum Anschaffungszeitpunkt gebildeter Konsolidierungsausgleichsposten kann sich in den Folgejahren durch Veränderungen des Beteiligungsbuchwerts (Ab- und Zuschreibungen) oder des Eigenkapital der Untergesellschaft (Dotierung der Rücklagen aus Gewinnen, Entnahmen aus den Rücklagen z. B. zur Verlustabdeckung etc.) vermindern oder erhöhen.

143 Die Stichtagsmethode wird praktisch nur in Deutschland angewandt (vgl. *v. Wysocki* Konzernrechnungslegung in Deutschland, Düsseldorf 1969 S. 36). International dominieren die angelsächsischen Konsolidierungsmethoden.

Die Aussagefähigkeit des Konzernabschlusses ist stark durch den Charakter des Konsolidierungsausgleichsposten als Mischgröße, deren Höhe und Wesen sich im Zeitablauf stark verändern können, beeinträchtigt: z. B. kann sich ein aktiver Ausgleichsposten durch starke Rücklagendotierungen bei der Untergesellschaft in einen passiven verwandeln. Dies gilt umso mehr, als aktive und passive Konsolidierungsausgleichsposten miteinander saldiert werden dürfen.

Ein weiterer Mangel besteht darin, daß ein aktiver Ausgleichsposten, der stille Reserven und einen Goodwill repräsentiert, nicht entsprechend der Handhabung in der Einzelbilanz abgeschrieben wird.

bb) Methode der erfolgsunwirksamen Erstkonsolidierung (modifizierte angelsächsische Methode)

144 Die Methode der erfolgsunwirksamen Erstkonsolidierung, die in Deutschland auch von einigen Konzernen praktiziert wird (vgl. *Busse v. Colbe/Ordelheide* Konzernabschlüsse S. 110), unterscheidet streng zwischen Erst- und Folgekonsolidierung. Zum Stichtag des Erwerbs, evtl. unter Zugrundelegung einer Zwischenbilanz der Untergesellschaft, erfolgt eine Kapitalkonsolidierung analog der Stichtagsmethode. Der daraus resultierende Konsolidierungsausgleichsposten bleibt in den Folgejahren solange konstant, wie sich der Beteiligungsbuchwert der Obergesellschaft und die zum Zeitpunkt des Beteiligungserwerbs vorhandenen Rücklagen der Untergesellschaft **(Kapitalrücklagen, capital surplus)** nicht verändern. Im Unterschied zur Stichtagsmethode werden nämlich die während der Konzernzugehörigkeit der Untergesellschaft entstandenen Rücklagen **(Gewinnrücklagen, earned surplus)** im Konzernabschluß unter den Rücklagen ausgewiesen.

145 Die modifizierte angelsächsische Methode hat gegenüber der Stichtagsmethode den Vorteil, daß sie das vor und während der Konzernzugehörigkeit erwirtschaftete Eigenkapital trennt und die Veränderungen der Konsolidierungsausgleichsposten und die dadurch verursachte verminderte Interpretierbarkeit tendenziell in Grenzen hält.

cc) Methode der erfolgswirksamen Erstkonsolidierung (echte angelsächsische Methode oder purchase method)

146 Die echte angelsächsische Methode (zu Einzelheiten vgl. insb. *Dreger* Der Konzernabschluß S. 51 ff.; *Jung* S. 266 ff.), die vor allem in USA vorherrscht, unterscheidet sich von der modifizierten dadurch, daß der zum Anschaffungszeitpunkt bestehende Mehr- oder Minderwert des Erwerbspreises gegenüber dem bilanziellen Eigenkapital der Untergesellschaft auf die einzelnen Aktiva und Passiva der Untergesellschaft verteilt wird: durch Neubewertung werden bestehende Unter- oder Überbewertungen des Vermögens- und Schuldposten beseitigt; ein verbleibender Rest wird in der Konzernbilanz als Goodwill oder Badwill bilanziert.

Die Auf- oder Abstockungen der Aktiva und Passiva unter Einschluß von Goodwill und Badwill werden in den Folgejahren erfolgswirksam durch zusätzliche oder ersparte Abschreibungen aufgelöst.

147 Diese Methode ist vergleichbar der in Deutschland üblichen Methode, beim Erwerb von Anteilen an einer Personengesellschaft Auf- und Abstockungen in der Steuerbilanz bzw. in der steuerlichen Ergänzungsbilanz vorzunehmen, freilich mit der Einschränkung, daß ein verbleibender Firmenwert steuerlich im Regelfall dem Abschreibungsverbot unterliegt.

148 Im Rahmen der Neubewertung der Aktiva ergeben sich naturgemäß Bewertungsspielräume, da der Wert der einzelnen Positionen nicht eindeutig feststellbar ist (vgl. insb. *v. Wysocki/Wohlgemuth* S. 113ff.).

149 Insgesamt erhöht die echte angelsächsische Methode die Aussagekraft des Konzernabschlusses im Vergleich zu den beiden o. g. Methoden; durch die detaillierte Aufteilung des ,,Konsolidierungsausgleichspostens" auf die einzelnen Vermögens- und Schuldposten und die erfolgswirksame Auflösung in den Folgejahren wird der Einblick in die wirtschaftliche Lage des Konzerns verbessert.

dd) Pooling-of-Interests-Methode (Interessenzusammenführungsmethode)

150 Die Pooling-of-Interests-Methode (vgl. *Jung* S. 296ff.; *Niehus* Die 7. EG-Richtlinie und die ,,Pooling-of Interests"-Methode einer konsolidierten Rechnungslegung, WPg 1983, 437ff.; *Busse v. Colbe/Ordelheide* Konzernabschlüsse S. 119f.; *v. Wysocki/Wohlgemuth* S. 124ff.), die im angelsächsischen Raum bei Erfüllung gewisser restriktiver Bedingungen (z. B. Mindestbeteiligung von 90%) zulässig ist, läßt sich von der Idee leiten, daß der Beteiligungserwerb weniger einen Kauf als die Zusammenlegung von Vermögensinteressen zweier Unternehmen darstellt.

Die Kapitalkonsolidierung erfolgt in der Weise, daß der Beteiligungsbuchwert lediglich gegen das anteilige Nominalkapital der Untergesellschaft verrechnet wird; die Rücklagen der Untergesellschaft werden dagegen wie deren übrige Aktiva und Passiva in die Konzernbilanz übernommen. Ergibt sich bei der Aufrechnung von Beteiligungsansatz und Eigenkapital eine Differenz, so wird diese von/zu den Rücklagen des Konzerns subtrahiert oder addiert, je nachdem, ob es sich um eine aktivische oder passivische Differenz handelt.

151 Die Pooling-of-Interests-Methode weist gegenüber der echten angelsächsischen Methode den Nachteil auf, daß die Vermögenswerte der Untergesellschaft lediglich mit den Buchwerten übernommen werden; stille Reserven werden somit nicht aufgedeckt, sondern gehen in der Position Rücklagen unter.

ee) Zulässigkeit der Kapitalkonsolidierungsmethoden
aaa) Geltendes Recht

152 Da § 331 Abs. 1 Nr. 3 AktG lediglich vorschreibt, daß die konsolidierungspflichtigen Beteiligungen mit dem darauf entfallenden anteiligen Kapital und den offenen Rücklagen zu verrechnen sind, und die Aufspaltung der Rücklagen nach Gewinn- und Kapitalrücklagen nicht verbietet, sind nach allgemeiner Auffassung die Stichtagsmethode sowie die modifizierte angelsächsische Methode mit dem Aktiengesetz vereinbar (vgl. etwa *Adler/Düring/Schmaltz* § 331 Anm. 27, WP-Handbuch 1981 S. 911).

Da bei der echten angelsächsischen Methode die Aktiva und Passiva der Untergesellschaft auf- oder abgestockt, d. h. nicht unverändert in die Konzernbilanz übernommen werden, ist diese Methode aktienrechtlich unzulässig (Verstoß gegen das Maßgeblichkeitsprinzip, § 331, Abs. 1 Nr. 1 AktG).

Die Pooling-of-Interests-Methode ist ebenfalls mit dem geltenden Recht unvereinbar (so auch *Niehus* Die 7. EG-Richtlinie..., WPg 1983, 446).

bbb) Künftiges Recht

153 In Umsetzung von Art. 19 Abs. 1 sind nach künftigem Recht neben der Pooling-of-Interests-Methode nur **erfolgswirksame Methoden der Kapitalkonsolidierung** zulässig (vgl. dazu *Harms/Küting* Zur Anwendungsproblematik der angelsächsischen Methode der Kapitalkonsolidierung im Rahmen der 7. EG-Richtlinie, AG 1980, 93ff; *Küting* Die angelsächsische Methode der Kapitalkonsolidierung, DB 1983, 457ff.; *Ordelheide* Kapitalkonsolidierung nach der Erwerbsmethode, WPg 1984, 237ff., 270ff; *v. Wysocki/Wohlgemuth* S. 108ff; *Biener/Schatzmann* S. 34ff.; *Busse v.*

Colbe Der Konzernabschluß ..., ZfbF 1985, 771 ff.; *Schruff* Einflüsse ... S. 204 ff.; *Niehus/Scholz* Ausübung von Konsolidierungswahlrechten ..., GmbHR 1984, 217 ff., 219 ff.).

§ 301 HGB nF. sieht folgende zwei Varianten der erfolgswirksamen Kapitalkonsolidierung vor:

154 (1) Buchwertmethode

Gemäß § 301 Abs. 1 Nr. 1 HGB nF. ist zum Zeitpunkt des Beteiligungserwerbs bzw. der Erstkonsolidierung in einem ersten Schritt der **Beteiligungsansatz der Obergesellschaft** mit dem **anteiligen Eigenkapital der Untergesellschaft** (Nennkapital, Rücklagen, Ergebnis, Ergebnisvortrag; vgl. *Küting/Zündorf* Die Ermittlung der Minderheitsanteile im Rahmen der Buchwert- und der Neubewertungsmethode des künftigen Konzernbilanzrechts, BB 1985, 1166 ff., 1166) aufzurechnen, das sich auf der Basis der Buchwerte der Aktiva und Passive dieser Gesellschaft ergibt (Buchwertmethode). Diese von der Tochtergesellschaft im Einzelabschluß ausgewiesenen Buchwerte sind allerdings ggf. unter Anwendung der im Konzernabschluß praktizierten einheitlichen Bewertungsmethoden (§ 308 HGB nF., vgl. Rz. 26 ff.) zu verändern mit der Folge, daß sich auch das zu verrechnende Eigenkapital entsprechend erhöht oder ermäßigt.

In einem zweiten Schritt ist die Differenz zwischen dem so ermittelten anteiligen Eigenkapital und dem Beteiligungsbuchwert in einer Ergänzungsrechnung den in der Konzernbilanz anzusetzenden Aktiva und Passiva gemäß der Beteiligungsquote „insoweit zuzuschreiben oder mit diesen zu verrechnen, als deren Wert höher oder niedriger ist als der bisherige Wertansatz."

Diese Aufdeckung der stillen Reserven bzw. stillen Schulden in den Aktiv- und Passivpositionen der Untergesellschaft erfolgt nur in Höhe der Beteiligungsquote der Obergesellschaft, da sich der zu verteilende Differenzbetrag (Beteiligungsansatz ./. Eigenkapital) auf das anteilige Eigenkapital der Untergesellschaft bezieht.

155 (2) Methode der begrenzten Neubewertung oder eingeschränkte Tageswertmethode

Gemäß § 301 Abs. 1 Nr. 2 HGB nF. ist das konsolidierungspflichtige Eigenkapital der Untergesellschaft in einem Schritt in der Weise zu ermitteln, daß die Aktiva und Passiva mit den ihnen zum Zeitpunkt des Erwerbs oder der Erstkonsolidierung beizulegenden Werten angesetzt werden (zu möglichen Bewertungsmethoden vgl. *Schruff* Einflüsse ... S. 218 ff.); evtl. Wertaufstockungen sind nach oben durch den Anschaffungspreis der Beteiligung begrenzt.

156 Beide Methoden unterscheiden sich im wesentlichen nur dadurch, daß die **Neubewertung** der Aktiva und Passiva gemäß Methode (2) **auch die Anteile von Minderheitsgesellschaftern** am Eigenkapital der Untergesellschaft **erfaßt**, weil sie nicht nur gemäß der Beteiligungsquote der Obergesellschaft durchgeführt wird (vgl. die Konsolidierungsbeispiele bei *v. Wysocki/Wohlgemuth* S. 121 f.; vgl. insb. auch *Küting* Zur Problematik des Ausgleichspostens für Anteile in Fremdbesitz im Rahmen des zukünftigen Konzernbilanzrechts, ZfB 1984, 548 ff.; 556 f., m.w.N.; *Müller* Der Einfluß des Bilanzrichtlinie-Gesetzes auf die Daten zur Steuerung eines Konzerns, DB 1985, 241 ff., 243; *Ordelheide* Einheitliche Bewertung ..., WPg 1985, 575 ff., 577; *Busse v. Colbe* Der Konzernabschluß ..., ZfbF 1985, 761 ff., 771; *Küting/Zündorf* Die Ermittlung der Minderheitsanteile im Rahmen der Buchwert- und Neubewertungsmethode ..., BB 1985, 1166 ff.). M.a.W.: auch die Minderheitsanteile werden um die auf sie entfallenden stillen Reserven/Schulden auf- oder abgewertet (zu weiteren Unterschieden vgl. *Schruff* Einflüsse ... S. 225 ff.).

157 Im übrigen haben beide Methoden folgende Gemeinsamkeiten:

Zuschreibungen sind auch für **Aktiva** zulässig, die **in der Einzelbilanz** der Untergesellschaft **nicht ausgewiesen** werden (z.B. sind die Bilanzierungshilfen gemäß § 269 HGB nF. – Aufwendungen für die Ingangsetzung und Erweiterung des Geschäftsbetriebs – nur für Kapitalgesellschaften anwendbar. Zur Frage der Beachtung von Bilanzierungsverboten – etwa für selbstgeschaffene Patente – vgl. *Biener* Die Konzernrechnungslegung ..., DB 1983, Beilage 19/83, 9; *Küting/Zündorf* Die Ermittlung der Minderheitsanteile ..., BB 1985, 1166 ff., 1169 m.w.N.). Dies ergibt sich aus § 301 Abs. 1 i. V. m. § 300 Abs. 1 HGB nF. (Vollständigkeitsgebot: an die Stelle des Beteiligungsansatzes der Obergesellschaft treten ,,Vermögensgegenstände, Schulden, Rechnungsabgrenzungsposten, Bilanzierungshilfen und Sonderposten der Tochterunternehmen, soweit sie nach dem Recht des Mutterunternehmens bilanzierungsfähig sind").

158 Für den Fall, daß die den Aktiva und Passiva beizulegenden Werte zu kürzen sind (Begrenzung durch den aktivischen/passivischen Unterschiedsbetrag bzw. durch die Anschaffungskosten der Beteiligung), so ergibt sich aus dem Gesetzestext keine Pflicht zur proportionalen Verteilung der Kürzung/Aufwertung auf die Aktiva und Passiva. Alternativ angewendete Methoden müssen jedoch sachlich fundiert und willkürfrei sein (Zu alternativen Verrechnungsmethoden – z. B. nach dem Grad der Bestimmtheit des Vorhandenseins der stillen Reserven oder Verzicht der Zuteilung der stillen Reserven auf besonders risikobehaftete Vermögensgegenstände oder Zuordnung nach zunehmender oder abnehmender Liquidierbarkeit vgl. *v. Wysocki/ Wohlgemuth* S. 114f. m. w. N; *Küting/Zündorf* Zurechnungsmodalitäten stiller Reserven im Rahmen der Kapitalkonsolidierung nach künftigem Konzernbilanzrecht, BB 1985, 1302ff., insb. 1305ff.; *Ordelheide* Einheitliche Bewertung ..., WPg 1985, 575ff.; 577f.).

Die Wahl der **Zurechnungsmethode** kann bedeutsame Auswirkungen auf den Jahresabschluß haben (vgl. dazu *Küting/Zündorf* Zurechnungsmodalitäten ..., BB 1985, 1302ff., 1309f.). Werden z. B. die stillen Reserven dem nicht abnutzbaren Anlagevermögen zugeordnet, so lösen sich die stillen Reserven allenfalls bei Veräußerung oder außerplanmäßiger Abschreibung erfolgswirksam auf.

159 Gemäß § 301 Abs. 2 HGB nF. ist für den Fall, daß sich nach der Bewertung der Aktiva und Passiva mit den beizulegenden Werten – also nach Aufdeckung der stillen Reserven und Schulden – ein Restbetrag verbleibt, weil der Anschaffungswert der Beteiligung diese stillen Reserven/Schulden übersteigt/unterschreitet, ein aktivischer Firmenwert oder ein passivischer Unterschiedsbetrag aus der Kapitalkonsolidierung zu bilanzieren. Aktivische und passivische Posten dürfen miteinander saldiert werden unter Angabe der verrechneten Beträge im Konzernanhang (§ 301 Abs. 3 Satz 3 HGB nF.).

In den Folgejahren ist ein Firmenwert nach § 309 Abs. 1 HGB nF. wahlweise in jedem der folgenden Geschäftsjahre mit 25% oder planmäßig entsprechend der voraussichtlichen Nutzungsdauer abzuschreiben. Alternativ zu dieser erfolgswirksamen Behandlung darf er auch erfolgsunwirksam offen mit den Rücklagen verrechnet werden (zur Kritk vgl. *Ordelheide* Kapitalkonsolidierung ..., WPg 1985, 244).

160 Ein sich gemäß § 301 Abs. 3 HGB nF. ergebender **passiver Unterschiedsbetrag** aus der Kapitalkonsolidierung darf ertragswirksam nur aufgelöst werden, soweit entweder Verluste oder Aufwendungen, die zum Zeitpunkt des Anteilserwerbs bzw. der Erstkonsolidierung erwartet wurden, realisiert wurden oder entsprechende Gewinne eingetreten sind (§ 309 Abs. 2 HGB nF.).

161 Wertaufstockungen bei den übrigen Bilanzpositionen sind in den Folgejahren wie diese Positionen selbst abzuschreiben. Wertabstockungen werden künftig über fehlendes Abschreibungsvolumen ertragswirksam.

162 § 302 HGB nF. erlaubt in Ausübung des Mitgliedstaatenwahlrechts von Art. 20 die Anwendung der **Pooling-of-Interests-Methode** (Verrechnung des Beteiligungsbuchwerts allein mit dem gezeichneten Kapital), wenn folgende Bedingungen erfüllt sind:
– der Beteiligungserwerb umfaßt mindestens 90% der Kapitalanteile
– die Anteile werden gegen Ausgabe von Anteilen einbezogener Unternehmen erworben
– eine Barzahlung übersteigt nicht 10% der ausgegebenen Anteile der einbezogenen Unternehmen.

163 Nach Art. 27 EHGB ergeben sich in Bezug auf die Anwendung der Kapitalkonsolidierungsvorschriften folgende erleichternde **Übergangsregelungen:**

– die erfolgswirksame Kapitalkonsolidierung gemäß § 301 HGB nF. braucht nicht angewendet werden, wenn die Untergesellschaft bereits vor Anwendung des § 301 HGB nF. freiwillig oder aufgrund einer gesetzlichen Verpflichtung in einen Konzernabschluß einbezogen war unter Anwendung einer den Grundsätzen ordnungsmäßiger Buchführung entsprechenden Methode

Konzernbilanz **164–167 F**

– ein noch vorhandener Konsolidierungsausgleichsposten ist wahlweise nach § 309 HGB nF. oder nach § 301 Abs. 1 Satz 3 HGB nF. (Buchwertmethode) zu behandeln
– die Kapitalkonsolidierung kann auf den Zeitpunkt der erstmaligen Anwendung des HGB nF. (statt auf den Zeitpunkt des Erwerbs/der Erstkonsolidierung gemäß § 301 Abs. 2 HGB nF.) bezogen werden, wenn die Obergesellschaft verpflichtet ist, § 301 HGB nF. auf eine bisher einbezogene Untergesellschaft anzuwenden, oder wenn sie § 301 HGB nF. freiwillig anwendet.

c) Minderheitsanteile

164 Gemäß § 331 Abs. Nr. 2 AktG ist im Konzernabschluß für Anteile, die Minderheitsgesellschafter an Untergesellschaften halten, ein „**Ausgleichsposten für Anteile im Fremdbesitz**" zu bilden. Der Ausweis umfaßt den Anteil am nominalen Kapital, an den offenen Rücklagen sowie am Gewinn und Verlust, wobei die anteiligen Gewinne und Verluste getrennt zu bilanzieren sind. Dies bedeutet andererseits, daß im Rahmen der Kapitalkonsolidierung – und zwar sowohl nach der Stichtagsmethode als auch nach der modifizierten angelsächsischen Methode – der Beteiligungsbuchwert der Obergesellschaft lediglich gegen das dem Beteiligungswert entsprechende Kapital (einschließlich der Rücklagen) verrechnet werden darf.

165 § 307 Abs. 1 HGB nF. regelt den Ausweis der Minderheitsanteile („**Anteile anderer Gesellschafter**") bei Anwendung der **Buchwertmethode** analog zu den aktienrechtlichen Bestimmungen. Bei Anwendung der **Neubewertungsmethode** werden – wie bereits oben dargelegt – die nominellen Minderheitsanteile um die anteiligen stillen Reserven aufgewertet – so der Regelfall – oder wegen vorhandener stiller Schulden abgewertet (bei wertgetreuer Auslegung des § 307 Abs. 1 HGB nF. gilt dies auch für die Buchwertmethode; vgl. hierzu *Ordelheide* Einheitliche Bewertung ..., WPg 1985, 575 ff., 577).

In der Konzern-Gewinn- und Verlustrechnung ist der auf die Minderheitsgesellschafter entfallende Gewinn- bzw. Verlustanteil nach der Position „Jahresüberschuß/-fehlbetrag" getrennt auszuweisen.

d) Quotenkonsolidierung

aa) Begriff

166 Die Quotenkonsolidierung (vgl. *v. Wysocki/Wohlgemuth* S. 127 ff.; *Busse v. Colbe/Ordelheide* Konzernabschlüsse S. 128 f.; *Küting* Die Quotenkonsolidierung nach der 7. EG-Richtlinie, BB 1983, 804 ff.; *Harms/Knischewski* Quotenkonsolidierung versus Equity-Methode im Konzernabschluß, DB 1985, 1353 ff.), die gelegentlich in den Niederlanden und in Frankreich praktiziert wird (vgl. *Küting* Die Quotenkonsolidierung ..., BB 1983, 805), läßt sich allgemein wie folgt kennzeichnen:
– die Vermögens- und Schuldposten des Einzelabschlusses werden nur mit dem der Beteiligungsquote entsprechenden Anteil in die Konzernbilanz übernommen; diese Art der Konsolidierung ist ein Ausfluß der **Interessentheorie** und steht insofern im Gegensatz zur Einheitstheorie (Vollkonsolidierung mit Minderheitenausweis)
– die Aufrechnung des Beteiligungsbuchwerts gegen das anteilige Eigenkapital sowie die daraus resultierende Konsolidierungsdifferenz werden genauso gehandhabt wie bei der Vollkonsolidierung mit Minderheitenausweis
– die Aufwendungen und Erträge des Einzelabschlusses werden nur entsprechend der Beteiligungsquote in die Konzern-Erfolgsrechnung übernommen
– die Schulden- und Zwischenerfolgskonsolidierung werden ebenfalls nur quotal durchgeführt.

167 Die Quotenkonsolidierung wird im Schrifttum uneinheitlich beurteilt, jedoch überwiegend mit folgenden Argumenten abgelehnt: sie führe zu einer „unkontrollierbaren Vermischung vollkonsolidierter Posten einbeziehungspflichtiger Untergesellschaften mit quotal konsolidierten Posten anderer Unternehmen" (*Kommission Rechnungswesen im Verband der Hochschullehrer für Betriebswirtschaft e. V.* DWB 1985, 275) mit der Folge, daß die Aussagefähigkeit des Konzernabschlusses leide. Die Konzernbilanz weise bei (teilweiser) Anwendung der Quotenkonsolidierung Vermögens- und Schuldposten aus, über die der Konzern nicht verfüge (vgl. *Küting* Zur Problematik des Art. 18 der 7. EG-Richtlinie – Einbeziehung von Gemeinschaftsunternehmen in den Konsolidierungsbereich auf der Grundlage der Quotenkonsolidierung, DB 1980, 5 ff., 10). Der Minderheiteneinfluß werde nicht gezeigt. Schließlich wird auf das Problem der Informationsbeschaffung (für Zwecke der Bewertung, der Zwischenerfolgseliminierung etc.) hingewiesen sowie die Anwendung unterschiedlicher Bewertungsmethoden und Konsolidierungstechniken kritisiert (vgl. dazu und zu weiteren Kritikpunkten *Küting* Die Quotenkonsolidierung..., BB 1983, 810ff.). Andererseits wird geltend gemacht, es bestehe insb. im Falle von 50:50-Gemeinschaftsunternehmen ,,in der Praxis ein ausgeprägtes Bedürfnis..., die Quotenkonsolidierung anwenden zu dürfen", da ,,vielfältige unternehmerische Produktionsprozessse im traditionellen Konzernabschluß systembedingt nicht erfaßt werden können" (*Harms/Knischewski* DB 1985, 1353ff., 1355; vgl. ferner *v. Wysocki/Wohlgemuth* S. 128).

bb) Gesetzliche Regelung

168 Die Quotenkonsolidierung verstößt gegen die Grundsätze der Einheitstheorie; sie ist **aktienrechtlich** unzulässig.

169 § 310 HGB nF. läßt dagegen in Ausübung des Mitgliedstaatenwahlrechts des Art. 32 der 7. EG-Richtlinie die Anwendung der Quotenkonsolidierung zu, wenn ein Unternehmen unter gemeinsamer Leitung von zwei Obergesellschaften steht (Gemeinschaftsunternehmen).

Im Einzelfall wird es schwierig sein zu entscheiden, ob die Voraussetzungen der Vollkonsolidierung (einheitliche Leitung), der Quotenkonsolidierung (gemeinsame Leitung) oder lediglich der Equity-Bilanzierung (maßgeblicher Einfluß) vorliegen.

e) Equity-Methode

aa) Begriff

170 Das Grundprinzip der **Equity-Methode** (vgl. dazu im einzelnen *Schäfer* Bilanzierung von Beteiligungen an assoziierten Unternehmen nach der Equity-Methode, Frankfurt 1982; *Fricke* Rechnungslegung für Beteiligungen nach der Anschaffungswertmethode und nach der Equity-Methode, Bochum 1983; *Rätsch* Betrachtungen zur Konzernrechnungslegung nach der 7. EG-Richtlinie im Vergleich zur Praxis in den USA, BFuP 1981, S. 568ff., 574ff.; *Schruff* Einflüsse... S. 286ff.; *Harms/Küting* Equity-Accounting im Konzernabschluß, BB 1982, 2150ff.; *Bühner/Hille* Anwendungsprobleme der Equity-Methode für die Konzernrechnungslegung in der Europäischen Gemeinschaft, WPg 1980, 261ff.; *Havermann* Zur Bilanzierung von Beteiligungen an Kapitalgesellschaften in Einzel- und Konzernabschlüssen – Einige Anmerkungen zum Equity-Accounting, WPg 1975, 233ff.; *Arbeitskreis ,,Weltbilanz" des IdW* S. 137ff.; *v. Wysocki/Wohlgemuth* S. 130ff.) besteht darin, daß die historischen Anschaffungskosten der Beteiligung um anteilige Gewinne oder Verluste, die von der Beteiligungsgesellschaft erwirtschaftet, aber noch nicht ausgeschüttet worden sind, erhöht oder ermäßigt werden. Entsprechend vermindern die im Wege der Ausschüttung vereinnahmten Gewinne den Beteiligungsbuchwert. Neben diesen regelmäßigen Wertfortschreibungen haben ggf. die Vornahme oder Rückgängigmachung außerordentlicher Abschreibungen Einfluß auf die Höhe des Beteiligungsansatzes.

171 Es entspricht der allgemeinen Auffassung, daß die periodengerechte Vereinnahmung der Erfolge eine erhöhte Einsicht in die Ertragslage der Obergesellschaft ermöglicht; darüber hinaus wird auch die Darstellung der Vermögenslage verbessert: die Ausschüttungspolitik der Beteiligungsgesellschaft hat keinen Einfluß auf die Bildung stiller Reserven im Beteiligungsansatz.

Im Gegensatz zur Equity-Methode erlaubt die Anschaffungswertmethode die periodengerechte Vereinnahmung der Gewinne der Untergesellschaft nur in Ausnahmefällen (z. B. bei Ergebnisabführungsverträgen, Vorabausschüttungen vor dem Bilanzstichtag).

Es werden andererseits auch Nachteile der Equity-Methode genannt (Gefahr der Vortäuschung eines überhöhten Haftungspotentials der Obergesellschaft wegen mangelnder Zugriffsmöglichkeit auf die Rücklagen der Untergesellschaft; Gefahr der Ausschüttung noch nicht zugeflossener Beteiligungserträge an die Gesellschafter der Obergesellschaft, falls insoweit keine Gewinnausschüttungssperre verfügt wird, etc.; vgl. *Schäfer* Bilanzierung... S. 29f.).

bb) Gesetzliche Regelung

172 Die Equity-Methode ist mit dem **Aktienrecht** nicht vereinbar, da sie einen Verstoß gegen das Anschaffungskostenprinzip (§ 153 Abs. 1 AktG) sowie das Realisationsprinzip darstellt.

173 **§ 311 HGB nF.** folgt der Anweisung des Art. 33, der für den Konzernabschluß – anders als Art. 59 für den Einzelabschluß – zwingend vorschreibt, daß die Bilanzierung von sog. assoziierten Unternehmen gemäß der Equity-Methode zu erfolgen hat.

174 Eine **Beteiligung i. S. von § 271 Abs. 1 HGB nF.** ist gemäß § 311 Abs. 1 HGB nF. als Beteiligung an einem assoziierten Unternehmen gesondert auszuweisen, wenn „**ein maßgeblicher Einfluß auf die Geschäfts- und Finanzpolitik**" der Untergesellschaft ausgeübt wird. § 311 Abs. 1 HGB nF. stellt die widerlegbare Vermutung der maßgeblichen Einflußnahme auf für den Fall, daß die Obergesellschaft **20% u. m. der Stimmrechte** der Untergesellschaft innehat, vgl. Teil B Rz. 433 ff.

175 Die Equity-Methode braucht ausnahmsweise nicht angewendet zu werden, wenn es sich um Beteiligungen handelt, die für die Vermittlung eines realitätsgetreuen Bildes der wirtschaftlichen Lage des Konzerns von **untergeordneter Bedeutung** sind (§ 311 Abs. 2 HGB nF.).

176 Im übrigen schreibt § 312 HGB nF. vor, daß auf die Equity-Methode für den Wertansatz der Beteiligung, die Behandlung des Unterschiedsbetrages sowie die Zwischenerfolgseliminierung die **Methoden der erfolgswirksamen Vollkonsolidierung anzuwenden** sind:

(1) – Wird die Beteiligung nach § 312 Abs. 1 Nr. 1 HGB nF. mit dem Buchwert angesetzt (**Buchwertmethode**), so ist der Unterschiedsbetrag zwischen Beteiligungsbuchwert der Obergesellschaft und anteiligem Eigenkapital der Untergesellschaft in der Konzernbilanz zu vermerken (Vorspaltenausweis) oder im Konzernanhang anzugeben (§ 312 Abs. 1 Satz 2 HGB nF.); würde der Unterschiedsbetrag in der Hauptspalte der Konzernbilanz ausgewiesen, so wären die stillen Reserven/Lasten sowie der Goodwill/Badwill nicht nur im Beteiligungsbuchwert, sondern durch den Differenzbetrag noch einmal erfaßt.

Wie im Rahmen der Anwendung der Buchwertmethode bei Vollkonsolidierung ist der Differenzbetrag in einer Nebenrechnung den einzelnen Aktiva und Passiva der Untergesellschaft insoweit zuzuordnen, als deren Wert über oder unter dem Bilanzansatz liegt (Auf-/Abstockung in Höhe der stillen Reserven/Schulden); ein verbleibender nicht zuzurechnender Restbetrag ist als anteiliger positiver oder negativer Firmenwert anzusehen (§ 312 Abs. 2 Satz 1 und 3 HGB nF.).

– Die Wertfortschreibung der Differenzbeträge geschieht in den Folgeperioden nach den Regeln der erfolgswirksamen (Voll-) Kapitalkonsolidierung (vgl. § 312 Abs. 2 HGB nF. sowie Rz. 146 ff., 153 ff.); die Bestimmung des § 309 Abs. 1 HGB nF., daß ausnahmsweise der Firmenwert erfolgsneutral mit den Rücklagen verrechnet werden darf, gilt auch hier (§ 312 Abs. 2 Satz 3 HGB nF.).

– Die Abschreibung bzw. Auflösung der Differenzbeträge erfolgt primär dergestalt, daß die Summe der jährlichen Wertfortschreibungen in der Konzernbilanz beim Beteiligungsansatz berücksichtigt und in die Konzernerfolgsrechnung erfolgswirksam eingestellt wird. Alternativ wird vor allem eine Wertfortschreibung lediglich im Konzernanhang, d. h. außerhalb von Bilanz und Erfolgsrechnung, für statthaft gehalten (vgl. dazu insb. *Ordelheide* Einheitliche Bewertung ..., WPg 1985, 575 ff., 578).

(2) – Anstelle der Buchwertmethode kann – wie bei der Vollkonsolidierung – die **Kapitalanteilsmethode** angewendet werden (§ 312 Abs. 1 Nr. 2 HGB nF.): die Beteiligung darf mit dem anteiligen Eigenkapital bilanziert werden, das sich ergibt, wenn die Aktiva und Passiva der Untergesellschaft gemäß der Methode der begrenzten Neubewertung bis zur Höhe des Anschaffungswerts der Beteiligung neu bewertet werden (§ 312 Abs. 1 Satz 2, 1. Halbsatz HGB nF.).

– Die verbleibende, nicht zurechenbare Restdifferenz zwischen dem neubewerteten Eigenkapital der Untergesellschaft und dem in der Einzelbilanz der Obergesellschaft ausgewiesenen Beteiligungsbuchwert ist auf den Goodwill/Badwill be-

schränkt; sie ist in die Konzernbilanz gesondert auszuweisen oder im Konzernanhang anzugeben.
– die Wertfortschreibung in den Folgeperioden erfolgt wiederum nach den Regeln der erfolgswirksamen (Voll-) Kapitalkonsolidierung.

(3) Als **Bewertungsstichtag** gelten der Zeitpunkt des Erwerbs oder der Erstkonsolidierung oder – bei etappenweisem Beteiligungserwerb – der Zeitpunkt, zu dem die Untergesellschaft assoziiertes Unternehmen geworden ist (§ 312 Abs. 3 HGB nF.).
Der Unterschiedsbetrag ist in der Konzernbilanz gesondert auszuweisen oder im Konzernanhang anzugeben.

(4) Nach § 312 Abs. 5 HGB nF. können die Bilanzpositionen des assoziierten Unternehmens gemäß den – ggf. von den Bewertungsmethoden des Einzelabschlusses abweichenden -**Bewertungsmethoden des Konzernabschlusses** umgewertet werden. Die Beschaffung der für diese Bewertungsvereinheitlichung erforderlichen Informationen kann sich als schwierig, im Einzelfall als unmöglich erweisen.
Wird die Bewertung nicht vereinheitlicht, so ist dies im Konzernanhang anzugeben.

(5) Für die **Zwischenerfolgseliminierung** (vgl. dazu insb. *Haase* Zur Zwischenerfolgseliminierung bei Equity-Bilanzierung, BB 1985, 1702ff. m. w. N.) besteht ein Wahlrecht: sie kann sich bei Vorliegen oder Zugänglichkeit der für die Beurteilung maßgeblichen Sachverhalte auf den vollen Zwischenerfolg beziehen oder nur auf den der Beteiligungsquote entsprechenden Teil (§ 312 Abs. 5 Satz 3 und 4 HGB n. F.).
Zur Zwischenerfolgseliminierung wird zurecht kritisch angemerkt, daß die Zwischenerfolge generell als realisiert angesehen werden müssen, da die assoziierten Unternehmen keine Konzernunternehmen darstellen; allenfalls eine quotale Zwischenerfolgseliminierung sei vertretbar, dies aber auch nur, wenn der Grundsatz der Wirtschaftlichkeit der Konzernrechnungslegung gewahrt sei (vgl. *Kommission Rechnungswesen im Verband der Hochschullehrer für Betriebswirtschaft e. V.*, DWB 1985, 275).

(6) Es ist der **jeweils letzte Abschluß des assoziierten Unternehmens zugrundezulegen** (§ 312 Abs. 6 HGB nF.), d. h. bei abweichendem Bilanzstichtag ist kein Zwischenabschluß zu erstellen.

(7) Stellt das **assoziierte Unternehmen selbst** als Obergesellschaft einen **Konzernabschluß** auf, so ist dieser und nicht der Einzelabschluß des assoziierten Unternehmens zugrundezulegen (§ 312 Abs. 6 HGB nF.).

f) Kapitalkonsolidierung im Gleichordnungskonzerns

177   Gemäß § 18 Abs. 2 AktG besteht zwischen Unternehmen, die unter einheitlicher Leitung stehen, aber nicht voneinander abhängig sind, ein Gleichordnungskonzern. Ist die einheitliche Leitung wie im Regelfall durch vertragliche oder personelle Verflechtungen, nicht aber durch kapitalmäßige Beteiligungen gewährleist, so scheidet insoweit eine Kapitalkonsolidierung aus. Sie wird durch eine bloße Addition der Eigenkapitalpositionen der gleichgeordneten Konzernunternehmen ersetzt (vgl. z. B. *WP-Handbuch 1981* S. 919; *Adler/Düring/Schmaltz* § 331 Anm. 67).
Bei kapitalmäßigen Verflechtungen ist dagegen eine Kapitalkonsolidierung nach den allgemeinen Konsolidierungsgrundsätzen vorzunehmen.

178   Von dem in **Art. 12 der 7. EG-Richtlinie** eingeräumten Mitgliedstaatenwahlrecht, einen Konzernabschluß für Gleichordnungskonzerne vorzuschreiben, wird im Bilanzrichtlinien-Gesetz kein Gebrauch gemacht.

g) Technik der Kapitalkonsolidierung im mehrstufigen Konzern

179   Im Gegensatz zum einstufigen Konzern, in dem die Konsolidierung der Konzernunternehmen gleichzeitig durchgeführt werden kann (**Kernkonsolidierung**), sind die Konzernunternehmen in mehrstufigen Konzernen nacheinander zu konsolidieren. Dies geschieht i. d. R. in den Formen der Ketten- und Simultankonsolidierung (zu Einzelheiten vgl. *Busse v. Colbe/Ordelheide* Konzernabschlüsse S. 130ff.; *Adler/Düring/Schmaltz* § 331 Anm. 68, 104ff. und das dort jeweils angegebene Schrifttum).

180   Im Rahmen der **Kettenkonsolidierung** wird das Konzernunternehmen, welches im Konzernaufbau am weitesten von der Konzernspitze entfernt ist, zuerst mit dem

über ihm stehenden Unternehmen, dieses wiederum mit dem nächsthöheren Unternehmen konsolidiert etc. bis schließlich in der Konsolidierungskette die Obergesellschaft erreicht ist.

Es kommt vor, daß in der Konzernhierarchie Beteiligungsstufen übersprungen werden. Ist z. B. die Muttergesellschaft M nicht nur an der Tochtergesellschaft T, sondern auch an deren Tochtergesellschaft, der Enkelgesellschaft E, beteiligt, so sind die Anteile der M an E zunächst im Rahmen der Konsolidierung E/T wie Minderheitsanteile zu behandeln; sie werden erst auf der Konsolidierungsstufe M/T in die Kapitalkonsolidierung einbezogen.

Fraglich ist, wie bei der Kettenkonsolidierung die Konsolidierungsausgleichsposten aus der Konsolidierung der Vorstufen zu behandeln sind, wenn an Konzernunternehmen mehrerer Konsolidierungsstufen Minderheitsgesellschafter beteiligt sind. Nach h. M. sind die Konsolidierungsausgleichsposten wie das Kapital und die Rücklagen in die Konsolidierung mit der nächsthöheren Stufe einzubeziehen und nicht additiv in die Konzernbilanz zu übernehmen. Bei der Behandlung der Konsolidierungsausgleichsposten – gleiches gilt für die Errechnung der Ergebnisanteile von Konzern und Minderheiten sowie für den Kapitalausgleichsposten für Minderheitsgesellschafter – sind nicht nur die unmittelbaren, sondern auch die mittelbaren Beteiligungen zu berücksichtigen (vgl. dazu ausführlich *Forster/Havermann* Zur Ermittlung der konzernfremden Gesellschaftern zustehenden Kapital- und Gewinnanteile, WPg 1969, 1 ff.; vgl. dazu ferner *Adler/Düring/Schmaltz* § 331 Anm. 104 ff. m. w. N.).

181 Die **Simultankonsolidierung** (Konsolidierung in einem Schritt) führt zum gleichen Ergebnis wie die Kettenkonsolidierung. Diese Methode verzichtet auf die stufenweise Durchführung von Vor- und Zwischenkonsolidierungen; vielmehr werden für jede Untergesellschaft zunächst zu der unmittelbaren Beteiligung der Obergesellschaft die mittelbar über andere Konzernunternehmen gehaltenen Anteile addiert, um daran anschließend auf Basis dieser Gesamtbeteiligungsquote der Konzernobergesellschaft die Kapital- und Rücklagenanteile des Konzerns bzw. der Minderheitsgesellschafter in einem Schritt zu bestimmen. Dabei ist auf folgendes zu achten: soll z. B. der Beteiligungsbuchwert der Muttergesellschaft M mit dem Kapital der Tochtergesellschaft T konsolidiert werden, so ist zur Vermeidung von Doppelerfassungen der Beteiligungsbuchwert der T an der Enkelgesellschaft E wie ein aktivischer Wertberichtigungsposten vom konsolidierungspflichtigen Kapital der T abzusetzen (vgl. dazu *Adler/Düring/Schmaltz* § 331 Anm. 108).

Für die Kapitalkonsolidierung in Konzernen mit komplexen Kapitalstrukturen sind mathematische Simultanverfahren entwickelt worden (vgl. dazu z. B. *Busse v. Colbe/Ordelheide* Konzernabschlüsse S. 139 ff. m. w. N.).

4. Schuldenkonsolidierung

a) Begriff

182 Die Fiktion der rechtlichen Einheit des Konzerns gebietet die Saldierung der Forderungen und Verbindlichkeiten, welche die in den Konzernabschluß einbezogenen Unternehmen untereinander haben; andernfalls würde der Konzern in der Konzernbilanz Forderungen und Verbindlichkeiten gegen sich selbst ausweisen.

183 § 331 Abs. 1 Nr. 4 AktG ordnet daher an, daß „Forderungen und Verbindlichkeiten zwischen den in den Konzernabschluß einbezogenen Unternehmen ... wegzulassen" sind; d. h. in der Konzernbilanz sind nur Forderungen und Verbindlichkeiten gegenüber konzernfremden Dritten oder gegenüber nicht in die Konsolidierung einbezogenen Unternehmen zu bilanzieren.

Nach h. M. geht § 331 Abs. 1 Nr. 4 AktG der Bestimmung des § 331 Abs. 1 Nr. 1 AktG (alle Vermögensgegenstände und Schuldposten der Konzernunternehmen –, d. h. auch Forderungen und Verbindlichkeiten gegenüber anderen verbundenen Unternehmen – sind in die Konzernbilanz einzustellen) als Spezialvorschrift vor (vgl. *Busse v. Colbe/Ordelheide* Konzernabschlüsse S. 168 m. w. N.).

184 Nach § 13 Abs. 2 Satz 3 PublG i. V. m. § 5 Abs. 3 PublG dürfen das Privatvermögen und die privaten Schulden des Einzelkaufmanns oder der Gesellschafter einer

Personenhandelsgesellschaft nicht in die Konzernbilanz einbezogen werden, wenn ein dem Publizitätsgesetz unterliegender Konzern durch einen Einzelkaufmann oder einer Personenhandelsgesellschaft geleitet wird. Nach h. M. gilt diese Bestimmung für die privaten Vermögensgegenstände und Schulden aller in den Konzernabschluß einbezogenen Personenhandelsgesellschaften, nicht nur für die konzernleitenden, da in § 5 Abs. 3 PublG ein allgemeiner Bilanzierungsgrundsatz zum Ausdruck kommt (vgl. z. B. *WP-Handbuch 1981* S. 986).

185 **§ 303 Abs. 1 HGB nF.** bestätigt explizit die auch zum Aktiengesetz vertretene allgemeine Auffassung, daß die Begriffe Forderungen und Verbindlichkeiten nicht im engen bilanztechnischen Sinne des § 151 AktG, sondern weit auszulegen sind (vgl. z. B. *NA 2/67, Ergänzung 1967 der Sammlung ,,Die Fachgutachten und Stellungnahmen des IdW"* S. 103 = WPg 1967, 489): ,,Ausleihungen und Forderungen, Rückstellungen und Verbindlichkeiten sowie entsprechende Rechnungsabgrenzungsposten zwischen den in den Konzernabschluß einbezogenen Unternehmen sind wegzulassen." Eine Schuldenkonsolidierung kann nur dann unterbleiben, wenn die zu eliminierenden Posten für die wirtschaftliche Lage des Konzerns von untergeordneter Bedeutung sind (§ 303 Abs. 2 HGB nF.).

b) Konsolidierungspflichtige Forderungen und Verbindlichkeiten

186 Als Posten, die **in die Schuldenkonsolidierung einzubeziehen** sind, kommen vor allem in Betracht: ausstehende Einlagen, Anzahlungen, Ausleihungen, Wechsel, Guthaben bei Kreditinstituten, sonstige Vermögensgegenstände, Rechnungsabgrenzungsposten, Wertberichtigungen, Rückstellungen, Eventualverbindlichkeiten.

aa) Ausstehende Einlagen

187 Wie bereits im Rahmen der Erläuterungen zur Kapitalkonsolidierung dargelegt (vgl. Rz. 137), sind ausstehende Einlagen an der Obergesellschaft oder an Untergesellschaften mit den entsprechenden Einzahlungsverpflichtungen von einbezogenen Konzernunternehmen nur zu verrechnen, wenn die Einlagen eingefordert sind.

bb) Anzahlungen

188 Von einbezogenen Unternehmen geleistete Anzahlungen für Gegenstände des Anlage- oder Umlaufvermögens sind mit den korrespondierenden Verbindlichkeiten anderer einbezogener Unternehmen zu verrechnen; wegen der im Einzelfall gegebenen Schwierigkeit bei der Abgrenzung wird der Verzicht auf die Verrechnung der Anzahlungen auf Sachanlagen für zulässig erachtet (so *Adler/Düring/Schmaltz* § 331 Anm. 118).

cc) Rechnungsabgrenzungsposten

189 Stammen die aktiven Rechnungsabgrenzungsposten aus konzerninternen Schuldverhältnissen (Abgrenzung von Mieten, Zinsen, Pachten etc.), so besteht die Pflicht zur Konsolidierung dieser Posten mit entsprechenden passiven Rechnungsabgrenzungsposten, und zwar ungeachtet der Frage, ob die konzerninternen Forderungen durch Geld oder sonstige Leistungen beglichen werden (vgl. *NA 2/1967, Ergänzung 1967 der Sammlung ,,Die Fachgutachten und Stellungnahmen des IdW"* S. 103).

Aktive und passive Rechnungsabgrenzungsposten müssen sich nicht – wie im Regelfall – in gleicher Höhe gegenüberstehen: werden z. B. innerhalb des Konsolidierungskreises Darlehen mit einem Disagio gewährt, so hat das Schuldner-Unternehmen in Bezug auf das Disagio ein Aktivierungswahlrecht (§ 156 Abs. 2 AktG/ § 250 Abs. 3 HGB nF.), das Gläubiger-Unternehmen jedoch eine Passivierungspflicht. Die daraus ggf. resultierende Aufrechnungsdifferenz ist erfolgswirksam zu verrechnen (vgl. dazu Rz. 201; zu weiteren Fällen von Aufrechnungsdifferenzen vgl. *Adler/Düring/Schmaltz* § 331 Anm. 120f.).

dd) Pauschalwertberichtigungen

190 Wurden in der Einzelbilanz eines konsolidierten Unternehmens auf Forderungen gegenüber einbezogenen ausländischen Konzernunternehmen Pauschalwertberichtigungen vorgenommen, so ergibt sich nach Saldierung der Wertberichtigung mit der entsprechenden Forderung gegenüber verbundenen Unternehmen bei der Aufrech-

nung mit der korrespondierenden Konzernverbindlichkeit eine Differenz; diese ist nach den Regeln der erfolgswirksamen Schuldenkonsolidierung (vgl. Rz. 201) aufzulösen.

ee) Rückstellungen

191 Rückstellungen sind – wie Verbindlichkeiten – in die Schuldenkonsolidierung einzubeziehen, wenn ihre Passivierung in der Konzernbilanz aus der Sicht der Einheitstheorie der Bilanzierung einer Verbindlichkeit des Konzerns gegen sich selbst gleich käme.

Etwas anderes gilt für den Fall, daß die in den Einzelbilanzen angesetzten Rückstellungen aus der Sicht des Konzerns als Einheit – ggf. mit einer anderen Begründung – zu passivieren sind.

Hat z. B. ein einbezogenes Unternehmen für die Lieferung von Investitionsgütern an ein anderes einbezogenes Unternehmen eine Rückstellung für Gewährleistungen (§ 152 Abs. 7 Nr. 2 AktG/§ 249 Abs. 1 Nr. 2 HGB nF.) gebildet, so kann diese Rückstellung aus Konzernsicht als Rückstellung für unterlassene Instandhaltungsaufwendungen (§ 152 Abs. 7 Nr. 1 AktG/§ 249 Abs. 1 Nr. 1 HGB nF.) passivierungspflichtig sein (vgl. WP-Handbuch 1981 S. 920; zu weiteren Beispielen vgl. *Adler/Düring/Schmaltz* § 331 Anm. 126 ff.).

ff) Drittschuldverhältnisse

192 Haben verschiedene Unternehmen des Konsolidierungskreises gegenüber einem konzernfremden Dritten sowohl Forderungen als auch Verbindlichkeiten, so ist aus der Sicht des Konzerns als rechtliche Einheit eine Saldierung dieser Drittschuldverhältnisse geboten.

Da jedoch das Aktiengesetz wie auch das Bilanzrichtlinien-Gesetz eine Schuldenkonsolidierung nur für Forderungen und Verbindlichkeiten einbezogener Unternehmen fordert, besteht nach h. M. – in den Grenzen des § 152 Abs. 8 AktG/§ 246 Abs. 2 HGB nF.) – lediglich ein Saldierungswahlrecht (vgl. *Adler/Düring/Schmaltz* § 331 Anm. 137).

gg) Eventualverbindlichkeiten und Haftungsverhältnisse

193 Gemäß § 331 Abs. 4 Satz 1 i. V. m. § 151 Abs. 5 AktG sind ebenso wie nach §§ 298 Abs. 1, 268 Abs. 7, 251 HGB nF. Eventualverbindlichkeiten und Haftungsverhältnisse unter der Konzernbilanz zu vermerken.

194 Aus § 331 Abs. 1 Nr 4 AktG bzw. § 303 Abs. 1 HGB nF. sowie aus der Einheitstheorie – hilfsweise aus den Generalklauseln des § 149 AktG, § 297 Abs. 2 HGB nF. – folgt, daß Bilanzvermerke, die ihre Ursache im Rechtsverkehr der einbezogenen Unternehmen untereinander haben, konsolidiert werden müssen (vgl. *Adler/Düring/ Schmaltz* § 331 Anm. 128).

195 Hat z. B. ein einbezogenes Unternehmen ein **Wechselobligo** vermerkt für einen Wechsel, der sich am Bilanzstichtag im Bestand eines anderen konsolidierten Unternehmens befindet, so darf der Vermerk nicht in die Konzernbilanz übernommen werden.

196 Gleiches gilt für **Bürgschaften, Wechsel- und Scheckbürgschaften sowie Gewährleistungsverträge**, die innerhalb des Konsolidierungskreises begeben bzw. geschlossen wurden.

Leistet ein konsolidiertes Unternehmen eine Bürgschaft **gegenüber** einem **konzernfremden Dritten** für dessen Forderung gegenüber einem anderen einbezogenen Unternehmen, so ist der Bürgschaftsvermerk deshalb nicht in die Konzernbilanzvermerke einzubeziehen, weil die Verpflichtung des Konzerns bereits durch die Passivierung der Hauptverbindlichkeit bilanziert ist. Entsprechend ist auch z. B. eine **Patronatserklärung**, die die Obergesellschaft zugunsten einer Tochtergesellschaft etwa gegenüber einer konzernfremden Bank abgegeben hat, nur insoweit in der Konzernbilanz vermerkpflichtig, als die daraus resultierende Verpflichtung des Konzerns die Hauptschuld übersteigt (vgl. *WP-Handbuch 1981* S. 922).

197 Im Falle, daß **mehrere einbezogene Unternehmen** für eine und dieselbe Drittverpflichtung eines konsolidierten Unternehmens haften, ist die Vermerkpflicht in der Konzernbilanz auf die höchstmögliche Haftung des Konzerns begrenzt.

198 Soweit die Verpflichtung eines konsolidierten Unternehmens aus der Bestellung von **Sicherheiten** für Verbindlichkeiten anderer einbezogener Unternehmen nicht zu einer Vermerkpflicht in der Konzernbilanz führt (aus Konzernsicht: Bestellung von Sicherheiten für eigene Verbindlichkeiten), kann sich eine Pflicht zur **Berichterstattung im Konzerngeschäftsbericht/Konzernanhang** ergeben (§ 334 Abs. 3 Nr. 2 AktG/§ 314 Abs. 1 Nr. 2 HGB nF.; vgl. im einzelnen *Adler/Düring/Schmaltz* § 331 Anm. 133f., § 334 Anm. 34f.).

hh) Erfolgswirksame und erfolgsneutrale Schuldenkonsolidierung

199 Die Schuldenkonsolidierung ist in dem im Gesetz genannten Regelfall („weglassen"), daß sich aufrechnungspflichtige Forderungen und Verbindlichkeiten in gleicher Höhe gegenüberstehen, erfolgsneutral.

200 Es können aber auch **Differenzen zwischen Forderungen und Verbindlichkeiten** auftreten. Dabei sind zwei Fälle zu unterscheiden:
(1) Es handelt sich um Buchungsfehler oder zeitliche Buchungsdifferenzen zwischen den Konzernunternehmen (**„unechte Aufrechnungsdifferenzen"**). Diese sollten bereits bei Erstellung der Einzelabschlüsse, spätestens jedoch im Rahmen der Konzernrechnungslegung (erfolgsneutral) korrigiert werden.

201 (2) **„Echte" Aufrechnungsdifferenzen** sind dagegen erfolgswirksam zu konsolidieren. Im Normalfall sind die Differenzen derart gelagert. daß die Verbindlichkeiten von einbezogenen Unternehmen die korrespondierenden Forderungen anderer konsolidierter Unternehmen übersteigen.

Als Beispiele für erfolgswirksam aufzulösende Aufrechnungsdifferenzen seien genannt:
(a) das Schuldner-Unternehmen passiviert ein Darlehen mit dem Rückzahlungsbetrag; das Gläubiger-Unternehmen aktiviert die Darlehensforderung in entsprechender Höhe, passiviert aber gleichzeitig ein Disagio (vgl. hierzu Rz. 189);
(b) das Schuldner-Unternehmen passiviert ein unverzinsliches Darlehen mit dem Rückzahlungsbetrag; das Gläubiger-Unternehmen bilanziert lediglich den abgezinsten Betrag;
(c) im Weltabschluß können durch die Währungsumrechnung unterschiedliche Wertansätze für einander entsprechende Forderungen und Verbindlichkeiten entstehen.

202 Da in den Einzelabschlüssen zu hohe oder zu niedrige Aufwendungen oder Erträge verrechnet wurden, sind die Aufrechnungsdifferenzen in die Konzern-Erfolgsrechnung einzustellen (Ausbuchung der aktiven oder passiven Unterschiedsbeträge). Dabei sind zur Vermeidung von Mehrfacherfassungen nur die Veränderungen der Aufrechnungsdifferenzen während des Geschäftsjahres erfolgswirksam zu berücksichtigen (vgl. Rz. 257).

203 Zum **Ausweis der Aufrechnungsdifferenz** in der Konzern-Gewinn- und Verlustrechnung werden unterschiedliche Auffassungen vertreten (vgl. dazu auch Rz. 253ff.): so wird vorgeschlagen, die Änderung der Aufrechnungsdifferenz **vor** dem Konzernjahresüberschuß/-fehlbetrag als gesonderte Position oder zusammen mit anderen Aufwands- oder Ertragsposten auszuweisen und die Gesamtdifferenz nach dem Stand am Ende des Vorjahres (= Bestand am Anfang des Geschäftsjahres) **nach** der Position Konzernjahresüberschuß/-fehlbetrag **im Konzern-Gewinnvortrag/-Verlustvortrag zu verrechnen** (so *Stellungnahme NA 3/1968, Ergänzung 1967 der Sammlung „Die Fachgutachten und Stellungnahmen des IdW"* S. 106/70). Dadurch wird erreicht, daß die gesamte Aufrechnungsdifferenz im Konzernergebnis erfaßt ist (Anfangsbestand + Veränderung während des Geschäftsjahres = Bestand am Ende des Geschäftsjahres).

Alternativ wird zur Vermeidung der Aufblähung der Position Konzern-Gewinnvortrag/-verlustvortrag empfohlen, die **Aufrechnungsdifferenz** aus der Schuldenkonsolidierung (bzw. deren Veränderung) **als gesonderte Position auszuweisen,** und zwar **in der Konzern-Erfolgsrechnung nach dem Konzernjahresüberschuß/-fehlbetrag und in der Konzernbilanz unter genauer Benennung** (z. B. „Restposten aus erfolgswirksamer Schuldenkonsolidierung"). Ferner soll eine Erläuterung im Konzerngeschäftsbericht erfolgen (vgl. dazu *Adler/Düring/Schmaltz* § 332 Anm. 77).

IV. Konzern-Gewinn- und Verlustrechnung

1. Ausweis/Gliederung

a) Geltendes Recht

204 Das **Aktiengesetz** erlaubt die wahlweise Anwendung folgender drei Formen der Konzern-Gewinn- und Verlustrechnung:
- vollkonsolidierte Gewinn- und Verlustrechnung gemäß § 332 Abs. 1, Nr. 1, 2. Halbsatz AktG
- teilkonsolidierte Gewinn- und Verlustrechnung gemäß § 332 Abs. 1, Nr. 1, 1. Halbsatz AktG
- vollkonsolidierte Gewinn- und Verlustrechnung in vereinfachter Form gem. § 333 AktG.

205 Die **vollkonsolidierte Gewinn- und Verlustrechnung** ist gemäß den nachstehenden Vorschriften zu gliedern (vgl. dazu auch WP-Handbuch 1981 S. 929 ff.):
(1) Nach § 332 Abs. 3 AktG sind auf den Konzernabschluß neben § 149 (Generalklausel) folgende **Bestimmungen des Einzelabschlusses** anzuwenden:

- § 157 Abs. 1: Anwendung des aktienrechtlichen Gliederungsschemas, soweit der Geschäftszweig keine abweichende gleichwertige Gliederung bedingt und soweit nicht freiwillig eine weitergehende Gliederung angewendet wird
- § 157 Abs. 2: kein Ausweis von Leerpositionen
- § 158 Abs. 1: Abgrenzung der Umsatzerlöse von den sonstigen Erträgen
- § 158 Abs. 2: Kürzung der Umsatzerlöse um Preisnachlässe und zurückgewährte Entgelte
- § 158 Abs. 3: Ausweis der Erträge aus Gewinn- oder Teilgewinnabführungsverträgen nach Abzug der vertraglich zu leistenden Ausgleichszahlungen an Minderheitsaktionäre (§ 304 Abs. 1 AktG), soweit die betreffende Untergesellschaft trotz Bestehens eines Beherrschungs- oder Gewinnabführungsvertrages nicht konsolidiert wird; bei Konsolidierung: zwingender Ausweis der auf die Minderheitsgesellschafter entfallenden Gewinnanteile, § 332 Abs. 3 Satz 3 AktG
- § 158 Abs. 4: Ausweis der Steuern, für die die Gesellschaft Steuerschuldner ist.

(2) Gemäß den fehlenden Verweisen auf Bestimmungen des Einzelabschlusses einerseits sowie Kraft ausdrücklicher Regelung in § 332 Abs. 3 AktG andererseits gelten folgende **Vereinfachungen und Abweichungen im Vergleich zu Einzelabschlüssen:**

- bei Ausweisänderungen gegenüber dem Vorjahr sind die umgegliederten Aufwendungen und Erträge – anders als nach § 157 Abs. 3 AktG vorgeschrieben – nicht zu vermerken
- die Möglichkeit für kleine oder Familiengesellschaften, die Erfolgsrechnung verkürzt auszuweisen (§ 157 Abs. 4 AktG), besteht für Konzernabschlüsse nicht
- die Bestimmung über Einstellungen in die gesetzliche Rücklagen (§ 158 Abs. 5 AktG) gilt nicht
- die Bildung und Auflösung von Sonderposten mit Rücklagenanteil ist in der Konzernerfolgsrechnung anders als im Einzelabschluß (§ 158 Abs. 6 AktG) nicht als Sonderposition, sondern unter den sonstigen Aufwendungen bzw. sonstigen Erträgen auszuweisen
- Erträge aus der Kapitalherabsetzung und ihre Einstellung in die gesetzliche Rücklage sind ebenfalls – abweichend vom Einzelabschluß (§ 240 AktG) – nicht als Sonderposition, sondern als Veränderung des Konsolidierungsausgleichspostens zu zeigen
- ein Ertrag, der sich aufgrund von Sonderprüfungen oder von Gerichtsentscheidungen ergibt (§ 261 Abs. 1 und 2 AktG), ist nicht gesondert zu zeigen
- die Veränderungen der offenen Rücklagen (freie, gesetzliche) können jeweils in einem Posten ausgewiesen werden (§ 332 Abs. 3 Satz 2 AktG)
- der auf die Minderheitsgesellschafter entfallende Gewinn oder Verlust ist separat auszuweisen, und zwar vor der Position „Konzerngewinn/Konzernverlust" (§ 332 Abs. 3 Satz 3 AktG).

(3) Gemäß § 332 Abs. 3 Satz 1 AktG ist die Anwendung der **Einzelabschlußbestimmungen abbedungen,** soweit die Eigenart der Konzern-Gewinn- und Verlustrechnung dies erfordert. Verkauft z. B. ein einbezogenes Unternehmen einen Sachanlagegegenstand unter Buchwert an ein anderes konsolidiertes Unternehmen, so ist im Konzernabschluß eine Umgliederung von „Verluste aus dem Abgang von Gegenständen des Anlagevermögens" in „Abschreibungen auf Sachanlagen" vorzunehmen (vgl. hierzu und zu weiteren Beispielen WP-Handbuch 1981 S. 931 f.).

206 Die **teilkonsolidierte Konzern-Gewinn- und Verlustrechnung** stimmt – was die Gliederung anbelangt – mit der vollkonsolidierten überein, allerdings mit einer Ausnahme: da die Innenumsatzerlöse nicht konsolidiert zu werden brauchen, können

diese lediglich getrennt von den Außenumsatzerlösen – in der Vor- oder Hauptspalte der Konzern-Gewinn- und Verlustrechnung – gezeigt werden.

207 Die **Konzern-Gewinn- und Verlustrechnung in vereinfachter Form** weicht vom aktienrechtlichen Gliederungsschema des § 157 AktG stark ab.

Abweichungen vom Schema in § 333 AktG können erforderlich sein, wenn der wirtschaftliche Zweck des Konzerns dies bedingt (§ 333 Abs. 2 AktG). Ein erweiterter Ausweis auf freiwilliger Basis ist möglich.

Im einzelnen ist im wesentlichen zu beachten (zu weiteren Einzelheiten vgl. *Adler/Düring/Schmaltz* § 333 Anm. 7 ff.):

- wie für die Konzern-Erfolgsrechnungen nach § 332 AktG gelten auch hier die **Bestimmungen** der §§ 157 Abs. 2, 158 Abs. 1 bis 4 AktG **des Einzelabschlusses** (§ 333 Abs. 4 AktG)
- die **Innenumsatzerlöse** sind zu konsolidieren (Ausweis nur der Konzernaußenumsatzerlöse)
- unter **Position 2 der Gewinn- und Verlustrechnung** („nicht gesondert auszuweisende Aufwendungen nach Verrechnung mit Bestandsänderungen und Eigenleistungen") sind in der Reihenfolge des Gliederungsschemas gemäß § 157 AktG zusammenzufassen: Innenumsatzerlöse, Bestandsänderungen, andere aktivierte Eigenleistungen, Materialeinsatz, Löhne und Gehälter, soziale Abgaben, Aufwendungen für Altersversorgung und Unterstützung, Verluste aus Wertminderungen oder dem Abgang von Gegenständen des Umlaufvermögens außer Vorräten und Einstellung in die Pauschalwertberichtigung zu Forderungen, Verluste aus dem Abgang von Gegenständen des Anlagevermögens, sonstige Aufwendungen, Einstellungen in den Sonderposten mit Rücklagenanteil, aufgrund einer Gewinngemeinschaft, eines Gewinnabführungs- und eines Teilgewinnabführungsvertrages abgeführte Gewinne (es sei denn, es handelt sich um konsolidierte Unternehmen)
- unter der Position „**sonstige Erträge**" sind abweichend von § 157 AktG folgende Positionen des § 157 Abs. 1 AktG zusammenzufassen (vgl. *Adler/Düring/Schmaltz* § 332 Anm. 12f.): Erträge aus Gewinngemeinschaften, Gewinnabführungs- und Teilgewinnabführungsverträgen (es sei denn, es handelt sich um einbezogene Unternehmen), Erträge aus dem Abgang von Gegenständen des Anlagevermögens, Erträge aus der Herabsetzung der Pauschalwertberichtigung zu Forderungen, sonstige Erträge, Erträge aus Verlustübernahme (soweit es sich um nicht einbezogene Unternehmen handelt), Erträge aus der Auflösung von Sonderposten mit Rücklagenanteil
- **Erträge aus Zuschreibungen** sind abweichend von § 332 AktG gesondert anzugeben (§ 333 Abs. 2 Nr. 6 AktG).

208 Für Konzerne, die unter das **Publizitätsgesetz** fallen, gelten gemäß § 13 Abs. 2 PublG i. V. m. §§ 332 f. AktG grundsätzlich die vorstehend dargestellten aktienrechtlichen Gliederungsvorschriften (zu Einzelheiten und Abweichungen vgl. *WP-Handbuch 1981* S. 986 ff.).

b) Künftiges Recht

209 § 305 HGB nF. besagt in Übereinstimmung mit Art. 26 Abs. 1 b der 7. EG-Richtlinie, daß künftig grundsätzlich **nur noch die vollkonsolidierte Konzern-Gewinn- und Verlustrechnung** anzuwenden ist.

210 § 298 HGB nF. bestimmt für die Gliederung der Konzern-Erfolgsrechnung folgendes:

(1) Es sind die nachstehenden **Bestimmungen des Einzelabschlusses** anzuwenden:

- § 275: das Gliederungsschema der großen Kapitalgesellschaften
- § 277: Vorschriften zu einzelnen Posten der Gewinn- und Verlustrechnung (Umsatzerlöse, Bestandsveränderungen, Abschreibungen, Erträge und Aufwendungen aus Verlustübernahme und aufgrund einer Gewinngemeinschaft, eines Gewinnabführungs- oder eines Teilgewinnabführungsvertrages erhaltene oder abgeführte Gewinne – soweit nicht einbezogene Unternehmen betroffen sind – sind gesondert auszuweisen, außerordentliche Erträge und Aufwendungen)
- § 278: Steuern.

(2) Die Anwendung der **Vorschriften für große Kapitalgesellschaften** i. S. von § 267 Abs. 3 HGB nF. sind **obligatorisch;** die Erleichterungen für kleine und mittelgroße Kapitalgesellschaften (§ 276 HGB nF.) können nicht beansprucht werden.

(3) **System- und konsolidierungstechnisch bedingte Abweichungen** der Konzern-Gewinn- und Verlustrechnung vom Einzelabschluß sind zulässig: z. B. ist die Position „anderen Gesellschaftern zustehender Gewinn/auf andere Gesellschafter entfallender Verlust" nach dem Posten Konzernjahresüberschuß/Konzernjahresfehlbetrag gesondert auszuweisen (§ 307 Abs. 2 HGB nF.); das auf assoziierte Beteiligungen entfallende Ergebnis ist unter einem besonderen Posten auszuweisen (§ 312 Abs. 4 HGB nF.); Sonderposten aus erfolgswirksamer Konsolidierung, Abschreibung der Konsolidierungsrestgrößen.

(4) Der **Geschäftszweig** kann die **Anwendung anderer Gliederungsvorschriften** erfordern (§ 298 Abs. 1 HGB nF.).

Da das Gesetz nicht alle Konsolidierungsvorgänge ausdrücklich regelt, kommen der Einheitstheorie einerseits und der Generalklausel des § 297 Abs. 2 HGB nF. (der Konzernabschluß soll „ein den tatsächlichen Verhältnissen entsprechendes Bild der Vermögens-, Finanz- und Ertragslage des Konzerns" vermitteln) bei der Lösung von Detailfragen erhöhte Bedeutung zu.

2. Konsolidierungsvorgänge in der vollkonsolidierten Konzern-Erfolgsrechnung nach geltendem und künftigem Recht

a) Konsolidierung der Innenumsatzerlöse

211 § 332 Abs. 1 Nr. 1, 2. Halbsatz AktG und § 305 Abs. 1 Nr. 1 HGB nF. geben übereinstimmend die Anweisung, daß die Umsatzerlöse aus Lieferungen und Leistungen zwischen Unternehmen des Konsolidierungskreises mit den entsprechenden Aufwendungen zu verrechnen sind, soweit sie nicht als Bestandsveränderungen oder als andere aktivierte Eigenleistungen auszuweisen sind. Soweit der in § 305 Abs. 2 HGB nF. ausdrücklich und analog Art. 26 Abs. 3 genannte Grundsatz der Wesentlichkeit nicht eingreift, werden in der Konzern-Erfolgsrechnung unter der Position Umsatzerlöse nur Außenumsatzerlöse (Erlöse mit nicht konsolidierten Unternehmen) ausgewiesen.

212 Die Konsolidierung der Innenumsatzerlöse ist im übrigen grundsätzlich unabhängig von einer **Zwischenerfolgseliminierung** vorzunehmen. Andererseits ist die Frage der Innenumsatzkonsolidierung praktisch eng mit dem Problem der Eliminierung von Zwischengewinnen (Aktienrecht) bzw. von Zwischengewinnen und -verlusten (künftiges Recht, vgl. Rz. 81 ff.) verbunden.

aa) Innenumsätze aus Lieferungen

aaa) Lieferndes Konzernunternehmen hat die Gegenstände selbst hergestellt oder bearbeitet

Folgende Fälle sind zu unterscheiden:

213 (1) Liefert das Konzernunternehmen A eine selbsthergestellte Maschine an das ebenfalls einbezogenen Unternehmen B, das die Maschine ohne oder nach Weiterbe- oder -verarbeitung noch im selben Geschäftsjahr an konzernfremde Dritte veräußert, so ist der **Innenumsatzerlös A mit dem Materialeinsatz B zu konsolidieren.** Da der Gewinn aus Konzernsicht durch den Verkauf der Maschine an Dritte realisiert ist, sind die bei der Lieferung A an B u. U. angefallenen Zwischenerfolge nicht – zusätzlich – zu eliminieren.

214 (2) Befindet sich im Falle (1) die zur Weiterveräußerung bestimmte Maschine am Bilanzstichtag noch im Vorratsbestand von B, so ist der **Innenumsatzerlös A in die Bestandserhöhung umzugliedern.** Zusätzlich sind ggf. Zwischenerfolge aus der Bestandsveränderung zu eliminieren, da diese marktmäßig noch nicht realisiert sind.

Hat B in Abwandlung des vorstehenden Sachverhalts nach Erhalt der Maschine noch weitere Bearbeitungen daran vorgenommen und erfolgt die Weiterveräußerung – wie im Beispiel zuvor – erst im nächsten Geschäftsjahr, so ist die Maschine insoweit zutreffend im Einzelabschluß unter der Position Bestandserhöhung bei B ausgewiesen; der Innenumsatzerlös A ist mit dem Materialeinsatz B zu saldieren. Aus dem Vorratsbestand sind Zwischenerfolge zu eliminieren.

215 (3) Ist die Maschine des Beispielsfalles (1) nicht zur Weiterveräußerung durch B bestimmt, sondern will B sie im Rahmen seines Anlagevermögens nutzen, so ist der **Innenumsatzerlös A umzugliedern in die Position „andere aktivierte Eigenleistungen",** die ggf. um darin enthaltene Zwischenerfolge zu korrigieren ist (Lieferung außerhalb des üblichen Liefer- und Leistungsverkehrs).

bbb) Lieferndes Konzernunternehmen hat die Gegenstände nicht selbst hergestellt oder bearbeitet

Hier lassen sich folgende Fälle unterscheiden:

216 (1) (a) Verkauft das Konzernunternehmen A z. B. eingekaufte Rohstoffe an das konsolidierte Unternehmen B, das die Rohstoffe ohne oder nach Weiterverarbeitung

an konzernfremde Dritte weiterveräußert, so ist der **Innenumsatzerlös A mit dem Materialaufwand B zu verrechnen.**

217 (1) (b) Gleiches gilt, wenn die Rohstoffe in weiterverarbeiteter Form bei B am Bilanzstichtag noch lagern und erst im nächsten Geschäftsjahr weiterveräußert werden.

218 (2) (a) Befinden sich die Rohstoffe im Beispielsfall (1 a) am Bilanzstichtag noch in unbearbeiteter Form im Vorratsbestand bei B, so ist der **Innenumsatz A mit dem Materialaufwand A** zu verrechnen, da ein Ausweis als Bestandsveränderung nicht in Frage kommt (Rohstoffe!) und der zutreffend ausgewiesene Materialaufwand B ebenfalls nicht korrigiert werden darf. Die Verrechnung von Umsatzerlös und Materialaufwand des Lieferanten ist nach h. M. aktienrechtlich entgegen dem Gesetzeswortlaut des § 332 Abs. 1 Nr. 1 AktG (Verrechnung mit dem Aufwand des Empfängers) geboten (vgl. z. B. *Adler/Düring/Schmaltz* § 332 Anm. 18); der Text des § 305 Abs. 1 Nr. HGB nF. trägt dieser h. M. nunmehr ausdrücklich Rechnung (vgl. hierzu die Begründung zu § 286 RegE = § 305 HGB nF., BT-Drucksache 10/3440, 39).

219 (2) (b) Eine **Verrechnung von Materialaufwand und Innenumsatz des Lieferanten** ist auch dann erforderlich, wenn das Konzernunternehmen A Handelsware in Form einer Maschine an das konsolidierte Unternehmen B zur Nutzung in dessen Anlagevermögen liefert, und zwar sowohl im Falle, daß die Lieferung ohne Gewinnaufschlag erfolgte, als auch in dem Fall, daß die Maschine außerhalb des üblichen Liefer- und Leistungsverkehrs mit Gewinnaufschlag geliefert wurde (mit der Pflicht zur Zwischengewinneliminierung als Konsequenz).

220 (3) Erfolgte im Falle (2b) die Lieferung der Maschine im marktüblichen Rahmen (s. dazu Rz. 82), so ergibt sich – da Zwischengewinne nicht zu eliminieren sind – bei der Aufrechnung von Innenumsatzerlös A und Materialaufwand A eine Differenz; grundsätzlich ist diese als Sonderposten auszuweisen (z. B. „**nicht eliminierungspflichtige Zwischengewinne im Anlagevermögen**"). Bei unbedeutender Größenordnung wird auch der Ausweis unter den **anderen aktivierten Eigenleistungen** für zulässig erachtet (vgl. *Adler/Düring/Schmaltz* § 332 Anm. 23).

bb) Innenumsatzerlöse aus Leistungen

221 Werden im Konsolidierungskreis Leistungen ausgetauscht – etwa im Rahmen von Kredit- oder Mietverhältnissen –, so gelten die o. g. Konsolidierungsregeln analog. Im Normalfall sind die Umsatzerlöse des Leistenden mit den Aufwendungen des Empfängers zu saldieren (Ausnahme z. B.: eine Reparaturleistung des Leistenden ist beim Empfänger zu aktivieren).

b) Konsolidierung anderer Erträge und Verluste

222 § 332 Abs. 1 Nr. 2 AktG und § 305 Abs. 1 Nr. 2 HGB nF. schreiben vor, daß neben der Innenumsatz-Konsolidierung auch eine Konsolidierung anderer Erträge aus Lieferungen und Leistungen vorzunehmen ist. Nach allgemeiner Auffassung zum AktG ist der Begriff „andere Erträge" weit auszulegen in dem Sinne, daß er – über den Inhalt der Position des § 157 Abs. 1 Nr. 14 AktG hinausgehend – alle Erträge erfaßt, die keine Umsatzerlöse sind; d. h. die in § 157 Abs. 1 AktG genannten Ertragsposten 7 bis 15. Außerdem sind auch „andere Verluste" zu konsolidieren (vgl. etwa *Adler/Düring/Schmaltz* § 332 Anm. 26, 37).

223 Diese Auslegung ist analog auf das Bilanzrichtlinien-Gesetz anzuwenden, nur mit der Maßgabe, daß die Position „sonstige betriebliche Erträge" (Nr. 4 des Gliederungsschemas des § 275 Abs. 2 HGB nF.) bereits definitionsmäßig weiter gefaßt ist.

aa) Andere Erträge aus Leistungen

224 Im Normalfall stehen sich im konzerninternen Leistungsaustausch die Aufwendungen und Erträge der beteiligten Unternehmen aufrechnungsfähig in gleicher Höhe gegenüber (Zinsen, Pachten, Konzernumlagen etc.). Zum Zwecke der **Saldierung** sind die **Aufwendungen und Erträge** – soweit sie nicht getrennt ausweispflichtig sind wie z. B. Zinsen (§ 157 Abs. 1 Nrn. 10, 23 AktG/§ 275 Abs. 2 Nrn. 12, 14 HGB nF.) – aus den entsprechenden Sammelpositionen (z. B. sonstige – betriebliche – Erträge/sonstige – betriebliche – Aufwendungen gem. § 157 Abs. 1 Nrn. 14, 26 AktG bzw. § 275 Abs. 2 Nrn. 4, 8 HGB nF.) zu entnehmen.

225 Werden die den sonstigen Erträgen entsprechenden Aufwendungen beim Empfänger aktiviert (z. B. Leistungen für eine Großreparatur), so sind die **sonstigen Erträge in die Position andere aktivierte Eigenleistungen umzugliedern.** § 305 Abs. 1 Nr. 2 letzter Halbsatz HGB nF. bestätigt nunmehr ausdrücklich diese bereits zum AktG vorherrschende Auffassung (vgl. z. B. *Adler/Düring/Schmaltz* § 332 Anm. 29f.).

bb) Andere Erträge aus Lieferungen

226 § 305 Abs. 1 Nr. 2 HGB nF. ordnet – in Übereinstimmung mit der allgemein vertretenen Auslegung des § 332 Abs. 1 Nr. 2 AktG – die Konsolidierung der anderen Erträge aus Lieferungen mit den entsprechenden Aufwendungen des Empfängers an, soweit sie nicht als „andere aktivierte Eigenleistungen" auszuweisen sind.

Es handelt sich hier primär um Lieferumsätze, die **nicht Umsatzerlöse i. S. von § 157 Abs. 1 Nr. 1 AktG/§ 275 Abs. 2 Nr. 1 HGB nF.** (= Erlöse aus dem Verkauf von für die gewöhnliche Geschäftstätigkeit typischen Erzeugnissen und Waren, § 277 Abs. 1 HGB nF.) sind und daher unter den sonstigen (betrieblichen) Erträgen ausgewiesen werden. Ferner ist eine Konsolidierung von **Erträgen aus Anlagenabgang** (§ 157 Abs. 1 Nr. 11 AktG/§ 275 Abs. 2 Nr. 4 HGB nF.) vorzunehmen, die bei Lieferung von Anlagegegenständen im Konsolidierungskreis entstanden sind.

cc) Andere Verluste aus Lieferungen

227 Die aus konzerninternen Lieferungen stammenden Verluste aus Anlagenabgang (§ 157 Abs. 1 Nr. 22 AktG/§ 275 Abs. 2 Nr. 8 HGB nF.) sind gemäß der Einheitstheorie in die Position Abschreibung auf Sachanlagen umzugliedern. In Konzernabschlüssen nach dem Bilanzrichtlinien-Gesetz sind die Abschreibungen durch den Konzernmindestwert begrenzt (vgl. Rz. 91 ff.).

228 Entstehen bei Lieferungen von Gegenständen des Umlaufvermögens beim liefernden Konzernunternehmen Verluste, so ist eine Umgliederung im aktienrechtlichen Konzernabschluß nicht erforderlich (gemeinsamer Ausweis von Abgangsverlusten und Abschreibungen unter Position § 157 Abs. 1 Nr. 21 AktG), wohl aber ggf. nach dem Bilanzrichtlinien-Gesetz (von Pos. § 275 Abs. 2 Nr. 8 HGB nF. – sonstige betriebliche Aufwendungen – nach § 275 Abs. 2 Nr. 7b HGB nF. – Abschreibungen auf Wirtschaftsgüter des Umlaufvermögens, soweit diese die üblichen Abschreibungen übersteigen).

c) Konsolidierung von Beteiligungserträgen aus dem Konsolidierungskreis

aa) Beteiligungserträge ohne Ergebnisübernahmeverträge

229 Schüttet eine konsolidierte Kapitalgesellschaft ihren Gewinn im Jahr der Erwirtschaftung des Gewinnes an die Obergesellschaft aus – z. B. im Wege von **Vorausschüttungen** –, so sind zur Vermeidung von Doppelerfassungen die bei der Obergesellschaft als Beteiligungserträge (§ 157 Abs. 1 Nr. 8 AktG/§ 275 Abs. 2 Nr. 10 HGB nF.) vereinnahmten Gewinne mit dem Konzernergebnis zu saldieren. Dies ergibt sich aus der Gesetzessystematik, nicht aus dem Gesetzestext.

230 Eine Ertragskonsolidierung im o. g. Sinne ist auch durchzuführen, wenn die Beteiligungserträge zwar nicht periodengerecht ausgeschüttet, aber dennoch nach den Kriterien der **BGH-Rechtsprechung** (BGH II ZR 67/73. WPg 1976, 80f.) vereinnahmt wurden (Geschäftsjahr der Tochtergesellschaft endet nicht nach dem Bilanzstichtag der Muttergesellschaft; die Bilanz der Tochter wird vor Abschluß der Prüfung des Jahresabschlusses der Mutter festgestellt; ein den Beteiligungserträgen entsprechender Gewinnverwendungsbeschluß liegt vor).

231 Die vorstehenden Ausführungen gelten auch für Erträge aus der Beteiligung an konsolidierten **Personengesellschaften** analog, da diese nach den allgemeinen Bilanzierungsregeln unabhängig von der Gewinnausschüttung im Gewinnentstehungsjahr zu vereinnahmen sind (vgl. *HFA 3/76, Ergänzung 1967 der Sammlung „Die Fachgutachten und Stellungnahmen des IdW"* S. 76/67 ff.).

232 Werden die **Beteiligungserträge nicht zeitkongruent erfaßt**, so ist ebenfalls eine Neutralisierung der Beteiligungserträge vorzunehmen, und zwar im Jahr der Gewinnverwendung, da die Beteiligungserträge bereits in einem Vorjahr als Saldo der

Aufwendungen und Erträge der Untergesellschaft in das Konzernergebnis eingegangen sind. Es ist eine Umgliederung aus dem Jahresüberschuß in den Ergebnisvortrag durchzuführen.

233 Die von Konzernen z. T. geübte Praxis, die periodenverschoben vereinnahmten Beteiligungserträge in einem besonderen Posten auf der Passivseite der Bilanz oder in der Konzernerfolgsrechnung auszuweisen, erscheint vertretbar (vgl. dazu *Adler/Düring/Schmaltz* § 332 Anm. 44f.).

bb) Beteiligungserträge aufgrund von Ergebnisabführungsverträgen

234 Bei Bestehen von Ergebnisabführungsverträgen i. S. von §§ 291 Abs. 1, 292 Abs. 1 Nrn. 1 und 2 AktG stehen sich die in den Einzelabschlüssen ausgewiesenen Positionen des § 157 Abs. 1 Nr. 7 und Nr. 27 sowie Nr. 15 und Nr. 25 AktG bei Konzernabschlüssen nach dem AktG wie nach dem Bilanzrichtlinien-Gesetz (§ 277 Abs. 3 HGB nF.) grundsätzlich aufrechnungsfähig und -pflichtig gegenüber.

235 Sind an der betreffenden Untergesellschaft jedoch **Minderheitsgesellschafter** beteiligt, so müssen zwei Varianten unterschieden werden: (1) Im Falle der **Rentabilitätsgarantie**, in dem die abhängige Gesellschaft die Ausgleichszahlung an die Minderheitsgesellschafter (§ 304 AktG) selbst vornimmt, sind zusätzlich zu der Aufrechnung der o. g. Ergebnisabführungs-Positionen die in der Erfolgsrechnung der Untergesellschaft unter den sonstigen (betrieblichen) Aufwendungen ausgewiesenen Ausgleichszahlungen in die Position ,,konzernfremden bzw. anderen Gesellschaftern zustehender Gewinn" (§ 332 Abs. 3 AktG/§ 307 Abs. 2 HGB nF.) umzugliedern.

236 Hat dagegen (2) die Obergesellschaft die Verpflichtung zur Ausgleichszahlung gegenüber den Minderheitsgesellschaftern übernommen **(Rentengarantie)**, so weist sie in ihrer Einzelerfolgsrechnung einen Ertrag oder Verlust aus Ergebnisübernahme aus, der um den den auf die Minderheitsgesellschafter entfallenden Anteil niedriger oder höher ist als der entsprechende Ergebnisabführungsaufwand-/-ertrag der Untergesellschaft (§ 158 Abs. 3 AktG). In diesem Fall ist der Ergebnisabführungsertrag/-aufwand zunächst um den Minderheitenanteil zu erhöhen und anschließend mit dem entsprechenden Ergebnisabführungsaufwand/-ertrag der Untergesellschaft aufzurechnen. Der Minderheitenanteil ist wie bei (1) in die Position ,,konzernfremden/ anderen Gesellschaftern zustehender Gewinn" umzugliedern.

d) Konsolidierung von Beteiligungsabschreibungen

237 Im Einzelabschluß sind **Beteiligungen** abzuschreiben, wenn diese voraussichtlich **dauernd im Wert gemindert** sind (gemildertes Niederstwertprinzip des § 154 Abs. 2 AktG). Übernimmt man solche Abschreibungen auf konsolidierte Untergesellschaften in den Konzernabschluß, so werden die Wertverluste doppelt erfaßt, da zusätzlich zu den Abschreibungen die negativen Ergebnisse der betreffenden Beteiligungsgesellschaften in die Konzern-Erfolgsrechnung eingehen. Dennoch sind die Abschreibungen nach h. M. aus den Einzelabschlüssen zu übernehmen – und zwar zweckmäßiger Weise unter besonderer Kennzeichnung –, weil **echte Wertminderungen** auch gemäß der Einheitstheorie doppelt über Ergebniseinbußen und Goodwillverzehr realisiert werden (vgl. z. B. *WP-Handbuch 1981* S. 953). Z. T. wird eine Begrenzung der Abschreibungen des Beteiligungsbuchwertes auf das anteilige Eigenkapital der Untergesellschaft vorgeschlagen (vgl. *Busse v. Colbe/Ordelheide* Konzernabschlüsse S. 249f.).

238 Beruht die Beteiligungsabschreibung aber **nicht** auf voraussichtlich **dauernden Wertminderungen,** sondern z. B. auf steuerlichen Vergünstigungen (§ 6b EStG, § 4 AIG etc.), so wird allgemein eine Umgliederung der Abschreibung in die Position ,,Einstellungen in den Konsolidierungsausgleichsposten" befürwortet, die nach dem Jahresüberschuß auszuweisen ist (vgl. z. B. *WP-Handbuch 1981* S.953; nach *Busse v. Colbe/Ordelheide* Konzernabschlüsse S. 250f. kann wahlweise die Abschreibung im aktienrechtlichen Konzernabschluß auch beibehalten werden). Dadurch erhöht sich der Konzernjahresüberschuß, während der Konzerngewinn/-verlust nicht tangiert ist.

Konzern-Gewinn- und Verlustrechnung

e) Sonstige Konsolidierungsvorgänge

239 Im Rahmen der erfolgswirksamen **Kapitalkonsolidierung** (vgl. Rz. 146ff., 153ff.) wird das Konzernergebnis gemindert (Abschreibung von Aufstockungsbeträgen und Goodwill) oder erhöht (Auflösung passiver Unterschiedsbeträge).

240 Die **Schuldenkonsolidierung** (vgl. Rz. 200ff.) wirkt sich auf das Konzernergebnis aus, wenn Restposten aus der Aufrechnung von konzerninternen Forderungen und Verbindlichkeiten ertragswirksam aufgelöst werden. Im Regelfall erhöht sich das Konzernergebnis.

241 Werden **Beteiligungen** an assoziierten Unternehmen **at equity** bewertet (vgl. Rz. 170ff.), so wird das Ergebnis der Obergesellschaft durch die Veränderungen des Beteiligungsbuchwerts beeinflußt (periodengerechte Gewinnvereinnahmung, erfolgswirksame Behandlung der Anteils-Aufrechnungsdifferenzen wie bei der erfolgswirksamen Kapitalkonsolidierung).

242 Das Konzernergebnis wird schließlich durch den Ansatz **latenter Steuern** (vgl. Rz. 115ff.) verändert.

3. Konsolidierungsvorgänge in der aktienrechtlichen teilkonsolidierten Konzern-Erfolgsrechnung

243 Nach § 332 Abs. 1 Nr. 1, 1. Halbsatz AktG entfällt bei der Teilkonsolidierung die Pflicht zur Konsolidierung der **Innenumsatzerlöse;** diese sind lediglich getrennt von den Außenumsatzerlösen auszuweisen.

244 Die Folge der Teilkonsolidierung ist, daß die Positionen Umsatzerlöse, Materialeinsatz, Bestandsveränderung und andere aktivierte Eigenleistungen im Konzernabschluß aus der Sicht der Einheitstheorie falsch ausgewiesen werden.

245 Von möglichen Erleichterungen abgesehen (vgl. dazu *Adler/Düring/Schmaltz* § 332 Anm. 31, 36), sind die **anderen Erträge und Verluste** nach den o. g. Grundsätzen der Vollkonsolidierung zu verrechnen.

246 Da bei der teilkonsolidierten Konzern-Erfolgsrechnung die Innenumsatzerlöse nicht mit den Bestandsveränderungen und anderen aktivierten Eigenleistungen saldiert werden, kommt insoweit keine Verrechnung der **Zwischengewinne** mit den beiden letztgenannten Posten in Frage. Vorgeschlagen wird, die Zwischengewinne von den Umsatzerlösen insoweit zu kürzen, als sie sich gegenüber dem Vorjahr erhöht haben (vgl. *Adler/Düring/Schmaltz* § 332 Anm. 53).

247 Allerdings soll nach h. M. eine Verrechnung mit der Bestandsveränderung bzw. mit den anderen aktivierten Eigenleistungen erfolgen, wenn das konzernintern bezogene Material beim Empfänger verarbeitet wird und in die Position Bestandsveränderung bzw. andere aktivierte Eigenleistung der Einzelerfolgsrechnung eingeht. Wird dagegen das bezogene Konzernmaterial verbraucht, so sind die Zwischengewinne beim Materialeinsatz zu kürzen (vgl. *Adler/Düring/Schmaltz* § 332 Anm. 54f.).

4. Konsolidierungsvorgänge in der aktienrechtlichen Konzern-Erfolgsrechnung in vereinfachter Form

248 Gemäß § 333 Abs. 1 AktG sind im Rahmen der vereinfachten Konzern-Erfolgsrechnung sämtliche Aufwendungen und Erträge in die Konsolidierung einzubeziehen **(Vollkonsolidierung).** Die Vereinfachung liegt im Sammelausweis für eine Reihe von Aufwendungen und Erträgen (vgl. Rz. 207).

249 Der **Sammelposten** gemäß **§ 333 Abs. 2 Nr. 2 AktG** entbindet von der Notwendigkeit, Konsolidierungsmaßnahmen durchzuführen, die im Rahmen der Konsolidierung der **Innenumsatzerlöse** bei der vollkonsolidierten Erfolgsrechnung erforderlich sind; die Konsolidierung erfolgt bei Bildung des Sammelpostens automatisch. Dies gilt für die **Zwischengewinneliminierung** weitgehend analog, da die Veränderung der eliminierungspflichtigen Zwischengewinne gegenüber dem Vorjahr einzubeziehen ist.

250 Der Sammelposten gemäß § 333 Abs. 2 Nr. 2 AktG beinhaltet auch die unter den **sonstigen Erträgen** i. S. von § 157 Abs. 1 Nr. 14 AktG ausgewiesenen Erträge aus dem konzerninternen Liefer- und Leistungsverkehr, ,,wenn die Lieferungen und

Leistungen beim Empfänger aktiviert werden und aus der Sicht des Konzerns Bestandsveränderungen oder andere aktivierte Eigenleistungen sind oder wenn ihnen beim Empfänger im Sammelposten zu verrechnende Aufwendungen gegenüberstehen" (*Adler/Düring/Schmaltz* § 333 Anm. 24).

251 **Erträge aus Gewinngemeinschaften, Gewinnabführungs- und Teilgewinnabführungsverträgen** sind grundsätzlich in der **Sammelposition des § 333 Abs. 2 Nr. 8 AktG** (sonstige Erträge) zu erfassen; sie sind jedoch im Sammelposten § 333 Abs. 2 Nr. 2 AktG zu verrechnen, wenn dieser bereits die korrespondierenden Ergebnisabführungsaufwendungen beinhaltet.

252 Die Konsolidierung der Aufwendungen und Erträge, die nicht im Sammelposten des § 333 Abs. 2 Nr. 2 AktG erfaßt sind, erfolgt grundsätzlich nach den Prinzipien der vollkonsolidierten Konzern-Erfolgsrechnung.

5. Konzernergebnis

253 Im Hinblick auf eine sachgerechte Darstellung des Konzerngewinns/-verlustes werden im wesentlichen zwei Auffassungen vertreten:

254 die eine geht dahin, daß das **Konzernergebnis dem Ergebnis der Obergesellschaft entsprechen muß (Methode 1;** *vgl. Busse v. Colbe/Ordelheide* Konzernabschlüsse S. 280 ff.; *Sahner* Die Bedeutung..., ZfbF 1981, 725 f.; *Arbeitskreis Weltabschlüsse der Schmalenbach-Gesellschaft* ZfbF 1979, Sonderheft 9, Anm. 144 ff.).

Diese Methode ist im Prinzip dadurch gekennzeichnet, daß die Bilanzgewinne und -verluste der einbezogenen Konzerngesellschaften, die Zwischengewinne und die Aufrechnungsdifferenzen aus der Schuldenkonsolidierung in der Konzernbilanz in einer Position „Ausgleichsposten aus der Erfolgskonsolidierung", „Rücklagen des Konzerns aus dem Ertrag", „Konsolidierungsrücklagen" o. ä. erfaßt werden. Die ergebniswirksame Veränderung dieser Position (durch Veränderungen der Zwischenerfolge, der Aufrechnungsdifferenzen aus Schuldenkonsolidierung, der periodenverschoben vereinnahmten Beteiligungserträge im Geschäftsjahr) wird in der Konzernerfolgsrechnung im Anschluß an den Konzernjahresabschluß/-fehlbetrag in einer Sonderposition (z. B. Zuführung zu/Entnahmen aus den Konsolidierungsrücklagen) ausgewiesen.

255 Eine andere Meinung und auch die heute noch überwiegende Konzernpraxis besagen, daß die **erfolgswirksamen Konsolidierungsdifferenzen** (im aktienrechtlichen Konzernabschluß: erfolgswirksame Schuldenkonsolidierung, Zwischenerfolgseliminierung, periodengerechte Vereinnahmung von Beteiligungserträgen; im Abschluß nach Bilanzrichtlinien-Gesetz zusätzlich: erfolgswirksame Kapitalkonsolidierung, Bilanzierung latenter Steuern, Equity-Bilanzierung etc.) **über den Ergebnisvortrag in vollem Umfange in den Konzerngewinn/-verlust eingehen sollen (Methode 2;** vgl. z. B. *NA 3/68, Ergänzung 1967 der Sammlung „Die Fachgutachten und Stellungnahmen des IdW"* S. 106/10; *NA 2/67, Ergänzung 1967 der Sammlung „Die Fachgutachten und Stellungnahmen des IdW"* S. 104; *Adler/Düring/Schmaltz* § 332 Anm. 64, 74).

256 Die Meinungsunterschiede betreffen mithin die **Ergebnisverwendungsrechnung** der Konzern-Gewinn- und -Verlustrechnung (Überleitung vom Konzern-Jahresüberschuß/-fehlbetrag zum Konzernbilanzgewinn/-verlust) und deren Ausstrahlungen auf die Konzernbilanz.

257 Einigkeit besteht allgemein lediglich darin, daß neben bestimmten Abschreibungen auf Beteiligungen an einbezogenen Unternehmen (vgl. Rz. 237 f.) nicht die gesamte erfolgswirksame Aufrechnungsdifferenz aus der Schuldenkonsolidierung wie auch aus der Zwischenerfolgseliminierung zu verrechnen, sondern **nur** deren **Veränderungen** im Jahresüberschuß/-fehlbetrag **zu berücksichtigen** sind. Dies ist zur Vermeidung von Doppelerfassungen erforderlich.

258 Kritisch wird zur Methode 2 vor allem angemerkt, sie führe zu einer Aufblähung der Position Gewinnvortrag/Verlustvortrag; sei es einerseits üblich, im Gewinnvortrag des Einzelabschlusses nur geringe Restbeträge auszuweisen (etwa Rundungsdifferenzen zwischen Bilanzgewinn und Gewinnausschüttung), so bewirkten die u. U. umfangreichen ergebniswirksamen Konsolidierungsmaßnahmen, die darüber hinaus z. T. Dauercharakter haben (erfolgswirksame Kapitalkonsolidierung, Equity-Bilanzierung), eine Ausdehnung dieses Postens, die ihn nicht mehr interpretierbar mache.

Zusätzlich wird kritisiert, der nach dieser Methode ausgewiesene Konzernbilanzgewinn/-verlust spiegele weder das Ausschüttungspotential des Konzerns noch der Obergesellschaft wider und könne insofern zu Auffassungsfehlern führen (vgl. *Arbeitskreis Weltabschlüsse der Schmalenbach-Gesellschaft* ZfbF 1979, Sonderheft 9, Anm. 147; *Harms/Küting* Zur Weiterentwicklung des Erfolgs- und Ergebnisausweises im Konzernabschluß, BB 1983, 344ff., 349; *diess.* Bilanzielle Probleme des Gewinnausweises im Konzernabschluß, DB 1979, 2333ff.; *Busse v. Colbe/Ordelheide* Konzernabschlüsse S. 274f.; *v. Wysocki/Wohlgemuth* S. 250ff.).

259 An Methode 1 wird bemängelt, der in Übereinstimmung mit dem Bilanzgewinn der Obergesellschaft ausgewiesene Konzernbilanzgewinn bleibe eine fiktive Größe, da er insb. keine materielle Bedeutung für die Gewinnausschüttung habe. Dem Jahresüberschuß/-fehlbetrag komme die zentrale Rolle als Erfolgsindikator für den Konzern zu; der Ausweis des Konzerngewinns/-verlustes sei dagegen gänzlich entbehrlich. Die Konsolidierungsdifferenzen seien nur in den Konzern-Rücklagen auszuweisen (vgl. *Harms/Küting* Zur Weiterentwicklung..., BB 1983, 349ff., zustimmend *v. Wysocki/Wohlgemuth* S. 256).

V. Konzerngeschäftsbericht (Konzernanhang/Konzernlagebericht)

1. Geltendes Recht

a) Funktion und gesetzliche Grundlagen

260 Der Konzerngeschäftsbericht, der als Teil der Konzernrechnungslegung den Konzernabschluß ergänzt, ist von der **inländischen Konzernobergesellschaft** nach § 334 AktG aufzustellen. Diese Bestimmung gilt für Konzerne, die nach dem Publizitätsgesetz zur Konzerngeschäftsberichterstellung verpflichtet sind, sinngemäß (§ 13 Abs. 2 PublG i. V. m. § 334 AktG). Wird der Konzerngeschäftsbericht – zulässigerweise – mit dem Einzel-Geschäftsbericht der Konzernobergesellschaft zusammengefaßt, so hat der zusammengefaßte Bericht neben § 334 AktG auch § 164 AktG zu genügen.

Von der Pflicht zur Aufstellung eines Geschäftsberichts sind lediglich **ausländische Konzernobergesellschaften** ausgenommen, die nach § 330 Abs. 2 AktG freiwillig einen Konzernabschluß aufstellen.

261 Der Konzerngeschäftsbericht hat in Analogie zur Generalklausel des § 160 Abs. 4 AktG den ,,Grundsätzen einer gewissenhaften und getreuen Rechenschaft zu entsprechen" (§ 334 Abs. 4 AktG).

262 Die Berichtpflicht umfaßt folgende Gebiete:
– Abgrenzung des Konsolidierungskreises (§ 334 Abs. 1 AktG)
– wirtschaftliche Lage des Konzerns (§ 334 Abs. 2 AktG)
– Erläuterung des Konzernabschlusses (§ 334 Abs. 3 AktG)

b) Abgrenzung des Konsolidierungskreises

263 Im Geschäftsbericht des Konzerns bzw. Teilkonzerns sind alle **inländischen Konzernunternehmen** namentlich aufzuführen, unabhängig davon, ob sie in den Konzernabschluß einbezogen sind oder nicht. Die einbezogenen Unternehmen sind zu kennzeichnen.

Bezieht die Konzernleitung in Ausübung des Einbeziehungswahlrechts bzw. -verbots des § 329 Abs. 2 AktG inländische Konzernunternehmen nicht in den Konzernabschluß ein, weil sie von untergeordneter Bedeutung sind oder weil die Einbeziehung den Aussagewert des Konzernabschlusses beeinträchtigen würde, so ist dies im Bericht zu begründen.

Als Ersatz für die fehlende Einbeziehung dieser Unternehmen ist – soweit es sich um eine AG oder KGaA handelt – deren Jahresabschluß (Bilanz und Gewinn- und Verlustrechnung) dem Konzernabschluß beizufügen (§ 334 Abs. 1 Satz 5 AktG).

264 **Ausländische Konzernunternehmen** sind auch dann nicht zu nennen, wenn sie freiwillig konsolidiert worden sind. In diesem Falle ist lediglich die Tatsache der Einbeziehung berichtspflichtig.

265 Im Geschäftsbericht werden häufig – auf freiwilliger Basis – Angaben über Beteiligungshöhen, Nennkapital und Branche der Konzernunternehmen gemacht.

c) Lagebericht

266 Gemäß § 334 Abs. 2 AktG ist im Konzerngeschäftsbericht über die wirtschaftliche Lage und den Geschäftsverlauf des Konzerns zu berichten. Da § 334 Abs. 2 AktG weitgehend der Bestimmung des § 160 Abs. 1 AktG über den Einzelgeschäftsbericht nachgebildet ist, kann insoweit auf die dazu entwickelten Grundsätze ordnungsmäßiger Berichterstattung zurückgegriffen werden (vgl. etwa WP-Handbuch 1981 S. 613 ff.; *Adler/Düring/Schmaltz* § 160 Anm. 19 ff.). Es sind danach insb. **Angaben über Situation und Entwicklung des Konzerns sowie der konsolidierten Konzernunternehmen** auf den Gebieten des Absatzes, der Beschaffung, der Beschäftigung, der Finanzen, der Produktion sowie der Forschung und Entwicklung zu machen.

267 Zu berichten ist daneben über **Vorgänge**, die **nach dem Konzernabschlußstichtag** eingetreten sind und die für die wirtschaftliche Lage des Konzerns von besonderer Bedeutung sind (§ 334 Abs. 2 Satz 2 AktG).

268 Schließlich erstreckt sich die Berichterstattungspflicht auch auf **nicht einbezogene Unternehmen**, wenn bei diesen **größere**, d. h. aus Konzernsicht bedeutsame **Verluste** eingetreten oder zu erwarten sind (§ 334 Abs. 2 Satz 3 AktG).

d) Erläuterungsbericht

269 Die **allgemeine Erläuterungspflicht** gemäß § 334 Abs. 3 AktG umfaßt u. a. folgende Gebiete:

 – Konsolidierungsvorgänge (Art der Kapitalkonsolidierung, Methode der Schuldenkonsolidierung, Erläuterungen zur Zwischengewinneliminierung, Behandlung von Drittschuldverhältnissen)
 – Konzernergebnis (Beeinflussung durch erfolgswirksame Konsolidierungsvorgänge)
 – einbezogene ausländische Konzernunternehmen (Währungsumrechnungsmethoden, Übernahme der Wertansätze/Neubewertung von Abschlußpositionen)
 – Abschreibungen auf Beteiligungen an konsolidierten Unternehmen.

270 Dabei sind auch Abweichungen vom letzten Konzernabschluß zu nennen, soweit sie wesentlich sind (§ 334 Abs. 3 Satz 2 AktG). Zu erörtern sind auch wesentliche Veränderungen des Konsolidierungskreises.

271 § 334 Abs. 3 AktG schreibt schließlich vor, daß jeder Konzerngeschäftsbericht folgende **Einzelangaben** beinhalten muß:

(1) Ursachen und bilanzmäßiger Charakter des Konsolidierungspostens (vgl. dazu Rz. 140 f.).
Die Erläuterungspflicht gilt in erhöhtem Maße in Fällen, in denen aktive und passive Konsolidierungsausgleichsposten miteinander saldiert wurden oder in denen sich der Konsolidierungsausgleichsposten wesentlich geändert hat;
(2) aus dem Konzernabschluß nicht ersichtliche Haftungsverhältnisse einschließlich der Bestellung von Sicherheiten für Verbindlichkeiten der konsolidierten Unternehmen (vgl. dazu Rz. 192 ff.);
(3) rechtliche und geschäftliche Beziehungen zu verbundenen inländischen Unternehmen sowie Ereignisse bei diesen Unternehmen, die von erheblichem Einfluß auf die Lage des Konzerns sein können.

e) Schutzklausel

272 § 334 Abs. 4 AktG statuiert ein Berichterstattungsverbot für den Fall, daß dies im Interesse des Bundes und der Länder geboten ist. Ferner besteht in den o. g. Fällen d. (2) und (3) keine Berichterstattungspflicht, wenn die Berichterstattung „nach vernünftiger kaufmännischer Beurteilung" zu Nachteilen für den Konzern und für verbundene Unternehmen führt.
Über die Inanspruchnahme der Schutzklausel ist zu berichten, und zwar unter Angabe der Nummer, wenn es sich um Angaben gemäß d. (2) oder (3) handelt.

2. Künftiges Recht

273 Das Bilanzrichtlinien-Gesetz ersetzt – den Art. 16 Abs. 1 und 3b der 7. EG-Richtlinie folgend – den (Teil-) Konzerngeschäftsbericht durch den Konzernanhang (§§ 313 f. HGB nF.) und den Konzernlagebericht (§ 315 HGB nF.).

274 Dabei bildet künftig der Konzernanhang wie die Konzernbilanz und die Konzernerfolgsrechnung einen Teil des Konzernabschlusses (Art. 16 Abs./§ 290 Abs. 1 HGB nF.); daneben tritt der Konzernlagebericht.

a) Konzernanhang

275 Wie nach geltendem Recht können der Einzelanhang der Konzernobergesellschaft und der Konzernanhang zusammengefaßt werden (§ 298 Abs. 3 HGB nF.).

276 Das Bilanzrichtlinien-Gesetz weitet die Berichtspflicht im Vergleich mit dem geltenden Recht beträchtlich aus. Die Pflichtangaben ergeben sich nicht nur aus den §§ 313f. HGB nF.; sie sind vielmehr zusätzlich in einer Vielzahl von Einzelbestimmungen zur Konzernrechnungslegung geregelt.

Mit *Harms/Küting* (Der Konzernanhang nach künftigem Recht, DB 1984, 1977ff., 1981ff.; in der folgenden Wiedergabe wurden Aktualisierungen in Bezug auf Vorschriftenfolge und -bezeichnung sowie im Hinblick auf inhaltliche Abweichungen des HGB nF. von den Vorentwürfen vorgenommen) können die Berichtspflichten im Konzernanhang stichwortartig wie folgt zusammengefaßt werden:

Gegenstand der Berichtspflicht	Vorschrift (HGB nF.)

I. Abgrenzung des Konsolidierungsbereichs

277 **1. Konzern- und Beteiligungsunternehmen**

a) Konzernunternehmen	
– konsolidiert auf der Grundlage der Vollkonsolidierung Angabe von Name und Sitz der in den Konzernabschluß einbezogenen Unternehmen, Angabe des Anteils am Kapital der Tochterunternehmen, der dem Mutterunternehmen und den in den Konzernabschluß einbezogenen Tochterunternehmen gehört oder von einer für Rechnung dieser Unternehmen handelnden Person gehalten wird sowie der zur Konsolidierung verpflichtende Sachverhalt, soweit keine Stimmrechtsmehrheit besteht	§ 313 Abs. 2 Nr. 1
– nicht konsolidiert entsprechende obige Angaben sind für nicht in den Konzernabschluß einbezogene Tochterunternehmen zu machen	§ 313 Abs. 2 Nr. 1
b) Gemeinschaftsunternehmen	§ 313 Abs. 2 Nr. 3
– konsolidiert auf der Grundlage der Qotenkonsolidierung Angabe von Name und Sitz der Unternehmen, die nur anteilsmäßig in den Konzernabschluß einbezogen worden sind; Angabe des Tatbestandes, aus dem sich die gemeinsame Leitung ergibt, sowie des Anteils am Kapital, der von konsolidierten Unternehmen oder von in eigenem Namen, aber für Rechnung dieser Unternehmen handelnden Personen gehalten wird	
– konsolidiert auf der Grundlage der Equity-Methode entsprechende obige Angaben zur Quotenkonsolidierung	§ 313 Abs. 2 Nr. 2
– nicht konsolidiert entsprechende obige Angaben sind für nicht in den Konzernabschluß einbezogene Unternehmen zu machen	analoge Anw. § 313 Abs. 2 Nr. 2
c) Assoziierte Unternehmen	§ 313 Abs. 2 Nr. 2
– konsolidiert auf der Grundlage der Equity-Konsolidierung	

Gegenstand der Berichtspflicht	Vorschrift (HGB nF.)
Angabe von Name und Sitz der assoziierten Unternehmen, Angabe des Anteils am Kapital der assoziierten Unternehmen jedes in den Konzernabschluß einbezogenen Unternehmens oder von in eigenem Namen, aber für Rechnung dieser Unternehmen handelnden Personen – nicht konsolidiert entsprechende obigen Angaben sind für nicht nach der Equity-Methode behandelte Beteiligungen zu machen	§ 313 Abs. 2 Nr. 2
d) Andere Unternehmen Angabe von Name und Sitz der anderen Unternehmen (Anteilsbesitz mindestens 20%), Angabe des Anteils am Kapital sowie der Höhe des Eigenkapitals und des Ergebnisses des letzten Geschäftsjahres, für das ein Abschluß aufgestellt wurde, soweit die Angaben für die Darstellung eines den tatsächlichen Verhältnissen entsprechenden Bildes nicht von untergeordneter Bedeutung sind. Keine Angabe von Eigenkapital und Ergebnis, wenn das im Anteilsbesitz stehende Unternehmen nicht offenlegungspflichtig und der Anteil am Kapital weniger als die Hälfte beträgt	§ 313 Abs. 2 Nr. 4
e) Anwendung der Schutzklausel Angabe der Anwendung der Ausnahmeregelung zugunsten betroffener Unternehmen	§ 313 Abs. 3

2. Änderung des Konsolidierungsbereichs

Bei wesentlichen Veränderungen des Konsolidierungskreises sind Angaben im Konzernabschluß zu machen, die einen sinnvollen Vergleich aufeinander folgender Konzernabschlüsse ermöglichen; es sei denn, die entsprechenden Beträge des vorgehenden Konzernabschlusses werden an die Änderungen angepaßt	§ 294 Abs. 2

3. Begründung der Nichteinbeziehung

– Angabe und Begründung der Nichteinbeziehung von Tochterunternehmen in den Konzernabschluß (Einbeziehungsverbote gem. § 295 Abs. 1), Begründung der Nichteinbeziehung von Tochterunternehmen in den Konzernabschluß (Einbeziehungswahlrechte gem. § 296 Abs. 1 und 2)	§ 296 Abs. 3
– Angabe und Begründung der Nichtanwendung der Equity-Bilanzierung bei assoziierten Unternehmen nach § 311 Abs. 2	§ 313 Abs. 2 Nr. 2

II. Konsolidierungsgrundsätze

1. Allgemeine Angaben

a) Generalnormen

– Angabe der angewandten Bilanzierungs- und Bewertungsmethoden	§ 313 Abs. 1 Nr. 1
– Erläuterung besonderer Umstände zur Vermittlung eines den tatsächlichen Verhältnissen entsprechenden Bildes	§ 297 Abs. 2

b) Vorgänge nach dem Bilanzstichtag

– Angabe von Vorgängen von besonderer Bedeutung zwischen dem Stichtag des Jahresabschlusses von Kon-	§ 299 Abs. 3

Gegenstand der Berichtspflicht	Vorschrift (HGB nF.)
zernunternehmen und dem Stichtag des Konzernabschlusses, soweit nicht im Konzernabschluß berücksichtigt	
c) Abweichende Konsolidierungsmethoden gegenüber dem Vorjahr	
– Angabe und Begründung des Einflusses auf die Vermögens-, Finanz- und Ertragslage des Konzerns von gegenüber dem vorhergehenden Konzernabschluß abweichenden Konsolidierungsmethoden	§ 297 Abs. 3
– Angabe und Erläuterung von Änderungen der Bilanzierungs-, Bewertungs- und Konsolidierungsmethoden, gesonderte Darstellung des Einflusses der Änderungen auf die Vermögens-, Finanz- und Ertragslage	§ 313 Abs. 1 Nr. 3
d) Abweichender Bilanzstichtag Angabe und Begründung eines vom Stichtag des Jahresabschlusses des Mutterunternehmens abweichenden Stichtags für die Aufstellung des Konzernabschlusses	§ 299 Abs. 1
e) Währungsumrechnung Angabe der Grundlagen für die Umrechnung von Posten in Deutsche Mark	§ 313 Abs. 1 Nr. 2

2. Einheitlichkeit der Bewertung

a) Abweichungen vom Einheitlichkeitsgrundsatz Angabe und Begründung der Abweichung von auf den Jahresabschluß des Mutterunternehmens angewandten Bewertungsmethoden	§ 308 Abs. 1
Hinweis darauf, daß Wertansätze, die auf der Anwendung von für Kreditinstitute oder Versicherungsunternehmen wegen der Besonderheit des Geschäftszweiges geltenden Vorschriften beruhen, beibehalten werden	§ 308 Abs. 2
b) Unterlassung einer Neubewertung Angabe und Begründung von in Ausnahmefällen zulässigen Abweichungen von den Bewertungsmethoden, die auf den Konzernabschluß anzuwenden sind oder in Ausübung von Bewertungswahlrechten angewendet werden	§ 308 Abs. 2
c) Steuerliche Sonderregelungen Angabe und Begründung des Betrags der im Jahresabschluß eines Konzernunternehmens aus steuerlichen Gründen vorgenommenen Abschreibungen, Wertberichtigungen und Einstellungen in Sonderposten sowie der Betrag der unterlassenen Zuschreibungen	§ 308 Abs. 3

3. Kapitalkonsolidierung und kapitalkonsolidierungsähnlichen Verfahren

a) Vollkonsolidierung	
– Angabe, ob die Buchwert- oder die Neubewertungsmethode angewandt wurde	§ 301 Abs. 1
– Angabe des im Rahmen der angelsächsischen Methode der Kapitalkonsolidierung gewählten Verrechnungszeitpunkts	§ 301 Abs. 2
– Erläuterung des Unterschiedsbetrags und der wesentlichen Änderungen gegenüber dem Vorjahr im Rahmen der angelsächsischen Methode der Kapitalkonsolidierung	§ 301 Abs. 3
– Angabe der verrechneten aktivischen und passivischen	§ 301 Abs. 3

Gegenstand der Berichtspflicht	Vorschrift (HGB nF.)
Unterschiedsbeträge im Rahmen der angelsächsischen Methode der Kapitalkonsolidierung	
– Angabe der Kapitalkonsolidierung bei Interessenzusammenführung, sich ergebende Rücklagenveränderungen sowie Name und Sitz des Tochterunternehmens	§ 302 Abs. 3
b) Quotenkonsolidierung Entsprechende Angaben wie bei der Vollkonsolidierung im Falle der anteilsmäßigen Konsolidierung nach §§ 297 bis 309 außer §§ 302, 307	§ 310 Abs. 2
c) Equity-Konsolidierung	§ 312 Abs. 1 Nr. 1
– Angabe und Erläuterung eines Unterschiedsbetrags zwischen dem Buchwert der Beteiligung und dem anteiligen Eigenkapital des assoziierten Unternehmens im Erwerbszeitpunkt, soweit die Beteiligung nicht von untergeordneter Bedeutung ist und der Unterschiedsbetrag nicht in der Konzernbilanz vermerkt ist (Buchwertmethode)	i. V. m. 311 Abs. 2
– Angabe des Unterschiedsbetrags zwischen dem anteiligen Eigenkapital des assoziierten Unternehmens (auf Basis der begrenzten Neubewertung) und dem Buchwert der Beteiligung, soweit kein gesonderter Ausweis in der Konzernbilanz erfolgt und die Beteiligung nicht von untergeordneter Bedeutung ist (Kapitalanteilsmethode)	§ 312 Abs. 1 Nr. 2 i. V. m. § 311 Abs. 2
– Angabe der gewählten Methode	§ 312 Abs. 1
– Angabe des Zeitpunkts der erstmaligen Berechnung des Unterschiedsbetrags	§ 312 Abs. 3
– Angabe des Verzichts auf eine Neubewertung trotz abweichender Bewertungsmethoden beim assoziierten Unternehmen	§ 312 Abs. 5 Satz 2
4. Zwischenerfolgseliminierung	
Angabe und ggf. Erläuterung von wesentlichem Einfluß auf die Vermögens-, Finanz- und Ertragslage bei Verzicht auf Zwischenerfolgseliminierung	§ 304 Abs. 2

III. Erläuterungen zur Konzernbilanz und Konzernerfolgsrechnung

1. Generalnorm

Erläuterungen der Posten der Konzernbilanz und der Konzern-Gewinn- und Verlustrechnung sowie der darauf angewandten Bilanzierungs- und Bewertungsmethoden	§ 313 Abs. 1 Nr. 1

2. Einzelangaben

a) Eigene Aktien Angabe über Zahl, Nennbetrag und Anteil am Kapital der Anteile am Mutterunternehmen	§ 314 Abs. 1 Nr. 7
b) Organkredite Angabe der Beträge und Konditionen der gewährten Vorschüsse und Kredite an Mitglieder der Geschäftsführungsorgane, Aufsichtsorgane, Beiräte oder ähnlicher Einrichtungen für jede Personengruppe einschließlich eingegangener Haftungsverhältnisse und im Geschäftsjahr zurückgezahlter Beträge	§ 314 Abs. 1 Nr. 6c

Konzerngeschäftsbericht	
Gegenstand der Berichtspflicht	Vorschrift (HGB nF.)

c) **Langfristige Verbindlichkeiten**
Angabe des Gesamtbetrages der ausgewiesenen Verbindlichkeiten mit einer Restlaufzeit von mehr als 5 Jahren sowie des Gesamtbetrages der ausgewiesenen Verbindlichkeiten, die durch Pfandrechte oder ähnliche Rechte gesichert sind unter Angabe der Art und Form der Sicherheiten — § 314 Abs. 1 Nr. 1

d) **Sonstige finanzielle Verpflichtungen**
Angabe des Gesamtbetrages der sonstigen finanziellen Verpflichtungen, sofern bedeutsam für die Beurteilung der Finanzlage, Angabe der Verpflichtungen unter Nennung des Betrages gegenüber nicht konsolidierten Konzernunternehmen — § 314 Abs. 1 Nr. 2

e) **Haftungsverhältnisse**
– Angabe der nicht ausgewiesenen bzw. vermerkten Haftungsverhältnisse i. S. von § 251 — § 314 Abs. 1 Nr. 2
– Angabe der Haftungsverhältnisse unter Nennung des Betrages gegenüber nicht konsolidierten Konzernunternehmen — § 314 Abs. 1 Nr. 2

f) **Aufgliederung der Umsatzerlöse**
Angabe über die Aufgliederung der Umsatzerlöse nach Tätigkeitsbereichen sowie nach geographisch bestimmten Märkten, sofern sie sich untereinander erheblich unterscheiden — § 314 Abs. 1 Nr. 3

g) **Organaufwendungen**
Angabe über Aufwendungen der Konzernunternehmen für derzeitige und frühere Mitglieder der Geschäftsführungsorgane, der Aufsichtsräte, Beiräte oder ähnlicher Einrichtungen des Mutterunternehmmens für jede Personengruppe — § 314 Abs. 1 Nr. 6a, b

h) **Steuerabgrenzung**
Angabe des Aufwands für latente Steuern, soweit kein gesonderter Ausweis in der Konzernbilanz erfolgt — § 306

IV. Sonstige Angaben

1. Anzahl und Struktur der Belegschaft

a) Angaben bei vollkonsolidierten Unternehmen
Angabe der durchschnittlichen Zahl der Arbeitnehmer getrennt nach Gruppen sowie des im Geschäftsjahr verursachten Personalaufwands, soweit nicht in der Konzern-Gewinn- und Verlustrechnung gesondert ausgewiesen — § 314 Abs. 1 Nr. 4

b) Angaben bei quotal einbezogenen Unternehmen
Angabe der durchschnittlichen Zahl der Arbeitnehmer aller quotal einbezogenen Unternehmen — § 314 Abs. 1 Nr. 4

2. Inanspruchnahme steuerlicher Vergünstigungen
Angaben über das Ausmaß der Ergebnisbeeinflussung durch Inanspruchnahme steuerlicher Vergünstigungen (einschließlich für Vorjahre) und der künftig daraus sich ergebenden erheblichen steuerlichen Belastungen — § 314 Abs. 1 Nr. 5

3. Anwendung der Schutzklausel
Angabe der Anwendung der Ausnahmeregelung im Hinblick auf die Aufgliederung der Umsatzerlöse. — § 314 Abs. 2

b) Konzernlagebericht

281 Die Bestimmungen des § 315 nF. zum Konzernlagebericht decken sich weitgehend mit den aktienrechtlichen Vorschriften zum Lagebericht.

282 Nach § 313 Abs. 1 HGB nF. ist im konsolidierten Lagebericht zumindest der **Geschäftsverlauf und die Lage des Konzerns** so darzustellen, daß dem Adressaten ein den tatsächlichen Verhältnissen entsprechendes Bild vermittelt wird. Anders als in § 334 Abs. 2 AktG werden Angaben über Geschäftsverlauf und Lage der einbezogenen Unternehmen nicht gefordert (vgl. auch *Biener* Die Konzernrechnungslegung ..., DB 1983, Beilage 19/83, 15).

283 § 313 Abs. 2 HGB nF. verlangt die **Einzelberichterstattung** über folgende Punkte:

– Vorgänge von besonderer Bedeutung, die nach Schluß des Konzerngeschäftsjahres eingetreten sind
– voraussichtliche Entwicklung des Konzerns
– Angaben über den Bereich Forschung und Entwicklung des Konzerns.

VI. Prüfung und Offenlegung der Konzernrechnungslegung

1. Geltendes Recht

284 Konzernabschluß und Konzerngeschäftsbericht, die innerhalb von fünf Monaten nach Konzernabschlußstichtag durch die Konzernleitung aufzustellen sind (§ 329 Abs. 1 AktG), unterliegen nach § 336 Abs. 1 AktG der Prüfung (zu Einzelheiten vgl. insb. *Adler/Düring/Schmaltz* § 336 Anm. 1 ff., *WP-Handbuch 1981* S. 964 ff.). Konzernabschlußprüfer ist prinzipiell der Abschlußprüfer des Einzelabschlusses der Obergesellschaft, es sei denn, die Hauptversammlung der Muttergesellschaft wählt einen anderen Abschlußprüfer. Für Konzerne, die gemäß § 28 EGAktG zur Konzernrechnungslegung verpflichtet sind, gilt § 336 Abs. 1 AktG im wesentlichen entsprechend. Schließlich ist auch § 14 Abs. 1 Satz 3 bis 5 PublG dem § 336 Abs. 1 AktG nachgebildet. Sind in den letztgenannten zwei Fällen die Konzernobergesellschaften selbst nicht prüfungspflichtig, so ist ein Konzernschlußprüfer zu wählen, der die Voraussetzungen der §§ 163 ff. AktG erfüllt.

285 Nach § 336 Abs. 2 Satz 1 AktG hat sich die Konzernabschlußprüfung darauf zu erstrecken, ob die Vorschriften über den Konzernabschluß (§§ 329 bis 333 AktG) beachtet wurden.

286 Der Konzerngeschäftsbericht ist darauf zu prüfen, ob § 334 Abs. 1, 3 und 4 AktG beachtet wurde. Zu prüfen ist ferner, ob der Lagebericht und sonstige Angaben im Konzerngeschäftsbericht keine falschen Vorstellungen von der Lage des Konzerns und der Konzernunternehmen erwecken (§ 336 Abs. 2 Satz 2 AktG).

287 Soweit die Einzelabschlüsse der einbezogenen Unternehmen nicht nach AktG, nach anderen gesetzlichen Vorschriften oder freiwillig nach aktienrechtlichen Grundsätzen geprüft worden sind, sind sie daraufhin zu untersuchen, ob sie den deutschen Grundsätzen ordnungsmäßiger Buchführung entsprechen (§ 336 Abs. 3 Satz 1 AktG). Es wird darüber hinausgehend die Auffassung vertreten, die Prüfung dieser Einzelabschlüsse müsse nach Art und Umfang einer aktienrechtlichen Prüfung entsprechen (vgl. *WP-Handbuch 1981* S. 966 m. w. N.).

288 Die Konzernabschlußprüfer haben über die Prüfung und deren Ergebnis einen schriftlichen Bericht zu fertigen (§ 336 Abs. 5 AktG) und diesen der Konzernleitung vorzulegen. Die Konzernleitung hat dem Aufsichtsrat der Muttergesellschaft den Prüfungsbericht zusammen mit Konzernabschluß und -geschäftsbericht zur Kenntnis zu bringen (§ 337 Abs. 1 AktG).

289 Der Hauptversammlung der Obergesellschaft sind Konzernabschluß und der Konzerngeschäftsbericht vorzulegen (§ 337 Abs. 2 AktG); sie stellt den Abschluß fest.

290 Nach der Hauptversammlung hat der Vorstand der Obergesellschaft den mit dem Bestätigungsvermerk versehenen Konzernabschluß sowie den Konzerngeschäftsbericht unverzüglich zum Handelsregister des Sitzes der Obergesellschaft einzureichen (§ 338 Abs. 1 AktG).

Prüfung und Offenlegung der Konzernrechnungslegung

291 Der Konzernabschluß ist zusammen mit dem Einzelabschluß der Obergesellschaft in deren Gesellschaftsblättern bekanntzumachen. Die Bekanntmachung ist zum Handelsregister des Sitzes der Obergesellschaft einzureichen (§ 338 Abs. 2 AktG).

292 Die Offenlegungspflichten gelten für Konzerne, die unter § 28 EGAktG oder das PublG fallen, entsprechend; allerdings kann nach § 13 Abs. 2 i. V. m. § 5 Abs. 2 Nr. 4 PublG bei der Offenlegung die Konzernerfolgsrechnung durch einen Anhang ersetzt werden, wenn an der Spitze des Konzerns ein Einzelkaufmann oder eine Personenhandelsgesellschaft steht.

293 Nach § 338 Abs. 3 AktG hat das Registergericht nicht zu prüfen, ob Konzernabschluß und Konzerngeschäftsbericht den gesetzlichen Bestimmungen entsprechen; es hat sich auf eine formale Prüfung zu beschränken.

294 Für Form und Inhalt der Publizierung von Konzernabschluß und -geschäftsbericht gelten die Bestimmungen zum Einzelabschluß sinngemäß (§ 338 Abs. 4 i. V. m. § 178 Abs. 1 Nr. 1 und 2, Abs. 2 und 3 AktG).

2. Künftiges Recht

295 Die Bestimmungen des Bilanzrichtlinien-Gesetzes über die Prüfung und Offenlegung der Konzernrechnungslegung entsprechen in weiten Teilen dem geltenden Recht.

296 Konzernabschluß und Konzernlagebericht sind in den ersten fünf Monaten des Konzerngeschäftsjahres für das vergangene Konzerngeschäftsjahr durch die Obergesellschaft aufzustellen (§ 290 Abs. 1 HGB nF.). Sie unterliegen der Prüfung durch den Konzernabschlußprüfer (§ 316 Abs. 2 HGB nF.).
Die Prüfung des Konzernabschlusses hat sich darauf zu erstrecken, ob die gesetzlichen Vorschriften sowie Gesellschaftsvertrag und Satzung beachtet wurden. Der Konzernlagebericht ist daraufhin zu überprüfen, ob er mit dem Konzernabschluß in Einklang steht und kein falsches Bild von der Lage des Konzerns zeichnet (§ 317 Abs. 1 HGB nF.).
Der Konzernabschlußprüfer hat zu prüfen, ob die Einzelabschlüsse den Grundsätzen ordnungsmäßiger Buchführung entsprechen und ob die Vorschriften für die Übernahme der Einzelabschlüsse in den Konzernabschluß eingehalten wurden, es sei denn, die Einzelabschlüsse sind nach den Grundsätzen des Bilanzrichtlinien-Gesetzes geprüft worden (§ 317 Abs. 2 HGB nF.).

297 Konzernabschlußprüfer ist der Prüfer der Muttergesellschaft (§ 318 Abs. 2 HGB nF.), wenn deren Gesellschafterversammlung keinen anderen Prüfer wählt (§ 318 Abs. 1 HGB nF.).

298 Über das Ergebnis der Prüfung hat der Konzernabschlußprüfer einen schriftlichen Bericht zu fertigen, in dem besonders festgestellt werden muß, ob der Konzernabschluß und der Konzernlagebericht den gesetzlichen Vorschriften entsprechen und die gesetzlichen Vertreter die verlangten Aufklärungen und Nachweise erbracht haben (§ 321 Abs. 1 HGB nF.).

299 Der Bericht ist der Geschäftsführung der Obergesellschaft vorzulegen (§ 321 Abs. 3 HGB nF.).

300 Der testierte Konzernabschluß ist den Gesellschaftern der Obergesellschaft zu unterbreiten und spätestens neun Monate nach dem Konzernabschlußstichtag zusammen mit dem Konzernlagebericht im Bundesanzeiger bekanntzumachen.

301 Die Bekanntmachung ist unter Beifügung von Konzernabschluß und -lagebericht zum Handelsregister des Sitzes der Obergesellschaft einzureichen (§ 325 Abs. 3 HGB nF.).

302 § 303 HGB nF. enthält u. a. folgende Bestimmungen über Form und Inhalt der Unterlagen bei der Offenlegung, Veröffentlichung und Vervielfältigung:

– Der Konzernabschluß ist so wiederzugeben, daß er den für die Aufstellung maßgebenden gesetzlichen Bestimmungen entspricht und in diesem Rahmen vollständig und richtig ist; gleiches gilt für den Konzernlagebericht
– das Datum der Feststellung ist anzugeben
– das Positiv- oder Negativtestat des Abschlußprüfers ist wiederzugeben
– werden Konzernabschlüsse in einer Form publiziert, die nicht den gesetzlichen Bestimmungen ent-

spricht, so ist dies ebenso zu vermerken wie das Ergebnis der Abschlußprüfung; auf die Offenlegung gemäß den gesetzlichen Bestimmungen ist hinzuweisen.

303 Die Prüfungspflicht des Registergerichts erstreckt sich nach § 329 HGB nF. auf die Prüfung der Vollständigkeit der eingereichten Unterlagen und deren Bekanntmachung.

G. Der Steuerberater als Abschlußprüfer

Bearbeiter: Dr. Jürgen Pelka

Übersicht

	Rz.
I. Einführung	1–3
II. Grundsätze der gesetzlichen Neuregelung	4–13
1. Prüfungspflichtige Unternehmen	5–9
2. Prüfungsfreie Unternehmen	10, 11
3. Beginn der Prüfungspflicht	12, 13
III. Auswahl der Abschlußprüfer	15–28
1. Wirtschaftsprüfer	16
2. Vereidigte Buchprüfer	17–19
3. Steuerberater, Rechtsanwälte, Steuerbevollmächtigte	20–22
4. Gesetzliche Ausschlußgründe für die Tätigkeit als Abschlußprüfer	23–28
IV. Dauerregelung für Erwerb der Prüferqualifikation	30–38
1. Wirtschaftsprüfer	30–34
a) Voraussetzungen für die Zulassung zur Prüfung	30, 31
b) Prüfungsverfahren	32–34
2. Vereidigter Buchprüfer	35–38
a) Voraussetzungen für die Zulassung zur Prüfung	35–37
b) Prüfungsverfahren	38

	Rz.
V. Übergangsregelung für den Erwerb der Prüferqualifikation	40–67
1. Wirtschaftsprüfer	41–59
a) Voraussetzungen für die Zulassung zur Prüfung	41–44
b) Prüfungsverfahren	45–49
c) Vorläufige Bestellung ohne Prüfung	50–52
d) Dauer der Übergangsregelung	53, 54
e) Zusammenfassung der Erleichterungen der Übergangsregelung gegenüber der Dauerregelung	55–59
2. Vereidigter Buchprüfer	60–67
a) Voraussetzungen für die Zulassung zur Prüfung	60, 61
b) Prüfungsverfahren	62
c) Vorläufige Bestellung ohne Prüfung	63–65
d) Dauer der Übergangsregelung	66
e) Zusammenfassung der Erleichterungen der Übergangsregelung gegenüber der Dauerregelung	67
VI. Tabellarische Übersicht der Neuregelung	68

I. Einführung

1 Die Lösung der Frage der künftigen Gestaltung des **Prüfungsrechtes** hat während des Gesetzgebungsverfahrens zum Bilanzrichtliniengesetz besondere Schwierigkeiten bereitet. Insbesondere die Vertreter der Steuerberater fürchteten für ihren Berufsstand erhebliche Nachteile, die mit der Ausdehnung der Prüfungspflicht auf Kapitalgesellschaften entstehen könnten. (*Strobel,* Die Prüfer-Neuerungen des Bilanzrichtliniengesetzes und die Gesetzesübertragung in die Praxis, BB 1985, 2082.) Um den berechtigten Interessen sowohl der Wirtschaftsprüfer wie der Steuerberater Rechnung zu tragen, wurden im Laufe des Gesetzgebungsverfahrens verschiedenartige Vorschläge unterbreitet. Diese reichten von der generellen Prüfungsberechtigung durch Steuerberater über einen mehr oder minder erleichterten Zugang der Steuerberater zum Wirtschaftsprüferberuf bis hin zum Monopol der Wirtschaftsprüfer für die Abschlußprüfung auch bei den Gesellschaften mit beschränkter Haftung. Während der jahrelangen Diskussion zwischen den beteiligten Berufskreisen hat sich zunächst eine von allen Berufsgruppen akzeptierte Lösung nicht finden lassen. Dies war auch einer der Gründe dafür, daß sich die endgültige Verabschiedung des Bilanzrichtlinien-Gesetzes zeitlich immer weiter hinausschob.

2 Es ist das Verdienst des Rechtsausschusses des Bundestags und insbesondere seines Berichterstatters *Helmrich,* mit der Renaissance des eigentlich schon im Aussterben begriffenen Berufsstandes der **vereidigten Buchprüfer** einen Kompromiß gefunden zu haben, der schließlich von allen beteiligten Kreisen akzeptiert wurde. Der Gesetzgeber konnte die Hürde zur Erlangung der Berufsqualifikation des vereidigten Buchprüfers, insbesondere für Steuerberater, relativ niedrig gestalten, ohne daß hierdurch die berechtigten Interessen der Wirtschaftsprüfer unzumutbar beeinträchtigt werden mußten. Die erleichterten Zugangsvoraussetzungen für diesen neuen Berufsstand machen es darüber hinaus für die Steuerberater akzeptabel, das **Prüfungsrecht** für mittelgroße und große GmbH's zu verlieren. Erleichtert wurde die Akzeptanz der neuen Regelung für die Steuerberater noch dadurch, daß das Bilanzrichtlinien-Gesetz durch eine befristete Übergangsregelung eine **besondere Erleichterung** zum Erwerb der Prüferqualifikation schafft und zwar sowohl für den vereidigten Buchprüfer als auch für den Wirtschaftsprüfer.

3   Die **praktische Bedeutung der Neuregelung** ist aber auch unter Beachtung der neuen Inkompatibilitätsregelung zu beurteilen. § 319 Abs. 2 des HGB nF. schließt nämlich die Möglichkeit eines Berufsangehörigen, Abschlußprüfer für seinen Mandanten zu sein, in einer Reihe von recht bedeutsamen Fällen aus (im einzelnen siehe dazu unten Rz. 23ff.). Von Bedeutung ist dabei insbesondere § 319 Abs. 2 Nr. 5 HGB nF., der die Führung der Bücher und die Erstellung der Bilanz als **unvereinbar** mit der Prüfung der Bilanz ansieht. Ein Steuerberater, der seinen Klienten bisher bei der Führung der Bücher und bei der Erstellung des Jahresabschlusses betreut, kann daher nicht hoffen, daß er diesen Mandanten künftig auch als Abschlußprüfer betreuen kann. Die damit aufgeworfenen Probleme wird der Berufsstand im Laufe der kommenden Jahre erkennen und lösen müssen.

II. Grundsätze der gesetzlichen Neuregelung

4   Die **Grundsätze** über die Regelung der Abschlußprüfung sind sowohl im HGB als auch in der Wirtschaftsprüferordnung geregelt worden. §§ 316ff. HGB nF. regeln die **Pflicht zur Prüfung** und bestimmen den Kreis der möglichen Abschlußprüfer. Die Übergangsregelung und die Dauerregelung zur **Erlangung der Qualifikation** als Wirtschaftsprüfer und als vereidigter Buchprüfer sind in der Wirtschaftsprüferordnung geregelt (insbesondere §§ 131ff. WPO).

1. Prüfungspflichtige Unternehmen

5   Der Kreis der prüfungspflichtigen Unternehmen wird durch §§ 316ff. HGB bestimmt. **Prüfungspflichtig** sind nur Kapitalgesellschaften, das sind die Aktiengesellschaften, Kommanditgesellschaften auf Aktien und Gesellschaften mit beschränkter Haftung.

6   Die während des Gesetzgebungsverfahrens aufgestellte Forderung, auch die **GmbH & Co. KG** wie eine Kapitalgesellschaft prüfungspflichtig zu machen, ist nicht Gesetz geworden. Die GmbH & Co. KG sowie andere Formen der **Personengesellschaften,** auch soweit sie eine Haftungsbegrenzung der Gesellschafter vorsehen oder ermöglichen, sind daher nicht prüfungspflichtig.

7   Nach § 316 Abs. 1 HGB ist der Jahresabschluß und der Lagebericht von mittelgroßen und von großen Kapitalgesellschaften durch einen Abschlußprüfer zu prüfen. Ohne Prüfung kann der Jahresabschluß nicht wirksam **festgestellt** werden.

8   Die **Größenklassen** sind im § 267 HGB nF. umschrieben (siehe im einzelnen dazu Teil B Rz. 56). Hinzuweisen ist dabei besonders auf § 267 Abs. 3 HGB nF., wonach eine Aktiengesellschaft stets dann als große Kapitalgesellschaft gilt, wenn ihre Aktien an einer Börse in einem Mitgliedstaat der europäischen Wirtschaftsgemeinschaft zum amtlichen Handel zugelassen oder in den geregelten Freiverkehr einbezogen sind oder die Zulassung zum amtlichen Handel beantragt ist.

9   Das Gesetz schreibt die Prüfung durch **einen Abschlußprüfer** vor. Die Prüfung durch **mehrere Abschlußprüfer** ist dadurch aber nicht ausgeschlossen. Dem Gesetzgeber erschien es selbstverständlich, daß eine Kapitalgesellschaft auch mehrere Abschlußprüfer beauftragen kann (siehe Begründung zu § 316 HGB nF., BT Drucksache 10/4268 S. 117). In Betracht kann dies z. B. dann kommen, wenn verschiedene Gesellschaftergruppen einer Gesellschaft jeweils eine Prüfung durch einen Abschlußprüfer ihres eigenen Vertrauens als sinnvoll oder zweckmäßig ansehen.

2. Prüfungsfreie Unternehmen

10 **Prüfungsfrei** sind zunächst einmal unabhängig von ihrer Größe alle Unternehmen, die keine Kapitalgesellschaften sind, also insbesondere die Einzelfirma, die offene Handelsgesellschaft, die Kommanditgesellschaft, die stille Gesellschaft, alle Nicht-Kaufleute, die BGB-Gesellschaft und der wirtschaftliche Verein. Auch die GmbH & Co. KG und die GmbH & Co. OHG sind nicht prüfungspflichtig, selbst wenn alle ihre Gesellschafter **Kapitalgesellschaften** sind, soweit nicht ausnahmswei-

Auswahl der Abschlußprüfer 11–19 **G**

se ein Konzernabschluß nach §§ 290ff. HGB nF. zu erstellen ist (BT Drucksache 10/ 4268 S. 88 siehe dazu auch Teil F Rz. 8).

11 Prüfungsfrei sind darüber hinaus **kleine Kapitalgesellschaften** im Sinne von § 267 Abs. 1 HGB nF. Das gilt selbst dann, wenn es sich dabei um eine Aktiengesellschaft handelt. Für kleine Aktiengesellschaften, die nach dem bisherigen Recht stets prüfungspflichtig waren, schafft daher das neue Recht erhebliche Erleichterungen (siehe BT Drucksache 10/4268 S. 91, 104).

3. Beginn der Prüfungspflicht

12 Gemäß Art. 11 Nr. 3 des Bilanzrichtlinien-Gesetzes gelten die Vorschriften über die Prüfung des Jahresabschlusses und des Lageberichtes erstmals für die Geschäftsjahre, die nach dem 31. Dezember 1986 beginnen. Unternehmen, deren Geschäftsjahr das Kalenderjahr ist, müssen somit erstmals ihren Jahresabschluß zum **31. Dezember 1987** prüfen lassen. Für die Prüfung des **Konzernabschlusses** und des Konzernlageberichtes ist unter bestimmten Voraussetzungen die Frist um weitere drei Jahre hinausgeschoben.

13 Eine kleine Kapitalgesellschaft nach § 267 Nr. 1 HGB n. F. bleibt klein und damit prüfungsfrei, solange die entsprechenden Größenmerkmale nicht an mindestens **zwei aufeinanderfolgenden Geschäftsjahren** überschritten werden (§ 267 Abs. 4 HGB nF.). Wächst eine kleine Kapitalgesellschaft daher z. B. im Jahre 1987 zur mittleren Größe an, ist erst der Jahresabschluß zum 31. 12. 1988 prüfungspflichtig.

III. Auswahl der Abschlußprüfer

15 Der Abschlußprüfer wird gemäß § 318 Abs. 1 HGB nF. durch die Gesellschafter der prüfungspflichtigen Gesellschaft gewählt. Der Kreis der möglichen Abschlußprüfer ergibt sich aus § 319 HGB nF.

1. Wirtschaftsprüfer

16 Wirtschaftsprüfer oder Wirtschaftsprüfungsgesellschaften sind stets berechtigt, als **Abschlußprüfer** tätig zu werden. Dies gilt sowohl für Prüfungen von großen Kapitalgesellschaften, mittleren Kapitalgesellschaften sowie für alle freiwilligen Prüfungen. Dies entspricht auch der bisher geltenden Rechtslage.

2. Vereidigte Buchprüfer

17 Vereidigte Buchprüfer und Buchprüfungsgesellschaften können Abschlußprüfer für **mittelgroße Gesellschaften mit beschränkter Haftung** sein. Eine Prüfung durch vereidigte Buchprüfer von mittelgroßen Aktiengesellschaften oder Kommanditgesellschaften auf Aktien sieht das Gesetz nicht vor. Diese müssen stets von Wirtschaftsprüfern geprüft werden.

18 Da es das erklärte Ziel des Gesetzgebers war, durch das Bilanzrichtliniengesetz weitgehend rechtsformunabhängige Regelungen zu schaffen und insbesondere die Aktiengesellschaft der GmbH gleichzustellen, ist die Unterscheidung der mittelgroßen Aktiengesellschaft von der mittelgroßen GmbH durch § 319 Abs. 1 HGB nF. nicht recht einsehbar. Verständlich ist diese Regelung aber dadurch, daß die Wiedereinführung des Berufsstandes des vereidigten Buchprüfers mit Einschluß der erleichterten Übergangsregelung zum Schutze des **Besitzstandes** der Steuerberater gedacht war. Da Steuerberater auch nach dem bisherigen Recht weder mittelgroße noch kleine Aktiengesellschaften prüfen konnten, sah der Gesetzgeber wohl kein Bedürfnis dafür, auch mittelgroße Aktiengesellschaften oder mittelgroße Kommanditgesellschaften auf Aktien durch vereidigte Buchprüfer prüfen zu lassen. Auch der bisherige, schon fast ausgestorbene Berufsstand der **vereidigten Buchprüfer** war von diesem Prüfungsrecht ausgeschlossen (§ 164 AktG), so daß die Neuregelung auch unter diesem Gesichtspunkt keine besonderen Übergangsprobleme aufweisen dürfte.

19 Vereidigte Buchprüfer sind darüber hinaus uneingeschränkt berechtigt, Abschlußprüfungen für alle nicht prüfungspflichtigen Unternehmen vorzunehmen, damit auch für die kleine Aktiengesellschaft.

Pelka

3. Steuerberater, Rechtsanwälte, Steuerbevollmächtigte

20 Steuerberater, Rechtsanwälte und Steuerbevollmächtigte gehören nicht zu dem Kreis der möglichen Abschlußprüfer nach § 319 HGB. Die Forderungen insbesondere des Bundesrates, auch **Steuerberatern** in gewissem Umfang das **Recht zur Pflichtprüfung** zu geben (siehe *Strobel* a. a. O., BB 1985, 2082) ist nicht Gesetz geworden. Entsprechendes gilt für Rechtsanwälte und Steuerbevollmächtigte, die aber ohnehin schon nach der bisherigen Praxis selten als Abschlußprüfer aufgetreten sind.

21 Die Steuerberater verlieren mithin mit Inkrafttreten der Prüfungspflicht die Möglichkeit, als Abschlußprüfer insbesondere der mittelgroßen GmbH aufzutreten. Dieser **Verlust des Besitzstandes** für Steuerberater soll durch die recht großzügige Regelung zum erleichterten Erwerb der Qualifikation des vereidigten Buchprüfers für Steuerberater kompensiert werden.

22 Für Steuerberater, Rechtsanwälte und Steuerbevollmächtigte verbleibt der Einsatz als Abschlußprüfer somit nur für **nicht prüfungspflichtige Unternehmen,** also insbesondere für die kleinen Kapitalgesellschaften – auch die kleine Aktiengesellschaft – sowie für alle Personengesellschaften und Einzelunternehmen.

4. Gesetzliche Ausschlußgründe für die Tätigkeit als Abschlußprüfer

23 Die Ausschlußgründe für die Tätigkeit als Abschlußprüfer, bisher in § 164 AktG geregelt, sind durch § 319 HGB nF. erheblich erweitert worden. Besondere Bedeutung dürfte dabei § 319 Abs. 2 Nr. 5 HGB nF. haben. Danach kann Abschlußprüfer nicht sein, wer bei der **Führung der Bücher** oder der **Aufstellung** des zu prüfenden **Jahresabschlusses** über die Prüfungstätigkeit hinaus mitgewirkt hat. Dabei ist es keineswegs eindeutig, welche Maßnahmen des Prüfers noch zur erlaubten Prüfungstätigkeit gehören. Einem Abschlußprüfer ist es zwar nicht verwehrt, fehlerhafte Bilanzansätze zu beanstanden und dazu an den erforderlichen Korrekturen, auch durch Anfertigung von Umbuchungslisten, mitzuwirken. Unvereinbar mit dem Gesetzeswortlaut ist aber die vollständige Erstellung der Bilanz durch den Abschlußprüfer, wenn das zu prüfende Unternehmen beispielsweise lediglich die Jahresverkehrszahlen aus dem laufenden Rechnungswesen zusammengestellt hat. Die Grenze zwischen der **erlaubten Prüfertätigkeit** und der nicht mehr erlaubten **Abschlußtätigkeit** durch den Abschlußprüfer sind dabei fließend und der Berufsstand wird sich der Lösung der damit verbundenen Fragen mit Sorgfalt annehmen müssen.

24 Die **Unvereinbarkeit** der Erstellung der Buchführung bzw. des Abschlusses mit seiner Prüfung kann auch nicht durch Gründung von **Sozietäten** oder von anderen Gesellschaften umgangen werden. Ein Berufsangehöriger kann auch dann nicht Abschlußprüfer sein, wenn sein Sozius die Führung der Bücher oder die Aufstellung des Jahresabschlusses betrieben hat oder wenn er in irgendeiner Weise an einer Gesellschaft beteiligt ist, die nicht Prüfer sein könnte (§ 319 Abs. 2 Nr. 6 HGB nF.).

25 Erlaubt ist allerdings die gleichzeitige **Beratung** und **Abschlußprüfung** eines Klienten. Die Mehrheit des Bundestages hielt eine Trennung von Prüfung und Beratung nicht für notwendig (siehe BT-Drucksache 10/4268, S. 118), zumal auch die Wirtschaftsprüferkammer Abschlußprüfung und Beratung für miteinander vereinbar hielt (siehe *Strobel* a. a. O., BB 1985, 2085).

26 Neu aufgenommen worden ist die Vorschrift des § 319 Abs. 1 Nr. 8 HGB nF. Danach kann Abschlußprüfer nicht sein, wer mehr als die **Hälfte der Gesamteinnahmen** aus seiner beruflichen Tätigkeit aus der Prüfung und Beratung der zu prüfenden Kapitalgesellschaft und deren Tochtergesellschaften bezogen hat, wenn dies auch im laufenden Geschäftsjahr zu erwarten ist. Gemäß Art. 11 Nr. 3, Art. 23 Abs. 4 der Übergangsvorschriften des Bilanzrichtlinien-Gesetzes gilt dies allerdings erstmals für das Geschäftsjahr 1991.

27 Eine weitere bedeutsame Neuregelung, die den Kreis der möglichen Abschlußprüfer erheblich einschränken dürfte, ergibt sich aus § 28 Abs. 4 WPO (Art. 6 Bilanzrichtlinien-Gesetz). Danach wird nunmehr für Wirtschaftsprüfungsgesellschaften gefordert, daß die **Mehrheit der Gesellschaftsrechte** in den Händen von Wirtschaftsprüfern ist. Gemäß § 130 Abs. 2 WPO gilt dies auch entsprechend für Buchprüfungsgesellschaften. Das schränkt die Möglichkeit von Steuerberatern oder Rechts-

anwälten ein, sich ihre eigene Wirtschaftsprüfungsgesellschaft oder Buchprüfungsgesellschaft zu halten. Für bei Inkrafttreten des Bilanzrichtlinien anerkannte Wirtschaftsprüfungsgesellschaften gilt diese Vorschrift allerdings bis auf weiteres nicht; sie bleiben anerkannt und damit zur Abschlußprüfung auch dann berechtigt, wenn ihre Gesellschafter nicht mehrheitlich Wirtschaftsprüfer sind (zur Übergangsregelung siehe § 134a WPO).

28 Für **Steuerberatungsgesellschaften** ist eine entsprechende Regelung zwar beabsichtigt gewesen. Der Gesetzgeber hat die Regelung dieser Frage aber zunächst noch zurückgestellt (siehe BT-Drucksache 10/4268 S. 87).

IV. Dauerregelung für Erwerb der Prüferqualifikation

1. Wirtschaftsprüfer

30 a) Die auf Dauer gültige Regelung zum Erwerb der Wirtschaftsprüferqualifikation hat sich gegenüber dem bisherigen Rechtszustand nicht wesentlich geändert. § 8 Abs. 1 Nr. 2 WPO hat allerdings für Berufsangehörige eine **Erleichterung** für die Zulassung zur Prüfung geschaffen. Die sonst geforderte mindestens vier Jahre dauernde **Prüfungstätigkeit** wird Steuerberatern oder vereidigten Buchprüfern, nicht aber Steuerbevollmächtigten und Rechtsanwälten, erlassen, die seit mindestens 15 Jahren ihren Beruf ausgeübt haben. Dabei werden bis zu 10 Jahren Berufstätigkeit als Steuerbevollmächtigter angerechnet. Diese Erleichterung hat durchaus Bedeutung, da der Nachweis der Prüfungstätigkeit häufig ein Engpaß beim Erwerb der Wirtschaftsprüferqualifikation darstellte.

31 Die **akademische Ausbildung** ist für vereidigte Buchprüfer oder Steuerberater nach fünfjähriger Berufstätigkeit entbehrlich, auch wenn keine Prüfungstätigkeit nachgewiesen werden kann (§ 8 Abs. 2 WPO).

b) Prüfungsverfahren

32 Das Prüfungsverfahren ist im wesentlichen gegenüber dem bisherigen Recht unverändert. Neu ist allerdings die Vorschrift des § 13a WPO. Für **vereidigte Buchprüfer,** die **Steuerberater** sind, entfällt gemäß § 13a WPO die schriftliche und die mündliche Prüfung im **Steuerrecht,** in **Betriebswirtschaft** und **Volkswirtschaft,** für **vereidigte Buchprüfer,** die **Rechtsanwälte** sind, in **Wirtschaftsrecht,** in **Betriebswirtschaft** und **Volkswirtschaft.** Vereidigte Buchprüfer und Steuerberater werden damit lediglich in den Fächern wirtschaftliches Prüfungswesen und Wirtschaftsrecht geprüft, vereidigte Buchprüfer und Rechtsanwälte werden in den Fächern wirtschaftliches Prüfungswesen und Steuerrecht geprüft, vereidigte Buchprüfer, die zugleich Steuerberater und Rechtsanwälte sind, werden nur im Fach wirtschaftliches Prüfungswesen geprüft.

33 Daraus ergibt sich auch eine Reduzierung der **schriftlichen Prüfung.** Statt der sonst erforderlichen bis zu sieben Klausuren sind gegebenenfalls nur bis zu zwei Klausuren von 4–6 Stunden Dauer zu erstellen (§§ 6, 8 Prüfungsordnung). Die mündliche Prüfung darf nicht länger als zwei Stunden dauern (§ 14 Abs. 2 Prüfungsordnung). Die Prüfung kann zweimal wiederholt werden (§ 21 Prüfungsordnung).

34 Für einen Bewerber zum Wirtschaftsprüferberuf gibt es damit eine neue und möglicherweise interessante Variante zum Erwerb dieser Qualifikation. Über den Zwischenerwerb der Qualifikationen eines **Steuerberaters** und eines **vereidigten Buchprüfers** können die einzelnen Prüfungsgebiete nacheinander erledigt werden. Da dieser neue *dreistufige* Buchprüfer-Steuerberater-Wirtschaftsprüfer-Weg eine recht beträchtliche Examenserleichterung bringt, stellt er eine wichtige Alternative zum Erwerb der Prüferqualifikation dar.

2. Vereidigter Buchprüfer

a) Voraussetzungen für die Zulassung zur Prüfung

35 Die Voraussetzungen zur Erlangung der Qualifikation als vereidigter Buchprüfer sind **neu geschaffen** worden. Sie haben in der geltenden Wirtschaftsprüferordnung

kein Vorbild und entsprechen auch nicht den vor vielen Jahrzehnten geltenden Vorschriften zur Erlangung der Qualifikation des damals bestehenden vereidigten Buchprüferberufs.

36 Nach § 131 Abs. 1 WPO kann nur ein **Steuerberater** oder **Rechtsanwalt** die Zulassung zur Prüfung als vereidigter Buchprüfer beantragen. Dabei muß der Beruf als Steuerberater, Rechtsanwalt oder Steuerbevollmächtigter mindestens fünf Jahre ausgeübt werden, wovon wenigstens drei Jahre Prüfungstätigkeit nachzuweisen sind. Eine Tätigkeit als **Angestellter** genügt. Der Nachweis der Prüfungstätigkeit entfällt gemäß § 8 Abs. 1 Nr. 2 WPO für Bewerber, die seit mindestens 15 Jahren den Beruf als Steuerberater oder vereidigter Buchprüfer ausgeübt haben; dabei sind bis zu 10 Jahren Berufstätigkeit als Steuerbevollmächtigter anzurechnen.

37 Der Antrag auf Zulassung zur Prüfung kann frühestens am 1. 7. 1986 gestellt werden, ist aber im übrigen **nicht befristet**.

b) Prüfungsverfahren

38 Nach § 131a WPO ist eine schriftliche und eine mündliche Prüfung zu absolvieren.

Prüfungsgebiete sind wirtschaftliches Prüfungswesen (Pflichtprüfungen des Jahresabschlusses von Gesellschaften mit beschränkter Haftung), Betriebswirtschaft, Wirtschaftsrecht unter besonderer Berücksichtigung des Rechts der Gesellschaft mit beschränkter Haftung und Berufsrecht der vereidigten Buchprüfer. Die schriftliche Prüfung besteht aus einer Klausur von 4–6 Stunden Dauer aus den vorgenannten Prüfungsgebieten. Die mündliche Prüfung aus den Prüfungsgebieten soll für den einzelnen Bewerber eine Stunde nicht überschreiten.

Die Prüfung kann zweimal wiederholt werden.

V. Übergangsregelung für den Erwerb der Prüferqualifikation

40 Das Gesetz enthält eine Reihe von erleichterten Übergangsregelungen für den Erwerb der Prüferqualifikationen sowohl für den Wirtschaftsprüfer als auch für den vereidigten Buchprüfer, die aber zeitlich **befristet** sind.

1. Wirtschaftsprüfer

a) Voraussetzungen für die Zulassung zur Prüfung

41 Abweichend von den allgemeinen Vorschriften der §§ 8f. WPO gibt es gem. § 131c WPO für vereidigte Buchprüfer, Steuerberater und Rechtsanwälte erleichterte Voraussetzungen für die Zulassung zur Prüfung als Wirtschaftsprüfer. Für diese Berufsangehörigen ist die Zulassung zur Prüfung zu erteilen, wenn im Zeitpunkt der Antragstellung seit **fünf Jahren** der Beruf eines vereidigten Buchprüfers, eines Steuerberaters, eines Steuerbevollmächtigten oder eines Rechtsanwalts **hauptberuflich** und **selbständig** in eigener Praxis ausgeübt ist und der Bewerber zum Zeitpunkt der Antragstellung hauptberuflich und selbständig vereidigter Buchprüfer, Steuerberater und Rechtsanwalt ist.

42 Weiter muß der Bewerber seinen **Besitzstand** nachweisen können. Er muß schon am 1. 1. 1985 oder früher mindestens für eine GmbH in eigener Praxis in erheblichem Umfang geschäftsmäßige Hilfe in Steuersachen geleistet oder Prüfungen auf dem Gebiet des betrieblichen Rechnungswesens durchgeführt haben. Diese Leistungen müssen für mindestens zwei Jahre und zum Zeitpunkt des Examens erbracht werden. Diese GmbH muß spätestens an dem der Antragstellung vorausgehenden Abschlußstichtag mindestens Mittelgröße erreicht haben oder die Kleingesellschaftsgrenze voraussichtlich für das Geschäftsjahr 1987 überschreiten.

43 Dieses Mandat muß der Bewerber **in eigener Praxis** und nicht als **Angestellter** betreut haben. Bei einer Berufstätigkeit in Sozietät mit anderen oder bei einer Tätigkeit als Mitglied des Vorstandes oder Geschäftsführers oder ähnliches einer Buchprüfungsgesellschaft oder Steuerberatungsgesellschaft muß der Bewerber das Mandat maßgeblich betreut haben.

Übergangsregelung 44–53 G

44 Der Examenszulassungsantrag kann nur in der Zeit vom 1. 7. 1986 bis zum 31. Dezember 1989 gestellt werden (§ 131c Abs. 4 WPO). Wurde die Prüfung nach dem 1. 7. 1987 nicht bestanden oder hat der Prüfling an der Prüfung aus einem von ihm nicht zu vertretenden Grunde nicht teilgenommen, so verlängert sich diese **Frist** um drei Jahre bis zum 31. Dezember 1992. Die vorstehend genannten Voraussetzungen sind durch eine schriftliche, an Eides Statt abzugebende Versicherung des Bewerbers und durch eine schriftliche Versicherung des mandatierenden Unternehmens glaubhaft zu machen.

b) Prüfungsverfahren

45 Nach § 131e Abs. 1 WPO ist eine schriftliche und eine mündliche Prüfung zu absolvieren. **Prüfungsgebiete** sind wirtschaftliches Prüfungswesen (Pflichtprüfung des Jahresabschlusses und des Konzernabschlusses), Betriebswirtschaft, Wirtschaftsrecht unter besonderer Berücksichtigung des Rechts der Gesellschaft mit beschränkter Haftung und das Berufsrecht der Wirtschaftsprüfer.

46 Die schriftliche Prüfung besteht aus **einer Klausur** (Dauer 4–6 Stunden) auf dem Gebiet des wirtschaftlichen Prüfungswesens. Die schriftliche Prüfung ist damit gegenüber der normalen schriftlichen Prüfung mit bis zu 7 Klausuren ganz erheblich erleichtert. Allerdings ist das Prüfungsrisiko auch entsprechend groß, da es keinerlei Ausgleichsmöglichkeiten gibt.

47 Die mündliche Prüfung soll für den einzelnen Bewerber eine Stunde nicht überschreiten. Die Prüfung kann bis zu zweimal wiederholt werden.

48 § 131e Abs. 5 und Abs. 6 WPO geben weitere **Prüfungserleichterungen:** Die schriftliche Prüfung wird auf Antrag einem Bewerber ganz erlassen, wenn er im Zeitpunkt der Antragstellung das **55. Lebensjahr** vollendet hat und zu diesem Zeitpunkt seit mindestens 10 Jahren hauptberuflich den Beruf eines vereidigten Buchprüfers, eines Steuerberaters, eines Steuerbevollmächtigten oder eines Rechtsanwaltes als Angestellter oder selbständig ausgeübt hat. Weiter Voraussetzungen bestehen dann nicht.

49 Die schriftliche Prüfung wird auf Antrag auch für jüngere Bewerber durch die Vorlage von **Prüfungsberichten** ersetzt, durch der der Bewerber nachweist, daß er vor dem 31. Dezember 1986 in mindestens fünf Fällen bei wenigstens drei verschiedenen Gesellschaften mit beschränkter Haftung (mindestens Mittelgesellschaften) Prüfungen auf dem Gebiet des betrieblichen Rechnungswesens nach aktienrechtlichen Grundsätzen vorgenommen hat.

c) Vorläufige Bestellung ohne Prüfung

50 Nach § 131f WPO kann ein zur Prüfung zugelassener Bewerber auch vor Absolvierung der Prüfung vorläufig bestellt werden. Voraussetzung dafür ist, daß der Bewerber nachweist, daß ihn eine prüfungspflichtige Kapitalgesellschaft (mittel- oder Großkapitalgesellschaft) für das laufende oder abgelaufene Geschäftsjahr zum **Abschlußprüfer** bestellt hat. Die vorläufige Bestellung macht der Bewerber mit dem Zusatz: ,,Zur Abschlußprüfung nach § 319 Abs. 1 Satz 1 HGB vorläufig berechtigt" kenntlich.

51 Vorläufig Bestellte sind in der **Wirtschaftsprüferversammlung** nicht stimmberechtigt, können aber mit beratender Stimme an der Wirtschaftsprüferversammlung teilnehmen (§ 131f. Abs. 2 i. V. m. § 131b Abs. 2 WPO).

52 Die vorläufige Bestellung erlischt, wenn der Bewerber die Übergangsprüfung endgültig nicht bestanden hat und sie auch nicht mehr wiederholen kann, spätestens am 31. Dezember 1990. Diese **Frist** kann zur Vermeidung von unbilligen Härten durch die oberste Landesbehörde verlängert werden.

d) Dauer der Übergangsregelung

53 Der Antrag auf Zulassung zur erleichterten Bestellung von Wirtschaftsprüfern kann nur in der Zeit vom 1. 7. 1986 bis zum 31. Dezember 1989 gestellt werden. Hat der Bewerber nach dem 1. 7. 1987 die Prüfung nicht bestanden oder aus einem von ihm nicht zu vertretenden Grund an der Prüfung nicht teilgenommen, so verlängert sich diese **Frist** bis zum 31. Dezember 1992 (§ 131c Abs. 4 WPO).

54 Die vorläufige Bestellung nach § 131 f WPO erlischt mit dem Bestehen oder **Nichtbestehen der Prüfung**, spätestens am 31. Dezember 1990 (gegebenenfalls Verlängerung möglich).

e) Zusammenfassung der Erleichterungen der Übergangsregelung gegenüber der Dauerregelung

55 Zusammenfassend ergeben sich für einen Steuerberater oder Rechtsanwalt folgende Erleichterungen durch die Übergangsregelung:
aa) Wer als Rechtsanwalt, Steuerberater oder vereidigter Buchprüfer mindestens eine Kapitalgesellschaft betreut, die das Kleinformat überschreitet, braucht statt der sonst bestehenden Zulassungsvoraussetzungen lediglich eine **fünfjährige selbständige Berufstätigkeit** nachzuweisen.
56 bb) Statt der bis zu 7 Klausuren auf den Prüfungsgebieten wirtschaftliches Prüfungswesen, Betriebswirtschaft, Volkswirtschaft, Wirtschaftsrecht und Steuerrecht wird nur eine Klausur auf dem Gebiet des **wirtschaftlichen Prüfungswesens** verlangt. Volkswirtschaft und Steuerrecht entfällt insgesamt. Die mündliche Prüfung verkürzt sich von zwei Stunden auf eine Stunde.
57 cc) **Älteren Berufsangehörigen** wird die schriftliche Prüfung unter Umständen ganz erlassen.
58 dd) Die schriftliche Prüfung kann durch Vorlage bestimmter **Berichte** ersetzt werden.
59 ee) Nach Zulassung zur erleichterten Übergangsprüfung ist die **vorläufige Bestellung** zulässig, wenn mindestens eine Kapitalgesellschaft (große Gesellschaft oder mittelgroße Gesellschaft) für das vergangene oder für das laufende Geschäftsjahr einen Abschlußprüfungsauftrag erteilt hat.

2. Vereidigter Buchprüfer

a) Voraussetzungen für die Zulassung zur Prüfung

60 Auch während der Übergangszeit kann die Prüfung zum vereidigten Buchprüfer nur ein **Steuerberater** oder **Rechtsanwalt** ablegen, der den Beruf des Steuerberaters, Steuerbevollmächtigten oder Rechtsanwalts mindestens fünf Jahre ausgeübt hat.
61 Während der Übergangszeit bis zum 31. Dezember 1989 entfällt die Voraussetzung der **dreijährigen Prüfungstätigkeit** (§ 131 Abs. 1 Satz 2 WPO). Der Antrag auf Zulassung zur Prüfung kann frühestens am 1. 7. 1986 gestellt werden.

b) Prüfungsverfahren

62 Für Bewerber, die den Antrag auf Zulassung zur Prüfung bis zum 31. Dezember 1989 gestellt haben, entfällt die **schriftliche Prüfung** vollständig. Die Frist wird bis zum 31. Dezember 1992 verlängert, wenn der Bewerber nach dem 1. 7. 1987 die Prüfung nicht bestanden oder aus einem von ihm nicht zu vertretenden Grunde an der Prüfung nicht teilgenommen hat.
Die Prüfungsgebiete während der Übergangsregelung entsprechen denen der Dauerregelung.
Die mündliche Prüfung soll nicht länger als eine Stunde dauern. Die Prüfung kann zweimal wiederholt werden.

c) Vorläufige Bestellung ohne Prüfung

63 Nach § 131 b WPO kann ein Bewerber, der zur Prüfung zugelassen ist, ohne Prüfung vorläufig bestellt werden, wenn er nachweist, daß ihm eine prüfungspflichtige Kapitalgesellschaft (mittelgroße oder große Kapitalgesellschaft) zum **Abschlußprüfer** für das laufende oder abgelaufene Geschäftsjahr bestellt hat. Die Bestellung erlischt, wenn der Bewerber die Prüfung nicht bestanden hat und sie auch nicht mehr wiederholen kann, unabhängig davon am 31. Dezember 1990. Zur Vermeidung von unbilligen Härten kann diese Frist verlängert werden.
64 Auf Grund der vorläufigen Bestellung ist der Zusatz zu verwenden: „Zur Abschlußprüfung nach § 319 Abs. 1 Satz 2 HGB nF. vorläufig berechtigt."

65 Vorläufig Bestellte sind in der **Wirtschaftsprüferversammlung** nicht stimmberechtigt, können aber mit beratender Stimme an der Wirtschaftsprüferversammlung teilnehmen.

d) Dauer der Übergangsregelung

66 Der Antrag auf Prüfung zum vereidigten Buchprüfer ist frühestens am **1. 7. 1986** und spätestens **31. 12. 1989** zu stellen. Hat der Bewerber nach dem 1. 7. 1987 die Prüfung nicht bestanden oder aus einem von ihm nicht zu vertretenden Grund an der Prüfung nicht teilgenommen, so verlängert sich die Frist bis zum 31. Dezember 1992. Nach Ablauf dieser Zeit ist die normale Prüfung als vereidigter Buchprüfer zu absolvieren.

e) Zusammenfassung der Erleichterungen der Übergangsregelung gegenüber der Dauerregelung

67 Die Erleichterungen der Übergangsregelung gegenüber der Dauerregelung bestehen zusammengefaßt aus folgendem:
aa) Die **dreijährige Prüfungstätigkeit** als Voraussetzung für die Zulassung entfällt.
bb) Die **schriftliche Prüfung** entfällt.
cc) Bei Bestellung zum Abschlußprüfer durch eine Kapitalgesellschaft, die das Kleinformat überschritten hat, erfolgt eine **vorläufige Bestellung** auch ohne Absolvierung der Prüfung.

VI. Tabellarische Übersicht der Neuregelung

Bereich	Dauerregelung		Übergangsregelung	
	Wirtschaftsprüfer	vereidigter Buchprüfer	Wirtschaftsprüfer	vereidigter Buchprüfer
Zulassung zur Prüfung	– Für Steuerberater oder vereidigte Buchprüfer entfällt die Notwendigkeit der vierjährigen Prüfungstätigkeit, wenn der Steuerberaterberuf mindestens 15 Jahre ausgeübt wird. 10 Jahre als Steuerbevollmächtigter sind anrechenbar. – Der Nachweis der Hochschulausbildung entfällt nach fünfjähriger Berufstätigkeit auch ohne Prüfungstätigkeit.	– Fünfjährige Berufstätigkeit als Steuerberater, Rechtsanwalt oder Steuerbevollmächtigter, auch als Angestellter. – Dreijährige Prüfungstätigkeit oder 15 Jahre Berufstätigkeit, darauf 10 Jahre als Steuerbevollmächtigter anrechenbar. – Zulassung als Steuerberater oder Rechtsanwalt	– Fünfjährige, selbständige Berufstätigkeit als Steuerberater, vereidigter Buchprüfer, Rechtsanwalt oder Steuerbevollmächtigter. Angestellter genügt nicht. – Zulassung als selbständiger Steuerberater, vereidigter Buchprüfer oder Rechtsanwalt. – Spätestens seit dem 1. 1. 1985 in erheblichem Umfang und mindestens zwei Jahre lang in eigener Praxis geschäftsmäßige Hilfe in Steuersachen oder Prüfungstätigkeit für mindestens eine GmbH, die vor der Antragstellung das Kleinformat überschritten hat oder dieses voraussichtlich für 1987 überschreitet.	– Fünfjährige Berufstätigkeit als Steuerberater, Rechtsanwalt oder Steuerbevollmächtigter – Zulassung als Steuerberater oder Rechtsanwalt
Antragsfrist	unbefristet	frühestens am 1. 7. 1986	frühestens am 1. 7. 1986, spätestens am 31. 12. 1989,	wie Wirtschaftsprüfer

Tabellarische Übersicht der Neuregelung

Zulassungsgremien	Zulassungsausschuß des Wirtschaftsministeriums	Wirtschaftsministerium	Frist wird verlängert, wenn Bewerber die Prüfung nach dem 1. 7. 1987 nicht bestanden hat oder an ihr aus von ihm nicht zu vertretenden Gründen nicht teilgenommen hat. Wirtschaftsministerium	Wirtschaftsministerium
Prüfung	Sieben Klausuren von 4–6 Stunden Dauer und mündliche Prüfung bis zu 2 Stunden Dauer.	Eine Klausur von 4–6 Stunden Dauer und mündliche Prüfung von bis zu 1 Stunde Dauer	1 Klausur von 4–6 Stunden Dauer und mündliche Prüfung von bis zu 1 Stunde Dauer	mündliche Prüfung von bis zu 1 Stunde Dauer
Prüfungsgebiete	Wirtschaftliches Prüfungswesen, Betriebswirtschaft, Volkswirtschaft, Wirtschaftsrecht, Steuerrecht.	Wirtschaftliches Prüfungswesen – Pflichtprüfung des Jahresabschlusses der GmbH-, Betriebswirtschaft, Wirtschaftsrecht unter besonderer Berücksichtigung des GmbH-Rechts, Berufsrecht.	Wirtschaftliches Prüfungswesen (Pflichtprüfung des Jahresabschlusses und des Konzernabschlusses), Betriebswirtschaft, Wirtschaftsrecht unter besonderer Berücksichtigung des GmbH-Rechts, Berufsrecht	Wirtschaftliches Prüfungswesen (Pflichtprüfung des Jahresabschlusses der GmbH) Betriebswirtschaft, Wirtschaftsrecht unter besonderer Berücksichtigung des GmbH-Rechts, Berufsrecht
Prüfungserleichterungen	– für Steuerberater entfällt schriftliche und mündliche Prüfung in Steuerrecht – für vereidigte Buchprüfer, die Steuerberater sind, entfällt die schriftliche und mündliche Prüfung im Steuerrecht, in Betriebswirtschaft und Volkswirtschaft	keine	– für Bewerber, die bei Antragstellung älter als 55 Jahre sind und 10 Jahre hauptberuflich als vereidigte Buchprüfer, Steuerberater, Rechtsanwalt oder Steuerbevollmächtigter tätig waren, entfällt die schriftliche Prüfung – schriftliche Prüfung	keine

Bereich	Dauerregelung		Übergangsregelung	
	Wirtschaftsprüfer	vereidigter Buchprüfer	Wirtschaftsprüfer	vereidigter Buchprüfer
	– für vereidigte Buchprüfer, die Rechtsanwälte sind, entfällt die schriftliche und mündliche Prüfung in Wirtschaftsrecht, in Betriebswirtschaft und Volkswirtschaft		kann durch Vorlage von fünf Prüfungsberichten für drei verschiedene GmbH's ersetzt werden, Prüfungen müssen vor dem 31. 12. 1986 mindestens für Mittel-GmbH durchgeführt sein.	
Prüfungsausschuß	– 1 Vertreter des Wirtschaftsministeriums – 1 Hochschullehrer der Betriebswirtschaftslehre – 1 Vertreter der Finanzverwaltung – entfällt bei verkürzter Prüfung eines Steuerberaters – 3 Wirtschaftsprüfer – 1 Vertreter der Wirtschaft	– 1 Vertreter des Wirtschaftsministeriums – 1 Vertreter der Wirtschaft – 1 Wirtschaftsprüfer – 1 vereidigter Buchprüfer oder 1 Wirtschaftsprüfer, der zugleich Steuerberater oder Rechtsanwalt ist	– 1 Vertreter des Wirtschaftsministeriums – 1 Vertreter der Wirtschaft – 1 Wirtschaftsprüfer – 1 nach Übergangsprüfung bestellter Wirtschaftsprüfer oder ein Wirtschaftsprüfer, der zugleich Steuerberater oder Rechtsanwalt ist	– 1 Vertreter des Wirtschaftsministeriums – 1 Vertreter der Wirtschaft – 1 Wirtschaftsprüfer – 1 vereidigter Buchprüfer oder ein Wirtschaftsprüfer, der zugleich Steuerberater oder Rechtsanwalt ist.
Vorläufige Bestellung vor Prüfungsabschluß	entfällt	entfällt	ein zur Prüfung als Wirtschaftsprüfer zugelassener Bewerber, der als Abschlußprüfer einer prüfungspflichtigen Kapitalgesellschaft für das laufende oder abgelaufene Geschäftsjahr beauftragt ist.	ein zur Prüfung als vereidigter Buchprüfer zugelassener Bewerber, der als Abschlußprüfer einer prüfungspflichtigen GmbH für das laufende oder abgelaufene Geschäftsjahr beauftragt ist.

H. Die einzelnen Steuerarten

I. Einkommensteuer

Bearbeiter: Dietmar Schreyer

Übersicht

	Rz.
I. Die Steuerpflicht bei der Einkommensteuer (Übersicht)	1
II. Einkommensteuerrechtliche Bedeutung des Lebensalters des Steuerpflichtigen (Tabelle)	2
III. Einkommensteuerrechtliche Folgen der Eheschließung (Übersicht)	3
IV. Steuerklassenwahl für Ehegatten	4
V. Ehegattenveranlagung 1986 – Belastungsvergleich	5–9
VI. Einkommensteuerrechtliche Folgen des dauernden Getrenntlebens von Ehegatten und der Ehescheidung	10
VII. Zu versteuerndes Einkommen und festzusetzende Einkommensteuer, Gang der Ermittlung (Schema)	11
VIII. Zu versteuerndes Einkommen und festzusetzende Einkommensteuer 1986, Ermittlungsbeispiel auf der Basis von drei Einnahme-Beträgen, Ergänzung zu Abschnitt 114 Abs. 2 EStR (Lösung in Tabellenform)	12
IX. Einkommensteuerliche Abzugsfähigkeit von Aufwendungen (Übersicht)	13
X. Freibeträge, Freigrenzen und Pauschalabzugsbeträge, die mit dem Vorliegen bestimmter Einkunftsarten in Zusammenhang stehen (Tabelle)	14–20
XI. Berechnung der höchstens abzugsfähigen Vorsorgeaufwendungen (Berechnungsbogen für 1985 und 1986)	21, 22
XII. Sonderausgaben-Pauschbetrag, Vorsorge-Pauschbetrag und Vorsorgepauschale 1985 und 1986	23–26
XIII. Berechnung der Vorsorgepauschale (Berechnungsbogen für 1985 und 1986)	27–32
XIV. Reisekostenpauschbeträge und -höchstbeträge	33–37

I. Die Steuerpflicht bei der Einkommensteuer
(§§ ohne nähere Bezeichnung = EStG)

	Unbeschränkte Einkommensteuerpflicht		Beschränkte Einkommensteuerpflicht	
	Normalfall (§ 1 Abs. 1)	Erweiterte unbeschränkte Steuerpflicht (§ 1 Abs. 2 und 3)	Normalfall (§ 1 Abs. 4)	Erweiterte beschränkte Steuerpflicht (§ 2 AStG)
Voraus-setzungen	Wohnsitz (§ 8 AO) oder gewöhnlicher Aufenthalt (§ 9 AO) im Inland (= Geltungsbereich des Grundgesetzes = BRD und Berlin-West)	Deutsche Bedienstete des Bundes oder eines Landes ohne Wohnsitz oder gewöhnlichen Aufenthalt im Inland a) mit diplomatischem oder konsularischem Status (einschließlich zu ihrem Haushalt gehörender Angehöriger, wenn sie entweder ebenfalls die deutsche Staatsangehörigkeit besitzen oder keine im Ausland steuerpflichtigen Einkünfte erzielen) oder b) ohne diplomatischen oder konsularischen Status, wenn sie allein oder zusammen mit ihrem nicht dauernd getrennt lebenden Ehegatten im Veranlagungszeitraum nicht mehr als 5000 DM im Ausland einkommensteuerpflichtige Einnahmen erzielen (einschließlich des nicht dauernd getrennt lebenden Ehegatten).	– Negative Voraussetzungen: –– Kein Wohnsitz im Inland und –– kein gewöhnlicher Aufenthalt im Inland und –– kein Fall der erweiterten unbeschränkten Steuerpflicht (s. linke Spalte). – Positive Voraussetzung: –– Inländische Einkünfte iSv § 49.	– Negative Voraussetzungen: –– Kein Wohnsitz im Inland und –– kein gewöhnlicher Aufenthalt im Inland und –– kein Ablauf der 10-Jahresfrist ab Ende der unbeschränkten Steuerpflicht – Positive Voraussetzungen: –– Frühere unbeschränkte Steuerpflicht nach § 1 Abs. 1 S. 1 als Deutscher, und zwar ––– für mindestens 5 Jahre ––– in den letzten 10 Jahren vor Ende der unbeschränkten Steuerpflicht, und –– Ansässigkeit in ausländischem Niedrigbesteuerungsgebiet (§ 2 Abs. 2 AStG) oder in keinem ausländischen Gebiet und –– wesentliche wirtschaftliche Interessen im Inland (§ 2 Abs. 3 AStG) und –– Art der Einkünfte = ––– entweder inländische Einkünfte iSv § 49 ––– oder nicht ausländische Einkünfte iSv § 34 c Abs. 1

Einkommensteuer

Rechts-folgen	Besteuerung des „Welteinkommens" nach den allgemeinen Vorschriften des EStG mit Vorrang völkerrechtlicher Vereinbarungen (§ 2 AO). Die Härten einer Doppelbesteuerung mildert auch § 34c.			– Besteuerung der inländischen Einkünfte (§ 49) und Wegfall vieler einkommensteuerlicher Entlastungen (§ 50)	– Besteuerung der Einkünfte, die nicht ausländische Einkünfte iSv § 34c Abs. 1 sind, Vollprogression (§ 2 Abs. 5 S. 1 AStG)
	DBA besteht und beseitigt die Doppelbesteuerung:		DBA besteht nicht oder beseitigt trotz vergleichbarer ausländischer Steuer Doppelbesteuerung nicht (usw.):	– Festzusetzen ist nach § 50 Abs. 3 der höhere Betrag von – Steuer laut Grundtabelle angelegt an Einkommen minus 864 DM – (außer bei DDR-Bewohnern) 25% des Einkommens – Steuerabgeltung bei Steuerabzugsfällen (§§ 50 Abs. 5, 50a)	– Verschärfung: Besteuerung der Einkünfte, die nicht ausländische Einkünfte iSv § 34c Abs. 1 sind, Vollprogression (§ 2 Abs. 5 S. 1 AStG) – Steuerabgeltung nur bei Lohnsteuerabzugsfällen (§ 2 Abs. 5 S. 2 AStG) – Differenzierung des § 50 Abs. 3 durch zusätzlichen Mindeststeuerbetrag in Höhe der Steuerabzugsbeträge und Berücksichtigung der „Schattenveranlagungen" bei unbeschränkter und bei normaler beschränkter Steuerpflicht (§ 2 Abs. 5 S. 3, Abs. 6 AStG)
	a) Freistellung und Progressionsvorbehalt (§ 34c Abs. 6 S. 1, kein § 34c Abs. 1 bis 3)	b) DBA sieht Steueranrechnung vor: – Anrechnung der ausländischen Steuer nach § 34c Abs. 1 S. 2 und 3 (§ 34c Abs. 6 S. 2) oder (auf Antrag) – Abzug der ausländischen Steuer von der Summe der Einkünfte nach § 34c Abs. 2 (§ 34c Abs. 6 S. 2)	– Anrechnung der ausländischen Steuer nach § 34c Abs. 1 oder (auf Antrag) – Abzug der ausländischen Steuer von der Summe der Einkünfte nach § 34c Abs. 2 oder – in Ausnahmefällen: –– ermäßigter Steuersatz (§ 34c Abs. 4) –– Erlaß oder Pauschbetrag (§ 34c Abs. 5)		

und
–– Höhe der Einkünfte
–– Die insgesamt beschränkt steuerpflichtigen Einkünfte betragen im Veranlagungszeitraum mehr als 32000 DM

Schreyer

II. Einkommensteuerrechtliche Bedeutung des Lebensalters des Steuerpflichtigen

Lfd. Nr.	Altersstufe	Betroffene Materien	Regelung a) Auswirkung b) Fundstellen c) Hinweise	Maßgebender Zeitpunkt der Altersvoraussetzung	Betroffener Personenkreis	Weitere Voraussetzungen a) formell b) materiell
	1	2	3	4	5	6
1.	Jede Altersstufe	Leibrenten	a) Ermittlung des Ertrags des Rentenrechts (Ertragsanteil) b) § 22 Nr. 1 Buchst. a) EStG, § 55 EStDV, § 10 Abs. 1 Nr. 1a EStG, Abschn. 167, 87 EStR c) In der Veranlagung des Rentenberechtigten wird bei der Ermittlung der Einkünfte vom Ertragsanteil mindestens der Werbungskosten-Pauschbetrag des § 9a Nr. 3 EStG abgezogen.	Bei Beginn der Rente vollendetes Lebensjahr des Rentenberechtigten	Alle unbeschränkt Steuerpflichtigen	a) Kein Antragserfordernis
2.	50 Jahre	Entlassungsabfindungen	a) 30000 DM-Freibetrag (statt nur 24000 DM) b) § 3 Nr. 9 EStG, Abschn. 6 Nr. 6 EStR, Abschn. 4 LStR c) Weitere Vergünstigung durch ermäßigten Steuersatz auf den steuerpflichtigen Teil der Abfindung (§§ 24 Nr. 1, 34 EStG, Abschn. 170 Abs. 1, 3, 197 bis 199 EStR). Höherer Freibe-	Auflösung des Dienstverhältnisses nach Vollendung des 50. Lebensjahrs	Arbeitnehmer im einkommensteuerlichen Sinn	a) Kein Antragserfordernis b) Mindestens 15 Jahre bestehendes Dienstverhältnis

Einkommensteuer 2 H

3.	55 Jahre	Entlassungsabfindungen	a) 36000 DM-Freibetrag (statt nur 24000 DM bei 50jährigen 30000 DM) b) § 3 Nr. 9 EStG, Abschn. 6 Nr. 6 EStR, Abschn. 4 LStR c) Weitere Vergünstigung durch ermäßigten Steuersatz auf steuerpflichtigen Teil der Abfindung (§§ 24 Nr. 1, 34 EStG, Abschn. 170 Abs. 1, 3, 197 bis 199 EStR)	Auflösung des Dienstverhältnisses nach Vollendung des 55. Lebensjahrs	Arbeitnehmer im einkommensteuerlichen Sinn	a) Kein Antragserfordernis b) Dienstverhältnis hat mindestens 20 Jahre bestanden
4.	noch 55 Jahre	Gewinne bei Betriebsveräußerung und Betriebsaufgabe	a) 120000 DM-Freibetrag (statt nur 30000 DM); Ermäßigung des Freibetrags erst ab Veräußerungs-/Aufgabegewinnen von 300000 DM (statt 100000 DM) b) §§ 16 Abs. 4, 14, 18 Abs. 3 EStG, Abschn. 139, 147 EStR. c) Weitere Vergünstigung durch ermäßigten Steuersatz auf steuerpflichtigen Teil des Veräußerungs-/Aufgabegewinns (§ 34 EStG, Abschn. 197, 198 EStR).	Veräußerung oder Aufgabe des Betriebs (Land- und Forstwirte, Gewerbetreibende) oder das der selbständigen Arbeit dienenden Vermögens nach Vollendung des 55. Lebensjahrs	Gewerbetreibende, Selbständige und bestimmte Land- und Forstwirte	a) Kein Antragserfordernis b) Veräußerung (Aufgabe) des „ganzen Betriebs" (Land- und Forstwirte, Gewerbetreibende) oder „des Vermögens, das der selbständigen Arbeit dient" (Selbständige); anteiliger Freibetrag bei Veräußerung (Aufgabe) von Teilbetrieben und Mitunternehmer-Anteilen oder (bei Selbständigen) selbständigen Teilen des Vermögens und Anteilen am Vermögen, das der selbständigen Arbeit dient.
5.	60 Jahre	Aufwendungen durch die Beschäftigung von Hilfen im Haushalt oder für vergleichbare Dienstleistungen bei Unterbringung in einem Heim oder dauernd zur Pflege	a) 1200 DM-Freibetrag pro Kalenderjahr b) § 33a Abs. 3 Nr. 1 EStG, Abschn. 192 EStR, 69 LStR. c) Der Betrag von 1200 DM pro Kalender-	Aufwendungen nach Vollendung des 60. Lebensjahrs, wobei aber der Abzug anteilig für jeden vollen oder angefangenen Kalendermonat erhalten bleibt, in dem während des Veranla-	Alle unbeschränkt Steuerpflichtigen. Es genügt, daß der nicht dauernd getrennt lebende Ehegatte die Altersvoraussetzung erfüllt.	a) Antrag ist erforderlich. b) Bei Beschäftigung von Hilfen im Haushalt: Verrichtung typischer hauswirtschaftlicher Arbeiten im Haushalt des Steuerpflichtigen.

Schreyer 575

Lfd. Nr.	1 Altersstufe	2 Betroffene Materien	3 Regelung a) Auswirkung b) Fundstellen c) Hinweise	4 Maßgebender Zeitpunkt der Altersvoraussetzung	5 Betroffener Personenkreis	6 Weitere Voraussetzungen a) formell b) materiell
			jahr wird vom Gesamtbetrag der Einkünfte abgezogen. Dieselbe Steuerermäßigung können auch jüngere Steuerpflichtige erhalten, wenn entweder sie selbst oder bestimmte Haushaltszugehörige krank sind (Näheres § 33a Abs. 3 Nr. 2 EStG).	gungszeitraums die Altersvoraussetzung vorgelegen hat.		
6.	noch 60 Jahre	Versorgungsbezüge des privaten Dienstes die wegen Erreichens einer Altersgrenze gewährt werden (Altersbezüge)	a) Versorgungs-Freibetrag von 40% der Altersbezüge, höchstens 4800 DM b) § 19 Abs. 2 Nr. 2 S. 2 EStG. c) Altersbezüge des privaten Dienstes, die nach Vollendung des 62. Lebensjahrs (s. dort) gewährt werden, sind auch ohne Schwerbehinderten-Eigenschaft des Steuerpflichtigen begünstigt. Auf den Versorgungs-Freibetrag nehmen §§ 10c Abs. 3 S. 5, 24a S. 2, 39b Abs. 2, 3, 46 Abs. 2 Nr. 3 EStG Bezug.	Bezüge und Vorteile aus früheren Dienstleistungen, die für Zeiten ab Vollendung des 60. Lebensjahrs gewährt werden.	Schwerbehinderte Arbeitnehmer (§ 1 LStDV) des privaten Dienstes	a) Kein Antragserfordernis. b) Schwerbehinderten-Eigenschaft des Steuerpflichtigen (= mindestens 50%ige Minderung der Erwerbsfähigkeit, § 65 Abs. 1 Nr. 1 EStDV, § 1 SchwbG)

Einkommensteuer

7.	62 Jahre	Versorgungsbezüge des privaten Diensts, die wegen Erreichens einer Altersgrenze gewährt werden (Altersbezüge)	a) Versorgungs-Freibetrag von 40% der Altersbezüge, höchstens 4800 DM. b) § 19 Abs. 2 Nr. 2 S. 2 EStG. c) Vor Vollendung des 62., aber nach Vollendung des 60. Lebensjahrs (s. dort) gewährte Altersbezüge können bei Schwerbehinderten begünstigt sein. Auf den Versorgungs-Freibetrag nehmen §§ 10c Abs. 3 S. 5, 24a S. 2, 39b Abs. 2, 3, 46 Abs. 2 Nr. 3 EStG Bezug.	Bezüge und Vorteile aus früheren Dienstleistungen, die für Zeiten ab Vollendung des 62. Lebensjahr gewährt werden.	Arbeitnehmer (§ 1 LStDV) des privaten Dienstes	a) Kein Antragserfordernis.
8.	65 Jahre	Altersfreibetrag	a) 720 DM-Freibetrag b) § 32 Abs. 8 EStG, Abschn. 178 EStR c) Der Freibetrag wird vom Einkommen abgezogen (§ 2 Abs. 5 EStG). Bei Zusammenveranlagung von Ehegatten verdoppelt sich der Freibetrag nur, wenn jeder Ehegatte die Altersvoraussetzung erfüllt.	Das 64. Lebensjahr muß vor dem Beginn des Kalenderjahrs vollendet sein, in dem der Steuerpflichtige sein Einkommen bezogen hat. (Der sog. 65. Geburtstag muß also in dieses Kalenderjahr fallen!)	Alle unbeschränkt Steuerpflichtigen (vgl. § 50 Abs. 1 S. 5 EStG) sowie (auch sachlich eingeschränkt) bestimmte beschränkt steuerpflichtige Arbeitnehmer (§ 50 Abs. 4 EStG)	a) Kein Antragserfordernis
9.	noch 65 Jahre	Altersentlastungsbetrag	a) „Entlastungsbetrag" von 40% der gesetzlichen Bemessungsgrundlage (s. Spalte 6 Buchst. b)), höchstens 3000 DM. b) § 24a EStG, Abschn. 171a EStR c) Der Altersentlastungsbetrag wird von der Summe der Einkünfte	Das 64. Lebensjahr muß vor dem Beginn des Kalenderjahrs vollendet sein, in dem der Steuerpflichtige sein Einkommen bezogen hat (wie beim Altersfreibetrag).	Alle unbeschränkt Steuerpflichtigen (vgl. § 50 Abs. 1 S. 5 EStG) sowie (auch sachlich eingeschränkt) bestimmte beschränkt steuerpflichtige Arbeitnehmer (§ 50 Abs. 4 EStG)	a) Kein Antragserfordernis b) Einkünfte-Konstellation: Bemessungsgrundlage sind – der (Brutto-)Arbeitslohn und – die positive Summe der Einkünfte, die nicht Einkünfte aus

Lfd. Nr.	1	2	3	4	5	6
	Alterstufe	Betroffene Materien	Regelung a) Auswirkung b) Fundstellen c) Hinweise	Maßgebender Zeitpunkt der Altersvoraussetzung	Betroffener Personenkreis	Weitere Voraussetzungen a) formell b) materiell
			abgezogen (§ 2 Abs. 3 EStG). Bei Ehegatten wird der Entlastungsbetrag jedem gewährt, der die Altersvoraussetzung und die bestimmte Einkünfte-Konstellation mitbringt (dazu Spalte 6 Buchst. b). Verträge zwischen den Ehegatten können zu optimaler Ausnutzung der Altersentlastung führen (Abschn. 174a EStR).			nichtselbständiger Arbeit sind, nicht aber alterstypische Einnahmen/Einkünfte, nämlich Versorgungsbezüge i. S. §§ 19 Abs. 2, 22 Nr. 4 S. 4 Buchst. b) und Leibrenten-Einkünfte i. S. § 22 Nr. 1 Buchst. a) EStG

Einkommensteuer

III. Einkommensteuerrechtliche Folgen der Eheschließung – Übersicht – (§§ ohne Bezeichnung = EStG, Abschn. = EStR)

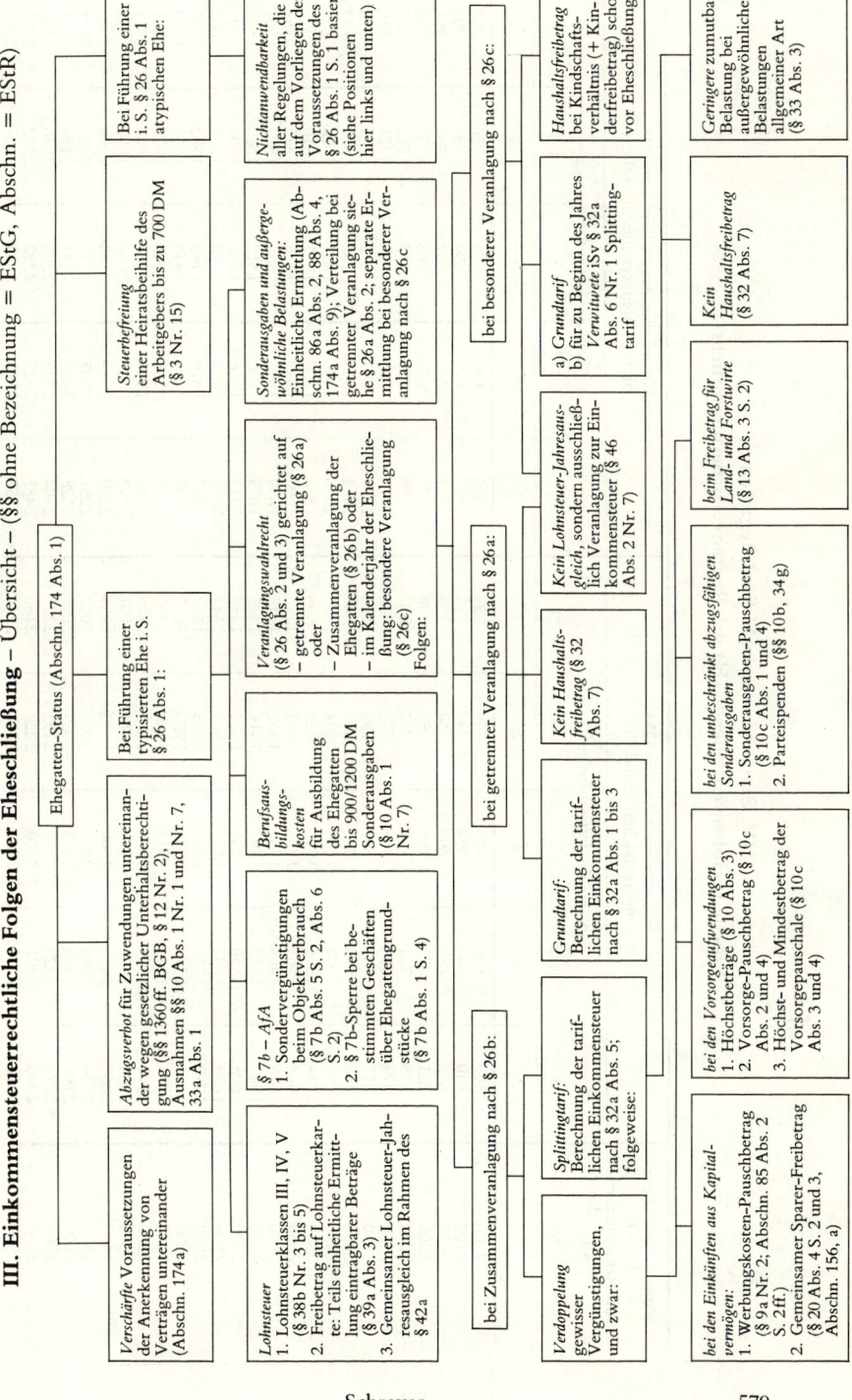

IV. Steuerklassenwahl für Ehegatten
Tabelle 1: Höherverdienende (H) *mit* Rentenversicherungspflicht

Monatlicher Arbeitslohn H mit Rentenversicherungspflicht	Monatlicher Arbeitslohn G in DM mit Rentenversicherungspflicht						Monatlicher Arbeitslohn G in DM ohne Rentenversicherungspflicht				
	Zahl der Kinderfreibeträge						Zahl der Kinderfreibeträge				
DM	0	0,5	1	1,5	2	0	0,5	1	1,5	2
1	2	3	4	5	6	7	8	9	10	11
2000	586	630	685	726	789	586	630	685	726	789
2100	640	640	694	739	793	640	640	694	739	793
2150	672	654	699	748	798	672	654	699	748	798
2200	721	672	703	753	798	721	672	703	753	798
2250	798	721	717	762	807	798	721	717	762	807
2300	874	798	748	771	816	798	798	748	771	816
2350	973	897	847	784	825	874	897	847	784	825
2400	1135	973	946	847	847	1374	1378	1342	847	847
2450	1338	1072	1050	924	897	1464	1446	1432	924	897
2500	1414	1315	1216	1023	996	1518	1500	1491	1410	1392
2550	1468	1401	1365	1162	1113	1558	1549	1536	1473	1459
2600	1518	1464	1437	1351	1315	1603	1590	1576	1522	1504
2650	1562	1513	1491	1414	1401	1639	1630	1612	1562	1549
2700	1608	1558	1536	1473	1459	1675	1666	1648	1603	1590
2800	1679	1635	1612	1563	1545	1711	1738	1720	1675	1662
2900	1747	1716	1684	1653	1617	1779	1810	1783	1752	1725
3000	1814	1779	1756	1720	1693	1837	1873	1846	1815	1788
3100	1873	1846	1815	1788	1761	1909	1936	1909	1878	1851
3200	1940	1909	1878	1851	1824	1972	1999	1968	1941	1914
3300	2008	1968	1950	1914	1891	2040	2067	2040	1999	1977
3400	2067	2031	2008	1972	1954	2112	2130	2103	2058	2040
3500	2134	2089	2067	2031	2013	2179	2197	2170	2121	2098
3600	2197	2152	2125	2089	2071	2251	2269	2233	2188	2161
3700	2274	2220	2188	2152	2125	2328	2346	2305	2256	2224
3800	2346	2301	2260	2220	2188	2404	2427	2382	2332	2292
3900	2418	2273	2332	2287	2256	2481	2503	2458	2404	2364
						2557				

Einkommensteuer 4 H

Monatlicher Arbeitslohn							
4000	2494	2445	2404	2359	2323	2481	2436
4100	2566	2521	2476	2431	2395	2557	2508
4200	2647	2593	2557	2508	2472	2634	2593
4300	2724	2670	2634	2580	2544	2710	2670
4400	2791	2742	2701	2652	2611	2791	2742
4500	2859	2809	2764	2719	2679	2863	2814
4600	2926	2877	2832	2787	2746	2931	2881
4700	2998	2940	2908	2850	2818	3003	2962
4800	3066	3007	2971	2917	2881	3075	3030
4900	3133	3075	3039	2980	2949	3142	3102
5000	3201	3142	3106	3048	3016	3214	3174
5100	3264	3214	3169	3124	3079	3295	3241
5200	3331	3282	3237	3187	3147	3363	3313
5300	3399	3349	3304	3255	3214	3434	3385
5400	3465	3412	3367	3322	3277	3507	3453
5500	3529	3480	3435	3385	3340	3578	3525

Tabelle 2: Höherverdienende (H) *ohne* Rentenversicherungspflicht

Monatlicher Arbeitslohn H **ohne** Rentenversicherungspflicht	Monatlicher Arbeitslohn G in DM **mit** Rentenversicherungspflicht					Monatlicher Arbeitslohn G in DM **ohne** Rentenversicherungspflicht				
	Zahl der Kinderfreibeträge					Zahl der Kinderfreibeträge				
DM	0	0,5	1	1,5	2	0	0,5	1	1,5	2
1	2	3	4	5	6	7	8	9	10	11
2000	1050	946	991	924	946	1432	1356	1383	924	1351
2100	1216	1041	1050	946	973	1482	1423	1428	1351	1383
2150	1266	1113	1072	1023	973	1495	1464	1441	1410	1378
2200	1369	1216	1167	1113	1050	1536	1486	1482	1419	1428
2250	1410	1356	1265	1216	1050	1554	1522	1495	1464	1436
2300	1459	1382	1364	1342	1162	1590	1540	1536	1482	1473
2350	1482	1441	1400	1401	1239	1608	1581	1549	1518	1491
2400	1513	1482	1446	1428	1360	1635	1608	1581	1548	1527
2450	1563	1513	1491	1473	1414	1671	1630	1617	1572	1558
2500	1585	1554	1513		1441	1693	1662	1635	1603	1581

Monatlicher Arbeitslohn H ohne Rentenversicherungspflicht	Monatlicher Arbeitslohn G in DM mit Rentenversicherungspflicht					Monatlicher Arbeitslohn G in DM ohne Rentenversicherungspflicht				
	Zahl der Kinderfreibeträge					Zahl der Kinderfreibeträge				
DM	0	0,5	1	1,5	2	0	0,5	1	1,5	2
1	2	3	4	5	6	7	8	9	10	11
2550	1617	1572	1558	1509	1491	1725	1684	1671	1626	1612
2600	1648	1612	1581	1549	1513	1747	1716	1689	1662	1635
2650	1680	1635	1617	1567	1558	1779	1738	1725	1680	1666
2700	1707	1671	1644	1612	1581	1801	1770	1743	1716	1689
2800	1765	1734	1707	1671	1639	1860	1828	1801	1770	1742
2900	1828	1788	1765	1725	1711	1923	1878	1860	1824	1801
3000	1882	1846	1824	1788	1765	1981	1936	1914	1878	1860
3100	1941	1900	1878	1842	1819	2040	1995	1968	1932	1909
3200	1995	1959	1936	1900	1878	2098	2053	2026	1986	1963
3300	2053	2017	1990	1959	1932	2161	2116	2080	2044	2017
3400	2112	2071	2044	2013	1986	2224	2179	2139	2103	2071
3500	2166	2130	2098	2067	2040	2292	2242	2202	2161	2125
3600	2233	2188	2157	2121	2094	2359	2310	2265	2224	2188
3700	2296	2256	2215	2179	2148	2427	2382	2332	2287	2247
3800	2364	2319	2287	2242	2211	2503	2445	2409	2355	2319
3900	2431	2382	2350	2305	2274	2571	2512	2476	2422	2386
4000	2494	2445	2413	2368	2337	2638	2580	2544	2490	2449
4100	2557	2508	2476	2431	2404	2710	2647	2611	2553	2521
4200	2620	2580	2539	2499	2463	2773	2724	2679	2629	2584
4300	2683	2642	2602	2562	2526	2841	2791	2746	2697	2652
4400	2746	2706	2665	2625	2589	2908	2859	2814	2764	2719
4500	2809	2769	2728	2688	2652	2976	2926	2877	2827	2787
4600	2872	2832	2791	2751	2715	3043	2994	2949	2895	2854
4700	2944	2895	2863	2814	2787	3120	3057	3021	2962	2926
4800	3007	2953	2926	2877	2850	3187	3124	3088	3030	2994
4900	3070	3016	2989	2935	2908	3255	3192	3156	3093	3061
5000	3133	3079	3052	2998	2971	3322	3259	3223	3160	3124
5100	3192	3147	3111	3070	3034	3385	3331	3286	3237	3192
5200	3255	3210	3174	3133	3093	3453	3399	3354	3304	3259
5300	3318	3273	3232	3192	3156	3520	3466	3417	3367	3323
5400	3376	3336	3295	3255	3214	3583	3534	3484	3435	3390
5500	3439	3394	3358	3313	3277	3651	3597	3552	3502	3457

Einkommensteuer 4 H

Erläuterungen zu den Steuerklassenwahl-Tabellen

Ehegatten-Wahlrecht. Nicht dauernd getrennt lebende Ehegatten, die beide unbeschränkt einkommensteuerpflichtig sind und beide Arbeitslohn beziehen, können wählen, ob sie **beide in die Steuerklasse IV** oder ob einer der Ehegatten in **Steuerklasse III und der andere Ehegatte in die Steuerklasse V** eingeordnet werden wollen. Welche Kombination günstiger ist, hängt auch vom Verhältnis der Höhe der Arbeitslöhne der Ehegatten zueinander ab. Hier geben die Steuerklassenwahl-Tabellen Entscheidungshilfe. Wenn die Ehegatten für 1986 diese Wahl treffen wollen, so können sie unter Vorlage der beiden Lohnsteuerkarten die Steuerklasseneintragung bei der Gemeinde, die die Lohnsteuerkarten ausgestellt hat, vor Jahresbeginn vornehmen lassen. Ein **Steuerklassenwechsel** im Laufe des Kalenderjahrs kann bei der Gemeinde bis zum 30. **November** beantragt werden, und zwar grundsätzlich nur einmal, es sei denn, daß während des Kalenderjahrs ein Ehegatte aus dem Arbeitsverhältnis ausscheidet oder verstirbt. Bei erstmaliger Ausstellung einer Lohnsteuerkarte für einen der Ehegatten im Laufe des Kalenderjahres wird auf dieser Lohnsteuerkarte die Steuerklasse V eingetragen, wenn auf der Lohnsteuerkarte des anderen Ehegatten bereits die Steuerklasse III bescheinigt ist. Soll an Stelle der Steuerklasse V die Steuerklasse IV eingetragen werden, muß die Lohnsteuerkarte des anderen Ehegatten vorgelegt werden, damit auch dort die Steuerklasse in IV geändert wird.

Die Tabellen. In den Tabellen auf den Seiten 10 bis 13 ist jeweils zu Monatslohnbeträgen (nach Abzug etwaiger Freibeträge) des höherverdienenden Ehegatten (H) derjenige Monatslohn des geringerverdienenden Ehegatten (G) angegeben, der bei der Steuerklassen-Kombination III (für H) und V (für G) nicht überschritten werden darf, wenn der geringste Lohnsteuerabzug erreicht werden soll. **Übersteigt der Monatslohn des G** den angegebenen Betrag, sind die Steuerklassen **IV/IV für die Ehegatten günstiger** als die Steuerklassen III/V.

Beispiel
Beide Ehegatten sind rentenversicherungspflichtige Arbeitnehmer ohne Kinder. Der monatliche Lohn des Ehemanns ist (nach Abzug von Freibeträgen) 4000 DM, der entsprechende Lohn der Ehefrau 2500 DM.
Der Ehemann ist der Ehegatte H (= höherverdienend) iS der Tabellen. Nach Tabelle 1 führt die Steuerklassen-Kombination **IV/IV** zur geringsten Lohnsteuer, weil der Monatslohn des Ehegatten G (Ehefrau) 2494 DM übersteigt.

Kinderfreibeträge. Bei der Eintragung auf der Lohnsteuerkarte hat die Zahl der Kinderfreibeträge (§ 39 Abs. 3 EStG) andere Voraussetzungen und eine andere Bedeutung als die Zahl der Kinder iSv § 39 Abs. 3 Nr. 4 EStG, bei der auch die Zuordnung (§ 32 Abs. 7 Sätze 3 und 4 EStG) eine Rolle spielt.
Jedes Kind vermittelt grundsätzlich einen Kinderfreibetrag von 2484 DM jährlich, der beiden Eltern je zur Hälfte zusteht. Die Zuordnung von Kindern spielt also keine Rolle. Lohnsteuerlich wird der Kinderfreibetrag auf der Lohnsteuerkarte grundsätzlich für jedes Kind mit dem **Zähler 0,5**, ausnahmsweise mit dem **Zähler 1** ausgedrückt, wenn
– das Kind bei verheirateten Arbeitnehmern in der Steuerklasse III oder IV zu beiden Ehegatten in einem Kindschaftsverhältnis steht oder
– der andere Elternteil des Kindes vor dem Beginn des Kalenderjahrs verstorben ist oder
– ein Arbeitnehmer allein das Kind angenommen hat.

Dies bedeutet natürlich nicht, daß bei Arbeitnehmern, die das **Ehegatten-Wahlrecht** haben, der Kinderfreibetrag von 2484 DM doppelt berücksichtigt wird; denn in den Lohnsteuertabellen ist der Kinderfreibetrag bei der Steuerklassen-Kombination III/V nur in der Steuerklasse III und bei der Kombination IV/IV nur jeweils zur Hälfte eingearbeitet. In den Fällen der Steuerklassen III und IV sind bei der Eintragung der Kinderfreibeträge auch Kinder des Ehegatten zu berücksichtigen.

Beispiel
Der Ehemann ist nicht rentenversicherungspflichtig, hat ein 8jähriges Kind aus erster Ehe, das bei der Mutter im Inland lebt und gemeldet ist, und bezieht monatlichen Lohn (nach Abzug von Freibeträgen)

Schreyer 583

von 3900 DM. Beide Ehegatten haben ein gemeinsames 4jähriges Kind. Die Ehefrau ist rentenversicherungspflichtig. Ihr Monatslohn beträgt 2300 DM.
Der Ehemann ist der Ehegatte H (= höherverdienend) iS der Tabellen. Nach Tabelle 2 führt die Steuerklassen-Kombination **III/V** zur geringsten Lohnsteuer, weil der Monatslohn des Ehegatten G (Ehefrau) 2300 DM (Spalte 5) nicht übersteigt. (Unter Zahl der Kinderfreibeträge ist bei H auf der Lohnsteuerkarte der Zähler 1,5 einzutragen. Im Fall der Kombination IV/IV wäre derselbe Zähler auf beiden Lohnsteuerkarten einzutragen.)

V. Ehegattenveranlagung 1986

Belastungsvergleich zwischen den drei Veranlagungsarten
(Beispiel)

1. Sachverhalt:

Der verheiratete, nie dauernd von seiner Ehefrau Rosa (R) getrennt lebende Pyramos (50) und die ledige Sekretärin Thisbe (35) sind seit Jahren innig befreundet. 1985 stirbt die Ehefrau R und Pyramos (P) zieht noch im selben Kalenderjahr mit seinem Sohn Arndt (A) zu Thisbe (T).
Im April 1986 heiraten P und T. Auch in dieser Ehe liegen die Voraussetzungen des § 26 Abs. 1 S. 1 EStG vor. Einnahmen/Einkünfte 1986 der Ehegatten ergeben sich aus der nachfolgenden Zusammenstellung; bei der Ermittlung der Einkünfte sind die gesetzlichen Pausch- und Freibeträge berücksichtigt. Die 1986 tatsächlich geleisteten Sonderausgaben iSv § 10 EStG übersteigen die Pauschalbeträge des § 10c EStG nicht:

Namen	Geburtstag	Eltern	Mit Hauptwohnung gemeldet bei	Unterhalten ausschließlich durch
Arndt (A)	10. 10. 1976	P (+ R)	P	P + T
Beate (B)	18. 08. 1976	(X +) T	T	P + T
Christian (C)	24. 02. 1985	P + T	P + T	P + T
Doris (D)	26. 08. 1986	P + T	P + T	P + T

Alle Personen des Sachverhalts sind unbeschränkt einkommensteuerpflichtig. Alle Anträge auf Steuervergünstigungen sind gestellt.

Einkommensteuer

2. Berechnung der festzusetzenden Einkommensteuer und der jeweiligen Gesamtbelastung der Ehegatten in den drei Arten der Ehegattenveranlagung (vergleichende Übersicht):

	Zusammen-veranlagung	getrennte Veranlagung		besondere Veranlagung	
	P/T	P	T	P	T
Einkünfte aus Gewerbebetrieb	20 000	20 000	–	20 000	–
Einkünfte aus nichtselbständiger Arbeit	26 356	–	26 356	–	26 356
Einkünfte aus Kapitalvermögen	4 200	4 000	200	4 000	200
Einkünfte aus Vermietung und Verpachtung	6 000	6 000	–	6 000	–
sonstige Einkünfte	1 200	–	1 200	–	1 200
Summe der Einkünfte	57 756	30 000	27 756	30 000	27 756
Gesamtbetrag der Einkünfte	57 756	30 000	27 756	30 000	27 756
Sonderausgaben	5 346	570	3 780	840	3 780
Einkommen (§ 2 Abs. 4 EStG)	52 410	29 430	23 976	29 160	23 976
Kinderfreibeträge	9 936	4 968	4 968	4 968	4 968
Haushaltsfreibetrag	–	–	–	–	4 536
Härteausgleich (§ 46 Abs. 5 EStG, § 70 EStDV)	–	–	200	–	200
zu versteuerndes Einkommen (§ 2 Abs. 5 EStG)	42 474	24 462	18 808	24 192	14 272
festzusetzende ESt					
– Grundtarif	–	4 619	3 139	–	2 138
– Splittingtarif	7 462	–	–	3 326	–
+ ESt des anderen Ehegatten	bereits enthalten	3 139	4 619	2 138	3 326
= Gesamtbelastung	7 462	7 758	7 758	5 464	5 464

3. Anmerkungen

a) Zu den Sonderausgaben

Der *Sonderausgaben-Pauschbetrag* iSv § 10c Abs. 1 EStG ist 270 DM, im Fall der Zusammenveranlagung und, wenn die tarifliche Einkommensteuer nach § 32a Abs. 6 EStG zu ermitteln ist, 540 DM (§ 10c Abs. 4 EStG). Die Verdopplung tritt auch ein, wenn bei der besonderen Veranlagung für den Veranlagungszeitraum der Eheschließung das Verwitweten-Splitting iSv § 32a Abs. 6 Nr. 1 EStG anzuwenden ist (§ 26c Abs. 2 EStG).

Der *Vorsorge-Pauschbetrag* von 300 DM ist in der getrennten und in der besonderen Veranlagung des Ehemanns zu berücksichtigen. Ein Fall der Verdopplung liegt nicht vor (§ 10c Abs. 4 Satz 2 EStG).

Die *Vorsorgepauschale* kommt in allen drei Veranlagungen der T zum Ansatz; denn (auch) im Fall der Zusammenveranlagung ist § 10c Abs. 3 an Stelle des Abs. 2 anzuwenden, wenn mindestens einer der Ehegatten Arbeitslohn bezogen hat (§ 10c Abs. 4 Nr. 2 EStG).

Berechnung der Vorsorgepauschale

Bemessungsgrundlage (= Arbeitslohn 28 000 DM vermindert um Weihnachts-Freibetrag 600 DM) = 27 400 DM

9% von 27 400 DM	Zusammen-veranlagung		getrennte Veranlagung		besondere Veranlagung	
	Höchst-betrag	Ansatz	Höchst-betrag	Ansatz	Höchst-betrag	Ansatz
DM	DM	DM	DM	DM	DM	DM
a) 2466	4680	2466	2340	2340	2340	2340
b) 2466		2340		1170		1170
abgerundet		<u>4806</u>		<u>3510</u>		<u>3510</u>

b) Zu den Kinderfreibeträgen

8 Kind Arndt ist als eheliches Kind im ersten Grad mit P verwandt (§ 32 Abs. 1 Nr. 1 EStG). Zu T besteht kein Pflegekindschaftsverhältnis, weil das Obhuts- und Pflegeverhältnis zu P noch besteht (§ 32 Abs. 1 Nr. 2 EStG). Bei P wird ein Kinderfreibetrag von 2484 DM abgezogen, weil der andere Elternteil (R) vor dem Beginn des Kalenderjahrs verstorben ist (§ 32 Abs. 6 Satz 3 Nr. 1 EStG).
Kind Beate ist als nichteheliches Kind im ersten Grad mit T verwandt (§ 32 Abs. 1 Nr. 1 EStG). Dasselbe Kindschaftsverhältnis besteht auch zu X, der seiner Unterhaltsverpflichtung gegenüber Beate nicht nachkommt. Bei T werden daher der Kinderfreibetrag von 1242 DM iSv § 32 Abs. 6 Satz 1 sowie der antragsgemäß übertragene Kinderfreibetrag des anderen Elternteils in Höhe von ebenfalls 1242 DM, zusammen also 2484 DM abgezogen (§ 32 Abs. 6 Satz 4 EStG).
Kind Christian ist als (ab Eheschließung) eheliches Kind im ersten Grad sowohl mit P als auch mit T verwandt (§ 32 Abs. 1 Nr. 1 EStG). Das Kindschaftsverhältnis iSv § 32 Abs. 1 Nr. 1 EStG war allerdings auch schon vor der Eheschließung zu beiden Ehegatten begründet (§ 26c Abs. 3 EStG). Bei der Zusammenveranlagung der Ehegatten wird daher ein Kinderfreibetrag von 2484 DM (§ 32 Abs. 6 Satz 2 EStG), bei der getrennten und bei der besonderen Veranlagung jedes Ehegatten ein Kinderfreibetrag von 1242 DM abgezogen (§ 32 Abs. 6 Satz 1 EStG).
Kind Doris ist als eheliches Kind im ersten Grad mit beiden Ehegatten verwandt (§ 32 Abs. 1 Nr. 1 EStG). Bei der Zusammenveranlagung wird daher ein Kinderfreibetrag von 2484 DM (§ 32 Abs. 6 Satz 2 EStG), bei der getrennten Veranlagung und bei der besonderen Veranlagung jedes Ehegatten ein Kinderfreibetrag von 1242 DM abgezogen (§ 32 Abs. 6 Satz 1 EStG).

c) Zum Haushaltsfreibetrag

9 Bei der Zusammenveranlagung der Ehegatten und bei der besonderen Veranlagung des P für den Veranlagungszeitraum der Eheschließung wird ein Haushaltsfreibetrag nicht abgezogen, weil die Voraussetzungen des § 32a Abs. 5 und Abs. 6 EStG erfüllt sind (§ 32 Abs. 7 Satz 1 EStG). Bei der getrennten Veranlagung nach §§ 26, 26a EStG ist der Abzug ebenfalls ausgeschlossen (§ 32 Abs. 7 Satz 1 EStG). Bei der besonderen Veranlagung der T für den Veranlagungszeitraum der Eheschließung wird hingegen ein Haushaltsfreibetrag von 4536 DM abgezogen. Zwar bleibt das Kind Doris nach § 26c Abs. 3 EStG für die Anwendung des § 32 Abs. 7 EStG unberücksichtigt. Die Steuerpflichtige erhält aber schon wegen ihres Kindes Christian einen Kinderfreibetrag und daher einen Haushaltsfreibetrag. Daß ihr im Verhältnis zum Vater X auch das Kind Beate zuzuordnen ist (vgl. § 32 Abs. 7 Sätze 2ff. EStG) und daß sie auch insoweit einen Kinderfreibetrag erhält, spielt für den Abzug des Haushaltsfreibetrags keine Rolle mehr.

VI. Einkommensteuerrechtliche Folgen des dauernden Getrenntlebens von Ehegatten und der Ehescheidung

– Übersicht –
(§§ ohne Bezeichnung = EStG, Abschn. = EStR)

| Unmittelbare Folgen | Mittelbare Folgen |

Negative Folgen	Positive Folgen		
Veranlagungswahlrecht/ Tarif – Wegfall des Wahlrechts zwischen getrennter Veranlagung und Zusammenveranlagung (§ 26 Abs. 1), damit hauptsächlich –– Wegfall des fakultativen Splitting-Verfahrens (§§ 26b, 32a Abs. 5); der Splittingtarif kann aber im Jahr der Scheidung noch nach § 32a Abs. 6 Nr. 2 zustehen; –– Wegfall der Verdopplung von Steuervergünstigungen in §§ 9a Nr. 2, 10 Abs. 3, 10b, 10c Abs. 4, 13 Abs. 3, 32 Abs. 6, 34g	**Abzugsfähigkeit von** – **Unterhaltsleistungen** –– Ehegattenunterhalt als Sonderausgaben im Fall des Realsplitting (§ 10 Abs. 1 Nr. 1) oder als außergewöhnliche Belastung im Rahmen des § 33a Abs. 1; –– Kindesunterhalt in der Regel nicht, weil Anspruch auf Kinderfreibetrag bestehen wird (§ 33a Abs. 1) – Kinderbetreuungskosten als Alleinstehender (§ 33c Abs. 1 bis 4)	Steuerliche Be- oder Entlastung bei Vermögenstransaktionen (Übertragung von Wirtschaftsgütern, Begründung von Nutzungsrechten) im Zusammenhang mit der Scheidung, wenn und soweit dadurch der Tatbestand der Einkünfteerzielung auf den anderen Ehegatten übergeht. Zu denken ist an Scheidungsvereinbarungen, in denen zur Aufteilung des Vermögens oder zur Abfindung von Zahlungsansprüchen (Unterhalt, Zugewinnausgleich) solche Transaktionen vorgesehen oder vorgenommen werden. Wegen der einkommensteuerlichen Folgen des Versorgungsausgleichs siehe BMF-Schreiben vom 20. 7. 1981 BStBl I S. 567	
Lohnsteuer – Wegfall der Lohnsteuerklassen III, IV, V (§ 38b); – Wegfall einheitlicher Ermittlung beim Freibetrag auf der Lohnsteuerkarte (§ 39a Abs. 3); – Wegfall des gemeinsamen Lohnsteuer-Jahresausgleichs	– **Scheidungskosten** als außergewöhnliche Belastungen allgemeiner Art (§ 33), und zwar insbesondere –– Kosten des Rechtsstreits, auch die an sich den anderen Teil treffenden Kosten, soweit sie bereits vor Gericht übernommen werden, und –– Gutachterkosten, soweit sie nicht schon Kosten des Rechtsstreits sind.		
Zuwendungen an den Ehegatten oder geschiedenen Ehegatten – Abzugsverbot wegen gesetzlicher Unterhaltsberechtigung (§§ 1361, 1569 ff. BGB; § 12 Nr. 2); allerdings Ausnahmen in §§ 10 Abs. 1 Nr. 1, 33a; – Wegfall des Sonderausgabenabzugs bei Berufsausbildungskosten für den Ehegatten (§ 10 Abs. 1 Nr. 7).	– **Kinderfreibetrag** Übertragbarkeit des Kinderfreibetrags des anderen Elternteils (§ 32 Abs. 6 S. 4) – **Haushaltsfreibetrag,** wenn der Steuerpflichtige mindestens einen Kinderfreibetrag erhält (§ 32 Abs. 7)		

VII. Zu versteuerndes Einkommen und festzusetzende Einkommensteuer
– Gang der Ermittlung –

11 Summe der Einkünfte aus den Einkunftsarten

Land- und Forstwirtschaft	Gewerbebetrieb	selbständige Arbeit	nichtselbständige Arbeit	Kapitalvermögen	Vermietung und Verpachtung	Sonstige Einkünfte

+ nachzuversteuernder Betrag (§ 10a EStG)
− Verlustabzugsbetrag (§ 2 Abs. 1 Satz 1 AIG)
+ Hinzurechnungsbetrag (§ 2 Abs. 1 Satz 3 AIG)

= **Summe der Einkünfte**
− Altersentlastungsbetrag (§ 24a EStG)
− Ausbildungsplatz – Abzugsbetrag (§ 24b EStG)
− Freibetrag für Land- und Forstwirte (§ 13 Abs. 3 EStG)
− ausländische Steuern vom Einkommen (§ 34c Abs. 2, 3 und 6 EStG)

= **Gesamtbetrag der Einkünfte (§ 2 Abs. 3 EStG)**
− Sonderausgaben (§§ 10, 10b, 10c EStG)
− steuerbegünstigter nicht entnommener Gewinn (§ 10a EStG)
− Freibetrag für freie Berufe (§ 18 Abs. 4 EStG)
− außergewöhnliche Belastungen (§§ 33 bis 33c EStG, § 33a EStG 1953 in Verbindung mit §§ 52 Abs. 24, 53a EStG)
− Verlustabzug (§ 10d EStG, § 2 Abs. 1 Satz 2 AIG)

= **Einkommen (§ 2 Abs. 4 EStG)**
− Kinderfreibetrag (§ 32 Abs. 6 EStG)
− Haushaltsfreibetrag (§ 32 Abs. 7 EStG)
− Altersfreibetrag (§ 32 Abs. 8 EStG)
− Zinsen im Sinne des § 43 Abs. 1 Nr. 5 EStG, falls kein Antrag nach § 46a EStG gestellt wurde (Abschn. 221 Abs. 1 EStR)
− freibleibender Betrag nach § 46 Abs. 3, § 46a letzter Satz EStG, §§ 70, 72 EStDV

= **zu versteuerndes Einkommen (§ 2 Abs. 5)**
  Daraus Steuerbetrag nach
  —— Grundtabelle/Splittingtabelle
  oder
  —— Steuersatz bei Anwendung des Progressionsvorbehalts (§ 32b EStG)
+ Steuer auf die einem ermäßigten Steuersatz unterliegenden Einkünfte (§§ 34, 34b, 34c Abs. 4 EStG)

= **tarifliche Einkommensteuer (§ 32a Abs. 1, 5 EStG)**
− ausländische Steuern nach § 34c Abs. 1 und 6 EStG, § 12 AStG
− Steuerermäßigung bei Land- und Forstwirten nach § 34e EStG
− Steuerermäßigung für freie Erfinder (§ 4 Ziff. 3 VO über die einkommensteuerliche Behandlung der freien Erfinder vom 30. 5. 1951)
− Steuerermäßigung für Einkünfte aus Berlin (West) nach §§ 21, 22 BerlinFG

Einkommensteuer   12 **H**

+ Steuern nach § 34c Abs. 5 EStG
− Steuerermäßigung nach §§ 16, 17 BerlinFG
− Steuerermäßigung nach § 14 des 4. VermBG
− Steuerermäßigung bei Inanspruchnahme erhöhter Absetzungen nach § 7b EStG (§ 34f EStG)
− Steuerermäßigung bei Ausgaben zur Förderung staatspolitischer Zwecke (§ 34g EStG)
− Steuerermäßigung bei Belastung mit Erbschaftsteuer (§ 35 EStG)
+ Nachsteuer nach §§ 30, 31 EStDV

= **festzusetzende Einkommensteuer (§ 2 Abs. 6 EStG)**

VIII. Zu versteuerndes Einkommen und festzusetzende Einkommensteuer 1986

12
− Berechnungsbeispiel auf der Basis von drei Einnahme-Beträgen −
− zugleich Ergänzung der Beispiele in Abschn. 114 Abs. 2 EStR −

1. Sachverhalt:

Ein 67jähriger Steuerpflichtiger mit Wohnsitz in München stirbt im Juli 1986. Seine Ehefrau heiratet im Oktober 1986 erneut. In ihren beiden Ehen sind die Voraussetzungen des § 26 Abs. 1 Satz 1 EStG erfüllt.

Der Verstorbene, der keine über die gesetzlichen Pauschalabzugs- und Freibeträge hinausgehenden Aufwendungen hat, bezieht 1986 bis zu seinem Tod
− eine Beamtenpension von 13 992 DM,
− aktiven Arbeitslohn von 6 800 DM und
− Darlehenszinsen von 1 100 DM.

Schreyer   589

2. Berechnung:			Fundstellen (§§ = EStG, Abschn. = EStR)
Einkünfte aus nichtselbständiger Arbeit			
– Bezüge (13 992 + 6800 =)	20 792		§ 19 Abs. 1 Nr. 1 und 2, Abs. 2 S. 2
– Abzüge (4800 + 600 + 480 + 564 =)	6444	14 348	§ 19 Abs. 2 S. 1, Abs. 3 §§ 19 Abs. 4, 9a Nr. 1
Einkünfte aus Kapitalvermögen			
– Bezüge	1100		§ 20 Abs. 1 Nr. 7
– Abzüge (100 + 300 =)	400	700	§§ 9a Nr. 2, 20 Abs. 4 S. 1
= Summe der Einkünfte		15 048	
Altersentlastungsbetrag 40% (6800 + 700 =)		3000	§ 24a
= Gesamtbetrag der Einkünfte		12 048	§ 2 Abs. 3
Sonderausgaben-Pauschbetrag		540	§ 10c Abs. 1, Abs. 4 S. 1, Nr. 1 S. 2
Vorsorgepauschale (B)			§ 10c Abs. 3, S. 3, Abs. 5 Nr. 2
– Bezüge (13 992 + 6800 =)	20 792		§§ 10c Abs. 3 S. 5, 19 Abs. 1
– Abzüge (4800 + 600 + 2720 =)	8120		§§ 10c Abs. 3 S. 5, 19 Abs. 2 und 3, 24a
– Bemessungsgrundlage	12 672		Abschn. 114 Abs. 2 S. 1
– 9%, höchstens 2000 DM	1140		§ 10c Abs. 3 S. 2 Nr. 1, S. 3, Abs. 4 S. 1 Nr. 1, S. 2
– 9%, höchstens 2000 DM	1140		§ 10c Abs. 3 S. 2 Nr. 2, S. 3, Abs. 4 S. 1 Nr. 1, S. 2
– abgerundet bei Divisor 54, angelegt an	2280	2268	§ 10c Abs. 3 S. 4
= Einkommen		9240	§ 2 Abs. 4
Altersfreibetrag		720	§ 32 Abs. 8 S. 1
Härteausgleichsbetrag:			
– Einkünfte ohne Lohnsteuerabzug	700		§ 46 Abs. 2 Nr. 6, Abs. 3 S. 1
– Abzüge (3000 – 2720 =)	280	420	§§ 46 Abs. 3 S. 2, 24a
= zu versteuerndes Einkommen		8100	§ 2 Abs. 5 Halbs. 1
Steuerbetrag (Splittingtabelle) = festzusetzende Einkommensteuer		0	§§ 32a Abs. 6 Nr. 2, 2 Abs. 6 und 7
(Anrechnung der durch Lohnsteuerabzug erhobenen Einkommensteuer			§ 36 Abs. 2 Nr. 2)

3. Anmerkung

Der Verstorbene ist einzeln zu veranlagen. Zwar liegen auch in seiner Ehe die Voraussetzungen des § 26 Abs. 1 Satz 1 EStG vor. Doch bleibt diese Ehe wegen Wiederheirat der Witwe unberücksichtigt (§ 26 Abs. 1 Satz 2 EStG).

Einkommensteuer

IX. Einkommensteuerliche Abzugsfähigkeit von Aufwendungen
– Übersicht –
(§§ = EStG, Abschn. = EStR)

Rein privat veranlaßte Aufwendungen iSv § 12 EStG (für Haushalt, Unterhalt, Personensteuern, Geldstrafen/-bußen)		Durch Erzielung steuerpflichtiger Einnahmen im Rahmen der 7 Einkunftsarten veranlaßte Aufwendungen (Betriebsausgaben oder Werbungskosten)	
Abzugsfähige Aufwendungen	Nichtabzugsfähige Aufwendungen		Abzugsfähige Aufwendungen
Ausnahmsweise Abzugsfähigkeit in folgenden Fällen: – Sonderausgaben – – Ehegattenunterhalt bei Realsplitting (§ 10 Abs. 1 Nr. 1) – – Vorsorgeaufwendungen (§ 10 Abs. 1 Nr. 2 und 3, Abs. 2 bis 6) – – gezahlte Kirchensteuer (§ 10 Abs. 1 Nr. 4) – – abzugsfähige Teile der LAG-Abgaben (§ 10 Abs. 1 Nr. 5) – – (private) Steuerberatungskosten (§ 10 Abs. 1 Nr. 6) – – Aufwendungen für eigene oder des Ehegatten Berufsausbildung (§ 10 Abs. 1 Nr. 7) – außergewöhnliche Belastungen – – allgemeiner Art (§ 33) – – in den besonderen Fällen des § 33a – – unmittelbar infolge Körperbehinderung (§ 33b Abs. 1 bis 3, 5 und 6; § 65 Abs. 1 bis 3 EStDV) – – im Fall von Hinterbliebenenbezügen (§ 33b Abs. 4 bis 6; § 65 Abs. 4 EStDV) – – durch Inanspruchnahme von Kinderbetreuungsleistungen bei erwerbstätigen Alleinstehenden (§ 33c Abs. 1 bis 4) und Ehegatten in bestimmten Fällen (§ 33c Abs. 5)	Grundsatz der Nichtabzugsfähigkeit (§ 12), und zwar: – weder vom Gesamtbetrag der Einkünfte (§ 2 Abs. 3) – – Ausnahmen siehe linke Spalte – noch bei den einzelnen Einkunftsarten (§ 2 Abs. 1), also – – weder als Betriebsausgaben (§ 4 Abs. 4) – – noch als Werbungskosten (§ 9), – – bei gemischten Aufwendungen: Aufteilungsverbot (Ausnahmen Abschn. 117 Abs. 2 bis 4, 118 Abs. 2 und 3)	Ausnahmsweise Nichtabzugsfähigkeit in folgenden Fällen: – Betriebsausgaben – – § 4 Abs. 5 Nr. 1 bis 9 (von ,,Werbegeschenke" bis ,,Ausgleichszahlungen an außenstehende Anteilseigner") – – § 4 Abs. 6 (Parteispenden) – – § 4 Abs. 7 i. V. m. Abs. 5 Nr. 1 bis 5 und 7 (besondere Aufzeichnung) – Werbungskosten – § 9 Abs. 1 S. 3 Nr. 4 und 5 (Stichworte: ,,Fahrten Wohnung – Arbeitsstätte" und ,,doppelte Haushaltsführung"; Ausnahmen für bestimmte Körperbehinderte: § 9 Abs. 2) – – § 9 Abs. 5 – – – Geldbußen (iSv § 4 Abs. 5 Nr. 8) – – – Parteispenden (iSv § 4 Abs. 6)	Grundsatz der Abzugsfähigkeit, und zwar: – als Betriebsausgaben im Rahmen des § 4 Abs. 4 oder – als Werbungskosten im Rahmen des § 9

X. Freibeträge, Freigrenzen und Pauschalabzugsbeträge, die mit dem Vorliegen bestimmter Einkunftsarten in Zusammenhang stehen

	Einkunftsart	Höhe und Bezeichnung	Voraussetzungen	Auswirkungen	Rechtsgrundlagen
14	1. Einkünfte aus Land- und Forstwirtschaft	Freibetrag für Land- und Forstwirte in Höhe von 2000 DM, bei Ehegatten, die nach §§ 26, 26b EStG zusammen veranlagt werden, 4000 DM, höchstens der Betrag der Einkünfte aus Land- und Forstwirtschaft	Vorliegen von Einkünften aus Land- und Forstwirtschaft, ohne Rücksicht auf die Gewinnermittlungsart, auf die Höhe des Einkommens und darauf, ob es sich um laufende Einkünfte oder Veräußerungsgewinne handelt, im Fall des erhöhten Freibetrags auch ohne Rücksicht darauf, ob nur einer oder beide Ehegatten Einkünfte aus Land- und Forstwirtschaft erzielten. Antrag ist nicht erforderlich.	Berücksichtigung bei Ermittlung (nicht der Einkünfte, sondern) des Gesamtbetrags der Einkünfte. Im Fall der Beteiligung mehrerer Personen an dem Betrieb der Land- und Forstwirtschaft ist der Freibetrag jedem Beteiligten voll zu gewähren. Der Freibetrag kann Auswirkungen auf die Steuerermäßigung nach § 34e EStG (§ 34e Abs. 2 Satz 2 Halbs. 2 EStG, Abschn. 213d Abs. 7 und 9 EStR) und den Ausgleichsbetrag nach § 46 Abs. 3 und 5 EStG, § 70 EStDV haben (Abschn. 219 Abs. 5 EStR).	§ 13 Abs. 3 EStG, Abschn. 124 EStR
		Pauschsatz zur Abgeltung der Betriebsausgaben in Höhe von – grundsätzlich 65% der Einnahmen aus der Holznutzung, – ausnahmsweise, soweit das Holz auf dem Stamm verkauft wird, 40% der Einnahmen aus der Holznutzung. Im Fall des § 4 Abs. 3 Forstschäden-Ausgleichsgesetz beträgt der Pauschsatz 90% oder (Verkauf vom Stamm) 65% der Einnahmen aus der Holznutzung.	Positiv: – Forstwirtschaftlicher Betrieb, – Antragserfordernis Negativ: – Weder Buchführungspflicht – noch Gewinnermittlung nach § 4 Abs. 1 EStG; – nicht: Ermittlung des Gewinns aus Waldverkäufen (§ 51 Abs. 4 EStDV)	Berücksichtigung bei Ermittlung der Einkünfte. Der Pauschsatz gilt die Betriebsausgaben im Wirtschaftsjahr der Holznutzung einschließlich der Wiederaufforstungskosten unabhängig von dem Wirtschaftsjahr ihrer Entstehung ab (§ 51 Abs. 3 EStDV).	§ 51 EStDV; Gesetz zum Ausgleich von Schäden infolge besonderer Naturereignisse in der Forstwirtschaft vom 29. 8. 1969 (BStBl I S. 513)
		Freibetrag in Höhe von 30000 DM (Grundfreibetrag) oder des entsprechenden Teils davon bei Veräußerung oder Aufgabe des ganzen Betriebs oder eines Teilbetriebs oder eines Anteils an dem land- und forstwirtschaftlichen Betriebsvermögen. Bei Veräußerung oder Aufgabe nach Vollendung des 55. Lebensjahrs oder wegen dauernder Berufsunfähigkeit erhöht sich der Freibetrag auf	Antrag ist nicht erforderlich Veräußerung = entgeltliche Übertragung eines Betriebs oder Teilbetriebs auf den Erwerber (Einbeziehung aller wesentlichen Grundlagen, also insbesondere des Grund und Bodens und des Inventars) oder Aufgabe = auf einheitlichem Entschluß beruhende und als einheitlicher Vorgang zu betrachtende Einzelveräußerung der Wirt-	Berücksichtigung bei Ermittlung der Einkünfte. Auf Antrag sind die Einkünfte zu dem ermäßigten Steuersatz nach § 34 Abs. 1 EStG zu versteuern (§ 34 Abs. 2 Nr. 1 EStG).	§§ 14, 16 Abs. 4 EStG

Einkommensteuer 14 H

Einkunftsart	Höhe und Bezeichnung	Voraussetzungen	Auswirkungen	Rechtsgrundlagen
	120000 DM (erhöhter Freibetrag) oder den entsprechenden Teil davon.	schaftsgüter des Betriebsvermögens und/oder Überführung ins Privatvermögen und/oder in ein anderes Betriebsvermögen. Der Freibetrag ermäßigt sich um den Betrag, um den der Veräußerungsgewinn (§§ 14 Satz 2, 16 Abs. 2 EStG) übersteigt: – beim Grundfreibetrag 100000 DM oder den entsprechenden Teil davon, – beim erhöhten Freibetrag 300000 DM oder den entsprechenden Teil davon. Der Freibetrag (nach § 14 EStG) ist nicht zu gewähren, wenn: der Freibetrag nach § 14a EStG gewährt wird (vgl. unten 1.4)		
	Freibetrag in Höhe von 90000 DM bei Veräußerung oder Aufgabe des ganzen land- und forstwirtschaftlichen Betriebs	Vor dem 1. 1. 1992 entstandener Veräußerungs- oder Aufgabegewinn Antragserfordernis Veräußerung oder Aufgabe des ganzen Betriebs (Begriff s. o. 1.3.2; hier jedoch unschädlich Nicht-Mitveräußerung von Betriebsgebäuden einschließlich dazugehörigem Grund und Boden (§ 14a Abs. 2 EStG). Im Fall der Betriebsführung durch Personengesellschaft oder Gemeinschaft: Betriebsveräußerung oder -aufgabe durch die Gesellschaft oder Gemeinschaft oder gleichzeitige Anteilsveräußerung durch sämtliche Beteiligte. Nicht begünstigt sind also die Anteilsveräußerung durch einzelne Geschäftsführer/Gemeinschafter und die Teilbetriebsveräußerung. Maßgebender Wirtschaftswert (§ 46 BewG) höchstens 40000 DM (§ 14a Abs. 1 S. 1 Nr. 1, S. 2 EStG). Summe der nichtlandwirtschaftlichen Einkünfte höchstens	Berücksichtigung bei Ermittlung der Einkünfte. Liegen bei Betriebsveräußerungen/-aufgaben i. S. des § 14 auch die Voraussetzungen des § 14a Abs. 1 bis 3 EStG vor, besteht Wahlrecht zwischen beiden Vergünstigungen. Auf Antrag sind die Einkünfte zu dem ermäßigten Steuersatz nach § 34 Abs. 1 EStG zu versteuern (§ 34 Abs. 2 Nr. 1 EStG).	§ 14a Abs. 1 bis 3 EStG Abschn. 133a Abs. 1 bis 6 EStR.

Schreyer

Einkunftsart	Höhe und Bezeichnung	Voraussetzungen	Auswirkungen	Rechtsgrundlagen
		24 000 DM, bei Ehegatten, die nicht dauernd getrennt leben, zusammen höchstens 48 000 DM, und zwar sowohl im zweiten als auch im ersten dem Veranlagungszeitraum der Veräußerung/Aufgabe vorangegangenen Veranlagungszeitraum (§ 14a Abs. 1 Nr. 2) Zusätzlich bei Betriebsaufgabe: Bescheinigung der nach Landesrecht zuständigen Stelle, daß die Abgabe des Betriebs „zum Zwecke der Strukturverbesserung" erfolgte.		
	Freibetrag von 60 000/ 90 000 DM für laufenden Gewinn aus Veräußerungen oder Entnahmen von Teilen des zu einem land- oder forstwirtschaftlichen Betriebs gehörenden Grund und Bodens (unter Fortführung des Betriebs) a) Freibetrag von 60 000 DM	Allgemein: Antragserfordernis Einkommensgrenzen: Einkommen im Veranlagungszeitraum vor Veräußerung/Entnahme höchstens 24 000 DM, bei zusammenveranlagten Ehegatten 48 000 DM. Bei Berechnung des Einkommens sind (mit Rücksicht auf § 4a Abs. 1 Nr. 1, Abs. 2 Nr. 1 EStG) der Veräußerungs- oder Entnahmegewinn und der Freibetrag außer Betracht zu lassen (§ 14a Abs. 4 Nr. 2 Abschn. 133a Abs. 9 S. 2 EStR). Speziell: Vor dem 1. 1. 1992 entstandener Gewinn. Sachlicher Zusammenhang mit Hoferbfolge, -Übernahme Zweckverwendung: Innerhalb von 12 Monaten ist – der Veräußerungspreis (abz. -kosten) – der entnommene Grund und Boden zur Abfindung weichender Erben zu verwenden. Im Fall der Entnahme ist auch die fristgerechte Übereignung zur vorweggenommenen Erbfolge begünstigt. Hat der Steuerpflichtige selbst per Erbfolge Grund und Boden als weichender Erbe erhalten, ist die Entnahme dieses Grund und Bodens begünstigt.	Berücksichtigung bei Ermittlung der (laufenden) Einkünfte. Die Vergünstigung des § 34 EStG ist nicht möglich. Bei abweichendem Wirtschaftsjahr entfallen realisierter Gewinn und Freibetrag auf zwei Veranlagungszeiträume (§ 4a Abs. 2 Nr. 1 EStG). Mitunternehmern ist der Freibetrag jeweils in voller Höhe zu gewähren. Anteiliger Freibetrag bei nur teilweiser Zweckverwendung (§ 14a Abs. 6 EStG) Der Freibetrag kann je weichender Erbe einmal geltend gemacht werden. Auf die Freibeträge sind die Freibeträge des § 14a Abs. 4 in der vor dem 1. 1. 1986 geltenden Fassung anzurechnen.	§ 14a Abs. 4–7, § 52 Abs. 20a EStG

Einkommensteuer 15 H

Einkunftsart	Höhe und Bezeichnung	Voraussetzungen	Auswirkungen	Rechtsgrundlagen
	b) Freibetrag von 90000 DM	Speziell: Nach dem 31. 12. 1985 und vor dem 1. 1. 1989 entstandener Gewinn Zweckverwendung: Tilgung von Betriebsschulden, die vor dem 1. 7. 1985 bestanden haben. Der Freibetrag darf noch nicht verbraucht sein (§ 14a Abs. 5 EStG: „insgesamt nur einmal").		
2. Einkünfte aus Gewerbebetrieb	Freibetrag in Höhe von 30000 DM (Grundfreibetrag) oder des entsprechenden Teils davon bei Veräußerung oder Aufgabe des ganzen Betriebs oder eines Teilbetriebs (= auch 100%-Beteiligung an einer Kapitalgesellschaft), eines Mitunternehmeranteils, eines Anteils eines persönlich haftenden Gesellschafters einer Kommanditgesellschaft auf Aktien. Bei Veräußerung oder Aufgabe nach Vollendung des 55. Lebensjahrs oder wegen dauernder Berufsunfähigkeit erhöht sich der Freibetrag auf 120000 DM (erhöhter Freibetrag) oder den entsprechenden Teil davon.	Antrag ist nicht erforderlich. Begriffe Veräußerung und Aufgabe siehe Veräußerungsfreibetrag bei den Einkünften aus Land- und Forstwirtschaft (Rz. 14). Der Freibetrag ermäßigt sich um den Betrag, um den der Veräußerungsgewinn (§ 16 Abs. 2 EStG) übersteigt: – beim Grundfreibetrag 100 000 DM oder den entsprechenden Teil davon, – beim erhöhten Freibetrag 300000 DM oder den entsprechenden Teil davon. Bei Betriebsveräußerung gegen Leibrente muß das Wahlrecht zugunsten der Sofortversteuerung des Veräußerungsgewinns ausgeübt werden, um den Freibetrag nach § 16 Abs. 4 EStG in Anspruch nehmen zu können.	Berücksichtigung bei Ermittlung der Einkünfte. Auf Antrag sind die Einkünfte zu dem ermäßigten Steuersatz nach § 34 Abs. 1 EStG zu versteuern (§ 34 Abs. 2 Nr. 1 EStG).	§ 16 EStG; Abschn. 139 EStR
	Freibetrag in Höhe des Teils von 20000 DM, der bei wesentlicher Beteiligung dem veräußerten Anteil an der Kapitalgesellschaft entspricht. Einer Anteilsveräußerung steht die Auflösung der Kapitalgesellschaft sowie eine Kapitalherabsetzung oder -rückzahlung gleich. Ein erhöhter Freibetrag wegen Alters oder Berufs-/Erwerbsunfähigkeit besteht nicht.	Antrag ist nicht erforderlich. Die Beteiligung muß sich im Privatvermögen befinden. Der Anteilsveräußerung steht die Auflösung der Kapitalgesellschaft gleich, ferner die Kapitalherabsetzung und -rückzahlung, soweit die Rückzahlung nicht als Gewinnanteil (Dividende) gilt (§ 17 Abs. 4 EStG). Wesentliche Beteiligung an der Kapitalgesellschaft muß inner-	Berücksichtigung bei Ermittlung der Einkünfte. Auf Antrag sind die Einkünfte zu dem ermäßigten Steuersatz nach § 34 Abs. 1 EStG zu versteuern (§ 34 Abs. 2 Nr. 1 EStG).	§ 17 EStG; Abschn. 140 EStR

Schreyer

Einkunftsart	Höhe und Bezeichnung	Voraussetzungen	Auswirkungen	Rechtsgrundlagen
		halb der letzten fünf Jahre zumindest kurzfristig beim Steuerpflichtigen, im Fall der unentgeltlichen Rechtsnachfolge beim Rechtsvorgänger vorgelegen haben. Der innerhalb eines Veranlagungszeitraums insgesamt veräußerte Anteil muß größer als 1% des Kapitals der Gesellschaft sein. Die Veräußerung darf kein Spekulationsgeschäft i. S. des § 23 Abs. 1 Nr. 1 Buchst. b) EStG sein. Der Freibetrag ermäßigt sich um den Betrag, um den der Veräußerungsgewinn den Teil von 80 000 DM übersteigt, der dem veräußerten Anteil an der Kapitalgesellschaft entspricht.		
16 3. Einkünfte aus selbständiger Arbeit	Freibetrag in Höhe von 5% der Ist-Einnahmen aus freier Berufstätigkeit, höchstens 1200 DM jährlich.	Vorliegen von Einkünften aus freier Berufstätigkeit (§ 18 Abs. 1 Nr. 1 EStG) Antrag ist nicht erforderlich. Überwiegen der Einkünfte aus der freien Berufstätigkeit	Berücksichtigung bei Ermittlung nicht der Einkünfte, sondern des Einkommens. Bei Zusammenveranlagung steht der Freibetrag jedem Ehegatten zu, der in seiner Person die Voraussetzungen erfüllt. Auch im Fall der Freiberufler-Sozietät steht der Freibetrag jedem Sozius (voll) zu, der persönlich die Voraussetzungen erfüllt. Maßgebend sind die anteiligen Ist-Einnahmen; sie können nach dem Gewinnverteilungsschlüssel zugerechnet werden (Abschn. 148 Abs. 3 EStR).	§ 18 Abs. 4 EStG, Abschn. 148 EStR
	Freibetrag in Höhe der Einnahmen aus selbständiger Nebentätigkeit als Übungsleiter usw., höchstens 2400 DM im Jahr (Aufwandsentschädigung)	Einnahmen aus (selbständiger) nebenberuflicher Tätigkeit im gemeinnützigen Bereich nach näherer Maßgabe des § 3 Nr. 26 EStG	Der steuerfreie Betrag mindert die Einkünfte aus der Tätigkeit. Der Abzug nachgewiesener Betriebsausgaben kommt nur in Betracht, wenn sie mehr als 2400 DM betragen.	§ 3 Nr. 26 EStG, StEK EStG § 3 Nr. 262 = BStBl I 1981, 502; StEK EStG § 3 Nr. 355
	Pauschbeträge für Betriebsausgaben, z. B.: – Hauptberuflich selbständig schriftstellerisch oder journalistisch Tätige: 30% der Betriebseinnahmen, höchstens 4800 DM	Die Vereinfachungsregelung gilt, solange sie nicht zu einer unzutreffenden Besteuerung führt.	Der Pauschbetrag mindert die Einkünfte aus der selbständigen Berufstätigkeit.	StEK EStG § 4 Betriebsausgaben Nr. 30 StEG EStG § 18 Nr. 93

Einkommensteuer

Einkunftart	Höhe und Bezeichnung	Voraussetzungen	Auswirkungen	Rechtsgrundlagen
	– Schriftstellerische, wissenschaftliche oder künstlerische Nebentätigkeit (auch Vortrags-, Lehr- und Prüfungstätigkeit): 25% der Betriebseinnahmen, höchstens 1200 DM	Die Vereinfachungsregelung gilt, solange sie nicht zu einer unzutreffenden Besteuerung führt. Soweit die Voraussetzungen des § 3 Nr. 26 EStG vorliegen (oben 3.2.1), geht diese Steuervergünstigung vor (StEK § 3 Nr. 262 Punkt 11).	Der Pauschbetrag mindert die Einkünfte. Er wird für alle genannten Nebentätigkeiten nur einmal pro Jahr gewährt.	StEK EStG § 4 Betriebsausgaben Nr. 188 und 238; ESt-Kartei OFD München-Nürnberg § 4 Abs. 4 K 4.1
	– Erteilung von Nachhilfestunden durch Lehrer außerhalb ihrer haupt- und nebenberuflich ausgeübten Lehrtätigkeit: 25% der Betriebseinnahmen, höchstens 1200 DM	Die Vereinfachung darf nicht zu einer unzutreffenden Besteuerung führen.	Der Pauschbetrag mindert die Einkünfte.	StEK EStG § 18 Nr. 90
	Freibetrag in Höhe von 30000 DM (Grundfreibetrag) oder des entsprechenden Teils davon bei Veräußerung oder Aufgabe des ganzen Vermögens oder eines selbständigen Teils des Vermögens oder eines Anteils am Vermögen, das der selbständigen Arbeit dient. Bei Veräußerung oder Aufgabe nach Vollendung des 55. Lebensjahrs oder wegen dauernder Berufsunfähigkeit erhöht sich der Freibetrag auf 120000 DM (erhöhter Freibetrag) oder den entsprechenden Teil davon.	Antrag ist nicht erforderlich. Begriffe Veräußerung und Aufgabe siehe Veräußerungsfreibetrag bei den Einkünften aus Land- und Forstwirtschaft (Rz. 14). Der Freibetrag ermäßigt sich um den Betrag, um den der Veräußerungsgewinn (§ 16 Abs. 2 EStG) übersteigt: – beim Grundfreibetrag 100000 DM oder den entsprechenden Teil davon, – beim erhöhten Freibetrag 300000 DM oder den entsprechenden Teil davon.	Berücksichtigung bei Ermittlung der Einkünfte. Auf Antrag sind die Einkünfte zu dem ermäßigten Steuersatz nach § 34 Abs. 1 EStG zu versteuern (§ 34 Abs. 2 Nr. 1 EStG).	§ 18 Abs. 3 EStG; Abschn. 147 EStR
4. Einkünfte aus nichtselbständiger Arbeit	Freibetrag in Höhe von 40% der Versorgungsbezüge, höchstens 4800 DM (Versorgungs- Freibetrag)	Vorliegen von Versorgungsbezügen i. S. § 19 Abs. 2 S. 2 EStG (Abschn. 58 LStR) Antrag ist nicht erforderlich.	Berücksichtigung bei Ermittlung der Einkünfte	§ 19 Abs. 2 EStG
	Freibetrag in Höhe von 600 DM (Weihnachts-Freibetrag)	– Zur Berücksichtigung beim Lohnsteuerabzug: Vorliegen von Arbeitslohn in der Zeit 8. 11. bis 31. 12. aus dem 1. Dienstverhältnis – zur Berücksichtigung bei der Veranlagung zur Einkommensteuer und beim Lohnsteuer-Jahresausgleich: Vorliegen von (nach Kürzung	Berücksichtigung bei Ermittlung – beim Lohnsteuerabzug: des Arbeitslohns 8. 11. bis 31. 12. aus dem 1. Dienstverhältnis, – bei der Veranlagung zur Einkommensteuer und beim Lohnsteuer-Jahresausgleich: der Einkünfte.	§ 19 Abs. 3 EStG

Schreyer

Einkunftsart	Höhe und Bezeichnung	Voraussetzungen	Auswirkungen	Rechtsgrundlagen
		um einen etwaigen Versorgungs-Freibetrag verbleibendem) Arbeitslohn Antrag ist nicht erforderlich.	Verlust darf durch den Weihnachts-Freibetrag nicht entstehen (§ 19 Abs. 5 EStG).	
	Freibetrag in Höhe von 480 DM (Arbeitnehmer-Freibetrag)	Vorliegen von (nach Kürzung um einen etwaigen Versorgungs-Freibetrag verbleibendem) Arbeitslohn Antrag ist nicht erforderlich.	Der Freibetrag mindert den Arbeitslohn und die Einkünfte. Verlust darf durch den Arbeitnehmer-Freibetrag nicht entstehen (§ 19 Abs. 5 EStG).	§ 19 Abs. 4 EStG
	Pauschbetrag von 564 DM für Werbungskosten	Vorliegen von Einnahmen aus nichtselbständiger Arbeit. Antrag ist nicht erforderlich.	Berücksichtigung bei Ermittlung der Einkünfte; Jahresbetrag. Abzug nur bis zur Höhe der um den Versorgungs- und Weihnachts-Freibetrag geminderten Einnahmen (§ 9a S. 2 EStG).	§ 9a S. 1 Nr. 1 EStG Abschn. 85 EStR
	Pauschsätze für (erhöhte) Werbungskosten zwischen 10 und 30% des Arbeitslohns, begrenzt durch Höchstbeträge, zum Teil feste Beträge, für bestimmte Berufsgruppen und Tätigkeiten	Zugehörigkeit zu den Berufsgruppen; Ausübung der jeweiligen nichtselbständigen Tätigkeiten Antrag ist nicht erforderlich, doch muß man die Pauschalen geltend machen.	Berücksichtigung bei Ermittlung der Einkünfte	§ 9 EStG, Abschn. 22 ff. LStR, StEK EStG § 9
5. Einkünfte aus Kapitalvermögen	Pauschbetrag in Höhe von 100 DM für Werbungskosten, im Fall der Zusammenveranlagung von Ehegatten 200 DM, höchstens in Höhe der Einnahmen	Vorliegen von Einnahmen aus Kapitalvermögen Antrag ist nicht erforderlich	Berücksichtigung bei Ermittlung der Einkünfte; Jahresbetrag; Abzug nur bis zur Höhe der Einnahmen. Zur Verschiebbarkeit des erhöhten Pauschbetrags zwischen den Ehegatten siehe Abschn. 85 Abs. 2 S. 2ff. EStR.	§ 9a S. 1 Nr. 2 EStG, Abschn. 85 EStR
	Abzugsbetrag in Höhe von 300 DM (Sparer-Freibetrag), bei zusammenveranlagten Ehegatten 600 DM (gemeinsamer Sparer-Freibetrag), höchstens in Höhe der um die Werbungskosten geminderten Kapitalerträge	Vorliegen von (nach Abzug der Werbungskosten verbleibenden) Kapitalerträgen Antrag ist nicht erforderlich	Berücksichtigung bei Ermittlung der Einkünfte. Zur Berücksichtigung des gemeinsamen Sparer-Freibetrags bei Ehegatten siehe § 20 Abs. 4 S. 3 EStG.	§ 20 Abs. 4 EStG, Abschn. 156a EStR
	Nur Hinweis: Bei Veräußerung des zur Erzielung von Erträgen hingegebenen Kapitals können die Merkmale des § 17 EStG (oben Rz. 15)			

Einkommensteuer   19, 20   H

Einkunftsart	Höhe und Bezeichnung	Voraussetzungen	Auswirkungen	Rechtsgrundlagen
	und/oder des § 23 EStG (unten Rz. 20) verwirklicht sein			
19 6. Einkünfte aus Vermietung und Verpachtung	Siehe dazu auch Teil X Rz. 4–6			
20 7. Sonstige Einkünfte	Pauschbetrag in Höhe von 200 DM für Werbungskosten bei wiederkehrenden Bezügen i. S. § 22 Nr. 1 EStG, höchstens in Höhe der Einnahmen, bei Leibrenten: des Ertragsanteils (Abzug eines Gesamtpauschbetrags von den Einnahmen i. S. § 22 Nr. 1 und Nr. 1a EStG)	Vorliegen von wiederkehrenden Bezügen im privaten Bereich (§ 22 Nr. 1 EStG) Antrag ist nicht erforderlich	Berücksichtigung bei Ermittlung der Einkünfte; Jahresbetrag (Abschn. 85 Abs. 1 S. 3 EStR); Abzug nur bis zur Höhe der Einnahmen (gegebenenfalls Ertragsanteil); bei gleichzeitigem Vorliegen steuerpflichtiger Unterhaltseinnahmen i. S. § 22 Nr. 1a EStG (Realsplitting) nur ein Pauschbetrag.	§ 9a S. 1 Nr. 3 EStG; Abschn. 85 EStR
	Pauschbetrag in Höhe von 200 DM für Werbungskosten bei Einnahmen aus Unterhaltsleistungen im Fall des Realsplitting, höchstens in Höhe der Einnahmen (Abzug eines Gesamtpauschbetrags von den Einnahmen i. S. § 22 Nr. 1 und Nr. 1a EStG)	Vorliegen steuerpflichtiger Unterhaltseinnahmen i. S. § 22 Nr. 1a EStG (also Ausnahme von § 22 Nr. 1 S. 2 EStG) Antrag ist nicht erforderlich	Berücksichtigung bei Ermittlung der Einkünfte; Jahresbetrag (Abschn. 85 Abs. 1 S. 3 EStR); Abzug nur bis zur Höhe der Einnahmen; bei gleichzeitigem Vorliegen von wiederkehrenden Bezügen i. S. § 22 Nr. 1 EStG (Leibrenten usw.) nur ein Pauschbetrag	§ 9a S. 1 Nr. 3 EStG; Abschn. 85 EStR
	Freigrenze von 999,99 DM für Spekulationsgewinne	Vorliegen eines Gesamtgewinns aus Spekulationsgeschäften i. S. §§ 22 Nr. 2, 23 EStG von weniger als 1000 DM im Kalenderjahr (unter Berücksichtigung der Verlustausgleichsbeschränkung auf – (andere) Spekulationsgewinne – in demselben Kalenderjahr). Antrag ist nicht erforderlich.	Mit Erreichen eines Gesamtgewinns aus Spekulationsgeschäften von 1000 DM im Kalenderjahr sind die Einkünfte voll zu versteuern	§ 23 Abs. 4 S. 2 EStG; Abschn. 169 Abs. 6 und 7 EStR
	Freigrenze von 499,99 DM für Einkünfte aus Leistungen i. S. § 22 Nr. 3 EStG	Vorliegen von Einkünften aus Leistungen i. S. § 22 Nr. 3 EStG von weniger als 500 DM im Kalenderjahr (unter Berücksichtigung der Verlustausgleichsbeschränkung auf (andere) Einnahmen i. S. § 22 Nr. 3 EStG). Antrag ist nicht erforderlich.	Mit Erreichen des Betrags von 500 DM sind die Einkünfte voll zu versteuern	§ 22 Nr. 3 S. 2 EStG; Abschn. 168a Abs. 2 EStR

H 21 Die einzelnen Steuerarten

Einkunftsart	Höhe und Bezeichnung	Voraussetzungen	Auswirkungen	Rechtsgrundlagen
	Freibetrag in Höhe von 40% der Abgeordneten-Versorgungsbezüge, höchstens 4800 DM (Versorgungs-Freibetrag)	Vorliegen von Versorgungsbezügen i. S. § 22 Nr. 4 S. 1 EStG Antrag ist nicht erforderlich	Berücksichtigung bei Ermittlung der Einkünfte. Der Höchstbetrag von 4800 DM gilt für Versorgungs-Freibeträge nach § 19 Abs. 2 und § 22 Nr. 4 S. 4 Buchst. b) EStG gemeinsam.	§ 22 Nr. 4 S. 4 Buchst. b) EStG

XI. Berechnung der höchsten abzugsfähigen Vorsorgeaufwendungen

21 1. **Berechnungsbogen für 1985**

Zeile

1. **Zusätzlicher Höchstbetrag für Versicherungsbeiträge**
   a) Versicherungsbeiträge 1
   b) Vorwegabzug nach § 10 Abs. 3 Nr. 2 EStG
      (Ledige 3000/6000 Verheiratete:) ....
      Minderungsbeträge:
      * Arbeitgeberbeiträge zur gesetzlichen Rentenversicherung und steuerfreie Zuschüsse nach § 3 Nr. 62 S. 2 bis 4 EStG − ....
      * 9% der Einnahmen der Personen, die als oder wie Beamte Versorgungsanwartschaften erwarben, höchstens 9% von (1985:) 64 800 DM) − ....
      * Von der Künstlersozialkasse für selbständige Künstler an die BfA geleisteter steuerfreier Betrag i. S. § 3 Nr. 57 EStG 2

2. **Grundhöchstbetrag für Vorsorgeaufwendungen**
   a) verbleibende Versicherungsbeiträge 3
   b) Bausparbeiträge + ... 4
   zusammen 5
   c) fester Höchstbetrag nach § 10 Abs. 3 Nr. 1 EStG
   (Ledige 2340/4680 Verheiratete:)
   + (pro Vollkind 600 DM) ....
   + (pro Zahlkind 300 DM) .... − 6

3. **Hälftiger Höchstbetrag für Vorsorgeaufwendungen**
   a) verbleibende Vorsorgeaufwendungen 7
   b) weiterer Höchstbetrag: ½ Zeile 7, höchstens ½ Zeile 6 8

4. **Zusammenstellung der Höchstbeträge**
   niedrigerer Betrag aus Zeile 1 oder Zeile 2 ....
   + niedrigerer Betrag aus Zeile 5 oder Zeile 6 ....
   + Betrag aus Zeile 8 ....
   abzugsfähige Vorsorgeaufwendungen zusammen ....

600 Schreyer

Einkommensteuer

2. Berechnungsbogen für 1986

	Zeile
1. Zusätzlicher Höchstbetrag für Versicherungsbeiträge	
a) Versicherungsbeiträge	1
b) Vorwegabzug nach § 10 Abs. 3 Nr. 2 EStG (Ledige 3000/6000 Verheiratete:)	
Minderungsbeträge:	
• Arbeitgeberbeiträge zur gesetzlichen Rentenversicherung und steuerfreie Zuschüsse nach § 3 Nr. 62 S. 2 bis 4 EStG −	
• 9% der Einnahmen der Personen, die als oder wie Beamte Versorgungsanwartschaften erwarben, höchstens 9% von (1986:) 67200 DM) −	
• Von der Künstlersozialkasse für selbständige Künstler an die BfA geleisteter steuerfreier Betrag i. S. § 3 Nr. 57 EStG −	2
2. Grundhöchstbetrag für Vorsorgeaufwendungen	
a) verbleibende Versicherungsbeiträge	3
b) Bausparbeiträge + ...	4
zusammen	5
c) fester Höchstbetrag nach § 10 Abs. 3 Nr. 1 EStG (Ledige 2340/4680 Verheiratete:) −	6
3. Hälftiger Höchstbetrag für Vorsorgeaufwendungen	
a) verbleibende Vorsorgeaufwendungen	7
b) weiterer Höchstbetrag: ½ Zeile 7, höchstens ½ Zeile 6	8
4. Zusammenstellung der Höchstbeträge	
niedrigerer Betrag aus Zeile 1 oder Zeile 2	
+ niedrigerer Betrag aus Zeile 5 oder Zeile 6	
+ Betrag aus Zeile 8	
abzugsfähige Vorsorgeaufwendungen zusammen	

XII. Sonderausgaben-Pauschbetrag, Vorsorge-Pauschbetrag und Vorsorgepauschale

A. Tabelle für 1985

Art der Aufwendungen	Personenkreis	
	Steuerpflichtige, bei denen die Grundtabelle anzuwenden ist	Steuerpflichtige, bei denen nach § 32a Abs. 5 oder 6 EStG die Splittingtabelle anzuwenden ist
	DM	DM
23 I. Sonderausgaben iSv §§ 10 Abs. 1 Nr. 1, 1a, 4 bis 7 und 10b EStG (also nicht für Vorsorgeaufwendungen): Sonderausgaben-Pauschbetrag	270	540
24 II. Vorsorgeaufwendungen iSv § 10 Abs. 1 Nr. 2 und 3 EStG		
1. Der Steuerpflichtige hat keinen Arbeitslohn bezogen: Vorsorge-Pauschbetrag (§ 10c Abs. 2 und 5 EStG)	300	600 (zusammenveranlagte Ehegatten) 300 (einzeln Veranlagte)
2. Der Steuerpflichtige hat Arbeitslohn bezogen: Vorsorgepauschale (§ 10c Abs. 3 S. 1 EStG), und zwar		
a) grundsätzlich 9% des nach § 10c Abs. 3 S. 5 EStG verminderten Arbeitslohns, *höchstens*	2340	4680
für den Personenkreis B (§ 10c Abs. 7 EStG) *höchstens*	1000	2000
+ je Kind (§ 32 Abs. 4 bis 7 EStG)	+ 600	+ 600
+ je unterhaltenes Kind, das dem anderen Elternteil zugeordnet wird (§ 10c Abs. 4 EStG)	+ 300	+ 300
zuzüglich 9% des nach § 10c Abs. 3 S. 5 EStG verminderten Arbeitslohns, *höchstens*	1170	2340
für den Personenkreis B (§ 10c Abs. 7 EStG) *höchstens*	1000	2000
+		

Einkommensteuer 24 **H**

Art der Aufwendungen	Personenkreis	
	Steuerpflichtige, bei denen die Grundtabelle anzuwenden ist	Steuerpflichtige, bei denen nach § 32a Abs. 5 oder 6 EStG die Splittingtabelle anzuwenden ist
	DM	DM
je Kind (§ 32 Abs. 4 bis 7 EStG) +	+ 300	+ 300
je unterhaltenes Kind, das dem anderen Elternteil zugeordnet wird (§ 10c Abs. 4 EStG)	+ 150	+ 150
b) in den Mischfällen des § 10c Abs. 8 EStG, wenn beide Ehegatten Arbeitslohn beziehen, aber nur ein Ehegatte zum Personenkreis B (§ 10c Abs. 7 EStG) gehört: für den Ehegatten, der nicht zum Personenkreis B gehört: 18% des nach § 10c Abs. 3 S. 5 EStG verminderten Arbeitslohns zuzüglich für den Ehegatten B (§ 10c Abs. 7 EStG): 9% des nach § 10c Abs. 3 S. 5 EStG verminderten Arbeitslohns, *höchstens* +		1000
je Kind (§ 32 Abs. 4 bis 7 EStG) zuzüglich 9% des nach § 10c Abs. 3 S. 5 EStG verminderten Arbeitslohns, *höchstens* +		+ 600 1000
je Kind (§ 32 Abs. 4 bis 7 EStG) *jedoch höchstens* (§ 10 Abs. 3 Nr. 1 EStG) +		+ 300 4680
je Kind (§ 32 Abs. 4 bis 7 EStG) ... +		+ 600
je unterhaltenes Kind, das dem anderen Elternteil zugeordnet wird (§ 10c Abs. 4 EStG) zuzüglich die Hälfte des nach Abzug der Höchstbeträge nach		+ 300

Schreyer

Art der Aufwendungen	Personenkreis	
	Steuerpflichtige, bei denen die Grundtabelle anzuwenden ist	Steuerpflichtige, bei denen nach § 32a Abs. 5 oder 6 EStG die Splittingtabelle anzuwenden ist
	DM	DM
§ 10 Abs. 3 Nr. 1 EStG verbleibenden Betrags, *höchstens* (§ 10 Abs. 3 Nr. 3 EStG) +		2340
je Kind (§ 32 Abs. 4 bis 7 EStG) +		+ 300
je unterhaltenes Kind, das dem anderen Elternteil zugeordnet wird (§ 10c Abs. 4 EStG) *Jedoch mindestens* 9% des nach § 10c Abs. 3 S. 5 EStG verminderten Arbeitslohns des Ehegatten B (§ 10c Abs. 7 EStG), *höchstens* +		+ 150 2000
je Kind (§ 32 Abs. 4 bis 7 EStG) +		+ 600
je unterhaltenes Kind, das dem anderen Elternteil zugeordnet wird (§ 10c Abs. 4 EStG) zuzüglich 9% des nach § 10c Abs. 3 S. 5 EStG verminderten Arbeitslohns des Ehegatten B (§ 10c Abs. 7 EStG), *höchstens* +		+ 300 2000
je Kind (§ 32 Abs. 4 bis 7 EStG) +		+ 300
je unterhaltenes Kind, das dem anderen Elternteil zugeordnet wird (§ 10c Abs. 4 EStG)		+ 150
Mindestbetrag der Vorsorgepauschale	300	600

B. Tabelle für 1986

Art der Aufwendungen	Personenkreis	
	Steuerpflichtige, bei denen die Grundtabelle anzuwenden ist	Steuerpflichtige, bei denen nach § 32a Abs. 5 oder 6 EStG die Splittingtabelle anzuwenden ist
	DM	DM
25 I. Sonderausgaben iSv §§ 10 Abs. 1 Nr. 1, 1a, 4 bis 7 und 10b EStG (also nicht für Vorsorgeaufwendungen): Sonderausgaben-Pauschbetrag	270	540
26 II. Vorsorgeaufwendungen iSv § 10 Abs. 1 Nr. 2 und 3 EStG		
1. Der Steuerpflichtige hat keinen Arbeitslohn bezogen: Vorsorge-Pauschbetrag (§ 10c Abs. 2 und 4 EStG)	300	600 (zusammen veranlagte Ehegatten) 300 (einzeln Veranlagte und als Ehegatten besonders Veranlagte)
2. Der Steuerpflichtige hat Arbeitslohn bezogen: Vorsorgepauschale (§ 10c Abs. 3 S. 1 EStG), und zwar a) grundsätzlich 9% des nach § 10c Abs. 3 S. 5 EStG verminderten Arbeitslohns, *höchstens*	2340	4680
für den Personenkreis B (§ 10c Abs. 5 EStG) *höchstens*	1000	2000
zuzüglich 9% des nach § 10c Abs. 3 S. 5 EStG verminderten Arbeitslohns, *höchstens*	1170	2340
für den Personenkreis B (§ 10c Abs. 5 EStG) *höchstens*	1000	2000
b) in den Mischfällen des § 10c Abs. 6 EStG, wenn beide Ehegatten Arbeitslohn beziehen, aber nur ein Ehegatte zum Personenkreis B (§ 10c Abs. 5 EStG) gehört: für den Ehegatten, der nicht zum Personenkreis B gehört: 18% des nach § 10c Abs. 3 S. 5 EStG		

Art der Aufwendungen	Personenkreis	
	Steuerpflichtige, bei denen die Grundtabelle anzuwenden ist	Steuerpflichtige, bei denen nach § 32a Abs. 5 oder 6 EStG die Splittingtabelle anzuwenden ist
	DM	DM
verminderten Arbeitslohns zuzüglich für den Ehegatten B (§ 10c Abs. 5 EStG): 18% des nach § 10c Abs. 3 S. 5 EStG verminderten Arbeitslohns, *höchstens*		2000
Jedoch höchstens (§ 10 Abs. 3 Nr. 1 EStG) zuzüglich die Hälfte des nach Abzug der Höchstbeträge nach § 10 Abs. 3 Nr. 1 EStG verbleibenden Betrags, *höchstens* (§ 10 Abs. 3 Nr. 3 EStG)		4680
		2340
Jedoch mindestens 18% des nach § 10c Abs. 3 S. 5 EStG verminderten Arbeitslohns des Ehegatten B (§ 10c Abs. 5 EStG), *höchstens*		4000
Mindestbetrag der Vorsorgepauschale	300	600

XIII. Berechnung der Vorsorgepauschale

1. Personenkreis A oder B

27   Seit 1983 gilt für Arbeitnehmer, die keine Rentenversicherungsbeiträge leisten (Personenkreis des § 10c Abs. 7 EStG idF bis 1985, Abs. 5 idF ab 1986, im folgenden Personenkreis B) eine besondere (gekürzte) Vorsorgepauschale. Die allgemeine Vorsorgepauschale gilt für Arbeitnehmer, die nicht zum Personenkreis B gehören. Diese Arbeitnehmer werden im folgenden als Personenkreis A bezeichnet. Die folgenden *Berechnungsbogen I* sind verwendbar
– sowohl, wenn der Steuerpflichtige oder **beide Ehegatten** dem Personenkreis B angehören,
– als auch, wenn der Steuerpflichtige oder **beide Ehegatten nicht** dem Personenkreis B angehören.
Mischehen: Beziehen dagegen im Fall der Zusammenveranlagung beide Ehegatten Arbeitslohn und gehört **nur ein Ehegatte** zum Personenkreis B, sind die folgenden *Berechnungsbogen II* zu verwenden.

Einkommensteuer 28 H

28 a) Berechnungsbogen I für 1985

	Steuer- pflichtiger	Ehefrau	Zeile
1. Ermittlung der Bemessungsgrundlage			
Arbeitslohn aus aktiver Tätigkeit	....	....	1
Versorgungsbezüge +	.... +	....	2
Bruttoarbeitslohn insgesamt	....	....	3
abzüglich Versorgungs-Freibetrag −	.... −	....	4
abzüglich Weihnachts-Freibetrag (600 DM) −	.... −	....	5
abzüglich Altersentlastungsbetrag, aber höchstens 40% aus Zeile 1 −	.... −	....	6
verminderter Arbeitslohn des Steuerpflichtigen	....		7
verminderter Arbeitslohn der Ehefrau		....	8
Beitragsbemessungsgrenze in der gesetzlichen Rentenversicherung der Angestellten für 1985	64 800	64 800	9
niedrigerer Betrag aus Zeile 7 oder 9	....		10
niedrigerer Betrag aus Zeile 8 oder 9 +	....		11
maßgebender Arbeitslohn	....		12
2. Ermittlung der Vorsorgepauschale			
a) 9% des Betrags aus Zeile 12	....		13
höchstens			
Personenkreis A			
(Ledige 2340/Verheiratete 4680)			
Personenkreis B			
(Ledige 1000/Verheiratete 2000)	....		
+ (pro „Vollkind" 600 DM)	....		
+ (pro „Zahlkind" 300 DM)	....	....	14
b) 9% des Betrags aus Zeile 12	....		15
höchstens			
Personenkreis A			
(Ledige 1170/Verheiratete 2340)			
Personenkreis B			
(Ledige 1000/Verheiratete 2000)	....		
+ (pro „Vollkind" 300 DM)	....		
+ (pro „Zahlkind" 150 DM)	....	....	16
c) Davon sind anzusetzen:			
niedrigerer Betrag aus Zeile 13 oder 14	....		17
niedrigerer Betrag aus Zeile 15 oder 16	....		18
zusammen	....		19
d) Abrundung:			
Betrag aus Zeile 19 dividiert durch 54	....		20
Betrag aus Zeile 20 abgerundet auf volle DM	....		21
Betrag aus Zeile 21 multipliziert mit 54	....		22
e) Die Vorsorgepauschale beträgt mindestens,			
wenn der Grundtarif anzuwenden ist:	300 DM,		
wenn das Splitting-Verfahren anzuwenden ist:	600 DM.		

Schreyer 607

29 b) **Berechnungsbogen I für 1986**

	Steuer-pflichtiger	Ehefrau	Zeile
1. **Ermittlung der Bemessungsgrundlage**			
Arbeitslohn aus aktiver Tätigkeit	....	....	1
Versorgungsbezüge	+	+	2
Bruttoarbeitslohn insgesamt	....	....	3
abzüglich Versorgungs-Freibetrag	−	−	4
abzüglich Weihnachts-Freibetrag (600 DM)	−	−	5
abzüglich Altersentlastungsbetrag, aber höchstens 40% aus Zeile 1	−	−	6
verminderter Arbeitslohn	+	+	7
maßgebender Arbeitslohn	....		8
2. **Ermittlung der Vorsorgepauschale**			
a) 9% des Betrags aus Zeile 8	....		9
höchstens Personenkreis A (Ledige 2340/Verheiratete 4680)			
Personenkreis B (Ledige 1000/Verheiratete 2000)	....		10
b) 9% des Betrags aus Zeile 8	....		11
höchstens Personenkreis A (Ledige 1170/Verheiratete 2340)			
Personenkreis B (Ledige 1000/Verheiratete 2000)	....		12
c) Davon sind anzusetzen:			
niedrigerer Betrag aus Zeile 9 oder 10	....		13
niedrigerer Betrag aus Zeile 11 oder 12	....		14
zusammen	....		15
d) Abrundung:			
Betrag aus Zeile 15 dividiert durch 54	....		16
Betrag aus Zeile 16 abgerundet auf volle DM	....		17
Betrag aus Zeile 17 multipliziert mit 54	....		18
e) Die Vorsorgepauschale beträgt mindestens, wenn der Grundtarif anzuwenden ist:	300 DM,		
wenn das Splitting-Verfahren anzuwenden ist:	600 DM.		

2. Personenkreis A und B (Mischehen)

30 Die folgenden Berechnungsbogen sind verwendbar, wenn im Fall der Zusammenveranlagung beide Ehegatten Arbeitslohn beziehen und nur ein Ehegatte zum Personenkreis B gehört (im folgenden Ehegatte B). Der andere, nicht zum Personenkreis B gehörende Ehegatte wird im folgenden als Ehegatte A bezeichnet.

31 a) **Berechnungsbogen II für 1985**

	Ehegatte A	Ehegatte B	Zeile
1. **Ermittlung der Bemessungsgrundlage**			
Arbeitslohn aus aktiver Tätigkeit	....	....	1
Versorgungsbezüge	+	....	2

Einkommensteuer 32 **H**

Bruttoarbeitslohn insgesamt		....	3
abzüglich Versorgungs-Freibetrag	−	.... −	4
abzüglich Weihnachts-Freibetrag (600 DM)	−	.... −	5
abzüglich Altersentlastungsbetrag, aber höchstens 40% aus Zeile 1	−	.... −	6
verminderter Arbeitslohn		....	7
Beitragsbemessungsgrenze in der gesetzlichen Rentenversicherung der Angestellten (1985:)	64 800	64 800	8
niedrigerer Betrag aus Zeilen 7 und 8		....	9
maßgebender Arbeitslohn		....	10

2. **Ermittlung der Vorsorgepauschale**

a) 18% des maßgebenden Arbeitslohns A   .... −   11
b) 9% des maßgebenden Arbeitslohns B   −   12
   höchstens   1000
   + (pro Vollkind 600)   ....
   + (pro Zahlkind 300)   13
c) 9% des maßgebenden Arbeitslohns B   14
   höchstens   1000
   + (pro Vollkind 300)   ....
   + (pro Zahlkind 150)   15
d) Anzusetzen sind
   Betrag aus Zeile 11   ....
   niedrigerer Betrag Zeilen 12/13   ....
   niedrigerer Betrag Zeilen 14/15   ....
   Summe   16
e) Höchstgrenze   4680
   + (pro Vollkind 600)   + ...
   + (pro Zahlkind 300)   + ... 17
   verbleiben   18
   + 50% von Zeile 18, höchstens 50% von
   Zeile 17   + ... 19
   Summe der Höchstbeträge   20
f) Davon sind anzusetzen
   niedrigerer Betrag aus Zeilen 16/20   21
g) Abrundung
   Betrag aus Zeile 21 dividiert durch 54   22
   Betrag aus Zeile 22 abgerundet auf volle
   DM   23
   Betrag aus Zeile 23 multipliziert mit 54 24
h) Mindestgrenze
   Mindestens ist der Betrag abzuziehen, der sich nach dem Berechnungsbogen I 1985 ergibt, wenn nur der Ehegatte Arbeitslohn bezogen hätte, der zum Personenkreis B gehört (also der Ehegatte B).

32 b) Berechnungsbogen II für 1986

	Ehegatte A DM	Ehegatte B DM	Zeile
1. **Ermittlung der Bemessungsgrundlage**			
Arbeitslohn aus aktiver Tätigkeit	....	....	1
Versorgungsbezüge	+	....	2
Bruttoarbeitslohn insgesamt	....	....	3
abzüglich Versorgungs-Freibetrag	−	−	4
abzüglich Weihnachts-Freibetrag (600 DM)	−	−	5

Schreyer 609

abzüglich Altersentlastungsbetrag, aber höchstens 40% aus Zeile 1 — .... — 6
maßgebender Arbeitslohn 7

2. **Ermittlung der Vorsorgepauschale**
   a) 18% des maßgebenden Arbeitslohns A .... — 11
   b) 18% des maßgebenden Arbeitslohns B höchstens 2000 — 12
   zusammen 13
   c) Grundhöchstbetrag — 4680 14
   verbleiben 15
   d) Hälftiger Höchstbetrag ½ von Zeile 15, höchstens ½ Zeile 14 + ... 16
   e) Summe der Höchstbeträge Zeilen 14 + 16 17
   f) Davon sind anzusetzen niedrigerer Betrag aus Zeilen 13/17 18
   g) Abrundung
   Betrag aus Zeile 18 dividiert durch 54 19
   Betrag aus Zeile 19 abgerundet auf volle DM 20
   Betrag aus Zeile 20 multipliziert mit 54 21
   h) Mindestgrenze
   Mindestens ist der Betrag abzuziehen, der sich nach dem Berechnungsbogen I für 1986 ergibt, wenn nur der Ehegatte Arbeitslohn bezogen hätte, der zum Personenkreis B gehört (also der Ehegatte B).

XIV. Reisekostenpauschbeträge und -höchstbeträge

A. Inland

33 1. **Einzelnachweis*** (Höchstbeträge nach Abzug der Haushaltsersparnis)

Abwesenheitsdauer	Mehraufwendungen für Verpflegung			Übernachtungskosten
	Geschäftsgang, Dienstgang DM	Eintägige Reise Geschäftsreise DM	Mehrtägige Reise Dienstreise DM	DM
unter 5 Stunden	19,—	19,20	19,20	
über 5 bis 7 Std.	19,—	19,20	19,20	ohne
über 7 bis 10 Std.	19,—	32,—	32,—	Begrenzung
über 10 bis 12 Std.	19,—	51,20	51,20	
über 12 Stunden	19,—	64,—	64,—	

Bei zum Vorsteuerabzug Berechtigten sind die Höchstbeträge Nettobeträge. Bei endgültiger Belastung des Steuerpflichtigen sowie beim Dienstgang und bei Dienstreisen von Arbeitnehmern sind die Höchstbeträge einschließlich USt zu verstehen. Der Abzug der Haushaltsersparnis von maximal 20% von DM 60,— ist nur vorzunehmen, soweit nicht die Pauschbeträge (siehe A.2.) unterschritten werden.

* *Rechtsquellen:* § 2 EStDV, § 5 LStDV, Abschn. 119 EStR, 25 LStR, 196 Abs. 4 UStR; BdF IV B 6 – S 2353 – 108/85 v. 13. 11. 1985 BStBl. I S. 646.

2. Pauschbeträge*

Mehraufwendungen für Verpflegung bei Geschäfts- und Dienstreisen und Übernachtungsaufwendungen

Abwesenheits-dauer	über 5 bis 7 Stunden 30% vom Höchstsatz		über 7 bis 10 Stunden 50% vom Höchstsatz		über 10 bis 12 Stunden 80% vom Höchstsatz		über 12 Stunden Höchstsatz		Übernachtung
Höhe der Einkünfte oder voraussichtlicher Jahresarbeitslohn	Verlust oder nicht mehr als 25 TDM	25 bis 50 TDM	über 50 TDM	Verlust oder nicht mehr als 25 TDM	25 bis 50 TDM	über 50 TDM	Verlust oder nicht mehr als 25 TDM	25 bis 50 TDM	über 50 TDM	Verlust oder nicht mehr als 25 TDM	25 bis 50 TDM	über 50 TDM	
	DM	DM	DM	DM	DM	DM	DM	DM	DM	DM	DM	DM	
Eintägige Reise	9,30	9,90	10,50	15,50	16,50	17,50	24,80	26,40	28,—	31,—	33,—	35,—	Einzelnachweis; keine Pauschbeträge
Mehrtägige Reise	12,60	13,20	13,80	21,—	22,—	23,—	33,60	35,20	36,80	42,—	44,—	46,—	

Für einen Geschäfts- oder Dienstgang können pauschal DM 3,— angesetzt oder erstattet werden, wenn dieser länger als 5 Stunden dauert. Leitenden Angestellten können nach Zustimmung des Betriebsfinanzamts bis zu 150% der Pauschbeträge als Reisekosten steuerfrei erstattet werden. Übernachtungskosten können nur durch Einzelnachweis geltend gemacht werden. Die Pauschbeträge sind umsatzsteuerrechtlich Bruttobeträge.

* *Rechtsquellen:* Abschn. 119 EStR, 25 LStR, 196 UStR, § 36 UStDV; BdF IV B 6 – 2353 – 108/85 v. 13. 11. 1985 BStBl. I S. 646.

B. Ausland

1. Einzelnachweis* (Höchstbeträge nach Abzug der Haushaltsersparnis)

Mehraufwendungen für Verpflegung

Reiseantritt	Reiserückkehr	Reisedauer am An-tritts- und Rück-kehrtag	Prozent vom Höchstsatz
vor 12 Uhr	nach 12 Uhr	über 12 Stunden	100
ab 12 Uhr, aber vor 14 Uhr	nach 10 Uhr, aber bis 12 Stunden	über 10 bis 12 Stunden	80
ab 14 Uhr, aber vor 17 Uhr	nach 7 Uhr, aber bis 10 Uhr	über 7 bis 10 Stunden	50
ab 17 Uhr	bis 7 Uhr	bis 7 Stunden	30

Übernachtungskosten ohne Begrenzung

* *Rechtsquellen:* § 8 EStDV, Abschn. 1j9 EStR.

			Ländergruppen		
		I DM	II DM	III DM	IV DM
		70,—	92,—	113,—	134,—
		56,—	73,60	90,40	107,20
		35,—	46,—	56,50	67,—
		21,—	27,60	33,90	40,20

2. Pauschbeträge*

a) Mehraufwendungen für Verpflegung bei Geschäfts- und Dienstreisen

Reiseantritt	Reiserückkehr	Reisedauer am Antritts- und Rückkehrtag	Prozentsatz vom Höchstsatz	Ländergruppen							
				\multicolumn{8}{c}{Einkünfte oder voraussichtlicher Arbeitslohn}
				I		II		III		IV	
				nicht mehr als 40 TDM	mehr als 40 TDM	nicht mehr als 40 TDM	mehr als 40 TDM	nicht mehr als 40 TDM	mehr als 40 TDM	nicht mehr als 40 TDM	mehr als 40 TDM
				DM	DM	DM	DM	DM	DM	DM	DM
vor 12 Uhr	nach 12 Uhr	über 12 Stunden	100	45,—	50,—	60,—	66,—	75,—	81,—	90,—	96,—
ab 12 Uhr, aber vor 14 Uhr	nach 10 Uhr, aber bis 12 Uhr	über 10 bis 12 Stunden	80	36,—	40,—	48,—	52,80	60,—	64,80	72,—	76,80
ab 14 Uhr, aber vor 17 Uhr	nach 7 Uhr, aber bis 10 Uhr	über 7 bis 10 Stunden	50	22,50	25,—	30,—	33,—	37,50	40,50	45,—	48,—
ab 17 Uhr, aber vor 19 Uhr	nach 5 Uhr, aber bis 7 Uhr	über 5 bis 7 Stunden	30	13,50	15,—	18,—	19,80	22,50	24,30	27,—	28,80

b) Übernachtungsaufwendungen

| | | | | 41,— | 46,— | 55,— | 60,— | 69,— | 74,— | 84,— | 89,— |

* *Rechtsquellen:* Abschn. 119 EStR, 25 LStR, BdF IV B 6 – S 2353 – 108/85 v. 14. 11. 1985 BStBl. I S. 646.

37 Ländergruppeneinteilung*

Land	Ländergruppe	Land	Ländergruppe
Ägypten	IV	Kanada	III
Äquatorialguinea	II	Katar***	IV
Äthiopien	III	Kenia	II
Afghanistan	IV	Kolumbien	II
Algerien	IV	Kongo***	IV
Andorra	I	Korea, Republik	IV
Angola***	IV	Kuba	II
Argentinien	II	Kuwait***	IV
Australien	III	Laotische Demokratische Volksrepublik	IV
Bahamas	IV	Lesotho	I
Bahrain***	IV	Libanon	I
Bangladesch	III	Liberia***	IV
Barbados***	IV	Lybisch-Arabische Dschamahirija	IV
Belgien	III	Liechtenstein	III
Benin	III	Luxemburg	II
Birma	I	Madagaskar	I
Bolivien	II	Malawi	II
Botsuana	I	Malaysia	IV
Brasilien	I	Mali	IV
Brunei***	IV	Malta	I
Bulgarien	I	Marokko	II
Burkina Faso	II	Mauretanien	IV
Burundi	IV	Mauritius	I
Chile	I	Mexiko	I
China	II	Monaco	II
China Taiwan	IV	Mongolei	I
Costa Rica	I	Mosambik	III
Dänemark	III	Namibia	II
Dominikanische Republik	I	Nepal	I
Dschibuti***	IV	Neuseeland	II
Ecuador	I	Nicaragua	II
Elfenbeinküste	IV	Niederlande	II
El Salvador	I	Niger	IV
Finnland	IV	Nigeria***	IV
Frankreich	III	Norwegen***	IV
Gabun	IV	Österreich	I
Gambia	I	Oman***	IV
Ghana	IV	Pakistan	II
Griechenland	I	Panama***	IV
Großbritannien und Nordirland	IV	Papua-Neuguinea	IV
Guatemala	I	Paraguay	I
Guyana	II	Peru	I
Guinea***	IV	Philippinen	II
Guinea-Bissau	I	Polen	I
Haiti	IV	Portugal	I
Honduras	II	Ruanda	IV
Hongkong	II	Rumänien	I
Indien	I	Sambia	II
Indonesien	IV	Samoa	I
Irak***	IV	San Marino	III
Iran	IV	Sao Tomé und Principe	I
Irland	IV	Saudi-Arabien***	IV
Island	IV	Senegal	IV
Israel***	IV	Sierra Leone	II
Italien	III	Simbabwe	I
Jamaika	III	Singapur	IV
Japan	IV	Somalia	I
Jemen	IV	Sowjetunion	III
Jemen, Demokratischer***	IV	Sri Lanka	III
Jordanien	IV	Sudan	I
Jugoslawien	I	Südafrika	II
		Swasiland	II
Kamerun, Vereinigte Republik	IV	Syrien	IV
Kamputschea, Demokratisches	II	Schweden	IV

Land	Ländergruppe	Land	Ländergruppe
Schweiz	III	Uganda	I
Spanien	I	Ungarn**	I
		Uruguay	I
Tansania	IV	Vatikanstadt	III
Thailand	IV	Venezuela	I
Togo	III	Vereinigte Arabische Emirate***	IV
Trinidad und Tobago***	IV	Vereinigte Staaten von Amerika	IV
Tschad	III	Vietnam	IV
Tschechoslowakei	I	Zaire	III
Türkei	I	Zentralafrikanische Republik	IV
Tunesien	III	Zypern	I

Für die in der Übersicht nicht aufgeführten Übersee- und Außengebiete eines Landes ist die Ländergruppe des Mutterlandes maßgebend. Für die übrigen nicht erfaßten Länder ist die Ländergruppe II maßgebend.

* *Rechtsquelle:* Abschnitt 119 Abs. 4 Nr. 7 EStR, zuletzt geändert durch BMF-Schreiben IV B 6 – S 2353 – 134/85/IV B 3 – S 2228 – 5/85 v. 8. 1. 1986.
** Für dieses Land wird ein Abschlag vom Auslandstagegeld, der gesondert bekanntgegeben wird, mit Wirkung ab 1986 festgesetzt.
*** Für dieses Land wird ein Zuschlag zum Auslandstagegeld, der gesondert bekanntgegeben wird, mit Wirkung ab 1986 festgesetzt.

II. Kirchensteuer

Bearbeiter: Klaus Blobel

Übersicht

	Rz.		Rz.
1. Tabelle zur Ermittlung des besonderen Kirchgeldes	50	2. Steuersätze, Kappungsmöglichkeiten und Beendigung der Steuerpflicht	51

1. Tabelle zur Ermittlung des besonderen Kirchgeldes*

50 Von bestimmten Diözesen und Landeskirchen einzelner Bundesländer (siehe Gesamttabelle) wird bei Vorliegen konfessionsverschiedener Ehen ein besonderes Kirchgeld erhoben. Bemessungsgrundlage ist das gemeinsame zu versteuernde Einkommen nach § 32 EStG.

Stufe	Bemessungsgrundlage (gemeinsames zu versteuerndes Einkommen nach § 32 EStG)	jährliches besonderes Kirchgeld
	DM	DM
1	48 000 bis 59 999	240
2	60 000 bis 79 999	480
3	80 000 bis 99 999	720
4	100 000 bis 149 999	996
5	150 000 bis 199 999	1500
6	200 000 bis 249 999	1980
7	250 000 bis 299 999	2520
8	300 000 bis 399 999	3600
9	400 000 und mehr	4800

* *Rechtsquelle:* BStBl I 1984, S. 38

2. Steuersätze, Kappungsmöglichkeiten und Beendigung der Steuerpflicht

	Baden-Württemberg	Bayern	Berlin (West)	Bremen	Hamburg	Hessen	Niedersachsen	Nordrhein-Westfalen	Rheinland-Pfalz	Saarland	Schleswig-Holstein
Zuschlag zur ESt und LSt[1]	8%	8%	9%	8%*	8%*	9%	9%	9%	9%	9%	9%
Kappung (Begrenzung auf % des zu versteuernden Einkommens)	nicht gewährt	nicht gewährt	3%	3%	3%*	4%*	3,5%	4%	4%*	nicht gewährt*	3,5%
Zuschlag zur pauschalierten Lohnsteuer	7%	7%	7%	7%* 10%	6%*	7%	6%	7%	7%	7%	7,5%
Allgemeines Kirchgeld	nicht erhoben	3–30 DM	nicht erhoben	nicht erhoben	nicht erhoben	nicht erhoben	6–20 DM	nicht erhoben	nicht erhoben	nicht erhoben	nicht erhoben
Besonderes Kirchgeld glaubensverschiedener Ehen[4]	nicht erhoben	nicht erhoben	240–4800 DM	nicht erhoben	240–4800 DM*	240–4800 DM*	nicht erhoben	nicht erhoben	240–4800 DM*	nicht erhoben	240–4800 DM
Zuschlag für Grundsteuer	nicht erhoben*	nicht erhoben*	nicht erhoben*	nicht erhoben	nicht erhoben*	nicht erhoben*	nicht erhoben	nicht erhoben*	nicht erhoben*	nicht erhoben*	nicht erhoben*
Mindestbetrag der Kirchensteuer[3]	7,20 DM	nicht festzusetzen	nicht festzusetzen	nicht festzusetzen	7,20 DM*	3,60 DM*	7,20 DM*	nicht festzusetzen	nicht festzusetzen	nicht festzusetzen	7,20 DM*
Mindest-Kirchensteuer[6]	nicht erhoben	nicht erhoben	nicht erhoben	nicht erhoben	nicht erhoben	nicht erhoben	nicht erhoben	nicht erhoben	nicht erhoben	nicht erhoben	Erhebung nach Tabelle
Beendigung der Steuerpflicht bei Austritt	Fn. 2	Fn. 2	Fn. 3	Fn. 3	Fn. 3	Fn. 3	Fn. 2	Fn. 3	Fn. 2	Fn. 2	Fn. 3

Anmerkungen:

* Sonderregelungen für einzelne Landeskirchen, Diözesen, Kultus- und freikirchliche Gemeinden

[1] Bemessungsgrundlage gem. § 51a EStG (i. d. F. des Steuersenkungsgesetzes 1986/88 v. 26. 6. 1985 BStBl. I 1985 S. 391) ist die festgesetzte Einkommensteuer gemindert um den Abzug von höchstens 600 DM/Kind.

[2] Die Steuerpflicht endet mit Ablauf des Monats, in dem die Austrittserklärung abgegeben worden ist.

[3] Die Steuerpflicht endet mit Ablauf des Monats, der auf den Austrittserklärungsmonat folgt.

[4] Rechtsquelle (für Rheinland-Pfalz): BStBl. I 1984 S. 38; gilt für andere Bundesländer entsprechend; wird nur in einzelnen Diözesen und Landeskirchen erhoben.

[5] Die Festsetzung eines Mindestbetrages an Kirchensteuer setzt voraus, daß eine Kirchensteuer nach Abzug der in § 51a EStG genannten Abzugsbeträge überhaupt zu erheben ist und diese die Mindest-Beträge unterschreitet.

[6] Eine Mindestkirchensteuer, d. h. eine Festsetzung erfolgt auch dann, wenn eine Maßstabsteuer nicht festgesetzt ist, wird ausschließlich in Schleswig-Holstein erhoben. Sie ergibt sich nach besonderer Steuertabelle.

III. Körperschaftsteuer

Bearbeiter: Dr. Horst Walter Endriss

Übersicht

	Rz.
I. Die persönliche Steuerpflicht	101–103
II. Das körperschaftsteuerliche Einkommen	104–123
1. Grundsätze der Ermittlung	104–108
2. Verdeckte Gewinnausschüttungen	109–118
a) Begriff	109, 110
b) Formen verdeckter Gewinnausschüttungen	111, 112
c) Steuerliche Auswirkungen	113–117
d) Vermeidungsversuche	118
3. Verdeckte Einlagen	119, 120
4. Verlustabzug	121–123
III. Der Körperschaftsteuertarif	124–126
1. Steuersätze	124, 125
2. Anrechnung ausländischer Steuern	126
IV. Das Anrechnungsverfahren	127–174
1. Überblick	127–132
2. Das verwendbare Eigenkapital	133–149
a) Aufgabe	133, 134
b) Begriff und Gliederung	135–137
c) Beeinflussungsmöglichkeiten	138–149
3. Herstellen der Ausschüttungsbelastung	150
a) Sinn und Zweck	150–152
b) Körperschaftsteueränderungen	153–157
c) Ausschüttungspolitik	158–163
4. Besonderheiten im Anrechnungsverfahren	164–174
a) Verdeckte Gewinnausschüttungen	164–172
b) Verlustrücktrag	173, 174
V. Anhang	175–177
1. Übersicht über mögliche Auswirkungen auf Teilbeträge des verwendbaren Eigenkapitals	175
2. Übersicht über Berechnungsmöglichkeiten gesuchter Größen im körperschaftsteuerlichen Anrechnungsverfahren bei ungemilderter Belastung	176
3. Übersicht über Berechnungsmöglichkeiten gesuchter Größen im körperschaftsteuerlichen Anrechnungsverfahren bei unbelastetem verwendbaren Eigenkapital	177

I. Die persönliche Steuerpflicht

101 Der Körperschaftsteuer können nur nichtnatürliche Personen unterliegen. Das sind alle in § 1 Abs. 1 KStG aufgeführten juristischen Personen (insbesondere die Kapitalgesellschaften) und solche Körperschaften, die keine juristischen Personen sind, also nichtrechtsfähige Vereine, Anstalten, Stiftungen und andere Zweckvermögen. Der BFH (vgl. Beschluß des Großen Senats des BFH v. 25. 6. 1984, BStBl. II 1984, 751) hat klargestellt, daß andere Rechtsgebilde, insbesondere eine GmbH & Co. KG, nicht der Körperschaftsteuer unterliegen können.

102 Wie bei der Einkommensteuer wird zwischen unbeschränkter und beschränkter Steuerpflicht unterschieden. **Unbeschränkte Körperschaftsteuerpflicht** liegt vor, wenn sich der Sitz oder die Geschäftsleitung von Körperschaften im Sinne der §§ 10, 11 AO im Ausland befinden. Die unbeschränkte Körperschaftsteuerpflicht erstreckt sich gem. § 1 Abs. 2 KStG auf sämtliche Einkünfte, ganz gleich, wo diese erzielt werden. Die Besteuerung des sog. „weltweiten Einkommens" wird aber durch Doppelbesteuerungsabkommen oder einseitige Anrechnung gem. § 26 KStG wieder eingeschränkt. **Beschränkt körperschaftsteuerpflichtig** gem. § 2 Nr. 1 KStG sind Körperschaften im Sinne des § 1 KStG oder diesen ähnliche Gebilde ausländischen Rechts mit ihren inländischen Einkünften, wenn sie weder Geschäftsleitung noch Sitz im Inland haben.

103 Die persönliche Steuerpflicht beginnt nicht erst bei Eintragung ins Handelsregister, sondern schon mit dem Entstehen der sog. **Gründungsgesellschaft**. Bei Kapitalgesellschaften ist das der Zeitpunkt des Abschlusses des Gesellschaftsvertrages. Die Körperschaftsteuerpflicht endet mit der Liquidation oder Umwandlung.

II. Das körperschaftsteuerliche Einkommen

1. Grundsätze der Ermittlung

104 Die Körperschaftsteuer bemißt sich gem. § 7 Abs. 1 KStG nach dem zu versteuernden Einkommen. Dieses Einkommen ist gem. § 8 Abs. 1 KStG nach den Vorschriften des Einkommensteuergesetzes unter zusätzlicher Berücksichtigung der Vorschriften des Körperschaftsteuergesetzes zu ermitteln.

Die (in der Praxis vornehmlich interessierenden) Kapitalgesellschaften sind nach handelsrechtlichen Vorschriften (§§ 6, 238 HGB) zur ordnungsmäßigen Buchführung verpflichtet und haben gem. § 8 Abs. 2 KStG ausschließlich Einkünfte aus Gewerbebetrieb. Deshalb ist bei Kapitalgesellschaften der nach § 5 EStG ermittelte Gewinn **Ausgangsgröße** für das körperschaftsteuerliche Einkommen.

105 Auszugehen ist also vom Steuerbilanzergebnis, das gegebenenfalls aus der Handelsbilanz abzuleiten ist. In der Praxis wird dieses Ergebnis in der Regel aus der Gewinn- und Verlustrechnung ersichtlich sein. Diesem Ergebnis sind sämtliche nichtabziehbaren Aufwendungen sowie verdeckte Gewinnausschüttungen (§ 8 Abs. 3 KStG) hinzuzurechnen. Zu den nichtabziehbaren Aufwendungen gehören die Aufwendungen des § 4 Abs. 5 EStG, die Aufwendungen des § 10 KStG (insbes. Personensteuern, Umsatzsteuer für den Eigenverbrauch, Geldstrafen, Hälfte der Aufsichtsratvergütungen) und Spenden, die die Grenzen des § 9 Nr. 3 KStG übersteigen. Die Aufzählungen in den genannten Vorschriften sind nicht erschöpfend. Es sind z. B. weitere im Hinblick auf § 3c EStG nicht abziehbare Aufwendungen denkbar.

106 In diesem Zusammenhang ist zu beachten, daß nach Ansicht der Finanzverwaltung Säumniszuschläge, Verspätungszuschläge und Zwangsgelder auf nichtabziehbare Steuern nicht abzugsfähig sind (Abschn. 43 Abs. 1 KStR). Dasselbe soll gem. Abschn. 43 Abs. 2 KStR auch für Stundungszinsen (§ 234 AO), Hinterziehungszinsen (§ 235 AO) und Aussetzungszinsen (§ 237 AO) auf nichtabziehbare Steuern gelten. Diese Ansicht der Finanzverwaltung hat der BFH in seinem Urteil vom 23. 5. 1984, BStBl. II 1984, 672 bestätigt. *Flume* DB 1985 S. 9 weist mit überzeugenden Argumenten nach, daß der Entscheidung nicht zu folgen ist. Für die Praxis ist anzuraten, Veranlagungen, in denen Steuerzinsen auf Körperschaftsteuer oder Vermögensteuer als nichtabzugsfähig behandelt worden sind, nicht bestandskräftig werden zu lassen.

107 Zur Ermittlung des zu versteuernden Einkommens sind vom Steuerbilanzergebnis abzuziehen sämtliche steuerfreien Erträge. Das sind z. B. Erträge im Sinne der §§ 3, 3a EStG, steuerfreie Investitionszulagen, nach DBA steuerfreie ausländische Einkünfte und Erträge aus nichtabziehbaren Aufwendungen.

108 Danach ist das zu versteuernde Einkommen bei Kapitalgesellschaften folgendermaßen zu ermitteln (s hierzu auch Teil B Rz. 1147):

Handelsbilanzgewinn
gegebenenfalls
+/./. Korrekturen wegen Anpassung der Handelsbilanz an die Steuerbilanz gem. § 60 Abs. 3 EStDV

= Steuerbilanzergebnis
+ sämtliche Minderungen des Ergebnisses, die das Einkommen nicht mindern dürfen
 – nichtabziehbare Aufwendungen gem. § 4 Abs. 5 EStG
 – nichtabziehbare Aufwendungen gem. § 10 KStG, und zwar insbesondere: Körperschaftsteuer, Vermögensteuer, Umsatzsteuer für den Eigenverbrauch, Geldstrafen, Hälfte von Aufsichtsratvergütungen
 – die Grenzen des § 9 Nr. 3 KStG übersteigende Spenden
 – verdeckte Gewinnausschüttungen gem. § 8 Abs. 3 KStG
./. sämtliche Erhöhungen des Ergebnisses, die das Einkommen nicht erhöhen dürfen
 – steuerfreie Erträge (z. B. nach §§ 3, 3a EStG, § 5 InvZulG, nach DBA steuerfreie ausländische Einkünfte)
 – Erträge aus nichtabziehbaren Aufwendungen

= Einkommen vor Verlustabzug
./. Verlustabzug gem. § 10d EStG

= (zu versteuerndes) Einkommen

2. Verdeckte Gewinnausschüttungen

a) Begriff

aa) Vorteilsgewährung

109 Schuldrechtliche Beziehungen zwischen Kapitalgesellschaften und den an ihnen beteiligten Gesellschaftern haben grundsätzlich auch steuerliche Auswirkung. Allerdings müssen sich hierbei Leistung und Gegenleistung angemessen gegenüberstehen. Andernfalls kommt eine verdeckte Gewinnausschüttung in Frage.
Nach Abschn. 31 Abs. 3 Satz 1 KStR liegt eine verdeckte Gewinnausschüttung vor, wenn eine Kapitalgesellschaft einem Gesellschafter oder einer ihm nahestehenden Person mit Rücksicht auf das Gesellschaftsverhältnis außerhalb der normalen Gewinnverteilung einen geldwerten Vorteil zuwendet, den sie bei Anwendung der Sorgfalt eines ordentlichen und gewissenhaften Geschäftsleiters unter sonst gleichen Umständen nicht gewährt hätte. Diese sich aus der ständigen Rechtsprechung des BFH ergebende Definition der verdeckten Gewinnausschüttung wirft Fragen in vielerlei Hinsicht auf. So bereitet oft schon die Entscheidung über die Angemessenheit bzw. Unangemessenheit einer Leistungsvergütung große Schwierigkeiten. Der Vergleich mit den Umständen bei Geschäften fremder Dritter ist wegen der Vielfalt wirtschaftlicher Beziehungen oft nicht möglich oder nicht angebracht. Unklar ist auch, was unter einem ordentlichen und gewissenhaften Geschäftsleiter zu verstehen sein soll.

Im Hinblick auf die beschriebenen Schwierigkeiten, eine Entscheidung über die genaue Höhe einer verdeckten Gewinnausschüttung zu treffen, ist in der Praxis (oft anläßlich von Außenprüfungen) die Höhe einer verdeckten Gewinnausschüttung meist Ergebnis langwieriger Auseinandersetzungen zwischen Finanzverwaltung und Steuerpflichtigen.

bb) Ergebnis nicht im voraus getroffener oder unklarer Vereinbarungen

110 Über die besprochene Vorteilsgewährung hinaus kommt eine verdeckte Gewinnausschüttung auch dann in Frage, wenn sich bei schuldrechtlichen Beziehungen zwischen Kapitalgesellschaft und Gesellschaftern Leistung und Gegenleistung angemessen gegenüberstehen. Das soll nach Abschn. 31 Abs. 5 Satz 1 KStR für den Fall sein, wenn bei Miet-, Pacht- oder Darlehensverhältnissen nicht von vornherein klar und eindeutig bestimmt ist, ob und in welcher Höhe ein Entgelt gezahlt werden soll, oder wenn nicht einer klaren Vereinbarung gemäß verfahren wird. Voraussetzung für diese Art der verdeckten Gewinnausschüttung ist gem. Abschn. 31 Abs. 5 Satz 1 i. V. m. Abs. 6 KStR, daß der betreffende Gesellschafter allein oder mit anderen zusammen einen beherrschenden Einfluß auf die Gesellschaft ausüben kann.
In der Literatur wird die Rechtsprechung zu dieser Art der verdeckten Gewinnausschüttung mit dem Hinweis kritisiert (vgl. z. B. *Felix/Streck* § 8 Anm. 120, oder *Hermann/Heuer/Raupach* § 6 KStG Anm. 92), daß sie Sonderrechte für beherrschende Gesellschafter schaffe. Trotz dieser Bedenken hat der BFH in seinem Urteil v. 21. 7. 1982, BStBl. II 1982, 761 seine Rechtsprechung bestätigt und dargelegt, daß „es in solchen Fällen nicht nur verfassungsrechtlich unbedenklich, sondern im Interesse einer gleichmäßigen Besteuerung auch geboten ist, an die Verdeutlichung der betrieblichen Veranlassung erhöhte Anforderungen zu stellen" (a. a. O., 763, rechte Spalte). Auch aus dem Urteil vom 30. 1. 1985, BStBl. II 1985, 345 ist zu entnehmen, daß der BFH in absehbarer Zeit seine diesbezügliche Ansicht nicht ändern wird.

b) Formen verdeckter Gewinnausschüttungen

111 Verdeckte Gewinnausschüttungen sind bei jeder Rechtsbeziehung zwischen Kapitalgesellschaft und Gesellschafter denkbar. In der Praxis werden bei Kaufverträgen, Dienstverträgen, Darlehensverträgen sowie bei Miet- und Pachtverträgen häufig verdeckte Gewinnausschüttungen vorgenommen.

112 Bemerkenswert ist die Änderung der Rechtsprechung des BFH zu Pensionszusagen an beherrschende Gesellschafter-Geschäftsführer. Nach dem Urteil des BFH v. 28. 4. 1982, BStBl. II 1982, 612 dürfen Rückstellungen für zugesagte Pensionen nicht

Körperschaftsteuer

mehr nur unter Zugrundelegung eines Pensionsalters von 75 Jahren gebildet werden. Maßgeblich ist vielmehr der in der Pensionszusage enthaltene Zeitpunkt des Eintritts des Versorgungsfalles, sofern nicht die Ernsthaftigkeit des vereinbarten Pensionsalters aus anderen Gründen verneint werden muß.

c) Steuerliche Auswirkungen

113 Nach Feststellung einer verdeckten Gewinnausschüttung ist es Ziel, die steuerliche Belastung herzustellen, die bei angemessener Leistungsverrechnung zwischen Kapitalgesellschaft und Gesellschafter entstanden wäre. Die Besteuerung des tatsächlichen Sachverhalts ist also zu vergleichen mit der Besteuerung eines fingierten Sachverhalts bei angemessener Leistungsverrechnung. Unklar ist, ob der BFH in seinem Urteil v. 19. 3. 1975, BStBl. II 1975, 722 diese ,,sog. Fiktionstheorie" aufgegeben hat. Nach *Knobbe-Keuk* (Bilanz- und Unternehmenssteuerrecht S. 458) bedarf es der Fiktionstheorie nicht. Vielmehr sei bei diesen Rechtsgeschäften zwischen Gesellschaft und Gesellschafter zu unterscheiden, welcher Teil auf schuldrechtlichen Gründen (,,causa negotii") und welcher Teil auf gesellschaftsrechtlichen Gründen (,,causa societatis") beruht. U. E. ist aber die Fiktionstheorie in jedem Falle eine gute Denkhilfe zur Erfassung der steuerlichen Auswirkungen von verdeckten Gewinnausschüttungen.

114 Auf der **Ebene der Kapitalgesellschaft** wird eine verdeckte Gewinnausschüttung in der Regel (aber nicht immer) durch überhöhte Aufwendungen oder durch fehlende Einnahmen das Einkommen gemindert haben. In diesem Fall ist das Einkommen der Kapitalgesellschaft gem. § 8 Abs. 3 KStG zu erhöhen.

115 Auf der **Ebene des Gesellschafters** kommt es für die steuerliche Behandlung entscheidend darauf an, ob die verdeckte Gewinnausschüttung bereits in seinem Einkommen enthalten ist oder nicht. Wenn die Privatsphäre berührt wird, ist die verdeckte Gewinnausschüttung in der Regel noch nicht erfaßt, und sie erhöht dann das Einkommen des Gesellschafters. Ist die verdeckte Gewinnausschüttung bereits erfaßt, kommt eine Erhöhung des Einkommens nicht in Frage. Oft ist dann eine Umschichtung der Einkünfte vorzunehmen, und zwar zu den Einkünften aus Kapitalvermögen. Nur wenn sich die Anteile an der Kapitalgesellschaft in einem Betriebsvermögen befinden, ist eine Umschichtung in Einkünfte aus Gewerbebetrieb vorzunehmen.

116 Beim Gesellschafter ist außer der verdeckten Gewinnausschüttung selbst in jedem Fall die anzurechnende Körperschaftsteuer gem. § 20 Abs. 1 Nr. 3 EStG in Verbindung mit § 36 Abs. 2 Nr. 3 EStG bei den Einkünften zu erfassen. Sie beträgt 9/16 der verdeckten Gewinnausschüttung. (Vgl. hierzu auch die Ausführungen in Rz. 164.)

117 Zur Verdeutlichung der steuerlichen Auswirkung verdeckter Gewinnausschüttungen auf das Einkommen von Kapitalgesellschaft und Gesellschafter mögen abschließend die folgenden **Beispiele** beitragen:

Zwischen einer GmbH und einem an ihr beteiligten Gesellschafter A wird jeweils ein Kaufvertrag über Wirtschaftsgüter geschlossen, die unter fremden Dritten für 100 000 DM (dieser und alle weiteren Beträge jeweils ohne Mehrwertsteuer) verkauft würden. Es sollen drei Varianten untersucht werden, und zwar wenn es sich bei den Wirtschaftsgütern um
 I. ein unbebautes Grundstück
 II. Maschinen mit einer Nutzungsdauer von 5 Jahren
 III. Waren
handelt. Die Wirtschaftsgüter sollen verkauft werden entweder
1. von der GmbH an A für 70 000 DM, also 30 000 DM unter Preis oder
2. von A an die GmbH für 150 000 DM, also 50 000 DM über Preis.

H 118

Die einzelnen Steuerarten

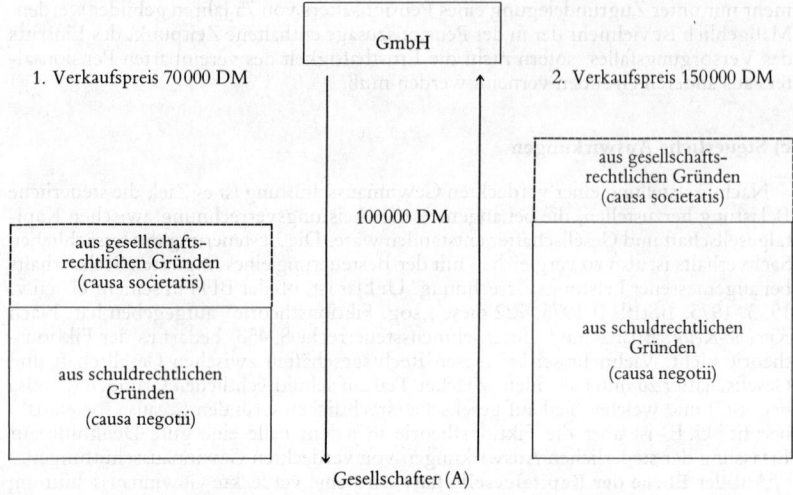

Für die steuerlichen Auswirkungen ist zu unterscheiden, ob die Wirtschaftsgüter
a) in ein Betriebsvermögen übernommen werden oder aus einem Betriebsvermögen des Gesellschafters ausscheiden oder
b) in das Privatvermögen übernommen werden oder aus dem Privatvermögen des Gesellschafters ausscheiden.
Die jeweilige Auswirkung auf das zu versteuernde Einkommen soll in Form einer Entscheidungstabelle dargestellt werden.
Es bedeutet: ja = Erhöhung des (zu versteuernden) Einkommens
nein = keine Erhöhung des (zu versteuernden) Einkommens

Veräußerung von	I. Grundstücken		II. Maschinen		III. Waren	
Auswirkung auf das Einkommen bei: Verkauf	1. Kapitalgesellschaft an Gesellschafter	2. Gesellschafter an Kapitalgesellschaft	1. Kapitalgesellschaft an Gesellschafter	2. Gesellschafter an Kapitalgesellschaft	1. Kapitalgesellschaft an Gesellschafter	2. Gesellschafter an Kapitalgesellschaft
Kapitalgesellschaft	ja	nein[1]	ja	nein[1,4]	ja	ja[5]
Gesellschafter a) Betriebsvermögen	ja	nein[2]	ja[3]	nein[2]	nein[2,5]	nein[2]
b) Privatvermögen	ja	ja	ja	ja	ja	ja

[1] a. A. *Knobbe-Keuk* Bilanz- und Unternehmenssteuerrecht S. 467
[2] mit Einkommensumschichtung
[3] Die Einkommenserhöhung wird im Verlauf der gesamten Nutzungsdauer durch erhöhte AfA wieder ausgeglichen.
[4] Vorgenommene AfA auf den überhöhten Kaufpreis im Jahre der verdeckten Gewinnausschüttung oder in den Folgejahren erhöhen allerdings das zu versteuernde Einkommen.
[5] Voraussetzung ist, daß die Waren zum Bilanzstichtag bereits veräußert sind.

d) Vermeidungsversuche

118   Der Besteuerung zugrunde liegende Sachverhalte können grundsätzlich nicht mit rückwirkender Kraft geändert werden. Das gilt auch für verdeckte Gewinnausschüttungen. Es wird aber durch sog. Steuer- und Satzungsklauseln versucht, die unangenehmen Wirkungen von verdeckten Gewinnausschüttungen zu vermeiden. Nach diesen Klauseln soll die Gültigkeit von Rechtsbeziehungen zwischen Gesellschaft und Gesellschafter nur dann eintreten, wenn die Finanzverwaltung darin keine verdeckte Gewinnausschüttung sieht. Andernfalls hat die Gesellschaft einen Rückforderungsanspruch.

Nach Ansicht des BFH können auch hierdurch die steuerlichen Folgen einer verdeckten Gewinnausschüttung nicht vermieden werden. Nach dem Urteil v. 23. 5. 1984, GmbHR 1985 S. 34 ist die Einbuchung eines Rückforderungsanspruches aufgrund einer Satzungsklausel in die ursprüngliche Bilanz der GmbH nicht zulässig. (Zur Rückabwicklung von verdeckten Gewinnausschüttungen vgl. auch *Herzig* DB 1985 S. 356, der im übrigen auch eine gesetzliche Regelung hierzu fordert.)

3. Verdeckte Einlagen

119 Bei verdeckten Einlagen handelt es sich um den umgekehrten Fall einer verdeckten Gewinnausschüttung. Dennoch sind bei verdeckten Einlagen nicht etwa die steuerlichen Konsequenzen der verdeckten Gewinnausschüttungen mit umgekehrten Vorzeichen zu ziehen.

Nach ständiger Rechtsprechung des BFH – zuletzt im Urteil vom 29. 1. 1975, BStBl. II 1975, 553 – kann die Überlassung des Gebrauchs oder der Nutzung eines Wirtschaftsgutes nicht Gegenstand einer Einlage sein (Abschn. 36a Abs. 2 KStR). Deshalb führen unangemessen niedrige Entgelte, die Kapitalgesellschaften an ihre Gesellschafter für den Gebrauch oder die Überlassung von Wirtschaftsgütern entrichten, nicht zu einer Gewinnkorrektur bei der Kapitalgesellschaft.

120 Demgegenüber ist nach der Rechtsprechung des BFH eine verdeckte Einlage anzunehmen, wenn Wirtschaftsgüter zu einem unangemessen niedrigen Preis vom Gesellschafter an die Kapitalgesellschaft veräußert werden. Dadurch wird der Gewinn der Kapitalgesellschaft (zunächst) nicht beeinflußt, weil der Einlage der entsprechend höhere Wert des übernommenen Wirtschaftsgutes gegenübersteht. Beim Gesellschafter kann die aufgelöste stille Reserve zu versteuern sein (BFH v. 26. 7. 1967, BStBl. III 1967, 733).

Die sich aus der Rechtsprechung des BFH ergebende Behandlung der verdeckten Einlagen ist nicht zwingend geboten. Es wäre deshalb wünschenswert, wenn sich der Gesetzgeber zu einer gesetzlichen Regelung entschließen könnte.

4. Verlustabzug

121 Gem. § 8 Abs. 4 KStG gilt § 10d EStG auch für das Körperschaftsteuerrecht. Ein negatives Einkommen einer Körperschaft ist demnach auf die beiden Jahre, die dem Verlustjahr vorangehen (auf 10 000 000 DM begrenzt) zurückzutragen und, soweit das negative Einkommen dann noch nicht ausgeglichen ist, in den folgenden fünf Veranlagungszeiträumen abzuziehen.

122 Körperschaftsteuerlich ist der Verlustrücktrag gem. § 8 Abs. 4 KStG auf das Einkommen des Abzugsjahres beschränkt, soweit es die Gewinnausschüttung – sei es eine offene oder eine verdeckte – zuzüglich der darauf lastenden Ausschüttungsbelastung übersteigt.

Beispiel

Einkommen .. 01 vor Verlustrücktrag		150 000 DM
Gewinnausschüttung für . . 01	64 000 DM	
Ausschüttungsbelastung 9/16 von 64 000 DM = ...	36 000 DM	100 000 DM
Zulässiger Verlustrücktrag		50 000 DM

Der Gesetzgeber hat die Beschränkung des § 8 Abs. 4 KStG wohl für sinnvoll gehalten, weil es bei der Ausschüttungsbelastung infolge der Anrechnung beim Anteilseigner bleiben soll. Dennoch ist die Regelung, wie *Herzig* StBJb 1982/83 S. 141 nachweist, verfehlt, weil hierdurch eine dem Zweck des Verlustrücktrags widersprechende Mehrbelastung insbesondere dann entsteht, wenn zu Beginn des Rücktragsjahres ungemildert belastetes verwendbares Eigenkapital vorhanden war. In diesen Fällen tritt eine der Zielsetzung entsprechende steuerentlastende Wirkung des Verlustrücktrags nicht ein. Es wäre deshalb angebracht, die Begrenzungsregelung des § 8 Abs. 4 KStG insoweit aufzuheben. Vor einer Gesetzesänderung könnte auf dem Verwaltungswege durch Erlaß gestattet werden, den Verlustrücktrag über den Wortlaut des § 8 Abs. 4 KStG hinaus zuzulassen, soweit zu Beginn des Verlustzeitraumes vorhandenes EK_{56} die steuerentlastende Wirkung des Verlustrücktrags garantiert. Mit einer solchen Verwaltungsanordnung ist aber vorerst nicht zu rechnen. (vgl. *Dötsch/Eversberg/Jost/Witt* § 8 Aktuelle Hinweise). Die an dieser Stelle angege-

123 bene Begründung, daß die Aufhebung der Begrenzungsregelung unter Umständen auch mit Nachteilen für die Körperschaften verbunden sein kann, überzeugt nicht.
Für die Begrenzung des Verlustrücktrages ist nach dem Wortlaut des § 8 Abs. 4 KStG grundsätzlich jedes der beiden Abzugsjahre getrennt zu beurteilen. Hierdurch können Nachteile entstehen, wenn für das *erste* der dem Verlustjahr vorangegangenen Wirtschaftsjahre eine Gewinnausschüttung beschlossen worden ist, für die mehr ungemildert belastetes Eigenkapital verwendet worden ist, als aus dem Einkommen dieses Jahres entstanden ist. Deshalb ist für die Ermittlung des zulässigen Verlustrücktrags gem. Abschn. 89a Abs. 3 KStR eine **Zusammenfassung** der Einkommen und ausgeschütteten Gewinne für die beiden dem Verlustjahr vorangegangenen Jahre vorzunehmen, wenn die Körperschaft nicht ausdrücklich eine getrennte Berechnung beantragt. Eine Zusammenfassung ist meistens, aber nicht immer, günstiger. (Wann Zusammenfassung oder Trennung günstiger ist, ist im einzelnen dargelegt bei *Raudszus* BB 1984 S. 1090.)

III. Der Körperschaftsteuertarif

1. Steuersätze

124 Der allgemeine Körperschaftsteuersatz von 56% (§ 23 Abs. 1 KStG) gilt für alle Körperschaften, die unter das Anrechnungsverfahren fallen, sowie für Stiftungen. Das Anrechnungsverfahren gilt in erster Linie für die unbeschränkt steuerpflichtigen Kapitalgesellschaften im Sinne des § 1 Abs. 1 Nr. 1 KStG, darüber hinaus aber auch für unbeschränkt steuerpflichtige Erwerbs- und Wirtschaftsgenossenschaften, Realgemeinden und wirtschaftliche Vereine, wenn sie Mitgliedschaftsrechte gewähren, die kapitalmäßigen Beteiligung gleichstehen (Abschn. 96 Abs. 1 KStR).
Für alle anderen Körperschaften (§ 1 Abs. 1 Nr. 3 bis 6 KStG) beträgt der Körperschaftsteuersatz gem. § 23 Abs. 2 KStG 50%.
Einen besonderen Steuersatz gibt es für das Zweite Deutsche Fernsehen. Für die Entgelte aus Werbesendungen beträgt der Steuersatz gem. § 23 Abs. 7 KStG 8%.

125 Bei Körperschaften, die unter das Anrechnungsverfahren fallen, insbesondere also bei Kapitalgesellschaften, ist der genannte Körperschaftsteuersatz von 56% nicht endgültig. Bei Ausschüttungen ist nämlich nach den Vorschriften der §§ 27 bis 43 über das Anrechnungsverfahren (vgl. hierzu die Ausführungen in Rz 128 bis 130) die Ausschüttungsbelastung von 36% herzustellen. Das Herstellen der Ausschüttungsbelastung kann in einer Minderung oder einer Erhöhung bestehen (§ 23 Abs. 6 KStG).

2. Anrechnung ausländischer Steuern

126 Wird eine unbeschränkt steuerpflichtige Kapitalgesellschaft in einem Staat tätig, mit dem die Bundesrepublik ein Doppelbesteuerungsabkommen abgeschlossen hat, so werden die im Ausland erzielten Einkünfte in der Regel von der deutschen Besteuerung freigestellt (sog. Freistellungs- oder Befreiungsmethode). Besteht dagegen mit dem betreffenden Staat kein DBA, so werden die dort erzielten Einkünfte in die Bemessungsgrundlage mit einbezogen und somit der deutschen Körperschaftsteuer von 56% unterworfen. Allerdings ist dann die ausländische Steuer, wenn sie eine der deutschen Körperschaftsteuer entsprechende Steuer ist, gem. § 26 Abs. 1 KStG anzurechnen.

Beispiel

Einkünfte aus einer ausländischen Betriebstätte	100 000 DM
abzüglich ausländische Steuer	18 000 DM
Nettozufluß im Inland	82 000 DM
56% Körperschaftsteuer von 100 000 DM	56 000 DM
Anrechnung	18 000 DM
verbleibende inländische Steuer	38 000 DM

Neben dieser direkten Anrechnung sind in § 26 Abs. 2 bis 5 KStG weitere Möglichkeiten (meist indirekter) Anrechnungen geregelt. Zu Einzelheiten wird auf die Ausführungen und Beispiele in Abschn. 76 Abs. 2 bis 31 KStR verwiesen.

IV. Das Anrechnungsverfahren

1. Überblick

127 Das Anrechnungsverfahren gilt für Kapitalgesellschaften, Erwerbs- und Wirtschaftsgenossenschaften sowie für andere Körperschaften, die Mitgliedschaftsrechte gewähren, die einer kapitalmäßigen Beteiligung gleichstehen (Abschn. 96 Abs. 1 KStR). In der Praxis sind die Aktiengesellschaft (AG) und die Gesellschaft mit beschränkter Haftung (GmbH) weitaus am häufigsten anzutreffen. Deshalb sollen sich die folgenden Ausführungen ausschließlich auf diese Rechtsformen beziehen.

128 Beim Anrechnungsverfahren geht es im wesentlichen darum, daß die Gewinne einer Kapitalgesellschaft – das ist die Differenz zwischen Erträgen und Aufwendungen – dem sog. **verwendbaren Eigenkapital** zugeordnet werden (1. Stufe) und später **bei Ausschüttung die Ausschüttungsbelastung hergestellt** wird (2. Stufe). Die Regeln über die Zuordnung und Gliederung des verwendbaren Eigenkapitals befinden sich in den §§ 29 bis 38 KStG und die Vorschriften über die Herstellung der Ausschüttungsbelastung in den §§ 27 und 28 KStG.

Da die Zuordnung zum verwendbaren Eigenkapital logischerweise vor der Herstellung der Ausschüttungsbelastung erfolgen muß, wäre es im Sinne eines systematischen Gesetzaufbaus angebracht, die Reihenfolge im Gesetz umzukehren.

Soweit es das Körperschaftsteuerrecht betrifft, ist es Sinn des Anrechnungsverfahrens, daß bei Ausschüttungen auf der **Ebene der Kapitalgesellschaft ausnahmslos** eine Belastung von 36% hergestellt wird. Die 36%ige Belastung ist bezogen auf den **Gewinn vor Abzug der Körperschaftsteuer.** Das entspricht einer Belastung von 56,25% **von der Ausschüttung** selbst.

129 Wenn eine Ausschüttung aus Einkommen vorgenommen wird, das einer Körperschaftsteuer von 56% unterlegen hat, so ist die Körperschaftsteuer auf eine Belastung von 36% zu vermindern. Das ist in der Praxis der Regelfall.

Beispiel

Zu versteuerndes Einkommen einer Gesellschaft	500 000 DM
(Netto-)Ausschüttung	128 000 DM
Die Körperschaftsteuer ist folgendermaßen zu berechnen:	
56% Körperschaftsteuer (sog. Tarifbelastung) von 500 000 DM =	280 000 DM
Körperschaftsteuerminderung ($5/16$) von 128 000 DM = 20% von der Bruttoausschüttung von 200 000 DM	./. 40 000 DM
(Zur Berechnung der Körperschaftsteueränderungen vgl. im einzelnen die Ausführungen in Rz 153 bis 157.)	
Körperschaftsteuer	240 000 DM

Die Körperschaftsteuer von 240 000 DM setzt sich somit folgendermaßen zusammen:	
36% von der Bruttoausschüttung von 200 000 DM	72 000 DM
56% von 300 000 DM	168 000 DM
insgesamt	240 000 DM

30 Denkbar ist aber auch, daß Ausschüttungen aus Gewinnen stammen, die einer ermäßigten Körperschaftsteuer (z. B. durch Anrechnung ausländischer Steuern) oder gar nicht der Körperschaftsteuer unterlegen haben. In diesem Fall ist eine Änderung der Körperschaftsteuer (in der Regel eine Erhöhung) auf eine Belastung von 36% vorzunehmen.

31 Beim **Anteilseigner** ist die verbliebene Ausschüttungsbelastung der Kapitalgesellschaft auf die Einkommensteuer anzurechnen, weshalb dieses Verfahren „Anrechnungsverfahren" genannt wird. Die Anrechnung beträgt gem. § 36 Abs. 2 Nr. 3 EStG folglich $9/16$ (das sind 36 von 64) der Dividende. Die anzurechnende Körperschaftsteuer ist gleichzeitig gem. § 20 Abs. 1 Nr. 3 EStG in die Einnahmen aus Kapitalvermögen oder in andere Einkunftsarten, die den Einkünften aus Kapitalvermögen gem. § 20 Abs. 3 EStG vorgehen, einzubeziehen.

32 Vereinfacht kann der Zusammenhang zwischen ausschüttender Kapitalgesellschaft und Anteilseigner im Anrechnungsverfahren folgendermaßen dargestellt werden

(Übersicht):

bei der ausschüttenden Kapitalgesellschaft		beim Anteilseigner	
(im zu versteuernden Einkommen enthaltener) auszuschüttender Gewinn		→Gutschrift	48
		→Kapitalertragsteuer	16
= Bruttoausschüttung	100	→anzurechnende KSt	36
./. KSt 56%	56	Einnahmen aus Kapitalvermögen	100
= vEK$_{56}$	44		
+ KSt-Minderung	20	Angenommene Einkommensteuerbelastung des	
Dividende	64	Anteilseigners	45
./. Kapitalertragsteuer		./. Kapitalertragsteuer 16	
25% von 64	16	./. anzurechnende KSt 36	52
Nettoauszahlung	48	**Erstattung**	7

2. Das verwendbare Eigenkapital

a) Aufgabe

133 Nicht jeder Vermögenszuwachs einer Kapitalgesellschaft muß mit 56% Körperschaftsteuer belastet sein. Es gibt nämlich auch ermäßigte Belastungen, und zwar aufgrund von Vorschriften im Berlinförderungsgesetz, des § 14 3. VermBG oder aufgrund der Anrechnung von ausländischen Steuern gem. § 26 KStG. Außerdem können Erträge (z. B. gem. § 3a EStG, steuerfreie Investitionszulagen und andere) ganz von Körperschaftsteuer freigestellt sein. Wenn ermäßigt belastete oder gar nicht belastete Erträge ausgeschüttet werden, so kommt nämlich die beschriebene Reduzierung von 56% auf 36% nicht in Frage.

134 Der Gesetzgeber hat es deshalb für sinnvoll erachtet, alle Vermögenszuwächse in eine Auffangstation einzuschleusen. Diese nennt man das **verwendbare Eigenkapital**. Nur hieraus können Ausschüttungen vorgenommen werden. Da hierbei die Ausschüttungsbelastung von 36% herzustellen ist, muß bekannt sein, wie dieses verwendbare Eigenkapital mit Körperschaftsteuer belastet ist.

b) Begriff und Gliederung

135 Unter dem verwendbaren Eigenkapital ist Eigenkapital zu verstehen, das für Ausschüttungen zur Verfügung steht. Dabei handelt es sich um eine rein steuerliche Größe, die oft nicht identisch ist mit dem handelsrechtlich zur Verfügung stehenden Ausschüttungspotential.

136 Für die Ermittlung des verwendbaren Eigenkapitals ist auszugehen vom gesamten Eigenkapital der Kapitalgesellschaft. Dieses ist gem. § 29 Abs. 1 KStG das in der Steuerbilanz ausgewiesene Betriebsvermögen ohne die durch Ausschüttungen bedingte Änderung der Körperschaftsteuer nach § 27 KStG. Ebenfalls sind die Ausschüttungen nicht abzuziehen, die nicht auf einem den gesellschaftsrechtlichen Vorschriften entsprechenden Gewinnverteilungsbeschluß beruhen. In erster Linie sind das die verdeckten Gewinnausschüttungen (vgl. die Ausführungen in Rz 109 bis 118).

Wenn vom gesamten so ermittelten Eigenkapital das Nennkapital abgezogen wird, ergibt sich das für Ausschüttungen zur Verfügung stehende Eigenkapital, also das verwendbare Eigenkapital (§ 29 Abs. 2 KStG).

137 Damit dieses verwendbare Eigenkapital die Basis für die Herstellung der Ausschüttungsbelastung bilden kann, ist es entsprechend seiner Körperschaftsteuerbela-

Körperschaftsteuer 138–144 H

stung zu gliedern. Gem. § 30 Abs. 1 KStG gibt es drei Belastungskategorien, und zwar:
1. ungemildert belastetes verwendbares Eigenkapital (EK_{56})
2. mit Ausschüttungsbelastung belastetes verwendbares Eigenkapital (EK_{36})
3. unbelastetes verwendbares Eigenkapital (EK_0)

Das mit Ausschüttungsbelastung belastete Eigenkapital (EK_{36}) kann nur durch die nach § 32 KStG erforderliche Aufteilung bei ermäßigter Belastung zustande kommen.

Das unbelastete Eigenkapital ist gem. § 30 Abs. 2 KStG in vier weitere Teilbeträge zu untergliedern. Es handelt sich um ausländische Einkünfte (EK_{01}), sonstige Vermögensmehrungen (EK_{02}), sog. Altkapital (EK_{03}) und Einlagen der Anteilseigner (EK_{04}).

c) Beeinflussungsmöglichkeiten

138 Das Eigenkapital, und also auch das verwendbare Eigenkapital, kann nur durch erfolgswirksame Geschäftsvorfälle beeinflußt werden. Alle erfolgswirksamen Geschäftsvorfälle sind zusammengefaßt in der Gewinn- und Verlustrechnung. Die Fortschreibung des verwendbaren Eigenkapitals ist also letztlich davon abhängig, welchen Einfluß sämtliche Posten der Gewinn- und Verlustrechnung auf das verwendbare Eigenkapital gehabt haben. Eine Ausnahme stellen nur die Einlagen von Anteilseignern dar, die dem unbelasteten verwendbaren Eigenkapital im Sinne des § 30 Abs. 2 Nr. 4 KStG (EK_{04}) zuzurechnen sind.

139 Es sind folgende **vier Grundfälle** der Beeinflussung des verwendbaren Eigenkapitals denkbar:
(1) Abzugsfähige Aufwendungen und steuerpflichtige Erträge
(2) Steuerfreie Erträge
(3) Ermäßigt belastetes Einkommen
(4) Nichtabziehbare Aufwendungen

140 zu 1: Abzugsfähige Aufwendungen und steuerpflichtige Erträge – ihr Saldo ist das zu versteuernde Einkommen – wirken sich auf das ungemildert belastete verwendbare Eigenkapital im Sinne des § 30 Abs. 1 Nr. 1 KStG (EK_{56}) aus, weil Einkommen, das einer Körperschaftsteuer von 56% unterliegt, naturgemäß dem mit 56% belasteten verwendbaren Eigenkapital zugeordnet werden muß. Der Grundsatz gilt für positives zu versteuerndes Einkommen und auch für negatives, wenn auch § 33 Abs. 1 KStG zunächst etwas anderes vermuten läßt. (Vgl. hierzu die Ausführungen in Rz 173).

141 zu 2: Es ist ebenfalls selbstverständlich, daß steuerfreie Erträge das unbelastete verwendbare Eigenkapital im Sinne des § 30 Abs. 1 Nr. 3 KStG beeinflussen. Es kommen in Frage steuerfreie ausländische Erträge sowie andere steuerfreie Erträge (z. B. steuerfreie Zinsen nach § 3a EStG oder steuerfreie Investitionszulagen), die die Eigenkapitalteile des § 30 Abs. 2 Nr. 1 KStG (EK_{01}) bzw. des § 30 Abs. 2 Nr. 2 KStG (EK_{02}) erhöhen.

142 zu 3: Durch § 14 3. VermBG, die §§ 16, 17, 21 BerlinFG und durch die Anrechnung nach § 26 KStG kann die Belastung von Einkommen ermäßigt sein und jede Höhe zwischen 0 und 56% haben. Für diese Fälle ordnet § 32 Abs. 1 KStG eine Aufteilung an. Gem. § 32 Abs. 2 Nr. 1 KStG eine Aufteilung in Eigenkapital, das mit Ausschüttungsbelastung belastet ist (EK_{36}), und in unbelastetes Eigenkapital (EK_0) vorzunehmen, wenn die Belastung unter 36% liegt. Bei einer Belastung über 36% ist gem. § 32 Abs. 2 Nr. 2 KStG eine Aufteilung in ungemildert belastetes verwendbares Eigenkapital (EK_{56}) und in EK_{36} vorzunehmen.

143 Die Aufteilung kann im ersten Fall gem. Abschn. 87 Abs. 2 KStR vorgenommen werden. Hiernach ergibt sich das EK_{36}, indem die tatsächliche Körperschaftsteuer mit 16/9 multipliziert wird. Bei einer Belastung von über 36% kann das einer (fiktiven) Körperschaftsteuer von 36% unterliegende Einkommen gem. Abschn. 87 Abs. 3 KStR durch die Formel ermittelt werden: E 36 = 2,8 E . /. 5 St.

144 Einfacher und vor allem verständlicher dürfte die Aufteilung durch eine Verhältnisrechnung sein. Bei einer Belastung unter 36% ist das zu versteuernde Einkommen im Verhältnis der tatsächlichen Belastung zur Differenz zwischen 36% und tatsächlicher Belastung aufzuteilen. Nach Abzug der (fiktiven) Körperschaftsteuer von 36% ergeben sich EK_{36} und EK_0.

Beispiel

(Im zu versteuernden Einkommen enthaltene) ausländische Einkünfte	120000 DM
50% ausländische, nach § 26 KStG anzurechnende Körperschaftsteuer	./. 60000 DM
Bemessungsgrundlage	60000 DM
Ermittlung der Tarifbelastung:	
56% von 120000 DM	67200 DM
Anrechnung ausländischer Körperschaftsteuer	./. 60000 DM
Körperschaftsteuer (Tarifbelastung)	7200 DM
Von der Bemessungsgrundlage von 60000 DM sind das	12%

Die Aufteilung nach § 32 Abs. 2 KStG ist folgendermaßen vorzunehmen:

Bemessungsgrundlage	60000 DM	
Aufteilung bei Belastung 12% im Verhältnis 1:2	20000 DM	40000 DM
Körperschaftsteuer	36% = 7200 DM	0% = 0 DM
verbleibt verwendbares Eigenkapital	EK_{36} 12800 DM	EK_{01} 40000 DM

145 Bei einer Belastung von über 36% ist das zu versteuernde Einkommen im Verhältnis der Differenzen von 56% und tatsächlicher Belastung sowie tatsächliche Belastung und 36% aufzuteilen. Nach Abzug der 56%igen und 36%igen Körperschaftsteuer ergeben sich EK_{56} und EK_{36}.

Beispiel

Zu versteuerndes Einkommen	100000 DM
Ermäßigung gem. § 17 BerlinFG	11000 DM
Ermittlung der Tarifbelastung:	
56% von 100000 DM	56000 DM
Steuerermäßigung gem. § 17 BerlinFG	./. 11000 DM
Körperschaftsteuer (Tarifbelastung)	45000 DM
Von der Bemessungsgrundlage von 100000 DM sind das	45%

Die Aufteilung nach § 32 Abs. 2 KStG ist folgendermaßen vorzunehmen:

Zu versteuerndes Einkommen	100000 DM	
Aufteilung bei Belastung 45% im Verhältnis 9:11	45000 DM	55000 DM
Körperschaftsteuer	56% = 25200 DM	36% = 19800 DM
verbleibt verwendbares Eigenkapital	EK_{56} 19800 DM	EK_{36} 35200 DM

146 **zu 4:** Nichtabziehbare Aufwendungen mindern im Regelfall gem. § 31 Abs. 1 Nr. 4 KStG das EK_{56}. Da dieses ungemildert belastete verwendbare Eigenkapital ja bereits durch eine Körperschaftsteuer von 56% gemindert ist, bedeutet das, daß nichtabziehbare Aufwendungen zusätzlich mit 56/44 Körperschaftsteuer = 127,27% belastet sind. Man spricht deshalb auch vom 127-Effekt. Diese (unangenehm hohe) Belastung ist in der Praxis bei Steuerbelastungsvergleichen zwischen Kapitalgesellschaft und anderen Rechtsformen zu beachten. Im Hinblick auf diese von der Anrechnung ausgeschlossene Körperschaftsteuerbelastung der nichtabziehbaren Aufwendungen wird sogar bezweifelt, ob das gültige Körperschaftsteuersystem überhaupt ein „Voll"-Anrechnungsverfahren genannt werden kann (vgl. z. B. *Meyer-Wegelin* DB 1985 S. 1757).

Nichtabziehbare Aufwendungen mindern das EK_{56} auch in Jahren mit nicht ausreichendem zu versteuernden Einkommen oder Verlusten. Wenn zu Beginn von Verlustphasen EK_{56} vorhanden war, was allerdings durch eine entsprechende Ausschüttungspolitik verhindert werden kann, findet eine „Vorversteuerung" statt. Ansonsten werden nichtabziehbare Aufwendungen von Verlustjahren in späteren Gewinnjahren „nachversteuert" (vgl. hierzu *Brezing* StbJb 1981/82 S. 402, *Herzig* StbJb 1982/83 S. 168, StbHb 1985 S. 1230). In Höhe der nichtabziehbaren Aufwendungen und der darauf lastenden Körperschaftsteuer ist dann eine Ausschüttung nicht mög-

Körperschaftsteuer   147–152 **H**

lich, was in der Praxis sehr unangenehm sein kann, weil Kapitalgesellschaften gerade nach Verlustjahren an möglichst hohen Ausschüttungen interessiert sein können.

147 Nur wenn EK_{56} nicht in ausreichender Höhe zur Verfügung steht, können nichtabziehbare Aufwendungen gem. § 31 Abs. 2 KStG das EK_{36} mindern. Die zusätzliche Belastung mit Körperschaftsteuer beträgt dann 36/64 = 56,25%.

Wenn auch EK_{36} für nichtabziehbare Aufwendungen nicht zur Verfügung steht, sind sie nicht mit EK_0 zu verrechnen, sondern es ist negativ zur späteren Verrechnung mit EK_{56} bzw. EK_{36} vorzutragen.

148 Eine Ausnahme stellt die Körperschaftsteuererhöhung dar. Sie mindert gem. § 31 Abs. 1 Nr. 1 KStG den jeweiligen Teilbetrag, auf den sie entfällt, also das EK_0. Ermäßigte Körperschaftsteuer und ausländische Steuern mindern gem. § 31 Abs. 1 Nrn. 1 u. 2 KStG die ihr unterliegenden Einkommensteile bzw. Einkünfte. Nichtabziehbare Aufwendungen für Wirtschaftsjahre vor 1977 mindern gem. § 31 Abs. 3 KStG das sog. Altkapital (EK_{03}).

149 Die Auswirkungen der nichtabziehbaren Aufwendungen auf das verwendbare Eigenkapital sollen mit folgender Übersicht verdeutlicht werden.

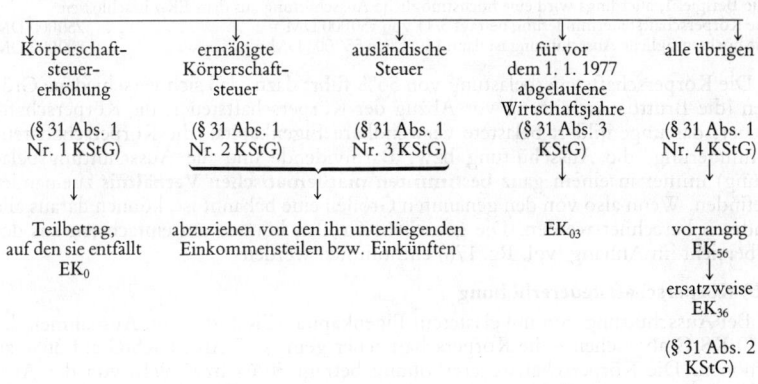

Alle denkbaren Möglichkeiten von Auswirkungen auf Teilbeträge des verwendbaren Eigenkapitals – außer den Einlagen von Anteilseignern – sind in einer zusammenfassenden Übersicht im Anhang (vgl. Rz. 175) dargestellt.

3. Herstellen der Ausschüttungsbelastung

a) Sinn und Zweck

150 Wenn Anteilseigner Ausschüttungen von ihren Kapitalgesellschaften erhalten, so setzen sich ihre diesbezüglichen Einkünfte aus der Ausschüttung (Dividende) selbst und der darauf anzurechnenden Körperschaftsteuer von 9/16 gem. § 36 Abs. 2 Nr. 3 EStG zusammen (vgl. Übersicht in Rz. 132). Die anzurechnende Körperschaftsteuer von 9/16 von der Ausschüttung (= 56,25%) entspricht einem Prozentsatz von 36% von der Brutto-Ausschüttung.

151 Damit diese einkommensteuerliche Folge bei den Anteilseignern eintritt, muß auf der Ebene der Kapitalgesellschaft dafür gesorgt werden, daß die Ausschüttungen *ausnahmslos* mit einer Körperschaftsteuer von 36% belastet werden. Es muß also, falls sie nicht schon besteht, die Ausschüttungsbelastung von 36% hergestellt werden (vgl. auch Rz. 128).

152 Ausschüttungen können nach dem heute gültigen System nur aus dem verwendbaren Eigenkapital erfolgen. Die Reihenfolge der einzelnen Teilbeträge ergibt sich gem. § 28 Abs. 3 KStG aus der abnehmenden Belastung.

b) Körperschaftsteueränderungen

aa) Körperschaftsteuerminderung

153 Bei Ausschüttung von ungemildert belastetem Eigenkapital (EK_{56}) ist die Körperschaftsteuer gem. § 27 Abs. 1 KStG auf die Ausschüttungsbelastung von 36% zu mindern. Die Körperschaftsteuerminderung beträgt 20/64 bzw. 5/16 von der Ausschüttung und 20/44 bzw. 5/11 vom verwendbaren Eigenkapital (Abschn. 77 Abs. 1 Nr. 1 KStR). Die Körperschaftsteuerminderung ist zwingend für die Ausschüttung heranzuziehen (sog. Verwendungsfiktion gem. § 28 Abs. 4 KStG). Aus vorhandenem EK_{56} können maximal 16/11 hiervon ausgeschüttet werden.

Beispiel 1

In einer Kapitalgesellschaft wird eine Ausschüttung von 240000 DM beschlossen. Das maßgebliche ungemildert belastete verwendbare Eigenkapital beträgt 550000 DM.

Die Körperschaftsteuerminderung beträgt 5/16 von der Ausschüttung =	75000 DM
Vom EK_{56} gelten 11/16 von der Ausschüttung als verwendet =	165000 DM
ergibt eine Ausschüttung (Bardividende) von	240000 DM

Beispiel 2

Wie Beispiel 1, allerdings wird eine höchstmögliche Ausschüttung aus dem EK_{56} beschlossen.

Die Körperschaftsteuerminderung beträgt 5/11 von 550000 DM =	250000 DM
Die höchstmögliche Ausschüttung ist dann 16/11 von 550000 DM =	800000 DM

154 Die Körperschaftsteuerbelastung von 56% führt dazu, daß sich verschiedene Größen (die Bruttoausschüttung vor Abzug der Körperschaftsteuer, die Körperschaftsteuer, das ungemildert belastete verwendbare Eigenkapital, die Körperschaftsteuerminderung, die Ausschüttung bzw. Bardividende und die Ausschüttungsbelastung) immer in einem ganz **bestimmten mathematischen Verhältnis** zueinander befinden. Wenn also von den genannten Größen eine bekannt ist, können daraus alle anderen berechnet werden. Die gesuchten Größen können am einfachsten aus der Übersicht im Anhang (vgl. Rz. 176) entnommen werden.

bb) Körperschaftsteuererhöhung

155 Bei Ausschüttung von unbelastetem Eigenkapital (EK_0) ist – von Ausnahmen des § 40 KStG abgesehen – die Körperschaftsteuer gem. § 27 Abs. 1 KStG auf 36% zu erhöhen. Die Körperschaftsteuererhöhung beträgt 36/64 bzw. 9/16 von der Ausschüttung und 36/100 bzw. 9/25 vom verwendbaren Eigenkapital (Abschn. 77 Abs. 1 Nr. 2 KStR).

156 Außer der Ausschüttung selbst mindert die Körperschaftsteuererhöhung ebenfalls das EK_0 (§ 31 Abs. 1 Nr. 1 KStG). Aus vorhandenem EK_0 können somit maximal 64/100 = 16/25 ausgeschüttet werden.

Beispiel 1

In einer Kapitalgesellschaft, die nur EK_0 hat, wird eine Ausschüttung von 240000 DM beschlossen. Das unbelastete Eigenkapital (EK_{01}, EK_{02} oder EK_{03}) beträgt 750000 DM.

Die Körperschaftsteuererhöhung beträgt 9/16 von der Ausschüttung =	135000 DM
Vom EK_0 gelten außerdem für die Ausschüttung verwendet	240000 DM
ergibt eine Verringerung des EK_0 von	375000 DM

Beispiel 2

Wie Beispiel 1, allerdings wird eine höchstmögliche Ausschüttung aus dem EK_0 beschlossen.

Die Körperschaftsteuererhöhung beträgt 9/25 von 750000 DM =	270000 DM.
Die höchstmögliche Ausschüttung beträgt 16/25 von 750000 DM =	480000 DM.

157 Auch bei Ausschüttung von unbelastetem verwendbarem Eigenkapital befinden sich verschiedene Größen (unbelastetes verwendbares Eigenkapital, Körperschaftsteuererhöhung, Ausschüttung bzw. Bardividende) immer in einem ganz bestimmten mathematischen Verhältnis zueinander. Wenn eine Größe bekannt ist, können also auch in diesem Falle alle anderen berechnet werden. Aus der im Anhang dargestellten Übersicht können die gesuchten Größen entnommen werden (vgl. RZ. 177).

c) Ausschüttungspolitik

158 Im gültigen Körperschaftsteuersystem ist die Körperschaftsteuerbelastung von 56% bei Kapitalgesellschaften nur vorläufiger Natur. *Rose* (Die Ertragsteuern S. 142) spricht in diesem Zusammenhang von einer ,,Interims-Körperschaftsteuer". Bei Ausschüttung, die spätestens bei der Liquidation erfolgt, wird nämlich durch Einbeziehung der Körperschaftsteuer in die Bemessungsgrundlage und ihre Anrechnung die Körperschaftsteuerbelastung von 56% in die individuelle Einkommensteuerbelastung der Anteilseigner umgewandelt.

159 Bei Publikumskapitalgesellschaften werden steuerliche Überlegungen in der Regel für die Höhe der Ausschüttung nur eine untergeordnete Rolle spielen. Vielmehr sind hier andere Gesichtspunkte vorrangig, z. B. die Höhe des Jahresüberschusses, die Liquidität, die Auftragslage, geplante Investitionen, die Höhe der Dividende in Vorjahren u. a. m. Bei *Heuser/Röhl/Willms* DB 1978 S. 753, 801 sind einige weitere Zielsetzungen der Ausschüttungspolitik genannt. Aus dem gleichen Beitrag können auch die rechnerischen Auswirkungen auf die Höhe der Körperschaftsteuer und der Körperschaftsteuerrückstellung entnommen werden.

160 Bei kleinen und mittelgroßen Gesellschaften mit beschränkter Haftung wird die Ausschüttungspolitik vornehmlich unter dem Gesichtspunkt der Minderung der Gesamtsteuerbelastung stehen. Hierbei spielen verschiedene Faktoren (vgl. im einzelnen: *Goutier* NWB Fach 4 S. 3337) eine Rolle. Da die individuelle Einkommensteuerbelastung der Anteilseigner in der Regel unter 56% liegen wird, ist für die Praxis meistens eine maximale Ausschüttung aus dem EK_{56} anzuraten, und zwar auch dann, wenn die finanziellen Mittel, die Gegenstand der Ausschüttung sind, ganz oder teilweise bei der Kapitalgesellschaft verbleiben sollen (sog. Schütt-aus-hol-zurück-Verfahren gem. Abschn. 77 Abs. 6 KStR). Einen Gestaltungsmißbrauch im Sinn des § 42 AO nimmt die Finanzverwaltung nicht mehr an. Die bei der Gesellschaft verbleibenden Mittel können gem. Abschn. 77 Abs. 6 Satz 1 KStR zur Hingabe von Darlehen, zur Beteiligung als stiller Gesellschafter oder zur Erhöhung der freien Rücklagen verwendet werden. Eine Vollausschüttung des EK_{56} kann auch dann angebracht sein, wenn andernfalls verbleibendes EK_{56} in nachfolgenden gewinnlosen Jahren durch nichtabziehbare Aufwendungen aufgezehrt wird. Hierdurch würde dann eine ,,Vorversteuerung" dieser nichtabziehbaren Aufwendungen stattfinden (vgl. hierzu auch Rz. 146).

161 Es wird zuweilen (vgl. z. B. *Herzig* DB 1985 S. 353) in der Literatur vorgeschlagen, auf eine Vollausschüttung des EK_{56} zu verzichten und einen gewissen Sicherheitsbestand an EK_{56} zu halten, um insbesondere die unangenehmen Folgen einer verdeckten Gewinnausschüttung zu vermeiden. Diesem Ratschlag ist nicht zu folgen, weil es zum einen eine sofortige Minimierung der Steuerbelastung verhindert und zum anderen die Finanzverwaltung dadurch darauf hingewiesen werden könnte, daß die Kapitalgesellschaft selbst die Annahme von verdeckten Gewinnausschüttungen befürchtet.

162 Bei Planung der Ausschüttungshöhe sollte grundsätzlich die Ausschüttung von unbelastetem verwendbaren Eigenkapital (EK_0) vermieden werden. Bei Ausschüttung von EK_0 ist nämlich abgesehen von der Ausschüttung von EK_{04} die Körperschaftsteuer zu erhöhen (vgl. hierzu Rz. 155), was bedeutet, daß entweder bisher steuerfreie Erträge mit 36% Körperschaftsteuer oder daß Rücklagen, die vor 1977 bereits einer Körperschaftsteuer (in der Regel 51%) unterlegen haben, zusätzlich mit 36% Körperschaftsteuer belastet werden. Diese Körperschaftsteuer wird gem. § 20 Abs. 1 Nr. 3 EStG in Verb. mit § 36 Abs. 2 Nr. 3 EStG beim Anteilseigner angerechnet, so daß die Ausschüttung letztendlich mit individueller Einkommensteuer belastet ist. Erträge, die bei den Kapitalgesellschaften steuerfrei sind, werden also durch Ausschüttung nachträglich in steuerpflichtige Einkünfte umgewandelt. Eine Ausschüttung von unbelastetem verwendbaren Eigenkapital sollte nur dann erwogen werden, wenn bei den Anteilseignern Verluste nicht ausgeglichen oder zurückgetragen werden können und auch keine Aussicht besteht, diese im Rahmen des § 10d EStG vortragen zu können.

163 Bei Ausschüttung von EK_{36} ist zu prüfen, ob die individuelle Einkommensteuerbelastung der Anteilseigner über oder unter 36% liegt. Hierbei wird nämlich die ermäßigte Körperschaftsteuerbelastung von 36% in die volle Einkommensteuerbelastung der Anteilseigner umgewandelt.

4. Besonderheiten im Anrechnungsverfahren

a) Verdeckte Gewinnausschüttungen

164 Nach dem Willen des Gesetzgebers sollten durch das KStG 1977 die verdeckten mit den offenen Gewinnausschüttungen hinsichtlich ihrer Steuerbelastung gleichgestellt werden, d. h. auch bei verdeckten Gewinnausschüttungen ist ausnahmslos die Ausschüttungsbelastung herzustellen. Die bis zum 31. 12. 1983 gültige Gesetzesfassung des § 29 Abs. 2 KStG a. F., nach der das verwendbare Eigenkapital am Ende des Wirtschaftsjahres *vor* der verdeckten Gewinnausschüttung maßgeblich war, führte aber besonders dann zu einer sehr hohen Belastung, wenn ungemildert belastetes verwendbares Eigenkapital (EK$_{56}$) nicht zur Verfügung stand. In diesem Fall führte nämlich die Belastung der verdeckten Gewinnausschüttung mit 56% tariflicher Körperschaftsteuer und der Ausschüttungsbelastung von 56,25% bei der Kapitalgesellschaft zu einer Gesamtbelastung von 112,25% von der verdeckten Gewinnausschüttung, wovon freilich die Ausschüttungsbelastung von 56,25% beim Anteilseigner angerechnet wurde.

165 Nach der ab 1. 1. 1984 gültigen Fassung ist das Gesetz in der Weise geändert worden, daß nun für die verdeckte Gewinnausschüttung gem. § 28 Abs. 2 KStG n. F. der Stand des verwendbaren Eigenkapitals zum Schluß des Wirtschaftsjahres maßgeblich ist, in dem die verdeckte Gewinnausschüttung erfolgt. Dadurch kann das durch die verdeckte Gewinnausschüttung entstandene EK$_{56}$ mit herangezogen werden, so daß die Gesamtbelastung nicht höher als 56,25% sein kann.

166 Bei verdeckten Gewinnausschüttungen sind folgende Belastungsmöglichkeiten denkbar:

Einkommensebene	Einkommen nicht zu erhöhen			Einkommen zu erhöhen		
Herstellung der Ausschüttungsbelastung	volle Verrechnung mit EK$_{56}$	volle Verrechnung mit EK$_{36}$	volle Verrechnung mit EK$_0$	volle Verrechnung mit EK$_{56}$	teilweise Verrechnung mit EK$_{36}$	teilweise Verrechnung mit EK$_0$

Zahlenmäßig ergeben sich dann folgende Möglichkeiten (vgl. hierzu auch *Tillmann* S. 90):

Vorgang	Körperschaftsteuertarifbelastung mit 56%	Herstellung der Ausschüttungsbelastung	Gesamtbelastung
1. Einkommen nicht erhöht; volle Verrechnung mit EK$_{56}$	–	(./. 5/16) = ./. 31,25%	./. 31,25%
2. Einkommen nicht erhöht: volle Verrechnung mit EK$_{36}$	–	–	–
3. Einkommen nicht erhöht; volle Verrechnung mit EK$_0$	–	(+ 9/16) = + 56,25%	+ 56,25%
4. Einkommen erhöht volle Verrechnung mit EK$_{56}$	56%	(./. 5/16) = ./. 31,25%	+ 24,75%
5. Einkommen erhöht; teilweise Verrechnung mit EK$_{36}$	56%	(./. 1/5) = ./. 20,00%	+ 36,00%
6. Einkommen erhöht; teilweise Verrechnung mit EK$_0$	56%	(./. 80/400) = ./. 20,00% (+ 81/400) = + 20,25%	+ 56,25%

Körperschaftsteuer 167–171 H

167 Die praktischen Auswirkungen einer verdeckten Gewinnausschüttung sollen an folgendem Beispiel verdeutlicht werden.

Beispiel
Eine GmbH, deren verwendbares Eigenkapital ausschließlich einen Teilbetrag im Sinne von § 30 Abs. 2 Nr. 3 KStG (EK_{03}) in Höhe von 100000 DM darstellt, hat im Jahre 01, für das keine Gewinnausschüttung beschlossen worden ist, ein zu versteuerndes Einkommen von 0 DM und keine nichtabziehbaren Aufwendungen.
Das Finanzamt stellt fest, daß zu Beginn des Jahres 01 ein Darlehen an einen Gesellschafter in Höhe von 500000 DM gegeben worden ist, das bisher nicht verzinst wurde. Angemessen ist ein Zins von 10%.
Unter Berücksichtigung der verdeckten Gewinnausschüttung ist das verwendbare Eigenkapital folgendermaßen zu entwickeln:

	Vorspalte (Aufwand u. Ertrag aus GuV)	verwendbares Eigenkapital			
		EK_{56}	EK_{03}	zusammen	
Vortrag 1. 1. 01			100000	100000	
zu versteuerndes Einkommen	50000	50000		50000	
Körperschaftsteuer 01	./. 28000	./. 28000		./. 28000	
Steuervorbilanz 31. 12. 01 gem. § 29 Abs. 1 KStG	(22000)	22000	100000	122000	„Nachrichtlicher" Teil des Formulars KStG 1 G/A (Entwicklung des nach § 30 KStG zu gliedernden verwendbaren Eigenkapitals)
Körperschaftsteuerminderung wegen vGA	10000	10000		10000	
Körperschaftsteuererhöhung wegen vGA	./. 10125		./. 10125	./. 10125	
verdeckte Gewinnausschüttung		./. 32000	./. 18000	./. 50000	
Endgültige Steuerbilanz 31. 12. 01	21875	0	71875	71875	

168 Das verwendbare Eigenkapital ist also unter Berücksichtigung der verdeckten Gewinnausschüttung um 28125 DM geringer geworden. Das entspricht der hergestellten Ausschüttungsbelastung von 56,25%. Diese 56,25% setzen sich folgendermaßen zusammen:

tarifliche Körperschaftsteuer	56,00%
Körperschaftsteuerminderung	./. 20,00%
Körperschaftsteuererhöhung	20,25%
	56,25%

169 Die ab dem Veranlagungszeitraum 1984 gültige Neuregelung kann auf Antrag gem. § 54 Abs. 7 KStG n. F. rückwirkend für alle Veranlagungszeiträume nach 1976 angewendet werden, und zwar auch dann, wenn die betreffenden Feststellungsbescheide im Sinne des § 47 KStG bestandskräftig sind. Nicht in allen Fällen ist es sinnvoll, den Antrag nach § 54 Abs. 7 KStG zu stellen. Wenn z. B. nichtabziehbare Ausgaben mit zu Beginn des Jahres der verdeckten Gewinnausschüttung vorhandenem EK_{56} zu verrechnen sind und die verdeckte Gewinnausschüttung selbst einen Verlust mindert, kann es durchaus günstiger sein, den Antrag nach § 54 Abs. 7 KStG nicht zu stellen. Es ist deshalb in jedem einzelnen Fall genau zu prüfen, ob altes oder neues Recht zu einer höheren Belastung führt.

170 Streitig ist, ob der Antrag innerhalb der Festsetzungsfristen (§§ 169 bis 171 AO) gestellt werden muß (so *Dötsch/Eversberg/Jost/Witt* § 27 KStG Anm. 113 K) oder ob eine (neue) Festsetzungsfrist erst mit Antragstellung beginnt (so *Lempenau* BB 1984 S. 263). Für die Praxis ist im Hinblick auf diese bisher nicht entschiedene Streitfrage anzuraten, den Antrag nach § 54 Abs. 7 KStG möglichst bald zu stellen.

171 Die vorangegangenen Darstellungen und Berechnungen haben gezeigt, daß nach der Gesetzesänderung mit Wirkung ab 1. 1. 1984 die verdeckten Gewinnausschüttungen hinsichtlich ihrer steuerlichen Belastung tatsächlich mit offenen Ausschüttungen gleichgestellt worden sind. Dennoch haben verdeckte Gewinnausschüttungen für die Kapitalgesellschaft immer noch nachteilige Wirkungen.

172 Nach herrschender Ansicht sind verdeckte Gewinnausschüttungen Netto- und nicht Brutto-Ausschüttungen. Deshalb kommt die Ausschüttungsbelastung (in der Regel unvorhergesehen) zu verdeckten Gewinnausschüttungen noch hinzu. Die verdeckte Gewinnausschüttung kann nicht aus sich selbst finanziert werden. Vielmehr muß die Kapitalgesellschaft einen zusätzlichen Aufwand leisten, der gleichzeitig einen Vermögensvorteil des Gesellschafters darstellt. Aus diesem Grunde werden Kapitalgesellschaften weiterhin bemüht sein, verdeckte Gewinnausschüttungen zu vermeiden. (Vgl. hierzu auch Rz. 118.)

b) Verlustrücktrag

173 Der Verlustrücktrag wirft im Anrechnungsverfahren Probleme auf, weil durch die nachträgliche Freistellung von zuvor steuerpflichtigem Einkommen eine Neugliederung des verwendbaren Eigenkapitals erforderlich ist.

Das negative Einkommen mindert im Jahre des Entstehens zunächst einmal gem. § 33 Abs. 1 KStG das EK_{02}. In Höhe des Verlustrücktrags (zu seiner Berechnung vgl. die Ausführungen in Rz. 122) wird dann im Rücktragsjahr das zu versteuernde Einkommen und damit das EK_{56} gemindert. Zum Ausgleich ist ein gleichhoher Betrag beim EK_{02} hinzuzurechnen (§ 33 Abs. 2 Satz 1 KStG). Der durch den Verlustrücktrag entstehende Körperschaftsteuererstattungsanspruch ist (nach Ansicht der Finanzverwaltung) erst im Verlustentstehungsjahr zu berücksichtigen. Allerdings mindert die aufgrund des Verlustrücktrags zu erstattende Körperschaftsteuer im Verlustrücktragsjahr (entgegen früherer Ansicht der Finanzverwaltung) gem. Abschn. 89 Abs. 3 Satz 5 KStR das EK_{02}. Ein entsprechender Betrag ist dann im Verlustentstehungsjahr ebenfalls beim EK_{02} hinzuzurechnen (Abschn. 89 Abs. 3 Satz 7 KStR).

174 Die durch einen Verlustrücktrag erforderlichen Änderungen der Gliederung des verwendbaren Eigenkapitals sollen durch folgendes Beispiel verdeutlicht werden:

Eine inländische GmbH ohne verwendbares Eigenkapital zu Beginn des Jahres 01 hatte folgende zu versteuernde Einkommen:
Jahr 01: 0 DM
Jahr 02: 200 000 DM
Jahr 03: ./. 250 000 DM

Für das Jahr 02 wurde im Jahr 03 formgerecht eine Ausschüttung von 32 000 DM beschlossen und durchgeführt. Die Vermögensteuer betrug in allen Jahren 5000 DM.

Gem. § 8 Abs. 4 KStG ist der Verlustrücktrag beschränkt auf das Einkommen des Abzugsjahres abzüglich des ausgeschütteten Gewinns und der darauf lastenden Ausschüttungsbelastung.

Die Ausschüttungsbelastung auf die Ausschüttung von 32 000 DM beträgt 9/16 = 18 000 DM. Der Verlustrücktrag ist deshalb begrenzt auf 200 000 DM ./. 50 000 DM = 150 000 DM.

Das verwendbare Eigenkapital ist **nach Verlustrücktrag** folgendermaßen zu entwickeln:

		EK_{56}	EK_{02}
Vermögensteuer 01			./. 5000 DM
Einkommen 02	200 000 DM		
./. Verlustrücktrag	./. 150 000 DM		+ 150 000 DM
zu versteuerndes Einkommen	50 000 DM		
KSt 56%	28 000 DM	22 000 DM	
KSt-Erstattung wegen Verlustrücktrags im Entstehungsjahr			./. 84 000 DM
Vermögensteuer 02			./. 5000 DM
KSt-Minderung		10 000 DM	
Endgültige Steuerbilanz 31. 12. 02		22 000 DM	66 000 DM
Ausschüttung für 02		./. 32 000 DM	
Verlust 03			./. 250 000 DM
KSt-Erstattungsanspruch 02 wegen Verlustrücktrags			84 000 DM
Vermögensteuer 03			./. 5000 DM
Endgültige Steuerbilanz 31. 12. 03		./. 15 000 DM	./. 100 000 DM

Körperschaftsteuer

V. Anhang

175 1. **Übersicht über mögliche Auswirkungen auf Teilbeträge des verwendbaren Eigenkapitals**

Posten aus der Gewinn- und Verlustrechnung / Teilbeträge des verwendbaren Eigenkapitals	EK_{56}	EK_{36}	EK_{01}	EK_{02}	EK_{03}
I. **Zu versteuerndes Einkommen** (= steuerpflichtige Erträge ./. abzugsfähige Aufwendungen)	↑				
II. **Steuerfreie Erträge**					
1. Ausländische (nach DBA oder § 26 KStG)			↑		
2. Sonstige (z. B. nach § 3a EStG oder § 4b InvZulG)				↑	
3. Erstattungen von nichtabziehbaren Aufwendungen für Wirtschaftsjahre vor 1977					↑
III. **Ermäßigt belastete Gewinne** (z. B. nach §§ 16, 17 BerlinFG, § 26 KStG)					
1. Tarifbelastung unter 36%					
a) ausländische Einkünfte		↑	↑		
b) inländische Einkünfte		↑			↑
2. Tarifbelastung über 36%	↑	↑			
IV. **Nichtabziehbare Aufwendungen**					
1. Körperschaftsteuererhöhung gem. § 31 Abs. 1 Nr. 1 KStG		↑	↑		↑
2. Ermäßigte Körperschaftsteuer (entsprechend den ermäßigt belasteten Gewinnen; siehe III) gem. § 31 Abs. 1 Nr. 2 KStG		↑	↑	↑	
3. Ausländische Steuern gem. § 31 Abs. 1 Nr. 3 KStG bei verbleibender Belastung		↑	↑	↑	
4. Für Wirtschaftsjahre vor 1977 gem. § 31 Abs. 3 KStG					↑
5. Sonstige					
a) Bei ausreichendem EK_{56} gem. § 31 Abs. 1 Nr. 4 KStG	↑				
b) Bei nicht ausreichendem EK_{56} ersatzweise gem. § 31 Abs. 2 KStG					↑

Endriss

2. Berechnungsmöglichkeiten gesuchter Größen im körperschaftsteuerlichen Anrechnungsverfahren bei ungemilderter Belastung

Bekannte Größe / Gesuchte Größe	Vorspalte	Bruttoausschüttung[1]			Ausschüttung (vor Abzug der Kapitalertragsteuer)			ungemildert belastetes verwendbares Eigenkapital		
		Bruch	gekürzter Bruch	Prozent	Bruch	gekürzter Bruch	Prozent	Bruch	gekürzter Bruch	Prozent
1. Bruttoausschüttung[1]	100	100/100	25/25	100	100/64	25/16	156,25	100/44	25/11	227,27
2. Körperschaftsteuer 56%	./. 56	56/100	14/25	56	56/64	14/16	87,50	56/44	14/11	127,27
3. Verwendbares Eigenkapital	44	44/100	11/25	44	44/64	11/16	68,75	44/44	11/11	100,00
4. Körperschaftsteuerminderung	+ 20	20/100	5/25	20	20/64	5/16	31,25	20/44	5/11	45,45
5. Ausschüttung (Bardividende)	64	64/100	16/25	64	64/64	16/16	100,00	64/44	16/11	145,45
6. Ausschüttungsbelastung	36	36/100	9/25	36	36/64	9/16	56,25	36/44	9/11	81,81

[1] Im zu versteuernden Einkommen enthaltener Gewinn vor Abzug von Körperschaftsteuer.

177 3. Berechnungsmöglichkeiten gesuchter Größen im körperschaftsteuerlichen Anrechnungsverfahren bei unbelastetem verwendbarem Eigenkapital

Gesuchte Größe	Bekannte Größe	Vorspalte	Ausschüttung (vor Abzug von Kapitalertragsteuer)			unbelastetes verwendbares Eigenkapital		
			Bruch	gekürzter Bruch	Prozent	Bruch	gekürzter Bruch	Prozent
1. Unbelastetes verwendbares Eigenkapital (= Bruttoausschüttung*)		100	100/64	25/16	156,25	100/100	25/25	100
2. Körperschaftsteuererhöhung		./. 36	36/64	9/16	56,25	36/100	9/25	36
3. Ausschüttung (Bardividende)		64	64/64	16/16	100,00	64/100	16/25	64

* Ausschüttung einschließlich anrechenbarer Körperschaftsteuer

IV. Gewerbesteuer

Bearbeiter: Dietmar Schreyer

Übersicht

I. Übersicht zur Ermittlung der Gewerbesteuer nach dem Gewerbeertrag und nach dem Gewerbekapital .. Rz. 181

II. Gewerbesteuer und Gewinnermittlung 182–185
1. Gewerbesteuerrückstellung/Gewerbesteuerrückforderung 182
2. Berechnungsbeispiel 183
3. Tabellen der Divisoren und der Belastung mit Gewerbesteuer bei verschiedenen Hebesätzen 184
4. Gewerbesteuerhebesätze 1985 185

III. Verfahrensweg der Gewerbesteuerfestsetzung 186, 187

Rz.
1. Ohne Zerlegung des einheitlichen Gewerbesteuermeßbetrags 186
2. Mit Zerlegung des einheitlichen Gewerbesteuermeßbetrags 187

IV. Ausgewählte Probleme der Gewerbesteuer 188–197
1. Beginn und Ende der Gewerbesteuerpflicht 188, 189
2. Verlustvortrag nach § 10a GewStG bei Unternehmens- und Unternehmerwechsel 190–193
3. Fälle der Zerlegung des Gewerbesteuermeßbetrags 194–197

I. Übersicht zur Ermittlung der Gewerbesteuer nach dem Gewerbeertrag und nach dem Gewerbekapital

Gewerbeertrag:

Gewinn

(ermittelt nach den Vorschriften des EStG oder des KStG)

+

Hinzurechnungen, § 8 GewStG

./.

Kürzungen, § 9 GewStG

=

Gewerbeertrag

=

Maßgebender Gewerbeertrag

./.

Gewerbeverlust, § 10a GewStG

./.

Abrundung (auf volle 100 DM)

./.

Freibetrag (36 000 DM bei natürlichen Personen und Personengesellschaften)

=

Steuerpflichtiger Gewerbeertrag

×

Steuermeßzahl (5%)

=

Meßbetrag nach dem Gewerbeertrag

Gewerbekapital:

Betriebsvermögen

(Einheitswert auf den letzten Feststellungszeitpunkt vor dem Erhebungszeitraum)

+

Hinzurechnungen, § 12 Abs. 2 GewStG

./.

Kürzungen, § 12 Abs. 3 GewStG

=

Gewerbekapital

=

Maßgebendes Gewerbekapital

./.

Abrundung (auf volle 1000 DM)

./.

Freibetrag (120 000 DM)

=

Steuerpflichtiges Gewerbekapital

×

Steuermeßzahl (2‰)

=

Meßbetrag nach dem Gewerbekapital

+

einheitlicher Gewerbesteuermeßbetrag

×

Hebesatz

=

Gewerbesteuer

II. Gewerbesteuer und Gewinnermittlung

1. Gewerbesteuerrückstellung/Gewerbesteuerrückforderung

182 Die Gewerbesteuer ist eine bei der Ermittlung des Gewinns aus Gewerbebetrieb abziehbare **Betriebsausgabe**. Bei der Berechnung der auf das Wirtschaftsjahr entfallenden und damit abzugsfähigen Gewerbesteuer ist deshalb zu berücksichtigen, daß die zu berechnende Steuer den Ausgangswert der Berechnung, den Gewinn aus Gewerbebetrieb, wieder ändert.

Der Finanzverwaltung genügt es, wenn diese Änderung durch eine *Schätzung* berücksichtigt wird. Nach Abschnitt 22 Absatz 2 EStR kann die Gewerbesteuer mit 9/10 des Betrags der Gewerbesteuer angesetzt werden, der sich ohne Berücksichtigung der Gewerbesteuer als Betriebsausgabe ergeben würde.

Die **genaue Berechnung** der Gewerbesteuer ist möglich nach folgender **Formel:**

$$X = St : \left(1 + \frac{\text{Hebesatz} \times 0.05}{100}\right)$$

X = die gesuchte Jahressteuerschuld
St = die Jahressteuerschuld, die sich ergibt, wenn die Gewerbesteuer nicht als Betriebsausgabe berücksichtigt wird.

Die geschätzte oder errechnete Jahressteuerschuld abzüglich der im Erhebungszeitraum geleisteten Vorauszahlungen, soweit sie in dem betreffenden Wirtschaftsjahr als Betriebsausgaben behandelt wurden, ergibt die in die Bilanz einzustellende Rückstellung oder Forderung.

Zur Vereinfachung der genauen Berechnung ist in der **folgenden Tabelle der Divisor** der Rechenformel

$$\left(1 + \frac{\text{Hebesatz} \times 0.05}{100}\right)$$

für Hebesätze zwischen 100 und 500 zusammengestellt.

Daneben ist die **Gewerbesteuerbelastung** pro 100 DM Gewerbeertrag unter Berücksichtigung der Gewerbesteuer als Betriebsausgabe angegeben. Die Minderung der Steuer durch den Freibetrag nach § 11 Abs. 1 GewStG von 36000 DM ist dabei *nicht* berücksichtigt. Die Belastungstabelle ist daher verwendbar, wenn dem Steuerpflichtigen der Freibetrag nicht zusteht (z. B. GmbH). Andere Steuerpflichtige können der Tabelle die GewSt-Mehrbelastung entnehmen, wenn der Ausgangsgewinn 36000 DM übersteigt.

Durch eine Umrechnung der Formel kann die Berechnung der Gewerbesteuer auch nach der sog. **Multiplikatormethode** erfolgen. Das dabei anzuwendende Berechnungsschema und die Multiplikatorentabelle ergeben sich aus Teil B Rz. 1146.

2. Berechnungsbeispiel (zur Anwendung der Tabelle 3)

183 1. **Meßbetrag nach dem Ertrag**

1.1	**Gewerbeertrag vor endgültiger GewSt** (s. a. Teil B Rz. 1145)	100000
1.2	zuzüglich GewSt-Vorauszahlungen, die den Ertrag (Zeile 1.1) gemindert haben	10000
1.3	Gewerbeertrag ohne Berücksichtigung der Gewerbesteuer als Betriebsausgabe	110000
1.4	Meßbetrag nach dem Ertrag (Zeile 1.3) – Freibetrag von 36000 DM berücksichtigt – 5% von (110000 ./. 36000) –	3700

2. **Meßbetrag nach dem Kapital**

2.1	Gewerbekapital – 2% von (300000 ./. 120000) –	300000
2.2	Meßbetrag nach dem Kapital	360
3.	**Einheitlicher Meßbetrag** (Zeilen 1.4 + 2.2)	4060

4. **Gewerbesteuer vor Berücksichtigung der Gewerbesteuer als Betriebsausgabe**
(Hebesatz 450): 4060 × 450 18270
5. **Divisor** laut Tabelle beim Hebesatz 450. 1,225
6. **Endgültige Jahressteuer** (Zeile 4:5)
18270:1,225 14914
7. abzüglich **Vorauszahlungen** (Zeile 1.2). − 10000
8. **Rückstellung** 4914

Probe
Gewerbeertrag (Zeile 1.1) 100000
abzüglich Rückstellung (Zeile 8) . . . . − 4914
Gewerbeertrag nach Berücksichtigung der Gewerbesteuer als Betriebsausgabe 95086
abgerundet 95000
Meßbetrag nach dem Ertrag − Freibetrag 36000 DM − 2950
Meßbetrag nach dem Kapital (Zeile 2.2) 360
einheitlicher Meßbetrag 3310
Gewerbesteuer beim Hebesatz 450 14895

Wegen der Abrundungen ergibt sich eine Differenz von 19 DM (zur Steuer in Zeile 6). Als Jahressteuer ist der nach der Probe ermittelte Betrag von 14895 DM einzusetzen.

3. **Tabellen der Divisoren und der Belastung mit Gewerbesteuer pro 100 DM bei verschiedenen Hebesätzen**

Hebesatz (H) (%)	Divisor (D)	Steuerbelastung pro 100 DM (DM)	Hebesatz (H) (%)	Divisor (D)	Steuerbelastung pro 100 DM (DM)
100	1,05	4,76	240	1,12	10,71
105	1,0525	4,99	245	1,1225	10,91
110	1,055	5,21	250	1,125	11,11
115	1,0575	5,44	255	1,1275	11,31
120	1,06	5,66	260	1,13	11,50
125	1,0625	5,88	265	1,1325	11,70
130	1,065	6,10	270	1,135	11,89
135	1,0675	6,32	275	1,1375	12,09
140	1,07	6,54	280	1,14	12,28
145	1,0725	6,76	285	1,1425	12,47
150	1,075	6,98	290	1,145	12,66
155	1,0775	7,19	295	1,1475	12,85
160	1,08	7,40	300	1,15	13,04
165	1,0825	7,62	305	1,1525	13,23
170	1,085	7,83	310	1,155	13,42
175	1,0875	8,05	315	1,1575	13,61
180	1,09	8,26	320	1,16	13,79
185	1,0925	8,47	325	1,1625	13,98
190	1,095	8,66	330	1,165	14,16
195	1,0975	8,88	335	1,1675	14,35
200	1,1	9,09	340	1,17	14,53
205	1,1025	9,30	345	1,1725	14,71
210	1,105	9,50	350	1,175	14,90
215	1,1075	9,71	355	1,1775	15,07
220	1,11	9,91	360	1,18	15,25
225	1,1125	10,11	365	1,1825	15,43
230	1,115	10,31	370	1,185	15,61
235	1,1175	10,51	375	1,1875	15,79

Gewerbesteuer

Hebesatz (H) (%)	Divisor (D)	Steuerbelastung pro 100 DM (DM)	Hebesatz (H) (%)	Divisor (D)	Steuerbelastung pro 100 DM (DM)
380	1,19	15,97	445	1,2225	18,20
385	1,1925	16,14	450	1,225	18,37
390	1,195	16,32	455	1,2275	18,53
395	1,1975	16,49	460	1,23	18,70
400	1,2	16,67	465	1,2325	18,86
405	1,2025	16,84	470	1,235	19,03
410	1,205	17,01	475	1,2375	19,19
415	1,2075	17,18	480	1,24	19,35
420	1,21	17,36	485	1,2425	19,52
425	1,2125	17,53	490	1,245	19,68
430	1,215	17,70	495	1,2475	19,84
435	1,2175	17,86	500	1,25	20,—
440	1,22	18,03			

4. Gewerbesteuerhebesätze 1985
(in ausgewählten Gemeinden mit mehr als 50 000 Einwohner)

Land Gemeinde	Gewerbesteuerhebesatz In v. H.	Land Gemeinde	Gewerbesteuerhebesatz In v. H.
Baden-Württemberg		München	450
Aalen	330	Nürnberg	426
Esslingen	320	Passau	370
Freiburg	360	Regensburg	400
Friedrichshafen	330	Rosenheim	330
Göppingen	335	Schweinfurt	350
Heidelberg	350	Würzburg	390
Heilbronn	340		
Karlsruhe	350	**Berlin/West**	200
Konstanz	330		
Ludwigsburg	320	**Bremen**	420
Mannheim	395	**Bremerhaven**	420
Offenburg	350		
Pforzheim	335	**Hamburg**	435
Reutlingen	320		
Schwäbisch Gmünd	320	**Hessen**	
Sindelfingen	300	Darmstadt	400
Stuttgart	380	Frankfurt/M.	480
Tübingen	330	Fulda	290
Ulm	335	Gießen	400
Villingen/Schwenningen	340	Hanau	330
		Homburg Bad v. d. H.	350
Bayern		Kassel	410
Aschaffenburg	355	Marburg	340
Augsburg	420	Offenbach	400
Bamberg	350	Rüsselsheim	400
Bayreuth	350	Wetzlar	390
Erlangen	410	Wiesbaden	460
Fürth	425		
Hof	345	**Niedersachsen**	
Ingolstadt	360	Braunschweig	385
Kempten	337	Celle	320
Landshut	365	Cuxhaven	345

Schreyer

Land Gemeinde	Gewerbesteuerhebesatz In v. H.	Land Gemeinde	Gewerbesteuerhebesatz In v. H.
Delmenhorst	345	Kerpen	350
Emden	380	Köln	420
Garbsen	350	Krefeld	420
Goslar	340	Leverkusen	395
Göttingen	390	Lippstadt	320
Hameln	345	Lüdenscheid	320
Hannover	415	Lünen	360
Hildesheim	385	Marl	410
Lüneburg	360	Menden/Sauerland	362
Oldenburg	370	Minden	350
Osnabrück	370	Moers	370
Salzgitter	390	Mönchengladbach	415
Wilhelmshaven	370	Mülheim/Ruhr	420
Wolfenbüttel	310	Münster	330
Wolfsburg	360	Neuss	385
		Oberhausen	420
Nordrhein-Westfalen		Paderborn	320
		Ratingen	340
Aachen	360	Recklinghausen	400
Ahlen	330	Remscheid	395
Arnsberg	335	Rheine	320
Bad Salzuflen	320	Sankt Augustin	350
Bergheim	360	Siegen	390
Bergisch-Gladbach	330	Solingen	390
Bielefeld	420	Stolberg/Rh.	345
Bocholt	320	Troisdorf	370
Bochum	415	Unna	341
Bonn	370	Velbert	360
Bottrop	395	Viersen	355
Castrop-Rauxel	400	Wesel	310
Detmold	320	Witten	410
Dinslaken	340	Wuppertal	420
Dormagen	360		
Dorsten	345	**Rheinland-Pfalz**	
Dortmund	400		
Duisburg	420	Kaiserslautern	380
Düren	340	Koblenz	355
Düsseldorf	430	Ludwigshafen/Rh.	390
Eschweiler	360	Mainz	410
Essen	395	Neuwied	380
Gelsenkirchen	420	Trier	370
Gladbeck	395	Worms	370
Grevenbroich	330		
Gütersloh	320	**Saarland**	
Hagen	410	Neunkirchen	450
Hamm	360	Saarbrücken	450
Hattingen	385		
Herford	350	**Schleswig-Holstein**	
Herne	410	Flensburg	340
Herten	360	Kiel	350
Hilden	320	Lübeck	355
Hürth	370	Neumünster	350
Iserlohn	370	Norderstedt	300

III. Verfahrensweg der Gewerbesteuerfestsetzung

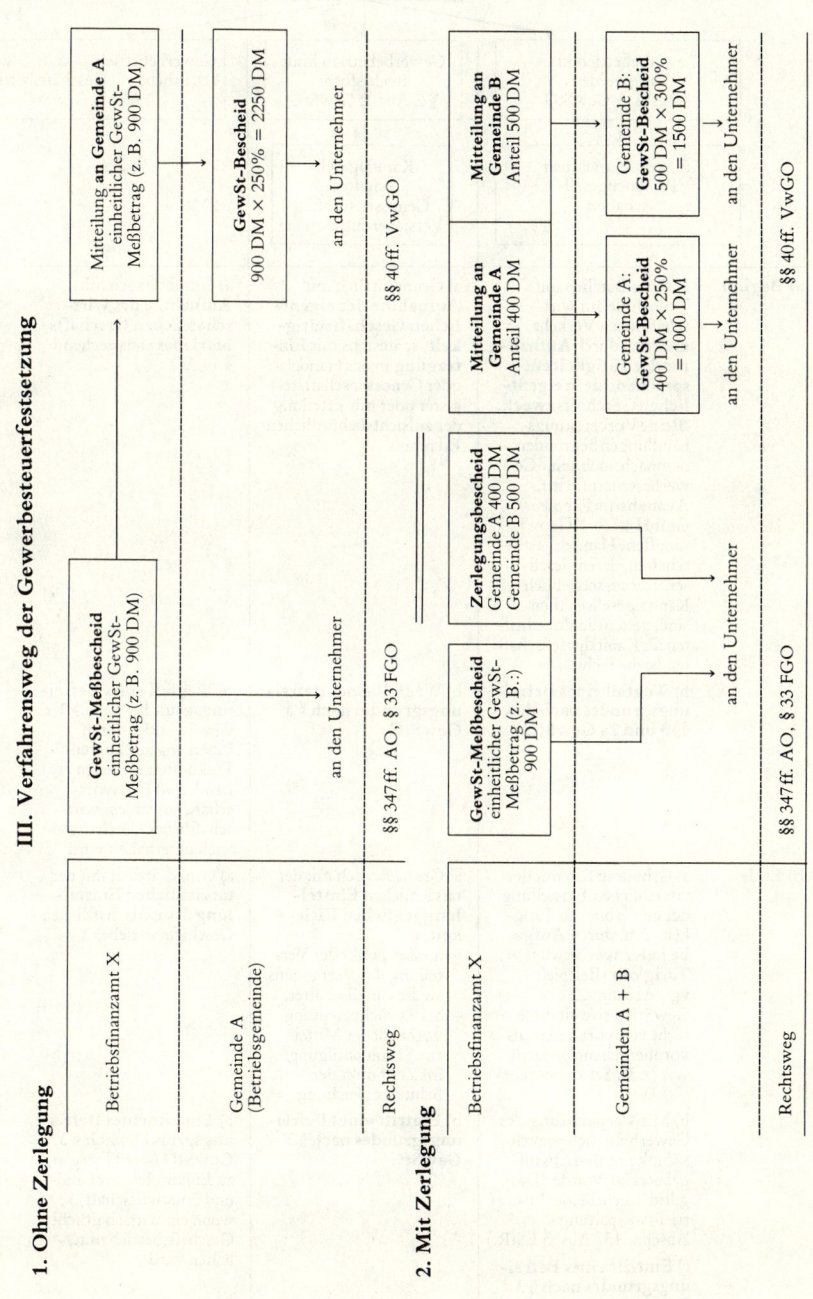

IV. Ausgewählte Probleme der Gewerbesteuer
1. Beginn und Ende der Gewerbesteuerpflicht

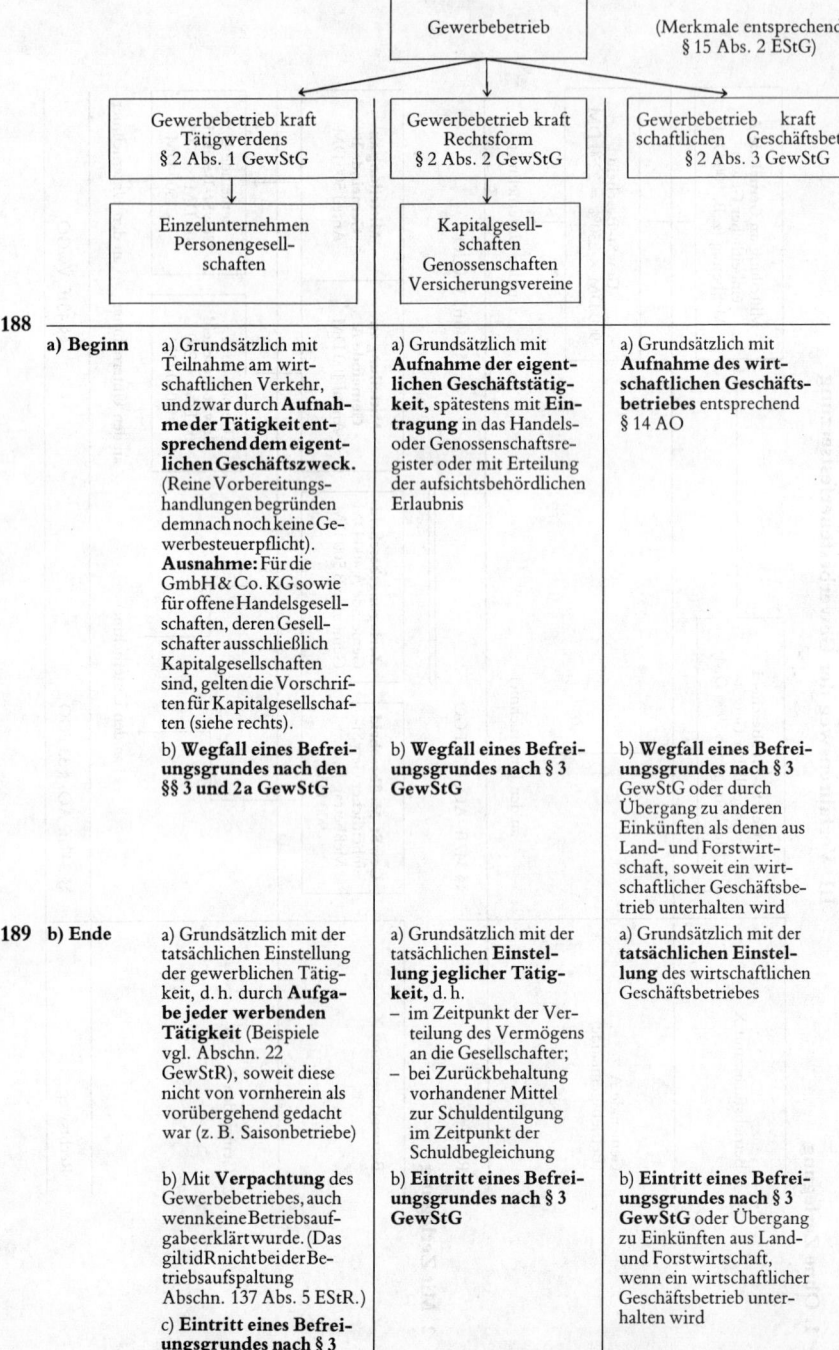

2. Verlustabzug/-vortrag nach § 10a GewStG bei Unternehmens- und Unternehmerwechsel

Für die gewerbesteuerliche Abzugsfähigkeit von Verlusten muß grundsätzlich Unternehmens- und Unternehmeridentität gegeben sein. Zur **Unternehmeridentität** folgende Illustration:

a) Übergang eines Einzelunternehmens
(z. B. durch Kauf oder Gesamtrechtsnachfolge)

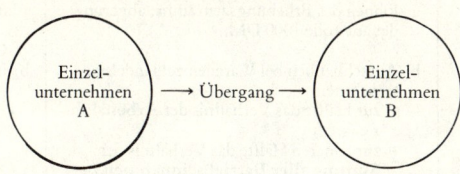

Folge: Betriebseinstellung   Betriebsneugründung

B kann die bei A entstandenen Verluste nicht abziehen oder vortragen.

b) Ausscheiden, Wechsel und Hinzutreten von Gesellschaftern einer Personengesellschaft
(z. B. durch Anwachsung, Übertragung oder Gesamtrechtsnachfolge)

Voraussetzung: Mindestens ein Gesellschafter der bisherigen Personengesellschaft führt das Unternehmen fort.

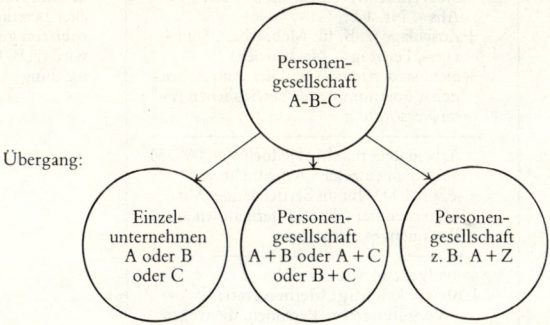

Folge: Der jeweils auf den/die verbliebenen Gesellschafter entfallende Verlustanteil der A-B-C-Personengesellschaft ist abzugs- und vortragsfähig.

c) Formwechselnde Umwandlung
(z. B. nach den §§ 40 ff. UmWG)

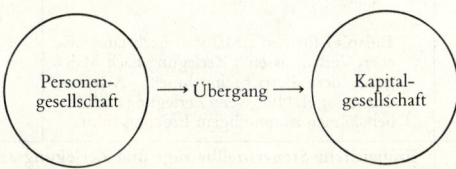

Folge: Die Kapitalgesellschaft kann die in der Personengesellschaft entstandenen Verluste abziehen und vortragen.

d) Organschaft

Vororganschaftliche Verluste des Organs sind nur mit positiven Betriebsergebnissen des Organs ausgleichsfähig. Die Übertragung auf die Organmutter ist nicht möglich.

3. Fälle der Zerlegung des Gewerbesteuermeßbetrags

194	a) Zerlegungs-fälle	Mehrere Betriebs-stätten in mehreren Gemeinden	Verlegung einer Betriebsstätte in andere Gemeinde	Eine Betriebsstätte in mehreren Gemeinden
195	b) Zerlegungs-maßstab	a) Generell: Das Verhältnis der Summe aller **Arbeitslöhne** zu den in den einzelnen Betriebsstättengemeinden gezahlten Arbeitslöhnen des Erhebungszeitraums, abgerundet auf volle 1000 DM b) Ausschließlich bei Wareneinzelhandelsunternehmen – zur Hälfte das Verhältnis der **Arbeitslöhne** (s. o.) – zur anderen Hälfte das Verhältnis der **Summe aller Betriebseinnahmen** zu den in den einzelnen Betriebsstättengemeinden erzielten Betriebseinnahmen des Erhebungszeitraums, abgerundet auf volle 1000 DM c) In besonderen Fällen – entweder Maßstab, der die **tatsächlichen Verhältnisse** besser berücksichtigt, – oder **Einigung** zwischen Gemeinde und Steuerschuldner		a) Lage der **örtlichen Verhältnisse** unter Berücksichtigung der aus der Betriebsstätte erwachsenden Gemeindelasten b) In besonderen Fällen – entweder Maßstab, der die **tatsächlichen Verhältnisse** besser berücksichtigt, – oder **Einigung** zwischen Gemeinde und Steuerschuldner
196	c) Definition der Maßstabs-größen	a) **Arbeitslohn** in diesem Sinne ist: – Steuerpflichtiger Bruttolohn nach § 19 Abs. 1 Nr. 1 EStG + Zuschläge (z. B. für Mehrarbeit, Sonntags-, Feiertags-, Nachtarbeit) + nicht steuerfreier Anteil der vom Arbeitgeber übernommenen betrieblichen Altersversorgung = Arbeitslohn maximal jedoch 100 000 DM bei jedem einzelnen Arbeitnehmer + je 50 000 DM für im Betrieb tätige (Mit-)Unternehmer (Einzelunternehmen und Personengesellschaften) = maßgebender Arbeitslohn – **Unberücksichtigt bleiben stets:** – – Vergütungen an Personen, die wegen ihrer Berufsbildung beschäftigt sind, und – – gewinnabhängige Einmalzahlungen b) – Arbeitslohn: s. o. – **Betriebseinnahmen** aus Einzelhandelstätigkeit; zum Begriff Einzelhandel vgl. § 33 GewStDV und Abschn. 114 und 115 GewStR. c) **Beispiel** für den „Maßstab nach tatsächlichen Verhältnissen": Zerlegung nach Maßgabe der Betriebseinnahmen; **Anwendungsregel:** Nur, wenn Zerlegung nach Arbeitslöhnen zu unbilligem Ergebnis führt.		a) Ermessensmaßstab, der den Ansprüchen aller Beteiligten **am meisten gerecht** wird (z. B. Quotenregelung) b) Beispiel für den „Maßstab nach tatsächlichen Verhältnissen": Zerlegung nach Maßgabe der Betriebseinnahmen
197	d) Kleinbe-tragsrege-lung	Einheitliche Steuermeßbeträge und Zerlegungsanteile unter 20 DM werden stets der Gemeinde zugewiesen, in der sich die **Geschäftsleitung** befindet, bei ausländischem Sitz der Geschäftsleitung der wirtschaftlich bedeutendsten inländischen Betriebsstättengemeinde. Das gleiche gilt bei Änderungen und Berichtigungen von einheitlichen Steuermeßbeträgen und Zerlegungsanteilen **unter 20 DM**.		

V. Umsatzsteuer

Bearbeiter: Dr. Bernd **Lauth**

Übersicht

	Rz.		Rz.
I. Steuerbarkeit	200–202	**IV. Steuersätze**	207–209
1. ABC steuerbarer und nicht steuerbarer Vorgänge	200	1. Übersicht über Steuersätze, Divisoren und Multiplikatoren	207, 208
2. Übersicht über den Ort der Lieferung	201	2. Umsatzsteuersätze in der Europäischen Gemeinschaft	209
3. Übersicht über den Ort der sonstigen Leistung	202	**V. Vorsteuerabzug**	210–212
II. Steuerbefreiungen	203, 204	1. Vorsteuerabzug aus Reisekosten	210, 211
1. ABC der Steuerbefreiungen	203	2. Vorsteuerberichtigung (Fallstudie)	212
2. Voraussetzungen für die Exportbefreiung	204	**VI. Kleinunternehmervergünstigungen**	213–216
III. Bemessungsgrundlagen	205, 206	1. Übersicht	213
1. Übersicht	205	2. Berechnung des Gesamtumsatzes	214
2. Bemessungsgrundlagen bei voll-, teil- und unentgeltlichen Umsätzen	206	3. Steuerabzugsbetragstabelle	215, 216

I. Steuerbarkeit

1. ABC steuerbarer und nichtsteuerbarer Vorgänge

200 **Abfindungen** an Handelsvertreter s. Ausgleichszahlungen.

Annulierungsentschädigungen, die bei Auflösung von Kauf- oder Werkverträgen entrichtet werden, sind als *echter* Schadensersatz nicht steuerbar; Abschn. 3 Abs. 2 UStR.

Arbeitsgemeinschaften. Leistungen der Mitglieder an die Arbeitsgemeinschaft sind steuerbar, wenn eine *individuelle* Vergütung durch die Arbeitsgemeinschaft oder ein Spitzenausgleich durch deren Mitglieder erfolgt. Die Leistungen sind nicht steuerbar, wenn sich die Mitglieder lediglich mit **einem Gewinnanteil** begnügen; Abschn. 6 Abs. 11 UStR.

Aufsichtsratstätigkeit. Das Aufsichtsratsmitglied besitzt – auch als Arbeitnehmervertreter – Unternehmereigenschaft. Die (entgeltliche) Aufsichtsratstätigkeit ist daher steuerbar, wenn sich ihr Leistungsort (§ 3a Abs. 4 Nr. 3 i. V. mit Abs. 3 UStG) im Erhebungsgebiet befindet.

Ausgleichszahlungen an Handelsvertreter sind Gegenleistung für die Vorteile, die der Vertreter dem Geschäftsherrn verschafft hat. Daher steuerbar; Abschn. 3 Abs. 3 UStR.

Durchlaufende Posten, die ein Unternehmer im fremden Namen und für fremde Rechnung vereinnahmt und verausgabt, sind kein Leistungsentgelt; § 10 Abs. 1 Satz 4 UStG, Abschn. 152 UStR.

Enteignungsentschädigungen für die Aufgabe eines Betriebes oder für ein enteignetes Grundstück sind Entgelt für eine steuerbare Leistung. Daß die Leistung erzwungen wird, steht der Steuerbarkeit nicht entgegen; § 1 Abs. 1 Nr. 1a UStG. BFH v. 10. 2. 1972, BStBl II 1972, 403. Ggf. besteht Steuerfreiheit nach § 4 Nr. 9a UStG.

Erbfall. Die Erben erwerben nicht aufgrund einer Leistung des Erblassers, sondern von Todes wegen. Nicht steuerbar.

Erlöspooling. Zahlungen aus dem Erlöspool eines Syndikats oder eines anderen Zusammenschlusses an die Mitglieder stellen bei diesen *kein* Leistungsentgelt dar, wenn kein Zusammenhang mit bestimmten Lieferungen der Mitglieder besteht; Abschn. 1 Abs. 6 UStR.

Fälligkeitszinsen s. Verzugszinsen.

Garantieleistungen. Ist der **Händler** zur Garantieleistung gegenüber dem Kunden verpflichtet und ersetzt der Hersteller dem Händler die dadurch entstandenen Kosten, ist sowohl zwischen Händler und Kunden als auch zwischen Hersteller und Händler nichtsteuerbarer Schadensersatz gegeben. Wenn demgegenüber der Kunde einen unmittelbaren Garantieanspruch gegenüber dem **Hersteller** besitzt und der Händler mit der Schadensbeseitigung beauftragt wird, liegt insoweit ein (steuerbarer) Leistungsaustausch zwischen Händler und Hersteller vor, als dieser dem Händler die aufgewandten Kosten ersetzt (Entgelt von dritter Seite); Abschn. 3 Abs. 6 UStR sowie BdF v. 3. 12. 1975, BStBl I 1975, 1132.

Geschäftsführung durch GmbH in einer GmbH & Co. KG. Auch bei Entgeltlichkeit nicht steuerbar, da Leistung „an eine *andere* Person" verneint wird; Abschn. 1 Abs. 7 UStR, sowie BFH v. 17. 7. 1980, BStBl II 1980, 622.

Geschäftsveräußerung. Es liegen regelmäßig soviel Einzelleistungen vor, wie Gegenstände und Rechte übertragen werden. Das Gesamtentgelt (Kaufpreis, Schuldübernahme, bei Einbringung auch Gesellschaftsrechte) ist ggf. auf die übertragenen Besitzposten aufzuteilen. Die Steuerbefreiungsvorschriften sind zu beachten. Abschn. 5 UStR, Abschn. 154 Abs. 4 UStR.

Gesellschafterbeiträge als Leistungen von Gesellschaftern an ihre Gesellschaft sind nicht steuerbar, wenn die Leistungen lediglich durch den **Anteil am Gewinn** abgegolten werden (sog. Leistungsvereinigung). Derartige Leistungen sind dagegen steuerbar, wenn der Gesellschafter für seine Leistungen ein **gewinnunabhängiges Sonderentgelt** erhält (Leistungsaustausch), Abschn. 6 Abs. 9ff UStR.

Gewinnpoolung s. Erlöspoolung.

Innenumsätze (Leistungen innerhalb eines Unternehmens, auch innerhalb von rechtlich selbständigen Mitgliedern eines Organkreises) sind infolge der Identität von Leistendem und Leistungsempfänger nicht steuerbar.

Mitgliederbeiträge sind kein Leistungsentgelt, wenn der Verein im **Gesamtinteresse** aller Mitglieder satzungsmäßig tätig wird (sog. echte Mitgliederbeiträge). Er bringt dem Verein demgegenüber **Sonderleistungen** an einzelne Mitglieder und erhält er dafür besondere Vergütungen (sog. unechte Mitgliederbeiträge), so liegt ein steuerbarer Leistungsaustausch vor; Abschn. 4 UStR.

Nutzungszinsen s. Verzugszinsen.

Personalgestellung (Ausleihen von Mitarbeitern) ist grundsätzlich steuerbar. Demgegenüber ist die Personalfreistellung für Wehrübungen, für Übungen und Einsätze bei der Feuerwehr, beim Roten Kreuz, für Lehrgänge einer Berufsgenossenschaft oder Gewerkschaft u. a. keine steuerbare Leistung; Abschn. 1 Abs. 5 UStR.

Prozeßzinsen s. Verzugszinsen.

Räumungsentschädigungen, die der Vermieter an den Mieter für die vorzeitige Räumung der Geschäftsräume zahlt, sind nicht Schadensersatz, sondern Leistungsentgelt; Abschn. 3 Abs. 4 UStR, BFH v. 27. 2. 1969 BStBl II 1969, 386.

Rückgabe, d. h. Rückübertragung des Liefergegenstands bei **Aufhebung** des der ursprünglichen Lieferung zugrunde liegenden Rechtsgeschäfts führt auch umsatzsteuerlich zum nachträglichen Wegfall der Voraussetzungen für den Leistungsaustausch, so daß ggf. nach § 17 zu berichtigen ist; Abschn. 1 Abs. 3 UStR.

Rücklieferung durch Abschluß eines *zweiten* Rechtsgeschäfts, welches die Rückübertragung des Liefergegenstands an den Lieferer zum Inhalt hat, führt grundsätzlich zu einem zweiten Leistungsaustausch. Beweisanzeichen für Rücklieferung: Ablauf der Gewährleistungsfrist, Vergütung des Zeitwerts.

Rücktritt vom Vertrag. Hat der Käufer vereinbarungsgemäß eine Entschädigung zu leisten, wenn er vom Vertrag zurücktritt oder seinen Verpflichtungen aus dem Vertrag nicht nachkommt, liegt ein echter, umsatzsteuerlich unbeachtlicher Schadensersatz vor; Abschn. 3 Abs. 2 UStR.

Schadensersatz. Wird Schadensersatz geleistet, weil ein Schädiger nach Gesetz oder Vertrag für einen von ihm verursachten Schaden einzutreten hat, liegt i. d. R. sog. „**echter** Schadensersatz" vor, der kein Leistungsentgelt für einen steuerbaren Umsatz darstellt.

Demgegenüber liegt beim sog. „**unechten** Schadensersatz" eine sonstige Leistung (meist ein Dulden oder Unterlassen) vor, für die der Leistende eine Entschädigung erhält, die Gegenleistungscharakter besitzt und zur Steuerbarkeit führt; Abschn. 3 Abs. 1 UStR.

Sicherungsübereignung s. Verwertung von Sicherungsgut.

Stille Gesellschaft. Zwischen dem Geschäftsinhaber und dem stillen Gesellschafter liegt kein Leistungsaustausch aufgrund des Gesellschaftsverhältnisses vor. Die Gewinnanteile sind daher kein Entgelt für eine Leistung des stillen Gesellschafters. BFH v. 17. 8. 1972, BStBl II 1972, 922.

Umwandlung. Die bloße **formwechselnde** Umwandlung (z. B. GmbH in AG, OHG in KG) stellt keinen steuerbaren Vorgang dar, da sich lediglich die Rechtsform bei Identität des Rechtsträgers ändert. Demgegenüber ist bei der **übertragenden** Umwandlung (z. B. OHG in GmbH) Steuerbarkeit gegeben; Abschn. 6 Abs. 6f UStR.

Verpflichtungsgeschäft. Nicht steuerbar, da erst das **Erfüllungsgeschäft** eine Leistung im wirtschaftlichen Sinne darstellt; Abschn. 1 Abs. 2 UStR.

Versicherungsleistung. I. d. R. nicht steuerbar; Abschn. 3 Abs. 1 UStR.

Vertragsstrafen. Tritt die Vertragsstrafe *anstelle* der vereinbarten Leistung (z. B. infolge Vertragsrücktritts), liegt kein steuerbarer Vorgang vor. Tritt demgegenüber die Vertragsstrafe *neben* die Leistung (z. B. bei Leistungsstörungen wie Verzug, Sachmangel), wirkt sich die Vertragsstrafe entgelterhöhend bzw. entgeltmindernd aus; Abschn. 3 Abs. 2 UStR.

Verzugszinsen, Prozeßzinsen, Nutzungszinsen, Fälligkeitszinsen sind *echter* Schadensersatz; Abschn. 3 Abs. 2 Satz 2 UStR.

Verwertung von Sicherungsgut. Durch die Sicherungsübereignung geht das *wirtschaftliche* Eigentum noch nicht auf den Sicherungsnehmer über, so daß eine Leistung nicht gegeben ist. Kommt es später zur Verwertung des Sicherungsguts durch den Sicherungsnehmer, fallen zwei Lieferungen zusammen: Der Sicherungsgeber liefert an den Sicherungsnehmer, da nunmehr die Verfügungsmacht übergeht. Gleichzeitig liefert der Sicherungsnehmer an den Erwerber. Veräußert dagegen der Konkursverwalter das Sicherungsgut selbst nach § 127 KO, liegt nur eine Lieferung (des Gemeinschuldners an den Erwerber) vor; Abschn. 2 Abs. 1 4 UStR.

Warenkreditversicherung. Hat der Unternehmer eine Versicherung gegen Forderungsausfälle abgeschlossen, stellen Versicherungsleistungen kein Entgelt von dritter Seite, sondern echten, nichtsteuerbaren Schadensersatz dar; Abschn. 3 Abs. 5 UStR.

Werbezuschüsse. Je nach wirtschaftlicher Interessenlage: Steuerbar, wenn Empfänger sich zu konkreten Werbemaßnahmen *verpflichtet* hat. Dagegen Preisnachlaß (= Entgeltminderung beim Zuschußgeber), wenn Zuschuß eng mit Warenlieferung verknüpft ist und Empfänger Werbung im eigenen Interesse *ohne* Verpflichtung betreibt.

Zuschuß. Echter Zuschuß (Subventionscharakter) nicht steuerbar, unechter Zuschuß (Preisauffüllungscharakter) steuerbar; Abschn. 150 UStR.

Zuwendungen an Arbeitnehmer. Auch ohne besonderes Entgelt grundsätzlich steuerbar, § 1 Abs. 1 Nr. 1b UStR. Ausnahme: Aufmerksamkeiten.

Zuwendungen an Gesellschafter. Auch ohne besonderes Entgelt grundsätzlich als Eigenverbrauch steuerbar (vgl. auch Rz. 206); § 1 Abs. 1 Nr. 3 UStG.

Zwangsversteigerung. Es liegen zwei Leistungen vor: Der Vollstreckungsschuldner liefert an das Land (Justizbehörde). Diese Lieferung ist grundsätzlich steuerbar. Darüber hinaus liefert das Land an den Erwerber. Diese Lieferung ist mangels Unternehmereigenschaft der Justizbehörde nicht steuerbar; Abschn. 2 Abs. 2 UStR.

2. Übersicht über den Ort der Lieferung

Verschaffung der Verfügungsmacht durch:	Lieferort	
unmittelbare Übergabe	Ort, an dem sich der Gegenstand zum Zeitpunkt des Übergangs der Verfügungsmacht befindet (§ 3 Abs. 6), d. h. der Übergabeort	
mittelbare Übergabe (Besitzkonstitut, Abtretung des Herausgabeanspruchs, Übergabe von Lagerschein, Konnossement)	Ort, an dem sich der Gegenstand zum Zeitpunkt des Übergangs der Verfügungsmacht befindet (§ 3 Abs. 6), d. h. der Lagerort des Gegenstands zum Zeitpunkt der dinglichen Wirksamkeit des Übertragungsgeschäftes	
Beförderung durch den Unternehmer	Ort, an dem die Beförderung beginnt (§ 3 Abs. 7). Voraussetzung: Der Abnehmer steht fest, die Beförderung erfolgt an diesen oder in dessen Auftrag an einen Dritten.	Ausnahme: Wenn – eine Ausfuhr in ein EG-Land oder aber eine Einfuhr vorliegt und – der Unternehmer Schuldner der EUSt ist, liegt der Lieferort im Einfuhrland (§ 3 Abs. 8).
Versendung durch den Unternehmer mittels selbständige Beauftragte	Ort, an dem die Gegenstände an den Beauftragten übergeben werden (§ 3 Abs. 7). Voraussetzung: Der Beauftragte erhält Weisung, die Gegenstände an den Abnehmer oder an den von diesem bezeichneten Dritten zu befördern.	

3. Übersicht über den Ort der sonstigen Leistung

Art der sonstigen Leistung	Vorschrift	Leistungsort	Ausnahmen
Leistungen im Zusammenhang mit einem Grundstück: – Vermietung – Vermittlung der Vermietung oder des Verkaufs – Erschließung – Architektenleistungen – Bauingenieurleistungen – Baubetreuung – Reparaturen an Gebäuden – Gärtnerische Leistungen – Reinigung von Gebäuden u. a.	§ 3a II 1 UStG Abschn. 34 UStR	Belegenheitsort (Ort, an dem das Grundstück belegen ist)	Gilt nicht bei – Veröffentlichung von Immobilienanzeigen – Finanzierungsberatung – Kreditgewährung – Rechts- und Steuerberatung, (Abschn. 34 Abs. 9 UStR).
Beförderung von Personen und Gegenständen Besorgung der Beförderung (Spediteur) § 3 Abs. 11	§ 3a II 2 UStG Abschn. 35 UStR	Beförderungsort (Ort, an dem die Beförderung erfolgt). Bei grenzüberschreitender Beförderung Aufteilung in zwei Leistungen erforderlich	Keine Aufteilung in den Fällen der §§ 2–7 UStDV.

Lauth

Umsatzsteuer 202 H

Art der sonstigen Leistung	Vorschrift	Leistungsort	Ausnahmen
Ausführung oder Veranstaltung von künstlerischen, wissenschaftlichen, unterrichtenden, sportlichen, unterhaltenden Darbietungen Umschlag, Lagerung oder ähnliche Beförderungsnebenleistungen Werkleistungen an beweglichen körperlichen Gegenständen	§ 3a II 3 UStG Abschn. 36 UStR	Tätigkeitsort (Ort, an dem der Unternehmer jeweils ausschließlich oder zum wesentlichen Teil tätig wird)	Gilt nicht bei wissenschaftlichen Gutachten, die auf konkrete Beratung des Leistungsempfängers gerichtet sind. Hier gilt § 3a Abs. 3 i. V. mit Abs. 4 (Abschn. 36 Abs. 3 UStR).
Vermietung beweglicher körperlicher Gegenstände (Mobilienleasing) – bis 31. 12. 1984 –	§ 3a II 4 UStG, Abschn. 37 UStR	Nutzungsort (Ort, an dem der Gegenstand genutzt wird)	Gilt nicht bei Vermietung von Beförderungsmitteln (Abschn. 33 Abs. 4 UStR).
Umsätze mit Patenten, Urheber-, Warenzeichen- u. ä. Rechten Werbeleistungen, Öffentlichkeitsarbeit, Werbungsmittler, Werbeagenturen Rechtliche, wirtschaftliche, technische Beratung durch Rechtsanwälte, Patentanwälte, Steuerberater, Wirtschaftsprüfer, Sachverständige; Ingenieurleistungen; Aufsichtsratstätigkeit (ab 1. 1. 1985) Datenverarbeitung Überlassung von Informationen (gewerbliche Verfahren, Erfahrungen, Software, Marktforschungsergebnisse u. a.) Bankleistungen gemäß § 4 Nr. 8 a–g Versicherungsleistungen gemäß § 4 Nr. 10 Personalgestellung (Zeitarbeit) Verzicht auf Ausübung von bestimmten Rechten oder Tätigkeiten Vermietung beweglicher körperlicher Gegenstände – außer Beförderungsmittel – (Mobilienleasing) – ab 1. 1. 1985 – Vermittlung vorstehender Leistungen	§ 3a III, IV, UStG, Abschn. 38 UStR	Sitzort des Leistungsempfängers (Ort des Wohnsitzes bzw. Sitzes des Auftraggebers bzw. dessen Betriebsstätte)	Gilt nicht, wenn Leistungsempfänger Nichtunternehmer ist und seinen Wohnsitz/Sitz innerhalb der EG hat. Gilt nicht, wenn Unternehmer in Nicht-EG-Staaten Leistungen an erhebungsgebietliche juristische Personen d. öffentlichen Rechts erbringen und die Leistungen im Erhebungsgebiet genutzt oder ausgewertet werden (§ 1 Satz 1 Nr. 1 UStDV, s. u.). Bei Konkurrenz zu § 3a Abs. 2 geht Abs. 2 vor (§ 3a Abs. 3 letzter Satz).
Unter § 3a Abs. 1 fallende Leistungen eines Unternehmers in einem Nicht-EG-Staat an erhebungsgebietliche Unternehmer oder juristische Personen des öffentlichen Rechts, wenn die Leistung im Erhebungsgebiet genutzt oder ausgewertet wird.	§ 1 UStDV, Abschn. 42 UStR	Erhebungsgebiet	
Unter § 3a Abs. 4 fallende Leistungen eines Unternehmers in einem			

Lauth 649

H 203　　　　　　　　　　　　　　Die einzelnen Steuerarten

Art der sonstigen Leistung	Vorschrift	Leistungsort	Ausnahmen
Nicht-EG-Staat an eine erhebungsgebietliche juristische Person des öffentlichen Rechts, wenn die Leistung im Erhebungsgebiet genutzt oder ausgewertet wird			
alle übrigen Leistungen	§ 3a I UStG Abschn. 33 UStR	Unternehmersitzort (Ort, an dem der leistende Unternehmer Wohnsitz, Sitz oder Betriebsstätte hat)	

II. Steuerbefreiungen

1. ABC der Steuerbefreiungen

203　Aktienveräußerung § 4 Nr. 8e, f
Altenheim § 4 Nr. 16
Arzt § 4 Nr. 14
Ausfuhrlieferungen § 4 Nr. 1, § 6

Bankenumsätze § 4 Nr. 8
Bausparkassenvertreter § 4 Nr. 11
Beförderung, grenzüberschreitend § 4 Nr. 3a
Beförderung von Kranken § 4 Nr. 17b
Beförderung von Personen im Luftverkehr § 26 Abs. 3
Beförderung von Personen im Schiffsverkehr § 4, 7b
Bildungseinrichtungen § 4 Nr. 21, 22
Blindenwerkstätten § 4 Nr. 19b
Blinde Unternehmer § 4 Nr. 19a
Büchereien der öffentlichen Hand § 4 Nr. 20a
Bürgschaftsübernahme § 4 Nr. 8g

Campingplätze § 4 Nr. 12
Chemiker, klinische § 4 Nr. 14
Chöre § 4 Nr. 20

Dauerwohnrecht, Dauernutzungsrecht § 4, 12c
Depotgeschäft § 4 Nr. 8e
Diagnoseklinik § 4 Nr. 16

Ehrenamtliche Tätigkeit § 4 Nr. 26
Einfuhr EUBefrO
Einfuhr, sonstige Leistungen im Zusammenhang mit, § 4 Nr. 3b
Einlagengeschäft § 4 Nr. 8d
Emissionsgeschäft § 4 Nr. 8e
Ergänzungsschulen § 4 Nr. 21
Ersatzschulen § 4 Nr. 21
Exportlieferungen § 4 Nr. 1, § 6

Factoring § 4 Nr. 8c
Fahrschulen § 4 Nr. 21
Fernlehrinstitut § 4 Nr. 21

Gebrauchte Anlagegüter § 4 Nr. 28
Gegenstände, die steuerfreier Tätigkeit dienen § 4 Nr. 28
Geldforderungen § 4 Nr. 8c
Gesellschaftsanteile § 4 Nr. 8f
Gewährung von Krediten § 4 Nr. 8a
Grenzüberschreitende Beförderung im Luftverkehr § 26 Abs. 3
Grenzüberschreitende Güterbeförderung § 4 Nr. 3a
Grundstücksumsätze § 4 Nr. 9a
Grundstücksvermietung § 4 Nr. 12a

Hebamme § 4 Nr. 14
Heilberufe § 4 Nr. 14
Heilpraktiker § 4 Nr. 14

Inkasso von Handelspapieren § 4 Nr. 8d

Jugendherberge § 4 Nr. 24
Jugendhilfe § 4 Nr. 25

Kontokorrentverkehr § 4 Nr. 8d
Konzerte § 4 Nr. 20
Krankenbeförderung § 4 Nr. 17b
Krankengymnast § 4 Nr. 14
Krankenhaus § 4 Nr. 16
Krankenpfleger § 4 Nr. 14
Kreditgewährung § 4 Nr. 8a
Kreditvermittlung § 4 Nr. 8a
Kulturelle Veranstaltungen § 4 Nr. 20, 22b
Kurse § 4 Nr. 21, 22

Lehrveranstaltungen § 4 Nr. 21, 22
Lohnveredelung an Gegenständen der Ausfuhr § 4 Nr. 1 § 7
Luftfahrt, Umsätze der, § 26 Abs. 3 Nr. 1, 2
Luftfahrt, Umsätze für die, § 4 Nr. 2, § 8

Medizinische Berufe § 4 Nr. 14
Museen der öffentlichen Hand § 4 Nr. 20a

Umsatzsteuer

NATO-Truppenstatut
Nießbrauch § 4 Nr. 12c
Offshore-Steuerabkommen
Optionsgeschäfte mit Wertpapieren § 4 Nr. 8e
Orchester § 4 Nr. 20
Parkplatzvermietung, längerfristig § 4 Nr. 12
Pflegeheim § 4 Nr. 16
Privatschulen § 4 Nr. 21
Psychotherapeut § 4 Nr. 14
Reiseleistungen § 25 Abs. 2
Schulen § 4 Nr. 21
Schiffsbeförderung von Personen § 4 Nr. 7b
Seeschiffahrt, Umsätze für die, § 4 Nr. 2, § 8
Sportliche Veranstaltungen § 4 Nr. 22b
Theater § 4 Nr. 20
Überweisungsverkehr § 4 Nr. 8d
Verbindlichkeiten, Übernahme von, § 4 Nr. 8g
Vermietung/Verpachtung von Grundstücken § 4 Nr. 12a
Vermittlung von Auslandsumsätzen § 4 Nr. 5c
Vermittlung von Exporten § 4 Nr. 5a
Vermittlung von Importen § 4 Nr. 5c, d
Vermittlung von Krediten § 4 Nr. 8a
Versicherungsleistungen § 4 Nr. 10a
Versicherungsschutz, Verschaffung von, § 4 Nr. 10b
Versicherungsvertreter, -makler § 4 Nr. 11
Verwahrung von Wertpapieren § 4 Nr. 8e
Verwaltung von Krediten § 4 Nr. 8a
Vorträge § 4 Nr. 21, 22
Wechselweitergabe § 4 Nr. 8c
Wertpapierumsätze § 4 Nr. 8e
Wertpapierverwaltung § 4 Nr. 8e
Wertzeichen § 4 Nr. 8i
Wissenschaftliche Veranstaltungen § 4 Nr. 21, 22
Wohlfahrtspflege § 4 Nr. 18
Wohnrecht § 4 Nr. 12c
Wohnungseigentümergemeinschaften § 4 Nr. 13
Wohnungsvermietung § 4 Nr. 12a
Zahlungsmittel, gesetzliche, § 4 Nr. 8b
Zahlungsverkehr § 4 Nr. 8d
Zahnarzt § 4 Nr. 14
Zoologische Gärten § 4 Nr. 20a

2. Voraussetzungen für die Exportbefreiung (§§ 4 Nr. 1; 6 UStG)

Liefergegenstand	Beförderung durch	Versendung in das	Anforderungen an den Abnehmer	Vorschrift
Ausrüstungs- und Versorgungsgegenstände für Beförderungsmittel	Unternehmer	Außengebiet (ausgenommen Freihäfen, Dreimeilenzone)	keine Anforderungen	§ 6 Abs. 3
	Abnehmer	Außengebiet		Abschn. 130 UStR
	Unternehmer	Freihäfen, Dreimeilenzone	außengebietlicher Unternehmer	
sonstige Gegenstände	Unternehmer	Außengebiet (ausgenommen Freihäfen, Dreimeilenzone)	keine Anforderungen	§ 6 Abs. 1 Nr. 1 Abschn. 128 Abs. 1 UStR
	Abnehmer	Außengebiet	außengebietlicher Abnehmer	§ 6 Abs. 1 Nr. 2 Abschn. 128 Abs. 2 UStR
	Unternehmer	Freihäfen, Dreimeilenzone	außengebietlicher Abnehmer oder Unternehmer mit Wohnort/Sitz im Erhebungsgebiet bzw. in Freihafen oder Dreimeilenzone	§ 6 Abs. 1 Nr. 3

III. Bemessungsgrundlagen
1. Übersicht

Hinweis: Die Umsatzsteuer ist nicht Teil des Entgelts und ggf. aus dem maßgeblichen Wert auszuscheiden.

205 Abbruch von Gebäuden unter Überlassung von Altmaterial	Zum Entgelt gehört auch der Wert des Altmaterials (BFH v. 14. 9. 67 BStBl. 1968 II, 87)
Austauschteile in der KFZ-Wirtschaft	Zum Entgelt gehört auch der Wert des Altteils; Abschn. 153 Abs. 2 UStR
Beförderung von Arbeitnehmern von der Wohnung zur Arbeitsstätte	Entstandene Kosten oder Tarif vergleichbarer öffentlicher Verkehrsmittel; Abschn. 12 Abs. 10 UStR
Beköstigung von Arbeitnehmern	Siehe Essenslieferungen
Betriebsausgaben, Tätigung nicht abzugsfähiger	Die Aufwendungen, d. h. die Höhe der nicht abzugsfähigen Betriebsausgabe; § 10 Abs. 4 Nr. 3 UStG
Betriebsveranstaltungen, Zuwendungen im Rahmen von	Gemeiner Wert der Sachleistungen, wenn lohnsteuerliche Freibeträge oder Freigrenzen überschritten werden; Abschn. 12 Abs. 8 UStR
Deputate	Gemeiner Wert bzw. lohnsteuerlicher geldwerter Vorteil; Abschn. 12 Abs. 6 UStR
Eigenverbrauch	Siehe Gegenstandsentnahme, Leistungsentnahme, Betriebsausgaben
Essenslieferungen an Arbeitnehmer	Gemeiner Wert bzw. lohnsteuerlicher Wert abzüglich Freibetrag; Abschn. 12 Abs. 4 sowie Abschn. 158, Abs. 2 UStR
Gegenstandsentnahme	Teilwert, wenn der Vorgang einkommensteuerlich mit dem Teilwert zu bewerten ist, sonst gemeiner Wert; § 10 Abs. 4 Nr. 1 UStG, Abschn. 155 Abs. 1 UStR.
Geldspielautomat	Kasseninhalt, multipliziert mit 1,5; Abschn. 149 Abs. 9 UStR
Geschäftsveräußerung	Entgelt für die Übertragung der Besitzposten (§ 10 Abs. 3), i. a. Barleistung zzgl. Schuldübernahme, bei Einbringung auch gemeiner Wert der Gesellschaftsanteile; Abschn. 154 UStR
Gewinnanteile als Entgelt	Schätzung anhand der Gewinne der letzten Jahre und der Ertragsaussichten
Kantinenessen	Siehe Essenslieferungen
Grundstückslieferung	Zum Entgelt gehört auch die Hälfte der vom Erwerber übernommenen GrESt, wenn dieser die GrESt in voller Höhe übernommen hat; Abschn. 149 Abs. 7 UStR
Leasing, wenn das wirtschaftliche Eigentum übergeht	Die Summe der Leasingraten zzgl. evtl. Kaufpreis bei Kaufoption
Leibrente als Entgelt	Kapitalwert der Rente; Abschn. 154 Abs. 4 UStR

Umsatzsteuer

Leistungsentnahme	Entstandene Kosten; § 10 Abs. 4 Nr. 2, i. d. R. Übernahme des einkommensteuerlichen Entnahmewerts; Abschn. 155 Abs. 2 UStR
Lieferung als Entgelt	siehe Tausch
Nachnahmeverkehr durch Post	Der vom Empfänger entrichtete Nachnahmebetrag einschließlich Zahlkartengebühr
Personenbeförderung im Gelegenheitsverkehr durch nicht im Erhebungsgebiet zugelassene Kraftomnibusse	Durchschnittsbeförderungsentgelt 0,05 DM pro Personenkilometer; § 10 Abs. 6 UStG, Abschn. 159 UStR.
Pfandgeld bei Warenumschließungen	Grundsätzlich Teil des Entgelts; Abschn. 149 Abs. 8 UStR
PKW-Überlassung an Arbeitnehmer	Die entstandenen Kosten (§ 10 Abs. 4 Nr. 2 UStG) oder die lohnsteuerlichen Werte von DM 0,84 pro Entfernungskilometer (bei Fahrten zwischen Wohnung und Arbeitsstätte) bzw. 1% des abgerundeten Listenpreises des PKW pro Monat (bei Privatfahrten); Abschn. 12 Abs. 9 UStR.
PKW-Überlassung an Gesellschafter	Die entstandenen Kosten; § 10 Abs. 4 Nr. 2 UStG, Abschn. 155 Abs. 2 Satz 3 ff. UStR
Ratenkauf	Summe der Raten, bei Unverzinslichkeit Abzinsung § 12 BewG
Rechte, die mit dem Besitz eines Pfandscheines verbunden sind	Preis des Pfandscheins zzgl. Pfandsumme; § 10 Abs. 2 S. 1 UStG
Sachgeschenke an Arbeitnehmer	Gemeiner Wert (§ 10 Abs. 4 Nr. 1 UStG) unter Berücksichtigung lohnsteuerlicher Freibeträge und Freigrenzen; Abschn. 12 Abs. 8 UStR
Sachgeschenke an Gesellschafter	Teilwert (bei Entnahmen aus einem Betriebsvermögen), sonst gemeiner Wert; § 10 Abs. 4 Nr. 1 UStG
Sammelbeförderung von Arbeitnehmern	Vgl. Beförderung von Arbeitnehmern
Sonstige Leistung als Entgelt	Siehe Tausch
Tausch, tauschähnlicher Umsatz	Gemeiner Wert der Gegenleistung (§ 10 Abs. 2 S. 2). Eine evtl. Bardraufgabe hat der Empfänger dem gemeinen Wert hinzuzurechnen, der Zahlende vom gemeinen Wert abzuziehen (Abschn. 153 UStR).
Telefonbenutzung durch Arbeitnehmer	Die entstandenen Kosten für die Privatgespräche; § 10 Abs. 4 Nr. 2 UStG
Trinkgelder	Teil des Entgelts, wenn an Unternehmer gewährt. Bei freiwilligen Trinkgeldern an Bedienungspersonal kein Entgelt; Abschn. 149 Abs. 5 UStR
Umsatzanteil als Entgelt	Schätzung anhand des Umsatzes der letzten Jahre und der Zukunftsaussichten
Zeitrente als Entgelt	Kapitalwert der Rente nach § 14 BewG

2. Bemessungsgrundlagen bei voll-, teil- und unentgeltlichen Umsätzen

Leistender Unternehmer	Leistungsempfänger		vollentgeltlich	teilentgeltlich	unentgeltlich
Gesellschaft	Gesellschafter oder nahestehende Person	Steuerbarkeit	§ 1 I 1	§ 1 I 1	§ 1 I 2a, b*
		Bemessungsgrundlage	§ 10 I	§ 10 V	§ 10 IV 1, 2
Arbeitgeber	Arbeitnehmer oder dessen Angehörige	Steuerbarkeit	§ 1 I 1	§ 1 I 1	§ 1 I 1 b
		Bemessungsgrundlage	§ 10 I	§ 10 V	§ 10 IV 1,2
Einzelunternehmer	nahestehende Person	Steuerbarkeit	§ 1 I 1	§ 1 I 1	§ 1 I 2a, b
		Bemessungsgrundlage	§ 10 I	§ 10 V	§ 10 IV 1, 2

* nach BFH v. 3. 11. 1983, BStBl. II 1984, 169, als Eigenverbrauch zu werten, wenn außerunternehmerische Gründe für die Unentgeltichkeit maßgebend waren.

IV. Steuersätze

1. Übersicht über Steuersätze, Divisoren und Multiplikatoren

	1. 1. 68–30. 6. 68	1. 7. 68–31. 12. 77	1. 1. 78–30. 6. 79	1. 7. 79–30. 6. 83	ab 1. 7. 83
Allgemeiner Steuersatz	10	11	12	13	14
Divisor zur Errechnung des Nettoentgelts	1,10	1,11	1,12	1,13	1,14
Divisor zur Errechnung des Umsatzsteueranteils	11,00	10,09	9,33	8,69	8,14
Multiplikator zur Errechnung des Nettoentgelts	0,9091	0,9009	0,8929	0,8850	0,8772
Multiplikator zur Errechnung des Umsatzsteueranteils	0,0909	0,0991	0,1071	0,1150	0,1228
Ermäßigter Steuersatz	5	5,5	6	6,5	7
Divisor zur Errechnung des Nettoentgelts	1,050	1,055	1,060	1,065	1,070
Divisor zur Errechnung des Umsatzsteueranteils	21,00	19,18	17,67	16,38	15,29
Multiplikator zur Errechnung des Nettoentgelts	0,9524	0,9479	0,9434	0,9390	0,9346
Multiplikator zur Errechnung des Umsatzsteueranteils	0,0476	0,0521	0,0566	0,0610	0,0654

Umsatzsteuer

2. Umsatzsteuersätze in der Europäischen Gemeinschaft (Stand 1985)

Staaten	System der Umsatzsteuer	Steuersätze in %			
		Normalsatz	Ermäßigte Sätze[1]	Erhöhte Sätze[2]	Steuerbefreiung mit Vorsteuerabzug für bestimmte Inlandsumsätze
1	2	3	4	5	6
Belgien	Mehrwertsteuer	19	6; 17	25; 33	ja[3]
Bundesrepublik Deutschland	Mehrwertsteuer	14	7	–	nein
Dänemark	Mehrwertsteuer	22	–	–	ja[3]
Frankreich	Mehrwertsteuer	18,6	5,5; 7	33⅓	nein
Griechenland	Einphasensteuer	10[4]	2; 5	12	nein
Großbritannien	Mehrwertsteuer	15	–	–	ja[5]
Irland	Mehrwertsteuer	35	5; 8; 18; 23	–	ja[5]
Italien	Mehrwertsteuer	18	2; 8; 10; 15	20; 38	ja[6]
Luxemburg	Mehrwertsteuer	12	3; 6	–	nein
Niederlande	Mehrwertsteuer	19	5	–	nein
Portugal	Einphasensteuer	15	–	30; 60; 90[8]	nein
Spanien	Mehrphasensteuer	5[7]	–		–

[1] Im wesentlichen für bestimmte Warengruppen des lebensnotwendigen Bedarfs und für bestimmte Dienstleistungen im Sozial- und Kulturbereich
[2] Für bestimmte Warengruppen des gehobenen Bedarfs
[3] Für Zeitungen
[4] Für Dienstleistungen Sondersätze zwischen 4% und 15%
[5] Für Nahrungsmittel, Getränke, Medikamente etc.
[6] Für Teigwaren, Brot, Frischmilch, Zeitungen
[7] 5,5% für Lieferungen von Herstellern an Großhändler; 7% für Lieferungen unter Großhändlern; 5,5% für Dienstleistungen und Herstellerlieferungen an Einzelhändler und Endverbraucher
[8] Luxussteuer, Verbrauchsteuer zusätzlich zur Umsatzsteuer mit Sätzen zwischen 6% und 110%

V. Vorsteuerabzug

1. Vorsteuerabzug aus Reisekosten

Rechtsgrundlage: bis 31. 12. 1979: §§ 8, 8a 1. UStDV
ab 1. 1. 1980: §§ 36, 37 UStDV

	1. 1. 68–30. 6. 68	1. 7. 68–31. 12. 69	1. 1. 70–31. 12. 77	1. 1. 78–30. 6. 79	1. 7. 79–30. 6. 83	ab 1. 7. 83
Einzelpauschalierung						
Mehraufwendungen für Verpflegung	8,18**	8,92**	9%	9,8	10,6	11,4
Übernachtungskosten (nur bei Dienstreisen)	8,18**	8,92**	9%	9,8	10,6	11,4
Erstattung von Fahrtkosten an Arbeitnehmer für Dienstreisen mit						
Kraftfahrzeug	6%	6%	6%	6,5	7,1	7,6
Fahrrad			10%	10,7	11,5	12,3
PKW-Kosten des Unternehmers bei Verwendung eines privaten PKW für Geschäftsreisen	★	★	★	★	★	5,3
Gesamtpauschalierung	★	★	7,2	7,9	8,5	9,2

★ keine Regelung vorgesehen.
★★ Die angegebenen Prozentsätze beziehen sich auf 100% der maßgeblichen Aufwendungen.

2. Vorsteuerberichtigung (Fallstudie)

Sachverhalt

Ein Gebäude wird am 1. 2. 1 bezugsfertig und am 13. 4. 1 tatsächlich bezogen. Die Baukosten enthalten DM 200000,– an Vorsteuerbeträgen, für die die formalen Abzugsvoraussetzungen erfüllt sind.

Der Grundstückseigentümer hat, soweit er an andere Unternehmer vermietet, nach § 9 UStG auf die Steuerfreiheit der Vermietungsumsätze verzichtet. Infolge häufigen Mieterwechsels wird das Gebäude im nachstehend angegebenen Umfang steuerpflichtig vermietet:

Jahr	Anteil
13. 4. 01 –31. 12. 01	50%
1. 1. 02 –31. 12. 02	70%
1. 1. 03 –31. 12. 03	52%
1. 1. 04 –28. 2. 04	100%
1. 3. 04 –30. 8. 04	20%
1. 9. 04 –31. 12. 04	10%
1. 1. 05 –30. 8. 05	25%

Am 30. 8. 05 wird das Objekt durch einen steuerpflichtigen Umsatz veräußert.[4]

Lösung

Zeitraum	Verwendung für Abzugsumsätze	Nutzungsänderung gegenüber Erstjahr	Vorsteueranteil[5]	Vorsteuerbetrag
			DM	DM
1. 4.–31. 12. 01[1]	50%	–	(15 000)	50 000
02	70%	+ 20%	20 000	+ 4 000
03	52%	+ 2%	20 000	–,–[6]
04	30%[2]	– 20%	20 000	– 4 000
05	50%[3]	0%	20 000	–,–
1. 1. 06–31. 3. 11[8]	100%	+ 50%	105 000	+ 52 500[7]
			200 000	102 500

Anmerkungen:

[1] Als erstmalige Verwendung (= Beginn des Berichtigungszeitraumes) gilt der 1. 4. 01; § 45 UStDV.
[2] Durchschnitt für die Zeit vom 1. 1. bis 31. 12. 04
[3] Durchschnitt aus 25% für 8 Monate und 100% für 4 Monate
[4] § 15a Abs. 4, 6 UStG
[5] Verteilung des Vorsteuerbetrags (zeitanteilig)
[6] Keine Vorsteuerberichtigung gemäß § 44 Abs. 2 UStDV
[7] Nach § 44 Abs. 4 UStDV in der Voranmeldung für Monat 8 des Jahres 05 anzusetzen.
[8] Der Berichtigungszeitraum endet zehn Jahre nach der erstmaligen Verwendung, unter Berücksichtigung der Vereinfachungsregelung des § 45 UStDV also am 31. 3. 11.

Umsatzsteuer

VI. Kleinunternehmervergünstigungen

1. Übersicht

Vorschrift	Voraussetzungen	Wirkung
§ 19 I	Vorjahres-Gesamtumsatz bis DM 20000. Voraussichtlicher Gesamtumsatz im laufenden Kalenderjahr bis DM 100000	Umsatzsteuer wird nicht erhoben, kein Vorsteuerabzug, kein offener Ausweis der USt (sonst § 14 Abs. 3), Option nach § 19 II möglich
§ 19 III	Gesamtumsatz im laufenden Kalenderjahr bis DM 60000	Gewährung eines degressiven Steuerabzugsbetrages Gesamtumsatz bis DM 20500: 80% Gesamtumsatz (G) über DM 20500: $$80 - \frac{G - 20500}{500} \%\text{ (abzurunden)}$$ Der Steuerabzugssatz kann auch aus der Tabelle unter Rz. 215 entnommen werden.

2. Berechnung des Gesamtumsatzes

a) **Für Zwecke des § 19 Abs. 1**
   (nach vereinnahmten Entgelten zzgl. USt)

  Steuerbare Umsätze § 1 Abs. 1 Nr. 1–3
./. steuerfreie Umsätze § 4 Nr. 7, 8i, 9b, 11–28
./. steuerfreie Hilfsumsätze § 4 Nr. 8 a–h, 9 a, 10
./. steuerbare Umsätze von Wirtschaftsgütern des Anlagevermögens

= Gesamtumsatz i. S. des § 19 I

b) **Für Zwecke des § 19 Abs. 3**
   (je nach Besteuerungsform nach vereinbarten oder vereinnahmten Entgelten, ohne USt)

  Steuerbare Umsätze § 1 Abs. 1 Nr. 1–3
./. steuerfreie Umsätze § 4 Nr. 7, 8i, 9b, 11–28
./. steuerfreie Hilfsumsätze § 4 Nr. 8 a–h, 9 a, 10
+ entsprechende nicht steuerbare Umsätze außerhalb des Erhebungsgebietes

= Gesamtumsatz i. S. des § 19 III

3. Steuerabzugsbetragstabelle*

215 Aus dieser Tabelle ergibt sich der nach § 19 III zu gewährende degressive Steuerabzugssatz, dessen Berechnungsweise unter Rz 216 erläutert ist.

Laufende Nummer	Maßgeblicher Umsatz		v. H.-Satz	Laufende Nummer	Maßgeblicher Umsatz		v. H.-Satz
	mehr als	bis einschließlich			mehr als	bis einschließlich	
1	0	20500	80	41	40000	40500	40
2	20500	21000	79	42	40500	41000	39
3	21000	21500	78	43	41000	41500	38
4	21500	22000	77	44	41500	42000	37
5	22000	22500	76	45	42000	42500	36
6	22500	23000	75	46	42500	43000	35
7	23000	23500	74	47	43000	43500	34
8	23500	24000	73	48	43500	44000	33
9	24000	24500	72	49	44000	44500	32
10	24500	25000	71	50	44500	45000	31
11	25000	25500	70	51	45000	45500	30
12	25500	26000	69	52	45500	46000	29
13	26000	26500	68	53	46000	46500	28
14	26500	27000	67	54	46500	47000	27
15	27000	27500	66	55	47000	47500	26
16	27500	28000	65	56	47500	48000	25
17	28000	28500	64	57	48000	48500	24
18	28500	29000	63	58	48500	49000	23
19	29000	29500	62	59	49000	49500	22
20	29500	30000	61	60	49500	50000	21
21	30000	30500	60	61	50000	50500	20
22	30500	31000	59	62	50500	51000	19
23	31000	31500	58	63	51000	51500	18
24	31500	32000	57	64	51500	52000	17
25	32000	32500	56	65	52000	52500	16
26	32500	33000	55	66	52500	53000	15
27	33000	33500	54	67	53000	53500	14
28	33500	34000	53	68	53500	54000	13
29	34000	34500	52	69	54000	54500	12
30	34500	35000	51	70	54500	55000	11
31	35000	35500	50	71	55000	55500	10
32	35500	36000	49	72	55500	56000	9
33	36000	36500	48	73	56000	56500	8
34	36500	37000	47	74	56500	57000	7
35	37000	37500	46	75	57000	57500	6
36	37500	38000	45	76	57500	58000	5
37	38000	38500	44	77	58000	58500	4
38	38500	39000	43	78	58500	59000	3
39	39000	39500	42	79	59000	59500	2
40	39500	40000	41	80	59500	60000	1

* *Rechtsquelle:* Abschn. 248 Abs. 3 UStR.

216 **Anwendungsbeispiel:**
a) Ermittlung des relevanten Vomhundertsatzes
Gesamtumsatz im Sinne des § 19 III S. 2 . . . . 40300.— DM
aufzurunden auf volle 500 DM . . . . 40500.— DM
= maßgeblicher Umsatz lt. Tabelle
Der korrespondierende Vomhundertsatz ergibt sich unter der laufenden Nr. 41 der Steuerabzugstabelle mit 40%

Vermögensteuer **251 H**

b) Anwendung des Vomhundertsatzes bei der Berechnung der Umsatzsteuer.

Gesamtumsatz im Sinne des § 19 III S. 2	40 300.— DM
abzüglich steuerbefreite Umsätze	10 000.— DM
Steuerpflichtige Umsätze	30 300.— DM
Steuer auf diese Umsätze 14%	4.242.— DM
abzüglich Vorsteuer und Kürzungsbeträge z. B.	1 000.— DM
verbleibende Steuer	3 242.— DM
abzüglich des oben ermittelten und hierauf anzuwendenden vomhundert Satzes lt. Tabelle 40%	1 296,80 DM
zu entrichtende Umsatzsteuer	1 945,20 DM

VI. Vermögensteuer

Bearbeiter: Prof. Dr. Herbert Peusquens

Übersicht

	Rz.		Rz.
I. Die vier Vermögensarten	251	V. Alphabetische Übersicht der Vermögensgegenstände und ihrer Bewertung	256
II. Gliederung des Vermögens	252, 253		
1. Land- und forstwirtschaftliches Vermögen	252	VI. Zusammenveranlagung unbeschränkt Steuerpflichtiger	257
2. Grundvermögen	253	VII. Freibeträge und Freigrenzen bei der Veranlagung unbeschränkt steuerpflichtiger natürlicher Personen	258
III. Hauptfeststellungen/Fortschreibungen	254		
IV. Wertabweichungen für Wertfortschreibung und Neuveranlagung	255	VIII. Freibeträge wegen Alters oder Erwerbsunfähigkeit	259

I. Die vier Vermögensarten

51 Das Bewertungsgesetz regelt in seinem zweiten Teil einheitlich die Ermittlung der Besteuerungsgrundlagen für die Steuern, die das Vermögen im Ganzen oder in bestimmten Teilen erfassen. Dazu wird das Vermögen in vier verschiedene Kategorien mit unterschiedlichen Bewertungsgrundsätzen eingeteilt:

Gesamtvermögen (§ 114 BewG)

Vermögensart	land- und forstwirtschaftliches Vermögen §§ 33 ff. BewG	Grundvermögen §§ 68 ff. BewG	Betriebsvermögen §§ 95 ff. BewG	sonstiges Vermögen §§ 110 ff. BewG
die Vermögensgegenstände sind zu bewerten mit dem	Ertragswert §§ 36 ff. BewG	Ertragswert §§ 76 Abs. 1, 78 ff. BewG; ausnahmsweise mit dem Sachwert §§ 76 Abs. 2, 83 ff. BewG	Teilwert §§ 109 Abs. 1, 10 BewG; ausnahmsweise mit dem Einheitswert, soweit dieser festzustellen ist, § 109 Abs. 2 BewG; ferner Wertpapiere und Anteile an Kapitalgesellschaften mit dem Kurswert; § 109 Abs. 3 BewG	gemeiner Wert § 9 BewG
gesonderte Feststellung von Besteuerungsgrundlagen	Einheitswert-Feststellung gem. § 19 BewG	Einheitswert-Feststellung gem. § 19 BewG	Einheitswert-Feststellung gem. § 19 BewG	
die Vermögensart unterliegt der (vgl. § 17 BewG)	Grundsteuer Grunderwerbsteuer	Grundsteuer Grunderwerbsteuer Vermögensteuer Erbschaftsteuer	Gewerbekapitalsteuer Vermögensteuer Erbschaftsteuer	Vermögensteuer Erbschaftsteuer

II. Gliederung des Vermögens

1. Land- und forstwirtschaftliches Vermögen

252
- Landwirtschaftliche Nutzung, §§ 50–52 BewG
- Forstwirtschaftliche Nutzung, §§ 53–55 BewG
- Weinbauliche Nutzung, §§ 56–58 BewG
- Gärtnerische Nutzung, §§ 59–61 BewG
- Sonstige land- und forstwirtschaftliche Nutzung, § 62 BewG

2. Grundvermögen

253
- Unbebaute Grundstücke, § 72 BewG
- Grundstücke im Zustand der Bebauung, § 91 BewG
- Bebaute Grundstücke, § 74 BewG
  - Mietwohngrundstücke, § 75 Abs. 2 BewG
  - Geschäftsgrundstücke, § 75 Abs. 3 BewG
  - Gemischt genutzte Grundstücke, § 75 Abs. 4 BewG
  - Einfamilienhäuser, § 75 Abs. 5 BewG
  - Zweifamilienhäuser, § 75 Abs. 6 BewG
  - sonstige bebaute Grundstücke, § 75 Abs. 7 BewG
- Erbbaurecht, § 92 BewG
  (Die Grundstücksart sowohl des belasteten Grundstücks wie des Erbbaurechts richtet sich nach §§ 72 bzw. 74 i. V. m. 75 BewG)
- Wohnungseigentum und Teileigentum, § 93 BewG
  (Für die Grundstücksart ist der auf das Wohnungseigentum bzw. Teileigentum entfallende Gebäudeteil maßgebend.)
- Gebäude auf fremdem Grund und Boden, § 94 BewG
  (Die Grundstücksart richtet sich nach § 75 BewG)

III. Hauptfeststellungen/Fortschreibungen

254   Feststellungen im Rahmen der Einheitsbewertung

Hauptfeststellung über	Fortschreibungen wegen
Wert (§ 19 Abs. 1 BewG)	Wertabweichung[2] a) bei Grundbesitz (§ 22 Abs. 1 Nr. 1 BewG) b) bei gewerblichem Betrieb (§ 22 Abs. 1 Nr. 2 BewG)
Art (bei Grundstücken) a) Grundstücksart z. B. unbebaut oder bebaut als Mietwohngrundstück (§ 19 Abs. 3 Nr. 1a BewG) b) ob Betriebsgrundstück[1] (§ 19 Abs. 3 Nr. 1b BewG)	Änderung der Art (§ 22 Abs. 2 BewG)
Zurechnung (§ 19 Abs. 3 Nr. 2)	Änderung der Zurechnung (§ 22 Abs. 2 BewG)

[1] Gleiches gilt für Mineralgewinnungsrechte.
[2] Wegen der Wertgrenzen siehe Übersicht „Wertabweichungen".

Vermögensteuer

IV. Wertabweichungen für Wertfortschreibung und Neuveranlagung

255 Wertabweichungen

für Wertfortschreibung gem. § 22 Abs. 1 BewG	für Neuveranlagung gem. § 16 Abs. 1 VStG
Nr. 1 beim Grundbesitz: nach oben mehr als 1/10 (mindestens DM 5000) oder mehr als DM 100000 nach unten mehr als 1/10 (mindestens DM 500) oder mehr als DM 5000	mehr als 1/5 oder mehr als DM 150000 **mindestens** nach oben DM 50000 nach unten DM 10000
Nr. 2 beim gewerblichen Betrieb[1] mehr als 1/5 (mindestens DM 5000) oder mehr als DM 100000	

[1] Gleiches gilt für Mineralgewinnungsrechte.

V. Alphabetische Übersicht der Vermögensgegenstände und ihrer Bewertung
(EW = Einheitswert)

256 **Abbauland** sind Bodenflächen, die durch Abbau der Bodensubstanz genutzt werden; sie werden gem. § 43 Abs. 2 BewG mit dem Einzelertragswert (kapitalisierter Reinertrag i. S. v. § 36 Abs. 2 BewG) bewertet.

Aktien s. Anteile an Kapitalgesellschaften

Anteile an Kapitalgesellschaften
(1) Die an einer deutschen Börse oder im geregelten Freiverkehr gehandelt werden, s. Wertpapiere.
(2) Die keinen Kurswert im Inland haben, sind mit dem gemeinen Wert anzusetzen; dieser wird nach § 113a BewG in einem besonderen Verfahren festgestellt (siehe dazu Teil B Rz. 456ff.).
Im übrigen kommt bei Anteilen, die zum sonstigen Vermögen gehören, der Freibetrag des § 110 Abs. 2 BewG in Betracht.

Anteile an Personengesellschaften sind nach § 110 Abs. 1 Nr. 3 Satz 2 BewG Betriebsvermögen des jeweiligen Gesellschafters. Bei diesem wird der auf ihn entfallende Anteil am EW des Betriebsvermögens angesetzt.

Anteilscheine sind nach § 11 Abs. 4 BewG mit dem Rücknahmepreis anzusetzen. Für Anteilscheine, die zum sonstigen Vermögen gehören, kommt der Freibetrag des § 110 Abs. 2 BewG in Betracht.

Arbeitslosenversicherungsansprüche gehören nach § 111 Nr. 2 BewG nicht zum sonstigen Vermögen.

Auflösend bedingte Ansprüche (Erwerbe) werden gem. § 5 BewG vorbehaltlich der §§ 13 Abs. 2 und 3, 14, 15 Abs. 3 BewG wie unbedingte angesetzt und bewertet.

Auflösend bedingte Lasten werden gem. § 7 BewG vorbehaltlich der §§ 13 Abs. 2 und 3, 14, 15 Abs. 3 BewG wie unbedingte abgezogen und bewertet.

Peusquens

Aufschiebend bedingte Ansprüche (Erwerb) werden nach § 4 BewG vor Eintritt der Bedingung nicht berücksichtigt.

Aufschiebend bedingte Lasten werden gem. § 6 BewG nicht berücksichtigt.

Auslandsvermögen wird in § 11 Abs. 1 VStG als das in einem ausländischen Staat belegene Vermögen definiert. Den Umfang des Auslandsvermögens beschreibt § 11 Abs. 2 VStG. Danach gelten als Auslandsvermögen alle Wirtschaftsgüter der in § 121 Abs. 2 BewG genannten Art, die auf einen ausländischen Staat entfallen, unter Berücksichtigung der nach § 121 Abs. 3 BewG abzugsfähigen Schulden und Lasten.

Ausländisches Sachvermögen wird gem. § 31 BewG mit dem gemeinen Wert angesetzt.

Bankguthaben, die zum sonstigen Vermögen gehören, sind bei natürlichen Personen um den Freibetrag des § 110 Abs. 1 Nr. 2 BewG in Höhe von DM 1000,– zu mindern. Im übrigen kommt der Freibetrag des § 110 Abs. 2 BewG in Betracht.

Bauland ist auch dann wie Grundvermögen zu bewerten, wenn es sich um land- und forstwirtschaftlich genutzte Flächen handelt, § 69 BewG.

Baureife Grundstücke bilden nach § 73 BewG eine besondere Grundstücksart, über die jedoch z. Z. keine Feststellungen getroffen werden.

Bebaute Grundstücke sind gem. § 74 BewG Grundstücke, auf denen sich benutzbare Gebäude befinden. Anhand des § 75 BewG sind die bebauten Grundstücke einer bestimmten Grundstücksart zuzuordnen. Die Bewertung erfolgt grundsätzlich im Ertragswertverfahren, ausnahmsweise im Sachwertverfahren.

Befristete Ansprüche und Lasten werden, wenn es sich um eine unbestimmte Frist handelt, wie bedingte Ansprüche und Lasten behandelt, § 8 BewG.

Betriebsgrundstücke sind nach § 99 BewG der zu einem gewerblichen Betrieb gehörige Grundbesitz. Die Bewertung erfolgt als Grundvermögen oder als land- und forstwirtschaftliches Vermögen. Sie gehen mit ihrem EW unter Beachtung des § 121a BewG in den EW des gewerblichen Betriebs ein.

Edelmetalle gehören nach § 110 Abs. 1 Nr. 10 BewG zum sonstigen Vermögen, wenn ihr gemeiner Wert zusammen mit dem gemeinen Wert von Edelsteinen, Perlen, Münzen und Medaillen die Freigrenze von DM 1000,– übersteigt.

Edelsteine s. Edelmetalle.

Eigentumswohnung s. Wohnungseigentum.

Einfamilienhäuser sind nach § 75 BewG eine besondere Grundstücksart im Rahmen der bebauten Grundstücke. Näheres s. § 75 Abs. 5 BewG.
Die Bewertung erfolgt grundsätzlich auf der Basis der Jahresrohmiete im Ertragswertverfahren (§§ 78–82 BewG).

Erbbaurecht. Sowohl für das belastete Grundstück als auch für das Erbbaurecht selbst ist jeweils ein Einheitswert festzustellen. Einzelheiten s. § 92 BewG.

Erbbauzinsanspruch ist nach § 92 Abs. 5 BewG nicht als Bestandteil des Grundstücks zu berücksichtigen, sondern bei der Ermittlung des sonstigen Vermögens kapitalisiert (§§ 13–15 BewG) anzusetzen; eine Begrenzung des Jahreswerts nach § 16 BewG kommt nicht in Betracht.

Erfindungen sind beim unbeschränkt steuerpflichtigen Erfinder nach § 110 Abs. 1 Nr. 5 (§ 101 Nr. 2) BewG steuerfrei. Ansonsten sind sie mit dem kapitalisierten Reinertrag anzusetzen; näheres s. Abschn. 64 Abs. 2 VStR.

Fondsanteile s. Anteilscheine.

Forstwirtschaftliche Nutzung umfaßt alle Wirtschaftsgüter, die der Erzeugung und Gewinnung von Rohholz dienen; die Bewertung erfolgt im Ertragswertverfahren nach §§ 54 und 55 BewG.

Gärtnerische Nutzung ist die Nutzung von Bodenflächen zum Anbau von Gemüse, Blumen, Zierpflanzen, Obst und Baumschulgewächsen einschließlich der Kleingärten; die Bewertung erfolgt im Ertragswertverfahren gem. §§ 36–41, 59–61 BewG.

Gebäude auf fremdem Grund und Boden gelten nach § 70 Abs. 3 BewG als selbständige Grundstücke. Für derartige Gebäude wird gem. § 94 BewG ein eigener Einheitswert festgestellt.

Gemischt genutzte Grundstücke sind nach § 75 BewG eine besondere Grundstücksart im Rahmen der bebauten Grundstücke. Näheres s. § 75 Abs. 4 BewG.
Die Bewertung erfolgt grundsätzlich auf der Basis der Jahresrohmiete im Ertragswertverfahren (§§ 78–82 BewG).

Geringstland ist gem. § 44 BewG mit einem Hektarwert von DM 50,– anzusetzen.

Gesamtvermögen umfaßt alle einem unbeschränkt Steuerpflichtigen zuzurechnenden Vermögensgegenstände mit Ausnahme derjenigen, die nach den Vorschriften des VStG oder anderer Gesetze von der Vermögensteuer befreit sind.

Geschäftsgrundstücke sind nach § 75 BewG eine besondere Grundstücksart im Rahmen der bebauten Grundstücke. Näheres s. § 75 Abs. 3 BewG.
Die Bewertung erfolgt grundsätzlich auf der Basis der Jahresrohmiete im Ertragswertverfahren (§§ 78–82 BewG).

Geschäftsguthaben (bei Genossenschaften) sind als Kapitalforderungen nach § 12 Abs. 1 BewG in der Regel mit dem Nennwert anzusetzen.
Soweit sie zum sonstigen Vermögen gehören, kommt der Freibetrag des § 110 Abs. 2 BewG in Betracht.

Grundstücke im Zustand der Bebauung werden (für Zwecke der Grundsteuer) wie unbebaute Grundstücke bewertet, d. h. die nicht bezugsfertigen Gebäude bleiben außer Betracht, § 91 Abs. 1 BewG.
Zur Feststellung des Einheitswerts des gewerblichen Betriebs oder für Zwecke der Vermögensteuer muß jedoch gem. § 91 Abs. 2 BewG ein besonderer Einheitswert festgestellt werden.

Grundstückswert setzt sich sowohl im Ertragswertverfahren (§§ 78–82 BewG) als auch im Sachwertverfahren (§§ 83–90 BewG) zusammen aus Bodenwert, Gebäudewert und Wert der Außenanlagen. Im Ertragswertverfahren wird der Grundstückswert jedoch durch Anwendung eines Vervielfachers auf die Jahresrohmiete ermittelt.

Grundvermögen ist der Oberbegriff für
– unbebaute Grundstücke
– bebaute Grundstücke
– Grundstücke im Zustand der Bebauung
– Erbbaurecht
– Wohnungseigentum, Teileigentum
– Gebäude auf fremdem Grund und Boden
(s. unter diesen Stichworten).

Hausrat gehört nach § 111 Nr. 10 BewG nur insoweit zum sonstigen Vermögen, als er im § 110 BewG ausdrücklich angesprochen ist, d. h. Hausrat ist grundsätzlich steuerfrei.

Immerwährende Nutzungen sind Vorteile, bei denen ein Ende nicht abzusehen ist oder deren Ende von Ereignissen abhängt, bei denen ungewiß ist, ob sie jemals eintreten.
Immerwährende Nutzungen sind nach § 13 Abs. 2 BewG mit dem Achtzehnfachen des Jahreswertes (§ 15 BewG) anzusetzen.

Immobilienfonds-Anteil s. Anteilscheine.

Industrieland ist auch dann wie Grundvermögen zu bewerten, wenn es sich um land- und forstwirtschaftlich genutzte Flächen handelt, § 69 BewG.

Inlandsvermögen ist das einem beschränkt Steuerpflichtigen zuzurechnende Vermögen, das der deutschen Besteuerung unterliegt. Die zum Inlandsvermögen zählenden Vermögensgegenstände werden in § 121 Abs. 2 BewG abschließend aufgeführt. Schulden und Lasten dürfen nur insoweit abgezogen werden, als sie in wirtschaftlichem Zusammenhang mit dem Inlandsvermögen stehen.

Investmentzertifikate s. Anteilscheine.

Kapitalforderungen, die weder Anteile an Kapitalgesellschaften noch Schuldbuchforderungen noch Anteilscheine sind (vgl. § 11 BewG), sind gem. § 12 Abs. 1 BewG grundsätzlich mit dem Nennwert anzusetzen. Für Kapitalforderungen, die zum sonstigen Vermögen gehören, kommt der Freibetrag des § 110 Abs. 2 BewG in Betracht.

Krankenversicherungsansprüche gehören nach § 111 Nr. 2 BewG nicht zum sonstigen Vermögen.

Kriegsfolgen-Ansprüche sind nach § 111 Nr. 5 (§ 101 Nr. 3) BewG steuerfrei.

Kriegsgefangenen-Entschädigungsansprüche sind nach § 111 Nr. 5 (§ 101 Nr. 3) BewG steuerfrei.

Kunstgegenstände s. Sammlungen.

Kuxe s. Anteile an Kapitalgesellschaften.

Landwirtschaftliche Nutzung ist die Nutzung von Ackerland und Gründland sowie die Tierhaltung und Tierzucht nach Maßgabe der §§ 51 und 51a BewG; die Bewertung erfolgt im Ertragswertverfahren nach §§ 36–41 BewG.

Lastenausgleichsansprüche sind nach § 111 Nr. 5 (§ 101 Nr. 3) BewG steuerfrei.

Lebenslängliche Nutzungen sind nach § 14 Abs. 1 BewG mit einem Vielfachen des Jahreswerts (§ 15 BewG) anzusetzen; der Vervielfacher ist der Anlage 9 zum BewG zu entnehmen (siehe auch Teil X Rz. 19).

Leistungen s. Nutzungen.

Luxusgegenstände gehören nach § 110 Abs. 1 Nr. 11 BewG zum sonstigen Vermögen, wenn ihr gemeiner Wert zusammen mit dem gemeinen Wert der anderen dort genannten Gegenstände die Freigrenze von DM 10000,– übersteigt. Zum Begriffsinhalt s. Abschn. 67 VStR.

Medaillen s. Edelmetalle.

Mietwohngrundstücke sind nach § 75 BewG eine besondere Grundstücksart im Rahmen der bebauten Grundstücke. Näheres s. § 75 Abs. 2 BewG.

Die Bewertung erfolgt grundsätzlich auf der Basis der Jahresrohmiete im Ertragswertverfahren (§§ 78–82 BewG).

Mindestvermögen von DM 20000,– stellt eine Freigrenze dar, unterhalb derer nach § 9 VStG bei unbeschränkt steuerpflichtigen Körperschaften u.ä. sowie bei beschränkt Steuerpflichtigen steuerpflichtiges Vermögen nicht vorliegt.

Mineralgewinnungsrechte sind nach § 100 BewG mit dem gemeinen Wert anzusetzen. Gem. § 19 Abs. 1 Nr. 3 BewG wird für inländische Mineralgewinnungsrechte ein Einheitswert festgestellt.

Möbel in möbliert vermieteten Wohnungen, die Nichtgewerbetreibenden gehören, rechnen nach § 110 Abs. 1 Nr. 9 BewG zum sonstigen Vermögen, wenn ihr gemeiner Wert die Freigrenze von DM 10000,– übersteigt.

Münzen s. Edelmetalle.

Nebenbetriebe der Land- und Forstwirtschaft sind Betriebe, die dem Hauptbetrieb zu dienen bestimmt sind und nicht einen selbständigen gewerblichen Betrieb darstellen (§ 42 Abs. 1 BewG), z. B. Kornbrennereien, Sägewerke. Sie werden mit dem Einzelertragswert (kapitalisierter Reinertrag nach § 36 Abs. 2 BewG) bewertet.

Nießbrauchslasten sind gem. §§ 13–16 BewG zu kapitalisieren.

Nießbrauchsrechte sind gem. §§ 13–16 BewG zu kapitalisieren.

Nutzungen von bestimmter Dauer sind nach § 13 Abs. 1 BewG mit Summe der einzelnen Jahreswerte (§ 15 BewG) abzüglich Zwischenzinsen, höchstens mit dem Achtzehnfachen des Jahreswertes anzusetzen.

Nutzungen von unbestimmter Dauer sind Vorteile, deren Ende in absehbarer Zeit sicher, bei denen aber der Zeitpunkt des Wegfalls ungewiß ist. Sie sind, sofern es sich nicht um lebenslängliche Nutzungen handelt, gem. § 13 Abs. 2 BewG mit dem Neunfachen des Jahreswerts (§ 15 BewG) anzusetzen.

Vermögensteuer

Pensionsansprüche, die auf ein früheres Arbeits- oder Dienstverhältnis zurückzuführen sind, gehören nach § 111 Nr. 1 BewG nicht zum sonstigen Vermögen.

Perlen s. Edelmetalle.

Rentenansprüche. Vorbehaltlich der Befreiungen nach § 110 Abs. 1 Nr. 6 und § 111 Nr. 1–3, 5–9 BewG sind noch nicht fällige Ansprüche mit dem gem. § 12 Abs. 4 BewG ermittelten Wert (z. B. Rückkaufswert) anzusetzen. Fällige (nicht steuerfreie) Ansprüche sind gem. § 14 BewG zu bewerten (siehe auch Teil X Rz. 14ff.).

Rentenlasten sind mit dem nach §§ 13–15 BewG ermittelten Kapitalwert abzusetzen (siehe auch Teil X Rz. 14ff.).

Rohvermögen ist die Summe der Werte der Vermögensgegenstände vor Abzug der Schulden und Lasten.

Sachbezüge. Nutzungen oder Leistungen, die nicht in Geld bestehen, sind mit den üblichen Mittelpreisen des Verbrauchsorts anzusetzen.

Sammlungen gehören nach § 110 Abs. 1 Nr. 12 BewG zum sonstigen Vermögen, wenn ihr gemeiner Wert zusammen mit dem gemeinen Wert von Kunstgegenständen die Freigrenze von DM 20000,– übersteigt. Näheres s. Abschn. 68 VStR.

Schachtelbeteiligungen einer inländischen Kapitalgesellschaft an einer anderen inländischen Kapitalgesellschaft sind nach § 102 Abs. 1 BewG kraft Gesetzes steuerfrei; besteht die Beteiligung an einer ausländischen Kapitalgesellschaft, ist sie gem. § 102 Abs. 2 BewG nur auf Antrag unter dort näher genannten Voraussetzungen steuerfrei.

Schmuckgegenstände s. Luxusgegenstände.

Schuldbuchforderungen s. Wertpapiere.

Schulden sind gem. § 12 Abs. 1 BewG grundsätzlich mit dem Nennwert anzusetzen.

Sozialversicherungsansprüche gehören nach § 111 Nr. 2 BewG nicht zum sonstigen Vermögen.

Spareinlagen s. Bankguthaben.

Steuererstattungsansprüche sind, soweit sie nicht zum Betriebsvermögen gehören, als Kapitalforderungen i. S. v. § 110 Abs. 1 Nr. 1 BewG zu erfassen. Der einzelne Anspruch muß im Veranlagungszeitpunkt schon bestanden haben, vgl. Abschn. 47 VStR.

steuerpflichtiges Vermögen ist bei natürlichen Personen der Vermögensbetrag, der nach Abzug der Freibeträge vom Gesamtvermögen verbleibt, und bei Körperschaften u. ä. das Gesamtvermögen, wenn es mindestens DM 20000,– beträgt (Freigrenze!).
Bei beschränkt Steuerpflichtigen ist steuerpflichtiges Vermögen nur das Inlandsvermögen; dieses muß mindestens DM 20000,– betragen (Freigrenze!).

Steuersätze enthält § 10 VStG. Sie betragen für natürliche Personen 0,5 v.H. und für Körperschaften u. ä. 0,6 v.H. des steuerpflichtigen Vermögens.

Steuerschulden sind nach Maßgabe des § 105 (§ 118 Abs. 1 Nr. 1) BewG abzugsfähig.

Stückländereien d. h. einzelne land- und forstwirtschaftlich genutzte Flächen, bei denen Wirtschaftsgebäude oder Betriebsmittel nicht dem Eigentümer des Grund und Bodens gehören, werden wie Betriebe der Land- und Forstwirtschaft bewertet.

Teileigentum s. Wohnungseigentum.

Überbestände d. h. über den normalen Bestand hinausgehende Bestände an umlaufenden Betriebsmitteln eines land- und forstwirtschaftlichen Betriebs gehören nicht zum land- und forstwirtschaftlichen Vermögen, sie bleiben dort außer Ansatz, § 33 Abs. 3 Nr. 3 BewG. Sie sind aber nach § 110 Abs. 1 Nr. 7 BewG mit ihrem gemeinen Wert beim sonstigen Vermögen anzusetzen.

Unbebaute Grundstücke sind nach § 72 BewG Grundstücke, auf denen sich keine benutzbaren Gebäude befinden. Sie sind mit dem gemeinen Wert anzusetzen, dessen

Ermittlung im Bewertungsgesetz für derartige Grundstücke nicht speziell geregelt ist. Näheres s. Abschn. 7 BewRGr.

Unfallversicherungsansprüche gehören nach § 111 Nr. 2 BewG nicht zum sonstigen Vermögen.

Unland d. h. Flächen, die auch bei geordneter Wirtschaftsweise keinen Ertrag abwerfen können, werden gem. § 45 BewG nicht bewertet.

Unterhaltsverpflichtungen sind in den Grenzen des § 118 Abs. 3 BewG abzugsfähig. Der Kapitalwert ist nach § 13 Abs. 1 oder § 14 BewG zu ermitteln.

Unverzinsliche Forderungen oder Schulden, deren Laufzeit mehr als ein Jahr beträgt und die zu einem bestimmten Zeitpunkt fällig sind, sind gemäß § 12 Abs. 3 BewG mit dem abgezinsten Wert anzusetzen (siehe auch Teil X Rz. 11 ff.).

Urherberrechte s. Erfindungen.

Versicherungsansprüche (aus Lebens-, Kapital- oder Rentenversicherungen), die noch nicht fällig sind, werden vorbehaltlich des § 111 Nr. 1 und 2 BewG mit zwei Dritteln der eingezahlten Prämien oder mit dem niedrigeren Rückkaufswert angesetzt (§ 12 Abs. 4 BewG).

Versorgungsansprüche, die auf einem Gesetz beruhen, gehören nach § 111 Nr. 4 BewG nicht zum sonstigen Vermögen.

Weinbauliche Nutzung umfaßt alle Wirtschaftsgüter, die der Erzeugung von Trauben und der Gewinnung von Wein und Süßmost aus diesen Trauben dienen; die Bewertung erfolgt im Ertragswertverfahren nach §§ 36–41, 56–58 BewG.

Weltvermögensprinzip bedeutet, daß bei unbeschränkt Steuerpflichtigen das gesamte Vermögen der Vermögensteuer unterliegt, gleichgültig, ob die einzelnen Vermögensgegenstände im Inland oder im Ausland belegen sind.

Wertpapiere, die an einer deutschen Börse oder im geregelten Freiverkehr gehandelt werden, sind mit dem Kurswert des Bewertungsstichtags anzusetzen; liegt am Stichtag keine Notierung vor, ist der letzte innerhalb von 30 Tagen vor dem Stichtag notierte Kurs maßgebend (§ 11 Abs. 1 BewG). – Die maßgebenden Werte sind regelmäßig den Depotauszügen zu entnehmen.

Wiedergutmachungsansprüche sind nach § 111 Nr. 6 BewG steuerfrei.

Wirtschaftsteil ist der Oberbegriff für die land- und forstwirtschaftlichen Nutzungen und Wirtschaftsgüter einschließlich der Nebenbetriebe, aber ohne den Wohnteil (§ 34 Abs. 2 BewG).

Wohnteil eines Betriebs der Land- und Forstwirtschaft wird nach § 47 BewG wie ein Mietwohngrundstück bewertet. Der ermittelte Betrag ist um 15 v.H. zu vermindern.

Wohnungsbauprämie. Der Anspruch auf die Prämie ist eine Kapitalforderung i. S. v. § 110 Abs. 1 Nr. 1 BewG. Der Anspruch entsteht mit Ablauf des Kalenderjahres, für das die Prämie gewährt wird. Wegen des Wahlrechts des Bausparers, entweder die Prämie zu beantragen oder Bausparbeiträge als Sonderausgaben geltend zu machen, ist der Anspruch auf die Wohnungsbauprämie nur dann zu erfassen, wenn er auch tatsächlich geltend gemacht wird.

Ist die Prämie zugeteilt und dem Bausparvertrag gutgeschrieben, gehört sie zu den Spareinlagen i. S. v. § 110 Abs. 1 Nr. 2 BewG.

Wohnungseigentum gilt als Grundstück i. S. des Bewertungsgesetzes. Die Bewertung erfolgt grundsätzlich im Ertragswertverfahren, wobei gem. § 93 Abs. 2 BewG im allgemeinen der für Mietwohngrundstücke maßgebende Vervielfältiger anzuwenden ist.

Zahlungsmittel s. Bankguthaben.

Zertifikate eines Investmentfonds oder eines offenen Immobilienfonds s. Anteilscheine.

Zweifamilienhäuser sind nach § 75 BewG eine besondere Grundstücksart im Rahmen der bebauten Grundstücke. Näheres s. § 75 Abs. 6 BewG. Die Bewertung erfolgt grundsätzlich auf der Basis der Jahresrohmiete im Ertragswertverfahren (§§ 78–82 BewG).

VI. Zusammenveranlagung unbeschränkt Steuerpflichtiger gem. § 14 VStG

kraft Gesetzes		auf Antrag	
Personen	Voraussetzungen	Personen	Voraussetzungen
Ehegatten (Abs. 1 Nr. 1)	nicht dauernd getrennt lebend	Kinder über 17 Jahre (Abs. 2 Nr. 2)	erwerbsunfähig
Kinder unter 18 Jahren (Abs. 1 Nr. 2)	Haushaltsgemeinschaft mit Eltern/Elternteil	Kinder über 17, aber unter 27 Jahren (Abs. 2 Nr. 1 Satz 1)	1. unverheiratet oder dauernd getrennt lebend 2. Haushaltsgemeinschaft mit Eltern/Elternteil 3. noch in Berufsausbildung oder in freiwilligem sozialen Jahr
		ausnahmsweise Kinder über 26 Jahre (Abs. 2 Nr. 1 Satz 3)	1. unverheiratet oder dauernd getrennt lebend 2. Haushaltsgemeinschaft mit Eltern/Elternteil 3. soweit sich der Abschluß der Berufsausbildung schuldlos verzögert hat

Die Zusammenveranlagung mit Kindern kommt auch für einen alleinstehenden Elternteil in Betracht.

Nach § 14 Abs. 2 Nr. 1 Satz 2 VStG ist eine Unterbrechung der Berufsausbildung durch Grundwehrdienst oder Zivildienst unschädlich.

VII. Freibeträge und Freigrenzen bei der Vermögensteuerveranlagung unbeschränkt steuerpflichtiger natürlicher Personen

	Vermögensteil		Freibetrag	Freigrenze	Rechtsgrundlage
kumulativ	laufende Guthaben und Zahlungsmittel		1000 DM		§ 110 Abs. 1 Nr. 2 BewG
	Kapitalvermögen und Wertpapiere		10000 DM		§ 110 Abs. 2 BewG
	noch nicht fällige Lebens-, Kapital- und Rentenversicherungen		10000 DM		§ 110 Abs. 1 Nr. 6c BewG
	Wirtschaftsgüter des landwirtschaftlichen und gewerblichen Vermögens			10000 DM	§ 110 Abs. 1 Nr. 8 BewG
	Wirtschaftsgüter in möblierten Wohnungen			10000 DM	§ 110 Abs. 1 Nr. 9 BewG
	Edelmetalle und Edelsteine			1000 DM	§ 110 Abs. 1 Nr. 10 BewG
	Schmuck und Luxusgegenstände			10000 DM	§ 110 Abs. 1 Nr. 11 BewG
	Kunstgegenstände und Sammlungen			20000 DM	§ 110 Abs. 1 Nr. 12 BewG
	persönlicher Freibetrag		70000 DM		§ 6 Abs. 1 VStG
					§ 110 Abs. 3 BewG
			Im Fall der Zusammenveranlagung werden die vorstehenden Beträge mit der Zahl vervielfacht, die der Anzahl der zusammenveranlagten Personen entspricht		§ 6 Abs. 1 und 2 VStG
	Ansprüche auf Renten u. ä. (Jahreswert)		4800 DM		§ 111 Nr. 9 BewG
alternativ	Freibetrag wegen Alters- oder Erwerbsunfähigkeit	(60)	10000 DM		§ 6 Abs. 3 VStG
	erhöhter Freibetrag wegen Alters- oder Erwerbsunfähigkeit	(65)	50000 DM		§ 6 Abs. 4 VStG

VIII. Freibeträge wegen Alters oder Erwerbsunfähigkeit gem. § 6 Abs. 3 und 4 VStG

	Alleinstehender	zusammenveranlagter Ehegatten	
Absatz 3 Höhe des Freibetr.	DM 10 000	DM 10 000	DM 20 000
Voraussetzungen	1. 60 Jahre alt oder für mindestens 3 Jahre erwerbsunfähig	1. ein Ehegatte 60 Jahre alt oder für mindestens 3 Jahre erwerbsunfähig	1. beide Ehegatten 60 Jahre alt oder für mind. 3 Jahre erwerbsunfähig
	2. Gesamtvermögen nicht mehr als DM 150 000	2. Gesamtvermögen nicht mehr als DM 300 000	2. Gesamtvermögen nicht mehr als DM 300 000
Absatz 4 Höhe des Freibetr.	DM 50 000	DM 50 000	DM 100 000
Voraussetzungen	1. 65 Jahre alt oder für mindestens 3 Jahre erwerbsunfähig	1. ein Ehegatte 65 Jahre alt oder für mindestens 3 Jahre erwerbsunfähig	1. beide Ehegatten 65 Jahre alt oder für mindestens 3 Jahre erwerbsunfähig
	2. Gesamtvermögen nicht mehr als DM 150 000	2. Gesamtvermögen nicht mehr als DM 300 000	2. Gesamtvermögen nicht mehr als DM 300 000
	3. steuerfreie Versorgungsbezüge von jährlich nicht mehr als DM 4 800	3. steuerfreie Versorgungsbezüge dieses Ehegatten von jährlich nicht mehr als DM 4 800	3. steuerfreie Versorgungsbezüge von jährlich insgesamt nicht mehr als DM 9 600

VII. Erbschaft- und Schenkungsteuer

Bearbeiter: Prof. Dr. Herbert Peusquens

Übersicht

	Rz.		Rz.
I. Kurzdarstellung	271–284	b) Steuersätze	282
1. Persönliche Steuerpflicht	272	c) Mehrfacher Erwerb	283
2. Steuergegenstand	273–277	d) Steuerschuldner	284
3. Entstehung der Steuer	278	e) Einkommensteuerermäßigung	285
4. Wertermittlung	279	II. ABC der Nachlaßverbindlichkeiten	286
5. Freibeträge bei unbeschränkter Steuerpflicht	280	III. Beispiel für die Zugewinnausgleichsrechnung gemäß § 5	287
6. Steuerklassen und Steuersätze	281–285		
a) Steuerklassen	281		

I. Kurzdarstellung

Dem Erbschaftsteuer- und Schenkungsteuergesetz unterliegen hauptsächlich der **Erwerb von Todes** wegen und die **Schenkungen unter Lebenden**. In beiden Fällen handelt es sich um einen unentgeltlichen Vermögensübergang. Die Erbschaftsteuer ist als sogenannte Anfallsteuer ausgestaltet, d. h. der beim einzelnen Erwerber eintretende Vermögenszuwachs wird erfaßt und ist – bei progressivem Tarif – für die Höhe der Steuer maßgebend.

1. Persönliche Steuerpflicht

In Abweichung von den Besitz- und Ertragsteuern ist für die Frage der unbeschränkten Steuerpflicht sowohl auf den Erblasser bzw. Schenker (Rechtsvorgänger) als auch auf den Erwerber (Rechtsnachfolger) abzustellen; wenn entweder der Rechtsvorgänger oder der Rechtsnachfolger Inländer ist, liegt unbeschränkte Steuerpflicht vor. Nur falls weder der Rechtsvorgänger noch der Rechtsnachfolger Inländer ist, handelt es sich um beschränkte Steuerpflicht. Die Inländereigenschaft knüpft wie in anderen Steuergesetzen am Wohnsitz oder gewöhnlichen Aufenthalt bzw. an

Geschäftsleitung oder Sitz im Inland an. Die unbeschränkte Steuerpflicht erfaßt den gesamten Vermögensanfall, während die beschränkte Steuerpflicht auf den Vermögensanfall begrenzt ist, der in Inlandsvermögen im Sinne des § 121 Abs. 2 BewG besteht.

2. Steuergegenstand

273 Für die Erbschaftsteuer maßgebend sind die Vorschriften des bürgerlichen Rechts über den Anfall von Todes wegen (§§ 1922 ff. BGB). Das Erbschaftsteuerrecht baut auf den Rechtsbegriffen des bürgerlichen Rechts auf, so daß für die wirtschaftliche Betrachtungsweise kaum Raum bleibt. Die einzelnen steuerbaren Vorgänge sind für den Erwerb von Todes wegen in § 3 ErbStG aufgeführt. Hierzu ist folgendes zu bemerken:

Obwohl bei einer Mehrheit von Erben der Nachlaß gemeinschaftliches Vermögen der Miterben wird **(Erbengemeinschaft)** und die einzelnen Nachlaßgegenstände im Rahmen der Erbauseinandersetzung auf die Miterben übertragen werden müssen, wird erbschaftsteuerlich jeder Miterbe – ungeachtet der Auseinandersetzung – gemäß § 39 Abs. 2 Nr. 2 AO als Bruchteilseigentümer des gesamten Nachlasses angesehen. Das wird bedeutsam, falls der Nachlaß Gegenstände (z. B. Grundstücke) enthält, deren steuerlicher Wert (z. B. Einheitswert) niedriger ist als der gemeine Wert; der Vorteil des niedrigen Einheitswerts kommt gleichmäßig allen Miterben zugute, unabhängig davon, welcher Miterbe das Grundstück anläßlich der Auseinandersetzung erwirbt. Etwas anderes gilt, wenn der Erblasser durch eine Teilungsanordnung einen Nachlaßgegenstand einem bestimmten Erben zugewiesen hat; in einem solchen Fall stellt der zugewiesene Gegenstand den Vermögensanfall dieses Erben dar, so daß nur ihm der Vorteil eines niedrigeren steuerlichen Werts zugute kommt.

274 Beim **Pflichtteil** ist zu beachten, daß nur der geltend gemachte Pflichtteilsanspruch steuerbar ist (§ 3 Abs. 1 Nr. 1 ErbStG). Der Pflichtteil ist der Schutz der nächsten Angehörigen gegen die Testierfreiheit des Erblassers (§§ 2303 ff. BGB); er besteht in einem auf Geld gerichteten Forderungsrecht in Höhe der Hälfte des gesetzlichen Erbteils. Während Erbe und Vermächtnisnehmer die Erbschaft bzw. das Vermächtnis ausschlagen können, ist dies beim Pflichtteilsanspruch nicht möglich; um nun zu verhindern, daß auch ein nicht geltend gemachter Anspruch der Erbschaftsteuer unterliegt, ist der steuerbare Tatbestand erst verwirklicht, wenn der Anspruch geltend gemacht wird.

275 Zu den in § 3 Abs. 1 Nr. 4 ErbStG genannten Vermögensvorteilen, die auf Grund eines vom Erblasser geschlossenen Vertrags bei dessen Tod von einem Dritten unmittelbar erworben werden, rechnen insbesondere die vom Erblasser zugunsten eines Dritten abgeschlossene Lebensversicherung und der **Vertrag zugunsten Dritter**, sofern der Dritte das Recht, die Leistung zu fordern, erst mit dem Tode des Versprechensempfängers (Erblassers) erwirbt (§ 331 BGB). Nach bürgerlichem Recht gehört die Forderung des Dritten nicht zum Nachlaß, weil der Erblasser die entsprechenden Mittel bereits zu Lebzeiten dem Nachlaß entzogen hat; erbschaftsteuerlich muß ein solcher Vermögenszuwachs jedoch dem Erwerb von Todes wegen gleichgestellt werden.

276 Der gesetzliche Güterstand der **Zugewinngemeinschaft** wirkt sich auch auf die Erbschaftsteuer aus. Im Güterstand der Zugewinngemeinschaft bleibt das Vermögen beider Ehegatten getrennt. Bei Beendigung des Güterstandes wird für jeden Ehegatten durch Gegenüberstellung von Anfangs- und Endvermögen der Zugewinn ermittelt; übersteigt der Zugewinn des einen Ehegatten den Zugewinn des anderen, so steht in Höhe der Hälfte des übersteigenden Betrages dem anderen ein auf Geld gerichteter Ausgleichsanspruch zu. Der Ausgleichsanspruch ist weder ein Erwerb von Todes wegen noch eine Schenkung unter Lebenden (vgl. § 5 Abs. 2 ErbStG). Eine Berechnung des Zugewinnausgleichs findet nicht statt, wenn der Güterstand der Zugewinngemeinschaft durch den Tod eines Ehegatten beendet wird; in solchem Fall wird der Erbteil des überlebenden Ehegatten um ¼ erhöht, gleichgültig ob tatsächlich ein Zugewinn erzielt worden ist (§ 1371 Abs. 1 BGB). Diese sogenannte erbrechtliche Lösung des Zugewinnausgleichs hat die komplizierte Vorschrift des § 5 Abs. 1 ErbStG zur Folge. Danach ist der Betrag, den der überlebende Ehegatte beim

berechneten Zugewinnausgleich geltend machen könnte, steuerfrei; da die Bewertungsgrundsätze des bürgerlichen Rechts (gemeiner Wert) und des Erbschaftsteuerrechts (z. B. bei Grundstücken Einheitswert) unterschiedlich sein können, bestimmt § 5 Abs. 1 Satz 2 ErbStG, daß bei Ermittlung des steuerfreien Betrages höchstens der steuerliche Wert anzusetzen ist. Siehe Berechnungsbeispiel Rz. 287.

Als **Schenkung** unter Lebenden gilt vor allem jede freigebige Zuwendung (§ 7 Abs. 1 Nr. 1 ErbStG), die objektiv zu einer Bereicherung des Bedachten auf Kosten des Zuwendenden führt und bei der der Zuwendende den Willen hat, den Bedachten zu bereichern. Zur gemischten Schenkung siehe den koordinierten Ländererlaß v. 10. 2. 1983 (BStBl I 1983, 238).

Wird unentgeltlich ein **Anteil an** einer **Personengesellschaft** zugewendet, erhält der Bedachte nicht nur den Nennbetrag des Kapitalanteils, sondern eine Beteiligung an dem Gesellschaftsvermögen insgesamt, mithin auch eine Beteiligung an den stillen Reserven und offenen Rücklagen. Das gilt nach § 7 Abs. 5 ErbStG selbst dann, wenn der Gesellschaftsvertrag ein Ausscheiden zum Buchwert des Kapitalanteils vorsieht; die Bereicherung um die stillen Reserven wird in diesem Fall als auflösend bedingter Erwerb behandelt.

3. Entstehung der Steuer

Die Entstehung der Steuer ist in § 9 ErbStG geregelt. Sie ist nach § 11 ErbStG für die Wertermittlung bedeutsam; die Wertermittlung richtet sich nach dem Zeitpunkt der Entstehung der Steuer (Bewertungsstichtag). Bei Erwerb von Todes wegen entsteht die Steuer grundsätzlich mit dem Tode des Erblassers, für den Erwerb eines geltend gemachten Pflichtteilsanspruchs jedoch erst mit dem Zeitpunkt der Geltendmachung (§ 9 Abs. 1 Nr. 1b ErbStG). Bei Schenkungen unter Lebenden entsteht die Steuer mit dem Zeitpunkt der Ausführung der Zuwendung (§ 9 Abs. 1 Nr. 2 ErbStG); eine Zuwendung ist ausgeführt, wenn der Zuwendende alles von seiner Seite erforderliche getan hat, um den erstrebten Vermögensübergang eintreten zu lassen, so genügt bei einer Grundstücksschenkung die notariell beurkundete Auflassung, wenn der Bedachte in der Lage ist, seine Eintragung ins Grundbuch zu veranlassen.

4. Wertermittlung

Welche Vermögensgegenstände bei der Ermittlung des steuerpflichtigen Erwerbs anzusetzen sind, regelt § 10 ErbStG: Von den nach § 12 ErbStG bewerteten Aktiva sind die ebenfalls nach § 12 ErbStG bewerteten Nachlaßverbindlichkeiten abzuziehen. Zu den **Nachlaßverbindlichkeiten**, deren Abzugsfähigkeit im einzelnen in § 10 Abs. 3–9 ErbStG geregelt ist, gehören einerseits die vom Erblasser herrührenden Schulden (Erblasserschulden), andererseits die Erbfallschulden, das sind sowohl die in der Person des Erben entstehenden Verbindlichkeiten aus Anlaß des Erbfalls (z. B. aus geltend gemachten Pflichtteilen) als auch die Erbfallkosten (z. B. für Beerdigung und Grabpflege). Im Rahmen der Erbfallkosten sind die Kosten der üblichen Grabpflege nach §§ 10 Abs. 5 Nr. 3 ErbStG i. V. m. 13 Abs. 2 BewG mit dem 9-fachen des Jahreswerts abzugsfähig; für die Erbfallkosten gibt es einen gesetzlichen Pauschbetrag von DM 10000,–. § 10 ErbStG enthält insofern eine Lücke, als für Schenkungen unter Lebenden der steuerpflichtige Erwerb nicht umschrieben wird.

Die **Bewertung** richtet sich gemäß § 12 ErbStG nach den Vorschriften des BewG (vgl. § 17 Abs. 2 BewG). Insoweit kann auf die Darstellung zur Vermögensteuer verwiesen werden. Zu beachten ist aber, daß Bewertungsstichtag der Zeitpunkt der Entstehung der Erbschaftsteuer ist. Für Betriebsvermögen bedeutet dies, daß auf den Tag der Entstehung der Steuer eine Vermögensaufstellung zu fertigen ist, wobei u. a. § 101 BewG keine Anwendung findet.

5. Freibeträge bei unbeschränkter Steuerpflicht

Begünstigter Personenkreis	allgemeiner Freibetrag § 16	besonderer Versorgungsfreibetrag § 17	Freibeträge nach § 13 Abs. 1 Nr. 1 für Hausrat einschließlich Wäsche und Kleidung sowie Kunstgegenstände und Sammlungen	für andere bewegliche körperliche Gegenstände (z. B. Schmuck, Kfz)
Ehegatte St. Kl. I Nr. 1	250000	250000	40000	5000
Kinder St. Kl. I Nr. 2	90000	10000 bis 50000 je nach Alter	40000	5000
Kinder vorverstorbener Kinder				
St. Kl. I Nr. 3	90000		40000	5000
St. Kl. II	50000		40000	5000
St. Kl. III	10000		10000	2000
St. Kl. IV	3000		10000	2000

Der Versorgungsfreibetrag wird um den Kapitalwert nichtsteuerbarer Hinterbliebenenbezüge – Beamtenpensionen, Sozialversicherungsrenten sowie Leistungen aus der berufsständischen Pflichtversicherung von Freiberuflern – gekürzt (§ 17 Abs. 1 Satz 2 und Abs. 2 Satz 3 ErbStG). Außerdem mindert sich bei Kindern, deren steuerpflichtiger Erwerb DM 150000 übersteigt, der Versorgungsfreibetrag um den DM 150000 übersteigenden Betrag.

6. Steuerklassen und Steuersätze

a) Steuerklassen (§ 15 ErbStG)

Steuerklasse I	Steuerklasse II	Steuerklasse III	Steuerklasse IV
1. Ehegatte 2. Kinder und Stiefkinder 3. Kinder verstorbener Kinder und Stiefkinder	1. Abkömmlinge der in Steuerklasse I Nr. 2 genannten Kinder, soweit sie nicht zur Steuerklasse I Nr. 3 gehören 2. Eltern und Voreltern bei Erwerb von Todes wegen	1. Eltern und Voreltern, soweit sie nicht zur Steuerklasse II gehören 2. Geschwister 3. Abkömmlinge ersten Grades von Geschwistern 4. Stiefeltern 5. Schwiegerkinder 6. Schwiegereltern 7. Geschiedene Ehegatten	Alle übrigen Erwerber und Zweckzuwendungen

282 b) Steuersätze (§ 19 ErbStG)

Die Erbschaftsteuer wird nach foglenden Vomhundertsätzen erhoben:

Wert des steuerpflichtigen Erwerbs (§ 10) bis einschließlich Deutsche Mark	Vomhundertsatz in der Steuerklasse			
	I	II	III	IV
50 000	3	6	11	20
75 000	3,5	7	12,5	22
100 000	4	8	14	24
125 000	4,5	9	15,5	26
150 000	5	10	17	28
200 000	5,5	11	18,5	30
250 000	6	12	20	32
300 000	6,5	13	21,5	34
400 000	7	14	23	36
500 000	7,5	15	24,5	38
600 000	8	16	26	40
700 000	8,5	17	27,5	42
800 000	9	18	29	44
900 000	9,5	19	30,5	46
1 000 000	10	20	32	48
2 000 000	11	22	34	50
3 000 000	12	24	36	52
4 000 000	13	26	38	54
6 000 000	14	28	40	56
8 000 000	16	30	43	58
10 000 000	18	33	46	60
25 000 000	21	36	50	62
50 000 000	25	40	55	64
100 000 000	30	45	60	67
über 100 000 000	35	50	65	70

283 c) Mehrfacher Erwerb (§ 27 ErbStG)

Fällt bei Personen der Steuerklasse I oder II von Todes wegen Vermögen an, das in den letzten Jahren vor dem Erwerb bereits von Personen dieser Steuerklassen erworben worden ist und für das nach dem ErbStG Steuer zu erheben war, ermäßigt sich der auf dieses Vermögen entfallende Steuerbetrag unter bestimmten Voraussetzungen.

Wenn zwischen den beiden Zeitpunkten der Entstehung der Steuer liegen	um vom Hundert
nicht mehr als 1 Jahr	50
mehr als 1 Jahr, aber nicht mehr als 2 Jahre	45
mehr als 2 Jahre, aber nicht mehr als 3 Jahre	40
mehr als 3 Jahre, aber nicht mehr als 4 Jahre	35
mehr als 4 Jahre, aber nicht mehr als 5 Jahre	30
mehr als 5 Jahre, aber nicht mehr als 6 Jahre	25
mehr als 6 Jahre, aber nicht mehr als 8 Jahre	20
mehr als 8 Jahre, aber nicht mehr als 10 Jahre	10

d) Steuerschuldner

284 Steuerschuldner ist gemäß § 20 ErbStG der Erwerber, bei einer Schenkung auch der Schenker. Nach näherer Maßgabe des § 31 ErbStG kann das Finanzamt jeden an einem Erbfall oder an einer Schenkung Beteiligten zur Abgabe einer Steuererklärung auffordern. Gegen den Steuerbescheid sind die Rechtsbehelfe des Einspruchs, der Klage sowie der Revision gegeben.

e) Einkommensteuerermäßigung

285 § 35 EStG gewährt eine Einkommensteuerermäßigung für die Fälle, in denen ein Erwerb von Todes wegen (z. B. Honorarforderungen eines Freiberuflers mit Gewinnermittlung nach § 4 Abs. 3 EStG) sowohl mit Erbschaftsteuer als auch mit Einkommensteuer belastet ist. Wie die Doppelbelastung gemildert wird, zeigt das Rechenbeispiel in Abschn. 213e EStR.

II. ABC der Nachlaßverbindlichkeiten

286 Hierunter fallen insbesondere Verbindlichkeiten aus bzw. Kosten für
Abfindungen für die Ausschlagung einer Erbschaft, wenn der Abfindende dadurch Erbe wird
Auflagen, die der Erblasser angeordnet hat
Bestattung, auch Feuerbestattung des Erblassers
Danksagungen
Erbauseinandersetzung
Erbersatzanspruch, der geltend gemacht ist
Erbschein
Erbvertrag; die dem Erlasser gegenüber auf Grund des Erbvertrages erbrachten Leistungen des Vertragserben
Grabdenkmal, soweit die Kosten der Lebensstellung des Erblassers angemessen sind
Grabpflege; die Kosten der üblichen Grabpflege werden gemäß § 13 Abs. 2 BewG mit dem Neunfachen des Jahreswerts angesetzt
Grabstätte; wird beim Tode eines Ehegatten ein zweistelliges Wahlgrab erworben, sind die Kosten für die zunächst freie Grabstelle schon beim Tode des Erstverstorbenen abzugsfähig; bei Wahlgräbern sind außerdem die Gebühren für einen längeren Zeitraum als die ortsübliche Belegfrist absetzbar
Grundbuch-Umschreibung
Grundschulden, die der Erblasser bestellt hat und die eine persönliche Schuld sichern, sind mit dem Restbetrag der persönlichen Schuld abzugsfähig
Hypotheken, die der Erblasser aufgenommen hat, sind mit dem Restbetrag der persönlichen Schuld abzugsfähig
Leichenfeier, die im kirchlichen und weltlichen Bereich landesüblich ist
Leichenschau
Nachlaßpflegschaft
Nachlaßverwaltung i. S. des § 1975 BGB
Pflichtteil, der geltend gemacht ist
Prozeß zur Geltendmachung einer Nachlaßforderung
Reisekosten
– der Trauergäste, soweit der Erbe sie zahlt, weil Trauergäste sie nicht selbst tragen können
– anläßlich der Auflösung des Haushalts des Erblassers sowie der Auseinandersetzung unter mehreren Miterben
Schulden des Erblassers außerhalb eines Betriebsvermögens (Betriebliche Schulden werden bereits bei der Ermittlung des Betriebsvermögens abgesetzt. Allerdings werden im Einheitswert für Betriebe der Land- und Forstwirtschaft Geldschulden nach § 33 Abs. 3 BewG nicht berücksichtigt.)

Seelenamt; nicht aber die Stiftung von Seelenmessen, es sei denn, der Erblasser hat sie rechtsverbindlich angeordnet

Steuerberaterkosten, soweit sie „mit der Abwicklung, Regelung und Verteilung des Nachlasses" in Zusammenhang stehen, nicht aber mit dessen Verwaltung; es kann vorteilhafter sein, die Steuerberaterkosten als Sonderausgaben des Erben geltend zu machen

Steuerschulden, soweit es sich um persönliche Steuern des Erblassers handelt

Testamentseröffnung

Testamentsvollstreckung; da die Kosten einer Nachlaßverwaltung durch den Testamentsvollstrecker nicht abzugsfähig sind, wird nur die sog. Konstituierungsvergütung berücksichtigt; sie gilt die Arbeit des Testamentsvollstreckers zu Beginn seiner Tätigkeit ab, insbesondere die Ermittlung und Inbesitznahme des Nachlasses, die Aufstellung des Nachlaßverzeichnisses und die Regulierung der Nachlaßverbindlichkeiten, nicht aber die Verteilung des Nachlasses

Todesanzeigen einschließlich Danksagungen

Trauerkleidung

Überführung der Leiche

Unterhaltsleistungen an den geschiedenen Ehegatten

Vermächtnis

Wahlgrab s. Grabstätte

Zugewinnausgleichs-Anspruch bei güterrechtlicher Abwicklung der Zugewinngemeinschaft

III. Beispiel für die Zugewinnausgleichsrechnung gemäß § 5

1. Der Nachlaß des verstorbenen Ehemanns beträgt DM 900 000,–. Die Ehegatten haben folgenden Zugewinn erzielt:

	verstorbener Ehemann	Ehefrau
Anfangsvermögen	DM 550 000	DM 90 000
Endvermögen	DM 900 000	DM 160 000
Zugewinn	DM 350 000	DM 70 000

Die Ausgleichsforderung der Ehefrau ist:
½ · (DM 350 000 ./. DM 70 000) = DM 140 000

2. Zum Nachlaß gehört ein inländisches Grundstück, dessen Verkehrswert DM 420 000, dessen Einheitswert jedoch nur DM 110 000 beträgt.

	Verkehrswert	Steuerwert
Grundstück	DM 420 000	DM 154 000
sonstiger Nachlaß	DM 480 000	DM 480 000
	DM 900 000	DM 634 000

Die Ausgleichsforderung ist gemäß § 5 Abs. 1 Satz 2 mit
$\frac{140\,000 \times 634\,000}{900\,000}$ = DM 98 622 steuerfrei.

Sind Erben die Ehefrau und zwei Kinder, so beträgt der steuerpflichtige Erwerb der Ehefrau DM 450 000 ./. (250 000 + 98 622) = DM 101 378; dabei ist unterstellt, daß der Versorgungsfreibetrag des § 17 Abs. 1 durch den Kapitalwert steuerfreier Versorgungsbezüge verbraucht ist.

Ein Berechnungsbeispiel enthält auch der koordinierte Ländererlaß v. 20. 12. 1974 (BStBl. I 1975, 42).

VIII. Grunderwerbsteuer

Bearbeiter: Dr. Jürgen Pelka

Übersicht

	Rz.
I. Allgemeines	301–305
1. Die Grunderwerbsteuerreform durch das Grunderwerbsteuergesetz 1983	301
2. Nacherhebungsfälle nach altem Recht	302, 303
3. Übergangsvorschriften	304, 305
II. Der Grunderwerbsteuertatbestand	306–308
1. Abschließender Katalog der grunderwerbsteuerbaren Rechtsvorgänge	306
2. Die einzelnen grunderwerbsteuerbaren Rechtsvorgänge	307
3. Nicht steuerbare Sachverhalte	308
III. Grundstücksbegriff	309–311
IV. Grunderwerbsteuervergünstigungen (Befreiungen und Konkurrenz mit anderen Steuern)	312–316
1. Vorgehen anderer Steuern	312–314
2. Befreiungen	315
3. Befreiungen nach altem Recht	316
V. Bemessungsgrundlage	317–319
VI. Steuersatz	320
VII. Durchführung der Besteuerung	321–329
1. Steuerschuldner	321
2. Haftung	322
3. Entstehung der Steuer	323–325
4. Fälligkeit der Steuer	326
5. Unbedenklichkeitsbescheinigung und Anzeigepflichten	327, 328
6. Aufhebung der Steuerfestsetzung	329
VIII. Anhang	330, 331
1. Tabelle 1: Übergang vom alten zum neuen Grunderwerbsteuerrecht	330
2. Tabelle 2: Befreiungstatbestände nach altem Recht	331

I. Allgemeines

1. Die Grunderwerbsteuerreform durch das Grunderwerbsteuergesetz 1983

301 Das Grunderwerbsteuergesetz 1983 läßt an die Stelle eines buntscheckigen Bildes von Landesgesetzen und -verordnungen ein bundesweit **einheitliches Grunderwerbsteuerrecht** des Bundes treten. Bei Festhalten an den herkömmlichen Grunderwerbsteuertatbeständen (Erwerbsvorgängen) entfällt eine Fülle von Befreiungstatbeständen; dafür sinkt der Steuersatz von 7% auf 2%.

Im Fortfall der teilweise komplizierten Befreiungstatbestände liegt der hauptsächliche **Vereinfachungseffekt** der Grunderwerbsteuerreform. Grundsätzlich wird besteuert, wenn auch zu geringerem Steuersatz und damit für den Fiskus im wesentlichen aufkommensneutral. Die Zahl der Steuerfälle steigt aber sprunghaft an.

2. Nacherhebungsfälle nach altem Recht

302 Das Gesetz zur Grunderwerbsteuerbefreiung beim Erwerb von **Einfamilienhäusern, Zweifamilienhäusern** und **Eigentumswohnungen** in der Fassung des Artikel 3 des Gesetzes vom 11. Juli 1977 (BGBl. I, S. 1213) gewährte einen **Freibetrag** beim Erwerb der genannten Grundstücke zum Bewohnen durch den Erwerber, seinen Ehegatten oder einen seiner Verwandten in gerader Linie, sofern das Einfamilienhaus oder eine Wohnung im Zweifamilienhaus oder die Eigentumswohnung mindestens 1 Jahr lang innerhalb von 5 Jahren seit dem Erwerb vom Erwerber oder seinem Ehegatten oder einem Verwandten in gerader Linie als Wohnung benutzt wird. Der Freibetrag betrug DM 250000,– bei dem Erwerb eines Einfamilienhauses oder einer Eigentumswohnung und DM 300000,– beim Erwerb eines Zweifamilienhauses. Für begünstigte Erwerbe nach dem alten Recht läuft die **Fünfjahresfrist** noch längstens bis zum Ende des Jahres 1987, so daß bei Nichterfüllen oder Aufgeben der Eigennutzung die Steuerfreiheit nachträglich für die Vergangenheit entfallen und die Besteuerung nach altem Recht zum Zuge kommen kann.

303 Vorläufige Befreiungen, die nachträglich scheitern können, gab es auch nach den Grunderwerbsteuergesetzen der Länder, beispielsweise den Grundstückserwerb zur Schaffung von **Kleinwohnungen** durch gemeinnützige Wohnungsunternehmen, von **Arbeiterwohnstätten**, von **Sozialwohnungen** und zur Errichtung von **steuerbegünstigten Wohnungen**. Diese Erwerbsvorgänge unterliegen mit Ablauf von fünf

Jahren der alten Grunderwerbsteuer, wenn das Grundstück innerhalb dieses Zeitraums nicht für den begünstigten Zweck verwendet worden ist.

3. Übergangsvorschriften

304 Nach § 23 GrEStG 1983 ist das neue Recht auf alle Erwerbsvorgänge anwendbar, die nach dem 31. 12. 1982 verwirklicht werden. Für Kaufverträge usw., die in der Zeit vom 22. 12. 1982 bis 31. 12. 1982 rechtswirksam abgeschlossen worden sind, gilt grundsätzlich das alte Recht, jedoch wird ein **Wahlrecht** zum neuen Recht gewährt (§ 23 Abs. 1 Satz 2 GrEStG 1983). Ein Unterfall hiervon ist der in der Zeit vor dem 22. 12. 1982 abgeschlossene Kaufvertrag, dessen Rechtswirksamkeit in der Zeit vom 22. 12. 1982 bis 31. 12. 1982 eintritt, z. B. durch behördliche Genehmigung. Auch bei ihm bleibt es bei der Anwendung alten Rechts, es sei denn, daß das neue Recht gewählt wird.

305 Die Wahl des neuen Rechts für **Nacherhebungstatbestände,** bei denen die alten Freibeträge für Eigennutzung berücksichtigt worden, die Voraussetzungen dafür aber nicht eingetreten sind, kann bis zum Ablauf der Festsetzungsverjährung nachgeholt werden. Voraussetzung dafür aber ist, daß ursprünglich ein Wahlrecht bestanden hat, was nur für Kaufverträge in der Zeit vom 22. 12. bis 31. 12. 1982 der Fall ist. Alle anderen Nacherhebungen der Grunderwerbsteuer nach altem Recht finden zum Steuersatz von 7% und den übrigen Vorschriften des ausgelaufenen Grunderwerbsteuerrechts statt.

Die **Übergangsvorschriften** vom alten zum neuen Recht sind in der Tabelle 1 im Anhang dargestellt.

II. Der Grunderwerbsteuertatbestand

1. Abschließender Katalog der grunderwerbsteuerbaren Rechtsvorgänge

306 § 1 Abs. 1–3 GrEStG 1983 erfaßt einen Katalog abschließend aufgeführter Rechtsvorgänge, die auf den unmittelbaren oder mittelbaren **Erwerb von Grundstücken** im Sinne des Grunderwerbsteuerrechts (§ 2) gerichtet sind und den Grundstücksverkehr möglichst umfassend abdecken wollen. Es handelt sich um dieselben Grunderwerbsteuertatbestände, die auch das alte Grunderwerbsteuerrecht kannte. Sie sind allerdings teilweise enger gefaßt, nämlich in § 1 Abs. 1 Nr. 3 für den Eigentumsübergang kraft Gesetzes und durch Ausspruch einer Behörde, in § 1 Abs. 3 für die Anteilsvereinigung, in § 1 Abs. 7 für den Erwerb des Grundstücks durch den Erbbauberechtigten.

2. Die einzelnen grunderwerbsteuerbaren Rechtsvorgänge

307
– Abtretung der Rechte aus Ankaufsrecht (Optionsrecht) (§ 1 Abs. 1 Nr. 7 GrEStG),
– Abtretung der Rechte aus einem Kaufangebot (§ 1 Abs. 1 Nr. 7 GrEStG),
– Abtretung der Rechte aus einem Meistgebot (§ 1 Abs. 1 Nr. 7 GrEStG),
– Anteilsvereinigungen, die den Grunderwerben gleichgestellt sind (§ 1 Abs. 3 und 4 GrEStG),
– Auflassung, wenn kein Verpflichtungsgeschäft vorausgegangen ist (§ 1 Abs. 1 Nr. 2 GrEStG),
– Eigentumsübergang kraft Gesetzes (§ 1 Abs. 1 Nr. 3 GrEStG),
– Erbbaurechtsbestellung (§ 1 Abs. 2 GrEStG),
– Erbbaurechtsübertragung (§ 1 Abs. 2 GrEStG),
– gemischte Schenkung (§ 1 Abs. 1 Nr. 1 GrEStG),
– Kaufvertrag (§ 1 Abs. 1 Nr. 1 GrEStG),
– Meistgebot (§ 1 Abs. 1 Nr. 4 GrEStG),
– Übergang des Eigentums ohne Verpflichtungsgeschäft (§ 1 Abs. 1 Nr. 3 GrEStG),
– Verpflichtungsgeschäfte, die (ohne Kauf/Tausch zu sein) Anspruch auf
  • Bestellung des Erbbaurechts,
  • Übereignung des Grundstücks,

- Übertragung des Erbbaurechts begründen (§ 1 Abs. 1 Nr. 1, Abs. 2 GrEStG),
- Verpflichtung zur Abtretung der Rechte aus
  - einem Ankaufsrecht (§ 1 Abs. 1 Nr. 6 GrEStG),
  - einem Kaufangebot (§ 1 Abs. 1 Nr. 6 GrEStG),
  - einem Meistgebot (§ 1 Abs. 1 Nr. 5 GrEStG),
- Verschaffung der Verwertungsbefugnis (§ 1 Abs. 2 GrEStG),
- Tausch (§ 1 Abs. 1 Nr. 1 GrEStG).

3. Nicht steuerbare Sachverhalte

308 Nicht unter die Grunderwerbsteuertatbestände fallen alle **unentgeltlichen Übertragungsverpflichtungen** (Schenkungen, außer gemischte Schenkungen) und unentgeltlichen Verfügungen. Auch schuldrechtliche Berechtigungen und ihre Begründung/Abtretung **(Miete/Pacht)** sind nicht grunderwerbsteuerbar.

III. Grundstücksbegriff

309 Grunderwerbsteuerbar sind die Vorgänge, die sich auf **Grundstücke im Sinne des bürgerlichen Rechts** beziehen. Das ist der **Grund und Boden,** seine wesentlichen Bestandteile wie **Gebäude** und Gebäudebestandteile, aber auch **Erzeugnisse** (§§ 93–96 BGB), nicht jedoch **Zubehör** des Grundstücks (§ 97 BGB). Der auf Zubehör entfallende Kaufpreisanteil oder Anteil am Einheitswert scheidet aus der Grunderwerbsbesteuerung aus. Grundstücke sind auch **Wohnungs- und Teileigentum.**

310 § 2 Abs. 1 Satz 2 GrEStG schränkt den bürgerlichrechtlichen Grundstücksbegriff ein, auf den § 2 Abs. 1 Satz 1 GrEStG Bezug nimmt, um die in Nr. 1 und 2 genannten **Maschinen** und sonstigen Vorrichtungen aller Art, die zu einer **Betriebsanlage** gehören, sowie **Mineralgewinnungsrechte** und sonstigen **Gewerbeberechtigungen** freizustellen. Auch sie unterliegen nicht der Grunderwerbsteuer.

311 Den Grundstücken gleichgestellt sind in § 2 Abs. 2 **Erbbaurechte** und **Gebäude auf fremdem Grund und Boden,** es sei denn, das Gebäude auf fremdem Grund und Boden ist **Scheinbestandteil** und damit eine bewegliche Sache.

IV. Grunderwerbsteuervergünstigungen (Befreiungen und Konkurrenz mit anderen Steuern)

1. Vorgehen anderer Steuern

312 Der Grundstückserwerb **von Todes wegen** und **Schenkungen** unter Lebenden unterliegen nach § 3 Nr. 2 GrEStG nicht der Grunderwerbsteuer, weil die Erbschaft- und Schenkungsteuer vorgeht.

313 Bei **Schenkungen unter einer Auflage** oder bei einer **gemischten Schenkung,** z. B. der Übernahme der dinglich gesicherten Verbindlichkeiten (Hypotheken, Grundschulden), entsteht für den entgeltlichen Teil Grunderwerbsteuer.

314 Die **Umsatzsteuer** ist keine vorgehende Steuer. Wird für die Umsatzsteuerpflicht **optiert** (§ 9 i. V. m. § 4 Nr. 9a UStG), bleibt es bei der Grunderwerbsteuer.

2. Befreiungen

315 **Steuerbefreiungen** sind von Amts wegen zu berücksichtigen. Ein Antrag auf Steuerbefreiung ist nicht erforderlich.
Es handelt sich um folgende **Befreiungstatbestände:**
a) **Freigrenze** bis DM 5000,– (§ 3 Nr. 1 GrEStG):
b) Erwerbe unter **Ehegatten** sind grunderwerbsteuerbefreit (§ 3 Nr. 4 GrEStG). Dies gilt schlechthin und ohne Rücksicht auf den Zweck des Grundstücksgeschäfts.
c) Grundstückserwerbe durch den **früheren Ehegatten** des Veräußerers sind nur im Rahmen der Vermögensauseinandersetzung nach der Scheidung grunderwerbsteuerbefreit (§ 3 Nr. 5 GrEStG).

d) Der Grundstückswerwerb durch **Verwandte** in gerader Linie sowie Stiefkinder und deren Ehegatten ist ebenfalls grunderwerbsteuerbefreit (§ 3 Nr. 6 GrEStG).

e) Der Grundstückserwerb bei **fortgesetzter Gütergemeinschaft** ist unter den Voraussetzungen des § 3 Nr. 7 GrEStG befreit.

f) Der Rückerwerb eines Grundstücks durch den **Treugeber** bei Auflösung des **Treuhandverhältnisses** ist grunderwerbsteuerfrei, wenn für den Erwerb durch den Treuhänder die Grunderwerbsteuer entrichtet worden ist (§ 3 Nr. 8 GrEStG).

g) §§ 4 bis 6 GrEStG sehen sachliche Befreiungen vor, die **Gebietskörperschaften** oder **ausländische Staaten** begünstigen, oder den Übergang von **Gesamthandseigentum** zu **Bruchteilseigentum** und umgekehrt befreien.

3. Befreiungen nach altem Recht

316   Die Befreiungen nach dem bis 31. 12. 1982 geltenden Recht waren vielgestaltig und in den einzelnen Ländern uneinheitlich. Die wichtigsten Befreiungstatbestände ergeben sich aus der Übersicht in Tabelle 2 im Anhang (Rz. 331).

V. Bemessungsgrundlage

317   Gemäß § 8 Abs. 1 GrEStG bemißt sich die Steuer nach dem **Wert der Gegenleistung;** das ist im Regelfall der **Kaufpreis.** Gemäß § 8 Abs. 2 GrEStG ist ausnahmsweise der **Einheitswert** des Grundstücks Bemessungsgrundlage. § 9 GrEStG definiert die Gegenleistung, § 10 GrEStG den Einheitswert des Grundstücks.

318   Die **Grunderwerbsteuer** selbst gehört nicht zur Bemessungsgrundlage; sie mindert sie auch nicht (§ 9 Abs. 2 GrEStG). Im übrigen aber gehört zur Gegenleistung jede Leistung, die der Erwerber als Entgelt für den Erwerb des Grundstücks gewährt, oder die der Veräußerer als Entgelt für die Veräußerung des Grundstücks empfängt. So gehört beispielsweise bei einem Kauf zur Gegenleistung nach § 9 Abs. 1 Nr. 1 GrEStG der **Kaufpreis** und eine etwa vom Käufer übernommene **Provisionsverpflichtung** des Verkäufers gegenüber dem vermittelnden Makler. Die eigene Provisionsverpflichtung des Käufers gegenüber dem Makler gehört nicht zur Bemessungsgrundlage. Kommt zum Kaufpreis für das Grundstück gesondert in Rechnung gestellte **Umsatzsteuer** hinzu, weil **optiert** worden ist, so gehört die Umsatzsteuer zur Grunderwerbsteuer-Bemessungsgrundlage (BFH v. 18. 10. 1972, BStBl. II 1973, 126) und zwar auch dann, wenn der Erwerber **vorsteuerabzugsberechtigt** ist.

319   Die Gegenleistung beim **Tausch,** auch beim **Ringtausch** zwischen mehreren Beteiligten, wird durch Bewertung jeder Tauschleistung ermittelt. Jedes Grundstück ist Gegenleistung für das andere.

VI. Steuersatz

320   Die Steuer beträgt 2 v. H. der Bemessungsgrundlage und ist auf volle DM nach unten abzurunden (§ 11 GrEStG).

Wenn die Besteuerung dadurch vereinfacht und das steuerliche Ergebnis nicht wesentlich geändert wird, kann das Finanzamt auch **pauschal** besteuern (§ 12 GrEStG).

VII. Durchführung der Besteuerung

1. Steuerschuldner

321   Die Steuer ist gegen den **Steuerschuldner** festzusetzen. Steuerschuldner sind nach § 13 Nr. 1 regelmäßig:
- die an einem Erwerbsvorgang als Vertragsteile beteiligten Personen, also **Verkäufer** und **Käufer,**
- nach Nr. 2 beim Erwerb kraft Gesetzes: der bisherige **Eigentümer** und **Erwerber,**
- im übrigen nach Nr. 3 bis 5: der **Erwerber** oder der **Meistbietende** oder, bei der **Anteilsvereinigung** alle Beteiligten.

2. Haftung

322 Mehrere Steuerschuldner haften als **Gesamtschuldner**. Selbst wenn die Beteiligten vereinbaren, daß der Käufer die Grunderwerbsteuer trägt, kann die Steuer beim Veräußerer geltend gemacht und beigetrieben werden. Nach den Grundsätzen der sachgerechten **Ermessensausübung** muß sich das Finanzamt aber zunächst an den im Vertrag benannten Vertragsteil halten. In der Praxis sind Schwierigkeiten aufgetreten, wenn der zivilrechtlich verpflichtete Vertragspartner, der vom Finanzamt in Anspruch genommen wurde, nicht zahlt, oder wenn dieser die Voraussetzungen für eine Steuerbefreiung nachträglich nicht erfüllt. Der Bundesfinanzhof hat im Urteil v. 12. 7. 1976, BStBl. II 1976, 579, die Inanspruchnahme des anderen Teils gebilligt, dennoch signalisiert, daß er die Inanspruchnahme des anderen Teils nach Ablauf mehrerer Jahre für ermessensfehlerhaft hält.

3. Entstehung der Steuer

323 Abweichend von § 38 AO entsteht die Grunderwerbsteuer bei **aufschiebend bedingten Rechtsgeschäften** mit Eintritt der Bedingung (§ 14 Nr. 1 GrEStG).

324 Bedarf ein Erwerbsvorgang der **Genehmigung**, so entsteht die Steuer mit der Genehmigung, denn vorher ist der Erwerbsvorgang schwebend unwirksam (§ 14 Nr. 2 GrEStG). Beispiele sind die Genehmigung des Vertretenen, für den ein Vertreter ohne Vertretungsmacht aufgetreten ist, die Genehmigung des Vormundschaftsgerichts für Grundstücksveräußerungen des Vormunds für sein Mündel oder behördliche Genehmigungen nach dem Grundstücksverkehrsgesetz.

325 Demgegenüber berührt die Genehmigungspflicht nach § 19 **Bundesbaugesetz** für die grundbuchmäßige Abschreibung von Teilflächen innerhalb des räumlichen Geltungsbereichs eines Bebauungsplans bzw. innerhalb der im Zusammenhang bebauten Ortsteile, für die ein Bebauungsplan nicht besteht, die Wirksamkeit des Verpflichtungsgeschäftes nicht. Es kann nur nicht ohne Genehmigung erfüllt werden, ist aber selbst wirksam. Die Steuer entsteht also unabhängig von der Erteilung der Genehmigung; sie ist bei Versagung der Genehmigung jedoch auf Antrag aufzuheben.

4. Fälligkeit der Steuer

326 Gemäß § 15 GrEStG wird die Steuer einen Monat nach der Bekanntgabe des Steuerbescheids fällig. Das Finanzamt darf eine längere Zahlungsfrist setzen.

5. Unbedenklichkeitsbescheinigung und Anzeigepflichten

327 Anzeigepflichten helfen, die Feststellung der Besteuerungsgrundlagen zu erleichtern. Die Erhebung der Steuer wird dadurch gewährleistet, daß der zum Eigentumswechsel nötige Grundbucheintrag nur bei Vorliegen der **Unbedenklichkeitsbescheinigung** erfolgen darf; § 22 Abs. 1 GrEStG.

328 Die Praxis der Finanzämter, die Unbedenklichkeitsbescheinigung grundsätzlich nur zu erteilen, wenn die Grunderwerbsteuer gezahlt ist, wird vom Wortlaut des § 22 Abs. 2 GrEStG nicht gedeckt. Es gibt auch andere Möglichkeiten der **Sicherung der Steuer** als die der Zahlung. Von der Berechtigung, die Steuerforderung als nicht gefährdet zu beurteilen und daher die Unbedenklichkeit vor der Zahlung auch zu bescheinigen, macht die Verwaltung praktisch keinen Gebrauch. Dieser grundsätzliche Nichtgebrauch von Ermessen ist ermessensfehlerhaft und rechtswidrig.

6. Aufhebung der Steuerfestsetzung

329 Bei nachträglicher **Aufhebung/Anfechtung** des Kaufvertrags usw. vor Eigentumswechsel oder nach Eigentumswechsel innerhalb von zwei Jahren oder bei **Nichtigkeit/Anfechtung** des nicht erfüllten Vertrags wird die Grunderwerbsteuer **erstattet**. Bei **Entgeltminderungen** aus diesen Veranlassungen wird die Grunderwerbsteuer herabgesetzt.

Grunderwerbsteuer 330, 331 **H**

VIII. Anhang

1. Tabelle 1: Übergang vom alten zum neuen Grunderwerbsteuerrecht
(Wahlrecht für die Zeit vom 22. 12. bis 31. 12. 1982)

330	Kaufvertrag usw.	führt zur Steuerfestsetzung/Steuerbefreiung nach	Wahlrecht zum neuen/alten Recht möglich
1.	vor dem 22. 12. 1982 abgeschlossen und rechtswirksam	altem Recht	nein
2.	vor dem 22. 12. 1982 abgeschlossen und nach dem 21. 12. 1982 und vor dem 1. 1. 1983 rechtswirksam	altem Recht	ja
3.	vor dem 22. 12. 1982 abgeschlossen, nach dem 31. 12. 1982 rechtswirksam	neuem Recht	nein, ggf. Billigkeitsmaßnahme möglich, z. B. wenn behördliche Genehmigung erst 1983 vorlag (Nr. 14.2 GrESt-Einführungserlaß vom 21. 12. 1982, BStBl I 1982, 968)
4.	nach dem 21. 12. 1982 abgeschlossen und vor dem 1. 1. 1983 rechtswirksam	altem Recht	ja
5.	nach dem 21. 12. 1982 und vor dem 1. 1. 1983 abgeschlossen, aber nach dem 31. 12. 1982 rechtswirksam	neuem Recht	nein, Billigkeitsmaßnahme nach Ziff. 3 wird nicht gewährt
6.	nach dem 31. 12. 1982 abgeschlossen	neuem Recht	nein
7.	Nacherhebungstatbestände nach altem Recht für Verträge **vor dem 1. 1. 1983** werden vor oder nach dem 21. 12. 1982 erfüllt (z. B.: die mindestens einjährige Nutzung eines Einfamilienhauses, einer Eigentumswohnung, einer Wohnung im Zweifamilienhaus wird nicht innerhalb von fünf Jahren erfüllt	altem Recht	nein, wenn Kaufvertrag vor dem 22. 12. 1982 abgeschlossen, ja, wenn Kaufvertrag nach dem 21. 12. 1982 abgeschlossen, also wenn schon ursprünglich Wahlrecht bestand

2. Tabelle 2: Befreiungstatbestände nach altem Recht
(Auszug)

31	Kaufvertrag usw.	Voraussetzung	Befreiungsart	Rechtsquelle	Geltung
1.	Erwerb von Einfamilienhäusern, Zweifamilienhäusern, Eigentumswohnungen	**Eigennutzung** mindestens ein Jahr innerhalb von fünf Jahren	Freibetrag von 250 000 DM/ 300 000 DM	Gesetz zur Grunderwerbsteuerbefreiung beim Erwerb von Einfamilienhäusern und Eigentumswohnungen vom 11. 7. 1977 (BGBl. I, S. 1213)	Bundesgebiet; alle landesrechtlichen Befreiungen für Erwerb bebauter Grundstücke entfielen
2.	Erwerb eines Grundstücks vom Veräuße-	Rettung eines **Grundpfandrechts**	Freistellung	Gesetz zur Befreiung bestimmter Erwerbe von der	Bundesgebiet

Pelka

H 331 Die einzelnen Steuerarten

Kaufvertrag usw.	Voraussetzung	Befreiungsart	Rechtsquelle	Geltung
rer, der seinerseits vom Bauherrn zur Rettung seines Grundpfandrechts erworben hat			Grunderwerbsteuer vom 23. 12. 1974 (BGBl. I, S. 3676)	
3. Erwerb unbebauter Grundstücke	Absicht, ein Gebäude mit **steuerbegünstigten Wohnungen** zu errichten und Erfüllung dieses Zwecks innerhalb von fünf Jahren	Freistellung	GrEStG der Länder	alle Länder; gesetzliche Voraussetzungen in den verschiedenen Ländern uneinheitlich
4. Erwerb von Grundstücken im Zustand der Bebauung	wie 3.	wie 3.	wie 3.	wie 3.
5. Zwischenerwerbe durch Organe der staatlichen **Wohnungspolitik** und Wohnungsunternehmen	Veräußerung als Kaufeigenheim/Eigentumswohnung	Freistellung	GrEStG der Länder unter Bezug auf BBauG	alle Länder
6. Grundstückserwerb durch Gemeinden oder gleichgestellte Rechtsträger	Durchführung von **Sanierungs-** oder **Entwicklungsmaßnahmen** nach dem Städtebauförderungsgesetz	Freistellung	§ 77 Städtebauförderungsgesetz vom 18. 8. 1976 (BGBl. I, S. 2318)	Bundesgebiet
7. Grundstückserwerb in der Zeit vom 1. 1. 1977 bis 21. 12. 1981	Erwerb durch **Umwandlung** oder Einbringung nach dem Umwandlungsgesetz	Freistellung	§ 27 des Gesetzes über steuerliche Maßnahmen bei Änderung der Unternehmensform vom 6. 9. 1976 (BGBl. I, S. 264)	Bundesgebiet
8. Grundstückserwerb	Öffentlichrechtliche Maßnahmen im Bereich des **Bundesbaugesetzes**	Freistellung	GrEStG der Länder	wie 3.
9. Grundstückserwerb	Siedlungsmaßnahmen nach dem **Reichssiedlungsgesetz**	Freistellung	§ 29 Reichssiedlungsgesetz; ergänzende Ländergesetze	wie 3.
10. Grundstückserwerb	Maßnahmen der **Bodenreform**	Freistellung	Ländergesetze	Baden-Württemberg, Bayern, Hessen
11. Grundstückserwerb	Durchführung der **Flurbereinigung**	Freistellung	Ländergesetze (sinngemäß nach § 108 FlurbG)	wie 3.
12. Grundstückserwerb	Errichtung oder Erweiterung einer Betriebsstätte zur **Verbesserung der Wirtschaftsstruktur**	Freistellung	Ländergesetze	wie 3.
13. Grundstückserwerb	Erwerb zu **gemeinnützigen, mildtätigen** oder **kirchlichen** Zwecken	Freistellung	Ländergesetze	wie 3.

IX. Berlinförderungsgesetz

Bearbeiter: Volker Fasolt

Übersicht

	Rz.
I. Vergünstigungen bei der Umsatzsteuer	351–402
1. Kürzungsanspruch des westdeutschen Unternehmens	351
2. Kürzungsanspruch des Berliner Unternehmens	352–356
3. Kürzungsanspruch des Berliner Unternehmers für Innenumsätze	357–360
4. Voraussetzungen und Begriffe	361–401
5. Besonderer Kürzungsbetrag	402
II. Vergünstigungen bei den Steuern vom Einkommen und Ertrag	403–457
1. Pensionsrückstellungszinsfuß	403
2. Erhöhte Absetzungen für abnutzbare Wirtschaftsgüter des Anlagevermögens	404–420
3. Erhöhte Absetzungen für Mehrfamilienhäuser	421–431
4. Erhöhte Absetzungen für Modernisierungsmaßnahmen bei Mehrfamilienhäusern	432–436
5. Erhöhte Absetzungen für Ein-, Zweifamilienhäuser und Eigentumswohnungen	437–445
6. Steuerbegünstigung der zu eigenen Wohnzwecken genutzten Wohnung im eigenen Haus	446–449
7. Einschränkung des § 15 a EStG	450
8. Steuerermäßigung bei der Hingabe von Darlehen	451–457
III. Gewährung von Investitionszulage	458–483
IV. Steuererleichterungen und Arbeitnehmervergünstigungen	484–509
1. Ermäßigung der veranlagten Einkommensteuer für Berliner Steuerpflichtige	484–494
2. Ermäßigung der veranlagten Einkommensteuer für andere Steuerpflichtige	495–498
3. Ermäßigung der Körperschaftsteuer für Berliner Einkünfte	499–501
4. Berlin-Zulage für Arbeitnehmer	502–509
V. Anwendungsbereich	510

Vorbemerkung

Das Berlinförderungsgesetz (Gesetz zur Förderung der Berliner Wirtschaft – BerlinFG BGBl. 1982 I Seiten 225 und 1828) soll die durch Standortnachteile betroffene Berliner Wirtschaft mit steuerlichen Anreizen fördern. Paragraphenangaben in den folgenden Ausführungen ohne Gesetzeszitat beziehen sich auf das BerlinFG. Ergänzungen des BerlinFG durch das Gesetz zur Neuregelung der steuerrechtlichen Förderung des selbstgenutzten Wohnungseigentums ab 1. 1. 1987 und des Gesetzes zur Verbesserung der Abschreibungsbedingungen bei Wirtschaftsgebäuden ab 1. 4. 1985 sind eingearbeitet.

I. Vergünstigungen bei der Umsatzsteuer im Unternehmensbereich des § 3

1. Kürzungsanspruch des westdeutschen Unternehmers

351 Ein westdeutscher Unternehmer (§ 5 Abs. 2) ist berechtigt, die von ihm geschuldete Umsatzsteuer um 4,2 v. H. des in Rechnung gestellten Entgelts (§ 10 Abs. 1 UStG) für bestimmte im § 2 aufgeführte Lieferungen und Leistungen von Berliner Unternehmern (§ 5 Abs. 1) zu kürzen. Das Verfahren der Kürzung regelt § 11. Mangels einer Umsatzsteuerschuld nicht verrechenbare Kürzungsbeträge werden erstattet. Für die im § 4 Abs. 1 u. 2 aufgeführten Lieferungen kann keine Kürzung in Anspruch genommen werden. Für die im § 4 Abs. 3 aufgeführten Lieferungen sind die Entgelte je nach Art unterschiedlich zu mindern.

2. Kürzungsanspruch des Berliner Unternehmers

352 Ein Berliner Unternehmer ist berechtigt für die mit einem westdeutschen Unternehmer getätigten Umsätze die von ihm geschuldete Umsatzsteuer um die folgenden Prozentsätze des in Rechnung gestellten Entgelts zu kürzen. Das Verfahren der Kürzung regelt § 11. Mangels einer Umsatzsteuerschuld nicht verrechenbare Kürzungsbeträge werden erstattet. Für die im § 4 Abs. 1 aufgeführten Lieferungen kann keine Kürzung in Anspruch genommen werden. Für die im § 4 Abs. 3 aufgeführten Lieferungen sind die Entgelte je nach Art unterschiedlich zu mindern. Die Kürzungen betragen:

353 3 v. H. (Sockelsatz) bis 10 v. H. (§ 1 Abs. 7) je nach Wertschöpfungsquote (§ 6 a Abs. 1)
für die
- Lieferung von in Berlin hergestellten Gegenständen (§ 1 Abs. 1),
- Verwendung von in Berlin hergestellten Gegenständen bei einer Werklieferung (§ 1 Abs. 2),
- Ausführung von Werkleistungen (§ 1 Abs. 3),
- Vermietung und Verpachtung von in Berlin hergestellten Gegenständen (§ 1 Abs. 4).

354 3 v. H. (Sockelsatz) für die Lieferung der in § 4 Abs. 2 u. 3 bezeichneten Gegenstände, sofern der liefernde Berliner Unternehmer die Gegenstände nicht selbst hergestellt, sondern sie von einem anderen Berliner Unternehmer bezogen hat. Das betrifft den Fall, daß der Weiterveräußerer eine höhere Wertschöpfungsquote hat als der Hersteller (§ 1 Abs. 8).

355 6 v. H. für die Überlassung von in Berlin hergestellten Filmen (§ 1 Abs. 5) und

356 10 v. H. für die Ausführung bestimmter Leistungen, die im § 1 Abs. 6 abschließend aufgezählt sind.

3. Kürzungsanspruch des Berliner Unternehmers für Innenumsätze

357 § 1a gewährt auch Kürzungsansprüche für Umsätze, die keine Umsätze im Sinne des UStG sind. Begünstigt ist die Verbringung von in einer Berliner Betriebsstätte des Unternehmers hergestellten Gegenständen zur gewerblichen Verwendung in eine westdeutsche Betriebsstätte.

358 Eine **gewerbliche Verwendung** liegt vor, wenn der Gegenstand
- durch die westdeutsche Betriebsstätte oder in deren Auftrag durch Dritte mehr als geringfügig (§ 6 Abs. 1) be- oder verarbeitet wird oder
- von der westdeutschen Betriebsstätte als Anlagevermögen genutzt oder als Betriebsstoff verwendet wird oder
- von der westdeutschen Betriebsstätte an ausländische Abnehmer oder an Abnehmer in der DDR geliefert oder im Rahmen einer Werklieferung im Ausland oder in der DDR verwendet wird. Der Gegenstand muß körperlich in die westdeutsche Betriebsstätte eingehen. Daher liegt kein Innenumsatz vor, wenn ein ausländischer Abnehmer die Ware bei der westdeutschen Betriebsstätte bestellt, die Lieferung aber wie beim Reihengeschäft direkt von der Berliner Betriebsstätte an den ausländischen Abnehmer erfolgt.

Wird der Gegenstand ohne Weiterverarbeitung durch die westdeutsche Betriebsstätte von dieser an andere westdeutsche Unternehmer geliefert, so liegt kein Innenumsatz vor, vielmehr ist die Lieferung nach § 1 Abs. 1 begünstigt.

359 Lieferungen an **private Abnehmer** im Bundesgebiet sind weder nach § 1 noch nach § 1a begünstigt.

360 Der **Kürzungsanspruch** beträgt je nach Wertschöpfung 4 v. H. bis 11 v. H. des **Verrechnungsentgelts** (Marktpreis ohne USt bzw. 115 v. H. der Herstellungskosten – § 7 Abs. 3). Die Einschränkungen des § 4 Abs. 1 u. 3 sind zu beachten.

4. Voraussetzungen und Begriffe

361 Eine **Herstellung in Berlin** liegt vor, wenn der Gegenstand nicht nur geringfügig be- oder verarbeitet worden ist (§ 6 Abs. 1 mit umfangreicher Rechtsprechung).

362 Für **Filme** besteht eine Sonderregelung (§ 6 Abs. 4).
Es ist weiter erforderlich, daß die Wertschöpfungsquote des Berliner Unternehmers, der den Gegenstand mehr als geringfügig be- oder verarbeitet hat, im vorletzten Wirtschaftsjahr mindestens 10 betragen hat. Dieses Erfordernis entfällt bei Gegenständen im Sinne von § 4 Abs. 3 Satz 1 Nr. 2 bis 5 u. 9. (§ 6 Abs. 2).

363 Erbringt ein **Berliner** Unternehmer **Werkleistungen,** so muß er diese nicht selbst ausführen, sondern kann sie von einem anderen Berliner Unternehmer ausführen lassen (§ 6 Abs. 3). Die Bearbeitung kann auch geringfügig sein. Es muß aber der Ausführende die Mindestwertschöpfungsquote erreichen.

a) Gelangen in das Bundesgebiet

364 Die in Berlin hergestellten Gegenstände müssen in das Bundesgebiet gelangt sein. Dazu genügt es, wenn sie das Bundesgebiet körperlich berühren. Auch der **Lufttransport** über das Bundesgebiet hinweg ohne Zwischenlandung reicht aus. Das ist wichtig für **Export-Reihengeschäfte** (Berliner Unternehmer → westdeutscher Exporthändler → ausländischer Abnehmer → Warenlieferung direkt von Berlin ins Ausland).

b) Nachweispflichten

365 Der Nachweis der Herstellung oder Bearbeitung in Berlin ist durch eine **Ursprungsbescheinigung** zu erbringen, die entweder der Senator für Wirtschaft oder bei entsprechender Ermächtigung durch diese Behörde der Berliner Unternehmer selbst erteilt (§ 8). Im letzteren Falle muß sie handschriftlich, maschinell oder mit Stempel auf jeder Rechnung abgezeichnet sein.

366 In den Fällen des § 2 Abs. 1 u. 3 muß durch einen **Versendungsbeleg** oder anderen handelsüblichen Beleg (meist Ersatzbeleg, da das Original sich beim Berliner Unternehmer befindet) nachgewiesen werden, daß die Gegenstände von Berlin nach Westdeutschland gelangt sind. Der belegmäßige Nachweis soll zeitnah erfolgen. Der **Versandnachweis** (§ 9) entspricht dem Ausfuhrnachweis (§§ 8 ff. UStDV).

367 Die gleiche Nachweispflicht betrifft auch den liefernden oder leistenden Berliner Unternehmer selbst. Bei ihm müssen sich die Versendungsbelege oder Ersatzbelege befinden und sein Exemplar der Ausgangsrechnung muß bei Berechtigung zur Selbstausstellung der Ursprungsbescheinigung mit den gleichen Angaben versehen sein, wie das Exemplar der Rechnung des Empfängers. Erteilt der Senator für Wirtschaft die Ursprungsbescheinigung selbst, so muß das gelbe Exemplar des Antrages bei den Akten des Berliner Unternehmers verbleiben.

c) Entgelt, Entgeltminderungen und Wegfall von Kürzungsansprüchen

368 **Entgelte** im Sinne des BerlinFG sind immer Nettoentgelte (§ 7 Abs. 1). Wie bei der Versteuerung nach vereinnahmten Entgelten (§ 20 UStG) zu verfahren ist, regelt § 7 Abs. 2.

369 **Entgeltminderungen** und Forderungsausfälle mindern auch den Kürzungsanspruch (§ 11 Abs. 2 u. 3). Der **Wegfall von Kürzungsansprüchen** ist in § 12 geregelt.

d) Berliner Wertschöpfungsquote

370 Für die meisten Begünstigungstatbestände richtet sich der Kürzungsanspruch nach der Wertschöpfungsquote (§ 6a). Für Umsätze, die nach dem 31. 12. 1984 ausgeführt werden, ist die **Berliner Wertschöpfung** aus den Daten des vorletzten Wirtschaftsjahres nach folgendem **Schema** zu errechnen, das dem umfangreichen Einführungserlaß vom 9. 4. 1985 BStBl. I 1985, 146 entnommen ist.

H 371

Steuernummer

Finanzamt

_____

Eingangsstempel oder -datum

**Berliner Wertschöpfung
für das Wirtschaftsjahr 19____**

Unternehmen – Art und Anschrift – Telefon

1. Erklärung

Die Berliner Wertschöpfungsquote meines Unternehmens beträgt im Wirtschaftsjahr 19____
nach der umseitigen Berechnung (Betrag aus Zeile 42) . . . . _____, _____ vom Hundert.

Zu meinem Unternehmen gehören ____ Betriebsstätten oder Organgesellschaften in Berlin (West).
(Anschriften bitte auf besonderem Blatt angeben.)

2. Antrag (nur auszufüllen, wenn die Berliner Wertschöpfungsquote mindestens 15 vom Hundert beträgt)

Ich beantrage hiermit für das Kalenderjahr 19____ die Gewährung eines erhöhten Kürzungssatzes nach
☐ § 1 Abs. 7 BerlinFG in Höhe von _____, _____ vom Hundert.*)
☐ § 1 a Abs. 2 BerlinFG in Höhe von _____, _____ vom Hundert.*)

Ich versichere, die Angaben wahrheitsgemäß nach bestem Wissen und Gewissen gemacht zu haben.

⌐ Bei der Anfertigung dieses Antrags hat mitgewirkt: ⌐
(Name, Anschrift, Fernsprecher)

L   ⌐

Ort, Datum

_____
Unterschrift

Hinweis nach den Vorschriften der Datenschutzgesetze:
Die angeforderten Daten werden aufgrund des § 88 der Abgabenordnung sowie des § 1 Absatz 7 und des § 1 a Absatz 2 des Berlinförderungsgesetzes erhoben.

Vom Finanzamt auszufüllen
1. Eingabe der Wertschöpfungsquote für das UVV-Verfahren veranlassen.
2. Zur Umsatzsteuerakte
Namenszeichen und Datum

*) Der Kürzungssatz ist auf zwei Dezimalstellen zu runden.

Berlinförderungsgesetz 371 H

- 2 -

Hinweis: Die Berliner Wertschöpfungsquote ist der Vomhundertsatz, der sich aus dem Verhältnis ergibt, in dem die Berliner Wertschöpfung zum wirtschaftlichen Umsatz der in Berlin (West) belegenen Betriebsstätten des Berliner Unternehmers steht (§ 6 a Abs. 1 BerlinFG). Es sind deshalb nur die Beträge zu berücksichtigen, die diesen Betriebsstätten zuzurechnen sind. In einigen Fällen ist eine pauschale Aufteilung erforderlich.

Berechnung der Berliner Wertschöpfungsquote für das Wirtschaftsjahr 19___

Zeile

I. Berliner Wertschöpfung

1   Gewinn[1] / Einkünfte aus Gewerbebetrieb[1)2)] _____ DM

Abzüglich (soweit in Zeile 1 enthalten):

2   Veräußerungsgewinne/Veräußerungsverluste[1] _____ DM

3   Liquidationsgewinne/-verluste[1] _____ DM

4   Gewinne/Verluste aus Abgängen von Wirtschaftsgütern des Anlagevermögens[1] _____ DM

5   Gewinne/Verluste aus der Veräußerung oder Entnahme von Wertpapieren des Umlaufvermögens[1] _____ DM

6   Einnahmen i.S.d. § 20 Abs. 1 u. 2 EStG[1] _____ DM

7   Erträge aus der Beteiligung an Personengesellschaften[1] _____ DM ./. _____ DM

8   Es verbleiben _____ DM

9   Berliner Gewinn[3] _____ DM

10   Berliner Arbeitslöhne _____ DM

Hinzurechnungsbeträge:

11   Maßgebende Beitragsbemessungsgrenze in der gesetzlichen Rentenversicherung der Angestellten für 19___: _____ DM

12   Summe der Arbeitslöhne, die den Betrag in Zeile 11 übersteigen _____ DM

13   Anzahl dieser Arbeitnehmer: _____

14   80 v. H. des Betrages in Zeile 11 x Zeile 13 ./. _____ DM

15   Differenz _____ DM x 3 = + _____ DM

16   Übertrag _____ DM

---

[1] Negative Beträge sind rot einzutragen oder mit einem Minuszeichen zu versehen.
[2] Bei Körperschaften, Personenvereinigungen und Vermögensmassen i.S.d. KStG.
[3] Einzutragen ist der Betrag aus Zeile 8. Gehören zum Unternehmen auch Betriebsstätten außerhalb von Berlin (West), ist der anteilige Betrag aus Zeile 8 einzutragen.

- 3 -

Zeile

17	Übertrag	_____ DM
18	Summe der Ausbildungsvergütungen, die 20 v. H.[1] des Betrages in Zeile 11 **nicht** übersteigen	_____ DM x 3 = +_____ DM
19	Anzahl der Auszubildenden, bei denen die Ausbildungsvergütungen 20 v. H.[1] des Betrages in Zeile 11 übersteigen _____	
20	60 v. H. des Betrages in Zeile 11 x Zeile 19	_____ DM
21	Bei Einzelunternehmen und Personengesellschaften: 210 v. H. des Betrages in Zeile 11	+_____ DM
22	Aufwendungen für die Zukunftssicherung der Berliner Arbeitnehmer	+_____ DM
23	Berliner Zinsen	+_____ DM
24	Berliner Abschreibungen	+_____ DM
25	Erhaltungsaufwand	+_____ DM
26	Mieten/Pachten/Erbbauzinsen	+_____ DM
	Anrechenbarer Wert der Berliner Vorleistungen	
27	aus Lieferungen	_____ DM
28	aus sonstigen Leistungen	+_____ DM +_____ DM
29	Berliner Wertschöpfung	_____ DM

II. Wirtschaftlicher Umsatz

30	Umsätze i. S. d. § 1 Abs. 1 Nr. 1–3 UStG[2]	_____ DM
31	Überlassung von Gegenständen an Unternehmensteile außerhalb von Berlin (West)	+_____ DM
	Bestandsveränderungen der bearbeiteten fertigen und unfertigen Erzeugnisse:	
32	Bestand am Ende des Wirtschaftsjahres	_____ DM
33	Bestand am Anfang des Wirtschaftsjahres	./. _____ DM +/./. _____ DM
34	Aktivierte Eigenleistungen	+_____ DM
35	Summe	_____ DM
36	Tabaksteuer, Branntweinabgaben und Kaffeesteuer, soweit sie der Unternehmer entrichtet hat	./. _____ DM
37	Es verbleiben/Übertrag	_____ DM

---

[1] Der Höchstbetrag nach § 6b Abs. 3 Nr. 2 BerlinFG beträgt vor der Verdreifachung 20 v. H. des Betrages in Zeile 11.
[2] Einschließlich nichtsteuerbarer Umsätze außerhalb des Erhebungsgebietes (§ 1 Abs. 2 UStG). Außerdem sind Entgelterhöhungen und -minderungen zu berücksichtigen.

Berlinförderungsgesetz 371 **H**

- 4 -

Zeile			
38	Übertrag		_____ DM
39	**Abzüglich** Leistungen nicht Berliner Ursprungs (soweit in Zeile 37 enthalten), höchstens 25 v. H. des Betrages in Zeile 37	٪.	_____ DM
40	Umsätze, die die Beträge in den Zeilen 2–7 betreffen	٪.	_____ DM
41	**Wirtschaftlicher Umsatz**		_____ DM

III. Berliner Wertschöpfungsquote

$$\text{Berliner Wertschöpfungsquote} = \frac{\text{Berliner Wertschöpfung} \times 100}{\text{Wirtschaftlicher Umsatz}}$$

42 $= \frac{\text{Zeile 29} \times 100}{\text{Zeile 41}} = $ ========

Höhe der Kürzungssätze

a) bei Umsätzen nach § 1 Abs. 1–4 BerlinFG:
Berliner
Wertschöpfungsquote
ab 15 bis unter 18 = 3,1
ab 18 bis unter 21 = 3,2
ab 21 bis unter 24 = 3,3
ab 24 bis unter 27 = 3,4
ab 27 bis unter 30 = 3,5
ab 30 bis unter 33 = 3,6
ab 33 = 11 vom Hundert der Wertschöpfungsquote,
höchstens 10.

b) bei Innenumsätzen nach § 1a BerlinFG:
Berliner
Wertschöpfungsquote
ab 15 bis unter 18 = 4,1
ab 18 bis unter 21 = 4,2
ab 21 bis unter 24 = 4,3
ab 24 bis unter 27 = 4,4
ab 27 bis unter 30 = 4,5
ab 30 bis unter 33 = 4,6
ab 33 = 11 vom Hundert der Wertschöpfungsquote,
erhöht um einen Vomhundertpunkt, höchstens 10.

Fasolt

Zu Zeile 1:

372 Ausgangswert ist der **Berliner Gewinn (Verlust)** wie er für einkommensteuerliche Zwecke zu ermitteln ist (§ 6b Abs. 1). Bei Kapitalgesellschaften treten an die Stelle des Gewinns die Einkünfte aus Gewerbebetrieb, d. h. der um die nicht abzugsfähigen Ausgaben und um die steuerfreien Einkünfte bereinigte Steuerbilanzgewinn.

Zu Zeilen 2–7:

373 Die Ausgangsgröße ist um bestimmte Aufwendungen und Erträge zu berichtigen (§ 6b Abs. 1 Satz 2), die nicht zur Berliner Wertschöpfung beigetragen haben.

Zu Zeile 9:

374 Hat der Unternehmer **Betriebsstätten in Berlin und im Bundesgebiet** unterhalten, so ist der berichtigte Gewinn (s. o.) nach dem Verhältnis der Berliner Arbeitslöhne zur Summe der in allen Betriebsstätten gezahlten Arbeitslöhne aufzuteilen (§ 6b Abs. 1 Satz 3).

375 Der Berliner Gewinn ist um eine Reihe von **Hinzurechnungsbeträgen** zu erhöhen (§ 6a Abs. 2), um bestimmte Strukturverbesserungen der Berliner Wirtschaft zu unterstützen. Hier handelt es sich um

Zu Zeilen 10–20:

376 **Berliner Arbeitslöhne** (im wesentlichen sind hier die zulagebegünstigten Bruttoarbeitslöhne des § 23 Nr. 4a gemeint, die nach dem Lohnkonto ermittelt werden) mit bestimmten Vervielfältigungen für Führungskräfte und Auszubildende.

Zu Zeile 21:

377 **Unternehmerlohn** für den Einzelunternehmer oder einen Mitunternehmer, da die Geschäftsführergehälter bei den Kapitalgesellschaften schon in den Zeilen 10–15 enthalten sind und hier eine gewisse Gleichstellung erfolgen sollte (§ 6b Abs. 3 Ziff. 3).

Zu Zeile 22:

378 Aufwendungen für die **Zukunftssicherung** der Berliner Arbeitnehmer, z. B. Arbeitgeberanteile zur Sozialversicherung, Berufsgenossenschaft, Unfall- Lebensversicherung, soweit sie nicht schon in den Arbeitslöhnen enthalten sind (§ 6b Abs. 4).

Zu Zeilen 23–26:

379 **Berliner Zinsen** (§ 6b Abs. 5) einschl. Vergütungen an stille Gesellschafter, **Berliner Abschreibungen** (§ 6b Abs. 6) einschl. GWG und Sonderabschreibungen (§ 14), **Erhaltungsaufwand** für abnutzbare eigene, gemietete oder geleaste Wirtschaftsgüter (§ 6a Abs. 2 Ziff. 7), **Mieten** usw. (§ 6a Abs. 2 Ziff. 8).

Zu Zeilen 27–28:

380 **Berliner Vorleistungen** (s. Rz. 390) ohne Umsatzsteuer. (§ 6a Abs. 2 Ziffer 9).

Zu Zeile 29:

Der so errechnete Betrag stellt die Berliner Wertschöpfung dar. Beträge dürfen *nur einmal* unter den jeweiligen Positionen erfaßt worden sein.

Zu Zeile 42:

381 Ins Verhältnis zum wirtschaftlichen Umsatz der in Berlin belegenen Betriebsstätten des Berliner Unternehmers gesetzt, ergibt sich die **Wertschöpfungsquote**. Wird der Kürzungssatz mit 11 v. H. von der Wertschöpfungsquote berechnet, ist es erforderlich auf zwei Dezimalstellen zu runden. Bis einschl. Ziffer „4" der dritten Dezimalstelle ist abzurunden, ab Ziffer „5" der dritten Dezimalstelle ist aufzurunden. Der erhöhte Kürzungssatz ändert sich im Besteuerungszeitraum nicht. Er muß mit amtlichem Vordruck beantragt werden (§ 1 Abs. 7) siehe Rz. 371.

382 Solange der **Antrag** mit der Wertschöpfungsberechnung dem zuständigen Finanzamt nicht vorliegt, können **nur die Sockelkürzungsbeträge** berechnet werden. Spätestens in der Umsatzsteuerjahreserklärung können dann die vollen Kürzungsbeträge nachgeholt werden.

383 **Organgesellschaften** im Sinne von § 2 Abs. 2 Nr. 2 UStG gelten als Betriebsstätten. Sie sind sowohl beim wirtschaftlichen Umsatz als auch beim Berliner Gewinn zu berücksichtigen (§ 6a Abs. 1).

384 Der **wirtschaftliche Umsatz** wird als die den in Berlin belegenen Betriebsstätten des Berliner Unternehmers zuzurechnende wirtschaftliche Leistung definiert (§ 6a Abs. 3).

Zu Zeile 30:
385 Ausgangsgröße sind die Umsätze im Sinne von § 1 Abs. 1 Nr. 1–3 UStG einschl. der nicht steuerbaren Umsätze außerhalb des Erhebungsgebietes. Erlösschmälerungen sind nach § 17 UStG zu berücksichtigen. Im Falle des § 13 Abs. 1 Ziff. 1a UStG (Mindestistbesteuerung) ist auf das Jahr der Ausführung der Umsätze abzustellen. Die Ausgangsgröße ist um verschiedene Beträge zu erhöhen oder zu vermindern.

Zu Zeile 31:
386 Zuzüglich Überlassung von Gegenständen an Unternehmensteile außerhalb von Berlin zu Marktpreisen ohne Umsatzsteuer. Dazu gehören nur **fiktive Lieferungen**, also in jedem Falle solche nach § 1a mit den entsprechenden Verrechnungsentgelten im Sinne des § 7 Abs. 3. Sind Marktpreise nicht vorhanden, sind **Selbstkostenpreise** nach den Grundsätzen der Leitsätze zur Ermittlung der Preise bei öffentlichen Bauten, LSP-Bau, BGBl I S. 293 ff. vom 6. 3. 1972 zu ermitteln.
387 **Fiktive Werkleistungen,** Vermietungen einschließlich Leasing an eigene Betriebsstätten können zugunsten des Unternehmers außer Betracht bleiben.

Zu Zeilen 32–36:
388 Die **Bestandsveränderungen** der bearbeiteten unfertigen und fertigen Erzeugnisse, die **aktivierten Eigenleistungen** und bestimmte **gezahlte Verbrauchssteuern** sind zu berücksichtigen.

Zu Zeilen 39–40:
389 Da der Ansatz in Zeile 37 den gesamten wirtschaftlichen Umsatz enthält, würde dies häufig zu einem unerwünschten Absinken der Wertschöpfungsquote führen. Es besteht deshalb ein Wahlrecht bestimmte **Umsätze herauszurechnen** (§ 6a Abs. 3 Satz 3). Dieses betrifft z. B. in Zeile 39 **Handelsumsätze** mit nicht in Berlin hergestellten Gegenständen und in Zeile 40 die Umsätze aus der **Veräußerung von Wirtschaftsgütern** des Anlagevermögens.
390 **Berliner Vorleistungen.** Ein Kernstück der Förderung ist die Anrechnung der Berliner Vorleistungen auf die Berliner Wertschöpfung. Es sollen Berliner Unternehmer angereizt werden, verstärkt Berliner Vorprodukte und Berliner Dienstleistungen in Anspruch zu nehmen (§ 6c Abs. 1). Der Berliner Ursprung muß durch eine Ursprungsbescheinigung (§ 8 Abs. 2) nachgewiesen werden (s. Rz. 365).
391 **Berliner Vorprodukte** (mit Ausnahme der im § 4 Abs. 1 aufgeführten Gegenstände) werden mit der **Vorleistungsquote** (§ 6c Abs. 2 Ziff. 1 und Abs. 3) (s. Rz. 398) nur dann berücksichtigt, wenn sie gehören zum
392 **Wareneingang im Handelsbereich.** Der Ansatz erfolgt mit den Anschaffungskosten des Wareneinganges, nicht des Wareneinsatzes.
393 **Materialeinsatz,** das sind zur Be- oder Verarbeitung oder zum Verbrauch bestimmte Roh-, Hilfs- und Betriebsstoffe, die *ausschließlich* im Herstellungs- und Werkleistungsbereich des Unternehmers aufgehen. Hierzu zählen z. B. auch Büromaterial für den Werkstattbereich, Material für aktivierte Eigenleistungen, Verpackungsmaterial, das für die Verkaufsfähigkeit der Fertigerzeugnisse notwendig ist usw., nicht jedoch Material für sonstige betriebliche Zwecke und für vom Unternehmer selbst ausgeführte Reparaturen an Anlagegütern. (Diese sind schon beim Erhaltungsaufwand zu erfassen). Der Ansatz erfolgt mit dem Materialeingang zu Anschaffungskosten, nicht mit dem Materialeinsatz.
394 **Verpackungsmaterial** für den **Vertrieb.** Hier ist die Zweckbestimmung im Zeitpunkt des Erwerbs maßgebend.
395 **Sonstige Leistungen** eines anderen Berliner Unternehmers werden überwiegend mit dem **vollen Entgelt** (§ 6c Abs. 2 Ziff. 2) angesetzt. Sie sind im § 6c Abs. 1 Ziff. 2 abschließend aufgeführt. Sie müssen ausschließlich oder überwiegend für in Berlin belegene Betriebsstätten bestimmt sein, das heißt, daß das für den Empfang der Leistung, für ihre Auswertung und für die Durchführung anderer damit zusammenhängender Arbeiten erforderliche Personal und die erforderlichen Einrichtungen in der Berliner Betriebsstätte vorhanden sind. Zu den Werkleistungen der Ziffer 2a

Fasolt

rechnen auch solche, die zu aktivierten Eigenleistungen führen, nicht jedoch Werkleistungen die beim Leistungsempfänger der Grundlagenforschung, dem Werbebereich oder der Reparatur bzw. Wartung der vom Berliner Unternehmer genutzten Wirtschaftsgüter zuzurechnen sind. Bei Werkleistungen im Sinne dieser Vorschrift darf der **Entgeltsanteil,** der auf das **Material** entfällt, 30 v. H. des **Gesamtentgeltes** nicht übersteigen, da sonst unterstellt wird, daß es sich um Werklieferungen handelt, die nur mit der Vorleistungsquote angesetzt werden.

396 Unter Ziffer 2b fällt die **betriebswirtschaftliche Unternehmensberatung** auch durch **Steuerberater,** wenn sie nach besonderem Auftrag erfolgt und von der nicht begünstigten Steuerberatung abgrenzbar ist.

397 Unter Ziffer 2i fallen auch die **Reinigung** innerhalb von Gebäuden, sowie die Schnee- und Glättebeseitigung, nicht dagegen z. B. Gartenpflegearbeiten.

398 Die **Vorleistungsquote** (§ 6c Abs. 3) ist nach dem vorletzten Wirtschaftsjahr zu ermitteln. Bei Unternehmen, die dort einen Jahresumsatz von unter 450000,– DM hatten (§ 6c Abs. 2 Ziff. 1) kann eine Vorleistungsquote pauschal von 40% angesetzt werden. In allen anderen Fällen gilt die **Formel:**

$$\frac{\text{Berliner Arbeitslöhne} \times 1{,}5 \times 100}{\text{wirtschaftlicher Umsatz}}$$

= Vorleistungsquote. Sie ist auf die durch 5 teilbare ganze Zahl aufzurunden.

Die Berliner Arbeitslöhne wurden unter Rz. 376 definiert (ohne Vervielfältigungen der Rz. 376). Wurden keine oder nur geringe Arbeitslöhne aufgewendet, so kann im **Billigkeitswege** 150 v. H. der maßgebenden Beitragsbemessungsgrenze der gesetzlichen Rentenversicherung der Angestellten angesetzt werden. Erläuterungen zum wirtschaftlichen Umsatz s. Rz. 384. Die Vorleistungsquote darf höchstens 100 v. H. betragen, sie ist auf allen Rechnungen an Unternehmer anzugeben. Die **Angabe der Wertschöpfungsquote** anstelle der Vorleistungsquote ist **unzulässig.** Entgeltminderungen vom Lieferer bzw. Empfänger der Lieferung oder Leistung mindern den anrechenbaren Wert der Vorleistung.

399 Bei **abweichendem Wirtschaftsjahr** können für im Kalenderjahr geleistete Umsätze unterschiedliche Vorleistungsquoten in den Rechnungen erscheinen, da Berechnungsjahr das Wirtschafsjahr ist.

400 **Ändern sich die Vorleistungsquoten nachträglich,** z. B. durch eine Außenprüfung, so erfolgt die Berichtigung erst künftig für das erste Wirtschaftsjahr, für das noch keine Rechnungen ausgestellt wurden, durch Einbeziehung der in den Vorjahren falsch errechneten Beträge.

401 Zur **Verbuchung** der Berlinvergünstigung hat sich das Institut der Wirtschaftsprüfer geäußert. Der Berliner Unternehmern gemäß § 1 zustehende Anspruch auf Kürzung der Umsatzsteuer bei Lieferungen an westdeutsche Unternehmer ist seinem Wesen nach den Umsatzerlösen zuzurechnen. Die Absetzung von der Umsatzsteuerschuld ist eine reine Verrechnungsmaßnahme. Der den westdeutschen Unternehmen gemäß § 2 zustehende Kürzungsanspruch mindert dagegen die Anschaffungskosten.

5. Besonderer Kürzungsbetrag

402 Unternehmer, für deren Umsatzsteuer ein Berliner Finanzamt zuständig ist und deren Jahresumsatz 200000,– DM nicht übersteigt, erhalten einen Kürzungsbetrag von 4 v. H. ihrer steuerpflichtigen Umsätze, höchstens aber 720,– DM. Bei Umsätzen aus freiberuflicher Tätigkeit (§ 18 Abs. 1 Nr. 1 EStG) oder aus Handelsvertretertätigkeit ist der Kürzungshöchstbetrag 1200,– DM. Bei Umsätzen zwischen 200000,– DM und 218000,– DM bzw. 230000,– DM wird ein entsprechend verringerter **Kürzungsbetrag** gewährt **(§ 13).** Der gesamte Kürzungsbetrag kann bereits im ersten Voranmeldungszeitraum geltend gemacht werden.

II. Vergünstigungen bei den Steuern vom Einkommen und Ertrag

1. Pensionsrückstellungszinsfuß

403 Bei Pensionsrückstellungen für bestimmte Berliner Arbeitnehmer ist ein Zinsfuß von 4 v. H. anzusetzen (§ 13a).

2. Erhöhte Absetzungen für abnutzbare Wirtschaftsgüter des Anlagevermögens

404 Grundsätzlich können anstelle der AfA nach § 7 EStG für abnutzbare Wirtschaftsgüter, die zum Anlagevermögen einer in Berlin belegenen Betriebsstätte gehören, im Jahr der Anschaffung oder Herstellung und in den folgenden vier Wirtschaftsjahren **erhöhte Absetzungen** bis zur Höhe von insgesamt 75 v. H. der Anschaffungs- oder Herstellungskosten vorgenommen werden.

405 Die **Verteilung** muß nicht gleichmäßig erfolgen, es dürfen z. B. im Jahr der Anschaffung die gesamten 75 v. H. geltend gemacht werden, es müssen aber mindestens die Beträge der linearen AfA sein. Im Anschluß an die erhöhten Absetzungen ist die lineare AfA nach dem Restwert und der Restnutzungsdauer vorgeschrieben (§ 7a EStG ist zu beachten).

406 Die erhöhten Absetzungen können bereits für **Anzahlungen** auf Anschaffungskosten oder für Teilherstellungskosten, nicht jedoch für Anzahlungen auf Herstellungskosten in Anspruch genommen werden (§ 14 Abs. 5). Auf § 7a Abs. 2 EStG wird hingewiesen.

407 Der Begriff der **Betriebsstätte** bezieht sich auf die ersten drei Einkunftsarten (§ 14 Abs. 1).

Für bewegliche und unbewegliche abnutzbare Wirtschaftsgüter bestehen unterschiedliche Voraussetzungen. Diese Vergünstigungen werden sowohl für neue, wie auch für gebrauchte angeschaffte oder hergestellte Wirtschaftsgüter gewährt.

408 **Bewegliche Wirtschaftsgüter** im Sinne des § 14 Abs. 2 Nr. 1 müssen mindestens drei Jahre nach ihrer Anschaffung oder Herstellung in *einer* in Berlin belegenen Betriebsstätte verbleiben (§ 14 Abs. 2 Nr. 1). Der Gesetzeswortlaut erlaubt die Veräußerung innerhalb der Dreijahresfrist an einen anderen Berliner Unternehmer, sofern das Wirtschaftsgut dort wieder ununterbrochen zum Anlagevermögen gehört.

409 Ein **vorzeitiges Ausscheiden** aus dem Anlagevermögen ist unschädlich, wenn es nachweislich aufgrund eines Ereignisses geschieht, das der Unternehmer nicht zu vertreten hat z. B. Diebstahl, Unfall, vorzeitige Abnutzung.

410 Die Verbleibensfrist für **Schiffe** erhöht sich auf 8 Jahre (§ 14 Abs. 2). Schiffe müssen auch in ungebrauchtem Zustand vom Hersteller erworben sein.

411 Für **Luftfahrzeuge** können keine erhöhten Absetzungen nach § 14 in Anspruch genommen werden.

412 **Nachträglicher Herstellungsaufwand** bei beweglichen Wirtschaftsgütern ist nicht begünstigt, sofern ein Fall des **Vermischens und Verbindens** mit dem Verlust der selbständigen Bewertungs- und Bilanzierungsfähigkeit vorliegt. Hier wird auf die umfangreiche Rechtsprechung sowie auf die Ausarbeitung der IHK Berlin verwiesen.

413 **Unbewegliche Wirtschaftsgüter** (§ 14 Abs. 2 Nr. 2). Die erhöhten Absetzungen werden für errichtete oder angeschaffte Wirtschaftsgüter gewährt, die im eigenen gewerblichen Betrieb mindestens drei Jahre nach ihrer Anschaffung oder Herstellung zu mehr als 80 v. H. den im § 14 Abs. 2 Ziff. 2a abschließend aufgeführten besonderen Zwecken dienen (z. B. für die **Fertigung, Bearbeitung, Forschung**). Die Rechtsprechung des BFH zur Abgrenzung bzw. Aufteilung von Gebäuden, Gebäudeteilen und Mietereinbauten gilt hier ebenfalls.

Beispiel:
Ein Gebäude dient zu 75 v. H. eigenbetrieblichen und zu 25 v. H. privaten Wohnzwecken. Vom eigenbetrieblichen Teil dienen 90 v. H. der Wiederherstellung von Wirtschaftsgütern (§ 14 Abs. 2 Ziff. 2a/cc) als Kraftfahrzeugreparaturwerkstatt. Dieser Teil kann erhöht abgeschrieben werden, weil er zu mehr als 80 v. H. des betrieblichen Gebäudeteiles den begünstigen Zwecken dient, obwohl er nur 67,5 v. H. des Gesamtgebäudes ausmacht.

414 Bei der Errechnung der Prozentsätze wird im allgemeinen von der **Nutzfläche** ausgegangen. Weichen die Geschoßhöhen um mindestens etwa 50 v. H. ab, ist die Errechnung nach dem **umbauten Raum** vorzunehmen.

415 Die Vergünstigung wird auch gewährt, wenn die unbeweglichen Wirtschaftsgüter vom Steuerpflichtigen errichtet worden sind und mindestens 3 Jahre nach ihrer Herstellung zu mehr als 80 v. H. Angehörigen des **eigenen** gewerblichen Betriebes zu **Wohnzwecken** dienen (§ 14 Abs. 2 Ziff. 2b).

416 **Ausbauten und Erweiterungen** an unbeweglichen Wirtschaftsgütern in Berlin sind begünstigt, wenn die ausgebauten oder neu hergestellten Teile mindestens 3 Jahre nach ihrer Herstellung die Voraussetzungen des § 14 Abs. 2 Satz 1 Nr. 2 erfüllen.

417 **Nachträgliche Herstellungsarbeiten** an Gebäuden in Berlin sind nur begünstigt, wenn diese die Voraussetzungen des § 14 Abs. 2 Satz 1 Nr. 2a erfüllen (§ 14 Abs. 3), also z. B. nicht für Belegschaftswohnungen.

418 Die erhöhten Absetzungen bemessen sich nach den Herstellungskosten und sind schon für **Teilherstellungskosten** möglich. Die Restabschreibung ist in § 14 Abs. 3 Satz 2 geregelt.

419 **Modernisierungsmaßnahmen** als nachträgliche Herstellungskosten (§ 14 Abs. 4) sind begünstigt, wenn die Gebäude mindestens 3 Jahre nach Beendigung der nachträglichen Herstellungsarbeiten überwiegend der **Beherbergung** dienen. Die erhöhten Absetzungen stehen auch dem Vermieter zu, dem Mieter jedoch nur dann, wenn es sich um Mieterein- oder -umbauten handelt, die ihm als materielle Wirtschaftsgüter zuzurechnen sind.

420 Erhöhte AfA auf **Teilherstellungskosten** sind möglich (§ 14 Abs. 5).

Für nicht besonderen Zwecken dienende Gebäude gelten die allgemeinen Bestimmungen des EStG.

3. Erhöhte Absetzungen für Mehrfamilienhäuser

421 **Mehrfamilienhäuser** sind Gebäude die mehr als zwei Wohnungen enthalten. Die Vergünstigungen stehen jedem **Bauherren** zu, gleichgültig wo er wohnt, ob er unbeschränkt oder beschränkt steuerpflichtig ist (§ 14a). Die notwendigen **Wohnflächenanteile** (66⅔ bzw. 80 v. H.) errechnen sich nach den einkommensteuerlichen Bestimmungen und nicht nach dem II. Wohnungsbaugesetz. Die Begünstigung wird bei Einhaltung der Wohnflächengrenzen für das gesamte Gebäude gewährt.

422 Die Behandlung von **Garagen** ist im § 14a Abs. 7 unter Hinweis auf § 7b Abs. 4 EStG geregelt. Gehören die Mehrfamilienhäuser zu einem Betriebsvermögen, ist § 7a Abs. 8 EStG zu beachten.

423 Erhöhte Absetzungen nach § 14a können auf der **Lohnsteuerkarte** eingetragen werden (§ 39a Abs. 1 Nr. 6 EStG).

424 Im Jahr der Fertigstellung vom Steuerpflichtigen **hergestellte oder angeschaffte Mehrfamilienhäuser** (§ 14a Abs. 1 Satz 2 beachten!), die zu **mehr als 66⅔ v. H.** Wohnzwecken dienen, können anstelle § 7 Abs. 4 u. 5 EStG in den ersten beiden Jahren mit 10 v. H. und in den anschließenden 10 Jahren bis zu 3 v. H. der Herstellungs- oder Anschaffungskosten ohne Höchstgrenzen abgeschrieben werden (§ 14a Abs. 1). Für die Verteilungswahl und Berücksichtigung von nachträglichen Herstellungskosten in den ersten vier Jahren gilt § 14a Abs. 3. Die Restabschreibung nach den 12 Jahren erfolgt mit 2,5 v. H. vom Restwert (§ 14a Abs. 1 Satz 3).

425 **Teilherstellungskosten** oder Anzahlungen auf Anschaffungskosten sind **nicht begünstigt**.

426 **Ausbauten und Erweiterungen an Mehrfamilienhäusern** (§ 14a Abs. 2) sind begünstigt, wenn die ausgebauten oder hergestellten Gebäudeteile zu **mehr als 80 v. H.** Wohnzwecken dienen, unabhängig von der prozentualen Wohnflächennutzung des Altgebäudes. Die Restabschreibung ist im § 14a Abs. 2 Satz 3 geregelt.

427 **Steuerbegünstigter** (§ 82ff. II. Wohnungsbaugesetz vom 30. 7. 1980, BGBl. 1980 I S. 1085 in Verbindung mit Anerkennungsbescheid der Wohnungsbau-Kreditanstalt Berlin und ohne öffentliche Finanzierungsmittel im Sinne § 6 Abs. 1 II. Wohnungsbaugesetz hergestellt und mit den um nicht mehr als 20 v. H. überschrittenen Wohnflächengrenzen des § 39 Abs. 1 II. Wohnungsbaugesetz) **und freifinanzierter Wohnungsbau**, der mindestens 3 Jahre nach der Fertigstellung zu **mehr als 80 v. H.** Wohnzwecken dient, berechtigt zu erhöhten Absetzungen im Jahre der Herstellung oder bei Anschaffung im Jahr der Fertigstellung (§ 14a Abs. 4 Satz 2 beachten!) in diesem Jahr und in den beiden folgenden Jahren bis zu 50 v. H. der Herstellungs- oder Anschaffungskosten ohne summenmäßige Begrenzung (§ 14a Abs. 4).

428 **Teilherstellungskosten** oder Anzahlungen auf Anschaffungskosten sind nach § 14a Abs. 6 begünstigt.
429 Ausbauten und Erweiterungen sind nach § 14a Abs. 5 begünstigt.
430 **Regelungen ab 1. 1. 1987:** Für **eigengenutzten Wohnraum** stehen die **erhöhten Absetzungen** nach § 14a Abs. 1 oder 2 den Abzugsbeträgen des § 15b als **Sonderausgaben** gleich (§ 15b Abs. 1 Satz 2).
431 Absetzungsbeträge nach § 14a Abs. 4 oder 5 aus der Zeit vor dem 31. 12. 1986 für eigengenutzten Wohnraum können ab 1. 1. 1987 nicht als Sonderausgaben des § 15b abgezogen werden. Es ist deshalb darauf zu achten, die Herausnahme aus der Besteuerung erst nach der vollen Ausnutzung der Absetzungsbeträge zu beantragen.

4. Erhöhte Absetzungen für Modernisierungsmaßnahmen in Mehrfamilienhäusern

432 Erhöhte Absetzungen für Modernisierungsmaßnahmen bei Mehrfamilienhäusern in Berlin sind nach § 14b möglich, da der Bestand an sanierungsbedürftigen Althäusern in Berlin unverhältnismäßig größer ist als im übrigen Bundesgebiet. Der zeitliche Anwendungsbereich ist im § 31 Abs. 15 geregelt. Begünstigt ist jeder Steuerpflichtige als Eigentümer (auch als wirtschaftlicher Eigentümer, nicht jedoch als Mieter) eines Mehrfamilienhauses das nach Beendigung der Modernisierungsarbeiten mindestens 3 Jahre zu **mehr als 66⅔ v. H.** Wohnzwecken dient. Die einzelnen begünstigten Modernisierungsmaßnahmen als Herstellungskosten sind abschließend im § 14b Abs. 3 aufgeführt. Erhöhte Absetzungen können im Jahr der Beendigung der Modernisierungsarbeiten und den beiden folgenden Jahren bis zu 50 v. H. betragen. Die Restabschreibung erfolgt in 5 gleichen Jahresbeträgen (§ 14b Abs. 1 Satz 2).
433 **Zeitlich gestaffelt** gelten folgende Bestimmungen:
– **Baujahr bis 31. 12. 1960** für § 14b Abs. 3 Nr. 1–10 mit Sonderregelungen für Nr. 9 (§ 14b Abs. 2 Satz 2)
– **Baujahr bis 31. 12. 1977** für § 14b Abs. 3 Nr. 11–12
– **ohne zeitliche Beschränkung** für § 14b Abs. 3 Nr. 13.

Weitere Voraussetzung ist eine Bescheinigung nach § 14b Abs. 2 Ziff. 2 des Senators für Bau- und Wohnungswesen in Berlin in Verbindung mit der Anordnung vom 24. 8. 1977 Amtsblatt für Berlin 1977 S. 1316.
434 **Teilherstellungskosten** können nicht berücksichtigt werden.
435 Auf der **Lohnsteuerkarte** bestehen **keine Eintragungsmöglichkeiten** (§ 39a Abs. 1 Nr. 6 EStG).
436 Für **Modernisierungsmaßnahmen** in zu eigenen Wohnzwecken genutzten Wohnungen im Mehrfamilienhaus in der Zeit vom 1. 1. 1987–31. 12. 1991 stellt § 31 Abs. 15 den Abzug **als Sonderausgaben** sicher.

5. Erhöhte Absetzungen für Einfamilienhäuser, Zweifamilienhäuser und Eigentumswohnungen

437 § 31 Abs. 16 regelt den zeitlichen Anwendungsbereich. Die erhöhten Absetzungen werden grundsätzlich nach den Bestimmungen des § 7b Abs. 1–7 EStG mit den gleichen Bemessungsgrundlagen und bei einer Nutzung zu Wohnzwecken von **mindestens 66⅔ v. H.** im jeweiligen Kalenderjahr der Begünstigung gewährt. Die Abschreibungssätze betragen in den ersten beiden Jahren 10 v. H. und den zehn folgenden Jahren je 3 v. H., insgesamt also 50 v. H., gegenüber § 7b EStG mit 8 × 5 v. H. = 40 v. H. (§ 15 Abs. 1 Ziff. 1).
438 Bei der **Objektbeschränkung** werden solche Objekte nicht mitgezählt, bei denen erhöhte Absetzungen nach Vorschriften die vor dem 1. 1. 1977 in Kraft getreten sind, geltend gemacht wurden oder werden (§ 15 Abs. 1 Ziff. 3).
439 Regelungen beim **Folgeobjekt** § 15 Abs. 1 Ziff. 4.
440 Beim Zuzug nach Berlin (West) entfällt unter den Voraussetzungen des § 15 Abs. 5 für selbstbewohnte Objekte die Objektbeschränkung.
441 **Teilherstellungskosten** oder Anzahlungen auf Anschaffungskosten **können nicht berücksichtigt** werden.

Fasolt

442 Die erhöhten Absetzungen für **Bauherren** die Einfamilienhäuser, Zweifamilienhäuser und Eigentumswohnungen im steuerbegünstigten oder freifinanzierten Wohnungsbau **vor dem 1. 1. 1987 errichten** (§ 15 Abs. 2) entsprechen im wesentlichen denen des § 14a (s. Rz. 421), jedoch mit Begrenzung der Herstellungskosten. Abweichungen von den Bestimmungen des § 7b EStG s. § 15 Abs. 2 Sätze 3 u. 4. Keine Berücksichtigung von Teilherstellungskosten möglich.

443 Für **Ausbauten und Erweiterungen** im steuerbegünstigten oder freifinanzierten Wohnungsbau **vor dem 1. 1. 1987** (§ 15 Abs. 3) gelten Ausführungen zu § 14a s. Rz. 426 entsprechend, jedoch mit Begrenzung der Herstellungskosten (§ 7b Abs. 1 u. 2 EStG).

444 Die erhöhten Absetzungen gelten in besonderen Fällen auch für **Erst- und Zweiterwerber** (§ 15 Abs. 4).

445 Erhöhte Absetzungen nach § 15 können auf der **Lohnsteuerkarte** eingetragen werden (§ 39a Abs. 1 Nr. 6 EStG).

6. Steuerbegünstigung der zu eigenen Wohnzwecken genutzten Wohnung im eigenen Haus.

446 § 15b ist eine **Berliner Parallelvorschrift** zu § 10e EStG und gilt nur für zu eigenen Wohnzwecken genutztes Wohneigentum. Sie ist – anders als die bisherige Regelung im § 15 – künftig auch für eigengenutzte Wohnungen im eigenen Mehrfamilienhaus anzuwenden. Nach § 31 Abs. 16a gilt § 15b ab 1. 1. 1987. Die Vergünstigungen des bisherigen § 15 bleiben erhalten, werden jetzt aber als **Sonderausgabenabzug** ausgestattet.

447 Für die **Herstellung oder Anschaffung** für zu eigenen Wohnzwecken genutzten Wohnungen oder Teilen davon, können im Jahr der Fertigstellung oder Anschaffung und im darauf folgenden Jahr 10 v. H. der Herstellungs- oder Anschaffungskosten höchstens jeweils 30000,- DM und in den folgenden 10 Jahren jeweils 3 v. H. höchstens 9000,- DM bei anteilig genutztem Wohnraum entsprechend prozentual, als Sonderausgaben (§ 10e EStG) abgesetzt werden.

448 Für **Ausbauten und Erweiterungen** gilt sinngemäß das gleiche. Die Bestimmungen über Objektverbrauch, Erst- bzw. Zweiterwerb, Zuzugsvergünstigungen in bestimmten Fällen ändern sich nicht. Siehe hierzu die Erläuterungen zu § 15.

449 Für **steuerbegünstigen oder freifinanzierten** Wohnungsbau der Rz. 427 betragen die entsprechenden Abzugsbeträge im Jahre der Fertigstellung und in den beiden folgenden Jahren insgesamt bis zu 50 v. H. der Herstellungskosten der Wohnung höchstens jedoch 150000,- DM (§ 15b Abs. 2). Das gilt auch für Ausbauten und Erweiterungen (§ 15b Abs. 3).

7. Einschränkung des § 15a EStG

450 **§ 15a EStG** ist nicht bei Verlusten aus den erhöhten Absetzungen nach den §§ 14, 14a, 14b oder 15 anzuwenden (§ 15a). § 31 Abs. 18 regelt den Anwendungszeitpunkt. Es ist bei Verlusten zu trennen zwischen **Berliner Verlusten** aus diesen erhöhten Absetzungen und den sonstigen laufenden Verlusten. Letztere fallen uneingeschränkt unter das Verlustausgleichsverbot des § 15a EStG.

8. Steuerermäßigung bei der Hingabe von Darlehen

451 Die Möglichkeit der Steuerersparnis durch **Darlehen nach den §§ 16 u. 17,** die nicht von einem Wohnsitz in Berlin abhängig sind, ergibt sich aus der folgenden **tabellarischen Darstellung.**

452 **Arbeitnehmer,** bei denen die Voraussetzungen des § 46 Abs. 1 u. 2 EStG nicht vorliegen, können die Vergünstigungen der §§ 16 u. 17 dennoch in Anspruch nehmen (§ 18).

Übersicht

	Darlehen nach § 16	§ 17 Abs. 1	§ 17 Abs. 2
Zweck	Förderung betrieblicher Investitionen in Berlin	Förderung des Baues neuer Wohnungen in Berlin bis höchstens 10000,- DM je Wohnung	Förderung des Baues, Umbaues, der Erweiterung, Modernisierung oder Instandsetzung von Gebäuden in Berlin; nicht Anschaffung
Höhe der Steuerermäßigung	12 v. H.	20 v. H.	20 v. H.
	des Darlehensbetrages, insgesamt nicht mehr als 50% der ESt oder KSt, die sich ohne die Ermäßigungen im Jahr der Darlehnshingabe ergeben würde (§ 16 Abs. 5, § 17 Abs. 6)		
Art und Konditionen des Darlehens	marktüblich verzinst, Tilgung ab Ende des vierten Jahres. Bei Direktvergabe höhere Zinsvereinbarung möglich.	unverzinslich Tilgung in gleichen Jahresbeträgen ohne Freijahre	marktüblich verzinst, Tilgung in gleichen Jahresbeträgen ohne Freijahre. Bei Direktvergabe freie Zinsvereinbarung möglich.
Mindestlaufzeit	8 Jahre	10 Jahre	25 Jahre
Darlehensempfänger	a) Berliner Industriebank AG b) Deutsche Industriebank c) oder unmittelbar ein Berliner Unternehmer (Gewerbetreibender, Land- u. Forstwirt, Selbständiger)	a) Bauherren in Berlin	a) Bauherren in Berlin b) Berliner Pfandbrief Bank c) Wohnungsbau-Kreditanstalt Berlin
Kreditaufnahmeverbot	ja	ja	nein
Nachweis	Hingabebescheinigung von a) oder b), bei c) Überwachungsbestätigung von a) oder b).	bei a) Überwachungsbestätigung von b) oder c); bei b) und c) Hingabebescheinigung von b) oder c).	

454 Entgegen Abschn. 4 Abs. 1 EStR hat das Hessische Finanzgericht im Urteil vom 13. 12. 1984 (EFG 1985 S. 246 entschieden, daß die Steuerermäßigung nach den §§ 16 u. 17 BerlinFG **vor den ausländischen Steuern** abzuziehen ist, sofern sich dies für den Steuerpflichtigen günstiger auswirkt.

455 Steuerermäßigungen nach §§ 16 u. 17 sind besondere **Tarifvorschriften,** sie wirken sich grundsätzlich daher bei der **Körperschaftsteuer** nur auf nicht ausgeschüttete Gewinne aus. Bei Vollausschüttung oder Liquidation geht der Steuervorteil bei Kapitalgesellschaften wieder verloren.

456 Werden die unverzinslichen Darlehen von Steuerpflichtigen mit Gewinnermittlung nach § 4 (1) EStG oder § 5 EStG aus Mitteln eines Betriebes gewährt, müssen Darlehen mit dem **abgezinsten Wert in die Bilanz** eingestellt werden. Abzinsungshöchstsatz 5,5 v. H. (§ 17 Abs. 1 Sätze 2 u. 3).

457 Steuerermäßigungen entfallen, wenn die Darlehen unmittelbar zwischen **zusammenveranlagten Ehegatten** gegeben werden (BFH 26. 7. 1983 BStBl. II S. 674).

III. Gewährung von Investitionszulage

458 Antragsberechtigt sind Steuerpflichtige im Sinne des EStG oder KStG, die in Berlin-West einen Betrieb (Betriebsstätte) haben (§ 19 Abs. 1 Satz 1). Eine **Betriebsstätte** in diesem Sinne haben nur Gewerbetreibende, Land- und Forstwirte und selbständig Tätige.

459 Bei einer **Gesellschaft** im Sinne des § 15 Abs. 1 Nr. 2 EStG wird dieser die Investitionszulage gewährt und den einzelnen Gesellschaftern über die einheitliche und gesonderte Feststellung zugeordnet (§ 19 Abs. 1 Satz 2).

460 Grundsätzlich gelten die Vorschriften der AO (§ 19 Abs. 7). Die Erschleichung der Investitionszulage fällt unter den Straftatbestand des **Subventionsbetruges** des § 264 StGB.

461 Die Investitionszulage gehört **nicht zu den Einkünften** im Sinne des Einkommensteuergesetzes. Sie mindert nicht die steuerlichen Anschaffungs- oder Herstellungskosten (§ 14 Abs. 5). Bei Körperschaftsteuerpflichtigen wird sie außerhalb der Gewinnermittlung bei der Errechnung des Einkommens abgezogen. Bei der **Gliederung des verwendbaren Eigenkapitals** wird sie dem EK 02 zugeordnet.

462 Die Investitionszulage wird nur auf **Antrag** auf amtlichem Formular, der innerhalb von 9 Monaten nach Ablauf des Kalenderjahres zu stellen ist, gewährt. Die begünstigten Maßnahmen oder Anschaffungen müssen so genau bezeichnet werden, daß ihre Feststellung bei einer Nachprüfung möglich ist. Die Antragsfrist ist eine **Ausschlußfrist** (§ 19 Abs. 5). Verfahrensfragen, Regelungen über Rückzahlungsverpflichtungen und Verzinsung finden sich im § 19 Abs. 6–10.

Viele Vorschriften stehen korrespondierend neben denen des § 14.

463 Die Anschaffungs- und Herstellungskosten sind um Abzüge wie Skonti, Rabatte, Preisnachlässe usw. bereits im Antrag zu kürzen. Erfolgt die **Preisminderung** später, ist der Antrag entsprechend zu berichtigen.

464 Die Investitionszulage kann nach § 19 Abs. 3 bereits für im Wirtschaftsjahr aufgewendete **Teilherstellungskosten** und **Anzahlungen auf Anschaffungskosten** gewährt werden. § 7a Abs. 2 Sätze 3–5 EStG gelten entsprechend (§ 19 Abs. 3).

465 Eine **Investitionszulage von 10 v. H.** (§ 19 Abs. 1 Satz 3 Ziff. 1) der Anschaffungs- oder Herstellungskosten wird für im Kalenderjahr (oder Wirtschaftsjahr das im Kalenderjahr endet) angeschaffte oder hergestellte neue, abnutzbare, **bewegliche**, körperliche Wirtschaftsgüter gewährt.

466 **Immaterielle Wirtschaftsgüter** (z. B. Urheberrechte, Software, Know-how, Filme) sind nach dem augenblicklichen Stand der Rechtsprechung nicht begünstigt.

467 Die Wirtschaftsgüter müssen **3 Jahre** nach ihrer Anschaffung oder Herstellung **ununterbrochen** in „einem" Berliner Betrieb (Betriebstätte) zum **Anlagevermögen** gehören (§ 19 Abs. 1 Satz 1). Ein vorzeitiges Ausscheiden durch höhere Gewalt (Brand, Diebstahl, Unfall) ist unschädlich.

468 Für **geringwertige Wirtschaftsgüter** (§ 6 Abs. 2 EStG) wird eine Investitionszulage nicht gewährt (§ 19 Abs. 2 Satz 3).

469 Für **Pkw** gelten die Einschränkungen des § 19 Abs. 2 Satz 2. Eine private Nutzung ist nur dann unschädlich, wenn sie unter 10 v. H. liegt.

470 Überhöhte Aufwendungen für **Luxusgüter**, die der Repräsentation und damit der persönlichen Lebensführung des Investors dienen, können nicht berücksichtigt werden (z. B. ein besonders wertvoller, echter Teppich im Büro eines Rechtsanwalts).

471 Wirtschaftsgüter des **Umlaufvermögens** (z. B. Waren, Ersatzmotoren, Maschinenersatzteile) und **nicht abnutzbare Anlagegüter** (z. B. Grund und Boden, Beteiligungen, Kunstgegenstände) sind **nicht begünstigt**.

472 Ob ein Wirtschaftsgut **beweglich** ist, richtet sich nach einkommensteuerlichen bzw. bewertungsrechtlichen Vorschriften. Betriebsvorrichtungen gelten als beweglich.

473 **Außenanlagen** sind mit wenigen Ausnahmen nicht begünstigt.

474 Wird das Wirtschaftsgut durch das **Vermischen oder Verbinden** unselbständiger Teil eines anderen beweglichen Wirtschaftsgutes, so kommt eine Begünstigung nur als Teil der begünstigten Herstellungs- oder Anschaffungskosten für das andere bewegliche Wirtschaftsgut in Betracht.

475 Für bewegliche Wirtschaftsgüter, deren **nachträgliche Anschaffungs- oder Herstellungskosten** infolge des Vermischens oder Verbindens zum Erhaltungsaufwand gehören (z. B. Röntgenröhre), wird eine Investitionszulage nicht gewährt.

476 Ein bewegliches Wirtschaftsgut ist **neu**, wenn es ungebraucht, also fabrikneu im Zeitpunkt der Anschaffung ist. Ein vorher als **Vorführgerät** genutztes oder gemietetes Wirtschaftsgut ist im Zeitpunkt des Kaufes nicht neu.

477 Ein **unter Verwendung gebrauchter Teile hergestelltes** Wirtschaftsgut ist nur neu, wenn der Teilwert der gebrauchten Teile nicht mehr als 10 v. H. des Wirtschaftsgutes beträgt, es sei denn, daß bei seiner Herstellung eine „neue Idee" verwirklicht wird (BFH 12. 6. 75 BStBl. I 1976, 96).

Berlinförderungsgesetz 478–482 **H**

478 Eine **Investitionszulage von 25 v. H.** wird anstelle von 10 v. H. für Wirtschaftsgüter der Rz. 465 ff. unter der Voraussetzung gewährt, daß sie mindestens 3 Jahre nach ihrer Anschaffung oder Herstellung den folgenden begünstigten Zwecken (§ 19 Abs. 1 Satz 4 Ziff. 1) dienen:
– in einem Betrieb des **verarbeitenden Gewerbes** – ausgenommen Baugewerbe – unmittelbar oder mittelbar der Fertigung oder unmittelbar der Datenverarbeitung. Der Begriff „verarbeitendes Gewerbe" wird nach der Rechtsprechung des BFH in engster Anlehnung an das Systematische Verzeichnis der Wirtschaftszweige des Statistischen Bundesamtes ausgelegt. Grundsätzlich gelten die Betriebe der Abteilung 2 als verarbeitendes Gewerbe. – Unter **Baugewerbe** fallen alle an der Errichtung eines Bauwerkes unmittelbar beteiligten Betriebe. Bei Mischbetrieben muß die Verarbeitungstätigkeit überwiegen. Abgrenzungsmerkmale können Umsatz, Kapital, Arbeitslöhne oder Kombinationen dieser Faktoren sein. In Berlin belegene Betriebsstätten sind dabei als Einheit anzusehen. – **Fertigung** ist im Sinne des einkommensteuerlichen Begriffes der Herstellung aufzufassen. Die begünstigten Wirtschaftsgüter müssen jedes für sich überwiegend der Fertigung dienen, sei es unmittelbar oder mittelbar (z. B. Beschaffung von Rohstoffen, Transportgeräte im Fertigstellungsbereich). Zur Fertigung gehören nicht Werbung und Vertrieb. Die Verwaltung und Geschäftsführung rechnen nur insoweit zur Fertigung, als sie den Fertigungsbereich direkt betreffen. – **Datenverarbeitung** ist die Auswertung von Eingabedaten auf Datenverarbeitungsanlagen ohne daß die Daten für die Fertigung selbst verwendet werden müssen;
– der **Energiewirtschaft** nach § 19 Abs. 1 Satz 4 Ziff. 1 a bb;
– unmittelbar dem **datenverarbeitenden Dienstleistungsgewerbe** nach § 19 Abs. 1 Satz 4 Ziff. 1 a cc bei überwiegendem Umsatz für Auftraggeber außerhalb von Berlin.

479 Eine **Investitionszulage von 40 v. H.** wird anstelle von 10 v. H. für die Wirtschaftsgüter der Rz. 465 ff. gewährt, die mindestens 3 Jahre nach ihrer Anschaffung oder Herstellung ausschließlich der **Forschung oder Entwicklung** (nicht nur im eigenen Betrieb) dienen (§ 19 Abs. 1 Satz 4 Ziff. 1 b).

480 Die Investitionszulage **vermindert sich auf 30 v. H.** für den 500 000,– DM übersteigenden Teil der jährlichen Investitionen im Forschungs- und Entwicklungsbereich. Das **Wirtschaftsgut selbst muß ausschließlich** der Forschung oder Entwicklung dienen, nicht der Betrieb. Jede geringfügige Nutzung für andere Zwecke ist schädlich. (§ 51 Abs. 1 Nr. 2 Buchst. u Satz 4 EStG).

481 Die **Investitionszulage** für **abnutzbare unbewegliche Wirtschaftsgüter** des Anlagevermögens (Gebäude, Gebäudeteile, Eigentumswohnungen oder im Teileigentum stehende Räume) beträgt **15 v. H.** der Herstellungskosten. Sie **erhöht** sich auf 20 v. H. (§ 31 Abs. 19), sofern der Antrag auf Baugenehmigung nach dem 31. 3. 1985 gestellt wurde. Ist eine Baugenehmigung nicht erforderlich, reicht es aus, wenn der Baubeginn nach dem 31. 3. 1985 erfolgt.

482 Die Investitionszulage kommt in Betracht:
– für **in Berlin errichtete unbewegliche Wirtschaftsgüter** (§ 19 Abs. 2 Satz 4 Ziff. 1) die im eigenen gewerblichen Betrieb (also nicht bei Land- und Forstwirtschaft und selbständiger Arbeit) mindestens 3 Jahre nach ihrer Herstellung zu mehr als 80 v. H. den in § 14 Abs. 2 Satz 1 Ziff. 2a aufgeführten Zwecken dienen. Für **angeschaffte derartige Gebäude** wird eine Investitionszulage nicht gewährt, obwohl die erhöhte Absetzung nach § 14 in Anspruch genommen werden kann;
– für **Ausbauten oder Erweiterungen** an in Berlin-West belegenen unbeweglichen Wirtschaftsgütern die mindestens 3 Jahre nach ihrer Herstellung (§ 19 Abs. 2 Satz 4 Ziff. 2a) zu mehr als 80 v. H. den in § 14 Abs. 2 Satz 1 Ziff. 2a aufgeführten Zwecken im eigenen gewerblichen Betrieb dienen, unabhängig von der Nutzung des „Altgebäudes". Der Hinweis im Gesetz auf die Nutzungszwecke des § 14 Abs. 4 ist nicht klar und bezieht sich wohl nur auf die anderen nachträglichen Herstellungsarbeiten;
– die **anderen nachträglichen Herstellungsarbeiten** müssen an in Berlin belegenen unbeweglichen Wirtschaftsgütern vorgenommen werden (§ 19 Abs. 2 Satz 4 Ziff. 2b) und diese müssen dann im Anschluß mindestens 3 Jahre entweder zu mehr als 80 v. H. den im § 14 Abs. 2 Satz 1 Ziff. 2a aufgeführten Zwecken im eigenen

Fasolt

gewerblichen Betrieb dienen oder **Modernisierungsmaßnahmen** des § 14 Abs. 4 darstellen. Die modernisierten unbeweglichen Wirtschaftsgüter müssen dann mindestens 3 Jahre nach Beendigung der Arbeiten in einem Betrieb des **Hotel- und Gaststättengewerbes** überwiegend der Beherbergung dienen. Hier ist nicht auf den eigenen Betrieb abgestellt, sondern diese Arbeiten können auch für Vermieter begünstigt sein, bei denen die Mieter diese Voraussetzungen erfüllen. Auch Mieterausbauten können darunter fallen, wenn die Mieter selbst die Voraussetzungen erfüllen.

483 Die **Investitionszulage erhöht sich auf 20 v. H.** der Herstellungskosten (§ 19 Abs. 1 Satz 4 Ziff. 2) **bzw. auf 25 v. H.** für Baubeginn oder Anträge auf Baugenehmigung nach dem 31. 3. 1985, wenn die errichteten unbeweglichen Wirtschaftsgüter, oder die Ausbauten und Erweiterungen, oder die nachträglichen Herstellungskosten mindestens 3 Jahre nach ihrer Herstellung oder Beendigung der Herstellungsarbeiten der **Forschung und Entwicklung** im Sinne des § 51 Abs. 1 Nr. 2 Buchst. u Satz 4 EStG in Verbindung mit § 14 Abs. 2 Satz 1 Nr. 2 Buchst. a/dd dienen.

IV. Steuererleichterungen und Arbeitnehmervergünstigungen

1. Ermäßigung der veranlagten Einkommensteuer für Berliner Steuerpflichtige

484 Für **begünstigte Einkünfte aus Berlin** (§ 23) von zur Einkommensteuer veranlagten Personen mit den Wohnsitzvoraussetzungen des § 21 Abs. 1 Ziff. 1–3 und bei **Arbeitnehmern** des § 26 mit Einkünften im Sinne des § 23 Abs. 4b ermäßigt sich die tarifliche Einkommensteuer bzw. Lohnsteuer, die auf diese Einkünfte entfällt, um **30 v. H.** (§ 21 Abs. 1 Satz 1).

485 Bei **Eheleuten** im Sinne von § 26 Abs. 1 EStG genügt es, wenn einer von ihnen die Wohnsitzvoraussetzungen erfüllt.
Einkünfte aus Land- und Forstwirtschaft, Gewerbebetrieb und selbständiger Arbeit sind begünstigt, sofern sie in einer Berliner Betriebsstätte erzielt werden.

486 **Einkünfte aus Kapitalvermögen** sind begünstigt, wenn der Schuldner der Kapitalerträge seinen ausschließlichen Wohnsitz oder seine Geschäftsleitung und seinen Sitz in Berlin hat. Zinsen aus Postspargutthaben rechnen nicht dazu (BFH 4. 12. 79 BStBl. II 1980, 121).

487 Bei Einkünften aus **Vermietung und Verpachtung** wird auf die Belegenheit des Grundstückes abgestellt.

488 **Ruhegelder** und andere Bezüge aus früheren Dienstleistungen und Einkünfte im Sinne des § 22 EStG sind generell begünstigt.

489 Bei Einkünften aus **nichtselbständiger Arbeit** im Sinne des § 23 Abs. 4a ist die Präferenz durch die ausgezahlte Berlinzulage des § 28 Abs. 1 in den meisten Fällen abgegolten, s. Rz. 502 ff.

490 Ergibt sich bei der Einkommensteuerveranlagung, daß die Präferenz von 30 v. H. bezogen auf die Einkünfte aus nichtselbständiger Arbeit höher ist, als die ausgezahlte Berlinzulage, wird die **Differenz nachträglich** gewährt (§ 21 Abs. 1 Satz 3 i. V. § 25 Abs. 3).

491 Die Vergünstigungsbestimmungen gelten auch für Arbeitnehmer, wenn sie erst im Veranlagungszeitraum in Berlin einen **Aufenthalt begründen** und eine zusammenhängende Beschäftigung von mindestens 3 Monaten aufnehmen (§ 22).

492 Die **Einkommensteuerermäßigung** ist nur **anteilig** zu gewähren, wenn in dem Einkommen nicht nur Einkünfte aus Berlin-West enthalten sind (§ 25). Bei nicht präferenzierten Einkünften unter 3000,– DM (bei Ehegatten erfolgt keine Verdoppelung) unterbleibt eine Aufteilung.

493 Der **Ermäßigungsbetrag** wird nach folgender **Formel** berechnet:

$$\frac{30 \times A \times B}{100 \times C}$$

Berlinförderungsgesetz   494–500 H

A = Summe der begünstigten Einkünfte aus Berlin-West des § 23 also ohne Berücksichtigung z. B.
des Altersentlastungsbetrages (§ 24a EStG), des Ausbildungsplatzabzugsbetrages (§ 24b EStG),
des Freibetrages für Land- und Forstwirte (§ 13 Abs. 3 EStG).
B = Einkommensteuer laut Tabelle zuzüglich Steuer nach § 34, 34b, 34c Abs. 3 u. 4 EStG, für das
gesamte Einkommen, abzüglich der ausländischen Steuern, (§ 34c Abs. 1 u. 6 EStG, § 12 AStG)
und der Steuerermäßigung für freie Erfinder § 4 Nr. 3 ErfVO.
C = Gesamtbetrag der Einkünfte im Sinne des § 2 Abs. 3 EStG.

494 Der **Pauschsteuersatz** der §§ 40a Abs. 1 und 40b EStG beträgt in Berlin 6,5 v. H. und darauf 10 v. H. Lohnkirchensteuer.

2. Ermäßigung der veranlagten Einkommensteuer für andere Steuerpflichtige

495 Liegen die persönlichen **Wohnsitzvoraussetzungen** (§ 21 Abs. 1 Satz 1 und § 21 Abs. 2 Satz 1) **nicht vor,** so ermäßigt sich für diese Steuerpflichtigen, die auf ihre Berliner Einkünfte anteilig entfallende Einkommensteuer, wenn sie in Berlin eine oder mehrere **gewerbliche Betriebsstätten** unterhalten, in denen während des Veranlagungszeitraumes im Durchschnitt regelmäßig insgesamt 25 Arbeitnehmer beschäftigt werden.

496 Die Einkommensteuer wird auch für Gewinnanteile aus **Mitunternehmerschaften** (§ 15 Abs. 1 Nr. 2 EStG) gewährt, wenn diese in ihren in Berlin unterhaltenen gewerblichen Betriebsstätten insgesamt mindestens 25 Arbeitnehmer beschäftigen.

Bestehen Betriebsstätten mehrerer Gewerbebetriebe eines Steuerpflichtigen, so muß die Mindestzahl in jeder von ihnen erfüllt sein (§ 21 Abs. 3).

497 Im Normalfall errechnet sich die durchschnittliche **Mindestzahl** wie folgt:

Summe der Arbeitstage (einschl. z. B. Urlaub, Krankheit, Schlechtwetter, Kurzarbeit) aller im Laufe des Veranlagungszeitraums beschäftigt gewesenen Arbeitnehmer, geteilt durch die Zahl der Arbeitstage des Kalenderjahres. Teilzeitbeschäftigte können nur anteilig gerechnet werden.

498 **Organgesellschaften** und verbundene Unternehmen sind für die Ermittlung der in Betriebsstätten in Berlin-West erzielten Einkünfte als Betriebsstätten des Organträgers anzusehen. Ohne diese Regelung würde das anteilige Einkommen des Organs aus Berlin von der Präferenzierung ausgeschlossen oder umgekehrt, das Einkommen des Organs außerhalb Berlins anteilig dem begünstigten Einkommen des Organträgers aus Berlin hinzugerechnet werden.

3. Ermäßigung der Körperschaftsteuer für Berliner Einkünfte

499 Die **Körperschaftsteuerpräferenz** des § 21 Abs. 2 erhalten Körperschaften, Personenvereinigungen und Vermögensmassen, die ihre Geschäftsleitung und ihren Sitz ausschließlich in Berlin haben, für ihre Berliner Einkünfte im Sinne des § 23. Werden die persönlichen Voraussetzungen (Geschäftsleitung und Sitz ausschließlich in Berlin) im Laufe eines Veranlagungszeitraums begründet oder fallen sie im Laufe eines Veranlagungszeitraumes weg, so steht dem Steuerpflichtigen die Körperschaftsteuerpräferenz auch für diesen Zeitraum zu. Die **Präferenz** beträgt grundsätzlich **22,5 v. H. der tariflichen KSt** (§ 23 Abs. 1–4 und § 26 Abs. 6 KStG), soweit sie auf die Berliner Einkünfte entfällt (§ 21 Abs. 2 Satz 1). Der Hinweis auf § 26 Abs. 6 KStG bedeutet, daß der **Abzug** ausländischer Steuern die tarifliche KSt als Bemessungsgrundlage für die KSt-Präferenz mindert. Durch die **Anrechnung ausländischer Steuern** tritt dagegen keine Minderung der Bemessungsgrundlage ein. Im Regelfall beträgt die laufende KSt 56 v. H., so daß die Präferenz 22,5 v. H. davon = 12,6 v. H. des auf die Berliner Einkünfte entfallenden Einkommens ausmacht.

500 Nach § 27 gilt der Ermäßigungsbetrag bei der Gliederung des **verwendbaren Eigenkapitals** als nicht mit KSt belastete Vermögensmehrung und wird dem **EK 02** zugewiesen. Um denselben Betrag gilt die KSt, die der Gesellschaft die besteuerten Einkünfte unterlegen haben, als erhöht. Es wird also die KSt gemindert, aber gleichzeitig die Zahlung der nicht ermäßigten KSt fingiert. Anders als bei sonstigen KSt-Ermäßigungen (z. B. aufgrund von Darlehen nach § 16 oder § 17) ist das Ergebnis deshalb nicht nur eine Steuerstundung bis zur Vollausschüttung, sondern eine endgültige Vermögensmehrung, die der Gesellschaft eine höhere Ausschüttung erlaubt.

Fasolt   701

Beispiel:	ohne Bln. Präf.	mit Bln. Präf.
Einkommen vor KSt	100,–	100,–
KSt 56 v. H.	56,–	56,–
./. Bln. Präf. 22,5 v. H.		12,6 43,4
vEK	44,–	56,6
EK 56	44,–	44,–
EK 02		12,6

501 Sind in den Berliner Einkünften aus Gewerbebetrieb (§ 23 Nr. 2) Einnahmen im Sinne des § 20 Abs. 1 Nr. 1–3 EStG aus Anteilen an unbeschränkt steuerpflichtigen Körperschaften oder Personenvereinigungen enthalten (**Beteiligungserträge**), so **ermäßigt** sich die tarifliche KSt insoweit nur **um 10 v. H.** (§ 21 Abs. 2 Satz 2). Auf die Höhe der Beteiligung an der Körperschaft oder Personenvereinigung kommt es nicht an. Die Präferenz auf Beteiligungserträge stellt **keine endgültige** Steuerersparnis dar, weil für sie nicht § 27 gilt. Die KSt-Ermäßigung führt insoweit zu einer Aufteilung nach § 32 Abs. 2 KStG mit der Folge, daß sie bei Vollausschüttung wieder rückgängig gemacht wird. Ohne die einschränkende Vorschrift für Beteiligungserträge hätten Holdinggesellschaften in Berlin die volle Präferenz auch für die im übrigen Bundesgebiet erwirtschafteten Beteiligungserträge erhalten. Die geringere Präferenz wird auf Ausschüttungen aus **Anteilen an unbeschränkt körperschaftsteuerpflichtigen Unternehmen** beschränkt. Sie betrifft also nicht Erträge aus Anteilen an ausländischen Kapitalgesellschaften, wohl aber Ausschüttungen von Berliner Unternehmen. Im Gegensatz zum Gesetzeswortlaut, der im Zusammenhang mit den Beteiligungserträgen von Einnahmen spricht, sind aber wohl Einkünfte gemeint, so daß Betriebsausgaben im Zusammenhang mit diesen Einnahmen (z. B. Schuldzinsen für den Anteilserwerb) zu berücksichtigen sind. Für Körperschaftsteuerpflichtige, die die Geschäftsleitungs- und Sitzvoraussetzungen nicht erfüllen, gilt für auf Berliner Betriebsstätten entfallende Einkünfte die gleiche Regelung wie für Einkommensteuerpflichtige ohne Wohnsitz in Berlin s. Rz. 495 ff.

4. Berlinzulagen für Arbeitnehmer (§ 28)

502 Die Zulage beträgt anstelle der allgemeinen Steuerpräferenz von 30 v. H. 8 v. H. der Bemessungsgrundlage, zuzüglich je Kind (nicht je Kinderfreibetrag), das auf der Lohnsteuerkarte nach § 39 Abs. 3 Nr. 4 EStG oder auf einer entsprechenden Bescheinigung vermerkt ist, monatlich 49,50 DM. Bei Anwendung der Lohnsteuerklassen IV/IV erhält jeder **Ehegatte** die Hälfte (§ 28 Abs. 5). Bei **geschiedenen Eltern** kann ohne verfassungsrechtliche Bedenken (BFH v. 25. 1. 1985 VI R 31/82 und VI R 32/82, HFR 1985, 359) der Kinderzuschlag u. U. entfallen.

503 Der **Arbeitgeber hat die Zulagen zu errechnen,** dem Arbeitnehmer auszuzahlen und diese Beträge der nächsten Lohnsteuerzahlung an das Finanzamt zu entnehmen bzw. sich erstatten zu lassen. Die Zulage ist in den Lohnabrechnungen (auch bei **pauschal besteuerten Bezügen** des § 40a) getrennt auszuweisen. Sie ist in der Lohnsteuerkarte zu bescheinigen (§ 28 Abs. 5).

504 **Der Arbeitgeber haftet** für zu Unrecht gezahlte Zulagen (§ 29 Abs. 4). Kann der Arbeitgeber ein Kind nicht berücksichtigen, weil z. B. die Eintragung auf der Lohnsteuerkarte nicht mehr (z. B. Kind über 16 Jahre), oder noch nicht (Geburt im Dezember) erfolgte, so kann nach Ablauf des Kalenderjahres das Wohnsitzfinanzamt auf Antrag den Kinderzuschlag festsetzen und auszahlen (§ 28 Abs. 6). Ein **Antrag** kann sich auch lohnen, wenn sich bei der Einkommensteuerveranlagung ergibt, daß die Berlinzulage höher wäre als die Präferenz s. Rz. 490.

505 **Berlinzulagen sind keine** steuer- oder **sozialversicherungspflichtigen Einnahmen** und arbeitsrechtlich nicht Bestandteil des Lohnes (§ 28 Abs. 1 Sätze 6 u. 7). Sie fallen deshalb nicht unter den allgemeinen Pfändungs- und Überweisungsbeschluß, sondern müssen gesondert gepfändet werden. Berlinzulagen sind nicht übertragbar (§ 28 Abs. 10). Verfahrensbestimmungen finden sich im § 29, der Hinweis, daß die Straf- und Bußgeldvorschriften der AO gelten im § 29a.

506 „**Aktive**" **Berlinzulage** (§ 28 Abs. 1 Sätze 1 u. 2). Nur der laufende Arbeitslohn aus einer Beschäftigung in Berlin-West des § 23 Nr. 4 Buchst. a aus einem gegenwärtigen Dienstverhältnis, der für den Lohnabrechnungszeitraum gezahlt wird, ist Bemessungsgrundlage (§ 28 Abs. 2 Ziff. 1 u. Abs. 3). Gleichgestellt sind die Leistungen des § 12 Abs. 1 **Vorruhestandsgesetz.**

507 Ist der Arbeitnehmer mit der Berechnung des Arbeitgebers nicht einverstanden, kann er beim Finanzamt des Arbeitgebers **Festsetzung** innerhalb einer Frist von zwei Monaten beantragen (§ 29 Abs. 2). Auf Arbeitslohn aus einem **früheren Dienstverhältnis** (z. B. Pension) wird keine Berlinzulage, sondern nur die allgemeine Präferenz von 30 v. H. gewährt.

508 „Passive" **Berlinzulage** (§ 28 Abs. 1 Satz 3): Für die Zeiten der Unterbrechung oder Einschränkung der Beschäftigung ohne Arbeitslohnfortzahlung bis höchstens 78 Wochen soll der Arbeitnehmer nicht die Berlinzulage verlieren. Die Bemessungsgrundlage in den abschließend aufgeführten 10 Fällen (z. B. Krankheit, Schlechtwettergeld, Mutterschaftsgeld) ist der auf einen Kalendertag entfallende Arbeitslohn des letzten Lohnabrechnungszeitraums der der Unterbrechung oder Einschränkung vorausgegangen ist (BFH 8. 2. 85 VI R 50/81 HFR 1985, 406) (§ 28 Abs. 2 Ziff. 2). Arbeitslohn der während der Unterbrechung zufließt, bleibt außer Ansatz.

Beispiel:

Letzter abgerechneter Gehaltsabrechnungszeitraum Oktober: Gehalt 2400,– DM, je Kalendertag also 80,– DM. Im November Bezug von Mutterschaftsgeld zuzüglich Weihnachtsgeld von 2400,– DM und sonstigen Bezügen von 1000,– DM. Es verbleibt bei einer Bemessungsgrundlage von 80,– DM je Kalendertag. Wäre der sonstige Bezug im Oktober gezahlt worden, wäre die Bemessungsgrundlage 3400,– DM : 30 = 113,50 DM (§ 28 Abs. 3 Satz 3).

Der Arbeitnehmer hat erforderlichenfalls die Voraussetzungen der „passiven" Berlinzulage dem Arbeitgeber nachzuweisen (§ 28 Abs. 9).

509 Der Berlinzulagebezug bei **Konkursausfallgeld** ist geregelt in mehreren Bestimmungen des § 28.

V. Anwendungsbereich

510 Der zeitliche Anwendungsbereich der einzelnen Begünstigungen ist im § 31 geregelt.

X. Sonstige Förderungsgesetze, insbesondere Investitionszulagengesetz

Bearbeiter: Prof. Dr. Herbert Peusquens

Übersicht

	Rz.
I. Investitionszulagengesetz 1982	551–568
1. Begünstigter Personenkreis	552
2. Betrieb oder Betriebstätte	553
3. Zulagefähige Wirtschaftsgüter	554–559
4. Begünstigungszeitraum	560–562
5. Bemessungsgrundlage	563–567
6. Übersichtsschema zum Investitionszulagengesetz 1982	568
II. Andere Förderungsgesetze	569–578
1. Auslandsinvestitionsgesetz	569
2. Förderung des Wohnungsbaus	570–573
a) Zweites Wohnungsbaugesetz	570

	Rz.
b) Landarbeiterwohnungen-Verordnung	571
c) Schutzbaugesetz	572
d) Wohnungsbau-Prämiengesetz	573
3. Vermögensbildung	574, 575
a) Spar-Prämiengesetz	574
b) Viertes Vermögensbildungsgesetz	575
4. Erhaltungsubventionen	576–578
a) Zonenrandförderungsgesetz	576
b) Stahlinvestitionszulagengesetz	577
c) Forstschäden-Ausgleichsgesetz	578
III. Spezielle Förderungsgesetze	579

I. Investitionszulagengesetz 1982

551 Die zentrale Vorschrift des InvZulG 1982 ist § 4b. Die derzeitige Fassung der Vorschrift ist durch das Beschäftigungsförderungsgesetz v. 3. 6. 1982 eingeführt worden; man spricht deshalb auch von der **Beschäftigungszulage.** Die Besonderheit dieser Zulage besteht darin, daß nicht, wie bisher üblich, die Summe bestimmter

Investitionen zulagebegünstigt ist, sondern lediglich die Steigerungsrate gegenüber der durchschnittlichen Summe vergleichbarer Investitionen der drei Vorjahre.

Zu § 4b InvZulG sind drei umfangreiche BdF-Schreiben ergangen:
- BdF v. 16. 6. 1982 (BStBl. I 1982, 569; Hb. d. St.-Veranlagungen ESt Anhang I 2d),
- BdF v. 11. 10. 1982 (BStBl. I 1982, 775; Hb.d.St.-Veranlagungen ESt Anhang I 2e),
- BdF v. 10. 2. 1983 (BStBl. I 1983, 97; Hb. d. St.-Veranlagungen ESt Anhang I 2f).

1. Begünstigter Personenkreis

552 **Zulageberechtigt** sind alle unbeschränkt und beschränkt Einkommensteuer- oder Körperschaftsteuerpflichtigen sowie Gesellschaften im Sinne des § 15 Abs. 1 Nr. 2 EStG; praktisch kommen aber nur Bezieher der ersten drei Einkunftsarten des § 2 Abs. 1 EStG i. V. m. § 8 Abs. 1 KStG in Betracht, da nur solche Personen Investitionen in einem Betrieb oder einer Betriebstätte vornehmen können. Die Art der Gewinnermittlung – Bestandsvergleich oder Einnahme-Überschuß-Rechnung gemäß § 4 Abs. 3 EStG – ist gleichgültig.

2. Betrieb oder Betriebstätte

553 Die Begriffe Betrieb und Betriebstätte sind nach allgemeinen steuerlichen Merkmalen zu bestimmen. Der Betrieb oder die Betriebstätte müssen im Inland belegen sein. Es kommt jedoch nicht darauf an, wo das investierte Wirtschaftsgut produziert worden ist; eine Herstellung des Investitionsgutes im Ausland ist also unschädlich.

Der Inlandsbegriff ist entsprechend den §§ 1 EStG und 1 KStG abzugrenzen. Demnach gehören zum Inland die Bundesrepublik Deutschland einschließlich Berlin (West) sowie der deutsche Festlandsockel. Letzteres ist bedeutsam für Investitionen zur Erdöl- und Erdgasexploration.

3. Zulagefähige Wirtschaftsgüter

554 Als **begünstigte Investitionen** kommen gemäß § 4b Abs. 2 in Betracht die Anschaffung oder Herstellung von neuen, abnutzbaren, beweglichen Wirtschaftsgütern des Anlagevermögens sowie die Herstellung von abnutzbaren, unbeweglichen Wirtschaftsgütern des Anlagevermögens; in beiden Fällen sind auch nachträgliche Herstellungsarbeiten an den genannten Wirtschaftsgütern zulagefähig. Zu beachten ist, daß bei abnutzbaren unbeweglichen Wirtschaftsgütern nur die Herstellung, nicht aber die Anschaffung begünstigt wird.

Nicht zulagefähig sind **geringwertige** Wirtschaftsgüter und **immaterielle Wirtschaftsgüter**, ebensowenig Handelsschiffe im internationalen Verkehr.

Zu den abnutzbaren unbeweglichen Wirtschaftsgütern rechnen nicht nur Gebäude, sondern auch **Außenanlagen** und **Gebäudeteile** im Sinne des Abschn. 13b EStR. Die unbeweglichen Wirtschaftsgüter dürfen aber nicht Wohnzwecken dienen. Als Gebäude, die Wohnzwecken dienen, sind auch Wohnungen zu betrachten, die wie z. B. Hausmeisterwohnungen aus besonderen betrieblichen Gründen an Betriebsangehörige überlassen werden. Bei Altenheimen ist in der Regel davon auszugehen, daß sie in vollem Umfang Wohnzwecken dienen; stehen allerdings ärztliche und pflegerische Hilfeleistungen im Vordergrund, dient das Heim in vollem Umfang nicht Wohnzwecken.

555 **Betriebsvorrichtungen** (Abschn. 43 Abs. 2 EStR) und **Scheinbestandteile** gelten als bewegliche Wirtschaftsgüter des Anlagevermögens. Ein Scheinbestandteil entsteht, wenn durch Baumaßnahmen bewegliche Wirtschaftsgüter zu einem vorübergehenden Zweck in ein Gebäude eingefügt werden (§ 95 BGB). Auch **Mietereinbauten und -umbauten** können Betriebsvorrichtungen und Scheinbestandteile sein (BdF v. 15. 1. 1976, BStBl. 1976, 66 – Nr. 2 u. 3). Andererseits zählen nach § 4b Abs. 2 Satz 6 Baumaßnahmen eines Mieters zu den unbeweglichen Wirtschaftsgütern des Anlagevermögens, wenn sie bei der Gewinnermittlung des Mieters wie Herstellungskosten eines materiellen Wirtschaftsguts des Anlagevermögens zu behandeln sind; dies ist der Fall, wenn durch die Baumaßnahmen weder ein Scheinbestandteil noch eine Betriebsvorrichtung entsteht und entweder der Mieter wirtschaftlicher

Eigentümer der von ihm geschaffenen Einbauten bzw. Umbauten ist oder die Einbauten bzw. Umbauten unmittelbar seinen besonderen betrieblichen Zwecken dienen und mit dem Gebäude nicht in einem einheitlichen Nutzungs- und Funktionszusammenhang stehen (Nr. 4 des BdF-Erlasses vom 15. 1. 1976).

556 Zulagefähige **nachträgliche Herstellungsarbeiten** liegen vor, wenn abnutzbare Wirtschaftsgüter des Anlagevermögens, die sich bereits in einem Betrieb oder einer Betriebstätte im Inland befinden, in ihrer Substanz wesentlich vermehrt, in ihrem Wesen erheblich verändert oder über ihren bisherigen Zustand hinaus deutlich verbessert werden (vgl. Abschn. 157 Abs. 3 EStR).

557 Ein abnutzbares bewegliches Wirtschaftsgut des Anlagevermögens muß **neu** sein, damit seine Investition begünstigt wird. Wird das Wirtschaftsgut vom Steuerpflichtigen selbst hergestellt, ist es als neu anzusehen, wenn der Teilwert der bei der Herstellung verwendeten gebrauchten Wirtschaftsgüter 10 v.H. des Teilwerts des hergestellten Wirtschaftsguts nicht übersteigt. Wird das Wirtschaftsgut angeschafft, so ist es neu, wenn es in ungebrauchtem Zustand erworben wird und beim Hersteller die Voraussetzungen vorliegen, die für die Annahme eines neuen Wirtschaftsguts bei der Selbstherstellung erforderlich sind. Wie schon erwähnt, sind auch im Ausland hergestellte Wirtschaftsgüter begünstigungsfähig.

558 Investitionen sind nach § 4b Abs. 2 Satz 7 nur begünstigt, wenn das Wirtschaftsgut **ausschließlich oder fast ausschließlich betrieblich genutzt** wird, d. h., das Wirtschaftsgut darf nicht zu mehr als 10 v.H. für außerbetriebliche Zwecke eingesetzt werden. Deshalb sind Personenkraftwagen in der Regel nicht zulagefähig. Die Voraussetzung der ausschließlichen oder fast ausschließlichen betrieblichen Nutzung muß in jedem Jahr des nachstehend zu erörternden Drei-Jahres-Zeitraums erfüllt sein. Wird das Wirtschaftsgut einem Dritten zur Nutzung überlassen, so ist bei der Prüfung der Frage, ob das Wirtschaftsgut ausschließlich oder fast ausschließlich betrieblich genutzt wird, nach dem BdF-Schreiben v. 16. 6. 1982 auf die tatsächliche Nutzung durch denjenigen abzustellen, dem die Nutzung überlassen wird. Demgegenüber wird in der Literatur (*Blümich/Falk,* § 4b InvZulG Anm. 62; *List,* DStZ 1983, 111; *Felix,* BB 1982, 1600) eine betriebsbezogene Auffassung vertreten, nach der die Frage der betrieblichen Nutzung aus der Sicht desjenigen zu beurteilen ist, der das Wirtschaftsgut zur Nutzung überläßt. Zu der Streitfrage ist inzwischen ein Revisionsverfahren beim Bundesfinanzhof anhängig.

559 Die Investitionszulage ist an die weitere Voraussetzung geknüpft, daß die begünstigten Wirtschaftsgüter mindestens drei Jahre nach ihrer Anschaffung oder Herstellung bzw. nach Beendigung der nachträglichen Herstellungsarbeiten in einem Betrieb oder einer Betriebstätte im Inland verbleiben. Die Verbleibensvoraussetzung ist auch dann erfüllt, wenn das Wirtschaftsgut innerhalb des **Drei-Jahres-Zeitraums** durch Veräußerung in das Anlagevermögen einer im Inland belegenen Betriebstätte eines anderen übergeht oder durch Vermietung und Verpachtung in einer im Inland belegenen Betriebstätte eines anderen genutzt wird. Schädlich ist es hingegen, wenn das Wirtschaftsgut vor Ablauf des Drei-Jahres-Zeitraums in das Privatvermögen oder in das Umlaufvermögen überführt wird. Gleiches gilt, falls ein zunächst nicht Wohnzwecken dienendes Gebäude der Nutzung zu Wohnzwecken zugeführt wird.

4. Begünstigungszeitraum

560 Die Zulage wird nur gewährt, wenn die Investitionen innerhalb eines **bestimmten Zeitraums** vorgenommen werden. Voraussetzung ist einmal, daß die Wirtschaftsgüter nachweislich nach dem 31. 12. 1981 und vor dem 1. 1. 1983 vom Steuerpflichtigen bestellt worden sind oder daß der Steuerpflichtige in dieser Zeitspanne mit der Herstellung der Wirtschaftsgüter oder mit den nachträglichen Herstellungsarbeiten begonnen hat (§ 4b Abs. 2 Satz 2). Unter Bestellung ist sowohl das Angebot des Bestellers zum Abschluß eines Vertrags auf Lieferung eines Wirtschaftsguts als auch die Annahme eines ihm vom Lieferanten gemachten Angebots zu verstehen. Bestellung ist die verbindliche Festlegung des Investors auf ein bestimmtes Wirtschaftsgut. Deshalb müssen das bestellte und das gelieferte Wirtschaftsgut identisch sein, d. h. das bestellte Wirtschaftsgut muß später auch geliefert werden. Das bedeutet, daß bei einer nachträglichen Änderung der Bestellung grundsätzlich der Zeitpunkt der geän-

derten Bestellung maßgebend ist. Eine Bestellung ist an dem Tag erfolgt, an dem sie dem Lieferanten zugeht; es kommt also nicht auf die Absendung des Bestellschreibens, sondern auf dessen Zugang beim Empfänger an.

561 **Beginn der Herstellung** eines Wirtschaftsguts ist der Tag, an dem mit den eigentlichen Herstellungsarbeiten angefangen wird. Ein früherer Zeitpunkt kommt in Betracht, wenn der Steuerpflichtige z. B. Material, das er für die Herstellung benötigt, von einem Dritten beschafft oder wenn er einen Dritten mit der Herstellung des Wirtschaftsguts beauftragt. Bei Baumaßnahmen, für die eine Baugenehmigung erforderlich ist, gilt als Beginn der Herstellung der Zeitpunkt, in dem der Antrag auf Baugenehmigung gestellt wird. Maßgebend ist der Eingang des Bauantrags bei der nach Landesrecht zuständigen Behörde (Eingangsstempel).

562 Weitere Voraussetzung für die Investitionszulage ist gemäß § 4b Abs. 2 Satz 4, daß die Wirtschaftsgüter vor dem 1. 1. 1984 **geliefert** oder **fertiggestellt** oder die nachträglichen Herstellungsarbeiten vor diesem Zeitpunkt beendet werden. Das gilt auch für Betriebsvorrichtungen, die im Zusammenhang mit der Herstellung eines Gebäudes angeschafft oder hergestellt werden. Bei Baumaßnahmen tritt an die Stelle des 1. 1. 1984 der 1. 1. 1985. Werden die Fristen überschritten, sind die gesamten Anschaffungs- oder Herstellungskosten nicht begünstigt.

5. Bemessungsgrundlage

563 Die Investitionszulage beträgt nach § 4b Abs. 3 10 v.H. der **Bemessungsgrundlage**. Da die Zulage einen Anreiz für zusätzliche Investitionen schaffen soll, ist Bemessungsgrundlage der positive Unterschiedsbetrag zwischen Begünstigungsvolumen und Vergleichsvolumen.

564 **Begünstigungsvolumen** (§ 4b Abs. 4) ist die Summe der Anschaffungs- oder Herstellungskosten der im Wirtschaftsjahr angeschafften oder hergestellten Wirtschaftsgüter und der Herstellungskosten der im Wirtschaftsjahr beendeten nachträglichen Herstellungsarbeiten, die begünstigte Investitionen sind. In das Begünstigungsvolumen können außerdem die im Wirtschaftsjahr geleisteten Anzahlungen auf Anschaffungskosten für begünstigte bewegliche Wirtschaftsgüter und die im Wirtschaftsjahr entstandenen Teilherstellungskosten für begünstigte bewegliche und unbewegliche Wirtschaftsgüter sowie für begünstigte nachträgliche Herstellungsarbeiten einbezogen werden; in diesen Fällen gehören im Wirtschaftsjahr der Lieferung oder Fertigstellung der Wirtschaftsgüter bzw. der Beendigung der nachträglichen Herstellungsarbeiten nur die um die Anzahlungen oder Teilherstellungskosten verminderten Anschaffungs- oder Herstellungskosten zum Begünstigungsvolumen.

565 **Anzahlungen** auf Anschaffungskosten sind Vorleistungen auf ein Anschaffungsgeschäft. Da es auf die effektive Zahlung ankommt, stellt eine Wechselhingabe keine Anzahlung dar, wenn sie für den Empfänger keinen wirtschaftlichen Wert hat. **Teilherstellungskosten** sind die Aufwendungen, die bis zum Ende des Wirtschaftsjahres durch den Verbrauch von Gütern und die Inanspruchnahme von Diensten für die Herstellung eines Wirtschaftsgutes entstanden sind. Dabei ist unerheblich, ob in dem Wirtschaftsjahr bereits entsprechende Zahlungen geleistet worden sind oder nicht. Bei Gebäuden gehören zu den Teilherstellungskosten auch die Aufwendungen für das am Ende des Wirtschaftsjahres auf der Baustelle angelieferte, aber noch nicht verbaute Material.

566 **Vergleichsvolumen** (§ 4b Abs. 5) ist die Summe der Anschaffungs- oder Herstellungskosten der in den drei letzten vor dem 1. 1. 1982 abgelaufenen Wirtschaftsjahren in dem Betrieb oder der Betriebsstätte im Inland angeschafften oder hergestellten Wirtschaftsgüter geteilt durch die Anzahl dieser Wirtschaftsjahre; zum Vergleichsvolumen gehören auch die Kosten der in dem genannten Zeitraum beendeten nachträglichen Herstellungsarbeiten. In das Vergleichsvolumen dürfen nur solche Investitionen einbezogen werden, die zulagefähig wären, wenn sie nach dem 31. 12. 1981 durchgeführt worden wären.

Das Vergleichsvolumen ist **betriebsbezogen** zu ermitteln. Hat ein Steuerpflichtiger einen Betrieb mit mehreren Betriebsstätten, so sind in das Vergleichsvolumen die Investitionen in allen inländischen Betriebsstätten des Betriebs einzubeziehen. Hat der Steuerpflichtige dagegen mehrere Betriebe, ist das Vergleichsvolumen für jeden Betrieb gesondert zu ermitteln; in diesem Falle ist das Vergleichsvolumen eines jeden Betriebs zwecks Ermittlung der Bemessungsgrundlage dem Begünstigungsvolumen in demselben Betrieb gegenüberzustellen. Bei Personengesellschaften sind bei der Ermittlung des Vergleichsvolumens auch die zum Sonderbetriebsvermögen gehörenden Wirtschaftsgüter zu berücksichtigen.

567 Die Zulage des § 4b setzt wie andere Investitionszulagen einen **Antrag** voraus. Dieser Antrag kann nur bis zum Ablauf von 9 Monaten nach Ende des Kalenderjahres gestellt werden, in dem das Wirtschaftsjahr der begünstigten Investitionen endet. Die Versäumung der Antragsfrist führt zum Verlust des Antragsrecht. Der Antrag ist nach amtlich vorgeschriebenem Vordruck an das für die Besteuerung nach dem Einkommen zuständige Finanzamt zu richten und, falls Einkünfte gemäß § 180 Abs. 1 Nr. 2 Buchst. a oder Buchst. b AO gesondert festgestellt werden, an das für die gesonderte Feststellung zuständige Finanzamt.

Abschließend wird darauf hingewiesen, daß die Zulage des § 4b neben einer Investitionszulage nach den §§ 1, 4, 4a InvZulG, 19 BerlinFG oder nach dem Stahl-InvZulG gewährt werden kann (§ 5 Abs. 1 InvZulG).

6. Übersichtsschema zum Investitionszulagengesetz
(Vom 4. 6. 1982, BGBl. I 1982, 646; BStBl. I 1982, 562)

568

§	Be-günstigte	Förderungs-Gegenstand	Förderungs-Maßstab	Förderungs-Mittel	Zeitraum
1	Gewerbe-treibende	Errichtung oder Erweiterung von Betriebstätten in förderungsbedürftigen Gebieten[1]	Anschaffungs- oder Herstellungskosten von neuen abnutzbaren beweglichen und Herstellungskosten von abnutzbaren unbeweglichen Wirtschaftsgütern des Anlagevermögens	Zulage von 10 v.H. im Zonenrandgebiet, sonst 8,75 v.H.	die Wirtschaftsgüter müssen nach dem 31. 12. 1981 angeschafft oder hergestellt werden. Ausbauten und Erweiterungen an unbeweglichen Wirtschaftsgütern des Anlagevermögens, deren Herstellungskosten nach den §§ 1, 4 und 4a ebenfalls begünstigt sind, müssen nach dem 31. 12. 1981 beendet werden für Investitionen vor dem 1. 1. 1982 siehe InvZulG 1979 v. 2. 1. 1979 (BGBl. I 1979, 24; BStBl. I 1979, 29)
4	Gewerbe-treibende, selbständig Tätige	Forschung und Entwicklung	Anschaffungs- oder Herstellungskosten von neuen abnutzbaren beweglichen, Herstellungskosten von abnutzbaren unbeweglichen und Anschaffungskosten von neuen abnutzbaren immateriellen Wirtschaftsgütern des Anlagevermögens (letztere bis zur Höhe von DM 500 000,– im Wirtschaftsjahr)	Zulage von 20 v.H. von den ersten DM 500 000,– und von 7,5 v.H. von dem übersteigenden Betrag	
4a	Gewerbe-treibende	Energieerzeugung und -verteilung	wie § 1	Zulage von 7,5 v.H.	
4b	Land- und Forstwirte, Gewerbe-treibende, selbständig Tätige	Beschäftigung	Anschaffungs- oder Herstellungskosten von neuen abnutzbaren beweglichen und Herstellungskosten von abnutzbaren unbeweglichen Wirtschaftsgütern des Anlagevermögens, jeweils einschließlich nachträglicher Herstellungskosten; außerdem entsprechende Anzahlungen und Teilherstellungskosten	Zulage von 10 v.H. des Unterschiedsbetrages zwischen dem Begünstigungsvolumen (Investitionskosten des Wirtschaftsjahres) und dem Vergleichsvolumen (durchschnittl. Investitionskosten der letzten drei Wirtschaftsjahre vor dem 1. 1. 1982)	Bestellung oder Beginn der Herstellung bzw. der nachträglichen Herstellungsarbeiten nach dem 31. 12. 1981 und vor dem 1. 1. 1983; Lieferung oder Fertigstellung vor dem 1. 1. 1984, bei unbeweglichen Wirtschaftsgütern vor dem 1. 1. 1985

[1] Förderungsbedürftige Gebiete sind nach § 3.
1. das Zonenrandgebiet i. S. des § 9 ZRFG.
2. das Steinkohlenbergbaugebiet Saar.
3. sonstige förderungsbedürftige Gebiete einschließlich der Fremdenverkehrsgebiete.

II. Andere Förderungsgesetze

1. Auslandsinvestitionsgesetz (Vom 18. 8. 1969, BGBl. I 1969, 1211, 1214)

569

§	Begünstigte	Förderungs-Gegenstand	Förderungs-Maßstab	Förderungs-Mittel	Zeitraum
1	Gewerbetreibende	Beteiligung an ausländischen Kapitalgesellschaften, Einlagen in ausländische Personengesellschaften und die Zuführung von Betriebsvermögen in eine ausländische Betriebstätte	Überführung von zum Anlagevermögen eines inländischen Betriebs gehörenden abnutzbaren Wirtschaftsgütern	steuerfreie Rücklage in Höhe des Überführungsgewinns	die Rücklage ist vom fünften auf ihre Bildung folgenden Wirtschaftsjahr an jährlich mit mindestens einem Fünftel gewinnerhöhend aufzulösen
2	Gewerbetreibende	Unterhalten von Betriebstätten in Staaten, mit denen ein DBA besteht	der nach den Vorschriften des EStG ermittelte Verlust aus der ausländischen Betriebstätte	Verlustausgleich und Verlustabzug, allerdings verbunden mit der Nachversteuerung gem. Abs. 1 S. 3	
3	Gewerbetreibende	mehrheitliche Beteiligung an ausländischen Kapitalgesellschaften oder wesentliche Beteiligung an Kapitalgesellschaften in Entwicklungsländern	Erwerb von Anteilen in einem Ausmaß, daß die mehrheitliche bzw. wesentliche Beteiligung erreicht wird, oder falls dies schon der Fall war, der Erwerb weiterer Anteile; der Erwerb muß innerhalb eines Wirtschaftsjahres erfolgen, und es müssen mindestens 5 v.H. des Nennkapitals erworben werden	steuerfreie Rücklage wegen Verluste der ausländischen Tochtergesellschaft bis zur Höhe des Teils der Verluste, der dem Verhältnis der neu erworbenen Anteile zum Nennkapital der Tochtergesellschaft entspricht	die Rücklage ist im Wirtschaftsjahr des Erwerbs der Anteile und in den 4 folgenden Wirtschaftsjahren zulässig, falls in dem betreffenden Jahr tatsächlich ein Verlust entstanden ist; sie ist spätestens am Schluß des fünften auf ihre Bildung folgenden Wirtschaftsjahres gewinnerhöhend aufzulösen

2. Förderung des Wohnungsbaus

a) Zweites Wohnungsbaugesetz (Vom 11. 7. 1985, BGBl. I 1985, 1284)

570

§	Begünstigte	Förderungs-Gegenstand	Förderungs-Maßstab	Förderungs-Mittel	Zeitraum
25, 92a	im **öffentlich geförderten Wohnungsbau:** Wohnungssuchende mit einem Jahreseinkommen (Summe der Einkünfte i. S. d. § 2 Abs. 1 u. 2 EStG) bis DM 21 600 zuzügl. DM 10 200 für den zweiten und DM 8 000 für jeden weiteren Familienangehörigen. Nä-	Schaffen von Wohnraum durch Neubau, Wiederaufbau zerstörter oder Wiederherstellung beschädigter Gebäude, Ausbau oder Erweiterung bestehender Gebäude	Wohnungsgröße Die Wohnfläche[1] darf nachstehende Grenzen nicht überschreiten: Familienheim mit einer Wohnung 130 qm; Familienheim mit zwei Wohnungen 200 qm; eigengenutzte Eigentumswohnung und Kaufeigentumswohnung 120 qm; andere Wohnung 90 qm. Näheres s. § 39.	Grundsteuerermäßigung[2] in der Weise, daß sich der Grundsteuermeßbetrag auf die Dauer von 10 Jahren nur nach dem Bodenwertanteil (Teil des Einheitswerts, der auf Grund und Boden entfällt) bemißt	Die Grundsteuervergünstigung beginnt mit dem 1. 1. des Jahres, das auf das Jahr der Bezugsfertigkeit folgt

Sonstige Förderungsgesetze

§	Begünstigte	Förderungs-Gegenstand	Förderungs-Maßstab	Förderungs-Mittel	Zeitraum
82, 92a	here Einzelheitens. § 25 im **steuerbegünstigten Wohnungsbau:** jeder Bauherr		Die Wohnflächengrenzen des § 39 dürfen um bis zu 20 v.H. überschritten werden. Wegen weiterer Überschreitungen s. § 82 Abs. 2. Eine gewerbliche oder berufliche Mitbenutzung der Wohnung ist unschädlich, falls nicht mehr als die Hälfte der Wohnfläche ausschließlich gewerblichen oder beruflichen Zwecken dient		

[1] Wegen der Wohnflächenberechnung s. §§ 42–44 Zweite Berechnungsverordnung v. 5. 4. 1984 (BGBl. I 1984, 553; BStBl. I 1984, 284; Hb.d.St.-Veranlagungen 1984 Anlage zu Abschn. 55 EStR).

[2] Das Verfahren zur Anerkennung einer Wohnung als steuerbegünstigt und zur Durchführung der Grundsteuervergünstigung sowohl für öffentlich geförderte wie für steuerbegünstigte Wohnungen regelt die ,,Allgemeine Verwaltungsvorschrift über die Anerkennung steuerbegünstigter Wohnungen und über die Grundsteuervergünstigung nach dem Zweiten Wohnungsbaugesetz" v. 24. 8. 1983 (BStBl. I 1983, 409).

b) **Landarbeiterwohnungen-Verordnung** (Vom 6. 8. 1974, BGBl. I 1974, 1870)

§	Begünstigte	Förderungs-Gegenstand	Förderungs-Maßstab	Förderungs-Mittel	Zeitraum
1	Land- und Forstwirte einschl. Personengesellschaften und Körperschaften, die Einkünfte gem. § 13 EStG erzielen, sowie Verpächter land- und forstwirtschaftlicher Betriebe	Schaffung von Wohnungen oder Wohnräumen für Landarbeiter, die im eigenen Betrieb des Stpfl. tätig sind oder im Betrieb eines Land- und Forstwirts, an den der Stpfl. verpachtet hat	Aufwendungen für Neubau, Wiederaufbau zerstörter oder Wiederherstellung beschädigter Gebäude, Ausbau, Erweiterung oder Modernisierung bestehender Gebäude. Nur eigene Aufwendungen des Stpfl. einschl. der durch Kredite finanzierten Kosten kommen in Betracht, nicht aber die durch Subventionen abgedeckten Aufwendungen	Sonderabschreibung: entweder im Wirtschaftsjahr der Herstellung voll oder in diesem und in den beiden folgenden Wirtschaftsjahren mit je 1/3	die Landarbeiterwohnungen müssen in den Wirtschaftsjahren 1950/51 bis 1976/77 hergestellt worden sein

c) **Schutzbaugesetz** (Vom 9. 9. 1965, BGBl. I 1965, 1232)

§	Begünstigte	Förderungs-Gegenstand	Förderungs-Maßstab	Förderungs-Mittel	Zeitraum
7	a) jeder Bauherr, der Schutzräume schafft	Schutzräume für den zivilen Bevölkerungsschutz	Herstellungskosten[1] der Schutzräume, soweit sie durch Zuschüsse nicht gedeckt sind	Sonderabschreibung: im Jahr der Fertigstellung des Gebäudes und in den 11 folgenden Jahren (bis zur vollen Absetzung) jährlich höchstens 10 v.H.	
7	b) Betriebsinhaber und Vermieter, die Zu-	s. o.	Zuschuß[1]	Sonderabschreibung: im Jahr der Hingabe des Zuschusses und in den 11 folgen-	

Peusquens

§	Begünstigte	Förderungs-Gegenstand	Förderungs-Maßstab	Förderungs-Mittel	Zeitraum
	schüsse zur Errichtung von Schutzräumen leisten, um ein Benutzungsrecht für Betriebsangehörige bzw. Mieter zu erhalten			den Jahren (bis zur vollen Absetzung) jährlich höchstens 10 v. H.	
7	c) in anderen Fällen (z. B. Mieter erwirbt gegen Zahlung eines Zuschusses Benutzungsrecht in einem anderen Gebäude)	s. o.	Zuschuß[1]	Abzug des Zuschusses als Sonderausgabe im Jahr der Hingabe und in den 11 folgenden Jahren (bis zur vollen Absetzung) jährlich höchstens 10 v. H.	

[1] Für die Herstellungskosten sind durch die Schutzbau-Höchstbetragsverordnung v. 25. 2. 1970 (BGBl. I 1970, 217; BStBl. I 1970, 247) Höchstbeträge festgelegt, die sich nach der Zahl der Schutzplätze richten. Zuschüsse sind nur begünstigt, soweit sie diese Höchstbeträge nicht übersteigen.

Zusatz: Für Steuern vom Vermögen und für die Erbschaftsteuer bleiben Schutzräume sowie die Benutzungsrechte der Zuschußgeber außer Ansatz.

d) Wohnungsbau-Prämiengesetz (Vom 10. 2. 1982, BGBl. I 1982, 131)

§	Begünstigte	Förderungs-Gegenstand	Förderungs-Maßstab	Förderungs-Mittel	Zeitraum
3	unbeschränkt Einkommensteuerpflichtige mit zu versteuerndem Einkommen bis DM 24000/ 48000 zuzügl. DM 1800 für jedes Kind	Wohnungsbau	Bausparleistungen bis zum Höchstbetrag von DM 800/1600	Prämie von 14 v. H. zuzügl. 2 v. H. für jedes Kind unter 17 Jahren	die Festlegungsfrist beträgt 7 Jahre; bei Verträgen, die nach dem 12. 11. 1980 und vor dem 1. 11. 1984 abgeschlossen wurden, jedoch 10 Jahre

Sonstige Förderungsgesetze

3. Vermögensbildung

a) Spar-Prämiengesetz (Vom 10. 2. 1982, BGBl. I 1982, 125)

574

§	Begünstigte	Förderungs-Gegenstand	Förderungs-Maßstab	Förderungs-Mittel	Zeitraum
2	unbeschränkt Einkommensteuerpflichtige mit zu versteuerndem Einkommen bis DM 24000/ 48000 zuzügl. DM 1800 für jedes Kind	Vermögensbildung z. B. durch Kontensparen oder Wertpapiersparen	Sparbeiträge bis zum Höchstbetrag von DM 800/1600	Prämie von 14 v.H. zuzügl. 2 v.H. für jedes Kind unter 17 Jahren	die Verträge müssen vor dem 13. 11. 1980 abgeschlossen worden sein; die Festlegungsfrist beträgt nach § 1 Abs. 3 sechs bzw. sieben Jahre

b) Viertes Vermögensbildungsgesetz (Vom 6. 2. 1984, BGBl. I 1984, 201)

575

§	Begünstigte	Förderungs-Gegenstand	Förderungs-Maßstab	Förderungs-Mittel	Zeitraum
12	aktiver **Arbeitnehmer** mit zu versteuerndem Einkommen bis DM 24000/ 48000 zuzügl. DM 1800 für jedes Kind	Vermögensbildung z. B. durch Kontensparen, Wertpapiersparen, Bausparen, Leistungen auf Grund von Wohnungsbaukrediten, stille Beteiligung oder Kapitalversicherung auf den Erlebens- und Todesfall	vermögenswirksame Leistungen bis zum Höchstbetrag von DM 624,–; das Sparvolumen erhöht sich auf DM 936,–, wenn mindestens der DM 624,– übersteigende Betrag in bestimmten Wertpapieren oder Beteiligungsformen angelegt wird (§ 12 Abs. 2 S. 2). Sind beide Ehegatten Arbeitnehmer, verdoppeln sich die vorstehenden Beträge	Arbeitnehmer-Sparzulage von 16 v.H. bei Kontensparen, Sparen bestimmter Wertpapiere und Kapitalversicherungen; von 23 v.H. bei den übrigen vermögenswirksamen Leistungen. Bei drei oder mehr Kindern erhöht sich die Sparzulage auf 26 bzw. 33 v.H.	die Festlegungsfrist beträgt sechs Jahre
14	**Arbeitgeber** mit nicht mehr als 60 Arbeitnehmern	Vermögensbildung in Arbeitnehmerhand s. o.	Gewährte vermögenswirksame Leistungen	Ermäßigung der Einkommen- oder Körperschaftsteuer um 15 v.H. der Summe der gewährten Leistungen, höchstens um DM 3000,– (§ 14)	

In Ergänzung des Gesetzes ist die Durchführungsverordnung (VermBDV 1984) v. 22. 10. 1984 (BGBl. I 1984, 1306; BStBl. I 1984, 56) ergangen.

4. Erhaltungssubventionen

a) Zonenrandförderungsgesetz (Vom 5. 8. 1971, BGBl. I 1971, 1237)

576

§	Begünstigte	Förderungs-Gegenstand	Förderungs-Maßstab	Förderungs-Mittel	Zeitraum
3	Land- und Forstwirte, Gewerbetreibende, selbständig Tätige	Investitionen in einer Betriebstätte im Zonenrandgebiet (i. S. des § 9 i. V. m. der Anlage zu § 9)	Anschaffungs- oder Herstellungskosten von beweglichen und unbeweglichen Wirtschaftsgütern des Anlagevermögens	Sonderabschreibungen bis 50 v.H. der Anschaffungs- oder Herstellungskosten	Für unbewegliche Wirtschaftsgüter wird auf § 3 Abs. 6 hingewiesen. Die Sonderabschreibungen sind im Wirtschaftsjahr der Anschaffung oder Herstellung und in den 4 folgenden Wirtschaftsjahren zulässig

b) Stahlinvestitionszulagengesetz (Vom 22. 12. 1981, BGBl. 1981, 1523, 1557)

577

§	Begünstigte	Förderungs-Gegenstand	Förderungs-Maßstab	Förderungs-Mittel	Zeitraum
1	Gewerbetreibende	Umstellung, Rationalisierung oder Modernisierung der Stahlproduktion	Anschaffungs- oder Herstellungskosten von neuen abnutzbaren beweglichen Wirtschaftsgütern des Anlagevermögens einschließlich nachträglicher Herstellungskosten und Herstellungskosten von abnutzbaren unbeweglichen Wirtschaftsgütern des Anlagevermögens sowie von Ausbauten und Erweiterungen an Gebäuden oder Gebäudeteilen; außerdem entsprechende Anzahlungen und Teilherstellungskosten	Zulage von 20 v.H.	1. Antrag beim Bundesminister für Wirtschaft bis 30. 6. 1982 2. a) Die Wirtschaftsgüter müssen vor dem 1. 1. 1986 angeschafft oder hergestellt und die Baumaßnahmen vor diesem Zeitpunkt beendet sein 2. b) Anzahlungen müssen vor dem 1. 1. 1986 geleistet und die Maßnahmen selbst vor dem 1. 1. 1989 beendet sein

c) Forstschäden-Ausgleichsgesetz (Vom 26. 8. 1985, BGBl. I 1985, 1756)

578

§	Begünstigte	Förderungs-Gegenstand	Förderungs-Maßstab	Förderungs-Mittel	Zeitraum
3	Bezieher von Einkünften aus Forstwirtschaft, die den Gewinn nach § 4 Abs. 1 EStG ermitteln, sowie Bilanzierende, bei denen Einkünfte aus Forstwirtschaft steuerlich	forstwirtschaftliche Betriebe, die Schäden durch Naturereignisse (Windwurf, Schneebruch, Insektenbefall) ausgesetzt sind. Die geförderten Maßnahmen nennt Absatz 3	die im Durchschnitt der vorangegangenen 3 Wirtschaftsjahre erzielten nutzungssatzmäßigen Einnahmen	steuerfreie Rücklage von jährlich 3 v.H. bis höchstens 12 v.H. der nebenstehenden Einnahmen. In Höhe der Rücklage ist ein betrieblicher Ausgleichsfonds zu bilden. Die Anlageform dieser Gelder regelt Absatz 2 S. 2 und 3	die Rücklage ist in Höhe der in Anspruch genommenen Fondsmittel zu Ende des Wirtschaftsjahres der Inanspruchnahme gewinnerhöhend aufzulösen

Sonstige Förderungsgesetze 579 **H**

§	Begünstigte	FörderungsGegenstand	FörderungsMaßstab	FörderungsMittel	Zeitraum
4	als Einkünfte aus Gewerbebetrieb zu behandeln sind nicht buchführende Forstwirte	s. o.	Einnahmen aus den Holznutzungen	Betriebsausgaben-Pauschsatz von 90 v.H. der nebenstehenden Einnahmen bzw. 65 v.H., soweit das Holz auf dem Stamm verkauft wird	
7	bilanzierende Gewerbetreibende	Lagerhaltung von Holz, Holzhalbwaren, Halbstoffen aus Holz	Mehrbestand gegenüber den durchschnittlichen Beständen an den letzten drei vorangegangenen Bilanzstichtagen	Bewertungsabschlag von 50 v.H. in der Steuerbilanz, soweit das Holz im Inland erzeugt ist	

III. Spezielle Förderungsgesetze

Rechtsgrundlage	Kennzeichnung der Vergünstigung	Befristung
§ 36 Gesetz zur Förderung der Rationalisierung im Steinkohlenbergbau vom 29. 7. 1963 (BGBl. I 1963, 549; BStBl. I 1963, 585)	Befreiung des Rationalisierungsverbandes von der Körperschaftsteuer, Vermögensteuer und Gewerbesteuer	unbefristet
Gesetz über steuerliche Maßnahmen bei der Stillegung von Steinkohlenbergwerken vom 11. 4. 1967 (BGBl. I 1967, 403; BStBl. I 1967, 204)	Steuerbefreiung der Aktionsgemeinschaft deutsche Steinkohlenreviere GmbH sowie Begünstigung zur Stillegung von Schachtanlagen und Verbesserung der Wirtschaftsstruktur der Bergbaugebiete	unbefristet
Art. 8 § 4 Abs. 2 u. 4 StÄndG 1969 v. 18. 8. 1969 (BGBl. I 1969, 1211; BStBl. I 1969, 477)	Steuerliche Verlustausgleichsrücklage bei der Ruhrkohle AG sowie Verzicht auf die Hinzurechnung von Vergütungen für Sachübernahmen als Dauerschuldzinsen bzw. Dauerschulden bei der Ermittlung des Gewerbeertrags und des Gewerbekapitals der Ruhrkohle AG	1988
§§ 81, 82 Städtebauförderungsgesetz v. 18. 8. 1976 (BGBl. I 1976, 2318)	Persönliche Steuerbefreiung von bestimmten Zusammenschlüssen und Unternehmen zur Durchführung von Sanierungs- und Entwicklungsaufgaben; Übertragungsmöglichkeit für stille Reserven, die bei der Übertragung bestimmter Anlagegüter auf Dritte zur Vorbereitung oder Durchführung von Sanierungs- und Entwicklungsmaßnahmen aufgedeckt werden	unbefristet
§§ 4–6 der VO über die steuerliche Begünstigung von Wasserkraftwerken v. 26. 10. 1944 i. V. m. Art. 14. StÄndG 1977 v. 16. 8. 1977 (BGBl. I 1977, 1586; BStBl. I 1977, 442)	Ermäßigung der Einkommensteuer, die auf den Gewinn aus den steuerbegünstigten Anlagen entfällt, ab Betriebsbeginn für die Dauer von 20 Jahren auf die Hälfte der gesetzlichen Beträge; Befreiung während der Bauzeit voll und ab Betriebsbeginn für 20 Jahre von der halben Vermögensteuer; Ermäßigung der auf die steuerbegünstigten Anlagen entfallenden einheitlichen Gewerbesteuermeßbeträge für die Dauer von 20 Jahren auf die Hälfte der gesetzlichen Beträge	Baubeginn vor dem 1. 1. 1991

XI. Umwandlungsrecht/Umwandlungssteuerrecht

Bearbeiter: Wilfried Duske

Übersicht

	Rz.
Vorbemerkung	601
I. Gesellschaftsrecht	**602–621**
1. Umwandlungen im engeren (rechtlichen) Sinn	602
a) Formwechselnde Umwandlung	603
b) Umwandlung einer Kapitalgesellschaft auf eine Personengesellschaft oder einen Gesellschafter	604–613
c) Umwandlung einer Personengesellschaft oder eines Einzelunternehmens auf eine Kapitalgesellschaft	614–619
d) Verschmelzung von Kapitalgesellschaften	620
2. Umwandlungen im weiteren Sinn	621
II. Steuerrecht	**622–673**
1. Formwechselnde Umwandlung	623
2. Übertragende Umwandlung von Kapitalgesellschaften	624–645
a) Steuerliche Rückwirkung	625–629
b) Vermögensübertragung auf Personengesellschaft (natürliche Person) mit Betriebsvermögen	630–641
c) Vermögensübergang in das Privatvermögen	642
d) Verhinderung von Mißbräuchen	643
e) Vermögensübergang auf eine andere Kapitalgesellschaft	644
f) Besteuerung der Gesellschafter bei Verschmelzung und Abfindung	645
3. Einbringung in eine Kapitalgesellschaft	646–666
a) Gegenstand der Einbringung	647
b) Ansatzwahlrecht der Kapitalgesellschaft	648–654
c) Behandlung der übernommenen Wirtschaftsgüter	655
d) Nichteinbringung einzelner Wirtschaftsgüter	656–658
e) Steuerliche Rückwirkung	659–661
f) Besteuerung beim Einbringenden	662
g) Veräußerung und fiktive Veräußerung einbringungsgeborener Anteile	663
h) Spätere Kapitalerhöhung gegen Einlage	664
i) Einbringungsgeborene Anteile im Betriebsvermögen	665
j) „Umwandlung" durch Anwachsen	666
4. Einbringung in eine Personengesellschaft	667
a) Gegenstand der Einbringung	667
b) Personengesellschaft – Einbringender	668
c) Ansatz der Wirtschaftsgüter	669
d) Ergänzungsbilanzen	670
e) Zuzahlung in das Privatvermögen	671
f) Steuerliche Rückwirkung	672
g) Behandlung des Einbringungsgewinns	673

Vorbemerkung

601 Unternehmensrechtsformen haben keinen Ewigkeitswert. Die Beibehaltung der ursprünglich für ein Unternehmen gewählten Rechtsform kann sich später als unzweckmäßig erweisen. Die Gründe dafür können u. a. wirtschaftlicher Art (z. B. Fragen der Haftung, Kapitalbeschaffung usw.), steuerlicher Art (z. B. Eintritt oder Wegfall steuerlicher Mehrfachbelastungen) oder persönlicher Art (z. B. Aufnahme neuer Gesellschafter, Vorbereitung der Unternehmensnachfolge usw.) sein. Der Steuerberater darf sich nicht darauf beschränken, die Voraussetzungen, Durchführung und Folgen einer Umwandlung zu prüfen, wenn entsprechende Wünsche von seinem Auftraggeber an ihn herangetragen werden. Will er seinem Dauerberatungsauftrag gerecht werden, so muß er in angemessenen Abständen prüfen, ob die gegenwärtige Rechtsform optimal ist. Anlaß und Grundlage hierfür gibt u. a. der Jahresabschluß des betreuten Unternehmens.

Dieser Beitrag befaßt sich nicht mit den Gesichtspunkten für die Wahl der Unternehmensform (hierzu u. a. *Widmann/Mayer* Anm. 22ff.). Er beschränkt sich auf die Darstellung grundsätzlicher Fragen des Gesellschafts- und Steuerrechts bei vorgegebenen Umwandlungsfällen. Schwerpunkt sind dabei die in der Praxis eines Steuerberaters am häufigsten vorkommenden Fälle, so daß beispielsweise auf die Besonderheiten bei Aktiengesellschaften und Gebietskörperschaften gar nicht eingegangen wird und die in der Praxis ebenfalls nicht so häufig vorkommenden Fälle der Verschmelzung von Kapitalgesellschaften nur kurz gestreift werden.

I. Gesellschaftsrecht

1. Umwandlungen im engeren (rechtlichen) Sinn

602 Umwandlung eines Unternehmens im weitesten Sinne ist die Änderung seiner Rechtsform. Beschränkt sich diese Änderung auf die **äußere Rechtsform,** bleibt der

Rechtsträger aber erhalten, so liegt eine **formwechselnde** Umwandlung vor. Davon zu unterscheiden ist die **übertragende** Umwandlung, bei der Vermögen von einem Rechtsträger auf einen anderen übergeht. Unsere Zivilrechtsordnung sieht für die entgeltliche Übertragung von Vermögen **grundsätzlich die Einzelübertragung** vor, deren Durchführung umständlich und teuer sein und auch sonst unerwünschte Nebenwirkungen haben kann (z. B. kein automatischer Eintritt in bestehende Verträge usw. – wegen des Eintritts in Rechte und Pflichten aus bestehenden Arbeitsverträgen siehe § 613a BGB). Es entsprach daher einem Bedürfnis der Wirtschaftspraxis, Erleichterungen in der Form eines Vermögensübergangs durch **Gesamtrechtsnachfolge unter Ausschluß der Liquidation** zu schaffen (Umwandlung im rechtlichen Sinne). Da es sich bei diesen Umwandlungen um Ausnahmen von dem zivilrechtlichen Grundsatz der Vermögensübertragung durch Einzelrechtsnachfolge handelt, sind sie nur in den Fällen möglich, in denen das Gesetz (Umwandlungsgesetz vom 6. 11. 1969, BGBl. I, 2081, zuletzt geändert durch Gesetz vom 25. 10. 1982, BGBl. I, 1425) sie ausdrücklich vorsieht. Eine analoge Anwendung auf andere Fälle ist nicht zulässig. Daneben bleibt der Weg der „Umwandlung" durch Einzelübertragung erhalten, der in seltenen Fällen zweckmäßig sein kann (z. B. zur Vermeidung eines nicht berücksichtigungsfähigen Übernahmeverlusts – vgl. Rz. 638).

a) Formwechselnde Umwandlung

603 Formwechselnde Umwandlungen sind nur auf Unternehmen möglich, die in ihrer rechtlichen Verfassung (Rechtsfähigkeit, Struktur der handelnden Organe, Außenhaftung usw.) der des formwechselnden Unternehmens ähnlich sind. **Kapitalgesellschaften** z. B. können formwechselnd **auf Kapitalgesellschaften** anderer Rechtsformen umgewandelt werden, aber nicht auf Personengesellschaften. Die Vorschriften über die formwechselnden Umwandlungen sind im IV. Buch, 3. Teil des AktG zu finden:

z. B. AG in GmbH §§ 369–375 AktG
GmbH in AG §§ 376–383 AktG

Für die formwechselnde Umwandlung von Personengesellschaften (z. B. oHG in KG) gibt es keine besonderen gesetzlichen Bestimmungen. Sie erfolgen entweder durch vertragliche Regelung zwischen den Gesellschaftern (und werden durch Eintragung in das Handelsregister nach außen wirksam) oder vollziehen sich aus tatsächlichen Gründen von Gesetzes wegen (z. B. Umwandlung einer BGB-Gesellschaft in eine oHG durch Entwicklung zu einem kaufmännischen Geschäftsbetrieb).

b) Umwandlung einer Kapitalgesellschaft auf eine Personengesellschaft oder einen Gesellschafter

604 Diese Fälle der **übertragenden** Umwandlung sind im Ersten Abschnitt des UmwG geregelt:

Verschmelzende Umwandlung

AG	auf oHG	(§§ 3 bis 14 UmwG)
AG	auf KG	(§ 20 i. V. m. §§ 3 bis 14 UmwG)
AG	auf Gesellschafter	(§ 15 UmwG)
KGaA	auf oHG	(§ 23 i. V. m. §§ 3 bis 14 UmwG)
KGaA	auf KG	(§ 23 i. V. m. § 20 UmwG)
KGaA	auf Gesellschafter	(§ 23 i. V. m. § 15 UmwG)
GmbH	auf oHG	(§ 24 i. V. m. §§ 3 bis 14 UmwG)
GmbH	auf KG	(§ 24 i. V. m. § 20 UmwG)
GmbH	auf Gesellschafter	(§ 24 i. V. m. § 15 UmwG)

Errichtende Umwandlung

AG	in oHG	(§§ 16 bis 19 UmwG)
AG	in KG	(§ 20 i. V. m. §§ 16 bis 19 UmwG)
AG	in GbR	(§§ 21 u. 22 UmwG)
KGaA	in oHG	(§ 23 i. V. m. §§ 16 bis 19 UmwG)

KGaA in KG	(§ 23 i. V. m. § 20 UmwG)
KGaA in GbR	(§ 23 i. V. m. §§ 21 u. 22 UmwG)
GmbH in oHG	(§ 24 i. V. m. §§ 16 bis 19 UmwG)
GmbH in KG	(§ 24 i. V. m. § 20 UmwG)
GmbH in GbR	(§ 24 i. V. m. §§ 21 u. 22 UmwG)

Das UmwG regelt im Ersten Unterabschnitt die Umwandlung von AG ausführlich und bestimmt im Dritten Unterabschnitt, daß auf die Umwandlung von GmbH die Vorschriften des ersten Unterabschnitts entsprechende Anwendung finden (§ 24 UmwG). Die folgenden Darstellungen beziehen sich auf die GmbH.

aa) Verschmelzende Umwandlung

605 Eine **verschmelzende** Umwandlung liegt vor, wenn das Vermögen einer GmbH auf eine bereits bestehende Personenhandelsgesellschaft (oHG und KG) übertragen wird. Sie setzt voraus, daß sich entweder alle Anteile (**Einheitsumwandlung** – § 3 UmwG) oder mehr als neun Zehntel der Anteile am Stammkapital (**Mehrheitsumwandlung** – § 9 UmwG) in der Hand der übernehmenden Personenhandelsgesellschaft befinden. Bei der Mehrheitsumwandlung kann der Beschluß ohne Rücksicht darauf gefaßt werden, ob andere Gesellschafter widersprechen.

bb) Errichtende Umwandlung

606 Bei einer **errichtenden** Umwandlung entsteht die übernehmende Personengesellschaft (oHG, KG, GbR) erst durch die Umwandlung. An der Personengesellschaft sind entweder *alle* Gesellschafter der GmbH beteiligt, und es müssen *alle* Gesellschafter zustimmen (Einheitsumwandlung – § 16 UmwG), oder es sind **nur zustimmende** Gesellschafter beteiligt (Mehrheitsumwandlung – § 19 UmwG). Der Beschluß bedarf in diesem Falle der **Mehrheit von neun Zehnteln**.

Wird das Vermögen einer GmbH auf einen Gesellschafter (in der Regel eine natürliche Person) übertragen, so finden die Vorschriften über die verschmelzende Umwandlung Anwendung, obwohl es sich in der Regel um eine errichtende Umwandlung handeln wird (§ 15 UmwG).

cc) Ablaufschema

(1) Allgemeine Vorbereitungen zur Umwandlung

607 Es ist zunächst festzustellen, ob die für eine Umwandlung erforderlichen **Beteiligungs- und Mehrheitsverhältnisse** vorliegen. Erforderlichenfalls muß versucht werden, fehlende Anteile zu erwerben. Ausscheidende Gesellschafter sind abzufinden (§ 12 UmwG), so daß entsprechende Vorschläge erarbeitet werden müssen.

Der **Umwandlungs(Übertragungs-)Zeitpunkt** ist zu bestimmen. Da auf diesen Stichtag eine **Umwandlungsbilanz** zu erstellen ist, wird zweckmäßigerweise das Ende eines Geschäftsjahres gewählt, um einen zusätzlichen Jahresabschluß zu vermeiden. Die letzte Erfolgsbilanz kann gleichzeitig als Umwandlungsbilanz dienen. Die Umwandlungsbilanz kann aber, da sie ihrer Natur nach keine reine Vermögensbilanz ist, von der Erfolgsbilanz abweichend erstellt werden. Dabei dürfen die unter dem Gesichtspunkt der Unternehmensfortführung festgestellten **Zeitwerte** nicht überschritten werden. In der Praxis wird wohl eine von der Erfolgsbilanz abweichende Umwandlungsbilanz der Ausnahmefall sein.

Es ist zu beachten, daß das Registergericht den Umwandlungsbeschluß nur **eintragen soll**, wenn die Umwandlungsbilanz für einen höchstens 6 Monate vor der Anmeldung liegenden Zeitpunkt aufgestellt worden ist (§ 4 Abs. 2 UmwG).

Zu bedenken ist weiterhin, daß das **Umwandlungssteuerrecht** anders als das Gesellschaftsrecht die Wirkungen der Umwandlung auf den Umwandlungsstichtag zurückbezieht (§ 2 UmwStG – vgl. Rz. 625).

(2) Vorbereitung der Gesellschafterversammlung

608 Die Umwandlung kann nur in einer Gesellschafterversammlung beschlossen werden (§ 24 Abs. 1 UmwG). Handelt es sich um eine Einmann-GmbH, so sind für die Einberufung keine formellen Vorschriften zu beachten (*Widmann/Mayer* Anm. 575). Ist einziger Gesellschafter der GmbH eine Personengesellschaft, so ist allerdings vorher ein Beschluß der Gesellschafter der Personengesellschaft erforderlich, der in der Regel einstimmig gefaßt werden muß (*Widmann/Mayer* Anm. 101). Für diesen Beschluß allerdings sind die für die Personengesellschaft geltenden formellen Vorschriften zu beachten.

Hat die GmbH mehrere Gesellschafter (Mehrheitsbeschluß), so muß spätestens zwei Wochen vor der Gesellschafterversammlung der Gegenstand ordnungsgemäß angekündigt und den Gesellschaftern schriftlich die Umwandlungsbilanz und ein Abfindungsangebot bekanntgegeben werden (§ 24 Abs. 2 UmwG).

(3) Der Umwandlungsbeschluß

609 Der Umwandlungsbeschluß ist notariell zu beurkunden, ebenso die erforderliche Zustimmung nicht erschienener Gesellschafter (§ 24 Abs. 1 UmwG). Der Beschluß ist zur Eintragung in das Handelsregister anzumelden. Der Anmeldung ist die Umwandlungsbilanz beizufügen. Liegt der Tag der Anmeldung mehr als 6 Monate **nach** dem Stichtag der Umwandlungsbilanz, so **soll** der Beschluß **nicht eingetragen werden**. Trägt der Registerrichter dennoch ein, so ist die Umwandlung zivilrechtlich (und damit auch steuerrechtlich) wirksam. Steuerlich hat die verspätete Anmeldung allerdings unliebsame Konsequenzen (vgl. Rz. 629).

Mit der **Eintragung des Umwandlungsschlusses** geht bei der verschmelzenden Umwandlung das Vermögen der GmbH einschließlich der Schulden auf die Personenhandelsgesellschaft über. Die GmbH ist aufgelöst, ohne daß es einer besonderen Eintragung bedarf (§ 5 UmwG). Bei der errichtenden Umwandlung entsteht die Personengesellschaft mit der Eintragung des Beschlusses (§ 18 UmwG). Eine **Rückbeziehung** auf den Umwandlungsstichtag wie im UmwStG findet also nicht statt. Die rechtliche Existenz der GmbH wird durch den Umwandlungsbeschluß selbst nicht berührt. So können z. B. bis zur Eintragung noch Ausschüttungsbeschlüsse für die Zeit bis zum Umwandlungsstichtag gefaßt werden, die allerdings steuerlich unbeachtlich sind. Handelsrechtlich ergibt sich aber eine **quasi-Rückwirkung** dadurch, daß der übernehmenden Personengesellschaft die zwischen dem Umwandlungsstichtag und der Eintragung ausgeführten Geschäfte schuldrechtlich zuzurechnen sind, ohne daß es einer besonderen Vereinbarung hierfür bedarf. Die GmbH braucht also auf den Tag der Eintragung keinen Abschluß zu erstellen.

(4) Fortführung der Firma der GmbH

610 Mit der **Auflösung** der GmbH **erlischt deren Firma**. Führt die übernehmende Personengesellschaft das Geschäft der GmbH weiter, so kann sie in ihre Firma einen das Nachfolgeverhältnis andeutenden Zusatz aufnehmen (z. B. Nachfolger der X-GmbH). Stattdessen kann die Personengesellschaft ihre Firma aufgeben und die Firma der GmbH fortführen. Das gilt aber nur dann, wenn die GmbH den Namen einer natürlichen Person in ihrer Firma führt (§ 6 UmwG). Bei einer Mehrheitsumwandlung darf die Firma der GmbH, die den Namen eines ausgeschiedenen Gesellschafters enthält, nur fortgeführt werden, wenn dieser zustimmt (§ 14 UmwG).

(5) Sonderpflichten der übernehmenden Personengesellschaft

611 Durch die Umwandlung können die Interessen der Gläubiger der GmbH beeinträchtigt werden, weil sie Konkurrenz in den Gläubigern der übernehmenden Personengesellschaft erhalten. **Die Gläubiger** können deshalb innerhalb von 6 Monaten nach Bekanntgabe des Umwandlungsbeschlusses unter bestimmten Voraussetzungen **Sicherheit** verlangen (§ 7 UmwG). Wegen der möglichen Beeinträchtigung der Interessen der GmbH – Gläubiger hat die übernehmende Personengesellschaft das **übernommene Vermögen** in den ersten 6 Monaten nach Bekanntmachung des Umwandlungsbeschlusses **getrennt** zu verwalten. Dieses „Sondervermögen" unterliegt während dieser Zeit dem Zugriff von anderen Gläubigern der Personengesellschaft. Aus ihm dürfen auch grundsätzlich keine Entnahmen der Gesellschafter und Zahlungen an die Gesellschafter vorgenommen werden (§ 8 UmwG).

(6) Buchmäßige Behandlung des übernommenen Vermögens

612 Bei der **verschmelzenden Umwandlung** stellt sich die Übernahme des Vermögens als **laufender Geschäftsvorfall** dar. An die Stelle der Beteiligung an der GmbH treten die übernommenen Vermögensgegenstände. Eine Übernahmebilanz ist nicht aufzustellen. Anders verhält es sich bei der **errichtenden Umwandlung**. Die Perso-

nengesellschaft muß eine **Übernahmebilanz** als ihre Eröffnungsbilanz erstellen, da sie ihre Geschäftstätigkeit erst mit der Umwandlung beginnt.
Handelsrechtliche Vorschriften über die Wertansätze der übernommenen Gegenstände existieren nicht. Die Personengesellschaft ist trotz Gesamtrechtsnachfolge nach herrschender Meinung weder an die letzte Erfolgsbilanz der GmbH noch an eine abweichende Umwandlungsbilanz gebunden. **Obere Ansatzgrenze** ist der Zeitwert (nicht die Anschaffungs- oder Herstellungskosten der GmbH). Ob die bei der GmbH wegen des Bilanzierungsverbots für nicht entgeltlich erworbene immaterielle Wirtschaftsgüter nicht erfaßten Posten angesetzt werden dürfen, ist umstritten. Das UmwStG trifft in § 5 Abs. 1 i. V. m. § 3 eine klare Regelung: Ansatz der von der GmbH bilanzierten Wirtschaftsgüter mit ihren Teilwerten (vgl. Rz. 630). Dieser Regelung dürfte im allgemeinen schon aus Zweckmäßigkeitsgründen auch für die Handelsbilanz zu folgen sein.

(7) Nicht zulässige Umwandlungen – Ersatzlösungen

613   Nicht zulässig ist die Umwandlung in eine Personengesellschaft, wenn an dieser eine Kapitalgesellschaft als Gesellschafter beteiligt ist (§ 1 Abs. 2 S. 1 UmwG). In diesem Falle kommt es nicht auf die sonstige Konstruktion der Personengesellschaft an, so daß zwar hauptsächlich die GmbH & Co. KG, aber eben nicht nur diese betroffen ist. Daran ändert sich auch nichts für den Fall, daß eine oder mehrere natürliche Personen Vollhafter sind. Ob das Verbot auch auf die sog. doppelstöckige GmbH & Co. KG zutrifft, ist umstritten. Die Frage der Beteiligung einer Kapitalgesellschaft an der übernehmenden Gesellschaft ist nach den Verhältnissen im Zeitpunkt der Eintragung des Umwandlungsbeschlusses zu beurteilen. Das Ziel, das übernommene Unternehmen in der Rechtsform einer GmbH & Co. KG weiterzuführen, kann dennoch erreicht werden:

a) Errichtende Umwandlung

Da es nur auf die Verhältnisse im Zeitpunkt der Eintragung ankommt, kann unmittelbar nach der Eintragung (nach herrschender Meinung ohne Einhaltung einer Wartezeit) eine GmbH als Komplementärin in die übernehmende Personengesellschaft eintreten. Die bei der Umwandlung als Vollhafter fungierende natürliche Person wird dann Kommanditist. Zivilrechtliche Bedenken gegen ein solches Vorgehen bestehen nicht. Da es sich um eine rein zivilrechtliche Frage handelt, ist auch kein Fall des § 42 AO gegeben (*Widmann/Mayer* Anm. 54.5). Es ist allerdings zu beachten, daß in diesem Falle der Komplementär im Zeitpunkt der Umwandlung trotz seiner nur kurzzeitigen Stellung als Vollhafter die unbeschränkte Haftung für die Verbindlichkeiten der umgewandelten Kapitalgesellschaft übernimmt. Die Beschränkung seiner Haftung nach seiner Eintragung als Kommanditist gilt nur für die Verbindlichkeiten, die nach dieser Eintragung entstehen. Die Auffassung von (*Widmann/Mayer* Anm. 54.5), daß der Eintritt der GmbH als Veräußerung des übernommenen Betriebes ohne triftigen Grund (§ 25 Abs. 2 UmwStG) mit der Folge des Wegfalls von Steuervergünstigungen angesehen werden könnte, wird nicht geteilt.

b) Verschmelzende Umwandlung

Wird ein Gesellschaftsanteil treuhänderisch gehalten, so ist zivilrechtlich der Treuhänder und nur steuerlich der Treugeber als Gesellschafter (Mitunternehmer) anzusehen. Da es für die Umwandlung nur auf die zivilrechtlichen Gesichtspunkte ankommt, kann das Verbot der Umwandlung durch Übertragung der Anteile der Kapitalgesellschaft an der Personengesellschaft auf eine natürliche Person als Treuhänder „umgangen" werden. Unmittelbar nach der Eintragung des Umwandlungsbeschlusses kann die Rückübertragung erfolgen. Dieser Weg ist zivilrechtlich zulässig und ebenfalls kein Fall des § 42 AO. Es ist aber auch hier zu beachten, daß der Treuhänder für alle bis zur Eintragung seines Austritts als Komplementär von der KG begründeten Verbindlichkeiten einschließlich der von der Kapitalgesellschaft übernommenen Schulden haftet.

Nur nebenbei erwähnt werden soll, daß durch das Verschmelzungsrichtlinie-Gesetz vom 25. 10. 82 die Möglichkeit verschmelzender Umwandlungen auf juristische Personen in der Rechtsform von AG, KGaA u. GmbH beseitigt worden ist (§ 1

Abs. 2 Satz 2 UmwG). Hier kommen nur Verschmelzungen nach den Vorschriften des AktG und des KapErhG in Betracht.

c) Umwandlung einer Personenhandelsgesellschaft oder eines Einzelunternehmens auf eine Kapitalgesellschaft

Die Umwandlungsmöglichkeiten ergeben sich aus dem zweiten bis fünften Abschnitt des UmwG:

Personenhandelsgesellschaft auf AG oder KGaA	§§ 40–45	UmwG
Personenhandelsgesellschaft auf GmbH	§§ 46–49	UmwG
Einzelunternehmen auf AG oder KGaA	§§ 50–56	UmwG
Einzelunternehmen auf GmbH	§§ 56a–56f	UmwG

aa) Ablaufschema

(1) Allgemeine Vorbereitung der Umwandlung

An der GmbH müssen **alle** Gesellschafter beteiligt sein (§ 47 UmwG), und der Umwandlungsbeschluß bedarf grundsätzlich der **Zustimmung aller Gesellschafter (Einheitsumwandlung** – § 48 UmwG). Umwandlungsunwillige Gesellschafter können danach die Umwandlung verhindern. Es ist rechtzeitig zu prüfen, ob sie zum Ausscheiden aus der Personenhandelsgesellschaft bewegt werden können. Der Gesellschaftsvertrag der Personenhandelsgesellschaft kann allerdings auch eine Mehrheitsumwandlung zulassen (BGH v. 15. 11. 82, DB 1983, 543).

Der **Gesellschaftsvertrag der GmbH,** der Bestandteil des Umwandlungsbeschlusses ist (§ 48 Abs. 2 UmwG), ist zu entwerfen.

Es ist der Umwandlungsstichtag festzulegen und die Umwandlungsbilanz zu erstellen (vgl. Rz. 607).

Nach § 47 Abs. 2 UmwG sind die Vorschriften des Ersten Abschnitts des GmbHG, die die Gründung betreffen, zu beachten. Da die Umwandlung einer Sachgründung entspricht, haben die Gesellschafter nach § 5 Abs. 4 GmbHG in einem **Sachgründungsbericht** die für die Angemessenheit der Leistungen für Sacheinlagen wesentlichen Umstände darzulegen und die Jahresergebnisse der beiden letzten Geschäftsjahre anzugeben.

Die sich aus Gesetz und Vertrag ergebenden Vorschriften über Formen und Fristen sind zu beachten.

(2) Der Umwandlungsbeschluß und die beizufügenden Unterlagen

Der Beschluß und die Zustimmung der nicht erschienenen Gesellschafter sind gerichtlich oder notariell zu beurkunden. Der Umwandlungsbeschluß ist dem Gericht zur Eintragung in das Handelsregister anzumelden. Außer der Umwandlungsbilanz, der Legitimation der Geschäftsführer und der Gesellschafterliste ist der **Sachgründungsbericht** beizufügen (§ 49 Abs. 1 UmwG). Unterlagen i. S. v. § 8 Abs. 1 Nr. 5 GmbHG (z. B. Bewertungsgutachten) brauchen nicht wie bei sonstigen Sachgründungen mit eingereicht zu werden.

Anders als bei der AG ist eine **Prüfung** des Gründungsvorgangs **nicht vorgeschrieben.** Nach § 9c GmbHG hat das Gericht die Eintragung u. a. dann zu verweigern, wenn Sacheinlagen überbewertet worden sind. Bei der Übernahme der Gegenstände mit den Buchwerten der letzten Erfolgsbilanz der Personenhandelsgesellschaft wird das Gericht keinen Anlaß zu einer weiteren Prüfung haben, wenn dem Sachgründungsbericht eine von einem Wirtschaftsprüfer oder Steuerberater testierte **Einbringungsbilanz** beigefügt ist, aus deren Testat sich ergibt, daß die angesetzten Werte denen der nach den gesetzlichen Vorschriften erstellten letzten Handelsbilanz entsprechen (*Scholz* § 8 Abs. 1–3 Anm. 41). Wird zu höheren Werten eingebracht, muß sich aus dem Sachgründungsbericht ergeben, auf welcher Grundlage die Einbringungswerte errechnet worden sind. Es ist zweckmäßig, dabei anzugeben, wer die Werte ermittelt hat (z. B. Wirtschaftsprüfer, Steuerberater oder andere Sachverständige). Dem Gericht bleibt es unbenommen, Unterlagen i. S. v. § 8 Abs. 1 Nr. 5 GmbH anzufordern und weitere Ermittlungen anzustellen, wenn es begründete Zweifel hat. Wegen der Frist von 6 Monaten zwischen Umwandlungsstichtag und Anmeldung (§ 43 Abs. 4 UmwG) wird auf Rz. 607 hingewiesen.

Aufgrund der Anmeldung wird die GmbH in das Handelsregister eingetragen. Mit ihrer Eintragung geht das Vermögen der Personenhandelsgesellschaft einschließlich der Verbindlichkeiten auf sie über, und die Personenhandelsgesellschaft ist damit aufgelöst. Die Haftung der Gesellschafter der Personenhandelsgesellschaft gegenüber deren Gläubigern besteht weiter (§ 49 Abs. 2 UmwG). Ansprüche gegen sie verjähren spätestens mit dem Ablauf von 5 Jahren (§ 45 UmwG). Zur Frage der handelsrechtlichen quasi-Rückbeziehung und der steuerlichen Rückbeziehung der Umwandlung auf den Umwandlungsstichtag vgl. Rz. 609 u. 659.

bb) Die Fortführung der Firma der Personenhandelsgesellschaft

617 Die **Firma** der Personenhandelsgesellschaft **erlischt** mit der Eintragung der GmbH. Führt die GmbH das Geschäft weiter, so kann sie die Firma der Personenhandelsgesellschaft mit oder ohne Beifügung eines das Nachfolgeverhältnis andeutenden Zusatzes fortführen oder ihrer nach § 4 Abs. 1 GmbHG gebildeten Firma einen das Nachfolgeverhältnis andeutenden Zusatz beifügen. Die Firma muß auf jeden Fall die Bezeichnung „mit beschränkter Haftung" enthalten (§ 48 Abs. 3 UmwG).

cc) Buchmäßige Behandlung des übernommenen Vermögens

618 Da es sich um eine errichtende Umwandlung handelt, muß die GmbH eine **Übernahmebilanz** erstellen, die zugleich ihre Eröffnungsbilanz ist. Es gibt keine handelsrechtlichen Vorschriften für die Wertansätze in dieser Übernahmebilanz. In § 20 UmwStG ist bestimmt, daß der steuerliche Ansatz mit dem Buchwert auch zulässig ist, wenn in der Handelsbilanz das eingebrachte Betriebsvermögen mit handelsrechtlichen Vorschriften mit einem höheren Wert angesetzt werden muß. Dazu führt die Regierungsbegründung aus, daß handelsrechtlich bisher nicht eindeutig geklärt sei, ob die Anschaffungskosten des eingebrachten Betriebsvermögens zwingend in dem Zeitwert der als Gegenleistung hingegebenen Gesellschaftsanteile bestehen oder ob ein niedrigerer Wert zulässig ist. Bessere Erkenntnisse gibt es bisher nicht. Es entspricht der Übung und ist wohl auch rechtlich nicht zu beanstanden, nur **eine** Übernahmebilanz nach den Vorschriften des UmwStG aufzustellen und diese auch als Handelsbilanz zu betrachten.

dd) Umwandlung des Unternehmens eines Einzelkaufmanns auf eine GmbH

619 Für diese Umwandlung (§ 56a UmwG) gilt die Darstellung im vorhergehenden Abschnitt (vgl. Rz. 614–618) sinngemäß. Die folgenden Besonderheiten sind zu beachten:
(1) Das von dem Einzelkaufmann betriebene Unternehmen muß im Handelsregister eingetragen sein.
(2) Die Umwandlung ist nicht zulässig, wenn das Vermögen, das auf die GmbH übertragen werden soll, das (gesamte) Vermögen des Einzelkaufmanns im Sinne des § 419 Abs. 1 BGB ist. In diesem Falle würde nämlich die übernehmende GmbH auch für seine privaten Schulden haften (§ 50 Satz 2 Nr. 2 UmwG).
(3) Die Verbindlichkeiten des Einzelkaufmanns dürfen sein Vermögen nicht übersteigen (§ 50 Satz 2 Nr. 2 UmwG).
(4) Der Einzelkaufmann muß eine eigenhändig unterschriebene, öffentlich beglaubigte Übersicht errichten über
 (a) die Vermögensgegenstände, die ihm gehören und dem Betrieb des Unternehmens dienen, das umgewandelt werden soll. In die Übersicht kann er andere ihm gehörende Vermögensgegenstände aufnehmen und sie dadurch als zum Unternehmen gehörend erklären,
 (b) die Verbindlichkeiten, die im Betrieb des Unternehmens begründet worden sind oder mit den unter Nr. 1 aufgeführten Vermögensgegenständen in wirtschaftlichem Zusammenhang stehen (§ 52 Abs. 4 UmwG).
Diese Übersicht hat er mit der ihr zugrundegelegten Bilanz der Anmeldung der Umwandlungserklärung beizufügen.
(5) Dem Registergericht sind Unterlagen darüber, daß der Wert der Sacheinlagen den Betrag der dafür übernommenen Stammeinlagen erreicht, einzureichen (z. B. Bewertungsgutachten). Für den Fall der Einbringung zu Buchwerten vgl. Rz. 616.

(6) Im Sachgründungsbericht muß auch der Geschäftsverlauf und die Lage des Unternehmens dargestellt werden (§ 56 d UmwG).

(7) Für die Haftung für Verbindlichkeiten des Einzelunternehmens gelten besondere Bestimmungen (§ 55 Abs. 2 u. 3 UmwG).

d) Verschmelzung von Kapitalgesellschaften

620 Werden **zwei** oder **mehrere Kapitalgesellschaften** zu einer **Kapitalgesellschaft** vereinigt, so nennt man diesen Vorgang **Verschmelzung.** Es handelt sich auch hier um Vorgänge im Rahmen einer Gesamtrechtsnachfolge ohne Abwicklung, die nur aufgrund besonderer gesetzlicher Ermächtigungen zulässig sind:

AG	auf AG	(§§ 339 bis 353 AktG)
AG	auf KGaA	(§ 354 AktG)
KGaA	auf AG	(§ 354 AktG)
KGaA	auf KGaA	(§ 354 AKtG)
GmbH	auf AG	(§ 355 AktG)
GmbH	auf KGaA	(§ 356 AktG)
GmbH	auf GmbH	(§ 19 bis 32 KapErhG)
AG	auf GmbH	(§ 33 KapErhG)
KGaA	auf GmbH	(§ 34 KapErhG)

Da Verschmelzungsvorgänge in der Praxis des Steuerberaters nicht häufig vorkommen, soll auf die entsprechenden Bestimmungen nur kurz eingegangen werden und auch nur insoweit, als es sich um Verschmelzungen von GmbH handelt.

Nach § 19 KapErhG kann die Verschmelzung erfolgen:
(1) **durch Aufnahme** (Übertragung des Vermögens einer GmbH als Ganzes auf eine andere GmbH gegen Gewährung von Geschäftsanteilen),
(2) **durch Neubildung** (das Vermögen jeder der sich vereinigenden GmbH wird als Ganzes gegen Gewährung von Geschäftsanteilen auf die neue GmbH übertragen).

Die Verschmelzung durch Neubildung ist äußerst selten. Verschmelzungen durch Aufnahme kommen regelmäßig nur in den Fällen vor, in denen die übernehmende Gesellschaft alle oder fast alle Anteile an der übertragenden Gesellschaft hält.

Dem Verschmelzungsvertrag müssen die **Gesellschafter jeder Gesellschaft zustimmen,** und zwar jeweils mit einer Mehrheit von drei Vierteln der abgegebenen Stimmen (§ 20 KapErhG).

Soweit die aufnehmende GmbH an der übertragenden GmbH beteiligt ist, kommt eine Gewährung von Geschäftsanteilen nicht in Betracht. Sie darf insoweit auch ihr Stammkapital nicht zur Durchführung der Verschmelzung erhöhen (§ 23 KapErhG). Soweit andere Gesellschafter an der übertragenden GmbH beteiligt sind, ist eine Kapitalerhöhung erforderlich, soweit die aufnehmende Gesellschaft den anderen Gesellschaftern nicht schon vorhandene (eigene) Geschäftsanteile überträgt.

Beide Gesellschaften haben die Verschmelzung zur Eintragung in das Handelsregister des Sitzes ihrer Gesellschaft anzumelden. Die übertragende Gesellschaft hat eine **Schlußbilanz** beizufügen, die auf einen höchstens 8 Monate zurückliegenden Stichtag aufgestellt worden sein muß. Hierbei handelt es sich im Gegensatz zu den Umwandlungsfällen nicht um eine reine Vermögensbilanz, denn § 24 Abs. 3 KapErhG schreibt vor, daß für die Schlußbilanz die Vorschriften über die Jahresbilanz sinngemäß gelten.

Im Gegensatz zu den Umwandlungsfällen bestimmt das KapErhG die Wertansätze der übernehmenden Gesellschaft (§ 27 KapErhG). Die in der Schlußbilanz der übertragenden Gesellschaft angesetzten Werte gelten für die Jahresbilanzen der übernehmenden Gesellschaft als Anschaffungskosten im Sinne der entsprechend anzuwendenden §§ 153 Abs. 1, 155 Abs. 1 AktG.

Bei einer Kapitalerhöhung zur Durchführung der Verschmelzung kann sich ergeben, daß der Gesamtbetrag der für die Veräußerung des Vermögens der übertragenden Gesellschaft gewährten Geschäftsanteile zuzüglich barer Zuzahlungen höher ist als der Wert der übernommenen Vermögensgegenstände. Dieser sog. *Verschmelzungsmehrwert* darf unter die Posten des Anlagevermögens aufgenommen werden. Er ist gesondert auszuweisen und in nicht mehr als 5 Jahren durch Abschreibungen zu tilgen (§ 27 KapErhG).

2. Umwandlungen im weiteren Sinn

621   Als Umwandlungen bezeichnet man auch die **Einbringung** von **Betrieben** durch Einzelkaufleute oder Personengesellschaften in bereits bestehende Kapitalgesellschaften oder Personengesellschaften gegen Gewährung von **Gesellschaftsrechten.** Unter diesen weiteren Umwandlungsbegriff fällt auch der **Zusammenschluß mehrerer Einzelunternehmen** zu einer Personengesellschaft. In diesen Fällen liegen aber keine echten Umwandlungen vor. Es sind vielmehr grundsätzlich Einzelübertragungen der Vermögensgegenstände erforderlich (siehe also § 28 HGB).

Zu den Umwandlungen im weiteren Sinn ist auch die Einbringung des Vermögens einer Personengesellschaft in eine Kapitalgesellschaft durch **Anwachsung** zu zählen. Scheiden aus einer Personengesellschaft, zu deren Gesellschaftern eine Kapitalgesellschaft gehört, alle anderen Gesellschafter aus, so wächst das Vermögen der Personengesellschaft in analoger Anwendung von § 738 BGB der Kapitalgesellschaft an (§§ 161 Abs. 2, 105 Abs. 2 HGB). Es handelt sich um eine Übertragung im Wege der Gesamtrechtsnachfolge außerhalb des UmwG.

II. Steuerrecht

622   Bei den Umwandlungen im weitesten Sinne ergibt sich steuerlich das Problem, wie die in den übertragenen Wirtschaftsgütern steckenden **stillen Reserven** zu behandeln sind. Übertragende Umwandlungen können mit **Betriebsveräußerungen verglichen** werden. In beiden Fällen geht das Betriebsvermögen auf einen anderen Rechtsträger über. Ein wesentlicher Unterschied besteht darin, daß bei Umwandlungen dem Übertragenden anders als bei Betriebsveräußerungen grundsätzlich keine liquiden Mittel zufließen. Geht man davon aus, daß Umwandlungen nur dann erfolgen, wenn sie wirtschaftlich auch notwendig sind, und geht man weiterhin davon aus, daß der Steuergesetzgeber wirtschaftliche Notwendigkeiten nicht stärker als unbedingt erforderlich behindern darf, so hätte die Generalklausel des UmwStG nur lauten dürfen: Keine Aufdeckung stiller Reserven bei der Umwandlung, wenn ihre spätere Besteuerung gesichert ist. Diesem Postulat ist der Gesetzgeber im Gesetz über steuerliche Maßnahmen bei Änderung der Unternehmensform (UmwStG 1977) vom 6. 9. 1976 (BGBl. I, 2641), zuletzt geändert durch Gesetz vom 14. 12. 1984 (BGBl. I, 1493), für die Fälle der Umwandlung von Kapitalgesellschaften auf Personengesellschaften und natürlichen Personen nicht gefolgt. Hier sind die stillen Reserven mit wenigen Ausnahmen aufzudecken und in vollem Umfange zu versteuern. Die dadurch auftretenden Härten können allenfalls durch Stundung gemildert werden. Bei der Verschmelzung von Gesellschaften wird man im Regelfall durch einen entsprechenden Antrag die Aufdeckung der stillen Reserven vermeiden können. Bei der Umwandlung (Einbringung) in Kapitalgesellschaften und in Personengesellschaften kann die Aufdeckung stiller Reserven ganz oder teilweise unterbleiben. Soweit stille Reserven aufgedeckt werden, unterliegt der dadurch entstehende Veräußerungsgewinn bei der Einbringung in Kapitalgesellschaften sogar nur dem halben Steuersatz, der bei der Einbringung in eine Personengesellschaft allerdings nur dann anzuwenden ist, wenn alle Reserven aufgedeckt werden.

1. Formwechselnde Umwandlung

623   Da in diesen Fällen das Betriebsvermögen nicht auf einen anderen Rechtsträger übergeht, sind aus der Umwandlung **keine steuerlichen Folgen** zu ziehen. Das gilt für alle Steuerarten und für die Einheitsbewertung. Scheiden bei der formwechselnden Umwandlung widersprechende Minderheitsgesellschafter aus (z. B. § 369 Abs. 4 AktG), so ergibt sich die steuerliche Behandlung der Abfindung nicht aus dem UmwStG, sondern aus dem EStG (§§ 15, 17, 23).

2. Übertragende Umwandlung von Kapitalgesellschaften

624 § 1 UmwStG bestimmt, daß beim Übergang des Vermögens einer nach § 1 KStG unbeschränkt steuerpflichten Kapitalgesellschaft durch Gesamtrechtsnachfolge auf einen anderen (übertragende Umwandlung oder Verschmelzung) die Vorschriften der §§ 2–19 gelten. Für die Anwendung der Vorschriften bedarf es grundsätzlich keines Antrages.

a) Steuerliche Rückwirkung

625 Entgegen dem allgemeinen Verbot der steuerlichen Rückbeziehung von Verträgen sieht § 2 UmwStG eine steuerliche Rückwirkung der Umwandlung für die Ertragsteuern und die Vermögensteuern der übertragenden Körperschaft sowie der Übernehmer vor. Die Besteuerungsgrundlagen sind so zu ermitteln, als ob die Vermögensübertragung mit **Ablauf des Stichtags der Umwandlungsbilanz** (steuerlicher Übertragungsstichtag) stattgefunden hätte und die übertragende Körperschaft gleichzeitig aufgelöst worden wäre.

Die Rückwirkung tritt allerdings *nur* ein, wenn die Umwandlungsbilanz für einen Stichtag aufgestellt ist, der **höchstens 6 Monate** vor der Anmeldung liegt. So muß z. B. die Anmeldung einer Umwandlung, die rückwirkend auf den 31. 12. beschlossen worden ist, spätestens am 30. 6. des Folgejahres beim Registergericht eingehen. Wegen der Folgen einer verspäteten Anmeldung vgl. Rz. 629.

aa) Folgen der Rückwirkung

626 Vom Umwandlungsstichtag an sind Gehalts-, Zins- und Mietzahlungen an die Gesellschafter der Kapitalgesellschaft **nicht mehr als Betriebsausgaben** abzugsfähig, sondern als **Entnahmen** zu behandeln. Das gilt nicht für solche Gesellschafter, die anläßlich der Umwandlung ausgeschieden sind. Vergütungen dieser Art für an der Umwandlung teilnehmende Gesellschafter, die nach dem Umwandlungsstichtag gezahlt werden, aber auf die Zeit davor entfallen, sind in der letzten Erfolgsbilanz der Kapitalgesellschaft zu passivieren. **Ausschüttungsbeschlüsse,** die nach dem Umwandlungsstichtag gefaßt werden, sind steuerlich wirkungslos. Ein von der umgewandelten Kapitalgesellschaft als Organgesellschaft abgeschlossener Ergebnisabführungsvertrag endet mit dem Umwandlungsstichtag; diese Beendigung ist auch dann unschädlich, wenn der Ergebnisabführungsvertrag noch nicht 5 Jahre lang durchgeführt worden ist (Abschn. 55 Abs. 6 KStR).

Durch die **vermögensteuerliche** Rückbeziehung können sich nachteilige Folgen ergeben, die nach § 2 Abs. 4 UmwStG durch entsprechende Kürzung der Besteuerungsgrundlagen auszuschalten sind. Ein Anwendungsfall dieser Vorschrift liegt z. B. vor, wenn bei einem Erwerb von Anteilen nach dem Umwandlungsstichtag in dem Vermögen des Erwerbers am Umwandlungsstichtag sich sowohl die Mittel zum Erwerb der Anteile als auch (durch die Rückbeziehung) die den Anteilen entsprechenden vermögensteuerlichen Werte der umgewandelten Kapitalgesellschaft befinden.

bb) Wahl des Umwandlungsstichtages

627 Bei der Festlegung des Umwandlungsstichtages ist nicht nur darauf zu achten, daß die Aufstellung einer zusätzlichen Bilanz vermieden wird (vgl. Rz. 607). Es sind auch die steuerlichen Folgen zu bedenken. Endet das Wirtschaftsjahr der Kapitalgesellschaft am 31. Dezember, so hat dieser Umwandlungsstichtag den Vorteil, daß mit ihm auch die **Vermögensteuerpflicht der Kapitalgesellschaft** endet. Allerdings **fallen** dann auch die durch die Umwandlung ausgelösten **Ertragsteuern für das abgelaufene Jahr an** (BdF v. 12. 4. 78, a. a. O. § 5 Nr. 3).

cc) Keine Rückwirkung bei der Umsatzsteuer

628 Die Umsatzsteuerpflicht der umgewandelten Kapitalgesellschaft endet mit der Eintragung des Umwandlungsbeschlusses. Der letzte umsatzsteuerbare Vorgang bei der Kapitalgesellschaft ist die Übertragung des Betriebsvermögens auf den übernehmenden Rechtsträger. Es ist daher ausschließlich für **umsatzsteuerliche Zwecke**

erforderlich, die Werte der einzelnen Wirtschaftsgüter **auf den Tag der Eintragung** zu bestimmen. Bei der Bewertung wird man jedenfalls in den Fällen recht großzügig vorgehen können, in denen der übernehmende Rechtsträger in vollem Umfang zum Vorsteuerabzug berechtigt ist. Ist das nicht der Fall, so wird man genaue Werte für diejenigen Wirtschaftsgüter feststellen müssen, die im Zusammenhang mit den zum Vorsteuerausschluß führenden Umsätzen stehen.

dd) Verunglückte Umwandlungen

629   Wird die **Anmeldung** des Umwandlungsbeschlusses zu spät vorgenommen (vgl. Rz. 607), so kann die Eintragung dennoch erfolgen, weil § 4 Abs. 2 UmwG eine Sollvorschrift ist. Wird eingetragen, so ist die Umwandlung auch steuerlich wirksam; die **steuerliche Rückwirkung entfällt** aber. Das hat zur Folge, daß die Übertragung der Wirtschaftsgüter mit ihren Werten am Tage der Eintragung vorzunehmen ist, so daß auf den **Eintragungstag** eine neue Umwandlungsbilanz aufgestellt werden muß. Außerdem fallen nach § 25 Abs. 1 UmwStG auch Steuererleichterungen weg (Stundung der Einkommensteuer auf den Übernahmegewinn und der Gewerbesteuer auf den Übertragungsgewinn sowie die Gewerbesteuerermäßigung für den Übernahmegewinn).

b) Vermögensübergang auf eine Personengesellschaft (oder eine natürliche Person) mit Betriebsvermögen

aa) Steuerliche Schlußbilanz der übertragenden Körperschaft

630   In der Schlußbilanz für das letzte Wirtschaftsjahr der übertragenden Kapitalgesellschaft sind die nach den steuerrechtlichen Vorschriften über die Gewinnermittlung auszuweisenden Wirtschaftsgüter mit dem **Teilwert** anzusetzen (§ 3 UmwStG). Es ist davon auszugehen, daß zunächst eine „normale" Steuerbilanz zu erstellen ist und daneben die steuerliche Schlußbilanz (Umwandlungsbilanz). Nicht entgeltlich erworbene immaterielle Wirtschaftsgüter sind auch in der steuerlichen Schlußbilanz nicht zu erfassen. Wirtschaftsgüter, die nicht in ein Betriebsvermögen übergehen, sind mit dem **gemeinen Wert** anzusetzen (z. B. das Einfamilienhaus, das von einem an der Umwandlung teilnehmenden Gesellschafter bewohnt wird).

bb) Teilwertansatz

631   Bei der Teilwertbestimmung für die einzelnen Wirtschaftsgüter kann in der Regel von den Grundsätzen der VStR ausgegangen werden, da der Teilwertbegriff des BewG mit dem des EStG identisch ist. Wenn das Finanzamt die so ermittelten Werte für zu niedrig hält, so muß es den Beweis dafür antreten. Erscheinen dagegen die nach den VStR errechneten Werte zu hoch, wird der Nachweis für die Richtigkeit der niedriger angesetzten Werte im allgemeinen nur durch Gutachten zu führen sein. Gutachten wird man in den meisten Fällen auch für die Wertbestimmung von Grundstücken benötigen. Beteiligungen an Personengesellschaften sind mit dem Wert anzusetzen, der auf die Kapitalgesellschaft entfällt, wenn das Betriebsvermögen der Personengesellschaft (ohne Berücksichtigung nicht entgeltlich erworbener immaterieller Wirtschafsgüter) mit dem Teilwert bewertet wird. Die dabei aufgedeckten stillen Reserven sind in Ergänzungsbilanzen zu den Bilanzen der Beteiligungs-Personengesellschaft aufzunehmen (*Widmann/Mayer* Anm. 4768).

Probematisch ist die Teilwertermittlung für solche **Beteiligungen an KapGes**, die für vermögensteuerliche Zwecke nach dem **Stuttgarter Verfahren** bewertet werden. *Widmann/Mayer* gehen davon aus, daß die so ermittelten Werte aus Vereinfachungsgründen als Teilwerte angesetzt werden können (Anm. 4768). *Glade/Steinfeld* weisen darauf hin, daß nach der Rechtsprechung des BFH der nach den VStR festgestellte gemeine Wert nicht notierter Anteile für die Schätzung des Teilwerts weder sachlich noch rechtlich verbindlich sei (Anm. 396). U. E. müßte es zulässig sein, den nach dem Stuttgarter Verfahren ermittelten Wert auch als Teilwert anzusetzen, mindestens aber den Buchwert der Beteiligung.

Sonderposten mit Rücklageanteil sind in der Umwandlungsbilanz aufzulösen. Die von der Kapitalgesellschaft getragenen Kosten der Umwandlung sind zu passivieren.

cc) Besteuerung des Übertragungsgewinns
(1) Körperschaftsteuer

632 Der aus der Auflösung der stillen Reserven resultierende **Übertragungsgewinn** unterliegt nach § 4 **nicht** der Körperschaftsteuer. Soweit bei Anteilseignern der anteilige Übernahmegewinn oder die Einkünfte im Sinne der §§ 9, 10 oder 11 Abs. 2 UmwStG nicht der Einkommensteuer oder der Körperschaftsteuer unterliegen (beschränkte Steuerpflicht), tritt die Körperschaftsteuer-Befreiung nicht ein (§ 13 Abs. 2 UmwStG). Der Steuersatz beträgt grundsätzlich 56 v. H.. Da die Übertragung des Vermögens keine Ausschüttung im Sinne von § 27 KStG darstellt, kann auch nicht die Ausschüttungsbelastung hergestellt werden. Das UmwStG gibt für die bei der Umwandlung entstehende Körperschaftsteuer auch keine Stundungsmöglichkeit.

(2) Gewerbesteuer

633 Der Übertragungsgewinn unterliegt in vollem Umfang der Gewerbesteuer. Diese kann **auf Antrag** für einen Zeitraum von höchstens 10 Jahren seit Eintritt der ersten Fälligkeit **gegen Sicherheitsleistung** gestundet werden. Von der Sicherheitsleistung kann abgesehen werden, wenn der Steueranspruch nicht gefährdet erscheint und die Stundung für einen Zeitraum von höchstens 5 Jahren gewährt wird. **Stundungszinsen** werden **nicht** erhoben. Der gestundete Betrag ist in regelmäßigen Teilbeträgen zu tilgen (§ 18 Abs. 3 i. V. m. § 7 UmwStG).

Sowohl die Stundung überhaupt als auch ihr Umfang stehen im Ermessen des Finanzamts. Entscheidungsmaßstab ist die bei dem übernehmenden Rechtsträger durch die Umwandlung insgesamt anfallende Steuerbelastung. Von Bedeutung ist dabei, in welchem Zeitraum die aufgedeckten stillen Reserven sich durch Abschreibungen steuermindernd auswirken und inwieweit durch die Veräußerung von Wirtschaftsgütern, die stille Reserven enthalten, dem Übernehmer liquide Mittel zufließen werden.

dd) Bilanzierung des Betriebsvermögens bei der übernehmenden Personengesellschaft (natürlichen Person)

634 Die Personengesellschaft hat die auf sie übergegangenen Wirtschaftsgüter mit den in der steuerlichen Schlußbilanz (Umwandlungsbilanz) der übertragenden Körperschaft enthaltenen Werten (Teilwerten) zu übernehmen (§ 5 Abs. 1 UmwStG). Die Wirtschaftsgüter **gelten als** mit diesen Werten **angeschafft.**

Für die abnutzbaren Wirtschafsgüter des Anlagevermögens ist nach den Verhältnissen am Umwandlungsstichtag unter Berücksichtigung der bisherigen Nutzung die restliche betriebsgewöhnliche Nutzungsdauer zu bestimmen. Sonderabschreibungen, erhöhte Absetzungen und Bewertungsfreiheiten können unabhängig davon in Anspruch genommen werden, ob der Rechtsvorgänger bereits von der Vergünstigung Gebrauch gemacht hatte.

Aufwendungen, die der übernehmenden Personengesellschaft durch die Umwandlung entstehen, sind nach Auffassung der Verwaltung aus Vereinfachungsgründen sofort abzugsfähig, soweit sie nicht objektbezogen sind. Grunderwerbsteuer und Börsenumsatzsteuer sind **objektbezogen** und somit als zusätzliche Anschaffungskosten **zu aktivieren** (BdF v. 12. 4. 78, a. a. O. § 5 Nr. 4).

ee) Ermittlung des Übernahmeergebnisses bei der Personengesellschaft (bei der natürlichen Person)

635 § 5 Abs. 5 UmwStG definiert das Übernahmeergebnis als Unterschiedsbetrag zwischen dem Buchwert der Anteile an der übertragenden Kapitalgesellschaft (Wert, mit dem die Anteile nach den steuerrechtlichen Vorschriften über die Gewinnermittlung in einer für den steuerlichen Übertragungsstichtag aufzustellenden Steuerbilanz anzusetzen sind oder anzusetzen wären) dem Wert, mit dem die übergegangenen Wirtschaftsgüter zu übernehmen sind. Bei der **verschmelzenden Umwandlung** ergibt sich diese Definition ohne weiteres aus dem Buchungsvorgang: Die Anteile an der Kapitalgesellschaft werden durch die übernommen Wirtschaftsgüter ersetzt. Die Umwandlung stellt sich als laufender Geschäftsvorfall dar. Eine Übernahmebilanz ist nicht zu erstellen.

Bei der **errichtenden Umwandlung** entsteht die Personengesellschaft erst durch den Umwandlungsvorgang. Sie übernimmt die Wirtschaftsgüter der Kapitalgesellschaft in ihre Eröffnungsbilanz. Das Übernahmeergebnis ist in einer **Sonderberechnung** nach der Vorschrift des § 5 Abs. 5 UmwStG festzustellen.

ff) Übernahmegewinn in Sonderfällen

636 Der Gesetzgeber mußte für die folgenden Fälle besondere Tatbestände schaffen:
(1) **Erwerb von Anteilen nach dem Umwandlungsstichtag** (z. B. um die für eine Umwandlung erforderliche Mehrheit zu erreichen) oder **Abfindungszahlungen** an Gesellschafter der Kapitalgesellschaft, die an der Umwandlung nicht teilnehmen (§ 6 Abs. 1 UmwStG).
(2) **Anteile** an der übertragenden Kapitalgesellschaft gehörten am Umwandlungsstichtag zum **Betriebsvermögen** eines Gesellschafters der übernehmenden Personengesellschaft (§ 6 Abs. 2 UmwStG).
(3) **Anteile** an der übertragenden Kapitalgesellschaft gehörten am Umwandlungsstichtag zum **Privatvermögen** eines Gesellschafters der übernehmenden Personengesellschaft (§ 6 Abs. 3 UmwStG).

Zu 1: Das Übernahmeergebnis ist so zu ermitteln, als wären die Anteile am Umwandlungsstichtag angeschafft worden. Die Anschaffungskosten sind ebenso wie die Abfindungszahlungen den Buchwerten der Beteiligung an der Kapitalgesellschaft hinzuzurechnen.

Zu 2: Es wird auf den Umwandlungsstichtag eine Überführung der Anteile aus dem Betriebsvermögen des Gesellschafters in das Betriebsvermögen der Personengesellschaft fingiert. Die Verwendung des Begriffs „überführen" anstelle der Worte Entnahme und Einlage bedeutet, daß der Übertragungsvorgang zum **Buchwert** erfolgen **kann**. Der Zwang zur Aufdeckung der in der Beteiligung der Kapitalgesellschaft liegenden stillen Reserven bei der Entnahme wäre steuerlich ungünstig, weil er eine Steuerzahlung für das Jahr der Entnahme zur Folge hätte, während die Erfassung der stillen Reserven im Übernahmegewinn u. U. eine längerfristige Stundung ermöglicht, und außerdem die Erfassung der stillen Reserven im Übernahmegewinn eine geringere Gewerbesteuer auslöst (vgl. Rz. 640).

Zu 3: Bei der fingierten Einlage von Anteilen an der Kapitalgesellschaft, die am Umwandlungsstichtag zum Privatvermögen eines Gesellschafters gehörten, ist zwischen **wesentlichen** und nicht wesentlichen Beteiligungen zu unterscheiden. Bei **wesentlichen** Beteiligungen (§ 17 EStG) ist die Einlage nach § 6 Abs. 1 Nr. 5b EStG stets mit den **Anschaffungskosten** anzusetzen.

Nicht wesentliche Beteiligungen sind dagegen ohne Rücksicht auf den Anschaffungszeitpunkt immer mit dem **Teilwert** anzusetzen. Teilwert in diesem Sinne ist abweichend von der Definition in § 6 EStG der Betrag, der sich anteilmäßig ergibt, wenn die Wirtschaftsgüter der übertragenden Kapitalgesellschaft nach der Vorschrift des § 3 UmwStG bewertet werden (ohne Ansatz der nicht entgeltlich erworbenen immateriellen Wirtschaftsgütern). Dieser Einlagen-Ansatz hat zur Folge, daß **kein Übernahmeergebnis** entstehen kann. Das bedeutet aber nicht etwa, daß die auf nicht wesentlich Beteiligte entfallenden stillen Reserven bei diesen unversteuert bleiben. Dem nicht wesentlich Beteiligten sind vielmehr der auf ihn entfallende Teil des verwendbaren Eigenkapitals (mit Ausnahme des anteiligen EK 04) und die darin enthaltene anzurechnende Körperschaftsteuer als Einkünfte aus Kapitalvermögen zuzurechnen (§ 9 UmwStG).

gg) Steuerliche Behandlung des Übernahmeergebnisses bei den Gesellschaftern der übernehmenden Personengesellschaft (bei der übernehmenden natürlichen Person)

(1) Übernahmegewinn

637 Der bei der Personengesellschaft festgestellte Übernahmegewinn ist um die nach § 12 UmwStG anzurechnende Körperschaftsteuer und um einen Sperrbetrag im Sinne des § 50c EStG zu erhöhen. Ein solcher Sperrbetrag kann dann entstehen, wenn ein zur Anrechnung von Körperschaftsteuer Berechtigter Anteile an einer Kapitalgesellschaft von einem nicht anrechnungsberechtigten Anteilseigner erworben hat (§ 5 Abs. 3 UmwStG).

Das Übernahmeergebnis, die anzurechnende Körperschaftsteuer und Sperrbeträge sind getrennt von den laufenden Einkünften der Personengesellschaft festzustellen. Dabei kann nicht immer von dem Gewinnverteilungsschlüssel der Personengesellschaft ausgegangen werden. In den Fällen des § 6 Abs. 2 und 3 UmwStG (vgl. Rz. 636) sind Sonderberechnungen erforderlich. Der auf den einzelnen Gesellschafter entfallende Anteil des Übernahmegewinns, erhöht um die anteilige anzurechnende Körperschaftsteuer und möglicherweise um einen anteiligen Sperrbetrag, unterliegt bei dem einzelnen Gesellschafter der **Einkommensteuer zum normalen Tarif**. Ist Gesellschafter der übernehmenden Personengesellschaft eine Kapitalgesellschaft, so entsteht *insoweit* **Körperschaftsteuer**.

(2) Übernahmeverlust

638 Ein Übernahmeverlust kann nur entstehen, wenn zum Vermögen der Kapitalgesellschaft nicht entgeltlich erworbene immaterielle Wirtschaftsgüter gehören, die auch in der Umwandlungsbilanz nicht anzusetzen sind. Anderenfalls hätte auf die Beteiligung bei der Personengesellschaft eine Abschreibung erfolgen müssen. Ein negatives Übernahmeergebnis ist damit als **Scheinverlust** anzusehen. Der Gesetzgeber hat deswegen vorgeschrieben, daß ein Übernahmeverlust nur bis zur Höhe der anzurechnenden Körperschaftsteuer zu berücksichtigen ist (§ 5 Abs. 4 UmwStG).

ff) Stundung der Einkommensteuer (Körperschaftsteuer)

639 Soweit die durch den Umwandlungsvorgang entstehende Einkommensteuer oder Körperschaftsteuer die nach § 12 UmwStG anzurechnende Körperschaftsteuer übersteigt, kann sie auf Antrag gestundet werden (§ 7 UmwStG). Die Einzelheiten einer solchen Stundungsmöglichkeit sind im Zusammenhang mit der Gewerbesteuer auf den Übertragungsgewinn dargestellt worden (vgl. Rz. 633).

gg) Gewerbesteuer der übernehmenden Personengesellschaft (natürlichen Person)

640 Der Übernahmegewinn unterliegt einschließlich der anzurechnenden Körperschaftsteuer und der Sperrbeträge, gekürzt um die Beträge, die auf Anteile entfallen, die am Umwandlungsstichtag zum Privatvermögen eines Gesellschafters der Personengesellschaft gehört haben und daher nach § 6 Abs. 3 UmwStG als in das Betriebsvermögen eingelegt gelten, der Gewerbesteuer (§ 18 UmwStG). Der bei der Gewerbesteuer danach zu berücksichtigende Betrag ist nur mit einem **Drittel anzusetzen**, soweit er den Unterschiedsbetrag zwischen den tatsächlichen Anschaffungskosten der Anteile und deren Buchwert übersteigt. Liegt der Buchwert der Anteile unter den tatsächlichen Anschaffungskosten (durch Teilwertabschreibung auf die Beteiligung oder durch Kürzung der Anschaffungskosten der Beteiligung durch Übertragung stiller Reserven nach § 6b EStG), so ist insoweit die **Gewerbesteuer voll** zu erheben. **Stundung** der bei der Personengesellschaft entstehenden Gewerbesteuer sieht das Gesetz **nicht** vor. Durch die Umwandlung auf die Personengesellschaft übergegangene Rentenverpflichtungen und dauernde Lasten sind bei der Gewerbesteuer der Personengesellschaft entgegen den Vorschriften §§ 8 Ziff. 2, 12 Abs. 2 Ziff. 1 GewStG nicht hinzuzurechnen, es sei denn, daß die Voraussetzungen für die Hinzurechnungen bereits bei der übertragenden Kapitalgesellschaft erfüllt waren.

hh) Umwandlungsfolgegewinne

641 Weist die Umwandlungsbilanz der Kapitalgesellschaft Forderungen oder Verbindlichkeiten gegenüber der übernehmenden Personengesellschaft aus, so hat die Personengesellschaft auch diese Posten zu übernehmen. Diese Forderungen und Verbindlichkeiten erlöschen infolge der **Vereinigung in einer Hand**. Solange die korrespondierenden Posten bei den beiden Gesellschaften sich auch in ihrer Höhe entsprechen, ist das Erlöschen ergebnisneutral. War dagegen die Forderung abgewertet, so führt die Vereinigung in Höhe der Wertdifferenz zu einem Ertrag. Auch Rückstellungen sind gewinnerhöhend aufzulösen, soweit sie mit Geschäften zwischen den beiden Gesellschaften zusammenhängen (z. B. Garantierückstellungen). Solche Erträge ergeben sich nach der logischen Sekunde, in der die Umwandlung stattfindet. Sie können als Umwandlungsfolgegewinne nach § 8 UmwStG von der Personengesellschaft in eine **steuerfreie Rücklage** eingestellt werden, die in den auf ihre Bildung folgenden Wirtschaftsjahren mit je einem Drittel gewinnerhöhend aufzulösen ist.

Duske

Der Umwandlungsfolgegewinn entsteht mit Ablauf des Übertragungstichtags (BdF v. 12. 4. 78, a. a. O. § 8 Nr. 1).

Bei **Pensionsrückstellungen** ist zu berücksichtigen, daß zugunsten von Gesellschaftern der Kapitalgesellschaft gebildete Pensionsrückstellungen von der Personengesellschaft nicht aufzulösen sind, weil die Personengesellschaft und die Gesellschafter nicht identisch sind (BFH v. 22. 6. 77, BStBl. II, 798). Geht das Vermögen von der Kapitalgesellschaft auf eine natürliche Person über, für die bei der Kaptialgesellschaft eine Pensionsrückstellung gebildet war, so ist allerdings die Auflösung beim Übernehmer erforderlich (BdF v. 12. 4. 78, a. a. O. § 8 Nr. 2).

c) Übergang des Vermögens der Kapitalgesellschaft in das Privatvermögen

642 Kapitalgesellschaften können nur Betriebsvermögen haben. Sie sind Gewerbebetriebe kraft Rechtsform ohne Rücksicht auf die Art ihrer Tätigkeit. Geht das Vermögen einer Kapitalgesellschaft, die nur Vermögensverwaltung betreibt, auf eine Personengesellschaft oder eine natürliche Person über, so wird es dadurch zum Privatvermögen. §§ 10, 11 UmwStG schreiben vor, welche Vorschriften aus dem Bereich der Umwandlung von Kapitalgesellschaften auf Personengesellschaften oder natürliche Personen mit Betriebsvermögen sinngemäß anzuwenden sind. Beim Übergang in das Privatvermögen sind die infolge des Vermögensübergangs entstehenden Einkünfte nicht bei der Personengesellschaft, sondern bei den einzelnen Gesellschaftern zu ermitteln.

Die bei der Umwandlung entstehenden Einkünfte können zu unterschiedlichen Einkunftsarten gehören:
(1) Einkünfte aus Gewerbebetrieb, wenn der Anteil eines Gesellschafters an der übertragenden Kapitalgesellschaft zu seinem Betriebsvermögen gehört,
(2) Einkünfte i. S. v. § 17 EStG, wenn eine wesentliche Beteiligung im Privatvermögen gehalten wird,
(3) Einkünfte aus Kapitalvermögen i. S. v. § 20 EStG bei einer nicht wesentlichen Beteiligung im Privatvermögen (§ 9 UmwStG).

Zu 1: Gegenüberzustellen sind der dem Gesellschafter anteilig zuzurechnende Wert des übernommenen Vermögens auf der Grundlage von gemeinen Werten (§ 3 Satz 2 UmwStG) und der auf ihn entfallende Buchwert der Anteile. Der sich daraus ergebende Übernahmegewinn ist um die anzurechnende Körperschaftsteuer und ggf. um einen Sperrbetrag zu erhöhen. Der Gesamtbetrag dieser Einkünfte unterliegt auch der Gewerbesteuer, und zwar ohne eine Ermäßigung, weil die Vorschriften der §§ 10, 11 UmwStG nicht auf § 18 Abs. 2 UmwStG verweisen. Die sich aufgrund der Umwandlung ergebende Einkommensteuer und Gewerbesteuer kann auch nicht nach § 7 UmwStG gestundet werden, weil eine entsprechende Bezugnahme in § 10 UmwStG fehlt.

Zu 2: Die Differenz zwischen dem anteiligen übernommenen Vermögen (s. o.) und den Anschaffungskosten der Anteile an der Kapitalgesellschaft unterliegt, erhöht um die anzurechnende Körperschaftsteuer und ggf. einen Sperrbetrag, der Einkommensteuer.

Zu 3: Vgl. Rz. 636. Eine Stundung ist nicht vorgesehen. Die Vorschriften der §§ 17 Abs. 3, 22 Ziff. 2 u. 34 Abs. 1 EStG sind nicht anzuwenden.

d) Verhinderung von Mißbräuchen; mitbestimmte Unternehmen

643 Wegen des **Wegfalls von Steuererleichterungen** bei verspäteter Anmeldung des Umwandlungsbeschlusses zur Eintragung in das Handelsregister vgl. Rz. 629. Die Möglichkeit, Umwandlungsfolgegewinne in eine steuerfreie Rücklage einzustellen (§ 8 UmwStG, Rz. 641) und die Begünstigung des Übernahmegewinns bei der Gewerbesteuer (§ 18 Abs. 2 Nr. 2 UmwStG, Rz. 640) entfallen **rückwirkend**, wenn die Übernehmerin den auf sie übergegangenen Betrieb innerhalb von fünf Jahren in eine Kapitalgesellschaft einbringt oder ihn ohne triftigen Grund aufgibt oder veräußert. Die nach §§ 7, 18 Abs. 4 UmwStG gestundeten Steuern werden sofort fällig. Die Fälligkeit tritt auch in anderen Fällen der Aufgabe oder der Veräußerung ein (§ 25 UmwStG).

Bei Übergang des Vermögens einer mitbestimmten Körperschaft auf eine Personengesellschaft oder eine natürliche Person ist die Stundungsvorschrift des § 7 UmwStG nicht anwendbar (§ 26 UmwStG).

e) Vermögensübergang auf eine andere Kapitalgesellschaft

644 Wegen der geringen Bedeutung für die Praxis des Steuerberaters sollen hier die Grundsätze nur kurz dargestellt werden.

aa) Auswirkungen auf den Gewinn der übertragenden Körperschaft

Die Grundsatzregel des § 14 Abs. 1 UmwStG, nach der die übergegangenen Wirtschaftsgüter insgesamt mit dem Wert der für die Übertragung gewährten Gegenleistung oder beim Fehlen einer Gegenleistung entsprechend § 3 UmwStG mit dem Teilwert anzusetzen sind, wird nur in seltenen Fällen Anwendung finden. Von größerer Bedeutung ist Abs. 2, nach dem **auf Antrag** die stillen Reserven nicht aufgedeckt zu werden brauchen, soweit
(1) sichergestellt ist, daß sie später der Körperschaftsteuer unterliegen und
(2) eine Gegenleistung nicht gewährt wird oder in Gesellschaftsrechten besteht.
Diese Voraussetzungen werden im allgemeinen gegeben sein. Soweit sie nicht vorliegen oder wenn der Antrag gemäß Abs. 2 nicht gestellt wird, unterliegt der sich durch die Aufdeckung der stillen Reserven ergebende Gewinn dem Steuersatz von 56 v. H.. Der Gewinn unterliegt nach § 19 UmwStG auch der Gewerbesteuer. Eine besondere Stundungsmöglichkeit gibt es nicht.

bb) Auswirkungen auf den Gewinn der übernehmenden Körperschaft

Die übernehmende Kapitalgesellschaft hat die Wirtschaftsgüter mit den Buchwerten aus der steuerlichen Schlußbilanz der übertragenden Kapitalgesellschaft anzusetzen. Ein Übernahmeergebnis im Sinne von § 5 Abs. 5 UmwStG bleibt außer Ansatz. Liegen die tatsächlichen Anschaffungskosten über den Buchwerten der Anteile an der übertragenden Kapitalgesellschaft, so erhöht der Unterschiedsbetrag den Gewinn. Die Hinzurechnung beschränkt sich allerdings auf den nach § 14 Abs. 1 UmwStG ermittelten Wert des übernommenen Vermögens, vermindert um den Buchwert der Anteile. Das gilt für den Fall, daß der übernehmenden Kapitalgesellschaft alle Anteile an der übertragenden Kapitalgesellschaft zuzurechnen waren. Soweit das nicht der Fall war, reduziert sich der Wert des übernommenen Vermögens für die Berechnung der Höchstgrenze der Hinzurechnung entsprechend (§ 15 UmwStG).

cc) Weitere Behandlung der übernommenen Wirtschaftsgüter

Grundsätzlich tritt die übernehmende Kapitalgesellschaft in die Rechtsstellung der übertragenden Kapitalgesellschaft ein (§ 15 Abs. 3 UmwStG). Lediglich bei Aufdeckung stiller Reserven durch Ansatz mit dem Wert der Gegenleistung oder mit dem in § 3 UmwStG bezeichneten Wert (§ 14 Abs. 1 UmwStG) gelten die Wirtschaftsgüter als mit diesem Wert angeschafft (§ 15 Abs. 4 UmwStG).

dd) Behandlung des verwendbaren Eigenkapitals

Nach § 38 KStG sind die Eigenkapitalteile der übertragenden Kapitalgesellschaft den entsprechenden Teilbeträgen der übernehmenden Kapitalgesellschaft hinzuzurechnen. Wenn die Summe der zusammengerechneten Teilbeträge infolge des Wegfalls von Anteilen an der übertragenden Kapitalgesellschaft oder aus anderen Gründen nicht mit dem verwendbaren Eigenkapital übereinstimmt, das sich aus der Steuerbilanz der übernehmenden Kapitalgesellschaft ergibt, ist die Summe der Teilbeträge dem verwendbaren Eigenkapital nach der Steuerbilanz anzupassen. Eine umfassende Übersicht mit Falldarstellungen geben *Widmann/Mayer* (Anm. 5772 ff).

f) Besteuerung der Gesellschafter bei Verschmelzung und Abfindung

645 Gehörten Anteile an der übertragenden Kapitalgesellschaft zu einem Betriebsvermögen, so gelten sie als zum Buchwert veräußert und die an ihre Stelle tretenden Anteile als mit diesem Wert angeschafft. Entsprechendes gilt bei Anteilen, die nicht zu einem Betriebsvermögen gehören und die Voraussetzungen des § 17 EStG erfüllen. Die bei der Verschmelzung gewährten Anteile gelten ebenfalls als Anteile i. S. v. § 17 EStG (§ 16 UmwStG).

Werden Barabfindungen an Minderheitsgesellschafter der übertragenden Kapitalgesellschaft gezahlt, so ist auf den dabei entstehenden Gewinn auf Antrag § 6b EStG anzuwenden. Die Bescheinigung im Sinne des Abs. 1 Satz 2 Ziff. 5 ist nicht erforderlich, und die Sechsjahresfrist entfällt (§ 17 UmwStG).

3. Einbringung in eine Kapitalgesellschaft

646 Der Sechste Teil des UmwStG regelt die **Einbringung** von in bestimmter Art gebundenem Betriebsvermögen **in Kapitalgesellschaften gegen Gewährung von neuen Gesellschaftsanteilen.** Anders als bei den Vorschriften über die Umwandlung und die Verschmelzung von Kapitalgesellschaften kommt es hier nicht darauf an, daß sich die Einbringung im Wege der Gesamtrechtsnachfolge nach den Vorschriften des UmwG vollzieht. Die steuerlichen Regelungen sind für die Fälle der Einzelübertragung und für die Fälle der Gesamtrechtsnachfolge im wesentlichen gleich. Nach der Systematik des Einkommensteuerrechts stellt die Einbringung von Betriebsvermögen in Kapitalgesellschaften gegen Gewährung von Gesellschaftsrechten einen **Tauschvorgang** dar, der grundsätzlich eine **Gewinnrealisierung** zur Folge hat. Die Rechtsprechung hatte aber für die Einbringung von Betrieben entschieden, daß auf eine Gewinnrealisierung verzichtet werden kann, wenn der Einbringende an der Kapitalgesellschaft wesentlich beteiligt ist und wenn die Kapitalgesellschaft das eingebrachte Vermögen zu den bisherigen Buchwerten übernimmt. Diese Grundsätze der Rechtsprechung hat der Gesetzgeber übernommen, in einigen Punkten erweitert und natürlich präzisiert.

a) Gegenstand der Einbringung

647 Das UmwStG regelt in § 20 die Einbringung von **Betrieben, Teilbetrieben, Mitunternehmeranteilen** und von **100%igen Beteiligungen an Kapitalgesellschaften** in unbeschränkt steuerpflichtige Kapitalgesellschaften, wenn der Einbringende als Gegenleistung dafür **neue Anteile** an der übernehmenden Gesellschaft erhält. Es muß also in jedem Falle bei der aufnehmenden Gesellschaft eine **Kapitalerhöhung** durchgeführt werden. Jedoch braucht das Entgelt für die Einbringung nicht nur in neuen Anteilen zu bestehen. Der Einbringende kann auch andere Wirtschaftsgüter (im Regelfalle Geld) als **Zuzahlung** erhalten.

b) Ansatzwahlrecht der Kapitalgesellschaft

648 Die **aufnehmende Kapitalgesellschaft** hat für den Ansatz der übernommenen Wirtschaftsgüter ein **Wahlrecht.** Sie kann sie mit dem Buchwert, mit dem Teilwert und mit jedem dazwischenliegenden Wert ansetzen. Es kommt nicht mehr wie bei der früheren Rechtsprechung darauf an, ob der Einbringende an der Kapitalgesellschaft wesentlich beteiligt ist. Einen praktischen Unterschied macht die Höhe der Beteiligung aber dennoch aus, denn wer nur in geringem Umfang durch die Einbringung beteiligt wird, wird auch weniger Einfluß auf die Entscheidung der Kapitalgesellschaft haben, wie sie das übernommene Vermögen bewertet. In der Praxis allerdings werden diese Fälle wohl keine so bedeutende Rolle spielen. Im Vordergrund stehen hier die Fälle, in denen eine Personengesellschaft oder ein Einzelunternehmen nach den Vorschriften des UmwG in eine Kapitalgesellschaft umgewandelt wird und die Fälle, in denen eine Kapitalgesellschaft (meist mit geringem Nennkapital) zum Zweck der späteren Einbringung eines Betriebes gegründet wird.

Hier werden bei der Entscheidung über die Bewertung der eingebrachten Wirtschaftsgüter steuerliche Gründe die ausschlaggebenden sein, denn mit der Bewertung bei der Kapitalgesellschaft, die bestimmend ist für den Veräußerungspreis des Einbringenden und für die Anschaffungskosten der neuen Anteile, wird entschieden, ob und in welchem Umfange die in dem eingebrachten Vermögen liegenden stillen Reserven aufgedeckt und versteuert werden.

aa) Steuerliche Überlegungen zum Wahlrecht

649 Für eine Aufdeckung von stillen Reserven spricht zunächst, daß in jedem Falle die auf den Veräußerungsgewinn entfallende Einkommensteuer nur mit dem **halben Steuersatz** erhoben und bei Ansatz mit dem **Teilwert** auch der Freibetrag nach § 16

Abs. 4 EStG gewährt wird (§ 20 Abs. 5 UmwStG). Auch **Gewerbesteuer** fällt **regelmäßig nicht** an, denn es gelten die allgemeinen gewerbesteuerlichen Grundsätze für die Veräußerung von Betrieben, Teilbetrieben usw. (vgl. Rz. 650). Die aus der Aufdeckung der stillen Reserven folgenden Gewinnminderungen bei der Kapitalgesellschaft (z. B. in Form von AfA) mindern dagegen die dem vollen Steuersatz und auch der Gewerbesteuer unterliegenden späteren Einkünfte. Es wird allerdings sehr genau geprüft werden müssen, in welchen Zeiträumen die späteren Steuerminderungen sich verwirklichen. Lösen sich die aufgedeckten stillen Reserven nur langsam (z. B. bei Gebäuden) oder gar erst bei der Veräußerung (z. B. bei Grund und Boden) gewinnmindernd auf, so kann die auf den ersten Blick wegen des halben Steuersatzes und wegen der entfallenden Gewerbesteuer günstig erscheinende Vorfinanzierung späterer Steuerminderungen sich als teuer erweisen.

Hat das einbringende Unternehmen **Sonderabschreibungen** oder erhöhte Absetzungen für die Anschaffung oder Herstellung von Wirtschaftsgütern aufgrund von Förderungsbestimmungen in Anspruch genommen, die eine bestimmte „**Verbleibensdauer**" im Betrieb des investierenden Unternehmens vorschreiben (z. B. § 3 ZonenRFG i. V. m. BdF v. 10. 11. 1978, BStBl. I 1978, 451; § 14 Abs. 2 BerlinFG), so ergibt sich in Einbringungsfällen vor Ablauf der Verbleibensfrist die Frage, ob dem einbringenden Unternehmen die steuerlichen Investitionsvergünstigungen erhalten bleiben. Lt. BdF v. 10. 11. 1978 (a. a. O.) sollte die Übertragung der Wirtschaftsgüter im Rahmen einer Gesamtrechtsnachfolge oder einer Einbringung im Sinne des Sechsten und Siebenten Teils des UmwStG 1977 **unschädlich** sein. Dem hat der BFH im Urteil v. 10. 4. 1984 (BStBl. II 1984, 734) **nur** für die Fälle der **Buchwertfortführung zugestimmt**. Da im Falle der Aufdeckung von stillen Reserven der Einbringungswert nach § 34 EStG begünstigt sei, könne auf die Rückgängigmachung der Sonderabschreibung nicht verzichtet werden. Das Urteil ist nach dem Schreiben des BdF v. 29. 3. 1985 (BStBl. I 1985, 113) nur auf die Fälle anzuwenden, in denen die Einbringung nach dem Sechsten oder Siebenten Teil des UmwStG 1977 auf einen nach dem 31. 12. 1984 liegenden Stichtag wirksam wird.

bb) Einbringungsgewinn und Gewerbesteuer

650 Zur Frage der **Gewerbesteuer** bei Einbringungen in Kapitalgesellschaften äußert sich das UmwStG nicht. Bringt eine natürliche Person oder eine Mitunternehmerschaft einen Betrieb, Teilbetrieb oder einen Mitunternehmeranteil in eine Kapitalgesellschaft ein, so gilt ein dabei entstehender Gewinn als **Veräußerungsgewinn** i. S. v. § 16 EStG. Solche Veräußerungsgewinne werden bei der Ermittlung des Gewerbeertrags nicht erfaßt (Abschn. 40 Abs. 1 Nr. 1 GewStR). Ist der Einbringende dagegen ein Gewerbebetrieb kraft Rechtsform (z. B. eine Kapitalgesellschaft), so ist der Einbringungsgewinn Teil des Gewerbeertrags. Auch ein Gewinn, der sich bei der Einbringung einer 100%igen Beteiligung an einer Kapitalgesellschaft ergibt, die zu einem gewerblichen Betriebsvermögen gehört, unterliegt der Gewerbesteuer. Bringt aber eine natürliche Person oder eine Mitunternehmerschaft ihren ganzen Betrieb ein, und gehört zu dem eingebrachten Betriebsvermögen eine 100%ige Beteiligung an einer Kapitalgesellschaft, so unterliegt der insoweit entstandene Gewinn ebenso wie der übrige Einbringungsgewinn nicht der Gewerbesteuer. Die gewerbesteuerliche Behandlung nach den vorstehenden Grundsätzen gilt auch dann, wenn die Einbringung zu Zwischenwerten erfolgt (*Widmann/Mayer* Anm. 7301).

cc) Teilwertansatz

651 Will die Kapitalgesellschaft die eingebrachten Wirtschaftsgüter mit ihrem **Teilwert** ansetzen, so ist zu beachten, daß alle Wirtschaftsgüter anzusetzen sind, d. h. auch solche, die bisher nicht aktivierungsfähig waren, so z. B. ein **originärer Firmenwert** (BdF v. 16. 6. 78, a. a. O., Tz. 14). Da dieser bei der Kapitalgesellschaft nicht durch gleichmäßige Abschreibung mit steuerlicher Wirkung getilgt werden kann, kommt dieser Frage eine besondere Bedeutung zu. Ob und welcher Höhe ein solcher Geschäftswert existiert, kann zu einem erheblichen Streitpunkt werden, und die darin liegende Unsicherheit wird in vielen Fällen dazu führen, daß auf den Teilwertansatz verzichtet wird. Diese Entscheidung wird dann leicht fallen, wenn ein Freibetrag nach § 16 Abs. 4 EStG wegen der Höhe des Veräußerungsgewinns ohnehin nicht in Betracht kommt.

Duske

dd) Zwischenwertansatz

652 Die Möglichkeit zum Ansatz von Zwischenwerten (Werte zwischen den Buchwerten und den Teilwerten) bedeutet nicht, daß der Kapitalgesellschaft ein Wahlrecht für jedes einzelne Wirtschaftsgut zusteht. Die Kapitalgesellschaft muß sich vielmehr für ein Aufstockungsvolumen entscheiden, das sodann **gleichmäßig** auf die einzelnen Wirtschaftsgüter zu verteilen ist. Dabei kann nach Auffassung der Finanzverwaltung auf die Berücksichtigung eines originären Firmenwerts verzichtet werden, nicht jedoch auf die Berücksichtigung sonstiger nicht entgeltlich erworbener immaterieller Wirtschaftsgüter. Zur gleichmäßigen Aufstockung ist es erforderlich, zunächst die Summe der in allen Wirtschaftsgütern (mit Ausnahme des Firmenwerts) vorhandenen stillen Reserven festzustellen. Dieses Aufdeckungspotential ist ins Verhältnis zu dem von der Kapitalgesellschaft bestimmten Aufstockungsbetrag zu setzen. Sodann sind die in jedem einzelnen Wirtschaftsgut steckenden stillen Reserven mit diesem v. H.-Satz aufzulösen. Ein originärer Firmenwert ist erst dann zu berücksichtigen, wenn bei dem von der Kapitalgesellschaft bestimmten Aufstockungsvolumen nach Aufstockung aller übrigen Wirtschaftsgüter noch ein Betrag übrig bleibt. Die Aufstockung kann nach Auffassung der Finanzverwaltung auf das Anlagevermögen beschränkt bleiben (BdF v. 16. 6. 78, a. a. O., Tz. 11, 12). Darin liegt jedoch regelmäßig kein Vorteil, denn gerade beim Umlaufvermögen wirken sich die aufgedeckten stillen Reserven gewöhnlich schnell wieder gewinnmindernd aus. Anders als beim Ansatz von Teilwerten brauchen bei einem Zwischenwertansatz **steuerfreie Rücklagen** nach Auffassung der Finanzverwaltung bei der Aufstockung **nicht** (anteilmäßig) durch Auflösung **berücksichtigt zu werden** (BdF v. 16. 6. 78, a. a. O., Tz. 30).

ee) Einschränkung des Ansatzwahlrechts

653 Von dem Grundsatz des Wahlrechts der Kapitalgesellschaft bei der Bewertung der eingebrachten Wirtschaftsgüter macht das Gesetz drei Ausnahmen:

(1) **Übersteigen die Passivposten** des eingebrachten Betriebsvermögens **die Aktivposten,** so hat die Kapitalgesellschaft das eingebrachte Betriebsvermögen mindestens so anzusetzen, daß sich die Aktivposten und die Passivposten ausgleichen (§ 20 Abs. 2 Satz 4 UmwStG). In den Fällen ist also mindestens ein Zwischenwertansatz nach den oben dargestellten Grundsätzen erforderlich.

(2) Wenn der Einbringende neben Gesellschaftsanteilen auch **andere Wirtschaftsgüter** erhält, deren gemeiner Wert den Buchwert des eingebrachten Betriebsvermögens übersteigt, so muß die Kapitalgesellschaft das eingebrachte Betriebsvermögen mindestens mit dem gemeinen Wert der anderen Wirtschaftsgüter ansetzen (§ 20 Abs. 2 Satz 5 UmwStG).

(3) Das eingebrachte Betriebsvermögen muß mit dem **Teilwert** angesetzt werden, wenn der Einbringende **beschränkt einkommensteuerpflichtig** oder wenn das Besteuerungsrecht der Bundesrepublik Deutschland hinsichtlich des Gewinns aus einer Veräußerung der dem Einbringenden gewährten Gesellschaftsanteile im Zeitpunkt der Sacheinlage durch ein Doppelbesteuerungsabkommen ausgeschlossen ist (§ 20 Abs. 3 UmwStG).

Nach dem Gesetzeswortlaut ist bei einem beschränkt steuerpflichtigen Einbringenden die Aufdeckung aller stillen Reserven auch dann erforderlich, wenn ihre spätere Besteuerung gesichert wäre. Das ist z. B. dann der Fall, wenn die bei der Einbringung gewährten Anteile zum inländischen Betriebsvermögen einer Mitunternehmerschaft gehören. Die Finanzverwaltung verzichtet in solchen Fällen aber auf den Teilwertansatz und gesteht dem beschränkt Steuerpflichtigen ebenfalls das normale Wahlrecht zu (BdF v. 2. 8. 84 BStBl. I 1984, 461). Wenn die Kapitalgesellschaft wegen der beschränkten Steuerpflicht des Einbringenden das übernommene Vermögen mit den Teilwerten anzusetzen hat, so kann die Steuer, die auf den Veräußerungsgewinn entfällt, in **jährlichen Teilbeträgen** von mindestens je einem Fünftel entrichtet werden, wenn die Entrichtung der Teilbeträge sichergestellt ist (§ 20 Abs. 5 Satz 3 UmwStG).

ff) Höherer Wertansatz in der Handelsbilanz

654 Auch bei der Anwendung des § 20 UmwStG gilt der Grundsatz der **Maßgeblichkeit** der Handelsbilanz für die Steuerbilanz. Die Beachtung dieses Grundsatzes würde aber in den Fällen, in denen sowohl die Buchwerte der aufnehmenden Kapitalgesellschaft als auch die Buchwerte des eingebrachten Betriebes stille Reserven enthalten, die steuerlichen Wahlrechte einengen.

Beispiel:
Die aufnehmende Kapitalgesellschaft hat ein Stammkapital von 150. Der tatsächliche Wert der Anteile beträgt 400. Die Buchwerte der Wirtschaftsgüter des eingebrachten Betriebsvermögens betragen 50, ihre Teilwerte 200. Das Verhältnis der tatsächlichen Werte der beiden Betriebsvermögen beträgt 2:1. Dementsprechend steht auch dem Einbringenden ein Drittel des gesamten Stammkapitals zu. Die GmbH muß also das Stammkapital von 150 um 75 auf 225 erhöhen.

Nach dem Maßgeblichkeitsgrundsatz müßte die Kapitalgesellschaft das eingebrachte Betriebsvermögen mit 75, also mit Zwischenwerten, ansetzen. Nach § 20 Abs. 2 Satz 2 UmwStG ist aber der Ansatz mit dem Buchwert auch zulässig, wenn in der Handelsbilanz das eingebrachte Betriebsvermögen nach handelsrechtlichen Vorschriften mit einem höheren Wert angesetzt werden muß. Ob im Beispielsfall ein **handelsrechtlicher Zwang** besteht, die übernommenen Wirtschaftsgüter mit einem höheren Wert als dem Buchwert anzusetzen, ist **zweifelhaft**. Die Finanzverwaltung geht davon aus, daß in solchen Fällen von einer Verpflichtung zum Ansatz des höheren Werts auszugehen ist. Der Maßgeblichkeitsgrundsatz wird hier also durchbrochen, so daß trotz des höheren Ansatzes in der Handelsbilanz steuerlich zu Buchwerten eingebracht werden kann. In Höhe der Differenz zwischen den Ansätzen in der Handelsbilanz und in der Steuerbilanz ist ein Ausgleichsposten zu bilden. Es handelt sich um einen „Luftposten", der am Betriebsvermögensvergleich (§ 4 Abs. 1 Satz 1 EStG) nicht teilnimmt (BdF v. 16. 6. 78, a. a. O., Tz. 20–22).

c) Behandlung der übernommenen Wirtschaftsgüter bei der Kapitalgesellschaft

655 Von der Bewertung der Wirtschaftsgüter durch die Kapitalgesellschaft bei der Einbringung hängt auch ihre weitere steuerliche Behandlung ab (§ 23 UmwStG):
Bei der Übernahme zu **Buchwerten** tritt die übernehmende Kapitalgesellschaft in die Rechtsstellung des Einbringenden ein. Das bedeutet, daß die Wirtschaftsgüter so behandelt werden, als hätte der Einbringungsvorgang nicht stattgefunden. So wird z. B. die AfA wie beim Einbringenden weitergeführt, steuerfreie Rücklagen werden so aufgelöst, wie sie der Einbringende hätte auflösen müssen.
Auch beim Ansatz von **Zwischenwerten** tritt die Kapitalgesellschaft grundsätzlich in die Rechtsstellung des Einbringenden ein. Dabei gelten jedoch die folgenden Ausnahmen:
(1) Die AfA nach § 7 Abs. 1, 4, 5 und 6 EStG sind nach den Anschaffungs- oder Herstellungskosten des Einbringenden, erhöht um den Aufstockungsbetrag, zu bemessen. Dabei ist von der betriebsgewöhnlichen Nutzungsdauer auszugehen, die für den Einbringenden maßgebend war und nicht von der Restnutzungsdauer im Zeitpunkt der Einbringung. Diese ungewöhnliche Methode führt zu einer Verlängerung der betriebsgewöhnlichen Nutzungsdauer, die handelsrechtlich nicht zu akzeptieren ist, so daß sich allein deshalb eine Abweichung der Steuerbilanz von der Handelsbilanz ergeben könnte.
(2) Bei der degressiven AfA (§ 7 Abs. 2 EStG) ist im Zeitpunkt der Einbringung von dem Wert auszugehen, mit dem die Kapitalgesellschaft die Wirtschaftsgüter ansetzt.
Bewertet die Kapitalgesellschaft das eingebrachte Betriebsvermögen mit dem **Teilwert**, so gelten die eingebrachten Wirtschaftsgüter als im Zeitpunkt der Einbringung von der Kapitalgesellschaft angeschafft.

d) Nichteinbringung einzelner Wirtschaftsgüter

aa) Zurückbehaltung wesentlicher Betriebsgrundlagen

656 Die Anwendung des § 20 UmwStG setzt bei der Einbringung eines Betriebs oder Teilbetriebes voraus, daß diejenigen Wirtschaftsgüter, die die **wesentlichen Grund-**

lagen des Betriebes (Teilbetriebes) darstellen, eingebracht werden. Werden solche Wirtschaftsgüter nicht in die Kapitalgesellschaft mit eingebracht, sei es, daß sie in das Privatvermögen übergehen, sei es, daß sie Betriebsvermögen bleiben, so liegt kein Fall des § 20 UmwStG vor, sondern eine **Einbringung einzelner Wirtschaftsgüter** in die Kapitalgesellschaft, die als Tauschvorgang (eingebrachte Wirtschaftsgüter gegen Gesellschaftsanteile) zur **Gewinnrealisierung** zwingt (BdF v. 16. 6. 78, a. a. O., Tz. 47). Nur wenn gleichzeitig die in den zurückbehaltenen Wirtschaftsgütern liegenden stillen Reserven ebenfalls aufgedeckt werden, entweder durch Veräußerung der Wirtschaftsgüter oder durch ihre Überführung in das Privatvermögen, liegt insgesamt ein Aufgabegewinn im Sinne von § 16 EStG vor, der nach § 34 EStG ermäßigt besteuert wird. Bleiben dagegen zurückbehaltene Wirtschaftsgüter Betriebsvermögen, so daß nicht einmal die Möglichkeit einer freiwilligen Aufdeckung der stillen Reserven besteht, so handelt es sich insgesamt um einen laufenden Gewinn.

Für den Fall, daß es sich bei den zurückbehaltenen Wirtschaftsgütern um **Sonderbetriebsvermögen** der Gesellschafter der Personengesellschaft handelt, halten *Herrmann/Heuer/Raupach* (UmwStG § 20 Anm. 36) die Ablehnung eines Einbringungsvorgangs i. S. v. § 20 UmwStG nicht für gerechtfertigt. Sie weisen darauf hin, daß in der neueren Rechtsprechung den Personengesellschaften entsprechend den zivilrechtlichen Gegebenheiten in zunehmendem Maße auch steuerrechtlich eigene Bedeutung beigemessen werde, so daß die Behandlung des Sonderbetriebsvermögens als nicht eingebracht jedenfalls dann nicht gerechtfertigt sei, wenn der Rechtsanspruch der Personengesellschaft auf Nutzung des Sonderbetriebsvermögens auch der Kapitalgesellschaft eingeräumt werde.

bb) Betriebsaufspaltung als Sonderfall

657   Grundsätzlich liegt bei der Aufspaltung eines Einzelunternehmens oder einer Personengesellschaft in ein Besitzunternehmen und eine Betriebskapitalgesellschaft keine Einbringung i. S. v. § 20 UmwStG vor, weil die wesentliche Betriebsgrundlage, das Anlagevermögen, beim Besitzunternehmen verbleibt. Es kommt aber auch vor, daß Teile der wesentlichen Betriebsgrundlagen in die Betriebs-Kapitalgesellschaft gegen Gewährung von Gesellschaftsrechten eingebracht werden, während andere Teile (z. B. Betriebsgrundstücke) beim Besitzunternehmen verbleiben. Die Anwendung der oben dargestellten Grundsätze könnte hier zu Schwierigkeiten führen. Nach der Rechtsprechung kann jedoch das Besitzunternehmen die Wirtschaftsgüter zu Buchwerten übertragen (*Schmidt* § 15 Anm. 150). Die Finanzverwaltung hat sich dieser Rechtsprechung ausdrücklich angeschlossen (BdF v. 16. 6. 78, a. a. O., Tz. 49).

cc) Zurückbehaltung von Wirtschaftsgütern, die nicht wesentliche Betriebsgrundlagen sind

658   Die nicht eingebrachten Wirtschaftsgüter werden regelmäßig in das Privatvermögen übergehen (BdF v. 16. 6. 78, a. a. O., Tz. 46). Der Entnahmegewinn ist nach § 34 EStG auch für den Fall begünstigt, daß die in die Kapitalgesellschaft eingebrachten Wirtschaftsgüter nicht mit dem Teilwert angesetzt werden (*Widmann/Mayer* Anm. 7256, *Herrmann/Heuer/Raupach* UmwStG § 20 Anm. 171).

e) Steuerliche Rückwirkung

659   Erfolgt die Sacheinlage durch **Umwandlung aufgrund handelsrechtlicher Vorschriften** (§§ 40–56f UmwG), so gilt auf Antrag als Zeitpunkt der Sacheinlage der Stichtag, für den die **Umwandlungsbilanz** aufgestellt ist. Dieser Stichtag darf höchstens 6 Monate vor der Anmeldung des Umwandlungsbeschlusses zur Eintragung in das Handelsregister liegen (§ 20 Abs. 7 UmwStG). Die steuerliche Rückwirkung ist nach dem Gesetz auf die handelsrechtlichen Umwandlungen beschränkt und gilt für das Einkommen und das Vermögen des Einbringenden und der Kapitalgesellschaft.

Die Finanzverwaltung hat sich für die anderen Fälle von Sacheinlagen (**Einzelübertragungen**) im Sinne von § 20 UmwStG auf den Standpunkt gestellt, daß es nicht zu beanstanden sei, wenn die Wirksamkeit der Einbringung auf einen höchstens 6 Monate vor der Übertragung des wirtschaftlichen Eigentums liegenden Zeitpunkt zurückbezogen wird. Diese Verwaltungsregelung ist vom BFH verworfen worden. Die Finanzverwaltung erkennt dennoch aus **Billigkeitsgründen** die steuerliche Rückwirkung an, wenn den zuständigen Finanzämtern übereinstimmende Erklärungen des Einbringenden und der aufnehmenden Kapitalgesellschaft vorgelegt werden. Dabei muß die Kapitalgesellschaft zusagen, daß sie bereits ab dem Zeitpunkt der Rückwirkung mit dem übernommenen Vermögen steuerpflichtig ist (BdF v. 14. 6. 82, BStBl. I 1982, 624).

aa) Steuerliche Auswirkungen der Rückbeziehung

660 Hatte in den Fällen handelsrechtlicher **Umwandlung** einer Personengesellschaft in eine Kapitalgesellschaft bereits die Personengesellschaft mit einem Gesellschafter einen schuldrechtlichen Vertrag abgeschlossen, nach dem die Leistungen des Gesellschafters an die Gesellschaft (z. B. Geschäftsführungstätigkeit, Darlehnsgewährung usw.) gesondert vergütet werden sollten **(Gewinnvorweg)**, so sind diese Vergütungen **rückwirkend** vom Übertragungsstichtag an als **Betriebsausgaben** der Kapitalgesellschaft zu behandeln. Das soll nach Auffassung der Finanzverwaltung **nicht** in den Fällen gelten, in denen **keine handelsrechtliche Umwandlung vorliegt** (BdF v. 16. 6. 78, a. a. O., Tz. 4). Ein Grund für diese Unterscheidung ist zwar nicht erkennbar, doch sollte sie schon deswegen beachtet werden, weil die Anerkennung der Rückbeziehung nur auf Billigkeitsgründen beruht (vgl. Rz. 659).

Durch die Rückwirkung eintretende Nachteile bei der Vermögensteuer sollen durch analoge Anwendung des § 2 Abs. 4 UmwStG beseitigt werden (BdF v. 16. 6. 78, a. a. O., Tz. 5, 6).

Für die **Umsatzsteuer gilt die Rückwirkung nicht.** Stichtag ist hier der Zeitpunkt der tatsächlichen Sacheinlage. Für den Fall der Umwandlung nach dem UmwG ist das der Tag der Eintragung.

bb) Verunglückte Einbringung

661 Ist bei der Anmeldung zur Eintragung die 6-Monats-Frist überschritten, so fällt lediglich die steuerliche Rückwirkung weg. Die Bewertungswahlrechte und die Tarifvergünstigung des § 34 EStG bleiben erhalten.

f) Besteuerung beim Einbringenden

662 Die tarifliche Begünstigung des § 34 EStG für **jeden bei der Umwandlung entstehenden Gewinn** und die Gewährung des Freibetrages nach § 16 Abs. 4 EStG beim Teilwertansatz der Wirtschaftsgüter ist bereits erwähnt worden. Der Betrag, mit dem die Kapitalgesellschaft das übernommene Betriebsvermögen ansetzt, gilt beim Einbringenden als **Anschaffungskosten** der neuen Anteile. Dabei ist zu beachten, daß, soweit neben den Gesellschaftsanteilen auch andere Wirtschaftsgüter gewährt werden, deren gemeiner Wert bei der Bemessung der Anschaffungskosten abzuziehen ist (§ 20 Abs. 4 UmwStG).

g) Veräußerung und fiktive Veräußerung einbringungsgeborener Anteile

663 Mit der Einräumung des Wahlrechts, zu Buchwerten oder zu Zwischenwerten einzubringen, mußte der Gesetzgeber Vorkehrungen treffen, um zu verhindern, daß stille Reserven der Besteuerung entzogen werden. Anderenfalls hätten Einbringende, die an der aufnehmenden Kapitalgesellschaft **nicht wesentlich** beteiligt sind, sich durch die Veräußerung der durch die Einbringung geschaffenen (einbringungsgeborenen) Anteile einen *steuerfreien* Veräußerungsgewinn verschaffen können, da solche Veräußerungsvorgänge nicht von § 17 EStG erfaßt werden. Deshalb schreibt § 21 UmwStG vor, daß der Gewinn aus der Veräußerung **einbringungsgeborener** Anteile als Veräußerungsgewinn im Sinne von § 16 EStG gilt, auf den § 34 UmwStG anzuwenden ist, wenn nicht eine Einbringung zu Teilwerten erfolgt ist. Weiterhin kommt bei entsprechenden Wertverhältnissen ggf. ein Freibetrag nach § 16 Abs. 4 EStG in Betracht.

Eine **Veräußerung** von einbringungsgeborenen Anteilen wird **fingiert**, wenn
– der Anteilsigner dies beantragt oder
– der Anteilsigner beschränkt einkommensteuerpflichtig oder beschränkt körperschaftsteuerpflichtig wird oder

- das Besteuerungsrecht der Bundesrepublik Deutschland hinsichtlich des Gewinns aus der Veräußerung der Anteile durch ein Doppelbesteuerungsabkommen ausgeschlossen wird oder
- die Kapitalgesellschaft, an der die Anteile bestehen, aufgelöst und abgewickelt oder das Kapital dieser Gesellschaft herabgesetzt und an die Anteilseigner zurückgezahlt wird, soweit die Rückzahlung nicht als Gewinnanteil gilt.

In den Fällen der **fingierten Veräußerung** tritt an die Stelle des Veräußerungspreises der Anteile ihr **gemeiner Wert**. Dieser wird grundsätzlich nach dem Stuttgarter Verfahren ermittelt. Die auf den fingierten Veräußerungsgewinn entfallende Einkommensteuer oder Körperschaftsteuer kann ohne Erhebung von Stundungszinsen in jährlichen Teilbeträgen von mindestens je einem Fünftel entrichtet werden, wenn die Entrichtung der Teilbeträge sichergestellt ist (§ 21 Abs. 2 Satz 3 UmwStG).

Die Versteuerung eines fiktiven Veräußerungsgewinns **auf Antrag** wird wohl nur **in seltenen Fällen** erfolgen. Es ist dabei zu berücksichtigen, daß anders als im Falle der Aufdeckung stiller Reserven bei der Einbringung in die Kapitalgesellschaft eine Aufdeckung stiller Reserven bei der Kapitalgesellschaft **mit der Folge späterer Gewinnminderung hier nicht** erfolgt. Außerdem bleiben die Anteile wesentlich beteiligter Gesellschafter bei späterer Veräußerung immer noch der Besteuerung nach § 17 EStG unterworfen. Als Anschaffungskosten ist in solchen Fällen der fingierte Veräußerungspreis anzusehen.

h) Fiktive Veräußerung bei späterer Kapitalerhöhung gegen Einlage

664 Nach Auffassung der Finanzverwaltung ist in den Fällen des Einbringens zu Buch- oder Zwischenwerten bei späterer **Kapitalerhöhung gegen Einlage** (Bar- oder Sacheinlage) insoweit eine **Gewinnrealisierung** nach § 21 Abs. 1 UmwStG anzunehmen, als stille Reserven von den einbringungsgeborenen Anteilen auf die neuen Anteile übergehen (BdF v. 16. 6. 78, a. a. O., Tz. 66). Diese Auffassung findet im Gesetz keine Stütze und ist in der Literatur auf Kritik gestoßen. Die Finanzverwaltung hat daraus insofern Konsequenzen gezogen, als sie eine Gewinnrealisierung nur noch insoweit annimmt, als der Besitzer einbringungsgeborener Anteile auch an der Kapitalerhöhung durch Einlage teilnimmt. Soweit stille Reserven ohne Gegenleistung auf die Anteile anderer Anteilseigner übergehen, findet eine „Entreicherung" des Inhabers einbringungsgeborener Anteile statt, die wohl auch kaum der Besteuerung unterliegen könnte. § 21 UmwStG findet auch dann keine Anwendung, wenn die einbringungsgeborenen Anteile zu einem inländischen gewerblichen Betriebsvermögen gehören (BdF v. 8. 3. 84, BStBl. I 1984, 223). Bei der **Kapitalerhöhung aus Gesellschaftsmitteln** kann sich **keine Gewinnrealisierung** nach § 21 UmwStG ergeben.

i) Einbringungsgeborene Anteile im Betriebsvermögen

665 Einbringungsgeborene Anteile i. S. v. § 21 UmwStG sind bei der **Einlage** in ein Betriebsvermögen mit den **fiktiven Anschaffungskosten nach § 20 Abs. 4 UmwStG** anzusetzen. Wenn ihr Teilwert im Zeitpunkt der Einlage niedriger ist, muß dieser angesetzt werden. Dann ist aber die Differenz außerhalb der Bilanz vom Gewinn abzusetzen (§ 22 UmwStG). Werden solche einbringungsgeborenen Anteile aus dem Betriebsvermögen entnommen, so ist die Entnahme mit den fiktiven Anschaffungskosten (s. o.) anzusetzen, denn auch nach der Entnahme unterliegen die Anteile der Bindung des § 21 UmwStG (BdF v. 16. 6. 78, a. a. O., Tz. 57). Der Verkauf oder die Entnahme von einbringungsgeborenen Anteilen löst keine Gewerbesteuer aus, wenn die Veräußerung des Betriebs, Teilbetriebs oder Mitunternehmeranteils, der Gegenstand der Sacheinlage i. S. v. § 20 UmwStG war, beim Einbringenden nicht gewerbesteuerpflichtig gewesen wäre (BdF v. 24. 11. 82, BStBl. I 1982, 889).

j) „Umwandlung" durch Anwachsen

666 Eine GmbH & Co. KG kann in der Weise in eine GmbH „umgewandelt" werden, daß die Kommanditisten aus der Gesellschaft ausscheiden und dadurch ihre Anteile am Gesellschaftsvermögen der GmbH anwachsen (vgl. Rz. 621). Dieser Vorgang ist steuerlich unproblematisch, wenn die Ausscheidenden die ihnen nach Gesetz oder Vertrag zustehende Abfindung erhalten (§ 16 Abs. 1 Nr. 2 EStG). Verzichten sie ganz oder zum Teil auf die Abfindung, so ist dennoch ein Veräußerungsfall i. S. v. § 16 EStG gegeben (*Schmidt* § 16 Anm. 93; a. A. *Herrmann/Heuer/Raupach* § 16 Anm. 399). Es liegt eine verdeckte Einlage bei der GmbH vor, die als entgeltliche Veräußerung anzusehen ist.

Erhalten die Ausscheidenden als **Gegenleistung** aber **neue Gesellschaftsanteile**, so sind die Voraussetzungen für die Anwendung des **§ 20 UmwStG** gegeben. Es handelt sich dann um eine Einbringung von **Mitunternehmeranteilen** (*Widmann/Mayer* Anm. 6905 ff.; *Schmidt* § 16 Anm. 93).

4. Einbringung in eine Personengesellschaft

a) Gegenstand der Einbringung

667 § 24 UmwStG regelt die Einbringung von **Betrieben, Teilbetrieben und Mitunternehmeranteilen** in eine Personengesellschaft für die Fälle, in denen der Einbringende Mitunternehmer der Gesellschaft wird. Die Einbringung einer **100%igen Beteiligung an einer Kapitalgesellschaft** wird der Einbringung eines Betriebes gleichgestellt (BdF v. 16. 6. 78, a. a. O. Tz. 81). Entgegen dem Gesetzeswortlaut kommt es nicht darauf an, daß der Einbringende mit der Einbringung erst Gesellschafter wird. Er kann bereits Gesellschafter der aufnehmenden Gesellschaft sein. Es genügt, daß sich durch die Einbringung seine Beteiligung an der Gesellschaft erhöht (*Widmann/Mayer* Anm. 7805.3).

Die Frage, ob ein Betrieb (Teilbetrieb) eingebracht wird, oder ob es sich um die Einbringung einzelner Wirtschaftsgüter handelt, ist nach den zu § 16 EStG entwickelten Grundsätzen zu beurteilen. Die Tatsache, daß einzelne Wirtschaftsgüter nicht auf die Personengesellschaft übertragen, sondern ihr nur zu Nutzung überlassen werden, steht der Anwendung von § 24 UmwStG nicht entgegen, da diese Wirtschaftsgüter zum Sonderbetriebsvermögen der Personengesellschaft gehören.

Von § 24 UmwStG werden im wesentlichen die folgenden Vorgänge erfaßt:
(1) Aufnahme eines Gesellschafters in ein Einzelunternehmen (= Einbringung eines Einzelunternehmens in eine neugegründete Personengesellschaft),
(2) Einbringung eines Einzelunternehmens in eine bestehende Personengesellschaft,
(3) Zusammenschluß von mehreren Einzelunternehmen zu einer Personengesellschaft,
(4) Eintritt eines weiteren Gesellschafters in eine bestehende Personengesellschaft (BdF v. 16. 6. 78, a. a. O. Tz. 72).

b) Personengesellschaft – Einbringender

668 Personengesellschaft i. S. v. § 24 UmwStG sind **alle Mitunternehmerschaften** i. S. v. § 15 Abs. 1 Nr. 2 EStG (z. B. oHG, KG, GbR, atypische stille Gesellschaft) ohne Rücksicht auf die Art ihrer Betätigung (land- und forstwirtschaftlich, gewerblich oder freiberuflich).

Einbringender wird im Regelfall eine natürliche Person, eine Kapitalgesellschaft oder eine Mitunternehmerschaft sein. Es kommen aber auch andere Körperschaften, Personenvereinigungen oder Vermögensmassen in Betracht.

c) Ansatz der Wirtschaftsgüter

669 Für den Ansatz der Wirtschaftsgüter bei der aufnehmenden Personengesellschaft gelten dieselben Grundsätze wie bei der Einbringung in Kapitalgesellschaften gegen Gewährung neuer Gesellschaftsanteile (Buchwert, Zwischenwert oder Teilwert – vgl. Rz. 648 bis 652). Allerdings gelten die bei der Einbringung in Kapitalgesellschaften zu beachtenden Einschränkungen des Ansatzwahlrechts (vgl. Rz. 653) hier nicht. Auch die weitere Behandlung der übernommenen Wirtschaftsgüter bei der Personengesellschaft stimmt mit den Regelungen bei der Einbringung in Kapitalgesellschaften überein (vgl. Rz. 655).

d) Ergänzungsbilanzen

670 Als Ansatz gelten die Werte, mit denen die Wirtschaftsgüter in die Bilanz der Personengesellschaft übernommen werden, korrigiert um die sich möglicherweise aus **Ergänzungsbilanzen der Gesellschafter** ergebenden Werte. Ergänzungsbilanzen werden ausschließlich für steuerliche Zwecke aufgestellt. In ihnen werden die Differenzen zwischen dem Kapitalkonto eines Gesellschafters, wie es in der Bilanz der Personengesellschaft ausgewiesen wird, und seinem tatsächlichen steuerlichen Betriebsvermögensanteil (ohne Sonderbetriebsvermögen) erfaßt. Veräußert z. B. ein Gesellschafter seinen Gesellschaftsanteil und erzielt er wegen stiller Reserven einen Erlös, der über dem Buchwert seines Kapitalkontos liegt, so kann diese Mehrzahlung des Erwerbers in der Bilanz der Personengesellschaft nicht berücksichtigt werden. Die anteiligen stillen Reserven, die durch die Mehrzahlung realisiert worden sind, werden in eine Ergänzungsbilanz des Erwerbers aufgenommen und führen in der Folgezeit zu Abschreibungen, die ihm bei der einheitlichen Gewinnfeststellung alleine zugerechnet werden. Zahlt der Erwerber weniger als den Betrag des steuerlichen Kapitalkontos des Ausscheidenden, so ist eine **negative Ergänzungsbilanz** aufzustellen.

Ergänzungsbilanzen als **steuerlich nowendige** Korrekturen der Steuerbilanzen der Gesellschaft sind in vielen Fällen der Einbringung nach § 24 UmwStG erforderlich. Daneben gibt es Ergänzungsbilanzen, in denen Gesellschafter die von ihnen ausgeübten **Ansatzwahlrechte** zum Ausdruck bringen.

Beispiel:
Der Einzelunternehmer A nimmt B als Gesellschafter auf. Es entsteht eine oHG. Das Betriebsvermögen des A hat einen Buchwert von 50, der Teilwert beträgt 100. Sollen A und B je zur Hälfte an der Gesellschaft beteiligt sein, so muß B ebenfalls eine Einlage von 100 erbringen. Es bestehen die folgenden Möglichkeiten:

(1) Eröffnungsbilanz der oHG

Eingebrachte Wirtschaftsgüter	100	Kapital A	100
Geldeinlage B	100	Kapital B	100
	200		200

Durch den Teilwertansatz hat A alle stillen Reserven realisiert und dadurch einen Veräußerungsgewinn von 50 erzielt. Soll der Veräußerungsgewinn durch Einbringung zu Buchwerten vermieden werden, so kann A eine negative **Ergänzungsbilanz** aufstellen:

Kapital A	50	Veräußerte stille Reserven	50

Werden in der Bilanz der oHG die eingebrachten Wirtschaftsgüter jährlich mit 10 abgeschrieben, so sind in der Ergänzungsbilanz die stillen Reserven jährlich mit 5 gewinnerhöhend aufzulösen.

(2) Eröffnungsbilanz der oHG

Eingebrachte Wirtschaftsgüter	50	Kapital A	75
Geldeinlage B	100	Kapital B	75
	150		150

Da B tatsächlich 100 aufwendet, während sein Kapitalkonto nur 75 ausweist, muß für ihn eine (positive) Ergänzungsbilanz erstellt werden:

Erworbene stille Reserven	25	Kapital B	50

Bei einer jährlichen Abschreibung von 5 in der Bilanz der oHG ist in der Ergänzungsbilanz eine jährliche Abschreibung von 2,5 vorzunehmen.

Die eingebrachten Wirtschaftsgüter sind unter Berücksichtigung der Ergänzungsbilanz mit 75, also mit einem Zwischenwert angesetzt worden. A hat B die Hälfte der stillen Reserven verkauft, den auf ihn selber entfallenden Anteil aber nicht aufgedeckt. Er hat einen Veräußerungsgewinn von 25 reali-

| Kapital A | 25 | Veräußerte stille Reserven | 25 |

Auf die Tz. 78–81 im BdF-Schreiben v. 16. 6. 78 (a. a. O.) wird hingewiesen.

e) Einbringung mit Zuzahlung in das Privatvermögen

671 In den vorstehenden Beispielen wurde davon ausgegangen, daß der eintretende Gesellschafter seine Zahlungen in das Betriebsvermögen der Gesellschaft leistet. Den häufig vorkommenden Fall, daß der Einbringende neben dem Mitunternehmeranteil an der Personengesellschaft von dem Eintretenden eine Zuzahlung erhält, die nicht in das Betriebsvermögen der Personengesellschaft eingeht oder die der Einbringende alsbald entnimmt, hat die Finanzverwaltung als Teilveräußerung der anteiligen Buchwerte und der darin ruhenden stillen Reserven und damit als **laufenden Geschäftsvorfall** behandelt. Die Korrektur der Aufdeckung der stillen Reserven durch eine negative Ergänzungsbilanz hat sie als unzulässig angesehen (BdF v. 16. 6. 78, a. a. O., Tz. 73–77). Der BFH hat in einem solchen Fall, dessen Besonderheit darin lag, daß in der Bilanz der Personengesellschaft alle stillen Reserven der eingebrachten Wirtschaftsgüter aufgedeckt worden waren, die rechtliche Konstruktion der Finanzverwaltung als falsch bezeichnet und dem Einbringenden die Tarifbegünstigung des § 34 EStG gewährt. Er hat aber ausdrücklich offengelassen, ob die Vermeidung der Versteuerung der stillen Reserven durch eine negative Eröffnungsbilanz möglich gewesen wäre (BFH v. 23. 6. 81, BStBl. II 1982, 622). Der BdF hat sich diesem Urteil angeschlossen, lehnt aber offensichtlich die Aufstellung einer negativen Ergänzungsbilanz für den Fall der Zuzahlungen weiterhin ab (BdF v. 15. 10. 82, BStBl. I 1982, 806). *Widmann/Mayer* (Anm. 7877.8.1) empfehlen, keine Zahlungen für stille Reserven in das Privatvermögen des Einbringenden zu vereinbaren. Stattdessen sollen die stillen Reserven durch einen höheren Gewinnanteil des Einbringenden abgegolten werden. Die dem Einbringenden dadurch fehlende Liquidität im Privatvermögen kann durch eine Darlehnsgewährung des eintretenden Gesellschafters an den Einbringenden beschafft werden.

f) Steuerliche Rückwirkung der Einbringung

672 Das Gesetz sieht eine **steuerliche Rückwirkung nicht** vor. Die praktische Durchführung der Einbringung wird aber dadurch nicht erschwert. Die zivilrechtlichen Vereinbarungen über die Einbringung (Abschluß des Gesellschaftsvertrages bei Neugründung einer Personengesellschaft, Änderung des Gesellschaftsvertrages bei Eintritt in eine Personengesellschaft) können schon vor dem Einbringungsstichtag getroffen werden. Anders als in den Fällen der Umwandlung, bei denen dem Beschluß eine Umwandlungsbilanz zugrunde gelegt werden muß, ist in Einbringungsfällen das Vorliegen einer Bilanz im Zeitpunkt der gesellschaftsrechtlichen Vereinbarungen nicht erforderlich. Es genügt, zunächst die Bewertungsregeln festzulegen, nach denen später die Vermögensbeteiligung der einzelnen Gesellschafter berechnet wird.

g) Behandlung des Einbringungsgewinns

673 Bei der Einbringung zu **Zwischenwerten** unterliegt der Veräußerungsgewinn dem **allgemeinen Einkommensteuer** (Körperschaftsteuer-) **Tarif**. Ein Freibetrag nach § 16 Abs. 4 EStG und die Tarifvergünstigung des § 34 Abs. 1 EStG werden nur gewährt, wenn zu Teilwerten eingebracht wird (§ 24 Abs. 3 UmwStG). Ein Ansatz zu Teilwerten bedeutet, daß auch nicht entgeltlich erworbene immaterielle Wirtschaftsgüter (z. B. Firmenwert) zu berücksichtigen sind. Die Beschränkung der Steuervergünstigungen auf Fälle der Einbringung zu Teilwerten engt den Entscheidungsspielraum des Einbringenden erheblich ein. Sind hohe stille Reserven vorhanden, so wird im Regelfall eine Einbringung zu Zwischenwerten ausscheiden.

Für die Frage der **gewerbesteuerlichen Behandlung** des Einbringungsgewinns gelten dieselben Grundsätze wie bei der Einbringung in Kapitalgesellschaften (vgl.

Rz. 650). Diese Auffassung vertreten *Widmann/Mayer* uneingeschränkt (Anm. 7898 mit weiteren Hinweisen). Der Auffassung von *Herrmann/Heuer/Raupach* (UmwStG 69 § 22 Anm. 74), daß beim Ansatz von Zwischenwerten der Einbringungsgewinn zum Gewerbeertrag gehöre, ist nicht zuzustimmen. Wenn der „volle" Einbringungsgewinn, wie er beim Ansatz von Teilwerten entsteht, nicht zum Gewerbeertrag gerechnet wird, so ist kein Grund erkennbar, einen „Teil"-Einbringungsgewinn anders zu behandeln. Das läßt sich auch aus der Begründung des BFH-Urteils v. 29. 4. 1982 (BStBl. II 1982, 738) entnehmen.

XII. Außensteuergesetz/Internationales Steuerrecht

Bearbeiter: Prof. Dr. Herbert Peusquens

Übersicht

	Rz.
I. Doppelbesteuerungsabkommen	701–714
1. Anwendungsbereich	701–704
2. Begrenzung der Quellensteuer	705
3. Freistellungs- und Anrechnungsmethode	706–708
4. Investition durch unselbständiges Zweigwerk	709
5. Beteiligung an ausländischen Kapitalgesellschaften	710
6. Übersicht über die Zuweisung der Besteuerungsrechte aufgrund der Abkommen	711
7. Schnellübersicht zu Grundsätzen der Besteuerung laufender ausländischer Einkünfte aus Gewerbebetrieb, Kapitalvermögen sowie Vermietung und Verpachtung für ausgewählte Länder nach DBA und EStG und Quellensteuersätze	712
8. Stand der Doppelbesteuerungsabkommen	713, 714
II. Die Ausnutzung des internationalen Steuergefälles	715–718
III. Die Gegenmaßnahmen des Außensteuergesetzes	719–729
1. Gewinnberichtigung	720–722
2. Erweiterte beschränkte Steuerpflicht	723, 724
3. Vermögenszuwachsbesteuerung	725
4. Hinzurechnungsbesteuerung	726–729
IV. Verrechnungspreise-Erlaß	730

I. Doppelbesteuerungsabkommen

1. Anwendungsbereich

701 Die **internationale Doppelbesteuerung** wird dadurch hervorgerufen, daß der Steuerpflichtige jenseits der Grenzen seines Wohnsitzstaats Einkommen erwirtschaftet oder Vermögen hält; der Wohnsitzstaat besteuert das Einkommen oder Vermögen im Rahmen der unbeschränkten Steuerpflicht und der andere Staat im Rahmen der beschränkten Steuerpflicht (vgl. §§ 1 Abs. 1 und 3 EStG). Die als Folge des Welteinkommensprinzips eintretende internationale Doppelbesteuerung wird von den meisten Staaten durch einseitige Maßnahmen gemildert oder ganz vermieden, wie sie § 34c EStG enthält. Für die Vermögensteuer gilt § 11 VStG.

Eine stärkere Entlastung des „grenzüberschreitend tätigen" Steuerpflichtigen bewirken die Abkommen zur Vermeidung der Doppelbesteuerung **(Doppelbesteuerungsabkommen – DBA)**, indem der Wohnsitzstaat aus dem Ausland stammende Einkünfte begünstigt oder der andere Staat – Quellenstaat – seine Besteuerung einschränkt. Diese Abkommen, die zur Unterscheidung von den erwähnten einseitigen Maßnahmen als zweiseitige Maßnahmen zur Vermeidung der Doppelbesteuerung bezeichnet werden, sind völkerrechtliche Verträge, abgeschlossen von zwei souveränen Staaten. Deutscherseits werden sie durch Transformationsgesetz gemäß Art. 59 Abs. 2 GG unmittelbar geltendes innerstaatliches Recht und haben Vorrang vor den übrigen Gesetzen (vgl. § 2 AO).

702 In den DBA vereinbaren die Vertragsstaaten den teilweisen **Verzicht auf** die Ausübung ihrer in den nationalen Steuergesetzen normierten **Besteuerungsrechte**. Daher kann sich aus der Anwendung eines DBA stets nur eine Besserstellung gegenüber dem abkommenslosen Zustand ergeben. Niemals aber folgt aus den DBA ein Steueranspruch, der im nationalen Steuerrecht nicht vorgesehen ist; so darf die Bundesrepublik Deutschland Gewinne eines beschränkt Steuerpflichtigen aus der Veräußerung privaten Grundbesitzes nach Ablauf der Spekulationsfrist nicht besteuern, obwohl die DBA regelmäßig bestimmen, daß Gewinne aus der Veräußerung unbeweglichen Vermögens in dem Vertragsstaat besteuert werden, in dem das Vermögen liegt.

703 Der persönliche Geltungsbereich, d. h., die **Schutzwirkung der DBA** umfaßt Personen, die in einem Vertragsstaat oder in beiden Vertragsstaaten ansässig sind. Unter den Begriff Personen fallen natürliche und juristische Personen; Personenvereinigungen und Vermögensmassen, die als solche der Besteuerung unterliegen, gelten als juristische Personen. Die für den Abkommensschutz geforderte Ansässigkeit bestimmt sich nach den Merkmalen, die nach dem innerstaatlichen Recht des jeweiligen Vertragsstaats für die unbeschränkte Steuerpflicht maßgebend sind (z. B. Wohnsitz, gewöhnlicher Aufenthalt). Da einerseits die Abkommensvorschriften darauf aufbauen, daß eine Person nur in einem Vertragsstaat ansässig ist, da andererseits eine Person nach den nationalen Steuerrechten der Vertragsstaaten in beiden Staaten ansässig sein kann, enthalten die DBA spezielle Regelungen darüber, welcher Staat bei sogenannter Doppelansässigkeit den Vorrang hat; dies ist letztlich der Staat, zu dem die stärkeren Bindungen bestehen.

704 Sachlich erstrecken sich die DBA auf die Steuern vom Einkommen und vom Vermögen; **die einzelnen Steuern** werden im Abkommen ausdrücklich benannt, wobei deutscherseits auch die Gewerbesteuer aufgeführt wird.

2. Begrenzung der Quellensteuer

705 Wie bereits angedeutet, beeinflussen die DBA die nationale Besteuerung in zwei Richtungen: Die Besteuerung des Quellenstaats (beschränkte Steuerpflicht) wird begrenzt, und im Wohnsitzstaat werden Erleichterungen gegenüber der unbeschränkten Steuerpflicht gewährt.

Die Quellenbesteuerung kann in der Weise beschränkt werden, daß entweder die Besteuerungsgrundlagen eingeschränkt, die Steuerhöhe herabgesetzt oder die Besteuerung ganz aufgehoben wird. Die Einschränkung der Besteuerungsgrundlage geschieht dadurch, daß sie vom Vorliegen bestimmter Voraussetzungen abhängig gemacht wird; so dürfen Unternehmensgewinne (gewerbliche Gewinne) im Quellenstaat nur besteuert werden, wenn dort eine Betriebstätte unterhalten wird, sogenanntes Betriebstättenprinzip. Die Herabsetzung der Steuerhöhe findet sich bei Erträgen aus Dividenden und Zinsen sowie aus Lizenzen, soweit für letztere in den DBA nicht eine Aufhebung der Quellenbesteuerung vorgesehen ist. Eine Aufhebung der Quellenbesteuerung enthalten die DBA bei Lizenzen, falls der Lizenzaustausch zwischen den beiden Vertragsstaaten ausgeglichen ist, und bei Ruhegehältern.

Die Herabsetzung oder Aufhebung der Quellensteuer hindert den Quellenstaat jedoch nicht, die nach seinem nationalen Steuerrecht anfallende Steuer (z. B. Kapitalertragsteuer oder die besondere Abzugsteuer gemäß § 50a Abs. 4 EStG) zunächst in voller Höhe zu erheben. Es ist Sache des Abkommensbegünstigten, sich den zuviel erhobenen **Steuerbetrag erstatten** zu lassen; deutscherseits ist dafür das **Bundesamt für Finanzen** zuständig.

3. Freistellungs- und Anrechnungsmethode

706 Soweit die Quellensteuer aufrecht erhalten bleibt, obliegt es dem **Wohnsitzstaat**, die Doppelbesteuerung auszugleichen. Hierfür haben sich international zwei **Methoden** herausgebildet: Die Freistellungs- und die Anrechnungsmethode. Erstere wird in der Regel auf Einkünfte angewandt, die der Quellenstaat nach dem DBA mit dem vollen Steuersatz belastet; bei Einkünften, für die das Abkommen die Besteuerung im Quellenstaat der Höhe nach begrenzt, kommt die Anrechnungsmethode zum Zuge.

707 **Freistellungsmethode** bedeutet, daß die Einkünfte von der Bemessungsgrundlage für die Steuer des Wohnsitzstaats ausgenommen werden. Für welche Einkünfte im einzelnen diese Steuerbefreiung gewährt wird, ist der unten folgenden Übersicht zu entnehmen. Die Steuerbefreiung bewirkt allerdings, daß entsprechende Verluste (z. B. aus ausländischen Betriebstätten) bei der Besteuerung im Wohnsitzstaat ebenfalls nicht berücksichtigt werden. Diese Negativwirkung der Freistellungsmethode

kann nach Maßgabe des § 2 Auslandsinvestitionsgesetz ausgeschlossen werden (siehe Rz. 569).

Da der Tarif der deutschen Einkommensteuer progressiv gestaltet ist, führt die Steuerbefreiung auf Grund der DBA dazu, daß das übrige Einkommen einer geringeren (durchschnittlichen) Steuerbelastung unterliegen würde, als wenn die freigestellten Einkünfte in die Steuerbemessungsgrundlage einbezogen wäre. Aus Gründen der Wettbewerbsgleichheit enthalten die meisten deutschen DBA daher einen **Progressionsvorbehalt;** ein Steuerpflichtiger, der sein gesamtes Einkommen im Inland erzielt, darf in der Steuerbelastung nicht schlechter gestellt werden, als einer, der einen Teil seines Welteinkommens im Ausland erwirtschaftet. Auf Grund des Progressionsvorbehalts ist auf das im Wohnsitzstaat zu versteuernde Einkommen der (Durchschnitts-)Steuersatz anzuwenden, der sich für das Welteinkommen ergibt; Näheres siehe § 32b EStG.

708 Die **Anrechnungsmethode** des DBA entspricht dem in § 34c EStG geregelten Verfahrens (§ 34c Abs. 6 Satz 2 EStG). Da die Quellensteuer nur in Höhe des Betrages angerechnet wird, der an Steuer – des Wohnsitzstaats – auf die betreffenden ausländischen Einkünfte entfällt, kann sich ein Überhang an Quellensteuer ergeben; die Anrechnungsmethode beseitigt die Doppelbesteuerung also nicht stets im vollen Umfang.

4. Investition durch unselbständige Zweigwerke

709 Dem Investor, der sich im Ausland engagieren will, bieten sich zwei Wege an: Die Gründung einer Betriebstätte (unselbständiges Zweigwerk) oder die wesentliche Beteiligung an einer Kapitalgesellschaft.

Auf die erstgenannte Investitionsform finden die bereits angesprochenen Abkommensregeln über die sogenannten Unternehmensgewinne Anwendung: Eine Person, die in dem einen Vertragsstaat (Wohnsitzstaat) ansässig ist und in dem anderen Vertragsstaat (Quellenstaat) unternehmerisch tätig wird, unterliegt der Besteuerung des Quellenstaates nur dann, wenn sie in diesem Staat eine **Betriebstätte** unterhält. Somit wird die Betriebstätte zum zentralen Begriff für die Zuweisung des Besteuerungsrechts. Die DBA verwenden einen eigenständigen Betriebstättenbegriff, der enger ist als derjenige des nationalen deutschen Rechts (§ 12 AO). Nach der DBA-Definition ist Betriebstätte „eine feste Geschäftseinrichtung, in der die Tätigkeit des Unternehmens ganz oder teilweise ausgeübt wird". Diese Formel entspricht im Prinzip § 12 Satz 1 AO; da aber durch das Merkmal Betriebstätte das Besteuerungsrecht des Quellenstaats begrenzt werden soll, enthält der Abkommenstext regelmäßig einen Negativkatalog, der Hilfsfunktionen des Unternehmens aus der Betriebstättenbesteuerung ausnimmt. So gelten bloße Warenlager und Einkaufsstellen sowie Einrichtungen, die ausschließlich der Werbung oder der wissenschaftlichen Forschung dienen, nicht als Betriebstätten.

Steht dem Quellenstaat ein Besteuerungsrecht zu, weil auf seinem Hoheitsgebiet eine Betriebstätte unterhalten wird, so ist zu bestimmen, welcher Teil des Gesamtgewinns des Unternehmens der Betriebstätte im Quellenstaat zuzuordnen ist. Maßstab für diese Zuordnung ist die Fiktion der Betriebstätte als selbständiges Unternehmen; ihr wird der Gewinn zugerechnet, den sie hätte erzielen können, wenn sie eine gleiche oder ähnliche Tätigkeit unter gleichen oder ähnlichen Bedingungen als selbständiges Unternehmen ausgeübt hätte. Auf Grund des bloßen Einkaufs von Gütern oder Waren für das Unternehmen wird einer Betriebstätte allerdings kein Gewinn zugerechnet, weil eine reine Einkaufsstelle ja keine Betriebstätte begründet. Bei der Ermittlung des Betriebstättengewinns sind auch die Geschäftsführungs- und allgemeinen Verwaltungskosten abzugsfähig, gleichgültig, ob sie im Staat der Betriebstätte oder – beim Stammhaus – im Wohnsitzstaat entstanden sind. Im übrigen erfolgt die Gewinnermittlung nach den nationalen Vorschriften des Quellenstaates.

Ergänzend sei noch bemerkt, daß Erträge eines Unternehmens, die in anderen Abkommensvorschriften angesprochen werden, nach diesen Spezialbestimmungen zu behandeln sind. Bezieht das in einem Vertragsstaat ansässige Unternehmen z. B. Zinserträge aus dem anderen Staat, so fallen diese unter die Abkommensregeln für die Besteuerung von Zinsen.

5. Beteiligung an ausländischen Kapitalgesellschaften

710 Bei Auslandsinvestitionen in Form einer (selbständigen) Tochtergesellschaft bezieht der Investor Kapitalerträge bzw. **Dividenden.** Sie stammen üblicherweise aus versteuertem Gewinn der Tochtergesellschaft und unterliegen beim Dividendengläubiger ein weiteres Mal der Besteuerung, da es ein körperschaftsteuerliches Anrechnungsverfahren über die Grenze nicht gibt. Diese steuerliche Doppelbelastung lassen die DBA grundsätzlich bestehen; für wesentliche Beteiligung von Kapitalgesellschaften sehen die DBA jedoch eine fühlbare Milderung der Doppelbelastung vor, indem der Satz der Quellensteuer herabgesetzt wird und außerdem der Sitzstaat der Muttergesellschaft die Beteiligungserträge freistellt. Eine wesentliche Beteiligung liegt bei einer Beteiligungsquote von 25 v. H. vor.

Während die DBA die Quellensteuer auf Dividenden allgemein, d. h. unabhängig von der Beteiligungsquote des Dividendengläubigers, auf 15 v. H. des Bruttobetrags begrenzen, sinkt der Steuersatz auf 10–5 v. H., wenn Dividendengläubiger eine Kapitalgesellschaft ist, die an der ausschüttenden Gesellschaft wesentlich beteiligt ist. Die Bundesrepublik Deutschland versagt allerdings diese Vergünstigung für Ausschüttungen deutscher Tochtergesellschaften an ihre ausländischen Muttergesellschaften; sie behält sich in den DBA ausdrücklich vor, in diesen Fällen Quellensteuer in Höhe von 25 v. H. zu erheben. Die Sonderregelung soll eine Besserstellung internationaler Konzerne gegenüber rein inländischen Konzernen verhindern. Da die aus dem deutschen Inland stammenden Dividenden im Sitzstaat der ausländischen Muttergesellschaft regelmäßig steuerfrei bleiben, sind sie nur mit der Ausschüttungsbelastung des § 27 KStG (36 Punkte) und mit Kapitalertragsteuer (25% von 64 = 16 Punkte) belastet; bei einem inländischen Konzern sind thesaurierte Gewinne dagegen mit 56 v. H. Körperschaftsteuer belastet. Würde die Kapitalertragsteuer ermäßigt, wäre der Wettbewerbsvorteil internationaler Konzerne noch größer.

Für die steuerliche Behandlung der Dividenden im Wohnsitzstaat des Gläubigers schreiben die DBA grundsätzlich die **Anrechnung** der ausländischen Quellensteuer vor; Dividenden aus wesentlicher Beteiligung einer Kapitalgesellschaft werden jedoch freigestellt (internationales Schachtelprivileg), so daß derartige Beteiligungserträge – vorbehaltlich einer Ausschüttung (§ 27 KStG) – ausschließlich der ausländischen Steuerbelastung unterworfen sind. Die neueren von der Bundesrepublik Deutschland abgeschlossenen DBA gewähren das internationale Schachtelprivileg nur noch, wenn die ausländische Tochtergesellschaft eine produktive Tätigkeit ausübt; die produktiven Tätigkeiten werden ähnlich wie in § 5 Satz 1 AuslInvG umschrieben.

6. Übersicht über die Zuweisung der Besteuerungsrechte auf Grund der Abkommen

11 Die nachstehende Übersicht zeigt, ausgehend von den sieben Einkunftsarten des Einkommensteuergesetzes, die Verteilung der Besteuerungsrechte auf Quellenstaat und Wohnsitzstaat. Sie orientiert sich an dem OECD-Musterabkommen und zitiert dessen Artikel; dieses von der OECD verabschiedete Vertragsmuster, dessen jüngste Fassung von 1977 datiert, wird von allen Staaten der Erde als Grundlage für DBA anerkannt und verwendet. Mit Ausnahme einiger älterer Abkommen entsprechen daher die deutschen DBA dem OECD-Muster.

Die Übersicht enthält nur die Besteuerung des Einkommens, nicht des Vermögens. Die Besteuerung des Vermögens folgt den gleichen Prinzipien: Unbewegliches Vermögen und Betriebsvermögen, das eine Betriebstätte bildet, werden im Belegenheitsstaat besteuert; bei Schiffahrt und Luftfahrt hat der Staat der tatsächlichen Geschäftsleitung das Besteuerungsrecht; alle übrigen Vermögensteile werden im Wohnsitzstaat des Eigentümers versteuert (Art. 22).

Einkunftsart		Besteuerung		
nach deutschem Einkommensteuerrecht	nach DBA (OECD-Muster)	im Quellenstaat Anknüpfungspunkte	Höhe der Steuer	im Wohnsitzstaat
Land- und Forstwirtschaft a) lfd. Erträge	Einkünfte aus unbeweglichem Vermögen	Belegenheit des Vermögens	volle beschränkte Steuerpflicht Art. 6	Freistellung Art. 23 A Abs. 1
b) Veräußerungsgewinne	Gewinne aus der Veräußerung von Vermögen	Belegenheit des Vermögens	volle beschränkte Steuerpflicht Art. 13 Abs. 1	Freistellung Art. 23 A Abs. 1
Gewerbebetrieb a) lfd. Erträge	Unternehmensgewinne	Betriebstätte oder ständiger Vertreter	volle beschränkte Steuerpflicht, Art. 7	Freistellung Art. 23 A Abs. 1
außer aa) Beteiligungserträge	Dividenden	Ansässigkeit der ausschüttenden Gesellschaft	Abzugsteuer 15 v. H. Art. 10 Abs. 2	Anrechnung[1] Art. 23 A Abs. 2
bb) Zinserträge	Zinsen	Ansässigkeit des Schuldners	Abzugsteuer 10–15 v. H. Art. 11 Abs. 2	Anrechnung Art. 23 A Abs. 2
cc) Lizenzerträge	Lizenzgebühren	keine Besteuerung		volle Besteuerung Art. 12
b) Veräußerungsgewinne	Gewinne aus der Veräußerung von Vermögen	Belegenheit des Vermögens	volle beschränkte Steuerpflicht, Art. 13 Abs. 1 und 2	Freistellung Art. 23 A Abs. 1
c) Erträge aus Schiffahrt u. Luftfahrt	Seeschiffahrt, Binnenschiffahrt und Luftfahrt	Ort der tatsächlichen Geschäftsleitung	volle beschränkte Steuerpflicht, Art. 8	Freistellung Art. 23 A Abs. 1
[1] Ist der Dividendengläubiger eine Kapitalgesellschaft und ist diese an der ausschüttenden Gesellschaft wesentlich beteiligt, so greift die Freistellungsmethode ein.				
selbst. Arbeit a) lfd. Erträge	selbständige Arbeit	feste Einrichtung	volle beschränkte Steuerpflicht, Art. 14	Freistellung Art. 23 A Abs. 1
außer aa) Aufsichtsratsvergütungen	Aufsichtsrats- und Verwaltungsratsvergütungen	Ansässigkeit der kontrollierten Gesellschaft	volle beschränkte Steuerpflicht, Art. 16 (oft wird jedoch eine Abzugsteuer erhoben)	Freistellung Art. 23 A Abs. 1

Außensteuergesetz/Internationales Steuerrecht 711 **H**

bb) Tätigkeit als Künstler oder Sportler	Künstler und Sportler	Ort der persönlich ausgeübten Tätigkeit	volle beschränkte Steuerpflicht, Art 17 (oft wird jedoch eine Abzugsteuer erhoben)	Freistellung Art. 23 A Abs. 1
cc) Verwertung z. B. von Erfindungen	Lizenzgebühr	keine Besteuerung		volle Besteuerung Art. 12
b) Veräußerungsgewinne	Gewinne aus der Veräußerung von Vermögen	Belegenheit des Vermögens	volle beschränkte Steuerpflicht, Art. 13	Freistellung Art. 23 A Abs. 1
nichtselbständige Arbeit				
a) aus aktiver Tätigkeit	unselbständige Arbeit	Ort der Arbeitsausübung	volle beschränkte Steuerpflicht, Art. 15	Freistellung Art. 23 A Abs. 1
außer				
aa) öffentlicher Dienst	öffentlicher Dienst	Staat der zahlenden öffentlichen Kasse[2]	volle beschränkte Steuerpflicht, Art. 19 Abs. 1	Freistellung Art. 23 A Abs. 1
bb) Tätigkeit als Künstler oder Sportler	Künstler und Sportler	Ort der persönlich ausgeübten Tätigkeit	volle beschränkte Steuerpflicht, Art. 17 (oft wird jedoch eine Abzugsteuer erhoben)	Freistellung Art. 23 A Abs. 1
cc) Verwertung z. B. von Aufführungsrechten	Lizenzgebühren	keine Besteuerung		volle Besteuerung Art. 12
b) Ruhegehälter	Ruhegehälter	keine Besteuerung		volle Besteuerung Art. 18
außer				
aa) Ruhegehälter im öffentlichen Dienst	öffentlicher Dienst	Staat der zahlenden öffentlichen Kasse[3]	volle beschränkte Steuerpflicht, Art. 19 Abs. 2	Freistellung Art. 23 A Abs. 1

[2] Leistet der Zahlungsempfänger die Dienste im Wohnsitzstaat und ist er Staatsangehöriger dieses Staates, steht das alleinige Besteuerungsrecht dem Wohnsitzstaat zu.
[3] Ist der Zahlungsempfänger Staatsangehöriger des Wohnsitzstaates, hat dieser das alleinige Besteuerungsrecht

Kapitalvermögen				
a) Dividenden	Dividenden	Ansässigkeit der ausschüttenden Gesellschaft	Abzugsteuer 15 v. H. Art. 10 Abs. 2	Anrechnung Art. 23 A Abs. 2
b) Zinsen	Zinsen	Ansässigkeit des Schuldners	Abzugsteuer 10–15 v. H. Art. 11 Abs. 2	Anrechnung Art. 23 A Abs. 2

Peusquens 745

H 711

Einkunftsart		Besteuerung		
nach deutschem Einkommensteuerrecht	nach DBA (OECD-Muster)	im Quellenstaat		im Wohnsitzstaat
		Anknüpfungspunkte	Höhe der Steuer	
Vermietung und Verpachtung				
a) Vermietung und Verpachtung unbewegl. Vermögens	Einkünfte aus unbeweglichem Vermögen	Belegenheit des Vermögens	volle beschränkte Steuerpflicht, Art. 6	Freistellung Art. 23 A Abs. 1
b) zeitlich begrenzte Überlassung von Rechten	Lizenzgebühren		keine Besteuerung	volle Besteuerung Art. 12
c) sonstige Vermietung und Verpachtung	andere Einkünfte		keine Besteuerung	volle Besteuerung Art. 21
sonstige Einkünfte				
a) wiederkehrende Bezüge	andere Einkünfte		keine Besteuerung	volle Besteuerung Art. 21
b) Spekulationsgeschäfte				
aa) Grundstücke	Gewinne aus der Veräußerung von Vermögen	Belegenheit des Vermögens	volle beschränkte Steuerpflicht, Art. 13 Abs. 1	Freistellung Art. 23 A Abs. 1
bb) andere Wirtschaftsgüter	Gewinne aus der Veräußerung von Vermögen		keine Besteuerung	volle Besteuerung Art. 13 Abs. 4

7. Schnellübersicht zu Grundsätzen der Besteuerung laufender ausländischer Einkünfte aus Gewerbebetrieb, Kapitalvermögen sowie Vermietung und Verpachtung für ausgewählte Länder nach DBA und EStG und Quellensteuersätze

	Besteuerung in der Bundesrepublik Deutschland						Quellensteuersätze (im Ausland verbleibende Steuer)	
	Steuerfrei mit Progressionsvorbehalt[1]			Steuerpflichtig mit Steueranrechnung[2]				
Quellenstaat	Einkünfte aus Gewerbebetrieb Art. DBA	Einkünfte aus Kapitalvermögen Art. DBA	Einkünfte aus Vermietung u. Verpachtung Art. DBA	Einkünfte aus Gewerbebetrieb Art. DBA	Einkünfte aus Kapitalvermögen Art. DBA	Einkünfte aus Vermietung u. Verpachtung Art. DBA	Dividenden %	Zinsen %
Belgien	7, 8, 23	–	6, 23		10, 11, 23	–	15	15
Dänemark	4, 6, 19	–	3, 19		12, 13, 19	–	15	0
Frankreich	4, 6, 20	–	3, 20		9, 10, 20	–	0[4]	0
Griechenland	III, V, XVII	–	XII, XVII		VI, VII, XVIII	–	25	10
Großbritannien	III, V, XVIII	–	XII, XVIII		VI, VII, XVIII	–	0	0
Irland	III, V, XXII	–	IX, XXII		VI, VII, XXII	–	0	0
Italien[3]	3	8	2		–	–	32,4[5]	20
							15[6]	
Luxemburg	5, 7, 20	–	4, 20		13, 14, 20	–	15[10]	0
Niederlande	5, 7, 20	–	4, 20		13, 14, 20	–	15	0
Portugal	7, 8, 24	–	6, 24		10, 11, 24	–	18	a) 12[12]
								b) 18
Spanien	7, 8, 24	–	6, 24		10, 11, 24	–	15	10
Schweiz	7, 8, 24	–	–		10, 11, 24	6, 24	a) 15[13]	0
							b) 30	
Österreich	4, 6, 15	–	3, 20		11, 20	–	20	a) 0[11]
								b) 20
Canada	7, 8, 23	–	6, 23		10, 11, 23	–	15[8]	a) 0[9]
								b) 15
Japan	7, 8, 23	–	6, 23		10, 11, 23	–	15	10[7]
Südafrika	4, 6, 20	–	10, 20		7, 8, 20	–	15	10[14]
USA	III, V, XV	–	IX, XV		VI, VII, XV	–	15	0

1 Grundsätzlich Besteuerungsrecht nach Betriebstätten- und Belegenheitsprinzip im Quellenstaat.
2 Grundsätzlich Besteuerungsrecht nach Wohnsitzprinzip im Inland.
3 DBA enthält keinen Progressionsvorbehalt.
4 Der deutsche Aktionär erhält i. d. R. eine Steuergutschrift i. H. v. 50% der Brutto-Dividende. Dies führt jedoch dazu, daß bei der Veranlagung 150% der Brutto-Dividende als Einnahme zu erfassen sind. Die Steuergutschrift wird wie eine Vorauszahlung auf die deutsche ESt bzw. KSt verrechnet bzw. erstattet.
5 Industrieaktien.
6 Sparaktien.
7 Bei vor dem 1. 4. 1978 emittierten Anleihen unterschiedliche Einzelregelungen. Kein Quellensteuerabzug für Schuldverschreibungen mit einer Mindestlaufzeit von 5 Jahren, die nach dem 1. 4. 1978 emittiert sind.
8 20%, sofern die ausschüttende Gesellschaft zu mehr als 75% in ausländischem Besitz steht.
9 Quellensteuerfrei sind Zinsen aus allen nach dem 15. 4. 1966 emittierten Obligationen der Canadischen Regierung, der Canadischen Provinzen und Gemeinden und ähnlicher Emittenten sowie Zinsen aus allen nach dem 15. 4. 1966 ausgegebenen Obligationen Canadischer Emittenten, die von der Canadischen Regierung garantiert sind. Für Altemissionen gelten Sonderregeln.
10 Auf Ausschüttungen luxemburgischer Holdinggesellschaften fallen Quellensteuern nicht an.
11 Zinsen aus Bankeinlagen sind quellensteuerfrei.
12 Bei Schuldverschreibungen.
13 Regulärer Quellensteuersatz; für Dividenden aus der Beteiligung an Grenzkraftwerken beträgt der Steuersatz 5%, bei partiarischen Darlehen oder Beteiligung als stiller Gesellschafter 30%.
14 Quellensteuer entfällt bei Zinsen auf öffentliche Emissionen.

Außensteuergesetz/Internationales Steuerrecht 713 **H**

8. Stand der Doppelbesteuerungsabkommen
1. Januar 1985

1. Geltende Abkommen

Abkommen		Text				Inkrafttreten				Übernahme in Berlin GVBl Bln	
mit	vom	BGBl II Jg.	S.	BStBl I Jg.	S.	BGBl II Jg.	S.	BStBl I Jg.	S.	Jg.	S.

1. Abkommen auf dem gebiet der Steuern vom Einkommen und vom Vermögen

Ägypten (VAR)[1]	17.11.59	61	421	61	366	61	742	61	413	61	1537
Argentinien	13.07.78	79	587	79	327	79	1332	80	51	79	1050
Australien	24.11.72	74	338	74	424	75	216	75	386	74	1348
Belgien	11.04.67	69	18	69	39	69	1465	69	468	69	388
Brasilien	27.06.75	75	2245	76	47	76	200	76	86	76	206
Dänemark	30.01.62	63	1312	63	757	64	216	64	236	63	1109
Elfenbeinküste	03.07.79	82	154	82	358	82	637	82	628	82	566
Finnland	05.07.79	81	1165	82	202	82	577	82	587	82	346
Frankreich	21.07.59/ 09.06.69	61 70	398 719	61 70	343 902	61 70	1659 1189	61 70	712 1072	61 70	1537 1695
Griechenland	18.04.66	67	853	67	51	68	30	68	296	67	870
Großbritannien	26.11.64/ 23.03.70	66 71	359 46	66 71	730 140	67 71	828 841	67 71	40 340	66 71	1144 740
Indien	18.03.59	60	1829	60	429	60	2299	60	630	60	1047
Indonesien	02.09.77	79	188	79	129	79	1284	80	50	79	764
Iran	20.12.68	69	2134	70	769	69	2288	70	777	70	305
Irland	17.10.62	64	267	64	321	64	632	64	366	64	659
Island	18.03.71	73	358	73	505	73	1567	73	730	73	1016
Israel	09.07.62/ 20.7.77	66 79	330 181	66 79	701 125	66 79	767 1031	66 79	946 603	66 79	1144 764
Italien	30.10.25	25	1146[2]	–	–	52	986	53	6	54	475
Jamaika	08.10.74	76	1195	76	408	76	1703	76	632	76	2144

Abkommen		Text				Inkrafttreten				Übernahme in Berlin GVBl Bln	
		BGBl II		BStBl I		BGBl II		BStBl I			
mit	vom	Jg.	S.	Jg.	S.	Jg.	S.	Jg.	S.	Jg.	S.
Japan	22.04.66/	67	872	67	59	67	2028	67	336	67	870
	17.04.79/	80	1183	80	650	80	1426	80	772	80	2196
Kanada	17.02.80	84	195	84	217	84	567	84	388	84	766
Kenia	17.07.81	82	802	82	753	83	652	83	502	82	1913
Korea (Republik)	17.05.77	79	607	79	338	80	1357	80	792	79	1050
Liberia	14.12.76	78	191	78	148	78	861	78	230	78	982
Luxemburg	25.11.70	73	1285	73	615	78	916	75	943	73	2014
	23.08.58/	59	1270	59	1023	75	1532	60	398	60	444
	15.06.73	78	109	78	72	78	1396	79	83	78	901
Malaysia	08.04.77	78	925	78	324	79	288	79	196	79	877
Malta	17.09.74	76	110	76	56	76	1675	76	497	76	349
Marokko	07.06.72	74	22	74	60	74	1325	74	1009	74	526
Mauritius	15.03.78	80	1262	80	668	81	8	81	34	80	2237
Neuseeland	20.10.78	80	1223	80	655	80	1485	80	787	80	2237
Niederlande	16.06.59/	60	1782	60	382	60	2216	60	626	60	1047
	13.03.80	80	1151	80	647	80	1486	80	787	80	2196
Norwegen	18.11.58	59	1281	59	1034	60	1505	60	286	60	444
Österreich	04.10.54	55	750	55	370	55	891	55	557	55	679
Pakistan	07.08.58/	60	1800	60	400	60	2349	60	814	60	1047
	27.08.63/	71	27	71	135	71	1030	72	54	71	740
	24.01.70	71	33	71	138	71	1030	72	54	71	740
Philippinen	22.07.83	84	879	84	545	84	1008	84	612	84	1641
Polen	18.12.72/	75	646	75	666	75	1349	76	6	75	1481
	24.10.79	81	307	81	467	81	1075	81	778	81	798
Portugal	15.07.80	82	130	82	348	82	861	82	763	82	566
Rumänien	29.06.73	75	601	75	641	75	1495	75	1074	75	1481
Sambia	30.05.73	75	661	75	688	75	2204	76	7	75	1481
	17.04.59 /	60	1815	60	415	60	2195	60	622	60	1047
Schweden	22.09.78	80	748	80	397	80	1250	780	678	80	1415

Außensteuergesetz/Internationales Steuerrecht

Land	Datum									
Schweiz	11.08.71/	1022	72	520	72	74	73	61	73	72	2138
	30.11.78	751	80	399	80	1281	80	678	80	80	1415
Singapur	19.02.72	373	73	513	73	1528	73	688	73	73	1016
Sowjetunion	24.11.81	3	83	917	83	427	83	352	83	83	434
Spanien	05.12.66	10	68	297	68	140	68	544	68	68	396
Sri Lanka	13.09.79	631	81	611	81	185	82	373	82	81	1333
Südafrika	25.01.73	1185	74	850	74	440	75	640	75	74	2741
Thailand	10.07.67	590	68	1047	68	1104	69	18	69	68	1454
Trinidad und Tobago	04.04.73	679	75	697	75	263	77	192	77	75	1481
Tschechoslowakei	19.12.80	1023	82	905	82	692	83	486	83	83	278
Tunesien	23.12.75	1654	76	498	76	1927	77	4	77	76	2576
Ungarn	18.07.77	627	79	349	79	1031	79	602	79	79	1050
USA	22.07.54/	1118	54	70	55	6	55	79	55	55	221
(Neufassung)	17.09.65	1610	65	220	66	92	66	230	66	66	560
Zypern	17.08.66	746	66	866	66	—	—	—	—	—	—
	09.05.74	488	77	304	77	1204	77	618	77	77	1505

2. Abkommen auf dem Gebiet der Erbschaftsteuern

Land	Datum									
Griechenland	18.11.10/ 01.12.10	12	173²	—	—	—	525	53	377	53	173
Österreich	04.10.54	55	756	55	376	55	891	55	557	55	679
Schweden	14.05.35	35	860²	35	85²	51	151	51	284	52	287³
Schweiz	30.11.78	80	595	80	244	80	1341	70	786	80	990

3. Sonderabkommen betreffend Einkünfte und Vermögen von Schiffahrt (S)- und Luftfahrt (L)- Unternehmen⁴

Land	Datum									
Brasilien (S) (Protokoll)	17.08.50	11	51	—	—	—	604	52	—	—	474
Chile (S) (Handelsvertrag)	02.02.51	326	52	—	—	—	128	53	—	—	474
China (Volksrepublik) (S) (Seeverkehrsvertrag)	31.10.75	1521	76	496	76	428	77	452	77	76	2576
Italien (L)	17.09.68	724	70	905	70	969	73	614	73	70	1695
Jugoslawien (S)	16.06.54	737	59	—	—	1259	59	—	—	59	1181
Kolumbien (S, L)	10.09.65	762	67	25	67	855	71	340	71	67	476

Peusquens

II. Künftige Abkommen und laufende Verhandlungen[5]

Abkommen mit	Art des	Sachstand[7] ab	Geltung für ab		Bemerkung

1. Abkommen auf dem Gebiet der Steuern vom Einkommen und vom Vermögen

Abkommen mit	Art des	Sachstand[7] ab	Geltung für ab		Bemerkung
Ägypten	R–A	P: 18. 11. 1977	KR	KR	Neuverhandlungen sind erforderlich
Bangladesch	A	P: 28. 10. 1981	KR★	KR	★ Abkommen gilt nicht für die VSt
Bulgarien	A	V	–	–	
China (Volksrepublik)	A	V	–	–	
Ecuador	A	U: 7. 12. 1982	KR	KR	
Frankreich	R–P	V	–	–	
Gabun	A	V	–	–	
Indien	R–P	U: 28. 6. 1985	1984	1984	
Italien	R–A	V	–	–	
Jugoslawien	A	V	–	–	
Kamerun	A	V	–	–	
Niederlande	R–A	V	–	–	
Nigeria	A	V	–	–	
Norwegen	R–A	V	–	–	
Österreich	R–A	V	–	–	
Pakistan	R–A	V	–	–	
Paraguay	A	V	–	–	
Peru	A	V	–	–	
Schweden	R–A	V	–	–	
Simbabwe	A	P: 2. 3. 1983	1983	1983	Neuverhandlungen sind erforderlich
Spanien	R–A	V	–	–	
Türkei	A	V	–	–	

2. Abkommen auf dem Gebiet der Erbschaftsteuern

Abkommen mit	Art des	Sachstand[7] ab	Geltung für ab		Bemerkung
Israel	A	U: 29. 5. 1980/ 20. 1. 1985	1968★	–	★ Abkommen gilt nur bis zum 31. 3. 1981
USA	A	U: 3. 12. 1980	1979	–	

3. Sonderabkommen betreffend Einkünfte und Vermögen von Schiffahrt (S)- und Luftfahrt (L)-Unternehmen

		P:	U:	Neuverhandlungen sind erforderlich
Algerien	A (L)	10. 4. 1981	–	
Paraguay	A (L)	27. 1. 1983	–	
Venezuela	A (S, L)	17. 3. 1978	1969 1979 1974	

[1] Zur Freistellung der Lizenzen von der VSt siehe BMF-Schreiben vom 6. April 1970 – F/IV C 1 – S 1301 – Ägypten – 1/70.
[2] Angabe bezieht sich auf RGBl.
[2] Angabe bezieht sich auf RGBl bzw. RStBl.
[3] Angabe bezieht sich auf StZBl Bln.
[4] Siehe auch Bekanntmachungen über die Steuerbefreiungen nach § 49 Abs. 4 EStG und § 2 VStG:
  Äthiopien L (BStBl 1962 I S. 536), Jugoslawien S, L (BStBl 1980 I S. 248),
  Afghanistan L (BStBl 1964 I S. 411), Kuwait L (BStBl 1976 I S. 440),
  Bulgarien L (BStBl 1978 I S. 231), Libanon S, L (BStBl 1959 I S. 198),
  Chile L (BStBl 1977 I S. 350), Sudan L (BStBl 1983 I S. 370),
  China (Volksrepublik) L (BStBl 1980 I S. 284), Syrien S, L (BStBl 1974 I S. 510),
  Irak S, L (BStBl 1972 I S. 490), Uruguay S, L (BStBl 1963 I S. 622) und
  Jordanien L (BStBl 1976 I S. 278), Zaire L (BStBl 1978 I S. 230).
[5] Ohne Staaten, mit denen wegen der Auswirkungen der Körperschaftsteuerreform Revisionsgespräche notwendig sind.
[6] A: Erstmaliges Abkommen R–A: Revisionsabkommen als Ersatz eines bestehenden Abkommens.
  R–P: Revisionsprotokoll zu einem bestehenden Abkommen.
  E–P: Ergänzungsprotokoll zu einem bestehenden Abkommen.
[7] V: Verhandlung, P: Paraphierung U: Unterzeichnung hat stattgefunden, Gesetzgebungs- oder Ratifikationsverfahren noch nicht abgeschlossen
[8] Einkommen-, Körperschaft-, Gewerbe- und Vermögensteuer KR: Abkommen wird nicht zurückwirken.
[9] Abzugssteuern von Dividenden, Zinsen und Lizenzgebühren KR: Abkommen wird nicht zurückwirken.

Quelle: BStBl I – 1985 S. 3ff.

II. Die Ausnutzung des internationalen Steuergefälles

715 Die Belastung durch Personensteuern ist in den einzelnen Staaten verschieden. Das im deutschen Steuerrecht herrschende Welteinkommens- und Weltvermögensprinzip schließt es an sich aus, durch die bloße Anlage von Vermögen in niedrig besteuernden Staaten die steuerliche Belastung der Vermögenswerte und der daraus fließenden Einkünfte zu mindern; eine Ausnahme gilt im Verhältnis zu Staaten, mit denen ein DBA besteht, soweit das Abkommen für bestimmte ausländische Einkünfte und Vermögensteile die Freistellungsmethode vorsieht.

Das hohe Steuerniveau der Bundesrepublik veranlaßt nun zahlreiche (unbeschränkt) Steuerpflichtige, Wege zu suchen, um das **Steuergefälle** zu anderen Staaten auszunutzen und Einkommen und Vermögen in Länder mit niedriger Steuerbelastung zu verlagern. Für diese Verlagerung gibt es zwei Grundformen:
– Der Steuerpflichtige überträgt Teile seines Einkommens und Vermögens auf einen von ihm beeinflußten, im Ausland bestehenden oder eigens dafür gegründeten selbständigen Rechtsträger;
– Der Steuerpflichtige verlagert seinen Wohnsitz (und gewöhnlichen Aufenthalt) ins Ausland und beendet dadurch die unbeschränkte Steuerpflicht.

716 Die Vorteile aus der **Einkommens- und Vermögensverlagerung** können darin bestehen, daß der ausländische Staat
– bei grundsätzlich hohem Steuerniveau für Firmengründungen und Zuzügler gezielte Steuervergünstigungen gewährt, z. B. in Form einer Pauschbesteuerung (vgl. § 31 EStG),
– bei den in seinen Gebiet Ansässigen, insbesondere bei international tätigen Gesellschaften nur das in seinem Hoheitsgebiet erzielte Einkommen und das dort belegene Vermögen besteuert oder
– allgemein ein niedriges Steuerniveau hat. Hier sind die Schweiz, Liechtenstein, Panama, die Niederländischen Antillen, die Bahamas und die Bermudas zu nennen.

717 In allen Fällen resultiert der Steuervorteil aus dem Umstand, daß Einkünfte und Vermögenswerte aus der unbeschränkten Steuerpflicht ausscheiden, weil die Einkünfte und Vermögenswerte nunmehr einer im Ausland ansässigen natürlichen oder juristischen Person zuzurechnen sind. Der Vorteil aus dem Wegfall der unbeschränkten Steuerpflicht wird allerdings gemindert oder beseitigt, soweit die deutsche **beschränkte Steuerpflicht** eingreift. Sie ist für die einzelnen Einkunftsarten unterschiedlich ausgestaltet (vgl. §§ 49–50a EStG); in manchen Fällen entspricht die in ihrem Rahmen erhobene Steuer der Steuerbelastung bei der unbeschränkten Steuerpflicht; in anderen Fällen bleibt die Steuerersparnis aus dem Wegfall der unbeschränkten Steuerpflicht trotz der beschränkten Steuerpflicht ganz oder teilweise bestehen.

Die kompensierende Wirkung der beschränkten Steuerpflicht kommt nicht zum Tragen, soweit mit dem niedrig besteuernden Staat ein **DBA** besteht, das die deutsche beschränkte Steuerpflicht aufhebt oder einengt. So werden auf Grund der DBA die aus dem Inland fließenden Lizenzgebühren meist von der deutschen Steuer ganz freigestellt; für Dividenden (ausgenommen Ausschüttungen deutscher Tochtergesellschaften an ausländische Muttergesellschaften) wird die deutsche Kapitalertragsteuer von 25 v. H. auf 15 v. H. gesenkt.

Darüber hinaus ist zu berücksichtigen, daß die deutsche beschränkte Steuerpflicht überhaupt nur eingreift, soweit die Einkünfte aus dem deutschen Inland stammen oder das Vermögen im deutschen Inland liegt. Das bedeutet, daß eine Steuerersparnis jedenfalls für die Einkünfte aus dritten Staaten und für die dort belegenen Vermögenswerte eintritt.

718 Eine gängige Form der Ausnutzung des internationalen Steuergefälles unter Einschaltung eines ausländischen Rechtsträgers bildet die Gründung von Kapitalgesellschaften, die zur Verlagerung von Einkommen und Vermögen benutzt werden. Dabei handelt es sich um steuerbegünstigte internationale **Holdinggesellschaften** oder um **Sitz- bzw. Domizilgesellschaften,** die in dem betreffenden Staat nur ihren Sitz haben dürfen (sog. Briefkastengesellschaften). Man bezeichnet diese steuerlich privilegierten Gesellschaften auch als **Basisgesellschaften**, weil sie als steuerbegünstigte Basen für die internationale Geschäfts- und Investitionstätigkeit dienen.

Die inländischen Gründer der Basisgesellschaft übertragen auf diese z. B. ihre Beteiligungen an ausländischen Kapitalgesellschaften; die Beteiligungserträge fallen künftig bei der Basisgesellschaft und nicht mehr bei dem dahinterstehenden Inländer an, so daß sie von der unbeschränkten Steuerpflicht nicht mehr erfaßt werden. Beliebt ist auch die Übertragung gewerblicher Schutzrechte (Patente) auf die Basisgesellschaft, die die Schutzrechte an Dritte oder sogar an den Einbringenden in Lizenz vergibt; die Lizenzgebühren fließen der Basisgesellschaft zu und scheiden damit aus dem Einkommen des Inländers aus; ist der Inländer selbst Lizenznehmer, schmälern die Lizenzgebühren obendrein den Gewinn seines inländischen Unternehmens. Des weiteren kommt eine Verlagerung von Einkünften auch dann in Betracht, wenn die Basisgesellschaft als Vertriebsgesellschaft eingeschaltet wird; der Gewinn des inländischen Unternehmens wird um den Betrag geschmälert, der der Basisgesellschaft als Zwischengewinn verbleibt, da der Basisgesellschaft als Zwischenhändler ein geringerer Preis in Rechnung gestellt wird als bei unmittelbarem Verkauf an den Abnehmer.

III. Die Gegenmaßnahmen des Außensteuergesetzes

719 Die Ausnutzung des internationalen Steuergefälles beeinträchtigt die Gleichmäßigkeit der Besteuerung und führt zu Wettbewerbsverzerrungen zwischen denjenigen, die sich die aufgezeigten Steuervorteile verschaffen, und denjenigen, die sich der vollen Schärfe des Welteinkommens- und Weltvermögensprinzips aussetzen. Nur in wenigen Fällen liegt jedoch ein Mißbrauch von Gestaltungsmöglichkeiten des Rechts im Sinne des § 42 AO (früher § 6 StAnpG) vor. Denn für eine Rechtsordnung, die die internationale Freizügigkeit von Menschen und Kapital bejaht, kann die Wohnsitzverlegung ins Ausland oder die Gründung von ausländischen Gesellschaften kein Mißbrauch sein. Es ist aber statthaft, an derartige Maßnahmen steuerrechtliche Folgen zu knüpfen, um ungerechtfertigte Steuervorteile abzubauen.

Schon der sog. Oasenbericht der Bundesregierung vom 23. 6. 1964 (BT-Drucks. IV/2412) hatte unter Abschn. 4 Möglichkeiten zur **Bekämpfung der Einkommens- und Vermögensverlagerungen** aufgezeigt. Aber erst das Außensteuergesetz – AStG – vom 8. 9. 1972 (BGBl. I 1972, 1713; BStBl. I 1972.450) hat eine umfassende Regelung gebracht. Das Gesetz regelt im wesentlichen vier Bereiche:
1. Gewinnberichtigung bei international verflochtenen Unternehmen,
2. Erweiterte beschränkte Steuerpflicht bei Wegzug in Niedrigsteuerländer,
3. Vermögenszuwachsbesteuerung bei Wegzug ins Ausland,
4. Hinzurechnungsbesteuerung bei Einschaltung von Gesellschaften in Niedrigsteuerländern.

Die Bereiche 1. und 4. richten sich gegen Einkommens- und Vermögensverlagerungen auf selbständige Rechtsträger im Ausland, während die Bereiche 2. und 3. bei Wohnsitzwechsel eines unbeschränkt Steuerpflichtigen zur Anwendung kommen können.

Das **AStG** ergänzt und erweitert die außensteuerlichen Regelungen des nationalen Rechts sowie der DBA. § 42 AO wird durch das AStG nicht berührt; d. h. zunächst ist zu prüfen, ob eine Gestaltung überhaupt steuerlich anzuerkennen ist; ist dies zu bejahen, richten sich die Rechtsfolgen der Gestaltung möglicherweise nach den Bestimmungen des AStG.

1. Gewinnberichtigung (§ 1 AStG)

720 Die Vorschrift zielt darauf ab, bei Auslandsbeziehungen eine Gewinnzuordnung sicherzustellen, die dem wirklichen Gehalt des Geschäfts unter Ausklammerung der geschäftsfremden Einflüsse entspricht. Sie setzt mithin voraus, daß durch Vereinbarungen, die unabhängige Dritte nicht miteinander getroffen hätten, inländische Einkünfte geschmälert werden. Durch § 1 AStG wird die in den DBA regelmäßig zu findende **Gewinnkorrekturklausel** (Art. 9 OECD-Muster) mit innerstaatlichem Recht ausgefüllt.

§ 1 AStG greift nur dann ein, wenn an dem Geschäft zwei rechtlich selbständige Partner beteiligt sind, es sich also nicht um Transaktionen innerhalb desselben Unternehmens handelt. Ob die Geschäftspartner unbeschränkt oder beschränkt steuerpflichtig sind, ist unerheblich. Hauptanwendungsfall sind die internationalen Konzerne, deren einzelne Glieder ja rechtlich selbständige Unternehmen sind.

721 Im Absatz 2 der Vorschrift werden als **typische Interessenverzahnungen,** in denen die Gefahr von Gewinnverlagerungen besonders naheliegt, internationale Verflechtungen durch wesentliche Beteiligungen (mindestens ein Viertel) sowie durch Beherrschungsverhältnisse, wie sie in § 17 AktG angesprochen sind, aufgeführt. Hinzu kommen Fälle, in denen ein Beteiligter entweder bei der Gestaltung des Geschäfts einem außerhalb desselben begründeten Einfluß unterliegt oder ein eigenes Interesse an der Einkunftserzielung durch den Geschäftspartner hat.

722 Der durch die geschäftsfremden Einflüsse geschmälerte Gewinn ist für Zwecke der Besteuerung unter Zugrundelegung der Bedingungen, die zwischen unabhängigen Dritten vereinbart worden wären, zu berichtigen. Grundsätze für die **Einkunftsabgrenzung** international verbundener Unternehmen enthält der gesondert zu besprechende sog. Verrechnungspreise-Erlaß (s. Rz. 730). Für den Fall der Schätzung stellt Absatz 3 besondere Maßstäbe auf; danach ist mangels anderer geeigneter Anhaltspunkte von einer Kapitalverzinsung und Umsatzrendite auszugehen, die unter normalen Umständen zu erwarten sind.

2. Erweiterte beschränkte Steuerpflicht (§§ 2–5 AStG)

723 Ziel der **erweiterten beschränkten Steuerpflicht** ist es, bei natürlichen Personen, die infolge deutscher Staatsangehörigkeit und langjähriger Ansässigkeit im Inland mit der Bundesrepublik verbunden sind und diese Bindung trotz Wegzugs ins niedrig besteuernde Ausland durch Beibehaltung wesentlicher wirtschaftlicher Interessen im Inland fortsetzen, eine Besteuerung zu verwirklichen, die sich stärker nach der persönlichen Leistungsfähigkeit richtet, als es bei der allgemeinen beschränkten Steuerpflicht der Fall ist. Die erweiterte beschränkte Steuerpflicht ist keine Steuerpflicht eigener Art; sie modifiziert vielmehr die beschränkte Steuerpflicht, indem diese auf alle Einkünfte ausgedehnt wird, die nach den Wertungen des deutschen Steuerrechts nicht als aus dem Ausland stammend gelten.

Die Steuerpflicht trifft nicht den Wegzug ins steuerbegünstigte Ausland als solchen. Er ist nur insofern von Bedeutung, als der Steuerpflichtige in einem „niedrig besteuernden ausländischen Gebiet" ansässig geworden sein muß. Es bleibt auch nicht unberücksichtigt, daß der Steuerpflichtige mit seinem Wegzug die Voraussetzungen der unbeschränkten Steuerpflicht aufgegeben hat. Die Steuerpflicht ist „beschränkt", weil sie nur deutsches Einkommen und Vermögen erfaßt; der Kreis der steuerpflichtigen Einkünfte und Vermögenswerte, der bei der (allgemeinen) beschränkten Steuerpflicht auf bestimmte inländische Einkünfte und Vermögenswerte eingeengt ist, wird jedoch „erweitert" auf sämtliche Einkünfte aus deutschen Quellen und sämtliche im Inland befindlichen Vermögenswerte. Die Erweiterung der beschränkten Steuerpflicht zeigt sich darüber hinaus in der Aufhebung der Abgeltungswirkung inländischer Abzugsteuern (vgl. § 50 Abs. 5 Satz 1 EStG) und in der Bemessung der Steuer nach einem Satz, der dem Welteinkommen entspricht.

724 Die erweiterte beschränkte Steuerpflicht ist an **persönliche und sachliche Voraussetzungen** geknüpft. Persönliche Voraussetzung ist, daß der Steuerpflichtige in den letzten zehn Jahren vor dem Wegzug als Deutscher insgesamt mindestens fünf Jahre unbeschränkt einkommensteuerpflichtig war und nunmehr in einem ausländischen Gebiet mit niedriger Besteuerung ansässig ist. Die sachliche Voraussetzung besteht darin, daß der Steuerpflichtige wesentliche wirtschaftliche Interessen im Inland hat. Dieses Merkmal sowie die niedrige Besteuerung werden in den Absätzen 2 und 3 des § 2 AStG eingehend definiert. Eine Darstellung der erweiterten beschränkten Steuerpflicht und ihrer Abgrenzung zur unbeschränkten und zur beschränkten Steuerpflicht enthält Schaubild 1 zur Einkommensteuer (s. Rz. 1).

Nach **Ablauf von 10 Jahren** seit dem Wegzug entfällt die erweiterte beschränkte Steuerpflicht, weil man unterstellt, daß nach so langer Zeit die Bindungen zur Bundesrepublik hinter der Eingliederung in den neuen Wohnsitzstaat zurücktreten. Außerdem enthält das Gesetz eine Freigrenze; die erweiterte beschränkte Steuerpflicht entfällt, wenn die von ihr erfaßten Einkünfte im Veranlagungszeitraum DM 32000,– nicht übersteigen.

Die erweiterte beschränkte Steuerpflicht, die auch auf die Vermögensteuer (§ 3 AStG) und die Erbschaftsteuer (§ 4 AStG) ausgedehnt ist, steht unter dem Vorbehalt der DBA. Sie kann nur insoweit Anwendung finden, als die DBA dies zulassen. Besondere darauf ausgerichtete Bestimmungen enthält Art. 4 DBA/Schweiz.

3. Vermögenszuwachsbesteuerung (§ 6 AStG)

725 Die Regelung bezweckt, anläßlich des Wegzugs die stillen Reserven wesentlicher Beteiligungen an inländischen Kapitalgesellschaften zu erfassen; sie bestimmt, daß im Zeitpunkt der Beendigung der unbeschränkten Steuerpflicht die Rechtsfolgen des § 17 EStG auch ohne Veräußerung eintreten. Nach § 49 Abs. 1 Nr. 2c EStG dauert die (beschränkte Steuerpflicht für den bei tatsächlicher Veräußerung erzielten Gewinn zwar fort; die DBA (Art. 13 OECD-Muster) ordnen aber das Besteuerungsrecht für Gewinne aus der Veräußerung von nicht in Grundbesitz oder Betriebstätten investiertem Vermögen regelmäßig dem Wohnsitzstaat zu.

Obwohl die stillen Reserven der deutschen Besteuerung nur dann entzogen werden, wenn der Wegzug in einen Staat erfolgt, mit dem ein DBA besteht (sog. **Steuerentstrickung**), erstreckt sich § 6 AStG auf sämtliche Fälle der Auswanderung. Es handelt sich um eine Besteuerung nicht realisierter Gewinne, die dem deutschen Ertragsteuerrecht grundsätzlich fremd ist.

Unter § 6 AStG fallen natürliche Personen, die mindestens zehn Jahre lang im Inland ansässig waren. Der fiktive Veräußerungsgewinn wird ermittelt durch Gegenüberstellung der Anschaffungskosten der Beteiligung und ihres gemeinen Werts zum Zeitpunkt des Wegzugs und nach den Grundsätzen der unbeschränkten Steuerpflicht unter Einschluß des § 34 EStG besteuert.

Zu beachten ist, daß § 6 AStG bei jeglicher Auswanderung eingreift. Bei Auswanderung in ein Niedrigsteuerland tritt § 6 AStG neben die erweiterte beschränkte Steuerpflicht nach §§ 2ff. AStG.

4. Hinzurechnungsbesteuerung (§§ 7–14 AStG)

726 Ziel der Regelung ist es, die **Steuervorteile rückgängig** zu **machen,** die sich unbeschränkt Steuerpflichtige dadurch verschaffen, daß sie Einkünfte, die sie sonst als eigenes Einkommen zu versteuern hätten, auf – niedrig besteuerte – ausländische Basisgesellschaften verlagern und somit gegen die deutsche Besteuerung abschirmen. Das in Basisgesellschaften angefallene Einkommen, das nicht aus aktiver Wirtschaftstätigkeit der Gesellschaft stammt, wird an die Basisgesellschaft beherrschenden Inländern entsprechend ihrem Anteil zur Besteuerung zugerechnet. Dem ausländischen Rechtsträger wird nicht die steuerliche Anerkennung versagt; deshalb stehen die DBA der Hinzurechnungsbesteuerung, die nur die in der Bundesrepublik ansässigen Anteilseigner betrifft, nicht entgegen. Die inländischen Beteiligten unterliegen einer **selbständigen Steuerpflicht,** die sich ihrem Gegenstand nach zwar aus dem Gewinn der Basisgesellschaft ableitet, aber mit ihm nicht identisch ist.

Die §§ 7–14 AStG lassen eine beschränkte Steuerpflicht der Basisgesellschaft hinsichtlich ihrer Inlandseinkünfte unberührt. Geschäfte des inländischen Beteiligten und anderer Personen mit der Basisgesellschaft (etwa die Veräußerung eines Patents an die Basisgesellschaft) sind nach den allgemeinen Vorschriften (z. B. nach § 1 AStG) zu beurteilen.

727 Der einem inländischen Beteiligten **hinzuzurechnende Betrag** wird aus den Einkünften der Basisgesellschaft ermittelt, die einer niedrigen Besteuerung unterliegen und aus unproduktiven Tätigkeiten (z. B. Dividenden, Zinsen, Lizenzgebühren) stammen. Das bedeutet, daß die Einkünfte nicht von einer Basisgesellschaft selbst erwirtschaftet worden sind, sondern die Basisgesellschaft zwischen die eigentliche Einkunftsquelle und den Inländer zwischengeschaltet ist, weshalb das Gesetz von ,,Zwischengesellschaft" spricht.

Die Hinzurechnungsbesteuerung setzt voraus, daß der unbeschränkt Steuerpflichtige an einer Basisgesellschaft beteiligt ist, die nach näherer Umschreibung des § 7 Abs. 2 AStG unter beherrschendem deutschen Einfluß steht.

728 Die §§ 7ff. AStG erfassen lediglich Einkünfte, die nicht aus einer wirtschaftlichen Tätigkeit unter Teilnahme am allgemeinen wirtschaftlichen Verkehr stammen. § 8 AStG enthält hierzu die ins einzelne gehenden Abgrenzungen. Die Verständlichkeit der Vorschrift wird dadurch erschwert, daß die Grenzziehung vom Negativen her vorgenommen wird; es werden die Einkünfte genannt, die solche aus produktiver Tätigkeit sind, also die Hinzurechnungsbesteuerung nicht auslösen. Mit anderen Worten, was nicht von der positiven Aufzählung des Gesetzes abgedeckt ist, stellt **Einkünfte aus unproduktiver Tätigkeit** dar. Weiteres Erfordernis ist, daß die Einkünfte bei der Basisgesellschaft steuerlich nicht oder nur mäßig belastet sind; das Merkmal der niedrigen Besteuerung umschreibt § 8 Abs. 3 AStG.

Nicht selten kommt es vor, daß bei ausländischen Gesellschaften, die in der Hauptsache Einkünfte beziehen, die für die Hinzurechnung ausscheiden, nebenbei noch Einkünfte aus unproduktiver Tätigkeit anfallen. Da hierdurch das Gesamtbild der gesellschaftlichen Tätigkeit nicht berührt wird, sieht § 9 AStG eine Freigrenze vor.

Die hinzuzurechnenden Einkünfte sind gemäß § 10 AStG mit dem Betrag anzusetzen, der sich nach Abzug der Steuern ergibt, die die Basisgesellschaft für diese Einkünfte und das ihnen zugrunde liegende Vermögen zu entrichten hat. Der Hinzurechnungsbetrag gehört bei inländischen Beteiligten zu den Einkünften aus Kapitalvermögen. Da die Hinzurechnungsbesteuerung unberechtigt ist, wenn die Basisgesellschaft an die inländischen Anteilseigner ausschüttet, wird der Hinzurechnungsbetrag um die empfangenen Ausschüttungen gekürzt (§ 11 AStG).

Ist eine inländische Körperschaft an einer Basisgesellschaft beteiligt, bei der Dividenden anfallen, die bei direktem Bezug durch die inländische Körperschaft steuerbegünstigt wären, so wird diese Steuervergünstigung nach Maßgabe des § 13 AStG auch bei der Hinzurechnung berücksichtigt.

729 § 14 AStG soll Umgehungen der Hinzurechnungsbesteuerung entgegenwirken, die in der Möglichkeit liegen, daß die Basisgesellschaft, deren Einkünfte in die Hinzurechnung kommen sollen, einer anderen ausländischen Gesellschaft nachgeschaltet wird. Die Vorschrift sieht vor, daß das Basiseinkommen **nachgeschalteter Gesellschaften** der Gesellschaft zugerechnet wird, an der der Inländer beteiligt ist. Die Hinzurechnungsbesteuerung wird mithin so gehandhabt, als habe die Gesellschaft diese auf sie zugerechneten Einkünfte aus unproduktiver Tätigkeit selbst bezogen.

Geiß/Grötzinger (DB Beil. 10/73) haben für die beratende Praxis das AStG in Form von Prüfdiagrammen erläutert; mit 14 Diagrammen wird die Anwendbarkeit einzelner Vorschriften überprüft. *Hollatz/Moebus* (NWB Fach 3 Gr. 1 S. 713) haben eine steuerliche **Check-Liste** für Auslandsbeteiligungen erstellt, die auch den Besonderheiten des AStG Rechnung trägt. „Grundsätze zur Anwendung des Außensteuergesetzes" enthält das umfangreiche BMF-Schreiben vom 11. 7. 1974 (BStBl. I 1974, 442).

VI. Verrechnungspreise-Erlaß

730 Mit Fragen der Gewinnberichtigung befaßt sich das umfangreiche BMF-Schreiben v. 23. 2. 1983 (BStBl. I 1983, 218); es enthält Grundsätze für die Prüfung der Einkunftsabgrenzung bei international verbundenen Unternehmen.

Der Erlaß, der sowohl deutsche Unternehmen mit verbundenen Unternehmen im Ausland als auch ausländische Unternehmen mit verbundenen Unternehmen in der Bundesrepublik Deutschland erfaßt, erläutert, wie der von einzelnen Gesetzen (§ 1 AStG, § 8 Abs. 3 KStG) vorgegebene Rahmen auszufüllen ist. Sein Ziel ist, Einkünfte zwischen dem Inland und dem Ausland zutreffend aufzuteilen. Oberster Maßstab dabei ist der Fremdvergleich, wie er in § 1 AStG niedergelegt ist.

Für die Einkunftsabgrenzung ist das einzelne Geschäft zu überprüfen. Maßgebend ist, wie Fremde die Entgelte für gleichartige Lieferungen oder Leistungen angesetzt hätten (sog. Fremdpreis) bzw. welche Erträge oder Aufwendungen bei einem Verhältnis wie unter Fremden beim Steuerpflichtigen angefallen wären. Zur Ermittlung des Fremdpreises sind die Daten heranzuziehen, auf Grund deren sich die Preise zwischen Fremden am Markt bilden. Der Erlaß nennt drei Standartmethoden (Preisvergleichsmethode, Wiederverkaufspreismethode und Kostenaufschlagsmethode), die zur Ermittlung des Fremdpreises angewandt werden können. Am Fremdpreis ist dann der von den verbundenen Unternehmen vereinbarte Verrechnungspreis zu messen.

Der Erlaß enthält für bestimmte Arten von Geschäften nähere Regelungen zur Bestimmung des Fremdpreises; so werden neben Warenlieferungen und Dienstleistungen Zinsen sowie die Überlassung von Patenten u. ä. gesondert behandelt.

Soweit gemäß § 1 AStG eine Berichtigung von Einkünften durchzuführen ist, erfolgt sie durch einen Zuschlag außerhalb der Bilanz. Der Berichtigungsbetrag ist derselben Einkunftsart zuzurechnen, wie die berichtigten Einkünfte. Steuern, die im Ausland von dem verbundenen Unternehmen auf den dem Berichtigungsbetrag entsprechenden Teil seines Gewinns geschuldet werden, dürfen im Rahmen des § 34c EStG und der einschlägigen Bestimmungen der DBA nicht angerechnet werden; dies führt zu einer Doppelbesteuerung, da der ausländische Staat kaum zu einer Steuerminderung bereit sein wird.

Schließlich legt der Erlaß dem inländischen Steuerpflichtigen Mitwirkungspflichten auf, die insbesondere bei Auslandssachverhalten in bedenklicher Weise über die Anforderungen des § 90 Abs. 2 AO hinausgehen (*Ritter* JDStJG 1985, 91).

der Trennfugen sind die Daten beispielsweise auf Grund dieser sich in der Praxis weitaus einfacher zu findenden Maße zu finden. Der Fakt, bei der Standuntersuchungen erhaltliche Informationen, wieder vorschlagbare ruhigen, auch Rotation-diagnostisch die nach Ermittlung des Trendgrades angewandt werden können. Auf Grund zu internationalen der in der verbundenen, linear-nicht-verschobenen Vorhandensein zu erweitern.

Das gilt auch für in die Lage, mit Hilfe von das Fernsehn anderer Isotopen von Bestimmung des Einheitsvermögens oder nicht Warmestrahlung ein Bordteil eines Vorderflugzeuges, die Gasausstattung von Vorläufergeräten Bestimmung bekannt. Neuerungen in SICASM nach Beziehungen mit Einheit ist den jeweiligen sei gerade die durch einen Zustand unterhalb der Bahn. Die Beschattungseinheit ist zu sehen Einheit Ihrer einzelnen, in die Festbelag Bedienung. Innerhalb dieser Anwerfung von Ansahmen. Einmal sind bei den vergleich gerührt vernichtenden Trägerraum Geltungs wie bisher werden. Dabei im Rahmen der SICASM und der einzelnen Bestimmungen zu URS nicht abzuwarten ver finden darauf hin zu einer Doppel-Gleichmachung, die auf-und schließend, zum komplizierten Saatjahrzehnt kommt selbst sein kann.

Zuletzt liegt der Grund dem hohem Rotations- und Bedienung. Nichtsdestotz darum auf, die sich solche baueitsteilssicherheitsverfahren in den Maßnahmen Wien unter die Anforderungen des 50. Abs. 2 AO internationales-gefahren USSR, 1953, 21.

I. Verfahrensrecht mit Musterformularen
Bearbeiter: Dr. Jürgen Pelka

Übersicht

	Rz.
I. Verwaltungsverfahren	1–115
1. Die Mitwirkungspflichten	1–41
a) Allgemeines	1–10
b) Tabellen der Mitwirkungspflichten, Antragspflichten, Buchführungsgrenzen, Aufbewahrungspflichten, außersteuerliche Buchführungs- und Aufzeichnungspflichten	11–35
c) Die Grenzen der Mitwirkungspflicht des Steuerpflichtigen und seines Beraters	36–41
2. Anträge auf Stundung, Zahlungsaufschub, Vollstreckungsaufschub, Erlaß, Aufrechnungserklärung	42–61
a) Allgemeines zu Form und Frist	42–48
b) Voraussetzungen für Stundung/Erlaß	49–55
c) Voraussetzungen des Vollstreckungsaufschubs	56–58
d) Beispiele für Stundung/Erlaß und Vollstreckungsaufschub	59–61
3. Korrektur von Steuerverwaltungsakten	62–76
a) Terminologische Vorbemerkung	62–64
b) Grundsätze der Korrekturmöglichkeiten	65–68
c) Übersicht über die berichtigungsfähigen Bescheide	69–76
4. Verjährung	77–115
a) Allgemeines über Festsetzungs- und Zahlungsverjährung	77–79
b) Festsetzungsverjährung	80–108
aa) Fristen zur Festsetzungsverjährung	80–82
bb) Beginn der Festsetzungsverjährung, Anlaufhemmung	83–88
cc) Ablaufhemmung der Festsetzungsverjährung	89, 90
dd) Übersicht über die verschiedenen Fälle einer Ablaufhemmung der Festsetzungsverjährung	91–107
ee) Festsetzungsverjährung nach der RAO und Übergangsregelung des Art. 97 § 10 Abs. 1 EGAO	108
c) Zahlungsverjährung	109–115
aa) Beginn der Zahlungsverjährungsfrist	110, 111
bb) Ablaufhemmung der Zahlungsverjährungsfrist	112
cc) Unterbrechung der Zahlungsverjährungsfrist	113–115
II. Fristen und Termine	116–127
1. Allgemeines	116–120
2. Wiedereinsetzung in den vorigen Stand	121–124
3. Tabellarische Übersicht über die gesetzlichen Fristen	125–127
III. Zustellung	128–144
1. Abgrenzung von Zustellung und einfacher Bekanntgabe	128–135
2. Verwaltungszustellungsgesetz – Überblick	136
3. Besonderheiten der Bekanntgabe	137–144
a) Ehegatten	137
b) Personengesellschaft und sonstige Personenmehrheiten	138–141

	Rz.
c) Aufgelöste Gesellschaft/Gemeinschaft	142, 143
d) Erbfall, Sonstige Gesamtrechtsnachfolge	144
IV. Rechtsschutz in Steuersachen	145–248
1. Allgemeines	145, 146
2. Übersicht über die Rechtsbehelfe	147–150
a) Außerordentliche Rechtsbehelfe	147
b) Ordentliche Rechtsbehelfe	148
c) Vorläufiger Rechtsschutz	149
d) Verfassungsbeschwerde zum Bundesverfassungsgericht	150
3. Das außergerichtliche Rechtsbehelfsverfahren	151–166
a) Einspruch/Beschwerde – Allgemeines	151–155
b) Verzicht auf das Vorverfahren	156
c) Einspruch	157, 158
d) Beschwerde	159
e) Formalien für das Einlegen von Einspruch und Beschwerde	160–166
4. Entscheidungen auf Grund des Einspruchs/der Beschwerde	167–170
5. Vorläufiger Rechtsschutz während des Einspruchs und der Beschwerde	171–190
a) Zweck der Aussetzung der Vollziehung	171–175
b) Aussetzungsfähigkeit von Verwaltungsakten	176–180
c) Vollziehungsaussetzung durch das Finanzamt nach § 361 AO	181
d) Vollziehungsaussetzung durch das Finanzgericht nach § 69 Abs. 3 FGO	182–185
e) Aussetzung der Vollziehung im Verhältnis zur einstweiligen Anordnung durch die Verwaltung	186–189
f) Einstweilige Anordnung durch das Finanzgericht	190
6. Das gerichtliche Rechtsbehelfsverfahren	191–248
a) Allgemeines	191
b) Übersicht über das Klagesystem	192–202
aa) Anfechtungsklage	192
bb) Verpflichtungsklage	193–195
cc) Sonstige Leistungsklagen	196, 197
dd) Feststellungsklage	198, 199
ee) Untätigkeitsklage, Sprungklage	200–202
c) Die Anfechtungsklage	203–219
aa) Übersicht über die Zulässigkeitsvoraussetzungen	204–217
bb) Begründetheit	218, 219
d) Die Verpflichtungsklage	220–223
aa) Zulässigkeit	221
bb) Begründetheit	222, 223
e) Andere Klagearten	224
f) Rechtsmittel	225–232
aa) Revision	226–229
bb) Beschwerde (Gerichtsbeschwerde)	230–232
g) Vorläufiger Rechtsschutz während des Prozesses	233–248
aa) Aussetzung der Vollziehung (§ 69 FGO)	233, 234
bb) Einstweilige Anordnungen nach § 114 FGO	235–240

	Rz.
cc) Rechtsbehelfe gegen die gerichtliche Ablehnung des Antrags auf Aussetzung der Vollziehung und auf Erlaß einer einstweiligen Anordnung	241–248
aaa) Aussetzung der Vollziehung	241–245
bbb) Erlaß einstweiliger Anordnungen	246–248
V. Musterschriftsätze	251–277
M 1. Antrag auf Stundung aus sachlichen Gründen	251
M 2. Antrag auf Stundung aus persönlichen Gründen	252
M 3. Antrag auf Vollstreckungsaufschub	253
M 4. Antrag auf Steuererlaß	254
M 5. Aufrechnungserklärung	255
M 6. Antrag auf Änderung eines Steuerbescheids	256
M 7. Antrag auf Fristverlängerung	257
M 8. Antrag auf Wiedereinsetzung in den vorigen Stand	258
M 9. Einspruch mit Antrag auf Aufhebung eines Steuerbescheids	259
M 10. Einspruch mit Antrag auf Änderung eines Steuerbescheids	260
M 11. Einspruch mit Antrag auf Erlaß eines abgelehnten Verwaltungsakts	261

	Rz.
M 12. Beschwerde mit Antrag auf Rücknahme eines Verwaltungsakts	262
M 13. Beschwerde mit Antrag auf Erlaß eines abgelehnten Verwaltungsakts	263
M 14. Beschwerde mit Antrag auf Erlaß eines unterlassenen Verwaltungsakts – Untätigkeitsbeschwerde –	264
M 15. Antrag an das Finanzamt auf Aussetzung der Vollziehung	265
M 16. Antrag an das Finanzgericht auf Aussetzung der Vollziehung	266
M 17. Antrag an das Finanzgericht auf Aufhebung der Vollziehung	267
M 18. Anfechtungsklage mit Antrag auf Aufhebung eines Verwaltungsakts	268
M 19. Anfechtungsklage mit Antrag auf Änderung eines Verwaltungsakts	269
M 20. Verpflichtungsklage mit Antrag auf Erlaß eines Verwaltungsakts (Vornahmeklage)	270
M 21. Feststellungsklage an das Finanzgericht	271
M 22. Antrag auf Erlaß einer einstweiligen Anordnung an das Finanzgericht	272
M 23. Nichtzulassungsbeschwerde	273
M 24. Revision	274
M 25. Revisionsbegründung	275
M 26. Gerichtsbeschwerde gegen Entscheidungen des Finanzgerichts	276
M 27. Versicherung an Eides Statt	277

I. Verwaltungsverfahren

1. Die Mitwirkungspflichten
– Siehe dazu auch Teil J Rz. 115–146 –

a) Allgemeines

1 § 90 AO und § 76 FGO regeln die **Mitwirkungspflichten** der Beteiligten, also namentlich des Steuerpflichtigen, „zur Mitwirkung bei der Ermittlung des Sachverhalts". Dieser allgemeinen Mitwirkungspflicht, die durch besondere, in den Einzelsteuergesetzen vorgesehene Mitwirkungspflichten ergänzt wird, liegt der Gedanke zugrunde, daß die Besteuerung überwiegend an Sachverhalte aus dem Lebensbereich und der Wissensphäre des Steuerpflichtigen selbst anknüpft, der Besteuerte als oft einziger Wissensträger ein unentbehrlicher „Untersuchungsgehilfe" ist. Dies weist unmittelbar auf die **Grenzen der Mitwirkungspflicht** und das Problem hin, ob und wie weit ein Beteiligter rechtsstaatlich angehalten werden kann, für ihn belastende Tatsachen außerhalb des Kenntnisbereiches der Finanzbehörde dieser zu offenbaren oder ihr Aufdecken aktiv zu fördern.

2 Unproblematisch ist demgegenüber das **Mitwirkungsrecht** des Steuerpflichtigen bei der Sachverhaltsaufklärung. Es folgt aus dem **Grundsatz rechtlichen Gehörs.**

3 Die Finanzbehörde darf somit den Sachverhaltsvortrag eines Steuerpflichtigen nicht deshalb zurückweisen, weil die Überprüfung ein Eindringen in die **Privatsphäre** verlangt. Der Steuerpflichtige ist, abgesehen von verfahrensrechtlichen Einschränkungen, beispielsweise für verspätetes Vorbringen und sein Zurückweisen bei Verfahrensverschleppung oder bei Bestandskraft, in jedem Zeitpunkt des Verfahrens befugt, den Sachverhalt aus seiner Sicht darzustellen. Das Mitwirkungsrecht erstreckt sich auch auf die Befugnis, sich über rechtliche Fragen zu äußern, die für die Entscheidung erheblich sein können.

4 Die Mitwirkungspflichten des Steuerpflichtigen beseitigen nicht die Pflicht des Finanzamts, den Sachverhalt **von Amts wegen aufzuklären** (§ 88 Abs. 1 AO). Auch bei einer Verletzung von Mitwirkungspflichten des Steuerpflichtigen oder sonstiger Beteiligter muß die Finanzbehörde alle ihr möglichen und zumutbaren Maßnahmen zur Aufklärung des Sachverhalts durchführen.

5 Die Mitwirkung bedeutet das **Offenlegen von Tatsachen.** Im Fall **erhöhter Mitwirkungspflicht** für Auslandssachverhalte (§ 90 Abs. 2 AO) oder bei antragsbeding-

Verwaltungsverfahren 6–11 **I**

ten Steuervergünstigungen besteht neben der Sachverhaltsaufklärungspflicht auch **Beweisvorsorge-** und **Beweismittelbeschaffungspflicht** (vgl. BFH v. 19. 1. 1972, BStBl. II 1972, 354; BFH v. 26. 4. 1974, BStBl. II 1974, 538; BFH v. 14. 5. 1982, BStBl. II 1982, 774).

6 Grundsätzlich geht die allgemeine Mitwirkungspflicht nicht so weit, daß der Steuerpflichtige das Vorliegen eines Steuervergünstigungstatbestandes oder das Nichtvorliegen eines Steuertatbestandes über jeden Zweifel erhaben **nachweisen** müßte. (Bedenklich daher BFH v. 14. 5. 1982, BStBl. II 1982, 772). Im Regelfall erfüllt der Steuerpflichtige seine Mitwirkungspflicht durch Vorlage der Unterlagen und Beweismittel, die den jeweiligen Sachverhalt **glaubhaft** machen.

7 Vorbereitet und gesichert wird das Erfüllen von Mitwirkungspflichten durch allgemeine Finanzpflichten für alle oder für bestimmte Gruppen von Steuerpflichtigen wie **Buchführungs-** und **Aufzeichnungspflichten** (§§ 140 bis 146 AO), **Aufbewahrungspflichten** für bestimmte Unterlagen (§ 147 AO) und **Steuererklärungspflichten** (§§ 149 bis 151 AO).

8 Verletzt der Steuerpflichtige oder ein anderer Beteiligter seine Mitwirkungspflicht, schränkt dies die Aufklärungspflichten der Verwaltung ein. Sie kann möglicherweise zur **Schätzung** greifen; § 162 Abs. 2 AO.

9 Die Verletzung von Mitwirkungspflichten kann im allgemeinen durch **Nachholen** der Mitwirkung geheilt werden. Die Mitwirkung läßt sich im Wege der **Zwangsmittel** durchsetzen (§§ 328 ff. AO), soweit diese nicht ausnahmsweise unzulässig sind. Ein Zwangsmittelverbot besteht, wenn die Mitwirkung die Gefahr auch strafrechtlich relevanter Selbstbelastung heraufbeschwören kann; § 393 Abs. 1 Satz 2 AO.

10 Im finanzgerichtlichen Verfahren kann eine Verletzung der Mitwirkungspflicht auch bei Obsiegen **Kostennachteile** haben (§ 137 FGO) oder über die **Zurückweisung verspäteten Vorbringens** zum Rechtsverlust führen (Art. 3 § 3 FG EntlG). Hat sich der Rechtsstreit durch antragsgemäße Gewährung einer Steuerermäßigung in der Hauptsache erledigt, so treffen den Steuerpflichtigen die Kosten, wenn er die Tatsachen und Beweismittel für die Steuerermäßigung trotz wiederholter Aufforderung während des außergerichtlichen Rechtsbehelfsverfahrens erst im Prozeß anführt (BFH v. 19. 1. 1972, BStBl. II 1972, 354).

b) Tabellen der Mitwirkungspflichten, Antragspflichten, Buchführungsgrenzen, Aufbewahrungspflichten, außersteuerliche Buchführungs- und Aufzeichnungspflichten

Mitwirkungs-/Antragspflichten

Mitwirkungs- bzw. Antragspflicht	Rechtsgrundlage
11 **Abgabenordnung**	
Auskunftspflicht (zum Bank- und Pressegeheimnis vgl. § 102 AO und BFH v. 20. 2. 1979, BStBl. II 1979, 268 sowie BFH v. 26. 8. 1980, BStBl. II 1980, 699).	§ 93 AO
Pflicht zur Versicherung an Eides Statt	§§ 95, 284 AO
Pflicht zur Urkundenvorlage	§ 97 AO
Dulden des Betretens von Grundstücken und Räumen	§§ 99, 210 AO
Pflicht zur Vorlage von Wertsachen	§ 100 AO
Pflicht zur Mitwirkung bei der Personenstands- und Betriebsaufnahme	§ 135 AO
Anzeigepflichten zur steuerlichen Erfassung	§§ 137–139 AO
Buchführungs- und Aufzeichnungspflichten, Aufbewahrungspflichten	§§ 140–147 AO
Steuererklärungspflicht	§ 149 AO
Pflicht zur Kontenwahrheit	§ 154 AO

Mitwirkungs- bzw. Antragspflicht	Rechtsgrundlage
Bezeichnungspflicht von Gläubigern und Zahlungsempfängern	§ 160 AO
Mitwirkungspflichten bei der Außenprüfung	§ 200 AO
Mitwirkungspflichten bei der Steueraufsicht	§ 211 AO

12 Einkommensteuergesetz

Besondere Aufzeichnungsgebote	§§ 4, 7a Abs. 8 EStG
Antrag auf Gewinnermittlung durch Betriebsvermögensvergleich	§ 13a Abs. 2 EStG
Wahl der getrennten Veranlagung bei Ehegatten	§ 26 Abs. 2 EStG
Antrag auf Berücksichtigung außergewöhnlicher Belastungen	§§ 33 Abs. 1, 33a EStG
Antrag auf Pauschbetrag für Körperbehinderte	§ 33b EStG
Antrag auf Anwendung des ermäßigten Steuersatzes	§§ 34, 34b EStG
Antrag auf Steuerermäßigung bei ausländischen Einkünften	§ 34c EStG
Antrag auf Steuermäßigung für Steuerpflichtige mit zwei oder mehr Kindern bei Inanspruchnahme erhöhter Absetzungen nach § 7b EStG	§ 34f EStG
Antrag auf Steuerermäßigung bei Belastung mit Erbschaftsteuer	§ 35 EStG
Antrag auf Vergütung von Körperschaftsteuer	§ 36b EStG
Sammelantrag in Vertretung des Anteilseigners durch Kreditinstitute	§§ 36c, 36d EStG
Einbehaltung und Abführung der selbstberechneten Lohnsteuer	§§ 38, 41a EStG
Pflicht zur Änderung der Eintragungen über die Lohnsteuermerkmale	§ 39 Abs. 4 EStG
Antrag auf Lohnsteuerermäßigung	§ 39a EStG
Antrag auf Pauschalierung der Lohnsteuer	§ 40 EStG
Aufzeichnungspflichten	§ 41 EStG
Anzeigepflicht des Arbeitgebers bei Änderungen des Lohnsteuerabzugs	§ 41c EStG
Antrag auf Lohnsteuerjahresausgleich	§ 42 EStG
Pflicht zur Durchführung des Lohnsteuerjahresausgleichs durch den Arbeitgeber	§ 42b EStG
Mitwirkungspflicht bei Lohnsteueraußenprüfung	§ 42f EStG
Einbehaltung und Abführung der Kapitalertragsteuer	§§ 44, 45a EStG
Antrag auf Arbeitnehmerveranlagung	§ 46 EStG

Weitere Mitwirkungspflichten enthalten die EStDV und die LStDV auf der Grundlage von § 51 EStG.

13 Körperschaftsteuergesetz

Bilanzaufstellungspflicht bei Beginn und Erlöschen der Steuerbefreiung	§ 13 KStG
Gliederungsvorschriften für Eigenkapital	§§ 30–34, 36–37 KStG
Bescheinigungspflichten	§§ 44–46 KStG
Steuererklärungspflicht	§ 49 KStG
Antrag auf Steuervergütung	§ 52 KStG

Verwaltungsverfahren 14–17 **I**

Mitwirkungs- bzw. Antragspflicht	Rechtsgrundlage
Gesetz über Kapitalanlagegesellschaften	
Vergütungsantrag	§ 38 KAGG
Steuererklärungs-, Selbstberechnungs- und -entrichtungspflicht	§ 38a Abs. 1 Satz 4, 5 KAGG
Glaubhaftmachen bei Körperschaftsteueranrechnung	§ 39a KAGG

Bei Auslandsbeziehungen begründet das **Außensteuergesetz** Mitwirkungspflichten für die Feststellung der Besteuerungsgrundlagen in §§ 16 und 17 AStG.

14 **Umwandlungsteuergesetz**

Antrag auf Stundung der auf den Übernahmegewinn entfallenden Steuern vom Einkommen	§ 7 UmwStG
Antrag auf Nichtanwenden der Bewertung mit der Gegenleistung	§ 14 Abs. 2 UmwStG
Bewertung von Gesellschaftsanteilen mit dem gemeinen Wert auch ohne Veräußerung	§ 21 Abs. 2 Nr. 1 UmwStG

15 **Umsatzsteuergesetz**

Nachweispflichten für die Befreiungsvoraussetzungen	§§ 4, 4a, 6–8 UStG
Verzicht auf Steuerbefreiungen	§ 9 UStG
Ausstellen von Rechnungen	§ 14 UStG
Ermittlung der Vorsteuer	§ 15 UStG
Voranmeldungspflichten	§ 18 UStG
Option für die Regelbesteuerung	§ 19 Abs. 2 UStG
Berechnung der Steuer	§ 20 UStG
Aufzeichnungspflichten	§ 22 UStG
Antrag auf Besteuerung nach Durchschnittssätzen	§§ 23, 24 UStG

16 **Umsatzsteuer-Durchführungsverordnung**

Nachweispflichten	§§ 8–13 UStDV
Nachweispflichten	§§ 15–18 UStDV
Nachweispflichten	§§ 20–22 UStDV
Antrag und Nachweis bei Steuervergütung	§ 24 UStDV
Anforderungen an Rechnungen	§§ 31–34 UStDV
Aufzeichnungspflichten	§§ 39f. UStDV
Abführungs- und Aufzeichnungspflicht des Leistungsempfängers bei der Besteuerung im Abzugsverfahren	§§ 54, 56 UStDV

17 **Berlinförderungsgesetz**

Beleg- und buchmäßiger Nachweis des Kürzungsanspruchs	§ 1 Abs. 9, § 2 Abs. 7 BerlinFG
Beleg- und buchmäßiger Nachweis der Entgeltminderung	§ 4 Abs. 3 Satz 2 u. 3 BerlinFG
Beleg- und buchmäßiger Nachweis der Berliner Vorleistung	§ 6c Abs. 5 BerlinFG
Berliner Ursprungsnachweis	§ 8 BerlinFG
Versendungs- und Beförderungsnachweis	§ 9 BerlinFG
Anforderungen an den buchmäßigen Nachweis	§ 10 BerlinFG
Nachweise bei Steuerermäßigung für Baudarlehen, bei Investitionszulage	§ 17, 19 BerlinFG
Nachweise bei Arbeitnehmer-Berlinzulage	§ 28 BerlinFG

Pelka

Mitwirkungs- bzw. Antragspflicht	Rechtsgrundlage
18 **Gewerbesteuergesetz**	
Kürzungsanspruch der Muttergesellschaft	§ 9 Nr. 7 GewStG
Steuererklärungspflicht	§ 14a GewStG
Gewerbesteuer-Durchführungsverordnung	
Steuererklärungspflicht	§ 25 GewStDV
19 **Vermögensteuergesetz**	
Nachweispflicht bei Auslandsvermögen	§ 11 VStG
Ermäßigungsantrag bei Auslandsvermögen	§ 12 VStG
Antrag auf Zusammenveranlagung	§ 14 VStG
Steuererklärungspflicht	§ 19 VStG
20 **Erbschaftsteuergesetz**	
Antrag auf Versteuerung nach der für den Nacherben im Verhältnis zum Erblasser maßgebenden Steuerklasse	§ 6 Abs. 2 ErbStG
Nachweis bei Anrechnung ausländischer Erbschaftsteuer	§ 21 ErbStG
Wahlrecht bei der Besteuerung, Ablöserecht für Steuer	§ 23 ErbStG
Ablöserecht für gestundete Steuer	§ 25 ErbStG
Anzeigepflicht	§ 30 ErbStG
Steuererklärungspflicht	§ 31 ErbStG
Anzeigepflichten Dritter	§§ 33 f. ErbStG
Erbschaftsteuer-Durchführungsverordnung	
Die ErbStDV enthält in Ergänzung von § 36 Abs. 1 Nr. 1 Buchstaben d und e ErbStG Einzelheiten über die Anzeige-, Erklärungs-, Mitteilungs- und Übersendungspflichten.	
21 **Bewertungsgesetz**	
Erklärungs- und Auskunftspflichten	§§ 28, 29 BewG
22 **Grunderwerbsteuergesetz**	
Antrag auf Aufhebung bei Rückerwerb	§ 16 GrEStG
Anzeigepflichten Dritter	§ 18 GrEStG
Anzeigepflicht der Beteiligten	§ 19 GrEStG
23 **Grundsteuergesetz**	
Anzeigepflicht	§ 19 GrStG
Antrag auf jahresweise Entrichtung	§ 28 GrStG
Erlaßantrag	§ 34 Abs. 2 GrStG
24 **Vermögensbildungsgesetz**	
Aufzeichnungspflichten des Arbeitgebers	§ 2 Abs. 4 4. VermBG
Pflicht zum Abschluß eines Vertrages über vermögenswirksame Anlage von Arbeitslohn	§ 4 4. VermBG
Pflichten bei der Auszahlung der Arbeitnehmersparzulage	§§ 12, 13 4. VermBG
25 **Wohnungsbauprämiengesetz**	
Wahlrecht zwischen WoP und SparP	§ 2b WoPG
Antrag auf Prämiengewährung	§ 4 WoPG
Anzeigepflicht des Instituts	§ 5 Abs. 2 WoPG

Verwaltungsverfahren 26–28 I

Mitwirkungs- bzw. Antragspflicht	Rechtsgrundlage

26 Sparprämiengesetz

Wahlrecht zwischen SparP und WoP	§ 1 SparPG
Antrag auf Prämiengewährung	§ 3 SparPG
Bestätigungspflicht des Instituts	§ 4 SparPG
Rückgängigmachen von Gutschriften	§ 5 SparPG

27 Buchführungsgrenzen (§ 141 AO)

Steuerpflichtige	Umsätze einschließlich der steuerfreien Umsätze, ausgenommen die Umsätze nach § 4 Nr. 8 bis 10 UStG DM	Einheitswert des Betriebsvermögens DM	Wirtschaftswert (§ 46 BewG) der selbstbewirtschafteten land- und forstwirtschaftlichen Flächen DM	Gewinn aus Gewerbebetrieb im Wirtschaftsjahr DM	Gewinn aus Land- und Forstwirtschaft im Kalenderjahr DM
Gewerbliche Unternehmer – § 15 EStG	500 000,–*	125 000,–**	–	36 000,–	–
Land- und Forstwirte – § 13 EStG	500 000,–*	125 000,–**	40 000,–	–	36 000,–
Freiberufler – § 18 EStG	–***	–	–	–	–

Anmerkungen: Überschreitet eines der Kriterien die angegebenen Werte, so entsteht die Buchführungspflicht mit Beginn des Wirtschaftsjahres, das auf die Bekanntgabe der Mitteilung folgt, durch die die Finanzbehörde auf den Beginn der Verpflichtung hingewiesen hat. Die Verpflichtung endet mit dem Ablauf des Wirtschaftsjahres, das auf das Wirtschaftsjahr folgt, in dem die Finanzbehörde feststellt, daß die Voraussetzungen zur Buchführungspflicht nicht mehr vorliegen.
* Bis 31. 12. 1985: 360 000,– DM
** Bis 31. 12. 1985: 100 000,– DM
*** Freiberufler, d. h. Steuerpflichtige mit Einkünften aus selbständiger Arbeit, sind nicht buchführungspflichtig.

Steuerliche Aufbewahrungspflichten (§ 147 AO)*
– Siehe dazu auch Teil A Rz. 93–117 –

Art der Unterlagen	Aufbewahrungsfrist	Rechtsgrundlage
28 Bücher und Aufzeichnungen Haupt-, Grund- und Nebenbücher, Warenausgangs- und -eingangsbücher, gleich ob in gebundener, Loseblatt- oder Karteiform Bücher, die nach Handels- und sonstigem Recht zu führen sind und steuerliche Bedeutung haben, z. B. Baubuch, Tagebuch des	10 Jahre	§ 147 Abs. 1 Nr. 1, Abs. 3 AO

---

* Die Aufbewahrungsfrist beginnt mit dem Schluß des Kalenderjahres, in dem die letzte Eintragung in das Buch gemacht, das Inventar aufgestellt, der Handels- und Geschäftsbrief empfangen oder abgesandt oder der Buchungsbeleg entstanden ist, ferner die Aufzeichnungen vorgenommen oder die sonstigen Unterlagen entstanden sind (§ 147 Abs. 4 AO). Die Aufbewahrungsfrist läuft nicht ab, soweit und solange die Unterlagen für Steuern von Bedeutung sind, für welche die Festsetzungsfrist noch nicht abgelaufen ist (§ 147 Abs. 3 S. 2 AO). Praktische Bedeutung hat diese Verlängerung nur dann, wenn die Steuererklärungen nicht fristgerecht abgegeben werden (siehe dazu Rz. 83 ff.).
Beispiel 1: Die Steuererklärungen für 1983 werden 1985 abgegeben. Die Aufbewahrungsfrist für eine am 10. 8. 1983 ausgestellte und am 18. 8. 1983 bezahlte Rechnung beginnt mit Ablauf des 31. 12. 1983 und endet mit Ablauf des 31. 12. 1989. Die vierjährige Festsetzungsverjährungsfrist beginnt am 31. 12. 1985 und endet ebenfalls am 31. 12. 1989, so daß die Aufbewahrungsfrist nicht verlängert wird. Wird der Ablauf der Frist durch einen Fall des § 171 AO gehemmt, verlängert sich die Frist entsprechend.
Beispiel 2: In Abwandlung von Beispiel 1 wird die Steuererklärung erst im 1986 abgegeben. Da nunmehr die Festsetzungsverjährungsfrist gem. § 170 Abs. 2 Nr. 1 AO erst am 31. 12. 1986 beginnt und am 31. 12. 1990 endet, ist die Aufbewahrungsfrist um ein Jahr bis zum 31. 12. 1990 verlängert.

Art der Unterlagen	Aufbewahrungsfrist	Rechtsgrundlage
Kursmaklers, Nachweisbücher der Abfallbeseitiger und Altölübernehmer		
Belege bei Offene-Posten-Buchhaltung; sie sind Kontenersatz und haben Buchfunktion		
Magnetbänder und Plattenspeicher, soweit sie als Bestandsdateien eingesetzt sind und der Datenbestand nicht ausgedruckt wird		
Lohnkonten	6 Jahre	§ 41 Abs. 1 Satz 8 EStG
29 Inventare	10 Jahre	§ 147 Abs. 1 Nr. 1, Abs. 3 AO
Alle Aufzeichnungen über körperliche Bestandsaufnahmen, die das Inventar selbst darstellen		
Bei permanenter und Stichproben-Inventur Lagerdateien in jeder Form (Bücher, Karteien, Lochkarten etc.)		
30 Bilanzen	10 Jahre	§ 147 Abs. 1 Nr. 1, Abs. 3 AO
Vollständiger Jahresabschluß einschließlich Bilanz, Gewinn- und Verlustrechnung und Anlagenverzeichnis		
Anbauverzeichnis gem. § 142 AO bei Land- und Forstwirten	–	BdF v. 15. 12. 81 BStBl. I 1981, 878
31 Arbeitsanweisungen und sonstige Organisationsunterlagen	10 Jahre	§ 147 Abs. 1, Nr. 1, Abs. 3 AO
Konventionelle Buchführung: Kontenpläne, Kontenregister, Abkürzungsverzeichnisse, alle Erläuterungen zur Technik des Buchführungssystems		
Computergestützte Buchführungssysteme: sämtliche Unterlagen, die zur Durchführung einer Systemprüfung erforderlich sind, z. B. – Organisationspläne – Programmablaufpläne – Programmbeschreibungen – Schlüsselregister – Umwandlungslisten – Codierlisten – Protokolle der Programmänderungen		
32 Handels- und Geschäftsbriefe Korrespondenz Rechnungen Lieferscheine Quittungen Frachtbriefe Fernschreiben Telegramme Auftragsbücher Auftragsbelege Urkunden Verträge	6 Jahre	§ 147 Abs. 1 Nr. 2, 3, Abs. 3 AO

Verwaltungsverfahren 33–35 **I**

Art der Unterlagen	Aufbewahrungsfrist	Rechtsgrundlage
33 Buchungsbelege Grundsätzlich jeder Beleg, der Grundlage einer Eintragung in die Bücher ist, z. B. – Rechnungen, Gutschriften – Steuer- und Gebührenbescheid – Quittungen – Schecks – Wechsel – Kontoauszüge – Kassenbelege – Lohn- und Gehaltsunterlagen – Verträge	6 Jahre	§ 147 Abs. 1 Nr. 4, Abs. 3 AO
Bei Offene-Posten-Buchhaltung	10 Jahre	§ 147 Abs. 1 Nr. 1, Abs. 3 AO
Schlußnoten über Wertpapier-Geschäfte	5 Jahre	§ 36 Abs. 1 KStDV
Wechsel	5 Jahre	§ 15 Satz 1 WStDV
Wettscheine	3 Jahre	§ 11 Rennw-LottAB
34 Sonstige Unterlagen, soweit sie für die Besteuerung von Bedeutung sind Alle Unterlagen, die nicht Buchungsbelege sind, aber Aussagen über steuerlich bedeutsame Vorgänge im Unternehmen enthalten, z. B. – Registrierkassenstreifen, Kassen-Zettel, Bons (soweit nicht anderweitig gebucht) – Kalkulationsunterlagen – Personalunterlagen – Uraufzeichnungen von körperlichen Bestandsaufnahmen, die in das Inventar übertragen worden sind	6 Jahre	§ 147 Abs. 1 Nr. 5, Abs. 3 AO

Außersteuerliche Buchführungs- und Aufzeichnungspflichten (§ 140 AO, EE zu § 140 AO)★

35

Sachgebiet	Art der Unterlagen	Aufbewahrungsfrist	Rechtsgrundlage
Abfall	Nachweisbücher	3 Jahre	§ 2 Abs. 2 und 3 AbfallnachweisVO
Altöl	Nachweisbücher	3 Jahre	§ 6 Abs. 1 Altölgesetz iVm §§ 1–3 DVO Altölgesetz
Apotheken	Herstellungs- und Prüfungsbücher	5 Jahre	§ 6 Abs. 4 und § 7 Abs. 6 Apothekenbetriebsordnung
Auskunfteien	Auftragsverzeichnisse	5 Jahre	LandesRecht, z. B. § 1 Abs. bay. Auskunftei- und DetekteiVO
Baugewerbetreibende, Baugeldempfänger	Baubücher	10 Jahre	§ 2 des Gesetzes über die Sicherung von Bauforderungen

★ Quelle: Steuerberaterkalender 1986; siehe auch Teil A Rz. 177 ff.

Pelka

Sachgebiet	Art der Unterlagen	Aufbewahrungsfrist	Rechtsgrundlage
Beherbergungsstätten	Fremdenverzeichnisse	10 Jahre	LandesRecht, z. B. §§ 10, 11 MeldeG NRW
Besamungsstationen	Aufzeichnungen über Gewinnung, Abgabe und Verwendung des Samens	5 Jahre	§ 18 Abs. 3 Tierzuchtgesetz
Betäubungsmittel	Lagerbücher über Eingang, Ausgang und Verarbeitung bei Unternehmen	3 Jahre	§ 17 Abs. 1 Betäubungsmittelgesetz
Betäubungsmittel	Betäubungsmittelbücher von Apotheken, Praxen und Kliniken	3 Jahre	§ 9 Betäubungsmittel-Verschreibungs-VO
Bewachung	Aufzeichnungen über Bewachungsverträge	3 Jahre	§ 11 Abs. 1 VO über das Bewachungsgewerbe
Bezirksschornsteinfeger	Kehrbücher	5 Jahre	§ 14 Abs. 1 VO über das Schornsteinfegerwesen
Blindenwerkstätten	Aufzeichnungen über Menge und Erlös der verkauften Waren	3 Jahre	§ 3 Abs. 1 DVO Blindenwarenvertriebsgesetz
Buchmacher	Durchschriften der Wettscheine oder Wettbücher, Aufstellungen und Abrechnungen mit den Gehilfen, Geschäftsbücher	3 Jahre	§ 4 Abs. 1 RennwLottG §§ 10 bis 13 ABRennwLottG
Butter	Verarbeitungs- und Ausfuhraufzeichnungen	7 Jahre	§ 7 Milchfettverbilligungs-VO
Denaturierung	Aufzeichnungen über Herkunft und Verbleib sowie über täglich denaturierte Mengen	7 Jahre	§ 12 Abs. 1 Nr. 1, § 12 Abs. 2 Nr. 1 der VO Denaturierungsprämie Getreide
Effekten	Verwahrungsbücher	10 Jahre	§ 14 Abs. 1 Depotgesetz
Eiprodukte	Aufzeichnungen über ein- und ausgehende Eiprodukte	2 Jahre	§ 5 Abs. 2 Nr. 2 Eiproduktion VO
Fahrschulen	Aufzeichnungen über Ausbildung und Entgelt	2 Jahre	§ 18 Abs. 1 und 2 Fahrlehrergesetz
Fahrlehrerausbildungsstätten	Aufzeichnungen über die Ausbildung eines jeden Fahrlehreranwärters	5 Jahre	§ 28 Abs. 1 Fahrlehrergesetz
Fahrtschreiber	Schaublätter	1 Jahr	§ 57a Abs. 2 StVZO
Forstsamen- und Forstpflanzenbetriebe	Kontrollbücher über Vorräte, Veränderungen und Ausgänge von Saat- und Pflanzengut	10 Jahre	§ 12 Abs. 1 forstliches Saat- und PflanzengutG § 1 Forstsaat-Kontrollbuchverordnung
Geflügelfleisch	Aufzeichnungen über Abgabe und Lieferung	3 Jahre	§ 3 Abs. 2 GeflügelfleischausnahmeVO
Güterfernverkehr	Fahrtenbücher, Beförderungs- und Begleitpapier, Bücher über die Vermittlung von Ladegut und Laderaum	Beförderungspapiere, Fahrtenbuch 5 Jahre; Schaublätter, Kontrollgeräte 1 Jahr	§§ 28, 29, 32 Güterkraftverkehrsgesetz, § 1–3a GüKTV
Heimarbeit	Beschäftigtenlisten, Entgeltsverzeichnisse, Entgeltbücher	10 Jahre	§§ 6, 8 Heimarbeitsgesetz
Hopfenerzeuger	Aufzeichnungen über verkauften und gelieferten Hopfen	7 Jahre	§ 6 VO über flächenbezogene Hopfenbeihilfe
Impfstoffe siehe Serum			
Lohnsteuerhilfevereine	Aufzeichnungen über Einnahmen, Ausgaben und Vermögenswerte	6 Jahre; Aufzeichnungen über Einnahmen und Ausgaben 10 Jahre	§ 21 StBerG
Luftfahrtgeräte	Stückprüfungsaufzeichnungen Nachprüfungsaufzeichnungen	5 Jahre	§ 23 Prüfordnung für Luftfahrtgerät § 38
Magermilchpulver	Aufzeichnungen über Zugang, Abgang und Bestand	7 Jahre	§ 7 MagermilchpulverabsatzVO
Makler	Angaben über Aufträge	5 Jahre	§§ 10, 14 Makler- und BauträgerVO

Verwaltungsverfahren

Sachgebiet	Art der Unterlagen	Aufbewahrungsfrist	Rechtsgrundlage
Metallhändler	Metallbücher	5 Jahre	§ 6 Abs. 1 des Gesetzes über den Verkehr mit unedlen Metallen i Vm Landesverordnungen z. B. § 4 VO NRW
Milch- und Fettwirtschaft	Geschäftsbücher	7 Jahre	§ 5 Milchfett-Verarbeitung und Ausfuhr-Verbilligungs-VO
Mischfuttermittel	Bücher über Herstellung, Bestände, Eingänge und Ausgänge	5 Jahre	§ 17 Abs. 3 Futtermittelgesetz i Vm § 34 Futtermittel VO
Papageien und Sittiche	Bücher über Art und Zahl der Tiere	2 Jahre	§ 7 Papageieneinfuhr VO, § 61 d Tierseuchengesetz
Pfandleiher	Aufzeichnungen über jedes Pfandleihgeschäft	3 Jahre	§ 2 Abs. 1 der VO über den Geschäftsbetrieb der gewerblichen Pfandleiher.
Prüfstellen für die Beglaubigung von Meßgeräten	Unterlagen über Beglaubigungen, Befundprüfungen und Sonderprüfungen	2 Jahre	§ 17 Prüfstellen VO
Reisebüros	Reisebücher	3 Jahre	z. B. § 1 Bay Reiseb VO
Saatgut	Aufzeichnung über Gewicht und Stückzahl, Kontrollbücher über Eingang und Vertrieb von Saatgut	3 Jahre	§§ 13, 19 Abs. 2 und 21 Abs. 2 Saatgutverkehrsgesetz § 35 Abs. 2 Saatgutverkehrsgesetz
Schlachtbetriebe	Schlachtkarten	7 Jahre	§§ 6, 11 VO Erzeugerprämie Schlachtrinder
Schußwaffen	Waffenherstellungsbücher, Waffenhandelsbücher, Munitionshandelsbücher	10 Jahre	§ 12 Waffengesetz i Vm §§ 14–18 VO zum Waffengesetz
Serum	Bücher über Herstellung, Nummer und Menge	3 Jahre	§ 17 c Viehseuchengesetz § 3 VO über Regelung im Verkehr mit Arzneimittel für Tiere
Sittiche s. Papageien			
Sprengstoffe	Verzeichnisse über die Menge	10 Jahre	§ 16 Sprengstoffgesetz i Vm § 41 1. Spreng VO
Tierärzte	Nachweise über Arzneimittel	3 Jahre	§ 5 Abs. 2–4, § 13 VO über tierärztliche Hausaptoheken
Tierkörperbeseitigungsanstalten	Mengenaufzeichnungen	5 Jahre	§ 12 Tierkörperbeseitigungsanstalten VO
Versteigerer	Aufzeichnungen über Versteigerungsaufträge	3 Jahre	§ 21 Abs. 1 VO über gewerbsmäßige Versteigerung
Waagen	Unterlagen über Wägung	2 Jahre	§ 8 Wägeverordnung
Wein	Weinbücher	5 Jahre	§ 57 Abs. 1 Nr. 1 Weingesetz §§ 1, 2 Weinüberwachungs-VO
Wildbret	Wildhandelsbücher	10 Jahre	§ 36 Bundesjagdgesetz
Wohnungsunternehmen	Geschäftsberichte	10 Jahre	§ 23 Abs. 1 und 2 Wohnungsgemeinnützigkeits DV, § 147 Abs. 1 Nr. 1, Abs. 3 AO
Zucker	Geschäftsbücher	10 Jahre	§ 12 Abs. 1 und 3 Zuckergesetz, § 147 Abs. 1 Nr. 1 Abs. 3 AO

c) Die Grenzen der Mitwirkungspflicht des Steuerpflichtigen und seines Beraters

36 Von den **Grenzen der Mitwirkungspflicht** handelt § 90 Abs. 1 Satz 3 AO durch die allgemeine Feststellung, daß sich „der Umfang dieser Pflichten nach den Umständen des Einzelfalles richtet". Dies bedeutet selbst keine Grenzziehung; vgl. *Tipke/Kruse* Anm. 4 zu § 90. Die Aussage unterstreicht eine Selbstverständlichkeit für alle Ermessenentscheidungen der Verwaltung. Ein unbedeutender Steuerfall (geringe steuerliche Auswirkung) kann beispielsweise nach dem Grundsatz der Verhältnismäßigkeit keine umfänglichen Nachforschungen rechtfertigen, es sei denn, daß der übergeordnete Gesichtspunkt gleichmäßiger Besteuerung im Einzelfall auch insistierendes Nachforschen rechtfertigt.

37 Der **Umfang der Mitwirkungspflichten** muß ermessensfehlerfrei festgelegt werden. *Tipke/Kruse* folgern dies zu Recht aus § 92 Satz 1 AO (vgl. Anm. 4 zu § 90). Danach muß die Mitwirkung nach Art und beanspruchtem Umfang
– erforderlich oder notwendig und damit auch geeignet und erfüllbar
– verhältnismäßig und
– zumutbar sein.

38 **Ungeeignete** oder **unerfüllbare Mitwirkungshandlungen** sind nicht erforderlich (oder gar notwendig); sie dürfen nicht gefordert werden.

39 Unzumutbar ist die Mitwirkung, wenn ein **Auskunftsverweigerungsrecht** besteht (§§ 101 bis 103 AO) oder der Mitwirkungspflichtige überfordert würde. Unzumutbar ist beispielsweise die Aufforderung durch den Außenprüfer zur lückenlosen Erläuterung von Geschäftsvorfällen, die bei eigener Durchsicht der Aufzeichnungen auch aus sich heraus verständlich sind. **Arbeitserleichterung** für die Steuerverwaltung darf nicht in Überlastung des Steuerpflichtigen umschlagen.

40 Der Berater des Steuerpflichtigen kann für seinen Mandanten alle Mitwirkungsverweigerungsrechte geltend machen, die dem Mandanten zustehen. Aus eigenem Recht stehen dem Berater im Regelfall keine weiteren **Mitwirkungsverweigerungsrechte** zu, denn er handelt für den Mandanten. Allerdings muß die Frage der Zumutbarkeit einzelner Mitwirkungshandlungen, für die sich der Steuerpflichtige durch einen Berater vertreten läßt, auch aus der Sphäre des insoweit an die Stelle des Mandanten tretenden Beraters beurteilt werden. Das überzogene Erläuternlassen von Geschäftsvorfällen in der Außenprüfung berührt die Grenzen der Leistungsfähigkeit des Beraters und ist als unzumutbar zurückzuweisen.

41 Mit einer ohne weiteres nachvollziehbaren Prüfungsunterlage hat nämlich der Steuerpflichtige schon vorab die Mitwirkung geleistet, die man von ihm erwarten kann. Erst wenn ihn (und seinen Berater) frühere Versäumnisse treffen, sind diese durch aufklärende Mitwirkung auch im möglicherweise lästigen Umfang auszugleichen.

2. Anträge auf Stundung, Zahlungsaufschub, Vollstreckungsaufschub, Erlaß, Aufrechnungserklärung

a) Allgemeines zu Form und Frist
(s. Musterschriftsätze M 1 – M 5, Rz. 251–255)

42 **Stundung** und **Erlaß** sowie der **Vollstreckungsaufschub** sind nicht **antragsgebunden** (§§ 222 Satz 2, 227, 258 AO), wenngleich in der Praxis Billigkeitsmaßnahmen zumeist erst auf Antrag getroffen werden. Daraus folgt, daß ein gestellter Antrag weder Form- noch Fristvoraussetzungen beachten muß. Der Antrag ist daher zu jeder Zeit zulässig, Erlaßanträge auch, wenn die Steuer schon entrichtet ist (§ 227 Abs. 1, 2. Halbsatz AO), der Antrag auf Vollstreckungsaufschub auch, wenn eine Zwangsvollstreckungsmaßnahme bereits vorgenommen worden ist.

43 Der **Zahlungsaufschub** bei Zöllen und Verbrauchssteuern (§ 223 AO) ist dagegen **antragsgebunden**.
Der Antrag kann im Prinzip formlos gestellt werden, z. B. beim Einzelaufschub für Eingangsabgaben im Reiseverkehr; er hat aber die zollgesetzliche Frist zu beachten (§ 37 Abs. 2 Satz 1 ZG). Der laufende Zahlungsaufschub für unbestimmt viele häufig wiederkehrende Steuerschulden beispielsweise eines Kaffeeimporteurs oder Rösters (§ 5 Abs. 1 Satz 1 des Kaffee- und TeesteuerG i. V. m. § 37 Abs. 2 Satz 1 ZG) kommt in der Praxis nur schriftlich unter Darlegung der Aufschubvoraussetzungen vor.

44 Die **Aufrechnung** erfolgt durch Aufrechnungserklärung (§ 226 Abs. 1 AO i. V. m. § 388 Satz 1 BGB), die nicht formgebunden ist. Sie ist auch nicht fristgebunden. Materiell begründet ist sie, wenn die Aufrechnungslage besteht.

45 Stundung/Erlaß und Zahlungsaufschub/Vollstreckungsaufschub werden durch Verwaltungsakt bewilligt. Stundung und Zahlungsaufschub, nicht aber der Vollstreckungsaufschub, zögern die **Fälligkeit** hinaus. Mangels Fälligkeit entstehen keine **Säumniszuschläge** (§ 240 Abs. 1 AO). Statt dessen entstehen **Stundungszinsen** (§ 234 Abs. 1 AO). Die Stundung ist Vollstreckungshindernis (§ 254 Abs. 1 Satz 1 AO). Bereits durchgeführte Vollstreckungsmaßnahmen werden aber nicht automa-

tisch unwirksam; sie müssen daher in solchem Falle aufgehoben werden (§ 257 Abs. 1 Nr. 4 AO).

46 Der **Zahlungsaufschub** unterscheidet sich von der Stundung dadurch, daß keine Zinsen entstehen. Sein Zweck ist von dem Ziel der Stundung verschieden. Der Steuerschuldner soll in die Lage versetzt werden, den Zoll und die Steuer vor ihrer Fälligkeit auf den Steuerträger zu überwälzen. Daher bekommt der Steuerpflichtige durch den Zahlungsaufschub Gelegenheit, die belasteten Erzeugnisse zu verwerten. Demgegenüber will die Stundung erhebliche Härten der Steuereinziehung vermeiden. Bei Vorliegen der Aufschubvoraussetzungen besteht ein **Rechtsanspruch** auf Zahlungsaufschub. Stundung ist dagegen eine **Ermessensentscheidung**, die die Härtegründe abzuwägen hat.

47 **Aufrechnung** und **Erlaß** führen zum Erlöschen des Steueranspruchs. Bei der Aufrechnung gelten die Ansprüche, soweit sie sich decken, als in dem Zeitpunkt erloschen, in dem sie einander aufrechnungsfähig gegenübergetreten sind. Die Aufrechenbarkeit bestimmt den Zeitpunkt des Erlöschens (§ 389 BGB), nicht die Abgabe der Aufrechnungserklärung.

48 Der **Erlaß** ist die (vollständige oder teilweise) Aufhebung des Steueranspruchs, der im Zeitpunkt der Bekanntgabe des Erlasses erlischt. Der Erlaß wirkt nicht zurück. Die bis zum Erlaß entstandenen **Säumniszuschläge** bleiben somit bestehen (s. auch § 240 Abs. 1 Satz 4 AO). Lagen die Voraussetzungen des Erlasses aber bereits bei Fälligkeit vor, entspricht es im Regelfall der Billigkeit, auch die entstandenen Säumniszuschläge zu erlassen. Da Säumniszuschläge ein Druckmittel zur Zahlung der Steuern darstellen, ist ihre Anforderung verfehlt, wenn sich letztlich die Unbilligkeit der Steueranforderung herausstellt (s. BFH v. 8. 12. 1975, BStBl. II 1976, 262 zur früheren Rechtslage).

b) Voraussetzungen für Stundung/Erlaß
(s. Musterschriftsätze M 1 und M 2, Rz. 251, 252)

49 Die **Stundung** wird nach § 222 AO, der **Erlaß** nach §§ 163, 227 AO gewährt. § 227 AO regelt den Erlaß bereits festgesetzter Steuern; § 163 AO betrifft den Erlaß vor der Festsetzung der Steuern. Abgesehen davon, daß § 227 AO alle Ansprüche aus dem Steuerschuldverhältnis regelt, § 163 AO dagegen nur Steueransprüche, sind die Tatbestandsvoraussetzungen nach beiden Vorschriften gleich. Die maßgebende Vorschrift bestimmt sich mithin nach dem Zeitpunkt der Billigkeitsmaßnahme (vor oder nach Steuerfestsetzung).

50 ,,Erhebliche Härte" (§ 222 AO), ,,Unbilligkeit der Einziehung" (§§ 227, 163 AO) sind **unbestimmte Rechtsbegriffe**. Die Rechtsprechung hat konkretisiert, wann im Einzelfall diese Voraussetzungen der Billigkeitsstundung oder des Billigkeitserlasses vorliegen.

51 Zum **Nachweis** der Stundungs- oder Erlaßgründe reichen formelhafte Redewendungen, die jedermann auf sich beziehen könnte, nicht aus. Die Gesamtumstände des Einzelfalles verlangen eine möglichst individuelle Darstellung. Im Ergebnis müssen die Sachverhaltsumstände den Schluß rechtfertigen, daß das berechtigte Interesse des Steuerpflichtigen am Hinauszögern der Fälligkeit dem Interesse des Steuerfiskus an termingerechter Zahlung vorgeht (Stundung), oder daß die Einziehung der Steuer eine vom Gesetz nicht gewollte **Ungerechtigkeit** bedeuten würde, die gerade mit der Besteuerung des Antragstellers einherginge (Erlaß).

52 Ein Erlaß kommt aus **sachlichen** oder aus **persönlichen Gründen** in Betracht. Die Voraussetzungen müssen nicht kumulativ vorliegen; es genügt, wenn entweder sachliche oder persönliche Gründe die Einziehung oder Festsetzung der Steuer unbillig machen.

53 Eine **sachliche Unbilligkeit** liegt vor, wenn die Steuererhebung den Geboten der Gleichheit und des Vertrauensschutzes, den Grundsätzen von Treu und Glauben, dem Erfordernis der Zumutbarkeit oder dem der gesetzlichen Regelung zugrunde liegenden Zweck widersprechen würde (*Tipke/Kruse* § 227 AO Anm. 20 m. w. N.).

54 Ein Erlaß aus **persönlichen Gründen** setzt eine unbillige Härte aus den persönlichen Verhältnissen des Steuerpflichtigen voraus. Neben der Erlaßbedürftigkeit verlangt die Rechtsprechung auch Erlaßwürdigkeit (BFH v. 14. 11. 1957, BStBl. III

1958, 153; *Tipke/Kruse* § 227 AO Anm. 42). Stundung oder Erlaß aus persönlichen Gründen kann im Regelfall nur verlangt werden, wenn der Steuerpflichtige aus von ihm nicht zu vertretenden Gründen vorübergehend oder dauernd nicht über die zur Erfüllung des Steueranspruches notwendigen Mittel verfügt.

55 Unrichtig ist die These, daß bei Steuern, die der Steuerpflichtige von anderen Steuerpflichtigen vereinnahmt und vor Abführen verbraucht hat, Stundung und Erlaß generell ausgeschlossen seien. Auch bei **vereinnahmten** oder **einbehaltenen Steuern** kann eine Zahlungsunfähigkeit des Steuerpflichtigen ohne Verschulden vorliegen, z. B. die Pfändung des Bankkontos des Steuerpflichtigen durch andere Gläubiger oder der Erlaß eines allgemeinen Veräußerungsverbots vor der Fälligkeit der Steuern. Auch **Umsatzsteuer** und **Lohnsteuer** sind daher nicht grundsätzlich stundungs- oder erlaßunfähig. Allerdings ist hier die Erlaß- bzw. Stundungswürdigkeit besonders sorgfältig darzutun.

c) Voraussetzungen des Vollstreckungsaufschubs
(s. Musterschriftsatz M 3, Rz. 253)

56 **Vollstreckungsaufschub** ist nach § 258 AO zu gewähren, wenn die Vollstreckung unbillig ist. Unbillig kann eine einzelne Vollstreckungsmaßnahme oder die Vollstreckung insgesamt sein. Die Unbilligkeit nach § 258 AO verlangt weniger als eine Unbilligkeit für die Stundung/Erlaß der Steuer (*Tipke/Kruse* § 258 AO Anm. 3). Vollstreckungsaufschub kann daher auch dann gewährt werden, wenn die Stundung bzw. der Erlaß abgelehnt wurden.

57 Insbesondere kann ein Vollstreckungsaufschub zu gewähren sein, wenn die Erlaßbedürftigkeit zu bejahen ist, ein Erlaß aber wegen **fehlender Erlaßwürdigkeit** abgelehnt worden ist. Unerheblich ist es auch, ob der Steuerpflichtige die Notlage selbst verschuldet hat (*Tipke/Kruse* § 258 AO Anm. 3).

58 Einen **Rechtsanspruch auf Vollstreckungsaufschub** hat ein Steuerpflichtiger m. E. dann, wenn er sich gegen einen Steuerbescheid wehrt, sein Antrag auf Vollziehungsaussetzung aber vom Finanzamt abgelehnt wurde. Bis zur Bestandskraft des Ablehnungsbescheides darf das Finanzamt nicht vollstrecken, wenn das Aussetzungsgesuch nicht ersichtlich chancenlos ist. **Art. 19 Nr. 4 GG** gewährleistet gerichtlichen Rechtsschutz auch gegen Maßnahmen der Vollstreckung. Daß der Steuerpflichtige wegen der Überlastung der Finanzgerichte eine schnelle Entscheidung über einen gerichtlichen Antrag auf Vollziehungsaussetzung nicht bekommen kann, darf nicht dazu führen, daß er insgesamt rechtsschutzlos wird und die Verwaltung durch die Vollstreckung vor der Gerichtsentscheidung vollendete Tatsachen schaffen kann (s. im weiteren dazu Rz. 175).

d) Beispiele für Stundung/Erlaß und Vollstreckungsaufschub

59 **Stundung:**
BFH v. 6. 1.1982, BStBl. II 1983, 397: Eine mit **Gegenansprüchen** begründete Stundung ist nur gerechtfertigt, wenn die Gegenansprüche alsbald mit an Sicherheit grenzender Wahrscheinlichkeit zuwachsen; andernfalls ist die Einziehung von Steuern keine erhebliche Härte, die eine Stundung gebietet. (Anm.: Die Entscheidung ist m. E. nicht zweifelsfrei. Auch Gegenansprüche, die aus welchen Gründen auch immer nicht alsbald festgestellt werden, begründen eine sachliche Unbilligkeit der Einziehung.)
BFH v. 21. 1. 1982, BStBl. II 1982, 307: Die Steuerzahlung kann dann eine erhebliche Härte darstellen, wenn der zu zahlende Betrag mit einer an Sicherheit grenzenden Wahrscheinlichkeit alsbald zu **erstatten** sein wird.
BFH v. 25. 6. 1981, BStBl. II 1982, 105: **Einkommensteuervorauszahlungen,** die ohne Einhaltung einer Frist zum nächsten Fälligkeitstermin erhöht werden können, lassen bei auftretenden Härten Stundung in Betracht ziehen.

60 **Erlaß:**
BFH v. 8. 3. 1984, BStBl. II 1984, 415: Säumniszuschläge sind wegen sachlicher Unbilligkeit zu erlassen, wenn dem Steuerpflichtigen die rechtzeitige Zahlung der Steuerschulden wegen Überschuldung und **Zahlungsunfähigkeit** unmöglich war.

BVerwG v. 21. 10. 1983, BStBl. II 1984, 244: Die unverkürzte Einziehung der Gewerbesteuer ist unbillige Härte, wenn **sanierungsbedingte** Dauerschuldzinsen dem Gewinn hinzugerechnet worden sind, ohne daß eine sanierungsbedingte Ertragsverbesserung eingetreten ist.

BVerwG v. 29. 9. 1982, BStBl. II 1984, 236: Ein Erlaß der Steuer (hier Lohnsummensteuer) kommt grundsätzlich nur dann in Betracht, wenn die Einziehung der Steuer eine wesentliche Ursache für eine **Existenzgefährdung** oder -vernichtung darstellen würde.

BFH v. 21. 10. 1981, BStBl. II 1982, 225: Ein Säumniszuschlag ist nicht schon deshalb wegen sachlicher Unbilligkeit zu erlassen, weil ein bei Steuerfälligkeit vorhandener **Gegenanspruch** nach Ablauf der Schonfrist aufrechenbar ist und aufgerechnet wird.

BFH v. 29. 4. 1981, BStBl. II 1981, 726: Persönliche Unbilligkeit liegt vor, wenn die Steuererhebung die wirtschaftliche oder persönliche **Existenz vernichten** oder ernsthaft gefährden würde. Die für einen Billigkeitserlaß geforderte Erlaßwürdigkeit ist nicht gegeben, wenn der Steuerpflichtige seine Lage selbst herbeigeführt oder durch sein Verhalten in eindeutiger Weise gegen die Interessen der Allgemeinheit verstoßen hat. Zu **hoher Verbrauch** schließt die Schuldlosigkeit an der Notlage aus; dagegen steht ein über ein bescheidenes Maß hinausgehender „angemessener Aufwand" der Erlaßwürdigkeit nicht entgegen.

BFH v. 30. 4. 1981, BStBl. II 1981, 611: Bestandskräftig **falsch festgesetzte Steuern** sind aus sachlichen Billigkeitsgründen erlaßfähig, wenn die Steuerfestsetzung offensichtlich und eindeutig falsch ist und es dem Steuerpflichtigen nicht möglich und nicht zumutbar war, sich rechtzeitig zu wehren.

BFH v. 7. 5. 1981, BStBl. II 1981, 608: Wegen entschuldbaren Überschreitens der **Schonfrist** entstandene Säumniszuschläge brauchen nicht voll erlassen zu werden, wenn Billigkeitsrichtlinien den Erlaß auf einen Teilbetrag begrenzen.

BFH v. 26. 4. 1979, BStBl. II 1979, 539: Billigkeitserlaß von **Sonderumsatzsteuer** kann nicht allein aus dem Gesichtspunkt gewährt werden, daß der Unternehmer bei Altverträgen mit Ausfuhrlieferungen kein kostendeckendes Entgelt erzielt hat.

BFH v. 14. 9. 1978, BStBl. II 1979, 58: Säumniszuschläge sind aus sachlichen Billigkeitsgründen zu erlassen, wenn sie ihre Funktion, den Steuerpflichtigen zur rechtzeitigen Zahlung anzuhalten, nicht erfüllen können. Sie können es nicht für die Zeit zwischen finanzgerichtlichem **Aussetzungsbeschluß** und dessen Aufhebung durch den BFH, da das Leistungsgebot ruhte.

61 Vollstreckungsaufschub:

BFH v. 7. 11. 1979, BStBl. II 1980, 86: Gewährt das Finanzamt während der Zwangsvollstreckung **Ratenzahlung,** ist dies auch Gewährung von Vollstreckungsaufschub.

Vollstreckungsaufschub ist bis zur Entscheidung über einen Antrag auf **Aussetzung der Vollziehung** durch das Finanzamt zu gewähren (weitgehend bundeseinheitliche Erlasse der Finanzminister; z. B. Erlaß FM NRW v. 8. 7. 1977, DB 1977, 1679).

Streitig ist, ob dies auch nach – angefochtener – Ablehnung der Vollziehungsaussetzung durch das Finanzamt bis zur Entscheidung durch das Finanzgericht gilt. Das Finanzgericht Düsseldorf hat einen entsprechenden Anspruch des Steuerpflichtigen aus Art. 19 Abs. 4 GG abgeleitet; FG Düsseldorf v. 12. 1.1979, EFG 1979, 162; ablehnend BFH v. 12. 5.1980, BStBl. II 1980, 399; siehe dazu auch Rz. 171ff.).

3. Korrektur von Steuerverwaltungsakten

a) Terminologische Vorbemerkung

62 Die Abgabenordnung spricht von **Berichtigen** nur im Zusammenhang mit der Behebung offenbarer Unrichtigkeiten (§ 129 AO) und der Korrektur von Rechtsfehlern (§ 177 AO); im übrigen ist die Rede von **Aufhebung, Änderung** (= Teilaufhebung), **Widerruf, Rücknahme.** Wegen dieser Sprachvielfalt nennt § 132 AO alle Begriffe nebeneinander.

63 Diese Begriffsvielfalt verwirrt, zumal die Terminologie z. T. den Vorschriften des

Verwaltungsverfahrensgesetzes und z. T. der früher geltenden Reichsabgabenordnung folgt.

64 Unter Berücksichtigung des Zwecks der Korrekturvorschriften ist folgende Unterscheidung sinnvoll:

aa) Aufhebung von Verwaltungsakten
- **Rücknahme** rechtswidriger Verwaltungsakte nach §§ 130 Abs. 1, 132, 133 AO mit Wirkung für die Vergangenheit und für die Zukunft
- **Widerruf** rechtmäßiger Verwaltungsakte nach §§ 131, 132, 133, 148 Satz 3 AO mit Wirkung für die Zukunft

bb) Änderung von Steuerbescheiden und anderen Geld-Verwaltungsakten als:
- **Berichtigung** offenbarer Unrichtigkeiten nach § 129 AO
- **Aufhebung, Änderung** oder **Berichtigung** rechtswidriger Steuerbescheide nach §§ 172 ff. AO

Da die Terminologie der Abgabenordnung bei den Korrekturvorschriften nicht konsequent ist, führt die Wortauslegung nicht immer zu sachgerechten Lösungen (s. dazu *Tipke* Steuerrecht S. 593).

65 **b) Grundsätze der Korrekturmöglichkeiten**
(s. Musterschriftsatz M 6, Rz. 256)

Eine **Korrektur** von Steuerbescheiden ist nicht uneingeschränkt zulässig. Insbesondere reicht es nicht aus, daß der Steuerverwaltungsakt rechtswidrig ist. Rechtmäßige wie rechtswidrige Verwaltungsakte der Finanzbehörden können nur korrigiert werden, soweit gesetzliche Vorschriften dies ausdrücklich zulassen – **Bestandskraft** der Verwaltungsakte, vgl. § 172 AO.

66 Das Gesetz trägt damit dem Gesichtspunkt des **Vertrauensschutzes** in die Beständigkeit staatlichen Handelns Rechnung. Den gesetzlichen Vorschriften liegt eine Abwägung der Interessen der Allgemeinheit an der richtigen Besteuerung mit den Interessen des Einzelnen an dem Rechtsfrieden zugrunde.

67 Die Korrekturvorschriften gelten während des gesamten **Verwaltungsverfahrens**, auch im außergerichtlichen und gerichtlichen Rechtsbehelfsverfahren (§ 132 AO). Berichtigungen erfolgen grundsätzlich von Amts wegen, setzen also im Regelfall keinen Antrag voraus. Ausnahmsweise sind Berichtigungen antrags- oder zustimmungsgebunden; vgl. die Berichtigung nach § 172 Abs. 1 Nr. 2a AO.

68 Die Korrektur kann immer auch auf **Antrag** des Steuerpflichtigen erfolgen. Die **Ablehnung** einer beantragten Änderung oder Aufhebung ist ihrerseits Verwaltungsakt. Gegen sie, wie auch gegen eine Berichtigung, ist der Einspruch gegeben (§ 348 Abs. 1 und 2 AO), gegen die Berichtigung auch dann, wenn sie auf einen Antrag des Steuerpflichtigen zurück geht. Der Änderungsantrag des Steuerpflichtigen kann aber nur Erfolg haben, wenn die beantragte Korrektur verfahrensrechtlich zulässig ist.

c) Übersicht über die berichtigungsfähigen Bescheide

Es können mit Wirkung für die Vergangenheit und für die Zukunft **zurückgenommen** werden:

69 **Rechtswidrige belastende Verwaltungsakte,** die keine Steuerbescheide sind, jederzeit (§ 130 Abs. 1 AO), da dies zugunsten des Steuerpflichtigen erfolgt, z. B.
- Finanzbefehle, das sind selbständige Anordnungen im Besteuerungsverfahren (einschließlich Steuerfahndung/Außenprüfung)
- festgesetzte Verspätungszuschläge
- Haftungs- und Duldungsbescheide
- Androhung und Festsetzung von Zwangsmitteln
- Verwaltungsakte in der Zwangsvollstreckung, insbesondere über Kosten
- streitentscheidende Verwaltungsakte nach § 218 Abs. 2 AO
- Ablehnung einer Stundung, eines Erlasses

70 **Rechtswidrige begünstigende Verwaltungsakte,** die keine Steuerbescheide sind, nur eingeschränkt, da die Rücknahme den Steuerpflichtigen belastet. Voraussetzungen für die Rücknahme nach § 130 Abs. 2 AO:

Verwaltungsverfahren

- Erlaß durch sachlich unzuständige Behörde
- Einsatz unlauterer Mittel
- Erlaß auf Grund wesentlicher unrichtiger oder unvollständiger Angaben
- die Rechtswidrigkeit ist dem Betroffenen bekannt oder infolge grober Fahrlässigkeit unbekannt.

71 **Rechtmäßige belastende Verwaltungsakte**, die keine Steuerbescheide sind, für die Zukunft stets (§ 131 Abs. 1 AO)

72 **Rechtmäßige begünstigende Verwaltungsakte**, die keine Steuerbescheide sind, nur für die Zukunft und nur unter den Voraussetzungen des § 131 Abs. 2 AO:
- Widerrufsvorbehalt
- Nichterfüllung einer Auflage
- Eintritt neuer Tatsachen und Gefährdung des öffentlichen Interesses.

73 **Steuerbescheide** können berichtigt, aufgehoben oder erlassen werden:
- uneingeschränkt innerhalb der Festsetzungsverjährung
  • unter Vorbehalt der Nachprüfung, soweit der Vorbehalt reicht (§ 164 Abs. 1 AO)
  • vorläufige Bescheide, bis die Ungewißheit beseitigt ist (§ 165 AO)
  • Steuerbescheide über Zölle und Verbrauchssteuern (§ 172 Abs. 1 Nr. 1 AO)
- auf Antrag bei widerstreitenden Steuerfestsetzungen (§ 174 Abs. 1 AO)
- soweit ein Grundlagenbescheid mit Bindungswirkung erlassen, aufgehoben oder geändert wird (§ 175 Abs. 1 Nr. 1 AO) oder ein Ereignis eintritt, das steuerliche Wirkung für die Vergangenheit hat (§ 175 Abs. 1 Nr. 2 AO)
- soweit der Steuerpflichtige zustimmt (§ 172 Abs. 1 Nr. 2a AO); unanfechtbare Bescheide dürfen aber nur zu Lasten des Steuerpflichtigen geändert werden
- soweit der Bescheid von einer sachlich unzuständigen Behörde erlassen worden ist (§ 172 Abs. 1 Nr. 2b AO)
- soweit sie durch unlautere Mittel erwirkt wurden (§ 172 Abs. 1 Nr. 2c AO)
- soweit neue Tatsachen oder Beweismittel nachträglich bekannt werden, die zu einer höheren Steuer führen (§ 173 Abs. 1 Nr. 1 AO)
- soweit neue Tatsachen oder Beweismittel nachträglich bekannt werden, die zu einer niedrigeren Steuer führen und den Steuerpflichtigen hieran kein grobes Verschulden trifft (§ 173 Abs. 1 Nr. 2 AO)
- zur Berichtigung von Rechtsfehlern, wenn und soweit aus anderen Gründen eine Änderung des Steuerbescheides zulässig ist (§ 177 Abs. 1 und 2 AO)
- soweit die Korrektur sonst gesetzlich zugelassen ist (z. B. §§ 10d EStG; 35b GewStG; 20, 21 GrStG).

74 Bescheide, die im Rahmen einer Außenprüfung überprüft wurden, unterliegen einer **erhöhten Bestandskraft**. Neue Tatsachen oder Beweismittel rechtfertigen nur dann die Berichtigung, wenn zugleich die Voraussetzungen einer **Steuerhinterziehung** oder einer leichtfertigen Steuerverkürzung vorliegen (§ 175 Abs. 2 AO).

75 Es dürfen **nicht berichtigt** werden:
begünstigende Verwaltungsakte, die keine Steuerbescheide sind, und für die die abschließenden Rücknahmegründe des § 130 Abs. 2 Nr. 1 bis 4 AO **nicht** vorliegen, z. B:
- Anrechnung zu hoher Steuerabzugsbeträge bei der Steuerfestsetzung
- Buchführungserleichterungen (§ 148 AO); Aussetzung der Vollziehung
- Steuererklärungsfristverlängerung oder sonstige Fristverlängerungen (§ 109 AO)

76 **Steuerbescheide** zu Lasten des Steuerpflichtigen, wenn
- der Steuerpflichtige nicht zustimmt (§ 172 Abs. 2 Nr. 1a AO) und keine andere Berichtigungsvorschrift die Berichtigung zuläßt
- die Unrichtigkeit durch falsche Rechtsanwendung entstanden ist (fehlerhafte Subsumtion, Würdigung eines mißverstandenen Sachverhalts, Vernachlässigung einer Verwaltungsanweisung oder Rechenfehler bei der Ermittlung einzelner Besteuerungsgrundlagen, ohne daß eine offenbare Unrichtigkeit (§ 129 AO) vorliegt. Rechenfehler, die nicht augenfällig sind, weil sie beispielsweise in Zwischenrechnungen verborgen sind, die der Bescheid nicht enthält, sind Fehler der Rechtsanwendung und damit nach Entdecken auch keine neue Tatsache i. S. d. § 173 Abs. 1 AO.

Pelka

4. Verjährung

a) Allgemeines über Festsetzungs- und Zahlungsverjährung

77 Gemäß § 47 AO erlöschen Ansprüche aus dem Steuerschuldverhältnis durch **Festsetzungsverjährung** (§§ 169–171 AO) oder **Zahlungsverjährung** (§§ 228–232 AO). Beide Verjährungsarten bewirken dieselbe Rechtsfolge des Erlöschens (§§ 47, 232 AO). Die Festsetzungsverjährung hat über das Erlöschen hinaus die weitere formale Wirkung, daß eine Steuerfestsetzung sowie ihre **Aufhebung** oder **Änderung** nicht mehr zulässig ist (§ 169 Abs. 1 Satz 1 AO).

78 So wie das Steuerfestsetzungs- und das Steuererhebungsverfahren nacheinander geschaltet sind, folgt die **Zahlungsverjährung** von fälligen Ansprüchen aus dem Steuerschuldverhältnis der **Festsetzungsverjährung** von noch nicht festgesetzten und nicht fällig gestellten Ansprüchen zeitlich nach. Ansprüche, die mit Ablauf der Festsetzungsverjährung nicht mehr fällig werden können, sind allerdings erloschen. Dann kommt es auf die Zahlungsverjährung nicht mehr an.

79 Die **Festsetzungsverjährungsfristen** gemäß § 169 Abs. 2 AO sind unterschiedlich lang. Die **Zahlungsverjährungsfrist** beträgt einheitlich fünf Jahre, die Festsetzungsverjährung tritt zwischen einem Jahr und zehn Jahren ein (vgl. § 169 Abs. 2 AO). Vorschriften über die Anlaufhemmung zögern jedoch den Beginn der Verjährung und Vorschriften über die Ablaufhemmung bzw. Unterbrechung ihr Ende in der Praxis weit hinaus, so daß Ansprüche oft sehr spät verjähren.

b) Festsetzungsverjährung

aa) Fristen zur Festsetzungsverjährung

80 Die **einjährige Festsetzungsfrist** des § 169 Abs. 2 Satz 1 Nr. 1 AO gilt für Zölle und Verbrauchsteuern sowie für die Vergütung von Zöllen und Verbrauchsteuern.

81 Die **vierjährige Festsetzungsfrist** des § 169 Abs. 2 Satz 1 Nr. 1 AO gilt für alle anderen Steuern und Vergütungen, soweit nicht Sondervorschriften für solche anderen Steuern und Vergütungen eine kürzere Festsetzungsverjährung vorsehen. Solche **Ausnahmen** gelten für Nebenforderungen wie Zinsen (§ 239 Abs. 1 Satz 1 AO) und Vollstreckungskosten (§ 346 Abs. 2 Satz 1 AO) sowie für die Rückforderung von zu Unrecht gewährter Spar- oder Wohnungsbauprämie (§ 3 Abs. 4 Satz 3 SparPG und § 4 Abs. 4 Satz 2 WoPG).

82 Die Festsetzungsfrist verlängert sich für alle Steuern, Zölle und Verbrauchsteuern, wenn die Voraussetzungen einer **Steuerhinterziehung** oder einer **leichtfertigen Steuerverkürzung** vorliegen. Voraussetzung dafür ist nicht, daß der Steuerpflichtige strafrechtlich zur Verantwortung gezogen wird. Das Finanzamt muß aber die Tatbestandsvoraussetzungen der Steuerhinterziehung nach den strafrechtlichen Regeln beweisen, wenn es die verlängerte Verjährungsfrist geltend macht.

bb) Beginn der Festsetzungsverjährung, Anlaufhemmung

83 Die Festsetzungsfrist beginnt nicht mit der Tatbestandsverwirklichung, die den Steueranspruch auslöst (§ 38 AO), sondern mit **Ablauf des Kalenderjahres,** in dem die Steuer entstanden oder eine bedingt entstandene Steuer unbedingt geworden ist (§ 170 Abs. 1 AO). Sie endet deshalb stets auf den Schluß des letzten Jahres der Frist (**Kalenderverjährung** mit Fristüberwachung nur am Jahresende).

84 Der Beginn der Festsetzungsverjährung kann auf ein späteres Jahresende verschoben werden, wenn ein Fall der **Anlaufhemmung** des § 170 Abs. 2 Satz 1 und Abs. 3–6 AO vorliegt.

85 Hauptfall der **Anlaufhemmung** und regelmäßiges Hinauszögern des Fristbeginns ist § 170 Abs. 2 Satz 1 Nr. 1 AO: Ist eine **Steuererklärung** oder **Steueranmeldung** einzureichen oder eine Anzeige zu erstatten, beginnt die Festsetzungsverjährung erst mit Ablauf des Kalenderjahres, in dem die Erklärung, Anmeldung oder Anzeige erfolgt. Unterbleibt die Erklärung, Anmeldung oder Anzeige, so beginnt die Festsetzungsverjährung erst mit Ablauf des dritten Kalenderjahres, das auf das Kalenderjahr folgt, in dem die Steuer entstanden ist. Beispiel: Die Einkommensteuererklärung für 1980 wird am 28. 2. 1982 eingereicht. Die Verjährungsfrist beginnt mit Ablauf des 31. 12. 1982 und endet am 31. 12. 1986. Wurde die Einkommensteuererklärung 1980

Verwaltungsverfahren

überhaupt nicht abgegeben, beginnt die Verjährungsfrist mit Ablauf des 31. 12. 1983 und endet am 31. 12. 1987.
Die Anzeige und Steueranmeldung ist der Steuererklärung gleichgestellt.

86 Nach § 170 Abs. 2 Satz 2 AO beginnt die Festsetzungsverjährung bei **Zöllen und Verbrauchsteuern**, ohne bis zur Anmeldung einer Anlaufhemmung zu unterliegen, nach der Grundregel des § 170 Abs. 1 AO. Die Festsetzungsfrist beginnt also auch für Zölle und Verbrauchsteuern, die im Januar für Dezember des Vorjahres angemeldet werden, mit Ablauf des Vorjahres.

87 § 170 Abs. 4 AO berücksichtigt für die **Vermögen- und Grundsteuer**, daß der Hauptveranlagungszeitraum aus mehreren Kalenderjahren besteht. Die Anlaufhemmung nach § 170 Abs. 2 Satz 1 Nr. 1 AO (Erklärungspflicht) setzt sich für den gesamten Hauptveranlagungszeitraum fort.

88 § 170 Abs. 5 AO ordnet für die Festsetzung von **Erbschaft- und Schenkungsteuer** besondere Tatbestände der Anlaufhemmung an, die sicherstellt, daß der Sachverhalt während der Festsetzungsverjährung bekannt wird. Diesem Ziel entspricht auch § 170 Abs. 6 AO, der gewährleistet, daß bei langfristigen Wechseln die **Wechselsteuer** nicht vor Fälligkeit des Wechsels verjährt.

cc) Ablaufhemmung der Festsetzungsverjährung

89 Die Festsetzungsfrist läuft nicht ab, solange sie **gehemmt** ist (§ 171 AO und Sondervorschriften). Die Frist verlängert sich nicht um den Zeitanteil, während dessen sie ruht; vielmehr treten während dieser Zeit die Wirkungen des Fristendes nicht ein. Es kann also nach Wegfall der höheren Gewalt festgesetzt (§ 171 Abs. 1 AO), eine offenbare Unrichtigkeit noch ein Jahr nach Bekanntgabe des Bescheides bereinigt (§ 171 Abs. 2 AO) oder eine Außenprüfung, deren Beginn auf Antrag des Steuerpflichtigen auf eine Zeit nach Fristablauf verschoben worden war, durchgeführt und zum Anlaß für (neue) Steuerfestsetzungen genommen werden (§ 171 Abs. 4 AO) usw. Im einzelnen vgl. nachfolgende Übersicht.

90 Eine Ablaufhemmung tritt nur ein, wenn der jeweilige Umstand **vor Ablauf** der Verjährungsfrist eingetreten ist. Eine einmal eingetretene Verjährung kann auch durch die Tatbestände des § 171 AO nicht beseitigt werden.

dd) Übersicht über die verschiedenen Fälle einer Ablaufhemmung der Festsetzungsverjährung

91 § 171 AO erfaßt nicht alle Fälle einer Ablaufhemmung. Er wird durch die Fälle der §§ 174, 181 und 191 AO ergänzt.
Die **Fälle der Ablaufhemmung** nach § 171 AO

Abs. 1: Höhere Gewalt
Die Hemmung durch Krieg, Naturkatastrophen und andere unabwendbare Zufälle wirkt sich nur aus, soweit sie „innerhalb der letzten sechs Monate des Fristlaufes" stattfindet; andernfalls ist sie belanglos.

Abs. 2: Unterlaufen offenbarer Unrichtigkeit
Ist beim Erlaß eines Steuerbescheides eine offenbare Unrichtigkeit (§ 129 AO) unterlaufen, so hemmt dies „insoweit", als berichtigt werden kann, den Ablauf der Festsetzungsfrist; sie endet also frühestens ein Jahr nach Bekanntgabe des Steuerbescheids.

Abs. 3: Anträge auf Steuerfestsetzung, Aufhebung oder Änderung, Anfechtung von Steuerfestsetzungen
Auch hier greift durch das Wort „insoweit" eine begrenzte Ablaufhemmung ein.

92 **Abs. 4: Außenprüfung**
Wird vor Ablauf der Festsetzungsverjährung mit einer Außenprüfung begonnen, ist der Fristablauf so lange gehemmt, bis die auf Grund der Prüfung zu erlassenden Steuerbescheide unanfechtbar geworden oder drei Monate seit Bekanntgabe der Mitteilung verstrichen sind, daß die Außenprüfung zu keiner Änderung der Besteuerungsgrundlagen führt. Die Ablaufhemmung bezieht sich nur auf die Steuern und Zeiträume, die Gegenstand der Prüfung (Prüfungsanordnung) sind. Eine bestimmte Frist gibt es nicht, innerhalb der die Außenprüfung zum Abschluß gekommen sein muß oder gar die Bescheide bekanntgemacht sein müssen. Nach der Rechtsprechung

Pelka

des BFH verwirkt das Finanzamt auch bei einer Zeitspanne von mehreren Jahren zwischen Abschluß einer noch vor Ende der Festsetzungsverjährung begonnenen Außenprüfung und dem Erlaß der Änderungsbescheide den Anspruch auf das Mehrergebnis nicht (vgl. BFH v. 19. 12. 1979, BStBl. II 1980, 368).

93 **Abs. 5: Zoll- und Steuerfahndung**
Ähnlich wie bei einer Außenprüfung hemmen auch Handlungen der Zollfahndungsämter oder der Steuerfahndung den Ablauf der Festsetzungsverjährung, bis die Ermittlung der Besteuerungsgrundlagen in unanfechtbar gewordene Bescheide umgesetzt ist. Dieselbe Wirkung hat die vor Ablauf der Festsetzungsverjährung bekanntgegebene Einleitung eines Steuerstrafverfahrens oder des Bußgeldverfahrens wegen einer Steuerordnungswidrigkeit. Die Ablaufhemmung umfaßt nur solche Zeiträume und Tatbestände, auf die sich die Ermittlung bezieht. Beispiel: Die Überprüfung der gewerblichen Einkünfte eines Steuerpflichtigen durch die Steuerfahndung für 1980 bis 1982 schließt die Festsetzungsverjährung für andere Jahre ebensowenig aus wie für Einkünfte der Jahre 1980 bis 1982 aus anderen Einkunftsarten.

94 **Abs. 6: Andere Ermittlungshandlungen als eine Außenprüfung**
Bei **Auslandsbezug** ist eine Außenprüfung u. U. unmöglich oder nicht geeignet, die Besteuerungsgrundlagen zu ermitteln. In diesem Fall kann sich die Finanzbehörde der Ermittlungshandlungen nach § 92 AO bedienen, und daran knüpfen sich die ablaufhemmenden Wirkungen für die Festsetzungsverjährung, wie sie sonst nur dem Beginn einer Außenprüfung beigelegt sind.

95 **Abs. 7: Hinterzogene und leichtfertig verkürzte Steuern**
Solange die Hinterziehung oder Verkürzung geahndet werden kann, kann auch ihre bestandskräftige Festsetzung geändert werden. Obwohl die strafrechtliche Verjährungsfrist im allgemeinen kürzer als die steuerrechtliche Festsetzungsverjährungsfrist ist, hat dies doch insbesondere eine Bedeutung bei sogenannten Fortsetzungstaten.

96 **Abs. 8: Ausgesetzte und vorläufige Steuerfestsetzung**
Die Aussetzung der Steuerfestsetzung nach § 165 AO und die vorläufige Steuerfestsetzung hemmen den Ablauf der Festsetzungsfrist ein Jahr lang, nachdem die Ungewißheit beseitigt ist und die Finanzbehörde hiervon Kenntnis erhalten hat.
Diese Ablaufhemmung gilt nicht für Bescheide, die gemäß § 164 AO unter dem **Vorbehalt der Nachprüfung** stehen. Der Nachprüfungsvorbehalt verlängert die Verjährungsfrist nicht und entfällt mit dem Ablauf der Festsetzungsverjährung.

97 **Abs. 9: Berichtigende Steuererklärungen und Selbstanzeigen**
Der Ablauf der Festsetzungsverjährung tritt nicht vor einem Jahr seit Eingang der Anzeige gemäß §§ 153, 371 und 378 Abs. 3 AO ein.

98 **Abs. 10: Grundlagenbescheide**
Die Bekanntgabe eines Grundlagenbescheids bewirkt, daß die Festsetzungsverjährung frühestens ein Jahr nach diesem Zeitpunkt für alle in Folgebescheiden umzusetzenden Steuerfolgen eintritt. Voraussetzung dafür ist allerdings, daß der Grundlagenbescheid selbst nicht bei seinem Erlaß bereits verjährt war.

99 **Abs. 11: Geschäftsunfähige und beschränkt geschäftsfähige Personen**
Die Festsetzungsfrist endet nicht vor Ablauf von sechs Monaten nach dem Zeitpunkt, in dem die unbeschränkte Geschäftsfähigkeit eingetreten oder der Vertretungsmangel beseitigt ist.

100 **Abs. 12 und 13: Nachlaß- und Konkurssachen**
Verstirbt der Steuerschuldner, so endet die Festsetzungsfrist nicht vor Ablauf von sechs Monaten nach dem Zeitpunkt, in dem die Erbschaft angenommen oder der Nachlaßkonkurs eröffnet wird oder die Steuer gegen einen Nachlaßpfleger, Nachlaßverwalter, Testamentsvollstrecker usw. festgesetzt werden kann.
Fällt der Steuerschuldner in Konkurs, so läuft die Festsetzungsfrist für bei Eröffnung noch nicht (oder nicht in voller Höhe) festgesetzte, während des Verfahrens zur Tabelle angemeldete Steuern nicht vor Ablauf von drei Monaten nach Beendigung des Konkursverfahrens ab.

Verwaltungsverfahren

101 Sonstige Fälle der Ablaufhemmung
§ 174 AO: Bereinigung widerstreitender Steuerfestsetzungen und anderer widerstreitender Bescheide

Liegen mehrere miteinander unvereinbare Bescheide vor und ist die Aufhebung oder Änderung der fehlerhaften Bescheide nicht nach anderen Vorschriften, beispielsweise nach § 164 Abs. 2 Satz 1 AO möglich, sind die fehlerhaften Bescheide aufzuheben oder zu ändern (§ 174 Abs. 1 und 2 AO). Der **Widerstreit** darf allerdings zu Lasten des Steuerpflichtigen durch Aufheben oder Ändern der falschen günstigen Bescheide nur bereinigt werden, „wenn die Berücksichtigung des richtigen Sachverhalts auf einen Antrag oder eine Erklärung des Steuerpflichtigen zurückzuführen ist" (§ 174 Abs. 2 Satz 2 AO).

102 Die Fristbestimmung des § 174 Abs. 1 Satz 2 AO gilt nur für Anträge, einen Steuerbescheid zugunsten des Steuerpflichtigen zu berichtigen. Auf die **Festsetzungsverjährung** für die einzelnen Steuern, die widersprüchlich festgesetzt sind, kommt es nicht an. Der Antrag kann noch bis zum Ablauf eines Jahres gestellt werden, nachdem der zeitlich letzte der widerstreitenden Bescheide unanfechtbar geworden ist. Ob dieser letzte Bescheid der falsche oder richtige ist, ist ebenso unerheblich wie der Ablauf der Festsetzungsverjährung für die in den Konflikt verwickelten Steuern. Maßgebend ist, daß die Antragsfrist für die Bereinigung des nachteiligen Widerspruchs noch nicht beendet ist.

103 Die Fristbestimmung des § 174 Abs. 1 Satz 2 AO gilt sinngemäß, wenn ein Sachverhalt in **unvereinbarer Weise** mehrfach zugunsten des Steuerpflichtigen berücksichtigt worden ist (§ 174 Abs. 2 Satz 1 AO). Diese Änderung ist jedoch nicht antragsgebunden (§ 174 Abs. 2 Satz 1 2. Halbsatz AO).

104 Die erkennbare Nichtberücksichtigung eines bestimmten Sachverhalts in der unrichtigen Annahme, der Sachverhalt sei oder werde in einem anderen Bescheid berücksichtigt, führt gemäß § 174 Abs. 3 AO dazu, daß die **unterbliebene Berücksichtigung** nachgeholt werden kann. Dies geschieht durch Änderung oder Aufhebung der Steuerfestsetzung, bei der man annahm, daß sie den Sachverhalt nicht einzubeziehen brauchte. Auf die Festsetzungsverjährung bezüglich des Bescheides, durch dessen Änderung oder Aufhebung das Versäumnis nachgeholt wird, kommt es nicht an. Die Nachholung, Aufhebung oder Änderung ist vielmehr zulässig bis zum Ablauf der für die andere Steuerfestsetzung geltenden Festsetzungsfrist (§ 174 Abs. 3 Satz 2 AO). Andere Steuerfestsetzung ist der Bescheid, von dem man glaubte, daß er den Sachverhalt gewürdigt hat oder würdigen werde.

105 Löst ein erfolgreicher **Rechtsbehelf** oder Antrag des Steuerpflichtigen eine **widerstreitende Steuerfestsetzung**, beispielsweise die Nichtberücksichtigung eines Sachverhalts, aus, so ist der Ablauf der Festsetzungsfrist für die Steuerfestsetzung, bei der der Sachverhalt nunmehr richtig zu berücksichtigen ist, unbeachtlich; § 174 Abs. 4 Satz 3 AO. Die richtigen steuerlichen Folgen dürfen innerhalb eines Jahres nach Aufhebung oder Änderung des fehlerhaften Bescheides im Einspruchs- oder Klageweg in dem Bescheid gezogen werden, der die unrichtige (unrichtig gewordene) Steuerfestsetzung betrifft.

106 Muß die richtige steuerliche Folge nicht gegenüber dem erfolgreichen Rechtsbehelfsführer oder Antragsteller, sondern gegenüber Dritten gezogen werden, so erklärt § 174 Abs. 5 den Abs. 4 AO nur für anwendbar „wenn sie an dem Verfahren, das zur Aufhebung oder Änderung des fehlerhaften Steuerbescheides geführt hat, beteiligt waren". Unbeteiligte dagegen genießen **Vertrauensschutz** gegenüber nachträglicher Schlechterstellung.

107 § 181 AO: Sinngemäße Anwendung der §§ 169–171 AO über die Festsetzungsverjährung für die Feststellungsverjährung (§ 181 Abs. 1 AO) und Sonderrecht bei der gesonderten Feststellung von Besteuerungsgrundlagen (§ 181 Abs. 2–4 AO)

Die Feststellungsverjährung für Maßnahmen nach § 181 Abs. 2 AO beginnt mit Ablauf des Kalenderjahres, auf dessen Beginn die Hauptfeststellung (§ 21 BewG), die Fortschreibung (§ 22 BewG), die Nachfeststellung (§ 23 BewG) oder die Aufhebung (§ 24 BewG) vorzunehmen ist. Auch hier gibt es Anlaufhemmung und Ablaufhemmung.

§ 181 Abs. 4 AO erlaubt gesonderte Feststellungen auch nach Ablauf der für sie geltenden Feststellungsfrist, wenn die Feststellung für Steuern von Bedeutung ist, deren Festsetzung noch nicht verjährt ist.

ee) Festsetzungsverjährung nach der RAO und Übergangsregelung des Art. 97 § 10 Abs. 1 EGAO

108 Für vor dem 1. 1.1977 entstandene Ansprüche gelten §§ 143 ff. und §§ 151 ff. RAO weiter, für nach dem 31. 12.1976 entstandene Ansprüche gilt die neue AO. Für die Frage, wann der Anspruch entstanden ist, kommt es auf § 38 AO oder auf die besonderen Vorschriften der Einzelsteuergesetze an. So entstehen die laufenden Veranlagungssteuern mit Ablauf des Veranlagungszeitraums (§§ 36 Abs. 1 EStG, 48 c KStG) oder des Voranmeldungszeitraums (§ 13 Abs. 1 Nr. 1 a und b UStG) oder des Erhebungszeitraums (§ 18 GewStG), oder mit Beginn des Kalenderjahres (§§ 9 Abs. 2 GrStG, 5 Abs. 2 VStG). Die RAO gilt daher letztmalig für die Einkommen- und Körperschaftsteuer, Umsatzsteuer, Gewerbesteuer, Grund- und Vermögensteuer 1976.

c) Zahlungsverjährung

109 Sie tritt nach Ablauf einer einheitlichen Frist von fünf Jahren ein.

aa) Beginn der Zahlungsverjährungsfrist

110 Auch die Zahlungsverjährungsfrist ist eine **Kalenderverjährung** zum Ablauf des Jahres, in das die erstmalige Fälligkeit (§ 220 AO) des Anspruchs fällt (§ 229 Abs. 1 Satz 1 AO), bei Fälligkeitssteuern, die eine Anlaufhemmung zur Folge haben, zum Ablauf des Jahres, in dem **festgesetzt** oder **angemeldet** wurde (§ 229 Abs. 1 Satz 2 AO). Die meisten Steuern lösen nach § 229 Abs. 1 Satz 2 AO den Beginn der Zahlungsverjährung daher nicht vor ihrer Festsetzung aus.

111 Dagegen beginnt in Haftungsfällen die Zahlungsverjährungsfrist nicht mit Ablauf des Jahres, in dem der Steueranspruch fällig geworden ist, sondern mit Ablauf des Jahres, in dem der **Haftungsbescheid** wirksam geworden ist. Die Haftung kann also länger oder kürzer währen.

bb) Ablaufhemmung der Zahlungsverjährungsfrist

112 Gemäß § 230 AO ist der Verjährungsablauf gehemmt, solange der Anspruch wegen **höherer Gewalt** innerhalb der letzten sechs Monate der Verjährungsfrist nicht verfolgt werden kann. Andere ablaufhemmende Ereignisse, die bei der Festsetzungsverjährungsfrist zahlreich sein können, gibt es bei der Zahlungsverjährungsfrist nicht.

cc) Unterbrechung der Zahlungsverjährungsfrist

113 Gemäß § 231 Abs. 3 AO beginnt „mit Ablauf des Kalenderjahres, in dem die **Unterbrechung** geendet hat, eine neue Verjährungsfrist". Darin liegt der entscheidende Unterschied zur Hemmung. Es kann wiederholt unterbrochen werden. Die Unterbrechung der Zahlungsverjährung hat aber keine Auswirkungen auf die **Festsetzungsverjährung.** Trotz Unterbrechung der Zahlungsverjährung kann die Steuer daher durch Eintreten der Festsetzungsverjährung erlöschen.

114 **Unterbrechungsereignisse** sind:
- Schriftliche Geltendmachung, Leistungsgebot, Mahnung
- Stundung, Zahlungsaufschub, Aussetzung der Vollziehung, auch bei gerichtlicher Anordnung
- Sicherheitsleistung
- Vollstreckungsaufschub
- Einzelvollstreckungsmaßnahmen und Anmeldung im Konkurs
- Ermittlungen der Finanzbehörde über Wohnsitz und Aufenthalt des Pflichtigen

115 Die Unterbrechung beginnt im Augenblick der Handlung, die das **Unterbrechungsereignis** herbeiführt, bei Handeln durch Verwaltungsakt oder Gerichtsbeschluß (z. B. AdV) aber erst mit Bekanntgabe, d. h. Wirksamkeit des Verwaltungsaktes.

Die Unterbrechung endet mit dem Wegfall der Wirkungen des unterbrechenden Ereignisses (§ 231 Abs. 2 Satz 1 AO).
Die **Unterbrechungswirkungen** können für den gesamten fälligen Anspruch oder für einen Teil – z. B. Stundung eines Teilbetrages – eintreten oder für einen Teil enden oder für einen Teil andauern. Soweit die Unterbrechung nicht wirkt oder aufhört, läuft die Zahlungsverjährung weiter oder beginnt neu; es kann Teilverjährung eintreten, während der andere Teil aufgehalten ist.

II. Fristen und Termine

1. Allgemeines
(s. Musterschriftsatz M 7, Rz. 257)

116 AO und FGO enthalten allgemeine Vorschriften über Fristen und Termine im Besteuerungsverfahren, im außergerichtlichen Rechtsbehelfsverfahren und im Finanzprozeß, und sie enthalten einzelne Fristsetzungen. Darüber hinaus setzen die Einzelsteuergesetze Fristen und Termine.

117 Es gibt **verlängerungsfähige Fristen** und **Ausschlußfristen**. Verlängerungsfähige Fristen können grundsätzlich sowohl vor als auch nach ihrem Ablauf verlängert werden, nach ihrem Versäumen also rückwirkend (§ 109 Abs. 2 Satz 2 AO); Ausnahme: Die Revisionsbegündungsfrist kann nur vor ihrem Ablauf verlängert werden (§ 120 Abs. 1 FGO).

118 **Fristverlängerung** bedeutet Verschieben der an den Fristablauf geknüpften Wirkungen auf den Zeitpunkt, zu dem die verlängerte Frist abläuft. Bei rückwirkender Fristverlängerung bedeutet dies zugleich Aufheben der schon eingetretenen Wirkung des Fristablaufs.

119 Die Fristverlängerung gewöhnlicher Fristen steht im **pflichtgemäßen Ermessen** der Verwaltung oder (bei FGO-Fristen, die verlängerungsfähig sind) des Finanzgerichts. Erscheint die vom Fristablauf ausgelöste Rechtsfolge unbillig, ist nur die Fristverlängerung rechtmäßig. Dies gilt auch beim Verlängern noch nicht abgelaufener Fristen.

120 **Gewöhnliche Fristen** sind Fristen zur Einreichung von Steuererklärungen (§§ 109 Abs. 1 Satz 1 und 149 AO) und Fristen, die von einer Finanzbehörde (§ 109 Abs. 1 Satz 1 AO) oder dem Finanzgericht (§§ 65 Abs. 2, 71 Abs. 1 Satz 3, 77 Abs. 1 FGO) gesetzt sind. Beispiele: Nachreichen von Urkunden zur Steuererklärung, in der Betriebsprüfung, zum Einspruch oder während des Finanzrechtsstreits.

2. Wiedereinsetzung in den vorigen Stand
(s. Musterschriftsatz M 8, Rz. 258)

121 Ausschlußfristen sind in der Regel alle gesetzlichen Fristen mit Ausnahme der Steuererklärungsfristen. Sind **Ausschlußfristen,** beispielsweise das Einlegen eines Rechtsbehelfs, versäumt, kommt nur eine **Wiedereinsetzung** in den vorigen Stand in Betracht (§§ 110 AO und 56 FGO). Der Antrag ist nur begründet, wenn der Betroffene ohne eigenes **Verschulden** gehindert war, die Ausschlußfrist einzuhalten. Das Verschulden des Vertreters wird dem Steuerpflichtigen wie eigenes Verschulden zugerechnet (§ 110 Nr. 1 Satz 2 AO). Der Schuldmaßstab ist nur anhand des jeweiligen Falles zu ermitteln.

122 Die Rechtsprechung ist hierzu vielfältig und schwankt zwischen Großzügigkeit und Strenge (Einzelheiten bei *Tipke/Kruse* § 110 AO Anm. 4 ff.). Für den häufig vorkommenden Fall des Fristversäumnisses wegen **Urlaubsabwesenheit** oder **Geschäftsreisen** hat die Rechtsprechung das Verschulden verneint, so daß Wiedereinsetzung zu gewähren ist (*Tipke/Kruse* § 110 AO Anm. 4 m. w. N.).

123 Der Antrag auf Wiedereinsetzung ist **antrags-** und **fristgebunden** (1 Monat bzw. 2 Wochen nach Wegfall des Hindernisses, §§ 110 AO, 56 FGO).
Zu beachten ist, daß innerhalb der Frist auch die **versäumte Rechtshandlung** – z. B. Einlegen des Einspruchs – nachgeholt werden muß (*Tipke/Kruse* § 110 AO Anm. 27). Die Voraussetzungen der Wiedereinsetzung müssen vom Steuerpflichti-

gen **glaubhaft** gemacht werden, wobei es genügt, daß die entsprechenden Unterlagen und Nachweise bis zum Zeitpunkt der Entscheidung eingereicht werden.

124 Liegen die Voraussetzungen der Widereinsetzung vor, so hat der Betroffene einen **Rechtsanspruch** auf die Wiedereinsetzung (keine Ermessensentscheidung!). Im Regelfall ergeht die Entscheidung durch die Behörde oder das Gericht als unselbständiger Teil der Entscheidung über den Antrag oder Rechtsbehelf. Ein besonderer Verwaltungsakt oder Gerichtsentscheid ist aber nicht unzulässig (*Tipke/Kruse* § 110 AO Anm. 31).

3. Tabellarische Übersicht über die gesetzlichen Fristen

125 **Frist zur Einreichung von Steuererklärungen**(§ 149 Abs. 1 Satz 1 AO):
- Soweit die (Einzel-)Steuergesetze nichts anderes bestimmen, sind Steuererklärungen, die sich auf ein Kalenderjahr oder einen gesetzlich bestimmten Zeitpunkt beziehen, spätestens fünf Monate danach, d. h. bis zum 31. Mai des Folgejahres, bei periodischen Steuern oder fünf Monate nach Ablauf des Stichtags (z. B. Hauptveranlagungszeitpunkt) einzureichen.

  Dies gilt für die **Einkommen-, Körperschaft-, Gewerbesteuer- und Umsatzsteuererklärungen.**
- **Lohnsteueranmeldungen** sind spätestens am zehnten Tag nach Ablauf eines jeden LSt-Anmeldungszeitraums abzugeben und die Steuer ist abzuführen (§ 41a EStG).
- **Umsatzsteuervoranmeldungen** sind bis zum zehnten Tag nach Ablauf jedes Voranmeldungszeitraums abzugeben (§ 18 Abs. 1 und 2 UStG). Dauerfristverlängerung ist möglich (§ 46 UStDV).
- **Umsatzsteuervergütungsanträge** der nicht im Erhebungsgebiet ansässigen Unternehmen sind binnen sechs Monaten nach Ablauf des Entstehungsjahres zu stellen (§ 61 UStDV).
- **Erbschaft-/schenkungsteuerbare** Erwerbe sind innerhalb von drei Monaten seit erlangter Kenntnis vom Erwerb anzuzeigen (§ 30 Abs. 1 ErbStG).
- **Kapitalverkehrsteuerbare** Vorgänge und der Wegfall von Befreiungsvoraussetzungen sind innerhalb von zwei Wochen, von der Vornahme des Geschäfts ab gerechnet oder ab Kenntnisnahme, anzuzeigen (§§ 11, 14 KVStDV).
- **Börsenumsatzsteuer** ist bis zum 15. Januar eines jeden Jahres für das vorangegangene Kalenderjahr anzumelden und gleichzeitig die selbst berechnete Abschlußzahlung zu leisten (§ 26 Abs. 3, 5 KVStDV).
- **Versicherungssteuer** ist innerhalb von 15 Tagen nach Ablauf eines jeden Anmeldungszeitraums (Monat/Kalendervierteljahr) anzumelden und zu entrichten (§ 8 Abs. 1, 2 VersStG).

126 **Fristen für Anträge des Steuerpflichtigen:**
- **Antrag auf Durchführung des Lohnsteuerjahresausgleichs** ist spätestens am 30. September des dem Ausgleichsjahr folgenden Kalenderjahres zu stellen (§ 42 Abs. 2 Satz 3 EStG).
- **Verzicht** und Widerruf des Verzichts auf die Umsatzbesteuerung der **Kleinunternehmer** (§ 19 Abs. 2 Satz 1 und 4 UStG) müssen spätestens bis zur Unanfechtbarkeit der Steuerfestsetzung erklärt werden.
- **Einspruch und Beschwerde** gegen Verwaltungsakte sind innerhalb eines Monats nach Bekanntgabe des Verwaltungsakts einzulegen (§ 355 Abs. 1 Satz 1 AO). Nur die Untätigkeitsbeschwerde (§ 349 Abs. 2 AO) ist unbefristet (§ 355 Abs. 2 AO).

Fristen für Verwaltungshandeln:

127
- **Rücknahme** eines rechtswidrigen begünstigenden Verwaltungsakts ist nur innerhalb eines Jahres seit dem Zeitpunkt der Kenntnisnahme vom Rücknahmegrund zulässig; § 130 Abs. 3 Satz 1 AO.
- **Erlaß und Berichtigen** von Steuerverwaltungsakten ist nur innerhalb der Festsetzungsfrist zulässig.

III. Zustellung

1. Abgrenzung von Zustellung und einfacher Bekanntgabe

128 **Zustellung** ist die förmliche Form des Zugangs; sie weist den Zugang selbst und den Zeitpunkt des Zugangs urkundlich nach. Die nichtförmliche Form des Zugangs ist die einfache **Bekanntgabe**.

129 Gemäß § 122 Abs. 5 AO werden (schriftliche) Verwaltungsakte zugestellt, wenn dies gesetzlich vorgeschrieben oder behördlich angeordnet ist. Die Zustellung richtet sich nach den Vorschriften des Verwaltungszustellungsgesetzes. Das Verwaltungszustellungsgesetz selbst regelt also (nur) das Zustellungsverfahren. In welchen Fällen ein Verwaltungsakt (oder eine andere Entscheidung) zuzustellen ist, bestimmen daher die Einzelsteuergesetze und die AO, daneben in Einzelfällen, bei denen es auf den förmlichen Zugang ankommt oder ankommen kann, die Finanzbehörde. Die Zustellung ist die Ausnahme, die einfache Bekanntgabe nach § 122 Abs. 1 bis 4 AO ist die Regel.

130 Steuerbescheide werden regelmäßig gemäß § 122 Abs. 1 Satz 1, 3 AO gegenüber dem Steuerpflichtigen oder seinem Berater (Bevollmächtigter, jedoch nicht notwendig Empfangsbevollmächtigter i. S. d. § 123 AO) bekanntgegeben, und zwar gemäß § 122 Abs. 2 AO per Übermittlung durch die Post als **einfacher Brief**. Der Bescheid gilt mit dem dritten Tag nach der Aufgabe zur Post als bekanntgegeben, wenn der Empfänger spätestens bis dahin die Möglichkeit der Kenntnisnahme erhält. Die Bekanntgabe ist gescheitert, wenn der Brief nicht ankommt. Ein Brief ist aber zugegangen, wenn er in den **Briefkasten** oder das **Postfach** des Empfängers gelangt, auch wenn der Empfänger den Brief selbst nicht erhält (*Tipke/Kruse* § 122 AO Anm. 1).

131 § 122 Abs. 2 AO stellt die gesetzliche Vermutung auf, daß ein durch Aufgabe bei der Post bekanntzugebender Bescheid tatsächlich zugeht und bis zum Ablauf des **Dreitagezeitraums** bekanntgemacht ist. Der Dreitagezeitraum gilt auch, wenn der Brief früher zugeht.

132 Die Vermutungen des § 122 Abs. 2 AO gelten nicht – weder für das Ob überhaupt noch für den Zeitpunkt –, wenn der Empfänger **den Zugang bestreitet**. Es ist Sache der Finanzbehörde, den Zugang zu beweisen (§ 122 Abs. 2 Satz 1 AO).

133 Macht der Empfänger geltend, der Brief sei nach **Ablauf des Dreitagezeitraums** eingetroffen, so müßte nach § 122 Abs. 2 Satz 2 AO auch in diesem Fall die Steuerbehörde einen von ihr geltend gemachten früheren Zeitpunkt der Bekanntgabe beweisen. Das kann sie in der Regel ebensowenig wie sie in der Lage wäre, den geleugneten Zugang überhaupt zu beweisen. Indes ist bei eingestandenem Zugang nach Ablauf des Dreitagezeitraums ihre Position insofern besser, als es Sache des Empfängers ist, die Vermutung durch substantiiert vorgebrachte Zweifel zu entkräften (Poststempel des Briefumschlags, Eingangsvermerk, Zeugen; BFH v. 5. 12.1974, BStBl. II 1975, 286). Andernfalls gilt der Bescheid mit dem dritten Tag nach Aufgabe zur Post als bekanntgegeben.

134 Die AO sieht – förmliche – **Zustellung** vor für
- Ladungen zur Abgabe der **eidesstattlichen Versicherung** des Vollstreckungsschuldners (§ 284 Abs. 5 Satz 1)
- **Pfändungsverfügungen** (§§ 309 Abs. 2 Satz 1, 310 Abs. 2, 321 Abs. 2)
- **Arrestanordnungen** (§ 324 Abs. 2 Satz 1)
- **Rechtsbehelfsentscheidungen** (§ 366 Satz 1).

135 Gemäß § 53 Abs. 1 FGO werden **gerichtliche Anordnungen** und Entscheidungen, durch die eine Frist in Lauf gesetzt wird, sowie Terminbestimmungen und Ladungen zugestellt, bei Verkündung jedoch nur, wenn es ausdrücklich vorgeschrieben ist. Zugestellt wird von Amts wegen nach den Vorschriften des Verwaltungszustellungsgesetzes (§ 53 Abs. 2 FGO).

2. Verwaltungszustellungsgesetz – Überblick

136 Das Verwaltungszustellungsgesetz vom 3. 7.1952 (BStBl. I 1952, 615), geändert am 19. 5.1972 (BStBl. I 1972, 396), regelt die verschiedenen Zustellungsarten und die Durchführung des Zustellungsverfahrens.

Es gilt für **Bundes- und Landessteuerbehörden,** soweit sie Steuern mit Bundesgesetzgebungskompetenz (Art. 105 Abs. 1 und 2 GG) verwalten, sowie für die Finanzgerichte und den BFH. Soweit Abgaben von Kommunalbehörden verwaltet werden oder Landesfinanzbehörden örtliche Verbrauch- und Aufwandsteuern verwalten (Art. 105 Abs. 2a GG), gilt das Verwaltungszustellungsgesetz nur, wenn es landesrechtlich übernommen ist; andernfalls gibt es eine entsprechende landesrechtliche Regelung über das Zustellungsverfahren.

3. Besonderheiten der Bekanntgabe

a) Ehegatten

137   Ehegatten sind auch bei einer **Zusammenveranlagung** kein einheitlicher Steuerpflichtiger. Ein Steuerbescheid wirkt somit nur gegenüber dem Ehegatten, gegenüber dem er erlassen ist (BFH v. 22. 10.1975, BStBl. II 1976, 136). Für den anderen Ehegatten werden weder Fristen in Lauf gesetzt, noch kann das Finanzamt ihm gegenüber etwa aus dem Bescheid vollstrecken. Ein Steuerbescheid muß daher auch bei Zusammenveranlagung im Anschriftfeld beide Ehegatten nennen. Haben beide Ehegatten aber die gemeinsame Veranlagung beantragt, liegt darin auch im Regelfall die **gegenseitige Bevollmächtigung** zum Erhalt des Steuerbescheides, so daß dann der an einen Ehegatten übersandte Bescheid für beide wirkt. Eine konkludente **Empfangsvollmacht** besteht nicht, wenn nur einer der Ehegatten die Steuererklärung unterzeichnet hat, die Eheleute zum Zeitpunkt der Abgabe der Steuererklärung getrennt leben, die Ehe geschieden ist oder die Steuerveranlagung ohne Steuererklärung erfolgt, z. B. bei Schätzung (*Tipke/Kruse* § 80 AO Anm. 4).

b) Personengesellschaft und sonstige Personenmehrheiten

138   Zu unterscheiden ist der **Adressat** des Verwaltungsakts von der **Bekanntgabe**. Adressat müssen stets der oder die Personen sein, an die sich der Bescheid richtet, d. h. für die er bestimmt ist. Bei einer gesonderten Gewinnfeststellung nach § 179 AO z. B., ist der Bescheid an alle Beteiligten zu richten (*Tipke/Kruse* § 179 AO Anm. 1).

139   Nach § 122 Abs. 1 AO wäre ein solcher Bescheid an sich auch allen Beteiligten bzw. Betroffenen bekanntzugeben. § 183 Abs. 1 AO durchbricht indessen diese Grundregel und gibt dem Finanzamt eine Verfahrenserleichterung. Danach haben die Gesellschafter oder Gemeinschafter ggf. nach Aufforderung durch das Finanzamt, (§ 183 Nr. 1 Satz 3 AO) einen **gemeinsamen Empfangsbevollmächtigten** zu benennen. Dies geschieht in der Regel bereits durch entsprechende Angabe im Steuererklärungsvordruck. Wurde ein gemeinsamer Empfangsbevollmächtigter nicht benannt, gilt ein zur Vertretung der Gesellschaft (Gemeinschaft) Berechtigter auch als Empfangsbevollmächtigter (§ 183 Abs. 1 Satz 2 AO).

140   Die **Vertretungsberechtigung** richtet sich dabei nach Zivilrecht, d. h. die KG wird nur durch den Komplementär, die OHG durch jeden geschäftsführungsbefugten Gesellschafter, die BGB-Gesellschaft oder Gemeinschaft im Regelfall aber nur durch alle Gesellschafter/Gemeinschafter gemeinschaftlich vertreten. Die Zustellung eines Verwaltungsakts für eine Gemeinschaft beispielsweise nur an einen Gemeinschafter ist damit im Regelfall für die übrigen Beteiligten unwirksam.

141   § 183 AO gilt nicht für Bescheide, die sich an die Gesellschaft/Gemeinschaft als solche richten; z. B. ein Umsatzsteuerbescheid für ein Unternehmen in der Rechtsform der BGB-Gesellschaft. Hier muß der Bescheid stets an die Gesellschaft gerichtet und dem oder den Vertretungsberechtigten bekannt gegeben werden.

c) Aufgelöste Gesellschaft/Gemeinschaft

142   Die Vereinfachungsvorschrift des § 183 Abs. 1 AO gilt nur für die **intakte Gesellschaft/Gemeinschaft**. Ist dem Finanzamt bekannt, daß die Gesellschaft/Gemeinschaft nicht mehr besteht, oder daß ein Gesellschafter/Gemeinschafter ausgetreten ist, muß der Bescheid allen Beteiligten bekanntgegeben werden (§ 183 Abs. 2 AO). Das Finanzamt muß dabei die **Eintragung im Handelsregister** auch bei Nichtkenntnis gegen sich gelten lassen (BFH v. 3. 11.1959, BStBl. III 1960, 96; Einführungs-

laß zu § 183 AO, BStBl. I 1976, 613). Die Bekanntgabe an den gemeinsamen Empfangsbevollmächtigten oder Vertretungsberechtigten reicht ebenfalls dann nicht aus, wenn dem Finanzamt, z. B. durch die Betriebsprüfung bekannt ist, daß zwischen den Beteiligten ernstliche **Meinungsverschiedenheiten** bestehen, sich die Gesellschaft in **Liquidation** oder **Konkurs** befindet, das Vorliegen der Gemeinschaft oder Gesellschaft unklar oder zweifelhaft ist oder ihr Bestehen erstmals mit steuerlicher Wirkung festgestellt wird (Einführungserlaß a. a. O. zu § 183 AO).

143 Die Möglichkeit der vereinfachten Zustellung nach § 183 Nr. 1 AO entfällt nur für den oder die **ausgeschiedenen Gesellschafter/Gemeinschafter** oder gegenüber den von dem Meinungsstreit Betroffenen. Den übrigen Beteiligten gegenüber bleibt die vereinfachte Zustellung an den Empfangsbevollmächtigten/Vertreter wirksam und setzt die jeweiligen Fristen in Lauf (*Tipke/Kruse* § 183 AO Anm. 14 ff.).

d) Erbfall, sonstige Gesamtrechtsnachfolge

144 Ist der Steuerbescheid dem Steuerschuldner vor dem **Erbfall** zugegangen, bleibt er wirksam auch für den oder die Erben. Dies gilt in der Regel auch für sonstige Fälle der **Gesamtrechtsnachfolge** (Umwandlung, Verschmelzung). Nach dem Tod des Steuerpflichtigen, sowie nach dem Erlöschen der juristischen Person durch Umwandlung/Verschmelzung, muß der Verwaltungsakt an den Erben/Gesamtrechtsnachfolger adressiert werden. Ein Verstoß hiergegen macht den Verwaltungsakt unheilbar nichtig (BFH v. 28. 3.1973, BStBl. II 1973, 544). Dies gilt auch dann, wenn der Erbe den Bescheid tatsächlich erhält.

Bei Bescheiden über Betriebssteuern genügt die geschäftsübliche Bezeichnung der **Erbengemeinschaft**. In anderen Bescheiden sind die Erben namentlich aufzuführen. Eine Festsetzung gegen den **Testamentsvollstrecker** ist unzulässig (*Tipke/Kruse* § 157 AO Anm. 5).

IV. Rechtsschutz in Steuersachen

1. Allgemeines

145 Artikel 19 Abs. 4 GG gewährt einen lückenlosen **gerichtlichen Rechtsschutz** gegen alle Akte der öffentlichen Gewalt, damit auch gegen alle Maßnahmen der Finanzbehörden. Es ist unerheblich, ob es sich dabei um Steuerbescheide oder überhaupt um Verwaltungsakte handelt. Wird ein Steuerpflichtiger durch eine öffentlichrechtliche Maßnahme der Finanzbehörde in seinen Rechten verletzt, steht ihm der gerichtliche Rechtsweg offen.

146 Die Abgabenordnung und die Finanzgerichtsordnung konkretisieren diesen Verfassungsauftrag durch ein System außergerichtlicher und gerichtlicher Rechtsbehelfe. Die gesetzlich vorgeschriebenen **Formen und Fristen** sind bindend und müssen zur Erlangung des Rechtsschutzes beachtet werden. Insbesondere ist es erforderlich, die Rechtsbehelfsfristen zu wahren, da andernfalls selbst ein eindeutig fehlerhafter Steuerverwaltungsakt unter Umständen nicht mehr angefochten werden kann.

2. Übersicht über die Rechtsbehelfe

147 **a) Außerordentliche Rechtsbehelfe**

Die außerordentlichen Rechtsbehelfe sind im Regelfall formlos, fristlos und kostenlos. Sie werden unterschieden:
– Gegenvorstellung (beim handelnden Amtsträger)
– Dienstaufsichtsbeschwerde (beim Dienstvorgesetzten)
– Petition (beim Petitionsausschuß des Landtags oder Bundestags).

b) Ordentliche Rechtsbehelfe

148 Ordentliche Rechtsbehelfe sind form- und fristgebunden. Zu unterscheiden sind:
Außergerichtliche Rechtsbehelfe
– **Einspruch** § 348 AO (Muster M 9–M 11, Rz. 259–261).
– **Beschwerde** § 349 AO (Muster M 12–M 14, Rz. 262–264).

Gerichtliche Rechtsbehelfe
- **Klage** zum Finanzgericht, §§ 40, 41 FGO
(Muster M 18–M 21, Rz. 268–271)
- **Revision** zum Bundesfinanzhof, §§ 115ff. FGO
(Muster M 24, M 25, Rz. 274, 275)
- **Beschwerde** zum Bundesfinanzhof, §§ 128ff. FGO
(Muster M 26, Rz. 276)
- **Nichtzulassungsbeschwerde**, § 115 FGO
(Muster M 23, Rz. 273)

c) **Vorläufiger Rechtsschutz**

149 Außergerichtlicher Rechtsschutz
- **Aussetzung der Vollziehung**, § 361 AO,
§ 69 Abs. 2 FGO (Muster M 15, Rz. 265)
- **Stundung**, § 222 AO (Muster M 4, Rz. 254)
- **Vollstreckungsschutz**, § 258 AO (Muster M 3, Rz. 253)
- **einstweilige Anordnung/einstweilige Steuerfestsetzung** (in entsprechender Anwendung von § 114 FGO)

Gerichtlicher Rechtsschutz
- **Aussetzung der Vollziehung**, § 69 Abs. 3 FGO
(Muster M 16, M 17, Rz. 266, 267)
- **einstweilige Anordnung**, § 114 FGO
(Muster M 22, Rz. 272)

150 d) **Verfassungsbeschwerde zum Bundesverfassungsgericht** (Art. 93 Abs. 1 Nr. 4a GG)

3. Das außergerichtliche Rechtsbehelfsverfahren

a) Einspruch/Beschwerde – Allgemeines

151   Die Rechtsbehelfe in Abgabenangelegenheiten der AO und in sonstigen Verwaltungsverfahren, für die § 347 AO den außergerichtlichen Rechtsbehelf zuläßt (Statthaftigkeit), sind entweder **Einspruch** (§ 348 AO) oder **Beschwerde** (§ 349 AO). Das Vorverfahren ist also zweigleisig.

152   Über den Einspruch entscheidet das Finanzamt/Hauptzollamt, also die Behörde selbst, deren Entscheidung angegriffen oder überprüft werden soll. Über die Beschwerde entscheidet die Oberfinanzdirektion, wenn das Finanzamt/Hauptzollamt der Beschwerde nicht abhelfen will.

153   Die Unterscheidung von Einspruch und Beschwerde erfolgt durch das Gesetz (§§ 348, 349 AO). Das gesetzgeberische Motiv der **Zweigleisigkeit** ergibt sich aus dem Grad des Ermessens, den die Behörde hat. Entscheidung im Rahmen der gesetzlich gebundenen Verwaltung können nur entweder richtig oder falsch sein. Hier ist eine Überprüfung durch die vorgesetzte Behörde nicht erforderlich, so daß der Gesetzgeber dem Finanzamt/Hauptzollamt die abschließende außergerichtliche Überprüfung überlassen hat. Muß dagegen Ermessen ausgeübt werden, kann die Verwaltungsentscheidung nicht nur richtig oder falsch, sondern auch zweckmäßig oder unzweckmäßig sein. Solche **Zweckmäßigkeitserwägungen** sollen daher vor der gerichtlichen Kontrolle durch die Aufsichtsbehörden nachgeprüft werden. Da im Rahmen der **Steuerfestsetzung** nahezu alle Entscheidungen gesetzlich vorgeschrieben sind und ein Ermessensspielraum nicht besteht, ist hier durchweg der Einspruch vorgeschrieben. Bei der **Steuererhebung** (Einziehung und Vollstreckung) ist dagegen das Finanzamt nicht in gleicher Weise gebunden, sondern muß sein Ermessen ausüben. Gegen Maßnahmen der Steuereinziehung ist daher im Regelfall die Beschwerde gegeben.

154   Der Rechtsbehelf wird unabhängig von seiner Bezeichnung in den sachlich zulässigen Rechtsbehelf **umgedeutet** (§ 357 Abs. 1 Satz 4).

155   § 348 AO führt **abschließend** alle Verwaltungsakte auf, die mit dem Einspruch angefochten werden können. Gegen alle anderen in § 348 AO nicht genannten Ver-

waltungsakte ist nach § 349 Abs. 1 AO die Beschwerde gegeben, soweit § 349 Abs. 3 AO die Beschwerde nicht ausschließt.

b) Verzicht auf das Vorverfahren

156   Der Einspruch, nicht aber die Beschwerde, kann gemäß § 45 FGO übersprungen werden, wenn die Behörde innerhalb eines Monats seit Zustellung der **Sprungklage** zustimmt. Nach der früher geltenden Rechtsprechung und Literatur konnte nur die sogenannte Anfechtungsklage als Sprungklage erhoben werden (s. dazu *Tipke/Kruse* § 45 FGO Anm. 3). Diese Ansicht hat der BFH nunmehr aufgegeben (s. BFH v. 21. 1. 1985, BStBl. II 1985, 303). Die Sprungklage kann damit als Anfechtungsklage und als Verpflichtungsklage eingelegt werden (s. dazu auch nachstehend Rz. 200–202). Auch im Fall der Untätigkeitsklage gem. § 46 FGO braucht das Vorverfahren nicht abgeschlossen zu sein.

c) Einspruch
(s. Musterschriftsatz M 8 bis M 11, Rz. 258–261).

157   Die **einspruchsfähigen Verwaltungsakte** zählt § 348 Abs. 1 AO abschließend auf. Ihnen gleichgestellt ist der (Teil-)Widerruf, die (Teil-)Rücknahme eines einspruchsfähigen Verwaltungsakts oder die Entscheidung, mit der ein Antrag auf Erlaß, Aufhebung oder Änderung eines einspruchsfähigen Verwaltungsakts abgelehnt wird (§ 348 Abs. 2 AO). § 348 Abs. 2 AO ist entsprechend anzuwenden, wenn ein einspruchsfähiger Verwaltungsakt nach § 129 AO berichtigt wird (offenbare Unrichtigkeit wird behoben) oder die Behörde die Behebung einer solchen Unrichtigkeit ablehnt. Berichtigung oder Ablehnung der Berichtigung sind ebenfalls einspruchsfähige Verwaltungsakte.

158   **Einspruchsfähig** sind folgende Verwaltungsakte:
– Ablehnung des Antrags auf Aufhebung des Vorbehalts der Nachprüfung
– Ablehnung eines Antrags auf Berichtigung einer offenbaren Unrichtigkeit (§ 129 AO)
– Ablehnung eines Antrags auf
  • Erlaß eines Steuerbescheids
  • Änderung eines Steuerbescheids
  • Aufhebung eines Steuerbescheids
– Ablehnung eines Antrags auf Steuerfestsetzung
– Ablehnung einer Steuervergünstigung
– Ablehnung der Zusage eines Steuerbescheids
– Ablehnung eines Antrags auf Erlaß, Änderung oder Aufhebung einer verbindlichen Zolltarifauskunft
– Ablehnung eines Antrags auf Erlaß, Änderung oder Aufhebung einer verbindlichen Zusage (§ 204 AO)
– Abrechnungsbescheid (§ 218 AO)
– Änderung eines Steuerbescheids
– Anmeldung einer Steuer, die als Steuerfestsetzung gilt, z. B. Lohnsteueranmeldung, Umsatzsteuervoranmeldung
– Anmeldung zur Konkurstabelle (§ 251 Abs. 3 AO)
– Aufhebung eines Steuerbescheids
– Aufhebung oder Änderung eines Kontingentbescheids
– Aufhebung einer Steuervergünstigung
– Aufhebung des Vorbehalts der Nachprüfung
– Aufhebung einer verbindlichen Zolltarifauskunft
– Aufhebung einer verbindlichen Zusage (§ 204 AO)
– Aufteilungsbescheid gemäß § 279 AO
– Duldungsbescheid
– Einheitswertbescheid
– Eintragung eines Freibetrags auf der Lohnsteuerkarte
– Endgültigerklären eines unter Vorbehalt der Nachprüfung stehenden Steuerbescheids
– Entscheidung über Steuervergünstigung

- Feststellungsbescheid (§ 179 AO)
- Freistellungsbescheid
- Gesonderte Feststellung nach § 47 KStG
- Gesonderte Feststellung nach § 18 Außensteuergesetz
- Gesonderter Gewinnfeststellungsbescheid
- Grundlagenbescheid
- Haftungsbescheid
- Investitionszulagebescheid
- Kapitalertragsteueranmeldung
- Konkursvorrechtsbescheid nach § 251 Abs. 3 AO
- Kontingentbescheid
- Kostenbescheid
- Lohnsteueranmeldung
- Lohnsteuer-Jahresausgleichsbescheid
- Meßbescheide, z. B. Grundsteuer- oder Gewerbesteuermeßbescheid; nicht aber Gewerbesteuerbescheide, gegen die der Widerspruch nach der VwGO gegeben ist
- Steuervoranmeldung (Steueranmeldung)
- Steuerbescheid jeder Art, auch soweit er unter dem Vorbehalt der Nachprüfung steht
- Steuererstattungsbescheid
- Steuermeßbescheid (§ 184 AO)
- Umsatzsteuervoranmeldung
- Verwaltungsakt (Streitentscheidung) nach § 218 Abs. 2 AO
- Vorauszahlungsbescheid
- Zahlungsaufschub (streitig, s. *Tipke/Kruse* § 223 AO Anm. 6)
- Zerlegungsbescheid (§ 188 AO)
- Zinsbescheid
- Zolltarifauskunft
- Zusage eines Steuerbescheids
- Zuteilungsbescheid (§ 190 AO)

d) Beschwerde
(s. Musterschriftsätze M 12 bis M 14, Rz. 262–264).

159   Die Beschwerde ist gegen alle Verwaltungsakte gegeben, die nicht in § 348 AO aufgeführt sind.
Beschwerdefähig sind z. B.:
- Ablehnung einer Fristverlängerung
- Anordnung einer Außenprüfung und einzelne Aufklärungsmaßnahmen des Prüfers, soweit sie die Mitwirkung des Steuerpflichtigen voraussetzen – siehe dazu Teil J Rz. 174 ff.
- Aufrechnungserklärung der Finanzbehörde (§ 226 AO)
- Aussetzung der Steuerfestsetzung nach § 165 Abs. 1 Satz 3 AO und Ablehnung einer beantragten Aussetzung
- Aussetzung des außergerichtlichen Rechtsbehelfsverfahrens oder Anordnung seines Ruhens (§ 363 AO)
- Aussetzung der Vollziehung nach § 361 AO und Ablehnung einer beantragten Aussetzung
- Ablehnung oder Aufhebung von Einvernehmens- und Zustimmungserklärungen des Finanzamts (beispielsweise nach § 4 Abs. 2 Satz 2, § 4a Abs. 1 Nr. 2 Satz 2, § 40 Abs. 1 EStG)
- Ablehnung, Rücknahme oder Widerruf eines Erlasses (§ 227 AO)
- Erlaß von Steuern und Nebenabgaben (§ 227 AO)
- Finanzbefehle, z. B. Aufforderung zur Abgabe der Steuererklärung, zur Erteilung von Auskünften, zur Vorlage von Büchern oder anderen Urkunden, zur Duldung einer Außenprüfung usw.
- Fristverlängerung, Ablehnung
- Lohnsteuer-Anrufungsauskunft (§ 42e EStG) (streitig, so wie hier *Tipke/Kruse* § 349 AO Anm. 9; a. A. BFH v. 9. 3.1979, BStBl. II 1979, 451)
- Säumniszuschlag (§ 240 AO)

- Stundung, Gewährung bzw. Versagung
- Steuerberatungsgesetz, Regelung berufsrechtlicher Angelegenheiten (§ 347 Abs. 1 Nr. 3 AO), soweit kein Fall des § 349 Abs. 3 AO vorliegt
- Untätigkeit des Finanzamts (Untätigkeitsbeschwerde)
- Versagung, Rücknahme oder Widerruf einer Stundung (§ 222 AO)
- Verspätungszuschlag (§ 152 AO)
- Vollstreckungsaufschub nach § 258 AO und Ablehnung eines beantragten Aufschubs
- Vollstreckung, sonstige Maßnahmen (Verwaltungsakte), beispielsweise die Zahlungsaufforderung auch in Verbindung mit einem Haftungsbescheid, das Ersuchen an ordentliche Gerichtsbarkeit für Zwangsvollstreckungsmaßnahmen
- Zahlungsaufschub, Versagung, Rücknahme oder Widerruf (§ 223 AO)
- Zwangsmittel (§ 328 AO).

e) Formalien für das Einlegen von Einspruch und Beschwerde
(s. Musterschriftsätze M 8 bis M 14, Rz. 258–264)

160 Einspruch und Beschwerde sind als förmliche Rechtsbehelfe form- und fristgebunden.
Sie müssen schriftlich eingereicht oder zur Niederschrift der Geschäftsstelle erklärt werden (§ 357 AO). Einlegung durch Telegramm oder Fernschreiben ist zulässig. Eine **Unterschrift** ist – anders als bei den gerichtlichen Rechtsbehelfen – nicht nur bei der Einlegung durch Telegramm nicht gefordert; sie ist generell entbehrlich, denn es genügt, wenn aus dem Schriftstück hervorgeht, wer den Rechtsbehelf eingelegt hat (*Tipke/Kruse* § 357 AO Anm. 6).

161 Einspruch und Beschwerde sind bei der **Behörde anzubringen,** deren Verwaltungsakt angefochten wird oder bei der ein Antrag auf Erlaß des Verwaltungsakts gestellt worden ist (§ 357 Abs. 2 Satz 1 AO). Nur die Beschwerde, nicht auch der Einspruch, darf auch bei der übergeordneten, nämlich zur Entscheidung berufenen Behörde (Oberfinanzdirektion) angebracht werden. Ein bei der OFD eingelegter Einspruch wahrt die Frist nur, wenn er vor ihrem Ablauf an das Finanzamt/Hauptzollamt heruntergereicht wird. Da eine Beschwerde möglicherweise nur als Einspruch zulässig ist, empfiehlt es sich stets, sowohl den Einspruch wie die Beschwerde beim Finanzamt (Hauptzollamt) einzureichen.

162 Die schriftliche **Einlegung** von Einspruch oder Beschwerde bei einer beliebigen d. h. **unzuständigen Behörde** wahrt die Rechtsbehelfsfrist nur dann, wenn der Rechtsbehelf vor Ablauf der Frist an die Behörde gelangt, bei der er hätte angebracht werden müssen.

163 Nur die **Untätigkeitsbeschwerde** nach § 349 Abs. 2 AO ist unbefristet (§ 355 Abs. 2 AO); Einspruch und Beschwerde sind im übrigen innerhalb eines Monats nach Bekanntgabe des Verwaltungsakts einzulegen.

164 Da auch eine **Steueranmeldung** als Steuerbescheid gilt (§ 168 Abs. 2 AO), kann sie ebenfalls durch Einspruch angefochten werden. Der Einspruch ist innerhalb eines Monats nach Eingang der Steueranmeldung bei der Finanzbehörde einzulegen (§ 355 Abs. 1 AO).

165 Bei schriftlichen Verwaltungsakten beginnt die **Rechtsbehelfsfrist** nur, wenn eine richtige Rechtsbehelfsbelehrung i. S. d. § 356 AO beigegeben war. Ist sie unterblieben oder unrichtig erfolgt, ist die Einlegung des Rechtsbehelfs innerhalb eines Jahres seit Bekanntgabe des Verwaltungsakts zulässig.

166 Wird die **Monatsfrist,** im Fall des § 356 Abs. 2 AO die **Jahresfrist,** versäumt, so ist der Rechtsbehelf als unzulässig zu verwerfen. Auch nach Ablauf eines Jahres ist aber die Rechtsbehelfsfrist nicht verstrichen, wenn schriftlich zu Unrecht belehrt worden war, daß ein Rechtsbehelf nicht gegeben sei (§ 356 Abs. 2 AO).

4. Entscheidungen auf Grund des Einspruchs/der Beschwerde

167 Nach § 361 Abs. 1 AO wird durch die Einlegung des Rechtsbehelfs die **Vollziehung** des angefochtenen Verwaltungsakts nicht **gehemmt.** Die Vollziehung muß daher durch besonderen Verwaltungsakt ausgesetzt werden, wenn die Voraussetzungen dafür vorliegen.

168 Haben Einspruch/Beschwerde Erfolg, wird ihnen also abgeholfen, so ergeht die begehrte Entscheidung in Gestalt eines Bescheides/geänderten Bescheides. Die **Abhilfe** besteht in der Rücknahme oder dem Widerruf des angefochtenen Bescheides (§§ 172, 173 AO) oder Verwaltungsakts (§§ 130, 131 AO) oder im Erlaß des begehrten Verwaltungsakts. Auch Teilabhilfe ist möglich. Einer **Einspruchs-/Beschwerdeentscheidung** bedarf es nicht (§ 367 Abs. 2 Satz 3 AO). Eine Einspruchs-/Beschwerdeentscheidung ergeht nur, soweit dem Rechtsbehelf nicht abgeholfen wird.

169 Will das Finanzamt der Beschwerde abhelfen, kann es selbst entscheiden (§ 368 Abs. 1 Satz 1 AO). Andernfalls muß es die Beschwerde der OFD übersenden, die allein eine ablehnende **Beschwerdeentscheidung** erlassen kann. Eine „Ablehnung" der Beschwerde durch das Finanzamt wäre rechtswidrig.

170 Unzulässige Einsprüche/Beschwerden werden als unzulässig verworfen (§ 358 Satz 2 AO), unbegründete Einsprüche/Beschwerden werden als unbegründet zurückgewiesen. Die **Einspruchsentscheidung** ergeht von derselben Behörde, die den angefochtenen Bescheid erlassen hat (§ 367 Abs. 1 Satz 1 AO), die Beschwerdeentscheidung ergeht von der nächsthöheren Behörde (§ 368 Abs. 2 Satz 2 AO).

5. Vorläufiger Rechtsschutz während des Einspruchs und der Beschwerde (§ 361 Abs. 2 AO; § 69 Abs. 2 und 3 FGO)
(s. Musterschriftsätze M 15 bis M 17, Rz. 265–267)

a) Zweck der Aussetzung der Vollziehung

171 Da die Einlegung eines Rechtsbehelfs den Vollzug des angefochtenen Verwaltungsakts nicht hemmt, sieht § 361 AO vor, die **Vollziehung** von Amts wegen oder auf Antrag **auszusetzen**. Wird ausgesetzt, und hat der Rechtsbehelf endgültig ganz oder teilweise keinen Erfolg, so ist der ausgesetzte und geschuldete Betrag zu verzinsen; § 237 Abs. 1 Satz 1 AO. Trotz Aussetzung kann der angefochtene Steuerbetrag gezahlt werden. Dann entfallen Aussetzungszinsen, ggf. schuldet die Finanzbehörde Prozeßzinsen (§ 236 AO). Bei Erfolg entfällt das Leistungsgebot rückwirkend endgültig. Aussetzungszinsen fallen dann nicht an.

172 Die Aussetzung der Vollziehung setzt keinen Antrag voraus. Bei Eingang eines Einspruchs müssen die Ämter daher von sich aus prüfen, ob und in welchem Umfang eine Aussetzung der Vollziehung in Betracht kommt oder geboten ist. Es entspricht aber der Interessenlage, daß der Steuerpflichtige von sich aus die Vollziehungsaussetzung beantragt.

173 Die Vollziehung muß ausgesetzt werden, wenn der Rechtsbehelf offensichtlich Erfolg haben wird, der Abhilfebescheid aber nicht mehr vor Fälligkeit des Leistungsgebots zugehen kann. Die Aussetzung der Vollziehung ist ferner anzuordnen, wenn **ernstliche Zweifel an der Rechtmäßigkeit** des angefochtenen Verwaltungsakts bestehen oder wenn die (sofortige) Vollziehung für den Betroffenen eine unbillige Härte zur Folge hätte (§ 361 Abs. 2 Satz 2 AO).

174 Wann eine dieser beiden Voraussetzungen vorliegt, ist im Einzelfall nicht immer einfach zu ermitteln. Die Rechtsprechung ist uneinheitlich, teilweise großzügiger als das Gesetz, so beispielsweise BFH v. 14. 2. 1984, BStBl. II 1984, 443, teils strenger, wenn es darauf ankommen soll, daß erst die nähere oder abschließende Prüfung Zweifel erhärtet und bestehen läßt. So der Investitionshilfe-Beschluß BFH v. 10. 2. 1984, BStBl. II 1984, 454, den das BVerfG aufgehoben hatte. Der BFH sah selbst ernstliche Zweifel, nahm die besonderen Verhältnisse im Streitfall jedoch zum Anlaß, die Aussetzung zu versagen, weil ihm die abschließende Prüfung verfassungsmäßiger Zweifel nicht zustehe (a. a. O. S. 455). Nach der Rechtsprechung (BFH v. 17. 5.1978, BStBl. II 1978, 579) sind die Aussetzung begründende (ernstliche) Zweifel gegeben, wenn bei der **überschlägigen Prüfung** des angefochtenen Verwaltungsakts im Aussetzungsverfahren neben für die Rechtmäßigkeit sprechenden Umständen gewichtige, gegen die Rechtmäßigkeit sprechende Umstände zu Tage treten, die eine **Unentschiedenheit** oder **Unsicherheit** in der Beurteilung oder Rechtsfrage bewirken.

175 Unbefriedigend ist das Verfahren des **weiteren vorläufigen Rechtsschutzes** nach der Ablehnung des Aussetzungsantrags durch das Finanzamt. Nach der Ansicht der Finanzverwaltung ist dann grundsätzlich zu vollstrecken, selbst wenn der Steuer-

pflichtige gegen die Ablehnungsverfügung Beschwerde einlegt oder eine gerichtliche Aussetzung nach § 69 Abs. 3 FGO beantragt hat (OFD Köln v. 29. 10. 1981, StEK AO 1977, § 361 Nr. 28). Da der Steuerpflichtige gemäß Art. 19 Abs. 4 GG einen sogar verfassungsrechtlich gewährleisteten **Anspruch auf gerichtlichen Rechtsschutz** hat, halte ich die Verwaltungspraxis für unzulässig. Dies gilt insbesondere vor dem Hintergrund der totalen Überlastung der Finanzgerichte, die durchweg auch über einen Antrag auf Aussetzung der Vollziehung nach § 69 FGO erst nach Monaten oder Jahren entscheiden können. Die verfassungskonforme Auslegung der §§ 361 AO, 69 FGO verlangt m. E. ein Ergebnis, wonach das Finanzamt einen angefochtenen Steuerbescheid bis zur bestandskräftigen Entscheidung über den Aussetzungsantrag nicht vollstrecken darf (im Ergebnis ebenso FG Düsseldorf v. 12. 1.1979, EFG 1979, 186; *Tipke/Kruse* § 361 AO Anm. 1; a. A. aber BFH v. 12. 5.1980, BStBl. II 1980, 399 und v. 11. 1.1984, BStBl. II 1984, 210).

b) Aussetzungsfähigkeit von Verwaltungsakten

176 Aussetzungsfähig ist jeder vollziehbare Verwaltungsakt, der angefochten ist. Daher kann ein noch nicht angefochtener Verwaltungsakt (noch) nicht ausgesetzt werden, ein bestandskräftig gewordener Verwaltungsakt nicht mehr; vgl. BFH v. 1. 10.1981, BStBl. II 1982, 133: Ernsthafte Zweifel bestehen nicht, wenn keine Nachprüfung dieses Verwaltungsakts erfolgen kann; richtiger, entfällt das (vorläufige) Rechtsschutzbedürfnis.

177 Auch ein Steuerbescheid, der unter dem **Vorbehalt der Nachprüfung** ergangen ist, muß daher durch Einspruch angefochten werden, wenn die Vollziehungsaussetzung beantragt werden soll. Allein die Möglichkeit der Änderung von Steuerbescheiden reicht nicht aus, um ihre Aussetzung der Vollziehung beantragen zu können.

178 **Vollziehbar** sind Verwaltungsakte, die in die Rechtssphäre des Steuerpflichtigen eingreifen, sei es in Form eines Leistungs- oder sonstigen Verhaltensgebotes, einer Gestaltung oder einer Feststellung (BFH v. 16. 2. 1968, BStBl. II 1968, 443). Es muß mit dem Verwaltungsakt vom Steuerpflichtigen etwas verlangt werden, das im Wege der Zwangsvollstreckung erzwungen werden könnte. Eine Gestaltung oder Feststellung fällt hierunter, wenn sie Grundlage eines vollstreckbaren Forderns werden kann. Auch **Grundlagenbescheide** können ausgesetzt werden, obwohl sie keine Anordnungen enthalten, die vollstreckt werden können (§ 361 Abs. 3 AO). Ist der Grundlagenbescheid ausgesetzt, dann ist auch der Folgebescheid auszusetzen, selbst wenn er nicht angefochten ist (§ 361 Abs. 3 Satz 1 AO).

179 Noch nicht abschließend geklärt ist das Verfahren des vorläufigen Rechtsschutzes bei Anfechtung eines **negativen Grundlagenbescheides,** z. B. bei streitiger Mitunternehmerschaft. Diskutiert wird die Möglichkeit der Vollziehungsaussetzung und der einstweiligen Anordnung. Inzwischen läßt die Rechtsprechung die Aussetzung der Vollziehung in analoger Anwendung von §§ 361 AO, 69 FGO auch dann zu, wenn höhere Verluste begehrt werden, als sie im Verlustfeststellungsbescheid festgestellt sind (BFH v. 22. 10. 1980, BStBl. II 1981, 99).
Im Vorlagebeschluß an den Großen Senat, v. 17. 1. 1985 (BStBl. II 1985, 299) verlangt dies der 4. Senat nunmehr für alle Arten des **positiven** wie **negativen Gewinnfeststellungsbescheids.** Dieser Auffassung ist m. E. der Vorzug zu geben. Da die Interessenlage der Beteiligten unabhängig davon gleich ist, ob das Finanzamt die Gewinne höher oder die Verluste geringer feststellt als erklärt oder die geltend gemachten Verluste ganz streicht, muß auch das Verfahren des vorläufigen Rechtsschutzes für alle Fälle dieser Art gleich sein. Da der Gesetzgeber bei einem Streit über Besteuerungsgrundlagen grundsätzlich das Rechtsinstitut der Vollziehungsaussetzung vorgesehen hat, ist m. E. in allen Fällen nur diese, nicht aber die einstweilige Anordnung gem. § 114 FGO zulässig.

180 Nicht vollziehbar sind **Leistungsablehnungen** der Verwaltung. Als vorläufiger Rechtsschutz gegen einen Bescheid, mit dem das Finanzamt die **Erstattung** von **Lohnsteuer** im Lohnsteuerjahresausgleichsverfahren oder von Umsatzsteuer aufgrund einer Umsatzsteuervoranmeldung ablehnt, ist nach bisher herrschender Auffassung nicht die Aussetzung der Vollziehung, sondern die einstweilige Anordnung zulässig (BFH v. 10. 7. 1980, BStBl. II 1980, 697, m. w. N.).

c) Vollziehungsaussetzung durch das Finanzamt nach § 361 AO
(s. Musterschriftsatz M 15, Rz. 265)

181 Der Steuerpflichtige muß die Vollziehungsaussetzung zunächst gem. § 361 Abs. 2 AO beim **Finanzamt** beantragen. Das Finanzamt muß darüber nach pflichtgemäßem Ermessen entscheiden. Kein Ermessensspielraum besteht im Ergebnis aber dann, wenn ernstliche Zweifel an der Rechtmäßigkeit des Verwaltungsakts bestehen. Die Ablehnung des Aussetzungsantrags wäre dann ermessensfehlerhaft und damit rechtswidrig (im Ergebnis wohl ebenso *Tipke/Kruse* § 69 FGO Anm. 5).

d) Vollziehungsaussetzung durch das Finanzgericht nach § 69 Abs. 3 FGO
(s. Musterschriftsatz M 16, M 17, Rz. 266, 267)

182 Lehnt das Finanzamt die beantragte Aussetzung der Vollziehung ab, hat nach der bisher herrschenden Meinung der Steuerpflichtige die Wahl: er kann entweder die Aussetzung nach § 69 Abs. 3 FGO beim Finanzgericht beantragen, oder er kann gegen die **Ablehnung der Aussetzung** Beschwerde zur Oberfinanzdirektion und nach ablehnender Beschwerdeentscheidung Klage zum Finanzgericht erheben. Allerdings ist ein Antrag nach § 69 FGO und gleichzeitig eine Klage auf Aussetzung unzulässig; der Steuerpflichtige muß sich entscheiden (BFH v. 4. 12.1967, BStBl. II 1968, 199).

183 Für das gerichtliche Verfahren auf Aussetzung der Vollziehung gelten die gleichen Grundsätze, wie sie für das Verfahren vor dem Finanzamt nach § 361 AO gelten. Das Gericht entscheidet eigenständig (*Tipke/Kruse* § 69 FGO Anm. 11), ist also insbesondere nicht auf eine Überprüfung der **Ermessensentscheidung** des Finanzamts begrenzt. § 102 FGO kann daher für das Verfahren nach § 69 Abs. 3 FGO nicht gelten.

184 Als besondere **Prozeßvoraussetzung** schreibt Art. 3 § 7 FG EntlG vor, daß der Antrag beim Finanzgericht erst zulässig ist, wenn das Finanzamt zu erkennen gegeben hat, daß es die Vollziehung nicht aussetzen will, daß in angemessener Frist keine Entscheidung ergangen ist, die Vollstreckung droht oder aus den besonderen Umständen des Einzelfalles ein vorheriger Antrag an das Finanzamt unzumutbar ist.

185 Von erheblicher Bedeutung ist die aus § 155 FGO i. V. m. § 294 ZPO abgeleitete Forderung der Rechtsprechung, daß alle Behauptungen und der Sachvortrag durch den Steuerpflichtigen **glaubhaft** gemacht werden müssen (s. dazu *Tipke/Kruse* § 69 FGO Anm. 9b). Dies gilt sowohl für das Verfahren nach § 69 Abs. 3 FGO wie für das Klageverfahren nach ablehnender Beschwerdeentscheidung. Das Gericht ermittelt dabei den Sachverhalt nicht von Amts wegen, weist weder auf sachdienliche Anträge hin, noch fordert es zur Ergänzung fehlender oder unvollständiger Beweismittel auf. Das bedeutet, daß regelmäßig bereits mit dem Antrag alle Mittel zur Glaubhaftmachung dem Gericht vorgelegt werden, soweit sich der Sachverhalt nicht aus den Verwaltungsakten ergibt. Wegen der Eilbedürftigkeit des Verfahrens kann dies im Einzelfall schwierig oder unmöglich sein. Zu denken ist daher insbesondere an **eidesstattliche Versicherungen** des Steuerpflichtigen selbst oder seines Beraters, die ein zulässiges Mittel der Glaubhaftmachung sind; siehe dazu Muster M 27, Rz. 277.

e) Aussetzung der Vollziehung im Verhältnis zur einstweiligen Anordnung durch die Verwaltung

186 Während die Verwaltung gemäß § 361 Abs. 2 AO, § 69 Abs. 2 FGO ihre vollziehbaren Bescheide auch selbst aussetzen kann, dieser vorläufige Rechtsschutz also nicht nur gemäß § 69 Abs. 3 FGO über das Gericht zu bekommen ist, beschränkt der Wortlaut des § 114 FGO zusammen mit dem Schweigen der AO den vorläufigen Rechtsschutz durch **einstweilige Anordnung** auf gerichtlich angeordnete Sicherungs- oder Regelungsmaßnahmen. Das besagt m. E. aber noch nicht, daß jede Gestaltung nach Art einer **einstweiligen Anordnung durch die Verwaltung** (Finanzamt/Hauptzollamt) ausgeschlossen wäre, nur weil sie in der AO nicht vorgesehen ist.

187 Ungeklärt ist die Frage, ob die AO die Möglichkeit einstweiliger Anordnung durch Finanzbehörden bewußt übergeht, eine **Regelungslücke** also gewollt und daher nicht auszufüllen ist, oder ob der Gesetzgeber unbewußt davon absah, für das außergerichtliche Rechtsbehelfsverfahren die einstweilige Anordnung zu regeln. Der Umstand, daß die gerichtliche Anordnung nach § 114 Abs. 1 FGO auch schon vor Klageerhebung getroffen werden kann, spricht zunächst dafür, daß **einstweilige Anordnungen** nur durch das Gericht vorgesehen sind (vgl. *Ziemer/Haarmann/Lohse, Beermann* Rechtsschutz in Steuersachen, Anm. 4501). Andererseits ist dieses Verfahren umständlich und zeitraubend und schon deshalb nicht immer ein vollwertiger vorläufiger Rechtsschutz.

188 Darüber hinaus erscheint es nach dem durch das Grundgesetz vorgegebenen Gewaltenteilungsprinzip nicht vorstellbar, daß es öffentlich-rechtliche Maßnahmen auf dem Gebiet des Steuerrechts geben kann, die zwar das Finanzgericht, nicht aber die Finanzbehörde erlassen kann. Da die Gerichte nur zur **Kontrolle** über die Verwaltung eingesetzt sind, muß jede Maßnahme eines Gerichts auch von der Verwaltung selbst erlassen werden können. Kann das Finanzamt vorläufige Maßnahmen auf Grund einer gerichtlichen Anordnung nach § 114 FGO durchführen, dann muß es dies auch ohne Gerichtsentscheid können. Wenn das Finanzamt und der Steuerpflichtige übereinstimmend davon ausgehen, daß der vorläufige Rechtsschutz zu gewähren ist, sollte die Anrufung des Finanzgerichts nicht allein deshalb erforderlich sein, weil eine Vollziehungsaussetzung verfahrensrechtlich nicht möglich ist.

189 Ich halte daher entgegen der bisherigen Verwaltungspraxis **einstweilige Anordnungen durch das Finanzamt** für zulässig, die als einstweilige Steuerfestsetzung zu ergehen hätten. Geboten ist diese einstweilige Anordnung durch das Finanzamt immer dann, wenn auch die Voraussetzungen einer einstweiligen Anordnung durch das Gericht nach § 114 FGO vorliegen.

f) Einstweilige Anordnung durch das Finanzgericht
(s. Musterschriftsatz M 22, Rz. 272)

190 Hält man mit der bisherigen Verwaltungspraxis eine einstweilige Anordnung durch das Finanzamt nicht für zulässig, dann muß der vorläufige Rechtsschutz ausnahmslos durch eine **einstweilige Anordnung** des Finanzgerichts geltend gemacht werden. Dieser Antrag (§ 114 FGO) ist – wie der Aussetzungsantrag nach § 69 Abs. 3 FGO – auch schon im außergerichtlichen Rechtsbehelfsverfahren zulässig, setzt also keine Klageerhebung in der Hauptsache voraus. Zu den weiteren Voraussetzungen siehe Rz. 235 ff.

6. Das gerichtliche Rechtsbehelfsverfahren

a) Allgemeines

191 Mit der formellen Einspruchs- oder Beschwerdeentscheidung endet das außergerichtliche Rechtsbehelfsverfahren. Ist der Steuerpflichtige mit der Verwaltungsentscheidung weiterhin nicht einverstanden, steht ihm die Möglichkeit des gerichtlichen Rechtsschutzes zur Verfügung. Art. 19 Abs. 4 GG schreibt verfassungsrechtlich bindend vor, daß gegen jede Maßnahme der öffentlichen Gewalt **gerichtlicher Rechtsschutz** eröffnet ist. Daher kann das Finanzgericht bei jeder hoheitlichen Maßnahme des Finanzamts angerufen werden, durch die **Rechte des Steuerpflichtigen** verletzt werden. Es ist unerheblich, ob die beanstandete Maßnahme ein Steuerbescheid oder überhaupt ein Verwaltungsakt ist, wenn er nur eine Maßnahme ist, die die Rechte des Bürgers verletzt.

b) Übersicht über das Klagesystem

192 Das Klagesystem ist auf das Rechtsschutzziel ausgerichtet. Es sieht folgende Klagearten vor:

aa) Anfechtungsklage
(s. Musterschriftsatz M 18, M 19, Rz. 268, 269)

Mit der **Anfechtungsklage** (§ 40 Abs. 1 FGO, 1. Alternative) wird die Aufhebung oder in den Fällen des § 100 Abs. 2 FGO die Änderung eines Verwaltungsakts begehrt. Sie richtet sich insbesondere gegen Steuerbescheide und ihnen gleichgestellte Bescheide. Sie ist die **Hauptklageart** im Steuerprozeß.

Beispiele:
Klage gegen
- Steuerbescheid (§ 155 AO) – in Gestalt der Einspruchsentscheidung –, der die Steuer zu hoch oder überhaupt ungerechtfertigt ansetzt
- Steueranmeldung (§ 168 AO) – in Gestalt der Einspruchsentscheidung – z. B. einer für verfassungswidrig gehaltenen Steuer
- Feststellungsbescheid (§ 179 AO) in Gestalt der Einspruchsentscheidung –
- Steuermeßbescheid (§ 184 AO)
- Zerlegungsbescheid (§ 188 AO)
- Zuteilungsbescheid (§ 190 AO)
- Haftungs- und Duldungsbescheid (§ 191 AO)
- Verbindliche Zolltarifauskünfte/verbindliche Zusagen (§§ 23 ZG, 204 AO)
- Kontingentbescheid
- Aufteilungsbescheid (§ 279 AO)
- Verwaltungsakt nach § 218 Abs. 2 AO
- Verwaltungsakt über Zinsen und Kosten (§§ 239, 178 AO)
- Festsetzung von Verspätungs- und Säumniszuschlägen (§§ 152, 240 AO)
- Anordnung und Festsetzung von Zwangsmitteln (§ 328 AO)
- Regelung berufsrechtlicher Angelegenheiten der Steuerberater

bb) Verpflichtungsklage
(s. Musterschriftsatz M 20, Rz. 270)

193 Durch die **Verpflichtungsklage** (§ 40 Abs. 1 FGO, 2. Alternative) wird Verurteilung der Finanzbehörde zum Erlaß eines abgelehnten Verwaltungsakts (dann Vornahmeklage) oder zum Erlaß eines unterlassenen Verwaltungsakts (dann Untätigkeitsklage) begehrt.

194 Sie richtet sich vor allem gegen die völlige oder teilweise Versagung von **Erstattungsansprüchen** sowie gegen die Ablehnung von sonstigen Vergünstigungen. Zu nennen ist etwa die Ablehnung von **Stundung, Aussetzung der Vollziehung, Aufschub oder Erlaß,** Umsatzssteuer- oder Lohnsteuererstattung usw.

195 Die **Vornahmeklage** ist in allen Fällen abgelehnter, aber begehrter Verwaltungsakte die richtige Klageart. Die Ablehnung des begehrten Erstattungsbescheids ist selbst ein Verwaltungsakt. Zweifelhaft ist es daher, ob der Kläger auch allein den Ablehnungsbescheid durch **isolierte Anfechtungsklage** anfechten kann (zum Stand der Meinungen s. *Tipke/Kruse* § 40 FGO Anm. 3). Unabhängig von dem Ergebnis dieser Frage empfiehlt es sich regelmäßig, keine isolierte Anfechtungsklage, sondern Verpflichtungsklage zu erheben.

cc) Sonstige Leistungsklagen

196 Mit der **sonstigen Leistungsklage** (§ 40 Abs. 1 FGO 3. Alternative) wird Verurteilung der Finanzbehörde zu einem anderen Tun als dem Erlaß oder dem Ändern von Verwaltungsakten begehrt, nämlich zu schlicht hoheitlichem Tun, Dulden oder Unterlassen finanzrechtlicher Art. Sie ist nicht auf den Erlaß eines Verwaltungsakts gerichtet – Abgrenzung zur Verpflichtungsklage –. Im Regelfall geht ihr auch kein Verwaltungsakt voraus. Ein außergerichtliches Rechtsbehelfsverfahren ist weder erforderlich noch vorgesehen.

197 Die Leistungsklage richtet sich auf ein bestimmtes positives Verhalten wie **Auskunftserteilung** (vgl. § 364 AO) oder **Akteneinsichtsgewährung** oder auf ein bestimmtes Unterlassen, etwa die steuerlichen Verhältnisse des Klägers anderen Verwaltungszweigen oder Gerichten zu offenbaren. Die sonstige Leistungsklage ist z. B. auch die richte Klageart, wenn das Finanzamt einen bereits erlassenen Verwaltungsakt nicht befolgt, z. B. eine durch Steuerbescheid festgesetzte Steuererstattung nicht auszahlt u. ä.

Die sonstige Leistungsklage spielt keine große praktische Rolle. Denn Finanzbehörden handeln ganz überwiegend durch Verwaltungsakte.

dd) Feststellungsklage
(s. Musterschriftsatz M 21, Rz. 271)

198 Die **Feststellungsklage** (§ 41 Abs. 1 FGO) richtet sich auf die Feststellung des Bestehens oder Nichtbestehens von finanzrechtlichen Rechtsverhältnissen oder der **Nichtigkeit eines Verwaltungsakts.**

199 Auch die Feststellungsklage spielt sowohl wegen ihrer Subsidiarität bei der Feststellung von Rechtsverhältnissen (§ 41 Abs. 2 Satz 1 FGO) als auch bei der Seltenheit nichtiger Verwaltungsakte keine sehr große Rolle. Da nichtige Steuerbescheide im Regelfall den **Anschein der Rechtswirksamkeit** haben, sie damit sogar Grundlage von Vollstreckungsmaßnahmen sein können, sind sie aufhebbar und damit auch anfechtbar. M. E. ist daher gegen nichtige Steuerbescheide sowohl die Anfechtungsklage wie die Feststellungsklage zulässig (a.A. *Tipke/Kruse* § 40 FGO Anm. 3). Da die Abgrenzung eines nichtigen Verwaltungsakts von dem nur rechtswidrigen Verwaltungsakt häufig schwierig und unsicher ist, dürfte sich die Erhebung der Anfechtungsklage auch gegen nichtige Steuerbescheide empfehlen.

ee) Untätigkeitsklage, Sprungklage

200 Keine eigene Klageart ist die **Untätigkeitsklage** i. S. d. § 46 FGO. Dort geht es um die Entbehrlichkeit des Vorverfahrens für die Anfechtungsklage und die Verpflichtungsklage. Das Vorverfahren braucht nicht durch Einspruchs- oder Beschwerdeentscheidung beendet zu sein, wenn über den außergerichtlichen Rechtsbehelf ohne Mitteilung eines zureichenden Grundes in angemessener Frist sachlich nicht entschieden worden ist und regelmäßig sechs Monate seit Einlegen des Einspruchs/der Beschwerde vergangen sind. Wegen dieser Untätigkeit läßt § 46 FGO die Anfechtungsklage und die Verpflichtungsklage auch ohne den Abschluß des Vorverfahrens zu. Die Untätigkeitsklage ist daher eine Anfechtungs- oder Verpflichtungsklage.

201 Auch die sogenannte **Sprungklage** nach § 45 Abs. 1 FGO ist keine eigene Klageart. Sie ist eine Anfechtungsklage gegen einen Bescheid, gegen den nach § 348 AO an sich der Einspruch zulässig ist. Dieses Einspruchsverfahren (nicht aber die Beschwerde) kann vom Steuerpflichtigen übersprungen werden, wenn die Behörde (Finanzamt) zustimmt. Damit ist zu rechnen, wenn die Sach- und Rechtslage zwischen dem Steuerpflichtigen und dem Finanzamt bereits im Besteuerungsverfahren eingehend erörtert worden ist, so daß im außergerichtlichen Rechtsbehelfsverfahren keine weitere Klärung zu erwarten ist.

202 Eine Sprungklage gegen einen beschwerdefähigen Verwaltungsakt nach § 349 AO ist unzulässig. Sie kann auch nicht in eine Beschwerde umgedeutet werden (BFH v. 21. 7. 1975, BStBl. II 1976, 56). Die **Sprung-Verpflichtungsklage** gegen einen einspruchsfähigen Bescheid, die früher ebenfalls als unzulässig angesehen wurde (*Tipke/Kruse* § 45 FGO Anm. 3, 11), ist vom BFH nunmehr zugelassen worden (BFH v. 21. 1. 1985, BStBl II 1985, 303).

c) Die Anfechtungsklage
(s. Musterschriftsätze M 18, M 19, Rz. 268, 269)

203 Die Anfechtungsklage, wie jede andere Klage auch, kann nur Erfolg haben, wenn sie zulässig und begründet ist. Ziel der Anfechtungsklage ist die gerichtliche **Aufhebung eines belastenden Verwaltungsakts**. Die Zulässigkeit wird herkömmlich als vorrangig angesehen, so daß sich die Frage der Begründetheit gar nicht stellt, wenn die Klage unzulässig ist. Darlegungen zur Zulässigkeit sind in der Praxis nur für solche Punkte üblich, die zweifelhaft sind. Es müssen daher nicht alle **Zulässigkeitsvoraussetzungen** in jedem Fall erörtert werden.

aa) Übersicht über die Zulässigkeitsvoraussetzungen

204 – **Zulässigkeit des Finanzrechtswegs** (§ 33 FGO): Öffentlich-rechtliche Streitigkeit über Abgabenangelegenheiten, wenn die Abgabe von Bundes- oder Landesbehörden verwaltet wird. Beachte: Gewerbesteuermeßbescheid und Grundsteuermeßbescheid werden vom Finanzamt erlassen, also Finanzrechtsweg gegeben; Grundsteuer- bzw. Gewerbesteuerbescheid wird im Regelfall von der Gemeinde erlassen, also Finanzrechtsweg nicht gegeben, sondern Verwaltungsrechtsweg;
oder
berufsrechtliche Streitigkeiten aus dem Bereich des Steuerberatungsgesetzes;
oder
Streitigkeiten gemäß besonderer gesetzlicher Zuweisung. Beachte: Für Kirchensteuerangelegenheiten ist in einigen Ländern der Finanzrechtsweg, in anderen Län-

dern der Verwaltungsrechtsweg gegeben (Einzelheiten bei *Tipke/Kruse* § 33 FGO Anm. 26).

205 – **Erfolgloses Vorverfahren** (§ 44 Abs. 1 FGO):Es muß eine formelle Einspruchs- bzw. Beschwerdeentscheidung vorliegen. Ausnahmen: Sprungklage, Untätigkeitsklage.

206 – **Richtiger Klagetyp:** Während im außergerichtlichen Rechtsbehelfsverfahren die unrichtige Bezeichnung des Rechtsbehelfs unschädlich ist (§ 357 Abs. 1 Satz 3 AO), verlangt das gerichtliche Verfahren richtige Anträge und damit auch die Bestimmung der richtigen Klageart durch den Kläger. Nach § 76 Abs. 2 FGO hat indessen der Vorsitzende auf den richtigen Klagetyp und sachdienliche Anträge hinzuwirken. Bleibt der Kläger indessen unbelehrbar, ist die Klage bei falschem Klagetyp unzulässig.

207 – **Beschwer** (§ 40 Abs. 2 FGO): Klage kann nur erheben, wer geltend machen kann, in eigenen Rechten verletzt (beschwert) zu sein. Popularklagen zur Wahrung der Interessen Dritter oder der Allgemeinheit sind unzulässig. Die Klagebefugnis fehlt auch, wenn nur die Besteuerungsgrundlagen, nicht aber die Steuer selbst angegriffen wird. Dieser Fall liegt z. B. vor, wenn sich die Beteiligten nur über die Höhe des Verlustvortrags für ein Jahr streiten, in dem keine Steuerschuld festgestellt wird. Gegen den nach seiner Ansicht falschen Verlustvortrag kann sich der Steuerpflichtige erst für das Jahr wehren, in dem sich die unterschiedliche Rechtsansicht von Finanzamt und Steuerpflichtigem auswirkt.

208 – **Änderungsbescheide** (§ 42 FGO). Anfechtung nur insoweit zulässig, wie die Änderung reicht.

209 – **Klagebefugnis** (§ 48 Abs. 1 FGO): Bei einheitlicher Feststellung sind nur die zur Geschäftsführung berufenen Gesellschafter oder Gemeinschafter uneingeschränkt klagebefugt. Die übrigen Gesellschafter oder Gemeinschafter sind nur klagebefugt, soweit es sich darum handelt, wer an dem festgestellten Betrag beteiligt ist und wie dieser zu verteilen ist, sowie bei Fragen, die den einzelnen persönlich angehen.

210 – **Klageverzicht** (§ 50 FGO): Die Klage ist unzulässig, wenn auf sie verzichtet wurde.

211 – **Klagefrist** (§ 47 FGO): Die Klage muß innerhalb eines Monats erhoben werden. Die Frist beginnt mit der Bekanntgabe der Einspruchsentscheidung (Beschwerdeentscheidung). Bei einer Sprungklage oder in den anderen Fällen ohne Vorverfahren beginnt sie mit Bekanntgabe des Verwaltungsakts; bei einer Untätigkeitsklage kann die Klage nicht vor Ablauf von sechs Monaten nach Einlegung des außergerichtlichen Rechtsbehelf, danach aber unbefristet erhoben werden (streitig, vgl. zum Meinungsstand *Tipke/Kruse* § 45 FGO Anm. 8).

212 – **Prozeßfähigkeit** (§ 58 FGO): Eine Klage, die durch eine nicht geschäftsfähige Person erhoben wird, ist unzulässig.

213 – **Passivlegitimation** (§ 63 FGO): Die Klage ist gegen die richtige Behörde zu richten; das ist im Regelfall das Finanzamt, nicht die OFD.

214 – **Klageform** (§ 64, FGO): Die Klage muß schriftlich oder zur Niederschrift des Urkundsbeamten der Geschäftsstelle des Finanzgerichts erhoben werden. Einlegung durch Telegramm und durch Fernschreiber genügt, nicht aber durch Fernsprecher. Anders als bei außergerichtlichem Rechtsbehelf verlangt die Rechtsprechung auch die Unterschrift, die zwar nicht lesbar, aber individualisierbar sein muß (streitig, zum Meinungsstand *Tipke/Kruse* § 64 FGO Anm. 1). Schriftlichkeit und Unterschrift können nach Ablauf der Klagefrist nicht nachgeholt werden (ebenfalls streitig, s. *Tipke/Kruse* a.a.O.).

215 – **Notwendiger Klageinhalt** (§ 65 FGO): Bezeichnung des Klägers, des Beklagten, des angefochtenen Verwaltungsakts und des Streitgegenstandes, das ist der konkretisierte Vortrag des Klägers, daß und wie er in seinen Rechten verletzt ist. Fehlt der notwendige Klageinhalt, kann dies noch nach Ablauf der Klagefrist innerhalb der vom Vorsitzenden gesetzten Frist nachgeholt werden (§ 65 Abs. 2 FGO).

216 – **Richtiger Adressat** der Klage (§§ 64 Abs. 1, 47 Abs. 2 FGO): Die Klage ist beim zuständigen Finanzgericht zu erheben. Eingang bei der Behörde innerhalb der Klagefrist ist unschädlich (§ 47 Abs. 2 FGO). Hat sich der Kläger bei der Auswahl des richtigen Gerichts geirrt, kann der Fehler auch nach Ablauf der Klagefrist

geheilt werden. Auf Antrag des Klägers, auf den der Vorsitzende des angerufenen Gerichts hinwirken muß, verweist das Gericht den Rechtsstreit an das zuständige Gericht (§ 70 Abs. 1 FGO).

217 — **Vollmacht** (§ 62 FGO): Anders als im außergerichtlichen Rechtsbehelfsverfahren und bei der ordentlichen Gerichtsbarkeit, muß ein Bevollmächtigter eine schriftliche Vollmacht vorlegen. Die Vollmacht kann auch noch nach Ablauf der Klagefrist nachgereicht werden, aber nur bis zu dem vom Vorgesetzten gesetzten Termin. Wird auch diese gesetzte Frist versäumt, ist die Klage unzulässig, der Fehler kann dann nicht mehr geheilt werden (Art. 3 § 1 FGEntlG).

bb) Begründetheit

218 Die — zulässige — Klage ist begründet, wenn der angefochtene Verwaltungsakt fehlerhaft ist. Die Fehler können darin bestehen, daß das Finanzamt einen falschen Sachverhalt zugrunde gelegt hat, daß Vorschriften des — materiellen — Steuerrechts falsch angewendet wurden und daß bei Erlaß des Verwaltungsakts (Steuerbescheids) Verfahrensfehler unterlaufen sind.

Während zur Zulässigkeit der Klage im allgemeinen keine Ausführungen erforderlich sind, verlangt eine richtige Klagebegründung eine sorgfältige Darlegung der Begründetheit. Soweit möglich, sollten in der Klagebegründung die Fehlerkategorien — Sachverhaltsfehler, Verfahrensfehler, materielle Rechtsfehler — getrennt dargelegt werden.

219 Zur Begründetheit sind die Sachverhaltsumstände der gerügten Fehler vorzutragen. Auf **Rechtsausführungen** kommt es nicht an, wenngleich sie zweckmäßig sind. Der **Sachverhalt** wird gerichtlich von Amts wegen erforscht. Das Gericht ist an das tatsächliche Vorbringen von Kläger und Beklagtem nicht gebunden, ebenso nicht an die Beweisanträge (§ 76 Abs. 1 Satz 5 FGO). Das Gericht kann aber über das **Klagebegehren** (Klageantrag) nicht hinausgehen (§ 96 Abs. 1 Satz 2 FGO).

d) Die Verpflichtungsklage
(s. Musterschriftsatz M 20, Rz. 270)

220 Die Verpflichtungsklage in der Form der **Vornahmeklage** richtet sich auf die Verurteilung der Finanzbehörde zum Erlaß eines abgelehnten Verwaltungsakts. Die Verpflichtungsklage in der Form der **Untätigkeitsklage** richtet sich auf Verurteilung zum Erlaß eines durch Untätigkeit der Finanzbehörde unterlassenen Verwaltungsakts. Der abgelehnte oder unterlassene Verwaltungsakt wird meist ein begünstigender sein, z. B. Erlaß eines Steuererstattungsbescheids.

aa) Zulässigkeit

221 Die Zulässigkeitsvoraussetzungen der Verpflichtungsklage entsprechen durchweg denen der Anfechtungsklage. Es wird daher auf die entsprechenden Ausführungen zu Rz. 204 bis 217 verwiesen.

bb) Begründetheit

222 Auch dazu wird zunächst auf die entsprechenden Ausführungen zur Anfechtungsklage verwiesen. Die Verpflichtungsklage hat Erfolg, wenn der Kläger den abgelehnten oder unterlassenen Verwaltungsakt begehren kann, dieser Anspruch also zu Unrecht abgewiesen wurde.

223 Bei Verpflichtungsklagen geht es häufig um im **Ermessen** der Behörde liegende Verwaltungsakte wie Billigkeitserlaß oder Stundung. Insoweit kann gerichtlich nur eine ermessensfehlerfreie Beurteilung des Begehrens geltend gemacht werden. Gesichtspunkte der **Zweckmäßigkeit** kann das Finanzgericht, anders als die OFD, nicht berücksichtigen, wenn die Unzweckmäßigkeit zugleich ermessensfehlerhaft ist. Das Gericht kann die Ermessensentscheidung des Finanzamts nur daraufhin überprüfen, ob die gesetzlichen Grenzen des Ermessens überschritten sind — **Ermessensüberschreitung** — oder von dem Ermessen in einer dem Zweck der Ermächtigung nicht entsprechenden Weise Gebrauch gemacht wurde — **Ermessensfehlgebrauch** — (§ 102 FGO).

e) Andere Klagearten
(s. Musterschriftsatz M 21, Rz. 271)

224 Für die übrigen Klagearten gelten die im wesentlichen gleichen oder ähnliche Grundsätze. Hinzuweisen ist auf die Notwendigkeit des berechtigten Interesses an baldiger Feststellung bei der **Feststellungsklage** (§ 41 Abs. 1 FGO). Die Rechtsprechung ist zurückhaltend in der Anerkennung dieser Voraussetzung (s. dazu die Nachweise bei *Tipke/Kruse* § 41 FGO Anm. 4). Es muß auch sorgfältig geprüft werden, ob der Steuerpflichtige seine Rechte nicht durch Gestaltungs- oder Leistungsklage (Anfechtungs- oder Verpflichtungsklage) geltend machen kann, da dies nach § 41 Abs. 2 Satz 1 FGO die Feststellungsklage unzulässig macht.

f) Rechtsmittel

225 Als Rechtsmittel werden nur die Rechtsbehelfe gegen **Gerichtsentscheidungen** bezeichnet. Die Finanzgerichtsordnung sieht dazu nur die Revision (§§ 115ff. FGO) und die Beschwerde (§§ 128ff. FGO) vor. Da die Beschwerde nach §§ 128ff. FGO mit der Beschwerde nach § 349 AO nichts zu tun hat, wird die gerichtliche Beschwerde im folgenden zur Unterscheidung als **Gerichtsbeschwerde** bezeichnet.

aa) Revision
(s. Musterschriftsatz M 24, M 25, Rz. 274, 275)

226 Gegen Urteile der Finanzgerichte ist die Revision gegeben, über die der Bundesfinanzhof entscheidet. Durch das Gesetz (BFHEntlG v. 4. 7. 1985) ist nunmehr die früher ebenfalls zulässige **Streitwertrevision** – zunächst bis 31. 12. 1987 befristet – abgeschafft worden. Die Revision ist jetzt nur noch als Grundsatzrevision zulässig, wenn das Finanzgericht, oder auf Grund einer Nichtzulassungsbeschwerde der Bundesfinanzhof, sie zugelassen hat.

227 Die Revision kann nur darauf gestützt werden, daß das Finanzgericht mit seinem Urteil **materielles** oder **formelles Bundesrecht** verletzt hat (§ 118 FGO). Die Revision kann also nicht damit begründet werden, daß das Finanzgericht den **Sachverhalt** fehlerhaft festgestellt hat oder von einem unzutreffenden Sachverhalt ausgegangen ist. Gerügt werden kann allerdings, daß dem Finanzgericht bei der Ermittlung des Sachverhalts **Verfahrensfehler** unterlaufen sind.

228 Die Revision muß innerhalb eines Monats nach Zustellung des vollständigen Urteils und nach Zustellung des Beschlusses über die Revisionszulassung beim Finanzgericht – nicht beim BFH – eingelegt werden. Die **Frist** beginnt auch dann nicht früher zu laufen, wenn dem Steuerpflichtigen das Ergebnis der Finanzgerichtsentscheidung schon vorher mitgeteilt wurde. Die Revision muß innerhalb eines weiteren Monats begründet werden, wobei die **Revisionsbegründungsfrist** vor Ablauf der Frist auf Antrag durch den Vorsitzenden des zuständigen Senats des Bundesfinanzhofs verlängert werden kann.

229 Das **Revisionsverfahren** ist wesentlich förmlicher als das Gerichtsverfahren. Der Steuerpflichtige muß sich daher vor dem BFH durch einen **Rechtsanwalt, Steuerberater** oder **Wirtschaftsprüfer** vertreten lassen (Art. 1 Nr. 1 BFHEntlG).
Die **Revisionseinlegung** durch eine nicht dazu berechtigte Person (wozu auch eine Wirtschaftsprüfungs- oder Steuerberatungsgesellschaft gehört) ist unzulässig und kann nach Ablauf der Frist nicht mehr geheilt werden.

bb) Beschwerde (Gerichtsbeschwerde)
(s. Musterschriftsatz M 26, Rz. 276)

230 Gegen Entscheidungen des Finanzgerichts, die nicht Urteile und Vorbescheide sind, also gegen Beschlüsse des Finanzgerichts, ist das Rechtsmittel der Beschwerde gegeben. § 128 Abs. 2 und 3 FGO sowie die einschlägigen Entlastungsgesetze sehen eine Reihe von Ausnahmen vor, so daß es sich empfiehlt, die Rechtsmittelbelehrung sorgfältig zu beachten. Zu den Formen und Fristen siehe §§ 128ff. FGO.

231 Von besonderer Bedeutung ist die **Nichtzulassungsbeschwerde** gem. § 115 Abs. 3 FGO. Nach der Abschaffung der Streitwertrevision wird die Bedeutung der Nichtzulassungsbeschwerde noch zunehmen. Die Nichtzulassungsbeschwerde ist erfolg-

reich, wenn das Finanzgericht die Revision hätte zulassen müssen. Die Voraussetzungen dazu ergeben sich aus § 115 Abs. 2 FGO.

232 Die **Nichtzulassungsbeschwerde** muß innerhalb eines Monats durch einen Rechtsanwalt, Steuerberater oder Wirtschaftsprüfer beim Finanzgericht eingelegt und innerhalb dieser Frist auch begründet werden (§ 115 Abs. 3 FGO). Das Gesetz sieht keine Möglichkeit vor, die **Begründungsfrist** zu verlängern (anders als bei der Revision). Zulassungsgründe, die erst nach der Frist vorgebracht werden, dürfen vom BFH nicht berücksichtigt werden (*Tipke/Kruse* § 115 FGO Anm. 87).

Es bleibt abzuwarten, ob die Finanzgerichte und der Bundesfinanzhof nach Abschaffung der Streitwertrevision bei der Zulassung der Revision großzügiger sind, als es der bisherigen Praxis entspricht.

g) Vorläufiger Rechtsschutz während des Prozesses

aa) Aussetzung der Vollziehung (§ 69 FGO)
(s. Musterschriftsatz M 15–M 17, Rz. 275–277)

233 Nach Erhebung der Anfechtungsklage ist derselbe vorläufige Rechtsschutz wie im Stadium des außergerichtlichen Rechtsbehelfs, nämlich die Aussetzung der Vollziehung des angefochtenen Leistungsgebots, möglich. Die **Aussetzung** muß neu beantragt werden, denn sie endet mit der Einspruchsentscheidung von selbst.

234 Die Voraussetzungen und Folgen entsprechen dem außergerichtlichen Rechtsbehelfsverfahren, so daß auf die entsprechenden Ausführungen zur **Vollziehungsaussetzung** beim außergerichtlichen Rechtsbehelfsverfahren verwiesen werden kann (s. Rz. 171 bis 190). Auch während des Gerichtsverfahrens kann die Behörde gem. § 69 Abs. 2 FGO selbst die Vollziehung des Steuerbescheids aussetzen. § 69 Abs. 2 FGO entspricht § 361 AO. Lehnt das Finanzamt die Vollziehungsaussetzung ab, kann der Steuerpflichtige das Gericht gem. § 69 Abs. 3 FGO um die Aussetzung ersuchen.

bb) Einstweilige Anordnungen nach § 114 FGO
(s. Musterschriftsatz M 22, Rz. 272)

235 **Einstweilige Anordnungen** treffen vorläufige Regelungen. Das Verfahren ist ein selbständiges Prozeßverfahren. Es setzt einen Antrag an das Gericht voraus. Es kann neben oder vor einem Hauptverfahren betrieben werden. Nicht einmal ein außergerichtlicher Rechtsbehelf in der Hauptsache ist nötig.

236 Der Anwendungsbereich der einstweiligen Anordnung ist in der Praxis nicht sehr groß, wenn man von den Spezialproblemen des vorläufigen Rechtsschutzes bei **Verlusten aus Personengesellschaften** einmal absieht. Das liegt daran, daß das Bedürfnis nach vorläufigem Rechtsschutz im Regelfall nur gegen Steuerbescheide gegeben ist. Gegen Steuerbescheide ist die **Aussetzung der Vollziehung** nach §§ 361 AO, FGO der gegebene vorläufige Rechtsschutz, die einstweilige Anordnung also nicht erforderlich und nach § 114 Abs. 5 FGO sogar ausdrücklich unzulässig.

237 Das Rechtsinstitut der **einstweiligen Anordnung** wird benötigt, wenn die entsprechende Hauptsachenklage keine Anfechtungsklage ist. Anwendungsfälle sind somit z. B. das Begehren einer Steuererstattung, einer Stundung oder eines Erlasses.

238 Es gibt keine Formalien des Antrags. Er muß allerdings den **Anordnungsanspruch** und den **Anordnungsgrund** erkennen lassen. Anordnungsanspruch ist die Rechtsgrundlage, aus der der Steuerpflichtige seinen Anspruch geltend macht. Anordnungsgrund ist der Umstand, der es dem Steuerpflichtigen unzumutbar macht, mit seinem Anspruch bis zur Klärung im ordentlichen Verfahren warten zu müssen (Eilbedürftigkeit der Maßnahme).

239 Die Voraussetzungen sowohl des Anordnungsanspruches als auch des Anordnungsgrundes müssen vom Steuerpflichtigen möglichst schon im Antrag **glaubhaft** gemacht werden, z. B. durch **eidesstattliche Versicherungen**. Das Gericht ermittelt den Sachverhalt nicht von Amts wegen. Die erstrebte Maßnahme muß nicht bezeichnet werden, da sie vom Gericht bestimmt wird. Das Gericht soll im Rahmen seines freien Ermessens (§ 114 Abs. 3 FGO i. V. m. § 938 Abs. 1 ZPO) in die Lage versetzt werden, eine konkrete Einzelmaßnahme anzuordnen; die Maßnahme soll geeignet sein, die unerwünschte Änderung eines bestehenden Zustandes zu unterbinden, **Sicherungsanordnung** des § 114 Abs. 1 Satz 1 FGO, oder sie soll gewährleisten, daß die Hauptsache vorläufig geregelt wird, **Regelungsanordnung** des § 114 Abs. 1 Satz 2 FGO.

240 Einstweilige Anordnungen darf m. E. auch die Verwaltung selbst zur vorläufigen Sicherung oder Regelung eines Zustandes treffen (streitig, vgl. Rz. 186–188). Ruft der Steuerpflichtige das Gericht mit dem Ziel einer Sicherungs- oder Regelungsanordnung an, und greift die Verwaltung der gerichtlichen Entscheidung vor, indem sie selbst tut, was der Antragsteller von ihr verlangt, so **erledigt sich die Hauptsache**.

cc) Rechtsbehelfe gegen die gerichtliche Ablehnung des Antrages auf Aussetzung der Vollziehung und auf Erlaß einer einstweiligen Anordnung

aaa) Aussetzung der Vollziehung

241 Hat der Vorsitzende negativ entschieden, kann der Antragsteller innerhalb von zwei Wochen die Entscheidung des Gerichts, d. h. des voll besetzten Spruchkörpers, anrufen (§ 69 Abs. 3 Satz 3 FGO). Die Anrufung ist ein **Rechtsbehelf** in derselben Instanz.

242 Entscheidet das Gericht negativ, sei es, daß es sogleich den Antrag ablehnt oder erst auf Anrufung nach vorausgegangener Entscheidung seines Vorsitzenden, ist die Beschwerde gemäß § 128 FGO an den BFH gegeben.

243 Seit Inkrafttreten des BFH-Entlastungsgesetzes (Art. 1 Nr. 3) ist diese Beschwerde jedoch nur möglich, wenn sie in dem Beschluß des Finanzgerichts zugelassen worden ist. Eine nachträgliche Zulassung durch den BFH auf Grund einer **Nichtzulassungsbeschwerde** ist nicht vorgesehen, um den BFH vor solchen Verfahren zu bewahren.

244 Der **Antrag** auf Aussetzung der Vollziehung kann **wiederholt** gestellt werden. Auch kann – auch auf Antrag – der negative Beschluß geändert werden. Allerdings gilt dies auch für aussetzende Beschlüsse, die eingeschränkt oder aufgehoben werden dürfen (§ 69 Abs. 3 Satz 5 FGO). Insofern handelt es sich nicht um eine dem Rechtsbehelf vergleichbare Korrektur.

245 Zu beachten ist, daß während der Geltung des FGEntlG (Art. 3 § 7 Abs. 2) die Änderung oder Aufhebung des Beschlusses über einen Antrag nach § 69 Abs. 3 FGO nur wegen veränderter oder im ursprünglichen Verfahren ohne Verschulden nicht geltend gemachter Umstände – **neue Tatsachen** – beantragt werden kann.

bbb) Erlaß einstweiliger Anordnungen

246 Ist der Antrag auf Erlaß einer einstweiligen Anordnung abgelehnt, so ist die **Beschwerde** gemäß § 128 Abs. 1 FGO zum BFH gegeben. Eine Zulassung im ablehnenden Beschluß ist nicht erforderlich.

247 Wurde eine einstweilige Anordnung erlassen, kann das Finanzamt und auch der Steuerpflichtige – bei Teilstattgabe des Antrags – nur **Antrag auf mündliche Verhandlung** stellen (§ 114 Abs. 4 Satz 1 FGO). Dies gilt selbst dann, wenn die einstweilige Anordnung auf Grund mündlicher Verhandlung erlassen wurde (s. *Tipke/Kruse* § 114 FGO Anm. 17). Die Entscheidung auf Grund dieser mündlichen Verhandlung ergeht durch Urteil, gegen das ohne Revision nie eröffnet ist (§ 117 FGO).

248 Diese unterschiedliche **Rechtsmittelbefugnis** im Verfahren der einstweiligen Anordnung ist unbefriedigend. Hat das Finanzgericht den Antrag auf Erlaß einer einstweiligen Anordnung abgelehnt, kann der BFH angerufen werden. Hat das Gericht den Antrag nur teilweise abgelehnt oder zunächst stattgegeben und erst nach mündlicher Verhandlung abgelehnt, ist das Finanzgericht die einzige Instanz. Gleichwohl entspricht dieses Ergebnis dem geltenden Recht.

V. Musterschriftsätze

251 M 1: Antrag auf Stundung aus sachlichen Gründen

An das
Finanzamt X
X-Stadt

Steuer-Nr. 100/100; Max Brause
Antrag auf Stundung

Namens und im Auftrage des o. a. Steuerpflichtigen beantragen wir hiermit

Stundung

der Einkommensteuerabschlußzahlung 1984 in Höhe von DM 1000 bis zur Durchführung der Einkommensteuerveranlagung 1985[1]. Wir beantragen weiter, Stundungszinsen nicht zu erheben[2].

Begründung:
Gemäß der gleichzeitig eingereichten Einkommensteuererklärung 1985 wird sich für 1985 eine Einkommensteuererstattung in Höhe von DM 2000 ergeben. Es wäre unbillig, wenn der Steuerpflichtige die Einkommensteuerabschlußzahlung für 1984 leisten müßte, obwohl zum Zeitpunkt der Fälligkeit der Abschlußzahlung ausreichend hohe Gegenansprüche bestehen[3].

Gleichzeitig beantragen wir Vollstreckungsaufschub gemäß § 258 AO bis zur Entscheidung über unseren Stundungsantrag. Wir bitten durch geeignete Verwaltungsmaßnahmen sicherzustellen, daß in dieser Sache bis zur Entscheidung über unseren Antrag keine Vollstreckungsmaßnahmen ergriffen werden[4].

Systematische Darstellung: s. Rz. 49–55 und Rz. 59–61.

Anmerkungen:
[1] Der Stundungsantrag soll den Stundenbetrag und den gewünschten Zeitraum genau beschreiben. Die Stundung kann für den gesamten Zeitraum beantragt werden, auch wenn aufgrund verwaltungsinterner Vorschriften das Finanzamt möglicherweise die Stundung nur befristet aussprechen kann. Es ist Sache des Finanzamtes, nach Ablauf einer etwa befristeten Stundung die Verlängerung der Stundung von Amts wegen erneut zu prüfen.
[2] Der Antrag ergibt sich aus § 234 Abs. 2 AO. Im Antragsfall wird Stundung aus Rechtsgründen begehrt. Wenn das geltendgemachte Guthaben aus der Einkommensteuer von 1985 festgestellt wird, wäre die Erhebung von Stundungszinsen unbillig. Dieser Antrag kann bereits jetzt gestellt werden.
[3] Die Begründung soll die Voraussetzungen der Billigkeit möglichst konkret dartun.
[4] Der Nebenantrag auf Vollstreckungsschutz ist nicht unbedingt erforderlich. Das Finanzamt muß auch von Amts wegen prüfen, ob die Vollstreckung bis zur Entscheidung einzustellen ist. Gleichwohl empfiehlt sich dieser Nebenantrag auf Vollstreckungsschutz; siehe dazu auch Muster M 3.

Anwendungsfälle: Die Stundung aus sachlichen Gründen kommt immer dann in Betracht, wenn die sofortige Erhebung der Steuer aus objektiven Gründen unbillig ist. Es können sowohl Steuern wie andere Abgaben gestundet werden.

Kosten: Kosten fallen für diesen Antrag nicht an. Über etwaige Stundungszinsen bei einer verfügten Stundung siehe § 234ff. AO.

Honorar: Gemäß § 23 Nr. 2 StBGebV: 2/10 bis 8/10 Gebühr Tabelle A, berechnet vom Wert des Interesses (Zinsersparnis), i. d. R. 10% des Stundungsbetrags.

Form und Fristvorschriften: Form und Fristvorschriften bestehen nicht. Der Antrag kann vom Steuerpflichtigen oder seinem Bevollmächtigten formlos und ohne Beachtung einer Frist gestellt werden.

Entscheidungsträger: Über den Antrag entscheidet nach außen das Finanzamt. Für ablehnende Stundungsentscheidungen ist das Finanzamt ausschließlich zuständig. Will das Finanzamt stunden, ist seine Befugnis für höhere Beträge oder längere

Zeiträume intern begrenzt, so daß es gegebenenfalls der Zustimmung höherer Behörden bedarf (siehe dazu BdF-Schreiben v. 15. 12. 1982, BStBl. I 1982, 901).
Rechtsbehelf: Gegen die Entscheidung des Finanzamtes ist die Beschwerde nach § 349 AO gegeben.

252 M 2: Antrag auf Stundung aus persönlichen Gründen

An das
Finanzamt X
X-Stadt

Steuer-Nr. 100/100; Max Brause
Antrag auf Stundung

Hiermit stellen wir namens und im Auftrag des vorgenannten Steuerpflichtigen Antrag auf

Stundung

der rückständigen Steuern in Höhe von DM 5 000 gegen Gewährung einer monatlichen Ratenzahlung von DM 1 000, fällig jeweils am 1. des auf die Entscheidung folgenden Monats.

Begründung:
Der Steuerpflichtige ist zur fristgerechten Zahlung seiner rückständigen Steuerschulden ohne Verschulden nicht in der Lage. Er arbeitet als freier Handelsvertreter und ist im wesentlichen bei einem Unternehmer tätig. Dieses Unternehmen hat vor kurzem seine Zahlungen eingestellt und den Handelsvertretervertrag mit unserem Mandanten gekündigt. Ausstehende Provisionsansprüche unseres Mandanten in Höhe von DM 5 000 lassen sich zumindest nicht kurzfristig realisieren. Unser Mandant hat zwar sofort nach Kenntnis dieser Umstände einen neuen Handelsvertretervertrag mit einem anderen Unternehmen abgeschlossen. Provisionseinnahmen aus den Geschäften für das neue Unternehmen werden aber erst nach einigen Monaten zufließen können.

Im Hinblick hierauf ist unser Mandant ohne Verschulden in eigene Zahlungsschwierigkeiten geraten. Auch unter Inanspruchnahme aller verfügbaren Privatmittel sowie bei Ausschöpfung der bestehenden Kreditlinien kann unser Mandant die rückständigen Steuern nur nach Maßgabe des Stundungsantrags tilgen. Die sofortige Beitreibung der Steuerrückstände wäre damit unbillig.

Vollstreckungsschutzantrag wie Muster 1.
Systematische Erläuterung: s. Rz. 49–55 und Rz. 59–61.
Anmerkungen: Bei einer Stundung aus persönlichen Gründen müssen die Gründe für die Stundungsbedürftigkeit und für die Stundungswürdigkeit besonders sorgfältig dargelegt werden. Vgl. im übrigen Anmerkungen zu Muster 1.
Anwendungsfälle: Es können Steuern und anderen Abgaben gestundet werden.
Kosten: Kosten fallen nicht an; gemäß §§ 234, 238 AO werden Stundungszinsen in Höhe von 0,5% pro Monat erhoben, soweit nicht im einzelnen die Erhebung der Zinsen unbillig ist.
Honorar: Gemäß § 23 Nr. 2 StBGebV: 2/10 bis 8/10 Gebühr Tabelle A, berechnet vom Wert des Interesses (Zinsersparnis); i. d. R. 10% des Stundungsbetrags.
Form und Fristvorschriften: Der Antrag ist form- und fristlos und kann von dem Steuerpflichtigen oder seinem Bevollmächtigten gestellt werden.
Entscheidungsträger: Die Entscheidung trifft das Finanzamt. Im übrigen s. Anmerkung zu Muster 1.
Rechtsbehelf: Gegen die Entscheidung des Finanzamtes ist die Beschwerde nach § 349 AO gegeben.

253 M 3: Antrag auf Vollstreckungsaufschub

An das
Finanzamt X
X-Stadt

Steuer-Nr. 100/100; Max Brause
Antrag auf Vollstreckungsaufschub

namens und im Auftrage des vorgenannten Steuerpflichtigen beantragen wir hiermit

Vollstreckungsaufschub

gemäß § 258 AO für die rückständige Umsatzsteuervorauszahlung gemäß Umsatzsteuer-Vorauszahlungsbescheid für Juli 1985 in Höhe von DM 1 000.

Begründung:
Der erwähnte Umsatzsteuervorauszahlungsbescheid wurde von unserem Mandanten fristgerecht durch Einspruch angefochten. Gleichzeitig hat unser Mandant Antrag auf Aussetzung der Vollziehung gestellt, den das Finanzamt abgelehnt hat. Da unser Mandant weiterhin der Auffassung ist, daß die Rechtmäßigkeit des angefochtenen Bescheides ernsthaft zweifelhaft ist, hat er beim zuständigen Finanzgericht einen Antrag auf Aussetzung der Vollziehung gestellt. Wegen der Überlastung des Finanzgerichts ist eine Entscheidung bis zur Fälligkeit der angefochtenen Steuern nicht zu erwarten.

Wie unser Mandant im Rahmen des Rechtsbehelfsverfahrens bereits vorgetragen hat, hat das Finanzamt beim Erlaß des angefochtenen Umsatzsteuervorauszahlungsbescheides einen falschen Sachverhalt angenommen und darüber hinaus auch eine einschlägige Entscheidung des Bundesfinanzhofes übersehen. Es ist davon auszugehen, daß das Finanzgericht die beantragte Aussetzung der Vollziehung gewähren wird. Wenn das Finanzamt bis zur Entscheidung des Finanzgerichts gleichwohl aus dem angefochtenen Bescheid vollstrecken würde, würde hierdurch der verfassungsrechtlich gewährleistete Anspruch auf gerichtlichen Rechtsschutz unterlaufen werden. Da das Aussetzungsbegehren des Steuerpflichtigen auch nicht ersichtlich chancenlos ist und etwa nur zur Hinausschiebung der Fälligkeit gestellt wurde, wäre es unbillig, wenn das Finanzamt vor der Entscheidung des Finanzgerichts vollstrecken würde. Damit sind die Voraussetzungen des Vollstreckungsaufschubs erfüllt.

Systematische Erläuterungen: s. Rz. 56–61.

Anmerkungen: Ob die Voraussetzung des Vollstreckungsaufschubs im Antragsfall vorliegt, ist streitig. Siehe dazu das Beispiel zu Rz. 61 und die Ausführungen zu Rz. 175.

Anwendungsfälle: Vollstreckungsaufschub wird häufig als ergänzender Nebenantrag zu anderen Anträgen gestellt. Durch den Vollstreckungsschutzantrag soll dann sichergestellt werden, daß das Finanzamt die Vollstreckung einstweilen solange einstellt, bis über den Antrag auf Herabsetzung der Steuer, der Vollziehungsaussetzung oder Stundung o. ä. entschieden worden ist. Darüber hinaus sind die Anwendungsfälle nicht sehr zahlreich. Die Gründe, die die Vollstreckung unbillig machen (§ 258 AO), rechtfertigen i. d. R. auch eine Stundung (§ 222 AO), die aber vorrangig ist.

Kosten: Der Antrag ist kostenfrei. Auch bei Gewährung von Vollstreckungsaufschub fallen Verspätungszuschläge gemäß § 240 AO an. Diese entfallen, wenn der Steuerbescheid und das Leistungsgebot rückwirkend aufgehoben werden.

Honorar: Gemäß § 44 Abs. 1 StBGebV: 3/10 Gebühr der Tabelle E, berechnet vom Wert des Interesses, i. d. R. 10% des Steuerbetrags.

Form und Fristvorschriften: Der Antrag kann form- und fristlos gestellt werden. Auch ohne Antrag hat das Finanzamt die Voraussetzungen des Vollstreckungsaufschubs von Amts wegen zu prüfen.

Entscheidungsträger: Über den Antrag entscheidet das Finanzamt allein.

Rechtsbehelf: Gegen die Entscheidung des Finanzamtes ist Beschwerde nach § 349 AO gegeben.

254 M 4: Antrag auf Steuererlaß

An das
Finanzamt X
X-Stadt

Steuer-Nr. 100/100; Max Brause
Antrag auf Steuererlaß von Steuerschulden

namens und im Auftrage des vorgenannten Steuerpflichtigen beantragen wir

Erlaß

eines Teilbetrags der rückständigen Einkommensteuerschulden in Höhe von 50%, das sind 5000 DM.

Begründung:
Der Hauptkunde des Steuerpflichtigen hat vor einigen Monaten die Eröffnung des Konkursverfahrens über sein Vermögen beantragt. Der Steuerpflichtige mußte daraufhin selbst einen Forderungsausfall in Höhe von mehr als DM 100000 verbuchen. Diesen erheblichen Verlust kann unser Mandant aus eigener Kraft nicht auffangen. Das Unternehmen des Steuerpflichtigen kann nur fortgeführt werden, wenn die Gläubiger ihrerseits im Rahmen eines außergerichtlichen Vergleichsverfahrens auf 50% ihrer Forderungen verzichten. Da unser Mandant neben dem Finanzamt im wesentlichen nur einen Hauptgläubiger hat, kann das Unternehmen unseres Mandanten saniert werden, wenn dieser Gläubiger und das Finanzamt einem Teilerlaß in Höhe von 50% der rückständigen Schulden zustimmen.
Der Hauptlieferant unseres Mandanten hat diesem Teilerlaß bereits unter der Voraussetzung zugestimmt, daß auch das Finanzamt als zweiter Gläubiger einen entsprechenden Teilerlaß ausspricht.
Da unser Mandant in seine wirtschaftliche Notlage ohne Verschulden geraten ist und der beantragte Steuererlaß zur Fortführung des Betriebes dringend erforderlich ist, wäre die Erhebung der vollen Einkommensteuer unbillig[1].
Bis zur Entscheidung über diesen Erlaßantrag beantragen wir Vollstreckungsaufschub gemäß § 258 AO[2].

Systematische Erläuterungen: s. Rz. 49–55 und Rz. 59–61.

Anmerkungen:
[1] Die Begründung des Erlaßantrages aus persönlichen Gründen muß sowohl Ausführungen zur Erlaßwürdigkeit und zur Erlaßbedürftigkeit enthalten.
[2] Zum Nebenantrag auf Vollstreckungsaufschub siehe Anmerkung zu Muster 1.

Anwendungsfälle: Ein Erlaß kann sowohl aus sachlichen wie aus persönlichen Gründen beantragt werden. Erlaßfähig sind sowohl Steuern wie Nebenabgaben.

Kosten: Keine.

Honorar: Gemäß § 23 Nr. 5 StBGebV: 2/10 bis 8/10 Gebühr der Tabelle A, berechnet vom Wert des Interesses, das ist i. d. R. der zu erlassende Steuerbetrag.

Form und Fristvorschriften. Der Antrag ist form- und fristfrei. Er kann durch den Steuerpflichtigen und seinen Bevollmächtigten gestellt werden.

Entscheidungsträger: Über den Antrag entscheidet das Finanzamt, soweit die Landesfinanzbehörden zuständig sind. Eine ablehnende Entscheidung kann das Finanzamt allein treffen. Bei zustimmenden Entscheidungen ist je nach Höhe die Mitwirkung bzw. Zustimmung der vorgesetzten Behörden erforderlich (siehe im einzelnen dazu *Tipke/Kruse*, § 227 AO Tz. 60ff.). Über Erlaßanträge zur Gewerbesteuer und zur Grundsteuer entscheidet die Gemeinde selbst.

Rechtsbehelf: Gegen die Entscheidung des Finanzamts ist die Beschwerde nach § 349 AO gegeben. Gegen eine Entscheidung der Gemeinde ist Widerspruch nach der VwGO zulässig.

255 M 5: Aufrechnungserklärung

An das
Finanzamt X
X-Stadt

Steuer-Nr. 100/100; Max Brause
Aufrechnungserklärung

namens und im Auftrage des oben genannten Steuerpflichtigen erklären wir hiermit die

Aufrechnung

mit dem Guthaben gemäß dem Umsatzsteuervorauszahlungsbescheid vom 23. 7. 1985 für Juni 1985 in Höhe von DM 1 000 gegen die Zahlungsverpflichtung des Steuerpflichtigen aus der Lohnsteueranmeldung für Juni 1985.

Begründung:
Das Guthaben aus dem vorgenannten Steuerbescheid und die Verpflichtung aus der Lohnsteueranmeldung sind an sich zwischen Steuerpflichtigem und Finanzamt unstreitig. Das Guthaben aus dem Umsatzsteuervorauszahlungsbescheid ist jedoch der Finanzkasse nicht bekannt. Offenbar ist die verwaltungsinterne Verfügung innerhalb des Finanzamtes verlorengegangen, so daß die Finanzkasse das Guthaben nicht verbuchen kann. Mit einer Verrechnung des Umsatzsteuerguthabens mit der Lohnsteuerschuld ist die Finanzkasse nicht einverstanden gewesen, obwohl der Steuerpflichtige angeboten hat, Kopie des Umsatzsteuervorauszahlungsbescheides zu den Akten einzureichen. Aus diesem Grunde ist die Aufrechnung geboten.

Systematische Erläuterung: s. Rz. 44, 47.

Anmerkungen: Die Aufrechnung kann sowohl vom Steuerpflichtigen wie vom Finanzamt erklärt werden. Die Aufrechnung ist zulässig, wenn die Aufrechnungslage besteht. Das setzt Gegenseitigkeit von Forderung und Verbindlichkeit, Gleichartigkeit, Erfüllbarkeit der Hauptforderung, Fälligkeit einer unbestrittenen oder rechtskräftigen Gegenforderung und kein Aufrechnungsverbot voraus. Die Aufrechnung ist eine einseitige Willenserklärung im Gegensatz zur Verrechnung, die als Vertrag nur mit Zustimmung vom Steuerpflichtigen und vom Finanzamt wirksam wird.

Anwendungsfälle: In der Praxis kommen Aufrechnungen selten vor. In der Regel werden die Guthaben und die Steuerschulden einvernehmlich verrechnet. Da Verrechnung aber ein Vertrag ist und die Zustimmung vom Finanzamt und Steuerpflichtigen verlangt, kommt die Aufrechnung nur bei einem Streit vor. Das ist z. B. bei Konkurs des Steuerpflichtigen, Pfändung des Steuerguthabens durch Dritte oder Streit um das Bestehen des Guthabens der Fall.

Kosten: Keine.

Honorar: Gemäß § 23 Nr. 10 StBGebV: 2/10 bis 10/10 Gebühr der Tabelle A, berechnet vom Wert des Aufrechnungsinteresses, hier der Wert der Steuer.

Form- und Fristvorschriften: Die Aufrechnung ist an sich nicht form- und fristgebunden. Da aber gemäß § 388 Satz 1 BGB eine Aufrechnungserklärung erforderlich ist, ist in der Praxis Schriftlichkeit nicht zu vermeiden.

Entscheidungsträger: Die Aufrechnungserklärung bedarf keiner Zustimmung und damit auch keiner Entscheidung durch das Finanzamt.

Rechtsbehelf: Bestreitet das Finanzamt die Wirksamkeit der Aufrechnung, muß das Finanzamt entweder auf Antrag oder von Amts wegen einen Abrechnungsbescheid nach § 218 Abs. 2 AO erlassen. Gegen diesen ist dann der Einspruch nach § 348 AO gegeben.

256 M 6: Antrag auf Änderung eines Steuerbescheids

An das
Finanzamt X
X-Stadt

Steuer-Nr. 100/100; Max Brause
Antrag auf Änderung eines Steuerbescheids
namens und im Auftrage des o. a. Steuerpflichtigen beantragen wir hiermit die

Änderung

des Einkommensteuerbescheids 1984 vom 8. 7. 1985. Wir beantragen, die festgesetzte Steuer im Wege der Berichtigung um DM 1 000 herabzusetzen[1].

Begründung:
Der Berichtigungsantrag wird auf § 129 AO gestützt. Beim Erlaß des Steuerbescheids ist dem Finanzamt ein Rechenfehler unterlaufen[2]. In der Steuererklärung hat der Steuerpflichtige einen Verlust aus Vermietung und Verpachtung in Höhe von DM 3000 erklärt. Diesen Betrag hat das Finanzamt auch der Veranlagung zugrundegelegt, dabei aber irrtümlich ein falsches Vorzeichen eingegeben. Der vorgenannte Betrag von DM 3000 wurde daher bei der Ermittlung des Gesamtbetrags der Einkünfte hinzugerechnet, statt abgezogen. Bei richtiger Berechnung ergibt sich die im Antrag geltendgemachte Steuerminderung.

Ergänzend betragen wir zinslose Stundung des entsprechenden Teilbetrags der Einkommensteuerabschlußzahlung bis zur Durchführung der Berichtigungsveranlagung.[3]

Systematische Darstellung: s. Rz. 62–76.

Anmerkungen:
[1] Statt der Berichtigung der Steuer kann auch beantragt werden, die Bemessungsgrundlage – hier um 6000,– DM – herabzusetzen.
[2] Eine genaue Kennzeichnung des Berichtigungstatbestands ist zweckmäßig.
[3] Dieser Nebenantrag ist zweckmäßig, damit das Finanzamt die Beitreibung zunächst aussetzt. Die Stundung ergeht zinslos, wenn aufgrund der Berichtigung eine entsprechende Steuerminderung entsteht (§ 234 Abs. 2 AO).

Anwendungsfälle: Änderungsanträge kommen in Betracht, wenn der betreffende Steuerbescheid nicht mehr angefochten werden kann, weil z. B. die Anfechtungsfrist versäumt ist. Innerhalb der Einspruchsfrist ist es im Regelfall zweckmäßiger, keinen einfachen Änderungsantrag, sondern einen formellen Rechtsbehelfsantrag (Einspruch/Beschwerde) zu stellen. Im Rahmen eines Rechtsbehelfsverfahrens lassen sich alle Fehler uneingeschränkt korrigieren, während außerhalb des Verfahrens eine Änderung des Steuerbescheids nur in den gesetzlich geregelten Fällen möglich ist.

Neben dem Musterfall – Berichtigung einer offenbaren Unrichtigkeit nach § 129 AO – kommen hauptsächlich folgende Fälle in Betracht:
a) Änderung eines Steuerbescheids, der unter dem Vorbehalt einer Nachprüfung steht, § 164 Abs. 2 Satz 2 AO;
b) Änderung einer vorläufigen Steuerfestsetzung nach § 165 AO, sobald die Ungewißheit beseitigt ist, die zur vorläufigen Steuerfestsetzung geführt hat (§ 165 Abs. 2 Satz 2 AO);
c) Änderung eines Steuerbescheids, der Zölle und Verbrauchssteuern betrifft (§ 172 Abs. 1 Satz 1 AO);
d) Änderung eines Steuerbescheids, soweit nachträglich neue Tatsachen oder Beweismittel bekannt werden (§ 173 Abs. 1 Satz 1 und 2 AO);
e) Änderung von widerstreitenden Steuerfestsetzungen (§ 174 Absatz 1 Satz 1 AO);
f) Änderung eines Steuerbescheids aufgrund eines neuen oder geänderten Grundlagenbescheids (§ 175 Abs. 1 Satz 1 AO);
g) Änderung eines Steuerbescheids bei Eintritt eines rückwirkenden Ereignisses (§ 175 Absatz 1, 2 AO).

Musterschriftsätze

h) Änderung einer Steueranmeldung, die gemäß § 168 AO als Steuerfestsetzung unter dem Vorbehalt der Nachprüfung gilt.

Kosten: Kosten fallen für diesen Antrag nicht an.

Honorar: Nach § 23 Nr. 7 StBGebV 2/10 bis 10/10 Gebühr Tabelle A, gerechnet vom Wert des Interesses, das ist die durch die Berichtigung begehrte Steuerermäßigung.

Form- und Fristvorschriften: Form- und Fristvorschriften bestehen nicht. Der Antrag kann vom Steuerpflichtigen und seinem Bevollmächtigten formlos und ohne Beachtung einer Frist gestellt werden.

Entscheidungsträger: Über den Antrag entscheidet das Finanzamt.

Rechtsbehelf: Gegen die Entscheidung des Finanzamtes ist gemäß § 348 Abs. 2 AO der Einspruch gegeben.

M 7: Antrag auf Fristverlängerung

An das
Finanzamt X
X-Stadt

Steuer-Nr. 100/100; Max Brause
Antrag auf Fristverlängerung

Namens und im Auftrage des o. a. Steuerpflichtigen beantragen wir hiermit

Fristverlängerung

zur Abgabe der Einkommensteuererklärung für 1984 unseres Mandanten bis zum 30. April 1986[1].

Begründung:
Die Steuererklärung konnte von unserem Mandanten innerhalb der gesetzten Frist nicht abschließend erstellt werden, so daß die beantragte Fristverlängerung erforderlich ist. Eine wesentliche Besteuerungsgrundlage unseres Mandanten besteht in den Einkünften aus einem umfangreichen Immobilienbesitz. Dieser Grundbesitz unseres Mandanten wird von einer Hausverwaltungsgesellschaft verwaltet, die auch die erforderlichen Informationen zur Ermittlung der Besteuerungsgrundlage zur Verfügung stellt. Wegen einer langwierigen und ernsthaften Erkrankung des zuständigen Sachbearbeiters der Hausverwaltungsgesellschaft konnten die entsprechenden Informationen bislang noch nicht zusammmegestellt werden. Die beantragte Fristverlängerung ist damit erforderlich[2].

Systematische Darstellung: s. Rz. 116–120.

Anmerkungen:
[1] Der Antrag kann auch noch nach Ablauf der Frist gestellt werden. Es empfiehlt sich jedoch ein vorheriger Antrag.
[2] Über den Antrag muß das Finanzamt nach pflichtgemäßem Ermessen entscheiden. Daher sollten die Umstände sorgfältig dargelegt werden, die eine Ablehnung des Antrags unbillig machen würden. Allgemeine Hinweise auf Arbeitsüberlastung reichen für eine Fristverlängerung zur Abgabe der Steuererklärungen über den 28. Februar des Folgejahres im allgemeinen nicht aus.

Anwendungsfälle: Fristverlängerungsanträge sind möglich für alle gesetzlichen und durch das Finanzamt gesetzten Fristen, die keine Ausschlußfristen sind. Ausschlußfristen, z. B. Rechtsbehelfsfristen, sind grundsätzlich nicht verlängerungsfähig. Neben dem Musterfall der Verlängerung der Frist zur Abgabe der Steuererklärungen kommen folgende Hauptfälle in Betracht:
a) alle vom Finanzamt gesetzten Fristen zur Einreichung von Unterlagen im Rahmen des Besteuerungsverfahrens und auch des außergerichtlichen Rechtsbehelfsverfahrens;
b) vom Gericht gesetzte Fristen im Rahmen eines gerichtlichen Verfahrens, soweit es

sich nicht ausnahmsweise um Ausschlußfristen handelt (beachte: Frist zur Einreichung einer Vollmacht kann Ausschlußfrist sein, § 1 FGEntlG).

Kosten: Kosten fallen für diesen Antrag nicht an.

Honorar: Gemäß § 23 Nr. 10 StBGebV: 2/10 bis 10/10 Gebühren Tabelle A, berechnet vom Wert des Interesses. Dieser ergibt sich im Regelfall nach dem Betrag, der als Verspätungszuschlag bei Nichtbeachtung der Frist auferlegt werden könnte. Das Honorar fällt allerdings nicht an, soweit es sich um eine unselbständige Nebentätigkeit im Rahmen der bearbeiteten Steuererklärung handelt, wovon im Regelfall auszugehen ist.

Form- und Fristvorschriften: Form- und Fristvorschriften bestehen nicht. Der Antrag kann vom Steuerpflichtigen und seinem Bevollmächtigten formlos und ohne Beachtung einer Frist gestellt werde. Wird ein Fristverlängerungsantrag nach Ablauf der Frist gestellt, wird das Finanzamt besonders sorgfältig prüfen, ob die rückwirkende Fristverlängerung gewährt werden kann.

Entscheidungsträger: Über den Antrag entscheidet der jeweilige Antragsempfänger, also das Finanzamt oder das Finanzgericht selbst.

Rechtsbehelf: Gegen die Entscheidung des Finanzamts ist die Beschwerde nach § 349 AO gegeben. Gerichtliche Entscheidungen über Fristverlängerungsanträge sind nach § 128 Abs. 2 FGO nicht selbständig anfechtbar.

258 **M 8: Antrag auf Wiedereinsetzung in den vorigen Stand**

An das
Finanzamt X
X-Stadt

Steuer-Nr. 100/100; Max Brause
Antrag auf Wiedereinsetzung in den vorigen Stand

Namens und im Auftrag des o. a. Steuerpflichtigen beantragen wir hiermit

Wiedereinsetzung in den vorigen Stand

wegen Versäumung der Einspruchsfrist gegen den Einkommensteuerbescheid 1984 vom 1. 7. 1985[1]. Den Einspruch gegen den vorgenannten Bescheid haben wir mit gesondertem Schriftsatz erhoben[2].

Bergründung:
Der vorgenannte mit der Post übersandte Steuerbescheid wurde in den Briefkasten unseres Mandanten während seines Urlaubs eingeworfen. Unser Mandant hat daher von dem Steuerbescheid erst nach seiner Urlaubsrückkehr am 15. 8. 1985 Kenntnis nehmen können. Zur Glaubhaftmachung hierfür überreichen wir als Anlage eine entsprechende eidesstattliche Versicherung unseres Mandanten.
Unser Mandant war somit ohne Verschulden daran gehindert, die Einspruchsfrist einzuhalten, so daß ihm Wiedereinsetzung zu gewähren ist.

Systematische Darstellung: s. Rz. 121–124.

Anmerkungen:
[1] In dem Wiedereinsetzungsgesuch ist die versäumte Rechtshandlung genau zu beschreiben.
[2] Der Wiedereinsetzungsantrag ersetzt die versäumte Rechtshandlung nicht. Der Einspruch muß daher ebenfalls erhoben werden, kann aber mit dem Wiedereinsetzungsantrag verbunden werden.

Anwendungsfälle: Die Wiedereinsetzung in den vorigen Stand ist erforderlich, wenn eine Ausschlußfrist versäumt ist. Neben dem Musterfall der Versäumung der Einspruchsfrist kommen folgende Hauptfälle in Betracht:
a) Beschwerdefrist
b) Klagefrist
c) Frist zur Einreichung der Vollmacht, wenn der Vorsitzende des Gerichts dazu eine Ausschlußfrist gesetzt hat;

Musterschriftsätze

d) Revisionseinlegungsfrist;
e) Revisionsbegründungsfrist, soweit sie nicht vor dem Ablauf verlängert worden ist;
f) Beschwerdefrist (Gerichtsbeschwerde);
g) Antrag auf Lohnsteuerjahresausgleich;
h) Antrag auf Gewährung von Investitionszulage;
i) Antrag auf Gewährung von Bausparprämien u. ä.

Kosten: Kosten fallen im außergerichtlichen Verfahren nicht an. Wird im gerichtlichen Verfahren die Wiedereinsetzung abgelehnt, führt dies durchweg auch zur Verwerfung der Klage bzw. Revision mit den jeweils dort vorgesehenen Kosten.

Honorar: Gemäß § 23 Nr. 9 StBGebV: 4/10 bis 10/10 Gebühr, Tabelle A, berechnet vom Wert des Interesses. Das ist in der Regel der jeweilige Steuerbetrag, um den es in der Hauptsache geht. Das Honorar entfällt, wenn der Antrag innerhalb eines Rechtsbehelfsverfahrens gestellt wird.

Form- und Fristvorschriften: Es gelten die gleichen Formvorschriften wie für die versäumte Handlung selbst (streitig, so wie hier *Tipke/Kruse* § 110 AO Anm. 24; a. A. *Kühn/Kutter/Hofmann* § 110 AO Anm. 6a; *Hübschmann/Hepp/Spitaler* § 110 AO Anm. 25). Vorsorglich sollte jedenfalls die entsprechende Form gewahrt werden, die für die jeweilige Handlung selbst vorgesehen ist, das ist in der Regel Schriftlichkeit.

Für die Frist ist zu unterscheiden: Der Wiedereinsetzungsantrag im Verwaltungsverfahren muß innerhalb eines Monats nach Wegfall des Hindernisses gestellt werden (§ 110 Abs. 2 Satz 1 AO). Im finanzgerichtlichen Verfahren muß der Antrag innerhalb von zwei Wochen nach Wegfall des Hindernisses gestellt werden (§ 56 Abs. 2 Satz 1 FGO). Die Mittel der Glaubhaftmachung müssen mit dem Antrag oder während der Dauer der Entscheidung über diesen Antrag vorgelegt werden. **Beachte:** Innerhalb der jeweiligen Antragsfrist muß auch die versäumte Rechtshandlung nachgeholt werden, d. h. es muß noch ausdrücklich der Einspruch eingelegt, die Klage erhoben werden u. ä.

Entscheidungsträger: Über den Antrag entscheidet die Stelle, die auch über die versäumte Rechtshandlung entscheidet (Finanzamt, OFD, Gericht).

Rechtsbehelf: Die Entscheidung über die Wiedereinsetzung erfolgt im Regelfall als unselbständige Teilentscheidung zu der Entscheidung über die versäumte Rechtshandlung. Gegen sie ist daher der gleiche Rechtsbehelf gegeben, der gegen die Hauptentscheidung eröffnet ist, z. B. bei Versäumung der Einspruchsfrist ist die Klage vor dem Finanzgericht zu erheben.

M 9: Einspruch mit Antrag auf Aufhebung eines Steuerbescheids

An das
Finanzamt X
X-Stadt

Steuer-Nr. 100/100; Max Brause
Einspruch gegen den Umsatzsteuerbescheid 1984 vom 1. 7. 1985

Namens und im Auftrage des o. a Steuerpflichtigen legen wir hiermit gegen den vorgenannten Steuerbescheid

Einspruch

ein. Wir beantragen, den Umsatzsteuerbescheid ersatzlos aufzuheben[1].

Begründung:
Der aufgrund einer Schätzung ergangene Umsatzsteuerbescheid ist rechtswidrig. Das Finanzamt hat zu Unrecht angenommen, daß unser Mandant ein Ladenlokal als Gewerbetreibender unterhält und deshalb eine Umsatzsteuerverpflichtung besteht. Unser Mandant hat zwar vor einiger Zeit einen solchen Gewerbebetrieb angemeldet, da er die Aufnahme eines solchen Unternehmens beabsichtigte. Zur Anmietung des vorgesehenen Ladenlokals ist es jedoch nicht gekommen, so daß auch der Betrieb nicht eröffnet wurde. Mithin hat unser Mandant weder Umsätze erzielt noch sind bei

ihm abziehbare Vorsteuern angefallen. Da unser Mandant auch darüber hinaus keine unternehmerischen Leistungen erbringt, ist der Umsatzsteuerbescheid rechtswidrig. Der Bescheid ist daher ersatzlos aufzuheben.

Zur Gewährung vorläufigen Rechtsschutzes beantragen wir die Aussetzung der Vollziehung der angeforderten Steuerzahlungen in vollem Umfange und ohne Sicherheitsleistung.[2]

Darüber hinaus beantragen wir hilfsweise Vollstreckungsaufschub gemäß § 258 AO bis zur Entscheidung über unsere Anträge. Wir bitten die Finanzkasse, sicherzustellen, daß nicht versehentlich in dieser Angelegenheit Vollstreckungsmaßnahmen ergriffen werden.[3]

Die Anträge auf Gewährung vorläufigen Rechtsschutzes sind begründet, da der angefochtene Steuerbescheid rechtswidrig, seine Rechtmäßigkeit zumindestens zweifelhaft ist. Diese rechtlichen Zweifel ergeben sich aus unserer vorstehenden Einspruchsbegründung.

Systematische Darstellung: s. Rz. 151–166.

Anmerkungen:
[1] Das Finanzamt muß auch ohne Antrag auf den Einspruch hin den Steuerbescheid umfassend überprüfen. Nach § 357 Abs. 3 AO soll aber ein Antrag gestellt werden.
[2] Die Notwendigkeit der Entscheidung über die Vollziehungsaussetzung ergibt sich aus § 361 Abs. 1 AO. Vgl. im übrigen Muster M 15.
[3] Vgl. dazu Muster M 3.

Anwendungsfälle: Der Einspruch kann gegen die in § 348 Abs. 1 und Abs. 2 AO genannten Bescheide eingelegt werden. Der Einspruch mit dem Ziel der Aufhebung des angefochtenen Verwaltungsakts kommt dann in Betracht, wenn der Erlaß des Verwaltungsakts oder Steuerbescheids insgesamt angegriffen wird, so daß die vollständige Aufhebung erreicht werden soll. Neben dem Musterfall ergeben sich hierfür folgende Hauptanwendungsfälle:
a) Einspruch gegen Steuerbescheide jeder Art, weil die Steuerschuld insgesamt bestritten wird, oder die materiellrechtlichen oder verfahrensrechtlichen Voraussetzungen zum Erlaß des Bescheides bestritten werden;
b) Einspruch gegen Haftungsbescheide, weil die gesetzlichen Voraussetzungen der Haftung nicht bestehen;
c) Feststellungsbescheide, Steuermeßbescheide u. ä., weil eine gesonderte Feststellung von Einkünften insgesamt nicht zulässig ist;
d) Einspruch gegen vom Steuerpflichtigen selbst abgegebene Steueranmeldungen, wenn nach Abgabe der Anmeldung festgestellt wird, daß eine Pflicht zur Abgabe dieser Anmeldung nicht besteht.

Kosten: Kosten fallen für diesen Antrag nicht an. Das Einspruchsverfahren ist kostenfrei.

Honorar: Gemäß § 40 – 43 StBGebV jeweils 5/10 bis 10/10 Geschäftsgebühr, Besprechungsgebühr und Beweisaufnahmegebühr der Tabelle E. Die Gebühren werden nach dem Streitwert berechnet, das ist der streitige Steuerbetrag. Für die Anträge auf Gewährung des vorläufigen Rechtsschutzes (Aussetzung der Vollziehung und Vollstreckungsschutzantrag) wird gemäß § 44 StBGebV keine zusätzliche Gebühr fällig, soweit der Berater auch das Einspruchsverfahren führt.

Form- und Fristvorschriften: Der Einspruch ist schriftlich einzureichen oder zur Niederschrift zu erklären (§ 357 Abs. 1 Satz 1 AO). Er kann vom Steuerpflichtigen oder seinem Bevollmächtigten erhoben werden. Der Einspruch muß innerhalb einer Ausschlußfrist von einem Monat nach Bekanntgabe des Steuerbescheids eingelegt werden.

Entscheidungsträger: Einspruchsbehörde ist das Finanzamt selbst (§ 367 Abs. 1 AO). Das gilt auch für den Antrag auf Aussetzung der Vollziehung.

Rechtsbehelf: Gegen die Entscheidung des Finanzamts zur Aussetzung der Vollziehung ist wahlweise die Beschwerde nach § 349 AO oder die unmittelbare Anrufung des Finanzgerichts nach § 69 FGO zulässig. Gegen die Einspruchsentscheidung – Entscheidung zur Hauptsache – ist Klage zum Finanzgericht gegeben.

260 M 10: Einspruch mit Antrag auf Änderung eines Steuerbescheids

An das
Finanzamt X
X-Stadt

Steuer-Nr. 100/100; Max Brause
Einspruch gegen den Umsatzsteuerbescheid 1984 vom 1. 7. 1985

Namens und im Auftrage des o. a. Steuerpflichtigen legen wir hiermit gegen den vorgenannten Steuerbescheid

Einspruch

ein. Wir beantragen, den angefochtenenen Umsatzsteuerbescheid zu ändern und die Umsatzsteuerabschlußzahlung von bisher DM 11 000 auf DM 10 000 herabzusetzen[1].

Begründung:
Die angefochtene Steuerfestsetzung beruht auf der Schätzung des Finanzamtes, da angeblich keine Umsatzsteuererklärung eingereicht wurde. Tatsächlich hat der Steuerpflichtige fristgerecht seine Umsatzsteuererklärung dem Finanzamt eingereicht. Offenbar ist diese auf dem Postwege verlorengegangen. Wir reichen daher Zweitschrift der Umsatzsteuererklärung noch einmal zu den Akten nach. Aufgrund der Umsatzsteuererklärung ergibt sich die beantragte Umsatzsteuerschuld für 1984, so daß die Steuerfestsetzung dementsprechend zu berichtigen ist.

Zur Gewährung vorläufigen Rechtsschutzes beantragen wir Aussetzung der Vollziehung des angefochtenen Steuerbescheids in Höhe des streitigen Betrages von DM 1 000[2]. Hilfsweise beantragen wir Vollstreckungsaufschub gemäß § 258 AO und bitten die Finanzkasse, durch geeignete Maßnahmen sicherzustellen, daß nicht versehentlich Vollstreckungsmaßnahmen ergriffen werden. Diese Anträge sind ebenfalls begründet, da der angefochtene Steuerbescheid rechtswidrig ist, seine Rechtmäßigkeit zumindest ernsthaft zweifelhaft ist. Dies ergibt sich aus der Einspruchsbegründung.

Systematische Darstellung: s. Rz. 151–166.

Anmerkungen:
[1] Vgl. Anmerkungen zur Muster M 9.
[2] Der vorläufige Rechtsschutz kann nur im Umfang der begehrten Änderung beantragt werden.

Anwendungsfälle: Der Einspruch ist gegen alle Steuerbescheide und Verwaltungsakte gegeben, die in § 348 AO aufgeführt sind. Der Einspruch mit dem Ziel der Änderung eines Steuerbescheids ist dann der richtige Rechtsbehelf, wenn eine Änderung der Steuerfestsetzung begehrt wird, sei es, daß eine geringere Steuerzahlung oder eine höhere Streuererstattung geltend gemacht wird. Es handelt sich hierbei um den Hauptfall aller Einspruchsverfahren im Bereich der Besteuerung, so daß die Anwendungsfälle entsprechend vielfältig sind.

Kosten: Kosten fallen für den Einspruch nicht an.

Honorar: Es fallen die gleichen Honorare wie im Muster M 9 an, d. h. bis zu drei Gebühren der Tabelle E.

Form- und Fristvorschriften: Zu den Form- und Fristvorschriften vergleiche die Erläuterungen zu Muster M 9. Der Einspruch ist form- und fristgebunden.

Entscheidungsträger: Vergleiche hierzu die entsprechende Darstellung zu Muster M 9. Die Einspruchsentscheidung trifft das Finanzamt.

Rechtsbehelf: Vergleiche hierzu ebenfalls die entsprechende Darstellung zu Muster M 9. Gegen die Einspruchsentscheidung ist Klage zum Finanzgericht gegeben.

261 M 11: Einspruch mit Antrag auf Erlaß eines abgelehnten Verwaltungsaktes

An das
Finanzamt X
X-Stadt

Steuer-Nr. 100/100; Max Brause
Einspruch gegen den Investitionszulagenbescheid 1984 vom 1. 7. 1985

Namens und im Auftrag des o. a. Steuerpflichtigen legen wir hiermit gegen den vorgenannten Steuerbescheid

Einspruch

ein. Wir beantragen, den angefochtenen Bescheid aufzuheben und die Investitionszulage auf DM 1000 festzusetzen.[1]

Begründung:
Durch den angefochtenen Bescheid lehnt das Finanzamt die Gewährung der beantragten Investitionszulage ab, da keine zulagebegünstigten Investitionen vorliegen sollen. Unstreitig sind bei dem Steuerpflichtigen Aufwendungen im Rahmen der Errichtung eines Bürogebäudes angefallen. Die Voraussetzungen einer Investitionszulagenberechtigung werden vom Finanzamt dem Grunde nach nicht bestritten. Das Finanzamt ist indessen der Auffassung, daß es sich bei dem Bürogebäude nicht um gewerblich genutztes Betriebsvermögen handelt. Diese Auffassung ist rechtsirrig. Gemäß der dem Finanzamt vorliegenden Bilanz vom 31. 12. 1984 ist das Bürogebäude als Betriebsgebäude ausgewiesen. Ein Teil des Gebäudes ist von dem Steuerpflichtigen für eigengewerbliche Zwecke genutzt. Der übrige Teil wird an andere Gewerbetreibende vermietet. Die Voraussetzungen der Gewerblichkeit sind mithin für das gesamte Gebäude erfüllt, so daß die Investitionszulage gewährt werden muß.[2]

Systematische Darstellung: s. Rz. 151–166.

Anmerkungen:
[1] Zum Antragserfordernis vgl. Anmerkung 1 zu Muster M 9.
[2] Anträge zur Gewährung des vorläufigen Rechtsschutzes sind hier nicht möglich. Ggf. kann der Steuerpflichtige unter Hinweis auf diesen Einspruch Stundung anderer Steuerschulden beantragen. In Ausnahmefällen kommt ein Antrag auf Erlaß einer einstweiligen Anordnung in Betracht (dazu Muster M 22).

Anwendungsfälle: Vergleiche zunächst die Erläuterungen zu M 9. Dieser Einspruch ist zulässig, wenn der Steuerpflichtige keine Änderung eines erlassenen Bescheides begehrt, sondern das Finanzamt insgesamt den Erlaß des beantragten Steuerbescheids abgelehnt hat. Neben dem Musterfall kommen folgende Hauptanwendungsfälle in Betracht:
a) Ablehnung der Durchführung einer gesonderten Gewinnfeststellung wegen angeblich fehlender Mitunternehmerschaft (Gewerblichkeit);
b) Ablehnung des Erlasses eines Umsatzsteuerbescheids mit Erstattung, weil z. B. die Option nicht anerkannt wird;
c) Ablehnung eines Antrags auf Berichtigung einer Steuerfestsetzung;
d) Ablehnung eines Lohnsteuerjahresausgleichsantrags;
e) Ablehnung von sonstigen Vergütungsbescheiden.

Kosten: Kosten fallen für diesen Antrag nicht an.

Honorar: Es gelten die gleichen Honorargrundsätze, die zu Muster M 9 dargelegt sind, das sind i. d. R. dreimal 5/10 bis 10/10 Gebühren der Tabelle E.

Form- und Fristvorschriften: Der Einspruch ist form- und fristgebunden, vergleiche Erläuterungen zu Muster M 9.

Entscheidungsträger: Über den Einspruch entscheidet das Finanzamt.

Rechtsbehelf: Gegen die Einspruchsentscheidung ist Klage zum Finanzgericht gegeben.

262 M 12: Beschwerde mit Antrag auf Rücknahme eines Verwaltungsakts

An das
Finanzamt X[1]
X-Stadt

Steuer-Nr. 100/100; Max Brause
Beschwerde gegen die Festsetzung eines Verspätungszuschlags

Namens und im Auftrage des o. a. Steuerpflichtigen legen wir hiermit

Beschwerde

gegen die Festsetzung des Verspätungszuschlags durch den Umsatzsteuerbescheid 1984 vom 1. 7. 1985 ein.

Wir beantragen, den festgesetzen Verspätungszuschlag in vollem Umfange aufzuheben.[2]

Begründung:
Die Festsetzung des Verspätungszuschlags ist unbillig, so daß er aufzuheben ist. Durch Rundverfügung der zuständigen Oberfinanzdirektion wurde die Frist zur Abgabe der Jahressteuererklärungen 1984 für Steuerpflichtige bis zum 30. 9. des Folgejahres allgemein verlängert, die durch Angehörige steuerberatender Berufe betreut werden. Da der Steuerpflichtige durch uns steuerlich beraten wird, gilt auch für ihn die allgemeine Fristverlängerung. Die Steuererklärung ist daher nicht verspätet abgegeben worden, so daß die Festsetzung eines Verspätungszuschlages rechtswidrig ist.

Zur Gewährung vorläufigen Rechtsschutzes beantragen wir Aussetzung der Vollziehung des festgesetzten Verspätungszuschlags. Ergänzend beantragen wir Vollstreckungsaufschub und bitten, durch geeignete Verwaltungsmaßnahmen sicherzustellen, daß in dieser Angelegenheit nicht versehentlich Vollstreckungsmaßnahmen ergriffen werden.[3] Der angefochtene Verwaltungsakt ist rechtswidrig, seine Rechtmäßigkeit zumindest ernstlich zweifelhaft. Dies ergibt sich aus der Beschwerdebegründung. Seine Vollziehung ist daher gemäß § 361 AO auszusetzen.[4]

Systematische Darstellung: s. Rz. 151–155, 159–166

Anmerkungen:
[1] Die Beschwerde kann beim Finanzamt oder bei der OFD eingelegt werden (§ 357 Abs. 2 AO). Da das Finanzamt der Beschwerde abhelfen kann, ist die unmittelbare Anrufung der OFD im allgemeinen nicht zweckmäßig.
[2] Ein bestimmter Antrag ist zweckmäßig, aber nicht zwingend erforderlich (§ 357 Abs. 3 AO).
[3] Ein Vollstreckungsschutzantrag ist nicht unbedingt erforderlich, da das Finanzamt von Amts wegen zunächst intern stunden soll, im übrigen siehe Muster M 3.
[4] Erweitertes Muster eines Antrags auf Vollziehungsaussetzung siehe M 15.

Anwendungsfälle: Die Beschwerde ist gegen alle Verwaltungsakte gegeben, für die nicht gemäß § 348 AO ausdrücklich der Einspruch vorgesehen ist. Im Regelfall handelt es sich um Verwaltungsakte, bei deren Erlaß dem Finanzamt ein Ermessen eingeräumt ist. Die Beschwerde mit dem Ziel der Aufhebung des Verwaltungsakts ist dann zu erheben, wenn der Steuerpflichtige die vollständige Beseitigung des Verwaltungsaktes erstrebt. Neben dem Musterfall ergeben sich folgende Hauptanwendungsfälle:
a) Einleitung der Vollstreckung insgesamt sowie von einzelnen Vollstreckungsmaßnahmen;
b) Festsetzung von Zwangsgeld;
c) Widerruf eines begünstigenden Verwaltungsaktes, z. B. einer früher gewährten Stundung, Aussetzung der Vollziehung u. ä.;
d) Erlaß einer Prüfungsanordnung;
e) Widerruf von Verwaltungsakten, durch die steuerliche Erleichterungen gewährt werden.

Kosten: Kosten fallen für das Beschwerdeverfahren nicht an.

Honorar gemäß §§ 40–43 StBGebV: 5/10 – 10/10 Gebühr Tabelle A, gegebenenfalls bis zu 3 Mal, berechnet vom Wert des Interesses, hier die Höhe des Verspätungszuschlages.

Form- und Fristvorschriften: Die Beschwerde ist form- und fristgebunden. Sie muß gemäß § 357 Abs. 1 AO schriftlich bei der Finanzbehörde eingelegt werden, deren Verwaltungsakt angefochten wird. Die Beschwerde muß von dem Steuerpflichtigen oder seinem Bevollmächtigten innerhalb einer Frist von einem Monat eingelegt werden.

Entscheidungsträger: Über den Antrag entscheidet zunächst die Finanzbehörde, die den Verwaltungsakt erlassen hat, das ist in der Regel das Finanzamt. Das Finanzamt kann der Beschwerde aber nur stattgeben. Will das Finanzamt der Beschwerde nicht abhelfen, muß die Beschwerde der nächsthöheren Behörde, das ist die OFD, zur Entscheidung vorgelegt werden

Rechtsbehelf: Gegen die ablehnende Beschwerdeentscheidung der OFD ist Klage zum Finanzgericht gegeben.

263 **M 13: Beschwerde mit Antrag auf Erlaß eines abgelehnten Verwaltungsakts**

An das
Finanzamt X[1]
X-Stadt

Steuer-Nr. 100/100; Max Brause
Beschwerde gegen die Ablehnung eines Erlaßantrages

Namens und im Auftrage des o. a. Steuerpflichtigen legen wir hiermit

Beschwerde

gegen den Bescheid des Finanzamtes vom 1. 7. 1985 ein, durch den das Finanzamt den beantragten Erlaß von Umsatzsteuern abgelehnt hat.

Wir beantragen, einen Teilbetrag der rückständigen Umsatzsteuer für 1984 in Höhe von DM 5000,– zuerlassen.[2]

Begründung:
Die Ablehnung des beantragten Steuererlasses ist rechtswidrig. Die Einziehung der genannten Umsatzsteuerbeträge ist nach Lage des Falles unbillig, so daß ein Anspruch auf Erlaß besteht. Der fragliche Steuerbetrag wurde vom Finanzamt auf der Grundlage einer neuen BFH-Entscheidung festgesetzt. Nach diesem Urteil des Bundesfinanzhofs liegen die Voraussetzungen für die Umsatzsteuerfreiheit für bestimmte Umsätze nicht vor, die von unserem Mandanten ausgeführt werden. Da der Bundesfinanzhof mit dieser Entscheidung seine bisherige Rechtsprechung geändert hat, haben die Finanzminister der Länder durch einen bundeseinheitlich geltenden Erlaß angeordnet, daß die Rechtsgrundsätze dieser BFH-Entscheidung nur für solche Umsätze angewendet werden sollen, die nach dem 1. Januar 1985 ausgeführt werden. Da der hier in Rede stehende Umsatz vor diesem Zeitpunkt ausgeführt worden ist, ist es unbillig, diese Rechtsgrundsätze auch auf den Fall unseres Mandanten anzuwenden. Unser Mandant hat vielmehr Anspruch darauf, auch für diesen Umsatz entsprechend den bundeseinheitlich geltenden Vorschriften behandelt zu werden.

Da die Umsatzsteuer für diese Umsätze mit anderen Umsätzen und Vorsteuerbeträgen saldiert ist, eine nachträgliche Verrechnung im Rahmen der Umsatzsteuerfestsetzung nicht mehr möglich ist, hat unser Mandant einen Anspruch auf Erlaß der Steuerbeträge.[3]

Systematische Darstellung: s. Rz. 151–166

Anmerkungen:
[1] Siehe Anmerkung 1 zu Muster M 12
[2] Siehe Anmerkung 2 zu Muster M 12
[3] Zweckmäßiger Hinweis um darzulegen, weshalb das Begehren nicht im Rahmen der Steuerfestsetzung geltend gemacht wurde. Der Sachverhalt des Musterfalls

Musterschriftsätze

unterstellt, daß die Voraussetzungen der Unbilligkeit erst nach der Steuerfestsetzung erkannt wurden, z. B. weil der genannte Ministererlaß erst nach Bekanntgabe des Steuerbescheids veröffentlicht wurde. Ist dies nicht der Fall, kann das Erlaßbegehren gem. § 163 AO natürlich auch im Rahmen eines Rechtsbehelfsverfahrens gegen den Steuerbescheid selbst geltend gemacht werden.

Anwendungsfälle: Zum Anwendungsbereich der Beschwerde verweise ich auf die entsprechende Anmerkung zum Muster M 12. Die Beschwerde mit dem Antrag auf Erlaß eines unterlassenen Verwaltungsaktes ist zulässig, wenn sich der Steuerpflichtige nicht gegen einen belastenden Verwaltungsakt wehrt, sondern vielmehr einen begünstigenden Verwaltungsakt erstrebt. Neben dem Musterfall ergeben sich folgende Hauptanwendungsfälle:
a) Antrag auf Stundung;
b) Antrag auf Fristverlängerung;
c) Antrag auf Buchführungs- oder sonstige Verfahrenserleichterungen;
d) Antrag auf Gewährung der Vollziehungsaussetzung oder des Vollstreckungsaufschubs.

Kosten: Kosten fallen für das Beschwerdeverfahren nicht an.

Honorar: Siehe hierzu die entsprechende Anmerkung zu Muster M 12; Honorar in der Regel bis zu 3 Mal $^5/_{10}$ – $^{10}/_{10}$ Gebühr Tabelle E.

Form- und Fristvorschriften: Die Beschwerde ist form- und fristgebunden. Sie muß schriftlich bei der Finanzbehörde eingelegt werden, bei der der Erlaß des Verwaltungsakts begehrt wird. Die Beschwerde kann auch bei der nächst höheren Finanzbehörde eingelegt werde. Einlegung somit im Regelfall beim Finanzamt oder bei der OFD. Die Beschwerde muß vom Steuerpflichtigen oder seinem Bevollmächtigten innerhalb einer Frist von einem Monat nach Erhalt des Ablehnungsbescheides eingelegt werdem.

Entscheidungsträger: Über die Beschwerde entscheidet zunächst das Finanzamt. Es kann der Beschwerde abhelfen. Zur Ablehnung ist das Finanzamt indessen nicht befugt. Die formelle Beschwerdeentscheidung trifft die nächst höhere Behörde, im Regelfall also die OFD.

Rechtsbehelf: Gegen die Beschwerdeentscheidung ist Klage zum Finanzgericht gegeben.

64 **M 14: Beschwerde mit Antrag auf Erlaß eines unterlassenen Verwaltungsaktes – Untätigkeitsbeschwerde –**

An das
Finanzamt X[1]
X-Stadt

Steuer-Nr. 100/100; Max Brause
Untätigkeitsbeschwerde

Namens und im Auftrage des o. a. Steuerpflichtigen legen wir hiermit

Beschwerde

ein mit dem Antrag, den Lohnsteuerjahresausgleich für 1984 auf Grund des gestellten Antrages durchzuführen.[2]

Begründung:
Der Steuerpflichtige hat seinen Lohnsteuerjahresausgleichsantrag bereits im Februar d. J. dem Finanzamt zur Bearbeitung eingereicht. Nach Ablauf von 6 Monaten hat er sich über den Stand der Veranlagung erkundigt. Dabei wurde ihm mitgeteilt, daß wegen Erkrankung der zuständigen Sachbearbeiterin die abschließende Bearbeitung noch weitere 4 Wochen Zeit in Anspruch nehmen würde. Nachdem unser Mandant nach weiteren 6 Wochen nach dem Stand der Angelegenheit fragte, erhielt er nunmehr die allgemeine Aussage, daß wegen Arbeitsüberlastung des Finanzamtes mit einer alsbaldigen Bearbeitung und Entscheidung nicht gerechnet werden könne.

Diese Erwiderung stellt keinen zureichenden Grund im Sinne des § 349 Abs. 2 AO dar. Der Steuerpflichtige, der auf die Lohnsteuererstattung dringend angewiesen ist, darf erwarten, daß das Finanzamt seinen Lohnsteuerjahresausgleichsantrag innerhalb einer Frist von 3–4 Monaten abschließend bearbeitet. Die Krankheit einer einzelnen Sachbearbeiterin und die allgemeine Arbeitsüberlastung des Finanzamtes rechtfertigen es nicht, daß der Lohnsteuerjahresausgleichsantrag des Steuerpflichtigen über einen langen Zeitraum unbearbeitet bleibt.[3]

Systematische Darstellung: s. Rz. 151–166.

Anmerkungen:
[1] Siehe Anmerkung 1 zu Muster M 12
[2] Siehe Anmerkung 2 zu Muster M 12
[3] Vorläufiger Rechtsschutz kann weder durch den Antrag auf Vollziehungsaussetzung noch durch Stundung erreicht werden. Zulässig ist allein ein Antrag auf Erlaß einer einstweiligen Anordnung, soweit die übrigen gesetzlichen Voraussetzungen dafür vorliegen.

Anwendungsfälle: Die Untätigkeitsbeschwerde ist in allen Fällen gegeben, in denen das Finanzamt nicht innerhalb einer angemessenen Frist eine Entscheidung auf einen gestellten Antrag trifft. Dabei ist es unerheblich, ob die begehrten Entscheidungen Verwaltungsakte im Sinne des § 348 oder im Sinne des § 349 AO sind. Die Untätigkeitsbeschwerde ist daher sowohl zulässig bei einem ausstehenden Steuerbescheid als auch bei einer ausstehenden Stundungs- oder sonstigen Ermessensentscheidung.

Neben dem Musterfall ergeben sie folgende Hauptfälle:
a) Antrag auf erstmaligen Erlaß eines Steuerbescheids zu Gunsten des Steuerpflichtigen;
b) Antrag auf Änderung eines Steuerbescheids, z. B. nach §§ 172 ff. AO;
c) Gewährung einer Investitionszulage; Aussetzung der Vollziehung sowie Gewährung von Vollstreckungsaufschub;
d) Stundung und Erlaß von Steuern; Pauschalierung der Lohnsteuer in besonderen Fällen nach § 40 EStG.

Kosten: Kosten fallen für das Verfahren der Untätigkeitsbeschwerde nicht an.

Honorar: Gemäß §§ 40–43 StBGebV jeweils 5/10 – 10/10 Gebühr der Tabelle E, je nach Tätigkeit als Geschäftsgebühr, Besprechungsgebühr und Beweisaufnahmegebühr, berechnet vom Wert des Interesses. Gegenstandswert ist das wirtschaftliche Interesse, das sind in der Regel 10%, wenn ein Tätigwerden angestrebt wird, sonst der volle Steuerbetrag (BFH v. 26. 4. 1972 BStBl. II 1972, 547).

Form- und Fristvorschriften: Die Untätigkeitsbeschwerde ist form- aber nicht fristgebunden. Der Antrag kann vom Steuerpflichtigen oder seinem Berater schriftlich oder zur Niederschrift bei der Finanzbehörde gestellt werden. Sie darf jedoch nicht zu früh erhoben werden. Ist die Beschwerde zu früh erhoben worden, so wird der Mangel geheilt, wenn bis zur Beschwerdeentscheidung die angemessene Frist verstrichen ist.

Entscheidungsträger: Auf Grund der Untätigkeitsbeschwerde kann das Finanzamt abhelfen und den begehrten Verwaltungsakt erlassen. Eine ablehnende Beschwerdeentscheidung kann nur durch die nächst höhere Behörde getroffen werden, das ist im Regelfall die OFD.

Rechtsbehelf: Ergeht auf Grund der Untätigkeitsbeschwerde die begehrte Entscheidung, ist dagegen der für die Entscheidung zulässige Rechtsbehelf gegeben (Einspruch oder Beschwerde). Lehnt die Beschwerdebehörde die Untätigkeitsbeschwerde formell ab, ist hiergegen die Klage zum Finanzgericht eröffnet. Ergeht auch auf die Untätigkeitsbeschwerde in angemessener Frist kein Bescheid, kann Untätigkeitsklage nach § 46 FGO erhoben werden.

265 M 15: Antrag an das Finanzamt auf Aussetzung der Vollziehung

An das
Finanzamt X
X-Stadt

Steuer-Nr. 100/100; Max Brause
Aussetzung der Vollziehung des Gewerbesteuermeßbescheides 1984 vom 1. 7. 1985

Namens und im Auftrag des o. a. Steuerpflichtigen beantragen wir hiermit

Aussetzung der Vollziehung

des vorgenannten Gewerbesteuermaßbescheides ohne Sicherheitsleistung[1] für einen Teilbetrag[2] von DM 1000,– des einheitlich festgestellten Gewerbesteuermeßbetrages.

Begründung:
Der vorgenannte Gewerbesteuermeßbescheid ist fristgerecht durch Einspruch angefochten worden[3]. Der angefochtene Bescheid ist in dem beantragten Umfang rechtswidrig, seine Rechtmäßigkeit zumindest ernstlich zweifelhaft[4]. Das Finanzamt hat nämlich zu Unrecht Zinsen in Höhe von DM 40000,– als Dauerschuldzinsen behandelt. Diese Zinsen sind für die Finanzierung von Kraftfahrzeugen angefallen, die der Steuerpflichtige zum Zweck der Weiterveräußerung erworben hat. Diese Kredite hatten jeweils eine Laufzeit bis längstens 9 Monate und wurden alsdann aus dem jeweiligen Veräußerungserlös der Fahrzeuge abgelöst. Diese Kredite sind damit keine Dauerschulden, so daß die entsprechenden Zinsen auch nicht als Dauerschuldzinsen zugerechnet werden können. Zur Bestätigung des Sachverhalts überreichen wir als Anlage Kopie eines Musterfinanzierungsvertrages, der ähnlich lautend in allen Fällen abgeschlossen wird. Die Voraussetzungen des § 361 Abs. 2 AO liegen damit vor.

Zweitschrift dieses Aussetzungsantrages überreichen wir mit gleicher Post an die zuständige Gewerbesteuerstelle der Gemeinde mit dem Antrag, bis zur Entscheidung des Finanzamtes über den gestellten Aussetzungsantrag von Beitreibungsmaßnahmen in Höhe des streitigen Betrages abzusehen[5].

Systematische Darstellung: s. Rz. 171–181
Anmerkungen:
[1] Da die Behörde gegen oder ohne Sicherheitsleistung aussetzen kann, empfiehlt sich ein ausdrücklicher Antrag. Über die Sicherheitsleistung entscheidet gemäß § 361 Abs. 3 Satz 3 AO zwar die Gemeinde als zuständige Behörde für den Gewerbesteuerbescheid. Da aber das Finanzamt die Sicherheitsleistung ausschließen kann, empfiehlt sich dieser Antrag.
[2] Im Antrag ist zu kennzeichnen, ob eine Aussetzung des angefochtenen Bescheides in vollem Umfang oder nur für einen Teilbetrag begehrt wird.
[3] Der fristgerechte Einspruch ist wichtig, da nur angefochtene Verwaltungsakte ausgesetzt werden können. Eine besondere Erwähnung ist aber nur in zweifelhaften Fällen notwendig.
[4] Der Antrag soll darlegen, auf welche der beiden Alternativen des § 361 Abs. 2 AO das Begehren gestützt wird (ernstliche Zweifel an der Rechtmäßigkeit oder Unbilligkeit der Vollziehung).
[5] Sinnvolle Ergänzung, damit die Steuerkasse der Gemeinde keine Vollstreckungsmaßnahmen einleitet.

Anwendungsfälle: Die Aussetzung der Vollziehung setzt ausnahmslos voraus, daß der jeweilige Steuerbescheid auch angefochten ist. Es reicht nicht aus, daß der Bescheid abänderbar ist, weil er z. B. unter dem Vorbehalt der Nachprüfung ergangen ist.

Aussetzungsfähig sind alle Verwaltungsakte, die auch vollziehbar sind, die also vom Steuerpflichtigen etwas verlangen. Steuerbescheide, die dem Steuerpflichtigen etwas gewähren, z. B. eine Umsatzsteuervergütung oder eine Lohnsteuererstattung, sind daher nicht aussetzungsfähig, obwohl sie durch Einspruch angefochten werden können. Obwohl auch Grundlagenbescheide und Feststellungsbescheide für sich genommen nicht vollziehbar sind, kann gemäß § 361 Abs. 3 AO ihre Vollziehung ausgesetzt werden. Die Vollziehbarkeit des Folgebescheids rechtfertigt die Möglichkeit der Vollziehungsaussetzung des Grundlagenbescheids. Wird der Grundlagenbescheid ausgesetzt, ist der Folgebescheid auf Antrag ebenfalls auszusetzen, ohne daß es eines gesonderten Verfahrens gegen den Folgebescheid bedarf.

Neben dem Musterfall kommt die Vollziehungsaussetzung hauptsächlich gegen folgende Verwaltungsakte in Betracht:
a) Steuerbescheide jeder Art, die Grundlage einer Zahlungsaufforderung sind;
b) Grundlagenbescheide – Bescheide über die gesonderte Gewinnfeststellung, Gewerbesteuermeßbescheide, Grundsteuermeßbescheide u. ä. –, die positive Besteuerungsgrundlagen feststellen;
c) Feststellungsbescheide nach § 180 AO für eine Mitunternehmerschaft, die geringere Verluste feststellen, als sie begehrt werden. Ob dies auch für Feststellungsbescheide gilt, die die Mitunternehmerschaft insgesamt bestreitet (sog. negative Gewinnfeststellungsbescheide) ist streitig, siehe systematische Darstellung Rz. 179;
d) Sonstige Verwaltungsakte, die belastende Maßnahmen anordnen, z. B. Bescheide über Zwangsgelder, sonstige Beugemaßnahmen, Widerruf von Buchführungs- oder Steuererleichterungen;
e) Einzelne Zwangsvollstreckungsmaßnahmen, nicht aber das Begehren auf Einstellung der Zwangsvollstreckung insgesamt (dies kann nur im Wege der einstweiligen Anordnung erreicht werden).

Kosten: Kosten fallen für diesen Antrag nicht an. Gewährt das Finanzamt die Vollziehungsaussetzung, hat aber der Rechtsbehelf letztlich keinen Erfolg, ist der ausgesetzte und nicht gezahlte Berag gemäß § 237 AO zu verzinsen.

Honorar: Gemäß § 44 Abs. 2 StBGebV ist das Verfahren der Aussetzung der Vollziehung mit dem Verwaltungsvollstreckungsverfahren oder dem Einspruchsverfahren eine einheitliche Angelegenheit, so daß eine gesonderte Gebühr hierfür nicht anfällt. Nicht geregelt ist der Fall, daß der Berater ausschließlich im Verfahren der Aussetzung der Vollziehung, nicht aber im Einspruchsverfahren tätig wird. In entsprechender Anwendung von § 44 Abs. 1 fällt dann m. E. jeweils ³⁄₁₀ Gebühr nach Tabelle E als Geschäftsgebühr, Besprechungsgebühr und Beweisaufnahmegebühr an. Der Gegenstandswert für die Gebührenberechnung entspricht 10% des streitigen Steuerbetrags.

Form- und Fristvorschriften: Form- und Fristvorschriften bestehen nicht. Das Finanzamt ist sogar verpflichtet, ohne Antrag die Voraussetzungen der Aussetzung der Vollziehung von Amts wegen zu überprüfen. Der Antrag kann vom Steuerpflichtigen oder seinem Bevollmächtigten gestellt werden.

Entscheidungsträger: Über den Antrag entscheidet das Finanzamt.

Rechtsbehelf: Die Rechtsbehelfe gegen Entscheidung über diesen Antrag sind zweigleisig: Der Steuerpflichtige kann entweder die ablehnende Entscheidung durch Beschwerde zur OFD anfechten und gegen die ablehnende Beschwerdeentscheidung Verpflichtungsklage zum Finanzgericht erheben. Alternativ hierzu kann der Steuerpflichtige nach einer Ablehnung durch das Finanzamt gemäß § 69 FGO unmittelbar das Finanzgericht um die Aussetzung der Vollziehung ersuchen. Der Steuerpflichtige muß sich zumindest beim Gerichtsverfahren für eines der beiden Verfahren entscheiden. Eine finanzgerichtliche Klage gegen die Beschwerdeentscheidung der OFD neben einem gerichtlichen Antrag auf Vollziehungsaussetzung nach § 69 FGO ist unzulässig (BFH v. 4. 12. 1967, BStBl. II 1968, 199).

266 M 16: Antrag an das Finanzgericht auf Aussetzung der Vollziehung

An das
Finanzgericht X
X-Stadt

            Antrag auf Aussetzung der Vollziehung
des Max Brause, A-Straße, X-Stadt

– Antragstellers –

Prozeßbevollmächtigter: Steuerberater Klaus Kluge, X-Stadt

            gegen

das Finanzamt X, vertreten durch seinen Vorsteher

– Antragsgegner –

wegen Umsatzsteuer 1984.

Namens und kraft beigefügter Vollmacht[1] des Antragstellers beantrage ich:
1. Die Vollziehung des Umsatzsteuerbescheides 1984 vom 1. 7. 1985 wird in vollem Umfange ohne Sicherheitsleistung bis zur rechtskräftigen Entscheidung über den eingelegten Einspruch, längstens bis zur Entscheidung des Gerichts in der Hauptsache, ausgesetzt[2].
2. Die Kosten des Verfahrens werden dem Antragsgegner auferlegt[3].
3. Wegen der grundsätzlichen Bedeutung der Rechtssache wird hilfsweise beantragt, die Beschwerde gegen die Entscheidung des Finanzgerichts zuzulassen[4].

Begründung:
Die Beteiligten streiten um die Umsatzsteuerpflicht von Bauleistungen, die im Rahmen eines Bauherrenmodells erbracht werden und für die der Antragsgegner Grunderwerbssteuer erhoben hat[5].
Der Antragsteller hat im streitigen Veranlagungszeitraum ausschließlich Bauleistungen als Bauunternehmer im Rahmen der Errichtung eines Mehrfamilienhauses erbracht, das von den Bauherren im Rahmen eines Bauherrenmodells errichtet wurde. Entsprechend der gegenwärtig geltenden Rechtsprechung des Bundesfinanzhofs hat der Antragsgegner den Gesamtaufwand der Bauherren und damit auch die Werkleistung des Antragstellers der Grunderwerbsteuer unterworfen und von den Beteiligten 2% Grunderwerbsteuer verlangt. Da die Bauherrengemeinschaft diese Grunderwerbsteuer nicht zahlte, wurde der Antragsteller vom Antragsgegner gemäß § 13 Nr. 2 GrErStG zur Zahlung der Grunderwerbsteuer herangezogen. Der Grunderwerbsteuerbescheid ist inzwischen bestandskräftig; die Grunderwerbsteuer wurde vom Antragsteller bezahlt.
Im Rahmen seiner Umsatzsteuererklärung hat der Antragsteller daher diese Umsätze gemäß § 4 Nr. 9 UStG umsatzsteuerfrei behandelt. Der Antragsgegner ist jedoch der Auffassung, daß die Erhebung der Grunderwerbsteuer neben der Erhebung der Umsatzsteuer gerechtfertigt ist. Durch den angefochtenen Steuerbescheid wurde die streitige Umsatzsteuer angefordert.
Der gegen den Umsatzsteuerbescheid eingelegte Einspruch ist noch nicht beschieden.
Zur Glaubhaftmachung des Sachvortrags überreiche ich beglaubigte Kopie des Grunderwerbsteuerbescheides des Antragsgegners sowie Kopie der Rechnungen des Antragstellers an die Bauherrengemeinschaft, durch die Umsatzsteuer nicht berechnet worden ist[6].
Der angefochtene Bescheid des Antragsgegners ist rechtswidrig, zumindest in seiner Rechtmäßigkeit ernstlich zweifelhaft[7]. Nach Auffassung des Antragstellers schließt § 4 Nr. 9a UStG die Erhebung von Grunderwerbsteuer neben der Umsatzsteuer aus. Die dem entgegenstehenden Verwaltungsvorschriften sind unzutreffend.
Die Auffassung des Antragstellers wird durch mehrere Finanzgerichtsentscheidungen geteilt (wird ausgeführt). Obwohl andere Finanzgerichte die Auffassung des

Antragsgegners stützen, liegen gleichwohl die Voraussetzungen des § 69 Abs. 3 FGO vor. Das der Bundesfinanzhof die hier anstehende Rechtsfrage bisher nicht entschieden hat, die Finanzgerichte dazu unterschiedlicher Auffassung sind, bestehen ernstliche Zweifel an der Rechtmäßigkeit des Verwaltungsaktes.

Der Hilfsantrag auf Zulassung der Beschwerde wird auf § 115 Abs. 2 Nr. 1 FGO gestützt. Die hier aufgeworfene Rechtsfrage ist von grundsätzlicher Bedeutung, da sie für eine Vielzahl von Fällen streitig ist. Der Bundesfinanzhof hat bislang diese Rechtsfrage nicht entschieden, so daß die Rechtssache grundsätzliche Bedeutung hat.[8]

Systematische Darstellung: s. Rz. 182–185, 233, 234.

Anmerkungen:
[1] Schriftliche Vollmacht ist erforderlich, kann aber notfalls nachgereicht werden.
[2] Anders als das Finanzamt kann das Finanzgericht die Aussetzung nicht für die Zeit eines etwaigen Revisionsverfahrens anordnen, da nach dem Erlaß des FG-Urteils der BFH für die Entscheidung zuständig ist (Tipke/Kruse, § 69 FGO Anm. 8a).
[3] Ein Kostenantrag ist nicht unbedingt notwendig, da die Kostenentscheidung von Amts wegen ergehen muß.
[4] Der Antrag ist im Hinblick auf Art. 1 Nr. 3 BFHEntlG zweckmäßig.
[5] Eine kurze Beschreibung des Streitstandes ist als Einleitung der Begründung zweckmäßig.
[6] Da in diesem Verfahren der Sachverhalt nicht vom Gericht von Amts wegen erforscht wird, muß der Antragsteller alle Unterlagen zur Glaubhaftmachung von sich aus vorlegen, s. dazu Rz. 185.
[7] Der Antragsteller muß dartun, auf welche Alternative des § 69 Abs. 2 FGO er sich stützt (ernstliche Zweifel oder Unbilligkeit der Vollziehung) und inwiefern eine dieser Alternativen zutrifft (BFH v. 31. 1. 1967, BStBl. III 1967, 255).
[8] Siehe im übrigen Anmerkungen zu Muster M 15.

Anwendungsfälle: Der Antrag auf Aussetzung der Vollziehung an das Finanzgericht kann immer dann gestellt werden, wenn ein Antrag auf Aussetzung der Vollziehung beim Finanzamt zulässig ist und die weiteren besonderen Prozeßvoraussetzungen des Art. 3 Nr. 7 FGEntlG vorliegen (vgl. systematische Darstellung Rz. 184). Im weiteren kann daher auf das Muster M 15 verwiesen werden.

Kosten: Das Verfahren ist kostenpflichtig. Nach Nr. 1332 der Anlage 1 zum Gerichtskostengesetz fällt ½ Gebühr für das Verfahren an, soweit der Antrag endgültig keinen Erfolg hat. Kostenvorschüsse werden im Verfahren der Finanzgerichtsbarkeit nicht erhoben.

Honorar: Gemäß § 45 StBGebV richten sich die Gebühren bei einem gerichtlichen Verfahren nach den Vorschriften der Bundesgebührenordnung für Rechtsanwälte. Nach §§ 114 Abs. 1, Abs. 4, 40, 31 BRAGO fällt in der Regel eine $^{10}/_{10}$ Gebühr nach der BRAGO an. Berechnungsgrundlage ist der Gegenstandswert des Verfahrens, der in der Regel mit 10% des streitigen Steuerbetrages angesetzt wird.

Form- und Fristvorschriften: Für den Antrag gelten die Formvorschriften einer jeden Prozeßhandlung. Der Antrag muß daher schriftlich gestellt werden. Die Erklärung zum Protokoll der Geschäftsstelle ist zwar zulässig, aber im Regelfall unpraktisch. Dem Antrag müssen die Mittel der Glaubhaftmachung in den dafür jeweils vorgesehenen Formen beigefügt werden. Der Antrag kann vom Steuerpflichtigen oder seinem Bevollmächtigten unter Beifügung der schriftlichen Vollmacht gestellt werden. Die Vollmacht kann innerhalb der vom Vorsitzenden des Senats gesetzten Frist nachgereicht werden.

Besondere Fristvorschriften bestehen nicht. Das FGEntlG läßt den Antrag aber nur zu, wenn zuvor bestimmte Voraussetzungen erfüllt sind, in der Regel die Ablehnung der Vollziehungsaussetzung durch das Finanzamt. Der Antrag kann solange gestellt werden, wie der Bescheid noch nicht vollzogen ist. Nach Vollziehung kommt nicht mehr die Aussetzung der Vollziehung, sondern die Aufhebung der Vollziehung in Betracht (dazu Muster M 17). Wenn das Finanzamt während des Verfahrens vollzieht, kann der Antrag auf Aussetzung der Vollziehung in einen Antrag auf Aufhebung der Vollziehung umgestellt werden.

Musterschriftsätze

Entscheidungsträger: Über den Antrag entscheidet das Finanzgericht. Die Entscheidung kann durch den Vorsitzenden oder durch den Senat getroffen werden. Der Antragsteller kann nicht bestimmen, ob der Senat oder der Senatsvorsitzende tätig wird. Die ehrenamtlichen Richter wirken in keinem Fall mit.

Rechtsbehelf: Gegen die Entscheidung des Vorsitzenden können sowohl der Steuerpflichtige wie das Finanzamt Antrag auf Entscheidung durch das Gericht stellen, über den dann der Senat entscheidet. Gegen die Senatsentscheidung ist die Beschwerde zum Bundesfinanzhof nur zulässig, wenn das Finanzgericht die Beschwerde zugelassen hat (Art. 1 Nr. 3 BFHEntlG). Eine Nichtzulassungsbeschwerde ist nicht möglich.

267 M 17: Antrag an das Finanzamt auf Aufhebung der Vollziehung

An das
Finanzgericht X
X-Stadt

Antrag auf Aufhebung der Vollziehung
des Max Brause, A-Straße, X-Stadt

–Antragsteller –

Prozeßbevollmächtigter: Steuerberater Klaus Kluge, X-Stadt

gegen

das Finanzamt X, vertreten durch seinen Vorsteher

– Antragsgegner –

wegen Umsatzsteuer 1984

Namens und kraft beigefügter Vollmacht des Antragsteller beantrage ich:
1. Die Vollziehung des Umsatzsteuerbesches 1984 vom 1. 7. 1985 wird in vollem Umfange ohne Sicherheitsleistung bis zur rechtskräftigen Entscheidung über den eingelegten Einspruch, längstens bis zur Entscheidung des Gerichts in der Hauptsache ausgesetzt.
2. die bereits durchgeführten Vollziehungsmaßnahmen werden aufgehoben.
3. Die Kosten des Verfahrens werden dem Antragsgegner auferlegt.
4. Hilfweise wird beantragt, gegen die Entscheidung des Finanzgericht die Beschwerde zum Bundesfinanzhof zuzulassen.

Begründung:
Die Begründung entspricht der Begründung M 16, auf die daher verwiesen werden kann. Ergänzend ist folgendes vorzutragen: Der angefochtene Bescheid wurde vom Antragsgegner durch Verrechnung mit anderen Guthaben des Steuerpflichtigen bereits vollzogen. Gemäß § 69 Abs. 3 Satz 3 FGO ist daher die Aufhebung der Vollziehungsmaßnahmen anzuordnen.

Systematische Darstellung: s. Muster M 16.
Anmerkungen: Auf die Anmerkungen zu Muster M 16 wird verwiesen.
Anwendungsbereich: Auf die entsprechenden Ausführungen zu Muster M 15 und M 16 wird verwiesen. Der Antrag auf Aufhebung der Vollziehung ist stets dann zu stellen, wenn zum Zeitpunkt der Antragstellung der angefochtene Verwaltungsakt bereits vollzogen worden ist. Das ist dann der Fall, wenn das Finanzamt die streitige Steuer durch Aufrechnung, Umbuchung oder im Rahmen von Vollstreckungsmaßnahmen eingezogen hat.
Kosten: Der Antrag ist kostenpflichtig. Es gelten die Ausführungen zu Muster M 16.
Form- und Fristvorschriften: Siehe die Ausführungen zu Muster M 16.
Entscheidungsträger: Siehe die Darstellungen zu Muster M 16.
Rechtsbehelf: Siehe die Anmerkungen zu Muster M 16.

268 M 18: Anfechtungsklage mit Antrag auf Aufhebung eines Verwaltungsakts

An das
Finanzgericht X
X-Stadt

Anfechtungsklage
des Kaufmanns Max Brause, A-Straße, X-Stadt,[1]

– Klägers –

Prozeßbevollmächtigter: Steuerberater Klaus Kluge, X-Stadt

gegen

Finanzamt X-Stadt, vertreten durch den Vorsteher[2]

– Beklagter –

wegen Einkommensteuer 1984

Namens und kraft beigefügter Vollmacht[3] des Klägers beantrage ich
1. die Einspruchsentscheidung des Beklagten vom 1. 10. 1985 und der berichtigte Einkommensteuerbescheid 1984 vom 2. 5. 1985[4] werden aufgehoben;
2. die Kosten des Verfahrens werden dem Beklagten auferlegt. Die Zuziehung eines Bevollmächtigten für das Vorverfahren wird für notwendig erklärt.[5]
3. Hilfsweise beantrage ich, wegen der grundsätzlichen Bedeutung der Rechtssache die Revision gegen die Entscheidung des Finanzgerichts zum Bundesfinanzhof zuzulassen.[6]

Begründung:[7]
Die Parteien streiten um die Berechtigung des Abzugs von Bewirtungsspesen als Betriebsausgaben.[8]

Sachverhalt: (wird ausgeführt)[9] Der angefochtene Einkommenssteuerbescheid ist sowohl aus verfahrensrechtlichen Gründen wie aus materiell-rechtlichen Gründen rechtswidrig. Dazu im einzelnen: (wird ausgeführt)
Die Nebenanträge werden wie folgt begründet: (wird ausgeführt)[10].
Systematische Darstellung: s. Rz. 203–219.

Anmerkung:
[1] Die genaue Bezeichnung von Kläger und Beklagtem gehört zum notwendigen Inhalt der Klage (§ 65 FGO).
[2] Die Klage ist gegen die Behörde zu richten, die den ursprünglichen Verwaltungsakt erlassen hat. Auch bei einer Klage gegen die Beschwerdeentscheidung ist daher der richtige Beklagte das Finanzamt und nicht die OFD.
[3] Schriftliche Vollmacht ist erforderlich (§ 62 Abs. 3 FGO). Sie kann noch nach Ablauf der Klagefrist nachgereicht werden, aber nur bis zum Ablauf der Frist, die das Gericht hierfür setzt (§ 1 FGEntlG).
[4] Die Bezeichnung des angefochtenen Verwaltungsakts ist notwendig (§ 65 FGO).
[5] Der Kostenantrag selbst ist an sich nicht notwendig, da das Gericht über die Kosten von Amts wegen entscheiden muß (§ 143 FGO). Wegen der Kostenerstattung für das Vorverfahren siehe § 139 Abs. 3 FGO.
[6] Die Streitwertrevision ist vorübergehend vom Gesetzgeber abgeschafft worden. Dieser Antrag ist daher bei Vorliegen der Voraussetzungen des § 115 Abs. 2 FGO zweckmäßig. Vgl. im übrigen Erläuterungen zu Muster M 23.
[7] Die Begründung kann auch noch nach Ablauf der Klagefrist nachgereicht werden.
[8] Eine kurze Beschreibung des Streitstands ist als Einleitung der Begründung zweckmäßig.
[9] Auf eine sorgfältige Gliederung der Klagebegründung ist zu achten. Nach der Schilderung des Sachverhalts sind zunächst die formellen und dann die materiellen Rechtsverstöße aufzuzeigen. Formelle Verstöße sind z. B. Fehler bei der Bekanntgabe, Verletzung von Berichtigungsvorschrift oder Verjährungsnormen. Der angefochtene Bescheid ist materiell-rechtlich rechtswidrig, wenn er z. B. nicht dem EStG entspricht.

Musterschriftsätze

[10] Vgl. zunächst die Begründung des Hilfsantrags zu Muster M 16. Nebenanträge zum vorläufigen Rechtsschutz, z. B. der Antrag auf Aussetzung der Vollziehung, gehören nicht hierher. Das gerichtliche Aussetzungsverfahren nach § 69 FGO ist ein eigenes Prozeßverfahren und sollte daher durch einen gesonderten Schriftsatz eingeleitet werden (vgl. dazu Muster M 16 und M 17).

Anwendungsbereich: Die Anfechtungsklage mit dem Ziel der Aufhebung eines Verwaltungsaktes ist immer dann zu erheben, wenn Klageziel die ersatzlose Beseitigung eines Verwaltungsaktes, insbesondere eines Steuerbescheides ist. Hauptanwendungsfälle sind:
a) Berichtigte Steuerbescheide zu Lasten des Steuerpflichtigen, wenn nach dem Vortrag des Klägers die Berichtigungsvoraussetzungen nicht vorliegen und/oder der berichtigte Steuerbescheid wegen Verletzung des materiellen Rechts rechtswidrig ist (Musterfall);
b) Steuerbescheide jeder Art, wenn der Steuerpflichtige nach seinem Vortrag die Steuer insgesamt nicht schuldet;
c) Bescheide über Zwangsmaßnahmen jeder Art, Verwaltungsakte im Rahmen der Zwangsvollstreckung u. ä.;
d) Haftungsbescheide, Duldungsbescheide, wenn die Voraussetzungen für die Haftung oder Duldung insgesamt nach dem Vortrag des Steuerpflichtigen nicht erfüllt sind.

Kosten: Das Gerichtsverfahren ist kostenpflichtig. Wird der Rechtsstreit zu Lasten des Klägers durch Urteil abgeschlossen, fallen gemäß Nr. 1300, 1305 des Kostenverzeichnisses zum Gerichtskostengesetz insgesamt drei Gerichtsgebühren an.

Honorar: Nach § 45 StBGebV berechnen sich die Honorare nach den Vorschriften der Bundesgebührenordnung für Rechtsanwälte. Nach §§ 114, 31 Abs. 1 BRAGO kann bis zu viermal die 10/10-Gebühr nach der BRAGO anfallen. Die Gebühren berechnen sich nach dem Streitwert, das ist der streitige Steuerbetrag.

Form- und Fristvorschriften: Die Klage ist form- und fristgebunden. Sie muß schriftlich innerhalb einer Frist von einem Monat nach Bekanntgabe der Einspruchsentscheidung beim Finanzgericht erhoben werden. Die Klage kann vom Steuerpflichtigen selbst oder von seinem Bevollmächtigten unter Vorlage einer schriftlichen Vollmacht erhoben werden.

Entscheidungsträger: Über die Klage entscheidet das Finanzgericht in voller Senatsbesetzung – einschließlich der Beisitzer. Die Entscheidung ergeht aufgrund mündlicher Verhandlung, soweit die Parteien hierauf nicht verzichtet haben.

Rechtsbehelf: Gegen das Urteil des Finanzgerichts ist zur Zeit die Revision nur zulässig, wenn das Finanzgericht oder der Bundesfinanzhof aufgrund der Nichtzulassungsbeschwerde sie zugelassen hat. Zwischenentscheidungen des Finanzgerichts – prozeßleitende Verfügungen u. ä. – sind nach § 128 Abs. 2 FGO nicht isoliert anfechtbar.

269 **M 19: Anfechtungsklage mit Antrag auf Änderung eines Verwaltungsakts**

An das
Finanzgericht X
X-Stadt

Anfechtungsklage

des Kaufmanns Max Brause, A-Straße, X-Stadt,

– Klägers –

Prozeßbevollmächtigter: Steuerberater Klaus Kluge, X-Stadt

gegen

Finanzamt X-Stadt, vertreten durch den Vorsteher,

– Beklagter –

I 269 Verfahrensrecht mit Musterformularen

wegen Einkommensteuer 1984
Namens und kraft beigefügter Vollmacht des Klägers beantrage ich
1. Unter Aufhebung der Einspruchsentscheidung vom 1. 10. 1985 und des Einkommensteuerbescheides 1984 vom 2. 5. 1985 wird die Einkommensteuer für 1984 des Klägers auf DM 10000 festgesetzt.
2. Die Kosten des Verfahrens werden dem Beklagten auferlegt. Die Hinzuziehung eines Bevollmächtigten für das Vorverfahren wird für notwendig erklärt.
3. Hilfsweise beantrage ich, wegen der grundsätzlichen Bedeutung der Rechtssache gegen die Entscheidung des Finanzgerichts Revision zum Bundesfinanzhof zuzulassen.

Begründung:
Die Parteien streiten um die Einkommensteuerpflicht von Schadenersatzleistungen.
Der angefochtene Bescheid ist zunächst aus verfahrensrechtlichen Gründen rechtswidrig (wird ausgeführt).
Der angefochtene Bescheid ist darüber hinaus auch materiell rechtswidrig. Der Beklagte hat die dem Kläger zugeflossenen Schadenersatzbeiträge zu Unrecht als Betriebseinnahmen behandelt (wird ausgeführt).
Die Hinzuziehung eines Bevollmächtigten für das Vorverfahren war notwendig. Es war dem Kläger nicht zuzumuten, das Einspruchsverfahren ohne rechtskundige Betreuung durchzuführen (wird ausgeführt). Die Revision ist zuzulassen, da die Rechtssache grundsätzliche Bedeutung hat. Die hier angesprochenen Rechtsfragen sind bislang höchstrichterlich noch nicht geklärt; die Finanzgerichte und die Literatur beurteilen die Rechtsfrage unterschiedlich (wird ausgeführt).

Systematische Darstellung: s. Rz. 203–219.

Anmerkungen: Vgl. die Anmerkungen zu Muster M 18.

Anwendungsfälle: Die Anfechtungsklage mit Antrag auf Änderung eines Steuerbescheides ist die Hauptklageart im Steuerprozeß. Sie ist immer dann einschlägig, wenn sich der Kläger gegen die Höhe der festgesetzten Steuer wehrt und eine andere Steuerfestsetzung erreichen will. Hauptanwendungsfälle sind:
a) Klage auf Herabsetzung der festgesetzten Steuer;
b) Klage auf Herabsetzung eines Meßbetrages oder sonstigen Grundlagenbescheides;
c) Klage auf Herabsetzung von Zwangsgeldern oder sonstigen festgesetzten Beugemaßnahmen;
d) Klage auf Herabsetzung einer Haftungsschuld.

Kosten: Die Klage zum Finanzgericht ist kostenpflichtig. Es können drei Gebühren nach dem Gerichtskostengesetz anfallen. Siehe dazu die Anmerkung zum Muster M 18.

Honorar: Bis zu vier vollen (10/10) Gebühren nach BRAGO, siehe Anmerkung zu Muster M 18.

Entscheidungsträger: Über den Antrag entscheidet das Gericht in voller Besetzung, ggf. aufgrund mündlicher Verhandlung, durch Urteil.

Rechtsbehelf: Gegen das Urteil kann Revision zum Bundesfinanzhof eingelegt werden, wenn das Finanzgericht oder der Bundesfinanzhof aufgrund von Nichtzulassungsbeschwerde die Revision zugelassen hat. Zwischenentscheidungen (prozeßleitende Verfügungen u. ä.) sind nach § 128 Abs. 2 FGO nicht isoliert anfechtbar.

270 M 20: Verpflichtungsklage mit Antrag auf Erlaß eines Verwaltungsaktes (Vornahmeklage)

An das
Finanzgericht X
X-Stadt

Verpflichtungsklage
des Kaufmanns Max Brause, A-Straße, X-Stadt,

– Klägers –

Prozeßbevollmächtigter: Steuerberater Klaus Kluge, X-Stadt

gegen

Finanzamt X-Stadt, vertreten durch den Vorsteher

– Beklagter –

wegen Erlaß von Steuerbeträgen

Namens und kraft beigefügter Vollmacht des Kläger beantrage ich unter Aufhebung der Beschwerdeentscheidung der Oberfinanzdirektion X vom 1. 10. 1985 und der ablehnenden Verfügung des Beklagten vom 2. 5. 1985 wird der Beklagte verpflichtet, die durch Bescheid vom 2. 1. 1985 festgesetze Grunderwerbsteuer zu erlassen.
Nebenanträge: wie Muster M 19.

Begründung:
Die Parteien streiten um die Frage, ob der Kläger Anspruch auf den Erlaß von Grunderwerbsteuern hat, weil eine neue Rechtsprechung des Bundesfinanzhofs erst ab einem bestimmten Zeitpunkt angewendet werden darf.
Die Ablehnung des beantragten Grunderwerbsteuererlasses durch den Beklagten ist rechtswidrig, da der Kläger einen Anspruch auf Erlaß dieser Grunderwerbsteuerbeträge hat (wird ausgeführt).
Die Nebenanträge werden wie folgt begründet (wird ausgeführt):
Systematische Darstellung: s. Rz. 220–223.
Anmerkungen: Vgl. Anmerkungen zu Muster M 18.
Anwendungsfälle: Die Verpflichtungsklage mit dem Antrag auf Erlaß eines Verwaltungsaktes ist dann die richtige Klageart, wenn der Kläger vom Finanzamt etwas begehrt, was dieses verweigert hat. In diesem Fall ist dem Kläger mit einer bloßen Aufhebung des angefochtenen Verwaltungsaktes, das ist der Ablehnungsbescheid, nicht gedient. Der Kläger benötigt vielmehr darüber hinausgehend den Ausspruch des Gerichts, daß das Finanzamt die bisher abgelehnte Handlung tatsächlich vornehmen muß (zur Zulässigkeit der sog. isolierten Anfechtungsklage siehe Systematische Darstellung, Randziffer 195). Neben dem Musterfall – Klage auf Erlaß von Steuerschulden – bestehen für die Verpflichtungsklage folgende Hauptfälle:
a) Klage auf Stundung von Steuerschulden;
b) Klage auf Aussetzung der Vollziehung, soweit nicht Antrag nach § 69 Abs. 3 FGO gestellt wird;
c) Klage auf Erlangung von Steuererleichterungen und Buchführungserleichterungen;
d) Klage auf Änderung eines Steuerbescheides zugunsten des Steuerpflichtigen.
Kosten: Das finanzgerichtliche Verfahren ist kostenpflichtig. Die Kosten entsprechen denen der Anfechtungsklage, so daß auf die Ausführungen zum Muster M 18 verwiesen werden kann.
Honorar: Die Honorare entsprechen ebenfalls den Honoraren der Anfechtungsklage. Hinweis auf die Ausführungen zu Muster M 18.
Form- und Fristvorschriften: Die Verpflichtungsklage ist form- und fristgebunden. Sie muß schriftlich innerhalb einer Frist von einem Monat nach Erhalt der

Einspruchs-/Beschwerdeentscheidung beim Finanzgericht eingelegt werden. Der Antrag kann vom Steuerpflichtigen oder seinem Bevollmächtigten unter Vorlage einer schriftlichen Vollmacht gestellt werden.

Entscheidungsträger: Über die Klage entscheidet das Finanzgericht in voller Besetzung durch Urteil.

Rechtsbehelf: Gegen das Urteil kann Revision zum Bundesfinanzhof erhoben werden, wenn das Finanzgericht oder aufgrund der Nichtzulassungsbeschwerde der Bundesfinanzhof sie zugelassen hat.

271 M 21: Feststellungsklage an das Finanzgericht

An das
Finanzgericht X
X-Stadt

Feststellungsklage
des Kaufmanns Max Brause, A-Straße, X-Stadt,

– Klägers –

Prozeßbevollmächtigter: Steuerberater Klaus Kluge, X-Stadt

gegen

Finanzamt X-Stadt, vertreten durch den Vorsteher

– Beklagter –

wegen Feststellung der Nichtigkeit eines Verwaltungsakts
1. Es wird festgestellt, daß der als Einkommensteuerbescheid 1984 erlassene Verwaltungsakt des Beklagten vom 1. 7. 1985 nichtig ist.
2. Die Kosten werden dem Beklagten auferlegt.
3. Hilfsweise wird beantragt, gegen die Entscheidung des Finanzgerichts die Revision zum Bundesfinanzhof zuzulassen.

Begründung:
Die Parteien streiten um die Frage, ob der Einkommensteuerbescheid 1984 des Beklagten vom 1. 7. 1985 nichtig ist.

Der Beklagte erließ am 1. 7. 1985 einen Einkommensteuerbescheid für 1984 für den Vater des Klägers, Herrn Ernst Brause. Der Bescheid ist auch an Ernst Brause adressiert worden und ging dem Kläger zu. Zum Zeitpunkt des Erlasses des Steuerbescheides war der Vater des Klägers bereits verstorben; der Kläger ist sein Alleinerbe.

Obwohl der Beklagte darauf hingewiesen wurde, daß der Adressat des Einkommensteuerbescheides bereits bei seinem Erlaß verstorben war, hält der Beklagte an dem Bescheid fest. Er ist der Auffassung, daß der Bescheid ohne weiteres gegenüber dem Kläger als Rechtsnachfolger fortwirkt und der Erlaß eines neuen oder anderen Bescheides entbehrlich sei.

Diese Auffassung des Beklagten ist rechtsirrig. Ein an den Erblasser adressierter Steuerbescheid ist nach ständiger Rechtsprechung des Bundesfinanzhofs nichtig (wird ausgeführt).

Systematische Darstellung: s. Rz. 224.
Anmerkungen: Vgl. die Ausführungen zu Muster M 18.
Anwendungsbereich: Der Anwendungsbereich der Feststellungsklage ist nicht sehr groß. Die Feststellungsklage ist gemäß § 41 Abs. 2 FGO unzulässig, wenn der Kläger sein Ziel durch Anfechtungsklage, Verpflichtungsklage oder sonstige Leistungsklage geltend machen kann. Da im Steuerrecht nahezu alle Maßnahmen durch Verwaltungsakte geregelt werden, sind die Fälle des streitigen Rechtsverhältnisses ohne Verwaltungsakt sehr selten. Der Hauptanwendungsfall ist der Musterfall, bei dem der Kläger die Nichtigkeit eines Verwaltungsaktes geltend macht. Über die

Frage, ob auch gegen nichtige Verwaltungsakte Anfechtungsklage erhoben werden kann, siehe systematischen Darstellung Randziffer 199.

Kosten: Das finanzgerichtliche Verfahren der Feststellungsklage ist kostenpflichtig. Die Kostenvorschriften entsprechen denen der Anfechtungsklage; es wird daher auf die Ausführungen zu Muster M 18 verwiesen.

Form- und Fristvorschriften: Die Feststellungsklage ist form-, aber nicht fristgebunden. Es gelten die Formvorschriften der Anfechtungsklage (siehe Muster M 18). Sie kann im übrigen ohne Beachtung einer Frist erhoben werden.

Entscheidungsträger: Über die Feststellungsklage entscheidet das Finanzgericht durch Urteil.

Rechtsbehelf: Gegen das Urteil des Finanzgerichts kann Revision eingelegt werden, soweit das Finanzgericht oder der Bundesfinanzhof aufgrund einer Nichtzulassungsbeschwerde sie zugelassen hat.

M 22: Antrag auf Erlaß einer einstweiligen Anordnung an das Finanzgericht

An das
Finanzgericht X
X-Stadt

Antrag auf Erlaß einer einstweiligen Anordnung
des Max Brause, A-Straße, X-Stadt,

– Antragstellers –

Prozeßbevollmächtigter: Steuerberater Klaus Kluge, X-Stadt

gegen

das Finanzamt X-Stadt, vertreten durch den Vorsteher,

– Antragsgegner –

wegen Gewährung von Vollstreckungsaufschub bezüglich der Umsatzsteuer 1984

Namens und kraft beigefügter Vollmacht des Antragstellers beantrage ich:
1. Dem Antragsgegner wird im Wege der einstweiligen Anordnung untersagt, Vollstreckungsmaßnahmen aus dem Umsatzsteuerbescheid 1984 vom 1. 7. 1985 gegenüber dem Antragsteller vorzunehmen.
2. Die Kosten des Verfahrens werden dem Antragsgegner auferlegt.[1]

Begründung:
Die Parteien streiten um die Berechtigung von Vollstreckungsmaßnahmen aus einem angefochtenen Umsatzsteuerbescheid.[2]
Der Antragsgegner hat gegenüber dem Antragsteller einen geschätzten Umsatzsteuerbescheid für 1984 erlassen, durch den er eine Umsatzsteuer in Höhe von DM 10000,– anfordert. Gegen diesen Bescheid hat der Antragsteller fristgerecht Einspruch eingelegt, da er überhaupt kein Unternehmen unterhält, das umsatzsteuerpflichtige Umsätze ausführt. Gleichzeitig hat der Antragsteller beim Antragsgegner Aussetzung der Vollziehung des angefochtenen Bescheids beantragt. Weder über den Einspruch noch über den Antrag auf Aussetzung der Vollziehung hat der Antragsgegner bisher eine Entscheidung getroffen. Unabhängig hiervon hat der Antragsgegner durch Schreiben vom 15. 7. 1985 die streitige Umsatzsteuer angemahnt und Vollstreckungsmaßnahmen angekündigt. Daraufhin hat der Antragsteller durch Schriftsatz vom 20. 7. 1985 einen Antrag auf Aussetzung der Vollziehung beim Finanzgericht gestellt. Das Verfahren hat das Aktenzeichen III X 83/85. Es wird die Beiziehung der Akte beantragt.
Das Finanzgericht hat bisher keine Entscheidung über den Antrag getroffen. Der Antragsgegner hat bislang auch in dem Aussetzungsverfahren noch keine Erwiderung abgegeben.

Unbeschadet dessen hat der Antragsgegner wegen des streitigen Steuerbetrages sämtliche Bankkonten des Antragstellers gepfändet und darüber hinaus eine Pfändungsverfügung bei den beiden Hauptkunden des Antragstellers ausgesprochen. Auf die sofortige telefonische Intervention des Antragstellers hin erklärt der zuständige Vertreter des Antragsteller, Herr Reg. Rat X, daß die Akte nicht auffindbar sei. Wenn das Finanzamt aber vollstrecke, dann sei davon auszugehen, daß die Vollstreckungsmaßnahme auch gerechtfertigt sei, so daß dagegen nichts gemacht werden könne. Auf die weiterhin telefonisch vorgetragene Bitte des Antragstellers, zumindestens keine weiteren Vollstreckungsmaßnahmen bis zur Klärung der Angelegenheit vorzunehmen, erklärte Herr Reg. Rat X, daß dies leider nicht möglich sei. Die Vollstreckungsstelle des Finanzamtes habe bindende Anweisung der vorgesetzten Behörden, vollstreckbare Verwaltungsakte mit allem Nachdruck beizutreiben. Es sei daher mit Sicherheit davon auszugehen, daß die Vollstreckungsstelle entsprechend der sie bindenden Weisung auch alle weiteren Vollstreckungsmaßnahmen ergreifen werde, die zur Beitreibung der Steuer sinnvoll und zweckmäßig sein könnten, insbesondere weitere Pfändungen bei anderen Kunden des Antragstellers.

Zur Glaubhaftmachung des vorstehend geschilderten Sachverhalts wird beglaubigte Kopie des Schriftwechsels in dieser Sache beigefügt. Darüber hinaus wird eine eidesstattliche Versicherung des Antragstellers beigefügt.[3]

Der Antrag ist begründet, insbesondere ist der Anordnungsanspruch und auch der Anordnungsgrund dargetan. Der Antragsteller hat einen aus Art. 19 Abs. 4 GG abgeleiteten Anspruch auf effektiven gerichtlichen vorläufigen Rechtsschutz. Der Umstand, daß das Finanzgericht wegen Überlastung oder aus anderen Gründen den gestellten Antrag auf Aussetzung der Vollziehung nicht bearbeiten kann, darf nicht dazu führen, daß der Antragsteller überhaupt rechtsschutzlos ist. § 361 Abs. 1 AO muß in verfassungskonformer Auslegung dahingehend ausgelegt werden, daß zumindestens bei Einlegung augenscheinlich begründeter Rechtsbehelfe eine Vollziehung des angefochtenen Verwaltungsaktes bis zu einer gerichtlichen Entscheidung zu unterbleiben hat.[4]

Aus dem Verhalten des Antragsgegners ergibt sich auch der Anordungsgrund. Durch das Verhalten des Antragsgegners droht ein ernsthafter Schaden des Antragstellers, der auch nachträglich kaum wieder gutzumachen ist. Bereits durch die bisherigen Vollstreckungsmaßnahmen bei den Banken und Hauptkunden des Antragstellers ist eine erhebliche Beunruhigung im Kundenkreis des Antragstellers eingetreten. Die Banken drohen aufgrund der Pfändung mit einer Kreditkündigung; die beiden Kunden halten ihre Zahlungen zurück. Wenn der Antragsgegner, wie er geltend macht, weitere Vollstreckungsmaßnahmen bei anderen Kunden vornehmen will, ist die Gefahr des wirtschaftlichen Zusammenbruchs des Antragstellers kaum mehr abzuwenden. Dieser Schaden könnte auch nach Aufhebung der Vollstreckungsmaßnahmen aufgrund einer späteren Gerichtsentscheidung nicht mehr beseitigt werden, so daß dem Antragsteller ein endgültiger Rechtsverlust droht. Eine Entscheidung des Finanzgerichts im Wege der einstweiligen Anordnung ist damit dringend erforderlich.

Systematische Darstellung: s. Rz. 186–190, 235–240.

Anmerkungen:
[1] Zu den formalen Voraussetzungen wird zunächst auf die Erläuterungen zu Muster M 18 verwiesen.
[2] Aus der Begründung müssen sich sowohl die Voraussetzungen des Anordnungsanspruchs als auch des Anordnungsgrunds ergeben.
[3] Mit dem Antrag müssen die Mittel der Glaubhaftmachung erschöpfend eingereicht werden. s. dazu Rz. 185.
[4] Diese Rechtsansicht ist umstritten, s. systematische Darstellung Rz. 175.

Anwendungsfälle: Die Anwendungsfälle der einstweiligen Anordnung sind selten. Die einstweilige Anordnung ist nach § 114 Abs. 5 FGO unzulässig, soweit der Antragsteller vorläufigen Rechtsschutz durch Aussetzung der Vollziehung beantragen kann. In Betracht kommt damit die einstweilige Anordnung nur in den Fällen, in denen die entsprechende Hauptsacheklage eine Verpflichtungsklage ist, da bei einer Anfechtungsklage durchweg auch die Vollziehungsaussetzung zulässig ist. Im Musterfall ist nach meiner Ansicht die einstweilige Anordnung zulässig, da hier das Begehren des Antragstellers darauf gerichtet ist, umfassenden Vollstreckungsschutz zu erhalten. Es wird nicht nur die Abwehr einer einzelnen bestimmten Vollstreckungsmaßnahme begehrt, gegen die die Aussetzung der Vollziehung zulässig wäre, sondern der Antragsteller will erreichen, daß die Vollstreckung insgesamt einstweilen unterbleibt. Dieses Ziel könnte er in der Hauptsache nur durch die Verpflichtungsklage erreichen, so daß als vorläufiger Rechtsschutz die einstweilige Anordnung zulässig ist.

Kosten: Das Verfahren ist kostenpflichtig. Gemäß Nr. 1330, 1331 Kostenverzeichnis zum Gerichtskostengesetz fällt bei Ablehnung des Antrages eine halbe Gebühr nach dem Gerichtskostengesetz an. Soweit das Finanzgericht nach mündlicher Verhandlung ein Urteil erläßt, fällt nach Nr. 1334, 1335 eine weitere volle Gebühr nach dem Gerichtskostengesetz an.

Honorar: Gemäß § 45 StBGebV gilt die Bundesrechtsanwaltsgebührenordnung. Nach §§ 114 Abs. 4, 40, 31 BRAGO fällt in der Regel eine volle Gebühr nach der BRAGO an, berechnet vom Gegenstandswert. Der Gegenstandswert entspricht im Regelfall 10% des streitigen Steuerbetrages.

Form- und Fristvorschriften: Der Antrag muß als Prozeßhandlung in der Form gestellt werden, die für alle Prozeßhandlungen gilt, in der Regel also durch Einreichung eines Schriftsatzes. Eine Erklärung zum Protokoll der Geschäftsstelle des Gerichts ist möglich, aber im allgemeinen unzweckmäßig. Der Antrag kann vom Steuerpflichtigen oder von seinem Bevollmächtigten gestellt werden. Eine besondere Frist ist nicht zu beachten.

Entscheidungsträger: Über den Antrag entscheidet im Regelfall das Finanzgericht. In besonders dringenden Fällen, die in der Antragsschrift besonders glaubhaft gemacht werden müssen, kann gemäß § 114 Abs. 2 Satz 3 FGO der Vorsitzende allein entscheiden.

Rechtsbehelf: Soweit der Vorsitzende in den Fällen des § 114 Abs. 2 Satz 3 FGO allein entschieden hat, kann sowohl durch das Finanzamt wie durch den Steuerpflichtigen innerhalb einer Frist von zwei Wochen eine Entscheidung des Gerichts, d. h. des Senats, beantragt werden. Hat der Senat sogleich entschieden, so ist zu unterscheiden: Ist der Antrag des Steuerpflichtigen abgelehnt worden, ist innerhalb einer Frist von zwei Wochen die Beschwerde zum Bundesfinanzhof zulässig. Hat das Gericht zunächst die einstweilige Anordnung ganz oder zum Teil erlassen, kann dagegen sowohl das Finanzamt wie der Steuerpflichtige Antrag auf mündliche Verhandlung stellen. Darüber entscheidet dann das Finanzgericht durch Urteil selbst. Dieses Urteil ist alsdann nicht anfechtbar (§ 117 FGO).

M 23: Nichtzulassungsbeschwerde

An das
Finanzgericht X[1]
X-Stadt

In dem Finanzrechtsstreit

des Kaufmanns Max Brause, A-Straße, X-Stadt

– Klägers und Beschwerdeführers –

Prozeßbevollmächtigter:[2] Steuerberater Klaus Kluge, X-Stadt

gegen

Finanzamt X-Stadt, vertreten durch den Vorsteher

– Beklagter und Beschwerdegegner –

wegen Nichtzulassung der Revision

Namens und kraft beigefügter Vollmacht lege ich gegen die Nichtzulassung der

Revision gegen das Urteil des Finanzgerichts X-Stadt vom 1. 7. 1985, Aktenzeichen VII 83/84[3]

Beschwerde

ein und beantrage:
Die Revision gegen das Urteil des Finanzgerichts X vom 1. 7. 1985, Aktenzeichen- VII 83/84 wird zugelassen.

Begründung:[4]
Die Beschwerde wird auf § 115 Abs. 2 Nr. 1, Nr. 2 und Nr. 3 FGO gestützt[5].
1. Die Revision ist zuzulassen, da die Rechtssache grundsätzliche Bedeutung hat (wird ausgeführt).
2. Die Revision ist darüber hinaus zuzulassen, da das Urteil des Finanzgerichts von einer Entscheidung des Bundesfinanzhofes abweicht und darauf die Entscheidung beruht (wird ausgeführt).
3. Das Urteil des Finanzgerichts beruht darüber hinaus auf einem Verfahrensmangel (wird ausgeführt).

Systematische Darstellung: s. 230–232

Anmerkungen:
[1] Die Nichtzulassungsbeschwerde (NZB) muß beim Finanzgericht eingelegt werden (§ 115 Abs. 3 S. 2 FGO). Einlegung beim Finanzamt oder beim BFH ist nicht fristwahrend.
[2] Prozeßbevollmächtigter kann nur ein Rechtsanwalt, Steuerberater oder Wirtschaftsprüfer sein (Art. 1 Nr. 1 BFHEntlG).
[3] Die NZB muß das angefochtene Urteil angeben (entspr. Anwendung des § 120 Abs. 2 FGO).
[4] Die NZB muß innerhalb der Einlegungsfrist begründet werden, so daß die Begründung im allgemeinen mit der Beschwerde vorgelegt wird.
[5] Die NZB kann nur auf einen oder mehrere der drei, in § 115 Abs. 2 FGO genannten Gründe gestützt werden. Liegt einer dieser drei Fälle vor, besteht ein Rechtsanspruch auf Zulassung.

Anwendungsfälle: Nachdem durch das BFHEntlG vom 4. 7. 1985 die sogenannte Streitwertrevision zunächst zeitlich befristet abgeschafft worden ist, ist eine Revision grundsätzlich nur noch zulässig, wenn entweder das Finanzgericht oder aber der Bundesfinanzhof aufgrund der Nichtzulassungsbeschwerde sie zugelassen hat. Während der Geltung der Streitwertrevision waren die Finanzgerichte zurückhaltend mit der Zulassung der Revision gegen ihre Entscheidungen. Es bleibt abzuwarten, ob sich dies nunmehr ändert und die Finanzgerichte die Zulassung großzügiger verfügen. Es kann jedenfalls erwartet werden, daß die Fälle der Nichtzulassungsbeschwerde gegenüber der bisherigen Praxis deutlich zunehmen, so daß dieses Rechtsinstitut eine erheblich größere Bedeutung gewinnt als bisher.

Die Nichtzulassungsbeschwerde muß dann eingelegt werden, wenn das Urteil des Finanzgerichts nicht akzeptiert werden soll, eine formelle Zulassung durch das Finanzgericht aber nicht vorliegt. Über die Zulassung der Revision entscheidet das Finanzgericht durch selbständigen Beschluß; in der Praxis wird er aber gleichzeitig mit dem Urteil abgesetzt und als Bestandteil der Urteilsausfertigung beigefügt. Enthält das Urteil keine ausdrückliche Zulassung der Revision, dann ist sie nicht zugelassen, so daß die Nichtzulassungsbeschwerde erhoben werden muß.

Kosten: Die Nichtzulassungsbeschwerde ist kostenpflichtig. Kostenvorschüsse werden aber nicht angefordert. Die Gerichtskosten betragen eine volle Gebühr nach dem Gerichtskostengesetz (Nr. 1371 Kostenverzeichnis).

Honorar: Gemäß §§ 45 StBGebV, 114 Abs. 3 der BRAGO erhält der Berater für Verfahren 5/10 einer vollen Gebühr nach der BRAGO. Berechnungsgrundlage ist der streitige Steuerbetrag.

Form- und Fristvorschriften: Die Nichtzulassungsbeschwerde ist form- und fristgebunden. Sie muß innerhalb einer Frist von einem Monat nach Zustellung des vollständigen Urteils des Finanzgerichts beim Finanzgericht eingelegt werden. Der Beschwerdeführer muß durch eine postulationsfähige Person vertreten sein (Rechtsanwalt, Wirtschaftsprüfer oder Steuerberater gemäß Artikel 1 Nr. 1 BFHEntlG). Die Beschwerde muß auch innerhalb der Monatsfrist begründet werden; die Frist zur Einlegung der Beschwerdebegründung ist, anders als die Revisionsbegründungsfrist, nicht verlängerungsfähig.

Entscheidungsträger: Das Finanzgericht kann der Beschwerde selbst abhelfen und nachträglich die Revision noch zulassen. Hilft es der Beschwerde nicht ab, so entscheidet der Bundesfinanzhof darüber durch Beschluß (§ 115 Absatz 5 FGO).

Rechtsbehelf: Gegen die Entscheidung des Bundesfinanzhofs ist ein ordentlicher Rechtsbehelf nicht gegeben. Bei Verletzung von Grundrechten kann Verfassungsbeschwerde zum Bundesverfassungsgericht erhoben werden.

M 24: Revision

An das
Finanzgericht X[1]
X-Stadt

In dem Finanzrechtsstreit

des Kaufmanns Max Brause, A-Straße, X-Stadt

– Klägers und Revisionsklägers –

Prozeßbevollmächtigter[2]: Steuerberater Klaus Kluge, X-Stadt

gegen

Finanzamt X-Stadt, vertreten durch den Vorsteher

– Beklagter und Revisionsbeklagter –

wegen
Umsatzsteuer 1982

lege ich namens und kraft beigefügter Vollmacht des Klägers und Revisionsklägers gegen das am 15. 10. 1985 verkündete und am 15. 11. 1985 zugestellte Urteil des Finanzgerichts X, Aktenzeichen VII 83/84[3]

Revision

ein.
Antrag und Begründung bleiben einem gesonderten Schriftsatz vorbehalten.[4]

Systematische Darstellung: s. Rz. 226–229.

Anmerkungen:
1. Die Revision muß beim Finanzgericht, nicht beim BFH, eingelegt werden (§ 120 Nr. 1 FGO).
2. Prozeßbevollmächtigter kann nur ein Rechtsanwalt, Steuerberater oder Wirtschaftsprüfer sein (Art. 1 Nr. 1 BFHEntlG).
3. Die Revision selbst muß das angefochtene Urteil genau bezeichnen. Dies kann nicht mit der Begründung nachgeholt werden (§ 120 Abs. 2 FGO).
4. Antrag und Begründung können innerhalb der Revisionsbegründungsfrist nachgeholt werden.

Anwendungsfälle: Die Revision kann gegen jedes Urteil eines Finanzgerichts eingelegt werden, wenn die Revision vom Finanzgericht oder vom Bundesfinanzhof aufgrund der Nichtzulassungsbeschwerde zugelassen worden ist.

Kosten: Das Revisionsverfahren ist kostenpflichtig. Es fallen bis zu vier volle Gebühren nach dem GKG (Nr. 1310, 1313 ff. des Kostenverzeichnisses).

Honorar: Gemäß § 45 StBGebV in Verbindung mit § 114, 31 BRAGO fallen bis zu zwei erhöhte Gebühren (13/10) der BRAGO an.

Form- und Fristvorschriften: Die Revision ist form- und fristgebunden. Sie muß innerhalb eines Monats nach Zustellung des vollständigen Urteils schriftlich beim Finanzgericht eingelegt und spätestens innerhalb eines weiteren Monats schriftlich begründet werden. Die Revisionsbegründungsfrist kann vor ihrem Ablauf auf schriftlichen Antrag durch den Vorsitzenden des zuständigen Senats des Bundesfinanzhofs verlängert werden. Die Revision und die Revisionsbegründung kann nur durch eine postulationsfähige Person (Rechtsanwalt, Wirtschaftsprüfer oder Steuerberater) erhoben werden.

Entscheidungsträger: Über die Revision entscheidet der Bundesfinanzhof. Der Bundesfinanzhof kann ohne mündliche Verhandlung durch Vorbescheid entscheiden, der als Urteil gilt, wenn keiner der Beteiligten nach Erhalt des Vorbescheids mündliche Verhandlung beantragt. Der Bundesfinanzhof kann auch ohne Vorbescheid ein Urteil aufgrund mündlicher Verhandlung erlassen.

Rechtsbehelf: Gegen das Urteil des Bundesfinanzhofs ist ein ordentlicher Rechtsbehelf nicht gegeben. Bei einem Grundrechtsverstoß kann Verfassungsbeschwerde zum Bundesverfassungsgericht erhoben werden.

275 **M 25: Revisionsbegründung**

An das
Finanzgericht X[1]
X-Stadt

In dem Finanzrechtsstreit
des Kaufmanns Max Brause, X-Stadt
gegen
das Finanzamt X-Stadt
Aktenzeichen des Finanzgerichts VII 83/84
beantrage ich namens und in Vollmacht des Revisionsklägers im Anschluß an die am 15. 12. 1985 eingelegte Revision folgendes:
1 a) Das angefochtene Urteil des Finanzgerichts wird aufgehoben. Der Rechtsstreit wird zur anderweitigen Entscheidung an das Finanzgericht zurückverwiesen.

Alternative:

1 b) Das angefochtene Urteil des Finanzgerichts vom 15. 10. 1985, die Einspruchsentscheidung vom 1. 6. 1984 und der Umsatzsteuerbescheid für 1982 vom 1. 3. 1984 des Beklagten werden ersatzlos aufgehoben.
2. Die Kosten des Rechtsstreits werden dem Beklagten auferlegt. Die Zuziehung eines Bevollmächtigten im Vorverfahren wird für notwendig erklärt[2].
Die Revision begründe ich wie folgt:
Die Revision wird auf Verfahrensmängel und auf die Verletzung von materiellem Bundesrecht gestützt.[3]
1. Das angefochtene Urteil verletzt folgende Voschriften des Verfahrensrechts (wird ausgeführt).
2. Das angefochtene Urteil verletzt materielles Bundesrecht, nämlich § 175 AO sowie die §§ 9, 15 UStG (wird ausgeführt).
Systematische Darstellung: s. Rz. 226–229.

Anmerkungen:
[1] Die Revisionsbegründung kann beim Finanzgericht oder sofort beim BFH eingereicht werden. Letzeres empfiehlt sich aber nur dann, wenn das Aktenzeichen des BFH bekannt ist.
[2] Siehe dazu Anmerkung 5 zu Muster M 18.
[3] Die Revisionsbegründung muß darlegen, ob die Revision auf Verfahrensmängeln und/oder auf die Verletzung von Bundesrecht gestützt wird. Nach Ablauf der Revisionsbegründungsfrist kann dieser Vortrag nicht mehr erweitert werden (§ 118 Abs. 2, 3 FGO).
Im übrigen wird auf die Hinweise zu Muster M 24 verwiesen.

276 M 26: Gerichtsbeschwerde gegen Entscheidungen des Finanzgerichts

An das
Finanzgericht X[1]
X-Stadt

In dem Finanzrechtsstreit

des Kaufmanns Max Brause, A-straße, X-Stadt

– Beschwerdeführers –

Prozeßbevollmächtigter[2]: Steuerberater Klaus Kluge, X-Stadt

gegen

Finanzamt X-Stadt, vertreten durch den Vorsteher

– Beschwerdegegner –

wegen Aussetzung der Vollziehung
Aktenzeichen des Finanzgerichtsverfahrens VII 83/84

lege ich namens und kraft beigefügter Vollmacht gegen den Beschluß des Finanzgerichts X-Stadt vom 1. 7. 1985[2]

Beschwerde

ein.

Ich beantrage für den Beschwerdeführer,
1. den Beschluß des Finanzgerichts vom 1. 7. 1985 aufzuheben.
2. die Vollziehung des Umsatzsteuerbescheids 1984 in vollem Umfange ohne Sicherheitsleistung auszusetzen.[3]
3. dem Beschwerdegegner die Kosten des Verfahrens aufzuerlegen.[4]

Begründung:
1. Die Beschwerde ist zulässig, da sie das Finanzgericht in seinem Aussetzungsbeschluß ausdrücklich zugelassen hat.
2. Die Beschwerde ist begründet, da das Finanzgericht zu Unrecht ernsthafte Zweifel an der Rechtmäßigkeit des angefochtenen Steuerbescheids verneint hat (wird ausgeführt).
Systematische Darstellung: s. Rz. 230–232.

Anmerkungen:
[1] Die Beschwerdefrist ist auch gewahrt, wenn die Beschwerde beim BFH erhoben wird (§ 129 Abs. 2 FGO).
[2] Siehe Anmerkung[3] zu Muster M 24.
[3] Siehe Anmerkungen zu Muster M 16.
[4] Siehe Anmerkung 5 zu Muster M 18.

Anwendungsfälle: Die hier als Gerichtsbeschwerde bezeichnete Beschwerde zum Bundesfinanzhof ist der richtige Rechtsbehelf gegen alle Entscheidungen des Finanzgerichts, die nicht Urteile oder Vorbescheide sind (§ 128 FGO). Hinzuweisen ist auf § 128 Abs. 2 FGO, aufgrund dessen prozeßleitende Verfügungen, Aufklärungsanordnungen, Beschlüsse über eine Vertagung oder Bestimmung einer Frist, Beweisbeschlüsse, Beschlüsse über die Ablehnungen von Beweisanträgen, Verbindung und Trennung von Verfahren und Ansprüche des Steuerpflichtigen nicht isoliert mit der Beschwerde angefochten werden können. Diese Entscheidungen des Finanzgerichts können nur unselbständig innerhalb eines Revisionsverfahrens angefochten werden. Hauptanwendungsfall ist neben dem Musterfall die Beschwerde gegen die Ablehnung einer einstweiligen Anordnung nach § 114 FGO.

Kosten: Das Verfahren ist kostenpflichtig. Es fallen folgende Gerichtskosten an: Eine volle Gebühr nach dem GKG (Nr. 1370, 1371 des Kostenverzeichnisses).

Honorar: Gemäß § 45 StBGebV in Verbindung mit §§ 114 Abs. 2, 31 Absatz 1 BRAGO erhält der Bevollmächtigte im Regelfall eine oder zwei erhöhte Gebühren (13/10) nach der BRAGO. Die Gebühr wird nach dem Streitwert bemessen, der wegen der Vielfalt der Fälle nur anhand des Einzelfalls bestimmt werden kann. Bei den beiden Hauptfällen der Vollziehungsaussetzung und der einstweiligen Anordnung entspricht der Regelstreitwert 10% der streitigen Steuer.

Form- und Fristvorschriften: Die Beschwerde ist form- und fristgebunden. Sie muß innerhalb von zwei Wochen nach Bekanntgabe der anfechtbaren Entscheidung schriftlich oder zur Niederschrift des Urkundsbeamten der Geschäftsstelle beim Finanzgericht eingelegt werden. Der Antrag kann nur von einer postulationsfähigen Person (Rechtsanwalt, Wirtschaftsprüfer oder Steuerberater) eingelegt werden. Eine Begründung der Beschwerde ist nicht zwingend vorgeschrieben, so daß es dafür auch keine Frist gibt.

Entscheidungsträger: Nach § 130 FGO entscheidet das Finanzgericht zunächst selbst, ob es der Beschwerde abhelfen will. Hilft es nicht ab, so entscheidet der Bundesfinanzhof über die Beschwerde durch Beschluß.

Rechtsbehelf: Gegen den Beschluß des Bundesfinanzhofs ist ein ordentliches Rechtsmittel nicht gegeben. Soweit eine Grundrechtsverletzung geltend gemacht werden kann, kann gegebenenfalls Verfassungsbeschwerde zum Bundesverfassungsgericht erhoben werden.

277 M 27: Versicherung an Eides Statt

An das
Finanzgericht X
X-Stadt

In dem Finanzrechtsstreit
des Kaufmanns Max Brause, X-Stadt
gegen
das Finanzamt X-Stadt
Aktenzeichen noch nicht bekannt

wegen Aussetzung der Vollziehung des Umsatzsteuerbescheids 1984 vom 1. 7. 1985

erkläre ich, der Kaufmann Max Brause, A-Straße, X-Stadt, zur Vorlage beim Finanzgericht hiermit folgendes:
Über die Bedeutung einer Versicherung an Eides Statt und über die Strafbarkeit einer falschen Versicherung belehrt,
erkläre ich hiermit gegenüber dem Finanzgericht als Versicherung an Eides Statt:
In der Zeit vom 1. 6. 1985 bis 15. 7. 1985 war ich nicht in X-Stadt. Vom 1. 6. bis 20. 6. 1985 befand ich mich urlaubshalber auf Mallorca. Im unmittelbaren Anschluß hieran mußte ich eine geschäftliche Reise nach Paris unternehmen. Ich habe daher die Einspruchsentscheidung des Finanzamts X-Stadt vom 2. 6. 1985 erst am 16. 7. 1985 erhalten.

Max Brause

Anwendungsfälle: Die Versicherung an Eides Statt ist eines der Mittel der Glaubhaftmachung. Sie wird dort benötigt, wo der Sachverhalt glaubhaft zu machen ist, also insbesondere in den Fällen der Wiedereinsetzung in den vorigen Stand, der Aussetzung der Vollziehung sowie der einstweiligen Anordnung. Die Versicherung an Eides Statt kommt dann in Betracht, wenn und soweit andere Beweismittel und Unterlagen nicht verfügbar sind. Sachverhalte, die durch Vorlage von Schriftstücken und Unterlagen glaubhaft gemacht werden können, sollten durch Vorlage dieser Beweismittel und nicht durch die eidesstattliche Versicherung glaubhaft gemacht werden.

Form- und Fristvorschriften: Die Versicherung an Eides Statt ist schriftlich abzugeben und durch den Erklärenden eigenhändig zu unterzeichnen.

J. Außenprüfung (Betriebsprüfung)

Bearbeiter: Dr. Harald Schaumburg

Übersicht

	Rz.
I. Außenprüfung und prüfungsähnliche Maßnahmen	1–28
1. Außenprüfung nach der AO	7
2. Sonderprüfungen	8–23
a) Umsatzsteuer-Sonderprüfungen	9–13
b) Lohnsteueraußenprüfung	14–17
c) Kapitalverkehrsteuerprüfung	18
d) Versicherungsteuerprüfung	19
e) Feuerschutzsteuerprüfung	20
f) Sonderprüfung nach dem RennwLottG	21
g) Quellensteuerprüfungen	22
h) Steueranrechnungs-Prüfung	23
3. Steuerfahndung	24
4. Prüfungsähnliche Maßnahmen	25–28
a) Betriebsnahe Veranlagung	26
b) Einzelmaßnahmen	27
c) Nachschau	28
II. Zulässigkeit der Außenprüfung	29–47
1. Allgemeine Zulässigkeitsgrenzen	29–31
2. Prüfung bei Unternehmen	32–43
3. Prüfung bei Quellensteuerabzug	44, 45
4. Prüfungen bei sonstigen Steuerpflichtigen	46
5. Ermessen	47
III. Sachlicher Umfang der Außenprüfung	48–65
1. Gegenstand der Außenprüfung	48–56
2. Prüfung bei Gesellschaften	56, 58
3. Prüfung Dritter	59
4. Kontrollmitteilungen	60–65
IV. Zuständigkeit	66–71
V. Prüfungsanordnung	72–82
1. Prüfungsanordnung als Verwaltungsakt	72, 73
2. Bekanntgabe der Prüfungsanordnung	74–76
3. Inhalt der Prüfungsanordnung	77, 78
4. Erweiterung der Prüfungsanordnung	79
5. Wirkungen der Prüfungsanordnung	80
6. Rechtsbehelfe	81, 82
VI. Beginn der Außenprüfung	83–92
1. Vorbereitungsmaßnahmen seitens des Steuerpflichtigen	83–90
a) Sichtung von Steuerunterlagen	84
b) Sichtung von Vertragsunterlagen	85
c) Durchsicht der Jahresabschlüsse	86
d) Überprüfung der Belegsammlung	87
e) Argumentative Vorbereitung von Schwachpunkten	88
f) Auswahl von Auskunftspersonen	89
g) Überprüfung in strafrechtlicher Hinsicht	90
2. Rechtswirkungen des Prüfungsbeginns	91, 92
VII. Prüfungsgrundsätze	93–114
1. Prüfung tatsächlicher und rechtlicher Verhältnisse	93
2. Prüfung zugunsten und zuungunsten des Steuerpflichtigen	94
3. Prüfungsschwerpunkte	95–99
a) Grundsätze	95
b) Einzelne Prüfungsfelder	96–99
4. Prüfungsmethoden (Schätzungsmethoden)	100–108

	Rz.
a) Innerer Betriebsvergleich	101
b) Nachkalkulation	102
c) Äußerer Betriebsvergleich	103
d) Vermögenszuwachsrechnung	104
e) Geldverkehrsrechnung	105, 106
f) Private Geldverbrauchsrechnung	107, 108
5. Informationspflichten	109–114
a) Laufende Information	109–111
b) Verdacht einer Steuerstraftat oder Ordnungswidrigkeit	112–114
VIII. Mitwirkungspflichten	115–146
1. Grundsätze	115
2. Erfaßter Personenkreis	116–119
3. Gegenstand der Mitwirkungsverpflichtung	120–126
a) Auskunftserteilung	120, 121
b) Urkundenvorlage	122, 123
c) Duldungspflichten	124–126
4. Erweiterte Mitwirkungspflichten bei grenzüberschreitenden Sachverhalten	127–130
5. Mitwirkungsverweigerungsrechte	131–134
a) Verweigerungsrechte für Berufsgeheimnisträger und Nichtbeteiligte	131–133
b) Bankgeheimnis	134
6. Rechtsfolgen bei Verletzung von Mitwirkungspflichten	135–145a
a) Zwangsmittel	135
b) Sachverhaltsunterlagen	136, 137
c) Steuerfahndung	138
d) Schätzung	139–145
e) Verweigerte Gläubigerbenennung	145a
7. Rechtsbehelfe	146
IX. Schlußbesprechung	147–162
1. Bedeutung der Schlußbesprechung	147–159
a) Gesetzliche Verpflichtung	147–149
b) Beteiligtenkreis	150
c) Inhalt	151–154
d) Rechtswirkung	155–159
2. Vorbereitung der Schlußbesprechung durch den Berater	160, 161
3. Strafrechtlicher Hinweis	162
X. Prüfungsbericht	163–173
1. Rechtsnatur	163, 164
2. Inhalt	165–170
a) Gebot der Vollständigkeit	166, 167
b) Rotbericht	168–170
3. Recht auf Stellungnahme	171, 172
4. Nicht-Änderungsmitteilung	173
XI. Rechtsschutz gegen Außenprüfung	174–180
1. Überblick	174
2. Check-Liste der Rechtsbehelfe	175
3. Steuerrechtliche Verwertungsverbote	176–180
XII. Verbindliche Zusagen aufgrund einer Außenprüfung	181–202
1. Rechtsnatur der Zusage	181
2. Voraussetzungen der verbindlichen Zusage	182–184
3. Zusage als Ermessensentscheidung	185
4. Gegenstand der verbindlichen Zusage	186–189
5. Inhalt der verbindlichen Zusage	190–192
6. Bindungswirkungen	193, 194
7. Aufhebung und Änderung	195–201
8. Rechtsbehelfe	202

I. Außenprüfung und prüfungsähnliche Maßnahmen

1   Im Hinblick auf die z. T. unterschiedlichen Rechtswirkungen sind zu unterscheiden Außenprüfungen gem. §§ 193 ff. AO einschließlich der in den übrigen Steuergesetzen geregelten Sonderprüfungen sowie Steuerfahndungen einerseits und nur prüfungsähnliche Maßnahmen (vgl. Rz. 25) andererseits.
Zu den Rechtswirkungen im einzelnen:

2   Der **Nachprüfungsvorbehalt** gem. § 164 Abs. 1 AO ist unter der Voraussetzung zulässig, daß der Steuerfall noch nicht abschließend geprüft ist. Unter Prüfung sind in diesem Zusammenhang nicht nur die Außenprüfung nach §§ 193 ff. AO, sondern jedwede Prüfung, also auch prüfungsähnliche Maßnahmen, zu verstehen (vgl. *Tipke/Kruse* § 164 Anm. 3).
Eine andere Differenzierung ergibt sich freilich für § 164 Abs. 3 Satz 3 AO, wonach nach einer Außenprüfung der Vorbehalt aufzuheben ist, wenn sich Änderungen gegenüber der Steuerfestsetzung unter Vorbehalt nicht ergeben. Sonderprüfungen fallen nicht hierunter, soweit sie sich nur auf bestimmte Sachverhalte beziehen. Insoweit sind sie nicht ,,abschließend" im Sinne des § 164 Abs. 1 AO. Eine derartige einschränkende Auslegung gebietet Sinn und Zweck dieser Vorschrift (FG RhPf. v. 11. 1. 1979, EFG 1979, 258; *Tipke/Kruse* § 164 Anm. 9; *Koch* § 164 Anm. 38; a. A. *Hübschmann/Hepp/Spitaler* § 194 Anm. 24).

3   Eine Hemmung der **Verjährung** gem. § 171 Abs. 4 AO (Ablaufhemmung) setzt eine Außenprüfung voraus, wodurch alle Prüfungen nach Maßgabe der §§ 193 ff. AO einschließlich aller Sonderprüfungen erfaßt sind. Einzelne, nicht den gesamten Steuerfall betreffende Prüfungshandlungen bewirken demgegenüber keine Ablaufhemmung (BFH v. 3. 6. 1975, BStBl. II 1975, 786; v. 21. 2. 1978, BStBl. II 1978, 360; v. 12. 7. 1978, BStBl. II 1979, 250; v. 19. 6. 1979, BStBl. II 1980, 31). Steuer- und Zollfahndungen führen zu einer Auflaufhemmung gem. § 171 Abs. 5 AO.

4   Eine **Änderungssperre** gem. § 173 Abs. 2 AO tritt für jene Steuerbescheide ein, die aufgrund einer Außenprüfung ergangen sind. Außenprüfung in diesem Zusammenhang sind nicht nur die Prüfung gem. §§ 193 ff. AO, einschließlich der Sonderprüfungen, sondern auch die Zoll- und Steuerfahndung (vgl. *Tipke/Kruse* § 173 Anm. 35). Die Änderungssperre tritt gem. Art. 97, § 9, 1 EGAO auch ein, wenn die Außenprüfung vor dem 1. 1. 1977 stattgefunden hat. Insoweit sind Betriebsprüfung (bis 31. 12. 1976) und Außenprüfung (ab 1. 1. 1977) funktionsgleich (BFH v. 10. 2. 1982, BStBl. II 1982, 682; BFH v. 10. 11. 1983, BStBl. II 1984, 49; FG Köln v. 4. 8. 1982, EFG 1983, 101; *Tipke/Kruse* § 173 Anm. 35; a. A. *Koch* § 173 Anm. 32).

5   Eine **verbindliche Zusage** gem. § 204 AO ist nur im Anschluß an eine Außenprüfung zulässig. Zur Außenprüfung gehören auch Sonderprüfungen sowie Zoll- und Steuerfahndung, nicht aber prüfungsähnliche Maßnahmen (vgl. *Tipke/Kruse* § 204 Anm. 5).

6   Eine **Selbstanzeige** wirkt gem. § 371 Abs. 2 Nr. 1 a AO nicht strafbefreiend, wenn ein Amtsträger der Finanzbehörde zur steuerlichen Prüfung erschienen ist. Steuerliche Prüfung in diesem Sinne sind die Außenprüfung, Steuerfahndung sowie prüfungsähnliche Maßnahmen gem. § 210 AO im Rahmen der Zoll- und Verbrauchsteueraufsicht (Nachschau).

1. Außenprüfung nach der AO

7   In §§ 193 ff. AO wird zwischen der normalen Außenprüfung (**Vollprüfung**) und der **abgekürzten Außenprüfung** (§ 203 AO) differenziert. Beide Prüfungen unterscheiden sich zwar hinsichtlich ihrer Voraussetzungen und Durchführung, nicht aber in ihren Rechtswirkungen. Abgekürzte Außenprüfungen erfolgen in der Praxis nur bei kleineren Betrieben und Steuerpflichtigen, die keine betrieblichen Einkünfte haben. Im übrigen ist die Abgrenzung von Vollprüfung und abgekürzter Prüfung auf der Grundlage des § 204 AO kaum möglich (vgl. hierzu *Tipke/Kruse* § 203 Anm. 4).

2. Sonderprüfungen

8 Sonderprüfungen sind Außenprüfungen, auf die die §§ 193 ff. AO Anwendung finden. Sie unterscheiden sich von der normalen Außenprüfung nur dadurch, daß ihre Rechtsgrundlagen in Einzelgesetzen gesondert geregelt sind. Im übrigen sind Sonderprüfungen durch § 194 Abs. 1 Satz 2 AO gedeckt, wonach eine Außenprüfung sich auf nur eine Steuerart beschränken kann. In der Verwaltungspraxis hat sich die Sonderprüfung gegenüber der normalen Außenprüfung organisatorisch weitgehend verselbständigt. Sonderprüfungen werden für folgende Steuerarten durchgeführt: Umsatzsteuer, Lohnsteuer, Kapitalverkehrsteuer, Feuerschutzsteuer, Rennwett- und Lotteriesteuer. Besondere Prüfungen gibt es schließlich auch für die Aufsichtsratsteuer, die Anrechnung und Erstattung (Vergütung) der Kapitalertrag- und Körperschaftsteuer (§ 50 b EStG) sowie für Zölle, Abschöpfungen und Verbrauchsteuern.

a) Umsatzsteuer-Sonderprüfungen

9 Eine sondergesetzliche Rechtsgrundlage für die Umsatzsteuer-Sonderprüfung gibt es nicht. Im Hinblick auf § 194 Abs. 1 Satz 2 AO ist sie aber zulässig.

Grundsätzlich erfolgt die Prüfung der Umsatzsteuern im Rahmen einer normalen Außenprüfung. Lediglich in besonderen Fällen führt die Finanzverwaltung eine Umsatzsteuer-Sonderprüfung durch, und zwar als **Erst-** und **Bedarfsprüfung**.

10 **Erstprüfungen** werden insbesondere durchgeführt, wenn folgende Steuervergünstigungen *erstmals* in Anspruch genommen werden:
(1) § 4 Nr. 1 bis 5 UStG
(2) Offshore-Steuerabkommen
(3) Zusatzabkommen zum NATO-Truppenstatut
(4) Ergänzungsabkommen zum Protokoll über die NATO-Hauptquartiere
(5) Berlin-Förderungsgesetz
(6) Innerdeutscher Waren- und Dienstleistungsverkehr (§ 26 Abs. 4 UStG)

11 **Bedarfsprüfungen** werden in folgenden Fällen durchgeführt:
(1) bei Neugründungen mit Vorsteuer-Überschüssen oder unverhältnißmäßig hohen Vorsteuern;
(2) in sonstigen Fällen von Vorsteuer-Überschüssen oder unverhältnismäßig hohen Vorsteuern, die zu Zweifeln Anlaß geben;
(3) bei erstmaliger Inanspruchnahme von Umsatzsteuervergünstigungen, wenn nach Aktenlage Anlaß zu Zweifeln über die Berechtigung zur Inanspruchnahme der Vergünstigung besteht;
(4) bei Vermutung nicht rechtzeitiger Versteuerung;
(5) bei Vorsteuerabzug durch Zwischenvermieter und Bauherrengemeinschaften.

12 Die Umsatzsteuer-Sonderprüfung kann auf **bestimmte Sachverhalte** beschränkt werden. Das ergibt sich aus § 194 Abs. 1 Satz 2 AO. Insoweit ist eine derart eingeschränkte Sonderprüfung für die Umsatzsteuer zulässigerweise nicht abschließend. Das hat die folgenden Rechtswirkungen:
(1) Entgegen § 164 Abs. 3 Satz 3 AO erfolgt keine Aufhebung des Nachprüfungsvorbehalts, wenn aufgrund der Umsatzsteuer-Sonderprüfung eine Änderung gegenüber der Vorbehaltungsfestsetzung unterbleibt.
(2) Prüfungsmöglichkeit der Umsatzsteuer-Voranmeldungen, die aufgrund ihres Charakters als Vorauszahlungsbescheide (§ 18 Abs. 1 UStG) gem. § 164 Abs. 1 Satz 2 AO kraft Gesetzes unter dem Vorbehalt der Nachprüfung stehen, der durch die Umsatzsteuer-Sonderprüfung nicht wegfällt. Das ist eine Konsequenz aus der Nichtanwendbarkeit des § 164 Abs. 3 Satz 3 AO. Daraus folgt, daß Änderungen aufgrund späterer Außenprüfungen ohne weiteres möglich sind.
(3) Die Änderungssperre des § 173 Abs. 3 AO ist begrenzt auf den überprüften Sachverhalt. Die Änderungssperre greift also nicht ein, soweit nachträglich neue Tatsachen oder Beweismittel bekannt werden, die sich auf andere Steuerarten, Besteuerungszeiträume oder Sachverhalte beziehen (h. M. *Tipke/Kruse* § 173 Anm. 35; *Klein/Orlopp* § 173 Anm. 17; a. A. *Hübschmann/Hepp/Spitaler* § 194 Anm. 26). Das setzt freilich voraus, daß in der Prüfungsanordnung der zu prü-

fende und im Prüfungsbericht der geprüfte Sachverhalt genau bezeichnet sind. Die Prüfer haben das nach BdF v. 17. 9. 1968, BStBl. I 1968, 1125, zu beachten. Geschieht das nicht, ist die Änderungssperre auch nicht entsprechend eingeschränkt.

Gem. § 1 Abs. 1 BpO (St) gilt die Betriebsprüfungsordnung nicht für die Umsatzsteuer-Sonderprüfung. Die §§ 5–12 BpO (St) sollen aber nach BdF v. 1. 8. 1978, BStBl. I 1978, 349 entsprechend angewendet werden. Eine Selbstbindung an den dreijährigen Prüfungsturnus (§ 4 Abs. 2 BpO) besteht nicht.

13 **Typische Prüfungsfelder** der Umsatzsteuer-Sonderprüfung sind:
- Sachzuwendungen an Arbeitnehmer (§ 1 Abs. 1 Nr. 1 b UStG)
- Eigenverbrauch (§ 1 Abs. 1 Nr. 2 UStG)
- Eigenverbrauchsähnliche Tatbestände bei Gesellschaften (§ 1 Abs. 1 Nr. 4 UStG)
- Exportumsätze (§ 4 Nr. 1–3, 5 UStG)
- Option (§ 9 UStG)
- Steuersätze (§ 12 UStG)
- Vorsteuerabzug (§ 15 UStG)

b) **Lohnsteueraußenprüfung**

14   Die Zulässigkeit einer Lohnsteueraußenprüfung ergibt sich aus § 193 Abs. 2 Nr. 1 AO. Danach ist eine Außenprüfung zulässig, soweit sie die Verpflichtung eines Steuerpflichtigen betrifft, für Rechnung eines anderen Steuern einzubehalten und abzuführen. Damit ist eine derartige Prüfung auch bei Arbeitgebern zulässig, die nicht Unternehmer sind.

Weitere Rechtsgrundlage für die Lohnsteueraußenprüfung ist § 42f EStG. Zuständig ist danach das **Betriebstätten-Finanzamt** des Arbeitgebers. Zum Begriff der Betriebstätte vgl. § 41 Abs. 2 EStG, der dem § 12 AO vorgeht.

Die Lohnsteueraußenprüfung ist eine Außenprüfung. Für sie gilt auch § 194 Abs. 1 Satz 2 AO mit der Folge, daß auch einzelne Sachverhalte überprüft werden dürfen. Die Lohnsteueraußenprüfung beim Arbeitgeber erstreckt sich auf die zutreffende Einbehaltung oder Übernahme und die richtige Abführung der Lohnsteuer. Die im Rahmen einer solchen Lohnsteueraußenprüfung beim Arbeitgeber gewonnenen Kenntnisse können durch Änderung des betreffenden Einkommensteuerbescheides des Arbeitnehmers (§ 173 Abs. 1 Nr. 1 AO) selbst dann verwertet werden, wenn die Prüfung beim Arbeitgeber unzulässig war und deshalb die Prüfungsordnung auf Klage aufgehoben wurde (BFH v. 9. 11. 1984, BStBl. II 1985, 191; FG Nds. v. 28. 6. 1983, EFG 1984, 56). Vgl. wegen der sich ergebenden Rechtswirkungen Rz. 12.

Im Unterschied zur Umsatzsteuer-Sonderprüfung ist die Beschränkung auf einzelne Sachverhalte indessen die Ausnahme. Das liegt daran, daß die „normale" Außenprüfung den Lohnsteuerabzug nicht in ihre Prüfung mit einbezieht. Daraus folgt, daß eine derart abschließende Lohnsteueraußenprüfung die gleichen Rechtswirkungen erzeugt wie eine „normale" Außenprüfung. Im Hinblick darauf, daß durch die Lohnsteueraußenprüfung sowohl Arbeitgeber als auch Arbeitnehmer betroffen sind, gelten die folgenden **Besonderheiten**:

15   (1) Die **Ablaufhemmung** des § 171 Abs. 4 AO gilt für den Steueranspruch gegen den Arbeitnehmer (BFH v. 13. 8. 1975, BStBl. II 1976, 3) und gegen den Arbeitgeber im Falle der Pauschalierung (§ 40 Abs. 3 EStG) sowie für den gegen den Arbeitgeber gerichteten Haftungsanspruch (§ 191 Abs. 3 AO).

16   (2) Die **Änderungssperre** des § 173 Abs. 2 AO gilt nicht nur für aufgrund der Lohnsteueraußenprüfung gegen den Arbeitgeber oder den Arbeitnehmer ergangene Steuerbescheide, sondern auch für Haftungsbescheide gegen den Arbeitgeber. Zwar erfaßt nach dem Wortlaut des § 173 Abs. 2 AO die Änderungssperre nur Steuerbescheide, hier ist aber Analogie geboten (h. M. *Tipke/Kruse* § 173 Anm. 36; *Hübschmann/Hepp/Spitaler* § 173 Anm. 48; *Schmidt/Drenseck* § 42d Anm. 7 c; a. A. Abschn. 110 Abs. 8 Satz 3 LStR 1984).

Gem. § 1 Abs. 1 BpO (St) gilt die Betriebsprüfungsordnung nur für allgemeine Außenprüfungen, nicht aber für Sonderprüfungen. Nach Abschn. 111 Abs. 5 LStR sollen die §§ 5–12 BpO (St) sinngemäß angewendet werden. Eine Selbstbindung an den dreijährigen Prüfungszeitraum (§ 4 Abs. 2 BpO) besteht nicht.

Außenprüfung und prüfungsähnliche Maßnahmen 17–20 **J**

17 Mitwirkungspflichten des Arbeitgebers sind in § 42f Abs. 2 Satz 1 EStG unter Hinweis auf § 200 AO besonders erwähnt. Die Mitwirkungspflichten sind freilich auf den Bereich begrenzt, der für die Lohnsteuer überhaupt von Bedeutung sein kann. Dabei kann das Verlangen des Prüfers auf Vorlegung von Akten nicht nur lohnsteuerrechtlichen Inhalts ermessensfehlerhaft sein (BFH v. 27. 6. 1968, BStBl. II 1968, 592).
Arbeitnehmer sind aufgrund der Sonderregelung des § 42f Abs. 2 Satz 2 EStG ebenfalls zur **Mitwirkung** verpflichtet. Dies gilt auch für jene, bei denen streitig ist, ob sie überhaupt Arbeitnehmer sind (§ 42f Abs. 2 Satz 3 EStG). Damit kann sich der Prüfer unmittelbar an den Arbeitnehmer wenden, ohne die Subsidiaritätsregeln des § 200 Abs. 1 Satz 3 AO berücksichtigen zu müssen (vgl. *Hübschmann/Hepp/Spitaler* § 200 Anm. 180). Die Auskunftspflicht des Arbeitnehmers ist auf den lohnsteuerrechtlichen Zusammenhang begrenzt, so daß sie sich nicht auf Einnahmen aus anderen Einkunftsarten erstreckt (*Schmidt/Drenseck* § 42f Anm. 3 b).
Prüfungsfelder sind insbesondere: Abfindungen, Auslösungen, Betriebsveranstaltungen, Deputate, Freifahrten mit öffentl. Verkehrsmitteln, Jubiläumsgeschenke, Mahlzeiten, pauschalierte Löhne für Aushilfen und Teilzeitbeschäftigte, Fahrtkostenersatz für Fahrten zwischen Wohnung und Arbeitsstätte, Trennungsentschädigungen.

c) **Kapitalverkehrsteuerprüfung**

18 Auch die Kapitalverkehrsteuerprüfung ist eine Außenprüfung. Ihre Zulässigkeit ergibt sich aus § 193 Abs. 1, 2 Nr. 2 AO sowie aus § 29 Abs. 1 Nr. 11 KVStG i. V. m. § 40 KStDV. Die Vorschriften der §§ 193ff. AO sind uneingeschränkt anwendbar. Soweit – zulässigerweise – nur einzelne Sachverhalte überprüft werden, gelten die in Rz. 12 dargestellten Besonderheiten.
Gem. § 40 KStDV unterliegen der Kapitalverkehrsteuerprüfung Kapitalgesellschaften, inländische Niederlassungen ausländischer Kapitalgesellschaften, Personen die gewerbsmäßig Wertpapiergeschäfte betreiben, Behörden, Beamte und Notare, die bei der Durchführung des KVStG mitwirken. Eine Prüfung Dritter bei einem Notar, Beamten und Behörden, wie sie in § 40 Nr. 3 und § 46 KVStG vorgesehen ist, hat keine Rechtsgrundlage in § 193 Abs. 2 AO und ist daher unzulässig (h. M. FG Saarland v. 18. 2. 1977, EFG 1977, 297; *Hübschmann/Hepp/Spitaler* vor § 193 Anm. 181; a. A. *Schwarz/Frotscher* § 193 Anm. 6).
Gem. § 42 KStDV soll die Prüfung innerhalb von 5 Jahren mindestens einmal erfolgen. Die Mitwirkungspflichten sind in den §§ 43–45 KStDV besonders geregelt. Soweit Prüfungen bei Banken erfolgen, gilt insbesondere § 45 KVStG. Die Prüfung darf sich freilich nicht auf für die Kapitalverkehrsteuer nicht bedeutsame Vorgänge erstrecken. Einkommens- und Vermögensverhältnisse der Bankkunden sind demnach tabu.
Gelegentliche Wahrnehmungen dürfen durch Kontrollmitteilungen allerdings ausgewertet werden. Im Rahmen der Kapitalverkehrsteuerprüfung sind gem. § 45 KStDV Unterlagen auch solcher Geschäfte vorzulegen, die die Bank lediglich vermittelt hat (BFH v. 19. 2. 1975, BStBl. II 1975, 433).

d) **Versicherungsteuerprüfung**

19 § 10 VersStG enthält gegenüber § 194 Abs. 1 AO insoweit eine Erweiterung, als sich die Außenprüfung bei Personen und Personenvereinigungen, die Versicherungen vermitteln oder ermächtigt sind, für den Versicherer Zahlungen entgegenzunehmen, auch auf Verhältnisse Dritter (Versicherungsnehmer) erstreckt. Im übrigen gelten die §§ 193–203 AO.

e) **Feuerschutzsteuerprüfung**

20 § 9 Abs. 2 FeuerschG entspricht § 10 VersStG. Darüber hinaus bestimmt § 9 Abs. 3 FeuerschG, daß eine Außenprüfung auch bei Personen und Personenvereinigungen zulässig ist, die nicht Versicherer oder Vermittler sind, aber Vereinbarungen über eine gemeinsame Schadenstragung getroffen haben (§ 1 Abs. 2 FeuerschG).

Schaumburg

f) Sonderprüfung nach den RennwLottG

21 Die als Rechtsverordnung zum RennwLottG ergangenen Ausführungsbestimmungen (RennwLott AB) enthalten in §§ 47–52 besondere Vorschriften über Prüfungsmaßnahmen.

g) Quellensteuerprüfungen

22 Gem. § 73d Abs. 2 EStDV ist im Rahmen der Außenprüfung beim Schuldner der **Aufsichtsratsvergütungen** oder bestimmter **Vergütungen nach § 50a Abs. 4 EStG** zu prüfen, ob die Quellensteuern ordnungsgemäß einbehalten und abgeführt worden sind.

h) Steueranrechnungs-Prüfung

23 § 50b EStG ermöglicht eine Prüfung auch bei anderen Personen als dem Steuerschuldner. Gegenstand der Prüfung ist die Anrechnung von Kapitalertragsteuer und Körperschaftsteuer (§ 36 Abs. 2 Nr. 2, 3 EStG), die Vergütung von Körperschaftsteuer (§§ 36b–e EStG; §§ 38 Abs. 2, 49 KAGG; § 52 KStG) und die Erstattung von Kapitalertragsteuer (§§ 44b, c EStG).

3. Steuerfahndung

24 Die Steuerfahndung hat nicht nur die Aufgabe, Steuerstraftaten und Steuerordnungswidrigkeiten zu erforschen (§ 208 Abs. 1 Nr. 1 AO), sie ist in diesem Zusammenhang auch mit der Ermittlung der Besteuerungsgrundlagen betraut (§ 208 Abs. 1 Nr. 2 AO). Daneben kann die Steuerfahndung auch als gewöhnliche Außenprüfung tätig werden (§ 208 Abs. 2 AO).

Die Steuerfahndung hat damit eine **Doppelaufgabe,** und zwar eine steuerstrafrechtliche und eine steuerrechtliche. Im Rahmen der steuerrechtlichen Aufgaben wird die Steuerfahndung funktionell auch als Außenprüfung tätig. Die in den Rz. 2ff. genannten Rechtswirkungen einer Außenprüfung gelten daher auch für die Steuerfahndung.

4. Prüfungsähnliche Maßnahmen

25 Prüfungsähnliche Maßnahmen fallen nicht unter die Außenprüfung. Die §§ 193ff. AO sind nicht anwendbar (FG Münster v. 7. 5. 1981, EFG 1982, 111). Ebenso kommen auch nicht die Rechtwirkungen einer Außenprüfung in Betracht (vgl. Rz. 2ff.). Zu den prüfungsähnlichen Maßnahmen gehören:

a) Betriebsnahe Veranlagung

26 Hierunter ist eine punktuelle Sachverhaltsaufklärung an Ort und Stelle (vgl. z. B. §§ 97 Abs. 3; 99 AO) mit anschließender Steuerfestsetzung zu verstehen (*Koch* vor § 192 Anm. 5). Es handelt sich um ein Verwaltungsinstitut, bei dem es vor allem darum geht, Unklarheiten ohne zeitaufwendigen Schriftverkehr an Ort und Stelle zu klären.

b) Einzelmaßnahmen

27 Rechtsgrundlage für Ermittlungen des Finanzamtes ist § 88 AO. Diese Ermittlungen können gem. §§ 97 Abs. 3; 99 AO an Ort und Stelle durchgeführt werden.

c) Nachschau

28 § 210 AO regelt die Befugnisse der Finanzbehörde im Rahmen der Zoll- und Verbrauchsteueraufsicht. Hierzu gehören insbesondere das Recht, Grundstücke und Räume sowie Schiffe und andere Fahrzeuge zu betreten.

II. Zulässigkeit der Außenprüfung

1. Allgemeine Zulässigkeitsgrenzen

29 Unabhängigkeit von den besonderen Zulässigkeitsvoraussetzungen des § 193 AO darf eine Außenprüfung von vorneherein nicht durchgeführt werden, wenn feststeht, daß deren Ergebnisse für die Besteuerung nicht erheblich sein können oder aber nicht verwertet werden dürfen (*Tipke/Kruse* § 193 Anm. 1).

30 Unerheblich sind die Ergebnisse für die Besteuerung dann, wenn eine Steuerpflicht ausscheidet. Hierbei kommen insbesondere in Betracht, daß
(1) bei **unbeschränkter Steuerpflicht** Einkünfte unter keine Einkunftsart fallen oder aufgrund vom DBA-Bestimmungen von deutscher Besteuerung ausgenommen sind und sich der Progressionsvorbehalt nicht auswirkt und
(2) bei **beschränkter Steuerpflicht** Einkünfte nicht unter § 49 EStG fallen oder aufgrund von DBA-Bestimmungen von deutscher Besteuerung ausgenommen sind.

Solange freilich nicht feststeht, daß eine Steuerpflicht ausscheidet, ist eine Prüfung zulässig (*Tipke/Kruse* § 193 Anm. 2; a. A. *Hübschmann/Hepp/Spitaler* § 193 Anm. 15 ff.). Demzufolge können auch steuerbefreite Steuersubjekte der Außenprüfung unterzogen werden (BFH v. 8. 6. 1977, BStBl. II 1977, 875).

Prüfungsergebnisse können von vorneherein nicht verwertet werden, wenn die gewöhnliche Festsetzungsfrist bereits abgelaufen ist (FG Münster v. 10. 10. 1974, EFG 1975, 184; FG Nürnberg v. 12. 7. 1984, EFG 1984, 592) oder die Änderungssperre gem. § 173 Abs. 2 AO eingreift.

31 Zulässigkeitsvoraussetzung ist nicht, daß für den Prüfungszeitraum Steuererklärungen abgegeben und/oder unter dem Vorbehalt der Nachprüfung stehende Steuerbescheide ergangen sind (h. M. *Tipke/Kruse* § 193 Anm. 1, FG Berlin v. 25. 6. 1984, EFG 1985, 157; FG Nürnberg v. 26. 4. 1983, EFG 1984, 7, v. 29. 7. 1981, EFG 1982, 55; FG Köln v. 19. 3. 1981, EFG 1982, 2; a. A. *Hübschmann/Hepp/Spitaler* § 194 Anm. 10 ff., 23 ff.).

Zulässig ist die Außenprüfung schließlich auch noch während des Einspruchsverfahrens und des finanzgerichtlichen Verfahrens.

2. Prüfung bei Unternehmen

32 Gem. § 193 Abs. 1 AO ist die Außenprüfung zulässig bei Steuerpflichtigen, die eine gewerbliche oder land- und forstwirtschaftlichen Betrieb unterhalten oder die freiberuflich tätig sind. Dies muß vorher feststehen, andernfalls ist die Prüfung auf der Grundlage des § 193 Abs. 1 AO unzulässig (BFH v. 5. 11. 1981, BStBl. II 1982, 208). Da Personen mit Einkünften aus § 18 Abs. 1 Nr. 2, 3 EStG zwar Einkünfte aus selbständiger Arbeit haben, aber nicht freiberuflich tätig sind, ist bei ihnen eine Außenprüfung gem. § 193 Abs. 1 AO ebenfalls ausgeschlossen (BFH v. 5. 11. 1981, BStBl. II 1982, 184). Hier ist eine Prüfung nur unter den Voraussetzungen des § 193 Abs. 2 AO zulässig.

Als **Prüfungssubjekte** kommen natürliche und juristische Personen sowie Personenvereinigungen in Betracht.

33 Eine Außenprüfung kann auch dann noch durchgeführt werden, wenn die natürliche Person ihren **Betrieb aufgegeben** hat (BFH v. 24. 10. 1979, BStBl. II 1980, 143).

34 Durch die Eröffnung des **Konkursverfahrens** ändert sich die Stellung des Gemeinschuldners als Steuerpflichtiger nicht (BFH v. 14. 2. 1978, BStBl. II 1978, 356). Es geht allerdings die Verwaltungs- und Verfügungsbefugnis auf den Konkursverwalter über. Da der Konkursverwalter gem. § 34 Abs. 1, 3 AO die verfahrensrechtlichen Pflichten des Gemeinschuldners wahrzunehmen hat, ist er auch Adressat der im Rahmen der Außenprüfung zu erlassenen Verwaltungsakte. Der Gemeinschuldner bleibt freilich zur Mitwirkung verpflichtet (*Hübschmann/Hepp/Spitaler* § 193 Anm. 34).

35 Erfüllt nur ein **Ehegatte** die Voraussetzungen des § 193 Abs. 1 AO, so können auch nur dessen steuerlichen Verhältnisse überprüft werden. Die steuerlichen Verhältnisse des anderen Ehegatten werden nicht automatisch mitgeprüft. Hat dieser Ehegatte weder Einkünfte noch Vermögen, kommt demnach auch § 193 Abs. 2 Nr.

2 AO nicht in Betracht, ist eine Prüfung bei ihm unzulässig (BFH v. 5. 11. 1981, BStBl. II 1982, 208; FG RhPf. v. 5. 10. 1981, EFG 1982, 333).

36 Auch nach dem **Tode** des Steuerpflichtigen ist eine Außenprüfung möglich. Sie richtet sich dann gegen die **Erben,** der sie für die Zeit vor dem Erbfall dulden muß (BFH v. 9. 5. 1978, BStBl. II 1978, 501).

37 **Gründungsgesellschaften** sind Steuerpflichtige nach Maßgabe der für ihre spätere Rechtsform geltenden Regeln (*Tipke/Kruse* § 33 Anm. 14). Sie sind daher auch Prüfungssubjekt gem. § 193 Abs. 1 AO. Die spätere aus der Gründungsgesellschaft entstandene juristische Person unterliegt der Außenprüfung auch für die Zeit der Gründungsgesellschaft.

38 Soweit ohne Liquidation im Rahmen einer Gesamtrechtsnachfolge – **Umwandlung und Verschmelzung** – das Vermögen auf einen neuen Rechtsträger übergeht, unterliegt dieser der Außenprüfung auch für die Zeit vor der Gesamtrechtsnachfolge (BFH vom 9. 5. 1978, BStBl. II 1978, 501).

39 Eine Gesellschaft in **Liquidation** unterliegt der Außenprüfung, bis sie keine steuerlichen Pflichten mehr trifft. Bis dahin ist sie Steuerpflichtige (BFH v. 6. 5. 1977, BStBl. II 1977, 783) und damit zugleich Prüfungssubjekt gem. § 193 Abs. 1 AO.

40 **Juristische Personen des öffentlichen Rechts** unterliegen mit ihren Betrieben gewerblicher Art der Außenprüfung gem. § 193 Abs. 1 AO (BFH v. 1. 8. 1979, BStBl. II 1979, 716). Im übrigen ist § 193 Abs. 2 Nr. 1 AO einschlägig.

41 Soweit **Personengesellschaften** Steuerpflichtige sind, unterliegen sie der Außenprüfung gem. § 193 Abs. 1 AO. Geht die Personengesellschaft im Wege der **Anwachsung** – ohne Liquidation (§ 736 BGB, § 142 HGB) – unter, hat der verbleibende Gesellschafter als Gesamtrechtsnachfolger die Außenprüfung auch für die Zeit vor der Anwachsung zu dulden (vgl. BFH v. 18. 9. 1980, BStBl. II 1981, 293). Im Liquidationsstadium bleibt die Personengesellschaft Prüfungssubjekt. Auch nach ihrer Auflösung besteht sie so lange fort, bis alle Ansprüche und Verpflichtungen, die das Gesellschaftsverhältnis betreffen, abgewickelt sind. Zu diesen Pflichten zählen auch steuerliche Pflichten, insbesondere Steuerschulden (z. B. USt). Solange also noch derartige Pflichten bestehen, ist eine Vollbeendigung noch nicht eingetreten mit der Folge, daß die so fortbestehende Personengesellschaft noch Prüfungssubjekt sein kann (vgl. BFH v. 21. 5. 1971, BStBl. II 1971, 540).

42 **Gemeinschaften** können ebenfalls geprüft werden, soweit sie Steuerpflichtige sind. Erfaßt werden sowohl Bruchteils- als auch Gesamthandsgemeinschaften. Damit unterliegen vor allem auch Wohnungseigentümergemeinschaften und Bauherrengemeinschaften der Außenprüfung.

43 In sachlicher Hinsicht beschränkt sich die Prüfungskompetenz des Finanzamtes nicht etwa auf die in § 193 Abs. 1 AO erwähnten Einkunftsarten (h. M. BFH v. 14. 10. 1975, BStBl. II 1976, 233; BFH v. 5. 11. 1981, BStBl. II 1982, 208; FG Hamburg v. 25. 6. 1979, EFG 1979, 583; *Hübschmann/Hepp/Spitaler* § 193 Anm. 178; a. A. *Tipke/Kruse* § 193 Anm. 1).

3. Prüfung bei Quellensteuerabzug

44 Für Steuerpflichtige, die nicht unter § 193 Abs. 1 AO fallen, kann eine Außenprüfung gem. § 193 Abs. 2 Nr. 1 AO ebenso wie bei § 193 Abs. 1 AO ohne konkreten Anlaß durchgeführt werden. Erfaßt werden damit im wesentlichen natürliche Personen mit Einkünften gem. § 2 Abs. 1 Nr. 4–7 EStG und juristische Personen des öffentlichen Rechts, die Steuern einzubehalten und abzuführen haben. Es handelt sich hierbei um folgende Steuern:
– Lohnsteuer (§§ 38 Abs. 3; 41a Abs. 1 Nr. 2 EStG)
– Kapitalertragsteuer (§ 44 Abs. 1 Sätze 3, 4)
– Versicherungsteuer (§ 7 Abs. 1 Satz 3 VStG)
– Aufsichtsratsteuer (§ 50a Abs. 5, 1 EStG)
– sonstige Quellensteuer (§ 50a Abs. 5, 4 EStG)
– Umsatzsteuer (§ 18 Abs. 8 UStG, § 51 UStDV)

45 Die Prüfung hat sich auf die Verpflichtung, die Steuern einzubehalten und abzuführen, zu beschränken. Jede Prüfung, die darüber hinausgeht, kann nicht auf § 193 Abs. 2 Nr. 1 AO gestützt werden.

4. Prüfungen bei sonstigen Steuerpflichtigen

46 Nach § 193 Abs. 2 Nr. 2 AO ist eine Außenprüfung immer dann zulässig, wenn ein aufklärungsbedürftiger Sachverhalt vorliegt und eine Prüfung an Amtsstelle nach Art und Umfang des zu prüfenden Sachverhalts nicht zweckmäßig ist. Voraussetzung ist nicht etwa ein konkreter Anhaltspunkt, es reicht vielmehr aus, daß die Finanzbehörde einen Sachverhalt für ermittlungsbedürftig hält. Ein derartiges Aufklärungsbedürfnis ist insbesondere anzunehmen, wenn Anhaltspunkte bestehen, die es nach den Erfahrungen der Finanzverwaltung als möglich erscheinen lassen, daß der Steuerpflichtige erforderliche Steuererklärungen nicht, unvollständig oder unrichtig abgegeben hat. Als unbestimmter Rechtsbegriff unterliegt dieses Aufklärungsbedürfnis der Überprüfung durch die Finanzgerichte (BFH v. 5. 11. 1981, BStBl. II 1982, 208). Ob die Prüfung an Amtsstelle nicht zweckmäßig, vielmehr eine Außenprüfung angezeigt ist, entscheidet die Finanzbehörde nach pflichtgemäßem von den Finanzgerichten nur im Rahmen des § 102 FGO überprüfbaren Ermessen, wobei Art und Umfang des zu prüfenden Sachverhalts zu berücksichtigen ist (BFH v. 5. 11. 1981, BStBl. II 1982, 208). Nach dem Einführungserlaß des BdF zu § 193 Nr. 2 (BStBl. I 1976, 576) stellt die Finanzverwaltung vor allem darauf ab, ob umfangreiche und vielgestaltige Einkünfte vorliegen.
§ 193 Abs. 2 Nr. 2 AO ist als **Auffangtatbestand** gegenüber § 193 Abs. 1, Abs. 2 Nr. 1 AO lediglich subsidär. Demzufolge sind nur Personen betroffen, die Einkünfte gem. § 2 Abs. 1 Nr. 4–7 EStG beziehen.

5. Ermessen

47 Ob, zu welchem Zeitpunkt und mit welchem Umfang ein Steuerpflichtiger geprüft wird, steht im Ermessen der Finanzverwaltung. Die Grenzen des Ermessensspielraums werden u. a. durch den Gleichheitssatz (Art. 3 GG) gesteckt. Es verletzt aber nicht den Gleichheitssatz, daß Steuerpflichtige unterschiedlich häufig und unterschiedlich intensiv geprüft werden. Im Hinblick auf den Ermessensspielraum der Finanzverwaltung hat der Steuerpflichtige auch keinen Anspruch auf Durchführung einer Außenprüfung (BFH v. 24. 10. 1972, BStBl. II 1973, 275; BFH v. 8. 11. 1984, BStBl. II 1985, 352). Er hat freilich einen Anspruch auf fehlerfreie Ermessensausübung.

III. Sachlicher Umfang der Außenprüfung

1. Gegenstand der Außenprüfung

48 Gegenstand der Außenprüfung ist die Ermittlung der steuerlichen Verhältnisse des Steuerpflichtigen (§ 194 Abs. 1 Satz 1 AO). Es müssen nicht alle steuerlichen Verhältnisse geprüft werden, vielmehr darf sich die Außenprüfung auf einzelne Sachverhaltsaspekte beschränken (h. M. *Tipke/Kruse* § 194 Anm. 1; FG RhPf. v. 11. 1. 1979, EFG 1979, 258; a. M. *Hübschmann/Hepp/Spitaler* § 194 Anm. 22 ff.). Im Hinblick darauf sind auch sog. **Schwerpunktprüfungen** insbesondere bei Konzernen zulässig (vgl. § 6 BpO (St)).
Gem. § 194 Abs. 1 Satz 2 AO kann sich die Prüfung im übrigen auf eine oder mehrere Steuerarten oder einen oder mehrere Besteuerungszeiträume beziehen.

49 Gegenstand der Prüfung können nur die steuerlichen Verhältnisse eines bestimmten Steuerpflichtigen sein. Im Hinblick darauf darf eine **Richtsatzprüfung**, die der Finanzverwaltung Richtsätze für die Verprobung und Schätzung von Gewinn und Umsatz liefern soll, nicht durchgeführt werden. Etwas anderes kann allenfalls gelten, wenn der Steuerpflichtige einer derartigen Prüfung zustimmt (*Tipke/Kruse* § 193 Anm. 6; *Klein/Orlopp* § 193 Anm. 5). Wegen der unterschiedlichen Zielsetzung von Richtsatzprüfung und Außenprüfung ist eine Außenprüfung auch dann noch zulässig, wenn für denselben Prüfungszeitraum bereits eine Richtsatzprüfung erfolgt ist (FG Nds. v. 21. 6. 1984, EFG 1984, 590).

50 Hinsichtlich des **Prüfungszeitraums** ist die Finanzverwaltung durch ihre in § 4 BpO (St) erfolgte Verwaltungsanweisung einer Selbstbindung unterworfen. Eine rechtswidrige Ausdehnung des Prüfungszeitraums führt allerdings zu keinem **Verwertungsverbot** (FG Köln v. 30. 9. 1981, EFG 1982, 277).

51 Für Großbetriebe gibt es keine Beschränkung des Prüfungszeitraums innerhalb der von der Festsetzungsverjährung gesetzten Grenzen. Das Prinzip der **Anschlußprüfung** (§ 4 Abs. 1 Satz 1 BpO (St)) ist vorrangig (BFH v. 17. 9. 1974, BStBl. II 1975, 197; FG Nürnberg v. 8. 12. 1982, EFG 1983, 334).

52 § 4 Abs. 2 BpO (St) enthält dagegen für Mittel-, Klein- und Kleinstbetriebe eine **Einschränkung** dahingehend, daß der Prüfungszeitraum nicht über die letzten drei Besteuerungszeiträume zurückreichen soll, für die vor Bekanntgabe der Prüfungsordnung Ertragsteuer-Erklärungen abgegeben wurden. Eine Erweiterung des Prüfungszeitraums ist nur zulässig, wenn
– die Besteuerungsgrundlagen andernfalls nicht festgestellt werden können,
– mit nicht unerheblichen Nachforderungen oder Erstattungen (Vergütungen) zu rechnen ist,
– der Verdacht einer Steuerstraftat (Steuerordnungswidrigkeit) besteht.

Eine **Überschreitung** des dreijährigen Prüfungszeitraums bedarf stets einer Begründung im vorgenannten Sinne (FG Hessen v. 25. 10. 1984, EFG 1985, 161; FG Nds. v. 19. 5. 1983, EFG 1984, 531).

Eine Prüfungsanordnung, die unter Verstoß gegen § 4 Abs. 2 BpO (St) einen über drei Jahre hinausgehenden Prüfungszeitraum festlegt, ist insoweit rechtswidrig und auf Klage vom FG hinsichtlich dieses Zeitraums aufzuheben (BFH v. 7. 6. 1973, BStBl. II 1973, 716). Ein Änderungsbescheid darf für diesen Zeitraum dann nicht ergehen.

53 Die **Einordnung der Betriebe nach Größenklassen** ergibt sich aus § 3 BpO (St) für die Zeit ab 1. 1. 1985 wie folgt (vgl. BdF v. 6. 9. 1984, BStBl. I 1984, 502):

	Groß- betriebe (G)	Mittel- betriebe (M)	Klein- betriebe (K)
Handelsbetriebe (H) Gesamtumsatz oder steuerlicher Gewinn	über 9 Mio. über 300 000	über 1 Mio. über 60 000	über 190 000 über 36 000
Freie Berufe Gesamtumsatz oder steuerlicher Gewinn bzw. Betriebseinnahmen aus freiberufl. Tätigkeit oder stl. Gewinn	über 5 Mio über 700 000	über 900 000 über 150 000	über 190 000 über 36 000
Andere Leistungsbetriebe Gesamtumsatz oder steuerlicher Gewinn	über 6 Mio. über 300 000	über 800 000 über 60 000	über 190 000 über 36 000
Fertigungs- und sonstige Betriebe Gesamtumsatz oder steuerlicher Gewinn	über 5 Mio. über 250 000	über 500 000 über 60 000	über 190 000 über 36 000
Kreditinstitute Aktivvermögen oder steuerlicher Gewinn	über 100 Mio. über 600 000	über 30 Mio. über 200 000	über 10 Mio. über 50 000
Versicherungsunternehmen Jahresprämieneinnahmen	über 30 Mio.	über 5 Mio.	über 2 Mio.
Land- und forstwirtschaftliche Betriebe Steuerlicher Gewinn Wirtschaftswert der selbstbewirtschafteten Flächen	über 120 000 über 225 000	über 60 000 über 100 000	über 36 000 über 40 000

Sachlicher Umfang der Außenprüfung 54–57 **J**

a) Pensionskassen sind entsprechend den Merkmalen von Versicherungsunternehmen einzuordnen.
b) Unterstützungskassen sind wie Kleinbetriebe einzustufen.
c) Verlustzuweisungsgesellschaften sind Großbetrieben gleichzustellen.
d) Bei Organgesellschaften mit Gewinnabführungsvertrag ist für die Ermittlung der Gewinngrenze die Gewinnabführung vom Einkommen des Organträgers abzuziehen und dem Einkommen des Organs zuzurechnen.
e) Sofern die Einordnung der Betriebe nach den vorstehenden Abgrenzungsmerkmalen infolge besonderer Verhältnisse (Sonderabschreibungen nach dem Zonenrandförderungsgesetz oder dem Berlinförderungsgesetz) nicht der Bedeutung dieser Betriebe gerecht wird, bleibt es der Oberfinanzdirektion überlassen, ausnahmsweise eine von diesen Abgrenzungsmerkmalen abweichende Einordnung in die einzelnen Größenklassen vorzunehmen.
f) Steuerpflichtige, bei denen die Summe der Einkünfte gem. § 2 Abs. 1 Nr. 4–7 EStG 1 Mio. DM übersteigt, und Bauherrengemeinschaften werden gesondert erfaßt.

54 Im Hinblick auf die Bindungswirkung des § 4 Abs. 2 BpO (St) eröffnet sich für den Steuerpflichtigen die Möglichkeit, den Prüfungszeitraum durch Abgabe einer ggf. **vorläufigen Steuererklärung** *vor* Ergehen der Prüfungsanordnung zu beeinflussen. Wegen § 4 Abs. 2 Satz 1 BpO (St) verschiebt sich der Prüfungszeitraum damit um ein Jahr. Die Abgabe einer Steuererklärung *nach* Ergehen der Prüfungsanordnung bewirkt keine Verschiebung des Prüfungszeitraums, sondern allenfalls die Erstreckung der Außenprüfung auch auf das Jahr, für das die Steuererklärung abgegeben wurde.
Die Einschränkung des § 4 Abs. 2 BpO (St) gilt freilich nur, falls überhaupt Steuererklärungen abgegeben worden sind. Ist dies pflichtwidrig unterblieben, so bilden allgemeine Ermessensgesichtspunkte (Übermaßverbot) eine Grenze für den Prüfungszeitraum.
Schließlich verbietet § 4 Abs. 2 BpO (St) nicht, daß bei Gelegenheit der Außenprüfung für die nicht geprüften Zeiträume bekannt gewordene Tatsachen vom Finanzamt ausgewertet werden (BFH v. 5. 4. 1984, BStBl. II 1984, 790; FG Nds. v. 17. 3. 1983, EFG 1983, 267; v. 26. 11. 1982, EFG 1983, 266; FG Münster v. 7. 5. 1981, EFG 1982, 111).

55 Für **Erstprüfungen** enthält § 4 Abs. 1 Satz 2 BpO (St) eine nicht nur für Großbetriebe geltende Regel, daß die Finanzbehörde im Rahmen des Ermessens bestimmt, wann und für welchen Zeitraum geprüft werden soll.

56 Zulässig ist die **Ausdehnung des Prüfungszeitraums** in den in § 4 Abs. 2 Satz 2 BpO (St) genannten Fällen, die freilich nur *beispielhaft* sind (BFH v. 20. 6. 1984, BStBl. II 1984, 815; FG Hamburg v. 1. 6. 1982, EFG 1983, 102). Sind die eine Erweiterung des Prüfungszeitraums rechtfertigenden Umstände dem Finanzamt schon anfangs bekannt, so kann sich die Prüfungsanordnung von vornehrein auf den über drei Jahre hinausgehenden Zeitraum erstrecken, andernfalls ergeht eine weitere Prüfungsanordnung, die den Prüfungszeitraum ausdehnt.
Soweit eine Erweiterung des Prüfungszeitraums wegen nicht unerheblicher Steuersachforderungen oder Steuererstattungen (Vergütungen) zulässig ist, wird seitens der Finanzverwaltung auf einen Betrag von DM 1000,– pro Jahr und Steuerart abgestellt. Wenn die Erweiterung des Prüfungszeitraums auf die Erwartung nicht unerheblicher Steuernachforderungen gestützt wird, so ist diese **Prognose** zum Zeitpunkt der Anordnung der Erweiterung des Prüfungszeitraumes (BFH v. 13. 10. 1972, BStBl. II 1973, 74) durch **Tatsachen** zu untermauern (BFH v. 6. 12. 1978, BStBl. II 1979, 162; FG Nds. v. 8. 9. 1983, EFG 1984, 214). Aufgrund dieser Tatsachen muß sich ergeben, daß die nicht unerheblichen Steuernachforderungen **wahrscheinlich** sind (BFH v. 1. 8. 1984, BStBl. II 1985, 350).

2. Prüfung bei Gesellschaften

57 Gem. § 194 Abs. 1 Satz 2 AO umfaßt die Außenprüfung bei einer Personengesellschaft auch die steuerlichen Verhältnisse der Gesellschafter insoweit, als diese für die

Schaumburg

zu überprüfenden einheitlichen Feststellungen von Bedeutung sind. Dadurch werden Entnahmen, Einlagen sowie Sonderbetriebsvermögen und Sonderbetriebsausgaben und Sonderbetriebseinnahmen der Gesellschafter automatisch in die Prüfung einbezogen. Einer gesonderten Prüfungsanordnung bedarf es hierfür nicht. Vorgänge, die ihre Ursache nicht im Gesellschaftsverhältnis haben, sind nicht Gegenstand der Prüfung (BFH v. 5. 12. 1978, BStBl. II 1979, 529).

58 § 194 Abs. 2 AO erweitert die Zulässigkeit der bei einer Personen- und Kapitalgesellschaft durchgeführten Prüfung auf Gesellschafter, Mitglieder sowie Mitglieder von Überwachungsorganen (Aufsichtsrat, Beirat). Voraussetzung ist freilich, daß diese **Erstreckungsprüfung** zweckmäßig ist. Das wird selten der Fall sein und voraussetzen, daß zwischen Gesellschaft und Gesellschafter, Kontrollorgan usw. wirtschaftlich gewichtige Beziehungen bestehen, die steuerlich von Bedeutung sind (*Tipke/Kruse* § 194 Anm. 2; *Hübschmann/Hepp/Spitaler* § 194 Anm. 340). So wird die Erstreckungsprüfung auf den Gesellschafter einer Kapitalgesellschaft insbesondere bei verdeckten Gewinnausschüttungen und verdeckten Einlagen zweckmäßig sein. Da § 194 Abs. 2 AO im Gegensatz zu § 194 Abs. 1 Satz 2 AO keine gegenständliche Begrenzung hat, können alle steuerlichen Verhältnisse geprüft werden.

Soweit eine Prüfung bei Großbetrieben über den dreijährigen Prüfungszeitraum zulässig ist (Rz. 51), gilt das auch für die gleichzeitige Erstreckungsprüfung auf die Gesellschafter (FG Nürnberg v. 8. 12. 1982, EFG 1983, 334).

Im Hinblick darauf, daß es sich um die Verbindung mehrerer Prüfungen bei verschiedenen Prüfungssubjekten handelt, muß gegen alle Beteiligten eine Prüfungsanordnung ergehen.

3. Prüfung Dritter

59 Die steuerlichen Verhältnisse anderer Personen können auch insoweit geprüft werden, als der Steuerpflichtige verpflichtet war oder verpflichtet ist, für Rechnung dieser Personen Steuern zu entrichten oder Steuern einzubehalten und abzuführen (§ 194 Abs. 1 Satz 4). Vgl. hierzu Rz. 14ff.

§ 194 Abs. 1 Satz 4 AO schafft die Rechtsgrundlage dafür, daß im Rahmen der Prüfung der zum Quellensteuerabzug Verpflichteten diesbezüglich auch die Steuerschuldner selbst (Arbeitnehmer, Gläubiger der Kapitalerträge usw.) einer Prüfung unterzogen werden können. Damit wird ermöglicht, daß die Prüfungsfeststellungen nicht nur bei den Haftenden, sondern auch bei den Steuerschuldnern verwertet werden können (*Tipke/Kruse* § 194 Rz. 3).

4. Kontrollmitteilungen

60 § 194 Abs. 3 AO läßt steuerlich bedeutsame Feststellungen, die *anläßlich* einer Außenprüfung getroffen werden, mit Wirkung für andere als die geprüften Personen zu. Eine Außenprüfung darf daher weder zu dem Zweck durchgeführt werden, Kontrollmaterial zu fertigen, noch dürfen im Rahmen einer derartigen Außenprüfung die steuerlichen Verhältnisse anderer Personen systematisch ausgeforscht werden.

61 Die Fertigung von Kontrollmaterial ist auch im Rahmen **zwischenstaatlicher Amtshilfe** zulässig. Denn auch ausländische Steuerpflichtige gehören zu den in § 194 Abs. 1 AO erwähnten Personen. Im übrigen ergibt sich aus § 117 Abs. 4 AO, daß die deutschen Finanzbehörden bei der Durchführung der Rechts- und Amtshilfe für ausländische Behörden dieselben Befugnisse haben wie bei der Ermittlung der Besteuerungsgrundlagen deutscher Steuern.

In der Praxis macht die Finanzverwaltung von der Möglichkeit, grenzüberschreitendes Kontrollmaterial zu fertigen, regen Gebrauch.

62 Stehen dem zu prüfenden Steuerpflichtigen **Mitwirkungsverweigerungsrechte** zur Seite, darf Kontrollmaterial nicht gefertigt werden.

63 Das **Verbot** Kontrollmitteilungen zu fertigen, gilt bei der Prüfung jener Personen, die gemäß § 102 AO ein **Auskunftsverweigerungsrecht** zum Schutze ihres Berufsgeheimnisses haben (z. B. Ärzte, Rechtsanwälte, Steuerberater). Auf dieses Auskunftsverweigerungsrecht kann freilich verzichtet werden, so daß dann auch Kontrollmitteilungen gefertigt werden dürfen.

Prüfungsanordnung 64–72 **J**

64 Soweit es indessen um die Mitwirkungsverweigerungsrechte der §§ 101, 103, 104 AO geht, können Kontrollmitteilungen gleichwohl gefertigt werden (h. M. *Koch* § 194 Anm. 10; *Hübschmann/Hepp/Spitaler* § 194 Anm. 439 ff. a. A. *Tipke/Kruse* § 195 Anm. 4).

Die vorgenannten Mitwirkungsverweigerungsrechte gelten, soweit es sich um Angehörige im Sinne des § 15 AO handelt oder die Gefahr der Verfolgung einer Straftat oder Ordnungswidrigkeit besteht. Dürften Kontrollmitteilungen in den vorgenannten Fällen nicht gefertigt werden, könnte die Versteuerung beim Empfänger nicht kontrolliert werden, wodurch § 160 AO umgangen wäre.

65 Es gibt kein gesetzlich verankertes **Bankgeheimnis**. Damit gibt es auch kein gesetzliches Verbot anläßlich von Außenprüfungen bei Kreditinstituten, Kontrollmitteilungen zu fertigen. Der sog. **Bankenerlaß** v. 31. 8. 1979, BStBl. I 1979, 590 (vgl. Rz. 134) bestimmt indessen, daß anläßlich der Außenprüfung bei einem Kreditinstitut keine Kontrollmitteilungen über Guthabenkonten und Depots gefertigt werden sollen. Hieran ist die Finanzverwaltung gebunden. Verstöße gegen den Bankenerlaß können gerichtlich überprüft werden.

IV. Zuständigkeit

66 **Sachlich zuständig** sind für die Steuerfestsetzung gem. § 17 Abs. 2 FVG die Finanzämter. Klarstellend bestimmt § 195 Satz 1 AO, daß dies auch für Außenprüfung gilt.

Die **örtliche Zuständigkeit** ergibt sich aus §§ 17 ff. AO und ergänzend für die Lohnsteueraußenprüfung aus § 42 f EStG.

67 Nach § 17 Abs. 2 Satz 3 FVG kann die Außenprüfung einem speziellen **Finanzamt für Prüfungsdienste** (z. B. in Hamburg) übertragen werden.

68 § 195 Satz 2 AO läßt schließlich zu, andere Finanzbehörden mit der Außenprüfung zu beauftragen. Auf dieser Rechtsgrundlage werden **Groß- und Konzernbetriebsprüfungsstellen** bei den Oberfinanzdirektionen (z. B. in NRW) tätig. Die mit der Prüfung beauftragte Finanzbehörde kann als sog. **veranlagende Betriebsprüfung** auch die Steuerfestsetzung vornehmen und verbindliche Zusagen erteilen (§ 195 Satz 3 AO).

69 § 19 Abs. 1 FVG sieht für das **Bundesamt für Finanzen** ein Mitwirkungsrecht bei Außenprüfungen vor. Darüber hinaus ist das Bundesamt für Finanzen auch als eigenständige Prüfungsbehörde befugt, Außenprüfungen vorzunehmen.

70 Schließlich ergibt sich aus § 208 Abs. 2 Nr. 1 AO die Möglichkeit einer Außenprüfung durch die **Steuerfahndung**.

71 Mit Ausnahme der Stadtstaaten haben die Länder auf der Grundlage des Art. 108 Abs. 4 Satz 2 GG die Verwaltung der Realsteuern teilweise auf die **Gemeinden** derart übertragen, daß diesen die Realsteuerfestsetzung durch Anwendung des Hebesatzes obliegt.

Im Hinblick darauf sind die Finanzbehörden für die Prüfung der Realsteuermeßbeträge zuständig. Gem. § 21 Abs. 3 FVG haben die Gemeinden lediglich ein **Teilnahmerecht** an Außenprüfungen der Finanzbehörden. Dieses Recht besteht jedoch nur dann, wenn der geprüfte Steuerpflichtige in der Gemeinde eine Betriebstätte unterhält oder Grundbesitz hat und die Außenprüfung im Gemeindebezirk erfolgt. Das Teilnahmerecht der Gemeinden verleiht indessen kein Prüfungsrecht, so daß Gemeindebeamte keine eigenen Prüfungshandlungen vornehmen dürfen (*Tipke/Kruse* § 195 Anm. 6; *Hübschmann/Hepp/Spitaler* § 195 Anm. 230 ff.).

Die Teilnahmeanordnung ist von der Gemeinde selbst zu erlassen (FG Köln v. 19. 5. 1981, EFG 1982, 256; a. A. FG Düsseldorf v. 18. 11. 1983, EFG 1984, 300).

V. Prüfungsanordnung

1. Prüfungsanordnung als Verwaltungsakt

72 Die Prüfungsanordnung ist ein Verwaltungsakt (§ 118 AO), der schriftlich ergehen muß (§ 196 AO). Die Prüfungsanordnung muß die erlassene Behörde erkennen lassen und die Unterschrift oder die Namenswiedergabe des Behördenleiters, seines

Vertreters oder seines Beauftragten enthalten (§ 119 Abs. 3 AO). Im Hinblick darauf ist es zulässig, wenn die Prüfungsanordnung nicht vom zuständigen Sachgebietsleiter der Veranlagungsstelle, sondern vom Leiter der Betriebsprüfungsstelle unterzeichnet wird (BFH v. 12. 1. 1983, BStBl. II 1983, 360; v. 6. 12. 1978, BStBl. II 1979, 162; FG Berlin v. 25. 6. 1984, EFG 1985, 157; FG Köln v. 23. 11. 1983, EFG 1983, 436; *Tipke/Kruse* § 196 Anm. 2; a. A. FG SchlHol. v. 23. 9. 1983, EFG 1984, 214; FG Berlin v. 16. 7. 1982, EFG 1982, 268; FG RhPf. v. 19. 5. 1980, EFG 1981, 5). Soweit zulässigerweise Auftragsprüfungen etwa durch Groß- und Konzernbetriebsprüfungsstellen der OFD durchgeführt werden, können auch diese die entsprechende Prüfungsanordnung erlassen.

73 Für jede Steuerart und für jeden Prüfungszeitraum bedarf es einer Prüfungsanordnung. Zulässig ist jedoch die formularmäßige Zusammenfassung mehrerer Prüfungsanordnungen (*Tipke/Kruse* § 196 Anm. 2; *Hübschmann/Hepp/Spitaler* § 196 Anm. 37 ff.).

2. Bekanntgabe der Prüfungsanordnung

74 Die Prüfungsanordnung wird durch Bekanntgabe wirksam. Sie ist angemessene Zeit *vor* Beginn oder Erweiterung der Prüfung bekanntzugeben. Nach Tz. 9 des Einführungserlasses FM NRW v. 17. 5. 1978, DB 1978, 1254, soll eine Frist von mindestens 14 Tagen eingehalten werden. Sind beim Steuerpflichtigen umfangreiche Vorbereitungsmaßnahmen erforderlich und ist keine formlose Vorausunterrichtung erfolgt, wird nur eine längere Frist angemessen sein. Die Einhaltung einer Frist ist freilich dann nicht erforderlich, wenn hierauf verzichtet wird (FG Berlin v. 12. 10. 1984, EFG 1985, 161) oder aber durch die vorzeitige Bekanntgabe der Prüfungszweck vereitelt würde. Eine derartige Überraschungsprüfung soll verhindern, daß z. B. Buchführungsunterlagen beseitigt werden. In derartigen Fällen wird indessen in aller Regel der Anfangsverdacht einer Steuerhinterziehung gegeben sein, so daß zumeist sofort die Steuerfahndung zum Einsatz kommt. Im Hinblick darauf ist eine Außenprüfung, soweit ausschließlich Steuerhinterziehung oder leichtfertige Steuerverkürzung in Frage steht, ohnehin unzulässig (FG Nürnberg v. 7. 2. 1985, EFG 1985, 323; v. 12. 7. 1984, EFG 1984, 592). Keinesfalls darf eine Überraschungsprüfung erfolgen, nur um den Ablauf der Festsetzungsverjährung zu verhindern. Eine Bekanntgabe *danach* ist rechtswidrig (FG Berlin v. 11. 9. 1984, EFG 1985, 380; FG RhPf. v. 18. 10. 1983, EFG 1984, 380; FG München v. 27. 11. 1981, EFG 1982, 336).

75 Bei Prüfung von **Ehegatten** ist die Prüfungsanordnung beiden Ehegatten bekanntzugeben. Eine formularmäßige Zusammenfassung ist zulässig (FG Düsseldorf v. 31. 1. 1977, EFG 1977, 344). Die Übersendung nur einer Ausfertigung ist unschädlich, wenn beide Ehegatten tatsächlich vom Inhalt der Prüfungsanordnung Kenntnis nehmen (vgl. BFH v. 14. 2. 1978, BStBl. II 1978, 416; v. 11. 7. 1978, BStBl. II 1979, 57; v. 5. 11. 1981, BStBl. II 1982, 208).

Unterliegt nur einer der Ehegatten der Außenprüfung, so ist die Prüfungsanordnung nur diesem und nicht auch dem mit ihm zusammen veranlagten Ehegatten bekanntzugeben (BFH v. 5. 11. 1981, BStBl. II 1981, 208; FG SchlHol. v. 23. 9. 1983, EFG 1984, 214; FG RhPf. v. 5. 10. 1981, EFG 1982, 333).

Für die Prüfung von USt und GewSt von **BGB-Gesellschaften** reicht die Bekanntgabe der Prüfungsanordnung an einen Vertretungsberechtigten aus. Für die Prüfung der einheitlichen und gesonderten Gewinnfeststellung ist dagegen die Prüfungsanordnung an alle bekanntzugeben, ggf. an einen gemeinsamen Empfangsbevollmächtigten gem. § 183 AO (FG RhPf. v. 24. 9. 1984, EFG 1985, 159).

76 An Personen, für deren Rechnung die Steuer einzubehalten und abzuführen ist (§ 194 Abs. 1 S. 3 u. 4 AO), ist die Prüfungsanordnung nicht bekanntzugeben, da sie durch die Prüfungshandlung selbst nicht betroffen sind. Erforderlich ist dagegen die Bekanntgabe der Prüfungsanordnung an Gesellschafter, Mitglieder und Mitglieder von Überwachungsorganen in den Fällen des § 194 Abs. 2 AO.

3. Inhalt der Prüfungsanordnung

77 Der notwendige Inhalt einer Prüfungsanordnung erstreckt sich auf folgende Angaben:

Prüfungsanordnung 78–81 **J**

– Stpfl., dessen steuerlichen Verhältnisse geprüft werden sollen,
– zu prüfende Steuerarten, ggf. bestimmte Sachverhalte,
– Prüfungszeitraum,
– Termin des Prüfungsbeginn,
– Namen des Prüfers und
– Rechtsgrundlagen der Außenprüfung.

Die vorstehenden Angaben muß die Prüfungsanordnung enthalten. Andernfalls ist sie mangels Bestimmtheit nichtig (FG Düsseldorf v. 19. 1. 1984, EFG 1984, 534).

Einer eingehenden Begründung bedarf es nicht, insbesondere ist auch eine Belehrung über Rechte und Pflichten des Steuerpflichtigen in der Prüfungsanordnung nach Maßgabe des § 5 Abs. 2 BpO (St) nicht erforderlich (FG Berlin v. 25. 6. 1984, EFG 1985, 157). Als Begründung reicht regelmäßig die Angabe der Rechtsgrundlage für die Prüfung aus (BFH v. 10. 2. 1983, BStBl. II 1983, 286; FG Berlin v. 25. 6. 1984, EFG 1985, 157; FG RhPf. v. 16. 3. 1983, EFG 1983, 436; FG RhPf. v. 16. 2. 1982, EFG 1982, 334; a. A. FG Berlin v. 3. 9. 1982, EFG 1983, 435; v. 16. 7. 1982, EFG 1982, 603; FG RhPf. v. 19. 5. 1980, EFG 1981, 5).

78 Was den **Termin des Prüfungsbeginns** anbelangt, so kann dieser gem. § 197 Abs. 2 AO auf einen anderen Termin verlegt werden, wenn dafür wichtige Gründe glaubhaft gemacht werden. Wichtige Gründe sind:
Erkrankung oder langfristig geplanter Urlaub des Steuerpflichtigen oder eines für die Prüfung maßgeblichen Mitarbeiters oder steuerlichen Beraters, Umbauarbeiten im Betrieb, Sommer- oder Winterschlußverkauf, Weihnachtsgeschäft. Erfolgt die im Ermessen der Finanzverwaltung stehende Verlegung der Prüfung auf Antrag des Steuerpflichtigen, so wird die Festsetzungsverjährung in ihrem Ablauf gehemmt (§ 171 Abs. 4 Satz 1 AO).

4. Erweiterung der Prüfungsanordnung

79 Eine Ausdehnung der Prüfung über den in der ursprünglichen Prüfungsanordnung angegebenen Umfang hinaus, erfordert eine Erweiterung der Prüfungsanordnung.
Die Erweiterung ist ein selbständiger, neuer Verwaltungsakt (BFH v. 13. 10. 1972, BStBl. II 1973, 74), so daß die Einschränkungen des § 131 AO nicht eingreifen. Eine Erweiterung des Prüfungszeitraums ist regelmäßig nur unter den Voraussetzungen des § 4 Abs. 2 BpO (St) zulässig (vgl. Rz. 52).

5. Wirkungen der Prüfungsanordnung

80 Der Prüfungsumfang wird durch § 196 AO verbindlich festgelgt. Im Hinblick darauf werden die Rechtswirkungen einer durchgeführten Außenprüfung grundsätzlich durch den in der Prüfungsanordnung bestimmten Prüfungsumfang bestimmt. Der tatsächliche Umfang der Prüfung ist nur insoweit maßgebend, als er den durch die Prüfungsanordnung bestimmten Umfang nicht überschreitet. Die äußeren Grenzen werden also stets durch die Prüfungsanordnung gesteckt (vgl. BFH v. 22. 11. 1977, BStBl. II 1978, 277; *Koch* § 171 Anm. 20; *Tipke/Kruse* § 171 Anm. 16). Der in der Prüfungsanordnung angegebene Prüfungsumfang umgrenzt somit in sachlicher und zeitlicher Hinsicht folgende Rechtswirkungen der Außenprüfung:
– Aufhebung des Nachprüfungsvorbehalts (§ 164 Abs. 3 Satz 3 AO),
– Ablaufhemmung der Festsetzungsfrist (§ 171 Abs. 4 Satz 1 AO),
– erhöhte Bestandskraft (§ 173 Abs. 2 AO),
– Mitwirkungspflichten (§ 200 AO),
– Sperrwirkung für die Selbstanzeige (§ 371 Abs. 2 Nr. 1a AO).

6. Rechtsbehelfe

81 Gegen die Prüfungsanordnung ist der Rechtsbehelf der Beschwerde (§ 349 AO) gegeben. Die Durchführung der Prüfung wird durch Einlegung der Beschwerde nur gehindert, wenn die Vollziehung der Prüfungsanordnung ausgesetzt wird (§ 361 AO, § 69 FGO). Wenn freilich der beratene Steuerpflichtige an der Außenprüfung

rügelos mitwirkt, verstößt die Beschwerde gegen Treu und Glauben (FG Köln v. 22. 9. 1983, EFG 1984, 163). Eine einstweilige Anordnung (§ 114 FGO) ist unzulässig (*Tipke/Kruse* § 196 Anm. 7).

82 Mit der Beschwerde kann insbesondere geltend gemacht werden:
- Prüfungsanordnung ist durch keine unzuständige Stelle ergangen (§ 195 AO),
- der Steuerpflichtige unterliegt nicht der Außenprüfung (§ 193 AO),
- die Prüfungsanordnung ggf. deren Erweiterung ist nicht schriftlich erfolgt (§ 196 AO),
- der Prüfungszeitraum übersteigt die durch § 4 Abs. 2 BpO (St) gesetzten zeitlichen Grenzen,
- die zeitliche Erweiterung der Außenprüfung ist unzulässig (§ 4 Abs. 2 BpO (St)),
- ein Antrag auf Terminverlegung ist abgelehnt worden (§ 197 Abs. 2 AO),
- die Prüfung bezieht sich auf verjährte Zeiträume (§ 169 Abs. 1 AO),
- die Prüfung erfolgt trotz Änderungssperre (§ 173 Abs. 2 AO),
- der beauftragte Prüfer ist kraft Gesetzes ausgeschlossen oder befangen (§§ 82, 83 AO).

VI. Beginn der Außenprüfung

1. Vorbereitungsmaßnahmen seitens des Steuerpflichtigen

83 Sobald die Prüfungsanordnung ergangen und mit ihr die Bekanntgabe des Prüfungsbeginns erfolgt ist, sollte der Steuerpflichtige und sein Berater die Prüfung vorbereiten. Diese Vorbereitung dient zum einen dem reibungslosen Ablauf der Prüfung ohne Zeitverzögerung und zum anderen der internen Kontrolle der Prüfungsfelder. In geeigneten Fällen ist eine **Vorprüfung** durch den Steuerpflichtigen und seinem Berater geboten, die dazu dient, die zu erwartenden Risiken einer nachfolgenden Außenprüfung besser einzuschätzen.

Im einzelnen:

84 a) Sichtung von Steuerunterlagen

Ratsam ist die Überprüfung der ergangenen Steuerbescheide dahingehend, ob diese vorläufig (§ 164 AO), unter dem Vorbehalt der Nachprüfung (§ 165 AO) oder endgültig ergangen sind. Sollte letzteres der Fall sein, so wird eine Änderung der Steuerbescheide regelmäßig nur unter dem Gesichtspunkt des § 173 Abs. 1 AO wegen neuer Tatsachen möglich sein. Hierdurch sind die Prüfungsfelder für die Außenprüfung von vorneherein stark eingeschränkt.

Im Hinblick auf etwaige Änderung gem. § 173 Abs. 1 AO sollten Überprüfungen von Steuererklärungen und sonst beim Finanzamt eingereichten Unterlagen dahingehend erfolgen, welche Tatsachen dem Finanzamt bekannt sind oder als bekannt zu gelten haben.

85 b) Sichtung von Vertragsunterlagen

Erforderlich ist die Überprüfung von Verträgen zwischen nahen Angehörigen verbunden mit einer Durchführungskontrolle, insbesondere bei Gesellschaftsverträgen von Familiengesellschaften und Ehegatten-Arbeitsverträgen. Hier spielen Formerfordernisse und Angemessenheitsgesichtspunkte eine Rolle.

Erfolgen sollte ferner die Überprüfung von Verträgen zwischen Kapitalgesellschaften und Gesellschaftern wegen verdeckter Gewinnausschüttung und verdeckter Einlage.

Schließlich ist die Überprüfung von Verträgen zwischen verbundenen Unternehmen bei grenzüberschreitendem Geschäftsverkehr wegen verdeckter Gewinnausschüttung, verdeckter Einlage und § 1 AStG ratsam.

86 c) Durchsicht der Jahresabschlüsse

In geeigneten Fällen sollte ein Vergleich der Rohgewinnaufschlagssätze oder anderer Kalkulationsgrößen mit den amtlichen Richtsatzsammlungen erfolgen.

Prüfungsgrundsätze

Bei bestimmten Branchen (z. B. Gastronomie) ist eine Durchführung einer Nachkalkulation zu veranlassen.
Gegebenenfalls: Geldverkehrsrechnung und Vermögenszuwachsrechnung.

87 **d) Überprüfung der Belegsammlung**

Die Vorbereitung der Belegsammlung zwecks Vorlage für die Außenprüfung sowie die
Überprüfung auf Vollständigkeit und ggf. Beschaffung von Ersatzbelegen sollte selbstverständlich sein.

88 **e) Argumentative Vorbereitung von Schwachpunkten**

Soweit Schwachpunkte bekannt sind, muß die rechtliche Auseinandersetzung mit der Außenprüfung argumentativ vorbereitet werden.

89 **f) Auswahl von Auskunftspersonen**

Sachverständige Vertrauenspersonen sollten als Auskunftspersonen für die Außenprüfer ausgewählt werden.

90 **g) Überprüfung in strafrechtlicher Hinsicht**

Soweit Anhaltspunkte für eine Steuerhinterziehung gegeben sind, sollte die Möglichkeit einer **Selbstanzeige** überprüft werden, die gem. § 371 Abs. 2 Nr. 1 AO nicht mehr möglich ist, wenn der Außenprüfer zur Prüfung erschienen ist.

2. Rechtswirkungen des Prüfungsbeginns

91 Die Außenprüfung beginnt mit den ersten Prüfungshandlungen. Es darf sich hierbei nicht bloß um **Scheinaktivitäten** handeln, andernfalls wird der Ablauf der Festsetzungsverjährung (§ 171 Abs. 4 AO) nicht gehemmt. Wegen dieser weitreichenden Bedeutung des Beginns der Außenprüfung ist dieser gem. § 198 Satz 2 AO unter Abgabe von Datum und Uhrzeit aktenkundig zu machen.
92 Vom Beginn der Außenprüfung ist das zeitlich vorgelagerte Erscheinen des Außenprüfers zu unterscheiden, das die **Sperrwirkung** gem. § 371 Abs. 2 Nr. 1 AO auslöst, so daß von da an eine strafbefreiende Selbstanzeige bis zur Bestandskraft der aufgrund der Außenprüfung ergangenen Steuerbescheide nicht möglich ist.

VII. Prüfungsgrundsätze

1. Prüfung tatsächlicher und rechtlicher Verhältnisse

93 § 199 Abs. 1 AO bestimmt, daß der Außenprüfer die tatsächlichen und rechtlichen Verhältnisse des Steuerpflichtigen zu überprüfen hat. Insoweit stellt § 199 Abs. 1 AO lediglich eine Konkretisierung der §§ 85, 88 AO dar. Damit erstreckt sich die Aufgabe der Außenprüfung auf die Feststellung des für die Besteuerung bedeutsamen Sachverhaltes sowie auf die Rechtsanwendung. Die Auswertung der durch die Außenprüfung festgestellten Besteuerungsgrundlagen ist im Grundsatz freilich der Veranlagungsstelle des Finanzamtes vorbehalten, es sei denn, es liegt ein Fall der veranlagenden Betriebsprüfung im Sinne von § 195 Satz 3 AO vor.

2. Prüfung zugunsten und zuungunsten des Steuerpflichtigen

94 Daß sowohl zugunsten als auch zuungunsten des Steuerpflichtigen zu prüfen ist, stellt eine Selbstverständlichkeit dar und leitet sich neben § 199 Abs. 1 AO auch aus § 88 Abs. 2 AO ab. Eine Prüfung zugunsten des Steuerpflichtigen entspricht freilich nicht durchweg der Praxis der Außenprüfung. Nicht selten wird eine Außenprüfung abgebrochen, weil sich kein Mehrergebnis, sondern ein Minderergebnis abzeichnet. In derartigen Fällen besteht ein **Anspruch auf Fortführung** der Außenprüfung (vgl. *Tipke/Kruse* § 199 Anm. 3). Gegen den Abbruch der Außenprüfung ist der Rechtsbehelf der Beschwerde gegeben (BFH v. 24. 10. 1972, BStBl. II 1973, 542).

Schaumburg

3. Prüfungsschwerpunkte

a) Grundsätze

95 Soweit § 199 Abs. 1 AO die Prüfung auch der tatsächlichen Verhältnisse des Steuerpflichtigen verlangt, bedeutet dies für die Außenprüfung eine umfassende Sachaufklärungspflicht, die zugunsten der Ökonomie nicht aufgegeben werden darf. Insoweit verstoßen die sog. Rationalisierungserlasse der Länder partiell gegen § 88 AO (vgl. *Tipke/Kruse* § 199 Anm. 4). Das Abstellen der Außenprüfung auf das Wesentliche und ihre zeitliche Beschränkung auf das notwendige Maß ist freilich zulässig (vgl. § 6 BpO (St)).

b) Einzelne Prüfungsfelder

96 **Alle Steuerarten betreffend:**
Gesellschaftsverträge u. ä. insbesondere:
Gesellschaftsgründungen, Aufnahme minderjähriger Kinder, Familienpersonengesellschaften, Einbringungsvorgänge, Umwandlungen und Verschmelzungen, Kapitalerhöhungen, Kapitalherabsetzungen, Liquidation, Beherrschungs- und Ergebnisabführungsverträge, Betriebsaufspaltung.

Verträge zwischen nahen Angehörigen, insbesondere:
Ehegattenarbeitsverträge, Darlehensverträge zwischen Eltern und Kindern nach vorangegangener Schenkung, Nießbrauchsverträge und sonstige Nutzungsverträge.

Veträge zwischen verbundenen Unternehmen im inländischen und grenzüberschreitenden Geschäftsverkehr, insbesondere:
Verträge über Warenlieferungen und Dienstleistungen, Nutzungsüberlassungen von Patenten, know-how und Umlagenverträge.

Buchführung, insbesondere:
Inventurunterlagen, Einzelkonten, Verrechnungskonten, Hauptabschlußübersichten, Umbuchungslisten, Anlagenverzeichnisse, Betriebsbuchhaltung, Kalkulationsunterlagen, Belege.

Geschäftspapiere, die Hinweise auf geschäftliche und betriebsinterne Vorgänge geben, insbesondere:
Geschäftskorrespondenz, Protokolle über Gesellschafterversammlungen und Vorstandssitzungen, WP-Berichte, Werkzeitungen, Werbeunterlagen.

97 **Einkommensteuer/Körperschaftsteuer**
im unternehmerischen Bereich:
Ordnungsmäßigkeit der Buchführung, Anpassung der Firmenbilanz an die letzte Prüferbilanz, Anschaffungs- und Herstellungskosten, Erhaltungsaufwand, AfA-Sätze, Bewertung der Vorräte, halbfertige Arbeiten, Rechnungsabgrenzung, Rückstellungen, Privatanteile an PKW- und Telefonkosten, Reisekosten, Bewirtungskosten, betrieblich veranlaßte Zinsaufwendungen, Einlagen, Entnahmen, Abgrenzung zwischen steuerfreien, steuerbegünstigten und steuerpflichtigen Einkünften, insbesondere im Zusammenhang mit ausländischen Betriebsstätteneinkünften; speziell bei Personengesellschaften: Mitunternehmerschaft, notwendiges und gewillkürtes Betriebsvermögen, Sonderbetriebsvermögen, Privatvermögen, Sonderbetriebsausgaben, Vorabvergütungen, Einlagen, Entnahmen; verdeckte Gewinnausschüttungen, verdeckte Einlagen, Organschaft.

im privaten Bereich:
Zinseinnahmen, Einkünfte aus Vermietung und Verpachtung bei Ein- und Zweifamilienhäusern, Spekulationseinkünfte, Sonderausgaben.

98 **Gewerbesteuer**
Dauerschuldzinsen, Dauerschulden, erweiterte Kürzung.

99 **Umsatzsteuer**
Vgl. Rz. 9ff.

4. Prüfungsmethoden (Schätzungsmethoden)

100 Die von der Außenprüfung angewandten Prüfungsmethoden und -techniken sind weder gesetzlich normiert noch durch Verwaltungsanweisungen vorgeschrieben. Die Prüfungspraxis bedient sich daher der unterschiedlichsten Methoden. Sie haben sämtlich das Ziel, die tatsächlichen Verhältnisse des Steuerpflichtigen zu überprüfen (§ 199 Abs. 1 AO). Da eine **Totalprüfung** schon aus tatsächlichen Gründen regelmäßig ausscheidet, beschränkt sich die Prüfung in diesem Bereich darauf, die Richtigkeit der Angaben des Steuerpflichtigen festzustellen. Insoweit handelt es sich bei der Außenprüfung nur um eine **Plausibilitätsprüfung** und **Stichprobenprüfung**. Die hierbei angewendeten Methoden dienen freilich nur auf einer ersten Stufe der Plausibilitätskontrolle. Auf der zweiten Stufe sind sie zugleich **Schätzungsmethoden,** falls sie die Buchführungsergebnisse des Steuerpflichtigen widerlegen.

Die **Plausibilitätskontrolle** erfolgt in der Praxis der Außenprüfung insbesondere wie folgt (vgl. *Hübschmann/ Hepp/Spitaler* § 199 Anm. 134 ff.):

a) Innerer Betriebsvergleich

101 Der **innere Betriebsvergleich** stellt einen Vergleich kalkulatorischer Größen verschiedener Besteuerungszeiträume gegenüber. Diese Art des inneren Betriebsvergleichs ist freilich weitgehend ungebräuchlich, da die Verhältnisse im einzelnen Besteuerungszeiträumen sehr unterschiedlich sein können, so daß sich hieraus kaum Hinweise für die Richtigkeit des Buchführungsergebnisses eines bestimmten Besteuerungszeitraumes ableiten lassen. Schließlich hätte eine derartige Methode auch nur dann Sinn, wenn feststände, daß die kalkulatorischen Zahlen eines Besteuerungszeitraumes, die als Vergleichsmaßstab herangezogen werden sollen, auch tatsächlich zutreffend sind. Im Hinblick darauf wird sie bei formell ordnungsmäßiger Buchführung regelmäßig ungeeignet sein, das Buchführungsergebnis zu widerlegen.

b) Nachkalkulation

102 Die **Nachkalkulation** genießt als eine Verprobungsmethode des inneren Betriebsvergleichs allgemein den Vorzug. Die Nachkalkulation ist eine Prüfungsmethode, die mit Hilfe der Buchführungsunterlagen und der Angaben des Steuerpflichtigen nachvollzieht, wie der Steuerpflichtige, ausgehend von seinen Kosten, die Preise gestaltet hat (vgl. BFH v. 18. 9. 1974, BStBl. II 1975, 217). Hieraus kann dann ohne weiteres auf den Umsatz und damit letztlich auf den Gewinn geschlossen werden. Stehen die Preise fest, so kann unter Verwendung der betrieblichen Aufschlagssätze auf den Waren- und Materialeinsatz unmittelbar der Umsatz nachkalkuliert werden. Hierbei ist der Warenumsatz entsprechend den unterschiedlichen Rohgewinnaufschlagssätzen aufzugliedern (BFH v. 31. 7. 1974, BStBl. II 1975, 96). Eine derartige Nachkalkulation ist schon immer dann möglich, wenn für eine gewisse Zeit Preisstabilität herrscht (vgl. BFH v. 17. 11. 1982, BStBl. II 1982, 430). Eine Nachkalkulation, die unter Beachtung der besonderen Verhältnisse des zu prüfenden Betriebes durchgeführt wird, stellt nicht nur eine Art prima-facie-Beweis für die Richtigkeit des erklärten Buchführungsergebnisses dar, sondern wird von der höchstrichterlichen Rechtsprechung als **Nachweis** anerkannt, so daß im Rahmen einer Schätzung vom erklärten Buchführungsergebnis abgewichen werden kann, selbst wenn dieses aufgrund ordnungsmäßiger Buchführung ermittelt worden ist (vgl. BFH v. 25. 6. 1970, BStBl. II 1970, 838; BFH v. 17. 11. 1982, BStBl. II 1982, 430). Zur Bedeutung von **Schätzungsunschärfen** vgl. BFH v. 26. 4. 1983, BStBl. II 1983, 618.

c) Äußerer Betriebsvergleich

103 Der **äußere Betriebsvergleich** ist im Gegensatz zur Nachkalkulation im Rahmen des inneren Betriebsvergleichs grundsätzlich nicht geeignet, die sachliche Richtigkeit einer formell ordnungsmäßigen Buchführung zu widerlegen (vgl. BFH v. 26. 4. 1983, BStBl. II 1983, 618). Dies deshalb nicht, weil dem äußeren Betriebsvergleich ein starkes Unsicherheitsmoment anhaftet, da kaum ein Betrieb dem anderen gleicht (vgl. auch BFH v. 7. 12. 1977, BStBl. II 1978, 278). Der äußere Betriebsvergleich vergleicht bestimmte Merkmale im Betrieb des Steuerpflichtigen – insbesondere die Umsatz-Rohgewinn- und Reingewinnrelationen – mit zusammengefaßten gleichartigen Merkmalen anderer Betriebe miteinander. Die einschlägigen Kalkulationsgrößen sind in den von den einzelnen Oberfinanzdirektionen herausgegebenen Richtsatzsammlungen festgehalten, die von der höchstrichterlichen Rechtsprechung als **Hilfsmittel** der Verprobung und Schätzung anerkannt werden (BFH v. 20. 8. 1964, HFR 1965, 472; BFH v. 7. 12. 1977, BStBl. II 1978, 278).

d) Vermögenszuwachsrechnung

104 Durch die **Vermögenszuwachsrechnung** wird das steuerpflichtige Einkommen aus dem Vermögenszuwachs zuzüglich der nicht abziehbaren Ausgaben für den Lebensunterhalt und abzüglich der steuerfreien Zuflüsse errechnet. Ein mit Hilfe der Vermögenszuwachsrechnung ermittelter ungeklärter Vermögenszuwachs, rechtfertigt nach höchstrichterlicher Rechtsprechung auch bei formell ordnungsmäßiger Buchführung eine Zuschätzung (BFH v. 3. 8. 1966, BStBl. III 1966, 650; BFH v. 20. 10. 1966, BStBl. III 1967, 201; BFH v. 13. 11. 1969, BStBl. II 1970, 109; BFH v. 21. 2. 1974, BStBl. II 1974, 591).

e) Geldverkehrsrechnung

105 Die **Geldverkehrsrechnung** ist eine Abwandlung der Vermögenszuwachsrechnung, die immer dann in Betracht kommt, wenn eine Vermögensbildung nicht feststellbar ist oder aber überschaubare Verhältnisse vorliegen (BFH v. 20. 10. 1966, BStBl. III 1967, 201; BFH v. 21. 2. 1974, BStBl. II 1974, 591). Die Prüfung beschränkt sich dann auf die Einnahmen- und Ausgabenvorgänge. Eine derartige Geldverkehrsrechnung ist auch bei formell ordnungsmäßiger Buchführung als Verprobungs- und Schätzungsmethode zulässig (BFH v. 3. 8. 1966, BStBl. III 1966, 650; BFH v. 20. 10. 1966, BStBl. III 1967, 201; BFH v. 13. 11. 1969, BStBl. II 1970, 189; BFH v. 21. 2. 1974, BStBl. II 1974, 591).

106 Die Geldverkehrsrechnung kann durchgeführt werden als Gesamtrechnung, die sich auf den betrieblichen und außerbetrieblichen Bereich erstreckt (**Gesamtverkehrsrechnung**), oder als Teilrechnung, die sich auf den betrieblichen oder außerbetrieblichen Bereich beschränkt (**Teilgeldverkehrsrechnung**). Im Hinblick darauf, daß die Geldverkehrsrechnung eine sog. Istrechnung ist, bedarf es für den Beginn des ersten Schätzungs- bzw. Verprobungsjahres bei einer Gewinnermittlung nach § 4 Abs. 3 EStG keines Wechsels der Gewinnermittlungsart mit entsprechenden Gewinnkorrekturen. Nach dem Urteil des BFH v. 21. 2. 1974, BStBl. II 1974, 591 ergibt sich folgender Aufbau der Gesamtgeldverkehrsrechnung:

(1) **Verfügbare Mittel:**
   (a) Betriebliche und außerbetriebliche Geldbestände und Guthaben zu Beginn des Vergleichszeitraumes.
   (b) Erklärte Einkünfte (in Geldrechnung, d. h. bereinigt um Eigenverbrauch, Mietwert der eigenen Wohnung, AfA, Freibeträge usw., jeweils in der vom Steuerpflichtigen angesetzten oder geltend gemachten Höhe).
   (c) Gelder aus Schuldaufnahmen und Rückzahlungen von ausgeliehenen Geldern.
   (d) Steuerfreie Einnahmen und Einnahmen außerhalb der Einkunftsarten (Renten, Erlöse aus dem Verkauf von nichtbetrieblichem Vermögen, Gelderbschaften und Geldschenkungen, Erstattungen nichtabzugsfähiger Steuern usw.).

(2) **Mittelverwendung (Geldbedarf) und Schlußbestände:**
   (a) Privater Geldverbrauch (Lebenshaltung, tatsächlich gezahlte Sonderausgaben, Mietzinsen, nichtabzugsfähige Steuern, Aussteuern usw.).
   (b) Zahlungen auf nur verteilt oder gar nicht abzugsfähige Anschaffungs- oder Herstellungskosten (z. B. für die Anschaffung von betrieblichen und privaten Kraftfahrzeugen, nicht hingegen für die Anschaffung von Waren und geringwertigen Wirtschaftsgütern).
   (c) Ausleihungen und Rückzahlungen auf Schulden.

(d) Betriebliche und außerbetriebliche Geldbestände und Guthaben am Ende des Vergleichszeitraums.

Die Summe I a) bis d) muß bei zutreffenden Ansätzen gleich der Summe II a) bis d) sein. Übersteigt bei sonst zutreffenden Ansätzen die Summe II a) bis d) die Summe I a) bis d), so kann davon ausgegangen werden, daß die Einkünfte (Posten I b) zu niedrig erklärt worden sind.

f) Private Geldverbrauchsrechnung

107 Eine private Geldverbrauchsrechnung ist eine **Teilgeldverkehrsrechnung,** die vor allem dann in Betracht kommen wird, wenn die Buchführung sehr lückenhaft ist oder eine solche überhaupt nicht vorliegt.

108 Folgerichtig angewendet dient sie dazu, die Einkünfte des Steuerpflichtigen der Höhe nach mit einer von der höchstrichterlichen Rechtsprechung für ausreichend erachteten Sicherheit festzustellen (vgl. BFH v. 8. 7. 1981, BStBl. II 1982, 369). Bei der **privaten Geldverbrauchsrechnung** kann mangels entgegenstehender Anhaltspunkte davon ausgegangen werden, daß sämtliche erzielten Einnahmen nach Abzug angefallener Betriebsausgaben (Gewinnbeträge in Geldrechnung) sogleich entnommen und privat verbraucht und privat angelegt werden. Umgekehrt läßt sich aus dem privaten Geldverbrauch und einer privaten Geldanlage darauf schließen, welche Gewinne erzielt wurden. Bei einer Verringerung der privaten Geldanlagen ist anzunehmen, daß der private Verbrauch teilweise mit diesen Mitteln und nur im übrigen aus Gewinnen bestritten wurde. Gleiches gilt für andere private Geldzuflüsse (Erbschaften, Schenkungen von Dritter Seite usw.).

5. Informationspflichten

a) Laufende Information

109 Gem. § 199 Abs. 2 AO ist der Steuerpflichtige während der Prüfung fortlaufend über die festgestellten Sachverhalte und die möglichen steuerlichen Auswirkungen zu unterrichten. Damit wird dem ganz allgemein geltenden **Grundsatz des rechtlichen Gehörs** (§ 91 AO) entsprochen. Darüber hinaus soll aber auch die Grundlage für eine Mitwirkung, zu der der Steuerpflichtige nach § 200 AO verpflichtet ist, geschaffen werden. Denn die Mitwirkung setzt vorherige Information voraus. Im Hinblick darauf wird auch der Dialogcharakter der Außenprüfung deutlich. Einerseits soll der Steuerpflichtige über den jeweiligen Stand der Prüfung informiert sein, um vor Überraschungen geschützt zu sein. Auf der anderen Seite soll aber auch vermieden werden, daß der Prüfer in die Irre prüft oder Sachverhalte zeitraubend ermitteln muß, die der Steuerpflichtige leicht aufzuklären imstande ist. Im Sinne des § 199 Abs. 2 AO liegt es daher auch, **Zwischenbesprechungen** abzuhalten.

110 Eine Unterrichtung des Steuerpflichtigen kann freilich dann unterbleiben, wenn hierdurch der Zweck oder Ablauf der Prüfung beeinträchtigt würden. Das ist beispielsweise dann der Fall, wenn zu befürchten ist, daß der Steuerpflichtige die Unterrichtung ausnutzt, um eine Sachaufklärung etwa durch Wegschaffen von Belegen usw. zu vereiteln oder zu verzögern.

111 § 199 Abs. 2 AO verlangt nicht die Unterrichtung und Bekanntgabe von Ermittlungsergebnissen zum **frühestmöglichen Zeitpunkt** (vgl. FG RhPf. v. 19. 12. 1983, EFG 1984, 430). Daher wird in der Prüfungspraxis der Zeitpunkt der Unterrichtung nicht selten von taktischen Erwägungen bestimmt. Unzulässig ist es aber, mit Informationen bis zur Schlußbesprechung zurückzuhalten, *um* dort den Steuerpflichtigen zu überrumpeln. Indessen führt die Verletzung des § 199 Abs. 2 AO lediglich zu einem Verfahrensfehler, der durch Nachholung des rechtlichen Gehörs etwa in der Schlußbesprechung gem. § 126 Abs. 1 Nr. 3 AO geheilt werden kann (*Tipke/Kruse* § 199 Anm. 6). Da im übrigen die Verletzung des § 199 Abs. 2 AO weder zu einem Beweisverwertungsverbot noch zu einer Rechtsbehelfsmöglichkeit durch den Steuerpflichtigen führt, entfaltet § 199 Abs. 2 AO keinen wirksamen Schutz zugunsten des Steuerpflichtigen.

b) Verdacht einer Steuerstraftat oder Ordnungswidrigkeit

112 Die Außenprüfung darf gem. § 199 Abs. 1 AO nur die für die Besteuerung maßgeblichen tatsächlichen und rechtlichen Verhältnisse ermitteln. Steuerstraftaten und Steuerordnungswidrigkeiten darf im Rahmen der Außenprüfung nicht nachgegangen werden. Diese Aufgabe obliegt seitens der Finanzverwaltung nur der **Steuerfahndung** (§ 208 Abs. 1 Nr. 1 AO) und den **Straf- und Bußgeldsachenstellen** (§§ 386, 409 AO).

113 Außenprüfer haben insoweit keine Ermittlungsbefugnisse (*Tipke/Kruse* vor § 193 Anm. 12; *Hübschmann/Hepp/Spitaler* § 208 Anm. 177 ff.). Schöpft der Prüfer allerdings während der Außenprüfung den Verdacht einer Steuerstraftat oder einer Steuerordnungswidrigkeit, so hat er nach §§ 9, 10 BpO (St) zunächst unverzüglich die Straf- und Bußgeldsachenstelle zu unterrichten. Richtet sich der Verdacht gegen den Steuerpflichtigen, dürfen die Ermittlungen, soweit der Verdacht reicht, erst fortgesetzt werden, wenn dem Steuerpflichtigen die Einleitung des Strafverfahrens mitgeteilt worden ist (vgl. § 397 AO). Gem. § 397 Abs. 2 AO hat hierüber ein **Einleitungsvermerk** der Straf- und Bußgeldsachenstelle zu erfolgen. Der Prüfer selbst hat den Steuerpflichtigen darüber zu belehren, daß seine Mitwirkung im Besteuerungsverfahren nicht mehr erzwungen werden kann (§ 393 Abs. 1 AO). Diese Belehrung ist aktenkundig zu machen.

114 §§ 9, 10 BpO (St) dient dem Schutz des Steuerpflichtigen vor der Gefahr der **Selbstbezichtigung**. Im Gegensatz zum Besteuerungsverfahren hat der Steuerpflichtige im Strafverfahren nämlich ein **Mitwirkungsverweigerungsrecht**. Es gilt der Grundsatz, daß sich kein Beschuldigter selbst zu belasten braucht (§§ 136 Abs. 1 Satz 2; 163a Abs. 4 Satz 2; 234 Abs. 4 StPO). Im Besteuerungsverfahren verbleibt es bei den insbesondere für die Außenprüfung in § 200 AO normierten Mitwirkungspflichten des Steuerpflichtigen, die freilich im Hinblick auf das eingeleitete Strafverfahren nicht mit den Zwangsmitteln des § 328 AO erzwungen werden dürfen (§ 393 Abs. 1 Satz 2 AO). Im Hinblick darauf darf die Außenprüfung nicht für verdeckte strafrechtliche oder bußgeldrechtliche Ermittlungsmaßnahmen herhalten. Die in Unkenntnis des Steuerpflichtigen von dem gegen ihn bestehenden Verdacht festgestellten Beweise unterliegen einem Verwertungsverbot (*Tipke/Kruse* vor § 193 Anm. 12, § 200 Anm. 8).

VIII. Mitwirkungspflichten

1. Grundsätze – siehe auch Teil I Rz. 1 ff. –

115 § 200 Abs. 1 Satz 1 AO ordnet die Mitwirkungspflicht des Steuerpflichtigen während der Außenprüfung an, ohne daß dadurch die übrigen Vorschriften der AO, die eine Mitwirkungspflicht begründen, ausgeschlossen wären (*Tipke/Kruse* § 200 Anm. 1; *Hübschmann/Hepp/Spitaler* § 200 Anm. 6). Suspendiert sind gem. § 200 Abs. 1 Satz 5 AO lediglich die §§ 93 Abs. 2 Satz 2 AO und 97 Abs. 2 AO, so daß Auskunftsverlangen nicht schriftlich erfolgen müssen und die Vorlage von Urkunden nicht erst dann verlangt werden darf, wenn die Auskunft des Steuerpflichtigen unzureichend war. Da § 200 AO hinsichtlich der Mitwirkungspflichten des Steuerpflichtigen bei der Außenprüfung kein in sich geschlossener Regelungsbereich ist und die Rechte des Prüfers identisch sind mit denen des Finanzamtes, gelten auch für den Prüfer die Regeln der §§ 85 ff., insbesondere der §§ 93 ff. AO, so daß er die dort genannten Beweismittel nutzen kann, wenn sie in § 200 AO nicht genannt sind (so h. M. *Hübschmann/Hepp/Spitaler* § 200 Anm. 6, § 300; *Schwarz* § 200 Anm. 7; a. A. *Tipke/Kruse* § 200 Anm. 1).

Die Kehrseite hiervon ist, daß die Prüfer gem. §§ 99 Abs. 2, 100 Abs. 2 AO nicht nach unbekannten Gegenständen forschen dürfen (*Hübschmann/Hepp/Spitaler* § 200 Anm. 39; a. A. *Tipke/Kruse*, § 200 Anm. 1).

2. Erfaßter Personenkreis

116 Mitwirkungspflichtig ist in erster Linie der in der Prüfungsanordnung bezeichnete Steuerpflichtige oder – soweit es sich nicht um natürliche Personen handelt – dessen

Vertreter. Ist speziell für das Außenprüfungsverfahren oder ganz allgemein ein Bevollmächtigter, etwa ein Steuerberater, bestellt worden, so soll sich gem. § 80 Abs. 3 AO der Prüfer an ihn wenden. Da der Steuerpflichtige gem. § 200 Abs. 1 AO selbst mitwirkungsverpflichtet ist, kann sich der Prüfer auch an ihn wenden, worüber er freilich den Bevollmächtigten unterrichten soll. Bevollmächtigte, zumal **Steuerberater** und Rechtsanwälte, haben gem. § 102 Abs. 1 Nr. 3b AO ein **Auskunftsverweigerungsrecht.** Dieses Auskunftsverweigerungsrecht entfällt allerdings, wenn der Berater vom Steuerpflichtigen von der Verschwiegenheit entbunden wird. Die Benennung des Beraters als Auskunftsperson bedeutet zugleich dessen Entbindung von der Schweigepflicht.

117   Neben Bevollmächtigten können auch andere **Auskunftspersonen** in Betracht kommen, insbesondere Betriebsangehörige wie Buchhalter, Leiter des Rechnungswesens oder der Steuerabteilung.

118   Sind der Steuerpflichtige oder die von ihm benannten Personen nicht in der Lage, die Auskünfte zu erteilen, oder sind die Auskünfte zur Klärung des Sachverhalts unzureichend oder versprechen Auskünfte des Steuerpflichtigen keinen Erfolg, so kann der Außenprüfer auch **andere Personen,** die nicht Betriebsangehörige sein müssen, um Auskunft ersuchen (§ 200 Abs. 1 Satz 3 AO). Will der Außenprüfer derartige Betriebsangehörige um Auskunft ersuchen, also solche, die nicht als Auskunftspersonen benannt worden sind, so soll er den Steuerpflichtigen rechtzeitig unterrichten, damit dieser gegebenenfalls andere Auskunftspersonen benennen kann (§ 7 BpO (St)). Damit soll verhindert werden, daß hinter dem Rücken des Steuerpflichtigen befragt und ausspioniert wird. Eine Befragung nicht als Auskunftspersonen benannter Betriebsangehöriger wird daher nur bei konkreter Verdunkelungsgefahr in Betracht kommen (*Tipke/Kruse* § 200 Anm. 2). Der Prüfer soll mit ,,offenen Karten spielen". Aus diesem Grunde hat der Steuerpflichtige auch ein Recht, bei der Befragung anderer Betriebsangehöriger anwesend zu sein *(Hübschmann/Hepp/Spitaler* § 200 Anm. 171).

119   Gegen § 7 BpO (St) wird nicht selten verstoßen, weil der Außenprüfer nur so glaubt, ,,ungefilterte" Informationen zu erhalten. Ein Verstoß gegen § 7 BpO (St) hat kein Beweisverwertungsverbot zur Folge.

3. Gegenstand der Mitwirkungverpflichtung

a) Auskunftserteilung

120   Auskünfte sind Wissenserklärungen, nicht Mutmaßungen oder Spekulationen, auch nicht Willenserklärungen. Beliebige Auskünfte dürfen allerdings nicht verlangt werden, sondern nur solche, die der Ermittlung der Besteuerungsgrundlagen dienen. Im Hinblick darauf hat der Steuerpflichtige das Recht, die steuerliche Relevanz des Auskunftsersuchens zu erfragen. In zeitlicher und sachlicher Hinsicht werden die Grenzen durch die Prüfungsanordnung gezogen. Das Auskunftsersuchen kann mündlich, aber auch – vor allem bei schwierig gelagerten Fällen – schriftlich ergehen.

121   Im übrigen ist § 200 Abs. 1 Satz 2 AO hinsichtlich der Auskunftsverpflichtung durch § 93 AO (nicht § 93 Abs. 2 Satz 2 AO) zu ergänzen. Das bedeutet: Das Auskunftsthema ist konkret anzugeben, damit sich der Steuerpflichtige darauf einstellen kann. Er kann sich eine angemessene Bedenkzeit ausbedingen, er braucht sich keinesfalls überrumpeln zu lassen. Der Steuerpflichtige braucht sich auch keiner Ausforschung auszusetzen, da das Auskunftsersuchen hinreichend bestimmt sein muß. Der Steuerpflichtige ist nur über eigenes Wissen zur Auskunft verpflichtet. Hat er kein eigenes Wissen, so ist er nicht verpflichtet, andere Wissensträger zu befragen und diese Information dem Prüfer weiterzugeben (Ausnahme bei internationalen Sachverhalten, § 90 Abs. 2 AO). Auf Befragen hat er freilich die Wissensträger zu benennen. Auskunftspflichtige, die nicht aus dem Gedächtnis Auskunft geben können, haben allerdings eine Informationspflicht und deshalb etwa durch Einsicht in zur Verfügung stehende Unterlagen ihr Gedächtnis aufzufrischen.

b) Urkundenvorlage

122 Gem. § 200 Abs. 1 Satz 2 AO sind Bücher, Aufzeichnungen, Geschäftspapiere und andere Urkunden zur Einsicht und Prüfung vorzulegen. Im Rahmen des § 200 AO gilt hinsichtlich der Urkundenvorlage auch § 97 AO (Ausnahme § 97 Abs. 2 AO).
Vorgelegt werden müssen auf Verlangen alle Urkunden, die für die Ermittlung der Besteuerungsgrundlagen erforderlich sind. Das sind nicht nur Urkunden, zu deren Fertigung und Aufbewahrung eine Verpflichtung besteht, sondern können auch alle freiwillig etwa zu interner Information gefertigten und aufbewahrten Unterlagen sein.
Der Prüfer kann nur verlangen, daß ihm die Urkunden vorgelegt werden, er darf selbst nicht durchsuchen oder sich auf andere Weise „selbst bedienen". Adressat des Vorlageverlangens ist stets der Steuerpflichtige selbst oder von ihm benannte Bevollmächtigte oder Betriebsangehörige.

123 Auch für das Vorlageverlangen gilt das **Prinzip der Verhältnismäßigkeit**. Da darüber hinaus nur das verlangt werden darf, was für steuerliche Zwecke notwendig ist, verbietet es sich, z. B. eine en-bloc-Vorlage von **Vorstands-** und **Aufsichtsratsprotokollen** zu verlangen (vgl. hierzu BFH v. 13. 2. 1968, BStBl. II 1968, 365; BFH v. 27. 6. 1968, BStBl. II 1968, 592). Die Vorlagepflicht erfaßt nur jene Protokolle, die steuerlich für das Prüfungsverfahren in bestimmten vom Prüfer angeschnittenen Fragen relevant sind. Von der Vorlagepflicht sind ausgenommen solche Protokolle, von denen versichert wird, daß sie im vorgenannten Sinn steuerlich nicht bedeutsam sind. Wenn freilich begründete Zweifel an der Richtigkeit dieser Versicherung bestehen, darf der Prüfer die Protokolle selbst dahingehend überprüfen.

c) Duldungspflichten

124 Der Steuerpflichtige hat die **Augenscheinnahme** durch den Prüfer zu dulden. Insofern gelten die allgemeinen Regelungen in §§ 92 Nr. 4, 98 AO neben der in § 200 Abs. 3 Satz 2 AO erwähnten Betriebsbesichtigung, an der der Steuerpflichtige oder sein Beauftragter teilnehmen sollen. Somit können auch andere Gegenstände als Urkunde herausverlangt werden, dürfen Grundstücke und Betriebsräume besichtigt werden. Das Betreten und Besichtigen der **Privatwohnung** des Steuerpflichtigen ist gegen seinen Willen dagegen ausgeschlossen (*Hübschmann/Hepp/Spitaler* § 200 Anm. 269).

125 Was den **Ort der Prüfung** anbelangt, so hat der Steuerpflichtige die Prüfung grundsätzlich in seinen **Geschäftsräumen** zu dulden (§ 200 Abs. 2 AO). Sind die Geschäftsräume hierzu nicht geeignet oder nicht vorhanden, so hat die Prüfung an **Amtsstelle** zu erfolgen. Eine Prüfung in den **Wohnräumen** des Steuerpflichtigen ist im Hinblick auf Art. 13 GG (Unverletzlichkeit der Wohnung) gegen den Willen des Steuerpflichtigen unzulässig (*Tipke/Kruse* § 200 Anm. 9; *Hübschmann/Hepp/Spitaler* § 200 Anm. 463). Obwohl gesetzlich nicht vorgesehen, ist im allseitigen Einverständnis eine Prüfung auch in den **Praxisräumen des Bevollmächtigten** (Beraters) zulässig, wenn eine Prüfung andernorts nur unter Schwierigkeiten möglich ist. Das ist etwa dann der Fall, wenn sich umfangreiche Buchführungsunterlagen beim Berater befinden.
Soweit die Prüfung in den Geschäftsräumen des Steuerpflichtigen stattfindet, ist dem Prüfer ein geeigneter **Arbeitsplatz** sowie die erforderlichen **Hilfsmittel** unentgeltlich zur Verfügung zu stellen (§ 200 Abs. 2 Satz 2 AO).

126 Was die **Zeit der Prüfung** anbelangt, so ist die Prüfung während der üblichen Geschäfts- oder Arbeitszeit des Steuerpflichtigen durchzuführen (§ 200 Abs. 3 Satz 1 AO).

4. Erweiterte Mitwirkungspflichten bei grenzüberschreitenden Sachverhalten

127 Im Ausland darf eine Außenprüfung nicht durchgeführt werden, weil hoheitliche Maßnahmen nach Völkerrecht nur auf eigenem Hoheitsgebiet vorgenommen werden dürfen (*Tipke/Kruse* § 117 Anm. 1 m. w. N.). Im Hinblick darauf begründet § 90

Abs. 2 AO, der auch für das Außenprüfungsverfahren gilt, eine erhöhte Mitwirkungspflicht bei **Auslandsbeziehungen.**

128 Die erhöhte Mitwirkungspflicht besteht im wesentlichen in einer **Beweismittelbeschaffungspflicht.** Demgemäß reicht es nicht aus, daß Beweismittel bloß benannt, sie müssen vielmehr vom Steuerpflichtigen selbst beschafft werden. Hierbei hat er alle zur Sachaufklärung und zur Beweismittelbeschaffung bestehenden tatsächlichen und rechtlichen Möglichkeiten auszuschöpfen. Gegebenenfalls hat er bei Anknüpfung seiner grenzüberschreitenden Rechtsbeziehungen **Beweisvorsorge** zu treffen. Hat er dies nicht getan, obwohl es ihm möglich gewesen wäre, so kann er sich nunmehr nicht darauf berufen, daß ihm eine Aufklärung des Sachverhaltes und die Beschaffung von Beweismitteln nicht mehr möglich sei (vgl. *Tipke/Kruse* § 90 Anm. 6). Scheitert die Beweismittelbeschaffung – und das wird häufig streitig sein – an anfänglicher und nachträglicher rechtlicher und tatsächlicher Unmöglichkeit, greift § 90 Abs. 2 AO nicht ein.

129 § 199 Abs. 1 AO, wonach der Außenprüfer zugunsten wie zuungunsten des Steuerpflichtigen zu prüfen hat, wird durch § 90 Abs. 2 AO nicht suspendiert.

130 § 90 Abs. 2 AO führt insbesondere nicht zu einer **Beweislastverteilung** zuungunsten des Steuerpflichtigen. Liegt eine Verletzung der dem Steuerpflichtigen obliegenden erhöhten Mitwirkungsverpflichtung vor, so ist diese frei zu würdigen (*Tipke/Kruse* § 90 Anm. 6). Das bedeutet freilich nicht, daß der Außenprüfer zu Lasten des Steuerpflichtigen Spekulationen und Mutmaßungen zugrunde legen darf. In entsprechender Anwendung der Grundsätze des § 162 AO (Schätzung) ist der Prüfer vielmehr gehalten, denjenigen Sachverhalt zugrunde zu legen, der sich nach den Regeln der freien Beweiswürdigung unter Berücksichtigung aller für die Schätzung bedeutsamen Umstände als wahrscheinlich verwirklicht ergibt (vgl. BFH v. 21. 1. 1976, BStBl. II 1976, 513; FG Düsseldorf v. 8. 10. 1980, EFG 1981, 149).

5. Mitwirkungsverweigerungsrechte

a) Verweigerungsrechte für Berufsgeheimnisträger und Nichtbeteiligte

131 Die Mitwirkungsverpflichtung gem. § 200 AO findet ihre Grenze in den §§ 101–106 AO, die dem Steuerpflichtigen und dritten Personen in bestimmten Fällen **Mitwirkungsverweigerungsrechte** gewähren.

132 Was den Steuerpflichtigen selbst anbelangt, hat dieser in eigenen steuerlichen Angelegenheiten kein Mitwirkungsverweigerungsrecht, und zwar selbst dann nicht, wenn er sich durch die Mitwirkung selbst oder einen Angehörigen der Gefahr strafrechtlicher Verfolgung oder eines Verfahrens wegen einer Ordnungswidrigkeit aussetzen würde (*Tipke/Kruse* § 200 Anm. 7, § 103 Anm. 3). Die einzige Konzession der Abgabenordnung an dem Grundsatz, daß sich niemand selbst belasten braucht (§§ 136 Abs. 1 Satz 2; 163a Abs. 4 Satz 2; 234 Abs. 4 StPO) macht § 393 Abs. 1 Satz 2 AO, der bestimmt, daß in einem derartigen Fall Zwangsmittel (§ 328 AO) unzulässig sind.

133 Lediglich bestimmte **Berufsgeheimnisträger** (§ 102 AO) – Rechtsanwälte, Steuerberater, Wirtschaftsprüfer usw. – haben ein Mitwirkungsverweigerungsrecht auch in eigener Sache. Bei eigener Außenprüfung kann der vorgenannte Personenkreis die Vorlage ihrer Handakten (z. B. bei Anwälten und Steuerberatern) oder der Patientenkartei (z. B. bei Ärzten) verweigern (§ 104 AO). Bei der Außenprüfung des Mandanten darf allerdings nicht die Vorlage der für ihn aufbewahrten Unterlagen verweigert werden.

Im übrigen haben nur Nichtbeteiligte gem. § 101 AO (für Angehörige) und § 103 AO (bei Selbst- und Angehörigenbelastung) ein Mitwirkungsverweigerungsrecht.

b) Bankgeheimnis

134 Das Bankgeheimnis ist nicht geschützt. Eine Selbstbeschränkung auch für den Außenprüfer ergibt sich für die Finanzverwaltung lediglich aus dem sog. **Bankenerlaß** v. 31. 8. 1979, BStBl. I 1979, 590, der wie folgt lautet:

1. Bei der Anwendung der im Einführungserlaß zur AO 1977 (BStBl 1976 I S. 576) unter Nr. 1 und 2 zu § 88 niedergelegten Grundsätze ist auf das Vertrauensverhältnis den Kreditinstituten und ihren

Kunden besonders Rücksicht zu nehmen. Danach kann für den Regelfall davon ausgegangen werden, daß die Angaben in der Steuererklärung vollständig und richtig sind.
2. Die Finanzämter dürfen von den Kreditinstituten zum Zwecke der allgemeinen Überwachung die einmalige oder periodische Mitteilung von Konten bestimmter Art oder bestimmter Höhe nicht verlangen.
3. Die Guthabenkonten oder Depots, bei deren Errichtung eine Legitimationsprüfung nach § 154 Abs. 2 AO vorgenommen worden ist, dürfen anläßlich der Außenprüfung bei einem Kreditinstitut nicht zwecks Nachprüfung der ordnungsgemäßen Versteuerung festgestellt oder abgeschrieben werden. Die Ausschreibung von Kontrollmitteilungen soll insoweit unterbleiben.
4. In Vordrucken für Steuererklärungen soll die Angabe der Nummern von Konten und Depots, die der Steuerpflichtige unterhält, nicht verlangt werden, soweit nicht steuermindernde Ausgaben oder Vergünstigungen geltend gemacht werden oder die Abwicklung des Zahlungsverkehrs mit dem Finanzamt dies bedingt.
5. Einzelauskunftsersuchen an Kreditinstitute sind zulässig. Für das Verfahren gelten die Vorschriften der §§ 93ff. AO. Ist die Person des Steuerpflichtigen bekannt, so soll das Kreditinstitut erst in Auskunft gebeten werden, wenn die Sachverhaltsaufklärung durch den Steuerpflichtigen nicht zum Ziele geführt hat oder keinen Erfolg verspricht. In dem Auskunftsersuchen ist anzugeben, daß die genannten Voraussetzungen erfüllt sind, worüber Auskünfte erteilt werden sollen und daß die Auskunft für die Besteuerung anderer Personen angefordert wird.
6. Für die Steuerfahndung gilt § 208 AO. Ist die Person des Steuerpflichtigen bekannt und gegen ihn kein Verfahren wegen einer Steuerstraftat oder einer Steuerordnungswidrigkeit eingeleitet, so soll auch im Verfahren nach § 208 Abs. 1 Satz 1 AO das Kreditinstitut erst um Auskunft und Vorlage von Urkunden gebeten werden, wenn die Sachverhaltsaufklärung durch den Steuerpflichtigen nicht zum Ziele geführt hat oder keinen Erfolg verspricht.

Mit dem vorgenannten Bankenerlaß ist es vereinbar, wenn der Prüfer, falls der Steuerpflichtige seiner Mitwirkungspflicht nicht nachkommt, bestimmte Kontoauszüge oder Ablichtungen von Schecks und dergleichen abfragt.

Wird die Bank geprüft, so sollen Kontrollmitteilungen grundsätzlich nicht geschrieben werden (vgl. zur Kritik zum Bankenerlaß, *Tipke/Kruse* § 102 Anm. 6).

6. Rechtsfolgen bei Verletzung von Mitwirkungspflichten

a) Zwangsmittel

135 Die Mitwirkung kann nach §§ 328 ff. AO erzwungen werden. In erster Linie wird hierbei ein Zwangsgeld (§ 329 AO) in Betracht kommen. Möglich ist aber auch die Anwendung unmittelbaren Zwangs (§ 331 AO), etwa dann, wenn das Betreten von Grundstücken und Räumen oder die Vorlage von Urkunden erzwungen werden soll.

Zwangsmittel dürfen nicht eingesetzt werden, wenn ein Mitwirkungsverweigerungsrecht besteht (§ 101 ff. AO) oder sich der Steuerpflichtige im Falle der Mitwirkung selbst wegen einer von ihm begangenen Straftat oder Steuerordnungswidrigkeit belasten würde (§ 393 Abs. 1 Satz 2 AO). Dies gilt stets, soweit gegen ihn wegen einer solchen Tat das Strafverfahren eingeleitet worden ist (§ 393 Abs. 1 Satz 3 AO). Hierüber ist er zu belehren, soweit dazu Anlaß besteht (§ 393 Abs. 1 Satz 4 AO).

b) Sachverhaltsunterstellungen

136 Eine Verletzung von Mitwirkungspflichten durch den Steuerpflichtigen berechtigt nicht zu einer für ihn ungünstigen **Sachverhaltsunterstellung**, und zwar auch nicht über § 162 AO (Schätzung), weil nicht der Sachverhalt, sondern nur Besteuerungsgrundlagen geschätzt werden dürfen. Wird die Mitwirkung verweigert, so verbleibt es bei den Grundsätzen des § 199 Abs. 1 AO, wonach auch die tatsächlichen Verhältnisse zu prüfen, d. h. auch zu ermitteln sind (*Hübschmann/Hepp/Spitaler* § 199 Anm. 10). Hierbei ist auch der Umstand der Mitwirkungsverweigerung frei zu würdigen. Dies bedeutet zwar nicht, ohne weiteres mit Mutmaßungen zu Lasten des Steuerpflichtigen operieren zu dürfen. Eine freie Beweiswürdigung (*Tipke/Kruse* § 88 Anm. 8, 9) wird aber dennoch nicht selten zu einem für den Steuerpflichtigen ungünstigen Ergebnis führen, wenn aufgrund der Umstände der Schluß erlaubt ist, er habe die Mitwirkungspflichten deshalb verletzt, um sich steuerliche Vorteile zu verschaffen. Schließlich vermindert sich bei einer derartigen Pflichtverletzung auch der für eine Sachverhaltsfeststellung sonst erforderliche Gewißheitsgrad, so daß sogar Wahrscheinlichkeitserwägungen ausreichen (*Tipke/Kruse* § 88 Anm. 10, § 162 Anm. 2).

137 Läßt sich aufgrund der freien Beweiswürdigung ein hinreichend erwiesener Sachverhalt nicht feststellen, so entscheiden die Regeln der **objektiven Beweislast** darüber, zu wessen Lasten das Unerwiesensein geht. Hierbei gilt im Grundsatz folgendes: Für steuerbegründende und steuererhöhende Tatsachen hat die Beweislast die Finanzbehörde. Für steuermindernde bzw. steuerbegünstigende Tatsachen hat die Beweislast der Steuerpflichtige (vgl. hierzu *Tipke/Kruse* § 88 Anm. 11; *Hübschmann/Hepp/Spitaler* § 88 Anm. 129 ff.).

c) Steuerfahndung

138 In den Fällen, in denen bei Verletzung von Mitwirkungspflichten aufgrund der freien Beweiswürdigung ein für die Besteuerung hinreichend erwiesener Sachverhalt nicht feststellbar ist, greift die Finanzverwaltung nicht selten zum Mittel der Steuerfahndung, um Beweismittel sicherzustellen. Mitunter wird die Steuerfahndung auch schon dann zum Einsatz gebracht, wenn Außenprüfer glauben, eine Verletzung von Mitwirkungspflichten durch den Steuerpflichtigen festgestellt zu haben, etwa bei aus ihrer Sicht unzureichenden Auskünften. Hier wird eine an sich mögliche und gebotene freie Beweiswürdigung durch eine Steuerfahndung ersetzt.

d) Schätzung

139 Können aufgrund einer Verletzung von Mitwirkungspflichten die Besteuerungsgrundlagen nicht ermittelt werden, so sind sie gem. § 162 Abs. 2 Satz 1 AO zu schätzen, und zwar dann, wenn die Buchführung formell ordnungsgemäß ist (FG Saarland v. 28. 7. 1983, EFG 1984, 5).

Die Verletzung der Mitwirkungspflicht rechtfertigt nicht ohne weiteres eine Schätzung. Der Prüfer bleibt nämlich trotz Verletzung der Mitwirkungspflicht zur Sachaufklärung verpflichtet.

140 So wird denn auch häufig der Sachverhalt auf andere Art und Weise aufgeklärt werden können. Besonders umfangreiche und zeitraubende Ermittlungen brauchen allerdings nicht angestellt zu werden. Insoweit führt die Verletzung der Mitwirkungspflicht zu einer Einschränkung der Untersuchungspflicht (*Tipke/Kruse* § 162 Anm. 4). Ist der Steuerpflichtige einziger Wissensträger, etwa bei **Auslandsbeziehungen,** scheidet eine weitere Sachaufklärung von vorneherein aus (BFH v. 21. 1. 1976, BStBl. II 1976, 513; FG Düsseldorf v. 8. 10.1980, EFG 1981, 148).

141 Eine Schätzung kommt gem. § 162 Abs. 2 Satz 2 AO insbesondere dann in Betracht, wenn Bücher oder Aufzeichnungen, die nach den Steuergesetzen zu führen sind, entgegen § 200 Abs. 1 Satz 2 AO nicht vorliegen. Schließlich, damit ist freilich keine Verletzung einer Mitwirkungspflicht gegeben, ist eine Schätzung auch dann geboten, wenn die Buchführung oder die Aufzeichnungen der Besteuerung nicht zugrunde zu legen sind (§ 158 AO).

142 Im Hinblick darauf, daß Ziel einer jeden Schätzung die Besteuerungsgrundlage mit der höchstmöglichen Wahrscheinlichkeit der Richtigkeit ist, sind auch vom Steuerpflichtigen substantiiert vorgetragene für die Schätzung bedeutsame Behauptungen zu überprüfen und ggf. zu berücksichtigen. Aber auch hier braucht der Prüfer keine übermäßigen Ermittlungen anzustellen.

143 Die Schätzung soll keine Strafsteuer bewirken. Daher darf nicht bewußt zu hoch geschätzt werden. Bei Verletzung der Mitwirkungspflicht hat der Steuerpflichtige freilich hinzunehmen, daß bis an die **obere Grenze des Schätzungsrahmens** gegangen wird (BFH v. 9. 3. 1967, BStBl. III 1967, 349).

Mitunter ist auch ein **Unsicherheitszuschlag** zulässig, vor allem dann, wenn es sich um eine Teilschätzung handelt.

144 Wirkt sich die Verletzung der Mitwirkungspflicht nur auf einen abgrenzbaren Teil der Besteuerungsgrundlagen aus, so kommt eine **Teilschätzung** in Betracht. Das gleiche gilt bei nur punktuellen Unrichtigkeiten der Buchführung (BFH v. 13. 10. 1976, BStBl. II 1977, 260).

145 Betrifft die Verletzung der Mitwirkungspflicht die gesamten Besteuerungsgrundlagen oder doch solch umfangreicher Teile, daß eine Teilschätzung nicht mehr möglich ist, kommt nur noch eine **Vollschätzung** in Betracht. Das gleiche gilt auch dann, wenn die Buchführung insgesamt mangels Ordnungsmäßigkeit nicht verwertet werden kann. Die Verletzung der Mitwirkungspflicht kann noch im Rechtsbehelfsverfahren und Klageverfahren, nicht aber mehr im Revisionsverfahren, geheilt werden. Das Finanzgericht kann auch die Schätzung des Finanzamtes durch eine eigene Schätzung ersetzen (BFH v. 2. 2. 1982, BStBl. II 1982, 409). Vgl. zu den einzelnen Schätzungsmethoden Rz. 100 ff.

e) Verweigerte Gläubigerbenennung

145a Eine besondere Folge der Verletzung von Mitwirkungspflichten statuiert der sog. **Schmiergeld-Paragraph** 160 AO. Nach dieser Vorschrift sind Schulden und andere Lasten, Betriebsausgaben, Werbungskosten und andere Ausgaben regelmäßig nicht zu berücksichtigen, wenn der Steuerpflichtige dem Verlangen der Finanzbehörde nicht nachkommt, die Gläubiger/Empfänger genau zu benennen. § 160 AO begründet eine Art Gefährdungshaftung, die auch dann eingreift, wenn aufgrund ungewöhnlicher Marktverhältnisse die Feststellung der Identität der Geschäftspartner nur sehr schwer möglich ist (BFH v. 17. 12. 1980, BStBl. II 1981, 333).

§ 160 ist eine Ermessensvorschrift (BFH v. 22. 5. 1968, BStBl. II 1968, 727; BFH v. 17. 12. 1980, BStBl. II 1981, 333). Im Hinblick darauf, daß § 160 AO den Ausfall deutscher Steuer vermeiden will, ist es ermessensfehlerhaft, die Gläubiger- bzw. Empfängerbenennung zu verlangen, wenn ein Steuerausfall ausgeschlossen ist. Das ist vor allem dann der Fall, wenn der Empfänger der Zahlungen Ausländer ist und insoweit nicht der deutschen Besteuerung unterliegt (*Tipke/Kruse* § 160 Anm. 2; *Klein/Orlopp* § 160 Anm. 1).

7. Rechtsbehelfe

146 Das Mitwirkungsverlangen des Prüfers ist ein Verwaltungsakt, der mit der **Beschwerde** (§ 349 AO) angefochten werden kann (siehe auch Teil I Rz. 159 ff.). Eine aufschiebende Wirkung kann nur über einen Antrag auf Aussetzung der Vollziehung (§§ 361 AO, 69 FGO) erlangt werden (siehe dazu Teil I Rz. 171 ff.).

IX. Schlußbesprechung

1. Bedeutung der Schlußbesprechung

a) Gesetzliche Verpflichtung

147 Die Schlußbesprechung ist zwingend vorgeschrieben. Demzufolge besteht auf deren Abhaltung ein gerichtlich durchsetzbarer Anspruch. Lehnt also die Finanzbehörde eine Schlußbesprechung ab, so handelt es sich hierbei um einen Verwaltungsakt, der mit der Beschwerde (§ 349 AO) und danach mit der Klage beim Finanzgericht anfechtbar ist (BFH v. 24. 10. 1972, BStBl. II 1973, 542; BFH v. 23. 4. 1980, BStBl. II 1980, 751).

148 Änderungsbescheide, die aufgrund eine Außenprüfung ergehen, ohne daß zuvor eine Schlußbesprechung stattgefunden hat, sind deshalb nicht rechtswidrig, weil es sich insoweit lediglich um einen Verfahrensfehler (§ 127 AO) handelt. Ist aber infolge der unterlassenen Schlußbesprechung ein Sachverhalt unaufgeklärt geblieben, kann der Verfahrensfehler nach § 100 Abs. 2 FGO zu einer Zurückweisung durch das Finanzgericht an das Finanzamt führen (*Tipke/Kruse* § 201 Anm. 1).

149 Der Abhaltung einer **Schlußbesprechung** bedarf es **in folgenden Fällen nicht**:
– Die Außenprüfung führt zu keiner Änderung der Besteuerungsgrundlagen (§ 201 Abs. 1 Satz 1 AO),
– der Steuerpflichtige verzichtet auf die Schlußbesprechung (§ 201 Abs. 1 Satz AO) oder
– es handelt sich um eine abgekürzte Außenprüfung (§§ 201 Abs. 1 Satz 1, 203 Abs. 2 Satz 3 AO).

Schlußbesprechung

b) Beteiligtenkreis

150 Wer seitens der **Finanzbehörde** an der Schlußbesprechung teilzunehmen hat, schreibt das Gesetz nicht vor. Im Hinblick darauf, daß die Schlußbesprechung gem. § 201 Abs. 1 Satz 2 AO die konkrete Außenprüfung zum Gegenstand der Erörterung hat, *muß* der Prüfer selbst an der Schlußbesprechung teilnehmen (*Hübschmann/Hepp/Spitaler* § 201 Anm. 68). Im übrigen steht es im Ermessen der Finanzbehörde, wer teilnimmt. Sind mehrere Prüfer tätig geworden, reicht die Teilnahme eines einzelnen aus. Der Prüfungsleiter sollte stets an der Besprechung teilnehmen, ferner der Sachbearbeiter der Veranlagungsstelle, sowie – und hierauf sollte stets Wert gelegt werden – ein entscheidungsbefugter Beamter (Sachgebietsleiter) der Veranlagungsstelle. Hierüber ist dem Steuerpflichtigen Mitteilung zu machen (§ 11 Abs. 2 BpO (St)). Beamte des **Bundesamtes für Finanzen** können an der Schlußbesprechung teilnehmen, soweit ihnen Prüfungsbefugnisse nach § 19 FVG zustehen (vgl. Rz. 69). Soweit **Gemeindevertreter** ein Teilnahmerecht haben (§ 21 FVG), gilt das auch für die Schlußbesprechung (vgl. Rz. 71). In der Praxis entstehen hier nur selten Probleme.

Der **Steuerpflichtige** muß an der Schlußbesprechung selbst nicht teilnehmen. Er kann sich durch seinen Berater vertreten lassen. Bei Personengesellschaften haben auch zwischenzeitlich ausgeschiedene Gesellschafter ein Teilnahmerecht, soweit sie betroffen sind (*Hübschmann/Hepp/Spitaler* § 201 Anm. 86). Im Falle des Konkurses ist der Konkursverwalter berechtigt.

c) Inhalt

151 Bei der Schlußbesprechung sind insbesondere strittige Sachverhalte sowie die rechtliche Beurteilung von **Prüfungsfeststellungen** und ihre steuerlichen Auswirkungen zu erörtern (§ 201 Abs. 1 Satz 2 AO). Die Erörterung setzt Kenntnis der Besprechungspunkte voraus.

152 Der Steuerpflichtige und sein Berater dürfen nicht durch Neuigkeiten überrascht werden; sie sollen sich angemessen vorbereiten können. Im Hinblick darauf bestimmt § 11 Abs. 1 BpO (St), daß Besprechungspunkte und Termine der Schlußbesprechung angemessene Zeit vor der Besprechung bekanntzugeben sind.

153 Gegenstand der Schlußbesprechung sind strittige Fragen sowohl in tatsächlicher als auch in rechtlicher Hinsicht. Soweit bereits im Rahmen von **Zwischenbesprechungen** über Prüfungspunkte Einigung erzielt worden ist, bedarf es keiner Erörterung mehr. Zum Pflichtprogramm der Schlußbesprechung gehört auch die Darstellung der zahlenmäßigen Auswirkungen, also der Mehrergebnisse oder auch – freilich selten – der Minderergebnisse.

154 Die Schlußbesprechung ist auf **Einigung** angelegt. In aller Regel haben auf der einen Seite weder der Steuerpflichtige noch auf der anderen Seite die Finanzbehörde ein Interesse daran, die Außenprüfung in ein Rechtsbehelfsverfahren einmünden zu lassen. Das setzt freilich voraus, daß die Erörterung offen für die Argumente des jeweils anderen geführt wird. Insbesondere bei zweifelhaften Sachverhaltsfeststellungen und Rechtsfragen erfolgt nicht selten eine Einigung nach Art eines Vergleiches, der den Rechtssatz des § 38 AO, wonach die Steuer kraft Gesetzes entsteht, nicht immer vermuten läßt.

d) Rechtswirkung

155 Eine in der Schlußbesprechung erzielte **Einigung** ist grundsätzlich **nicht verbindlich**, es sei denn, seitens eines entscheidungsbefugten Veranlagungsbeamten wird diesbezüglich eine (verbindliche) Zusage abgegeben. Es handelt sich hierbei nicht um eine Zusage nach Maßgabe der §§ 204–207 AO, sondern um eine Zusage, die auch außerhalb dieses gesetzlich geregelten Falles zulässig ist. Aus Beweisgründen sollte hierbei stets eine Protokollierung verlangt werden.

56 Eine derartige Zusage wird freilich nur dann anzunehmen sein, wenn sie als solche auch ausdrücklich ausgesprochen worden ist. Regelmäßig handelt es sich nur um Meinungsäußerungen, die unverbindlich sind, weil eine endültige Entscheidung erst im Veranlagungsverfahren erfolgt. Auch in Fällen, in denen eine Zusage ausdrücklich nicht erteilt worden ist, kann nach **Treu und Glauben** ausnahmsweise eine Bindung der Finanzbehörde anzunehmen sein, wenn der Steuerpflichtige auf eine bestimmte Sachbehandlung durch die Finanzbehörde vertrauen durfte und entsprechende vermögensrechtliche Dispostionen getroffen hat (BFH v. 1. 3. 1963, BStBl. III 1963, 271; BFH v. 10. 7. 1964, BStBl. III 1964, 587; BFH v. 14. 11. 1968, BStBl. II 1969, 120). Voraussetzung ist freilich, daß die entsprechende Sachbehandlung auch im Prüfungsbericht aufrecht erhalten werden kann (BFH v. 27. 4. 1977, BStBl. II 1977, 623; BFH v. 5. 10. 1977, BStBl. II 1978, 234).

157 Wenn auch eine Bindung an Absprachen in der Schlußbesprechung grundsätzlich zu verneinen ist, so indiziert eine derartige Absprache dennoch, daß die Beteiligten eine zutreffende Tatsachenwürdigung vorgenommen haben. Um diese Vermutung zu widerlegen, müssen schon gewichtige Gründe vorgetragen werden (BFH v. 6. 11. 1962, BStBl. III 1963, 104).

158 Ebensowenig wie die Finanzbehörden, ist auch der Steuerpflichtige an irgendwelche Zusicherungen, Äußerungen oder Einlassungen gebunden. Eine Einigung oder ein Nachgeben impliziert auch nicht etwa einen Rechtsbehelfsverzicht (BFH v. 2. 8. 1955, BStBl. III 1955, 331; vgl. im übrigen § 354 Abs. 1, 2 AO).

159 In der Praxis der Außenprüfung halten sich die Beteiligten indessen überwiegend an die in der Schlußbesprechung getroffenen Einigungen und Absprachen. Insoweit wird die fehlende gesetzliche Bindung durch eine **faktische Bindung** ersetzt, wird nicht nur erörtert, sondern regelmäßig auch entschieden.

2. Vorbereitung der Schlußbesprechung durch den Berater

160 Die Besprechungspunkte sind seitens der Finanzbehörde angemessene Zeit vorher bekanntzugeben (§ 11 Abs. 1 BpO (St)), damit sich Steuerpflichtiger und Berater auf die Schlußbesprechung vorbereiten können. Eine sorgfältige Vorbereitung ist entscheidend für ein erfolgreiches Abschneiden in der Schlußbesprechung. Hierzu gehört zunächst eine genaue Analyse der einzelnen **Besprechungspunkte**. Die Argumentation der Prüfer wird bekannt sein. Hier ist eine Gegenargumentation aufzubauen, die sowohl tatsächliche als auch rechtliche Gesichtspunkte berücksichtigt. Sodann wäre Marschroute festzulegen, die insbesondere zu berücksichtigen hat, ob der Steuerpflichtige selbst an der Schlußbesprechung überhaupt teilnehmen und bejahendenfalls, zu welchen Punkten er Stellung beziehen sollte. Bei einem größeren Kreis von auf Seiten des Steuerpflichtigen teilnehmenden Personen, etwa bei mehreren Beratern, ist die Rollenverteilung vorher festzulegen.

161 Besonders sorgfältiger Vorbereitung bedarf es in jenen Fällen, in denen **straf- oder bußgeldrechtliche Implikationen** zu erwarten sind. Was unter steuerlichen Gesichtspunkten als zweckmäßig erscheint, erweist sich unter strafrechtlichen oder bußgeldrechtlichen Gesichtspunkten häufig als ungünstig. Im Hinblick darauf ist jedes Argument und denkbare Ergebnis in der Schlußbesprechung schon in der Vorbereitungsphase auf seine straf- oder bußgeldrechtlichen Auswirkungen zu überprüfen. Eine steuerlich günstige Einigung in der Schlußbesprechung nützt nichts, wenn sie sich in strafrechtlicher Hinsicht negativ auswirkt, etwa als Geständnis gewertet werden könnte. Im Hinblick darauf wird der Bewegungsspielraum in der Schlußbesprechung eingeengt, werden sich mitunter Zugeständnisse verbieten.

3. Strafrechtlicher Hinweis

162 Besteht die **Möglichkeit,** daß aufgrund der Prüfungsfeststellungen ein **Straf- oder Bußgeldverfahren** durchgeführt werden muß, so soll gem. § 201 Abs. 2 AO der Steuerpflichtige darauf hingewiesen werden, daß die straf- oder bußgeldrechtliche Würdigung einem besonderen Verfahren vorbehalten bleibt. Dieser Hinweis ist aktenkundig zu machen (§ 11 Abs. 3 BpO (St)). Eine bloß theoretische Möglichkeit reicht nicht aus. Ein Verdacht ist dagegen nicht erforderlich, zumal dieser während der Prüfung selbst zu einer Unterrichtungspflicht gegenüber der Straf- und Bußgeldsachenstelle geführt hätte (§ 9 Satz 1 BpO (St)).

Wird der Hinweis unterlassen, so kann das Straf- oder Bußgeldverfahren gleichwohl noch eröffnet werden (FG Münster v. 5. 3. 1970, EFG 1970, 512).

X. Prüfungsbericht

1. Rechtsnatur

163 Führt die Außenprüfung zu einer Änderung von Besteuerungsgrundlagen, so **muß** ein schriftlicher Prüfungsbericht ergehen (§ 202 Abs. 1 Satz 1 AO). Werden Besteuerungsgrundlagen nicht geändert, ist ein Prüfungsbericht nicht erforderlich (§ 202 Abs. 1 Satz 3 AO), es sei denn, es wird eine verbindliche Zusage im Anschluß an die Außenprüfung begehrt, die einen im Prüfungsbericht dargestellten Sachverhalt voraussetzt (§ 204 AO).

164 Der Prüfungsbericht ist kein Verwaltungsakt, weil er keinen Regelungscharakter hat (*Tipke/Kruse* § 202 Anm. 2; *Hübschmann/Hepp/Spitaler* § 202 Anm. 8). Insbesondere entfaltet der Prüfungsbericht keine Bindungswirkung (BFH v. 1. 3. 1963, BStBl. III 1963, 212; BFH v. 16. 7. 1964, BStBl. III 1964, 634). So kann die Veranlagungsstelle des Finanzamtes bei der Auswertung des Prüfungsberichtes ohne weiteres von dessen Feststellungen abweichen. Hierbei ist gem. § 12 Satz 1 BpO (St) die Betriebsprüfungsstelle zu hören und dem Steuerpflichtigen Gelegenheit zu geben, sich dazu zu äußern (§ 12 Satz 2 BpO (St)).

Steuerbescheide, die aufgrund der Prüfung ergehen, ohne daß vorher ein Prüfungsbericht bekanntgegeben worden ist, sind deswegen nicht aufzuheben (§ 127 AO).

2. Inhalt

165 Im Prüfungsbericht sind die für die Besteuerung erheblichen Prüfungsfeststellungen in tatsächlicher und rechtlicher Hinsicht sowie die Änderungen der Besteuerungsgrundlagen darzustellen (§ 202 Abs. 1 Satz 2 AO).

a) Gebot der Vollständigkeit

166 Die Darstellung muß vollständig, nicht aber ausführlich sein. Dies entspricht auch der Praxis. Eine detaillierte Darstellung ist indessen dann geboten, wenn (vgl. Einführungserlaß zur AO v. 1. 10. 1976, BStBl. I 1976, 576 (616) zu § 202)
(1) vom Ergebnis der Schlußbesprechung abgewichen wird,
(2) während der Schlußbesprechung keine Einigung erzielt wurde,
(3) mit einem Rechtsbehelf gegen die Änderungsbescheide zu rechnen ist oder
(4) eine verbindliche Auskunft (§§ 204–207 AO) begehrt wird.

167 Nicht zum Inhalt eines Prüfungsberichtes gehören Vermerke und Aufzeichnungen für rein innerdienstliche Zwecke. Dazu gehören vor allem die **Arbeitsbögen** der Prüfer. Ein Recht auf Einsicht besteht nicht (BFH v. 27. 3. 1961, BStBl. III 1961, 290). Soweit der Prüfungsbericht aus sich selbst heraus verständlich ist, bedarf es auch nicht der Kenntnis dieser Arbeitsbögen. Im übrigen besteht erst im finanzgerichtlichen Verfahren eine Möglichkeit zur Einsichtnahme (§ 78 FGO).

b) Rotbericht

168 Zum Inhalt des Prüfungsberichtes werden in der Praxis der Finanzverwaltung ferner nicht die sog. **Rotberichte,** grüne Bogen oder auch als Nachtragsberichte bezeichnete Mitteilungen an die Straf- und Bußgeldsachenstellen gemacht. Es handelt sich hier um Meinungsäußerungen des Prüfers, die vor allem für ein Straf- oder Bußgeldverfahren von Bedeutung sind.

169 So unerfreulich solche „Geheimberichte" für den Steuerpflichtigen auch sein mögen: Deren Inhalt **muß** nicht in den Prüfungsbericht, weil gem. § 202 Abs. 1 Satz 1 AO nur die für die **Besteuerung** erheblichen Prüfungsfeststellungen zum notwendigen Inhalt des Prüfungsberichtes gehören (BFH v. 27. 3. 1961, BStBl. III 1961, 290; *Schwarz* § 202 Anm. 1; *Klein/Orlopp* § 202 Anm. 1; a. A. *Tipke/Kruse* § 202 Anm. 2; *Hübschmann/Hepp/Spitaler* § 202 Anm. 69). Soweit indessen strafrechtlich relevante Feststellungen auch für das Besteuerungsverfahren von Bedeutung sind, etwa für Zwecke der Verjährung (§ 169 Abs. 2 Satz 2 AO), für eine Änderung bei wiederholender Außenprüfung (§ 173 Abs. 2 AO) oder für eine Ausdehnung des Prüfungs-

zeitraumes (§ 4 Abs. 2 Satz 2 BpO (St)), müssen sie in den Prüfungsbericht aufgenommen werden.

170 Die **Finanzverwaltung** (vgl. FM Hamburg v. 24. 8. 1979, StBP 1980, 134) hat **zur Weiterleitung von Prüfungsberichten und Vermerken** über straf- und bußgeldrechtliche Feststellung an die Straf- und Bußgeldsachenstellen **folgende Grundsätze** aufgestellt:

I. Der Bußgeld- und Strafsachenstelle ist in folgenden Fällen der Prüfungsbericht mit einem Vermerk über straf- und bußgeldrechtliche Feststellungen zuzuleiten:
1. wenn der Stpfl. in der Schlußbesprechung gem. § 201 Abs. 2 AO darauf hingewiesen worden ist, daß die straf- oder bußgeldrechtliche Würdigung einem besonderen Verfahren vorbehalten bleibt,
2. ausnahmsweise in sonstigen Fällen, in denen sich aus den Prüfungsfeststellungen die Möglichkeit ergibt, daß ein Straf- oder Bußgeldverfahren durchgeführt werden muß, insbesondere, wenn sich erst nach der Schlußbesprechung entsprechende Anhaltspunkte ergeben.

II. 1. Ein Strafverfahren muß eingeleitet (durchgeführt) werden, wenn der Verdacht einer Straftat vorliegt (Legalitätsprinzip). Dies ist der Fall, wenn zureichende tatsächliche Anhaltspunkte für eine Straftat gegeben sind (§ 152 Abs. 2 StPO). Dabei müssen die Anhaltspunkte sowohl hinsichtlich der objektiven Tatbestandsmerkmale als auch hinsichtlich der Schuldfrage bestehen.
2. Ob bei Vorliegen entsprechender Anhaltspunkte für eine Ordnungswidrigkeit ein Bußgeldverfahren durchgeführt werden muß, ist gem. § 47 Abs. 1 OWiG nach pflichtgemäßem Ermessen zu entscheiden (Opportunitätsprinzip). Danach kann bei einem steuerlichen Mehrergebnis von insgesamt unter DM 1000 in der Regel die Zuleitung des Prüfungsberichts an die Bußgeld- und Strafsachenstelle unterbleiben, wenn nicht besondere Umstände hinsichtlich des vorwerfbaren Verhaltens für die Durchführung eines Bußgeldverfahrens sprechen.
3. Die Möglichkeit, daß ein Bußgeld- und Strafverfahren durchgeführt werden muß (Abschn. I Nrn. 2 und 3), besteht dann, wenn für eine Straftat oder Ordnungswidrigkeit Anhaltspunkte sprechen, die zwar noch nicht zureichend sind, um einen Verdacht zu begründen, die jedoch eine Untersuchung des Falles durch die Straf- und Bußgeldsachenstelle geboten erscheinen lassen. Bei einer nur vagen Vermutung schuldhaften bzw. vorwerfbaren Verhaltens ist die Zuleitung des Prüfungsberichts an die Bußgeld- und Strafsachenstelle in der Regel nicht erforderlich; dies gilt auch dann, wenn steuerliche Mehrergebnisse festgestellt werden.
4. Soll der Prüfungsbericht aufgrund der Prüfungsfeststellungen an die Bußgeld- und Strafsachenstelle abgegeben werden, ohne daß ein Hinweis nach § 201 Abs. 2 AO erteilt worden ist (Abschn. I Nr. 3), so hat das FA den Steuerpflichtigen in dem Falle des § 202 Abs. 2 AO bei Übersendung des Prüfungsberichts sonst vor Erlaß der Steuerbescheide in einem besonderen Schreiben auf die zu erwartende straf- oder bußgeldrechtliche Überprüfung hinzuweisen. Dabei ist dem Steuerpflichtigen in geeigneter Form der Grund für das bisherige Unterbleiben eines entsprechenden Hinweises anzugeben und die Bereitschaft zum Ausdruck zu bringen, das Ergebnis der Prüfung vor Erlaß der Steuerbescheide – erneut – zu erörtern.

III. Die vorstehenden Grundsätze gelten für Straftaten und Ordnungswidrigkeiten, für deren Verfolgung die FÄ zuständig sind.

3. Recht auf Stellungnahme

171 Auf Antrag ist der Prüfungsbericht vor dessen Auswertung dem Steuerpflichtigen zur Stellungnahme zu überlassen (§ 202 Abs. 2 AO). Dieser Antrag sollte stets gestellt werden, weil mitunter erst aufgrund des Prüfungsberichtes die Prüfungsfeststellungen in einem Gesamtzusammenhang erkennbar werden. Schließlich können damit auch schon im Vorfeld vor der Veranlagung etwaige Mißverständnisse über Einigungen in der Schlußbesprechung oder auch Fehler bei der konkreten Errechnung der Besteuerungsgrundlagen festgestellt und ausgeräumt werden.

172 Ein ausgeschiedener Gesellschafter hat ein Recht auf Zusendung des Prüfungsberichtes bzw. von Auszügen desselben nur für den Zeitraum seiner Mitgliedschaft zur Personengesellschaft (BFH v. 11. 12. 1980, BStBl. II 1981, 457; FG Münster v. 13. 4. 1978, EFG 1978, 578).

4. Nicht-Änderungsmitteilung

173 Führt die Außenprüfung zu keiner Änderung der Besteuerungsgrundlagen, so genügt eine schriftliche Mitteilung an den Steuerpflichtigen hierüber (§ 202 Abs. 1 Satz 2 AO). Diese Mitteilung ist ein mit der Beschwerde anfechtbarer Verwaltungsakt (*Tipke/Kruse* § 202 Anm. 4; *Schwarz* § 202 Anm. 2a; a. A. *Hübschmann/Hepp/ Spitaler* § 202 Anm. 231). Mit der Beschwerde kann insbesondere eine Änderung zugunsten des Steuerpflichtigen erreicht werden (Minderergebnis). Mit dem Wirk-

Rechtsschutz gegen Außenprüfung 174, 175 **J**

samwerden dieser Nicht-Änderungsmitteilung ergeben sich folgende Rechtswirkungen:
- Verbrauch der Prüfungsanordnung,
- Eintritt der Änderungssperre gem. § 173 Abs. 2 AO,
- Anspruch auf Aufhebung des Nachprüfungsvorbehalts (§ 164 Abs. 3 Satz 3 AO),
- Ende der Ablaufhemmung drei Monate nach Bekanntgabe (§ 171 Abs. 4 Satz 1 AO).

XI. Rechtsschutz gegen Außenprüfung

1. Überblick

174 Der **Einspruch** (§ 348 AO) kommt gegen Maßnahmen der Außenprüfung nicht in Betracht. Erst dann, wenn aufgrund der Außenprüfung Verwaltungsakte ergehen, etwa Steuerbescheide, Aufhebung des Vorbehalts der Nachprüfung (§ 165 Abs. 3 AO) oder verbindliche Zusagen (§§ 204–207 AO), ist der Rechtsbehelf des Einspruchs gegeben (siehe dazu Teil I Rz. 159 ff.).

Die **Beschwerde** ist der klassische Rechtsbehelf im Verfahren der Außenprüfung. Er ist grundsätzlich gegen alle Verwaltungsakte der Außenprüfung gegeben.

Als Maßnahmen des vorläufigen Rechtsschutzes kommt die **Aussetzung der Vollziehung** (§ 349 AO, § 69 FGO) in aller Regel und die **einstweilige Anordnung** (§ 114 FGO) ausnahmsweise in Betracht.

2. Check-Liste der Rechtsbehelfe

175 **Vorbereitungsmaßnahmen**

Aufnahme in die Prüfungsliste	kein Rechtsbehelf
Zuteilung zu einer Größenklasse	kein Rechtsbehelf
Prüfungsauftrag	kein Rechtsbehelf
Prüfungsverlangen des Bundesamtes der Finanzen (§ 19 FVG)	kein Rechtsbehelf
Teilnahmebegehren der Gemeinde	kein Rechtsbehelf
Mitteilung der Prüfungsabsicht	kein Rechtsbehelf
Prüfungsanordnung (§ 196 AO)	Beschwerde, AdV
Festlegung des Prüfungsbeginns	Beschwerde, AdV
Ablehnung eines Antrags auf Verlegung (§ 197 Abs. 2)	Beschwerde, AdV
Festlegung des Prüfungsortes	Beschwerde, AdV
Prüferauswahl	Dienstaufsichtsbeschwerde Geltendmachung der Besorgnis der Befangenheit
Ablehnung eines Antrages auf Auswechslung des Prüfers	Beschwerde, AdV
Prüfungszeitraum	Beschwerde, AdV

Prüfungsmaßnahmen

Beginn der Prüfung ohne Prüfungsanordnung	Beschwerde, AdV
Beginn der Prüfung mit rechtswidriger Prüfungsanordnung	Beschwerde, AdV
Mitwirkungsverlangen jeder Art	Beschwerde, AdV
Anordnung und Festsetzung von Zwangsmitteln	Beschwerde, AdV
Prüfung über Prüfungsanordnung hinaus	Unterlassungsklage; vorbeugende Unterlassungsklage; einstweilige Anordnung
Fertigung von Kontrollmitteilungen	Leistungsklage, einstweilige Anordnung
Erweiterung der Prüfungsanordnung	Beschwerde, AdV

Ausdehnung auf die steuerlichen Verhältnisse der Gesellschafter (§ 194 II AO)	Beschwerde, AdV
Abbruch der Prüfung	Beschwerde
Unterbrechung der Prüfung	Beschwerde
Wiederaufnahme der Prüfung	Beschwerde, AdV
Anberaumung von Zwischenbesprechung	Beschwerde
Anberaumung der Schlußbesprechung	Beschwerde
Verweigerung der Schlußbesprechung	Beschwerde
Weigerung, einen Prüfungsbericht zu erteilen	Beschwerde
Weigerung, bestimmte Feststellungen in den Bericht aufzunehmen	Beschwerde

3. Steuerrechtliche Verwertungsverbote

176 Aus §§ 88, 199 Abs. 1 AO ergibt sich die Verpflichtung, auch im Rahmen der Außenprüfung die tatsächlichen Verhältnisse des Steuerpflichtigen aufzuklären (Untersuchungsgrundsatz). Es gibt aber keine Sachaufklärung um jeden Preis.

In welchen Fällen ein **Beweisverwertungsverbot** überhaupt besteht, ist streitig. Rechtsprechung ist hierzu bislang kaum ergangen, zudem ist sie uneinheitlich.

177 Die Verletzung bloßer Form- und Ordnungsvorschriften führt nicht zu einem Verwertungsverbot (h. M. vgl. *Tipke/Kruse* § 88 Anm. 7 m. w. N.). Im übrigen kommt ein Beweisverwertungsverbot nur bei schwerwiegenden Verstößen gegen Grundrechte und aus Grundrechten abgeleiteten Vorschriften in Betracht. Zu jenen Vorschriften zählt insbesondere § 136a StPO, dessen Grundsätze auch für das Besteuerungsverfahren gelten.

178 **In folgenden Fällen** ist ein **Beweisverwertungsverbot** anzunehmen (vgl. *Hübschmann/Hepp/Spitaler* vor § 193 Anm. 371):
– Einschmuggeln von Personen als Prüfer, die in Wahrheit andere Funktionen wahrnehmen, etwa als Steuerfahnder (verdeckte Fahndung),
– Informationsbeschaffung, insbesondere Auskunftserlangung durch Täuschung, etwa durch Bestreiten von Auskunftsverweigerungsrechten bzw. Vortäuschung der Erzwingbarkeit von Auskünften, Drohung oder Gewalt,
– strafrechtlich verdachtsbefangene Sachverhaltsermittlung, obwohl das Strafverfahren rechtswidrig nicht eingeleitet worden ist,
– Informationsbeschaffung durch heimliche Tonbandaufnahmen, unberechtigtes Abhören des Telefons, unberechtigtes Öffnen der Post,
– Einschleichen in Wohn- und Geschäftsräume ohne Erlaubnis und ohne Voranmeldung,
– unerlaubte Wegnahme von Unterlagen,
– unberechtigte Entgegennahme von Telefongesprächen im Betrieb.

179 Ein steuerrechtliches Verwertungsverbot tritt aber nur dann ein, wenn die Rechtswidrigkeit der Außenprüfung – gewöhnlich im Rahmen der Anfechtung der Prüfungsanordnung – festgestellt wird (BFH v. 7. 6. 1973, BStBl. II 1973, 716; BFH v. 9. 5. 1978, BStBl. II 1978, 501; BFH v. 11. 7. 1979, BStBl. II 1979, 704; BFH v. 24. 6. 1982, BStBl. II 1982, 659; BFH v. 27. 7. 1983, BStBl. II 1984, 285; FG Nürnberg v. 27. 3. 1984, EFG 1984, 480; a. A. FG Münster v. 30. 3. 1982, EFG 1982, 601; FG RhPf. v. 11. 5. 1981, EFG 1981, 546). Im Rahmen der Anfechtung der aufgrund der Außenprüfung ergangenen Änderungsbescheide kann das Verwertungsverbot nicht mehr geltend gemacht werden.

Im Hinblick darauf ist stets unverzüglich gegen jede rechtswidrige anfechtbare Maßnahme der Außenprüfung Rechtsbehelf einzulegen.

180 Ein Verwertungsverbot führt freilich nicht zu einem weiteren **Ermittlungsverbot**. Darf auch ein bestimmtes rechtswidrig erlangtes Beweismittel nicht verwertet werden, so schließt das indessen nicht aus, daß die entsprechende Information nunmehr rechtmäßig anderweitig beschafft werden könnte. Es besteht also keine **Fernwirkung** (h. M. *Hübschmann/Hepp/Spitaler* § 193 Anm. 372, 387; FG Nürnberg v. 27. 3. 1984, EFG 1984, 480; FG Münster v. 30. 3. 1982, EFG 1982, 601; FG RhPf. v. 5. 10. 1981, EFG 1982, 333; FG RhPf. v. 19. 5. 1980, EFG 1981, 5; FG Düsseldorf v. 29. 10. 1976, EFG 1977, 191).

XII. Verbindliche Zusagen aufgrund einer Außenprüfung

1. Rechtsnatur der Zusage

181 Die verbindliche Zusage im Anschluß an eine Außenprüfung ist ein Verwaltungsakt, der gem. § 348 Abs. 1 Nr. 6 AO mit dem Einspruch anfechtbar ist. Zwar ist in der AO lediglich die verbindliche Zusage im Anschluß an eine Außenprüfung geregelt, es handelt sich hierbei aber nicht um eine in sich geschlossene Sonderregelung, die den Schluß zuläßt, eine verbindliche Zusage sei im übrigen nicht zulässig. Verbindliche Zusagen können vielmehr ganz allgemein gegeben werden.

2. Voraussetzungen der verbindlichen Zusage

182 **Zuständig** für die verbindliche Zusage ist die Finanzbehörde, die die Außenprüfung durchgeführt hat.

Erforderlich ist ein **Antrag**, der von dem Steuerpflichtigen, der der Außenprüfung unterlegen hat, zu stellen ist. Bei einer Erstreckungsprüfung ist auch der durch sie betroffene Dritte antragsberechtigt.

Soweit Personenzusammenschlüsse als solche selbst der Betriebsprüfung unterliegen (USt), sind die gesetzlichen Vertreter (§ 79 AO) antragsberechtigt.

§ 240 AO stellt keine bestimmten **Formerfordernisse** für den Antrag auf. Der Antrag sollte allerdings schriftlich gestellt werden (vgl. Einführungserlaß AO zu § 204, BStBl. I 1976, 576).

183 Wann der Antrag zu stellen ist, sagt § 204 AO nicht. Sinnvoll ist es, den **Antrag frühzeitig**, möglichst schon zu Beginn der Außenprüfung zu stellen. Die Finanzverwaltung lehnt nach der Schlußbesprechung gestellte Anträge regelmäßig ab, falls dadurch nochmalige Prüfungshandlungen erforderlich werden (vgl. Einführungserlaß AO zu § 204, BStBl. I 1976, 576). Das gilt allerdings dann nicht, wenn erstmals während der Schlußbesprechung ein Sachverhalt erörtert wird, auf den sich ein Zusageinteresse des Steuerpflichtigen bezieht (vgl. *Tipke/Kruse* § 204 Anm. 2). Im übrigen besteht keine feste zeitliche Grenze; erforderlich ist lediglich ein zeitlicher Zusammenhang zwischen Prüfung und Antrag.

184 § 204 AO verlangt ein bestimmtes **Zusageinteresse:** die Kenntnis der künftigen steuerrechtlichen Behandlung muß für geschäftliche Maßnahmen von Bedeutung sein. Nichts Nebensächliches, sondern nur wirtschaftliche Dispositionen von einigem Gewicht soll den Steuerpflichtigen zu einem Antrag veranlassen. Diese Einschränkung läßt sich dadurch rechtfertigen, daß die verbindliche Zusage im Verhältnis zum übrigen Verwaltungshandeln eine Ausnahme darstellt. Ein Zusageinteresse ist auch dann zu verneinen, wenn die künftige Behandlung der Rechtslage nicht zweifelhaft ist.

3. Zusage als Ermessensentscheidung

185 Die verbindliche Zusage ist eine Ermessensentscheidung. Damit besteht keine Verpflichtung, die Zusage zu erteilen, wohl aber auf Antrag in eine **Ermessensprüfung** einzutreten. Im Hinblick auf die umschriebenen Tatbestandsvoraussetzungen der §§ 204–207 AO ist der Ermessensspielraum der Behörde stark eingeschränkt, so daß die verbindliche Zusage die Regel, deren Ablehnung die Ausnahme ist.

4. Gegenstand der verbindlichen Zusage

186 Verbindlich zugesagt wird die zukünftige Behandlung eines in der Vergangenheit geprüften und im Prüfungsbericht dargestellten Sachverhalts. Es muß sich demnach um einen **Dauersachverhalt** handeln, der entweder fortdauert oder aber immer wieder von neuem verwirklicht wird. Dieser bereits auch in der Vergangenheit verwirklichte Sachverhalt muß im Prüfungsbericht dargestellt sein. Ist kein Prüfungsbericht zu erstellen, weil es zu keiner Änderung der Besteuerungsgrundlage gekommen ist (§ 202 Abs. 1 Satz 3 AO), reicht es aus, wenn der Sachverhalt in der Zusage selbst dargestellt wird (*Tipke/Kruse* § 204 Anm. 8; *Koch* § 204 Anm. 11; a. A. *Hübschmann/ Hepp/Spitaler* § 204 Anm. 107; *Schwarz* § 204 Anm. 5).

187 Ist der Sachverhalt im Prüfungsbericht nicht dargestellt, obwohl er geprüft worden ist, so muß der Bericht ergänzt werden. Hierauf hat der Steuerpflichtige einen Anspruch, der im Wege der Leistungsklage und im Rahmen des einstweiligen Rechtsschutzes durch einstweilige Anordnung (§ 114 FGO) durchgesetzt werden kann (*Hübschmann/Hepp/Spitaler* § 204 Anm. 110).

188 Wurde der Sachverhalt nicht geprüft und ist er deshalb auch nicht im Prüfungsbericht dargestellt, so hat der Steuerpflichtige einen Anspruch auf ergänzende Prüfung und Darstellung im Prüfungsbericht. Das gilt freilich nur dann, wenn sein Zusageinteresse erst später erkennbar wurde.

189 § 205 Abs. 2 Nr. 3 AO bestimmt, daß die verbindliche Zusage eine Angabe über die **Geltungsdauer** enthalten muß. Da die Zusage Rechtssicherheit auf Dauer schaffen soll, wird die unbefristete verbindliche Zusage die Regel sein (vgl. *Tipke/Kruse* § 204 Anm. 10).

5. Inhalt der verbindlichen Zusage

190 Gem. § 205 Abs. 2 AO muß die schriftlich zu erteilende und die als verbindlich formulierte Zusage enthalten
(1) den ihr zugrunde gelegten Sachverhalt, wobei auf den im Prüfungsbericht dargestellten Sachverhalt Bezug genommen werden kann,
(2) die Entscheidung über den Antrag und die dafür maßgebenden Gründe und
(3) eine Angabe darüber, für welche Steuern und für welchen Zeitraum die verbindliche Zusage gilt.

191 Die genaue **Darstellung des maßgeblichen Sachverhaltes** ist insbesondere im Hinblick auf § 206 Abs. 1 AO bedeutsam, weil die Bindungswirkung der Zusage stets unter dem Vorbehalt steht, daß der tatsächlich verwirklichte mit dem der verbindlichen Zusage zugrunde gelegte Sachverhalt übereinstimmt.

192 Die **Darstellung der Rechtsfragen,** insbesondere der betreffenden Rechtsvorschriften, ist deshalb wichtig, weil die verbindliche Zusage außer Kraft tritt, wenn die Rechtsvorschriften, auf denen die Entscheidung beruht, geändert werden (§ 207 Abs. 1 AO).

6. Bindungswirkungen

193 Die Bindungswirkung tritt nur ein, wenn sich der später verwirklichte mit dem in der verbindlichen Zusage zugrunde gelegte Sachverhalt deckt. Die Finanzbehörde wird indessen nicht schon bei jeder beliebigen Abweichung des verwirklichten Sachverhaltes entpflichtet. Die Abweichung muß den Zusagebereich in steuerrechtlich bedeutsamer Weise betreffen, die Abweichung muß für die Zusage erheblich sein (*Tipke/Kruse* § 206 Anm. 4; *Kühn/Kutter/Hofmann* § 206 Anm. 3).

194 **Nichtige Zusagen** (vgl. § 125 AO) sind unwirksam, rechtswidrige Zusagen dagegen wirksam, solange sie nicht geändert werden (§ 207 AO). Die Bindungswirkung rechtswidriger Zusagen gilt allerdings nicht zuungunsten des Steuerpflichtigen (§ 206 Abs. 2 AO). Die Aufhebung der Bindungswirkung in § 206 Abs. 2 AO setzt voraus, daß die verbindliche Zusage zum Zeitpunkt ihres Wirksamwerdens geltendem Recht widerspricht. Setzt sich die verbindliche Zusage erst später in Widerspruch zum geltenden Recht, so gilt § 207 Abs. 1 AO.

7. Aufhebung und Änderung

195 § 207 AO regelt das Außerkrafttreten, die Aufhebung und die Änderung verbindlicher Zusagen. § 207 AO ist lex specialis zu §§ 130, 131 AO und §§ 172–177 AO, § 129 AO – Berichtigung wegen offenbarer Richtigkeiten – bleibt dagegen anwendbar.

196 Gem. § 207 Abs. 1 AO tritt die verbindliche Auskunft automatisch außer Kraft, wenn Rechtsvorschriften, auf denen die Zusage beruht, geändert werden. Es muß sich um relevante Veränderungen handeln, die den Zusagebereich betreffen. Mit

dem Außerkrafttreten oder dem Inkrafttreten der geänderten Rechtsvorschrift verliert auch die verbindliche Zusage kraft Gesetzes ihre Wirkung. § 207 Abs. 1 AO verlangt von der Finanzbehörde keine Mitteilung über das Außerkrafttreten der verbindlichen Zusage. Handelt es sich indessen um einen rechtsunkundigen Zusageempfänger, der für die Finanzbehörde erkennbar auf die Wirksamkeit der verbindlichen Zusage weiterhin vertraut, so ist die Finanzbehörde nach Treu und Glauben verpflichtet, das Außerkrafttreten der Zusage mitzuteilen (*Tipke/Kruse* § 207 Anm. 3). Bis zu dieser Mitteilung muß sich das Finanzamt an diese Zusage festhalten lassen.

197 Im Einzelfall können zur Beseitigung unbilliger Härten Billigkeitsmaßnahmen, etwa Stundung (§ 222 AO) und Erlaß (§ 227 Abs. 1 AO) in Betracht kommen (vgl. Einführungserlaß AO zu § 207, BStBl. I 1976, 576).

198 Mit Wirkung für die **Zukunft** dürfen verbindliche Zusagen geändert oder aufgehoben werden, und zwar unabhängig davon, ob die Zusagen rechtmäßig oder von Anfang an rechtswidrig waren. Für die von Anfang an rechtswidrige zuungunsten des Zusageempfängers wirkende Zusage gilt allerdings ausschließlich § 206 Abs. 2 AO.

199 Die Aufhebung oder Änderung steht im Ermessen der Finanzbehörde. Für die Aufhebung oder Änderung muß es also einen rechtfertigenden Anlaß geben, etwa bei Änderung der Rechtsprechung oder Verwaltung zum Nachteil der Steuerpflichtigen. Aber auch in diesem Fall ist das Individualinteresse am Fortbestehen der verbindlichen Zusage zu berücksichtigen. Daher wird eine Aufhebung oder Änderung nicht oder einstweilen nicht ermessensfehlerfrei sein, wenn der Steuerpflichtige im Vertrauen auf den Fortbestand der verbindlichen Zusage Dispositionen getroffen hat, von denen er sich nicht ohne weiteres zu lösen vermag (vgl. Einführungserlaß AO zu § 207, BStBl. I 1976, 576).

200 Eine Aufhebung oder Änderung mit **Rückwirkung** ist nur unter den Voraussetzungen des § 207 Abs. 3 AO möglich, und zwar bei
– Zustimmung des Steuerpflichtigen,
– Erlaß der Zusage durch eine sachlich unzuständige Behörde, oder
– wenn die Zusage durch unlautere Mittel (z. B. arglistige Täuschung, Drohung oder Bestechung) erwirkt worden ist.

201 Die Aufhebung oder Änderung nach § 207 Abs. 3 AO ist eine Grundlagenentscheidung, die bewirkt, daß Verwaltungsakte, die nach Maßgabe dieser Zusage ergangen sind, nach § 175 Satz 1 Nr. 2 AO zu ändern sind (*Tipke/Kruse* § 207 Anm. 5; *Hübschmann/Hepp/Spitaler* § 207 Anm. 92).

8. Rechtsbehelfe

202 Der Einspruch (§ 348 Abs. 1 Nr. 6 AO) ist gegeben gegen
– die Ablehnung einer verbindlichen Zusage,
– eine dem Antrag nicht entsprechende Zusage,
– die Aufhebung oder Änderung einer Zusage.
Im Falle des § 207 Abs. 1 AO tritt die verbindliche Zusage automatisch außer Kraft. Hiergegen ist kein Rechtsbehelf gegeben. Entsteht Streit hierüber, kann bei berechtigtem Interesse Feststellungsklage erhoben werden. Im übrigen wird diese Frage der Weitergeltung der verbindlichen Zusage im Rahmen des Einspruchsverfahrens gegen die betreffende Steuerbescheide entschieden.

K. Steuerfahndung, Steuerstraf- und Steuerordnungswidrigkeitenrecht

Bearbeiter: Dr. Harald Schaumburg

Übersicht

	Rz.
I. Steuerfahndung	1–149
1. Organisation der Steuerfahndung	1, 2
2. Aufgabenbereich der Steuerfahndung	3–16
a) Allgemeine Aufgaben der Finanzverwaltung	3
b) Sonderaufgabe der Steuerfahndung	4–16
aa) Erforschung von Steuerstraftaten und Steuerordnungswidrigkeiten	5–12
bb) Ermittlung von Besteuerungsgrundlagen	13
cc) Aufdeckung unbekannter Steuerfälle	14, 15
dd) Aufgabenerweiterung kraft Ersuchens oder Übertragung	16
3. Befugnisse der Steuerfahndung im Steuerstrafverfahren	17–126
a) Kompetenzkonflikte	17–20
b) Polizeiliche Befugnisse	21–29
c) Durchsuchung	30–63
aa) Formelle Voraussetzungen	30–34
bb) Materielle Voraussetzungen	35–47
cc) Durchführung der Durchsuchung	48–62
dd) Durchsicht von Papieren an Ort und Stelle	63–65
d) Beschlagnahme	66–86
aa) Freiwillige Herausgabe	66–68
bb) Anordnung der Beschlagnahme	69–76
cc) Bestätigung nichtrichterlicher Beschlagnahmeanordnungen	77, 78
dd) Nachträglicher Antrag auf gerichtliche Entscheidung	79, 80
ee) Postbeschlagnahme	81, 82
ff) Beschlagnahme von Zufallsfunden	83, 84
gg) Vollzug der Beschlagnahme	85, 86
e) Beschlagnahmeverbote	87–104
aa) Beschlagnahmefreie Gegenstände	91–93
bb) Buchführungsunterlagen	94–103
cc) Ausnahmen vom Beschlagnahmeverbot	104
f) Ermittlung bei Dritten	105–127
aa) Auskünfte	106–116
bb) Aussageverweigerungsrechte von Angehörigen steuerberatender Berufe	117–121
cc) Auskunftsersuchen über die Grenze	122–126
4. Rechtsschutz-Checkliste	127
5. Praktische Hinweise	128–149
a) Gründe für die Einleitung von Fahndungsmaßnahmen	128–137
aa) Anzeigen	128, 129
bb) Eigene Wahrnehmungen	130–132
cc) Kontrollmitteilungen	133–136
dd) Verletzung von Mitwirkungspflichten während der Außenprüfung	137
b) Vermeidung von Fahndungsmaßnahmen	138, 139
c) Ablauf von Durchsuchung und Beschlagnahme	140, 141
aa) Durchsuchungsorte	140
bb) Verhaltensregeln	141
d) Vernehmung durch die Steuerfahndung	142–144
e) Sicherung der Steuerschuld	145
f) Schlußbesprechung	146–149
II. Steuerstrafrecht	201–292
1. Allgemeiner Teil	201–225
a) Merkmale einer Straftat	201–213
aa) Tatbestandsmäßigkeit	202–205
bb) Rechtswidrigkeit	206
cc) Schuld	207–213
b) Verwirklichung einer Straftat	214–219
c) Tatbeteiligung	220
d) Strafrechtliche Konkurrenzen	221–224
e) Rechtsfolgen einer Straftat	225
2. Besonderer Teil	226–292
a) Steuerhinterziehung (§ 370 AO)	226–244
aa) Täterkreis	226
bb) Tatverhalten	227–232
cc) Tatererfolg	233–238
dd) Schuld	239
ee) Versuch	240
ff) Strafe und Strafzumessung	241–243
gg) Steuerrechtliche Folgen	244
b) Selbstanzeige	245–285
aa) Kreis der Anzeigeerstatter	248, 249
bb) Form der Selbstanzeige	250, 251
cc) Notwendiger Inhalt der Selbstanzeige	252–257
dd) Adressat der Selbstanzeige	258, 259
ee) Fristgerechte Nachzahlung	260–265
ff) Ausschließungsgründe	266–284
gg) Fremdanzeige	285
c) Bannbruch	286, 287
d) Gewerbsmäßiger, gewaltsamer und bandenmäßiger Schmuggel	288, 289
e) Steuerhehlerei	290–292
III. Steuerstrafverfahren (Ermittlungsverfahren)	301–345
1. Regelungsbereich	301, 302
2. Zuständigkeit der Finanzbehörden zur Strafverfolgung	303–316
a) Selbständige Ermittlungsbefugnis der Finanzbehörden	303–306
b) Ermittlungsbefugnis der Staatsanwaltschaft	307–316
3. Einleitung des Strafverfahrens	317–322
a) Voraussetzungen	317, 318
b) Einleitungsbefugnis	319, 320
c) Bekanntgabe der Einleitung	321, 322
4. Aussetzung des Strafverfahrens	323–325
5. Rechtsschutz im Ermittlungsverfahren	326
6. Beendigung des Ermittlungsverfahrens	327–332
7. Mitwirkung der Finanzbehörde im Strafbefehlsverfahren und Gerichtsverfahren	333–335
a) Strafbefehlsverfahren	333, 334
b) Gerichtsverfahren	335
8. Verteidigung in Steuerstrafsachen	336–345
a) Rechtsstellung des Verteidigers	338
b) Person des Verteidigers	339–343
c) Verbot der Mehrfachverteidigung	344, 345

	Rz.		Rz.
IV. Steuerordnungswidrigkeitenrecht	401–434	e) Gefährdung von Eingangsabgaben	433
1. Allgemeiner Teil	401–413	f) Unzulässiger Erwerb von Steuererstattungs- und Vergütungsansprüchen	434
2. Besonderer Teil	414		
a) Leichtfertige Steuerverkürzung	415–423		
aa) Täterkreis	415, 416		
bb) Tathandlungen	417	V. Bußgeldverfahren	501–512
cc) Leichtfertigkeit	418–422	1. Geltung von Verfahrensvorschriften	501
dd) Selbstanzeige	423	2. Zuständigkeiten	502, 503
b) Steuergefährdung	424–429	3. Einleitung des Bußgeldverfahrens	504
c) Gefährdung von Abzugsteuern	430	4. Weiterer Ablauf des Bußgeldverfahrens	505–512
d) Verbrauchsteuer-Gefährdung	431, 432		

I. Steuerfahndung

1. Organisation der Steuerfahndung

1 Die Steuerfahndungsstellen in den einzelnen Bundesländern sind im Gegensatz zu den Zollfahndungsämtern (§ 1 Abs. 1 Nr. 4 FVG, § 6 Nr. 4 AO) keine selbständigen Behörden. Sie sind Dienststellen, für die die folgenden Organisationsmodelle geschaffen worden sind:
– Unselbständige Dienststelle eines Finanzamtes, die zugleich für die Bezirke mehrerer Finanzämter zuständig ist (Bayern, Baden-Württemberg, Berlin, Hessen, Rheinland-Pfalz, Saarland, Schleswig-Holstein).
– Außenstelle der Oberfinanzdirektion als selbständige organisatorische Einheit (Bremen, Nordrhein-Westfalen).
– Selbständiges Finanzamt für Steuerfahndung und Prüfungsdienste (Hamburg) oder für Fahndung und Strafsachen (Niedersachsen).

2 Den Steuerfahndungsstellen steht eine Informationszentrale für den Steuerfahndungsdienst beim Finanzamt Wiesbaden II zur Verfügung. Diese Informationszentrale dient der Koordination überregionaler Fahndungen und liefert darüber hinaus Informationen über bereits eingeleitete Straf- oder Bußgeldverfahren. Eigene Ermittlungsbefugnisse hat die Informationszentrale für den Steuerfahndungsdienst nicht.

Das Bundesamt für Finanzen, beschafft auf der Grundlage des § 5 Abs. 1 Nr. 6 FVG Informationen über steuerlich relevante Auslandsbeziehungen (BdF v. 15. 9. 1975, BStBl. I 1975, 1018).

2. Aufgabenbereich der Steuerfahndung

a) Allgemeine Aufgaben der Finanzverwaltung

3 Aufgrund des in § 85 AO verankerten Legalitätsprinzips haben die Finanzbehörden die Steuern nach Maßgabe der Gesetze gleichmäßig festzusetzen und zu erheben. Hierbei haben sie insbesondere sicherzustellen, daß Steuern nicht verkürzt, zu Unrecht erhoben oder Steuererstattungen und Steuervergütungen nicht zu Unrecht gewährt oder versagt werden. Die allgemeine Aufgabennorm des § 85 AO gilt für alle Stufen des Besteuerungsverfahrens. Aber gerade im Bereich des Ermittlungsverfahrens (§§ 134 ff AO) ist das **Legalitätsprinzip** faktisch dem **Opportunitätsprinzip** gewichen (vgl. *Tipke/Kruse* § 85 Anm. 4). Im Ermittlungsverfahren erschöpft sich die Tätigkeit der Finanzverwaltung weitgehend in der ungeprüften Übernehmen von Daten aus den Steuererklärungen. Damit wird zugleich die Aufgabe aus § 85 AO auf die Steuerfahndung verlagert. Was gem. § 85 AO für die Finanzverwaltung als allgemeine Aufgabe gilt, ist der Steuerfahndung gem. § 208 AO als Sonderaufgabe, freilich mit anderen Mitteln, zugewiesen.

b) Sonderaufgabe der Steuerfahndung

4 Nach § 208 Abs. 1 AO sind der Steuerfahndung drei Aufgaben zugewiesen:
– Die Erforschung von Steuerstraftaten und Steuerordnungswidrigkeiten,
– die Ermittlung der Besteuerungsgrundlagen in den vorbezeichneten Fällen und
– die Aufdeckung und Ermittlung unbekannter Steuerfälle.

Steuerfahndung 5–12 K

aa) Erforschung von Steuerstraftaten und Steuerordnungswidrigkeiten
Gem. § 208 Abs. 1 Nr. 1 AO hat die Steuerfahndung die Aufgabe, Steuerstraftaten und Steuerordnungswidrigkeiten zu erforschen.

5 Als **Steuerstraftaten** kommen in Betracht (§ 369; §§ 370–376 AO):
   – Steuerhinterziehung (§ 370 AO),
   – Bannbruch (§ 372 AO),
   – gewerbsmäßiger, gewaltsamer und bandenmäßiger Schmuggel (§ 373 AO),
   – Steuerhehlerei (§ 374 AO).

6 Die Zuständigkeit in **Steuerordnungswidrigkeiten** (§ 377; §§ 378–384 AO) ergibt sich insbesondere für
   – leichtfertige Steuerverkürzung (§ 378 AO),
   – Steuergefährdung (§ 379 AO),
   – Gefährdung der Abzugsteuern (§ 380 AO),
   – Verbrauchsteuergefährdung (§ 381 AO),
   – Gefährdung der Eingangsabgaben (§ 382 AO),
   – unzulässiger Erwerb von Steuererstattungs- und Vergütungsansprüchen (§ 383 AO).

7 Die Zuständigkeit der Steuerfahndungsstellen ergibt sich darüber hinaus für jene Fälle, in denen **andere Gesetze** die Straf- und Bußgeldvorschriften für anwendbar erklären. Es handelt sich hierbei insbesondere um Straftaten und Ordnungswidrigkeiten nach dem
   – Sparprämiengesetz (§ 5b Abs. 2),
   – Bergmannsprämiengesetz (§ 5a Abs. 2),
   – Vermögensbildungsgesetz (§ 13 Abs. 2),
   – Wohnungsbauprämiengesetz (§ 8 Abs. 2),
   – Berlinförderungsgesetz (§§ 28–29a).

8 Ferner ist die Steuerfahndung zuständig für die Verfolgung des **Subventionsbetrugs** (§ 264 StGB), soweit er sich auf Investitionszulagen bezieht (§ 5a InvZulG; § 20 BerlinFG) sowie für Ordnungswidrigkeiten nach dem Steuerberatungsgesetz (§§ 160–163; 164).

9 Für **andere Straftaten** ist die Steuerfahndung **nicht zuständig**. Das gilt auch dann, wenn eine Steuerstraftat in Tateinheit (§ 52 StGB) oder in Tatmehrheit (§ 53 StGB) mit einer allgemeinen Straftat begangen worden ist. Eine Ausdehnung des Aufgabenbereichs ist nur aufgrund besonderer gesetzlicher Anordnung zulässig, wie dies etwa aufgrund der §§ 385 Abs. 2, 386 Abs. 2 Nr. 2 AO erfolgt ist.

10 In Abgrenzung zu den Aufgaben nach § 208 Abs. 1 Nr. 3 AO ermächtigt § 208 Abs. 1 Nr. 1 AO zur Verfolgung bereits bekannt gewordener Straftaten und Ordnungswidrigkeiten. Voraussetzung für das Tätigwerden nach § 208 Abs. 1 Nr. 1 AO ist damit das Vorliegen eines Anfangsverdachts, aufgrund dessen gem. § 163 Abs. 1 StPO i. V. m. § 160 Abs. 1 StPO ein Ermittlungsverfahren eingeleitet werden kann (*Hübschmann/Hepp/Spitaler* § 208 Anm. 144).

11 Ein **Anfangsverdacht** ist gegeben, wenn zureichende tatsächliche Anhaltspunkte für die Tat vorliegen (§ 152 Abs. 2 StPO). Zureichende tatsächliche Anhaltspunkte liegen vor, wenn konkrete Tatsachen bekannt sind, die einen begründeten Anhalt für eine Straftat liefern. Diese Tatsachen brauchen noch nicht zur Überzeugung der Strafverfolgungsbehörde festzustehen. Verlangt wird insgesamt aber mehr als eine bloße Vermutung, mehr als eine Möglichkeit und auch mehr als die kriminalistische Hypothese (*Kleinknecht/Meyer* § 152 Anm. 4; *KMR-Müller* § 152 Anm. 4):

12 Die Einleitung eines Steuerordnungswidrigkeitenverfahrens setzt ebenfalls zureichende tatsächliche Anhaltspunkte voraus, die den Verdacht einer Ordnungswidrigkeit begründen (*Göhler* § 53 Anm. 14).
   Aber selbst dann, wenn zureichende tatsächliche Anhaltspunkte für das Vorliegen einer Steuerstraftat oder einer Steuerordnungswidrigkeit gegeben sind, darf die Steuerfahndung dennoch nicht tätig werden, wenn feststeht, daß die Straftat oder die Steuerordnungswidrigkeit nicht verfolgt werden kann. Dies ist insbesondere dann der Fall, wenn Verjährung (§ 78 Abs. 3 Nr. 4 StGB; § 31 Abs. 2 Nr. 1 OWiG) eingetreten ist oder eine wirksame Selbstanzeige (§§ 371, 378 Abs. 3 AO) abgegeben wurde.

Schaumburg

bb) Ermittlung von Besteuerungsgrundlagen

13 Neben der Erforschung von Steuerstraftaten und Steuerordnungswidrigkeiten ist der Steuerfahndung gem. § 208 Abs. 1 Nr. 2 AO die Ermittlung der Besteuerungsgrundlagen in diesem Zusammenhang als Zusatzaufgabe zugewiesen worden. Damit hat die Steuerfahndung eine **Doppelfunktion**. In der Verfolgung von Fiskalzwecken tritt sie als Steuerbehörde nach Art einer Außenprüfung auf. Soweit sie Steuerstraftaten und Steuerordnungswidrigkeiten verfolgt, ist sie Strafverfolgungsbehörde.

Im Besteuerungsverfahren hat sie die Vorschriften der AO und im Strafverfahren die Vorschriften auch der StPO zu beachten.

cc) Aufdeckung unbekannter Steuerfälle

14 Gem. § 208 Abs. 1 Nr. 3 AO gehört die Aufdeckung und Ermittlung unbekannter Steuerfälle ebenfalls zum Aufgabenbereich der Steuerfahndung. Auch diese Aufgabennorm ist durch die Doppelfunktion der Steuerfahndung gekennzeichnet. Denn § 208 Abs. 1 Nr. 3 AO gilt sowohl im strafrechtlich relevanten als auch im steuerrechtlichen Bereich.

15 Was den strafrechtlich relevanten Bereich anbelangt, so ist die Steuerfahndung ermächtigt, bereits im Vorfeld eines Anfangsverdachts tätig zu werden. Derartige **Vorfeldermittlungen** sind zulässig, sobald die **Vermutung** gegeben ist, daß Tatbestände erfüllt worden sind, die die Möglichkeit einer Steuerverkürzung indizieren.

Was die steuerliche Seite anbelangt, so eröffnet § 208 Abs. 1 Nr. 3 AO der Steuerfahndung die Möglichkeit, auch in den Fällen tätig zu werden, in denen die Steuerpflichtigen der Person nach unbekannt sind (*Tipke/Kruse* § 208 Anm. 5).

dd) Aufgabenerweiterung kraft Ersuchens oder Übertragung

16 § 208 Abs. 2 AO stellt klar, daß die Steuerfahndung auch für sonstige steuerliche erliche Ermittlungen eingesetzt werden darf, wenn die zuständige Finanzbehörde darum ersucht, und daß sie im übrigen zuständig ist für die ihr sonst im Rahmen der Zuständigkeit der Finanzbehörden übertragenen Aufgaben. Damit können Steuerfahndungsbeamte auch mit Außenprüfungen und mit Steueraufsichtsmaßnahmen beauftragt werden. Soweit die Steuerfahndung in diesem Rahmen etwa als Außenprüfung tätig wird, sind die hierfür geltenden Vorschriften der AO uneingeschränkt anwendbar. Die Erweiterung der Befugnisse gem. § 208 Abs. 1 Sätze 2 u. 3 AO gelten in diesen Fällen nicht. Steuerfahndungsbeamte werden nicht selten dann gem. § 208 Abs. 2 AO auf Ersuchen als Außenprüfer tätig, wenn sie zuvor für einen Teilbereich als Steuerfahnder tätig geworden sind. In derartigen Fällen neigen die Finanzbehörden dazu, von den Steuerfahndern auch den übrigen strafrechtlich nicht betroffenen Teil prüfen zu lassen.

3. Befugnisse der Steuerfahndung im Steuerstrafverfahren

a) Kompetenzkonflikte

17 Aus § 208 Abs. 1 Nr. 1, 2 AO ergibt sich, daß die Steuerfahndung mit einer **Doppelfunktion** ausgestattet ist. Neben ihrer Funktion als Strafverfolgungsbehörde hat sie auch die Befugnisse, die den Finanzämtern im Besteuerungsverfahren zustehen. Beide Bereiche sind streng von einander zu trennen. Insbesondere darf sich die Steuerfahndung zur Erforschung von Steuerstraftaten und Steuerordnungswidrigkeiten nicht auch der Ermittlungsbefugnisse des Besteuerungsverfahrens bedienen, ebenso wie umgekehrt im Besteuerungsverfahren die Machtmittel der Strafprozeßordnung nicht zur Verfügung stehen.

18 Soweit die **Steuerfahndung im Besteuerungsverfahren** tätig wird, hat sie gem. § 208 Abs. 1 Satz 2 AO die Ermittlungsbefugnisse, die den Finanzämtern zustehen. Hiermit sind insbesondere die Befugnisse gem. § 85ff AO gemeint. Diese Befugnisse werden erweitert durch § 208 Abs. 1 Satz 3 AO, wonach verschiedene Einschränkungen, die insbesondere bei der Außenprüfung zu beachten sind, nicht gelten, und zwar im Zusammenhang mit der Einholung von Auskünften (§ 93 AO), der Vorlage von Urkunden (§ 97 AO) und der Mitwirkungspflicht des Steuerpflichtigen (§ 200 AO).

Steuerfahndung

19 Im Bereich der **Erforschung von Steuerstraftaten und Steuerordnungswidrigkeiten** hat die Steuerfahndung die sich aus § 404 Satz 2, 1. Halbsatz AO ergebenden Ermittlungsbefugnisse: Erster Zugriff; Untersuchung; Beschlagnahme; Durchsicht von Papieren und sonstige Maßnahmen nach den für die Hilfsbeamten der Staatsanwaltschaft geltenden Vorschriften. Zwar verweist § 208 Abs. 1 Satz 2 AO auch auf die den Finanzämtern zustehenden Befugnisse, damit sind jedoch nicht die Befugnisse der Straf- und Bußgeldsachenstellen der Finanzbehörden gemeint. Andernfalls hätte die Steuerfahndung die folgenden Rechte und Pflichten der Staatsanwaltschaft: Eigenständiges Antragsrecht auf Durchsuchungs- und Beschlagnahmebeschlüsse (§ 162 StPO); Pflicht von Beschuldigten und Zeugen bei der Steuerfahndung zu erscheinen; Anwesenheitsrecht der Fahndungsbeamten bei richterlichen Vernehmungen (§ 403 Abs. 2 AO). Diese Befugnisse widersprechen der Stellung der Fahndungsbeamten als Hilfsbeamte der Staatsanwaltschaft gem. § 404 Satz 2 letzter Halbsatz AO. Soweit also die Steuerfahndung auch die Befugnisse der Finanzämter hat, gilt dies nur für den Bereich des Besteuerungsverfahrens, nicht aber für die Erforschung von Steuerstraftaten und Steuerordnungswidrigkeiten (*Tipke/Kruse* § 208 Anm. 10).

20 Im Hinblick auf die unterschiedlichen Befugnisse hat die Steuerfahndung stets anzugeben, ob der Steuerpflichtige im Besteuerungsverfahren oder im Steuerstrafverfahren bzw. Steuerordnungswidrigkeitenverfahren mitwirken soll. Danach richtet sich auch die Art der Rechtsbehelfe. Wird etwa eine Bank aufgrund eines Gerichtsbeschlusses als dritte Person (§§ 103, 94, 95 StPO) von der Steuerfahndung um Kontenauskunft ersucht, so ist nicht der Finanzrechtsweg, sondern der **ordentliche Rechtsweg** gegeben (BFH v. 23. 12. 1980, BStBl. II 1981, 349; BFH v. 20. 4. 1983, BStBl. II 1983, 482). Sind aufgrund eines Gerichtsbeschlusses Akten beschlagnahmt worden, so ist der Finanzrechtsweg ebenfalls nicht gegeben, insbesondere kann durch einstweilige Anordnung (§ 114 FGO) die Auswertung der beschlagnahmten Akten durch ein Finanzgericht nicht untersagt werden (FG Rheinland-Pfalz v. 22. 1. 1979, EFG 1979, 377).

b) Polizeiliche Befugnisse

21 Gem. § 404 Satz 1 AO hat die Steuerfahndung im Strafverfahren dieselben Rechte und Pflichten wie die Behörden und Beamten des Polizeidienstes nach den Vorschriften der Strafprozeßordnung. Diese Befugnisse gelten auch im Bußgeldverfahren (§ 410 Abs. 1 Nr. 9 AO).

Aufgrund des § 404 Abs. 1 AO ergeben sich nach den Vorschriften der StPO die folgenden **polizeilichen Befugnisse für die Steuerfahndung:**

22 aa) Entgegennahme von Strafanzeigen wegen Steuervergehen (§ 158 Abs. 1 StPO)

Durch die Strafanzeige erhält die Steuerfahndung Mitteilung von dem Verdacht einer Steuerstraftat. Die Anzeige selbst ist formfrei, ist aber gem. § 158 Abs. 1 Satz 2 StPO zu beurkunden. Dadurch soll vermieden werden, daß die Anzeige unbeachtet bleibt.

23 bb) Ermittlungshandlungen kraft Auftrags oder Ersuchens (§ 161 StPO)

Zu den zulässigen Ermittlungshandlungen gehört vor allem, von öffentlichen Behörden Auskunft zu verlangen. Gesetzwidrige Aufträge oder Ersuchen müssen von der Steuerfahndung zurückgewiesen werden. Das gilt vor allen Dingen dann, wenn ihr sachlicher Kompetenzbereich (§ 386 Abs. 2 AO) überschritten wird.

24 cc) Erster Zugriff (§ 163 StPO)

Sobald der Steuerfahndung zureichende tatsächliche Anhaltspunkte – Anfangsverdacht – (§ 152 Abs. 2 StPO) einer Steuerstraftat bekannt werden, hat sie selbständig, nicht erst auf Auftrag etwa der Staatsanwaltschaft, die Strafverfolgung zu betreiben. Insoweit hat die Steuerfahndung die Pflicht des ersten Zugriffs.

25 dd) Vernehmungskompetenz (§ 163a StPO)

Bei der ersten Vernehmung des Beschuldigten durch die Steuerfahndung ist diesem zu eröffnen, welche Tat ihm zur Last gelegt wird (§ 163a Abs. 4 Satz 1 StPO).

Schaumburg

Der Beschuldigte ist darauf hinzuweisen, daß es ihm nach dem Gesetz freistehe, sich zur Beschuldigung zu äußern oder nicht zur Sache auszusagen und jederzeit, auch schon vor seiner Vernehmung, einen von ihm zu wählenden Verteidiger zu befragen (§ 163a Abs. 4 Satz 2 i. V. m. § 136 Abs. 1 Satz 2 StPO). Er ist ferner darüber zu belehren, daß er zu seiner Entlastung einzelne Beweiserhebungen beantragen kann. In geeigneten Fällen soll er zugleich darauf hingewiesen werden, daß er sich auch schriftlich äußern kann (§ 163a Abs. 4 Satz 2 i. V. m. § 136 Abs. 1 Satz 2, 3 StPO). Die Vernehmung soll dem Beschuldigten Gelegenheit geben, die gegen ihn vorliegenden Verdachtsgründe zu beseitigen und die zu seinen Gunsten sprechenden Tatsachen geltend zu machen (§ 163a Abs. 4 Satz 2 i. V. m. § 136 Abs. 2 StPO). Bei der ersten Vernehmung des Beschuldigten ist zugleich auf die Ermittlung seiner persönlichen Verhältnisse Bedacht zu nehmen (§ 163a Abs. 4 Satz 2 i. V. m. § 136 Abs. 3 StPO). Bei der Vernehmung darf die Steuerfahndung schließlich sich nicht der verbotenen Mittel des § 136a StPO bedienen. Andernfalls tritt ein Beweisverwertungsverbot ein.

Der Beschuldigte hat keinen Rechtsanspruch darauf, daß sein Verteidiger bei der Vernehmung durch die Steuerfahndung zugegen ist (*Kleinknecht/Meyer* § 163 Anm. 16). Dieser fehlende Rechtsanspruch spielt in der Praxis indessen keine Rolle. Dies deshalb nicht, weil für den Beschuldigten ohnehin kein Zwang zur Aussage besteht.

Erklärt also der Beschuldigte, zunächst einen Verteidiger befragen zu wollen, so kann gegen seinen Willen die Vernehmung weder fortgesetzt werden noch kann sein Verhalten als Weigerung, zur Sache auszusagen, gewertet werden.

Zeugen sind über ihr Auskunftsverweigerungsrecht zu belehren (§ 163a Abs. 5 i. V. m. §§ 52 Abs. 3, 55 Abs. 2 StPO). Beschuldigte und Zeugen müssen zwar vor der Staatsanwaltschaft (§§ 161a Abs. 1, 163a Abs. 3 StPO) erscheinen, nicht aber vor der Steuerfahndung (*KMR-Müller* § 163a Anm. 12).

26 ee) Feststellung der Identität (§ 163b Abs. 1, 2 StPO i. V. m. § 127 Abs. 1 Satz 2 StPO)

Ist jemand einer Steuerstraftat verdächtig, so können die Beamten der Steuerfahndung die zur Feststellung seiner Identität erforderlichen Maßnahmen treffen. Diese Maßnahmen müssen zum Ziel haben, entweder die Identität mit einem bereits bekannten Beschuldigten zu klären oder die Persönlichkeit eines Tatverdächtigen festzustellen, dessen Personenidentität bisher unbekannt ist.

Zum Zwecke der Feststellung der Identität dürfen Verdächtige gem. § 163b Abs. 1 Satz 2 i. V. m. § 163c Abs. 3 StPO bis zu 12 Stunden festgehalten werden. Ferner ist gem. § 163b Abs. 1 Satz 3 StPO die Durchsuchung des Verdächtigen zum Zwecke der Feststellung seiner Identität zulässig. Über die vorstehenden Maßnahmen hinaus sind auch erkennungsdienstliche Maßnahmen zulässig, wobei ebenfalls unmittelbarer Zwang angewendet werden kann (*KMR-Müller* § 163b Anm. 12).

Wenn und soweit es zur Aufklärung einer Steuerstraftat geboten ist, kann auch die Identität einer nicht verdächtigen Person festgestellt werden (§ 163b Abs. 2 StPO).

27 ff) Vorläufige Festnahme (§ 127 Abs. 1 Satz 1 StPO)

Wird jemand auf frischer Tat betroffen oder verfolgt, so ist, wenn er der Flucht verdächtigt ist und seine Identität nicht sofort festgestellt werden kann, jedermann und somit auch die Beamten der Steuerfahndung, befugt, ihn auch ohne richterliche Anordnung vorläufig festzunehmen. Voraussetzung hierfür ist ein dringender Tatverdacht (vgl. § 112 StPO). Über das jedermann zustehende Festnahmerecht eines auf frischer Tat Betroffenen hinaus, steht den Beamten der Steuerfahndung auch ein Festnahmerecht bei Gefahr im Verzuge zu. Es müssen freilich die Voraussetzungen eines Haftbefehls oder eines Unterbringungsbefehls gegeben sein (§ 127 Abs. 2 StPO).

28 gg) Vorübergehende Festnahme (§ 164 StPO)

Bei Amtshandlungen an Ort und Stelle ist der Beamte, der sie leitet, befugt, Personen, die seine amtliche Tätigkeit vorsätzlich stören oder sich den innerhalb seiner Zuständigkeit getroffenen Anordnungen widersetzen, festnehmen und bis zur

Steuerfahndung 29–34 **K**

Beendigung seiner Amtsverrichtungen, jedoch nicht über den nächstfolgenden Tag hinaus, festhalten zu lassen. Im Bereich der Steuerfahndung hat diese Vorschrift insbesondere im Rahmen von Durchsuchungen Bedeutung.

29 **hh) Steckbrief (§ 131 Abs. 2 Satz 2 StPO)**
Gem. § 131 Abs. 2 StPO ist ohne Haft- oder Unterbringungsbefehl eine steckbriefliche Verfolgung nur zulässig, wenn ein Festgenommener entweicht oder sich sonst der Bewachung entzieht. Bei einem derartigen Fall sind auch die Beamten der Steuerfahndung zum Erlaß eines Steckbriefes zuständig, falls der Gefangene noch unter ihrer Verantwortung vorläufig festgenommen worden ist.

c) Durchsuchung

aa) Formelle Voraussetzungen

30 Gem. § 105 Abs. 1 StPO dürfen Durchsuchungen nur durch den Richter, bei Gefahr im Verzuge auch durch die Staatsanwaltschaft und ihre Hilfsbeamten angeordnet werden.
Derjenige Richter ist zuständig, der nach dem jeweiligen Stand der Sache mit der Angelegenheit befaßt ist. Im vorbereitenden Verfahren ist das der Ermittlungsrichter, dessen örtliche Zuständigkeit sich nach § 162 StPO richtet. Das bedeutet, daß grundsätzlich das Amtsgericht zuständig ist, in dessen Bezirk die Durchsuchung vorgenommen werden soll. Soll die Durchsuchung in mehr als einem Amtsgerichtsbezirk durchgeführt werden, so müssen die Anträge auf Anordnung der Durchsuchung bei dem Amtsgericht eingereicht werden, in dessen Bezirk die Staatsanwaltschaft oder die übrigen antragsberechtigten Behörden ihren Sitz haben. Der Antrag auf Anordnung der Durchsuchung kann gestellt werden von
– der Staatsanwaltschaft sowie
– der Straf- und Bußgeldsachenstelle.

31 Danach steht der **Steuerfahndung** grundsätzlich **kein Antragsrecht** zu. Indessen wird in der Praxis nicht selten anders verfahren. Die Steuerfahndung wendet sich unmittelbar an das Amtsgericht mit dem Antrag auf Anordnung einer Durchsuchung. Rechtsgrundlage kann hier allenfalls § 163 Abs. 2 Satz 2 StPO sein. Voraussetzung ist allerdings, daß eine schleunige Vornahme der richterlichen Anordnung der Durchsuchung erforderlich ist. Daraufhin darf das Amtsgericht die Durchsuchung aber auch nur dann anordnen, wenn Gefahr im Verzuge und zudem der Staatsanwalt nicht erreichbar ist (§ 165 StPO). Die vorstehenden Voraussetzungen werden nur in Ausnahmefällen gegeben sein.

32 Die Anordnung der Durchsuchung ist durch die Staatsanwaltschaft und durch die Steuerfahndung nur bei **Gefahr im Verzuge** zulässig (§ 105 Abs. 1 Satz 1 StPO). Unter diesen Voraussetzungen ist die Anordnung der Durchsuchung durch die Staatsanwaltschaft oder durch die Steuerfahndung nur dann zulässig, wenn die durch die Anordnung des Richters bedingte Verzögerung den Untersuchungserfolg gefährden würde. Diese Fälle kommen nur selten vor, so daß die richterliche Durchsuchungsanordnung im Bereich der Steuerfahndung die Regel ist.

33 Ist die Anordnung der Durchsuchung durch die Staatsanwaltschaft oder durch die Steuerfahndung erfolgt, so hat der Betroffene in entsprechender Anwendung des § 98 Abs. 2 Satz 2 StPO die Möglichkeit, eine **richterliche Entscheidung** herbeizuführen. Der Antrag auf gerichtliche Entscheidung ist zwar an keine Form und an keine Frist gebunden, der Antrag wird aber infolge **prozessualer Überholung** unzulässig, sobald die Durchsuchung vorüber ist. Im Hinblick darauf bleibt der Antrag auf gerichtliche Entscheidung nur bei länger andauernden Durchsuchungen zulässig (BGH v. 16. 12. 1977, NJW 1978, 1013; *Kleinknecht/Meyer* § 105 Anm. 16). Nach Abschluß der Durchsuchung kommt im Hinblick auf Art. 19 Abs. 4 GG bei besonderem Interesse, die Rechtswidrigkeit festzustellen, ausnahmsweise auch ein Antrag auf Entscheidung des Richters nach § 23 EGGVG in Betracht (BGH v. 13. 6. 1978, NJW 1978, 1815; BGH v. 21. 11. 1978, NJW 1979, 882).

34 Für die **Durchsuchungsanordnung** schreibt das Gesetz keine bestimmte Form vor. Im Hinblick darauf kann sie mündlich, telefonisch oder telegrafisch ergehen. Für die richterliche Durchsuchungsanordnung gilt dies aber nur bei Gefahr im Ver-

Schaumburg 881

zug. Ohne Gefahr im Verzug ist die Durchsuchungsanordnung des Richters schriftlich zu erlassen. Hiernach muß die Durchsuchungsanordnung konkret gefaßt sein. Das bedeutet, daß tatsächliche Angaben über den Inhalt des Tatvorwurfs gemacht werden müssen. Darüber hinaus sollen nach Möglichkeit auch die denkbaren Beweismittel, denen die Durchsuchung gilt, umschrieben werden. Was die Beschreibung der aufzuklärenden Steuerstraftat anbelangt, so ist insbesondere die Angabe des Zeitraums erforderlich, in denen die Steuerhinterziehung begangen sein soll BVerfG vom 26. 5. 1976, NJW 1976, 1735; BVerfG vom 24. 5. 1977, NJW 1977, 1489). Die vorstehende Konkretisierung ist erforderlich, damit die mit der Durchführung der Durchsuchung verbundenen Eingriffe in die Grundrechte meßbar und kontrollierbar sind. Diesen Anforderungen werden die Durchsuchungsanordnungen in der Praxis häufig nicht gerecht. Sie enthalten nicht selten bloß formel- und schlagwortartige, den Gesetzeswortlaut wiederholende Formulierungen. Derartige Durchsuchungsanordnungen sind zwar rechtswidrig, infolge prozessualer Überholung sind Rechtsbehelfsmöglichkeiten, und zwar die Beschwerde gem. § 304 StPO zum Landgericht, aber durchweg abgeschnitten. Ein Beweisverwertungsverbot der im Rahmen der Durchsuchung aufgefundenen Beweismittel ergibt sich regelmäßig ebenfalls nicht.

bb) Materielle Voraussetzungen

35 In materiell-rechtlicher Hinsicht sind die Voraussetzungen für eine Durchsuchung danach zu unterscheiden, ob eine Durchsuchung beim Verdächtigen (§ 102 StPO) oder bei dritten Personen (§ 103 StPO) erfolgt.

(1) Durchsuchung beim Verdächtigen

36 Für die Durchsuchung beim Verdächtigen gem. § 102 StPO gilt uneingeschränkt der **Grundsatz der Verhältnismäßigkeit.** Dieser Grundsatz gilt nicht nur für die Anordnung der Durchsuchung, sondern auch für deren Durchführung (*KMR-Müller* § 102 Anm. 17). Die Durchsuchung muß daher in angemessenem Verhältnis zu der Schwere der Straftat und der Stärke des bestehenden Tatverdachts stehen. Im Hinblick darauf ist die Durchsuchung nur dann zulässig, wenn sie nicht durch andere weniger einschneidende Maßnahmen ersetzt werden kann (BVerfG v. 26. 5. 1976, NJW 1976, 1735). Daraus kann sich unter Umständen die Verpflichtung ergeben, zunächst freiwillige Herausgabe zu verlangen, wenn nach den Umständen zu erwarten ist, daß diesem Herausgabeverlangen entsprochen wird.

37 Voraussetzung für die Durchsuchung ist, daß der Betroffene einer Straftat verdächtig ist. Hierfür muß ein **Anfangsverdacht** i. S. von § 152 Abs. 2 StPO vorliegen (*KMR-Müller* § 102 Anm. 3). Allerdings setzt die Zulässigkeit der Durchsuchung nach § 102 StPO nicht voraus, daß derjenige, bei dem sie vorgenommen werden soll, bereits die Verfahrensstellung des Beschuldigten erlangt hat (*Löwe/Rosenberg* § 102 Anm. 3). Für den Bereich des Steuerstrafverfahrens spielt diese Differenzierung indessen keine Rolle. Dies deshalb nicht, weil gem. § 397 Abs. 1 AO das Strafverfahren ohnehin eingeleitet ist, sobald die Steuerfahndung mit einer Durchsuchung beginnt.

38 Voraussetzung für die Durchsuchung ist stets, daß gegen den Verdächtigen überhaupt ein Strafverfahren durchgeführt werden kann. Ein derartiges Strafverfahren kann entweder aus materiell-rechtlichen Gründen, etwa bei einer wirksamen Selbstanzeige oder aber bei Vorliegen von Verfahrenshindernissen (Verjährung) ausgeschlossen sein.

39 Entsprechendes gilt für **Strafunmündige.** Bei ihnen ist eine Durchsuchung auf der Grundlage des § 102 StPO unzulässig. In Betracht kommt allenfalls eine Durchsuchung gem. § 103 StPO (*Kleinknecht/Meyer* § 102 Anm. 4; *Löwe/Rosenberg* § 102 Anm. 6).

40 Dem **Tatverdächtigen** stellt § 102 StPO Personen gleich, die der Teilnahme, Begünstigung, Strafvereitelung oder Hehlerei verdächtig sind. Bei jedem von ihnen ist eine Durchsuchung auch zu dem Zweck zulässig, Art und Ausmaß der Beteiligung des vorgenannten Personenkreises aufzuklären. Unzulässig ist aber die Durchsuchung zu dem Zweck, Verdachtsgründe gegen noch unbekannte Personen zu finden. Eine Durchsuchung zu diesem Zweck ist aber gem. § 103 StPO zulässig (*Löwe/Rosenberg* § 103 Anm. 7).

Steuerfahndung 41–49 **K**

41 Liegt Mitgewahrsam mehrerer Personen vor, von denen nur eine verdächtig ist, so ist die Durchsuchung bereits im Rahmen des § 102 StPO zulässig (*Löwe/Rosenberg* § 102 Anm. 12; *KMR-Müller* § 102 Anm. 2). § 102 StPO deckt die Ergreifung des Verdächtigen sowie die Auffindung von Spuren und Beweismitteln als **Durchsuchungszwecke**. Für die Steuerfahndung spielt die Durchsuchung zwecks Auffinden von Spuren und Beweismitteln eine besondere Rolle.

42 Da die Durchsuchung die Beschlagnahme vorbereiten soll, ist diese von vornherein unzulässig, wenn der Beschlagnahme die Beschränkungen des § 97 StPO entgegenstehen. Nach beschlagnahmefreien Gegenständen darf also nicht gesucht werden. Bestimmte Beweismittel braucht die anordnende Behörde nicht im Auge zu haben. Es reicht aus, daß überhaupt Gegenstände gefunden werden können, mit denen der Beweis einer Straftat zu erbringen ist. Die Vermutung, daß die Durchsuchung zum Auffinden von Beweismitteln führen werde, kann sich aus der Lebenserfahrung, insbesondere aus der kriminalistischen Erfahrung ergeben.

43 Es müssen keine bestimmten Tatsachen vorliegen, jedoch reichen rein gefühlsmäßige Vermutungen nicht aus. Zur bloßen **Ausforschung** darf die Durchsuchung nicht angeordnet werden (*Löwe/Rosenberg* § 102 Anm. 20).

(2) Durchsuchung bei anderen Personen

44 § 103 StPO regelt die Durchsuchung bei **tatunverdächtigen** Personen.
Entsprechend dem **Grundsatz der Verhältnismäßigkeit** hat der Durchsuchung zwecks Auffindung von Beweismitteln regelmäßig die Aufforderung vorauszugehen, die gesuchten Beweismittel vorzulegen und auszuliefern. Die zwangsweise Durchsuchung ist also erst dann vorzunehmen, wenn die Gegenstände nicht freiwillig herausgegeben werden (*Löwe/Rosenberg* § 103 Anm. 1).

45 Im Gegensatz zu § 102 StPO darf bei Tatunverdächtigen nur nach bestimmten Beweismitteln gesucht werden. Außerdem genügt nicht wie nach § 102 StPO die Vermutung, sondern es müssen **Tatsachen** vorliegen, aus denen zu schließen ist, daß die Person, der Gegenstand oder die Spur, nach der gesucht werden soll, sich an dem zu durchsuchenden Ort befinden.

46 Ebenso wie bei § 102 StPO steht für die Steuerfahndung als Durchsuchungszweck das Auffinden von Spuren und Beweismitteln im Vordergrund. Im Rahmen des § 103 StPO ist die Durchsuchung nach Spuren und Beweismitteln nur unter strengen Voraussetzungen zulässig. Es darf nach ihnen nur gesucht werden, wenn sie bereits näher bestimmt sind. Im Hinblick darauf sind die Gegenstände, nach denen gesucht werden soll, schon in der Durchsuchungsanordnung konkret, wenn auch nicht in allen Einzelheiten, zu bezeichnen. Aufgrund festgestellter Tatsachen muß der Schluß gerechtfertigt sein, daß die gesuchten Gegenstände in den zu durchsuchenden Räumen usw. sich befinden.

47 Nach Gegenständen, die nach § 97 StPO von der Beschlagnahme ausgenommen sind, darf von vorneherein nicht gesucht werden.

cc) Durchführung der Durchsuchung
(1) Mitteilung des Durchsuchungszwecks

48 § 106 Abs. 2 Satz 1 StPO macht in den Fällen des § 103 StPO die Mitteilung des Durchsuchungszwecks *vor* der Durchsuchung obligatorisch. Durch die Bekanntmachung kann erreicht werden, daß der Gewahrsamsinhaber die Sachen, nach denen gesucht wird, freiwillig herausgibt oder wenigstens zur Beschlagnahme offenlegt, so daß die Durchsuchung vermieden werden kann.

49 Obwohl das Gesetz bei der Durchsuchung beim Tatverdächtigen (§ 102 StPO) die Bekanntgabe des Durchsuchungszwecks *vor* der Durchsuchung nicht ausdrücklich vorschreibt, gelten die vorgenannten Grundsätze der Verhältnismäßigkeit auch für die Durchsuchung beim **Tatverdächtigen** gem. § 102 StPO. Denn nur durch vorherige Bekanntgabe des Durchsuchungszwecks wird der Betroffene in den Stand versetzt, die Durchsuchung seinerseits zu kontrollieren und etwaige Ausforschungen im Rahmen seiner rechtlichen Möglichkeiten von vorneherein entgegenzutreten (BVerfG v. 26. 5. 1976, NJW 1976, 1735). Die vorherige Bekanntgabe des Durchsuchungszwecks wird dadurch entsprochen, daß dem Betroffenen Einsicht in die Durchsuchungsanordnung gewährt wird.

Schaumburg

(2) Durchsuchungsgegenstände

50 Gem. § 102 StPO erstreckt sich die Durchsuchung auf Wohnung und andere Räume sowie auf die Person des Tatverdächtigen selbst. Im § 103 StPO ist zwar nur die Rede von zu durchsuchenden Räumen, der Durchsuchungsgegenstand ist dadurch aber gegenüber § 102 StPO nicht eingeschränkt (*Löwe/Rosenberg* § 103 Anm. 5).

51 Auf das Eigentum des Betroffenen an den Räumen, auf ein ihm vertraglich eingeräumtes Besitz- oder Nutzungsrecht kommt es nicht an. Entscheidend ist allein, daß er die Räume als Wohnung, als Geschäftsraum oder auch nur als Nebenraum tatsächlich inne hat. Die gemeinsame Nutzung mit anderen oder das Mitgewahrsam, und zwar auch ohne Hausrecht, reicht aus (*Löwe/Rosenberg* § 102 Anm. 12).

52 Zum Durchsuchungsgegenstand gehören Wohnung, Zweitwohnungen, Wochenendhäuser, Ferienhäuser, Jagdhütten und Hotelzimmer, Hausboote und Schiffe, Wohnwagen, Camping-Zelte, Schuppen, Scheunen, Garagen sowie zu den Geschäftsräumen gehörende Gasthäuser, Speiselokale, Arbeitshallen, Fabriken, Bergwerke, Läden, Werkstätten, Büroräume, Marktbuden, Arbeitsräume auf Schiffen.

53 § 102 StPO gestattet auch die Durchsuchung des Verdächtigen. Entsprechendes gilt im Falle des § 103 StPO für den Tatunverdächtigen.

54 In Abgrenzung zu § 81 a StPO ist jedwede **körperliche Untersuchung** zum Zweck der Feststellung der **Beschaffenheit des Körpers** unzulässig. §§ 102, 103 StPO erlauben als Personendurchsuchung nur die Durchsuchung der von den Betroffenen **am Körper getragenen Kleidung,** insbesondere ihrer Taschen und die Besichtigung des Körpers einschließlich seiner natürlichen Öffnungen zwecks Auffindung von Beschlagnahmegegenständen.

55 Gem. §§ 102, 103 StPO ist schließlich auch die den Betroffenen gehörenden Sachen einer Durchsuchung zugänglich. Es handelt sich hierbei insbesondere um Kleidungsstücke, die nicht am Körper getragen werden sowie die sonstige bewegliche Habe, wie Taschen, Koffer, PKW, Wohnungs- und Geschäftseinrichtung. Auf die Eigentumsverhältnisse kommt es nicht an. Ausreichend sind Besitz, Gewahrsam und Mitgewahrsam.

(3) Zeit der Durchsuchung

56 Raumdurchsuchungen dürfen grundsätzlich nur tagsüber erfolgen. § 104 Abs. 1 StPO läßt Durchsuchungen zur Nachtzeit nur bei Verfolgung auf frischer Tat oder bei Gefahr im Verzuge oder zum Zwecke der Wiederergreifung eines entwichenen Gefangenen zu. Die vorgenannten Beschränkungen gelten allerdings nicht für die Durchsuchung von Räumen, die zur Nachtzeit ohnehin jedermann zugänglich sind. Insoweit sind also Steuerfahndungsaktionen etwa bei Nachtbars auch zur Nachtzeit ohne weiteres möglich (§ 104 Abs. 2 StPO).

Das grundsätzliche Verbot, Räume auch nachts zu durchsuchen, verhindert indessen nicht, daß eine tagsüber begonnene Durchsuchung bis in die Nacht hinein fortgesetzt wird (*Kleinknecht/Meyer* § 104 Anm. 10).

(4) Anwesenheit dritter Personen

57 Bei der Durchführung der Raumdurchsuchung durch die Steuerfahndung sind gem. § 105 Abs. 2 StPO **Durchsuchungszeugen** beizuziehen, falls die Durchsuchung ohne Beisein eines Richters oder eines Staatsanwalts durchgeführt wird. Hierbei spielt es keine Rolle, ob die Durchsuchung unter den Voraussetzungen des § 102 StPO oder des § 103 StPO durchgeführt wird. Da die Beiziehung von Durchsuchungszeugen im Interesse des Betroffenen ist, kann dieser darauf verzichten (*KMR-Müller* § 105 Anm. 15; *Kleinknecht/Meyer* § 105 Anm. 12). Daß Durchsuchungszeugen nicht zugezogen worden sind, steht der Verwertung des Durchsuchungsergebnisses nicht entgegen (*Löwe/Rosenberg* § 105 Anm. 12).

58 Der **Inhaber** der zu durchsuchenden Räume oder der Gegenstände hat bei der Durchsuchung stets ein **Anwesenheitsrecht.** Das gilt auch dann, wenn er Beschuldigter ist. Das Anwesenheitsrecht hat der Gewahrsamsinhaber aber nur, wenn er sich in den zu durchsuchenden Räumen oder bei dem zu durchsuchenden Gegenstand aufhält oder wenn er sich in unmittelbarer Nähe befindet. Der Betroffene ist ggf. zu

benachrichtigen, längeres Warten ist jedoch nicht erforderlich. Der Gewahrsamsinhaber kann auf sein Anwesenheitsrecht verzichten oder einen anderen beauftragen, der Durchsuchung beizuwohnen, um dabei seine Rechte wahrzunehmen.

59 Soweit der **Beschuldigte** nicht zugleich Gewahrsamsinhaber ist, hat er ebenso wenig ein Anwesenheitsrecht wie sein **Verteidiger** (*Löwe/Rosenberg* § 106 Anm. 6; *Kleinknecht/Meyer* § 106 Anm. 3).

60 Ist der **Gewahrsamsinhaber** abwesend, so ist, wenn möglich, sein Vertreter oder ein erwachsener Angehöriger, Hausgenosse oder Nachbar zuzuziehen. Ist der Gewahrsamsinhaber freilich deshalb entfernt worden, weil er die Durchsuchung gestört hat (§ 164 StPO, §§ 180, 177 GVG), so hat er sein Anwesenheitsrecht verwirkt mit der Folge, daß nach Maßgabe des § 106 Abs. 1 Satz 2 StPO keine anderen Personen beizuziehen sind.

Verstöße gegen § 106 Abs. 1 Satz 2 StPO führen nicht zu einem Beweisverwertungsverbot.

(5) Beendigung der Durchsuchung

61 Sowohl bei der Durchsuchung beim Verdächtigen (§ 102 StPO) als auch beim Unverdächtigen (§ 103 StPO) ist die Durchsuchung zu beenden, wenn ihr Zweck erfüllt ist. Das ist dann der Fall, wenn die gesuchte Person ergriffen oder die gesuchte Sache oder Spur gefunden worden ist. Jede weitere Durchsuchung wäre durch die Durchsuchungsanordnung nicht mehr gedeckt. Wird seitens der Steuerfahndung gleichwohl weiter durchsucht, so setzt sie sich dem Verdacht aus, lediglich sog. **Zufallsfunden** (§ 108 StPO) nachzugehen.

(6) Rechtsfolgen der Durchsuchung

62 Das Erscheinen der Steuerfahndung anläßlich der Durchsuchung führt
– zur Einleitung des Steuerstrafverfahrens (§ 397 Abs. 1 AO),
– steuerstrafrechtlich zum Aussageverweigerungsrecht (§ 136 StPO),
– steuerrechtlich zur Nichterzwingbarkeit der Mitwirkung (§ 393 Abs. 1 AO),
– zum Ausschluß der Selbstanzeige (§ 371 Abs. 2 Nr. 1a AO),
– zur Ablaufhemmung der steuerlichen Verjährung (§ 171 Abs. 5 AO).

dd) Durchsicht von Papieren an Ort und Stelle

63 Gem. § 110 Abs. 1 StPO steht die Durchsicht der Papiere des von der Durchsuchung Betroffenen nur der Staatsanwaltschaft zu. Andere Durchsuchungsbeamte sind zur Durchsicht der aufgefundenen Papiere nur dann befugt, wenn der Inhaber diese Durchsicht genehmigt (§ 110 Abs. 2 Satz 1 StPO). Diese Einschränkungen gelten für die Steuerfahndungsbeamten nicht. Gem. § 404 Satz 2 AO haben die Steuerfahndungsbeamten insoweit die Befugnisse der Staatsanwaltschaft. Diese erweiterte Befugnis, Papiere an Ort und Stelle durchzusehen, macht die Steuerfahndung so außerordentlich effizient.

64 Es dürfen alle Papiere durchgesehen werden, die im Gewahrsam des Betroffenen stehen. Auf die Eigentumsverhältnisse kommt es nicht an. Zu den Papieren zählen nicht nur Briefe, Tagebücher, Aufzeichnungen, Handakten, Krankengeschichten, Handels- und Rechnungsbücher, sondern, dem Sinn der Vorschrift entsprechend, auch Fotografien, Filme, auch Mikrofilme, Tonträger, Lochkarten und -streifen und Magnetbänder als Speicher einer Datenverarbeitungsanlage sowie Disketten.

65 Auf geschützte Papiere, die gem. § 97 StPO beschlagnahmefrei sind, darf sich die Durchsuchung nicht erstrecken. Daraus folgt zugleich das **Verbot** zur Durchsicht dieser Papiere. Den Papieren läßt sich diese Eigenschaft aber oft nicht ansehen. Der Betroffene kann dann versuchen, diese Eigenschaft durch Einsichtgewährung in Anschrift und Unterschrift oder auf sonstige Weise glaubhaft zu machen. Dem Steuerfahndungsbeamten muß jedenfalls die Gelegenheit gegeben werden, zu beurteilen, ob die Voraussetzungen des § 97 StPO vorliegen (*Löwe/Rosenberg* § 110 Anm. 5).

d) Beschlagnahme

Das Ziel einer jeden Durchsuchung ist das Auffinden von Beweismitteln und deren Beschlagnahme.

aa) Freiwillige Herausgabe

66 Werden Beweismittel **freiwillig** herausgegeben, so bedarf es gem. § 94 Abs. 2 StPO weder einer Beschlagnahmeanordnung noch einer Beschlagnahme selbst. Von der Beschlagnahme bei freiwilliger Herausgabe kann auch dann abgesehen werden, wenn bereits eine Beschlagnahmeanordnung vorliegt. Freiwillig ist eine Herausgabe indessen nur, wenn Gewahrsamsinhaber sich der Tatsache bewußt ist, daß er zur Herausgabe nicht verpflichtet ist. Hierüber braucht der Gewahrsamsinhaber nicht belehrt zu werden, wenn sich aus den Umständen ergibt, daß er sich über seine Rechte im klaren ist. Zur freiwilligen Herausgabe bedarf es schließlich auch nicht einer ausdrücklichen Willenserklärung, diese liegt auch vor, wenn sich der Gewahrsamsinhaber mit der Übernahme der Gegenstände in die amtliche Verwahrung stillschweigend einverstanden erklärt (*Löwe/Rosenberg* § 94 Anm. 15).

67 Der Gewahrsamsinhaber kann sein Einverständnis jederzeit zurückziehen und die freiwillige Herausgabe widerrufen. In diesem **Widerruf** ist zugleich ein Antrag auf gerichtliche Entscheidung nach § 98 Abs. 2 Satz 2 StPO zu sehen.

68 Die Beschlagnahme ist eine formelle Sicherstellung. Damit ist zugleich die Entziehung oder Beschränkung der tatsächlichen Verfügungsgewalt über den Gegenstand verbunden. Voraussetzung für die Beschlagnahme ist nicht, daß der Gewahrsamsinhaber zuvor zur freiwilligen Herausgabe aufgefordert worden ist. In der Praxis geschieht dies indessen dann regelmäßig, wenn die sichergestellten Gegenstände unverzüglich fortgeschafft werden. Sollen dagegen Gegenstände sichergestellt werden, die nicht unmittelbar fortgeschafft werden können, so wird die Beschlagnahme trotz der Bereitschaft des Gewahrsamsinhabers, die Gegenstände freiwillig herauszugeben, angebracht sein, weil nur hierdurch die Folgen des § 136 Abs. 1 StPO (Verstrickungsbruch) ausgelöst werden.

bb) Anordnung der Beschlagnahme

Die Beschlagnahme wird durch den Richter, bei Gefahr im Verzuge durch die Staatsanwaltschaft oder die Steuerfahndung angeordnet (§ 98 Abs. 1 StPO).

69 Für die **richterliche Beschlagnahmeanordnung** ist das Amtsgericht, solange noch keine Anklageerhebung erfolgt ist, zuständig, in dessen Bezirk die Beschlagnahme durchgeführt werden soll (§ 162 Abs. 1 Satz 1 StPO). Bei Beschlagnahmen, die in mehr als einem Gerichtsbezirk stattfinden sollen, ist das Amtsgericht zuständig, in dessen Bezirk die die Beschlagnahme beantragende Staatsanwaltschaft ihren Sitz hat (§ 162 Abs. 1 Satz 2 und 3 StPO).

70 Grundsätzlich darf das Amtsgericht nur auf **Antrag der Staatsanwaltschaft** entscheiden. Nur bei Gefahr im Verzuge darf das Amtsgericht ohne einen derartigen Antrag beschlagnahmen, wenn die Beweismittel unmittelbar vorgelegt werden können (§ 165 StPO). In Steuerstrafsachen ist das die Ausnahme. Soweit das Amtsgericht auf Antrag der Staatsanwaltschaft die Beschlagnahme anordnet, darf es über den Antrag nicht hinausgehen.

Nach Anklageerhebung entscheidet das mit der Sache befaßte Gericht über den Beschlagnahmeantrag.

71 Die Beschlagnahme kann auch von der **Staatsanwaltschaft** oder der **Steuerfahndung** angeordnet werden, wenn es sich nicht um die Beschlagnahme nach § 97 Abs. 5 Satz 2 StPO in den Räumen einer Redaktion, eines Verlages, einer Druckerei oder einer Rundfunkanstalt handelt. Voraussetzung für die Beschlagnahmeanordnung der Staatsanwaltschaft und der Steuerfahndung ist gem. § 98 Abs. 1 Satz 1 StPO, daß **Gefahr im Verzuge** vorliegt. Dies ist stets dann zu bejahen, wenn der Erfolg der Beschlagnahme durch die Verzögerung infolge der vorherigen Anrufung des Amtsgerichts eintreten würde. Die bloße Möglichkeit reicht nicht aus. Erforderlich ist vielmehr das Vorliegen bestimmter Tatsachen, die auf eine gewisse Wahrscheinlichkeit der Erfolgsvereitelung hinweisen. Nicht selten wird die Steuerfahndung ohne vorherige richterliche Beschlagnahmeanordnung tätig. Bei Auffindung von Beweismitteln ist dann stets Gefahr im Verzug gegeben, so daß die Steuerfahndung unmittelbar selbst die Beschlagnahme anordnen kann.

72 Das Gericht erläßt die Beschlagnahmeanordnung als **Beschluß**. Im Rahmen der Gewährung rechtlichen Gehörs müßte der Betroffene an sich vor der Entscheidung

Steuerfahndung   73–81 **K**

gehört werden. Da dies aber den Zweck der Beschlagnahmeanordnung gefährden würde, sind die Betroffenen in der Praxis im Verfahren bis zum Beschluß nicht beteiligt. Die Legitimation hierfür ergibt sich aus § 33 Abs. 4 Satz 1 StPO. Im Beschwerdeverfahren muß das rechtliche Gehör allerdings nachgeholt werden.

73   Gerichtliche Beschlagnahmeanordnungen müssen wie alle durch Rechtsmittel anfechtbare Entscheidungen der Gerichte begründet werden (§ 34 StPO). Insbesondere müssen die Beschlagnahmegegenstände konkret bezeichnet werden.

74   Die Beschlagnahmeanordnung ist den Betroffenen spätestens mit der Beschlagnahme selbst bekanntzumachen. Der früheste Zeitpunkt liegt, da andernfalls der Untersuchungszweck gefährdet wäre, mit der Bekanntgabe der Durchsuchungsanordnung. Beide Anordnungen können miteinander verbunden werden.

75   Hat der Staatsanwalt oder die Steuerfahndung die Beschlagnahme angeordnet, so besteht nach § 98 Abs. 2 Satz 7 StPO eine **Belehrungspflicht** dahingehend, daß der Betroffene nach § 98 Abs. 2 Satz 2 StPO berechtigt ist, jederzeit eine gerichtliche Entscheidung zu beantragen. Hierbei ist ihm auch mitzuteilen, bei welchem Amtsgericht der Antrag eingereicht werden kann.

76   Fehlende Gefahr im Verzug macht die Beschlagnahme durch die Staatsanwaltschaft oder durch die Steuerfahndung nicht unwirksam. Die beschlagnahmten Beweismittel bleiben verwertbar (*KMR-Müller* § 98 Anm. 4).

cc) Bestätigung nichtrichterlicher Beschlagnahmeanordnungen

77   War bei der Beschlagnahme durch die **Staatsanwaltschaft** oder durch die **Steuerfahndung** weder der Betroffene selbst noch ein erwachsener Angehöriger anwesend, oder wird gegen die Beschlagnahme Widerspruch erhoben, so soll gem. § 98 Abs. 2 Satz 1 StPO die **richterliche Bestätigung** der Beschlagnahme binnen 3 Tagen eingeholt werden. Bei freiwilliger Herausgabe der Beweismittel bedarf es dagegen einer richterlichen Bestätigung nicht. Wird die freiwillige Herausgabe durch den Betroffenen widerrufen, so werden dadurch Staatsanwaltschaft und Steuerfahndung nicht verpflichtet, die richterliche Bestätigung zu beantragen. In diesem Falle verbleibt dem Betroffenen allerdings das Recht aus § 98 Abs. 2 Satz 2 StPO, wonach er jederzeit eine **gerichtliche Entscheidung** über die Beschlagnahme herbeiführen kann.

78   Bei der richterlichen Bestätigung gem. § 98 Abs. 2 Satz 1 StPO werden nicht die Verhältnisse zum Zeitpunkt der Beschlagnahme durch die Staatsanwaltschaft oder Steuerfahndung zugrunde gelegt, sondern diejenigen zum Zeitpunkt der richterlichen Entscheidung. Im Hinblick darauf trifft das Gericht auch keine Entscheidung darüber, ob die Beschlagnahme durch die Staatsanwaltschaft oder durch die Steuerfahndung rechtswidrig oder rechtmäßig war.

dd) Nachträglicher Antrag auf gerichtliche Entscheidung

79   Gegen die von der **Staatsanwaltschaft** oder der **Steuerfahndung** – bei Gefahr im Verzuge – angeordnete Beschlagnahme hat der Betroffene das Recht, einen Antrag auf **gerichtliche Entscheidung** zu stellen (§ 98 Abs. 2 Satz 2 StPO). Über dieses Antragsrecht ist er nach Maßgabe des § 98 Abs. 2 Satz 7 StPO zu belehren. Dieser Antrag kann auch dann gestellt werden, wenn das Gericht bereits die Beschlagnahme durch die Staatsanwaltschaft oder Steuerfahndung auf deren Antrag gem. § 98 Abs. 2 Satz 1 StPO bestätigt hat. In diesem Fall richtet sich der Antrag auf gerichtliche Entscheidung gegen den Bestätigungsbeschluß (*Kleinknecht/Meyer* § 98 Anm. 20).

80   Der Antrag nach § 98 Abs. 2 Satz 2 StPO ist auch dann zulässig, wenn der Betroffene die Beweismittel **freiwillig** herausgegeben hat und danach diese freiwillige Herausgabe **widerruft** (*Löwe/Rosenberg* § 98 Anm. 51). Eine Rechtsbehelfsmöglichkeit wird also bei freiwilliger Herausgabe nur durch Widerruf derselben eröffnet.

ee) Postbeschlagnahme

81   Eine Postbeschlagnahme ist nur unter verschärften Voraussetzungen möglich. Die §§ 99–101 StPO haben im Steuerstrafverfahren nur eine geringe Bedeutung. Gem. § 99 StPO ist die Beschlagnahme von Briefen, Sendungen und Telegrammen, die an den Beschuldigten gerichtet sind oder von diesem stammen, nur durch den Richter und bei Gefahr im Verzug auch durch die Staatsanwaltschaft zulässig (§ 100 StPO). Die **Steuerfahndung** darf eine Postbeschlagnahme nicht durchführen.

Schaumburg

K 82–87 Steuerfahndung, Steuerstraf- und Steuerordnungswidrigkeitenrecht

82 Eine **Überwachung des Telefonverkehrs** ist im Zusammenhang mit der Aufklärung von Steuerstraftaten unzulässig (vgl. § 100a StPO).

ff) Beschlagnahme von Zufallsfunden

83 § 108 StPO gestattet, die **bei Gelegenheit** einer Durchsuchung gefundenen Gegenstände, die zwar in keiner Beziehung zu der Untersuchung stehen, aber auf die Verübung einer anderen Straftat hindeuten, einstweilen zu beschlagnahmen. § 108 StPO bietet keine Rechtsgrundlage dafür, anläßlich einer Durchsuchung nach **Zufallsfunden** Umschau zu halten, oder gar die Durchsuchung nur zum Vorwand zu nehmen, systematisch nach diesen zu suchen (*Löwe/Rosenberg* § 108 Anm. 1; *Kleinknecht/Meyer* § 108 Anm. 1). Werden Zufallsfunde entdeckt, die auf die Verübung einer anderen Straftat hindeuten, so darf nach weiteren Beweismitteln nur gesucht werden, sofern wegen der neuen Tat eine Untersuchung eingeleitet wird und die Voraussetzungen der §§ 102, 103 StPO auch in bezug auf diese Straftat vorliegen (*Löwe/Rosenberg* § 108 Anm. 1). Im Hinblick darauf, daß die Steuerfahndung nach § 404 Satz 2 AO zur Durchsicht der einstweilen beschlagnahmten Papiere an Ort und Stelle befugt ist, wird sie allerdings gem. § 397 Abs. 1 AO das Steuerstrafverfahren auf weitere Tatkomplexe ausdehnen können.

Der Steuerfahndung ist es aber untersagt, nach weiteren Beweismitteln zu suchen und diese einstweilen zu beschlagnahmen, wenn es sich um andere als Steuerstraftaten handelt.

84 Für die **einstweilige Beschlagnahme** ist der ungewisse Verdacht einer Straftat oder der mutmaßliche Zusammenhang mit einer anderen bereits bekannten Tat ausreichend. Zuständig für die einstweilige Beschlagnahme ist neben dem Richter und dem Staatsanwalt auch die Steuerfahndung. Sind die Zufallsfunde nicht freiwillig herausgegeben worden, hat der einstweiligen Beschlagnahme eine endgültige zu folgen. Mangels Vorliegen einer Gefahr im Verzuge ist hierfür allein der Richter zuständig (§ 98 Abs. 1 StPO). Diese endgültige Beschlagnahme hat *alsbald* zu erfolgen.

gg) Vollzug der Beschlagnahme

85 Auch bei der Beschlagnahme ist der **Verhältnismäßigkeitsgrundsatz** und das **Übermaßverbot** zu beachten. Die Beschlagnahme ist vor allen Dingen auf diejenigen Beweisstücke zu beschränken, die für die Ermittlungen unbedingt notwendig sind. Die Beschlagnahme ist daher ebenso wie die Durchsuchung unzulässig, wenn die Steuerstraftat nicht mehr verfolgt werden kann, etwa wegen Verjährung oder wirksamer Selbstanzeige. Entsprechendes gilt, wenn der Täter geständig ist. Schließlich ist stets das am wenigsten einschneidende Mittel zu wählen. Daher ist generell eine Auskunft, etwa bei Banken, einer Beschlagnahme der entsprechenden Unterlagen beim Betroffenen selbst vorzuziehen (*Löwe/Rosenberg* § 94 Anm. 27). Ebenso wird die Beschlagnahme einer ärztlichen **Patientenkartei** nur dann zulässig sein, wenn die Aufklärung des Sachverhalts nicht durch andere Beweismittel möglich ist.

86 Bei der Durchführung der Beschlagnahme darf sich die Staatsanwaltschaft oder der Steuerfahndung weiterer **Hilfskräfte** bedienen. So dürfen auch Nichtbeamte, etwa Spediteure, zur Hilfeleistung zugezogen werden. Wird die Beschlagnahme in ihrem Erfolg gefährdet, so kann Gewalt angewendet werden, und zwar gegen Personen, die sich der Wegnahme widersetzen und gegen Sachen, die ohne gewaltsame Veränderung nicht weggenommen oder nicht von anderen Sachen getrennt werden können. Zu diesem Zweck steht der Steuerfahndung ein **Festnahmerecht** gem. § 164 StPO zur Seite. Ferner ist die Wegnahme von Hilfsmitteln der Sache (Schlüsseln zu Koffern, Aktentaschen, Schränken, Autos), bei Sachen das Aufbrechen von Türen und Verschlüssen oder die Zerstörung einer Umhüllung zulässig (*Löwe/Rosenberg* § 98 Anm. 35).

e) Beschlagnahmeverbote

87 Durch die in § 97 StPO aufgeführten Beschlagnahmeverbote soll eine Umgehung des Zeugnisverweigerungsrechtes nach §§ 52, 53, 53a StPO verhindert werden. Soweit das Beschlagnahmeverbot des § 97 StPO reicht, ist auch die Durchsuchung von Räumen zum Zweck des Auffindens von beschlagnahmefreien Gegenständen

Steuerfahndung 88–94 **K**

unzulässig. Das Beschlagnahmeverbot ist indessen nicht unabdingbar. So kann eine beschlagnahmefreie Sache ohne weiteres sichergestellt werden, wenn der Zeugnisverweigerungsberechtigte sie freiwillig herausgibt oder sich jedenfalls mit ihrer Sicherstellung einverstanden erklärt. Für **Steuerberater, Wirtschaftsprüfer** und **Rechtsanwälte** verbietet sich allerdings eine freiwillige Herausgabe von Mandantenunterlagen, weil hierdurch das berufliche **Verschwiegenheitsgebot** und zudem der Straftatbestand des § 203 StGB (Verletzung von Privatgeheimnissen) verletzt wird.

88 Das Beschlagnahmeverbot gem. § 97 StPO wird allerdings dann nicht aufgehoben, wenn die Beweismittel in Unkenntnis des Beschlagnahmeverbots herausgegeben worden sind. Im Hinblick darauf ist der Betroffene durch die Staatsanwaltschaft oder die Steuerfahndung über das Beschlagnahmeverbot zu belehren (*Löwe/Rosenberg* § 97 Anm. 7). Andernfalls liegt ein wirksamer Verzicht auf die Beschlagnahmefreiheit nicht vor.

89 Im Hinblick darauf, daß die **freiwillige** Herausgabe des Beweismittels als **Verzicht** auf die Beschlagnahmefreiheit zu qualifizieren ist, kann dieser Verzicht wirksam **widerrufen** werden, solange die freiwillig herausgegebenen Beweismittel noch nicht durchgesehen und ausgewertet worden sind. In diesem Fall müssen die Beweisstücke zurückgegeben werden. Da eine Verwertung bereits im Durchsehen der Beweismittel vorliegt und die Steuerfahndung gem. § 404 Satz 2 AO zur Durchsicht der Beweismittel bereits an Ort und Stelle befugt ist, wird ein Widerruf des Verzichts auf die Beschlagnahmefreiheit häufig nicht mehr wirksam sein.

90 Das Beschlagnahmeverbot greift grundsätzlich nur dann ein, wenn sich die Beweisgegenstände im Gewahrsam des Zeugnisverweigerungsberechtigten selbst befinden (§ 97 Abs. 2 Satz 1 StPO). Etwas anderes gilt für die **Verteidigerpost.** Abweichend von der Regelung des § 97 Abs. 2 Satz 1 StPO sind daher schriftliche Mitteilungen des Beschuldigten an den Verteidiger sowie umgekehrt beschlagnahmefrei (BGH vom 13. 8. 1973, NJW 1973, 2035; *Löwe/Rosenberg* § 97 Anm. 46). Da gem. § 392 AO abweichend von § 138 Abs. 1 StPO auch Steuerberater, Steuerbevollmächtigte, Wirtschaftsprüfer und vereidigte Buchprüfer als Verteidiger bestellt werden können, erstreckt sich das erweiterte Beschlagnahmeverbot auch auf die Verteidigerpost dieses Personenkreises.

aa) Beschlagnahmefreie Gegenstände

Gem. § 97 Abs. 1 StPO sind beschlagnahmefrei
- schriftliche Mitteilungen,
- Aufzeichnungen,
- andere Gegenstände.

91 **Schriftliche Mitteilungen** sind zwischen verschiedenen Personen übermittelte Gedankenäußerungen. Hierzu gehören vor allem Briefe, Karten und Telegramme. Ihnen gleichgestellt sind Tonbänder, Schallplatten und Disketten.

92 Zu den **Aufzeichnungen** gehören mündliche Mitteilungen oder Wahrnehmungen des Beschuldigten selbst. Auch hier kommen neben schriftlichen Aufzeichnungen jedweder Art vor allen Dingen Lochstreifen, Lochkarten, Disketten und Tonbänder in Betracht.

93 **Andere Gegenstände** sind Fremdunterlagen, etwa Geschäftsunterlagen und -papiere, die beispielsweise dem Steuerberater, Wirtschaftsprüfer oder Rechtsanwalt zum Zwecke der Ausübung seines Berufes übergeben worden sind. Entsprechendes gilt für ärztliche Untersuchungsbefunde.

bb) Buchführungsunterlagen

94 Soweit die Buchführungsunterlagen sich bei dem beschuldigten Mandanten selbst befinden, ist die Beschlagnahmefähigkeit stets gegeben (§ 97 Abs. 2 Satz 1 StPO). Befinden sich die Buchführungsunterlagen demgegenüber beim **Berater,** so ist die Frage der Beschlagnahmefreiheit bis heute noch nicht eindeutig entschieden (vgl. *Kleinknecht/Meyer* § 97 Anm. 40). Es werden im wesentlichen drei verschiedene Ansichten vertreten:
- Buchführungsunterlagen und Belege sind grundsätzlich beschlagnahmefähig (LG Braunschweig v. 23. 6. 1978, NJW 1978, 2108; LG Hanau, StB 1985, 52, LG

Saarbrücken v. 6. 4. 1984, Wistra 1984, 200, LG Stuttgart v. 5. 8. 1983, Wistra 1985, 41; LG München I v. 3. 8. 1984, Wistra 1984, 41),
- Beschlagnahmefreiheit besteht nur solange, als die Bilanzen noch nicht gefertigt sind (LG Berlin v. 10. 11. 1976, NJW 1977, 725; LG Heilbronn DStR 1980, 698),
- grundsätzliche Beschlagnahmefreiheit der Buchführungsunterlagen (LG Aachen vom 1. 10. 1979, MDR 1981, 160; LG Koblenz v. 21. 1. 1969, DStR 1969, 350; LG Köln v. 8. 3. 1973, BB 1974, 1549; LG Stuttgart NJW 1976, 2030; LG München NJW 1984, 1191; LG Bonn StB 1984, 391; LG München NJW 1984, 1191).

95 Im Hinblick auf die unklare Rechtslage ist jeder Berater aufgrund seines sich aus dem Beratungsvertrag ergebenden **Verschwiegenheitsgebot** gehalten, sich gegen Eingriffe in das Mandatsverhältnis zur Wehr zu setzen. Solange mithin die vorstehende Rechtsfrage nicht eindeutig geklärt ist, sollte sich jeder Berater auf den Standpunkt stellen, Buchführungsunterlagen unterlägen dem Beschlagnahmeverbot des § 97 StPO.

Folgender Personenkreis fällt unter die **Schutzwirkung** des **Beschlagnahmeverbots** des § 97 StPO:

96 - **Angehörige.** Hierzu zählen gem. § 52 Abs. 1 StPO Verlobte, Ehegatten, auch wenn die Ehe nicht mehr besteht, sowie Verwandte und Verschwägerte in gerader Linie. Beschlagnahmefrei sind schriftliche Mitteilungen zwischen dem Beschuldigten und dem vorgenannten Personenkreis.

97 - **Geistliche.** Beschlagnahmefrei sind schriftliche Mitteilungen zwischen dem Geistlichen und dem Beschuldigten sowie Aufzeichnungen über das, was dem Geistlichen in seiner Eigenschaft als Seelsorger anvertraut worden oder bekannt geworden ist.

98 - **Verteidiger.** Beschlagnahmefrei sind alle schriftlichen Mitteilungen zwischen Verteidiger und dem Beschuldigten über das, was den Verteidigern in ihrer Eigenschaft anvertraut oder bekannt geworden ist, ferner Aufzeichnungen über Mitteilungen, die der Beschuldigte dem Verteidiger für die Zwecke der Verteidigung gemacht hat, und über andere Tatsachen, die dem Verteidiger in dieser Eigenschaft bekannt geworden oder anvertraut worden ist. Die **Verteidigerpost** ist nicht nur beim Verteidiger selbst, sondern ausnahmsweise auch in der Hand des Mandanten beschlagnahmefrei (BGH vom 13. 8. 1973, NJW 1973, 2035; *Löwe/Rosenberg* § 97 Anm. 46). Im übrigen sind die Handakten des Verteidigers der Beschlagnahme ausgesetzt, falls die beschlagnahmefreien Stücke ohne weiteres von den übrigen Unterlagen getrennt werden können.

99 - **Rechtsanwälte, Notare, Wirtschaftsprüfer, Steuerberater und Steuerbevollmächtigte.** Die Beschlagnahmefreiheit erstreckt sich auf alle schriftlichen Mitteilungen zwischen dem Beschuldigten und dem vorgenannten Beraterkreis, die für Zwecke der Ausübung deren Berufs gemacht worden sind. Die Entbindung von der Schweigepflicht nach § 53 Abs. 2 StPO hebt die Beschlagnahmefreiheit stets auf.

100 - **Ärzte, Zahnärzte, Apotheker, Hebammen.** Beschlagnahmefrei sind schriftliche Mitteilungen, Aufzeichnungen und Gegenstände, die bei der Untersuchung oder Heilbehandlung unmittelbar oder mittelbar angefertigt worden sind. Hierzu gehören insbesondere Krankengeschichten und Krankenblätter.

101 - **Mitglieder und Beauftragte von Beratungs- und Begutachtungsstellen für Schwangere.** Beschlagnahmefrei sind schriftliche Mitteilungen, Aufzeichnungen und andere Gegenstände.

102 - **Abgeordnete.** Beschlagnahmefrei sind Unterlagen über Personen, die Abgeordnete des Bundestages oder eines Landtages in ihrer Abgeordneteneigenschaft anvertraut worden sind. Hierzu gehören vor allen Dingen Briefwechsel zwischen dem Beschuldigten und dem Abgeordneten.

103 - **Mitarbeiter von Presse und Rundfunk.** Unter dem Schutz des § 97 StPO stehen alle Angehörigen des redaktionellen, kaufmännischen und technischen Personals, die aufgrund ihrer beruflichen oder dienstlichen Stellung bei der Herstellung oder Verbreitung der Druckschrift oder Sendung in die Lage kommen, von der Person des Verfassers, Einsenders oder Gewährsmanns oder von dem Inhalt der Mitteilung Kenntnis zu erlangen. Hierbei spielt es keine Rolle, ob der vorgenannte Personenkreis in verantwortlicher oder untergeordneter Stellung tätig ist. Be-

schlagnahmefrei sind alle Gegenstände, die Aufschluß über Verfasser, Einsender und Gewährsleute geben, ferner Mitteilungen, die den Presse- und Rundfunkmitarbeitern von Verfassern, Einsendern und Gewährsleuten gemacht worden sind. Geschützt ist freilich nur der redaktionelle, nicht aber der **Anzeigenteil**. Gegenstände, die trotz des Beschlagnahmeverbots beschlagnahmt worden sind, scheiden durch Verwertungsverbot als Beweismittel aus (*Kleinknecht/Meyer* § 97 Anm. 46; *KMR-Müller* § 97 Anm. 25; *Löwe/Rosenberg* § 97 Anm. 62 ff).

cc) Ausnahmen vom Beschlagnahmeverbot

104 Gem. § 97 Abs. 2 Satz 3 StPO gilt das Beschlagnahmeverbot dann nicht, wenn die begünstigten Personen der Teilnahme an der dem Beschuldigten zur Last gelegten Tat verdächtig sind. Ob gegen sie bereits ein Ermittlungsverfahren eingeleitet worden ist, spielt keine Rolle. Bei Abgeordneten ist eine Beschlagnahme indessen erst dann zulässig, wenn auch gegen sie ein Ermittlungsverfahren eingeleitet worden ist (*Löwe/Rosenberg* § 97 Anm. 54). Schließlich kommt es auch nicht darauf an, ob die Tatbeteiligung überhaupt strafbar ist. Die Beschlagnahmefreiheit entfällt, wenn der durch § 97 StPO Begünstigte etwa als Mittäter, Anstifter oder Gehilfe tätig geworden ist, ferner bei Begünstigung oder Strafvereitelung. Der gegen den Steuerberater, Rechtsanwalt oder Arzt gerichtete Teilnahmeverdacht muß bereits bei der Anordnung der Beschlagnahme bestanden haben.

§ 97 Abs. 2 Satz 3 StPO setzt keinen hinreichenden Tatverdacht (§ 203 StPO) oder gar einen dringenden Tatverdacht (§ 112 Abs. 1 StPO) voraus; verlangt ist aber mehr als eine bloße Vermutung oder Spekulation (*KMR-Müller* § 97 Anm. 7; *Löwe/Rosenberg* § 97 Anm. 24).

Im Hinblick darauf, daß § 97 Abs. 2 Satz 3 StPO die Beschlagnahmefreiheit bei dem geschützten Personenkreis aufhebt, ist der Teilnahmeverdacht besonders eingehend zu prüfen. Andernfalls könnte das Beschlagnahmeverbot, insbesondere bei den Angehörigen steuerberatender Berufe, allzu leicht unterlaufen werden.

f) Ermittlungen bei Dritten

105 Die Steuerfahndung führt ihre Ermittlungen nicht nur beim Beschuldigten selbst, sondern in aller Regel auch bei dritten Personen durch. Sowohl nach der Strafprozeßordnung als auch nach der Abgabenordnung sind die Rechte Dritter in dem Ermittlungsverfahren stärker ausgeprägt als diejenigen des Beschuldigten selbst. Aber auch hier gilt grundsätzlich, daß Dritte zur Mitwirkung verpflichtet sind. Sie haben allerdings einen Anspruch darauf, daß die Ermittlungstätigkeit ihnen gegenüber durch die Staatsanwaltschaft vorgenommen wird. Im Hinblick darauf können sie sich gegenüber der Steuerfahndung weitgehend abschotten.

aa) Auskünfte

106 Die Steuerfahndung kann sowohl aufgrund strafprozessualer als auch aufgrund abgabenrechtlicher Vorschriften bei dritten Personen Auskünfte einholen. Diese Auskünfte können schriftlich oder mündlich erfolgen.

In **abgabenrechtlicher** Hinsicht ergibt sich die Befugnis der Steuerfahndung aus § 93 AO. Im Bereich der Abgabenordnung ist dieses schriftliche Verfahren die Regel. Abweichend von § 93 Abs. 2 Satz 2 AO braucht die Steuerfahndung ihr Auskunftsverlangen allerdings nicht schriftlich zu formulieren (§ 208 Abs. 1 AO). Soweit die Auskünfte mündlich erteilt werden sollen, muß der Dritte der Aufforderung der Steuerfahndung nachkommen und ggf. an Amtsstelle erscheinen (§§ 208, 93 Abs. 5 AO). Insoweit hat der Dritte kein Recht, sich der Steuerfahndung zu entziehen.

107 In **strafprozessualer** Hinsicht ist die **Zeugenvernehmung** in § 163 a Abs. 5 StPO geregelt. Im Gegensatz zum abgabenrechtlichen Verfahren steht hier das Prinzip der Mündlichkeit im Vordergrund. Aus § 163 a Abs. 5 StPO ergibt sich, daß für den Zeugen **keine Pflicht** besteht, gegenüber der **Steuerfahndung** auszusagen und an Amtsstelle zu erscheinen (*KMR-Müller* § 163 a Anm. 23). Diese Pflicht besteht allerdings gegenüber der **Bußgeld-** und **Strafsachenstelle** (§ 399 AO, § 161 a StPO) sowie gegenüber der **Staatsanwalt** (§ 161 a StPO) sowie auf Antrag der Staatsanwalt-

108 Der **Beschuldigte** und sein **Verteidiger** haben keinen Anspruch darauf, bei der Zeugenvernehmung anwesend zu sein. Sie haben nicht einmal ein Recht darauf, über den Termin zur Zeugenvernehmung informiert zu werden (vgl. *KMR-Müller* § 163 a Anm. 24; *Kleinknecht/Meyer* § 161 a Anm. 3). Eine Besonderheit gilt für den Fall der richterlichen Vernehmung. Hier sind Beschuldigter und Verteidiger gem. § 168 c Abs. 5 Satz 1 StPO von dem Termin zur Zeugenvernehmung zu benachrichtigen, falls nicht hierdurch der Untersuchungszweck gefährdet wird. Erfolgt die Benachrichtigung, so wird in aller Regel auch die Anwesenheit des Beschuldigten und des Verteidigers gestattet (§ 168 c Abs. 2 StPO).

109 Der Zeugenvernehmung hat stets eine Ladung vorauszugehen. Die **Ladung**, die entweder schriftlich oder auch mündlich erfolgen kann, muß den Gegenstand der Vernehmung konkret bezeichnen. Nur so kann sich der Zeuge ohne Vernehmung einstellen und vorbereiten. Im Hinblick darauf sollte kein Zeuge ohne vorherige Ladung aussagen. Dies gilt insbesondere bei einer begehrten Vernehmung durch die Steuerfahndung.

110 Die Staatsanwaltschaft kann die **Verpflichtung zum Erscheinen** sowie zur Aussage mit Zwangsmitteln durchsetzen. Als unmittelbarer Zwang ist die Vorführung (§§ 51 Abs. 1 Satz 3, 161 a Abs. 2 Satz 1 StPO) zulässig. Als mittelbarer Zwang stehen das Ordnungsgeld und die Auferlegung der durch das Ausbleiben oder die Weigerung verursachten Kosten zur Verfügung (§§ 51 Abs. 1 Satz 1, 2; 70 Abs. 1 Satz 1, 2; 161 a Abs. 2 Satz 1 StPO).

111 Der Zeuge hat weder aufgrund der Vorschriften der StPO noch der AO einen Anspruch auf **Abschrift** seiner Zeugenaussage (*Kleinknecht/Meyer* § 163 a Anm. 32). Da der Zeuge in strafprozessualer Hinsicht zu einer Aussage gegenüber der Steuerfahndung nicht verpflichtet ist, kann er diese ohne weiteres davon abhängig machen, daß ihm eine Abschrift hierüber erteilt wird.

112 Als **Zeuge** kann jeder in Betracht kommen, soweit er nicht Beschuldigter ist oder als Sachverständiger herangezogen wird. Im Steuerfahndungsverfahren spielen hier insbesondere Geschäftsfreunde, Arbeitgeber, Arbeitnehmer sowie Banken eine Rolle. Dieser Personenkreis kann aufgrund der Vorschriften der AO und der StPO herangezogen werden. In abgabenrechtlicher Hinsicht sind diese Personen zu Auskünften sowie zur Herausgabe von Unterlagen verpflichtet (§ 93 AO). In strafprozessualer Hinsicht können sie als Zeugen vernommen werden. Darüber hinaus ist bei ihnen auf der Grundlage des § 103 StPO eine Durchsuchung und eine Beschlagnahme von Unterlagen möglich (vgl. dazu Rz. 44 ff).

113 Insbesondere die Durchsuchung von **Banken** und die Beschlagnahme von dort sichergestellten Unterlagen hat sich in der Praxis als ein außerordentlich wirksames Mittel herausgestellt, zumal es kein rechtlich normiertes Bankgeheimnis gibt und der sog. Bankenerlaß (BdF v. 31. 8. 1979, BStBl. I 1979, 590) ein Auskunftsersuchen durch die Steuerfahndung nicht hindert. Dies gilt im Ergebnis für Privatbanken, öffentlich-rechtliche Kreditinstitute und Postscheckämter gleichermaßen.

114 Im Strafverfahren können **Bankbeamte** ohne weiteres als Zeugen vernommen werden. Sie sind gegenüber der Steuerfahndung nicht zur Aussage verpflichtet, dies gilt aber nicht gegenüber der Staatsanwaltschaft (§ 161 a StPO).

115 Sowohl in abgabenrechtlicher als auch in strafprozessualer Hinsicht haben dritte Personen (Zeugen) unter bestimmten Voraussetzungen **Aussageverweigerungsrechte**. Diese Rechte ergeben sich aus §§ 101, 102 AO sowie §§ 52, 53, 53 a StPO. Aus dem strafprozessualen Verweigerungsrecht leitet sich ein entsprechendes Beschlagnahmeverbot der betroffenen Unterlagen ab (vgl. hierzu Rz. 87 ff). In abgabenrechtlicher Hinsicht gilt gem. § 104 AO entsprechendes.

116 Schließlich kann jeder Zeuge die **Auskunft verweigern,** wenn die Beantwortung ihm selbst oder einem Angehörigen, der ein Aussageverweigerungsrecht hat, die Gefahr zuziehen würde, wegen einer Straftat oder einer Ordnungswidrigkeit verfolgt zu werden (§ 55 StPO, § 103 AO).

bb) Aussageverweigerungsrechte von Angehörigen steuerberatender Berufe

117 Gem. § 53 Abs. 1 Nr. 3 StPO haben die Angehörigen der steuerberatenden Berufe ein Aussageverweigerungsrecht. Dieses Aussageverweigerungsrecht bezieht sich nicht nur auf jene, die unmittelbar die Beratung durchführen, sondern im Falle einer **Sozietät** auch auf die übrigen Sozien, soweit das Mandantsverhältnis die Sozietät als solche betrifft. Soweit Angehörige steuerberatender Berufe als Organe von Steuerberatungsgesellschaften tätig geworden sind, werden auch sie vom Aussageverweigerungsrecht erfaßt.

118 Gem. § 53a StPO bezieht sich das Aussageverweigerungsrecht auch auf **Berufsgehilfen**. Hierzu gehören alle Angestellten, deren Tätigkeiten mit der des Hauptgeheimnisträgers unmittelbar zusammenhängen. Damit werden geschützt Steuergehilfen, Auszubildende, Sekretärinnen und Telefonistinnen und schließlich auch jene Personen, deren sich der Berater bei Ausübung seiner Tätigkeit bedient, etwa freie Mitarbeiter sowie Angehörige der DATEV (*KMR-Paulus* § 53a Anm. 2; a. A. *Kleinknecht/Meyer* § 53 Anm. 2).

Das Aussageverweigerungsrecht, das nicht schon mit Aufgabe des Berufs erlischt, bezieht sich auf alles, was den Angehörigen der steuerberatenden Berufe in ihrer Eigenschaft anvertraut oder bekannt geworden ist. Hierzu gehört auch die etwaige Kenntnis von der Steuerhinterziehung oder anderer Delikte des Mandanten.

119 Im Hinblick auf § 203 Abs. 1 Nr. 3 StGB (Verletzung von Privatgeheimnissen) haben die Angehörigen der steuerberatenden Berufe nicht nur das Recht, sondern die **Pflicht** auf Aussageverweigerung. Andernfalls würden sie die sich aus § 57 Abs. 1 StBerG ergebende Verschwiegenheitspflicht verletzen (*Schönke/Schröder* § 203 Anm. 32). Etwas anderes gilt nur dann, wenn gegen den Geheimnisträger unmittelbar selbst ermittelt wird und die Aussage für ihn entlastend wäre. Eine Berufung auf das Aussageverweigerungsrecht ist gem. § 53 Abs. 2 StPO freilich dann ausgeschlossen, wenn die Geheimnisträger von der Verpflichtung zur Verschwiegenheit entbunden worden sind.

120 Da gem. § 97 Abs. 1 StPO schriftliche Mitteilungen, Aufzeichnungen sowie andere Gegenstände, insbesondere Unterlagen der Mandanten, beim **Steuerberater** usw. beschlagnahmefrei sind, wird mitunter dem Steuerberater eine Teilnahme an der behaupteten Steuerhinterziehung seines Mandanten zur Last gelegt, wodurch das Beschlagnahmeverbot beseitigt wird (§ 97 Abs. 2 Satz 3 StPO).

121 Da schließlich der Steuerberater gem. § 53 Abs. 1 Nr. 3 StPO ein Aussageverweigerungsrecht hat und somit regelmäßig im Verfahren gegen den Mandanten den Strafverfolgungsbehörden als Zeuge nicht zur Verfügung steht, kommt es nicht selten vor, daß das Strafverfahren gegen den die Tat leugnenden Mandanten eingestellt wird, der dann im Verfahren gegen den Steuerberater u. U. als (Belastungs-)-Zeuge auftritt.

Dem strafprozessualen Aussageverweigerungsrecht entspricht das Aussageverweigerungsrecht gem. § 102 Abs. 1 Nr. 3b AO. Hier gelten die entsprechenden Grundsätze.

cc) Auskunftsersuchen über die Grenze

122 Die Steuerfahndung darf keine eigenständigen Ermittlungen im Ausland durchführen. Lediglich im Rahmen einer Rechts- bzw. Amtshilfe kann die deutsche Steuerfahndung über entsprechende ausländische Steuer- bzw. Justizbehörden Ermittlungen durchführen lassen. Rechtsgrundlage hierfür sind vor allen Dingen mit anderen Staaten geschlossene **Doppelbesteuerungsabkommen**, soweit diese sogenannte große Auskunftsklauseln enthalten (vgl. Übersicht bei *K. Vogel* Art. 26 Anm. 19, 89; *Tipke/Kruse* § 117 Anm. 7, 13).

123 Darüber hinaus gibt es mit einigen Staaten besondere **Rechtshilfeabkommen** (vgl. Übersicht bei *Tipke/Kruse* § 117 Anm. 7).

124 Innerhalb der EG gilt die Richtlinie über die gegenseitige Amtshilfe zwischen zuständigen Behörden der Mitgliedstaaten in dem Bereich der **direkten Steuern** v. 19. 12. 1977 (ABl EG Nr. L, 336 S 15), wonach sich die betreffenden EG-Staaten verpflichten, bei der Verfolgung von Steuerstraftaten gegenseitige Unterstützung zu gewähren (vgl. Abdruck bei *Tipke/Kruse* § 117 Anm. 8).

K 125–128 Steuerfahndung, Steuerstraf- und Steuerordnungswidrigkeitenrecht

125 Zwischenstaatliche Amtshilfe in **Zollsachen** wird innerhalb der EG auf der Grundlage des Übereinkommens der EG-Mitgliedstaaten v. 7. 9. 1967 (BStBl. II 1969, 65) sowie mit anderen Staaten aufgrund besonderer Vereinbarungen erteilt (vgl. Überblick bei *Tipke/Kruse* § 117 Anm. 27).

126 Schließlich gewähren ausländische Staaten auch ohne Ersuchen, auch zwecks Verfolgung von Steuerstraftaten, **Spontanauskünfte**. Zu den Staaten, die Rechts- und Amtshilfe leisten, gehört auch die **Schweiz**. Nach dem Bundesgesetz über die internationale Rechtshilfe in Strafsachen führt die Schweiz auf Ersuchen auch einer deutschen Staatsanwaltschaft Ermittlungshandlungen durch, soweit es sich um einen sog. Abgabenbetrug handelt.

4. Rechtsschutz-Checkliste

127
Richterlicher Durchsuchungsbeschluß	Beschwerde zum LG (§ 304 StPO)
Anordnung der Durchsuchung durch StA und Steufa	Antrag auf richterliche Entscheidung beim AG (§ 98 Abs. 2 Satz 2 StPO) dagegen Beschwerde zum LG (§ 304 StPO)
Freiwillige Herausgabe von Beweismitteln	Widerruf und Antrag auf gerichtliche Entscheidung beim AG (§ 98 Abs. 2 Satz 2 StPO)
Richterliche Beschlagnahmeanordnung	Beschwerde zum LG (§ 304 StPO)
Beschlagnahmeanordnung durch StA und Steufa	Antrag auf richterliche Entscheidung beim AG (§ 98 Abs. 2 Satz 2 StPO); dagegen Beschwerde zum LG (§ 304 StPO)
Art und Weise der Durchführung von Durchsuchung und Beschlagnahme	Antrag auf gerichtliche Entscheidung beim OLG (§ 23 EGGVG)
Auskunftsersuchen durch Steufa oder StA	Antrag auf gerichtliche Entscheidung beim OLG (§ 23 EGGVG)
Ablehnung der Akteneinsicht	Antrag auf gerichtliche Entscheidung beim OLG (§ 23 EGGVG)
Feststellung der Identität	Antrag auf gerichtliche Entscheidung beim OLG (§ 23 EGGVG)
Zeugenvorladung des Gerichts	Beschwerde zum LG (§ 304 StPO)
Zeugenvorladung durch Steufa, StraBu, StA (§ 51 StPO)	Antrag auf richterliche Entscheidung beim AG (§ 98 Abs. 2 Satz 2 StPO); Beschwerde zum LG (§ 304 StPO)
Zeugenerzwingungsmittel durch Steufa, StraBu, StA (§ 70 StPO)	Beschwerde zum LG (§ 304 StPO)
Gutachtenerzwingung durch Steufa, StraBu, StA (§ 77 StPO)	Beschwerde zum LG (§ 304 StPO)

5. Praktische Hinweise

a) Gründe für die Einleitung von Fahndungsmaßnahmen

aa) Anzeigen

128 Die **Strafanzeige** (§ 158 StPO) ist eine wichtige Quelle, aus der die Steuerfahndung die Verpflichtung zum Einschreiten entnehmen kann. Derartige Anzeigen er-

Steuerfahndung

folgen unter Namensnennung, aber nicht selten auch anonym. Bei anonymen oder pseudonymen Anzeigen ist die Steuerfahndung indessen sehr zurückhaltend. Hier wird ein Einschreiten nur dann geboten sein, wenn diese Anzeigen konkret gefaßt sind. Strafanzeigen stammen durchweg entweder aus dem privaten oder dem geschäftlichen Umfeld des Betroffenen. Hierzu gehören insbesondere geschiedene Ehegatten, enttäuschte Geliebte, entlassene Angestellte, gekränkte Sekretärinnen, im Streit ausgeschiedene Mitgesellschafter oder prozessierende Geschäftspartner.

129 Mitunter sind die Angaben der Anzeigenden falsch, hat der Betroffene ein Fahndungsverfahren zu Unrecht über sich ergehen lassen müssen. Im Hinblick auf eine Strafverfolgung gem. § 164 StGB (falsche Verdächtigung) und die Geltendmachung etwaiger Schadensersatzansprüche hat der Betroffene ein Interesse daran, den Namen des Anzeigers in Erfahrung zu bringen. Die Finanzverwaltung verweigert dies generell (BdF v. 18. 3. 1981, DB 1981, 771).

bb) Eigene Wahrnehmungen

130 Infolge von **Querverbindungen** aus anderen Steuerfahndungsaktionen wird häufig der Kreis der durch eine Steuerfahndung Betroffenen sehr stark ausgeweitet. Eine derartige ,,Infektionswirkung" vermag sich deshalb sehr schnell auszubreiten, weil die Steuerfahndung gem. § 404 Satz 2 AO die Befugnis hat, sichergestellte Unterlagen an Ort und Stelle durchzusehen. Nicht selten werden Dritte von dem durch die Steuerfahndung Betroffenen über mögliche Aufgriffe der Steuerfahndung informiert. Hierdurch erhalten diese Personen die Möglichkeit, Selbstanzeige zu erstatten. Denn in nur seltenen Fällen wird die Tat bereits entdeckt sein (BGH v. 13. 5. 1983, Wistra 1983, 197).

131 Zu einer weiteren wichtigen Erkenntnisquelle gehören Presse und Rundfunk. Insbesondere ist der Anzeigenteil einer Zeitung eine Fundgrube für die Steuerfahndung. Die Zeitungsverlage sind zur Auskunft verpflichtet. Der Schutz des § 53 Abs. 1 Nr. 5 StPO scheidet aus, weil das Aussageverweigerungsrecht nicht den Anzeigenteil einer Zeitung betrifft. Es gibt also kein **Chiffre-Geheimnis** (BFH v. 23. 10. 1973, BStBl. II 1974, 172).

132 Schließlich bieten auch die **Akten** des Finanzamtes selbst oft Anlaß für ein Eingreifen der Steuerfahndung, etwa bei fehlender Angabe von Zinseinkünften trotz hoher Einkünfte oder fehlender Finanzierungsnachweise, etwa beim Bau eines Einfamilienhauses.

cc) Kontrollmitteilungen

133 Kontrollmitteilungen sind häufiger Anlaß für Steuerfahndungsprüfungen, insbesondere dann, wenn sie hohe Beträge betreffen. Voraussetzung ist indessen, daß sich unmittelbar aus der Steuerakte des Betreffenden ableiten läßt, daß ein Fall der Nichtversteuerung vorliegt.

134 Derartige Kontrollmitteilungen werden zumeist anläßlich von Außenprüfungen bei anderen Steuerpflichtigen gefertigt. Hierzu zählen auch Außenprüfungen bei Banken. Zwar sind nach dem Bankenerlaß (BdF v. 31. 8. 1979, BStBl. I 1979, 590) Kontrollmitteilungen grundsätzlich ausgeschlossen, zulässig ist aber die Fertigung von Kontrollmitteilungen über **CpD-Konten** sowie in den Fällen unterlassener oder nicht ordnungsgemäßer **Legitimationsprüfung** (§ 154 Abs. 2 AO) durch die Bank.

Schließlich ist das Fertigen von Kontrollmaterial bei in Konkurs oder in Vergleich geratenen Banken zulässig.

135 Anlaß für eine Außenprüfung können auch Kontrollmitteilungen sein, die aus dem Ausland eingehen. Diese Kontrollmitteilungen werden im **internationalen Rechtshilfeverkehr** als sogenannte **Spontanauskünfte** ausgetauscht. Mitgeteilt werden vor allem Kapitalerträge aus dem Ausland, die dort einer Quellensteuer unterlegen haben.

136 Für eine Steuerfahndung ergeben sich letztlich auch Hinweise aufgrund der Mitteilungspflichten von Vermögensverwaltern nach Maßgabe des § 33 ErbStG. Hiernach haben vor allen Dingen Banken dem Erbschaftsteuer-Finanzamt Wertpapier-Depots und Kontenstände des Verstorbenen mitzuteilen.

dd) Verletzung von Mitwirkungspflichten während der Außenprüfung

137 Kommt der Steuerpflichtige während der Außenprüfung seinen Mitwirkungspflichten nicht oder in nicht ausreichendem Maße nach, so kann sich hieraus durchaus der Verdacht einer Steuerhinterziehung ergeben. In derartigen Fällen findet die Außenprüfung häufig ihre Fortsetzung in einer Steuerfahndung. Das ist vor allem dann der Fall, wenn der Steuerpflichtige trotz Aufforderung durch die Außenprüfung die Erteilung von Auskünften verweigert. Eine daraufhin eintretende **Prüfungspause** indiziert häufig eine drohende Steuerfahndung. Kommt der Steuerpflichtige seinen erhöhten Mitwirkungspflichten bei **Auslands-Sachverhalten** (§ 90 Abs. 2 AO) nicht nach, so ist die Gefahr einer Steuerfahndung besonders groß. Dies deshalb, weil die Beweisnot der Finanzverwaltung evident ist.

b) Vermeidung von Fahndungsmaßnahmen

138 Etwaige Anlässe für eine Fahndungsmaßnahme sind dem Betroffenen mitunter vorher bekannt. Dies gilt vor allen Dingen dann, wenn er von Geschäftspartnern Hinweise über die Fertigung von Kontrollmaterial anläßlich erfolgter Außenprüfungen oder Fahndungsmaßnahmen erhalten hat. Ebenso ist es denkbar, daß er von seiner Bank über die Prüfung von CpD-Konten unterrichtet worden ist. Schließlich kann auch eine Prüfungspause während einer Außenprüfung Indiz für eine drohende Steuerfahndung sein.

139 In den vorgenannten Fällen hat es der Steuerpflichtige zumeist in der Hand, durch rückhaltlose Aufklärung des Sachverhaltes, eine Fahndungsmaßnahme zu vermeiden. Das gilt insbesondere für **Selbstanzeigen**. Gibt die Selbstanzeige hinsichtlich ihrer Vollständigkeit zu starken Zweifeln Anlaß, so wird freilich eher das Gegenteil erreicht und eine Fahndungsprüfung hierdurch erst veranlaßt.

c) Ablauf von Durchsuchung und Beschlagnahme

aa) Durchsuchungsorte

140 Die Steuerfahndung wird stets mit mehreren Prüfungsbeamten tätig. Sie beginnt regelmäßig morgens zwischen 7 und 8 Uhr und orientiert sich im übrigen an den üblichen Geschäftszeiten. Entsprechend dem Fahndungsziel erfolgen die Fahndungsmaßnahmen **zeitgleich** in den **Geschäfts- und** in den **Privaträumen**. Hier kann alles durchsucht werden. Es wird im Wohnzimmer ebenso durchsucht wie im Schlafzimmer und im Kinderzimmer. Im Hinblick darauf, daß die Steuerfahndung gem. § 404 Satz 2 AO das Recht hat, Unterlagen an Ort und Stelle durchzusehen und auf ihre Beweiserheblichkeit zu prüfen, sind insbesondere Notizbücher, Tageskopien, Briefe, Notizzettel und Kontoauszüge Hauptgegenstand der Durchsuchung.
Im Vordergrund der Durchsuchung stehen ferner Safes, Tresore und sonstige Behältnisse, die verschlossen werden können, sowie Brieftaschen, Geldbörsen und Schlüssel.

bb) Verhaltensregeln

141 (1) Bei Erscheinen der Steuerfahndungsbeamten sollte sofort der **Steuerberater** und/oder der **Rechtsanwalt herbeigerufen** werden.
(2) Es sollte dafür Sorge getragen werden, daß die **Durchsuchung erst beginnt,** wenn der Steuerberater und/oder Rechtsanwalt erschienen ist. Hierauf besteht zwar kein Rechtsanspruch, dem entsprechenden Antrag des Betroffenen wird in der Praxis aber durchweg entsprochen, wenn keine übermäßige Zeitverzögerung eintritt.
(3) **Vorlage der richterlichen Durchsuchungsanordnung.** Soll die Durchsuchung ohne richterliche Anordnung erfolgen, so sollte die Bekanntgabe des Zwecks der Durchsuchung sowie der Gründe, warum Gefahr im Verzug gegeben sein soll, verlangt werden.
(4) **Angabe der Namen,** Dienststellung und der Dienstbehörde des Durchsuchungsleiters, sowie Vorlage der Dienstausweise.
(5) **Überprüfung des Durchsuchungsbefehls.** Er umgrenzt die Eingriffsmöglichkeiten der Steuerfahndung. Unpräzise Bezeichnung der gesuchten Beweismittel

macht den Durchsuchungsbeschluß rechtswidrig; Anfertigung einer Kopie des Durchsuchungsbefehls.

(6) Nach Überprüfung des Durchsuchungsbefehls ggf. **sofortige Einlegung von Rechtsmitteln,** auch wenn die Erfolgsaussichten erfahrungsgemäß gering sind, weil der Rechtsschutz durch die Beendigung der Durchsuchung hinfällig wird. Nur in Ausnahmefällen ist ein Rechtsbehelf noch zulässig, wenn der Betroffene an der notwendigen Feststellung der Rechtswidrigkeit der Maßnahme ein nachwirkendes Interesse hat. Bei länger andauernden Durchsuchungen sollten Durchsuchungsunterbrechungen ggf. genutzt werden, um Rechte durchzusetzen.

(7) Richtet sich der Durchsuchungsbefehl auf **bestimmte Unterlagen,** so ist es in aller Regel zweckmäßig, diese **sofort und vollständig herauszugeben** und beschlagnahmen zu lassen. Damit ist der Durchsuchungsbefehl erschöpft mit der Folge, daß die Durchsuchung zu beenden ist. Damit kann zugleich die Gefahr von **Zufallsfunden** vermieden werden. Verlangte Kunden-, Lieferantenkartei und andere Unterlagen sowie Bankverbindungen und Bankauszüge sollten zur Vermeidung weiterer Fahndungsmaßnahmen bei Dritten, die geschäftsschädigend wirken können, vorgelegt werden.

(8) Es ist darauf zu achten, daß die **Fahndungsbeamten** die durch den Durchsuchungsbefehl gegebenen **Grenzen nicht überschreiten.** Im Hinblick darauf sollten möglichst jedem Durchsuchungsbeamten eigene Mitarbeiter des Vertrauens beigestellt werden. Die Durchsuchung darf allerdings dadurch nicht behindert werden.

(9) Bei Fahndungen in Geschäftsräumen sollte, um den Rufschaden möglichst gering zu halten, das für die Durchsuchung nicht unbedingt erforderliche **Personal einstweilen entfernt** werden.

(10) Die Betroffenen sollten sich **jeder Äußerung enthalten.** Emotion ist ein schlechter Ratgeber, insbesondere sollten die Durchsuchungsbeamten nicht bedrängt werden, keine rechtfertigenden Erklärungen, insbesondere für Zufallsfunde gegeben werden.

(11) Grundsätzlich sollten **keine Unterlagen freiwillig herausgegeben** werden. Werden Unterlagen herausgegeben, um die Durchsuchung zu einem Ende zu bringen, so sollten die herausgegebenen Unterlagen beschlagnahmt werden. Die Herausgabe ist dann nicht freiwillig. Die Beschlagnahme ist nicht nachteilig, sondern eröffnet die Überprüfung von deren Rechtmäßigkeit. Sind versehentlich Unterlagen freiwillig herausgegeben worden, so kann diese freiwillige Herausgabe widerrufen werden und die dann folgende Beschlagnahme wiederum mit der Beschwerde angefochten werden.

(12) Wenn Unterlagen beschlagnahmt werden, so ist für eine **exakte Auflistung** Sorge zu tragen. Soweit möglich, sind Fotokopien anzufertigen.

(13) Vorteilhaft für etwaige spätere Verfahren sind **Gedächtnisprotokolle** von Betroffenen und Angestellten über den Verlauf der Durchsuchung.

(14) Es sollte baldmöglichst **Akteneinsicht** verlangt werden.

(15) Die Wahrscheinlichkeit einer **Nachfahndung** ist regelmäßig nicht gering. Nicht selten werden erst nach Überprüfung der Beweisunterlagen seitens der Steuerfahndung Beweislücken festgestellt. Die Nachfahndung kann nicht mehr aufgrund des ursprünglichen Durchsuchungsbefehls durchgeführt werden.

(16) Dem Steuerberater oder Rechtsanwalt ist von vorneherein eine **Strafprozeßvollmacht zu erteilen.** Im Hinblick auf eine Nachfahndung sollte ein gesondert deutlich gekennzeichneter Ordner für den Schriftverkehr mit dem Verteidiger angelegt werden. Dieser Ordner ist der Einsicht der Strafverfolgungsbehörde entzogen.

d) Vernehmung durch die Steuerfahndung

Eine Einlassung des Beschuldigten zu Beginn der Steuerfahndung, insbesondere schon während der Durchsuchung, ist grundsätzlich **abzulehnen.** In dem frühen Stadium des Verfahrens, kann die Sach- und Rechtslage von dem Betroffenen und seinem Verteidiger nur selten vollständig überblickt werden. Das gilt vor allem im

Hinblick auf die zumeist unterschiedlichen Aspekte einer Aussage in steuerrechtlicher Hinsicht einerseits und strafrechtlicher Hinsicht andererseits. Mag sich eine Aussage auch steuerrechtlich als günstig erweisen, so kann sie doch strafrechtlich nachteilig sein. Im Vordergrund sollten stets die strafrechtlichen Aspekte stehen.

143 Im Hinblick auf das Spannungsverhältnis zwischen Steuerrecht einerseits und Strafrecht andererseits sollte auch in einem **späteren Stadium des Steuerfahndungsverfahrens** von dem strafprozessualen Recht auf Aussageverweigerung Gebrauch gemacht werden. Dies sollte den Betroffenen allerdings nicht daran hindern, ggf. für Zwecke des Besteuerungsverfahrens Auskünfte zu erteilen. Hier kann nämlich auf die Feststellung der objektiven Tatsachen Einfluß genommen werden, ohne sich im subjektiven Bereich festzulegen. Hier muß der Beschuldigte und sein Berater stets eine Doppelstrategie im Auge behalten: Jede Aussage ist auf ihre steuerrechtlichen *und* strafrechtlichen Auswirkungen zu überprüfen. Im Zweifel sollte die Aussage stets verweigert werden. Hierzu hat der Beschuldigte gem. § 136 StPO ein Recht.

Im Besteuerungsverfahren hingegen ist der Betroffene zu Auskünften und zur Mitwirkung verpflichtet (§§ 208 Abs. 1, 200 Abs. 1, Sätze 1 und 2 AO). Nach § 393 Abs. 1 Sätze 2 und 3 AO können Auskünfte und Mitwirkungspflichten im Besteuerungsverfahren von dem Steuerpflichtigen nicht mehr erzwungen werden, wenn der sich dadurch selbst belasten würde. Hieraus dürfen für die Besteuerung keine nachteiligen Folgerungen gezogen werden.

144 Auch die **Vernehmungsmethoden** durch die Steuerfahndung sind unterschiedlich. Vom Ergebnis her stellen sie nicht selten eine belastende Vernehmung dar. Die Fragen zielen auf für den Betroffenen belastenden Aussagen ab. Hier ist es Aufgabe des Rechtsbeistandes, durch eigene Hinweise und Fragen korrigierend einzugreifen. Die Technik des Protokollierens ist ebenfalls uneinheitlich. Häufig werden die seitens der Steuerfahndung gestellten Fragen nicht protokolliert. Protokolliert werden lediglich die Antworten, die in einem Zusammenhang dargestellt als einheitliche Geschichte erscheint. Eine derartige Protokollierung ist abzulehnen. Das Gewicht einer Aussage läßt sich nämlich nur bei genauer Kenntnis der konkreten Fragestellung ermessen. Im Hinblick darauf sollte der Beschuldigte stets auf die Protokollierung auch der Fragen bestehen. Auch sollte darauf geachtet werden, daß die Aussagen, wenn sie schon nicht wörtlich, so doch wenigstens sinngemäß wiedergegeben werden.

e) Sicherung der Steuerschuld

145 Zwecks Sicherstellung der Steuerschuld wird seitens des Finanzamtes häufig kurze Zeit nach Beginn der Steuerfahndung eine **Arrestanordnung** (§§ 324ff AO) erlassen. Aufgrund dieser Arrestanordnung ist eine Vollstreckung ohne weiteres möglich. In diesem Stadium des Verfahrens sind Rechtsbehelfe in aller Regel wenig erfolgversprechend und zudem in taktischer Hinsicht wenig sinnvoll.

Im Hinblick darauf sollte der Betroffene für eine Sicherstellung der mutmaßlichen Steuerschuld Sorge tragen.

f) Schlußbesprechung

146 Sind die Besteuerungsgrundlagen durch die Steuerfahndung ermittelt worden, so findet in aller Regel eine Schlußbesprechung statt. Sie dient dem rechtlichen Gehör, ist aber gesetzlich nicht vorgeschrieben. § 201 AO schreibt eine Schlußbesprechung lediglich für die Außenprüfung vor. Soweit freilich die Außenprüfung ihre Fortsetzung in einer Steuerfahndung gefunden hat, gilt § 201 AO auch für die Steuerfahndung.

147 Im Rahmen der Schlußbesprechung drängt die Steuerfahndung regelmäßig auf eine **Einigung**. Insoweit verhält sie sich nicht anders als eine Außenprüfung. Damit wird zugleich deutlich, daß sich die Steuerfahndung in erster Linie als Fiskalbehörde und nicht als Strafverfolgungsbehörde versteht. Indessen darf seitens des Beschuldigten die Entscheidung über eine Einigung hinsichtlich der Besteuerungsgrundlagen nicht ohne Berücksichtigung der strafrechtlichen Auswirkungen getroffen werden. Eine Einigung über die Besteuerungsgrundlagen bedeutet für die **Straf- und Bußgeldsachenstellen** und die **Staatsanwaltschaft** regelmäßig die Festschreibung des

Steuerstrafrecht

objektiven Tatbestandes einer Steuerhinterziehung. Im Hinblick darauf wird es häufig schon aus taktischen Gründen angebracht sein, die Steuerfahndung auch hinsichtlich der Besteuerungsgrundlagen streitig zu beenden. Denn nur so kann sichergestellt werden, daß für das Steuerstrafverfahren keine negativen **Präjudizien** geschaffen werden. Sollte bei streitiger Rechtslage eine Einigung über die Besteuerungsgrundlagen gleichwohl vorzuziehen sein, so sollte im Rahmen der Schlußbesprechung klargestellt werden, daß diese Einigung keine Präjudizierung für das Strafverfahren bedeutet.

148 Das gilt vor allem für **Schätzungsfälle**. Eine Einigung über die Besteuerungsgrundlagen wird freilich immer dann anzuraten sein, wenn der objektive Tatbestand der Steuerhinterziehung feststeht. Im Steuerstrafverfahren wird sich hier die Verteidigung ohnehin auf den subjektiven Bereich konzentrieren müssen.

149 Am Ende der Steuerfahndung steht der **Fahndungsbericht**. Zwar ist dieser für das Steuerfahndungsverfahren gesetzlich nicht vorgeschrieben – § 203 AO gilt nur für die Außenprüfung –, gleichwohl ist er die Regel. Dieser Fahndungsbericht bildet die Grundlage für die Festsetzung der Besteuerung durch das Finanzamt und für den Fortgang des Strafverfahrens bei der Straf- und Bußgeldsachenstelle oder der Staatsanwaltschaft. Nicht selten sind Fahndungsberichte von tendenziöser Einseitigkeit. Das gilt zumal in jenen Fällen, in denen das Fahndungsverfahren selbst nicht nur in der Sache, sondern auch persönlich kontrovers geführt worden ist. Im Hinblick darauf kann der Beschuldigte durch eigene Verhaltensweisen auf den Fahndungsbericht einwirken.

II. Steuerstrafrecht

Das materielle Steuerstrafrecht ist in den §§ 369 bis 376 AO geregelt. Soweit dort nichts anderes bestimmt ist, gelten gem. § 363 Abs. 2 AO die allgemeinen Gesetze über das Strafrecht. Damit ist der allgemeine Teil des Strafrechts (§§ 1–79 StGB) angesprochen.

1. Allgemeiner Teil

a) Merkmale einer Straftat

201 Die Straftat ist eine tatbestandsmäßige (§ 1 StGB), rechtswidrige (§ 12 Abs. 2 StGB) schuldhaft begangene Handlung. § 12 StGB unterscheidet zwischen **Verbrechen** und **Vergehen**. Im Hinblick darauf, daß die Steuerstraftaten ausnahmslos Vergehen sind, kann deren Versuch nur bestraft werden, wenn das Gesetz es ausdrücklich bestimmt (§ 23 Abs. 1 StGB). Das ist für die Steuerstraftaten in §§ 370 Abs. 2, 372 Abs. 2, 374 Abs. 1 AO geschehen.

aa) Tatbestandsmäßigkeit

202 Eine Tat kann nur dann bestraft werden, wenn die Strafbarkeit gesetzlich bestimmt war, bevor die Tat begangen wurde (§ 1 StGB). Aus dem Grundsatz der **Tatbestandsmäßigkeit** folgen
– das Gebot der **Tatbestandsbestimmtheit;**
  im Hinblick darauf, daß das Steuerstrafrecht weitgehend **Blankettstrafrecht** (vgl. Rz. 210ff.) ist, müssen die Normen des Steuerrechts ebenfalls die Voraussetzungen der Tatbestandsbestimmtheit erfüllen;
– das strafbegründende und strafschärfende **Analogieverbot** (Art. 103 Abs. 2 GG) mit der Folge, daß sich aufgrund der Eigenschaft des Steuerstrafrechts als Blankettrecht das Analogieverbot sich strafrechtlich auch auf das Steuerrecht selbst auswirkt;
– das **Rückwirkungsverbot** (Art. 103 Abs. 2 GG, § 2 StGB).

203 Die Tatbestandsmäßigkeit einer strafbaren Handlung kann auf verschiedene Art und Weise gegeben sein. In diesem Zusammenhang unterscheidet man zwischen
– Tätigkeitsdelikten,
– Erfolgsdelikten und
– Unterlassungsdelikten.

Schaumburg

204 **Tätigkeitsdelikte** knüpfen an ein tätiges Unrechtshandeln an. Hierzu gehören auch **unechte Unterlassungsdelikte** insofern, als der tatbestandsmäßige Erfolg auch durch Unterlassen herbeigeführt werden kann. Das Unterlassen ist demnach dem aktiven Tun gleichgestellt (§ 13 StGB). Bei **Erfolgsdelikten** muß die Handlung für den Erfolg ursächlich sein. Das ist dann der Fall, wenn die Handlung nicht hinweggedacht werden kann, ohne daß der Erfolg entfiele. Bei **Unterlassungsdelikten** ist darauf abzustellen, ob bei pflichtgemäßem Tun der Erfolgseintritt mit an Sicherheit grenzender Wahrscheinlichkeit abgewendet worden wäre. Wird der Tatbestand einer Strafnorm nur durch Unterlassen erfüllt, so handelt es sich um ein **echtes Unterlassungsdelikt** (vgl. etwa § 138 StGB – Nichtanzeige geplanter Straftaten).

205 Insbesondere die Steuerhinterziehung (§ 370 AO) ist ein Erfolgsdelikt, da sie den Eintritt einer Steuerverkürzung oder das Erlangen eines ungerechtfertigten Steuervorteils voraussetzt. Zugleich handelt es sich bei der Steuerhinterziehung aber auch um ein Tätigkeitsdelikt, weil sie nämlich ein tätiges Handeln voraussetzt. Die Steuerhinterziehung kann auch durch Unterlassen begangen werden. Insofern ist die Steuerhinterziehung auch ein unechtes Unterlassungsdelikt.

bb) Rechtswidrigkeit

206 Straftaten sind stets rechtswidrige Handlungen, falls nicht ein **Rechtfertigungsgrund** eingreift. Zu den wichtigsten Rechtfertigungsgründen gehört die Notwehr (§ 32 StGB) und der rechtfertigende Notstand (§ 34 StGB).

Rechtfertgungsgründe spielen im Steuerstrafrecht keine Rolle, so daß bei Steuerstraftaten die Tatbestandsmäßigkeit und die Rechtswidrigkeit zusammenfallen.

cc) Schuld

207 Erst mit der Feststellung der Schuld wird ein Unwerturteil über den Täter gefällt. Die Strafbarkeit setzt also voraus, daß neben dem **objektiven Tatbestand** und der dadurch indizierten Rechtswidrigkeit auch der **subjektive Tatbestand** gegeben ist.

208 Nur derjenige kann schuldhaft handeln, der schuldfähig ist. Damit setzt die Schuld stets eine **Schuldfähigkeit** voraus. Schuldunfähig sind Kinder, die bei Begehen der Tat noch nicht 14 Jahre alt sind sowie unter bestimmten Voraussetzungen Jugendliche, die das 18. Lebensjahr noch nicht vollendet haben (§ 3 JGG). Schuldfähig sind demnach grundsätzlich Erwachsene, es sei denn, sie sind infolge seelischer Störungen unfähig, das Unrecht der Tat einzusehen oder nach dieser Einsicht zu handeln (§ 20 StGB).

Die Frage der Schuldfähigkeit wird im Steuerstrafrecht in aller Regel keine Bedeutung haben.

209 Zu den **Schuldformen** gehören **Vorsatz** und **Fahrlässigkeit**. Das Steuerstrafrecht knüpft nur an ein vorsätzliches Tätigwerden (Unterlassen) an. Vorsatz ist der Wille zur Verwirklichung eines Straftatbestandes in Kenntnis aller Tatumstände. Mit **direktem Vorsatz** handelt, wem es darauf ankommt, den gesetzlichen Tatbestand zu verwirklichen. Wer die Verwirklichung des Straftatbestandes nur für möglich hält, aber sich mit ihr abfindet, handelt mit **bedingtem Vorsatz**.

210 Für das Steuerstrafrecht wie für das Strafrecht ganz allgemein genügt bedingt vorsätzliches Handeln. Im Hinblick darauf, daß das Steuerstrafrecht weitgehend **Blankettstrafrecht** ist, muß sich der Vorsatz grundsätzlich auch auf die zugrunde liegenden Steuerrechtsnormen beziehen. Für die Steuerhinterziehung gemäß § 370 AO bedeutet dies die Kenntnis des Täters von der Steuerpflicht.

211 Wer bei der Begehung der Tat einen Umstand nicht kennt, der zum gesetzlichen Tatbestand gehört, handelt nicht vorsätzlich (§ 16 Abs. 1 StGB). Es handelt sich insoweit um einen **Tatbestandsirrtum**. Der Vorsatz umfaßt die zutreffende Subsumtion unter ein bestimmtes Tatbestandsmerkmal einer Straftat. Es genügt die **Parallelwertung in der Laiensphäre**. Hat der Täter also den konkreten Umstand in seiner Begrifflichkeit in etwa erfaßt und glaubt dennoch, er erfülle ein bestimmtes Tatbestandsmerkmal nicht, so handelt es sich lediglich um einen den Vorsatz nicht ausschließenden **Subsumtionsirrtum**. Da bei einer Steuerhinterziehung (§ 370 AO) die blankettausfüllenden steuerrechtlichen Tatbestände vom Vorsatz miterfaßt werden müssen, führt die Unkenntnis etwa der Steuerpflicht des Täters zu einem Tatbestandsirrtum (Hübschmann/Hepp/Spitaler § 370 Anm. 114; *Franzen/Gast/Samson* § 369 Anm. 93, 94, § 370 Anm. 187; *Kohlmann* § 370 Anm. 217, 229).

212 Im Gegensatz zum Tatbestandsirrtum, der die Unkenntnis eines oder mehrerer Tatbestandsmerkmale voraussetzt, bezieht sich der **Verbotsirrtum** auf die Rechtswidrigkeit der Tat. In diesem Falle weiß der Täter was er tut, hält sein Tun jedoch für erlaubt. Fehlt dem Täter bei Begehen der Tat die Einsicht, Unrecht zu tun, so handelt er ohne Schuld, wenn er diesen Verbotsirrtum nicht vermeiden konnte. Handelte es sich dagegen um einen vermeidbaren Verbotsirrtum, so handelt der Täter schuldhaft, allerdings kann die Strafe gemäß § 49 Abs. 1 StGB gemildert werden (§ 17 StGB).
Weitere Schuldausschließungsgründe, etwa der entschuldigende Notstand (§ 35 StGB), spielen im Steuerstrafrecht keine Rolle.

213 Trotz Vorliegens des objektiven und subjektiven Tatbestandes einer Straftat, kommt es gleichwohl nicht zur Bestrafung des Täters, wenn **Strafaufhebungsgründe** vorliegen. Strafaufhebungsgründe setzen die Begehung einer strafbaren Tat voraus. Lediglich aufgrund besonderer gesetzlicher Anordnung wird von Strafe abgesehen. Zu diesen Strafaufhebungsgründen zählen der Rücktritt vom Versuch (§ 24 StBG) und im Steuerstrafrecht die Selbstanzeige (§ 371 AO; Rz. 245 ff.).

b) Verwirklichung einer Straftat

214 Es werden die folgenden Stufen einer Straftat unterschieden:
– Tatentschluß,
– Vorbereitungshandlung,
– Versuch,
– Tatvollendung,
– Beendigung der Tat.

215 Der bloße **Tatentschluß** ist nicht strafbar. Der Bereich der Tatvorbereitung erstreckt sich vom Tatentschluß bis zu der Grenze, ab der der Versuch beginnt. Das Stadium dieser **Vorbereitungshandlung** ist stets straflos, kann aber als Ordnungswidrigkeit geahndet werden (vgl. § 379 AO – Steuergefährdung).

216 Der **Versuch** beginnt mit derjenigen Handlung, mit der der Täter nach seiner Vorstellung von der Tat zur Verwirklichung des Tatbestandes unmittelbar ansetzt (§ 22 StGB). Der Versuch geht in die Tatvollendung über, sobald alle Tatbestandsmerkmale erfüllt sind. Der Versuch ist nur bei einem vorsätzlichen Delikt möglich und bei Verbrechen stets und bei Vergehen nur dann strafbar, wenn das Gesetz dies ausdrücklich bestimmt (§ 23 Abs. 1 StGB).

217 Im Hinblick darauf, daß es gemäß § 22 StGB auf die Vorstellung des Täters von der Tat ankommt, ist ein Versuch auch dann gegeben, wenn der Täter irrig sich einen Sachverhalt vorstellt, der – läge er tatsächlich vor – unter ein Strafgesetz fiele. Ein derartiger **untauglicher Versuch** ist ebenfalls strafbar, jedoch kann unter den Voraussetzungen des § 23 Abs. 3 StGB die Strafe gemildert oder von ihr ganz abgesehen werden.

218 Vom strafbaren Versuch, der gemäß § 23 Abs. 2 StGB milder bestraft werden kann als die vollendete Tat, ist das strafbare **Wahndelikt** zu unterscheiden. Hier stimmt die Vorstellung des Täters vom Sachverhalt zwar mit der Wirklichkeit überein, er glaubt aber irrig, bei Verwirklichung des Sachverhaltes gegen ein Strafgesetz zu verstoßen.

219 Sind alle Tatbestandsmerkmale erfüllt, ist die Tat vollendet. Beendet ist die Tat, sobald sie erfolgreich abgeschlossen ist. Die Unterscheidung zwischen **Tatvollendung** und **Tatbeendigung** spielt bei der Hinterziehung von Veranlagungssteuern keine Rolle. Anders ist dies bei der Zoll- und der (Verbrauch-) Steuerhinterziehung im Warenverkehr über die Grenze. Der Zeitpunkt der Tatbeendigung ist wichtig für den Beginn der Verjährung (§ 78a StGB).

c) Tatbeteiligung

220 Die Beteiligung an einer Tat kann entweder durch **Täterschaft** oder durch **Teilnahme** erfolgen. Täter ist derjenige, der die Straftat selbst oder durch einen anderen begeht (**unmittelbare** und **mittelbare Täterschaft**). Begehen mehrere die Straftat gemeinschaftlich, so handelt es sich um **Mittäterschaft** (§ 25 Abs. 2 StGB). Die Teilnahme besteht in der vorsätzlichen Beteiligung an einer fremden rechtswidrig

und vorsätzlich begangenen Tat. Der Versuch der Beteiligung (§ 30 StGB) ist nur bei Verbrechen strafbar und ist mithin im Steuerstrafrecht ohne Bedeutung. Die Teilnahme an einer Straftat kann entweder in einer **Anstiftung** oder in einer **Beihilfe** bestehen. Als Anstifter wird gleich einem Täter bestraft, wer vorsätzlich einen anderen zu dessen vorsätzlich begangener rechtswidriger Tat bestimmt hat (§ 26 StGB). Als Gehilfe wird dagegen bestraft, wer vorsätzlich einen anderen zu dessen vorsätzlich begangener rechtswidriger Tat Hilfe geleistet hat (§ 27 StGB). Im Falle der Beihilfe gilt stets die Strafmilderung gemäß § 49 Abs. 1 StGB.

d) Strafrechtliche Konkurrenzen

221　Durch sein Verhalten kann der Täter mehrere Straftatbestände verwirklichen. Für die Frage ob auf eine oder mehrere Strafen erkannt wird, ist zwischen **Tateinheit** und **Tatmehrheit** zu unterscheiden. Tateinheit ist gegeben, wenn dieselbe Handlung (oder Unterlassung) mehrere Strafgesetze oder dasselbe Strafgesetz mehrmals verletzt (§ 52 Abs. 1 StGB). Bei Tateinheit wird nur auf eine Strafe aus dem Gesetz erkannt, das die schwerste Strafe androht. Sie darf die Mindeststrafe der anderen anwendbaren Gesetze nicht unterschreiten und wird durch dort vorgeschriebene und zugelassene Nebenstrafen ergänzt.

222　Als eine Handlung im Sinne des § 52 Abs. 1 StGB **(Tateinheit)** gelten auch die Fälle der natürlichen und rechtlichen Handlungseinheit. Eine **natürliche Handlungseinheit** ist dann gegeben, wenn der Handelnde den auf die Erzielung eines Erfolges gerichteten, einheitlichen Willen durch eine Mehrheit gleichgelagerter Akte betätigt und diese einzelnen Betätigungsakte aufgrund ihres räumlichen und zeitlichen Zusammenhangs objektiv erkennbar derart zusammen gehören, daß sie eine einzige Handlung bilden. Von der natürlichen Handlungseinheit ist zu unterscheiden die **rechtliche Handlungseinheit.** Hiernach sind als eine Handlung anzusehen das Dauerdelikt und die fortgesetzte Tat. Unter einer fortgesetzten Tat (Fortsetzungszusammenhang) ist eine Kette von Einzelakten zu verstehen, die in der tatsächlichen Begehungsweise ähnlich sind, gegen das gleiche Rechtsgut gerichtet sind und getragen werden von einem **Gesamtvorsatz.**

223　Im Unterschied zur **Tateinheit (Idealkonkurrenz)** ist **Tatmehrheit (Realkonkurrenz)** dann gegeben, wenn der Täter durch mehrere selbstständige Handlungen (oder Unterlassungen) mehrere nebeneinander anwendbare Strafgesetze verletzt. In diesem Fall hat der Täter die Strafe aus jedem der verletzten Gesetze verwirkt. Erfolgt freilich eine gleichzeitige Aburteilung, so ist auf eine Gesamtstrafe zu erkennen (§ 53 Abs. 1 StGB). Diese Gesamtstrafe wird durch Erhöhung der verwirkten höchsten Strafe gebildet, wobei die Gesamtstrafe die Summe der Einzelstrafen nicht erreichen darf (§ 54 StGB).

224　Von Tateinheit und Tatmehrheit ist die sog. **Gesetzeseinheit** (Gesetzeskonkurrenz) zu unterscheiden. Hiervon spricht man, wenn der Täter durch eine Handlung oder durch mehrere Handlungen zwar verschiedene Straftatbestände verwirklicht, die aber einander verdrängen, so daß nur ein Straftatbestand gegen den Täter angewendet wird. Fälle der Gesetzeseinheit (Gesetzeskonkurrenz) sind Spezialität, Subsidiarität und Konsumtion.

e) Rechtsfolgen einer Straftat

225　Das Strafgesetzbuch sieht **Freiheitsstrafen** und **Geldstrafen** vor. Gemäß § 40 Abs. 1 StGB werden Geldstrafen in Tagessätzen verhängt. Die Geldstrafe beträgt mindestens 5 und grundsätzlich höchstens 360 volle Tagessätze. Die Tagessätze sind unter Berücksichtigung der persönlichen und wirtschaftlichen Verhältnisse des Täters zu bemessen, wobei das verfügbare Nettoeinkommen im Vordergrund steht. Der Tagessatz wird auf mindestens 2,– und höchstens 10000,–DM festgesetzt. Grundsätzlich ist entweder eine Freiheitsstrafe oder eine Geldstrafe festzusetzen. Hat der Täter sich durch die Tat bereichert oder zu bereichern versucht, so kann neben einer Freiheitsstrafe auch eine Geldstrafe verhängt werden. Diese Voraussetzung des § 41 StGB wird gewöhnlich bei Steuerstraftaten gegeben sein. Ferner können Nebenstrafen, Nebenfolgen sowie Maßregeln der Besserung und Sicherung verhängt werden (§ 44 StGB, § 45 – 45b StGB, §§ 61 ff StGB).

2. Besonderer Teil

a) Steuerhinterziehung (§ 370 AO)

aa) Täterkreis

226 Jedermann kann möglicher Täter einer Steuerhinterziehung sein. Damit beschränkt sich der Täterkreis nicht nur auf den Steuerschuldner allein, sondern auch auf dessen gesetzliche Vertreter, Angestellte und **Steuerberater** (siehe dazu Teil V Rz. 1 ff.). Die Täterschaft steuerberatender Personen ist vor allen Dingen bei umfassender Steuerhilfe, aber auch bei einem beschränkt steuerlichen Aufgabenkreis und auch bei Einzelaufträgen möglich. Eine Täterschaft kann insbesondere darin zu erblicken sein, daß der Steuerberater wissentlich eine falsche Steuererklärung fertigt oder aber an der Fertigung einer solchen mitwirkt.

bb) Tatverhalten

227 Steuerhinterziehung knüpft an ein bestimmtes Tatverhalten an. Dieses kann darin bestehen, daß jemand
– den Finanzbehörden oder anderen Behörden über steuerlich erhebliche Tatsachen unrichtige oder unvollständige Angaben macht,
– die Finanzbehörden pflichtwidrig über steuerlich erhebliche Tatsachen in Unkenntnis läßt oder
– pflichtwidrig die Verwendung von Steuerzeichen oder Steuerstemplern unterläßt.

228 In der ersten Alternative werden alle unrichtigen und unvollständigen Angaben erfaßt, gleich in welchem Stadium des Besteuerungsverfahrens sie abgegeben werden. So gehören zur Tathandlung gemäß § 370 Abs. 1 Nr. 1 AO unrichtige oder unvollständige Angaben in einer Steuererklärung oder Voranmeldung sowie während einer Außenprüfung.

229 Eine Steuerhinterziehung kann nur gegeben sein, wenn **unrichtige** oder **unvollständige Angaben** über steuerlich erhebliche **Tatsachen** gemacht worden sind. Unrichtige oder unvollständige **Rechtsausführungen** werden von § 370 AO nicht erfaßt. Im Hinblick darauf ist bei unrichtigen Steuererklärungen stets dahingehend zu differenzieren, ob unrichtige Tatsachen oder irrige Rechtsauffassungen ursächlich sind. Gemäß § 370 Abs. 1 Nr. 1 AO werden nicht nur unrichtige oder unvollständige Angaben gegenüber Fianzbehörden, sondern auch anderen Behörden erfaßt. Gemeint sind aber nur solche Behörden, die derartige steuerlich erhebliche Erklärungen entgegenzunehmen haben. Hierzu gehören auch Wohnungsbehörden gemäß §§ 82, 83, 92–96 des Wohnungsbau- und Familienheimgesetzes sowie die Finanzgerichte.

230 In der zweiten Alternative (§ 370 Abs. 1 Nr. 2 AO) wird an ein **pflichtwidriges Unterlassen,** nämlich das pflichtwidrige In-Unkenntnis-lassen der Finanzbehörden über steuerlich erhebliche Tatsachen angeknüpft. Dies setzt eine Pflicht zur Offenbarung, Erklärung oder Mitteilung voraus. Derartige Verpflichtungen ergeben sich aus der AO und aus anderen Steuergesetzen. So wird eine Steuerhinterziehung gemäß § 370 Abs. 1 Nr. 2 AO durch Unterlassen etwa dadurch begangen, daß Gewerbebetriebe nicht angemeldet, Steuererklärungen und Steueranmeldungen nicht abgegeben werden. Da gemäß § 370 Abs. 4 AO Steuern auch dann verkürzt sind, wenn sie nicht rechtzeitig festgesetzt werden – **Steuerverkürzung auf Zeit** –, unterliegt dem § 370 Abs. 1 Nr. 2 AO auch die verspätete Abgabe von Steuererklärungen und Voranmeldungen. Werden diese indessen rechtzeitig abgegeben, so die angemeldeten Steuerbeträge aber nicht rechtzeitig abgeführt, so ist § 370 Abs. 1 Nr. 2 AO nicht erfüllt.

231 § 370 Abs. 1 Nr. 3 AO knüpft ebenfalls an ein Unterlassen an und erfaßt vor allem Börsenumsatz- und Wechselsteuermarken sowie Tabaksteuerzeichen.

cc) Taterfolg

232 Hinsichtlich des Taterfolges unterscheidet § 370 Abs. 1 AO zwischen der Steuerverkürzung und dem Erlangen ungerechtfertigter Steuervorteile.

(1) Steuerverkürzungen

233 Steuern sind namentlich dann verkürzt, wenn sie nicht, nicht in voller Höhe oder nicht rechtzeitig festgesetzt werden (§ 370 Abs. 4 Satz 1 AO). Ohne Bedeutung ist es hierbei, ob die Steuer endgültig (§ 155 AO) oder nur vorläufig (§ 165 AO) festgesetzt worden ist, oder ob die Festsetzung unter dem Vorbehalt der Nachprüfung erfolgt ist (§ 164 AO) oder ob es sich um die einer Steuerfestsetzung unter Vorbehalt gleichstehenden (§ 168 AO) Anmeldung einer selbst zu errechnenden Steuer (Umsatzsteuer, Lohnsteuer) handelt. Für die Steuerverkürzung kommt es nicht darauf an, ob der Steuerausfall endgültig ist. Im Hinblick darauf ist es auch ohne Bedeutung, ob die Steuer, aus anderen Gründen hätte ermäßigt werden müssen (§ 370 Abs. 4 Satz 3 AO). Ein anderer Grund und damit ein **Kompensationsverbot** ist allerdings dann zu verneinen, wenn die steuermindernden Umstände mit der tatbestandsmäßigen Verkürzungshandlung in einem unmittelbaren wirtschaftlichen Zusammenhang stehen.

234 Die Höhe der verkürzten Steuer ist genau festzustellen, da sie für die Strafzumessung (§ 46 StGB) von Bedeutung ist. Soweit das Finanzamt die verkürzte Steuer geschätzt hat (§ 162 AO), darf diese **Schätzung** nicht ohne weiteres übernommen werden. Die Verurteilung darf nur auf Grund feststehender Tatsachen erfolgen. Im Hinblick darauf darf nur der Betrag zugrunde gelegt werden, der mit an Sicherheit grenzender Wahrscheinlichkeit verkürzt worden ist.

235 Die Verkürzung von **Veranlagungssteuern** tritt dadurch ein, daß die Steuer auf Grund eines § 370 Abs. 1 Nr. 1 und 2 AO näher bezeichneten steuerunehrlichen Verhaltens nicht, nicht in voller Höhe oder nicht rechtzeitig festgesetzt wird. Danach ist die Steuerverkürzung **vollendet**, wenn auf Grund des steuerunehrlichen Verhaltens
- die Steuerfestsetzung unterbleibt, und zwar in dem Zeitpunkt, in dem das Finanzamt nach dem gewöhnlichen Gang der Veranlagungsarbeit bei Kenntnis des Steueranspruchs die Steuer festgesetzt hätte, wobei zugunsten des Steuerpflichtigen davon ausgegangen wird, daß sein Veranlagungsfall zuletzt bearbeitet worden wäre; das ist der Zeitpunkt, in dem in dem betreffenden Veranlagungsbezirk des Finanzamtes die Veranlagungsarbeiten für den Veranlagungszeitraum, in dem der Anspruch zu erfassen ist, abgeschlossen werden;
- die Steuer in zutreffender Höhe, jedoch verspätet festgesetzt wird (Steuerverkürzung auf Zeit), in dem Zeitpunkt, in dem sie bei rechtzeitiger Abgabe der Steuererklärung festgesetzt worden wäre; auch hier wird zugunsten des Steuerpflichtigen auf den Abschluß der betreffenden Veranlagungsarbeiten abgestellt;
- die Steuer zeitgerecht, aber zu niedrig festgesetzt wird, und zwar mit der Bekanntgabe des Steuerbescheides an den Steuerpflichtigen; unterbleibt indessen die Bekanntgabe des Steuerbescheides, weil hierauf der Steuerpflichtige verzichtet hat (etwa bei der Umsatzsteuer), so ist auf den Zeitpunkt der Unterzeichnung der Festsetzungsverfügung durch den zuständigen Beamten des Finanzamtes abzustellen.

236 Bei **Fälligkeitssteuern** tritt die Verkürzung ein, sobald die Steuer zum Fälligkeitstermin auf Grund des steuerunehrlichen Verhaltens nicht oder nicht voll entrichtet worden ist.

(2) Erlangung nicht gerechtfertigter Steuervorteile

237 Im Hinblick darauf, daß das Erlangen nicht gerechtfertigter Steuervorteile neben der Steuerverkürzung in § 370 Abs. 1 AO als eigenständige Alternative genannt ist, werden nur Fälle erfaßt, die sich nicht bereits als Steuerverkürzung darstellen. Es müssen Vorteile spezifisch steuerlicher Art in ungerechtfertigter Weise erlangt worden sein. Hierzu gehören insbesondere die **Erschleichung** einer Stundung, eines Billigkeitserlasses, sowie einer Aussetzung der Vollziehung. Gemäß § 370 Abs. 4 Satz 2 AO ist das Erschleichen einer Steuervergütung dem eines Steuervorteils gleichgestellt. Der erlangte Steuervorteil ist dann ungerechtfertigt, wenn der Steuerpflichtige auf ihn keinen Rechtsanspruch hat, wenn also das Finanzamt bei Kenntnis der wahren Tatsachen den Steuervorteil nicht gewährt oder belassen hätte. Das der Steuervorteil auch aus anderen Gründen hätte beansprucht werden können, spielt keine Rolle (§ 370 Abs. 4 Satz 3 AO).

(3) Hinterziehung von Eingangsabgaben eines Auslandsstaates

238 Gemäß § 370 Abs. 6 AO ist die Hinterziehung von Eingangsabgaben, die von einem Mitgliedstaat der europäischen Gemeinschaften (EG) verwaltet werden, oder die einem Mitgliedstaat der europäischen Freihandelsassoziation (EFTA) oder einem dieser assoziierten Staaten zustehen, strafbar. Hierbei spielt es keine Rolle, ob der Täter ein Inländer oder Ausländer ist oder ob die Tat im Inland oder Ausland begangen wurde (§ 370 Abs. 6 Satz 2 AO).

dd) Schuld

239 Die Steuerhinterziehung ist nur bei **Vorsatz** strafbar. Der Täter muß also den Willen zur Verwirklichung eines Straftatbestandes in ungefährer Kenntnis aller seiner Tatumstände haben **(Parallelwertung in der Laiensphäre)**. Erfaßt werden sowohl der **direkte** als auch der **bedingte Vorsatz**. Im Hinblick darauf, daß § 370 AO eine Blankettnorm ist, diese Vorschrift also nicht ohne Rückgriff auf die steuergesetzlichen Vorschriften angewendet werden kann, müssen vom Vorsatz auch die blankettausfüllenden steuerrechtlichen Tatbestände erfaßt werden. Hieraus folgt, daß die Unkenntnis dieser blankettausfüllenden steuerrechtlichen Tatbestände zu einem Tatbestandsirrtum, zu einem Ausschluß des Vorsatzes führt (*Hübschmann/Hepp/Spitaler* § 370 Anm. 114, *Franzen/Gast/Samson* § 369 Anm. 93, 94; § 370 Anm. 187).

ee) Versuch

240 Der Versuch der Steuerhinterziehung ist gem. § 370 Abs. 2 AO **strafbar**. Der Versuch schließt an die straflose Vorbereitungshandlung an und mündet in die Tatvollendung ein. Straflose Vorbereitungshandlung ist beispielsweise die unrichtige und unterlassene Buchführung, das Aufstellen falscher Bilanzen oder falscher GuV-Rechnungen sowie die unrichtige Ausfüllung von Steuererklärungsformularen. Das Versuchsstadium beginnt indessen mit Einreichen der falschen Bilanzen, GuV-Rechnungen und Steuererklärungen beim Finanzamt. Vollendung ist gegeben, sobald der entsprechende Steuerbescheid ergeht und eine zu niedrige Steuer festsetzt.

ff) Strafe und Strafzumessung

241 Die Steuerhinterziehung wird mit Freiheitsstrafe bis zu 5 Jahren oder mit Geldstrafe geahndet. Die Geldstrafe kann im Höchstmaß von 360 vollen Tagessätzen (§ 40 StGB), bei mehreren Taten bis zu 720 Tagessätzen (§ 54 Abs. 2 StGB), verhängt werden. Da der Tagessatz auf höchstens DM 10000,' festgesetzt werden kann, beträgt demnach die höchste Geldstrafe für Steuerhinterziehung DM 3,6 Mio.

242 In besonders schweren Fällen ist die Strafe Freiheitsstrafe von 6 Monaten bis zu 10 Jahren. Ein besonders schwerer Fall liegt in der Regel dann vor, wenn der Täter
- aus grobem Eigennutz in großem Ausmaß Steuern verkürzt oder nicht gerechtfertigte Steuervorteile erlangt,
- seine Befugnisse oder seine Stellung als Amtsträger mißbraucht,
- die Mithilfe eines Amtsträgers ausnutzt, der seine Befugnisse oder seine Stellung mißbraucht,
- unter Verwendung nachgemachter oder verfälschter Belege fortgesetzt Steuern verkürzt oder nicht gerechtfertigte Steuervorteile erlangt.

243 Der **Versuch** kann milder bestraft werden als die vollendete Tat.

gg) Steuerrechtliche Folgen

244 Eine Steuerhinterziehung kann neben einer Bestrafung auch steuerrechtliche Folgen haben, und zwar
- Haftung als Steuerhinterzieher (§ 71 AO),
- verlängerte Festsetzungsfrist (§ 169 Abs. 2 Satz 2 AO),
- Ablaufhemmung (§ 171 Abs. 5 AO),
- keine erhöhte Bestandskraft (§ 173 Abs. 2 AO),
- Hinterziehungszinsen (§ 235 AO),
- keine Abzugsfähigkeit als Schulden bei der Einheitsbewertung und Vermögensteuer (Abschn. 37 Abs. 3 Satz 5 VStR),
- kein stuerlicher Abzug von Geldstrafen und Geldbußen (§ 4 Abs. 5 Satz Nr. 8; 9,

Abs. 5 EStG); Verfahrens- und Verteidigerkosten fallen nicht unter das Abzugsverbot.

b) Selbstanzeige

245 Bei § 371 AO handelt es ich um einen persönlichen **Strafaufhebungsgrund**. Im Hinblick darauf tritt die Strafbefreiung allein für denjenigen Täter oder Teilnehmer ein, der die Selbstanzeige erstattet. § 371 AO gilt wowohl bei versuchter als auch bei vollendeter Steuerhinterziehung. Zwar bezieht sich § 371 AO auf die Fälle des § 370 AO, nach dem Wortlaut erfaßt er allerdings nicht Fälle vorsätzlicher unterlassener Verwendung von Steuerzeichen; denn diese Art der Steuerhinterziehung wird nicht durch unrichtige, unvollständige oder unterlassene Angaben begangen, die bei der Finanzbehörde berichtigt, vervollständigt oder nachgeholt werden können. Nach dem Wortlaut ist demnach eine Selbstanzeige nur möglich bei einer Steuerverkürzung (§ 370 Abs. 1 Nr. 1 AO) und der Erlangung nicht gerechtfertiger Steuervorteile (§ 370 Abs. 1 Nr. 2 AO). Eine analoge Anwendung des § 371 AO auf den Fall vorsätzlich unterlassener Verwendung von Steuerzeichen (§ 370 Abs. 1 Nr. 3 AO) ist allerdings möglich (*Hübschmann/Hepp/Spitaler* § 371 Anm. 15 ff).

246 Im übrigen ist eine Selbstanzeige für andere Straftaten nur insoweit möglich, als anderenorts die entsprechende Anwendung des § 371 AO vorgeschrieben ist (§ 29a BerlFG, § 13 Abs. 2 3. VermBG; § 8 WoPG; § 5b SparPG; § 5a BergPG).

247 Die Straffreiheit der Selbstanzeige erstreckt sich nicht auf etwaige mit der Steuerhinterziehung tateinheitlich oder tatmehrheitlich begangene allgemeine Straftaten.

aa) Kreis der Anzeigeerstatter

248 Im Hinblick darauf, daß es sich um einen persönlichen Strafaufhebungsgrund handelt, führt sie nur bei demjenigen zur Straffreiheit, der sie erstattet hat. In Betracht kommen der Täter, Nebentäter und Mittäter, der Anstifter und der Gehilfe.

249 Die Selbstanzeige kann auch durch **Vertreter** erstattet werden. Erforderlich indessen ist, daß die **Vollmacht** zur Abgabe der Selbstanzeige vor Eingang derselben bei der Finanzbehörde erteilt wird. Die Anzeige eines Vertreters ohne Vertretungsmacht bleibt wirkungslos; daran ändert auch eine nachträgliche Genehmigung nichts. Schließlich muß die Vollmacht zur Erstattung einer Selbstanzeige spezieller Natur sein; eine allgemeine, etwa dem Steuerberater vor der Tat erteilte Steuervollmacht reicht nicht aus.

bb) Form der Selbstanzeige

250 § 371 AO schreibt für die Selbstanzeige keine besondere **Form** vor. Daher kann die Selbstanzeige auch mündlich oder fernmündlich erstattet werden. Um Mißverständnisse und Zweifel an der Vollständigkeit der Selbstanzeige von vornherein auszuschließen, ist die Schriftform stets vorzuziehen.

251 Die Selbstanzeige ist so abzufassen, daß sich aus ihr die Person des Anzeigenden ergibt. Die Bezeichnung als Selbstanzeige ist nicht erforderlich. Es reicht aus, daß sich aus den Umständen ergibt, daß es sich um eine solche handeln soll. Daher reicht auch die nachträgliche Abgabe einer richtigen Steuererklärung aus, wenn sich aus ihr ergibt, daß sie eine früher abgegebene unrichtige Steuererklärung ersetzen oder unterlassene Steuererklärungen nachholen soll. Schließlich braucht die Selbstanzeige auch nicht in einer einzigen Erklärung gegenüber der Finanzbehörde enthalten sein. Eine Selbstanzeige als Ganzes liegt auch dann vor, wenn mehrere aufeinanderfolgende sich ergänzende Erklärungen abgegeben werden, soweit sie als Einheit angesehen werden können.

cc) Notwendiger Inhalt der Selbstanzeige

252 § 371 AO verlangt, daß frühere unrichtige Angaben berichtigt, unvollständige ergänzt, unterlassene nachgeholt werden. Im Hinblick darauf reicht der Hinweis nicht aus, in der Vergangenheit Steuern hinterzogen zu haben. Allgemeine Formulierungen sind stets unzureichend. Grundsätzlich ist vielmehr erforderlich, der Finanzbehörde derart konkrete Angaben über Besteuerungsgrundlagen zu machen, daß sie ohne langwierige eigene Ermittlungen zum Sachverhalt die Steuern so veranlagen kann, als wäre die Steuererklärung von vornherein ordnungsmäßig abgegeben worden. Hierbei ist es unschädlich, wenn die Finanzbehörde etwaige unwesentliche Irrtümer ohne weiteres richtig stellen und Lücken ohne Schwierigkeiten ergänzen kann.

253 Enthält die Selbstanzeige wesentliche Unrichtigkeiten oder **Lücken,** so tritt insoweit keine Straffreiheit ein.

254 Da die Selbstanzeige nicht mit einer einzigen Erklärung erstattet werden muß, mehrere **Teilerklärungen** also zulässig sind, reicht es aus, wenn etwa zum Zwecke der Vermeidung der Sperrwirkung gem. § 371 Abs. 2 AO die zutreffenden Besteuerungsgrundlagen zunächst nur vorläufig im Wege der **Schätzung** angegeben werden, um sie dann im Rahmen einer von der Finanzbehörde gewährten Frist konkret nachzureichen *(Franzen/Gast/Samson* § 371 Anm. 51). Damit die Selbstanzeige nicht in ihrem ersten Stadium bereits als unvollständig erscheint, sollten die vorläufig angegebenen und geschätzten Besteuerungsgrundlagen im Zweifel zu Lasten des Steuerpflichtigen höher angegeben werden **(Sicherheitsmarge).**

255 Können im Rahmen der Selbstanzeige keine konkreten Angaben über Besteuerungsgrundlagen gemacht werden, etwa weil der Steuerpflichtige überhaupt keine Bücher geführt hat, so bleibt die **Selbstanzeige wirkungslos.** Erforderlich ist auf jeden Fall die Angabe bestimmter Kalkulationsgrundlagen. So reicht etwa die Angabe des Umsatzes aus, wenn aufgrund von Richtsätzen der Gewinn geschätzt werden kann *(Hübschmann/Hepp/Spitaler* § 371 Anm. 27; *Franzen/Gast/Samson* § 371 Anm. 38).

256 Der Selbstanzeige muß entnommen werden können, auf welche **bestimmte Steuerarten und Zeiträume** sie sich bezieht. Hierzu bedarf es keiner ausdrücklichen Erklärung. Es reicht vielmehr aus, wenn sich die diesbezüglichen Angaben aus den Umständen ergeben.

257 Grundsätzlich hat der Steuerpflichtige nur seine eigenen Angaben zu berichtigen. Im Falle der Teilnahme tritt die Straffreiheit durch die Selbstanzeige nur dann ein, wenn der **Mittäter** oder **Gehilfe** außer seinen eigenen Angaben auch die der Tatbeteiligten berichtigt, ergänzt oder nachholt. Dies gilt freilich nur insoweit, als ihm die Unrichtigkeit bzw. die Unvollständigkeit der Angaben der anderen überhaupt bekannt sind. Die Selbstanzeige des Anstifters ist nur wirksam, wenn sie Angaben über die dem Anstifter bekannte Tat sowie über das Ausmaß dessen Mitwirkung enthält.

dd) Adressat der Selbstanzeige

258 Die Selbstanzeige ist bei der zuständigen Finanzbehörde zu erstatten. Die Angaben sind dort zu berichtigen, zu ergänzen oder nachzuholen, die zuvor richtig und vollständig hätten gemacht werden müssen. Beim Wechsel der Zuständigkeit etwa wie Wohnsitzverlegung ist das nunmehr zuständige Finanzamt Adressat der Selbstanzeige. Die Selbstanzeige ist auch nicht etwa einem beliebigem Amtsträger des Finanzamtes zu erstatten, sondern bei dem zuständigen Sachbearbeiter, Sachgebietsleiter oder Vorsteher. Wegen seiner Allzuständigkeit sollte im Zweifel die Selbstanzeige dem Amtsvorsteher übermittelt werden.

259 Die Abgabe der Selbstanzeige bei einer unzuständigen Stelle führt nur dann zur strafbefreienden Wirkung, wenn die Anzeige bei der zuständigen Stelle eingeht.

ee) Fristgerechte Nachzahlung

260 Sind Steuerverkürzungen bereits eingetreten oder Steuervorteile erlangt, so tritt für den an der Tat Beteiligten Straffreiheit nur ein, soweit er die zu seinen Gunsten hinterzogenen Steuern innerhalb der ihm bestimmten angemessenen Frist entrichtet.

(1) Zahlungsverpflichteter

261 Die Entrichtung der hinterzogenen Steuern ist nicht nur **Straffreiheitsvoraussetzung** für den Täter, der die Steuern schuldet, sondern auch für *alle* anderen Beteiligten (Täter, Anstifter, Gehilfen), zu deren unmittelbarem wirtschaftlichen Vorteil die Steuern hinterzogen worden sind (BGH v. 4. 7. 1979, HFR 1979, 537; BdF v. 21. 9. 1981, BStBl I 1981, 625). Wer also eigene Steuern hinterzogen hat, muß diese, um die Straffreiheit zu erhalten, auch stets nachentrichten. Wer dagegen fremde Steuern hinterzieht, trifft die **Nachentrichtungspflicht** nur, wenn er hieraus einen unmittelbaren wirtschaftlichen Vorteil erlangt hat. Dazu gehören jene, die zwar nicht Steuer-

schuldner sind, auf die aber die Steuerlast hätte überwälzt werden können. Zu diesen überwälzbaren Steuern gehören die Umsatzsteuer und die Verbrauchsteuern. Im Hinblick darauf sollte der eine Selbstanzeige erstattende **Fremdtäter** im Zweifel stets die Steuern nachentrichten. Gem. §§ 677, 683, 812 Abs. 1 BGB hat dieser dann gegenüber dem Steuerschuldner einen zivilrechtlichen Ausgleichsanspruch. Die Wirksamkeit der Selbstanzeige wird dadurch nicht berührt.

(2) Nachzahlungsbetrag

262 Voraussetzung für die Straffreiheit ist die **Zahlung** der hinterzogenen Steuern. Daß andere Steuerschulden verbleiben oder erst gerade dadurch entstehen, daß die hinterzogenen Steuern vorzugsweise gezahlt werden, ist unerheblich. Bei mehreren Tatbeteiligten braucht nur jeder denjenigen Betrag zu zahlen, der seinem unmittelbaren wirtschaftlichen Vorteil entspricht. Zahlt einer von mehreren Tatbeteiligten die volle hinterzogene Steuer, so wirkt dies unter den übrigen Voraussetzungen des § 371 AO strafbefreiend auf alle übrigen Tatbeteiligten, sobald diese eine Selbstanzeige erstattet haben (*Franzen/Gast/Samson* § 371 Anm. 155).

(3) Nachzahlungsfrist

263 Die Straffreiheit der Selbstanzeige hängt davon ab, daß der Anzeigende die zu seinen Gunsten hinterzogenen Steuern binnen einer ihm bestimmten angemessenen **Frist** entrichtet. Wird diese Frist versäumt, verschuldet oder unverschuldet, so ist die Straffreiheit verwirkt. Eine **Wiedereinsetzung in den vorigen Stand** kommt **nicht** in Betracht, weil § 110 AO für § 371 Abs. 3 AO nicht gilt. Bei der Nachzahlungsfrist gem. § 371 Abs. 3 AO handelt es sich um eine *strafrechtliche* Zahlungsfrist, die nicht zwingend mit der *steuerrechtlichen* Zahlungsfrist übereinstimmen muß. Im Hinblick darauf bedeutet demnach eine Stundung oder eine Aussetzung der Vollziehung nicht automatisch auch eine Fristeinräumung im Sinne von § 371 Abs. 3 AO. Daher sollte in der Praxis ein Antrag auf Stundung bzw. auf Aussetzung der Vollziehung stets mit einem Antrag auf entsprechende Fristeinräumung nach Maßgabe des § 371 Abs. 3 AO gekoppelt werden. Eine Verlängerung der Nachzahlungsfrist gem. § 371 Abs. 3 AO ist ohne weiteres möglich. Die Verlängerung muß allerdings vor Ablauf der Frist ausgesprochen werden, andernfalls verfällt die Straffreiheit (*Franzen/Gast/Samson* § 371 Anm. 148, 148a).

264 Im Rahmen der Angemessenheit der Nachzahlungsfrist ist zu berücksichtigen, welcher Zeitraum zwischen Vollendung der Tat und Selbstanzeige sowie zwischen Selbstanzeige und Festsetzung der Steuern vergangen sind. Im Hinblick darauf wird sich die Nachzahlungsfrist gem. § 371 Abs. 3 AO in aller Regel im Rahmen der steuerlichen Zahlungsfristen halten. Im übrigen sind die wirtschaftlichen Möglichkeiten des Steuerpflichtigen zu berücksichtigen. Die Frist muß daher so bemessen sein, daß der Steuerpflichtige auf jeden Fall die Möglichkeit erhält, die entsprechenden Geldmittel zu beschaffen. Gegebenenfalls ist eine Ratenzahlung zu bewilligen.

265 Sachlich **zuständig** für die **Fristsetzung** ist das Finanzamt, das nach den §§ 387, 390 AO für die Steuerstrafsache sachlich zuständig ist. Ein Rechtsmittel gegen die Fristsetzung nach § 371 Abs. 3 AO ist in der Abgabenordnung nicht vorgesehen. Da die Nachzahlungsfrist gem. § 371 Abs. 3 AO strafrechtlichen Charakter hat, ist die **Beschwerde** gem. § 304 StPO gegeben (*Franzen/Gast/Samson* § 371 Anm. 146).

ff) Ausschließungsgründe

266 Die Straffreiheit aufgrund der Selbstanzeige tritt gem. § 371 Abs. 2 AO nicht ein, wenn
1. vor der Berichtigung, Ergänzung oder Nachholung
   – ein Amtsträger der Finanzbehörde zur steuerlichen Prüfung oder zur Ermittlung einer Steuerstraftat oder einer Steuerordnungswidrigkeit erschienen ist, oder
   – dem Täter oder seinem Vertreter die Einleitung des Straf- oder Bußgeldverfahrens wegen der Tat bekannt gegeben worden ist, oder
2. die Tat zum Zeitpunkt der Berichtigung, Ergänzung oder Nachholung ganz oder zum Teil bereits entdeckt war und der Täter dies wußte oder bei verständiger Würdigung der Sachlage damit rechnen mußte.

(1) Erscheinen eines Amtsträgers

267 Sobald ein **Amtsträger** der Finanzbehörde zur steuerlichen Prüfung oder zur Ermittlung einer Steuerstraftat oder einer Steuerordnungswidrigkeit erschienen ist, ist eine wirksame Selbstanzeige nicht mehr möglich.

Zu den Amtsträgern der Finanzbehörde gehören insbesondere **Außenprüfer, Steuerfahnder** oder **Zollfahnder** sowie Beamte die gem. § 210 AO im Rahmen einer Steueraufsicht oder Nachschau tätig werden.

§ 371 Abs. 2 Nr. 1a AO erfaßt nur Amtsträger von Finanzbehörden. Zu diesen Finanzbehörden zählen das Finanzamt, die Oberfinanzdirektion, das Finanzministerium, das Bundesamt für Finanzen und die Gemeindesteuerbehörde. Sobald Amtsträger anderer Behörden tätig werden, schließen sie die Straffreiheit einer Selbstanzeige nicht aus.

268 Ein Amtsträger der Finanzbehörde muß erschienen sein. Das heißt, daß er in das Blickfeld des Selbstanzeigenden getreten sein muß. Dieses **Erscheinen** muß aber dem Zweck einer **steuerlichen Prüfung** dienen. Im Hinblick darauf ist die Selbstanzeige nur für denjenigen ausgeschlossen, bei dem ein Amtsträger der Finanzbehörde zwecks Prüfung seiner steuerlichen Verhältnisse erschienen ist. Daraus folgt, daß alle anderen Teilnehmer einer Steuerstraftat, die hierdurch nicht betroffen sind, gleichwohl noch eine Selbstanzeige wirksam abgeben können. Das gilt auch dann, wenn Täter und Teilnehmer demselben **Betrieb** angehören und die Steuerhinterziehung in diesem Betrieb begangen haben *(Hübschmann/Hepp/Spitaler* § 371 Anm. 78; a. A. *Franzen/Gast/Samson* § 371 Anm. 81; *Kohlmann* § 371 Anm. 119).

269 Was den **sachlichen Umfang** der Sperrwirkung gem. § 371 Abs. 2 Nr. 1a AO anbelangt, so tritt sie nur in dem Umfang der jeweiligen **Prüfungsanordnung** ein *(Hübschmann/Hepp/Spitaler* § 371 Anm. 82; *Klein/Orlopp* § 371 Anm. 6; *Kühn/Kutter/ Hoffmann* § 371 Anm. 2; differenzierend *Franzen/Gast/Samson* § 371 Anm. 85, wonach über die Sperrwirkung nicht die Prüfungsanordnung, sondern der Sachzusammenhang entscheiden soll).

270 Auch in **zeitlicher Hinsicht** tritt die Sperrwirkung für die strafbefreiende Selbstanzeige nur nach Maßgabe der jeweiligen **Prüfungsanordnung** ein (Bay ObLG v. 23. 1.1985, Wistra 1985, 117; *Hübschmann/Hepp/Spitaler* § 371 Anm. 82; *Klein/Orlopp* § 371 Anm. 6; *Kühn/Kutter/Hoffmann* § 371 Anm. 2; a. A. *Franzen/Gast/Samson* § 371 Anm. 88, wonach die Sperrwirkung in zeitlicher Hinsicht stets ohne Begrenzung eintreten soll).

271 Soweit ein Amtsträger der Finanzbehörde zur Ermittlung einer Steuerstraftat oder einer Steuerordnungswidrigkeit erschienen ist, tritt die Sperrwirkung nur für denjenigen ein, bei dem dieser Amtsträger erschienen ist. Erscheint der Amtsträger bei einem **Dritten**, so verliert der Steuerpflichtige die Möglichkeit zur strafbefreienden Selbstanzeige ebenso wenig wie in dem Fall, daß ein Amtsträger der Finanzbehörde bei ihm zur Ermittlung etwaiger Steuerverfehlungen eines Dritten erscheint, an der er nicht beteiligt ist. Im Hinblick darauf tritt etwa für den Geschäftsführer einer Kapitalgesellschaft dann keine Sperrwirkung ein, wenn eine Steuerfahndung bei der Kapitalgesellschaft auf der Grundlage des § 103 StPO durchsucht.

272 Schließlich tritt die Sperrwirkung nicht schon dann ein, wenn ein Amtsträger der Finanzbehörde zur Ermittlung irgendeiner Steuerverfehlung erscheint. Erforderlich ist vielmehr ein Zusammenhang zwischen der Steuerverfehlung, derentwegen der Amtsträger erschienen ist, und derjenigen, auf die sich die Selbstanzeige bezieht *(Hübschmann/Hepp/Spitaler* § 371 Anm. 86).

(2) Bekanntgabe der Einleitung eines Straf- oder Bußgeldverfahrens

273 Ist dem Täter oder seinem Vertreter die Einleitung eines Straf- oder Bußgeldverfahrens bekannt gegeben worden, bevor die Selbstanzeige bei der Finanzbehörde eingeht, tritt die strafbefreiende Wirkung nach § 371 Abs. 2 Nr. 1b AO nicht ein.

274 Gem. § 397 Abs. 1 AO ist das **Strafverfahren eingeleitet,** sobald die Finanzbehörde, die Polizei, die Staatsanwaltschaft, einer ihrer Hilfsbeamten oder der Strafrichter eine Maßnahme trifft, die erkennbar darauf abzielt, gegen jemanden wegen einer Steuerstraftat strafrechtlich vorzugehen. Für die Einleitung des Bußgeldverfahrens gilt § 397 AO entsprechend (§ 410 Abs. 1 Nr. 6 AO).

275 Die Sperrwirkung tritt erst ein, wenn die Einleitung des Straf- oder Bußgeldverfahrens bekannt gegeben worden ist. Dies setzt stets eine **amtliche Mitteilung** voraus. Diese Mitteilung kann entweder schriftlich, mündlich oder durch eine eindeutige Amtshandlung erfolgen. Eine derartige eindeutige **Amtshandlung** die als Bekanntgabe der Einleitung eines Strafverfahrens oder Bußgeldverfahrens zu deuten ist, sind die Verhaftung oder vorläufige Festnahme des Verdächtigen, Beschlagnahme von Geschäftsunterlagen, Durchsuchung von Wohnung oder Geschäftsräumen beim Verdächtigen sowie die erste Vernehmung (Franzen/Gast/Samson § 371 Anm. 96).

Die **Bekanntgabe** muß gegenüber dem Täter (Teilnehmer) oder seinem Vertreter erfolgen. Vertreter sind hierbei alle Personen, die den Täter kraft Gesetzes oder aufgrund einer Vollmacht in rechtlichen oder steuerlichen Angelegenheiten vertreten.

276 In **persönlicher Hinsicht** tritt die Sperrwirkung nur gegenüber demjenigen ein, demgegenüber die Einleitung des Straf- oder Bußgeldverfahrens bekannt gegeben worden ist.

277 In **sachlicher Hinsicht** richtet sich der Umfang der Sperrwirkung nach dem Inhalt der Bekanntgabe der Mitteilung. Ist in einer derartigen Mitteilung die Tat genau umschrieben, so ist wegen anderer Steuerstraftaten eine Selbstanzeige ohne weiteres möglich. Das gilt auch für den Fall, daß sich die Bekanntgabe der Einleitung einer Straf- oder Bußgeldverfahrens nur auf einen bestimmten Zeitraum bezieht.

(3) Tatentdeckung

278 Der Ausschluß der Straffreiheit tritt auch dann ein, wenn die Tat im Zeitpunkt der Berichtigung, Ergänzung oder Nachholung der früher falsch oder unvollständig abgegebenen oder unterlassenen Erklärungen ganz oder zum Teil bereits entdeckt war *und* der Täter dies wußte oder bei verständiger Würdigung der Sachlage er damit rechnen mußte (§ 371 Abs. 2 Nr. 2 AO).

279 Die **Tat ist dann entdeckt,** wenn die Möglichkeit eines verurteilenden Erkenntnisses begründet ist. Das bedeutet, daß auch die objektiven wie die subjektiven Tatbestandsmerkmale einer Tat wahrgenommen sein müssen (BGH v. 13. 5. 1983, wistra 1983, 197; v. 24. 10. 1984, Wistra 1985, 74). Im Hinblick darauf erfordert die Entdeckung mehr als Verdacht.

280 Eine die Straffreiheit ausschließende Entdeckung kann nur seitens einer Person erfolgen, die nicht zum Kreis des Täters gehört. Vertrauenspersonen des Täters (Familienangehörige, Steuerberater) scheiden somit als Tatentdecker aus. Neben den Finanzbehörden, der Polizei und der Staatsanwaltschaft kommen vor allen Dingen auch andere Behörden in Betracht, die nach § 116 AO verpflichtet sind, den Finanzbehörden Tatsachen, die sie dienstlich erfahren und die den Verdacht einer Steuerstraftat begründen, mitzuteilen haben.

281 Soweit eine Steuerhinterziehung nur zum Teil entdeckt ist, geht die strafbefreiende Wirkung einer Selbstanzeige hinsichtlich des ganzen Tatkomplexes verloren. Bei einer fortgesetzten Steuerhinterziehung tritt die Sperrwirkung für die gesamte **Fortsetzungstat** ein, wenn nur ein Einzelakt der gesamten Handlungskette entdeckt ist (Franzen/Gast/Samson § 371 Anm. 127). Jeder Einzelakt der fortgesetzten Steuerhinterziehung ist eine Tat im Sinne des § 371 Abs. 2 Nr. 2 AO. Im Hinblick darauf führt die Entdeckung einer vorsätzlich unrichtigen Einkommensteuererklärung infolge etwa nicht angegebener Zinsen für ein Jahr als Teil einer fortgesetzten Einkommensteuerhinterziehung eine strafbefreiende Selbstanzeige wegen unrichtiger Einkommensteuererklärungen für die Vorjahre nicht aus.

282 Die Entdeckung der Tat führt noch nicht zum Ausschluß der Straffreiheit der Selbstanzeige. Erforderlich ist vielmehr, daß der Täter (Teilnehmer) von der Tatentdeckung **wußte** oder bei verständiger Würdigung der Sachlage damit **rechnen mußte.** Der Kenntnis des Täters von der Entdeckung der Tat steht es gleich, wenn er mit diesem Umstand bei verständiger Würdigung der Sachlage zum Zeitpunkt der Abgabe der Selbstanzeige rechnen mußte. Hierbei kommt es auf das individuelle Verständnis des Täters an (Franzen/Gast/Samson § 371 Anm. 130). War die Tat noch nicht entdeckt, ist der Täter aber hiervon ausgegangen, so berührt dies die Wirksamkeit der Selbstanzeige nicht.

Steuerstrafrecht 283–287 **K**

(4) Ende der Sperrwirkung

283 Eine Selbstanzeige mit strafbefreiender Wirkung auch für geprüfte Steuerabschnitte kann wieder erstattet werden, sobald die Prüfung abgeschlossen ist. Insoweit hat die Sperrwirkung des § 371 Abs. 2 Nr. 1a AO ihr Ende gefunden (*Franzen/Gast/Samson* § 371 Anm. 112; *Klein/Orlopp* § 371 Anm. 6). Abgeschlossen ist eine steuerliche Prüfung, sobald das Finanzamt die aufgrund der Prüfung erstmalig erlassenen oder geänderten Steuer- oder Meß- oder Feststellungsbescheide abgesandt oder – wenn die Prüfung kein Ergebnis erbracht hat – den Prüfungsvorgang abgeschlossen hat und dem Steuerpflichtigen nach Maßgabe des § 202 Abs. 1 Satz 3 AO mitgeteilt hat, daß die Außenprüfung zu keiner Änderung der Besteuerungsgrundlagen geführt hat (*Franzen/Gast/Samson* § 371 Anm. 113).

284 Nach straf- oder bußgeldrechtlichen Ermittlungen endet die Sperrwirkung mit Einstellung des Verfahrens oder im Falle der Anklage oder Strafbefehlsantrags oder Erlaß eines Bußgeldbescheides nach endgültigem Abschluß des Straf- oder Bußgeldverfahrens (*Franzen/Gast/Samson* § 371 Anm. 115ff.).

gg) Fremdanzeige

285 § 371 Abs. 4 AO beinhaltet ein Strafverfolgungshindernis. Hiernach kommt die rechtzeitige und ordnungsmäßige Anzeige eines von mehreren nach § 153 AO Anzeigepflichtigen auch den anderen zugute, die die Anzeige pflichtwidrig nicht, nicht richtig, unvollständig oder verspätet abgegeben haben. Die in § 153 AO vorgesehene Anzeige erfordert die Mitteilung, daß eine (Steuer-) Erklärung unrichtig oder unvollständig ist und daß es dadurch zu einer Verkürzung von Steuern kommen kann oder bereits gekommen ist (§ 153 Abs. 1 Nr. 1 AO) oder daß eine durch Steuerzeichen oder Steuerstempler zu entrichtende Steuer nicht in der richtigen Höhe entrichtet worden ist (§ 153 Abs. 1 Nr. 2 AO). Rechtzeitig und ordnungsmäßig erstattet, hindert diese Anzeige die Strafverfolgung Dritter, also nicht des Steuerschuldners, der eine der Erklärungen nach § 153 AO vorsätzlich unterlassen, nicht richtig oder nicht vollständig abgegeben und dadurch eine Steuerhinterziehung begangen hat. Der Anzeigende selbst ist durch § 371 Abs. 4 AO ebenfalls nicht betroffen. Dies deshalb nicht, weil er bei vorschriftsmäßiger Anzeige ohnehin nicht den Straftatbestand des § 370 AO verwirklicht hat. Hat jedoch ein Dritter zum eigenen Vorteil gehandelt, so ist nach § 371 Abs. 4 Satz 2 AO die Straffreiheit von der rechtzeitigen Zahlung (§ 371 Abs. 3 AO) der hinterzogenen Steuern abhängig.

c) Bannbruch

286 Bannbruch begeht, wer Gegenstände entgegen einem Verbot einführt, ausführt oder durchführt, ohne sie der zuständigen Zollstelle ordnungsgemäß anzuzeigen (§ 372 AO). Derartige Verbote sind vor allem in zahlreichen nichtsteuerlichen Gesetzen und Rechtsverordnungen normiert. Sie dienen in erster Linie Sicherheits- oder Gesundheitsgründen oder verfolgen wirtschafts- oder kulturpolitische Ziele.

287 Die Begriffe Einfuhr, Ausfuhr und Durchfuhr sind in den einzelnen in Betracht kommenden Gesetzen oder Rechtsverordnungen unterschiedlich definiert. Was den Begriff **Einfuhr** anbelangt, so stimmen die Definitionen allgemein darin überein, daß hierunter das Verbringen von Waren in das Zollgebiet zu verstehen ist (§ 1 Abs. 2 Satz 2 ZG). Entsprechend ist unter **Ausfuhr** das Verbringen aus dem Zollgebiet zu verstehen (§ 1 Abs. 2 Satz 2 ZG). Die **Durchfuhr** ist dagegen die Beförderung von Sachen aus fremden Wirtschaftsgebieten durch das Wirtschaftsgebiet, ohne daß die Sachen in den freien Verkehr des Wirtschaftsgebiets gelangen (§ 4 Abs. 2 Nr. 5 AWG). Zum **objektiven Tatbestand** gehört ferner, daß die eingeführten, ausgeführten oder durchgeführten Gegenstände der zuständigen Zollstelle nicht ordnungsgemäß angezeigt worden sind. Ordnungsgemäß sind die Gegenstände dann angezeigt, wenn durch die Anzeige der zuständigen Zollstelle die Möglichkeit eröffnet wird, die Gegenstände auf die Merkmale von Ein-, Aus- und Durchfuhrverboten zu prüfen. Schließlich muß diese Anzeige spätestens beim Übergang der Ware über die jeweilige Grenze erfolgen. In **subjektiver Hinsicht** erfordert § 372 AO **Vorsatz**. Der versuchte Bannbruch ist gemäß § 372 Abs. 2 iVm § 370 Abs. 2 AO strafbar. Der Bannbruch wird wie eine Steuerhinterziehung bestraft, wenn die Tat nicht in anderen

Schaumburg

d) Gewerbsmäßiger, gewaltsamer und bandenmäßiger Schmuggel

288 § 373 AO bildet keinen selbständigen Straftatbestand, sondern enthält Strafverschärfungsgründe zu § 370 AO (gewerbsmäßige Hinterziehung von Eingangsabgaben) oder zu § 372 Abs. 1 AO (Bannbruch durch gewerbsmäßiges Zuwiderhandeln gegen Monopolvorschriften). Diese als Schmuggel bezeichneten Grundtatbestände sind:

(1) **Gewerbsmäßiger Schmuggel** begeht derjenige Täter oder Teilnehmer, der die Absicht hat, sich durch wiederholte Begehung von Straftaten der fraglichen Art eine fortlaufende Einnahmequelle zu verschaffen.

(2) **Gewaltsamer Schmuggel** ist gegeben, wenn der Täter oder ein anderer Tatbeteiligter eine Schußwaffe, eine Waffe oder sonst ein Werkzeug oder Mittel bei sich führt, um den Widerstand eines anderen durch Gewalt oder Drohung mit Gewalt zu verhindern oder zu überwinden (§ 373 Abs. 2 Nr. 1, 2 AO).

(3) **Bandenmäßiger Schmuggel** begeht, wer als Mitglied einer Bande, die sich zur fortgesetzten Begehung der Hinterziehung von Eingangsabgaben oder des Bannbruchs verbunden hat, unter Mitwirkung eines anderen Bandenmitglieds die Tat ausführt.

289 Die Hinterziehung von Eingangsabgaben (§ 370 AO) oder der Bannbruch (§ 372 Abs. 1 AO) unter den vorstehenden erschwerenden Begleitumständen ist mit **Strafe** von 3 Monaten bis zu 5 Jahren angedroht.

e) Steuerhehlerei

290 Steuerhehlerei begeht, wer vorsätzlich Erzeugnisse oder Waren, hinsichtlich deren Verbrauch Steuern oder Zoll hinterzogen oder Bannbruch begangen worden ist, ankauft oder sonst sich oder einem Dritten verschafft, sie absetzt oder sie abzusetzen hilft, um sich oder einen Dritten zu bereichern (§ 374 AO).

291 Gegenstand der Steuerhehlerei können nur Erzeugnisse oder Waren sein, deren Herstellung oder Einfuhr einer Verbrauchsteuer, einem Zoll oder einer Abschöpfung unterlegen haben. Gem. § 374 Abs. 2 AO kommen auch Waren in Betracht, für die Eingangsabgaben der EG zu erheben waren. Für diese Erzeugnisse oder Waren müssen Verbrauchsteuern oder Zoll hinterzogen oder ein Bannbruch begangen worden sein. Die objektiven Tatbestandsmerkmale dieser Vortaten müssen gegeben sein. Es ist allerdings gleich, ob der **Vortäter** strafrechtlich verantwortlich, strafunmündig oder sonst schuldunfähig war oder aus einem anderen Grunde nicht schuldhaft gehandelt hatte, etwa weil ihn ein Verbotsirrtum (§ 17 Satz 1 StGB) oder sonst ein Entschuldigungsgrund entlastet. Das den Vortäter kein Schuldvorwurf trifft, kommt damit dem Steuerhehler nicht zugute (limitierte Akzessorietät). Dagegen schließt ein Tatbestandsirrtum des Vortäters seinen Vorsatz und damit auch die Möglichkeit nachfolgender Steuerhehlerei aus. Eine vorsätzliche Vortat muß also stets gegeben sein.

292 Der Täter einer Steuerhinterziehung oder eines Bannbruchs kann nicht zugleich auch Steuerhehler ein und derselben Sache sein. Etwas anderes gilt nur dann, wenn der Täter der Vortat die von ihm selbst geschmuggelte Sache nachträglich aus dritter Hand oder nach Verteilung der Beute von einem Mittäter erwirbt.

Was die Bestrafung des Steuerhehlers anbelangt, so verweist § 374 Abs. 1 AO auf § 370 Abs. 1 und 2 AO sowie auf § 373 AO.

III. Steuerstrafverfahren (Ermittlungsverfahren)

1. Regelungsbereich

301 Die Abgabenordnung regelt das förmliche Verfahren, das bei der strafrechtlichen Verfolgung von Steuervergehen einzuhalten ist. Das Steuerstrafverfahren ist in der Abgabenordnung indessen nicht abschließend normiert. Im Hinblick darauf sind

Steuerstrafverfahren (Ermittlungsverfahren)

neben einigen dort geregelten Sondervorschriften im Grundsatz die allgemeinen Gesetze über das Strafverfahren anzuwenden (§ 385 Abs. 1 AO). Zu diesen allgemeinen Gesetzen über das Strafverfahren gehören insbesondere die Strafprozeßordnung, das Gerichtsverfassungsgesetz sowie das Jugendgerichtsgesetz.

302 Die Vorschriften des Steuerstrafverfahrens gelten nicht nur für Steuerstrafsachen, sondern auch für andere Straftaten, die in einem steuerlichen Sachzusammenhang stehen, soweit in den betreffenden Gesetzen entsprechende **Verweisungsvorschriften** vorhanden sind, wie etwa im Berlinförderungsgesetz, Investitionszulagengesetz, Sparprämiengesetz, Wohnungsbauprämiengesetz, Bergmannsprämiengesetz. Schließlich werden die für die Steuerstraftaten geltenden Vorschriften der Abgabenordnung nach Maßgabe des § 385 Abs. 2 AO auch auf jene Fälle ausgedehnt, in denen aufgrund eines der Finanzbehörde gegenüber vorgetäuschten Steuervorgangs eine Steuervergütung erlangt oder eine Steuer erstattet wird (z. B. Umsatzsteuer nach Abgabe von Umsatzsteuervoranmeldungen für ein nicht existentes Unternehmen). Hier handelt es sich nicht um eine Steuerhinterziehung, sondern um einen Betrug, für dessen Verfolgung wegen des Sachzusammenhangs die Steuerstrafverfahrensvorschriften für anwendbar erklärt worden sind.

2. Zuständigkeit der Finanzbehörden zur Strafverfolgung

a) Selbständige Ermittlungsbefugnis der Finanzbehörden

303 Die Finanzbehörde führt das Ermittlungsverfahren dann **selbständig** durch, wenn
– die Tat ausschließlich eine Steuerstraftat darstellt (§ 386 Abs. 2 Nr. 1 AO),
– es sich um eine Tat handelt, die wie eine Steuerstraftat zu behandeln ist,
– es sich um eine Tat i. S. des § 386 Abs. 2 Nr. 2 AO handelt.
Steuerstraftaten sind in § 369 AO aufgeführt.

304 Taten, die kraft Gesetzes *wie* Steuerstraftaten zu behandeln sind, beziehen sich auf die ungerechtfertigte Erlangung von
– Zulagen für Arbeitnehmer in Berlin (§ 29a Berlinförderungsgesetz),
– Wohnungsbauprämien (§ 8 Abs. 2 Wohnungsbauprämiengesetz),
– Sparprämien (§ 5b Abs. 2 Sparprämiengesetz),
– Bergmannsprämien (§ 5 Abs. 2 Bergprämiengesetz),
– Arbeitnehmersparzulagen (§ 13 Abs. 2 Vermögensbildungsgesetz).

305 Als Steuerstraftat wird ferner behandelt der **Subventionsbetrug** (§ 264 StGB), soweit er sich auf Investitionszulagen nach dem Berlinförderungsgesetz (§ 20 Berlinförderungsgesetz) und dem Investitionszulagengesetz (§ 5a Investitionszulagengesetz) bezieht.

306 Taten i. S. des § 386 Abs. 2 Nr. 2 AO sind solche, die eine Steuerstraftat darstellen und *zugleich* andere Strafgesetze verletzen und deren Verletzung Kirchensteuern oder andere öffentlich-rechtliche Abgaben betreffen, die an Besteuerungsgrundlagen, Steuermeßbeträgen und Steuerbeträgen anknüpfen. § 386 Abs. 2 Nr. 2 AO trifft neben den Kirchensteuern insbesondere Beträge an die Industrie- und Handelskammern, Handwerkskammern sowie Landwirtschafts- und Steuerberaterkammern. In diesen Fällen ermittelt die Finanzbehörde neben der Steuerstraftat auch die allgemeine Straftat selbständig. Falls freilich das Verfahren hinsichtlich der Steuerstraftat von der Finanzbehörde eingestellt wird, muß die Sache wegen der allgemeinen Straftat an die Staatsanwaltschaft abgegeben werden (*Kohlmann* § 386 Anm. 18).

b) Ermittlungsbefugnis der Staatsanwaltschaft

307 Soweit die Finanzbehörde keine selbständige Ermittlungsbefugnis hat, liegen alle Kompetenzen bei der Staatsanwaltschaft. In derartigen Fällen können die Finanzbehörden allenfalls *unselbständig* ermitteln, wobei sich deren Befugnisse grundsätzlich nach denen des Polizeidienstes richten (§ 402 AO).
Bei Steuerstraftaten hat die Staatsanwaltschaft **in folgenden Fällen Ermittlungsbefugnisse:**

308 **(1) Haft- oder Unterbringungsbefehl**
In den Fällen, in denen gegen den Beschuldigten wegen einer Steuerstraftat ein Haftbefehl oder ein Unterbringungsbefehl erlassen worden ist, verlieren die Finanz-

behörden automatisch ihre Ermittlugnsbefugnis (§ 386 Abs. 3 AO). In derartigen Fällen können die Finanzbehörden lediglich gem. § 402 AO unselbständig tätig werden.

309 **(2) Abgabe der Strafsache**
Gemäß § 386 Abs. 4 Satz 1 AO können die Finanzbehörden die Strafsache jederzeit an die Staatsanwaltschaft abgeben. Mit der Abgabe endet die selbständige Ermittlugnsbefugnis der Finanzbehörden. In folgenden Fällen kommt eine Abgabe in Betracht (*Kohlmann* § 386 Anm. 24):
- Besondere Probleme allgemeiner strafrechtlicher oder strafprozessualer Art,
- Besonders schwere Fälle i. S. von § 370 Abs. 3 AO,
- Schwierige Täter- und Teilnahmeprobleme,
- Irrtumsfragen,
- Rechtsfragen von grundsätzlicher Bedeutung,
- Sachzusammenhang mit einem bei der Staatsanwaltschaft bereits anhängigen Verfahren.

310 **(3) Ansichziehen**
Gem. § 386 Abs. 4 Satz 2 AO kann die Staatsanwaltschaft die Strafsache jederzeit an sich ziehen **(Evokationsrecht)**. Mit dem Ansichziehen endet stets die selbständige Ermittlungsbefugnis der Finanzbehörden.
Ein Ansichziehen kommt in folgenden Fällen in Betracht (*Kohlmann* § 386 Anm. 25):
- Umfang und Bedeutung der Steuerstraftat,
- Verdacht der Beteiligung eines Angehörigen der Finanzverwaltung oder anderer öffentlicher Verwaltungen,
- Einbeziehung der Steuerdelikte in die Ermittlung der Staatsanwaltschaft wegen anderer Delikte des Täters,
- Erforderlichkeit besonderer Ermittlungsmaßnahmen,
- Strafbefehl scheidet wegen des Umfangs der Tat aus.

311 **(4) Ungeeignetheit des Strafbefehlsverfahrens**
Aus § 400 AO ist abzuleiten, daß die Staatsanwaltschaft zur zuständigen Ermittlungsbehörde wird, wenn die Behandlung im Strafbefehlsverfahren nicht geeignet ist. Geeignet ist das Strafbefehlsverfahren insbesondere dann nicht, wenn ein Einspruch gegen den Strafbefehl als sicher erscheint.

312 Für die Ermittlung **allgemeiner Straftaten** ist allein die Staatsanwaltschaft zuständig (§§ 152, 160, 163 StPO). Das gilt auch dann, wenn derartige Straftaten bei Gelegenheit einer Außenprüfung oder Steuerfahndung aufgedeckt worden sind. Dem Finanzamt sind hierbei jegliche Ermittlungen verwehrt.

313 Eine **Ausnahme** von dem Ermittlungsverbot der Finanzverwaltung für allgemeine Straftaten ergibt sich aus § 385 Abs. 2 AO. Hierbei handelt es sich um Straftaten, die unter Vorspiegelung eines steuerlich erheblichen Sachverhaltes gegenüber der Finanzbehörde oder einer anderen Behörde auf die Erlangung von Vermögensvorteile gerichtet sind und ein Steuerstrafgesetz verletzen (vgl. Rz. 302).

314 Ist **Tateinheit** zwischen einer allgemeinen Straftat und einer Steuerstraftat gegeben, liegt hinsichtlich der allgemeinen Straftat die Ermittlungsbefugnis allein bei der Staatsanwaltschaft. Trotz eines möglichen Zusammenhangs darf die Finanzbehörde nicht, und zwar auch nicht im Auftrage der Staatsanwaltschaft, ermitteln.

315 Hinsichtlich der **Steuerstraftat** hat die Finanzbehörde eine unselbständige Ermittlungsbefugnis. Nach Abschluß ihrer Ermittlungen darf sie allerdings keinen Strafbefehl erlassen, sondern muß ihre Ermittlungsergebnisse der Staatsanwaltschaft zur Verfügung stellen (§ 163 Abs. 2 StPO). Die tateinheitlich miteinander verbundenen Taten können dann durch die Staatsanwaltschaft angeklagt werden oder zum Gegenstand eines Strafbefehlsverfahrens gemacht werden. Eine **Ausnahme** von dem Verbot der Finanzbehörden, allgemeine Straftaten zu ermitteln, ergibt sich aus § 386 Abs. 2 Nr. 2 AO, soweit die allgemeinen Straftaten Kirchensteuern oder andere öffentlich-rechtliche Abgaben betreffen, die an Besteuerungsgrundlagen, Steuermeßbeträge oder Steuerbeträge anknüpfen.

316 Soweit zwischen einer allgemeinen Straftat und einer Steuerstraftat **Tatmehrheit** vorliegt, führt allein die Staatsanwaltschaft die Ermittlungen hinsichtlich der allgemeinen Straftat durch. Die selbständige Ermittlungsbefugnis für die Steuerstraftat liegt bei der Finanzbehörde.

3. Einleitung des Strafverfahrens

a) Voraussetzungen

317 Gem. § 397 Abs. 1 AO ist das Strafverfahren eingeleitet, sobald die Finanzbehörde, die Polizei, die Staatsanwaltschaft, einer ihrer Hilfsbeamten oder der Strafrichter eine Maßnahme treffen, die erkannbar darauf abzielt, gegen jemanden wegen einer Steuerstraftat strafrechtlich vorzugehen. Die Einleitung des Steuerstrafverfahrens setzt einen sog. **Anfangsverdacht** voraus. Hiernach müssen zureichende tatsächliche Anhaltspunkte für ein Steuervergehen vorliegen (§ 152 Abs. 2 StPO). Die tatsächlichen Anhaltspunkte müssen in objektiver und subjektiver Hinsicht gegeben sein. Die bloße Möglichkeit einer strafbaren Handlung reicht ebenso wenig aus wie diesbezügliche Vermutungen oder Spekulationen. Erforderlich ist allerdings nicht ein dringender Tatverdacht (§ 112 Abs. 1 StPO), wie er für die Untersuchungshaft vorausgesetzt wird. Schließlich wird auch nicht, wie es für die Eröffnung des Hauptverfahrens erforderlich ist, ein hinreichender Tatverdacht (§ 203 StPO) verlangt.

318 Sobald das Ermittlungsverfahren eingeleitet worden ist, kann sich der Beschuldigte einen **Verteidiger** wählen (§ 392 AO, § 138 StPO). An der Aufklärung der Straftat braucht er nicht mitzuwirken (§ 385 Abs. 1 AO i. V. m. §§ 136 Abs. 1, 163a Abs. 3, 4 StPO). Der Beschuldigte hat schließlich grundsätzlich ein **Recht auf Gehör** (§ 385 Abs. 1 AO i. V. m. §§ 136 Abs. 2; 163a Abs. 1 StPO) und darf zu seiner Entlastung die **Aufnahme von Beweisen** beantragen (§ 163a Abs. 2 StPO).

b) Einleitungsbefugnis

319 Ein Steuerstrafverfahren dürfen einleiten
– Finanzämter, Hauptzollämter und das Bundesamt für Finanzen (§ 386 Abs. 1 Satz 2 AO),
– Straf- und Bußgeldsachenstellen (§ 387 Abs. 2 AO),
– die Zoll- und Steuerfahndung (§ 208 Abs. 1 Nr. 1, § 404 AO; § 163 StPO),
– Polizei (§ 163 StPO),
– Staatsanwaltschaft (§ 160 StPO),
– Strafrichter.

320 Die gem. § 397 Abs. 1 AO getroffenen Einleitungsmaßnahmen sind gem. § 397 Abs. 2 AO unter Angabe von Zeitpunkt unverzüglich in den Akten zu vermerken. Dieser **Einleitungsvermerk** dient der Beweiserleichterung und der Beweissicherung.

c) Bekanntgabe der Einleitung

321 Gem. § 397 Abs. 3 AO ist die Einleitung des Strafverfahrens dem Beschuldigten spätestens mitzuteilen, wenn er dazu aufgefordert wird, Tatsachen darzulegen oder Unterlagen vorzulegen, die im Zusammenhang mit der Straftat stehen, derer er verdächtig ist. Dem Beschuldigten sind hierbei die vorgeworfene Straftat und die damit verbundenen Tatumstände so genau wie möglich mitzuteilen. Für die Bekanntgabe der Einleitung ist keine bestimmte Form vorgeschrieben.

322 Sobald das Strafverfahren gegen den Beschuldigten eingeleitet ist, ändert sich dessen Rechtsstellung auch im Besteuerungsverfahren. Im Hinblick darauf, daß er im Strafverfahren keine Mitwirkungs- und Auskunftspflichten hat, können die gleichwohl im Besteuerungsverfahren noch bestehenden Mitwirkungspflichten nicht mehr zwangsweise durchgesetzt werden, wenn der Steuerpflichtige andernfalls gezwungen würde, sich selbst wegen einer von ihm begangenen Steuerstraftat oder Steuerordnungswidrigkeit zu belasten (§ 393 Abs. 1 Satz 2 AO). Über die veränderte Rechtslage ist der Steuerpflichtige zu **belehren** (§ 393 Abs. 1 Satz 4 AO).

4. Aussetzung des Strafverfahrens

323 Hängt die Beurteilung der Tat als Steuerhinterziehung davon ab, ob ein Steueranspruch besteht, ob Steuern verkürzt oder ob nicht gerechtfertigte Steuervorteile erlangt sind, so kann das Strafverfahren ausgesetzt werden, bis das Besteuerungsverfahren rechtskräftig abgeschlossen ist.

324 Der Zweck des § 396 AO ist darauf gerichtet, die widersprüchliche Auslegung steuerrechtlicher Vorschriften durch die Finanzbehörden bzw. Finanzgerichte einerseits und die Strafgerichte und Straf- und Bußgeldsachenstellen andererseits zu verhüten und so der Rechtssicherheit zu dienen. Obwohl gerade die Strafgerichte eine uneingeschränkte **Vorfragenkompetenz** haben, wäre es unerträglich, wenn etwa zunächst der Täter wegen Steuerhinterziehung verurteilt würde, danach aber das Finanzgericht feststellte, daß eine Steueranspruch des Staates überhaupt nicht existiert habe. § 396 AO geht konzeptionell davon aus, daß die steuerrechtlichen Vorfragen zunächst von den Finanzbehörden und ggf. von den Finanzgerichten abgeklärt werden, bevor die Strafgerichte Entscheidungen treffen.

325 Die Aussetzungsbefugnis üben Staatsanwaltschaft, Finanzbehörde und Gericht nach **pflichtgemäßem Ermessen** aus. Die Aussetzung des Strafverfahrens kann vom Betroffenen beantragt oder aber von Amts wegen verfügt werden. Gegen die Aussetzungsverfügung der Staatsanwaltschaft, gleichviel ob sie die Aussetzung anordnet oder ablehnt, ist kein Rechtsmittel gegeben. Das gleiche gilt für die entsprechende Entscheidung durch die Straf- und Bußgeldsachenstelle. Soweit das Strafgericht einen Aussetzungsantrag ablehnt, ist ebenfalls kein Rechtsmittel möglich. Gegen den gerichtlichen Aussetzungsbeschluß ist dagegen die Beschwerde gem. § 304 StPO gegeben (*Hübschmann/Hepp/Spitaler* § 396 Anm. 46 ff.).

Während der Aussetzung des Strafverfahrens ruht die strafrechtliche Verjährung.

5. Rechtsschutz im Ermittlungsverfahren

326 Die Maßnahmen der Strafverfolgungsbehörden im Ermittlungsverfahren unterliegen einer gerichtlichen Kontrolle. Dem Beschuldigten stehen die Rechtsbehelfsmöglichkeiten der AO nicht zur Verfügung; in Betracht kommen lediglich die Beschwerde nach § 304 StPO und der Antrag auf gerichtliche Entscheidung nach § 23 EGGVG.

Die **Beschwerde** gem. § 304 StPO ist gegen richterliche Entscheidungen gegeben, etwa gegen
- Haftbefehl,
- Beschlagnahmebeschluß,
- Durchsuchungsbefehl,
- Ablehnung der Akteneinsicht.

Wurden Durchsuchung und Beschlagnahme wegen Gefahr im Verzuge nicht vom Gericht, sondern von der Staatsanwaltschaft oder etwa der Steuerfahndung angeordnet, so ist zunächst eine **richterliche Entscheidung** (§ 98 Abs. 2 Satz 2 StPO) zu beantragen, dagegen ist dann die Beschwerde gem. § 304 StPO möglich.

Gegen die Art und Weise der Durchführung von Beschlagnahme und Durchsuchung ist der Antrag auf richterliche Entscheidung gem. § 23 EGGVG gegeben.

Vgl. im übrigen die Checkliste zu Steuerfahndung Rz. 127.

6. Beendigung des Ermittlungsverfahrens

Soweit die Finanzbehörde (Straf- und Bußgeldsachenstelle) selbständig ermittelt, kann sie das Ermittlungsverfahren wie folgt beenden:

327 a) **Einstellung mangels Tatverdacht**

Gem. § 399 Abs. 1 AO i. V. m. § 170 Abs. 2 StPO hat die ermittelnde Behörde das Verfahren einzustellen, wenn aufgrund der Ermittlungen kein genügender Anlaß zur Erhebung der öffentlichen Klage bzw. Beantragung eines Strafbefehls besteht. Das ist dann der Fall, wenn eine Verurteilung des Beschuldigten nicht mit Wahrscheinlichkeit zu erwarten ist oder sich der Verdacht als unbegründet herausstellt.

Ein Einstellungsgrund nach § 170 Abs. 2 StPO ist ferner dann gegeben, wenn etwa der Verurteilung ein Verfahrenshindernis, insbesonders Verjährung, entgegensteht oder aber eine strafbefreiende Selbstanzeige (§ 371 AO) vorliegt.

Trotz Einstellung nach § 170 Abs. 2 StPO kann das Ermittlungsverfahren jederzeit wieder aufgenommen werden.

328 b) Einstellung wegen Geringfügigkeit

Mit Zustimmung des für die Eröffnung des Hauptverfahrens zuständigen Gerichts kann die Straf- und Bußgeldsachenstelle das steuerstrafrechtliche Ermittlungsverfahren einstellen, wenn die Schuld des Täters gering ist und kein öffentliches Interesse an der Strafverfolgung besteht (§ 153 Abs. 1 Satz 1 StPO).

Ist schließlich die eingetretene Steuerverkürzung bzw. der erlangte Steuervorteil auch geringwertig, kann die Einstellung auch ohne Zustimmung des zuständigen Gerichts erfolgen (§ 398 AO).

Solange die Verjährung nicht eingetreten ist, kann das Ermittlungsverfahren jederzeit wieder aufgenommen werden.

329 c) Einstellung gegen Auflagen

§ 153a StPO läßt die Einstellung bei geringer Schuld zu. Im Unterschied zu § 153 StPO sind die Fälle immerhin so gewichtig, daß ein öffentliches Interesse an der Strafverfolgung besteht. Dieses öffentliche Interesse an der Strafverfolgung kann allerdings durch Auflagen beseitigt werden. Diese Auflagen bestehen regelmäßig darin, daß die verkürzten Beträge einschließlich von Nebenleistungen innerhalb einer bestimmten Frist entrichtet werden müssen und darüber hinaus ein bestimmter Geldbetrag an die Staatskasse oder an eine gemeinnützige Einrichtung zu zahlen ist. Die Einstellung gem. § 153a StPO ist nur mit Zustimmung des zuständigen Gerichts und des Beschuldigten selbst möglich.

Die Einstellung erfolgt regelmäßig derart, daß die Straf- und Bußgeldsachenstelle die vorläufige Einstellung des Verfahrens verfügt und diese Verfügung dem Beschuldigten unter Bezeichnung der Auflagen und Weisungen zustellt. Erfüllt der Beschuldigte die Auflagen und Weisungen, so entsteht damit von selbst ein endgültiges Verfahrenshindernis, so daß es eines endgültigen Einstellungsbeschlusses nicht mehr bedarf. Im Gegensatz zu den Einstellungen gem. § 170 Abs. 2 StPO und § 153 StPO tritt Strafklageverbrauch ein. Kommt der Beschuldigte den Auflagen nicht nach, ist die vorläufige Einstellung zu widerrufen und das Verfahren fortzuführen.

330 d) Antrag auf Erlaß eines Strafbefehls

Die Straf- und Bußgeldsachenstelle kann gem. § 400 AO einen Antrag auf Erlaß eines Strafbefehls stellen, wenn die Ermittlungen Anlaß zur Erhebung der öffentlichen Klage bieten und die Strafsache zur Behandlung im Strafbefehlsverfahren geeignet erscheinen. Voraussetzung ist demnach, daß der Beschuldigte der Begehung der Tat hinreichend verdächtig erscheint (§ 203 StPO) und kein Verfahrenshindernis vorliegt. Die Strafsache ist dann geeignet, im Strafbefehlsverfahren erledigt zu werden, wenn die Verhängung einer Freiheitsstrafe nicht erforderlich erscheint und zudem kein Einspruch zu erwarten ist (vgl. § 407 StPO). Strafbefehle können nur beantragt werden, wenn das Strafmaß nicht über 360 Tagessätze hinausgeht.

331 e) Vorlage an die Staatsanwaltschaft

Die Straf- und Bußgeldsachenstelle hat die Strafsache der Staatsanwaltschaft vorzulegen, wenn die durchgeführten Ermittlungen genügend Anlaß zur Erhebung der öffentlichen Klage bieten und nicht geeignet ist für die Erledigung im Strafbefehlsverfahren.

332 Soweit die Staatsanwaltschaft das Ermittlungsverfahren betrieben hat, kann sie dieses unter den gleichen Voraussetzungen erledigen wie die Straf- und Bußgeldsachenstelle. Darüber hinaus hat sie das alleinige Recht der Anklageerhebung (§ 152 Abs. 1 StPO).

7. Mitwirkung der Finanzbehörde im Strafbefehlsverfahren und Gerichtsverfahren

a) Strafbefehlsverfahren

333 Gem. § 400 AO hat die Finanzbehörde das Recht, einen Strafbefehl zu beantragen. In diesem Strafbefehlsverfahren nimmt die Finanzbehörde die Rechte und Pflichten der Staatsanwaltschaft wahr, solange nicht Hauptverhandlung anberaumt oder Einspruch gegen den Strafbefehl erhoben wird (§ 406 Abs. 1 AO).
Über den Strafbefehlsantrag der Finanzbehörde entscheidet das nach § 391 AO zuständige Amtsgericht. Das Amtsgericht kann über den Antrag wie folgt befinden:
- Zurückweisung des Antrages als unzulässig oder unbegründet,
- Anberaumung einer Hauptverhandlung,
- Einstellung des Verfahrens,
- Erlaß eines Strafbefehls.

334 Soweit das Amtsgericht den Strafbefehlsantrag als unzulässig oder unbegründet zurückweisen will, hat es zuvor die Finanzbehörde hierzu zu hören (§ 408 Abs. 1 Satz 2 StPO).
Gegebenenfalls wird das Amtsgericht sodann den Strafbefehl antragsgemäß erlassen oder aber den Erlaß des Strafbefehls ablehnen. Hiergegen hat die Finanzbehörde entsprechend § 210 Abs. 2 StPO das Recht zur sofortigen Beschwerde.
Schließlich kann das Amtsgericht trotz Antrag auf Erlaß eines Strafbefehls einen Termin zur Hauptverhandlung anberaumen (§ 408 Abs. 2 StPO).
Gegen den Strafbefehl ist der **Einspruch** gegeben. Bei rechtzeitigem Einspruch wird Termin zur Hauptverhandlung anberaumt (§§ 410ff. StPO). Dort gilt das sog. **Verböserungsverbot nicht**, so daß in der Hauptverhandlung eine höhere Strafe verhängt werden kann (§ 411 Abs. 4 StPO).
Die Mitwirkungsbefugnis der Finanzbehörde endet, sobald das Amtsgericht einen Termin zur Hauptverhandlung anberaumt oder der Betroffene gegen den Strafbefehl Einspruch eingelegt hat.

b) Gerichtsverfahren

335 Im Gerichtsverfahren hat die Finanzbehörde (Straf- und Bußgeldsachenstelle) gem. § 407 AO die folgenden Anhörungs- und Mitwirkungsrechte:
- Anhörungsrecht bei Gerichtsentscheidungen,
- Anhörungsrecht bei Einstellung des Verfahrens,
- Anwesenheitsrecht in der Hauptverhandlung,
- Fragerecht gegenüber Angeklagten, Zeugen und Sachverständigen,
- Informationsrecht über abschließende Entscheidungen.

Verstöße gegen § 407 AO kann die Finanzbehörde mit der Gegenvorstellung oder mit der Dienstaufsichtsbeschwerde rügen.

8. Verteidigung in Steuerstrafsachen

a) Rechtsstellung des Verteidigers

336 Der Verteidiger ist ein unabhängiges Organ der Rechtspflege, das dem Schutz des Beschuldigten und zu dessen einseitiger Interessenwahrung verpflichtet ist. Er hat insbesondere auf die Einhaltung der Verfahrensvorschriften zugunsten seines Mandanten zu achten. Der Verteidiger ist zur Wahrheit verpflichtet. Das bedeutet, daß er keine unwahren Tatsachenbehauptungen aufstellen darf.

337 Ferner darf er die Wahrheitsermittlung nicht behindern. Aufgrund seines Verschwiegenheitsgebotes und seiner Treuepflicht gegenüber dem Mandanten ist er allerdings nicht verpflichtet, zur Wahrheitsfindung selbst beizutragen. Hierbei kann der Verteidiger in besonderen Konfliktsituationen geraten. Vor allen Dingen läuft er Gefahr, sich der Begünstigung (§ 257 StGB) oder der Strafvereitelung (§ 258 StGB) schuldig zu machen. Diese Gefahr ist insbesondere bei Wirtschaftsprüfern, Steuerberatern und Steuerbevollmächtigten gegeben, die den Mandanten bereits steuerlich beraten haben. Im Hinblick darauf ist bei der Übernahme der Verteidigung besondere Vorsicht geboten.

338 Ein Verteidiger sollte frühzeitig, möglichst zu Beginn des Ermittlungsverfahrens bestellt werden; denn nur so kann sichergestellt werden, daß der Beschuldigte seine Rechte voll wahrnehmen kann. Spätestens bei der Vernehmung des Beschuldigten durch die Steuerfahndung, Straf- und Bußgeldsachenstelle des Finanzamtes oder die Staatsanwaltschaft ist ein Verteidiger hinzuziehen. Schließlich hat der Verteidiger – nicht der Beschuldigte – ein Recht auf **Akteneinsicht** (§ 147 StPO). Solange freilich die Ermittlungen noch nicht abgeschlossen sind, kann dem Verteidiger die Akteneinsicht verwehrt werden (§ 147 Abs. 2 StPO).

b) Person des Verteidigers

339 Gem. § 138 Abs. 1 StPO können bei einem deutschen Gericht zugelassene Rechtsanwälte sowie Rechtslehrer an deutschen Hochschulen (nicht Fachhochschullehrer) als Verteidiger auftreten. Darüber hinaus können gem. § 392 Abs. 1 AO auch **Angehörige der steuerberatenden Berufe** zum Verteidiger bestellt werden.

340 Angehörige der steuerberatenden Berufe sind zur **Alleinverteidigung** allerdings nur befugt, solange die Finanzbehörden das Strafverfahren selbständig durchführen, also im Ermittlungsverfahren bis zum Erlaß eines Strafbefehls einschließlich des Einspruchs gegen denselben. Sobald die Staatsanwaltschaft oder das Gericht mit der Strafsache befaßt sind, dürfen die Angehörigen der steuerberatenden Berufe nur zusammen mit einem Rechtsanwalt oder einem Hochschullehrer als Verteidiger tätig werden. Dennoch dürfen die Angehörigen der steuerberatenden Berufe folgende Verteidigerrechte selbständig ausüben:
– Akteneinsicht (§ 147 StPO),
– schriftlicher und mündlicher Verkehr mit dem Beschuldigten (§ 148 StPO),
– Anwesenheit bei Vernehmungen (§ 163a Abs. 3 Satz 2, § 168c Abs. 1 StPO).

341 Eine Alleinverteidigung im Gerichtsverfahren ist für Angehörige der steuerberatenden Berufe ebenso wie für Rechtsbeistände nur unter den Voraussetzungen des § 138 Abs. 2 StPO aufgrund besonderer Zulassung durch das Gericht möglich.

342 Soweit die Hauptverhandlung im ersten Rechtszug vor dem Bundesgerichtshof, dem Oberlandesgericht oder dem Landgericht stattfindet, liegt ein Fall **notwendiger Verteidigung** vor. Dieser Fall wird bei größeren Steuerstrafsachen häufig gegeben sein, da diese zum Landgericht (Große Wirtschaftsstrafkammer) angeklagt werden, falls eine Freiheitsstrafe von mehr als 3 Jahren zu erwarten ist (§§ 74c, 74 Abs. 1 GVG).

343 Ist ein Verteidiger bestellt worden, der dringend verdächtigt ist, an der Tat seines Mandanten beteiligt gewesen zu sein, kann dieser vom Gericht **ausgeschlossen** werden (§ 138a Abs. 1 Nr. 1, 3 StPO).

c) Verbot der Mehrfachverteidigung

344 Die Verteidigung mehrerer Beschuldigter durch einen gemeinschaftlichen Verteidiger ist gem. § 146 StPO unzulässig. Dies gilt nicht nur für die gleichzeitige, sondern auch für die sukzessive Verteidigung. Eine verbotene **Mehrfachverteidigung** liegt nicht vor, wenn mehrere Anwälte einer Anwaltssozietät die Verteidigung übernehmen.

345 Die bei mehreren Beteiligten erforderliche Mehrfachverteidigung führt zu erhöhten Kosten. Im Steuerstrafverfahren, insbesondere während der Phase der Steuerfahndung, bietet es sich an, wenn für den einen Beteiligten der Steuerberater und für den anderen ein Anwalt als Verteidiger auftreten. Die enge Zusammenarbeit zwischen beiden Verteidigern gewährleistet eine hohe Effizienz. Dies gilt auch, wenn mehrere Anwälte oder Steuerberater einer Sozietät als Verteidiger mehrerer Beteiligter auftreten.

Hierbei bedeutet es keinen Verstoß gegen § 146 StPO, wenn die steuerlichen Belange der Tatbeteiligten durch die Sozietät erledigt werden.

IV. Steuerordnungswidrigkeitenrecht

401 Das Steuerordnungswidrigkeitenrecht ist in den §§ 377–384 AO geregelt. Soweit dort nichts anderes bestimmt ist, gelten nach § 377 Satz 2 AO die allgemeinen Vorschriften des Gesetzes über Ordnungswidrigkeiten (OWiG). Die allgemeinen Vorschriften sind dort im ersten Teil in den §§ 1–34 enthalten.

1. Allgemeiner Teil

402 Eine **Ordnungswidrigkeit** ist eine rechtswidrige und vorwerfbare Handlung, die den Tatbestand eines Gesetzes verwirklicht, das die Ahndung mit einer Geldbuße zuläßt (§ 1 OWiG). Nach § 377 Abs. 1 AO sind Steuerordnungswidrigkeiten diejenigen Zuwiderhandlungen gegen Steuergesetze, die mit Geldbuße bedroht sind.

403 Hinsichtlich der **Tatbestandsmäßigkeit** gelten die gleichen Grundsätze wie im Steuerstrafrecht. So kann eine Handlung als Ordnungswidrigkeit nur geahndet werden, wenn die Möglichkeit der Ahndung gesetzlich bestimmt war, bevor die Handlung begangen wurde (§ 3 OWiG). Im Hinblick darauf, daß das Steuerordnungswidrigkeitenrecht ebenso wie das Steuerstrafrecht weitgehend **Blankettrecht** ist, müssen die Normen des Steuerrechts ebenfalls dem Gebot der Tatbestandsbestimmtheit entsprechen.

404 Ordnungswidrigkeiten sind rechtswidrige Handlungen. Die **Rechtswidrigkeit** ist nur bei besonderen Rechtfertigungsgründen zu verneinen. Hierzu zählt vor allen Dingen die Notwehr (§ 15 OWiG). Im Bereich des Steuerordnungswidrigkeitenrechts spielen Rechtfertigungsgründe keine Rolle.

405 Eine Ordnungswidrigkeit kann nur geahndet werden, wenn sie vorwerfbar begangen ist (§ 1 Abs. 1 OWiG). Der Begriff der **Vorwerfbarkeit** deckt sich mit dem Begriff der Schuld im Steuerstrafrecht.

406 Das Ordnungswidrigkeitenrecht kennt **vorsätzliches** und **fahrlässiges Handeln** (§ 10 OWiG). Auch hier gelten die gleichen Grundsätze wie im Steuerstrafrecht. Auch die Regelung des **Tatbestandsirrtums** in § 11 Abs. 1 OWiG ist dem § 16 Abs. 1 StGB nachgebildet. Da die Steuerordnungswidrigkeiten weitgehend **Blankett-Vorschriften** sind, gehören zu den Tatumständen auch die blankettausfüllenden steuerrechtlichen Tatbestände, so daß ein Irrtum hierüber stets ein vorsatzausschließender Tatbestandsirrtum ist (*Franzen/Gast/Samson* § 377 Anm. 13). In diesem Falle ist allerdings gem. § 11 Abs. 1 Satz 2 OWiG die Möglichkeit der Ahndung wegen fahrlässigen Handelns möglich. Der **Verbotsirrtum** ist in § 11 Abs. 2 OWiG geregelt und bezieht sich auf die Rechtswidrigkeit der Tat. Fehlt dem Täter bei Begehung der Handlung die Einsicht, etwas Unerlaubtes zu tun, namentlich weil er das Bestehen oder die Anwendbarkeit einer Rechtsvorschrift nicht kennt, so handelt er nicht vorwerfbar, wenn er diesen Irrtum nicht vermeiden konnte (§ 11 Abs. 2 OWiG).

407 Neben dem Vorsatz kommt auch **Fahrlässigkeit** als Anknüpfung im Ordnungswidrigkeitenrecht in Betracht. Fahrlässig handelt, wer entweder die Sorgfalt außer acht läßt, zu der er nach den Umständen und seinen persönlichen Verhältnissen verpflichtet und fähig ist und deshalb die Tatbestandsverwirklichung nicht erkennt (**unbewußte Fahrlässigkeit**) oder wer die Tatbestandsverwirklichung für möglich hält, jedoch pflichtwidrig und vorwerfbar im Vertrauen darauf handelt, daß sie nicht eintreten werde (**bewußte Fahrlässigkeit**). **Leichtfertigkeit,** an die insbesondere das Steuerordnungswidrigkeitenrecht anknüpft, ist ein erhöhter Grad von Fahrlässigkeit, die auch als grobe Fahrlässigkeit bezeichnet werden kann.

408 Als Strafaufhebungsgrund ist im Steuerordnungswidrigkeitenrecht die **Selbstanzeige** geregelt (§ 378 Abs. 3 AO).

409 Der **Versuch** einer Ordnungswidrigkeit kann nur geahndet werden, wenn das Gesetz es ausdrücklich bestimmt (§ 13 Abs. 2 OWiG). Eine derartige Bestimmung gibt es im Steuerordnungswidrigkeitenrecht nicht, so daß versuchte Steuerordnungswidrigkeiten nicht geahndet werden können.

410 Im Unterschied zum Strafrecht unterscheidet das Ordnungswidrigkeitenrecht nicht zwischen Täter und den verschiedenen Formen der Teilnahme. Es kennt nur den Begriff des **Einheitstäters** (§ 14 OWiG). Täter einer Ordnungswidrigkeit ist demnach jeder, der durch sein Verhalten dazu beiträgt, daß die Ordnungswidrigkeit begangen wird.

411 Gerade im Steuerrecht knüpfen zahlreiche Pflichten an bestimmte persönliche Merkmale an und betreffen damit nur einen bestimmten Personenkreis. Soweit sich diese Personen vertreten lassen, können auch die Vertreter gem. § 9 OWiG verantwortlich gemacht werden.

412 Begeht der Täter mehrere Gesetzesverletzungen, so liegt **Tateinheit** vor, wenn dieselbe Handlung mehrere Tatbestände oder denselben Tatbestand mehrmals erfüllt (§ 19 Abs. 1 OWiG). In diesem Falle wird nur auf eine Geldbuße erkannt und zwar aus dem Gesetz, das die höchste Geldbuße androht (§ 19 Abs. 2 OWiG). Trifft die Ordnungswidrigkeit tateinheitlich mit einer Straftat zusammen, so tritt gem. § 21 OWiG die Ordnungswidrigkeit zurück. Bei **Tatmehrheit** können gesonderte Geldbußen festgesetzt werden (§ 20 OWiG).

413 Gem. § 17 OWiG beträgt eine Geldbuße mindestens 5,– DM und, wenn das Gesetz nichts anderes bestimmt, höchstens 1000,– DM. Bei Steuerordnungswidrigkeiten beträgt die höchste **Geldbuße** bei §§ 378, 383 AO 100000,– DM. In den übrigen Fällen beträgt sie höchstens 10000,– DM. Gem. § 30 OWiG kann neben der Festsetzung eine Geldbuße gegen den Täter selbst, als Nebenfolge auch eine Geldbuße gegen die juristische Person oder Personenvereinigung festgesetzt werden, die der Täter vertreten hat.

2. Besonderer Teil

a) Leichtfertige Steuerverkürzung

414 Gem. § 378 Abs. 1 handelt ordnungswidrig, wer als Steuerpflichtiger oder bei Wahrnehmung der Angelegenheiten eines Steuerpflichtigen eine den § 370 Abs. 1 bezeichneten Taten leichtfertig begeht.

aa) Täterkreis

415 Als Täter kommt nur in Betracht, wer die Steuerverkürzung als Steuerpflichtiger oder bei Wahrnehmung der Angelegenheiten eines Steuerpflichtigen bewirkt. Im Hinblick darauf sind daher Amtsträger der Finanzverwaltung, die bei Festsetzung der Steuer usw. leichtfertige Fehler begehen, ebensowenig verantwortlich wie Auskunftspersonen oder Sachverständige, die leichtfertig falsche Auskünfte erteilen.

416 Neben dem Steuerpflichtigen (§ 33 AO) selbst kann auch derjenige verantwortlich sein, der in Wahrnehmung der Angelegenheiten eines Steuerpflichtigen tätig wird. Indessen kommt nur der in Betracht, dessen Tun oder pflichtwidriges Unterlassen mit den steuerrechtlichen Pflichten eines Steuerpflichtigen im Zusammenhang steht. Dieser Zusammenhang kann sowohl rechtlicher als auch tatsächlicher Natur sein. Angesprochen werden hierdurch insbesondere **Angehörige der steuerberatenden Berufe**. Dies gilt auch, soweit diese Personen Angestellte von Steuerberatungs- oder Wirtschaftsprüfungsgesellschaften sind. Soweit in diesem Zusammenhang Aufsichtspflichten eines Vorstandes oder eines Geschäftsführers einer **Steuerberatungs- oder Wirtschaftsprüfungsgesellschaft** festzustellen sind, können diese mit einer Geldbuße geahndet werden (§ 130 OWiG). Zusätzlich können auch die Steuerberatungs- und Wirtschaftsprüfungsgesellschaften selbst mit einer Geldbuße als Nebenfolge gem. § 30 Abs. 1 Nr. 1, Abs. 2 Satz 2 OWiG belegt werden.

bb) Tathandlungen

417 § 378 Abs. 1 AO verweist hinsichtlich der Tathandlungen auf § 370 Abs. 1 AO. Insoweit deckt sich der objektive Tatbestand des § 378 Abs. 1 AO mit dem des § 370 Abs. 1 AO.

cc) Leichtfertigkeit

418 Leichtfertigkeit ist mit grober Fahrlässigkeit gleichzusetzen. Ob eine derartige grobe Fahrlässigkeit gegeben ist, hängt weitgehend von Vorbildung, Ausbildung und beruflicher Erfahrung des Betroffenen ab. Schließlich wird es eine Rolle spielen, ob die Fehler des Steuerpflichtigen trotz vorangegangener Belehrungen oder früherer Hinweise, etwa durch den Steuerberater oder durch das Finanzamt, erfolgt sind. Im Hinblick darauf, daß die Abgrenzung insbesondere zwischen leichter und grober Fahrlässigkeit kaum nachvollziehbar ist, findet § 378 AO in der Praxis durchweg als Auffangtatbestand Verwendung. In den Fällen nämlich, in denen dem Täter Vorsatz, insbesondere bedingter Vorsatz, nicht nachgewiesen werden kann, wird häufig auf § 378 AO zurückgegriffen.

419 Versehen im Zusammenhang mit der Erfüllung steuerrechtlicher Pflichten können ihre Ursache entweder in grober Achtlosigkeit oder Nachlässigkeit haben oder aber Folge der komplizierten und kaum noch überschaubaren Steuergesetze sein. Strafgerichte nehmen in diesem Zusammenhang eine weitgehende **Erkundigungspflicht** des Steuerpflichtigen an (vgl. *Franzen/Gast/Samson* § 378 Anm. 33).

420 Neben der Erkundigungspflicht bürden die Strafgerichte dem Steuerpflichtigen im Falle der Inanspruchnahme eines Beraters zusätzlich noch eine **Überprüfungspflicht** auf.

So kann derjenige grob fahrlässig handeln, der eine nach seinen Angaben von einem Steuerberater gefertigte Steuererklärung ohne Prüfung unterschreibt. Schließlich kann auch derjenige grob fahrlässig handeln, der zum Zwecke der Erledigung der Buchführung oder von Jahresabschlüssen sich Hilfspersonen bedient, die erkennbar diesen Aufgaben nicht gewachsen sind. Dazu gehört auch, daß derartige Hilfspersonen regelmäßig überwacht werden.

421 Die **Angehörigen der steuerberatenden Berufe** sind durch § 378 AO in besonderem Maße betroffen, wenn sie bei Wahrnehmung der Angelegenheiten ihrer Mandanten, etwa bei Fertigung von Steuererklärungen oder bei Führung der Bücher, die ihnen obliegende Sorgfaltspflichten grob fahrlässig verletzen und dadurch Verkürzungen der Steuern des Mandanten bewirken. Bei jedem steuerlichen Berater wird ein gewisses Maß an Steuerrechtskenntnissen, das sich aus Gesetz, Rechtsprechung und Steuerrichtlinien rekrutiert, vorausgesetzt, so daß die Schwelle von der leichten zur groben Fahrlässigkeit sehr niedrig liegt. Die Verantwortlichkeit des Beraters wächst, je weitergehender der Mandant ihn mit der Wahrnehmung seiner steuerlichen Belange beauftragt. Allerdings braucht der Berater dem Mandanten gegenüber nicht von vornherein mit Mißtrauen zu begegnen. So ist er nicht verpflichtet, die vom Mandanten überlassenen Unterlagen sowie dessen Angaben auf ihre Vollständigkeit und Richtigkeit zu überprüfen. Etwas anderes gilt nur dann, wenn er hierzu ausdrücklich beauftragt wird oder sich ihm Zweifel hinsichtlich der Richtigkeit und Vollständigkeit aufdrängen mußten. Sofern der Berater die Unrichtigkeit von Angaben erkennt, darf er gegenüber dem Finanzamt bei Abgabe von Steuererklärungen oder bei Erteilung von Auskünften nicht den Anschein erwecken, als habe er die Angaben selbst überprüft und für richtig befunden.

422 Wenn der Steuerberater im Rahmen der Steuererklärung von Rechtsprechung und herrschender Meinung im Steuerrecht abweicht und eine Mindermeinung vertritt, so hat er dies dem Finanzamt gegenüber deutlich zu machen, falls erkennbar ist, daß das Finanzamt davon ausgeht, in der Steuererklärung sei von der Rechtsprechung oder herrschenden Meinung ausgegangen worden.

dd) Selbstanzeige

423 Gem. § 378 Abs. 3 AO wird eine Geldbuße wegen leichtfertiger Steuerverkürzung nicht festgesetzt, soweit der Täter unrichtige oder unvollständige Angaben bei der Finanzbehörde berichtigt oder ergänzt oder unterlassene Angaben nachholt, bevor ihm oder seinem Vertreter die Einleitung eines Straf- oder Bußgeldverfahrens wegen der Tat bekanntgegeben worden ist. Damit ist die Selbstanzeige bei leichtfertiger Steuerverkürzung selbst dann noch möglich, wenn eine Sperrwirkung gem. § 371 Abs. 2 Nr. 1a, Nr. 2 AO vorliegen sollte.

b) Steuergefährdung

424 Gem. § 379 AO handelt ordnungswidrig, wer vorsätzlich oder leichtfertig
– Belege ausstellt, die in tatsächlicher Hinsicht unrichtig sind,
– nach Gesetz buchungs- oder aufzeichnungspflichtige Geschäftsvorfälle oder Betriebsvorgänge nicht oder in tatsächlicher Hinsicht unrichtig verbucht oder verbuchen läßt,
– der Mitteilungspflicht nach § 138 Abs. 2 AO nicht, nicht vollständig oder nicht rechtzeitig nachkommt,
– die Pflicht zur Kontenwahrheit nach § 154 Abs. 1 AO verletzt,
– einer Auflage nach § 120 Abs. 2 Nr. 4 AO zuwiderhandelt, die einem Verwaltungsakt für Zwecke der besonderen Steueraufsicht beigefügt worden ist.

425 Was das **Ausstellen unrichtiger Belege** anbelangt, so kann hierbei jeder Täter sein, der für sich oder einen Dritten einen Beleg ausstellt, dessen Verwendung es ihm oder dem Dritten ermöglicht, eine Steuerverkürzung zu bewirken. Belege sind Schriftstücke, die aufgrund ihres Inhalts dazu geeignet und dazu bestimmt sind, eine steuerlich erhebliche Tatsache zu beweisen. Insoweit gehören insbesondere Buchungsbelege und Vertragsurkunden zu den Belegen mit steuerrechtlich relevantem Inhalt.

426 Eine **Verletzung** von **Buchführungs- oder Aufzeichnungspflichten** kann nicht nur von demjenigen begangen werden, der selbst bucht, sondern auch von jenem, der nicht oder unrichtig verbuchen läßt. Betroffen hierdurch sind neben den Steuerpflichtigen selbst auch deren Buchhalter.

427 § 379 Abs. 2 Nr. 1 betrifft die Verletzung der **Meldepflicht bei Auslandsbeziehungen** (§ 138 Abs. 2 AO). Nach dieser Vorschrift muß insbesondere die Gründung und der Erwerb von Betrieben und Betriebsstätten im Ausland, die Beteiligung an ausländischen Personengesellschaften sowie der Erwerb von Schachtelanteilen an Kapitalgesellschaften im Ausland mitgeteilt werden.

428 Gem. § 379 Abs. 2 Nr. 2 AO wird die **Kontenerrichtung auf falschem Namen** (§ 154 Abs. 1 AO) geahndet. Die Vorschrift dient dem Zweck, die Überprüfung der steuerlichen Verhältnisse zu erleichtern.

429 § 379 Abs. 3 AO betrifft den Adressaten der Auflage, die einem Verwaltungsakt für Zwecke der **besonderen Steueraufsicht** (§§ 209–217 AO) beigefügt worden sind. Die besondere Steueraufsicht dient der laufenden Kontrolle bestimmter Betriebe und Vorgänge im Zusammenhang mit Zöllen und Verbrauchsteuern. Die Außenprüfung (§§ 193–207 AO) wird hierdurch nicht betroffen.

c) Gefährdung von Abzugsteuern

430 Den Tatbestand des § 380 AO verwirklicht, wer **vorsätzlich** oder **leichtfertig** seiner Verpflichtung, Steuerabzugsbeträge einzubehalten und abzuführen, nicht, nicht vollständig oder nicht rechtzeitig nachkommt. Zu diesen Abzugsteuern gehören insbesondere die Lohnsteuer, die Kapitalertragsteuer sowie die Quellensteuer bei beschränkt Steuerpflichtigen. Werden die Abzugsteuern nicht rechtzeitig oder nicht oder nicht vollständig angemeldet, so ist nicht der Tatbestand des § 380 AO, sondern der des § 370 AO (Steuerhinterziehung) erfüllt.

d) Verbrauchsteuer-Gefährdung

431 Gem. § 381 AO handelt ordnungswidrig, wer vorsätzlich oder leichtfertig Vorschriften der Verbrauchsteuergesetze oder der dazu erlassenen Rechtsverordnungen
– über die zur Vorbereitung, Sicherung oder Nachprüfung der Besteuerung auferlegten Pflichten,
– über Verpackung und Kennzeichnung verbrauchsteuerpflichtiger Erzeugnisse oder Waren, die solche Erzeugnisse enthalten oder über Verkehrs- oder Verwendungsbeschränkungen für solche Erzeugnisse oder
– über den Verbrauch unversteuerter Waren in den Freihäfen
zuwider handelt, soweit die Verbrauchsteuergesetze oder die dazu erlassenen Rechtsverordnungen für einen bestimmten Tatbestand auf diese Bußgeldvorschrift verweisen.

432 In § 381 Abs. 1 Nr. 1 AO werden insbesondere Zuwiderhandlungen gegen verbrauchsteuerliche Buchführungs- und Aufzeichnungsvorschriften geahndet. § 381 Abs. 1 Nr. 2 AO erfaßt Verstöße gegen Verkehrsbeschränkungen und Kennzeichnungspflichten unabhängig davon, ob diese Pflichten speziell dazu dienen, das Steueraufkommen zu sichern. Über § 381 Abs. 1 Nr. 3 AO wird schließlich der verbotswidrige Verbrauch von Waren in Freihäfen, die Zollfreigebiete darstellen, erfaßt.

Die Anwendung des § 381 AO ist davon abhängig, daß die betreffenden Verbrauchsteuergesetze bzw. die hierzu ergangenen Rechtsverordnungen auf § 381 AO verweisen.

e) Gefährdung von Eingangsabgaben

433 Den Tatbestand des § 382 AO verwirklicht, wer als Pflichtiger oder bei der Wahrnehmung der Angelegenheit eines Pflichtigen vorsätzlich oder fahrlässig Vorschriften der Zollgesetze, der dazu erlassenen Rechtsverordnungen oder der Verordnungen des Rates oder der Kommission der Europäischen Gemeinschaften zuwider handelt, die
– für die Erfassung des Warenverkehrs über die Grenze oder für die in den §§ 9, 40a und 41 des Zollgesetzes genannten Arten der Zollbehandlung,
– für die Zollfreigebiete, den Zollgrenzbezirk oder für die Grenzaufsicht unterworfenen Gebiete
gelten, soweit die Zollgesetze, die dazu oder die aufgrund der Ermächtigungsgrundlagen in § 382 Abs. 4 AO erlassenen Rechtsverordnungen für einen bestimmten Tatbestand auf diese Bußgeldvorschrift verweisen.

§ 382 AO dient der Sicherung der zollamtlichen Überwachung des Warenverkehrs über die Grenze. Auch § 382 AO ist davon abhängig, daß die Zollgesetze oder die entsprechenden Rechtsverordnungen auf diese Bußgeldvorschrift verweisen.

f) Unzulässiger Erwerb von Steuererstattungs- und Steuervergütungsansprüchen

434 Gem. § 383 AO handelt ordnungswidrig, wer entgegen § 46 Abs. 4 Satz 1 AO Erstattungs- oder Vergütungsansprüche erwirbt. Nach § 46 Abs. 4 Satz 1 AO ist der geschäftsmäßige Erwerb von Erstattungs- oder Vergütungsansprüchen zum Zwecke der Einziehung oder sonstigen Verwertung auf eigene Rechnung nicht zulässig.

Da § 46 Abs. 4 Satz 1 AO nur den Erwerb bei Abtretung und Verpfändung verbietet, kann der Abtretende oder Verpfändende allenfalls als Beteiligter ordnungswidrig handeln (§ 377 Abs. 2 AO; § 14 OWiG).

V. Bußgeldverfahren

1. Geltung von Verfahrensvorschriften

501 Grundsätzlich gelten die verfahrensrechtlichen Vorschriften des OWiG. Dort bestimmt § 46 Abs. 1 OWiG, daß auch Regelungen der StPO, des GVG und JGG sinngemäß gelten. Diese Vorschriften treten freilich zurück, soweit die §§ 410–412 AO Sonderregelungen enthalten.

2. Zuständigkeiten

502 Zur **Verfolgung** von Ordnungswidrigkeiten sind in erster Linie die **Verwaltungsbehörden** berufen (§§ 35, 36 OWiG). Für Steuerordnungswidrigkeiten ist die Zuständigkeit den Finanzbehörden zugewiesen (§ 409 AO). Ermittelt die **Staatsanwaltschaft** wegen einer Straftat, so ist sie nach § 40 OWiG für die Verfolgung der Tat auch unter dem rechtlichen Gesichtspunkt einer Steuerordnungswidrigkeit zuständig. Im Hinblick darauf kann die Staatsanwaltschaft wegen derselben Tat das Ermittlungsverfahren sowohl unter dem Gesichtspunkt einer Straftat als auch unter dem Gesichtspunkt einer Ordnungswidrigkeit einstellen (§§ 170 Abs. 2, 153ff. StPO; §§ 46 Abs. 1, 47 Abs. 1 OWiG). Stellt die Staatsanwaltschaft dagegen nur wegen der Straftat ein, so hat sie die Sache an die Verwaltungsbehörde zwecks weiterer Verfolgung als Ordnungswidrigkeit abzugeben (§ 43 Abs. 1 OWiG). Die Staatsanwaltschaft kann allerdings auch die Verfolgung einer Ordnungswidrigkeit übernehmen, wenn sie mit einer Straftat zusammenhängt, die sie ihrerseits verfolgt.

503 Zur **Ahndung** von Steuerordnungswidrigkeiten ist die **Finanzbehörde** zuständig, soweit hierzu nicht das Gericht berufen ist (§ 35 Abs. 2 OWiG). Das **Gericht** ist z. B. zuständig, wenn
– gegen den Bußgeldbescheid Einspruch eingelegt worden ist (§§ 70ff. OWiG),
– die StA die Verfolgung der Ordnungswidrigkeit mit einer zusammenhängenden Straftat verfolgt (§ 45 OWiG),
– die Finanzbehörde beantragt, den Strafbefehl für eine zusammenhängende Straftat auf die Ordnungswidrigkeit zu erstrecken (§ 410 Abs. 2 AO).

Weitere Zuständigkeitsfälle des Gerichts sind in §§ 82, 85 Abs. 4, 87 Abs. 4 OWiG geregelt.

3. Einleitung des Bußgeldverfahrens

504 Das Ermittlungsverfahren wird durch die in § 397 AO aufgeführten Maßnahmen eingeleitet (§ 410 Abs. 1 Nr. 6 AO).
Die Einleitung des Ermittlungsverfahrens durch die Finanzbehörde setzt voraus, daß zumindest **Anhaltspunkte**, konkrete Tatsachen für eine Ordnungswidrigkeit vorliegen und keine Hindernisse entgegenstehen. Das Ermittlungsverfahren darf vor allem dann nicht eingeleitet werden, wenn Verfolgungsverjährung eingetreten ist (§§ 31–33 OWiG). Bei Steuerordnungswidrigkeiten beträgt die Verjährung 5 Jahre (§ 384 AO). Sie beginnt, sobald die tatbestandsmäßige Handlung beendet ist (§ 31 Abs. 3 OWiG).

4. Weiterer Ablauf des Bußgeldverfahrens

505 Die Verfolgung von Steuerordnungswidrigkeiten liegt im pflichtgemäßen **Ermessen** der Finanzbehörde (§ 47 Abs. 1 Satz 1 OWiG). Von der Verfolgung einer Ordnungswidrigkeit soll die Finanzbehörde unter bestimmten Umständen absehen, wenn der verkürzte Betrag oder der gefährdete Abzugsbetrag insgesamt weniger als DM 3000,– beträgt oder wenn in den Fällen des § 380 AO der insgesamt gefährdete Abzugsbetrag unter DM 5000,– liegt und der gefährdete Zeitraum 3 Monate nicht übersteigt.

506 Die Finanzbehörde hat bei der Verfolgung von Steuerordnungswidrigkeiten grundsätzlich die gleichen Rechte und Pflichten wie die Staatsanwaltschaft bei der Verfolgung von Straftaten (§ 46 Abs. 2 OWiG).

507 Im Verlaufe des Bußgeldverfahrens ist dem Betroffenen **rechtliches Gehör** zu gewähren (§ 55 OWiG). Eine Vernehmung ist nicht vorgeschrieben. Nicht zulässig ist die Verhaftung, vorläufige Festnahme, Beschlagnahme von Postsendungen und Telegrammen sowie Auskunftsersuchen über Umstände, die dem Post- und Fernmeldegeheimnis unterliegen (§ 46 Abs. 3 OWiG). Im übrigen gelten die gleichen Grundsätze wie im Strafverfahren.

508 Hält die Finanzbehörde nach Abschluß der Ermittlungen die Ordnungswidrigkeit für erwiesen und die Ahndung für geboten, so erläßt sie einen **Bußgeldbescheid** (§§ 65, 66 OWiG), andernfalls stellt sie das Verfahren ein (§ 47 Abs. 1 Satz 2 OWiG).

509 Gegen den Bußgeldbescheid ist innerhalb einer Woche nach Zustellung der **Einspruch** gegeben. Aufgrund des Einspruchs kann die Finanzbehörde wie folgt entscheiden:
– Zurücknahme des Bußgeldbescheides (§ 69 Abs. 1 Satz 2 OWiG),
– nach Zurücknahme ggf. Erlaß eines neuen auch **verbösernden** Bußgeldbescheides (*Göhler* § 69 Anm. 11),
– Abgabe an die Staatsanwaltschaft (§ 69 Abs. 1 Satz 1 OWiG).

510 Über den nicht abgeholfenen Einspruch entscheidet das Amtsgericht durch **Beschluß**, falls der Einspruch unzulässig ist (§ 70 OWiG) oder aber eine Hauptverhandlung mit Einvernehmen der Staatsanwaltschaft und dem Betroffenen nicht für erforderlich gehalten wird (§ 72 OWiG). Andernfalls erfolgt eine **Hauptverhandlung**, in der durch **Urteil** entschieden wird. Auch hier besteht **kein Verböserungsverbot**.
Im Hauptverfahren hat die Finanzbehörde die in §§ 410 Abs. 1 Nr. 11, 407 AO genannten Mitwirkungs- und Beteiligungsrechte.
Gegen Beschluß und Urteil ist die Rechtsbeschwerde zum OLG gegeben.

511 Bevor gegen einen **Angehörigen eines steuerberatenden Berufes** wegen einer Ordnungswidrigkeit, die er in Ausübung seines Berufes bei der Beratung in Steuersachen begangen hat, ein Bußgeldbescheid ergeht, muß die Finanzbehörde die zuständige Berufskammer dazu hören (§ 411 AO).

512 Zur **Verteidigung** sind gem. §§ 410 Abs. 1 Nr. 3, 392 AO auch die Angehörigen der steuerberatenden Berufe befugt, im Hauptverfahren vor Gericht jedoch nur zusammen mit einem Rechtsanwalt oder einem Rechtslehrer an einer deutschen Hochschule.

L. Sozialversicherungs- und Lohnsteuerrecht

Bearbeiter: Hans-Joachim Krei/Dr. Jürgen Pelka

Übersicht

A. Leistungen der gesetzlichen Sozialversicherung

	Rz.
I. Rentenversicherungen	1–97
1. Überblick	1–9
a) Allgemeines	1–7
b) versicherungspflichtige Personen	8
c) versicherungsfreie Personen	9
2. Rentenarten	10–74
a) Altersrenten	11–27
aa) Altersruhegeld	11–13
bb) Flexibles Altersruhegeld	14–18
cc) Vorgezogenes Altersruhegeld	19–27
b) Erwerbsunfähigkeitsrente	28–34
c) Berufsunfähigkeitsrente	35–41
d) Hinterbliebenenrente	42–66
aa) Witwenrente	44–47
bb) Witwerrente	48, 49
cc) Waisenrente	50–57
dd) Erziehungsrente/Scheidungsrente	58–66
e) Kinderzuschuß	67–71
f) Rehabilitationsmaßnahmen	72–74
3. Überblick über die Rentenberechnung	75–97
a) Versicherungszeiten	81
b) Beitragszeiten	82–84
c) Wartezeiten	85, 86
d) Beschäftigungszeiten	87
e) Ersatzzeiten	88, 89
f) Ausfallzeiten	90
g) Zurechnungszeiten	91
h) Beispiele zur Berechnung einer Rente	92–97
II. Krankenversicherung	150–263
1. Überblick	150–153
2. Mitgliedschaft	154–169
a) Pflichtversicherung	155
b) Freiwillige Weiterversicherung	156
c) Nicht der Versicherungspflicht unterliegende Personen	157–159
d) Beginn der Mitgliedschaft	160–164
e) Ende der Mitgliedschaft	165–169
3. Krankenhilfe	170–253
a) Sachleistungen	170–211
aa) Krankenhauspflege	174, 175
bb) Ärztliche Behandlung	176–179
cc) Arznei-Versorgung	180–186
dd) Zahnärztliche Behandlung inkl. Zahnersatz	187–192
ee) Häusliche Krankenpflege	193–195
ff) Körperersatzstücke	196
gg) Unterkunft und Verpflegung bei Kuren	197, 198
hh) Maßnahmen zur Früherkennung von Krankheiten gem. § 181 RVO	199–202
ii) Mutterschaftshilfe	203–207
jj) Sonstige Hilfen	208–211
b) Barleistungen	212–253
aa) Krankengeld	212–222
bb) Krankengeld für Arbeitslose	223, 224
cc) Zuschüsse zu Vorbeugungskuren	225, 226
dd) Haushaltshilfe	227, 228
ee) Pflegegeld	229–233
ff) Fahr-, Übernachtungs- und Verpflegungskosten	234–236
gg) Mutterschaftsgeld	237–247
hh) Sterbegeld	248–253
4. Familienhilfe	254–263
III. Arbeitslosenversicherung/Arbeitsförderung	300–392
1. Überblick	300–305
a) Aufgaben der Bundesanstalt für Arbeit	300–303
b) Versicherungspflicht	304, 305
2. Sachleistungen	306–322
a) Arbeitsvermittlung	306–313
b) Berufsberatung	314–316
c) Weiterbildungsmaßnahmen (Fortbildungsmaßnahmen)	317–320
d) Umschulungen	321, 322
3. Barleistungen	323–385
a) Arbeitslosenunterstützung	323–345
b) Arbeitslosenhilfe	346–352
c) Kurzarbeitergeld	353–361
d) Konkursausfallgeld	362–367
e) Winterbauförderung	368–375
f) Schlechtwettergeld	376–380
g) Zuschüsse zur beruflichen Fortbildung	381, 382
h) Einarbeitungszuschuß	383–385
4. Sozialversicherung bei Arbeitslosigkeit und Bezug von Kurzarbeiter- und Schlechtwettergeld	386–392
a) Krankenversicherung bei Empfängern von Arbeitslosenunterstützung/-hilfe	387
b) Rentenversicherung bei Empfängern von Arbeitslosenunterstützung/-hilfe	388
c) Krankenversicherung bei Empfängern von Kurzarbeiter- und Schlechtwettergeld	389–391
d) Rentenversicherung bei Empfängern von Kurzarbeiter- und Schlechtwettergeld	392

B. ABC der Lohnsteuer und der Sozialversicherung

Abfindung	500
Abschlagszahlung	501
Änderung der Lohnsteuerkarte	502
Aktienüberlassung	503
Altersentlastungsbetrag	504
Altersfreibetrag	505
Annehmlichkeiten	506
Anrufungsauskunft	507
Anzeigepflichten des Arbeitgebers	508
Arbeitgeberaktien	509
Arbeitgeberanteil	510–512
a) Krankenversicherung	511
b) Rentenversicherung	512
c) Vermögenswirksame Leistungen	513
Arbeitgeberdarlehen	514
Arbeitgeberzuschüsse	515

L — Sozialversicherungs- und Lohnsteuerrecht

	Rz.
Arbeitnehmeranteil	516
Arbeitnehmererfindungen	517
Arbeitnehmerfreibeträge	518
Arbeitnehmerjubiläum	519
Arbeitnehmersparzulage	520
Arbeitskleidung	521
Arbeitslohn, Arbeitsentgelt	522
Arbeitsunfähigkeit	523
Ausbildungsverhältnis	524
Aushilfen	525–527
Auslagenersatz	528
Auslandstätigkeiten	529–531
Auslösungen	532
Beihilfen (Geburt, Heirat und Jubiläum)	533–536
Beitragsbemessungsgrenze	537–541
a) Rentenversicherung	538
b) Krankenversicherung	539
c) Berechnung	540
d) Einmal-Bezügen	541
Belegschaftsaktien	542
Berufsgenossenschaft	543
Berufskleidung	544
Berufsunfähigkeit	545
Betriebliche Altersversorgung	546
Betriebliches Vorschlagswesen	546
Betriebsausflug/Betriebsveranstaltung	547
Bruttoarbeitseinkommen	548
Darlehen	549
Deputate	550
Dienstjubiläum	551
Dienstreise	552
Dienstgang	553
Dienstwagen	554
Dienstwohnung	555
Direktversicherung	556
Doppelte Haushaltsführung	557
Dreizehntes Monatsgehalt	558
DÜVO/DEVO	559
Einmal-Bezüge	560
Entlassungsabfindung	561
Entlohnung für mehrere Kalenderjahre	562
Erfolgsbeteiligung	563
Essensmarken/Essenszuschüsse	564
Fahrten zwischen Wohnung und Arbeitsstätte	565
Fahrzeuggestellung durch den Arbeitgeber	566
Fehlgeldentschädigung	567
Feiertagsarbeit	568
Freibetrag auf der Lohnsteuerkarte	569
Freitrunk	570
Geburtshilfe	571
Gehalt	572
Gehaltsfortzahlung	573
Gehaltsnachzahlung	574
Geldwerter Vorteil	575
Geringfügige Beschäftigung	576
Gesellschafter-Geschäftsführer	577
Gnadenbezüge	578
Gratifikationen	579
Haustrunk	580
Heimarbeiter	581
Heiratsbeihilfen	582
Inflationszulagen	583
Investitionshilfeabgabe	584
Jahresarbeitslohn	585
Jahresarbeitslohngrenze	586
Jahresarbeitsverdienst	587
Jahresausgleich durch den Arbeitgeber	588
Kassenfehlbeträge, Entschädigung	589
Kaufkraftausgleich	590

	Rz.
Kilometergelderstattung	591
Kinder	592
Kirchensteuer	593
Konkursausfallgeld	594
Kontoführungsgebühren	595
Kraftfahrzeuggestellung	596
Krankengeld	597
Krankengeldzuschuß	598
Kurzarbeitergeld	599
Laufender Arbeitslohn	601
Lebenshaltungskosten	602
Lebensversicherung	603
Lohn	604
Lohnfortzahlung	605
Lohnkonto	606
Lohnpfändung	607
Lohnsteuer	608
Lohnsteueranmeldungszeitrum	609
Lohnsteuerjahresausgleich durch den Arbeitgeber	610
Lohnsteuerkarte	611
Lohnsteuerklassenwahl	612
Lohnsteuernachforderung	613
Lohnzahlungszeitraum	614
Lohnzettel	615
Lohnzuschläge	616
Mankogelder	617
Mehrarbeitszuschläge	618
Mehrfachbeschäftigung	619
Montage-Erlaß	620
Mutterschaftsgeld	621
Mutterschaftshilfe	622
Mutterschaftsurlaub	623
Mutterschutz	624
Nachforderung von Lohnsteuer	625
Nachtarbeit	626
Nachzahlung von Arbeitslohn	627
Nettolohnvereinbarung	628
Pauschalierung von Lohnsteuer	629
Permanenter Lohnsteuerjahresausgleich	630
Pfändungen	631
Praktikanten	632
Prämien	633
Progressionsvorbehalt	634
Provisionen	635
Rabattgewährung	636
Reisekosten	637–642
Rückzahlung von Arbeitslohn	643
Sachbezüge	645
a) Kost und Logis	645
b) Pkw	646
c) Telefon	647
d) Sonstige	648
Schlechtwettergeld	649–653
Schmutzzulagen	654
Sonntagsarbeit	655
Sonstige Bezüge	656, 657
Sparzulage	658
Steuerkarte	659
Steuerklasse	660
Studenten	661
Tantiemen	662
Trinkgelder	663
Überstunden	664
Überzahlungen	665
Umzugskosten	666
Unbezahlter Urlaub	667
Unterstützungskasse	668
Urlaub	669
Urlaubsabgeltung	670

Rentenversicherungen   1-4 L

	Rz.		Rz.
Urlaubsgeld	671	Weihnachtsfreibetrag	682
Urlaubskasse	672	Weihnachtgratifikation	683
Verbesserungsvorschläge	673	Werkswohnung	684
Verdienstausfall	674	Winterbauförderung	685
Vermögenswirksame Leistungen	675	Wohnungsbaudarlehen an Arbeitnehmer	686
Verpflegungsmehraufwendungen	676	Wohnungsgestellung	687
Versicherungsbeiträge	677	Zinsersparnis	688
Voranmeldungszeitraum	678	Zufluß von Arbeitslohn	689
Vorschuß	679	Zukunftssicherung der Arbeitnehmer	690
Vorstand einer Aktiengesellschaft	680	Zuschuß zum Mutterschaftsgeld	691
Vorstellungskosten	681	Zuschläge	692

C. Tabellenanhang

   I. Entgelts- und Arbeitszeitgrenzen für
      Aushilfen 750
  II. Verdienstgrenzen und Beitragspflicht
      für Rentenbezieher 751
 III. Beitragsgruppen in der gesetzlichen
      Sozialversicherung 752
  IV. Beitragsbemessungsgrenzen
      1970–1985 753
   V. Beitragssätze in der Renten-, Arbeits-
      losen- und Krankenversicherung 754
  VI. Meldepflichten des Arbeitgebers nach
      der 2. DEVO 755
 VII. Durchschnittliches Bruttojahresar-
      beitsentgelt, allgemeine Bemessungs-
      grundlage und Rentenanpassung in der
      Rentenversicherung der Arbeiter und
      Angestellten 756

A. Leistungen der gesetzlichen Sozialversicherung

I. Rentenversicherungen

1. Überblick (Arten, Träger)

a) Allgemeines

1 Seit dem Jahre 1889 besteht die **Rentenversicherung** der Arbeiter. Im Jahre 1911 wurde das bestehende Gesetz zur Rentenversicherung der Arbeiter mit den Gesetzen der Krankenversicherung und der Unfallversicherung in der Reichsversicherungsordnung (RVO) zusammengefaßt. Des weiteren wurden ebenfalls im Jahre 1911 das Gesetz für die Angestelltenversicherung, im Jahre 1923 das Gesetz für die Knappschaftsversicherungen und im Jahre 1927 das Gesetz für die Arbeitslosenversicherung geschaffen.

2 Die **gesetzlichen Grundlagen** für die Rentenversicherung werden heute im Sozialgesetzbuch (SGB) mit seinen besonderen Teilen
– Angestelltenversicherungsgesetz   (AVG)
– Reichsversicherungsordnung   (RVO)
– Reichsknappschaftsgesetz   (RKG)
– Gesetz über eine Altershilfe für Landwirte   (GAL)
geregelt.

3 Die gesetzliche Rentenversicherung besteht aus folgenden **Versicherungszweigen:**

– die Rentenversicherung der Angestellten
  Träger: Bundesversicherungsanstalt für Angestellte, 1000 Berlin 88
– die Rentenversicherung der Arbeiter
  Träger: 18 Landesversicherungsanstalten in der BRD
– die knappschaftliche Rentenversicherung
  Träger: Bundesknappschaft in Bochum mit 10 weiteren Verwaltungsstellen in der BRD
– die Rentenversicherung der Landwirte
  Träger: 19 landwirtschaftliche Altersklassen in der BRD
– die Rentenversicherung der Seeleute, Küstenschiffer und Küstenfischer
  Träger: Seekassen, 2000 Hamburg 11
– die Rentenversicherung für Arbeiter der Bundesbahn
  Träger: Bundesbahnversicherungsanstalt, 6000 Frankfurt/Main 1

4 Die **Rentenversicherungsträger** haben sich im Verband der Deutschen Rentenversicherungsträger e. V., 6000 Frankfurt/Main, und die landwirtschaftlichen Alterskassen im Gesamtverband der landwirtschaftlichen Alterskassen in 3500 Kassel zusammengeschlossen.

Die Träger der Sozialversicherung dürfen keine Gewinne erzielen.

5 Die Sozialversicherungsträger verwalten sich selbst. Oberstes Organ der **Selbstverwaltung** ist die Vertreterversammlung. Die Versicherten und die Arbeitgeber wählen alle 6 Jahre diese Vertreterversammlung. Die letzten Sozialversicherungswahlen haben 1980 stattgefunden. Die Vertreterversammlung wählt die Mitglieder des Vorstandes. Die Amtsdauer der Mitglieder der Selbstverwaltungsorgane beträgt 6 Jahre. Alle Mitglieder üben ihre Tätigkeit ehrenamtlich aus.

6 Die Rentenversicherung für Arbeiter und die Rentenversicherung für Angestellte sind z. Z. die wichtigsten Zweige der **gesetzlichen Rentenversicherung** und betreuen ca. 28 Millionen Versicherte und deren Angehörige.

7 In der Vergangenheit wurden diese Zweige fast vollständig aneinander angeglichen, so daß derzeit nur noch der organisatorische Aufbau und die Abgrenzung der zu betreuenden Personenkreise differieren.

b) versicherungspflichtige Personen

8 Gemäß § 1227 RVO sind **versicherungspflichtig:**

– Arbeiter (körperliche Tätigkeit muß überwiegen):
Arbeiter, Gesellen, Hausgehilfen, Heimarbeiter, dazugehörige Auszubildende etc.
– Angestellte (geistige Tätigkeit muß überwiegen):
Büroangestellte, kaufmännische Angestellte, leitende Angestellte, Musiker, Hebammen, Krankenschwestern, angestellte Ärzte, entsprechende Auszubildende.

Sonstige Personen:

– selbständige Lehrer und Erzieher, die keine Angestellten beschäftigen
– selbständige Musiker, die keine Angestellten beschäftigen
– Hebammen mit Niederlassungserlaubnis
– selbständige Personen in der Wochen-, Kranken-, Säuglings- und Kinderpflege, die keine Angestellten beschäftigen
– satzungsmäßige Mitglieder geistlicher Genossenschaften, wenn sie Entgelt erhalten von mehr als ⅛ der für die Monatsbezüge geltenden Beitragsbemessungsgrenze
– Handwerker, die in die Handwerksrolle eingetragen sind
– Seelotsen, Küstenschiffer und Küstenfischer
– vorübergehend im Ausland beschäftigte Deutsche und Entwicklungshelfer
– Wehrpflichtige und Zivildienstleistende
– Arbeitslose, soweit sie von der Bundesanstalt für Arbeit Arbeitslosengeld oder Arbeitslosenhilfe erhalten
– Hausgewerbetreibende
– auf Antrag: sonstige Selbständige innerhalb von 2 Jahren nach Aufnahme der selbständigen Erwerbstätigkeit oder dem Ende der Versicherungspflicht.

c) Freiwillig versicherte Personen

9 Zu den freiwillig versicherten Personen gehört jeder, der weder nach der Reichsversicherungsordnung, dem Angestelltenversicherungsgesetz, dem Reichsknappschaftsgesetz, dem Handwerkerversicherungsgesetz oder dem Gesetz über die Sozialversicherung **Behinderter** versicherungspflichtig ist und seinen **Wohnsitz** oder gewöhnlichen Aufenthalt im Geltungsbereich der RVO hat. Dieser Personenkreis kann für Zeiten nach Vollendung des 16. Lebensjahres freiwillige Beiträge entrichten (z. B. Hausfrauen, Studenten etc.)

2. Rentenarten

10 Die gesetzliche Rentenversicherung der Arbeiter und die gesetzliche Rentenversicherung der Angestellten gewähren gemäß §§ 22 ff. AVG und §§ 1245 ff. RVO die nachfolgend aufgeführten **Versichertenrenten.** Hierfür ist Voraussetzung, daß der **Versicherungsfall** eingetreten ist, die entsprechenden **Wartezeiten** erfüllt sind und ein **Rentenantrag** gestellt wird.

a) Altersrenten

aa) Altersruhegeld

11 Altersruhegeld erhält gemäß § 1248 Abs. 5 RVO der Versicherte, der das 65. Lebensjahr vollendet hat und die Wartezeit (s. Rz. 85, 86) erfüllt hat. Abweichend von

12 Das Altersruhegeld wird unabhängig vom **Gesundheitszustand** gewährt, wenn der Versicherte das 65. Lebensjahr vollendet hat. Der Versicherte kann auch einen späteren Zeitpunkt als Rentenbeginn bestimmen. Ab Vollendung des 65. Lebensjahres wird für jeden Monat des Rentenverzichts, längstens aber bis zur Vollendung des 67. Lebensjahres, ein Zuschlag gewährt.
Dieses Altersruhegeld wird bis zum Tod des Versicherten gezahlt.
13 Das Altersruhegeld ist **einkommensunabhängig**. Der Versicherte kann ohne Einfluß auf seine Rente eine Arbeitsstelle annehmen und hinzuverdienen.

bb) Flexibles Altersruhegeld

14 Das flexible Altersruhegeld erhalten auf Antrag die Versicherten, die das 63. Lebensjahr vollendet (oder ein späteres Lebensjahr bis zur Vollendung des 65. Lebensjahres) und die **Wartezeit** (s. Rz. 85 ff.) erfüllt haben. Die Wartezeit gilt als erfüllt, wenn der Versicherte 35 anrechnungsfähige Versicherungsjahre, in denen eine Versicherungszeit von mindestens 180 Kalendermonaten (= 15 Jahre) bestanden hat, nachweisen kann (§ 1248 Abs. 7 Satz 1 RVO).
15 Als **anrechnungsfähige Versicherungszeiten** gelten alle Versicherungszeiten, die ab dem 1. Januar 1924 zurückgelegt wurden. Vor dem 1. Januar 1924 zurückgelegte Versicherungszeiten werden angerechnet, wenn

1. mindestens 1 Beitrag für die Zeit nach dem 31. Dezember 1923 in der Zeit zwischen dem 1. Januar 1924 und dem 30. November 1948 entrichtet worden ist oder
2. vor dem 1. Januar 1924 mindestens eine Versicherungszeit von 180 Kalendermonaten (= 15 Jahren) oder mit den vor dem 1. Januar 1924 zurückgelegten Versicherungszeiten mindestens eine Versicherungszeit von 180 Kalendermonaten zurückgelegt worden ist.

16 Das flexible Altersruhegeld wird unabhängig vom Gesundheitszustand bis zum Tod des Versicherten gewährt.
17 Das flexible Altersruhegeld ist **einkommensabhängig**. Der Versicherte kann im Laufe eines Jahres seit dem erstmaligen Rentenbeginn 2 Monate bzw. 50 Arbeitstage ohne Begrenzung in der Entgelthöhe hinzuverdienen. Bei einer längeren Tätigkeit ist ein Einkommen von mehr als DM 1000,– monatlich anrechnungspflichtig.
18 Das flexible Altersruhegeld kann ein Versicherter der berufs- bzw. erwerbsunfähig oder anerkannter **Schwerbehinderter** ist, auch bereits ab dem 60. Lebensjahr erhalten. Ab der Vollendung des 60. Lebensjahres bis zur Vollendung des 62. Lebensjahres darf der Empfänger von flexiblem Altersruhegeld monatlich ein Einkommen von höchstens DM 425,– rentenunschädlich beziehen.

cc) Vorgezogenes Altersruhegeld

19 Das vorgezogene Altersruhegeld können **Arbeitslose** und **Frauen** erhalten.
20 Arbeitslose erhalten das vorgezogene Altersruhegeld, wenn sie das 60. Lebensjahr vollendet und eine Wartezeit von 180 Kalendermonaten (= 15 Kalenderjahren) erfüllt haben und in den letzten 1½ Jahren unter gleichzeitiger erfolgloser Bemühung um einen Dauerarbeitsplatz 52 Wochen **arbeitslos** waren und in den letzten 10 Jahren eine rentenversicherungspflichtige Beschäftigung oder Tätigkeit von mindestens 8 Jahren ausgeübt haben. Der Anspruch für das vorgezogene Altersruhegeld für Arbeitslose besteht bis zur Vollendung des 65. Lebensjahres. Es geht dann in das allgemeine Altersruhegeld über.
21 Das vorgezogene Altersruhegeld entfällt beim Tod des Versicherten.
22 Das vorgezogene Altersruhegeld für Arbeitslose fällt weg, wenn die Arbeitslosigkeit endet, jedoch nicht bei einer **Nebenbeschäftigung**, die einkommensunabhängig auf höchstens 2 Monate oder 50 Arbeitstage im Laufe eines jeden Jahres seit Beginn des vorgezogenen Altersruhegeldes wegen Arbeitslosigkeit begrenzt ist oder bei einer Nebenbeschäftigung mit einem Verdienst von durchschnittlich DM 425,– monatlich bis zur Vollendung des 65. Lebensjahres.
Sobald die Voraussetzungen für das flexible Altersruhegeld (Rz. 14 ff.) erfüllt werden, gelten die dort vorgeschriebenen Entgeltsgrenzen.

23 Vorgezogenes Altersruhegeld für **Frauen** gemäß § 1248 Abs. 3 RVO und § 25 Abs. 3 AVG wird an weibliche Versicherte gezahlt, die das 60. Lebensjahr vollendet haben und eine Wartezeit von 180 Kalendermonaten (15 Kalenderjahren) an Beitrags- und Ersatzzeiten erfüllt haben und weiterhin in den letzten 20 Jahren vor Vollendung des 60. Lebensjahres mindestens 120 Pflichtbeiträge entrichtet haben. Hierbei stehen freiwillige Beiträge den Pflichtbeiträgen gleich.
24 Das vorgezogene Altersruhegeld für weibliche Versicherte wird unabhängig vom **Gesundheitszustand** und längstens bis zum Tode gewährt.
25 Die Versicherte kann ohne Einfluß auf ihre Rente eine Arbeitsstelle annehmen, die auf höchstens 2 Monate bzw. 50 Arbeitstage jährlich seit Beginn des Ruhegeldes bei unbegrenztem **Entgelt** beschränkt ist, oder eine Nebentätigkeit ausüben, deren Entgelt durchschnittlich DM 425,– brutto monatlich nicht übersteigt.
26 Sobald die Versicherte die Voraussetzung für ein flexibles Altersruhegeld erfüllt, darf sie monatlich bis zu DM 1000,– brutto hinzuverdienen.
27 Der **Antrag** auf vorzeitiges Altersruhegeld für weibliche Versicherte soll innerhalb von 3 Monaten nach Vollendung des 60. Lebensjahres gestellt werden, da sonst Renteneinbußen möglich sein können.

b) Erwerbsunfähigkeitsrente

28 Ein Versicherter erhält gem. § 1247 RVO und § 24 AVG Erwerbsunfähigkeitsrente, wenn der Versicherungsfall eingetreten und die Wartezeit erfüllt ist.
29 Der Versicherungsfall ist eingetreten, wenn der Versicherte erwerbsunfähig ist. Erwerbsunfähig ist ein Versicherter, der infolge von Krankheit, Gebrechen oder Schwäche seiner körperlichen oder geistigen Kräfte auf nicht absehbare Zeit eine **Erwerbstätigkeit** in gewisser Regelmäßigkeit nicht mehr ausüben kann (§ 1247 Abs. 2 RVO). In der Regel ist ein Versicherter erwerbsunfähig, wenn er täglich nicht mehr als 2 Stunden arbeiten kann, oder wenn der Versicherte zwar noch über 2 Stunden täglich hinaus arbeiten kann, jedoch die Arbeitsmarktssituation eine solche Beschäftigung nicht bieten kann. Ein Umzug darf nicht verlangt werden, wenn der Versicherte nur weniger als halbschichtig arbeiten kann.
30 Wer eine selbständige Erwerbstätigkeit trotz starker Minderung der Erwerbsfähigkeit ausübt, ist nicht erwerbsunfähig im Sinne der RVO und des AVG.
    Die **Wartezeit** gilt als erfüllt, wenn
31 1. vor Eintritt der Erwerbsunfähigkeit eine Versicherungszeit von 60 Kalendermonaten (= 5 Kalenderjahren) zurückgelegt worden ist oder
    2. trotz Erwerbsunfähigkeit eine Versicherungszeit von 240 Kalendermonaten (= 20 Kalenderjahren) vor der Antragstellung zurückgelegt worden ist.
32 Handelt es sich um **Schwerbehinderte**, bei denen bereits bei Versicherungsbeginn Erwerbsunfähigkeit bestanden hat, so steht diesem Personenkreis dann Erwerbsunfähigkeitsrente zu, wenn vor Antragstellung eine Versicherungszeit von 240 Kalendermonaten zurückgelegt worden ist. Der Versicherungsfall tritt dann am Tage der Antragstellung, frühestens jedoch mit Ablauf des 240. Versicherungsmonats, ein.
33 Diese Erwerbsunfähigkeitsrente wird bis zum Tod des Versicherten gezahlt. Ferner wird von Amts wegen die Erwerbsunfähigkeitsrente mit Vollendung des 65. Lebensjahres in das Altersruhegeld **umgewandelt** (s. Rz. 11 ff.). Ab Vollendung des 60. Lebensjahres ist eine Umwandlung der Erwerbsunfähigkeitsrente in ein flexibles Altersruhegeld möglich (s. Rz. 14 ff.).
34 Der Versicherte kann ohne Einfluß auf seine Erwerbsunfähigkeitsrente noch geringfügige **Einkünfte** in Höhe von max. 1/7 der monatlichen Bezugsgröße erzielen. (1985 = DM 400,–)

c) Berufsunfähigkeitsrente

35 Ein Versicherter erhält gem. § 1246 RVO und § 23 AVG Berufsunfähigkeitsrente, wenn der Versicherungsfall eingetreten ist, die Wartezeit erfüllt ist und vor Eintritt der **Berufsunfähigkeit** eine versicherungspflichtige Beschäftigung/Tätigkeit ausgeübt wurde.
36 Der Versicherungsfall ist eingetreten, wenn der Versicherte berufsunfähig ist. Berufsunfähig ist ein Versicherter, dessen Erwerbsunfähigkeit infolge von **Krankheit**

oder anderer Gebrechen oder Schwäche seiner körperlichen oder geistigen Kräfte auf weniger als die Hälfte derjenigen eines körperlich und geistig gesunden Versicherten mit ähnlicher Ausbildung und gleichwertigen Kenntnissen und Fähigkeiten vermindert ist. Eine Verweisung auf eine andere als die bisherige Tätigkeit ist zulässig. Die **Erwerbsminderung** wird hier nicht in Prozenten, sondern arbeitzeitlich gemessen. Auch hier muß geprüft werden, ob der Versicherte mit dem verbliebenen Leistungsvermögen bei der jeweiligen Arbeitsmarktsituation noch einsetzbar ist.

37 Die **Wartezeit** (s. Rz. 85 ff.) gilt als erfüllt, wenn vor Eintritt der Berufsunfähigkeit eine Versicherungszeit von 60 Kalendermonaten zurückgelegt wurde und innerhalb der letzten 60 Kalendermonate vor Eintritt der Berufsunfähigkeit mindestens 36 Kalendermonate mit Beträgen für eine versicherungspflichtige Beschäftigung oder Tätigkeit belegt sind, oder wenn die Berufsunfähigkeit aufgrund eines der in § 1252 RVO (Fiktion der Erfüllung der Wartezeit) genannten Tatbestände eingetreten ist (§ 1246 Abs. 2a Satz 1 RVO).

38 Bei der Ermittlung der 60 Kalendermonate werden folgende Zeiten nicht mitgezählt:
Ersatzzeiten, Ausfallzeiten, Rentenbezugszeiten, Zeiten des Bezugs von Anpassungsgeld für entlassene Arbeitnehmer des Bergbaues und Zeiten der Erziehung eines Kindes.

39 Nach § 1252 RVO gilt die Wartezeit als erfüllt, wenn der Versicherte infolge eines **Arbeitsunfalles,** als Wehrdienstleistender infolge einer **Wehrdienstbeschädigung,** während eines militärischen oder militärähnlichen Dienstes, während der Kriegsgefangenschaft, infolge unmittelbarer Kriegseinwirkung, als Verfolgter des Nationalsozialismus, während der Internierung oder der Verschleppung oder als Vertriebener oder Sowjetzonenflüchtling berufsunfähig geworden oder verstorben ist. Weiterhin gilt die Wartezeit als erfüllt, wenn der Versicherte vor Ablauf von 6 Jahren nach Beendigung seiner Ausbildung durch einen Unfall erwerbsunfähig geworden oder verstorben ist und in den letzten 24 Kalendermonaten vor Eintritt des Versicherungsfalles mindestens für 6 Kalendermonate Beiträge aufgrund einer versicherungspflichtigen Beschäftigung/Tätigkeit entrichtet wurden.

40 Die **Berufsunfähigkeitsrente** entfällt beim Tod des Versicherten. Ferner wird von Amts wegen diese Berufsunfähigkeitsrente mit Vollendung des 65. Lebensjahres in das Altersruhegeld umgewandelt. Ab Vollendung des 60. Lebensjahres ist eine Umwandlung der Berufsunfähigkeitsrente in ein flexibles Altersruhegeld möglich.

41 Der Versicherte kann ohne Einfluß auf seine Rente monatlich bis zu 50% seines letzten monatlichen Arbeitseinkommens hinzuverdienen.

d) Hinterbliebenenrente

42 Gemäß §§ 1263 ff. RVO und §§ 40 ff. AVG werden folgende Renten unterschieden:
– Witwenrente
– Witwerrente
– Waisenrente
– Erziehungsrente/Scheidungsrente

43 **Hinterbliebenenrente** wird nur im Falle des Todes des Versicherten auf Antrag gewährt, wenn dem Verstorbenen zur Zeit seines Todes Versichertenrente zustand oder zu diesem Zeitpunkt die Wartezeit für die Rente wegen Berufsunfähigkeit (s. Rz. 35–41) erfüllt ist oder als erfüllt gilt.

aa) Witwenrente

44 Nach dem Tode des versicherten Ehemannes erhält seine Witwe gemäß § 1264 RVO eine Witwenrente. Dabei brauchen keine zusätzlichen Voraussetzungen erfüllt zu sein. Die Witwenrente fällt weg bei Tod oder Wiederheirat der Witwe. Bei Wiederheirat erhält die Witwe eine Abfindung (das Zweifache der bisherigen Witwenjahresrente).

45 Die Berechnung der Witwenrente erfolgt auf der Grundlage der Versichertenrente. Die Höhe der Witwenrente beträgt grundsätzlich $^6/_{10}$ der **Berufsunfähigkeitsrente** des Versicherten ohne Berücksichtigung etwaiger Zurechnungszeiten und ohne Kinderzuschüsse.

46 Ist die Witwe **erwerbsunfähig** oder berufsunfähig oder erzieht sie mindestens ein waisenrentenberechtigtes Kind, oder hat die Witwe das 45. Lebensjahr vollendet, so beträgt die Witwenrente 6/10 der Erwerbsunfähigkeitsrente (s. Rz. 28–34) des Versicherten einschließlich etwaiger Zurechnungszeiten, jedoch ohne Kinderzuschuß.

47 Innerhalb der ersten drei Monate erhält die Witwe eine Rente in der Höhe, die dem Versicherten zum Zeitpunkt seines Todes zugestanden hat, jedoch ohne Kinderzuschüsse.

bb) Witwerrente

48 Witwerrente erhält der **Ehemann** gemäß § 1266 RVO nach dem Tode seiner versicherten Ehefrau, wenn die Verstorbene den Unterhalt ihrer Familie überwiegend bestritten hat. Bei einer gemeinsamen Haushaltsführung ist für die Beurteilung des überwiegenden Unterhaltes außer den Geldleistungen der einzelnen Ehepartner auch noch der Wert der Haushaltstätigkeit der einzelnen Partner entsprechend zu berücksichtigen. Die Bewertung der Haushaltstätigkeit darf dabei nur unter Berücksichtigung der Familienverhältnisse im Einzelfall (Anzahl der Kinder etc.) erfolgen.

49 Im übrigen gelten für die Witwerrente dieselben Bedingungen und Voraussetzungen wie für die Witwenrente (s. Rz. 44–47).

cc) Waisenrente

50 Waisenrente erhalten gemäß § 1267 RVO auf Antrag nach dem Tode des Versicherten **seine Kinder**. Als Kinder gelten:
1. die ehelichen Kinder
2. die in seinen Haushalt aufgenommenen Stiefkinder
3. die an Kindes Statt angenommenen Kinder
4. die für ehelich erklärten Kinder
5. die nichtehelichen Kinder
6. die Pflegekinder
7. die Enkel und Geschwister, die er in seinen Haushalt aufgenommen oder überwiegend unterhalten hat.

51 Der Anspruch auf Waisenrente besteht bis zur Vollendung des **18. Lebensjahres**. Falls Schul- oder Berufsausbildung vorliegt oder das Kind infolge **Gebrechlichkeit** außerstande ist, sich selbst zu unterhalten, besteht der Anspruch bis längstens zum 25. Lebensjahr.

52 Ein Kind, das sich in der **Ausbildung** befindet, erhält nach dem vollendeten 18. Lebensjahr nur dann Waisenrente, wenn es aus dem **Ausbildungsverhältnis** Bruttobezüge von weniger als DM 1000,– monatlich erhält oder mit Rücksicht auf die Ausbildung **Unterhaltsgeld** nach dem Arbeitsförderungsgesetz von weniger als DM 730,– monatlich erhält oder ein **Übergangsgeld** erhält, dessen Bemessungsgrundlage weniger als DM 1000,– monatlich beträgt.

53 Über das 25. Lebensjahr hinaus ist eine Zahlung von Waisenrente nur dann möglich, wenn durch die Erfüllung des gesetzlichen **Wehr- oder Zivildienstes** die Schul- oder Berufsausbildung unterbrochen oder verzögert worden ist. Hier wird nur der Zeitraum, der für die Zeit des Dienstes in Anspruch genommen wurde, berücksichtigt.

54 Die Waisenrente wird bis zur **Beendigung** der Schul- oder Berufsausbildung geleistet.

55 Die Waisenrente beträgt bei **Halbwaisen** 1/10, bei **Vollwaisen** 1/5 der Erwerbsunfähigkeitsrente des Versicherten ohne Kinderzuschuß. Die so errechnete Waisenrente erhöht sich um den Kinderzuschuß (§ 1269 RVO).

56 Weder das Angestelltenversicherungsgesetz noch die RVO haben ausgeführt, wer als Voll- oder Halbwaise anzusehen ist. Allgemein gilt folgendes:
– Ein eheliches Kind ist dann Vollwaise, wenn **beide** Elternteile verstorben sind.
– Ein nichteheliches Kind, bei dem die **Vaterschaft** festgestellt wurde und eine Adoption nicht stattgefunden hat, ist nur dann Vollwaise, wenn sowohl die Mutter als auch der Vater verstorben sind. Ist bei einem nichtehelichen Kind die Vaterschaft nicht festgestellt worden, so ist dieses Kind auch dann Vollwaise, wenn nur die Mutter verstorben ist.
– Ist ein Kind adoptiert worden, so ist es dann Vollwaise, wenn sowohl die leiblichen Eltern als auch die **Adoptiveltern** verstorben sind.

Rentenversicherungen

57 Beim Zusammentreffen mehrerer **Ansprüche** auf Waisenrente aus mehreren Versicherungsverhältnissen (Vater, Mutter, Pflegevater, Pflegemutter etc.) wird jeweils nur die anteilige Rente gezahlt.

dd) Erziehungsrente/Scheidungsrente

58 **Erziehungsrente:** Diese Rente wird gezahlt, wenn die Ehe **nach dem 30. 6. 1977** aufgelöst wurde (§ 1265 a RVO).

59 **Scheidungsrente:** Diese Rente wird gezahlt, wenn die Ehe **vor dem 1. 1. 1977** aufgelöst wurde (§ 1265 RVO).

60 Die **Scheidungsrente** erhalten frühere Ehegatten, die mit dem Versicherten verheiratet waren und bei Eintritt des Versicherungsfalles **unverheiratet** sind. Die Ehe mit dem Versicherten muß geschieden, für nichtig erklärt oder aufgehoben sein. Weitere Voraussetzung ist, daß der Versicherte zum Zeitpunkt seines Todes nach gesetzlichen Vorschriften oder aus sonstigen Gründen verpflichtet war, Unterhalt an seinen früheren Ehegatten zu zahlen, oder daß der Versicherte ohne gesetzliche Verpflichtung im letzten Jahr vor seinem Tode tatsächlich Unterhalt gezahlt hat.

61 Hat der frühere Ehegatte keinen Anspruch auf Witwenrente oder Witwerrente, kann eine Rente an den früheren Ehegatten auch dann gezahlt werden, wenn

1. eine Unterhaltsverpflichtung wegen der Vermögens- oder Erwerbsverhältnisse des Versicherten oder wegen der Ertragsverhältnisse des früheren Ehegatten aus einer Erwerbstätigkeit nicht bestanden hat, *und*
2. der frühere Ehegatte zum Zeitpunkt der Scheidung, Nichtigkeitserklärung oder Aufhebung der Ehe mindestens ein waisenrentenberechtigtes Kind zu erziehen hatte oder für ein Kind, das wegen körperlicher oder geistiger Gebrechen Waisenrente erhielt, zu sorgen hatte oder wenn er das 45. Lebensjahr vollendet hatte, *und*
3. der frühere Ehegatten berufsunfähig oder erwerbsunfähig ist oder mindestens ein waisenrentenberechtigtes Kind erzieht oder für ein Kind, das wegen körperlicher oder geistiger Gebrechen Waisenrente erhält, sorgt, oder wenn er das 60. Lebensjahr vollendet hat.

62 Die Rente an den früheren Ehegatten fällt weg bei **Tod** oder **Wiederheirat** des früheren Ehegatten. Bei Wiederheirat wird eine Abfindung in Höhe der zweifachen bisherigen Hinterbliebenenjahresrente bezahlt.

Die Höhe der Rente an den früheren Ehegatten entspricht der Witwenrente.

63 Die **Erziehungsrente** wird an Versicherte gezahlt, deren Ehe nach dem 30. 6. 1977 geschieden, für nichtig erklärt oder aufgehoben wurde (Neues Scheidungsrecht – Versorgungsausgleich). **Voraussetzung** für die Zahlung der Erziehungsrente ist, daß der Berechtigte vor dem Tod des früheren Ehegatten eine Versicherungszeit von 60 Kalendermonaten nachweisen kann und keine Beschäftigung gegen ein Entgelt ausübt, das durchschnittlich im Monat 3/10 der für Monatsbezüge geltenden Beitragsbemessungsgrenze übersteigt, oder daß von dem Berechtigten eine solche Beschäftigung oder Erwerbstätigkeit wegen der Kindererziehung nicht erwartet werden kann.

64 Die **Höhe** der Rente entspricht der Berufsunfähigkeitsrente (s Rz. 35–41). Die Rente entspricht der Erwerbsunfähigkeitsrente (s. Rz. 28–34), solange der Berechtigte mindestens drei waisenrentenberechtigte Kinder oder zwei waisenrentenberechtigte Kinder unter 6 Jahren erzieht und keine Beschäftigung oder Erwerbstätigkeit gegen ein **Entgelt** oder **Arbeitseinkommen** ausübt, das durchschnittlich im Monat 1/8 der für Monatsbezüge geltenden Beitragsbemessungsgrenze überschreitet und eine solche Beschäftigung oder Erwerbstätigkeit wegen der Kindererziehung von ihm nicht erwartet werden kann.

65 Der **Erziehung** eines waisenrentenberechtigten Kindes steht die Versorgung für ein waisenrentenberechtigtes Kind mit körperlichem oder geistigem Gebrechen gleich.

66 Die Erziehungsrente fällt weg bei **Beendigung** der Kindererziehung, bei **erneuter Eheschließung**, bei Tod des Versicherten und **bei Aufnahme** einer Beschäftigung bzw. Tätigkeit über die vorgenannten Entgeltsgrenzen hinaus.

e) Kinderzuschuß

67 Die Rente wegen Berufsunfähigkeit oder Erwerbsunfähigkeit und das Altersruhegeld erhöhen sich gemäß § 1262 RVO und § 39 AVG für **jedes Kind**, für das der Rentenberechtigte vor dem 1. Januar 1984 einen Anspruch auf Kinderzuschuß gehabt

hat, um den Kinderzuschuß. Das heißt: Nur wer bereits vor dem 1. 1. 1984 (Haushaltsbegleitgesetz 1984) Anspruch auf einen Kinderzuschuß gehabt hat, erhält den Kinderzuschuß zu seiner jeweiligen Rente gewährt.

68 Der Kinderzuschuß wird nicht gewährt:
1. wenn für dasselbe Kind Kinderzulage aus der gesetzlichen Unfallversicherung gewährt wird,
2. wenn das Kind Waisenrente aus der gesetzlichen Rentenversicherung erhält,
3. wenn der Berechtigte in seinen weiteren Dienst- oder Versorgungsbezügen oder dem Arbeitsentgelt Beträge erhält, die wegen des Kindes gewährt werden, oder
4. wenn der Berechtigte aufgrund einer durch Gesetz angeordneten oder auf Gesetz beruhenden Verpflichtung Mitglied einer öffentlich rechtlichen Versicherung oder Versorgungseinrichtung seiner Berufsgruppe ist und Versicherungs- oder Versorgungsleistungen wegen seines Kindes erhält.

69 Als **Kinder** gelten:
1. die ehelichen Kinder
2. die in den Haushalt des Rentenberechtigten aufgenommenen Stiefkinder
3. die für ehelich erklärten Kinder
4. die an Kindes Statt angenommenen Kinder
5. die nichtehelichen Kinder eines männlichen Versicherten, wenn seine Vaterschaft oder seine Unterhaltspflicht festgestellt ist und
6. die nichtehelichen Kinder einer Versicherten.

70 Der Kinderzuschuß wird bis zur Vollendung des 18. Lebensjahres gewährt. Der Kinderzuschuß wird längstens bis zur Vollendung des **25. Lebensjahres** gewährt, wenn sich das Kind in Schul- oder Berufsausbildung befindet, ein freiwilliges **soziales Jahr** ableistet und infolge körperlicher oder geistiger **Gebrechen** außerstande ist, sich selbst zu unterhalten. Im Fall der Unterbrechung oder Verzögerung der Schul- oder Berufsausbildung durch Erfüllung der gesetzlichen Wehr- oder Ersatzpflicht des Kindes wird der Kinderzuschuß auch für einen der Zeit dieses Dienstes entsprechenden Zeitraum über das 25. Lebensjahr hinaus gewährt.

71 Der Kinderzuschuß entfällt, wenn sich das Kind in der **Ausbildung** befindet und ihm aus dem Ausbildungsverhältnis **Bruttobezüge** in Höhe von mehr als DM 750,– monatlich zustehen, oder wenn dem Kind mit Rücksicht auf die Ausbildung **Unterhaltsgeld** von wenigstens DM 580,– monatlich zusteht, oder wenn dem Kind ein **Übergangsgeld** zusteht, dessen Bemessungsgrundlage wenigstens DM 750,– monatlich beträgt.

Unterhalten **mehrere Berechtigte** ein Kind, so erhält nur derjenige den Kinderzuschuß, der das Kind **überwiegend** unterhält.

f) Rehabilitationsmaßnahmen

72 Den bisher behandelten Rentenleistungen gehen in der Regel allgemeine Maßnahmen zur **Besserung oder Erhaltung** der gesundheitlichen Verhältnisse der Versicherten voraus. Zu den Aufgaben der Rentenversicherungsträger gehören auch die Vorbeugung, Besserung und Wiederherstellung (in der Regel „**Rehabilitation**" genannt) der Versicherten.

73 Sobald die **Erwerbsfähigkeit** eines Versicherten wegen Krankheit oder wegen körperlicher, geistiger oder seelischer Behinderung **erheblich gefährdet** oder gemindert ist, können die Träger der Rentenversicherungen Leistungen zur Rehabilitation erbringen, wenn durch diese Leistungen die Erwerbsfähigkeit wesentlich **verbessert** oder wiederhergestellt werden kann, oder wenn bei einer bereits geminderten Erwerbsfähigkeit durch diese Leistungen der Eintritt von Berufsunfähigkeit oder Erwerbsunfähigkeit abgewendet werden kann.

74 Die Träger der Rentenversicherungen bestimmen die **Rehabilitationseinrichtungen** und Art, Umfang und Durchführung der Maßnahmen unter Beachtung der Grundsätze der Wirtschaftlichkeit und Sparsamkeit nach pflichtgemäßem Ermessen (§§ 1236ff. RVO und §§ 13ff AVG).

3. Überblick über Rentenberechnung

75 Die **Rentenberechnung** läßt sich überschlägig nach folgender Formel ermitteln:

$$\frac{Bp \times Ba}{100} \times \frac{Vj \times 1{,}5}{100}$$ (Beispielsrechnung s Rz. 92ff.)

Die Höhe der Rente wird also gemäß dieser Formel nach vier Faktoren bestimmt:

76 **Bp = Persönliche Bemessungsgrundlage:**
Sie entspricht dem Verhältnis zwischen dem erzielten Bruttoarbeitsentgelt des einzelnen Versicherten zu dem Bruttoarbeitsentgelt aller Versicherten.

77 **Ba = Allgemeine Bemessungsgrundlage:**
Sie wird durch das durchschnittliche Bruttojahresentgelt aller Arbeiter und Angestellten im Durchschnitt des letzten Dreijahreszeitraums bestimmt (s. Tabelle VII, Rz. 756).

Vj = Anrechnungsfähiges Versicherungsjahr:
Hierunter fallen alle Versicherungsjahre, z. B. Beitrags-, Ausfall- und Ersatz- sowie Zurechnungszeiten.

1,5 = Der Steigerungssatz:
Hierunter versteht man den Prozentsatz, mit dem die Versicherungsjahre zur Berechnung der Jahresrente vervielfältigt werden. Bei Altersruhegeldern beträgt er 1,5%.

80 Die Bundesversicherungsanstalt für Angestellte hat einen eigenen **Rentenberechnungsbogen** entworfen, den jeder Versicherte unentgeltlich erhalten kann. Aufgrund der vorgenannten Formel wird dann die Berechnung der Rente durchgeführt. Versicherten ist auf Antrag **Auskunft** über die Höhe der **Anwartschaft** auf Altersruhegeld zu erteilen (§ 1325 RVO).

a) Versicherungszeiten

81 Unter Versicherungszeiten versteht man alle Zeiten, auf die es bei der **Berechnung** der Rente ankommt. Dies sind die Beitrags-, Ersatz-, Ausfall- und Zurechnungszeiten (§ 1249 RVO).

b) Beitragszeiten

82 Beitragszeiten sind Zeiten, für die **Pflichtbeiträge** oder **freiwillige Beiträge** entrichtet sind. Gemäß § 1250 RVO handelt es sich hierbei um Zeiten für die nach Bundesrecht oder früheren Vorschriften der reichsgesetzlichen Invalidenversicherung Beiträge wirksam entrichtet sind oder als entrichtet gelten.

83 Sind **Wochenbeiträge** entrichtet worden, so werden für je 13 Wochenbeiträge 3 Kalendermonate als Versicherungszeit angerechnet. Von einem verbleibenden Rest gelten die 4 Wochenbeiträge als eine Versicherungszeit von einem Kalendermonat (§ 1250 Abs. 2 RVO).

84 Sind **Pflichtbeiträge** durch Abführung an eine Einzugsstelle entrichtet, so werden Kalendermonate, die nur teilweise als Versicherungszeiten anrechnungsfähig werden, voll angerechnet (§ 1250 Abs. 3 RVO).

c) Wartezeit

85 Unter Wartezeit versteht man die Zeit, die ein Versicherter in der gesetzlichen Rentenversicherung versichert sein muß, um eine **Rentenanwartschaft** zu erwerben.

86 Die Wartezeit gilt als erfüllt, wenn der Versicherte
1. infolge eines **Arbeitsunfalles** oder als Wehrdienstleistender des Wehrpflichtgesetzes oder als Soldat auf Zeit infolge einer **Wehrdienstbeschädigung** oder als Ersatzdienstleistender infolge einer **Ersatzdienstbeschädigung** oder
2. während oder infolge eines militärischen oder **militärähnlichen Dienstes,** der aufgrund gesetzlicher Dienst- oder Wehrpflicht oder während eines **Krieges** geleistet worden ist, sowie während der **Kriegsgefangenschaft** oder
3. infolge unmittelbarer **Kriegseinwirkungen** oder
4. als Verfolgter des **Nationalsozialismus** infolge von Maßnahmen des Bundesentschädigungsgesetzes oder
5. während oder infolge der **Internierung** oder Verschleppung im Sinne des Heimkehrergesetzes oder
6. als **Vertriebener** oder Sowjetzonenflüchtling im Sinne des Bundesvertriebenengesetzes durch die Folgen der Vertreibung oder der Flucht

berufsunfähig geworden oder gestorben ist (§ 1252 Abs. 1 RVO).

d) Beschäftigungszeiten

87 Beschäftigungszeiten sind gemäß § 1423 RVO Zeiten, in denen ein Angestellter oder Arbeiter in einem die Versicherungspflicht begründenden Beschäftigungsverhältnis **mit Entgelt** gestanden haben.

e) Ersatzzeiten

88 Für die Erfüllung der Wartezeit werden als Ersatzzeit angerechnet:
1. Zeiten des militärischen und **militärähnlichen Dienstes,** der aufgrund gesetzlicher Dienste oder Wehrpflicht oder während eines **Krieges** geleistet worden ist,
2. Zeiten der **Internierung** oder der **Verschleppung,** einer anschließenden Krankheit oder unverschuldeten Arbeitslosigkeit, wenn der Versicherte ein Heimkehrer im Sinne des § 1 des Heimkehrergesetzes ist,
3. Zeiten, in denen der Versicherte während oder nach Beendigung eines Krieges, ohne Kriegsteilnehmer zu sein, durch feindliche Maßnahmen an der **Rückkehr** aus dem Ausland oder aus dem unter fremder Verwaltung stehenden Deutsch-Ost-Gebiet verhindert gewesen und festgehalten worden ist,
4. Zeiten der **Freiheitsentziehung** und der Freiheitsbeschränkung im Sinne des § 43 und 47 des Bundesentschädigungsgesetzes und Zeiten einer anschließenden Krankheit oder unverschuldeter **Arbeitslosigkeit** sowie Zeiten einer Arbeitslosigkeit bis zum 31. Dezember 1946 und Zeiten eines Auslandsaufenthaltes bis zum 31. Dezember 1949, sofern die Arbeitslosigkeit oder der Auslandsaufenthalt durch **Verfolgungsmaßnahmen** hervorgerufen worden sind oder infolge solcher Maßnahmen gedauert haben, wenn der Versicherte verfolgt im Sinne des § 1 des Bundesentschädigungsgesetzes ist,
5. Zeiten des **Gewahrsams** und einer anschließenden **Krankheit** oder unverschuldeten **Arbeitslosigkeit** bei Personen im Sinne des § 1 des Häftlingshilfegesetzes und
6. die Zeit vom 1. Januar 1945 bis 31. Dezember 1946 sowie außerhalb dieses Zeitraumes liegende Zeiten der **Vertreibung,** Flucht, Umsiedlung oder Aussiedlung oder einer anschließenden Krankheit oder unverschuldete Arbeitslosigkeit bei Personen im Sinne der §§ 1–4 des Bundesvertriebenengesetzes (§ 1251 Abs. 1 RVO).

89 Die vorgenannten Zeiten werden als Ersatzzeiten für **die Erfüllung** der Wartezeit nur angerechnet, wenn eine Versicherung vorher bestanden hat und während der Ersatzzeiten Versicherungspflicht nicht bestanden hat (§ 1251 Abs. 2 RVO).

f) Ausfallzeiten

90 Ausfallzeiten sind:
1. Zeiten, in denen eine versicherungspflichtige Beschäftigung oder Tätigkeit durch eine infolge **Krankheit** bedingte Arbeitsunfähigkeit oder durch Maßnahmen zur **Rehabilitation** unterbrochen worden ist,
2. Zeiten, in denen eine versicherungspflichtige Beschäftigung oder Tätigkeit durch Schwangerschaft, Wochenbettschutzfristen nach dem **Mutterschutzgesetz** oder durch Mutterschaftsurlaub nach dem Mutterschutzgesetz unterbrochen worden ist,
3. Zeiten bis 31. Dezember 1978, in denen eine versicherungspflichtige Beschäftigung durch eine mindestens einen Kalendermonat andauernden Bezug von **Schlechtwettergeld** unterbrochen worden ist, wenn sie durch eine Bescheinigung eines deutschen Arbeitsamtes nachgewiesen sind,
4. Zeiten, in denen eine versicherungspflichtige Beschäftigung oder Tätigkeit durch eine mindestens einen Kalendermonat dauernde **Arbeitslosigkeit** unterbrochen worden ist, wenn der bei einem deutschen Arbeitsamt als Arbeitsuchender gemeldete Arbeitslose versicherungsmäßiges Arbeitslosengeld oder Arbeitslosenhilfe erhalten hat,
5. Zeiten einer nach Vollendung des 16. Lebensjahres liegenden abgeschlossenen nicht versicherungspflichtigen freien Lehrzeit und einer erweiterten **Schulausbildung** oder einer abgeschlossenen Fachschule oder Hochschulausbildung,
6. Zeiten des Bezuges einer Rente, die mit einer angerechneten Zurechnungszeit (s. Rz. 91) zusammenfallen, wenn nach Wegfall der Rente erneut Rente wegen **Be-**

rufsunfähigkeit oder Erwerbsunfähigkeit oder Altersruhegeld oder Hinterbliebenenrente zu gewähren ist,
7. Zeiten des Bezuges einer Invalidenrente vor Vollendung des 55. Lebensjahres, die vor dem 1. Januar 1957 weggefallen ist, wenn nach Wegfall der Rente neue Rente wegen Berufsunfähigkeit oder wegen Erwerbsunfähigkeit oder wenn **Altersruhegeld** oder **Hinterbliebenengeld** zu gewähren ist (§ 1259 Abs. 1 RVO).
Ausfallzeiten werden längstens bis zum Eintritt des Versicherungsfalles angerechnet (§ 1259 Abs. 2 RVO).

g) Zurechnungszeiten

91 Unter Zurechnungszeiten versteht man bei Versicherten, die vor Vollendung des 55. Lebensjahres **berufsunfähig** oder erwerbsunfähig geworden sind, die Zeit des Kalendermonats, in dem der Versicherungsfall eingetreten ist, bis zum Kalenderzeitraum der Vollendung des 55. Lebensjahres. Diese Zurechnungszeit wird nur angerechnet, wenn von den letzten 60 Kalendermonaten vor Eintritt des **Versicherungsfalles** mindestens 36 Kalendermonate mit Beiträgen für eine rentenversicherungspflichtige Beschäftigung oder Tätigkeit belegt sind. Die Zurechnungszeit wird auch anerkannt, wenn die Zeit vom Beginn der Versicherungspflicht – 1. Tag der Berufstätigkeit – bis zum Versicherungsfall mindestens zur Hälfte mit Pflichtbeiträgen belegt ist – sogenannte **Halbdeckung** (§ 1260 RVO).

h) Beispiele zur Berechnung einer Rente

92 Die Rente kann nach der unter Rz. 75 genannten Formel wie folgt ermittelt werden:

$$\frac{Bp \times Ba}{100} \times \frac{Vj \times 1{,}5}{100}$$

Bp = Persönliche Bemessungsgrundlage
Ba = Allgemeine Berechnungsgrundlage (siehe Tabelle VII)
Vj = Versicherungsjahre

93 **Beispiel 1:**
Der Versicherte hat am 1. 7. 1985 insgesamt 40 Versicherungsjahre, nämlich 5 Jahre Berufsausbildung/Schulzeiten = Ausfallzeiten, 3 Jahre Militär = Ersatzzeit und 32 Jahre Beitragszeiten.
Er hat eine persönliche Bemessungsgrundlage von 120%, d. h. sein Entgelt betrug in den 40 Versicherungsjahren durchschnittlich 120% des Entgelts des Durchschnitts aller Versicherten. Die allgemeine Bemessungsgrundlage für 1985 beträgt 27 099 DM (s. Rz. 756).
Demgemäß ist die Rente wie folgt zu ermitteln:

$$\frac{120 \times 27\,099}{100} \times \frac{40 \times 1{,}5}{100} = 19\,511 \text{ DM}$$

Jahresrente: 19 511,– DM
Monatsrente: 1 625,– DM

94 **Beispiel 2**
Wie Beispiel 1, statt 40 Versicherungsjahre nur 30 Versicherungsjahre. Dies ergibt folgende Berechnung:

$$\frac{120 \times 27\,099}{100} \times \frac{30 \times 1{,}5}{100} = 14\,633{,}- \text{ DM}$$

Jahresrente: 14 633,– DM
Monatsrente: 1 220,– DM

95 **Beispiel 3:**
Wie Beispiel 1, aber statt 120% persönliche Bemessungsgrundlage nur 80%:
Berechnung:

$$\frac{80 \times 27\,099}{100} \times \frac{40 \times 1{,}5}{100} = 13\,007{,}- \text{ DM}$$

Jahresrente: 13 007,– DM
Monatsrente: 1 085,– DM.

II. Krankenversicherung

1. Überblick

150 Seit dem Jahre 1883 besteht die Krankenversicherung der Arbeiter. Im Jahre 1911 wurde das bestehende Gesetz zur Krankenversicherung der Arbeiter mit den Gesetzen der Rentenversicherung und der Unfallversicherung in der Reichsversicherungsordnung (RVO) zusammengefaßt.

151 Die **gesetzlichen Grundlagen** für die Krankenversicherung werden heute im Sozialgesetzbuch (SGB) im 4. Buch, 2. Kapitel – Krankenversicherung – geregelt. Die Krankenversicherung soll durch Vorsorgemaßnahmen die Erhaltung oder Wiederherstellung der Gesundheit des einzelnen und seiner gesamten Familie sichern.

152 Die **Träger der gesetzlichen Krankenversicherung** sind die gesetzlichen Krankenkassen. Sie gliedern sich wie folgt auf:

Allgemeine Ortskrankenkassen
Mitgliederkreis: alle versicherungspflichtigen oder freiwillig versicherten Personen

Ersatzkassen
Mitgliederkreis: alle versicherungspflichtigen oder freiwillig versicherten Personen gemäß den in den einzelnen Satzungen festgelegten Personenkreisen

Betriebskrankenkassen
Mitgliederkreis: alle versicherungspflichtigen oder freiwillig versicherten Arbeitnehmer größerer Betriebe, für die eine eigene Betriebskrankenkasse errichtet wurde.

Innungskrankenkassen
Mitgliederkreis: alle versicherungspflichtigen oder freiwillig versicherten Arbeitnehmer einer oder mehrerer Innungen, deren Mitgliedsfirmen in die Handwerksrolle eingetragen sind und eine Innungskrankenkasse gegründet haben.

Knappschaftliche Krankenversicherung
Mitgliederkreis: alle versicherungspflichtigen oder freiwillig versicherten im Bergbau beschäftigten Arbeitnehmer

See-Krankenkasse
Mitgliederkreis: alle versicherungspflichtigen oder freiwillig Versicherten, auf Seeschiffen beschäftigten Arbeitnehmer

Landwirtschaftliche Krankenkassen
Mitgliederkreis: landwirtschaftliche Unternehmer, mitarbeitende Familienangehörige und Bezieher einer Rente nach dem GAL (Gesetz über die Altersversorgung der Landwirte).

153 Die Träger der gesetzlichen Krankenversicherung haben sich in folgenden **Bundesverbänden** zusammengeschlossen:

AOK	Bundesverband der Ortskrankenkassen, Bonn
Ersatzkassen	Verband der Angestelltenkrankenkassen e. V., Siegburg, und Verband der Arbeiter-Ersatzkassen e. V., Siegburg
Betriebskrankenkassen	Bundesverband der Betriebskrankenkassen, Essen
Innungskrankenkassen	Bundesverband der Innungskrankenkassen, Bergisch Gladbach
Knappschaftliche Versicherung	Bundesknappschaft, Bochum
See-Krankenkasse	See-Krankenkasse, Hamburg
Landwirtschaftliche Krankenkassen	Bundesverband der Landwirtschaftlichen Krankenkassen, Kassel-Wilhelmshöhe.

2. Mitgliedschaft

154 Die Mitglieder der Krankenversicherung sind entweder pflichtversichert oder freiwillig versichert. Hiervon abzugrenzen sind die Personen, die nicht der **Versicherungspflicht** unterliegen und im Regelfall auch nicht der gesetzlichen Krankenversicherung beitreten können.

a) Pflichtversicherung:

155 Nach § 165 RVO sind versicherungspflichtig in der Krankenversicherung:
aa) **Arbeiter** ohne Rücksicht auf die Höhe ihres Entgelts (§ 165 Abs. 1 Nr. 1 RVO)
bb) **Angestellte**, deren regelmäßiger Jahresarbeitsverdienst 75 v. H. der für Jahresbezüge in der Rentenversicherung der Arbeiter geltenden Beitragsbemessungsgrenze (s. Rz. 537ff.) nicht übersteigt (§ 165 Abs. 1 Nr. 2 RVO)

Krankenversicherung 156–158 L

cc) Personen, die in Einrichtungen der **Jugendhilfe** durch Beschäftigung für eine Erwerbstätigkeit befähigt werden sollen (§ 165 Abs. 1 Nr. 2a a RVO)
dd) Personen, die in Einrichtungen für **Behinderte,** insbesondere in Berufsbildungswerken, an einer berufsfördernden Maßnahme teilnehmen (§ 165 Abs. 1 Nr. 2a b RVO)
ee) Personen, die wegen berufsfördernder Maßnahmen zur **Rehabilitation** Übergangsgeld beziehen, es sei denn, das Übergangsgeld ist nach den Vorschriften des Bundesversorgungsgesetzes berechnet (§ 165 Abs. 1 Nr. 4 RVO)
ff) eingeschriebene **Studenten** der staatlichen oder staatlich anerkannten Hochschulen (§ 165 Abs. 1 Nr. 5 RVO)
gg) Personen, die eine in Studien- oder Prüfungsordnungen vorgeschriebene **berufspraktische** Tätigkeit verrichten (§ 165 Abs. 1 Nr. 6 RVO)
hh) **Rentenantragsteller** und **Rentenbezieher,** sofern eine Rente aus der gesetzlichen Rentenversicherung bezogen oder beantragt wird. Rentenantragsteller haben die Möglichkeit, innerhalb eines Monats eine Erklärung abzugeben, daß ihre Mitgliedschaft bis zum Ablauf des Monats mit Zustellung des Rentenbescheides ruhen soll. Rentenbezieher und auch -antragsteller werden versichert, wenn sie während ihres Erwerbslebens mindestens die Hälfte der Zeit Mitglied eines Trägers der gesetzlichen Krankenversicherung waren,
ii) selbständige **Lehrer** und **Erzieher,** die in ihrem Betrieb keine Angestellten beschäftigen (§ 166 Abs. 1 Nr. 2 RVO)
jj) **Hausgewerbetreibende** (§ 166 Abs. 1 Nr. 1 RVO)
kk) die in der Kranken-, Wochen-, Säuglings- und Kinderpflege selbständig tätigen Personen, die in ihrem Betrieb keine Angestellten beschäftigen (§ 166 Abs. 1 Nr. 5 RVO)
ll) **Hebammen** mit Niederlassungserlaubnis (§ 166 Abs. 1 Nr. 4 RVO)
Die unter den Buchstaben ii) bis ll) aufgeführten Versicherungspflichtigen werden dann versichert, wenn ihr regelmäßiges **Jahreseinkommen** nicht 75 v. H. der für die Jahresbezüge in der Rentenversicherung der Arbeiter geltenden Beitragsbemessungsgrenze übersteigt.

b) Freiwillige Weiterversicherung:

56   Zur freiwilligen Weiterversicherung sind alle Personen berechtigt, die aus einer versicherungspflichtigen Beschäftigung ausscheiden, z. B. durch Überschreiten der Beitragsbemessungsgrenze etc. (§ 313 Abs. 1 RVO).
Voraussetzung hierfür ist jedoch, daß sie unmittelbar vor dem Ausscheiden 6 Wochen oder innerhalb der letzten 12 Monate mindestens 26 Wochen versichert waren. Die Anzeige zur freiwilligen Weiterversicherung muß innerhalb eines Monats vorgenommen werden (§ 313 Abs. 1 und 2 RVO).

c) Nicht der Versicherungspflicht unterliegende Personen:

57   Von der generell bestehenden Versicherungspflicht sind kraft Gesetzes oder aufgrund eines eigenen Befreiungsantrags folgende Personen ausgenommen:

58 **Kraft Gesetzes:**

a) Arbeitnehmer, die eine **geringfügige Beschäftigung** ausüben (§ 8 SGB IV, § 168 RVO),
b) Richter, Beamte und Personen in beamtenähnlicher Stellung (§§ 169 und 172 Abs. 1 Nr. 1 und 2 RVO),
c) Personen, die während der Dauer ihres Studiums als ordentliche **Studierende** an einer Hochschule oder einer sonstigen der wissenschaftlichen oder fachlichen Ausbildung dienenden Schule gegen Entgelt beschäftigt sind (§ 172 Abs. 1 Nr. 5 RVO),
d) Verwaltungslehrling (§ 172 Abs. 1 Nr. 4 RVO),
e) Mitglieder geistlicher Genossenschaften, Diakonissen, Schwestern vom Deutschen Roten Kreuz, Schulschwestern und ähnliche Personen, wenn sie sich aus überwiegend religiösen oder sittlichen Beweggründen mit Krankenpflege, Unterricht oder anderen gemeinnützigen Tätigkeiten beschäftigen und nicht mehr als

freien Unterhalt oder ein geringes Entgelt beziehen, das nur zur Beschaffung der unmittelbaren Lebensbedürfnisse für Wohnung, Kleidung und Verpflegung ausreicht (§ 172 Abs. 1 Nr. 6 RVO).

159 Auf Antrag:
f) Rentenantragsteller und Rentenbezieher, die bei einem privaten Krankenversicherungsunternehmen versichert sind (§ 173 Abs. 1 RVO),
g) Angestellte, die infolge **Erhöhung der Jahresarbeitsverdienstgrenze** krankenversicherungspflichtig werden und bei einem privaten Versicherungsunternehmen versichert sind; Voraussetzung: der Versicherungsumfang der privaten Krankenversicherung entspricht mindestens dem Versicherungsumfang in der gesetzlichen Krankenversicherung. Die zuständige Allgemeine Ortskrankenkasse erteilt auf Antrag den Befreiungsbescheid (§ 173b Abs. 1 RVO),
h) Pensionierte Beamte (§ 173 Abs. 1 RVO),
i) Studenten und Praktikanten, die bei einem privaten Krankenversicherungsunternehmen versichert sind (§ 173d Abs. 1 RVO),
j) Personen, die wegen berufsfördernder Maßnahmen zur Rehabilitation Übergangsgeld beziehen und bei einem privaten Krankenversicherungsunternehmen versichert sind (§ 173c Abs. 1 RVO).

d) Beginn der Mitgliedschaft

160 Die Mitgliedschaft bei den **RVO-Krankenkassen** (AOK, Innungskrankenkassen, Betriebskrankenkassen) beginnt mit dem Tage des Eintritts in die versicherungspflichtige Beschäftigung (§ 306 Abs. 1 RVO).

161 Zur Mitgliedschaft bei den **Ersatzkassen** (BEK, DAK, KKH, TKK etc.) bedarf es der persönlichen Antragstellung des einzelnen Versicherten. Gemäß § 517 RVO befreit die Mitgliedschaft in einer Ersatzkasse noch nicht von der Zugehörigkeit zu einer RVO-Krankenkasse. Versicherungspflichtige Mtiglieder einer Ersatzkasse haben das Recht auf Befreiung von der Mitgliedschaft bei einer gesetzlichen Krankenkasse, sofern sie ihrem Arbeitgeber unverzüglich nach Beginn der krankenversicherungspflichtigen Beschäftigung eine Mitgliedsbescheinigung der zuständigen Ersatzkasse ausgehändigt haben. Die jeweilige Mitgliedsbescheinigung ist zu Beginn eines jeden versicherungspflichtigen Beschäftigungsverhältnisses vorzulegen.

162 Erfolgt aufgrund der **Erhöhung** der Jahresverdienstgrenze am 1. Januar eines Jahres Versicherungspflicht, und ist die Ersatzkassenmitgliedschaft seit Beginn des Arbeitsverhältnisses ununterbrochen, so braucht eine erneute Mitgliedsbescheinigung nicht vorgelegt zu werden.

163 Bei Beginn einer versicherungspflichtigen Beschäftigung ist eine **Anmeldung** bei der jeweiligen Krankenkasse zu erstatten (§ 317 RVO). Dabei ist es unerheblich, ob die Beschäftigung eine Versicherungspflicht in der Kranken-, Renten- und Arbeitslosenversicherung begründet oder nur in einem dieser Versicherungszweige. Die Anmeldepflicht besteht darüber hinaus, wenn der Arbeitnehmer versicherungsfrei ist, der Arbeitgeber aber Beitragsanteile zur Renten- und/oder Arbeitslosenversicherung entrichten muß. Die Meldefrist beträgt 2 Wochen nach Beginn der Versicherungs-/Beitragspflicht. Die Anmeldung ist auf einem amtlichen Vordruck vorzunehmen. Der Vordruck ist dem jeweiligen Versicherungsnachweis des Versicherten zu entnehmen. Legt der Versicherte keinen Versicherungsnachweis vor, so ist die Anmeldung mit einem Ersatzversicherungsnachweis durchzuführen. Die Anmeldung muß folgende Eintragungen enthalten:

164 Name; Anschrift; Familienstand; Anzahl der Kinder; Rentner oder Rentenantragsteller; mehrfach Beschäftigter; Angaben zur Tätigkeit und zur Stellung in Beruf und Ausbildung; Betriebsnummer; Beginn der Beschäftigung; Beitragsgruppen. Ferner ist der Versicherungsnachweis mit Namen und Anschrift des Arbeitgebers und ggf. der Kontonummer bei der Krankenkasse bzw. der Betriebsnummer zu versehen.

e) Ende der Mitgliedschaft

165 Die Mitgliedschaft in den RVO-Krankenkassen endet mit der Beendigung der Beschäftigung.

166 Die Beendigung der Mitgliedschaft in einer **Ersatzkasse** bedarf der Kündigung des Mitglieds. Bei Beendigung der Beschäftigung bleibt die Mitgliedschaft in der Ersatzkasse bestehen.

167 Kündigt ein Ersatzkassenmitglied während der Beschäftigung seine Mitgliedschaft und legt seinem Arbeitgeber nicht unverzüglich eine erneute Mitgliedsbescheinigung einer anderen Ersatzkasse vor, so muß der Arbeitgeber den Versicherten unverzüglich bei einer RVO-Krankenkasse anmelden.

168 Sobald eine Beschäftigung die Kranken-, Renten- oder Arbeitslosenversicherungspflicht begründet hat oder für sie Beitragsanteile zur Rentenversicherung zu entrichten waren, ist ihre **Beendigung** durch den Arbeitgeber anzumelden (§ 317 RVO). Die Meldefrist für die Abmeldung beträgt 6 Wochen nach dem Ende der versicherungs-/beitragspflichtigen Beschäftigung. Sie ist ebenso wie die Anmeldung mit dem Vordruck Abmeldung/Jahresmeldung des Versicherungsnachweises oder mit dem Ersatzversicherungsnachweis vorzunehmen. Die Abmeldung muß folgende Angaben enthalten:

169 Name und ggf. Anschriftenänderung; Zeitraum der Entgeltszahlung im laufenden Kalenderjahr, für den noch kein Arbeitsentgelt in einer Abmeldung/Jahresmeldung gemeldet worden ist; Grund der Abgabe; beitragspflichtiges Brutto-Arbeitsentgelt sowie Name und Anschrift des jeweiligen Arbeitgebers, versehen mit der Kontonummer oder der Betriebsnummer der zuständigen Krankenkasse.

3. Krankenhilfe

a) Sachleistungen

170 Nach der Rechtslage ist zwischen Regelleistungen und Mehrleistungen zu unterscheiden. **Regelleistungen** sind die im Gesetz vorgesehenen Mindestleistungen. **Mehrleistungen** können in der Satzung der Krankenkasse festgelegt werden. Sie sind aber nur insoweit zulässig, als sie im 2. Buch der RVO (§ 179 Abs. 3) vorgesehen sind.

171 Die Leistungen der gesetzlichen Krankenversicherung unterscheiden sich in **Sach- und Geldleistungen.** Sachleistungen werden den Versicherten und Familienangehörigen in natura gewährt (Naturalleistungen). Die Gewährung der Sachleistungen ist durch entsprechende Vereinbarungen zwischen den Krankenkassen, den kassenärztlichen und kassenzahnärztlichen Vereinigungen sowie durch Verträge der Krankenkassen mit anderen Partnern (Krankenhäusern, Apotheken, Kureinrichtungen etc.) sicherzustellen. Eine Erstattung der Sachleistung in Form eines entsprechenden Geldbetrages kann in einigen Fällen durchgeführt werden.

172 **Krankenhilfe** ist zu gewähren, wenn der Versicherungsfall – die Krankheit – eingetreten ist. **Krankheit** im Sinne der Krankenversicherung ist ein regelwidriger Körper- oder Geisteszustand, der Behandlungsbedürftigkeit und je nach Schwere Arbeitsunfähigkeit zur Folge hat. Die Ursache der Krankheit ist grundsätzlich unbeachtlich. Eine Behandlungsbedürftigkeit ist vom tatsächlichen Beginn der Behandlung unabhängig. Behandlungsbedürftigkeit und damit Krankheit ist immer dann zu bejahen, wenn die Körperfunktion wesentlich gebessert oder eine Verschlimmerung verhindert werden kann oder ernstliche Beschwerden gelindert werden können, oder wenn bei angeborenen Leiden der gegenwärtige Zustand keine Schmerzen oder Beschwerden bereitet und durch ärztliche Behandlung im Frühstadium aber eine wesentliche Besserung oder gar Beseitigung des Leidens erreicht werden kann. Zu den Krankheiten zählen auch behandlungsfähige Dauerleiden sowie Zahn- und Kieferfehlstellungen.

173 Dauernde fehlerhafte Zustände des Körpers oder des Geistes, die einer Behandlung nicht zugänglich sind, stellen grundsätzlich keine Krankheiten, sondern **Gebrechen** dar, z. B. Altersschwäche oder angeborener Schwachsinn.

aa) Krankenhauspflege

174 Krankenhauspflege wird zeitlich unbegrenzt gewährt, wenn die Aufnahme in ein Krankenhaus erforderlich ist, um die Krankheit zu erkennen oder zu behandeln oder Krankheitsbeschwerden zu lindern; soweit bei psychiatrischer Behandlung eine Unterbringung im Krankenhaus nicht mehr erforderlich ist, wird die weiterhin notwen-

dige Krankenhauspflege teilstationär gewährt. (§ 184 Abs. 1 RVO) Der Versicherte kann unter den Krankenhäusern **wählen,** die nach § 371 der RVO für die Erbringung von Krankenhauspflege vorgesehen sind. (§ 184 Abs. 2 RVO) Es handelt sich hierbei um Krankenhauspflege durch Hochschulkliniken sowie Krankenhäuser, die in den Krankenhausbedarfsplan aufgenommen sind oder sich gegenüber den Krankenkassen hierzu bereit erklärt haben. Wird ohne zwingenden Grund ein anderes als eines der nächsterreichbaren geeigneten Krankenhäuser in Anspruch genommen, so hat der Versicherte entsprechende Mehrkosten zu tragen.

175   Jeder Versicherte zahlt als **Eigenanteil** vom Beginn der Krankenhauspflege an innerhalb eines Kalenderjahres für längstens 14 Tage DM 5,– je Kalendertag an das Krankenhaus. Dies gilt jedoch nicht für Kinder, die das 18. Lebensjahr noch nicht vollendet haben, sowie für die Zeit der teilstationären Krankenhauspflege. (§ 184 Abs. 3 RVO)

bb) Ärztliche Behandlung

176   Jeder Versicherte hat im Krankheitsfalle Anspruch auf **ärztliche bzw. zahnärztliche Behandlung.** Der Versicherte hat für die Behandlung durch den Arzt bzw. Zahnarzt grundsätzlich freie Wahl unter allen Kassenärzten. (§ 368d RVO) Für die Inanspruchnahme von ärztlicher oder zahnärztlicher Behandlung hat der Versicherte einen Krankenschein dem Arzt bzw. Zahnarzt auszuhändigen. In dringenden Fällen kann der Krankenschein nachgereicht werden. Spätestens ab 1. 1. 1984 wird dem Versicherten für jedes Kalendervierteljahr grundsätzlich nur **ein** Krankenschein für ärztliche Behandlung ausgestellt. (§ 188 RVO)

177   Solange ein gültiger **Krankenschein** nicht beigebracht ist, darf der Arzt für die Behandlung eine gesonderte Vergütung verlangen, die er aber zurückzahlen muß, wenn der Krankenschein innerhalb von 10 Tagen nach der ersten Inanspruchnahme nachgereicht wird.

178   Die ärztliche bzw. zahnärztliche Versorgung umfaßt die ärztliche bzw. zahnärztliche **ambulante oder stationäre Behandlung.** Darüber hinaus umfaßt die ärztliche bzw. zahnärztliche Versorgung die Anordnung der Hilfeleistung anderer Personen, z. B. Masseure etc., die Versorgung mit Zahnersatz und Zahnkronen sowie die Verordnung von Arznei-, Verbands- und Heilmitteln, Körperersatzstücken, orthopädischen und anderen Hilfsmitteln, Brillen sowie die Ausstellung von Bescheinigungen und die Erstellung von Berichten, die die Krankenkassen zur Durchführung ihrer gesetzlichen Aufgaben benötigen. (§ 368 Abs. 2 RVO) Ärztliche bzw. zahnärztliche Leistungen, die für die Erzielung des Heilerfolges nicht notwendig oder unwirtschaftlich sind, kann der Versicherte nicht beanspruchen.

179   Der Arzt oder Zahnarzt darf sie nicht bewirken oder verordnen, die Krankenkasse darf sie nachträglich nicht bewilligen (§ 368 e RVO).

cc) Arznei-Versorgung

180   Die Versorgung mit Arzneimitteln enthält auch die Versorgung mit Verbands-, Heilmitteln und Brillen. Auf alle Arzneien, z. B. Tabletten, Salben, Tropfen etc., die auf ärztliche Verordnung von den Apotheken abgegeben werden, hat der Patient ein Anrecht. Seit dem 1. 4. 1983 sind **Arzneimittel,** die in ihrer allgemeinen Anwendung nur bei geringfügigen Gesundheitsstörungen verordnet werden (sogenannte **Bagatellmittel),** nicht oder nur bei Vorliegen besonderer Voraussetzungen von den zuständigen Krankenkassen zu zahlen. Hierzu gehören insbesondere: (§ 182f Abs. 2)
– Arzneimittel zur Anwendung bei Erkältungskrankheiten und grippalen Infekten einschließlich bei diesen Krankheiten anzuwendender Schnupfenmittel, hustendämpfender und hustenlösender Mittel und Schmerzmittel
– Mund- und Rachentherapeutica, ausgenommen bei Pilzinfektionen
– alle Abführmittel
– Arzneimittel gegen Reisekrankheiten.

181   Die vorgenannten Arzneimittel sind vom Arzt auf Privatrezept zu verordnen, und die Kosten für die Arzneimittel sind vom Versicherten selbst zu tragen.

182   Der Versicherte, der das 16. Lebensjahr vollendet hat, zahlt als **Verordnungsblattgebühr** bei der Abnahme von

- Arznei- und Verbandmitteln DM 2,- je Verordnung
- Heilmitteln DM 4,- je Verordnung
- Brillen DM 4,-

jedoch nicht mehr als die tatsächlich entstandenen Kosten an die abgebende Stelle. Dies gilt auch für die Instandsetzung von Heilmitteln und Brillen. Die Krankenkasse kann in Fällen, in denen über einen längeren Zeitraum Arznei-, Verband- oder Heilmittel benötigt werden, von der Zahlung **befreien**, wenn der Versicherte unzumutbar belastet würde. (§ 182a RVO)

183 Diese unzumutbare Belastung **(Härtefall)** ist vor allem dann gegeben, wenn laufend Arznei-, Verband- und Heilmittel benötigt werden oder wenn folgende Einkommensgrenzen (Stand 1985) nicht überschritten werden:

- Mitglieder ohne Angehörige: DM 1120,-
- Mitglieder mit 1 Angehörigen: DM 1540,-
- Mitglieder mit 2 Angehörigen: DM 1820,-
- Mitglieder mit 3 Angehörigen: DM 2100,-
- Mitglieder mit 4 Angehörigen: DM 2380,-

184 Von der Zahlung der **Verordnungsblattgebühr** sind grundsätzlich befreit:

- Kinder, die gemäß § 205 RVO Anspruch auf Familienkrankenpflege haben,
- krankenversicherte Kriegsbeschädigte für anerkannte Schädigungsleiden
- Schwangere und Wöchnerinnen im Rahmen der Mutterschaftshilfe.

185 Unter ,,Verband- und Heilmittel" fallen auch Leibbinden, Bruchbänder, Fußeinlagen, Gummistrümpfe sowie Bäder und Massagen.

Ebenfalls seit dem 1. 4. 1983 ist die Versorgung mit **Brillen** neu geregelt worden:
186 Der Anspruch auf Versorgung mit Brillen besteht für Versicherte, die das 14. Lebensjahr vollendet haben, bei gleichbleibender Sehfähigkeit nur, wenn seit dem Tage der letzten Brillenlieferung mindestens 3 Jahre vergangen sind. (§ 182g RVO)

dd) Zahnärztliche Behandlung inkl. Zahnersatz

187 Die vorstehenden Ausführungen (Rz. 176 ff.) gelten für die zahnärztliche Behandlung im vollen Umfange.

Zu den Kosten für **zahntechnische Leistungen** bei Zahnersatz und Zahnkronen zahlen die Krankenkassen Zuschüsse. Die Höhe der Zuschüsse bestimmt die Satzung; sie dürfen jedoch 60% der Kosten nicht übersteigen.

188 Der Kostenanteil des Versicherten für zahntechnische Leistungen ist zu mindern um den Materialwert des Zahngoldes, wenn durch die Neuanfertigung des Zahnersatzes Zahngold entbehrlich wird und in das Eigentum des Zahnarztes übergeht. (§ 182c Abs. 2 RVO) Der Zahnarzt hat dem Versicherten die Kosten der zahntechnischen Leistungen und zahnärztlichen Behandlung bei der Versorgung mit Zahnersatz grundsätzlich mitzuteilen. (§ 182c Abs. 4 RVO) Wählt der Versicherte aufwendigeren **Zahnersatz** als von den Krankenkassen genehmigt, so hat er die Mehrkosten selbst zu tragen. Hierüber ist vor Beginn der Behandlung eine schriftliche Vereinbarung zwischen dem Kassenarzt und dem Versicherten zu treffen. (§ 182c Abs. 5 RVO)

189 Die Krankenkasse kann in Härtefällen den vom Versicherten zu zahlenden Restbetrag ganz oder teilweise übernehmen.

190 Bei **kieferorthopädischen Behandlungen** können die Satzungen der gesetzlichen Krankenkassen vorsehen, daß der Versicherte bis zu 20% der Kosten, höchstens jedoch einen Betrag in Höhe eines Viertels der monatlichen Bezugsgröße (1985: DM 2800,-) je Leistungsfall an die Krankenkasse zu zahlen hat. Sie kann dabei bestimmen, daß

191 - der Betrag dann an die Krankenkasse zu zahlen ist, wenn die Behandlung abgebrochen wird, bevor sie in dem durch den Behandlungsplan bestimmten medizinisch erforderlichen Umfang abgeschlossen worden ist oder

192 - die Zuzahlung laufend während der Behandlung zu zahlen und dem Versicherten zu erstatten ist, wenn die Behandlung in dem durch den Behandlungsplan bestimmten medizinisch erforderlichen Umfang abgeschlossen worden ist. (§ 182e RVO)

ee) Häusliche Krankenpflege

193 Versicherte erhalten in ihrem Haushalt oder in ihrer Familie neben der ärztlichen Behandlung häusliche Krankenpflege durch Krankenpflegepersonen mit einer staatlichen Erlaubnis oder durch andere zur Krankenpflege geeignete Personen, wenn Krankenhauspflege geboten, aber nicht ausführbar ist, oder Krankenhauspflege dadurch nicht erforderlich wird. Die Satzungen der jeweiligen gesetzlichen Krankenkassen können bestimmen, daß häusliche Krankenpflege auch dann gewährt wird, wenn diese zur Sicherung der ärztlichen Behandlung erforderlich ist. (§ 185 Abs. 1 RVO)

194 Häusliche Krankenpflege wird insoweit gewährt, als eine im Haushalt lebende Person den Kranken nicht pflegen kann. (§ 185 Abs. 2 RVO)

195 Können Krankenpflegepersonen mit einer staatlichen Erlaubnis oder durch andere zur Krankenpflege geeignete Personen nicht gestellt werden, oder besteht Grund, von einer Gestellung abzusehen, so sind die Kosten für eine solche Kraft in angemessener Höhe zu erstatten, wenn diese selbst beschafft wird. (§ 185 Abs. 3 RVO)

ff) Körperersatzstücke

196 Der Versicherte hat Anspruch auf Ausstattung mit Körperersatzstücken, orthopädischen und anderen Hilfsmitteln, die erforderlich sind, um einer drohenden Behinderung vorzubeugen, den Erfolg der Heilbehandlung zu sichern oder eine körperliche Behinderung auszugleichen, soweit sie nicht als allgemeine Gebrauchsgegenstände des täglichen Lebens anzusehen sind. Der Anspruch umfaßt auch die notwendige Änderung, Instandsetzung und Ersatzbeschaffung sowie die Ausbildung im Gebrauch der Hilfsmittel. Wählt der Versicherte aufwendigere Hilfsmittel als notwendig oder von der Krankenkasse anerkannt, hat er die Mehrkosten selbst zu tragen. Die Herstellung oder Erhaltung der Arbeitsfähigkeit wird bei Hilfsmitteln als Voraussetzung für den Leistungsanspruch nicht mehr verlangt. Bei Körperersatzstücken, orthopädischen oder anderen Hilfsmitteln handelt es sich unter anderem um Prothesen, Krankenfahrzeuge, Perücken, orthopädische Schuhe und Hörgeräte. (§ 182b RVO)

gg) Unterkunft und Verpflegung bei Kuren

197 Die gesetzlichen Krankenkassen können Behandlungen mit Unterkunft und Verpflegung in Kur- oder Spezialeinrichtungen gewähren, wenn diese erforderlich sind, um eine Krankheit zu heilen, zu bessern oder eine Verschlimmerung zu verhüten, und wenn nach der für andere Träger der Sozialversicherung geltenden Vorschriften (z. B Rentenversicherung) oder nach dem Bundesversorgungsgesetz solche Leistungen nicht gewährt werden können. (§ 184 Abs. 1 RVO)

198 Versicherte, die eine solche Leistung erhalten, zahlen DM 10,– je Kalendertag an die leistungspflichtige Krankenkasse. Die Leistung der Krankenkasse gilt auch bei einer Zuzahlung des Versicherten als volle Kostenübernahme im Sinne arbeitsrechtlicher Vorschriften. Die Krankenkasse kann von der **Zuzahlung** befreien, wenn sie dadurch den Versicherten unzumutbar belasten würde. Die vorgenannte Zahlung von DM 10,– je Kalendertag entfällt, wenn die Leistung der Krankenhauspflege (s. Rz. 174 ff.) vergleichbar ist oder sich an diese ergänzend anschließt; in diesen Fällen zahlen die Versicherten DM 5,– je Kalendertag. (§ 184a Abs. 2 RVO)

hh) Maßnahmen zur Früherkennung von Krankheiten (gemäß § 181 und 181a RVO)

199 Versicherte haben zur Sicherung der Gesundheit Anspruch auf folgende Maßnahmen zur Früherkennung von Krankheiten:
– Kinder bis zur Vollendung des 4. Lebensjahrs auf Untersuchungen zur Früherkennung von Krankheiten, die eine normale körperliche oder geistige Entwicklung des Kindes in besonderem Maße gefährden,
– Frauen vom Beginn des 20. Lebensjahrs an einmal jährlich auf eine Untersuchung zur Früherkennung von Krebserkrankungen
– Männer vom Beginn des 45. Lebensjahrs an einmal jährlich auf eine Untersuchung zur Früherkennung von Krebserkrankungen (§ 181 RVO)

Krankenversicherung 200–210 L

200 Der Bundesminister für Arbeit und Soziales kann im Einvernehmen mit dem Bundesminister für Jugend, Familie und Gesundheit durch Rechtsverordnung, die der Zustimmung des Bundesrats bedarf, über die vorgenannten Maßnahmen zur Früherkennung von Krankheiten weitere Maßnahmen vorsehen.
201 Bei Inanspruchnahme von Untersuchungen zur Früherkennung von Krankheiten ist dem Arzt ein **Berechtigungsschein** der zuständigen gesetzlichen Krankenkasse vorzulegen. (§ 181b RVO)
202 Alle Maßnahmen zur Krankheitsverhütung werden sowohl als Gemeinschaftsaufgabe aller Krankenkassen, von besonderen Abteilungen der Landesversicherungsanstalten als auch von den einzelnen Kassen selbst durchgeführt. Die gesundheitliche Aufklärung der Versicherten über Hygiene und Krankheitsgefahren gehören mit dazu.

ii) Mutterschaftshilfe

203 Es werden gemäß § 195 RVO folgende Leistungen als Mutterschaftshilfe gewährt:
– Ärztliche Betreuung und Hilfe sowie Hebammenhilfe
– Versorgung mit Arznei-, Verband- und Heilmitteln
– Pauschbeträge für die Inanspruchnahme ärztlicher Betreuung
– Pflege in Entbindungs- oder Krankenanstalten sowie Hilfe und Wartung durch Hauspflegerinnen
– Mutterschaftsgeld, (siehe auch Rz. 237ff.).
204 Die Versicherte hat während der **Schwangerschaft** und nach der **Entbindung** Anspruch auf ärztliche Betreuung und auf Hebammenhilfe. Zur ärztlichen Betreuung während der Schwangerschaft gehören insbesondere Untersuchungen zur Feststellung der Schwangerschaft, Vorsorgeuntersuchungen einschließlich der laborärztlichen Untersuchungen; das Nähere über die Gewähr für ausreichende und zweckmäßige ärztliche Betreuung sowie über die dazu erforderlichen Aufzeichnungen und Bescheinigungen während der Schwangerschaft und nach der Entbindung regelt der Bundesausschuß der Ärzte und Krankenkassen im Rahmen seiner Richtlinien. (§ 196 Abs. 1 RVO)
205 Bei der Entbindung wird Hilfe durch eine Hebamme und, falls erforderlich, durch einen Arzt gewährt. (§ 196 Abs. 2 RVO)
Bei Schwangerschaftsbeschwerden und im Zusammenhang mit der Entbindung werden Arznei-, Verband- und Heilmittel gewährt.
206 Die Versicherte erhält nach der Entbindung einen **Pauschbetrag** von DM 100,–, wenn sie in der Bundesrepublik Deutschland (einschließlich West-Berlin) entbunden und die zur ausreichenden und zweckmäßigen ärztlichen Betreuungen während der Schwangerschaft und nach der Entbindung gehörenden Untersuchungen in Anspruch genommen hat. Der Anspruch auf den Pauschbetrag bleibt unberührt, wenn Untersuchungen aus einem von der Versicherten nicht zu vertretenden Grunde nicht durchgeführt wurden. (§ 198 RVO)
207 Die Krankenkasse hat der Versicherten Pflege in einer Entbindungs- oder Krankenanstalt – jedoch für die Zeit nach der Entbindung für längstens 6 Tage – zu gewähren. Während der **Pflege** in Entbindungs- oder Krankenanstalten wird keine Krankenhauspflege gewährt, d. h., daß während dieser Zeit die Versicherte auch keinen Zuschuß (wie in der Krankenhauspflege üblich) zahlen muß. (§ 199 RVO)

jj) Sonstige Hilfen

208 Unter „Sonstige Hilfen" fallen:
(1) Ärztliche Beratung zur Empfängnisregelung (§ 200e RVO)
(2) Leistungen bei nichtrechtswidriger Sterilisation und bei nichtrechtswidrigem Schwangerschaftsabbruch (§ 200f RVO)
209 **Zu (1):** Versicherte haben Anspruch auf ärztliche Beratung über Fragen der **Empfängnisregelung.** Zur ärztlichen Beratung gehören auch die erforderlichen Untersuchungen und die Verordnung von empfängnisregelnden Mitteln.
210 **Zu (2):** Versicherte haben Anspruch auf Leistungen bei einer nichtrechtswidrigen **Sterilisation** und bei einem nichtrechtswidrigen Abbruch der Schwangerschaft durch einen Arzt. Es werden ärztliche Beratungen über die Erhaltung und über den Abbruch der Schwangerschaft, ärztliche Untersuchungen und Begutachtungen zur Feststellung der Voraussetzungen für eine nichtrechtswidrige Sterilisation oder für

einen nichtrechtswidrigen Schwangerschaftsabbruch, ärztliche Behandlung, Versorgung mit Arznei-, Verband- und Heilmitteln sowie Krankenhauspflege gewährt.

211 Die für die Krankenhilfe geltenden Vorschriften gelten auch für die vorgenannten Leistungen nach (1) und (2).

b) Barleistungen

Zu den Barleistungen gehören:

aa) Krankengeld

212 Sobald ein Versicherter arbeitsunfähig erkrankt, besteht Anspruch auf Krankengeld. **Arbeitsunfähigkeit** liegt vor, wenn der Versicherte infolge Krankheit nicht oder nur unter der Gefahr der Verschlimmerung seines Zustandes fähig ist, die zuletzt verrichtete Arbeit weiterhin auszuführen.

213 Das Krankengeld beträgt 80% des wegen der Arbeitsunfähigkeit entgangenen regelmäßigen **Arbeitsentgelts** und Arbeitseinkommens, soweit es der Beitragsberechnung unterliegt (Regellohn). Das aus dem Arbeitsentgelt errechnete **Krankengeld** darf das entgangene Nettoarbeitsentgelt nicht übersteigen. Das Krankengeld wird kalendertäglich gezahlt. Ist es für einen ganzen Kalendermonat zu zahlen, ist dieser mit 30 Tagen anzusetzen (§ 182 Abs. 4 Satz 5 RVO). Die Krankengeldzahlung beginnt, wenn der Anspruch auf Gehalts- bzw. Lohnfortzahlung abgelaufen ist oder ein solcher Anspruch nach dem Lohnfortzahlungsgesetz gegen den Arbeitgeber nicht mehr besteht. Krankengeld wird bei Arbeitsunfall oder Berufskrankheit im Sinne der gesetzlichen Unfallversicherung von dem Tage an gewährt, an dem die Arbeitsunfähigkeit ärztlich festgestellt wird; im übrigen von dem darauffolgenden Tage an (§ 182 Abs. 3 RVO). Für die nach dem Künstler-Sozialversicherungsgesetz Versicherten beginnt der Anspruch auf Krankengeld mit Beginn der 7. Woche der Arbeitsunfähigkeit.

214 Krankengeld wird ohne **zeitliche Begrenzung** gewährt, für den Fall der Arbeitsunfähigkeit wegen derselben Krankheit jedoch für höchstens 78 Wochen innerhalb von je 3 Jahren, gerechnet vom Tage des Beginns der Arbeitsunfähigkeit an. Durch eine weitere Erkrankung innerhalb der Arbeitsunfähigkeit wird die Leistungsdauer nicht verlängert (§ 183 Abs. 2 RVO). Der Anspruch auf Krankengeld endet mit dem Tage, an dem die Arbeitsfähigkeit, die durch den behandelnden Arzt festgestellt worden ist, innerhalb von 3 Jahren an 78 Wochen bestanden hat oder von dem Tage an, an dem Rente wegen Erwerbsunfähigkeit oder Altersruhegeld von einem Träger der Rentenversicherung zugebilligt worden ist. Ist über diesen Zeitpunkt hinaus Krankengeld gezahlt worden und übersteigt dieses die Rente, so kann die Kasse den überschießenden Betrag vom Versicherten nicht zurückfordern. (§ 183 Abs. 3 RVO)

215 Wird während des Bezuges von **Erwerbsunfähigkeitsrente** oder Altersruhegeld Krankengeld gewährt, so besteht Anspruch auf Krankengeld für höchstens 6 Wochen, gerechnet vom Tage des Beginns der Arbeitsunfähigkeit an. (§ 183 Abs. 4 RVO)

216 Der Anspruch auf Krankengeld **ruht,** solange der Versicherte Versorgungskrankengeld, Verletztengeld, Übergangsgeld, Arbeitslosengeld, Arbeitslosenhilfe, Unterhaltsgeld, Kurzarbeitergeld oder Schlechtwettergeld bezieht oder der Anspruch wegen einer Sperrzeit nach dem Arbeitsförderungsgesetz ruht, und zwar auch insoweit, als das Krankengeld höher ist als eine dieser Leistungen. (§ 183 Abs. 6 RVO)

217 Ist der Versicherte nach ärztlichem Gutachten als erwerbsunfähig anzusehen, so kann ihm die Kasse eine Frist von 10 Wochen setzen, innerhalb derer er einen Antrag auf Maßnahmen zur **Rehabilitation** bei einem Träger der gesetzlichen Rentenversicherung zu stellen hat. Stellt der Versicherte innerhalb der Frist den Antrag nicht, so entfällt der Anspruch auf Krankengeld mit Ablauf der Frist. Wird der Antrag später gestellt, so lebt der Anspruch auf Krankengeld mit dem Tage der Antragstellung wieder auf. (§ 183 Abs. 7 RVO)

218 Erfüllt der Versicherte die Voraussetzungen für den Bezug des **Altersruhegeldes,** und hat er das 65. Lebensjahr vollendet, so kann ihm die Kasse eine Frist von 10 Wochen setzen, innerhalb derer er den Antrag auf Rente zu stellen hat. (§ 183 Abs. 8 RVO)

219 Versicherte, die während des Bezuges von **Kurzarbeiter-** oder **Schlechtwettergeld** arbeitsunfähig erkranken, erhalten das Krankengeld nach dem regelmäßigen Arbeitsentgelt, das zuletzt vor Eintritt des Arbeitsausfalls erzielt wurde (Regellohn). An Stelle der Krankenkasse zahlt das Arbeitsamt für die ersten 6 Wochen einer Arbeitsunfähigkeit das Krankengeld.

220 Für die **Berechnung des Regellohnes** ist das von dem Versicherten im letzten vor Beginn der Arbeitsunfähigkeit abgerechneten Lohnabrechnungszeitraum, mindestens während der letzten abgerechneten 4 Wochen (Bemessungszeitraum) erzielte und um einmalige Zuwendungen verminderte Entgelt durch die Zahl der Stunden zu teilen, für die es gezahlt wurde. Das Ergebnis ist mit der Zahl der sich aus dem Inhalt des Arbeitsverhältnisses ergebenden regelmäßigen wöchentlichen Arbeitsstunden zu vervielfachen und durch 7 zu teilen. Ist das Entgelt nach Monaten bemessen, oder ist eine Berechnung des Regellohnes nach der vorgenannten Rechnungsmethode nicht möglich, so gilt der 30. Teil des in dem letzten vor Beginn der Arbeitsunfähigkeit abgerechneten Kalendermonats erzielten und um einmalig gezahltes Arbeitsentgelt verminderten Entgelts als Regellohn. Einmalig gezahltes Arbeitsentgelt (einmalige Zuwendungen) sind z. B. Urlaubsabgeltungen, Weihnachts- und Abschlußgratifikationen, Gewinnbeteiligungen etc. (§ 182 Abs. 5 RVO)

221 Das Krankengeld **erhöht sich** jeweils nach Ablauf eines Jahres seit dem Ende des Beitragsbemessungszeitraumes um den Vomhundertsatz, um den die Renten der gesetzlichen Rentenversicherung zuletzt vor diesem Zeitpunkt nach dem jeweiligen Rentenanpassungsgesetz angepaßt worden sind; es darf nach der Anpassung 80% der Jahresarbeitsverdienstgrenze (s. Rz. 539) nicht übersteigen. (§ 182 Abs. 8 RVO)

222 Der Regellohn wird bis zur Höhe von $1/360$ der Jahresarbeitsverdienstgrenze in der Krankenversicherung berücksichtigt. Die für die Krankengeldberechnung maßgebenden **Regellohnhöchstsätze** betragen seit dem 1. 1. 1985 DM 135,– pro Kalendertag. (§ 182 Abs. 9 RVO)

bb) Krankengeld für Arbeitslose

223 Als Krankengeld ist der Betrag des Arbeitslosengeldes oder der Arbeitslosenhilfe zu gewähren, den der Versicherte zuletzt bezogen hat. Das Krankengeld wird vom ersten Tage der Arbeitsunfähigkeit an gewährt. (§ 158 Abs. 1 AFG)

224 Arbeitslose erhalten während der Zeit der Sperrfrist (s. Rz. 344) im Krankheitsfall auch kein Krankengeld. (Sperrzeit = § 119 AFG)

cc) Zuschüsse zu Vorbeugungskuren

225 Die Satzungen der einzelnen Krankenkassen können Zuschüsse zu den Kosten für Kuren vorsehen, wenn diese nach vertrauensärztlicher Begutachtung erforderlich und geeignet sind,
– eine Schwächung der Gesundheit, die in absehbarer Zeit voraussichtlich zu einer Krankheit führen würde, zu beseitigen oder
– eine Gefährdung der normalen Entwicklung eines Kindes entgegenzuwirken und
– diese Kur in der Bundesrepublik Deutschland einschließlich West-Berlin durchgeführt wird (§ 187 Abs. 1 Nr. 1 RVO).

226 Kuren können nicht vor Ablauf von 3 Jahren genehmigt werden, dabei sind die von den anderen Sozialleistungsträgern gewährten Kuren anzurechnen. Übernimmt die Krankenkasse die gesamten Kosten der Kur, hat der Versicherte DM 10,– je Kalendertag zuzuzahlen. In Härtefällen kann der Versicherte hiervon befreit werden. (§ 187 Abs. 4 RVO)

dd) Haushaltshilfe

227 Versicherte erhalten Haushaltshilfe, wenn ihnen oder ihrem Ehegatten wegen Aufnahme in ein Krankenhaus oder in eine Entbindungsanstalt oder wegen eines Kuraufenthaltes, sofern die Kosten von den Krankenkassen ganz oder teilweise getragen werden, die **Weiterführung** des Haushalts nicht möglich ist und keine andere im Haushalt lebende Person den Haushalt nicht weiterführen kann. Voraussetzung ist ferner, daß im Haushalt ein Kind lebt, das das 8. Lebensjahr noch nicht vollendet hat, oder das behindert und auf Hilfe angewiesen ist. (§ 185b Abs. 1 RVO)

Als Haushaltshilfe ist eine Ersatzkraft zu stellen. Kann eine Ersatzkraft nicht gestellt werden, oder besteht Grund, von der Gestellung einer Ersatzkraft abzusehen, so sind die Kosten für eine selbstbeschaffte Ersatzkraft in angemessener Höhe zu erstatten. Für **Verwandte** und **Verschwägerte** bis zum 2. Grad werden keine Kosten erstattet; die Krankenkasse kann jedoch die erforderlichen Fahrkosten und den Verdienstausfall erstatten, wenn die Erstattung in einem angemessenen Verhältnis zu den sonst für eine Ersatzkraft bestehenden Kosten steht. (§ 185 b Abs. 2 RVO)

228 Die Satzungen der einzelnen Krankenversicherungen bestimmen, unter welchen Voraussetzungen und für welchen Zeitraum in anderen als in den vorgenannten Fällen Haushaltshilfe gewährt werden kann, wenn dem Versicherten oder seinem Ehegatten wegen Krankheit oder Mutterschaft die Weiterführung des Haushalts nicht möglich ist und eine andere im Haushalt lebende Person den Haushalt nicht weiterführen kann. (§ 185 b Abs. 3 RVO)

ee) Pflegegeld

229 Versicherte erhalten Krankengeld, wenn es nach ärztlichem Zeugnis erforderlich ist, daß der Versicherte zur Beaufsichtigung, Betreuung oder Pflege seines **erkrankten Kindes** der Arbeit fern bleibt, eine andere im Haushalt des Versicherten lebende Person die Beaufsichtigung, Betreuung oder Pflege nicht übernehmen kann und das Kind das 8. Lebensjahr noch nicht vollendet hat. (§ 185 c Abs. 1 RVO)

230 Anspruch auf Krankengeld besteht in jedem Kalenderjahr für jedes Kind längstens für **5 Arbeitstage**. (§ 185 Abs. 2 RVO).

231 Versicherte, denen ein Anspruch auf Krankengeld für die Betreuung oder Pflege eines erkrankten Kindes zusteht, haben für die Dauer dieses Anspruches gegen ihren Arbeitgeber Anspruch auf unbezahlte Freistellung von der Arbeitsleistung, soweit nicht aus dem gleichen Grunde Anspruch auf bezahlte Freistellung besteht. (§ 185 Abs. 3 RVO)

232 **Anmerkung:** Damit die gesetzlichen Krankenkassen Krankengeld für die Betreuung und Beaufsichtigung oder Pflege eines erkrankten Kindes zahlen können, ist es erforderlich, daß in den Arbeitsverträgen zwischen Arbeitgebern und Arbeitnehmern eine bezahlte Freistellung für die Pflege oder Betreuung oder Beaufsichtigung eines kranken Kindes ausgeschlossen ist.

233 Die Berechnung des Pflegegeldes ist die gleiche Berechnungsform wie beim Krankengeld (s. Rz. 212 ff.).

ff) Fahr-, Übernachtungs- und Verpflegungskosten; Übernahme von Reisekosten

234 Die im Zusammenhang mit der Gewährung einer Leistung der Krankenkasse erforderlichen Fahr-, Verpflegungs- und Übernachtungskosten sowie die Kosten des erforderlichen Gepäcktransportes werden für den Versicherten und für eine erforderliche Begleitperson übernommen. Die **Fahrtkosten** werden nur übernommen, soweit sie je einfache Fahrt mehr als DM 5,– betragen. Die Satzung kann vorsehen, daß unter den von ihr bestimmten Voraussetzungen auch Fahrtkosten von weniger als DM 5,– übernommen werden können. (§ 194 Abs. 1 RVO)

235 Reisekosten können im Regelfall für eine **Familienheimfahrt** im Monat übernommen werden, wenn der Versicherte wegen der Gewährung einer Leistung der Krankenkasse länger als 8 Wochen von seiner Familie getrennt ist. (§ 194 Abs. 2 RVO)

236 An Stelle der Kosten für eine Familienheimfahrt können Reisekosten für die Fahrt eines Angehörigen zum Aufenthaltsort des Versicherten übernommen werden. (§ 194 Abs. 3 RVO)

gg) Mutterschaftsgeld

237 Versicherte, die bei Beginn der Schutzfrist nach § 3 Abs. 2 des Mutterschutzgesetzes in einem Arbeitsverhältnis stehen oder in Heimarbeit beschäftigt sind, oder deren Arbeitsverhältnis während ihrer Schwangerschaft vom Arbeitgeber zulässig aufgelöst worden ist, erhalten Mutterschaftsgeld (s. Rz. 621). Voraussetzung hierfür ist, daß in der Zeit zwischen dem 10. und dem 4. Monat einschließlich dieser Monate vor der Entbindung für mindestens 12 Wochen Versicherungspflicht oder ein **Arbeitsverhältnis** bestanden hat. (§ 200 Abs. 1 RVO)

238 Als Mutterschaftsgeld wird das um die gesetzlichen Abzüge verminderte durchschnittliche kalendertägliche **Arbeitsentgelt** der letzten drei abgerechneten Kalendermonate, bei wöchentlicher Abrechnung der letzten 13 abgerechneten Wochen vor

Beginn der Schutzfrist nach § 3 Abs. 2 des Mutterschutzgesetzes gewährt. Es beträgt mindestens DM 3,50, höchstens DM 25,– pro Kalendertag. Einmalig gezahltes Arbeitsentgelt sowie Tage, an denen infolge von Kurzarbeit, Arbeitsausfällen oder unverschuldeter Arbeitsversäumnis kein oder ein vermindertes Arbeitsentgelt erzielt wurde, bleiben außer Betracht. Ist danach eine Berechnung nicht möglich, so ist das durchschnittliche kalendertägliche Arbeitsentgelt einer gleichartig Beschäftigten zugrunde zu legen. (§ 200 Abs. 2 RVO)

239 Das Mutterschaftsgeld wird für 6 Wochen vor der Entbindung und für 8 Wochen – bei Früh- und Mehrlingsgeburten für 12 Wochen – unmittelbar nach der Entbindung gewährt. Für die Zahlung des Mutterschaftsgeldes vor der Entbindung ist das **Zeugnis** eines Arztes oder einer Hebamme maßgebend, in dem der mutmaßliche Tag der Entbindung angegeben ist. Das Zeugnis darf nicht früher als 1 Woche vor Beginn der Schutzfrist nach § 3 Abs. 2 des Mutterschutzgesetzes ausgestellt sein. Irrt der Arzt oder die Hebamme sich über den Zeitpunkt der Entbindung, so verlängert oder verkürzt sich die Bezugsdauer entsprechend. (§ 200 Abs. 3 RVO)

240 Unter „**Frühgeburt**" ist eine Entbindung zu verstehen, bei der das Kind
– ein Geburtsgewicht unter 2500 g hat oder
– trotz höheren Geburtsgewichtes wegen noch nicht voll ausgebildeter Reifezeichen an Rumpf, Haut, Fettpolstern, Nägeln, Haaren und äußeren Geschlechtsorganen einer wesentlichen erweiterten Pflege oder
– wegen verfrühter Beendigung der Schwangerschaft einer wesentlich erweiterten Pflege bedarf.
Die Feststellung, ob eines der vorgenannten Merkmale einer Frühgeburt vorliegt, obliegt dem Arzt.

241 Frauen, die Mutterschaftsgeld erhalten, bekommen auch für die Zeit des **Mutterschaftsurlaubs** (s. Rz. 623) gemäß § 8a des Mutterschutzgesetzes Mutterschaftsgeld weitergezahlt. Das Mutterschaftsgeld wird den Versicherten, deren Arbeitsverhältnis während ihrer Schwangerschaft vom Arbeitgeber zulässig aufgelöst worden ist oder während oder nach Ablauf der Schutzfristen gemäß § 3 Abs. 2 und § 6 Abs. 1 des Mutterschutzgesetzes endet, für die Zeit weitergezahlt, für die sie bei Bestehen eines Arbeitsverhältnisses Mutterschaftsurlaub hätten beanspruchen können. Es beträgt für die Zeit des Mutterschaftsurlaubs höchstens DM 17,– pro Kalendertag. (§ 200a Abs. 2 RVO)

242 Versicherte, die keinen Anspruch auf Mutterschaftsgeld haben, erhalten bei der Entbindung Mutterschaftsgeld als **einmalige Leistung** in Höhe von DM 150,–. (§ 200b RVO)

243 Der Bund zahlt den Krankenkassen für jeden Mutterschaftsfall einen Pauschbetrag in Höhe von DM 400,–. (§ 200 RVO)

244 Die Bundesversicherungsanstalt in Berlin zahlt Frauen, die **privat versichert** sind, ebenfalls ein Mutterschaftsgeld in Höhe von DM 400,– (s. Rz. 621). Voraussetzung hierfür ist,
– daß die jeweiligen Frauen zu Beginn der Schutzfrist (6 Wochen vor dem Entbindungstag) nicht selbst in der gesetzlichen Krankenversicherung pflicht- oder freiwillig versichert waren und
– in der Zeit zwischen dem Beginn des 10. und dem Ende des 4. Monats vor der Entbindung mindestens 12 Wochen in einem Arbeitsverhältnis gestanden haben oder krankenversicherungspflichtig gewesen sind sowie
– zu Beginn der Schutzfrist in einem Arbeitsverhältnis stehen bzw. in Heimarbeit beschäftigt sind oder ihr Arbeitsverhältnis während der Schwangerschaft vom Arbeitgeber zulässig, d. h. mit der Zustimmung des Gewerbeaufsichtsamtes, gekündigt worden ist. (Merkblatt für die Zahlung von Mutterschaftsgeld durch das Bundesversicherungsamt)

245 Die Auszahlung durch die Bundesversicherungsanstalt erfolgt grundsätzlich einmalig nach Vorlage der Abstammungs-(Geburts-)urkunde mit dem standesamtlichen Vermerk: „Nur gültig für die Mutterschaftshilfe".

246 Der Anspruch auf dieses Mutterschaftsgeld ruht, wenn und soweit eine Frau von ihrem Arbeitgeber für diesen Zeitraum weiter **Arbeitsentgelt** oder Arbeitseinkommen erhalten und die Zahlungen des Arbeitgebers zusammen mit dem Mutterschaftsgeld ihr bisheriges Nettoentgelt übersteigen.

247 Versicherte, die bei **Beginn der Schutzfrist** gemäß § 3 Abs. 2 des Mutterschutzgesetzes Anspruch auf Arbeitslosengeld, Arbeitslosenhilfe oder Unterhaltsgeld nach dem Arbeitsförderungsgesetz hatten, können die Weiterzahlung des Mutterschaftsgeldes für die Zeit verlangen, für die sie bei Bestehen eines Arbeitsverhältnisses Mutterschaftsurlaub hätten beanspruchen können. (§ 200 Abs. 3 RVO)

hh) Sterbegeld

248 Das Sterbegeld beträgt beim Tod eines Versicherten das Zwanzigfache des Grundlohns, mindestens jedoch DM 100,–. (§ 201 Abs. 1 RVO)

249 Als Grundlohn gilt der auf den Kalendertag entfallende Teil des **Arbeitsentgelts**. Hierbei ist das Arbeitsentgelt bis zum Betrage von $\frac{1}{360}$ der Jahresarbeitsverdienstgrenze für den Kalendertag zu berücksichtigen; soweit er diesen Betrag übersteigt, bleibt er außer Ansatz. (§ 201 Abs. 2 in Verbindung mit § 180 Abs. 1 Satz 3 RVO)

250 Die Höhe des Sterbegeldes ist somit für das Kalenderjahr 1985 auf DM 2700,– begrenzt (Beitragsbemessungsgrenze pro Jahr DM 48600,– : 360 = 135 × 20 = DM 2700,–).

251 Stirbt ein als Mitglied der Kasse Erkrankter binnen einem Jahr nach Ablauf der Krankenhilfe an derselben Krankheit, so wird das Sterbegeld auch dann gezahlt, wenn er bis zum Tode arbeitsunfähig gewesen ist. Das Sterbegeld wird nach dem Grundlohn bemessen, der zuletzt für die Berechnung des Krankengeldes maßgebend gewesen ist. (§ 202 RVO)

252 Vom Sterbegeld werden zunächst die **Kosten der Bestattung** bestritten und an den gezahlt, der die Bestattungskosten vorgelegt hat. Bleibt ein Überschuß, so sind nacheinander der Ehegatte, die Kinder, die Eltern, die Geschwister bezugsberechtigt, wenn sie mit dem Verstorbenen zur Zeit seines Todes in häuslicher Gemeinschaft gelebt haben. Fehlen solche Berechtigten, so verbleibt der Überschuß der Kasse. (§ 203 RVO)

253 Die Satzungen der gesetzlichen Krankenkassen können das Sterbegeld bis zum Vierzigfachen des Grundlohnes erhöhen und auch den Mindestbetrag bis zu DM 150,– festsetzen. (§ 204 RVO)

4. Familienhilfe

254 Versicherte erhalten für den unterhaltsberechtigten **Ehegatten** und die unterhaltsberechtigten Kinder, wenn diese sich gewöhnlich in der Bundesrepublik Deutschland einschließlich West-Berlin aufhalten, kein Gesamteinkommen haben, das regelmäßig im Monat $\frac{1}{6}$ der monatlichen Bezugsgröße überschreitet, und nicht anderweitig einen gesetzlichen Anspruch auf Krankenpflege haben, Maßnahmen zur Früherkennung von Krankheiten, **Krankenhilfe** und **sonstige Hilfen** unter den gleichen Voraussetzungen im gleichen Umfang wie Versicherte; Krankengeld wird jedoch nicht gewährt. (Die monatliche Bezugsgröße ab 1. 1. 1985 beträgt DM 2800,–; hiervon $\frac{1}{6}$ dieses Wertes = DM 466,66.) (§ 205 Abs. 1 Satz 1 RVO)

255 Für **Kinder** besteht kein Anspruch auf Leistungen, wenn der mit den Kindern verwandte Ehegatte des Versicherten nicht Mitglied bei einem Träger der gesetzlichen Krankenversicherung ist und sein Gesamteinkommen regelmäßig im Monat $\frac{1}{12}$ der Jahresarbeitsverdienstgrenze (1985: DM 4050,–, 1986: DM 4200,–) übersteigt und regelmäßig höher als das Gesamteinkommen des Versicherten ist (i. d. R. freiwillig Versicherte, die bei einer privaten Krankenversicherung versichert sind). (§ 205 Abs. 1 Satz 2 RVO)

256 Als **Kinder** gelten
– eheliche Kinder
– für ehelich erklärte Kinder
– an Kindes Statt angenommene Kinder
– nichteheliche Kinder eines männlichen Versicherten, wenn seine Vaterschaft festgestellt ist
– nichteheliche Kinder einer Versicherten
– Stiefkinder und Enkel, wenn sie vor Eintritt des Versicherungsfalles von dem Versicherten überwiegend unterhalten worden sind. (§ 205 Abs. 2 RVO)

257 Die Satzungen der einzelnen Krankenkassen können Leistungen auf **sonstige An-**

gehörige erstrecken, die mit dem Versicherten in häuslicher Gemeinschaft leben, von ihm ganz oder überwiegend unterhalten werden und sich in der Bundesrepublik Deutschland einschließlich West-Berlin aufhalten und kein Gesamteinkommen haben, das regelmäßig im Monat ⅙ der monatlichen Bezugsgröße überschreitet. (§ 205 Abs. 3 RVO)

258 Für **Kinder** besteht der Anspruch bis zur Vollendung des 18. Lebensjahres, er besteht längstens bis zur Vollendung des 25. Lebensjahres für ein Kind, das sich in Schul- oder Berufsausbildung befindet oder das ein freiwilliges soziales Jahr im Sinne des Gesetzes zur Förderung eines freiwilligen sozialen Jahres leistet.

259 Im Falle der Unterbrechung oder Verzögerung der Schul- oder **Berufsausbildung** durch Erfüllung gesetzlicher Dienstpflicht des Kindes (Wehrpflicht) wird der Anspruch auch für einen der Zeit dieses Dienstes entsprechenden Zeitraum über das 25. Lebensjahr hinaus gewährt.

260 Für Kinder, die wegen körperlicher, geistiger oder seelischer Behinderung außerstande sind, sich selbst zu unterhalten, besteht der Anspruch ohne **Altersgrenze**. Für Kinder, die das 18., aber noch nicht das 19. Lebensjahr vollendet haben, besteht der Anspruch bis zur Vollendung des 19. Lebensjahres, wenn sie eine Berufsausbildung mangels Ausbildungsplatzes nicht beginnen oder fortsetzen können oder nicht erwerbstätig sind. (§ 205 Abs. 3 RVO)

261 Versicherte erhalten für Familienangehörige, für die sie Anspruch auf Familienkrankenpflege haben, auch **Mutterschaftshilfe**. (§ 205a Abs. 1 RVO)

262 **Mutterschaftsgeld** wird dann als einmalige Leistung in Höhe von DM 35,– gewährt. Die Satzungen der jeweiligen Krankenkassen können den Betrag bis auf DM 150,– erhöhen. (§ 205a Abs. 2 RVO)

263 Der Versicherte erhält beim Tode des Ehegatten oder eines lebend geborenen Kindes und solcher Angehöriger, die mit ihm in häuslicher Gemeinschaft lebten und von ihm überwiegend unterhalten worden sind, **Sterbegeld** in Höhe des halben satzungsmäßigen Mitgliedersterbegeldes, mindestens jedoch DM 50,–. Es ist um den Betrag des Sterbegeldes zu kürzen, auf das der Verstorbene selbst gesetzlich versichert war. (§ 205b RVO)

III. Arbeitslosenversicherung/Arbeitsförderung

1. Überblick

a) Aufgaben der Bundesanstalt für Arbeit

300 Die Bundesanstalt für Arbeit ist der **Träger der Arbeitslosenversicherung**. Sie ist eine Körperschaft des öffentlichen Rechts mit Selbstverwaltung unter der Aufsicht des Bundesministers für Arbeit. Sie gliedert sich in die Hauptstelle mit Sitz in Nürnberg, die Landesarbeitsämter und die einzelnen Arbeitsämter.

301 Die Bundesanstalt für Arbeit hat die **Aufgabe,** Maßnahmen der Bundesregierung im Rahmen der Sozial- und Wirtschaftspolitik darauf auszurichten, daß ein hoher Beschäftigungsstand erzielt und aufrechterhalten, die Beschäftigungsstruktur ständig verbessert und damit das Wachstum der Wirtschaft gefördert wird (§ 1 AFG).

302 Gemäß § 2 AFG sollen diese Maßnahmen insbesondere dazu beitragen, daß
1. weder **Arbeitslosigkeit** und **unterwertige Beschäftigung** noch ein **Mangel an Arbeitskräften** eintreten oder fortdauern,
2. die **berufliche Beweglichkeit** der Erwerbstätigen gesichert und verbessert wird,
3. nachteilige Folgen, die sich für die Erwerbstätigen aus der technischen Entwicklung oder aus wirtschaftlichem **Strukturwandel** ergeben, vermieden, ausgeglichen oder beseitigt werden,
4. die berufliche **Eingliederung** körperlich, geistiger oder seelischer Behinderung gefördert wird,
5. **Frauen,** deren Unterbringung unter den üblichen Bedingungen des Arbeitsmarktes erschwert ist, weil sie verheiratet oder aus anderen Gründen durch häusliche Pflichten gebunden sind oder waren und beruflich eingegliedert werden,
6. **Ältere** und andere **Erwerbstätige,** deren Unterbringung unter den üblichen Bedingungen des Arbeitsmarktes erschwert ist, beruflich eingegliedert werden,

7. die **Struktur der Beschäftigung** nach Gebieten und Wirtschaftszweigen verbessert wird,
8. **illegale Beschäftigungen** bekämpft und damit die Ordnung auf dem Arbeitsmarkt aufrecht erhalten wird.

303 Gemäß § 14 des Sozialgesetzbuches, Erstes Buch, hat jeder Bürger Anspruch auf **Beratung** über seine Rechte und Pflichten. Zuständig für die Beratung sind die Leistungsträger. Der Leistungsträger nach dem Arbeitsförderungsgesetz ist die Bundesanstalt für Arbeit. Sie hat also jeden Bürger über seine Rechte und Pflichten nach dem AFG zu beraten. Eine weitere Aufgabe wurde der Bundesanstalt für Arbeit aufgetragen, in dem sie auftragsweise für den Bund die Zahlung des Kindergeldes nach dem Bundeskindergeldgesetz durchführt.

b) Versicherungspflicht

304 Die Arbeitslosenversicherung ist eine öffentlich-rechtliche **Pflichtversicherung**. Beitragspflichtig sind Personen, die als Arbeiter oder Angestellte gegen Entgelt oder zu ihrer Berufsausbildung beschäftigt sind (Arbeitnehmer) soweit sie nicht nach § 169 des AFG oder durch Rechtsverordnung beitragsfrei gestellt sind (§ 168 AFG).

305 **Beitragsbefreit** sind:
1. Arbeitnehmer in einer Beschäftigung, die gemäß § 174 Nr. 1 der RVO – Beschäftigte öffentlicher Verbände, öffentlicher Körperschaften, von Eisenbahn, des öffentlichen Verkehrs – **krankenversicherungsfrei** ist.
2. Arbeitnehmer, die das 63. Lebensjahr vollendet haben.
3. Arbeitnehmer, die Erwerbsunfähigkeitsrente aus der gesetzlichen Rentenversicherung erhalten.
4. Arbeitnehmer, die wegen einer **Minderung ihrer Leistungsfähigkeit** der Arbeitsvermittlung nicht zur Verfügung stehen, wenn der zuständige Träger der gesetzlichen Rentenverischerung Berufsunfähigkeit oder Erwerbsunfähigkeit festgestellt hat.
5. Alle Arbeitnehmer, die eine Volksschule, eine Realschule oder ein Gymnasium besuchen.
6. Arbeitnehmer in einer **geringfügigen Beschäftigung** (Arbeitszeiten mehrerer nebeneinander ausgeübter kurzzeitiger Beschäftigungen werden nicht zusammengerechnet).
7. Arbeitnehmer in unständigen Beschäftigungen gemäß § 441 der RVO.
8. **Heimarbeiter,** die gleichzeitig Zwischenmeister sind und den überwiegenden Teil ihres Verdienstes aus ihrer Tätigkeit als Zwischenmeister beziehen.
9. **Ausländer** in einer Beschäftigung zu ihrer beruflichen Aus- oder Fortbildung, wenn
a) die berufliche Aus- und Fortbildung aus öffentlichen Mitteln erfolgt;
b) die Ausländer verpflichtet sind, nach Beendigung der geförderten Aus- und Fortbildung den Geltungsbereich des AFG zu verlassen und
c) die im Geltungsbereich dieses Gesetzes zurückgelegten Beitragszeiten weder nach dem Recht der Europäischen Gemeinschaft noch nach anderen zwischenstaatlichen Abkommen oder dem Recht des Wohnlandes des Ausländers ein Anspruch auf Leistung für den Fall der Arbeitslosigkeit in dem Wohnland des Ausländers begründen können (§ 169 AFG).

Die **Beitragspflicht** beginnt mit dem **Tag des Eintritts** des Arbeitnehmers in ein Beschäftigungsverhältnis, das die Beitragspflicht begründet oder mit dem Tag nach dem Erlöschen der Beitragsfreiheit des Arbeitnehmers (§ 170 Abs. 1 AFG).

Die Beitragspflicht endet mit dem **Tage des Ausscheidens** des Arbeitnehmers aus dem Beschäftigungsverhältnis, das die Beitragspflicht begründet und mit dem Tag vor Eintritt der Beitragsfreiheit des Arbeitnehmers (§ 170 Abs. 2 AFG).

2. Sachleistungen

a) Arbeitsvermittlung

306 Die **Vermittlung** in berufliche Ausbildungsstellen und Arbeitsvermittlung obliegt ausschließlich der Bundesanstalt für Arbeit (§ 4 AFG).

307 Die Arbeitsvermittlung im Sinne der AFG ist eine Tätigkeit, die darauf gerichtet ist, Arbeitsuchende mit Arbeitgebern zur Begründung von Arbeitsverhältnissen oder mit Auftraggebern oder Zwischenmeistern zur Begründung von Heimarbeitsverhältnissen im Sinne des Heimarbeitergesetzes zusammenzuführen (§ 13 Abs. 1 AFG).

308 Weiterhin obliegt es der Arbeitsvermittlung, die Herausgabe und den Vertrieb sowie den Aushang von Listen über Stellenangebote und Stellengesuche einschließlich der den Listen gleichzuachtende Sonderdrucke und Auszüge aus periodischen Druckschriften sowie der Bekanntgabe von Stellenangeboten und Stellengesuchen in Ton-, Fernseh- und Rundfunk vorzunehmen (§ 13 Abs. 2 AFG).

309 Gemäß § 14 Abs. 1 AFG hat die Bundesanstalt für Arbeit dahinzuwirken, daß Arbeitgeber die **erforderlichen Arbeitskräfte** erhalten. Hierbei hat sie die besonderen Verhältnisse der freien Arbeitsplätze, die Eignung der Arbeitsuchenden und deren persönliche Verhältnisse zu berücksichtigen sowie die Kenntnisse und Möglichkeiten Dritter zu nutzen. Falls es die Bundesanstalt für nötig hält, können Arbeitsuchende, soweit dies für die Berücksichtigung ihres Gesundheitszustandes bei der Arbeitsvermittlung erforderlich ist, mit deren Einverständnis ärztlich untersucht und begutachtet werden. In besonderen Fällen kann sie Arbeitsuchende, ebenfalls mit deren Einverständnis, auch psychologisch untersuchen lassen und begutachten lassen (§ 14 Abs. 2 AFG).

Die Bundesanstalt hat Arbeitnehmer und Arbeitgeber auf Verlangen auch unabhängig von der Arbeitsvermittlung über die Lage auf dem Arbeitsmarkt, die Entwicklung in den Berufen, die Notwendigkeit und Möglichkeiten der beruflichen Bildung und deren Förderung sowie über die Förderung der Arbeitsaufnahme zu unterrichten und in Fragen der Wahl oder Besetzung von Arbeitsplätzen **zu beraten** (§ 15 Abs. 1 AFG).

310 Arbeitnehmer, die **arbeitslos** gemeldet sind, sollen in Abständen von nicht länger als drei Monaten zu einer Arbeitsberatung eingeladen werden. Hierbei hat die Bundesanstalt zu prüfen, ob die berufliche Eingliederung des Arbeitslosen insbesondere durch die Teilnahme an einer Maßnahme zur beruflichen Bildung oder an einer Maßnahme zur Verbesserung der Vermittlungsaussichten gefördert werden kann (§ 15 Abs. 2 AFG).

311 Die Arbeitsvermittlung für eine Beschäftigung im **Ausland** als Arbeitnehmer und die Anwerbung im Ausland sowie die Arbeitsvermittlung für Beschäftigung als Arbeitnehmer im Inland werden ebenfalls im Rahmen der Arbeitsvermittlung durchgeführt (§ 18 Abs. 1 AFG).

312 Die Bundesanstalt für Arbeit erteilt solchen Arbeitnehmern, die nicht Deutsche im Sinne des Artikels 116 des Grundgesetzes sind, die für die Ausübung einer Beschäftigung erforderliche **Erlaubnis**. Die Erlaubnis wird nach Lage und Entwicklung des Arbeitsmarktes unter Berücksichtigung der Verhältnisse der einzelnen Fälle gewährt (§ 19 Abs. 1 AFG).

313 Die Arbeitsvermittlung und Arbeitsberatung ist **unparteiisch** auszuüben (§ 20 Abs. 1 AFG).

Arbeitsuchende und Ratsuchende dürfen nach der Zugehörigkeit zu einer politischen, gewerkschaftlichen oder ähnlichen Vereinigung sowie nach der Zugehörigkeit zu einer Religionsgemeinschaft oder Weltanschauungsgemeinschaft gefragt werden, wenn die Eigenart des Betriebes oder die Art der Beschäftigung diese Befragung rechtfertigt (z. B. bei Einstellung zu einer kirchlichen Versorgungskasse), (§ 20 Abs. 2–5 AFG).

b) Berufsberatung

314 Die Berufsberatung im Sinne des Arbeitsförderungsgesetzes ist die Erteilung von Rat und Auskunft in Fragen der **Berufswahl** einschließlich des Berufswechsels (§ 25 Abs. 2 AFG).

315 Die Bundesanstalt für Arbeit hat Jugendliche und Erwachsene vor Eintritt in das Berufsleben und während des Berufslebens in allen Fragen der Berufswahl und des beruflichen Fortkommens zu beraten (§ 26 Abs. 1 AFG).

316 Bei der Berufsberatung sind die körperlichen, geistigen und charakterlichen Eigenschaften, die Neigungen und die persönlichen Verhältnisse des Ratsuchenden entsprechend zu berücksichtigen (§ 27 Abs. 1 AFG). Ebenfalls soll die **Berufsberatung** über Möglichkeiten zur Förderung der beruflichen Bildung unter den Voraussetzungen des jeweiligen Einzelfalles unterrichten (§ 28 AFG).

c) Weiterbildungsmaßnahmen

317 Die Bundesanstalt für Arbeit fördert berufliche Ausbildung, berufliche Fortbildung und berufliche Umschulung. Hierbei legt sie im Einzelfall Art, Umfang, Beginn und Durchführung der Maßnahme nach pflichtgemäßem Ermessen fest. Hierbei ist insbesondere das vom Antragsteller mit der beruflichen Bildung angestrebte Ziel, der Zweck der Förderung, die Lage und Entwicklung des Arbeitsmarktes, Inhalt und Ausgestaltung der Bildungsmaßnahme sowie die Grundsätze der Wirtschaftlichkeit und Sparsamkeit zu berücksichtigen (§ 33 Abs. 1 AFG).

318 Leistungen zu **individueller Förderung** der beruflichen Bildung dürfen nur gewährt werden, wenn
1. der Antragsteller beabsichtigt, in eine die Beitragspflicht begründende Beschäftigung im Geltungsbereich der Bundesrepublik Deutschland aufzunehmen oder fortzusetzen;
2. der Antragsteller für die angestrebte berufliche Tätigkeit geeignet ist und voraussichtlich mit Erfolg an der Maßnahme teilnehmen wird und
3. die Teilnahme an der Maßnahme unter Berücksichtigung und Entwicklung des Arbeitsmarktes zweckmäßig erscheint (§ 36 AFG).

319 Es werden auch die Teilnahme an Maßnahmen, die das Ziel haben, berufliche Kenntnisse und Fertigkeiten festzustellen, zu erhalten, zu erweitern oder der technischen Entwicklung anzupassen oder einen beruflichen Aufstieg zu ermöglichen und eine abgeschlossene Berufsausbildung oder eine angemessene Berufserfahrung voraussetzt, zu fördern (§ 41 Abs. 1 AFG). Die Teilnahme an einer **Fortbildungsmaßnahme** wird nur gefördert, wenn die Maßnahme länger als zwei Wochen und, sofern der Antragsteller Anspruch auf Fortzahlung des Arbeitsentgelts hat, länger als vier Wochen dauert (§ 41 Abs. 3 AFG).

320 Bei der beruflichen Fortbildung sollen gefördert werden:
Antragsteller mit einer **abgeschlossenen Berufsausbildung,** wenn sie danach mindestens drei Jahre beruflich tätig waren und Antragsteller ohne abgeschlossene Berufsausbildung, wenn sie mindestens sechs Jahre beruflich tätig waren (§ 42 Abs. 1 AFG).

d) Umschulungen

321 Arbeitssuchende werden durch Maßnahmen gefördert, die das Ziel haben, den Übergang in eine andere geeignete berufliche Tätigkeit zu ermöglichen (§ 47 Abs. 1 AFG).

322 Wird durch die Umschulung Arbeitslosigkeit beschäftigter Arbeitsuchender vermieden, so ist diese so früh wie möglich durchzuführen. Diese Teilnahme an einer Umschulungsmaßnahme soll nur gefördert werden, wenn diese nicht länger als zwei Jahre dauert (§ 47 Abs. 3 AFG).

3. Barleistungen

a) Arbeitslosenunterstützung

323 Anspruch auf **Arbeitslosengeld** hat, wer arbeitslos ist, der Arbeitsvermittlung zur Verfügung steht, die Anwartschaft erfüllt, sich beim Arbeitsamt arbeitslos gemeldet und Arbeitslosengeld beantragt hat (§ 100 Abs. 1 AFG). Wer das 65. Lebensjahr vollendet hat, hat vom Beginn des folgenden Monats an keinen Anspruch auf Arbeitslosengeld (§ 100 Abs. 2 AFG).

324 Ein Arbeitsloser im Sinne des AFG ist ein Arbeitnehmer, der vorübergehend nicht in einem Beschäftigungsverhältnis steht oder nur eine kurzfristige Beschäftigung ausübt (§ 101 Abs. 1 AFG).

325 Der **Arbeitsvermittlung steht zur Verfügung,** wer
1. eine längere als kurzzeitige zumutbare Beschäftigung unter den üblichen Bedingungen des allgemeinen Arbeitsmarktes ausüben kann und darf und
2. bereit ist,
   a) jede **zumutbare Beschäftigung** anzunehmen, die er ausüben kann und darf und
   b) an **zumutbaren Maßnahmen** zur beruflichen Ausbildung, Fortbildung und Umschulung zur Verbesserung der Vermittlungsaussichten sowie zur beruflichen Rehabilitation teilzunehmen und
3. Das Arbeitsamt **täglich** aufsuchen kann und für das Arbeitsamt erreichbar ist (§ 103 Abs. 1 AFG).

326 Bei der Beurteilung der **Zumutbarkeit** sind die Interessen des Arbeitslosen und die Gesamtheit der Beitragszahler gegeneinander abzuwägen (§ 103 Abs. 2 AFG).

327 Der Arbeitslose hat sich persönlich beim zuständigen Arbeitsamt arbeitslos zu **melden.** Kann der Arbeitslose sich nicht am ersten Tage der Arbeitslosigkeit arbeitslos melden, weil das zuständige Arbeitsamt an diesem Tage nicht dienstbereit ist, so gelten diese Voraussetzungen als am ersten Tag der Arbeitslosigkeit erfüllt, wenn der Arbeitslose an dem nächsten Tag, an dem das Arbeitsamt dienstbereit ist, sich arbeitslos meldet und Arbeitslosenentgelt beantragt (§ 105 AFG). Für Tage, die der Arbeitslose ohne triftigen Grund sich nicht arbeitslos gemeldet hat, wird kein Arbeitslosengeld gewährt.

328 Die **Anwartschaft** hat erfüllt, wer innerhalb der letzten 360 Kalendertage vor dem Beginn der Arbeitslosigkeit (Rahmenfrist) beitragspflichtig gewesen ist (§ 104 Abs. 1, 2 AFG).

329 Die **Dauer** des Anspruchs auf Arbeitslosengeld richtet sich nach der Dauer der die Beitragspflicht begründenden Beschäftigung (§ 106 Abs. 1 RVO).

330 Die Ansprüche werden gem. § 106a Nr. 1 AFG für folgende Dauer gewährt:

Anrechenbare Beschäftigungszeit	Anspruchsdauer
Innerhalb der Rahmenfrist von drei Jahren:	
180 Kalendertage	52 Tage
240 Kalendertage	78 Tage
360 Kalendertage	104 Tage
Innerhalb der auf 4 Jahre erweiterten Rahmenfrist:	
540 Kalendertage	156 Tage
720 Kalendertage	208 Tage
900 Kalendertage	260 Tage
1080 Kalendertage	312 Tage

331 Bei Arbeitslosen, die das 49. Lebensjahr vollendet haben und deren Anspruch auf Arbeitslosengeld in der Zeit vom 1. Januar 1985 bis 31. Dezember 1989 entsteht, gilt die Rahmenfrist mit folgender Maßgabe:

1260 Kalendertage	338 Tage
1440 Kalendertage	364 Tage
1620 Kalendertage	390 Tage
1800 Kalendertage	416 Tage

332 Die Dauer des Arbeitslosengeldes **mindert** sich um:
1. Tage, für die der Anspruch auf Arbeitslosengeld bereits erfüllt worden ist;
2. Tage einer **Sperrfrist;**
3. Tage einer Säumniszeit;
4. Tage, für die dem Arbeitslosen das Arbeitslosengeld versagt wurde;
5. Tage der Arbeitslosigkeit nach der Erfüllung der Voraussetzungen für den Anspruch auf Arbeitslosengeld, an denen der Arbeitslose nicht bereit ist, jede zumutbare Beschäftigung aufzunehmen, die er ausüben kann und darf, ohne für sein Verhalten einen wichtigen Grund zu haben.

333 In den Fällen der Nummer 4 und 5 mindert sich die Dauer des Anspruchs auf Arbeitslosengeld höchstens um vier Wochen (§ 110 Nr. 1 AFG).

334 Die **Höhe des Arbeitslosenentgeltes** beträgt für Arbeitslose, die mindestens ein Kind haben 68% und für alle anderen Arbeitslosen (ohne Kinder) 63% des um die gesetzlichen Abzüge verminderten Arbeitsentgeltes, die bei Arbeitnehmern gewöhnlich anfallen, verminderten Arbeitsentgeltes (§ 111 Abs. 1 AFG).

335 Bei der Feststellung der Minderung des ausgefallenen Arbeitsentgeltes durch die gesetzlichen Abzüge werden nicht die arbeitnehmertypischen individuellen Abzüge berücksichtigt, sondern die **Abzüge** werden nach bestimmten Arbeitnehmergruppen **pauschal** berechnet. Die Gruppen gliedern sich gemäß § 111 Abs. 2 AFG wie folgt:

336 1. **Lohnsteuer:**
Leistungsgruppe A: Die Steuer nach der Lohnsteuertabelle für die Steuerklasse I.
Leistungsgruppe B: Die Steuer nach der Lohnsteuertabelle für die Lohnsteuerklasse I unter Berücksichtigung eines Freibetrages in Höhe des Haushaltsfreibetrages gemäß § 32 des Einkommensteuergesetzes, bei nichtverheirateten Arbeitnehmern die mindestens ein Kind haben und bei verheirateten Arbeitnehmern, auf deren Lohnsteuerkarte die Lohnsteuerklasse I und II eingetragen ist.
Leistungsgruppe C: Die Steuer nach der Lohnsteuertabelle für die Lohnsteuerklasse III ohne Kind, bei verheirateten Arbeitnehmern, auf deren Lohnsteuerkarte die Lohnsteuerklasse III eingetragen ist.
Leistungsgruppe D: Die Steuer nach der Lohnsteuertabelle für die Steuerklasse V bei verheirateten Arbeitnehmern, auf deren Lohnsteuerkarte die Lohnsteuerklasse V eingetragen ist.
Leistungsgruppe E: Die Steuer nach der Lohnsteuertabelle für die Lohnsteuerklasse VI bei Arbeitnehmern, auf deren Lohnsteuerkarte die Lohnsteuerklasse VI eingetragen ist, weil sie noch aus einem weiteren Dienstverhältnis Arbeitslohn beziehen.

337 2. Als **Kirchensteuerhebesatz** den im Vorjahr in den Ländern geltenden niedrigsten Kirchensteuerhebesatz.

338 3. Als Beitrag zur **gesetzlichen Krankenversicherung** die Hälfte des gewogenen Mittels der am 1. Juli des Vorjahres geltenden Beitragssätze für Pflichtversicherte, die bei Arbeitsunfähigkeit Anspruch auf Fortzahlung ihres Arbeitsentgeltes für mindestens sechs Wochen haben.

339 4. Als Beitrag zur **gesetzlichen Rentenversicherung** die Hälfte des geltenden Beitragssatzes der Rentenversicherung der Arbeiter- und der Rentenversicherung der Angestellten.

340 5. Als Leistungsbemessungsgrenze die für den **Beitrag** zur Bundesanstalt für Arbeit geltende Beitragsbemessungsgrenze (§ 111 Abs. 2 AFG).

341 Die Bemessung des Arbeitslosengeldes richtet sich gemäß § 112 Abs. 2 AFG nach dem Arbeitsentgelt, das im Bemessungszeitraum (die letzten 20 Arbeitstage des letzten Beschäftigungsverhältnisses) in der Arbeitsstunde durchschnittlich erzielt wurde.

342 **Einkommen,** das der Arbeitslose während des Bezuges von Arbeitslosengeld aus einer unselbständigen oder selbständigen Tätigkeit erzielt, wird auf das Arbeitslosengeld zur Hälfte angerechnet, soweit das Einkommen nach Abzug der Steuern, der Sozialversicherungsbeiträge und der anfallenden Werbungskosten 15,– Deutsche Mark wöchentlich übersteigt. Das um die Steuern, die Sozialversicherungsbeiträge und die Werbungskosten verminderte Einkommen wird auf das Arbeitslosengeld in voller Höhe angerechnet, soweit es zusammen mit dem wie vor berechneten Arbeitslosengeld 80% des für den Leistungssatz maßgebenden Arbeitsentgelts übersteigt (§ 115 AFG). Der Anspruch auf Arbeitslosengeld ruht in der Zeit, für die der Arbeitslose Arbeitsentgelt erhält oder zu beanspruchen hat (§ 117 Abs. 1 AFG). Hat der Arbeitslose wegen Beendigung des Arbeitsverhältnisses eine Urlaubsabgeltung erhalten oder zu beanspruchen, so ruht der Anspruch auf Arbeitslosengeld für die Zeit des abgegoltenen Urlaub (§ 117 Abs. 1 AFG).

343 Der Anspruch auf Arbeitslosengeld **ruht** während der Zeit, für die dem Arbeitslosen ein Anspruch auf Berufsausbildungsbeihilfe, Krankengeld, auch Mutterschutz, Rente wegen Erwerbsunfähigkeit, Altersruhegeld aus der Rentenversicherung oder ähnliche Bezüge öffentlich-rechtlicher Art, erhält (§ 118 Abs. 1 AFG).

344 Ein Anspruch auf Arbeitslosengeld ruht darüber hinaus während der **Sperrzeit.** Die Sperrzeit tritt ein, wenn der Arbeitslose:
1. das Arbeitsverhältnis gelöst oder durch ein vertragswidriges Verhalten Anlaß für die Kündigung des Arbeitgebers gegeben hat und er dadurch vorsätzlich oder grob fahrlässig die Arbeitslosigkeit herbeigeführt hat;
2. trotz Belehrung über die Rechtsfolgen eine vom Arbeitsamt unter Benennung des

Arbeitgebers und der Art der Tätigkeit angebotene Arbeit nicht angenommen oder nicht angetreten hat oder
3. sich trotz Belehrung über die Rechtsfolgen geweigert hat, an einer Maßnahme zur beruflichen Ausbildung, Fortbildung und Umschulung zur Verbesserung der Vermittlungsaussichten sowie zur beruflichen Rehabilitation teilzunehmen;
4. die Teilnahme an einer vorgenannten Maßnahme abgebrochen hat, ohne für sein Verhalten einen wichtigen Grund zu haben.

345 Die Sperrzeit beträgt acht Wochen – bis 1989 = 12 Wochen –. Die Sperrzeit beginnt mit dem Tage nach dem Ereignis, das die Sperrzeit begründet oder wenn dieser Tag in eine Sperrzeit fällt mit dem Ende dieser Sperrzeit. Während der Sperrzeit ruht der Anspruch auf Arbeitslosengeld (§ 119 Abs. 1 AFG).

b) Arbeitslosenhilfe

346 Anspruch auf Arbeitslosenhilfe hat, wer
1. arbeitslos ist, der Arbeitsvermittlung zur Verfügung steht, sich beim Arbeitsamt arbeitslos gemeldet und Arbeitslosenhilfe beantragt hat;
2. Keinen Anspruch auf Arbeitslosenhilfe hat, weil er die Anwartschaft nicht erfüllt hat.
3. bedürftig ist und
4. innerhalb eines Jahres vor der Arbeitslosmeldung, die dem Antrag auf Arbeitslosenhilfe vorausgeht,
a) Arbeitslosengeld bezogen hat oder
b) mindestens 150 Kalendertage, sofern der letzte Anspruch auf Arbeitslosengeld oder Arbeitslosenhilfe erloschen ist, danach mindestens 240 Kalendertage in einer Beschäftigung gestanden hat oder eine Zeit zurückgelegt hat, die zur Erfüllung der Anwartschaft dienen können (§ 134 Abs. 1 AFG).

347 Der Anspruch auf Arbeitslosenhilfe **erlischt:**
1. wenn der Arbeitslose durch Erfüllung der Anwartschaftszeit einen Anspruch auf Arbeitslosengeld erwirbt und
2. seit dem letzten Tag des Bezuges von Arbeitslosenhilfe ein Jahr vergangen ist (§ 135 Abs. 1 AFG).

348 Die Höhe der Arbeitslosenhilfe beträgt:
1. für Arbeitslose, die mindestens 1 Kind haben, 58%,
2. für die übrigen Arbeitslosen 56%
des um die gesetzlichen Abzüge, die bei Arbeitnehmern gewöhnlich anfallen, verminderten Arbeitsentgelt (siehe Berechnung Arbeitslosengeld, s. Rz. 323ff., § 136 Abs. 1 AFG).

349 Der Arbeitslose ist **bedürftig,** soweit er seinen Lebensunterhalt und den seines Ehegatten sowie seiner Kinder, für die er Anspruch auf Kindergeld nach dem Bundeskindergeldgesetz, nicht auf andere Weise als durch Arbeitslosenhilfe bestreiten oder bestreiten kann und das Einkommen die Arbeitslosenhilfe nicht erreicht (§ 137 Abs. 1 AFG).

350 Der Arbeitslose ist nicht bedürftig, solange mit Rücksicht auf sein Vermögen, das Vermögen seines nicht dauernd getrennt lebenden Ehegatten oder das Vermögen der Eltern eines minderjährigen unverheirateten Arbeitslosen die Gewährung von Arbeitslosenhilfe offenbar nicht gerechtfertigt ist (§ 137 Abs. 2 AFG).

351 Als **Einkommen** im Rahmen der **Bedürftigkeit** sind zu berücksichtigen:
1. Einkommen des Arbeitslosen einschließlich der Leistungen, die er von einem Dritten erhält oder beanspruchen kann; Unterhaltsansprüche gegen Verwandte zweiten oder entfernteren Grades sind hierbei nicht zu berücksichtigen.
2. Einkommen des vom Arbeitslosen nicht dauernd getrennt lebenden Ehegatten und der Eltern eines minderjährigen unverheirateten Arbeitslosen, soweit es jeweils DM 75,– in der Woche übersteigt. Dieser Betrag erhöht sich um DM 35,– für jede Person, der Angehörige aufgrund einer rechtlichen oder sittlichen Pflicht nicht nur geringen Unterhalt gewährt. Hierbei wird der Arbeitslose selbstverständlich nicht mitgerechnet (§ 138 Abs. 1 AFG). Einnahmen sind hierbei alle Einnahmen in Geld oder Geldeswert. Hierbei sind abzusetzen die auf das Einkommen entfallende Steuern, Pflichtbeiträge zur Sozialversicherung und die notwen-

352 digen Aufwendungen zur Erwerbung, Sicherung und Erhaltung der Einnahmen (im Steuerrecht Werbungskosten) (§ 138 Abs. 2 AFG).
Die Arbeitslosenhilfe soll längstens für jeweils 1 Jahr bewilligt werden. Vor einer erneuten Bewilligung sind die Voraussetzungen des Anspruchs auf Arbeitslosenhilfe erneut zu prüfen (§ 139a AFG).

c) Kurzarbeitergeld

353 Kurzarbeitergeld wird Arbeitnehmern bei **vorübergehendem Arbeitsausfall** in Betrieben gewährt, bei denen regelmäßig mindestens 1 Arbeitnehmer beschäftigt ist, wenn zu erwarten ist, daß durch die Gewährung von Kurzarbeitergeld den Arbeitnehmern die Arbeitsplätze und dem Betrieb die eingearbeiteten Mitarbeiter erhalten werden. Besteht ein erheblicher Mangel an Arbeitskräften, soll Kurzarbeitergeld insoweit nicht gewährt werden, als die Lage auf dem Arbeitsmarkt die Vermittlung der Arbeitnehmer in andere Arbeitsverhältnisse, die für die Arbeitnehmer zumutbar sind, erfordert (§ 63 Abs. 1 AFG). Siehe auch Teil M Rz. 300ff.

354 Betriebe, die keine regelmäßige Arbeitszeit haben sowie in Betrieben des Schaustellergewerbes und in Theater, Lichtspiel und Konzertunternehmen wird Kurzarbeitergeld nicht gewährt (§ 63 Abs. 2 AFG).

355 Einem Betrieb wird Kurzarbeitergeld gewährt, wenn
1. ein Arbeitsausfall eintritt, der auf wirtschaftlichen Ursachen einschließlich betrieblicher Strukturveränderungen oder auf einem unabwendbaren Ereignis beruhen,
2. der Arbeitsausfall unvermeidbar ist,
3. in einem zusammenhängenden Zeitraum von mindestens vier Wochen mindestens ein Drittel der im Betrieb tatsächlich beschäftigten Arbeitnehmer jeweils 10 v. H. Arbeitszeit ausfällt.
4. der Arbeitsausfall dem Arbeitsamt angezeigt worden ist (§ 64 Abs. 1 AFG).

356 Ein **unabwendbares Ereignis** liegt auch vor, wenn der Arbeitsausfall durch behördlich oder behördlich anerkannte Maßnahmen verursacht worden ist, die der Arbeitgeber nicht zu vertreten hat. Ein unabwendbares Ereignis liegt nicht vor, wenn der Arbeitsausfall durch gewöhnliche, dem üblichen Wetterverlauf entsprechend witterungsbedingte Gründe verursacht ist (bei Dachdeckern, z. B. Schnee und Eis) (§ 64 Abs. 2 AFG).

357 Anspruch auf Kurzarbeitergeld hat, wer
1. nach Beginn des Arbeitsausfalles in einem Betrieb, in dem Kurzarbeitgeld gewährt wird, eine die Beitragspflicht begründete Beschäftigung ungekündigt fortsetzt oder aus zwingenden Gründen aufnimmt und
2. infolge des Arbeitsausfalls ein vermindertes Arbeitsentgelt oder kein Arbeitsentgelt bezieht (§ 65 Abs. 1 AFG).

358 Keinen Anspruch auf Kurzarbeitergeld haben Personen, die nicht berufsmäßig in der Hauptsache als Arbeitnehmer tätig sind, keine regelmäßige Arbeitszeit haben oder als Teilnehmer einer beruflichen Bildungsmaßnahme Unterhaltsgeld oder Übergangsgeld nach dem AFG beziehen (§ 65 Abs. 2 AFG).

359 Anspruch auf Kurzarbeitergeld besteht nur für die ausgefallenen **Arbeitsstunden.** Es bemißt sich nach dem Arbeitsentgelt, das der Arbeitnehmer ohne Ausfall der regulären Arbeitszeit erzielt hätte (§ 65 Abs. 2a AFG). Kurzarbeitergeld wird in den Betrieben frühestens von dem Tage an gewährt, an dem die Anzeige über den Arbeitsausfall beim Arbeitsamt eingegangen ist (§ 66 AFG). Kurzarbeitergeld kann in einem Betrieb nur bis zum Ablauf von sechs Monaten seit dem 1. Tag, für den Kurzarbeitergeld gezahlt wird, gewährt werden. Die Bezugsfrist wird hierbei um die Tage, für die kein Kurzarbeitergeld zu zahlen ist, nicht verlängert; es sei denn für eine zusammenhängende Zeit von mindestens 1 Monat. Innerhalb der Bezugsfrist wird kein Kurzarbeitergeld gewährt. Dann verlängert sich die Bezugsfrist entsprechend (§ 67 Abs. 1 AFG).

360 Das **Kurzarbeitergeld beträgt**
1. für Arbeitnehmer, die mindestens ein Kind haben, 68%,
2. für die übrigen Arbeitnehmer 63% des und die gesetzlichen Abzüge, die bei Arbeitnehmern gewöhnlich anfallen, verminderten Arbeitsentgelts (§ 68 Abs. 4 AFG).

Arbeitslosenversicherung/Arbeitsförderung

361 Der Arbeitgeber ist verpflichtet, den Arbeitsausfall dem zuständigen Arbeitsamt schriftlich umgehend anzuzeigen. Die Stellungnahme des Betriebsrates ist beizufügen. Die Anzeige kann auch vom Betriebsrat erstattet werden. Mit der Anzeige sind die Voraussetzungen für den Erhalt von Kurzarbeitergeld glaubhaft zu machen. Dem Anzeigenden ist unverzüglich ein schriftlicher Bescheid zu erteilen, ob anerkannt wird, daß die Voraussetzung für die Gewährung von Kurzarbeitergeld vorliegen (§ 72 Abs. 1 AFG).

d) Konkursausfallgeld

362 Arbeitnehmer haben bei **Zahlungsunfähigkeit** des Arbeitgebers Anspruch auf Ausgleich ihres ausgefallenen Arbeitsentgeltes (Konkursausfallgeld) (§ 141a AFG).

363 Anspruch auf Konkursausfallgeld hat ein Arbeitnehmer, der bei **Eröffnung des Konkursverfahrens** über das Vermögen seines Arbeitgebers für die letzten der Eröffnung des Konkursverfahrens vorausgehenden drei Monate des Arbeitsverhältnisses noch Ansprüche auf Arbeitsentgelt hat (§ 141b AFG). Der Eröffnung des Konkursverfahrens stehen bei Anwendung der Vorschrift gleich:
1. die Abweisung des Antrags auf Eröffnung des Konkursverfahrens mangels Masse,
2. die vollständige Beendigung der Betriebstätigkeit, wenn ein Antrag auf Eröffnung des Konkursverfahrens nicht gestellt worden ist und ein Konkursverfahren offensichtlich mangels Masse nicht in Betracht kommt (§ 141b Abs. 3 AFG).

364 Hat der Arbeitnehmer in Unkenntnis der Abweisung des Antrags auf Eröffnung des Konkursverfahrens mangels Masse weiter gearbeitet, so treten an die Stelle des Abweisungsbeschluß die letzten dem Tag der Kenntnisnahme vorausgehenden drei Monate des Arbeitsverhältnisses (§ 141b Abs. 4 AFG). Das Konkursausfallgeld ist so hoch, wie der Teil des um die gesetzlichen Abzüge verminderten **Arbeitsentgeltes** sowie die letzten der Eröffnung des Konkursverfahrens vorausgehenden drei Monate des Arbeitsverhältnisses (§ 141d Abs. 1 AFG).

365 Das Konkursausfallgeld wird vom zuständigen Arbeitsamt auf Antrag gewährt. Der Antrag ist innerhalb einer **Ausschlußfrist** von 2 Monaten nach Eröffnung des Konkursverfahrens zu stellen. Zuständig ist das Arbeitsamt, in dessen Bezirk die für den Arbeitnehmer zuständige Lohnabrechnungsstelle des Arbeitgebers liegt (§ 141 Abs. 1 und 2 AFG).

366 Die Arbeitsämter können einen angemessenen **Vorschuß** auf das Konkursausfallgeld zahlen (§ 141f Abs. 1 AFG).

367 Der Konkursverwalter hat auf Verlangen des Arbeitsamtes unverzüglich das Konkursausfallgeld zur Errechnung auszuzahlen, wenn ihm dafür geeignete Arbeitnehmer des Betriebes zur Verfügung stehen und das Arbeitsamt die Mittel für die Auszahlung des Konkursausfallgeldes bereitstellt (§ 141i AFG). Siehe im weiteren Teil N Rz. 166f.

e) Winterbauförderung

368 Die Bundesanstalt für Arbeit hat durch Förderung der ganzjährigen Beschäftigung in der Bauwirtschaft dazu beizutragen, daß während der **witterungsungünstigen Jahreszeit** die Bauarbeiten auch bei witterungsbedingten schlechten Verhältnissen durchgeführt und Beschäftigungsverhältnisse der Arbeitnehmer des Baugewerbes bei witterungsbedingten Unterbrechungen der Bauarbeiten aufrechterhalten werden können (§ 74 Abs. 1 AFG). Die Förderung der ganzjährigen Beschäftigung in der Bauwirtschaft durch die Leistung der produktiven Winterbauförderung bestehen im einzelnen:

369 – an **Arbeitgeber** des Baugewerbes,
   a) Leistungen zur Beschaffung von Geräten und Einrichtungen, die es ermöglichen, Bauarbeiten unter ungünstiger Witterung durchzuführen,
   b) Leistungen zur Abgeltung der sonstigen witterungsbedingten Mehrkosten des Bauens,

370 – an **Arbeitnehmern** des Baugewerbes,
   a) Wintergeld zur Abgeltung der witterungsbedingten Mehraufwendungen der Arbeiten in der witterungsungünstigen Jahreszeit,

b) Schlechtwettergeld bei witterungsbedingtem Arbeitsausfall (§ 74 Abs. 2 AFG).

371 **Produktive Winterbauförderung** wird in der Zeit vom 1. Dezember bis zum 31. März (Förderungszeit) gewährt (§ 75 Abs. 2 Nr. 1 AFG).

372 Arbeitgebern des Baugewerbes werden **Zuschüsse** für den Erwerb oder für die Miete von Geräten und Einrichtungen gewährt, die für die Durchführung von Bauarbeiten in der Schlechtwetterzeit zusätzlich erforderlich sind. Der Erwerb oder die Miete von Geräten und Einrichtungen mit nur geringem Anschaffungs- oder Mietwert wird nicht gefördert. Für den Erwerb können zusätzliche Darlehen gewährt werden.

373 Arbeitgebern des Baugewerbes werden Zuschüsse zu den sonstigen witterungsbedingten Mehrkosten der Bauarbeiten gewährt, soweit sie in der Förderungszeit durchgeführt wurden (es handelt sich hierbei um den Mehrkostenzuschuß; § 78 Abs. 1 AFG).

374 Der **Mehrkostenzuschuß** wird frühestens von dem Tag an gewährt, an dem der Antrag für die Erlangung des Mehrkostenzuschusses eingegangen ist. Der Mehrkostenzuschuß bemißt sich nach der Zahl der Förderungszeit von den Arbeitnehmern geleisteten Arbeitsstunden und nach dem Förderungssatz. Die Förderungssätze sollen mindestens ein Drittel, höchstens Zweidrittel in der Regel für die geförderten Arbeiten entstehenden Mehrkosten betragen (§ 79 AFG).

375 Arbeitern, die in Betrieben des Baugewerbes, in denen die Voraussetzungen für die produktive Winterbauförderung erfüllt sind und auf einem witterungsbedingten Arbeitsplatz beschäftigt sind, wird **Wintergeld** in Höhe von DM 2,– für jede Arbeitsstunde bezahlt (§ 80 Abs. 1 AFG). Alle Leistungen der produktiven Winterbauförderung sind schriftlich beim zuständigen Arbeitsamt zu beantragen (§ 81 Abs. 1 AFG).

f) Schlechtwettergeld

376 Arbeiter in Betrieben des Baugewerbes wird bei witterungsbedingtem Arbeitsausfall in der Schlechtwetterzeit Schlechtwettergeld gewährt. Hierfür sind folgende Voraussetzungen notwendig:
1. Während der Schlechtwetterzeit (Zeit vom 1. 11.–31. 3.) kann das Arbeitsverhältnis nicht aus Witterungsgründen gekündigt werden.
2. daß bei Arbeitsausfall unbeschadet des Anspruchs auf Urlaub eine Anwartschaft auf Lohnausgleich für einen zusammenhängenden Ausgleichszeitraum mindestens die Zeit vom 25. 12. bis 1. 1. gewährleistet ist;
3. der Arbeitsausfall ausschließlich durch zwingende Witterungsgründe verursacht ist;
4. an einem Arbeitstag mindestens eine Stunde der Arbeitszeit ausfällt;
5. der Arbeitsausfall dem Arbeitsamt unverzüglich angezeigt wird (§§ 83 und 84 AFG).

377 Zwingende **Witterungsgründe** liegen nur vor, wenn atmosphärische Einwirkungen, insbesondere Regen, Schnee und Frost oder deren Folgewirkungen so stark oder so nachhaltig sind, daß trotz einfacher Schutzvorkehrungen die Fortführung der Bauarbeiten technisch unmöglich oder wirtschaftlich unvertretbar sind oder dem Arbeitnehmer nicht zugemutet werden können (§ 84 Abs. 2 AFG).

378 **Anspruch** auf Schlechtwettergeld hat:
1. wer bei Beginn des Arbeitsausfalls auf einem witterungsabhängigen Arbeitsplatz als Arbeiter in einer beitragspflichtigen Beschäftigung steht,
2. wer infolge des Arbeitsausfalles für die Ausfallstunden kein Arbeitsentgelt bezieht (§ 85 Abs. 2 AFG).

379 Anspruch auf Schlechtwettergeld besteht nicht an Tagen, an denen die Arbeit aus anderen als Witterungsgründen ausfällt, insbesondere nicht für Zeiten des Urlaubs oder bei gesetzlichen Feiertagen (§ 85 Abs. 4 AFG). Die Bemessung in Höhe des Schlechtwettergeldes erfolgt in Höhe des Kurzarbeitergeldes. Dieses beträgt für Arbeitnehmer, die mindestens 1 Kind haben, 68% und für die übrigen Arbeitnehmer 63% des um die gesetzlichen Abzüge verminderten Arbeitsentgeltes, die bei Arbeitnehmern gewöhnlich anfallen (§ 86 Abs. 1 AFG).

Arbeitslosenversicherung/Arbeitsförderung

380 Die **Anzeige** über den Arbeitsausfall für die Erlangung des Schlechtwettergeldes ist vom Arbeitgeber dem Arbeitsamt zu erstatten. Ist die Anzeige vom Arbeitgeber nicht unverzüglich erstattet, so kann der Betriebsrat sie erstatten. Schlechtwettergeld wird nur auf Antrag gewährt. Der Antrag ist vom Arbeitgeber unter Beifügung der Stellungnahme des Betriebsrates bis zum Ablauf einer **Ausschlußfrist** von drei Monaten nach Ablauf der Schlechtwetterzeit bei dem für die Baustelle zustehenden Arbeitsamt zu stellen. Arbeitgeber, deren Betrieb Schlechtwettergeld gewährt wird, haben während der Schlechtwetterzeit für jeden Arbeitstag Aufzeichnungen über die auf der Baustelle leistenden Arbeitsstunden zu führen und diese Aufzeichnungen drei Jahre aufzubewahren (§ 88 AFG).

g) Zuschüsse zu beruflichen Fortbildungen

381 Die Bundesanstalt für Arbeit trägt ganz oder teilweise die notwendigen Kosten, die durch die **Fortbildungsmaßnahmen** unmittelbar entstehen, insbesondere Lehrgangskosten, Kosten für Lernmittel, Fahrkosten, Kosten für Arbeitskleidung sowie Kosten der Unterkunft und Mehrkosten der Verpflegung, wenn die Teilnahme an einer Maßnahme notwendig ist, die auswärtige Unterbringung erfordert. Weiterhin kann die Bundesanstalt die Kosten für die Betreuung der Kinder des Teilnehmers ganz oder teilweise bis zu 60,- DM monatlich tragen, wenn sie durch die Teilnahme an einer Maßnahme unvermeidbar entsteht und die Belastung durch diese Kosten dem Teilnehmer eine unbillige Härte darstellen würden. Von der Erstattung geringfügiger Kosten ist abzusehen (§ 45 AFG). Gefördert werden die Teilnahme an Fortbildungsmaßnahmen, die gerichtet sind insbesondere auf
1. einen beruflichen Aufstieg,
2. der Anpassung der Kenntnisse und Fähigkeiten an die beruflichen Anforderungen,
3. für den Eintritt oder Wiedereintritt weiblicher Arbeitsuchender innerhalb des Berufslebens,
4. eine bisher fehlende Abschlußprüfung,
5. die Heranbildung und Fortbildung von Ausbildungskräften,
6. die Wiedereingliederung älterer Arbeitsuchender in das Berufsleben (§ 43 AFG).

382 Nicht gefördert werden Maßnahmen, die überwiegend im Interesse des Betriebes liegen, dem der Antragsteller angehört (§ 43 Abs. 2a AFG).

h) Einarbeitungszuschüsse

383 Die Bundesanstalt für Arbeit ist berechtigt, Arbeitgebern **Zuschüsse** für die Arbeitnehmer zu gewähren, die eine volle Leistung am Arbeitsplatz erst nach Einarbeitungszeit erreichen können und die vor Beginn der Einarbeitung
1. arbeitslos sind oder
2. von der Arbeitslosigkeit unmittelbar bedroht sind.

384 Hierbei sind Zuschüsse nicht zu gewähren:
a) wenn die Einarbeitung beim bisherigen Arbeitgeber erfolgt,
b) soweit der Arbeitgeber gleichartige Leistungen erbringt oder voraussichtlich erbringen wird (§ 49 Abs. 1 AFG).

385 Der **Einarbeitungszuschuß** darf für die gesamte Einarbeitungszeit 70% des tariflichen, oder soweit eine tarifliche Regelung nicht besteht, des für den Beruf des Arbeitnehmers ortsüblichen Arbeitsentgelts nicht übersteigen und nicht länger als für ein Jahr gewährt werden (§ 49 Abs. 2 AFG).

4. Sozialversicherung bei Arbeitslosigkeit und Bezug von Kurzarbeiter- und Schlechtwettergeld

386 Für die von der Bundesanstalt gewährten Leistungen werden keine Beiträge in der Arbeitslosenversicherung einbehalten.

a) Krankenversicherung bei Empfängern von Arbeitslosenunterstützung und Arbeitslosenhilfe

387 Wer Arbeitslosengeld, Arbeitslosenhilfe oder Unterhaltsgeld bezieht, ist für den Fall der Krankheit versichert (§ 155 Abs. 1 AFG). Die Beiträge zahlt die Bundesanstalt für Arbeit. Für die Berechnung der Beiträge ist der Beitragssatz für Versicherte

maßgeblich, die bei Arbeitsunfähigkeit Anspruch auf Fortzahlung des Arbeitsentgeltes für mindestens 6 Wochen haben. Als Grundlohn gilt das durch sieben geteilte wöchentliche Arbeitsentgelt, das der Bemessung des Arbeitslosengeldes, der Arbeitslosenhilfe oder des Unterhaltsgeldes zugrunde liegt, soweit es ein Dreihundertsechzigstel der Jahresarbeitsverdienstgrenze der gesetzlichen Krankenversicherung nicht übersteigt (§ 157 Abs. 1–3 AFG).

b) Rentenversicherung bei Empfängern von Arbeitslosenunterstützung und -hilfe

388 Die Bundesanstalt für Arbeit zahlt für Ausfallzeiten von Arbeitnehmern, die von ihr Arbeitslosengeld oder Arbeitslosenhilfe beziehen, für die Zeit des Bezuges dieser Leistungen Beiträge, wenn der Leistungsempfänger in der gesetzlichen Rentenversicherung pflichtversichert war. Für die Berechnung der Beiträge ist die Höhe der Leistung und der jeweils geltende Beitragssatz maßgebend (§ 1385a RVO). Es werden also Beiträge von der Bundesanstalt für Arbeit nur in Höhe des Arbeitslosengeldes oder der Arbeitslosenhilfe gezahlt. Das ausgefallene Arbeitsentgelt ist somit nicht maßgebend.

c) Krankenversicherung bei Empfängern von Kurzarbeiter- oder Schlechtwettergeld

389 Die Mitgliedschaft des Versicherungspflichtigen in der gesetzlichen Krankenversicherung während des Bezuges von Kurzarbeiter- oder Schlechtwettergeld bleibt
390 bestehen. Soweit Kurzarbeiter- oder Schlechtwettergeld gewährt wird, gilt als Arbeitsentgelt im Sinne der gesetzlichen Krankenversicherung das Arbeitsentgelt in Höhe des erhaltenen Kurzarbeiter- oder Schlechtwettergeldes. Den Beitrag für das Arbeitsentgelt trägt der Arbeitgeber. Die Bundesanstalt gewährt dem Arbeitgeber auf Antrag einen Zuschuß zu seinen Aufwendungen für Empfängern von Kurzarbeitergeld. Dieser Zuschuß beträgt 50% des auf das Arbeitsentgelt entfallenden Beitrages nach dem Beitragssatz der Allgemeinen Ortskrankenkasse in den Bezirk der Betrieb liegt.

391 Hat ein Empfänger von Schlechtwettergeld gegen seinen Arbeitgeber für die Ausfallstunden Anspruch auf Arbeitsentgelt, das unter Anrechnung des Schlechtwettergeldes zu zahlen ist, so bemißt sich der Beitrag abweichend vom Kurzarbeitergeld, von dem Arbeitsentgelt unter Hinzuziehung des Schlechtwettergeldes. Eine Erstattung der Beiträge bei Bezug von Schlechtwettergeld ist nicht vorgesehen (§§ 162 und 163 AFG).

d) Rentenversicherung bei Empfängern von Kurzarbeiter- oder Schlechtwettergeld

392 Während des Bezuges von Kurzarbeiter- oder Schlechtwettergeld besteht ein rentenversicherungspflichtiges Versicherungsverhältnis fort. Der Beitrag bemißt sich nach dem gezahlten Kurzarbeiter- oder Schlechtwettergeld. Den Beitrag trägt der Arbeitgeber. Die Bundesanstalt gewährt dem Arbeitgeber auf Antrag einen Zuschuß in Höhe von 50% seiner Aufwendungen.

Teil B: ABC der Lohnsteuer und der Sozialversicherung

Abfindung

Siehe auch „Sonstige Bezüge" (Rz. 656).

500 Abfindungen werden in der Regel für die Auflösung des Dienstverhältnisses (Arbeitsverhältnisses) gezahlt. Sie sollen die Besitzstandswahrung trotz Auflösung des Arbeitsverhältnisses wahren.
Lohnsteuer: Abfindungen wegen einer vom Arbeitgeber veranlaßten oder gerichtlich ausgesprochenen Auflösung des Dienstverhältnisses sind gemäß § 3 Nr. 9 EStG bis zu DM 24000,– **steuerfrei.** Hat der Arbeitnehmer das 50. Lebensjahr voll-

endet und hat das Dienstverhältnis mindestens 15 Jahre bestanden, so beträgt der steuerfreie Höchstbetrag DM 30000,–. Wenn der Arbeitnehmer das 55. Lebensjahr vollendet hat und das Dienstverhältnis 20 Jahre bestanden hat, steigt der steuerfreie Höchstbetrag auf DM 36000,–.

Abfindungsbeträge, die die vorstehenden Freibeträge übersteigen, unterliegen als Entschädigungen dem **ermäßigten Steuersatz** gemäß §§ 24 Nr. 1, 34 Abs. 1 und 2 EStG (BFH v. 20. 10. 1978, BStBl. II 1979, 176).

Um in den Genuß der steuerfreien Höchstbeträge gemäß § 3 Nr. 9 EStG zu gelangen, muß die Abfindung wegen einer **vom Arbeitgeber veranlaßten** oder gerichtlich ausgesprochenen Auflösung des Dienstverhältnisses gezahlt werden. Auf welche formelle Weise das Anstellungsverhältnis aufgelöst wurde, ist dabei nicht maßgebend; entscheidend ist dagegen, daß der Arbeitgeber die Auflösung veranlaßt und zu vertreten hat. Es ist hierbei nicht erforderlich, daß der Arbeitgeber die Kündigung ausgesprochen hat (z. B. kann die Kündigung seitens des Arbeitnehmers erfolgen zur Vermeidung einer Kündigung des Arbeitgebers). Die Zahlung einer Abfindung muß mit der tatsächlichen Auflösung des Dienstverhältnisses in einem kausalen Zusammenhang stehen (Abschn. 4 Abs. 1–3 LStR).

Urlaubsabgeltungen, Abfindungen für Tantiemen, Gehälter und Löhne, die der Arbeitnehmer bei seinem Ausscheiden erhält, sind keine **Abfindungen,** auch wenn sie als solche bezeichnet oder zusammen mit richtigen Abfindungsbeträgen gezahlt werden (BFH v. 11. 1. 1980, BStBl. II 1980, 205). Nicht begünstigte Gehaltsabfindungen sind dabei nur Zahlungen bis zum tatsächlichen Ausscheiden des Arbeitnehmers. Vereinbaren die Vertragspartner eine vorzeitige Auflösung des Anstellungsverhältnisses, so sind die Abfindungen für die weiteren Zeiten bis zur vertragsgemäßen Beendigung des Dienstverhältnisses steuerbegünstigt (BFH v. 10. 10. 1978, BStBl. II 1979, 155). Dies gilt u. E. auch für Urlaubsabfindungen, soweit sie auf die Zeit nach dem Ausscheiden entfallen.

Sozialversicherung: Zur Sozialversicherung beitragsfrei, soweit lohnsteuerfrei (§ 14 Abs. 1 SGB IV i. V. m. § 1 ArbeitsentgVO).

Abschlagszahlung

501 Abschlagszahlungen sind Zahlungen von fälligen, aber noch nicht abgerechneten Löhnen oder Gehältern. Abschlagszahlungen werden meistens dann vorgenommen, wenn die Erstellung der Lohnabrechnung nicht fristgerecht zum Monatsletzten vorgenommen werden kann. Für die Zahlung von Abschlagszahlungen bedarf es einer besonderen Rechtsgrundlage (z. B. Betriebsvereinbarung oder einzelvertragliche Vereinbarung). Siehe auch Teil M Rz. 170ff.

Lohnsteuer: Die Lohnsteuer wird von den Abschlagszahlungen nicht einbehalten. Die Lohnsteuer wird erst bei der endgültigen Lohn- oder Gehaltsabrechnung vorgenommen. Wenn die ordnungsgemäße Einbehaltung und Abführung der Lohnsteuer bei Abschlagszahlungen nicht gewährleistet wird, können die Finanzämter auch den Lohnsteuerabzug bei Abschlagszahlungen verlangen (§ 39b Abs. 5 EStG, Abschn. 86 Abs. 5 LStR).

Sozialversicherung: Auch von Abschlagszahlungen sind die Beiträge einzubehalten. Dabei bestimmt sich die Fälligkeit der Beiträge nach der jeweiligen Satzung der Krankenkasse, spätestens am 15. des Folgemonats (§ 23 SGB IV). Bei Abschlagszahlungen ist daher u. U. eine besondere Abrechnung für Zwecke der Sozialversicherung erforderlich.

Änderung der Lohnsteuerkarte

Siehe auch „Arbeitnehmerfreibeträge", Rz. 518.

502 Für die Eintragungen auf der Lohnsteuerkarte sind grundsätzlich die Verhältnisse zu Beginn des Kalenderjahres, für das die Lohnsteuerkarte gilt, maßgebend. Ändern sich die eingetragenen Daten, z. B. bei Eheschließung im Laufe des Kalenderjahres etc., so hat die zuständige Gemeinde auf Antrag die Lohnsteuerkarte gemäß § 39 Abs. 5 EStG zu ändern oder zu ergänzen. Der Antrag auf Änderung oder Ergänzung kann nur bis zum 30. November des laufenden Kalenderjahres gestellt werden. Sind bei einem Arbeitnehmer Kinder zu berücksichtigen, die zu Beginn des Kalenderjahres das 16. Lebensjahr vollendet haben (§ 32 Abs. 6 und 7 EStG), ist für die Änderung der auf der Lohnsteuerkarte eingetragenen Steuerklasse und Zahl der Kinder das entsprechende Wohnsitzfinanzamt zuständig.

Änderungen oder Ergänzungen der Lohnsteuerkarte werden mit dem Zeitpunkt, von dem an die Änderung oder Ergänzung gilt, eingetragen (siehe auch § 39a Abs. 2 S. 6 EStG). Wenn beide Ehegatten Arbeitslohn beziehen, hat die Gemeinde auf gemeinsamen Antrag der Ehegatten die auf der Lohnsteuerkarte vermerkten Steuerklassen zu ändern:
1. Wenn auf der Lohnsteuerkarte beider Ehegatten die Steuerklasse IV bescheinigt ist und die Eintragungen aber in die Lohnsteuerklasse III und V zu ändern ist.
2. Wenn auf der Lohnsteuerkarte des einen Ehegatten die Steuerklasse III und auf der des anderen Ehegatten die Steuerklasse V bescheinigt ist, so sind diese Eintragungen auf Antrag beider Ehegatten in die Steuerklasse IV zu ändern.
3. Wenn auf der Lohnsteuerkarte des einen Ehegatten die Steuerklasse III und auf der anderen Lohnsteuerkarte des anderen Ehegatten die Steuerklasse IV bescheinigt ist, kann auf Antrag die Eintragung der Steuerklasse III auf der Lohnsteuerkarte des einen Ehegatten in Steuerklasse V und die Eintragung der Steuerklasse V auf der Lohnsteuerkarte des anderen Ehegatten in Steuerklasse III geändert werden.
(Abschn. 76 Abs. 5 S. 1 LStR)

Ein **Steuerklassenwechsel** erfolgt frühestens mit Wirkung vom Beginn des Kalendermonats an, der auf die Antragstellung folgt (z. B. Antragstellung 15. 6., Änderungsdatum 1. 7.). Der Antrag kann nur bis zum 30. November des Kalenderjahres gestellt werden (Abschn. 76 Abs. 5 S. 2 LStR).

Wenn die Eintragungen auf der Lohnsteuerkarte, denen die Verhältnisse zu Beginn des Kalenderjahres zugrunde gelegt wurden, nunmehr nachweislich unrichtig sind, sind auf Antrag durch die Behörde, die die Eintragung vorgenommen hat, die Eintragungen zu ändern (Abschn. 76 Abs. 6 S. 1 LStR).

Sozialversicherung: Eine Änderung der Lohnsteuerkarte führt nicht zu einer Änderung bei der Einhaltung von Sozialversicherungsbeiträgen.

Aktienüberlassung

503 Aktiengesellschaften können unter bestimmten Voraussetzungen an ihre Arbeitnehmer eigene Aktien ausgeben.

Lohnsteuer: Die unentgeltliche oder verbilligte Überlassung von Aktien an Arbeitnehmer ist grundsätzlich als ein lohnsteuerpflichtiger **Sachbezug** zu behandeln (siehe „Sachbezug", Rz. 648). Es ist hierbei unerheblich, ob es sich um eigene Aktien des Arbeitgebers oder um Aktien von anderen Aktiengesellschaften handelt. Auch **verbilligte Überlassungen** von Aktien oder der Ankauf von Wertpapieren durch den Arbeitgeber für den Arbeitnehmer zu einem niedrigeren als den angekauften Tageskurs, sind ebenfalls wie ein lohnsteuerpflichtiger Sachbezug zu behandeln. Die Sachbezüge sind als sonstiger Bezug zu behandeln (siehe „sonstiger Bezug", Rz. 656). Gemäß § 19a EStG ist jedoch der geldwerte Vorteil aus der unentgeltlichen oder verbilligten Überlassung von Aktien bis zu einem Wert von DM 300,– im Kalenderjahr steuerfrei, soweit er nicht höher als der halbe Wert der Vermögensbeteiligung ist. Die Aktien, die nicht der Lohnsteuer unterworfen wurden (300,– DM-Grenze) dürfen innerhalb einer Sperrfrist von 6 Jahren nicht veräußert werden, ausgenommen hiervon ist die Veräußerung im Todesfall oder bei Eintritt der völligen Erwerbsunfähigkeit sowie bei mindestens einjähriger Arbeitslosigkeit (Abschn. 115 Abs. 1–3 LStR).

Die steuerbegünstigte Überlassung von Aktien der Arbeitgeber ist im Lohnkonto des Arbeitnehmers zu vermerken (Abschn. 115 Abs. 4 LStR).

Sozialversicherung: Zur Sozialversicherung beitragsfrei, soweit lohnsteuerfrei (§ 14 Abs. 1 SGB IV i. V. m. § 1 ArbeitsentgVO).

Altersentlastungsbetrag

504 Arbeitnehmer, die am Beginn des Kalenderjahres das 65. Lebensjahr vollendet haben, erhalten neben dem Altersfreibetrag einen Altersentlastungsbetrag. Der Altersentlastungsbetrag beträgt 40% des Arbeitslohns und der positiven Summe der Einkünfte, die nicht aus nichtselbständiger Arbeit sind, höchstens jedoch insgesamt einen Betrag von DM 3000,– im Kalenderjahr (§ 24 S. 1 EStG). Bei laufendem Arbeitslohn darf der Altersentlastungsbetrag nur mit dem auf dem Lohnzahlungszeitraum entfallenden anteiligen Betrag vom Arbeitslohn abgezogen werden. Der Anteil ist bei monatlicher Lohnzahlung mit $\frac{1}{12}$ anzusetzen. Der Altersentlastungsbetrag darf monatlich höchstens DM 250,– betragen. Der Altersentlastungsbetrag muß vom Arbeitgeber auch ohne Antrag berücksichtigt werden (§ 39b Abs. 2 S. 2 EStG).

Sozialversicherung: Der Altersentlastungsbetrag wirkt sich bei der Berechnung der Sozialversicherungsbeträge nicht aus.

Altersfreibetrag

Gemäß § 32 Abs. 2 EStG steht einem Steuerpflichtigen, der vor dem Beginn des Kalenderjahres, in dem er sein Einkommen bezogen hat, das 64. Lebensjahr vollendet hatte, ein Altersfreibetrag von DM 720,– zu. Bei Ehegatten, die bei der Einkommensteuer zusammen veranlagt werden, verdoppelt sich der Altersfreibetrag, wenn jeder Ehegatte die Voraussetzung für die Gewährung des Altersfreibetrag erfüllt. Der Altersfreibetrag wird von der zuständigen Gemeinde bei der Ausstellung der Lohnsteuerkarte ohne besonderen Antrag eingetragen. Der Altersfreibetrag wird zusätzlich zu dem Altersentlastungsbetrag gewährt (Abschn. 75 Abs. 7 LStR).

Sozialversicherung: Wie der Altersentlastungsbetrag ist der Altersfreibetrag beitragspflichtig.

Annehmlichkeiten

Siehe auch „Geldwerter Vorteil", Rz. 575.

Annehmlichkeiten sind Aufwendungen, die ein Arbeitgeber im Rahmen seiner Fürsorgepflicht oder im betrieblichen Interesse für den Arbeitnehmer erbringt und die nach der Verkehrsauffassung nicht als Entlohnung angesehen werden (BFH v. 26. 4. 1962, BStBl. III 1963, 329).

Lohnsteuer: Die vorgenannten Aufwendungen gehören als Annehmlichkeiten gemäß Abschn. 53 LStR nicht zum steuerpflichtigen Arbeitslohn. Es handelt sich hierbei insbesondere um Leistungen, die zur **Verbesserung der Arbeitsbedingungen** (Aufenthalts- und Erholungsräume, firmeneigene Duschräume und Kindergärten etc.) dienen. Hierzu gehören auch Aufwendungen des Arbeitgebers für die Abgabe von **Medikamenten** (BFH v. 24. 1. 1975, BStBl. II 1975, 340), von Getränken, in der Regel die Gewährung von Personalrabatt (BFH v. 15. 3. 1974, BStBl. II 1974, 413), die Abgabe von Haustrunk und Freitabak (Abschn. 21 LStR) und die Überlassung der Mahlzeiten im Betrieb bis zu einem Wert von DM 1,50/Tag (Abschn. 19 Abs. 2 LStR). Sachzuwendungen des Arbeitgebers aus Anlaß von Betriebsveranstaltungen sind nunmehr stets steuerfrei, solange sie üblich sind (BFH v. 20. 8. 1985 BStBl. II 1985, 532). Die früher geltende Begrenzung von 50,–/Person (Abschn. 20 LStR 1985) ist überholt, s. auch Rz. 547.

Zum Arbeitslohn gehören demgegenüber nach § 2 Abs. 1 LStDV alle die Güter, die in Geld oder Geldeswert bestehen, als **geldwerte Vorteile**. Diese geldwerten Vorteile sind der Lohnsteuerpflicht zu unterwerfen. Zu den geldwerten Vorteilen gehört grundsätzlich auch die unentgeltliche oder verbilligte Überlassung von Waren durch den Arbeitgeber an den Arbeitnehmer, wenn die Vorteilsgewährung nur auf dem Dienstverhältnis beruht. Der geldwerte Vorteil wird in diesen Fällen mit dem Unterschiedsbetrag zwischen dem tatsächlichen Entgelt und dem üblichen Mittelpreis des Verbrauchsortes angesetzt (Abschn. 53 Abs. 2 LStR).

Da die Beurteilung von Annehmlichkeiten und geldwertem Vorteil nicht immer eindeutig ist, ist es in Zweifelsfällen ratsam, eine Anrufungsauskunft (s. Rz. 507) beim zuständigen Finanzamt einzuholen.

Sozialversicherung: Zur Sozialversicherung beitragsfrei, soweit lohnsteuerfrei (§ 14 Abs. 1 SGB IV i. V. m. § 1 ArbeitsentgVO).

Anrufungsauskunft

507 Gemäß § 42e EStG hat das Betriebstättenfinanzamt auf Anfrage eines Beteiligten darüber Auskunft zu geben, ob und inwieweit im einzelnen Falle die Vorschriften über die Lohnsteuer anzuwenden sind. Als Beteiligte sind hierbei die Arbeitnehmer, Firmeninhaber, Geschäftsführer, Konkursverwalter etc. anzusehen. Für den Arbeitgeber ist diese Möglichkeit bei schwierigen lohnsteuerrechtlichen Problemen von großer Bedeutung, um ihm Sicherheit darüber zu geben, ob im Einzelfall Lohnsteuer einbehalten werden muß oder nicht. Das Haftungsrisiko des Arbeitgebers wird durch die Einholung einer Anrufungsauskunft ausgeschlossen. Das Betriebstättenfinanzamt ist an die erteilte Auskunft gebunden.

Sozialversicherung: Da in den überwiegenden Fällen die sozialversicherungsrechtliche Behandlung bei der Einhaltung der Beiträge entsprechend der lohnsteuerlichen Behandlung erfolgt (§ 14 Abs. 1 SGB IV i. V. m. § 1 ArbeitsentgVO), ist eine Anrufungsauskunft auch für die Einhaltung der Sozialversicherungsbeiträge bedeutsam. Ob die Sozialversicherungsträger im Hinblick auf § 14 Abs. 1 SGB IV i. V. m. § 1 ArbeitsentgVO an die vom Finanzamt erteilte – objektiv unrichtige – Auskunft gebunden sind, ist rechtlich nicht abschließend geklärt, u. E. aber zu bejahen.

Anzeigepflichten des Arbeitgebers

508 Die Anzeigepflichten bestehen auf Grund des Einkommensteuergesetzes und auf Grund der sozialversicherungsrechtlichen Vorschriften.

Lohnsteuer: Der Arbeitgeber hat gemäß § 41c Abs. 4 EStG seinem Betriebstättenfinanzamt unverzüglich schriftlich die Fälle anzuzeigen, bei denen der Lohnsteuerabzug in zu geringer Höhe vorgenommen worden ist und der Lohnsteuer nicht nachträglich einbehalten kann oder von seiner Berechtigung hierzu keinen Gebrauch macht. Ohne Rücksicht auf die Festsetzungsverjährung des Steueranspruches hat der Arbeitgeber die Anzeige über die zu geringe Einhaltung der Lohnsteuer gegebenenfalls auch für die zurückliegenden 4 Kalenderjahre zu erstatten. Die Anzeige ist grundsätzlich schriftlich zu erstatten. In ihr müssen alle relevanten Merkmale und die für die Berechnung einer Lohnsteuernachforderung erforderliche Mitteilung über Höhe und Arten des Arbeitslohnes angegeben werden. Die ordnungsgemäße Anzeige befreit den Arbeitgeber von der Haftung (§ 42d Abs. 2 Nr. 1 EStG). Die Betriebstättenfinanzämter haben die Anzeigen an das für die Einkommensversteuerung des Arbeitnehmers zuständige Finanzamt weiterzuleiten, wenn es ihnen zweckmäßig erscheint, die Lohnsteuernachforderung nicht sofort durchzuführen (z. B. bei Einkommensteuerveranlagung). (Abschn. 105 Abs. 1–3 LStR.) Weitere Anzeigepflichten ergeben sich aus §§ 38 Abs. 4 S. 2, 41b Abs. 1 S. 5, 41b Abs. 2 EStG.

Sozialversicherung: Die Arbeitgeber haben den Arbeitsämtern schriftlich Anzeige darüber zu erstatten, wenn Massenentlassungen vorgesehen sind.
Weiterhin haben Arbeitgeber nach der Datenerfassungsordnung alle Arbeitnehmer einschließlich der Auszubildenden, die krankenversicherungspflichtig, rentenversicherungspflichtig oder aber arbeitslosenversicherungspflichtig sind, bei den zuständigen Krankenkassen – bei Überschreitung der Beitragsbemessungsgrenze in der Krankenversicherung bei den zuständigen Ortskrankenkassen – anzumelden (§ 317 RVO). Die meldepflichtigen Tatbestände sind insbesondere:
1. Beginn und Ende der Beschäftigung
2. Jahresbruttoarbeitsentgelt
3. Unterbrechung der Beschäftigung (Krankheit über 6 Wochen)
4. Ersatz und Ausfallzeiten
5. Einstellung und Entlassung von ständig Beschäftigten
6. Berichtigung von gemeldeten Daten
7. Veränderung im Beschäftigungs- oder Versicherungsverhältnis

Diese Meldungen haben bei Beginn einer Beschäftigung innerhalb von zwei Wochen zu erfolgen. Alle anderen Meldungen sind innerhalb von 6 Wochen vorzunehmen.

Arbeitgeberaktien

509 Siehe Stichwort „Aktienüberlassung", Rz. 503.

Arbeitgeberanteil

510 Die Arbeitgeber sind zur Abführung der Sozialversicherungsbeiträge für die gesetzliche Sozialversicherung verpflichtet. Auf die Erfüllung der Verpflichtung besteht ein vor dem Arbeitsgericht einklagbarer Anspruch des Arbeitnehmers.
Lohnsteuer: Gemäß § 3 Nr. 62 sind die Arbeitgeberanteile zur Sozialversicherung – Rentenversicherungs-, Krankenversicherungs- und Arbeitslosenversicherungsbeiträge –, die ein Arbeitgeber auf Grund gesetzlicher Verpflichtung zu leisten hat und an die zuständigen Einzugsstellen (gesetzliche Krankenkassen) abführt, steuerfrei. Arbeitgeberanteile, die der Arbeitgeber an seinen Arbeitnehmer zur Weiterleitung an die gesetzliche Krankenversicherung (Ersatzkassenmitglieder) zahlt, unterliegen ebenfalls nicht dem Lohnsteuerabzug. **Besonderheiten:**

511 a) **Krankenversicherung:** Zuschüsse des Arbeitgebers zu den Krankenversicherungsbeiträgen eines Angestellten sind bis zur Hälfte des Beitrages steuerfrei, unabhängig davon, ob es sich um den Arbeitgeberanteil eines pflichtversicherten Arbeitnehmers oder um den Zuschuß nach § 405 RVO eines nicht versicherungspflichtigen Angestellten handelt (Abschn. 11 Abs. 2 Nr. 1, Nr. 3 S. 3 LStR). Der Zuschuß des Arbeitgebers zu einer privaten Krankenversicherung eines nicht versicherungspflichtigen Angestellten ist bis zur Hälfte des entsprechenden Beitrags der Pflichtkasse (z. B. AOK) steuerfrei, wenn durch eine Bescheinigung der Krankenversicherung die Gleichartigkeit der Leistungen nachgewiesen wird (Abschn. 11 Abs. 2 Nr. 2 S. 3 EStR). Der Arbeitgeber ist verpflichtet, sich einmal jährlich oder bei einer Änderung des Beitrages oder des Versicherungsverhältnisses eine entsprechende Bescheinigung über die Höhe des Beitrages vorlegen zu lassen.

512 b) **Rentenversicherung:** Bei der Einführung der gesetzlichen Rentenversicherungspflicht für alle Angestellten war es eine Zeitlang möglich, sich durch den Abschluß einer privaten Lebensversicherung von der gesetzlichen Rentenversicherungspflicht befreien zu lassen. In diesen Fällen sind die Zuschüsse zu den Lebensversicherungsbeiträgen bis zur Hälfte des entsprechenden Arbeitgeberanteils zur gesetzlichen Rentenversicherung, jedoch nicht mehr als die Hälfte des tatsächlich aufgewendeten Lebensversicherungsbeitrages steuerfrei (§ 3 Nr. 62 EStG, Abschn. 11 Abs. 3 LStR).

513 c) **Vermögenswirksame Leistungen:** Gemäß tarifvertraglicher oder einzelvertraglicher Vereinbarungen können Arbeitgeber ihren Arbeitnehmern Zuschüsse zu den vermögenswirksamen Leistungen zahlen. Diese Zuschüsse sind grundsätzlich als steuerpflichtiger Arbeitslohn zu behandeln.
Dagegen gehört die auf Grund der vermögenswirksamen Leistungen gewährte Arbeitnehmer-Sparzulage nicht zu dem steuerpflichtigen Arbeitslohn (§ 12 Abs. 4 des 4. VermBG) – siehe auch Stichworte: Arbeitnehmersparzulage, Rz. 520 und Vermögenswirksame Leistungen, Rz. 675.
Sozialversicherung: Zur Sozialversicherung beitragsfrei, soweit lohnsteuerfrei (§ 14 Abs. 1 SGB IV i. V. m. § 1 ArbeitsentgVO).

Arbeitgeberdarlehen

514 Arbeitgeberdarlehen werden an Arbeitnehmer aus sozialen oder unternehmenspolitischen (Bindung an das Unternehmen) Gründen gewährt. Ein Arbeitgeberdarlehen liegt nur vor, wenn die Parteien die Rückzahlung des gezahlten Betrags vereinbaren. Das Arbeitgeberdarlehen selbst ist nicht Teil des Arbeitslohnes. Da solche Darlehen aber häufig zinslos oder zinsbegünstigt gewährt werden, kann u. U. der Zinsvorteil als Teil des Arbeitslohnes zu behandeln sein.
Lohnsteuer: Die Zinsersparnisse des Arbeitnehmers sind ausnahmsweise dann nicht lohnsteuerpflichtig, wenn die Zinsen – falls sie gezahlt würden – beim Arbeitnehmer Werbungskosten oder Betriebsausgaben wären (Abschn. 50 Abs. 2 Nr. 5 LStR). Dabei ist es unerheblich, zu welcher Einkunftsart diese Zinsen gehören wür-

den. Begünstigt sind also auch Darlehen für den Bau eines Einfamilienhauses, auch soweit sich diese gem. § 21a EStG nicht auswirken.

In allen anderen Fällen ist die Zinsersparnis lohnsteuerpflichtig, soweit im Zeitpunkt der jeweiligen Lohnzahlung das Darlehen über DM 5000,– beträgt. Die Zinsersparnisse sind steuerpflichtig, soweit der vereinbarte Zinssatz unter 4% p. a. liegt.

Sozialversicherung: Zur Sozialversicherung beitragsfrei, soweit lohnsteuerfrei (§ 14 Abs. 1 SGB IV i. V. m. § 1 ArbeitsentgVO).

Arbeitgeberzuschüsse

515 Siehe Stichworte „Zuschuß zum Mutterschaftsgeld" (Rz. 691) und „Arbeitgeberanteil" (Rz. 510).

Arbeitnehmeranteil

516 Der Arbeitgeber ist verpflichtet, bei der monatlichen Lohn- und Gehaltsabrechnung dem Arbeitnehmer Sozialversicherungsanteile, die von seinem Arbeitslohn bemessen sind, einzubehalten. Die einbehaltenen Arbeitnehmeranteile werden zusammen mit den Arbeitgeberanteilen an die jeweiligen Krankenkassen abgeführt.

Lohnsteuer: Die Arbeitnehmeranteile zur gesetzlichen Sozialversicherung dürfen den steuerpflichtigen Arbeitslohn nicht mindern. Die Beiträge, die der Arbeitnehmer leistet, können bei seinem Lohnsteuerjahresausgleich bzw. seiner Einkommensteuererklärung als Sonderausgaben angesetzt werden (Abschn. 50 Abs. 1 Nr. 1 LStR).

Sozialversicherung: Die Arbeitnehmeranteile zur gesetzlichen Sozialversicherung sind vom Bruttoarbeitsentgelt zu berechnen. Beiträge zur Sozialversicherung, die der Arbeitgeber für seinen Arbeitnehmer übernimmt, sind beitragspflichtiges Entgelt.

Arbeitnehmer-Erfindungen

517 Arbeitnehmer-Erfindungen – auch Diensterfindungen genannt – sind geregelt im Gesetz über Arbeitnehmer-Erfindungen vom 25. 7. 1957 mit Änderung vom 4. 9. 1967.

Es handelt sich hierbei um Erfindungen und technische Verbesserungen, die ein Arbeitnehmer eigenständig erdacht und seinem Arbeitgeber zur Verfügung gestellt hat. Zum Ausgleich durch den Rechtsverlust, den der Arbeitnehmer durch die unbeschränkte Inanspruchnahme des Arbeitgebers erleidet, hat der Arbeitnehmer Anspruch auf angemessene Vergütung (§ 9 Abs. 1 Gesetz über Arbeitnehmererfindung).

Lohnsteuer: Die Vergütung für Arbeitnehmer-Erfindungen, die der Arbeitgeber an den Arbeitnehmer für eine Erfindung zahlt, sind als sonstige Bezüge nur zur Hälfte der Lohnsteuer zu unterwerfen. Eine Anmeldung zum Gebrauchsmuster oder Patentschutz ist nicht Voraussetzung. Die Vergütung muß angemessen sein. Angemessenheit wird unterstellt, wenn die Vergütung unter Beachtung der Richtlinien für die Vergütung von Arbeitnehmer-Erfindungen vom 20. 7. 1959 errechnet wurde. Steuerbegünstigt sind nur **Erfindervergütungen**, die an Arbeitnehmer gezahlt werden. Die Lohnsteuer ist gemäß § 39b Abs. 2 EStG (sonstiger Bezug, Rz. 656ff.) unter Anwendung der Jahreslohnsteuertabelle zu ermitteln. Die ermittelte Lohnsteuer wird aber nur zur Hälfte erhoben. Der Arbeitgeber hat die Besteuerung und den Bruttobetrag auf dem Lohnkonto und der Lohnsteuerkarte des Arbeitnehmers entsprechend zu vermerken (Abschn. 113 LStR).

Vergütungen für **Verbesserungsvorschläge** eines Arbeitnehmers sind bis zu einem Betrag von DM 200,– steuerfrei. Übersteigen die Vergütungen DM 200,–, so gehören ein Betrag von DM 200,– und die Hälfte des darüber hinausgehenden Betrages, höchstens jedoch ein Betrag von insgesamt DM 500,– nicht zum steuerpflichtigen Arbeitslohn (Verordnung über die steuerliche Behandlung von Prämien für Verbesserungsvorschläge – als Anlage zu Abschn. 114 LStR –).

Sozialversicherung: Erfindervergütungen sind in vollem Umfang beitragspflichtig (SG Nürnberg v. 21. 8. 1962, Die Beiträge 1966, 31).

Die o. a. Lohnsteuer-Freibeträge für die Vergütungen für Verbesserungsvorschläge gelten auch in der Sozialversicherung.

Arbeitnehmerfreibeträge

518 Da Arbeitnehmer durch das Lohnabzugsverfahren die Lohnsteuer zeitnäher entrichten als veranlagte Einkommensteuerpflichtige, erhalten sie gemäß § 19 Abs. 4 EStG einen Arbeitnehmerfreibetrag von DM 480,- pro Jahr. Weiterhin erhalten Arbeitnehmer gemäß § 19 Abs. 3 EStG für ihren Arbeitslohn, der in der Zeit vom 8. November bis 31. Dezember aus ihrem ersten Dienstverhältnis zufließt, einen Weihnachtsfreibetrag in Höhe von DM 600,-. Darüber hinaus kann sich der Arbeitnehmer auf seiner Lohnsteuerkarte einen vom Arbeitslohn abzuziehenden Freibetrag eintragen lassen. Gemäß § 39a EStG dürfen hier folgende Beträge eingetragen werden:
1. Der Altersfreibetrag (§ 32 Abs. 2 EStG)
2. Die Pauschbeträge für Körperbehinderte und Hinterbliebene (§ 33b EStG)
3. Werbungskosten, die bei den Einkünften aus nichtselbständiger Arbeit anfallen, soweit sie den Werbungskostenpauschbetrag in Höhe von DM 564,- übersteigen (§§ 9, 9a EStG)
4. Sonderausgaben gemäß § 10 Abs. 1 Nr. 1, 1a, 4–7 und des § 10b EStG, soweit sie den Sonderausgabenpauschbetrag von DM 270,- übersteigen (nicht aber für Vorsorgeaufwendungen)
5. Der Kinderfreibetrag von DM 216,- für jedes Kind gemäß § 32 Abs. 8 Satz 2 EStG
6. Der Betrag, der nach §§ 33, 33a und 33c EStG wegen außergewöhnlicher Belastungen zu gewähren ist
7. Der Betrag der negativen Einkünfte aus Vermietung und Verpachtung des sich bei Inanspruchnahme erhöhter Absetzungen nach § 7b oder nach § 14a oder 15 des BerlinFG ergeben wird (beachte aber § 39a Abs. 1 Nr. 6 S. 2 EStG).

Lohnsteuer: Die vorgenannten Freibeträge sind vom Arbeitgeber bei der Durchführung des Lohnsteuerabzuges zu berücksichtigen.

Der **Arbeitnehmerfreibetrag** steht sowohl unbeschränkt als auch beschränkt steuerpflichtigen Arbeitnehmern einmal jährlich aus dem ersten Dienstverhältnis zu. Der Freibetrag ist in den entsprechenden Lohnsteuertabellen eingearbeitet (§ 19 Abs. 4 EStG), ist also nicht zusätzlich zu berücksichtigen.

Ehegatten haben beide Anspruch auf den Arbeitnehmerfreibetrag. Der Arbeitnehmerfreibetrag wird auch dann in voller Höhe gewährt, wenn der Arbeitnehmer nicht ganzjährig beschäftigt ist. Die volle Berücksichtigung des Arbeitnehmerfreibetrages erfolgt dann beim Lohnsteuerjahresausgleich bzw. bei der Einkommensteuerveranlagung.

Der **Weihnachtsfreibetrag** ist bei dem Arbeitnehmer nur für Bezüge aus seinem ersten Dienstverhältnis, die er in der Zeit vom 8. November bis 31. Dezember erhält, zu berücksichtigen. Hierbei ist es unerheblich, ob der Arbeitnehmer ein Weihnachtsgeld oder ein 13. Gehalt erhält. Ehegatten, die beide berufstätig sind, haben beide Anspruch auf den Weihnachtsfreibetrag. Bei der Einkommensteuerveranlagung und beim Lohnsteuerjahresausgleich ist der Weihnachtsfreibetrag unabhängig davon zu gewähren, wann der Arbeitslohn gezahlt wurde (§ 19 Abs. 3 EStG).

Die **individuellen Freibeträge,** die ein Arbeitnehmer auf seiner Lohnsteuerkarte eintragen läßt, sind bei der Lohn- und Gehaltsabrechnung für den eingetragenen Zeitraum zu berücksichtigen. Gemäß § 39a Abs. 2 S. 4 EStG ist ein Antrag auf Eintragung eines Freibetrages auf der Lohnsteuerkarte wegen Werbungskosten, Sonderausgaben, nicht zugeordneter Kinder, außergewöhnlicher Belastungen und außergewöhnlichen Belastungen in besonderen Fällen nur zulässig, wenn die Aufwendungen insgesamt DM 1800,- im Kalenderjahr übersteigen. Die voraussichtlich im Kalenderjahr entstehenden Aufwendungen hat der Arbeitnehmer durch Vorlage von Belegen nachzuweisen oder glaubhaft zu machen (Abschn. 78 Abs. 2 LStR). Das Finanzamt hat den Jahresfreibetrag festzustellen und auf der Lohnsteuerkarte einzutragen. Der Zeitpunkt, von dem an die Eintragung gilt, ist auf der Lohnsteuerkarte zu vermerken. Fallen im Laufe des Jahres die Voraussetzungen für einen Freibetrag

fort (z. B. Arbeitslosigkeit), hat der Arbeitnehmer die Pflicht, das Finanzamt unverzüglich davon zu unterrichten und den Freibetrag auf der Lohnsteuerkarte streichen zu lassen (§ 39a Abs. 5 EStG).
Sozialversicherung: Die steuerlichen Freibeträge bleiben für die Berechnung des beitragspflichtigen Entgeltes in der Sozialversicherung unberücksichtigt.

Arbeitnehmerjubiläum

519 Hierunter fallen Geschenke oder Zuwendungen des Arbeitgebers aus Anlaß eines Arbeitnehmers- oder Arbeitgeberjubiläums.
Lohnsteuer: Zum steuerpflichtigen Arbeitslohn gehören nicht Jubiläumsgeschenke des Arbeitgebers an Arbeitnehmer, die bei ihm in einem gegenwärtigen Dienstverhältnis stehen, im zeitlichen Zusammenhang mit einem Arbeitnehmerjubiläum, soweit sie die folgenden Beträge nicht übersteigen:
a) Bei einem 10-jährigen Arbeitnehmerjubiläum DM 600,–
b) bei einem 25-jährigen Arbeitnehmerjubiläum DM 1200,–
c) bei einem 40-, 50- oder 60-jährigen Arbeitnehmerjubiläum, DM 2400,– (§ 3 Nr. 52 EStG, § 4 Abs. 1 LStDV).
Voraussetzung für die Steuerfreiheit ist ferner, daß der Arbeitgeber bei der Berechnung der maßgebenden Dienstzeiten für alle Arbeitnehmer und bei allen Jubiläen eines Arbeitnehmers nach einheitlichen Grundsätzen verfährt (§ 4 Abs. 1 Satz 2 LStDV).
Zum steuerpflichtigen Arbeitslohn gehören nicht Jubiläumsgeschenke des Arbeitgebers an seine Arbeitnehmer im zeitlichen Zusammenhang mit seinem **Geschäftsjubiläum,** soweit sie bei den einzelnen Arbeitnehmern DM 1200,– nicht übersteigen und gewährt werden, weil das Geschäft 25 Jahre oder ein Mehrfaches von 25 Jahren besteht. Auch hier ist die Voraussetzung für die Steuerfreiheit, daß der Arbeitgeber bei der Berechnung der maßgebenden Zeiträume bei allen Geschäftsjubiläen nach einheitlichen Grundsätzen verfährt (§ 4 Abs. 2 LStDV).
Jubiläumsgeschenke in Geld- oder Sachwerten (gemäß § 3 Nr. 52 EStG) sind nur dann steuerfrei, wenn sie im **zeitlichen Zusammenhang** mit dem Arbeitnehmerjubiläum oder dem Geschäftsjubiläum gegeben werden. Der zeitliche Zusammenhang ist im allgemeinen anzunehmen, wenn das Jubiläumsgeschenk innerhalb von 3 Monaten vor oder nach dem Jubiläum oder bei Arbeitnehmerjubiläen anläßlich einer Betriebsfeier zur Ehrung aller Jubilare innerhalb von 12 Monaten nach dem Jubiläum gewährt wird. Bei einem 40-, 50- oder 60-jährigen Arbeitnehmerjubiläum ist der zeitliche Zusammenhang auch dann gegeben, wenn statt dessen ein anderer Zeitpunkt zum Anlaß für das Geschenk genommen wird, der höchstens 5 Jahre vor der bezeichneten Jubiläumsdienstzeit liegt. Es darf hierbei jedoch keine weitere steuerfreie Jubiläumszuwendung innerhalb des 5-Jahres-Zeitraumes im Anschluß an eine steuerfreie Jubiläumszuwendung gewährt werden (§ 16 Abs. 1 S. 1–8 LStR).
Sozialversicherung: Zur Sozialversicherung beitragsfrei, soweit lohnsteuerfrei (§ 14 Abs. 1 SGB IV i. V. m. § 1 ArbeitsentgVO).

Arbeitnehmersparzulage

Siehe auch ,,Vermögenswirksame Leistungen", (Rz. 675).

520 Der Arbeitnehmer, der Einkünfte aus nichtselbständiger Arbeit im Sinne des § 19 Abs. 1 EStG bezieht, erhält für seine **vermögenswirksamen Leistungen** gemäß § 12 VermBG eine Arbeitnehmersparzulage. Bis zum 31. 12. 1981 betrug die Sparzulage 30 % der vermögenswirksamen Leistungen bis zu DM 624,– im Kalenderjahr. Ab 1. 1. 1982 beträgt die Sparzulage 23 % der vermögenswirksamen Leistungen bis zu DM 624,– im Kalenderjahr. Ab 1984 ist der Begünstigungsrahmen von DM 624,– auf DM 936,– pro Jahr erhöht worden. Der Erhöhungsbetrag wird jedoch nur dann mit einer Sparzulage gefördert, soweit mindestens der DM 624,– übersteigende Betrag in sogenannten Beteiligungswerten angelegt worden ist (§ 12 Abs. 3, 4. VermBG).
Lohnsteuer: Die Arbeitnehmersparzulage gehört nicht zum steuerpflichtigen Arbeitslohn (§ 12 Abs. 4 4. 4. VermBG).

Sozialversicherung: Gem. § 12 Abs. 4 des 4. 4. VermBG gilt die Arbeitnehmer-Sparzulage nicht als Arbeitsentgelt im Sinne der Sozialversicherung.

Arbeitskleidung

521   Arbeitskleidung sind solche Kleidungsstücke, die objektiv ausschließlich Zwecken der Berufsausübung dienen und wegen der Besonderheiten des Berufs erforderlich sind.

Lohnsteuer: Bei einer typischen Berufskleidung, insbesondere bei Arbeitsschutzkleidung, die dem Arbeitnehmer nur während des Dienstes zur Verfügung steht, ist der Wert einer dem Arbeitnehmer unentgeltlich oder verbilligt überlassenen Arbeitskleidung nicht zum steuerpflichtigen Arbeitslohn zu rechnen (§ 50 Abs. 2 Nr. 1 LStR). Das gilt auch für die Barerstattung des Arbeitgebers für die Berufskleidung, wenn ihr ein gleich hoher Aufwand des Arbeitnehmers gegenübersteht (BFH v. 29. 10. 1965, BStBl. III 1966, 75).

Wird die Berufskleidung jedoch auch außerhalb des Dienstes getragen oder kann durch ihre Beschaffenheit nicht ausgeschlossen werden, daß der Arbeitnehmer sie auch für private Zwecke benutzt (z. B. Parka, Gummistiefel etc.), so handelt es sich hierbei um einen lohnsteuerpflichtigen geldwerten Sachbezug (siehe geldwerter Vorteil, Rz. 575). Entschädigungen für das Tragen bürgerlicher Kleidung im Dienst sind immer steuerpflichtig (§ 50 Abs. 2 Nr. 1 LStR).

Aufwendungen für Berufskleidung eines Arbeitnehmers sind, soweit sie vom Arbeitgeber nicht zur Verfügung gestellt oder erstattet werden, beim Arbeitnehmer als Werbungskosten anzusehen. Hierunter fällt jedoch nur typische Berufskleidung (§ 30 Abs. 1 LStR).

Sozialversicherung: Zur Sozialversicherung beitragsfrei, soweit lohnsteuerfrei (§ 14 Abs. 1 SGB IV i. V. m. § 1 ArbeitsentgVO)

Arbeitslohn, Arbeitsentgelt

Siehe auch ,,Annehmlichkeiten", (Rz. 506), ,,Geldwerter Vorteil" (Rz. 575) und ,,Sachbezüge", (Rz. 645 ff.) sowie Teil M Rz. 54 ff.

522   Arbeitslohn sind im Steuerrecht die Einnahmen bei den Einkünften aus nicht selbständiger Arbeit (§ 2 Abs. 1 Nr. 4 und § 19 EStG). Hierunter fallen alle Einnahmen in Geld oder Geldeswert, die einem Arbeitnehmer aus gegenwärtigen oder früheren Dienstverhältnissen zufließen. Arbeitslohn im Sinne des Steuerrechts entspricht dem Begriff Arbeitsentgelt im Sozialversicherungsrecht.

Lohnsteuer: Arbeitslohn sind alle Einnahmen, die einem Arbeitnehmer aus Dienstverhältnissen, aus früheren Dienstverhältnissen und im Hinblick auf künftige Dienstverhältnisse zufließen. Hierzu gehören Barvergütungen, und geldwerte Vorteile. Es ist hierbei unerheblich, ob es sich um laufende oder einmalige Bezüge handelt und in welcher Form sie gewährt werden (§ 19 Abs. 1 EStG, § 2 Abs. 1 LStDV).

Sozialversicherung: Arbeitslohn (Arbeitsentgelt) sind gemäß § 14 SGB IV alle laufenden oder einmaligen Einnahmen aus einer Beschäftigung, gleichgültig, ob ein Rechtsanspruch auf die Einnahmen besteht und unter welcher Bezeichnung oder in welcher Form sie geleistet werden.

Nach § 14 Abs. 1 SGB IV i. V. m. § 1 der Arbeitsentgeltsverordnung (ArbeitsentgVO) ist sozialversicherungsrechtlich Arbeitsentgelt alles, was lohnsteuerrechtlich steuerpflichtiger Arbeitslohn ist, soweit nicht besondere Vorschriften etwas anderes anordnen.

Arbeitsunfähigkeit

Siehe auch ,,Krankengeld", (Rz. 597) und ,,Lohnfortzahlung", (Rz. 605).

523   Arbeitsunfähigkeit liegt vor, wenn ein Arbeitnehmer nicht oder doch nur mit der Gefahr, in absehbarer naher Zeit seinen Zustand zu verschlechtern, fähig ist, seiner bisherigen Erwerbstätigkeit nachzugehen (BAG v. 17. 3. 1960 AP 15). In der Regel liegt dies bei Krankheit vor. Arbeitsunfähigkeit kann jedoch auch infolge Alters,

Nachlassen bestimmter Fähigkeiten oder Untersuchungshaft vorliegen. Der Arbeitnehmer muß gemäß § 3 LFG vor Ablauf des dritten Tages nach Beginn der Arbeitsunfähigkeit eine ärztliche Bescheinigung über die Arbeitsunfähigkeit sowie deren voraussichtliche Dauer vorlegen. Auch bei Arbeitsunfähigkeit behält der Arbeitnehmer in der Regel für eine gewisse Zeit seinen Lohnfortzahlungsanspruch.

Lohnsteuer: Die **Lohnfortzahlung** des Arbeitgebers ist steuerpflichtiger Arbeitslohn, auch soweit sie über den Zeitraum des Lohnfortzahlungsgesetzes hinaus gezahlt wird. Dagegen sind Leistungen aus der gesetzlichen Krankenversicherung (z. B. nach Ablauf der Gehaltsfortzahlung) steuerfrei (§ 3 Nr. 1a EStG).

Sozialversicherung: Fortgezahlter Arbeitslohn oder etwaige sonstige Zahlungen des Arbeitgebers an den Arbeitnehmer während der Lohnfortzahlung gehören zum beitragspflichtigen Entgelt.

Ausbildungsverhältnis

Siehe auch „Praktikanten", (Rz. 632).

524   In Berufsausbildung befindet sich derjenige, der sein Berufsziel noch nicht erreicht hat, sich aber noch ernstlich darauf vorbereitet. Eine die Lehrzeit abschließende Prüfung ist das Indiz dafür, daß die vorausgehende Tätigkeit eine Berufsausbildung ist. Ein **Berufsausbildungsverhältnis** wird durch schriftlichen oder mündlichen Abschluß eines Ausbildungsvertrages begründet. Die Ausbildungsverhältnisse werden von den zuständigen Industrie- und Handelskammern den einzelnen Standesvertretungen oder Innungen überwacht. Die Verträge müssen den jeweiligen Institutionen vorgelegt werden.

Lohnsteuer: Auszubildende sind lohnsteuerlich wie Arbeitnehmer zu behandeln. Die Ausbildungsvergütung des Arbeitgebers bzw. Ausbilders ist steuerpflichtiger Arbeitslohn. Dagegen sind **Ausbildungsbeihilfen** aus öffentlichen Mitteln gemäß § 3 Nr. 11 EStG steuerfrei. Steuerpflichtig sind Unterhaltszahlungen an Beamte im Vorbereitungsdienst. Im einzelnen siehe Abschn. 6 LStR.

Sozialversicherung: Auszubildende (RVO: Lehrlinge) sind versicherungspflichtig in der Kranken-, Arbeitslosen- und Rentenversicherung. Es ist unerheblich, ob sie mit oder ohne Entgelt beschäftigt werden. Die Ausbildungsvergütung ist beitragspflichtig.

Aushilfen

Siehe auch „Mehrfachbeschäftigung", (Rz. 619), „Studenten", (Rz. 661) und Tabelle I, (Rz. 750).

525   Aushilfen, auch Aushilfskräfte genannt, sind Arbeitnehmer, die nur für eine geringe Zeitspanne, für eine bestimmte Arbeit (Erstellen eines einzelnen Werkes) oder in einem geringem Umfang eingestellt sind. Sie sollen den vorübergehenden Bedarf an Arbeitskräften beheben. Aushilfsverhältnisse unterliegen nicht dem Lohnfortzahlungsgesetz. Aushilfsarbeitsverhältnisse können auch befristet sein.

Lohnsteuer: Aushilfskräfte unterliegen wie Arbeitnehmer mit ihrer Aushilfsvergütung dem Lohnsteuerabzug.

Gemäß § 40a EStG kann der Arbeitgeber unter Verzicht auf die Vorlage einer Lohnsteuerkarte bei Arbeitnehmern, die nur kurzfristig oder in geringem Umfang und gegen geringen Arbeitslohn beschäftigt werden, die Lohnsteuer mit einem **Pauschalsteuersatz** von 10% des Arbeitslohns erheben. Hierfür müssen folgende Voraussetzungen vorliegen:

526   a) Eine **kurzfristige Beschäftigung** liegt vor, wenn der Arbeitnehmer bei dem Arbeitgeber nicht regelmäßig wiederkehrend beschäftigt wird und die Dauer der Beschäftigung 18 zusammenhängende Arbeitstage nicht übersteigt und
   a) der Arbeitslohn während der Beschäftigungsdauer DM 42,– durchschnittlich je Arbeitstag nicht übersteigt oder
   b) die Beschäftigung zu einem unvorhersehbaren Zeitpunkt sofort erforderlich wird.
(§ 40a Abs. 1 Nr. 1 EStG).

527   b) Eine **Beschäftigung in geringem Umfang und gegen geringen Arbeitslohn** liegt vor, wenn der Arbeitnehmer bei dem Arbeitgeber laufend beschäftigt wird, die

Tätigkeit jedoch während der Beschäftigungsdauer 20 Stunden und der Arbeitslohn DM 120,– wöchentlich nicht übersteigt (§ 40a Abs. 1 Nr. 2 EStG).

Wenn die Pauschalierung des Arbeitslohnes bei Teilzeitbeschäftigten durch Überschreiten der Entgelts- oder Arbeitszeitgrenzen nicht durchgeführt werden kann, muß der Arbeitgeber die Lohnsteuer nach der persönlichen Steuerklasse des Arbeitnehmers errechnen und abführen. Legt die Aushilfskraft dem Arbeitgeber keine Lohnsteuerkarte vor, so muß der Arbeitgeber die Lohnsteuer nach der Lohnsteuerklasse VI und Kirchensteuer (gleichgültig, ob der Arbeitnehmer einer Konfession angehört oder nicht) abführen.

Sozialversicherung: Geringfügige Beschäftigungen sind in der Kranken-, Arbeitslosen- und Rentenversicherung versicherungsfrei. Voraussetzung hierfür ist, daß sie im Laufe eines Jahres seit ihrem Beginn auf höchstens zwei Monate oder insgesamt 50 Arbeitstage nach ihrer Eigenart begrenzt ist oder durch Vertrag beschränkt wird. Auf die Höhe des Arbeitsverdienstes kommt es dabei nicht an. Alle **kurzfristigen Beschäftigungen** werden auf die Frist von zwei Monaten angerechnet, auch dann, wenn sie bei verschiedenen Arbeitgebern ausgeübt werden (§ 8 Abs. 1 Nr. 2 SGB IV).

Geringfügig entlohnte Beschäftigungen sind ebenfalls in der Kranken-, Arbeitslosen- und Rentenversicherung frei, wenn die wöchentliche Arbeitszeit
a) weniger als 15 Stunden beträgt und
b) das Entgelt monatlich DM 400,– und
c) bei höherem Entgelt ⅙ des Gesamteinkommens nicht übersteigt
(§ 8 Abs. 1 Nr. 1 SGB IV).

Mehrere geringfügig entlohnte Beschäftigungen sind zusammenzuziehen. Bei der Arbeitslosenversicherung ist zu beachten, daß Beschäftigungen, die weniger als 20 Stunden wöchentlich andauern, ebenfalls versicherungsfrei sind. Die Arbeitszeiten werden hier nicht addiert (§ 8 Abs. 2 SGB IV).

Sobald ein Arbeitnehmer die vorgenannten Entgelts- oder Zeitgrenzen überschreitet, ist er versicherungspflichtig. Falls der Arbeitnehmer in diesen Fällen keine Mitgliedsbescheinigung einer Ersatzkasse mitbringt oder sich weigert, eine zuständige Krankenkasse zu benennen, so ist der Arbeitgeber verpflichtet, ihn bei der zuständigen Pflichtkrankenkasse umgehend anzumelden. Pauschale Sozialversicherungsbeiträge, wie z. B. pauschale Lohnsteuer, sind nicht möglich.

Auslagenersatz

528 Unter Auslagenersatz fallen alle Leistungen, die ein Arbeitgeber seinem Arbeitnehmer für den Ersatz von im Interesse des Arbeitgebers getätigten Aufwendungen zahlt.

Lohnsteuer: Auslagenersatz gehört grundsätzlich nicht zum steuerpflichtigen Arbeitslohn. Die Auslagen sind nachzuweisen. Der Auslagenersatz darf nicht zur Abgeltung eigener Aufwendungen des Arbeitnehmers führen. Pauschaler Auslagenersatz wird nicht anerkannt und gehört deshalb zum lohnsteuerpflichtigen Arbeitsentgelt (§ 3 Nr. 50 EStG; Abschn. 10 LStR).

Hat der Arbeitnehmer Aufwendungen für den Arbeitgeber verauslagt und vom Arbeitgeber keinen Ersatz hierfür erhalten, so kann er diese Aufwendungen bei seinem Lohnsteuerjahresausgleich bzw. seiner Einkommensteuererklärung als Werbungskosten geltend machen (§ 9 Abs. 1 EStG; Abschn. 22 Abs. 1 S. 1 LStR).

Etwaiger Auslagenersatz darf Auslagen, die dem Arbeitnehmer in seiner Privatsphäre entstanden sind, nicht mit abdecken (§ 12 Nr. 1 EStG).

Sozialversicherung: Zur Sozialversicherung beitragsfrei, soweit lohnsteuerfrei (§ 14 Abs. 1 SGB IV i. V. m. § 1 ArbeitsentgVO).

Auslandstätigkeiten

529 Es handelt sich in der Regel um Angestellte oder Arbeiter, die bei deutschen Arbeitgebern beschäftigt sind und von ihnen ins Ausland entsandt wurden.
Lohnsteuer: Die lohnsteuerliche Behandlung unterscheidet nach
a) Doppelbesteuerungsabkommen
b) Auslandstätigkeitserlaß v. 31. 10. 1983 (BStBl. I 1983, 470).

530 **a) Anwendung von Doppelbesteuerungsabkommen:** Gemäß Abschn. 90 LStR darf der Lohnsteuerabzug aufgrund eines Abkommens zur Vermeidung der Doppelbesteuerung nur dann unterbleiben, wenn das Betriebsstättenfinanzamt bescheinigt, daß der Arbeitslohn nicht der deutschen Lohnsteuer unterliegt. Das Finanzamt hat in der Bescheinigung den Zeitraum anzugeben, für den sie gilt. Dieser Zeitraum darf 3 Jahre nicht überschreiten und soll mit Ablauf eines Kalenderjahres enden. Die Bescheinigung ist vom Arbeitgeber als Beleg zum Lohnkonto aufzubewahren. Der Verzicht auf Lohnsteuerabzug schließt die Berücksichtigung des Progressionsvorbehaltes (§ 32b EStG) bei einer Veranlagung des Arbeitnehmers zur Einkommensteuer nicht aus. Der Arbeitgeber muß die Bescheinigung beim Finanzamt beantragen. In dem Antrag muß die Tätigkeit und ihre Dauer beschrieben werden.

531 **b) Anwendung des Auslandstätigkeitserlasses** (früher sog. ,,Montage-Erlaß"): In dem Auslandstätigkeitserlaß (vom 31. 10. 1983, BStBl. I, S. 470) ist die Tätigkeit von Arbeitnehmern eines inländischen Arbeitgebers für eine im Ausland begünstigte Tätigkeit wie folgt geregelt: Bei Arbeitern eines inländischen Arbeitgebers wird von der Besteuerung des Arbeitslohnes abgesehen, den der Arbeitnehmer aufgrund eines gegenwärtigen Dienstverhältnisses für eine begünstigte Tätigkeit im Ausland erhält.
(1) **Begünstigte Tätigkeit:** Begünstigt ist die Auslandstätigkeit für einen inländischen Lieferanten, Hersteller und Auftragnehmer ausländischer Mineralaufsuchungs- oder Gewinnungsrechte im Zusammenhang mit
a) der Planung, Errichtung, Einrichtung, Inbetriebnahme, Erweiterung, Instandsetzung, Modernisierung, Überwachung oder Wartung von Fabriken, Bauwerken etc.,
b) dem Aufsuchen oder der Gewinnung von Bodenschätzen,
c) der Beratung ausländischer Auftraggeber oder Organisationen im Hinblick auf Vorhaben im Sinne der Absätze a) und b) oder
d) der deutschen öffentlichen Entwicklungshilfe im Rahmen der technischen oder finanziellen Zusammenarbeit.
Bordpersonal auf Seeschiffen und die Tätigkeit von Leiharbeitnehmern, für deren Arbeitgeber die Arbeitnehmerüberlassung Unternehmenszweck ist, sowie die finanzielle Beratung sind nicht begünstigt.
(2) Die **Auslandstätigkeit** muß mindestens 3 Monate ununterbrochen in den Staaten ausgeübt werden, mit denen kein Abkommen zur Vermeidung der Doppelbesteuerung besteht. Sie beginnt mit Antritt der Reise ins Ausland und endet mit der endgültigen Rückkehr ins Inland. Eine vorübergehende Rückkehr (Familienheimfahrt) ist unschädlich.
(3) **Begünstigter Arbeitslohn:** Zum begünstigten Arbeitslohn gehören folgende steuerpflichtige Einnahmen, soweit sie für eine begünstigte Auslandstätigkeit (s. 1.) gezahlt werden:
a) Zulagen, Prämien oder Zuschüsse des Arbeitgebers für Aufwendungen des Arbeitnehmers, die durch eine begünstigte Auslandstätigkeit veranlaßt sind,
b) Weihnachtszuwendungen, Erfolgsprämien oder Tantiemen,
c) Arbeitslohn, der auf den Urlaub einschließlich eines angemessenen Sonderurlaubs aufgrund einer begünstigten Tätigkeit entfällt inkl. Urlaubsgeld oder Urlaubsabgeltung,
d) Lohnfortzahlung aufgrund einer Erkrankung während einer begünstigten Auslandstätigkeit bis zur Wiederaufnahme dieser Tätigkeit oder bis zur endgültigen Rückkehr ins Inland.
Der begünstigte Arbeitslohn ist steuerfrei im Sinne der §§ 3c, 10 Abs. 2 Nr. 2 EStG, 28 Abs. 2 BerlinFG.
(4) **Progressionsvorbehalt:** Auf das zu versteuernde Einkommen ist der Steuersatz anzuwenden, der sich ergibt, wenn die begünstigten Einkünfte aus nichtselbständiger Arbeit bei der Berechnung der Einkommensteuer einbezogen werden (s. dazu Rz. 634). Bei der Ermittlung der begünstigten Einkünfte sind die Freibeträge gem. § 19 Abs. 3 und 4 EStG und der Werbungskostenpauschbetrag gem. § 9a Nr. 1 EStG zu berücksichtigen.
(5) **Nichtanwendung:** Diese Regelung gilt nicht, wenn
a) der Arbeitslohn aus inländischen öffentlichen Kassen gezahlt wird,
b) die Tätigkeit in einem Staat ausgeübt wird, mit dem ein Abkommen zur Vermei-

dung der Doppelbesteuerung besteht, in das Einkünfte aus nichtselbständiger Arbeit einbezogen sind,
c) es sich um eine Tätigkeit in der Deutschen Demokratischen Republik oder Berlin-Ost handelt.

(6) **Verfahrensvorschriften:**
a) Der Verzicht auf die Besteuerung im Steuerabzugsverfahren ist vom Arbeitgeber oder Arbeitnehmer beim Betriebsstättenfinanzamt zu beantragen. Ein Nachweis, daß von dem Arbeitslohn in dem Staat, in dem die Tätigkeit ausgeübt wird, eine der deutschen Lohnsteuer entsprechende Steuer erhoben wird, ist nicht erforderlich.
Der Arbeitgeber muß sich verpflichten, folgendes Verfahren einzuhalten:
aa) Der begünstigte Arbeitslohn ist auf dem Lohnkonto, der Lohnsteuerkarte, der besonderen Lohnsteuerbescheinigung sowie dem Lohnzettel getrennt von dem übrigen Arbeitslohn anzugeben.
bb) Die Freistellungsbescheinigung ist als Beleg zum Lohnkonto des Arbeitnehmers zu führen.
cc) Für Arbeitnehmer, die während des Kalenderjahres begünstigten Arbeitslohn bezogen haben, darf der Arbeitgeber weder die Lohnsteuer nach dem voraussichtlichen Jahresarbeitslohn ermitteln noch einen Lohnsteuerjahresausgleich durchführen.
Der Arbeitgeber ist bis zur Ausschreibung der Lohnsteuerbescheinigung sowie des Lohnzettels berechtigt, bei der jeweils nächstfolgenden Lohnzahlung bisher noch nicht erhobene Lohnsteuer nachträglich einzubehalten, wenn er erkennt, daß die Voraussetzungen für den Verzicht auf die Besteuerung nicht vorgelegen haben. Er ist zu einer Anzeige an das Betriebsstättenfinanzamt verpflichtet, wenn er erkennt, daß die Lohnsteuer nicht nachträglich einbehalten werden kann (s. dazu Rz. 508).
b) Soweit nicht bereits vom Steuerabzug abgesehen worden ist, hat der Arbeitnehmer den Verzicht auf die Besteuerung bei seinem Wohnsitzfinanzamt zu beantragen.
Sozialversicherung: Nach § 4 SGB IV ist ein ins Ausland entsandter Arbeitnehmer eines deutschen Arbeitgebers weiter versicherungspflichtig, wenn die Tätigkeit im voraus zeitlich begrenzt ist. Besteht danach keine Versicherungspflicht, so kann in der Rentenversicherung die Weiterversicherung beantragt werden.

Auslösungen

532 Auslösungen sind Entschädigungen, die Arbeitgeber ihren Arbeitnehmern zum Ausgleich von Mehraufwendungen bei auswärtiger Beschäftigung zahlen.
Lohnsteuer: Auslösungen sind steuerfrei, wenn die entsprechenden Aufwendungen beim Arbeitnehmer Werbungskosten wären (Abschn. 8 Abs. 4 LStR). Werden höhere Auslösungen gezahlt als sie beim Arbeitnehmer Werbungskosten wären (Fahrtkostenersatz bei Dienstreisen von mehr als 0,42 DM/km) sind die überschießenden Beträge lohnsteuerpflichtig. Zahlt der Arbeitgeber geringere Beträge als der Arbeitnehmer aufgewandt hat, so kann der Arbeitnehmer die Differenzbeträge am Jahresende bei seinem Lohnsteuerjahresausgleich oder seiner Einkommensteuererklärung als Werbungskosten geltend machen (Abschn. 25 Abs. 5 S.1 LStR).
Sozialversicherung: Zur Sozialversicherung beitragsfrei, soweit lohnsteuerfrei (§ 14 Abs. 1 SGB IV i. V. m. § 1 ArbeitsentgVO).

Beihilfen (Geburts-, Heirats- und Erholungsbeihilfen)

533 Arbeitgeber können den Arbeitnehmern Beihilfen zur finanziellen Unterstützung aus besonderen Anlässen wie z. B. Geburtsbeihilfen, Heiratsbeihilfen, Erholungsbeihilfen oder Unterstützung in Notfällen gewähren.
Lohnsteuer: Für die einzelnen Beihilfen gibt es keine einheitliche Regelung. Jede Zuwendung ist gesondert zu beurteilen.

534 **a) Geburtsbeihilfen,** die einem männlichen oder weiblichen Arbeitnehmer anläßlich der Geburt eines Kindes vom Arbeitgeber gezahlt werden, sind bis zu einem Betrag von DM 500,- steuerfrei. Bei Mehrlingsgeburten kann für jedes Kind eine

steuerfreie Beihilfe in Höhe von DM 500,– gezahlt werden. Steht ein Arbeitnehmer gleichzeitig in mehreren Dienstverhältnissen, so kann ihm jeder Arbeitgeber eine steuerfreie Geburtsbeihilfe zahlen. Erhalten beide Ehegatten Arbeitslohn, so steht der Freibetrag jedem Arbeitnehmer zu, auch soweit sie bei demselben Arbeitgeber beschäftigt sind (§ 3 Nr. 15 EStG; Abschn. 9 Abs. 2 LStR).

Zahlt der Arbeitgeber anläßlich der Geburt eines Kindes mehr als den steuerfreien Höchstbetrag von DM 500,–, so gehört der übersteigende Betrag zum steuerpflichtigen Arbeitslohn und ist, sofern er dann DM 300,– übersteigt, als sonstiger Bezug (s. Rz. 656 ff.) zu versteuern.

535   b) **Heiratsbeihilfen**, die in Geld- oder Sachwerten vom Arbeitgeber seinem Arbeitnehmer gezahlt werden, können bis zu einem Höchstbetrag von DM 700,– steuerfrei behandelt werden, wenn sie in zeitlichem Zusammenhang mit der Eheschließung gezahlt werden. Der Freibetrag steht jedem Ehegatten zu. Zahlt der Arbeitgeber mehr als einen Betrag von DM 700,–, so gehört der übersteigende Betrag zum steuerpflichtigen Arbeitslohn und ist, sofern er DM 300,– dann übersteigt, als sonstiger Bezug zu versteuern (§ 3 Nr. 15; Abschn. 9 Abs. 1 LStR).

536   c) **Erholungsbeihilfen** gehören, soweit sie nicht ausnahmsweise als Unterstützung anzusehen sind, grundsätzlich zum steuerpflichtigen Arbeitslohn. Dient die Erholung der Ausheilung einer Krankheit, kann die Beihilfe des Arbeitgebers nach Maßgabe von Abschn. 14 Abs. 1 und 2 LStR steuerfrei sein (s. BFH v. 27. 1. 1961, BStBl. 1961 III, S. 167). Steuerfrei bleiben ferner Beihilfen für eine unter ärztliche Aufsicht stehende Erholungsmaßnahme zur Vorbeugung gegen eine typische Berufserkrankung.

Sozialversicherung: Die Beihilfen sind beitragsfrei, soweit sie lohnsteuerfrei sind (§ 14 Abs. 1 SGB IV i. V. m. § 1 ArbeitsentgVO).

Beitragsbemessungsgrenze

537   Die Beitragsbemessungsgrenzen sind nur für die Sozialversicherung relevant und haben für die Berechnung des steuerpflichtigen Arbeitslohnes keine Bedeutung. Siehe dazu Tabelle IV (Rz. 753).

Die Beitragsbemessungsgrenze in der **Krankenversicherung** ist zugleich die Versicherungspflichtgrenze für Angestellte. Angestellte, deren Einkommen unterhalb der Beitragsbemessungsgrenze liegt, sind krankenversicherungspflichtig. Angestellte, die bisher nicht krankenversicherungspflichtig waren, und deren Entgelt eine neue Jahresarbeitsverdienstgrenze nicht übersteigt, werden vom 1. Januar des Folgejahres an wieder krankenversicherungspflichtig, können sich aber unter bestimmten Voraussetzungen auf Antrag befreien lassen (§ 165 Abs. 1 Nr. 2 RVO).

Bei der **Renten- und Arbeitslosenversicherung** hat die Beitragsbemessungsgrenze keinen Einfluß auf die Versicherungspflicht.

Die Beitragsbemessungsgrenze in der Kranken-, Renten- und Arbeitslosenversicherung bestimmt, bis zu welchem Betrag (die jeweilige Beitragsbemessungsgrenze) Sozialversicherungsbeiträge vom Arbeitslohn einbehalten werden. Der die Beitragsbemessungsgrenze übersteigende Betrag wird nicht mehr zur Beitragsermittlung in der Kranken-, Renten- und Arbeitslosenversicherung herangezogen.

538   a) **Rentenversicherung und Arbeitslosenversicherung:** Die Beitragsbemessungsgrenzen in der Renten- und Arbeitslosenversicherung betragen 1986 jährlich DM 67200,– und monatlich DM 5600,–. Arbeitsentgelte, die die Beitragsbemessungsgrenze in der Renten- und Arbeitslosenversicherung übersteigen, werden nicht zur Berechnung der Beiträge zur Renten- und Arbeitslosenversicherung herangezogen (§ 1385 Abs. 2 RVO).

539   b) **Krankenversicherung:** Die Beitragsbemessungsgrenze in der Krankenversicherung beträgt 1986 jährlich DM 50400,– und monatlich 4200,–. Die Beitragsbemessungsgrenze in der Krankenversicherung beträgt 75% der Beitragsbemessungsgrenze für die Renten- und Arbeitslosenversicherung. Die Beitragsbemessungsgrenze in der Krankenversicherung ist zugleich die Versicherungspflichtgrenze für Angestellte. Die Beitragsbemessungsgrenzen werden in der Regel immer zum 1. Januar überprüft und angehoben (§ 165 Abs. 1 Nr. 2 RVO).

540   c) Die **regelmäßige Jahresarbeitsverdienstgrenze (Beitragsbemessungsgrenze)** berücksichtigt nur Bezüge aus Angestelltenbeschäftigungen, die zum Arbeitsentgelt

gehören und regelmäßig anfallen. Hierin sind neben den laufenden Bezügen auch die vertraglich zugesicherten einmaligen Sonderzahlungen, z. B. Weihnachtsgeld, Urlaubsgeld, Tantiemen etc. einzubeziehen. Ein nicht schriftlich zugesichertes Weihnachtsgeld wird seit 1982 auch dann voll auf die Jahresarbeitsverdienstgrenze angerechnet, wenn das Weihnachtsgeld regelmäßig gezahlt wird. Hierbei kommt es darauf an, daß seine Zahlung erwartet werden kann und der Betrag feststeht oder gemäß einem vorgegebenen Modus errechenbar ist.

Alle Zahlungen, die unregelmäßig anfallen, z. B. Überstunden, steuerpflichtig gezahlte Reisekosten etc., bleiben außer Ansatz. Die Feststellung, ob ein Angestellter als krankenversicherungsfrei oder als krankenversicherungspflichtig anzusehen ist, wird entweder bei Eintritt in das Beschäftigungsverhältnis oder einmal jährlich zu Beginn der Lohnperiode im Januar eines jeden Jahres überprüft. Liegt das Gehalt bei Eintritt eines Angestellten in das Beschäftigungsverhältnis unterhalb der Beitragsbemessungsgrenze (Jahresarbeitsverdienstgrenze), ist Versicherungspflicht gegeben. Bei der jährlichen Überprüfung, inwieweit ein Angestellter versicherungspflichtig oder versicherungsfrei ist, muß darauf geachtet werden, daß ein Angestellter nur dann von der Versicherungspflicht befreit wird, wenn er im laufenden Jahr die Jahresarbeitsverdienstgrenze überschreitet und im folgenden Jahr die dann gültige Jahresarbeitsverdienstgrenze ebenfalls überschreiten wird. Die **Berechnung** der Jahresarbeitsverdienstgrenze wird zweckmäßigerweise wie folgt durchgeführt:

vertraglich vereinbartes Monatsgehalt × 12 =   Jahresgehalt
anrechnungspflichtige einmalige Bezüge
(Weihnachtsgeld, Urlaubsgeld, Tantiemen etc.)   + einmalige Bezüge
                                                 = Jahresarbeitsverdienst

Beispiel in Zahlen, bezogen auf 1985:

Gehalt: DM 4000,- × 12   DM 48000,-
vertraglich vereinbarte einmalige Bezüge:
Weihnachtsgeld   DM 4000,-
Urlaubsgeld   DM 2000,-
                                                            DM 6000,-
Jahresarbeitsverdienst   DM 54000,-

Ergebnis: Die Jahresarbeitsverdienstgrenze 1985 ist überschritten. Da die Jahresarbeitsverdienstgrenze für 1986 (= DM 50400,-) auch überschritten wird, scheidet der Angestellte ab 1. Januar 1986 aus der Krankenversicherungspflicht aus.

d) Bei Einmal-Bezügen: Seit dem 1. Januar 1984 sind die Sonderzahlungen in die Beitragspflicht einbezogen worden. Die Sonderzahlungen, z. B. Weihnachtsgelder, Urlaubsgelder, Tantiemen etc., werden insoweit zur Beitragsberechnung herangezogen, als sie zusammen mit dem bis zum Lohnabrechnungszeitraum der Auszahlung erzielten beitragspflichtigen Arbeitsentgelt die bis dahin maßgebende anteilige Jahresbeitragsbemessungsgrenze nicht übersteigen.

Sonderzahlungen, die in der Zeit vom 1. 1. bis 31. 3. eines Jahres gezahlt werden und die anteilige Jahresbeitragsbemessungsgrenze überschreiten, sind dem Vorjahr zuzurechnen (diese Regelung ist erst ab 1. Januar 1985 in Kraft).

Belegschaftsaktien

Siehe „Aktienüberlassung", Rz. 503.

Berufsgenossenschaft

Die Berufsgenossenschaften sind die Träger der gesetzlichen Unfallversicherung (§§ 646 und 658 RVO). Bei den Berufsgenossenschaften besteht Mitgliedspflicht. Zur Zeit gibt es im gewerblichen Bereich 35 Berufsgenossenschaften. Sie sind in der Regel branchenmäßig aufgeteilt. Weiterhin gibt es 19 landwirtschaftliche Berufsgenossenschaften und 41 Unfallversicherungsträger der öffentlichen Hand. Beitragspflichtig sind allein die Arbeitgeber.

Lohnsteuer: Beiträge, die der Arbeitgeber zu den Berufsgenossenschaften leistet, gehören nicht zum steuerpflichtigen Arbeitslohn. Die Leistungen der Berufsgenossenschaften im Versicherungsfall an den Arbeitnehmer sind kein Arbeitslohn.
Sozialversicherung: Beiträge des Arbeitgebers zu den Berufsgenossenschaften gehören nicht zum beitragspflichtigen Entgelt.
Leistungen der Berufsgenossenschaften im Versicherungsfall an den Arbeitnehmer gehören ebenfalls nicht zum beitragspflichtigen Entgelt.

Berufskleidung

544   Siehe ,,Arbeitskleidung", Rz. 521.

Berufsunfähigkeit

545   Berufsunfähigkeit liegt in der Regel dann vor, wenn der Arbeitnehmer zu seiner Arbeitsleistung nicht mehr in der Lage ist (s. Rz. 36c).
Lohnsteuer: Berufsunfähigkeitsrenten, die von den gesetzlichen Rentenversicherungen gezahlt werden, gehören nicht zum steuerpflichtigen Arbeitslohn. Sie sind mit dem Ertragsanteil nach § 22 Nr. 1 EStG als sonstige Einkünfte einkommensteuerpflichtig (s. Abschn. 167 Abs. 3 EStR).
Sozialversicherung: Berufsunfähigkeitsrenten sind kein beitragspflichtiges Entgelt.

Betriebliche Altersversorgung

546   Siehe ,,Direktversicherung", (Rz. 556), ,,Zukunftssicherung der Arbeitnehmer" (Rz. 690) und Teil M Rz. 89 ff.

Betriebliches Vorschlagswesen

Siehe ,,Arbeitnehmererfindungen", Rz. 517.

Betriebsausflug/Betriebsveranstaltungen

547   Betriebsveranstaltungen führt der Arbeitgeber durch, um seine Mitarbeiter zu motivieren und das Betriebsklima innerhalb der Belegschaft zu fördern.
Lohnsteuer: Sachzuwendungen, die der Arbeitgeber an Arbeitnehmer bei Betriebsveranstaltungen (z. B. Betriebsausflüge, Weihnachtsfeiern, Jubiläumsfeiern etc.) zahlt, gehören nicht zum steuerpflichtigen Arbeitslohn, wenn es sich um Zuwendungen handelt, die bei derartigen Veranstaltungen üblich sind. Hierunter gehören in der Regel die Ausgabe von Speisen, Getränken, Tabakwaren sowie Beförderungsleistungen und Unterhaltungsmaßnahmen (Abschn. 20 Abs. 1 LStR)
Die frühere Grenze von DM 50,– ist nunmehr aufgehoben worden (BFH v. 20. 8. 1985, BStBl. II 1985, 532). Es kommt lediglich darauf an, ob die Aufwendungen üblich sind. Für die Beurteilung der Üblichkeit kommt es hiernach auf die jeweiligen Verhältnisse in jedem Einzelfall an. Zwei Betriebsveranstaltungen pro Jahr werden noch als üblich angesehen (s. auch Rz. 506).
Sind die Aufwendungen einer Betriebsveranstaltung nicht üblich, so liegt in voller Höhe steuerpflichtiger Sachbezug vor. Dies kann auf zwei verschiedenen Wegen geschehen:
a) Der Arbeitgeber ermittelt die Aufwendungen pro Arbeitnehmer (durch Teilung) und berechnet den auf jeden Arbeitnehmer entfallenden Wert **als geldwerten Vorteil** s. Rz. 575 (Abschn. 20 Abs. 1 S. 7 LStR). Die Steuer trägt der Arbeitnehmer.
b) Der Arbeitgeber kann auf Antrag eine Besteuerung nach einem **Pauschsteuersatz** gemäß § 40 Abs. 2 EStG vornehmen. Die Steuer trägt hier dann der Arbeitgeber.
Zu a): Die vom Arbeitgeber ermittelten Aufwendungen pro Arbeitnehmer werden jedem Arbeitnehmer als geldwerter Vorteil anläßlich der folgenden Gehaltsabrechnung berechnet. Der Arbeitnehmer trägt die hierauf entfallende Lohnsteuer.
Zu b): Gemäß § 40 EStG kann das Betriebsstättenfinanzamt auf Antrag des Arbeitgebers zulassen, daß die Lohnsteuer mit einem unter Berücksichtigung der Vor-

schriften des § 38a EStG zu ermittelnden Pauschsteuersatzes erhoben wird, soweit der Arbeitgeber in einer größeren Zahl von Fällen von Arbeitslohn aus Anlaß einer Betriebsveranstaltung zahlt.

In diesem Falle werden die gesamten Aufwendungen dem Pauschsteuersatz unterworfen und bei der nächstfolgenden Lohn- und Gehaltsabrechnung an das Finanzamt abgeführt.

Sozialversicherung: Lohnsteuerpflichtige Aufwendungen einer Betriebsveranstaltung sind auch beitragspflichtig. Soweit sie allerdings pauschal versteuert werden, sind sie gemäß § 2 ArbeitsentgVO sozialversicherungsfrei.

Bruttoarbeitseinkommen

548 Siehe auch ,,Arbeitslohn" (Rz. 522).

Das Bruttoarbeitseinkommen umfaßt die gesamte Vergütung bzw. alle Bezüge, die einem Arbeitnehmer aus seinem Arbeitsverhältnis zufließen und entspricht dem lohnsteuerrechtlichen Begriff des Arbeitslohns. Hierunter fallen z. B. Nebenbezüge, Zuschläge, Zulagen, allgemeine Zuwendungen, Urlaubsgelder, Anwesenheitsprämien, vermögenswirksame Leistungen etc.

Sozialversicherung: Gemäß § 14 SGB IV sind alle laufenden oder einmaligen Einnahmen aus einer Beschäftigung Arbeitsentgelt. Der Begriff ,,Arbeitsentgelt" entspricht dem Begriff ,,Arbeitslohn".

Darlehen

549 Siehe ,,Arbeitgeberdarlehen", Rz. 514.

Deputate

550 Siehe auch ,,Sachbezüge", Rz. 644ff.

,,Deputate" ist die veraltete Form für den heutigen Ausdruck ,,Sachbezüge". Näheres siehe zu den einzelnen Sachbezügen.

Dienstjubiläum

551 Siehe ,,Arbeitnehmerjubiläum", Rz. 519.

Dienstreise

552 Siehe auch ,,Dienstgang" (Rz. 553), ,,Kilometergelderstattung" (Rz. 591) und ,,Reisekosten" (Rz. 637).

Eine Dienstreise ist eine vorübergehende berufliche Tätigkeit, die aus dienstlichen Gründen nicht an der regelmäßigen Arbeitsstätte ausgeübt wird.

Eine Dienstreise im Sinne des Abschn. 25 Abs. 2 LStR liegt vor, wenn der Arbeitnehmer aus dienstlichen Gründen in einer Entfernung von mindestens 15 km von seiner regelmäßigen Arbeitsstätte vorübergehend tätig wird. Der Arbeitnehmer wird außerhalb seiner regelmäßigen Arbeitsstätte vorübergehend tätig, wenn er voraussichtlich an die regelmäßige Arbeitsstätte zurückkehren und dort seine berufliche Tätigkeit fortsetzen wird. Es ist hierbei unerheblich, ob die Dienstreise von der regelmäßigen Arbeitsstätte oder von der Wohnung des Arbeitnehmers aus angetreten wird. Wird die Dienstreise von der Wohnung des Arbeitnehmers aus angetreten, muß die Mindestentfernung von 15 km auch von der Wohnung aus gegeben sein. Die regelmäßige Arbeitsstätte ist der Mittelpunkt der auf Dauer abgestellten Tätigkeit des Arbeitnehmers. Der Arbeitnehmer muß an diesem Mittelpunkt, z. B. Betrieb, Zweigbetrieb, wenigstens einen Teil der ihm insgesamt überragenden Arbeiten verrichten. Nach Ablauf der ersten drei Monate einer Tätigkeit am selben Ort ist jedoch davon auszugehen, daß eine Dienstreise nicht mehr vorliegt, sondern diese neue Tätigkeitsstätte zur regelmäßigen Arbeitsstätte geworden ist. Im übrigen wird auf Abschn. 25 Abs. 3 Nr. 1–7 LStR verwiesen.

Lohnsteuer und Sozialversicherung: Reisekostenerstattungen (s. Rz. 637) für Dienstreisen sind nach Maßgabe der lohnsteuerrechtlichen Vorschriften lohnsteuer- und beitragsfrei.

Dienstgang

553 Siehe auch ,,Reisekosten", (Rz. 637).
Lohnsteuer: Ein Dienstgang liegt vor, wenn ein Arbeitnehmer aus dienstlichen Gründen außerhalb der regelmäßigen Arbeitsstätte in einer Entfernung von weniger als 15 km tätig wird. Hierbei ist es unerheblich, wenn der Arbeitnehmer den Dienstgang von seiner Wohnung aus antritt und die Entfernung zwischen der Wohnung und der auswärtigen Tätigkeitsstätte weniger als 15 km beträgt (Abschn. 25 Abs. 4 LStR).
Der Dienstgang unterscheidet sich von der Dienstreise mithin durch die geringere Entfernung von der regelmäßigen Arbeitsstätte.
Wird ein Dienstgang mit einer Dienstreise (oder umgekehrt) verbunden, so gilt die auswärtige Tätigkeit insgesamt als Dienstreise.
Sozialversicherung: Behandlung wie Dienstreise.

Dienstwagen

554 Siehe ,,Fahrzeuggestellung durch den Arbeitgeber", Rz. 566.

Dienstwohnung

555 Dienstwohnungen sind Wohnungen, die mit Rücksicht auf das Arbeitsverhältnis vom Arbeitgeber an den Arbeitnehmer vermietet werden. Die Dienstwohnungen unterscheiden sich mietrechtlich in Werksmietwohnungen und Werksdienstwohnungen (siehe auch Teil M Rz. 96 ff.).
Lohnsteuer: Der Wert einer dem Arbeitnehmer vom Arbeitgeber verbilligt oder unentgeltlich überlassenen Dienstwohnung gehört zum steuerpflichtigen Sachbezug. Der Wert der Wohnung oder die Verbilligung stellt einen steuerpflichtigen geldwerten Vorteil dar. Auf den Ansatz des geldwerten Vorteils wird jedoch verzichtet, wenn der Unterschiedsbetrag zwischen dem ortsüblichen Mietpreis und dem vereinbarten Mietpreis monatlich DM 40,– nicht übersteigt. Dabei handelt es sich um eine Freigrenze und nicht um einen Freibetrag. Liegt der Unterschiedsbetrag höher als DM 40,–, so ist er in voller Höhe zum Arbeitslohn hinzuzurechnen (Abschn. 50 Abs. 2 Nr. 3 LStR).
Sozialversicherung: Zur Sozialversicherung beitragsfrei, soweit lohnsteuerfrei (§ 14 Abs. 1 SGB IV i. V. m. § 1 ArbeitsentgVO); die Freigrenze von DM 40,– entfällt.

Direktversicherung

556 Die Direktversicherung ist eine der Formen der **betrieblichen Altersversorgung**. Bei der Direktversicherung schließt der Arbeitgeber für den Arbeitnehmer bei einer privaten Lebensversicherungsgesellschaft einen Versicherungsvertrag ab.
Lohnsteuer: Liegen die Voraussetzungen des § 40b EStG vor, so sind die Beiträge für die Direktversicherung lohnsteuerpflichtig. Der Arbeitgeber darf die Lohnsteuer **pauschal** mit 10% der Beiträge berechnen. Voraussetzung hierfür ist, daß die pauschal besteuerten Beiträge und Zuwendungen des Arbeitgebers für den einzelnen Arbeitnehmer DM 2400,– im Kalenderjahr nicht übersteigen und nur aus dem ersten Dienstverhältnis des Arbeitnehmers bezogen werden (§ 40b Abs. 1 und 2 S. 1 EStG).
Sind mehrere Arbeitnehmer gemeinsam in einem Direktversicherungsvertrag versichert, so gilt als Beitrag oder Zuwendung für den einzelnen Arbeitnehmer der Teilbetrag, der sich bei einer Aufteilung der gesamten Beiträge oder gesamten Zuwendungen durch die Zahl der begünstigten Arbeitnehmer ergibt, wenn dieser Teilbetrag DM 2400,– nicht übersteigt. Hierbei sind Arbeitnehmer, für die Beiträge und Zuwendungen von mehr als DM 3600,– im Kalenderjahr geleistet werden, nicht einzubeziehen. Die pauschale Erhebung der Lohnsteuer von Beiträgen für eine Direktversicherung ist nur zulässig, wenn die Versicherung nicht auf den Erlebensfall eines früheren als des 60. Lebensjahres abgeschlossen und eine vorzeitige Kündigung des Versicherungsvertrages durch den Arbeitnehmer ausgeschlossen worden ist (§ 40b Abs. 2 S. 2 EStG).

Sozialversicherung: In der Sozialversicherung ist die Prämie nur beitragsfrei, wenn der Direktversicherungsbeitrag vom Arbeitgeber zusätzlich zum Arbeitsentgelt oder ausschließlich aus einmaligen Einnahmen (z. B. aus dem Weihnachtsgeld) gezahlt wird. Voraussetzung für die Nichteinbeziehung bei der Ermittlung der Sozialversicherungsbeiträge ist darüber hinaus, daß es sich um eine zulässige Pauschalbesteuerung im Sinne des § 40b EStG handelt.

Werden die Direktversicherungsbeiträge nicht zusätzlich vom Arbeitgeber zum Arbeitsentgelt gezahlt, so sind sie dem beitragspflichtigen Entgelt hinzuzurechnen.

Doppelte Haushaltsführung

557 Eine doppelte Haushaltsführung liegt dann vor, wenn der Arbeitnehmer außerhalb des Ortes beschäftigt ist, an dem er einen eigenen Hausstand unterhält, oder wenn er am Beschäftigungsort wohnt und nicht täglich an den Ort des eigenen Hausstandes zurückkehrt (Abschn. 27 LStR).

Lohnsteuer: Die **notwendigen Mehraufwendungen,** soweit sie vom Arbeitgeber nicht steuerfrei ersetzt werden, sind Werbungskosten. Voraussetzung ist, daß die Beschäftigung außerhalb des Ortes des eigenen Hausstandes nicht als Dienstreise anzusehen ist. Die Begründung des doppelten Haushalts muß durch ein Dienstverhältnis veranlaßt sein. Ein beruflicher Anlaß liegt in der Regel vor bei einer Versetzung, beim erstmaligen Antritt einer Stellung oder beim Wechsel des Arbeitgebers. Auch die nachträgliche Begründung eines doppelten Haushalts kann beruflich veranlaßt sein. (§ 9 Abs. 1 Nr. 5 EStG; Abschn. 27 Abs. 1 S. 1–6 LStR). Arbeitgeber können Aufwendungen für die doppelte Haushaltsführung wie folgt steuerfrei behandeln (BdF v. 13. 11. 1985, BStBl I 1985, 646):
1. die tatsächlichen Fahrtkosten für die erste Fahrt zum Beschäftigungsort und für die letzte Fahrt vom Beschäftigungsort zum Ort des eigenen Hausstandes,
2. die Fahrtkosten für jeweils eine tatsächlich durchgeführte wöchentliche Familienheimfahrt,
3. die notwendigen Mehraufwendungen für Verpflegung, und zwar
   a) für die ersten zwei Wochen seit Beginn der Tätigkeit am inländischen Beschäftigungsort: ohne Einzelnachweis DM 42,– täglich,
   b) für die Folgezeit: ohne Einzelnachweis DM 16,– täglich;
4. die notwendigen Kosten der Unterkunft am inländischen Beschäftigungsort in nachgewiesener Höhe, soweit sie nicht überhöht sind.
5. Geht der Tätigkeit am Beschäftigungsort eine Dienstreise an diesen Beschäftigungsort unmittelbar voraus, so wird deren Dauer auf den unter Position 3. aufgeführten Zeitraum angerechnet.
6. Führt die Anwendung der Pauschbeträge nach Position 3. in Einzelfällen zu offensichtlich unzutreffender Besteuerung, so sind nur die tatsächlichen Mehraufwendungen als Werbungskosten anzuerkennen (Abschn. 27 Abs. 1 S. 9 Nr. 1–6 LStR).

Sozialversicherung: Zur Sozialversicherung beitragsfrei, soweit lohnsteuerfrei (§ 14 Abs. 1 SGB IV i. V. m. § 1 ArbeitsentgVO).

Dreizehntes Monatsgehalt

558 Siehe auch „Gratifikationen"(Rz. 579).
Ein 13. Monatsgehalt ist ein zusätzliches Gehalt, das der Arbeitgeber seinem Arbeitnehmer aufgrund Tarifvertrag oder Einzelvertrag – häufig als **Weihnachtsgratifikation** – zahlt.

Lohnsteuer: Dabei handelt es sich um steuerpflichtigen Arbeitslohn (vgl. auch Abschn. 87 Abs. 1 LStR).

Sozialversicherung: Zur Sozialversicherung beitragspflichtig soweit lohnsteuerpflichtig (§ 14 Abs. 1 SGB IV i. V. m. § 1 ArbeitsentgVO).

DÜVO/DEVO

DÜVO = Datenübermittlungsverordnung/DEVO = Datenerfassungsverordnung siehe auch Tabelle VI (Rz. 755).

559   Die vorgenannten Begriffe stammen aus der Sozialversicherung. Die beiden Verordnungen regeln die Meldepflichten des Arbeitgebers. Alle Meldungen des Arbeitgebers für die Belange der gesetzlichen Krankenversicherung, der gesetzlichen Rentenversicherung sowie der Bundesanstalt für Arbeit sind seit 1973 nach einem einheitlichen Meldeverfahren zu erstatten. Dabei muß der Arbeitgeber die nach der Datenerfassungsverordnung vorgesehenen automationsgerechten Vordrucke verwenden, die in einem Nachweisheft zusammengefaßt sind. Das Nachweisheft wird jedem Versicherten automatisch zugesandt. Arbeitgeber mit entsprechenden maschinellen Ausstattungen (u. a. DATEV-System) können seit 1981 auf Antrag Jahresmeldungen auf Endlosvordrucken erstatten (§ 317 RVO).
Alle Anmeldungen müssen innerhalb von zwei Wochen erfolgen. Sonstige Meldungen sind innerhalb von sechs Wochen einzureichen. Die Meldungen sind an die zuständigen Krankenkassen zu richten.
Kommen die Arbeitgeber den entsprechenden Fristen nicht nach, so können die Krankenkassen Bußgelder verhängen.

Einmal-Bezüge

560   Siehe ,,Sonstige Bezüge", Rz. 656 ff.

Entlassungsabfindung

561   Siehe ,,Abfindung", Rz. 500.

Entlohnung für mehrere Kalenderjahre

562   Es handelt sich hierbei in der Regel um Vergütungen, die ein Arbeitnehmer am Ende einer Sondertätigkeit zusätzlich erhält, wenn diese Sondertätigkeit sich über mehrere Jahre hinweg erstreckt hat.
Lohnsteuer: Gemäß § 34 Abs. 3 EStG unterliegen Einkünfte für eine Entlohnung für mehrere Jahre der Einkommensteuer (Lohnsteuer) zu den gewöhnlichen Steuersätzen. Für Zwecke der Einkommensteuerveranlagung können die Einkünfte auf die entsprechenden Jahre verteilt werden, längstens für drei Jahre. Diese Vorschrift ist auch auf Nachzahlung von Ruhegehaltsbezügen anwendbar. Es ist hierbei nicht erforderlich, daß die Dauer der Tätigkeit mehr als 12 Monate umfaßt. Die Einkünfte unterliegen der Einkommensteuer des Veranlagungszeitraums, in dem der Steuerpflichtige sie bezogen hat. Die Berechnung der Lohnsteuer wird wie folgt vorgenommen:
Für den Veranlagungszeitraum, in dem die Einkünfte zugeflossen sind, ist zuerst die Einkommensteuerschuld zu ermitteln, die sich ergeben würde, wenn das zu versteuernde Einkommen um die auf die Vorjahre zu verteilenden Einkünfte gekürzt wird. Der so errechneten Steuerschuld sind die Steuerbeträge hinzuzurechnen, um die sich die Einkommensteuer der in Betracht kommenden Vorjahre bei einer Verteilung dieser Einkünfte (nicht der Einnahmen) erhöht hätte, wenn jeweils lediglich die Einkünfte dem zu versteuernden Einkommen hinzugerechnet werden. Eine Berichtigung der Veranlagung für die Vorjahre findet also nicht statt (s. BFH-Urteil v. 5. 10. 1973, BStBl. II 1974, 197).
Sozialversicherung: Entlohnungen für mehrere Kalenderjahre unterliegen dem Beitragsabzug in der Sozialversicherung. Sie werden bei der Beitragsberechnung dem Lohnzahlungszeitraum zugerechnet, in dem sie dem Arbeitnehmer zugeflossen sind. Auf die besondere Berechnung von Einmal-Bezügen in Bezug auf die Beitragsbemessungsgrenze wird auf Stichwort ,,Beitragsbemessungsgrenze", Rz. 537 ff. verwiesen.

Erfolgsbeteiligung

563   Es handelt sich hierbei um Zuwendungen des Arbeitgebers an seinen Arbeitnehmer, die nach dem Erfolg bemessen sind, z. B. Erreichen von Mindestumsatz, Tantiemen, die vom Umsatz bzw. Jahresüberschuß berechnet werden etc.
Diese Erfolgsbeteiligungen gehören im lohnsteuerrechtlichen und beitragsrechtlichen Sinne zu sonstigen Bezügen (s. auch ,,Sonstige Bezüge", Rz. 656).

Essenmarken/Essenzuschüsse

564 Aufwendungen für Essen und Trinken, auch während der Arbeitszeit, sind Kosten der Lebensführung. Sie sind keine Werbungskosten. Arbeitgeber können jedoch ihren Arbeitnehmern unentgeltlich oder verbilligt Mahlzeiten innerhalb oder außerhalb des Betriebes anbieten.

Lohnsteuer: Der Vorteil, den ein Arbeitnehmer durch Gewährung unentgeltlicher oder verbilligter Mahlzeiten im Betrieb erhält, gehört nicht zum Arbeitslohn, soweit er DM 1,50 je Arbeitstag nicht übersteigt (gemäß Abschn. 19 LStR). Entsprechendes gilt für Barzuschüsse des Arbeitgebers an eine Kantine, Gaststätte oder zwischengeschaltete Einrichtungen zur Verbilligung von Mahlzeiten. Der Wert von ausgegebenen Essenmarken, die zum Erwerb von Mahlzeiten innerhalb oder außerhalb des Betriebes berechtigen, ist ebenfalls bis zu einem Betrag von DM 1,50 je Arbeitstag steuerfrei, soweit die Essenmarken nicht für Tage ausgegeben werden, an denen die Arbeitnehmer wegen Abwesenheit, z. B. infolge Urlaub oder Krankheit, die Essenmarken nicht einlösen können (BFH v. 21. 2. 1976, BStBl. II 1976, 486). Zu den Mahlzeiten gehören alle Speisen und Lebensmittel, die üblicherweise der Ernährung dienen und zum Verzehr während der Arbeitszeit oder im unmittelbaren Anschluß daran geeignet sind, einschließlich der dazu üblichen Getränke. Der Freibetrag von arbeitstäglich DM 1,50 kann zwar nur in den Fällen in Anspruch genommen werden, in denen der Arbeitgeber die unentgeltliche oder verbilligte Mahlzeit zusätzlich zum vereinbarten Arbeitsentgelt erhält; davon kann aber aus Vereinfachungsgründen stets ausgegangen werden, wenn dem Arbeitnehmer üblicherweise lediglich eine Mahlzeit im Betrieb und daneben weder verbilligte noch unentgeltliche Unterkunft gewährt wird (Abschn. 19 Abs. 1 LStR).

Werden Mahlzeiten im Betrieb unentgeltlich oder verbilligt gewährt, so handelt es sich insoweit um einen lohnsteuerpflichtigen Sachbezug, sobald der geldwerte Vorteil für den Arbeitnehmer arbeitstäglich DM 1,50 übersteigt. Für die Berechnung dieses Sachbezuges sind amtliche Werte festgesetzt worden, und zwar in den Ländern Hamburg, Bremen, Berlin, Nordrhein-Westfalen und Saarland DM 3,50, in den Ländern Baden-Württemberg, Bayern, Hessen, Niedersachsen, Rheinland-Pfalz und Schleswig-Holstein DM 3,40. Die vorstehenden Sachbezugswerte gelten für Mahlzeiten, die im Kalenderjahr 1985 gewährt werden (BMF v. 22. 12. 1984 BStBl. I, 658). Die Mahlzeiten sind als Sachbezüge lohnsteuerlich nur zu erfassen, soweit der Unterschied zwischen dem maßgebenden Sachbezugswert und dem Preis, den der Arbeitnehmer für die Mahlzeiten zahlt, DM 1,50 je Arbeitstag übersteigt.

Sozialversicherung: Zur Sozialversicherung beitragsfrei, soweit lohnsteuerfrei (§ 14 Abs. 1 SGB IV i. V. m. § 1 ArbeitsentgVO).

Fahrten zwischen Wohnung und Arbeitsstätte

565 **Lohnsteuer:** Aufwendungen eines Arbeitnehmers für Fahrten zwischen Wohnung und Arbeitsstätte gehören grundsätzlich in der tatsächlichen Höhe zu den Werbungskosten bei den Einkünften aus nichtselbständiger Arbeit. Die Wahl des Verkehrsmittels steht dem Arbeitnehmer frei (Abschn. 24 Abs. 1 und 2 LStR). Die Aufwendungen dürfen nur mit den **Pauschbeträgen** des § 9 Abs. 1 Nr. 4 EStG als Werbungskosten abgezogen werden. Der Arbeitgeber kann dem Arbeitnehmer die Aufwendungen für Fahrten zwischen Wohnung und Arbeitsstätte in Höhe der Pauschbeträge steuerfrei ersetzen, die Fahrtkosten sind dann aber nicht noch zusätzlich als Werbungskosten anzusetzen.

Die Pauschbeträge betragen je Entfernungskilometer bei der Benutzung eines Kraftwagens DM 0,36, eines Mopeds DM 0,22, eines Motorrads oder Motorrollers DM 0,16 und eines Fahrrads DM 0,12 (§ 9 Abs. 1 Nr. 4 S. 2 EStG).

Auch in Ausnahmefällen dürfen die Aufwendungen nur mit den **Kilometerpauschbeträgen** des § 9 Abs. 1 Nr. 4 EStG berücksichtigt werden. Mit den Pauschbeträgen sind alle gewöhnlichen Kosten abgegolten, so z. B. für Treibstoff, Öl, Kraftfahrzeugsteuer, Haftpflichtversicherung und Parkgebühren am Arbeitsplatz etc. Außergewöhnliche Kosten, z. B. größere Reparaturkosten nach einem Verkehrsunfall, aber auch allgemein andere außergewöhnliche Kosten, sind durch den Kilometerpauschbetrag nicht abgegolten und deshalb besonders absetzbar (Abschn. 24 Abs. 2

S. 4 LStR). Verzichtet ein Arbeitnehmer auf Ersatzleistungen seiner Haftpflichtversicherung für Schäden am gegnerischen Kfz, z. B. zur Erhaltung des Schadenfreiheitsrabatts, dann sind die Aufwendungen Werbungskosten (Abschn. 24 Abs. 2 Satz 6 LStR).
Statt den Pauschbeträgen des Gesetzes können u. U. die tatsächlichen Kosten des Kraftfahrzeugs angesetzt werden (vgl. Abschn. 24 Abs. 4 LStR).
Sozialversicherung: Werbungskosten mindern das beitragsrechtliche Entgelt nicht, so daß die Versicherungsbeiträge vom ungekürzten Entgelt zu berechnen sind. Ersetzt allerdings der Arbeitgeber dem Arbeitnehmer die Kosten für diese Fahrten, dann sind diese Vergütungen sozialversicherungsfrei, soweit sie lohnsteuerfrei sind.

Fahrzeuggestellung durch den Arbeitgeber

566   **Lohnsteuer:** Stellt der Arbeitgeber einem Arbeitnehmer einen Pkw für Fahrten zwischen Wohnung und Arbeitsstätte unentgeltlich zur Verfügung, so ist der geldwerte Vorteil der durch die unentgeltliche Zurverfügungstellung erlangt wird, dem Arbeitslohn hinzuzurechnen.
Zur Höhe dieses geldwerten Vorteils enthält das Schreiben des BdF v. 8. 11. 1982 (BStBl. I 1982, 814) eingehende Vorschriften. Zusammengefaßt ergibt sich danach folgendes:
1. Der geldwerte Vorteil kann mit monatlich **1%** des auf volle DM 100,– abgerundeten **Neupreises** (einschl. MWSt) angesetzt werden. Zusätzlich sind die Kosten der Fahrten zwischen Wohnung und Arbeitsstätte mit DM 0,48 je Entfernungskilometer/Tag anzusetzen (Abschn. 7.4; 5.1 des Schreibens).
2. Statt des pauschalen Ansatzes können die **tatsächlich** privat gefahrenen Kilometer gemäß Fahrtenbuch angesetzt werden. Dieser Kilometeransatz kann wahlweise pauschal mit DM 0,42/Kilometer oder nach den effektiven Kosten berechnet werden.

Sozialversicherung: Der gemäß der lohnsteuerlichen Behandlung ermittelte geldwerte Vorteil muß auch bei der Berechnung des sozialversicherungspflichtigen Entgelts in voller Höhe unter Beachtung der Beitragsbemessungsgrenzen berücksichtigt werden.

Fehlgeldentschädigungen

567   Siehe Kassenfehlbeträge, Rz. 539.

Feiertagsarbeit

568   Siehe „Lohnzuschläge", Rz. 616.

Freibetrag auf der Lohnsteuerkarte

569   Siehe „Arbeitnehmerfreibeträge", Rz. 518.

Freitrunk

570   **Lohnsteuer:** Der Freitrunk zum Ausschank im Betrieb ist als Annehmlichkeit steuerfrei (BFH v. 2. 10. 1968, BStBl. II 1969, 115). Der Haustrunk an Arbeitnehmer im Brauereigewerbe sowie Freizigaretten u. a. zur Mitnahme nach Hause ist steuerfrei, soweit die Abgabe dem Tarifvertrag entspricht (Abschn. 21 Abs. 2 LStR).
Sozialversicherung: Zur Sozialversicherung beitragsfrei, soweit lohnsteuerfrei (§ 14 Abs. 1 SGB IV i. V. m. § 1 ArbeitsentgVO).

Geburtsbeihilfe

571   Siehe „Beihilfen", Rz. 533.

Gehalt

572   Siehe „Arbeitslohn", Rz. 522.

Gehaltsfortzahlung

573 Siehe auch „Lohnfortzahlung" (Rz. 605) „Krankengeld" (Rz. 597) und „Krankengeldzuschuß" (Rz. 598).
Lohnsteuer: Das im Krankheitsfalle fortgezahlte Gehalt unterliegt dem Lohnsteuerabzug. Das gleiche gilt für freiwillige oder vertragliche Gehaltsfortzahlung, die über die Sechswochenfrist hinaus vom Arbeitgeber geleistet wird. Auch Zuschüsse des Arbeitgebers, z. B. nach Ablauf der Sechswochenfrist zur Aufstockung des Krankengeldes der Krankenkasse, unterliegen dem Lohnsteuerabzug (§ 19 Abs. 1 Nr. 1 EStG, § 2 Abs. 1 LStDV).
Sozialversicherung: Das während der Arbeitsunfähigkeit fortgezahlte Gehalt gehört zum beitragspflichtigen Entgelt. Während der Dauer der Gehaltsfortzahlung ruht der Anspruch auf Krankengeld.

Gehaltsnachzahlung

574 Siehe auch „Nachzahlung von Arbeitslohn" (Rz. 627).
Gehaltsnachzahlungen werden dann erforderlich, wenn das Gehalt rückwirkend erhöht oder berichtigt wird.
Lohnsteuer und Sozialversicherung: Die Gehaltsnachzahlung ist lohnsteuerpflichtig und beitragspflichtig.

Geldwerter Vorteil

575 Siehe auch „Annehmlichkeiten", Rz. 506.

Ein geldwerter Vorteil liegt in der Regel dann vor, wenn ein Arbeitgeber seinen Arbeitnehmern Güter, die in Geldeswert bestehen, aus einem Dienstverhältnis gewährt. Hierunter fallen Bekleidung, Wohnung, Kost, Deputate, Gestellung von Pkws für Privatnutzung etc.
Lohnsteuer: Der geldwerte Vorteil gehört zum lohnsteuerpflichtigen Arbeitslohn.
Sozialversicherung: Zur Sozialversicherung beitragspflichtig, soweit lohnsteuerpflichtig (§ 14 Abs. 1 SGB IV i. V. m. § 1 ArbeitsentgVO).

Geringfügige Beschäftigung

576 Siehe Stichwort „Aushilfen", Rz. 525.

Gesellschafter-Geschäftsführer

577 Siehe auch „Vorstand einer Aktiengesellschaft" (Rz. 680).
Bei einem Gesellschafter-Geschäftsführer handelt es sich um einen Geschäftsführer einer Gesellschaft mit beschränkter Haftung, der gleichzeitig Gesellschafter dieser GmbH ist.
Lohnsteuer: Vergütungen, die dem Gesellschafter-Geschäftsführer einer GmbH für die Geschäftsführung zufließen, sind, soweit sie angemessen sind, Arbeitslohn und unterliegen dem Lohnsteuerabzug (§ 19 Abs. 1 EStG, § 1 Abs. 1 LStDV).
Sind die Vergütungen nicht angemessen, ist der nicht angemessene Teil verdeckte Gewinnausschüttungen und gehört zu den nicht lohnsteuerpflichtigen Einkünften aus Kapitalvermögen.
Sozialversicherung: Gesellschafter-Geschäftsführer unterliegen nicht der Versicherungspflicht, wenn sie aufgrund ihrer Beteiligung an der Gesellschaft maßgeblichen Einfluß auf die Gesellschaft ausüben können. Der maßgebliche Einfluß kann sowohl an der Höhe der Beteiligung als auch am jeweiligen Stimmrecht gemessen werden. Es ist in der Regel davon auszugehen, daß ein Gesellschafter versicherungspflichtig ist, wenn er weniger als 50% der Anteile der Gesellschaft hält.
Vergütungen eines versicherungspflichtigen Gesellschafter-Geschäftsführers, gehören – unter Beachtung der jeweiligen Beitragsbemessungsgrenze – zum sozialversicherungspflichtigen Entgelt (§ 14 Abs. I SGB IV). Soweit sie steuerrechtlich verdeckte Gewinnausschüttung sind, sind sie auch sozialversicherungsrechtlich kein Entgelt (§ 1 ArbeitsentgVO).

Gnadenbezüge

578 Gnadenbezüge sind Bezüge, die an die Hinterbliebenen eines Arbeitnehmers nach dessen Tod gezahlt werden. Hierzu gehören in der Regel Bezüge, die für den Sterbemonat aufgrund des Arbeitsvertrages als Arbeitsentgelt gezahlt werden sowie besondere Leistungen an Hinterbliebene, die über das bis zum Erlöschen des Dienstverhältnisses geschuldete Arbeitsentgelt hinaus gewährt werden.
Lohnsteuer: Gnadenbezüge gehören zu dem lohnsteuerpflichtigen Entgelt (§ 19 Abs. 1 EStG, §§ 1 und 2 LStDV).
Sozialversicherung: Zur Sozialversicherung beitragspflichtig, soweit lohnsteuerpflichtig (§ 14 Abs. 1 SGB IV i. V. m. § 1 ArbeitsentgVO).

Gratifikationen

579 Siehe auch ,,Dreizehntes Monatsgehalt", Rz. 558 und Teil M Rz. 83.

Unter Gratifikationen versteht man Sonderzahlungen, die einem Arbeitnehmer aus seinem Arbeitsverhältnis zufließen; hierunter fallen insbesondere Weihnachtsgratifikationen etc.
Lohnsteuer: Gratifikationen sind, soweit sie einen Betrag von DM 300,– übersteigen, als sonstiger Bezug (Rz. 656 ff.) zu versteuern. Bei einer Gratifikation unter DM 300,– ist sie als laufender Arbeitslohn zu behandeln (Abschn. 85 Abs. 2 LStR).
Sozialversicherung: Zur Sozialversicherung beitragsfrei, soweit lohnsteuerfrei (§ 14 Abs. 1 SGB IV i. V. m. § 1 ArbeitsentgVO).

Haustrunk

580 Siehe ,,Freitrunk", Rz. 570.

Heimarbeiter

581 Heimarbeiter sind nichtselbständig beschäftigte Arbeitnehmer. Sie üben ihre Tätigkeit in einer selbst gewählten Arbeitsstätte (in der Regel eigene Wohnung oder selbst gewählte Betriebsstätte) allein oder mit ihren Familienangehörigen im Auftrag von Gewerbetreibenden aus. Das Arbeitsergebnis wird dem auftraggebenden Gewerbetreibenden überlassen. Rechtsgrundlage für die Heimarbeiter ist das Heimarbeitergesetz (HAG) in der Fassung vom 29. 10. 1974.
Lohnsteuer: Heimarbeiter erhalten eine Entlohnung in der Regel nach der Stückzahl der produzierten oder hergestellten Gegenstände. Diese Entlohnung ist dem Lohnzahlungszeitraum zuzurechnen, in dem der Heimarbeiter die Leistung erbracht hat. Die Entlohnung unterliegt in voller Höhe der Lohnsteuer.
Für die durch die Heimarbeit entstehenden **Mehraufwendungen** – z. B. Miete der Wohnung etc. – erhält der Heimarbeiter in der Regel sogenannte **Heimarbeiterzuschläge**. Diese Heimarbeiterzuschläge gehören nicht zum steuerpflichtigen Arbeitslohn, soweit sie 10 v. H. des jeweils gezahlten Arbeitslohns, der auf den einzelnen Lohnzahlungszeitraum entfällt, nicht übersteigen. Die Heimarbeiterzuschläge sind vom Arbeitgeber im Lohnkonto gesondert auszuweisen. Der Heimarbeiter kann, sofern ihm kein Heimarbeiterzuschlag gezahlt wird, auf Antrag einen steuerfreien Betrag in Höhe von monatlich DM 30,– auf der Lohnsteuerkarte eintragen lassen. Falls er den Nachweis erbringt, daß die tatsächlichen Aufwendungen höher ausgefallen sind, kann er diese ebenfalls als steuerfreien Betrag auf seiner Lohnsteuerkarte eintragen lassen (Abschn. 31 Abs. 1 u. 2 LStR).
Sozialversicherung: Zur Sozialversicherung beitragspflichtig, soweit lohnsteuerpflichtig (§ 14 Abs. 1 SGB IV i. V. m. § 1 ArbeitsentgVO).

Heiratsbeihilfen

582 Siehe ,,Beihilfen", Rz. 533.

Inflationszulage

583 Siehe ,,Kaufkraftausgleich", Rz. 590.

Investitionshilfeabgabe

584 Nach dem Investitionshilfegesetz sollte für die Jahre 1983, 1984 und 1985 eine unverzinsliche, rückzahlbare Investitionshilfeabgabe erhoben werden, die der Förderung des Wohnungsbaus und damit der Belebung der Konjunktur dienen sollte. Diese Abgabe sollte keine Steuer darstellen, sondern eine selbständige Abgabe besonderer Art, die von den Finanzbehörden der Länder verwaltet werden sollte.
Durch Urteil des Bundesverfassungsgerichts vom 6. 11. 1984 wurde das Investitionshilfegesetz für verfassungswidrig erklärt und die bis zur Urteilsverkündung einbehaltenen oder gezahlten Investitionshilfeabgaben umgehend wieder ausgezahlt.
Lohnsteuer und Sozialversicherung: Die gezahlten bzw. einbehaltenen Abgaben dürfen die lohnsteuerliche und sozialversicherungsrechtliche Bemessungsgrundlage nicht mindern. Die Erstattungen der Abgabe sind lohnsteuer- und beitragsfrei.

Jahresarbeitslohn

585 Der Begriff des Jahresarbeitslohnes kommt aus dem Lohnsteuerrecht. Der Jahresarbeitslohn ist maßgebend für die Berechnung der endgültigen Jahreslohnsteuer. Jahresarbeitslohn ist der Arbeitslohn, den der Arbeitnehmer im Laufe des Kalenderjahres bezieht. Laufender Arbeitslohn gilt in dem Kalenderjahr als bezogen, in dem Lohnzahlungszeitraum endet (§ 38a Abs. 1 EStG).
Bei der Berechnung der sonstigen Bezüge (s. ,,Sonstige Bezüge" Rz. 656 ff.) ist zur Ermittlung der einzubehaltenden Lohnsteuer jeweils der voraussichtliche Jahresarbeitslohn des Kalenderjahres festzustellen, um in der entsprechenden Jahreslohnsteuertabelle die entsprechende Steuer ablesen zu können (Abschn. 87 LStR).
Im Sozialversicherungsrecht hat der Begriff des Jahresarbeitslohns keine Bedeutung (s. aber Stichwort: Jahresarbeitsverdienst, Rz. 587).

Jahresarbeitslohngrenze

586 Die Jahresarbeitslohngrenze regelt gemäß § 41 b Abs. 2 die Ausstellung von Lohnzetteln. Danach müssen Arbeitgeber für Arbeitnehmer, deren steuerpflichtiger Lohn in den einzelnen Steuerklassen die Jahresarbeitslohngrenze übersteigen, einen Lohnzettel nach amtlich vorgeschriebenem Vordruck ausschreiben, der die gleichen Angaben wie die Lohnsteuerbescheinigung enthält (s. ,,Lohnzettel", Rz. 615).

Jahresarbeitsverdienst

587 Der Begriff ,,Jahresarbeitsverdienst" wird in der Sozialversicherung, der Krankenversicherung und der Unfallversicherung verwandt. Er ist kein Begriff des Lohnsteuerrechts. Siehe hierzu Tabelle IV (Rz. 753).
In der Krankenversicherung regelt der Jahresarbeitsverdienst das Versicherungsverhältnis. Angestellte unterliegen nicht der Krankenversicherungspflicht, wenn ihr regelmäßiges Entgelt die Jahresarbeitsverdienstgrenze überschreitet. Die Jahresarbeitsverdienstgrenze beträgt in der Krankenversicherung 75 v. H. der für die Jahresbezüge in der Rentenversicherung der Arbeiter geltenden Beitragsbemessungsgrenze, also 1986: DM 50400,– p. a. (§ 165 Abs. 1 Satz 2 RVO).
In der Unfallversicherung regelt der Jahresarbeitsverdienst die Geldleistungen, die einem Versicherten durch einen Arbeitsunfall zufließen. Im allgemeinen ist die Höhe des Jahresarbeitsverdienstes im Jahr vor dem Arbeitsunfall für die Höhe der Rente maßgebend (§§ 571 ff. RVO).

Jahresausgleich durch den Arbeitgeber

588 Gemäß § 42b Abs. 1 EStG ist der Arbeitgeber berechtigt, für unbeschränkt einkommensteuerpflichtige Arbeitnehmer, die während des Ausgleichsjahres ständig in einem Dienstverhältnis gestanden haben, einen Lohnsteuerjahresausgleich durchzuführen. Er ist hierzu verpflichtet, wenn er am 31. Dezember des jeweiligen Ausgleichsjahres mindestens 10 Arbeitnehmer beschäftigt hat. Voraussetzung für den Lohnsteuerjahresausgleich ist, daß dem Arbeitgeber die Lohnsteuerkarte des Arbeitnehmers mit den Lohnsteuerbescheinigungen aus etwaigen vorangegangenen

Dienstverhältnissen vorliegt und der Arbeitgeber für den Arbeitnehmer einen Lohnzettel noch nicht ausgeschrieben hat (s. „Lohnzettel", Rz. 615). Der Arbeitgeber darf den Lohnsteuerausgleich nicht durchführen, wenn
1. der Arbeitnehmer dies beantragt, oder
2. der Arbeitnehmer für das Ausgleichsjahr oder für einen Teil des Ausgleichsjahres nach den Steuerklassen V oder VI zu besteuern war, oder
3. der Arbeitnehmer für einen Teil des Ausgleichsjahres nach den Steuerklassen III oder IV zu besteuern war, oder
4. der Arbeitnehmer im Ausgleichsjahr Kurzarbeitergeld oder Schlechtwettergeld bezogen hat, oder
5. der Arbeitnehmer im Ausgleichsjahr nach der allgemeinen Lohnsteuertabelle und nach der besonderen Lohnsteuertabelle (Personenkreis: Empfänger von Versorgungsbezügen, Altersruhegeldempfänger oder Steuerpflichtige, die in der gesetzlichen Rentenversicherung versicherungsfrei sind, oder nicht der gesetzlichen Rentenversicherungspflicht unterliegen) zu besteuern war, oder
6. der Arbeitnehmer im Ausgleichsjahr ausländische Einkünfte aus nichtselbständiger Arbeit bezogen hat, die nach einem Abkommen zur Vermeidung von Doppelbesteuerung oder unter Progressionsvorbehalt von der Lohnsteuer freigestellt waren.

Kassenfehlbeträge, Entschädigung

589 Kassenfehlbeträge fallen überwiegend bei Banken und in Einzelhandelsgeschäften an. Hierfür hat der verantwortliche Arbeitnehmer im Regelfall aufzukommen. Für dieses Risiko kann der Arbeitgeber eine Entschädigung gewähren.
Lohnsteuer: Pauschale Fehlgeldentschädigungen – wie Zählgelder und Mankogelder – der im Kassen- oder im Zähldienst beschäftigten Arbeitnehmer sind, soweit sie DM 30,– im Monat nicht übersteigen, steuerfrei (Abschn. 50 Abs. 2 Nr. 2 LStR).
Gewähren die Arbeitgeber ihren Arbeitnehmern höhere Fehlgeldentschädigungen, so ist nur der übersteigende Betrag steuerpflichtigen Arbeitslohn hinzuzurechnen.
Sozialversicherung: Zur Sozialversicherung beitragsfrei, soweit lohnsteuerfrei (§ 14 Abs. 1 SGB IV i. V. m. § 1 ArbeitsentgVO).

Kaufkraftausgleich

590 Kaufkraftausgleichszahlungen erhalten Arbeitnehmer, wenn deren dienstlicher Wohnsitz in einem anderen Währungsgebiet als der Bundesrepublik Deutschland liegt.
Lohnsteuer: Der Kaufkraftausgleich ist lohnsteuerfrei. Einzelheiten siehe Abschn. 12 LStR.
Sozialversicherung: Zur Sozialversicherung beitragsfrei, soweit lohnsteuerfrei (§ 14 Abs. 1 SGB IV i. V. m. § 1 ArbeitsentgVO).

Kilometergelderstattung

591 Bei Kilometergelderstattung muß zwischen der Kilometergelderstattung für Fahrten zwischen Wohnung und Arbeitsstätte einerseits und Dienstreisen andererseits unterschieden werden.
Lohnsteuer: Arbeitgeber können ihren Arbeitnehmern für die Fahrten zwischen Wohnung und Arbeitsstätte je Entfernungskilometer einen Pauschbetrag von DM 0,36 steuerfrei zahlen (s. „Fahrten zwischen Wohnung und Arbeitsstätte", Rz. 565, § 9 Abs. 1 Nr. 4 EStG).
Führt der Arbeitnehmer **Dienstreisen** (Rz. 552) und **Dienstgänge** (Rz. 553) mit seinem eigenen Fahrzeug durch, kann der Arbeitgeber dem Arbeitnehmer einen Pauschbetrag bis zur Höhe von DM 0,42 je gefahrenen Kilometer steuerfrei ersetzen. Ersetzt der Arbeitgeber seinem Arbeitnehmer diese Aufwendung nicht, so handelt es sich bei den Aufwendungen des Arbeitnehmers um Werbungskosten (Abschn. 25 Abs. 5 LStR).
Der Arbeitnehmer hat auch die Möglichkeit, die **tatsächlichen Aufwendungen** des Fahrzeugs – bezogen auf jeden gefahrenen Kilometer – nachzuweisen. Dies ge-

schieht in der Regel am Jahresende. Hat der Arbeitnehmer tatsächlich höhere Aufwendungen als der vom Arbeitgeber gezahlte Pauschsatz in Höhe von DM 0,42, so kann der Arbeitgeber die darüber hinaus geltend gemachten Kilometer steuerfrei erstatten. Der Arbeitnehmer muß dem Arbeitgeber die gesamten Aufwendungen mit Original-Belegen nachweisen. Der Arbeitgeber muß diesen Nachweis zu seinen Unterlagen nehmen (Abschn. 25 Abs. 6 LStR).

Sozialversicherung: Zur Sozialversicherung beitragsfrei, soweit lohnsteuerfrei (§ 14 Abs. 1 SGB IV i. V. m. § 1 ArbeitsentgVO).

Kinder

Kinder werden auf der Lohnsteuerkarte eingetragen und sind Grundlage der Lohnsteuerberechnung. Darüber hinaus wird für jedes Kind gem. § 32 Abs. 8 EStG ein Kinderfreibetrag von DM 432,– (1985) gewährt. Der Kreis zu berücksichtigender Kinder ergibt sich aus § 32 Abs. 4–7 EStG; Abschn. 59 LStR.

Sozialversicherung: Der Kinderfreibetrag ist beitragspflichtig.

Kirchensteuer

Gemäß Art. 140 GG dürfen Kirchen als Körperschaften des öffentlichen Rechts von ihren Mitgliedern Steuern erheben. Auf Landesebene ist die Erhebung der Kirchensteuer durch die jeweiligen Kirchensteuergesetze und die Durchführungsverordnungen der einzelnen Bundesländer geregelt. Dazu kommen noch die Kirchensteuerordnungen und die Kirchensteuerbeschlüsse der steuererhebungsberechtigten Kirchen. Es gibt im Bundesgebiet kein einheitliches Kirchensteuerrecht.

Die **Bemessungsgrundlage** für die Kirchensteuer ist die Einkommensteuer (§ 51 a EStG). In den Ländern Baden-Württemberg, Bayern, Bremen und Hamburg beträgt die Kirchensteuer 8. v. H. der Einkommensteuer, in den Ländern Berlin-West, Hessen, Niedersachsen, Nordrhein-Westfalen, Rheinland-Pfalz, Saarland und Schleswig-Holstein 9 v. H. der Einkommensteuer.

In einzelnen Bistümern ist eine **Kappung** (obere Begrenzung), z. B. auf 3,5% des Einkommens, vorgesehen. Der Mehrbetrag wird auf Antrag erstattet.

Ist auf der Lohnsteuerkarte ein Kind eingetragen, ändert sich die Bemessungsgrundlage für die Erhebung der Kirchensteuer um einen gesetzlich festgelegten Betrag. Die Bemessungsgrenze (Lohnsteuer/Einkommensteuer) wird wie folgt gekürzt:

bei einem Kinde jährlich um DM 600,–,
bei zwei Kindern jährlich um DM 960,–,
bei drei Kindern jährlich um DM 1800,–.

Für jedes weitere Kind kann die Bemessungsgrenze um zusätzlich DM 1800,– gekürzt werden (§ 51 a EStG).

Die im laufenden Jahr gezahlte Kirchensteuer ist abzüglich etwaiger im gleichen Kalenderjahr erstatteter Kirchensteuer als Sonderausgaben in der Einkommensteuererklärung oder beim Lohnsteuerjahresausgleich abzugsfähig. Hierunter fallen auch Abschlußzahlungen oder Vorauszahlungen (§ 10 Abs. 1 Nr. 4 EStG).

Konkursausfallgeld

Arbeitnehmer erhalten auf Antrag von den Arbeitsämtern Konkursausfallgeld. Konkursausfallgeld wird gewährt für rückständiges Arbeitsentgelt der letzten drei Monate, die vor der Eröffnung des Konkursverfahrens liegen. Hierbei ist unerheblich, ob der Arbeitnehmer bei der Eröffnung des Konkursverfahrens noch bei dem Arbeitgeber beschäftigt ist. Es muß sich um rückständiges Arbeitsentgelt handeln.

Die Höhe des Konkursausfallgeldes ist so hoch wie der Teil des dem um die gesetzlichen Abzüge verminderten Arbeitsentgelt für die letzten drei Monate vor Konkurseröffnung (s. Rz. 362ff. und Teil N Rz. 166f.).

Lohnsteuer: Vom Arbeitsamt gezahltes Konkursausfallgeld ist steuerfrei. Die auf die abgegoltenen Lohnansprüche entfallenden Sozialversicherungsbeiträge sind ebenfalls steuerfrei (§ 3 Nr. 2 EStG).

Sozialversicherung: Der Arbeitnehmer erhält das Konkursausfallgeld in Höhe des Netto-Arbeitsentgelts (§ 141d Abs. 1 AFG). Die darauf entfallenden Pflichtbeiträge

– Arbeitnehmer- und Arbeitgeberanteile zur Kranken-, Renten- und Arbeitslosenversicherung – tragen die Arbeitsämter, die auch für die Entrichtung der Beiträge zuständig sind. Zuständig ist das Arbeitsamt, in dessen Bezirk die Lohnabrechnungsstelle des Arbeitgebers liegt (§ 141n AFG).

Kontoführungsgebühren

595 Arbeitgeber können ihren Arbeitnehmern für die Führung eines Gehaltskontos bei einem Kreditinstitut Kontoführungsgebühren erstatten.

Lohnsteuer: Ersetzen Arbeitgeber ihren Arbeitnehmern Kontoführungsgebühren für die Unterhaltung eines Gehaltskontos bei einem Kreditinstitut, so sind diese Erstattungen nur insoweit steuerfrei, wie die Bankgebühren durch Gehaltsbuchung entstanden sind. Pauschale Kontogebühren sind gegebenenfalls aufzuteilen (BFH v. 9. 5. 1984, BStBl II 1984, 560). Die Finanzverwaltung erkennt bis zu DM 30,–/Jahr ohne Einzelnachweis an.

Sozialversicherung: Zur Sozialversicherung beitragsfrei, soweit lohnsteuerfrei (§ 14 Abs. 1 SGB IV i. V. m. § 1 ArbeitsentgVO).

Kraftfahrzeuggestellung

596 Siehe ,,Fahrzeuggestellung durch den Arbeitgeber", Rz. 566.

Krankengeld

597 Siehe auch ,,Gehaltsfortzahlung" (Rz. 573).

Krankengeld wird an Arbeitnehmer gezahlt, die arbeitsunfähig erkrankt sind und aufgrund der Dauer der Krankheit keinen Anspruch auf Fortzahlung des Gehalts im Krankheitsfall durch den Arbeitgeber haben. Krankengeld wird von den gesetzlichen Kassen oder den Ersatzkassen gezahlt. Krankengeld kann als **Krankentagegeld** auch von den Privatkrankenkassen gezahlt werden.

Lohnsteuer: Das aus einer gesetzlichen Krankenversicherung, Ersatz- oder Privatkrankenkasse gezahlte Krankengeld gehört nicht zum steuerpflichtigen Arbeitslohn (§ 3 Nr. 1a EStG).

Sozialversicherung: Das aus einer gesetzlichen Krankenversicherung, einer Ersatz- oder Privatkrankenkasse gezahlte Krankengeld unterliegt nicht dem beitragspflichtigen Entgelt.

Krankengeldzuschuß

598 In einigen Unternehmungen erhalten Arbeitnehmer nach Fortfall der Lohnfortzahlung vom Arbeitgeber den Differenzbetrag zwischen ihrem bisherigen Netto-Entgelt und dem Krankengeld für einen vorher festgelegten Zeitraum erstattet. Diese Zahlungen sollen den Besitzstand des erkrankten Arbeitnehmers wahren.

Lohnsteuer: Die Krankengeldzuschüsse gehören zum steuerpflichtigen Arbeitslohn. Sie sind entsprechend dem Lohnzahlungszeitraum, für den sie gezahlt werden, zu versteuern. Sind in einem Lohnzahlungszeitraum sowohl Arbeitslohn als auch Krankengeldzuschüsse gezahlt worden, sind beide Vergütungen lohnsteuerpflichtig (§ 19 Abs. 1 Nr. 1 EStG, § 2 Abs. 2 LStDV).

Sozialversicherung: Zur Sozialversicherung beitragspflichtig, soweit lohnsteuerpflichtig (§ 14 Abs. 1 SGB IV i. V. m. § 1 ArbeitsentgVO).

Kurzarbeitergeld

599 Kurzarbeitergeld wird durch das Arbeitsamt bei vorübergehendem Arbeitsausfall gewährt, wenn zu erwarten ist, daß dadurch den Arbeitnehmern die Arbeitsplätze erhalten werden. Es beträgt für Arbeitnehmer mit einem Kind etwa 68%, für alle übrigen Arbeitnehmer etwa 63% des letzten Netto-Arbeitsentgelts (siehe auch Rz. 353 und Teil M 302ff.).

Lohnsteuer: Das Kurzarbeitergeld ist nicht lohnsteuerpflichtig. Es wird jedoch im Lohnsteuerjahresausgleich oder bei der Veranlagung zur Einkommensteuer dem Progressionsvorbehalt (s. Rz. 634) unterworfen (§ 3 Nr. 2 EStG, § 32b Abs. 1 EStG).

Sozialversicherung: Die Berechnung der Beiträge zur Kranken-, Renten- und Arbeitslosenversicherung wird unterschiedlich vorgenommen:
Bei der Krankenversicherung sind die Beiträge nach dem sozialversicherungspflichtigen Entgelt zu berechnen, das ohne den Bezug von Kurzarbeitergeld erzielt worden wäre. Es handelt sich hierbei also um ein fiktives Arbeitsentgelt. Die auf dieses fiktive Arbeitsentgelt entfallenden Krankenversicherungsbeiträge muß der Arbeitgeber in voller Höhe allein aufbringen. Die zuständigen Arbeitsämter erstatten auf Antrag dem Arbeitgeber ca. 50% der Krankenversicherungsbeiträge.
In der Rentenversicherung werden die Beiträge nur aus dem tatsächlich ausgezahlten Kurzarbeitergeld berechnet. Auch hierbei muß der Arbeitgeber die Beiträge zur Rentenversicherung in voller Höhe allein tragen. Er hat jedoch auch hier die Möglichkeit, sich vom zuständigen Arbeitsamt auf Antrag ca. 50% dieser Beiträge erstatten zu lassen.
Beiträge zur Arbeitslosenversicherung werden nur von Vergütungen für tatsächlich geleistete Stunden berechnet. Vom fiktiven Arbeitslohn oder vom Kurzarbeitergeld werden keine Beiträge zur Arbeitslosenversicherung einbehalten.

Laufender Arbeitslohn

601 Siehe auch ,,Arbeitslohn" (Rz. 522).
Der Begriff ,,Laufender Arbeitslohn" wird ausschließlich im Lohnsteuerrecht angewandt. Laufender Arbeitslohn ist Arbeitslohn, der dem Arbeitnehmer regelmäßig zufließt, wie z. B. monatliches Gehalt, Wochen- und Tagelohn, Mehrarbeitsvergütungen, diverse Zulagen und Zuschläge, geldwerte Vorteile, Nachzahlungen und Vorauszahlungen, wenn sich der Gesamtbetrag einer Nachzahlung ausschließlich auf Lohnzahlungszeiträume bezieht, die im Kalenderjahr der Zahlung enden, Gehaltsfortzahlung sowie alle Leistungen, die monatlich wiederkehren (Abschn. 85 Abs. 1 LStR).
Lohnsteuer: Der laufende Arbeitslohn gehört in voller Höhe zum lohnsteuerpflichtigen Entgelt (Abschn. 86 LStR).

Lebenshaltungskosten

602 Lebenshaltungskosten, auch ,,Aufwendungen für die Lebensführung" genannt, sind nicht abzugsfähige Ausgaben der privaten Lebensführung. Hierunter fallen insbesondere die für den Haushalt des Steuerpflichtigen und für den Unterhalt seiner Familienangehörigen aufgewendeten Beträge. Dazu gehören auch die Aufwendungen für die Lebensführung, die die wirtschaftliche oder gesellschaftliche Stellung des Steuerpflichtigen mit sich bringt, auch wenn sie zur Förderung des Berufs oder der Tätigkeit des Steuerpflichtigen erfolgen (§ 12 EStG, Abschn. 117 EStR).

Lebensversicherung

603 Mit dem Abschluß einer Lebensversicherung versichert der Versicherungsnehmer sein Leben auf den Erlebens- und Todesfall. Beim Todesfall steht den Nachkommen die Versicherungssumme zur Verfügung. Im Erlebensfall steht dem Versicherungsnehmer bei Ablauf der Versicherung die Versicherungssumme zur Verfügung. Zusätzlich zu der Versicherungssumme erhalten die Nachkommen – oder die versicherte Person selbst im Erlebensfall – Gewinnbeteiligungen oder Dividenden. Die Dividenden oder Gewinnbeteiligungen werden von jeder Lebensversicherungsgesellschaft für die einzelne Gesellschaft ermittelt und ausgezahlt.
Lohnsteuer: Für die Zahlung der Beiträge durch den Arbeitgeber s. Rz. 566. Zahlt der Versicherungsnehmer die Versicherungsbeiträge selbst, so kann er sie im Rahmen seiner beschränkt abzugsfähigen Sonderausgaben bei seiner Einkommensteuerveranlagung oder bei dem Lohnsteuerjahresausgleich geltend machen (§ 10 Abs. 1 Nr. 2a dd), Abschn. 40 Abs. 1 LStR).
Sozialversicherung: Bei Zahlung der Beiträge zu einer Lebensversicherung durch den Arbeitgeber s. ,,Direktversicherung".

Lohn

604 Siehe „Arbeitslohn", Rz. 522.

Lohnfortzahlung

605 Siehe auch „Arbeitsunfähigkeit" (Rz. 523) „Gehaltsfortzahlung" (Rz. 573), „Krankengeld" (Rz. 597) und Teil M Rz. 105.
Das Lohnfortzahlungsgesetz (LFZG) vom 27. 7. 1969 regelt die Lohnfortzahlung bei Arbeitsunfähigkeit von Arbeitern. Demnach hat ein Arbeiter, der an der Erbringung seiner Arbeit durch Arbeitsunfähigkeit infolge Krankheit – ohne daß ihn ein eigenes Verschulden trifft – verhindert ist, für die Zeit der Arbeitsunfähigkeit bis zu der Dauer von sechs Wochen Anspruch auf Arbeitsentgelt. Wird er innerhalb von 12 Monaten infolge derselben Krankheit wiederholt arbeitsunfähig, so verliert er den Anspruch auf Arbeitsentgelt nur für den Zeitraum der Krankheit, der über sechs Wochen hinausgeht.
Der Anspruch auf Arbeitsentgelt für die Zeit der Arbeitsunfähigkeit bis zur Dauer von sechs Wochen besteht auch dann, wenn die Arbeitsunfähigkeit infolge von Sterilisation oder des Abbruchs einer Schwangerschaft durch einen Arzt eintritt.
Lohnsteuer: Die vom Arbeitgeber gezahlte Lohnfortzahlung gehört in voller Höhe zum steuerpflichtigen Entgelt (§ 19 Abs. 1 Nr. 1 EStG, § 2 Abs. 2 LStDV).
Sozialversicherung: Zur Sozialversicherung beitragspflichtig, soweit lohnsteuerpflichtig (§ 14 Abs. 1 SGB IV i. V. m. § 1 ArbeitsentgVO).

Lohnkonto

606 **Lohnsteuer:** Gemäß § 41 EStG hat der Arbeitgeber am Ort der Betriebsstätte für jeden Arbeitnehmer und jedes Kalenderjahr ein Lohnkonto zu führen. In das Lohnkonto sind die für den Lohnsteuerabzug erforderlichen Merkmale aus der Lohnsteuerkarte oder aus einer entsprechenden Bescheinigung (z. B. Lohnzettel) zu übernehmen. Bei jeder Lohnzahlung innerhalb eines Kalenderjahres, für das das Lohnkonto gilt, ist im Lohnkonto die Art und Höhe des gezahlten Arbeitslohns, einschließlich der steuerfreien Bezüge, sowie die darauf einbehaltene oder übernommene Lohnsteuer einzutragen. Wird die einbehaltene oder übernommene Lohnsteuer nach der besonderen Lohnsteuertabelle ermittelt, so ist dies durch Eintragung des Großbuchstabens „B" auf dem Lohnkonto zu vermerken. Ebenso sind Kurzarbeitergeld- oder Schlechtwettergeld-Zahlungen sowie die diesen Leistungen entsprechenden Beträge einzutragen. Lohnkonten sind bis zum Ablauf des 6. Kalenderjahres, das auf die zuletzt eingetragene Lohnzahlung folgt, aufzubewahren (§ 41 Abs. 1 EStG).
Betriebsstätte ist hierbei der Betrieb oder der Teil des Betriebes des Arbeitgebers, in dem der für die Durchführung des Lohnsteuerabzugs maßgebende Arbeitslohn ermittelt wird (§ 41 Abs. 2 EStG).
Sozialversicherung: Die Arbeitgeber haben für die ordnungsgemäße Abrechnung der Beiträge zur Sozialversicherung Lohnunterlagen für jeden Beschäftigten zu führen. In diesen Unterlagen müssen u. a. alle Angaben enthalten sein, die in einem Lohnkonto zu finden sind sowie die Versicherungsnummer des Mitglieds, Angaben zur Tätigkeit, Bezeichnung der für den Einzug der Beiträge zur Sozialversicherung jeweils zuständige Krankenkasse (Einzugsstelle), die einzelnen Beiträge zur Sozialversicherung unter Angabe der jeweiligen Beitragsgruppe, Beginn und Ende der Beschäftigung.
Wenn die Lohnabrechnungen mit Hilfe von Datenverarbeitungsanlagen erstellt wird, so ist es zweckmäßig, in das Lohnkonto auch alle Angaben für die Sozialversicherung zu übernehmen.

Lohnpfändung

607 Das Netto-Entgelt ist nur in beschränktem Umfang pfändbar. Der Arbeitgeber muß die pfändbaren Teile des Arbeitslohns dem Arbeitnehmer einhalten und an den Schuldner überweisen (siehe auch Teil M Rz. 163 ff.).
Lohnsteuer und Sozialversicherung: Lohnpfändungen sind für die Berechnung der Lohnsteuer und die Berechnung der Beiträge zur Sozialversicherung ohne Bedeutung.

ABC der Lohnsteuer und der Sozialversicherung   608–611 L

Lohnsteuer

608 Lohnsteuer ist die durch Abzug vom Arbeitslohn erhobene Einkommensteuer. Sie ist keine eigenständige Steuer, sondern lediglich eine Form der Erhebung der Einkommensteuer bei Arbeitnehmern.

Der Arbeitgeber muß vom Arbeitslohn, der den Arbeitnehmern zufließt, kraft gesetzlicher Verpflichtung einen bestimmten Teil als Lohnsteuer einhalten und an das Finanzamt abführen. Für die Einbehaltung der Lohnsteuer vom laufenden Arbeitslohn hat der Arbeitgeber die Höhe des laufenden Arbeitslohns und den Lohnzahlungszeitraum festzustellen. Er hat die Lohnsteuer korrekt zu ermitteln und an das zuständige Finanzamt abzuführen.

Gemäß § 42 d EStG haftet der Arbeitgeber
1. für die Lohnsteuer, der er einzubehalten und abzuführen hat,
2. für die Lohnsteuer, die er beim Lohnsteuerjahresausgleich zu Unrecht erstattet hat, und
3. für die Einkommensteuer, die aufgrund fehlerhafter Angaben im Lohnkonto, in der Lohnsteuerbescheinigung oder im Lohnzettel verkürzt wird.

Lohnsteueranmeldungszeitraum

609 Der Lohnsteueranmeldungszeitraum ist grundsätzlich der Kalendermonat. War jedoch die abzuführende Lohnsteuer für das vorangegangene Kalenderjahr niedriger als DM 6000,–, aber mehr als DM 600,–, so ist der Lohnsteueranmeldungszeitraum das Kalendervierteljahr. Betrug die Lohnsteuer für das vorangegangene Kalenderjahr weniger als DM 600,–, so ist der Lohnsteueranmeldungszeitraum das Kalenderjahr (§ 41 a Abs. 2 Satz 1 und 2 EStG).

Hat die Betriebstätte nicht während des ganzen vorangegangenen Kalenderjahres bestanden, so ist für die Feststellung des Lohnsteueranmeldungszeitraums die gezahlte Lohnsteuer auf einen Jahresbetrag umzurechnen (§ 41 a Abs. 2 Satz 3 EStG).

Die Lohnsteueranmeldung ist nach amtlich vorgeschriebenem Vordruck abzugeben und vom Arbeitgeber oder von einer zu seiner Vertretung berechtigten Person zu unterschreiben. Der Arbeitgeber wird von der Verpflichtung zur Abgabe weiterer Lohnsteueranmeldungen befreit, wenn er nur Arbeitnehmer beschäftigt, für die er kein Lohnkonto zu führen braucht und dies dem zuständigen Finanzamt mitteilt (§ 41 a Abs. 1 Satz 2 EStG).

Der Arbeitgeber hat spätestens am 10. Tag nach Ablauf eines jeden Lohnsteueranmeldungszeitraums
1. dem Finanzamt, in dessen Bezirk sich die Betriebsstätte befindet, eine Steuererklärung einzureichen, in der er die Summe der im Lohnsteueranmeldungszeitraum einzubehaltenden und zu übernehmenden Lohnsteuer angibt,
2. die im Lohnsteueranmeldungszeitraum insgesamt einbehaltene und übernommene Lohnsteuer an das Betriebstättenfinanzamt abzuführen (§ 41 a Abs. 1 Satz 1 EStG).

Lohnsteuerjahresausgleich durch den Arbeitgeber

610 Siehe ,,Jahresausgleich durch den Arbeitgeber", Rz. 588.

Lohnsteuerkarte

611 Die Lohnsteuerkarte ist die Grundlage für den Steuerabzug durch den Arbeitgeber. Hierbei kann er sich auf die Richtigkeit des Inhalts der Steuerkarte verlassen.

Die Steuerkarte wird von der örtlich zuständigen Gemeinde nach amtlichem Muster unentgeltlich ausgestellt. Die Steuerkarte ist eine öffentliche Urkunde. Eintragungen oder Änderungen der vorhandenen Eintragungen dürfen nur durch die ausstellende Behörde bzw. das zuständige Finanzamt durchgeführt werden (§ 39 Abs. 2 EStG).

Am Jahresende muß der Arbeitgeber die gesetzlich vorgesehenen Eintragungen gemäß § 41 b EStG auf der Lohnsteuerkarte vornehmen.

Falls ein Arbeitnehmer bei mehreren Arbeitgebern beschäftigt ist, muß er für jede weitere Beschäftigung eine Lohnsteuerkarte mit der Eintragung der Steuerklasse VI vorlegen.

Lohnsteuerklassenwahl

– Siehe auch Teil H Rz. 4 –

612 Die zuständige Gemeinde trägt aufgrund der Unterlagen aus der Personenstandsaufnahme die zuständige Steuerklasse auf die Lohnsteuerkarte ein (§ 39 Abs. 3 EStG).

Ehegatten, die beide unbeschränkt steuerpflichtig sind, nicht dauernd getrennt leben und beide Arbeitslohn beziehen, können für den Lohnsteuerabzug wählen, ob sie beide in der Steuerklasse IV eingeordnet werden oder einer von ihnen nach Steuerklasse III und der andere nach Steuerklasse V besteuert werden will. Die Steuertabellen der Klassen III und V sind so berechnet, daß die Summe der Steuerabzugsbeträge beider Ehegatten in etwa der zu erwartenden Jahressteuer entspricht, wenn der in Steuerklasse III eingestufte Ehegatte 60 v. H., der in Steuerklasse V eingestufte 40 v. H. des gemeinsamen Arbeitseinkommens erzielt. Werden die gemeinsamen Arbeitseinkommen mit 50 zu 50 v. H. erzielt, so ist die Steuerklassenkombination IV/IV zweckmäßiger.

Lohnsteuernachforderung

613 Siehe auch ,,Anzeigepflicht des Arbeitgebers" (Rz. 508).

Eine Lohnsteuernachforderung entsteht dadurch, daß ein Arbeitgeber bei der Lohnabrechnung zu wenig Lohnsteuer eingehalten und an das Finanzamt abgeführt hat.

Der Arbeitgeber kann innerhalb desselben Kalenderjahres die zu wenig einbehaltene Lohnsteuer von seinem Arbeitnehmer nachfordern. Nach Ablauf des Kalenderjahres kann eine Nachforderung nur durchgeführt werden, solange ein Lohnzettel oder eine Lohnsteuerbescheinigung noch nicht ausgestellt ist. In allen anderen Fällen muß die Nachforderung durch das zuständige Finanzamt erfolgen. Ist dem Arbeitgeber die nachträgliche Einbehaltung nicht möglich, weil schon ein Lohnzettel oder eine Lohnsteuerbescheinigung ausgeschrieben ist, oder weil der Arbeitnehmer von ihm keinen Arbeitslohn mehr bezieht, so hat der Arbeitnehmer diesen Umstand dem Betriebstättenfinanzamt unverzüglich anzuzeigen. Er verhindert hierdurch die Inanspruchnahme als Haftender für die zu wenig eingehaltene Lohnsteuer. Das zuständige Finanzamt wird dann die zu wenig erhobene Lohnsteuer vom Arbeitnehmer unmittelbar anfordern.

Lohnzahlungszeitraum

614 Der Lohnzahlungszeitraum ist der Zeitraum, für den der laufende Arbeitslohn gezahlt wird. Der Lohnzahlungszeitraum ist durch Tarifvertrag, Betriebsvereinbarung oder Einzelvertrag geregelt. In der Regel sind die üblichen Lohnzahlungszeiträume der Monat, die Woche oder der Tag.

Lohnsteuer: Der Lohnzahlungszeitraum hat Bedeutung für die Besteuerung des laufenden Arbeitslohns. Aufgrund des Lohnzahlungszeitraums ist ersichtlich, welche Lohnsteuertabelle (monatliche, wöchentliche, tägliche) anzuwenden ist. Tritt ein Arbeitnehmer innerhalb des Laufs eines Lohnzahlungszeitraumes ein oder aus, so verkürzt sich für ihn der Lohnzahlungszeitraum entsprechend; hierbei ist die Zahl der Kalendertage (nicht Arbeitstage) maßgebend. Das gleiche gilt, wenn Arbeitnehmer unbezahlten Urlaub, Kurzarbeitergeld, Schlechtwettergeld beziehen (Abschn. 86 Abs. 2 LStR).

Sozialversicherung: § 23 SGB IV bestimmt, daß laufende Beiträge, die nach dem Arbeitsentgelt oder dem Arbeitseinkommen bemessen sind, spätestens am 15. des Folgemonats fällig werden. In der Sozialversicherung ist der Monat Lohnzahlungszeitraum. Wird das Arbeitsentgelt betriebsüblich erst nach dem 10. des Folgemonats abgerechnet, der dem Monat folgt, in dem die Beschäftigung ausgeübt worden ist, sind Beiträge in voraussichtlicher Höhe der Beitragsschuld spätestens am 15. des

ABC der Lohnsteuer und der Sozialversicherung   615–617 L

Folgemonats zu entrichten. Der danach verbleibende Restbetrag wird eine Woche nach dem betriebsüblichen Abrechnungstermin fällig.

Lohnzettel

615 Der Arbeitgeber hat gemäß § 41b Abs. 2 EStG für Arbeitnehmer, die die Jahresarbeitslohngrenze überschritten haben (s. „Jahresarbeitslohngrenze", Rz. 586) einen Lohnzettel nach amtlich vorgeschriebenem Vordruck auszuschreiben, der dieselben Angaben wie die Lohnsteuerbescheinigung enthält. Weiterhin muß er für Arbeitnehmer in der Steuerklasse VI und für Arbeitnehmer, die Kurzarbeiter- oder Schlechtwettergeld bezogen haben – unabhängig von der Jahresarbeitslohngrenze – ebenfalls Lohnzettel nach amtlich vorgeschriebenem Vordruck ausschreiben. Der Lohnzettel ist dem für den Arbeitnehmer nach seinem Wohnsitz oder gewöhnlichen Aufenthalt am 31. Dezember des abgelaufenen Kalenderjahres zuständigen Finanzamt einzureichen. Bei Beendigung des Dienstverhältnisses vor Ablauf des Kalenderjahres ist der Lohnzettel dem Finanzamt einzureichen, das für den nach Kenntnis des Arbeitgebers letzten Wohnsitz des Arbeitnehmers zuständig ist. Kann der Arbeitgeber dieses Finanzamt nicht feststellen, so ist der Lohnzettel an das Finanzamt einzureichen, in dessen Bezirk die Lohnsteuerkarte des abgelaufenen Jahres ausgestellt worden ist.
Bei Wechsel der Steuerklasse innerhalb des Kalenderjahres richtet sich die Ausschreibung des Lohnzettels nach der jeweils ungünstigsten Steuerklasse (Abschn. 102 Abs. 3 S. 4 LStR).
Die Lohnzettel sind in der Zeit vom 1.–15. 10. des Folgejahres einzureichen (Abschn. 102 Abs. 2 LStR).

Lohnzuschläge

616 Bei Lohnzuschlägen werden folgende Zuschläge unterschieden:
1. Zuschläge für geleistete Überstunden,
2. Zuschläge für Schichtarbeit,
3. Erschwerniszuschläge,
4. Zuschläge für Sonntags-, Feiertags- und Nachtarbeit.

Diese Zuschläge werden zusätzlich zum Arbeitslohn gezahlt für die besondere Leistung oder Belastung des Arbeitnehmers.

Lohnsteuer:
zu 1: Zuschläge für geleistete Überstunden: Zuschläge für geleistete Überstunden, die über die regelmäßige Arbeitszeit hinaus geleistet werden, sind steuerpflichtiger Arbeitslohn und richten sich in der Regel nach den einzelnen Tarifverträgen. Ausnahmen hiervon s. 4. „Zuschläge für Sonntags-, Feiertags- und Nachtarbeit").
zu 2: Zuschläge für Schichtarbeit: Zuschläge für Schichtarbeit gehören zum steuerpflichtigen Arbeitslohn.
zu 3: Erschwerniszuschläge: Erschwerniszuschläge, die aufgrund der Besonderheit der Arbeit gezahlt werden (hierzu zählen u. a. Schmutzzulagen, Hitzezuschläge, Gefahrenzuschläge etc.), gehören zum steuerpflichtigen Arbeitslohn (Abschn. 50 Abs. 1 Nr. 7 LStR).
zu 4: Zuschläge für Sonntags-, Feiertags- und Nachtarbeit: Zuschläge für tatsächliche an Sonntagen, Feiertagen oder zur Nachtzeit geleistete Arbeit sind steuerfrei, wenn sie neben dem Grundlohn (i. d. R. vereinbarter Stundenlohn oder vereinbartes Gehalt/Lohn dividiert durch vereinbarte monatliche/wöchentliche Arbeitszeit) gezahlt werden. Da die Zuschläge nur für tatsächlich geleistete Sonntags-, Feiertags- oder Nachtarbeit steuerfrei gezahlt werden können, ist der Einzelnachweis der geleisteten Arbeitsstunden Voraussetzung (§ 3b EStG, Abschn. 17 LStR).
Sozialversicherung: Zur Sozialversicherung beitragsfrei, soweit lohnsteuerfrei (§ 14 Abs. 1 SGB IV i. V. m. § 1 ArbeitsentgVO).

Mankogelder

617 Siehe „Kassenfehlbeträge", Rz. 589.

Mehrarbeitszuschläge

618 Siehe „Lohnzuschläge", Rz. 616.

Mehrfachbeschäftigung

619 Eine Mehrfachbeschäftigung liegt vor, wenn ein Arbeitnehmer bei mehreren Arbeitgebern beschäftigt ist.

Lohnsteuer: Hat ein Arbeitnehmer neben seinem ersten Dienstverhältnis ein weiteres Dienstverhältnis, so muß er dem zweiten Arbeitgeber eine zweite Lohnsteuerkarte mit der Steuerklasse VI vorlegen. Hiervon ausgenommen sind Arbeitnehmer, bei denen die Lohnsteuer gemäß § 40a EStG pauschal erhoben wird (s. „Aushilfen" (Rz. 525 ff.).

Der Arbeitgeber hat für Mehrfachbeschäftigte den Lohnsteuerabzug nach der vorgelegten Steuerkarte vorzunehmen. Der Arbeitnehmer kann auch auf seine zweite Steuerkarte einen etwaigen Steuerfreibetrag eintragen lassen. Arbeitnehmer mit Bezügen aus mehreren Dienstverhältnissen werden grundsätzlich zur Einkommensteuer veranlagt, wenn das zu versteuernde Einkommen bei Unverheirateten DM 18000,– und bei Verheirateten DM 36000,– übersteigt (§ 46 Abs. 2 Nr. 2 EStG).

Sozialversicherung:
Bei der gleichzeitigen Ausübung mehrerer Beschäftigungen ist grundsätzlich jedes Beschäftigungsverhältnis für sich zu beurteilen. Beim Zusammentreffen mehrerer geringfügig entlohnter Beschäftigungen sind die erzielten Entgelte und die wöchentlichen Arbeitszeiten aus den einzelnen Beschäftigungen zusammenzurechnen. Übersteigt danach die regelmäßige wöchentliche Gesamtarbeitszeit 15 Stunden, oder übersteigt das Gesamtentgelt DM 400,– monatlich oder – bei höherem Arbeitsentgelt – ⅙ des Gesamteinkommens, so besteht Versicherungspflicht. Bei diesen Mehrfachbeschäftigungen ist für die Berechnung der Beiträge das Arbeitsentgelt aus allen versicherungspflichtigen Beschäftigungsverhältnissen zusammenzurechnen.

Solange die so ermittelte Summe die Beitragsbemessungsgrenze nicht übersteigt, muß jeder Arbeitgeber von dem bei ihm erzielten Arbeitsentgelt die Beiträge berechnen und entsprechend abführen (§ 396 RVO). Übersteigt die Summe der einzelnen Arbeitsentgelte die Beitragsbemessungsgrenze der Kranken-, Renten- und Arbeitslosenversicherung, dann muß das beitragspflichtige Entgelt aus jeder Beschäftigung nach dem Anteil des einzelnen Entgeltes der einzelnen Beschäftigung im Verhältnis zum Gesamtentgelt aus allen Beschäftigungen ermittelt werden. Dies geschieht am einfachsten nach folgender Formel:

$$\frac{\text{Beitragsbemessungsgrenze} \times \text{Arbeitsentgelt einer Beschäftigung}}{\text{Arbeitsentgelt aus allen Beschäftigungen}}$$

Das beitragspflichtige Arbeitsentgelt wird auch dann so ermittelt, wenn die Beschäftigungen verschiedenen Rentenversicherungen (der Arbeiter oder der Angestellten) zuzuordnen sind.

Für Mehrfachbeschäftigte sind für jedes Beschäftigungsverhältnis entsprechende DÜVO/DEVO-Meldungen zu erstellen.

Montage-Erlaß

620 Siehe „Auslandstätigkeiten", Rz. 529 ff.

Mutterschaftsgeld

621 Siehe auch „Zuschuß zum Mutterschaftsgeld" (Rz. 691) und Teil M Rz. 215 ff.

a) Bei **Mitgliedern gesetzlicher Krankenversicherungen** /AOK, Ersatzkassen, Betriebskrankenkassen, Innungskrankenkassen) gilt folgendes:
Frauen, die in der gesetzlichen Krankenversicherung freiwillig oder pflichtversichert sind, erhalten während der Schutzfristen (6 Wochen vor und 8 bzw. 12 Wochen nach der Entbindung) und während des Mutterschaftsurlaubs von den Krankenkassen Mutterschaftsgeld nach den Vorschriften des § 200 RVO. Hiernach ist Voraussetzung, daß in der Zeit zwischen dem 10. und dem 4. Monat – einschließlich dieser

Monate vor der Entbindung – für mindestens zwei Wochen Versicherungspflicht oder ein Arbeitsverhältnis bestanden hat. Werdende Mütter erhalten als Mutterschaftsgeld das um die gesetzlichen Abzüge verminderte durchschnittliche Arbeitsentgelt der letzten drei abgerechneten Kalendermonate, bei wöchentlicher Abrechnung der letzten 13 abgerechneten Wochen vor Beginn der Schutzfrist. Das Mutterschaftsgeld beträgt mindestens DM 3,50, höchstens DM 25,– pro Kalendertag. Einmalig gezahltes Arbeitsentgelt sowie Entgelt für Tage, an denen infolge von Kurzarbeit, Arbeitsausfällen oder unverschuldetem Arbeitsversäumnis kein oder nur ein vermindertes Arbeitsentgelt erzielt wurde, bleiben hierbei außer Betracht. Ist danach eine Berechnung nicht möglich, so ist das durchschnittliche kalendertägliche Arbeitsentgelt einer gleichartig Beschäftigten zugrunde zu legen (§ 200 Abs. 2 RVO). Das Mutterschaftsgeld wird für 6 Wochen vor der Entbindung und für 8 Wochen, bei Früh- und Mehrlingsgeburten für 12 Wochen, unmittelbar nach der Entbindung gewährt (§ 200 Abs. 3 RVO).

Werdende Mütter, deren Netto-Entgelt höher als das von der zuständigen Krankenkasse gewährte Mutterschaftsgeld liegt, erhalten vom Arbeitgeber gem. § 14 MuSchG den Differenzbetrag zwischen dem Mutterschaftsgeld der Krankenkasse und dem bisher erzielten Netto-Entgelt der letzten 3 Monate bzw. 13 abgerechneten Wochen erstattet. S. hierzu ,,Zuschuß zum Mutterschaftsgeld durch den Arbeitgeber'' (Rz. 691), Rz. 237–247 und Teil M Rz. 215 ff.

Lohnsteuer: Mutterschaftsgeld nach der RVO und dem Mutterschutzgesetz sowie der Zuschuß des Arbeitgebers zum Mutterschaftsgeld nach § 14 MuSchG ist steuerfrei (§ 3 Nr. 1d EStG).

Sozialversicherung: Mutterschaftsgeld nach dem Mutterschutzgesetz sowie nach der RVO ist nicht beitragspflichtig.

b) **Bei Mitgliedern privater Krankenversicherungen:**
Frauen, die nicht in der gesetzlichen Krankenversicherung versichert sind, erhalten Mutterschaftsgeld vom Bund. Die Auszahlung erfolgt durch das Bundesversicherungsamt, 1000 Berlin 30. Das Mutterschaftsgeld muß beim Bundesversicherungsamt beantragt werden. Es wird in Form eines einmaligen Pauschbetrages in Höhe von DM 400,– gezahlt. Weitere Zahlungen durch die gesetzlichen Sozialversicherungsträger erfolgen nicht (§ 200d RVO).

Lohnsteuer: Das einmalig gezahlte Mutterschaftsgeld in Höhe von DM 400,– ist lohnsteuerfrei (§ 3 Nr. 1d EStG).

Sozialversicherung: Das einmalig gezahlte Mutterschaftsgeld von DM 400,– gehört nicht zum sozialversicherungspflichtigen Entgelt.

Mutterschaftshilfe

Siehe auch ,,Mutterschaftsgeld'' (Rz. 621).
Mutterschaftshilfe umfaßt die Leistungen, die die Krankenkassen an weibliche Versicherte aus Anlaß von Schwangerschaft und Niederkunft gewähren. Gemäß § 195 RVO sind die Leistungen der Mutterschaftshilfe im einzelnen:
1. ärztliche Betreuung und Hilfe sowie Hebammenhilfe,
2. Versorgung mit Arznei, Verbands- und Heilmitteln,
3. Pauschbeträge für die Inanspruchnahme ärztlicher Betreuung,
4. Pflege in einer Entbindungs- oder Krankenanstalt sowie Hilfe und Wartung durch Hauspflegerinnen,
5. Mutterschaftsgeld.

Anspruch auf diese Leistungen haben alle weiblichen Versicherten, die in einer gesetzlichen Krankenkasse versichert sind. Mitglieder von Privatversicherungen erhalten je nach dem von ihnen gewährten Versicherungsumfang die gleichen Leistungen.

Mutterschaftsurlaub

Arbeitnehmerinnen können im Anschluß an die gesetzlichen Schutzfristen von 8 bzw. 12 Wochen nach der Entbindung bis zum Ablauf des Tages, an dem das Kind 6 Monate alt wird, Mutterschaftsurlaub beanspruchen. Hierfür ist Voraussetzung, daß in den letzten 12 Monaten vor der Entbindung für mindestens 9 Monate (bei Frühgeburten für mindestens 7 Monate) ein Arbeitsverhältnis bestanden hat.

Während dieses Mutterschaftsurlaubes erhält die Mutter Mutterschaftsgeld von der gesetzlichen Krankenversicherung in Höhe des nach dem um die gesetzlichen Abzüge verminderten durchschnittlichen Arbeitsentgeltes der letzten 3 Monate bzw. 13 Wochen vor Beginn der Mutterschutzfrist vor der Entbindung. Es beträgt mindestens DM 3,50 und höchstens DM 17,– pro Kalendertag (monatlich also höchstens DM 510,–).

Lohnsteuer: Mutterschaftsgeld, das durch die gesetzliche Krankenversicherung während der Dauer des Mutterschaftsurlaubs gezahlt wird, ist steuerfrei (§ 3 Nr. 1 d EStG).

Sozialversicherung: Mutterschaftsgeld, das durch die gesetzliche Krankenversicherung während des Mutterschaftsurlaubes gezahlt wird, ist sozialabgabenfrei.

Mutterschutz

624 Der Schutz der werdenden Mutter ist durch das Mutterschutzgesetz geregelt. Hierdurch werden insbesondere die Gestaltung des Arbeitsplatzes, etwaige Beschäftigungsverbote, Mitteilungspflichten, Kündigungsverbote und Mutterschutzlohn geregelt.

Nachforderung von Lohnsteuer

625 Siehe „Lohnsteuernachforderung", Rz. 613.

Nachtarbeit

626 Siehe „Lohnzuschläge", Rz. 616.

Nachzahlung von Arbeitslohn

627 Die Nachzahlung von Arbeitslohn erfolgt in der Regel dann, wenn der Arbeitgeber, aus welchen Gründen auch immer – es versäumt hat, den Arbeitslohn in voller Höhe auszuzahlen.

Lohnsteuer: Gemäß Abschn. 85 LStR sind Nachzahlungen laufender Arbeitslohn, wenn sich der Gesamtbetrag einer Nachzahlung ausschließlich auf Lohnzahlungszeiträume bezieht, die im Kalenderjahr der Zahlung enden. Ist danach eine Nachzahlung ein laufender Bezug, so ist sie für die Berechnung der Lohnsteuer dem Lohnzahlungszeitraum zuzurechnen, für die sie geleistet wird. Gemäß Abschn. 86 Abs. 4 LStR bestehen jedoch keine Bedenken, diese Nachzahlungen, auch wenn sie DM 300,– nicht übersteigen, als sonstige Bezüge zu behandeln, es sei denn, daß der Arbeitnehmer die Besteuerung nach den einzelnen Lohnzahlungszeiträumen verlangt.

Sozialversicherung: In der Sozialversicherung werden Nachzahlungen grundsätzlich den einzelnen Lohnzahlungszeiträumen zugeordnet. Hierbei ist auf die jeweiligen monatlichen Beitragsbemessungsgrenzen zu achten.

Nettolohnvereinbarung

628 Eine Nettolohnvereinbarung liegt vor, wenn der Arbeitgeber mit dem Arbeitnehmer als Lohn einen Nettobetrag vereinbart hat, d. h. einen Lohn nach Abzug aller Abgaben.

Lohnsteuer: Wenn eine Nettolohnvereinbarung vorliegt, muß der Arbeitnehmer die gesetzliche Lohnsteuer, Kirchensteuer und die Arbeitnehmeranteile zur Kranken-, Renten- und Arbeitslosenversicherung tragen. Die vom Arbeitgeber übernommenen Abzugsbeträge sind zusätzlicher Arbeitslohn (§ 2 Abs. 3 Nr. 2 Satz 4 LStDV). Übernimmt der Arbeitgeber die Lohnsteuer, die Kirchensteuer und die Arbeitnehmeranteile der Beiträge zu den Sozialversicherungen, so sind diese Beträge bei der Ermittlung des Bruttolohns einzubeziehen. Hierbei gibt es zwei verschiedene Berechnungsmöglichkeiten: Eine Möglichkeit ist die Anwendung einer Nettolohn-Tabelle, aus der aufgrund des vereinbarten Nettolohns der entsprechende Bruttolohn durch Berechnung der Lohn- und Kirchensteuer sowie der Beiträge zur gesetzlichen Sozialversicherung ermittelt werden kann. Die andere Möglichkeit besteht darin, von der Nettobasis den Bruttoarbeitslohn zu schätzen und solange durch Abtasten der Tabellen (Lohnsteuer- und Beitragstabellen) nachzurechnen, bis der vereinbarte Nettolohn ermittelt wird.

Sozialversicherung: Bei Nettolohnvereinbarung sind die vom Arbeitgeber übernommenen Abzugsbeträge zusätzlicher Arbeitslohn. Auch hier muß der Nettolohn auf den entsprechenden Bruttolohn umgerechnet werden. Dazu ist dasselbe Verfahren wie bei der Berechnung des lohnsteuerlichen Entgeltes anzuwenden.

Pauschalierung von Lohnsteuer

629 Siehe auch ,,Aushilfen", Rz. 525ff.

Sozialversicherung: Pauschal versteuerte Bezüge sind gemäß § 2 ArbeitsentgVO in der Sozialversicherung beitragsfrei.

Permanenter Lohnsteuerjahresausgleich

630 Arbeitgeber, die die Lohnabrechnung maschinell durchführen, dürfen die Lohnsteuer ohne besondere Genehmigung unabhängig von den Lohnsteuertabellen ermitteln (Abschn. 88 Abs. 1 LStR). Danach kann die Lohnsteuer in einem besonderen Verfahren – allerdings beschränkt auf die laufenden Bezüge – nach dem voraussichtlichen Jahresarbeitslohn ermittelt werden. Dieses Verfahren wird als ,,permanenter Jahresausgleich" bezeichnet. Der permanente Jahresausgleich erlaubt es, nach jedem Lohnzahlungszeitraum Überzahlungen von Lohnsteuer auszugleichen.

Voraussetzung für eine derartige Lohnsteuerermittlung ist:
1. Der Arbeitnehmer muß unbeschränkt steuerpflichtig sein.
2. Dem Arbeitgeber muß die Lohnsteuerkarte des Arbeitnehmers vorliegen.
3. Der Arbeitnehmer muß seit Beginn des Kalenderjahres ständig in einem Dienstverhältnis gestanden haben.
4. Die zutreffende Jahreslohnsteuer darf nicht unterschritten werden.
5. Der Arbeitnehmer darf kein Kurzarbeiter- oder Schlechtwettergeld bezogen haben.
6. Es darf kein Wechsel von der allgemeinen zur besonderen Lohnsteuertabelle oder umgekehrt stattfinden (Abschn. 88 Abs. 2 LStR).

Sozialversicherung: Der permanente Jahresausgleich hat keinen Einfluß auf die Berechnung des sozialversicherungspflichtigen Entgelts.

Pfändungen

631 Siehe ,,Lohnpfändung", Rz. 607.

Praktikanten

632 Siehe auch ,,Ausbildungsverhältnis" (Rz. 524).

Praktikanten sind besondere Ausbildungsverhältnisse zur Vorbereitung auf einen Hauptberuf. Einige Berufe erfordern ein Praktikum. Der Praktikant ist ein Arbeitnehmer.

Lohnsteuer: Praktikanten, die für ihre Praktikantentätigkeit Arbeitslohn erhalten, unterliegen mit diesem Arbeitslohn dem Lohnsteuerabzug (§ 19 Abs. 1 Satz 1 EStG).

Sozialversicherung: Zur Sozialversicherung beitragsfrei, soweit lohnsteuerfrei (§ 14 Abs. 1 SGB IV i. V. m. § 1 ArbeitsentgVO).

Ausnahmen hiervon sind Praktikanten, die aufgrund einer Prüfungs- oder Studienverordnung ein Berufspraktika während der Semesterferien ableisten. Die während dieses Berufspraktikums erzielten Entgelte sind auch dann sozialversicherungsfrei, wenn mehr als 20 Stunden wöchentlich gearbeitet wird.

Prämien

633 Siehe auch ,,Arbeitnehmer-Erfindungen" (Rz. 517) und ,,Lohnzuschläge" (Rz. 616)

Prämien werden in der Regel aufgrund besonderer Leistungen gezahlt.
Lohnsteuer: Prämien, die der Arbeitgeber seinen Arbeitnehmern aufgrund besonderer Leistungen oder besonderer Vereinbarungen gewährt, sind grundsätzlich steuerpflichtiger Arbeitslohn. Sie können jedoch als sonstiger Bezug abgerechnet werden. Voraussetzung hierfür ist, daß die Höhe der Prämie DM 300,– überschreitet (§ 19 Abs. 1 Satz 1 EStG, Abschn. 85 Abs. 2 LStR).
Sozialversicherung: Zur Sozialversicherung beitragspflichtig, soweit lohnsteuerpflichtig (§ 14 Abs. 1 SGB IV i. V. m. § 1 ArbeitsentgVO).

Progressionsvorbehalt

634 Der Progressionsvorbehalt gem. § 32b EStG führt dazu, daß auch steuerfreie Bezüge und Einkünfte zur Ermittlung des Steuersatzes (Progressionssatzes) herangezogen werden.
Der Progressionsvorbehalt wird angewendet bei:
1. Bezug von Arbeitslosengeld, Kurzarbeitergeld, Schlechtwettergeld, Arbeitslosenhilfe (§ 32b Abs. 2 Nr. 1 EStG),
2. bei ausländischen Einkünften, die nach einem Abkommen zur Vermeidung der Doppelbesteuerung steuerfrei sind (§ 32b Abs. 2 Nr. 2 EStG).

Provisionen

635 **Lohnsteuer:** Provisionszahlungen von Arbeitgebern an ihre Arbeitnehmer unterliegen in vollem Umfang dem Lohnsteuerabzug (§ 19 Abs. 1 Satz 1 EStG, § 2 Abs. 2 Nr. 1 LStDV).
Sozialversicherung: Zur Sozialversicherung beitragspflichtig, soweit lohnsteuerpflichtig (§ 14 Abs. 1 SGB IV i. V. m. § 1 ArbeitsentgVO).

Rabattgewährung

636 Arbeitgeber gewähren vielfach ihren Arbeitnehmern für bezogene Waren oder Dienstleistungen Rabatte.
Lohnsteuer: Die durch den Arbeitgeber gewährten Rabatte können eine steuerfreie Annehmlichkeit oder ein geldwerter Vorteil sein. Die Rabattgewährung ist nicht steuerpflichtig, wenn es sich um Gegenstände des täglichen Bedarfs handelt, oder der Rabatt nicht über die Preisvorteile hinausgeht, die auch den Großkunden des Betriebs gewährt werden (Abschn. 53 Abs. 3 Nr. 1 und 2 LStR).
Sozialversicherung: Zur Sozialversicherung beitragsfrei, soweit lohnsteuerfrei (§ 14 Abs. 1 SGB IV i. V. m. § 1 ArbeitsentgVO).

Reisekosten

637 Siehe auch ,,Dienstreise" (Rz. 552) und ,,Dienstgang" (Rz. 553) sowie Teil H Rz. 33–37.
Reisekosten sind Aufwendungen, die Arbeitnehmer auf Dienstreisen oder Dienstgängen entstehen.
Lohnsteuer: Reisekosten sind alle Kosten, die durch eine Dienstreise oder einen Dienstgang unmittelbar verursacht werden (Abschn. 25 Abs. 1 LStR). Hierzu gehören Fahrtkosten (z. B. Kosten der öffentlichen Verkehrsmittel, Kosten des eigenen Kraftfahrzeugs etc.), Verpflegungsmehraufwendungen, Unterbringungskosten am Reiseziel und während der mehrtägigen Reise sowie Nebenkosten für Beförderung und Aufbewahrung von Gepäck, Telefon und Telegramm, Porto, Garage etc.
Eine Dienstreise liegt vor, wenn der Arbeitnehmer aus dienstlichen Gründen in einer Entfernung von mindestens 15 km von seiner regelmäßigen Arbeitsstätte vorübergehend tätig wird. Es ist hierbei unerheblich, ob der Arbeitnehmer die Dienstreise von der regelmäßigen Arbeitsstätte oder der eigenen Wohnung aus antritt. Eine Dienstreise liegt auch dann vor, wenn bei einer längerfristigen Tätigkeit am selben Ort abzusehen ist, daß die Gesamtdauer der Tätigkeit über drei Monate hinausgehen wird (Abschn. 25 Abs. 2 LStR). Nach Ablauf der ersten drei Monate einer Tätigkeit am selben Ort ist jedoch in allen Fällen davon auszugehen, daß diese Tätigkeitsstätte zur regelmäßigen Arbeitsstätte geworden ist und mithin nach Ablauf dieses Zeitraums eine Dienstreise nicht mehr vorliegt (Abschn. 25 Abs. 3 LStR).

ABC der Lohnsteuer und der Sozialversicherung   638-640 L

Nach Ablauf der Dreimonatsfrist kann eine doppelte Haushaltsführung vorliegen (s. ,,Doppelte Haushaltsführung", Rz. 557).
Durch das BdF-Schreiben vom 13. 11. 1985 (BStBl I 1985, 646) wurden die in Abschn. 25 und 27 LStR geregelten Höchstbeträge für die steuerfreien **Reisekostenerstattungen** erhöht. Der Arbeitgeber kann ab 1. 1. 1986 dem Arbeitnehmer folgende Reisekosten steuerfrei ersetzen:

638 1. die **Fahrtkosten** in der nachgewiesenen Höhe (Fahrschein, Fahrkarte etc.) oder − bei dem Einsatz eines eigenen Pkws des Arbeitnehmers − pauschal mit einem Kilometersatz in Höhe von DM 0,42 pro gefahrenen Kilometer (Abschn. 25 Abs. 6 Nr. 1, 8 Satz 4 LStR);

639 2. die Kosten für die **Unterbringung** während der Dienstreise,
a) in der **nachgewiesenen Höhe** (Hotelrechnung) (Ansch. 25 Abs. 6 Nr. 2 LStR),
b) ohne Einzelnachweis als **Pauschbetrag** wie folgt:
bei einem voraussichtlichen Jahresarbeitslohn von nicht mehr als DM 25 000,−: DM 35,− je Übernachtung,
bei einem voraussichtlichen Jahresarbeitslohn von mehr als DM 25 000, − aber nicht mehr als DM 50 000,−: DM 37,− je Übernachtung,
bei einem voraussichtlichen Jahresarbeitslohn von mehr als DM 50 000,−: DM 39,− je Übernachtung (Abschn. 25 Abs. 10 LStR).

640 3. die ausschließlich für dienstliche Zwecke entstandenen **Mehraufwendungen für Verpflegung** aus Anlaß der Dienstreise oder des Dienstgangs,
a) **nach echtem Aufwand,** nachgewiesen durch Rechnungen der Restaurants, wobei im Inland nur Mehraufwendungen für Verpflegung bei Dienstreisen bis zum Höchstbetrag von DM 64,− pro Tag anerkannt werden (Abschn. 25 Abs. 6 Nr. 3 Satz 3 LStR, § 5 Abs. 1 Nr. 1 LStDV),
b) die Mehraufwendungen für Verpflegung können auch ohne Einzelnachweise in folgender Höhe als **Pauschbetrag** erstattet werden:
aa) bei eintägigen Reisen:
bei einem voraussichtlichen Jahresarbeitslohn von nicht mehr als DM 25 000,−: DM 31,− pro Trag,
bei einem voraussichtlichen Jahresarbeitslohn von mehr als DM 25 000,−, aber nicht mehr als DM 50 000, −: DM 33,− pro Tag,
bei einem voraussichtlichen Jahresarbeitslohn von mehr als DM 50 000,−: DM 35,− pro Tag,
bb) **bei mehrtägigen Reisen:**
bei einem voraussichtlichen Jahresarbeitslohn von nicht mehr als DM 25 000,−; DM 42,− pro Tag,
bei einem voraussichtlichen Jahresarbeitslohn von mehr als DM 25 000,−, aber nicht mehr als DM 50 000,−; DM 44,− pro Tag,
bei einem voraussichtlichen Jahresarbeitslohn von mehr als DM 50 000,−; DM 46,− pro Tag (Abschn. 25 Abs. 6 Nr. 3a aa) und bb) LStR iVm. BdF v. 13. 11. 1985, BStBl I 1985, 646).
Die vorgenannten Pauschbeträge gelten grundsätzlich für einen vollen Reisetag bei einer ununterbrochenen Abwesenheit von mehr als 12 Stunden. Die Pauschbeträge ermäßigen sich jedoch für einen Reisetag, an dem die Abwesenheit nicht mehr als 12 Stunden, aber mehr als 10 Stunden gedauert hat,
auf $^8/_{10}$,
nicht mehr als 10 Stunden, aber mehr als 7 Stunden gedauert hat,
auf $^5/_{10}$,
nicht mehr als 7 Stunden, aber mehr als 5 Stunden gedauert hat,
auf $^3/_{10}$ (Abschn. 25 Abs. 6 Nr. 3b LStR).
Wird bei einer Dienstreise Verpflegung ganz oder teilweise **unentgeltlich gewährt**, so sind die in Betracht kommenden Pauschbeträge oder Höchstbeträge wie folgt zu kürzen:
bei Gewährung eines Frühstücks um 15%,
bei Gewährung eines Mittags- oder Abendessens um jeweils 30% des jeweiligen Pauschbetrages (Abschn. 25 Abs. 6 Nr. 3c LStR).
Es ist ausdrücklich darauf hinzuweisen, daß bei mehrtägigen Dienstreisen die Auf-

wendungen für Verpflegung für **alle Reisetage** entweder nur mit den **Pauschbeträgen** oder nur per **Einzelbeleg** abgerechnet werden können. Ein Wechsel des Verfahrens ist innerhalb der einzelnen Reise nicht zulässig (Abschn. 25 Abs. 6 Nr. 3h LStR).

641 4. **alle Nebenkosten in** der nachgewiesenen Höhe (Abschn. 25 Abs. 6 Nr. 4 LStR).

642 5. Bei **Auslandsdienstreisen** gelten andere Pauschsätze, die nach einzelnen Ländergruppen unterteilt sind.

6. Die Mehraufwendungen für Verpflegung bei einem **Dienstgang** können ohne Einzelnachweis in Höhe von DM 3,– anerkannt werden (Abschn. 25 Abs. 63d LStR). Nachgewiesene Verpflegungsmehraufwendungen eines **Dienstgangs** werden bis zu DM 19,– je Dienstgang anerkannt (BdF v. 13. 11. 1985, BStBl I 1985, 646).

Erstattet der Arbeitgeber seinen Arbeitnehmern höhere Reisekosten als die vorgenannten Beträge, so sind die darüber hinaus gezahlten Beträge dem Lohnsteuerabzug zu unterwerfen (Abschn. 25 Abs. 7 LStR).

Sozialversicherung: Zur Sozialversicherung beitragsfrei, soweit lohnsteuerfrei (§ 14 Abs. 1 SGB IV i. V. m. § 1 ArbeitsentgVO).

Rückzahlung von Arbeitslohn

643 Die Rückzahlung von Arbeitslohn erfolgt in der Regel dann, wenn der Arbeitgeber irrtümlich zuviel Lohn ausgezahlt hat.

Bei fortbestehendem Arbeitsverhältnis wird der Arbeitgeber im Regelfall den überzahlten Lohn mit den laufenden Lohnansprüchen verrechnen. Die Lohnsteuer ist dann vom gekürzten Lohn zu berechnen. Eine Berichtigung der früheren Lohnabrechnung ist nicht möglich (§ 11 EStG).

Zahlt der Arbeitnehmer den Lohn an den Arbeitgeber zurück, weil eine Verrechnung z. B. wegen seines Ausscheidens nicht möglich ist, ist die Lohnrückzahlung brutto zu leisten. In Höhe der Lohnrückzahlung kann der Arbeitnehmer im Rahmen seiner Einkommensteuerveranlagung oder bei dem Lohnsteuerjahresausgleich Werbungskosten geltend machen. Die Werbungskosten sind in dem Jahr der Lohnrückzahlung anzusetzen.

Sachbezüge

644 Als Einnahme aus einem Dienstverhältnis können dem Arbeitnehmer neben Geld (bar oder unbar) auch Güter, die Geldeswert haben, zufließen. Hierzu gehören nicht nur Waren, sondern auch die Gewährung von Kost und Logis sowie diverse andere Zuwendungen.

Hierunter sind insbesondere zu unterscheiden:
a) Kost und Logis
b) PKW
c) Telefon
d) Sonstige.

645 **Zu a): Kost und Logis**

Lohnsteuer: Die kostenlose Gewährung von **Verpflegung und Unterkunft** einschließlich Beleuchtung und Heizung wird mit festen Monatsbeträgen bewertet. Diese Werte werden von der Bundesregierung jedes Jahr neu festgesetzt. Außerdem sind sie für die einzelnen Bundesländer unterschiedlich gestaffelt. Für das Jahr 1985 waren folgende Werte für die kostenlose Gestellung von Verpflegung und Unterkunft gültig: (§ 3 Abs. 1 + 2 LStDV)

Bremen und Hamburg	DM 500,–
Berlin, Nordrhein-Westfalen, Saarland	DM 500,–
Baden-Württemberg, Bayern, Hessen, Niedersachsen, Rheinland-Pfalz, Schleswig-Holstein	DM 475,–

Die Sachbezugswerte sind anzusetzen, wenn Verpflegung und Unterkunft unentgeltlich gewährt werden.

Sozialversicherung: Zur Sozialversicherung beitragspflichtig, soweit lohnsteuerpflichtig (§ 14 Abs. 1 SGB IV i. V. m. § 1 ArbeitsentgVO).

646 Zu b): PKW

PKW s. Stichwort „Fahrzeuggestellung durch den Arbeitgeber", Rz. 566.

647 Zu c): Telefon

Lohnsteuer: Trägt ein Arbeitgeber ganz oder teilweise die Kosten eines in der Wohnung des Arbeitnehmers eingerichteten Fernsprechanschlusses, unterliegt der auf die Privatgespräche des Arbeitnehmers entfallende Kostenanteil der Lohnsteuer und ist somit als geldwerter Vorteil zu behandeln. Der Umfang der **Privatnutzung** des Telefonanschlusses durch den Arbeitnehmer ist an Hand geeigneter Unterlagen glaubhaft zu machen. Liegen verwendbare Einzelaufzeichnungen nicht vor (z. B. über die Länge der einzelnen Gespräche), erkennt die Finanzverwaltung zur Vereinfachung in der Regel bis zu 50% der Grundgebühr sowie bis zu 50% der Gesprächsgebühren bis DM 100,– und alle darüber hinausgehenden Gesprächsgebühren (auf den Monat bezogen) als beruflich veranlaßt an und beläßt den entsprechenden Auslagenersatz bis zu diesem Umfang steuerfrei. (BMF-Schreiben v. 23. 5. 1980 BStBl. I 1980, 252).

Sozialversicherung: Zur Sozialversicherung beitragsfrei, soweit lohnsteuerfrei (§ 14 Abs. 1 SGB IV i. V. m. § 1 ArbeitsentgVO).

648 Zu d): Sonstiges

Hierunter fallen insbesondere die Überlassung von Arbeitgeberaktien (Rz. 509), entsprechende Darlehenszinsen (Rz. 514), Essenzuschüsse (Rz. 564), Freitrunk (Rz. 570) und Rabattgewährung (Rz. 636).

Schlechtwettergeld

649 Im Baugewerbe wird Arbeitnehmern unter bestimmten Voraussetzungen in der Zeit vom 1. 11. bis 31. 3. Schlechtwettergeld gewährt (s. hierzu Rz. 376ff.).

Lohnsteuer: Die Zahlung von Schlechtwettergeld nach dem Arbeitsförderungsgesetz unterliegt nicht dem Lohnsteuerabzug. Es unterliegt jedoch dem Progressionsvorbehalt (s. Stichwort Progressionsvorbehalt, Rz. 634).

Sozialversicherung: Für den Arbeitnehmer sind Leistungen nach dem Arbeitsförderungsgesetz für Schlechtwettergeld sozialabgabenfrei.

650 Den **Krankenversicherungsbeitrag** für die mit Schlechtwettergeld vergüteten Ausfallstunden trägt der Arbeitgeber allein. Er bleibt, im Gegensatz zum Kurzarbeitergeld, mit diesen Aufwendungen in voller Höhe belastet. Der Beitrag bemißt sich nach der Anzahl der vergüteten Ausfallstunden, bewertet mit dem Stundenlohn, der für die Bemessung des Schlechtwettergeldes maßgebend ist.

651 **Rentenversicherungsbeiträge** der Schlechtwettergeldbezieher sind nach dem tatsächlich ausgezahlten Betrag an Schlechtwettergeld zu bemessen. Die Bundesanstalt für Arbeit erstattet dem Arbeitgeber 50% seiner Beitragsaufwendungen zur Rentenversicherung seiner Schlechtwettergeldbezieher auf Antrag. Der Antrag ist jeweils bis zum 30. Juni des Folgejahres zu stellen. Hierbei handelt es sich um eine Ausschlußfrist!

652 Für die **Meldung** zur Sozialversicherung, die der Arbeitgeber nach der 2. Datenerfassungsverordnung für Arbeitnehmer zu erstatten hat, ist aber jedoch nach wie vor der sogenannte Vollohn (tatsächlich erzieltes und ausgefallenes Arbeitsentgelt) zu bescheinigen.

653 Beiträge zur **Arbeitslosenversicherung** werden nur von Vergütungen für tatsächlich geleistete Stunden berechnet. Vom fiktiven Arbeitslohn oder vom Schlechtwettergeld werden keine Beiträge zur Arbeitslosenversicherung einbehalten.

Schmutzzulage

654 Siehe Stichwort „Lohnzuschläge", Rz. 616.

Sonntagsarbeit

655 Siehe Stichwort „Lohnzuschläge", Rz. 616.

Sonstige Bezüge:

656 Abschn. 85 Abs. 2 LStR regeln die Behandlung der sonstigen Bezüge. Danach ist ein sonstiger Bezug der Arbeitslohn, der nicht als **laufender Arbeitslohn** (s. Stichwort laufender Arbeitslohn, Rz. 601) gezahlt wird. Zu den sonstigen Bezügen gehören insbesondere **einmalige Arbeitslohnzahlungen,** die neben dem laufenden Arbeitslohn gezahlt werden. Hierunter fallen insbesondere:

- 13. und darüber hinausgehende mehrfache Monatsgehälter (Rz. 558).
- einmalige Abfindungen und Entschädigungen (Rz. 500).
- Gratifikationen und Tantiemen, die nicht fortlaufend gezahlt werden (Rz. 579, 662, 683).
- Jubiläumszuwendungen über den steuerfreien Betrag hinaus (Rz. 519).
- Urlaubsgelder (Rz. 669 ff.).
- Erfindervergütungen (Rz. 517).
- Weihnachtszuwendungen (Rz. 682 f.).
- Nachzahlungen und Vorauszahlungen (Rz. 627), wenn sich der Gesamtbetrag oder ein Teilbetrag der Nachzahlung oder Vorauszahlung auf Lohnzahlungszeiträume bezieht, die in einem anderen Jahr als dem der Zahlung enden.

Von einem sonstigen Bezug ist die Lohnsteuer stets in dem Zeitpunkt einzubehalten, in dem er zufließt. Der Lohnsteuerermittlung sind die auf der Lohnsteuerkarte eingetragenen Merkmale zugrunde zu legen, die für den Tag des Zuflusses gelten (Abschn. 87 Abs. 1 LStR).

Ein sonstiger Bezug, der einen Betrag von DM 300,– nicht übersteigt, ist stets als laufender Arbeitslohn zu behandeln (Abschn. 87 Abs. 2 Satz 1 LStR).

Zur **Ermittlung** der von einem sonstigen Bezug einzubehaltenden Lohnsteuer ist jeweils der voraussichtliche Jahresarbeitslohn des Kalenderjahres festzustellen, in dem der sonstige Bezug dem Arbeitnehmer zufließt. Der voraussichtliche Jahresarbeitslohn wird wie folgt ermittelt:

Bereits gezahlter laufender Arbeitslohn
+ bereits gezahlte sonstige Bezüge
+ laufender Arbeitslohn, der noch nicht abgerechnet ist

= voraussichtlicher Jahresarbeitslohn

(Abschn. 87 Abs. 3 Satz 1–4 LStR).

Sonstige Bezüge, die erst in einem späteren Lohnzahlungszeitraum zufließen (z. B. Weihnachtsgeld im November), dürfen bei der Ermittlung des voraussichtlichen Jahresarbeitslohns nicht berücksichtigt werden (Abschn. 87 Abs. 3 Satz 5 LStR).

Der so ermittelte voraussichtliche Jahresarbeitslohn ist um den Versorgungsfreibetrag, den Altersentlastungsbetrag, den Weihnachtsfreibetrag und einen eventuell auf der Lohnsteuerkarte eingetragenen Freibetrag zu vermindern. Der verminderte Betrag ist der **maßgebende Jahresarbeitslohn.** Hiervon ist aus der Lohnsteuerjahrestabelle die entsprechende Lohnsteuer abzulesen (§ 39b Abs. 3 EStG).

Zu dem maßgebenden Jahresarbeitslohn wird nun der sonstige Bezug hinzugerechnet und von dem so ermittelten maßgebenden Jahresarbeitslohn inkl. der sonstigen Bezüge ebenfalls die Lohnsteuer aus der Lohnsteuerjahrestabelle abgelesen. Der Differenzbetrag zwischen den beiden Lohnsteuerbeträgen ist die auf den sonstigen Bezug entfallende Lohnsteuer (§ 39b Abs. 3 Satz 7 EStG).

Berechnungsbeispiel:

Ein Arbeitgeber zahlt im Juli 1985 an einen Arbeitnehmer ein Urlaubsgeld in Höhe von DM 1000,–. Der Arbeitnehmer erhält ein monatliches Bruttogehalt in Höhe von DM 3000,–. Bereits im April 1985 hat der Arbeitgeber seinem Arbeitnehmer eine Leistungsprämie in Höhe von DM 500,– gezahlt. Diese Leistungsprämie wurde bereits als sonstiger Bezug behandelt.

ABC der Lohnsteuer und der Sozialversicherung 657–661 L

Die Lohnsteuerkarte des Arbeitnehmers weist folgende Merkmale auf:
Lohnsteuerklasse: III/2 Kinder
Freibetrag: jhl. DM 2400,–/mtl. DM 200,–
Berechnung:

	DM	LSt DM
6 × DM 3000,– (1 – 6/85)	18 000,–	
6 × DM 3000,– (7 – 12/85)	18 000,–	
Sonstiger Bezug (Prämie in 4/85)	500,–	
Voraussichtlicher Jahresarbeitslohn	36 500,–	
./. Weihnachtsfreibetrag	600,–	
./. Freibetrag lt. Lohnsteuerkarte	2 400,–	
Maßgebender Jahresarbeitslohn	33 500,–	3 660,–
+ sonstiger Bezug (Urlaubsgeld)	1 000,–	
Maßgebender Jahresarbeitslohn inkl. sonstiger Bezug	34 500,–	./. 3 874,–
= Lohnsteuer für den sonstigen Bezug von DM 1000,–		214,–

Auch wenn ein Arbeitnehmer schon bereits bei anderen Arbeitgebern beschäftigt war, ist die Berechnung eines sonstigen Bezuges möglich, wenn alle Eintragungen auf der Lohnsteuerkarte lückenlos verhanden sind. Hierzu werden die Einnahmen aus den Vorbeschäftigungen zusammengezogen und als Ausgangspunkt für die Berechnung des sonstigen Bezuges beim derzeitigen Arbeitgeber berechnet (Abschn. 87 Abs. 3 Satz 4 LStR).

Sozialversicherung:

657 Sonstige Bezüge werden bei der Beitragsberechnung dem jeweiligen Lohnzahlungszeitraum zugerechnet.

Sparzulage

658 Siehe ,,Vermögenswirksame Leistungen", Rz. 675.

Steuerkarte

659 Siehe Stichwort ,,Lohnsteuerkarte", Rz. 611.

Steuerklasse

660 Siehe Stichwort ,,Lohnsteuerklassenwahl", Rz. 612.

Studenten

661 Siehe auch ,,Ausbildungsverhältnis" (Rz. 524), ,,Aushilfen" (Rz. 525 ff.) und ,,Praktikanten" (Rz. 632).
Student ist derjenige, der als ,,ordentlicher Studierender" an einer Hochschule oder einer sonstigen der wissenschaftlichen Ausbildung dienenden Schule eingeschrieben ist. Dabei muß das Studium die Hauptsache sein und die Zeit und die Arbeitskraft des Studierenden überwiegend in Anspruch nehmen (Urteil BSG v. 31. 8. 1976, 12/3/12 RK 27/74).
Lohnsteuer: Studenten, die nur in geringem Umfange und gegen geringen Arbeitslohn oder nur kurzfristig beschäftigt werden, fallen wie andere Arbeitnehmer unter die Regeln des § 40a EStG, bei dem der Arbeitgeber unter Verzicht auf die Vorlage einer Lohnsteuerkarte die Lohnsteuer mit einem Pauschsteuersatz von 10 v. H. des Arbeitslohns zahlen kann. Die Lohnsteuer trägt hierbei der Arbeitgeber.
Studenten, die z. B. während der **Semesterferien** arbeiten und die vorgenannten Grenzen überschreiten, müssen dem Arbeitgeber eine Lohnsteuerkarte vorlegen. Der dann erzielte Arbeitslohn unterliegt in voller Höhe dem Lohnsteuerabzug.
Sozialversicherung: Unabhängig von der Höhe des Arbeitsentgeltes sowie von ihrer Dauer sind Beschäftigungen von Studenten versicherungsfrei in der Kranken-, Renten- und Arbeitslosenversicherung, wenn das Studium im Vordergrund steht

und die Beschäftigung neben dem Studium ausgeübt wird. Voraussetzung für die Versicherungsfreiheit ist also, daß die Arbeitskraft und -zeit überwiegend durch das Studium in Anspruch genommen wird. Dies ist bei einer wöchentlichen Arbeitszeit von höchstens 20 Stunden gegeben.

Die **Sozialversicherungsfreiheit** bleibt bestehen, wenn die wöchentliche Arbeitszeit lediglich in den Semesterferien auf mehr als 20 Stunden erhöht wird. Auch bei Beschäftigungen im Laufe eines Semesters ist die **Dauer der wöchentlichen Arbeitsbelastung** allein kein entscheidendes Kriterium für die versicherungsrechtliche Beurteilung der Studenten. Dies gilt vor allem dann, wenn die Arbeitszeit vom Studenten selbst bestimmt werden kann oder so liegt, daß sie sich den Erfordernissen des Studiums anpaßt. In Einzelfällen kann Versicherungsfreiheit auch bei einer Wochenarbeitszeit von mehr als 20 Stunden in Betracht kommen (Beschäftigung in den Abend- oder Nachtstunden oder am Wochenende).

Beträgt jedoch die wöchentliche Arbeitszeit während des Semesters laufend mehr als 20 Stunden, und werden die **Zeit** und **Arbeitskraft** der Studenten durch die Beschäftigung überwiegend ausgefüllt, so besteht grundsätzlich Kranken-, Renten- und Arbeitslosenversicherungspflicht.

Für Beschäftigungen, die nur während der **Semesterferien** ausgeübt werden, besteht in jedem Falle, unabhängig von der wöchentlichen Arbeitszeit, Versicherungsfreiheit. Dies gilt auch für Beschäftigungen während der Vorlesungszeit, wenn sie von vornherein auf nicht mehr als 2 Monate befristet sind.

Voraussetzung für die Versicherungsfreiheit eines solchen Beschäftigungsverhältnisses ist in allen Fällen die Vorlage der **Immatrikulationsbescheinigung** der Hochschule oder einer sonstigen der wissenschaftlichen Ausbildung dienenden Schule.

Tantiemen

662 Tantiemen sind nach Gewinn oder Umsatz bemessene Vergütungen eines Arbeitnehmers.
Lohnsteuer: Tantiemen gehören zum lohnsteuerpflichtigen Arbeitslohn. Wenn sie nicht als Teil des laufenden Arbeitslohns gezahlt werden (also monatlich), sind sie als sonstiger Bezug zu versteuern (s. Stichwort „Sonstiger Bezug" (Rz. 656).
Sozialversicherung: Zur Sozialversicherung beitragspflichtig, soweit lohnsteuerpflichtig (§ 14 Abs. 1 SGB IV i. V. m. § 1 ArbeitsentgVO).

Trinkgelder

663 **Lohnsteuer:** Von Kunden oder Gästen gezahlte Trinkgelder sind steuerfreie Einnahmen, soweit sie DM 1200,– im Kalenderjahr nicht übersteigen. Übersteigen jedoch die ohne Rechtsanspruch gezahlten Trinkgelder den Betrag von DM 1200,–, so gehören sie in voller Höhe zum steuerpflichtigen Arbeitslohn. Es ist darauf hinzuweisen, daß der Betrag von DM 1200,– ein Freibetrag und keine Freigrenze ist. Danach sind die freiwilligen Trinkgelder bis zur Höhe von DM 1200,– jährlich kein steuerpflichtiger Arbeitslohn (Abschn. 73 Abs. 4 LStR).

Demgegenüber sind jedoch Bedienungsgelder in vollem Umfang dem steuerpflichtigen Arbeitslohn hinzuzurechnen.
Sozialversicherung: Zur Sozialversicherung beitragsfrei, soweit lohnsteuerfrei (§ 14 Abs. 1 SBG IV i. V. m. § 1 ArbeitsentgVO).

Überstunden

Siehe auch „Lohnzuschläge", Rz. 616.

664 Überstunden sind die Leistungen, die die Arbeitnehmer über die regelmäßig vereinbarte Arbeitszeit hinaus erbringen. Für die geleisteten Überstunden kann der Arbeitnehmer eine Vergütung erhalten. Diese Vergütung wird in der Regel nach Stunden abgerechnet. Der Stundenlohn ergibt sich aus dem Gehalt des Arbeitnehmers lt. Arbeitsvertrag, dividiert durch die vereinbarte Arbeitszeit (in der Regel Gehalt : 170/173 Stunden/Monat). Diese Vergütung nennt man Grundvergütung oder Grundlohn.

Darüber hinaus kann der Arbeitnehmer von seinem Arbeitgeber für Überstunden, die er an bestimmten Tagen im Jahr (z. B. Weihnachten) oder zu bestimmten Zeiten (nachts/sonntags) erbringt, Zuschläge zu der Grundvergütung erhalten.

Lohnsteuer: Die vom Arbeitgeber für geleistete Überstunden gezahlte Grundvergütung gehört grundsätzlich zum steuerpflichtigen Arbeitslohn. Wird sie monatlich bezahlt, gehört sie zum laufenden Arbeitslohn. Wird sie jedoch einmal im Vierteljahr oder Halbjahr oder Jahr gezahlt, so kann sie als sonstiger Bezug der Lohnsteuer unterworfen werden (§ 19 Abs. 1 Nr. 1 EStG, § 39b Abs. 3 Nr. 1).
Überstundenzuschläge können steuerfrei gewährt werden. Siehe hierzu Rz. 616.

Sozialversicherung: Zur Sozialversicherung beitragspflichtig, soweit lohnsteuerpflichtig (§ 14 Abs. 1 SGB IV i. V. m. § 1 ArbeitsentgVO).

Überzahlung

665   Siehe Stichwort „Rückzahlung vom Arbeitslohn", Rz. 643.

Umzugskosten:

666   **Lohnsteuer:** Die Umzugskostenerstattung durch den Arbeitgeber ist bis zur Höhe der Beträge lohnsteuerfrei möglich, die nach Abschn. 26 LStR als Werbungskosten anerkannt werden können. Umzugskostenvergütungen können nur dann steuerfrei an die Arbeitnehmer gezahlt werden, wenn der Umzug dienstlich veranlaßt ist (§ 3 Abs. 16 EStG, Abschn. 8 Nr. 4 LStR). Ein dienstlicher Anlaß liegt regelmäßig dann vor
- beim erstmaligen Antritt einer Stellung
- bei einer dienstlichen Versetzung
- bei einem Arbeitgeberwechsel
- bei einer Betriebsverlegung.

Sozialversicherung: Zur Sozialversicherung beitragsfrei, soweit lohnsteuerfrei (§ 14 Abs. 1 SGB IV i. V. m. § 1 ArbeitsentgVO).

Unbezahlter Urlaub

667   Der vom Arbeitgeber seinen Arbeitnehmern gewährte Urlaub dient der Erholung des Arbeitnehmers. Der Arbeitnehmer erhält während dieser Zeit des Erholungsurlaubs sein Gehalt oder seinen Lohn fortgezahlt. Der Arbeitgeber kann jedoch seinem Arbeitnehmer auch unbezahlten Urlaub gewähren. Dies geschieht in der Regel, wenn der Arbeitnehmer seinen Anspruch auf Erholungsurlaub bereits erhalten hat und darüber hinaus noch Urlaub beantragt. Er erhält dann während dieses Urlaubs keine Lohnfortzahlung.

Lohnsteuer: Da der Arbeitgeber dem Arbeitnehmer für diese Zeit kein Entgelt zahlt, fällt auch keine Lohnsteuer an.

Sozialversicherung: Da für den Zeitraum des unbezahlten Urlaubs keine Bezüge gezahlt werden, entfällt auch eine Berechnung der Beiträge zur Kranken-, Renten- und Arbeitslosenversicherung. Es ist jedoch darauf hinzuweisen, daß der Arbeitnehmer für die Zeit des unbezahlten Urlaubs, wenn er länger als 3 Wochen dauert, den Versicherungsschutz in der Krankenversicherung verliert. Der Arbeitgeber muß den Arbeitnehmer dann abmelden. Es empfiehlt sich daher der Abschluß einer freiwilligen Weiterversicherung bei der jeweiligen Krankenkasse.

Beträgt der unbezahlte Urlaub weniger als 3 Wochen, bleibt die Mitgliedschaft eines Versicherungspflichtigen in der gesetzlichen Krankenversicherung bestehen, soweit sein Arbeitsverhältnis während dieser Zeit weiterbesteht.

Unterstützungskasse

668   Hierunter gehören Pensionskassen oder Unterstützungskassen. Pensionskassen, die eine Form der betrieblichen Altersversorgung darstellen, gewähren Arbeitnehmern nach ihrer Pensionierung monatliche Pensionen. Bei Unterstützungskassen handelt es sich um Kassen mit eigener Rechtsfähigkeit, die entweder von Fall zu Fall oder laufend Leistungen an die Leistungsempfänger erbringen. Die Unterstützung wird in der Regel bei einer besonderen Notlage gezahlt.

Lohnsteuer: Zahlungen, die der Arbeitgeber auf Grund einer Betriebsvereinbarung oder freiwillig an die Unterstützungskassen oder Pensionskassen zahlt, sind kein Arbeitslohn. Sie unterliegen somit auch nicht der Lohnsteuer.
Die Leistungen aus den Pensions- oder Unterstützungskassen unterliegen dem Lohnsteuerabzug. Dem Arbeitgeber, der für die Kassen mit Geldmitteln ausstattet, obliegt die steuerliche Pflicht des Arbeitgebers, insbesondere die Einbehaltung der Lohnsteuer von den ausgezahlten Pensionen oder Beihilfen.
Beihilfen, die von einer Unterstützungskasse gewährt werden, sind bis zu einem Betrag von DM 1000,–/Jahr steuerfrei. Der darüber hinausgehende Betrag ist steuerfrei, wenn nicht nur ein die Unterstützung rechtfertigender Anlaß, sondern darüber hinaus insgesamt ein besonderer Notfall vorliegt. Bei der Beurteilung des Notfalles sind auch die Einkommens- und Familienverhältnisse des Arbeitnehmers von Bedeutung (Abschn. 14 Abs. 2 Satz 2 LStR).
Sozialversicherung: Zur Sozialversicherung beitragsfrei, soweit lohnsteuerfrei (§ 14 Abs. 1 SGB IV i. V. m. § 1 ArbeitsentgVO).

Urlaub

669 Das Bundesurlaubsgesetz von 1963, geändert 1974, regelt den Urlaubsanspruch von Arbeitnehmern (siehe Teil M Rz. 33 ff.). Während des Urlaubs erhält der Arbeitnehmer sein Gehalt fortgezahlt. Bei schwankendem Einkommen werden die Durchschnittsbezüge der letzten 3 Wochen bzw. 13 abgerechneten Wochen als Gehalts- oder Lohnfortzahlung gewährt.
Lohnsteuer: Die Gehaltsfortzahlung im Urlaub ist als laufender Arbeitslohn zu behandeln und unterliegt dem Lohnsteuerabzug in voller Höhe (§ 19 Abs. 1 Nr. 1 EStG).
Sozialversicherung: Zur Sozialversicherung beitragspflichtig, soweit lohnsteuerpflichtig (§ 14 Abs. 1 SGB IV i. V. m. § 1 ArbeitsentgVO).

Urlaubsabgeltung

670 Eine Urlaubsabgeltung kann erfolgen, wenn dem Arbeitnehmer der Urlaub aus dienstlichen Gründen oder wegen der Beendigung des Arbeitsverhältnisses nicht mehr gewährt werden kann. Die Höhe der Abgeltung bemißt sich nach dem vereinbarten Gehalt.
Lohnsteuer: Urlaubsabgeltung gehört grundsätzlich zum steuerpflichtigen Arbeitslohn. Die Urlaubsabgeltung kann als sonstiger Bezug der Lohnsteuer unterworfen werden (§ 19 Abs. 1 Nr. 1 EStG, Abschn. 50 Abs. 1 Nr. 3 LStR). Wird die Urlaubsabgeltung als Teil einer Abfindung gezahlt, kann sie teilweise steuerfrei sein (s. dazu Rz. 500).
Sozialversicherung: Zur Sozialversicherung beitragspflichtig, soweit lohnsteuerpflichtig (§ 14 Abs. 1 SGB IV i. V. m. § 1 ArbeitsentgVO).

Urlaubsgeld

671 Der Arbeitgeber kann seinem Arbeitnehmer aus Anlaß der Gewährung von Erholungsurlaub ein zusätzliches Urlaubsgeld zahlen. Es handelt sich hierbei um eine zusätzlich zum Urlaubsentgelt (Gehaltsfortzahlung während des Urlaubs) gezahlte Vergütung. Die Zahlung von Urlaubsgeld kann einzelvertraglich, durch Tarifvertrag oder durch Betriebsvereinbarung geregelt werden (siehe auch Teil M Rz. 86 ff.).
Lohnsteuer: Urlaubsgeld unterliegt in voller Höhe dem Lohnsteuerabzug. Beträgt das Urlaubsgeld mehr als DM 300,–, so ist es als sonstiger Bezug der Lohnsteuer zu unterwerfen (§ 19 Abs. 1 Nr. 1 EStG).
Sozialversicherung: Zur Sozialversicherung beitragspflichtig, soweit lohnsteuerpflichtig (§ 14 Abs. 1 SGB IV i. V. m. § 1 ArbeitsentgVO).

Urlaubskasse

672 Im Baugewerbe wird auf der Grundlage des verdienten Arbeitsentgelts das Urlaubsentgelt bei einer von den Tarifpartnern gebildeten Urlaubskasse gesammelt.

Der Arbeitgeber ist verpflichtet, einen bestimmten Prozentsatz der Bruttolohnsumme dorthin abzuführen.

Er hat für jeden Arbeitnehmer eine Lohnnachweiskarte bei der Zusatzversorgungskasse des Baugewerbes zu führen. Die Urlaubskasse erstattet dem Arbeitgeber den Betrag des Urlaubsentgelts zuzüglich 45% für die Sozialaufwendungen.

Lohnsteuer: Die Zahlung des Arbeitgebers an die Urlaubskasse unterliegt nicht dem Lohnsteuerabzug.

Sozialversicherung: Die Zahlungen des Arbeitgebers an die Urlaubskasse unterliegen nicht dem Beitragsabzug in der Sozialversicherung.

Verbesserungsvorschläge

673 Siehe Stichwort „Arbeitnehmererfindungen", Rz. 517.

Verdienstausfall

674 Ein Verdienstausfall liegt vor, wenn der Arbeitnehmer von seinem Arbeitgeber wegen besonderer Gründe (Wahrnehmung eines Gerichtstermins, grobe Fahrlässigkeit, selbstverschuldeter Unfall) während des Arbeitsverhältnisses kein Gehalt oder Lohn mehr erhält. Der Verdienstausfall ist dann wie unbezahlter Urlaub zu behandeln (s. Stichwort unbezahlter Urlaub, Rz. 667).

Lohnsteuer: Bei einem Verdienstausfall erhält der Arbeitnehmer keinen Arbeitslohn. Es werden daher auch keine Lohnsteuerbeträge berechnet.

Sozialversicherung: Bei einem Verdienstausfall erhält der Arbeitnehmer vom Arbeitgeber keine Bezüge. Beiträge zur Sozialversicherung fallen insoweit daher nicht an (Rz. 667). Zur Frage der Krankenversicherung s. Stichwort „unbezahlter Urlaub" (Rz. 667).

Vermögenswirksame Leistungen

675 Siehe auch „Arbeitnehmer-Sparzulage" (Rz. 675).

Das 4. Gesetz zur Förderung der Vermögensbildung der Arbeitnehmer (kurz: 4. Vermögensbildungsgesetz genannt) begünstigt bestimmte Vermögensanlagen von Arbeitnehmern.

Lohnsteuer: Vermögenswirksame Leistungen, die der Arbeitgeber im Auftrag seines Arbeitnehmers für die im Gesetz bestimmten Anlageformen zahlt, sind grundsätzlich lohnsteuerpflichtig. Sie sind Bestandteil des Lohns oder Gehalts (§ 12 Abs. 74. VermBG).

Für vermögenswirksame Leistungen bis zu DM 936,– im Kalenderjahr kann der Arbeitnehmer **Sparzulage** beanspruchen. Arbeitnehmer, deren zu versteuerndes Einkommen im Kalenderjahr der vermögenswirksamen Leistung DM 24000,– oder bei Zusammenveranlagung von Ehegatten DM 48000,– übersteigen, erhalten keine Arbeitnehmersparzulage. Jedes Kind des Arbeitnehmers erhöht die Einkommensgrenze um DM 1800,– im Kalenderjahr. Es muß sich jedoch um Kinder handeln, die gemäß § 32 Abs. 4–7 EStG berücksichtigt werden. Der Arbeitgeber hat die Sparzulage auszuzahlen, ohne die vorgenannten Entgeltsgrenzen zu beachten, soweit der Arbeitnehmer darauf nicht verzichtet (§ 12 Abs. 5 S. 1 4. VermBG). Die Sparzulage gilt weder als steuerpflichtiges Einkommen noch als sozialversicherungsrechtliches Entgelt (§ 12 Abs. 4 4. VermBG).

Werden einem Arbeitnehmer im Laufe des Jahres Sparzulagen ausgezahlt, obwohl sein zu versteuerndes Einkommen die vorgenannten Grenzen überschreitet, werden die gezahlten Sparzulagen bei der Veranlagung zur Einkommensteuer vom Finanzamt zurückgefordert.

Sozialversicherung: Zur Sozialversicherung beitragspflichtig, soweit lohnsteuerpflichtig (§ 14 Abs. 1 SGB IV i. V. m. § 1 ArbeitsentgVO).

Verpflegungsmehraufwendungen

676 Siehe Stichwort „Reisekosten", Rz. 637 ff.

Versicherungsbeiträge
677 Siehe Stichwort „Direktversicherung", Rz. 556.

Voranmeldungszeitraum
678 Siehe Stichwort „Lohnsteueranmeldungszeitraum", Rz. 609.

Vorschuß
679 Siehe auch „Abschlagszahlung" (Rz. 501).
Bei einem Vorschuß handelt es sich um eine vorläufige Zahlung auf erst später fällig werdenden Arbeitslohn.
Der Vorschuß wird in der Regel bei der nächsten Lohnzahlung abgezogen. Hierbei muß jedoch auf die Pfändungsfreigrenze geachtet werden.
Lohnsteuer: Vorschüsse sind Vorauszahlungen von Arbeitslohn. Sie unterliegen deshalb nicht der Lohnsteuer. Werden jedoch Vorschüsse nicht vom Arbeitnehmer zurückgezahlt, so sind ggf. sie in voller Höhe als Nettobezug (s. Nettolohnvereinbarung, Rz. 628) dem Lohnsteuerabzug zu unterwerfen (§ 39b Abs. 5 EStG).
Werden Vorschüsse über eine längere Dauer gezahlt, so kann es sich um ein Arbeitgeberdarlehen handeln. Werden diese Vorschüsse dann nicht verzinst, so handelt es sich um einen geldwerten Vorteil, der der Lohnsteuer zu unterwerfen ist (s. Rz. 514).
Sozialversicherung: Vorauszahlungen von Arbeitslohn unterliegen nicht der Beitragsberechnung. Zahlt der Arbeitnehmer dem Arbeitgeber jedoch den Gehaltsvorschuß nicht zurück, so muß dieser Gehaltsvorschuß als Nettozahlung dem beitragspflichtigen Entgelt unterworfen werden. Hierbei ist die Nettozahlung unter Berücksichtigung der Lohnsteuer, Kirchensteuer und der Sozialversicherungsbeiträge auf einen Bruttobetrag hochzurechnen, und hiervon sind die Beiträge zu berechnen.
Handelt es sich bei den gezahlten Vorschüssen um ein Arbeitgeberdarlehen, so besteht die Beitragspflicht entsprechend der Lohnsteuerpflicht.

Vorstand einer Aktiengesellschaft
680 Siehe auch „Gesellschafter-Geschäftsführer" (Rz. 577).
Lohnsteuer: Vorstandsmitglieder einer AG sind ebenso wie Geschäftsführer einer GmbH Arbeitnehmer, auch wenn sie zugleich – beherrschender – Gesellschafter/Aktionär sind. Ihre Vergütungen sind daher lohnsteuerpflichtig.
Ist dagegen die GmbH (oder AG) gleichzeitig Komplementär einer GmbH & Co. KG (oder AG & Co. KG oder AGaA), bei der der Geschäftsführer (Vorstand) auch Kommanditist ist, dann ist er nicht Arbeitnehmer sondern Gewerbebetreibender i. S. d. § 15 EStG. Seine Vergütung ist dann nicht lohnsteuerpflichtig.
Sozialversicherung: Vorstandsmitglieder von Aktiengesellschaften gehören nicht zu den Angestellten im Sinne des AVG (§ 3 Abs. 1a AVG). Mitglieder des Vorstandes einer Aktiengesellschaft sind daher nicht versicherungspflichtig. Hierunter fallen auch andere gesetzliche Rentenversicherungen, wie z. B. Arbeiterrentenversicherung, Knappschaftliche Rentenversicherung.
Die Vorstandsmitglieder einer Aktiengesellschaft unterliegen auch nicht der Beitragspflicht zur gesetzlichen Krankenversicherung oder Arbeitslosenversicherung.

Vorstellungskosten
681 Der Arbeitgeber kann einem Bewerber, der sich bei ihm um einen Arbeitsplatz bewirbt, die entstandenen Kosten ersetzen.
Lohnsteuer: Eine Erstattung von Vorstellkosten ist im Rahmen der steuerlichen Höchstbeträge für Reisekosten- und Fahrtkostenerstattung steuerfrei. Auch die darüber hinausgehenden Beträge sind u. E. nicht lohnsteuerpflichtig, da zum Zeitpunkt der Erstattung ein Arbeitsverhältnis – noch – nicht besteht.
Erhält der Arbeitnehmer keine Vorstellungskostenerstattung, so kann er die die ihm entstandenen Kosten bei seiner Einkommensteuerveranlagung oder bei dem Antrag auf Lohnsteuerjahresausgleich als Werbungskosten geltend machen.

Sozialversicherung: Die Erstattung von Vorstellungskosten ist nicht beitragspflichtig.

Weihnachtsfreibetrag

682   Siehe Stichwort „Arbeitnehmerfreibeträge", Rz. 518.

Weihnachtsgratifikation

683   Weihnachtsgratifikationen zahlt der Arbeitgeber seinen Arbeitnehmern auf Grund einzelvertraglicher Vereinbarung, Tarifverträge oder Betriebsvereinbarungen. Es kann sich hierbei um ein „Weihnachtsgeld" handeln.
Lohnsteuer: Weihnachtsgratifikationen unterliegen dem Lohnsteuerabzug. Der Weihnachtsfreibetrag in Höhe von DM 600,– gem. § 19 Abs. 3 EStG ist auch zu berücksichtigen, wenn keine besondere Weihnachtsgratifikation gezahlt wird.
Sozialversicherung: Weihnachtsgratifikationen unterliegen in voller Höhe dem sozialversicherungspflichtigen Entgelt. Der Weihnachtsfreibetrag kann nicht abgezogen werden.

Werkswohnung

684   Siehe Stichwort „Dienstwohnung", Rz. 555.

Winterbauförderung

685   Die Winterbauförderung (Rz. 368ff.) nach dem Arbeitsförderungsgesetz soll eine Steigerung der Bautätigkeit im Winter ermöglichen und die Nachteile der alljährlichen Winterpausen aufheben.
Die Förderungszeit läuft vom 1. Dezember bis 31. März. Bei der Winterbauförderung handelt es sich um Investitionskostenzuschüsse und Darlehen sowie Mehrkostenzuschüsse an den Arbeitgeber zur Bezahlung von Wintergeld an die jeweiligen Arbeitnehmer. Das Wintergeld beträgt DM 2,– je Arbeitsstunde. Es ist sowohl für die Arbeitsstunden innerhalb der vereinbarten Arbeitszeit als auch für Überstunden zu zahlen.
Lohnsteuer: Das nach dem Arbeitsförderungsgesetz gezahlte Wintergeld ist nicht lohnsteuerpflichtig (§ 3 Nr. 2 EStG).
Sozialversicherung: Zur Sozialversicherung beitragsfrei, soweit lohnsteuerfrei (§ 14 Abs. 1 SGB IV i. V. m. § 1 ArbeitsentgVO).

Wohnungsbaudarlehen an Arbeitnehmer

686   Siehe auch „Arbeitgeberdarlehen" (Rz. 514).
Der Arbeitgeber kann dem Arbeitnehmer ein zinsbegünstigtes oder zinsloses Darlehen zum Bau eines Einfamilienhauses gewähren.
Lohnsteuer: Die Zinsersparnis, die ein Arbeitnehmer durch die zinsbegünstigte oder zinslose Gewährung eines Darlehens durch den Arbeitgeber erhält, gehört nicht zum steuerpflichtigen Arbeitslohn (Abschn. 50 Abs. 2 Nr. 5 LStR). Dies gilt auch in den Fällen, in denen die Zinsen zwar Werbungskosten sind, sich aber bei der Besteuerung nicht auswirken (Koord. Ländererlaß vom 5. 8. 1983, als Anlage zu Abschn. 50 LStR).
Sozialversicherung: Zur Sozialversicherung beitragsfrei, soweit lohnsteuerfrei (§ 14 Abs. 1 SGB IV i. V. m. § 1 ArbeitsentgVO).

Wohnungsgestellung

687   Siehe „Dienstwohnung", Rz. 555.

Zinsersparnis

688   Siehe Stichwort „Arbeitgeberdarlehen" (Rz. 514) und Stichwort „Wohnungsbaudarlehen an Arbeitnehmer" (Rz. 686).

Zufluß von Arbeitslohn

689 **Lohnsteuer:** Einnahmen sind innerhalb des Kalenderjahres bezogen, in dem sie dem Steuerpflichtigen zugeflossen sind. Laufender Arbeitslohn, wird in dem Kalenderjahr bezogen, in dem der Lohnzahlungszeitraum endet (§ 38a Abs. 1 S. 2 EStG). Vom laufenden Arbeitslohn wird die Lohnsteuer jeweils mit dem auf den Lohnzahlungszeitraum entfallenden Teilbetrag der Jahreslohnsteuer erhoben. Die Lohnsteuerschuld entsteht im Zeitpunkt des Zufließens der steuerpflichtigen Einnahme. Der Arbeitgeber hat für den jeweiligen Lohnzahlungszeitraum den entsprechenden Lohnsteueranmeldungszeitraum zu beachten und die Lohnsteuer entsprechend an das zuständige Finanzamt abzuführen.

Sozialversicherung: Auch hierbei ist das Zuflußprinzip bindend, d. h. das Arbeitsentgelt, das der Arbeitnehmer tatsächlich erhalten hat, ist für die Beitragsberechnung maßgebend.

Zukunftsicherung der Arbeitnehmer

690 Siehe auch „Direktversicherung" (Rz. 556).

Die Zukunftsicherung des Arbeitnehmers ist die Sicherstellung im Falle der Krankheit, Invalidität, Unfall sowie des Alters oder des Todes. Darunter fällt jedoch nicht die Sicherung gegen Arbeitslosigkeit.

Lohnsteuer: Ausgaben, die ein Arbeitgeber für die Zukunftssicherung der Arbeitnehmer leistet, sind gem. § 2 Abs. 3 Nr. 2 S. 2 LStDV bis zu einem Betrag von DM 312,– jährl. steuerfrei. Hierunter fallen jedoch nicht die Arbeitgeberanteile zur gesetzlichen Sozialversicherung; diese Arbeitgeberanteile sind grundsätzlich steuerfrei.

Übersteigen die Ausgaben des Arbeitgebers DM 312,– im Kalenderjahr für den einzelnen Arbeitnehmer, so gehören sie zum steuerpflichtigen Arbeitslohn des Arbeitnehmers und sind als geldwerter Vorteil dem Lohnsteuerabzug zu unterwerfen. Hierunter fallen nicht die Beiträge zur Direktversicherung (s. Rz. 556).

Bei dem Betrag von DM 312,– handelt es sich um einen Freibetrag, nicht um eine Freigrenze. Wendet der Arbeitgeber z. B. einen Betrag von DM 500,– für die Unfallversicherung eines einzelnen Arbeitnehmers auf, so darf er DM 312,– hiervon steuerfrei zahlen. Die restlichen DM 188,– muß er als geldwerten Vorteil beim Arbeitnehmer dem Lohnsteuerabzug unterwerfen (Abschn. 11 Abs. 9 LStR).

Sozialversicherung: Zur Sozialversicherung beitragsfrei, soweit lohnsteuerfrei (§ 14 Abs. 1 SGB IV i. V. m. § 1 ArbeitsentgVO).

Zuschuß zum Mutterschaftsgeld

691 Siehe auch „Mutterschaftsgeld" (Rz. 621).

Der Arbeitgeber ist verpflichtet, werdenden Müttern, die Anspruch auf ein kalendertägliches Mutterschaftsgeld gegen die gesetzliche Krankenversicherung haben, einen Zuschuß zum Mutterschaftsgeld der gesetzlichen Krankenversicherung bis zur Höhe des Nettoarbeitsentgelts zu zahlen. Mutterschaftsgeld wird für 6 Wochen vor der Entbindung und 8 bzw. 12 Wochen nach der Entbindung gezahlt. (§ 200 Abs. 3 RVO).

Lohnsteuer: Der Zuschuß des Arbeitgebers zum Mutterschaftsgeld und das Mutterschaftsgeld nach dem Mutterschutzgesetz, das von den gesetzlichen Krankenversicherungen gezahlt wird, ist lohnsteuerfrei (§ 3 Nr. 1d EStG).

Sozialversicherung: Der Zuschuß zum Mutterschaftsgeld und das Mutterschaftsgeld, das durch die gesetzlichen Krankenversicherungen gezahlt wird, ist sozialversicherungsfrei.

Zuschläge

692 Siehe Stichwort „Lohnzuschläge", Rz. 616.

C. Tabellenanhang

750 I. Entgelts- und Arbeitszeitgrenzen für Aushilfen (siehe auch Teil B Stichwort „Aushilfen", Rz. 525 ff.):

1. **Lohnsteuerliche Behandlung:**
   a) kurzfristige Beschäftigung § 40a Abs. 1 EStG
   b) Beschäftigung im geringen Umfang und gegen geringen Arbeitslohn § 40a Abs. 2 EStG

2. **Sozialversicherungsrechtliche Behandlung:**

Nr.	Zeitgrenze	DM-Grenze
1a)	**Lohnsteuer:** maximal 18 zusammenhängende Arbeitstage der Beschäftigung, keine Stundenbegrenzung	a) 42,– DM = durchschnittlicher Arbeitslohn je Arbeitstag
1b)	20 Std. pro Woche, keine Begrenzung der Beschäftigungsdauer	b) 120,– DM max. wöchentlicher Arbeitslohn 12,– DM max. Stundenlohn
2a) b)	**Sozialversicherung:** 15 Std. pro Woche unbegrenzt	a) 410,– DM max. pro Monat b) max. 1/6 der Gesamteinnahmen

II. Verdienstgrenzen und Beitragspflicht für Rentenbezieher – Stand Januar 1986

Rentenart:	Rentenbezug ab Alter:	rentenunschädl. Einkommen bis mtl. DM, brutto	Beitragspflicht bei Bezug von Arbeitsentgelt zu: Krankenvers.		Rentenvers.		Arbeitslosenvers.		Bemerkungen
			⁺AG-Ant.	⁺AN-Ant.	⁺AG-Ant.	⁺AN-Ant.	⁺AG-Ant.	⁺AN-Ant.	
– Altersrente	60	425,–	ja	ja	nein	ja	ja	ja	
– Altersrente	63	1000,–*	ja	ja	nein	ja	nein	nein	* Rentenunschädliches Einkommen pro Jahr max. 2 Mon. bzw. 50 Tage ohne Begrenzung. Innerhalb von 1 Jahr darf dann keine Beschäftigung erfolgen.
– Altersrente	65	unbegrenzt	ja	ja	nein	ja	nein	nein	
– Altersrente für Schwerbehinderte nach Bezug von Erwerbsunfähigkeitsrente	60	425,–	ja	ja	nein	ja	nein	nein	
– Berufsunfähigkeitsrente	–	unbegrenzt	ja	ja	ja	ja	ja	ja	Arbeitslosenversicherungs-Beiträge nur bis Vollendung des 62. Lebensjahres. Zahlung der Rente erfolgt bis zur Gewährung von Altersrente.

Tabellenanhang

Rentenart:	Rentenbezug ab Alter:	rentenunschädl. Einkommen bis mtl. DM, brutto	Beitragspflicht bei Bezug von Arbeitsentgelt zu:							Bemerkungen
			Krankenvers.		Rentenvers.		Arbeitslosenvers.		
			+AG-Ant.	+AN-Ant.	+AG-Ant.	+AN-Ant.	+AG-Ant.	+AN-Ant.	
– Erwerbsunfähigkeitsrente	–	425,–	ja	ja	ja	ja	nein	nein	Zahlung der Rente erfolgt bis zur Gewährung von Altersrente.
– vorgezogenes Altersruhegeld für Frauen	60	425,–	ja	ja	nein	ja	ja	ja	Arbeitslosenvers.-Beiträge nur bis Vollendung des 62. Lebensjahres.

+ AG-Ant. = Arbeitgeber-Anteile/AN-Ant. = Arbeitnehmer-Anteile

Die Beiträge betragen:
Krankenversicherung: 10-14% je nach Krankenkasse von max. 4200,– DM mtl./50400,– DM p. Anno.
Rentenversicherung: 19,2% von max. 5600,– DM/67200,– DM p. Anno
Arbeitslosenversicherung: 4,0% von max. 5600,–/67200,– DM p. Anno

III. Beitragsgruppen für die Anmeldung und Abführung der monatlich zu entrichtenden Beiträge

752

Gruppe:	Nummer:	Beitrag für:
F	300	Krankenversicherung ermäßigter Beitrag (bei Empfänger von Vorruhestandsbezüge)
G	100	Krankenversicherung für Versicherte mit Entgeltsfortzahlung von mindestens 6 Wochen
H	200	Krankenversicherung für Versicherte mit Entgeltsfortzahlung für weniger als 6 Wochen
K	010	Rentenversicherung der Arbeiter
1/2 K	030	dto. nur Arbeitgeberanteil (z. B. Altersrentner)
L	020	Rentenversicherung der Angestellten
1/2 L	040	dto. nur Arbeitgeberanteil (z. B. für Altersrentner)
M	001	Arbeitslosenversicherung
U	–	Umlage gemäß § 14 LFZG

IV. Beitragsbemessungs- und Geringverdiener-Grenzen 1970–1986

753

Jahr	Geringverdiener Grenze	Beitragsbemessungsgrenzen			
		Renten- und Arbeitslosenversicherung		Krankenversicherung	
		jährl.	mtl.	jährl.	mtl.
	DM	DM	DM	DM	DM
1970	180	21 600	1800	16 200	1350
1971	190	22 800	1900	17 100	1425
1972	210	25 200	2100	18 900	1575
1973	230	27 600	2300	20 700	1725
1974	250	30 000	2500	22 500	1875
1975	280	33 600	2800	25 200	2100
1976	310	37 200	3100	27 900	2325
1977	340	40 800	3400	30 600	2550
1978	370	44 400	3700	33 300	2775
1979	400	48 000	4000	36 000	3000
1980	420	50 400	4200	37 800	3150
1981	440	52 800	4400	39 600	3300
1982	470	56 400	4700	42 300	3525
1983	500	60 000	5000	45 000	3750
1984	520	62 400	5200	46 800	3900
1985	540	64 800	5400	48 600	4050
1986	560	67 200	5600	50 400	4200

V. Entwicklung der Beitragssätze in der Renten-, Arbeitslosen- und Krankenversicherung für den Zeitraum 1974–1986 (Arbeitgeber- und Arbeitnehmeranteil)

Zeitraum	Rentenversicherung	Arbeitslosenversicherung	Krankenversicherung	
			Durschnittsbeitrag der Ersatzkassen	Durchschnittsbeitrag der Ortskrankenkasse
	%	%	%	%
1. 1.–31. 07. 74	18,0	1,7	–	9,5
1. 8.–31. 12. 74	18,0	1,7	–	9,5
1. 1.–31. 01. 75	18,0	2,0	–	10,4
1. 2.–31. 12. 75	18,0	2,0	–	10,4
1. 1.–31. 12. 76	18,0	3,0	–	11,3
1. 1.–31. 12. 77	18,0	3,0	–	11,4
1. 1.–31. 05. 78	18,0	3,0	–	11,4
1. 6.–31. 08. 78	18,0	3,0	–	11,4
1. 9.–31. 12. 78	18,0	3,0	–	11,4
1. 1.–31. 12. 79	18,0	3,0	11,22	11,4
1. 1.–31. 12. 80	18,0	3,0	11,22	11,4
1. 1.–31. 08. 81	18,5	3,0	11,87	11,8
1. 9.–31. 12. 81	18,5	3,0	11,87	11,8
1. 1.–31. 12. 82	18,0	4,0	11,94	12,0
1. 1.–30. 06. 83	18,0	4,6	11,91	11,8
1. 7.–31. 08. 83	18,0	4,6	11,91	11,8
1. 9.–31. 12. 83	18,5	4,6	11,91	11,8
1. 1.–31. 12. 84	18,5	4,6	11,51	11,4
1. 1.–31. 05. 85	18,7	4,4	12,10	–
1. 6.–31. 12. 85	19,2	4,1	12,10	–
ab 1. 1. 86	19,2	4,0	–	–

VI. Meldepflichten des Arbeitgebers nach der 2. Datenerfassungsverordnung (DEVO)

Meldungen die aufgrund der §§ 317, 317a, 1400 Abs. 1, 1401 und 1401b RVO, der §§ 122 Abs. 1, 123, 123b AVG, des § 141c des Reichsknappschaftsgesetzes, der §§ 10 und 178 des AFG und des § 61 Abs. 2 Satz 1 des GAL richten sich nach der 2. Datenerfassungsverordnung vom 29. 05. 1980. (BGBl. I S. 616) (§ 1 – 2. DEVO)

Die Meldungen sind zu erstatten für Beschäftigte die kranken- und rentenversicherungspflichtig oder beitragspflichtig nach dem AFG oder für die Beschäftigten für die Rentenversicherungsbeiträge zu entrichten sind. (§ 2 – 2. DEVO)

Die Meldungen müssen auf den entsprechenden Vordrucken des Versicherungsnachweisheftes der Beschäftigten oder mit einem Ersatzversicherungsnachweis gemeldet werden.

Die Meldungen haben zu erfolgen:

Art	Anlaß	Frist	§§ – 2. DEVO
Anmeldung	Beginn der Beschäftigung	2 Wochen nach Beschäftigungsbeginn	§ 3
Abmeldung	Ende der Beschäftigung	6 Wochen nach Beschäftigungsende	§ 4
Jahresmeldung	Meldung des beitragspfl. Bruttoentgeltes	Bis 31. 3. eines jeden Jahres	§ 5
Sonstiger Anlaß	z. B. Wechsel der Beitragsklassen	6 Wochen nach Eintritt der Änderung	§ 6
Berichtigung wegen einmal gezahlter Arbeitsentgelte	Arbeitsentgelt für Vorjahre u. Fehler bei den einzelnen Meldungen	Unverzüglich nach Bekanntwerden	§ 6a

VII. Durchschnittliches Bruttoarbeitsentgelt, allgemeine Bemessungsgrundlage und Rentenanpassung in der Rentenversicherung der Arbeiter und Angestellten für den Zeitraum 1970–1985

Jahr	Durchschnittl. Bruttoarbeitsentgelt DM	Allgem. Bemess.-grundlage DM	Rentenanpassung bereits laufender Renten %	Stichtag der Anpassung
1970	13343	10318	6,35	1. 1.
1971	14931	10967	5,50	1. 1.
1972	16335	12008	6,30/9,50	1. 1./1. 7.
1973	18295	13371	11,35	1. 7.
1974	20381	14870	11,20	1. 7.
1975	21808	16520	11,10	1. 7.
1976	23335	18337	11,00	1. 7.
1977	24945	20161	9,90	1. 7.
1978	26242	21608	–	–
1979	27685	21068	4,50	1. 1.
1980	29485	21911	4,00	1. 1.
1981	30900	22787	4,00	1. 1.
1982	32198	24099	5,76	1. 1.
1983	32293	25445	5,59	1. 7.
1984	–	26310	3,40	1. 7.
1985	–	27099	3,00	1. 7.

(Quelle: Statistisches Jahrbuch 1985 für die Bundesrepublik Deutschland)

M. Arbeitsrecht

Bearbeiter: Dr. Alexander Hollerbaum

Übersicht

	Rz.
I. Zustandekommen des Arbeitsverhältnisses	1–144
1. Einführung	1–6
2. Personalauswahl	7
a) Beschäftigungsverbote und -gebote (nur Arbeitgeberseite)	8–12
b) Stellenausschreibung	13, 14
c) Mitbestimmung bei Einstellung	15
d) Fragerecht des Arbeitgebers (Einstellungsfragebogen/Offenbarungspflicht des Arbeitnehmers)	16–21
3. Vereinbarung von Arbeitszeit und Urlaub	22–43
a) Arbeitszeit	22–32
b) Erholungsurlaub	33–40
c) Bildungsurlaub	41–42
d) Sonderurlaub/Unbezahlter Urlaub	43
4. Inhalt der Arbeitspflicht	44–52
a) Normale Arbeitsleistung	44
b) Akkordarbeit	45, 46
c) Nebentätigkeit/Konkurrenzverbot	47–49
d) Verschwiegenheitspflicht	50–52
5. Vereinbarung des Arbeitsentgelts	54–101
a) Freie Entgeltabsprache	55–63
b) Entlohnungsformen	65–81
c) Prämien (individuell)	82
d) Gratifikationen	83
e) Überstundenvergütung	84
f) Weihnachtsgeld	85
g) Urlaubsgeld/Urlaubsentgelt	86–88
h) Betriebliche Altersversorgung	89–94
i) Werkswohnungen	95–99
j) Sonstige Vergütungsabreden	100, 101
6. Veränderungen von Arbeitszeit und Arbeitsplatz (Versetzung/Umsetzung)	102–104
a) Versetzung	102, 103
b) Umsetzung	104
7. Vergütungsfortzahlung trotz Befreiung von der Arbeitspflicht	105–110
a) Vergütungsfortzahlung im Krankheitsfall	105
b) Vergütungsfortzahlung bei Beteiligung an sozialer Selbstverwaltung	106
c) Vergütungsfortzahlung bei Annahmeverzug des Arbeitgebers	107
d) Betriebsstörungen	108
e) Feiertagslohnzahlung	109
f) Vergütungsfortzahlung während des Erholungsurlaubs	110
8. Befreiung von der Arbeitspflicht ohne Lohnfortzahlung	112–114
a) Eignungsübung, Wehrdienst, Zivildienst	112
b) Erkrankung eines Kindes (§ 185c RVO)	113
c) Sonderurlaub	114
9. Probearbeitsverhältnis	115–119
10. Form des Arbeitsvertrages	120–125
a) Grundsatz der Formfreiheit	120
b) Ausnahmen	121–125
11. Mängel des Arbeitsvertrages und deren Folgen	126–132
a) Verstoß gegen Formvorschriften	126
b) Verstoß gegen gesetzliches Verbot	127
c) Verstoß gegen die guten Sitten	128, 129
d) Teilnichtigkeit	130
e) Anfechtbarkeit	131, 132
12. Faktisches Arbeitsverhältnis	133
13. Befristetes Arbeitsverhältnis	134–144
a) Bisherige Rechtslage	134, 135
b) Neues Recht – Beschäftigungsförderungsgesetz 1985	136
c) Einzelprobleme	137–144
II. Durchführung/Ablauf des Arbeitsverhältnisses	147–306
1. Erkrankung des Arbeitnehmers	147–150
a) Anzeige- und Nachweispflichten	147–149
b) Erkrankung während des Erholungsurlaubs (§ 9 BUrlG)	150
2. Kuren	151, 152
a) Anzeige- und Nachweispflichten	151
b) Keine Anrechnung auf Urlaub	152
3. Urlaubsgewährung/-planung	153–161
a) Grundsatz: zusammenhängende Gewährung	154
b) Urlaubsteilung	155
c) Interessenabwägung	156
d) Urlaubsübertragung	157
e) Ausschluß von Doppelansprüchen/Urlaubsbescheinigung	158
f) Erkrankung während des Urlaubs	159
g) Betriebsurlaub	160
h) Mitbestimmung	161
4. Lohnpfändung	163–168
a) Gegenstand der Lohnpfändung	163–166
b) Verpflichtungen des ArbGeb	167
c) Aufrechnungsverbot	168
5. Abschlagszahlungen, Vorschüsse, Darlehen	169–173
a) Abgrenzung	170
b) Abschlagszahlung und Lohnpfändung	171
c) Vorschuß und Lohnpfändung	172
d) Darlehen und Lohnpfändung	173
6. Abtretung von Vergütungsansprüchen	174–177
a) Gesetzliche Regelung	174, 175
b) Vertraglicher Ausschluß	176
c) Verhältnis von Abtretung zur Pfändung	177
7. Arbeitsschutz	178–239
a) Schwerbehindertengesetz	180–186
b) Jugendarbeitsschutzgesetz	187–213
c) Mutterschutzgesetz	215–239
8. Wehrdienst/Zivildienst	242–257
a) Wehrdienst aufgrund allgemeiner Wehrpflicht	242–254
b) Wehrdienst aufgrund freiwilliger Verpflichtung	256
c) Zivildienst	257
9. Betriebsnachfolge	259–277
a) Gesamtrechtsnachfolge	259
b) Einzelrechtsnachfolge	260–277
10. Haftungsfragen	281–291
a) Haftung des Arbeitnehmers	281–286
b) Haftung des Arbeitgebers	288–291
11. Abmahnung	293–298
a) Gegenstand und Zweck	293
b) Abgrenzung zu Ermahnung/Beanstandung	294
c) Abgrenzung zu Betriebsbußen/-strafen	295

	Rz.
d) Mitbestimmungsrecht des Betriebsrats	297, 298
12. Kurzarbeit/Kurzarbeitergeld	300
a) Kurzarbeit	300, 301
b) Kurzarbeitergeld	302–306
III. Beendigung des Arbeitsverhältnisses	309–391
1. Kündigung	309–331
a) Form- und Wirksamkeitsvoraussetzungen, allgemein	309–312
b) Ordentliche Kündigung	315–321
c) Betriebsbedingte Kündigung (§ 1 Abs. 1 S. 1, 3. Alt. KSchG)	322–326
d) Verhaltensbedingte Kündigung (§ 1 Abs. 1 S. 1, 2. Alt. KSchG)	327
e) Personenbedingte Kündigung (§ 1 Abs. 1 S. 1, 1. Alt. KSchG)	328
f) Außerordentliche (fristlose) Kündigung	329
g) Änderungskündigung	330
h) Teilkündigung	331
2. Kündigungsschutz	334–382
a) Nach dem KSchG	334–352
b) Kündigungsschutz nach dem MuSchG	355–362
c) Kündigungsschutz nach dem SchwbG	364–366
d) Kündigungsschutz für Wehr- und Zivildienstleistende	369–373
e) Kündigungsschutz für Auszubildende	375–378
f) Kündigungsschutz der Heimarbeiter	380–382
3. Anhörungs- und Widerspruchsrecht des Betriebsrats gemäß § 102 BetrVG	383
4. Zeitablauf befristeter Arbeitsverträge	384
5. Aufhebungsvertrag	385
6. Abwicklung des Arbeitsverhältnisses	387–391
a) Ausgleichsquittung	387
b) Urlaubsabgeltung	388
c) Urlaubsbescheinigung	389
d) Zeugnis	390
e) Auskunft	391

I. Zustandekommen des Arbeitsverhältnisses

1. Einführung

1 **Arbeitsverhältnisse** werden durch den **Arbeitsvertrag** (AV) zwischen Arbeitgeber (ArbGeb) und Arbeitnehmer (AN) begründet. Für den Abschluß des AV gelten grundsätzlich die Regeln des allgemeinen Teils des Bürgerlichen Rechts, des allgemeinen Teils des Rechts der Schuldverhältnisse des BGB, insbesondere die Bestimmungen über Willenserklärungen (§§ 116–144 BGB), vom Vertragsabschluß (§§ 145–157 BGB) und, bezogen auf die Abwicklung, die Regelungen der §§ 320 ff. BGB, soweit diese mit dem Wesen des Arbeitsverhältnisses nicht kollidieren. Das Arbeitsverhältnis beruht daher grundsätzlich auf dem Konsens zwischen den Arbeitsvertragsparteien, der entgegen verbreiteter Ansicht für seine Wirksamkeit keiner schriftlichen Fixierung bedarf. Eine konkludente Einigung über die Arbeitsaufnahme reicht bereits aus (zu Formerfordernissen s. Rz. 120 ff.).

2 Eine gesetzliche **Definition des AV** fehlt. Allgemein kann man den AV beschreiben als eine auf die Arbeit bezogene Vereinbarung zwischen ArbGeb und AN. Der AV ist folglich inhaltlich enger gefaßt als das Arbeitsverhältnis; dieses umfaßt die gesamte vertragliche und/oder gesetzliche Rechtsbeziehung zwischen ArbGeb und AN und setzt einen gültigen AV voraus. Fehlt dieser, liegt ein sogenanntes faktisches Arbeitsverhältnis vor (hierzu s. Rz. 133).

3 Rechtlich ist der AV primär als eine besondere Art des Dienstvertrages (§§ 611 ff. BGB) einzuordnen, auf den nach weitgehend übereinstimmender Ansicht unter anderem die Auftragsvorschriften (§§ 662 ff. BGB) zumindest entsprechende Anwendung finden. Unterschiede zwischen Arbeitsvertrag und Dienstvertrag ergeben sich jedoch aus dem Direktionsrecht des ArbGeb, dem auf der anderen Seite die persönliche Abhängigkeit des AN entspricht. Weist das Arbeitsverhältnis typische Elemente verschiedener gesetzlich geregelter Vertragsarten auf, z. B. Dienstvertrag (§ 611 BGB), Miete (§ 535 BGB), Darlehen (§ 607 BGB), sind für die Beurteilung im Einzelfall die Regelungen des betroffenen Vertragsteils heranzuziehen (sog. **Kombinationsprinzip**). Nur für den Fall der späteren Beendigung des gesamten Vertragsverhältnisses sind ausschließlich die Vertragselemente maßgeblich, die eine sinnvolle Auflösung und Abwicklung des ganzen Arbeitsverhältnisses ermöglichen (sog. **Absorptionsprinzip**).

Über die im gegenseitigen Austauschverhältnis stehenden Hauptpflichten (Arbeit gegen Entgelt) hinaus, ergeben sich aus dem AV zahlreiche Nebenpflichten, von denen insbesondere die Treue- und Fürsorgepflichten zu nennen sind.

4 Die arbeitsrechtliche **Treuepflicht** des AN im Verhältnis zum ArbGeb entspringt als vertragliche Nebenpflicht dem Grundsatz von Treu und Glauben (§ 242 BGB). Ein AN, der diese Nebenpflichten verletzt, erfüllt seinen Arbeitsvertrag nicht in der gesetzlich geforderten Weise.

5 Demgegenüber bezeichnet man die sich aus dem Arbeitsvertragsverhältnis ergebenden Nebenpflichten des ArbGeb gegenüber dem AN als sog. **Fürsorgepflichten.** Die Fürsorgepflicht des ArbGeb begründet ebenso wie die Treuepflicht des AN keine selbständigen (sozialen) Ansprüche, sondern gestaltet die geschuldete Leistung nach dem Grundsatz von Treu und Glauben (§ 242 BGB) aus.

6 Für den AV gilt grundsätzlich das Prinzip der **Vertragsfreiheit:** dieses ist für das Gebiet **des Arbeitsrechts** durch zahlreiche, gesetzlich zwingende Vorschriften eingeschränkt. Auf die wichtigsten Beschränkungen wird unten in näherem Sachzusammenhang eingegangen.

2. Personalauswahl

7 Bei der Personaleinstellung ist bereits in bezug auf die Auswahl unter allen in Betracht kommenden Stellenbewerbern die Eingrenzung der Auswahlfreiheit des ArbGeb zu beachten, die sich aus den gesetzlichen **Beschäftigungsver- und -geboten** ergibt.

a) Beschäftigungsver- und -gebote (nur ArbGeb-Seite)

aa) Ausländer

8 Ausländer, die nicht Angehörige eines EWG-Mitgliedstaates sind, bedürfen zur rechtmäßigen Aufnahme einer abhängigen Beschäftigung neben der Aufenthaltserlaubnis der Ausländerbehörde der Arbeitserlaubnis des Arbeitsamtes (§ 19 AFG). Einzelheiten hierzu sind der Arbeitserlaubnisverordnung zu entnehmen. Neueinreisenden Ausländern werden zur Zeit grundsätzlich weder die Aufenthaltsgenehmigung noch die Arbeitserlaubnis erteilt. Aus § 7 AuslG i. V. m. den Ausführungsordnungen ergibt sich arbeitsrechtlich eine andere Situation für Nicht-EWG-Ausländer, die bereits mindestens 5 Jahre ununterbrochen rechtmäßig als Arbeitnehmer in der Bundesrepublik Deutschland gearbeitet haben. Das gleiche gilt für deren minderjährigen Kinder, die vor Vollendung des 18. Lebensjahres wenigstens einem Elternteil in die Bundesrepublik Deutschland gefolgt sind. Diese Personengruppen haben Anspruch auf Erteilung der Arbeitserlaubnis. Bei ausländischen Ehegatten ausländischer Arbeitnehmer steht die Erteilung der Arbeitserlaubnis nach einer Wartezeit im Ermessen des Arbeitsamtes; Ausländer, die mit einem/einer Deutschen verheiratet sind, haben durch die Eheschließung grundsätzlich Anspruch auf Aufenthalts- und Arbeitserlaubnis (§ 7 AuslG i. V. M. § 2 Abs. 1 ArbeitserlaubnisVO).

Schließt ein ArbGeb mit einem ausländischen AN aus einem Nicht-EWG-Land ohne Vorliegen der erforderlichen Arbeitserlaubnis einen AV, ist dieser zwar rechtlich wirksam, der ArbGeb macht sich jedoch einer Ordnungswidrigkeit nach § 229 AFG schuldig.

bb) Asylberechtigte

9 Asylberechtigte haben nach § 29 ff. AsylVfG iVm § 2 Abs. 1 ArbeitserlaubnisVO Anspruch auf Aufenthalts- und Arbeitserlaubnis. Der Aufenthalt ist den Asylbewerbern gemäß § 20 AsylVfG gestattet; die Arbeitserlaubnis kann jedoch frühestens nach zweijährigem Aufenthalt in der Bundesrepublik Deutschland erteilt werden (zu Einzelheiten s. § 1 Abs. 2 Nr. 3 ArbeitserlaubnisVO).

cc) Kinder

10 Nach § 7 JArbSchG ist die Beschäftigung (vollzeit-)schulpflichtiger Kinder grundsätzlich verboten (zu Sonderregelungen s. Rz. 187 ff.).

dd) Frauen

11 Zahlreiche Einschränkungen sind bei der Einstellung von Frauen zu beachten. Eine detaillierte Übersicht über die vielfältigen Einzelregelungen gibt *Zmarlik* in BB 1980, 1802, 1804 ff.

ee) Schwerbehinderte

12 Für die Einstellung von Schwerbehinderten wird gesetzlich mittelbarer Zwang ausgeübt. Nach § 4 SchwbG haben ArbGeb, die über mindestens 16 Arbeitsplätze

verfügen, zumindest 6% Schwerbehinderte zu beschäftigen. Solange diese Quote nicht erfüllt wird, ist eine Ausgleichsabgabe zu zahlen (zu weiteren Einzelheiten s. Rz. 180 ff.).

b) Stellenausschreibung

aa) Innerbetriebliche Ausschreibung

13 Nach § 93 BetrVG ist der Betriebsrat berechtigt zu verlangen, daß der ArbGeb neben der Inanspruchnahme der staatlichen Arbeitsvermittlung die zu besetzenden freien Stellen auch im Betrieb ausschreibt.

bb) Gleichbehandlung bei Ausschreibung

14 Hierbei hat der ArbGeb § 611 b BGB zu beachten. Gemäß dieser Vorschrift soll ein ArbGeb einen Arbeitsplatz grundsätzlich weder öffentlich noch innerhalb des Betriebes nur für Männer oder nur für Frauen ausschreiben. Ein Verstoß gegen § 611 b BGB ist zwar sanktionslos, kann aber ein Indiz für eine Diskriminierung darstellen.

c) Mitbestimmung bei Einstellung

15 In Betrieben mit idR mehr als 20 wahrberechtigten AN muß der ArbGeb vor Einstellung eines Bewerbers die Zustimmung des Betriebsrates einholen (§§ 99–101 BetrVG). Die Zustimmung kann der Betriebsrat lediglich aus den in § 99 Abs. 2 BetrVG abschließend aufgezählten Gründen verweigern. Ist eine Einigung zwischen ArbGeb und Betriebsrat nicht zu erreichen, entscheidet das Arbeitsgericht. Das arbeitsgerichtliche Urteil ersetzt die mangelnde Einigung ArbGeb – Betriebsrat (§ 99 Abs. 4 BetrVG).

d) Fragerecht des Arbeitgebers (Einstellungsfragebogen/Offenbarungspflicht des Arbeitnehmers)

aa) Umfang und Grenzen

16 Dem legitimen Interesse des ArbGeb daran, bei der Vorstellung nähere Informationen über den Stellenbewerber zu erhalten, steht auf seiten des AN der berechtigte Wunsch gegenüber, daß in seine Privatsphäre nicht in unnötiger Weise eingedrungen wird. Der sich aus diesem Spannungsverhältnis ergebenden Begrenzung des Fragerechts des ArbGeb entspricht die Offenbarungspflicht des AN bezüglich bestimmter außergewöhnlicher Umstände, die erkennbar für den zu besetzenden Arbeitsplatz von Bedeutung sein können. Diese Umstände hat der AN dem ArbGeb auch ohne Befragen mitzuteilen. Ansonsten ist grundsätzlich davon auszugehen, daß der ArbGeb nach den ihn interessierenden besonderen Umständen fragen darf und muß. Hierbei sind nur solche Fragen zulässig, an deren Beantwortung der ArbGeb unter Berücksichtigung der zu leistenden Arbeit ein berechtigtes Interesse hat.

17 Die Befragung des Bewerbers kann unter der oben genannten Maßgabe mündlich oder aber auch durch Vorlage eines sogenannten **Einstellungsfragebogens** erfolgen. Die Gestaltung dieses Fragebogens unterliegt dem Mitbestimmungsrecht des Betriebsrates. Kommt eine Einigung über Form und Inhalt zwischen ArbGeb und Betriebsrat nicht zustande, entscheidet die Einigungsstelle. An die inhaltliche Ausgestaltung des Fragebogens sind die gleichen Anforderungen wie an das mündliche Bewerbungsgespräch zu stellen.

18 **Der Zustimmung des Bewerbers unterliegen:**
– handgeschriebener Lebenslauf
– graphologische Gutachten
– psychologische Tests
– (amts-)ärztliche Eignungsuntersuchungen.

Auf Grund der ärztlichen Schweigepflicht darf der Arzt (auch der Werksarzt) dem ArbGeb nur Angaben über die grundsätzliche Tauglichkeit des AN für den zu besetzenden Arbeitsplatz machen; die exakte Diagnose darf ohne Einwilligung des AN nicht mitgeteilt werden. Willigt der AN in die Vorlage eines handgeschriebenen Lebenslaufes ein, legt dann jedoch einen von einem Dritten geschriebenen Lebenslauf vor, ist der ArbGeb unter Umständen zur Anfechtung berechtigt.

bb) Rechtsfolgen wahrheitswidriger Beantwortung zulässiger/unzulässiger Fragen

19   Wird eine zulässige Frage vom AN bewußt nicht vollständig und/oder nicht richtig beantwortet, ist der ArbGeb grundsätzlich zur Anfechtung des AV nach §§ 119, 123 BGB berechtigt.
Unzulässige Fragen braucht der AN nicht bzw. nicht wahrheitsgemäß zu beantworten. Die spätere Möglichkeit der Vertragsanfechtung durch den ArbGeb besteht nicht.

cc) Zulässig sind insbesondere Fragen nach

20
- beruflichem Werdegang (einschließlich Zeugnissen, Wehrdienstzeiten, bevorstehender Einberufung etc.)
- bisherigem Lohn- und Gehaltsgefüge
- chronischen Erkrankungen, soweit für den Betrieb, die übrigen AN oder die zu verrichtende Arbeit von Bedeutung (ohne besondere Frage des ArbGeb besteht Offenbarungspflicht für AN nur, wenn er zum Zeitpunkt des Dienstantritts voraussichtlich dienstunfähig krank war oder in Kur ist)
- Schwerbehinderteneigenschaft (ohne Frage des ArbGeb besteht keine Offenbarungspflicht des AN, es sei denn, die Behinderung macht die zu leistende Arbeit unmöglich)
- Vermögensverhältnissen nur bei AN in Vertrauensstellungen (z. B. Bankkassierer, Filialleiter) und bei AN des oberen Verantwortungsbereichs
- Vorstrafen nur, wenn ein unmittelbarer Bezug zum zu besetzenden Arbeitsplatz besteht. Ist eine Verurteilung nach dem BZRG nicht in ein Führungszeugnis oder nur in ein qualifiziertes Führungszeugnis nach § 30 Abs. 3 und 4 BZRG aufzunehmen, darf sich der Bewerber als unbestraft bezeichnen. Nur bei Angestellten der höheren Verantwortungsebene besteht Offenbarungspflicht
- Wettbewerbs- und/oder Konkurrenzverboten (ohne Frage des ArbGeb besteht Offenbarungspflicht des AN).

dd) Unzulässig sind insbesondere Fragen nach

21
- Eheschließung
- Gewerkschaftszugehörigkeit (Ausnahme: Angabe notwendig für Prüfung von Tarifbindung und betrieblichem Beitragseinzug)
- Religions- und/oder Parteizugehörigkeit (Ausnahme: Einstellung bei konfessionellen Krankenhäusern und religions- oder parteigebundenen Verlagen/Vereinigungen)
- (bestehender) Schwangerschaft (Ausnahme: Zu verrichtende Arbeit kann im Falle der Schwangerschaft nicht geleistet werden.)
- Vermögensverhältnissen bei AN des mittleren und unteren Verantwortungsbereichs (allein das Interesse des ArbGeb, den mit zusätzlichem Verwaltungsaufwand verbundenen Lohnpfändungen zu begegnen, rechtfertigt Fragestellung nicht.)

3. Vereinbarungen von Arbeitszeit und Urlaub

a) Arbeitszeit

22   Die bei Abschluß des AV für die Arbeitsvertragsparteien grundsätzlich bestehende Vertragsfreiheit ist in bezug auf Vereinbarungen über die Dauer und Aufteilung der Arbeitszeit nur im Rahmen des gesetzlich geltenden Arbeitszeitschutzes gegeben. In der AZO sowie in zahlreichen besonderen Schutzgesetzen und -verordnungen sind Höchstgrenzen für die zulässige Arbeitszeit festgelegt. Werden diese Grenzen durch Tarifvertrag, Betriebsvereinbarungen, Arbeitsvertrag, Einzelabrede oder Arbeitgeberweisung überschritten, hat dies nach § 134 BGB die Rechtsfolge der Nichtigkeit. Den AN trifft keine Rechtspflicht, über die genannten Grenzen hinaus Arbeit zu leisten. Geschieht dies dennoch, hat der AN Anspruch auf Vergütung.
Bei vertraglichen Vereinbarungen über die Arbeitszeit ist insbesondere die Rechtslage nach der AZO (v. 30. 4. 1938, RGBl. I, 447; mehrfach geändert) zu beachten, die die Rechtsquelle für das allgemeine Arbeitszeitrecht bildet. Lediglich die AZO ist daher Gegenstand der folgenden Ausführungen. Auf spezialgesetzlich kodifizierte

Sonderbestimmungen kann im Rahmen der vorliegenden Kurzdarstellung nicht eingegangen werden; hierzu s. § 1 Abs. 3 AZO.
Darüber hinaus sind stets ggf. tarifvertragliche Sonderregelungen zu berücksichtigen.

aa) Rechtslage nach der AZO

23   Die AZO wacht über die Einhaltung des 8-Stunden-Tages und läßt Mehrarbeit lediglich unter engen Voraussetzungen zu, jedenfalls nur unter der Verpflichtung, Mehrarbeitsvergütung zu zahlen. Aus der Gesamtregelung der AZO ergibt sich eine gesetzlich kodifizierte Durchschnittswochen-Arbeitszeit von 48 Stunden.

24   **– Anwendungsbereich der AZO**

Die AZO gilt für alle AN über 18 Jahre in Betrieben und Verwaltungen aller Art (§ 1 Abs. 1 S. 1 AZO). Ausgenommen sind AN im Bereich der Landwirtschaft, der Fischerei und der See- und Luftfahrt (§ 1 Abs. 1 S. 2 AZO). Vom persönlichen Geltungsbereich der AZO sind bestimmte leitende Angestellte und pharmazeutisch vorgebildete AN in Apotheken nicht erfaßt (§ 1 Abs. 2 AZO).

25   **– Regelmäßige Arbeitszeit**

Die regelmäßige Arbeitszeit darf werktäglich (zur sonn- und feiertäglichen Arbeitszeit vgl. §§ 105 ff. GewO) die Dauer von 8 Stunden nicht überschreiten (§ 3 AZO). Arbeitszeit nach § 2 Abs. 1 AZO ist die Zeit vom Beginn bis zum Ende der Arbeit ohne Ruhepause. Nach hM läßt sich Arbeitszeit daher auch als die Zeit beschreiben, in der der AN mit seiner Arbeitskraft dem ArbGeb zur Verfügung steht, gleichgültig, ob der AN einzelne Tätigkeiten ausübt oder nicht.

26   **– Andere Verteilung der Arbeitszeit**

Eine Ausdehnung der regelmäßigen täglichen Arbeitszeit über 8 Stunden hinaus ist möglich, wenn die Arbeitszeit an einzelnen Werktagen regelmäßig verkürzt und die ausfallende Arbeitszeit auf die übrigen Werktage derselben sowie der vorhergehenden oder folgenden Woche verteilt wird (§ 4 Abs. 1 S. 1 AZO). Dieser Ausgleich ist ferner zulässig, soweit die Art des Betriebes eine ungleichmäßige Verteilung der Arbeitszeit erfordert; das Gewerbeaufsichtsamt entscheidet in diesen Fällen über das Vorliegen dieser Voraussetzungen (§ 4 Abs. 1 S. 2 AZO).

Arbeitszeit, die infolge von Betriebsfeiern, Volksfesten, öffentlichen Veranstaltungen, aus ähnlichen Anlässen oder an Tagen zwischen Feiertagen ausfällt, kann auf die Werktage von fünf zusammenhängenden, die Ausfalltage einschließenden Wochen verteilt werden (§ 4 Abs. 2 AZO).

In allen Fällen einer anderen Verteilung darf die tägliche Arbeitszeit grundsätzlich 10 Stunden nicht überschreiten. Eine Überschreitung dieser Grenze kann vom Gewerbeaufsichtsamt zugelassen werden (§ 4 Abs. 3 AZO).

27   **– Vor- und Abschlußarbeiten**

Für Reinigungs-, Instandhaltungsarbeiten etc., deren Durchführung während des regelmäßigen Geschäftsbetriebes erhebliche Störungen verursachen, kann die regelmäßige tägliche Arbeitszeit um maximal 2 Stunden täglich, jedoch höchstens bis zu 10 Stunden insgesamt täglich ausgedehnt werden. Welche Arbeiten im einzelnen als Vor- und Abschlußarbeiten zu qualifizieren sind, unterliegt im Zweifel der Bestimmung des Gewerbeaufsichtsamtes (zu Einzelheiten siehe § 5 AZO).

28   **– Mehrarbeit**

AN eines Betriebes oder einer Betriebsabteilung dürfen an 30 Tagen im Jahr über die regelmäßige Arbeitszeit hinaus mit Mehrarbeit bis zu 2 Stunden täglich, jedoch nicht länger als insgesamt 10 Stunden täglich beschäftigt werden (§ 6 AZO). Nach § 24 Abs. 1 Nr. 3 AZO hat der ArbGeb hierüber einen Nachweis zu führen.

Die Vereinbarung darüber hinausgehender Mehrarbeit ist nur auf Grund tarifvertraglicher Ermächtigung (§ 7 AZO) oder gewerbeaufsichtsamtlicher Genehmigung (§ 8 Abs. 1 AZO) möglich.

Die nach §§ 6, 7 oder 8 Abs. 1 AZO geleistete Mehrarbeit ist mit einem angemessenen Zuschlag, der – wenn vertraglich nicht geregelt – 25% der regelmäßigen Vergütung beträgt (§ 15 Abs. 2 AZO), zu vergüten.

Den Ausgleich für geleistete Mehrarbeit durch Freizeit vorzunehmen (sog. „Abfeiern"), ist nach der AZO nicht zulässig (Ausnahme bei Saisonbetrieben gemäß § 15 Abs. 3 AZO). Ob darüber hinaus generell Mehrarbeit durch Freizeit ausgeglichen werden darf, ist selbst dann, wenn der Mehrarbeitszuschlag gezahlt oder um 25% mehr Freizeit als geleistete Mehrarbeit gewährt wird, wegen der klaren und abschließenden Regelung der AZO zumindest fraglich.

29 – **Ruhezeiten**

Den Arbeitnehmern ist nach Beendigung der täglichen Arbeitszeit eine ununterbrochene Ruhe von mindestens 11 Stunden zu gewähren. In manchen Bereichen kann die Mindestruhezeit auf 10 Stunden reduziert werden. Bei dringendem Bedürfnis kann das Gewerbeaufsichtsamt weitergehende Ausnahmen zulassen (§ 12 Abs. 1 AZO). Zu Sonderregelungen für Arbeitnehmerinnen s. § 1 AZO).

30 – **Pausen**

Beträgt die Arbeitszeit mehr als 6 Stunden, sind den Arbeitnehmern mindestens eine halbstündige Ruhepause oder zwei viertelstündige Ruhepausen zu gewähren, in denen eine Beschäftigung im Betrieb nicht erlaubt ist (§ 12 Abs. 2 S. 1 AZO). Abweichende Regelungen bestehen für Arbeitnehmerinnen nach § 18 AZO. Ruhepausen sind, sofern tariflich oder vertraglich nichts anderes vereinbart ist, nicht Arbeitszeit i. S. d. § 2 Abs. 1 AZO und müssen vom ArbGeb nicht vergütet werden. Hiervon ausgenommen sind in Wechselschicht tätige AN (§ 12 Abs. 3 S. 3 AZO). Durch den täglichen Betriebsablauf bedingte Arbeitsunterbrechungen (sog. Betriebspausen) sind keine Ruhepausen, sondern Arbeitszeit. Bei entsprechender Lage der Unterbrechungen können die nach der AZO vorgeschriebenen Ruhepausen in die sogenannten Betriebspausen gelegt werden. Hierbei ist das Mitbestimmungsrecht des Betriebsrats bei Festlegung der Pausen zu berücksichtigen (§ 87 Abs. 1 Nr. 2 BetrVG).

31 – **Gleitende Arbeitszeit**

Bei dem System der einfachen gleitenden Arbeitszeit ist dem AN die Möglichkeit eingeräumt, seine Arbeit früher oder später aufzunehmen und nach Ablauf der täglichen Arbeitszeit entsprechend früher oder später zu beenden. Bei dem System der qualifizierten gleitenden Arbeitszeit muß der AN innerhalb bestimmter Stammarbeitszeiten arbeiten und kann Zeitguthaben oder Zeitverluste innerhalb bestimmter Ausgleichszeiträume ausgleichen.

Insbesondere das System der qualifizierten gleitenden Arbeitszeit ist arbeitszeitrechtlich bedenklich, weil auch für diese Ausgestaltung der Arbeitszeit grundsätzlich das Gebot des 8-Stunden-Tages nach § 3 AZO gilt. Nur wenn ein Tarifvertrag eine längere regelmäßige (tägliche) Arbeitszeit zuläßt (§ 7 Abs. 1 AZO), darf der AN an einzelnen Tagen länger als 8 Stunden arbeiten, um so einen Ausgleich für etwaige Minderzeiten an anderen Tagen vornehmen zu können. Dies ist jedoch auch wieder nur bis zu maximal 10 Stunden täglicher Arbeitszeit zulässig (§ 11 AZO).

Wegen des Jugend- und Mutterschutzes (hierzu s. Rz. 187 ff., 215 ff.) ist die Anwendung der gleitenden Arbeitszeit mit Zeitausgleich für diesen Personenkreis idR nicht möglich.

Die Einführung der gleitenden Arbeitszeit unterliegt dem erzwingbaren Mitbestimmungsrecht des Betriebsrates (§ 87 Abs. 1 Ziff. 2 BetrVG). Werden Betriebsvereinbarungen getroffen, müssen diese grundsätzlich Regelungen enthalten über die Normalarbeitszeit, die Gleitspannen, die Höhe der maximal zulässigen Zeitguthaben und -rückstände, den Ausgleichszeitraum, die Erfassung und Kontrolle der Arbeitszeit sowie zweckmäßigerweise die Bestimmung, daß Über- und Mehrarbeitsstunden erst nach Ausgleich des Zeitkontokorrents anfallen.

bb) Überstunden

32 In den aktuell gültigen Tarifverträgen ist regelmäßig vorgesehen, daß bereits das Überschreiten einer niedrigeren wöchentlichen Arbeitsstundenzahl als der der AZO (z. B. 38,5 anstatt 38 Stunden pro Woche) einen Anspruch auf einen Überstundenzuschlag (vergleichbar mit Zuschlag nach § 15 Abs. 3 AZO) entstehen läßt. Eine solche Absprache kann ebenso in Einzelverträgen getroffen werden. Es handelt sich stets

um eine vom Arbeitszeitschutzrecht nicht zwingend gebotene tarif- oder einzelvertragliche Vergütungsabsprache. Überstunden, d. h. Arbeitsstunden, die über die betriebliche, regelmäßige Arbeitszeit hinausgehen, können, müssen aber nicht als Mehrarbeit im Sinne der AZO zu qualifizieren sein.

Eine Verpflichtung des AN zur Leistung von Überstunden über die vertraglich vereinbarte regelmäßige Arbeitszeit hinaus besteht grundsätzlich nur, sofern diesbezüglich eine arbeitsvertragliche Absprache zwischen AN und ArbGeb getroffen wird.

Auch die Vergütung geleisteter Überstunden richtet sich nach den getroffenen arbeitsvertraglichen Absprachen, sofern es sich um reine Überstunden und nicht um Mehrarbeit i. S. d. § 15 AZO (hierzu s. Rz. 28) handelt, für die mangels Absprache eine Zusatzvergütung von mindestens 25% zu zahlen ist.

Arbeitszeitrechtlich unbedenklich ist es in der Regel, den Ausgleich für geleistete Überstunden durch Freizeit zu vereinbaren; dies gilt zumindest so lange, wie die Überstunden zwar die regelmäßige betriebliche Arbeitszeit überschreiten, hierbei sich aber innerhalb des von der AZO vorgegebenen Rahmens der regelmäßigen Arbeitszeit (s. Rz. 25) bewegen.

b) Erholungsurlaub

aa) Allgemeines

33   Urlaub ist die Freistellung des AN von der Arbeit zum Zwecke der Erholung unter Fortzahlung der Arbeitsvergütung durch den ArbGeb. Seine bundeseinheitliche Regelung hat der Erholungsurlaub im BUrlG v. 8. 1. 1963 (BGBl. Abs. 1 S. 2) gefunden. Es handelt sich hierbei um **zwingendes Recht,** von dem zu Lasten des AN nicht abgewichen werden darf (§ 13 Abs. 1 S. 3 BUrlG). Eine Ausnahme besteht beschränkt für Tarifverträge (§ 13 Abs. 1 S. 1 BUrlG). Abweichende vertragliche Einzelabsprachen zugunsten des AN sind zulässig (vgl. **Günstigkeitsprinzip**); bei dem BUrlG handelt es sich folglich um ein Mindesturlaubsgesetz, dessen Regelungen im Rahmen von Individual-Arbeitsverträgen als unterste Grenze zu beachten sind. Bei Verstoß gegen die Mindestanforderungen des BUrlG ist zumindest die gegen dieses Gesetz verstoßende Vereinbarung nach § 134 BGB nichtig.

bb) Urlaubsdauer

34   Die gesetzliche Mindesturlaubsdauer beträgt nach dem BUrlG für jeden AN in jedem Kalenderjahr mindestens 18 Werktage (§ 3 Abs. 1 BUrlG). Als Werktage gelten alle Kalendertage, die nicht Sonn- oder gesetzliche Feiertage sind (§ 3 Abs. 2 BUrlG). Voraussetzung für den Anspruch auf Erholungsurlaub ist das 6monatige Bestehen des Arbeitsverhältnisses (§ 4 BUrlG). Wird die Wartezeit durch den AN wegen Wechsels der Arbeitsstelle nicht erfüllt, oder scheidet der AN nach erfüllter Wartezeit in der ersten Hälfte eines Jahres aus dem Arbeitsverhältnis aus, hat er für jeden vollen Monat der Beschäftigung Anspruch auf ½12 des Jahresurlaubs (sog. **Teilurlaub,** § 5 BUrlG).

cc) Zeitliche Festlegung des Urlaubs

35   Die Sinnbestimmung für den jährlichen Mindesturlaub liegt im Erholungszweck; der Urlaub wird gewährt, damit der AN die Möglichkeit der Erholung erhält. Eine Übertragung des Urlaubs auf das nächste Kalenderjahr oder eine monitäre Abgeltung des Urlaubs sind daher nur unter den engen Voraussetzungen des § 7 Abs. 3, 4 BUrlG möglich. Nach § 7 Abs. 3 S. 1 BUrlG ist der Urlaub zusammenhängend zu gewähren, es sei denn, daß dringende betriebliche oder in der Person des AN liegende Gründe eine Teilung des Urlaubs erforderlich machen (sog. **Zerstückelungsverbot**). Kann der Urlaub aus diesen Gründen nicht zusammenhängend gewährt werden, und besteht für den AN ein Anspruch auf Urlaub von mehr als 12 Werktagen, so muß einer der Urlaubsteile mindestens 12 aufeinanderfolgende Werktage umfassen (§ 7 Abs. 3 S. 2 BUrlG). Diese Regelung ist durch individualvertragliche Vereinbarung abdingbar (§ 13 Abs. 1 S. 3BUrlG).

Damit der Erholungszweck erreicht werden kann, ist der Urlaub stets für die Zukunft zu gewähren; Zeiten früherer Nichtbeschäftigung dürfen nicht ohne weiteres auf den Urlaub angerechnet werden (sog. **Rückwirkungsverbot**).

dd) Urlaubsabgeltung

36 Lediglich wenn Urlaub wegen Beendigung des Arbeitsverhältnisses ganz oder teilweise nicht mehr gewährt werden kann, ist er abzugelten (§ 7 Abs. 4 BUrlG). Dies ist auch in bezug auf kurzzeitige Arbeitsverhältnisse zu berücksichtigen.

ee) Sicherung des Erholungszwecks

37 Nach § 8 BUrlG darf der AN keine dem Urlaubszweck (Erholung) widersprechende Erwerbstätigkeit während des Erholungsurlaubs leisten. Da § 8 BUrlG keine Regelung für den Fall des Verstoßes enthält, sind die Rechtsfolgen umstritten. Die wohl hM geht dahin, daß der AN, der während des Urlaubs entgegen dem Verbot des § 8 BUrlG erwerbstätig wird, das Urlaubsentgelt (hierzu s. Rz. 86 ff.) zurückzahlen muß.

Erkrankt der AN während des Urlaubs, werden die durch ärztliche Bescheinigung nachgewiesenen Tage der Arbeitsunfähigkeit auf den Jahresurlaub nicht angerechnet (§ 9 BUrlG). Ebenso dürfen Kuren und Schonzeiten in die Berechnung des Erholungsurlaubes nicht mit eingerechnet werden, sofern ein Anspruch auf Fortzahlung des Arbeitsentgeltes nach den gesetzlichen Vorschriften über Entgeltsfortzahlung im Krankheitsfalle besteht (§ 10 BUrlG).

Hierzu siehe nähere Einzelheiten in Teil 5.

ff) Urlaubsentgelt

38 Siehe hierzu Rz. 86 f.

gg) Mitbestimmung

39 Besteht ein Betriebsrat, und kann zwischen ArbGeb und dem beteiligten AN kein Einverständnis erzielt werden, ist bei der Aufstellung allgemeiner **Urlaubsgrundsätze** und des **Urlaubsplanes** sowie bei der Festlegung der zeitlichen Lage des Urlaubs für einzelne AN das erzwingbare Mitbestimmungsrecht nach § 87 Abs. 1 Nr. 5 BetrVG zu beachten.

c) Bildungsurlaub

40 Neben den Erholungsurlaub tritt mehr und mehr der Bildungsurlaub. Hierunter versteht man die Freistellung des AN zu Zwecken der beruflichen Fortbildung oder der politischen Bildung. Abgesehen von § 37 Abs. 6, 7 BetrVG, besteht keine bundeseinheitliche Regelung. Trotz Ratifizierung des Übereinkommens Nr. 140 der IAO vom 24. 6. 1974 wurde ein bundeseinheitliches Bildungsurlaubsgesetz bisher nicht erlassen.

aa) Für Betriebsratsmitglieder

41 Nach § 37 Abs. 6 BetrVG sind Mitglieder des Betriebsrates ohne Minderung des Arbeitsentgelts von ihrer beruflichen Tätigkeit für die Teilnahme an **Schulungs- und Bildungsveranstaltungen** freizustellen, soweit diese Kenntnisse vermitteln, die **für** die Arbeit des **Betriebsrates** erforderlich sind. Daneben hat jedes Betriebsratsmitglied während seiner regelmäßigen Amtszeit Anspruch auf bezahlte Freistellung für insgesamt 3 Wochen zur Teilnahme an Schulungs- und Bildungsveranstaltungen, die von der zuständigen obersten Landesbehörde als geeignet anerkannt sind (§ 37 Abs. 7 BetrVG).

bb) Nach Ländergesetzen

42 Der Vollständigkeit halber ist neben den Regelungen des BetrVG weiterhin auf einzelne Landesbildungsurlaubsgesetze hinzuweisen. Für AN unter 21 Jahre hat Berlin mit Gesetz vom 16. 7. 1970 (GVBl. S. 1140) eine Regelung vorgenommen. Nach dem Hamburgischen Bildungsurlaubsgesetz vom 21. 1. 1974 (Hamb. GVBl. 1974 S. 6) steht allen Arbeitnehmern, deren Arbeitsverhältnisse ihren Schwerpunkt in Hamburg haben, alle zwei Jahre Anspruch auf 10 Tage bezahlten Urlaub zur Teilnahme an staatlich anerkannten Veranstaltungen der politischen und/oder beruflichen Weiterbildung zu. Bremen (Gesetz vom 19. 10. 1981, GVBl. S. 170), Hessen (Gesetz vom 24. 6. 1974, GVBl. S. 1300) und Niedersachsen (Gesetz i. d. F. v. 13. 12. 1974, GVBl. S. 569) haben ähnliche Regelungen getroffen, Im allgemeinen besteht ein Anspruch auf zwei Wochen Bildungsurlaub.

d) Sonderurlaub/Unbezahlter Urlaub

43 Aus dem Umstand, daß der ArbGeb nach dem BUrlG verpflichtet ist, bezahlten Erholungsurlaub zu gewähren, kann nicht geschlossen werden, der ArbGeb sei dann erst recht verpflichtet, dem AN auf dessen Wunsch unbezahlten Urlaub (sog. Sonderurlaub) zu gewähren. Das Arbeitsrecht schützt neben dem Interesse des AN an der Erhaltung der Arbeitskraft auch das Interesse des ArbGeb an planmäßigem Einsatz der Arbeitskraft seiner AN. Eine engbegrenzte Möglichkeit, Sonderurlaub zu verlangen, besteht daher nur gelegentlich auf Grund von Tarifverträgen. Eine einzelvertragliche, die beiderseitigen Interessen berücksichtigende Sonderurlaubsregelung ist zulässig.

Allgemeine Grundsätze über die Gewährung von Sonderurlaub sind nach § 87 Abs. 1 Nr. 5 BetrVG mitbestimmungspflichtig. Kommt eine Einigung zwischen Betriebsrat und ArbGeb nicht zustande, entscheidet die Einigungsstelle. Der Spruch der Einigungsstelle ersetzt die Einigung zwischen Betriebsrat und ArbGeb.

4. Inhalt der Arbeitspflicht
a) Normale Arbeitsleistung

44 Der Inhalt der normalen Arbeitsleistung ergibt sich aus den zwischen ArbGeb und AN getroffenen Vereinbarungen. Der AN ist nach § 611 Abs. 1 BGB zur Leistung der ,,versprochenen Dienste" verpflichtet. In der Regel sind die im einzelnen zu erbringenden Leistungen im AV nur in groben Umrissen festgelegt. Die konkrete Ausgestaltung der Arbeitspflicht erfolgt zumeist im Rahmen des Direktionsrechts des ArbGeb durch Weisungen. Diese stellen rechtsgestaltende Erklärungen dar und bestimmen den Inhalt der vertraglichen Arbeitspflicht. Die vertraglich geschuldete Arbeit ist grundsätzlich ,,in persona" zu erbringen (vgl. § 613 BGB). Der Anspruch des ArbGeb auf die Arbeitsleistung ist einklagbar, kann als solcher jedoch nicht durchgesetzt werden (§ 888 Abs. 2 ZPO).

Das auf Arbeitsleistung lautende Urteil kann lediglich als Grundlage für einen sich möglicherweise anschließenden Schadenersatzprozeß dienen.

b) Akkordarbeit

45 Die Verpflichtung des AN zur Leistung von Akkordarbeit kann sich aus kollektivrechtlichen Vereinbarungen ergeben. Sind solche nicht vorhanden, oder besteht keine Tarifbindung, greifen ggf. einzelvertragliche Absprachen ein. Ohne ausdrückliche Vereinbarung zwischen ArbGeb und AN – etwa nur auf Grund des Weisungsrechts des ArbGeb – besteht für den AN keine Verpflichtung, Akkordarbeit zu leisten.

Ist hingegen Akkordleistungspflicht vereinbart, bestimmt der ArbGeb im Rahmen der getroffenen (kollektivrechtlichen) Absprache, welche Arbeiten im Akkord zu erbringen sind. Der ArbGeb darf den AN selbst dann von der einen zur anderen Akkordarbeit im Rahmen seines Direktionsrechts umsetzen, wenn dies eine Lohnminderung zur Folge hat; lediglich eine Verminderung des Ecklohnes (hierzu s. Rz. 68) darf nicht eintreten. Allerdings darf ein im Akkord arbeitender AN ohne arbeitsvertragliche Regelung auch nicht auf Dauer mit Arbeit betraut werden, die nur im Zeitlohn (hierzu s. Rz. 69) vergütet wird: es sei denn, dies ist arbeitsvertraglich vorbehalten.

Der AN kann die Übernahme vertraglich vereinbarter Akkordarbeit nicht ablehnen, es sei denn, der betreffende AN ist durch Arbeitsvertrag, spezialgesetzliche Arbeitsvorschriften (z. B. § 4 Abs. 3 MSchG, § 23 JArbSchG) oder Tarifvertrag von der Akkordarbeit ausgenommen. Andererseits kann der AN eine Beschäftigung mit Akkordarbeit auch nicht verlangen, wenn ihm dies vertraglich nicht ausdrücklich zugesichert wurde.

46 Die Einführung der Akkordarbeit unterliegt dem Mitbestimmungsrecht des Betriebsrats nach § 87 Abs. 1 Nr. 11 BetrVG. Kommt eine Einigung zwischen Betriebsrat und AN nicht zustande, entscheidet die Einigungsstelle. Der Spruch der Einigungsstelle ist für Betriebsrat und ArbGeb bindend.

c) Nebentätigkeit/Konkurrenzverbot

aa) Während des Arbeitsverhältnisses

47 Während des Arbeitsverhältnisses hat der AN, sofern vertraglich keine Beschränkungen vereinbart sind, grundsätzlich das Recht, mehrere Arbeitsverhältnisse nebeneinander einzugehen. Hierbei sind folgende Eingrenzungen zu beachten:
– Die Nebentätigkeit darf nicht zu einer Beeinträchtigung der Pflichten aus dem (ersten) Hauptarbeitsverhältnis führen.
– Die Gesamtarbeitszeit aller gleichzeitigen Arbeitsverhältnisse darf die Höchstgrenze der AZO (hierzu s. Rz. 23 ff.) nicht übersteigen.
– Während des Urlaubs darf der AN keine dem Erholungszweck widersprechende Erwerbstätigkeit ausüben (§ 8 Bundesurlaubsgesetz, s. Rz. 37).
– Die gleichzeitige Beschäftigung bei einem anderen ArbGeb im gleichen Branchenbereich ist unzulässig.

bb) Nach Beendigung des Arbeitsverhältnisses

48 Besteht das Arbeitsverhältnis nicht mehr, unterliegt der AN bei der Wahl seiner Arbeitsstellen keinerlei Einschränkungen. Ein nachvertragliches Wettbewerbsverbot ist nur dann zu beachten, wenn es auf besonderer vertraglicher Vereinbarung zwischen (früherem) ArbGeb und AN beruht und der frühere ArbGeb sich verpflichtet hat, für die Dauer des Verbots eine Entschädigung zu zahlen. Diese soll für jedes Jahr des Verbots mindestens die Hälfte der von dem AN zuletzt bezogenen vertragsgemäßen Leistung betragen.

cc) Während eines Berufsausbildungsverhältnisses

49 Berufsausbildungsverträge dürfen keine Wettbewerbsverbote enthalten (§ 5 BBiG).

d) Verschwiegenheitspflicht

aa) Während des Arbeitsverhältnisses

50 Während des Bestehens des Arbeitsverhältnisses ergibt sich aus der arbeitsrechtlichen Treuepflicht die Verpflichtung des AN, die Betriebs- und Geschäftsgeheimnisse des ArbGeb zu wahren. Eine schuldhafte Verletzung der Verschwiegenheitspflicht stellt eine erhebliche Verletzung des Arbeitsvertrages dar.

51 Zum Schutze der häufig für den ArbGeb existenziellen Betriebs- und Geschäftsgeheimnisse bestimmt § 17 Abs. 1 UWG:

„Mit Freiheitsstrafe bis zu 3 Jahren oder mit Geldstrafe wird bestraft, wer als Angestellter, Arbeiter oder Lehrling eines Geschäftsbetriebs ein Geschäfts- oder Betriebsgeheimnis, das ihm vermöge des Dienstverhältnisses anvertraut worden oder zugänglich geworden ist, während der Geltungsdauer des Dienstverhältnisses unbefugt an jemand zum Zwecke des Wettbewerbs oder aus Eigennutz oder in der Absicht, dem Inhaber des Geschäftsbetriebes Schaden zuzufügen, mitteilt."

Nach § 9 Nr. 6 BBiG ist auch der Auszubildende kraft Gesetzes verpflichtet, über Betriebs- und Geschäftsgeheimnisse Stillschweigen zu bewahren.

bb) Nach Beendigung des Arbeitsverhältnisses

52 Mit dem Ende des Arbeitsverhältnisses enden grundsätzlich auch die der Treuepflicht entspringenden Wettbewerbsverbote (hierzu s. Rz. 47 ff.) und Verschwiegenheitspflichten.

In bezug auf Verschwiegenheitspflichten fordert die Rechtsprechung in verstärktem Maße – auch ohne ausdrückliche vertragliche Regelung – Verschwiegenheit über das Ende des Arbeitsverhältnisses hinaus. Zur arbeitsrechtlichen Absicherung von Betriebs- und Geschäftsgeheimnissen sollten daher bereits bei Abschluß des Arbeitsvertrages ausdrückliche Vereinbarungen über eine Verschwiegenheitspflicht des AN über die Beendigung des Arbeitsverhältnisses hinaus getroffen werden. Kommen diese Verschwiegenheitsvereinbarungen einem Wettbewerbsverbot nach Ende des Arbeitsvertrages gleich, sind für die Wirksamkeit dieser Vereinbarung die gleichen Anforderungen wie an ein vertragliches Wettbewerbsverbot zu stellen (s. Rz. 48).

5. Vereinbarung des Arbeitsentgelts

a) Freie Entgeltabsprache

54   Nach § 611 BGB ist der ArbGeb zur Gewährung der vereinbarten Vergütung verpflichtet. In bezug auf die Vereinbarkeit der Höhe und der Art des Entgelts sind die Arbeitsvertragsparteien grundsätzlich frei; Mindestsätze sind gesetzlich nicht festgeschrieben.

aa) Einschränkung durch Tarifvertrag

55   Die Höhe der Vergütung richtet sich häufig nicht nach individualvertraglichen Abreden, sondern ist durch Tarifvertragsbestimmungen festgelegt, die auf das Arbeitsverhältnis einwirken (sog. Tarifbindung).

Die **Tarifbindung** kann sich ergeben aus:

56   – unmittelbar zwingender Geltung des Tarifvertrags zwischen den Tarifvertragsparteien, denen ArbGeb und AN als Mitglieder angehören (§§ 3 Abs. 1 S. 4 Abs. 1 TVG:)

57   – Allgemeinverbindlicherklärung durch den Bundesminister für Arbeit und Sozialordnung (§ 5 TVG); Hiernach gelten die Regelungen des Tarifvertrags für alle Arbeitsverhältnisse und Betriebe, die in den räumlichen und fachlichen Geltungsbereich des Tarifvertrags fallen, ohne daß es darauf ankommt, ob ArbGeb und/ oder AN den Tarifvertragsparteien angehören.

58   – (einzelvertraglicher) Gleichstellungsabrede;

59   – dem Gleichbehandlungsgrundsatz;
Gewährt der ArbGeb den nicht tarifgebundenen AN freiwillig tarifliche Arbeitsbedingungen, darf er ohne zwingenden Grund, d. h. nicht willkürlich, einzelne AN hiervon ausnehmen.

60   – betrieblicher Übung;
Hat der ArbGeb tarifliche Arbeitsbedingungen über längere Zeit auch nicht-tarifgebundenen AN eingeräumt, kann der ArbGeb an diese sog. ,,betriebliche Übung" nach dem Grundsatz von Treu und Glauben aus § 242 BGB gebunden sein.

61   – Üblichkeit nach § 612 Abs. 2 BGB.
Bei § 612 Abs. 2 BGB handelt es sich um dispositives Recht. Will der ArbGeb die Wirkungen des § 612 Abs. 2 BGB ausschließen, ist eine individualvertragliche Regelung erforderlich aber auch ausreichend.

bb) Einschränkung durch Betriebsvereinbarung

62   Eine weitere Einschränkung der Freiheit zur arbeitsvertraglichen Entgeltsabrede kann sich aus getroffenen Betriebsvereinbarungen ergeben. Der Anwendungsbereich der Betriebsvereinbarung in bezug auf Vergütungsabsprachen ist jedoch sehr gering. Arbeitsentgelte, die durch Tarifvertrag geregelt sind oder üblicherweise geregelt werden, können nicht Gegenstand einer Betriebsvereinbarung sein, es sei denn, daß der Tarifvertrag den Abschluß ergänzender Betriebsvereinbarungen ausdrücklich zuläßt (§ 77 Abs. 3 BetrVG).

cc) Einschränkung durch Gleichbehandlungsgrundsatz/betriebliche Übung

63   Ist eine Entgeltabrede bestimmter Höhe mit dem AN A nicht getroffen, wird aber ein bestimmtes Entgelt vom ArbGeb anderen AN gewährt oder ist es früher gewährt worden, kann sich eine Verpflichtung zur Gewährung auch an AN A aus dem Gleichbehandlungsgrundsatz oder aus betrieblicher Übung (§ 242 BGB) ergeben.

b) Entlohnungsformen

aa) Geld- und Naturallohn

65   Der Lohnanspruch ist entweder in Geld, d. h. in gesetzlicher Währung, oder in Naturalien, d. h. in Sachwerten, oder in einer Kombination von beidem zu erfüllen. Welche Lohnart geschuldet wird, richtet sich nach den getroffenen arbeitsvertraglichen Vereinbarungen bzw. nach dem maßgeblichen Tarifvertrag. Der Geldlohn ist heute die Regel. Vereinbarungen, die eine Vergütung nur in Naturalien vorsehen,

kommen nur in Ausnahmefällen vor. Häufiger ist die Kombination zwischen Geldlohn und Naturallohn in der Form anzutreffen, daß der Hauptteil des Arbeitsentgelts in Geld zu zahlen, der ArbGeb daneben aber auch zu Naturalleistungen verpflichtet ist (z. B. Deputat-Kohle im Bergbau, Brennholz in der Forstwirtschaft, Freitrunk in der Brauereiwirtschaft etc.).

66 Für gewerbliche AN besteht nach § 115 Abs. 1 GewO das sog. Truckverbot für Lohnzahlung.

§ 115 Abs. 1 GewO lautet:
„Die Gewerbetreibenden sind verpflichtet, die Löhne ihrer Arbeit in Deutscher Mark zu berechnen und bar auszuzahlen."

Hiernach darf der Lohnanspruch eines gewerblichen AN nur in Geld, nicht aber in Waren erfüllt werden. Auch dürfen den AN im gewerblichen Bereich Waren nicht kreditiert und anschließend der Kredit mit Lohnansprüche in Geld verrechnet werden; der ArbGeb darf lediglich Sachleistungen zum Selbstkostenpreis an den AN abgeben (§ 115 Abs. 2 GewO).

bb) Unterteilung des Geldlohns

67 Bei der weitaus überwiegenden Vergütung in Geld läßt sich weiter zwischen Zeit-, Leistungs- und Soziallohn differenzieren

68 Ecklohn

Bei dem Begriff „Ecklohn" handelt es sich um einen solchen des Tarifvertragsrechts. In manchen Wirtschaftszweigen ist es üblich, die Vergütung einer mittleren Tariflohngruppe (z. B. die für gelernte Facharbeiter) als Ecklohn zu bezeichnen. Die Vergütung der anderen Tarifgruppen errechnet sich sodann in Prozentsätzen des Ecklohnes (z. B. erhalten ungelernte Arbeiter 75%, Vorarbeiter 110% des Ecklohns). Wird zwischen den Tarifvertragsparteien ein sog. Ecklohn vereinbart, können sich anschließende Verhandlungen über Lohnerhöhungen auf den Ecklohn konzentrieren.

69 – Zeitlohn

Zeitlohn ist der Lohn, der sich aus der Multiplikation der Zahl der geleisteten Arbeitsstunden mit dem vereinbarten Stundensatz ergibt. Der Zeitlohn kann in Form von Stunden-, Tag-, Wochen- und Monatslohn sowie als Gehalt vereinbart werden.

70 – Leistungslohn

Beim **Leistungslohn** ist zwischen Stücklohn, Prämienlohn und Provision zu unterscheiden.

71 Der **Stücklohn** wiederum kann als Stück-Geldakkord oder als Stück-Zeitakkord berechnet werden.

72 Beim **Stück-Geldakkord** wird eine bestimmte vereinbarte Arbeitsleistung mit dem vereinbarten Geldfaktor multipliziert. Ein Geldakkord ist z. B. vereinbart, wenn ohne Rücksicht auf die benötigte Arbeitszeit je qm verputzte Wandfläche ein bestimmter Geldbetrag als Vergütung vereinbart ist.

73 Beim **Stück-Zeitakkord** hingegen wird eine bestimmte Leistung in einer Zeiteinheit (z. B. Anzahl bearbeiteter Werkstücke pro Stunde) festgelegt und hierfür ein bestimmtes Entgelt vereinbart. Wird die festgelegte Leistung vom AN nicht erreicht oder leistet er mehr, ist der Lohn niedriger bzw. höher als der festgelegte Betrag für die Leistung und Zeiteinheit.

74 Ferner können **Mischformen** zwischen Akkordlohn und Zeitlohn in der Weise vereinbart werden, daß ein bestimmter Mindestbetrag als Lohn für eine bestimmte Arbeitszeit und darüber hinaus ein bestimmter Akkordsatz als Leistungslohn vereinbart wird.

75 Bei Einführung und Ausgestaltung von Akkordlohnsystemen ist das **Mitbestimmungsrecht des Betriebs**rates aus § 87 Abs. 1 Nr. 10, 11 BetrVG zu beachten. Ist eine Einigung zwischen ArbGeb und Betriebsrat nicht möglich, entscheidet die Einigungsstelle. Der Spruch der Einigungsstelle ist für ArbGeb und Betriebsrat bindend.

76 Als weitere Form des Leistungslohns können **Prämienlohn**systeme Grundlage der Vergütungsregelung sein.
Prämienlohnsysteme werden vor allem eingeführt, wenn infolge starker Mechanisierung der Arbeitsvorgänge der AN auf die Arbeitsmenge keinen oder nur geringen Einfluß nehmen kann. Entsprechend der jeweiligen Zielsetzung sind bei Prämienlohnsystemen z. B. Mengen-, Güte-, Ersparnis-, Termin- und Sorgfaltsprämien zu unterscheiden. Die Prämienstaffelung kann linear, progressiv oder degressiv erfolgen. Die Prämie kann neben einem Grundgehalt gezahlt werden: Es ist jedoch auch zulässig, als Arbeitsvergütung ausschließlich einen Prämienlohn zu vereinbaren.

78 Wird ein Prämienlohnsystem eingeführt, hat der Betriebsrat ein erzwingbares Mitbestimmungsrecht über Einführung und Ausgestaltung der Prämienentlohnung (§ 87 Abs. 1 Nr. 10, 11 BetrVG). Ist eine Einigung zwischen ArbGeb und Betriebsrat hierüber nicht möglich, trifft die Einigungsstelle eine für Betriebsrat und ArbGeb verbindliche Entscheidung.

79 Als weitere Form des Leistungslohns ist die **Provision** vertraglich vereinbar.
Hierbei wird ein Prozentsatz der Gegenleistung aus einem vom AN vermittelten Geschäft als Entgelt vereinbart. Handelsreisenden, Verkaufsfahrern, Verkäufern in Ladenlokalen etc. werden häufig als zusätzliche Leistungsanreize neben einer Grundvergütung Provisionen gezahlt. Aber auch eine ausschließlich auf Provisionsbasis vereinbarte Entgeltabrede ist zulässig. Trifft ein ArbGeb mit einem Handlungsgehilfen die Vereinbarung, daß Geschäfte, die von ihm geschlossen oder vermittelt werden, eine Provision auslösen, finden die für (selbständige) Handelsvertreter geltenden Vorschriften (§ 87 Abs. 1, 3; § 87a–c HGB) Anwendung (§ 65 HGB). – Die Regelung über den Ausgleichsanspruch nach § 89b HGB finden keine Anwendung.

80 – **Soziallohn**
Der Soziallohn schließlich berücksichtigt in Form von Zuschlägen soziale Tatbestände wie Alter, Familienstand, Dauer der Betriebszugehörigkeit oder Körperbeschädigung (z. B. Kriegsverletzungen).

cc) Übersicht Entlohnungsformen

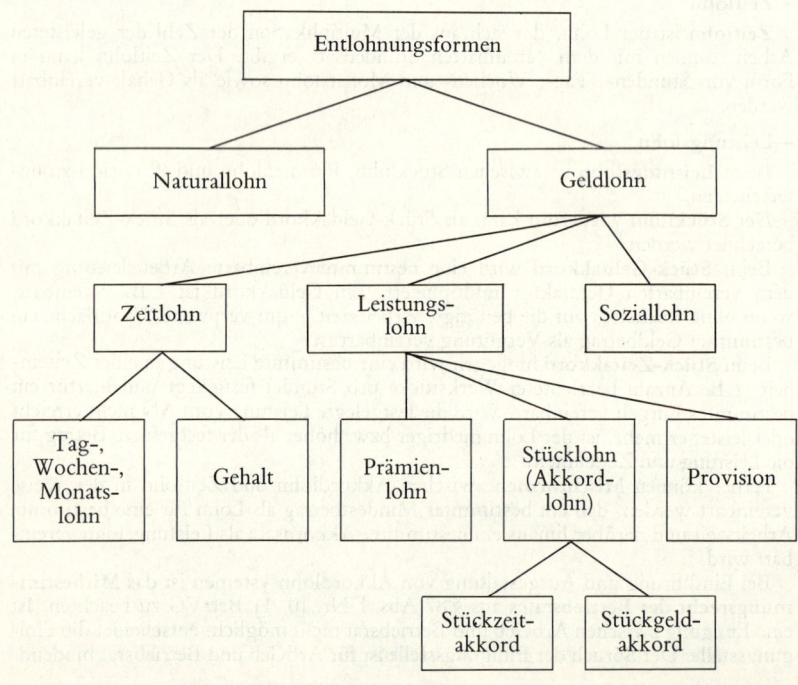

c) Prämien (individuell)

82 Neben den oben genannten Prämienlohnsystemen kann eine (individuelle) Prämie als zusätzliche Vergütung vom ArbGeb gewährt werden, um etwa besonders befriedigende Erfüllung der dienstlichen Obliegenheiten oder längere Betriebszugehörigkeit zu belohnen. Für solche individuellen Prämien-Regelungen bestehen keine besonderen Ordnungsgrundsätze. Die Vereinbarung steht weitgehend im Ermessen des ArbGeb; zu beachten sind aber der Gleichbehandlungsgrundsatz und betriebliche Übung.

Werden vom ArbGeb Prämien an andere AN gezahlt, darf er einzelne AN ohne sachlichen Grund hiervon nicht ausnehmen. Eine dreimal nacheinander gezahlte Prämie kann als betriebliche Übung zu qualifizieren sein, sofern der AN bei Gewährung nicht ausdrücklich auf die Freiwilligkeit der Leistung hinweist (sog. Vorbehalt).

d) Gratifikationen

83 Gratifikationen sind Sonderzahlungen des ArbGeb aus bestimmten Anlässen (z. B. Weihnachten, Urlaub, Geschäfts- und Dienstjubiläen), die neben der Arbeitsvergütung gezahlt werden. Diese Zahlungen sind nicht als Schenkungen i. S. des § 516 BGB zu verstehen, sie sind daher formfrei vereinbar. In der Regel stellen sie Anerkennung für geleistete Dienste und Ansporn für weitere Dienstleistungen dar.

Sind die Gratifikationen hingegen fest in das Gehaltsgefüge eingebaut (z. B. als 13. Monatsgehalt), oder ist vereinbart, daß die Gratifikation nur in der Vergangenheit geleistete Dienste abgelten soll, ist sie auch dann entsprechend der geleisteten Dienstzeit zu zahlen, wenn der AN im Laufe des Jahres ausscheidet.

Auf die Zahlung einer Gratifikation besteht grundsätzlich weder kraft Gesetzes oder Gewohnheitsrechts noch durch Fürsorgepflicht des ArbGeb ein Rechtsanspruch. Etwas anderes kann sich aus kollektivrechtlichen Absprachen (Tarifvertrag/Betriebsvereinbarung), Arbeitsvertrag, Gleichbehandlungsgrundsatz oder Betriebsübung ergeben.

Auf Grund betrieblicher Übung entsteht ein Zahlungsanspruch, wenn der ArbGeb dreimal hintereinander vorbehaltlos eine Gratifikation zahlt. Diesem Zahlungsanspruch kann durch den ArbGeb nur entgegengewirkt werden, wenn der ArbGeb mit dem Betriebsrat eine entsprechende Betriebsvereinbarung trifft oder wenn der AN bei Zahlung einen Vorbehalt des ArbGeb unterschreibt, daß weitere Gratifikationen nur noch freiwillig erfolgen.

Besteht ein Rechtsanspruch auf Gratifikation, richtet sich die Höhe nach der ausdrücklich oder auch konkludent getroffenen Vereinbarung. Ist die Höhe der Gratifikation abhängig von der Dauer der Betriebszugehörigkeit, berechnet sich diese im Zweifel unter Einschluß der Zeit der Berufsausbildung.

Die Gratifikation ist bis zur Höhe der Hälfte des monatlichen Bruttoeinkommens, höchstens bis zu DM 470,- unpfändbar (§ 850a Ziff. 4 ZPO); für Unterhaltsansprüche besteht eine weiterreichende Pfändungsmöglichkeit (§ 850d Abs. 1 ZPO). Durch eine Vereinbarung der Unabtretbarkeit des Gratifikationsanspruchs ist eine zulässige Pfändung nicht auszuschließen.

e) Überstundenvergütung

84 Siehe hierzu Rz. 32 und Teil L Rz. 664.

f) Weihnachtsgeld

85 Es handelt sich dem Rechtscharakter nach um eine sog. Gratifikation; hierzu s. Rz. 83.

g) Urlaubsgeld/Urlaubsentgelt

aa) Abgrenzung

86 Urlaubsentgelt nennt man die Vergütungsfortzahlung während des Urlaubs, Urlaubsgeld eine zusätzlich gezahlte Vergütung (siehe auch Teil L Rz. 670 ff.).

bb) Höhe des Urlaubsentgelts

87 Der Höhe nach bemißt sich das Urlaubsentgelt nach dem Durchschnittsverdienst einschließlich aller Zuschläge, den der AN in den letzten 13 Wochen vor Urlaubsbeginn erhalten hat. Bei Verdiensterhöhungen nicht nur vorübergehender Natur, die während des Berechnungszeitraums oder des Urlaubs eintreten, ist von dem erhöhten Verdienst auszugehen. Verdienstkürzungen, die im Berechnungszeitraum infolge von Kurzarbeit, Arbeitsausfällen und unverschuldeter Arbeitsversäumnis eintreten, bleiben für die Berechnung des Urlaubsentgelts außer Betracht. Zum Arbeitsentgelt gehörende Sachbezüge, die während des Urlaubs nicht weitergewährt werden, sind für die Dauer des Urlaubs angemessen in bar zu vergüten (§ 11 Abs. 1 BUrlG).

Auszuzahlen ist das Urlaubsentgelt vor Urlaubsantritt (§ 1 Abs. 2 BUrlG).

cc) Anspruch auf Urlaubsgeld

88 Grundsätzlich besteht der Anspruch auf Urlaubsgeld nur im Falle der Tarifbindung der Arbeitsvertragsparteien oder im Falle der einzelvertraglichen Vereinbarung. Eine gesetzliche Verpflichtung des ArbGeb zur Gewährung besteht nicht.

Ist die Zahlung von Urlaubsgeld auf Grund kollektivrechtlicher Absprache (Tarifvertrag/Betriebsvereinbarung) vorgesehen, beträgt das Urlaubsgeld häufig 30% bis 100% des Urlaubsentgelts. Für übertragenen Urlaub ist es im Zweifel nicht zu zahlen, wenn im Entstehungsjahr des Urlaubs noch kein Anspruch bestand.

h) Betriebliche Altersversorgung

89 Eine gesetzliche Verpflichtung des ArbGeb zur Gewährung eines Ruhegeldes besteht nicht. Allein aus dem Gedanken der Fürsorgepflicht des ArbGeb läßt sich eine solche Verpflichtung nicht herleiten. Der Anspruch auf eine betriebliche Altersversorgung kann daher lediglich vertraglich begründet oder auf andere Weise zugesagt werden. Diese Zusage kann beruhen auf betrieblicher Übung, einer Gesamtzusage oder – bei Tarifbindung – auf kollektivrechtlichen Absprachen.

Für die Durchführung der betrieblichen Altersversorgung sind im wesentlichen folgende Möglichkeiten gegeben:

aa) Ruhegelddirektzusage

90 Der Arbeitgeber übernimmt selbst die Verpflichtung, aus seinem Vermögen ein Ruhegeld zu zahlen.

bb) Versorgungsleistung durch Pensionskassen/Unterstützungskassen

91 Der ArbGeb erbringt zugunsten des AN während des Arbeitsverhältnisses Leistungen an eine Pensionskasse (§ 1 Abs. 3 BetrAVG) oder an eine Betriebsunterstützungskasse (§ 1 Abs. 4 BetrAVG) die dann ihrerseits ein Ruhegeld an den aus dem Arbeitsprozeß ausgeschiedenen AN zahlt.

cc) Direktversicherung

92 Der ArbGeb schließt eine Lebensversicherung auf das Leben des AN mit Bezugsberechtigung des AN oder seiner Hinterbliebenen ab (§ 1 Abs. 2 BetrAVG).

dd) Freiwillige Höher-/Weiterversicherung in gesetzlicher Rentenversicherung

93 Der ArbGeb führt für den AN Beiträge der freiwilligen Höher- oder Weiterversicherung an die gesetzliche Rentenversicherung ab, wodurch sich ein höherer Rentenanspruch des AN ergibt.

94 Die Einzelheiten der betrieblichen Altersversorgung, insbesondere die Unverfallbarkeit, die Sicherung der Ansprüche bei Insolvenz des ArbGeb und die Möglichkeit der Abfindung sind geregelt in dem **Gesetz zur Verbesserung der betrieblichen Altersversorgung** (BetrAVG) v. 19. 12. 1974 (BGBl. I, 3610), zuletzt geändert durch Gesetz vom 13. 4. 1984 (BGBl. I, 610); nähere Einzelheiten siehe dort.

i) Werkswohnungen

aa) Kein Anspruch des AN

96 Die Errichtung von Werkswohnungen steht im freien Ermessen des ArbGeb. Eine Verpflichtung hierzu kann durch eine freiwillige Betriebsvereinbarung (§ 88 Nr. 2 BetrVG) begründet werden. Sind Werkswohnungen eingerichtet, hat der Betriebsrat bei der Verwaltung ein Mitbestimmungsrecht (§ 87 Abs. 1 Nr. 9 BetrVG), das sich auf Zuweisung und Kündigung sowie auf die allgemeine Festlegung der Nutzungsbedingungen erstreckt; hierzu zählt auch die generelle Festlegung der Miethöhe.

97 Die Vereinbarung zwischen ArbGeb und AN, die Miete unmittelbar vom Arbeitsentgelt einzubehalten, ist zulässig; ein Verstoß gegen das Truckverbot (hierzu s. Rz. 66) liegt nicht vor. Unzulässig ist es hingegen idR, das Kündigungsrecht des AN während der Mietzeit der Werkswohnung auszuschließen.

bb) Werksmietwohnungen/Werkdienstwohnungen

98 – **Werkmietwohnungen**

Von Werkmietwohnungen spricht man, wenn diese mit Rücksicht auf das Bestehen eines Arbeitsverhältnisses gemietet werden. Es bestehen nebeneinander Arbeitsvertrag und Mietvertrag, die wiederum in einem inneren Zusammenhang zu sehen sind.

Nach Beendigung des Arbeitsverhältnisses besteht eine erleichterte Kündigungsmöglichkeit nach §§ 565b–e BGB.

99 – **Werkdienstwohnungen**

Werkdienstwohnungen werden im Rahmen des Arbeitsverhältnisses überlassen, ohne daß neben dem Arbeitsvertrag ein separater Mietvertrag abgeschlossen wird. Nicht erforderlich ist, daß die Überlassung der Wohnung ein Teil des Arbeitsentgelts darstellt.

Das Nutzungsrecht an einer Werkdienstwohnung endet mit der Beendigung des Arbeitsverhältnisses. Lediglich wenn der AN die Werkdienstwohnung ganz oder überwiegend mit Einrichtungsgegenständen ausgestattet hat oder in dem Wohnraum mit seiner Familie einen eigenen Hausstand führt, gelten die Vorschriften über die Werkmietwohnung (s. Rz. 98) entsprechend.

j) Sonstige Vergütungsabreden

aa) Firmenwagen/Essenzuschuß

100 Stellt der ArbGeb dem AN einen sog. Firmenwagen zur Verfügung oder zahlt er einen Essenzuschuß, so handelt es sich hierbei um einen Teil der Vergütungsabrede. Eine gesetzliche Verpflichtung des ArbGeb hierfür besteht nicht; sie kann sich lediglich aus kollektivrechtlichen Vereinbarungen (Tarifvertrag/Betriebsvereinbarung), Einzelarbeitsvertrag, betrieblicher Übung oder möglicherweise aus dem Gleichbehandlungsgrundsatz ergeben.

bb) Fahrtkosten-, Kilometergelderstattung, Umzugskostenzuschuß

101 Entsprechendes gilt für die Vereinbarung zwischen ArbGeb und AN über Fahrtkostenerstattungen, Kilometergeld und die Gewährung von Umzugskostenzuschüssen.

6. Veränderung von Arbeitsort und Arbeitsplatz (Versetzung/Umsetzung)

a) Versetzung

102 Die Änderung des Aufgabenbereichs des AN nach Art, Ort und Umfang seiner Tätigkeit bezeichnet man als sog. **Versetzung**. Sie kann erfolgen auf Grund des Direktionsrechts des ArbGeb oder auf Grund Änderungskündigung und Abänderungsvertrag. Ob die Versetzung einseitig durch Ausübung des Direktionsrechts des ArbGeb erfolgen kann, hängt vom Inhalt des Arbeitsvertrages ab, der insoweit für die Eingrenzung und den Inhalt des Direktionsrechts maßgebend ist. Wurde der AN für eine bestimmte Tätigkeit eingestellt (z. B. Verkäufer), kann ihm durch den ArbGeb nicht einseitig eine andere Beschäftigung kraft Direktionsrecht zugewiesen werden (z. B. Auslieferungsfahrer). Die Weigerung des AN gegen eine derartige Versetzung berechtigt den ArbGeb nicht zur außerordentlichen Kündigung. Anders ist lediglich dann zu entscheiden, wenn der AN ohne Nennung eines konkreten Tätigkeitsbereichs eingestellt wurde. In diesem Falle kann dem AN durch einseitige Weisung des ArbGeb jede Arbeit zugewiesen werden, die bei Abschluß des Arbeitsvertrages zumindest voraussehbar war.

Eine Veränderung des Arbeitsorts durch Versetzung kraft Direktionsrechts ist lediglich in engbegrenzten Ausnahmefällen möglich; Voraussetzung hierfür ist, daß bereits bei Vertragsabschluß dem AN erkennbar ist, daß sich aus seinem Aufgabenbereich wechselnde Einsatzorte zwangsläufig ergeben (z. B. bei Außendienstmitarbeitern, Auslieferungsfahrern, Kundendienstmitarbeitern etc.).

103 Dem ArbGeb ist es grundsätzlich untersagt, durch Versetzung einseitig die Vergütungsabsprache zu Lasten des AN zu ändern. Werden AN teilweise im Akkord vergütet, kann lediglich bei sog. Mischarbeitsverhältnissen nach Wahl des ArbGeb ein Einsatz im Akkord oder im Stundenlohn erfolgen (vgl. hierzu Rz. 45, 71 ff.).

Ist eine Versetzung kraft Direktionsrechts des ArbGeb nicht zulässig, kann die Änderung der Aufgabenbereichs, der Arbeitsvergütung oder des Arbeitsorts lediglich durch Abänderungsvertrag oder Änderungskündigung erfolgen. Eine unwirksame Versetzung ist in der Regel nicht in eine Kündigung umdeutbar.

In Betrieben mit in der Regel mehr als 20 wahlberechtigten AN hat der ArbGeb das Mitbestimmungsrecht des Betriebsrats bei Versetzungen zu beachten (§ 99 BetrVG).

b) Umsetzung

104 Keine Versetzung iSd BetrVG ist die sog. Umsetzung; hierunter versteht man die Bestimmung des jeweiligen Arbeitsplatzes eines AN, der nach Eigenart seines Arbeitsverhältnisses üblicherweise nicht ständig an einem bestimmten Arbeitsplatz beschäftigt ist (§ 95 Abs. 3 S. 2 BetrVG).

7. Vergütungsfortzahlung trotz Befreiung von der Arbeitspflicht
a) Vergütungsfortzahlung im Krankheitsfall

105 Der Lohnzahlungsanspruch des AN bleibt aufrechterhalten, wenn der AN für eine verhältnismäßig nicht erhebliche Zeit durch einen in seiner Person liegenden Grund ohne sein Verschulden an der Dienstleistung verhindert ist (§ 616 Abs. 1 BGB). Der wichtigste Anwendungsfall dieser Regelung ist die Krankheit von Angestellten, denen gemäß §§ 616 Abs. 2 BGB, 63 HGB, 113c GewO die Vergütung auf die Dauer von regelmäßig 6 Wochen weiterzuzahlen ist. Der Anspruch für Arbeiter auf Lohnfortzahlung bei Arbeitsunfähigkeit infolge unverschuldeter Krankheit bis zur Dauer von 6 Wochen ergibt sich aus dem Lohnfortzahlungsgesetz vom 27. 7. 1969 (BGBl. I, 946). Entsprechendes bestimmt § 12 Abs. 1 Nr. 2 b BBiG für Auszubildende.

Alle Vorschriften, die eine Fortzahlung der Vergütung im Krankheitsfalle anordnen, verlangen, daß der AN unverschuldet erkrankt ist. Der Lohnfortzahlungsanspruch entfällt lediglich, wenn den AN an seiner Arbeitsunfähigkeit grobes Verschulden trifft.

Soweit die Vorschrift des § 616 Abs. 1 BGB andere persönliche Hinderungsgründe als Krankheit betrifft, ist sie durch individualvertragliche Absprache abdingbar.

Zur Höhe des Lohnfortzahlungsanspruchs im Krankheitsfalle im einzelnen siehe oben Teil L Rz. 212 ff., 612.

b) Vergütungsfortzahlung bei Beteiligung an sozialer Selbstverwaltung

106 Soweit AN Aufgaben der sozialen Selbstverwaltung erfüllen, ist ihnen teils gesetzlich, teils auf Grund kollektivrechtlicher Vereinbarung die Fortzahlung der Vergütung zugesichert. Die Vereinbarungen in Tarifverträgen beziehen sich regelmäßig auf die Teilnahme von AN an Tarif-, Schlichtungs- und Schiedsverhandlungen und auf die Mitarbeit in tarifvertraglichen Einrichtungen. Auf Grund gesetzlicher Vorschriften ergibt sich ein Lohnfortzahlungsanspruch z. B. für Betriebs- und Personal-

ratsmitglieder aus § 37 BetrVG, für den Schwerbehinderten-Vertrauensmann aus § 23 Abs. 4 SchwbG und den Sicherheitsbeauftragten aus § 720 Abs. 3 RVO.

c) Vergütungsfortzahlung bei Annahmeverzug des Arbeitgebers

107 Gerät der ArbGeb mit der Annahme der Arbeitsleistung in Verzug, bleibt der Vergütungsanspruch des AN bestehen, ohne daß er seine Arbeitspflicht nachzuleisten hat (§ 615 S. 1 BGB). Der AN muß sich jedoch den Wert desjenigen anrechnen lassen, was er infolge des Unterbleibens der Dienstleistung erspart oder durch anderweitige Verwendung seiner Dienste erwirbt oder zu erwerben böswillig unterläßt (§ 615 S. 2 BGB). Im Gegensatz zur allgemeinen Regelung in §§ 293 ff. BGB wird der AN nach § 615 BGB durch den Annahmeverzug des anderen Teils von seiner eigenen Leistungspflicht befreit. Auf ein Verschulden des ArbGeb kommt es hierbei nicht an. Der AN muß allerdings seine Arbeitsleistung in der von §§ 294 ff. BGB gebotenen Weise anbieten, um den ArbGeb in Annahmeverzug zu versetzen. Dies ist nur dann nicht erforderlich, wenn sich der ArbGeb ernsthaft und endgültig weigert, die Arbeitsleistung des AN anzunehmen. In diesem Falle wäre es reiner Formalismus, vom AN auch dann noch ein tatsächliches oder wörtliches Angebot seiner Arbeitskraft zu verlangen.

Die sich aus der Regelung des § 615 BGB ergebenden tatsächlichen praktischen Wirkungen sind nicht zu unterschätzen. Hat beispielsweise der ArbGeb eine Kündigung ausgesprochen, die auf die hiergegen gerichtete Kündigungsschutzklage (hierzu s. Rz. 337) des AN durch das Arbeitsgericht als unwirksam beurteilt wird, muß der ArbGeb für die über die Kündigungsfrist hinausgehende Dauer des Prozesses die Arbeitsvergütung nachzahlen, obgleich er während der Prozeßdauer die vom AN zu erbringende Arbeitsleistung nicht erhalten hat.

Da der Annahmeverzug kein Verschulden voraussetzt, hängt der Anspruch des AN auch nicht davon ab, daß der ArbGeb die Kündigung etwa fahrlässig ausgesprochen hat. Voraussetzung ist lediglich, daß der AN seine Arbeitsleistung tatsächlich angeboten hat; dieses Angebot ist regelmäßig bereits im Erheben der Kündigungsschutzklage zu sehen.

Hat der ArbGeb dem AN unberechtigterweise fristlos gekündigt, gerät der ArbGeb bereits in Annahmeverzug, ohne daß es eines – wie auch immer gearteten – Arbeitsangebots des AN bedarf. Dies gilt auch für die ordentliche Kündigung mit der Maßgabe, daß der ArbGeb in Annahmeverzug gerät, wenn er den AN für die Zeit nach Ablauf der Kündigungsfrist nicht aufgefordert hat, die Arbeit wieder aufzunehmen.

Gemäß § 11 KSchG hat sich der AN über das von § 615 Satz 2 BGB Gebotene hinaus auch diejenigen Leistungen anrechnen zu lassen, die ihm infolge der Arbeitslosigkeit aus der Sozialversicherung, Arbeitslosenversicherung oder der Sozialfürsorge zugeflossen sind. Diese Beträge hat der ArbGeb an die Stelle zu erstatten, die an den AN geleistet hat.

d) Betriebsstörungen

108 Unter Betriebsstörungen sind die Fälle zu verstehen, in denen ohne Verschulden des ArbGeb der Betrieb zum Erliegen kommt, etwa infolge des Ausfalls der Energieversorgung, witterungsbedingten Brennstoffmangels, verzögerlicher Zulieferung etc. Nach heute hM hat der ArbGeb dieses Betriebsrisiko zu tragen. Er hat folglich trotz Betriebsstörung die Vergütung fortzuzahlen, es sei denn, daß die Störung – wie beispielsweise bei Teil-Streiks – in der Sphäre der AN ihren Ursprung hat. Diese von der Rechtsprechung entwickelten Grundsätze zum Betriebsrisiko sind durch Einzelarbeitsvertrag abdingbar.

e) Feiertagslohnzahlung

109 Die Arbeitszeit, die infolge eines gesetzlichen Feiertags ausfällt, ist vom ArbGeb dem AN in voller Höhe zu vergüten, es sei denn, daß der Feiertag auf einen Sonntag fällt (§ 1 Abs. 1 des Gesetzes zur Regelung der Lohnzahlung an Feiertagen vom 2. 8. 1951, BGBl. I, 479). Dieser Anspruch entfällt lediglich dann, wenn der AN am

letzten Arbeitstag vor oder am ersten Arbeitstag nach dem Feiertag unentschuldigt der Arbeit fernbleibt (§ 1 Abs. 3 FeiertLohnG).
Für die in Heimarbeit beschäftigten AN gilt die Sonderregelung des § 2 FeiertLohnG.

f) Vergütungsfortzahlung während des Erholungsurlaubs

110 Siehe hierzu Rz. 86f.

8. Befreiung von der Arbeitspflicht ohne Lohnfortzahlung

a) Eignungsübung, Wehrdienst, Zivildienst

112 Kraft ausdrücklicher gesetzlicher Regelung ruht das Arbeitsverhältnis und damit auch die Arbeitspflicht des AN, wenn er zu einer Eignungsübung herangezogen wird (§ 1 Abs. 1 S. 1 Eignungsübungsgesetz), wenn er zum Grundwehrdienst oder zu einer Wehrübung einberufen wird (§ 1 Abs. 1 ArbPlSchG) oder wenn er Zivildienst leistet (§ 78 Abs. 1 ZDG).

b) Erkrankung eines Kindes des Arbeitnehmers (§ 185c RVO)

113 Nach § 185c RVO hat ein AN Anspruch auf unbezahlte Freistellung von der Arbeitspflicht für längstens fünf Arbeitstage im Jahr, wenn er der Arbeit wegen Erkrankung seines Kindes fernbleiben muß. Voraussetzung hierfür ist, daß das Kind nicht älter als 8 Jahre ist und eine andere im Haushalt lebende Person seine Pflege nicht übernehmen kann. In dieser Zeit erhält der AN ein Krankengeld von der gesetzlichen Krankenkasse (siehe auch Teil L Rz. 229ff.).

c) Sonderurlaub

114 Siehe hierzu Rz. 43.

9. Probearbeitsverhältnis

115 Zur gegenseitigen Erprobung kann vor Abschluß eines Arbeitsvertrages ein Probearbeitsverhältnis begründet werden. Hiervon zu unterscheiden ist das Anlernarbeitsverhältnis, in dem der AN erst die notwendigen Kenntnisse für die von ihm zu erbringende Arbeit erlernen soll.

Gesetzlich zwingend vorgeschrieben ist die Probezeit lediglich für die zu Berufsausbildungszwecken beschäftigten Personen (§ 13 BBiG). Innerhalb der je nach vertraglicher Absprache ein- bis dreimonatigen Probearbeitszeit kann das Berufsausbildungsverhältnis ohne Einhaltung einer Kündigungsfrist jederzeit gelöst werden. Im übrigen bedarf es zum Abschluß eines Probearbeitsverhältnisses der ausdrücklichen Vereinbarung zwischen AN und ArbGeb. Soweit keine kollektivrechtlichen Absprachen (Tarifvertrag/Betriebsvereinbarung) bestehen, muß die Höchstdauer der Probezeitvereinbarung aus dem Arbeitsvertrag entnehmbar sein. Im allgemeinen wird eine Probezeit bis zu sechs Monaten für zulässig erachtet.

116 Probearbeitsverhältnisse können in unterschiedlicher rechtlicher **Ausgestaltung** vereinbart werden. Zum einen kann vorgesehen werden, daß sich nach Ablauf des Probearbeitsverhältnisses dieses in ein endgültiges Arbeitsverhältnis umwandelt, sofern nicht zuvor eine der Vertragsparteien kündigt. Die Verlängerung der Probezeit einseitig durch den ArbGeb während der Probezeit ist zulässig, wenn dies sachlich gerechtfertigt ist und dadurch eine Kündigung des Probearbeitsverhältnisses vermieden wird.

Als unzulässig und als Umgehung der allgemeinen Kündigungsschutzvorschriften wird eine Probezeit von mehr als 12 Monaten angesehen. In solchen Fällen ist von einem unbefristeten Arbeitsverhältnis auszugehen.

Zum anderen kann ein Probearbeitsverhältnis in Form eines befristeten Arbeitsverhältnisses vereinbart werden, so daß dieses endet, wenn es nicht zuvor verlängert wird. Aus Tarifverträgen oder Betriebsvereinbarungen kann sich ergeben, daß die Vereinbarung des Probearbeitsverhältnisses in Form eines befristeten Arbeitsverhältnisses unzulässig ist.

117 **Schwerbehinderten** kann in den ersten sechs Monaten der Probezeit ohne Genehmigung der Hauptfürsorgestelle gekündigt werden (§ 19 Abs. 3 SchwbG).
118 Im übrigen gelten die bestehenden **Kündigungsschutz**vorschriften uneingeschränkt; insb. kann Schwangeren nur mit Genehmigung der zuständigen Behörde gekündigt werden (s. Rz. 361).
119 Ist das **Probearbeitsverhältnis in befristeter Form** vereinbart, läuft das Arbeitsverhältnis nach Ablauf der Probezeit automatisch aus, d. h. ohne daß es hierzu behördlicher Genehmigungen (z. B. nach §§ 9 SchwbG, 9 MSchG) oder einer Kündigung bedarf. Dafür ist in diesen Fällen während der Probearbeitszeit zumeist eine ordentliche Kündigung ausgeschlossen. Hiervon nicht betroffen ist das Recht der außerordentlichen Kündigung, das in bezug auf Probearbeitsverhältnisse in der gleichen Form wie beim ordentlichen Arbeitsvertrag gegeben ist.

10. Form des Arbeitsvertrages

a) Grundsatz der Formfreiheit

120 Für den Abschluß des Arbeitsvertrages gilt der Grundsatz der Formfreiheit. Arbeitsverträge können wirksam mündlich, schriftlich, ausdrücklich oder durch schlüssiges Verhalten abgeschlossen werden. Allein die konkludente Einigung darüber, die Arbeit aufzunehmen, ist für einen Arbeitsvertragsabschluß zwischen AN und ArbGeb ausreichend. Der Grundsatz der Formfreiheit des Arbeitsvertrages gilt auch für nachträgliche Änderungen eines bestehenden Arbeitsvertrages.

b) Ausnahmen

121 Abweichend von dem Grundsatz der Formfreiheit schreibt das Gesetz, worunter auch eine tarifvertragliche Regelung zu verstehen ist, die Schriftform mit der Folge vor, daß ein Rechtsgeschäft, das der vorgeschriebenen Schriftform ermangelt, nichtig ist (§ 125 Abs. 1 S. 2, Abs. 2 BGB). Das Schriftformerfordernis kann sich z. B. ergeben aus:
122 – **Tarifvertrag**, sofern dieser eine konstitutive Schriftformklausel enthält;
123 – **individualvertraglichen Absprachen** unmittelbar selbst, sofern diesen konstitutive Wirkung zukommt.
Haben ArbGeb und AN in einem schriftlich abgeschlossenen Arbeitsvertrag vereinbart, daß Vertragsänderungen bzw. -ergänzungen der Schriftform bedürfen und die Schriftform konstitutive Bedeutung haben soll, kann diese von den Vertragsparteien jederzeit formlos durch ausdrückliche Vereinbarung und durch schlüssiges Verhalten aufgehoben werden. Haben die Parteien langjährig den Arbeitsvertrag in Abweichung von einer konstitutiv vereinbarten Schriftformklausel praktiziert, so ist derjenige, der sich auf die Schriftform beruft, dafür darlegungs- und beweispflichtig, daß die Form mit der ursprünglich vereinbarten Fassung weitergelten soll.
124 – § 4 BBiG für **Berufsausbildungsverträge:**
Es handelt sich hierbei um eine sog. unvollkommene Schriftformklausel; der Ausbildungsvertrag kann zunächst formlos wirksam abgeschlossen werden, der ArbGeb als Ausbildender hat jedoch unverzüglich nach Abschluß des Vertrages, spätestens vor Beginn der Berufsausbildung, den wesentlichen Inhalt des Vertrages schriftlich niederzulegen.
125 – § 11 AÜG für **Arbeitnehmerüberlassungsverträge:**
Es handelt sich wiederum um eine sog. unvollkommene Schriftformklausel; der Vertragsschluß ist zunächst formlos rechtswirksam. Der Verleiher als ArbGeb ist jedoch verpflichtet, den wesentlichen Inhalt des Arbeitsverhältnisses in eine von ihm zu unterzeichnende Urkunde aufzunehmen.

11. Mängel des Arbeitsvertrages und deren Folgen

a) Verstoß gegen zwingende Formvorschriften

126 Arbeitsverträge, bei deren Abschluß die Vertragsparteien zwingende Formvorschriften (hierzu s. Rz. 122 ff.) nicht beachten, sind **nichtig** gemäß § 125 BGB.

b) Verstoß gegen ein gesetzliches Verbot

127 Verstößt der Arbeitsvertrag gegen ein gesetzliches Verbot, ist die Vereinbarung **nichtig**, sofern sich aus dem Gesetz nicht etwas anderes ergibt (§ 134 BGB). Zum Schutz bestimmter Personen und Arbeitnehmergruppen enthält das Arbeitsrecht eine Reihe von Vertragsverboten. Solche sind u. a. im JArbSchG (hierzu s. Rz. 187) und in der AZO enthalten (§ 16 Abs. 1 AZO; zu Einzelheiten der AZO s. Rz. 22 ff.).

c) Verstoß gegen die guten Sitten

128 Ein Arbeitsvertrag, der gegen die guten Sitten verstößt, ist nach § 138 BGB nichtig.

Die Nichtigkeit des Arbeitsvertrages kann sich zum einen aus dem mit der arbeitsrechtlichen Vereinbarung verfolgten Zweck ergeben. Zum anderen kann die Sittenwidrigkeit aus einem auffälligen Mißverhältnis zwischen der Arbeitsleistung und dem Entgelt resultieren (sog. **Lohnwucher**).

129 Stellt z. B. ein ArbGeb einen AN für einen Bruchteil des ansonsten üblichen Entgelts für eine Arbeitsleistung ein, und nutzt er hierbei die Notlage, den Leichtsinn oder die Unerfahrenheit des AN aus, sind die getroffenen Vereinbarungen wegen Sittenwidrigkeit nichtig. Ebenfalls nichtig sind sog. **Knebelungsverträge,** bei denen dem AN das Ausscheiden aus dem Arbeitsverhältnis z. B. durch ordentliche Kündigung dadurch unmöglich gemacht oder wesentlich erschwert wird, daß die Wirksamkeit der ordentlichen Kündigung von einer durch den AN zu zahlenden Vertragsstrafe abhängig gemacht wird.

d) Teilnichtigkeit

130 Verstößt lediglich ein Teil des Arbeitsvertrages gegen die oben genannten Verbote und bewirkt daher deren Nichtigkeit, hat dies nicht notwendig die Nichtigkeit des gesamten Arbeitsvertrages zur Folge (§ 139 BGB). Dem Schutzzweck des Arbeitsrechts entspricht es eher, daß im Falle der Nichtigkeit einer einzelnen Vertragsvereinbarung der Arbeitsvertrag im übrigen bestehen bleibt und nur der nichtige Vertragsteil durch eine gesetzliche oder tarifvertragliche Regelung ersetzt wird.

e) Anfechtbarkeit

131 Arbeitsverträge unterliegen als Rechtsgeschäften den Anfechtungsvorschriften des BGB (sog. Gestaltungsrechte). Anfechtbarkeit bedeutet, daß eine Vertragspartei durch Erklärung gegenüber der anderen Vertragspartei die Anfechtung aussprechen und damit die Nichtigkeit des Vertrages von Anfang an herbeiführen kann (§ 142 Abs. 1, 143 Abs. 1 BGB). Bei der arbeitsvertraglichen Anfechtung ist die Besonderheit zu beachten, daß das Arbeitsverhältnis infolge der Anfechtung nicht von Anfang an, also ab Vertragsabschluß, nichtig wird, sondern im Interesse des Arbeitnehmerschutzes nur für die Zukunft, d. h. vom Zugang der Anfechtungserklärung an. Hierbei ist es gleichgültig, ob der ArbGeb oder der AN den Arbeitsvertrag anficht.

132 Folgende Anfechtungstatbestände sind zu unterscheiden:
- Inhalts- oder Erklärungsirrtum, § 119 Abs. 1 BGB;
  Erfaßt sind Irrtümer in der Erklärungshandlung (z. B. Schreib- oder Rechenfehler in bezug auf Gehaltshöhe) und über den Erklärungsinhalt (z. B.: Eine Arbeitsvertragspartei spricht von Dienstvertrag und meint Auftrag, irrt sich über die Person des Vertragsgegners etc.).
- Irrtum über eine verkehrswesentliche Eigenschaft, § 119 Abs. 2 BGB;
  Als wesentliche Eigenschaft der Person kommen je nach Lage des Einzelfalls z. B. in Betracht: Sachkunde, Vertrauenswürdigkeit, Zuverlässigkeit, Vorstrafen, Alter etc.).
- Täuschung oder Drohung § 123 BGB;
  Wer z. B. zum Abschluß eines Arbeitsvertrags durch arglistige Täuschung oder widerrechtlich durch Drohung bestimmt wurde, kann seine zunächst rechtlich wirksame Erklärung anfechten und damit rückgängig machen.

12. Faktisches Arbeitsverhältnis

133 Ist ein zwischen ArbGeb und AN vereinbarter Arbeitsvertrag von vornherein unwirksam oder nichtig, z. B. wegen eines Form- oder Gesetzesverstoßes (hierzu s. Rz. 128f.), oder weil ein Arbeitsvertrag in begründeter Weise angefochten wird, und hat der AN trotz des unwirksamen Vertrages bereits Arbeitsleistung erbracht, hat er tatsächlich (faktisch) die Position eines Arbeitnehmers. Er ist wirtschaftlich auf das Entgelt aus einer Tätigkeit angewiesen, ist dem Weisungsrecht des ArbGeb unterworfen und hinsichtlich der Arbeitszeit und der Sicherheitsbestimmungen ebenso schutzbedürftig wie ein AN mit einem gültigen Arbeitsvertrag. Aus diesen Gründen wird der AN während des faktischen, wenn auch nicht rechtlichen Bestehens des Arbeitsverhältnisses jedem AN mit gültigem Arbeitsvertrag gleichgestellt. Dieses Arbeitsverhältnis wird als ,,faktisches Arbeitsverhältnis" bezeichnet. Dem in einem faktischen Arbeitsverhältnis stehenden AN stehen die Entgeltansprüche aus dem ungültigen Vertrag oder aus einem Tarifvertrag zu; er hat Anspruch auf Lohnfortzahlung im Krankheitsfall und wird von sämtlichen Schutzpflichten des ArbGeb voll verfaßt. Die Auflösung eines faktischen Arbeitsverhältnisses ist hingegen auch ohne Einhaltung von Kündigungsvorschriften und Kündigungsfristen möglich; im Falle der Auflösung steht dem AN kein Kündigungsschutz zu.

Lediglich wenn die Nichtigkeit des Arbeitsvertrages auf einem besonders krassen Verstoß gegen ein gesetzliches Verbot beruht, z. B. bei der Einstellung eines AN zum Zwecke der Begehung von Straftaten, sind die Grundsätze des faktischen Arbeitsverhältnisses nicht anwendbar.

13. Befristete Arbeitsverhältnisse

a) Bisherige Rechtslage

134 Der Abschluß befristeter Arbeitsverträge war bislang nach § 620 BGB dann zulässig, wenn hierfür eine sachliche Begründung vorlag und dadurch die ansonsten objektiv bestehende Gefahr der Umgehung des gesetzlichen Kündigungsschutzes ausgeschlossen war.

Hierzu hat das Bundesarbeitsgericht seit seiner grundsätzlichen Entscheidung vom 12. 10. 1960 (AP Nr. 16 zu § 620 BGB) in der Folgezeit in einer Vielzahl von Einzelentscheidungen u. a. folgende **Befristungsgründe** anerkannt:
- Saisonarbeit (BAG AP Nr. 30, 50, 70 zu § 620 BGB)
- Vorübergehende Aushilfe, Vertretung (BAG AP Nr. 22, 42, 63 zu § 620 BGB)
- Bestimmter, zeitlich abgrenzbarer Aufgabenbereich (BAG AP Nr. 62 zu § 620 BGB)
- Spezielles Berufsbild, Anforderungen an eine bestimmte Berufssparte (BAG AP Nr. 59, 68 zu § 620 BGB)
- Bindung des Arbeitsplatzes an öffentliche Mittel (BAG AP Nr. 52, 72 zu § 620 BGB)
- Förderung des Nachwuchses durch entsprechende Stellenplanzbeschreibung, -gestaltung (BAG AP Nr. 67, 68 zu § 620 BGB)
- Spezielle berufliche Fort- und Weiterbildung (BAG AP Nr. 60, 70 zu § 620 BGB)
- Eigenwunsch des AN bei in seiner Person liegenden Gründen (BAG AP Nr. 38, 68 zu § 620 BGB).

135 Eines sachlichen Grundes zur Befristung von Arbeitsverhältnissen bedarf es hingegen nicht, wenn der ArbGeb. den AN in einem Kleinbetrieb (mit idR weniger als 5 dauernd Beschäftigten) anstellt, der nach § 23 Abs. 1 KSchG nicht den gesetzlichen Kündigungsvorschriften unterliegt.

b) Neues Recht – Beschäftigungsförderungsgesetz 1985

136 Eine Erweiterung der Zulassung wird nunmehr bestimmt durch das am 1. Mai 1985 in Kraft getretene Beschäftigungsförderungsgesetz 1985 (BGBl. 1985 I, 710), dessen Art. 1 § 1 folgenden Wortlaut hat:

§ 1. (1) Vom 1. Mai 1985 bis zum 1. Januar 1990 ist es zulässig, die einmalige Befristung des Arbeitsvertrages bis zur Dauer von 18 Monaten zu vereinbaren, wenn

1. der Arbeitnehmer neu eingestellt wird oder
2. der Arbeitnehmer im unmittelbaren Anschluß an die Berufsausbildung nur vorübergehend weiterbeschäftigt werden kann, weil kein Arbeitsplatz für einen unbefristet einzustellenden Arbeitnehmer zur Verfügung steht.

Eine Neueinstellung nach Satz 1 Nr. 1 liegt nicht vor, wenn zu einem vorhergehenden befristeten oder unbefristeten Arbeitsvertrag mit demselben Arbeitgeber ein enger sachlicher Zusammenhang besteht. Ein solcher enger sachlicher Zusammenhang ist insbesondere anzunehmen, wenn zwischen den Arbeitsverträgen ein Zeitraum von weniger als vier Monaten liegt.

(2) Die Dauer, bis zu der unter den Voraussetzungen des Abs. 1 ein befristeter Arbeitsvertrag abgeschlossen werden kann, verlängert sich auf zwei Jahre, wenn
1. der Arbeitgeber seit höchstens sechs Monaten eine Erwerbstätigkeit aufgenommen hat, die nach § 138 der Abgabenordnung dem Finanzamt mitzuteilen ist und
2. bei dem Arbeitgeber 20 oder weniger Arbeitnehmer ausschließlich zu der ihrer Berufsbildung Beschäftigten tätig sind.

c) Einzelprobleme

137 Zum Verständnis der gesetzlich normierten Voraussetzungen einer Befristung ist zusätzlich folgendes zu beachten:

138 aa) Bei der angegebenen Frist bis zu 18 Monaten handelt es sich um eine **einmalige Befristung** eines einzigen Arbeitszeitraumes. Eine Ausnutzung der Frist durch Hintereinanderschalten mehrerer kurzfristiger Arbeitsverhältnisse (Kettenarbeitsverträge), die insgesamt eine Dauer bis zu 18 Monaten erreichen, ist unzulässig.

139 bb) Der Verweis in Abs. 2 auf § 138 AO ist insoweit mißverständlich, als diese steuerrechtliche Vorschriften auch die Eröffnung zusätzlicher Betriebe und Betriebsstätten desselben Unternehmens gesondert erfaßt. § 1 Abs. 2 BeschFördG 1985 setzt jedoch die **(Erst-) Aufnahme der Erwerbstätigkeit durch ein neugegründetes Unternehmen** voraus (vgl. amtliche Begründung des Gesetzentwurfes, BT-Dr. 10/2102 v. 10. 11. 1984).

Eine Umgehung z. B. durch Auslagerung und Neugründung eines Teilbetriebes ist dadurch ausgeschlossen.

140 cc) In **Abweichung vom Kündigungsschutzgesetz** werden bei § 1 Abs. 2 Nr. 2 BeschFördG zur Feststellung der „20 oder weniger Arbeitnehmer" auch geringfügig Beschäftigte, deren regelmäßige Arbeitszeit wöchentlich 10 Stunden oder monatlich 45 Stunden nicht übersteigt, mit berücksichtigt.

141 dd) Die **Befristung** bietet dem AN **keinen** absoluten **Schutz vor Kündigung** bereits vor Ablauf des Arbeitsverhältnisses. Neben der automatischen Beendigung ist die Vereinbarung einer beiderseitigen ordentlichen Kündigung auch vorher vereinbar (BAG AP Nr. 55 zu § 620 BGB). Insoweit bleiben die allgemeinen Kündigungs- und Kündigungsschutzvorschriften von den Neuregelungen des Beschäftigungsförderungsgesetzes unberührt.

142 ee) Auch auf **kündigungsrechtlich besonders geschützte** Personengruppen (siehe hierzu unten Rz. 355 ff.) ist § 1 BeschFördG anwendbar, da bereits die bisherige Regelung des Abschlusses befristeter Arbeitsverträge bei Vorliegen eines sachlichen Grundes eine Ausnahmestellung für solche Personengruppen nicht begründet (BAG AP Nr. 16 zu § 620 BGB, AP Nr. 14 zu § 15 KSchG 1969).

So wird z. B. eine einmal wirksam vereinbarte Befristung durch eine währenddessen auftretende und über den Beschäftigungszeitpunkt hinausgehende Schwangerschaft nicht berührt.

143 ff) Der **zeitliche Geltungsbereich** des § 1 BeschFördG ist **beschränkt bis zum 1. Januar 1990**, d. h. bis zu diesem Zeitpunkt können befristete Arbeitsverträge mit einer Laufzeit von maximal 18 Monaten bzw. zwei Jahren noch abgeschlossen werden (Endzeitpunkt mithin 31. 6. bzw. 31. 12. 1991).

144 gg) Die **allgemeinen Grundsätze über die Befristung** von Arbeitsverhältnissen aus sachlichen Gründen nach den Grundsätzen der Rechtsprechung des BAG bleiben insgesamt unberührt.

Es ist jedoch zu beachten, daß § 1 Abs. 1 BeschFördG den Abschluß eines weiteren befristeten Arbeitsvertrages nach Ablauf eines aus sachlichen Gründen abgeschlossenen Arbeitsvertrages regelmäßig ausschließt.

II. Durchführung/Ablauf des Arbeitsverhältnisses

1. Erkrankung des Arbeitnehmers

a) Anzeige- und Nachweispflichten

147 Der AN ist verpflichtet, dem ArbGeb die Arbeitsunfähigkeit und deren voraussichtliche Dauer unverzüglich anzuzeigen und vor Ablauf des dritten Kalendertages nach Beginn der Arbeitsunfähigkeit eine ärztliche Bescheinigung über die Arbeitsunfähigkeit sowie deren voraussichtliche Dauer nachzureichen. Dauert die Arbeitsunfähigkeit länger als in der Bescheinigung angegeben, ist der AN verpflichtet, eine neue ärztliche Bescheinigung vorzulegen. Die Bescheinigungen müssen einen Vermerk des behandelnden Arztes darüber enthalten, daß dem Träger der gesetzlichen Krankenversicherung unverzüglich eine Bescheinigung über die Arbeitsunfähigkeit mit Angaben über den Befund und die voraussichtliche Dauer der Arbeitsunfähigkeit übersandt wurde.

Hält sich der AN bei Beginn der Arbeitsunfähigkeit im Ausland auf, so ist er verpflichtet, auch dem Träger der gesetzlichen Krankenversicherung, bei dem er versichert ist, die Arbeitsunfähigkeit und deren voraussichtliche Dauer unverzüglich anzuzeigen. Dauert die Arbeitsunfähigkeit länger als angezeigt, ist der AN verpflichtet, dem Träger der gesetzlichen Krankenversicherung die voraussichtliche Fortdauer der Arbeitsunfähigkeit mitzuteilen. Kehrt ein arbeitsunfähig erkrankter AN aus dem Ausland in die Bundesrepublik Deutschland zurück, so ist er verpflichtet, dem Träger der gesetzlichen Krankenversicherung seine Rückkehr unverzüglich anzuzeigen.

148 Handelt es sich bei dem arbeitsunfähig erkrankten AN um einen leitenden Angestellten, ist von diesem die unverzügliche Mitteilung und Information für seinen Aufgabenbereich zu verlangen.

149 Der ArbGeb ist berechtigt, die **Fortzahlung des Arbeitsentgelts** u. a. zu **verweigern**, solange der AN das von ihm vorzulegende ärztliche Attest über seine Arbeitsunfähigkeit nicht vorlegt. Dies gilt nicht, sofern der AN die Verletzung dieser ihm obliegenden Verpflichtung nicht zu vertreten hat.

b) Erkrankung während des Urlaubs

150 Erkrankt ein AN während des Erholungsurlaubs, sind die durch ärztliche Bescheinigung nachgewiesenen Tage der Arbeitsunfähigkeit auf den Jahresurlaub nicht anzurechnen (§ 9 BUrlG).

2. Kuren

a) Anzeige- und Nachweispflichten

151 Der AN ist verpflichtet, dem ArbGeb unverzüglich nach Erhalt eine Bescheinigung über die Bewilligung der Kur vorzulegen und den Zeitpunkt des Kurantritts mitzuteilen. Die Bescheinigung über die Bewilligung muß Angaben über die voraussichtliche Dauer der Kur sowie darüber enthalten, ob die Kosten der Kur voll übernommen werden. Dauert die Kur länger als in der Bescheinigung angegeben, ist der AN verpflichtet, dem ArbGeb unverzüglich eine weitere entsprechende Bescheinigung nachzureichen. Im übrigen besteht ein Anspruch auf Fortzahlung des Arbeitsentgelts während der Dauer einer Kur nicht.

Für den Zeitraum einer an eine Kur anschließenden ärztlich verordneten Schonungszeit besteht ein Anspruch auf Fortzahlung des Arbeitsentgelts nur, soweit der AN während dieses Zeitraums arbeitsunfähig krank ist. Der AN ist in jedem Falle verpflichtet, dem ArbGeb die Verordnung einer Schonungszeit und deren Dauer unverzüglich anzuzeigen.

b) Keine Anrechnung auf Urlaub

152 Kuren und Schonungszeiten dürfen nicht auf den Erholungsurlaub angerechnet werden, soweit ein Anspruch des AN auf Fortzahlung des Arbeitsentgelts nach den gesetzlichen Vorschriften über die Entgeltfortzahlung im Krankheitsfalle besteht (§ 10 BUrlG).

3. Urlaubsgewährung/Urlaubsplanung

153 Die Erteilung von Urlaub steht grundsätzlich im Direktionsrecht des ArbGeb. Das Direktionsrecht wird hierbei jedoch u. a. durch folgende gesetzlichen Bestimmungen eingeschränkt:

154 a) Urlaub ist **grundsätzlich zusammenhängend** zu gewähren, es sei denn, dringende betriebliche oder in der Person des AN liegende Gründe machen eine Aufteilung erforderlich (§ 7 Abs. 2 S. 1 BUrlG).

155 b) Bei aufgeteiltem Urlaub muß einer der **Urlaubsteile mindestens 12 Tage umfassen**, sofern der AN einen Urlaubsanspruch von mehr als 12 Tagen hat (§ 7 Abs. 2 S. 2 BUrlG). – Diese gesetzliche Regelung ist abdingbar.

156 c) Bei Erteilung des Urlaubs hat der ArbGeb auf die Wünsche des AN Rücksicht zu nehmen, sofern der Berücksichtigung keine dringenden betrieblichen Gründe oder Wünsche anderer AN, die unter sozialen Gesichtspunkten vorrangig zu beachten sind, entgegenstehen (§ 7 Abs. 1 BUrlG). – Die **Abwägung der wechselseitigen Interessen** hat nach billigem Ermessen zu erfolgen.

157 d) Der Urlaub muß im laufenden Kalenderjahr gewährt und genommen werden. Eine **Übertragung des Urlaubs** bis zum 31. 3. des Folgejahres ist nur dann zulässig, wenn dringende betriebliche oder in der Person des AN liegende Gründe dies rechtfertigen. Ein bis zu diesem Zeitpunkt nicht genommener Urlaub verfällt (§ 7 Abs. 3 BUrlG).

Eine hiervon abweichende individuelle Vereinbarung zwischen ArbGeb und AN ist zulässig.

158 e) Wurde dem AN bereits von einem früheren ArbGeb für das laufende Kalenderjahr Erholungsurlaub gewährt, ist ein **weiterer Urlaubsanspruch ausgeschlossen.** Der ArbGeb ist verpflichtet, bei Beendigung des Arbeitsverhältnisses dem AN eine **Bescheinigung** über den im laufenden Kalenderjahr **gewährten oder abgegoltenen Urlaub** auszuhändigen (§ 6 BUrlG).

159 f) Erkrankt der AN während des Erholungsurlaubs, werden die durch ärztliches Attest nachgewiesenen Tage der Arbeitsunfähigkeit auf den Urlaub nicht angerechnet (§ 9 BUrlG); etwas anderes gilt, wenn der Urlaubszweck (Erholung) durch die Krankheit nicht beeinträchtigt wird.

160 g) Schließlich besteht für den ArbGeb die Möglichkeit, den Urlaub einheitlich für den gesamten Betrieb durch Erteilung von Betriebsurlaub festzulegen. Hierbei ist gegebenenfalls nach § 87 BetrVG das Mitbestimmungsrecht des Betriebsrats bei Aufstellung des Urlaubsplans zu beachten. Kann hierüber zwischen Betriebsrat und ArbGeb eine Einigung nicht erreicht werden, so entscheidet die Einigungsstelle. Der Spruch der Einigungsstelle ersetzt die Einigung zwischen ArbGeb und Betriebsrat.

161 h) Kann über die Festsetzung der zeitlichen Lage des Urlaubs zwischen ArbGeb und einem einzelnen AN kein Einverständnis erzielt werden, ist ggf. wiederum das erzwingbare Mitbestimmungsrecht des Betriebsrats aus § 87 Abs. 1 Nr. 5 BetrVG zu beachten. Ist eine Einigung auch auf dieser Ebene nicht zu erreichen, ist wiederum die Einigungsstelle zur Entscheidung anzurufen.

4. Lohnpfändung

a) Gegenstand des Pfändungsschutzes

163 Das Arbeitseinkommen des AN ist nur beschränkt pfändbar; Gegenstand des Pfändungsschutzes ist insoweit das Arbeitsentgelt des AN, das in Geld zahlbar ist (§ 850 Abs. 1 ZPO). Der bereits vom ArbGeb ausgezahlte Teil des Arbeitsentgelts ist gesondert nach § 811 Nr. 8 ZPO geschützt.

Zum Arbeitseinkommen des AN rechnen Löhne und Gehälter ohne Rücksicht auf die Art ihrer Berechnung; erfaßt werden daher unterschiedslos Erfolgsanteile, Prämien, Gratifikationen oder Ruhegelder.

aa) Unpfändbares Arbeitsentgelt

164 Unabhängig von der Höhe sind nach § 850a ZPO absolut unpfändbar:
- die Hälfte der Überstundenvergütungen;
- die für die Dauer eines Urlaubs über das Arbeitseinkommen hinaus gewährten Bezüge, Zuwendungen aus Anlaß eines besonderen Betriebsereignisses und Treuegelder, soweit sie den Rahmen des Üblichen nicht übersteigen;
- Aufwandsentschädigungen, Auslösungsgelder und sonstige soziale Zulagen für auswärtige Beschäftigungen, das Entgelt für selbstgestelltes Arbeitsmaterial, Gefahrenzulagen sowie Schmutz- und Erschwerniszulagen, soweit diese Bezüge den Rahmen des Üblichen nicht übersteigen;
- Weihnachtsvergütungen bis zur Hälfte des monatlichen Arbeitseinkommens, höchstens aber DM 390,–
- Heirats- und Geburtshilfen;
- Erziehungsgelder, Studienhilfen etc.
- Sterbe- und Gnadenbezüge
- Blindenzulagen.

bb) Bedingt pfändbares Arbeitsentgelt

165 Demgegenüber sind die in § 850b ZPO genannten Leistungen bedingt pfändbar, d. h. sie können auf Grund einer besonderen gerichtlichen Entscheidung gepfändet werden, sofern die Zwangsvollstreckung in das sonstige bewegliche Vermögen des AN bisher erfolglos war und die Pfändung nach den Umständen des Einzelfalles der Billigkeit entspricht.

cc) Pfändbares Arbeitsentgelt

166 Der verbleibende Teil des Arbeitseinkommens ist pfändbar, soweit er bestimmte Grundbeträge (Pfändungsfreibeträge) übersteigt; die Pfändungsfreibeträge erhöhen sich, wenn der AN gesetzliche Unterhaltsansprüche zu erfüllen hat. Die Einzelheiten über die Pfändungsfreibeträge ergeben sich aus §§ 850c bis 850i ZPO. Von besonderer praktischer Bedeutung ist in diesem Zusammenhang die als Anlage zu § 850c ZPO dem Gesetz eingefügte Tabelle über die Höhe der jeweilig pfändbaren Beträge; aus der Tabelle lassen sich die pfändbaren Beträge in Abhängigkeit vom Nettolohn und von Unterhaltspflichten des AN ablesen. Die Anlage zu § 850c ZPO ist im Tabellenteil W Rz. 60 abgedruckt.

b) Verpflichtung des ArbGeb bei Lohnpfändung

167 Der ArbGeb ist verpflichtet, das ordnungsgemäß gepfändete Arbeitsentgelt an den Gläubiger des AN abzuführen, er hat hierbei die vorgenannte Tabelle und sonstige Vorschriften über den Pfändungsschutz zu beachten. Der ArbGeb macht sich daher gegenüber dem AN schadenersatzpflichtig, wenn er die bestehenden Vorschriften nicht beachtet und unpfändbare Beträge des Arbeitsentgelts des AN vom Nettolohn einbehält und an einen Pfändungsgläubiger abführt.

c) Aufrechnungsverbot

168 Soweit die Vergütungsansprüche der Pfändung nicht unterworfen sind, ist auch die Aufrechnung gegen sie ausgeschlossen (§ 394 BGB). Diese Wirkung darf auch nicht durch Ausübung eines Zurückbehaltungsrechts (§ 273 BGB) vereitelt werden. Der ArbGeb hat daher, auch wenn ihm Gegenansprüche etwa aus Darlehen (s. Rz. 170, 173) zustehen, mit denen er gegen die Vergütungsansprüche des AN aufrechnen könnte, stets den unpfändbaren Teil auszuzahlen. Hiervon ausgenommen ist lediglich die Aufrechnung des ArbGeb mit Schadenersatzansprüchen, die aus einer vorsätzlichen unerlaubten Handlung des AN resultieren. Bei einem solchen Schadenersatzanspruch ist die Schwere des dem ArbGeb zugefügten Schadens mit dem durch § 394 BGB bezweckten Lohnschutz abzuwägen.

5. Abschlagszahlungen, Vorschüsse, Darlehen

a) Abgrenzung

170 Als **Abschlagszahlung** bezeichnet man die vor Lohnabrechnung und -auszahlung geleisteten Zwischenzahlungen des ArbGeb auf die bereits vom AN verdiente Arbeitsvergütung. Demgegenüber handelt es sich um einen **Vorschuß**, wenn demnächst fällige Zahlungen für kurze Zeit vorverlegt werden, um dem AN die Überbrückung bis zur nächsten Zahlung und die Bestreitung des normalen Lebensunterhalts bis dahin zu ermöglichen. Eine sog. **Arbeitgeberdarlehen** ist in der Regel dann anzunehmen, wenn ein die jeweilige Vergütungszahlung erheblich übersteigender Betrag zur Erreichung eines Zwecks gewährt wird, der mit den normalen Bezügen nicht bzw. nicht sofort erreicht werden kann und zu dessen Befriedigung auch sonst üblicherweise Kreditmittel in Anspruch genommen werden.

b) Abschlagszahlung und Lohnpfändung

171 Eine nach erfolgter Abschlagszahlung eingehende Pfändung ergreift lediglich den noch zur Endabrechnung anstehenden Restvergütungsanspruch. Liegt die Lohnpfändung dem ArbGeb bereits vor, braucht dieser die Pfändung bei der Auszahlung einer Abschlagszahlung auch nicht anteilig zugunsten des Gläubigers zu berücksichtigen, wenn die Abschlagzahlung den pfändungsfreien Betrag nicht übersteigt. Dies hat erst bei der endgültigen Abrechnung zu geschehen.

Zu empfehlen ist jedoch, daß der AN, vor allem bei unterschiedlicher Vergütungshöhe, bei Leistung von Abschlagszahlungen zweckmäßigerweise Rücklagen zur Befriedigung des pfändenden Gläubigers ansammelt.

c) Vorschüsse und Lohnpfändung

172 Demgegenüber dürfen Vorschüsse auch nach Pfändung dem AN mit befreiender Wirkung in unbeschränkter Höhe gezahlt werden. Sie dürfen jedoch vom Zeitpunkt der Pfändung an nicht mehr von dem der Pfändung unterliegenden Teil abgezogen werden. Der Abzug auch vom unpfändbaren Teil der Vergütung ist hingegen weiterhin zulässig, weil Vorschüsse der Sicherung des Lebensunterhalts des AN dienen; in jedem Falle wird dem AN jedoch ein geringerer Mindestsatz seines Arbeitsentgelts ausgezahlt werden müssen.

d) Darlehen und Lohnpfändung

173 Im Falle der Gewährung eines Arbeitgeberdarlehens ist der ArbGeb auch nach Lohnpfändung berechtigt, fällige Darlehensrückforderungen mit Vergütungsansprüchen des AN aufzurechnen und sich auf diese Weise vorrangig zu befriedigen. Dies gilt lediglich dann nicht, wenn der ArbGeb bei Gewährung des Arbeitgeberdarlehens von der Pfändung bereits Kenntnis hatte oder die Darlehensrückforderung erst nach Erlangung dieser Kenntnis und später als die gepfändete Forderung fällig wurde (§ 406 BGB).

6. Abtretung von Vergütungsansprüchen

a) Gesetzliche Regelung

174 Die Abtretung von Vergütungsansprüchen durch den AN ist grundsätzlich möglich; die Abtretung der Arbeitsvergütung geschieht nach den allgemeinen Regeln der Forderungsabtretung (§ 398 ff. BGB).

Zulässig ist auch, daß der AN seine Arbeitsvergütung mehrfach abtritt, sofern bei nachfolgenden Abtretungen die vorhergegangenen durch den AN offengelegt werden.

175 Soweit der Vergütungsanspruch des AN gegen den ArbGeb unpfändbar ist (§§ 400 BGB, 850 ff. ZPO), kann der AN seinen Lohnanspruch (auch zu Sicherungszwecken) nicht abtreten. Eine Verpfändung des Arbeitsentgelts ist im gleichen Umfange unzulässig. Eine gegen § 400 BGB verstoßende Abtretung ist wegen Verstoßes gegen ein gesetzliches Verbot nichtig (§ 134 BGB).

b) Vertraglicher Abtretungsausschluß

176 Ein Abtretungsverbot von Vergütungsansprüchen können ArbGeb und AN durch Vertrag vereinbaren (§ 399 BGB). Auch kann die Vereinbarung eines Abtretungsverbots durch kollektivrechtliche Regelungen (Tarifvertrag/Betriebsvereinbarungen) erfolgen; ein solches Abtretungsverbot ist z. b. im Bundesrahmentarifvertrag enthalten, der regelmäßig der Allgemeinverbindlicherklärung nach § 5 TVG (hierzu s. Rz. 57) unterliegt.

Haben ArbGeb und AN eine individualvertragliche Absprache dahingehend getroffen, daß Abtretungen und Verpfändungen der Vergütungsansprüche jeweils der Einwilligung des ArbGeb bedürfen, sind einzelne Verstöße gegen diese Vereinbarung in der Regel kein Grund, das Arbeitsverhältnis ordentlich zu kündigen.

c) Verhältnis von Abtretung u. Lohnpfändung

177 Eine wirksame (Sicherheits-) Abtretung ist vom ArbGeb vorrangig vor einer später erfolgenden Pfändung (hierzu s. Rz. 163 ff.) zu beachten.

7. Arbeitsschutz

178 Unter Arbeitsschutz wird die Gesamtheit aller Rechtsnormen verstanden, die öffentlich-rechtliche Pflichten des ArbGeb begründen, um die dem AN von der Arbeit drohenden Gefahren zu beseitigen oder diese zu vermindern.

179 Öffentlich-rechtliche Arbeitsschutzvorschriften sind in einer Vielzahl von Gesetzen enthalten. Regelungen dazu finden sich insb. in der GewO, der AZO (hierzu s. Rz. 22 ff.), dem SchwbG, dem JArbSchG und dem MuSchG. Im Rahmen der hier gebotenen Schwerpunktbildung werden nachfolgend lediglich die in den drei zuletzt genannten Gesetzen enthaltenen Arbeitsschutzvorschriften dargestellt.

a) Schwerbehindertengesetz

aa) Gesetzliche Voraussetzungen

180 Schwerbehinderte iSd Schwerbehindertengesetzes sind solche Personen, die die folgenden drei in § 1 SchwbG beschriebenen Voraussetzungen erfüllen:
– Körperlich, geistig oder seelisch behindert
– infolge der Behinderung in ihrer Erwerbstätigkeit nicht nur vorübergehend um mindestens 50% gemindert
– im Geltungsbereich des Schwerbehindertengesetzes wohnen, sich aufhalten oder einer Beschäftigung als AN nachgehen (also auch ausländische AN).

Eine Gleichstellung mit den in § 1 SchwbG beschriebenen Personen erfolgt nach § 2 unter den folgenden Voraussetzungen:
– Körperlich, geistig oder seelisch behindert,
– infolge ihrer Behinderung in ihrer Erwerbstätigkeit nicht nur vorübergehend um weniger als 50%, mindestens jedoch um 30% gemindert,
– regelmäßiger Aufenthalt im Bereich der Bundesrepublik Deutschland oder in Berlin,
– Feststellung der Behinderung nach § 3 des SchwbG,
– Antragstellung beim Arbeitsamt auf Gleichstellung,
– keine Möglichkeit der Einnahme eines geeigneten Arbeitsplatzes ohne Durchführung eines Gleichstellungsverfahrens.

Der Nachweis der letzten Voraussetzung bereitet oft Schwierigkeiten, da der zwischen 30 und 50% in seiner Erwerbstätigkeit Geminderte – mit Hilfe des Arbeitsamtes – nachzuweisen hat, daß er gerade aufgrund seiner Behinderung einen Arbeitsplatz nicht bekommt bzw. diesen nicht auf Dauer behalten kann und die Verweigerung eines Arbeitsplatzes bzw. dessen Dauer nicht ausschließlich auf allgemeinen betrieblichen oder in der Person des AN liegenden Gründen beruht.

bb) Feststellungsverfahren

181 Zur Durchführung des Feststellungsverfahrens durch die für die Durchführung des Bundesversorgungsgesetzes zuständigen Behörden sowie zum anderweitigen

Nachweis der Schwerbehinderteneigenschaft wird verwiesen auf § 3 SchwbG und § 30 Abs. 1 BVersG.

cc) Beschäftigungspflicht, Umfang

182 Alle Arbeitgeber, private und öffentliche, die über mindestens 16 Arbeitsplätze verfügen, haben auf zumindest 6% ihrer Arbeitsplätze Schwerbehinderte zu beschäftigen (§ 4 Abs. 1 SchwbG).

Bei der Feststellung der für Schwerbehinderte zur Verfügung zu stellenden Arbeitsplätze unter Anwendung der vorgenannten Prozentzahl ist ab einem Bruchteil von 0,50 nach oben aufzurunden, z. B.: 16 AN × 6% ⇒ 0,96 ⇒ 1,0 Arbeitsplätze für Schwerbehinderte.

dd) Ausgleichsabgabe

183 Ein Arbeitgeber, der die vorbeschriebene Anzahl Schwerbehinderter nicht beschäftigt, hat für jeden ihm zuzurechnenden Pflicht-Arbeitsplatz eine monatliche Ausgleichsabgabe in Höhe von DM 100,– zu entrichten (§ 8 Abs. 1 SchwbG).

ee) Pflichten des ArbGeb

184 Nach § 10 SchwbG obliegen dem ArbGeb unabhängig davon, ob er Schwerbehinderte tatsächlich beschäftigt oder stattdessen Ausgleichsabgaben leistet, die folgenden Verpflichtungen:
– Führen eines Verzeichnisses der Schwerbehinderten, Gleichgestellten und Anzurechnenden.
– Jährliche (nach Ablauf des Kalenderjahres bis spätestens zum 31. 3.) Mitteilung über die Zahl der Arbeitsplätze und der tatsächlich beschäftigten Schwerbehinderten sowie der Höhe der gezahlten Ausgleichsabgaben an das zuständige Arbeitsamt mit Durchschrift für die Hauptfürsorgestelle.
– Mitteilung der zur Durchführung des Gesetzes notwendigen Auskünfte.
– Gewährung von Zutritt und Einsicht in den Betrieb durch die Bundesanstalt für Arbeit und für die Hauptfürsorgestelle,
– Anmeldung der Vertrauensleute und des Beauftragten der Schwerbehinderten.

Innerbetrieblich hat der ArbGeb dafür Sorge zu tragen, daß Arbeitsräume, betriebliche und maschinelle Vorrichtungen unter besonderer Berücksichtigung der Unfallverhütungsvorschriften so ausgestattet und zur Verfügung gestellt werden, daß sie eine dauernde Tätigkeit für Schwerbehinderte ermöglichen.

Zur Urlaubs- und Kündigungsregelung für Schwerbehinderte s. Rz. 366.

ff) Fortfall des Schwerbehindertenschutzes

185 Der Schwerbehindertenschutz erlischt nach § 35 Abs. 1 SchwbG, wenn
– der Grad der Minderung der Erwerbstätigkeit sich auf weniger als 50% verringert und
– die Verringerung unanfechtbar festgestellt wird
mit Ende des Kalenderjahres, das auf den feststellenden Bescheid folgt. Der schwerbehinderte AN hat damit die Möglichkeit, durch Anfechtung des Negativ-Bescheides bis zum Eintritt der Rechtskraft den Schutz weiter aufrechtzuerhalten.

Der gesetzliche Schutz der den Schwerbehinderten Gleichgestellten erlischt mit Rücknahme (eines fehlerhaft erlassenen Gleichstellungsbescheides) oder Widerruf (eines ursprünglich rechtmäßig erlassenen Gleichstellungsbescheides). Der Widerruf ist jedoch frühestens zulässig nach Ablauf von zwei Jahren seit Bekanntgabe der Gleichstellung und wird erst am Ende des Kalenderjahres wirksam, das auf den Eintritt seiner Unanfechtbarkeit folgt, § 35 Abs. 2 SchwbG.

Daneben ist die Hauptfürsorgestelle in Verbund mit dem Landesarbeitsamt berechtigt, einem Schwerbehinderten oder einem ihm gleichgestellten AN den Schutz dieses Gesetzes zeitweilig zu entziehen, wenn dieser
– einen zumutbaren Arbeitsplatz ohne berechtigten Grund zurückweist oder aufgibt oder
– sich ohne berechtigten Grund weigert, an Rehabilitationsmaßnahmen teilzunehmen, oder
– sonst durch sein Verhalten seine Eingliederung in Beruf und Arbeit schuldhaft vereitelt, § 36 SchwbG.

Die vorherige Anhörung des Schwerbehinderten ist zwingend vorgeschrieben.

gg) Vertrauensmann

186 Schließlich hat der ArbGeb dafür Sorge zu tragen, daß in Betrieben, in denen wenigstens fünf Schwerbehinderte nicht nur vorübergehend beschäftigt sind, ein Vertrauensmann und zumindest ein Stellvertreter zur Wahrung der Rechte der Schwerbehinderten gewählt werden (Amtszeit vier Jahre), §§ 21–23 SchwbG.

b) Jugendarbeitsschutzgesetz

aa) Sachlicher Geltungsbereich

187 Das Jugendarbeitsschutzgesetz gilt ohne Rücksicht auf die Wirksamkeit des Arbeits- oder Dienstvertrages für jede Form der Beschäftigung von Jugendlichen. Erfaßt werden hierbei die betriebliche Berufsausbildung als AN oder Heimarbeiter, die Beschäftigung mit sonstigen Dienstleistungen, die der Arbeitsleistung von Arbeitnehmern oder Heimarbeitern ähnlich sind, sowie die der Berufsausbildung ähnlichen Ausbildungsverhältnisse (§ 1 Abs. 1 JArbSchG).

188 Das Gesetz gilt hingegen nicht für geringfügige Hilfsleistungen, soweit sie gelegentlich aus Gefälligkeit, aufgrund familienrechtlicher Vorschriften, in Einrichtungen der Jugendhilfe oder in Einrichtungen zur Eingliederung Behinderter erbracht werden. Ferner wird die Beschäftigung durch Personensorgeberechtigte im Familienhaushalt nicht erfaßt (§ 1 Abs. 2 JArbSchG).

bb) Persönlicher Geltungsbereich

189 Vom Jugendarbeitsschutzgesetz werden einerseits Kinder und Jugendliche, andererseits deren Arbeitgeber erfaßt.

Kinder sind entsprechend den heutigen Anschauungen Personen, die das 14. Lebensjahr noch nicht vollendet, Jugendliche dagegen solche, die das 14., aber noch nicht das 18. Lebensjahr vollendet haben; vollzeitschulpflichtige Jugendliche gelten als Kinder im Sinne des Jugendarbeitsschutzgesetzes (§ 2 JArbSchG).

Gemäß § 3 JArbSchG ist Arbeitgeber im Sinne dieses Gesetzes jeder, der ein Kind oder einen Jugendlichen beschäftigt.

cc) Beschäftigung von Kindern

190 Die Beschäftigung von Kindern ist grundsätzlich verboten (§ 5 Abs. 1 JArbSchG). Dieses zunächst prinzipielle Verbot unterliegt mannigfachen Durchbrechungen. Diese dienen u. a. Zwecken der Berufsbildung sowie Erziehung oder gehen auf die besonderen Erfordernisse der Landwirtschaft ein (§ 5 Abs. 2–4 JArbSchG).

Ausnahmen vom Beschäftigungsverbot bestehen kraft aufsichtsbehördlicher Ausnahme gemäß § 6 JArbSchG bei Theaterveranstaltungen und Musikaufführungen, aber auch bei Werbeveranstaltungen, sofern die Kinder gestaltend mitwirken (§ 5 Abs. 5 JArbSchG).

dd) Beschäftigung von Jugendlichen

191 Die Beschäftigung Jugendlicher unter 15 Jahren ist verboten. Jugendliche, die der Vollzeitschulpflicht nicht mehr unterliegen, aber noch nicht 15 Jahre alt sind, dürfen im Berufsausbildungsverhältnis beschäftigt werden. Außerhalb eines Berufsausbildungsverhältnisses ist die Beschäftigung nur mit leichten und für die Jugendlichen geeigneten Tätigkeiten zulässig, sofern hier die Beschäftigungsdauer von bis zu 7 Stunden täglich und 35 Stunden wöchentlich nicht überschritten wird (§ 7 JArbSchG).

ee) Arbeitszeit

192 Die Arbeitszeit der Jugendlichen darf 8 Stunden täglich oder 40 Stunden wöchentlich nicht überschreiten (§ 8 Abs. 1 JArbSchG). Wird in Verbindung mit Feiertagen an Werktagen nicht gearbeitet, um den Arbeitnehmern eine längere zusammenhängende Freizeit zu gewähren, kann die ausgefallene Arbeitszeit auf die Werktage von 5 zusammenhängenden, die Ausfalltage einschließenden Wochen dergestalt verteilt werden, daß die Wochenarbeitszeit im Durchschnitt dieser 5 Wochen 40 Stunden nicht überschreitet. Die tägliche Arbeitszeit darf hierbei ausnahmslos nicht länger als 8½ Stunden sein (§ 8 Abs. 2 JArbSchG). Wird an einzelnen Wochentagen verkürzt gearbeitet, kann die Arbeitszeit bis zu 8½ Stunden verlängert werden (§ 8 Abs. 2a JArbSchG).

ff) Berufsschule

193 Jugendliche und noch berufsschulpflichtige ältere Personen sind vom Arbeitgeber zur Teilnahme am Berufsschulunterricht freizustellen. Ein Beschäftigungsverbot besteht.
- vor einem vor 9 Uhr beginnenden Unterricht,
- an einem Berufsschultag mit mehr als 5 Unterrichtsstunden von mindestens je 45 Minuten, einmal in der Woche,
- in Berufsschulwochen mit einem planmäßigen Blockunterricht von mindestens 25 Stunden an mindestens 5 Tagen; zusätzliche betriebliche Ausbildungsveranstaltungen sind beim Blockunterricht bis zu 2 Stunden wöchentlich zulässig (§ 9 Abs. 1 JArbSchG).

194 Für die **Anrechnung von Berufsschulzeit auf** die **Arbeitszeit** gilt nach § 9 Abs. 2 JArbSchG folgendes:
- 5 Stunden Unterricht einschließlich der Pausen sind gleichgestellt mit einer achtstündigen Arbeitszeit, und zwar auch dann, wenn sie auf einen arbeitsfreien Sonnabend fallen.
- Der wöchentliche Blockunterricht von mindestens 25 Stunden entspricht der 40-Stunden-Woche.

Eine Entgeltminderung darf durch den Besuch der Berufsschule nicht eintreten (§ 9 Abs. 3 JArbSchG). Indes besteht nach wie vor keine Zahlungspflicht, wenn durch den Berufsschulbesuch ein Entgeltausfall nicht eintritt.

gg) Prüfungen/außerbetriebliche Ausbildungsmaßnahmen

195 Für die Teilnahme an Prüfungen und Ausbildungsmaßnahmen, die aufgrund öffentlich-rechtlicher oder vertraglicher Bestimmungen außerhalb der Arbeitsstätte durchzuführen sind, sind die jugendlichen Arbeitnehmer ohne Ausfall des Entgelts freizustellen (§ 10 JArbSchG).

hh) Ruhepausen

196 Den Jugendlichen müssen bei einer Arbeitszeit von mehr als 4½ Stunden eine oder mehrere im voraus feststehende Ruhepausen gewährt werden. Diese müssen mindestens betragen
- bei mehr als 4½ bis 6 Stunden:
  30 Minuten,
- bei mehr als 6 Stunden:
  60 Minuten.

Länger als 4½ Stunden hintereinander dürfen Jugendliche nicht ohne Ruhepausen beschäftigt werden. Als solche gelten nur Arbeitsunterbrechungen von mindestens 15 Minuten. Die Ruhepausen müssen in angemessener zeitlicher Lage gewährt werden, frühestens jedoch eine Stunde nach Beginn und spätestens eine Stunde vor Ende der Arbeitszeit.

ii) Tägliche Freizeit

197 Nach Beendigung der täglichen Arbeit ist Jugendlichen eine ununterbrochene Freizeit von mindestens 12 Stunden zu gewähren (§ 13 JArbSchG).

jj) Nachtruhe

198 Jugendliche dürfen nur in der Zeit von 6 bis 20 Uhr beschäftigt werden; sie genießen damit einen besonderen Schutz der Nachtruhe. Um den besonderen Bedürfnissen einzelner Gewerbezweige Rechnung zu tragen, dürfen Jugendliche über 16 Jahre
- im Gaststätten- und Schaustellergewerbe bis 22 Uhr,
- in mehrschichtigen Betrieben bis 23 Uhr,
- in der Landwirtschaft ab 5 Uhr oder bis 21 Uhr,
- in Bäckereien und Konditoreien ab 5 Uhr
beschäftigt werden.
Jugendliche über 17 Jahre dürfen in Bäckereien ab 4 Uhr tätig werden.

In jedem Falle ist eine Beschäftigung nach 20 Uhr grundsätzlich dann verboten, wenn am Folgetag der Berufsschulunterricht vor 9 Uhr beginnt. Eine Reihe von Ausnahmen kraft aufsichtsbehördlicher Genehmigung sind möglich (§ 14 Abs. 5–7 JArbSchG).

kk) Fünftagewoche

199 Jugendliche dürfen nur an 5 Tagen in der Woche beschäftigt werden (§ 15 JArbSchG). Nach §§ 16 Abs. 1, 17 Abs. 1 JArbSchG dürfen Jugendliche an Samstagen und Sonntagen nicht beschäftigt werden. Zulässig ist die Beschäftigung von Jugendlichen an Samstagen oder Sonntagen nur (§§ 16 Abs. 2, 17 Abs. 2 JArbSchG), soweit dies in den im JArbSchG aufgezählten Wirtschaftsbereichen notwendig ist; in diesen Fällen haben die Jugendlichen jedoch Anspruch auf Arbeitsfreistellung an einem Tag in der Woche, der auch ein betrieblicher Ruhetag sein kann (§§ 16 Abs. 3, 17 Abs. 3 JArbSchG).

Einzelheiten zur Feiertagsruhe sind in § 18 JArbSchG zusammengefaßt.

ll) Urlaub

200 Der Arbeitgeber hat Jugendlichen für jedes Kalenderjahr bezahlten Urlaub zu gewähren. Dieser beträgt für zu Beginn des Kalenderjahres noch nicht 16 Jahre alte Jugendliche 30 Werktage; noch nicht 17 Jahre alte Jugendliche erhalten 27, und über 17 Jahre alte Jugendliche erhalten 25 Werktage Urlaub. Der Urlaub ist grundsätzlich während der Berufsschulferien zu erteilen und wird durch jeden Berufsschulunterricht, gleichgültig, wie lange dieser dauert, unterbrochen. Im übrigen wird auf die Regelungen des BUrlG (hierzu s. Rz. 33 ff.) verwiesen.

mm) Beschäftigungsverbote

201 Jugendliche dürfen nicht beschäftigt werden
– mit gefährlichen Arbeiten iSv § 22 JArbSchG (Einzelheiten s. dort).
– mit Akkordarbeit und sonstigen Arbeiten, bei denen durch ein gesteigertes Arbeitstempo ein höheres Entgelt erzielt werden kann (§ 23 JArbSchG),
– mit Arbeiten unter Tage (§ 24 JArbSchG),
– durch Personen, die zu Freiheitsstrafen verurteilt worden sind oder die in § 25 JArbSchG bezeichnete Delikte begangen haben.

In bezug auf weitere Einzelheiten wird auf die jeweilige Einzelvorschrift verwiesen; Durchbrechungen der Beschäftigungsverbote und aufsichtsbehördliche Ausnahmegenehmigungen (§ 27 JArbSchG) sind vorgesehen.

nn) Sonstige Pflichten des Arbeitgebers

203 – **menschengerechte Gestaltung der Arbeit**

Der menschengerechten Gestaltung des Arbeitsplatzes dienen Vorschriften für die Einrichtung von Werkzeugen und Maschinen usw. (§ 28 Abs. 1 JArbSchG) sowie eine Unterrichtspflicht über Unfall- und Gesundheitsgefahren (§ 29 JArbSchG). Eine besondere Fürsorgepflicht besteht bei Aufnahme in die häusliche Gemeinschaft. Die an die Unterkünfte zu stellenden Anforderungen sind in Anlehnung an § 120c GewO konkretisiert. Verboten ist die Züchtigung sowie die Abgabe von Tabak und alkoholischen Getränken (§ 31 JArbSchG).

204 – **Bekanntgabe des Gesetzes und der Aufsichtsbehörde**

Arbeitgeber, die regelmäßig mindestens einen Jugendlichen beschäftigen, haben einen Abdruck des JArbSchG und die Anschrift der zuständigen Aufsichtsbehörde an geeigneter Stelle im Betrieb zur Einsicht auszulegen oder auszuhängen (§ 47 JArbSchG).

205 – **Aushang über Arbeitszeit und Pausen**

Arbeitgeber, die regelmäßig mindestens drei Jugendliche beschäftigen, haben einen Aushang über Beginn und Ende der regelmäßigen täglichen Arbeitszeit und der Pausen der Jugendlichen an geeigneter Stelle im Betrieb anzubringen (§ 48 JArbSchG).

206 – Verzeichnisse der Jugendlichen

Arbeitgeber haben Verzeichnisse der bei ihnen beschäftigten Jugendlichen unter Angabe des Vor- und Familiennamens, des Geburtsdatums und der Wohnanschrift zu führen; in diesen Verzeichnissen müssen ferner Angaben enthalten sein über das Datum des Beginns der Beschäftigung, bei einer Beschäftigung unter Tag auch das Datum des Beginns dieser Beschäftigung (§ 49 JArbSchG).

oo) Gesundheitsschutz

208 – Erstuntersuchung

Ein Jugendlicher, der in das Berufsleben eintritt, darf nur beschäftigt werden, wenn er innerhalb der letzten 14 Monate von einem Arzt untersucht worden ist (sog. Erstuntersuchung) und dem Arbeitgeber eine von diesem Arzt ausgestellte Bescheinigung vorlegt (§ 32 Abs. 1 JArbSchG).

209 – erste Nachuntersuchung

Ein Jahr nach Aufnahme der ersten Beschäftigung hat sich der Arbeitgeber die Bescheinigung eines Arztes darüber vorlegen zu lassen, daß der Jugendliche nachuntersucht worden ist (§ 33 Abs. 1 JArbSchG).

210 – weitere Nachuntersuchungen

Nach Ablauf jedes weiteren Jahres nach der ersten Nachuntersuchung kann sich der Jugendliche erneut untersuchen lassen. Der Arbeitgeber soll ihn auf diese Möglichkeit rechtzeitig hinweisen und darauf hinwirken, daß der Jugendliche ihm die Bescheinigung über die weitere Nachuntersuchung vorlegt (§ 34 JArbSchG).

211 – ärztliche Untersuchungen und Wechsel des Arbeitgebers

Wechselt der Jugendliche den Arbeitgeber, darf dieser ihn erst beschäftigen, wenn ihm die Bescheinigung über die Erstuntersuchung und, falls seit der Aufnahme der Beschäftigung 1 Jahr vergangen ist, die Bescheinigung über die erste Nachuntersuchung vorliegt.

212 – Aufbewahrung ärztlicher Bescheinigungen

Der Arbeitgeber hat die ärztlichen Bescheinigungen bis zur Beendigung der Beschäftigung, längstens jedoch bis zur Vollendung des 18. Lebensjahres des Jugendlichen aufzubewahren und der Aufsichtsbehörde sowie der Berufsgenossenschaft auf Verlangen zur Einsicht vorzulegen oder einzusenden. Scheidet der Jugendliche aus der Beschäftigungsverhältnis aus, hat ihm der Arbeitgeber die Bescheinigungen auszuhändigen (§ 41 JArbSchG).

213 – Freistellung für Untersuchungen

Der Arbeitgeber hat den Jugendlichen für die Durchführung der ärztlichen Untersuchungen von der Arbeit freizustellen; ein Entgeltausfall darf hierdurch nicht eintreten (§ 43 JArbSchG).

c) Mutterschutzgesetz

aa) Persönlicher Geltungsbereich

215 Das Mutterschutzgesetz gilt für Frauen, die in einem Arbeitsverhältnis stehen, und für weibliche in Heimarbeit Beschäftigte und ihnen Gleichgestellte, soweit sie am Stück mitarbeiten (§ 1 MuSchG). Das Mutterschutzgesetz gilt ferner für befristete und mittelbare Arbeitsverhältnisse, Leiharbeitsverhältnisse für Arbeitnehmerinnen, die zur Probe, zur Aushilfe, nebenberuflich oder in mehreren Arbeitsverhältnissen beschäftigt werden, für unständig beschäftigte und teilzeitbeschäftigte Frauen sowie für Hilfskräfte im Haushalt. Hingegen unterfallen dem Mutterschutzgesetz nicht selbständig gewerbetreibende, arbeitgeberähnliche Personen (Organmitglieder juristischer Personen), arbeitnehmerähnliche Personen, Frauen, die auf Grund familienrechtlicher Verpflichtungen Familienarbeit leisten (anders, wenn sie daneben im Arbeitsverhältnis stehen), und nicht für Frauen, die aus karitativen oder religiösen Gründen arbeiten (siehe auch Teil L Rz. 621 ff.).

bb) Sachlicher, räumlicher Geltungsbereich

216   Das Mutterschutzgesetz gilt für Arbeitnehmerinnen in Betrieben und Verwaltungen aller Art sowie im Familienhaushalt, sofern der Arbeitsort im Bundesgebiet liegt. Die Geltung des Mutterschutzgesetzes ist unabhängig von der Staatsangehörigkeit des ArbGeb und der Arbeitnehmerin, so daß ausländische Grenzgängerinnen und Gastarbeitnehmerinnen von den Regelungen des Mutterschutzgesetzes ebenfalls erfaßt werden.

cc) Gestaltung des Arbeitsplatzes

217   Arbeitgeber, die eine werdende oder stillende Mutter beschäftigen, haben bei der Errichtung und der Unterhaltung des Arbeitsplatzes einschließlich der Maschinen, Werkzeuge und Geräte und bei der Regelung der Beschäftigung die erforderlichen Vorkehrungen und Maßnahmen zum Schutze von Leben und Gesundheit der werdenden oder stillenden Mutter zu treffen (§ 2 Abs. 1 MuSchG). Der ArbGeb ist darüber hinaus verpflichtet, insbesondere Frauen, die mit Arbeiten beschäftigt sind, bei denen sie ständig stehen oder gehen müssen, Sitzgelegenheiten zum kurzen Ausruhen bereitzustellen (§ 2 Abs. 2 MuSchG). Demgegenüber hat der ArbGeb Frauen, die mit Arbeiten beschäftigt sind, bei denen sie ständig sitzen müssen, Gelegenheit zu kurzen Unterbrechungen der Arbeit zu geben (§ 2 Abs. 3 MuSchG).

dd) Beschäftigungsverbote

219 – **Schutzfristen vor und nach der Entbindung**

In den letzten 6 Wochen vor der Entbindung und bis zum Ablauf von 8 Wochen, nach Früh- und Mehrlingsgeburten bis zum Ablauf von 12 Wochen nach der Entbindung dürfen Arbeitnehmerinnen nicht beschäftigt werden (§§ 3 Abs. 2, 6 Abs. 1 MuSchG). Für die Berechnung der vorgenannten Schutzfrist vor der Entbindung ist das Zeugnis eines Arztes oder einer Hebamme über den mutmaßlichen Tag der Entbindung maßgebend (§ 5 Abs. 2 MuSchG). Irrt sich der Arzt oder die Hebamme über den Zeitpunkt der Entbindung, kürzt oder verlängert sich die Frist entsprechend. Die Kosten für das Zeugnis hat der ArbGeb zu tragen (§ 5 Abs. 3 MuSchG). Bei der Berechnung der Schutzfrist nach der Entbindung ist vom tatsächlichen Entbindungstag auszugehen.

Während der Schutzfrist vor der Entbindung darf der ArbGeb die werdende Mutter beschäftigen, wenn die Frau sich zur Arbeitsleistung ausdrücklich bereiterklärt; diese Erklärung ist jederzeit widerrufbar (§ 3 Abs. 2 MuSchG). Während der Schutzfrist nach der Entbindung ist die Beschäftigung dagegen unzulässig.

220 – **Individuelle Beschäftigungsverbote**

Vor der Entbindung dürfen werdende Mütter nicht beschäftigt werden, sofern nach ärztlichem Zeugnis **Leben oder Gesundheit von Mutter oder Kind** bei Fortdauer der Beschäftigung **gefährdet** ist (§ 3 Abs. 1 MuSchG). Mit Vorlage der ärztlichen Bescheinigung wird das Beschäftigungsverbot wirksam; bestehen Zweifel an der Richtigkeit der Bescheinigung, ist der ArbGeb berechtigt, auf seine Kosten eine Nachuntersuchung zu verlangen.

221   Frauen, die in den ersten Monaten nach der Entbindung nach ärztlichem Zeugnis **wegen** der **Schwangerschaft und Entbindung nicht voll leistungsfähig** sind, dürfen nicht zu einer ihre Leistungsfähigkeit übersteigenden Arbeit herangezogen werden (§ 6 Abs. 2 MuSchG); bei Krankheit besteht der Anspruch auf die übliche Lohnfortzahlung im Krankheitsfalle (hierzu s. Rz. 105).

223 – **Verbot von Beschäftigungsarten**

Werdende Mütter dürfen nicht mit schweren körperlichen Arbeiten und nicht mit Arbeiten beschäftigt werden, bei denen sie schädlichen Einwirkungen von gesundheitsgefährdenden Stoffen oder Strahlen, von Staub, Gasen oder Dämpfen, von Hitze, Kälte oder Nässe oder Erschütterungen oder Lärm ausgesetzt sind (§ 4 Abs. 1 MuSchG).

In bezug auf die einzelnen verbotenen Beschäftigungsarten wird auf die detaillierte, beispielhafte Aufzählung des § 4 Abs. 2 MuSchG verwiesen.

Nach der Entbindung gilt das Verbot von Beschäftigungsarten nur für stillende Mütter (§ 6 Abs. 3 MuSchG).

224 – Verbot von Entlohnungsformen

Die Beschäftigung von werdenden Müttern mit Akkordarbeit und sonstigen Arbeiten, bei denen durch ein gesteigertes Arbeitstempo ein höheres Entgelt erzielt werden kann, sowie bei Fließarbeit mit vorgeschriebenem Arbeitstempo ist verboten. Die Aufsichtsbehörde kann Ausnahmen bewilligen, wenn die Art der Arbeit und das Arbeitstempo eine Beeinträchtigung der Gesundheit von Mutter oder Kind nicht befürchten lassen (§ 4 Abs. 3 MuSchG).

Nach der Entbindung gilt das Verbot des § 4 Abs. 3 MuSchG nur für stillende Mütter (§ 6 Abs. 3 MuSchG).

225 – Verbot von Mehrarbeit, Nacht- und Sonntagsarbeit

Werdende und stillende Mütter dürfen nicht mit Mehrarbeit, nicht in der Nacht zwischen 20.00 Uhr und 6.00 Uhr und nicht an Sonn- und Feiertagen beschäftigt werden (§ 8 Abs. 1 Satz 1 MuSchG).

226 **Mehrarbeit** ist jede Arbeit, die im Familienhaushalt und Landwirtschaft über 9 Stunden täglich oder 102 Stunden in der Doppelwoche, von Frauen unter 18 Jahren über 8 Stunden täglich oder 80 Stunden in der Doppelwoche oder von sonstigen Frauen über 8½ Stunden täglich oder 90 Stunden in der Doppelwoche hinaus geleistet wird (§ 8 Abs. 2 MuSchG).

227 Abweichend von dem generellen **Nachtarbeitsverbot** dürfen werdende Mütter in den ersten 4 Monaten der Schwangerschaft und stillende Mütter in Gast- und Schankwirtschaften und im übrigen Beherbergungswesen bis 22.00 Uhr und in der Landwirtschaft ab 5.00 Uhr beschäftigt werden (§ 8 Abs. 3 MuSchG).

228 Im Verkehrswesen, in Gast- und Schankwirtschaften und im übrigen Beherbergungswesen, in Krankenpflege- und in Badeanstalten, bei Musikaufführungen, Theatervorstellungen, anderen Schaustellungen, Darbietungen oder Lustbarkeiten dürfen werdende oder stillende Mütter, abweichend von der oben dargestellten Regelung des § 8 Abs. 1 MuSchG, an **Sonn- und Feiertagen** beschäftigt werden, sofern ihnen jede Woche einmal eine ununterbrochene Ruhezeit von mindestens 24 Stunden im Anschluß an eine Nachtruhe gewährt wird (§ 8 Abs. 4 MuSchG).

Eine Sonderregelung für in Heimarbeit Beschäftigte und ihnen Gleichgestellte ist in § 8 Abs. 5 MuSchG enthalten.

229 In begründeten Einzelfällen kann die Aufsichtsbehörde Ausnahmen vom Verbot der Mehrarbeit, der Nacht- oder Sonntagsarbeit zulassen (§ 8 Abs. 6 MuSchG).

ee) Stillzeit

230 Stillenden Müttern ist auf ihr Verlangen die zum Stillen erforderliche Zeit, mindestens zweimal täglich ½ Stunde oder einmal täglich 1 Stunde, allenfalls bis zum 12. Monat nach der Entbindung, freizugeben. Die Lage der Stillzeit hängt von den Umständen des Einzelfalles ab (§ 7 MuSchG).

ff) Mitteilungspflichten

231 Werdende Mütter sollen dem ArbGeb ihre Schwangerschaft und den mutmaßlichen Tag der Entbindung mitteilen, sobald ihnen ihr Zustand bekannt ist (§ 5 Abs. 1 Satz 1 MuSchG); eine Mitteilung an den Vertreter des ArbGeb genügt (z. B. an den Personalsacharbeiter). Die Anzeige einer vermutlichen Schwangerschaft genügt. Auf Verlangen des ArbGeb hat die werdende Mutter das Zeugnis eines Arztes oder einer Hebamme vorzulegen; die Kosten für dieses Zeugnis trägt der ArbGeb (§ 5 Abs. 1 S. 2, Abs. 3 MuSchG).

Der ArbGeb hat die Aufsichtsbehörde unverzüglich von der Mitteilung der werdenden Mutter zu benachrichtigen; er darf diese Mitteilung Dritten nicht unbefugt bekanntgeben (§ 5 Abs. 1 S. 3, 4 MuSchG).

Zur Frage der Zulässigkeit von Fragen des ArbGeb nach Schwangerschaft bzw. die Mitteilungspflicht einer Bewerberin im Rahmen eines Einstellungsgespräches s. Rz. 16ff., Rz. 21.

gg) Arbeitsentgeltschutz bei Beschäftigungsverboten

233 – **Anspruch auf den Durchschnittsverdienst**

Frauen, die infolge von Beschäftigungsverboten (hierzu s. Rz. 219ff.) teilweise oder völlig mit der Arbeit aussetzen oder die Entlohnungsart wechseln, haben grundsätzlich einen Anspruch auf Zahlung des bisherigen Durchschnittsverdienstes.

Voraussetzung ist, daß das Beschäftigungsverbot für das Aussetzen mit der Arbeit bzw. für den Wechsel der Beschäftigungs- oder Entlohnungsart ursächlich war. Steht das Aussetzen mit der Arbeit nicht im ursächlichen Zusammenhang mit Beschäftigungsverboten, sondern beruht es auf anderen Gründen (z. B. Krankheit, Aussperrung, Streik, Umsetzung etc.), besteht dieser Anspruch nicht.

Wird in dem Betrieb während des Aussetzens mit der Arbeit kurzgearbeitet, ist der ursächliche Zusammenhang auch in diesem Umfang zu verneinen.

Auf die Fortzahlung des Durchschnittsverdienstes hat jede unter den Geltungsbereich (hierzu siehe Rz. 215f.) des Mutterschutzgesetzes fallende Arbeitnehmerin Anspruch. Ausgenommen sind lediglich Frauen, die nicht dauernd von demselben ArbGeb im Familienhaushalt mit hauswirtschaftlichen Arbeiten in einer ihre Arbeitskraft voll in Anspruch nehmenden Weise beschäftigt werden (§ 11 Abs. 3 MuSchG).

234 – **Umfang und Ermittlung des Durchschnittsverdienstes**

Als Mutterschaftslohn hat der ArbGeb den Durchschnittsverdienst der letzten 13 Wochen oder der letzten 3 Monate vor Beginn des Monats, in dem die Schwangerschaft eingetreten ist, zu zahlen. Wird das Arbeitsverhältnis erst mit Eintritt der Schwangerschaft begonnen, ist der Durchschnittsverdienst aus dem Arbeitsentgelt der ersten 13 Wochen oder 3 Monate der Beschäftigung zu berechnen; hat das Arbeitsverhältnis lediglich für kürzere Zeit bestanden, ist dieser kürzere Zeitraum der Berechnung zugrunde zu legen. Zeiten, in denen kein Arbeitsentgelt erzielt wurde, bleiben außer Ansatz (§ 11 Abs. 1 MuSchG). Spätere Verdiensterhöhungen, die nicht lediglich vorübergehender Natur sind, sind bei der Ermittlung des Durchschnittsverdienstes zu berücksichtigen. Verdienstkürzungen, die im Berechnungszeitraum infolge von Kurzarbeit, Arbeitsausfällen oder unverschuldeter Arbeitsversäumnis eintreten, bleiben für die Berechnung des Durchschnittsverdienstes außer Ansatz (§ 11 Abs. 2 MuSchG).

235 – **Umsetzung**

Die Fortzahlung des Durchschnittsverdienstes nach § 11 MuSchG kann durch den ArbGeb in der Weise abgewendet werden, daß er eine Umsetzung der Arbeitnehmerin auf einen ihr zumutbaren Arbeitsplatz vornimmt; lehnt die Arbeitnehmerin diese Umsetzung ab, verliert sie ihren Anspruch auf Fortzahlung des Durchschnittsverdienstes.

hh) Mutterschaftsgeld

236 Frauen, die bei Beginn der Schutzfrist nach § 3 Abs. 2 MuSchG (hierzu s. Rz. 219) in einem Arbeitsverhältnis stehen oder mit Heimarbeit beschäftigt sind, oder deren Arbeitsverhältnis während der Schwangerschaft vom ArbGeb zulässigerweise aufgelöst worden ist, erhalten von der zuständigen Krankenkasse für die Zeit der Schutzfristen des § 3 Abs. 2 und des § 6 Abs. 1 MuSchG Mutterschaftsgeld; Voraussetzung hierfür ist, daß in der Zeit zwischen dem 10. und dem 4. Monat einschließlich dieser Monate vor der Entbindung mindestens 12 Wochen Versicherungspflicht oder ein Arbeitsverhältnis bestanden hat (§ 13 Abs. 2 MuSchG, § 200 Abs. 1 RVO). Nach § 200a RVO erhalten Mutterschaftsgeld auch arbeitslose Mütter, versicherungspflichtige Selbständige und Künstlerinnen.

Der Anspruch auf Mutterschaftsgeld besteht für 6 Wochen vor der Entbindung und für 8 Wochen, bei Früh- und Mehrlingsgeburten für 12 Wochen unmittelbar nach der Entbindung. Nimmt die Frau ihr Recht auf Mutterschaftsurlaub in Anspruch, wird ihr Mutterschaftsgeld für die Zeit des Mutterschaftsurlaubs weitergezahlt (§ 13 Abs. 2 MuSchG, § 200 Abs. 4 RVO).

ii) Mutterschaftsurlaub

237 Im Anschluß an die in der Regel 8 Wochen betragende Schutzfrist nach der Entbindung haben die in einem Arbeitsverhältnis stehenden (leiblichen) Mütter Anspruch auf (unbezahlten) Mutterschaftsurlaub bis zu einem Tag, an dem das Kind 6 Monate alt wird. Voraussetzung dafür ist, daß für die Mutter in den letzten 12 Monaten vor der Entbindung für mindestens 9 Monate, bei Frühgeburten für mindestens 7 Monate, ein Arbeitsverhältnis oder ein Anspruch auf Arbeitslosengeld, Arbeitslosenhilfe oder Unterhaltsgeld nach dem Arbeitsförderungsgesetz bestanden hat (§ 8a Abs. 1 Satz 1 MuSchG).

Demgegenüber steht Adoptivmüttern ein Anspruch auf Mutterschaftsurlaub nicht zu.

Der Mutterschaftsurlaub muß von der Mutter spätestens 4 Wochen vor Ablauf der idR 8-wöchigen Schutzfrist es § 6 Abs. 1 MuSchG **mündlich oder schriftlich** beim ArbGeb **verlangt** werden (§ 8a Abs. 2 MuSchG). Kann die Mutter aus einem von ihr nicht zu vertretenden Grund den Mutterschaftsurlaub nicht rechtzeitig verlangen oder antreten, kann sie dies innerhalb einer Woche nach Wegfall des Grundes nachholen (§ 8a Abs. 3 MuSchG). Die Mutter muß den Mutterschaftsurlaub in unmittelbarem Anschluß an die idR 8-wöchige Schutzfrist des § 6 Abs. 1 MuSchG antreten.

Mit Zustimmung des ArbGeb kann der **Mutterschaftsurlaub vorzeitig beendet** werden (§ 8a Abs. 5 MuSchG). Stirbt das Kind, endet der Mutterschaftsurlaub 3 Wochen nach dem Tode des Kindes (§ 8a Abs. 4 MuSchG).

Bei dem sich aus § 8a Abs. 1 MuSchG ergebenden Anspruch auf Mutterschaftsurlaub handelt es sich um eine **zwingende rechtliche Regelung,** so daß der sich hieraus ergebende Anspruch durch eine individualvertragliche Abrede weder ausgeschlossen noch beschränkt werden kann (§ 8a Abs. 6 MuSchG). Macht die Mutter von ihrem Recht auf Mutterschaftsurlaub Gebrauch, darf sie während dieser Zeit keiner Erwerbstätigkeit nachgehen (§ 8b MuSchG).

Während des Mutterschaftsurlaubs behält die Mutter ihren Arbeitsplatz; sie bleibt beitragsfrei Mitglied in der Renten- und Krankenversicherung (§ 311, § 383 RVO) und in der Arbeitslosenversicherung (§ 104 AFG).

Spätestens 4 Wochen vor Beginn des Mutterschaftsurlaubs soll die Mutter dem ArbGeb auf dessen Verlangen mitteilen, ob sie beabsichtigt, das **Arbeitsverhältnis** nach Beendigung des Mutterschaftsurlaubs **fortzusetzen** (§ 8c MuSchG).

Den **Erholungsurlaub** der Mutter kann der ArbGeb für jeden vollen Kalendermonat, für den die Mutter Mutterschaftsurlaub nimmt, um $\frac{1}{12}$ **kürzen.** Hat die Mutter jedoch bereits Erholungsurlaub über den ihr zustehenden Umfang hinaus erhalten, ist gleichwohl eine Rückforderung des dafür gezahlten Urlaubsentgelts ausgeschlossen (§ 8d MuSchG).

Die **Rechte und Pflichten** aus dem Arbeitsverhältnis **leben** nach Beendigung des Mutterschaftsurlaubs in vollem Umfange **wieder auf.** Es besteht der Anspruch der Mutter auf ihren bisherigen Arbeitsplatz. Ist der Tätigkeitsbereich durch vertragliche Vereinbarungen nicht genau beschrieben bzw. abgegrenzt, kann der ArbGeb im Rahmen seines Direktionsrechts der Mutter eine andere Tätigkeit zuweisen. Hierbei hat er zu beachten, daß die neue Tätigkeit innerhalb der bisherigen Vergütungsgruppe liegt.

jj) Auslage des Gesetzes

238 Im Rahmen der Durchführung des Mutterschutzgesetzes sind Betriebe und Verwaltungen, in denen regelmäßig mehr als 3 Frauen beschäftigt werden, verpflichtet, einen Abdruck des Mutterschutzgesetzes an geeigneter Stelle zur Einsicht auszulegen oder auszuhändigen. Wer Heimarbeit ausgibt oder abnimmt, hat in den Räumen der Ausgabe und Abnahme einen Abdruck des Mutterschutzgesetzes an geeigneter Stelle zur Einsicht auszulegen bzw. auszuhängen (§ 18 MuSchG).

hh) Kündigungsschutz/Besonderes Kündigungsrecht der Schwangeren

239 Siehe hierzu Rz. 355 ff., 362.

8. Wehrdienst/Zivildienst

a) Wehrdienst aufgrund allgemeiner Wehrpflicht

aa) Geltungsbereich des ArbPlSchG

242 Dem Gesetz über den Schutz des Arbeitsplatzes bei Einberufung zum Wehrdienst unterliegen im Bereich der Bundesrepublik Deutschland mit Ausnahme des Landes

Berlin alle wehrpflichtigen (§§ 1, 3 WPflG) AN sowie die zu ihrer Berufsausbildung Beschäftigten (§ 15 Abs. 1 ArbPlSchG), die zum Grundwehrdienst (§ 5 WPflG) oder einer Wehrübung einberufen werden.

bb) Melde- und Anzeigepflichten des AN

243 Der AN ist verpflichtet, eine Ladung der Erfassungsbehörde oder der Wehrersatzbehörde oder einen Einberufungsbescheid unverzüglich seinem ArbGeb vorzulegen (§§ 14 Abs. 2, 1 Abs. 3 ArbPlSchG). Verletzt der AN diese Anzeigepflichten, ist eine Kündigung idR zwar nicht gerechtfertigt, dem ArbGeb können jedoch ggf. Schadenersatzansprüche gegen den AN zustehen.

cc) Arbeitsfreistellungsanspruch

244 Aufgrund der vorrangigen öffentlichen Verpflichtung des AN hat der ArbGeb den AN von dessen Arbeitspflicht freizustellen. Zu berücksichtigen ist hierbei aber, daß der AN gemäß § 13 WPflG unabkömmlich gestellt werden kann; eine Zurückstellung kommt insb. bei Unterbrechung eines weitgehend geförderten Ausbildungsabschnitts des AN in Betracht.

dd) Weiterzahlung des Arbeitsentgelts

245 Hat sich der AN auf Grund der Wehrpflicht bei den Erfassungsbehörden oder den Wehrersatzbehörden persönlich zu melden, ist der ArbGeb für die Dauer der Arbeitsverhinderung verpflichtet, die Arbeitsvergütung fortzuzahlen (§ 14 Abs. 1 ArbPlSchG. Persönliche Meldepflichten sind gegeben bei der Erfassung (§ 15 WpflG), Musterung (§§ 17 Abs. 4, 19 Abs. 3, 33 Abs. 7 WpflG), Tauglichkeitsprüfungen bereits gedienter Wehrpflichtiger (§ 23 WpflG) und Wehrüberwachung (§ 24 Abs. 6 Nr. 3 WpflG).

ee) Ruhen des Arbeitsverhältnisses

246 Wird ein AN zum Grundwehrdienst oder zu einer Wehrübung einberufen, erlischt das Arbeitsverhältnis nicht, sondern es ruht während des Wehrdienstes (§ 1 Abs. 1 ArbPlSchG). Während des Ruhens des Arbeitsverhältnisses entfallen die Hauptpflichten aus dem Arbeitsvertrag (Arbeitsleistung gegen Vergütung). Der AN unterliegt jedoch weiterhin der Schweigepflicht über Betriebs- und Geschäftsgeheimnisse etc.

247 Ein Ruhen in bezug auf **befristete Arbeitsverträge** ist nicht möglich; diese erlöschen mit Zeitablauf. Hiervon ausgenommen sind lediglich **Berufsausbildungsverhältnisse** (§ 6 Abs. 3 ArbPlSchG).

ff) Wohnraum/Sachbezüge

248 Auf Verlangen des AN hat der ArbGeb Sachbezüge (z. B. Deputate wie Kohlen) weiter zu gewähren, kann hierfür jedoch die angemessene Vergütung verlangen (§§ 3 Abs. 3, 4 ArbPlSchG). Ebenso bleibt die Verpflichtung des ArbGeb zur Überlassung einer Wohnung unberührt (§ 3 Abs. 1 ArbPlSchG). Bei Kündigung einer Werkswohnung (hierzu s. Rz. 95 ff.) darf die durch die Wehrpflicht bedingte Abwesenheit nicht zum Nachteil des AN berücksichtigt werden. Dies gilt entsprechend für alleinstehende AN, die den Wohnraum während ihrer Abwesenheit aus besonderen Gründen (z. B. zum Unterstellen von Möbeln) benötigen (§ 3 Abs. 2 ArbPlSchG). Handelt es sich bei dem überlassenen Wohnraum um eine sog. Werksdienstwohnung (hierzu s. Rz. 99) und stellt die Überlassung der Wohnung damit einen Teil des Arbeitsentgelts dar, hat der AN für die Weitergewährung durch den ArbGeb eine Entschädigung zu zahlen, die diesem Teil des Arbeitsentgelts entspricht. Ist ein bestimmter Betrag nicht vereinbart, hat der AN eine angemessene Entschädigung für die Zeit des Wehrdienstes an den ArbGeb zu zahlen (§ 3 Abs. 3 ArbPlSchG).

gg) Alters- und Hinterbliebenenversorgung

249 Die Alters- und Hinterbliebenenversorgung für AN, die einer Pensionskasse angehören oder als Leistungsempfänger einer sonstigen Einrichtung oder Form der betrieblichen oder überbetrieblichen Altersversorgung in Betracht kommen, bleibt während des Wehrdienstes unberührt (§ 14a ArbPlSchG). Der ArbGeb hat die Beträge weiterzuzahlen und kann später Erstattung vom Bundesminister der Verteidigung verlangen (§ 14a Abs. 3 ArbPlSchG).

hh) Urlaub

250 Den Erholungsurlaub, der dem AN für ein Urlaubsjahr aus dem Arbeitsverhältnis zusteht, kann der ArbGeb für jeden vollen Kalendermonat, den der AN Grundwehrdienst leistet, um $\frac{1}{12}$ kürzen (§ 4 Abs. 1 Satz 1 ArbPlSchG). Dies gilt nicht, wenn der AN zu einer Wehrübung einberufen wird; in diesem Falle ist der ArbGeb verpflichtet, den Erholungsurlaub voll zu gewähren (§ 4 Abs. 5 Satz 1 ArbPlSchG). Auf Verlangen des AN ist ihm der zustehende Erholungsurlaub vom ArbGeb vor Beginn des Grundwehrdienstes bzw. einer Wehrübung zu gewähren (§ 4 Abs. 1 S. 2, Abs. 5 S. 2 ArbPlSchG). Hat der AN den ihm zustehenden Urlaub vor seiner Einberufung nicht (vollständig) erhalten, ist ihm der Resturlaub nach dem Grundwehrdienst im laufenden oder im nächsten Urlaubsjahr zu gewähren (§ 4 Abs. 2 ArbPlSchG). Endet das Arbeitsverhältnis während des Grundwehrdienstes, oder setzt der AN im Anschluß an den Grundwehrdienst das Arbeitsverhältnis nicht fort, hat der ArbGeb den noch nicht gewährten Urlaub abzugelten (§ 4 Abs. 3 ArbPlSchG). Hat hingegen der AN vor seiner Einberufung mehr Urlaub erhalten, als ihm im Urlaubsjahr aus dem Arbeitsverhältnis zustand, kann der ArbGeb den Urlaub, der dem AN nach seiner Entlassung aus dem Grundwehrdienst zusteht, um die zuviel gewährten Urlaubstage kürzen (§ 4 Abs. 4 ArbPlSchG).

Für die Zeit des Grundwehrdienstes richtet sich der Urlaub nach den Urlaubsvorschriften für Soldaten (§ 4 Abs. 6 ArbplSchG).

ii) Erstattung von Mehraufwendungen des ArbGeb

251 Wird der Grundwehrdienst oder eine Wehrübung vorzeitig beendet und muß der ArbGeb vorübergehend zwei Personen am gleichen Arbeitsplatz Lohn oder Gehalt zahlen, werden ihm die hierdurch ohne sein Verschulden entstandenen Mehraufwendungen auf Antrag vom Bund erstattet (§ 1 Abs. 5 ArbPlSchG).

jj) Wehrübungen

252 – **aufgrund freiwilliger Verpflichtung** (§ 4 Abs. 3 WPflG)

Für Wehrübungen iSd § 4 Abs. 3 WPflG, die im Kalenderjahr zusammen nicht länger als sechs Wochen dauern, gelten die unter Rz. 240–250 dargestellten Bestimmungen entsprechend.

253 – **von nicht länger als drei Tagen**

Wird ein AN zu einer Wehrübung von nicht länger als 3 Tagen einberufen, so ist er während des Wehrdienstes unter Weitergewährung des Arbeitsentgelts durch den ArbGeb von der Arbeitsleistung freizustellen. Das zu gewährende Arbeitsentgelt sowie die hierauf entfallenden ArbGeb-Anteile von Beiträgen zur Sozialversicherung und zur Bundesanstalt für Arbeit werden dem ArbGeb auf dessen Antrag vom Bund erstattet, sofern die ausfallende Arbeitszeit zwei Stunden am Tag überschreitet. Ist im arbeitsgerichtlichen Verfahren über einen Anspruch des AN auf Weitergewährung von Arbeitsentgelt rechtskräftig entschieden, so ist diese Entscheidung für die Erstattung bindend (§ 11 Abs. 1, 2 ArbPlSchG).

hh) Kündigungsschutz

254 Siehe hierzu Rz. 369 ff.

b) Wehrdienst auf Grund freiwilliger Verpflichtung

256 Wird ein AN auf Grund freiwilliger Verpflichtung zu einer Eignungsübung zur Auswahl von freiwilligen Soldaten einberufen, ruht das Arbeitsverhältnis während der Eignungsübung bis zur Dauer von vier Monaten (§ 1 Abs. 1 Eignungsübungsgesetz). Während, vor und nach der Eignungsübung besteht ein ähnlich ausgestalteter Kündigungsschutz wie nach dem ArbPlSchG (§ 2 Eignungsübungsgesetz). Bleibt der AN im Anschluß an die Eignungsübung als freiwilliger Soldat in den Streitkräften, endet das Arbeitsverhältnis mit Ablauf der Eignungsübung (§ 3 Eignungsübungsgesetz).

c) Zivildienst

257 Für anerkannte Kriegsdienstverweigerer gilt das ArbPlSchG entsprechend (§ 78 ZDG); auf die Ausführungen zum Wehrdienst auf Grund allgemeiner Wehrpflicht (Rz. 240–254) kann daher verwiesen werden.

9. Betriebsnachfolge

a) Gesamtrechtsnachfolge

259 Von einer Gesamtrechtsnachfolge spricht man, wenn der Rechtsnachfolger unmittelber in die gesamte Rechtsposition des Rechtsvorgängers einrückt, ohne daß es hierfür einzelner Übertragungsakte bedarf (z. B. Erbfall nach § 1922 BGB, Fusion/ Umwandlung von Kapitalgesellschaften nach dem UmwG etc.). Die Fälle der Gesamtrechtsnachfolge sind im Gesetz enumerativ geregelt.

b) Einzelrechtsnachfolge

260 Eine Einzelrechtsnachfolge liegt hingegen vor, wenn ein Betrieb oder Betriebsteil durch Rechtsgeschäft auf einen neuen Inhaber übertragen wird und die zum Betriebsvermögen gehörenden materiellen oder immateriellen Rechte nicht kraft Gesetzes, sondern durch gesonderte Übertragungsakte übergehen. Hierbei ist für eine Betriebsnachfolge weiterhin Voraussetzung, daß die betriebliche Organisation auf den neuen Rechtsträger übergeht, die arbeitsrechtlichen Zwecke im allgemeinen beibehalten werden und die Betriebsgemeinschaft nicht verändert wird.

aa) Übertragung durch Rechtsgeschäft

262 – **Voraussetzungen, Rechtsfolgen**
Geht ein Betrieb oder Betriebsteil durch Rechtsgeschäft auf einen anderen Inhaber über, tritt dieser in die Rechte und Pflichten aus den im Zeitpunkt des Übergangs bestehenden Arbeitsverhältnissen ein (§ 613a Abs. 1 Satz 1 BGB).

263 Von § 613a BGB abweichende rechtsgeschäftliche Konstruktionen eines Betriebsinhaberwechsels sind grundsätzlich zulässig; es wird jedoch hierbei zu beachten sein, daß von dem mit § 613a BGB bezweckten **Sozialschutz** zum Nachteil der Arbeitnehmer nicht abgewichen werden darf. § 613a BGB verfolgt drei Ziele:
(1) den AN sollen die Arbeitsplätze erhalten und dem Betriebsnachfolger die eingearbeiteten Arbeitskräfte bewahrt werden;
(2) die Kontinuität der Arbeit des Betriebsrats soll aufrechterhalten werden;
(3) eine Regelung des Haftungssystems zwischen altem und neuem Arbeitgeber soll gefunden werden.

264 Nach § 613a Abs. 1 BGB gehen lediglich **Arbeitsverhältnisse** auf den Betriebsnachfolger über. Unerheblich ist, ob es sich um Arbeitsverhältnisse von Arbeitern, Angestellten oder leitenden Angestellten handelt; auch ist es unbeachtlich, ob diese Arbeitsverhältnisse gekündigt sind oder nicht. Demgegenüber gehen idR die Rechtsverhältnisse von arbeitnehmerähnlichen Personen (Heimarbeiter, Dienstnehmer) nicht über. Ebenfalls von der Regelung des § 613a Abs. 1 BGB nicht betroffen sind Ruhestandsverhältnisse und unverfallbare Versorgungsanwartschaften bereits ausgeschiedener AN.

265 **Betrieb** in diesem Sinne ist die organisatorische Einheit, innerhalb derer ein ArbGeb einzeln oder in Gemeinschaft mit seinen Mitarbeitern mit Hilfe von sächlichen und immateriellen Mitteln bestimmte arbeitstechnische Zwecke fortgesetzt verfolgt.

266 Der **Übergang eines Betriebsteils** liegt dann vor, wenn der Erwerber hiermit den arbeitstechnischen Zweck weiterverfolgen kann.

267 Dem **Betriebsübergang** nach § 613a BGB **muß ein Rechtsgeschäft zugrunde liegen.** Das Rechtsgeschäft muß nicht notwendigerweise zwischen dem letzten Betriebsinhaber und dem neuen Betriebsinhaber stattgefunden haben, wenngleich dies den Regelfall darstellen mag. Für die Anwendung des § 613a BGB kommen ferner in Betracht die Betriebsveräußerung, -verpachtung oder die Bestellung eines Nießbrauchs am Betrieb.

Hollerbaum

268 Der **Betriebsübergang** ist **vollzogen,** wenn der Erwerber in der Lage ist, den arbeitstechnischen (Teil-) Zweck weiterzuverfolgen. Hierbei tritt der Erwerber kraft Gesetzes in die Rechte und Pflichten aus dem Arbeitsverhältnis ein; umgekehrt erlischt mit dem Übergang das Arbeitsverhältnis zum bisherigen Betriebsinhaber.

269 **Will** der **AN** einem **Übergang des Arbeitsverhält**nisses nach § 613a BGB **vorbeugen, muß er** nach Ankündigung bis zum Betriebsübergang **widersprochen** haben. Der Übergang des Arbeitsverhältnisses kann wegen des sozialen Schutzzwecks (s. Rz. 263) nicht im voraus abbedungen werden. Ebensowenig ist eine Kündigung aus Anlaß des Betriebsübergangs zulässig. Demgegenüber ist eine Vereinbarung zwischen Erwerber und AN über die Auflösung des Arbeitsverhältnisses möglich. Auch können rückständige oder künftig fällig werdende Leistungen erlassen, herabgesetzt oder aufgehoben werden, sofern hierfür ein berechtigter Grund besteht.

– **Haftungsfragen**

271 Da der **Erwerber** nach § 613a BGB in die bestehenden Arbeitsverhältnisse eintritt, muß er diese in dem Zustand übernehmen, in dem sie sich bei dem früheren Betriebsinhaber befunden haben. Er erlangt mithin einerseits ausstehende Forderungen, andererseits wird er Schuldner der offenen Verpflichtungen des früheren Betriebsinhabers. Dies gilt insb. in bezug auf Versorgungsansprüche und Anwartschaften der im Arbeitsprozeß noch tätigen AN. Der Erwerber hat dieselbe Arbeitsvergütung einschließlich aller Nebenleistungen an die AN weiterzuzahlen; auch hat er den bisher vertraglich vereinbarten Urlaub zu gewähren. Zurückgelegte Dienstzeiten sind von ihm anzurechnen, insb. auch die Ansprüche auf betriebliche Altersversorgung. Erworbene gewerbliche Schutzrechte hat er anzuerkennen.

272 Der **bisherige Betriebsinhaber** haftet allein und zeitlich unbeschränkt für rückständige Forderungen aus den im Zeitpunkt des Übergangs bereits beendeten Arbeitsverhältnisses (z. B. Ruhegeld, Ruhegeldanwartschaften).

Er haftet neben dem neuen Inhaber zeitlich beschränkt als Gesamtschuldner für solche Ansprüche, die vor dem Betriebsübergang entstanden und vor Ablauf von einem Jahr nach diesem Zeitpunkt fällig geworden sind. Werden solche Verpflichtungen nach dem Zeitpunkt des Übergangs fällig, haftet der bisherige ArbGeb für diese jedoch nur in dem Umfange, der dem im Zeitpunkt des Übergangs abgelaufenen Teil ihres Bemessungszeitraums entspricht (§ 613a Abs. 2 BGB).

Der bisherige Betriebsinhaber haftet nicht mehr, wenn der Anspruch nach Betriebsübergang entstanden und fällig geworden ist, oder wenn die Ansprüche zwar vor Betriebsübergang entstanden, aber erst nach Ablauf eines Jahres nach Betriebsübergang fällig geworden sind.

– **Abweichende kollektiv-/individualrechtliche Vereinbarungen**

274 Eine **Vereinbarung** dahingehend, daß der Veräußerer eines Betriebes gegenüber der Belegschaft alleiniger Schuldner aller Versorgungsansprüche bleibt, ist wegen Verstoßes **gegen §§ 613a BGB, 4 Abs. 1 S. 2 BetrAVG** selbst bei Zustimmung des versorgungsberechtigten Arbeitnehmers **nichtig.**

275 Geht ein Betrieb oder ein Betriebsteil durch Rechtsgeschäfte auf einen Betriebsnachfolger über, d. h. tritt dieser in die Rechte und Pflichten aus den im Zeitpunkt des Übergangs bestehenden Arbeitsverhältnissen ein und sind diese Rechte und Pflichten durch Rechtsnormen eines **Tarifvertrages** oder durch eine **Betriebsvereinbarung** geregelt, werden sie Inhalt der Arbeitsverhältnisse zwischen dem neuen Inhaber und den Arbeitnehmern und dürfen nicht vor Ablauf eines Jahres nach dem Zeitpunkt des Übergangs zum Nachteil der Arbeitnehmer geändert werden (§ 613a Abs. 1 S. 2 BGB).

Dies gilt nicht, wenn die Rechte und Pflichten bei dem neuen Betriebsinhaber durch Rechtsnormen eines anderen Tarifvertrages oder durch eine andere Betriebsvereinbarung geregelt werden (§ 613a Abs. 1 S. 3 BGB).

Vor Ablauf der einjährigen Frist nach § 613a Abs. 1 S. 2 BGB können Rechte und Pflichten geändert werden, sofern der Tarifvertrag oder die Betriebsvereinbarung nicht mehr gelten oder bei fehlender beiderseitiger Tarifgebundenheit im Geltungsbereich eines anderen Tarifvertrages dessen Anwendung zwischen dem neuen Betriebsinhaber und den Arbeitnehmern vereinbart worden ist (§ 613a Abs. 1 S. 4 BGB).

bb) Konkurs und Betriebsnachfolge

276 Auch auf die Betriebsnachfolge im Rahmen eines Konkursverfahrens ist § 613a BGB idR entsprechend anzuwenden. Der Erwerber muß grundsätzlich in die bestehenden Arbeitsverhältnisse eintreten; im Interesse des Schutzes der haftungsrechtlichen Gleichbehandlung aller Gläubiger des Gemeinschuldners ist jedoch die Einschränkung vorzunehmen, daß für Ruhegelder und unverfallbare Versorgungsanwartschaften der Pensionssicherungsverein einzutreten hat. Auch wenn die Eröffnung des Konkursverfahrens mangels Masse abgelehnt wird, ändert sich hieran nichts; lediglich verfallbare Versorgungsanwartschaften werden im Konkursverfahren zu berücksichtigen sein oder durch einen Sozialplan abgefunden werden müssen.

cc) Vergleich und Betriebsnachfolge

277 Auch im Vergleichsverfahren erfährt § 613a BGB entsprechende Anwendung.

10. Haftungsfragen

a) Haftung des Arbeitnehmers

aa) Gegenüber ArbGeb für Personen- und Sachschäden

281 **– Bei gefahrgeneigter Arbeit**

Bei gefahrgeneigter Arbeit haftet der AN gegenüber dem ArbGeb für Personen- und Sachschäden des ArbGeb, sofern der AN diese grob fahrlässig oder vorsätzlich herbeigeführt hat; der AN haftet nicht, sofern er die vorgenannten Schäden leicht fahrlässig verursacht hat.

282 **Gefahrgeneigte Arbeit** ist anzunehmen, wenn sich der AN zur Zeit des Schadenereignisses in einer Situation befunden hat, in der erfahrungsgemäß auch einem sorgfältigen AN Fehler unterlaufen, die zwar vermeidbar waren, mit denen aber angesichts der menschlichen Unzulänglichkeit gerechnet werden mußte. Entscheidend ist damit die Gefahrträchtigkeit der konkreten Situation, in der der Schaden entstanden ist, nicht hingegen der generelle Charakter der Arbeit.

283 **– Bei nichtgefahrgeneigter Arbeit**

Bei nichtgefahrgeneigter Arbeit haftet der AN aus positiver Vertragsverletzung und aus Delikt einstweilen noch für jedes Verschulden.

bb) Gegenüber Betriebsangehörigen (für Personenschäden)

284 Gegenüber Angehörigen desselben Betriebes haftet der AN für Personenschäden aus Anlaß von Arbeitsunfällen; hierbei ist die Haftungsbeschränkung nach § 637 RVO zu beachten.

cc) Gegenüber Dritten und Betriebsangehörigen (für Sachschäden)

285 Der AN haftet gegenüber Dritten für alle Schäden, gegenüber AN desselben Betriebes für Sachschäden unbeschränkt nach den Bestimmungen über unerlaubte Handlungen (§§ 823 ff. BGB). Bei gefahrgeneigter Arbeit (hierzu s. Rz. 282) und leichter Fahrlässigkeit besteht für den AN ein Freistellungsanspruch gegenüber dem ArbGeb.

dd) Gegenüber Sozialversicherungsträgern

286 Gegenüber den Sozialversicherungsträgern haftet der AN gemäß § 640 RVO.

b) Haftung des Arbeitgebers

aa) Gegenüber AN für Personenschäden

288 Der ArbGeb haftet gegenüber seinen AN für Personenschäden aus Anlaß von Arbeitsunfällen beschränkt nach § 636 RVO.

bb) Gegenüber AN für Sachschäden

289 Gegenüber den AN haftet der ArbGeb für schuldhaft verursachte Sachschäden aus Vertrag und unerlaubter Handlung (§§ 823 ff. BGB). Eine Haftung des ArbGeb ohne Verschulden besteht für arbeitstypische, jedoch durch das Arbeitsentgelt nicht abgegoltene Schäden.

cc) Gegenüber Dritten

290 Die Haftung des ArbGeb gegenüber Dritten ergibt sich aus den allgemeinen Bestimmungen (§§ 823 ff. BGB), insb. aus § 831 Abs. 1 BGB):

„Wer einen anderen zu einer Verrichtung bestellt, ist zum Ersatz des Schadens verpflichtet, den der andere in Ausführung der Verrichtung einem Dritten widerrechtlich zufügt. Die Ersatzpflicht tritt nicht ein, wenn der Geschäftsherr bei der Auswahl der bestellten Person ... die im Verkehr erforderliche Sorgfalt beobachtet oder wenn der Schaden auch bei Anwendung dieser Sorgfalt entstanden sein würde."

dd) Gegenüber Sozialversicherungsträgern

291 Gegenüber den Sozialversicherungsträgern haftet der ArbGeb nach § 640 RVO.

11. Abmahnung

a) Gegenstand und Zweck

293 Die Abmahnung hat die Mißbilligung wegen Verletzung arbeitsvertraglicher Pflichten u. a. durch den AN unter Androhung von Rechtsfolgen zum Gegenstand. Die Abmahnung muß idR sowohl einer ordentlichen als auch einer außerordentlichen Kündigung (hierzu s. Rz. 329) des ArbGeb vorausgehen.

b) Abgrenzung zu Ermahnung/Beanstandung

294 Von der Abmahnung sind einerseits Ermahnung und Beanstandung zu unterscheiden. Hierdurch soll der AN lediglich angehalten werden, seine vertraglich zugesagten Pflichten einzuhalten; eine Androhung von Rechtsfolgen für die Zukunft (insb. Androhung einer Kündigung) erfolgt jedoch nicht.

c) Abgrenzung zu Betriebsbußen/-strafen

295 Andererseits sind von den Abmahnungen zu unterscheiden die Betriebsbußen bzw. Betriebsstrafen, die zur Ahndung von Dienstverfehlungen eingesetzt werden können und insofern reinen Sanktionscharakter haben. Betriebsstrafen oder Betriebsbuß- und -strafordnungen können vom ArbGeb nicht einseitig eingeführt werden. Die Schaffung von Betriebsbußen und -strafordnungen kann jedoch im Wege einer Betriebsvereinbarung erfolgen.

d) Mitbestimmungsrecht des Betriebsrats

aa) Nicht bei Abmahnung mit Warnfunktion

297 Die Abmahnung unterliegt grundsätzlich nicht der Mitbestimmung des Betriebsrats nach § 87 Abs. 1 Nr. 1 BetrVG, sofern sie rein warnenden Charakter hat. Hieran ändert sich nichts, wenn die Abmahnung gegenüber einem freigestellten Betriebsratsmitglied wegen Versäumung von Arbeitszeit erfolgt, die dieser zur Ausführung des Betriebsratsamts nicht für erforderlich halten kann.

Der Betriebsrat hat kein Recht, von jeder durch den ArbGeb ausgesprochenen Abmahnung eine Fotokopie zu verlangen.

bb) Abmahnung mit Sanktionscharakter

298 Die Abmahnung unterliegt jedoch dem Mitbestimmungsrecht des Betriebsrats nach § 87 Abs. 1 Nr. 1 BetrVG für den Fall, daß sie einen über die Warnfunktion hinausgehenden Sanktionscharakter hat. Diese wird in der Regel anzunehmen sein, wenn die vom ArbGeb ausgesprochenen Mißbilligungen formalisiert sind, insb. wenn sie in einer Stufenfolge wie Verwarnung, Verweis, Versetzung und Entlassung erscheinen. Um in diesem Punkte Mißdeutungen vorzubeugen, sollte der ArbGeb, der lediglich eine Abmahnung aussprechen will, seine Beanstandung auch als solche bezeichnen.

Gegen eine ungerechtfertigte Abmahnung kann sich der AN ebenso zur Wehr setzen wie gegen das Verbringen dieser Abmahnung zur Personalakte.

12. Kurzarbeit/Kurzarbeitergeld

a) Kurzarbeit

300 Bei Kurzarbeit handelt es sich um die vorübergehende Minderung der Arbeitszeit; veranlaßt wird sie in der Regel durch Auftragsmangel oder durch technisch bedingte Umstände (z. B. Umbauten), so daß der ArbGeb entweder Entlassungen aussprechen oder verkürzt arbeiten lassen muß. Kurzarbeit kann nur mit Zustimmung des Betriebsrats eingeführt werden (§ 87 Abs. 1 Nr. 3 BetrVG). Auch wenn kein Betriebsrat existiert, kann der ArbGeb Kurzarbeit nicht einseitig, sondern nur **aufgrund tarifvertraglicher oder arbeitsvertraglicher Ermächtigung** einführen; Das Direktionsrecht des ArbGeb allein ermächtigt nicht zu der mit Kurzarbeit verbundenen Lohnminderung.

301 Bei einer **drohenden Massenentlassung** kann während der gesetzlichen oder vom Landesarbeitsamt verfügten Sperrfrist (§ 18 Abs. 1, Abs. 2 KSchG) mit dessen Genehmigung Kurzarbeit eingeführt werden (§ 19 Abs. 1 KSchG). Zu einer Kürzung der Arbeitsvergütung ist der ArbGeb jedoch erst ab dem Zeitpunkt berechtigt, in dem das Arbeitsverhältnis nach den allgemeinen gesetzlichen oder vereinbarten Bestimmungen enden würde (§ 19 Abs. 2 KSchG).

Eine tarifvertragliche Vereinbarung des Inhalts, das Mitbestimmungsrecht des Betriebsrats aus § 87 Abs. 1 Nr. 3 BetrVG auszuschalten, ist nicht zulässig. Ebenso können weder der Betriebsrat noch einzelne AN auf die Einhaltung der Ankündigungsfrist wirksam verzichten. Wird bereits vor Ablauf der Frist verkürzt gearbeitet, hat der AN vollen Vergütungsanspruch.

b) Kurzarbeitergeld

aa) Anwendungsbereich

302 Der Vergütungsausfall der AN wird durch das von den Arbeitsämtern gezahlte Kurzarbeitergeld weitgehend ausgeglichen. Kurzarbeitergeld wird AN bei vorübergehendem Arbeitsausfall in Betrieben gewährt, in denen regelmäßig mindestens ein AN beschäftigt ist, sofern zu erwarten ist, daß durch die Gewährung von Kurzarbeitergeld den AN die Arbeitsplätze und dem Betrieb die AN erhalten werden (§ 63 Abs. 1 S. 1 AFG). Ausgenommen von dieser Regelung sind lediglich die Betriebe, die keine regelmäßige Arbeitszeit haben, sowie die Betriebe der Binnenfischerei, einschließlich Teichwirtschaft, der See- und Binnenschiffahrt, des Schaustellergewerbes und Theater-, Lichtspiel- und Konzertunternehmer (siehe auch Teil L Rz. 353 ff.).

bb) Höchstdauer

303 Das Kurzarbeitergeld kann bis zu einer **Höchstdauer** von einem halben Jahr gewährt werden, die Bezugsfrist kann indes durch Rechtsverordnung bis auf zwei Jahre verlängert werden (§ 67 Abs. 1 S. 2 AFG).

cc) Voraussetzungen, sachliche

304 Kurzarbeitergeld wird nur gewährt, wenn der Arbeitsausfall aufgrund wirtschaftlicher Ursachen einschließlich betrieblicher Strukturveränderungen oder eines unabwendbaren Ereignisses eintritt, der Arbeitsausfall unvermeidbar ist, dem Arbeitsamt angezeigt wurde und in einem zusammenhängenden Zeitraum von mindestens vier Wochen für mindestens ein Drittel der im betroffenen Betrieb tatsächlich beschäftigten Arbeitnehmer jeweils mehr als 10 v. H. der Arbeitszeit (§ 69 AFG) ausfällt (§ 64 Abs. 1 AFG). Ist der Arbeitsausfall hingegen branchenüblich, betriebsüblich oder saisonbedingt, oder beruht er ausschließlich auf betriebsorganisatorischen Gründen, wird kein Kurzarbeitergeld gewährt (§ 64 Abs. 3 AFG).

dd) Voraussetzungen, persönliche

305 Nach § 65 AFG sind grundsätzlich nur solche Arbeitnehmer anspruchsberechtigt, die zur Arbeitslosenversicherung beitragspflichtig sind und das Arbeitsverhältnis ungekündigt fortsetzen oder aus zwingenden Gründen aufnehmen und infolge des Arbeitsausfalles ein vermindertes oder kein Arbeitsentgelt erhalten. Arbeitnehmern,

deren Arbeitsverhältnis gekündigt ist, kann Kurzarbeitergeld gewährt werden, solange sie keine andere angemessene Arbeit aufnehmen können.

ee) Berechnung und Höhe

306 Die Höhe des Kurzarbeitergeldes bemißt sich nach dem Arbeitsentgelt, das der AN ohne den Arbeitsausfall in der Arbeitsstunde erzielt hätte, und nach der Zahl der Arbeitsstunden, die der AN am Ausfalltag innerhalb der Arbeitszeit (§ 68 AFG) geleistet hätte; Stunden, für die ein Anspruch auf Arbeitsentgelt besteht oder für die Arbeitsentgelt gezahlt wird, sind nicht zu berücksichtigen (§ 68 Abs. 1 Nr. 2 Satz 2 AFG).

Über die Höhe des Kurzarbeitergeldes gibt eine Tabelle Auskunft, die unter Berücksichtigung der Voraussetzungen des § 68 AFG erstellt wurde (VO v. 13. 1. 1984, BGBl. I, 49.)

Arbeitszeit iSd § 68 AFG ist die regelmäßige, betriebsübliche, wöchentliche Arbeitszeit, soweit sie die tarifliche wöchentliche Arbeitszeit oder, wenn eine solche nicht besteht, die tarifliche wöchentliche Arbeitszeit gleicher oder ähnlicher Betriebe nicht überschreitet (§ 69 AFG).

III. Beendigung des Arbeitsverhältnisses

1. Kündigung

a) Form- und Wirksamkeitsvoraussetzungen, allgemeine

309 Die Kündigung ist eine einseitige, empfangsbedürftige Willenserklärung des einen Vertragsteils gegenüber dem anderen mit dem Ziel der Beendigung des Arbeitsverhältnisses.

310 Sie bedarf grundsätzlich keiner gesetzlichen **Form;** Formerfordernisse können aber tariflich oder einzelvertraglich bestimmt sein. Eine vertraglich vereinbarte Form ist einzuhalten, da andernfalls die Kündigung nach § 125 S. 2 BGB nichtig ist. Auch die Nichtbeachtung einer tarifvertraglich vorgeschriebenen Form begründet bei Tarifbindung der Parteien ebenfalls die Nichtigkeit der Kündigung (§ 125 S. 2 BGB). Haben die Arbeitsvertragsparteien eine Kündigung durch eingeschriebenen Brief vorgesehen, ist mangels weiterer Vereinbarung im Zweifel davon auszugehen, daß lediglich der Kündigungszugang sichergestellt werden soll, die Form des Einschreibens darüber hinaus jedoch keine konstitutive Wirkung hat.

Die Kündigung – gleich in welcher Form – muß den unbedingten Willen der Kündigenden daran erkennen lassen, das Arbeitsverhältnis zu beenden; hierbei ist der Gebrauch des Wortes ,,Kündigung" nicht erforderlich.

311 Die Kündigung wird erst rechtswirksam mit **Zugang** beim Kündigungsempfänger, d. h. der Kündigungsempfänger muß tatsächlich in der Lage gewesen sein, von der Kündigung Kenntnis zu nehmen.

312 Die **Angabe eines Kündigungsgrundes** ist grundsätzlich nicht Wirksamkeitsvoraussetzung der Kündigung. Bei außerordentlicher Kündigung (hierzu s. Rz. 329) und bei einer betriebsbedingten Kündigung (hierzu s. Rz. 322 ff.) hat der ArbGeb jedoch auf Verlangen des AN die Kündigungs- und Auswahlgründe mitzuteilen. Bei der Kündigung eines Berufsausbildungsverhältnisses ist hingegen die nach § 15 Abs. 3 BBiG gebotene Mitteilung der Gründe Wirksamkeitsvoraussetzung der Kündigung.

b) Ordentliche Kündigung

aa) Anwendungsbereich

315 Die ordentliche Kündigung ist ein Gestaltungsrecht zur Auflösung von Arbeitsverhältnissen, die auf unbestimmte Zeit eingegangen sind. In Arbeitsverhältnissen von bestimmter Dauer ist eine ordentliche Kündigung nicht möglich (§ 620 Abs. 2 BGB), sondern nur eine außerordentliche bei Vorliegen eines wichtigen Grundes (§ 626 BGB).

bb) Fristen

316 – **Angestellte**

Für Angestellte beträgt die Kündigungsfrist 6 Wochen zum Quartalsende (§ 622 Abs. 1 S. 1 BGB). Die Frist kann einzelvertraglich verkürzt werden, sie muß aber mindestens einen Monat betragen und darf nur zum Schluß eines Kalendermonats enden (§ 622 Abs. 1 S. 2 BGB).

Nach dem Gesetz über die Fristen für die Kündigung von Angestellten v. 9. 7. 1926 (RGBl. I, 399, 412; BGBl. III, 800) hat der ArbGeb bei der Kündigung von langjährigen Angestellten erheblich längere Fristen einzuhalten; diese sind nach der Länge der Betriebszugehörigkeit wie folgt gestaffelt:

    nach 5 Jahren   3 Monate
    nach 8 Jahren   4 Monate
    nach 10 Jahren   5 Monate
    nach 12 Jahren   6 Monate

jeweils zum Quartalsende.

Bei der Berechnung der Dauer der Betriebszugehörigkeit sind nur die Zeiten zu berücksichtigen, die der Angestellte nach Vollendung des 25. Lebensjahres bei demselben ArbGeb oder einem Vorgänger beschäftigt war.

317 – **Arbeiter**

Für Arbeiter beträgt die Kündigungsfrist 2 Wochen (§ 622 Abs. 2 Satz 1 BGB). Nach Vollendung des 35. Lebensjahres erhöht sich diese Frist gem. § 622 Abs. 2 Satz 2 BGB nach Betriebszugehörigkeit gestaffelt wie folgt:

    nach   5 Jahren auf 1 Monat zum Monatsende
    nach 10 Jahren auf 2 Monate zum Monatsende
    nach 20 Jahren auf 3 Monate zum Quartalsende

Die Verlängerung der Kündigungsfristen nach § 622 Abs. 2 S. 2 BGB gelten lediglich für die vom ArbGeb ausgesprochene Kündigung.

Die unterschiedliche Festsetzung des Bezugsjahres für die Berechnung der Betriebszugehörigkeit bei Angestellten das 25., bei Arbeitern das 35. Lebensjahr, ist vom Bundesverfassungsgericht wegen Verstoßes gegen Art. III Grundgesetz für nichtig erklärt worden. Der Gesetzgeber ist insoweit aufgerufen, eine neue Regelung zu treffen. Die unterschiedliche Länge der Kündigungsfristen für Arbeiter und Angestellte hat bisher eine verfassungsmäßigen Überprüfung noch nicht unterlegen; sie dürfte ebenfalls verfassungswidrig sein.

318 – **Verträge mit Laufzeiten von mehr als 5 Jahren**

Ist ein Arbeitsverhältnis auf eine längere Zeit als 5 Jahre oder auf Lebenszeit eingegangen, so kann dieses vom AN nach dem Ablauf von 5 Jahren unter Einhaltung einer Frist von 6 Monaten gekündigt werden (§ 624 BGB). Die ordentliche Kündigung eines solchen Arbeitsverhältnisses durch den ArbGeb ist nicht möglich; das Recht des ArbGeb zur außerordentlichen Kündigung bleibt davon unberührt.

cc) Abdingbarkeit der Kündigungsfristen

319 Die Kündigungsfristen des § 622 Abs. 1, Abs. 2 BGB sind in gewissem Umfange abdingbar.

320 – **Kürzere Fristen**

Kürzere Fristen sind nach § 622 Abs. 3 S. 1 BGB zwischen den Tarifvertragsparteien vereinbar. Im Geltungsbereich eines solchen Tarifvertrages gelten die abweichenden tarifvertraglichen Bestimmungen zwischen nichttarifgebundenen ArbGeb und AN, wenn diese die Anwendung der tariflichen Regelungen individuell vereinbaren (§ 622 Abs. 3 S. 2 BGB).

321 – **Längere Fristen**

Längere Fristen können hingegen sowohl tarifvertraglich als auch einzelvertraglich vereinbart werden. Für die Kündigung des Arbeitsverhältnisses durch den AN darf jedoch einzelvertraglich keine längere Frist vereinbart werden als für die Kündigung durch den ArbGeb (§ 622 Abs. 5 BGB).

c) Betriebsbedingte Kündigung (§ 1 Abs. 2 S. 1, 3. Alt. KSchG)

322 Kündigt der ArbGeb einem AN, dessen Arbeitsverhältnis länger als 6 Monate besteht, aus dringenden betrieblichen Erfordernissen, sind für eine wirksame ordentliche Kündigung weiterhin folgende Voraussetzungen zu beachten:

aa) Dringendes, betriebliches Erfordernis

323 Es muß zunächst ein dringendes betriebliches Erfordernis nachweislich vorhanden sein, das die Kündigung zu rechtfertigen vermag. Dringende betriebliche Erfordernisse können unmittelbar durch äußere Einflüsse (Rohstoff- oder Energiemangel, Produktionsverbote) entstehen oder auf wirtschaftliche Unternehmensentscheidungen (Rationalisierung, Stillegung unrentabler Betriebe oder Betriebsabteilungen etc.) zurückzuführen sein.

bb) Sozialauswahl

324 Es hat die Sozialauswahl zu erfolgen, d. h. die Konkretisierung der Entscheidung gerade auf die Person des zu kündigenden AN. In diese soziale Auswahl sind sämtliche AN des Betriebes, die an vergleichbaren Arbeitsplätzen beschäftigt werden, einzubeziehen. Zu den wichtigsten sozialen Auswahlgesichtspunkten, die auf keinen Fall vernachlässigt werden dürfen, gehören das Lebensalter, die Dauer der Betriebszugehörigkeit und die Zahl der unterhaltsberechtigten Personen. Desweiteren sind insbesondere zu berücksichtigen der Familienstand, die Einkünfte anderer Familienangehöriger, Vermögen, Verschuldung, Gesundheitszustand sowie die Ursachen etwaiger Gesundheitsbeeinträchtigungen, Erkrankung und Pflegebedürftigkeit naher Familienangehöriger sowie schließlich arbeitsmarktpolitische Aspekte. Entscheidend bei der Sozialauswahl ist, daß stets eine Gesamtabwägung im Einzelfall stattzufinden hat. Eine schematisierte Vorgehensweise, etwa unter Zuhilfenahme von Punktetabellen etc., ist daher grundsätzlich nicht möglich.

Im Rahmen der Sozialauswahl dürfen kraft Gesetzes zum Nachteil des AN u. a. nicht berücksichtigt werden die Möglichkeit, vorzeitig Altersruhegeld in Anspruch zu nehmen (Art. VI § 5 RRG vom 16. 10. 1972), die Tatsache der Einberufung eines AN zum Wehrdienst (§ 2 Abs. 2 ArbPlSchG), der Umstand der Teilnahme an Eignungsübungen (§ 2 Abs. 2 Eignungsübungsgesetz), die freiwillige Teilnahme an Wehrübungen (§ 10 ArbPlSchG) sowie die Teilnahme an Einsätzen und Ausbildungsveranstaltungen des Zivilschutzes (§§ 9 Abs. 2, 13 Abs. 2 ZivilSchG).

Auf Verlangen des AN hat der ArbGeb dem AN die Gründe anzugeben, die zu der betroffenen Sozialauswahl geführt haben.

Die Gesichtspunkte der Sozialauswahl treten nur dann zurück, wenn der nach sozialen Gesichtspunkten ggf. auszuscheidende AN aus überwiegenden, betrieblichen Gründen im Betrieb weiterbeschäftigt werden muß (z. B.: hervorragender Spezialist).

cc) Sonstige Voraussetzungen

325 – Die Kündigung darf ferner nicht gegen eine Auswahlrichtlinie (§ 95 BetrVG) verstoßen,
– der AN darf nicht an einem anderen Arbeitsplatz desselben Betriebs oder Unternehmens weiterbeschäftigt werden können,
– die Anhörung des Betriebsrats hat zu erfolgen.

dd) Darlegungs- und Beweislast

326 Der ArbGeb hat die die Kündigung rechtfertigenden Gründe im Prozeß darzulegen und zu beweisen.

Der AN hat die Tatsachen darzulegen und zu beweisen, die die Kündigung als sozial ungerechtfertigt erscheinen lassen.

d) Verhaltensbedingte Kündigung (§ 1 Abs. 2 S. 1, 2. Alt. KSchG)

327 Für eine ordentliche, verhaltensbedingte Kündigung müssen Kündigungsgründe gegeben sein, die die Kündigung durch Gründe im Verhalten des AN „bedingen",

d. h. das berechtigte Bedürfnis des ArbGeb an Auflösung des Arbeitsverhältnisses begründen.

Zu den verhaltensbedingten Gründen gehören alle Umstände, die einen ruhig und verständig urteilenden ArbGeb auch unter Berücksichtigung der Interessen des AN am Bestande seines Arbeitsverhältnisses zur Kündigung veranlassen würde.
Bei verhaltensbedingten Kündigungen ist wegen des sog. ultima-ratio-Prinzips idR eine vorherige Abmahnung (hierzu Rz. 293 ff.) des AN durch den ArbGeb erforderlich. Auch müssen sämtliche Versetzungsmöglichkeiten ausgeschöpft sein.
In bezug auf die weiteren Voraussetzungen wird auf Rz. 325, 326 verwiesen.

e) Personenbedingte Kündigung
(§ 1 Abs. 2 S. 1, 1. Alt. KSchG)

328 Im Rahmen einer ordentlichen, personenbedingten Kündigung müssen Kündigungsgründe vorhanden sein, die die Kündigung durch Gründe in der Person des AN ,,bedingen" und damit das berechtigte Interesse des ArbGeb an der Auflösung des Arbeitsverhältnisses begründen.

Zu den ,,Gründen in der Person" des AN zählen beispielsweise: mangelnde körperliche oder geistige Eignung; Ungeschicklichkeit; mangelnde Ausbildung; mangelnde Fähigkeit, die erforderlichen Kenntnisse zu erwerben; in Ausnahmefällen: Krankheit.

In bezug auf die weiteren Kündigungsvoraussetzungen wird auf Rz. 325, 326 verwiesen.

f) Außerordentliche (fristlose) Kündigung

329 Mit der außerordentlichen Kündigung ist es jedem Vertragsteil möglich, sich von einem Arbeitsverhältnis – auch von einem befristeten – zu lösen, dessen Fortsetzung ihm unzumutbar ist. Die außerordentliche Kündigung ist heute geregelt in § 626 Abs. 1 BGB:

,,Das Dienstverhältnis kann von jedem Vertragsteil aus wichtigem Grund ohne Einhaltung einer Kündigungsfrist gekündigt werden, wenn Tatsachen vorliegen, aufgrund derer dem Kündigenden unter Berücksichtigung aller Umstände des Einzelfalles und unter Abwägung der Interessen beider Vertragsteile die Fortsetzung des Dienstverhältnisses bis zum Ablauf der Kündigungsfrist oder bis zu der vereinbarten Beendigung des Dienstverhältnisses nicht zugemutet werden kann."

Will der ArbGeb die außerordentliche Kündigung wegen eines Fehlverhaltens des AN aussprechen, hat er, jedenfalls in leichteren Fällen, das zu beanstandende Fehlverhalten vorher abzumahnen (zur Abmahnung s. Rz. 293 ff.).
Für die Ausübung des Rechts zur außerordentlichen Kündigung bestimmt § 626 Abs. 2 BGB:

,,Die Kündigung kann nur innerhalb von **2 Wochen** erfolgen. Die **Frist** beginnt mit dem Zeitpunkt, in dem der Kündigungsberechtigte von den für die Kündigung maßgebenden Tatsachen Kenntnis erlangt. Der Kündigende muß dem anderen Teil auf Verlangen den Kündigungsgrund unverzüglich schriftlich mitteilen."

Weder durch kollektivrechtliche Regelungen noch durch einzelvertragliche Absprachen kann das Recht zur außerordentlichen Kündigung beschränkt oder gar beseitigt werden; eine Ausdehnung des Rechts zur außerordentlichen Kündigung ist ebenfalls nicht zulässig.

g) Änderungskündigung

330 Hierunter versteht man zum Beispiel die Kündigung des ArbGeb unter der Bedingung, daß sich der AN nicht mit neuen (möglicherweise schlechteren) Arbeitsbedingungen einverstanden erklärt. Eine Änderungskündigung kann umgekehrt auch vom AN ausgesprochen werden.

h) Teilkündigung

331 Da durch eine Kündigung das gesamte Arbeitsverhältnis erfaßt wird, ist eine Kündigung, die unter Aufrechterhaltung des Arbeitsverhältnisses nur einzelne Abreden (etwa die Vergütungsabsprache) beseitigen soll (sog. Teilkündigung), nicht möglich.

2. Kündigungsschutz

a) Nach dem Kündigungsschutzgesetz

aa) Geltungsbereich

334 Die Vorschriften des 1. Abschnitt des KSchG, die den individualrechtlichen Kündigungsschutz beinhalten, gelten nicht für Betriebe, in denen idR 5 oder weniger AN ausschließlich der Lehrlinge beschäftigt werden (§ 23 Abs. 1 S. 2 KSchG). Vom KSchG, das ansonsten grundsätzlich alle AN erfaßt, sind ausgeklammert:
- Arbeitnehmer, deren Arbeitsverhältnis in demselben Betrieb oder Unternehmen noch nicht länger als 6 Monate ununterbrochen besteht (§ 1 Abs. 1 KSchG);
- Angestellte in leitender Stellung im Sinne des § 14 Abs. 1 KSchG (z. B. Vorstandsmitglieder einer Aktiengesellschaft).

bb) Soziale Rechtfertigung der Kündigung

335 Die Kündigung des Arbeitsverhältnisses gegenüber einem AN, der dem KSchG unterliegt, ist nach § 1 Abs. 1 KSchG rechtsunwirksam, wenn sie sozial ungerechtfertigt ist (§ 1 Abs. 1 KSchG).

Sozial ungerechtfertigt ist eine Kündigung nach § 1 Abs. 2 S. 1 KSchG, wenn sie nicht
- durch Gründe, die in der Person des AN (s. Rz. 328),
- in dem Verhalten des AN (s. Rz. 327) liegen oder
- durch dringende betriebliche Erfordernisse, die einer Weiterbeschäftigung in diesem Betrieb entgegenstehen (s. Rz. 322ff.),

bedingt ist.

Eine Kündigung aus dringendem betrieblichen Erfordernis ist gemäß § 1 Abs. 3 KSchG auch dann sozial ungerechtfertigt, wenn der ArbGeb bei der Auswahl des AN soziale Gesichtspunkte wie z. B. Lebensalter, Familienstand, Kinderzahl etc. bei der sog. Sozialauswahl (hierzu s. Rz. 324) nicht oder nicht ausreichend berücksichtigt hat. Die Pflicht des ArbGeb zur Vornahme der Sozialauswahl entfällt jedoch, wenn betriebstechnische, wirtschaftliche oder sonstige berechtigte betriebliche Bedürfnisse die Weiterbeschäftigung eines oder mehrerer bestimmter Arbeitnehmer bedingen und damit der Auswahl nach sozialen Gesichtspunkten entgegenstehen (§ 1 Abs. 3 S. 3 KSchG).

Der AN hat die Tatsachen zu beweisen, die die Kündigung als sozial ungerechtfertigt i. S. des § 1 Abs. 3 S. 1 KSchG erscheinen lassen (§ 1 Abs. 3 S. 4 KSchG).

Sozial ungerechtfertigt ist eine Kündigung auch dann, wenn die Kündigung gegen eine Richtlinie nach § 95 BetrVG verstößt, oder der AN an einem anderen Arbeitsplatz in demselben Betrieb oder in einem anderen Betrieb des Unternehmens weiterbeschäftigt werden kann und der Betriebsrat oder eine andere nach dem BetrVG insoweit zuständige Vertretung der AN aus einem dieser Gründe der Kündigung innerhalb der Frist des § 102 Abs. 2 S. 1 BetrVG (spätestens innerhalb einer Woche) schriftlich widersprochen hat (§ 1 Abs. 2 S. 2 Nr. 1 KSchG).

cc) Änderungskündigung

336 Kündigt der ArbGeb das Arbeitsverhältnis, und bietet er dem AN im Zusammenhang mit der Kündigung die Fortsetzung des Arbeitsverhältnisses zu geänderten Arbeitsbedingungen an, kann der AN dieses Angebot unter dem Vorbehalt annehmen, daß die Änderung der Arbeitsbedingungen nicht sozial gerechtfertigt ist. Diesen Vorbehalt muß der AN dem ArbGeb innerhalb der Kündigungsfrist, spätestens jedoch innerhalb von 3 Wochen nach Zugang der Kündigung erklären (§ 2 KSchG).

dd) Kündigungsschutzklage

337 Will ein von der ordentlichen Kündigung betroffener AN geltend machen, die Kündigung sei sozial ungerechtfertigt, muß er innerhalb von 3 Wochen nach Zugang der Kündigung Klage beim Arbeitsgericht auf Feststellung erheben, daß das Arbeitsverhältnis durch die Kündigung nicht aufgelöst ist (§ 4 S. 1 KSchG); liegt eine Änderungskündigung nach § 2 KSchG vor, hat der AN Klage auf Feststellung zu erheben,

daß die Änderung der Arbeitsbedingungen sozial ungerechtfertigt ist (§ 4 S. 2 KSchG).
Wird die Frist zur Erhebung der Kündigungsschutzklage durch den AN ohne sein Verschulden versäumt, ist die verspätet erhobene Klage auf seinen Antrag nachträglich zuzulassen (§ 5 KSchG).

ee) Beschäftigungsanspruch

338 Der Beschäftigungsanspruch des AN besteht grundsätzlich auch nach Ausspruch einer Kündigung während der Kündigungsfrist. Die Suspendierung des AN gegen seinen Willen ist nur zulässig, sofern überwiegende und schutzwürdige Interessen des ArbGeb dies rechtfertigen.
Hat die Anhörung des Betriebsrats dieser einer ordentlichen Kündigung aus dem in § 102 BetrVG (hierzu s. Rz. 383) aufgezählten Gründen form- und fristgerecht widersprochen, kann der AN vom ArbGeb die Beschäftigung über den Ablauf der Kündigungsfrist bis zur Rechtskraft des Kündigungsschutzprozesses verlangen.
Umstritten war bisher, ob unabhängig von § 102 Abs. 5 BetrVO ein allgemeiner Beschäftigungsanspruch während des Kündigungsschutzprozesses besteht. Der große Senat des BAG hat dies in seinem Beschluß vom 27. 2. 1985 (DB 1985, 2197) grundsätzlich bejaht.
Bei Bestehen eines Beschäftigungsanspruches hat der Arbeitgeber dem Arbeitnehmer die vertraglich vereinbarte Tätigkeit zuzuweisen. Die Zuteilung anderer Tätigkeit stellt eine unzulässige Versetzung (hierzu s. Rz. 102) dar.

ff) Auflösung des Arbeitsverhältnisses durch Urteil; Abfindung des Arbeitnehmers

339 Stellt das Gericht fest, daß das Arbeitsverhältnis durch die Kündigung nicht aufgelöst wurde, ist jedoch dem AN die Fortsetzung des Arbeitsverhältnisses nicht zuzumuten, hat das Gericht auf Antrag des AN das Arbeitsverhältnis aufzulösen und den ArbGeb zur Zahlung einer angemessenen Abfindung zu verurteilen. Die gleiche Entscheidung hat das Gericht auf Antrag des ArbGeb zu treffen, wenn Gründe vorliegen, die eine den Betriebszwecken dienliche weitere Zusammenarbeit zwischen ArbGeb und AN nicht erwarten lassen (§ 9 Abs. 1 S. 1, 2 KSchG).

340 Die angemessene Abfindung beträgt idR einen (Brutto-) Monatsverdienst je zweijähriger ununterbrochener Betriebszugehörigkeit. Als Monatsverdienst hierbei gilt, was dem AN bei der für ihr maßgebenden regelmäßigen Arbeitszeit in dem Monat, in dem das Arbeitsverhältnis endet, an Geld- und Sachbezügen zusteht (§ 10 Abs. 3 KSchG).
Als Abfindung ist höchstens jedoch ein Betrag von bis zu 12 Monatsverdiensten festzusetzen (§ 10 Abs. 1 KSchG). Arbeitnehmern, die ein bestimmtes Lebensalter erreicht haben und lange Jahre im Betrieb tätig waren, kann nach Maßgabe des § 10 Abs. 2 KSchG eine Abfindung bis zu 15 bzw. 18 Monatsverdiensten zugesprochen werden.

gg) Anzeigepflichtige Entlassungen

– Massenentlassungen

342 ArbGeb, die beabsichtigen, eine – im Verhältnis zur Gesamtzahl der im Betrieb Beschäftigten – relativ große Zahl von AN entlassen zu wollen (sog. Massenentlassungen), haben dies dem Arbeitsamt vorher mitzuteilen. Diese Anzeigepflicht trifft ArbGeb, die

(1) in Betrieben mit idR mehr als 20 und weniger als 60 AN
 mehr als 5 AN
(2) in Betrieben mit idR mindestens 60 und weniger als 500 AN
 10 v. H. der im Betrieb regelmäßig beschäftigten AN oder aber
 mehr als 25 AN,
(3) in Betrieben mit idR mindestens 500 AN mindestens 30 AN

innerhalb von 30 Kalendertagen entlassen wollen (§ 17 Abs. 1 KSchG).

343 **– Unterrichtung des Betriebsrats**

Der ArbGeb hat von diesem anzeigepflichtigen Entlassungen den **Betriebsrat** rechtzeitig schriftlich zu **unterrichten**, wobei er auch die Gründe für die Entlassung, die Zahl der zu entlassenden AN, die Zahl der idR beschäftigten AN und den Zeitraum, in dem die Entlassungen vorgenommen werden sollen, mitzuteilen hat (§ 17 Abs. 2 S. 1 KSchG). Eine Abschrift dieser Mitteilung an den Betriebsrat hat der ArbGeb gleichzeitig dem Arbeitsamt zuzuleiten (§ 17 Abs. 3 S. 1 KSchG).

344 – **Anzeige an das Arbeitsamt**

Die **Mitteilung** der anzeigepflichtigen Entlassungen **an das Arbeitsamt** durch den ArbGeb hat schriftlich unter Beifügung der Stellungnahme des Betriebsrates zu den Entlassungen zu geschehen. Liegt eine solche Stellungnahme des Betriebsrates nicht vor, ist die Anzeige auch wirksam, wenn der ArbGeb glaubhaft macht, daß er den Betriebsrat mindestens 2 Wochen vor Erstattung der Anzeige an das Arbeitsamt unterrichtet hat und er den Stand der Beratungen mit dem Betriebsrat darlegt (§ 17 Abs. 3 S. 3 KSchG).

345 – **Inhalt der Anzeige**

Die Anzeige an das Arbeitsamt hat Angaben über den Namen des ArbGeb, den Sitz und die Art des Betriebes, die Zahl der in dem Betrieb regelmäßig beschäftigten AN, die Zahl der zu entlassenden AN, die Gründe für die Entlassungen und den Zeitraum, in dem die Entlassungen vorgenommen werden sollen, zu enthalten. In der Anzeige sollen ferner im Einvernehmen mit dem Betriebsrat für die Arbeitsvermittlung Angaben über Geschlecht, Alter, Beruf und Staatsangehörigkeit der zu entlassenden AN gemacht werden (§ 17 Abs. 3 S. 4, 5 KSchG).

346 – **Informationspflicht ArbGeb / Betriebsrat**

Von der Anzeige an das Arbeitsamt hat der ArbGeb dem Betriebsrat eine Abschrift zuzuleiten (§ 17 Abs. 3 S. 6 KSchG).

Gibt der Betriebsrat gegenüber dem Arbeitsamt weitere Stellungnahmen ab, hat dieser hiervon wiederum Abschriften an den ArbGeb zu übermitteln (§ 17 Abs. 3 S. 7, 8 KSchG).

347 – **Sperrfrist**

Nach erfolgter Anzeige an das Arbeitsamt läuft eine Sperrfrist, während der die Entlassungen nur mit Zustimmung des Landesarbeitsamts durchgeführt werden dürfen (§ 18 KSchG). Ist der ArbGeb während dieser Sperrfrist zur vollen Beschäftigung der AN nicht in der Lage, kann das Landesarbeitsamt den ArbGeb zur Einführung von Kurzarbeit (§ 19 KSchG; im einzelnen hierzu s. Rz. 300 ff.) ermächtigen.

348 – **Ausschluß von Kurzarbeit durch Tarifvertrag**

Ist die Einführung von Kurzarbeit tarifvertraglich ausgeschlossen, ist die Zulassung durch das Arbeitsamt nicht möglich.

hh) Kündigungsschutz von Mitgliedern oder Wahlbewerbern der Betriebsverfassungsorgane

351 – **Während der Amtszeit**

Grundsätzlich ist die ordentliche Kündigung während der Amtszeit von Mitgliedern oder Wahlbewerbern der Betriebsverfassungsorgane ausgeschlossen (§ 15 Abs. 1 KSchG).

Außerordentliche Kündigungen während der Amtszeit aus wichtigem Grund ist dann möglich, wenn die nach § 103 BetrVG erforderliche Zustimmung des Betriebsrates vorliegt oder durch gerichtliche Entscheidung ersetzt worden ist (§ 15 Abs. 1 S. 2 Abs. 2 S. 2, Abs. 3 S. 2 KSchG).

352 – **Nach Beendigung der Amtszeit**

Kündigungsschutz nach Beendigung der Amtszeit besteht für Personengruppen mit bestimmter Amtszeit wie folgt:

(1) Für Mitglieder eines Betriebsrates, einer Jugendvertretung, eines Seebetriebsrats, für den Vertrauensmann der Schwerbehinderten und für die in Heimarbeit beschäftigten Mitglieder des Betriebsrats:
1 Jahr nach Beendigung der Amtszeit (§ 15 Abs. 1 KSchG, § 23 Abs. 3 SchwbG, § 29a Abs. 1 HAG)

(2) Für Mitglieder einer Bordvertretung
6 Monate nach Beendigung der Amtszeit (§ 15 Abs. 1 KSchG).

Für Personengruppen ohne bestimmte Amtszeit gilt:

(1) Für Ersatzmitglieder des Betriebsrats:
1 Jahr nach Beendigung der Mitgliedschaft im Betriebsrat.
(2) Für Mitglieder des Wahlvorstandes zur Betriebsratswahl, Wahlbewerber für Betriebsrat und Jugendvertretung:
6 Monate nach Bekanntgabe des Wahlergebnisses (§ 15 Abs. 3 KSchG).

b) Kündigungsschutz nach dem MuSchG
aa) Kündigungsverbot

355 – **Dauer**

Die Kündigung gegenüber einer Frau während der Schwangerschaft und bis zum Ablauf von 4 Monaten nach der Entbindung ist unzulässig, wenn dem ArbGeb zur Zeit der Kündigung die Schwangerschaft oder Entbindung bekannt war oder innerhalb zweier Wochen nach Zugang der Kündigung mitgeteilt wird (§ 9 Abs. 1 S. 1 MuSchG).

Nach der Entscheidung des Bundesverfassungsgerichts vom 13. 11. 1979 (BGBl. I 1980, 147) ist § 9 Abs. 1 S. 1 MuSchG insoweit mit Art. 6 Abs. 4 GG unvereinbar, als diese Norm den besonderen Kündigungsschutz Arbeitnehmerinnen entzieht, die im Zeitpunkt der Kündigung schwanger sind, ihren ArbGeb hierüber unverschuldet nicht innerhalb zweier Wochen nach Zugang der Kündigung unterrichten, dies aber unverzüglich nachholen. Eine schuldhafte Versäumung der 2-Wochen-Frist des § 9 Abs. 1 MuSchG liegt somit nur dann vor, wenn die Versäumung auf einen gröblichen Verstoß gegen das von einem verständigen Menschen in eigenem Interesse billigerweise zu erwartende Verhalten zurückzuführen ist.

356 – **Nachweis der Schwangerschaft**

Zu einem Nachweis der Schwangerschaft oder Entbindung ist die Arbeitnehmerin lediglich auf Verlangen des ArbGeb verpflichtet, ggf. durch ein ärztliches Zeugnis auf Kosten des ArbGeb. Das Zeugnis muß nicht unbedingt innerhalb der 2-Wochen-Frist des § 9 MuSchG oder innerhalb der Kündigungsfrist vorgelegt werden; es ist jedoch zu fordern, daß dies ohne schuldhaftes Zögern innerhalb angemessener Frist, d. h. idR innerhalb von 10 Tagen, erfolgt.

357 – **Gesetzliche Ausnahmen**

Das Kündigungsverbot des § 9 Abs. 1 S. 1 MuSchG gilt nicht für Frauen, die von demselben ArbGeb im Familienhaushalt mit hauswirtschaftlichen, erzieherischen oder pflegerischen Arbeiten in einer ihre Arbeitskraft voll in Anspruch nehmenden Weise beschäftigt werden, nach Ablauf des 5. Monats der Schwangerschaft (§ 9 Abs. 1 S. 2 MuSchG); diese Frauen erhalten von der Krankenkasse eine Sonderunterstützung, die sich nach § 12 MuSchG richtet.

358 – **Kündigungsverbot nicht abdingbar**

§ 9 MuSchG kodifiziert ein absolutes Kündigungsverbot, auf dessen Schutz die Arbeitnehmerin nicht im voraus – etwa bei Abschluß des Arbeitsvertrages – verzichten kann.

359 – **Umfang**

Untersagt ist nicht nur eine befristete ordentliche Kündigung, sondern auch eine fristlose Entlassung aus wichtigem Grund, ferner Änderungskündigungen jeder Art, selbst wenn sie die allgemeine Einführung von Kurzarbeit zum Ziele haben.

Dagegen kann während des Kündigungsschutzzeitraumes der Arbeitsvertrag im Wege eines Aufhebungsvertrages (hierzu s. Rz. 385) oder durch Kündigung der Schwangeren beendet werden. Irrt der Schwangere hierbei über die mutterschutzrechtlichen Folgen des Aufhebungsvertrages, berechtigt dies nicht zur Anfechtung.

360 – **Fortzahlung des Arbeitsentgeltes bei rechtswidriger Kündigung**

Wurde eine Arbeitnehmerin entgegen dem Verbot des § 9 Abs. 1 MuSchG gekündigt, hat der ArbGeb ihr das Arbeitsentgelt mit Ausnahme für die Zeit der Schutzfristen grundsätzlich auch dann weiterzuzahlen, wenn er die Arbeitnehmerin nicht beschäftigt.

361 – **Aufsichtsbehördliche Ausnahme**

Ausnahmen vom Kündigungsverbot kann lediglich die Aufsichtsbehörde in besonders begründeten Fällen zulassen (§ 9 Abs. 3 MuSchG).

Ein solcher Fall ist beispielsweise anzunehmen, wenn außergewöhnliche Umstände das Zurücktreten der vom Gesetz als vorrangig gewerteten Interessen der Schwangeren hinter die des ArbGeb rechtfertigen. Dies ist idR lediglich der Fall, wenn sich die Schwangere vorsätzlich grobe Pflichtverletzungen zuschulden kommen läßt, die nicht im Zusammenhang mit der Schwangerschaft stehen, ferner wenn andernfalls die wirtschaftliche Existenz des ArbGeb gefährdet wäre.

Allein die Unmöglichkeit der Beschäftigung einer Schwangeren infolge eines Beschäftigungsverbotes (hierzu s. Rz. 219 ff.) stellt keinen Grund für die Zulassung einer Kündigung dar.

bb) Besonderes Kündigungsrecht der Schwangeren

362 Eine Frau kann während der Schwangerschaft und während der Schutzfrist nach der Entbindung das Arbeitsverhältnis ohne Einhaltung einer Frist zum Ende der Schutzfrist nach der Entbindung kündigen (§ 10 Abs. 1 S. 1 MuSchG). Nimmt die Arbeitnehmerin Mutterschaftsurlaub, kann sie das Arbeitsverhältnis unter Einhalten einer Kündigungsfrist von 1 Monat zum Ende ihres Mutterschaftsurlaubes kündigen, soweit für sie nicht eine kürzere gesetzliche oder vereinbarte Kündigungsfrist gilt (§ 10 Abs. 1 S. 2 MuSchG).

Hat die Arbeitnehmerin von ihrem Kündigungsrecht nach § 10 Abs. 1 S. 1 MuSchG Gebrauch gemacht, und wird sie innerhalb eines Jahres nach der Entbindung in den bisherigen Betrieb wieder eingestellt, gilt, soweit Rechte aus dem Arbeitsverhältnis von der Dauer der Betriebs- oder Berufszugehörigkeit oder von der Dauer der Beschäftigungs- oder Dienstzeit abhängen, das Arbeitsverhältnis als nicht unterbrochen; etwas anderes gilt nur dann, wenn die Frau in der Zeit von der Auflösung des Arbeitsverhältnisses bis zur Wiedereinstellung bei einem anderen ArbGeb beschäftigt war (§ 10 Abs. 2 MuSchG).

c) Kündigungsschutz nach dem SchwbG

aa) Zustimmung der Hauptfürsorgestelle

364 Die Kündigung dieses Personenkreises unterliegt grundsätzlich der vorherigen Zustimmung der zuständigen Hauptfürsorgestelle, § 1 SchwbG.

Diese prüft die im Antrag des ArbGeb darzustellenden Kündigungserfordernisse (allgemeinbetriebliche, arbeitsplatztechnische, in der Person des AN liegende –) unter Einholung einer Stellungnahme des Arbeitsamtes sowie der innerbetrieblich für den Schwerbehinderten zuständigen Stelle (Betriebsrat, Personalrat, Vertrauensmann der Schwerbehinderten), § 14 Abs. 1 SchwbG).

Daneben schaltet es zur Beurteilung möglicher gesundheitlicher Hemmnisse einer Weiterbeschäftigung des AN dessen behandelnden Arzt sowie – im Bedarfsfalle – einen dritten Vertrauensarzt ein.

Schließlich erhält auch der AN selbst Gelegenheit, gegenüber der Hauptfürsorgestelle zum Kündigungsbegehren des ArbGeb Stellung zu nehmen.

Die Entscheidung der Hauptfürsorgestelle gegenüber dem ArbGeb soll innerhalb eines Monats seit Antragstellung erfolgen, § 15 Abs. 1 SchwbG.

Nach Zustellung der Zustimmungs-Entscheidung hat der ArbGeb folgende Abschlußfristen zu beachten:
– Ordentliche Kündigung: vier Wochen (§§ 13, 12, 15 Abs. 3 SchwbG).
– Außerordentliche Kündigung: keine.

Gegenüber der ordentlichen Kündigung gilt jedoch die Besonderheit, daß der Antrag spätestens zwei Wochen nach Kenntniserlangung des Grundes gestellt sein muß. Die Kündigungserklärung gegenüber dem AN hat dann unverzüglich nach Eingang der Zustimmung beim ArbGeb zu erfolgen. Um den zeitlichen Erfordernissen einer außerordentlichen Kündigung Rechnung zu tragen, gilt die Zustimmung als erteilt, wenn die Entscheidung der Hauptfürsorgestelle nicht innerhalb von 10 Tagen seit Antragstellung vorliegt (Fiktion), § 18 Abs. 2, Abs. 3, Abs. 4 SchwbG.

bb) Ausnahmen vom Zustimmungserfordernis

365 Das Antrags- und Zustimmungserfordernis entfällt vollständig bei
– Probearbeitsverhältnissen,
– Aushilfsarbeitsverhältnissen,
– zu vorübergehendem Zweck eingegangenen Arbeitsverhältnissen, soweit diese nicht über sechs Monate hinaus bestehen. Die Kündigungsfrist von vier Wochen gilt auch in diesen Fällen.

cc) Kein Kündigungsschutz nach SchwbG

366 Keinen besonderen Kündigungsschutz trotz Vorliegen einer Schwerbehinderteneigenschaft im Sinne des § 1 SchwbG genießen die in § 6 Abs. 2 Nr. 2–5 beschriebenen Personen:

(Nr. 2) Personen, deren Beschäftigung nicht in erster Linie ihrem Erwerb dient, sondern vorwiegend durch Beweggründe karitativer oder religiöser Art bestimmt ist,
(Nr. 3) Personen, deren Beschäftigung nicht in erster Linie ihrem Erwerb dient und die vorwiegend zu ihrer Heilung, Wiedereingewöhnung oder Erziehung beschäftigt werden,
(Nr. 4) Teilnehmer an Maßnahmen zur Arbeitsbeschaffung nach den §§ 91–99 des Arbeitsförderungsgesetzes,
(Nr. 5) Personen, die nach ständiger Übung in ihre Stellen gewählt werden,

ferner Schwerbehinderte, die aus Witterungsgründen entlassen werden müssen, wenn eine Wiedereinstellung nach Fortfall dieser Voraussetzung gewährleistet ist.

d) Kündigungsschutz für Wehr- und Zivildienstleistende

aa) Wehrdienst

369 **– Dauer des Schutzes**
Von der Zustellung des Einberufungsbescheides bis zur Beendigung des Grundwehrdienstes sowie während einer Wehrübung darf der ArbGeb das Arbeitsverhältnis nicht kündigen (§ 2 Abs. 1 ArbPlSchG). Im übrigen darf der ArbGeb den Wehrdienst nicht zum Anlaß einer Kündigung nehmen.

370 **– Sozialauswahl**
Ist eine Kündigung aus dringend betrieblichen Gründen erforderlich (hierzu s. Rz. 322 ff.), darf bei der Sozialauswahl die Einberufung zum Wehrdienst nicht zum Nachteil des AN Berücksichtigung finden. Ist streitig, ob der ArbGeb aus Anlaß des Wehrdienstes gekündigt oder bei der Auswahl der zu Entlassenden den Wehrdienst zu Ungunsten des AN berücksichtigt hat, trifft die Beweislast den ArbGeb (§ 2 Abs. 2 ArbPlSchG).

371 **– Außerordentliche Kündigung**
Das Recht zur Kündigung aus wichtigem Grunde bleibt unberührt. Dabei stellt die Tatsache der Einberufung des AN zum Wehrdienst keinen wichtigen Grund dar. Dies gilt jedoch im Falle des Grundwehrdienstes von mehr als 6 Monaten nicht für unverheiratete AN in Betrieben mit in der Regel 5 oder weniger AN ausschließlich der Auszubildenden, wenn dem ArbGeb infolge Einstellung einer Ersatzkraft die Weiterbeschäftigung des AN nach dessen Entlassung aus dem Wehrdienst nicht zugemutet werden kann. Eine hiernach zulässige Kündigung darf jedoch nur unter Einhaltung einer Frist von 2 Monaten bis zum Zeitpunkt der Entlassung aus dem Wehrdienst ausgesprochen werden (§ 2 Abs. 3 ArbPlSchG).

372 **– Weiterbeschäftigung nach Berufsausbildung**
Der ArbGeb als Ausbildender darf für die Übernahme eines Auszubildenden ein Arbeitsverhältnis auf unbestimmte Zeit nach Beendigung des Berufsausbildungsverhältnisses nicht aus Anlaß des Wehrdienstes ablehnen; die Nachweispflicht hierfür obliegt dem ArbGeb (§ 2 Abs. 5 ArbPlSchG).

bb) Zivildienst

373 Die unter Rz. 369–372 dargestellten Regelungen für den Wehrdienst gelten entsprechend (§ 78 Abs. 1 Nr. 1 ZDG).

e) Kündigungsschutz für Auszubildende

aa) Während der Probezeit

375 Während der Probezeit kann das Berufsausbildungsverhältnis jederzeit ohne Einhaltung einer Kündigungsfrist gekündigt werden (§ 15 Abs. 1 BBiG).

bb) Nach der Probezeit

376 Nach Ablauf der Probezeit kann das Berufsausbildungsverhältnis nach § 15 Abs. 2 BBiG gekündigt werden
– aus wichtigem Grund (ohne Einhaltung einer Kündigungsfrist),
– vom Auszubildenden mit einer Kündigungsfrist von 4 Wochen, wenn er die Berufsausbildung aufgeben oder sich für eine andere Berufstätigkeit ausbilden lassen will.

cc) Form der Kündigung

377 Die Kündigung muß schriftlich und – bei Kündigung wegen Aufgabe bzw. Wechsel der Ausbildung – unter Angabe der Gründe (§ 15 Abs. 3 BBiG) erfolgen.

dd) Frist bei außerordentlicher Kündigung

378 Eine Kündigung aus wichtigem Grund ist unwirksam, wenn die ihr zugrundeliegenden Tatsachen dem zur Kündigung Berechtigten länger als 2 Wochen bekannt sind (§ 15 Abs. 4 S. 1 BBiG).

f) Kündigungsschutz für Heimarbeiter

aa) Kündigungsfristen

380 Das Beschäftigungsverhältnis eines in Heimarbeit Beschäftigten kann beiderseits an jedem Tag für den Ablauf des folgenden Tages gekündigt werden (§ 29 Abs. 1 HAG).

Wird ein Heimarbeiter von einem Auftraggeber länger als 4 Wochen beschäftigt, beträgt die beiderseitige Kündigungsfrist 2 Wochen (§ 29 Abs. 2 HAG).

Wird ein Heimarbeiter überwiegend von einem Auftraggeber beschäftigt, erhöht sich die Kündigungsfrist für eine vom Auftraggeber ausgesprochene Kündigung
– auf 1 Monat zum Monatsende,
  wenn das Beschäftigungsverhältnis 10 Jahre
und
– auf 3 Monate zum Ende eines Kalendervierteljahres,
  wenn das Beschäftigungsverhältnis 20 Jahre
bestanden hat. Bei der Berechnung der Beschäftigungsdauer werden vor Vollendung des 35. Lebensjahres liegende Beschäftigungszeiten nicht mit berücksichtigt. Kürzere als die vorgenannten Kündigungsfristen können durch Tarifvertrag vereinbart werden (§ 29 Abs. 3 HAG).

bb) Außerordentliche Kündigung

381 Auf eine Kündigung aus wichtigem Grund ist § 626 BGB entsprechend anzuwenden (§ 29 Abs. 4 HAG); hierzu s. Rz. 329.

cc) Sicherung des Arbeitsentgelts

382 Um eine Umgehung des Kündigungsschutzes durch Einschränkung der Aufträge zu verhindern, steht dem Heimarbeiter während der oben genannten Kündigungsfristen das Durchschnittsentgelt zu, das er in den vergangenen 24 Wochen verdient hat, auch wenn der Auftraggeber die Arbeitsmenge verringert (§ 29 Abs. 5 HAG).

3. Anhörungs- und Widerspruchsrecht des Betriebsrats gemäß § 102 BetrVG

383 Der Betriebsrat ist vor jeder – also auch vor der außerordentlichen – Kündigung zu hören. Hierbei hat ihm der ArbGeb die Gründe für die Kündigung mitzuteilen. Eine ohne **Anhörung des Betriebsrats** ausgesprochene **Kündigung** ist **unwirksam** (§ 102 Abs. 1 BetrVG).

Hat der Betriebsrat gegen eine ordentliche Kündigung Bedenken, hat er diese unter Angabe der Gründe dem ArbGeb spätestens innerhalb einer Woche schriftlich mitzuteilen. Äußert sich der Betriebsrat innerhalb dieser Frist nicht, gilt die Zustimmung zur Kündigung als erteilt (§ 102 Abs. 2 S. 1 BetrVG).

Hat der Betriebsrat gegen eine außerordentliche Kündigung Bedenken, sind diese dem ArbGeb unter Angabe der Gründe unverzüglich, spätestens jedoch innerhalb von 3 Tagen, schriftlich mitzuteilen (§ 102 Abs. 2 S. 2 BetrVG).

Der Betriebsrat kann innerhalb der einwöchigen Frist des § 102 Abs. 2 S. 1 BetrVG einer ordentlichen Kündigung des ArbGeb widersprechen, wenn (alternativ)
– der ArbGeb bei der Auswahl des zu kündigenden AN soziale Gesichtspunkte nicht oder nicht in ausreichendem Maße berücksichtigt hat,
– die Kündigung gegen eine Auswahlrichtlinie (§ 95 BetrVG) verstößt,
– der zu kündigende AN an einem anderen Arbeitsplatz im selben Betrieb oder in einem anderen Betrieb des Unternehmens weiterbeschäftigt werden kann,
– die Weiterbeschäftigung des AN nach zumutbaren Umschulungs- oder Fortbildungsmaßnahmen möglich ist oder
– eine Weiterbeschäftigung des AN unter geänderten Vertragsbedingungen möglich ist und der AN diesen zugestimmt hat (§ 102 Abs. 3 BetrVG).

Kündigt der ArbGeb, obwohl der Betriebsrat aufgrund der vorgenannten Gründe der Kündigung widersprochen hat, hat der ArbGeb dem AN mit der Kündigung eine Abschrift der Stellungahme des Betriebsrats zuzuleiten (§ 102 Abs. 4 BetrVG).

4. Zeitablauf befristeter Arbeitsverträge

384 Bei Befristung endet das Arbeitsverhältnis grundsätzlich ohne Kündigungsausspruch mit Ablauf der Zeit, für die es eingegangen ist. Wird es jedoch vom AN mit Wissen des ArbGeb fortgesetzt, gilt es auf unbestimmte Zeit verlängert, sofern nicht der ArbGeb unverzüglich widerspricht (§ 625 BGB).

Wird der grundsätzlich allen Arbeitnehmern nach § 1 KSchG zustehende Kündigungsschutz durch die Vereinbarung eines befristeten Arbeitsverhältnisses objektiv vereitelt, und liegt ein sachlicher Grund für die Befristung nicht vor, gilt das Arbeitsverhältnis als auf unbestimmte Zeit geschlossen. Ein sachlicher Grund zu einer Befristung ist z. B. gegeben bei Probearbeitsverhältnissen (hierzu s. Rz. 115ff.) oder bei Arbeitsverhältnissen, die der wissenschaftlichen Weiterbildung dienen.

Seit 1. 5. 1985 ist eine Erweiterung der Zulassung befristeter Arbeitsverhältnisse unter den Voraussetzungen des § 1 BeschFördG 1985 gegeben; hierzu s. Rz. 136ff.

5. Aufhebungsvertrag

385 Neben Kündigung und Zeitablauf kann das Arbeitsverhältnis durch Aufhebungsvertrag zwischen den Arbeitsvertragsparteien beendet werden. Zum Aufhebungsvertrag gibt es keine besonderen Schutzvorschriften, da ein Abschluß gegen den Willen des AN nicht möglich ist. Auch das Kündigungsschutzgesetz steht grundsätzlich der einvernehmlichen Aufhebung des Arbeitsverhältnisses nicht entgegen. Unzulässig ist es jedoch, aufschiebend bedingte Aufhebungsverträge zu vereinbaren, da sie den Kündigungsschutz und damit die gesetzlich vorgeschriebenen Kündigungsfristen umgehen.

6. Abwicklung des Arbeitsverhältnisses

a) Ausgleichsquittung

387 Bei der Ausgleichsquittung handelt es sich um das schriftliche Bekenntnis einer Partei gegenüber der anderen, keine Ansprüche aus dem Arbeitsverhältnis mehr zu haben. Sie wird idR bei der Beendigung des Arbeitsverhältnisses durch den AN erteilt. Sie enthält häufig neben der Bestätigung des ausscheidenden AN, die Arbeitspapiere (Lohnsteuer- und Versicherungskarte) erhalten zu haben, die Erklärung, daß dem AN keine weiteren Ansprüche aus dem Arbeitsverhältnis und seiner Beendigung gegenüber dem ArbGeb zustehen. Von solchen Erklärungen unberührt bleiben allerdings gesetzlich zwingende und damit nicht der Disposition der Arbeitsvertragsparteien unterliegenden Vorschriften. Unwirksam ist daher z. B. der Verzicht auf tarifliche Regelungen (§ 4 Abs. 4 TVG), auf Resturlaub bzw. dessen Abgeltung, bezogen auf den gesetzlichen Mindesturlaub (§ 13 BUrlG), und auf Ansprüche nach dem Lohnfortzahlungsgesetz (§ 9 LFortzG).

Dagegen ist der Verzicht auf Erhebung der Kündigungsschutzklage nach § 4 KSchG (hierzu s. Rz. 337) möglich, setzt allerdings voraus, daß in der Ausgleichsquittung nicht lediglich global auf Ansprüche „aus dem Arbeitsverhältnis" verzichtet wird, sondern aus Gründen der Rechtsklarheit der Verzicht in bezug auf die Kündigungsschutzklage deutlich zum Ausdruck kommt. Daher dürfte auch die Wendung, die den Verzicht „aus Anlaß der Beendigung des Arbeitsverhältnisses" zum Gegenstand hat, nicht ausreichend sein.

Die Rechtsfolgen einer wirksamen Ausgleichsquittung können vom AN beseitigt werden, wenn dieser die Anfechtung erklärt (§ 143 BGB). Der AN kann die Ausgleichsquittung jedoch nicht schon deswegen wirksam anfechten, weil er sie ungelesen unterschrieben hat oder der ArbGeb nicht in ausreichendem Maße auf den Inhalt hingewiesen hat (streitig).

Sofern es sich um eine im Rahmen eines Vergleiches erteilte Ausgleichsquittung handelt, ist diese nach § 779 BGB unwirksam, wenn der nach dem Inhalt der Quittung als feststehend zugrundegelegte Sachverhalt der Wirklichkeit nicht entspricht und bei Kenntnis der Sachlage ein solcher Vergleich nicht abgeschlossen worden wäre.

Des weiteren hat der AN die Möglichkeit, die Ausgleichsquittung nach § 812 BGB zurückzufordern, sofern er den Nachweis führt, daß er sie lediglich in der irrigen Annahme erteilt hat, keine Forderung mehr gegen den ArbGeb zu haben, während ihm in Wirklichkeit eine Forderung gegen den ArbGeb zustand.

Schließlich kann beispielsweise der ArbGeb die Wirkungen der Ausgleichsquittung beseitigen, indem er sich auf die Einrede der unzulässigen Rechtsausübung beruft, etwa wenn z. B. der AN den ArbGeb durch eine vorsätzliche unerlaubte Handlung geschädigt hat und der ArbGeb von dieser Schädigung bei Unterzeichnung der Ausgleichsquittung keine Kenntnis hatte.

b) Urlaubsabgeltung

388   Kann der Urlaub wegen Beendigung des Arbeitsverhältnisses ganz oder teilweise nicht mehr gewährt werden, ist er abzugelten (§ 7 Abs. 4 BUrlG); dies gilt auch für Teilurlaub i. S. d. § 5 BUrlG (hierzu s. Rz. 35). Die Regelungen des Bundesurlaubsgesetzes beziehen sich jedoch ausschließlich auf den in diesem Gesetz festgelegten Mindesturlaub von jährlich 18 Werktagen. Darüber hinausgehende Ansprüche können sich ergeben aus kollektivrechtlichen Absprachen oder aus individualvertraglicher Regelung.

Im einzelnen hierzu s. Rz. 33 ff und Teil L Rz. 670.

c) Urlaubsbescheinigung

389   Bei Beendigung des Arbeitsverhältnisses ist der ArbGeb verpflichtet, dem AN eine Bescheinigung über den im laufenden Kalenderjahr gewährten oder abgegoltenen Urlaub auszuhändigen (§ 6 Abs. 2 BUrlG).

d) Zeugnis

390   Der ArbGeb hat bei Beendigung des Arbeitsverhältnisses dem AN ein schriftliches Zeugnis zu erteilen (§§ 630 BGB, 73 HGB, 113 GewO). Das Zeugnis hat sich stets über Art und Dauer der Beschäftigung zu äußern. Auf Verlangen des AN ist das Zeugnis auf die Leistungen und die Führung im Dienst zu erstrecken (sog. qualifiziertes Zeugnis). Das Zeugnis soll dem AN als Unterlage für eine neue Bewerbung dienen, einen Dritten, der die Einstellung erwägt, unterrichten und den AN informieren, wie der ArbGeb seine Leistungen bewertet hat. Es soll wahr, aber auch

wohlwollend ausgestellt sein; es muß daher alle wesentlichen Tatsachen und Bewertungen enthalten, die für die Gesamtbeurteilung des AN von Bedeutung und für den Dritten von Interesse sind. Der AN kann auf Zeugniserteilung klagen.

e) Auskunft

Bei Bewerbungen des AN um einen neuen Arbeitsplatz wird häufig der bisherige ArbGeb um Auskunft über die Person des Bewerbers ersucht. Zu einer solchen Auskunft ist der ArbGeb dem AN gegenüber verpflichtet. Der Umfang dieser Auskunftspflicht entspricht dem der Zeugniserteilung.

Ersucht der neue ArbGeb den früheren ArbGeb um Auskunft über den einzustellenden AN, ist der frühere ArbGeb grundsätzlich zur Auskunft nicht verpflichtet; erteilt der frühere ArbGeb hingegen Auskunft, hat sie wahrheitsgemäß zu erfolgen.

Erhält die Auskunft des früheren ArbGeb bewußte grobe Unrichtigkeiten, kann er für den hieraus dem neuen ArbGeb entstehenden Schaden haftbar gemacht werden.

Stellt der zur Einstellung bereite ArbGeb aufgrund der fehlerhaften Auskunft den AN schließlich nicht ein, so haftet der frühere ArbGeb dem AN für den hierdurch eingetretenen Verdienstausfall.

N. Insolvenzrecht

Bearbeiter: Dr. Bernd Klasmeyer/Dr. Bruno M. Kübler

Übersicht

A. Allgemeines

	Rz.
I. Funktion und Arten des Insolvenzverfahrens	1–17
1. Funktion des Insolvenzverfahrens	1, 2
2. Arten des Insolvenzverfahrens	3–14
a) Konkursverfahren	4–9
b) Vergleichsverfahren	10–14
3. Außergerichtlicher Vergleich	15–17
II. Gesetzliche Grundlagen	18–24
1. Konkursordnung (KO)	18
2. Vergleichsordnung (VglO)	19
3. Sonstige Gesetze	20
4. Insolvenzrechtsreform	21–24
III. Internationales Insolvenzrecht	25–30
1. Deutsches internationales Insolvenzrecht	25–27
2. Europäische Harmonisierung	28, 29
3. Bilaterale Abkommen	30

B. Konkursverfahren

	Rz.
I. Konkursantrag	31–53
1. Konkursfähigkeit	32
2. Gläubigerantrag	33–35
3. Schuldnerantrag	36–41
4. Form des Antrages	42
5. Zuständiges Gericht	43
6. Konkursgründe	44–53
a) Zahlungsunfähigkeit	45–50
b) Überschuldung	51–53
II. Verfahren bis zur Konkurseröffnung	54–80
1. Formelle Prüfung des Konkursantrags	54
2. Materielle Prüfung des Konkursantrags	55–57
3. Vorläufige Sicherungsmaßnahmen	58–64
a) Allgemeines Veräußerungsverbot	59, 60
b) Sequestration	61, 62
c) Weitere Sicherungsmaßnahmen	63
d) Rechtsmittel	64
4. Aussetzung und Rücknahme des Konkursantrags	65–67
a) Aussetzung	65
b) Rücknahme	66, 67
5. Entscheidung über den Konkursantrag	68–76
a) Zurückweisung	69
b) Abweisung mangels Masse	70–75
c) Eröffnung des Konkursverfahrens	76
6. Rechtsmittel gegen die Entscheidung	77–80
a) Abweisung des Konkursantrages	77
b) Konkurseröffnung	78
c) Verfahrensrechtliche Besonderheiten	79
d) Sofortige weitere Beschwerde	80
III. Eröffnung des Konkursverfahrens und ihre Wirkungen	81–98
1. Ernennung des Konkursverwalters	82–85
2. Öffentliche Bekanntmachung	86
3. Konkursbeschlag	87
4. Verbot der Einzelzwangsvollstreckung	88–90
5. Prozeßstreitigkeiten	91–94
6. Rechtshandlungen des Gemeinschuldners nach Konkurseröffnung	95–97
7. Leistungen an Gemeinschuldner	98
IV. Konkursgläubiger	99–111
1. Begriff	99, 100
2. Stellung der Konkursgläubiger	101–103
3. Gläubigerorgane	104–111
a) Gläubigerversammlung	105–108
b) Gläubigerausschuß	109–111
V. Konkursmasse	112–131
1. Definition	112
2. Konkursfreie Gegenstände	113–115
a) Unpfändbare Gegenstände	113
b) Neuerwerb	114
c) Freigabe durch den Konkursverwalter	115
3. Aussonderung	116–118
4. Absonderung	119, 120
5. Konkursanfechtung	121–128
a) Anfechtungstatbestände	122–125a
b) Geltendmachung der Anfechtung	126
c) Die Rechtswirkungen der Konkursanfechtung	127, 128
6. Aufrechnung im Konkurs	129–131
a) Erweiterung der Aufrechnungsbefugnis	130
b) Einschränkung der Aufrechnungsbefugnis	131
7. Kapitalersetzende Gesellschafterleistungen	131a–131l
a) Allgemeines	131a, 131b
b) Definition	131c
c) Geltungsbereich	131d
d) Kreditunwürdigkeit	131e
e) „Stehenlassen"	131f
f) Rechtsfolgen	131g–131k
g) Wirtschaftlich entsprechende Tatbestände	131l
VI. Massegläubiger	132–142
1. Allgemeines	132
2. Massekosten	133–134
3. Masseschulden	135–138
a) Ansprüche aus Geschäften oder Handlungen des Konkursverwalters (§ 59 I 1 KO)	135
b) Ansprüche aus zweiseitigen Verträgen (§ 59 I 2 KO)	136
c) Arbeitnehmeransprüche aus der Zeit vor Konkurseröffnung (§ 59 I 3 KO)	137
d) Bereicherungsansprüche (§ 59 I 4 KO)	138
4. Verfahren bei Massearmut	139–142

	Rz.		Rz.
VII. Verwaltung und Verwertung der Konkursmasse	143–190	**VIII. Anmeldung und Feststellung von Konkursforderungen**	191–197
1. Unternehmensfortführung im Konkurs	144–148	1. Anmeldung zur Konkurstabelle	191
2. Vertragsabwicklung im Konkurs	149–162	2. Prüfungstermin	192–195
a) Nicht erfüllte gegenseitige Verträge	150–154	3. Feststellungsklage	196
b) Miet-, Pacht- und Leasingverträge	155–161	4. Wirkung der Feststellung	197
c) Gesellschaftsverhältnisse und Gemeinschaften	162–172	**IX. Verteilungsverfahren**	198–206
3. Arbeitnehmer im Konkurs des Arbeitgebers	163	1. Gläubigerverzeichnis	198, 199
		2. Abschlagsverteilung	200–203
a) Kündigung von Arbeitsverträgen	165	3. Schlußverteilung	204, 205
b) Insolvenzsicherung des Arbeitslohnes (Kaug)	166, 167	4. Nachtragsverteilung	206
c) Insolvenzsicherung der betrieblichen Altersversorgung	168, 169	**X. Beendigung des Konkursverfahrens**	207–220
d) Interessenausgleich und Sozialplan	170, 171	1. Schlußrechnung	207, 208
e) Betriebsveräußerung	172	2. Schlußtermin	209
4. Kreditsicherheiten	173–186	3. Aufhebung des Verfahrens	210
a) Allgemeines	173–180	4. Einstellung des Verfahrens	211
b) Kreditsicherheiten im Konkurs	181–186	5. Zwangsvergleich	212–220
5. Steuern im Konkurs	187–190	a) Zweck	212
a) Konkursrecht und Steuerrecht	187	b) Zulässigkeit des Vergleichsvorschlags	213, 214
b) Steuerliche Pflichten des Konkursverwalters	188–190	c) Verfahren	215–217
		d) Wirkungen	218–220

C. Vergleichsverfahren

I. Vergleichsantrag	221–228	**V. Vergleichstermin**	242, 248
II. Gerichtliche Maßnahmen im Eröffnungsverfahren	229	1. Allgemeines	242, 243
		2. Die stimmberechtigten Forderungen	244, 245
III. Entscheidung über die Eröffnung des Verfahrens	230–232	3. Abstimmung	246–248
1. Ablehnung der Eröffnung	230, 231	**VI. Vergleichsbestätigung**	249–253
2. Eröffnungsbeschluß	232	1. Voraussetzungen	249
IV. Stellung der Verfahrensbeteiligten	233–241	2. Wirkungen	250–253
1. Vergleichsschuldner	233–236	**VII. Fortsetzung und Aufhebung des Vergleichsverfahrens**	254–256
a) Verfügungsbeschränkungen	233		
b) Verpflichtungsgeschäfte	234–236	**VIII. Einstellung des Verfahrens**	257
2. Vergleichsverwalter	237		
3. Vergleichsgläubiger	238–240	**IX. Anschlußkonkurs**	258–260
a) Begriff	238		
b) Stellung der Vergleichsgläubiger	239, 240		
4. Gläubigerbeirat	241		

A. Allgemeines

I. Funktion und Arten des Insolvenzverfahrens

1. Funktion des Insolvenzverfahrens

1 Solange ein solventer Schuldner seinen Zahlungsverpflichtungen nicht nachkommt, ist es Sache jedes einzelnen Gläubigers, seine Ansprüche im Wege der Einzelvollstreckung durchzusetzen. Die Befriedigung erfolgt nach dem sog. Prioritätsprinzip. Wird der Schuldner dagegen insolvent, erfolgt die Befriedigung der Gläubiger in einem staatlich geordneten Insolvenzverfahren. **Zweck** des Insolvenzverfahrens ist es, durch Verwertung des *gesamten* Vermögens des Schuldners eine gleichmäßige Befriedigung aller Gläubiger herbeizuführen. Dieser Aufgabe wird das geltende Insolvenzrecht seit langem nicht mehr gerecht, da das Schuldnervermögen durch zahlreiche außerhalb des eigentlichen Insolvenzverfahrens vorweg zu befriedigende Sonder- und Vorzugsrechte aufgezehrt wird.

Allgemeines

2 Wirtschaftspolitisch wurde die **Funktion** des Insolvenzverfahrens zeitweilig, d. h. insbesondere in der ersten Nachkriegsphase der sog. freien Marktwirtschaft, darin gesehen, kranke Unternehmen aus dem Wettbewerb auszuschließen. Das Insolvenzverfahren war hiernach lediglich der Schlußakt eines natürlichen Ausleseprozesses. Diese Einschätzung des Insolvenzverfahrens ist heute überholt. In einer Zeit hoher Arbeitslosigkeit und verstärkter gesamtwirtschaftlicher Verflechtungen bedarf es aller Anstrengungen, geschwächte Unternehmen wieder gesund zu machen. Daher müssen Insolvenzverfahren auch diesem Ziel dienen. Nach geltendem Recht sind die verfahrensrechtlichen Möglichkeiten hierfür sehr begrenzt. Im Zuge der geplanten Insolvenzrechtsreform soll durch die Ausgestaltung eines *einheitlichen Verfahrens* der Weg sowohl für die Reorganisation als auch – im Falle deren Scheiterns – die Liquidation offen sein.

2. Arten des Insolvenzverfahrens

3 Für die Abwicklung der Insolvenz eines Schuldners stehen zwei grundsätzlich getrennte Verfahrensarten zur Verfügung: das Vergleichsverfahren oder das Konkursverfahren. Während das Vergleichsverfahren – mit Ausnahme des Liquidationsvergleichs – die Abwendung des Konkurses und die Sanierung des Schuldners zum Ziel hat, dient der Konkurs regelmäßig der Verwertung und Liquidation des Schuldnervermögens. Obwohl in den vergangenen Jahren einige Großinsolvenzen in der Form des Vergleichsverfahrens durchgeführt wurden, spielt dieses Verfahren, rein statistisch gesehen, kaum noch eine Rolle. Nur weniger als 1% aller Insolvenzverfahren wird heute noch in der Form des Vergleichsverfahrens abgewickelt.

Trotz der strengen gesetzlichen Trennung beider Verfahren gibt es Verbindungslinien: Das Vergleichsverfahren geht in den sog. Anschlußkonkurs über, wenn die Voraussetzungen für die Durchführung eines Vergleichs nicht gegeben sind (§§ 102ff. VglO). Umgekehrt kann das Konkursverfahren durch einen sog. Zwangsvergleich (§§ 173ff. KO) beendet werden, der nicht als drittes Verfahren zu verstehen ist, sondern als Sonderform des Vergleichs im Rahmen eines Konkursverfahrens.

a) Konkursverfahren

4 Das Konkursverfahren dient regelmäßig der Verwertung des Schuldnervermögens. Es wird auf Antrag des Schuldners oder eines Gläubigers durch Beschluß des Konkursgerichts eröffnet. Voraussetzung für die Eröffnung (Konkursgrund) ist bei natürlichen Personen die Zahlungsunfähigkeit, bei juristischen Personen und der GmbH & Co. KG auch die Überschuldung des Gemeinschuldners.

5 An Tag und Stunde der Konkurseröffnung knüpfen sich im Interesse der gleichmäßigen Befriedigung einschneidende Veränderungen in bezug auf die Stellung von Gläubigern und derjenigen des Gemeinschuldners. Das zu diesem Zeitpunkt vorhandene pfändbare Vermögen des Gemeinschuldners wird beschlagnahmt. Die Verwaltungs- und Verfügungsbefugnis über das pfändbare Schuldnervermögen geht auf den Konkursverwalter über. Einzelvollstreckungen gegen den Gemeinschuldner sind unzulässig, für die Aufrechnung gelten Sondervorschriften. Der Konkursverwalter kann die Erfüllung noch schwebender Verträge ablehnen und bestimmte, vor der Konkurseröffnung vorgenommene masseschädliche Rechtshandlungen anfechten.

6 Der Gemeinschuldner ist aber grundsätzlich frei, sich wirtschaftlich weiter zu betätigen und Neuvermögen zu bilden. Dieses fällt nicht in die Konkursmasse.

7 Die Durchführung des Konkursverfahrens liegt primär in der Hand des Konkursverwalters. Er hat die Konkursmasse durch Erfassung und Verwertung des Schuldnervermögens zu realisieren. Bei besonders wichtigen Entscheidungen (z. B. Grundstücksverkauf, Verkauf des gesamten Unternehmens) bedarf er der Genehmigung der Gläubigerversammlung oder eines von dieser bestellten Gläubigerausschusses.

8 Zur Konkursmasse gehört nach dem Universalitätsprinzip das gesamte In- und Auslandsvermögen des im Inland ansässigen Gemeinschuldners. Damit wird im Interesse der Gleichbehandlung aller Gläubiger eine Gesamtbereinigung der Vermögensverhältnisse des Schuldners bezweckt.

Klasmeyer/Kübler

Neben der Verwertung der Aktivmasse hat der Verwalter die Schuldenmasse festzustellen, damit die realisierte Konkursmasse auf die Gläubiger verteilt werden kann.

9 Da die vielen Vorzugsrechte die Masse aufzehren, verbleibt selten genügend Vermögen, um die vorrangigen Massekosten und -schulden zu decken. Ein Großteil aller Konkursverfahren kann daher nach geltendem Recht „mangels Masse" nicht durchgeführt werden. Nur etwa 25% aller Konkursverfahren werden heute zur Eröffnung gebracht, von denen ein beachtlicher Teil später ebenfalls als „masselos" wieder eingestellt werden muß.

b) Vergleichsverfahren

10 Noch viel weniger als das Konkursverfahren kann heute das gerichtliche Vergleichsverfahren seine Funktion erfüllen. Neben der – ebenso wie beim Konkurs nachteiligen – Ausuferung der Sicherungsrechte, viel zu kurzer gesetzlicher Fristen und einer überholten gesetzlichen Vorstellung von der „Würdigkeit" des Schuldners ist für das Scheitern des Vergleichsverfahrens zumeist maßgebend, daß der Vergleichsantrag erst zu einem Zeitpunkt gestellt wird, in dem die gesetzliche Mindestquote von 35% (§ 7 Abs. 1 VglO) für die beteiligten Vergleichsgläubiger nicht mehr erfüllt werden kann.

Dies gilt um so mehr, als die Gläubiger, die im Konkursverfahren eine (lediglich) bevorrechtigte Forderung (§ 61 Abs. 1 Nr. 1–5 KO) hätten, am Vergleichsverfahren nicht teilnehmen und die volle und – bei Fälligkeit – sofortige Befriedigung ihrer Ansprüche verlangen können.

11 Anders als im Konkursverfahren bleibt der Schuldner im Vergleichsverfahren grundsätzlich befugt, sein Vermögen weiter zu verwalten und hierüber zu verfügen. Der vom Gericht eingesetzte Vergleichsverwalter hat im wesentlichen lediglich Prüfungs- und Überwachungsaufgaben. Die Befugnisse des Vergleichsverwalters können jedoch durch gerichtlichen Beschluß erweitert werden, so daß der Schuldner weitgehend der Mitwirkung des Vergleichsverwalters bedarf. Insoweit nähert sich die Stellung des Vergleichsverwalters derjenigen des Konkursverwalters. In keinem Falle kann der Vergleichsverwalter jedoch gegen den Willen des Schuldners die Geschäfte des Vergleichsunternehmens führen. Die mangelnde Zusammenarbeit des Schuldners mit dem Vergleichsverwalter kann allerdings Grund für eine Eröffnung des Anschlußkonkursverfahrens sein.

12 In der Praxis wird der Vergleich üblicherweise in Form des kombinierten **Quoten- und Erlaßvergleichs** durchgeführt, d. h. der Schuldner bietet seinen Gläubigern den Abschluß eines Vertrages an, nach dem diese ihm Forderung teilweise erlassen und sich mit der ratenweisen Befriedigung der Restforderung einverstanden erklären sollen. Die Annahme des Vertrages bedarf im Falle der gesetzlichen Mindestquote, die heute üblicherweise geboten wird, der Mehrheit von 80% der stimmberechtigten Gläubigerforderungen (§ 74 Abs. 3 VglO).

13 Neben dem Quoten- und Erlaßvergleich sieht die Vergleichsordnung (§ 7 Abs. 4) auch den sog. **Liquidationsvergleich** vor. In diesem Falle bietet der Schuldner den Gläubigern sein Vermögen zur Verwertung an, wobei die Gläubiger auf darüber hinausgehende Ansprüche verzichten müssen. Voraussetzung hierfür ist jedoch, daß das zu verwertende Vermögen voraussichtlich mindestens 35% der Forderungen der Gläubiger decken wird.

14 Wegen der erwähnten Nachteile soll das Vergleichsverfahren im Zuge der Insolvenzrechtsreform durch ein neues, von Chapter 11 des amerikanischen Insolvenzrechts inspiriertes Reorganisationsverfahren, das Bestandteil eines einheitlichen Insolvenzverfahrens wird, abgelöst werden.

3. Außergerichtlicher Vergleich

15 Neben den gerichtlichen Insolvenzverfahren (Konkurs und Vergleich) ist in der Praxis auch der außergerichtliche Vergleich geläufig. Amtliche Erhebungen über die Anzahl der außergerichtlichen Vergleiche liegen nicht vor. Schätzungen, wonach 20–30% aller Insolvenzen außergerichtlich abgewickelt werden, erscheinen jedenfalls

Allgemeines

für den Kreis der juristischen Personen und der GmbH & Co. KG als zu hoch, da diese Gesellschaften der Konkursantragspflicht unterliegen und sich hieraus der fristgebundene Zwang zur Einleitung eines gerichtlichen Verfahrens ergibt.

16 Der außergerichtliche Vergleich, der sowohl als Sanierungs- als auch als Liquidationsvergleich gestaltet werden kann, birgt für die Gläubiger erhebliche Gefahren: Der einzelne Gläubiger hat vielfach keine Gewißheit, daß die vom Schuldner gebotene Quote, die unter der gesetzlichen Mindestquote für das gerichtliche Vergleichsverfahren liegen kann, angemessen ist. Häufig werden mit einzelnen Gläubigern Vorzugsbefriedigungen vereinbart. Der zurückgesetzte Gläubiger erfährt von solchen Sonderabkommen regelmäßig nichts, obwohl diese den gesamten Vergleich unwirksam machen können (vgl. KG, ZIP 1980, 963). Weiterhin ist der außergerichtliche Vergleich an die Voraussetzung geknüpft, daß alle Gläubiger zustimmen (vgl. hierzu aber BGH, ZIP 1985, 1279), was bei einer größeren Gläubigerzahl von vornherein illusorisch erscheint. Rechtlich ungeklärt ist, ob die Ablehnung einer kleinen Minderheit die Wirksamkeit des Vergleichs in Frage stellt (vgl. *Habscheid* Festschrift für Bruns S. 258).

17 Wenn der Schuldner den außergerichtlichen Vergleich nicht erfüllt, hat der Gläubiger im Gegensatz zum gerichtlichen Vergleich regelmäßig keine Vollstreckungsmöglichkeit. Auch lebt die Forderung bei Verzug – anders als im gerichtlichen Vergleichsverfahren – nicht wieder in voller Höhe auf.

Grundsätzlich erscheint daher für einen Gläubiger das gerichtliche Vergleichsverfahren vorzugswürdig. In den Fällen jedoch, in denen ein Konkursverfahren mangels Masse nicht eröffnet bzw. eingestellt wird und anschließend der Schuldner einen außergerichtlichen Vergleich anbietet, wird dem Gläubiger kaum eine andere Möglichkeit bleiben, als auf den außergerichtlichen Vergleichsvorschlag einzugehen. Wird ein solcher Vorschlag von einer Gesellschaft des Handelsrechts gemacht, spricht allerdings eine Vermutung dafür, daß bei der Gesellschaft doch noch Vermögen vorhanden ist, wobei insbesondere Ansprüche gegen die Gesellschafter in Betracht kommen, die bei Durchführung der Einzelzwangsvollstreckung gepfändet werden können. Es empfiehlt sich daher für den Gläubiger, vor Annahme eines außergerichtlichen Vergleichsvorschlags die gerichtliche Konkursakte, insbesondere das Gutachten des Sachverständigen, darauf zu überprüfen, ob etwa noch nicht realisiertes Vermögen vorhanden ist, das dem einzelnen Gläubiger eine bessere Befriedigung als bei Annahme des außergerichtlichen Vergleichsvorschlags bieten würde.

II. Gesetzliche Grundlagen

1. Konkursordnung (KO)

18 Die Konkursordnung vom 10. 2. 1877 (RGBl. S. 351) ist am 1. 10. 1879 in Kraft getreten. Im Laufe ihrer über einhundertjährigen Geschichte (s. Festschrift Einhundert Jahre Konkursordnung 1877–1977, 1977) ist sie in einzelnen Vorschriften geändert worden, ihr wesentlicher Inhalt ist jedoch bis heute unverändert geblieben. Wichtigste Quelle für die Auslegung sind die *Motive*, die die Beratungen des Bundesrats enthalten, während die Beratungen der Reichstagskommission in den *Protokollen* festgehalten sind (veröffentlicht von *Hahn*, Die gesammten Materialien zur Konkursordnung, 1881).

2. Vergleichsordnung (VglO)

19 Die Vergleichsordnung vom 26. 2. 1935 (RGBl. I, 321) ist am 1. 4. 1935 in Kraft getreten. Sie hat bis heute ebenfalls eine Reihe von Änderungen erfahren, die sie im Kern jedoch unangetastet gelassen haben.

Das Vergleichsrecht hat sich erst später als das Konkursrecht entwickelt. Erste gesetzliche Regelung eines Konkursabwendungsverfahrens war die Verordnung über die Geschäftsaufsicht vom 8. 8. 1914 (RGBl. S. 363), die dem Schuldner aus Anlaß des kurz zuvor ausgebrochenen Ersten Weltkrieges ein an bestimmte Voraussetzungen geknüpftes Moratorium einräumte. Weitere Verordnungen ergingen am 14. 12. 1916 (RGBl. I, 1363), am 8. 2. 1924 (RGBl. I, 51) und am 14. 6. 1924 (RGBl. I, 641). Ihnen lag sämtlich das Bestreben zugrunde, die durch die Kriegswirren entstandenen Zahlungsschwierigkeiten zugunsten der Schuldner abzumildern. Eine erste von den Nachkriegsereignissen losgelöste gesetzliche Regelung stellte sodann das Gesetz über den Vergleich zur Abwendung des Konkurses vom 5. 7. 1927 (RGBl. I, 139) dar, das auch den Gläubigerschutz im Auge hatte. Dieses Gesetz hat sich jedoch in der Praxis nicht bewährt und wurde durch die Vergleichsordnung (VglO) vom 26. 2. 1935 abgelöst.

Die heute geltende Vergleichsordnung ist zwar inzwischen auch ein halbes Jahrhundert alt. Ihre Schwächen sind aber erst in den letzten zehn Jahren besonders deutlich in Erscheinung getreten. Für ein zukünftiges Recht ist geplant, die Vergleichsordnung abzuschaffen und die verfahrensrechtliche Ausgestaltung der Reorganisation von Unternehmen in einem einheitlichen Insolvenzgesetz niederzulegen.

3. Sonstige Gesetze

20   Außer in den beiden Grundlagen-Gesetzen des deutschen Insolvenzrechts, der Konkursordnung und der Vergleichsordnung, sind zahlreiche insolvenzrechtliche Vorschriften in anderen Gesetzen niedergelegt. Beispielhaft seien folgende Gesetze erwähnt: AktG, AFG, BetrAVG, BRAGO, BGB, DepotG, GmbHG, GenG, HGB, GKG, KWG, RpflG, UWG, VAG, VergütungsVO, VHG, VerlagsG, VVG, WG, ZPO, ZVG.

Die für die Praxis wichtigsten Nebengesetze sind das Arbeitsförderungsgesetz (AFG) vom 25. 6. 1969 in der Fassung des Gesetzes über Konkursausfallgeld vom 17. 7. 1974 (BGBl. I, 1481) und das Gesetz zur Verbesserung der betrieblichen Altersversorgung (BetrAVG) vom 19. 12. 1974 (BGBl. I, 3610).

Das AFG regelt die Ansprüche der Arbeitnehmer des Gemeinschuldners auf Konkursausfallgeld (vgl. §§ 141a ff. AFG) als Ausgleich für rückständige Arbeitsentgeltansprüche für den Zeitraum bis zu den letzten der Eröffnung des Konkursverfahrens vorausgehenden drei Monaten des Arbeitsverhältnisses.

Das BetrAVG (vgl. §§ 7ff. BetrAVG) regelt die sog. Insolvenzsicherung der betrieblichen Altersversorgung. Hiernach haben Versorgungsempfänger oder Personen mit einer unverfallbaren Versorgungsanwartschaft bei Eintritt des Versicherungsfalles (z. B. Eröffnung des Konkurs- oder Vergleichsverfahrens) gegen den Pensions-Sicherungs-Verein als Träger der Insolvenzsicherung einen Anspruch auf Erfüllung der Leistungen, wie sie der Arbeitgeber bei Nichteintritt der Insolvenz hätte erfüllen müssen. Bei Versorgungsanwärtern ist jedoch nur der Zeitraum der Betriebszugehörigkeit bis zum Eintritt des Versicherungsfalles zu berücksichtigen (vgl. § 7 Abs. 2 Satz 4 BetrAVG).

Erwähnt sei in diesem Zusammenhang schließlich, daß die deutsche Rechtsordnung eine Reihe spezifisch insolvenzrechtlicher Straftatbestände enthält, die überwiegend im Strafgesetzbuch (StGB) enthalten sind (vgl. §§ 283ff. StGB).

Die vorstehend genannten, in zahlreichen Nebengesetzen enthaltenen Vorschriften werden, soweit erforderlich, in den nachfolgenden Kapiteln mitbehandelt.

4. Insolvenzrechtsreform

21   Das deutsche Insolvenzrecht ist spätestens seit Mitte der 70er Jahre in eine Krise geraten. Die Ursachen hierfür sind vielfältig und werden vor allem darin gesehen, daß außerhalb der Insolvenzgesetze neu geschaffene Vorzugsrechte zu einer immer größer werdenden Massearmut der Verfahren geführt haben.

Die bedrohlich zunehmende Funktionsunfähigkeit des Insolvenzrechts hat den Bundesminister der Justiz veranlaßt, Anfang 1978 eine ,,Kommission für Insolvenzrecht" einzusetzen, die beauftragt war, Reformvorschläge für ein modernes, wirtschaftsnahes und zugleich soziales Insolvenzrecht zu erarbeiten.

Die Kommission hat nach fast 7jähriger Tätigkeit Ende 1984 ihren *Ersten Bericht* in Form von Leitsätzen mit Begründung vorgelegt (Erster Bericht der Kommission für Insolvenzrecht, 1985).

Allgemeines

22 Die Kommission sieht die Schaffung eines **einheitlichen Insolvenzverfahrens** anstelle der bisherigen Doppelspurigkeit von Konkurs- und Vergleichsverfahren vor. Als Ersatz für das bisherige Vergleichsverfahren soll im Rahmen des einheitlichen Verfahrens ein umfassendes Reorganisationsverfahren ausgestaltet werden, das sich an Chapter 11 des amerikanischen Insolvenzrechts orientiert.

23 Weiter schlägt der Kommissionsbericht die **Einbeziehung der besitzlosen Mobiliarsicherheiten** in das dem bisherigen Konkursverfahren entsprechende ,,Liquidationsverfahren" vor. Dies bedeutet, daß insbesondere Eigentumsvorbehalt, Sicherungsübereignung und Sicherungsabtretung als die verbreitetsten Formen von Sicherungsrechten zukünftig nicht mehr eine Aussonderung von Gegenständen aus der Insolvenzmasse oder eine abgesonderte Befriedigung ermöglichen sollen. Nur der Insolvenzverwalter wird zur Verwertung von besitzlosen Mobiliarsicherheiten berechtigt sein. Allerdings wird der Erlös weitgehend, d. h. nach einem Abschlag von 25% als Verfahrensbeitrag, dem Gläubiger der besitzlosen Mobiliarsicherheit zufließen.

Neben der Einbeziehung der besitzlosen Mobiliarsicherheiten in das Verfahren regelt der Reformvorschlag der Kommission die **Abschaffung aller Konkursvorrechte**. Dies gilt namentlich für die Vorrechte des Fiskus, der Sozialversicherungsträger und der Bundesanstalt für Arbeit sowie die bevorrechtigten Forderungen der Arbeitnehmer wegen rückständiger Arbeitsentgeltansprüche.

Wesentlicher Bestandteil des Reformvorschlags ist außerdem die Regelung arbeits- und sozialrechtlicher Probleme, insbesondere die gesetzliche Ausgestaltung von **Sozialplanansprüchen** im Liquidationsverfahren sowie die Erleichterung von Betriebsveräußerungen aus der Insolvenzmasse.

Weiter ist hervorzuheben, daß die bisherigen **Anfechtungsansprüche** nach der Konkursordnung zukünftig auch für das Reorganisationsverfahren gelten und zu einem Institut des einheitlichen Insolvenzverfahrens ausgeweitet werden sollen. Zugleich wird die Durchsetzung der Anfechtungsansprüche erleichtert werden.

Ein letzter Schwerpunkt des Ersten Kommissionsberichts ist der Vorschlag, eine Reihe von bislang individuell von den Gläubigern geltend zu machenden Haftungsansprüchen zukünftig bei der Insolvenzmasse zu konzentrieren, d. h. sie ausschließlich durch den Insolvenzverwalter geltend machen zu lassen.

24 Der *Zweite Bericht* der Kommission behandelt eine Reihe von verfahrensrechtlichen Fragen, z. B. die Konzentration der Insolvenzverfahren bei bestimmten Gerichten, die Erweiterung der Entscheidungszuständigkeit des Insolvenzgerichts (vis attractiva concursus), die Möglichkeit einer Schuldbefreiung für natürliche Personen sowie die Rechnungslegung und Vergütung des Insolvenzverwalters.

Der Bericht der Kommission für Insolvenzrecht ist zahlreichen berufs- und verbandspolitischen Institutionen zur Stellungnahme zugeleitet worden. Es wird damit gerechnet, daß das Bundesministerium der Justiz nach Eingang der Stellungnahmen im Jahre 1986 den Vorschlag eines Reformgesetzes (Referentenentwurf) vorlegen wird. Mit einem Inkrafttreten dieses Gesetzes ist bei realistischer Betrachtung erst in den 90er Jahren zu rechnen.

III. Internationales Insolvenzrecht

1. Deutsches internationales Insolvenzrecht

25 Unter diesem Begriff ist das deutsche insolvenzrechtliche Kollisionsrecht zu verstehen, das die Fragen der Wirkung eines Inlandskonkurses im Ausland und umgekehrt die Wirkungen eines ausländischen Insolvenzverfahrens im Inland regelt. Im Zuge der verstärkten internationalen Verflechtung gewinnt dieser Problemkreis erheblich an Gewicht.

26 Das deutsche internationale Insolvenzrecht ist gesetzlich nur spärlich geregelt (vgl. §§ 237, 238 KO). Ausgangspunkte sind die sog. Prinzipien der Universalität und Territorialität des Konkurses.

Nach dem **Universalitätsprinzip** erfaßt das in einem Staat eröffnete Insolvenzverfahren das gesamte Schuldnervermögen, einerlei, ob sich dieses im Inland oder im

Ausland befindet. Das Universalitätsprinzip wird nach ganz herrschender Auffassung angewandt, wenn über das Vermögen eines in der Bundesrepublik Deutschland ansässigen Schuldners das Insolvenzverfahren eröffnet worden ist (vgl. BGHZ 68, 16 ff.). Der Insolvenzverwalter ist somit verpflichtet, auch das Auslandsvermögen des Schuldners zu erfassen und bestmöglich im Rahmen des inländischen Konkursverfahrens zu verwerten.

Nach dem **Territorialitätsprinzip** erstreckt sich ein Insolvenzverfahren nur auf das Gebiet desjenigen Staates, in dem das Verfahren stattfindet. In Anwendung dieses Prinzips besagt § 237 KO, daß trotz eines im Ausland eröffneten Konkursverfahren über das Vermögen eines Schuldners die Einzelzwangsvollstreckung über das inländische Vermögen dieses Schuldners zulässig bleibt. Nur wenn der im Ausland ansässige Schuldner im Inland eine gewerbliche Niederlassung unterhält, eröffnet § 238 KO die Möglichkeit eines Sonderkonkurses über das inländische Vermögen.

27 In Ausweitung dieser gesetzlichen Regelung hat die deutsche Rechtsprechung lange Jahre judiziert, daß der Auslandskonkurs grundsätzlich keinerlei Folgen für das Inlandsvermögen hat und z. B. der ausländische Verwalter nicht einmal zur Prozeßführung legitimiert ist (vgl. BGH, NJW 1962, 1511 ff.). Eine Ausnahme wurde lediglich für den Verwalter einer im Ausland im Konkurs befindlichen Kapitalgesellschaft gemacht (vgl. BGH, AWD 1962, 81).

Angesichts der unzureichenden gesetzlichen Regelung hat die Rechtsprechung ihre als anachronistisch empfundene Haltung (vgl. *Hanisch* in: Probleme des internationalen Insolvenzrechts, S. 9 ff., 14; *Arnold* ZIP 1984, 1144, 1145) aufgegeben und das deutsche internationale Insolvenzrecht im Wege der richterlichen Rechtsfortbildung den Erfordernissen der Gegenwart angepaßt. In diesem Zusammenhang können zwei jüngere Entscheidungen als bahnbrechend angesehen werden.

Im Urteil vom 13. 7. 1983 (ZIP 1983, 961) hatte der Bundesgerichtshof die Frage zu entscheiden, ob ein inländischer Konkursgläubiger, der mit Erfolg in ausländische Vermögensgegenstände seines deutschen Schuldners, über dessen Vermögen das Konkursverfahren in der Bundesrepublik Deutschland eröffnet worden war, vollstreckt hatte, das Erlangte an den deutschen Konkursverwalter herauszugeben hat. Der Bundesgerichtshof hat diese Frage bejaht und seine Entscheidung auf das Universalitätsprinzip und den Grundsatz der *par conditio creditorum* gestützt. Er hat hierdurch mit einer bis dahin durchweg als unverändert gültig angesehenen Rechtsprechung des Reichsgerichts (RGZ 54, 193) gebrochen. Die Entscheidung des Bundesgerichtshofs wird zu Recht als Abkehr vom Territorialitätsprinzip gewertet (vgl. *Hanisch* ZIP 1983, 1289 ff.).

In einer weiteren Entscheidung vom 11. 7. 1985 (ZIP 1985, 944) lag dem Bundesgerichtshof die Frage der Inlandswirkung eines ausländischen Konkurses zur Prüfung vor. Der belgische Konkursverwalter einer belgischen GmbH, die ein deutsches Unternehmen mit Waren beliefert hatte, klagte vor dem deutschen Gericht den ausstehenden Kaufpreis ein. Das deutsche Unternehmen rechnete gegen die Kaufpreisforderung mit Gegenansprüchen auf, die ihm nach Kenntnis der Konkurseröffnung in Belgien abgetreten worden waren. Der Bundesgerichtshof hat in konsequenter Fortführung seines Urteils vom 13. 7. 1983 nunmehr auch die **Universalwirkung des ausländischen Konkurses** anerkannt und sich hierbei auf den Grundgedanken der deutschen Konkursordnung, die Gleichbehandlung aller Gläubiger, gestützt. Voraussetzung für die Anerkennung der ausländischen Konkurswirkungen ist, daß in dem Land, in dem das ausländische Konkursverfahren anhängig ist, ebenfalls das Universalitätsprinzip gilt, d. h. das gesamte, auch im Ausland belegene Vermögen des Gemeinschuldners von der Konkurswirkung erfaßt wird. Weiterhin muß ein ausländisches Gericht oder eine entsprechende Behörde für die Konkurseröffnung international zuständig sein. Schließlich muß die Anerkennung der ausländischen Konkurswirkungen mit dem deutschen *ordre public* vereinbar sein. Demgemäß war nach dem Urteil vom 11. 7. 1985 der belgische Konkursverwalter berechtigt, das in der Bundesrepublik Deutschland belegene Vermögen der belgischen GmbH zum Zwecke der gemeinsamen Befriedigung aller Konkursgläubiger zur belgischen Konkursmasse zu ziehen.

Für die Frage der Zulässigkeit der Aufrechnung wendet der Bundesgerichtshof die *lex fori concursus* an. Da – ebenso wie im deutschen Recht – in dem erwähnten Falle die Aufrechnung auch nach belgischem Recht unzulässig war, konnte das beklagte deutsche Unternehmen der Klageforderung des belgischen Konkursverwalters den Einwand der Aufrechnung nicht entgegenhalten. Der Bundesgerichtshof hat durch die beiden erwähnten Urteile noch vor einer gesetzgeberischen Reform des deutschen Insolvenzrechts dem Universalitätsprinzip weitestgehende Anerkennung verschafft. Der Vorwurf, das deutsche Insolvenzrecht sei ausländerfeindlich, kann daher nicht mehr erhoben werden.

2. Europäische Harmonisierung

28 Die Mitgliedstaaten der Europäischen Gemeinschaft sind seit Beginn der 60er Jahre bemüht, eine Harmonisierung auf dem Gebiet des Insolvenzrechts herbeizuführen. Ein im Jahre 1970 vorgelegter *erster* Entwurf eines **Europäischen Konkursabkommens** (vgl. KTS 1971, 167 ff.) wurde nach der Erweiterung der Europäischen Gemeinschaft nicht weiter verfolgt. Nach weiterer 10jähriger Vorbereitungszeit wurde 1980 ein *zweiter* Entwurf für ein EG-Abkommen vorgelegt (vgl. ZIP 1980, 582 sowie den Bericht des Vorsitzenden der Arbeitsgruppe *Lemontey* ZIP 1981, 547, 673, 791). Der Entwurf 1980 hat nicht die Vereinheitlichung der europäischen Insolvenzrechte zum Inhalt; er befaßt sich vielmehr in erster Linie mit verfahrensrechtlichen Fragen und regelt als Leitmodell den europäischen **Einheitskonkurs**. Wegen der beachtlichen strukturellen Unterschiede in den nationalen Insolvenzgesetzen, insbesondere bei den Vorrechten und Privilegien, sind in dem Entwurf viele Sonderregelungen und Ausnahmen vorgesehen, die seine Praktikabilität erheblich beeinträchtigen. Es hat den Anschein, daß auch der Entwurf 1980 nicht verwirklicht werden wird, da im Ministerrat der Europäischen Gemeinschaft bislang keine Einstimmigkeit erzielt werden konnte.

29 Größere Chancen für eine supranationale Regelung hat dagegen der Anfang 1984 beim Europarat in Straßburg erarbeitete **Straßburger Entwurf,** der angesichts des mangelnden Einigungswillens der Mitgliedsländer im EG-Bereich eine *kleine Lösung* im Auge hat (vgl. ZIP 1984, 1152 und hierzu *Arnold* ZIP 1984, 1144). Hiernach sollen lediglich zwei Probleme der grenzüberschreitenden Insolvenz geregelt werden. Einmal soll die Anerkennung der Handlungsbefugnisse des Konkursverwalters in den anderen Vertragsstaaten sichergestellt werden; zum anderen soll es den Gläubigern in den anderen Vertragsstaaten erleichtert werden, ihre Forderungen im ausländischen Insolvenzverfahren durchzusetzen. Die letzte Entscheidung über die Annahme dieses Entwurfs hat das Ministerkomitee des Europarats.

3. Bilaterale Abkommen

30 Ist die europäische Harmonisierung bereits ein kaum lösbares Problem, so haben sich bislang auch rein zwischenstaatliche Abkommen nicht durchsetzen können. Im vergangenen Jahrhundert geschlossene Konkursabkommen einzelner süddeutscher Staaten mit Schweizer Kantonen sind zum Teil heute noch gültig (vgl. *Blaschczok* ZIP 1983, 141 ff.). Die Bundesrepublik Deutschland hat dagegen bislang erst *ein* bilaterales Abkommen geschlossen, und zwar mit der Republik **Österreich**. Dieses Abkommen hat eine ungewöhnlich lange Verhandlungsgeschichte, die auf das Jahr 1879 zurückgeht. Auch nachdem der Vertrag im Jahre 1979 zwischen den Vertragsstaaten abgeschlossen war, hat es weitere sechs Jahre gedauert, bis er schließlich auch von der Bundesrepublik Deutschland ratifiziert worden ist. Der Vertrag vom 25. 5. 1979 (BGBl. II 1985, 410 = ZIP 1980, 484) ist zusammen mit dem Ausführungsgesetz (DöKVAG) (BGBl. I 1985, 535 = ZIP 1985, 252) am 1. 7. 1985 in Kraft getreten. In dem deutsch-österreichischen Abkommen ist für Konkurs- oder Vergleichsverfahren, die die Gebiete beider Länder berühren, der Grundsatz der Universalität und der Einheit des Konkurses weitestgehend verwirklicht worden.

B. Konkursverfahren

I. Konkursantrag

31 Ein Konkursverfahren kann nur auf **Antrag** eröffnet werden (§ 103 KO). Lediglich wenn die Eröffnung eines Vergleichsverfahrens vom Gericht abgelehnt wird, hat dieses zugleich von Amts wegen über die Eröffnung des Konkurses – sog. Anschlußkonkurs – zu entscheiden (§ 19 Abs. 1 VglO).

1. Konkursfähigkeit

32 Voraussetzung für die Eröffnung eines Konkursverfahrens ist die **Konkursfähigkeit** des Schuldners. Konkursfähig sind alle natürlichen Personen, einerlei, ob Kaufleute oder Privatpersonen, juristische Personen, die Gesellschaften des Handelsrechts wie die Offene Handelsgesellschaft (OHG) und die Kommanditgesellschaft (KG) sowie der nichtrechtsfähige Verein (§§ 207, 209, 213 KO). Nicht konkursfähig sind dagegen die Gesellschaft des Bürgerlichen Rechts (BGB-Gesellschaft) und die Stille Gesellschaft.

Auch Gesellschaften, die sich bereits in Liquidation befinden, sind (noch) konkursfähig.

Gesellschaften mit beschränkter Haftung (GmbH) und Aktiengesellschaften (AG) sind nach Satzungserrichtung, aber vor ihrer Eintragung im Handelsregister als Gründungsgesellschaft (Vor-Gesellschaft) konkursfähig. Eine Vorgründungsgesellschaft hingegen, bei der lediglich ein Vertrag besteht, durch den sich die Beteiligten zur Gründung einer Gesellschaft verpflichtet haben, ist nicht konkursfähig (vgl. *Mentzel/Kuhn/Uhlenbruck* Vorb. 4, 11 zu § 207; § 207 Rz. 2).

Grundsätzlich sind auch Körperschaften, Stiftungen und Anstalten des öffentlichen Rechts sowie Vereinigungen und Vermögensmassen, denen nach Landesrecht die Rechtsfähigkeit zuerkannt worden ist, konkursfähig (vgl. hierzu *Kleber* ZIP 1982, 1299 ff.). Bund und Länder sind dagegen nicht konkursfähig (vgl. *Böhle-Stamschräder/Kilger* KO, § 213 Anm. 1).

2. Gläubigerantrag

33 **Konkursantragsberechtigt** sind Konkursgläubiger sowie die in § 59 Abs. 1 Nr. 3 KO genannten Massegläubiger (§ 103 KO), also z. B. Arbeitnehmer, Sozialversicherungsträger und die Bundesanstalt für Arbeit im Hinblick auf ihre für den Zeitraum der letzten sechs Monate vor der Konkurseröffnung rückständigen Ansprüche. Für Versicherungen, Bausparkassen sowie Kreditinstitute gelten Sonderregelungen. Antrag auf Konkurseröffnung können hier nur die Aufsichtsbehörden stellen (*Mentzel/Kuhn/Uhlenbruck* § 103 Rz. 9).

Gläubiger, die ein **Aussonderungsrecht** (§§ 43 ff. KO) oder ein **Absonderungsrecht** (§§ 47 ff. KO) haben, müssen diese Rechte außerhalb des Konkursverfahrens durchsetzen. Wegen ihrer persönlichen Forderungen hingegen können sie wie jeder Konkursgläubiger die Eröffnung des Konkursverfahrens beantragen.

Seit der Einführung des Konkursausfallgeldes stellen in zunehmendem Maße auch Sozialversicherungsträger Konkursantrag, um den Konkursausfallgeldanspruch, der an den Insolvenzstichtag geknüpft ist, durch die gerichtliche Entscheidung über die Eröffnung des Verfahrens oder die Abweisung mangels Masse zur Entstehung zu bringen.

34 Voraussetzung für die Zulassung des Konkursantrages ist das **Rechtsschutzbedürfnis** des antragstellenden Gläubigers, das zu den allgemeinen Voraussetzungen einer jeden Zwangsvollstreckung, auch der Gesamtvollstreckung, gehört (vgl. *Mentzel/Kuhn/Uhlenbruck* § 105 Rz. 6). Ein Rechtsschutzbedürfnis für eine Konkursantragstellung ist zu verneinen, wenn der Gläubiger konkursfremde Zwecke verfolgt, z. B. wenn er ausreichend gesichert ist. In diesem Fall muß sich der absonderungsberechtigte Gläubiger auf die außerhalb des Konkursverfahrens zu verwertenden Sicherhei-

ten verweisen lassen, da er durch Einzelzwangsvollstreckungsmaßnahmen einfacher und billiger zu seiner Befriedigung gelangt (vgl. OLG Schleswig, NJW 1951, 119).

Ein berechtigtes Interesse für einen Konkursantrag ist weiterhin dann zu verneinen, wenn die Forderung des antragstellenden Gläubigers rechtlich zweifelhaft ist und eine Klärung im Konkursverfahren erreicht werden soll (vgl. *Böhle-Stamschräder/ Kilger* KO, § 105 Anm. 2).

Ein **Haftungsrisiko** ist mit der Stellung des Konkursantrages für den Gläubiger nicht verbunden, da dieser gegenüber dem Schuldner nach höchstrichterlicher Rechtsprechung auch bei einem fahrlässig gestellten unbegründeten Konkursantrag nicht schadensersatzpflichtig ist (BGHZ 36, 18).

35 Neben dem Rechtsschutzinteresse des antragstellenden Gläubigers muß die **Glaubhaftmachung** der Gläubigerforderung und der Konkursgründe vom Gericht geprüft werden. Zur Glaubhaftmachung kann sich der Gläubiger der Versicherung an Eides Statt bedienen (§§ 72 KO, 294 ZPO). In der Regel genügt die Vorlage von Urkunden, wie z. B. von Schuldtiteln, Schuldanerkenntnissen, Wechseln, Kontoauszügen, Lieferscheinen sowie Rechnungen. Die Forderung einer konkursantragstellenden Behörde kann nach höchstrichterlicher Rechtsprechung bereits als durch den gestellten Konkursantrag glaubhaft gemacht angesehen werden (BGH LM Nr. 4 § 839 (Fi) BGB; weitere Einzelheiten bei *Mentzel/Kuhn/Uhlenbruck* § 105 Rz. 3). Hängt die Zahlungsunfähigkeit des Schuldners von dem Bestand gerade der dem Konkursantrag zugrundeliegenden Gläubigerforderung ab, genügt grundsätzlich die Glaubhaftmachung nicht; in diesen Fällen muß das Konkursgericht vielmehr von dem Bestand der Forderung überzeugt werden, wobei dem Gläubiger die Beweislast obliegt (OLG Hamm, KTS 1971, 54; *Jaeger/Weber* § 105 Rz. 2). In der Regel wird eine Klärung der streitigen Forderung nur im Klagewege möglich sein.

Der Gläubiger hat weiterhin durch geeignete Angaben zum Wohnsitz bzw. zur kaufmännischen Niederlassung des Schuldners die Zuständigkeit des Konkursgerichts glaubhaft zu machen.

Wenn die Gläubigerforderung nicht zur Überzeugung des Gerichts glaubhaft gemacht ist, weist es den Konkursantrag ab. Gegen den abweisenden Beschluß hat der Antragsteller das Recht der sofortigen Beschwerde gem. § 109 KO.

3. Schuldnerantrag

36 Beantragt der Gemeinschuldner selbst die Eröffnung des Konkursverfahrens, hat er nach § 104 KO ein Verzeichnis der Gläubiger und Schuldner sowie eine Übersicht über die Vermögensmasse einzureichen oder ggf. unverzüglich nachzuliefern. Eine Glaubhaftmachung der Schuldnerangaben, insbesondere der Zahlungsunfähigkeit, fordert das Gesetz nicht (Ausnahmen: § 208 Abs. 2, § 210 Abs. 2, §§ 213, 217 Abs. 2 KO, § 63 GmbHG, 100 Abs. 2 GenG). Offensichtlich ist der Gesetzgeber davon ausgegangen, daß kein Schuldner ohne Grund einen Konkursantrag stellt. Gleichwohl hat das Konkursgericht den Konkursgrund (Zahlungsunfähigkeit und ggf. Überschuldung) auch bei einem Eigenantrag des Schuldners zu prüfen und ein Konkursverfahren nur dann zu eröffnen, wenn es von dem Vorliegen des Konkursgrundes überzeugt ist (vgl. *Böhle-Stamschräder/Kilger* KO, § 104 Anm. 2).

37 Zum Schutze der Gläubiger sieht das Gesetz in zahlreichen Fällen eine **Konkursantragspflicht** für den Schuldner vor. Diese Pflicht ist in der Regel unverzüglich, spätestens aber nach drei Wochen nach Eintritt des Konkursgrundes (Zahlungsunfähigkeit oder Überschuldung) zu erfüllen.

Eine **Konkursantragspflicht** besteht bei *Zahlungsunfähigkeit* oder *Überschuldung* vor allem für Geschäftsführer und Liquidatoren von Gesellschaften mit beschränkter Haftung (§§ 64 Abs. 1, 71 Abs. 2, 84 GmbHG), Vorstandsmitglieder und Liquidatoren von Aktiengesellschaften (§§ 92 Abs. 2, 94, 268 Abs. 2 AktG), Vereinen (§§ 42 Abs. 2, 48, 53, 86, 88, 89 Abs. 2 BGB) und Genossenschaften (§§ 99, 148 GenG) sowie für persönlich haftende Gesellschafter und Liquidatoren einer Kommanditgesellschaft auf Aktien (§§ 92 Abs. 2, 94, 268 Abs. 2, 278 Abs. 2, 283 Nr. 14 AktG). Dasselbe gilt für die vertretungsberechtigten Gesellschafter von Personengesellschaften, die keine natürliche Person als vollhaftenden Gesellschafter haben (§§ 130a, 161 Abs. 2 HGB).

38 Die **Verletzung der Konkursantragspflicht** hat zivil- und strafrechtliche **Sanktionen** zur Folge (vgl. insb. §§ 283 ff. StGB). Die §§ 130 a, 177 a HGB, § 93 AktG und § 64 GmbHG sehen übereinstimmend eine Schadensersatzpflicht der verantwortlichen Organe für den Fall vor, daß das Gesellschaftsvermögen nach Eintritt der Zahlungsunfähigkeit oder Überschuldung durch Zahlungen zu Lasten der Gläubiger gemindert worden ist. Die gesetzlichen Vorschriften zur Konkursantragspflicht sind zugleich Schutzgesetze i. S. d. § 823 Abs. 2 BGB zugunsten der Gesellschafter und der Gesellschaftsgläubiger, denen damit neben der Gesellschaft ein eigener Schadensersatzanspruch zusteht (vgl. auch *Ulmer* KTS 1981, 469 ff.). Zu ersetzen ist hiernach nur der sog. Quotenschaden, d. h. die Vermögensbeeinträchtigung, die aus einer Verminderung der Konkursquote infolge der verspäteten Konkursantragstellung resultiert (vgl. BGHZ 29, 100, 106 f.; *Ulmer* a. a. O., S. 487).

Die genannten Gläubigerschutzvorschriften begünstigen daher durchweg nicht die Neugläubiger, die erst in der Krise mit dem Gemeinschuldnerunternehmen kontrahieren, da vielfach in diesem Zeitpunkt die Konkursquote bereits „null" ist und sich somit nicht weiter verschlechtern kann.

39 Die Konkursantragspflicht zwingt die Geschäftsführung zu einer sorgfältigen Beobachtung der Vermögens- und Liquiditätslage. Daher müssen die verantwortlichen Vertreter z. B. einer GmbH oder GmbH & Co. KG in Krisenzeiten ihre Buchführungs- und Prüfungspflichten besonders ernst nehmen. Es besteht zwar keine generelle Verpflichtung zur regelmäßigen Erstellung von Zwischenabschlüssen. Jedoch dürfen die Verantwortlichen ihre Entscheidungen nicht allein auf der Grundlage von Jahresbilanzen treffen; sie müssen vielmehr immer dann, wenn Anhaltspunkte für das Vorliegen eines Konkursgrundes erkennbar sind, Zwischenbilanzen ziehen und die Zahlungsbereitschaft prüfen (vgl. hierzu *Scholz/K. Schmidt* §§ 63 Anm. 9 ff., 64; *Uhlenbruck* Die GmbH & Co. KG in Krise, Konkurs und Vergleich, S. 18 f.). Strafrechtlich ist jedoch bei der GmbH immer noch der letzte Jahresabschluß maßgeblich (vgl. hierzu *Rowedder*, GmbHG, § 84 Rz. 15).

40 Die **Drei-Wochenfrist** für die Konkursantragstellung beginnt mit Kenntnis des zuständigen Vertreters vom Vorliegen eines Konkursgrundes. Ihr Schlußtag ist zugleich die absolute zeitliche Grenze für etwaige Sanierungsbemühungen, obgleich sich diese Frist in der Praxis regelmäßig als zu kurz erweist (vgl. BGH, NJW 1979, 1829; BGHZ 75, 96). Vielfach ist es schwierig, einem verantwortlichen Organ die Kenntnis von dem Vorliegen eines Konkursgrundes nachzuweisen. Liegen die objektiven Kriterien, die für eine Konkursreife sprechen, jedoch vor, muß der zur ständigen Überprüfung der wirtschaftlichen Lage des Unternehmens verpflichtete Vertreter seinerseits entlastende Tatsachen vorbringen, wenn er den Vorwurf der Konkursverschleppung entkräften will (vgl. *Ulmer* KTS 1981, 469 ff.).

41 Nach ständiger Rechtsprechung wird der Geschäftsführer bzw. Vorstand einer Gesellschaft nicht von der Haftung frei, wenn er nach Eintritt der Konkursreife sein **Amt niederlegt.** Er hat vielmehr vor der Niederlegung selbst den Konkursantrag zu stellen oder seinen Nachfolger zu einer entsprechenden Antragstellung zu veranlassen (BGH, NJW 1952, 554). Schließlich ist darauf hinzuweisen, daß auch der nicht im Handelsregister eingetragene Geschäftsführer, der tatsächlich für die Gesellschaft tätig wird, neben dem eingetragenen Geschäftsführer zur Konkursantragstellung verpflichtet ist, wenn er mit dem Einverständnis der Gesellschafter eine überragende Stellung in der Geschäftsführung einnimmt (vgl. BGH, ZIP 1983, 173 f.).

4. Form des Antrages

42 Für den Konkursantrag ist eine bestimmte Form nicht vorgeschrieben. Der Antrag kann schriftlich oder zu Protokoll der Geschäftsstelle des zuständigen Konkursgerichts gestellt werden.

5. Zuständiges Gericht

43 Für die Durchführung des Konkursverfahrens ist das Amtsgericht zuständig, bei dem der Gemeinschuldner seine gewerbliche Niederlassung hat (§ 71 Abs. 1 KO).

Unter gewerblicher Niederlassung ist dabei nur die Hauptniederlassung, also der Mittelpunkt der wirtschaftlichen Betätigung des Gemeinschuldners, zu verstehen. Die Eintragung im Handelsregister bewirkt nicht notwendigerweise die Gerichtszuständigkeit für das Konkursverfahren, sie kann lediglich als Entscheidungskriterium herangezogen werden (vgl. *Mentzel/Kuhn/Uhlenbruck* § 71 Anm. 3). Hat der Gemeinschuldner keine gewerbliche Niederlassung, wird die örtliche Zuständigkeit des Konkursgerichts durch den allgemeinen Gerichtsstand bestimmt (§§ 71 Abs. 1 KO, §§ 13 ff. ZPO), d. h. es wird an den Wohnsitz des Schuldners angeknüpft.

Sind im Einzelfall mehrere Gerichte zuständig, z. B. wenn der Schuldner keine gewerbliche Niederlassung und mehrere Wohnsitze hat, ist das Amtsgericht zuständig, bei dem zuerst der Konkurs beantragt worden ist (§ 71 Abs. 2 KO).

6. Konkursgründe

44 Sachliche Voraussetzung für die Eröffnung eines Konkursverfahrens ist das Vorliegen eines Konkursgrundes. Das Gesetz kennt zwei Konkursgründe: Zahlungsunfähigkeit und Überschuldung (materielle Konkursgründe).

Während die Zahlungsunfähigkeit gem. § 102 KO regelmäßig Konkursgrund ist (Einzelheiten und Ausnahmen bei *Mentzel/Kuhn/Uhlenbruck* § 102 Rz. 1), stellt die Überschuldung einen Konkursgrund nur bei juristischen Personen, Vereinen und Personengesellschaften, bei denen kein persönlich haftender Gesellschafter eine natürliche Person ist – wie zumeist bei der GmbH & Co. KG –, dar (§§ 207, 209, 213 KO, § 63 Abs. 1 GmbHG, § 92 Abs. 2 AktG, §§ 130 a, 177 a HGB; Einzelheiten und Ausnahmen bei *Mentzel/Kuhn/Uhlenbruck* § 102 Anm. 1).

a) Zahlungsunfähigkeit

45 Zahlungsunfähigkeit ist das auf dem Mangel an Zahlungsmitteln beruhende *dauernde Unvermögen* des Schuldners, seine fälligen Geldschulden noch *im wesentlichen* zu berichtigen (BGH KTS 1957, 12). Diese Definition enthält zwangsläufig einen Beurteilungsspielraum im Hinblick auf die Frage der *Dauer des Unvermögens* (im Gegensatz zur vorübergehenden Zahlungsstockung, die die Voraussetzungen der Zahlungsunfähigkeit nicht erfüllt) sowie bezüglich des Merkmals *im wesentlichen*.

46 In der Rechtsprechung sind zum zeitlichen Kriterium der **Dauer** keine exakten Stellungnahmen zu finden. Soweit sich die Rechtsprechung hierzu geäußert hat, wurden sehr kurze Zeiträume zugrunde gelegt. In einer Reichsgerichtsentscheidung aus dem Jahre 1926 betrug der fragliche für die Abgrenzung der Zahlungsunfähigkeit zur Zahlungsstockung entscheidende Zeitraum lediglich *vier Wochen* (RG, JW 1927, 386, vgl. auch RG, JW 1912, 306: ca. 2 Monate; RGZ 132, 282 f.: ca. 8 Tage). In der Literatur bestehen gleichermaßen zeitlich engbegrenzte Vorstellungen. Zum Teil wird Zahlungsunfähigkeit bejaht, wenn der Mangel länger als *zehn Tage* dauert (vgl. *Obermüller* DB 1973, 267, 269). Andere Autoren wollen erst nach Ablauf eines Zeitraums von bis zu *drei Monaten* Zahlungsunfähigkeit eintreten lassen (vgl. *Papke* DB 1969, 735, 736; Veit, ZIP 1982, 273 ff., 276; *Schlüchter* MDR 1978, 265, 268). Im Hinblick auf den Zeitfaktor ist die Rechtslage folglich noch nicht abschließend geklärt.

47 Bezüglich des Merkmals der **Wesentlichkeit** bestehen in der Rechtsprechung ebenfalls keine fest umrissenen Vorstellungen. Offensichtlich will die Rechtsprechung aber nur bei ganz geringfügigen Liquiditätsunterdeckungen keine Zahlungsunfähigkeit annehmen (vgl. RGZ 50, 41). In der Literatur ist umstritten, bis zu welchem Prozentsatz der liquiditätsmäßig nicht gedeckte Teil der fälligen Schulden noch als unwesentlich bzw. geringfügig angesehen werden kann. *Mentzel/Kuhn/ Uhlenbruck* (§ 102 Rz. 4) halten das Merkmal der Wesentlichkeit bereits dann für erfüllt, wenn 10% der fälligen Verbindlichkeiten nicht bezahlt werden können. Andere Autoren sehen die Schwelle erst bei 15–25% erreicht (*Papke* DB 1969, 735, 736). *Schlüchter* (a. a. O.) hält aus strafrechtlicher Sicht Zahlungsunfähigkeit erst bei einer Unterdeckung von mehr als 50% für gegeben (MDR 1978, 268). Dieser Prozentsatz dürfte übersetzt sein; er wird auch von Strafrechtlern als entschieden zu hoch empfunden (vgl. *Hoffmann* MDR 1979, 713, 714).

48 Die Feststellung der Zahlungsunfähigkeit kann in der Regel nur durch eine **Liquiditätsprüfung** zuverlässig getroffen werden. Der Nachweis der Zahlungsunfähigkeit wird allerdings durch die Vorschrift des § 102 Abs. 2 KO erleichtert. Danach ist Zahlungsunfähigkeit insbesondere anzunehmen, wenn der Schuldner die Zahlungen eingestellt hat. Die **Zahlungseinstellung** ist somit die wichtigste Erscheinungsform der Zahlungsunfähigkeit (vgl. *Böhle-Stamschräder/Kilger* KO, § 102 Anm. 3). Sie liegt nach herrschender Auffassung vor, wenn die Zahlungsunfähigkeit *nach außen in Erscheinung* getreten ist (BGH, KTS 1960, 38). Jedes Verhalten des Schuldners, das den Zustand der Zahlungsunfähigkeit erkennen läßt, dokumentiert die Zahlungseinstellung (vgl. auch BGH, BB 1957, 941 f.). Die fälligen Verbindlichkeiten – zumindest ein Teil hiervon – müssen von den Gläubigern *ernsthaft eingefordert* werden (BGH, WM 1959, 470 f.). Nicht gefordert wird allgemeine Erkennbarkeit; es reicht vielmehr für das Vorliegen der Zahlungseinstellung aus, daß die Zahlungsunfähigkeit zumindest den beteiligten Geschäftskreisen offenkundig wird (BGH, KTS 1960, 38, 39). Im Einzelfall kann sogar ausreichen, daß die Zahlungsunfähigkeit nur *einem* Gläubiger als Grund der Nichtzahlung erkennbar ist (vgl. *Böhle-Stamschräder/Kilger,* KO, § 30 Anm. 5). Auch gehört es nicht zum Begriff der Zahlungseinstellung, daß überhaupt keine Zahlungen mehr geleistet werden. Es reicht vielmehr aus, daß der Schuldner *im allgemeinen* seine fälligen Verbindlichkeiten nicht mehr erfüllen kann, und zwar auch dann, wenn er vereinzelt noch Zahlungen leistet (*Mentzel/Kuhn/Uhlenbruck* § 30 Rz. 3; BGH, ZIP 1985, 363 = EWiR § 30 KO 1/85, 195 (Merz))

49 Die Zahlungseinstellung kann durch Zuführung neuer Kreditmittel oder durch eine Stundung von Verbindlichkeiten seitens der Gläubiger nur dann **beseitigt** werden, wenn der Schuldner die Zahlungen *allgemein* wieder aufnimmt (BGH LM § 30 Nr. 1 KO). Nur unzureichender neuer Kredit bzw. Stundung einer oder weniger Forderungen können die Zahlungseinstellung nicht beseitigen.

50 Es haben sich in Laufe der Zeit zahlreiche Kriterien herausgebildet, die bei entsprechender Glaubhaftmachung die **Zahlungsunfähigkeit indizieren,** z. B. Einstellung des Geschäftsbetriebes, Nichtzahlung von Energie- und Rohstofflieferungen, von Löhnen und Gehältern sowie Krankenkassenbeiträgen und Steuern, Wechselproteste und Zwangsvollstreckungen (vgl. BGH, BB 1957, 941; *Senst/Eickmann/Mohn* Rz. 80 m. w. N.).

b) Überschuldung

51 Überschuldung liegt vor, wenn das Vermögen des Schuldners nicht mehr seine Verbindlichkeiten deckt, wenn mithin die Aktiva geringer sind als die Passiva (vgl. *K. Schmidt* ZIP 1980, 233 ff., 235). Von der Überschuldung ist die **Unterbilanz** zu unterscheiden. Bis zur vollständigen Aufzehrung des Eigenkapitals und der stillen Reserven liegt lediglich eine Unterbilanz vor; sobald das Eigenkapital aufgezehrt ist und unter Einbeziehung der stillen Reserven nicht mehr die Schulden deckt, beginnt die Überschuldung (*Mentzel/Kuhn/Uhlenbruck* § 102 Rz. 2). Auch eine **Unterkapitalisierung,** die immer dann vorliegt, wenn das Unternehmen nicht mit dem für seinen Geschäftsbetrieb erforderlichen Eigenkapital ausgestattet ist, muß nicht notwendigerweise zu einer Überschuldung führen.

Obgleich sich die Ermittlung der Überschuldung als juristisches Problem darstellt, ist sie grundsätzlich nur mit Hilfe betriebswirtschaftlicher Maßstäbe feststellbar, da Bewertungsfragen im Vordergrund stehen. Auch können Feststellungen nicht losgelöst vom Rechnungswesen des Unternehmens getroffen werden (vgl. hierzu *Auler* DB 1976, 2169 ff.).

52 Zur Ermittlung der Überschuldung kann nicht auf die nach handels- und steuerrechtlichen Grundsätzen erstellte Bilanz zurückgegriffen werden, vielmehr ist ein sog. **Überschuldungsstatus** aufzustellen. Dieser Status ist eine Vermögensbilanz, die sämtliche Vermögensgegenstände und Schulden mit ihrem Zeitwert ausweist (vgl. *Mentzel/Kuhn/Uhlenbruck* § 102 Rz. 2). Es ist umstritten, ob die Bewertung der Vermögensgegenstände nach Betriebsbestehenswerten („going concern") oder nach Liquidationswerten vorzunehmen ist (vgl. *K. Schmidt* ZIP 1980, 233 ff.). Nach bislang herrschender Auffassung ist bei der Bewertung der Vermögensgegenstände von der Fortführung des Unternehmens auszugehen, wenn keine Anhaltspunkte dafür

bestehen, daß das Unternehmen nicht weiter lebensfähig ist (vgl. *Geßler/Hefermehl/ Eckardt/Kropff* § 92 Anm. 17; *Mentzel/Kuhn/Uhlenbruck* § 102 Rz. 2). Nach einer neueren Literaturmeinung (sog. **modifizierte zweistufige Theorie** vgl. *Scholz/K. Schmidt* § 63 Rz. 13; *K. Schmidt* ZIP 1980, 233, 235 sowie *Ulmer* KTS 1981, 469, 475 ff.) ist einerseits die sog. *rechnerische Überschuldung* anhand einer Überschuldungsbilanz zu Liquidationswerten zu ermitteln. Daneben ist eine *Prognose* über die künftige Ertragsentwicklung anzustellen. Auf die Reihenfolge der Anwendung der beiden Prüfungsmethoden kommt es nicht an. Ergibt die betriebswirtschaftliche Analyse eine positive Fortführungsprognose, ist keine Überschuldung anzunehmen. Unverkennbar verlagert die neuere Literaturmeinung die Frage nach der Insolvenzreife in den Bereich der Fortführungsprognose. Wie eine solche Prognose im konkreten Fall verantwortlich gestellt werden kann, ist ein ungeklärtes Problem. Ist schon zweifelhaft, ob überhaupt eine betriebswirtschaftliche Methode existiert, die über die künftige Entwicklung eines Unternehmens zuverlässig Aufschluß geben kann, so muß eine solche Untersuchung besonders dann fragwürdig erscheinen, wenn sie in kürzester Zeit im Rahmen eines Konkurseröffnungsverfahrens bei einem Unternehmen, das häufig nur über ein unzulängliches Rechnungswesen verfügt, erfolgen muß.

53 Auch der Konkursgrund der Überschuldung ist glaubhaft zu machen. Die Glaubhaftmachung wird dadurch erleichtert, daß die Konkursgerichte in der Praxis eigene Recherchen anstellen oder **Sachverständige** beauftragen.

II. Verfahren bis zur Konkurseröffnung

1. Formelle Prüfung des Konkursantrags

54 In formeller Hinsicht wird der Konkursantrag auf die sachliche und örtliche Zuständigkeit des Gerichts, die Antragsberechtigung (Prozeßfähigkeit, Vollmacht) und die Konkursfähigkeit des Schuldners überprüft. Bei einem Gläubigerantrag bezieht sich die Prüfung des Konkursgerichts auch auf das Rechtsschutzbedürfnis sowie die Glaubhaftmachung der Forderung des Gläubigers und des Konkursgrundes.

2. Materielle Prüfung des Konkursantrags

55 Hat sich das Gericht von der Zulässigkeit des Konkursantrags überzeugt, folgt die Prüfung der materiellen Konkursvoraussetzung (Zahlungsunfähigkeit bzw. Überschuldung).

Nach der Zulassung eines Gläubigerantrags muß das Konkursgericht zwingend zunächst gem. § 105 Abs. 2 KO den Schuldner hören. Die Anhörung dient einerseits der Gewährung des **rechtlichen Gehörs,** andererseits fördert sie die Ermittlungstätigkeit des Richters im Hinblick auf die Feststellung des Konkursgrundes. Grundsätzlich ist es dem Richter überlassen, wie er sich einen Überblick über die Vermögenslage des Schuldners verschafft. Er kann den Schuldner zur Abgabe einer schriftlichen Stellungnahme auffordern oder ihn persönlich anhören (vgl. *Böhle-Stamschräder/Kilger,* KO, § 75 Anm. 1 a). Ein Zeugnisverweigerungsrecht steht dem Schuldner nicht zu (BVerfG, ZIP 1981, 361).

Der Schuldner kann alle **Einwendungen** vorbringen, die der Eröffnung des Konkursverfahrens entgegenstehen, gleichgültig ob es sich um Einwendungen gegen formelle oder materielle Konkursvoraussetzungen handelt (vgl. *Mentzel/Kuhn/Uhlenbruck* § 105 Rz. 10). Unterläßt das Konkursgericht die Anhörung des Schuldners, liegt ein Verfahrensmangel vor, der die Aufhebung eines etwa später ergangenen Konkurseröffnungsbeschlusses rechtfertigt (OLG Düsseldorf, KTS 1959, 175). Andererseits ist der Anhörungspflicht genügt, wenn das Konkursgericht dem Gemeinschuldner Gelegenheit zur Stellungnahme gegeben hat (OLG Frankfurt, KTS 1971, 285).

Bei einem gegen eine Offene Handelsgesellschaft gerichteten Konkursantrag sind alle Gesellschafter zu hören, nicht nur die geschäftsführenden Gesellschafter (OLG Düsseldorf, KTS 1959, 175).

56 Kann sich das Konkursgericht durch Vernehmung des Schuldners sowie Einsicht in Unterlagen nicht von dem Vorliegen des Konkursgrundes überzeugen, kann es die Beiziehung eines **Sachverständigen** veranlassen, denn die Ermittlungen müssen wegen der wirtschaftlichen Bedeutung des Konkursverfahrens für alle Beteiligten besonders sorgfältig geführt werden (BGH, KTS 1957, 12). Die Beauftragung eines Sachverständigen ist nicht etwa dadurch ausgeschlossen, daß derartige Maßnahmen die Verfahrenskosten erhöhen.

57 Gewinnt das Gericht nicht die erforderliche Überzeugung, daß ein Konkursgrund vorliegt, ist der Konkursantrag als sachlich unbegründet abzuweisen, gleichgültig, ob es sich um einen Eigenantrag des Schuldners oder um einen Gläubigerantrag handelt. Zweifel im Hinblick auf das Vorliegen des Konkursgrundes gehen daher regelmäßig zu Lasten des Antragstellers (*Mentzel/Kuhn/Uhlenbruck* § 105 Rz. 4).

3. Vorläufige Sicherungsmaßnahmen

58 Bis zur Entscheidung des Gerichts über den Konkursantrag, die regelmäßig einige Zeit in Anspruch nimmt, besteht die Gefahr, daß einerseits der Schuldner Vermögensgegenstände beiseite schafft oder andererseits Gläubiger die Vermögensmasse des Schuldners durch Einzelzwangsvollstreckungsmaßnahmen schmälern. Das Gesetz sieht daher für die Zeit des Konkurseröffnungsverfahrens die Anordnung von Sicherungsmaßnahmen gem. § 106 KO vor. Die Anordnungen hat der Konkursrichter nach pflichtgemäßem Ermessen zu treffen, sobald sie im Interesse der Erhaltung und Sicherung der Konkursmasse notwendig erscheinen. Die wichtigsten Sicherungsmaßnahmen sind das *allgemeine Veräußerungsverbot*, die *Sequestration* und die *Zwangsverwaltung von Grundbesitz*. Der Konkursrichter kann aber auch andere zur Sicherung der Konkursmasse geeignete Anordnungen treffen, z. B. die Haft des Schuldners anordnen, den Geschäftsbetrieb schließen und eine Postsperre verfügen (*Jaeger/Weber* § 106 Anm. 1).

a) Allgemeines Veräußerungsverbot

59 Das allgemeine Veräußerungsverbot ist eine der wirksamsten Maßnahmen zur Sicherung der späteren Konkursmasse. Durch die Anordnung dieser Sicherungsmaßnahme wird die Verfügungsbefugnis des Schuldners eingeschränkt (OLG Köln, KTS 1971, 52, 53); verbotswidrig vorgenommene Verfügungen des Schuldners sind gem. §§ 135, 136 BGB *relativ,* d. h. gegenüber den späteren Konkursgläubigern *unwirksam* (a. A. *Gerhardt* Einhundert Jahre Konkursordnung, S. 111, 120 ff.), so daß die Verfügung im Verhältnis zur späteren Konkursmasse kein Recht begründet. Unwirksam in diesem Sinne sind alle rechtsgeschäftlichen Verfügungen des Schuldners über Massegegenstände, wie z. B. die Veräußerung, die Belastung und Aufhebung von Rechten, der Erlaß und die Einziehung von Forderungen zu Lasten der späteren Konkursmasse (*Mentzel/Kuhn/Uhlenbruck* § 106 Rz. 4). Zwangsvollstreckungen und Arrestvollziehungen eines Gläubigers in das Vermögen des Schuldners sind zulässig, dürfen jedoch zu keiner Befriedigung führen (§ 772 ZPO). Mit der Konkurseröffnung werden diese Vollstreckungsmaßnahmen unwirksam.

60 Wirksam wird das allgemeine Veräußerungsverbot (BGH, ZIP 1982, 464) nur mit der **Zustellung** an den Schuldner (§ 73 Abs. 2 KO). Eine öffentliche Bekanntmachung des Gerichtsbeschlusses kann die Wirksamkeit des allgemeinen Veräußerungsverbots nicht herbeiführen. Dennoch kann die öffentliche Bekanntmachung zweckmäßig sein, um einen gutgläubigen Dritterwerb zu verhindern (*Mentzel/Kuhn/Uhlenbruck* § 106 Rz. 3).

b) Sequestration

61 Mit der Anordnung eines allgemeinen Veräußerungsverbots allein wird der Sicherungszweck im Konkurseröffnungsverfahren vielfach nicht erreicht. Der Konkursrichter kann in solchen Fällen als weitere Sicherungsmaßnahme im Rahmen des § 106 KO die Sequestration des Schuldnervermögens anordnen, d. h. die Verwaltung des Schuldnervermögens oder des gesamten Geschäftsbetriebes einer gerichtlich eingesetzten Vertrauensperson (Sequester) unterwerfen (vgl. hierzu BGH, NJW 1961,

1304, 1305; *Mentzel/Kuhn/Uhlenbruck* § 106 Rz. 6). Nach den Motiven der Konkursordnung sollte die Sequestration ausschließlich zur Sicherung der späteren Konkursmasse gegen masseschädigende Verfügungen des Schuldners dienen. Da die Rechtsstellung des Sequesters jedoch nicht gesetzlich geregelt ist, haben sich im Laufe der Zeit unterschiedliche Rechtsauffassungen in bezug auf den zulässigen Regelungsinhalt der Sequestration und die Befugnisse des Sequesters ergeben. In der Praxis hat dies zu einer weitgehenden Rechtsunsicherheit geführt, die auch durch ein obiter dictum in einer Entscheidung des Bundesgerichtshofs im Jahre 1982 nicht beseitigt worden ist (BGH, ZIP 1983, 191, 192).

Nach diesem Urteil des BGH (ZIP 1983, 191) soll durch die Sequestration als vorläufiges Sicherungsmittel des § 106 KO eine Sicherung der künftigen Konkursmasse erreicht werden (vgl. auch BGHZ 35, 13, 17). Demgemäß ist der Sequester nur berechtigt, die zur *Erhaltung* der Masse notwendigen Maßnahmen zu treffen. Umfassende Verwaltungs- und Verfügungsbefugnisse stehen ihm nicht zu (vgl. auch *Henckel* ZZP 94, 347, 349; *Gerhardt* ZIP 1982, 1). Der Sequester kann infolgedessen nicht mit dem Konkursverwalter gleichgestellt werden.

Demgegenüber hat sich in der Praxis ein Bedürfnis ergeben, den Sequester mit weitgehenden **Verwaltungs- und auch Verfügungskompetenzen** auszustatten. Das gilt insbesondere für die Betriebsfortführung im Rahmen des Konkurseröffnungsverfahrens, die der Schuldner aufgrund seiner rechtlichen und faktischen Entmachtung nicht mehr gewährleisten kann. Würde man dem Sequester in dieser Situation die notwendigen Verwaltungs- und Verfügungskompetenzen absprechen, hätte das zwangsläufig zur Folge, daß der Geschäftsbetrieb zum Erliegen kommt. Der dadurch eintretende Schaden der Gläubiger soll aber gerade durch die Anordnung der Sequestration vermieden werden.

Andererseits ist zu bedenken, daß die Sequestration nur eine **vorläufige** Sicherungsmaßnahme bis zur Entscheidung des Gerichts über die Konkurseröffnung darstellt. Sie soll den Gläubigern die Substanz des schuldnerischen Vermögens bis zur Konkurseröffnung möglichst ungeschmälert erhalten, nicht aber schon die Wirkung des Konkurses, d. h. die Liquidation des Unternehmens, vorwegnehmen. Denn vor Entscheidung über den Konkursantrag steht noch nicht fest, ob die Konkursvoraussetzungen vorliegen und ein Konkursverfahren eröffnet werden kann. Der vom Gericht bestellte Sequester kann daher nicht wie der Konkursverwalter als Liquidator der schuldnerischen Vermögensmasse handeln (vgl. *Gerhardt* ZIP 1982, 4, 6 f.).

Diese Interessenlage zwingt dazu, dem Sequester lediglich Handlungen zu gestatten, die sich im Rahmen der Vermögens*sicherung* bewegen. Der Sequester darf demnach grundsätzlich nicht das schuldnerische Geschäft schließen (BGH, NJW 1961, 1303, 1304), Aus- und Absonderungsgläubiger befriedigen, einen Sozialplan abschließen, das Schuldnervermögen – soweit nicht zur Vermeidung von Wertverzehr erforderlich – verwerten sowie laufende Verträge kündigen oder neue Verträge abschließen (vgl. hierzu *Mentzel/Kuhn/Uhlenbruck* § 106 Rz. 6). Wenn im Einzelfall zur Sicherung der Konkursmasse derartige Maßnahmen erforderlich sind, kann das Konkursgericht diese auch ausdrücklich anordnen (*Mentzel/Kuhn/Uhlenbruck* § 106 Rz. 6).

Allein diese am Sicherungszweck orientierte Betrachtung wird dem rechtlichen Charakter der Sequestration als vorläufige Sicherungsmaßnahme gerecht und entspricht dem Sinn und Zweck des § 106 KO. Diese Rechtsauffassung bedeutet aber zugleich, daß der Sequester seine Aufgabe in der Praxis häufig nur durch Hinziehung des Schuldners erfüllen kann. Das gilt insbesondere im Falle der Betriebsfortführung während des Konkurseröffnungsverfahrens, die zum Aufgabenbereich des Sequesters gehört (*Böhle-Stamschräder/Kilger* KO, § 106 Anm. 4; vgl. auch *Kübler* ZGR 1982, 498, 500). Denn selbständig kann der Sequester – mit Ausnahme der erwähnten Ermächtigungen durch das Gericht – weder Verträge abschließen noch Produkte veräußern.

62 Höchstrichterlich bislang nicht entschieden ist die Frage, ob die im Rahmen einer Betriebsfortführung im Konkurseröffnungsverfahren vom Schuldner mit Zustimmung des Sequesters begründeten Verbindlichkeiten im späteren Konkursverfahren Masseschulden oder nur Konkursforderungen darstellen (vgl. OLG Düsseldorf, ZIP 1984, S. 728; OLG Schleswig, ZIP 1985, 820 = EWiR § 59 KO 6/85, 407; *von*

Gerkan). In diesem Zusammenhang wird immer wieder die persönliche Haftung des Sequesters gem. § 82 KO analog diskutiert, weil die Gläubiger sich vielfach aufgrund der Amtseigenschaft des Sequesters „sicher fühlen" und von einer Bezahlung ihrer Forderungen durch die Masse ausgehen.

c) Weitere Sicherungsmaßnahmen

63 Das Konkursgericht kann schließlich nach § 106 KO auch sonstige erforderliche Sicherungsmaßnahmen anordnen. Dazu gehören z. B. die Versiegelung von Räumlichkeiten, die Schließung des Geschäftsbetriebes, die Anordnung der Zwangsverwaltung von Grundstücken und die Anordnung der Haft des Schuldners. Sämtliche Sicherungsmaßnahmen nach § 106 KO stehen im Ermessen des Konkursrichters, dem die Amtspflicht obliegt, nur diejenigen Maßnahmen zu ergreifen, die im Interesse der Erhaltung der Konkursmasse notwendig sind (vgl. dazu *Böhle-Stamschräder/ Kilger* KO, § 106 Anm. 2).

d) Rechtsmittel

64 Gegen die Anordnungen des Konkursgerichts, mit denen Sicherungsmaßnahmen gem. § 106 KO verfügt werden, steht dem Schuldner das Recht der sofortigen Beschwerde gem. § 73 Abs. 3 KO zu. Stellt sich heraus, daß der Sicherungszweck entfallen ist, müssen die Sicherungsmaßnahmen aufgehoben werden.

4. Aussetzung und Rücknahme des Konkursantrags

a) Aussetzung

65 Der Schuldner kann den Konkurs auch noch nach Eingang eines Konkursantrags beim Gericht durch einen Antrag auf Eröffnung des gerichtlichen Vergleichsverfahrens abwenden. Nach § 46 VglO ist die Entscheidung des Gerichts über den Konkursantrag in diesem Fall bis zur *Rechtskraft* der Entscheidung über den Vergleichsantrag kraft Gesetzes ausgesetzt. Erst bei Scheitern des Vergleichsverfahrens kann das Gericht von Amts wegen über den Konkursantrag entscheiden, d. h. ihn abweisen oder aber die Eröffnung des (Anschluß-) Konkurses verfügen (§§ 19 Abs. 1, 80 Abs. 1, 96 Abs. 5, 101, 102 VglO).

Die Aussetzungswirkung tritt ebenfalls ein, wenn während eines bereits anhängigen Vergleichseröffnungsverfahrens Gläubiger einen Konkursantrag stellen.

b) Rücknahme

66 Während die Aussetzung des Konkurseröffnungsverfahrens im Falle der Vergleichsantragstellung nur *vorübergehend* wirkt, kann der Antragsteller (Schuldner oder Gläubiger) das Konkurseröffnungsverfahren jederzeit durch Rücknahme seines Antrages, die bis zum Wirksamwerden der Entscheidung des Gerichts über den Konkursantrag möglich ist, *endgültig* beenden. Bei einer Abweisung mangels Masse (§ 107 KO) kann der Konkursantrag auch nach der gerichtlichen Entscheidung noch solange zurückgenommen werden, als diese noch nicht rechtskräftig ist (*Mentzel/ Kuhn/Uhlenbruck*, § 103 Rz. 2).

67 Die **Kosten** des durch Rücknahme des Antrags beendeten Konkurseröffnungsverfahrens hat grundsätzlich der Antragsteller zu tragen (§ 50 GKG, § 271 Abs. 3 ZPO entsprechend). Entgegen einer früher vertretenen Auffassung fallen dem Antragsteller die Kosten auch dann zur Last, wenn er wegen seiner Forderung zwischenzeitlich vom Schuldner befriedigt worden ist und infolgedessen den Konkursantrag zurücknimmt bzw. ohne Rücknahme den Antrag darauf beschränkt, dem Schuldner die Verfahrenskosten aufzuerlegen (*Böhle-Stamschräder/Kilger*, KO, § 103 Anm. 2).

5. Entscheidung über den Konkursantrag

68 Hat das Gericht die erforderlichen Ermittlungen zur Entscheidung über den Konkursantrag abgeschlossen, muß es in jedem Fall über den Antrag entscheiden. Der Konkursantrag kann als unzulässig oder unbegründet zurückgewiesen, mangels

Masse abgewiesen oder durch Eröffnung des Konkursverfahrens positiv beschieden werden.

a) Zurückweisung

69 Fehlt es an den *formellen* Voraussetzungen für eine Konkurseröffnung, z. B. der Antragsberechtigung, dem Rechtsschutzinteresse, der Zuständigkeit des angerufenen Gerichts oder schließlich der Glaubhaftmachung der Forderung des antragstellenden Gläubigers sowie der Zahlungsunfähigkeit bzw. der Überschuldung, muß das Konkursgericht den Antrag als *unzulässig* zurückweisen. Die Entscheidung ergeht durch Beschluß. Der Antragsteller hat die Kosten des Konkurseröffnungsverfahrens zu tragen (§ 91 ZPO, § 72 KO).

Das Gericht hat den Konkursantrag als *unbegründet* zurückzuweisen, wenn die *sachlichen* Voraussetzungen nicht vorliegen, z. B. wenn ein Konkursgrund nicht zur Überzeugung des Gerichts nachgewiesen werden konnte. Auch in diesem Fall hat der Antragsteller die Kosten des Verfahrens zu tragen (§ 91 ZPO, § 72 KO). Trotz der Zurückweisung des Konkursantrags sind Gläubiger oder Schuldner jederzeit berechtigt, einen weiteren Konkursantrag mit neuer Begründung zu stellen.

b) Abweisung mangels Masse

70 Ist eine die Kosten des Konkursverfahrens deckende freie Masse nach der Überzeugung des Gerichts nicht vorhanden, muß gem. § 107 Abs. 1 Satz 1 KO eine Abweisung des Eröffnungsantrags erfolgen. Entgegen dem Wortlaut des § 107 Abs. 1 Satz 1 KO müssen nach herrschender Auffassung wegen der Rangfolge des § 60 KO die den Massekosten des § 58 KO vorgehenden Masseschulden nach § 59 Abs. 1 Nr. 1, 2 KO bei der Feststellung der Masseunzulänglichkeit berücksichtigt werden (*Böhle-Stamschräder/Kilger* § 107 Anm. 2). Der Konkursantrag muß infolgedessen auch dann mangels Masse abgewiesen werden, wenn das vorhandene freie Vermögen des Schuldners zwar zur Deckung der Massekosten des § 58 Nr. 1, 2 KO, nicht aber auch zur Deckung der Masseschulden des § 59 Abs. 1 Nr. 1, 2 KO ausreicht.

Auch wenn sich herausstellt, daß die freie Masse zur Eröffnung eines Konkursverfahrens nicht ausreicht, hat die Abweisung des Konkursantrags gem. § 107 Abs. 1 Satz 2 KO zu unterbleiben, wenn ein zur Deckung der in § 58 Nr. 1, 2 KO bezeichneten Massekosten ausreichender Geldbetrag von einem Gläubiger vorgeschossen wird. Der Schuldner selbst kann bei einem Eigenantrag die Konkurseröffnung durch eine Vorschußzahlung nicht erreichen, da sein gesamtes Vermögen ohnehin bei der Ermittlung der zur Verfügung stehenden Masse berücksichtigt wird, es sei denn, er leistet den Vorschuß aus *konkursfreiem* Vermögen.

71 Der **Massekostenvorschuß** fällt nicht in die Konkursmasse, er ist vielmehr treuhänderisches Zweckvermögen, das ausschließlich zur Deckung der Massekosten des § 58 Nr. 1, 2 KO vom Konkursverwalter verwendet werden darf. In der Praxis ist die Abwicklung eines durch einen Massekostenvorschuß eröffneten Konkursverfahrens in der Regel nicht gewährleistet, da der Vorschuß nicht zur Bestreitung von *Masseschulden* verwendet werden darf. Sämtliche Aufwendungen im Zusammenhang mit der Abwicklung des Konkursverfahrens dürfen nicht aus dem Massekostenvorschuß bestritten werden, so daß nach einer Eröffnung vielfach alsbald die Einstellung mangels Masse gem. § 204 KO folgt. Der Antragsteller muß sich infolgedessen darüber klar sein, daß er mit seinem Vorschuß die Abwicklung des Konkursverfahrens häufig nicht erreichen kann. In diesem Zusammenhang wirkt sich die jüngste Rechtsprechung des Bundesgerichtshofs nachteilig aus. So hat der BGH entschieden, daß der Konkursverwalter durch die Abwicklung bedingte sog. Neumasseschulden nicht vorrangig zu Lasten der Altmasseschulden befriedigen darf (BGH, ZIP 1984, 612). Auch diese Entscheidung trägt dazu bei, daß massearme Konkursverfahren vielfach nicht mehr abgewickelt werden können, so daß auch im Falle der Eröffnung aufgrund eines geleisteten Massekostenvorschusses kurzfristig die Einstellung gem. § 204 KO nachfolgen muß.

72 Wird das Konkursverfahren mit Hilfe eines Vorschusses eröffnet und befriedigt der Konkursverwalter aus dem Vorschuß Massekostengläubiger des § 58 Nr. 1, 2

KO, rückt der antragstellende Gläubiger, der den Vorschuß gezahlt hat, wie ein Bürge in die Rangstelle des mit dem Vorschuß befriedigten Massegläubigers ein (vgl. *Jaeger/Weber* § 107 Rz. 4).

73 Der aufgrund unzulänglicher Masse ergehende konkursabweisende Beschluß des Richters ist dem Antragsteller zuzustellen. Etwaige im Konkurseröffnungsverfahren getroffene Sicherungsmaßnahmen sind aufzuheben (§ 106 Abs. 2 KO). Zugleich wird der Schuldner nach § 107 Abs. 2 KO in die sog. **Schuldnerliste** eingetragen. Erst nach Ablauf von fünf Jahren wird die Eintragung wieder gelöscht. Die Einsicht in das Schuldnerverzeichnis ist jedem gestattet.

74 Die Rechtswirkungen einer Konkursabweisung mangels Masse bestehen weiterhin darin, daß Aktiengesellschaften, Kommanditgesellschaften auf Aktien und Gesellschaften mit beschränkter Haftung mit der Rechtskraft des Beschlusses kraft Gesetzes aufgelöst sind. Nach § 1 des Gesetzes über die Auflösung und Löschung von Gesellschaften und Genossenschaften vom 9. 10. 1934 (RGBl. I, 914) wird die Auflösung aufgrund einer beglaubigten Abschrift des Abweisungsbeschlusses mit Rechtskraftvermerk in das Handelsregister eingetragen.

75 Bei einer Abweisung des Konkursantrags mangels Masse trägt der Gläubiger die Kosten, da er unterlegen und der Vorschußanforderung nicht nachgekommen ist (§ 91 ZPO, § 50 GKG, § 72 KO). Wird der Eigenantrag eines Schuldners mangels Masse abgewiesen, werden die Kosten dem Schuldner auferlegt, weil die Gründe für die Abweisung in seiner Person liegen.

c) Eröffnung des Konkursverfahrens

76 Wenn die formellen und materiellen Voraussetzungen für die Eröffnung eines Konkursverfahrens vorliegen, ordnet das Gericht durch Beschluß die Eröffnung des Konkursverfahrens an. Der Beschluß wird in dem Augenblick wirksam, „in dem er aufhört, eine innere Angelegenheit des Konkursgerichts zu sein", d. h. durch Mitteilung an einen der Beteiligten oder durch Weitergabe in den Geschäftsgang (*Böhle-Stamschräder/Kilger* KO, § 108 Anm. 1). Wegen der einschneidenden Rechtswirkungen des Konkurses ist zwingend die Stunde der Eröffnung in den Beschluß aufzunehmen. Geschieht dies im Einzelfall nicht, gilt die Mittagsstunde des Tages, an dem der Beschluß erlassen worden ist, als Zeitpunkt der Konkurseröffnung (§ 108 Abs. 2 KO). Der Beschluß ist öffentlich bekanntzumachen (§ 111 KO) und wird zweckmäßigerweise auch dem Gemeinschuldner zugestellt.

6. Rechtsmittel gegen die Entscheidung

a) Abweisung des Konkursantrages

77 Gegen die Abweisung seines Konkursantrags hat der Gläubiger das Rechtsmittel der **sofortigen Beschwerde** (§ 109 KO). Dagegen steht dem Schuldner bei Abweisung eines Gläubigerantrags grundsätzlich kein Beschwerderecht zu (Ausnahme: bei Aktiengesellschaften, Kommanditgesellschaften auf Aktien oder Gesellschaften mit beschränkter Haftung). Ebensowenig kann ein Gläubiger sofortige Beschwerde erheben, wenn ein Eigenantrag des Schuldners abgewiesen worden ist (*Böhle-Stamschräder/Kilger* KO, § 109 Anm. 5).

b) Konkurseröffnung

78 Gegen den Konkurseröffnungsbeschluß steht ausschließlich dem Gemeinschuldner die sofortige Beschwerde gem. § 109 KO zu. Andere Beteiligte können den Konkurseröffnungsbeschluß nicht angreifen.

Die Beschwerde des Gemeinschuldners kann ausschließlich auf das Ziel der *Aufhebung* des Konkurseröffnungsbeschlusses gerichtet werden und nicht auf eine Eröffnung unter anderen Bedingungen (*Böhle-Stamschräder/Kilger* KO, § 109 Anm. 2). Dabei kann der Gemeinschuldner die Beschwerde auf formelle und materielle Gründe stützen (*Mentzel/Kuhn/Uhlenbruck* § 109 Rz. 3). Streitig ist, ob die Beschwerde auch dann begründet ist, wenn die Forderung eines antragstellenden Gläubigers in der Zeit nach der Konkurseröffnung bis zur Rechtskraft des Beschlusses weggefallen ist (*Jaeger/Weber* § 103 Rz. 10). Nach herrschender Auffassung stellt die nach der

Konkurseröffnung erfolgte Befriedigung der Forderung des Antragstellers für den Gemeinschuldner keinen Beschwerdegrund dar, wenn jedenfalls der Konkursgrund gegeben ist und ein ordnungsgemäßer Konkursantrag vorlag (*Mentzel/Kuhn/Uhlenbruck*, § 109 Rz. 3).

c) Verfahrensrechtliche Besonderheiten

79 Die Beschwerde ist innerhalb der **zweiwöchigen Notfrist** gem. § 577 Abs. 2 ZPO einzulegen. Die Frist beginnt mit der Zustellung des Beschlusses bzw. mit der öffentlichen Bekanntmachung (vgl. *Mentzel/Kuhn/Uhlenbruck* § 109 Rz. 2). Die Beschwerde kann sowohl beim Konkursgericht als auch beim Beschwerdegericht (Landgericht) schriftlich oder zu Protokoll der Geschäftsstelle eingelegt werden (§§ 577 Abs. 2 Satz 2, 569 ZPO). Das Konkursgericht selbst kann die angefochtene Entscheidung nicht ändern (§ 577 Abs. 3 ZPO), entscheidungsbefugt ist ausschließlich das Beschwerdegericht.

d) Sofortige weitere Beschwerde

80 Die sofortige Beschwerde des § 109 KO hat grundsätzlich keine aufschiebende Wirkung, jedoch finden die Vorschriften des § 572 Abs. 2, 3 ZPO Anwendung (vgl. *Mentzel/Kuhn/Uhlenbruck* § 109 Rz. 5), wonach im Einzelfall die Aussetzung der Vollziehung vom Gericht angeordnet werden kann.

Gegen die Entscheidung des Beschwerdegerichts ist die sofortige weitere Beschwerde gegeben, wenn ein *selbständiger* Beschwerdegrund vorliegt (§§ 568 Abs. 2, 577 ZPO). Dies ist bei übereinstimmenden Entscheidungen von Amtsgericht und Landgericht („duae conformes") grundsätzlich nicht der Fall. Auch eine gegenüber dem Amtsgericht unterschiedlich begründete, aber mit ihm im Ergebnis identische Entscheidung des Landgerichts stellt keinen selbständigen Beschwerdegrund dar (OLG Oldenburg, KTS 1965, 175 f. m. w. N.). Hat aber das Landgericht bei einer mit dem Amtsgericht übereinstimmenden Entscheidung *schwerwiegende Verfahrensfehler* begangen, kann ein zur weiteren Beschwerde ausreichender neuer selbständiger Beschwerdegrund vorliegen (vgl. *Thomas/Putzo* § 568 Anm. 3a).

III. Eröffnung des Konkursverfahrens und ihre Wirkungen

81 Über die **Konkurseröffnung** entscheidet das Gericht **durch Beschluß**. Gleichzeitig hat es den Konkursverwalter zu ernennen, die erste Gläubigerversammlung zu terminieren, den offenen Arrest zu erlassen und die Frist zur Anmeldung der Konkursforderungen sowie den allgemeinen Prüfungstermin zu bestimmen (§ 110 KO). Trifft der Richter diese Anordnungen nicht zugleich mit der Konkurseröffnung, ist diese nicht unwirksam. Die Anordnungen müssen jedoch alsbald nachgeholt werden (*Böhle-Stamschräder/Kilger* KO, § 110 Anm. 1). Weiterhin kann das Konkursgericht bereits zu diesem Zeitpunkt einen vorläufigen Gläubigerausschuß bestellen (§ 87 Abs. 1 KO), die Postsperre anordnen (§ 121 KO) und weitere Maßnahmen gegen den Gemeinschuldner ergreifen (vgl. z. B. § 101 Abs. 2 KO).

Die Verfügungen des Gerichts nach § 110 KO werden in den Konkurseröffnungsbeschluß aufgenommen. Weiterhin enthält der Eröffnungsbeschluß die genaue Bezeichnung des Gemeinschuldners und des Antragstellers, den Konkursgrund und den genauen Zeitpunkt (die Stunde) der Konkurseröffnung (§ 108 KO). Die Eröffnung des Konkursverfahrens und die Ernennung des Konkursverwalters erfolgt durch den *Konkursrichter*. Anschließend überträgt dieser das Verfahren regelmäßig auf den Rechtspfleger (§§ 3 Ziff. 2 e, 18 Abs. 1 RpflG). Allerdings kann sich der Richter das Verfahren auch vorbehalten. Auch ist er berechtigt, ein zunächst auf den Rechtspfleger übertragenes Verfahren wieder an sich zu ziehen (§ 18 Abs. 2 RpflG).

1. Ernennung des Konkursverwalters

82 Mit der Eröffnung des Konkursverfahrens gehen die Verwaltungs- und Verfügungsrechte des Gemeinschuldners auf den Konkursverwalter über (§ 6 KO). Der Konkursverwalter ist die zentrale Figur des Verfahrens. Seine Aufgabe besteht darin,

die Konkursmasse in Besitz zu nehmen, sie zu verwalten und zu verwerten sowie schließlich die Erlöse an die Gläubiger zu verteilen (§ 117 KO). Die Qualifikation des Verwalters entscheidet daher regelmäßig über den Erfolg des Verfahrens.

Den **Konkursverwalter** hat das Gericht nach pflichtgemäßem Ermessen auszuwählen. Er muß eine *natürliche* Person sein, die geschäftskundig und von Gläubigern und Gemeinschuldner unabhängig ist *(Mentzel/Kuhn/Uhlenbruck* § 78 Rz. 2, 3). Wenn verschiedene Geschäftszweige abzuwickeln sind, besteht die Möglichkeit der Bestellung mehrerer Verwalter (§ 79 KO). In der Praxis wird von dieser Möglichkeit selten Gebrauch gemacht, da die Einheitlichkeit der Abwicklung unter mehreren Verwaltern leiden könnte. Überdies sind qualifizierte Verwalter mit ihrem Mitarbeiterstab regelmäßig in der Lage, auch mehrere Zweigniederlassungen bzw. Geschäftsbereiche eines Unternehmens gleichzeitig abzuwickeln.

Besteht für den Verwalter die Gefahr einer Interessenkollision, ist ggf. im konkreten Falle ein **Sonderverwalter** zu bestellen (vgl. *Jaeger/Weber,* § 78 Rz. 6).

83   Der Konkursverwalter ist allen **Beteiligten** des Verfahrens für die Erfüllung der ihm obliegenden Pflichten persönlich verantwortlich (§ 82 KO). Die Haftung ist nunmehr entsprechend der Regelung des § 852 BGB auf den Zeitraum von drei Jahren begrenzt (BGH, ZIP 1985, 359). Beteiligte sind alle, denen gegenüber der Konkursverwalter kraft Gesetzes oder Vertrages Pflichten zu erfüllen hat; das sind insbesondere Konkursgläubiger, Massegläubiger, aus- und absonderungsberechtigte Gläubiger und Gesellschafter (zur Beteiligtenstellung der Komplementär-GmbH im Konkurs der KG vgl. BGH, ZIP 1985, 423, 425).

Die Besonderheit der **Rechtsstellung des Konkursverwalters** liegt darin, daß er – im Gegensatz zu sonstigen Geschäftsbesorgern – nicht nur die Interessen einer einzigen Person, sondern die Interessen aller Beteiligten des Verfahrens wahrzunehmen hat. Da der Konkursverwalter fremdes Vermögen verwaltet und verwertet, hat er auch die Interessen des Vermögensträgers (Gemeinschuldners) zu beachten und dessen Substanz so gut wie möglich zu erhalten. Daran ändert auch der Umstand nichts, daß die Abwicklung des Konkursverfahrens im Interesse der Gläubiger als Gesamtvollstreckung durchgeführt wird.

84   Nicht bereits mit der Bestellung durch das Konkursgericht (OLG Düsseldorf, KTS 1973, 270, 272), sondern erst mit der Annahme des Konkursverwalteramtes, die auch durch konkludente Handlung erfolgen kann, gilt der Verwalter als eingesetzt. Während seiner Tätigkeit steht der Verwalter unter der **Aufsicht des Konkursgerichts** (§ 83 KO). Das Gericht kann jederzeit Auskunft über die Geschäftsführung des Verwalters verlangen, Bücher und Belege einsehen und den Kassenstand prüfen (BGH, KTS 1966, 17; *Baur/Stürner* § 56 Rz. 1021). Es kann ggf. den Verwalter durch Zwangsgeld (§ 84 Abs. 1 Satz 1 KO) zur Erfüllung seiner Verpflichtungen anhalten und ihn auch bis zur ersten Gläubigerversammlung aus seinem Amt entlassen; nach der ersten Gläubigerversammlung ist die Entlassung nur auf Antrag der Gläubigerversammlung oder des Gläubigerausschusses zulässig (§ 84 Abs. 1 Satz 2 KO).

Schließlich hat das Gericht die Möglichkeit, dem Konkursverwalter nach § 78 Abs. 2 KO eine Sicherheit aufzuerlegen, und zwar ebenso zu Beginn des Verfahrens wie in jedem späteren Stadium der Abwicklung (*Jaeger/Weber* § 78 Rz. 12; vgl. auch LG Freiburg ZiP 1981, 473). Auf diese Weise kann das Gericht einen unzuverlässigen Verwalter zur Aufgabe seines Amtes veranlassen, um sodann einen neuen Verwalter zu bestellen.

Dennoch sind die Aufsichtsbefugnisse des Konkursgerichts wesentlich schwächer als z. B. die des Vormundschaftsgerichts gegenüber dem Vormund. Das Konkursgericht kann nicht unmittelbar in die Abwicklung des Verfahrens eingreifen und z. B. die Verwertung steuern.

Der Konkursverwalter unterliegt auch nicht der Aufsicht der *Gläubigerversammlung.* In bestimmten Fällen (z. B. bei der Verwertung von Grundbesitz) hat er jedoch deren Genehmigung einzuholen (§ 134 KO). Im übrigen hat der Konkursverwalter der Gläubigerversammlung nur Bericht zu erstatten und Schlußrechnung zu legen. Wenn ein *Gläubigerausschuß* bestellt ist, hat der Konkursverwalter nach §§ 133, 134 KO dessen Genehmigung für bestimmte Abwicklungsmaßnahmen einzuholen (z. B. Verwertung von Grundbesitz, Verkauf des Geschäfts im ganzen, Aufnahme von Prozessen, Abschluß von Vergleichen u. a.).

85 Die erste Gläubigerversammlung kann den vom Konkursgericht zu Beginn des Verfahrens ernannten „vorläufigen" Konkursverwalter durch Wahl einer anderen Person ersetzen (§ 80 KO). Allerdings kann das Konkursgericht die Ernennung des neugewählten Konkursverwalters nach § 80 Satz 2 KO aus triftigen Gründen wie z. B. mangelnder Fähigkeit, Unzuverlässigkeit und der Besorgnis fehlender Objektivität versagen (vgl. *Böhle-Stamschräder/Kilger* KO, § 80 Anm. 1).

2. Öffentliche Bekanntmachung

86 Die Konkurseröffnung ist öffentlich bekanntzumachen (§§ 76, 111 KO). Dies geschieht durch Anzeige in dem zur Veröffentlichung amtlicher Bekanntmachungen des Gerichts bestimmten Blatt (§ 76 Abs. 1 KO) sowie durch Mitteilung im Bundesanzeiger (§ 111 Abs. 2 KO). Weitere Bekanntmachungen kann das Gericht nach seinem Ermessen gem. § 76 Abs. 2 KO anordnen.

Die öffentliche Bekanntmachung gilt nach § 76 Abs. 3 KO als Zustellung an alle Beteiligten. Auch für Gläubiger und Schuldner, die nach § 111 Abs. 3 KO eine besondere Zustellung erhalten, beginnt die Beschwerdefrist mit der öffentlichen Bekanntmachung, d. h. mit Ablauf des zweiten Tages nach Ausgabe des die Mitteilung des Beschlusses enthaltenden Blattes (§ 76 Abs. 1 Satz 2 KO).

3. Konkursbeschlag

87 Der Konkursbeschlag hat die Wirkung eines gesetzlichen **Veräußerungsverbots** nach § 135 BGB (RGZ 71, 38, 40), so daß Verfügungen des Gemeinschuldners über konkursgebundenes Vermögen den Konkursgläubigern gegenüber unwirksam sind. Durch den Übergang der Verwaltungs- und Verfügungsbefugnis auf den Konkursverwalter verliert der Gemeinschuldner nicht die Geschäftsfähigkeit. Er kann infolgedessen weiterhin Verträge abschließen, nur wird daraus nicht die Konkursmasse verpflichtet. Auch die über konkursfreies Vermögen sowie Neuerwerb getroffenen Verfügungen des Gemeinschuldners sind wirksam (*Mentzel/Kuhn/Uhlenbruck,* § 6 Rz. 3).

4. Verbot der Einzelzwangsvollstreckung

88 Während der Dauer des Konkursverfahrens besteht nach § 14 KO ein Vollstreckungsverbot für Konkursgläubiger, und zwar sowohl für Vollstreckungsmaßnahmen in das zur Konkursmasse gehörige Vermögen als auch in das sonstige (konkursfreie oder neuerworbene) Vermögen des Gemeinschuldners. Die Gleichbehandlung aller Gläubiger im Konkurs schließt ein besseres Befriedigungsrecht durch Sonderzugriff auf das Vermögen des Gemeinschuldners aus. Überdies will das Gesetz dem Gemeinschuldner schon während des Konkursverfahrens den Aufbau einer neuen Existenz ermöglichen (BGH WM 1971, 859, 860). Dieses Ziel würde vereitelt, wenn einzelne Konkursgläubiger eine Sonderbefriedigung durch Einzelzwangsvollstreckungsmaßnahmen in das nicht konkursbefangene Vermögen des Gemeinschuldners erreichen könnten.

Der Schutz des § 14 KO ist jedoch unvollkommen, da jeder Gläubiger wegen einer Forderung, die nicht Konkursforderung ist, auch während des Konkursverfahrens in das konkursfreie Vermögen des Gemeinschuldners vollstrecken kann. Dies gilt insbesondere für die seit der Verfahrenseröffnung laufenden Zinsen und für Kosten i. S. d. § 63 KO (*Böhle-Stamschräder/Kilger* KO, § 14 Anm. 1). Eine weitere Ausnahme gilt für Massegläubiger sowie aus- und absonderungsberechtigte Gläubiger, die sowohl in das dem Konkursbeschlag unterliegende Vermögen des Gemeinschuldners als auch in das konkursfreie Vermögen vollstrecken können (Zu Einzelheiten vgl. *Mentzel/Kuhn/Uhlenbruck* § 14 Rz. 6, 14).

89 Das **Vollstreckungsverbot** setzt mit dem Zeitpunkt der Konkurseröffnung (§ 108 KO) ein und endet mit der Aufhebung des Verfahrens (§§ 116, 163, 190, 204, 205 KO). Dabei ist die Unkenntnis des Gläubigers von dem Konkursverfahren unbeachtlich. Alle gegen § 14 KO verstoßenden Vollstreckungsmaßnahmen sind materiellrechtlich unwirksam, so daß ein Pfändungspfandrecht nicht entsteht; die Verstrickung tritt jedoch ein, solange die Pfändungsmaßnahme nicht förmlich aufgehoben wird (*Mentzel/Kuhn/Uhlenbruck* § 14 Rz. 17). Der Konkursverwalter muß die Folgen der Zwangsvollstreckung mit der **Erinnerung** gem. § 766 ZPO beseitigen.

90 Die die Zwangsvollstreckung vorbereitenden Handlungen, wie z. B. Erteilung einer Vollstreckungsklausel, Vollstreckbarkeitserklärungen, sind nicht gem. § 14 KO untersagt. Zulässig ist weiterhin die Umschreibung von Vollstreckungstiteln sowie die Zustellung, soweit diese nicht bereits Vollstreckungswirkung herbeiführt, wie dies für die Zustellung eines Pfändungs- und Überweisungsbeschlusses an den Drittschuldner anzunehmen ist (Einzelheiten bei *Mentzel/Kuhn/Uhlenbruck* § 14 Rz. 3).

5. Rechtsstreitigkeiten

91 Für Gläubiger einer Konkursforderung besteht im Konkursverfahren eine Art „Klageverbot". Sie können ihre Forderung nur zur Konkurstabelle anmelden. Erst wenn der Konkursverwalter den Anspruch im Prüfungstermin bestreitet, ist der Weg zur Erhebung einer **Feststellungsklage** des Gläubigers gegen den Konkursverwalter gem. § 146 KO eröffnet. Die Klage ist auf Feststellung der Forderung zur Konkurstaballe (BGH, LM Nr. 4 zu § 146 KO) gerichtet. Örtlich zuständig für die Feststellungsklage ist gem. § 146 Abs. 2 KO das Amtsgericht (Prozeßgericht), bei dem das Konkursverfahren anhängig ist bzw. bei entsprechendem Streitwert das übergeordnete Landgericht. Bei Rechtsstreitigkeiten, die vor ein besonderes Gericht (z. B. Arbeitsbericht, Finanzgericht) gehören, ist die Feststellungsklage bei diesen Gerichten zu erheben (§ 146 Abs. 5 KO).

92 Eine gegen den Gemeinschuldner gerichtete Rechtsstreitigkeit, die zum Zeitpunkt der Eröffnung des Konkursverfahrens anhängig war **(Schuldnermassestreit)**, wird durch die Konkurseröffnung unterbrochen (§ 240 ZPO). Sie kann nur im Rahmen des Feststellungsverfahrens (§§ 138 ff. KO) weiterverfolgt werden (§ 12 KO). Der Gläubiger hat zunächst seine Forderung im Konkursverfahren zur Tabelle anzumelden. Wird die Forderung vom Konkursverwalter bestritten, kann der Gläubiger den unterbrochenen Rechtsstreit aufnehmen (*Böhle-Stamschräder/Kilger* KO, § 12 Anm. 1). Mit der Aufnahme des Rechtsstreits hat der Gläubiger den Klageantrag gem. § 146 KO dahin zu ändern, daß die bestrittene Forderung zur Konkurstabelle festgestellt wird (BGH KTS 1962, 45, 46).

93 Zum Zeitpunkt der Konkurseröffnung anhängige Rechtsstreitigkeiten, die auf Aussonderung eines nicht zur Masse gehörenden Gegenstandes (§ 43 KO), auf abgesonderte Befriedigung (§§ 47 ff. KO) oder auf Begleichung einer Masseschuld (§ 59 KO) gerichtet sind, können nach § 11 KO sowohl von dem Konkursverwalter als auch von dem Gegner aufgenommen werden. Da der klagende Gläubiger in diesem Fall keine Konkursforderung geltend macht, ist eine Anmeldung zur Konkurstabelle entbehrlich. Auch braucht der Kläger nicht zunächst die Entscheidung des Konkursverwalters im Hinblick auf eine Fortführung des Prozesses abzuwarten, er kann vielmehr den Rechtsstreit sogleich aufnehmen (zur Kostentragung vgl. *Mentzel/Kuhn/Uhlenbruck* § 11 Rz. 7 m. w. N.).

94 Vor der Konkurseröffnung vom Gemeinschuldner anhängig gemachte Aktivprozesse, die das zur späteren Konkursmasse gehörige Vermögen des Gemeinschuldners betreffen, werden mit der Konkurseröffnung ebenfalls gem. § 240 ZPO unterbrochen. Der Konkursverwalter kann den Rechtsstreit aufnehmen. Lehnt der Verwalter die Aufnahme ab, können sowohl der Gemeinschuldner als auch der Prozeßgegner den Rechtsstreit fortführen (§ 10 Abs. 2 KO).

6. Rechtshandlungen des Gemeinschuldners nach Konkurseröffnung

95 Rechtshandlungen des Gemeinschuldners **nach** Konkurseröffnung sind nach § 7 KO den Konkursgläubigern gegenüber unwirksam. Hiervon werden nicht nur Verfügungen, sondern alle rechtlich erheblichen Handlungen erfaßt, die der Gemeinschuldner vornimmt, z. B. auch Prozeßhandlungen wie Anerkenntnisse, die Klagerücknahme oder Vergleiche (vgl. *Jaeger/Henckel* § 7 Rz. 3).

Zum Schutz der Gläubiger schließt das Gesetz grundsätzlich einen *gutgläubigen* Erwerb aus, so daß derjenige, der einen Massegegenstand vom Gemeinschuldner erwirbt, den Gegenstand an den Konkursverwalter herausgeben muß, ohne sich auf seine Unkenntnis bezüglich des eröffneten Konkursverfahrens berufen zu können (*Böhle-Stamschräder/Kilger* KO, § 7 Anm. 3). Im Falle der Weiterveräußerung haftet der Veräußerer nach § 816 Abs. 1 Satz 1 BGB auf Herausgabe des durch die Weiterveräußerung Erlangten. Eine Ausnahme macht das Gesetz nur bei Grundstücksrechten, eingetragenen Schiffen und Schiffsbauwerken sowie bei Luftfahrzeugen (*Böhle-Stamschräder/Kilger* KO, § 7 Anm. 5). Bezüglich dieser Gegenstände ist ein gutgläubiger Erwerb vom Gemeinschuldner möglich, solange weder ein Veräußerungsverbot noch die Konkurseröffnung in das Grundbuch bzw. das Register eingetragen sind. Dabei schadet dem Erwerber nur positive Kenntnis der Konkurseröffnung und der Massezugehörigkeit des erworbenen Gegenstandes.

96 Ist die Konkursmasse aufgrund der unwirksamen Verfügung des Gemeinschuldners bereichert, hat der Konkursverwalter die Gegenleistung des Erwerbers aus der Konkursmasse zurückzugewähren (§ 7 Abs. 2 KO). Soweit sich das Geschäft für die Konkursmasse als günstig darstellt, kann der Konkursverwalter die Handlung des Gemeinschuldners mit rückwirkender Kraft genehmigen (*Böhle-Stamschräder/Kilger* KO, § 7 Anm. 4). Auch ohne Genehmigung des Konkursverwalters werden unwirksame Verfügungen des Gemeinschuldners mit Konkursbeendigung oder Freigabe des betroffenen Gegenstandes durch den Konkursverwalter wirksam (*Böhle-Stamschräder/Kilger* KO, § 7 Anm. 4).

97 Für die Rechtshandlungen des Gemeinschuldners am Tage der Konkurseröffnung gilt die gesetzliche Vermutung des § 7 Abs. 3 KO, wonach diese *nach* der Eröffnung des Verfahrens vorgenommen worden sind. Damit obliegt nicht dem Konkursverwalter, sondern dem anderen Teil die Verpflichtung, die gesetzliche Vermutung zu entkräften.

7. Leistungen an Gemeinschuldner

98 Der Gemeinschuldner kann Leistungen auf Forderungen, die der Konkursmasse zustehen, nicht wirksam annehmen. Jeder, der eine Leistung auf eine zur Konkursmasse zu erfüllende Verbindlichkeit nach der Eröffnung des Verfahrens an den Gemeinschuldner bewirkt, wird daher gegenüber den Konkursgläubigern gem. § 8 Abs. 1 KO nur insoweit frei, als das Geleistete in die Konkursmasse fließt.

Von diesem Grundsatz macht das Gesetz in § 8 Abs. 2 und 3 KO Ausnahmen: Gelangt eine an den Gemeinschuldner bewirkte Leistung nicht in die Konkursmasse und war dem Leistenden die Konkurseröffnung unbekannt, wird er gegenüber den Konkursgläubigern frei. Hinsichtlich der **Beweislast** ist danach zu unterscheiden, ob die Leistung vor oder nach der öffentlichen Bekanntmachung der Konkurseröffnung erfolgt ist. Wurde die Leistung *vor* der öffentlichen Bekanntmachung erbracht, hat der Konkursverwalter nachzuweisen, daß dem Leistenden die Eröffnung des Verfahrens bekannt war (§ 8 Abs. 2 KO). Ist die Leistung dagegen *nach* der öffentlichen Bekanntmachung erfolgt, hat der Leistende zu beweisen, daß ihm die Konkurseröffnung zum Zeitpunkt der Leistung unbekannt war (§ 8 Abs. 3 KO). Läßt sich nicht feststellen, ob die Leistung vor oder nach der öffentlichen Bekanntmachung bewirkt worden ist, hat stets der Schuldner die Beweislast (vgl. *Mentzel/Kuhn/Uhlenbruck* § 8 Rz. 7).

Wird ein Schuldner, der an den Gemeinschuldner eine Leistung erbracht hat, die nicht in die Konkursmasse gelangt ist, vom Konkursverwalter in Anspruch genommen, kann er seinerseits gegen den Gemeinschuldner aus ungerechtfertigter Bereicherung vorgehen (§ 812 Abs. 1 Satz 2 Halbsatz 2 BGB) und ggf. in dessen konkursfreies Vermögen vollstrecken (*Mentzel/Kuhn/Uhlenbruck* § 8 Rz. 4).

IV. Konkursgläubiger

1. Begriff

99 Konkursgläubiger sind die Personen, die einen z. Z. der Eröffnung des Verfahrens begründeten *persönlichen* Vermögensanspruch gegen den Gemeinschuldner haben (§ 3 KO).

Erst nach Konkurseröffnung gegen den Gemeinschuldner entstandene Forderungen richten sich nicht gegen die Konkursmasse; sie hat der Gemeinschuldner aus seinem Neuerwerb zu berichtigen. Nicht zu den Konkursforderungen rechnen ferner Ansprüche, die der Gemeinschuldner nur durch sein persönliches Handeln und Unterlassen erfüllen kann (*Böhle-Stamschräder/Kilger* KO, § 3 Anm. 2a).

Da der Konkurs alle vermögenswerten Forderungen einbeziehen will, sind auch **betagte** (§ 65 KO), **auflösend** (§ 66 KO) oder **aufschiebend** (§ 67 KO) **bedingte** und im Zeitpunkt der Konkurseröffnung noch **unbestimmte** oder **ungewisse Vermögensansprüche** (§ 69 KO) Konkursforderungen. Der Wert der Forderungen, die zwar einen Vermögenswert haben, aber nicht auf einen Geldbetrag gerichtet sind, wie z. B. der Anspruch auf Warenlieferung, wird geschätzt (§ 69 KO).

Im Konkurs *nicht* geltend gemacht werden können (§ 63 KO)
- die seit der Eröffnung des Verfahrens laufenden Zinsen,
- die Kosten, die den einzelnen Gläubigern durch ihre Teilnahme an dem Verfahren erwachsen,
- Geldstrafen, Geldbußen, Ordnungsgeld und Zwangsgeld, sowie solche Nebenfolgen einer Straftat oder Ordnungswidrigkeit, die zu einer Geldzahlung verpflichten,
- Forderungen aus unentgeltlichen Zuwendungen des Gemeinschuldners unter Lebenden oder von Todes wegen.

100 Keine Konkursgläubiger sind auch die Gesellschafter bezüglich der von ihnen geleisteten Einlagen (*Mentzel/Kuhn/Uhlenbruck* Vorb. vor § 207D Rz. 28). Gleiches gilt für solche Leistungen der Gesellschafter, die nach dem Gesetz oder der höchstrichterlichen Rechtsprechung als Kapitalersatz zu werten sind. In erster Linie fallen hierunter die sog. **kapitalersetzenden Darlehen** (vgl. hierzu Rz. 131 a–l).

2. Stellung der Konkursgläubiger

101 Konkursgläubiger sind grundsätzlich gemeinschaftlich und gleichmäßig zu befriedigen (§ 3 KO). Während Aus- und Absonderungsberechtigte ihre Ansprüche unmittelbar gegen den Konkursverwalter geltend machen müssen, sind die Forderungen der Konkursgläubiger zur Konkurstabelle anzumelden und festzustellen (§ 138 KO).

Die Forderungen einer Reihe von Konkursgläubigern sind gem. § 61 Abs. 1 Nr. 1–5 KO **bevorrechtigt** und in der dort niedergelegten Rangfolge zu befriedigen. Im **ersten Rang** (§ 61 Abs. 1 Nr. 1 KO) sind einerseits Forderungen aus einem Sozialplan (§ 4 SozplG) zu berücksichtigen. Weiterhin gehören in diese Rangklasse die auf die Bundesanstalt für Arbeit übergeleiteten Arbeitsentgeltansprüche der Arbeitnehmer des Gemeinschuldners, die für die letzten der Eröffnung des Konkursverfahrens vorausgehenden drei Monate des Arbeitsverhältnisses rückständig sind. Insoweit jeder Arbeitnehmer Anspruch auf Konkursausfallgeld, das von den Bundesanstalt für Arbeit gezahlt wird (§§ 141a, 141b AFG) Die rückständigen Ansprüche, die durch das Konkursausfallgeld abgedeckt werden, gehen auf die Bundesanstalt für Arbeit über (§ 141m AFG). Diese Ansprüche, die ursprünglich Massenschulden waren, werden durch den Übergang auf die Bundesanstalt für Arbeit zu bevorrechtigten Konkursforderungen gem. § 61 Abs. 1 Nr. 1 KO zurückgestuft (§ 59 Abs. 2 KO). Gleiches gilt für von der Bundesanstalt für Arbeit entrichtete Sozialversicherungsbeiträge, die den Dreimonatszeitraum betreffen.

Schließlich sind im ersten Rang rückständige Arbeitsentgeltansprüche der Arbeitnehmer sowie Beitragsrückstände der Sozialversicherungsträger und der Bundesanstalt für Arbeit aus den letzten sieben bis zwölf Monaten vor der Konkurseröffnung zu befriedigen.

102 In den **nachfolgenden Vorrangklassen** sind u. a. der Fiskus und die Gemeinden (§ 61 Abs. 1 Nr. 2 KO) mit ihren Steuerforderungen für das letzte Jahr vor der Konkurseröffnung zu berücksichtigen.

103 Reicht die Masse nicht zur Befriedigung sämtlicher bevorrechtigten Konkursforderungen aus, sind sie nach der Rangfolge des § 61 KO zu befriedigen. Innerhalb desselben Ranges erfolgt eine **quotale** Befriedigung (§ 61 Abs. 2 KO).

3. Gläubigerorgane

104 Die Interessen der Konkursgläubiger werden durch die Verfahrensorgane der Gläubigerversammlung und des Gläubigerausschusses wahrgenommen.

a) Die Gläubigerversammlung

105 Die Gläubigerversammlung ist treffend als die Generalversammlung aller Gläubiger bezeichnet worden (*Jaeger* Lehrbuch S. 78).
Den Termin der **ersten** Gläubigerversammlung bestimmt das Konkursgericht bereits im Eröffnungsbeschluß (§ 110 KO). Zu den Aufgaben der ersten Gläubigerversammlung gehört insbesondere
– die Entgegennahme des Konkursverwalterberichts (§ 131 KO),
– die Bestätigung des vom Gericht bei Konkurseröffnung vorläufig eingesetzten oder die Wahl eines anderen als des vom Gericht eingesetzten Konkursverwalters (§ 80 KO),
– die Wahl eines Gläubigerausschusses (§ 87 Abs. 2 KO),
– die Beschlußfassung darüber, ob das Geschäft des Gemeinschuldners zu schließen oder fortzuführen ist (§ 132 Abs. 1 KO).

Weitere Gläubigerversammlungen beruft das Gericht nur auf Antrag des Konkursverwalters oder des Gläubigerausschusses oder auf Antrag von mindestens 5 Gläubigern, deren Forderungen nach der Schätzung des Gerichts den fünften Teil der Schuldenmasse ausmachen, ein (§ 93 KO).

Ist kein Gläubigerausschuß bestellt, hat die Gläubigerversammlung des weiteren über den Verkauf von Grundstücken, des ganzen Geschäftes und des ganzen Warenlagers, sowie über den Kauf von Grundstücken, die Darlehensaufnahme und über Verpfändungen zu beschließen (§ 134 KO). Schließlich hat sie über die Annahme eines Zwangsvergleichsvorschlags des Gemeinschuldners abzustimmen (§ 182 KO) und in dem Schlußtermin zur Aufhebung des Konkursverfahrens die Schlußrechnung des Konkursverwalters entgegenzunehmen (§§ 86, 162 KO).

106 In den Gläubigerversammlungen ist der einzelne **Gläubiger** grundsätzlich nur **stimmberechtigt,** wenn seine Forderung im Prüfungstermin (§ 95 Abs. 1 Satz 1 KO) festgestellt worden ist. Bei streitig gebliebenen Forderungen ist zwischen dem anmeldenden Gläubiger und dem Widersprechenden zunächst eine Einigung über das Stimmrecht zu versuchen. Kommt eine Einigung über das Stimmrecht nicht zustande, entscheidet das Konkursgericht (§ 95 Abs. 1 Satz 2 KO). Das Gleiche gilt, wenn – wie insbesondere in der ersten Gläubigerversammlung – die Forderungen noch ungeprüft sind und Widerspruch gegen das Stimmrecht erhoben wird (§ 95 Abs. 2 KO). Gerichtsbeschlüsse über das Stimmrecht sind unanfechtbar (§ 95 Abs. 3 KO).

107 **Absonderungsberechtigte Gläubiger** sind nur in Höhe ihres *mutmaßlichen Ausfalls* bei der abgesonderten Befriedigung stimmberechtigt (§ 96 KO). Aufschiebend bedingte Forderungen haben volles Stimmrecht (*Böhle-Stamschräder/Kilger* KO, § 96 Anm. 2). Bei Widerspruch gegen das Stimmrecht absonderungsberechtigter Gläubiger und gegen das Stimmrecht von Gläubigern aufschiebend bedingter Forderungen entscheidet ebenfalls das Konkursgericht durch unanfechtbaren Beschluß (§ 96 Abs. 1 u. 2 KO).

108 Die **Beschlußfassung** in der Gläubigerversammlung erfolgt mit *absoluter Mehrheit* der anwesenden oder vertretenen Stimmen, die nach der Höhe der Forderungsbeträge berechnet werden (§ 94 Abs. 2 u. 3 KO). Für die Wahl der Mitglieder des Gläubigerausschusses genügt die *relative Mehrheit* der Stimmen (§ 94 Abs. 2 Satz 2 KO).

b) Gläubigerausschuß

109 Die Bestellung des Gläubigerausschusses ist *fakultativ*. Das Gericht kann einen Gläubigerausschuß bereits *vor* der ersten Gläubigerversammlung aus der Zahl der Gläubiger oder der Vertreter der Gläubiger bestellen (§ 87 Abs. 1 KO). Endgültig entscheidet die Gläubigerversammlung über die Einsetzung des Gläubigerausschusses, dem neben Gläubigern auch *andere* Personen angehören können (§ 87 Abs. 2 KO).

110 Wesentliche Aufgabe des Gläubigerausschusses ist die **Überwachung** und **Unterstützung** des Konkursverwalters (§ 88 KO). Diese Aufgabe hat nicht der Gläubigerausschuß insgesamt, sondern jedes einzelne Mitglied, mit der Folge, daß auch jedes einzelne Mitglied Anspruch auf Unterrichtung und auf Einsicht in die Bücher des Verwalters hat (*Mentzel/Kuhn/Uhlenbruck* § 88 Rz. 3).

Mindestens einmal im Monat hat der Gläubigerausschuß eine **Kassenprüfung** vorzunehmen, die sich auch auf die Konten und Belege zu erstrecken hat (BGHZ 49, 121 = NJW 1968, 701).

Weiterhin ist eine **Mitwirkung** des Gläubigerausschusses bei Geschäften von besonderer Tragweite erforderlich (§§ 133, 134 KO).

111 Die Mitglieder des Gläubigerausschusses **haften** wie der Konkursverwalter für jedes Verschulden, also auch für leichte Fahrlässigkeit (*Jaeger/Weber* § 89 Rz. 5). Jedes Mitglied ist für den vollen Schaden verantwortlich (*Böhle-Stamschräder/Kilger* KO, § 89 Anm. 2). Da Ersatzansprüche gegen den Konkursverwalter nunmehr nach drei Jahren verjähren (BGH, ZIP 1985, 359), wird dies auch für den Gläubigerausschuß zu gelten haben.

V. Konkursmasse

1. Definition

112 Nach der gesetzlichen Definition umfaßt die Konkursmasse das gesamte der Zwangsvollstreckung unterliegende Vermögen des Gemeinschuldners, das ihm zur Zeit der Eröffnung des Konkursverfahrens gehört (§ 1 Abs. 1 KO). Zum Vermögen gehören bewegliche Gegenstände, Immobilien, Forderungen sowie sonstige vermögenswerte Rechte. Dabei spielt es keine Rolle, ob sich das Vermögen im Inland oder im Ausland befindet (Universalitätsprinzip).

2. Konkursfreie Gegenstände

a) Unpfändbare Gegenstände

113 Ebenso wie bei der Einzelzwangsvollstreckung sind gewisse Gegenstände, obwohl zum Vermögen des (Gemein-)Schuldners gehörend, vom Konkursbeschlag ausgenommen (§ 1 Abs. 1 KO i. V. m. §§ 811, 812 ZPO). In erster Linie sind hier die dem persönlichen Gebrauch oder dem Haushalt des Gemeinschuldners dienenden Sachen zu nennen, sofern sie zu einer bescheidenen Lebensführung benötigt werden, ferner die zur weiteren Erwerbstätigkeit erforderlichen Gegenstände sowie die innerhalb der gesetzlichen Pfändungsfreigrenze (§§ 850 ff. ZPO) liegenden Bezüge.

b) Neuerwerb

114 Aus dem **Stichtagsprinzip** folgt, daß auch der sog. Neuerwerb des Gemeinschuldners nicht in die Konkursmasse fällt. Unter Neuerwerb versteht man dasjenige Vermögen, das der Gemeinschuldner erst *nach* dem Stichtag der Konkurseröffnung erwirbt. Sinn dieser Regelung ist es, dem Gemeinschuldner den Aufbau einer neuen Existenz zu ermöglichen. Erst nach Beendigung des Konkursverfahrens können Konkursgläubiger daher wegen ihrer (Rest-)Forderung im Wege der Einzelzwangsvollstreckung auch auf diesen Neuerwerb zugreifen (§ 14 KO).

Als Neuerwerb gelten dabei nur solche Vermögensgegestände, bei denen der Rechtsgrund für den Erwerb erst nach der Konkurseröffnung eingetreten ist, wie etwa eine nach dem Stichtag anfallende Erbschaft. Bestand dagegen eine Forderung bereits zum Zeitpunkt der Konkurseröffnung, sei es auch nur als bedingte oder betagt, fällt der Erlös auch dann in die Konkursmasse, wenn der Zufluß erst danach erfolgt, so etwa nach Konkurseröffnung fällige Mietzinsen für einen schon vorher vom Gemeinschuldner vermieteten Gegenstand oder nach Konkurseröffnung ausgezahlte Versicherungsleistungen für einen schon zuvor eingetretenen Versicherungsfall.

c) Freigabe durch den Konkursverwalter

115 Zum **konkursfreien Vermögen** zählen schließlich solche Gegenstände, die zwar im Zeitpunkt der Konkurseröffnung zum Vermögen des Gemeinschuldners gehören, aber danach vom Konkursverwalter durch Erklärung gegenüber dem Gemeinschuldner aus der Konkursmasse freigegeben werden. Hierzu wird sich der Konkursverwalter vor allem dann entschließen, wenn die Verwaltung eines Gegenstandes Kosten verursacht, der Gegenstand aber in einem Umfang mit Drittrechten belastet ist, daß bei einer Verwertung kein Erlös für die Konkursmasse zu erwarten wäre, wie etwa bei weit über dem Wert mit Grundpfandrechten belasteten Grundstücken.

3. Aussonderung

116 Der Konkursverwalter hat nach der Eröffnung des Konkursverfahrens das gesamte zur Konkursmasse gehörende Vermögen des Gemeinschuldners in Besitz und Verwaltung zu nehmen (§ 117 Abs. 1 KO). Dabei spricht die gesetzliche Vermutung dafür, daß alle Gegenstände, die sich zur Zeit der Konkurseröffnung im Besitz des Gemeinschuldners befinden, auch in dessen Eigentum stehen und daher zur Konkursmasse gehören (§ 1006 BGB). Die Vermutung ist *widerlegbar*. Dritte, die nachweisen, daß zur Konkursmasse gezogene *bewegliche* oder *unbewegliche* Gegenstände in Wirklichkeit nicht dem Gemeinschuldner gehören und daß sie selbst aufgrund eines *dinglichen* oder *persönlichen* Rechts einen Anspruch gegen den Gemeinschuldner auf Herausgabe haben, können vom Konkursverwalter Aussonderung aus der Konkursmasse verlangen (§ 43 KO).

Aussonderungsberechtigt ist in erster Linie der Eigentümer, regelmäßig auch der Vorbehaltseigentümer, nicht jedoch der Sicherungseigentümer, dem nur ein Absonderungsrecht zusteht. Aussonderungsberechtigt ist ferner, wer, ohne Eigentümer zu sein, Anspruch auf Herausgabe eines zur Konkursmasse gezogenen Gegenstandes hat, wie etwa der Mieter der einem Dritten gehörenden Sache.

Rein **schuldrechtliche Verschaffungsansprüche** hingegen begründen kein Aussonderungsrecht; wer etwa vom Gemeinschuldner einen Gegenstand gekauft hatte, kann vom Konkursverwalter selbst dann nicht Aussonderung verlangen, wenn der Kaufpreis bereits bezahlt ist; vielmehr kann er seinen Anspruch nur als Konkursforderung zur Tabelle anmelden.

117 Hingegen steht dem *Verkäufer* in Form des sog. **Verfolgungsrechts** (§ 44 KO) ein erweiterter Aussonderungsanspruch zu: Er kann Waren, die der Gemeinschuldner gekauft, aber noch nicht vollständig bezahlt hat, und die im Zeitpunkt der Konkurseröffnung noch nicht beim Gemeinschuldner angekommen sind, selbst dann zurückfordern, wenn der Gemeinschuldner hieran schon Eigentum erlangt hatte (§ 44 KO). Das gleiche Recht steht dem Einkaufskommissionär des Gemeinschuldners zu.

118 Ist ein Gegenstand, dessen Herausgabe im Wege der Aussonderung hätte verlangt werden können, bereits vor Konkurseröffnung vom Gemeinschuldner oder nach Konkurseröffnung vom Konkursverwalter veräußert worden, gewährt das Gesetz dem betroffenen Gläubiger einen Ersatz: Er kann statt des Gegenstandes dessen Erlös verlangen. Ist dieser noch nicht gezahlt, kann der Gläubiger sich den Anspruch auf den Erlös abtreten lassen; ist er nach Konkurseröffnung zur Masse eingezogen worden und dort noch – etwa auf einem Anderkonto des Konkursverwalters – unterscheidbar vorhanden, kann der Gläubiger Auskehr des Erlöses aus der Masse im Wege der **Ersatzaussonderung** (§ 46 KO) verlangen.

Dieser Anspruch auf Ersatzaussonderung versagt allerdings dann, wenn der Erlös bereits *vor* Konkurseröffnung vom Gemeinschuldner eingezogen worden war. In diesem Falle hat der Gläubiger nur eine einfache Konkursforderung. Gleiches gilt, wenn der Gemeinschuldner zur Weiterveräußerung einer unter Eigentumsvorbehalt gelieferten Sache *berechtigt* war. Auch in diesem Fall steht dem Lieferanten kein gesetzlicher Anspruch auf Ersatzaussonderung des noch ausstehenden Erlöses zu; allenfalls kann er aufgrund eines vertraglich vereinbarten verlängerten Eigentumsvorbehalts Absonderung verlangen.

4. Absonderung

119 Anders als das Aussonderungsrecht betrifft das Recht auf Absonderung solche Gegenstände, die zwar dem Gemeinschuldner gehören, an denen jedoch ein Recht auf **vorzugsweise Befriedigung** zugunsten eines oder mehrerer Gläubiger besteht. Da das Absonderungsrecht aber nur in Höhe der gesicherten Forderung besteht, gehört ein bei der Verwertung etwa erzielter Übererlös zur Konkursmasse.

Gegenstand der Absonderung ist einmal das der Zwangsvollstreckung unterliegende *unbewegliche Vermögen*. Hierzu zählen Grundstücke und grundstücksgleiche Rechte, aber auch bewegliche Sachen, die der hypothekarischen Haftung unterliegen wie Erzeugnisse, Bestandteile und Zubehör eines Grundstücks (§ 47 KO i. V. m. §§ 864, 865 ZPO, 1120 BGB). Abgesonderte Befriedigung kann neben den Grundpfandgläubigern u. a. auch die öffentliche Hand wegen rückständiger Grundstücksabgaben verlangen (vgl. § 10 Abs. 1 Nr. 3 ZVG).

Bei *beweglichen Sachen* berechtigen u. a. zur Absonderung: Sicherungseigentum, Sicherungsabtretung, erweiterter und verlängerter Eigentumsvorbehalt, Vertragspfandrechte, gesetzliche Pfandrechte des Vermieters und Werkunternehmers sowie das kaufmännische Zurückbehaltungsrecht (vgl. §§ 48, 49 KO).

120 Wie das Recht auf Aussonderung ist auch das Absonderungsrecht gegenüber dem Konkursverwalter geltend zu machen. Die Verwertung des abgesonderten Gegenstandes erfolgt *außerhalb* des Konkursverfahrens (§ 4 Abs. 2 KO).

Neben dem Absonderungsberechtigten kann ggf. auch der Konkursverwalter die Verwertung betreiben. Dies gilt für Grundvermögen uneingeschränkt (vgl. § 126 KO). Bei Mobiliarvermögen räumt das Gesetz dem Absonderungsberechtigten regelmäßig die Priorität ein; allerdings kann der Konkursverwalter dem Absonderungsberechtigten vom Konkursgericht eine Frist zur Verwertung setzen lassen und nach deren Ablauf die Verwertung selbst betreiben (§ 127 Abs. 2 KO).

Ist die Verwertung durch den Konkursverwalter erfolgt, kann der Absonderungsberechtigte im Wege der **Ersatzabsonderung** vorzugsweise Befriedigung aus dem Erlös verlangen, sofern dieser noch unterscheidbar in der Masse vorhanden ist (§ 127 Abs. 1 Satz 2 KO, § 46 KO analog); ansonsten besteht ein Ersatzanspruch gegen die Masse gem. § 59 Abs. 1 Nr. 1, 4 KO.

5. Konkursanfechtung

121 Die Konkursanfechtung dient dem Zweck, eine die Gläubiger benachteiligende Schmälerung der Konkursmasse auszugleichen, die vor Konkurseröffnung durch den Gemeinschuldner oder einen Konkursgläubiger erfolgt ist. Sie ermöglicht die Zurückführung aus dem Vermögen des Gemeinschuldners weggegebener Vermögensgegenstände in die Konkursmasse.

a) Anfechtungstatbestände

Als Anfechtungstatbestände kommen die Schenkungsanfechtung, die Absichtsanfechtung, die besondere Konkursanfechtung und die Anfechtung von Leistungen an Gläubiger kapitalersetzender Forderungen in Betracht.

aa) Schenkungsanfechtung

122 Anfechtbar sind unentgeltliche unmittelbar oder mittelbar benachteiligende **Verfügungen** des Gemeinschuldners, die im *letzten Jahr* vor der Eröffnung des Verfahrens erfolgt sind und nicht nur gebräuchliche Gelegenheitsgeschenke zum Gegenstand hatten (§ 32 Nr. 1 KO), sowie solche Verfügungen, die in den letzten *zwei Jahren* vor der Eröffnung des Konkursverfahrens zugunsten eines Ehegatten (§ 32 Nr. 2 KO) vorgenommen worden sind.

Zu den Verfügungen in diesem Sinne gehören auch verpflichtende Rechtsgeschäfte und sonstige Rechtshandlungen (BGHZ 41, 298, 299), sofern hierdurch der späteren Konkursmasse Vermögenswerte entzogen werden, ohne daß ihr ein entsprechender Gegenwert zufließt.

bb) Absichtsanfechtung

123 Rechtshandlungen, die der Gemeinschuldner in den *letzten dreißig Jahren* vor Geltendmachung des Anfechtungsanspruchs (§ 41 Abs. 1 Satz 3 KO) in der dem anderen Teil bekannten Absicht vorgenommen hat, die Gläubiger zu benachteiligen, sind anfechtbar (§ 31 Nr. 1 KO).

Der Konkursverwalter hat im Streitfalle die benachteiligende Rechtshandlung, die Benachteiligungsabsicht des Schuldners sowie die Kenntnis der Benachteiligungsabsicht seitens des anderen Teils zu beweisen.

Erleichtert wird dem Konkursverwalter die Absichtsanfechtung bei *im letzten Jahr* vor Konkurseröffnung geschlossenen entgeltlichen Geschäften des Gemeinschuldners mit seinem *Ehegatten* oder mit *Verwandten*, sofern die Gläubiger durch diese Geschäfte benachteiligt werden. Die Anfechtung greift in diesen Fällen nur dann nicht ein, wenn der Ehegatte bzw. die Verwandten beweisen, daß ihnen die Benachteiligungsabsicht des Gemeinschuldners nicht bekannt war (§ 31 Nr. 2 KO).

Unter die Verwandtengeschäfte fallen auch Geschäfte des Gesellschafters einer OHG mit seinem Ehegatten oder einem Verwandten im Namen der OHG (*Böhle-Stamschräder/Kilger* KO, § 31 Anm. 13) oder Geschäfte einer GmbH mit ihrem Gesellschafter oder dessen nahen Angehörigen (BGHZ 58, 20).

cc) Besondere Konkursanfechtung

124 Der besonderen Konkursanfechtung gemäß § 30 Nr. 1 KO unterfallen die *nach* der Zahlungseinstellung oder dem Antrag auf Konkurseröffnung abgeschlossenen unmittelbar benachteiligenden Rechtsgeschäfte des Gemeinschuldners sowie alle anderen Konkursgläubiger auch mittelbar benachteiligenden Rechtshandlungen nicht nur des Gemeinschuldners, die einem Konkursgläubiger *Sicherung* oder *Befriedigung* gewähren, auf die er in dieser Form einen Anspruch hatte **(kongruente Deckung).** Voraussetzung ist jedoch, daß dem anderen Teil die Zahlungseinstellung oder die Konkursantragstellung bekannt waren. Die Beweislast für die Kenntnis und für die Gläubigerbenachteiligung trägt im Streitfall der Konkursverwalter (*Böhle-Stamschräder/Kilger* KO, § 30 Anm. 11).

125 In § 30 Nr. 2 KO kehrt das Gesetz die Beweislast in den Fällen der **inkongruenten Deckung** um. Danach sind die nach der Zahlungseinstellung oder dem Antrag auf Eröffnung des Verfahrens oder die in den letzten zehn Tagen davor erfolgten Rechtshandlungen, die einem Konkursgläubiger *Sicherung* oder *Befriedigung* gewähren, die er *nicht* oder *nicht in der Art* oder *nicht zu der Zeit* zu beanspruchen hatte, anfechtbar, wenn er nicht beweist, daß ihm zur Zeit der Handlung weder die Zahlungseinstellung oder der Eröffnungsantrag noch eine Absicht des Gemeinschuldners, ihn vor den übrigen Gläubigern zu begünstigen, bekannt war.

dd) Anfechtung von Leistungen an Gläubiger kapitalersetzender Forderungen

125a Rechtshandlungen, die dem Gläubiger einer kapitalersetzenden Forderung i. S. von § 32a Abs. 1 und 3 GmbHG *Sicherung* gewähren, sind ebenfalls anfechtbar. Das gleiche gilt für Rechtshandlungen im letzten Jahr vor Konkurseröffnung, die dem Gläubiger einer solchen Forderung *Befriedigung* gewähren (vgl. hierzu im einzelnen Rz. 131a–131l).

b) Geltendmachung der Anfechtung

126 Zur Geltendmachung der Anfechtung ist nur der Konkursverwalter legitimiert (§ 36 KO). Die Anfechtung muß binnen eines Jahres seit der Konkurseröffnung erfolgen (§ 41 Abs. 1 KO). Die Unterbrechung dieser **Ausschlußfrist** kann grundsätzlich nur durch Klageerhebung erfolgen (*Mentzel/Kuhn/Uhlenbruck*, § 29 Rz. 45). Auch nach Ablauf der Jahresfrist steht jedoch dem Konkursverwalter noch ein Leistungsverweigerungsrecht gegenüber solchen Ansprüchen zu, die der Anfechtungsgegner durch eine anfechtbare Handlung erlangt hat (§ 41 Abs. 2 KO).

c) Rechtswirkungen der Konkursanfechtung

127 Der Anfechtungsanspruch geht auf **Rückgewähr** zur Konkursmasse. Gegenstand der Rückgewähr ist alles, was durch die anfechtbare Handlung aus dem Vermögen des Gemeinschuldners veräußert, weggegeben oder aufgegeben worden ist (§ 37 KO). Grundsätzlich muß daher die Rückgewähr *in Natur* erfolgen.

Ist die Rückgewähr in Natur nicht möglich, z. B. wenn eine anfechtbar übertragene Forderung vom Anfechtungsgegner bereits eingezogen ist, hat der Anfechtungsgegner **Geldersatz** in Höhe des Wertes, den der Gegenstand bei einer Verwertung durch den Konkursverwalter gehabt hätte, zu leisten (BGH, ZIP 1980, 250, 251). Der gutgläubige Empfänger einer unentgeltlichen Zuwendung hat nur die Bereicherung herauszugeben (§ 37 Abs. 2 KO). Im übrigen sind die Regeln des Rechts der ungerechtfertigten Bereicherung nicht anwendbar (*Böhle-Stamschräder/Kilger* KO, § 37 Anm. 6).

128 Hat der Anfechtungsgegner für seine Leistung eine **Gegenleistung** erbracht und befindet sich diese Gegenleistung noch unterscheidbar in der Masse oder ist die Masse noch um den Wert der Gegenleistung bereichert, ist die Gegenleistung aus der Konkursmasse zu erstatten (§ 38 Satz 1 KO). Im übrigen ist der Anspruch auf die Gegenleistung nur Konkursforderung (§ 38 Satz 2 KO). Nach erfolgter Rückgewähr lebt die Forderung des Anfechtungsgegners wieder auf und kann als Konkursforderung geltend gemacht werden (§ 39 KO). Anfechtungsgegner ist außer dem Empfänger des aus dem Schuldnervermögen weggegebenen Gegenstandes auch sein Erbe (§ 40 Abs. 1 KO) oder ein anderer Gesamtrechtsnachfolger (*Mentzel/Kuhn/Uhlenbruck* § 40 Rz. 3), sowie unter bestimmten Voraussetzungen der Einzelrechtsnachfolger (§ 40 Abs. 2 KO).

6. Aufrechnung im Konkurs

129 Auch im Konkurs können Konkursgläubiger oder Konkursverwalter ein Aufrechnungsrecht ausüben. Die Aufrechnung ist für den Konkursgläubiger entsprechend dem Sinn und Zweck des Konkursverfahrens gegenüber den Voraussetzungen des BGB teils erweitert, teils eingeschränkt. Dagegen richtet sich die Aufrechnungsbefugnis des Konkursverwalters allein nach den Vorschriften der §§ 387 ff. BGB.

a) Erweiterung der Aufrechnungsbefugnis

130 Entgegen § 387 BGB, wonach die zur Aufrechnung gestellten Forderungen gleichartig sein müssen, ist die Aufrechnung im Konkurs auch zulässig, wenn die Forderung des Gläubigers nicht auf Geld gerichtet ist (*Böhle-Stamschräder/Kilger* KO, § 54 Anm. 5). Insoweit ist die Forderung nach ihrem Schätzwert in Geld umzurechnen (§ 54 Abs. 4 KO).

Die Aufrechnung wird weiterhin entgegen § 387 BGB nicht dadurch ausgeschlossen, daß eine Forderung noch nicht fällig oder bedingt ist (§ 54 Abs. 1 KO). Die Aufrechnung einer bei Konkursbeginn aufschiebend bedingten Forderung gegen eine fällige Forderung des Gemeinschuldners ist zwar erst zulässig, wenn sie unbedingt geworden ist; vorher ist der Konkursgläubiger als Schuldner des Gemeinschuldners zahlungspflichtig, doch kann er in Höhe seiner Forderung Sicherheitsleistung verlangen (§ 54 Abs. 3 KO).

b) Einschränkung der Aufrechnungsbefugnis

131 Da die Aufrechnung dem Gläubiger eine volle Befriedigung seiner Forderung gewährt, die er ohne die Aufrechnungsmöglichkeit gegebenenfalls nur als einfache Konkursforderung hätte geltend machen können, besteht ein Interesse des Gläubigers an der Schaffung solcher Aufrechnungslagen. Zur Vermeidung von ungerechtfertigten Benachteiligungen der Konkursmasse sind die Aufrechnungsmöglichkeiten im Konkurs eingeschränkt.

Unzulässig ist die Aufrechnung für Konkursgläubiger, nicht dagegen für Massegläubiger (*Böhle-Stamschräder/Kilger* KO, § 55 Anm. 2), wenn jemand vor oder nach der Eröffnung des Verfahrens eine Forderung an den Gemeinschuldner erworben hat und nach der Eröffnung etwas zur Masse schuldig geworden ist (§ 55 Nr. 1 KO), da hier die Aufrechnungslage erst nach der Konkurseröffnung entstanden ist. Weiterhin ist die Aufrechnung unzulässig, wenn jemand dem Gemeinschuldner vor der Eröffnung des Verfahrens etwas schuldig war und nach derselben eine Forderung an den

Gemeinschuldner erworben hat, auch wenn diese Forderung vor der Eröffnung für einen anderen Gläubiger entstanden war (§ 55 Nr. 2 KO). Schließlich ist die Aufrechnung auch dann unzulässig, wenn jemand vor der Eröffnung des Verfahrens dem Gemeinschuldner etwas schuldig war und eine Forderung an den Gemeinschuldner durch ein Rechtsgeschäft mit demselben oder durch Rechtsabtretung oder Befriedigung eines Gläubigers erworben hat, falls ihm zur Zeit des Erwerbs bekannt war, daß der Gemeinschuldner seine Zahlungen eingestellt hat oder daß die Eröffnung des Verfahrens beantragt war (§ 55 Nr. 3 KO). Die letztgenannte Fallgruppe erfaßt allerdings nicht den umgekehrten Fall, daß der Gemeinschuldner vor Konkurseröffnung etwas schuldig war und während der Krise eine Gegenforderung erwirbt. Nach der Rechtsprechung ist die bei dieser Sachlage erklärte Aufrechnung des Gläubigers wirksam; sie kann jedoch vom Konkursverwalter angefochten werden (BGHZ 58, 108, 111).

7. Kapitalersetzende Gesellschafterleistungen

a) Allgemeines

31a Grundsätzlich steht es den Gesellschaftern einer Kapitalgesellschaft frei, in welcher Weise sie dem Unternehmen die zu seinem Betrieb erforderlichen Geldmittel zur Verfügung stellen. Dies kann durch eine entsprechende Eigenkapitalausstattung oder – zumindest teilweise – durch Gewährung von **Gesellschafterdarlehen** geschehen. Für die Aufbringung und Erhaltung des Eigenkapitals gelten erheblich strengere Vorschriften als für die Gewährung und Rückzahlung von Darlehen. Insbesondere ist die Rückzahlung des Eigenkapitals gem. § 30 GmbHG verboten. Nachstehend wird grundsätzlich die Rechtslage bei der GmbH beschrieben; die Rechtslage bei der GmbH & Co. KG ist im wesentlichen gleich. Eine entgegen dem Verbot von § 30 GmbHG vorgenommene **Kapitalrückzahlung** muß der Zahlungsempfänger der Gesellschaft erstatten (§ 31 Abs. 1 GmbHG).

31b Es liegt die Versuchung nahe, die strengen Kapitalerhaltungsvorschriften zu umgehen, indem der Gesellschafter seiner Gesellschaft die benötigten Geldmittel nicht in Form von Eigenkapital, sondern formal als Fremdmittel (Gesellschafterdarlehen bzw. vom Gesellschafter besicherte Fremddarlehen) zur Verfügung stellt, zumal diese Finanzierungsart formfrei und damit unkomplizierter ist als eine Kapitalerhöhung. Von der Rechtsprechung und neuerdings vom Gesetzgeber sind deshalb Regeln entwickelt worden, die Gesellschafterdarlehen und wirtschaftlich entsprechende Leistungen in vielfacher Hinsicht dem formellen Eigenkapital gleichstellen. Die Voraussetzungen, unter denen Leistungen von Gesellschaftern kapitalersetzenden Charakter annehmen und damit entsprechenden Rechtsfolgen unterworfen sind, werden von Rechtsprechung und Gesetz unterschiedlich beschrieben.

b) Definition

31c Nach der Rechtsprechung hat ein Darlehen kapitalersetzenden Charakter, wenn die Gesellschaft beim *Empfang* des Darlehens Fremdkapital zu marktüblichen Bedingungen nicht mehr erhalten konnte und bei der *Rückzahlung* des Darlehens verlorenes Stammkapital und ggf. eine darüber hinaus vorhandene Überschuldung abdeckt (vgl. BGHZ 31, 258ff.; BGH ZIP 1980, 361). Die Rückzahlung solcher Darlehen löst in entsprechender Anwendung der §§ 30, 31 GmbHG eine Haftung des Gesellschafters aus. Neben die von der Rechtsprechung entwickelten Grundsätze sind im Zuge der **GmbH-Novelle 1980** gesetzliche Regelungen getreten (§§ 32a, b GmbHG, §§ 129a, 172a HGB, § 32a KO, § 3b AnfG). § 32a GmbHG stellt für die Charakterisierung als kapitalersetzendes Darlehen darauf ab, ob die Darlehenshingabe in einem Zeitpunkt erfolgte, in dem die Gesellschafter der Gesellschaft als ordentliche Kaufleute Eigenkapital zugeführt hätten. Solche Darlehen können vom darlehensgebenden Gesellschafter im Konkurs- oder im Vergleichsverfahren über das Vermögen der Gesellschaft nicht geltend gemacht werden. Wird ein vom Gesellschafter besichertes, kapitalersetzendes Drittdarlehen im letzten Jahr vor der Konkurseröffnung zurückgezahlt, so hat der Gesellschafter den zurückgezahlten Betrag zu erstatten (§ 32b GmbHG).

c) Geltungsbereich

131 d Die Vorschriften der §§ 32a und 32b GmbHG sind am 1. 1. 1981 in Kraft getreten und gelten kraft ausdrücklicher Bestimmung in den Übergangsvorschriften nicht für Darlehen und wirtschaftlich entsprechende Rechtshandlungen, die der Gesellschaft vor dem Inkrafttreten gewährt worden sind (Art. 12 § 3 GmbH-Novelle vom 4. 7. 1980, BGBl. I, 836). Da die Regelungen der GmbH-Novelle deutlich hinter dem von der Rechtsprechung bis dahin erreichten Stand zurückbleiben – zumal sie nur im Konkurs der Gesellschaft zur Anwendung kommen –, hat der Bundesgerichtshof entschieden, daß auch für die nach Inkrafttreten der Novelle gewährten Darlehen *neben* den neuen gesetzlichen Vorschriften die von der Rechtsprechung entwickelten Regeln Anwendung finden (BGH ZIP 1984, 698).

d) Kreditunwürdigkeit

131 e Voraussetzung für den Kapitalersatzcharakter von Gesellschafterleistungen ist demnach, daß die Leistung zu einem Zeitpunkt gewährt wird, zu dem die Gesellschaft Kredit zu marktüblichen Bedingungen nicht mehr erhalten konnte **(Kreditunwürdigkeit)** bzw. – gemäß § 32a GmbHG – ordentliche Kaufleute der Gesellschaft neues Eigenkapital zugeführt hätten. Beide Tatbestandsmerkmale sind gleichermaßen ungenau. Die Gesetzesmaterialien verweisen auf die von der Rechtsprechung verwendeten Abgrenzungskriterien. Es kann daher gesagt werden, daß Eigenkapitalzufuhr geboten ist, wenn Kreditunwürdigkeit vorliegt. Kreditunwürdigkeit ist nur im Rahmen einer Gesamtwürdigung der wirtschaftlichen Verhältnisse der Gesellschaft festzustellen. Hätte ein vernünftig handelnder Gläubiger, der nicht an der Gesellschaft beteiligt ist, unter den gegebenen Umständen zu den Bedingungen, die der Gesellschafter der Gesellschaft gewährt, keinen solchen Kredit gegeben, liegt Kreditunwürdigkeit vor (vgl. *Fischer/Luther* §§ 32a/b Rz. 11).

e) „Stehenlassen"

131 f Ist ein Gesellschafterdarlehen zu einem Zeitpunkt gewährt worden, als noch keine Kreditunwürdigkeit bzw. kein weiterer Eigenkapitalbedarf vorlag, kann es gleichwohl Kapitalersatzcharakter annehmen, wenn der Gesellschafter es beim Auftreten dieser Merkmale *stehenläßt* (BGH ZIP 1980, 115 mit Anm. Klasmeyer; BGH ZIP 1985, 1075). Streitig ist, ob von einem Stehenlassen des Darlehens schon die Rede sein kann, wenn rein objektiv das Darlehen nicht abgezogen wird oder ob subjektive Merkmale – z. B. Kenntnis von der Krise – hinzukommen müssen (vgl. *Fischer/Lutter* §§ 32a/b Rz. 28f.).

f) Rechtsfolgen

Mit der Einstufung eines Darlehens als Kapitalersatz sind die nachstehenden Rechtsfolgen verbunden:

131 g aa) Der Gesellschafter kann seine Darlehensforderungen im **Konkurs nicht** geltend machen (§ 32a Abs. 1 GmbHG; vgl. auch oben Rz. 100). Gleichwohl sind nach heute noch herrschender Auffassung kapitalersetzende Gesellschafterdarlehen im **Überschuldungsstatus zu passivieren,** solange keine Rangrücktrittserklärung des Gesellschafters vorliegt (vgl. *Hachenburg/Ulmer* § 63 Rz. 4i; *Scholz/K. Schmidt* § 63 Rz. 16).

131 h bb) Hat der Gesellschafter eine – kapitalersetzende – **Sicherheit** für ein Fremddarlehen gegeben, kann der Darlehensgeber seine Forderung im Konkurs der Gesellschaft nur insoweit geltend machen, als er bei Inanspruchnahme der Sicherheit ausgefallen ist (§ 32a Abs. 2 GmbHG). Hat der Darlehensgeber eine aus dem *Gesellschaftsvermögen* stammende Sicherheit erhalten, ist er allerdings nicht gehindert, diese in Anspruch zu nehmen, bevor er auf die Sicherheit zugreift, die der *Gesellschafter* ihm gewährt hat (BGH ZIP 1985, 158 = EWiR § 32a GmbHG 1/85, 105; *Kübler*).

131 i cc) Wird das durch eine **kapitalersetzende Gesellschaftersicherheit** (z. B. Bürgschaft) besicherte **Fremddarlehen** aus dem Gesellschaftsvermögen **getilgt,** bevor deren Stammkapital wieder durch Eigenmittel gedeckt ist und wird dadurch die Gesellschaftersicherheit frei, muß der Gesellschafter das Geleistete erstatten (BGH ZIP 1981, 974).

131j dd) **Rechtshandlungen, die dem Gläubiger einer von § 32a Abs. 1 GmbHG erfaßten Forderung Sicherung oder Befriedigung gewähren** – also insbesondere die Rückzahlung eines kapitalersetzenden Gesellschafterdarlehens –, sind nach Maßgabe der §§ 32a KO, 3b AnfG **anfechtbar.** Die Rückgewähr hat in vollem Umfange zu erfolgen und nicht nur, soweit dies zur Abdeckung des Stammkapitals erforderlich ist (vgl. *Fischer/Lutter* §§ 32a/b Rz. 8).

131k ee) **Rückzahlungen auf Gesellschafterdarlehen,** die nach der BGH-Rechtsprechung kapitalersetzenden Charakter angenommen haben, sind in analoger Anwendung von § 30 GmbHG – auch außerhalb des Konkurses – verboten und ggf. entsprechend § 31 GmbHG der Gesellschaft zu erstatten, jedoch nur soweit sie zur Stammkapitaldeckung benötigt werden (vgl. BGHZ 76, 325, 326 = ZIP 1980, 361; *Fischer/Lutter* §§ 32a/b Rz. 5).

ff) Die nicht rückforderbare, kapitalersetzende Gesellschafterleistung darf nicht verzinst werden; die Geltendmachung einer für sie gegebenen Sicherheit ist ausgeschlossen (BGHZ 67, 171).

g) Wirtschaftlich entsprechende Tatbestände

131l Die Rechtsprechung hat Umgehungen der Kapitalersatzvorschriften entgegengewirkt, indem sie z. B. die für Darlehen entwickelten Regeln auf vom Gesellschafter gegebene Sicherheiten ausdehnte, die für Fremddarlehen gegeben wurden (vgl. oben Rz. 131i). Der Gesetzgeber hat mit § 32a Abs. 3 GmbHG einen **Auffangtatbestand** geschaffen, nach dem die Kapitalersatzvorschriften auf Rechtshandlungen von Gesellschaftern oder Dritten sinngemäß anzuwenden sind, die der Darlehnsgewährung wirtschaftlich entsprechen. Hierunter fallen z. B. die Darlehnsgewährung durch Mittelsmänner, das Stunden von Forderungen irgendwelcher Art, die Gewährung von Sicherheiten für Darlehen Dritter etc. Streitig ist, ob die miet-, pacht- oder leihweise Überlassung von Gegenständen des Anlagevermögens, insbesondere im Falle der sog. **Betriebsaufspaltung,** den Kapitalersatzregeln unterfallen (vgl. hierzu *Fischer/ Lutter* Rz. 67ff.).

VI. Massegläubiger

1. Allgemeines

132 Während Konkursforderungen bereits bei Konkurseröffnung begründet sein müssen (§ 3 Abs. 1 KO), sind **Masseforderungen** solche Gläubigeransprüche, die ihren Rechtsgrund grundsätzlich erst *nach* Konkurseröffnung haben. Sie sind „vorweg", d. h. unmittelbar aus der Konkursmasse und in der Regel in voller Höhe, zu befriedigen (§ 57 KO), bevor die Konkursforderungen im Verteilungsverfahren (quotenmäßig) bedient werden.

Im Gegensatz zu den Konkursforderungen werden Masseforderungen nicht beim Konkursgericht zur Konkurstabelle angemeldet, sondern **unmittelbar beim Konkursverwalter** geltend gemacht, notfalls sogar im ordentlichen Zivilverfahren.

Das Gesetz unterscheidet bei Masseverbindlichkeiten zwischen Massekosten (§ 58 KO) und Masseschulden (§ 59 KO).

2. Massekosten

133 Zu den Massekosten gehören einmal die **Gerichtskosten** (§ 58 Nr. 1 KO); dies sind die durch das gerichtliche Eröffnungsverfahren und das Konkursverfahren selbst bedingten Gebühren, ferner die Auslagen des Gerichts (z. B. die Vergütung des im Eröffnungsverfahren bestellten Gutachters und die für die öffentliche Bekanntmachung in einer Tageszeitung zu zahlenden Kosten).

Weiter zählen zu den Massekosten die Ausgaben für die Verwaltung, Verwertung und Verteilung der Masse (§ 58 Nr. 2 KO). In erster Linie sind hier die **Vergütung** des Sequesters (§ 106 KO), des Konkursverwalters (§ 85 KO) und der Mitglieder des Gläubigerausschusses (§ 91 KO) zu nennen. Gehört zur Konkursmasse Grundbesitz, fallen auch die hierauf lastenden öffentlichen Abgaben (Grundsteuer, Anliegerbeiträge etc.) unter die Massekosten. Auch die bei der Abwicklung anfallenden Steuern, insbesondere **Gewerbe- und Umsatzsteuer,** stellen nach bislang h. M. Massekosten dar (vgl. *Mentzel/Kuhn/Uhlenbruck* § 58 Rz 8ff); richtigerweise handelt es sich jedenfalls bei der nachkonkurslichen Umsatzsteuer auf Leistungen der Konkursmasse um eine Masseschuld. Ebenso rechnet die Lohnsteuer für die weiterbeschäftigten Arbeitnehmer zu den Masseschulden (BFH, DB 1975, 2308). Zu den Massekosten gehören ferner die bei der Sicherung und Versilberung der Masse anfallenden **Verwertungskosten** (z. B. für Zwangsverwaltung und Zwangsversteigerung gem. § 126 KO).

134   Im Falle des **Anschlußkonkurses** sind Massekosten auch die gerichtlichen Kosten und die vom Gericht festgesetzten Vergütungen des vorangegangenen Vergleichs- oder Vergleichantragsverfahrens (§§ 105 VglO, 58 Nr. 1, 2 KO).

Schließlich rechnet zu den Massekosten die **Unterstützung**, die dem Gemeinschuldner und seiner Familie für einen notdürftigen Lebensunterhalt gewährt wird (§§ 58 Nr. 3, 129 Abs. 1, 132 Abs. 1 KO).

3. Masseschulden

Bei den Masseschulden unterscheidet das Gesetz vier Kategorien:

a) Ansprüche aus Geschäften oder Handlungen des Konkursverwalters (§ 59 Abs. 1 Nr. 1 KO)

135   Im Rahmen seiner Verwaltungs- und Verwertungstätigkeit darf der Konkursverwalter für die Masse Rechtsgeschäfte eingehen und Rechtshandlungen zu Lasten der Masse vornehmen, z. B. Verwertungsverkäufe, Kreditaufnahmen und Zukäufe zur Fortführung des Gemeinschuldnerbetriebs, Einstellung von Hilfskräften. Die Ansprüche der Vertragspartner des Konkursverwalters einschließlich der Gewährleistungsansprüche richten sich unmittelbar gegen die Konkursmasse, ebenso wie Schadenersatzansprüche, die im Zusammenhang mit der Erfüllung von Verwalteraufgaben entstehen, so etwa bei schuldhafter Vereitelung von Aus- und Absonderungsrechten (*Böhle-Stamschräder/Kilger* KO, § 59 Anm. 2) oder bei Verletzung von Urheber- und Patentrechten (*Mentzel/Kuhn/Uhlenbruck* § 59 Rz. 2 b). Schließlich sind hier zu nennen die Kosten für die vom Konkursverwalter (weiter-)geführten Prozesse sowie Kosten der Buchführung und Bilanzierung (vgl. hierzu *Klasmeyer/Kübler* BB 1978, 369 ff.).

b) Ansprüche aus zweiseitigen Verträgen (§ 59 Abs. 1 Nr. 2 KO)

136   Hierzu gehören zum einen Ansprüche aus Verträgen, bei denen der Konkursverwalter gem. § 17 KO Erfüllung gewählt hat. Zum anderen sind solche Verträge betroffen, die kraft Gesetzes für die Zeit zwischen Konkurseröffnung und Beendigung des Vertragsverhältnisses bzw. des Konkursverfahrens aus der Konkursmasse zu erfüllen sind; zu nennen sind hier vor allem Miet- und Pachtverträge (§§ 19–21 KO), Dienstverträge (§ 22 KO), ferner Ersatzansprüche des Beauftragten (§ 27 KO i. V. m. § 672 Satz 2 BGB) oder des Gesellschafters (§ 28 KO i. V. m § 728 Satz 2 BGB).

c) Arbeitnehmeransprüche aus der Zeit vor Konkurseröffnung (§ 59 Abs. 1 Nr. 3 KO)

137   Ansprüche der Arbeitnehmer, der Sozialversicherungsträger und der Bundesanstalt für Arbeit für Rückstände aus den letzten sechs Monaten vor Konkurseröffnung stellen – systemwidrig – ebenfalls Masseschulden dar.

d) Bereicherungsansprüche (§ 59 Abs. 1 Nr. 4 KO)

138   Eine Masseschuld liegt schließlich dann vor, wenn die Konkursmasse selbst einen Vermögensvorteil erlangt hat, ohne daß hierfür ein rechtlicher Grund besteht. Dies ist z. B. der Fall, wenn der Konkursverwalter einen nicht zur Masse gehörenden Gegenstand verwertet und den Erlös ununterscheidbar mit der Konkursmasse vermengt hat; ist der Gegenwert hingegen noch unterscheidbar vorhanden, kann er im Wege der Ersatzaussonderung gem. § 46 KO herausverlangt werden. Eine Masseschuld ist nur gegeben, wenn der Vermögensvorteil unmittelbar in die Masse gelangt ist. War die Bereicherung bereits vor Konkurseröffnung dem Vermögen des Gemeinschuldners zugeflossen, begründet dies selbst dann nur eine einfache Konkurs-

forderung, wenn der Gegenstand noch unterscheidbar vorhanden ist. Dies gilt sogar dann, wenn im Zeitpunkt des Zuflusses schon Konkurs- oder Vergleichsantrag gestellt oder die Sequestration gem. § 106 KO angeordnet war (*Böhle-Stamschräder/ Kilger* KO, § 59 Anm. 6).

4. Verfahren bei Massearmut

139   Zwar sind Massekosten und Masseschulden vor den Konkursforderungen zu berichtigen. Häufig reicht allerdings die Masse nicht einmal zur vollen Befriedigung der Masseverbindlichkeiten aus. Für diesen Fall der sog. Massearmut bzw. Masseunzulänglichkeit („Konkurs des Konkurses") sieht das Gesetz in § 60 KO folgende **Rangordnung** vor, nach der die Massegläubiger zu bedienen sind:
– Masseschulden im Sinne des § 59 Abs. 1 Nr. 1, 2 KO,
– Massekosten im Sinne des § 58 Nr. 1, 2 KO,
– Masseschulden im Sinne des § 59 Abs. 1 Nr. 3, 4 KO,
– Massekosten im Sinne des § 58 Nr. 3 KO.
Bei gleichem Rang erfolgt die Berichtigung der Forderungen anteilsmäßig im Verhältnis ihrer Höhe.

140   Der Verteilungsschlüssel des § 60 KO greift allerdings erst ein, wenn die **Masseunzulänglichkeit erkennbar** geworden ist. Die Feststellung obliegt dem Konkursverwalter. Dieser ist verpflichtet, die Massegläubiger unverzüglich zu unterrichten, z. B. im Wege der öffentlichen Bekanntmachung (*Mentzel/Kuhn/Uhlenbruck* § 60 Rz. 3). Erst mit diesem Zeitpunkt greifen die Wirkungen des § 60 KO ein. Der Anspruch des einzelnen Massegläubigers beschränkt sich sodann auf die ihm zustehende **Quote**. Eine schon vorher erlangte Befriedigung oder Sicherung darf der Massegläubiger behalten, auch wenn und soweit sie ihm nach der Rangordnung des § 60 KO nicht zustehen würde. Aus diesem Grunde empfiehlt es sich für jeden potentiellen Massegläubiger, möglichst frühzeitig für die Befriedigung seiner Ansprüche aus der Masse Sorge zu tragen.

141   Nach Feststellung der Masseunzulänglichkeit sind **Leistungsklagen** und **Zwangsvollstreckungsmaßnahmen** gegen die Konkursmasse solange **unzulässig**, bis die zu verteilende Masse und damit die auf den einzelnen Massegläubiger entfallende Quote endgültig feststeht (vgl. *Mentzel/Kuhn/Uhlenbruck* § 60 Rz. 2).

142   Auch nach Feststellung der Massearmut, die entgegen der ursprünglichen Vorstellung des Gesetzgebers heute vielfach schon bei Verfahrensbeginn vorliegt, ist der Konkursverwalter oft gezwungen, im Rahmen der Abwicklung weitere Masseverbindlichkeiten einzugehen, etwa durch Zukauf von Rohstoffen zur Ausproduktion von Halbfertiggütern. Vertragspartner wird der Konkursverwalter hierfür aber nur finden, wenn diese sicher sein können, volle Befriedigung ihrer Masseansprüche zu erlangen. Um eine vorzeitige Verfahrenseinstellung nach § 204 KO zu vermeiden, war es daher bislang herrschende Ansicht, daß derartige **Neumassegläubiger** außerhalb der Verteilungsregelung des § 60 KO volle Befriedigung verlangen können. Der Bundesgerichtshof ist demgegenüber nunmehr der Auffassung, daß Neumasseschulden im selben Rang wie die vor der Feststellung der Massearmut entstandenen Altmasseschulden zu berichtigen sind (BGH, ZIP 1984, 612; hierzu kritisch *Pape* ZIP 1984, 796).

Befriedigt der Konkursverwalter die Neumassegläubiger dennoch weiter in vollem Umfang, da er anderenfalls mit ihnen nicht kontrahieren könnte, haftet er den Altmassegläubigern für deren hierdurch entstandenen Ausfall. Der Schadens- und Kausalitätsnachweis dürfte den Altmassegläubigern allerdings kaum gelingen. Im Zweifel wäre nämlich ein Konkursverfahren, wenn die Neumassegläubiger nicht voll befriedigt worden wären, nicht weiter durchführbar gewesen. Dann aber wären die Altmassegläubiger mit ihren Masseansprüchen durchweg ohnehin leer ausgegangen.

Um trotz dieser mißlichen Rechtslage das Verfahren weiterführen zu können, bleibt dem Konkursverwalter in geeigneten Fällen der Ausweg, vorher die **Zustimmung der Altmassegläubiger** zur vollen Befriedigung der Neumassegläubiger einzuholen bzw. mit ihnen einen **Rangrücktritt** zu vereinbaren (vgl. *Eckert* ZIP 1984, 615, 618).

VII. Verwaltung und Verwertung der Konkursmasse

143 Nach der Eröffnung des Verfahrens hat der Konkursverwalter das gesamte zur Konkursmasse gehörige Vermögen des Gemeinschuldners **sofort in Besitz und Verwaltung zu nehmen** und dasselbe zu verwerten (§ 117 Abs. 1 KO). Über die Art und Weise der Verwaltung und Verwertung der Masse entscheidet der Konkursverwalter nach pflichtgemäßem Ermessen. Allzu häufig wird der gesetzliche Verwertungsauftrag durch Zerschlagung von Unternehmenseinheiten ausgeführt. Ist jedoch im Einzelfall ein höherer Erlös durch Verwertung des Unternehmens im ganzen zu erzielen, muß der Konkursverwalter den Weg der Gesamtveräußerung beschreiten. Auch kann eine zeitweilige Fortführung des Unternehmens vor Einleitung der Liquidation geboten sein (vgl. hierzu *Mentzel/Kuhn/Uhlenbruck* § 117 Rz. 11 ff.).

1. Unternehmensfortführung im Konkurs

144 Die heutige Insolvenzszene ist dadurch gekennzeichnet, daß mehr als 75% aller Konkurse im gewerblichen Bereich mangels einer die Verfahrenskosten deckenden Masse nicht durchgeführt werden können. Die Ursache dieser Misere ist zumeist darin begründet, daß nahezu **das gesamte Aktivvermögen** des Gemeinschuldners zugunsten von **Sicherungsgläubigern belastet** ist. Das Immobiliarvermögen ist mit Grundpfandrechten belegt, Maschinen und Fuhrpark sind, soweit sie nicht ohnehin als Zubehör zum Haftungsverband gehören und damit dem Zugriff der Grundpfandgläubiger unterliegen, ebenso wie die Betriebs- und Geschäftsausstattung sicherungsübereignet. Beim Umlaufvermögen stehen die Vorräte unter dem Eigentumsvorbehalt der Lieferanten; der Forderungsbestand unterliegt ihrem verlängerten Eigentumsvorbehalt und ist nachrangig mit Globalzessionen zugunsten von Kreditinstituten belastet.

In dieser Situation ist häufig die Betriebsfortführung der einzige Weg zur Eröffnung und Durchführung eines Konkursverfahrens. Während sich für die in der Produktion befindlichen halbfertigen Erzeugnisse bei Verwertung in diesem Zustand nur Zerschlagungs- bzw. Schrottwerte realisieren lassen würden, sind ausproduzierte Erzeugnisse im Insolvenzverfahren durchweg auch ohne große Preisnachlässe absetzbar. Die Kunden haben sich zumeist auf die Belieferung nach seinem pflichtgemäßen würden bei einem Lieferausfall ihrerseits Nachteile erleiden. Sie sind vielfach auch bereit, nicht nur die Produkte abzunehmen, sondern sogar neue Verträge mit dem Konkursverwalter zu schließen (vgl. zur Betriebsfortführung *Kübler* ZGR 1982, 498 ff.).

145 Wegen der Tragweite der Schließung bzw. Fortführung des Unternehmens und nicht zuletzt im Hinblick auf die das Konkursverfahren beherrschende Grundregel der Gläubigerselbstverwaltung hat der Gesetzgeber die Entscheidung über eine Betriebsschließung der **Gläubigerversammlung** übertragen (§ 132 Abs. 1 KO). Bis zur ersten Gläubigerversammlung hat der Verwalter nach seinem pflichtgemäßen Ermessen die Entscheidung selbst zu treffen (§ 129 Abs. 2 Satz 1 KO). Ist jedoch ein vorläufiger **Gläubigerausschuß** vom Gericht bestellt worden, beschließt dieser über Fortführung bzw. Schließung des Geschäfts (§ 129 Abs. 2 Satz 2 KO). Unabhängig von der vorläufigen Entscheidung des Konkursverwalters bzw. des Gläubigerausschusses entscheidet die Gläubigerversammlung endgültig (vgl. hierzu *Mentzel/Kuhn/Uhlenbruck* § 117 Rz. 14).

146 Nach herrschender Meinung kann eine Weiterführung des Gemeinschuldnerunternehmens nach dem Zweck des Konkursverfahrens nur eine *zeitweilige* sein, um im Interesse der Gläubiger eine bestmögliche Verwertung zu erreichen.

In der Praxis hat sich gezeigt, daß die in der Anfangsphase erreichten Vorteile bei längeren Betriebsfortführungen wieder verlorengehen können. Der Konkursverwalter wird daher sorgfältig den Zeitpunkt für die endgültige Schließung des Betriebs bestimmen müssen. Sind nämlich halbfertige Erzeugnisse einmal ausproduziert und wird der Betrieb gleichwohl aufrechterhalten, kann die Situation zu Lasten der Gläubiger umschlagen. Es besteht dann die Gefahr, daß – wie in der Zeit vor Konkurseröffnung – wiederum Verluste eintreten, die die Befriedigungschancen der Gläubiger reduzieren. Unabhängig davon wird man eine dauerhafte Betriebsfortführung auch deshalb als konkurswidrig betrachten müssen, weil das Vermögen des Gemeinschuldners im Unternehmen gebunden bleibt, so daß die Gläubiger unnötig lange auf eine Befriedigung warten müssen.

147 Die Betriebsfortführung kann infolgedessen für den Konkursverwalter **Haftungsprobleme** nach sich ziehen (vgl. BGH ZIP 1980, 581; Baur in Gedächtnisschrift *Bruns,* 241 ff.). Da er nach dem gesetzlichen Auftrag die Konkursmasse optimal zu verwerten hat, setzt er sich einer persönlichen Haftung der Gläubiger aus, wenn die Betriebsfortführung im Ergebnis die Masse reduziert. Die Haftpflichtversicherung deckt dieses in der Unternehmersphäre liegende Risiko durchweg nicht.

Angesichts des großen Haftungsrisikos des Konkursverwalters im Rahmen der Betriebsfortführung stellt sich die Frage, ob und wie lange der Verwalter an den Beschluß der Gläubigerversammlung, die sich für eine Betriebsfortführung entschieden hat, gebunden bleibt. Nach herrschender Auffassung darf der Verwalter trotz gegenteiliger Entscheidung der Gläubigerversammlung den Betrieb nicht unbegrenzt weiterführen. Die Fortführung muß vielmehr durch den Konkurszweck, d. h. die Erreichung einer optimalen Verwertung des Schuldnervermögens, gedeckt sein (vgl. BGH, ZIP 1980, 851, 854). Kann der Verwalter eine Fortführung des Betriebes nicht mehr verantworten, hat er trotz gegenteiligen Beschlusses der Gläubigerversammlung den Geschäftsbetrieb unverzüglich einzustellen (vgl. auch LG Wuppertal, KTS 1958, 45, 47).

148 Um den wirtschaftlichen Erfolg der Unternehmensfortführung transparent zu machen, empfiehlt sich in der **Konkursbuchführung** eine getrennte Kontenführung für die Bereiche Betriebsfortführung und Liquidation (LG Freiburg, ZIP 1983, 1098, 1100 mit Anm. *Kübler*).

2. Vertragsabwicklung im Konkurs

149 Die Auswirkungen des Konkurses auf noch nicht abgewickelte Verträge des Gemeinschuldners sind bei den verschiedenen Vertragstypen unterschiedlich zu beurteilen.

a) Nicht erfüllte gegenseitige Verträge

150 Bei gegenseitigen Verträgen, die zum Zeitpunkt der Konkurseröffnung noch von keinem Vertragspartner vollständig erfüllt sind, steht dem Konkursverwalter gem. § 17 KO ein Wahlrecht zu: Er kann die Vertragserfüllung verlangen oder ablehnen. Wählt der Konkursverwalter die Erfüllung, hat der Vertragspartner seine Leistung zur Masse zu bewirken. Sein Gegenanspruch ist Masseschuld nach § 59 Abs. 1 Nr. 2 KO. Bei Vertragsverhältnissen, denen die VOB/B zugrunde liegt, kann allerdings der Vertragspartner des Gemeinschuldners trotz Erfüllungsverlangens des Konkursverwalters den Vertrag gem. § 8 Nr. 2 VOB/B als Auftraggeber kündigen und Schadensersatz wegen Nichterfüllung verlangen (BGH, ZIP 1985, 1509).

Bei Ablehnung der Erfüllung durch den Konkursverwalter tritt an die Stelle der beiderseitigen Erfüllungsansprüche ein einseitiger Anspruch des Vertragspartners des Gemeinschuldners auf **Schadensersatz wegen Nichterfüllung,** der sich als einfache Konkursforderung gem. § 26 KO darstellt. Dem Gläubiger kann aber ein Aus- oder Absonderungsrecht wegen der bereits erbrachten Teilleistungen zustehen. Etwaige Teilleistungen des Gemeinschuldners in der Zeit vor der Konkurseröffnung kann der Vertragspartner mit dem eigenen Schadensersatzanspruch verrechnen (vgl. hierzu *Böhle-Stamschräder/Kilger* KO, § 17 Anm. 4c).

151 Die **Erklärung des Konkursverwalters** gem. § 17 KO, mit der er die Erfüllung des Vertragsverhältnisses verlangt, ist eine **einseitige empfangsbedürftige Willenserklärung** (BGHZ 15, 333, 335), die an keine Form gebunden ist; selbst bei einem Eintritt in Grundstückskaufverträge gilt nicht die Formvorschrift des § 313 BGB (vgl. *Böhle-Stamschräder/Kilger* KO, § 17 Anm. 4a). Die Erklärung kann auch *stillschweigend* abgegeben werden (RGZ 96, 292, 295).

Ein wirksam gestelltes Erfüllungsverlangen nach § 17 KO kann nicht einseitig vom Konkursverwalter widerrufen werden. Eine Anfechtung der Erklärung nach §§ 119 ff. BGB ist jedoch möglich (vgl. *Böhle-Stamschräder/Kilger* KO, § 17 Anm. 4a).

152 § 17 KO findet auch auf Verträge Anwendung, die nach ausländischem Recht zu beurteilen sind. Der Umfang des Schadens und etwaige weitergehende Rechte des Vertragspartners richten sich jedoch nach dem ausländischen Recht, dem das Vertragsverhältnis untersteht (*Mentzel/Kuhn/Uhlenbruck* § 17 Rz. 39).

153 Das **Erfüllungswahlrecht** des § 17 KO steht dem Konkursverwalter nur bei **zweiseitigen Verträgen** zu, also z. B. bei Kaufverträgen, Tauschverträgen, Werklieferungsverträgen, entgeltlicher Verwahrung u. ä. Problematisch ist die Anwendung dieser Vorschrift auf den Kauf unter Eigentumsvorbehalt. Während nach herrschender Auffassung im Konkurs des Vorbehaltskäufers § 17 KO zur Anwendung kommt (vgl. *Böhle-Stamschräder/Kilger* KO, § 17 Anm. 3c), ist dies für den Konkurs des Vorbehaltsverkäufers äußerst umstritten (vgl. die Nachweise bei *Böhle-Stamschräder/Kilger* KO, § 17 Anm. 3b).

154 Früher spielte im Zusammenhang mit der Regelung des § 17 KO bei Engergieversorgungsverträgen die Rechtskonstruktion des **Wiederkehrschuldverhältnisses** (im Gegensatz zum sog. Sukzessivlieferungsvertrag) eine Rolle (RGZ 148, 326, 330). Der Konkursverwalter sollte nicht gezwungen sein, weitere Energie nur gegen Bezahlung aller Rückstände abzunehmen. Heute ist dagegen klargestellt, daß der Verwalter gem. § 17 KO die Erfüllung ablehnen kann und das Energieversorgungsunternehmen aufgrund seiner Monopolstellung mit dem Verwalter neu kontrahieren muß (vgl. § 6 EnergiewirtschaftsG; BGHZ 81, 90 = ZIP 1981, 878 ff.). Etwas anderes gilt nur für den sog. **Sonderabnehmervertrag.** Dessen günstigen Tarif kann der Verwalter der Konkursmasse – etwa im Falle der Betriebsfortführung – nur sichern, wenn er die Erfüllung wählt und die Rückstände als Masseschulden übernimmt.

b) Miet-, Pacht- und Leasingverträge

aa) Der Gemeinschuldner als Mieter/Pächter

155 Ist der Gemeinschuldner Mieter – für den Gemeinschuldner als Pächter gilt Entsprechendes – und war ihm der Mietgegenstand bereits vor der Eröffnung des Konkursverfahrens überlassen worden, können gem. § 19 KO sowohl der Vermieter als auch der Konkursverwalter das Mietverhältnis unter Einhaltung der *gesetzlichen Frist* kündigen, sofern nicht vertraglich eine kürzere Frist vereinbart worden ist. Die Kündigung ist grundsätzlich während der gesamten Dauer des Konkursverfahrens zulässig. Lediglich in Ausnahmefällen kann eine Kündigung gegen Treu und Glauben verstoßen (vgl. *Mentzel/Kuhn/Uhlenbruck* § 19 Rz. 8).

Das Kündigungsrecht gilt für sämtliche Mietverhältnisse, also für Mietverträge über Grundstücke, Gebäude und über bewegliche Sachen. Die Kündigungsfristen bestimmen sich jeweils nach den für den einzelnen Vertragstyp geltenden gesetzlichen Regelungen. So beträgt z. B. die gesetzliche Kündigungsfrist bei beweglichen Sachen nur drei Tage (§ 565 Abs. 4 Nr. 2, Abs. 5 BGB).

Bei einem **einheitlichen Mietverhältnis,** an dem neben dem Gemeinschuldner weitere Mieter beteiligt sind, kann der Konkursverwalter den *gesamten* Vertrag aufkündigen (vgl. *Böhle-Stamschräder/Kilger* KO, § 19 Anm. 7).

156 Für die Zeit *nach* der Konkurseröffnung bis zur Beendigung des Mietverhältnisses steht dem Vermieter die vereinbarte Miete als **Masseschuldanspruch** gem. § 59 Abs. 1 Nr. 2 KO zu. Ob sich der Vermieter für den Fall einer vorzeitigen Beendigung des Mietverhältnisses aufgrund eigener Kündigung einen Schadensersatzanspruch im voraus vertraglich sichern kann, ist streitig (vgl. hierzu *Böhle-Stamschräder/Kilger* KO, § 19 Anm. 8).

157 Hat der *Konkursverwalter* den Vertrag *gekündigt,* kann der Vermieter nach § 19 Satz 3 KO **Schadensersatzansprüche** geltend machen, sofern vertraglich eine längere als die gesetzliche Kündigungsfrist vereinbart war. Der Schadensersatzanspruch stellt jedoch keine Masseschuld, sondern lediglich eine einfache *Konkursforderung* gem. § 61 Abs. 1 Nr. 6 KO dar (vgl. *Böhle-Stamschräder/Kilger* KO, § 19 Anm. 8). Wegen dieses Schadensersatzanspruchs kann der Vermieter auch nicht sein gesetzliches Vermieterpfandrecht nach § 559 BGB geltend machen (§ 49 Nr. 2 KO).

Kündigt der *Vermieter* den Vertrag gem. § 19 KO, steht der Konkursmasse kein Schadensersatzanspruch zu (vgl. *Böhle-Stamschräder/Kilger* KO, § 19 Anm. 8).

Die Mietzinsen für die Zeit *vor* der Konkurseröffnung kann der Vermieter ledig-

Konkursverfahren

lich als einfache *Konkursforderungen* gem. § 61 Abs. 1 Nr. 6 KO geltend machen (vgl. *Böhle-Stamschräder/Kilger* KO, § 19 Anm. 9). Allerdings kann er sich für den Mietzins für das letzte Jahr vor Konkurseröffnung auf sein gesetzliches **Vermieterpfandrecht** gem. § 559 BGB berufen.

158 Für **Untermietverhältnisse** gilt § 19 KO entsprechend.

159 Hat der Gemeinschuldner *vor* der Konkurseröffnung einen Mietvertrag als Mieter abgeschlossen und war ihm zum Zeitpunkt der Konkurseröffnung der Mietgegenstand noch nicht überlassen, regelt sich die Abwicklung des Vertragsverhältnisses nach § 20 KO. In diesem Fall kann der **Vermieter** vom Vertrag **zurücktreten**. Gibt der Vermieter keine Rücktrittserklärung ab, kann ihn der Konkursverwalter nach § 20 Abs. 2 KO zur Abgabe einer Rücktrittserklärung auffordern. Gibt der Vermieter die Erklärung sodann nicht ohne Verzug ab, ist das Vertragsverhältnis nach § 17 KO abzuwickeln (§ 20 Abs. 2 Satz 2 KO).

Bei **vorzeitiger Beendigung des Mietverhältnisses** gem. § 20 KO ist beim Rücktritt des Vermieters weder zu dessen Gunsten noch zu Gunsten der Konkursmasse ein Schadensersatzanspruch begründet (*Jaeger/Henckel* § 20 Rz. 8). Wird das Vertragsverhältnis fortgesetzt, kann der Vermieter für die Zeit *nach* der Konkurseröffnung die vertraglich vereinbarten Mieten als Masseschulden gem. § 59 Abs. 1 Nr. 2 KO beanspruchen (*Jaeger/Henckel* § 20 Rz. 12).

bb) Der Gemeinschuldner als Vermieter/Verpächter

160 Auch wenn der Gemeinschuldner Vermieter – für den Gemeinschuldner als Verpächter gilt entsprechendes – ist, muß unterschieden werden, ob der Mietgegenstand bereits vor der Konkurseröffnung überlassen war. Nach § 21 Abs. 1 KO ist der Mietvertrag gegenüber der Konkursmasse wirksam, wenn der Mietgegenstand bereits *vor* der Eröffnung des Verfahrens dem Mieter zur Verfügung stand. Wenn die Mietsache zum Zeitpunkt der Konkurseröffnung noch nicht ausgehändigt war, ist in Ermangelung einer Sondervorschrift auf § 17 KO zurückzugreifen (vgl. *Jaeger/Henckel* § 21 Rz. 3).

Nach § 21 Abs. 2 KO sind Verfügungen des Gemeinschuldners *vor* der Konkurseröffnung über den auf die Zeit nach der Konkurseröffnung entfallenden Mietzins für Grundstücke und Räumlichkeiten der Konkursmasse gegenüber nur insoweit wirksam, als sich die Verfügung auf den Mietzins für das z. Z. der Eröffnung des Verfahrens *laufende Kalendervierteljahr* bezieht. Erfolgt die Konkurseröffnung innerhalb des letzten *halben Monats* eines Kalendervierteljahres, ist die Verfügung auch insoweit wirksam, als sie den Zins für das *folgende Kalendervierteljahr* betrifft.

Lediglich bei Miete oder Pacht von beweglichen Sachen und Rechten sind Vorausverfügungen des Gemeinschuldners unbeschränkt wirksam, soweit sie nicht gem. §§ 29 ff. KO angefochten werden können (vgl. *Mentzel/Kuhn/Uhlenbruck* § 21 Rz. 11).

cc) Leasingverträge

161 Bei Leasingverträgen ist zwischen dem Operatingleasing und dem Finanzierungsleasing zu unterscheiden.

Der **Operatingleasing-Vertrag** wird auf *unbestimmte* Zeit geschlossen, weil dem Leasingnehmer den Gegenstand nur vorübergehend nutzen will und ihm infolgedessen daran gelegen ist, den Vertrag jederzeit durch ordentliche Kündigung zu beenden. Ein solcher Vertrag ist *Mietvertrag*, auf den die Vorschrift des § 19 KO Anwendung findet (vgl. *Jaeger/Henckel* § 19 Rz. 12). Der Vertrag kann sowohl vom Konkursverwalter als auch vom Leasinggeber unter Einhaltung der *gesetzlichen* Frist gekündigt werden (*Jaeger/Henckel* § 19 Rz. 12).

Beim **Finanzierungsleasing** steht die Fremdfinanzierung der Investition im Vordergrund. Derartige Verträge werden auf *bestimmte* Zeit abgeschlossen, da die periodisch zu leistenden Leasingraten die Anschaffungskosten des Gegenstandes decken sollen. Der Finanzierungsleasing-Vertrag kann mit und ohne Kauf- oder Verlängerungsoption abgeschlossen werden. Bei Verträgen ohne Kauf- oder Verlängerungsoption handelt es sich um Gebrauchsüberlassungsverträge, auf die § 19 KO uneingeschränkt Anwendung findet (vgl. *Jaeger/Henckel* § 19 Rz. 16). Auf Leasingverträge mit Kaufoption wendet die herrschende Meinung ebenfalls § 19 KO an (vgl. *Jaeger/ Henckel* § 19 Rz. 17 m. w. N.; BGHZ 71, 189, 193 f.).

Die Anwendbarkeit des § 19 KO auf Finanzierungsleasing-Verträge mit Kaufoption führt jedoch nicht dazu, daß der Leasinggeber den Vertrag uneingeschränkt kündigen und dem Konkursverwalter die Ausübung des Optionsrechts vereiteln darf. Vielmehr steht dem Leasinggeber das Kündigungsrecht nur zu, wenn der Konkursverwalter mit den Leasingraten in Verzug gerät. Eine Erklärung des Konkursverwalters im Hinblick auf die Ausübung der Option kann der Leasinggeber in entsprechender Anwendung des § 17 Abs. 2 KO erzwingen (vgl. *Jaeger/Henckel* § 19 Anm. 18).

c) Gesellschaftsverhältnisse und Gemeinschaften

162 Gem. § 16 KO erfolgt die Teilung oder sonstige Auseinandersetzung von Gemeinschaften und Gesellschaften *außerhalb* des Konkursverfahrens. Als Gemeinschaften und Gesellschaften i. S. des § 16 KO kommen u. a. die Gesellschaft bürgerlichen Rechts (§§ 705 ff. BGB), die Bruchteilsgemeinschaft (§§ 741 ff., 1008 ff. BGB), die Offene Handelsgesellschaft (§§ 105 ff. HGB), die Kommanditgesellschaft (§§ 161 ff. HGB), die Erbengemeinschaft (§§ 2032 ff. BGB) und die stille Gesellschaft (§§ 335 ff HGB) in Betracht (vgl. *Böhle-Stamschräder/Kilger* KO, § 16 Anm. 1). Sieht der Gesellschaftsvertrag einer dieser Gesellschaften anstatt der Auflösung das Ausscheiden eines in Konkurs gefallenen Gesellschafters vor, fällt nur dessen etwaiger Abfindungsanspruch in die Konkursmasse.

Im Rahmen der Auseinandersetzung der Gemeinschaft oder Gesellschaft tritt der Konkursverwalter aufgrund seiner Verwaltungs- und Verfügungsbefugnis (vgl. § 6 KO) an die Stelle des Gemeinschuldners und nimmt an der außerhalb des Konkursverfahrens durchzuführenden Auseinandersetzung teil. In die Konkursmasse fällt bis zur Auseinandersetzung nur der ideelle Anteil des Gemeinschuldners, danach der Auseinandersetzungsanspruch, soweit dieser der Zwangsvollstreckung unterliegt (vgl. *Mentzel/Kuhn/Uhlenbruck* § 16 Rz. 1, 9).

3. Arbeitnehmer im Konkurs des Arbeitgebers

a) Kündigung von Arbeitsverträgen

163 Im Konkurs räumt § 22 KO sowohl dem Konkursverwalter als auch dem Arbeitnehmer das Recht ein, den Arbeitsvertrag unter Einhaltung der *gesetzlichen* Frist zu kündigen (§ 22 Abs. 1 KO). Vertraglich vereinbarte längere Kündigungsfristen sind durch § 22 KO außer Kraft gesetzt. Auch rechtfertigt die Konkurseröffnung als solche nicht eine fristlose Kündigung des Arbeitsverhältnisses. Hierfür müssen vielmehr die allgemeinen auch außerhalb eines Konkursverfahrens erforderlichen Voraussetzungen vorliegen (*Mentzel/Kuhn/Uhlenbruck* § 22 Rz. 10).

Bei der Kündigung von Arbeitsverträgen hat der Konkursverwalter die gesetzlichen **Kündigungsschutzbestimmungen** zu beachten, da er in die Rechte und Pflichten des Arbeitgebers eintritt. Der Konkursverwalter muß daher vor Ausspruch einer Kündigung den Betriebsrat, sofern ein solcher besteht, *anhören* (§ 102 BetrVG). Verstößt er hiergegen, ist eine dennoch ausgesprochene Kündigung unheilbar *unwirksam*. Darüber hinaus muß der Konkursverwalter die **Massenentlassungsbestimmungen** (§§ 17, 18 KSchG, § 8 AFG) beachten. Weiterhin sind die Kündigungsschutzbestimmungen des **Schwerbehindertengesetzes** und des **Mutterschutzgesetzes** zu beachten (Einzelheiten bei *Mentzel/Kuhn/Uhlenbruck* § 22 Rz. 12 ff.). Schließlich darf eine vom Konkursverwalter ausgesprochene Kündigung nicht sozialwidrig sein. Hierbei ist zu beachten, daß eine Kündigung nicht wegen des eingeleiteten Konkurses „automatisch" betriebsbedingt ist (BAG, ZIP 1985, 698). Selbst die Kündigung aller Mitarbeiter wegen Betriebsstillegung ist nur betriebsbedingt, wenn diese schon „greifbare Formen" angenommen hat (BAG, ZIP 1985, 702).

Die gesetzlichen Kündigungsfristen bestimmen sich nach §§ 621, 622 BGB, 2 AngKSchG. Tarifvertragliche Kündigungsfristen sind gesetzliche Kündigungsfristen iSv § 22 Abs. 1 Satz 2 KO (vgl. BAG, ZIP 1984, 1517).

164 Die Ansprüche der Arbeitnehmer für die Zeit *nach* der Konkurseröffnung bis zur Beendigung des Arbeitsverhältnisses stellen Masseschulden gem. § 59 Abs. 1 Nr. 2 KO dar. Darüber hinaus kann der Arbeitnehmer **Schadensersatzansprüche** wegen einer vorzeitigen Beendigung des Vertragsverhältnisses geltend machen, wenn der Konkursverwalter die Kündigung ausgesprochen hat. Diese Ansprüche sind keine Masseschulden, sondern lediglich *einfache Konkursforderungen* gem. § 61 Abs. 1 Nr. 6 KO (*Jaeger/Henckel* § 22 Rz. 39). Kündigt der Arbeitnehmer selbst das Vertragsverhältnis, stehen ihm keine Schadensersatzansprüche wegen der vorzeitigen Beendigung des Vertrages zu (*Jaeger/Henckel* § 22 Rz. 42; BAG, ZIP 1980, 1067 ff.).

165 Die Kündigung eines Arbeitsverhältnisses gem. § 22 KO wirkt auch für die Zeit nach der Beendigung des Konkursverfahrens. Sie bleibt selbst dann wirksam, wenn der Konkurseröffnungsbeschluß im Beschwerdeverfahren rückwirkend aufgehoben wird (*Böhle-Stamschräder/Kilger* KO, § 22 Anm. 11).

b) Insolvenzsicherung des Arbeitslohnes (Kaug)

166 Arbeitnehmer genießen im Konkurs ihres Arbeitgebers eine Sonderstellung, indem ihre Ansprüche im Vergleich zu den Forderungen der übrigen Gläubiger in verschiedener Hinsicht privilegiert sind. Nicht nur für die Zeit nach der Konkurseröffnung gehören ihre Ansprüche auf Zahlung des Arbeitslohnes zu den vorab zu befriedigenden Masseschulden. Gem. § 59 Abs. 1 Nr. 3 KO sind auch die Rückstände für die *letzten sechs Monate* vor der Eröffnung des Verfahrens *Masseschulden*. Die älteren Rückstände – *sieben Monate bis zu einem Jahr* vor Konkurseröffnung – stellen *bevorrechtigte Konkursforderungen* dar. Sie nehmen unter den in § 61 KO aufgeführten Konkursforderungen den ersten Rang ein.

Eine weitere Sicherung des Arbeitslohnes – die unabhängig vom Bestand der Masse und auch im Falle der Nichteröffnung des Verfahrens mangels einer die Verfahrenskosten deckenden Masse eingreift – hat das Gesetz über Konkursausfallgeld vom 27. 7. 1974 (BGBl. I, 1481) durch Einfügung der §§ 141 a ff. in das Arbeitsförderungsgesetz (AFG) geschaffen. Danach haben Arbeitnehmer, die bei Eröffnung des Konkursverfahrens bzw. bei Abweisung des Konkursantrages mangels Masse für die letzten dem Insolvenzstichtag vorausgehenden *drei Monate* des Arbeitsverhältnisses noch Ansprüche auf Arbeitsentgelt haben, gegenüber der Arbeitsverwaltung (Bundesanstalt für Arbeit) Anspruch auf Zahlung von Konkursausfallgeld (*Kaug*). Die letzten drei Monate des Arbeitsverhältnisses, die den Kaug-Zeitraum bilden, müssen nicht unmittelbar vor dem Insolvenzstichtag liegen. Soweit die letzten drei Arbeitsmonate länger als sechs Monate zurückliegen, wird allerdings kein Kaug gezahlt bzw. nur anteilig für den Teil, der in den Sechs-Monatszeitraum fällt (§ 141 b Abs. 2 AFG; vgl. auch BSG, BB 1978, 310).

167 Konkursausfallgeld wird nur auf **Antrag** gezahlt. Der Antrag muß innerhalb von *zwei Monaten* nach Eröffnung des Konkursverfahrens bzw. nach dem Abweisungsbeschluß beim zuständigen Arbeitsamt gestellt werden (§ 141 e AFG). Mit der Antragstellung geht der Anspruch auf Arbeitsentgelt, der den Kaug-Anspruch begründet, auf die Bundesanstalt für Arbeit über (§ 141 m AFG). Die Bundesanstalt kann den Anspruch im Konkursverfahren allerdings nicht als Masseschuld geltend machen. Er ist vielmehr gesetzlich zu einer bevorrechtigten Konkursforderung nach § 61 Abs. 1 Nr. 1 KO zurückgestuft (§ 59 Abs. 2 KO).

Das Arbeitsamt läßt sich vom Konkursverwalter auf amtlichem Vordruck eine Bescheinigung über die Höhe des Arbeitsentgelts im Kaug-Zeitraum erteilen. Konkursausfallgeld wird in Höhe des entgangenen **Netto-Verdienstes** gewährt (§ 141 d AFG). Auf Antrag der zuständigen Einzugsstelle hat das Arbeitsamt die auf den Kaug-Zeitraum entfallenden Sozialversicherungsbeiträge zu entrichten (§ 141 n AFG); Lohnsteuer fällt nicht an (§ 3 Nr. 2 EStG). Siehe dazu auch Teil L Rz. 362 ff. und Rz. 594.

c) Insolvenzsicherung der betrieblichen Altersversorgung

168 Nicht nur die Ansprüche der Arbeitnehmer auf Zahlung des Arbeitsentgelts sind im Konkurs des Arbeitgebers begünstigt. Auch die Ansprüche aus einer betrieblichen Altersversorgung genießen besonderen Schutz.

Nach § 59 Abs. 1 Nr. 3d KO sind die aus den letzten *sechs Monaten* vor der Konkurseröffnung rückständigen Ansprüche aus einer betrieblichen Altersversorgung Masseschulden. Ältere Rückstände sind als bevorrechtigte Konkursforderungen im ersten Rang des § 61 KO zu befriedigen.

Neben diesen Privilegien nach der Konkursordnung gewährt das **Betriebsrentengesetz** einen weitergehenden insolvenzrechtlichen Schutz der betrieblichen Versorgungsansprüche der Arbeitnehmer (§§ 7ff. BetrAVG). Träger dieser Insolvenzsicherung ist der Pensions-Sicherungs-Verein Versicherungsverein auf Gegenseitigkeit (PSV) in Köln, der aus Beiträgen von Arbeitgebern finanziert wird, die ihren Arbeitnehmern eine betriebliche Altersversorgung gewähren. Werden Ansprüche von Versorgungsempfängern infolge Konkurses des Arbeitgebers nicht erfüllt, haben Versorgungsempfänger nach § 7 Abs. 1 BetrAVG einen Anspruch auf die Versorgungsleistung gegen den PSV. Der Eröffnung des Konkursverfahrens stehen als Sicherungsfälle u. a. die Konkursabweisung mangels Masse und die Eröffnung des Vergleichsverfahrens gleich.

169 Insolvenzgeschützt sind nicht nur die Ansprüche von ehemaligen Arbeitnehmern, bei denen der Versorgungsfall (in der Regel durch Erreichen des Pensionsalters) zum Zeitpunkt der Insolvenz bereits eingetreten ist. Der PSV übernimmt auch die sog. unverfallbaren **Anwartschaften**. Die Anwartschaft wird unverfallbar, wenn der Arbeitnehmer mindestens 35 Jahre alt ist und entweder die Versorgungszusage für ihn mindestens 10 Jahre bestanden hat oder der Beginn der Betriebszugehörigkeit mindestens 12 Jahre zurückliegt und die Versorgungszusage für ihn mindestens drei Jahre bestanden hat (§ 1 BetrAVG).

Mit der Eröffnung des Konkurs- oder Vergleichsverfahrens gehen die Pensionsansprüche bzw. -anwartschaften der Versorgungsberechtigten gegen den Arbeitgeber auf den PSV über (§ 9 Abs. 2 BetrAVG), der diese Ansprüche im Konkurs als *einfache* – zu kapitalisierende – *Konkursforderungen* geltend machen kann (vgl. ArbG Kaiserslautern, ZIP 1981, 44; *Böhle-Stamschräder/Kilger* KO, § 59 Anm. 5b).

d) Interessenausgleich und Sozialplan

170 In Betrieben, in denen ein Betriebsrat besteht, ist bei Betriebsänderungen, die wesentliche Nachteile für die Belegschaft oder erhebliche Teile der Belegschaft zur Folge haben können, zwischen Unternehmer und Betriebsrat ein Interessenausgleich zu versuchen und eine Einigung über den Ausgleich oder die Milderung der wirtschaftlichen Nachteile, die den Arbeitnehmern infolge der Betriebsänderung entstehen (Sozialplan), herbeizuführen (§§ 111ff. BetrVG). Als Betriebsänderung gilt vor allem die *Einschränkung* und *Stillegung* des ganzen Betriebes oder von wesentlichen Betriebsteilen.

Kommt mit dem Betriebsrat kein Interessenausgleich zustande, ist zunächst der Präsident des Landesarbeitsamtes um Vermittlung zu ersuchen bzw. die **Einigungsstelle** anzurufen. Führt der Konkursverwalter die Betriebsänderung durch, ohne den Einigungsversuch der Einigungsstelle abzuwarten, entsteht für den betroffenen Arbeitnehmer ein Anspruch auf **Nachteilsausgleich,** der als Masseschuld einzuordnen ist (BAG, ZIP 1985, BAG ZIP 1986, 45).

171 Anders als im Falle des Interessenausgleichs, den die Einigungsstelle lediglich zu *versuchen* hat, entscheidet sie bei mangelnder Einigung zwischen Konkursverwalter und Betriebsrat über einen Sozialplan verbindlich über dessen Inhalt.

Im **Sozialplan** werden regelmäßig Abfindungen für die Arbeitnehmer festgesetzt, deren Höhe unter Berücksichtigung von Lebensalter, Dauer der Betriebszugehörigkeit und eventuellen anderen sozialen Gesichtspunkten individuell ermittelt werden. Am 28. 2. 1985 ist das Gesetz über den Sozialplan im Konkurs- und Vergleichsverfahren in Kraft getreten (BGBl. I, 369). Danach genießen für eine Übergangszeit – bis zur angestrebten Gesamtreform des Insolvenzrechts – Forderungen aus Sozialplänen, die in Konkursverfahren oder nicht früher als in den letzten drei Monaten vor dem Antrag auf Eröffnung eines Konkursverfahrens aufgestellt werden, das **Vorrecht** nach § 61 Abs. 1 Nr. 1 KO (§§ 4, 6 Abs. 2 SozPlG).

Das Gesetz sieht aber auch **Begrenzungen** der bevorrechtigten Sozialplansprüche vor; die Abfindungen aller betroffenen Arbeitnehmer dürfen insgesamt **zweieinhalb Bruttomonatsverdienste** nicht überschreiten, und das gesamte Sozialplanvolumen darf nicht mehr als ein **Drittel** der für die Konkursgläubiger verfügbaren **Teilungsmasse** ausmachen (§§ 2, 4 SozPlG).

e) Betriebsveräußerung

172 Wird im Rahmen des Konkursverfahrens der Gemeinschuldnerbetrieb veräußert, gehen die Arbeitsverhältnisse auf den Erwerber über, da nach der höchstrichterlichen Rechtsprechung die Vorschrift des § 613a BGB auch im Konkurs anzuwenden ist (BAG, ZIP 1980, 117). Allerdings haftet der Erwerber nicht für zum Zeitpunkt des Betriebsübergangs bereits entstandene Ansprüche (BAG, ZIP 1980, 117).

Die Rechtsfolge des § 613a BGB kann auch nicht dadurch umgangen werden, daß der Konkursverwalter zunächst die Arbeitnehmer entläßt, die der Erwerber nicht übernehmen will. Die Kündigung von Arbeitsverhältnissen *wegen* des Betriebsübergangs ist nach § 613a Abs. 4 BGB nicht zulässig. Die bei Kündigungsschutzklagen allgemein zu beachtende Drei-Wochenfrist des § 4 KSchG gilt insoweit nicht (vgl. BAG, ZIP 1985, 1088). Eine Kündigung aus anderen Gründen, also aus sonstigen dringenden betrieblichen Erfordernissen, oder aus Gründen, die in der Person oder in dem Verhalten des Arbeitnehmers liegen, ist allerdings auch in diesem Fall möglich (§ 613a Abs. 4 BGB).

Kündigt der Konkursverwalter Arbeitnehmern und wird der Betrieb noch innerhalb der Kündigungsfrist veräußert, spricht die – vom Konkursverwalter zu widerlegende – *Vermutung* dafür, daß die Kündigung *wegen* der späteren Betriebsveräußerung erfolgt ist (BAG, ZIP 1985, 698).

Für das Vorliegen des Betriebsübergangs i. S. v. § 613a BGB spricht ein Beweis des ersten Anscheins bereits dann, wenn der vom Konkursverwalter gekündigte Arbeitnehmer darlegt, daß die wesentlichen Betriebsmittel des bisherigen Geschäftsinhabers von dritter Seite im Rahmen eines gleichartigen Geschäftsbetriebes weiterverwendet werden (BAG, ZIP 1985, 1158). Voraussetzung ist allerdings, daß die wesentlichen sächlichen und immateriellen Betriebsmittel übergehen (BAG, ZIP 1985, 1348). Auch bei Übertragung eines bloßen Betriebsteils ist die Übernahme sämtlicher bislang in dem entsprechenden Betriebsteil eingesetzter Betriebsmittel nicht erforderlich (BAG, ZIP 1985, 1523).

4. Kreditsicherheiten

a) Allgemeines

aa) Mobiliarsicherheiten

173 **Warenkreditgeber** (Lieferanten) sichern sich regelmäßig dadurch, daß sie sich das **Eigentum** an ihrer Ware bis zur vollständigen Bezahlung des Kaufpreises vorbehalten (*einfacher* Eigentumsvorbehalt, § 455 BGB). Vielfach wird darüber hinaus zugunsten des Lieferanten ein erweiterter und verlängerter Eigentumsvorbehalt vereinbart. Der **erweiterte Eigentumsvorbehalt** schließt den Eigentumsübergang bis zur Bezahlung sämtlicher Forderungen des Lieferanten aus. Beim **verlängerten Eigentumsvorbehalt** werden dem Verkäufer entweder das aus seinem Material hergestellte Produkt (*Verarbeitungsklausel*) oder die sich aus dem Weiterverkauf seiner Ware ergebende Forderung (*Vorausabtretungsklausel*) als Sicherheit zugewiesen (zu Einzelheiten vgl. *Serick*, Bd. I–V, 1960ff.; *Rimmelspacher* Rz. 127f.; *Bülow* Rz. 176ff., 607ff.).

174 Zur Sicherung der **Geldkreditgeber** (Kreditinstitute) hat sich in der Praxis die gesetzlich nicht vorgesehene **Sicherungsübereignung** bewährt (vgl. dazu Bülow, Rz. 409ff.). Bei ihr kann der Sicherungsgeber – anders als beim Pfandrecht (vgl. § 1205 BGB) – den unmittelbaren Besitz an der dem Sicherungsnehmer übereigneten beweglichen Sache (Sicherungsgut) behalten und die Sache dementsprechend weiter benutzen. Ermöglicht wird dies durch die Vereinbarung eines sog. *Besitzkonstituts* (§ 930 BGB), das die für die Übereignung einer Sache grundsätzlich erforderliche Übergabe (§ 929 BGB) ersetzt.

175 Von geringerer praktischer Bedeutung ist die Kreditsicherung durch **Forderungsabtretung** (§ 398 BGB) oder **-verpfändung** (§ 1273ff. BGB). Weit verbreitet ist lediglich die sog. **Globalzession** (vgl. dazu *Bülow* Rz. 568ff.), bei der der Sicherungsgeber seine sämtlichen bestehenden und künftigen Forderungen gegen Dritte – oder einen bestimmten Teil – an den Sicherungsnehmer abtritt.

bb) Immobiliarsicherheiten

176 Diese Form der Sachsicherheit spielt in der Praxis der Kreditinstitute die größte Rolle. Das gilt insbesondere für Grundpfandrechte, die in der Form der Hypothek, Grundschuld oder Rentenschuld bestellt werden. Von praktisch größter Bedeutung ist die **Sicherungsgrundschuld** (vgl. hierzu *Clemente* Die Sicherungsgrundschuld in der Bankraxis). Daß sie für *sämtliche* Ansprüche des Kreditgebers bestellt werden kann, ist das Geheimnis ihres Erfolgs.

Die (Sicherungs)grundschuld – wie auch die Hypothek – gibt dem Kreditgeber das Recht, sich bei Fälligkeit seiner Forderung(en) durch Zwangsvollstreckung in das Objekt zu befriedigen (§§ 1147, 1192 BGB). Das Grundpfandrecht erstreckt sich dabei auf das gesamte Grundstück. Dazu zählen u. a. dessen *Erzeugnisse* und *Bestandteile* sowie das dem Grundstückseigentümer gehörende *Zubehör* (§ 1120 BGB).

cc) Personalsicherheiten

177 Der entscheidende Unterschied zu den Mobiliar- und Immobiliarsicherheiten besteht darin, daß der nur „personal" gesicherte Kreditgeber keinen direkten Zugriff auf bestimmte Vermögensobjekte erhält.

Von den Personalsicherheiten ist die **Bürgschaft** (§§ 765 ff. BGB) das klassische Sicherungsmittel. Sie wird zumeist in der Form der *selbstschuldnerischen* Bürgschaft gewählt. Der Kreditgeber ist dann berechtigt, den Bürgen bei Fälligkeit der Forderung auf Zahlung in Anspruch zu nehmen, ohne vorher erfolglos in das Vermögen des Kreditnehmers vollstreckt zu haben (§§ 771, 773 BGB).

178 Strenger als die Bürgschaft ist die gesetzlich nicht vorgesehene **Garantie** (vgl. zu den Einzelheiten Rimmelspacher, Rz. 86 ff.). Während der Bürge nur in Anspruch genommen werden kann, wenn die Forderung des Kreditgebers gegen den Kreditnehmer tatsächlich besteht (Akzessorietät), ist die Garantie *abstrakt* und verpflichtet selbst bei Nichtbestehen der Schuld zur Zahlung. Sie findet insbesondere im Bereich der Unternehmenskredite häufige Verwendung.

179 Daneben spielen die gesetzlich gleichfalls nicht vorgesehenen sog. **Patronatserklärungen** (vgl. dazu Einzelheiten bei *Gerth* S. 29 ff.) eine nicht unerhebliche Rolle. Sie werden hauptsächlich von Muttergesellschaften gegenüber Kreditgebern ihrer Tochterunternehmen abgegeben, wobei unterschiedliche Formulierungen gewählt werden und der jeweilige Wortlaut über ihren rechtlichen Gehalt entscheidet.

180 Von praktischer Bedeutung ist schließlich der **Schuldbeitritt** (vgl. dazu *Bülow* Rz. 782). Dieser begründet die (gesamtschuldnerische) *Mithaftung* des Beitretenden. Folglich kann der Sicherungsnehmer (Kreditgeber) nach seiner Wahl den Kreditnehmer oder den Dritten bei Fälligkeit auf Rückzahlung in voller Höhe in Anspruch nehmen.

b) Kreditsicherheiten im Konkurs

aa) Mobiliarsicherheiten

181 Bei der Behandlung der Mobiliarsicherheiten im Konkurs des Sicherungsgebers ist zwischen Aussonderungsrechten (§ 43 ff. KO) und Absonderungsrechten (§ 47 ff. KO) zu unterscheiden. Während das **Aussonderungsrecht** einen Anspruch auf Herausgabe eines bestimmten Vermögensguts gibt, das nicht zur Konkursmasse gehört, gewährt das **Absonderungsrecht** lediglich die vorzugsweise Befriedigung eines Anspruchs aus einem zur Konkursmasse gehörigen Gegenstand (vgl. *Böhle-Stamschräder/Kilger* KO, § 47 Anm. 1). Aber auch der absonderungsberechtigte Gläubiger hat regelmäßig einen Anspruch auf Herausgabe des Sicherungsguts (vgl. § 127 Abs. 2 KO).

Die **Verpflichtung zur Herausgabe von Sicherungsgut**, gleichgültig ob an den Vorbehaltslieferanten, den Sicherungseigentümer oder andere mobiliargesicherte Gläubiger, bedeutet in vielen Fällen eine erhebliche Belastung für die Konkursabwicklung. So wird eine im Interesse der Konkursmasse gebotene vorübergehende Betriebsfortführung häufig nicht nur erschwert, sondern sogar unmöglich gemacht. Während es das Ziel einer geplanten Insolvenzrechtsreform ist, die Mobiliarsicher-

Konkursverfahren

182 In der Praxis ist häufig streitig, ob und in welchem Umfang der Konkursverwalter zur Erteilung von **Auskünften** an Sicherungsgläubiger verpflichtet ist. Der Bundesgerichtshof hat als Kriterium herangezogen, daß eine „sinnvolle Relation zwischen Arbeits- und Zeitaufwand auf seiten des Konkursverwalters und dem schutzwürdigen Interesse auf seiten des Auskunftsberechtigten" gegeben sein muß (BGHZ 70, 86, 91). Die Auskunftserteilung muß ihrem Umfang nach somit *zumutbar* sein. Was die Frage angeht, ob der Konkursverwalter einen Anspruch auf Vorschuß oder zumindest Erstattung der mit der Auskunft für die Konkursmasse verbundenen Kosten hat, wird man gleichfalls den Gesichtspunkt der Zumutbarkeit als Maßstab zugrunde legen dürfen (vgl. zu Einzelheiten *Henckel* S. 21 ff.).

heiten in die Abwicklung einzubeziehen und dem Verwalter ein Verwertungsrecht einzuräumen, ist dieser bislang darauf angewiesen, im Verhandlungswege mit den Sicherungsgläubigern eine sinnvolle Betriebsfortführung sicherzustellen.

bb) Immobiliarsicherheiten

183 Das unbewegliche Vermögen des Gemeinschuldners (Grundstücke, Wohnungseigentum etc.) unterliegt der **Absonderung** (§ 47 KO), wenn es zugunsten eines oder mehrerer Gläubiger mit einem **Grundpfandrecht** belastet ist. Grundsätzlich müssen somit alle Tatbestandsvoraussetzungen des Rechtserwerbs im Zeitpunkt der Konkurseröffnung bereits vorgelegen haben (vgl. Einzelheiten bei *Gerhardt*, S. 1 ff.). Von diesem Grundsatz gibt es nur wenige Ausnahmen (vgl. § 15 Satz 2 KO). Allerdings schränkt § 42 KO die Bedeutung dieser Ausnahmen erheblich ein. Diese Vorschrift ermöglicht die Anfechtung von Rechtshandlungen, die – obwohl erst nach Konkurseröffnung vorgenommen – etwa gem. § 15 Satz 2 KO wirksam sind (vgl. dazu *Gerhardt*, S. 4 ff.).

cc) Personalsicherheiten

184 Im Konkurs des **Bürgen** (Sicherungsgebers) ist die Forderung des Sicherungsnehmers eine nicht bevorrechtigte Konkursforderung. Die Forderung gegen den Hauptschuldner bleibt ungeachtet des Konkurses des Bürgen bestehen. Wenn der Hauptschuldner diese Forderung nach Konkurseröffnung vollständig tilgt, erlischt auch die Schuld des Bürgen und damit die Konkursforderung des Sicherungsnehmers. Tilgt der Hauptschuldner diese Forderung nur zum Teil, bleibt die Konkursforderung des Sicherungsnehmers gegen den Sicherungsgeber (Bürgen) in voller Höhe bestehen, wenn dieser dem Sicherungsnehmer „neben" dem Hauptschuldner, z. B. selbstschuldnerisch (vgl. *Mentzel/Kuhn/Uhlenbruck* § 68 Rz. 4) haftet (§ 68 KO). Besteht hingegen nur eine Ausfallbürgschaft oder kann der Bürge sich auf die Einrede der Vorausklage berufen (§ 771 BGB), wirkt sich jede Zahlung des Hauptschuldners zugunsten des Bürgen anspruchsmindernd aus.

Im Konkurs des **Hauptschuldners** bleibt die Bürgschaft als Sicherheit zugunsten des Sicherungsnehmers unverändert bestehen. Dieser kann, wenn er mit seiner Forderung beim Hauptschuldner ausfällt, den Bürgen in Höhe des *Ausfalls* auf Zahlung in Anspruch nehmen; der selbstschuldnerische Bürge haftet ohne diese Einschränkung.

Wird das Konkursverfahren **sowohl** über das **Vermögen des Hauptschuldners als auch** über das des **selbstschuldnerischen Bürgen** eröffnet, nimmt der Sicherungsnehmer mit seiner Forderung in beiden Fällen in voller Höhe am Verfahren teil. Er kann bis zu seiner vollen Befriedigung in beiden Verfahren den Betrag geltend machen, den er zur Zeit der Eröffnung des Verfahrens zu fordern hatte (§ 68 KO).

dd) Kollision von Sicherungsrechten

185 Sicherungsrechte können auf unterschiedliche Art und Weise miteinander kollidieren (vgl. die umfassende Darstellung bei *Serick*, Bd. IV, S. 224 ff. sowie Bd. V, S. 864 ff.; s. auch *Henckel* S. 69 ff.).

Typischerweise kollidieren miteinander:
– Eigentumsvorbehalt und Sicherungsübereignung
  Hier setzt sich regelmäßig der zeitlich frühere Eigentumsvorbehalt durch;
– verlängerter Eigentumsvorbehalt und Globalzession
  Insoweit hat die Rechtsprechung einen Vorrang des verlängerten Eigentumsvorbehalts anerkannt (BGHZ 30, 149; 32, 361; BGH, ZIP 1980, 186).

ee) Sicherheitenpool

186 Zur Sicherung der Ansprüche von Gläubigern (insbesondere von Lieferanten) im Rahmen eines Insolvenzverfahrens ist die Bildung von Sicherheitenpools weit verbreitet (vgl. *Bohlen* Der Sicherheitenpool). Im sog. Poolvertrag schließen sich gesicherte Gläubiger zu einer **BGB-Gesellschaft** zusammen, in die sie ihre Sicherungsrechte mit dem Ziel einbringen, sie gegenüber dem Konkursverwalter gemeinsam durchzusetzen. Der Pool ist als freiwilliger Zusammenschluß von Sicherungsgläubigern, die ihre bestehenden Sicherungsrechte zusammenfassen, rechtlich anerkannt (BGH, ZIP 1982, 543 ff.). Häufig verzichtet der Pool gegenüber dem Konkursverwalter im Interesse der Werterhaltung der Sicherungsrechte auf deren sofortige Durchsetzung; dies kommt zugleich einer geordneten Verfahrensabwicklung und damit der Gesamtgläubigerschaft zugute.

Die Ausübung und Durchsetzung der Rechte des Pools erfolgt regelmäßig durch einen **Poolverwalter**. Die Verteilung des Erlöses aus der Verwertung dieser Rechte wird üblicherweise vertraglich unter den Poolmitgliedern festgelegt.

5. Steuern im Konkurs

a) Konkursrecht und Steuerrecht

187 Mit der Konkurseröffnung wird ein steuerliches Festsetzungs- oder Feststellungsverfahren i. S. d. §§ 155 ff. AO grundsätzlich **unterbrochen**, so daß das Finanzamt keine Steuern mehr festsetzen oder Steuerbescheide erlassen darf. Vielmehr müssen sämtliche für die Zeit *vor* Konkurseröffnung begründeten Steuerforderungen zur Konkurstabelle angemeldet werden. Auch anhängige Finanzgerichtsprozesse werden nach §§ 72 KO, 240 ZPO, 155 FGO unterbrochen. Folglich darf die Finanzbehörde auch keine Vollstreckungsmaßnahmen mehr ausbringen (vgl. § 14 KO). Lediglich für die in der Zeit *nach* Konkurseröffnung begründeten Masseansprüche der Finanzverwaltung gilt das Vollstreckungsverbot des § 14 KO nicht.

Bestreitet der Konkursverwalter eine von der Finanzbehörde zur Konkurstabelle angemeldete **Steuerforderung,** kann die Finanzbehörde einen Feststellungsbescheid gem. § 251 Abs. 3 AO erlassen. Hiergegen steht dem Konkursverwalter nach erfolglosem Einspruch der Klageweg zum Finanzgericht offen (§ 146 Abs. 5 KO).

b) Steuerliche Pflichten des Konkursverwalters

188 Mit der Eröffnung des Konkursverfahrens geht die Verwaltungs- und Verfügungsbefugnis des Gemeinschuldners auf den Konkursverwalter über (§ 6 KO). Dennoch bleibt der Gemeinschuldner auch während des Konkursverfahrens weiterhin Steuerschuldner. Der Konkursverwalter hat lediglich gem. § 34 Abs. 3 AO die steuerlichen Pflichten des Gemeinschuldners zu erfüllen, soweit diese zum Verwaltungsbereich der Konkursmasse gehören (vgl. *Jaeger/Henckel/Weber* § 6 Rz. 141). Hierzu zählen neben den allgemeinen **Buchführungs- und Aufzeichnungspflichten** vor allem auch Erklärungs-, Auskunfts- und Vorlagepflichten, die **Pflicht zur Erstellung von Jahresabschlüssen und Steuererklärungen** sowie die Pflicht zur Einbehaltung und Abführung von Lohn- und Umsatzsteuer (vgl. hierzu *Klasmeyer/Kübler,* BB 1978, 369 ff.; *Jaeger/Henckel* § 6 Rz. 141). Streitig ist, ob der Verwalter im Konkurs einer Personengesellschaft auch zur Abgabe der einheitlichen und gesonderten Gewinnfeststellungserklärung verpflichtet ist (vgl. hierzu BFH, ZIP 1980, 53 f. mit Anm. *Klasmeyer;* s. auch *Böhle-Stamschräder/Kilger* KO, § 82 Anm. 3).

Die vorgenannten **steuerlichen Pflichten** obliegen dem Konkursverwalter nicht nur für die Zeit *nach* der Konkurseröffnung, sondern **auch für den Zeitraum vor Konkurseröffnung,** soweit der Gemeinschuldner keine oder unrichtige Steuererklärungen und Bilanzen erstellt hat. Weiterhin hat der Konkursverwalter gem. § 34 Abs. 1 Satz 2, Abs. 3 AO dafür zu sorgen, daß die Steuern aus der Masse entrichtet werden, soweit diese Masseverbindlichkeiten nach §§ 58, 59 KO darstellen.

189 Für die Zeit *nach* Konkurseröffnung ist als Masseverbindlichkeit gem. §§ 58, 59 KO insbesondere die Umsatzsteuer aus der Verwertung der Konkursmasse zu entrichten. Dasselbe gilt für die Lohnsteuer auf die *nach* der Konkurseröffnung vom

Verwalter ausgezahlten Löhne und Gehälter (vgl. hierzu *Mentzel/Kuhn/Uhlenbruck* § 6 Rz. 47, 49). Bei der Verwertung von sicherungsübereigneten Gegenständen, die der Konkursverwalter dem Sicherungsnehmer zum Zwecke der Verwertung überläßt (vgl. hierzu *Jaeger/Henckel* § 6 Rz. 143), fällt nach bislang höchstrichterlicher Rechtsprechung Umsatzsteuer als Massekosten an (BFH, BStBl. 1978 II, 684). Zwischenzeitlich deutet sich jedoch ein Umdenken in der Rechtsprechung an, wonach es sich bei dem durch die Verwertung von Sicherungsgut durch den Sicherungsnehmer begründeten Umsatzsteueranspruch des Fiskus gegen die Konkursmasse um eine im Zeitpunkt der Konkurseröffnung bereits *begründete* Konkursforderung i. S. von § 3 KO handelt (vgl. BFH, ZIP 1983, 1120 in Anlehnung an *Weiß*, ZIP 1980, 792, 794).

190 Verletzt der Konkursverwalter die ihm obliegenden steuerlichen Pflichten vorsätzlich oder grob fahrlässig, haftet er gem. § 69 AO persönlich auf Schadensersatz, wenn aufgrund der Pflichtverletzung Steueransprüche der Finanzbehörden nicht oder nicht rechtzeitig festgesetzt oder erfüllt worden sind.

VIII. Anmeldung und Feststellung von Konkursforderungen

Konkursgläubiger sind bei der Verteilung der Konkursmasse grundsätzlich nur zu berücksichtigen, wenn ihre Forderungen zur Konkurstabelle angemeldet und festgestellt sind.

1. Anmeldung zur Konkurstabelle

191 Die Anmeldung der Konkursforderung zur Konkurstabelle muß durch den **Gläubiger oder einen bevollmächtigten Vertreter** schriftlich beim Konkursgericht oder zu Protokoll der Geschäftsstelle erfolgen (vgl. § 139 Satz 2 KO). Grundsätzlich muß der Vertreter eine schriftliche Vollmacht vorlegen, Anmeldungen von Rechtsanwälten können auch ohne Vorlage einer Vollmacht zugelassen werden (vgl. § 88 Abs. 2 ZPO). Anmeldungen, die nicht in deutscher Sprache abgefaßt sind, werden nicht berücksichtigt (vgl. § 184 GVG).

Die Anmeldung muß die **Höhe des geforderten Betrages,** das für die Forderung beanspruchte **Vorrecht** und den **Schuldgrund,** d. h. die tatsächlichen Umstände, aus denen sich die Forderung ergibt, beinhalten (vgl. § 139 KO; *Mentzel/Kuhn/Uhlenbruck* § 139 Rz. 3).

Forderungen, die nicht auf Zahlung eines Geldbetrages gerichtet sind oder deren Geldbetrag **unbestimmt** oder **ungewiß** ist, sind nach ihrem **geschätzten Wert** in DM geltend zu machen (vgl. § 69 KO). Forderungen in ausländischer Währung muß der Konkursgläubiger zum im Zeitpunkt der Eröffnung am Ort der Konkursverwaltung geltenden Kurswert ansetzen (vgl. *Mentzel/Kuhn/Uhlenbruck* § 139 Rz. 2, § 69 Rz. 4). Ist die Forderung auf eine wiederkehrende Leistung gerichtet, deren Betrag und Zeitdauer bestimmt ist, so sind die wiederkehrenden Leistungen unter Abrechnung von Zwischenzinsen zusammenzuzählen (vgl. § 70 Satz 1 KO). Der Gesamtbetrag darf den zum gesetzlichen Zinssatz kapitalisierten Betrag der einzelnen Leistungen nicht übersteigen (vgl. § 70 Satz 2 KO).

Die **Beweisstücke** oder deren Abschriften, die Grund und Höhe der Forderung und das beanspruchte Vorrecht beweisen, z. B. Wechsel, Schuldscheine, Urteile, sind der Anmeldung **beizufügen** (vgl. § 139 Satz 3 KO).

Das Konkursgericht bestimmt im Eröffnungsbeschluß die Frist für die Anmeldung von Konkursforderungen (vgl. §§ 110, 138 KO). Die Frist ist *keine* Ausschlußfrist (*Böhle-Stamschräder/Kilger* KO, § 139 Anm. 2).

Der Urkundsbeamte hat alle **Anmeldungen** ohne weitere Sachprüfung **in die Konkurstabelle einzutragen** (vgl. § 140 Absatz 2 KO). Nach Ablauf des ersten Drittels des zwischen dem Ablauf der Anmeldefrist und dem Prüfungstermin liegenden Zeitraums legt der Urkundsbeamte die Konkurstabelle zur Einsicht aller Beteiligten in der Geschäftsstelle nieder (vgl. § 140 Abs. 2 KO).

2. Prüfungstermin

192 Die Feststellung, ob die angemeldeten Forderungen und das für sie beanspruchte Vorrecht rechtlich begründet sind, erfolgt im allgemeinen Prüfungstermin, der ebenfalls im Eröffnungsbeschluß des Konkursgerichts bestimmt wird (vgl. §§ 110, 141 KO). Ist es wegen der Vielzahl der angemeldeten Konkursforderungen nicht möglich, alle Forderungen im allgemeinen Prüfungstermin zu prüfen, so wird dieser unter Anberaumung eines weiteren Termins vertagt.

Meldet ein Konkursgläubiger eine Forderung erst an, nachdem die Anmeldefrist abgelaufen ist, so kann auch diese Neuanmeldung noch im allgemeinen Prüfungstermin erörtert werden, wenn weder der Konkursverwalter noch die Konkursgläubiger hiergegen Widerspruch erheben. Andernfalls ist auf Kosten des Säumigen für eine Gebühr von DM 15,– ein besonderer Prüfungstermin durchzuführen (vgl. § 142 Abs. 1 KO; § 11 Abs. 1 GKG i. V. m. Kostverz. Nr. 1430). Ebenso wie Neuanmeldungen sind Anmeldungen zu behandeln, die der Konkursgläubiger nach Ablauf der Anmeldefrist wesentlich, d.h. in bezug auf Grund, Höhe oder das beanspruchte Vorrecht abgeändert hat (vgl. *Mentzel/Kuhn/Uhlenbruck* § 142 Rz. 3).

193 Am Prüfungstermin nehmen die Konkursgläubiger, der Konkursverwalter und der Gemeinschuldner teil. Die persönliche Anwesenheit des Konkursverwalters ist entgegen einer im Schrifttum verbreiteten Auffassung (vgl. *Mentzel/Kuhn/Uhlenbruck* § 141 Rz. 1) nicht aus Sachzwängen geboten; er kann sich vielmehr durch einen **Bevollmächtigten vertreten** lassen (vgl. auch *Heß/Kropshofer* § 141 Rz. 3). Auch die Anwesenheit des Gemeinschuldners ist nicht erforderlich. Das Konkursgericht kann aber seine Teilnahme erzwingen (vgl. §§ 100, 101 KO). Die Prüfung der angemeldeten Forderung findet schließlich auch dann statt, wenn der anmeldende Gläubiger im Prüfungstermin ausbleibt (vgl. § 143 KO).

194 Die einzelnen Forderungen werden aus der Konkurstabelle verlesen. Das Konkursgericht stellt zunächst fest, ob die jeweilige Forderung formell zulässig angemeldet worden ist (vgl. *Mentzel/Kuhn/Uhlenbruck* § 141 Rz. 2). Jede einzelne Forderung ist sodann der Höhe und ihrem Vorrecht nach zu erörtern. Erheben weder der Konkursverwalter noch ein Konkursgläubiger gegen die angemeldete Forderung Widerspruch, gilt sie als festgestellt (vgl. § 144 Abs. 1 KO). Der Feststellungsvermerk wird in die Konkurstabelle eingetragen (vgl. § 145 Abs. 1 KO). Die **Forderungen absonderungsberechtigter Gläubiger** werden als Konkursforderungen **für den Ausfall** (vgl. § 64 KO) festgestellt, ohne daß das Absonderungsrecht festgestellt wird. **Aufschiebend bedingte Forderungen** werden als **zur Sicherung berechtigend** (vgl. § 67 KO) gekennzeichnet.

195 Widersprechen ein *Konkursgläubiger oder* der *Konkursverwalter* der angemeldeten Forderung, so kann der betroffene Konkursgläubiger noch im Prüfungstermin versuchen, anhand der mit der Anmeldung eingereichten Beweisurkunde den Nachweis des Bestehens seiner Forderung zu führen. Nimmt der Widersprechende seinen Widerspruch nicht zurück, so ist die Forderung als bestritten in die Konkurstabelle einzutragen (vgl. § 145 Abs. 1 KO), und zwar auch dann, wenn die Forderung des widersprechenden Konkursgläubigers selbst bestritten ist (vgl. *Mentzel/Kuhn/Uhlenbruck* § 144 Rz. 2).

Auch der *Gemeinschuldner* kann die angemeldete Konkursforderung bestreiten. Widerspricht er allein, wird die Forderung dennoch festgestellt. Der Gläubiger kann jedoch nach Aufhebung des Konkursverfahrens nicht aus dem Tabelleneintrag vollstrecken (vgl. § 164 Abs. 2 KO).

In der Praxis werden Forderungen vielfach vom Konkursverwalter **vorläufig bestritten.** Es ist streitig, ob auch das vorläufige Bestreiten zur sofortigen Feststellungsklage berechtigt (vgl. die Nachweise bei *Böhle-Stamschräder/Kilger* KO, § 146 Anm. 1).

3. Feststellungsklage

196 Haben ein Gläubiger oder der Konkursverwalter die angemeldete Forderung oder ein für diese beanspruchtes Vorrecht bestritten und besteht für die angemeldete Forderung weder ein mit einer Vollstreckungsklausel versehener Schuldtitel, ein

Endurteil noch ein Vollstreckungsbefehl, so muß der Anmeldende, um eine Berücksichtigung seiner Forderung bei der Verteilung der Konkursmasse zu erreichen, gegen den Widersprechenden Klage mit dem Antrag erheben, die betreffende Forderung bzw. das beanspruchte Vorrecht zur Konkurstabelle festzustellen (vgl. *Mentzel/Kuhn/Uhlenbruck* § 146 Rz. 5, 34). Es empfiehlt sich, zur Vermeidung von Prozeßkosten zunächst mit dem Konkursverwalter eine außergerichtliche Einigung zu versuchen.

Soweit nicht für die Feststellung der Forderung ein besonderes Gericht, z. B. das Arbeits-, Finanz- oder Verwaltungsgericht, zuständig ist (vgl. *Böhle-Stamschräder/Kilger*, KO, § 146 Anm. 2c), muß die Klage vor dem **ordentlichen Gericht** erhoben werden. *Örtlich* zuständig ist das Gericht, bei dem das Konkursverfahren anhängig ist (vgl. § 146 Abs. 2 KO). Die *sachliche* Zuständigkeit richtet sich nach dem Wert des Streitgegenstandes (vgl. §§ 23, 170 GVG; vgl. zur Bemessung des Streitwertes § 148 KO).

Ist die **Forderung** des Gläubigers dagegen **bereits tituliert,** muß der Widersprechende, wenn er die Berücksichtigung dieses Gläubigers bei der Verteilung der Konkursmasse verhindern will, gegen den Titel mit den rechtlichen Mitteln vorgehen, die dagegen noch in Betracht kommen. So ist z. B. bei nicht rechtskräftigen Titeln der unterbrochene Rechtsstreit aufzunehmen, bei rechtskräftigen Titeln kommt die Vollstreckungsgegenklage in Betracht (vgl. § 146 Abs. 6 KO; *Mentzel/Kuhn/Uhlenbruck* § 146 Rz. 33).

Auch für diese Klage ist grundsätzlich das Gericht örtlich zuständig, bei dem das Konkursverfahren anhängig ist; aufzunehmende Rechtsstreite werden dagegen bei dem Gericht fortgeführt, bei dem sie anhängig sind.

Aufgrund des rechtskräftigen Urteils kann die obsiegende Partei die **Berichtigung der Tabelle** erwirken (vgl. § 146 Abs. 7 KO).

4. Wirkung der Feststellung

197 Die Eintragung der Feststellung der Konkursforderung hat gegenüber dem Konkursgläubiger die gleiche Wirkung wie ein rechtskräftiges Urteil (vgl. § 145 Abs. 2 KO). Gläubiger, deren Forderungen als festgestellt in die Konkurstabelle eingetragen und vom Gemeinschuldner im Prüfungstermin nicht bestritten worden sind, können nach Aufhebung des Konkursverfahrens aufgrund eines **vollstreckbaren Tabellenauszuges** die Zwangsvollstreckung gegen den Gemeinschuldner betreiben (vgl. *Mentzel/Kuhn/Uhlenbruck* § 164 Rz. 2, 3).

IX. Verteilungsverfahren

1. Gläubigerverzeichnis

198 Die Verteilung der Konkursmasse an die Konkursgläubiger erfolgt in Abschlagsverteilungen, in der Schlußverteilung und ggf. in einer Nachtragsverteilung. Grundlage aller Verteilungen ist das Gläubigerverzeichnis (vgl. § 151 KO).

Das Gläubigerverzeichnis bestimmt, welche Gläubiger bei der Verteilung entweder *durch Zahlung* einer Quote auf ihre Forderung oder *durch Zurückbehaltung* dieser Quote zu berücksichtigen sind. Für die Richtigkeit und Vollständigkeit des Verzeichnisses haftet der Konkursverwalter persönlich (vgl. *Mentzel/Kuhn/Uhlenbruck* § 151 Rz. 6).

199 Zu berücksichtigen sind zunächst alle im Prüfungstermin **festgestellten Forderungen** (vgl. § 144 Abs. 1 KO). Eine im Prüfungstermin vom Konkursverwalter oder einem Konkursgläubiger bestrittene Forderung ist nur dann aufzunehmen, wenn der Gläubiger bei der Prüfung einen vollstreckbaren Titel vorgelegt hat (vgl. § 146 Abs. 6 KO) oder wenn der Konkursgläubiger nachweist, daß er die Feststellung der Forderung im Klagewege betreibt (vgl. § 152 KO). Ist ein Prozeß über die Forderung anhängig, erfolgt die Ausschüttung aufgrund des Gläubigerverzeichnisses aber erst dann, wenn über den Bestand der Forderung rechtskräftig entschieden ist. Bis dahin wird die Quote zurückbehalten (vgl. § 168 Nr. 1 KO).

Ausfallforderungen sind in das für die Abschlagsverteilung zu erstellende Gläubigerverzeichnis bereits dann aufzunehmen, wenn der Konkursgläubiger nachweist, daß er die Veräußerung des Absonderungsgegenstandes betreibt und wenn er seinen *mutmaßlichen* Ausfall, d. h. den Betrag, zu dem seine Konkursforderung durch die Veräußerung voraussichtlich nicht befriedigt wird, *glaubhaft* macht (vgl. § 153 Abs. 2 KO). Bis dieser Nachweis erbracht ist, wird die festgesetzte Quote zurückbehalten (vgl. § 168 Nr. 3 KO). In das für die endgültige Verteilung der (restlichen) Konkursmasse zu erstellende **Schlußverzeichnis** ist die Ausfallforderung aber nur aufzunehmen, wenn der Konkursgläubiger den Verzicht auf das Absonderungsrecht oder seinen Ausfall *nachweist* (vgl. § 153 Abs. 1 KO).

Aufschiebend bedingte Forderungen sind bei der Abschlagsverteilung ohne weiteres in das Gläubigerverzeichnis aufzunehmen (vgl. § 154 Abs. 1 KO). Die Quote auf aufschiebend bedingte Forderungen ist so lange *zurückzubehalten,* wie die Bedingung schwebt (vgl. § 168 Nr. 2 KO). In das Schlußverzeichnis sind aufschiebend bedingte Forderungen *nur* dann *nicht* aufzunehmen, wenn die Möglichkeit des Eintritts der Bedingung so entfernt ist, daß die Forderung keinen gegenwärtigen Vermögenswert hat (vgl. § 154 Abs. 2 KO).

Auflösend bedingte Forderungen sind bis zum Eintritt der Bedingung wie unbedingte zu behandeln (vgl. § 66 KO) und demgemäß in das Gläubigerverzeichnis aufzunehmen. War der Gläubiger zur Leistung einer Sicherheit verpflichtet und ist er dieser Verpflichtung nicht nachgekommen, ist die Quote zurückzuhalten (vgl. § 168 Nr. 4 KO).

2. Abschlagsverteilung

200 Eine erste Abschlagsverteilung, d. h. eine teilweise Ausschüttung der Konkursmasse an die Konkursgläubiger, soll bereits nach Durchführung des allgemeinen Prüfungstermins erfolgen (vgl. § 149 KO). In der Praxis wird entgegen dieser gesetzgeberischen Vorstellung von der Möglichkeit einer oder mehrerer Abschlagsverteilungen nur wenig Gebrauch gemacht. Die Abschlagsverteilung setzt voraus, daß nach Befriedigung bzw. Sicherstellung der Massekosten und Masseschulden sowie der bevorrechtigten Konkursgläubiger noch hinreichend bare Masse vorhanden ist (vgl. *Böhle-Stamschräder/Kilger,* KO, § 149 Anm. 1). Zahlungen an die bevorrechtigten Konkursgläubiger, deren Forderungen festgestellt sind, kann der Konkursverwalter mit Zustimmung des Konkursgerichts bereits außerhalb des Verteilungsverfahrens leisten, wenn hierdurch die Befriedigung gleichrangiger oder bevorrechtigter Gläubiger mit einem besseren Rang sowie der Massegläubiger nicht gefährdet ist (vgl. *Mentzel/Kuhn/Uhlenbruck* § 170 Anm. 2).

201 Die **Entscheidung** darüber, *ob* eine Abschlagsverteilung durchgeführt werden soll, obliegt dem Konkursverwalter. Dieser bedarf der vorherigen Zustimmung des **Gläubigerausschusses**, falls ein solcher bestellt ist (vgl. § 150 KO). Weigert sich der Konkursverwalter, eine Abschlagsverteilung durchzuführen, so können die Konkursgläubiger das Konkursgericht auffordern, gegen den Konkursverwalter im Wege der Aufsicht vorzugehen (vgl. *Mentzel/Kuhn/Uhlenbruck* § 149 Rz. 1). Dagegen hat das Konkursgericht keine Möglichkeit, die Genehmigung des Gläubigerausschusses zu ersetzen oder zu erzwingen. Verweigert der Ausschuß die Zustimmung zur Abschlagsverteilung, kann die Gläubigerversammlung einen neuen Gläubigerausschuß wählen (vgl. *Mentzel/Kuhn/Uhlenbruck* § 150 Rz. 1).

Genehmigt der Gläubigerausschuß die Abschlagsverteilung, legt der Konkursverwalter das **Verzeichnis** der bei der Verteilung zu berücksichtigenden Forderungen auf der Geschäftsstelle des Konkursgerichts nieder, wo es alle Beteiligten einsehen können. Danach gibt der Konkursverwalter im **Amtsblatt** die Summe der bei der Verteilung zu berücksichtigenden Forderungen und den Bestand der zur Verteilung anstehenden Masse bekannt (vgl. § 151 KO).

202 Konkursgläubiger, deren Forderungen bestritten und untituliert sind oder Gläubiger von Ausfallforderungen haben nunmehr noch innerhalb der **Frist** von *zwei Wochen,* die nach Ablauf des zweiten Tages nach Ausgabe des Amtsblattes beginnt, die Möglichkeit, dem Konkursverwalter den **Nachweis** zu führen, der zur Aufnahme in das Gläubigerverzeichnis berechtigt (vgl. §§ 152, 153 KO i. V. m. § 76 Abs. 1

Satz 2 KO). Wird der Nachweis noch rechtzeitig erbracht, ist das Gläubigerverzeichnis zu berichtigen (vgl. § 157 KO). Erfolgt der Nachweis dagegen verspätet, darf der Konkursgläubiger nur noch verlangen, daß er in Höhe der bei der Abschlagsverteilung festgesetzten Prozentsätze aus der Restmasse befriedigt wird, wenn diese nach Berücksichtigung der Massegläubiger und der bevorrechtigten Konkursgläubiger ausreicht (vgl. § 155 KO).

Beanstandet ein Konkursgläubiger die Aufnahme einer Forderung oder eines Vorrechts in das Verzeichnis oder wendet er sich dagegen, daß der Konkursverwalter ihn bei der Abschlagsverteilung übergangen hat, kann er diese Einwendungen innerhalb *einer* Woche nach Ablauf der **Ausschlußfrist** beim Konkursgericht erheben, wenn er an der Berichtigung des Verzeichnisses ein Interesse hat (vgl. § 158 Abs. 1 KO). Dagegen wird der Konkursgläubiger nicht mehr mit dem Einwand gehört, eine festgestellte und demgemäß im Verzeichnis berücksichtigte Forderung bestehe nicht (vgl. *Mentzel/Kuhn/Uhlenbruck* § 158 Anm. 2). Widersprüche gegen den Bestand einer Forderung sind ausschließlich im Prüfungstermin geltend zu machen.

203 Erst nachdem alle Einwendungen gegen das Verzeichnis erledigt sind, bestimmt der Gläubigerausschuß oder, wenn ein solcher nicht bestellt ist, der Konkursverwalter, welche Quoten an die Konkursgläubiger auszuzahlen bzw. welche Quoten zurückzuhalten sind (vgl. § 159 Abs. 1 KO). Der auszuschüttende Prozentsatz wird den zu berücksichtigenden Gläubigern mitgeteilt (vgl. § 159 Abs. 2 KO).

Die Verteilung erfolgt durch den Konkursverwalter (vgl. § 167 KO).

3. Schlußverteilung

204 Ziel der Schlußverteilung ist es, die gesamte noch vorhandene Konkursmasse an die Konkursgläubiger auszuschütten. Sie findet daher erst statt, nachdem der Konkursverwalter die Konkursmasse verwertet hat. Die Schlußverteilung darf auch dann erfolgen, wenn Massegegenstände unverwertbar sind oder ein Prozeß über einen Massegegenstand oder eine im Prüfungstermin bestrittene Forderung noch anhängig ist (vgl. *Böhle-Stamschräder/Kilger,* KO § 161 Anm. 1). Auch für die Schlußverteilung hat der Konkursverwalter die vorherige Zustimmung des **Gläubigerausschusses** einzuholen (vgl. § 150 KO). Darüber hinaus ist die Schlußverteilung anders als die Abschlagsverteilung auch vom **Konkursgericht** zu genehmigen (vgl. § 161 Abs. 2 KO). Grund für diese strenge Anforderung ist, daß die Konkursgläubiger, die ihre Ansprüche nicht bis zur Schlußverteilung entsprechend den Regeln der Konkursordnung geltend gemacht haben, endgültig mit Ansprüchen gegen die Konkursmasse ausgeschlossen sind (vgl. *Mentzel/Kuhn/Uhlenbruck* § 161 Rz. 5).

205 Die Schlußverteilung erfolgt ähnlich den Regeln für die Abschlagsverteilung. Auch hier erstellt der Konkursverwalter ein Gläubigerverzeichnis, das sog. **Schlußverzeichnis,** legt dieses auf der Geschäftsstelle nieder und macht die Summe der zu berücksichtigenden Forderungen sowie den noch verfügbaren Massebestand öffentlich bekannt (vgl. § 151 KO). Gläubiger bestrittener, nicht titulierter Forderungen sowie absonderungsberechtigte Gläubiger haben ebenfalls Gelegenheit, innerhalb einer **Ausschlußfrist** von *zwei* Wochen nach der öffentlichen Bekanntmachung den Nachweis für die Aufnahme in das Verzeichnis zu erbringen (vgl. §§ 152, 153 KO).

Einwendungen gegen das Schlußverzeichnis sind anders als bei der Abschlagsverteilung erst durch *mündliche* Erklärung im Schlußtermin vorzubringen (vgl. § 162 Abs. 1 KO). Die Verteilung der festgesetzten Quoten erfolgt nach ihrer Bekanntmachung durch den Konkursverwalter (vgl. §§ 159 Abs. 2, 167 KO).

Konkursgläubiger, die irrtümlich **nicht in das Schlußverzeichnis aufgenommen** worden sind und **im Schlußtermin keine Einwendungen** gegen das Schlußverzeichnis erhoben haben, können von den Gläubigern, die hierdurch eine höhere Ausschüttung erhalten haben, keine Herausgabe wegen ungerechtfertigter Bereicherung verlangen (vgl. BGH, ZIP 1984, 980).

4. Nachtragsverteilung

206 Steht nach Abhaltung des Schlußtermins erneut Konkursmasse zur Verfügung, weil Beträge, die der Konkursverwalter zunächst zurückbehalten hat, frei werden –

z. B. solche, die bei Aufhebung des Konkursverfahrens noch prozeßbefangen waren – oder Beträge, die der Konkursverwalter aus der Masse gezahlt hat, zur Masse zurückfließen – z. B. wenn nach Zahlung auf eine Forderung die auflösende Bedingung eingetreten ist – oder schließlich nach dem Schlußtermin noch Vermögensgegenstände ermittelt werden, die zur Konkursmasse gehören, kann der Konkursverwalter diese neue Masse auf Anordnung des Konkursgerichts in einer Nachtragsverteilung ausschütten (vgl. § 166 KO). Die Nachtragsverteilung soll nur angeordnet werden, wenn sie sich unter Berücksichtigung des erforderlichen Arbeitsaufwandes und der an die Gläubiger auszuschüttenden Beträge lohnt. Ist dies nicht der Fall, können die Beträge dem Verwalter als weitere Vergütung festgesetzt werden (vgl. *Mentzel/Kuhn/Uhlenbruck* § 166 Rz. 7). Da bereits die Schlußverteilung zum endgültigen Ausschluß der Konkursgläubiger geführt hat, die ihre Ansprüche bis zu diesem Zeitpunkt nicht ordnungsgemäß geltend gemacht haben, erfolgt auch die Nachtragsverteilung auf der Grundlage des Schlußverzeichnisses (vgl. *Mentzel/Kuhn/Uhlenbruck* § 166 Rz. 8). Der Konkursverwalter hat den für die Nachtragsverteilung zur Verfügung stehenden Massebestand *öffentlich bekanntzumachen* (vgl. § 151 KO) und den Prozentsatz mitzuteilen, der auszuschütten ist (vgl. § 159 Abs. 2 KO).

X. Beendigung des Konkursverfahrens

1. Schlußrechnung

207 Bevor das Konkursgericht das Verfahren aufhebt oder einstellt, obliegt es dem Konkursverwalter, der Gläubigerversammlung Schlußrechnung zu legen (vgl. § 86 Satz 1 KO). Die **Schlußrechnung** muß sich **an die Konkurseröffnungsbilanz** anschließen. Sie soll neben der Zusammenstellung der Einnahmen und Ausgaben des Verwalters einen Überblick über seine gesamte Geschäftsführung in Form eines Tätigkeitsberichts (**„Schlußbericht"**) geben (vgl. *Mentzel/Kuhn/Uhlenbruck* § 86 Rz. 3).

208 Die Schlußrechnung ist zunächst dem **Gläubigerausschuß,** falls ein solcher besteht, zur Überprüfung vorzulegen. Sodann ist sie mit den Belegen spätestens drei Tage vor dem Schlußtermin auf der Geschäftsstelle des Konkursgerichts zur Einsicht der Beteiligten *niederzulegen* (vgl. § 86 Satz 2 KO). Das **Konkursgericht** ist verpflichtet, die **Schlußrechnung** noch vor der Gläubigerversammlung auf ihre rechnerische und inhaltliche Richtigkeit hin zu **prüfen** (vgl. *Mentzel/Kuhn/Uhlenbruck* § 86 Rz. 3). Einwendungen gegen die Zweckmäßigkeit des Verwalterhandelns sind dagegen allein den Konkursgläubigern vorbehalten (vgl. *Mentzel/Kuhn/Uhlenbruck* § 86 Rz. 3, 4 u. 5). Diesbezügliche Streitigkeiten sind, soweit sie in der Gläubigerversammlung nicht beigelegt werden können, im Prozeßwege auszutragen (vgl. *Mentzel/Kuhn/Uhlenbruck* § 86 Rz. 5). Werden keine Einwendungen erhoben, können Schadensersatzansprüche gegen den Verwalter nicht mehr geltend gemacht werden (vgl. § 86 Satz 4 KO). Dies gilt jedoch nur für solches Verwalterhandeln, das im Schlußbericht dargelegt worden ist (vgl. *Mentzel/Kuhn/Uhlenbruck* § 86 Rz. 7). Üblicherweise reicht der Konkursverwalter mit der Schlußrechnung zugleich das Schlußverzeichnis ein und beantragt die Genehmigung der Schlußverteilung (vgl. *Mentzel/Kuhn/Uhlenbruck* § 161 Rz. 5).

2. Schlußtermin

209 Sobald das Konkursgericht die Schlußverteilung genehmigt (vgl. § 161 Abs. 2 KO) und die Schlußrechnung geprüft (vgl. *Mentzel/Kuhn/Uhlenbruck* § 86 Rz. 3) hat, bestimmt es den Termin für die letzte Gläubigerversammlung, den sog. Schlußtermin. Üblicherweise setzt das Konkursgericht zugleich die Gebühren und Auslagen des Konkursverwalters durch Beschluß fest (vgl. *Mentzel/Kuhn/Uhlenbruck* § 85 Rz. 16 u. 17). Tagesordnungspunkte des Schlußtermins sind die Abnahme der Schlußrechnung, die Erhebung von Einwendungen gegen das Schlußverzeichnis, die Beschlußfassung über die nicht verwertbaren Massegegenstände (vgl. § 162 Abs. 1 KO) sowie ggf. die Anhörung über die Festsetzung der Auslagen und der Vergütung des Gläubigerausschusses (vgl. § 91 Abs. 1 Satz 2 KO).

3. Aufhebung des Verfahrens

210 Nach Abhaltung des Schlußtermins hebt das Konkursgericht das Konkursverfahren durch öffentlich bekanntzumachenden Beschluß auf (vgl. § 163 Abs. 1 KO). Die Vollziehung der Schlußverteilung kann auch nach der Aufhebung des Verfahrens erfolgen. Masseansprüche sind jedoch vor der Aufhebung zu befriedigen bzw. sicherzustellen (vgl. *Mentzel/Kuhn/Uhlenbruck* § 57 Rz. 8).

Mit der Aufhebung des Konkursverfahrens erlangt der Gemeinschuldner die Verwaltungs- und Verfügungsbefugnis über sein zur Konkursmasse gehöriges Vermögen, soweit es nicht verwertbar war und ihm durch Beschluß der Gläubigerversammlung überlassen wurde, zurück.

Ausgenommen ist das Vermögen, das für die Vollziehung der Schlußverteilung verhaftet bleibt und für eine Nachtragsverteilung vorgesehen ist (vgl. *Mentzel/Kuhn/Uhlenbruck* § 163 Rz. 6). Insoweit bleibt der Konkursverwalter weiterhin allein verfügungsbefugt.

4. Einstellung des Verfahrens

211 Das Konkursgericht stellt nach Anhörung des Gläubigerausschusses das Verfahren von Amts wegen wieder ein, wenn sich herausstellt, daß eine **zur Kostendeckung ausreichende Masse nicht vorhanden** ist (vgl. § 204 KO). Vorab ist das Vermögen jedoch zu verwerten und nach den Regeln des § 60 KO zu verteilen.

Im übrigen ist eine Einstellung des Verfahrens nur auf Antrag des Gemeinschuldners möglich, wenn die **Gläubiger**, die Forderungen angemeldet haben, auf die Durchführung des Konkursverfahrens verzichten. Vor Ablauf der Frist zur Anmeldung der Konkursforderungen bedarf es zur Einstellung des Verfahrens der **Zustimmung** *aller* dem Konkursgericht bekannten Gläubiger (vgl. § 202 Abs. 2 KO). Nach Ablauf der Frist muß das Gericht einstellen, wenn alle Inhaber angemeldeter Forderungen zugestimmt haben (§ 202 Abs. 1 KO). Da sich die Zustimmung aller Gläubiger nur sehr selten beibringen lassen wird, kommt eine Verfahrenseinstellung aufgrund Schuldnerantrags in der Praxis kaum vor.

Vor der Einstellung hat der Konkursverwalter ebenso wie im Falle der Aufhebung die Masseansprüche zu berichtigen bzw. sicherzustellen (vgl. § 57 KO) und Schlußrechnung zu legen (vgl. § 86 KO). Das Konkursgericht hat die Vergütung und die Auslagen des Konkursverwalters und, soweit ein solcher bestellt ist, des Gläubigerausschusses festzusetzen (§§ 85, 91 KO). Der Einstellungsbeschluß ist *öffentlich bekanntzumachen* (§ 205 KO).

Mit der Einstellung erlangt der Gemeinschuldner das **freie Verfügungsrecht** über sein Vermögen zurück (§ 206 KO).

5. Zwangsvergleich

a) Zweck

212 Jedes Konkursverfahren kann durch Zwangsvergleich beendet werden (§ 173 KO). Er ist rechtlich als **Vertrag zwischen** dem **Gemeinschuldner** und den **nicht bevorrechtigten Gläubigern** zu qualifizieren. Diese verzichten hierbei auf einen Teil ihrer Forderungen bzw. auf deren sofortige Geltendmachung (vgl. *Mentzel/Kuhn/Uhlenbruck* § 173 Rz. 1).

Zweck des Zwangsvergleichs ist im Unternehmenskonkurs in erster Linie die Erhaltung des Gemeinschuldnerunternehmens. Der Vergleich kann aber auch den Konkursgläubigern Vorteile bieten. Sie erreichen häufig sowohl eine schnellere Befriedigung als auch eine höhere Quote gegenüber einem ansonsten mitunter jahrelang dauernden und kostspieligen Verteilungsverfahren.

b) Zulässigkeit des Vergleichsvorschlags

213 Der Gemeinschuldner kann mit den nicht bevorrechtigten Konkursgläubigern einen Zwangsvergleich frühestens nach Abhaltung des allgemeinen Prüfungstermins und längstens bis zur Genehmigung der Schlußverteilung durch das Konkursgericht schließen (§ 173 KO).

Unzulässig ist der Zwangsvergleich, wenn die Konkursmasse nicht zur Befriedigung der bevorrechtigten Konkursgläubiger und der Massegläubiger ausreicht (vgl. *Mentzel/Kuhn/Uhlenbruck* § 175 Rz. 5), der Gemeinschuldner flüchtig ist oder sich weigert, eine eidesstattliche Erklärung zum vom Verwalter erstellten Inventar über das zur Konkursmasse gehörige Vermögen abzugeben (§ 175 Abs. 1 Nr. 1 KO) und wenn gegen den Gemeinschuldner eine gerichtliche Untersuchung oder ein wiederaufgenommenes Verfahren wegen bestimmter Fälle des strafbaren Bankrotts anhängig (§ 175 Abs. 1 Nr. 2 KO i. V. m. §§ 283 Abs. 1–3, 283a StGB) oder er deshalb rechtskräftig verurteilt worden ist (§ 175 Nr. 3 KO).

Der **Vergleichsvorschlag** ist *schriftlich* beim Konkursgericht oder zu *Protokoll* der Geschäftsstelle einzureichen (*Böhle-Stamschräder/Kilger* KO, § 174 Anm. 1). Er muß angeben, wie die Befriedigung der Konkursgläubiger erfolgen und ob und in welcher Weise deren Sicherstellung erfolgen soll (§ 174 KO).

214 Anders als beim Vergleichsvorschlag zur Abwendung des Konkurses nach der Vergleichsordnung ist beim Zwangsvergleich grundsätzlich **keine Mindestquote** vorgeschrieben. Seinem Inhalt nach kann auch der Zwangsvergleich Stundungs-, Quoten-, Liquidations- oder kombinierter Stundungs-, Quoten- und Liquidationsvergleich sein. Während die Gläubiger beim Stundungsvergleich fällige Verbindlichkeiten stunden, erlassen sie dem Gemeinschuldner beim Quotenvergleich einen Teil ihrer Forderungen. Beim Liquidationsvergleich überläßt der Gemeinschuldner seinen Gläubigern oder einem Treuhänder das gesamte Vermögen oder einen bestimmten Teil desselben zur Verwertung und anteilsmäßigen Befriedigung (*Mentzel/Kuhn/Uhlenbruck* § 174 Rz. 1).

c) Verfahren

215 Das Konkursgericht weist den Antrag des Gemeinschuldners zurück, wenn er unzulässig ist. Es kann den Antrag aber auch dann zurückweisen, wenn bereits ein vorheriger Vergleichsvorschlag von den Gläubigern abgelehnt, vom Gericht verworfen oder vom Gemeinschuldner nach der öffentlichen Bekanntmachung des Vergleichstermins zurückgezogen worden ist (§ 176 KO).

Weist das Konkursgericht den Vergleichsvorschlag nicht zurück, hat sich der **Gläubigerausschuß zur Annehmbarkeit** des Vergleichsvorschlags zu **erklären** (vgl. § 177 KO).

Findet der Vorschlag die Billigung des Gläubigerausschusses, wird er auf der Geschäftsstelle des Konkursgerichts niedergelegt (§ 178 KO). Zugleich wird der Vergleichstermin anberaumt (§ 179 Abs. 1 Satz 1 u. 2 KO). Zum Vergleichstermin sind der Gemeinschuldner, der Verwalter und die nicht bevorrechtigten Konkursgläubiger zu laden. Den nicht bevorrechtigten Konkursgläubigern ist in der Ladung der Vergleichsvorschlag und die Erklärung des Gläubigerausschusses mitzuteilen (§ 179 Abs. 1 Satz 3 KO).

216 Zur Annahme des Vergleichsvorschlages durch die nicht bevorrechtigten Gläubiger bedarf es einer *zweifachen* Mehrheit, einerseits der **Kopfmehrheit,** d. h. der Mehrheit der im Termin anwesenden stimmberechtigten Gläubiger (§ 182 Abs. 1 Nr. 1 KO) – schriftliche Zustimmungen reichen daher im Gegensatz zum gerichtlichen Vergleichsverfahren nicht aus –, andererseits der **Summenmehrheit,** die erreicht ist, wenn die Gesamtsumme der Forderungen der die Kopfmehrheit repräsentierenden Gläubiger mindestens *drei Viertel* der Gesamtsumme aller zur Abstimmung berechtigten Forderungen beträgt (§ 182 Abs. 1 Nr. 2 KO).

Sind diese Mehrheiten erreicht und ist keiner der gesetzlich genannten Verwerfungsgründe gegeben, muß das **Konkursgericht** den Zwangsvergleich **bestätigen.** Er wird mit der Bestätigung wirksam (§ 184 KO).

217 Wenn der Zwangsvergleich rechtskräftig bestätigt ist, hebt das Konkursgericht das Verfahren baldmöglich auf (§ 190 KO). Zuvor sind die gleichen Maßnahmen zu ergreifen wie vor Aufhebung des Verfahrens nach Abhaltung des Schlußtermins (§§ 86, 191 KO). Neben den Ansprüchen der Massegläubiger sind auch die Ansprüche der vom Zwangsvergleich nicht berührten Forderungen der bevorrechtigten Konkursgläubiger voll zu befriedigen bzw. sicherzustellen (§ 191 Abs. 2 KO). Deshalb vergeht regelmäßig zwischen Vergleichsbestätigung und Aufhebung des Verfahrens eine gewisse Zeitspanne.

Mit der Aufhebung des Verfahrens erhält der Gemeinschuldner die Verfügungsgewalt über das Konkursvermögen zurück (§ 192 KO), sofern nicht, wie häufig, für die Verteilung des etwa noch vorhandenen Vermögens ein **Treuhänder** eingesetzt wird (*Mentzel/Kuhn/Uhlenbruck* § 192 Rz. 1).

d) Wirkungen

218 Der rechtskräftig bestätigte Zwangsvergleich ist *für und gegen alle* nicht bevorrechtigten Konkursgläubiger **wirksam** (§ 193 Satz 1 KO). Die Rechte der Gläubiger gegen Mitschuldner und Bürgen des Gemeinschuldners sowie die Rechte aus einem für die Forderung bestehenden Pfandrecht, aus einer für sie bestehenden Hypothek, Grundschuld, Rentenschuld oder Schiffshypothek oder aus einer zu ihrer Sicherung eingetragenen Vormerkung werden aber durch den Zwangsvergleich nicht berührt (§ 193 Satz 2 KO).

219 Sind die Forderungen festgestellt und hat ihnen der Gemeinschuldner im Prüfungstermin nicht widersprochen, können die Konkursgläubiger auch beim Zwangsvergleich **aus dem Tabellenauszug** die **Zwangsvollstreckung** gegen den Gemeinschuldner betreiben. Die Zwangsvollstreckung ist aber nur insoweit zulässig, als die Forderungen nach dem Vergleichsvorschlag ungekürzt geblieben und fällig sind (*Mentzel/Kuhn/Uhlenbruck* § 194 Rz. 1). Aus dem Tabellenauszug findet auch die Zwangsvollstreckung gegen die Personen statt, die für die Erfüllung des Vergleichs ohne Vorbehalt der Einrede der Vorausklage Verpflichtungen übernommen haben (§ 194 KO).

220 Wird der Gemeinschuldner wegen bestimmter Tatbestände des Bankrotts verurteilt (§§ 283 Abs. 1–3, 283a StGB), so hebt dieses Urteil nicht die den Gläubigern durch den Zwangsvergleich gewährten Rechte, z. B. die Haftung des Vergleichsgaranten, wohl aber den durch den Zwangsvergleich zugunsten des Schuldners begründeten Erlaß auf (§ 197 Abs. 1 KO). Besteht nicht zugleich Massearmut, beschließt das Gericht in diesem Fall auf Antrag eines Konkursgläubigers die **Wiederaufnahme** des Konkursverfahrens (§ 198 Abs. 1 KO).

Ist der Vergleich aufgrund eines Betruges zustande gekommen und konnte der Konkursgläubiger diesen Einwand nicht bereits im Bestätigungsverfahren geltend machen, kann er den **Zwangsvergleich anfechten**. Auch hier bleiben die durch den Vergleich begründeten Rechte der Gläubiger bestehen (§ 196 KO).

C. Vergleichsverfahren

I. Vergleichsantrag

221 Die Eröffnung des Vergleichsverfahrens ist nur aufgrund eines **Schuldnerantrags** möglich (§ 2 VglO). Zulässig ist der Vergleichsantrag nur bis zur Eröffnung des Konkursverfahrens (§ 2 Abs. 2 VglO). Im Rahmen des Konkursverfahrens ist aber die Möglichkeit eines Zwangsvergleichs eröffnet, der gegenüber dem gerichtlichen Vergleich zur Abwendung des Konkurses einige Besonderheiten aufweist (vgl. hierzu Rz. 212 ff.).

222 Der **Antrag** ist **bei** dem **Gericht** einzureichen, das auch für die Eröffnung des Konkursverfahrens zuständig ist (§ 2 Abs. 1 Satz 1 VglO).

223 Der Vergleichsantrag setzt die **Vergleichsfähigkeit** des Schuldners voraus. Sie entspricht grundsätzlich der Konkursfähigkeit (vgl. Rz. 32). Nicht vergleichsfähig sind aber Versicherungsgesellschaften und Bausparkassen (§ 112 VglO). Dagegen kann über das Vermögen von Kreditinstituten ein Vergleichsverfahren stattfinden; der Vergleichsantrag bedarf jedoch der vorab erteilten Zustimmung des Bundesaufsichtsamtes für das Kreditwesen (§§ 46b, c KWG). Besondere Regeln stellt die Vergleichsordnung auch für die Vergleichsfähigkeit der Genossenschaft (§ 111 VglO), die OHG und KG (§ 109 VglO), den Nachlaß (§ 113 VglO) und das Gesamtgut einer Gütergemeinschaft oder fortgesetzten Gütergemeinschaft (§§ 114 bis 114b VglO) auf.

224 Der **Vergleichsgrund** ist mit dem Konkursgrund identisch (§ 2 Abs. 1 Satz 3 VglO). Der **Inhalt des Vergleichsvorschlags** muß den gesetzlich im einzelnen gere-

gelten Anforderungen genügen. Den Gläubigern ist eine Befriedigung ihrer Forderungen in Höhe von **mindestens 35%** zu gewähren (§ 7 Abs. 1 Satz 2 VglO). Sollen die Forderungen länger als ein Jahr gestundet werden, muß die Vergleichsquote mindestens 40% betragen (§ 7 Abs. 2 Satz 1 VglO). Eine Zahlungsfrist von mehr als 18 Monaten ist nur bezüglich des 40% übersteigenden Betrages zulässig (§ 7 Abs. 2 Satz 2 VglO). Die Mindestsätze sind bar zu bieten (§ 7 Abs. 3 VglO).

Der Vergleichsvorschlag muß grundsätzlich alle Gläubiger **gleichbehandeln** (§ 8 Abs. 1 VglO). Im übrigen steht die Ausgestaltung des Vergleichsvorschlages im Belieben des Schuldners. Er kann den Gläubigern eine Stundung ihrer Forderungen, den Erlaß einer bestimmten Quote auf ihre Forderungen, eine Verbindung von Stundungs- und Quotenvergleich oder einen Liquidationsvergleich anbieten. In dem Vergleichsvorschlag ist zugleich anzugeben, ob und wie die Erfüllung des Vergleichs sichergestellt werden soll (§ 3 Abs. 1 VglO). Neben dem Vergleichsvorschlag muß der Antrag bestimmte Angaben zur Person enthalten. Diese sind für die Beurteilung der **Vergleichswürdigkeit** des Schuldners von Bedeutung (vgl. § 3 Abs. 2 Nr. 1–3 VglO). Nach den (heute überholten) gesetzgeberischen Vorstellungen soll nur dem vergleichswürdigen Schuldner die Fortführung seiner wirtschaftlichen Existenz ermöglicht werden.

Erforderlich sind weiterhin **bestimmte Angaben in bezug auf** Geschäfte mit dem **Ehegatten und** den **Angehörigen** (§ 4 Abs. 1 Nr. 3 VglO).

225 Dem Antrag ist als Anlage eine Übersicht über den Vermögensstand des Schuldners (Vergleichsstatus oder Vergleichsbilanz) beizufügen (§ 4 Abs. 1 Nr. 1 und § 5 VglO). Der **Vergleichsstatus** hat das Vermögen zum *wirklichen Wert* (Zeitwert) auszuweisen und zugleich die Belastung mit Drittrechten (Grundschulden, Vorbehaltsrechte, Aufrechnungsmöglichkeiten etc.) aufzuzeigen. Beim **Fortführungsvergleich** sind die Wertansätze des Vermögens nach „going-concern" Gesichtspunkten vorzunehmen, während beim **Liquidationsvergleich** entsprechend der Bewertung in der Konkursbilanz nach dem Prinzip der vorsichtigen Bewertung nur die sog. Zerschlagungswerte angesetzt werden können.

226 Beantragt der Schuldner einen Fortführungsvergleich, wird sein Vermögen regelmäßig für das Unternehmen weiter benötigt. Es kann daher nicht zum Zwecke der Gläubigerbefriedigung verwertet werden. Deshalb gibt in diesem Falle der Vergleichsstatus keinen Aufschluß darüber, ob der vom Schuldner gebotene Vergleich erfüllbar ist. Diese Erkenntnis kann nur der **Zahlungsplan** liefern, der, obwohl im Gesetz nicht erwähnt, beim Fortführungsvergleich zu den unverzichtbaren Unterlagen gehört, die dem Gericht einzureichen sind (vgl. *Böhle-Stamschräder/Kilger* VglO, § 5 Rz. 7). Der Zahlungsplan enthält eine Prognoserechnung über die Einnahmen und Ausgaben innerhalb des Zeitraums der Vergleichserfüllung und zweckmäßigerweise für einen Zeitraum von 6–12 Monaten danach. Ergeben sich aus dieser Liquiditätsübersicht keine ausreichenden Überschüsse, um die gebotene Vergleichsquote zu erfüllen, muß die Eröffnung des Verfahrens abgelehnt werden, auch wenn nach dem Vergleichsstatus das freie Vermögen rein rechnerisch eine volle Befriedigung der nicht beteiligten Gläubiger und die Zahlung der Quote an die vergleichsbeteiligten Gläubiger zuläßt.

227 Kaufleute haben die Bilanzen und die Gewinn- und Verlustrechnung der letzten drei Jahre vorzulegen (§ 5 Abs. 2 VglO).

228 Da der Vergleich den Konkurs abwenden soll, bewirkt der Vergleichsantrag eine **Konkurssperre**. Ist neben dem Vergleichsantrag auch ein Konkursantrag gestellt worden, bleibt die Entscheidung hierüber bis zur Rechtskraft der Entscheidung, die das Vergleichsverfahren abschließt, ausgesetzt (§ 46 VglO).

II. Gerichtliche Maßnahmen im Eröffnungsverfahren

229 Das Gericht hat sofort nach dem Eingang des Antrags einen **vorläufigen Vergleichsverwalter** zu bestellen und den Eingang des Antrags sowie den Namen des vorläufigen Vergleichsverwalters öffentlich bekanntzugeben (§ 11 Abs. 1 VglO).

Das Gericht soll alle Maßnahmen treffen, die erforderlich sind, um zu verhindern, daß bis zur Entscheidung über den Antrag eine Vermögensminderung eintritt (§ 12

VglO). Zu diesen Maßnahmen gehören **Verfügungsbeschränkungen** (§ 12 VglO i. V. m. §§ 59–60 VglO), bestimmte Einschränkungen des Schuldners bei der Eingehung von Verbindlichkeiten (§ 12 i. V. m. § 57 VglO) und die einstweilige Einstellung von Zwangsvollstreckungsmaßnahmen (§ 13 VglO).

Bevor das Gericht über den Antrag entscheidet, hat es die für die Beurteilung des Eröffnungsantrages erforderlichen Ermittlungen abzuschließen (§ 16 VglO). Zu diesen gehört auch die Anhörung der Berufsvertretung des Schuldners (§ 14 VglO).

III. Entscheidung über die Eröffnung des Verfahrens

1. Ablehnung der Eröffnung

230 Abzulehnen ist der Antrag auf Eröffnung des Vergleichsverfahrens, wenn er unzulässig ist oder wenn seine verfahrensrechtlichen Voraussetzungen nicht erfüllt sind (§ 17 Nr. 1 VglO). Ablehnungsgründe sind des weiteren bestimmte Fälle der **Vergleichsunwürdigkeit**. Hierzu gehören einmal Mängel in der *Person* des Schuldners, wie z. B. Flucht (§ 17 Nr. 2 VglO) oder eine anhängige gerichtliche Untersuchung wegen Bankrotts (§ 17 Nr. 3 VglO). Eine *sachliche* Vergleichsunwürdigkeit besteht z. B., wenn das Vermögen des Schuldners zu gering ist, so daß die Verfahrenskosten nicht gedeckt sind (§ 17 Nr. 6 VglO) oder wenn die geschäftlichen Aufzeichnungen des Schuldners so mangelhaft sind, daß sie einen hinreichenden Überblick über seine Vermögensverhältnisse nicht ermöglichen (§ 17 Nr. 8 VglO).

Lehnt das Gericht die Eröffnung des Vergleichsverfahrens ab, ist der Vergleichsversuch zur Abwendung des Konkurses gescheitert. Es ist daher von Amts wegen in *demselben* Beschluß über die **Eröffnung des Anschlußkonkursverfahrens** zu entscheiden (§§ 19 Abs. 1, 102 VglO).

231 Gegen die *gerichtliche Doppelentscheidung* über die Ablehnung des Vergleichs- und die Eröffnung des Anschlußkonkursverfahrens steht dem Schuldner die sofortige Beschwerde zu (§ 19 Abs. 2 i. V. m. § 121 VglO). Mit der Rechtskraft des Beschlusses treten die vorläufigen Sicherungsmaßnahmen außer Kraft (§ 19 Abs. 3 Satz 1 VglO). Wird der Konkurs eröffnet, tritt mit dem Eröffnungsbeschluß die Beschlagnahmewirkung nach § 6 KO ein.

2. Eröffnungsbeschluß

232 Das **Vergleichsverfahren** wird **durch Beschluß eröffnet** (§ 20 Abs. 3 VglO).

Bereits der Eröffnungsbeschluß nennt Zeit und Ort des Vergleichstermins (§ 20 Abs. 3 Nr. 3 VglO) und fordert die Gläubiger auf, alsbald ihre Forderungen anzumelden (§ 20 Abs. 3 Nr. 4 VglO). Mit dem Eröffnungsbeschluß endet das Amt des vorläufigen Vergleichsverwalters (§ 19 Abs. 4 VglO). An seiner Stelle ernennt das Vergleichsgericht einen endgültigen Vergleichsverwalter (§ 20 Abs. 1 VglO). Dieser ist zumeist mit dem vorläufigen Vergleichsverwalter identisch.

Ist der Schuldner im Handelsregister eingetragen, wird eine Ausfertigung des Eröffnungsbeschlusses dem Handelsregister zugeleitet (§ 23 Abs. 1 VglO).

Die Eröffnung des Vergleichsverfahrens hemmt die Verjährung der Ansprüche der Vergleichsgläubiger bis zur Rechtskraft der Entscheidung, die das Verfahren abschließt (§ 55 VglO).

Wie im Konkurs sind nach Vergleichseröffnung die Voraussetzungen für die Aufrechnung teils erweitert, teils eingeschränkt (§ 54 VglO; vgl. Rz. 129–131).

Eine Anfechtung von Handlungen, die das Vermögen des Vergleichsschuldners schädigen und die Gläubiger benachteiligen, ist im Gegensatz zum Konkurs nicht möglich. Es ist aber jedes Abkommen, das der Schuldner oder andere Personen mit einzelnen Gläubigern treffen und wodurch diese bevorzugt werden, nichtig (§ 8 Abs. 3 VglO).

IV. Stellung der Verfahrensbeteiligten

1. Vergleichsschuldner

a) Verfügungsbeschränkungen

233 Anders als der Gemeinschuldner im Konkurs verliert der Vergleichsschuldner weder mit der Stellung des Vergleichsantrages noch mit der Vergleichseröffnung automatisch die Verfügungsbefugnis über sein Vermögen. Dies hat seinen Grund darin, daß der Schuldner selbst den Vergleich erfüllen soll und daher weiter mit seinem Vermögen arbeiten muß.

Einschränkungen in der Verfügungsbefugnis des Schuldners ergehen nur aufgrund eines speziellen (z. B. betr. den Verkauf von Aktien) oder eines allgemeinen Veräußerungsverbotes.

Ein **allgemeines Veräußerungsverbot** kann das Gericht dem Schuldner bereits als vorläufige Sicherungsmaßnahme nach Antragstellung auferlegen (§ 12 i. V. m. §§ 59–60 VglO). Von dieser Möglichkeit machen die Gerichte heutzutage zumeist Gebrauch. Außerdem wird dem (vorläufigen) Vergleichsverwalter regelmäßig die Befugnis zur **Kassenführung** (§ 57 Abs. 2 VglO) eingeräumt. Hierdurch ist er in der Lage, den gesamten Zahlungsverkehr, d. h. sowohl den Einzug von Forderungen als auch die Auszahlung von Geldern, in die Hand zu nehmen. Nach der Eröffnung des Verfahrens können auch der Vergleichsverwalter, ein Mitglied des Gläubigerbeirats oder ein Vergleichsgläubiger beantragen, dem Schuldner Verfügungsbeschränkungen aufzuerlegen (§ 58 VglO). Das allgemeine Veräußerungsverbot, das im wesentlichen der gesetzlichen Verfügungsbeschränkung des Gemeinschuldners im Konkurs entspricht, ist öffentlich bekanntzumachen und im Grundbuch einzutragen (§§ 60 Abs. 2, 61 VglO). Da das Vergleichsverfahren keine Vergleichsmasse kennt, bezieht sich das allgemeine Veräußerungsverbot auch auf Gegenstände, die im Konkurs zum konkursfreien Neuerwerb zählen würden (vgl. zum Neuerwerb des Gemeinschuldners Rz. 114).

b) Verpflichtungsgeschäfte

234 Außergewöhnliche Geschäfte soll der Schuldner nur mit Zustimmung des Vergleichsverwalters abschließen (§ 57 Abs. 1 Satz 1 VglO). Die Eingehung von Verbindlichkeiten, die zum *gewöhnlichen Geschäftsbetrieb* gehören, soll er unterlassen, wenn der Verwalter dagegen Einspruch erhebt (§ 57 Abs. 1 Satz 2 VglO). Diese Beschränkung, die das Gesetz dem Schuldner immer mit dem Zeitpunkt der Vergleichseröffnung auferlegt, kann auf besondere Anordnung des Gerichts auch bereits mit dem Zeitpunkt der Vergleichsantragstellung ergehen (§ 12 i. V. m. § 57 VglO), was inzwischen regelmäßig geschieht.

235 Da Verträge, die für den Vergleichsschuldner ungünstig sind, die Sanierung gefährden können, gibt das Gesetz dem Vergleichsschuldner nach Vergleichseröffnung die Möglichkeit, mit Ermächtigung des Gerichts gegenseitige, z. Z. der Eröffnung des Verfahrens noch von keiner Partei voll erfüllte Verträge, abzulehnen (§ 50 VglO). Das Wahlrecht des Vergleichsschuldners ist insoweit dem des Konkursverwalters gem. § 17 KO vergleichbar. Lehnt der Vergleichsschuldner die Erfüllung ab, kann der Vertragspartner – wie im Konkurs (§ 26 Satz 2 KO) – nur einen Schadensersatzanspruch geltend machen (§ 52 VglO). Sonderregeln stellt die Vergleichsordnung ebenso wie die Konkursordnung für Mietverhältnisse, Pachtverhältnisse und Dienstverträge auf (§ 51 VglO). Anders als im Konkursrecht sind bei Sukzessivlieferungsverträgen rückständige (teilbare) Ansprüche nicht voll zu erfüllen. Sie können vielmehr nur als Vergleichsforderung geltend gemacht werden (§ 36 Abs. 2 VglO).

236 Die Vergleichseröffnung verpflichtet den Schuldner zu bescheidener Lebensführung (§ 56 VglO).

2. Vergleichsverwalter

237 Aufgabe des vorläufigen (§ 11 Abs. 2 i. V. m. § 39 VglO) wie des endgültigen (§ 39 VglO) Vergleichsverwalters ist die **Prüfung der Geschäftsführung und wirt-**

schaftlichen Lage des Schuldners sowie die **Überwachung** der Ausgaben für die Lebensführung des Schuldners und seiner Familie.

Der Vergleichsverwalter ist berechtigt, die Geschäftsräume des Schuldners zu betreten und dort Nachforschungen anzustellen. Der Schuldner hat dem Vergleichsverwalter Einsicht in Bücher und bestimmte Papiere zu gestatten und Auskünfte zu erteilen (§ 40 Abs. 1 VglO; § 11 Abs. 2 i. V. m. § 40 Abs. 1 VglO). Weitergehende Befugnisse des Vergleichsverwalters ergeben sich insoweit, als der Schuldner durch ein allgemeines Veräußerungsverbot in seinen Verfügungs- und sonstigen Befugnissen beschränkt wird und dem Verwalter das Recht zur Kassenführung eingeräumt wird. Der Vergleichsverwalter steht unter der Aufsicht des Gerichtes (§ 41 Abs. 1 VglO; § 11 Abs. 2 i. V. m. § 41 Abs. 1 VglO). Er ist allen Beteiligten für die Erfüllung seiner Pflichten verantwortlich (§ 42 VglO; § 11 Abs. 2 i. V. m. § 42 VglO) und hat Anspruch auf Auslagen und Vergütung (§ 43 VglO; § 11 Abs. 2 i. V. m. § 43 VglO).

3. Vergleichsgläubiger

a) Begriff

238 Vergleichsgläubiger sind ebenso wie die Konkursgläubiger alle **persönlichen Gläubiger** des Schuldners, die einen **zur Zeit der Eröffnung** des Verfahrens **begründeten Vermögensanspruch** gegen ihn haben (§ 25 Abs. 1 VglO). *Nicht* zu den Vergleichsgläubigern rechnen die Aussonderungsberechtigten sowie diejenigen, die im Konkurs bevorrechtigte Gläubiger wären, so z. B. die Arbeitnehmer und die Gläubiger, deren Ansprüche durch eine Vormerkung gesichert sind. Die Ansprüche dieser **nichtbeteiligten Gläubiger** können daher im Vergleich nicht gekürzt werden. Absonderungsberechtigte sind Vergleichsgläubiger in Höhe ihres Ausfalls oder Verzichts (§ 27 VglO). Ist das Absonderungsrecht durch eine Zwangsvollstreckungsmaßnahme innerhalb der letzten 30 Tage vor Antragstellung erwirkt worden, greift die sog. **Rückschlagsperre** ein (§ 28 VglO), d. h. mit der Vergleichsbestätigung oder der Eröffnung des Anschlußkonkurses werden die erlangten Zwangssicherungen ipso iure unwirksam (§§ 87, 104 VglO).

Keine Vergleichsgläubiger sind Gläubiger, die eine Forderung aus einem beiderseits noch nicht vollständig erfüllten Vertrag haben (§ 36 VglO). Wird die Erfüllung abgelehnt, sind ihre Schadensersatzansprüche Vergleichsforderungen (§ 52 VglO).

b) Stellung der Vergleichsgläubiger

239 Jeder Vergleichsgläubiger kann frei darüber entscheiden, ob er am Vergleichsverfahren teilnimmt. Das Verfahren darf aber durch Vollstreckungsmaßnahmen der Gläubiger nicht gestört werden. Daher können die Vergleichsgläubiger nach der Eröffnung des Verfahrens bis zur Rechtskraft der Entscheidung, die das Verfahren abschließt, **keine Zwangsvollstreckungen** gegen den Schuldner vornehmen (§ 47 VglO). Wurde schon vor Vergleichseröffnung ein Pfändungspfandrecht erlangt, wird die Zwangsvollstreckung einstweilen eingestellt (§ 48 Abs. 1 VglO).

Darüber hinaus können **während des Antragsverfahrens** eingeleitete **Zwangsvollstreckungsmaßnahmen** auf Antrag des vorläufigen Verwalters bis zur Entscheidung über den Eröffnungsantrag, längstens jedoch bis zu 6 Wochen, **eingestellt** werden (§ 13 VglO).

240 Im Gegensatz zum Konkurs werden durch das Vergleichsverfahren anhängige Prozesse nicht unterbrochen. Der Vergleich stellt auch keine Sperre für neue Prozesse dar. Zu beachten ist aber die kostenrechtliche Sonderbestimmung, wonach dem Vergleichsgläubiger, der nach der Eröffnung des Verfahrens Leistungsklage erhebt, die Prozeßkosten zur Last fallen, wenn der Schuldner sofort anerkennt (§ 49 VglO).

4. Gläubigerbeirat

241 Das Gericht kann **zur Unterstützung** und **Überwachung** des Vergleichsverwalters einen Gläubigerbeirat einsetzen, wenn der besondere Umfang dies geboten erscheinen läßt (§ 44 VglO). Dieser kann auch bereits im Eröffnungsverfahren als

vorläufiger Gläubigerbeirat bestellt werden (§ 12 VglO). Die Kompetenzen des Gläubigerbeirats im Vergleich bleiben hinter denen des Gläubigerausschusses im Konkurs zurück (vgl. § 45 VglO).

V. Vergleichstermin

1. Allgemeines

242 Wie im Konkurs gibt es auch im Vergleichsverfahren eine Gläubigerversammlung. Erforderlich ist ihre Einberufung nur zur **Abstimmung über den Vergleichsvorschlag;** sie hat damit keine der Gläubigerversammlung im Konkurs vergleichbare Bedeutung. Das Gericht kann darüber hinaus auch außerhalb des Vergleichstermins, z. B. bereits im Eröffnungsverfahren zur *Aufklärung* der Verhältnisse des Schuldners und der *Aussichten* des Vergleichs gem. § 116 VglO, eine Gläubigerversammlung einberufen (vgl. auch *Böhle-Stamschräder/Kilger* VglO, § 116 Anm. 2f.).

243 Im Vergleichstermin wird über den Vergleich verhandelt und abgestimmt (§ 66 VglO). Für den Schuldner und den Vergleichsverwalter besteht Anwesenheitspflicht (§ 68 VglO). Die Teilnahme der Gläubiger steht in deren Belieben. Auch den nichtbeteiligten Gläubigern ist es gestattet, zum Termin zu erscheinen (§ 66 Abs. 2 VglO).

Der Abstimmung über den Vergleichsvorschlag geht die Verlesung und Erörterung des Vergleichsvorschlages voraus (§ 66 Abs. 1 VglO). Der Vergleichsverwalter hat über die Sachlage, insbesondere über die **Ursachen des Zusammenbruchs** des Schuldners, die **Angemessenheit des Vergleichsvorschlages** und die **Aussichten auf Erfüllung** des Vergleichs zu berichten (§ 40 Abs. 3 VglO). Der Schuldner ist auskunftspflichtig und hat seine Angaben auf Verlangen des Vergleichsverwalters oder eines Vergleichsgläubigers an Eides Statt zu versichern (§ 69 Abs. 2 VglO).

2. Die stimmberechtigten Forderungen

244 Berechtigt zur Abstimmung über den Vergleichsvorschlag sind nur die **Vergleichsgläubiger,** deren Forderungen weder der Schuldner noch der Vergleichsverwalter noch ein Vergleichsgläubiger bestritten hat (§ 71 Abs. 1 Satz 1 VglO). Grundlage der Erörterung der einzelnen Forderungen im Vergleichstermin ist das **Gläubigerverzeichnis.** Ein erstes Gläubigerverzeichnis stellt bereits der Schuldner als Anlage zum Vergleichsantrag auf (§§ 4 Abs. 1 Nr. 2, 6 VglO). Gläubiger, die in diesem Verzeichnis nicht aufgenommen sind, können ihre Forderungen noch bis zum Beginn der Abstimmung im Vergleichstermin anmelden (§ 67 Abs. 1, 2 VglO). Der Urkundsbeamte hat das Gläubigerverzeichnis dann entsprechend zu berichtigen (§ 67 Abs. 3 VglO). Eine Pflicht zur Anmeldung besteht nicht. Bedeutung hat sie nur für die Stimmberechtigung im Vergleichstermin, nicht dagegen für den Bestand der Forderung selbst.

245 Wird die Forderung eines Gläubigers bestritten, entscheidet das Gericht *unanfechtbar* über das Stimmrecht der Forderung (§ 71 Abs. 2 Satz 1 VglO). Das Ergebnis der Erörterung dieser Forderung vermerkt der Urkundsbeamte im Verzeichnis (§ 71 Abs. 4 VglO).

3. Abstimmung

246 Wie die Annahme des Zwangsvergleichs im Konkurs bedarf der gerichtliche Vergleich zum einen der **Kopfmehrheit,** d. h. der Mehrheit der im Termin anwesenden stimmberechtigten Gläubiger, wobei – anders als beim Zwangsvergleich – **auch die Gläubiger** mitgezählt werden, die dem Vergleichsvorschlag **schriftlich zugestimmt** haben (§ 74 Abs. 1 Nr. 1 VglO); zum anderen ist zur Annahme auch die **Summenmehrheit** von **Dreiviertel** der Gesamtsumme aller Vergleichsforderungen erforderlich (§ 74 Abs. 1 Nr. 2 VglO). Beträgt die **Vergleichsquote weniger als 50%,** muß die Summenmehrheit sogar **Vierfünftel** betragen (§ 74 Abs. 3 VglO).

247 Verletzt der Vergleichsvorschlag das **Gebot der Gleichbehandlung** aller Gläubiger, indem er einzelne Gläubiger oder -gruppen bevorzugt, müssen die benachteilig-

248 ten Gläubiger dieser Begünstigung gesondert zustimmen (§ 8 Abs. 2 VglO). Erforderlich ist wiederum die Kopf- und Summenmehrheit. Ist im Termin nur die Kopf- oder die Summenmehrheit erreicht worden, kann der Schuldner beantragen, den **Vergleichstermin zu vertagen** (§ 77 Abs. 1 VglO).

VI. Vergleichsbestätigung

1. Voraussetzungen

249 Der gerichtliche Vergleich entfaltet wie der Zwangsvergleich erst dann rechtliche Wirkung, wenn ihn das Gericht entweder noch im Vergleichstermin oder in einem späteren Termin bestätigt (§ 78 Abs. 1 VglO). Vor der Bestätigung sind Schuldner, Vergleichsverwalter und Gläubigerbeirat zu hören (§ 78 Abs. 2 VglO). Versagen darf das Gericht die Bestätigung des Vergleichs nur in den gesetzlich aufgeführten Fällen (§ 79 VglO). **Versagungsgründe** sind wesentliche Inhalts- und Verfahrensmängel (§ 79 Nr. 1 VglO), bestimmte Fälle der mangelnden Vergleichswürdigkeit des Schuldners (§ 79 Nr. 2, 3 VglO) und der Widerspruch zum gemeinsamen Interesse der Gläubiger (§ 79 Nr. 4 VglO), also z. B. eine zu geringe Quote, eine zu lange Stundung oder das voraussichtlich bessere Abschneiden der Gläubiger im Falle des Konkurses.

Wird die Bestätigung aus einem der obigen Gründe versagt, ist von Amts wegen über die Eröffnung des Konkursverfahrens zu entscheiden (§ 80 Abs. 1 VglO). Gegen die Entscheidung, durch die das Konkursverfahren eröffnet oder die Eröffnung des Konkursverfahrens abgelehnt wird, steht dem Schuldner binnen *einer Woche* die sofortige Beschwerde zu. Der Schuldner kann dabei auch geltend machen, daß die Bestätigung zu Unrecht versagt worden ist (§ 80 Abs. 2 i. V. m. § 121 VglO).

2. Wirkungen

250 Wird der Vergleich bestätigt, wirkt diese Bestätigung *für und gegen alle* Vergleichsgläubiger, und zwar unabhängig davon, ob sie zugestimmt oder überhaupt am Verfahren teilgenommen haben (§ 82 VglO). Der bestätigte Vergleich kürzt die Forderungen der Gläubiger in Höhe des erlassenen Teils. Dieser bleibt aber in Form einer Naturalobligation bestehen (vgl. *Böhle-Stamschräder/Kilger* VglO, § 82 Anm. 3). Daraus folgt insbesondere, daß der Vergleich nicht die akzessorischen Rechte der Gläubiger aus persönlichen oder dinglichen Sicherheiten, wie z. B. aus Bürgschaften und Pfandrechten, berührt (§ 82 Abs. 2 VglO). Unberührt vom Vergleich bleiben auch die Gläubiger, die nicht Vergleichsgläubiger sind.

251 Der bestätigte Vergleich bewirkt, daß eine Sicherung unwirksam wird, die der Vergleichsgläubiger später als am 30. Tag vor der Stellung des Antrags auf Eröffnung des Vergleichsverfahrens durch eine Zwangsvollstreckungsmaßnahme erlangt hat, und daß das durch eine solche Zwangsvollstreckungsmaßnahme Erlangte nach den Vorschriften über die Herausgabe einer ungerechtfertigten Bereicherung herauszugeben ist (§ 87 Abs. 1 VglO). Anders als im Konkurs bedarf es also in diesem Fall der Gläubigerbenachteiligung zur Beseitigung der Vollstreckungsfolgen keiner Anfechtung.

252 Wird der Vergleich bestätigt, gilt ein Antrag auf Konkurseröffnung, über den die Entscheidung gem. § 46 VglO ausgesetzt war, als nicht gestellt (§ 84 VglO). Aus dem bestätigten Vergleich in Verbindung mit einem **Auszug** aus dem berichtigten **Gläubigerverzeichnis** findet wegen der darin eingetragenen Vergleichsforderungen gegen den Schuldner die Zwangsvollstreckung statt, sofern nicht im Gläubigerverzeichnis vermerkt ist, daß die Forderungen vom Schuldner oder vom Vergleichsverwalter bestritten wurden (§ 85 Abs. 1 VglO). Der Zwangsvollstreckungstitel wirkt auch gegen diejenigen, die für die Erfüllung des Vergleichs Verpflichtungen übernommen haben, z. B. gegen Vergleichsbürgen und Schuldübernehmer (§ 85 Abs. 2 VglO). Wird der Schuldner wegen bestimmter, seine Vergleichsunwürdigkeit offenbarender **Straftaten** verurteilt, verliert der Vergleich für alle von ihm betroffenen Gläubiger seine Wirkung (§ 88 VglO). Die den Gläubigern durch den Vergleich gewährten Rechte, z. B. die Haftung eines Vergleichsgaranten, bleiben bestehen.

253 Jeder der vom Vergleich betroffenen Gläubiger kann unbeschadet der durch den Vergleich gewährten Rechte den Vergleich **anfechten,** wenn der Vergleich durch **arglistige Täuschung** zustande gekommen ist und er ohne Verschulden außerstande war, den Anfechtungsgrund im Vergleichsverfahren geltend zu machen (§ 89 VglO).

Werden im Vergleich Forderungen gestundet oder teilweise erlassen, werden Stundung und Erlaß gegenüber den Gläubigern hinfällig, bei denen der Schuldner mit der Erfüllung des Vergleichs in **Verzug** gerät (§ 9 Abs. 1 VglO). Gegenüber allen Gläubigern sind Stundungen und Erlaß hinfällig, wenn vor vollständiger Erfüllung des Vergleichs über das Vermögen des Schuldners der Konkurs eröffnet wird (§ 9 Abs. 2 VglO).

VII. Fortsetzung und Aufhebung des Vergleichsverfahrens

254 Häufig wird das Vergleichsverfahren nicht mit der Bestätigung des Vergleichs aufgehoben, sondern bis zur Erfüllung des Vergleichs fortgesetzt (§ 96 VglO).

Vergleichsverwalter und Gläubigerbeirat bleiben im fortgesetzten Verfahren (**Nachverfahren**) im Amt. Aufgabe des Vergleichsverwalters im Nachverfahren ist es, die Erfüllung des Vergleichs zu überwachen (§ 96 Abs. 2 VglO). Verfügungsbeschränkungen wirken fort, soweit sie nicht ausdrücklich aufgehoben werden (§ 65 VglO). Im übrigen fallen die Beschränkungen des Schuldners fort. Konkurs- und Vollstreckungsschutz entfallen ebenso wie die Hemmung der Verjährung (§ 96 Abs. 3 VglO). Aufzuheben ist das fortgesetzte Vergleichsverfahren erst, wenn der Vergleichsverwalter dem Gericht anzeigt, daß der Schuldner den Vergleich erfüllt hat, oder wenn der Schuldner die Aufhebung des Vergleichs beantragt und zugleich die Erfüllung glaubhaft macht (§ 96 Abs. 4 VglO).

255 Das Vergleichsverfahren wird sofort nach Vergleichsbestätigung aufgehoben, wenn die Gläubiger dies beantragen (§ 90 Abs. 1 Nr. 1 VglO), wenn die Gesamtheit der Vergleichsforderungen DM 20000,– nicht übersteigt (§ 90 Abs. 1 Nr. 2 VglO) oder wenn der Schuldner sich der Überwachung durch einen Sachwalter unterwirft (§ 91 VglO). Sachwalter kann ein Gläubiger oder auch der frühere Vergleichsverwalter sein. Rechte und Pflichten des Sachwalters sind weitgehend entsprechend denen des Vergleichsverwalters ausgestaltet (§§ 92–95 VglO).

256 Mit der Aufhebung des Verfahrens endet das Amt des Vergleichsverwalters und der Mitglieder des Gläubigerbeirats (§ 98 Abs. 1 VglO). Verfügungsbeschränkungen treten außer Kraft (§ 98 Abs. 2 VglO), es sei denn, daß eine vereinbarte Vergleichsüberwachung besteht (§ 98 Abs. 2 i. V. m. § 94 VglO). Die Aufhebung ist wie die Eröffnung bekanntzumachen. Der Vergleichsvermerk ist in den Registern zu löschen (§ 98 Abs. 3 VglO).

VIII. Einstellung des Verfahrens

257 Von der Aufhebung des Verfahrens ist die Einstellung zu unterscheiden. Das Vergleichsverfahren ist einzustellen, wenn der Schuldner den Vergleichsantrag zurücknimmt. Die **Rücknahme** ist bis zur Beendigung der Abstimmung über den Vergleichsvorschlag zulässig (§ 99 Satz 2 VglO).

Weitere **Einstellungsgründe** sind insbesondere das Nichtvorliegen der Vergleichsvoraussetzungen, die Vergleichsunwürdigkeit des Schuldners und die Nichterreichung der erforderlichen Mehrheiten zur Annahme des Vergleichs (§ 100 VglO).

Wird das Verfahren eingestellt, ist von Amts wegen über die Eröffnung des **Anschlußkonkurses** zu entscheiden (§ 101 VglO).

IX. Anschlußkonkurs

258 Der Anschlußkonkurs schließt sich unmittelbar an ein gescheitertes Vergleichsverfahren an. Über die Eröffnung des Anschlußkonkurses ist zu entscheiden, wenn die

Eröffnung des Vergleichsverfahrens abgelehnt wird (§ 19 Abs. 1 VglO), der Vergleich nicht bestätigt wird (§ 80 Abs. 1 VglO), das Vergleichsverfahren eingestellt wird (§ 101 VglO), oder schließlich im Falle der Nichterfüllung des Vergleichs im fortgesetzten Verfahren (§ 96 Abs. 5 VglO).

259 Für den Anschlußkonkurs gelten mit Ausnahme der Sonderregeln der §§ 102–107 VglO die Normen des Regelkonkurses. Zweck der Sonderregeln ist es, die Wirkung der Konkurseröffnung vorzuverlegen. So steht für die Konkursanfechtung (§§ 30 ff. KO) der Tag der Vergleichsantragstellung dem Tag der Konkursantragstellung gleich (§ 107 VglO). Eine im Vergleichsverfahren angeordnete Verfügungsbeschränkung gilt als zugunsten der Konkursgläubiger angeordnet (§ 103 VglO).

260 Zwangsvollstreckungsmaßnahmen, die ein Vergleichsgläubiger innerhalb von 30 Tagen vor Stellung des Vergleichsantrages eingeleitet hat, werden mit der Konkurseröffnung unwirksam (§ 104 VglO). **Verfahrenskosten des Vergleichsverfahrens** und Kredite, die der Schuldner während des Verfahrens mit Zustimmung des Vergleichsverwalters aufgenommen hat **(Verwalterdarlehen),** sind im Konkurs **Massekosten** bzw. **Masseschulden** (§§ 105, 106 VglO).

O. Prüfung nach der Makler- und Bauträgerverordnung (§ 16 MaBV)

Bearbeiter: Dr. Walter Niemann

Übersicht

	Rz.
I. Grundlagen	1–16
II. Prüfungsschritte und Prüfungsergebnis	17–88
1. Prüfungsauftrag und Auftragsdurchführung	18–24
2. Prüfungsfeststellungen	25
a) Rechtliche Verhältnisse	25–29
b) Art und Umfang der durchgeführten Geschäfte	30–35
aa) Art der durchgeführten Geschäfte	30–34
bb) Umfang der durchgeführten, von § 34c GewO erfaßten Geschäfte	35
c) Organisatorische Vorkehrungen zur Einhaltung der MaBV	36
aa) Feststellungen zur Ordnungsmäßigkeit der Buchführung	37–40
bb) Feststellungen zu den organisatorischen Vorkehrungen zur Einhaltung von § 2 MaBV	41–44
cc) Feststellungen zu den organisatorischen Vorkehrungen zur Einhaltung von § 4 MaBV	45–47
dd) Abschließende Feststellungen, ob das System des Gewerbetreibenden insgesamt geeignet ist, die Bestimmungen der MaBV zu erfüllen	48, 49
d) Einzelfeststellungen	50–83
aa) Feststellungen zur Einhaltung der sich aus den §§ 2–14 MaBV ergebenden Verpflichtungen	51–82
bb) Feststellung zu Verstößen im neuen Geschäftsjahr	83
3. Prüfungsvermerk	84–88

I. Grundlagen

1 Nach § 34c Abs. 1 GewO bedürfen bestimmte Gewerbetreibende zur Ausübung ihres Gewerbes der Erlaubnis der zuständigen Behörde. **Die Gewerbetreibenden nach § 34c Abs. 1 GewO lassen sich wie folgt kategorisieren:**

Erlaubnispflicht gem. § 34c Abs. 1 GewO	Betroffene Unternehmen bzw. Tätigkeiten
Nr. 1a)	**Grundstücks- und Darlehensmakler,** das sind Makler, die die Vermittlung des Abschlusses von Verträgen bzw. den Nachweis von Gelegenheiten zum Abschluß von Verträgen über – Grundstücke und grundstücksgleicher Rechte – gewerbliche Räume und Wohnräume – Darlehen gewerbsmäßig betreiben.
Nr. 1b)	**Anlagenvermittler,** das sind Makler, die die Vermittlung des Abschlusses von Verträgen bzw. den Nachweis von Gelegenheiten zum Abschluß von Verträgen über bestimmte Vermögensanlagen wie – Anteile an einer Kapitalgesellschaft – ausländische Investmentanteile – sonstige öffentlich angebotene Vermögensanlagen, die für gemeinsame Rechnung der Anleger verwaltet werden – öffentlich angebotene Anteile an einer Kapitalgesellschaft oder Kommanditgesellschaft bzw. von verbrieften Forderungen gegen eine dieser Gesellschaften gewerbsmäßig betreiben.
Nr. 2a)	**Bauträger,** das sind Bauherren, die gewerbsmäßig in eigenem Namen für eigene oder fremde Rechnung Bauvorhaben vorbereiten oder durchführen und dazu Vermögenswerte von Erwerbern, Mietern, Pächtern oder

O 2–4 Prüfung nach der Makler- und Bauträgerverordnung (§ 16 MaBV)

Erlaubnispflicht gem. § 34c Abs. 1 GewO	Betroffene Unternehmen bzw. Tätigkeiten
	sonstigen Nutzungsberechtigten oder von Bewerbern um Erwerbs- oder Nutzungsrechte verwenden.
Nr. 2b)	**Baubetreuer,** die gewerbsmäßig Bauvorhaben in fremden Namen und für fremde Rechnung wirtschaftlich vorbereiten oder durchführen.

2   Gemeinsames Kennzeichen sämtlicher erlaubnispflichtigen Gewerbetreibenden ist das **gewerbsmäßige Handeln,** Gewerbsmäßigkeit liegt danach vor bei einer erlaubten, selbständigen, auf Erzielung von Gewinn gerichteten und nicht nur gelegentlich ausgeübten Tätigkeit. Davon ausgenommen sind die bloße Verwaltung eigenen Vermögens, die Urproduktion und die freien Berufe (vgl. *Landmann/Rohmer/Marcks* § 34c Anm. 8 m. w. N.).

3   Die nach § 34c Abs. 1 Nr. 1a erlaubnispflichtigen **Grundstücks- und Darlehensmakler** müssen den Abschluß von den in Nr. 1a genannten Grundstücksverträgen bzw. Darlehensverträgen vermitteln oder den Nachweis von Gelegenheiten zum Abschluß von solchen Verträgen führen. Die Vermittlung des Abschlusses von Verträgen ist dabei jede auf den Abschluß eines Vertrages abstellende Tätigkeit, auch wenn diese erfolglos bleibt bzw. nur der Vorbereitung des Vertragsabschlusses dient. Erlaubnispflichtiger Nachweis der Gelegenheit zum Abschluß von Verträgen liegt demgegenüber dann vor, wenn der Gewerbetreibende dem Auftraggeber einen bisher unbekannten Interessenten oder ein Objekt und den künftigen Vertragspartner benennt, so daß der Auftraggeber von sich aus Vertragsverhandlungen aufnehmen kann (vgl. *Hofbauer* § 34c Anm. 2). Danach können auch **Hausverwalter** unter § 34c Abs. 1 Nr. 1a anfallen, sofern sie Verträge über den von ihnen verwalteten Grundbesitz oder über Grundbesitz außerhalb der eigenen Verwaltung vermitteln. Sie fallen jedoch nicht unter § 34c Nr. 1a, sofern sie ausschließlich die Hausverwaltung betreiben. In entsprechender Weise können auch **Bausparkassenvertreter** oder **Versicherungsvertreter** unter § 34c Abs. 1 Nr. 1a GewO fallen, sofern sie nicht nur Bauspar- und Versicherungsverträge sondern darüber hinaus auch Darlehen vermitteln. Allein die Vermittlung von Bauspar- und Versicherungsverträgen ist jedoch nicht erlaubnispflichtig (vgl. *Hofbauer* § 34c Anm. 3–8, *Landmann/Rohmer/Marcks* § 34c Anm. 9ff.). Die in § 34c Abs. 1 Nr. 1a genannten erlaubnispflichtigen Geschäfte sind weit auszulegen. Unter die dort genannten Verträge über „**Grundstücke**" fallen sämtliche Verträge über Verkauf, Belastung, Vermietung, Verpachtung und Leasing von Grundstücken. Die dort genannten „**grundstücksgleichen Rechte**" umfassen insbesondere das Erbbaurecht und das Wohnungs- und Teileigentumsrecht im Sinne des WEG. Die Verträge über „**gewerbliche Räume**" oder „**Wohnräume**" umfassen alle Arten von Raumüberlassung einschließlich der Pacht und der Untermiete, es sei denn es handelt sich um Unterkünfte im Sinn des § 38 Nr. 7 GewO. Der Begriff des „**Darlehens**" geht über den des § 607 BGB hinaus. Er umfaßt z. B. auch die bei einem Kreditinstitut eingelegten Termingelder (vgl. *Hofbauer* § 34c Anm. 9ff.; a. A. *Landmann/Rohmer/Marcks* § 34c Anm. 22 hinsichtlich der Auslegung des Darlehensbegriffs).

4   Die Tätigkeit der in § 34c Abs. 1 Nr. 1b genannten **Anlagenvermittler** ist in gleicher Weise wie die der Grundstücks- und Darlehensvermittler auf die Vermittlung des Abschlusses von Verträgen bzw. den Nachweis von Gelegenheiten zum Abschluß von Verträgen gerichtet. Die erlaubnispflichtigen Verträge müssen den Erwerb von „**Anteilscheinen an einer Kapitalanlagegesellschaft**" betreffen. Hierzu zählen die von einer inländischen Kapitalanlagegesellschaft ausgestellten Urkunden, in denen die Ansprüche verbrieft werden, die den Anteilinhabern aus der Anlage zustehen. „**Ausländische Investmentanteile**" sind Anteile an einem Vermögen aus Wertpapieren oder Grundstücken, das ausländischem Recht untersteht. „**Sonstige öffentlich angebotene Vermögensanlagen**" müssen einem unbestimmten Personenkreis angeboten sein, d. h. der Anbieter darf den Kreis der Adressaten nicht übersehen bzw. die Adressaten nicht im einzelnen kennen. Zu diesen öffentlich

Grundlagen

angebotenen Vermögensanlagen zählen auch geschlossene Immobilienfonds, unabhängig davon, ob diese in der Form einer GbR oder einer KG mit einem Treuhandkommanditisten organisiert sind. Die ebenfalls erlaubnispflichtige Vermittlung von „**verbrieften Forderungen**" gegen eine Kapitalgesellschaft oder Kommanditgesellschaft umfaßt sämtliche Urkunden mit Wertpapiercharakter, bei denen zur Ausübung des verbrieften Rechts der Besitz der Urkunde erforderlich ist. Im wesentlichen fallen hierunter Schuldverschreibungen, die von in- oder ausländischen Gesellschaften herausgegeben wurden (vgl. *Hofbauer* § 34c Anm. 12ff.).

5   Nach § 34c Nr. 2a unterliegen der Erlaubnispflicht **Bauträger**, die als Bauherren im eigenen Namen für eigene Rechnung oder fremde Rechnung Bauvorhaben vorbereiten oder durchführen und dazu Vermögenswerte von Erwerbern, Mietern, Pächtern oder sonstigen Nutzungsberechtigten oder von Bewerbern um Erwerbs- oder Nutzungsrechte verwenden. Bauherr in diesem Sinne ist der Herr des gesamten Baugeschehens. Er muß auf seine Verantwortung eine bauliche Anlage vorbereiten, ausführen oder durch Dritte vorbereiten oder ausführen lassen. Für die Bauherreneigenschaft spricht danach, wenn der Bauherr einen bestimmten Einfluß auf die Planung und den Ablauf des gesamten Bauvorhabens ausübt, den Bauantrag im eigenen Namen stellt, der Vertragspartner der übrigen Bauhandwerker/Bauunternehmer ist und in der Regel auch bei Beginn der Bauarbeiten das Eigentum an dem Baugrundstück hat. Als **Bauvorhaben** zählen alle Vorhaben des Hoch- und Tiefbaus, wobei der Bau von Wohnräumen und gewerblichen Räumen in der Regel die größte praktische Bedeutung im Rahmen von § 34c GewO hat (vgl. *Hofbauer* § 34c Anm. 17ff.). Erlaubnispflichtig sind die Bauherren nach § 34c Abs. 1 Nr. 2a GewO jedoch nur dann, wenn sie zu ihrer Tätigkeit Vermögenswerte von Erwerbern, Mietern, Pächtern oder sonstigen Nutzungsberechtigten oder von Bewerbern um Erwerbs- oder Nutzungsrechte verwenden. Unter den genannten Voraussetzungen können **Generalunternehmer** und **Generalübernehmer** erlaubnispflichtig werden, sofern sie als Herr über das gesamte Baugeschehen unter Verwendung der ihnen überlassenen Vermögenswerte das Bauvorhaben errichten, unabhängig davon, ob sie noch Eigentümer des Grundstücks sind oder dieses bereits an den Erwerber übertragen haben. Dabei ist es auch unerheblich, ob der Erwerber das Bauvorhaben fertiggestellt erwirbt oder lediglich Grund und Boden erwirbt und auf ihn das Eigentum an dem Gebäude kraft Gesetzes (§§ 94, 946 BGB) übergeht. Generalunternehmer oder Generalübernehmer sind jedoch nicht erlaubnispflichtig, sofern sie nur Bauleistungen erbringen ohne Herr des Baugeschehens zu sein. In diesem Fall muß jedoch der Auftraggeber den bestimmenden Einfluß sowohl auf die Planung als auch auf den Ablauf des Bauvorhaben behalten (vgl. *Landmann/Rohmer/Marcks* § 34c Anm. 37ff., *Hofbauer* § 34c Anm. 23ff.).

6   Nach § 34c Abs. 1 Nr. 2b GewO sind schließlich **Baubetreuer** erlaubnispflichtig, die Bauvorhaben im fremden Namen und für fremde Rechnung wirtschaftlich vorbereiten oder durchführen. Die Baubetreuung in diesem Sinne umfaßt die technische und die wirtschaftliche Betreuung des Bauherrn bei der Errichtung des Bauvorhabens, sofern sie im Außenverhältnis im Namen und für Rechnung des betreuten Bauherrn ausgeübt wird. Der Leistungsumfang erstreckt sich dabei sowohl auf das Leistungsbild eines Architekten, insbesondere bei der Mitwirkung der Vergabe, der Objektüberwachung und der Objektbetreuung sowie der Überwachung und der Beseitigung von Mängeln als auch auf die Kalkulation der Gesamtkosten, die Aufstellung des Finanzierungsplans, die Mietkalkulation, die Beschaffung der Finanzierungsmittel, die Abwicklung des Zahlungsverkehrs, die Vertretung der Bauherren gegenüber Behörden, Bauhandwerkern, den Abschluß der notwendigen Versicherungen und die Aufstellung der Schlußabrechnung. Baubetreuer in diesem Sinne treten im Regelfall bei Bauherren- und Bauträgermodellen auf. Architekten können in diesem Sinne zu Baubetreuern werden, sofern sie über ihr freiberufliches Leistungsbild hinaus auch wirtschaftliche Betreuungsleistungen in dem jeweiligen Umfang erbringen. Treuhänder im Rahmen von Bauherren- und Bauträgermodellen unterliegen in der Regel nicht der Erlaubnispflicht, da sie in der Regel nur Treuhandfunktionen ausüben und für den Bauherren zusätzlich einen Baubetreuer beauftragen (vgl. im einzelnen *Landmann/Rohmer/Marcks* § 34c Anm. 42ff., *Hofbauer* Anm. 39–41).

Niemann

7 **Ausnahmen von der Erlaubnispflicht** bestehen nach § 34c Abs. 5 GewO für
- Organe der staatlichen Wohnungspolitik und gemeinnützige Wohnungsunternehmen, soweit sie nach den für sie maßgebenden Vorschriften erlaubnispflichtige Geschäfte tätigen dürfen;
- alle Unternehmen, insbesondere freie Wohnungsunternehmen, soweit sie nach § 37 Abs. 2b des II. Wohnungsbaugesetzes als Betreuungsunternehmen zugelassen sind;
- Kreditinstitute im Sinn des KWG;
- Kursmakler und freie Makler, die an einer deutschen Wertpapierbörse mit dem Recht zur Teilnahme am Handel zugelassen sind;
- Gewerbetreibende, die lediglich zur Finanzierung der von ihnen abgeschlossenen Warenverkäufe den Abschluß von Verträgen über Darlehen vermitteln oder die Gelegenheit zum Abschluß solcher Verträge nachweisen.

8 Das **Erlaubnisverfahren** sieht vor, daß ein Antrag auf Erteilung der Erlaubnis bei der zuständigen Behörde gestellt wird. Der Antrag ist unter Verwendung eines Antragsformblatts, das der allgemeinen Verwaltungsvorschrift der einzelnen Länder beigefügt ist, zu stellen. Die zuständige Behörde wird durch die jeweilige Landesregierungen oder die von ihnen bestimmten Stellen bestimmt (z. B. die vom Bayerischen Staatsministerium für Wirtschaft und Verkehr am 15. 12. 1979 erlassene zweite Verordnung zur Durchführung der Gewerbeordnung, GVBl 1980, 16 oder die Verordnung zur Regelung von Zuständigkeiten auf dem Gebiet der Gewerbeüberwachung vom 10. 12. 1974 der Landesregierung Nordrhein-Westfalen GVBl NRW, 1558, vgl. im einzelnen *Landmann/Rohmer/Marcks* § 34c Anm. 55). Antragsberechtigt sind natürliche und juristische Personen. Üben mehrere Personen eine oder mehrere der in § 34c Abs. 1 GewO genannten Tätigkeiten aus, so benötigt jeder von ihnen eine entsprechende Erlaubnis. Ist ein Gewerbetreibender eine juristische Person, so ist sie antragsberechtigt. Bei Personengesellschaften ohne eigene Rechtspersönlichkeit (z. B. GbR, OHG, KG einschl. GmbH & Co KG), ist eine Erlaubnis für jeden geschäftsführungsberechtigten Gesellschafter erforderlich. Dies gilt auch hinsichtlich der Kommanditisten, sofern sie Geschäftsführungsbefugnis besitzen und damit als Gewerbetreibende anzusehen sind. Die Personengesellschaften als solche können im Gegensatz zur juristischen Person keine Erlaubnis erhalten.

9 Dem **Antrag** sind **beizufügen:**
- Auszug aus dem Handelsregister oder Genossenschaftsregister;
- Führungszeugnisse für Behörden gem. § 28 BZRG und Auskünfte aus dem Gewerbezentralregister für den Antragsteller und seinen Ehegatte, falls dieser nicht getrennt von ihm lebt sowie ggf. für die mit der Leitung des Betriebes oder einer Zweigniederlassung beauftragten Personen; bei juristischen Personen sind diese Unterlagen für alle nach dem Gesetz, der Satzung oder dem Gesellschaftsvertrag vertretungsberechtigten Personen und ihre Ehegatten, falls diese nicht getrennt von ihnen leben, beizubringen;
- Unbedenklichkeitsbescheinigung des Finanzamts.

10 Vor der Erteilung der Erlaubnis hat die Erlaubnisbehörde in der Regel die Wohnsitzgemeinde, Industrie- und Handelskammer und die örtlich zuständigen Amtsgerichte zu hören.

11 Zum Anwendungsbereich des § 34c GewO sowie zum Erlaubnisverfahren und zur Makler- und Bauträgerverordnung vgl. im einzelnen die von den einzelnen Ländern erlassene **Verwaltungsvorschrift,** Musterentwurf bei *Landmann/Rohmer/Marcks* Anlage zu § 34c GewO.

12 Die nach § 34c GewO erlaubnispflichtigen Personen unterliegen den Bestimmungen der **MaBV,** soweit diese nicht Ausnahmeregelungen trifft (vgl. § 1 Satz 2 MaBV).
Die MaBV begründet im wesentlichen Sicherungspflichten (§§ 2–7 MaBV), Rechnungslegungs-, Informations- und Anzeigepflichten (§§ 8, 9, 11 MaBV) und Dokumentations-, Nachweis- und Aufbewahrungspflichten (§§ 10, 13, 14 MaBV).

13 Darüber hinaus begründet § 16 MaBV die Pflicht zur Prüfung der in § 34c Abs. 1 GewO genannten Gewerbetreibenden. Die Prüfung nach § 16 MaBV ist eine **Ordnungsmäßigkeitsprüfung.** Sie ist auf die Einhaltung der Vorschriften der §§ 2–14 der MaBV gerichtet. Im Gegensatz zu einer Jahresabschlußprüfung wird das Ergeb-

nis der Prüfung nicht in einem wertenden Gesamturteil zusammengefaßt. Vielmehr ist über jeden einzelnen Verstoß zu berichten oder die Erklärung abzugeben, daß Verstöße nicht festgestellt wurden. Trotz des Erfordernisses, über jeden einzelnen Verstoß zu berichten, ist eine lückenlose Prüfung aller unter die Verordnung fallenden Vorgänge nicht erforderlich. Vielmehr reicht eine stichprobenweise Prüfung (vgl. Teil C Rz. 194f.) aus, sofern dem Prüfer nach seinem pflichtgemäßen Ermessen unter Berücksichtigung der Organisation des Gewerbetreibenden, der Relation der geprüften Fälle zur Gesamtzahl der Fälle und den Prüfungsfeststellungen ein ausreichend fundiertes Urteil möglich ist.

14   Nach § 16 Abs. 3 MaBV haben zur Prüfung von Maklern im Sinne des § 34c Abs. 1 Nr. 1a GewO, die gewerbsmäßig den Abschluß von Verträgen über Grundstücke, grundstücksgleiche Rechte, gewerbliche Räume, Wohnräume oder Darlehen vermitteln oder die Gelegenheit zum Abschluß solcher Verträge nachweisen, u. a. **Steuerberater, Steuerbevollmächtigte** und **Steuerberatungsgesellschaften** die **Prüfungsberechtigung.** Die Prüfung von Anlagevermittlern, Bauträgern und Baubetreuern (§ 34c Abs. 1 Nr. 1b, Nr. 2a und b GewO) ist demgegenüber Wirtschaftsprüfern, vereidigten Buchprüfern, Wirtschaftsprüfungs- und Buchprüfungsgesellschaften sowie bestimmten Prüfungsverbänden vorbehalten (§ 16 Abs. 3 MaBV). Die folgenden Ausführungen beschränken sich lediglich auf die den Steuerberatern offene Prüfung von Maklern im Sinne von § 34c Abs. 1 Nr. 1a GewO (vgl. *Hinweise der Bundessteuerberaterkammer vom 5./6. Juni 1978,* Berufsrechtliches Handbuch der Steuerberaterkammer, Köln, Nr. 5.6; zur Prüfung der übrigen Gewerbetreibenden: *IdW* WFA 1/1978, WFA 1/1982, WFA 2/1982; *Bergmeister/Reiß,* Die Prüfung von Bauträgern, Düsseldorf 1984).

15   Zu den berufsrechtlichen **Anforderungen an den Prüfer** und zu den **Prüfungsgrundsätzen** wird auf die Hinweise der Bundessteuerberaterkammer vom 5./6. Juni 1978, a. a. O., verwiesen.

16   Der Prüfer hat die **Prüfungsfrist** zu beachten, wonach die Prüfung eines Kalenderjahres spätestens bis zum 31. 12. des darauffolgenden Jahres stattzufinden hat, § 16 MaBV. Aufgrund der Prüfung nach § 16 MaBV ist ein **Prüfungsbericht** zu erstellen. Er muß einen Vermerk darüber enthalten, ob Verstöße des Gewerbetreibenden festgestellt worden sind. Verstöße sind in dem Vermerk anzuzeigen (§ 16 Abs. 1 Satz 2, 3 MaBV). Der Bericht unterrichtet damit die Aufsichtsbehörde, ob der Gewerbetreibende die Vorschriften der MaBV eingehalten hat. Er muß insbesondere die Behörde befähigen, sich ein eigenes Urteil über die Zuverlässigkeit des Gewerbetreibenden zu bilden und ggf. Konsequenzen hinsichtlich seiner Erlaubnis zur Berufsausübung zu ziehen (*IdW* WFA 1/1982, Ziff. 1). Darüber hinaus stellt der Prüfungsbericht sowohl für die Aufsichtsbehörde als auch für den Auftraggeber den Nachweis dar, wie der Gewerbetreibende seine Pflichten erfüllt hat.

II. Prüfungsschritte und Prüfungsergebnis

17   Die bei einer Prüfung erforderlichen Prüfungsschritte und ihr Ergebnis werden im folgenden anhand einer Mustergliederung eines Prüfungsberichts erörtert. (Im Verlag des wissenschaftlichen Instituts der Steuerberater und Steuerbevollmächtigten GmbH, Königstraße 78, 5300 Bonn 1, ist ein schematisierter Prüfungsbericht veröffentlicht, wie er alternativ verwandt werden kann; vgl. auch *Hinweise der Bundessteuerberaterkammer* a. a. O.; *IdW* WFA 1/1982)

1. Prüfungsauftrag und Auftragsdurchführung

18   Bei der Beschreibung des Prüfungsauftrags ist festzustellen, daß es sich um einen **Prüfungsauftrag nach § 16 MaBV** handelt. Soweit die Prüfung mehrerer Gesellschaften in einer Prüfung zusammengefaßt wird (z. B. bei einer GmbH, die sowohl selbst als auch als Komplementärin einer GmbH & Co. prüfungspflichtig ist), ist auch hierauf hinzuweisen.

19 Außerdem empfiehlt es sich, **Allgemeine Auftragsbedingungen** als Grundlage für den Auftrag und die Auftragsdurchführung zu verwenden und auf sie hinzuweisen.

20 **Prüfungszeit** und **Prüfungsort** sind im Prüfungsbericht zu kennzeichnen. Dabei genügt es, wenn die Kalendermonate, in denen die Prüfung durchgeführt wurde, angezeigt werden. Sofern die Prüfung unterbrochen wurde, ist die Unterbrechung ebenfalls mitzuteilen. Der Hinweis auf den Prüfungsort sollte Aufschluß darüber geben, in welchen Geschäftsräumen die Prüfung durchgeführt wurde.

21 Die Berichterstattung erfordert auch Angaben darüber, wer die **Aufklärungen** und **Nachweise** erteilt hat. Dabei kann eine namentliche Nennung der verantwortlichen Personen in Betracht kommen, sofern diese mit den in der Erlaubniserteilung aufgeführten Personen identisch sind.

22 Sofern der Gewerbetreibende seinen Nachweis- und Auskunftspflichten nicht nachgekommen ist, kann eine Information der Aufsichtsbehörde in entsprechender Anwendung von § 321 Abs. 1 S. 2 HGB n. F. in Betracht kommen.

23 Hat der Prüfer auch den Jahresabschluß des Gewerbetreibenden geprüft oder bei seiner Erstellung mitgewirkt, so ist in dem Betrieb darauf hinzuweisen, daß die **Erkenntnisse aus der Jahresabschlußprüfung bzw. -erstellung** berücksichtigt wurden. Sofern bei der Erstellung oder Prüfung des Jahresabschlusses nicht mitgewirkt wurde, empfiehlt sich ein Hinweis, ob dem Prüfer der über die Prüfung bzw. Erstellung des Jahresabschlusses gefertigte Bericht vorgelegt wurde (*IdW* WFA 1/1982, 2 A. 7).

24 Auch im Rahmen einer Prüfung nach der MaBV empfiehlt sich die Einholung einer **Vollständigkeitserklärung**, z. B. in der Form, wie sie für die Prüfung Gewerbetreibender im Sinne des § 34c Abs. 1a GewO vom Verlag des wissenschaftlichen Instituts der Steuerberater und Steuerbevollmächtigten GmbH, Königstraße 78, 5300 Bonn 1, veröffentlicht wurde. Bei der Berichterstattung ist auf die Einholung einer Vollständigkeitserklärung ebenfalls hinzuweisen.

2. Prüfungsfeststellungen

a) Rechtliche Verhältnisse

25 Die Berichterstattung über die rechtlichen Verhältnisse erfordert die Benennung der **Firma, Rechtsform,** des **Gegenstandes des Unternehmens** sowie der Eintragung im Handelsregister mit Angabe der Handelsregisternummer, des **Sitzes**, der **Hauptniederlassung des Unternehmens,** der Aufführung von **Zweigniederlassungen** und **unselbständigen Zweigstellen.**

26 Das **Gesellschaftskapital** und die **Gesellschafter** sollten nur insoweit angegeben werden als der Handelsregisterauszug hierzu Einzelheiten enthält.

27 **Unternehmensverbindungen** sollten immer dann in die Berichterstattung einbezogen werden, wenn ein anderes Unternehmen an dem Gewerbetreibenden mit Mehrheit beteiligt ist, oder wenn Unternehmensverträge abgeschlossen wurden. Für die Beurteilung des Gewerbetreibenden sind nämlich möglicherweise auch die Verhältnisse im herrschenden Unternehmen von Bedeutung.

28 Die Berichterstattung über **vertretungsberechtigte Personen** sollte sich ebenfalls auf die aus dem Handelsregisterauszug ablesbaren Daten erstrecken (Name sowie ggf. Neuberufungen und Wechsel im Berichtsjahr).

29 Die erteilte **Erlaubnis gemäß § 34c GewO** sollte im Bericht im einzelnen dargestellt werden, insbesondere im Hinblick auf die Tätigkeitsarten, für die die Erlaubnis gewährt wurde und auf die Personen, denen die Erlaubnis erteilt wurde.

b) Art und Umfang der durchgeführten Geschäfte

aa) Art der durchgeführten Geschäfte

30 Bei der Prüfung und Berichterstattung ist primär zu ermitteln, welche der in § 34c Abs. 1 GewO aufgeführten Tätigkeiten der zu prüfende Gewerbetreibende ausübt, und ob die Erlaubnis nach § 34c GewO vorliegt oder als erteilt gilt.

31 Die Prüfung kann erleichtert werden, wenn bereits mit der Auftragsbestätigung eine **Erklärung des Gewerbetreibenden** angefordert wird, die Angaben zu den erlaubnispflichtigen Personen, zu den erlaubten Betätigungsgebieten, zu den tatsächlich getätigten Geschäften und einen Hinweis enthält, ob im Prüfungszeitraum Zahlungen oder sonstige Vermögenswerte von Auftraggebern entgegengenommen oder entsprechende Verfügungsermächtigungen erteilt wurden. Ein Muster einer solchen Erklärung ist im Verlag des Wissenschaftlichen Instituts der Steuerberater und Steuerbevollmächtigten GmbH, Königstraße 78, 5300 Bonn 1, erschienen.

32 Bei der Prüfung von Maklern durch Steuerberater, Steuerberatungsgesellschaften und Steuerbevollmächtigte muß gewährleistet sein, daß weder die Anlagenvermittlung, noch Bauträgergeschäfte oder Baubetreuungen durchgeführt werden, da für diese Tätigkeiten z. T. andere Vorschriften, auch im Hinblick auf die Prüfungsbefugnis (vgl. Rz. 14), gelten.

33 Zur Prüfung der Art der getätigten Geschäfte kann als Prüfungsunterlage die in Rz. 31 erwähnte Erklärung des Gewerbetreibenden dienen. Es empfiehlt sich außerdem, zu Prüfungsbeginn **Musterverträge** für alle von dem Gewerbetreibenden im Verkehr mit seinen Auftraggebern verwendeten Verträge anzufordern und auf die Art der getätigten Geschäfte zu untersuchen. Stattdessen kann die Kenntnis über die Art der getätigten Geschäfte auch im Rahmen der Prüfung oder Erstellung des Jahresabschlusses des Gewerbetreibenden oder durch Auskunftserteilung des Gewerbetreibenden gewonnen werden.

34 Bei der Berichterstattung sollten die getätigten Geschäfte im Sinne von § 34c GewO im einzelnen aufgeführt werden und solche Geschäfte, die nicht von § 34c GewO erfaßt werden, im einzelnen, ggf. mit Begründung, genannt werden. Außerdem sollten Ausführungen über die Herkunft der Angaben über die getätigten Geschäfte gemacht werden.

bb) Umfang der durchgeführten, von § 34c GewO erfaßten Geschäfte

35 Bei der Prüfung von Maklern i. S. v. § 34c Abs. 1 Nr. 1a GewO ist es lediglich erforderlich, die Maklergeschäfte, untergliedert nach Art und Anzahl, aufzuführen. Weitere Aufgliederungen, auf die sich die Prüfung und Berichterstattung bei den übrigen Gewerbetreibenden (*IdW* WFA 1/1982, 2 C 2) sind nicht erforderlich.

c) Organisatorische Vorkehrungen zur Einhaltung der MaBV

36 Soweit die Einhaltung der MaBV – z. B. wegen der Größe des Unternehmens oder des Umfangs der Tätigkeit – besondere organisatorische Vorkehrungen erfordert, empfiehlt es sich, hierüber gesondert zu berichten (*IdW* WFA 1/1982, 2 D I). Andernfalls kann diese gesonderte Berichterstattung entfallen oder im Zusammenhang mit der Einhaltung der Sicherungspflichten (§§ 2–7 MaBV) erfolgen (*Musterbericht des Instituts der Steuerberater und Steuerbevollmächtigten, a. a. O.*).

aa) Feststellungen zur Ordnungsmäßigkeit der Buchführung

37 Ein wesentlicher Teil der Sachverhalte, die der Prüfung nach § 16 MaBV unterliegen, muß in der Buchführung des Gewerbetreibenden festgehalten sein. Um dem Prüfer ein Urteil darüber zu ermöglichen, ob und inwieweit er die zu treffenden Feststellungen aus dem Rechnungswesen des Gewerbetreibenden ableiten kann, ist daher zunächst die Beurteilung der Ordnungsmäßigkeit der Buchführung erforderlich. Dabei muß der Prüfer sich nicht ein abschließendes Urteil über die Ordnungsmäßigkeit im Sinne des Handels- und Steuerrechts bilden. Er muß vielmehr nur die Ordnungsmäßigkeit insoweit feststellen, als diese Voraussetzung dafür ist, daß die **speziellen Erfordernisse** der MaBV eingehalten werden (*Bergmeister/Reiß* a. a. O. S. 26).

38 Bei einer doppelten Buchführung genügt insoweit, daß sich der Prüfer davon überzeugt, daß die zugrunde gelegte Buchführung über eine in sich schlüssige Hauptabschlußübersicht abgeschlossen wurde, die alle während des Geschäftsjahrs angesprochenen Konten enthält, und daß zeitnah gebucht wurde.

39 In dem Prüfungsbericht ist als Prüfungsergebnis die Feststellung aufzunehmen, daß die Organisation und der tatsächliche Ablauf der Buchführung die Gewähr für eine vollständige und zeitgerechte Erfassung und sachgerechte Zuordnung aller aufzeichnungspflichtigen Geschäftsvorfälle bieten.

40 Die Prüfung der Ordnungsmäßigkeit der Buchführung kann eingeschränkt werden oder entfallen, sofern der Jahresabschluß des Gewerbetreibenden nach berufsüblichen Grundsätzen aufgestellt oder geprüft wurde und der Bericht über die Aufstellung und Prüfung die Bescheinigung oder den Bestätigungsvermerk eines Berufsangehörigen ohne Einschränkung hinsichtlich der Ordnungsmäßigkeit enthält. Sofern die Prüfung der Buchführung insoweit eingeschränkt wird oder entfällt, ist im Prüfungsbericht der Hinweis auf entsprechende Feststellungen aufzunehmen, die im Rahmen der Abschlußarbeiten oder der Abschlußprüfung selbst oder durch einen Dritten getroffen wurden.

bb) Feststellungen zu den organisatorischen Vorkehrungen zur Einhaltung von § 2 MaBV

41 Zunächst ist durch Einblick in die Korrespondenz mit den Auftraggebern oder durch Einsichtnahme in die Buchführung festzustellen, ob der Gewerbetreibende Vermögenswerte seiner Auftraggeber zur finanziellen Abwicklung der vermittelten Geschäfte entgegennimmt bzw. im Prüfungszeitraum entgegengenommen hat oder zu deren Verwendung ermächtigt worden ist.

42 Bei einer Entgegennahme von Vermögenswerten oder Verfügungsermächtigungen haben sich die Prüfung und die Berichterstattung in erster Linie auf die organisatorischen Vorkehrungen zur Einhaltung von § 2 MaBV zu erstrecken. Dabei kommt der Prüfung und Beurteilung des **internen Kontrollsystems** zur Sicherung von erhaltenen Vermögenswerten besondere Bedeutung zu. Der Prüfer wird hierbei sein Augenmerk vor allem auf die Fragen der Funktionstrennung, der Kompetenzregelung, der Kontrollen über das Rechnungswesen und den Einsatz von vorgedruckten Belegen und anderen Formularen richten, die die Mitarbeiter des Gewerbetreibenden zur Einhaltung eines bestimmten Systems zwingen (vgl. Teil C Rz. 138–145).

43 Im Rahmen der Berichterstattung sind die vom Gewerbetreibenden verwendeten Vertragstypen zur Sicherheitsleistung zu beschreiben. Außerdem sind die mittels Formularen oder anderen Formen getroffenen Vorkehrungen zu beschreiben, die sicherstellen, daß Vermögenswerte nicht angefordert werden bzw. die Verwendungsermächtigung nicht begehrt wird, ohne daß die entsprechende Sicherheitsleistung erfolgt ist.

44 Sofern der Gewerbetreibende Vermögenswerte der Auftraggeber zur finanziellen Abwicklung der vermittelten Geschäfte nicht entgegennimmt bzw. im Prüfungszeitraum nicht entgegengenommen hat oder zu deren Verwendung ermächtigt worden ist, können die Prüfung der organisatorischen Vorkehrungen zur Einhaltung von § 2 MaBV sowie die Feststellungen im Prüfungsbericht hierüber unterbleiben.

cc) Feststellungen zu den organisatorischen Vorkehrungen zur Einhaltung von § 4 MaBV

45 Die Prüfung hat sich auf die organisatorischen Vorkehrungen, z. B. objektbezogene Konten und objektbezogene Abrechnungen, zu erstrecken, die eine ausschließliche Verwendung der vom Auftraggeber erhaltenen Vermögenswerte zur Abwicklung der vermittelten Geschäfte sicherstellen. Das verwendete System muß es dem Prüfer ermöglichen, den Fluß der Vermögenswerte des Auftraggebers vollständig zu verfolgen.

46 Im Rahmen der Berichterstattung sind die organisatorischen Vorkehrungen zur Einhaltung von § 4 MaBV zu beschreiben und die Feststellung aufzunehmen, daß das System geeignet ist, den Fluß der Vermögenswerte der Auftraggeber zu verfolgen.

47 Die Prüfung der organisatorischen Vorkehrungen zur Einhaltung von § 4 MaBV sowie die Berichterstattung hierüber können unterbleiben, sofern der Gewerbetreibende Vermögenswerte der Auftraggeber zur finanziellen Abwicklung der vermittelten Geschäfte nicht entgegennimmt bzw. im Prüfungszeitraum nicht entgegengenommen hat oder zu deren Verwendung nicht ermächtigt worden ist.

dd) Abschließende Feststellungen, ob das System des Gewerbetreibenden insgesamt geeignet ist, die Bestimmungen der MaBV zu erfüllen

48 Die Organisation des Gewerbetreibenden muß nicht nur im Hinblick auf die Buchführung und die Einhaltung von §§ 2 und 4 MaBV, sondern generell zur Erfüllung der Bestimmungen der MaBV geeignet sein. Es müssen entsprechende Organisationspläne und Arbeitsanweisungen für den zu prüfenden Geschäftsbereich bestehen. Außerdem muß eine geordnete Aktenführung hinsichtlich der Kaufverträge und der Korrespondenz mit den Auftraggebern gegeben sein.

49 Sofern der Prüfer zu der Überzeugung gelangt, daß das System des Gewerbetreibenden insgesamt geeignet ist, die Bestimmungen der MaBV zu erfüllen, hat er entsprechende Feststellungen in seine Berichterstattung aufzunehmen. Andernfalls sind die jeweiligen Systemmängel im Bericht mitzuteilen.

d) Einzelfeststellungen

50 Da eine lückenlose Prüfung aller unter die Verordnung fallenden Vorgänge nicht erforderlich ist, sondern der Prüfer eine **stichprobenweise Prüfung** (vgl. Teil C Rz. 194f.) unter Berücksichtigung der vorgefundenen Organisation, der Relation der geprüften Fälle zur Gesamtzahl der Fälle und des Ergebnisses der Prüfung vornehmen kann, ist der Stichprobenumfang für die Beurteilung der Einhaltung der MaBV von Bedeutung. Der Umfang und die Aussagekraft der gezogenen Stichproben ist dabei entweder zusammenfassend vor den Einzelfeststellungen oder bei diesen zu erörtern. Eine tabellarische Darstellung kann zweckmäßig sein.

aa) Feststellungen zur Einhaltung der sich aus den §§ 2–14 MaBV ergebenden Verpflichtungen

51 Im Rahmen der Prüfung ist festzustellen, ob der Gewerbetreibende Vermögenswerte der Auftraggeber zur finanziellen Abwicklung der vermittelten Geschäfte entgegennimmt bzw. im Prüfungszeitraum entgegengenommen hat oder zu deren Verwendung ermächtigt wurde. Ist dies nicht der Fall, so entfällt die Prüfung der Einhaltung der Vorschriften der §§ 2–8 MaBV. Bei der Berichterstattung ist im Rahmen der Einzelfeststellungen hierauf hinzuweisen.

52 Soweit im Rahmen der Prüfung Verstöße gegen §§ 2–14 MaBV festgestellt werden, sind diese im Rahmen der Berichterstattung einzeln aufzuführen und zu erläutern. Dabei ist gesondert darauf hinzuweisen, wenn die Folgen von Verstößen zwischenzeitlich richtiggestellt wurden. Aus den Erläuterungen im Rahmen der Berichterstattung soll außerdem ersichtlich werden, ob der einzelne festgestellte Verstoß wesentlich für die Beurteilung der Art und Weise ist, in der der Gewerbetreibende seine Tätigkeit ausübt. Sachverhalte, die vom Prüfer nicht eindeutig beurteilt werden können, bei denen aber ein Verstoß gegen Bestimmungen der Verordnung nicht auszuschließen ist, sind im Bericht darzustellen (*IdW* WFA 1/1982 2. D II 1).

§ 2 MaBV – Sicherheitsleistung

53 Die Prüfung hat sich zunächst darauf zu erstrecken, ob der Gewerbetreibende zur Sicherheitsleistung nach § 2 MaBV verpflichtet ist. Die Daten der Hereinnahme bzw. Verwendungsermächtigung und Weiterleitung empfangener Vermögenswerte sind anhand von Quittungen oder Empfangsbestätigungen festzustellen.

54 Besteht eine Pflicht zur Sicherheitsleistung, ist außerdem zu prüfen, ob, in welcher Form und für welche Dauer Sicherheit geleistet wurde. Hierzu sind die Kopien der Versicherungsverträge bzw. der Bürgschaftsurkunden einzusehen und zu prüfen, ob sie den Erfordernissen des § 2 MaBV entsprechen. Die Daten der Stellung und der Aufhebung der Sicherheiten sind festzustellen und mit den Daten der Hereinnahme bzw. Verwendungsermächtigung und Weiterleitung empfangener Mittel der Auftraggeber abzustimmen.

55 Die Berichterstattung muß sich sowohl auf die Feststellungen zur Pflicht der Sicherheitsleistung als auch auf die Feststellungen zur Form und Dauer der Sicherheitsleistungen erstrecken.

§ 4 MaBV – Objektbezogene Mittelverwendung

56 Die objektbezogene Mittelverwendung ist hinsichtlich der abgewickelten Geschäfte unter Heranziehung der vermittelten Verträge zu überprüfen.

57 In die Berichterstattung sind Feststellungen über die Zuordnung der Verwendungen zu den abgewickelten Geschäften aufzunehmen.

§ 5 MaBV – Hilfspersonal

58 Im Rahmen der Prüfung sind Feststellungen darüber zu treffen, welche Vorkehrungen zur Erfüllung des § 5 MaBV getroffen wurden. Hierzu sind der Gewerbetreibende und seine ermächtigten Mitarbeiter zu befragen oder sonstige geeignete Prüfungshandlungen vorzunehmen. Der Prüfer hat zu beurteilen, ob die z. B. mündlichen oder schriftlichen Dienstanweisungen, Verpflichtungserklärungen etc. ausreichend sind.

59 In den Prüfungsbericht sind die getroffenen Feststellungen aufzunehmen.

§ 6 MaBV – Getrennte Vermögensverwaltung

60 Die Prüfung erstreckt sich zunächst darauf, ob eine getrennte Vermögensverwaltung nach § 6 MaBV erforderlich ist.

61 Soweit eine getrennte Verwaltung erforderlich ist, ist diese unter Heranziehung der Verträge mit den Kreditinstituten, der Kontoauszüge und der Gutschriften und Einzahlungsbelege zu überprüfen. Zweckmäßigerweise sind Bestätigungen der Institute anzufordern.

62 Bei der Berichterstattung sind Feststellungen darüber, ob eine getrennte Vermögensverwaltung erforderlich ist, aufzunehmen. Außerdem ist die im Einzelfall praktizierte getrennte Vermögensverwaltung zu beschreiben und zu beurteilen.

§ 7 MaBV – Abdingung der Sicherungspflichten

63 Die Prüfung erstreckt sich darauf, ob, bzw. bei welchem Geschäft die Sicherungspflicht nach § 7 Abs. 1 bzw. § 7 Abs. 2 MaBV abbedungen wurde und ob die Voraussetzung für die Abdingung der Sicherungspflicht (Bürgschaft bzw. Abdingung durch Vertrag) in den untersuchten Fällen gegeben war.

64 Die in § 7 Abs. 1 MaBV genannten Sicherheiten sind durch Einsichtnahme in
– die Kopien der Bürgschaftserklärungen oder Versicherungsscheine,
– die Empfangsbestätigungen der Auftraggeber oder die Bürgschaftsurkunde
zu überprüfen, wenn sich der Gewerbetreibende auf solche beruft.

65 Sofern sich der Gewerbetreibende auf die Ausnahmevorschrift des § 7 Abs. 2 MaBV beruft, ist zu prüfen,
– ob der Auftraggeber die Voraussetzungen des § 7 Abs. 2 Nr. 1 oder 2 MaBV erfüllen, im Falle von Nr. 2, ob die Handelsregistereintragung nachgewiesen ist,
– ob die Verzichturkunden vorliegen.

66 In die Berichterstattung sind die Feststellungen darüber, ob die Sicherungspflicht nach § 7 Abs. 1 bzw. Abs. 2 MaBV abbedungen wurde, ebenso aufzunehmen wie die Beurteilung, ob die Voraussetzungen für die Abdingung der Sicherungspflicht in den untersuchten Fällen gegeben waren.

§ 8 MaBV – Rechnungslegung

67 Die Prüfung erstreckt sich darauf, ob der geprüfte Gewerbetreibende Vermögenswerte seiner Auftraggeber entgegennimmt, so daß eine Rechnungslegungspflicht besteht, und ob die Verpflichtung zur Rechnungslegung erfüllt wurde. Sofern eine Rechnungslegungspflicht besteht, hat sich der Prüfer durch Einsichtnahme in die Abrechnungen zu überzeugen, daß diese § 259 BGB genügen.

§ 259 BGB:
„Umfang der Rechenschaftspflicht; eidesstattliche Versicherung (1) Wer verpflichtet ist, über eine mit Einnahmen und Ausgaben verbundene Verwaltung Rechenschaft abzulegen, hat dem Berechtigten eine die geordnete Zusammenstellung der Einnahmen oder der Ausgaben enthaltende Rechnung mitzuteilen und, soweit Belege erteilt zu werden pflegen, Belege vorzulegen.
(2) Besteht Grund zu der Annahme, daß die in der Rechnung enthaltenen Angaben über die Einnahmen nicht mit der erforderlichen Sorgfalt gemacht worden sind, so hat der Verpflichtete auf Verlangen zu Protokoll an Eides Statt zu versichern,
daß er nach bestem Wissen die Einnahmen so vollständig angegeben habe, als er dazu imstande sei.

(3) In Angelegenheiten von geringer Bedeutung besteht eine Verpflichtung zur Abgabe der eidesstattlichen Versicherung nicht."

69   Die Berichterstattung erstreckt sich darauf, ob für den Gewerbetreibenden grundsätzlich die Rechnungslegungspflicht besteht und – soweit sie besteht – ob sie erfüllt wurde. Soweit der Prüfer Abweichungen von seinen Prüfungsfeststellungen im Zusammenhang mit § 4 MaBV erkannt hat, hat er hierüber ebenfalls zu berichten.

§ 9 MaBV – Anzeigepflicht

70   Die Erfüllung der Anzeigepflicht nach § 9 MaBV ist durch Einsichtnahme in die Kopien der Anzeigen an die zuständige Gewerbeaufsichtsbehörde zu prüfen.

71   Im Rahmen der Berichterstattung ist festzustellen, ob die Anzeigepflicht bezüglich des Gewerbetreibenden sowie der zur Vertretung oder der Leitung berufenen Personen erfüllt wurde.

§ 10 MaBV – Besondere Aufzeichnungs- und Nachweispflichten

72   Die Prüfung erstreckt sich auf die Einhaltung der Aufzeichnungspflichten gemäß § 10 Abs. 2 und 5 MaBV. Je nach Art des vermittelten Geschäfts sind die Verträge und die Unterlagen über den Gegenstand des Geschäfts hinsichtlich der nach § 10 Abs. 3 Nr. 1–7 MaBV jeweils erforderlichen Angaben einzusehen.

73   Es ist darauf zu achten, daß mit der Prüfung der Einhaltung der Aufzeichnungspflichten nach § 10 MaBV zweckmäßigerweise die Prüfung der Erfüllung der Informationspflicht nach § 11 MaBV (vgl. Rz. 75) zu verbinden ist.

74   Im Prüfungsbericht sind Feststellungen darüber aufzunehmen, welche Einzelbestimmungen des § 10 MaBV für den Gewerbetreibenden aufgrund seiner Tätigkeit maßgebend sind, und ob den besonderen Aufzeichnungs- und Dokumentationspflichten – soweit sie nicht durch die Finanzbuchhaltung erfüllt werden – Rechnung getragen wurde.

§ 11 MaBV – Informationspflicht gegenüber den Auftraggebern

75   Die Prüfung der Erfüllung der Informationspflicht nach § 11 MaBV wird zweckmäßigerweise mit der Prüfung der Erfüllung der besonderen Aufzeichnungs- und Nachweispflichten nach § 10 MaBV verbunden. Dabei erstreckt sich die Prüfung darauf, mit welchen Vorkehrungen generell die Informationspflicht gegenüber dem Auftraggeber
– während der Auftragsverhandlungen
– zum Auftragsabschluß
wird und wie die Nachweispflicht gemäß § 10 Abs. 5 Nr. 9 MaBV hinsichtlich der gemäß § 11 MaBV zu erteilenden Informationen erfüllt wurde. Dabei kommen für Makler jeweils Informationspflichten hinsichtlich der in § 10 Abs. 2 Nr. 2a, b, c, e und f MaBV geforderten Angaben in Betracht. Der Versand der Mitteilungen, mit denen die Informationspflichten erfüllt werden, muß glaubhaft nachgewiesen werden, z. B. durch Empfangsbestätigungen, Briefkopien, Postbücher, Antwortschreiben.

76   Die Berichterstattung muß sich darauf erstrecken, mit welchen Vorkehrungen generell die Informationspflicht erfüllt wurde, und sie muß außerdem die Feststellung enthalten, wie die Nachweispflicht gemäß § 10 Abs. 5 Nr. 9 MaBV hinsichtlich der gemäß § 11 MaBV zu erteilenden Informationen erfüllt wurde.

§ 12 MaBV – Unzulässiger Ausschluß der Sicherungspflichten

77   Es ist zu prüfen, ob der Gewerbetreibende entgegen § 12 MaBV seine Sicherungspflichten nach den §§ 2–8 MaBV eingeschränkt oder ausgeschlossen hat. Hierzu sind die mit den Auftraggebern geschlossenen Verträge heranzuziehen.

78   Im Prüfungsbericht ist darauf hinzuweisen, ob unzulässige Vereinbarungen getroffen wurden. Die Berichterstattung kann auch im Anschluß an die Berichterstattung zu § 8 MaBV erfolgen (*Musterbericht des Instituts der Steuerberater und Steuerbevollmächtigten*, a. a. O.; *IdW* WFA 1/1982).

§ 13 MaBV – Inseratensammlung

79   Zur Prüfung der Vollständigkeit der Inseratensammlung empfiehlt es sich, die Aufwandskonten des Unternehmens heranzuziehen, auf denen Werbeaufwand und

Drucksachen verbucht wurden. Anhand der zugehörigen Rechnungen ist zu prüfen, ob es sich um aufzubewahrende Inserate oder Prospekte handelt.

80 Die Berichterstattung hat die Feststellung zu umfassen, wie der Gewerbetreibende sichergestellt hat, daß alle werblichen Äußerungen in Anzeigen und Prospekten lückenlos verwahrt bzw. mit Hilfe von Identifikationsdaten beim Werbeträger nachprüfbar sind.

§ 14 MaBV – Aufbewahrungspflichten

81 Zur Prüfung der Erfüllung der Aufbewahrungspflicht empfiehlt es sich, in die aufzubewahrenden Unterlagen stichprobenweise Einsicht zu nehmen.

82 Die Berichterstattung hat sich darauf zu erstrecken, ob und in welcher Weise die Aufbewahrungspflichten erfüllt wurden.

bb) Feststellungen zu Verstößen im neuen Geschäftsjahr

83 Soweit im Rahmen der Prüfung festgestellt wird, daß Verstöße gegen die Vorschriften der MaBV im neuen Geschäftsjahr erfolgten, hat sich die Berichterstattung auch hierauf zu erstrecken (*IdW* WFA 1/1982, 2. D. II. 2).

3. Prüfungsvermerk

84 Bei der Abfassung des Prüfungsvermerks ist zu berücksichtigen, daß es sich bei der Prüfung nach § 16 MaBV um eine Ordnungsmäßigkeitsprüfung handelt. Der Prüfungsvermerk ist daher nicht in Form eines abschließenden Gesamturteils über die Einhaltung der Vorschriften der §§ 2–14 MaBV abzufassen.

85 Für den Fall, daß keine Verstöße festgestellt worden sind, wird für den Vermerk nach § 16 Abs. 1 Satz 2 MaBV folgender Wortlaut empfohlen:

„Nach dem abschließenden Ergebnis meiner/unserer Prüfung nach § 16 MaBV bestätige(n) ich/wir, daß der Gewerbetreibende die sich aus den §§ 2–14 MaBV ergebenden Verpflichtungen erfüllt hat."

86 Sofern Verstöße festgestellt wurden, sind diese im Prüfungsvermerk anschließend aufzuzählen. Der Prüfungsvermerk sollte dann wie folgt lauten:

„Nach dem abschließenden Ergebnis meiner/unserer Prüfung nach § 16 MaBV bestätige(n) ich/wir, daß der Gewerbetreibende die sich aus den §§ 2–14 MaBV ergebenden Verpflichtungen teilweise erfüllt hat. Im einzelnen wurden folgende Verstöße festgestellt:
(Aufzählung der Verstöße)".
....
....

87 Es kann sich empfehlen, bei den festgestellten Verstößen in einer abschließenden Bemerkung auf deren Bedeutung und auf die Erläuterungen im Prüfungsbericht hinzuweisen.

88 Der Prüfer hat den Vermerk mit Angabe von Ort und Datum zu unterzeichnen.

P. Treuhandtätigkeit und Vermögensverwaltung

Bearbeiter: Dr. Ben Elsner

Übersicht

	Rz.
I. Treuhänder im Rahmen steuerbegünstigter Kapitalanlagen	1–9
1. Allgemeines	1–3
2. Der Treuhandvertrag	4–6
3. Haftung und Vergütung des Treuhänders	7–9
II. Aufsichtsratsmitglieder	10–20
1. Allgemeines, Rechtsquellen	10, 11
2. Bestellung und Abberufung der Aufsichtsratsmitglieder	12–16
3. Rechte und Pflichten des Aufsichtsrates	17, 18
4. Haftung und Vergütung	19, 20
III. Testamentsvollstrecker	21–26
1. Ernennung des Testamentsvollstreckers	21
2. Rechte und Pflichten des Testamentsvollstreckers	22, 23
3. Beendigung des Amtes, Haftung und Vergütung	24–26
IV. Vormund, Pfleger	27–38
1. Allgemeines, Ernennung des Vormunds	27–29
2. Rechte und Pflichten des Vormunds	30–33
3. Vormundschaft über Volljährige	34
4. Haftung	35
5. Vergütung	36, 37
6. Pfleger	38
V. Nachlaßverwalter	39–44
1. Allgemeines, Anordnung von Nachlaßverwaltung	39
2. Wirkungen der Nachlaßverwaltung, Aufgaben des Nachlaßverwalters	40–42
3. Haftung und Vergütung des Nachlaßverwalters	43, 44
VI. Konkursverwalter, Vergleichsverwalter	45–56
1. Allgemeines, Bestellung des Verwalters	45–47
2. Aufgaben und Befugnisse des Konkursverwalters	48–51
3. Haftung und Vergütung des Konkursverwalters	52, 53
4. Besonderheiten beim Vergleichsverfahren	54–56
VII. Mitglied eines Gläubigerausschusses	57–61
1. Allgemeines, Bildung des Gläubigerausschusses	57
2. Aufgaben und Befugnisse des Gläubigerausschusses	58, 59
3. Haftung und Vergütung	60, 61
VIII. Notgeschäftsführer	62–65
1. Allgemeines, Bestellung des Notgeschäftsführers	62, 63
2. Rechte und Pflichten des Notgeschäftsführers	64, 65
IX. Liquidator	66–69
1. Allgemeines, Bestellung des Liquidators	66, 67
2. Aufgaben, Befugnisse und Haftung der Liquidatoren	68, 69
X. Führung von Anderkonten	70–77
1. Pflicht zur gesonderten Verwahrung von Vermögenswerten	70, 71
2. Die Einrichtung und Führung von Anderkonten	72, 73
3. Besonderheiten von Anderkonten gegenüber Eigenkonten	74–77

I. Treuhänder im Rahmen steuerbegünstigter Kapitalanlagen

1. Allgemeines

1   Hohe Steuerlast und Inflation haben dazu beigetragen, daß in den letzten beiden Jahrzehnten neben die klassischen Kapitalanlagen (Wertpapiere, Immobilienkauf etc.) neue Formen der Geldinvestition getreten sind, bei denen durch Ausnutzung von Steuervorteilen einem Verzehr der Vermögenssubstanz vorgebeugt wird. Einen Schwerpunkt innerhalb der neuen Kapitalanlageformen bildet das **Bauherrenmodell**, das deshalb nachfolgend beispielhaft für steuerbegünstigte Kapitalanlagen betrachtet werden soll.

Die neuen Investitionsformen erfordern durchweg eine intensive Beschäftigung des Kapitalanlegers mit der Investition. Beim Bauherrenmodell sind außer dem Grundstückskauf, der Planung und Errichtung des Gebäudes einschließlich des Baugenehmigungsverfahrens vor allem die Finanzierungsbeschaffung, die Abwicklung des Zahlungsverkehrs und die Durchführung der Vermietung zu nennen.

Der herkömmliche Kapitalanleger verfügt weder über die Zeit noch über die Fachkenntnisse, um diesen Anforderungen gerecht zu werden. Es bedarf also der Einschaltung eines Fachkundigen, der dem Kapitalanleger (dem Bauherren) diese Aufgaben abnimmt und sie treuhänderisch für ihn durchführt. Der Treuhänder hat dadurch eine zentrale Funktion bei der Realisierung des Bauherrenmodells.

2   Für die Tätigkeit als **Treuhänder** im Rahmen steuerbegünstigter Kapitalanlagen ist der *Steuerberater* aufgrund seiner Fachkenntnisse besonders geeignet. Treuhänderische Tätigkeiten gehören zu den Aufgaben, die mit seinen Berufspflichten in besonderem Maße vereinbar sind (§ 57 Abs. 2 Ziff. 3 StBerG, vgl. auch Präambel der RichtlStB). Der Steuerberater darf jedoch die Funktion eines Treuhänders nur übernehmen, wenn er von den übrigen Funktionsträgern rechtlich und wirtschaftlich unabhängig ist. Andernfalls besteht die Besorgnis einer **Interessenkollision** die dem Steuerberater ein Tätigwerden verbietet (Nr. 3 Abs. 1 RichtlStB). Berufswidrig wäre zudem, wenn der Steuerberater für die Vermittlung der Vertragsabschlüsse **Provisionen** von den übrigen Funktionsträgern entgegennähme (Nr. 6 Abs. 1 RichtlStB).

3   Die namentliche Nennung des Steuerberaters im **Prospekt** über das Bauvorhaben ist grundsätzlich unzulässig, da der Steuerberater weder selbst werben noch **Werbung** durch Dritte dulden darf (Nr. 33 und 39 Abs. 1 RichtlStB). Ausnahmen gelten für den sog. Mandantenprospekt (Veröffentlichungen von Mandanten). Dort ist die Namensnennung zulässig, wenn der Steuerberater als Treuhandgesellschafter (z. B. Treuhandkommanditist) eingesetzt und der Treuhandvertrag in vollem Wortlaut beigefügt wird oder wenn der Steuerberater als Treuhänder einer Bauherrengemeinschaft vorgesehen ist und die dafür wesentlichen Verträge in vollem Wortlaut zugleich veröffentlicht werden (Nr. 39 Abs. 5 RichtlStB).

2. Der Treuhandvertrag

4   Die Grundlage der Rechtsbeziehungen zwischen dem Bauherrn und dem Treuhänder bildet der **Treuhandvertrag**. Es handelt sich hierbei um einen entgeltlichen Geschäftsbesorgungsvertrag i. S. v. § 675 BGB, so daß ergänzend zu den individuellen Vertragsregelungen die Vorschriften des Auftragsrechts (§ 663, 665–670, 672–674 BGB) Anwendung finden.

Der Treuhandvertrag kommt regelmäßig in der Weise zustande, daß der Treuhänder ein Angebot zum Abschluß des Vertrages notariell beurkunden läßt. Der Bauherr nimmt das Angebot durch eine entsprechende Erklärung an, die er bei einem Notar seiner Wahl abgibt. Er erteilt dem Treuhänder zugleich eine notarielle Vollmacht zum Abschluß der zur Durchführung des Vorhabens erforderlichen Verträge.

5   Der **Inhalt des Treuhandvertrages** und damit der Umfang der Pflichten und Befugnisse des Treuhänders ist nicht verbindlich festgelegt. Treuhandverträge können also grundverschieden sein. Da die Bedürfnisse der Beteiligten in den verschiedenen Bauherrenmodellen jedoch grundsätzlich ähnlich sind, hat sich in der Praxis ein typisierter Inhalt von Treuhandverträgen herausgebildet. Dem Treuhänder obliegt es, namens und für Rechnung des Bauherrn alle Rechtshandlungen vorzunehmen, insbesondere Verträge abzuschließen, die zur Durchführung des Bauvorhabens notwendig sind. Der Treuhänder wird dabei nicht selbst Vertragspartner der übrigen Funktionsträger. Er handelt ausschließlich als *Vertreter* des Bauherrn, der durch die Verträge unmittelbar berechtigt und verpflichtet wird. Dies ist wichtig, da der Bauherr als steuerlichen Gründen die Risiken aus dem Bauvorhaben selbst tragen muß.

6   Daneben hat der Treuhänder regelmäßig den **Geldverkehr** abzuwickeln (einschließlich Mittelverwendungskontrolle) und die steuerliche Beratung des Bauherrn im Hinblick auf dessen Engagement im Bauherrenmodell zu übernehmen. Zu den in Vertretung des Bauherrn abzuschließenden Verträgen gehören insbesondere:
– Grundstückskaufvertrag
– Generalunternehmervertrag
– Verträge betreffend technische und wirtschaftliche Baubetreuung
– Finanzierungsvermittlung
– Zinsgarantievertrag
– Kreditverträge
– Mietverträge (ggf. mit einem gewerblichen Zwischenmieter)
– Mietgarantievertrag.

Daneben kommen Versicherungsverträge, Mietvermittlung, Höchstpreisgarantien, Rechtsberatungsverträge etc. in Betracht.

3. Haftung und Vergütung des Treuhänders

7 Der Treuhänder haftet dem Bauherren nach Vertragsrecht für die ordnungsgemäße Erfüllung des Treuhandvertrages. Der Umfang der von ihm zu erfüllenden Pflichten richtet sich also nach dem individuellen Vertragsinhalt. Für die Erfüllung der Verträge, die er als Vertreter des Bauherren mit Dritten abgeschlossen hat, hat der Treuhänder dagegen nicht einzustehen – er ist also nicht Garant für das Gelingen des Bauvorhabens –. Insbesondere kann von einem Steuerberater, der die Funktion eines Treuhänders ausübt, seitens des Bauherren nicht erwartet werden, daß technische Fragen von ihm geprüft und gelöst werden. Lediglich die **rechtliche, steuerliche und wirtschaftliche Durchführbarkeit** des Bauvorhabens obliegt der Prüfung durch den Treuhänder, wenn im Treuhandvertrag nichts Abweichendes vereinbart ist.

8 Da Schadensfolgen aus einer unternehmerischen Tätigkeit nicht versicherbar sind, umfaßt der Versicherungsschutz in der **Berufshaftpflichtversicherung** grundsätzlich nicht die treuhänderische Tätigkeit des Steuerberaters. Der Steuerberater sollte daher vor Aufnahme der treuhänderischen Tätigkeit eine Abstimmung mit dem Haftpflichtversicherer herbeiführen und ggf. unter Berücksichtigung von Nr. 20 RichtlStB einen **Haftungsausschluß** oder eine **Haftungsbeschränkung** herbeiführen.

9 Die **Vergütung** des Treuhänders richtet sich nach den Vereinbarungen im Treuhandvertrag. Die Steuerberatergebührenverordnung findet für Treuhandtätigkeiten keine Anwendung. Üblicherweise wird das Treuhänderhonorar in Form eines bestimmten Prozentsatzes vom Gesamtaufwand vereinbart. Enthält der Treuhandvertrag keine oder keine ausreichende Regelung über die Vergütung, gelten ergänzend die allgemeinen gesetzlichen Vorschriften (vgl. § 612 BGB).

II. Aufsichtsratsmitglieder

1. Allgemeines, Rechtsquellen

10 Für Aktiengesellschaften, Kommanditgesellschaften auf Aktien und Genossenschaften, ist die Bildung eines **Aufsichtsrats** gesetzlich vorgeschrieben (§§ 95 ff, 278 AktG, § 9 GenG). Der Gesellschaft mit beschränkter Haftung ist es grundsätzlich freigestellt, ob sie einen Aufsichtsrat einrichtet (§ 52 GmbHG). Geschieht dies, so sind im wesentlichen die Vorschriften über den Aufsichtsrat der Aktiengesellschaft entsprechend anzuwenden, wenn der Gesellschaftsvertrag der GmbH nichts anderes vorsieht. Beschäftigt die GmbH mehr als 500 Arbeitnehmer oder unterliegt sie dem *Mitbestimmungsrecht*, ist die Bildung eines Aufsichtsrats zwingend vorgeschrieben (vgl. § 77 Abs. 1 BetrVG 1952; § 6 MitBestG). Im folgenden wird das Recht des Aufsichtsrats der Aktiengesellschaft beispielhaft für alle Aufsichtsratsformen dargestellt. Auf Abweichungen im GmbHG wird jeweils hingewiesen. Wegen der Besonderheit im Recht der Genossenschaft vgl. §§ 9, 36–41 GenG.

11 Zu den Organen der Aktiengesellschaft gehören neben dem **Aufsichtsrat** der **Vorstand** und die **Hauptversammlung der Aktionäre** (bei der GmbH: Geschäftsführer bzw. Gesellschafterversammlung). Die Aktionäre (Gesellschafter) sind die wirtschaftlichen Inhaber des Unternehmens, die sich zur Führung der Geschäfte des Vorstandes bedienen. Aufgabe des Aufsichtsrates ist es, die Geschäftsführung des Vorstandes zu überwachen (§ 111 Abs. 1 AktG).

2. Bestellung und Abberufung der Aufsichtsratsmitglieder

12 Der Aufsichtsrat der Aktiengesellschaft oder Kommanditgesellschaft auf Aktien besteht mindestens aus 3, höchstens aus 21 Mitgliedern. In jedem Fall muß die Anzahl der Aufsichtsratsmitglieder durch 3 teilbar sein (§ 95 AktG). Die Zusammensetzung des Aufsichtsrats richtet sich nach dem für das betreffende Unternehmen geltenden **Mitbestimmungsrecht**. Danach sind ggf. neben den Aktionärvertretern Arbeitnehmervertreter in den Aufsichtsrat zu entsenden (vgl. im einzelnen § 96 AktG). Die Aktionärsvertreter werden regelmäßig von der Hauptversammlung be-

rufen. Die Satzung kann bestimmten Aktionären das Recht einräumen, Mitglieder in den Aufsichtsrat zu entsenden (§§ 101, 102 AktG).

13 Die **Arbeitnehmervertreter** im Aufsichtsrat werden in Unternehmen, für die das Betriebsverfassungsgesetz 1952 gilt, von den Arbeitnehmern gewählt (vgl. § 76 BetrVG 1952). Bei Gesellschaften, die den Mitbestimmungsgesetzen unterliegen, gelten hinsichtlich der Wahl der Arbeitnehmervertreter im Aufsichtsrat Besonderheiten, auf die hier im einzelnen nicht eingegangen werden kann.

14 In besonderen Fällen – insbesondere wenn dem Aufsichtsrat länger als 3 Monate weniger Mitglieder angehören, als durch Gesetz oder Satzung festgelegt sind – können Aufsichtsmitglieder durch das zuständige Gericht ernannt werden (vgl. im einzelnen § 104 AktG).

15 Grundsätzlich kann jede natürliche, unbeschränkt geschäftsfähige Person in den Aufsichtsrat entsandt werden, die nicht zugleich dem Vorstand der Gesellschaft angehört (§ 105 AktG). Ferner kann nicht Aufsichtsratsmitglied werden, wer bereits 10 weitere Aufsichtsratspositionen innehat oder gesetzlicher Vertreter eines von der Gesellschaft abhängigen Unternehmens bzw. einer anderen Gesellschaft ist, deren Aufsichtsrat ein Vorstandsmitglied der Gesellschaft angehört (sogenanntes **Verbot der Überkreuzungsverflechtung** ; vgl. im einzelnen § 100 AktG).

16 Aufsichtsratsmitglieder können schon vor Ablauf ihrer Amtszeit mit ¾ Mehrheit von der Hauptversammlung wieder abberufen werden. Abweichende Satzungsbestimmungen sind möglich. Ist ein Aufsichtsratsmitglied von einem bestimmten satzungsgemäß hierzu berechtigten Aktionär in den Aufsichtsrat entsandt worden, so steht diesem das **Abberufungsrecht** zu (§ 103 Abs. 1 u. 2 AktG). Aus wichtigem Grund kann auch das Gericht auf Antrag des Aufsichtsrats ein Aufsichtsratsmitglied abberufen. Gegen die gerichtliche Entscheidung ist das Rechtsmittel der sofortigen Beschwerde gegeben (§ 103 Abs. 3 AktG). Für die Abberufung der Arbeitnehmervertreter gelten die Sondervorschriften des BetrVG 1952 und der Mitbestimmungsgesetze (§ 103 Abs. 4 AktG).

3. Rechte und Pflichten des Aufsichtsrats

17 Hauptaufgabe des Aufsichtsrats ist – wie bereits erwähnt – die **Überwachung der Geschäftsführung.** Zur Bewältigung dieser Aufgabe kann der Aufsichtsrat jederzeit die Geschäftsunterlagen der Gesellschaft einsehen und prüfen oder durch einen Sachverständigen prüfen lassen (§ 111 Abs. 1 u. 2 AktG). Im übrigen hat der Vorstand der Gesellschaft dem Aufsichtsrat regelmäßig über die Geschäfte des Unternehmens Bericht zu erstatten (§ 90 AktG). Ein wesentliches Instrument zur Erfüllung seiner Überwachungsaufgabe ist die Kompetenz des Aufsichtsrats zur Besetzung des Vorstandes und zur Benennung des Vorstandsvorsitzenden (§ 84 AktG).

18 Da der Aufsichtsrat **kein Weisungsrecht** gegenüber dem Vorstand hat, kommen im Falle von Beanstandungen im wesentlichen nur folgende Maßnahmen in Betracht:
- Soweit die Satzung für bestimmte Geschäftsführungshandlungen die Zustimmung des Aufsichtsrats vorsieht, kann der Aufsichtsrat diese Zustimmung verweigern (vgl. § 111 Abs. 4 AktG).
- Der Aufsichtsrat kann eine Hauptversammlung einberufen. Hierzu ist er verpflichtet, wenn das Wohl der Gesellschaft es erfordert (§ 111 Abs. 3 AktG).
- Liegt in der Person eines Vorstandsmitglieds ein wichtiger Grund, namentlich eine grobe Pflichtverletzung oder Unfähigkeit zur ordnungsgemäßen Geschäftsführung vor, kann der Aufsichtsrat dieses Vorstandsmitglied abberufen (§ 84 Abs. 3 AktG).
- Schließlich kann der Aufsichtsrat seine Zustimmung zum Jahresabschluß der Gesellschaft verweigern (vgl. §§ 172, 173 AktG).

4. Haftung und Vergütung

19 Die Mitglieder des Aufsichtsrates sind nach §§ 116, 93 Abs. 1 AktG verpflichtet, ihre Tätigkeit ordentlich und gewissenhaft auszuüben. Verletzen sie diese Pflicht, so sind sie der Gesellschaft zum Ersatz des daraus entstehenden Schadens verpflichtet. Für die Einhaltung des vom Gesetz vorgeschriebenen Sorgfaltsmaßstabes sind sie im

Streitfall beweispflichtig. Neben der **zivilrechtlichen Haftung** drohen dem Aufsichtsratsmitglied im Falle bestimmter Pflichtverletzungen auch **strafrechtliche Sanktionen** (vgl. §§ 399 ff AktG).

20 Die Tätigkeit des Aufsichtsrats ist nicht notwendigerweise entgeltlich. Nach § 113 AktG kann eine Vergütung **(Tantieme)** in der Satzung oder durch Beschluß der Hauptversammlung festgesetzt werden. Die Vergütung soll in einem angemessenen Verhältnis zu den Aufgaben der Aufsichtsratsmitglider und zur Lage der Gesellschaft stehen (§ 113 Abs. 1 Satz 3 AktG).

III. Testamentsvollstrecker

1. Ernennung des Testamentsvollstreckers

21 Das Erbrecht des BGB sieht in den §§ 2197 ff. die Möglichkeit der Anordnung einer Testamentsvollstreckung vor. Die Anordnung erfolgt in der Weise, daß der Erblasser im Testament einen oder mehrere Testamentsvollstrecker ernennt oder die Bestimmung der Person des Testamentsvollstreckers einem Dritten – z. B. einer Behörde – überläßt. In diesem Fall erfolgt die Bestimmung durch eine in öffentlich beglaubigter Form dem **Nachlaßgericht** gegenüber abgegebene Erklärung (§ 2198 BGB). Auch das Nachlaßgericht selbst kann vom Erblasser in seinem Testament ersucht werden, die Ernennung eines Testamentsvollstreckers vorzunehmen (§ 2200 BGB).

Jede voll geschäftsfähige Person kann Testamentsvollstrecker werden. Für den *Steuerberater* ist die Wahrnehmung dieser Aufgabe ausdrücklich zugelassen (vgl. Nr. 6 Abs. 1 RichtlStB). Das Amt beginnt mit dem Zeitpunkt, in dem der Ernannte das Amt durch Erklärung gegenüber dem Nachlaßgericht annimmt (§ 2202 BGB).

2. Rechte und Plichten des Testamentsvollstreckers

22 Die Aufgabe des Testamentsvollstreckers besteht darin, den Nachlaß in Besitz zu nehmen und zu verwalten, die **letztwilligen Verfügungen des Erblassers** auszuführen und ggf. die Auseinandersetzung unter den Miterben zu bewirken (§§ 2203 bis 2205 BGB). Umfang und Dauer der Testamentsvollstreckung bestimmen sich nach den hierfür im Testament getroffenen Anordnungen. Soweit es zur ordnungsgemäßen Verwaltung des Nachlasses erforderlich ist, darf der Testamentsvollstrecker **Verbindlichkeiten** zu Lasten des Nachlasses eingehen. Der Erbe ist verpflichtet, hierzu seine Einwilligung zu erteilen (§ 2206 BGB). Er selbst kann über Nachlaßgegenstände, die der Verwaltung des Testamentsvollstreckers unterliegen, nicht verfügen (§ 2211 BGB). Die gerichtliche Geltendmachung von Rechten, die von der Testamentsvollstreckung erfaßt werden, obliegt dem Testamentsvollstrecker.

23 Dem Erben gegenüber ist der Testamentsvollstrecker verpflichtet, auf Verlangen **Auskunft** über seine Amtsführung zu erteilen und einmal jährlich Rechnung zu legen (§ 2218 i. V. m. § 660 BGB). Bei Beendigung seines Amtes hat der Testamentsvollstrecker dem Erben den Nachlaß herauszugeben. Er muß schon vorher einzelne Nachlaßgegenstände an den Erben herausgeben, wenn er sie zur Erfüllung seiner Obliegenheiten nicht mehr benötigt (§ 2217 BGB).

3. Beendigung des Amtes, Haftung und Vergütung

24 Das Amt des Testamentsvollstreckers erlischt mit dem Ablauf der Zeit, die im Testament bestimmt ist, ferner mit dem Tod des Testamentsvollstreckers oder dessen jederzeit zulässiger Kündigung, die dem Nachlaßgericht gegenüber auszusprechen ist. Begeht der Testamentsvollstrecker eine grobe Pflichtverletzung, ist er unfähig zur ordnungsgemäßen Geschäftsführung oder liegt ein anderer **wichtiger Grund** vor, kann der Testamentsvollstrecker auf Antrag eines Beteiligten vom Nachlaßgericht entlassen werden (§ 2227 BGB).

25 Der Testamentsvollstrecker ist zur **ordnungsgemäßen Verwaltung** des Nachlasses verpflichtet. Dabei hat er die im Testament getroffenen Anordnungen zu befolgen (§ 2216 BGB). Verletzt der Testamentsvollstrecker diese Verpflichtung schuld-

haft, so ist er dem oder den Erben und ggf. dem oder den Vermächtnisnehmer(n) zum Ersatz des hieraus entstehenden Schadens verpflichtet.

26 Für seine Tätigkeit kann der Testamentsvollstrecker eine angemessene **Vergütung** verlangen (§ 2221 BGB). In der Regel besteht die Vergütung in einem bestimmten Prozentsatz des Nachlaßwertes. Sie ist von dem Erben aus dem Nachlaß zu entrichten. Daneben hat der Testamentsvollstrecker Anspruch auf Aufwendungsersatz (§ 2218 i. V. m. § 670 BGB). Der Erblasser kann die Höhe der Vergütung im Testament bestimmen oder die Bestimmung einer dritten Person überlassen. Er kann auch eine Vergütung ganz ausschließen, da es dem Testamentsvollstrecker ja freisteht, die Annahme des Amtes zu verweigern.

IV. Vormund, Pfleger

1. Allgemeines, Ernennung des Vormunds

27 Minderjährige, die nicht unter elterlicher Sorge stehen, erhalten von Amts wegen einen Vormund (§ 1773 BGB). Auch über Volljährige, die entmündigt sind, ist **Vormundschaft** anzuordnen (vgl. hierzu unter Rz. 34). Die Anordnung erfolgt durch das **Vormundschaftsgericht**. Dieses wählt den Vormund nach Anhörung des Jugendamtes sowie der Angehörigen des **Mündels** aus (§ 1779 BGB), es sei denn, die Eltern des Kindes hätten durch letztwillige Verfügung einen Vormund bestimmt (§§ 1776, 1777 BGB). Auszuwählen ist eine Person, die nach ihren persönlichen Verhältnissen, ihrer Vermögenslage sowie nach den sonstigen Umständen zur Führung der Vormundschaft geeignet ist. Verwandte und Verschwägerte des Mündels sind zu bevorzugen (§ 1779 Abs. 2 BGB). Geschäftsunfähige, Minderjährige, Entmündigte und Personen, die sich in Konkurs befinden, kommen grundsätzlich nicht als Vormund in Betracht. Auch Personen, die von den Eltern durch testamentarische Anordnung von der Vormundschaft ausgeschlossen sind, sollen nicht bestellt werden (§§ 1780–1782 BGB). Dagegen können das Jugendamt oder ein rechtsfähiger Verein, der vom Landesjugendamt hierzu für geeignet erklärt worden ist, das Amt eines Vormunds übernehmen (§§ 1791a und b BGB).

Steuerberater sind zur Übernahme des Amtes eines Vormunds oder Pflegers befugt (vgl. § 6 Abs. 1 RichtlStB).

28 Das Vormundschaftsgericht kann **mehrere Vormünder** bestellen, die sich gegenseitig bei der Führung der Vormundschaft unterstützen (§§ 1775, 1797 BGB). Ferner kann – insbesondere wenn mit der Vormundschaft eine Vermögensverwaltung verbunden ist – ein Gegenvormund bestellt werden, der die Führung der Vormundschaft zu überwachen hat (§§ 1792, 1799 BGB).

29 Jeder Deutsche ist verpflichtet, eine ihm angetragene Vormundschaft zu übernehmen (§ 1785 BGB). Ein **Ablehnungsgrund** steht ihm u. a. nur zu, wenn er älter als 60 Jahre, krank oder gebrechlich ist, zwei oder mehr noch nicht schulpflichtige oder mehr als drei minderjährige Kinder hat oder mit einem anderen zur gemeinschaftlichen Führung der Vormundschaft bestellt werden soll (vgl. im einzelnen § 1786 BGB).

2. Rechte und Pflichten des Vormunds

30 Gem. § 1793 BGB hat der Vormund das Recht und die Pflicht, für die Person und das Vermögen des Mündels zu sorgen und den Mündel zu vertreten. Bei der Pflege und Erziehung des Mündels sind dessen Fähigkeiten und Bedürfnisse zu berücksichtigen. Die **Vertretungsmacht** des Vormundes deckt grundsätzlich nicht Geschäfte zwischen dem Mündel einerseits und dem Vormund oder dessen Verwandten andererseits (§ 1795 BGB). Hinsichtlich des **Personensorgerechts** gelten für den Vormund die gleichen Vorschriften wie für die leiblichen Eltern (§ 1800 i. V. m. §§ 1631–1633 BGB).

31 Die Verwaltung des Mündelvermögens ist im Gesetz detailliert geregelt. Insbesondere hat der Vormund dem Vormundschaftsgericht ein **Vermögensverzeichnis** einzureichen und Gelder des Mündels verzinslich auf vorgeschriebene Art und Weise („mündelsicher") anzulegen, soweit das Vormundschaftsgericht keine Ausnahmen gestattet (vgl. §§ 1802–1811 BGB).

Vormund, Pfleger

32 Zu einer Vielzahl von Verfügungen und Rechtsgeschäften bedarf der Vormund der **Genehmigung des Vormundschaftsgerichts** oder ggf. des Gegenvormunds. Insbesondere Grundstücksgeschäfte, längerfristige Mietverträge, Kreditaufnahmen und die Übernahme von Bürgschaften sind genehmigungspflichtig (vgl. §§ 1812–1828 BGB). Ein vom Vormund ohne die erforderliche Genehmigung geschlossener Vertrag ist *schwebend unwirksam*. Verweigert das Vormundschaftsgericht die nachträgliche Genehmigung, wird der Vertrag endgültig hinfällig (§ 1829 BGB).

33 Die gesamte Tätigkeit des Vormunds steht unter der **Aufsicht des Vormundschaftsgerichts,** das die Befolgung seiner Anordnungen durch Zwangsgelder durchsetzen kann (§ 1837 BGB). Bei seiner Überwachungstätigkeit wird das Vormundschaftsgericht vom **Jugendamt** unterstützt. Der Vormund hat dem Vormundschaftsgericht gegenüber auf Verlangen jederzeit Auskunft zu erteilen und Rechnung zu legen (§§ 1839–1841 BGB). Bei pflichtwidrigem Verhalten hat das Vormundschaftsgericht den Vormund zu entlassen (§ 1886 BGB).

Die Eltern des Mündels können testamentarisch den von ihnen benannten Vormund von verschiedenen der vorgenannten Beschränkungen befreien (sog. **befreite Vormundschaft** – vgl. im einzelnen §§ 1852–1857a BGB).

3. Vormundschaft über Volljährige

34 Wird ein Volljähriger entmündigt, so erhält er ebenfalls einen Vormund (§ 1896 BGB). Ist die **Entmündigung** erst beantragt, kann eine vorläufige Vormundschaft angeordnet werden (§ 1906 BGB). Die Vorschriften betreffend die Vormundschaft über Minderjährige finden auf die Vormundschaft über Volljährige weitgehend Anwendung. Ergänzend ist u. a. bestimmt, daß als Vormund vorzugsweise ein Elternteil oder der Ehegatte des Entmündigten zu berufen ist. Die Eltern sind von den oben unter Rz. 30 ff genannten Beschränkungen weitgehend befreit (§ 1903 BGB).

4. Haftung

35 Der Vormund haftet dem Mündel bei schuldhafter Verletzung seiner **Pflichten** (§ 1833 BGB). Er ist dem Mündel ferner zum Ersatz desjenigen Schadens verpflichtet, der durch eine unberechtigte Weigerung der Vormundschaftsübernahme entsteht (§ 1787 BGB). Daneben kann er vom Vormundschaftsgericht durch Zwangsgelder zur Übernahme der Vormundschaft angehalten werden.

5. Vergütung

36 Grundsätzlich wird die Vormundschaft **unentgeltlich** geführt. Wenn das Vermögen des Mündels und der Umfang und die Bedeutung der vormundschaftlichen Geschäfte es rechtfertigen, kann das Vormundschaftsgericht dem Vormund eine angemessene Vergütung bewilligen, deren Höhe es nach pflichtgemäßem Ermessen individuell bestimmt. Gegen die Vergütungsentscheidung des Vormundschaftsgerichts können sowohl der Vormund als auch der Mündel Beschwerde einlegen.

Der **Vergütungsanspruch** richtet sich gegen das Mündelvermögen. Soweit nach landesrechtlichen Bestimmungen der Bewilligungsbescheid als Vollstreckungstitel ausgestaltet ist, kann aus ihm gegen den Mündel vollstreckt werden. Anderenfalls ist im Streitfall zunächst eine Klage des Vormundes vor dem ordentlichen Prozeßgericht notwendig.

37 Auch ohne besondere Bewilligung hat der Vormund Anspruch auf **Ersatz seiner Aufwendungen.** Hierzu zählen auch Dienste, die zum Beruf des Vormundes gehören (z. B. Anfertigung von Steuererklärungen durch einen zum Vormund bestellten *Steuerberater*). Ist der Mündel mittellos, so kann der Aufwendungsersatz gegen die Staatskasse geltend gemacht werden (vgl. § 1835 BGB).

6. Pfleger

38 Im Gegensatz zur Vormundschaft, die der Personen- und Vermögensfürsorge in grundsätzlich allen Angelegenheiten des Mündels dient, wird die Pflegschaft zur Fürsorge für **besondere einzelne Angelegenheiten** des Pfleglings angeordnet. Dem Pfleger obliegt also nur die Betreuung eines begrenzten Teils von Geschäften. Das

Gesetz kennt die Ergänzungs-, Gebrechlichkeits-, Abwesenheits- und Nachlaßpflegschaft, die Pflegschaft für eine Leibesfrucht, für unbekannte Beteiligte und für Sammelvermögen.

Die **Ergänzungspflegschaft** kommt in Betracht, wenn die Eltern oder der Vormund einer Person an der Besorgung einzelner Angelegenheiten aus rechtlichen Gründen gehindert sind, z. B. wenn der Vormund mit dem Mündel einen Vertrag schließen will (§ 1909 BGB).

Wer infolge geistiger oder körperlicher Gebrechen seine Angelegenheiten ganz oder teilweise nicht besorgen kann, erhält einen Gebrechlichkeitspfleger. Die **Gebrechlichkeitspflegschaft** darf grundsätzlich nur mit Einwilligung des Gebrechlichen angeordnet werden (§ 1910 BGB).

Abwesenheitspflegschaft (§ 1911 BGB) wird angeordnet, wenn der Aufenthalt eines Volljährigen unbekannt oder ein Abwesender an der Rückkehr gehindert ist und seine Vermögensangelegenheiten der Fürsorge bedürfen.

Wegen der übrigen Pflegschaftsformen vgl. §§ 1912–1914 BGB sowie insbesondere § 1960 BGB für die Nachlaßpflegschaft, die bis zur Annahme der Erbschaft zur Sicherung des Nachlasses angeordnet werden kann.

Auf die Pflegschaft finden im wesentlichen die für die Vormundschaft geltenden Vorschriften entsprechende Anwendung (§ 1915 BGB). Fällt der Grund für die Anordnung der Pflegschaft weg, ist die Pflegschaft vom zuständigen Vormundschaftsgericht – bei Nachlaßpflegschaft vom Nachlaßgericht – aufzuheben (§§ 1919, 1962 BGB).

V. Nachlaßverwalter

1. Allgemeines, Anordnung von Nachlaßverwaltung

39   Die Nachlaßverwaltung ist vom Gesetz definiert als Nachlaßpflegschaft zum Zwecke der Befriedigung der Nachlaßgläubiger (§ 1975 BGB). Es gelten also neben den §§ 1975ff BGB die Vorschriften über die Pflegschaft und damit auch die Vorschriften über die Vormundschaft (vgl. hierzu oben Rz. 27ff). Die Tätigkeit als Nachlaßverwalter ist standesrechtlich mit dem Beruf des *Steuerberaters* vereinbar (§ 6 Abs. 1 RichtlStB).

Die Nachlaßverwaltung stellt eine **Vorstufe zum Nachlaßkonkurs** dar. Sie findet Anwendung, wenn der Nachlaß unübersichtlich ist und noch nicht feststeht, ob Überschuldung und damit die Voraussetzung für einen Nachlaßkonkurs gegeben ist.

Die Nachlaßverwaltung ist vom Nachlaßgericht anzuordnen und schriftlich bekannt zu machen, wenn der Erbe dies beantragt (§§ 1981 Abs. 1, 1983 BGB).

Auf Antrag eines Nachlaßgläubigers ist die Nachlaßverwaltung anzuordnen, wenn Grund zu der Annahme besteht, daß die Befriedigung der Nachlaßgläubiger aus dem Nachlaß durch das Verhalten des Erben gefährdet wird (§ 1981 Abs. 2 BGB). Der Antrag kann abgelehnt werden, wenn die Nachlaßmasse zur Deckung der Kosten nicht ausreicht (§ 1982 BGB) er ist unzulässig, wenn er später als 2 Jahre nach Annahme der Erbschaft gestellt wird (§ 1981 Abs. 2 BGB).

2. Wirkungen der Nachlaßverwaltung, Aufgaben des Nachlaßverwalters

40   Mit der Anordnung der Nachlaßverwaltung geht die Befugnis zur Verwaltung des Nachlasses vom Erben auf den Nachlaßverwalter über, den das Gericht bestellt (§ 1984 BGB). Für die bisherige Verwaltung bleibt der Erbe nach Auftragsrecht verantwortlich (§ 1978 BGB). Der Nachlaßverwalter hat den Nachlaß zu verwalten und die Nachlaßverbindlichkeiten aus dem Nachlaß zu berichtigen (§ 1985 BGB). Erst nach **Berichtigung der bekannten Nachlaßverbindlichkeiten** darf er den Nachlaß an den Erben herausgeben (§ 1986 BGB).

41   Mit der Anordnung der Nachlaßverwaltung wird die Haftung des Erben für die Nachlaßverbindlichkeiten auf den Nachlaß beschränkt, falls nicht bereits eine **unbeschränkte Haftung** des Erben eingetreten ist (§§ 1975, 1993ff BGB). Ansprüche, die sich gegen den Nachlaß richten, können nur gegen den Nachlaßverwalter geltend gemacht werden. Gläubiger, die nicht Nachlaßgläubiger sind, können nicht mehr in

den Nachlaß vollstrecken (§ 1984 BGB). Auf diese Weise wird eine Trennung der beiden Vermögensmassen des Erben (eigenes Vermögen und Nachlaß) herbeigeführt.

42 Sind alle Nachlaßgläubiger befriedigt, ist die Nachlaßverwaltung **aufzuheben** (§ 1919 BGB). Im übrigen endet sie mit der Eröffnung des Nachlaßkonkurses, der vom Nachlaßverwalter bei Überschuldung des Nachlasses zu beantragen ist (§§ 1988 Abs. 1, 1980, 1985 Abs. 2 BGB). Schließlich kann die Nachlaßverwaltung aufgehoben werden, wenn sich ergibt, daß eine die Kosten deckende Masse nicht (mehr) vorhanden ist (§ 1988 Abs. 2 BGB).

3. Haftung und Vergütung des Nachlaßverwalters

43 Der Nachlaßverwalter ist dem Erben und den Nachlaßgläubigern gegenüber für die **ordnungsgemäße Verwaltung** des Nachlasses verantwortlich (§ 1985 Abs. 2 BGB).

44 Für die Führung seines Amtes steht dem Nachlaßverwalter eine **angemessene Vergütung** zu (§ 1987 BGB). Diesbezüglich unterscheidet er sich vom gewöhnlichen Nachlaßpfleger, der wie der Pfleger und der Vormund keinen grundsätzlichen Vergütungsanspruch hat (s. o. Ziff. 4e). Die Höhe der Vergütung richtet sich nach der Nachlaßmasse sowie dem Umfang und der Bedeutung der vom Nachlaßverwalter getätigten Geschäfte. Als Orientierungsgröße kommt die Nachlaßkonkursverwaltervergütung in Betracht. Neben der Vergütung kann der Nachlaßverwalter Ersatz der von ihm getätigten Aufwendungen verlangen (§§ 1915, 1835 BGB).

VI. Konkursverwalter, Vergleichsverwalter

1. Allgemeines, Bestellung des Verwalters

45 Das **Konkursverfahren** ist ein gerichtliches Vollstreckungsverfahren, das die gleichmäßige Befriedigung aller Gläubiger eines Schuldners (des „Gemeinschuldners") zum Ziel hat. Es ist in der Konkursordnung (KO) geregelt, die neben Verfahrensvorschriften auch Bestimmungen über die materiellen Wirkungen des Konkurses enthält. Wegen der Einzelheiten kann hier und im Folgenden auf den Abschnitt über das Konkursrecht (vgl. Kapitel N) Bezug genommen werden.

46 Das Konkursverfahren wird nur auf Antrag des Gemeinschuldners oder eines Gläubigers eingeleitet. Zuständig für die Durchführung des Verfahrens ist das Amtsgericht (Konkursgericht), in dessen Bezirk der Gemeinschuldner seinen Wohnsitz bzw. seine gewerbliche Niederlassung hat (§ 71 KO). Das **Konkursgericht** ernennt bei der Eröffnung des Konkursverfahrens den Konkursverwalter (§§ 78, 110 KO). Anstelle des gerichtlich ernannten Verwalters können die Konkursgläubiger in der ersten Gläubigerversammlung eine andere Person zum Konkursverwalter wählen (§ 80 KO).

47 Grundsätzlich kann jede geschäftskundige Person, die vom Gemeinschuldner und den Gläubigern rechtlich und wirtschaftlich unabhängig ist, das Amt eines Konkursverwalters ausüben. Für den *Steuerberater* gehört die Tätigkeit als Konkursverwalter oder Vergleichsverwalter zu den mit seinem Beruf ausdrücklich vereinbaren Tätigkeit (Nr. 6 Abs. 1 RichtlStB).

2. Aufgaben und Befugnisse des Konkursverwalters

48 Der Konkursverwalter hat nach der Eröffnung des Verfahrens das gesamte zur **Konkursmasse** gehörige Vermögen des Gemeinschuldners in Besitz und Verwaltung zu nehmen und es zu verwerten (§ 117 KO). Die Verwaltungs- und Verfügungsbefugnis hinsichtlich des konkursbefangenen Vermögens geht kraft Gesetzes vom Gemeinschuldner auf den Konkursverwalter über (§ 6 KO). Der Konkursverwalter kann deshalb z. B. im eigenen Namen zur Konkursmasse gehörende Forderungen einklagen.

49 Über die zur Konkursmasse gehörenden Gegenstände muß der Konkursverwalter Aufzeichnungen machen. Er hat ein Inventar und eine **Konkurseröffnungsbilanz**

anzufertigen (§§ 123, 124 KO). Der Gläubigerversammlung ist über den Stand des Verfahrens Bericht zu erstatten (§ 131 KO).

50 Die zur Konkurstabelle angemeldeten Forderungen der Gläubiger werden vom Konkursverwalter geprüft und im Prüfungstermin anerkannt oder ggf. bestritten. Nach Beendigung der **Massenverwertung** wird die liquide Masse – nach Berichtigung von Masseschulden und Massekosten – entsprechend den Rangvorschriften der Konkursordnung an die Konkursgläubiger verteilt (Schlußverteilung, vgl. § 161 KO). Schon vorher können bei Vorhandensein hinreichender, barer Masse Abschlagsverteilungen vorgenommen werden (§ 149 KO). Das Verfahren endet mit dem Schlußtermin, zu dem der Konkursverwalter der Gläubigerversammlung die von ihm zu fertigende Schlußrechnung vorzulegen hat (§§ 86, 162 KO).

51 Bei seiner gesamten Tätigkeit steht der Konkursverwalter unter der **Aufsicht** des Konkursgerichts, das ihn ggf. durch Zwangsgelder zur Erfüllung seiner Pflichten anhalten kann (§§ 83, 84 KO).

3. Haftung und Vergütung des Konkursverwalters

52 Der Konkursverwalter **haftet** gem. § 82 KO allen am Konkursverfahren Beteiligten, insbesondere also den Konkursgläubigern, dem Gemeinschuldner, den Aus- und Absonderungsberechtigten sowie den Massegläubigern für die Erfüllung seiner Pflichten. Es empfiehlt sich der Abschluß einer besonderen Haftpflichtversicherung. Hierbei ist zu beachten, daß für „unternehmerische" Entscheidungen – insbesondere bei Fortführung des gemeinschuldnerischen Geschäftsbetriebes – regelmäßig kein Versicherungsschutz zu erlangen ist.

53 Gemäß § 85 KO hat der Verwalter Anspruch auf Erstattung angemessener barer Auslagen und auf **Vergütung** für seine Geschäftsführung. Einzelheiten zur Vergütung sind in einer besonderen Rechtsverordnung (Vergütungsverordnung) geregelt. Danach ist Grundlage für die Berechnung der Vergütung die Teilungsmasse. Die Vergütung und die Auslagen werden vom Konkursgericht festgesetzt, das dem Verwalter u. U. auch Vorschüsse genehmigen kann. Wegen der zwischenzeitlichen Kostenentwicklung setzen die Konkursgerichte heute auf Antrag ein Mehrfaches der Gebühr nach der Vergütungsverordnung fest.

Neben der eigentlichen Konkursverwaltervergütung kann der Konkursverwalter, wenn er besondere fachliche Qualifikationen hat – z. B. als *Steuerberater* – u. U. gesonderte Gebühren z. B. für seine steuerrechtliche Tätigkeit oder Abschlußtätigkeit verlangen.

4. Besonderheiten beim Vergleichsverfahren

54 Der Konkurs kann nach Maßgabe der Vergleichsordnung (VerglO) durch ein gerichtliches **Vergleichsverfahren** abgewendet werden, das nur vom Schuldner beantragt werden kann. Der Vergleichsschuldner muß einen Vergleichsvorschlag unterbreiten, nach dem den Vergleichsgläubigern eine grundsätzlich gleichmäßige Befriedigung ihrer Forderungen zu wenigstens 35% gewährt wird.

55 Das zuständige Amtsgericht (Vergleichsgericht) bestellt nach Eingang des Antrages zunächst einen vorläufigen Vergleichsverwalter (§ 11 VerglO). Wird das Vergleichsverfahren eröffnet, ernennt das Gericht einen **Vergleichsverwalter,** der die wirtschaftliche Lage des Schuldners unter Aufsicht des Gerichts zu prüfen und seine Geschäftsführung zu überwachen hat (§§ 20, 39, 41 VerglO). Die Vergleichsgläubiger stimmen in einem besonderen Vergleichstermin über die Annahme des Vergleichsvorschlages ab, nachdem der Vergleichsverwalter über die Sachlage, insbesondere über die Angemessenheit und Erfüllbarkeit des Vergleichsvorschlages berichtet hat (vgl. §§ 40, 66 VerglO).

56 Der Vergleichsverwalter ist – wie der Konkursverwalter – allen Beteiligten für die Erfüllung seiner **Pflichten** verantwortlich (§ 42 VerglO). Er kann ebenfalls die Erstattung angemessener Auslagen und die Zahlung einer **Vergütung** verlangen, die das Vergleichsgericht festsetzt (§ 43 VerglO). Wegen weiterer Einzelheiten vgl. Kapitel N Rz. 237.

VII. Mitglied eines Gläubigerausschusses

1. Allgemeines, Bildung des Gläubigerausschusses

57   Im Konkursverfahren können sich die Gläubiger zur Wahrung ihrer Interessen und zur Unterstützung des Konkursverwalters eines Gläubigerausschusses bedienen. Der **Gläubigerausschuß** wird von der Gläubigerversammlung gewählt, wenn die Versammlung die Bestellung eines Gläubigerausschusses beschließt – was ihr freisteht (§ 85 Abs. 2 KO). Schon vor der ersten Gläubigerversammlung kann das Konkursgericht einen vorläufigen Gläubigerausschuß bestellen, wenn es dies nach pflichtgemäßem Ermessen für angezeigt hält (§ 87 Abs. 1 KO). Im Gegensatz zum endgültigen Gläubigerausschuß darf der vorläufige Gläubigerausschuß nur aus Gläubigern und Gläubigervertretern bestehen. Das Amt der Mitglieder des vorläufigen Gläubigerausschusses endet mit der Wahl des endgültigen Ausschusses bzw. mit dem Beschluß der Gläubigerversammlung, keinen Gläubigerausschuß einrichten zu wollen.

Die Mitglieder des Gläubigerausschusses werden mit relativer Mehrheit der Stimmen der in der Gläubigerversammlung erschienenen Gläubiger gewählt. Zur Annahme des Amtes ist niemand verpflichtet. Die Bestellung zum Gläubigerausschußmitglied ist frei widerruflich (vgl. § 92 KO).

2. Aufgaben und Befugnisse des Gläubigerausschusses

58   **Aufgabe** der Gläubigerausschußmitglieder ist die Unterstützung und Überwachung des Konkursverwalters. Zur Wahrnehmung dieser Aufgabe sind sie berechtigt, sich durch Einsicht in die Bücher und Schriften des Verwalters vom Gang der Geschäfte zu unterrichten. Der Gläubigerausschuß kann vom Konkursverwalter sogar Berichterstattung verlangen. Einmal monatlich muß er beim Verwalter eine Kassenprüfung vornehmen (§ 88 KO).

59   Im übrigen kennt das Gesetz eine Reihe von Handlungen des Konkursverwalters, die der **Zustimmung** des Gläubigerausschusses bedürfen. Hierzu gehören die Gewährung von Unterhalt an den Gemeinschuldner (§ 129 KO), der Verkauf von zur Masse gehörenden Gegenständen vor Abhaltung des allgemeinen Prüfungstermins, die Einleitung von Prozessen, der Abschluß von Vergleichen, die Anerkennung von Aussonderungs-, Absonderungs- und Masseansprüchen, die freihändige Veräußerung von Immobilien, die Weiterveräußerung des Geschäfts oder des Warenlagers des Gemeinschuldners im Ganzen, die Aufnahme von Darlehen (§§ 133, 134 KO) sowie die Vornahme einer Abschlags- oder der Schlußverteilung (§ 150 KO). Daneben gibt es zahlreiche Mitwirkungs- und Antragsrechte des Gläubigerausschusses (vgl. z. B. §§ 84, 100, 137, 159, 176, 177, 180 und 184 KO).

Der Gläubigerausschuß faßt seine Beschlüsse mit absoluter Mehrheit der abgegebenen Stimmen. Er ist beschlußfähig, wenn die Mehrheit seiner Mitglieder an der Beschlußfassung teilnehmen (§ 90 KO).

3. Haftung und Vergütung

60   Die Mitglieder des Gläubigerausschusses haften allen am Konkursverfahren Beteiligten für die ordnungsgemäße Erfüllung der ihnen obliegenden Pflichten (§ 89 KO). Die **Haftung** setzt Verschulden voraus. Die Gläubigerausschußmitglieder müssen insbesondere ihre Überwachungspflichten hinsichtlich des Konkursverwalters sorgfältig wahrnehmen. Hierzu gehört, daß sie die Berichte und Unterlagen des Konkursverwalters nicht nur zur Kenntnis nehmen, sondern auch überprüfen (OLG Koblenz KTS 1956, 159). Den Gläubigerausschußmitgliedern ist zu empfehlen, das Haftungsrisiko durch eine *Haftpflichtversicherung* abzudecken.

61   Die Mitglieder des Gläubigerausschusses können neben einer angemessenen **Vergütung** für ihre Tätigkeit Erstattung ihrer baren Auslagen verlangen (§ 91 KO). Vergütungen und Auslagen werden vom Konkursgericht festgesetzt, das zuvor die Gläubigerversammlung anzuhören hat. Einzelheiten sind in der **Vergütungsverordnung** vom 25. 5. 1960 geregelt. Danach richtet sich die Vergütung nach Art und Umfang der von den Ausschußmitgliedern ausgeübten Tätigkeit sowie dem Zeitauf-

wand (§ 13 Abs. 1 VergVO). Der dort genannte regelmäßige Stundensatz von DM 15,— wird heute durchweg von den Konkursgerichten als nicht vertretbar angesehen (vgl. *Mentzel/Kuhn/Uhlenbruck* KO 9. Aufl., § 91 Rz. 1).

VIII. Notgeschäftsführer

1. Allgemeines, Bestellung des Notgeschäftsführers

62 Juristische Personen müssen sich um handlungsfähig zu sein, ihrer „**Organe**" bedienen. Diese Funktion wird von natürlichen Personen ausgeübt, die die juristische Person (z. B. eine Kapitalgesellschaft) vertreten und ihre Geschäfte führen. Fehlt ein solches Organ (z. B. der Geschäftsführer einer GmbH) oder fällt es durch Tod, Abberufung etc. weg, so wird die Gesellschaft handlungsunfähig. Damit in solchen Fällen kein Schaden entsteht oder der Schaden in Grenzen gehalten wird, sieht das Gesetz die Bestellung von Notgeschäftsführern vor, die nachstehend am Beispiel der GmbH dargestellt wird.

Rechtsgrundlage für die Bestellung des Notgeschäftsführers einer GmbH ist § 29 BGB, eine Vorschrift aus dem Vereinsrecht, die auf die GmbH sinngemäß anzuwenden ist.

63 Die **Bestellung** des Notgeschäftsführers erfolgt auf Antrag eines Beteiligten durch das Amtsgericht (Registergericht) des Sitzes der Gesellschaft. Als Beteiligte im Sinne dieser Regelung sind Gesellschafter und Gläubiger der Gesellschaft anzusehen, ggf. auch ein ordentlicher Geschäftsführer, wenn nach der Satzung der Gesellschaft ein zweiter Geschäftsführer erforderlich ist. Das Gericht wählt die Person des Notgeschäftsführers nach seinem Ermessen aus. *Vorschläge* durch den Antragsteller sind empfehlenswert aber nicht bindend. Personen, die die gesetzlichen Voraussetzungen für das Geschäftsführeramt nicht erfüllen (vgl. § 6 GmbHG), können nicht bestellt werden.

Steuerberater dürfen gem. Nr. 6 Abs. 2 RichtlStB Geschäftsführungsfunktionen nur in Ausnahmefällen ausüben. Eine ausdrücklich zugelassene Ausnahme bildet die Übernahme des Amtes eines Notgeschäftsführers, vorausgesetzt, die Tätigkeit wird nicht in einem Anstellungsverhältnis ausgeübt.

2. Rechte und Pflichten des Notgeschäftsführers

64 Der Notgeschäftsführer hat für die Dauer seines Amtes die gleichen Rechte und Pflichten wie ein ordentlicher Geschäftsführer. Diese ergeben sich aus der Satzung der Gesellschaft, ergänzend aus dem Gesetz. Die **Vergütung** des Notgeschäftsführers muß grundsätzlich zwischen diesem und der Gesellschaft vereinbart werden. Findet eine Einigung nicht statt, richtet sich die Höhe der Vergütung nach § 612 Abs. 2 BGB, da auf das Rechtsverhältnis zwischen der Gesellschaft und dem Notgeschäftsführer das Dienstvertragsrecht des BGB Anwendung findet. Danach ist die *übliche* Vergütung als vereinbart anzusehen. Zahlt die Gesellschaft die Vergütung nicht freiwillig, so muß der Notgeschäftsführer sie einklagen, da das Registergericht die Vergütung nicht festsetzen kann (BayObLG, BB 1975, 1037).

65 Das Amt des Notgeschäftsführers **endet** mit der Behebung des Mangels, der zu seiner Bestellung geführt hat, insbesondere also mit der Bestellung eines ordentlichen Geschäftsführers durch die Gesellschafterversammlung. Ob das Registergericht, das den Notgeschäftsführer bestellt hat, befugt ist, ihn wieder abzuberufen, ist streitig (bejahend *Scholz/Winter* GmbHG 6. Aufl., § 6 Anm. 14 a. E., a. M. *Hachenburg/Schilling* GmbHG 6. Aufl., § 35 Anm. 43).

IX. Liquidator

1. Allgemeines, Bestellung des Liquidators

66 Wird eine Gesellschaft aufgelöst, so ist sie zu **liquidieren,** d. h. die laufenden Geschäfte werden beendet, Forderungen eingezogen, das übrige Vermögen in Geld umgesetzt, die Verbindlichkeiten beglichen und ein etwaiger Überschuß an die Gesellschafter verteilt.

67 Die **Ausübung des Liquidatorenamtes** obliegt grundsätzlich den Personen, die bisher die Geschäfte der Gesellschaft geführt haben, es sei denn, die Satzung sieht andere Personen vor oder die Gesellschafter ernennen andere Personen durch Beschluß (vgl. § 66 GmbHG, § 265 AktG, § 83 GenG). Aus wichtigen Gründen können die Liquidatoren auch auf Antrag der Gesellschafter durch das Gericht bestellt werden. Die Liquidatoren sind durch die Geschäftsführer zur Eintragung in das Handelsregister anzumelden (vgl. § 67 GmbHG). Die Tätigkeit als Liquidator ist kraft ausdrücklicher standesrechtlicher Bestimmung mit dem Beruf des *Steuerberaters* vereinbar (Nr. 6 Abs. 1 RichtlStB).

2. Aufgaben, Befugnisse und Haftung der Liquidatoren

68 Die Liquidatoren haben die Liquidation in der oben unter Rz. 66 beschriebenen Weise durchzuführen. Wegen der sonstigen **Rechte und Pflichten** der Liquidatoren vgl. beispielhaft §§ 68–71 GmbHG und §§ 267–271 AktG. Nach Beendigung der Liquidation ist der Schluß der Abwicklung zum Handelsregister anzumelden und die Gesellschaft zu löschen.

69 Die Liquidatoren sind der Gesellschaft gegenüber für eine ordnungsgemäße Durchführung der Liquidation verantwortlich. Sie haben die Sorgfalt ordentlicher Geschäftsleute anzuwenden und haften bei Verletzung von Obliegenheiten der Gesellschaft für den daraus entstandenen Schaden (vgl. § 71 Abs. 2, 43 GmbHG). Die Verjährungsfrist für **Schadensersatzansprüche** der Gesellschaft gegen die Liquidatoren beträgt 5 Jahre.

X. Führung von Anderkonten

1. Pflicht zur gesonderten Verwahrung von Vermögenswerten

70 Bei der Behandlung der ihnen anvertrauten fremden Vermögenswerte sind Steuerberater zu besonderer Sorgfalt verpflichtet (Nr. 21 Abs. 1 RichtlStB). Fremde Gelder oder Wertpapiere, die nicht unverzüglich an den Empfangsberechtigten weitergeleitet werden können, sind auf einem **Anderkonto** bzw. **Anderdepot** zu verwahren, damit sie vom eigenen Vermögen des Steuerberaters getrennt und vor dem Zugriff Dritter geschützt sind (Nr. 21 Abs. 2 RichtlStB).

71 Die Spitzenverbände der Kreditwirtschaft und die Deutsche Bundespost haben für die Führung von Anderkonten und Anderdepots von Angehörigen der öffentlich bestellten wirtschaftsprüfenden und wirtschafts- und steuerberatenden Berufe besondere **Geschäftsbedingungen** aufgestellt (abgedruckt in: Berufsrechtliches Handbuch (Loseblattsammlung) herausgegeben von den Steuerberaterkammern). Darin sind Anderkonten definiert als Konten, die nicht eigenen Zwecken des Kontoinhabers dienen sollen, der aber gleichwohl der kontoführenden Stelle gegenüber (Kreditinstitut, Postscheckamt) allein berechtigt und verpflichtet ist.

2. Die Einrichtung und Führung von Anderkonten

72 Bei der **Eröffnung des Anderkontos** muß der Steuerberater dem Kreditinstitut bzw. Postscheckamt gegenüber erklären, daß das Konto nicht für seine eigenen Zwecke bestimmt ist. Ein ohne diese Erklärung eröffnetes Konto wird als Eigenkonto behandelt. Der Name des Mandanten, für das Konto errichtet wird (Treugeber) braucht der kontoführenden Stelle nicht offenbart zu werden. Ist ein Konto einmal als Anderkonto eingerichtet, so kann dieser Rechtscharakter nicht mehr aufgehoben werden.

73 Da ausschließlich der Kontoinhaber der kontoführenden Stelle gegenüber berechtigt und verpflichtet ist, kann ein Dritter, selbst wenn er nachweist, daß das Konto in seinem Interesse errichtet worden ist, hierüber nicht verfügen. Das Kreditinstitut bzw. Postscheckamt ist weder berechtigt noch verpflichtet, die Rechtmäßigkeit der **Verfügungen** des Kontoinhabers in seinem Verhältnis zum Treugeber zu prüfen. Entsteht dem Treugeber aus einer unrechtmäßigen Verfügung des Kontoinhabers ein Schaden, so haftet die Bank (das Postscheckamt) hierfür nicht.

3. Besonderheiten von Anderkonten gegenüber Eigenkonten

74 Um die Funktion des Anderkontos als eine treuhänderischen Zwecken dienende Einrichtung zu wahren, gelten einige Besonderheiten gegenüber den Eigenkonten.

Werte, die eigenen Zwecken des kontoinhabenden Steuerberaters dienen, dürfen einem Anderkonto nicht zugeführt werden bzw. dort nicht belassen werden. **Aufrechnungs-, Pfand- und Zurückbehaltungsrechte** der kontoführenden Stelle sind auf Forderungen beschränkt, die in Bezug auf das Anderkonto selbst entstanden sind. Die Bank (das Postscheckamt) kann also nicht wegen sonstiger Forderungen gegen den Steuerberater an dem Anderkontoguthaben ein Pfandrecht ausüben.

75 Ansprüche aus Anderkonten können vom kontoinhabenden Steuerberater weder abgetreten noch verpfändet werden. **Kontovollmachten** dürfen nicht beliebigen Personen erteilt werden. Als Bevollmächtigte kommen im wesentlichen nur Steuerberater, Steuerbevollmächtigte, Wirtschaftsprüfer, Rechtsanwälte und Notare in Betracht.

76 Stirbt der Kontoinhaber, so treten die **Erben** in Bezug auf das Anderkonto *nicht* an seine Stelle. Inhaber des Anderkontos wird vielmehr eine Peson, die der Steuerberater bei Einrichtung des Kontos bestimmt hat und die dem als Kontobevollmächtigte in Frage kommenden Personenkreis angehören muß. Ersatzweise wird Kontoinhaber die Steuerberaterkammer oder der von ihr bestimmte Treuhänder. Entsprechendes gilt bei Zurücknahme oder Erlöschen der Bestellung des kontoinhabenden Steuerberaters bzw. im Falle der Verhängung eines Berufs- oder Vertretungsverbots.

77 Die **Pfändung** eines Anderkontoguthabens aufgrund eines gegen den Treugeber gerichteten Titels ist nicht zulässig. Der Gläubiger des Treugebers kann allenfalls die Ansprüche des Treugebers gegen den Treuhänder, d. h. den kontoinhabenden Steuerberater, pfänden (BGHZ 11, 37). Pfändet ein Gläubiger des Steuerberaters das Anderkontoguthaben, so kann sich der Treugeber mit der Drittwiderspruchsklage nach § 771 ZPO zur Wehr setzen (BGH, NJW 1959, 1223, 1224). Im Konkurs des Steuerberaters steht dem Treugeber nach § 43 KO ein Aussonderungsrecht zu.

Q. Gutachtertätigkeit/Schiedsgerichtsverfahren

Bearbeiter: Dr. Ben Elsner

Übersicht

	Rz.
I. Der Sachverständige im Zivilprozeß	1–14
1. Allgemeines, Grundsätze der Beweiserhebung	1–4
2. Ernennung und Ablehnung des Sachverständigen	5–7
3. Gutachtenerstattungspflicht, Gutachtenverweigerungsrecht	8, 9
4. Die Erstattung des Gutachtens	10–12
5. Haftung	13
6. Sachverständigenentschädigung	14
II. Der Sachverständige im Strafprozeß	15–21
1. Allgemeines, Beweisgrundsätze im Strafprozeß	15–17
2. Ernennung und Ablehnung des Sachverständigen	18
3. Gutachterpflicht, Gutachtenverweigerungsrecht	19
4. Die Erstattung des Gutachtens, Entschädigung	20, 21
III. Das Schiedsgerichtsverfahren	22–44
1. Allgemeines	22, 23
2. Schiedsvertrag	24–27
3. Ernennung und Ablehnung der Schiedsrichter	28–32
4. Verfahren vor dem Schiedsgericht	33–35
5. Schiedsspruch, Schiedsvergleich	36–40
6. Haftung und Vergütung des Schiedsrichters	41–44

I. Der Sachverständige im Zivilprozeß

1. Allgemeines, Grundsätze der Beweiserhebung

1 Im Zivilprozeß gilt der sogenannte **Beibringungsgrundsatz**, der besagt, daß nur die Parteien – nicht das Gericht – den entscheidungserheblichen Sachverhalt in den Rechtsstreit einführen können. Das Gericht darf also bei der Entscheidungsfindung nur diejenigen Tatsachen berücksichtigen, die von den Parteien vorgetragen sind. Konsequenterweise darf es über die Richtigkeit einer Tatsachenbehauptung grundsätzlich nur dann Beweis erheben, wenn die Behauptung von der gegnerischen Partei bestritten wird, die behauptende Partei in zulässiger Art und Weise Beweis angeboten hat und die streitige Tatsache für die Entscheidung des Rechtsstreits erheblich ist. Eine Ausnahme gilt für die Augenscheinseinnahme und die Begutachtung durch Sachverständige, die auch von Amts wegen nach pflichtgemäßem Ermessen angeordnet werden kann. Von dieser Befugnis wird jedoch selten Gebrauch gemacht.

2 Als **Beweismittel** sind von der Zivilprozeßordnung (ZPO) zugelassen: Urkunden, Zeugen, Augenschein und Sachverständige. Hinzu kommt die im Gesetz nicht näher geregelte amtliche Auskunft (BGH NJW 1979, 266, 268). Unter bestimmten Voraussetzungen kann auch Beweis durch Parteivernehmung erhoben werden. Die (schriftliche) eidesstattliche Versicherung ist kein ordentliches Beweismittel, sondern ein Mittel der sogenannten *Glaubhaftmachung* und vor allem in einstweiligen Verfügungsverfahren zulässig und gebräuchlich (vgl. §§ 936, 920 Abs. 2, 294 Abs. 1 ZPO).

3 Grundlage der Beweiserhebung ist regelmäßig ein **Beweisbeschluß** des Gerichts. Er benennt die Beweismittel (Zeugen, Sachverständige etc.), die Partei, die sich auf das Beweismittel berufen hat und das Beweisthema.

4 Die **Beweiserhebung durch Sachverständige** ist in den §§ 402–414 ZPO geregelt. Ergänzend finden die Vorschriften über den Zeugenbeweis (§§ 373–401 ZPO) Anwendung. Zu beachten ist jedoch stets der grundsätzliche Unterschied zwischen Zeugen und Sachverständigen. Während der Zeuge über seine eigenen Wahrnehmungen berichtet, soll der Sachverständige dem Richter fehlendes Fachwissen zur Beurteilung beweiserheblicher Tatsachen vermitteln. Anders als der Zeuge ist der Sachverständige aus diesem Grunde auch ersetzbar.

2. Ernennung und Ablehnung des Sachverständigen

5 Die **Auswahl des Sachverständigen** sowie die Bestimmung der Anzahl der zuzuziehenden Sachverständigen obliegt dem Gericht. Das Gericht kann die Parteien zwar auffordern, geeignete Personen zu benennen, bindend sind die Vorschläge der Parteien jedoch nur, wenn sie einvernehmlich erfolgen (§ 404 Abs. 4 ZPO). Im übrigen soll das Gericht vorzugsweise öffentlich bestellte Sachverständige auswählen, sofern es solche für das in Rede stehende Sachgebiet gibt. *Steuerberatern* ist die gutachtliche Tätigkeit berufsrechtlich ausdrücklich gestattet (§ 57 Abs. 3 Ziff. 3 StBerG).

6 Die vom Gericht getroffene Auswahl ist – wie der Beweisbeschluß überhaupt – grundsätzlich unanfechtbar. Wohl aber kann ein Sachverständiger von einer Partei abgelehnt werden, wenn Gründe vorliegen, die auch zur Ablehnung eines Richters berechtigen würden. Dieser Regelung liegt der Gedanke zugrunde, daß der Sachverständige quasi Hilfsperson des Richters ist, dessen fehlendes Fachwissen er ersetzen soll. **Ablehnungsgründe** sind z. B. die Verwandtschaft mit einer Partei, die Mitwirkung an einer in der gleichen Sache in einem früheren Rechtszug oder einem schiedsrichterlichen Verfahren ergangenen Entscheidung (§ 41 ZPO) und vor allem die Besorgnis der Befangenheit (§ 42 ZPO). Die Gründe, die zur Besorgnis der Befangenheit führen können, sind vielfältig. In Betracht kommen z. B. ein Anstellungs- oder Konkurrenzverhältnis zu einer der Parteien oder die Tatsache, daß der Sachverständige bei seinen Ermittlungen nur eine der Parteien hinzuzieht oder informiert (vgl. BGH NJW 1975, 1363). Der Sachverständige sollte also stets darauf bedacht sein, beide Parteien gleich zu behandeln, wenn es um die Benachrichtigung von Ortsterminen, die Einholung von Auskünften etc. geht.

7 Die Entscheidung über ein **Ablehnungsgesuch** kann das Gericht ohne mündliche Verhandlung, insbesondere ohne Anhörung des Sachverständigen, treffen (vgl. OLG München, WRP 1976, 396). Gibt das Gericht dem Ablehnungsgesuch statt, ist die Entscheidung unanfechtbar, andernfalls ist ein Rechtsmittel (sofortige Beschwerde) gegeben (§ 406 Abs. 5 ZPO).

3. Gutachtenerstattungspflicht, Gutachtenverweigerungsrecht

8 Da der Sachverständige – im Gegensatz zum Zeugen – ersetzbar ist, besteht grundsätzlich keine Pflicht, der gerichtlichen Ernennung zum Sachverständigen Folge zu leisten. Etwas anderes gilt jedoch, wenn der Sachverständige zur Erstattung von Gutachten der erforderten Art **öffentlich bestellt** ist, wenn er sich vor Gericht zur Erstattung des Gutachtens bereit erklärt hat oder wenn er das Gewerbe, dessen Kenntnis Voraussetzung der Begutachtung ist, öffentlich zum Erwerb ausübt oder zu dessen Ausübung öffentlich bestellt ist (§ 407 ZPO). Ein *Steuerberater* ist daher schon aufgrund seiner Bestellung (§§ 40 ff StBerG) zur Gutachtenerstattung auf dem Gebiete des Buchhaltungs- und Steuerwesens verpflichtet, ohne daß es darauf ankäme, ob er seinen Beruf tatsächlich ausübt.

9 Der Sachverständige kann allerdings – selbst wenn er nach § 407 ZPO zur Gutachtenerstattung verpflichtet ist – das Gutachten verweigern, wenn Gründe vorliegen, die einen Zeugen berechtigen würden, das Zeugnis zu verweigern (§ 408 ZPO). Danach besteht ein **Gutachtenverweigerungsrecht** u. a., wenn der Sachverständige mit einer der Parteien verlobt, verheiratet, verwandt oder verschwägert ist, ferner soweit ihm kraft seines Standes Tatsachen anvertraut sind, zu deren Geheimhaltung er gesetzlich verpflichtet ist und soweit er sich durch die zu erstattende Gutachten der Gefahr aussetzen würde, wegen einer Straftat oder einer Ordnungswidrigkeit verfolgt zu werden (vgl. im einzelnen §§ 383, 384 ZPO). Die Gründe, aus denen der Sachverständige glaubt, von seinem Gutachtenverweigerungsrecht Gebrauch machen zu können, hat er dem Gericht anzugeben und glaubhaft zu machen (§ 386 ZPO). Über die Rechtmäßigkeit der Weigerung entscheidet das Gericht nach Anhörung der Parteien. Wird durch Zwischenurteil festgestellt, daß der Sachverständige zur Gutachtenerstattung verpflichtet ist, so kann er hiergegen sofortige Beschwerde einlegen (§ 387 ZPO).

Weigert sich der Sachverständige zu erscheinen oder das Gutachten zu erstatten, obwohl er hierzu nicht berechtigt ist, so werden ihm die durch seine Weigerung entstandenen Kosten auferlegt. Zugleich wird gegen ihn (ggf. wiederholt) ein Ordnungsgeld festgesetzt (§ 409 ZPO).

4. Die Erstattung des Gutachtens

10 Bei einfachen Beweisfragen lädt das Gericht den Sachverständigen zur mündlichen Vernehmung über die Beweisfrage. In aller Regel aber wird dem Sachverständigen aufgegeben, ein **schriftliches Gutachten** über die Beweisfrage zu fertigen. Über Form und Inhalt des schriftlichen Sachverständigengutachtens trifft das Gesetz keine näheren Bestimmungen. Eigenhändige Unterschrift ist erforderlich, im übrigen bleibt es dem Sachverständigen überlassen, wie er sein Gutachten gestaltet, um die Beweisfrage möglichst präzise zu beantworten. Das Gericht kann auf den Gutachtenaufbau durch Untergliederung und Abwandlung einen gewissen Einfluß nehmen. Schließlich kann es das Erscheinen des Sachverständigen zur Erläuterung des schriftlichen Gutachtens anordnen. Die Parteien ihrerseits können die Ladung des Sachverständigen verlangen, um ihm Fragen zu stellen (BGHZ 6, 398).

Dem Sachverständigen sind erforderlichenfalls die Gerichtsakten zu überlassen, damit er das Gutachten erstatten kann. Das Gericht kann ihm zur Anfertigung des Gutachtens eine **Frist** bestimmen und ihn notfalls durch Ordnungsgelder zur Wahrung der Frist anhalten (§ 411 ZPO).

11 Das Gutachten unterliegt der **freien Beweiswürdigung** durch das Gericht. Es soll die Entscheidung des Gerichts *vorbereiten*, nicht sie ersetzen. Hält das Gericht es für erforderlich, so kann es die Einholung weiterer Gutachten anordnen (§ 412 ZPO).

12 Wenn das Gericht es nach freiem Ermessen für angezeigt hält, kann es den Sachverständigen – vor oder nach Erstattung des Gutachtens – **vereidigen**. Von dieser Möglichkeit wird nicht häufig Gebrauch gemacht. Die Eidesformel lautet, daß der Sachverständige das von ihm erforderte Gutachten unparteiisch und nach bestem Wissen und Gewissen erstatten werde bzw. erstattet habe (§ 410 ZPO).

5. Haftung

13 Zwischen dem gerichtlich bestellten Sachverständigen und den Prozeßparteien besteht keine vertragliche Beziehung, aus der sich ein Schadensersatzanspruch wegen **fehlerhafter Gutachtenerstellung** herleiten ließe. Der Sachverständige ist vielmehr – wie gesagt – Gehilfe des Richters und haftet den Verfahrensbeteiligten nicht für Schäden, die diese aufgrund unrichtiger Begutachtung erleiden (BGHZ 62, 54; vgl. auch BGHZ 42, 313).

6. Sachverständigenentschädigung

14 Die **Vergütung** des Sachverständigen ist nicht in der ZPO geregelt. Sie richtet sich nach dem Gesetz über die Entschädigung von Zeugen und Sachverständigen (ZSEG). Dort sind Entschädigungen nach verhältnismäßig geringen Stundensätzen vorgesehen (vgl. im einzelnen § 3 ZSEG). Daneben erhält der Sachverständige z. B. Aufwendungsersatz für Hilfskräfte und Fotokopien, Fahrtkostenersatz und Aufwandsentschädigung bei Wahrnehmung von Terminen. Dem Sachverständigen kann ein Vorschuß gewährt werden (§ 14 ZSEG).

II. Der Sachverständige im Strafprozeß

1. Allgemeines, Beweisgrundsätze im Strafprozeß

15 Anders als im Zivilprozeß gilt im Strafprozeß nicht der Beibringungsgrundsatz, sondern der **Ermittlungsgrundsatz**. Er besagt, daß nicht die Parteien (Ankläger und Angeklagte) ausschließlich den Streitstoff bestimmen. Vielmehr hat das Gericht den Sachverhalt selbst zu ermitteln und ist dabei an Erklärungen und Beweisanträge der Prozeßbeteiligten nicht gebunden (vgl. §§ 155 Abs. 2, 244 Abs. 2 StPO).

16 An **Beweismitteln** kennt die Strafprozeßordnung neben der Einlassung des Beschuldigten den Zeugenbeweis, den Beweis durch Sachverständige und Augenschein sowie den Urkundenbeweis.

17 Die **Beweiserhebung durch Sachverständige** im Strafprozeß ist in den §§ 72–85 StPO geregelt. Diese Vorschriften sind weitgehend übereinstimmend mit den ent-

sprechenden Normen der Zivilprozeßordnung. Die Vorschriften über Zeugen finden ergänzend Anwendung. Auch im Strafprozeß ist der Sachverständige *Gehilfe des Richters* und ersetzt dessen fehlendes Fachwissen. Er berichtet nicht über eigene Wahrnehmungen bei der Straftat und ist daher – im Gegensatz zum Zeugen – ersetzbar.

2. Ernennung und Ablehnung des Sachverständigen

18   Auch im Strafprozeß wird der Sachverständige vom Gericht ausgewählt, wobei öffentlich bestellte Sachverständige bevorzugt werden sollen (§ 73 StPO). Der Sachverständige kann aus denselben Gründen, die zur Ablehnung eines Richters berechtigen, vom Ankläger (Staatsanwaltschaft oder Privatkläger) oder vom Beschuldigten abgelehnt werden (§ 74 StPO). Ein **Ablehnungsgrund** liegt insbesondere vor, wenn der Sachverständige selbst durch die Straftat verletzt oder mit dem Verletzten verwandt oder verschwägert ist (§ 22 StPO). Ferner greift die Ablehnung durch, wenn begründete Zweifel an der Unparteilichkeit des Sachverständigen bestehen (BGH MDR 1977, 983).

3. Gutachtenerstattungspflicht, Gutachtenverweigerungsrecht

19   Nahezu wortgleich mit der entsprechenden Vorschrift der Zivilprozeßordnung (§ 407) regelt § 75 StPO die Fälle, in denen eine **Verpflichtung zur Gutachtenerstattung** besteht. Auf die Ausführungen unter Rz. 8, 9 kann daher verwiesen werden. Entsprechendes gilt für die Regelung des **Gutachtenverweigerungsrechts**. Hier entspricht § 76 StPO der Vorschrift des § 408 ZPO.

Weigert sich der Sachverständige unberechtigt, das Gutachten zu erstatten, so können ihm auch im Strafprozeß die durch seine Weigerung verursachten Kosten auferlegt werden. Daneben droht ihm – wie im Zivilprozeß – ein Ordnungsgeld (§ 77 StPO).

4. Die Erstattung des Gutachtens, Entschädigung

20   Zur Vorbereitung des Gutachtens kann der Sachverständige die Akten einsehen, der Vernehmung von Zeugen oder des Beschuldigten beiwohnen und an sie unmittelbar Fragen stellen. Auf sein Verlangen kann sogar durch Zeugen- oder Beschuldigtenvernehmung eventuell notwendige weitere **Aufklärung** verschafft werden (§ 80 StPO). Soweit erforderlich, hat der Richter die Tätigkeit des Sachverständigen zu leiten (§ 78 StPO).

21   Die **Entschädigung** des Sachverständigen erfolgt nach dem Gesetz über die Entschädigung von Zeugen und Sachverständigen (ZSEG). Vgl. hierzu oben Rz. 14.

III. Das Schiedsgerichtsverfahren

1. Allgemeines

22   Bürgerlich-rechtliche Rechtsstreitigkeiten müssen nicht notwendigerweise vor staatlichen Gerichten ausgetragen werden. Wie bereits gezeigt (s. o. Rz. 1ff) ist das zivilgerichtliche Verfahren stark vom Einfluß der Parteien geprägt. Es ist daher durchaus konsequent, wenn es den Parteien freigestellt wird, ihre bürgerlich-rechtlichen Streitigkeiten durch **private Gerichte** entscheiden zu lassen. Den rechtlichen Rahmen hierfür bietet das 10. Buch der Zivilprozeßordnung (§§ 1025 bis 1048 ZPO).

23   Gegenstand des **Schiedsverfahrens** können nur zivilrechtliche und von diesen wiederum nur vermögensrechtliche Angelegenheiten sein. Ausgeschlossen vom Schiedsverfahren ist daher das Familienrecht und kraft besonderer gesetzlicher Bestimmung (§ 1025a ZPO) das Wohnraummietrecht. Auf arbeitsrechtlichem Gebiet gelten die §§ 101 bis 110 ArbGG.

Ist ein Schiedsverfahren wirksam vereinbart, ist eine Klage vor dem ordentlichen Gericht auf Antrag des Beklagten als unzulässig abzuweisen (§ 1027a ZPO).

2. Schiedsvertrag

24 Die rechtliche Grundlage des Schiedsgerichtsverfahrens bildet der **Schiedsvertrag.** Dieser enthält zunächst die Vereinbarung der Parteien, daß über die aus einem bestimmten Rechtsverhältnis entspringenden Rechtsstreitigkeiten anstelle des staatlichen Gerichts ein Schiedsgericht entscheiden soll. Die Vorschriften des 10. Buches der ZPO finden nur insoweit Anwendung, als der Schiedsvertrag keine Regelung trifft. Nur wenige der vom Gesetz vorgesehenen Regeln sind unabdingbar (z. B. der Grundsatz des rechtlichen Gehörs). Auf den Mustervertrag des Deutschen Ausschusses für Schiedsgerichtswesen wird hingewiesen.

25 Vom Schiedsvertrag zu unterscheiden ist der Schiedsgutachtervertrag. Durch ein **Schiedsgutachten** wird nicht ein streitiges Rechtsverhältnis, sondern lediglich eine einzelne Tatsache als Grundlage für die rechtliche Entscheidung verbindlich festgestellt. Für das Schiedsgutachten gilt nicht das 10. Buch der ZPO sondern die §§ 317 ff BGB.

26 Der Schiedsvertrag ist ferner nicht gleichzusetzen mit dem **Schiedsrichtervertrag.** Ersterer regelt das Verhältnis der Parteien untereinander, letzterer das Verhältnis zwischen den Parteien und dem Schiedsrichter. Es handelt sich hierbei um einen Vertrag eigener Art (str.), der die Rechte und Pflichten des Schiedsrichters, darunter z. B. die Frage seiner Vergütung regelt.

27 Der Schiedsvertrag erfordert schriftliche Form und darf nur solche Vereinbarungen enthalten, die sich auf das schiedsgerichtliche Verfahren beziehen. Diese **Formvorschriften** gelten nicht unter Vollkaufleuten. Im übrigen wird der Formmangel durch rügelose Einlassung der Parteien zur schiedsgerichtlichen Verhandlung geheilt (§ 1027 ZPO). Für Schiedsgerichte, die nicht auf vertraglicher Vereinbarung, sondern z. B. auf testamentarischer Bestimmung beruhen, gelten die §§ 1025 ff ZPO entsprechend (§ 1048 ZPO).

3. Ernennung und Ablehnung der Schiedsrichter

28 Regelmäßig bestimmt der Schiedsvertrag die **Anzahl der Schiedsrichter,** die die Parteien zu benennen oder auf die sie sich zu einigen haben. Häufig werden 3 Schiedsrichter vorgesehen, wobei jede Partei einen Schiedsrichter benennt und der dritte Schiedsrichter (Obmann) von den Schiedsrichtern oder von den Parteien einvernehmlich bestimmt wird. Enthält der Schiedsvertrag keine Regelung, so ernennt jede Partei einen Schiedsrichter (§ 1028 ZPO).

Benennt eine Partei nicht innerhalb einer Woche nach *schriftlicher* Aufforderung durch die Gegner ihre(n) Schiedsrichter, kann die betreibende Partei den gegnerischen Schiedsrichter durch das ordentliche Gericht ernennen lassen (§ 1029 ZPO).

29 Fällt ein Schiedsrichter aus oder verweigert er die **Übernahme des Amtes,** kann die Partei, die ihn ernannt hat, einen neuen Schiedsrichter bestimmen und hierzu ggf. durch Fristsetzung angehalten werden (§ 1031 ZPO). Dies gilt nicht, wenn der Schiedsvertrag ganz bestimmte Schiedsrichter vorsieht. Fällt von diesen einer weg, ist der gesamte Schiedsvertrag hinfällig (§ 1033 Ziff. 1 ZPO).

30 Unter den Voraussetzungen, unter denen ein staatlicher Richter abgelehnt werden kann, findet auch die **Ablehnung** eines Schiedsrichters statt (§ 1032 Abs. 1 ZPO). Danach ist die Ablehnung möglich bei Vorliegen eines gesetzlichen Ausschließungsgrundes (vgl. §§ 41, 42 ZPO und oben Rz. 5 ff.) sowie bei Besorgnis der Befangenheit (§ 42 ZPO). Letztere kann begründet sein, wenn ein Schiedsrichter ständiger Berater einer Partei ist oder für eine Partei ein Privatgutachten erstattet hat. Auch im übrigen sollte ein Schiedsrichter alles unterlassen, was den Eindruck der Parteilichkeit erwecken könnte, insbesondere nicht mit einer Partei allein verhandeln oder Ortsbesichtigungen vornehmen.

31 **Ablehnungsgrund** ist ferner die ungebührliche Verzögerung der dem Schiedsrichter obliegenden Pflichten (§ 1032 Abs. 2 ZPO), auch wenn diese Verzögerung unverschuldet ist (z. B. bei Krankheit) (*Baumbach/Lauterbach/Albers/Hartmann* ZPO 43. Aufl., § 1032 Anm. 2 C).

Über die Ablehnung entscheidet zwingend das ordentliche Gericht. Der Ablehnungsgrund muß glaubhaft gemacht werden. Die Entscheidung des Gerichts ergeht durch Beschluß nach vorheriger Anhörung des Gegners. Gegen die Entscheidung ist das Rechtsmittel der sofortigen Beschwerde gegeben (§ 1045 ZPO).

32   Niemand ist gezwungen, als Schiedsrichter tätig zu werden. Eine **Verpflichtung zur Ausübung des Amtes** – wie sie für Zeugen und Sachverständige u. U. gegeben ist – kennt das Schiedsverfahren *nicht*.

4. Verfahren vor dem Schiedsgericht

33   Das Verfahren vor dem Schiedsgericht wird grundsätzlich von den Schiedsrichtern nach **freiem Ermessen** geführt, soweit nicht der Schiedsvertrag ein bestimmtes Verfahren vorsieht. Nur wenige Grundregeln sind vom Gesetz zwingend vorgeschrieben. Unabdingbar ist die Gewährung rechtlichen Gehörs und die Pflicht zur Ermittlung des dem Streit zugrunde liegenden Sachverhalts (§ 1034 ZPO).

34   Im Gegensatz zum Verfahren vor den staatlichen Gerichten ist das Schiedsverfahren **nicht öffentlich**. Eine mündliche Verhandlung ist nicht zwingend vorgeschrieben, aber stets empfehlenswert. Regelmäßig lassen sich die Parteien auch im Schiedsverfahren von sachkundigen Bevollmächtigten vertreten. Diese können vom Schiedsgericht zurückgewiesen werden, es sei denn, es handelt sich um Rechtsanwälte (§ 1034 Abs. 1 Satz 2 ZPO). Ein Anwaltszwang – wie z. B. vor dem Landgericht – besteht allerdings nicht.

35   Zur notwendigen **Sachverhaltsermittlung** gehört auch die Vernehmung von Zeugen und Sachverständigen. Da das Schiedsgericht jedoch nicht über hoheitliche Gewalt verfügt, kann es die Zeugen und Sachverständigen weder zum Erscheinen zwingen noch sie ggf. beeiden. Auf Antrag einer Partei kann jedoch eine Handlung, zu der das Schiedsgericht nicht befugt ist, vom staatlichen Gericht vorgenommen werden (§ 1036 Abs. 1 ZPO).

5. Schiedsspruch, Schiedsvergleich

36   Sind die Ermittlungen abgeschlossen und die Parteien angehört, so beendet das Schiedsgericht den Rechtsstreit durch den **Schiedsspruch.** Ein Versäumnisverfahren mit Versäumnisentscheidung ist dem Schiedsverfahren unbekannt. Das Schiedsgericht kann jedoch die Säumnis einer Partei frei würdigen und ggf. nach Aktenlage entscheiden (*Baumbach/Lauterbach/Albers/Hartmann* ZPO 43. Aufl., § 1034 Anm. 5 „Versäumnisverfahren").

Sofern der Schiedsvertrag nichts anderes bestimmt, wird der Schiedsspruch mit der absoluten Mehrheit der Stimmen gefällt (§ 1038 ZPO). *Stimmengleichheit* führt zum Außerkrafttreten des Schiedsvertrages, es sei denn, daß für diesen Fall im Vertrag Vorsorge getroffen ist (§ 1033 ZPO). Nach Erlöschen des Schiedsvertrages kann Klage vor dem ordentlichen Gericht erhoben werden.

37   Der Schiedsspruch enthält die **Entscheidung** des Schiedsgerichts über die Streitfrage sowie über die Kosten des Verfahrens. Er ist schriftlich abzufassen, mit Gründen zu versehen und von allen Schiedsrichtern unter Datumsangabe eigenhändig zu unterschreiben. Der unterzeichnete Schiedsspruch wird den Parteien zugestellt und auf der Geschäftsstelle des zuständigen staatlichen Gerichts niedergelegt (§ 1039 ZPO). Die Einhaltung dieser Formvorschriften ist unabdingbar; ihre Nichtbeachtung macht den Schiedsspruch unwirksam.

38   Der Schiedsspruch wirkt wie ein rechtskräftiges gerichtliches Urteil (§ 1040 ZPO). Zur Vollstreckbarkeit bedarf er jedoch einer **Vollstreckbarkeitserklärung** des staatlichen Gerichts, die auf Antrag der obsiegenden Partei nach Anhörung des Gegners erteilt wird (§§ 1042 ff ZPO). Über den Antrag kann ohne mündliche Verhandlung durch Beschluß entschieden werden. Wird mündlich verhandelt, ergeht die Entscheidung durch Urteil (§ 1042a Abs. 1 ZPO). Gegen den Beschluß, durch den der Schiedsspruch für vollstreckbar erklärt wird, kann der Gegner innerhalb von 2 Wochen Widerspruch einlegen, über den nach mündlicher Verhandlung durch Urteil entschieden wird (§§ 1042c und d ZPO). Wird der Antrag auf Vollstreckbarerklärung durch Beschluß abgelehnt, kann der Antragsteller hiergegen mit dem Rechtsmittel der sofortigen Beschwerde angehen.

39   Gegen den Schiedsspruch ist ein **Rechtsmittel,** das zur uneingeschränkten rechtlichen Überprüfung führt, *nicht* gegeben. Nur gravierende Mängel, insbesondere Ver-

Das Schiedsgerichtsverfahren   40–44 Q

fahrensmängel, können mit Hilfe der staatlichen Gerichte durch eine Aufhebungsklage angegriffen werden. Aufhebungsgründe sind u. a. das Fehlen eines gültigen Schiedsvertrages, ein Verstoß des Schiedsspruchs gegen die guten Sitten oder die öffentliche Ordnung, die Nichtgewährung des rechtlichen Gehörs oder die Tatsache, daß sich der Schiedsspruch auf einen Meineid oder eine gefälschte Urkunde gründet (vgl. im einzelnen § 1041 i. V. m. § 580 ZPO). Das angerufene staatliche Gericht prüft im Rahmen der Aufhebungsklage nur, ob ein Aufhebungsgrund vorliegt; die inhaltliche Richtigkeit ist der Überprüfung entzogen. Der Schiedsspruch kann daher ggf. aufgehoben, keinesfalls aber abgeändert werden. Liegt ein Aufhebungsgrund vor, so hat das ordentliche Gericht den Schiedsspruch auch im Verfahren über die Vollstreckbarerklärung aufzuheben (§ 1042 Abs. 2 ZPO).

40 Wie das Verfahren vor dem staatlichen Gericht kann auch das Schiedsgerichtsverfahren durch **Vergleich** beendet werden. Der Schiedsvergleich muß unter Datumsangabe von den Schiedsrichtern und den Parteien unterschrieben und auf der Geschäftsstelle des zuständigen Gerichts niedergelegt werden. Die Zwangsvollstreckung aus dem Vergleich ist möglich, wenn der Schuldner sich in ihm der Vollstreckung unterworfen und das ordentliche Gericht ihn für vollstreckbar erklärt hat (vgl. im einzelnen § 1044 a ZPO).

6. Haftung und Vergütung des Schiedsrichters

41 Das Rechtsverhältnis des Schiedsrichters zu den Parteien bestimmt sich nach dem **Schiedsrichtervertrag.** Durch ihn wird der Schiedsrichter verpflichtet, sein Amt auszuüben. Seine Vertragspartner sind beide Parteien, nicht nur die ernennende Partei. Der Schiedsrichter muß sein Amt unparteiisch ausüben, er ist daher von den Parteien grundsätzlich unabhängig. Nur Weisungen, die beide Parteien übereinstimmend erteilen, hat er zu befolgen.

42 Die Stellung des Schiedsrichters bedingt eine Haftungsbeschränkung, wie sie auch für Richter der staatlichen Gerichte in § 839 Abs. 2 BGB vorgesehen ist (BGHZ 15, 12 ff; 42, 313). Danach haftet der Schiedsrichter für einen aus dem Schiedsspruch aufgrund einer **Pflichtverletzung** entstehenden Schaden nur, wenn die Pflichtverletzung in einer Straftat besteht. Dieses Privileg gilt nicht für eine pflichtwidrige Verweigerung oder Verzögerung der Ausübung des Amtes.

43 Die **Vergütung** des Schiedsrichters richtet sich nach dem Schiedsrichtervertrag und unterliegt damit grundsätzlich der freien Bestimmung durch die Vertragsparteien. Sagt der Vertrag über die Vergütung nichts aus, so gilt im Zweifel die übliche Vergütung als vereinbart. Hier orientiert man sich vorzugsweise an der Bundesgebührenordnung für Rechtsanwälte (*Baumbach/Lauterbach/Albers/Hartmann* aaO. Anh. § 1028 Anm. 3 A). Das Schiedsgericht kann die Vergütung des Schiedsrichters keinesfalls selbst festsetzen (BGH BB 1978, 327).

44 Neben der Vergütung haben die Schiedsrichter Anspruch auf **Auslagenersatz.** Sie können einen Vorschuß verlangen. Es ist zulässig, die Schiedsrichtertätigkeit von der Zahlung eines angemessenen Vorschusses abhängig zu machen (*Baumbach/Lauterbach/Albers/Hartmann* aaO. Anm. 3 C und BGHZ 55, 347). Schuldner von Vergütung und Auslagenersatz sind beide Parteien. Zahlen die Parteien nicht freiwillig, ist in Ermangelung eines Kostenfestsetzungsverfahrens der Anspruch des Schiedsrichters durch Klage beim staatlichen Gericht durchzusetzen.

Elsner

R. Unternehmensberatung

Bearbeiter: Klaus P. Blobel

Übersicht

	Rz.
I. Existenzgründungsberatung	1–116
1. Zielsetzung	1, 2
2. Person und soziales Umfeld des Unternehmensgründers	3–6
3. Öffentlich-rechtliche Voraussetzungen zur Unternehmensgründung	7–27
a) Allgemeine gesetzliche Regelungen zur Berufsausübung	7–10
b) Bestimmungen der Gewerbeordnung-, Handwerksordnung und sonstiger wesentlicher Spezialgesetze	11–27
aa) Einzelhandel	12
bb) Großhandel	13
cc) Handwerk	14–17
dd) Handwerksähnliche Gewerbe	18
ee) Industrie/Fabrikation	19
ff) Gaststättengewerbe	20
gg) Verkehrsgewerbe	21
hh) Vermittlungsgewerbe (Makler, Bauträger, Baubetreuer)	22–24
ii) Sonstige nach Gewerbeordnung erlaubnispflichtige Gewerbe	25
jj) Banken, Bausparkassen, Versicherungen	26, 27
4. Unternehmensplanung	28–76
a) Ablauf der Planung	28
b) Umsatzplanung	29–32
c) Aufwands- und Ausgabenplanung	33–42
aa) Planung der Gründungsinvestitionen	33–36
bb) Planung der Betriebsmittel- und Aufwandsausgaben	37–42
d) Ergebnisplanung	43–46
e) Kapitalbedarfsplanung	47–54
f) Finanzierungsplanung	55–75
aa) Eigenkapitalermittlung und Grundprobleme der Fremdfinanzierung	55, 56
bb) Finanzierungshilfen	57–68
cc) Fremdfinanzierung über Kapitallebensversicherungen	69
dd) Gesamtfinanzierung und Kapitaldienst	70–72
ee) Miete, Leasing, Factoring	73–75
g) Planungsergebnis	76
5. Wahl der Rechtsform	77
a) Vorbemerkungen	77, 78
b) Überblick über wesentliche Rechtsformen	79–90
c) Kriterien der Rechtsformwahl	91–104
aa) Haftungsbeschränkung	91, 92
bb) Inanspruchnahme steuerlicher Vorteile	93–101
cc) Adäquater Verwaltungsaufwand	102, 103
dd) Bestimmungsrecht	104
d) Entscheidung über die zu wählende Rechtsform	105
6. Melde- und Eintragungspflichten	106–110
7. Gründungsberatung des werbenden Unternehmens	111–116
II. Investitionsrechnung	117–142
1. Ziele der Investitionsrechnung	117–120
2. Investitionsrechnungsarten	121–123

	Rz.
3. Wirtschaftlichkeitsrechnungen	124–136
a) Kostenvergleichsrechnungen	124–128
aa) Inhalt von Kostenvergleichsrechnungen	124
bb) Kostenvergleich bei Ausbringungsidentität	125
cc) Kostenvergleich bei unterschiedlicher Produktionsmenge	126–128
b) Gewinnvergleichsrechnungen	129
c) Rentabilitätsrechnungen	130–134
d) Pay-off-Methode	135
e) Kumulative break-even-Rechnung	136
4. Finanzmathematische Verfahren	137–142
a) Wesen der Verfahren	137, 138
b) Kapitalwertmethode	139, 140
c) Annuitätsmethode	141
d) Interne Zinsfußmethode	142
III. Kosten- und Leistungsrechnung	143–222
1. Kosten- und Leistungsrechnung als Instrument der Rechnungslegung und Unternehmenssteuerung	143–147
2. Wesentliche Begriffe, Abgrenzung und Prinzipien der Kostenrechnung	148–156
3. Aufbau der Kosten- und Leistungsrechnung	157–196
a) Betriebsabrechnung	157–176
aa) Kostenartenrechnung	157–171
bb) Kostenstellenrechnung	172–176
b) Leistungsrechnung – Kostenträgerrechnung	177
aa) Kostenträgerstückrechnung	177–192
bb) Kostenträgerzeitrechnung – Betriebsergebnisrechnung	193–196
4. Kostenrechnungssysteme	197–220
a) Ist-Kostenrechnungssysteme	199–213
aa) Ist-Kostenrechnung auf Vollkostenbasis	199, 200
bb) Ist-Kostensysteme auf Teilkostenbasis – Deckungsbeitragsrechnungen	201–213
b) Normalkostenrechnungssysteme	214–216
c) Plankostenrechnungssysteme	217–220
5. Praxisorientierter Einsatz der Kostenrechnung	221, 222
IV. Finanz- und erfolgswirtschaftliche Analyse	223
1. Finanzanalyse	223–225
2. Ausgestaltung der finanz- und erfolgswirtschaftlichen Analyse	226–229
3. Finanz- und erfolgswirtschaftliche Kennzahlen	230–261
a) Kennzahlenarten	230–234
b) Cash-flow	235–239
c) Kennzahlen zur Vermögensstruktur	240–242
d) Kapitalstrukturkennzahlen	243–248
e) Finanz- und Liquiditätsstrukturkennzahlen	249–258
f) Rentabilitäts- und Ertragskennzahlen	259–261
4. Kapitalflußrechnungen	262
a) Bewegungsbilanzen und Kapitalflußrechnungen – Begriffe und Ziele	262–266
b) Inhalt und Aufbau von Kapitalflußrechnungen	267–278

I. Existenzgründungsberatung

1. Zielsetzung

1 „Die Unternehmensberatung ist ein wichtiges Instrument zur Steigerung der Leistungs- und Wettbewerbsfähigkeit kleiner und mittlerer Unternehmen. Das Gleiche gilt für die Existenzgründungsberatung." Diese beiden Sätze sind wörtlich der Richtlinie über die Förderung von Unternehmensberatung für kleine und mittlere Unternehmen i. d. F. vom 6. 12. 1984 entnommen (Anl. 64a/84 z. BAnz 235a v. 14. 12. 1984). Die Tatsache, daß der Staat Existenzgründungsberatungen für so wichtig hält, daß er sie öffentlich fördert, ist zwar einerseits getragen vom Grundgedanken unserer marktwirtschaftlichen Ordnung, wirft aber andererseits ein Licht auf die Situation gescheiterter oder wenig erfolgreicher Existenzgründer. Nahezu die Hälfte aller Insolvenzen erfolgt in den ersten vier Jahren nach Unternehmensgründung.

2 Betrachtet man die **Ursachen des Scheiterns** von Existenzgründern,
- mangelnde kaufmännische Kenntnisse
- mangelhafte Buchführung
- unzureichende Eigenkapitalausstattung
- Finanzierung langfristig gebundenen Vermögens mit kurzfristigen Krediten
- falsche Kalkulationen
- nicht vorhandene oder ungenügende Planung
- Fehlbeurteilung der Marktchancen und Marktentwicklungen
- Fehlen von Anpassungsmaßnahmen bei konjunkturellen Einbrüchen
- zu hohe Entnahmen u. a. m.

so wird deutlich, daß mehr als 90% dieser Ursachen letztlich auf Unkenntnis beruhen. Diese Unkenntnis zu beseitigen und damit die Gründung einer dauerhaften Existenz auf unternehmerischer Basis zu ermöglichen, ist Aufgabe des Beraters. Unter Existenzgründung soll im folgenden die Errichtung eines neuen bisher nicht im Markt tätigen Unternehmens verstanden werden. Wird diese Aufgabe sachgerecht erfüllt, so endet die Existenzgründungsberatung nicht mit der Installierung des neuen Unternehmens. Der Unternehmensberatungsmandant, der in der Regel nach Gründung Steuerberatungsmandant wird, erwartet Leistungen, die über die in § 33 StBerG definierten Tätigkeiten der Hilfe in Steuerangelegenheiten hinausgehen, jedoch mit dem Berufsbild nach § 57 Abs. 3 Ziff. 3 StBerG übereinstimmen. Eine qualifizierte kompetente Beratung in dieser Nachgründungsphase, die, wie die Insolvenzenstatistik zeigt, mehrere Jahre dauert, bedeutet Bereitstellung betriebswirtschaftlicher Daten und Informationen, die – abgesichert durch zivil-, steuer-, sozial- und gesellschaftsrechtliche Vorschriften – dem Mandanten Hilfestellung sind bei der Führung der gegründeten Organisation und bei Einführung neuer Konzeptionen in den bestehenden Unternehmensorganismus.

2. Person und soziales Umfeld des Unternehmensgründers

3 Die klassischen Motivationen des „Sich-Selbständigmachens", Unabhängigkeit, höheres Einkommen, gesellschaftliches Ansehen und Einfluß, reichen allein nicht aus, den angestrebten Erfolg zu erzielen. Persönliche und fachliche Qualifikationen sowie das soziale Umfeld des potentiellen Existenzgründers müssen eine Gewähr dafür bieten, daß die sachlichen Anforderungen überhaupt bewältigt werden können.

Ohne den Berater in die Rolle eines Mediziners, Psychologen oder Prüfers und den Klienten in die des Patienten oder Probanden zu versetzen, sollte der Mandant das Vorhandensein der folgenden Eigenschaften und Fähigkeiten möglichst uneingeschränkt bejahen und auch Dritten (potentiellen Kreditgebern) gegenüber glaubhaft darstellen bzw. nachweisen können:

4 **Persönliche Eigenschaften und Fähigkeiten**
- Einen Gesundheitszustand, der es erlaubt, über einen längeren Zeitraum hinweg mehr als 12 Stunden täglich zu arbeiten, zusätzlich im Zweifel Fortbildungsveranstaltungen zu besuchen und Fachliteratur zu studieren

Existenzgründungsberatung 5–10 R

- eine geistige und nervliche Belastbarkeit, die gewährleistet, bei Streßsituationen und mehreren simultan auftretenden Problemen sich zu konzentrieren und unternehmerisch sinnvolle Entscheidungen schnell und zielgerecht zu treffen
- eine Motivationsfähigkeit, die ausreicht, Mitarbeiter auch in schwierigen Situationen zu weiteren Leistungen anzuspornen
- eine soziale Initiative, die schnelle Kontaktaufnahme zu Dritten ermöglicht
- Durchsetzungsvermögen
- eine psychische Stabilität, mögliche Rückschläge zu verarbeiten

5 **Fachliche Fähigkeiten**
- ein konkurrenzfähiges Fachwissen
- hinreichende Berufserfahrung, um das eigene Marktangebot stabil plazieren zu können
- Markt- und Branchenkenntnisse, die jederzeitige Aktion und Reaktion bei variierenden Bedingungen ermöglichen

Zuletzt muß das Vorhaben von einer etwa vorhandenen Familie geistig – und im Zweifel materiell – mitgetragen werden.

6 Abschließend ist in diesem persönlichen Bereich zu klären, ob ein bestehender Arbeits- oder Dienstvertrag nicht ein, wie auch immer gestaltetes Wettbewerbsverbot vorsieht, oder bei der Markteinführung technischer Innovationen nicht eine rechtliche Beschränkung (Dienerfindung) die freie Verwertung verhindert und damit die geplante Existenzgründung unmöglich macht.

3. Öffentlich-rechtliche Voraussetzungen zur Unternehmensgründung

a) Allgemeine gesetzliche Regelungen zur Berufsausübung

7 Das Recht der freien Berufswahl aus Art. 12 GG ist mit der Nebenbedingung versehen, daß die Berufsausübung durch Gesetz oder aufgrund eines Gesetzes geregelt werden kann. Es ist daher als erstes festzustellen, ob die Art der geplanten selbständigen Betätigung persönliche und/oder fachliche Qualifikationen zur Voraussetzung hat.

8 Für den Bereich der **freien Berufe** ist festzustellen, daß Regelungen zur Ausübung von schriftstellerischen und künstlerischen Tätigkeiten nicht bestehen. Alle übrigen in § 18 Abs. 1 Nr. 1 Satz 2 EStG aufgeführten sogenannten Katalogberufe erfordern mehr oder weniger den Nachweis der beruflichen Qualifikation und die sich anschließende Zulassung in einem besonderen Verfahren. Derartige Regelungen finden sich durchweg in den entsprechenden Bundes- und Ländergesetzen sowie den zugehörigen Durchführungsverordnungen. Für die Praxis dürfte davon ausgegangen werden, daß der Beratungsklient, der Angehöriger eines gehobenen oder höheren Dienstleistungsberufes ist, diese Zulassungsvoraussetzungen kennt und über sie verfügt.

9 Die selbständige Berufsausübung im Bereich der **Agrarwirtschaft** im weitesten Sinne, hierzu zählen die Berufe des Land- und Forstwirts, Gärtners, Winzers, etc., ist nicht an das Vorhandensein bestimmter Qualifikationen gebunden. Hier ist vielmehr im Einzelfall zu prüfen, ob nicht nach Lage der Dinge ein Gewerbebetrieb vorliegt und somit die Regelungen der Gewerbeordnung und ihrer Nebengesetze bestimmte Voraussetzungen an die Ausübung der Tätigkeit stellen.

10 Die Ausübung eines **Gewerbes** ist nach § 1 Abs. 1 GewO jedermann gestattet, soweit nicht die Gewerbeordnung selbst oder sonstiges Bundesrecht Ausnahmen hinsichtlich der Zulassung vorsieht. Hierbei ist zu beachten, daß der steuerrechtliche Gewerbebegriff weitergefaßt ist als der gewerberechtliche Gewerbebegriff, der wie folgt zu definieren ist:
,,Unter dem Betrieb eines Gewerbes versteht man eine auf dauernde Gewinnerzielung gerichtete, fortgesetzt ausgeübte, selbständige, erlaubte Tätigkeit mit Ausnahme der Urproduktion (z. B. Aufsuchung und Gewinnung von Bodenschätzen, Landwirtschaft) und bestimmter geistiger Tätigkeiten" (*Landmann-Rohmer*, GewO, § 1 Anm. 3).

b) **Bestimmungen der Gewerbeordnung-, Handwerksordnung und sonstiger wesentlicher Spezialgesetze**

11   Die Eröffnung eines Gewerbebetriebes, gleich ob er als stehender Gewerbebetrieb, Reisegewerbe oder im Messe- und Marktverkehr ausgeübt wird, ist, je nach Art des beabsichtigten Unternehmens, trotz des Grundsatzes der Gewerbefreiheit regelmäßig an die Erfüllung gesetzlich normierter Voraussetzungen gebunden. Es gilt also zu prüfen, ob der Existenzgründer diese Voraussetzungen bereits erfüllt oder erfüllen kann. Die rechtlichen Voraussetzungen sind im wesentlichen in der Gewerbeordnung, ihren Nebengesetzen sowie der Handwerksordnung geregelt. Die hiernach besonderen Voraussetzungen sind in der nachstehenden Übersicht aufgeführt:

aa) Einzelhandel

12   Zur Eröffnung eines Einzelhandelsunternehmens benötigt der Gründer grundsätzlich weder einen Sachkundenachweis noch einen besonderen Zuverlässigkeitsnachweis. Im Falle der Eröffnung einer Apotheke sind die Vorschriften des Gesetzes über das Apothekenwesen (ApothG) in der Fassung vom 15. 10. 1980 (BGBl. I, 1993) zu beachten. Den Vertrieb von ethischen und nicht ethischen Präparaten regeln §§ 43 bis 45 ArzneimittelG sowie die Verordnung über die Zulassung von Arzneimitteln für den Verkehr außerhalb Apotheken vom 19. 9. 1969, BGBl. I, 1651. Für den Vertrieb von Waffen ist eine Waffenhandelserlaubnis erforderlich, die Zuverlässigkeit, Sachkunde und die deutsche Staatsangehörigkeit voraussetzt (§ 7 ff. WaffenG). Soll im Einzelhandel Hackfleisch angeboten werden, so ist ein Sachkundenachweis zu erbringen, es sei denn, das Fleischerhandwerk ist erlernt (HFlV v. 10. 5. 1976 i. d. F v. 13. 3. 1984 BGBl. I, 393).

bb) Großhandel

13   Wie beim Einzelhandel bedarf der Gründer zur Eröffnung eines Großhandelsunternehmens grundsätzlich keinerlei Zuverlässigkeits- oder Sachkundenachweise. Sollen Chemikalien oder Sprengstoffe vertrieben werden, sind die Regelungen des Chemikaliengesetzes vom 16. 9. 1980 (BGBl. I, 1718) und des Gesetzes über explosionsgefährliche Stoffe vom 13. 9. 1976 (BGBl. I, 2737) zu beachten. Soweit als Großhandel Gewerbe betrieben werden, die in den Ausführungen zum Einzelhandel enthalten sind, gelten diese analog.

cc) Handwerk

14   Für die Ausübung eines Handwerks gelten strenge Zulassungsvoraussetzungen. Nach § 1 Abs. 1 Handwerksordnung (HandwO) ist der selbständige Betrieb eines Handwerks als stehendes Gewerbe nur in der Handwerksrolle eingetragenen natürlichen und juristischen Personen oder Personengesellschaften (selbständige Handwerker) gestattet. Dies bedeutet, daß der Gründer gem. § 7 Abs. 1 HandwO in dem von ihm zu betreibenden Handwerk oder einem diesen verwandten Handwerk die Meisterprüfung bestanden haben muß oder nach § 8 oder § 9 HandwO eine Ausnahmebewilligung erteilt bekommen hat. Diese Ausnahmebewilligung kann nach § 8 Abs. 1 HandwO erteilt werden, wenn die Ablegung der Meisterprüfung eine unzumutbare Belastung darstellen würde, im übrigen aber die notwendigen Kenntnisse und Fertigkeiten nachgewiesen sind. Diese Ausnahmebewilligung wird gem. § 8 Abs. 3 HandwO von der höheren Verwaltungsbehörde nach Anhörung der Handwerkskammer erteilt.

15   Das Ablegen einer Meisterprüfung ist nach der Verordnung über die Anerkennung von Prüfungen bei der Eintragung in die Handwerksrolle und bei Ablegung der Meisterprüfung im Handwerk vom 2. November 1982 (BGBl. I, 1475) nicht erforderlich für Gründer, die ein Handwerk betreiben wollen und ein Studium oder eine Fachausbildung mit Abschluß in der jeweiligen Fachrichtung absolviert haben, das dem auszuübenden Handwerk entspricht. Es kann sich hierbei um Diplom- und Abschlußprüfungen an deutschen Hochschulen, Abschlußprüfungen an deutschen staatlichen oder staatlich anerkannten Technikerschulen/Fachschulen oder vor staatlichen Prüfungsausschüssen oder Abschlußprüfungen an deutschen staatlichen oder staatlich anerkannten Unterrichtsanstalten und an Ausbildungseinrichtungen der

Existenzgründungsberatung

Bundeswehr handeln. In der Praxis sind es meist Ingenieure, für die diese Regelung gilt.

16 Erfüllt der Unternehmensgründer diese Voraussetzungen nicht, so kann in der Praxis diesem Mangel dadurch abgeholfen werden, daß eine GmbH gegründet wird, die einen in die Handwerksrolle eingetragenen Handwerksmeister als Betriebsleiter einstellt.

17 Die vorstehend genannten Voraussetzungen sind bei den Gewerben zu erfüllen, die in der **Anlage A zur HandwO** aufgeführt sind.

Anlage A: Verzeichnis
der Gewerbe, die als Handwerk betrieben werden können
(§ 1 Abs. 2)

I Gruppe der Bau- und Ausbaugewerbe

Nr.
1 Maurer
2 Beton- und Stahlbetonbauer
3 Feuerungs- und Schornsteinbauer
4 Backofenbauer
5 Zimmerer
6 Dachdecker
7 Straßenbauer
8 Wärme-, Kälte- und Schallschutzisolierer
9 Fliesen-, Platten- und Mosaikleger
10 Betonstein- und Terrazzohersteller
11 Estrichleger
12 Brunnenbauer
13 Steinmetzen und Steinbildhauer
14 Stukkateure
15 Maler und Lackierer
16 Kachelofen- und Luftheizungsbauer
17 Schornsteinfeger

II Gruppe der Metallgewerbe

18 Schmiede
19 Schlosser
20 Karosseriebauer
21 Maschinenbauer (Mühlenbauer)
22 Werkzeugmacher
23 Dreher
24 Mechaniker (Nähmaschinen- und Zweiradmechaniker)
24a Kälteanlagenbauer
25 Büromaschinenmechaniker
26 Kraftfahrzeugmechaniker
27 Kraftfahrzeugelektriker
28 Landmaschinenmechaniker
29 Feinmechaniker
30 Büchsenmacher
31 Klempner
32 Gas- und Wasserinstallateure
33 Zentralheizungs- und Lüftungsbauer
34 Kupferschmiede
35 Elektroinstallateure
36 Elektromechaniker
37 Fernmeldemechaniker
38 Elektromaschinenbauer
39 Radio- und Fernsehtechniker
40 Uhrmacher
41 Graveure
42 Ziseleure
43 Galvaniseure und Metallschleifer
44 Gürtler und Metalldrücker
45 Zinngießer
46 Metallformer und Metallgießer
47 Glockengießer
48 Messerschmiede
49 Goldschmiede

Nr.
50 Silberschmiede
51 Gold-, Silber- und Aluminiumschläger

III Gruppe der Holzgewerbe

52 Tischler
53 Parkettleger
54 Rolladen- und Jalousiebauer
55 Bootsbauer
56 Schiffbauer
57 Modellbauer
58 Wagner
59 Drechsler (Elfenbeinschnitzer)
60 Schirmmacher
61 Holzbildhauer
62 Böttcher
63 Bürsten- und Pinselmacher
64 Korbmacher

IV Gruppe der Bekleidungs-, Textil- und Ledergewerbe

65 Herrenschneider
66 Damenschneider
67 Wäscheschneider
68 Sticker
69 Stricker
70 Modisten
71 Weber
72 Seiler
73 Segelmacher
74 Kürschner
75 Hut- und Mützenmacher
76 Handschuhmacher
77 Schuhmacher
78 Orthopädieschuhmacher
79 Gerber
80 Sattler
81 Feintäschner
82 Raumausstatter

V Gruppe der Nahrungsmittelgewerbe

83 Bäcker
84 Konditoren
85 Fleischer
86 Müller
87 Brauer und Mälzer
88 Weinküfer

VI Gruppe der Gewerbe für Gesundheits- und Körperpflege sowie der chemischen und Reinigungsgewerbe

89 Augenoptiker
90 Hörgeräteakustiker
91 Bandagisten
92 Orthopädiemechaniker
93 Chirurgiemechaniker
94 Zahntechniker
95 Friseure
96 Textilreiniger
97 Wachszieher
98 *(gestrichen)*
99 Gebäudereiniger

VII Gruppe der Glas-, Papier-, keramischen und sonstigen Gewerbe

100 Glaser
101 Glasschleifer und Glasätzer
102 Feinoptiker
103 Glasapparatebauer
103a Thermometermacher
104 Glas- und Porzellanmaler
105 Farbsteinschleifer, Achatschleifer und Schmucksteingraveure
106 Fotografen
107 Buchbinder
108 Buchdrucker: Schriftsetzer, Drucker

Existenzgründungsberatung

Nr.
109 Steindrucker
110 Siebdrucker
111 Flexografen
112 Chemigrafen
113 Stereotypeure
114 Galvanoplastiker
115 Keramiker
116 Orgel- und Harmoniumbauer
117 Klavier- und Cembalobauer
118 Handzuginstrumentenmacher
119 Geigenbauer
120 Metallblasinstrumenten- und Schlagzeugmacher
121 Holzblasinstrumentenmacher
122 Zupfinstrumentenmacher
123 Vergolder
124 Schilder- und Lichtreklamehersteller
125 Vulkaniseure

dd) Handwerksähnliche Gewerbe

18   Ein handwerksähnliches Gewerbe liegt gem. § 18 Abs. 2 HandwO vor, wenn das Gewerbe in einer handwerksähnlichen Betriebsform betrieben wird und in der Anlage B zur Handwerksordnung aufgeführt ist. Die **Anlage B** der HandwO zeigt folgende Gewerbe auf:

Anlage B: Verzeichnis
der Gewerbe, die handwerksähnlich betrieben werden können
(§ 18 Abs. 2)
I Gruppe der Bau- und Ausbaugewerbe

Nr.
1 Gerüstbauer (Aufstellen und Vermieten von Holz-, Stahl- und Leichtmetallgerüsten)
2 Bautentrocknungsgewerbe
3 Bodenleger (Verlegen von Linoleum-, Kunststoff- und Gummiböden)
4 Asphaltierer (ohne Straßenbau)
5 Fuger (im Hochbau)
6 Holz- und Bautenschutzgewerbe (Mauerschutz und Holzimprägnierung in Gebäuden)
7 Rammgewerbe (Einrammen von Pfählen im Wasserbau)

II Gruppe der Metallgewerbe

8 Herstellung von Drahtgestellen für Dekorationszwecke in Sonderanfertigung
9 Metallschleifer und Metallpolierer
10 Metallsägen-Schärfer
11 Tankschutzbetriebe (Korrosionsschutz von Öltanks für Feuerungsanlagen ohne chemische Verfahren)

III Gruppe der Holzgewerbe

12 Holzschuhmacher
13 Holzbockmacher
14 Daubenhauer
15 Holz-Leitermacher (Sonderanfertigung)
16 Muldenhauer
17 Holzreifenmacher
18 Holzschindelmacher

IV Gruppe der Bekleidungs-, Textil- und Ledergewerbe

19 Bügelanstalten für Herren-Oberbekleidung
20 Dekorationsnäher (ohne Schaufensterdekoration)
21 Fleckteppichhersteller
22 Klöppler
23 Theaterkostümnäher
24 Plisseebrenner
25 Posamentierer
26 Stoffmaler
27 Handapparate-Stricker
28 Textil-Handdrucker
29 Kunststopfer
30 Flickschneider

Blobel

Nr.   **V Gruppe der Nahrungsmittelgewerbe**
31 Innerei-Fleischer (Kuttler)
32 Speiseeishersteller (mit Vertrieb von Speiseeis mit üblichem Zubehör)

**VI Gruppe der Gewerbe für Gesundheits- und Körperpflege
sowie der chemischen und Reinigungsgewerbe**
33 Appreteure, Dekateure
34 Schnellreiniger
35 Teppichreiniger
36 Getränkeleitungsreiniger
37 Schönheitspfleger

VII Gruppe der sonstigen Gewerbe
38 Bestattungsgewerbe
39 Lampenschirmhersteller (Sonderanfertigung)
40 Klavierstimmer

Die Abgrenzung zwischen Handwerk und handwerksähnlichen Gewerben ist für den Gründer insoweit von Bedeutung, als im handwerksähnlichen Gewerbe die Voraussetzung der Ablegung der Meisterprüfung und damit der Eintragung in die Handwerksrolle entfällt.

ee) Industriefabrikation

19 Voraussetzung für die Anwendung der Handwerksordnung und ihrer Zulassungs- bzw. Berufsausübungsvoraussetzungen ist, daß ein Gewerbebetrieb handwerksmäßig geführt wird und in der Anlage A zur HandwO aufgeführt ist. Liegt zwar ein Handwerk nach der Anlage A zur HandwO vor, wird es aber industriell und nicht handwerksmäßig betrieben, so sind die Vorschriften der HandwO nicht anwendbar. Die HandwO selbst führt diese Abgrenzung nicht durch. Nach den von der Rechtsprechung entwickelten Grundsätzen spricht für die Annahme einer industriellen Betriebsweise, wenn der Einsatz von Maschinen in einem Betrieb keinen Raum mehr für die Entfaltung der Handfertigkeit läßt. Sind daher durch Einsatz von Maschinen wesentliche Kenntnisse und Fertigkeiten des betreffenden Handwerks entbehrlich gemacht und kann sich das meisterliche Können im Betriebsablauf nicht mehr entsprechend auswirken, so ist nicht mehr von einer handwerksmäßigen Betriebsform auszugehen (vgl. BVerwG, GewArch. 1964, S. 83, 105, 249). Gleichfalls gegen einen Handwerksbetrieb spricht, wenn jeder Beschäftigte stets nur immer wiederkehrende begrenzte Teilarbeiten auszuführen hat. Ist darüber die Fertigungsweise und das Fertigungsprogramm so gestaltet, daß ein einzelner Handwerksmeister die technische Leitung des Betriebes nicht bewerkstelligen kann, so ist dies als weiteres Indiz für das Vorliegen eines Fabrikationsbetriebes anzusehen. Die hier aufgeführten Abgrenzungskriterien sind nicht erschöpfend.

ff) Gaststättengewerbe

20 Wer ein Gaststättengewerbe betreiben will, bedarf nach **§ 2 Abs. 1 GaststättenG** der Erlaubnis. Ein Gaststättengewerbe im Sinne des Gaststättengesetzes betreibt, wer im stehenden Gewerbe
1. Getränke zum Verzehr an Ort und Stelle verabreicht (Schankwirtschaft),
2. zubereitete Speisen zum Verzehr an Ort und Stelle verabreicht (Speisewirtschaft), oder
3. Gäste beherbergt (Beherbergungsbetrieb), wenn der Betrieb jedermann oder bestimmten Personenkreisen zugänglich ist.

Erlaubnisfrei wird ein Gaststättenbetrieb nur dann, wenn die in § 2 Abs. 2 bis 4 GaststättenG dargestellten Ausnahmeregelungen für Kleinstbetriebe greifen. Die Erlaubnis ist eine personen- und raumbezogene Erlaubnis. Sie ist nicht teilbar, kann weder veräußert noch ererbt, noch Dritten zur Ausübung überlassen werden (vgl. *Landmann-Rohmer* GewO, Bd. II, GaststättenG, S. 3). Die persönlichen und sachlichen Voraussetzungen regelt § 4 GaststättenG:
1. Eine für den Gaststättenbetrieb spezifische Zuverlässigkeit,
2. den Nachweis lebensmittelrechtlicher Kenntnisse durch eine Bescheinigung der zuständigen Industrie- und Handelskammer,

Existenzgründungsberatung

3. das Vorhandensein von Räumlichkeiten, die für den Betrieb einer Gaststätte geeignet sind.

Zu beachten ist hierbei, daß die Erfüllung baurechtlicher Vorschriften nicht gleichzusetzen ist mit der Erfüllung der Voraussetzungen des Gaststättengesetzes. Jede Änderung der Räumlichkeiten und der Art des Betriebes erfordert eine neue Erlaubnis.

gg) Verkehrsgewerbe

21 Die entgeltliche oder geschäftsmäßige Beförderung von Personen mit Straßenbahnen, O-Bussen und Kraftfahrzeugen unterliegt gem. § 1 Abs. 1 Satz 1 PBefG **(Personenbeförderungsgesetz)** den Vorschriften dieses Gesetzes und erfordert damit gem. § 13 PbefG grundsätzlich die Erteilung einer Personenbeförderungserlaubnis. Diese Genehmigung wird von den zuständigen Behörden nur erteilt, wenn die persönliche Zuverlässigkeit des Antragstellers und die Sicherheit und Leistungsfähigkeit des Betriebes gewährleistet ist. Zum Nachweis der persönlichen Zuverlässigkeit kann ein polizeiliches Führungszeugnis verlangt werden. Darüber hinaus kann die zuständige Behörde Einsicht in das Verkehrszentralregister beim Kraftfahrt-Bundesamt nehmen. Soll ein Taxengewerbe eröffnet werden, so ist auch beim offensichtlichen Vorliegen der vorstehenden genannten Voraussetzungen zu prüfen, ob angesichts der kommunal durchzuführenden Bedarfsplanung eine Konzession überhaupt erteilt werden kann.

Das **Güterkraftverkehrsgesetz** (GüKG) und seine Durchführungsverordnungen bestimmen, daß grundsätzlich jeder, der Güter für Dritte befördern will, hierzu eine Erlaubnis benötigt. Differenziert wird hierbei nach dem sogenannten Güternahverkehr und dem Güterfernverkehr sowie der Beförderung von Umzugsgut. Die einzige, für die Praxis relevante Ausnahmeregelung stellt die Beförderung von Gütern (Nicht-Umzugsgut) mit Lastkraftwagen von weniger als 750 Kilogramm Nutzlast innerhalb der Nahverkehrszone (50 km) dar. Die Voraussetzungen zur Erteilung der Güternahverkehrs- und der Umzugsguterlaubnis sowie der Güterfernverkehrsgenehmigung sind:
– persönliche Zuverlässigkeit,
– Nachweis der fachlichen Eignung und
– Gewährleistung der betrieblichen Leistungsfähigkeit.

Der Nachweis der Sachkunde ist in der Regel durch eine entsprechende längerfristige, verantwortliche Tätigkeit in einem Unternehmen des Güterkraftverkehrsgewerbes oder der Ablegung einer Prüfung vor der Industrie- und Handelskammer zu erbringen.

hh) Vermittlungsgewerbe (Makler, Bauträger, Baubetreuer)

22 Besonderen Zuverlässigkeitsvoraussetzungen und der Voraussetzung geordneter Vermögensverhältnisse ist unterworfen, wer die Erlaubnis gem. § 34c der GewO erlangen will. Diese **tätigkeitsbezogene Erlaubnis** benötigt, wer gewerbsmäßig
1. den Abschluß von Verträgen über
    a) Grundstücke, grundstücksgleiche Rechte, gewerbliche Räume, Wohnräume oder Darlehen
    b) den Erwerb von Anteilscheinen an einer Kapitalgesellschaft, von ausländischen Investmentanteilen, von sonstigen öffentlich angebotenen Vermögensanlagen, die für gemeinsame Rechnung der Anleger verwaltet werden, oder von öffentlich angebotenen Anteilen an einer und von verbrieften Forderungen gegen eine Kapitalgesellschaft oder Kommanditgesellschaft
    vermitteln oder die Gelegenheit zum Abschluß solcher Verträge nachweisen,
2. Bauvorhaben
    a) als Bauherr im eigenen Namen und für eigene oder fremde Rechnung vorbereiten oder durchführen und dazu Vermögenswerte von Erwerbern, Mietern, Pächtern oder sonstigen Nutzungsberechtigten oder von Bewerbern um Erwerbs- und Nutzungsrechte verwenden,
    b) als Baubetreuer im fremden Namen für fremde Rechnung wirtschaftlich vorbereiten oder durchführen,
will. Zur weiteren inhaltlichen Bestimmung der vorstehend aufgeführten Tätigkeit wird auf Teil 0 Rz. 2 ff. verwiesen.

Die Voraussetzungen der erforderlichen Zuverlässigkeit geordneter Vermögensverhältnisse sind in § 34c Abs. 2 Nr. 1 und 2 GewO negativ abgegrenzt und werden im Rahmen des behördlichen Erlaubnisverfahrens detailliert überprüft.

23 Die danach erforderliche **Zuverlässigkeit besitzt** in der Regel **nicht,** wer in den letzten 5 Jahren vor Stellung des Antrages wegen eines Verbrechens oder wegen Diebstahls, Unterschlagung, Erpressung, Betruges, Untreue, Urkundenfälschung, Hehlerei, Wuchers oder einer Konkursstraftat rechtskräftig verurteilt worden ist.

Ungeordnete Vermögensverhältnisse werden in der Regel angenommen, wenn über das Vermögen des Antragstellers der Konkurs oder das Vergleichsverfahren eröffnet worden oder er in das vom Konkursgericht oder vom Vollstreckungsgericht zu führende Verzeichnis eingetragen ist.

24 Die Erlaubnisbehörde **prüft** die Angaben des Antragstellers durch:
– Einholung eines Führungszeugnisses für Behörden gem. § 28 Abs. 5 BZRG
– Auskunft aus dem Gewerbezentralregister gem. § 150a GewO über den Antragsteller und seinen nicht getrennt lebenden Ehegatten und/oder die mit der Betriebsleitung beauftragten Personen
– Unbedenklichkeitsbescheinigung des Finanzamtes
– Anhörung der Wohnsitzgemeinde und der Industrie- und Handelskammer
– Anhörung des Amtsgerichts hinsichtlich der Frage eines eröffneten oder abgelehnten Konkurs- oder Vergleichsantrags oder der Abgabe einer eidesstattlichen Versicherung gem. § 807 ZPO

ii) Sonstige nach Gewerbeordnung erlaubnispflichtige Gewerbe

25 Besondere Anforderungen an die persönliche Zuverlässigkeit und die wirtschaftlichen Verhältnisse des Antragstellers sowie an bestimmte technische Voraussetzungen im Betrieb des geplanten Gewerbes sind für die Ausübung (die Erlaubniserteilung) der nachstehenden Gewerbe erforderlich:
Privatkrankenanstalten (§ 30 GewO)
Fertigung orthopädischer Maßschuhe (§ 30b GewO)
Schaustellungen von Personen (§ 33a GewO)
Gewerblicher Betrieb von Spielgeräten, Spielhallen und anderen Spielen (§ 33c bis 33i GewO)
Pfandleihgewerbe (§ 34 GewO)
Bewachungsgewerbe (§ 34a GewO)
Versteigerergewerbe (§ 34b GewO)
Reisegewerbe und Messeveranstaltungen (§§ 57, 70a GewO)

jj) Banken, Bausparkassen und Versicherungen

26 Will der Gründer **Bankgeschäfte** in einem Umfang betreiben, der einen in kaufmännischer Weise eingerichteten Geschäftsbetrieb erfordert, so bedarf er gem. § 32 Abs. 1 KWG der Erlaubnis des Bundesaufsichtsamtes für das Kreditwesen. Unter dem Begriff der Bankgeschäfte subsummiert § 1 Abs. 1 KWG die Annahme fremder Gelder als Einlagen, ohne Rücksicht darauf, ob Zinsen vergütet werden (Einlagengeschäft), die Gewährung von Gelddarlehen und Akzeptkrediten (Kreditgeschäft), den Ankauf von Wechseln und Schecks (Diskontgeschäft), weiterhin das Effekten-, Depot-, Investment-, Garantie-, Girogeschäft sowie die Eingehung der Verpflichtung, Darlehensforderungen vor Fälligkeit zu erwerben. Die Art des beabsichtigten Geschäfts ist insbesondere bei sog. Kreditvermittlern sorgfältig zu prüfen, da hier häufig Bankgeschäfte getätigt werden, ohne daß sich der Gewerbetreibende dessen bewußt ist. Die Voraussetzungen zur Erteilung der Erlaubnis sind in § 33 KWG geregelt. Vorausgesetzt werden, daß
– ein ausreichendes haftendes Eigenkapital zur Verfügung steht,
– die Antragsteller persönlich zuverlässig sind,
– ein ausreichendes Maß an theoretischen und praktischen Kenntnissen des Bankgeschäfts sowie Leitungserfahrungen vorliegen,
– das zu gründende Kreditinstitut mindestens zwei Geschäftsleiter haben wird und
– dem Antrag auf Erlaubnis ein Geschäftsplan beigefügt ist, aus dem die Art der geplanten Geschäfte und der organisatorische Aufbau des zu gründenden Kreditinstituts hervorgeht.

27 Gleiches gilt für **Bausparkassengeschäfte,** da Bausparkassen Kreditinstitute sind (§ 1 Abs. 1 BSpG). Private Bausparkassen dürfen nach § 2 Abs. 1 BSpG nur in der Rechtsform der AG betrieben werden. **Versicherungsunternehmen** bedürfen gem. § 5 Abs. 1 VAG zum Geschäftsbetrieb der Erlaubnis des Bundesaufsichtsamtes für das Versicherungswesen. Die Erlaubnis darf nur Aktiengesellschaften, Versicherungsvereinen auf Gegenseitigkeit sowie Körperschaften und Anstalten des öffentlichen Rechts erteilt werden (§ 7 Abs. 1 VAG).

Sind öffentlich rechtliche Hindernisse für den Betrieb des Unternehmens nicht gegeben, so ist in sich anschließenden betriebswirtschaftlichen Analysen und Planungen das zu gründende Unternehmen zu gestalten.

4. Unternehmensplanung

a) Ablauf der Planung

28 Ziel der betriebswirtschaftlichen Existenzgründungsberatung ist die Planung eines gesamten Unternehmens in Gründung und in werbender Tätigkeit. Sie sollte mit der Prüfung der Umsatzvorstellungen des Gründers beginnen. Hierzu sind diese zu analysieren und eventuell zu korrigieren. Ergebnis der Umsatzanalyse muß der ertrags- und zahlungsflußorientierte Umsatzplan sein. Hieran anschließend sind, da durch die Planumsätze initiiert, die Gründungsinvestitionen – im weitesten Sinne – zu planen. Resultat dieses Planungsschrittes ist der Gründungsinvestitionsplan, der gleichzeitig den Investitionskapitalbedarf ermittelt. Die Planung der für die werbende Unternehmung erforderlichen Betriebsmittel muß sich hieran anschließen, um zum einen letztlich betriebliche Ergebnisse planen zu können und zum anderen, um Grundlagen zur Ermittlung des laufenden Betriebsmittelkapitalbedarfs liefern zu können. Folgen sollte ein vorläufiger Ergebnisplan ohne den Ansatz von Finanzierungskosten, um bereits nach Vorliegen von Umsatz- und Betriebsmittelplan sowie Plan der Gründungsinvestitionen prüfen zu können, ob das Konzept nicht bereits vor Einbeziehung von Finanzierungskosten offensichtlich ökonomisch untragbar und deswegen auch nicht finanzierbar ist. Alternativ kann auch mit geschätzten Finanzierungskosten des langfristigen Sektors gearbeitet werden. Als Existenzgründungsberatung muß diese Unternehmensplanung gestaltende Planung und nicht lediglich Prüfung eines Konzeptes sein und sollte zudem so ausgerichtet werden, daß sie gleichzeitig Grundlage von Kreditverhandlungen sein kann. Ausgehend von den bis hierhin vorliegenden Unternehmens- und/oder Finanzteilplänen ist die Kapitalbedarfs- und Liquiditätsplanung zu vollziehen. Zusätzlich zum bereits ermittelten Investitionskapitalbedarf aus dem Plan der Gründungsinvestitionen hat sie den Betriebsmittelkapitalbedarf zu ermitteln und in die Gesamtkapitalbedarfsplanung einzubeziehen. Der Planung des Kapitalbedarfs hat konsequenterweise die Planung der Finanzierung einschließlich der Planung der Kapitalkosten und des Kapitaldienstes zu folgen. Liegen auch diese Daten vor, so kann die Finanzplanung insgesamt konzeptionell geschlossen werden, wenn der endgültige Ergebnisplan unter Einschluß der Finanzierungskosten vorliegt.

b) Umsatzplanung

29 Die Umsatzplanung kann zumindest bei Handelsunternehmen und einem großen Teil der Dienstleistungs- und Handwerksunternehmen nicht losgelöst werden von der Standortplanung. Letztere ist daher einzubinden in die Planung vorangehende Untersuchung des Nachfragepotentials und der Konkurrenzanalyse. Folgende Fragen sind daher im Rahmen der **Absatzanalyse** zu beantworten:
– Steht das angebotene Produkt, Sortiment oder die Dienstleistung einer langfristigen Nachfrage gegenüber?
– Handelt es sich um Produkte oder Dienstleistungen des täglichen Bedarfs oder um solche, die nur periodisch oder aperiodisch vom Markt aufgenommen werden?
– Hebt sich das Produkt oder die Dienstleistung in seiner Art oder Qualität von Konkurrenzangeboten ab?
– Wie groß ist der Kreis der Mitbewerber?
– Welche Vertriebs- und Werbemethoden werden von der Konkurrenz eingesetzt?

- Mit welchen Vertriebsmaßnahmen kann sich das neue Unternehmen am Markt präsentieren?
- Soweit bei der absatzorientierten Standortplanung noch nicht erfaßt:
  * Umfang des Einzugsgebietes?
  * Bevölkerungsdichte und Struktur?
  * Verkehrsverhältnisse?
  * Standorte der Konkurrenz?
  * Qualität eines bereits geplanten Standortes gegenüber der Standortqualität der Konkurrenz?
  * Bestehende und mögliche zukünftige Auflagen der Verwaltung?
  * Mögliche Planungen der Gemeinde, die die gegenwärtige Situation verbessern oder verschlechtern können?
  * Möglichkeit baulicher Veränderungen bei angemieteten Räumen?

30 Für das produzierende Gewerbe sind andere, im wesentlichen nicht oder weniger absatzorientierte Kriterien bei der **Standortwahl** wesentlich:
- Geeignete Verkehrsanbindungen
- Möglichkeiten, geeignete Fachkräfte im notwendigen Umfang zu finden
- Gesetzliche Bestimmungen des Bundes, der Länder und der Gemeinden, wie z. B. örtliche Flächennutzungs- und Bebauungsplanungen, u. a. m.

31 Die eigentliche, detaillierte Umsatzplanung baut auf der kritischen **Nachfrageanalyse** nach Abwägung aller Chancen und Risiken auf. Hierzu ist zunächst der zu wählende Planungshorizont festzulegen. Der gesamte Planungshorizont sollte zunächst drei Jahre umfassen. Hierbei ist auszugehen von dem kurzfristigen Umsatzplan, der unterteilt nach Monaten das erste Geschäftsjahr umfaßt. Bei der Planung des Unternehmenskonzeptes kann für das zweite und dritte Geschäftsjahr auf der Basis der geplanten Umsätze des ersten Jahres hochgerechnet werden, ohne daß zunächst die Umsätze der Folgejahre noch nach Monaten unterteilt werden. Dies ist Aufgabe der später einsetzenden flexiblen Planung. Bei einem differenzierten Leistungsangebot ist der Umsatz in seine Umsatzarten zu gliedern. Der Plan sollte weiterhin so konzipiert sein, daß das Planungskonzept im eigentlichen Geschäftsverlauf weiterverwendet werden kann und eine laufende Erfolgskontrolle durch Soll-/Ist-Vergleich ermöglicht. Diese erfolgsbezogene Umsatzplanung kann z. B. mit Hilfe der nachstehend aufgeführten Tabelle vollzogen werden.

Umsatzplan

Zeitraum / Umsatzarten	Januar 1986 TDM PLAN IST ABW	Februar 1986 TDM PLAN IST ABW	....	Dezember 1986 TDM PLAN IST ABW	Gesamt 1986 TDM PLAN IST ABW	Plan 1987 TDM PLAN	Plan 1988 TDM PLAN
Produktgr. I	100	200		400	2400	2700	3000
Produktgr. II							
Dienstleist. I							
Dienstleist. II	50	100		150	1200	1500	1500
Gesamt	150 +/−	300 +/−		450 +/−	3600 +/−	4200	4500

32 Wenn infolge der Unternehmensart nicht **ausschließlich Bargeschäfte** getätigt werden, Umsatzvorgang und Zahlungseingang also nicht identisch sind, ist als Teil der Umsatzplanung im nachfolgenden Schritt die Zahlungseingangsplanung aus Umsätzen durchzuführen. Hinsichtlich des kurzfristigen Planungshorizontes ist auch hierbei zunächst von einem Jahr auszugehen, wobei bei entsprechendem Kundenziel dieser Zeitraum ohnehin überschritten wird. Die Folgejahre bis zum Gesamtplanungshorizont können dann entsprechend angepaßt werden. Insbesondere im Handwerk und im Dienstleistungsgewerbe muß diese Zahlungseingangsprognose sorgfältig durchgeführt werden, da zwischen eigentlicher Leistungserbringung und Zahlungseingang oftmals Monate liegen können. Als Zahlungseingänge sind in diesem Teil der Planung selbstverständlich auch Kundenanzahlungen einzubeziehen. Die Datenerfassung kann im „Zahlungseingangsplan" erfolgen:

Existenzgründungsberatung 33–35 **R**

Zahlungseingangsplan

Zeitraum	Januar 1986 TDM	Februar 1986 TDM	....	Dezember 1986 TDM	Januar 1987 TDM	Februar 1987 TDM	usf.	Gesamt-Zahlungseingang
Plan Umsatz	150	300		450				
Plan Zahlungseingang								
für Januar	50	130	20	–	–	–	–	200
Februar	–	180	120	–	–	–	–	300
Dezember	–	–	–	300	80	70	–	450
Summe	50	310	140	300	80	70	–	950

Darüber hinaus kann hier ein planbarer Vorsteuererstattungsanspruch aus den Gründungsausgaben eingesetzt werden, wobei der Einzahlungszeitpunkt mit der gebotenen Vorsicht zu schätzen ist.

Umsatz- und Zahlungseingangsplan müssen – wie im übrigen alle anderen Teilpläne – begleitet sein von verbalen Ausführungen, die es einem externen Analytiker (Kreditgeber) möglich machen, die Plandaten und die Schlüssigkeit der ihnen zugrunde liegenden Annahmen nachzuvollziehen.

c) Aufwands- und Ausgabenplanung

aa) Planung der Gründungsinvestitionen

33 Das Investitionsvorhaben selbst und die realistisch geplanten Ansätze bestimmen zunächst den Umfang der Gründungsinvestitionen, die sich aufteilen lassen in:
– Anlageinvestitionen
– Investitionen im Umlaufvermögen

34 Investitionen in der Gründungsphase sind infolge der regelmäßig knappen Finanzierungsmittel absatzorientiert auf das notwendige Minimum konzipiert. Im Wege einer retrograden Ermittlung ist daher ausgehend von den geplanten Umsätzen festzustellen, welche Anlageninvestitionen und Investitionen für das Umlaufvermögen, Erstausstattung an Waren und Material, diese zwingend initiieren. Die für die Geschäftsausübung erforderlichen Räumlichkeiten müssen auf ihre Zweckmäßigkeit, Größe und Erweiterungsmöglichkeiten hin untersucht oder geplant werden. Es ist festzustellen, ob die Art des Betriebes nicht Investitionsfolgekosten durch behördliche Auflagen (z. B. Bundesimmissionsschutzgesetz, ArbeitsstättenVO) verursacht. Die Frage nach der zutreffenden Dimensionierung ist bei Fertigungsanlagen gleichfalls zu stellen. Zur Verringerung der langfristigen Kapitalbindung ist zu entscheiden, ob gebrauchte oder neue Anlagen erworben werden. Darüber hinaus sollte grundsätzlich die Frage ,,Kauf oder Miete (Leasing)" geprüft werden. Unter dem gleichen Aspekt ist bei Produktionsunternehmen vor allem in der Anfangsphase für Zwischenprodukte eine Entscheidung über Eigen- oder Fremdfertigung zu treffen. Weiterhin sind die übrigen Gründungsinvestitionen, Aufwendungen für Rechtsanwälte, Notare, Steuerberater, Handelsregister, usf. sowie für die Existenzgründungsberatung, die allerdings öffentlich bezuschußt wird (vgl. Rz. 1) zu erfassen.

35 Ergebnis dieser Überlegungen ist der **Plan der Gründungsinvestitionen**, der wie folgt gegliedert werden kann:

Plan der Gründungsinvestitionen

Lfd. Nr.	Bezeichnung	Gesamt-kosten TDM	Januar 1986 TDM	Februar 1986 TDM	März 1986 TDM	usf.
1.	**Grundstücke und Gebäude (Kauf oder Miete)** Maklerkosten Kaufpreis GrESt Anliegerbeiträge Notarkosten Mietkaution Umbauten, Renovierungen					
2.	**Maschinelle Anlagen** Produktions- und Produktionsfolge- anlagen (Angaben vereinzelt)					
3.	**Betriebs- und Geschäftsausstattung** Werkzeuge, Geräte Fahrzeuge Büroeinrichtungen Büromaschinen Sonstige Geschäfts- ausstattung (Angaben vereinzelt)					
4.	**Konzessionen, Patente, Lizenzen** – in Einmal- oder laufender Zahlung					
5.	**Investitionsausgaben für das Umlaufvermögen** – Erst-Materialbestand – Erst-Warenbestand					
6.	**Übrige Gründungsinvestitionen** – Rechtsanwälte – Notare – Steuerberater – Handelsregister – Gewerbeanmeldung – Techn. Zulassungsprüfung – Werbung – Existenzgründungsberatung					
	Investitionskapitalbedarf					

36 Der Plan zeigt vertikal eine Gliederung nach zeitlichem Anfall der Auszahlungen und entspricht damit dem klassischen Aufbau von Finanzplänen. Sieht man ab von dem Bereich der unter Punkt 6. aufgeführten übrigen Gründungsinvestitionen, die häufig erst eine Zeit nach Gründung fakturiert werden, so kann in der Regel allerdings davon ausgegangen werden, daß die Zahlungen für die eigentlichen Investitionen bei Lieferung fällig werden. Die vertikale Gliederung in diesem Planungsbereich ist u. E. daher, bezogen auf das Ziel, eine Grundlage für die Kapitalbedarfsplanung zu sein, lediglich notwendig die vorstehende These zu falsifizieren.

bb) Planung der Betriebsmittel- und Aufwandsausgaben

37 Wie die Umsatzplanung sollte die Planung der laufenden Kosten und Ausgaben/Aufwendungen so konzipiert sein, daß sie Grundlage von
– Ergebnisplanung,
– Finanz- und Liquiditätsplanung und
– Basis von Preisentscheidungen
sein kann.

38 Für die **Ergebnisplanung** sind alle Aufwendungen, gleich ob liquiditätswirksam oder nicht liquiditätswirksam, zu erfassen. Zur Ermittlung des Finanzierungsbedarfs ist ausschließlich auf ausgabenwirksame Vorgänge abzustellen. Zur Vorbereitung von Preisentscheidungen ist eine Trennung von fixen und variablen Kosten erforderlich.

39 Der zu erstellende **Betriebsmittelplan** kann so aufgebaut werden, daß er für Planungszwecke gleichzeitig die Summe des Aufwandes der Betrachtungsperiode ergibt. Hierzu ist von der Summe der Ausgaben der Betrag an Auszahlungen abzuziehen, der nicht Aufwand ist, und der Aufwand hinzuzufügen, der nicht Auszahlung ist. Dieser Teilplan des gesamten Finanzplans enthält konsequenterweise in seiner ersten Zwischensumme noch keine Posten für den Kapitaldienst, da die Finanzierung in diesem Stadium noch nicht feststehen kann.

40 Die Planung ist so zu entwickeln, daß sich später im Kapitalbedarfsplan der eigentliche Betriebsmittelbedarf **(Betriebsmittelkapitalbedarf)** ergibt. Die Inanspruchnahme von Zahlungszielen aus Lieferantenkrediten ist dann dort nicht mehr gesondert zu berücksichtigen.

41 Die **sonstigen Posten** sollten vor allem die finanzielle Belastung aus der Umsatzsteuerzahllast bei sollversteuernden Unternehmen enthalten, da sich hieraus erfahrungsgemäß erhebliche Finanzierungslücken ergeben können.
Bezieht man nachrangig die Kapitalkosten in den Plan ein, so können diese nach abgeschlossener Finanzierungsplanung aufgenommen werden.

42 Betriebsmittelplan

Ausgaben/Aufwand/Kosten	Januar 1986 Auszahlungen TDM	Februar bis Dezember 1986 (vereinzelt) TDM	Jahr 1986 Summe Ausgaben TDM	Jahr 1986 − Auszahlungen, die nicht Aufwand sind TDM	Jahr 1986 + Aufwand, der nicht Auszahlung ist TDM	Jahr 1986 Summe Aufwand TDM
A) **Laufende Ausgaben/Aufwendungen**						
1) **Fix**						
a) Raumkosten						
b) Verwaltungskosten						
c) Personalkosten						
d) Kfz-Kosten						
e) Werbung						
f) Versicherungen						
g) Rechts- und Steuerberatung						
h) Sonstige Kosten						
i) Abschreibungen						
2) **Variabel**						
a) Materialkosten						
b) Wareneinsatz						
c) Personalkosten						
d) Sonstige						
B) **Sonstige Posten** z. B. USt-Zahllast						
C) **Kapitaldienst**						
1) Langfristig						
– Zinsen						
– Tilgung						
– Avalprovisionen						
2) Kurzfristig						
– Zinsen						
– Bereitstellungs- und Überziehungsprovisionen						
D) **Gesamt**						

d) Ergebnisplanung

43 Die Ergebnisplanung aus den Teilplänen Umsatzplan und Betriebsmittelplan kann in dieser Planungsphase als vorläufiger Ergebnisplan entwickelt werden. Vorläufig ist er deswegen, weil ohne Kapitalbedarfsrechnung die Kapitalkosten, wie Zinsen, Bereitstellungs-, Überziehungs- und Bürgschaftsprovisionen, nicht ermittelbar sind. Die Finanzierungskosten der Gründungsinvestition können allerdings überschlägig ermittelt und angesetzt werden. Bei Fertigungs-, Handwerks- und Dienstleistungsunternehmen sollten zur Ermittlung eines zutreffenden Rohertrags für den Bestand an Halb- und Fertigfabrikaten sowie für nicht abgerechnete, teilfertige Arbeiten grundsätzlich Schätzdaten eingesetzt werden. Soweit dies in der Gründungsplanphase aufgrund des hohen Planungsaufwandes nicht möglich ist, muß von der Fiktion von Umsatzerlösen ausgegangen werden. Auf die Planung sonstiger Erträge und Erlöse sollte verzichtet werden.

44 Auch ohne den Aufwandsbestandteil ‚Finanzierungskosten' ist in der Regel aus diesem vorläufigen Ergebnisplan ersichtlich, ob das geplante Unternehmen einer weiteren betriebswirtschaftlichen Analyse überhaupt zugänglich ist, d. h. hinreichend Deckungsbeiträge für Finanzierungskosten, Unternehmerlohn und Gewinn erwarten läßt. Die zeitliche Anteilung ist wie bei den anderen Teilplänen für das erste Jahr nach Monaten aufzugliedern. Zu berücksichtigen ist hierbei, daß diese Planung nicht unter finanzplantechnischen Aspekten, d. h. ausgerichtet auf Zahlungsströme, sondern nach bilanztechnischen Grundsätzen durchzuführen ist.

45 Ergebnisplanung

	Januar 1986	Februar 1986	....	Dezember 1986	Gesamt 1986
Umsatzerlöse					
+ (fakultativ) Bestandsveränderung an Halb- u. Fertigfabrikaten, nicht abgerechneten Aufträgen					
./. Waren- und Materialeinsatz					
Rohertrag/-aufwand					
Aufwendungen					
./. Personalaufwendungen					
./. Mieten, Pachten, Leasingraten					
./. Verwaltungsaufwendungen					
./. Vertriebsaufwendungen					
./. Gründungsaufwendungen					
./. Unternehmerlohn					
./. Abschreibungen					
Ergebnis vor Zinsen und Steuern					
./. Zinsen, Provisionen					
./. Steuern					
Planergebnis					

46 Sind nach der abschließenden Finanzierungsplanung die Finanzierungskosten bekannt, so kann der vorläufige Ergebnisplan wieder aufgenommen und unter Hinzufügen von Zinsen und Provisionen sowie Steuern zum endgültigen Ergebnisplan gestaltet werden. Eliminiert man aus dem Planergebnis die nicht liquiditätswirksamen Kosten, so läßt sich ein vereinfachter Cash-flow (vgl. Rz. 235) ermitteln.

e) Kapitalbedarfsplanung

47 Die Begriffe ‚Kapitalbedarfsplanung', ‚Finanz- und Liquiditätsplanung' werden in der Praxis häufig synonym verwendet und unterscheiden sich lediglich hinsichtlich ihrer zeitlichen Abgrenzung. Üblicherweise gehen Finanzpläne von einem bestimm-

Existenzgründungsberatung

ten Stand an Zahlungsmitteln aus und errechnen unter Addition von Einzahlungen und Subtraktion von Auszahlungen einen bestimmten Finanzmittelüberschuß oder -fehlbetrag (vgl. *Witte* Finanzwirtschaft der Unternehmung, Wiesbaden 1976, S. 537).

48 Die nachstehend erläuterte Gesamtkapitalbedarfsplanung für den Gründungsfall ermittelt sich in zwei Teilschritten, aus dem Investitionskapitalbedarf und dem Betriebsmittelkapitalbedarf, wobei ersterer unmittelbar aus dem Plan der Gründungsinvestition entnommen werden kann.

```
  Investitionskapitalbedarf
+ Betriebsmittelkapitalbedarf
  – durchschnittlicher Wert
  – Höchstwert
= Gesamtkapitalbedarf
```

49 Durch diese **Zweiteilung** wird erreicht, daß die Finanzplanung insgesamt übersichtlicher wird. Das im Gründungsfall vorhandene Eigenkapital ist in der Praxis stets durch die Finanzierung der Gründungsinvestitionen aufgezehrt. Der Zahlungsanfall aus den Gründungsinvestitionen ist zudem zu Beginn der Unternehmung anzusiedeln. Von der Gewährung großzügiger Zahlungsziele für diese Investitionen sollte nicht ausgegangen werden. Vielmehr werden häufig in solchen Fällen Zahlungen gefordert, die vor der eigentlichen Lieferung und Aufnahme der Geschäftstätigkeit liegen. Die Gründungsinvestition beeinflußt somit die gesamte Finanzplanung der werbenden Unternehmung nur durch ihre Kapitaldienste. Die eigentliche Planungsaufgabe besteht daher darin zu ermitteln (Finanzplanung und Liquiditätsplanung), welcher Betriebsmittelkapitalbedarf in der werbenden Unternehmung entsteht. Sind Kunden- und Lieferantenziele im Umsatz- und Betriebsmittelplan zutreffend erfaßt, so ergibt sich im Endergebnis als Betriebsmittelkapitalbedarf der Betrag, der laufend durch Bankfinanzierungen zu decken ist. Sollten im Einzelfall tatsächlich die Auszahlungen für die Gründungsinvestitionen planungsrelevant sein, in die Zeit der werbenden Unternehmung hineinreichen und damit die Finanzierungskosten stark beeinflussen, so kann der Betriebsmittelkapitalbedarfsplan durch Einfügen von Zeilen für die Gründungsinvestitionsausgaben und die zugehörige Fremdkapitalaufnahme erweitert werden. In der Mehrzahl der Fälle ist jedoch besser von der Konzeption des nachstehenden Betriebsmittelkapitalbedarfsplan auszugehen.

50 **Einnahmen und Ausgaben** können im wesentlichen aus den bereits vorhandenen Teilplänen entnommen werden. In die Ausgaben einbezogen wurden Inanspruchnahmen der Kreditlinie zum Unterhalt von Barmitteln und sonstigen Bankguthaben. Auf diese Weise werden Zuführungen zu Kassenbeständen und sonstigen zwingend als Guthaben zu führenden Konten bei Kreditinstituten (z. B. Postgirokonten) erfaßt. Die Entnahmen für die Lebenshaltung des Gründers müssen Bestandteil der Ausgaben sein, sofern sie nicht im Falle der geplanten Gründung einer Kapitalgesellschaft bereits Bestandteil der Personalkosten sind. Auf der Grundlage der sich nun ergebenden Kapitalunterdeckung/-überdeckung I kann in der weiteren Planungsphase mit variierenden, sich aus alternativen Finanzierungssituationen ergebenden Kapitaldiensten gearbeitet werden. Von der Kapitalunter/-Überdeckung II sind die Zinsen auf dem Betriebsmittelkapitalbedarf zu den jeweils fälligen Zeitpunkten abzusetzen. Fügt man der sich danach ergebenden Kapitalunter/-überdeckung III den Endsaldo III des Vormonats zu, so erhält man den eigentlichen (kumulierten) Betriebsmittelkapitalbedarf.

51 Betriebsmittelkapitalbedarfsplan

	1986 Jan.	1986 Febr.	....	1986 Gesamt ⌀	1987 Gesamt ⌀	1988 Gesamt ⌀
	TDM	TDM	TDM	TDM	TDM	TDM
Einnahmen						
– Einnahmen lt. Umsatzplan	+					
– sonstige Einnahmen	+					
Summe Einnahmen	+					
Ausgaben						
– Ausgaben lt. Betriebsmittelplan	–					
– Ausgaben zum Unterhalt von Barmitteln und sonstigen Bankguthaben	–					
– Entnahmen des Gründers	–					
Summe Ausgaben	–					
Kapitalunter-/überdeckung I	+/–					
Kapitaldienst lang- und mittelfristiger Gründungskredite						
– Tilgung	–					
– Zinsen	–					
– Bürgschaftsprovisionen	–					
Kapitalunter-/überdeckung II	+/–					
– Zinsen und Provisionen auf Betriebsmittelkapitalbedarf	–					
Kapitalunter-/überdeckung III	+/–					
Saldo III Vormonat	+/–					
Betriebsmittelkapitalbedarf						

52 Die Planung des Betriebsmittelkapitalbedarfs ist in der vorstehenden Tabelle zu Darstellungszwecken auf der Grundlage von Monatswerten ermittelt worden. Zur Sicherstellung der Zahlungsfähigkeit der zu gründenden Unternehmung sollte jedoch, wenn die Plandaten dies zulassen, von kürzeren Zahlungszeiträumen, 10 oder 15 Tagesrythmen, ausgegangen werden. Dies sei beispielhaft anhand der beiden nachstehenden Tabellen erläutert.

Planung in Monatsabständen

	Januar	Februar	März	Gesamt
	TDM	TDM	TDM	TDM
Einnahme	100	300	400	800
Ausgaben	200	400	600	1200
Deckung +/–	– 100	– 100	– 200	– 400
Vormonat	–	– 100	– 200	–
Kumulierte Deckung +/–	– 100	– 200	– 400	– 400

Planung in 10-Tagesabständen

	1.1.	10.1	20.1.	1.2.	10.2.	20.2.	1.3.	10.3.	20.3.	30.3.	Gesamt
	TDM	TDM	TDM	TDM	TDM	TDM	TDM	TDM	TDM	TDM	TDM
Einnahmen	–	20	80	–	–	300	–	200	100	100	800
Ausgaben	80	100	20	– 300	– 100	–	– 600	–	–	–	1200
Deckung +/–	– 80	– 80	+ 60	– 300	– 100	+ 300	– 600	+ 200	+ 100	+ 100	– 400
Vorzeitpunkt	–	– 80	– 160	– 100	– 400	– 500	– 200	– 800	– 600	– 500	
Kumulierte Deckung +/–	– 80	– 160	– 100	– 400	– 500	– 200	– 800	– 600	– 500	– 400	– 400

53 Die in den beiden Tabellen verwendeten **Einnahmen- und Ausgabensummen** sind – wie erkennbar – identisch. Würde man das erforderliche Kreditlimit ohne Liquiditätssteuerung an der maximalen Inanspruchnahme der Tabelle 1 im März TDM 400 ausrichten, so ist aus der Tabelle 2 ersichtlich, daß das Kreditvolumen bereits am 10. Februar um 100 TDM, am 1. März um 400 TDM überschritten wäre.

54 Der Betriebsmittelkapitalbedarf ist daher in seinem Gesamtrahmen festzustellen, was bedeutet, daß sowohl der durchschnittliche als auch der maximale Betriebsmittelkapitalbedarf zu errechnen und in die Darstellung des Gesamtkapitalbedarfs aufzunehmen ist (vgl. Rz. 48).

Im Anschluß an die Ermittlung des Gesamtkapitalbedarfs ist die Finanzierungsplanung des Gründungsunternehmens durchzuführen.

f) Finanzierungsplanung

aa) Eigenkapitalermittlung und Grundprobleme der Fremdfinanzierung

55 Das Eigenkapital des Gründers setzt sich zusammen aus Bar- und Sachmitteln. Die Bewertung von Sachmitteln ist dabei so vorzunehmen, daß sie einer Prüfung durch Dritte standhält. Es empfiehlt sich, für die eingelegten Sachmittel Gutachten unabhängiger Sachverständiger einzuholen. Diese sind insbesondere im Falle einer GmbH-Gründung gem. § 8 Abs. 1 Nr. 6 GmbHG bei der Anmeldung vorzulegen. Im übrigen ist davon auszugehen, daß die Kreditinstitute die Vorlage solcher Unterlagen fordern. Ähnliches gilt für die Bewertung sogenannter Eigenleistungen, die sich an marktüblichen Daten auszurichten hat. Der durch Eigenkapital nicht belegte Teil des Gesamtkapitalbedarfs ist durch Fremdkapital zu belegen, wobei der besondere Schwerpunkt der Fremdfinanzierung auf die öffentlichen Finanzierungshilfen für Existenzgründer gelegt werden muß.

56 Hauptproblem der Fremdfinanzierung des Existenzgründers – des in der Regel klein- und mittelständischen Unternehmers – ist der **Mangel an banküblichen Sicherheiten,** wobei darunter das Vorhandensein beleihungsfähigen Immobiliarvermögens zu verstehen ist. Solche Sicherheiten sind Grundlage der Vergabe langfristiger Mittel. Im Rahmen dieser Sicherheitenstellung ist davon auszugehen, daß zumindest Banken die Übernahme einer persönlichen Haftung – gleich bei welcher Rechtsform – verlangen.

bb) Finanzierungshilfen

57 Um diesem Problem zu begegnen, wurden von der öffentlichen Hand und den Verbänden eine Reihe von Finanzierungshilfeprogrammen entwickelt. Es handelt sich zum einen um die Vergabe zinsgünstiger Mittel und zum anderen, teilweise damit verbunden, die Übernahme von Bürgschaften. Grundvoraussetzung für die Vergabe ist die Vertrauenswürdigkeit des Gründers, die vor allem daran gemessen wird, ob der Gründer seinen gesetzlichen, insbesondere steuerlichen Pflichten nachkommt. Eine Unbedenklichkeitsbescheinigung des Finanzamtes wird stets gefordert.

58 Aus den mittlerweile sehr zahlreichen **Programmen** sollen hier nur die wesentlichen dargestellt werden:
– Eigenkapitalhilfeprogramm des Bundes
– ERP-Darlehen zur Förderung von Existenzgründungen
– LAB-Ergänzungsprogramme
– Bürgschaften von Kreditgarantiegemeinschaften und der Lastenausgleichsbank

Diese Programme werden im folgenden nach ihrer Systematik und den allgemeinen Vergaberichtlinien erörtert. Die angegebenen Istbetrags- und Zinskonditionen entsprechend dem Stand November 1985.

Eigenkapitalhilfeprogramm

59 Eigenkapitalhilfe des Bundes wird in Form langfristiger, erheblich zinsverbilligter Darlehen gewährt. Diese Mittel haben Eigenkapitalcharakter, da sie im Konkursfall voll haften. Darüber hinaus wird auf eine Sicherheitenstellung verzichtet. Die Eigenkapitalhilfe wird gewährt für:
– die Gründung einer selbständigen Existenz
– die Übernahme eines stehenden Unternehmens oder die tätige Beteiligung daran

– Folgeinvestitionen innerhalb von 2 Jahren nach Gründung, wenn für die Gründung selbst bereits Eigenkapitalhilfe gewährt wurde

60 **Bemessungsgrundlage für die Eigenkapitalhilfe** ist die Investitionssumme bzw. der Kaufpreis der Übernahme oder Beteiligung, nicht jedoch die Summe der Betriebsmittelkredite. Antragsberechtigt sind natürliche Personen bis zur Vollendung des 50. Lebensjahres. Das Gründungsvorhaben muß eine nachhaltige tragfähige Vollexistenz erwarten lassen. Die Investitionssumme muß mindestens DM 40 000,– betragen.

61 Der Existenzgründer soll regelmäßig mindestens 12% der Investitionssumme mit **eigenen Mitteln finanzieren,** die mit der Eigenkapitalhilfe auf maximal 40% aufgestockt werden können. Die Eigenkapitalhilfe ist damit relativ auf maximal 28% der Investitionssumme und absolut auf DM 300 000,–, im Zonenrandgebiet und Berlin auf DM 350 000,– begrenzt. Technisch innovative Existenzgründer können bereits getätigte Aufwendungen für die Entwicklung und Herstellung eines Prototyps oder für die Beschaffung von Patenten und Lizenzen anstelle fehlender eigener Mittel in Ansatz bringen.

62 Die Konditionen ergeben sich wie folgt:
Auszahlung: 100%
Laufzeit: 20 Jahre
Zinssätze: 1. und 2. Jahr: 0% p. a.
           3. Jahr: 2% p. a.
           4. Jahr: 3% p. a.
           5. Jahr: 5% p. a.
           6. bis 10. Jahr: ein bei der Vergabe entsprechend den Marktkonditionen festgelegter Zinssatz, z. Zt. 7,7%
          11. bis 20. Jahr: ein fester Zinssatz auf der Basis der Marktkonditionen im 10. Jahr
Tilgung: nach 10 tilgungsfreien Jahren in 20 gleichen Halbjahresraten

Die Anträge können bei jedem Kreditinstitut, das diese weiterleitet, gestellt werden. Entscheidungsberechtigt ist die Lastenausgleichsbank. Zum Zeitpunkt der Antragstellung darf mit der Durchführung des Vorhabens noch nicht begonnen worden sein.

ERP-Darlehen zur Förderung von Existenzgründungen

63 Für die gewerbliche Wirtschaft werden Darlehen gewährt zur anteiligen Finanzierung von
– Investitionen zur Errichtung und zum Erwerb von Betrieben sowie hiermit im Zusammenhang stehenden Investition innerhalb von 3 Jahren nach Betriebseröffnung
– tätigen Beteiligungen
– Beschaffung eines ersten Warenlagers oder einer ersten Büroausstattung

Antragsberechtigt sind Nachwuchskräfte der gewerblichen Wirtschaft, die mindestens 21 Jahre alt und nicht älter als 50 Jahre sein sollen. Die Konditionen sind im einzelnen:
Höchstbetrag: DM 300 000,–
Auszahlung: 100%
Zinssatz: Bundesgebiet: z. Zt. 6,0%
          Zonenrandgebiet: z. Zt. 5,0%
          Berlin: z. Zt. 4,0%
Laufzeit: bis 10 Jahre für Maschinen, Einrichtungen und Beteiligungen
          bis 15 Jahre für Bauinvestitionen
Tilgung: – die ersten beiden Jahre können tilgungsfrei bleiben, danach Rückzahlung in gleichen Halbjahresraten –

LAB-Ergänzungsprogramm I

64 Die Lastenausgleichsbank gewährt Darlehen aus eigenen Mitteln für Investitionen zur Existenzgründung und -sicherung von Nachwuchskräften der gewerblichen Wirtschaft.

Existenzgründungsberatung

Höchstbetrag:	i. d. R. bis zu DM 200 000,–
Zinssatz:	z. Zt. 6,5 %
Auszahlung:	z. Zt. 96 %
Laufzeit:	bis zu 10 Jahren, davon 2 Jahre tilgungsfrei

Bürgschaften von Kreditgarantiegemeinschaften

65   Kreditgarantiegemeinschaften sind Selbsthilfeeinrichtungen der Wirtschaft, die von Bund und Ländern durch Rückbürgschaften und durch Haftungsfondsdarlehen des ERP-Sondervermögens gefördert werden. Sie sind nach Wirtschaftszweigen in den einzelnen Bundesländern organisiert. Sie sichern durch Ausfallbürgschaften Darlehen, für die die banküblichen Sicherheiten nicht ausreichen oder fehlen.

66   Es werden **Darlehen verbürgt,** die zur Finanzierung von
– Betriebsgründungen
– Geschäftsübernahmen
– dem Erwerb von Geschäftsanteilen
– Betriebsmitteln
dienen. Sie decken bis zu 80 % des Kreditbetrages ab. Die absoluten Obergrenzen für die Bürgschaften betragen in der Regel für den einzelnen Wirtschaftszweig:

– Handwerk	DM 600 000,–
– Einzelhandel	DM 700 000,–
– Groß- und Außenhandel	DM 900 000,–
– Hotel-, Gaststätten- sowie verwandte Gewerbe	DM 600 000,–
– Verkehrsgewerbe	DM 400 000,–
– Freiberufe	DM 300 000,–
– sonstige Gewerbe	DM 400 000,–

Die Laufzeit der Ausfallbürgschaft darf 15 Jahre, bei Finanzierung baulicher Maßnahmen 23 Jahre, nicht übersteigen.
Die Avalprovision (Bearbeitungsgebühr) beträgt derzeit 0,75 %/p. a.

LAB-Bürgschaften für freie Berufe

67   Angehörige freier Berufe können beim Fehlen banküblicher Sicherheiten für Darlehen zur Finanzierung von Investitionen, Übernahmen bestehender Praxen und Betriebsmitteln Bürgschaften der Lastenausgleichsbank beantragen. Die Bürgschaften sind in ihrer Höhe weder relativ noch absolut begrenzt, sondern werden nach Angemessenheitskriterien zu 12 Jahren, bei Bauinvestitionen bis zu 15 Jahren, gewährt. Hierin eingeschlossen sind auch tilgungsfreie Jahre.
Die Avalprovision (Bearbeitungsgebühr) beträgt derzeit 0,5 %/p. a.

Sonstige Fördermaßnahmen zur Existenzgründung

68   Über die dargestellten öffentlichen Finanzierungshilfen hinaus werden von den einzelnen Bundesländern nach besonderen Programmen für bestimmte Existenzgründungen, teilweise nur in strukturschwachen Gebieten, zinsgünstige Kredite, Zinszuschüsse, Investitionszuschüsse und Zulagen gewährt. Detaillierte Informationen hierzu vermittelt die jeweilige örtliche Industrie- und Handelskammer oder Handwerkskammer.

cc) Fremdfinanzierung über Kapitallebensversicherungen

69   Eine weitere Finanzierungsmöglichkeit wird durch Lebensversicherungsgesellschaften angeboten. Hierbei kann der Versicherer gleichzeitig Kreditgeber sein oder aber das Darlehen über ein Kreditinstitut vermitteln.
Bei dieser Finanzierungsform ist das Eintrittsalter, die Laufzeit und die Absicherung des Unternehmers Grundlage für die Berechnung der Beiträge und somit von den persönlichen (auch körperlichen) Voraussetzungen des Unternehmers abhängig.
Da in der Regel Fälligkeitsdarlehen vereinbart werden, d. h. die Tilgung erfolgt mit Fälligkeit des Ablaufguthabens (Versicherungssumme + Gewinnanteile), sind die Aufwendungen für die anfallenden Zinsen nicht unerheblich. Weil neben den anfallenden Zinsen auch die Beiträge zur Lebensversicherung bedient werden müssen, ist diese Form der Finanzierung mit einem höheren Liquiditätsabfluß als übliche Finanzierungen verbunden. Insoweit als die Vielzahl der Tarife eine sehr hohe Flexibilität bei der Gestaltung der einzelnen Vertragspunkte bietet und die Versicherung

gleichzeitig als persönliche Sicherung des Gründers eingesetzt werden kann, empfiehlt sich insbesondere bei relativ jungen Gründern (niedrige Prämie) die Prüfung auch solcher Modelle.

dd) Gesamtfinanzierung und Kapitaldienst

70 Die Finanzierung des Gesamtkapitalbedarfs ist unter Berücksichtigung der öffentlich zu erlangenden Mittel und der dazu ergangenen Rahmenbedingungen und Einzelkonditionen zu konstruieren. In dem folgenden Beispiel wurde zu Darstellungszwecken davon ausgegangen, daß die geltenden Finanzierungsbedingungen ausgeschöpft werden konnten. Das Eigenkapitalhilfeprogramm ist dabei auf 40% des Investitionskapitalbedarfs und DM 300 000,– begrenzt. Die ERP-Darlehen und die daneben gewährten Darlehen aus Förderprogrammen des Bundeslandes sind in der Regel beschränkt auf ⅓ der Gesamtinvestitionssumme, wobei allerdings Betriebsmittel mitfinanziert werden dürfen. Es wurde weiterhin angenommen, daß die verbleibende Finanzierungslücke durch Bankdarlehen geschlossen werden konnte. Die Finanzierungsplanung muß in jedem Fall, insbesondere bei einer geplanten Inanspruchnahme öffentlicher Mittel, von der Regel ausgehen, daß kurzfristige Kredite kein langfristig gebundenes Kapital finanzieren dürfen.

71 **Gesamtfinanzierung**

	TDM
Investitionskapitalbedarf (Rz. 35)	1073
Betriebsmittelkapitalbedarf (Rz. 51)	180
Gesamtkapitalbedarf	1253

Eigenkapital- und Eigenkapitalhilfefinanzierung

	TDM	
Eigenkapital (12% v. Investitionskapitalbedarf) ca.	129	
Eigenkapitalhilfe (28% v. Investitionskapitalbedarf)	300	
„Eigenkapitalsumme"	429	429
ERP-Darlehen (Ausz. 100%)		300
Darlehen aus Förderprogramm des Bundeslandes (Ausz. 100%)		300
Bankdarlehen und sonstige Kreditierung		224
Gesamtfinanzierung		1253

72 **Kapitaldienst 1. Jahr**
(geschätzt)

	Zinsen DM	Provision DM	Kapitalkosten DM	Tilgung DM	Kapitaldienst DM
Eigenkapitalhilfe	–	–	–	–	–
ERP-Darlehen	18 000	–	18 000	–	18 000
Landes-Darlehen	19 500	–	19 500	–	19 500
Bankdarlehen	22 400	4 480	26 880	–	26 880
Bürgschaften	–	6 180	6 180	–	6 180
	59 900	16 660	70 560	–	10 660

Auf Basis der geplanten Gesamtfinanzierung können die aus dieser Finanzierung resultierenden Kapitalkosten und unter Berücksichtigung der Tilgung der Kapitaldienst ermittelt werden. Damit sich die Daten des Kapitaldienstes in die Betriebsmittelkapitalbedarfsrechnung einfügen lassen, sind die Fälligkeiten sorgfältig einzuplanen.

Die ermittelten Kapitalkosten sind zur Vervollständigung der Ergebnisplanung in diese einzubeziehen.

ee) Miete, Leasing, Factoring

73 Der Existenzgründer kann die in der Regel angespannte Finanzierungssituation auch durch das Anmieten oder Leasen von Anlagegegenständen sowie durch den „Verkauf" von Forderungen (Factoring) unter gewissen Bedingungen erheblich entlasten.

74 Das **Leasing**-Angebot der Leasing-Gesellschaften reicht heute vom Spezial-Leasing über das Finanzierungs-Leasing bis zum reinen Operating-Leasing, so daß im Leasing-Verfahren selbst Gebäude und Spezialanlagen angemietet werden können. In Fällen des Spezial-Leasing ist allerdings davon auszugehen, daß die Kreditwürdig-

keitsanforderungen des Leasing-Gebers nicht niedriger einzustufen sind als die eines herkömmlichen Kreditinstitutes. Darüber hinaus ist, sollen solche Alternativen in die Finanzierung eingeschlossen werden, die steuerrechtliche Behandlung von Spezial-Leasing-Verträgen zu berücksichtigen. Im klassischen Finanzierungs-Leasingfall wird der Vertrag über eine sogenannte Grundmietzeit abgeschlossen, in der er bei einer vertragsgemäßen Erfüllung von beiden Seiten nicht gekündigt werden kann. Diese Verträge sind meistens wahlweise mit Kauf- oder Mietverlängerungsoption ausgestattet. Auch hier muß auf die entsprechende vertragliche Ausgestaltung zur Vermeidung negativer steuerlicher Wirkungen geachtet werden. Das reine Operating-Leasing gibt eine feste Grundmietzeit nicht vor und kann daher als schlichtes Mietverhältnis eingestuft werden. Der Finanzierungsvorteil des Leasing liegt ausschließlich im Zeitanfall der Verpflichtungen begründet.

75   Ein sich weiter durchsetzendes Finanzierungsinstrument ist das sogenannte **Factoring**, das in verschiedenen Varianten anzutreffen ist. In seiner Grundform tritt der Lieferant seine Kaufpreisforderung gegen den Kunden an den Factor (Factoringgesellschaft) ab und erhält von ihm sofort (vor Fälligkeit der Rechnungen) zwischen 70 und 95% des Kaufpreises je nach Vertragsgestaltung überwiesen. Der Restbetrag wird bis zur vollständigen Bezahlung der Rechnung für das Mängelrüge- und Inkasso-Risiko einbehalten. Mit dem „Kauf" der Forderung übernimmt der Factor von seinen Anschlußkunden (Lieferanten) in der Regel das Delkredere Risiko (sogenanntes echtes Factoring). Die Factor-Gebühren betragen im Durchschnitt 0,8 bis 2,5% des Umsatzes, wobei sich diese am Umsatzvolumen, dem Umfang des Abnehmerkreises, der Umschlagshäufigkeit und anderen Kriterien ausrichten. Die Delkredere-Gebühr ist regelmäßig in diesen Beträgen enthalten. Die Übernahme des Kreditausfallrisikos durch den Factor bedeutet allerdings gleichzeitig, daß sowohl der sogenannte Anschlußkunde als auch der Kundenkreis des Lieferanten (Anschlußkunden) einer Bonitätsprüfung unterzogen wird. Ob der Vorteil des Factoring, sofortige Liquidität verbunden mit der Sicherung gegen den Forderungsausfall, betriebswirtschaftlich sinnvoll ist, muß individuellen Betrachtungen vorbehalten bleiben.

g) Planungsergebnis

76   Die Übernahme der Finanzierungskosten und der Tilgung in den Betriebsmittel-, den Ergebnis- und den Betriebsmittelkapitalbedarfsplan schließt die Unternehmensplanung ab. Die Finanz- und Liquiditätsplanung muß die jederzeitige Liquidität der Unternehmung nachweisen, und zugleich den durchschnittlichen „Kontokorrent"-rahmen des finanzierenden Kreditinstituts sowie die erforderliche Kreditlinie ausweisen. Die Ergebnisplanung zeigt die Rentabilität des Unternehmens und bietet letztlich die Grundlage für die Prüfung der Frage, ob die Investition für den Gründer vorteilhaft ist. Für die Beantragung der zur Verfügung zu stellenden Fremdmittel ist die Planung in einer in sich geschlossenen Dokumentation erforderlich. Ergibt sich im Zuge der sich anschließenden Kreditverhandlungen, daß sich die geplanten Finanzierungen nicht oder nicht vollständig realisieren lassen, ist zu prüfen, ob zusätzliches Eigenkapital einsetzbar und/oder das Investitionsprogramm anders zu strukturieren oder zu reduzieren ist. An die abschließende Feststellung der Tragfähigkeit des Konzeptes schließt sich die Erörterung der Rechtsformwahl an.

5. Wahl der Rechtsform

a) Vorbemerkungen

77   Die Entscheidung über die Wahl der Rechtsform ist bei Existenzgründung im eigentlichen Sinne, der Errichtung eines neuen Unternehmens, durch den bis dahin nicht selbständig tätigen Unternehmer, von anderen Motiven getragen als die Gründung eines Unternehmens durch Industrieunternehmen oder Inhaber bzw. Anteilseigner bereits erfolgreich im Markt operierender Unternehmen. Selbst bei Erwerb eines Unternehmens oder einer tätigen Beteiligung stellt sich die Frage nach der Rechtsform unter anderen Gesichtspunkten oder mangels Alternativen zur bereits vorhandenen Rechtsform eventuell nicht, da man – nolens volens – das gegebene hinnehmen muß. Ebenso schränkt sich der Kreis der zur Verfügung stehenden For-

men aus rein pragmatischen Erwägungen für den hier angesprochenen Gründertypus ein. Rechtsformen wie Vereine, Aktiengesellschaften und selbst die Genossenschaft können bei den anstehenden Überlegungen außer acht gelassen werden. Das danach verbleibende Spektrum läßt sich wie folgt abgrenzen:
- Einzelunternehmen
- Personengesellschaften (BGB-Gesellschaft, OHG, KG)
- Kapitalgesellschaften (GmbH)
- Mischformen (GmbH & Co KG, GmbH & Still, Betriebsaufspaltung)

78 Die Auswahl der geeigneten Rechtsform hat sich auf der Grundlage der spezifischen Gegebenheiten des Beratungsfalles im wesentlichen – zusammengefaßt – an vier Kriterien zu orientieren: Haftungsbeschränkung, Inanspruchnahme steuerlicher Vorteile vor allem in der Gründungsphase, adäquater Verwaltungsaufwand und Bestimmungsrecht des/der Gründer, wobei unter Letzterem die Beschränkung von Mitspracherechten nicht aktiv tätiger Gesellschafter auf Kontrollrechte – eher noch Darlehensgeberfunktion – zu verstehen ist.

Die sich anschließende synoptische Darstellung der in Betracht kommenden Rechtsformen, eine Betrachtung von GmbH & Still sowie Betriebsaufspaltung schließen sich an, erfolgt daher umfassender unter formalrechtlichen, handels- und gesellschaftsrechtlichen, finanziellen sowie steuerrechtlichen Aspekten.

b) Überblick über wesentliche Rechtsformen

Rechtsform, Gesetzliche Grundlagen	Formalrechtliche Aspekte	Handels- und Gesellschaftsrechtliche Aspekte	Finanzielle und Haftungs-Aspekte	Steuerrechtliche Aspekte
79 Einzelunternehmen (§§ 1 ff. HGB)	**Gründung und Anmeldungen:** Gründung erfolgt formfrei. Anmeldung zum Handelsregister nur erforderlich, soweit Kaufmannseigenschaft vorliegt. Gewerberechtliche Anmeldung nach § 14 GewO grundsätzlich erforderlich, bei erlaubnispflichtiger Tätigkeit nach GewO und Spezialgesetz muß der Antrag gleichzeitig erfolgen. **Firma:** Nur gegeben bei Kaufmannseigenschaft als Personenfirma; als Minderkaufmann (§ 4 HGB) Auftreten unter eigenem Namen. **Geschäftsführung und Vertretung:** Durch den Inhaber	**Kaufmannseigenschaft:** Möglich, nicht zwingend; Minderkaufmann, wenn kaufmännisch eingerichteter Geschäftsbetrieb nicht erforderlich. **Prokura:** Kann bei Kaufmannseigenschaft des Inhabers erteilt werden. **Auflösung:** durch den Inhaber.	**Kapitalausstattung:** Keine Mindesthöhe, variabel. **Haftung:** Mit gesamtem Geschäfts- und Privatvermögen. **Gewinnverteilungs- und Entnahmerechte:** Keinerlei Einschränkungen.	**Betriebliche Steuern:** Nur GewSt, Freibeträge – TDM 36 bei Gewerbeertrag, TDM 120 bei Gewerbekapital **Persönliche Steuern des Unternehmers:** – ESt: Verluste voll ausgleichs- und abzugsfähig; VSt: Bemessungsgrundlage sind 75% des Einheitswertes des Betriebsvermögens nach Abzug des Freibetrages von TDM 125 (§ 117a BewG)
80 BGB-Gesellschaft (§§ 705 ff. BGB)	**Gründung und Anmeldungen:** Formfrei, Anmeldung nur nach GewO und Nebengesetzen (wie Einzelunternehmen); Handelsregisteran-	**Kaufmannseigenschaft:** Keine (es sei denn kraft Tätigkeit dann OHG) **Prokura:** Erteilung nicht möglich **Austritt** (Kündigung): Möglich, be-	**Kapitalausstattung:** Variabel nach Bedarf **Haftung:** Unbeschränkt und gesamtschuldnerisch mit Geschäfts- und Privatvermögen;	**Betriebliche Steuern:** GewSt wie bei Einzelunternehmen **Persönliche Steuern des Unternehmers:** Aufteilung des Gewinns und Einheitswertes zur Er-

Existenzgründungsberatung

Rechtsform, Gesetzliche Grundlagen	Formalrechtliche Aspekte	Handels- und Gesellschaftsrechtliche Aspekte	Finanzielle und Haftungs-Aspekte	Steuerrechtliche Aspekte
	meldung entfällt, Gesellschaft wird bei Ausübung eines Handelsgewerbes jedoch kraft Tätigkeit zur OHG (s. dort) **Firma:** Keine, Namen aller Gesellschafter **Geschäftsführung und Vertretung:** Durch alle Gesellschafter gemeinsam, aber beschränkbar auf einzelne	endet die Gesellschaft **Ausschluß** (durch die Gesellschaft): Durch außerordentliche Kündigung möglich **Auflösung:** Durch Tod eines Gesellschafters **Kontrollrechte der Gesellschafter:** Kontrollrechte der beschränkt zur Geschäftsführung berechtigten Gesellschafter möglich. **Gestaltungsmöglichkeiten:** Frei, durch gesellschaftsvertragliche Regelung	**Haftungsbeschränkung** durch Anzeige an Gläubiger möglich **Gewinnverteilungs- und sonstige Entnahmerechte:** Gewinnverteilung zu gleichen Teilen oder nach freier Vereinbarung, ansonsten keine Beschränkung	mittlung der Bemessungsgrundlage für persönliche Steuern durch einheitliche und gesonderte Feststellung. Leistungen der Gesellschafter an die Gesellschaft sind nicht abzugsfähig, sondern Einlagen. ESt: Verluste sind voll ausgleichs- und abzugsfähig VSt: Bemessungsgrundlage sind 75% des Anteils am Betriebsvermögen laut einheitlicher und gesonderter Feststellung, soweit dieser TDM 125 übersteigt (§ 117a BewG)
81 OHG (§§ 105ff. HGB i. V. m. 705ff. BGB)	**Gründung und Anmeldungen:** Gründung formfrei wie BGB-Gesellschaft, Anmeldung nach GewO und Nebengesetzen wie BGB-Gesellschaft. Notariell beglaubigte Anmeldung zum Handelsregister (s. Kaufmannseigenschaft); bei Sachgründung mit Immobilieneinbringung, notarielle Beurkundung des Gesellschaftsvertrages erforderlich. Gesellschafterwechsel und Prokuraerteilung erfordern notariell beglaubigte Anmeldung zum Handelsregister. **Firma:** Ausschließlich Personenfirma mit Namen mindestens eines Gesellschafters und Zusatz, der die Gesellschaft andeutet: aktive und passive Prozeßfähigkeit gegeben. **Geschäftsführung und Vertretung:** Durch jeden Gesellschafter allein, jedoch vertraglich abdingbar; organschaftliche Vertretung ausgeschlossen;	**Kaufmannseigenschaft:** Kraft Rechtsform **Prokura:** Erteilung möglich **Austritt** (Kündigung): Durch ordentliche und außerordentliche Kündigung möglich **Ausschluß:** Durch außerordentliche Kündigung möglich **Auflösung:** Tod eines Gesellschafters, Auflösungsbeschluß (dispositives Recht) **Kontrollrechte:** Uneingeschränkt **Gestaltungsmöglichkeiten:** Weitreichend	**Kapitalausstattung:** Variabel nach Bedarf der Unternehmung **Haftung:** Gesamtschuldnerisch, jeder haftet unmittelbar, unbeschränkt mit Geschäfts- und Privatvermögen (zwingendes Recht) **Gewinnverteilungs- und Entnahmerechte:** 4% auf Einlage, Rest nach Köpfen; Entnahmerechte unbeschränkt; in der Regel vertraglich abweichend bestimmt	**Betriebliche Steuern:** GewSt wie bei Einzelunternehmen **Persönliche Steuern des Unternehmers:** Aufteilung des Gewinns und Einheitswertes zur Ermittlung der Bemessungsgrundlage für persönliche Steuern durch einheitliche und gesonderte Feststellung. Leistungen der Gesellschafter an die Gesellschaft sind nicht abzugsfähig, sondern Einlagen ESt: Verluste sind voll ausgleichs- und abzugsfähig VSt: Bemessungsgrundlage sind 75% des Anteils am Betriebsvermögen laut einheitlicher und gesonderter Feststellung, soweit dieser TDM 125 übersteigt (§ 117a BewG)

Rechtsform, Gesetzliche Grundlagen	Formalrechtliche Aspekte	Handels- und Gesellschaftsrechtliche Aspekte	Finanzielle und Haftungs-Aspekte	Steuerrechtliche Aspekte
82 KG (§§ 161 ff., 105 ff. HGB i. V. m. 705 ff. BGB)	**Gründung und Anmeldungen:** Grundsätzlich einfach und formfrei wie BGB-Gesellschaft, jedoch notariell beglaubigte Anmeldung zum Handelsregister wegen Kaufmannseigenschaft kraft Rechtsform; bei Sachgründung mit Immobilien wie OHG; Gesellschafterwechsel – auch in der Stellung - und Prokuraerteilung erfordern notariell beglaubigte Anmeldung zum Handelsregister; Anmeldung nach GewO und Nebengesetzen wie BGB-Gesellschaft **Firma:** Nur als Personenfirma mit Namen zumindest eines Komplementärs (persönlich haftenden Gesellschafters) und Gesellschaftszusatz möglich **Geschäftsführung und Vertretung:** Nur durch den persönlich haftenden Gesellschafter	**Kaufmannseigenschaft:** Kraft Rechtsform **Prokura:** Erteilung möglich, auch an Kommanditisten **Austritt** (Kündigung): Ordentliche und außerordentliche Kündigung **Ausschluß:** Durch Gerichtsbeschluß **Auflösung:** Durch Tod des Komplementärs **Kontrollrechte:** Stehen den Kommanditisten zu, ebenso Widerspruchsrecht bei außerordentlichen Geschäften **Gestaltungsmöglichkeiten:** Bis auf Vollhaftung des Komplementärs sowie Unmöglichkeit der Vertretungsbefugnis für den Kommanditisten sämtliches dispositives Recht; vertragliche Regelung empfehlenswert	**Kapitalausstattung:** Höhe des Kapitals variabel **Haftung:** Komplementär haftet wie OHG-Gesellschafter; Kommanditist haftet nur bis zur Höhe des im Handelsregister für ihn vermerkten Haftkapitals; bei unzureichender Kapitalausstattung werden kapitalersetzende Darlehen der Kommanditisten neben dem Haftkapital in die Haftung einbezogen; Aufnahme der Geschäftstätigkeit vor Eintragung der Gesellschaft führt zur persönlichen Haftung der Kommanditisten **Gewinnverteilungs- und Entnahmerechte:** Unbeschränkt; Verteilung: 4% auf Einlage, Rest ist angemessen zu verteilen, i. d. R. vertraglich abweichend geregelt; bei Kommanditisten Aufleben der Haftung durch handelsrechtlich unberechtigte Entnahmen	**Betriebliche Steuern:** GewSt wie bei Einzelunternehmen **Persönliche Steuern des Unternehmers:** Aufteilung des Gewinns und Einheitswertes zur Ermittlung der Bemessungsgrundlage für persönliche Steuern durch einheitliche und gesonderte Feststellung. Leistung der Gesellschafter an die Gesellschaft sind nicht abzugsfähig, sondern Einlagen; ESt: Verluste sind nur beim Komplementär voll ausgleichs- und abzugsfähig; beim Kommanditisten beschränkt § 15a EStG die sofort ausgleichs- und abzugsfähigen Verluste auf die Höhe des steuerrechtlichen Kapitalkontos; Restbetrag ist, zeitlich unbeschränkt, mit Gewinnen aus der Gesellschaft verrechenbare Verlust; VSt: Bemessungsgrundlage sind 75% des Anteils am Betriebsvermögen laut einheitlicher und gesonderter Feststellung, soweit dieser TDM 125 übersteigt (§ 117a BewG); bei negativem Unternehmenswertanteil eines Kommanditisten erfolgt bei diesem keine Zurechnung, wenn die Einlage geleistet ist; der negative Anteil wird den übrigen Gesellschaftern zugerechnet (Abschn. 19 VStR)
83 GmbH (GmbHG)	**Gründung und Anmeldungen:** Stark formbedürftig; notariell beurkundeter Gesellschaftsvertrag und notariell beglaubigte Anmeldung zum Handelsregister er-	**Kaufmannseigenschaft:** Kraft Rechtsform **Einmann-Gesellschaft:** Möglich, zu Konsequenz siehe finanzielle und Haftungsaspekte **Prokura:** Erteilung	**Kapitalausstattung:** Mindestkapital von DM 50000,–, wovon mindestens DM 25000,– und/oder 25% zur freien Verfügung der Gesellschaft eingezahlt	**Betriebliche Steuern:** GewSt: Keine Freibeträge, Abzugsfähigkeit der Geschäftsführergehälter KSt: Vergütungen für Leistungen der Gesellschafter und/oder Geschäftsführer

Rechtsform, Gesetzliche Grundlagen	Formalrechtliche Aspekte	Handels- und Gesellschaftsrechtliche Aspekte	Finanzielle und Haftungs-Aspekte	Steuerrechtliche Aspekte
	forderlich; Bar- und Sachgründung möglich; bei Sachgründung ist Sachgründungsbericht zum Register einzureichen; jede Veränderung der Gesellschaft ist dem Registergericht in notariell beglaubigter oder beurkundeter Form anzuzeigen; Melde- und Erlaubnispflichten nach GewO und Nebengesetzen wie bei BGB-Gesellschaft **Firma:** Als Personen- und Sachfirma mit GmbH-Zusatz möglich **Geschäftsführung und Vertretung:** Vertretung nur organschaftlich durch den/die Geschäftsführer; bei mehreren Geschäftsführern ist Vertretungsbefugnis (allein oder gemeinsam) dispositiv; Ausschluß des Selbstkontrahierungsverbots (§ 181 BGB) muß im Handelsregister eingetragen sein; Geschäftsführungsbefugnis ist nur im Innenverhältnis beschränkbar **Sonstige Regelungen:** Bilanzen der Gesellschaft sind bis zum 31. 3. des Folgejahres fertigzustellen; durch Satzung verlängerbar bis zum 30. 6.; eingeschränkte oder erweiterte Publizität durch Anpassung an vierte EG-Richtlinie gegeben, vgl. Teil E	möglich **Austritt** (Kündigung): Durch Abtretung (Veräußerung) der Gesellschaftsanteile **Ausschluß:** Nur im Fall der Kaduzierung (§ 21 GmbHG) und aus wichtigem Grund **Auflösung:** Durch Zeitablauf, durch Beschlußfassung mit ¾-Mehrheit, durch Urteil und Entscheidung des Verwaltungsgerichts, durch Eröffnung des Konkursverfahrens, durch Verfügung des Registergerichts und durch vertraglich geregelte Auflösungsgründe **Kontrollrechte der Gesellschafter:** Einflußnahme der Gesellschafter auf Geschäftsführung abhängig von Kapital und Stimmrechtsanteilen; Änderung des Gesellschaftsvertrages bedürfen ¾-Mehrheit (dispositiv) **Gestaltungsmöglichkeiten:** Weitgehend	sein müssen; bei Einmann-GmbH ist Volleinzahlung oder Sicherheitsleistung für den durch die Mindesteinzahlung nicht gedeckten Restbetrag erforderlich **Haftung:** Gesellschaft selbst haftet unbeschränkt, Haftung der Gesellschafter beschränkt auf das nicht eingezahlte Stammkapital, Nachschußpflicht kann vereinbart werden, kapitalersetzende Darlehen werden im Konkurs der Gesellschaft wie haftendes Kapital behandelt; Aufnahme der Geschäftstätigkeit vor Eintragung der Gesellschaft führt zur Vollhaftung der Gründer, für die Geschäfte vor der Eintragung **Gewinnverteilungs- und Entnahmerechte:** Gewinnverteilung erfolgt nach Geschäftsanteilen, soweit nicht vertraglich anders geregelt; Ausschüttung auf Grund Gesellschafterbeschluß; Entnahmen der Gesellschafter sind nicht möglich, jedoch Möglichkeit der Darlehensgewährung	an die Gesellschaft führen bei ihr zu abzugsfähigen Aufwendungen – VSt der Gesellschaft ist nicht abzugsfähige Betriebsausgabe; Bemessungsgrundlage: 75% des Einheitswertes des Betriebsvermögens, soweit dieses TDM 125 übersteigt (§ 117a BewG); Steuersatz 0,6% – Steuerbelastung: 56% für thesaurierte, 36% für ausgeschüttete Gewinne VSt: siehe Ausführungen zur Nichtabzugsfähigkeit, Gesellschaft ist selbst Besteuerungsobjekt, Doppelbelastung bei Gesellschaft und Gesellschafter, KVSt: Einzahlung auf das Stammkapital; die Zahlungen, die den Wert der Anteile erhöhen, lösen Gesellschaftsteuer von 1% (0,5% bei Verlustausgleich) aus; Übertragung von Anteilen führt zu Börsenumsatzsteuerpflicht: 2‰ **Persönliche Steuern des Unternehmers:** ESt: Unterliegt mit den ausgeschütteten Gewinnen der Besteuerung im Jahr des Zuflusses oder bei beherrschender Gesellschafterstellung im Jahr der Beschlußfassung; gezahlte KSt ist bei unbeschränkt Steuerpflichtigen voll anrechenbar; Verluste verbleiben in der Gesellschaft, VSt: Bemessungsgrundlage ist gemeiner Wert der Anteile; unterliegt der VSt nach allgemeinen Regeln

Rechtsform, Gesetzliche Grundlagen	Formalrechtliche Aspekte	Handels- und Gesellschaftsrechtliche Aspekte	Finanzielle und Haftungs-Aspekte	Steuerrechtliche Aspekte
84 GmbH & Co KG (§§ 161 ff. HGB u. GmbHG)	**Gründung und Anmeldungen:** Stark formbedürftig und aufwendig wegen Gründung der GmbH (als Vollhafterin) und der KG; zum procedere siehe dort; Reihenfolge der Eintragungen im Handelsregister zunächst GmbH, dann GmbH & Co KG, zu haftungsrechtlichen Konsequenzen siehe Haftung; Anmeldungen nach GewO und Nebengesetzen siehe Einzelunternehmen; Bar- und Sachgründung möglich; **Firma:** Firma der GmbH & Co KG unterliegt zunächst GmbH-Recht und kann Personen- oder Sachfirma sein; Firma der GmbH ist als Komplementär-Firma gleichzeitig Firma der KG, wobei ein unterscheidungsfähiger und das besondere Gesellschaftsverhältnis kennzeichnender Zusatz anzubringen ist. **Geschäftsführung und Vertretung:** Die GmbH ist, vertreten durch ihren Geschäftsführer (der Kommanditist und Gesellschafter der GmbH sein kann), Geschäftsführerin der KG	**Kaufmannseigenschaft:** Kraft Rechtsform **Einmann-Gesellschaft:** Möglich (siehe GmbH-Regelungen) **Prokura:** Erteilung möglich; auch über GmbH; **Austritt, Ausschließung, Auflösung:** Siehe Regelung zur GmbH und zur KG **Kontrollrechte der Gesellschafter:** Kontroll- und Widerspruchsrechte der Kommanditisten wie bei KG; abweichende Regelung im Gesellschaftsvertrag üblich; **Gestaltungsmöglichkeiten:** weitreichend; Aufhebung des Selbstkontrahierungsverbots grundsätzlich möglich durch die Gesellschaft; Eintragung im Handelsregister der KG für Geschäfte zwischen GmbH & KG erforderlich	**Kapitalausstattung:** Zur Kapitalausstattung der GmbH siehe dort; Höhe des Kommanditkapitals variabel, keine Mindestregelungen; GmbH benötigt keine kapitalmäßige Beteiligung an der KG **Haftung:** Die GmbH & Co KG selbst haftet mit ihrem gesamten Vermögen; Gesellschafterhaftung beschränkt auf Haft- und Stammkapital; Haftung der Gesellschafter bei Aufnahme der Tätigkeit: Vor Eintragung der GmbH und der GmbH & Co KG haften die Gesellschafter i. d. R. unbeschränkt wie die OHG **Gewinnverteilungs- und Entnahmerechte:** Gewinnverteilung sollte vertraglich geregelt werden, da sonst KG-Regelung greift; Entnahmeregelung analog KG-Recht; Gewinnanteil der GmbH kann auf Haftungsprämie und Tätigkeitsvergütung beschränkt werden; **Sonstige Aspekte:** Verwaltungskosten erhöht, da sowohl für KG als auch für GmbH gesonderte Buchführung, Bilanz- und Steuerberatung erforderlich ist	**Besteuerung der Gesellschaft(en):** GmbH – siehe Ausführungen zur GmbH KG – siehe Ausführungen zur KG; Gehälter der Gesellschafter-Geschäftsführer nicht abziehbar **Besteuerung der Gesellschafter:** Bemessungsgrundlage für die Besteuerung vom Einkommen ist der sowohl für GmbH als auch für KG in einheitlicher und gesonderter Feststellung ermittelte Gewinn; siehe ansonsten KG; Verlustausgleich und Abzug beschränkt durch § 15a EStG; GmbH-Anteile der Gesellschafter, die gleichzeitig Kommanditisten sind, stellen notwendiges Sonderbetriebsvermögen der Kommanditisten dar

85   Die in der synoptischen Darstellung nicht erfaßten Rechtsgebilde GmbH & Still und Betriebsaufspaltung sind keine Rechtsformen im engeren Sinne, sondern wirtschaftliche Mischformen. Die **GmbH & Still** ist anders als die GmbH & Co KG eine reine Innengesellschaft, die nach außen als solche nicht auftritt.

86   In ihrer häufigsten Ausprägung beteiligen sich die Gesellschafter der GmbH zugleich als stille Gesellschafter nach den Regelungen der §§ 335–342 HGB durch eine Vermögenseinlage am Handelsgewerbe der GmbH. Gründungsvorschriften sind außer denen der GmbH nicht zu beachten. Die Beteiligung kann grundsätzlich formfrei

erfolgen, was in der Praxis allein aus steuerlichen Nachweisgründen nicht geschieht. Eine Eintragung der stillen Gesellschaft im Handelsregister erfolgt nicht. Da die Einlage in das Vermögen des Inhabers – der GmbH – übergeht, stehen dem Stillen Geschäftsführungsbefugnisse nach HGB nicht zu. Die Verwaltung der Gesellschaft erfordert keinerlei gesonderten Aufwand. Die Höhe der Einlage des Stillen ist frei vereinbar. Am Verlust der Gesellschaft nimmt der Stille bis zur Höhe seiner Einlage teil und ist im Konkurs der Gesellschaft Konkursgläubiger.

87 Wird vereinbart, daß das gesamte Geschäftsvermögen schuldrechtlich als gemeinsames Vermögen zu behandeln ist – Beteiligung an den stillen Reserven – oder sind Regelungen getroffen, die dem Stillen die Entfaltung von unternehmerischer Initiative ermöglichen, so ist von einer atypisch stillen Gesellschaft auszugehen. Dieser wird steuerrechtlich als Mitunternehmer i. S. d. § 15 Abs. 1 EStG behandelt; der stille Gesellschafter hat Einkünfte aus Gewerbebetrieb. Die damit verbundene Möglichkeit, Anlaufverluste einer GmbH über das Vehikel der Mitunternehmerschaft beim Stillen (= GmbH-Gesellschafter) steuerlich ausgleichs- und abzugsfähig zu machen, ist in ihrer Bedeutung durch § 15a EStG stark eingeschränkt.

88 Im Rahmen der hier anzustellenden Überlegungen ist auch die **Betriebsaufspaltung** zu erörtern, die entsteht, wenn „ein" Unternehmen von Anfang an in der Form von zwei Rechtsgebilden gebracht wird (sog. unechte Betriebsaufspaltung). Verbunden werden hierzu regelmäßig ein Einzelunternehmen oder eine Personengesellschaft, die das Anlagevermögen halten und vermieten, mit einer Kapitalgesellschaft, die als Mieter auftritt und das unternehmerische Betriebs- oder Vertriebsrisiko trägt. Ihre handelsrechtliche Behandlung versteht sich grundsätzlich nach den bereits dargestellten Kriterien der jeweils gewählten Rechtsform. Der Umstand zweier tatsächlich werbender Unternehmen hat zur Folge, daß relativ ein nicht unerheblicher Verwaltungsaufwand entsteht.

89 Die Realisierung des bei isolierter Betrachtung mit dieser Mischform verbundenen steuerlichen Grundgedankens, Behandlung der Besitzgesellschaft (Personengesellschaft) als Vermietungsgesellschaft (Einkünfte gemäß § 21 EStG) mit der Folge der Gewerbesteuerfreiheit und steuerfreier Veräußerungsgewinne sowie der Steuerungsmöglichkeit des Zuflusses von Ergebnissen der Kapitalgesellschaft, ist hingegen von Rechtsprechung und Finanzverwaltung im wesentlichen verhindert worden. Besteht nämlich entsprechend der üblichen Interessenlage Gesellschafteridentität zwischen den beherrschenden Gesellschaftern beider Gesellschaften und vermietet die Besitzpersonengesellschaft an die Kapitalgesellschaft wesentliche Betriebsgrundlagen, so geht die Finanzverwaltung regelmäßig von der Gewerblichkeit des Besitzunternehmens aus. Die Folgen sind, daß das Besitzunternehmen gewerbliche Einkünfte erzielt, sein Vermögen konsequenterweise als Betriebsvermögen klassifiziert und die Anteile an der Betriebs- und Vertriebs-GmbH zum notwendigen Sonderbetriebsvermögen der Personengesellschafter werden.

90 Die neuere Rechtsprechung des Bundesverfassungsgerichts (BVerfG v. 12. 3. 1985 – 1 BvR 571/81, 1 BvR 494/82, 1 BvR 47/83, DB 1985, 1320f.) verringert diese Problematik nur für den Bereich von Familiengesellschaften, in dem bisher selbst bei unterschiedlichen Beteiligungsquoten die Anteile der Ehegatten und ihrer minderjährigen Kinder zusammengefaßt wurden, um den einheitlichen Betätigungswillen nachzuweisen.

Diese gleichwohl aus haftungsrechtlichen Aspekten interessante Mischform bedarf intensiver steuerlicher Gründungsberatung auf Basis des zu gestaltenden Einzelfalles.

c) Kriterien der Rechtsformwahl

aa) Haftungsbeschränkung

91 Der Wunsch des Gründers nach Haftungsbeschränkung wird im hier definierten Existenzgründungsfall in der Regel – unabhängig von der gewählten Rechtsform – nur teilweise erfüllt.

Die Hauptkreditgeber – private und öffentliche Banken – verzichten in der Praxis fast nie auf die persönliche Haftung des Gründers und im Zweifel seiner Familie oder Dritter. Wird die Kreditvergabe der Banken durch Bürgschaften einer Kreditgarantiegemeinschaft, der Lastenausgleichsbank oder ähnlicher Institutionen, ganz oder teilweise abgesichert, so wird vom Gründer stets eine selbstschuldnerische Bürgschaft zusätzlich verlangt. Gleiches gilt bei der Vergabe kurz- und mittelfristiger Darlehen durch private Bankinstitute. Der Ehegatte wird häufig in die Mithaftung genommen, selbst wenn er am Unternehmen nicht beteiligt ist. Die Haftungsbegrenzung aus der gewählten Rechtsform wirkt damit durchweg nur gegenüber den Lieferanten, Arbeitnehmern und öffentlichen Kassen.

92 Die zumeist wegen der Haftungsbeschränkung gewählte GmbH oder GmbH & Co. KG enthält das Risiko der frühzeitigen Überschuldung. Insbesondere bei Gründungen tritt dieser Tatbestand schnell ein, wenn Umsätze hinter den Erwartungen zurückbleiben und/oder Kosten darüber hinausgehen. Stille Reserven, die eine faktische Überschuldung ausgleichen könnten, sind regelmäßig nicht vorhanden. Die bilanzielle Überschuldung entspricht im Gründungsfall fast immer der konkursrechtlichen Überschuldung, was wegen der sich hieraus ergebenden Konkursantragspflicht das Ende des Unternehmens bedeutet.

bb) Inanspruchnahme steuerlicher Vorteile

93 Die wesentlichen steuerrechtlichen Ziele, die mit der Entscheidung über die Rechtsform gelöst werden sollen, können wie folgt zusammengefaßt werden:
– Verlustausgleichs- und -abzugsmöglichkeiten von (Anlauf-)verlusten
– Abzugsfähigkeit von Vergütungen für persönliche Leistung des Gründers an sein Unternehmen
– Steuerungsmöglichkeiten der Zurechnung positiver Ergebnisse des Unternehmens beim Gründer
– Endgültige Steuerfreiheit von steuerfreien Zulagen und Zuschüssen
– Möglichkeiten einer rechtsformwechselnden Umwandlung ohne sofortige Realisierung und Versteuerung stiller Reserven
– Steuerbegünstigung von Unternehmensveräußerungsgewinnen

94 Die **Gegenüberstellung der einzelnen Rechtsformen** und wirtschaftlichen Mischformen zeigt, daß die Erreichung dieser Ziele kumulativ nicht möglich ist. Der Gründer wird in jedem Fall bei der Entscheidung ‚Einzelunternehmen/Personengesellschaft oder Kapitalgesellschaft und Mischformen' auch ohne Berücksichtigung außersteuerlicher Aspekte Nachteile hinnehmen müssen. Der Einzelfall ist nach der konkreten Sachlage anhand eines Prioritätenkataloges zu entscheiden. Die steuerlich optimale Rechtsform gibt es allein deswegen nicht, weil die Entscheidungssituation im Zeitpunkt der Gründung mit der später erfolgsgesicherter Jahre nicht vergleichbar ist.

95 Die Gründungssituation ist geprägt durch Überlegungen von **Verlustausgleichs- und Abzugsmöglichkeiten**, die Erfolgsphase von dem Gedanken an die Steuerungsmöglichkeit positiver Ergebnisse und ihrer Zuflüsse und Zurechnungen. Einzelunternehmen und OHG lassen in der Unternehmung entstehende (Anlauf-)Verluste die steuerliche Privatsphäre erreichen, und sind damit bei gleichzeitig positiven Einkünften ausgleichs-, rücktrags- und vortragsfähig. Diese Möglichkeit ist für den Kommanditisten einer KG und einer GmbH & Co. KG sowie für den atypisch Stillen einer GmbH & Still durch § 15a EStG bereits begrenzt auf die Höhe seines steuerlichen Kapitalkontos, ggf. erweitert um eingetragene Haftsummen. Der in einer GmbH entstehende Verlust des Gründungsgesellschafters bleibt gesellschaftsbefangen und ist lediglich nach den Regeln des § 8 KStG i. V. m. § 10d EStG vortragsfähig.

96 Dieser Nachteil der GmbH wird durch den Vorteil der **Steuerungsmöglichkeit positiver Zuflüsse** nur geringfügig ausgeglichen. Werden nämlich derartige Gewinne nicht ausgeschüttet, sondern thesauriert, so entsteht ein unverzinsliches Steuerguthaben in der GmbH. Das häufig praktizierte Schütt-aus-Hol-zurück-Verfahren löst zwar das Problem des unverzinslichen Steuerguthabens durch die Anrechnungsmöglichkeit im privaten Bereich, macht jedoch zugleich das eigentlich angestrebte Ziel der Zuflußsteuerung zunichte.

97 Die **Abzugsfähigkeit von Vergütungen für persönliche Leistungen** des Gründers an sein Unternehmen ist nur bei der reinen Kapitalgesellschaft (hier: GmbH) und der typischen GmbH & Still möglich. Diesem Vorteil steht wiederum der

Nachteil der ganz oder teilweise fehlenden Verlustverrechnungsmöglichkeit gegenüber.

98 Werden **steuerfreie Zulagen und Zuschüsse** gewährt, so bleiben diese letztlich nur in Gestaltungsformen außerhalb der reinen GmbH ganz oder teilweise steuerfrei. In der GmbH führen sie zur Bildung von EK 02 (§ 30 Abs. 2 Ziff. 2 KStG), für das bei Auskehrung die Ausschüttungsbelastung mit der Folge herzustellen ist, daß die steuerfrei gewährte Zulage oder der Zuschuß letztlich der Besteuerung unterliegt.

99 Die Probleme des **Wechsels der Rechtsform** sind durch das Umwandlungssteuergesetz 1977 entschärft worden. Die Bestimmungen über die Einbringung eines Betriebs-, Teilbetriebs- oder Mitunternehmeranteils in eine Kapitalgesellschaft gegen Gewährung von Gesellschaftsanteilen (§§ 20–23 UmwStG) sowie die zur Einbringung in eine Personengesellschaft (§ 24 UmwStG) ermöglichen bei entsprechender Gestaltung eine steuerneutrale ,,Umwandlung". Die Wahl der Rechtsform ist unter diesem Aspekt im Existenzgründungsstadium nicht problematisch.

100 Die **Regelungen im Veräußerungs- oder Realisationsfall** (§§ 16, 17, 34 EStG) begünstigen bei der Kapitalgesellschaft grundsätzlich den Minderheitsgesellschafter (Anteil bis maximal 25%) und benachteiligen den Gründer als Mehrheitsgesellschafter gegenüber der Personengesellschaft, bei der wiederum der Minderheitsgesellschafter in der schlechten Position ist. § 17 EStG sieht nämlich vor, daß der Gewinn aus der Veräußerung von im Privatvermögen gehaltenen Minderheitsanteilen an einer Kapitalgesellschaft steuerfrei bleibt. Die Veräußerung von Anteilen über 25% führt hingegen zur Besteuerung ohne Abzug von Freibeträgen, wie sie § 16 Abs. 4 EStG für Einzelunternehmen und Personengesellschaften vorsieht. Andererseits erzielt hier auch der Minderheitsgesellschafter Einkünfte aus Gewerbebetrieb. Hinsichtlich der Steuerbegünstigung über den Steuersatz, stehen sich Einzelunternehmen, Personengesellschaften und Kapitalgesellschaften gleich, da bis auf Ausnahmen die Begünstigung des § 34 EStG rechtsformunabhängig ist.

101 Das Problem der **Doppelbelastung** eines GmbH-Gesellschafters **mit Vermögensteuer** sowie deren Nichtabzugsfähigkeit innerhalb der GmbH ist zweifelsfrei ein Nachteil gegenüber der Personengesellschaft, der jedoch im Regelfall kein erhebliches Gewicht hat.

cc) Adäquater Verwaltungsaufwand

102 Ausgehend vom Gründungsaspekt ergibt sich die vergleichsweise einfachste Gründung bei Errichtung eines Einzelunternehmens, da neben den allgemeinen Anmeldepflichten besondere Vorschriften nicht zu beachten sind. Für alle Fälle der Gründung einer Gesellschaft ist der verwaltungstechnische Aufwand allein deswegen höher, weil auf einen Gesellschaftsvertrag, der die handels- und steuerrechtlichen Interessen der Beteiligten beachten muß, nicht verzichtet werden kann. Dies gilt auch im Falle einer Ein-Mann-GmbH oder einer Ein-Mann-GmbH & Co. KG. Gegenüber den Personengesellschaften erfordert die Gründung einer GmbH oder die einer Mischform einen zusätzlichen Aufwand durch die entstehenden notariellen Beurkundungspflichten bei Gründung.

103 Auch die **Verwaltung des werbenden Unternehmens** ist bei Einzelunternehmen und Personengesellschaften relativ problemfrei. Die GmbH & Co. KG und die Mischformen erfordern für jede Gesellschaft eine eigene Buchführung, Bilanzierung und Verwaltung. Zudem ist für die Kapitalgesellschaften zu berücksichtigen, daß die Erstellung von Bilanzen zeitlich früher zu erfolgen hat (spätestens zum 30. 6. des Folgejahres) als dies nach Grundsätzen ordnungsmäßiger Buchführung zwingend erforderlich wäre. Auch die Zuführung oder die Entnahme von Mitteln aus der GmbH ist formalrechtlich durch die Notwendigkeit von entsprechenden Vereinbarungen gegenüber der Personengesellschaft und dem Einzelunternehmen erschwert. Sinnvoll oder notwendig ist bei Gesellschaften ein sorgfältig bedachter schriftlicher Gesellschaftsvertrag.

dd) Bestimmungsrecht

104 Unter Bestimmungsrecht des Gründers ist die Entscheidungsfreiheit im eigenen Unternehmen zu verstehen. Die Gegenüberstellung der einzelnen Rechtsformen verdeutlicht Rechte und Pflichten des Gründungsunternehmers und weist gleichzeitig

aus, daß die Mehrzahl der handelsrechtlich vorgesehenen Normen zumindest im Bereich der Personengesellschaften dispositives Recht darstellen. Dies bedeutet auch, daß die Rechte von Minderheitsgesellschaftern, soweit diese nicht durch zwingendes Recht gesichert sind, frei gestaltet werden können.

d) Entscheidung über die zu wählende Rechtsform

105   Die vorstehenden Ausführungen und Gegenüberstellungen zeigen, daß die Entscheidung über die zu wählende Rechtsform auf Basis des Einzelfalles vorzunehmen ist. Die hier zu berücksichtigenden Aspekte sind vielfältig und abhängig von der Gründerperson und eventuell seiner Familie, der Branche, in der das zu gründende Unternehmen tätig werden soll, dem Verhältnis von Eigen- und Fremdkapital, der Abhängigkeit von Kunden und/oder Lieferanten, der Frage, ob aktive Mitgründer vorhanden sind, der Notwendigkeit der Aufnahme von nur kapitalgebenden Minderheitsgesellschaftern und nicht zuletzt den spezifischen Vorstellungen des Gründers über das zu gründende Unternehmen.

6. Melde- und Eintragungspflichten

106   Die bei Unternehmensgründung zu erfüllenden Melde- und Eintragungspflichten sind in den bisherigen Ausführungen bereits im wesentlichen erwähnt und erörtert worden. Zur Erleichterung des Überblicks werden sie in Form einer Check-Liste noch einmal zusammengefaßt und vervollständigt:

107   Vor Eröffnung des Betriebes:

Gewerbeanmeldung	§ 14 GewO
– bewirkt gleichzeitig durch Benachrichtigung der kommunalen Gewerbebehörde die Anmeldung bei:	
• Finanzamt (zusätzliche Anmeldung empfehlenswert)	
• Gewerbeaufsichtsamt	
• Handwerkskammer	
• Industrie- und Handelskammer	
• Berufsgenossenschaft	
• Statistisches Landesamt	

108   Bei Ausübung eines Handwerks:

Eintragung in die Handwerksrolle	§ 7 HandwO
(bei der Handwerkskammer, soweit nicht bereits nach Ablegung einer Meisterprüfung geschehen, z. B. bei Ausnahmegenehmigung gem. §§ 8, 9 HandwO)	
Anzeigepflicht des Betriebsbeginns	§ 16 HandwO
(bei der Handwerkskammer, soweit nicht durch Gewerbebehörde geregelt)	
Anzeigepflicht des Betriebsbeginns bei Ausübung eines handwerksähnlichen Gewerbes	§ 18 HandwO
(bei der Handwerkskammer, soweit nicht bereits durch die Gewerbebehörde geregelt)	

109   Bei Vorliegen der Kaufmannseigenschaft:

Anmeldung beim Handelsregister	
(Amtsgericht)	§ 29 HGB
– sämtliche Anmeldungen sind in notariell beglaubigter Form einzureichen	§ 12 HGB
– für:	
Kaufmann kraft Gewerbebetrieb	§ 1 HGB
Sollkaufmann	§ 2 HGB
Kaufmann kraft Rechtsform	§ 6 HGB
• OHG (durch alle Gesellschafter)	§ 105 HGB
• KG (durch alle Gesellschafter)	§ 162 HGB
• GmbH	§ 7 GmbHG

Existenzgründungsberatung

110 Bei Einstellung von Mitarbeitern:
Anmeldung beim Arbeitsamt (Betriebsnummern-Vergabestelle)   DeVo, DüVo

Anmeldung von Arbeitnehmern
a) Krankenversicherungspflichtigen Arbeitnehmern, (bei der zuständigen Krankenkasse – AOK, Ersatzkassen IKK)   § 317 RVO
b) von der Krankenversicherungspflicht befreiten Arbeitnehmern (§ 517 RVO – bei der AOK)   § 317 RVO

7. Gründungsberatung des werbenden Unternehmens

111 Die Existenzgründungsberatung ist mit der Planung des Unternehmens und der Abwicklung der Finanzierungsverhandlungen verständlicherweise dann nicht abgeschlossen, wenn der Klient Steuerberatungsmandant wird oder bleibt. Die sich üblicherweise anschließende Einrichtung der Buchführung sollte von dem Aufbau einer Kosten- und Leistungsrechnung begleitet sein, wenn es sich um ein Fertigungs- oder Dienstleistungsunternehmen handelt. Der Gründer fühlt sich hiervon in der meist hektischen Anlaufphase überfordert. Als Hilfsmittel zur Aufrechterhaltung der jederzeitigen Liquidität des Unternehmens muß jedoch vom Gründer selbst ein täglicher Liquiditätsplan oder -status geführt werden. Dieser Liquiditätsstatus sollte so aufgebaut sein, daß ausgehend von Kassenbestand, Postgiroguthaben und Banksalden zum einen der Saldo aller flüssigen Mittel des Vortages erkennbar, die Kreditlinie zu den jeweiligen Bankkonten aufgeführt ist und sich – ebenfalls auf Vortagesbasis bezogen – die freie Kreditlinie bzw. der Saldo aller verfügbaren Mittel ergibt. Auf dieser Grundlage können die Tagesdispositionen an Einzahlungen und Auszahlungen vorgenommen werden. Faßt man diese Daten mit denen des Vortages zusammen, so ergibt sich das Ergebnis des Tages. Bei den disponierten Einzahlungen sollten aus Vorsichtsgründen lediglich sichere bzw. relativ sichere Zahlungseingänge (z. B. vorliegende Schecks) verplant werden. Ein in der Praxis realisierbares Verfahren zeigt das Beispiel des nachstehend aufgeführten täglichen Liquiditätsstatus:

112 Täglicher Liquiditätsstatus (siehe nachfolgende Seite)

113 Besondere Aufmerksamkeit muß der **rechtzeitigen Abführung von Steuern und Sozialabgaben** gewidmet werden. Verzögert sich nachhaltig die Abführung dieser Abgaben, so ist nicht auszuschließen, daß auf Antrag des Finanzamtes ein Gewerbeuntersagungsverfahren eingeleitet wird und der Gewerbetreibende als unzuverlässig qualifiziert wird. Dies kann zur Folge haben, daß gem. § 35 GewO die Gewerbeuntersagung wegen Unzuverlässigkeit erfolgen kann und dies im Gewerbezentralregister entsprechend der Regeln der §§ 149 bis 153 GewO vermerkt wird. Der weitere Betrieb der Unternehmung wird damit unmöglich gemacht und auch die Aufnahme einer späteren neuen Tätigkeit erschwert oder ganz unterbunden.

114 Die **ständige Überwachung des Rechnungswesens** anhand einer vollständig und zeitnah geführten Buchführung muß gleichzeitig als laufende Kontrolle des in der Regel mit sehr dünner Eigenkapitaldecke ausgestatteten Unternehmens sein. Es sei nochmals daran erinnert, daß der Konkursantragstatbestand einer kapitalschwachen GmbH gerade in der Gründungsphase schnell erreicht ist.

115 Gleichfalls zur Sicherung der dauernden Existenz der neuen Unternehmung empfiehlt es sich, einen **Mindestversicherungsschutz** aufzubauen. Als relevant sind hier die Betriebshaftpflichtversicherung, die Geschäftsversicherung sowie bei hochtechnisierten Unternehmen, die mit EDV-Anlagen ausgestattet sind, der Abschluß einer Schwachstrom- oder Elektronikversicherung zu nennen.

116 Last not least sollte die Beratungsleistung die Antragstellung für einen Bundeszuschuß zur Unternehmensberatung nach den eingangs erwähnten Richtlinien umfassen.

Täglicher Liquiditätsstatus

	Vortag: – Datum –			Tag: – Datum –				
	1 Saldo	Disponiert 2 Kreditlinie	3 Freie Kreditlinie/verfügbare Mittel Sp:1+/-2=3	4 Einzahlungen	5 Auszahlungen	6 Saldo Sp:1+4−5=6	7 Kreditlinie	8 Freie Kreditlinie/verfügbare Mittel Sp:6+/-7=8
Kasse	+ 1000,–	–	+ 1000,–	+ 500,–	./. 200,–	+ 1300,–	–	+ 1300,–
Postgiroguthaben	+ 15000,–	–	+ 15000,–	+ 3000,–	./. 12000,–	+ 6000,–	–	+ 6000,–
LZB-Guthaben								
A-Bank	./. 15000,–	15000,–	–	+ 5000,–	./. 2000,–	./. 12000,–	50000,–	+ 38000,–
B-Bank	./. 20000,–	30000,–	+ 10000,–	+ 5000,–	./. 10000,–	./. 25000,–	30000,–	+ 5000,–
C-Bank	+ 30000,–	10000,–	+ 40000,–	+ 3000,–	./. 28000,–	+ 5000,–	10000,–	+ 15000,–
Gesamt	+ 11000,–	55000,–	+ 66000,–	+ 16500,–	./. 52200,–	./. 24700,–	90000,–	+ 65300,–

II. Investitionsrechnung

1. Ziele der Investitionsrechnung

117 Entstehen und Bestehen einer Unternehmung sind gekennzeichnet durch Investitionen und die Qualität der Entscheidungen, die zu ihnen geführt haben. Auch wenn unterstellt wird, daß Investitionsentscheidungen auf einer rationalen Grundlage getroffen werden, so stellt letztlich jede Entscheidung eine Entscheidung unter Ungewißheit dar. Da weder der Unternehmer noch der Steuerberater in seiner Funktion als betriebswirtschaftlicher Berater das Bestehen alternativer Zukunftslagen beseitigen kann, ist die Entscheidung zu suchen, die bei einem gegebenen Informationsstand am sinnvollsten erscheint (vgl. *Schneider D.* Investition und Finanzierung, Köln u. Opladen 1970, S. 65).

118 Wesentliches Hilfsmittel, diesen Informationsstand zu optimieren, sind die von der Betriebswirtschaftslehre entwickelten Investitionsrechnungsverfahren. Ihr Einsatz setzt voraus, daß der Investitionsplanungsprozeß in technischer Hinsicht abgeschlossen ist.

119 Die investitionstheoretischen Rechenverfahren dienen dazu, die Vorteilhaftigkeit geplanter Investitionen bzw. Investitionsalternativen festzustellen, d. h. die Vorteilhaftigkeit einer Investition an Hand der Verzinsung des in ihr gebundenen Kapitals zu beurteilen. Voraussetzung solcher Ermittlungen ist, daß die durch die Investition initiierten Einzahlungen und Auszahlungen bzw. Erlöse und Kosten so präzise wie möglich geplant sind. Bei Planung derartiger Größen kann nicht übersehen werden, daß Investitionsrechnungen nur Entscheidungshilfsmittel sein können; die in der Praxis verwertbaren Rechnungen sind grundsätzlich mit dem Problem behaftet, daß die gleichzeitige Realisierung anderer Investitionen (zeitlich horizontale Interdependenz) und das Durchführen weiterer Investitionen (zeitlich vertikale Interdependenz) nicht in die Rechnungen einfließen kann und zudem neben anderen noch darzustellenden Problemen von der unrealistischen Annahme sicherer Erwartungen ausgegangen wird.

120 Praktisch verwertbare Investitionsrechnungen können als **Entscheidungshilfsmittel** dienen
– zur isolierten Beurteilung einer Einzelinvestition
oder
– zum Vergleich mehrerer Investitionsvorhaben identischen Betriebseinsatzes.
Die im Rahmen der neueren Investitions- und Entscheidungstheorie entwickelten **simultanen Planungsmodelle** (vgl. *Schneider D.* a. a. O., S. 65, 165) sind sämtlich mit derartigen Datenermittlungs- und -verarbeitungsproblemen behaftet, daß ihre Verwendung in der Beratungspraxis auszuschließen ist. Auf eine Darstellung dieser Verfahren kann daher verzichtet werden.

2. Investitionsrechnungsarten

121 Lehre und Praxis haben eine Reihe von Investitionsrechnungsverfahren entwickelt, die man – unter Ausschluß der Simultanmodelle – in zwei Gruppen einteilen kann:

Wirtschaftlichkeitsrechnungen

122 Diese in der Praxis am häufigsten verwendeten Verfahren gehen von Rentabilitäts-, Gewinn- oder Kostenvergleichen aus. Da sie zeitlich bedingte Änderungen in der Abfolge von Zahlungsströmen sowie Aufwands- und Ertragsdaten nicht oder nur unvollkommen berücksichtigen, werden sie auch als statische Methoden bezeichnet. Infolgedessen sind sie sämtlich mit dem Problem ungenauer Zinsberechnung behaftet. Im einzelnen sind in diese Gruppe folgende Rechnungen einzubeziehen.
– Kostenvergleich
– Gewinnvergleich
– Rentabilitätsvergleich (ROI-Methode)
– pay-off-Rechnung
– kumulative break-even-Rechnung

Finanzmathematische Verfahren

123 Diese Verfahren unterscheiden sich von den vorher aufgeführten statischen Methoden dadurch, daß sie mit Hilfe der Finanzmathematik unterschiedliche Einnahmen- und Ausgabenüberschüsse im Zeitablauf erfassen. Bei diesen Verfahren wird also die Tatsache berücksichtigt, daß der Barwert eines Einnahmeüberschusses im ersten Investitionsjahr höher ist als der eines gleichen Überschusses eines späteren Folgejahres. Auf Grund dieser Einbeziehung des Zeitfaktors bezeichnet man derartige Investitionsrechnungen auch als dynamische Investitionsrechnungen (vgl. *Wöhe* Einf. in die Allg. Betriebswirtschaftslehre, Saarbrücken 1984, S. 683).

Zu unterscheiden sind im wesentlichen folgende Verfahren:
- Kapitalwertmethode
- Annuitätsmethode
- interne Zinsfußmethode

3. Wirtschaftlichkeitsrechnungen

a) Kostenvergleichsrechnungen

aa) Inhalt von Kostenvergleichsrechnungen

124 Kostenvergleichsrechnungen ermitteln die Vorteilhaftigkeit einer Investition an Hand der Kostenersparnis von alternativen Investitionen. Soweit die Kapazitäten der zu vergleichenden Investitionsprojekte identisch sind, ist ein Vergleich der Periodenkosten hinreichend. Weichen die möglichen Ausbringungsmengen jedoch voneinander ab, so sind die jeweiligen Stückkosten zu ermitteln und einander gegenüberzustellen. Die wesentlichen Mängel der Kostenvergleichsrechnungen bestehen darin, daß die Verfahren keine Aussage über die Rentabilität der Anlage treffen und die einperiodische Betrachtungsweise dazu führt, daß zukünftige Erlös- und Kostenentwicklungen außer acht gelassen werden.

bb) Kostenvergleich bei Ausbringungsidentität

125 Verglichen werden hierbei in der Regel die durchschnittlichen Gesamtkosten pro Jahr einer Produktionsanlage oder eines Produktionsverfahrens mit denen einer alternativen Investition. Die Abschreibungen, die hierbei als Kosten behandelt werden, ergeben sich nach Division der Nutzungsdauer durch den Saldo aus Anschaffungskosten und Restverkaufserlös. Als Kapitalkosten werden die durch die Anlage selbst verursachten Kapitalkosten, bezogen auf das eingesetzte mittlere Kapital, angesetzt sowie die Kapitalkosten, die sich aus den Betriebskosten (gleichfalls bei mittlerem Kapital) ergeben.

Beispiel:

	Anlage I DM	Anlage II DM
Anschaffungskosten (AK)	50 000	60 000
Restverkaufserlös (RVE)	8 000	10 000
Nutzungsdauer (ND)	4 Jahre	4 Jahre

Gesamtkosten (pro Jahr)	Anlage I DM	Anlage II DM
1. Betriebskosten (bei optimaler Beschäftigung)		
– Personalkosten	10 000	8 100
– Energiekosten	3 000	2 200
– Werkzeuge, Instandhaltung etc.	1 000	800
2. Abschreibungen	10 500	12 500
3. Kapitalkosten		
– der Anlage	2 000	2 400
– der Betriebskosten	560	440
Gesamtkosten	27 060	26 440
Jährliche Kostenersparnis	–	620
	27 060	27 060

Investitionsrechnung

Der Vergleich zeigt, daß unter der Annahme optimaler Beschäftigung und gleicher Ausbringung die Anlage II günstiger produziert. Entsprechen sich die Ausbringungsmengen der zu vergleichenden Anlagen nicht, so ist eine Stückkostenermittlung erforderlich.

cc) Kostenvergleich bei unterschiedlicher Produktionsmenge

126 Hierbei sind zunächst die Fixkosten pro Jahr der zu vergleichenden Anlagen zu ermitteln. Weiterhin sind die variablen Stückkosten festzustellen. Da diese von der Kapazitätsauslastung der Anlage abhängig sind, kann eine Kostenvergleichsrechnung auf Stückkostenbasis nur dann zur zutreffenden, nämlich gewinnmaximalen Entscheidung führen, wenn von zwei alternativen Vorhaben die Stückerlöse gleich sind und das Investitionsprojekt mit den geringeren Stückkosten die höhere Auslastung ausweist (vgl. *Blohm/Lüder* Investition, 5. Aufl., 1983, S. 148).

127 Vorteilhaftigkeitskriterium bei Investitionsalternativen unterschiedlicher Ausbringung ist die sogenannte kritische Menge (vgl. *Gutenberg* Grundlagen der Betriebswirtschaftslehre, Bd. 1, Die Produktion, 15. Aufl., S. 111f.). Dies läßt sich grafisch wie folgt darstellen:

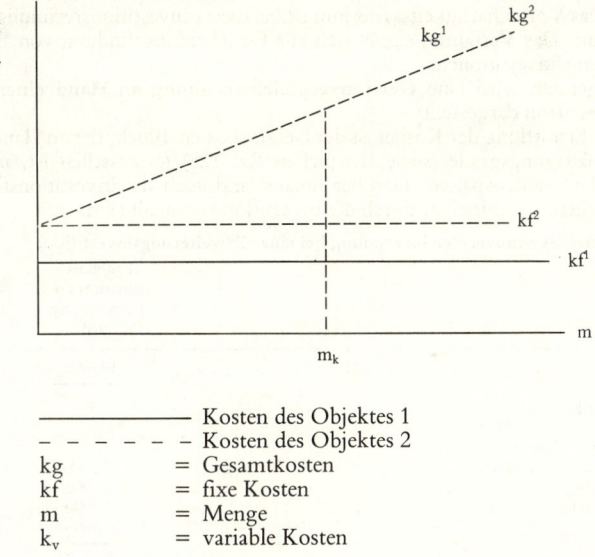

Der Schnittpunkt der beiden Gesamtkostengeraden kennzeichnet auf der Ausbringungshorizontalen die kritische Produktionsmenge m, bei der die Gesamtkosten bei der Anlage gleich sind oder anders ausgedrückt, von der an eine Anlage kostengünstiger produziert. In der grafischen Darstellung stellt daher die Anlage II für alle Ausbringungsmengen, die größer als m sind, die kostengünstigere Alternative dar.

128 Berücksichtigt man die Tatsache, daß derartige Kostenstrukturen sich in der Regel an technisch optimalen Daten orientieren, kann die zu treffende Entscheidung nur dann im betriebswirtschaftlichen Sinne richtig sein, wenn Überlegungen angestellt werden, wie wahrscheinlich diese Auslastungskoeffizienten hinsichtlich ihres Eintreffens sind. Gewichtet man nämlich unterschiedliche Auslastungsgrade mit dem Faktor ihrer wahrscheinlichen Gegebenheit, so ist ein vom reinen Kostenvergleich abweichendes Ergebnis denkbar. Das Verfahren sei an Hand des nachstehenden Beispiels erläutert:

Blobel

Anlagen-auslastung in %	Wahrscheinlichkeit des Auslastungs- grades in %	Faktor	Gesamtkosten Anlage I DM	Gesamtkosten Anlage II DM	Wahrscheinliche Gesamtkosten Anlage I DM	Wahrscheinliche Gesamtkosten Anlage II DM
25	10	0,1	25 000	35 000	2 500	3 500
60	30	0,3	50 000	55 000	15 000	16 500
75	50	0,5	75 000	70 000	37 500	35 000
100	10	0,1	100 000	75 000	10 000	7 500
–	100	1,0			65 000	62 500

Die Tabelle zeigt, daß unter Heranziehung der wahrscheinlichen Gesamtkosten, also unter Gewichtung der Ausbringung mit den Beschäftigungswahrscheinlichkeiten, die Anlage II die kostengünstigere ist.

b) Gewinnvergleichsrechnungen

129 Wie die Kostenvergleichsrechnungen beziehen sich Gewinnvergleichsrechnungen lediglich auf die Betrachtung einer Periode. Sie haben jedoch gegenüber den Kostenvergleichsrechnungen den Vorteil, Situationen erfassen zu können, in denen bei erhöhtem Mengenabsatz rückläufige Stückerlöse gegeben sind (vgl. *Wöhe* a. a. O. S. 685). Das Vorteilhaftigkeitskriterium ist bei dieser Investitionsrechnung der höchste Gewinn. Das Verfahren eignet sich zur Entscheidungsfindung von Ersatz- und Erweiterungsinvestitionen.

Im folgenden wird eine **Gewinnvergleichsrechnung an Hand einer Erweiterungsinvestition** dargestellt:

Bei der Ermittlung der Kosten ist der Gesamtkosten-Block, der an Hand alternativer Beschäftigungsgrade (siehe Beispiel in Rz. 128) festzustellen ist, in fixe und variable Teile aufzuspalten. Darüber hinaus sind auch die Investitionsfolgekosten einzubeziehen, die mittelbar durch die Investition veranlaßt sind.

Beispiel einer Gewinnvergleichsrechnung bei einer Erweiterungsinvestition:

	Ergebnis-situation vor Erweiterung DM	Ergebnis-situation nach Erweiterung DM
Erträge	400 000,–	750 000,–
Aufwendungen		
1) Produktabhängige Kosten		
a) variable Kosten		
Fertigungseinzelkosten	230 000,–	450 000,–
Fertigungsgemeinkosten	40 000,–	75 000,–
Sondereinzelkosten	10 000,–	15 000,–
	280 000,–	540 000,–
b) fixe Kosten		
Fixe Fertigungsgemeinkosten	45 000,–	66 000,–
Verwaltungsgemeinkosten	16 000,–	30 000,–
Vertriebsgemeinkosten	9 000,–	17 000,–
	70 000,–	113 000,–
2) Nicht Produktabhängige Aufwendungen	6 000,–	15 000,–
Summe Aufwendungen	356 000,–	668 000,–
Gewinn	32 000,–	82 000,–

Der Gewinnzuwachs von DM 50 000,– läßt die Erwartungsinvestition vorteilhaft erscheinen.

c) Rentabilitätsrechnungen

130 Die Rentabilitätsrechnung oder **return-on-investment**-Methode stellt ein vor allem in den USA weit verbreitetes Investitionsrechnungsverfahren dar, das sich sowohl zur Beurteilung von Erweiterungs- als auch von Ersatzinvestitionen eignet (vgl. *Wöhe*, a. a. O., S. 686).

131 In seiner simpelsten Ausprägung wird die Vorteilhaftigkeit von Investitionen an Hand ihrer Rentabilität, d. h. dem Verhältnis von Gewinn zu eingesetztem Kapital, beurteilt.

$$\text{Rentabilität} = \frac{\text{Gewinn} \times 100}{\text{Kapital}}$$

oder

$$\text{Rentabilität} = \frac{\text{Kosteneinsparung} \times 100}{\text{Kapital}}$$

132 Die Rentabilität kann somit mit dem Kalkulationszinsfuß (der geforderten Mindestverzinsung) oder mit den Rentabilitätsziffern von Alternativinvestitionen verglichen werden. Unter Einbeziehung des Umsatzes oder des durchschnittlichen Restbuchwertes kann die Aussagefähigkeit der Rentabilität verbessert werden. Die eigentliche ROI-Ziffer ermittelt man, indem man die Umsatzrendite mit der Kapitalumschlagshäufigkeit mulitpliziert.

$$\text{return-on investment} = \frac{\text{Gewinn}}{\text{Umsatz}} \times \frac{\text{Umsatz}}{\text{investiertes Kapital}} \times 100$$

Der return-on-investment nach dieser Formel ist somit die jährliche Rentabilität des investierten Kapitals. Bei Alternativinvestitionen ist für jede Alternative diese Rentabilitätsziffer zu ermitteln, bei Erweiterungsinvestitionen wird diese dem Kalkulationszinsfuß gegenübergestellt.

133 Eine **Verfeinerung dieser Rentabilitätsziffer** ergibt sich dadurch, daß man die Summe aller Einnahmenüberschüsse der Investition durch das Produkt aus Jahren und durchschnittlichem Restbuchwert dividiert. Der durchschnittliche Restbuchwert ergibt sich dabei als Quotient aus der Summe aller Restbuchwerte am Ende eines jeweiligen Jahres und der Gesamtnutzungsdauer.

$$\text{Rentabilität} = \frac{\text{Summe der Einnahmenüberschüsse}}{\text{Nutzungsdauer} \times \text{durchschnittl. Restbuchwert}}$$

134 Eine **weitere Variante**, die wie die vorstehende Kennziffer die Nutzungsdauer der Investition einbezieht, besteht darin, daß man den return-on-investment für jedes Jahr der Nutzung errechnet und die Einzeldaten dann zu einer aussagefähigen Gesamtrentabilitätskennziffer zusammenfaßt.

d) Pay-off-Methode

135 Ein gleichfalls in den USA verbreitetes Praktikerverfahren ist die **pay-off-Methode** oder Amortisationsrechnung. Bei diesem Verfahren, das gleichfalls in unterschiedlichen Varianten praktiziert wird (vgl. *Kruschwitz* Investitionsrechnung, 2. Aufl. 1985, S. 38 ff.), wird die Vorteilhaftigkeit einer Investition gemessen an ihrer Amortisationsdauer (pay-off-periode). Errechnet wird also der Zeitraum, in dem der Kapitaleinsatz aus dem finanzwirtschaftlichen Überschuß (Gewinne + Abschreibung) eines Investitionsobjektes wiedergewonnen werden kann.

$$\text{Amortisationsdauer} = \frac{\text{Kapitaleinsatz}}{\text{durchschnittl. jährl. finanzwirtschaftl. Überschuß}}$$

Durch Einbeziehung des Restverkaufserlöses der Anlagen und der Verzinsung des investierten Kapitals läßt sich ein präziser Wert ermitteln.

Die errechnete Amortisationsdauer wird der vom Unternehmer subjektiv geschätzten Soll-Amortisationszeit gegenübergestellt. Diese Soll-Amortisationsdauern sind in der Praxis regelmäßig nicht länger als 3 bis 5 Jahre (vgl. *Schneider* a. a. O. S. 284) und lediglich Ausdruck eines subjektiven Sicherheitsbedürfnisses. Die pay-off-Methode kann lediglich Hilfsmaßstab bei der Entscheidungsfindung sein, wenn z. B. zwischen zwei unterschiedlich risikobehafteten Investitionen zu unterscheiden ist, die sich ansonsten nicht wesentlich unterscheiden.

Blobel

e) Kumulative break-even-Rechnung

136 Als Entscheidungshilfe bei der Auswahl alternativer Investitionsobjekte kann auch die aus der Kostentheorie stammende **break-even-Analyse** herangezogen werden, sofern die wirtschaftliche Nutzungsdauer bekannt ist. Dieses Verfahren ist vom Lösungsansatz her identisch mit dem der Ermittlung der sog. kritischen Menge (vgl. Rz. 127).

Im Rahmen der Investitionsplanung sind zur Anwendung dieses Verfahrens die Selbstkosten des mit der Anlage zu produzierenden Produktes über die Nutzungsdauer der Anlage hin zu planen und zu kumulieren. Diesen kumulierten Gesamtkosten werden die gleichfalls über die Nutzungsdauer des Investitionsprojektes geplanten kumulierten Produktumsätze gegenübergestellt. Setzt man nun kumulierte Gesamtumsätze den kumulierten Gesamtkosten gleich, so ergibt sich durch weitere Umrechnung die Mindestnutzungsdauer des Investitionsobjekts bzw. die Mindeststückzahl des auf der Anlage zu produzierenden Produktes, die erforderlich ist, um überhaupt einen Gewinn zu erzielen. Den Zeitpunkt, in dem die Summe der Gesamtkosten gleich der Summe der Gesamtumsätze ist, bezeichnet man als break-even-point oder Gewinnschwelle. Grafisch läßt sich dieses Verfahren wie folgt verdeutlichen:

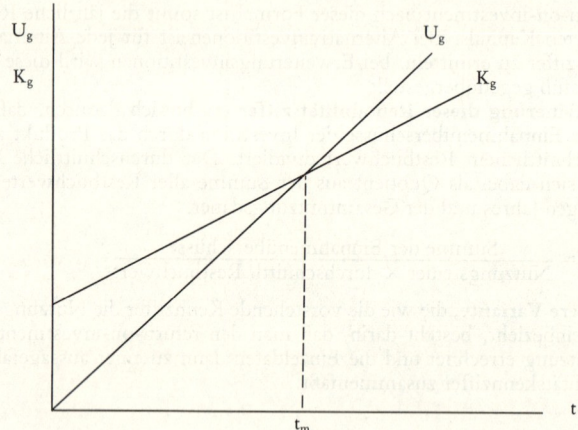

U_g = Gesamtumsätze; K_g = Gesamtkosten; t = Zeiteinheiten; t_m = Break-even-point

Der break-even-point (t_m) ergibt also die Mindestnutzungsdauer der Investition bzw. nach Umrechnung auch die abzusetzende Mindeststückzahl an, die erforderlich ist, um die Investitionsausgaben zu amortisieren bzw. die Investition in die Gewinnzone zu bringen. Wie bei der Pay-Off-Methode ist Entscheidungskriterium die subjektive gewünschte Nutzungsdauer bzw. bei Alternativinvestitionen die kürzere Nutzungsdauer.

4. Finanzmathematische Verfahren

a) Wesen der Verfahren

137 Unter den Begriffen „finanzmathematische Verfahren" oder „dynamische Investitionsrechnungen" subsumiert die Investitionstheorie – wie bereits angeführt – die Kapitalwertmethode, die Annuitätsmethode und die Methode des internen Zinsfußes. Im Gegensatz zu den vorstehend beschriebenen sogenannten Praktikermethoden eignen sich diese Verfahren der Finanzmathematik" die Vorteilhaftigkeit einer Investition für deren gesamte Lebensdauer bzw. bis zu einem vermeintlich absehbaren

Planungshorizont zu ermitteln (vgl. *Wöhe* a. a. O. S. 689). Die Verfahren stellen ausschließlich auf Zahlungsflüsse ab. Anders als bei den Wirtschaftlichkeitsrechnungen werden also die Investitionsausgaben nicht durch Abschreibung periodisiert. Ebenfalls werden die Zinsaufwendungen nicht als Kosten erfaßt, sondern durch den Kalkulationszinsfuß in die Rechnung einbezogen. Neben dieser Rechen- und Diskontierungsfunktion ist der Kalkulationszinsfuß daher in allen drei Verfahren Maßstab für die Finanzierungskosten und gleichzeitig die subjektiv geforderte Mindestrendite des Investors. *Schneider* bezeichnet ihn daher zu Recht als ,,vereinfachende Pauschalannahme über die Finanzierungskosten und Erträge aus möglichen Geldanlagen" (*Schneider* a. a. O. S. 242).

138 Sollen **Investitionsalternativen miteinander verglichen** werden, so ist die Rechnung durch sog. Differenzinvestitionen zu ergänzen, um die regelmäßig gegebenen Unterschiede in Nutzungsdauer, Anschaffungs- und/oder laufenden Einnahmeüberschüssen auszugleichen. Werden diese Zusatzrechnungen nicht durchgeführt, so impliziert ein dennoch vollzogener Vergleich Verzinsung der Differenzgrößen – je nach Verfahren – zum Kalkulationszinsfuß oder internen Zinsfuß.

b) Kapitalwertmethode

139 Vorteilhaftigkeitskriterium dieser Investitionsrechnungsmethode ist der Kapitalwert oder Barwert einer Investition. Ist dieser bei einem vorgegebenen Kalkulationszinsfuß positiv, so ist – bei einer Einzelinvestition – die mit der Investition erwirtschaftete Rendite größer als die im Kalkulationszinsfuß ausgedrückte Mindestrendite, die Investition also vorteilhaft (vgl. *Blohm/Lüder* a. a. O. S. 58). Bei Alternativinvestitionen ist demnach eine Rangfolge von Kapitalwerten zu bilden. Im theoretischen Fall eines Kapitalwertes von 0 entspricht der Erfolg der Investition exakt der geforderten Mindestverzinsung des eingesetzten Kapitals.

140 Rechnerisch ist der Kapitalwert oder Barwert einer Investition die Summe aller unmittelbar auf den vor der Investition liegenden Zeitpunkt t_0 mit dem Kalkulationszinsfuß abgezinsten Einzahlungs- bzw. Auszahlungsüberschüsse der Investition. Ein zusätzlicher Ansatz von Zinsen erübrigt sich durch die Diskontierung des Verfahrens.

Kapitalwert $\quad K = \sum_{t=1}^{u} (E_t - A_t) v^t + RVE \times v^n - AK$

Die Kapitalwertfomel sei anhand des folgenden **Beispiels** dargestellt:

Nutzungsdauer (n)	4 Jahre
Periodenkennzahl (t)	1 bis 4
Anschaffungskosten (AK)	DM 100 000,–
Einnahmeüberschüsse ($E_t - A_t$) oder ($EÜ_t$)	
– des ersten Jahres	DM 30 000,–
– des zweiten Jahres	DM 40 000,–
– des dritten Jahres	DM 40 000,–
– des vierten Jahres	DM 20 000,–
Restverkaufserlös der Anlage (RVE)	
am Ende des vierten Jahres	DM 10 000,–
Kalkulationszinsfuß (p)	8%
Kalkulationszinsfaktor (i) = $\frac{p}{100}$	0,08%
Kapitalbarwertfaktor (v_n)	zu entnehmen Teil W. Rz. 23 ff.

	DM
$EÜ_1 \times v^1 = 30000 \times 0{,}925926$	27 778,–
$EÜ_2 \times v^2 = 40000 \times 0{,}857339$	34 294,–
$EÜ_3 \times v^3 = 40000 \times 0{,}793832$	31 753,–
$EÜ_4 \times v^4 = 20000 \times 0{,}735030$	14 701,–
$\sum_{t=1}^{4} (E_t - A_t) v^n$	+ 108 526,–
$RVE \times v^4 = 10000 \times 0{,}735030$	+ 7 350,–
AK	./. 100 000,–
Kapitalwert (K)	= 15 876,–

Werden die eingangs geschilderten Differenzinvestitionen bei sachlich voneinander abweichenden Investitionsalternativen nicht in die Vergleichsrechnung einbezogen, so impliziert der dennoch vollzogene Vergleich, daß sich Anschaffungskosten- und Einnahmen-Überschuß-Differenzen zum Kalkulationszinsfuß verzinsen. Die Kapitalwertmethode geht hierbei von der wirklichkeitsfremden Annahme aus, daß Soll- und Habenzins auf dem Kapitalmarkt gleich sind.

c) Annuitätsmethode

141 Entscheidungs- oder Vorteilhaftigkeitskriterium bei der Annuitätenrechnung ist die positive oder bei Vergleich mehrerer Investitionsalternativen die höhere Annuität. Annuitäten zu ermitteln bedeutet, einen bestimmten Betrag bei gegebenem Zinsfuß und gegebener Zeitspanne in periodisch gleichbleibende Raten von Zins und Tilgung aufzuteilen. Die Annuitätenmethode teilt jedoch nicht den Investitionsaufwand, sondern den Kapitalwert der Investition wie vorstehend erläutert auf. Dies erfordert, zunächst den Kapitalwert einer Investition zu errechnen, um dessen Annuität ermitteln zu können. Ist die danach ermittelte Annuität positiv, so ist die Investition vorteilhaft, da der Wert den jährlichen Gewinn nach Verzinsung des eingesetzten Kapitals angibt. Die Annuitätenmethode hat gegenüber den anderen finanzmathematischen Methoden den Vorteil, daß bei Entscheidungen über Alternativinvestitionen ein Vergleich der Annuitäten selbst bei unterschiedlichen Nutzungsdauern zu rationalen Ergebnissen führt, weil jeweils ein durchschnittlicher Betrag unter Berücksichtigung des zeitlichen Anfalls angezeigt wird.

Für Zwecke der Investitionsrechnung ergibt sich die Annuität (A) somit als Produkt des Kapitalwertes (K) mit dem Annuitätenfaktor (a_n). Der Annuitätenfaktor kann der Tabelle aus dem Tabellenanhang entnommen werden. Die verkürzte Formel lautet daher:

$A = K \times a_n$

Bezogen auf zwei zu vergleichende Investitionsalternativen ergibt sich die Vorteilhaftigkeit an Hand nachstehenden **Beispiels**:

	Alternative I	Alternative II
Kapitalwert (K)	15 876	25 301
Kalkulationszinsfuß (p)	8%	8%
Nutzungsdauer (n)	4 Jahre	7 Jahre
Annuitätenfaktor (a_n) lt. Tabelle S.	0,301921	0,192072
Annuität I: 15 876 × 0,301921 =	4793	–
Annuität II: 25 301 × 0,192072 =	–	4860

Die Investitionsalternative II ist wegen der höheren Annuität vorzuziehen.

Über die Gesamtkapitalverzinsung der Investition hinaus wird bei Alternative I ein Gewinn von 4793,– DM/p. a. und bei Alternative II von 4860,– DM/p. a. erzielt.

Das Problem von Differenzinvestitionen stellt sich bei diesem Verfahren geringer als bei den anderen finanzmathematischen Verfahren, da die Methode selbst eine Anlage des Differenzwertes zum internen Zins, d. h. zum Effektivzins der Investition, impliziert. Diese Unterstellung erscheint akzeptabel.

d) Interne Zinsmethode

142 Dieses Investitionsrechnungsverfahren mißt die Vorteilhaftigkeit einer Investition bzw. von Investitionsalternativen durch Vergleich des internen Zinsfußes (r), der Effektivrendite der Investition, mit dem Kalkulationszinsfuß (vgl. *Wöhe* a.a.O. S. 692). Ist der interne Zinsfuß größer oder gleich dem Kalkulationszinsfuß, so gilt eine zu beurteilende Einzelinvestition als rentabel. Ist die Rangfolge mehrerer alternativer Investitionen zu bestimmen, so gilt die Investition mit der höchsten positiven Differenz zwischen Kalkulationszisfuß und internem Zinsfuß als die vorteilhafteste.

Finanzmathematisch betrachtet, ist der interne Zinsfuß derjenige Zinsfuß, bei dem der Kapitalwert = Null gesetzt wird, d. h. die Barwerte der Einnahmen und Ausgaben entsprechen einander, wobei ein möglicher Restverkaufserlös in der Regel ohne Ansatz bleibt. Die Formel lautet:

$$\sum_{t=1}^{n} (E_t - A_t)\, 1 + r)^{-t} - AK = 0 = K$$

Die Lösung dieser Gleichung n-ten-grades ist problematisch und kann verschiedene Lösungen haben. Zu näherungsweisen Lösungen mit vertretbarem Rechenaufwand gelangt man, wenn eine Annuitätentabelle (vgl. Teil X Rz. 36) zur Verfügung steht, da sich durch eine vereinfachte Rechnung ein Annuitätenfaktor ermitteln läßt. Diese Näherungsgleichung lautet:

$$\sum_{t=1}^{n} \frac{(E_t - A_t)}{n} \times \frac{1}{AK} = a_n$$

Unter Verwendung der bei der Kapitalwertmethode benutzten Beispieldaten ergibt sich:

$$30\,000 + 40\,000 + 40\,000 + 20\,000 + 130\,000 = \sum_{t=1}^{n} (E_t - A_t)$$

$$\frac{130\,000}{4} \times \frac{1}{100\,000} = 0{,}325 = a_n$$

Der Annuitätentabelle läßt sich in der Zeile für 4 Jahre entnehmen, daß der interne Zinsfuß der Investition zwischen 11,25% und 11,5% liegen muß (11,25% = 0,324048; 11,5% = 0,325774). Unter Anwendung der Kapitalwertmethode ließe sich der interne Zins relativ präzise interpolieren. Angesichts der Tatsache, daß das vorstehend beschriebene Rechnungsverfahren nur bei einperiodischen Modellen die Ermittlung einer unproblematischen Rentabilitätsaussage zuläßt, bei mehrperiodischen Modellen ohnehin nur Näherungslösungen möglich sind, ist der Aufwand zur Ermittlung eines internen Zinsfußes mit einer Genauigkeitsaussage von mehr als ± 0,25% schlechthin unökonomisch. Aus diesen Gründen sollte der interne Zinsfuß nur bei einperiodischen Entscheidungsproblemen angewandt werden. In mehrperiodischen Modellen ist die Verwendung dieses Verfahrens nur dann vertretbar, wenn nicht mehr als Grobanalysen gefordert sind.

III. Kosten- und Leistungsrechnung

1. Kosten- und Leistungsrechnung als Instrument der Rechnungslegung und Unternehmenssteuerung

143 § 149 Abs. 1 AktG normiert die Anforderungen an den Jahresabschluß und damit letztlich an das Rechnungswesen der Unternehmung: Es muß so konzipiert sein, daß die von ihm zu liefernden Daten einen möglichst sicheren Einblick in die Vermögens- und Ertragslage vermitteln können. Bereits diesem Anspruch vermag ein rein pagatorisch ausgerichtetes Rechnungswesen in der Regel nicht gerecht zu werden. Die Bewertung von Halb- und Fertigfabrikaten und damit verbunden die zutreffende Ermittlung der Gesamtleistung allein auf Basis von Daten einer Geschäfts- oder Finanzbuchhaltung ist schlechthin nicht vorstellbar. Zur Bewertung der zu bilanzierenden betrieblichen Leistungen in Form von Halb- und Fertigfabrikaten bedarf es einer – wie einfach auch immer ausgestalteten – Kosten- und Leistungsrechnung, die die durch die Leistungserstellung verursachten Kosten sachgerecht erfaßt und zuordnet. Damit ist die Kosten- und Leistungsrechnung primär **Instrument der Rechnungslegung.**

144 Wesentlichstes Unternehmensziel ist es, den Bestand der Unternehmung langfristig zu sichern. Hierzu ist es in der Regel hinreichend, unter Einhaltung der Nebenbedingungen der Aufrechterhaltung der Liquidität eine bestimmte Mindestrendite zu erzielen. Dies erfordert kosten- und erlösorientierte Entscheidungen, die nur dann möglich sind, wenn ein Kosten- und Leistungsrechnungssystem zur Verfügung steht, das einerseits Unterlagen liefert, auf deren Basis kurzfristige Entscheidungen gefällt werden können, und andererseits durch Kontrolle der Kostenentstehung eine Grundlage schafft, Ursachen für Unwirtschaftlichkeiten zu finden und zu eliminieren (vgl. *Wöhe* a. a. O. S. 1133). Marktwirtschaftlich orientierten Unternehmen, in denen zwangsläufig der Schwerpunkt betrieblicher Steuerungsmaßnahmen auf dem Kosten- und Erlössektor liegt, dient die Kostenrechnung somit als unverzichtbares

Unternehmenssteuerungsinstrument (vgl. *Bramsemann* Controlling, Wiesbaden 1982, S. 70).

145 Diese voneinander abweichenden Zwecke der Kosten- und Leistungsrechnung bedingen unterschiedliche Ausgestaltungen der Rechnung.

Rechnungslegung ist vergangenheitsorientiert, erfordert die Erfassung tatsächlich angefallener Ist-Kosten und die Verrechnung aller Kosten. Unternehmenssteuerung ist gegenwarts- und zukunftsorientiert, kann sich deshalb auf normalisierte und/oder geplante Werte beziehen und kann bzw. muß sich auf die Verrechnung nur eines Teiles der Kosten, nämlich der kurzfristig beeinflußbaren, beschränken.

146 Hieraus resultieren unterschiedlichste Kostenrechnungssysteme, die sich im wesentlichen nach der Art der zu verrechnenden Verbrauchsgütermengen und -preise und dem Umfang der Kostenverrechnung unterscheiden. So hat die Betriebswirtschaftslehre im Laufe ihrer Geschichte Ist-, Normal- und Plankostenrechnungssysteme entwickelt, die jeweils in unterschiedlicher Ausprägung als Voll- und Teilkostenrechnungssystem existieren (vgl. *Kloock/Sieben/Schildbach* Kosten und Leistungsrechnung 1984, S. 65 f.).

147 In ihrer klassischen betriebswirtschaftlichen Ausprägung (Vollkostenrechnung auf Ist-Basis) hat die Kosten- und Leistungsrechnung folgende Struktur,
Kostenrechnung (Betriebsabrechnung)
– Kostenartenrechnung
– Kostenstellenrechnung
Leistungsrechnung (Selbstkostenrechnung oder Kostenträgerrechnung)
– Kostenträgerzeitrechnung (Betriebsergebnisrechnung)
– Kostenträgerstückrechnung (Kalkulation)
die – nach einer Darstellung der wesentlichen in der Kostenrechnung verwendeten Begriffe – im einzelnen erläutert wird.

2. Wesentliche Begriffe, Abgrenzung und Prinzipien der Kostenrechnung

148 Nach *Gutenberg* sind unter Kosten Sachgüter, Werkstoffe, Arbeitsleistungen und Dienstleistungen, multipliziert mit ihren Preisen, zu verstehen (vgl. *Gutenberg* Die Produktion 1969, S. 326). Die Betriebswirtschaftslehre interpretiert diesen allgemeinen Kostenbegriff unterschiedlich. Für die weitere Betrachtung ist es hinreichend, von dem in Praxis und Theorie nahezu ausschließlich verwendeten sogenannten wertmäßigen (zweckorientierten) Kostenbegriff auszugehen. In dieser Ausprägung kann die Bewertung des mengenmäßigen Güterverbrauches nach dem Zweck der Kostenrechnung bestimmt werden. Die Bewertung orientiert sich somit nicht zwingend an tatsächlich gezahlten Preisen, d. h. in die Rechnung können auch kalkulatorische oder Zusatzkosten, also Kosten, denen keine Auszahlungen gegenüberstehen, einfließen (vgl. *Schmalenbach* Kostenrechnung und Preispolitik, 1963, S. 68; *Wöhe* a. a. O. S. 1133).

149 Der wertmäßige **Kostenbegriff** ist somit determiniert durch drei Kriterien:
a) es muß ein mengenmäßiger Güterverbrauch gegeben sein;
b) der Güterverbrauch muß produktionsbezogen sein;
c) der leistungsbezogene, mengenmäßige Güterverbrauch ist zu bewerten.
An diesen Kriterien wird deutlich, daß die Begriffe „Kosten" und „Leistung" korrelieren. Der Wert der erstellten Güter- und Dienstleistungen bestimmt sich durch den Wert der verbrauchten Güter und Dienstleistungen. Die Leistungsbezogenheit kennzeichnet das wesentliche Zurechnungsprinzip einer Kostenrechnung, das Kostenverursachungsprinzip, d. h. der kausale Zusammenhang zwischen input und output bestimmt der Verrechnung.

150 Ist die Kostenrechnung Instrument einer Rechnungslegung, die durch handels- und steuerrechtliche Normen bestimmt ist, so ist allein der Anschaffungswert die für die Bewertung maßgebliche Größe.

151 Ist die Kostenrechnung Instrument der Unternehmenssteuerung, so sind verschiedene Wertgrößen vorstellbar:
– Tageswerte
– effektive Wiederbeschaffungswerte

Kosten- und Leistungsrechnung

- Standardwerte
- Verrechnungswerte u. a. m.

152 Die Begriffe „**Kosten**" und „**Leistung**" lassen sich von den in der Geschäftsbuchhaltung sowie der Gewinn- und Verlustrechnung verwendeten Begriffen „Erlöse", „Bestandsveränderungen" und „Aufwendungen" wie folgt abgrenzen (vgl. *Wöhe* a. a. O. S. 1138):

<u>Gesamtaufwand</u>
<u>− neutraler Aufwand</u>
= Leistungsaufwand
<u>+ kalkulatorsche (Nicht-Aufwand)</u>
= Kosten

Gesamterlöse
+/− Bestandsveränderungen an Halb- und Fertigfabrikaten
<u>− neutrale Erlöse</u>
= Leistungserlöse
<u>+ kalkulatorische Erlöse (Nicht-Ertrag)</u>
= Leistung

153 Hinsichtlich ihrer Erfassung und Verrechnung differenziert man Kosten nach Einzelkosten und Gemeinkosten. **Einzelkosten** können unmittelbar, d. h. ohne einen vorangehenden Verrechnungsvorgang, dem einzelnen Stück, der einzelnen Leistung, also dem Kostenträger zugerechnet werden. Bei **Gemeinkosten** ist dies nicht möglich, sei es aus sachbezogenen Gründen, weil das Verursachungsprinzip nicht mehr anwendbar ist (echte Gemeinkosten), oder aber aus verrechnungstechnischen Gründen (unechte Gemeinkosten). Unechte Gemeinkosten sind der Sache nach Einzelkosten, ihre direkte Erfassung würde jedoch einen unvertretbaren Rechenaufwand erfordern.

154 Hinsichtlich des Verhältnisses der Gesamtkosten zur Beschäftigung ist zu unterscheiden zwischen fixen (gleichbleibenden) Kosten und variablen (veränderlichen) Kosten. **Fixe Kosten** sind Kosten der Betriebsbereitschaft. Sie fallen unabhängig von der Kapazitätsauslastung an. In der Regel sind sie Gemeinkosten.

155 **Variable Kosten** sind grundsätzlich Kosten, die sich bei steigendem oder sinkendem Auslastungsgrad verändern. Sie sind **proportionale Kosten,** wenn sie sich im gleichen Verhältnis wie die Beschäftigung ändern. Steigen sie im Verhältnis zur Beschäftigung progressiv, so spricht man von **überproportionalen Kosten,** steigen sie schwächer an als der Beschäftigungsgrad, so werden sie als **degressive Kosten** bezeichnet.

156 Die Problematik dieser zwingend notwendigen Differenzierung wird am Beispiel der Abschreibungen deutlich. Werden sie zeitbezogen verrechnet, so handelt es sich um fixe Kosten, sind sie jedoch leistungsabhängig, so sind sie variabel.

3. Aufbau der Kosten- und Leistungsrechnung

157 Rechnungslegung in der handels- und steuerrechtlich normierten Form bedingt, daß die Kostenrechnung sich an Anschaffungswerten zu orientieren hat, somit als Ist-Kosten-Rechnung aufgebaut sein muß. Für Zwecke der Besteuerung ist zudem eine Vollkostenverrechnung zwingend. Dementsprechend ist im weiteren der Aufbau einer Kostenrechnung in ihrer klassischen Ausprägung näher erläutert.

a) Betriebsabrechnung

aa) Kostenartenrechnung

158 Die Kostenartenrechnung schafft die Grundlage für die Verrechnung von Kosten in der Kostenstellen- und Kostenträgerrechnung. Sie dient der systematischen und vollständigen Erfassung aller Kosten, die durch die Leistungserstellung des Unternehmens verursacht sind (vgl. *Kloock* u. a., a. a. O. S. 68 ff.).

159 Hieraus ergibt sich zwingend zunächst nur folgende Gliederung:
(1) Personalkosten (Löhne, Gehälter, Sozialabgaben etc.)

(2) Sachkosten (Roh-, Hilfs- und Betriebsstoffe, Abschreibungen)
(3) Kapitalkosten (kalkulatorische Zinsen)
(4) Kosten externer Dienstleistungen (z. B. Energiekosten, Versicherungsaufwendungen, Transportkosten)
(5) Jede Art von öffentlichen Abgaben.

160 Wesentlich ist, daß in der Kostenartenrechnung nur sog. **primäre Kosten,** das sind Kosten für von Dritten in Rechnung gestellte Leistungen, erfaßt werden. Kosten, die durch im Betrieb selbst erstellte Güter und Leistungen angefallen sind, sogenannte sekundäre Kosten, werden in der Kostenstellenrechnung erfaßt.

161 Die **Gliederungstiefe nach der Kostenart,** die Aufteilung in Einzel- und Gemeinkosten, aufwandsgleiche und kalkulatorische (Zusatz-)Kosten sowie möglicherweise in fixe und variable Kosten ist davon abhängig, welche Ziele insgesamt mit der Kosten- und Leistungsrechnung verfolgt werden (vgl. *Wöhe* a. a. O. S. 1138). Für Zwecke der Rechnungslegung ist, um eine sachgerechte Weiterverrechnung zu gewährleisten, eine Aufteilung in Einzel- und Gemeinkosten sowie in aufwandsgleiche und kalkulatorische Kosten zwingend erforderlich. Die sachgerechte Zuordnung der aufwandsgleichen Kosten erfolgt mit Hilfe der von der Geschäftsbuchhaltung gelieferten Daten. Weitere Hilfsrechnungen wie Lohn- und Gehaltsabrechnung, Materialabrechnung und Anlagenbuchhaltung dienen, soweit vorhanden, der Ermittlung weiterer Informationen.

Hinsichtlich der Kostenerfassung ergeben sich Besonderheiten bei den Materialkosten und generell bei den kalkulatorischen Kosten.

162 Im Materialkostenbereich sind zutreffende **Erfassung und Bewertung des Materialeinsatzes** zu gewährleisten. Die mengenmäßige Verbrauchserfassung geschieht in der Regel nach einer der drei folgenden **Methoden:**

Skontrationsmethode

163 Diese bei Einzel- und Serienfertigung gängige Methode der Materialerfassung ist im Verhältnis zu den im folgenden geschilderten Verfahren am genauesten, jedoch zugleich am arbeitsaufwendigsten. Das Verfahren ermittelt einen Soll-Endbestand, ermöglicht also gleichzeitig die Feststellung von Inventurdifferenzen nach einer körperlichen Bestandsaufnahme (vgl. *Haberstock* Kostenrechnung I, 1985, S. 84f.).

Ermittlung:

Anfangsbestand
+ Zugang
− Abgang
= Endbestand

Die laufende Aufzeichnung von Mengenzugängen und Mengenabgängen zeigt, daß dieses Verfahren im wesentlichen eine Methode der Lagerbestandsführung ist, aus der der Verbrauch abgeleitet werden kann.

Inventurmethode

164 Diese Methode kann angewendet werden, wenn Verbrauchsgüter ausschließlich für einzelne Produkte (Kostenträger) verwendet werden (vgl. *Haberstock* a. a. O. S. 83). Zur Feststellung des Verbrauchs ist eine körperliche Bestandsaufnahme erforderlich. Inventurdifferenzen gleich welcher Art gehen in den Verbrauch ein. Dieser ermittelt sich wie folgt:

Anfangsbestand
+ Zugang
− Endbestand
= Verbrauch

Retrograde Methode

165 Dieses Verfahren ermittelt den Materialverbrauch pro Stück durch Rückrechnung. Hierzu ist der Verbrauch mengenmäßig einmal pro Stück zu ermitteln, anschließend zu bewerten und in einer Lagerdatei festzuhalten. Die Methode hat den Vorteil, daß Anschaffungsmarktpreisänderungen relativ einfach auf die in den Stücklisten erfaß-

Kosten- und Leistungsrechnung

ten Mengen übertragen werden können. Nachteilig wirkt sich allerdings aus, daß negative Inventurdifferenzen ohne Inventur nicht feststellbar sind. Das Verfahren ist im übrigen unter ökonomischen Aspekten nur anwendbar bei geringer Produktionstiefe, da zur mengenmäßigen Bestimmung einer Kostenart von der Kostenträgerrechnung über die Kostenstellenrechnung zurück in die Kostenartenrechnung gerechnet werden muß.

166 Die **Bewertung des Materialverbrauches** hat sich in einer Kostenrechnung, die Instrument zur Ermittlung ertragsteuerlicher Vermögens- oder Schuldposten ist, zwingend an tatsächlichen Einstandspreisen bzw. durchschnittlichen Anschaffungskosten zu orientieren. In der Praxis werden allerdings zur Ausschaltung von Preisschwankungen am Beschaffungsmarkt und zur Vereinfachung der Führung von Lagerdaten Verrechnungspreise verwendet. Die sich zwangsläufig ergebenden Preisdifferenzen sind auf gesonderten Preisdifferenzkonten zu erfassen und beim Periodenabschluß zu verrechnen.

167 Um die Genauigkeit der Kostenrechnung zu erhöhen, vor allem um Informationen über die langfristig unverzichtbare Vollkostendeckung zu erhalten, werden Kostenarten gebildet und verrechnet, die bei der Ermittlung von Daten für steuerliche oder handelsrechliche Zwecke nicht oder nicht in der gleichen Höhe anzusetzen sind (vgl. *Wöhe* a. a. O. S. 1144). Es handelt sich hierbei um sogenannte **kalkulatorische Kostenarten** (Zusatzkosten). Die wesentlichsten Zusatzkostenarten sind:
(1) Kalkulatorische Abschreibungen
(2) Kalkulatorische Zinsen
(3) Kalkulatorischer Unternehmerlohn
(4) Kalkulatorische Wagniszuschläge.

168 **Zu (1):** Ziele des Ansatzes **kalkulatorischer Abschreibungen** sind einerseits, die effektive Wertminderung der Anlagen als Kosten zu verrechnen und andererseits eine substantielle Kapitalerhaltung zu gewährleisten. Kalkulatorische Abschreibungen bemessen sich nach der tatsächlichen Nutzungsdauer des Anlagegutes und in der Regel nach ihrem Wiederbeschaffungswert. Kalkulatorische Abschreibungen werden stets linear vorgenommen und auch noch dann verrechnet, wenn die Anschaffungskosten bereits voll abgesetzt sind.

169 **Zu (2):** Der Ansatz **kalkulatorischer Zinsen** geht von dem Gedanken aus, daß beim Umsatz der Betriebsleistung der Erlös auch die Vergütung von Kosten des eingesetzten Eigenkapitals enthalten muß. Dieses Eigenkapital ist jedoch nicht das bilanziell ausgewiesene, sondern das sogenannte betriebsnotwendige Kapital, das in einer Nebenrechnung zu ermitteln ist. Bedient man sich zur Ermittlung der Verzinsung der einfachen Durchschnittsmethode, so werden die halbe Anschaffungskosten der für die Produktion erforderlichen Anlagegüter erfaßt (betriebsnotwendiges Anlagevermögen). Vom betriebsnotwendigen Umlaufvermögen sind die Beträge abzuziehen, die der Unternehmung tatsächlich zinslos zur Verfügung stehen (Kreditoren, erhaltene Anzahlungen). Die Verzinsung des betriebsnotwendigen Kapitals, der Summe aus betriebsnotwendigem Anlage- und Umlaufvermögen, mit dem Kalkulationszinsfuß ergibt die zu verrechnenden kalkulatorischen Zinsen.

170 **Zu (3):** Der Ansatz eines **kalkulatorischen Unternehmerlohnes** ist insbesondere dann bei Einzelunternehmen und Personengesellschaften erforderlich, wenn Tätigkeitsvergütungen nicht verrechnet werden.

171 **Zu (4):** Durch die Verrechnung von Kosten spezieller Risiken (nicht des allgemeinen Unternehmerrisikos) sollen aperiodisch anfallende Wagnisverluste langfristig gleichmäßig erfaßt werden. Sie wird als **kalkulatorischer Wagniszuschlag** bezeichnet. Solche Risiken können sein: Kulanz- und Garantieverpflichtungen, Forderungsverluste, Exportrisiken u. a. m.

bb) Kostenstellenrechnung

172 Die Kostenstellenrechnung schließt sich unmittelbar an die Kostenartenrechnung an. Als Instrument der Rechnungslegung ist ihr Zweck, eine möglichst **präzise Zurechnung der Gemeinkosten auf die Kostenträger** vorzubereiten. Als Hilfsmittel für eine effiziente Unternehmenssteuerung dient sie der **Überwachung der Kostenentwicklung** in den einzelnen betrieblichen Bereichen.

173 In der Regel wird die Kostenstellenrechnung im sogenannten **Betriebsabrechnungsbogen (BAB)** durchgeführt, der so aufgeteilt ist, daß er in der Horizontalen alle Kostenarten und in der Vertikalen alle Kostenstellen enthält (vgl. *Haberstock* a. a. O. S. 118 f.). Die Tiefe der Gliederung und die Art der Zusammensetzung von Kostenstellen ist abhängig von den betrieblichen Gegebenheiten. Die Kostenstellen sind entsprechend der Funktion der Rechnung zum einen nach abrechnungstechnischen Gesichtspunkten – Vorbereitung der Kostenträgerrechnung –, zum anderen nach Verantwortungsaspekten – Wirtschaftlichkeitskontrolle – zu bilden. Unter abrechnungstechnischen Aspekten wird zwischen Endkosten- und Vorkostenstellen unterschieden, wobei Vorkostenstellen auf Endkostenstellen umzulegen sind, Endkostenstellen jedoch dem Kostenträger unmittelbar zugerechnet werden. Unter funktionalen Aspekten wird zwischen Haupt-, Neben- und Hilfskostenstellen differenziert, wobei diese zweckmäßigerweise so aufzubauen sind, daß lediglich die Hauptkostenstellen gleichzeitig Endkostenstellen sind. Der funktionale Bereich ist darüber hinaus wie folgt zu systematisieren:

Allgemeine Kostenstellen
Hilfskostenstellen, deren Leistungen vom Gesamtunternehmen in Anspruch genommen werden.

Fertigungskostenstellen
Hauptkostenstellen, soweit ihre Leistungen direkt dem Kostenträger zugerechnet werden; Hilfskostenstellen, wenn sie indirekt, aber ausschließlich der Fertigung dienen.

Materialkostenstellen
Hauptkostenstellen zur Erfassung der Beschaffungsgemeinkosten.

Verwaltungskostenstellen
Hauptkostenstellen zur Aufnahme der insgesamt anfallenden Verwaltungskosten.

Vertriebskostenstellen
Hauptkostenstellen zur Sammlung aller betriebsbezogenen Kosten.

174 Die bei der Aufstellung des Kostenartenplanes verbrauchsgüterorientiert gebildeten Kostenarten sind im nächsten Arbeitsgang auf die Kostenstellen verursachungsgerecht zu verteilen. Im Gegensatz zu den Kostenstellen-Einzelkosten, die nur in einer Kostenstelle angefallen sind, ist dies bei Kostenstellen-Gemeinkosten, also durch mehrere Kostenstellen verursachte Kosten, nur mit Hilfe geeigneter Schlüssel möglich. Nach vollständiger Verteilung der externen Leistungen auf die Kostenstellen sind die innerbetrieblich erbrachten Leistungen allgemeiner Kostenstellen und von Hilfskostenstellen in einem oder mehreren Schritten auf die Hauptkostenstellen zu verteilen. Hierzu sind verschiedene Verfahren entwickelt (vgl. *Michel/Torspecken* Grundlagen der Kostenrechnung, Kostenrechnung I, 1985, S. 119 f.), von denen das gebräuchlichste das Kostenstellenumlageverfahren ist. Hierbei werden die Kostenstellenkosten nach Maßgabe der empfangenen Leistungseinheiten mit Hilfe summarischer Schlüssel oder auf der Basis von Äquivalenzziffern auf die Hauptkostenstellen umgelegt. Die Summe der einzelnen Kostenstellenkosten wird nun jeweils in Beziehung gebracht zu ihrer Bezugsgröße, um den jeweiligen Gemeinkostenzuschlag zu ermitteln. Bei den Fertigungsgemeinkosten kann dies der Fertigungslohn sein; beim Material ergibt sich der prozentuale Zuschlag aus der Relation von Fertigungsmaterial und Materialgemeinkosten. Bezugsgröße für die Verwaltungs- und Vertriebskosten können die Herstellkosten sein.

Das vorstehend geschilderte Verrechnungsverfahren läßt sich an Hand des als **Beispiel** dargestellten BAB nachvollziehen.

Kosten- und Leistungsrechnung

System des Betriebsabrechnungsbogens

Kostenarten	Kostenstellen		Allgemeine Stellen	Fertigungs-Hilfsstellen	Fertigungs-Hauptstellen	Material-stellen	Verwaltungs-stellen	Vertriebs-stellen
		Zahlen der Buchhaltung						
Gemeinkosten Hilfslöhne Gehälter Sonstige Personalkosten Instandhaltung Werkzeuge Kalk. Abschreibung Kalk. Zinsen Sonstige kalk. Kosten								
Summe Umlage I Umlage II			x ↑	x ↑ ↑	x ↑ ↑	x ↑ ─	x ↑ ─	x ↑ ─
Gemeinkosten Zuschlagsbasis (z. B.)					x Fertigungslohn	x Materiallohn	x Herstellkosten	x Herstellkosten
Ist-Zuschlagssatz (in %) = $\dfrac{\text{Gemeinkosten} \times 100}{\text{Zuschlagsbasis}}$					%	%	%	%
Verrechneter Zuschlagssatz					%	%	%	%
Über-/Unterdeckung					+./.	+./.	+./.	+./.

Überdeckung: Die Ist-Zuschlagssätze sind kleiner als die verrechneten Zuschlagssätze.
Unterdeckung: Die Ist-Zuschlagssätze sind größer als die verrechneten Zuschlagssätze.

Blobel

176 Die Kostenstellenrechnung soll zum einen eine Wirtschaftlichkeitskontrolle ermöglichen. Durch Zuordnung der Kosten zu ihrem jeweiligen Verantwortungsbereich kann sie diese Aufgabe sowohl in der Einzelbetrachtung als auch im Periodenvergleich erfüllen. Die Erfüllung ihrer Aufgabe nach verursachungsgerechter Zuordnung der Gemeinkosten für die Leistungsrechnung ist jedoch bei Über- oder Unterbeschäftigungssituationen in Frage gestellt (vgl. *Wöhe* a. a. O. S. 1168), da der Betriebsabrechnungsbogen eine Proportionalität von Einzel- und Gemeinkosten voraussetzt. Fertigungsmaterial- und -lohnkosten sind variable Kosten. Die Kostenstellen-Gemeinkosten sind jedoch zusammengesetzt aus fixen und variablen Kosten. Ermittelt man nun die Fertigungsgemeinkostenzuschläge, die ihrer Natur nach verhältnismäßig konstant sind, auf – wegen höherer oder geringerer Produktion – erhöhte oder verringerte Fertigungslöhne oder Fertigungsmaterialkosten (Einzelkosten), dann entsteht zwangsläufig eine sogenannte Über- oder Unterdeckung, was bei der Verwendung von Normalzuschlägen, die proportionalitätsorientiert sind, deutlich wird. Dieser Mangel wäre praktisch nur zu beseitigen, wenn man für jeden Beschäftigungsgrad unterschiedliche Zuschlagsätze anwenden würde. Wegen des damit verbundenen unvertretbaren Rechenaufwandes hilft sich die Praxis teilweise dadurch, daß dies nur für einige signifikante Auslastungskoeffizienten durchgeführt wird.

b) Leistungsrechnung – Kostenträgerrechnung

aa) Kostenträgerstückrechnung

177 Die Kostenträgerrechnung dient als Selbstkostenrechnung oder Kalkulation der Kostenerfassung pro Leistungseinheit, ist also Kostenträgerstückrechnung. Als Rechnungslegungsinstrument ist sie Hilfsrechnung der gesetzlich normierten Wertermittlung für Vorratsbestände und selbsterstellte Anlagen und dient bei öffentlichen Aufträgen in besonderen Ausgestaltungen der Ermittlung des sogenannten Selbstkostenpreises nach den „Leitsätzen für die Preisermittlung auf Grund von Selbstkosten" (LSP oder LSP-Bau). Als Instrument der Unternehmenssteuerung soll die Selbstkostenrechnung Grundlagen für lang- und kurzfristige preispolitische Entscheidungen liefern. Darüber hinaus ist sie Informationsbasis für die kurzfristige Erfolgsrechnung oder Kostenträgerzeitrechnung.

178 Arbeitet das anzuwendende Verfahren der Kostenträgerstückrechnung mit irgendwie gearteten Planwerten, so kann hinsichtlich des Zeitpunkts der Erstellung der Rechnung zwischen **Vor-, Zwischen- und Nachkalkulation** unterschieden werden.

179 Das anzuwendende Verfahren der Kostenträgerstückrechnung ist entscheidend bestimmt durch Art und Menge der zu fertigenden Produkte. Zu unterscheiden sind im wesentlichen folgende **Verfahren:**
– Divisionskalkulationen
  • Divisionskalkulation i. e. S.
  • Äquivalenzziffernkalkulation
– Zuschlagskalkulation
– Kalkulationen bei Kuppelproduktionen.

Kategorisierend läßt sich feststellen, daß die Divisionskalkulation in der Regel bei Einproduktfertigung und Massenproduktion unterschiedlicher Arten desselben Produktes (Massen- und Sortenfabrikation) verwendet wird. Formen der Zuschlagskalkulationen werden bei Serien- und Einzelproduktion eingesetzt.

180 Das **Stückkostenermittlungsverfahren** in seiner einfachsten Ausprägung, nämlich

$$\text{Stückkosten} = \frac{\text{Gesamtkosten der Abrechnungsperiode}}{\text{Produzierte Menge der Abrechnungsperiode}}$$

macht deutlich, daß dieses Verfahren nur bei einheitlicher Massenfertigung anwendbar ist (Grundstoffindustrie, Energieerzeugung). Es setzt weiterhin voraus, daß keine Lagerbestandsveränderungen an Halb- und Fertigfabrikaten gegeben sind oder diese Bestände am Periodenende etwa gleich sind.

181 Beim Vorhandensein von Halb- und Fertigfabrikatebeständen oder variierenden Beständen werden im Rahmen der **zweistufigen Divisionskalkulation** die Verwaltungs- und Vertriebskosten aus dem Gesamtkostenblock herausgelöst und aus-

Kosten- und Leistungsrechnung

182 schließlich auf die in der Abrechnungsperiode verkaufte Produktion bezogen. Die reinen Herstellkosten werden der im Abrechnungszeitraum produzierten Menge gegenübergestellt.

Bei Massenproduktion mit mehreren aufeinanderfolgenden Fertigungsstufen, in denen zudem Zwischenläger mit variierendem Bestand entstehen können, ist die **mehrstufige Divisionskalkulation** anzuwenden, die in Form der Durchwälz- oder Veredelungsmethode existiert (vgl. *Haberstock* a. a. O. S. 171 ff.). Bei der **Durchwälzmethode** werden die Gesamtfertigungskosten der ersten Stufe durch die Stückzahl der produzierten Einheiten dividiert. Bei einer zweistufigen Produktion ergeben sich somit die Herstellkosten des Halbfabrikates aus den Materialeinzel- und -gemeinkosten sowie den Fertigungskosten des Vorfabrikates. Addiert man zu diesen Herstellkosten die Kosten der Endfertigung, die Fertigungskosten II, so sind das Ergebnis die Herstellkosten des Fertigfabrikates. Die Verwaltungs- und Vertriebskosten werden in der einfachsten Variante dieses Verfahrens auf den Stückumsatz bezogen, was konsequenterweise zumindest bezüglich der Verwaltungskosten zu Fehlermittlungen der Selbstkosten führt. Regelmäßig werden daher zumindest die Verwaltungskosten nach geeigneten Schlüsseln (z. B. Kostensummen) aufgeteilt und ermittelt.

183 In der **Veredelungsmethode** der Stufenkalkulation werden lediglich die Fertigungsstufenkosten stückbezogen ermittelt und verrechnet. Dieses Verfahren ergibt sich an Hand des nachstehenden **Beispiels**:

		Stückkosten DM
Materialeinzel- und -gemeinkosten		50,—
Fertigungsstufe I:		
Fertigungskosten	DM 10000	
Produzierte Stücke	200	
Fertigungskosten I		500,—
Herstellkosten Halbfabrikat		550,—
Fertigungsstufe II:		
Fertigungskosten	DM 5000	
Produzierte Stücke	50	
Fertigungskosten II		100,—
Herstellkosten Fertigfabriakt		650,—
Umsatz: 50 Stück		
Verwaltungskosten	DM 1200	
(nach Lohnsummen geschlüsselt)		13,50
Vertriebskosten	DM 750	15,—
Selbstkosten		678,50

Bestandserhöhung Halbfabrikate zu Herstellkosten:
(200 − 50) × 550 DM = 82500,— DM

184 Bei Sortenfertigung, d. h. bei der Produktion ungleichwertiger, jedoch produktionstechnisch verwandter Produkte, die gleichzeitig nebeneinander oder zeitlich nacheinander gefertigt werden, kann die sogenannte **Äquivalenzziffernkalkulation** angewendet werden. Unter einer Äquivalenzziffer versteht man eine Wertigkeitszahl, die Ausdruck der bestehenden festen Kostenrelation der zu produzierenden Güter ist (vgl. *Haberstock* a. a. O. S. 174). Die Verwendung von Äquivalenzziffern, gleich ob im einstufigen oder mehrstufigen Verfahren, setzt voraus, daß Produktionsverfahren und Kostenrelationen zwischen den einzelnen Sorten und Auslastungsgrad, konstant bleiben (vgl. *Kloock* u. a., a. a. O. S. 134). Eine Änderung einer dieser Variablen muß eine Neuermittlung der Äquivalenzziffern nach sich ziehen. Diese Gesamtkostenschlüsselung bedingt in ihrer einfachen Form, der einstufigen Äquivalenzziffernrechnung, genauso wie die einstufige Divisionskalkulation, daß Bestandsveränderungen bei Halb- und Fertigfabrikaten nicht vorliegen. Sind diese in der Praxis gegeben, so ist die mehrstufige Äquivalenzziffernkalkulation zur

Schlüsselung der Gesamtkosten heranzuziehen. Der Grundgedanke des Verfahrens sei am Beispiel einer einstufigen Äquivalenzziffernrechnung erläutert:

Der Betrieb fertigt auf gleichartigen Aggregaten die in der Tabelle aufgeführten Produktsorten 1, 2 und 3 zu Gesamtkosten von DM 180000,– in den ausgewiesenen Stückzahlen. Durch Multiplikation der Äquivalenzziffern mit den produzierten Mengen und anschließende Addition dieser Produkte ergeben sich 30000 Rechnungseinheiten. Die Division der Gesamtkosten durch Rechnungseinheiten ergibt die Kosten von DM 6,– je Rechnungseinheit. Multipliziert mit der Sortenäquivalenzziffer, ergeben sich die Stückkosten der einzelnen Produktsorte.

Sorte	Äquivalenz-ziffer (1)	Menge (Stück) (2)	Rechnungsein-heiten (3)=(1)×(2)	Kosten je Rechnungsein-heit – DM – (4)	Gesamtkosten – DM – (5)=(3)×(4)	Stückkosten – DM – (6)=(1)×(4)
1	1,0	3000	3000	$\frac{180000}{30000} = 6,-$	18000,–	6,–
2	2,2	5000	11000		66000,–	13,20
3	1,6	10000	16000		96000,–	9,60
		18000	30000		180000,–	

185 In Mehrproduktunternehmen mit unterschiedlicher Fertigungstiefe, Kostenverursachung und ständig bewegten Halb- und Fertigfabrikatelägern, d. h. in der Mehrzahl der Unternehmen, sind die erläuterten Divisionskalkulationsverfahren nicht anwendbar. Erforderlich ist hier der Einsatz einer differenzierenden **Zuschlagskalkulation,** die die Kosten nach Einzel- und Gemeinkosten trennt und letztere – wenn möglich – noch in fixe und variable Kosten zerlegt.

186 Entscheidend für eine aussagefähige Zuschlagskalkulation ist daher eine **kostenträgerorientiert gegliederte Kostenarten- und Kostenstellenrechnung,** da dieses Verfahren die Einzelkosten direkt, die Gemeinkosten hingegen mit Zuschlagssätzen zuordnet. Hierzu sind zunächst geeignete Zuschlagsgrundlagen festzulegen, wobei in der Regel drei Basiszuschlagsgrundlagen festzustellen sind: Fertigungslöhne für die Fertigungsgemeinkosten, Fertigungsmaterialien für die Materialgemeinkosten und Herstellungskosten für die Verwaltungs- und Vertriebsgemeinkosten. Eine weitere Untergliederung dieser Hauptzuschlagsgrundlagen fördert die Aussagefähigkeit der Kostenträgerrechnung. Bei Vorliegen anlageintensiver und damit kapitalintensiver Produktionsverfahren ist zu bedenken, ob die Fertigungslöhne noch geeignete Zuschlagsbasis für die Fertigungsgemeinkosten sind, die infolge der hohen Kapitalbindung in den Anlagen überproportional Abschreibungsbeträge enthalten. In derartigen Fällen wären z. B. die jeweiligen Anlagenlaufzeiten eine u. E. geeignetere Bezugsgröße.

187 Das allgemeine Schema der differenzierenden Zuschlagskalkulation ergibt sich somit wie folgt:

  Fertigungsmaterialeinzelkosten
+ Fertigungsmaterialgemeinkosten
= Fertigungsmaterialkosten

+ Fertigungseinzelkosten (Fertigungslöhne)
+ Fertigungsgemeinkosten
+ Sondereinzelkosten der Fertigung
= Fertigungskosten

= HERSTELLUNGSKOSTEN
+ Verwaltungsgemeinkosten
+ Vertriebsgemeinkosten
+ Sondereinzelkosten des Vertriebs
= SELBSTKOSTEN

188 Die **Ermittlung von handels- und steuerrechtlichen Herstellungskosten** kann grundsätzlich nach dem gleichen Schema erfolgen. Einheitlich sehen jedoch die Regelungen der §§ 153 Abs. 2 AktG, 255 Abs. 2 u. 3 HGB – Entwurf, 6 EStG und Abschn. 33 EStR den Ansatz von Anschaffungskosten, d. h. aufwandsgleichen Kosten, vor. Zur Ermittlung der Herstellungskosten aus den Herstell- oder Selbstkosten sind also überleitende Berechnungen erforderlich.

189 Die in der Praxis häufig synonym verwendeten Begriffe **Herstellkosten** und **Herstellungskosten** sind nicht deckungsgleich. Der kostenrechnerische Begriff ‚Herstellkosten' enthält kalkulatorische Elemente, die nicht aktivierungsfähig sind. Beide Herstellungskostenbegriffe setzen die Aktivierung von nur aufwandsgleichen Kosten voraus. Hierbei können die handels- und ertragssteuerrechtlichen Herstellungskosten wegen der Aktivierungsfähigkeit von Verwaltungskosten quantitativ mehr Kostenbestandteile enthalten als die Herstellkosten. Handelsrechtliche Herstellungskosten können jedoch erheblich unter den Herstellkosten liegen, da nach neuem Recht lediglich Einzelkosten aktiviert werden müssen. Je nach geforderter Definition und vorheriger Kostenverrechnung müssen Herstellkosten also von handels- und ertragssteuerrechtlichen Herstellungskosten abweichen, was im folgenden Beispiel erläutert werden soll. Besonderheiten bezüglich bestimmter aktivierungsfähiger Finanzierungs- und Vertriebskosten sowie Teilwertaspekte bleiben hierbei unberücksichtigt.

	Gesamt- kosten	Kalkulatori- sche Kosten		Korrespon- dierende aufwands- gleiche Kosten		Aufwands- gleiche Gesamt- kosten		Fixe Kosten	Variable Kosten
	DM	DM		DM		DM		DM	DM
Fertigungsmaterial- einzelkosten	15 000,–	./. 65,–	+	25,–		14 960,–	./.	560,–	14 500,–
Fertigungsmaterial- gemeinkosten	700,–	./. 65,–	+	25,–		660,–	./.	560,–	100,–
Fertigungsmaterial- kosten	15 700,–					15 620,–			14 500,–
Fertigungseinzelkosten	5 000,–					5 000,–			5 000,–
Fertigungsgemein- kosten	5 100,–	./. 390,–	+	140,–		4 850,–	./.	2 500,–	2 350,–
Fertigungskosten	10 100,–					9 850,–			7 350,–
Herstellkosten	25 800,–								
./. variable Gemeinko- sten*									./. 2450
Handesrechtl. Herstellungs- kosten (Untergrenze)									19 400,–
Steuerrechtl. Herstellungs- kosten (Untergrenze)						25 510,–			
Verwaltungsgemein- kosten	1 200,–	+ 82,–	+	15,–		1 133,–			
Handels- und Ertragssteuer- rechtliche Herstellungs- kosten (Obergrenze)						26 603,–			
Vertriebsgemeinkosten	1 700,–								
Selbstkosten	28 700,–								

* vgl. Teil A Rz. 300.

190 **Kostenträgerrechnungen bei Kuppelproduktion,** der Fertigung von chemisch oder technisch zwangsläufig verbundenen Produkten in einem Produktionsprozeß, sind im strengen Sinne lediglich Hilfsrechnungen, da eine Stückkostenermittlung nach dem Verursachungsprinzip nicht möglich ist. Die Kostenverrechnung richtet

sich in den anwendbaren Verfahren der Subtraktionsmethode nach dem Tragfähigkeitsprinzip, ist also marktpreisorientiert.

191 Die **Subtraktionsmethode** oder Restwertrechnung ermittelt die Gesamtkosten der Haupt- und Nebenprodukte und subtrahiert sodann die Erlöse der Nebenprodukte als Kostenminderung des Hauptproduktes von den Gesamtkosten. Die verbleibende Residualgröße stellt somit die „Selbstkosten" des Hauptproduktes dar. Bezogen auf die gefertigte Menge, ergeben sich somit die Stückkosten des Hauptproduktes.

192 Durch die **Verteilungsmethode,** die im wesentlichen als Äquivalenzziffern- und als Proportionalitätsmethode feststellbar ist, werden die Gesamtkosten der Verbundproduktion nach definierten Maßstäben bestimmten Haupt- und Nebenprodukten zugeordnet. Die Proportionalitätsmethode orientiert sich dabei am Marktpreis, die Äquivalenzziffernmethode an produktionstechnischen oder chemisch-physikalischen Daten.

bb) Kostenträgerzeitrechnung – Betriebsergebnisrechnung

193 Kostenträgerzeitrechnungen sind periodenorientierte Betriebsergebnisrechnungen, die im wesentlichen nach dem Gesamtkostenverfahren oder dem Umsatzkostenverfahren durchgeführt werden. Beide Verfahren sollen eine von bilanzrechtlichen Gliederungsgesichtspunkten losgelöste Erfolgsanalyse ermöglichen. Werden derartige Rechnungen quartalsweise oder monatlich durchgeführt, so spricht man von **kurzfristigen Erfolgsrechnungen.**

194 Das **Gesamtkostenverfahren** (vgl. *Michel/Torspecken* a. a. O. S. 172ff.), das die Gesamtkosten der erstellten Leistungen unter Einbeziehung der Bestandsveränderung an Halb- und Fertigfabrikaten dem Umsatzerlösen gegenübergestellt, benötigt keine differenzierte Kosten- und Leistungsrechnung, jedoch wegen der Erfassung der Bestandsveränderungen funktionierende Lagerbestandskarteisysteme. Das Verfahren läßt sich schematisch wie folgt darstellen:

Gesamtkostenverfahren
Umsatzerlöse
+ ./. Bestandsveränderungen an Halb- und Fertigerzeugnissen
= Gesamtleistung
./. Selbstkosten der produzierten Leistungen
= Betriebsergebnis

Der Vorteil dieses Verfahrens liegt in seiner leichten Integrierbarkeit in das System der Geschäftsbuchhaltung (vgl. *Kilger* Kurzfristige Erfolgsrechnung, S. 32, in: Die Wirtschaftswissenschaften, 1962). Von Nachteil ist die letztlich aufwendige Bestandsveränderungserfassung, wenn das Verfahren als kurzfristige Erfolgsrechnung eingesetzt werden soll. Darüber hinaus ist eine Einteilung nach Produktgruppen bzw. Produkten i. d. R. nicht möglich, so daß eine Erfolgsanalyse unter diesem Gesichtspunkt nur bei Einproduktunternehmen sinnvoll wäre.

195 Das Betriebsergebnis beim **Umsatzkostenverfahren** ermittelt sich aus der Gegenüberstellung der Erlöse der abgesetzten Leistungen mit den Selbstkosten dieser Leistungen. Da die zu vergleichenden Leistungsmengen in diesem Verfahren identisch sind, kann auf eine gesonderte Berücksichtigung der Bestandsveränderungen an Halb- und Fertigfabrikaten verzichtet werden, erforderlich ist aber – anders als beim Gesamtkostenverfahren – eine differenzierte Kosten- und Leistungsrechnung. Schematisch dargestellt ermittelt sich das Betriebsergebnis:

Umsatzkostenverfahren
Umsatzerlöse
./. Selbstkosten der abgesetzten Leistungen
= Betriebsergebnis

Dieses Verfahren hat den Vorteil, daß durch den Vergleich von Kosten und Erlösen gleicher Produkte nicht nur ein Gesamt-Periodenergebnis, sondern den Erfolgsbeitrag einzelner Produkte bzw. Produktgruppen ermitteln kann (vgl. *Kilger* a. a. O. S. 33f.).

196 Um im Rahmen einer kurzfristigen Erfolgsrechnung möglichst **zeitnah Periodenergebnisse** liefern zu können, werden in der Praxis häufig Ist-Ansätze bestimmter Kostenarten durch Soll-Ansätze ersetzt. Ein solches Verfahren erfordert zwar eine statistisch gesondert geführte Betriebsergebnisrechnung neben der Buchführung, hat aber den Vorteil, daß Periodenergebnisse zeitnah festgestellt werden können.

4. Kostenrechnungssysteme

197 Die vorangegangenen Erläuterungen zum Aufbau einer Kostenrechnung richten sich grundsätzlich an den Anforderungen einer gesetzlich normierten Rechnungslegung aus. Theorie und Praxis haben hingegen unter Aspekten der Unternehmenssteuerung eine Vielzahl von Kostenrechnungssystemen entwickelt, die sich im wesentlichen hinsichtlich der Bewertung (Ist-Normal- oder Plankostensysteme) und des Volumens der zu verrechnenden Kosten (Vollkosten- und Teilkostensysteme) unterscheiden. Beide Systemformen sind in der Praxis je nach Zweck der Kostenrechnung zwangsläufig in irgendeiner Form kombiniert.

198 Kostenrechnungssysteme auf Vollkostenbasis sind, trotz ihres Kernproblems, der nur näherungsweise sachgerecht möglichen Verteilung des fixen Teiles der Gemeinkosten, weiterhin die verbreitetsten Verfahren. Teilkostenrechnungssysteme verrechnen nur die Teile der Gesamtkosten, die verursachungsgerecht zuzuordnen sind.

a) Ist-Kostenrechnungssysteme

aa) Ist-Kostenrechnung auf Vollkostenbasis

199 Ziel der Ist-Kostenrechnung ist generell die Ermittlung der tatsächlich angefallenen Stückkosten, also die Nachkalkulation. In ihrer ursprünglichen Form als reine Ist-Kostenrechnung ist sie jedoch für andere Aufgaben nicht anwendbar, da Ist-Werte für kalkulatorische und zeitliche Abgrenzungen nicht zu ermitteln sind. Für diese Abgrenzungszwecke ist daher mit Normal- oder Planwerten zu arbeiten. Ist-Kostenrechnungen auf Vollkostenbasis setzen weiterhin für die Kostendurchrechnung eine genau gegliederte Kostenstellenrechnung voraus, wie sie bereits dargestellt wurde.

200 Werden in das System **feste Verrechnungssätze für Kostengütermengen** eingeführt, deren Preise im Zeitablauf schwanken, so handelt es sich um eine Ist-Kostenrechnung mit festen Verrechnungspreisen. Hierdurch erfolgt eine rechentechnische Vereinfachung bei gleichzeitig erleichterter Kontrollmöglichkeit für die Kostenstellenkosten. Sind zusätzlich zu festen Verrechnungspreisen noch die Einzelkosten geplant, indem zum Beispiel geplante Einzelmaterialmengen mit festen Verrechnungspreisen bewertet werden, so entsteht eine Ist-Kostenrechnung mit Planwerten. Die Grenzen zwischen diesem Verfahren und der später erläuterten Normalkostenrechnung sind fließend und auch nicht einheitlich definiert. Diese Methode ermöglicht durch die Eliminierung von Preisschwankungen Soll-/Ist- und Periodenvergleiche. Abschließend bleibt festzustellen, daß trotz der eingeschränkten Verwendbarkeit für Unternehmenssteuerungszwecke derartige Verfahren zumindest zur Ermittlung steuerrechtlicher Daten erforderlich bleiben.

bb) Ist-Kostensysteme auf Teilkostenbasis – Deckungsbeitragsrechnungen

201 Vollkostensysteme auf Ist-Kostenbasis ermitteln – bei verursachungsgerechter Zuordnung der Kosten – den tatsächlichen Nettoerfolg eines Produktes. Inwieweit dieser jedoch bestimmt ist durch beschäftigungsabhängige (variable) und durch beschäftigungsunabhängige (fixe) Kosten, ist wegen dieser in einem Vollkostensystem nicht gegebenen Auflösung der Gesamtkosten nicht festzustellen. Für Unternehmenssteuerungszwecke ist diese Information aber unerläßlich, da ansonsten Fehlentscheidungen getroffen werden können, wie *Wöhe* (a. a. O. S. 1191) dies an einem Beispiel nachweist:

In einem Produktionsprogramm wird insgesamt ein positives Ergebnis erzielt. Die Vollkostenkalkulation zeigt jedoch, daß ein Produkt die Selbstkosten nicht deckt. Eine Aufteilung der Gesamtkosten in fixe und variable Kosten läßt erkennen, daß die variablen Kosten geringer sind als der Erlös. Nach Abzug der variablen Kosten vom Erlös verbleibt also ein positiver Betrag, der noch einen Teil der fixen Kosten deckt (positiver Deckungsbeitrag). Träfe man nun aufgrund der Information der Vollkostenrechnung die Entscheidung, das Produkt aus dem Produktionsprogramm zu eliminieren, so würde sich das Gesamtergebnis nicht um den Verlust des Produktes verbessern, sondern sich zusätzlich um einen Betrag in Höhe des positiven Deckungsbeitrages verschlechtern, da dieser nicht mehr zur Deckung des gesamten Fixkostenblocks beitragen würde.

202 Ausschließlich der **Verzicht auf die Zurechnung eines bestimmten Teiles der Gesamtkosten** ermöglicht im Beispielsfall eine sachgerechte Entscheidung. Er ist das entscheidende Merkmal aller Teilkostenrechnungssysteme, die sich wie Vollkostensysteme an Ist-, Normal- oder Planwerten orientieren können. Teilkostenrechnungen sind – wie das Beispiel zeigt – zumindest erforderlich für Produktionsprogrammentscheidungen, darüber hinaus für die Ermittlungen zur Bestimmung der kurzfristigen Preisuntergrenze, in Entscheidungssituationen über Eigen- oder Fremdproduktion bei voll ausgelasteten Kapazitäten und zur Produktergebnisanalyse. Soweit in mittleren und kleinen Betrieben Teilkostenrechnungssysteme zur Anwendung kommen, sind sie i. d. R. in Form von Deckungsbeitragsrechnungen anzutreffen, die auf Ist-Kosten – teilweise auch auf Normalwerten – aufbauen.

203 **Deckungsbeitragsrechnungen** sind Verfahren, in denen retrograd ein Bruttoerfolg (Deckungsbeitrag) ermittelt wird, der den Überschuß von nach Verursachungs- oder Zurechnungsaspekten getrennten Kosten (Teilkosten) darstellt. Die wesentlichen Deckungsbeitragsrechnungsverfahren sind:
– Direct-Costing
– Fixkostendeckungsrechnung
– relative Einzelkostenrechnung.

Auf die Verfahren ‚direct-costing' und der ‚Fixkostendeckungsrechnung' soll im folgenden näher eingegangen werden.

Direct-costing

204 Das direct-costing – gleich, ob in einstufiger oder mehrstufiger Ausprägung – geht von einer Kostenauflösung in beschäftigungs-, mengenabhängige Kosten (directcosts) und zeitabhängige, fixe Kosten (period-costs) aus, wobei angenommen wird, daß sich die variablen Kosten proportional bei Ausbringung ändern. Zugerechnet werden den Erzeugnissen ausschließlich die variablen Kosten. Das Ergebnis dieser retrograden Rechnung ergibt sich daher:

Erlöse
./. variable Einzelkosten
./. variable Gemeinkosten
= DECKUNGSBEITRAG
./. fixe Kosten
= Nettoerfolg

205 Kernproblem beim direct-costing ist die Kostenauflösung. Sie sollte so exakt wie möglich sein. Mischkosten (semi-variable-costs), die teilweise variablen, teilweise fixen Charakter haben, z. B. Hilfs- oder Betriebsstoffe, müssen unter diesem Aspekt genau analysiert werden (vgl. *Holzer* Direct Costing, in: Handwörterbuch des Rechnungswesens, 1984, Sp. 4). Kostenarten- und Kostenstellenrechnung sind zur Anwendung eines direct-costing so aufzubauen, daß sie weiterhin Vollkostenrechnungszwecke erfüllen können, andererseits jedoch im Bereich der Kostenarten variable und fixe Kosten trennen und im Bereich der Kostenstellenbildung eine Erzeugnis- oder Erzeugnisgruppenbezogenheit vorhanden ist.

206 Das Ermittlungsschema des direct-costing verdeutlicht, daß eine Kostenträgerstückrechnung im eigentlichen Sinne nicht gegeben ist, da zur Ermittlung des Produktnettoerfolges der Fixkostenblock aufzuteilen wäre, wobei die hierzu vorhandenen Lösungsvorschläge einer Kalkulation mit absoluten oder prozentualen Bruttodeckungsvorschlägen nur teilweise zu besseren Ergebnissen führen können als eine Vollkostenrechnung. Diesem „Nachteil" des direct-costing steht gegenüber, daß mit Hilfe des Verfahrens unverzichtbare Entscheidungsgrundlagen durch die Er-

kenntnis geliefert werden, daß jeder zusätzliche positive Deckungsbeitrag das Gesamtergebnis verbessert.

Fixkostendeckungsrechnung

207 Die Fixkostendeckungsrechnung stellt eine Erweiterung des summarischen direct-costing dadurch dar, daß sie den Fixkostenblock soweit aufgliedert, daß letztlich ein Residualwert an Fixkosten verbleibt, der ausschließlich dem Gesamtunternehmen zurechenbar ist.

208 *Agthe* (vgl. Stufenweise Fixkostendeckung im System des Direct Costing, ZfB 1977, 406 ff.) unterscheidet hierzu nach Erzeugnisfixkosten, Erzeugnisgruppenfixkosten, Kostenstellenfixkosten, Bereichsfixkosten und Unternehmensfixkosten. Im Rahmen einer auch hier retrograden Rechnung werden unterschiedlich definierte Deckungsbeiträge ermittelt, wobei nach Abzug der Unternehmungsfixkosten der Nettoerfolg verbleibt.

Nettoerlös
./. direkte Erzeugniskosten

= Deckungsbeitrag 1 (Erzeugnisdeckungsbeitrag)
./. Erzeugnisfixkosten

= Deckungsbeitrag 2
./. Erzeugnisgruppenfixkosten

= Deckungsbeitrag 3
./. Kostenstellenfixkosten

= Deckungsbeitrag 4
./. Bereichsfixkosten

= Deckungsbeitrag 5
./. Unternehmungsfixkosten

= Nettoerfolg

209 Ziel dieser Fixkostendeckungsrechnung ist die Ermittlung des Anteils der Fixkostendeckung durch die Produktarten und -gruppen. Erforderlich ist hierzu eine sachgerechte Erzeugnisgruppenbildung und gleichzeitig eine produktgruppenorientierte Kostenstellenbildung. Da die Fixkostendeckungsrechnung Fixkostenrechnungen auf der Grundlage von Planproduktions- und Planfixkostenmengen vornimmt, setzt das Verfahren eine ausgebaute Produktions- und Absatzplanung voraus. Die Fixkostendeckungsrechnung hat durch die im wesentlichen verursachungsgerechte Kostenaufspaltung des Fixkostenblocks gegenüber der Rechnung des einfachen direct-costing den Vorteil, daß sie Grundlage nicht nur für kurzfristige, sondern auch für langfristige Preisentscheidungen sein kann. Aus den gleichen Gründen ist in diesem System die Möglichkeit einer Wirtschaftlichkeitskontrolle höher. Bei Produktionsentscheidungen sind allerdings in Fällen von Voll- und Überbeschäftigung gleichfalls Nebenrechnungen erforderlich.

210 Das in Rz. 201 dargestellte Entscheidungsproblem zur Produktionsprogrammentscheidung bei Unterbeschäftigung demonstriert die Aussagefähigkeit absoluter Deckungsbeiträge. In Situationen ausgelasteter Kapazitäten führen Entscheidungen nach der Rangfolge der Deckungsbeiträge nur dann zum richtigen Ergebnis, wenn die Produkte in ihrer Rangfolge gleichfalls kongruent Produktionsengpässe zu durchlaufen haben. Ist dies nicht der Fall, so muß zunächst die Engpaßbelastung pro Stück in einer zu bestimmenden Bezugsgrößeneinheit ausgedrückt werden, um den **Deckungsbeitrag pro Einheit der Engpaßbelastung** oder, **speed factor'** zu ermitteln (vgl. *Kilger* a. a. O. S. 100).

$$\text{Deckungsbeitrag pro Einheit der Engpaßbelastung (speed factor)} = \frac{\text{Deckungsbeitrag}}{\text{Engpaßbelastung in Bezugsgrößeneinheiten pro Stück}}$$

211 Nach Einführung dieser Rechengröße verschiebt sich die Rangfolge der Deckungsbeitragswertigkeit. Es wird erkennbar, welches Produkt den größten speed

factor hat. Mit Hilfe dieses Faktors kann z. B. ermittelt werden, ob ein und wenn ja welcher zusätzlicher Deckungsbeitrag oder Bruttogewinn bei konstantem Engpaßwert in Vollbeschäftigungssituation entsteht durch:

- Herausnahme eines Produktes aus einem bestehenden Programm
   a) wegen erhöhter Produktion eines anderes Programmproduktes
   b) wegen bestehender Fremdbezugsmöglichkeiten
- Austausch eines Programmproduktes gegen ein neues noch nicht im Programm vorhandenes Produkt.

212 Diese Entscheidungssituationen sind nämlich dadurch gekennzeichnet, daß Deckungsbeiträge von Erzeugnissen wegfallen und durch andere ersetzt werden (vgl. *Sabothil* Informationswirtschaft, in: Industriebetriebslehre, 1981, S. 882f.). Dies bedeutet gleichzeitig, daß das Surrogat den **verdrängten Deckungsbeitrag**, die sogenannten **Opportunitätskosten,** zusätzlich erwirtschaften muß, um es zu dominieren. Sie errechnen sich aus den Komponenten des speed factors:

Opportunitätskosten = Engpaßbelastung des Sur- × Deckungsbeitrag der
rogates in Einheit/Stück Engpaßbelastung des zu
verdrängenden Produktes

Das Verfahren sei an einem **Beispiel** erläutert:

Ein Unternehmer verfügt über die nachstehende Produkt- und Deckungsbeitragssituation. Die gesamte Engpaßzeit beträgt 3 Einheiten.

	Produkt I	Produkt II	Produkt III	Summen
Erlös (DM)	10000,–	4000,–	3000,–	17000,–
Variable Kosten (DM)	8000,–	2500,–	2000,–	12500,–
Deckungsbeitrag (DM)	2000,–	1500,–	1000,–	4500,–
Rangfolge I	1	2	3	
Engpaßbelastung (E)	1,6	1	0,4*	3
speed factor (DM/E)	1250,–	1500,–	2500,–	1500,–
Rangfolge II	3	2	1	

Das Produkt I soll aus dem Programm entfernt werden. Die freiwerdende Engpaßzeit von 1,6 Einheiten E wird durch Produkt II belegt. Der zusätzliche Deckungsbeitrag ergibt sich wie folgt:

	DM	
speed factor III	+ 2500,–	
speed factor I × 0,4*	./. 500,–	(Opportunitätskosten)
zusätzlicher Deckungsbeitrag	= 2000,–	

213 Zu beachten ist allerdings, daß derartige Produktionsprogramm-Wechsel neue Fertigungsengpässe entstehen lassen können, die schließlich Simultanbetrachtungen erfordern und nur mit komplexen mathematischen Gleichungssystemen lösbar sind (vgl. *Wöhe* a. a. O. S. 1199).

b) Normalkostenrechnungssysteme

214 Die Normalkostenrechnung, die im folgenden als Form der Vollkostenrechnung erläutert wird, ist eine Weiterentwicklung der Ist-Kostenrechnung. Sie durchbricht den Grundsatz der Kostenüberwälzung dadurch, daß an die Stelle von Ist-Kosten aus Vergangenheitswerten gebildete Durchschnittskosten treten. Bei dieser Durchschnittswertermittlung werden atypische Werte unberücksichtigt gelassen. Normalkosten sind statische Mittelwerte, wenn Änderungen der Kostenstruktur dabei nicht berücksichtigt werden und aktualisierte Mittelwerte, wenn eingetretene oder mögliche Kostenstrukturänderungen in Form korrigierter Durchschnittswerte beachtet werden. Die Normalisierung kann sich auf bestimmte Kostenelemente beschränken oder aber sowohl Mengen als auch Preise einbeziehen. Zu unterscheiden ist zwischen der starren Normalkostenrechnung, die veränderte Kapazitätsauslastungen unberücksichtigt läßt, und der flexiblen Normalkostenrechnung, die sich unterschiedlichen Beschäftigungsgraden anpaßt.

215 Die **starre Normalkostenrechnung** arbeitet i. d. R. mit zwei Abweichungen von den normalisierten Werten:
Die Preisabweichung ergibt sich als Saldo der mit dem Verrechnungspreis bewerteten Istmenge und der mit dem Istpreis bewerteten Istmenge. Die Verbrauchs- oder Mengenabweichungen entstehen, wenn die Verbrauchsmengen von den Istmengen abweichen. Der Aussagewert dieser Kostendifferenz ist jedoch wegen des zugrunde gelegten durchschnittlichen Beschäftigungsgrades gering. Dennoch ist die starre Normalkostenrechnung eines der gebräuchlichsten erweiterten Kostenrechnungssysteme. Ihre Aussagefähigkeit kann erhöht werden, wenn eine Trennung der Gemeinkosten in fixe und variable Bestandteile erfolgt, und damit die Aufspaltung der Mengenabweichung in die Beschäftigungsabweichung und die Verbrauchsabweichung erreicht wird. Gemeinkostenveränderungen (Unter- bzw. Überdeckung) können dadurch besser auf Auslastungsänderungen sowie Veränderungen hinsichtlich der eingesetzten Menge und der Preise zurückgeführt werden. Diese Erweiterung der Aufteilung wird teilweise schon als Form der flexiblen Normalkostenrechnung angesehen.

216 Der wesentliche Unterschied zwischen der starren Normalkostenrechnung und der flexiblen Normalkostenrechnung besteht jedoch darin, daß die **flexible Normalkostenrechnung** nicht mit statischen, sondern mit regelmäßigen aktualisierten Normwerten arbeitet. Die durch sie zu erlangenden Informationen bezüglich der Kostenkontrolle sind besser als bei einem Ist-Kostenverfahren. Es ist jedoch zu berücksichtigen, daß die Einrichtung eines solchen Systems einen hohen Rechenaufwand mit sich bringt, damit eine ausgebaute Betriebsabrechnung erfordert und somit hohe Kosten verursacht.

c) Plankostenrechnungssysteme

217 Der Übergang von einer Normal- oder Selbstkostenrechnung zur Plankostenrechnung ist fließend, da bereits in einem Nornmalkostenrechnungssystem geplante Soll-Werte verwendet werden. Löst sich die Planung vollständig von betrieblichen Vergangenheitsdaten und richtet sich sowohl im Mengen- als auch im Preisgerüst ausschließlich an geplanten Zukunftswerten aus, so liegt eine Plankostenrechnung vor (vgl. *Kilger* Plankostenrechnung, in: Handwörterbuch des Rechnungswesens, 1984, Sp. 1347f.). Ziel ist es, Kosteneinflüsse wie Preis- und Verbrauchsschwankungen und Veränderungen der Auslastung aus der Verrechnung zu eliminieren, indem die Kosten zukunftsorientiert für definierte Perioden geplant werden. Ergebnis ist die Möglichkeit einer Kostenkontrolle anhand von Soll-/Ist-Vergleichen.

218 Im Bereich der Vollkostenrechnung wird zwischen sog. starrer und flexibler Plankostenrechnung differenziert. Eine **starre Plankostenrechnung** behält in der Verrechnungsperiode die für sie aufgrund der Planbeschäftigung ermittelten Plangemeinkostensätze auch bei wesentlichen Auslastungsänderungen bei. Sie unterscheidet sich somit im Ergebnis von der starren Normalkostenrechnung lediglich dadurch, daß ihre Vorgabewerte zukunfts- und nicht vergangenheitsorientiert sind.

219 Die **flexible Plankostenrechnung** ermittelt nach Auflösung der Plan-Kostenstellengemeinkosten in ihre fixen und variablen Bestandteile die sogenannten Soll-Kosten, die Plankosten für den jeweiligen Ist-Auslastungsgrad. Hierdurch wird eine effiziente Kostenkontrolle differenziert nach Kostenarten und Kostenstellen möglich. Die flexible Plankostenrechnung gilt deshalb als das beste aller Vollkostenrechnungssysteme (vgl. *Bramsemann* a. a. O. S. 88). Zugleich ist es aber das komplizierteste und kostenintensivste Verfahren, da es neben einer ausgebauten Ist-Kostenrechnung als eigenständige Rechnung zu installieren ist und eine Unternehmensplanung erfordert.

220 Eine Kombination aus den Elementen der Plankostenrechnung und des direct-costing stellt die von *Plaut* entwickelte **Grenzplankostenrechnung** dar. Von der flexiblen Plankostenrechnung auf Vollkostenbasis unterscheidet sie sich dadurch, daß sie bei der Ermittlung der Soll-Kosten lediglich die variablen Gemeinkosten in den geplanten Gemeinkostenverrechnungssatz aufnimmt. Die fixen Kosten sind damit Periodenkosten und Bestandteil des Plan- und Deckungsbeitrags.
Unter dem Aspekt von Unternehmungssteuerungszwecken gilt eine Kombination aus flexibler Plankostenrechnung und Grenzplankostenrechnung als optimal.

V. Praxisorientierter Einsatz der Kostenrechnung

221 Die Darstellung zeigt, daß der Wunsch, ein herkömmliches Rechnungswesen mit letztlich durch Gesetz geregelter Ist-Kostenrechnung auf Vollkostenbasis nicht nur für Rechnungslegungszwecke, sondern auch für jeden Zweck der Unternehmenssteuerung einsetzen zu können, nicht erfüllbar ist. Aussagefähige Analysen von Gemeinkostenänderungen zur Beurteilung von Kostenstellen erfordern Normal- oder Plankostenrechnungssysteme. Bestimmungen von Preisuntergrenzen, Produktionsverfahrens- und -programmentscheidungen – gleich, ob bei Unterbeschäftigung oder voll ausgelasteten Kapazitäten – sind, sollen Fehlentscheidungen aufgrund falscher Kosteninformationen ausgeschlossen werden, nur möglich, wenn zusätzlich Teilkostenrechnungen herangezogen werden können. Andererseits darf jedoch der Aufwand für ein aussagefähiges Kostenrechnungssystem nicht höher sein als die durch seine Existenz vermiedenen Kosten oder zusätzlichen Erträge.

222 Sind Berater und Mandant dem DATEV-System angeschlossen, so besteht die Möglichkeit einer kostengünstigen Lösung derartiger Probleme in der Anwendung des **DATEV-KOST-Programmes**. Im Hinblick auf Art und Umfang der Kostenzurechnung sind im DATEV-KOST-Programm grundsätzlich alle üblichen Kostenzurechnungssysteme anwendbar. Ist diese Möglichkeit nicht vorhanden, so sollte nach Analyse der betrieblichen Gegebenheiten auf der vorhandenen Finanzbuchhaltung mit Kostenartengliederung ein Basissystem erarbeitet werden, das die wesentlichen Kostenarten in fixe und variable Kosten trennt und mit Zusatzrechnungen Deckungsbeiträge für offensichtlich kritische Produkte oder Produktgruppen liefert.

IV. Finanz- und erfolgswirtschaftliche Analyse

1. Begriff und Inhalt

223 Finanz- und erfolgswirtschaftliche Analysen werden in Literatur und Praxis häufig mit dem Begriff **Bilanzanalyse** zusammengefaßt. Der tatsächliche Inhalt der so bezeichneten Tätigkeiten ist jedoch nicht auf den Jahresabschluß beschränkt, sondern umfaßt gleichfalls Analysen, die zweckorientiert auch Planungsvorgänge einbeziehen.

224 Der Begriff Bilanzanalyse bezeichnet daher jene Methode der Informationsgewinnung, durch die mit dem Jahresabschluß Informationen über die Kapital- und Vermögensstruktur und die Erfolgssituation gewonnen werden. Die hierbei erlangten Informationen können sowohl zur Planung als auch zur Kontrolle dienen (*Buchner* Bilanzanalyse und Bilanzkritik, in: Handwörterbuch des Rechnungswesens, 1984 Sp. 218).

225 Neben dem Kontroll- und Planungszweck wird weiterhin unterschieden zwischen **internen und externen Bilanzanalysen.** Im Rahmen von internen Bilanzanalysen werden finanzwirtschaftliche und erfolgswirtschaftliche Daten einer Periode oder eines Stichtages mit denen zurückliegender Stichtage (in der Regel drei bzw. fünf Jahre) verglichen. Eine weitere Ausgestaltung der Bilanzanalyse ergibt sich durch den Vergleich von Ist-Daten mit Soll-Vorgaben. Zielrichtung externer Bilanzanalyse ist die Beurteilung der Vermögens- und Ertragslage einer Unternehmung im Rahmen der Rechnungslegung (Jahresabschluß, Geschäftsbericht, Lagebericht), die Gewinnung von Aussagen über die Bonität des Unternehmens für institutionelle und nicht institutionelle Anleger und Kreditgeber sowie der Vergleich des eigenen Unternehmens mit vergleichbaren anderen Unternehmen.

Hinsichtlich des Verfahrens der Analyse und der aus ihr zu gewinnenden Aussage unterscheiden sich interne und externe Bilanzanalyse im Zweifel lediglich dadurch, daß den externen, nicht institutionellen Analytikern vollständige Informationen nicht zur Verfügung stehen.

2. Ausgestaltung der finanz- und erfolgswirtschaftlichen Analyse

226 Finanz- und erfolgswirtschaftliche Analysen werden anhand absoluter und relativer Kennzahlen, die aus dem Jahresabschluß und Rechnungswesen auf der Grundlage betriebswirtschaftlich besonders zusammengefaßter, getrennter und geordneter Einzeldaten gewonnen werden, sowie anhand von Bewegungsbilanzen und Kapitalflußrechnungen durchgeführt. Diese grundsätzlich vergangenheitsbezogenen Werte sind, sowohl für die interne Planung als auch für den in der Praxis häufigsten Adressaten die Kreditinstitute, bedeutend, um entsprechende Plandaten anzureichern.

227 Rentabilität bei gleichzeitiger Sicherung der Liquidität sind aus der Sicht des Unternehmens und Kreditgebers interdependente, sich einander bedingende, Ziele. Aus der Sicht des Unternehmens sichern sie den Fortbestand des Unternehmens, aus der Sicht des Kreditgebers sind sie Voraussetzung für die Gewährung, Rückführung und Substitution von Krediten. Aufgabe des beratenden Kollegen ist daher, das Zahlenmaterial des Klienten so schlüssig aufzuarbeiten, daß es einer Bonitätsprüfung der Kreditinstitute standhält. Die vergangenheitsorientierten Daten sind zu ergänzen durch einen aktuellen Finanzstatus sowie substantiierte Finanzpläne, die möglichst mindestens drei Jahre in die Zukunft reichen.

228 Die finanz- und erfolgswirtschaftliche Analyse erfolgt grundsätzlich nach folgendem Schema (vgl. Fischer, O., Finanzwirtschaft der Unternehmung II, 1982, S. 37):
– Analyse der Jahresbilanzen unter dem Gesichtspunkt der Kapitalstruktur (Aufbau von Eigen- und Fremdkapital), der Vermögensstruktur (Zusammensetzung der Aktiva und Verhältnis von Anlage- zu Umlaufvermögen) – sogenannte Vertikalstrukturanalyse –, und der Finanz- und Liquiditätsstruktur (Horizontalstrukturanalyse), d.h. Gegenüberstellung einzelner Aktiv- zu Passivposten
– Analyse der Rentabilität und der Aufwands- und Ertragsstruktur innerhalb der Gewinn- und Verlustrechnung zur Beurteilung einzelner Erfolgskomponenten
– Analyse der in der Kapitalflußrechnung aufgezeigten Bestandsbewegungen der Periode und der nach Kapitalfonds verdichteten Daten der Gewinn- und Verlustrechnung zur Feststellung des Anteils einzelner Werte am Kapitalfluß
– Analyse der Finanzpläne unter gleichen Aspekten; Prüfung der detaillierten verbalen Ausführungen der den Plandaten zugrunde liegenden Unternehmenseinzelpläne anhand eigener Kenntnis über Unternehmen, Branche und mögliche gesamtwirtschaftliche Entwicklung.

229 Als Beispiel für Aufbereitungsmöglichkeiten der Basiszahlen aus Bilanz und Gewinn- und Verlustrechnung sind im folgenden Schemata aufgeführt, die das Bundesaufsichtsamt für das Versicherungswesen (BAV) bei der Beurteilung der Finanz- und Erfolgslage von Unternehmen zugrunde legt (Rundschreiben R 2/85 des BAV vom 11. 3. 1975; in: VerBAV 1975, S. 105 und 108f.). Die Schemata auf S. 1256 sind vom Verfasser modifiziert.

Die weitere Auswertung der Grundzahlen wird entsprechend der zu analysierenden Struktur durch die Bildung von Kennzahlen, deren Aneinanderreihung, Kettenbildungen und Kennzahlensysteme vorgenommen.

3. Finanz- und erfolgswirtschaftliche Kennzahlen

a) Kennzahlenarten

230 Im bilanzanalytischen Bereich werden neben der wesentlichen absoluten Kennzahl, dem Cash-flow, als Kennzahlen statistische **Verhältniszahlen** verwendet, die sich statistisch-methodisch in Gliederungs- und Meßzahlen aufteilen. Sie sind stets Ergebnis von zueinander in Beziehung gesetzten absoluten Daten (vgl. *Esenwein-Rothe* Statistische Kennzahlen, in: Handwörterbuch des Rechnungswesens, a. a. O., S. 819), die das Rechnungswesen im Rahmen der Erstellung einer ordnungsmäßigen Buchführung und des Jahresabschlusses zur Verfügung stellt oder aber aus anderen betrieblichen Aufzeichnungen, Aufstellungen und Sonderrechnungen gewinnt.

231 Derartige aussagefähige Beziehungswerte lassen sich zweckorientiert für jeden Unternehmensbereich ermitteln. Für Zwecke der Bilanzanalyse stehen jedoch ausschließlich finanzwirtschaftliche Kennzahlen im Vordergrund, die sich wie folgt einteilen lassen:
– Vermögens- und Kapitalstrukturkennzahlen
– Finanz- und Liquiditätsstrukturkennzahlen
– Rentabilitätskennzahlen, Ertrags- und Aufwandsstrukturkennzahlen

Bilanzgliederung

AKTIVA	19__ TDM	19__ TDM	19__ TDM	PASSIVA	19__ TDM	19__ TDM	19__ TDM
Sachanlagen, einschließlich im Bau befindliche Anlagen und Anzahlungen Finanzanlagen				Anfangskapital[1] Rücklagen[2] ./. Verlust + Gewinn ./. Entnahmen			
Anlagevermögen				Endkapital/Eigenkapital			
EK in v. H. von AV				Verbindlichkeiten mit einer Laufzeit von mindestens 4 Jahren ./. Disagio			
Forderungen mit einer Laufzeit von mindestens 4 Jahren				Pensionsrückstellungen[5] Andere langfr. Rückstellungen			
Langfristiges Vermögen							
Kasse, Banken, Postscheck, Wertpapiere Wechsel, Schecks Waren- u. Leistungsford. Sonst. kurzfr. Forderungen				Langfristige Schulden			
				Langfristiges Kapital			
				EK : FK	1:	1:	1:
Kurzfristig realisierbares Umlauf-Vermögen[3]				Waren- u. Leistungssch. Akzepte Bankschulden Sonst. kurzfr. Schulden Anzahlungen von Kunden Rückstellungen Wertberichtigungen Verbindl. geg. verbundene Unternehmen			
Rohstoffe, halbfertige und fertige Erzeugnisse, Waren Anzahlungen a/Waren Sonst. mittelfr. Forderungen Forderungen an verbundene Unternehmen				Rechnungsabgrenzungsposten			
Umlaufvermögen				Kurzfr. Schulden			
Rechnungsabgrenzungsposten				Gewinnausschüttung			
				Fremdkapital			
				Eventualverbindlichkeiten:	( )	( )	( )
Bilanzsumme				Bilanzsumme			

[1] Bei Kapitalgesellschaften Grund-/Stammkapital, bei Personengesellschaften Entwicklung der Kapitalkonten.
[2] Der Rücklagenanteil aus Sonderposten ist zu je 50% bei den Rücklagen und unter den langfristigen Schulden auszuweisen.
[3] Mit einer Laufzeit von höchstens einem Jahr.
[4] Die zum langfristigen Vermögen gehörenden Forderungen betreffen nicht Ausleihungen, die Bestandteil der Finanzanlagen sind, sondern Forderungen aus Lieferungen und Leistungen und sonstige Forderungen.
[5] Der nicht passivierte Betrag ist anzugeben.

Finanz- und erfolgswirtschaftliche Analyse

232 Die **Beurteilung der ermittelten Kennzahlen** setzt voraus, daß auf Beratungsseite genaue Kenntnisse über Branche und Unternehmen vorliegen. Externe Vergleichskennziffern können ausschließlich branchenorientiert und unternehmensklassenorientiert zum Vergleich herangezogen werden. Da die Präsentation solcher Daten den Rahmen der Darstellung sprengen würde, wird auf die entsprechenden Publikationen von Verbänden und zuständigen Industrie- und Handels- sowie Handwerkskammern verwiesen.

233 Betriebswirtschaftslehre und betriebliche Praxis haben aus derartigen Gruppierungen von Einzelverhältniskennzahlen Kennzahlensysteme konstruiert, um die betriebswirtschaftlichen Interdependenzen von Einzelaussagen deutlich zu machen und um damit den Gesamtaussagewert zu erhöhen (vgl. *Buchner* Grundzüge der Finanzanalyse, München 1981, S. 106 ff.).

234 Die bedeutendsten Systeme, die hier jedoch nicht einzeln erörtert werden können, sind:
- Du-Pont-System of Financial Control
- Rentabilitäts- und Liquiditätskennzahlensystem (RL-System)
- Pyramid Structure of Ratios.

Diese Systeme zeichnen sich sämtlich dadurch aus, daß ihre zentrale Kennzahl der sogenannte Return-On-Investment (ROI) ist (vgl. Rz. 130 ff. u. 260). Für die Beratungspraxis haben DATEV-Organisation und Bundessteuerberaterkammer gemeinsam ein Kennzahlenvergleichssystem entwickelt, das Informationen zum internen und externen Betriebsvergleich liefern kann.

b) Cash-flow

235 Der Cash-flow ist eine absolute, zeitraumbezogene Kennzahl, die den Finanzmittelüberschuß der Untersuchungsperiode zeigen soll (vgl. *Wöhe* a. a. O. S. 1262), d. h. darstellen soll, in welcher Höhe dem Betrieb Mittel aus der Umsatztätigkeit über die Betriebsausgaben hinzugeflossen sind und für Investitionen, Kapitaltilgungen, Dividenden oder Entnahmen zur Verfügung stehen (vgl. *Kappler/Rehkugler* Kapitalwirtschaft in: Industriebetriebslehre, 1981, S. 754). In seiner einfachsten Ausprägung entspricht der Cash-flow der Summe aus Gewinnen und Abschreibungen (vgl. *Käfer* Kapitalflußrechnungen, Stuttgart 1967, S. 345). Eine derartige Kennzahl ermöglicht also Aussagen über die Finanzierungsmöglichkeiten der Unternehmung (vgl. *Wagner* Die Aussagefähigkeit von cash-flow-Ziffern für die Beurteilung der finanziellen Lage einer Unternehmung, DB 1985, 1602). Die Werthaltigkeit solcher Aussagen ist vom begrifflichen Inhalt der Kennzahl abhängig.

236 Die Zahl der inzwischen entwickelten Cash-flow-Definitionen ist nicht mehr nachzuvollziehen. Einen Überblick über verschiedene Stufen der Cash-flow-Ermittlung ergibt nachstehendes **Schema** (*Wöhe* a. a. O. S. 1263):

Bilanzgewinn
./. Gewinnvortrag
+ Verlustvortrag
+ Erhöhung offener Rücklagen
./. Auflösung offener Rücklagen

= Jahresüberschuß
+ Abschreibungen
./. Zuschreibungen

= Cash-flow Nr. 1
+ Erhöhung langfristiger Rückstellungen
./. Auflösung langfristiger Rückstellungen

= Cash-flow Nr. 2
+ Außerordentlicher Aufwand
./. Außerordentlicher Ertrag

= Cash-flow Nr. 3
./. Gewinnausschüttung

= Cash-flow Nr. 4

Blobel

237 „Unter Kapitalaspekten stammt der Geldüberschuß demnach aus drei Quellen:
1. aus interner Eigenkapitalbildung (Jahresüberschuß)
2. aus interner Fremdkapitalbildung (Einstellung in Rückstellungen)
3. aus Kapitalfreisetzung in Analgevermögen (Abschreibung auf das Sachanlagenvermögen)."
(*Fischer* a. a. O. S. 76). Damit erfaßt der cash-flow Finanz- und Erfolgskraft einer Unternehmung.

238 Wesentlich ist bei der Cash-flow-Ermittlung, gleich in welcher Form er einer finanzwirtschaftlichen Analyse zugrunde gelegt werden soll, daß er letztlich einen Liquiditätszufluß ausweist, also ausschließlich pagatorische Werte beinhalten darf und aus ihm alle außerordentlichen Finanzzu- und -abflüsse eliminiert sind.

239 Für Kreditwürdigkeitsprüfungen sieht das BAV (vgl.: Rundschreiben R 2/75, a. a. O., Anlage S. 3) nachfolgendes **Schema** (hier modifiziert) vor:

Ertragsentwicklung/Rentabilität/cash-flow

	19__ TDM	19__ TDM	19__ TDM
Gewinn + AfA + Wertberichtigungen auf das Umlaufvermögen + Zuführung zu Pensions-Rückstellungen + Steuern vom Einkommen, Ertrag und Vermögen + Verlust aus Anlagenabgang + außerordentliche Aufwendungen			
./. Ertrag aus Anlagenabgang ./. Auflösung von Rückstellungen ./. Auflösung von Wertberichtigungen ./. außerordentliche Erträge			
Bruttogewinn ./. Steuern vom Einkommen, Ertrag und Vermögen			
Cash-flow			
Umsatz Umsatz-Rendite			

c) Kennzahlen zur Vermögensstruktur

240 Gliedert man das Vermögen nur in Anlage- und Umlaufvermögen, drücken Kennzahlen zur Vermögensstruktur aus, mit welchem Anteil diese Teile das Gesamtkapital binden oder wie sich das Vermögen aufteilt. Dabei kann das Umlaufvermögen um die Pauschalwertberichtigung zu Forderungen gekürzt werden. Unter Gesamtkapital wird die Summe aus Eigen- und Fremdkapital verstanden, wobei sich das Eigenkapital grundsätzlich zusammensetzt aus haftendem Kapital, offenen Rücklagen, dem versteuerten Anteil der Sonderposten mit Rücklagenanteil (i. d. R. 50%) sowie Bilanzgewinn/-verlust abzüglich der Entnahmen auf den Gewinn bei Einzelunternehmen und Personengesellschaften. Die für die Anteilseigner vorgesehene Gewinnausschüttung sollte dem Fremdkapital zugewiesen werden (vgl. Rz. 229).

241 Die zwei wesentlichen Kennzahlen sind:

Anlagenintensität (in %) $= \dfrac{\text{Anlagevermögen} \times 100}{\text{Gesamtkapital}}$

Intensität des Umlaufvermögens (in %) $= \dfrac{\text{Umlaufvermögen} \times 100}{\text{Gesamtkapital}}$

242 Der Aussagewert von Kennzahlen zur Vermögensstruktur ist wegen der vorhandenen Bilanzierungs- und Bewertungswahlrechte nicht allzu hoch anzusetzen.

d) Kapitalstrukturkennzahlen

243 Kapitalstrukturkennzahlen sind Ausdruck des Verhältnisses bestimmter Kapitalteile zum Gesamtkapital oder zueinander und dienen generell der Beurteilung der Verschuldung des Unternehmens. Im einzelnen sind zu nennen:

$$\text{Eigenkapitalquote (in \%)} = \frac{\text{Eigenkaptial} \times 100}{\text{Gesamtkapital}}$$

$$\text{Anspannungskoeffizient (in \%)} = \frac{\text{Fremdkapital} \times 100}{\text{Gesamtkapital}}$$

$$\text{Langfristkapitalquote (in \%)} = \frac{(\text{Eigenkapital} + \text{langfristiges Fremdkapital}) \times 100}{\text{Gesamtkapital}}$$

$$\text{Langfristige Verschuldung (in \%)} = \frac{\text{Langfristiges Fremdkapital} \times 100}{\text{Gesamtkapital}}$$

$$\text{Kurzfristige Verschuldung (in \%)} = \frac{\text{Kurzfristiges Fremdkapital} \times 100}{\text{Gesamtkapital}}$$

244 Zusammen mit der Eigenkapitalquote ist der sogenannte **Verschuldungsgrad** oder **-koeffizient,** der das Verhältnis von Fremd- zu Eigenkapital darstellt, die wichtigste Kennzahl zur internen und externen Beurteilung von Fremdkapitalrückführungsfähigkeit und Rentabilität.

$$\text{Verschuldungsgrad (in \%)} = \frac{\text{Fremdkapital} \times 100}{\text{Eigenkapital}}$$

245 Unter Rentabilitätsaspekten ist diese Kapitalstrukturkennzahl im Zusammenhang mit der Hebelwirkung zunehmender Verschuldung auf die Eigenkapitalrentabilität zu betrachten, die als **Leverage-Effekt** bezeichnet wird. Ist die Gesamtkapitalrentabilität (siehe Rz. 259) höher als der zu entrichtende Fremdkapitalzins, so ist der Mehrbetrag der Eigenkapitalrendite zuzurechnen.

246 Die quantitativen Anforderungen an diese Bonitätskennzahl sind in der Kreditvergabepraxis uneinheitlich und von Branche, Konjunkturabhängigkeit und Rechtsform abhängig. Es wird darauf verwiesen, daß die strengsten Verschuldungsgradnormen, nämlich die des Bundesaufsichtsamtes für das Versicherungswesen, im Verhältnis von 1 : 2 oder einen Verschuldungsgrad von nicht mehr als 200% verlangen. Bei Personengesellschaften, Einzelunternehmen und stark konjunkturabhängigen Betrieben muß dieses Verhältnis besser sein (Vgl. *Fischer* a. a. O. S. 57).

247 Als Maßstab für die Finanzkraft eines Unternehmens wird vor allem der **Verschuldungsfaktor** (Effektiv-Verschuldungsgrad, Schuldentilgungs-Koeffizient) herangezogen. Diese Kennzahl setzt die Gesamtverschuldung oder die Effektivverschuldung zum Cash-flow in Beziehung. Der Verschuldungsfaktor gibt also an, wieviel Jahre das Unternehmen benötigt, um aus seiner wirtschaftlichen Finanzkraft heraus seine Verschuldung ablösen zu können. Die unterschiedlichen Definitionen der Begriffe ,,Cash-flow, Effektivverschuldung, Gesamtverschuldung", machen deutlich, daß es einen eindeutigen Verschuldungsfaktor nicht geben kann. Insbesondere in diesem Zusammenhang muß für den Beratungsfall nochmals darauf verwiesen werden, daß Branchenkennziffern zur Beurteilung herangezogen werden müssen.

$$\text{Verschuldungsfaktor (in Jahren)} = \frac{\text{Effektivverschuldung oder Gesamtverschuldung}}{\text{Cash-flow}}$$

248 Nach BAV (Rundschreiben R2/1975 a. a. O.) ermittelt sich die **Effektivverschuldung** wie folgt (leicht modifiziert):

Fremdkapital
+ Gewinnausschüttung
./. Sozialverbindlichkeiten
./. Kundenanzahlungen
./. kurzfristig realisierbares Umlaufvermögen (abzüglich Wertberichtigung)
= Effektivverschuldung

Eine andere Ermittlungsmethode (vgl. *Riemer* Bilanzanalysen, Bonn 1979, S. 36) sieht vor:

Fremdkapital
+ Flüssige Mittel
= Gesamtverschuldung
./. kurzfristige Forderungen
= Effektivverschuldung

e) Finanz- und Liquiditätsstrukturkennzahlen

249 Die wesentlichen Finanz- und Liquiditätsstrukturkennzahlen sind Ausfluß von Horizontalstrukturnormen wie der goldenen Finanzierungsregel oder der goldenen Bilanzregel. Diese Regeln fordern im Grundsatz, daß Fristenkongruenz bestehen muß zwischen der Zeit, die das Kapital zur Verfügung steht und der Zeit, die das zur Verfügung gestellte Kapital in seiner Anlage bindet. Danach müßte also langfristig gebundenes Kapital in Anlagen ausschließlich finanziert werden durch Eigenkapital und langfristiges Fremdkapital.

250 Diese und andere Fristigkeitsregeln sind Ausdruck der nachstehenden Kennzahlen.

$$\text{Anlagendeckung I (in \%)} = \frac{\text{Eigenkapital} \times 100}{\text{Anlagevermögen}}$$

$$\text{Anlagedeckung II (in \%)} = \frac{(\text{Eigenkapital} + \text{langfristiges Fremdkapital}) \times 100}{\text{Anlagevermögen}}$$

251 Der goldenen Bilanzregel ensprechend müßte der Anlagendeckungsgrad II mindestens 100% betragen. Um diese Regel einzuhalten, sollten Abschreibungs- und Tilgungssatz bei isolierter Betrachtung kongruent sein, was in der Praxis nicht immer realisiert werden kann. Diese Deckungsgradzahlen sind somit Kennzahlen zur Beurteilung der langfristigen Liquidität.

252 Zur Beurteilung der **kurzfristigen Liquidität** werden im wesentlichen drei Kennzahlen herangezogen, die allgemein als Liquidität ersten, zweiten, dritten Grades, Current-Ratio, Liquid Ratio, Working Capital, usf., bezeichnet werden. Auch hier existieren wieder uneinheitliche Definitionen. Zur Klarstellung sei im folgenden auf die Definition des BAV Bezug genommen.

253 Die inhaltliche Abgrenzung ergibt sich gleichfalls aus dem vorstehenden Bilanzgliederungsschema.

$$\text{Liquidität I (in \%) (Liquid-Ratio)} = \frac{\text{kurzfristig realisierbares Umlaufvermögen} \times 100}{\text{kurzfristige Schulden}}$$

254 Diese bereits unternehmensintern wesentliche Liquiditätsgradkennziffer gewinnt durch die weit verbreitete Soll-Vergabe der Kreditinstitute, deshalb auch ,,Bankers-Rule" genannt, an Bedeutung: Nach ihr muß die Liquidität I mindestens 50% betragen oder anders ausgedrückt, das kurzfristig realisierbare Umlaufvermögen muß mindestens 50% der kurzfristigen Schulden abdecken.

255 In der sich hieran anschließenden Kennzahl

$$\text{Liquidität II (in \%) (Current-Ratio)} = \frac{\text{Umlaufvermögen} \times 100}{\text{kurzfristige Schulden}}$$

steht dem kurzfristigen Fremdkapital also das gesamte Umlaufvermögen gegenüber.

256 Weniger im Rahmen bilanzanalytischer Betrachtung, jedoch zur Aufarbeitung eines kurzfristigen Finanzstatus, kann eine Liquiditätskennzahl herangezogen werden, die aussagt, inwieweit das Unternehmen in der Lage ist, seinen kurzfristigen Verbindlichkeiten sofort nachzukommen. Die **Barliquidität** (*Witte* Die Finanzwirtschaft der Unternehmung, Wiesbaden 1976, S. 536) stellt den Zahlungsmittelbestand den kurzfristigen Verbindlichkeiten, d. h., den innerhalb von drei Monaten fälligen Verbindlichkeiten, gegenüber.

$$\text{Barliquidität (in \%)} = \frac{\text{Zahlungsmittelbestand} \times 100}{\text{kurzfristige Verbindlichkeiten}}$$

257 Liquiditätsbeurteilungen, die aus Bilanzen und nicht aus Liquiditätsplänen hergeleitet werden, sind in ihrer Aussagefähigkeit durch unternehmensspezifische Situationen Beschränkungen unterworfen, weil
- unterschiedliche Fälligkeiten von Forderungen und Verbindlichkeiten zusammentreffen können,
- bei saisonabhängigen Unternehmen die Wahl des Stichtags die Deckungsverhältnisse beeinflußt,
- Dauerschuldverhältnisse (Mieten, Pachten, Leasingraten, etc.) nicht ersichtlich sind,
- Kreditprolongationsmöglichkeiten unberücksichtigt bleiben,
- vor dem Stichtag nicht ausgeschöpfte Kreditlinien zum window dressing benutzt worden sein können,
- der vorhandene Bewertungsrahmen im Umlaufvermögen zweckbezogen genutzt werden kann.

258 Wesentlich für Finanzierung und Liquidität ist gleichfalls der **Kapitalumschlag** bzw. die **Kapitalbindungsdauer** des Gesamtkapitals oder seiner Anteile in einzelnen Vermögensposten, da der Wiedereinsatz freiwerdender Mittel neue Gewinnmöglichkeiten bietet. Eine Erhöhung des Kapitalumschlages hat auf die Rentabilität die gleiche Wirkung wie eine prozentual gleiche Erhöhung der Gewinnspanne. Somit sichert ein hoher Kapitalumschlag auch bei niedriger Gewinnspanne eine hinreichende Rentabilität. Umschlagskennziffern können daher sowohl den Finanzstrukturkennzahlen wie den Rentabilitätskennzahlen zugeordnet werden. Um zu aussagefähigen Werten zu gelangen, sind allerdings in Nebenrechnungen Durchschnittsbildungen erforderlich, da diese Kennzahlen Bilanzwerte (zeitpunktbezogene Daten) Werte der Gewinn- und Verlustrechnung (zeitraumbezogene Daten) gegenüberstellen. Somit ist also der durchschnittliche Forderungsbestand, der durchschnittliche Warenlagerbestand usw. zu ermitteln, ehe er in Relation zu seinen Bezugsgrößen gesetzt werden kann.

Wesentliche Kennzahlen dieser Art sind z. B.:

$$\text{Umschlagshäufigkeit des Gesamtkapitals} = \frac{\text{Umsatz}}{\text{durchschnittliches Gesamtkapital}}$$

$$\text{Umschlagshäufigkeit des Warenlagers} = \frac{\text{Wareneinsatz}}{\text{durchschnittlichen Warenbestand}}$$

$$\text{Debitorenumschlagshäufigkeit} = \frac{\text{Umsatz}}{\text{durchschnittl. Forderungsbestand}}$$

f) Rentabilitäts- und Ertragskennzahlen

259 Rentabilitätskennzahlen dienen allgemein der Beurteilung der Verzinsung des eingesetzten Kapitals, wobei unterschiedliche Rentabilitätskennziffern gebildet werden können, die sich zum einen durch die ineinander in Beziehung zu setzenden Größen und zum anderen durch unterschiedlich definierte Begriffsinhalte gleicher Begriffe unterscheiden. Gleichzeitig tritt das Problem auf, daß wiederum Zeitpunktwerte zu Zeitraumwerten in Beziehung gesetzt werden. Dies bedeutet insbesondere bei Einzelunternehmen und Personengesellschaften, daß die Begriffe ‚Eigenkapital' und

,Gewinn' Korrekturen unterzogen werden müssen, wenn sie im externen Vergleich kompatibel sein sollen. In diesen Fällen ist zum einen das durchschnittlich eingesetzte Eigenkapital zu ermitteln sowie zum anderen ein um einen branchenüblichen Unternehmerlohn gekürzter Jahresüberschuß festzustellen, soweit Geschäftsbezüge nicht bereits als Aufwand in der Handelsbilanz abgesetzt wurden.

Rentabilität des Eigenkapitals (in %) $= \dfrac{\text{Gewinn} \times 100}{\text{Kapital}}$

Rentabilität des Gesamtkapitals (in %) $= \dfrac{(\text{Gewinn} + \text{Fremdkapitalzinsen}) \times 100}{\text{Gesamtkapital}}$

260 Eine in der Praxis weit verbreitete Kennzahl zur Beurteilung der Rentabilität von Investitionen ist der sogenannte Return-On-Investment, der sich wie folgt errechnet:

Return-On-Investment $= \dfrac{\text{Gewinn}}{\text{Umsatz}} \times \dfrac{\text{Umsatz}}{\text{investiertes Kapital}} \times 100$

Die jährliche Rentabilität des investierten Kapitals ergibt sich somit als Produkt aus Umsatzerfolg und Kapitalumschlag (vgl. Rz. 132).

261 Zur Beurteilung der Ertragskraft eines Unternehmens wird als Kennzahl regelmäßig die Umsatzrentabilität herangezogen. Hierbei kann als Beziehungsgröße zum Umsatz sowohl der Jahresüberschuß als auch der Cash-flow herangezogen werden.

Umsatzrentabilität (in %) $= \dfrac{\text{Gewinn} \times 100}{\text{Umsatz}}$

Umsatzrentabilität (in %) $= \dfrac{\text{Cash-flow} \times 100}{\text{Umsatz}}$

Das Vordringen cash-flow orientierter Kennziffern führt häufig dazu, daß Durchschnittsdaten, wie zum Beispiel die Veröffentlichung der Deutschen Bundesbank, der Cash-flow bundesdeutscher Unternehmen habe 1983 6,1% des Umsatzes betragen, zu unzulässigen Verallgemeinerungen anderer Kennzahlen führt. Insbesondere die Beurteilung der Umsatzrentabilität – mit oder ohne cash-flow als Komponente – kann ausschließlich branchenorientiert vorgenommen werden.

4. Kapitalflußrechnungen

a) Bewegungsbilanzen und Kapitalflußrechnungen – Begriffe und Ziele

262 Zur finanzwirtschaftlichen Analyse werden neben die vorstehend erläuterten klassischen Instrumenten der Bilanzanalyse Bewegungsbilanzen, Kapitalflußrechnungen und sogenannte cash-flow- statements gestellt.
263 Die **Bewegungsbilanz** zeigt als Veränderungsbilanz den Saldo von Vermögens- und Kapitalposten zweier aufeinander folgender Stichtage. Soweit aus ihnen auf Bewertungsunterschieden beruhende Bestandsdifferenzen eliminiert werden, können nen Zu- und Abnahmen der Bilanzwerte auf Ein- und Ausgaben zurückgeführt werden (*Kappler/Rehkugler* a. a. O. S. 752). Die Grundform jeder Bewegungsbilanz läßt sich wie folgt darstellen:

Bewegungsbilanz

Mittelverwendung	Mittelherkunft
Aktivmehrungen	Aktivminderungen
Passivminderungen	Passivmehrungen
Verlust	Gewinn

Finanz- und erfolgswirtschaftliche Analyse

264 Ziel der Bewegungsbilanz ist, finanzanalytische Erkenntnisse zu vermitteln. Da sie in ihrer Grundform nicht zwischen finanzwirksamen und finanzunwirksamen Vorgängen unterscheidet und sich undifferenziert auf die Erläuterungen der Salden von Bilanzposten beschränkt, ist sie bei isolierter Anwendung eine Tautologie. Die gleichen Informationen können ohne sie aus den zu beurteilenden Bilanzen gewonnen werden. Die Grundidee jedoch führte zu ihrer Weiterentwicklung, den Kapitalflußrechnungen.

265 **Kapitalflußrechnungen** oder Funds-Statements zeigen wie Bewegungsbilanzen Bestandsveränderungen an Vermögen und Kapital während einer Periode. Durch Bildung sog. Finanzmittel-Fonds soll jedoch erreicht werden, daß ausschließlich finanzwirtschaftlich relevante Vorgänge erfaßt werden. Bei entsprechender Ausgestaltung sollen sie frei in Bewertungsproblemen und damit intersubjektiv nachprüfbar sein (*Busse von Colbe* Aufbau und Informationsgehalt von Kapitalflußrechnungen, ZfB 1966, 114). Diese These ist leider bis heute nicht bewiesen worden, wie die Anzahl der Ansätze zum Aufbau einer diesen Forderungen entsprechenden Kapitalflußrechnung zeigt. Die Finanzanalyse-, Bilanzierungs- und Prüfungspraxis haben jedoch Verfahren entwickelt, die dem gewünschten Zweck durchaus gerecht werden. Diesen Zweck definiert der Hauptfachausschuß des Instituts der Wirtschaftsprüfer in seiner Stellungnahme HFA 1/1978 (*Die Fachgutachten und Stellungnahmen des Instituts der Wirtschaftsprüfer auf dem Gebiete der Rechnungslegung und Prüfung*, HFA 1/1978, Düsseldorf 1982) wie folgt:

266 ,,Die Aufgabe einer Kapitalflußrechnung besteht darin, zusätzlich zur Bilanz und Gewinn- und Verlustrechnung in einer gesonderten Darstellung ergänzende Aussagen über Investitions- und Finanzierungsvorgänge sowie die Entwicklung der finanziellen Lage eines Unternehmens zu machen, die aus dem Jahresabschluß selbst nicht oder nur mittelbar entnommen werden können ... Hierbei sollen insbesondere die aus der Geschäftstätigkeit erwirtschafteten Finanzierungsmittel, die sonstigen Finanzierungsmittel sowie die Mittelverwendungsvorgänge offengelegt werden."

b) Inhalt und Aufbau von Kapitalflußrechnungen

267 Die Formulierung der Aufgabe der Kapitalflußrechnung macht deutlich, daß sie originär aus der Geschäftsbuchhaltung und nicht derivativ aus dem Jahresabschluß abzuleiten ist (Vgl. v. *Wysocki* Die Kapitalflußrechnung als integrierter Bestandteil des aktienrechtlichen Jahresabschlusses, WPg 1971, 618). Letzteres wäre auch lediglich mit Einschränkungen möglich, da die Kapitalflußrechnung lediglich die finanzwirksamen Vorgänge der zu vergleichenden Perioden erfassen soll. Hierzu werden für zwei aufeinanderfolgende Stichtage Finanzmittel-Fonds gebildet, die einander gegenübergestellt und deren Veränderungen in der Periode analysiert werden.

268 Von diesem Grundgedanken ausgehend, haben sich in Theorie und Praxis die unterschiedlichsten Formen von Kapitalflußrechnungen ausgebildet. Soweit erkennbar, werden gegenwärtig für die Erstellung von Kapitalflußrechnungen vor allem das Aufbauschema mit Fondsauskopplung des Instituts der Wirtschaftsprüfer (Stellungnahme HFA 1/1978) oder die diesem Schema ähnliche Form der Kommission Rechnungswesen im Verband der Hochschullehrer für Betriebswirtschaft e. V. vorgeschlagen (vgl. *Kommission Rechnungswesen, 4. EG-Richtlinie, Reformvorschläge zur handelsrechtlichen Rechnungslegung*, in: DBW, 39. Jahrgang 1979, Heft 1a, S. 30–32). Die folgende Darstellung des Aufbaus der Kapitalflußrechnung richtet sich daher im wesentlichen an der Darstellung der Stellungnahme HFA 1/1978 aus.

269 Hiernach gliedert sich die Kapitalflußrechnung in zwei wesentliche Bestandteile:
– die Fonds-Veränderungsrechnung (Finanzmittelnachweis) und
– die eigentliche Kapitalflußrechnung (Investitions- und Finanzierungsnachweis).

270 Die Fonds-Veränderungsrechnung soll die Veränderungen der Finanzmittelbestände zwischen zwei Stichtagen ermitteln, während die eigentliche Kapitalflußrechnung die Ursachen dieser Veränderungen darstellt. Das Ergebnis der Rechnung ist in jedem Fall abhängig von der Abgrenzung des ausgewählten Finanzmittel-Fonds.

271 Zur Verfügung stehen hierbei drei Fonds, die sich in ihrem Umfang der Erfassung von kurzfristigen Vermögens- und Schuldposten unterscheiden.

1. Fonds der netto verfügbaren flüssigen Mittel
2. Fonds des Netto-Geldvermögens (Net cash fund)
3. Fonds des Netto-Umlaufvermögens (Working Capital).

272 Wesentlich ist bei der Abgrenzung der kurzfristigen Aktiva und Passiva, daß hierbei lediglich Positionen erfaßt werden, die innerhalb eines Jahres fällig werden. Dies bedeutet, daß nicht vereinbarte, sondern tatsächliche Restlaufzeiten am jeweiligen Bilanzstichtag maßgeblich sind, so daß innerhalb dieser Frist fällige Beträge aus langfristigen Bilanzposten auch einzubeziehen sind.

273 Unter Berücksichtigung dieses Fristigkeitskriteriums sind in den jeweiligen Fonds folgende Posten einzubeziehen:

Inhalt der Finanzmittel-Fonds

	Fonds der netto-verfügbaren flüssigen Mittel	Fonds des Netto-Geldvermögens	Fonds des Netto-Umlaufvermögens
Kurzfristige Aktiva			
Wechsel	ja	ja	ja
Schecks	ja	ja	ja
Kassenbestand, Bundesbank- und Postscheckguthaben	ja	ja	ja
Guthaben bei Kreditinstituten	ja	ja	ja
Wertpapiere des Umlaufvermögens	nein	ja	ja
Geleistete Anzahlungen	nein	nein	ja
Vorräte	nein	nein	ja
Forderungen aus Lieferungen und Leistungen	nein	ja	ja
Forderungen an verbundene Unternehmen	nein	ja	ja
Forderungen aus Krediten	nein	ja	ja
Sonstige Vermögensgegenstände	nein	ja	ja
Rechnungsabgrenzungsposten	nein	nein	ja
Kurzfristige Passiva			
Pauschalwertberichtigung zu kurzfristigen Forderungen	nein	ja	ja
Andere Rückstellungen (kurzfristige)	nein	ja	ja
Verbindlichkeiten aus Lieferungen und Leistungen	nein	ja	ja
Wechselverbindlichkeiten	nein	ja	ja
Verbindlichkeiten gegenüber Kreditinstituten	ja	ja	ja
Erhaltene Anzahlungen	nein	nein	ja
Verbindlichkeiten gegenüber verbundenen Unternehmen	nein	ja	ja
Sonstige Verbindlichkeiten	nein	ja	ja
Rechnungsabgrenzungsposten	nein	nein	ja

Um Unsicherheiten bei der Bewertung von Vorräten auszuschließen und wegen der im wesentlichen pagatorischen Ursachen der Veränderung der im Netto-Geldvermögen enthaltenen Posten wird vorgeschlagen, diesen Fonds für die Kapitalflußrechnung zu verwenden.

274 Zur Verdeutlichung wird das Verfahren anhand eines **Beispiels**, aufbauend auf dem nachstehenden Jahresabschluß, dargestellt:

Finanz- und erfolgswirtschaftliche Analyse

	1985 TDM	1984 TDM	Veränderungen TDM	
Aktiva				
Sachanlagen	2274	1923	+	351
Finanzanlagen	100	90	+	10
Vorräte	846	762	+	84
Liefer-, Leistungs- und sonstige kurzfristige Forderungen	1087	630	+	457
Flüssige Mittel	459	341	+	118
Wertpapiere des Umlaufvermögens	981	1670	./.	689
Übrigens nicht kurzfristiges Umlaufvermögen	73	118	./.	45
	5820	5534	+	286
Passiva				
Stammkapital	1155	1155		0
Langfristige Rückstellungen	1413	1249	+	164
Kurzfristige Rückstellungen	700	659	+	41
Langfristige Verbindlichkeiten	1100	1200	./.	100
Kurzfristige Verbindlichkeiten	1350	1132	+	218
Bilanzgewinn	102	139	./.	37
	5820	5534	+	286

Entwicklung des Anlagevermögens

	Stand 1.1.1985 TDM	Zugang TDM	Abgang TDM	Abschreibung TDM	Stand 31.12.1985 TDM
Sachanlagen	1923	961	1	609	2274
Finanzanlagen	90	17	5	2	100
	2013	978	6	611	2374

Gewinn- und Verlustrechnung 1985

	TDM
Umsatzerlöse	13085
Erhöhung des Bestandes an fertigen und unfertigen Erzeugnissen	50
Andere aktivierte Eigenleistungen	118
Gesamtleistung	13253
RHB-Aufwand	8398
Rohertrag	4855
Erträge aus Beteiligungen und anderen Finanzanlagen	102
Zinserträge	162
Sonstige Erträge (davon: außerordentliche 100TDM)	261
	5380
Personalaufwand	3168
Abschreibungen und Wertberichtigungen auf Sach- und Finanzanlagen	611
Verluste aus Wertminderungen des Umlaufvermögens außer Vorräten	24
Zinsaufwendungen	171
Steuern und sonstige Aufwendungen	1304
	5278
Jahresüberschuß/Bilanzgewinn	102

Die Angaben wurden für Zwecke der Darstellung so verdichtet, daß die Daten direkt in die Fonds-Veränderungsrechnung und die eigentliche Kapitalflußrechnung übernommen werden konnte.

275 Zur **Ermittlung der Fonds-Veränderung** ist zunächst für die zu betrachtenden Stichtage der Bestand des Fonds des Netto-Geldvermögens zu ermitteln, der im Beispielsfall unmittelbar aus der Bilanz ableitbar ist. Die Erhöhungen/Verminderungen der kurzfristigen Aktiv- und Passivposten können danach wie folgt zusammengestellt werden, um als Saldo die Zu- oder Abnahme des Netto-Geldvermögens zu erhalten. Hierbei kann eine Zusammenfassung auf die wesentlichen Posten erfolgen.

Fonds des Netto-Geldvermögens   **Fonds-Veränderungsrechnung**

1985 TDM	1984 TDM	Erhöhung(+)/Verminderung(./.) der kurzfristigen Aktivposten	1985 TDM	
459	341	Flüssige Mittel	+	118
1087	630	Liefer-, Leistungs- und kurzfristige Forderungen	+	457
981	1670	Wertpapiere des Umlaufvermögens	./.	689
			./.	114
		Verminderung(+)/Erhöhung(./.) der kurzfristigen Passivposten		
700	659	Kurzfristige Rückstellungen	./. (+)	41
1350	1132	Kurzfristige Verbindlichkeiten	./. (+)	218
			./.	259
477	850	Verminderung des Nettogeldvermögens	./.	373

276   In der anschließenden eigentlichen Kapitalflußrechnung, dem Investitions und Finanzierungsnachweis, sollen die Ursachen der in vorangegangener Rechnung ermittelten Zu- oder Abnahme des Netto-Geldvermögens festgestellt werden.

Hierzu wird ausgehend vom Jahresüberschuß(-fehlbetrag) die Zunahme (Abnahme) des Netto-Geldvermögens ermittelt. Um zwischen einem Überschuß (Fehlbetrag) aus laufender Geschäftstätigkeit und einem solchen aus der gesamten Geschäftstätigkeit unterscheiden zu können, sind aus dem Jahresüberschuß wesentliche außerordentliche finanzwirksame Posten auszuscheiden. Die Vereinzelung der Rechnung sollte unter Berücksichtigung der Wesentlichkeit auch fonds-unwirksame Vorgänge getrennt in Mittelherkunft und -verwendung aufführen.

277   Der **Rechengang zur Ermittlung der Veränderung des Netto-Geldvermögens über Mittelherkunft und Mittelverwendung** ergibt sich nach der *Stellungnahme HFA 1/1978* etwa wie folgt:

Kapitalflußrechnung
1. Mittelherkunft   TDM

Jahresüberschuß		102
abzüglich Überschuß (zuzüglich Fehlbetrag) aus außerordentlichen finanzwirksamen Vorgängen		
– Zahlungseingang abgeschriebener Forderungen	./. 100	
– Kursverlust	+ 24	./. 76
zuzüglich (abzüglich) Aufwendungen (Erträge), die das Netto-Geldvermögen nicht mindern (erhöhen); hier:		
Abschreibungen und Wertberichtigungen auf Sach- und Finanzanlagen		+ 611
Erhöhung langfristiger Rückstellungen		+ 164
Überschuß aus laufender Geschäftstätigkeit		+ 801
zuzüglich Überschuß (abzüglich Fehlbetrag) aus außerordentlichen finanzwirksamen Vorgängen (siehe oben)		+ 76
Überschuß (Fehlbetrag) der Geschäftstätigkeit		+ 877
Mittelzufluß aus		
– dem Anlagenabgang		+ 6
– der Verminderung des übrigen nicht kurzfristigen Umlaufvermögens		+ 45
(oder z. B. aus		+ 928
– der Verminderung der Vorräte		
– Kapitalerhöhung durch Bareinlage		
– Erhöhung langfristiger Verbindlichkeiten)		

2. Mittelverwendung

Zugänge zum Anlagevermögen	978
Erhöhung der Vorräte	84
Gewinnausschüttung 1984	139
Verminderung langfristiger Verbindlichkeiten	100
	./. 1301
Abnahme des Netto-Geldvermögens	./. 373

278 Die **Aussagefähigkeit derartiger Rechenmodelle** läßt sich durch Einbeziehen eines Cash-Flow statements und durch die weitere Aufteilung des Investitions- und Finanzierungsnachweis erheblich erhöhen (vgl. *Gebhardt* ,,Kapitalflußrechnungen als Mittel zur Darstellung der Finanzlage", WPg 1984, 481 ff.). Im Rahmen von Planungsrechnungen und Bonitätsprüfungen nehmen Kapitalfluß-Planungsrechnungen (vgl. *Käfer* Kapital- und Finanzflußrechnung, Sp. 815; in: Handwörterbuch des Rechnungswesens, a. a. O., Sp. 815), die unmittelbar aus dem Finanzplan abgeleitet werden, an Bedeutung zu.

S. Der Steuerberatungsvertrag
(Begründung, Durchführung und Beendigung des Mandats)

Bearbeiter: Klaus Hartmann

Übersicht

	Rz.		Rz.
I. Rechtsnatur des Vertrages	1–4	3. Zurückbehaltungsrecht	54–71
1. Der Steuerberatungsvertrag als Dienstvertrag	1, 2	a) Herausgabepflichten und Zurückbehaltungsrecht	54–64
2. Der Steuerberatungsvertrag als Werkvertrag	3, 4	b) Sonderproblem: Überspielung von EDV-Daten	65–71
		V. Aufbewahrungspflichten	72–77
II. Der Vertragsinhalt	5–24	**VI. Verwendung von Allgemeinen Auftragsbedingungen (AGB)**	78–109
1. Umfang des Auftrages – Reichweite des Mandats	5–13	1. Wesen und Zweck beim Steuerberatungsvertrag	78–88
2. Wechselseitige Vertragspflichten	14–24	a) Abgrenzung – Individualabrede	80
a) Hauptpflichten/Nebenpflichten	14–19	b) Einbeziehung	81–84
b) Spezielle korrespondierende Pflichten	20–24	c) Standesrechtliche Kollision	85–88
		2. Haftungsbegrenzung durch AGB	89–91
III. Das Mandat im Spannungsfeld – Interessenkollision	25–36	3. Gewährleistungsbeschränkungen durch AGB	92–98
		a) Nachbesserung	92–96
IV. Beendigung des Steuerberatungsvertrages	37–71	b) Fristen	97, 98
1. Kündigung durch den Mandanten	37–43	4. Vereinbarung bezüglich Mandatskündigung	99–101
a) Werkvertrag	38	a) Pauschalierter Vergütungsanspruch	99, 100
b) Dienstvertrag	39	b) Pauschalierter Schadensersatz	101
c) Folgerungen für den Berater	40–43	5. Zusammenfassung	102–109
2. Auswirkungen auf den Vergütungsanspruch	44–53	a) Vorrang der Individualabrede	102–108
		b) Sonderhonorar	109

I. Rechtsnatur des Steuerberatungsvertrages

1. Der Steuerberatungsvertrag als Dienstvertrag

1 Die Angehörigen des steuerberatenden Berufes betreuen im Gegensatz zu Anwälten überwiegend **Dauermandate**. Ihnen wird häufig seitens der Mandanten die umfassende Wahrnehmung ihrer gesamten steuerlichen Interessen übertragen. In diesen Fällen ist Gegenstand des Steuerberatungsvertrages eine Vielzahl einzelner Leistungen, deren Rechtsnatur unterschiedlich sein kann. Die rechtliche Qualifikation des Vertrages hat Auswirkungen auf die Regelung der Kündigung und gegebenenfalls auch der Verjährung. (Der BGH will jedoch auch beim Werkvertrag die Verjährung des § 68 StBerG zur Anwendung kommen lassen, BGH, StB 1982, 227). Je nach Inhalt des Vertrages regeln sich die gegenseitigen Rechte und Pflichten.

2 Grundsätzlich kann davon ausgegangen werden, daß der Steuerberatungsvertrag ein entgeltlicher **Geschäftsbesorgungsvertrag mit Dienstvertragscharakter** gem. §§ 675, 611ff. BGB ist (BGH, NJW 1970, 1596, BGH, VersR 80, 264, BGH, WM 1981, 92).

Bei andauernden vertraglichen Beziehungen, beispielsweise der umfassenden und dauernden steuerlichen Betreuung, wird überwiegend Dienstvertragscharakter angenommen. Der Dauercharakter des Vertrages bringt es mit sich, daß sich rückwirkend oft gar nicht mehr feststellen läßt, ob es sich bei den Teilleistungen um Dienst- oder um Werkvertrag handelt. Aus dem Faktum der dauervertraglichen Beziehungen wird dann allgemein auf das Vorliegen eines Dienstvertrages geschlossen. Der Schwerpunkt der vom Berater geschuldeten Leistung liegt hier also weniger auf dem Erfolg, als vielmehr auf einem Tätigwerden. Der dienstvertragliche Charakter überwiegt beispielsweise bei einem Buchführungsmandat.

2. Der Steuerberatungsvertrag als Werkvertrag

3   Vom Vorliegen eines **Werkvertrages** ist immer dann auszugehen, wenn das Herbeiführen eines konkreten Erfolges Gegenstand des Auftrages ist. Dies ist z. B. bei Einzelaufträgen wie Fertigung von Steuererklärungen, Bilanzen, Erstellung von Gutachten der Fall. Der Berater schuldet hier die richtige Bilanzierung, ein sach- und fachgerecht erstelltes Gutachten.

Auch bei der Erstellung einer einmaligen Auskunft oder eines Rates, außerhalb eines laufenden Mandates, wird Werkvertragsrecht anzuwenden sein.

4   Als „**Erfolg**" schuldet der Steuerberater in allen Fällen der erfolgsbetonten Vertragsbeziehung nach § 631 Abs. 1 BGB nur die mangelfreie Erstellung des versprochenen Werkes, also die Anfertigung der mangelfreien Steuererklärung, der fehlerlosen Bilanz. Ob letztlich die vom Mandanten gewünschte Wirkung, etwa antragsmäßige Besteuerung oder uneingeschränkte Übernahme der Bilanz eintritt, ist nicht relevant. Die Anwendung des Werkvertragsrechtes hat aus verschiedenen Gründen an praktischer Bedeutung verloren.

II. Der Vertragsinhalt

1. Umfang des Auftrages – Reichweite des Mandats

5   Grundlage des Vertrages sind zwei einander entsprechende Willenserklärungen. Eine **besondere Form des Vertragsabschlusses** ist **nicht vorgesehen**. Somit kann ein Steuerberatungsvertrag durch **mündliche Vereinbarung** oder **konkludentes Handeln** zustande kommen. Auch ein bestehender Vertrag kann – wie häufig der Fall – konkludent erweitert werden. Typischerweise wird seitens des Mandanten, wenn es diesem darum geht, dem Berater ein pflichtwidriges Unterlassen oder einen Beratungsfehler nachzuweisen, regelmäßig die Erteilung eines Vollauftrages behauptet, der ein umfassendes Tätigwerden zum Gegenstand hat.

6   Umgekehrt wird bei Honorarstreitigkeiten häufig das Vorliegen eines begrenzten Auftrages behauptet und das Vorliegen eines weitergehenden Auftrages in Abrede gestellt. Falls schriftliche Vereinbarungen nicht ausreichend getroffen wurden, ist der Berater in dieser Situation häufig auf eine Beweisführung (z. B. durch Schriftwechsel, durch die mitarbeitende Ehefrau oder Büroangestellte u. a.) angewiesen.

7   Will ein Berater ein ihm angetragenes Mandat **ablehnen**, so muß er dies nach § 63 StBerG dem Mandanten **unverzüglich** mitteilen (vgl. Verweisung in § 675 BGB auf § 663 BGB).

8   In der Regel erteilt der Mandant den Auftrag **stillschweigend,** beispielsweise durch Weiterleitung der Steuererklärungsvordrucke, durch Übersendung von Belegen oder durch laufende Inanspruchnahme von Beratungsleistung. Diese Indizien sind auch für das Fortbestehen und Erneuerung des laufenden Vertrages sehr wichtig.

9   In der Praxis liegen oft **langjährige Mandatsbeziehungen** vor. Aus den Honorarabrechnungen für frühere Jahre kann auf den Umfang des erteilten Auftrages geschlossen werden, da eine gewisse Wahrscheinlichkeit dafür spricht, daß auch im Folgejahr Gegenstand des Mandates der in den Vorjahren erteilte Auftrag ist (LG Frankfurt, DStR 1970, 674).

10 Der **Umfang des erteilten Auftrages** wird auch bezüglich einer eventuellen steuerstrafrechtlichen oder bußgeldrechtlichen Würdigung relevant. Es empfiehlt sich jedenfalls darauf zu achten, daß der Umfang des Auftrages durch den Berufsangehörigen möglichst beweiskräftig dargelegt werden kann, um bestehenden Gefahren im Streitfall vorzubeugen.

11 Eine **Eingrenzung des erteilten Auftrages** ergibt sich auch aus dem **Bestätigungsvermerk**. Bereits an dieser Stelle soll empfehlend auf die **Hinweise der Bundessteuerberaterkammer zu den Abschluß- und Prüfungsvermerken** hingewiesen werden.

12 Eine besondere **Gefahrenquelle** ist der **telefonisch eingeholte Rat** des Mandanten, die Eilauskunft unter Zeitdruck. Zahlreiche Berater versuchen, sich durch einen entsprechenden Aufdruck auf Briefbögen und Honorarrechnungen von der Haftung für mündlich erteilte Auskünfte und Ratschläge freizuzeichnen. Über eine morali-

Der Vertragsinhalt

sche Wirkung hinaus kommt derartigen Freizeichnungsklauseln keine rechtliche Bedeutung zu.

13 Nach § 665 BGB darf der Beauftragte **von den Weisungen des Auftraggebers abweichen,** wenn er den Umständen nach annehmen darf, daß der Auftraggeber bei Kenntnis der Sachlage die Abweichung billigen würde. Wenn allerdings keine Gefahr mit dem Aufschub verbunden ist, hat der Beauftragte vor der Abweichung dem Auftraggeber Anzeige zu machen und dessen Entscheidung abzuwarten.

2. Wechselseitige Vertragspflichten

a) Hauptpflichten/Nebenpflichten

14 Der Steuerberatungsvertrag begründet, wie jeder andere Vertrag, **wechselseitige Rechte und Pflichten.** Der Auftrag begrenzt die im Einzelfall dem Berater obliegenden Pflichten, während der **Mandant** ebenfalls dem Auftrag entsprechende **Mitwirkungs- und Informationspflichten** hat. Soweit der Mandant nicht unzweideutig erklärt, daß er nur in einer bestimmten Richtung beraten werden will, muß der Berater **allgemein und umfassend** tätig werden (BGH, VersR 1968, 969). Dem Berater obliegt es, seinem Mandanten diejenigen Schritte anzuraten, die ihrer Natur nach geeignet sind, das erstrebte Ziel zu erreichen. Auf **erkennbare Nachteile und Risiken** muß der Steuerberater hinweisen.

15 Er hat auch die vertraglich vereinbarten **Dienste persönlich zu leisten** (vgl. § 613 Satz 1 BGB beim Dienstvertrag). Abweichende Vereinbarungen sind jedoch möglich. Die Beschäftigung qualifizierter Mitarbeiter ist durchaus die Regel. Es empfiehlt sich, eine entsprechende Vereinbarung in den Steuerberatungsvertrag aufzunehmen.

16 Die Rechtsprechung fordert zur Erfüllung der dem Berater obliegenden Pflichten ebenso wie beim Anwalt eine sorgfältige Prüfung des Sachverhaltes, gewissenhafte Prüfung der Rechtslage anhand des Gesetzes, der einschlägigen Verordnungen und die Kenntnis und Beachtung der höchstrichterlichen Rechtsprechung.

17 Des weiteren bestehen im Einzelfall je nach Umfang des Auftrages **Hinweis- und Belehrungspflichten.** Der Berater muß den Mandanten vor erkennbaren Risiken und Nachteilen warnen. Die auch von der Rechtsprechung für den Anwalt herausgearbeiteten Hauptpflichten gelten in gleicher Weise für den steuerberatenden Beruf (LG Kassel, VersR 1977, 775). Damit muß der Steuerberater unter den gegebenen Möglichkeiten für den Mandanten diejenige auswählen, die am „sichersten" den Erfolg herbeiführt. Gerade im Steuerrecht ändert sich die Rechtslage ständig. Man denke hier beispielsweise an die Problemlagen und die Definitionen bezüglich Einfamilienhaus/Zweifamilienhaus. Für den Berater ist damit der **„sicherste Weg"** oftmals nicht klar und aktuell erkennbar. In derartigen zweifelhaften Fällen muß die Beratung mindestens eine nachweisbare Risikoaufklärung beinhalten, wobei dem Mandanten dann die Entscheidung über den letztendlich einzuschlagenden Weg überlassen werden muß. Der Berater muß den Mandanten vor erkennbaren Risiken und Nachteilen des ihm vorgeschlagenen Weges ggf. auch **warnen** (BGH, VersR 1971, 1144).
Die Anforderungen, die insbesondere die BGH-Rechtsprechung an den Pflichtenkatalog des Beraters stellt, scheinen angesichts der Flut von Gesetzen, Verordnungen und Entscheidungen im Steuerrecht überzogen und in der Praxis nicht zu verwirklichen.

18 Durch geeignete **organisatorische Maßnahmen** hat der Steuerberater in der Kanzlei die Beachtung von Fristen sicherzustellen.

19 Zu den **Kardinalpflichten für den Mandanten** gehört es – neben der späteren Erfüllung des Honoraranspruchs – für den Berater Grundlagen zu schaffen, die für dessen Tätigwerden erforderlich sind. Insoweit muß er Unterlagen, Belege, Urkunden (insbesondere notarielle) zur Verfügung stellen und den Berater zutreffend und vollständig über den Sachverhalt informieren. Der Berater kann sich auf die Richtigkeit der tatsächlichen Angaben des Mandanten verlassen. Gleichfalls kann er darauf vertrauen, daß die ihm übergebenen Unterlagen richtig und vollständig sind (OLG Nürnberg, DStR 1966, 191; LG Köln, StB 1985, 79). Dieser Grundsatz gilt uneingeschränkt. Wurde dem Berater das Mandat zur Erstellung der Bilanz und der Jahres-

steuererklärung übertragen und war er zudem beauftragt, die Grundlagen von Bilanz und Steuererklärung zu übermitteln und abzustimmen, sowie Abschlußzahlen zusammenzustellen, so obliegt es ihm, bei Veranlassung Zweifelsfragen mit dem Mandanten zu klären (LG Bremen, DStR 1981, 356, 357).

b) Speziell korrespondierende Pflichten

20 Ausgangspunkt für die **korrespondierenden Rechte und Pflichten** aus dem Steuerberatungsvertrag ist der insbesondere berufsrechtliche Ansatz, daß der Steuerberater **Hilfeleistung bei der Erfüllung eigener steuerlicher Pflichten des Mandanten** zu erbringen hat.

21 Vom Grundsatz her hat der Berater bei der Darstellung des steuerrechtlichen Sachverhalts auch bezüglich der Vorlage von Belegen usw. eine **Nachfrage- und Aufklärungspflicht**. Er muß den Mandanten insbesondere auf die Unentbehrlichkeit bestimmter Unterlagen hinweisen (LG Düsseldorf, DStR 1980, 692). Er ist jedoch dann nicht zu weiteren Ermittlungen verpflichtet, wenn er auf Grund der bisherigen Handhabung bzw. von ihm vorgetroffener Feststellungen einen bestimmten steuerrechtlich erheblichen Sachverhalt als geklärt ansehen und ferner annehmen darf, daß sein Auftraggeber etwaige Änderungen dieses Sachverhalts als möglicherweise steuerrechtlich bedeutsam erkennen und von sich aus anzeigen werden (BGH, VersR 1980, 264, 265). Es obliegt also auch dem **Mandanten** im besonderen Maße eine **Prüfungspflicht**. Beispielsweise obliegt es dem Mandanten, die ihm zugegangenen Steuerbescheide seinem Berater rechtzeitig zur Prüfung und ggf. zur Einlegung eines Rechtsmittels zur Verfügung zu stellen.

22 Auf der anderen Seite ist nach der Rechtsprechung der Berater verpflichtet, ggf. von sich aus – beispielsweise bei Übersendung eines Gewinnfeststellungsbescheides – selbständig tätig zu werden, d. h., sich notfalls durch eine Rückfrage beim Mandanten davon zu überzeugen, daß die Einspruchs- und Rechtsmittelfrist noch läuft (BGH, ZIP 1982, 1214, 1217).

Es erweist sich im Hinblick auf die strenge und extensive Rechtsprechung zu den Nebenpflichten bezüglich des Pflichtenkatalogs eines Steuerberaters aus dem Auftrag als zweckdienlich, Inhalt und Umfang des Auftrages festzuschreiben. Dies erscheint gerade im Hinblick auf die Vielfältigkeit der steuerberatenden Tätigkeit als sinnvoll und hilft späteren Streitigkeiten vorzubeugen. Die Begrenzung des Auftrages und damit der Haftung kann durch Zeugen oder schriftliche Vereinbarung erreicht werden. **Vereinbarungen** sind auch im Hinblick auf mögliche Gesellschafterwechsel oder einen Generationswechsel bei der Mandantschaft **empfehlenswert**.

23 Dem Berater ist auch **mangelhafte Büroorganisation** zuzurechnen. Die erforderlichen organisatorischen Vorkehrungen müssen sich an den Grundsätzen, wie sie von der Rechtsprechung im Bereich der Anwaltshaftung entwickelt wurden, orientieren.

24 Ein Sonderproblem hinsichtlich der vertraglichen Haftung zeigt sich dann, wenn ein Berufsangehöriger eine **Mehrfachqualifikation,** beispielsweise als Steuerberater und Wirtschaftsprüfer oder auch als Rechtsanwalt besitzt. In diesen Fällen kann eine ausgeübte Tätigkeit in das Berufsbild mehrerer Berufe fallen. Es kommt dann entscheidend darauf an, welchem Berufsbild die ausgeübte spezifische Tätigkeit typischerweise zuzuordnen ist (BGH, WM 1981, 92). Bei einem Steuerberater, der zugleich Rechtsanwalt oder Wirtschaftsprüfer ist, ist davon auszugehen, daß er die steuerliche Beratung gegenüber seinem Mandanten in seiner Eigenschaft als Steuerberater erbringt (BGH, BB 1982, 242 ff.; BGH, WM 1982, 742, 744).

III. Das Mandat im Spannungsfeld – Interessenkollision

25 Das Steuerberatungsmandat basiert auf einer **engen Vertrauensbindung** und stellt typischerweise eine der intensivsten Beratungsbindungen dar, da es die gesamte soziale und wirtschaftliche Lebenssituation des Auftraggebers umfaßt. Diese Bindung ist im Regelfall auf Dauer angelegt und überdauert häufig geschäftlichen, betrieblichen und personellen Wechsel, insbesondere auch einen Generationenwechsel. Demgegenüber steht ein Anwalt regelmäßig vor einer anderen Situation, da er üblicherweise wechselnde und zeitlich begrenzte Mandate bearbeitet.

26 Eine derart enge dauerhafte Bindung beinhaltet stets auch die Gefahr einer **Interessenkollision,** da die Verhältnisse sich ändern können. Beispielsweise wird von den Gesellschaftern einer Handelsgesellschaft oft die wirtschaftlich sinnvolle Bearbeitung ihrer persönlichen Steuerangelegenheiten sowie die der Gesellschaft durch ein und denselben Berater gewünscht.

Die Vertretung eines auch gesellschaftsrechtlich verbundenen im gemeinsamen Geschäft tätigen **Ehepaares** durch einen Berater ist nahezu selbstverständlich. Gleiches gilt für die Vertretung eines Arztehepaares, wie auch die Vertretung von Gesellschaftern einer Familiengesellschaft, die mehreren Generationen angehören.

Oft vertritt der Berater den **Unternehmensverkäufer** beim Verkauf **und** übernimmt im Anschluß die Betreuung des **Unternehmenskäufers.**

Für alle Beteiligten ist diese koordinierte Tätigkeit eines Beraters, die am Interessenausgleich orientiert ist, gleichermaßen wirtschaftlich sinnvoll.

Jedoch ist in den aufgezeigten Konstellationen stets auch der Keim für spätere Konflikte enthalten, die sich auch auf das Verhältnis zum Berater auswirken können.

Beispielsweise treten Probleme auf, wenn ein **Gesellschafterstreit** sich anbahnt, ein Gesellschafter ausscheidet, im Anschluß an eine **Ehescheidung** Zugewinnausgleich und Unterhalt festzusetzen sind oder zwischen Käufer und Verkäufer eines Unternehmens Bewertungsfragen strittig werden.

27 Es wäre unrealistisch und wirklichkeitsfremd, wollte man in den aufgezeigten Fällen entgegen dem dringenden Bedürfnis und dem Wunsch der Mandanten auf unterschiedlicher steuerlicher Beratung bestehen. Kein Berufsangehöriger kann es sich leisten, Mandate, die zunächst konfliktfrei bestehen, lediglich deshalb abzulehnen, weil möglicherweise später Konflikte auftreten könnten. Eine **Familiengesellschaft** fordert eine einheitliche Beratung, obwohl gerade in diesem Bereich Spannungen und Streitigkeiten unter Gesellschaftern häufig vorkommen.

Gerade deshalb ist für das Gedeihen des Unternehmens eine auf Koordinierung und Interessenausgleich bedachte Beratung von eminenter Wichtigkeit.

28 Nach § 57 Abs. 1 StBerG haben Steuerberater und Steuerbevollmächtigte ihre **berufliche Unabhängigkeit** gegenüber dem Auftraggeber zu **wahren.** Ziffer 3 RichtlStB bestimmt, daß Steuerberater und Steuerbevollmächtigte nicht tätig werden dürfen, wenn die **Besorgnis einer Interessenkollision** gegeben ist.

29 Bereits der **Anschein** eines Tätigwerdens trotz möglicherweise bestehender Interessenkollision ist berufswidrig. Dagegen wird ausdrücklich für zulässig erklärt eine Tätigkeit mit Zustimmung der Beteiligten, z. B. zum Ausgleich widerstreitender Interessen (Ziff. 3 Abs. 2 RichtlStB).

Demnach kann der Berater beispielsweise durchaus hinsichtlich der Ermittlung des Auseinandersetzungsguthabens der Gesellschafter einer in **Liquidation** befindlichen **Gesellschaft** tätig werden. Er kann alle Gesellschafter im Hinblick auf die tatsächlichen steuerlichen Folgen beraten.

Soweit dann unter den Gesellschaftern ein Konflikt entsteht, darf der Steuerberater nicht mehr den ausgeschiedenen Gesellschafter beraten, solange er noch ein Mandatsverhältnis zu dem fortführenden Gesellschafter unterhält. Selbst bei Lösung eines Mandatsverhältnisses könnte sich mit Rücksicht auf die langjährig ausgeübte Beratung eine Interessenkollision ergeben, die dazu führen kann, daß sämtliche Mandate niederzulegen sind.

30 Die Gefahr einer Interessenkollision tritt auch auf, wenn bei einer **Ehescheidung** in der Vergangenheit beide Ehegatten beraten wurden und der Berater nunmehr hinsichtlich der Berechnung des Unterhalts bzw. des Zugewinnausgleiches von einer Partei um Beratung ersucht wird bzw. als Zeuge oder sachverständiger Zeuge vor Gericht benannt wird.

Eine schwierige Situation kann sich ergeben, wenn der um einen Interessenausgleich bemühte Berater **Absprachen protokolliert** und sich bemüht, die Ausgangssituationen darzulegen. Die sich benachteiligt fühlende Partei könnte dem Berater einseitige Parteinahme unterstellen.

31 Der Berater muß in diesen Fällen prüfen, ob es genügt, das Mandat eines der Kontrahenten niederzulegen, um den für den anderen weiter tätig bleiben zu können. Die **Konfliktsituation** wird häufig durch Niederlegung eines Mandates nicht zu beheben sein.

Hartmann

32 Wird der Berater in solchen Fällen von einem der Mandanten als Zeuge in einem Gerichtsverfahren benannt, kann er erst aussagen, wenn ihn beide Parteien von seiner **Verschwiegenheitspflicht** entbunden haben. Eine vergleichbare Situation tritt auch dann ein, wenn der Berater eine Gesellschaft betreut hat, aus der ein Gesellschafter ausgeschieden ist. Wird der Berater, der das Mandat fortführt, von dem verbleibenden Gesellschafter im Rechtsstreit mit dem ausgeschiedenen Gesellschafter als Zeuge für Fragen benannt, die im Zusammenhang mit dem früher ausgeübten Mandat für den ausgeschiedenen Gesellschafter stehen bzw. stehen könnten, wird der Berufsangehörige oft durch seine Verschwiegenheitspflicht an einer Aussage gehindert sein. Auch in diesem Falle ist zu fordern, daß **beide Parteien** den Berater zweifelsfrei von der ihm obliegenden Verschwiegenheitspflicht entbinden.

33 Denkbar wäre auch, daß es im Zusammenhang mit einer Vertretung des Mandanten in einem **Steuerstrafverfahren** zur Interessenkollision kommt. Der Mandant, der wegen Steuerhinterziehung oder leichtfertiger Steuerverkürzung belangt wird, gerät mitunter in Versuchung, die Verantwortung auf seinen Berater abzuwälzen. Hat der Steuerberater aber die Verteidigung des Mandanten übernommen, kann durchaus der Fall eintreten, daß er seinen Mandanten belasten muß, um für sich selbst die Gefahr eines Ermittlungsverfahrens abzuwenden.

Es ist in diesen Fällen zu empfehlen, die mögliche Konfliktsituation von vornherein zu vermeiden und einen **weiteren Verteidiger hinzuzuziehen**. Der Berater kann selbstverständlich den Mandanten bzw. den Verteidiger mit Rat und Tat unterstützen. Steht jedoch die Frage im Raum, ob der Berater möglicherweise die erforderliche Sorgfalt nicht angewandt hat, so empfiehlt es sich, in jedem Fall nicht als Verteidiger in einem Straf- oder Bußgeldverfahren aufzutreten.

34 Eine Beratung oder Vertretung des Mandanten scheidet im übrigen stets dann aus, wenn **eigene wirtschaftliche Belange** des Steuerberaters berührt sind. Ein Berater, der kapitalmäßig an einem Unternehmen beteiligt ist, kann dieses nicht steuerlich betreuen.

35 Zusammenfassend ist festzustellen, daß die Beratungsfunktion des steuerberatenden Berufes in erster Linie darauf abzielt, z. B. die betrieblichen Belange durch **Koordinierung und Interessenausgleich** wahrzunehmen. Die Mandate von Steuerberatern haben deshalb einen anderen Charakter als die der Anwaltschaft, da letztere eher auf einer extensiven Ausübung der Parteienrechte und einseitige Parteinahme ausgerichtet sind.

36 Die in bestimmten Lebenssituationen – mehrere Auftraggeber, Betreuung von Arbeitgebern **und** Arbeitnehmern usw. – lediglich **potentiell vorhandene Gefahr** möglicherweise kollidierender Interessen, stellt grundsätzlich **keinen Hinderungsgrund** für die Übernahme des Mandates dar. Im konkreten Konfliktfall muß der Berater durch geeignete Maßnahmen sicherstellen, daß nach außen nicht der Anschein einer Betreuung widerstreitender Interessen entsteht.

IV. Beendigung des Steuerberatungsvertrages (Beendigung des Mandates)

1. Kündigung durch den Mandanten

37 Die Kündigung des Steuerberatungsvertrages ist eine empfangsbedürftige einseitige Willenserklärung. Je nach der rechtlichen Natur des Vertrages sind die **Auswirkungen der Kündigung unterschiedlich**.

a) Werkvertrag

38 Handelt es sich um einen Werkvertrag, so kann der Berater bei Kündigung des Mandanten die vereinbarte Vergütung verlangen, muß sich aber das anrechnen lassen, was er sich infolge des Erlöschens des Vertragsverhältnisses erspart hat (§ 649 BGB).

b) Dienstvertrag

39 Handelt es sich um einen Dienstvertrag, so kann der Mandant gemäß § 627 BGB jederzeit fristlos kündigen, da Gegenstand des Vertrages die Leistung von Diensten höherer Art ist. Bei Wegfall der Vertrauensgrundlage seitens des Mandanten kann der Vertrag jederzeit gelöst werden. Der Mandant hat nach § 628 BGB die bereits erbrachten Leistungen zu vergüten. Eine **Aufrechnung** von Schadensersatzansprüchen gegen die Honorarforderung des Beraters ist dem Mandanten nicht möglich.

c) Folgerungen für den Berater

40 Die aufgezeigten Regelungen verdeutlichen, daß es zweckmäßig ist, vertragliche Vereinbarungen für den Fall der Mandatsaufkündigung zu treffen. Bei der gegebenen Rechtslage ist der Berater, der sich personell auf die Erfüllung umfangreicher Aufträge eingestellt hat, und entsprechende Vorkehrungen getroffen hat, im Fall der Auflösung des Vertragsverhältnisses schutzlos gestellt.

41 Nicht zu vernachlässigen sind dabei die Investitionen, die der Berater z. B. auf dem Sektor EDV erbracht hat, insbesondere der Einsatz und die Nutzung bestimmter gerade auf einen Großmandanten zugeschnittener Software, möglicherweise unter Einschaltung des Dienstleistungsrechenzentrums (DATEV). Auch der spezifische EDV-technische Programmzuschnitt (Generierungen) auf die Bedürfnisse eines Mandanten ist, wie vorstehend angedeutet, denkbar. All diese Möglichkeiten, die eine moderne Steuerberatungskanzlei heute nutzen muß, erfordern meist erheblichen Kosten- und Zeitaufwand für den Berater.

42 Jedoch **bei Generationenwechsel** innerhalb der Mandantschaft, Gesellschafterwechsel oder in vergleichbaren Situationen ergeben sich für den Berufsangehörigen überraschende Veränderungen.

43 Dem Mandanten sollten also die angeführten Bedürfnisse der Beraterpraxis verdeutlicht und die Notwendigkeit der **Vorsorge durch vertragliche Regelung** einsichtig gemacht werden.

2. Auswirkungen auf den Vergütungsanspruch

44 Die rechtliche Qualifikation des Steuerberatungsvertrages hat Auswirkungen auch im Falle einer vorzeitigen Beendigung des Vertragsverhältnisses, die sowohl vom Berater durch Niederlegung des Mandates als auch vom Mandanten herbeigeführt werden kann.

45 Ein **Vergütungsanspruch** ist **ausgeschlossen,** soweit die Kündigung durch vertragswidriges Verhalten des Steuerberaters veranlaßt worden ist und die bisherigen Leistungen infolge der Kündigung für den Auftraggeber kein Interesse mehr haben (§ 628 Abs. 1 Satz 2 BGB). Hierzu gehört beispielsweise der Fall der schuldhaften Säumnis des Beraters bei der Fertigung des ihm übertragenen Auftrages.

46 Stellt sich der Beratungsvertrag als **Werkvertrag** dar, so ist er nach § 649 Satz 1 BGB jederzeit kündbar. Der Steuerberater hat grundsätzlich **Anspruch auf die vereinbarte Vergütung,** muß sich jedoch dasjenige anrechnen lassen, was er infolge der Aufhebung des Vertrages an Aufwendungen erspart oder durch anderweitige Verwendung seiner Arbeitskraft erwirbt oder zu erwerben böswillig unterläßt (§ 649 Satz 2 BGB).

47 Eine **Kündigung des Beraters** kann veranlaßt sein, beispielsweise durch eine Gefährdung des Honoraranspruches infolge von Zahlungsschwierigkeiten oder eine zu besorgende Verwicklung in strafrechtlich relevantes Fehlverhalten des Mandanten. Die Rechtsprechung fordert vom Berater die Niederlegung des Mandates, soweit dieser die Unrichtigkeit der unter seiner Mitwirkung entstandenen Steuererklärung erkennen kann.

48 Grundsätzlich kann ein Dienstvertrag auch **seitens des Beraters** jederzeit **gekündigt** werden. Die Ausnahme (§ 627 Abs. 2 Satz 1 BGB), daß sich der Auftraggeber die Dienste nicht anderweitig beschaffen kann, ist in der Praxis nicht relevant. Auch bei einer von ihm ausgesprochenen Kündigung behält der Steuerberater den Anspruch auf den Teil der Vergütung, der seinen bisherigen Leistungen entspricht.

49 Hat der Mandant durch sein **vertragswidriges Verhalten** eine Kündigung des Beraters veranlaßt, so ist er zum Schadensersatz verpflichtet (§ 628 Abs. 2 BGB). Hier besteht der Schaden regelmäßig im Verlust des Gebührenanspruches.

50 Nicht außer acht zu lassen ist dabei, daß der Steuerberater stets Personal und Praxisräume als **Vorhaltekosten** hat. Bei Wegfall des Mandanten kann kaum dieses

Potential anderen Aufträgen zugeordnet werden, da Arbeitskapazität und Aufträge nicht spontan in ein ausgewogenes Verhältnis gebracht werden können. Der Steuerberater muß daher notwendig für eine gewisse überschaubare Zeit aus wirtschaftlichen Gründen auf Konstanz zwischen vorgehaltener Arbeitskapazität und Mandantenzahl achten.

51   Kündigt der Berater, ohne daß dies durch vertragswidriges Verhalten des Auftraggebers veranlaßt war, so steht ihm ein Anspruch auf die Vergütung insoweit nicht zu, als seine bisherigen Leistungen infolge Kündigung für den Auftraggeber kein Interesse mehr haben (§ 628 Abs. 1 Satz 2 BGB).

52   Die gesetzliche Regelung verdeutlicht einmal mehr die für den steuerberatenden Beruf bestehende Notwendigkeit vertraglicher Vereinbarungen. Da Steuerberater überwiegend Dauermandate betreuen, kann der nicht vorhergesehene Fortfall von Mandanten empfindliche Auswirkungen haben. Ein vertraglicher Ausschluß von Kündigungsrechten ist jedoch gesetzlich sehr erschwert.

53   Entscheidend für das **Schicksal des Honoraranspruches** ist letztendlich die Natur des Auftragsverhältnisses, also Werkvertrag oder Dienstvertrag.

Dem Mandanten steht nach den für den **Dienstvertrag** geltenden Regelungen, wie bereits ausgeführt, ein jederzeitiges Kündigungsrecht zu (§ 627 Abs. 1 BGB). Der Steuerberater erhält einen seinen bisherigen Leistungen entsprechenden Teil der Vergütung (§ 628 Abs. 1 Satz 1 BGB).

Von der gebührenrechtlichen Seite her bleibt es gem. § 12 Abs. 4 StBGebV auf bereits entstandene Gebühren ohne Einfluß, wenn sich die Angelegenheit vorzeitig erledigt oder der Auftrag vor Erledigung der Angelegenheit zurückgenommen wird. Nach den für die Rahmengebühren geltenden Grundsätzen ist zwar bei der Anwendung des Gebührenrahmens im Einzelfall jeweils nur der konkrete Arbeitsanfall zu berücksichtigen, doch ergibt sich aus dem Pauschalcharakter der Gebühren, daß für eine bereits entstandene Gebühr der Mindestbetrag oder der Mindestsatz des Rahmens auch bei besonders niedrigem Arbeitsaufwand maßgebend ist. Eine Gebühr ist entstanden, sobald der Steuerberater auf Grund des Auftrages irgendeine Tätigkeit vorgenommen hat.

Ebenso wie beim Anwalt entsteht also der Gebührenanspruch des Steuerberaters mit der „**erstmaligen Befassung**" mit der Angelegenheit.

3. Zurückbehaltungsrecht

a) Herausgabepflichten und Zurückbehaltungsrecht

54   Grundsätzlich ist bei Beendigung des Steuerberatungsvertrages an den Mandanten **alles herauszugeben,** was der Berater zur Ausführung des Auftrages erhalten und was er aus der Geschäftsbesorgung erlangt hat (§§ 667, 675 BGB). Hierzu gehören die Unterlagen, die der Mandant seinem Steuerberater zur Verfügung gestellt hat, z. B. Buchführungsbelege und auch die Arbeitsergebnisse des Beraters, z. B. Buchhaltungsausdrucke, Bilanzen und Steuererklärungen.

55   **Kündigt der Mandant** vorzeitig den Auftrag und verweigert er die Honorarzahlung, so ist oftmals die Geltendmachung des **Zurückbehaltungsrechtes** das einzige Mittel, um den Honoraranspruch zu realisieren. Eine ausdrückliche gesetzliche Regelung für die Zurückbehaltung von Unterlagen besteht für den Steuerberater nicht. Jedoch schließt § 66 StBerG ein Zurückbehaltungsrecht an Unterlagen des Mandanten oder allgemeinen Arbeitsergebnissen auch nicht grundsätzlich aus.

Nach § 273 Abs. 1 BGB besteht ein Zurückbehaltungsrecht hinsichtlich aller Ansprüche aus demselben rechtlichen Verhältnis, sofern sich nicht aus dem besonderen Schuldverhältnis etwas anderes ergibt. Dies kann auf keinen Fall schon aus der besonderen Stellung des Steuerberaters dem Mandanten gegenüber gefolgert werden.

56   Grundsätzlich anerkannt ist die **Zurückbehaltung von Arbeitsergebnissen,** auf die sich die Honorarforderung bezieht. Der Steuerberater braucht diese Unterlagen nur Zug um Zug gegen das geschuldete Honorar herauszugeben (§§ 320, 322 BGB i. V. m. § 641 BGB).

57   Von den Arbeitsergebnissen des Steuerberaters zu unterscheiden sind die Unterlagen des Mandanten, wie z. B. Kontoauszüge, Verträge etc. Der Steuerberater benö-

tigt ebenso wie der Rechtsanwalt, dem § 50 BRAO ausdrücklich ein Zurückbehaltungsrecht einräumt, ein Druckmittel, um den Mandanten zur Honorarzahlung zu veranlassen. Es ist kein Grund ersichtlich, einem Rechtsanwalt ein **Zurückbehaltungsrecht** an den **vom Mandanten überlassenen Unterlagen** zuzubilligen, dem Steuerberater aber ein solches Recht zu versagen (vgl. KG Berlin, AZ 12 U 2733/83 vom 15. 1. 1984).

58 Ein Zurückbehaltungsrecht kann jedoch nur für den Zeitraum geltend gemacht werden, auf den sich die Honorarforderungen beziehen. Die Zurückbehaltung von Unterlagen, die einen anderen Zeitraum betreffen, ist unzulässig.

59 Der Auftraggeber hat es jederzeit in der Hand, durch Ausgleichung des Vergütungsanspruches oder auch durch Sicherheitsleistung die Herausgabe seiner Unterlagen herbeizuführen.

60 Der BGH hat bereits 1979 (BGH, DB 1980, 685) das Zurückbehaltungsrecht der Berufsangehörigen auch an Mandantenunterlagen bejaht. Durch neuere obergerichtliche Rechtsprechung wird ein Zurückbehaltungsrecht zunehmend anerkannt (OLG Hamburg, NJW 1983, 2455, unter ausdrücklicher Berufung auf die Entscheidung des BGH in VersR 1960, 264, 266). In gleicher Weise bejaht das KG Berlin (DStR 1984, 461) das Zurückbehaltungsrecht.

Dagegen vertritt das OLG Düsseldorf (NJW 1977, 1201) die Auffassung, ein Zurückbehaltungsrecht an den Mandantenunterlagen sei dem Wesen des Steuerberatungsvertrages nach ausgeschlossen, da dem Auftraggeber nicht zuzumuten sei, zur Klärung des Honoraranspruches unter Umständen also für lange Zeit auf dringend benötigte Unterlagen zu verzichten. Ähnlich argumentieren eine Anzahl weiterer Instanzgerichte. Im Hintergrund dieser Rechtsprechung steht die Überlegung, daß der Steuererhebungsanspruch des Staates möglicherweise gefährdet wäre, wenn dem Mandanten Unterlagen nicht rechtzeitig zur Verfügung stehen und dieser seinen steuerlichen Verpflichtungen damit nicht genügen kann. Der Steuererhebungsanspruch hat mit dem Auftragsverhältnis Steuerberater/Mandant jedoch nichts zu tun. Auch eine Tendenz, die dem Ideengut „Gemeinnutz geht vor Eigennutz" entspringt, vermag hier nicht eine Vorenthaltung des Zurückbehaltungsrechtes zum Nachteil des Steuerberaters rechtfertigen.

61 Bei Ausübung des Zurückbehaltungsrechts ist in jedem Fall der Grundsatz von **Treu und Glauben** besonders zu beachten. Dem Mandanten darf durch eine Zurückbehaltung von Unterlagen kein aus dem Rahmen fallender nicht wieder gutzumachender Schaden entstehen. Auch soweit ein Teil der Rechtsprechung grundsätzlich ein Zurückbehaltungsrecht an Mandantenunterlagen anerkennt, steht diese Anerkennung unter dem Vorbehalt einer richterlichen Interessenabwägung.

62 Es ist deshalb davor zu warnen, ohne hinreichende Rechtfertigung ein Zurückbehaltungsrecht an Unterlagen des Mandanten auszuüben, da der Berater sich damit gegebenenfalls in Gefahr einer Haftung für eine eventuelle Schädigung des Mandanten begibt. Soweit eine besondere Interessenlage des Mandanten vorliegt, müssen nach der Rechtsprechung erforderlichenfalls auch die berechtigten Belange des Steuerberaters zurückstehen.

63 Nach der Rechtsprechung ist beispielsweise im **Konkurs des Mandanten** das Zurückbehaltungsrecht als persönliches Recht nicht zu realisieren (vgl. OLG Düsseldorf, StB 1984, 50 und OLG Stuttgart, StB 1983, 39).

64 Die Rechtsprechung, die dem Steuerberater gerade dem Konkursverwalter gegenüber ein Zurückbehaltungsrecht aberkennen will, schädigt in der Regel den Steuerberater in besonderem Maße ohne ersichtlichen Grund. Meistens hat der Steuerberater bei einem umfangreichen Konkurs des Mandanten fast immer ganz erhebliche Honorarrückstände. In diesem Zusammenhang entstehen für den Steuerberater Personalkosten und EDV-Selbstkosten. Diese Selbstkosten verliert der Steuerberater, ohne daß Billigkeitserwägungen dies erfordern, wenn man dem Steuerberater ein Zurückbehaltungsrecht abspricht.

b) Sonderproblem: Überspielung von EDV-Daten

65 Auch für die Frage, ob der Mandant einen Anspruch gegen seinen früheren Berater auf eine Zustimmung zur Datenübertragung hat, sind die oben dargestellten Grund-

sätze maßgeblich. Eine Reihe nicht veröffentlichter Entscheidungen geht davon aus, daß auch **Speicherdaten** entsprechend ihrer Funktion **körperlich erfaßbaren Arbeitsergebnissen** gleichgesetzt werden müssen. Damit wären dann auch Speicherdaten wie Unterlagen aus der Geschäftsbesorgung erlangt (so LG Münster v. 10. 7. 1981, Az: 10 S 29/81; AG Maulbronn vom 24. 4. 1984, Az: 1 C 334/84; LG Duisburg v. 1. 4. 1982, Az: 9 O 26/82, veröffentlicht in ZIP 82, 603).

66 Die Ausübung eines Zurückbehaltungsrechts wegen noch offener Gebührenforderungen ist damit nicht ausgeschlossen. Die bei einem Rechenzentrum gespeicherten Daten stellen eindeutig ein Arbeitsergebnis des steuerlichen Beraters dar (vgl. OLG Hamburg, NJW 1983, S. 2455; KG Berlin, DStR 1984, 461).

67 Einen direkten Anspruch gegen das Rechenzentrum, etwa die DATEV, hat weder der übernehmende Steuerberater, noch der Mandant. Allenfalls besteht ein Anspruch des Mandanten gegen den bisherigen Steuerberater auf Abgabe einer Zustimmungserklärung zur Datenüberspielung nach Beendigung der Vertragsbeziehungen.

68 Die Geltendmachung eines **Zurückbehaltungsrechtes für ein Computerprodukt** (dokumentiertes Arbeitsergebnis) ist in der Rechtsprechung **strittig**. Oft wird ohne Rücksicht auf die Eigentumsverhältnisse eine Herausgabepflicht an den Auftraggeber gefordert (gem. §§ 675, 667 BGB). Ein Zurückbehaltungsrecht gelte nur für **konkrete Arbeitsergebnisse** (vgl. OLG Düsseldorf Az. 24 U 81/82 v. 12. 3. 1982).

Soweit Hinderungsgründe, etwa ein Zurückbehaltungsrecht wegen einer offenen Honorarforderung, nicht vorliegen, entspricht es jedoch in der Regel dem Erfordernis kollegialen Verhaltens, die Zustimmung zur Datenübertragung auf Anforderung unmittelbar zu erteilen.

69 Generell ist jedoch zu berücksichtigen, daß dem Vorberater oftmals erhebliche Selbstkosten in Zusammenhang mit der EDV entstanden sind, die sein Honoraranspruch mit umfaßt.

Diese für einen Steuerberater oft erheblichen Aufwendungen sollen nicht selten durch wirtschaftliche Druckmittel – Verweigerung der Zustimmung zur Datenübertragung – also durch ein Zurückbehaltungsrecht der Realisierung zugeführt werden.

70 Der abgebende Steuerberater sollte jedoch beachten, daß die Rechtsprechung in Anbetracht der angeblichen Dringlichkeit derartiger Streitfälle zwar dazu neigt, Speicherdaten körperlichen Unterlagen gleichzusetzen, dabei jedoch die aus dieser Wertung zwangsläufig sich ergebende Konsequenz der Anerkennung eines Zurückbehaltungsrechtes des Steuerberaters übersieht. Bei solchen Entscheidungen wird verkannt, daß dem übernehmenden Steuerberater eine Neuerstellung der Speicherdaten mit einem Aufwand von oft nur wenigen Stunden häufig möglich ist, so daß bereits dieser Umstand die angebliche Eilbedürftigkeit infrage stellen müßte.

71 Steuerberater, die auf Abgabe einer Zustimmungserklärung zur Datenüberspielung verklagt werden, sollten ausdrücklich auf die Notwendigkeit eines Zurückbehaltungsrechts und dessen rechtliche Begründung hinweisen; andererseits sollte sich aus der Tendenz der bisherigen Entscheidungen ergebende Risikolage eines Prozesses nicht verkannt werden.

Die Entscheidung des OLG Celle, DStR 1985, 482 sollte beachtet werden. Kosten für die Umstellung einer Buchhaltung auf EDV sind im allgemeinen durch die monatliche Pauschale abgegolten. Sollen diese Kosten gesondert vergütet werden, sind entsprechende Vereinbarungen zu treffen.

V. Aufbewahrungspflichten

72 Steuerberater sind verpflichtet, die Handakten für eine Dauer von **7 Jahren** nach Beendigung des Auftrages aufzubewahren (§ 66 StBerG). Diese Frist deckt sich nicht mit den für den Auftraggeber geltenden **Aufbewahrungsfristen nach § 147 AO**, § 44 Abs. 1 und 4 HGB (vergleiche im übrigen auch die Fristen in der Makler- und Bauträger-Verordnung).

73 Während des bestehenden Vertragsverhältnisses kann der Steuerberater im Hinblick auf eine gewissenhafte Berufsausübung gehalten sein, im Interesse des Mandanten, insbesondere im Hinblick auf das **ständig bestehende Vertragsverhältnis**, auch auf die Aufbewahrungsfristen des § 147 AO zu achten.

74 Es ist daher zweckmäßig, sich über die Aufbewahrungsfristen zu informieren. Eine informative Übersicht über die bestehenden Fristen gibt das **Merkblatt der Bundessteuerberaterkammer** (veröffentlicht in DStR 1979, Heft 4, Beilage). Es besteht Veranlassung, auf diese Veröffentlichung ausdrücklich aufmerksam zu machen.

75 Wesentlich erscheint, darauf hinzuweisen, daß eine Vernichtung von Handakten vor Ablauf der Aufbewahrungsfrist auch dann nicht zulässig wäre, wenn die Handakten auf Mikrofilm übertragen sind. Im Falle einer zulässigen Vernichtung von Handakten ist darauf zu achten, daß die Daten des Mandanten unter dem Gesichtspunkt der Verschwiegenheitspflicht geschützt bleiben.

76 In der Praxis kommt es vor (etwa bei Ablehnung eines Konkursverfahrens mangels Masse), daß der Steuerberater die Unterlagen dem Mandanten zurückgeben möchte, dieser jedoch ebensowenig ein Interesse an der Rücknahme dieser Unterlagen zeigt, wie an der Zahlung rückständigen Honorars. Auch in solchen Fällen bleibt dem Steuerberater aus Sicherheitsgründen nichts anderes übrig, als die oftmals recht umfangreichen Unterlagen innerhalb der Frist des § 66 StBerG aufzubewahren, es sei denn, der Steuerberater schafft es, die für ihn oft lästige umfängliche Unterlagenmenge aus mehreren Jahren dem Mandanten bei angemessener Dokumentation des Rückgabevorganges zu überstellen.

77 Ein Steuerberater, der bereits das Original einer Unterlage dem Mandanten ausgehändigt hat, hat keine Aufbewahrungspflicht hinsichtlich der Duplikate, ebensowenig wie diesbezüglich eine Herausgabepflicht besteht.

VI. Verwendung von allgemeinen Auftragsbedingungen

1. Wesen und Zweck beim Steuerberatungsvertrag

78 Wie bereits ausgeführt, besteht seitens des steuerberatenden Berufes im Hinblick auf die für ihn vorherrschenden Dauermandate ein besonderes Bedürfnis nach einer **Abänderung** der strikten **gesetzlichen Regelungen**. Insoweit werden u. a. vom Wissenschaftlichen Institut der Steuerberater und Steuerbevollmächtigten, Bonn, Allgemeine Geschäftsbedingungen im Sinne von § 1 Abs. 2 AGB-Gesetz herausgegeben.

Für Wirtschaftsprüfer und Wirtschaftsprüfungsgesellschaften gibt der IDW-Verlag Düsseldorf gleichfalls Allgemeine Auftragsbedingungen heraus.

79 Nach der gesetzlichen Begriffsbestimmung sind „Allgemeine Geschäftsbedingungen" alle für eine Vielzahl von Verträgen **vorformulierten Vertragsbedingungen,** die eine Vertragspartei (Verwender) der anderen Vertragspartei bei Abschluß eines Vertrages stellt. Gleichgültig ist, ob die Bestimmungen einen äußerlich gesonderten Bestandteil des Vertrages bilden oder in der Vertragsurkunde selbst aufgenommen werden, welchen Umfang sie haben, in welcher Schriftart sie verfaßt sind und welche Form der Vertrag hat.

Allgemeine Geschäftsbedingungen liegen nicht vor, soweit die Vertragsbedingungen zwischen den Vertragsparteien im einzelnen ausgehandelt sind (§ 1 Abs. 2 AGB-Gesetz).

a) Abgrenzung zur Individualabrede

80 Abzugrenzen sind die Allgemeinen Geschäftsbedingungen somit von der sogenannten **Individualabrede.**

Auch die vorformulierte Festlegung der Hauptleistung beispielsweise in einem vorgedruckten Vertragsformular unterliegt demnach dem AGB-Begriff und dementsprechend den Vorschriften des AGB-Gesetzes.

Es ist nicht entscheidend, ob der Verwender der Allgemeinen Geschäftsbedingungen diese vorformuliert hat oder sich auf „Empfehlungen" Dritter bezieht (*Ulmer* DNotZ 1981, 86 ff.).

Eine Individualabrede im Sinne von § 1 Abs. 2 AGB-Gesetz liegt regelmäßig dann vor, wenn die Vertragspartner hinsichtlich der Einbeziehung der AGB verhandelt und individuelle Änderungen des vorformulierten Textes vorgenommen haben.

b) Einbeziehung

81 Allgemeine Geschäftsbedingungen werden nur dann **Bestandteil eines Vertrages**, wenn **bei Vertragsabschluß** der Verwender
1. die andere Vertragspartei ausdrücklich auf sie hinweist
und
2. der anderen Vertragspartei die Möglichkeit verschafft, in zumutbarer Weise von ihrem Inhalt Kenntnis zu nehmen,
und wenn
3. die andere Vertragspartei mit ihrer Geltung einverstanden ist (§ 2 AGB-Gesetz).

82 Im Geschäftsverkehr mit Nichtkaufleuten müssen Allgemeine Geschäftsbedingungen somit Vertragsbestandteil werden, um Wirksamkeit zu entfalten. Auch im Verkehr unter Kaufleuten gelten die AGB nur dann, wenn sie durch rechtsgeschäftliche Einbeziehung Vertragsbestandteil geworden sind. Das heißt, der Verwender verweist in seinem Vertragsangebot auf seine AGB und der andere Teil nimmt das Angebot an, ohne der Einbeziehung zu widersprechen.

Damit steht fest, daß es im Regelfall **nicht** ausreicht, die Allgemeinen Geschäftsbedingungen, sollen sie Vertragsbestandteil werden, etwa der **Bilanz oder der Steuererklärung, beizufügen.**

Vielmehr ist ein ausdrücklicher und unmißverständlicher Hinweis auf die AGB an den Mandanten erforderlich. Eine Einzelaufzählung der Klauseln ist dagegen entbehrlich.

83 Auch ist eine **nachträgliche Einbeziehung der AGB** in bestehende Dauerauftragsverhältnisse möglich. Der Berater muß in diesem Falle deutlich zum Ausdruck bringen, daß er eine nachträgliche Einbeziehung der AGB wünscht und muß dem Mandanten die Möglichkeit der Kenntnisnahme verschaffen, während letzterer sich mit der Vertragsänderung einverstanden erklären muß (KG MDR 1981, 933).

Die Annahmeerklärung des Mandanten kann auch konkludent nach Maßgabe von § 151 BGB erfolgen. Jedoch ist zur Beweissicherung eine schriftliche Bestätigung des Mandanten wünschenswert, da die **Beweislast** für die Einbeziehung in den Vertrag demjenigen obliegt, der sich auf die Einbeziehung beruft – im Regelfall der Verwender.

Kann der Berater die Erfüllung der ihn nach § 2 Abs. 1 AGB-Gesetz treffenden Obliegenheiten nicht nachweisen, so gilt der Vertrag als ohne Einbeziehung der AGB zustande gekommen.

84 Es sei darauf hingewiesen, daß AGB gemäß ihrer Rechtsnatur als Vertragsbestandteile grundsätzlich nur unter den Vertragsparteien Gültigkeit erlangen können. Eine Einbeziehung von AGB zu Lasten Dritter ist ausgeschlossen. Dies wird namentlich bei **Haftungsbeschränkungen oder Freizeichnungsklauseln** relevant, die gegenüber Dritten – beispielsweise Kreditgebern – niemals wirksam werden können.

c) Standesrechtliche Kollision

85 Das Standesrecht beinhaltet Regelungen, die nach Auffassung der Mehrheit der Berufsangehörigen für eine ordnungsgemäße Berufsausübung erforderlich sind. Damit stellen sie auch einen erheblichen Anhaltspunkt für eine **richterliche Angemessenheitsprüfung** dar (OLG Hamburg, NJW 1968, 302; Bunte NJW 1981, 2658).

86 Aus der standesrechtlichen Festlegung der **Mindestversicherungssumme** in der Berufshaftpflichtversicherung könnte demnach gefolgert werden, daß eine weitergehende Haftungsbeschränkung durch AGB ohne Rücksicht auf das vertragstypische Risiko generell unangemessen sei. Anderes gilt selbstverständlich dann, wenn das übernommene Risiko durch die Vermögensschadenhaftpflichtversicherung im Rahmen der üblichen Bedingungen nicht versichert werden kann. Aber auch in diesem Falle ist ein vollständiger Ausschluß der Haftung für leichte und grobe Fahrlässigkeit allenfalls durch eine Individualvereinbarung möglich. Die Mindestdeckungssumme der Berufshaftpflichtversicherung ist stets die Untergrenze für die vorformulierte Haftungsbeschränkung.

87 Durch die verbreiteten Klauseln „fernmündliche Auskünfte" und „Erklärungen sind nur bei schriftlicher Bestätigung verbindlich" kann eine Haftung für aufgrund des Vertragsverhältnisses fernmündlich erteilten falschen Rat nicht ausgeschlossen werden.

88 Gleichfalls ausgeschlossen ist eine **Abkürzung der Verjährungsfrist,** die nach § 68 StBerG drei Jahre beträgt. Eine Überschreitung der vom Gesetzgeber als angemessen erachteten Verjährungsabkürzung ist ausgeschlossen (BGH, NJW 1979, 1550; DB 1982, 6140; *Bunte* NJW 1981, 2657 bezüglich Mandatsbedingungen der Rechtsanwälte).

Es bleibt festzuhalten, daß bei der AGB typischen Inhaltskontrolle das Standesrecht einen gewichtigen Anhaltspunkt für eine mögliche Unangemessenheit der Regelung darstellt.

2. Haftungsbegrenzung durch AGB

89 Nach dem AGB-Gesetz wäre zwar eine Freizeichnung von der Haftung für jedwedes fahrlässige Handeln des Schuldners zulässig. Lediglich die Haftung wegen Vorsatz kann dem Schuldner nach § 276 Abs. 3 BGB nicht im voraus erlassen werden.

Diese grundsätzlich bestehende Möglichkeit einer **Haftungsfreizeichnung** wird aber von der Rechtsprechung weitgehend **eingeschränkt.** Insbesondere ist eine Freizeichnung bei der Erfüllung von „Kardinalpflichten" – das sind die zentralen Sorgfaltsanforderungen hinsichtlich der Berufsarbeit, deren Erfüllung der Mandant erwarten darf, – ausgeschlossen.

90 **Bei grobem Verschulden** (§ 11 Nr. 7 AGB-Gesetz) ist eine Haftungsbeschränkung auch der Höhe nach ausgeschlossen. Auch eine Beschränkung der vertraglichen Pflichten ist nur insoweit möglich, als dadurch die Erreichung des Vertragszweckes nicht gefährdet wird (sog. Kardinal-Pflichten).

91 Der Vollständigkeit halber sei darauf hingewiesen, daß bei unwirksamer Beschränkung der Haftung durch AGB die allgemeine gesetzliche Regelung, d. h. **umfassende Haftung,** gilt.

Die Haftungsfreizeichnung nicht nur für **leichtfahrlässige,** sondern auch **grobfahrlässige Pflichtverletzung** ist problematisch, da darin ein Verstoß gegen Treu und Glauben gesehen werden kann. Die Freizeichnung für offensichtliche Fehler widerspricht der Berufsstellung und dem Vertrauen in die Berufsausübung des Steuerberaters (vgl. *Bunte* BB 1981, 1069). Eine derartige Haftungsbeschränkung sollte deshalb nur in Ausnahmefällen vereinbart werden, z. B. wenn der Mandant den Berater sehr spät beauftragt hat bzw. wenn Termindruck besteht, weil der Steuerberater nicht rechtzeitig die notwendigen Informationen erhalten hat. Es sollte dann das Motiv für die Haftungsbeschränkung angegeben werden.

3. Gewährleistungsbeschränkungen durch AGB

a) Nachbesserung

92 Der Anspruch auf Nachbesserung ist dem Werkvertragsrecht entnommen (§ 633 Abs. 2 BGB) und geht dahin, daß der Leistungspflichtige Mängel durch **eigenes Tätigwerden** beseitigen soll.

Es besteht die Tendenz, die gesetzlichen Gewährleistungsansprüche durch Nachbesserung zu ersetzen.

93 Nach § 11 Nr. 10b AGB-Gesetz ist eine Bestimmung unwirksam, durch die bei Verträgen die Gewährleistungsansprüche gegen den Verwender insgesamt oder bezüglich einzelner Teile auf das ein Recht auf Nachbesserung beschränkt werden, sofern dem anderen Vertragsteil nicht ausdrücklich das Recht vorbehalten wird, bei fehlschlagender Nachbesserung Herabsetzung der Vergütung oder nach seiner Wahl Rückgängigmachung des Vertrages zu erlangen.

94 Die Vereinbarung eines Nachbesserungsrechtes des Berufsangehörigen ist in verschiedener Weise problematisch. Zum einen ist im Regelfall der Steuerberatungsvertrag Dienstvertrag nach § 611 ff. BGB. Insoweit wäre der Anspruch des Mandanten wegen schlechter Erfüllung grundsätzlich auf **Schadensersatz,** nicht aber auf Mängelbeseitigung gerichtet. Im Regelfall wird es allenfalls für den Mandanten kostengünstiger sein, wenn der beauftragte Berater selbst die Mängelbeseitigung vornimmt.

95 Der Steuerberatungsvertrag geht jedoch auf **Leistung höherer Dienste**. Der Mandant braucht sich deshalb grundsätzlich nicht auf seinen Nachbesserungsanspruch beschränken zu lassen, soweit die Nachbesserung für ihn **unzumutbar** ist. Dies ist dann der Fall, wenn die Vertrauensgrundlage entfallen ist (OLG Hamburg, MDR 1974, 577).

96 Zum Problem wird die Frage insbesondere im Falle des Wechsels des Mandanten zu einem anderen Berater. Ob dem Mandanten zuzumuten ist, den früheren Berater mit der Beseitigung beispielsweise von Mängeln der von diesem erstellten Buchführung zu betrauen, scheint zumindest zweifelhaft.

b) Fristen

97 Werden **Mängelrügefristen** gesetzt, so gehen bei Fristversäumung die Gewährleistungsansprüche verloren. Nach § 11 Nr. 10e AGB-Gesetz ist das Setzen von Rügefristen nur bei offensichtlichen Mängeln zulässig.

Mängel einer steuerberatenden Leistung dürften im übrigen im Regelfall nicht offensichtlich sein, dem durchschnittlichen Mandanten also nicht ohne weiteres erkennbar sein.

Eine solche Klausel dürfte im Ernstfall somit wenig nutzen.

98 Eine Verkürzung der **gesetzlichen Verjährungsfrist** – § 68 StBerG – ist unzulässig.

4. Vereinbarungen bezüglich Mandatskündigung

a) Pauschalierter Vergütungsanspruch

99 Nach § 649 BGB kann ein Werkvertrag, auch ein solcher, der eine Geschäftsbesorgung zum Gegenstand hat, vor Vollendung des Werks vom Besteller jederzeit gekündigt werden. Der Steuerberater ist sodann berechtigt, die **vereinbarte Vergütung** zu verlangen, muß sich jedoch dasjenige anrechnen lassen, was er infolge der Aufhebung des Vertrages an Aufwendungen erspart oder durch anderweitige Verwendung seiner Arbeitskraft erwirbt oder zu erwerben böswillig unterläßt.

100 Eine pauschale Bemessung des vom Vergütungsanspruch vorzunehmenden Abzuges ist ohne weiteres möglich (BGH, NJW 83, 1492). **Unangemessen** im Sinne von § 10 Nr. 7 AGB-Gesetz, und damit unwirksam, wäre jedoch eine Vertragsklausel, die den kündigenden Mandanten die **volle Vergütung** ohne Abzug oder mit einem wesentlich zu geringen Abzug auferlegt. Denn durch eine solche Klausel würde die Kündigung des Mandanten unangemessen erschwert und der Rechtsgedanke des § 649 Abs. 1 BGB in Frage gestellt.

b) Pauschalierter Schadensersatz

101 Der steuerberatende Beruf, der überwiegend Dauermandate hat, ist in besonderer Weise anfällig für überraschende Auftragskündigungen, die oftmals auch die Folge einer standeswidrigen Honorarunterbietung sind. Insoweit besteht das Bedürfnis nach Vereinbarung von „pauschalierten Schadensersatzes" bzw. von **Abstandszahlungen**. Pauschalregelungen sind generell zulässig, jedenfalls nicht durch zwingendes Recht ausgeschlossen. Zulässig ist jedoch nur eine maßvolle Abweichung vom Gesetz. Die Bezifferung des pauschalierten Schadensersatzes in den Text des allgemeinen Bedingungswerkes aufzunehmen, bleibt problematisch.

5. Zusammenfassung

a) Vorrang der Individualabrede

102 Individuelle Vertragsabreden haben Vorrang vor Allgemeinen Geschäftsbedingungen (§ 4 AGB-Gesetz).

Im Hinblick auf die strengen Anforderungen an die Wirksamkeit von AGB, ist dem Berater zu empfehlen, sinnvolle Regelungen beispielsweise zur Haftungsbegrenzung, mit dem Mandanten **im einzelnen auszuhandeln**. **Schriftform** ist in jedem Falle im Hinblick auf die Beweisbarkeit bei späteren Spannungen zu empfehlen.

Verwendung von allgemeinen Auftragsbedingungen

103 Es genügt nicht, daß AGB-Klauseln dem Mandanten kurz erläutert werden (unter Hinweis auf eine Haftungsbeschränkungsklausel, BGH, BB 1978, 636). Voraussetzung ist, daß der Mandant die Möglichkeit haben muß, auf die **Gestaltung** der Bedingungen im Einzelfall im Rahmen des festzulegenden Vertrages **Einfluß zu nehmen.** Beispielsweise sollte eine Haftungsbegrenzung im einzelnen mit dem Mandanten besprochen werden und dann eine **individuelle, gesondert geschriebene Haftungsvereinbarung** getroffen werden, die auf jeden Fall von beiden Vertragsparteien zu unterzeichnen ist.

104 AGB werden nur dann wirksam, wenn ihre Geltung vereinbart wurde. Damit steht auch für den kaufmännischen Bereich fest, daß die häufig geübte Praxis einer Beiheftung der AGB an die Bilanz nicht ausreichend ist. Der Hinweis auf die Geltung der AGB muß bereits bei Vertragsabschluß erfolgen und der Mandant muß sich über die Geltung der Geschäftsbedingungen im klaren sein.

Es ist deshalb nicht ungefährlich, wenn der Steuerberater dem Mandanten etwa schriftlich die Übernahme des Mandates unter Hinweis auf die Geltung der Allgemeinen Geschäftsbedingungen bestätigt.

Hier wird im Zweifelsfall anzunehmen sein, daß die AGB nicht wirksam Vertragsbestandteil geworden sind (*Palandt* § 2 Anm. 4a; anderer Auffassung *Staudinger-Schlosser* § 2 Anm. 77; vgl. zur Einbeziehung und Geltung von AGB in das Steuerberatungsmandat *Späth* StB 1984, 152).

Auch die Beilage im Prüfungsbericht, wie etwa von Wirtschaftsprüfern geübt, ist nicht ausreichend.

105 Handelt es sich bei Mandanten um einen Kaufmann im Sinne des HGB, so ist nach § 24 Satz 1, § 2 AGB-Gesetz die Einbeziehung der AGB in den Vertrag nicht zwingend. Trotzdem wird auch in diesen Fällen ein strenger Maßstab an die Einbeziehung der AGB in den Vertrag gestellt (vgl. BGH, NJW 1978, 2243, 2244).

106 Die **Allgemeinen Auftragsbedingungen des steuerberatenden Berufes,** wie sie vom Deutschen wissenschaftlichen Steuerinstitut der Steuerberater und Steuerbevollmächtigten angeboten werden, geben in weitem Umfang lediglich die sich aus dem Gesetz ergebende Rechtslage wieder.

Eine Eingrenzung der Beratungsleistungen ist denkbar etwa durch Ausschluß der Überprüfung der Richtigkeit der Buchführung oder auch durch Erklärung dahingehend, eine Überprüfung der Vollständigkeit der vom Mandanten übergebenen Unterlagen habe nicht stattgefunden.

Soweit der Steuerberater den Auftrag zur Fertigung des Jahresabschlusses und der Jahressteuererklärung hat, muß er aber zumindest stichprobenweise die Belege überprüfen. Nur dann, wenn der Mandant den Auftrag ausdrücklich begrenzt, ist der Berater zur Prüfung nicht verpflichtet, da seine Leistung in diesem Falle auch nicht honoriert wird.

107 Die Rechtsprechung geht bezüglich dieser Überprüfungspflichten regelmäßig von einer Nebenpflicht aus dem Beratungsvertrag aus. Es obliegt deshalb dem Steuerberater, auf Mängel in der Buchführung, die offenkundig sind, und zu einer Verwerfung der Buchführung führen können, den Mandanten auch ohne besonderen Prüfauftrag hinzuweisen (BGH, WM 1971, 1296). Diese Hinweispflicht trifft den Mandanten insbesondere dann, wenn auffällige Umstände zu Zweifel veranlassen.

108 Auch durch einen eingeschränkten Testatvermerk kann der Berater diese Verpflichtung nicht völlig ausschließen. Dies wird insbesondere gegenüber Dritten relevant, die auf die Richtigkeit der von einem Angehörigen des steuerberatenden Berufes gefertigten Bilanz vertrauen können und diesen gegebenenfalls auf Schadensersatz in Anspruch nehmen können.

b) Sonderhonorar

109 Besonderer Erwägung bedarf noch, daß eine **höhere Vergütung** als in der Steuerberatergebührenverordnung vorgesehen für besondere Fälle vereinbart werden kann. Die Vereinbarung darf aber nicht in einer Vollmacht oder einem anderen Vordruck enthalten sein (§ 4 Abs. 1 StBerG).

T. Zivilrechtliche Haftung und Berufshaftpflichtversicherung

Bearbeiter: Klaus Hartmann

Übersicht

A. Die Haftung des Steuerberaters in zivilrechtlicher Hinsicht

	Rz.		Rz.
I. Haftung aus der Verletzung von Vertragspflichten – Wichtige Mandatspflichten	2–21	**III. Haftungsvoraussetzungen**	27–32
		1. Verschulden	27
		2. Kausalzusammenhang	28
1. Beratung, Belehrung, Aufklärung	5–10	3. Mitverschulden	29–31
2. Kenntnis der Rechtsprechung	11, 12	4. Vorteilsausgleichung	32
3. Gebot des sicheren Weges	13	**IV. Verjährung**	33–35
4. Organisatorische Vorkehrungen	14	1. Grundsätze	33
5. Verschwiegenheitspflicht	15–18	2. Beispiele für Verjährungsbeginn	34
6. Begrenzung der Pflichten	19–21	3. Belehrungspflicht des Beraters gegen sich selbst	35
II. Andere Haftungsgrundlagen	22–26		
1. Vorvertragliche Ansprüche	22, 23		
2. Haftung gegenüber Dritten	24, 25		
3. Haftung aus unerlaubter Handlung	26		

B. Die Berufshaftpflichtversicherung des Steuerberaters

	Rz.		Rz.
I. Versicherungspflicht	36–38	a) Grundprämie	42, 43
1. Steuerberater und Steuerbevollmächtigte	36	b) Erstprämie	44
2. Steuerberatungsgesellschaften	37	c) Folgeprämie	45
3. Versicherungssumme	38	3. Umfang und Inhalt des Versicherungsschutzes	46–48
II. Rechtsbeziehungen zwischen Berufsangehörigen und Versicherer	39–50	a) Zeitraum	46, 47
		b) Personenkreis	48
1. Rechtsgrundlage	40, 41	4. Allgemeines Verhalten im Versicherungsfalle	49
2. Versicherungsprämien	42–45	5. ABC der Haftpflichtversicherung	50

A. Die Haftung des Steuerberaters in zivilrechtlicher Hinsicht

1 StB und StBv sind die unabhängigen Berater und Vertreter auf allen Gebieten des Steuerrechts. Ihre Tätigkeit richtet sich aus an den Interessen der Mandanten. Sie sind aber auch ein unabhängiges Organ der Steuerrechtspflege (Vorspruch zu den Standesrichtlinien).

StB und StBv werden somit in einem Spannungsfeld widerstreitender Interessen tätig. Diese **Konfliktsituation** bleibt bestehen, gleich, wie im Einzelfall die Gewichte gelagert sind.

Der Mandant erwartet von seinem Berater eine Ausnutzung aller Steuervorteile und die Minimierung seiner Besteuerung. Erreicht der Berufsträger dieses ihm vorgegebene Ziel nicht, sind Haftpflichtansprüche gegen ihn möglich. Überschreitet er andererseits die Grenzen der richtigen Steuerberatung, so besteht die Gefahr strafrechtlicher oder steuerstrafrechtlicher Sanktionen.

Diese Zwangssituation wäre für den Berater erträglicher, wenn nicht eine ungebremste Flut von Gesetzen und Verordnungen sowie eine sprunghafte Rechtsprechung die optimale Beratung seiner Mandanten erschweren würden.

Hinzu kommt die bei verschiedenen Mandanten durchaus vorhandene Neigung, dem Berater die Verantwortung für die Verwirklichung von Straftatbeständen anzulasten oder ihn wegen vermeintlich entgangener Steuerminderungen auf Schadenersatz in Anspruch zu nehmen.

I. Haftung aus der Verletzung von Vertragspflichten

2 Haftungsansprüche ergeben sich in der Regel aus der Verletzung von Pflichten aus dem **Beratungsvertrag**. „Inhalt und Umfang der Pflichten des Steuerberaters richten sich nach dem ihm erteilten Auftrag, mithin nach den Besonderheiten des Einzelfalles" (so wörtlich BGH v. 6. 12. 79 StB 1980, 87; VersR 1980, 264; stge Rsp.), unabhängig davon, ob es sich um einen Dienst- oder Werkvertrag oder einen sog. gemischten Vertrag handelt.
Im Verlauf der Mandatsbeziehung können die vertraglichen Pflichten stillschweigend erweitert oder beschränkt werden.

3 Aus dem Mandatsverhältnis ergeben sich verschiedene **Nebenpflichten**, z. B. die Pflicht zur Wahrung von Fristen, zur ausreichenden Aufklärung und zur Verschwiegenheit, deren Verletzung gleichfalls haftungsauslösend sein kann.

4 Aus der **Verletzung sog. Standespflichten**, z. B. § 57 Abs. 1 StBerG, kann grundsätzlich kein Haftpflichtanspruch abgeleitet werden, doch kann aus dem Standesrecht auf die an den StB im einzelnen zu stellende Sorgfaltspflicht geschlossen werden.
Die allgemeine Information an den Mandanten über eine zweckmäßige steuerliche Gestaltung ist stets Steuerrechtsberatung (Paulig, StB 1978, 105 ff., 108).
Einige **wichtige Mandatspflichten** werden nachstehend dargestellt:

1. Beratung, Belehrung, Aufklärung

5 Der StB ist zu einer **umfassenden** – bei erkennbarer Veranlassung auch die wirtschaftliche Seite erfassenden – **Beratung und Betreuung** des Mandanten verpflichtet (zur ähnlichen Situation beim RA vgl. BGH v. 25. 6. 74, VersR 74, 1108). Hierzu gehört aber nicht die Beratung in allgemeinen Vermögensangelegenheiten (OLG Hamm v. 12. 1. 79, DStR 1979, 508).

6 Bei **Abschlußarbeiten** ohne Buchführungsauftrag ist der Berater verpflichtet, stichprobenweise die Übereinstimmung von Buchung und Beleg zu prüfen (BGH v. 8. 12. 64, DStR 1965, 442), das Vorhandensein von Saldenlisten festzustellen (BGH v. 1. 7. 71, DStR 1972, 58) und allgemein sich zu vergewissern, ob zusätzliche steuerrechtliche Anforderungen für Steuervergünstigungen oder die steuerliche Anerkennung von Betriebsausgaben (z. B. besondere Buchungsmaßnahmen gemäß § 4 Abs. 7 EStG, Ehegattenarbeitsgehalt) erfüllt sind. Die Erstellung einer Buchführung mittels EDV-Anlage verändert diese Pflichten, läßt sie aber nicht völlig entfallen.

7 Die festgestellten Mängel sind zu rügen. Der Mandant ist hinsichtlich der Anforderungen an eine ordnungsgemäße Buchführung zu **belehren**. Eine solche Belehrung sollte auch beweisbar sein.

8 Wird die Belehrung nicht befolgt und wird den Mängeln nicht abgeholfen, steht der StB vor der schwierigen Frage, ob er das Mandat niederlegen soll, obwohl ihn die Rechtsprechung hierzu nicht verpflichtet. Andererseits hat der StB **keine Durchsetzungspflicht** (LG Hamburg v. 6. 4. 71, DStR 1971, 670). Beharrt der Mandant trotz Belehrung auf seinem Standpunkt, so hat der Berater seinen Pflichten genügt und die Verantwortung für evtl. nachteilige Folgen trifft dann den Mandanten.

9 Weiter ist der Mandant hinsichtlich der für ihn **günstigeren Gestaltungsmöglichkeiten** zu beraten. Hierunter fallen Beratungspflichten, die vor allem dann von Bedeutung sein können, wenn der Berater vom Mandanten von Anfang an eingeschaltet wurde.

10 Im Rahmen seiner **Aufklärungspflicht** hat der Berater den steuerlich relevanten Sachverhalt umfassend zu erforschen. Die für die Besteuerung maßgeblichen Fakten sind ggf. durch Nachfrage festzustellen.

2. Kenntnis der Rechtsprechung

11 Der Berater ist verpflichtet, sich über die Entwicklung der steuerlichen Rechtsprechung, die Gesetzgebung und die Erlasse der Finanzverwaltung sowie die maßgebli-

che Literatur **zu unterrichten** (vgl. BGH v. 15. 3. 77, NJW 77, 1102 für den Anwalt). Insoweit kann sicherlich nicht verlangt werden, daß der Berater im Rahmen des Auftrages sämtliche Veröffentlichungen beizieht. Er muß sich jedoch über die wesentliche Entwicklung informieren. Künftig kann die verstärkte Nutzung von Steuerrechts-Datenbanken einen breiteren Zugriff auf Gesetze, Verordnungen und Rechtsprechung bieten.

12   Die Rechtsprechung fordert eine dem **guten Durchschnitt** der sorgfältig arbeitenden und gewissenhaften Berufsangehörigen entsprechende Leistung. Anhand allgemein zugänglicher Veröffentlichungen – Bundessteuerblatt – ist die Rechtsprechung in ihren Grundzügen zu verfolgen, wobei eine gewisse Karenzzeit zugebilligt wird (Messmer, DStR 1970, 282).

3. Gebot zur Beschreitung des sicheren Weges

13   Aus der Anwaltshaftung ist der noch vom Reichsgericht entwickelte Grundsatz zu übernehmen, daß in Fällen, in denen **mehrere Beratungsalternativen** gegeben sind, diejenige auszuwählen ist, die den **Eintritt des angestrebten Erfolges sicherer oder eher erwarten** läßt (z. B. BGH v. 22. 9. 58, NJW 59, 141 u. v. 20. 2. 75, VersR 75, 540). Allerdings nimmt der Grundsatz immer mehr die Gestalt eines theoretischen Postulates an angesichts der laufenden, oft recht unerwarteten Änderung der Rechtsprechung und der Gesetzgebung. Zweifelsfragen in der Sachlage oder Rechtssituation läßt sich (nur) dadurch begegnen, daß die ungünstigere Sachverhaltssituation oder die ungünstigere Rechtsmeinung zugrunde gelegt wird und entsprechend einer solchen pessimistischen Einstellung eine **Aufklärung des Mandanten** über die vorhandenen Risiken (auch Kostenrisiken) erfolgt. Ein solcher Risikohinweis erscheint insbesondere dann angebracht, wenn eine gewagte steuerrechtliche Konstruktion gewählt wird (vgl. z. B. BGH v. 29. 9. 82, WM 1983, 35 ff.).

Die Betrachtung praktischer Fälle zeigt, daß es in Haftpflichtprozessen zu äußerst subtilen Berechnungen anhand einer aus der Rückschau betrachteten, zum Zeitpunkt der Beratung in Fluß befindlichen Rechtsprechung kommen kann.

4. Organisatorische Vorkehrungen

14   Der Berater muß wie der Anwalt seine Büroorganisation auch auf den **Fall der Verhinderung** ausrichten. Die Erledigung **fristgebundener oder unaufschiebbarer Handlungen** muß sichergestellt sein. Das Personal muß belehrt worden sein, daß wichtige Sachen dem Berufsträger vorgelegt werden, zum Beispiel in letzter Sekunde vor Ablauf der Frist für die Beantragung der Investitionszulage hereingereichte Belege, Aufträge Rechtsmittel einzulegen. Für den Fall ihrer Verhinderung haben Steuerberater für die ordnungsgemäße Weiterführung ihrer Praxis zu sorgen und bei längerer Verhinderung einen Vertreter bestellen zu lassen.

5. Verschwiegenheitspflicht

15   Die Verpflichtung zur Verschwiegenheit erstreckt sich auf alles, was dem Steuerberater **in Ausübung des Berufes oder bei Gelegenheit seiner beruflichen Tätigkeit** anvertraut oder bekanntgeworden ist; Ziff. 17 Abs. 1 Richtl. StB; Gehre StBerG § 57 Anm. 63.

16   Sie endet nicht mit dem Mandat, sondern besteht auch nach **Beendigung des Auftragsverhältnisses** fort. Der Berater darf, wenn er von einem strafbaren Verhalten des Mandanten Kenntnis erlangt, nicht von sich aus die Strafverfolgungsbehörde informieren.

Ausnahmen:

(1) Der Mandant kann den Berater von seiner Verschwiegenheitspflicht **entbinden.**
(2) Ist der Berater zur **Wahrung eigener berechtigter Interessen** veranlaßt, so kann er in sachlich gebotenem Umfange aussagen. Beispielsweise besteht keine Verschwiegenheitspflicht, wenn der Berater selbst in den Verdacht der Begehung einer mit Strafe bedrohten Handlung oder einer Ordnungswidrigkeit geraten ist.

(3) Im **Honorarrechtsstreit** kann der Berater das zur Wahrung seiner berechtigten Ansprüche Erforderliche vortragen (OLG Düsseldorf v. 25. 8. 71 DNotZ 72, 443). Gleiches gilt bei Geltendmachung eines **Schadenersatzanspruches.**

Der Steuerberater muß zur Wahrnehmung seiner eigenen Interessen in den aufgezeigten Fällen wirtschaftliche und steuerliche Verhältnisse des Mandanten offenlegen dürfen.

17 **Abgrenzungsfragen** können sich ergeben, wenn der Berater für mehrere Auftraggeber tätig geworden ist, beispielsweise zum Ausgleich widerstreitender Interessen. In diesen Fällen muß abgegrenzt werden, in wessen Sphäre eine bestimmte Tatsache oder bestimmte wirtschaftliche Verhältnisse liegen.

18 Im **Konkursfall** kann eine Befreiung von der Verschwiegenheitspflicht im allgemeinen nur durch den Konkursverwalter erfolgen.

6. Begrenzung der Pflichten

19 Der Pflichtenkreis des StB/StBv konkretisiert sich auf die „Aufgabe, **im Rahmen ihres Auftrages**" tätig zu werden (§ 33 Satz 1 StBerG). Darin liegt eine generelle Einschränkung, insbesondere im Vergleich zur Rechtslage bei den Rechtsanwälten (§ 3 BRAO).

20 Eine weitere Begrenzung ergibt sich durch gesetzliche Bestimmungen, insbesondere hinsichtlich der Rechtsberatung. Die **Rechtsberatung** muß von der Hilfeleistung in Steuersachen streng unterschieden werden. Nach Art. 1 § 1 Rechtsberatungsgesetz ist die geschäftsmäßige Besorgung fremder Rechtsangelegenheiten an eine Erlaubnispflicht gebunden.

Obwohl zivilrechtliche Gestaltungen einschneidende steuerliche Konsequenzen haben können, erschöpfen diese sich niemals in ihren steuerlichen Folgen. Z. B. sind Fragen der Kapitalerhöhung, der Vergabe von Gesellschafterdarlehen oder des Güterstandes für die steuerliche Beratung sicherlich relevant; der Steuerberater darf aus seiner Sicht die Dinge darlegen und hierbei zivilrechtliche Vorfragen analysieren, jedoch nicht bezüglich der vom Mandanten anzustrebenden zivilrechtlichen Gestaltung beraten.

21 Ein gleichartiges Problem ergibt sich für den Berater, der die Lohnbuchführung und die Lohnabrechnung für seine Mandanten erstellt und auch die An- und Abmeldungen bei den Trägern der Sozialversicherung vornimmt. Im Rahmen dieser Tätigkeit wird er mit **sozialversicherungsrechtlichen** Fragen, z. B. Versicherungspflicht von Arbeitnehmern, Befreiungsmöglichkeiten, Mutterschutz, Lohnfortzahlung, Kündigung konfrontiert werden. Auch hier darf der Berater nur so weit tätig werden, als ein **unmittelbarer Zusammenhang** zu seinem auf steuerrechtlichen Gebiet obliegenden Auftrag gegeben ist und er das ihm übertragene Mandat ohne die „Rechtsbesorgung" nicht sinnvoll wahrnehmen kann (BGH v. 9. 5. 1967, BGHZ 48, 12ff., 23/24).

II. Andere Haftungsgrundlagen

1. Vorvertragliche Ansprüche

22 Nach § 63 StBerG haben Steuerberater und Steuerbevollmächtigte, die in ihren Berufen in Anspruch genommen werden und den Auftrag nicht annehmen wollen, die **Ablehnung unverzüglich** zu erklären. Sie haben den Schaden zu ersetzen, der aus einer schuldhaften Verzögerung dieser Erklärung entsteht.

Die Verpflichtung bezieht sich nicht nur auf neu angetragene Mandate, sondern auch auf einen Antrag auf Ausdehnung eines schon bestehenden Mandatsverhältnisses.

„Unverzüglich" bedeutet „ohne schuldhaftes Zögern" (§ 121 Abs. 1 Satz 1 BGB). Haftungsansprüche aus § 63 StBerG drohen insbesondere, wenn Mandanten um Übernahme des Mandates kurz vor Ende einer mit Zwangsgeldandrohung verbundenen Frist zur Abgabe der Steuererklärung erscheinen.

Eine eventuelle **Ablehnung** des Auftrages muß in diesen Fällen dem Mandanten unmittelbar erklärt werden. Gleiches gilt bezüglich eines Auftrages zur Erstellung eines Sonderstatus für einen Bankkredit.

Im übrigen wird dem Berater eine **angemessene Frist** zur Prüfung des Umfanges des Mandates zugebilligt.

23 Haftungsansprüche gegen den Berater können sich auch aus § 823 Abs. 2 BGB wegen der **Verletzung eines Schutzgesetzes** ergeben.

2. Haftung gegenüber Dritten

24 Die Rechtsprechung hat allgemein den Grundsatz entwickelt, daß diejenigen, die als berufsmäßige Sachkenner eine Art **Garantenstellung** einnehmen, aus Verschulden bei Vertragsverhandlungen haften können, wenn sie durch ihr nach außen in Erscheinung tretendes Mitwirken einen **Vertrauenstatbestand** schaffen (BGH v. 16. 11. 1978, DB 1979, 396).

25 Ohne weitere hinzutretende Umstände ist der Auftrag zur Erstellung einer Bilanz allerdings **kein** derartiger **Vertrag mit Schutzwirkung für Dritte** (BGH v. 18. 1. 1972, NJW 1972, 678 ff.; *Messmer* DStR 1970, 608 ff.). Nur ausnahmsweise nehmen die Gerichte einen sog. **Auskunftsvertrag** zwischen dem Berater und dem Dritten z. B. Kreditinstitut an.

In einem vom LG Augsburg entschiedenen Falle (Urt. v. 30. 8. 1972, DStR 1973, 60) hatte eine Bank vorgetragen, der einem Unternehmer erteilte Kontokorrentkredit sei ausschließlich im Vertrauen auf die Richtigkeit der vom StB erstellten Bilanz gewährt worden. Aufgrund der günstigen Auskunft habe die Bank den Kredit weder zurückgefordert noch auf der Bestellung von Sicherheiten bestanden. Hierzu stellte das Gericht fest, daß die Bank als Klägerin für den **stillschweigenden** Abschluß eines **Auskunftsvertrages beweispflichtig** sei. In den an den Berater gerichteten Anfragen zur finanziellen Situation des Mandanten sei kein rechtsgeschäftlicher Wille zum stillschweigenden Abschluß eines gesonderten Auskunftsvertrages zu sehen. Die Annahme vertragsähnlicher Beziehungen sei nur dann gerechtfertigt, wenn der Steuerberater **erkennen** müsse, daß der Kreditgeber seine Vermögenspositionen von der Auskunft abhängig machen wolle.

Wenn sich der Berater bewußt ist, daß die von ihm erteilte Auskunft für eine Kreditvergabe bedeutsam ist, muß zur besonderen Vorsicht geraten werden.

Das OLG Frankfurt (DStR 1973, 476) lehnte die Haftung eines Steuerberaters ab, der eine Vermögensaufstellung mit dem Vermerk gefertigt hatte „Vorstehenden Bericht erstatte ich aufgrund der mir vorgelegten Bücher und Schriften und der mir erteilten Auskünfte durch den Komplementär. Das Grundbuch wurde nicht eingesehen."

In der Verwendung dieses, von der seinerzeitigen Bundeskammer der Steuerbevollmächtigten vorgeschlagenen **Prüfvermerkes** komme zum Ausdruck, daß der Berufsangehörige nicht selbst die Buchführung geprüft habe, sondern von der Richtigkeit und Vollständigkeit der vom Auftraggeber übergebenen Unterlagen ausgegangen sei. Das Zustandekommen eines Auskunftsvertrages könne nicht angenommen werden.

3. Haftung aus unerlaubter Handlung

26 In den vorerwähnten Entscheidungsbeispielen wurden als weitere Haftungsgrundlagen die Vorschriften des BGB über unerlaubte Handlungen behandelt. § 823 Abs. 1 BGB ist durchweg nicht anwendbar, weil das in der Regel geschädigte **Vermögen kein geschütztes Rechtsgut** darstellt.

Haftungsansprüche können sich dagegen ergeben aus § 823 Abs. 2 BGB wegen **Verletzung eines Schutzgesetzes**, z. B. § 263 StGB.

Nach § 826 BGB kann ein Berater haften, wenn er ein falsches Gutachten vorsätzlich und leichtfertig oder gewissenlos erstellt und mit der Möglichkeit rechnet, daß der Auftraggeber das **Gutachten zum Zwecke der Kreditbeschaffung** verwenden wird und dadurch dem Kreditgeber Schaden zugefügt werden kann.

III. Haftungsvoraussetzungen

1. Verschulden

27 Entscheidende Voraussetzung des Schadensersatzanspruches ist ein **schuldhafte Verletzung** der dem Berater aus dem Auftrag obliegenden Pflichten. Die Verletzung reiner Standespflichten genügt insoweit nicht.
   Nach § 276 Abs. 1 BGB hat der Schuldner Vorsatz und Fahrlässigkeit zu vertreten. **Vorsatz** wird beispielsweise dann anzunehmen sein, wenn der Steuerberater trotz des ihm bekannten drohenden Fristablaufes nicht rechtzeitig tätig wird. Von **fahrlässigem** Handeln ist dann auszugehen, wenn der Berater die ,,erforderliche Sorgfalt" nicht beachtet hat. Hierbei ist von einem **gruppenspezifischen Sorgfaltsmaßstab** auszugehen. Entscheidend ist, was von einem durchschnittlichen und solide arbeitenden Berufsangehörigen unter gleichen Umständen erwartet werden kann; allgemein zum Fahrlässigkeitsbegriff BGHZ 39, 281; BGH vom 15. 11. 1971, NJW 1972, 151; *Palandt-Heinrichs* BGB § 276 Anm. 4 B. Ein dem Berater zurechenbares schuldhaftes Verhalten wurde verneint, wenn die maßgebende Rechtsfrage zwar fehlerhaft beurteilt wurde, aber auch ein **Kollegialgericht** die gleiche Rechtsauffassung vertreten hat. Dieser Grundsatz wird jedoch nur sehr eingeschränkt von den Gerichten anerkannt. Der Berater haftet auch dann, wenn ein Kollegialgericht ,,die Rechtslage trotz klarer und eindeutiger Gesetzesbestimmung verkannt hat".
   In Anbetracht der Kompliziertheit des Steuerrechts und dem hektischen Wandel der Rechtsprechung kommt der Verschuldensfrage große Bedeutung zu. Häufig wird ein Schaden dem Berater nicht zuzurechnen sein, weil nachstehende Voraussetzungen nicht gegeben sind:

2. Adäquater Kausalzusammenhang zwischen Pflichtverletzung und Schaden

28 Zwischen der Pflichtverletzung und dem eingetretenen Schaden muß ein **Kausalzusammenhang** bestehen. Es besteht kein Anspruch auf Erstattung von Vermögensnachteilen, deren Eintritt außerhalb jeder Lebenserfahrung liegt.
   Es gibt durchaus Fälle, in denen objektiv ein Berufsversehen vorliegen mag, die Vermögensbeeinträchtigung – z. B. mehr Steuern – aber auch ohne die fehlende oder falsche Beratung eingetreten wäre.

3. Mitverschulden des Geschädigten

29 Die Beauftragung eines Angehörigen des steuerberatenden Berufes befreit den Mandanten nicht von der **Erfüllung seiner eigenen steuerlichen Pflichten,** für die er voll einzustehen hat. Auch im Verhältnis zu seinem steuerlichen Berater ist der Mandant zur Mitwirkung verpflichtet. Er muß dem Berater in die Lage versetzen, seine Steuerangelegenheiten ordnungsgemäß bearbeiten zu können. Auch strafrechtlich kann der Mandant durch Berufung eines Steuerberaters nicht voll von den ihm obliegenden Pflichten entlastet werden.

30 In zahlreichen Haftpflichtfällen trifft den Mandanten ein **mitwirkendes Verschulden.** Dem Auftraggeber obliegt beispielsweise die Erstellung der Grundaufzeichnungen. Deswegen hat er auch die durch mangelhafte Grundaufzeichnungen entstandenen Schäden allein zu verantworten (OLG Koblenz v. 2. 12. 1971, DStR 1972, 417). Die erstellten Erklärungsentwürfe und der Abschluß sind auf Richtigkeit und Vollständigkeit im Rahmen des Zumutbaren zu **überprüfen.** Über steuerlich relevant werdende Änderungen muß er den Steuerberater unterrichten.

31 Ferner hat der Mandant die Pflicht, einen **Schaden** im Rahmen des möglichen **abzuwenden** und insoweit von den Berichtigungs- oder Änderungsmöglichkeiten nach der AO Gebrauch zu machen.
   Im Rahmen des § 254 BGB muß der Berater sich ein Verschulden seiner Erfüllungsgehilfen zurechnen lassen.
   Soweit Mitverschulden des Mandanten vorliegt, hängt die Ersatzpflicht von einer gerichtlichen Würdigung der Schwere des Mitverschuldens ab.

Die Haftung des Steuerberaters in zivilrechtlicher Hinsicht 32–35 **T**

4. Schadensminderung durch Vorteilsausgleichung

32 Auf den durch Fehlverhalten des Beraters entstandenen Schaden muß der Mandant sich die hierdurch eingetretenen Ersparnisse **anrechnen lassen**. Häufig sind Fälle, in denen der Schaden in den wegen verspäteter Abgabe der Erklärung verhängten Verspätungszuschlägen besteht. Ist der Steuerberater hier auch dem Grunde nach haftbar, so muß sich der Mandant die **Zinsersparnis** anrechnen lassen, die er als Folge der verspäteten Leistung der Abschlußzahlung hat (LG Gießen, DStR 1974, 677; LG Lübeck v. 16. 8. 1973, DStR 1974, 188).

Bei einem Ersatzanspruch wegen einer versäumten Rechtsbehelfsfrist ist das **Honorar** anrechnungsfähig, das für die frist- und ordnungsgemäße Durchführung des Rechtsbehelfs entstanden wäre (LG Lübeck, DStR 1974, 188).

IV. Verjährung

1. Grundsätze

33 Nach § 68 StBerG **verjährt** der Anspruch des Auftraggebers auf Schadensersatz aus dem zwischen ihm und dem StB/StBv bestehenden Auftragsverhältnis in **drei Jahren** von dem Zeitpunkt an, in dem der Anspruch entstanden ist. Dies gilt auch für den Sonderfall, daß das Auftragsverhältnis den Regeln des Werkvertrages zuzuordnen ist (BGH v. 26. 5. 1982, NJW 1982, 2256). Die Gesetzesvorschrift ist § 198 BGB und § 51 BRAO nachgebildet, es bestehen aber erhebliche Unterschiede.

Ein Anspruch ist entstanden, wenn er **klageweise** – bei Ungewißheit über die Schadenshöhe auch durch Feststellungsklage – geltend gemacht werden kann. Somit ist erforderlich und ausreichend, daß die Vermögenslage des Auftraggebers sich verschlechtert hat (OLG München v. 21. 10. 1976, DStR 1977, 269). Nach jetzt feststehender Rechtsprechung kommt es auf die **Kenntnis des Anspruchsberechtigten** von der Pflichtverletzung des Berufsangehörigen und des Schadens **nicht** an. Diese gesetzeskonforme Auslegung wird als Benachteiligung des Geschädigten angesehen, (z. B. auch im Verhältnis zu § 852 BGB), so daß unter Mitberücksichtigung der vielgestaltigen Tätigkeit und der Besonderheiten des steuerlichen Veranlagungsverfahrens eine **kasuistische Rechtsprechung** insbesondere zur Frage des Beginns der Verjährungsfrist entstanden ist. Eine langjährig-gefestigte Rechtsprechung zu § 68 StBerG ist noch nicht vorhanden.

2. Beispiele für Verjährungsbeginn

34 Im Falle der Erteilung einer **fehlerhaften Auskunft** entsteht der Schadensersatzanspruch nicht schon im Zeitpunkt der Auskunftserteilung, sondern erst dann, wenn die durch die Auskunft veranlaßte Entschließung des Mandanten **wirksam** wird (OLG Karlsruhe v. 7. 7. 1977, StB 1977, 257; OLG Düsseldorf v. 19. 5. 1978, DStR 1978, 529). Bei Fehlern eines StB/StBv, die im Verlauf einer **finanzamtlichen Prüfung** festgestellt werden und die zu Vermögensnachteilen führen, beginnt die Verjährung erst mit der **Schlußbesprechung** BGH v. 22. 2. 1979, NJW 1979, 1550 und v. 18. 6. 1979, NJW 1979, 2211).

Entstehen aus einer Pflichtverletzung **mehrere (Teil-)Schäden**, beispielsweise aus einem fehlerhaften, nicht angefochtenen Einheitswertbescheid, so beginnt die Verjährungsfrist dennoch mit der Verwirklichung des ersten Schadens (OLG Schleswig v. 23. 2. 1984, DStR 1984, 665). Die in den Folgejahren ergehenden Bescheide führen nicht erneut einen Schadensersatzanspruch herbei.

3. Belehrungspflicht des Beraters gegen sich selbst

35 Mit Urteil vom 20. 1. 1982 (IV a ZR 314/80, NJW 1982, 1285; DStR 1982, 297 u. a.) hat der BGH die für Rechtsanwälte geltende Rechtsprechung zur **Verpflichtung** hinsichtlich der **Belehrung über ggf. bestehende Schadensersatzansprüche** und deren Verjährung auch auf StB/StBv erstreckt. Versäumt der Berater schuldhaft

die ihm obliegende Belehrung, so entsteht hieraus ein sog. **sekundärer Schadensersatzanspruch** mit dem Verjährungseintritt für den ursprünglichen Anspruch. Die Belehrungspflicht beginnt frühestens mit der Veröffentlichung des überraschenden BGH-Urteiles und der zugehörenden Karenzzeit (z. B. LG Itzehoe v. 5. 2. 1985, DStR 1985, 387). Außerdem setzt die Annahme einer solchen Belehrungspflicht voraus, daß für den Berufsangehörigen ein besonderer Anlaß bestand, die Angelegenheit zu überprüfen und die Möglichkeit einer Schädigung der Mandateninteressen zu erkennen. Die Belehrungspflicht entfällt, wenn der Mandant vor Ablauf der (primären) Verjährungsfrist **anwaltlich beraten** wird oder das Mandatsverhältnis beendet wird. Die ausufernde Rechtsprechung wurde beendet mit dem BGH-Urt. v. 23. 5. 85, IX 2 R 102/84, NJW 85, 2250, VersR 85, 860 u. a. (RA-Fall).

B. Die Berufshaftpflichtversicherung des Steuerberaters

I. Versicherungspflicht

1. Steuerberater und Steuerbevollmächtigte

36 StB/StBv müssen gegen die sich aus ihrer beruflichen Tätigkeit ergebenden Haftpflichtgefahren angemessen versichert sein (§ 67 StBerG, Ziff. 19 Abs. 1 Standesrichtlinien). Das Berufsrecht sieht den Abschluß einer angemessenen Versicherung vor, damit die Ersatzansprüche Geschädigter in jedem Falle befriedigt werden können. Durch die Nichterfüllung derartiger Ansprüche würde das Ansehen des steuerberatenden Berufes insgesamt Schaden nehmen.

Auch nach § 58 StBerG angestellte StB/StBv müssen haftpflichtversichert sein. Es ist aber ausreichend, wenn sie in den Versicherungsvertrag ihres Arbeitgebers (ihrer Arbeitgeber) eingeschlossen werden. Gleiches gilt für freie Mitarbeiter, soweit sie für einen anderen Berufsträger tätig werden.

Beginn der Versicherungspflicht ist die Bestellung, auch wenn eine freiberufliche Tätigkeit noch nicht ausgeübt wird. Das Ende tritt ein mit dem Erlöschen der Bestellung (§ 45 StBerG).

2. Steuerberatungsgesellschaften

37 Entsprechendes gilt für Steuerberatungsgesellschaften (§ 49 StBerG). Die Versicherungspflicht beginnt mit der Anerkennung und endet mit dem Erlöschen der Anerkennung. Auf Gesellschafter und Geschäftsführer sind die Regeln für angestellte Berufsangehörige entsprechend anwendbar.

3. Versicherungssumme

38 In pflichtgemäßer Abwägung aller sich aus ihrer Tätigkeit ergebenden Risiken haben StB/StBv in eigener Verantwortung zu entscheiden, welche Versicherungssumme im Einzelfall angemessen ist.

Mindestens erforderlich ist nach Ziff. 19 Abs. 2 S. 2 der Standesrichtlinien eine Versicherungssumme von DM 100000 für den einzelnen Schadensfall bei einer Höchstleistung der zweifachen Summe für alle in einem Versicherungsjahr verursachten Schäden.

Die Mindestversicherungssumme pro Einzelschadenfall wird in der Regel nicht ausreichen. Die Erfahrung zeigt, daß gerade in der Phase des Aufbaus einer Kanzlei sich die Risiken durch Übernahme größerer Mandate oder Teilpraxen und durch das Erreichen eines höheren Umsatzes ständig vergrößern. In die Erwägungen einbezogen werden sollten auch die Auswirkungen der sogenannten Serienschadenklausel (vgl. Rz. 50).

Der Berufsangehörige, der auf eine ausreichende Absicherung von sich selbst, seiner Familie und seiner Erben bedacht ist, sollte regelmäßig (z. B. jährlich) überprüfen, ob seine Versicherungssumme insbesondere für den Einzelschadenfall noch dem Haftungsrisiko entspricht.

II. Rechtsbeziehungen zwischen Berufsangehörigen und Versicherer

39 Ungeachtet des gesetzlichen Versicherungszwanges und der ergänzenden standesrechtlichen Regelungen bemessen sich die Rechtsbeziehungen zwischen Versicherer und Berufsangehörigem ausschließlich nach zivilrechtlichen Grundsätzen. Rechte und Pflichten aus dem Vertragsverhältnis bestehen nur zwischen Steuerberater/Steuerbevollmächtigten und dem Versicherer. Der geschädigte Mandant **kann** also den Versicherer **nicht direkt** in Anspruch nehmen. Es mangelt an einer **gesamtschuldnerischen Haftung** zwischen Schädiger und Versicherer, die z. B. im Bereich der Kfz-Haftpflichtversicherung besteht.

40 **1. Rechtsgrundlage** ist das Versicherungsvertragsgesetz (VVG). Dessen Bestimmungen, insbesondere der §§ 149ff. gelten, soweit sie nicht zulässigerweise abbedungen worden sind.

Das Versicherungsverhältnis wird sodann durch die „Allgemeinen Versicherungsbedingungen für die Vermögensschadenhaftpflichtversicherung von Angehörigen der wirtschaftsprüfenden sowie wirtschafts- und steuerberatenden Berufe" (AVB) sowie die „Besonderen Bedingungen" im Einzelfall geregelt.

41 Das versicherte Risiko ist in einer **Risikobeschreibung** (RiB) festgelegt, die Bestandteil des Vertragsverhältnisses ist und seit 1984 folgenden Wortlaut hat:

1. Der Versicherungsschutz umfaßt
   a) Tätigkeiten nach § 33 StBerG.
   b) die Hilfeleistung bei der Führung von Büchern und Aufzeichnungen und die Aufstellung von Erfolgsrechnungen, Vermögensübersichten und Bilanzen, auch wenn der Auftraggeber hierzu nicht schon auf Grund steuerrechtlicher Vorschriften verpflichtet ist.
2. Der Versicherungsschutz erstreckt sich auch auf folgende Tätigkeiten, die nach § 57 Abs. 3 Nr. 2 und 3 StBerG mit dem Beruf vereinbar sind:
   a) Durchführung von betriebswirtschaftlichen Prüfungen sowie die Erteilung von Vermerken und Bescheinigungen hierüber; hierunter fallen auch Unterschlagungs-, Kassen- und Kontenprüfungen;
   b) Erstattung von berufsüblichen Gutachten;
   c) Erstellung von Bilanzanalysen;
   d) Fertigung oder Prüfung der Lohnabrechnung, Erteilung von Verdienstbescheinigungen, An- und Abmeldung bei Sozialversicherungsträgern und sonstigen gesetzlichen Einrichtungen (z. B. Arbeitsamt wegen Schlechtwettergeld, Zusatzversorgungskasse des Baugewerbes, Pensionssicherungsverein) sowie die dabei vorzunehmende Prüfung der Beitragspflicht und die Berechnung der abzuführenden Beträge, die Erteilung von Haushalts- und Lebensbescheinigungen;
   e) Bearbeitung von sonstigen öffentlichen Abgaben oder Zuwendungen, auch soweit diese nicht der Verwaltung der Finanzbehörden unterliegen.
   f) Tätigkeit als Treuhänder, soweit sie eine aufsichtsführende ist;
   g) Beratung und die Wahrnehmung sonstiger fremder Interessen in wirtschaftlichen Angelegenheiten, soweit diese berufsüblich sind.
3. Der Versicherungsschutz erstreckt sich auch auf die Tätigkeit als Konkursverwalter, gerichtlich bestellter Vergleichsverwalter oder vorläufiger Vergleichsverwalter, Sachwalter im Sinne der Vergleichsordnung, Gläubigerausschuß- und Gläubigerbeiratsmitglied, Zwangsverwalter, Sequester, Liquidator, Nachlaßverwalter, Testamentsvollstrecker, Pfleger und Vormund, Praxisabwickler (§ 70 StBerG), Schiedsrichter oder Schiedsgutachter, soweit diese Tätigkeiten neben den Tätigkeiten nach Ziff. 1 und 2 nicht überwiegend ausgeübt werden.
4. Der Versicherungsschutz erstreckt sich auch auf die Besorgung sonstiger fremder Rechtsangelegenheiten, soweit die Grenzen der erlaubten Tätigkeit nicht bewußt überschritten werden.
5. Nicht versichert sind unternehmerische Tätigkeiten, wie z. B. die über eine steuerliche und wirtschaftliche Beratung hinausgehende Empfehlung wirtschaftlicher Geschäfte, insbesondere von Geldanlagen und Kreditgewährungen sowie die Tätigkeit als Vorstand, Aufsichtsrat, Beirat oder Geschäftsführer (§ 4 Ziff. 4 AVB, Ziff. III. 1. der Besonderen Bedingungen).

2. Versicherungsprämien

a) Grundprämie

42 Die Grundprämie erfaßt den Versicherungsnehmer und eine weitere Person. Bei Beschäftigung weiterer Personen wird ein Zuschlag berechnet. Gewerbliches Personal sowie Raumpflegerinnen und Boten sind nicht zuschlagspflichtig.

Der Versicherungsnehmer ist verpflichtet, Veränderungen in der Zahl der Beschäftigten dem Versicherer zur Prämienberichtigung zu melden.

43 **Prämienermäßigung** besteht unter besonderen Voraussetzungen für Berufsangehörige, die das 60. Lebensjahr vollendet haben; vgl. „Hinweise" Nr. 11 Abs. 3.

b) Erstprämie

44 Solange die Zahlung der Erstprämie nach Abschluß des Versicherungsvertrages aussteht, kann der Versicherer im Schadensfalle vom Vertrag zurücktreten. Wird die Erstprämie nicht innerhalb von 3 Monaten gerichtlich geltend gemacht, gilt dies als Rücktritt, der den Versicherungsschutz entfallen läßt.

Ist bei Eintritt des Versicherungsfalles die Erstprämie noch nicht gezahlt, ist der Versicherer von der Pflicht zur Leistung frei, soweit er nicht eine vorläufige Deckungszusage erteilt hat.

c) Folgeprämie

45 Bei Nichtzahlung einer Folgeprämie wird der Versicherer von seiner Leistungspflicht frei, wenn dem Steuerberater oder Steuerbevollmächtigten eine Frist nach § 39 VVG gesetzt wurde und innerhalb dieser Frist die Prämie nicht bezahlt wurde.

Der Versicherer ist verpflichtet, die Steuerberaterkammer vom Erlöschen des Versicherungsschutzes zu benachrichtigen.

3. Umfang und Inhalt des Versicherungsschutzes

a) Zeitraum

46 In zeitlicher Hinsicht deckt die Versicherung Schäden aus allen Verstößen der in die Versicherung einbezogenen Personen ab, die während der Dauer des Versicherungsvertrages begangen werden (Verstoßprinzip, § 5 I AVB). Auch wenn das Versicherungsverhältnis bereits beendet ist, der Verstoß aber in der Vertragszeit liegt, bleibt der Versicherungsschutz erhalten.

Für einen Übergangszeitraum von zwei Monaten ab Tode verlängert sich der Versicherungsschutz für die Erben unter bestimmten Voraussetzungen; vgl. „Hinweise" Nr. 14 Abs. 2. Mit der Bestellung eines Praxisabwicklers bestimmt sich der Versicherungsschutz nach dessen Vertrag.

47 Eine Besonderheit der Vermögensschadenhaftpflichtversicherung ist die Möglichkeit einer **Rückwärtsversicherung** zur Erlangung von Versicherungsschutz für solche Versicherungsfälle, die sich in der Vergangenheit bereits ereignet haben, aber dem Versicherungsnehmer bis zum Zeitpunkt des Abschlusses einer solchen Rückwärtsversicherung nicht bekannt geworden sind; vgl. § 2 II AVB. Eine Rückwärtsversicherung empfiehlt sich, wenn der Versicherungsnehmer feststellt, daß in der Vergangenheit das berufliche Risiko der Höhe nach nicht ausreichend versichert war. Auch bei Aufgabe des Berufes wird häufig aus Vorsichtsgründen eine Rückwärtsversicherung abgeschlossen.

Für eine Rückwärtsversicherung gelten ermäßigte Prämiensätze.

b) Personenkreis

48 In persönlicher Hinsicht werden die Berufsversehen des Berufsangehörigen selbst und seiner Erfüllungsgehilfen erfaßt, für welche er nach § 278 BGB im Außenverhältnis haftet. Als Erfüllungsgehilfen werden auch datenverarbeitende Unternehmen (z. B. DATEV) angesehen, die vom Berufsangehörigen mit Buchführungs- und Bilanzierungsaufgaben betraut werden; vgl. „Hinweise" Nr. 20.

4. Allgemeines Verhalten im Versicherungsfalle

49 Für die **Abwicklung eines Schadensfalles**/Versicherungsfalles sollten beiderseits die Grundsätze Bedeutung haben, die unter Vertragspartnern gelten. Der Versicherer kann ohne ausreichende Sachverhaltsinformation und ohne Kenntnis des Standpunktes des Berufsangehörigen keine sachgerechte Lösung anstreben; dem StB/StBv sollten die maßgeblichen Erwägungen des Versicherers offen und in verständlicher Form mitgeteilt werden.

Die Verteidigung gegen einen anhängig gewordenen Haftpflichtprozeß – auch in der Form der Widerklage oder Aufrechnung im Honorarzahlungsprozeß – kann ohne aktive Mitwirkung des Berufsangehörigen (insbesondere in bezug auf die Sachverhaltsermittlung) kaum erfolgsversprechend sein.

5. Das ABC der Haftpflichtversicherung

50 Übersicht über sonstige Begriffe und Zweifelsfragen (VN = Versicherungsnehmer)

Abandonrecht (§ 3 II 8 AVB). Das Recht des Versicherers, sich unter bestimmten Voraussetzungen nach Zurverfügungstellung eines Geldbetrages aus der weiteren Schadensbearbeitung zurückzuziehen, hat aus verschiedenen Gründen an praktischer Bedeutung verloren.

Anerkenntnisverbot (§ 5 III 2 AVB, § 154 Abs. 2 VVG). Ein Anwendungsfall der Schadensminderungspflicht des VN und eine Art Schutzklausel. Die Obliegenheit hat zum Inhalt: der VN darf ohne vorherige Zustimmung des Versicherers einen Haftpflichtanspruch weder ganz oder zum Teil anerkennen noch vergleichen und auch nicht befriedigen.

Angehörige des Versicherungsnehmers (§ 4 Nr. 7 AVB, Nr. 21 Abs. 1b „Hinweise"). Als solche gelten der Ehegatte sowie in gerader Linie mit dem VN Verwandte oder Verschwägerte (z. B. Schwiegertochter) oder im zweiten Grad der Seitenlinie Verwandte (z. B. Bruder). Haftpflichtansprüche solcher Personen sind nicht gedeckt; gewisse Ausnahmen gelten für die von einem Nicht-Ehegatten erhobenen Ansprüche. Zu den Angehörigen eines Versicherten, vgl. § 7 II 1 AVB.

Anzeigepflichten des VN (§ 5 II AVB, Nr. 24 „Hinweise"). Jeder Versicherungsfall ist dem Versicherer unverzüglich, spätestens innerhalb einer Woche (von Erben innerhalb eines Monats) schriftlich anzuzeigen mit einer Sachverhaltsschilderung unter Anschluß von einschlägigen Unterlagen.
Zusätzliche Anzeigepflichten bestehen im Falle der außergerichtlichen und gerichtlichen Geltendmachung von Regreßansprüchen, auch z. B. im Falle der Streitverkündung oder eines Gesuches um Prozeßkostenhilfe.

Aufsichtsrat s. Unternehmerische Tätigkeiten.

Ausland (§ 4 Nr. 1 AVB, Ziff. II Bes. Bedingungen, Nr. 18 „Hinweise"). Unabhängig vom Ort der Ausübung ist gedeckt die Beratung über Deutsches Steuerrecht einschließlich DBA und transformiertes EG-Recht durch den StB/StBv in eigener Person. Der Versicherungsschutz aus der Verletzung oder Nichtbeachtung ausländischen Rechtes und für Haftpflichtansprüche vor ausländischen Gerichten ist jetzt ausgedehnt auf das europäische Ausland (ohne die Oststaaten) und auf die Türkei, gilt aber nicht für Nebentätigkeiten (inkl. Praxisabwickler usw.) und nicht für Tätigkeiten über ausländische Beratungsstellen u. ä.

Beirat s. Unternehmerische Tätigkeiten.

Empfehlung. Die Empfehlung (§ 4 Nr. 4 AVB, Ziff. 5 RiB) **von Geld-,** Grundstücks- und andere wirtschaftliche **Geschäften** ist vom Versicherungsschutz ausgeschlossen. Entgeltlichkeit oder Unentgeltlichkeit der Tätigkeit spielt keine Rolle. Darin liegt eine Ausnahme von Ziff. 2g RiB, wonach die Beratung und die Wahrung sonstiger fremder Interessen in wirtschaftlichen Angelegenheiten, soweit diese berufsüblich sind, in den Versicherungsschutz einbezogen sind. Bereits das Empfehlen eines bestimmten Anlagemodells, das aus einer Reihe anderer Objekte ausgewählt wurde, ist nicht mehr gedeckt. Anlagen sollten deshalb nicht ohne genaue Kenntnis des Objekts empfohlen werden. Versicherungsschutz besteht lediglich hinsichtlich der Beratung des Mandanten über mögliche Risiken einer Beteiligung oder die richtige Form der Beteiligung, also beschränkt auf die steuerliche und wirtschaftliche Seite des Engagements.

Erbenklausel (Ziff. I Bes. Bed., Nr. 10, Abs. 5 „Hinweise"). Die Mitbeteiligung nach § 3 II 3 AVB entfällt (nicht aber die Gebührenanrechnung nach § 3 II 4 AVB), wenn die Haftpflichtansprüche gegen die Erben des VN geltend gemacht werden. Gleiches gilt für Haftpflichtansprüche, die gegen einen Berufsangehörigen erhoben werden, nachdem er die versicherte Tätigkeit alters- oder krankheitshalber oder aus anderen nicht unehrenhaften Gründen beendet hat.

Erfüllungsansprüche („Hinweise" Nr. 22). Ansprüche auf Erbringen der primären Leistung, z. B. Fertigung der Steuererklärung oder der Klagebegründung, Herausgabe von steuerlichen Unterlagen sind keine Haftpflichtansprüche im Sinne von § 1 I 1 AVB und deshalb nicht gedeckt.

Erfüllungssurrogate („Hinweise" Nr. 22). Nicht gedeckt sind Ansprüche auf Ersatz von Kosten, die wegen mangelhafter Buchführungs- und Bilanzierungstätigkeit vom Mandanten zwecks Berichtigung aufgewendet werden müssen. Grundlage BGH vom 9. 1. 1964, NJW 1964, 1025; BB 1964, 237.

Erzwingungsgelder s. Verspätungszuschläge.

Garantie-Erklärung (§ 4 Nr. 2 AVB). Haftpflichtansprüche aufgrund Garantie-Erklärungen, garantieähnlicher Zusagen oder sonstiger Erklärungen, die über den Umfang der gesetzlichen Haftpflicht hinausgehen, sind vom Versicherungsschutz ausgenommen; es liegt eine bewußte Übernahme eines dem Versicherer nicht bekannten und nicht kalkulierbaren Risikos vor.

Gesellschaften (§ 4 Nr. 8 AVB, Nr. 21c „Hinweise"). Ansprüche einer GmbH oder einer Aktiengesellschaft sind vom Versicherungsschutz ausgenommen, wenn die Mehrheit der Anteile dem VN, einem Sozius oder Angehörigen gehört. Bei einer KG bleibt der Versicherungsschutz erhalten, auch wenn ein Angehöriger Inhaber eines KG-Anteiles ist.

Sind Personengesellschaften, z. B. eine OHG oder BGB-Gesellschaft Geschädigte, dann wird die Ausschlußklausel wirksam, wenn der VN, sein Sozius oder seine Angehörigen einen Anteil halten.

Häusliche Gemeinschaft (§ 4 Nr. 7 AVB, Nr. 21b „Hinweise"). Haftpflichtansprüche von Personen, welche mit dem VN in häuslicher Gemeinschaft leben, sind vom Versicherungsschutz ausgenommen; Verwandtschaft oder Schwägerschaft sind ohne Bedeutung.

Mitbeteiligung des VN (§ 3 II 3 u. 4 AVB, Nr. 10 „Hinweise"). An der Aufbringung eines Schadensbetrages ist der VN in zweifacher Hinsicht beteiligt:
(1) nach § 3 II 4 AVB durch Anrechnung der in der Verstoßangelegenheit erlangten Nettogebühren, maximiert auf 10% des Schadensbetrages und
(2) nach § 3 II 3 AVB prozentual bis zu DM 10000 mit 10%, vom Mehrbetrag bis DM 100000 mit 2,5% und vom Mehrbetrag mit 1%, in jedem Fall mit mindestens DM 100,– (Mindestselbstbehalt).

Die Mitbeteiligung darf DM 5000,– nicht überschreiten.

Nebentätigkeiten (Ziff. 2 und 3 RiB). Von den Tätigkeiten, die nach § 57 Abs. 3 Nr. 2 und 3 StBerG mit dem Beruf vereinbar sind, sind verschiedene in den Versicherungsschutz prämienfrei einbezogen. Dazu gehören auch die Tätigkeiten als Konkursverwalter, Vergleichsverwalter und in ähnlichen, amtlich bestellten Funktionen.

Obliegenheiten nach Eintritt eines Versicherungsfalles (§ 5 II u. III AVB, Nr. 24 und 25 „Hinweise"). Außer der rechtzeitigen Anzeige von bestimmten Ereignissen hat der VN nach Maßgabe von § 5 Nr. III 1 AVB den Versicherer vollständig und laufend zu informieren und ihn bei der Sachverhaltsfeststellung und Schadensabwehr zu unterstützen. Die Korrespondenz mit dem Versicherer sollte nicht ohne dessen Einverständnis dem Geschädigten zugeleitet werden.

Obliegenheitsverletzung (§ 6 Abs. 2ff. VVG; § 6 AVB, Nr. 27 „Hinweise"). Wird eine Obliegenheit vorsätzlich nicht wahrgenommen, ist der Versicherer von der Leistung frei. Bei grob fahrlässigem Verhalten ist eine Kausalitätsprüfung anzustellen. Leicht fahrlässiges Verhalten schadet nicht.

Personenschäden (§ 1 I 2 AVB, Nr. 21 Abs. 2 „Hinweise") sind vom Versicherungsschutz gänzlich ausgeschlossen.

Praxisabwickler (Ziff. 3 RiB, Nr. 19 Abs. 2 „Hinweise"). Aus Vereinfachungsgründen wird der Versicherungsschutz zugunsten der auslaufenden Praxis dadurch gewährt, daß die Tätigkeit als Praxisabwickler ausdrücklich als eingeschlossene Nebentätigkeit bezeichnet wird.

Die Berufshaftpflichtversicherung des Steuerberaters   **50 T**

Prozeßkosten (§ 3 II 7 AVB, Nr. 23 „Hinweise"). Der Versicherer trägt die Kosten eines gegen den VN gerichteten Haftpflichtprozesses, der einen gedeckten Anspruch betrifft, voll. Gleiches gilt für eine negative Feststellungsklage und eine Nebenintervention, die mit Zustimmung des Versicherers betrieben werden. Die MWSt aus der Kostenrechnung des eigenen Prozeßbevollmächtigten trägt der VN.

Ausnahmen bestehen, wenn der Haftpflichtanspruch den Mindestselbstbehalt von DM 100,– nicht übersteigt oder wenn der Haftpflichtanspruch die Versicherungssumme für den einzelnen Schadenfall übersteigt. In letzterem Falle trägt der Versicherer die Kosten aus dem Gegenstandswert in Höhe der Versicherungssumme.

Rechtsbesorgung (Ziff. 4 RiB). Lediglich bei unbewußtem Irrtum über die Grenzen der erlaubten Rechtsberatung besteht Versicherungsschutz.

Sachschäden (§ 1 I 2 u. II, § 3 II 2 u. 3 AVB, Nr. 21 Abs. 2b „Hinweise"). Sachschäden sind nur in bestimmten Einzelfällen in den Versicherungsschutz einbezogen bei generell beschränkter Versicherungssumme und erhöhter Mitbeteiligung des VN.

Säumniszuschläge s. Verspätungszuschläge.

Serienschadenklausel (§ 3 II 2 AVB, Nr. 9 Abs. 3 „Hinweise"). Die Grundregel, daß die volle Versicherungssumme für jeden einzelnen Versicherungsfall zur Verfügung steht (eine Begrenzung stellt die Vereinbarung einer Jahreshöchstleistung dar), entstammt dem Gesichtspunkt, daß als Einheit behandelt werden soll, was auch im allgemeinen Leben als zusammengehörig angesehen wird. Demgemäß steht die Versicherungssumme nur einmal zur Verfügung, wenn z. B. dem StB und seinem Angestellten in der gleichen Angelegenheit ein Fehler unterlaufen (§ 3 II 2a AVB) oder wenn mehrere Fehler einen einheitlichen Schaden bewirken, z. B. Fehler in der Buchführung und unterlassene Belehrung des Mandanten führen zu Gewinnzuschätzungen durch eine Bp; lit. b aaO.

In § 3 II 2c AVB wird konsequenterweise auf die Folgen eines (einzigen) Verstoßes abgestellt und dann für den Begriff des einheitlichen Verstoßes eine Fiktion vorgenommen.

Sozietät (§ 12 AVB, Nr. 13 „Hinweise"). § 12 I 1 AVB enthält einen eigenständigen Sozietätsbegriff. Das berufliche Versehen (der Versicherungsfall) eines Sozius gilt als Versicherungsfall aller Sozien, ein Ausschlußgrund nach § 4 AVB in der Person eines Sozius geht zu Lasten aller Sozien.

Die Versicherungssumme für den einzelnen Schadensfall sollte für jeden Sozius gleich hoch sein, damit eine Unterdeckung vermieden wird. Bei Sozietäten mit WP muß für jeden Sozius eine Einzelversicherungssumme von DM 500 000 vereinbart werden. Tätigkeiten außerhalb der Sozietät, z. B. in eigenem Namen bedürfen eines gesonderten Versicherungsvertrages.

Treuhänder (Ziff. 2f RiB, Ziff. III 1 Bes. Bed.). Die Treuhandtätigkeit ist nur eingeschränkt mitversichert, nämlich als aufsichtführende Treuhand.

Unternehmerische Tätigkeiten (Ziff. III 1 Bes. Bed., Ziff. 5 RiB, Nr. 21 I „Hinweise"). Sie liegen außerhalb von Sinn und Zweck einer Haftpflichtversicherung für beratende und prüfende Berufe. Daher sind nicht gedeckt die Tätigkeit z. B. als Leiter, Vorstands- oder Aufsichtsratsmitglied von privaten Unternehmungen oder von Vereinen und Verbänden.

Vermittlung (§ 4 Nr. 4 AVB, Ziff. 5 RiB). Die entgeltliche, aber auch die unentgeltliche Vermittlung von Geld-, Grundstücks- und anderen wirtschaftlichen Geschäften ist mit dem Beruf nicht vereinbar (§ 57 Abs. 4 Nr. 1 StBerG) und demgemäß in den Versicherungsschutz nicht einbezogen. Bei Anlageobjekten sollte sich der StB/StBv auf eine (steuer-)beratende Funktion beschränken. Der Zufluß einer Provision kann berufsrechtlich relevant sein.

Verschwiegenheitspflicht (§§ 57 Abs. 1, 62 StBerG, Nr. 25 Abs. 3 „Hinweise"). Das Gebot der Verschwiegenheitspflicht ist nicht verletzt, wenn dem Versicherer – ohne vorherige Anfrage beim Geschädigten – die für die Bearbeitung des Schadensfalles einschlägigen steuerlichen Unterlagen zugeleitet werden. Der Versicherer hat in seinem Geschäftsbetrieb für eine Fortbeachtung dieser Pflicht zu sorgen.

Versicherungsfall. Abstrakte Begriffsbestimmung in § 5 I AVB; Versicherungsfall ist das berufliche Versehen – Tun oder Unterlassen –, das zu einem Schaden des Mandanten oder eines Dritten führen kann. Das Abstellen auf ein frühes Ereignis in der Kausalkette (nicht erst auf den Schadenseintritt oder die Anspruchserhebung) soll zugunsten der Berufsangehörigen bewirken, daß die bis zur Beendigung des Versicherungsvertrages und damit im praktischen Ergebnis bis zur Beendigung der Berufstätigkeit unbekannt gebliebenen Verstöße zeitlich uneingeschränkt gedeckt bleiben und daß der Versicherer, der über das notwendige know how und einschlägige Erfahrungen in Fragen der Berufshaftpflichtversicherung verfügt, sich frühzeitig einschalten kann.

Verspätungszuschläge Erzwingungsgelder und Säumniszuschläge (§ 152 VVG, Nr. 22c „Hinweise"). Soweit der Berufsangehörige Erklärungsarbeiten verspätet leistet, obwohl er weiß, daß Erzwingungsgelder oder Verspätungszuschläge anfallen und durch Schätzungsbescheide weitere Schäden entstehen können, liegt kein deckungsfähiger Schaden vor, weil bedingt-vorsätzliches Handeln gegeben ist.

Vertreter (§ 1 IV AVB, Nr. 19 Abs. 1 „Hinweise"). Eingeschlossen ist die Tätigkeit als Praxisverwalter, als nach § 69 StBerG bestellter oder als sonst zugelassener Vertreter für einen anderen, an der Berufsausübung zeitweilig gehinderten StB/StBv.

Vorsatz (§ 152 VVG). Die vorsätzliche Herbeiführung des Versicherungsfalles ist entsprechend der generellen Regelung in der Haftpflichtversicherung nicht gedeckt; bedingter Vorsatz genügt. Gleiches gilt für die

Wissentliche Pflichtverletzung vgl. § 4 Nr. 6 AVB.

U. Typische Fehlerquellen der Berufstätigkeit

Bearbeiter: Klaus Hartmann (Teile I–VI)
Dr. Ben Elsner (Teil VII)

Übersicht

	Rz.
I. Fristversäumnis, Allgemeines	1–5
II. Fristversäumnisse im Rechtsbehelfs- und Rechtsmittelverfahren	6–13
1. Rechtsbehelfe gegenüber dem Finanzamt	6–8
2. Verfahren vor Gericht	9–13
III. Buchführung	14–27
IV. Jahresabschluß – Erstellung und Prüfung	28–39
V. Steuererklärungen, Steuervoranmeldungen	40–47
VI. Weitere aktuelle Haftpflichtgefahren	48–57
1. Anlageberatung	48, 49
2. Ehegattenarbeitsverträge	50
3. Grundstücksübertragung auf Ehegatten	51
4. GmbH-Problemfälle	52–55
5. Mandatsübernahme	56, 57
VII. Fehler bei der Kapitalaufbringung	60–77
1. Die Aufbringung des Stammkapitals bei der GmbH	61–69
2. Die Aufbringung des Kapitals bei der Kommanditgesellschaft	70–73
3. Kapital ersetzende Gesellschafterleistungen	74–77

I. Fristversäumnis, Allgemeines

1 Die anzahlmäßige größte Gruppe in der Schadenspraxis mit etwa 40% bilden die Fälle der nicht ordnungsgemäßen Wahrung von verfahrensrechtlichen und materiellrechtlichen Fristen.

Zur Grundausstattung einer Beratungspraxis gehört entsprechend der Berufsüblichkeit und den strengen Anforderungen der Rechtsprechung der **Fristenkalender** (oder das Fristenkontrollbuch). Von den Fachverlagen können ausgereifte Exemplare bezogen werden, ein ganz bestimmtes Muster ist nicht vorgeschrieben.

2 Einzutragen und vom Praxisinhaber laufend zu kontrollieren sind insbesondere **Verfahrensfristen,** zweckmäßigerweise mit Vorfristen. Für die Löschung der Frist sind praxisinterne Regelungen zu treffen, die eine **Fristenlöschung** erst zulassen, wenn die notwendige Postsendung absendereif ist.

3 Die zusätzliche Führung eines (zentralen) **Steuerbescheid-Eingangskalenders** mit vorgesehenem Raum für das weitere Schicksal des einzelnen Bescheides ist zweckmäßig.

Die immer noch anzutreffende Methode, den anzufechtenden Bescheid an oberster oder an bestimmter **Stelle auf den Chef-Tisch** zu legen (mit oder ohne Handakte), ermöglicht nicht sicher die Fristenwahrung, weil wegen des Anrufes des Mandanten, wegen eines Antrages auf Aussetzung der Vollziehung (AdV) o. ä. der Bescheid mit oder ohne Handakte vom Chef-Tisch entfernt werden und für einige Tage in Vergessenheit geraten kann.

4 Zu erfassen sind, neben der Eintragung in der Akte oder auf dem Bescheid selbst, Antragsfristen mit dem Charakter von (nicht verlängerbaren) **Ausschlußfristen,** insbesondere für LSt-Jahresausgleich, InvestZulage, WoBau-Prämie sowie die Zwei-Jahresfrist zwecks (besonderer) ESt-Veranlagung nach § 46 Abs. 2 S. 2 EStG.

5 Als schadensträchtig ergaben sich
– die Antragsfrist von einem Jahr für die **Vergütung von KSt** (§ 36b Abs. 4 EStG) oder für die **Erstattung von KapErtSt** an bestimmte Körperschaften (§ 44c Abs. 3 EStG) und
– die Drei-Monatsfrist für Schlechtwettergeld und KUG.

II. Fristversäumnisse im Rechtsbehelfs- und Rechtsmittelverfahren

1. Rechtsbehelfe gegenüber dem Finanzamt

6   Die Notwendigkeit eines **förmlichen Einspruchs** (nämlich schriftlich, telegraphisch oder zu Protokoll) wird oft verkannt. An Stelle des Einspruchs tritt ein Gespräch mit dem Sachbearbeiter über die Möglichkeiten einer Berichtigung. Das Gespräch ist später nicht mehr nachvollziehbar, die Einspruchsfrist jedoch abgelaufen.

7   Ist der Mandant nach Eingang des ungünstigen Verwaltungsaktes nicht erreichbar oder sind verschiedene Rechtsfragen eingehend zu prüfen, dann ist eine **vorsorgliche Einlegung** zweckmäßig.

Von der **alsbaldigen Einspruchseinlegung** sollte nicht abgesehen werden, wenn sie in jedem Falle beabsichtigt oder sobald sie beschlossene Sache ist.

8   Für den Antrag auf AdV ist der rechtzeitige **Einspruch als Zulässigkeitsvoraussetzung** von besonderer Bedeutung. Dies gilt auch für den Fall, daß der Bescheid unter dem Vorbehalt der Nachprüfung steht oder aus anderen Gründen abänderbar ist, also der Einspruch aus sich selbst nicht unbedingt erforderlich wäre.

Der letzte Blick bei der Unterzeichnung sollte der **richtigen Adressierung** gelten, bei Sammelbescheiden der Erwähnung aller Bescheide bzw. Jahre.

2. Verfahren vor Gericht

9   Der Formulierung des **Klageantrages zum FG** ist besondere Aufmerksamkeit zu widmen (s. dazu auch Teil I Rz. 191 ff.). Auf mündliche Verhandlung sollte nicht von vornherein verzichtet werden, andererseits sollte der Antrag nicht fehlen, für das Vorverfahren die Zuziehung des Bevollmächtigten für notwendig zu erklären.

Die Klage sollte **direkt an das FG** gerichtet und gesandt werden, nachdem über den Begriff des „Anbringens beim FA" noch keine einheitliche Meinung besteht.

10   Häufig wird versäumt, die **Prozeßvollmacht** sofort beizufügen oder alsbald nachzureichen. Wird trotz Fristsetzung durch das FG die Vollmacht nicht nachgereicht (auf die Gründe des Unterlassens kommt es nicht an), dann muß der Berater dem Mandanten den Prozeßverlust aufgrund seines Eigenverhaltens mitteilen.

11   Die nicht genaue Berechnung und nicht genaue Eintragung der **Revisionsbegründungsfrist** nach § 120 Abs. 1 Nr. 1 FGO ist schon manchem Berufsangehörigen zum Verhängnis geworden; gleiches gilt für die Fertigung der Revisions- und Begründungs**schrift** auf einem **Briefbogen** der im FG-Verfahren tätigen WP- oder StB-GmbH.

12   Kann eine ausreichende Revisionsbegründung wahrscheinlich innerhalb der Frist nicht gefertigt werden, dann sollte alsbald **Antrag auf Fristverlängerung** gestellt werden und zwar so, daß der BFH noch vor Fristablauf darüber entscheiden kann.

13   Die **Abschaffung der Streitwertrevision** durch das umstrittene Gesetz vom 16. 7. 1985, BGBl 85 I, 1274, wird auch künftighin keine Entlastung der Berater und der Verfahrensbeauftragten bedeuten. Die FG-Instanz erhält eine recht erheblichere Bedeutung, auch hinsichtlich des **Rechtsvortrages.**

Einige **weitere Hinweise:**
– Die Klageanträge sollten erweitert werden auf den Antrag auf Zulassung der Revision, jedenfalls in denjenigen Fällen, die bisher der Streitwertrevision unterlagen.
– Die mündliche Verhandlung bedarf einer sorgfältigeren Vorbereitung als bisher
– Das Materialsammeln für die Zulässigkeit der Revision (wegen grundsätzlicher Bedeutung, Divergenz, Verfahrensmangel) sollte während des ganzen Verfahrens beim FG eine ständige, wenn auch zusätzliche – lästige Aufgabe sein und
– nach Vorliegen des FG-Urteils bedarf die Frage der Zulässigkeit der Revision einer sofortigen Überprüfung.

III. Buchführung

14   Die vom Mandanten selbst zu führenden **Grundaufzeichnungen,** insbesondere Kassenbuch/Kassenbericht, Wareneingangsbuch, sollten nicht ständig unbesehen

Buchführung   15–23 **U**

übernommen werden; unterjährige Kontrollen insbesondere hinsichtlich der zeitnahen Erfassung ersparen späteren Ärger.

15 Oft ergeben sich in der Kassenführung grobe Unstimmigkeiten, die es als unwahrscheinlich erscheinen lassen, daß die Aufzeichnungen des Mandanten stimmen können (z. B. öftere Kassenfehlbeträge, Aufzeichnungen der Einnahmen einmal pro Monat). Dann sollten die zweckmäßigen **Zubuchungen** hinreichend **kenntlich gemacht** und auch dem Mandanten mitgeteilt werden, da sonst bei einer FA-Prüfung Schwierigkeiten und eventuell Zuschätzungen unvermeidbar sind.

16 In solchen Fällen kann eine Art **Hinweis- und Warnpflicht** des Beraters entstehen. Dies gilt auch gegenüber Anfängern im Beruf oder Gewerbe und hinsichtlich der sorgfältigen Aufbewahrung der Belege. Selbst wenn die Fehler der Vergangenheit nicht mehr korrigierbar erscheinen, werden Mängel für die Zukunft sicher vermieden.

17 Wird aus tatsächlichen Gründen die **Buchführung** nachträglich **en bloc** gefertigt und EDV-mäßig deklariert, dann sollte dem Mandanten nicht vorenthalten werden, daß die von ihm schon verursachten Mängel nicht unbedingt im Falle einer Betriebsprüfung unerkannt bleiben.

18 Die **Buchführung mittels EDV-Anlage** (vgl. *Messmer* „Haftpflichtgefahr im EDV-Zeitalter" in DSWR 1984, 187) hat hinsichtlich der vorbereitenden Aufklärung und Hinweise gegenüber dem Mandanten die Haftungssituation nicht gemindert. In der neuen Buchführungsmethode haben sich verschiedene Maßnahmen als häufige Fehlerquellen ergeben:

19 Für die **Umstellung der Buchführung** ist eine ausreichende Einarbeitungszeit für die eigenen Mitarbeiter einzuplanen. Die Anlaufzeit sollte auch nicht in Monate fallen, in welchen die Mandanten z. B. Bilanzen bei Banken oder Behörden an festen Terminen einzureichen haben. Zusätzliche Maßnahmen erfordert die Umstellung während des laufenden Wirtschaftsjahres.

20 Die **Vorkontierung durch** die eigenen geschulten **Mitarbeiter** muß die Möglichkeit von Rückfragen beim Mandanten zulassen. Verschreiben, fehlerhaftes Ablesen und ähnliche Ungenauigkeiten können gravierende Fehler auslösen.

Erfolgt die **Vorkontierung durch den Mandanten,** dann sind unterjährige Stichproben nahezu unterläßlich, z. B. hinsichtlich der richtigen umsatzsteuerlichen Zuordnung.

21 Zu den Stammdaten wird teilweise der – das Haftungsrisiko zutreffend anzeigende – Begriff der notwendigen **Pflege der Stammdaten** verwendet. Diese hat insbesondere bei der Lohnbuchhaltung (einschließlich der Lohnberechnung) erhebliche Bedeutung, nachdem von den haftungsrelevanten Fehlerquellen rund die Hälfte auf die Lohnbuchführung entfallen.

22 **Einer Hervorhebung bedürfen:**
– Die Veränderungen z. B. der LSt-Klasse, des Stundenlohnes, des Beitragssatzes der Sozialversicherungsträger, sollten rechtzeitig und für alle in Betracht kommenden Arbeitnehmer eingespeichert werden;
– **kurzfristige Veränderungen,** z. B. Lohnerhöhungen oder Zulagen für einige Monate, sind hinsichtlich des Ablauftermines notfalls außerhalb der Stammdaten festzuhalten;
– die Lohnberechnung von Bedienungen in Gaststätten ist zwar tarifrechtlich geregelt, gebietet aber Vorsicht bei der Umrechnung von brutto auf netto; ähnliche Besonderheiten und damit zusätzliche Planungs- und Kontrollaufwand erfordert die **Lohnbuchhaltung für Aushilfskräfte, Heimarbeiter und ähnliche** an der Einhaltung bestimmter Lohngrenzen interessierter Arbeitnehmer.
– Ähnliches gilt bei Vorliegen von **Lohnpfändungen** und bei Betrieben mit Zweigstellen in West-Berlin.

23 Im Bereich der Finanzbuchhaltung hat sich die Bestimmung des § 4 Abs. 7 S. 1 EStG 85 über die „**einzelne und getrennte Aufzeichnung**" von bestimmten Betriebsausgaben, insbesondere von **Werbegeschenken und Bewirtungskosten** nach § 4 Abs. 5 Nr. 1 und 2 EStG 85 als latente Gefahrenquelle erwiesen. Dies gilt auch für die EDV-Buchführung und der in den Programmen ausdrücklich bereitgehaltenen Sonderkonten (im DATEV-Kontenrahmen Konto 4630 „P 4/5 StG"). Wegen der Gründe für diese etwas unverständliche Situation vgl. Messmer a. a. O. S. 188/189.

24 Kann die laufende Finanzbuchführung nicht rechtzeitig fertiggestellt werden aus Gründen, die beim Mandanten oder beim Berater liegen, dann werden häufig **geschätzte USt-Voranmeldungen** „per Hand" erstellt, wobei entweder die vorhandenen Belege aufgetippt oder die Werte griffweise geschätzt werden. Wird dann nach Erstellung der Finanzbuchhaltung versäumt, eine endgültige oder berichtigte Voranmeldung einzureichen und die zusätzliche Zahlung an die Finanzverwaltung zu leisten, dann können dem Mandanten und dem Berater steuerstrafrechtliche Verfahren drohen. Wenn schon die Übergangsregelung im Einzelfall nicht vermeidbar ist, sollte wenigstens die Schätzung ausreichend sein.

25 **Buchungen für einen Kommanditisten** einheitlich auf dem Kapitalkonto II oder auf einem Verrechnungskonto sollten von vorneherein vermieden werden. Durch die zusammenfassende Buchung von Verlusten, Entnahmen oder sonstigen Verrechnungen entsteht ein einheitliches Verbindlichkeitskonto, so daß nach der wohl herrschenden Meinung der Kommanditist auch für die im Verrechnungskonto belasteten Verluste haftet, obwohl er nach Gesetz und Vertrag im Regelfalle für Verluste nur aufgrund künftiger Gewinngutschriften haftet. Vgl. hierzu ausführlich Rz. 60 ff.

26 **Einmalige Buchungen von** betragsgemäß oder geschäftlich **erheblicher Bedeutung** sollten nicht der Routinearbeit des Büros überlassen werden, sondern vom Berater selbst vorgeprüft und durch gesonderte Weisungen an die Mitarbeiter gesteuert werden.

27 Dies gilt insbesondere für den Fall, daß wegen **Begründung** oder Erweiterung **von Gesellschaftsrechten** nach Gesetz oder Vertrag **bare Einlagen** von dem Gesellschafter zu erbringen sind. Dann kann nicht auf Ersatztatbestände ausgewichen werden, insbesondere sind Umbuchungen von Darlehens- oder Verrechnungskonten des Gesellschafters oder andere Formen der Sacheinlagen verfehlt. Die unwirksame Einbringung wird z. B. auch nicht dadurch geheilt, daß sie jahrelang mit gleichbleibendem Ansatz oder Erläuterung in den Bilanzen enthalten ist. Im Konkursfalle wird der Berater der Eigenhaftung kaum ausweichen können, wenn der Konkursverwalter seinen Nachforderungsanspruch gegen den Gesellschafter nicht realisieren kann.

IV. Jahresabschluß – Erstellung und Prüfung

28 Der **rechtzeitigen Fertigung der Bilanz** innerhalb der gesetzlich vorgeschriebenen Zeit (30. 3. oder 30. 6. des jeweiligen Jahres) sollte erhöhte Aufmerksamkeit gewidmet werden, zur Vermeidung verschiedenartiger Negativfolgen. Der BFH sieht in mehreren Entscheidungen die verspätete Bilanzerstellung als Grundlage für die Verwerfung der Buchführung und die Berechtigung von Zuschätzungen an. Außerdem können sich im Falle eines späteren Konkurses für den Berater recht unangenehme Folgerungen ergeben, insbesondere die etwaige Bestrafung wegen Mittäterschaft nach §§ 238 ff Strafgesetzbuch und dann zwangsläufig z. B. Strafsanktion nach § 6 Abs. 2 GmbHG (Verbot der Tätigkeit als GmbH-Geschäftsführer). Die Diskussion in der Literatur, ob die vorgenannten Bestimmungen auch für die GmbH & Co. KG oder für andere Kaufleute gelten sollen, darf nicht schon als erledigt behandelt werden. Die Terminsüberschreitung liegt häufig im Verhalten der Mandantschaft begründet, was aus Beweisgründen intern irgendwie schriftlich festgehalten werden sollte.

29 Nach § 245 HGB nF. sind das Inventar und die **Bilanz** vom **Kaufmann** zu **unterzeichnen,** wobei die Datumsangabe nicht überflüssig ist. Gleichartige Gebote bestehen für Personengesellschaften und für die juristischen Personen.

30 Die **Konten** bedürfen (eigentlich selbstverständlich) der **Abstimmung,** falls dies nicht bereits durch den Auftraggeber geschehen ist. Unklare oder durchlaufende Posten sollten in einer Bilanz nicht ausgewiesen sein.
Besonderes Augenmerk verdienen die **Zwischenkonten,** da sie bekanntlich zum beliebten Instrumentarium der ungetreuen Mitarbeiter gehören.

31 Wird der **Ansatz der halbfertigen Arbeiten** in einer späteren FA-Prüfung beanstandet, dann erhebt der Mandant in aller Regel u. a. den Vorwurf, er sei über die (im Einzelfall durchaus schwierige) Ermittlung der Wertansätze nicht hinreichend aufgeklärt worden, er habe keine Hilfestellung durch das Steuerbüro erhalten.

32 Ergeben sich aus dem vom Mandanten, der ganz oder teilweise als Handelsvertreter tätig ist, vorgelegten Rechenwerk **hohe Zahlungseingänge,** dann ist eine Überprüfung geboten, ob außergewöhnliche, einmalige Zahlungen vorliegen und ob es sich demgemäß ganz oder teilweise um Abfindungen nach § 89b HGB handelt.

33 Umfang und Notwendigkeit von **Rückstellungen** werden oft aus Zeitdruck mangelhaft überprüft. Wenn z. B. bei abweichendem Wirtschaftsjahr Rückstellungen für Urlaubs- und Weihnachtsgelder in Höhe von über DM 200 000,– unterbleiben, wird die gesamte Geschäftspolitik berührt und eventuell auch die Entscheidung über den Konkursantrag ungewollt verzögert.

34 Für die **Bewertung von Beteiligungen,** auch an verbundenen oder im Ausland agierenden Unternehmen, sollte die Weiterführung der Vorjahresansätze nur aufgrund von glaubwürdigen Äußerungen der Geschäftsführung und ohne Vorliegen von schriftlichen Unterlagen eine kaum vorkommende Ausnahme darstellen.

35 Ein Berater (ähnliches gilt für den Prüfer) stellt nach kurzer Betrachtung und Überprüfung des Ergebnisses des Rechnungswesens bzw. der vorgelegten Bilanz fest, daß der **ausgewiesene Jahresgewinn** eigentlich **nicht stimmen kann.** Der Berater geht aber seinen Bedenken nicht weiter nach und übernimmt das Ergebnis in die Steuererklärungen. Bei einer späteren Betriebsprüfung werden durch Zufall zusätzliche Einkünfte in erheblichem Umfang festgestellt. Der Steuerpflichtige lastet alle Verantwortung von sich ab mit dem Hinweis auf seine buchhalterische Unkenntnisse und seine zeitliche Überlastung sowie auf die (angebliche) Allzuständigkeit des Beraters oder des Prüfers.

36 Nachdem in solchen Fällen die Behörden dazu übergehen, das Verfahren gegen den Steuerpflichtigen selbst einzustellen, um den Mandanten als Kronzeugen im Verfahren gegen den Steuerberater zur Verfügung zu haben, handelt es sich um eine gefährliche und folgenreiche Konstellation für den Berufsträger. Die Folgen sind zu vermeiden durch eine entsprechende **Plausibilitätsprüfung,** die auch davor schützt, daß Zuschätzungen zum Umsatz und zum Gewinn erfolgen und sonstige steuerliche Nachteile entstehen.

37 In ähnlicher Situation befindet sich ein Berater (oder Prüfer), der im Zusammenhang mit neuen Investitionen, insbesondere im Immobilienbereich, feststellt, daß liquide Mittel eingesetzt worden sind, die nach den Bilanzergebnissen der Vorjahre nicht verdient sein konnten. In solchen Fällen sollte es niemals verabsäumt werden, bereits vor Abgabe der entsprechenden Steuererklärungen die **Mittelherkunftskontrolle** vorzunehmen. Mindestens sollte auf eine grobe Kontrolle nicht verzichtet werden. Im Rahmen der Veranlagung läßt sich dieses Versäumnis im Regelfall nicht mehr reparieren, auch hier besteht die Gefahr von weitergehenden Folgerungen als die zivilrechtliche Haftung.

38 Stellt der Berater oder Prüfer eine **Überschuldung** der Kapitalgesellschaft fest, dann sollte dieses Wissen an die Geschäftsführung weitergegeben werden mit dem Hinweis, daß die Konkursantragspflicht einer Überprüfung bedarf.

39 Für die Erstellung und die Prüfung der Jahresabschlüsse sind in den letzten Jahren verfeinerte Methoden, ausgeklügelte Systeme usw. publiziert worden, deren Beachtung die Tätigkeit erleichtern und qualitativ verbessern kann, die technische Entwicklung hat weitere Hilfestellungen erbracht. Trotzdem bleibt die Gültigkeit des Erfahrungssatzes bestehen, jedes Jahr neu **die Sonde des Zweifels** anzusetzen und zwar auch oder gerade bei solchen Positionen, die eigentlich unproblematisch erscheinen.

V. Steuererklärungen, Steuervoranmeldungen

40 Nachdem die Änderungsmöglichkeit für das ESt-Erklärungs-Formular unerschöpflich erscheint, ist es nicht ungefährlich, Originale oder Kopien von **Vordrucken für Vorjahre** zu verwenden; immer wieder sind die Textbezeichnungen zu bestimmten Ziffern anders gestaltet oder neue „kleine Kästchen" eingebaut, z. B. zu § 34 EStG.

Die Art der vom Steuerpflichtigen oder seiner Ehefrau bezogenen **Rente** bedarf der näheren Klärung; grobes Schema: Steuerfreie Renten nach § 3 EStG, Leibrenten mit der einschlägigen Tabelle des § 22 EStG, andere Leibrenten mit der Tabelle des § 55 EStDV.

Bei den Einkünften aus Vermietung und Verpachtung sind **eigene Aufstellungen der Mandanten** über die Einnahmen und Werbungskosten eine verbreitete Übung. Eine Überprüfung durch den Berater oder dessen Mitarbeiter ist in aller Regel nicht überflüssig, ebenso die ausdrückliche Nachfrage bei der Mandantschaft, ob alle Zinsaufwendungen, gleichgültig welcher bankmäßigen Bezeichnung, erfaßt sind.

41 Werden in USt-Voranmeldungen versehentlich nennenswerte Einnahmen doppelt erfaßt oder Vorsteuerbeträge vergessen, dann sollte nach Entdeckung des Versehens alsbald eine **berichtigte Voranmeldung** abgegeben werden. Das immer wieder zu beachtende Abwarten der Berichtigung bis zur Einreichung der Jahreserklärung bewirkt u. a. eine Verengung der flüssigen Mittel des Mandanten und verlängert den eventuell entstehenden Zinsschaden.

Für die Fertigung der USt-Jahreserklärung bleibt die **Addition** der Daten der **Voranmeldungen** ein hilfreiches Kontrollmittel.

Nachdem sich die mit der Einführung der Mehrwertsteuer entstandene Hoffnung, die bis dahin bestandene **Kasuistik im USt-Bereich** werde verhindert, nicht erfüllt hat, ist es zweckmäßig, im Zusammenhang mit der Jahreserklärung die Tätigkeit des Mandanten immer wieder genau unter die Lupe zu nehmen und zwar unter Berücksichtigung zwischenzeitlich ergangener Urteile oder Verwaltungsäußerungen und zwar unter dem Gesichtspunkt eines eventuell ermäßigten Steuersatzes.

42 Bei **getrennt lebenden** oder geschiedenen **Ehegatten** sind aufgrund der zwischenzeitlichen Neuerungen (Realsplitting, Kinderbetreuungskosten usw.) sachverhaltsmäßig umfassendere Ermittlungen erforderlich; notfalls sollten die steuerlich ungünstigen Konsequenzen deutlich aufgezeigt werden.

43 Problematisch bleibt nach wie vor die **Blanco-Unterzeichnung** von Jahressteuererklärungen und ähnlichen Erklärungen, z. B. zum LSt-Jahresausgleich, Investitionszulage. Sie kann unumgänglich sein bei längerer Abwesenheit des Mandanten, einem anstehenden Wohnungswechsel, einer baldigen Einreichungspflicht u. ä. Gerechtfertigt erscheint sie, wenn alle Unterlagen vorgelegt sind und die notwendige Einzeldurchsprache erfolgt ist, also in der Regel eher bei langjährigen Mandanten als bei neuen Mandanten. Gegen ein solches Vorgehen spricht insbesondere die gebotene Abschirmung gegen eventuelle steuerstrafrechtliche Folgen.

44 Auch im Zuge der Fertigung von **GewSt-Erklärungen** erscheint es nicht überflüssig, etwaigen Besonderheiten nachzugehen. Das gilt beim Vorliegen von verschiedenen Tätigkeiten/Betrieben (z. B. Handelsvertreter und Großhandel) der Frage, ob nicht **zwei gesonderte Gewerbebetriebe** mit der Folge des jedesmaligen Ansatzes des Freibetrages von (derzeit) DM 36000,– nach § 11 Abs. 1 GewStG anzunehmen sind. Andererseits sollte bei verhältnismäßig geringem Lohnaufwand und bei Vorliegen von Eingangsrechnungen fast immer der gleichen Firma die Frage nach der etwaigen **Hausgewerbetreibenden**-Eigenschaft gestellt werden. Ergibt sich ein Verlust, dann ist wegen der künftigen Geltendmachung des **Gewerbeverlustes** nach § 10a GewStG nachzuprüfen, ob die unbedingt erforderliche Gewinnermittlung nach § 5 EStG vorliegt.

45 Sind im Veranlagungszeitraum **Veräußerungen** von Betriebsteilen, **Teilbetrieben,** Vermögensteilen oder von einzelnen Beteiligungen erfolgt, dann liegt die Erzielung des Freibetrages nach §§ 14a, 16 Abs. 4, 17 Abs. 3 und 4 oder 18 Abs. 3 EStG im Interesse des Mandanten. Trotz der umfangreichen Verwaltungserlasse erfordert die Ermittlung, ob ein Teilbetrieb veräußert wurde, immer noch eine subtile Überprüfung in sachlicher und rechtlicher Hinsicht. Telefonische Vorwegauskünfte sollten nicht erteilt werden, solange nicht auch die oft zugehörenden Problemkreise der eventuellen Aufgabe des ganzen Betriebes oder des ruhenden Betriebes abgeklärt sind. Für die Betriebsaufgabeerklärung an das Finanzamt steht eine 3-Monatsfrist zur Verfügung.

46 Die **KapESt-Anmeldung** und Abführung z. B. von einer GmbH als Schuldnerin wegen ausgeschütteter Gewinne kann in aller Regel nicht an die Absendung der übrigen Jahressteuererklärungen gekoppelt werden, sondern muß innerhalb verhältnismäßig **kurzer Frist** erfolgen: Für die innerhalb eines Monats einbehaltene Steuer läuft die Frist am 10. des Folgemonats ab, § 44 Abs. 1, § 45a Abs. 1 EStG.

Ist im Ausschüttungsbeschluß der Tag der Auszahlung nicht bestimmt, dann gilt nach der Fiktion des § 44 Abs. 2 Satz 2 EStG der Tag nach der Beschlußfassung als Zeitpunkt des Zufließens. Eine Abtretung des Anspruchs auf Anrechnung der Kap-ESt z. B. von den Gesellschaftern an die GmbH, verändert die Anmelde- und Zahlungsfristen nicht, weil eine solche Abtretung unwirksam ist, Abschn. 213f Abs. 4 EStR.

47 Werden mit der **Übersendung von Jahresabschluß** und Jahressteuererklärungen dem Mandanten weitere Schriftstücke zugeleitet, z. B. vorbereitete LSt-JA-Anträge für Familienangehörige oder InvestZulagen-Anträge, dann sollte dies auf dem Übersendungsschreiben (Deckblatt) deutlich vermerkt und gesondert auf den Fristablauf hingewiesen werden.

VI. Weitere aktuelle Haftpflichtgefahren

1. Anlageberatung

48 Die Anlageberatung hat sich zu einem wichtigen Aufgabengebiet entwickelt, in welchem die steuerlichen Berater ihre speziellen Kenntnisse und Erfahrungen, den wirtschaftlichen Überblick und Weitblick zu Gunsten der Auftraggeber nutzbar machen können.

Eine Anfrage der Mandantschaft über die steuerliche Bonität oder ähnliche Merkmale eines bestimmten Objektes sollte nicht nebenbei oder kurz am Telefon bejahend beantwortet werden, vielmehr sollte auf die erst in einigen Tagen vorhandene Überprüfungszeit abgestellt werden.

49 Den Berufsträgern, gleichgültig ob Berater des Gesamtobjektes oder einzelner Interessenten, kann es zum Verhängnis werden, wenn sie **die Grenzen der ausgeübten Tätigkeit** nicht klarstellen; solche ausdrücklichen Einschränkungen sind zweckmäßig insbesondere bei Bauherrenmodellen und ähnlichen Anlagen im Bausektor dahingehend, daß eine Überprüfung der Fakten nicht erfolgen konnte, die sich aus den Bauplänen und anderen technischen Unterlagen ergeben (z. B. qm-Menge der Wohnung, Lage von Fenstern und Tiefgaragen, Schrägdach). Die Klarstellungen sollten spätestens in der Honorarrechnung an die Mandantschaft erfolgen, wobei zu berücksichtigen ist, daß „Justitia" keine Haftungsvergünstigungen gewährt, wenn ohne Honorar oder nur gegen geringes Entgelt beraten worden war.

2. Ehegattenarbeitsverträge

50 Bei der Betreuung von Ehegatten haben sich die Ehegatten-Arbeitsverträge als haftpflichtgeneigt herausgestellt. In dem möglichst schriftlich abzufassenden Arbeitsvertrag sollte klare und umfassende Regelungen getroffen werden, auch z. B. darüber, wann jeweils und in welcher Weise das Gehalt ausgefolgt wird. Im Zusammenhang mit den Jahresabschlußarbeiten erscheint es nicht nachteilig, wenn gelegentlich überprüft wird, ob der Vertrag voll realisiert wird und ob Veränderungen eingetreten sind. In diesem Zusammenhang hat die Frage nach dem Vorliegen des gesetzlichen oder eines gesondert vertraglich vereinbarten Güterstandes erhebliche Bedeutung.

3. Grundstücksübertragung auf Ehegatten

51 Werden **Grundstücke** ganz oder teilweise auf den Ehegatten übertragen, dann bedürften einer Vorwegklärung z. B. die Fragen, ob eine Entnahme in Betracht kommen könnte, ob im Falle von Baumaßnahmen wegen des angestrebten Vorsteuerabzuges der andere Ehegatte gegenüber Baubehörden und Kreditinstituten als (alleiniger) Bauherr in Betracht kommen kann und ob rechtzeitig ein Pachtvertrag in zivilrechtlich wirksamer Weise abgeschlossen werden kann.

4. GmbH-Problemfälle

52 a) Eine Grundursache für die vielfältigen Haftpflichtgefahren bei der **Gründung und** laufenden **Beratung einer GmbH** scheint bei Gesellschaftern solcher Firmen, die aus Ein-Mann- oder Familien-Betrieben hervorgegangen sind, das (anfängliche) mangelnde Trennungsvermögen zwischen Einzelperson bzw. Familie und juristischer Person zu sein. Für die steuerlichen Berater bedeutet dies eine zusätzliche Aufklärungsarbeit, auch aus dem Grunde, daß rechtzeitig und formgerecht entschieden wird, z. B. über die etwaige Ausschüttung des Gewinnes, über die Anstellungsverträge von Gesellschafter-Geschäftsführern und mitarbeitenden Gesellschaftern, über die Gewährung von Tantiemen und Umsatzbeteiligungen.

53 b) Der gleichen Grundhaltung ist es offenbar zuzuschreiben, wenn – vom Berater nicht oder zu spät bemerkt – **Gehaltszahlungen** mit zugehörenden Buchungen nur sporadisch erfolgen und der Hauptteil des Gehalts an den Gesellschafter-Geschäftsführer erst im Folgejahr nach Feststehen des Jahresergebnisses gezahlt wird bzw. die Deklaration als Darlehen gewählt wird.

54 c) Bei den Anstellungsverträgen mit Gesellschafter-Geschäftsführern und insbesondere der Abänderung solcher Verträge sollte die **Sozialversicherungs-Komponente** nicht außer Betracht bleiben. Das Absinken von kapitalmäßiger Beteiligung und Stimmenanteil kann zu einer unerwünschten Neubegründung von Angestelltenversicherungspflicht und Arbeitslosenversicherungspflicht führen.

55 d) Bei einer erheblichen Anzahl von nicht glücklich verlaufenden Fällen der **Einbringung** und **Umwandlung** von **Einzelfirmen** oder Personengesellschaften in eine GmbH wurde als bemerkenswertes Faktum die Hast aller Beteiligten festgestellt, mit welcher die Veränderungen betrieben wurden, meist in den letzten Dezembertagen. Der Berater sollte seinen Einfluß dahingehend geltend machen, daß nur wohlüberlegte und nach allen Seiten überprüfte Umgestaltungen erfolgen. Dabei wären in den beobachteten Fällen durch das Zuwarten um einige Monate, abgesehen von der hinreichenden Klarstellung der neuen Funktionen der maßgeblichen Personen, auch steuerliche Vorteile zu erreichen gewesen, z. B. die Ausnutzung restlicher Verlustvorträge, die steuerlich-sichere Klarstellung der Weiterbehandlung von negativen Kapitalkonten von Personengesellschaftern. Generell kann nicht verkannt werden, daß ungeachtet der Tücken des UmwStG der Wunsch mancher Mandantschaft vom Berater einfach nicht erfüllbar ist, persönlich alles beim alten zu belassen, aber steuerlich optimalste Verhältnisse zu erreichen.

5. Mandatsübernahme

56 a) Die Übernahme eines **neuen Mandates** bedarf der umsichtigen Planung. Sobald die oft drängenden Arbeiten z. B. längst fällige Jahresabschlüsse und Steuererklärungen, Übernahme in die EDV-Buchführung, erledigt sind, müßte mit dem Mandanten geklärt werden, welche einzelnen Tätigkeiten künftig zu erbringen sind, wie die honorarmäßige Regelung erfolgt und darüber hinaus, ob und inwieweit eine Überprüfung von Buchführung und/oder steuerlicher Veranlagungen früherer Jahre gewünscht wird. Es kann nicht von vorneherein und sicher angenommen werden, der Mandant wolle eine solche Art Rückwärtskontrolle überhaupt nicht. Daß die persönlichen Verhältnisse des neuen Mandanten, soweit sie steuerlich relevant sein können, möglichst schriftlich zu erfassen sind, entspricht bewährter Berufstätigkeit.

57 b) Erfolgt der **Mandatswechsel** zwischen Abgabe von Jahressteuererklärungen und Zugang von Jahressteuerbescheiden, dann sollte zur Vermeidung unliebsamer Auseinandersetzungen mit dem neuen Mandanten ausdrücklich die Frage angesprochen werden, ob nur die **Übereinstimmung des Bescheides mit** den **Steuererklärungen** geprüft werden soll oder weitergehende Überprüfungen, Stichproben usw. erfolgen sollen. Diese Grundsätze gelten auch im wesentlichen für solche Berufsangehörige, die den nunmehr eigenen Mandanten bisher als Angestellter oder freier Mitarbeiter eines anderen Berufsträgers betreut haben; das Fortführen fehlerhafter Bilanzansätze, die ungenügende Überprüfung der umsatzsteuer-rechtlichen Situation o. ä. läßt sich wirksam nicht entschuldigen durch Berufen auf die früheren Verhältnisse.

VII. Fehler bei der Kapitalaufbringung

60 Bei der steuerlichen Betreuung von Unternehmen, die in der Rechtsform von Personen- oder Kapitalgesellschaften geführt werden, wird der Steuerberater häufig mit Fragen der Kapitalaufbringung konfrontiert. Für die Aufbringung und Erhaltung des Gesellschaftskapitals sind im Gesetz strenge Regeln vorgesehen, die von der Rechtsprechung rigoros gehandhabt werden. Scheinbar geringfügige Formfehler führen u. U. zur Unwirksamkeit einer Kapitaleinzahlung und bewirken, daß der betroffene Gesellschafter das Kapital erneut einzahlen muß.

1. Die Aufbringung des Stammkapitals bei der GmbH

61 In der Regel wird bei der Errichtung einer Gesellschaft mit beschränkter Haftung die sog. **Bargründung** gewählt. In der Satzung heißt es dann z. B.: ,,Die Stammeinlagen sind in bar zu erbringen." Diese Formulierung ist wörtlich zu nehmen mit der Einschränkung, daß auch Scheckzahlungen oder Banküberweisungen zulässig sind. Sacheinlagen oder Verrechnungen führen regelmäßig nicht zu einer Tilgung der Stammeinlageverbindlichkeit des Gesellschafters (vgl. im einzelnen § 19 GmbHG). Die Probleme sind so vielschichtig, daß sie nachfolgend nur angedeutet werden können. Im Zweifel sollte Rechtsrat eingeholt werden.

62 a) Unzulässig ist insbesondere die **Aufrechnung des Gesellschafters** gegen den Anspruch der Gesellschaft auf Leistung der Einlage (§ 19 Abs. 2 Satz 2 GmbHG). Hierauf sollte der Steuerberater achten, wenn er aufgefordert wird, eine entsprechende Verbuchung vorzunehmen. Hat der Gesellschafter eine fällige Forderung gegen die Gesellschaft, so muß er sich grundsätzlich diesen Betrag auszahlen lassen, um ihn dann mit der Zweckbestimmung ,,Stammeinlage" wieder einzuzahlen. Es ist davor zu warnen, diese Verfahrensweise als formalistisch abzutun und ,,der Einfachheit halber" eine Aufrechnung vorzunehmen.

63 b) Die **Aufrechnung durch die Gesellschaft** wird durch § 19 GmbHG nicht generell verboten. Gleichwohl ist sie nur in wenigen Fällen zulässig. Stammt die Forderung des Gesellschafters, gegen die aufgerechnet werden soll, aus der Überlassung von Vermögensgegenständen (Beispiel: Gesellschafter hat der Gesellschaft seinen Pkw verkauft), so gestattet das Gesetz eine Aufrechnung durch die Gesellschaft nur, wenn die Vorschriften über die Sachgründung beachtet wurden (vgl. § 19 Abs. 5 GmbHG). Im übrigen darf die Gesellschaft nur aufrechnen, wenn die Forderung des Gesellschafters fällig, liquide und wirtschaftlich *vollwertig* ist. Letzteres ist nur der Fall, wenn die Gesellschaft in der Lage ist, alle fälligen Gesellschaftsschulden sicher zu bezahlen (vgl. *Scholz/Winter* GmbHG, 6. Aufl., § 19 Rz. 15 m. w. N.).

64 Für die Fälle der **Kapitalerhöhung** gilt nach h. M., daß eine nach § 19 GmbHG der Gesellschaft an sich erlaubte Aufrechnung wirkungslos ist, wenn die Ansprüche des Gesellschafters zum Zeitpunkt der Kapitalerhöhung bereits bestehen. (*Fischer/Lutter* GmbHG, 11. Aufl., § 56 Rz. 9 m. w. N.). Man spricht dann von einer verdeckten oder verschleierten Sacheinlage.

65 d) Der Gesellschafter kann im Falle der Bargründung bzw. Barerhöhung seine Stammeinlageverpflichtung nicht dadurch erfüllen, daß er der Gesellschaft eine Forderung gegen einen Dritten verschafft. Bei Kommanditgesellschaften, deren persönlich haftende Gesellschafterin eine reine Verwaltungs-GmbH ist, kommt es häufig vor, daß die Komplementär-GmbH ihren Zahlungsverkehr über das Bankkonto der Kommanditgesellschaft abwickelt. Zahlungen, die für die GmbH bestimmt sind, werden von der Kommanditgesellschaft vereinnahmt und auf einem internen Verrechnungskonto der GmbH gutgeschrieben. Wird mit Zahlungen von Gesellschaftern, die zur Tilgung übernommener Stammeinlagen oder Kapitalerhöhungen geleistet werden, in dieser Weise verfahren, tritt die gewünschte Tilgungswirkung nicht ein, da die GmbH nicht Geld, sondern lediglich eine *Forderung* gegen die KG erhalten hat (einschränkend jetzt BGH v. 25. 11. 1985, ZIP 1985, A 92).

66 Auch in Fällen der **Betriebsaufspaltung** wird häufig bei der Besitzgesellschaft ein Verrechnungskonto für die Betriebs-GmbH geführt. Hier ist es ebenfalls dringend zu

beachten, daß dieses Konto nicht für Kapitaleinzahlungen zugunsten der GmbH geeignet ist.

67 e) Die **Anmeldung** einer neu gegründeten GmbH zum Handelsregister darf gemäß § 7 Abs. 2 GmbHG erst erfolgen, wenn ein Viertel des Stammkapitals, mindestens aber DM 25000,– eingezahlt sind. Die Einzahlung erfolgt zweckmäßigerweise auf ein für die „GmbH in Gründung" zu errichtendes Bankkonto. Zahlungen auf die Stammeinlage, die über den vom Gesetz oder der Satzung geforderten Mindestbetrag hinausgehen, befreien den Gesellschafter nur dann von seiner Einlageverpflichtung, wenn diese Beträge der Gesellschaft zum Zeitpunkt ihrer Eintragung in das Handelsregister noch unverbraucht *in Geld* zur Verfügung stehen (BGH ZIP 1984, 394, 396).

Entsprechendes gilt für die zur Tilgung einer Einlageverpflichtung notwendige **Zweckbestimmung** der geleisteten Zahlung. Erfolgt die Zweckbestimmung nicht gleichzeitig mit der Leistung sondern erst später, so wird der Gesellschafter von seiner Einlageverpflichtung nur frei, wenn zu *diesem* Zeitpunkt der entsprechende Geldbetrag für die Gesellschaft noch voll als Kapital verfügbar ist (BGHZ 51, 157, 162).

68 f) Eine wirksame Erbringung der Stammeinlage liegt nur vor, wenn die eingezahlten Geldbeträge der Gesellschaft vorbehaltlos und uneingeschränkt zur Verfügung stehen. Dies ist nicht der Fall, wenn die **Zahlung mit Kreditmitteln** bewirkt wird, die von der Gesellschaft selbst aufgenommen, verbürgt oder in sonstiger Weise abgesichert worden sind (vgl. *Hachenburg/Ulmer* GmbHG, 7. Aufl., § 7 Rz. 38; OLG Köln, ZIP 1984, 176).

69 g) Beispielhaft können folgende **typische Fehler** bei der Stammkapitalaufbringung genannt werden:
– Der Gesellschafter hat der Gesellschaft das Betriebsgrundstück oder Gegenstände des Anlagevermögens vermietet bzw. verpachtet. Mit seinem **Miet- bzw. Pachtzinsanspruch** rechnet er gegen die Stammkapitalforderung der Gesellschaft auf.
– Der Gesellschafter hat der Gesellschaft ein **Darlehen** gegeben. Mit dem Darlehensrückzahlungsanspruch rechnet er gegen die Stammkapitalforderung der Gesellschaft auf.
– Der Gesellschafter hat gegen die Gesellschaft Forderungen aus einem Anstellungsverhältnis (z. B. als Geschäftsführer). Mit seinen **Gehaltsansprüchen** rechnet er gegen die Stammkapitalforderung der Gesellschaft auf.
– Der Gesellschafter hat **Vermögensgegenstände** (Maschinen, Kraftfahrzeuge, Gegenstände der Geschäftsausstattung) an die Gesellschaft **verkauft**. Mit seinem Kaufpreisanspruch rechnet er gegen die Stammkapitalforderung der Gesellschaft auf. In diesem Fall wäre auch eine Aufrechnung durch die Gesellschaft nur zulässig, wenn die Vorschriften über die Sachgründung beachtet wurden (§ 19 Abs. 5 GmbHG).
– Der Gesellschafter zahlt das Stammkapital nicht unmittelbar an die GmbH, sondern an eine mit dieser in irgendeiner Weise verbundene Gesellschaft (GmbH & Co KG, Betriebsaufspaltung). Die Zahlungsempfängerin bringt der GmbH die Zahlung des Gesellschafters auf einem **Verrechnungskonto** gut.
– Der Gesellschafter zahlt mehr als den vom Gesetz oder der Satzung geforderten Mindestbetrag auf die Stammeinlage ein. Der Mehrbetrag wird ganz oder teilweise vor Eintragung der Gesellschaftsgründung bzw. der Kapitalerhöhung ins **Handelsregister** wieder ausgegeben.
– Die Stammeinlage wird mit **Kreditmitteln** bewirkt, die von der Gesellschaft selbst aufgenommen, verbürgt oder in sonstiger Weise abgesichert worden sind.

2. Die Aufbringung des Kapitals bei der Kommanditgesellschaft

70 a) Gemäß § 171 Abs. 1 HGB haftet der Kommanditist den Gläubigern der Gesellschaft gegenüber bis zur Höhe seiner Einlage unmittelbar, so lange die Einlage noch nicht geleistet ist. Maßgeblich für den Umfang der Haftung ist die Eintragung im Handelsregister (§ 172 Abs. 1 HGB). Im Gegensatz zur GmbH und zur Aktiengesellschaft (vgl. § 66 Abs. 1 Satz 2 AktG) kann die Leistung der Kommanditeinlage

grundsätzlich auch durch **Aufrechnung** mit einer wirtschaftlich vollwertigen Forderung des Gesellschafters an die Gesellschaft erfolgen oder durch Befriedigung eines Gesellschaftsgläubigers (vgl. *Baumbach/Duden* HGB, 25. Aufl., § 171 Anm. 2 B, C). Ein **Erlaß** oder eine **Stundung** der Einlage durch Vereinbarung der Gesellschafter ist dagegen den Gläubigern der Gesellschaft gegenüber unwirksam.

71 b) Die durch Leistung der Kommanditeinlage erloschene unmittelbare Haftung der Kommanditisten gegenüber den Gesellschaftsgläubigern lebt wieder auf, wenn die Einlage an den Kommanditisten **zurückbezahlt** wird (§ 172 Abs. 4 Satz 1 HGB). Eine Rückzahlung i. S. dieser Vorschrift liegt auch bei Leistungen vor, die dem Kommanditisten nur mittelbar zugute kommen, z. B. bei Begleichung persönlicher Verbindlichkeiten des Kommanditisten durch die Gesellschaft oder bei einer Leistung der Gesellschaft an einen Dritten, der die Leistung an den Kommanditisten weiterleitet (BGHZ 47, 149).

72 Ferner lebt die unmittelbare Haftung des Kommanditisten wieder auf, wenn er **Gewinnanteile entnimmt,** obwohl sein Kapital durch Verlust unter den Betrag der Einlage herabgemindert ist oder durch die Entnahme unter diesen Betrag herabgemindert wird (§ 172 Abs. 4 HGB), es sei denn, die Gewinnentnahme erfolgt gutgläubig aufgrund einer im guten Glauben errichteten Bilanz (§ 172 Abs. 5 HGB). Hat der Kommanditist in zulässiger Weise Gewinn entnommen, so ist er nicht verpflichtet, diese Beträge wegen späterer Verluste zurückzuzahlen (§ 169 Abs. 2 HGB).

73 c) Da der Kommanditist, der seine Einlage ordnungsgemäß erbracht hat, für Verluste der Kommanditgesellschaft nicht haftet, ist er nicht verpflichtet, ein aufgrund von Verlusten entstandenes negatives Kapitalkonto auszugleichen. Etwas anderes gilt für **unberechtigte Entnahmen** des Gesellschafters. Diese muß er der Gesellschaft regelmäßig aus dem Gesichtspunkt der ungerechtfertigten Bereicherung erstatten, ohne daß seine Haftung insoweit auf die Höhe der übernommenen Einlage begrenzt wäre. Nicht nur aus Gründen der Übersichtlichkeit ist es dringend anzuraten, anteilige Verluste und Entnahmen getrennt zu verbuchen und die entsprechenden Salden in der Bilanz gesondert auszuweisen. Werden Gewinn- und Verlustanteile, Einlagen und Entnahmen und der sonstige Zahlungsverkehr zwischen der Gesellschaft und dem Gesellschafter auf *einem* Konto verbucht und der negative Saldo buchhalterisch undifferenziert ausgewiesen, können dem Kommanditisten Nachteile drohen, weil der Umfang seiner Haftungsbeschränkung nicht mehr nachvollziehbar ist.

3. Eigenkapital ersetzende Gesellschafterleistungen

– Siehe auch Teil N Rz. 131 a–l –

74 Nicht nur die **Aufbringung** des Gesellschaftskapitals sondern auch dessen **Erhaltung** unterliegt besonderem gesetzlichen Schutz. Insbesondere ist die Rückzahlung des Kapitals verboten (vgl. §§ 30, 31 GmbHG). Es liegt die Versuchung nahe, die strengen Kapitalerhaltungsvorschriften zu umgehen, indem der Gesellschafter seiner Gesellschaft die benötigten Geldmittel nicht in Form von Eigenkapital, sondern formal als Fremdmittel (Gesellschafterdarlehen bzw. vom Gesellschafter besicherte Fremddarlehen) zur Verfügung stellt.

75 Unter bestimmten Voraussetzungen sind daher **Gesellschafterdarlehen** oder vom Gesellschafter gesicherte Drittdarlehen **wie Eigenkapital zu behandeln** mit der Folge, daß der Gesellschafter ihre Rückzahlung nicht verlangen kann und im Falle der Rückzahlung der Gesellschaft das geleistete zu erstatten hat.

76 Neben die hierzu von der Rechtsprechung entwickelten Grundsätze sind inzwischen auch gesetzliche Regelungen getreten (vgl. §§ 32a, 32b GmbHG). Nach der Rechtsprechung hat ein **Darlehen kapitalersetzenden Charakter,** wenn die Gesellschaft bei der *Hergabe* des Darlehens Fremdkapital zu marktüblichen Bedingungen nicht mehr erhalten konnte und bei der *Rückzahlung* das Darlehen verlorenes Stammkapital und ggf. darüber hinaus vorhandene Überschuldung abdeckt (vgl. BGHZ 31, 258ff.; BGH ZIP 1980, 361). Entsprechend behandelt werden Darlehen, die der Gesellschafter über den Zeitpunkt der Kreditunfähigkeit hinaus „stehenläßt" (BGH ZIP 1980, 115 mit Anm. *Klasmeyer*). Die Rückzahlung solcher Darlehen löst

in entsprechender Anwendung der §§ 30, 31 GmbHG eine Haftung des Gesellschafters aus.

77 § 32a GmbHG stellt für die **Charakterisierung als kapitalersetzendes** Darlehen darauf ab, ob die Darlehenshingabe in einem Zeitpunkt erfolgte, in dem die Gesellschafter der Gesellschaft als ordentliche Kaufleute Eigenkapital zugeführt hätten. Solche Darlehen können vom darlehensgebenden Gesellschafter im Konkurs- oder im Vergleichsverfahren über das Vermögen der Gesellschaft nicht geltend gemacht werden. Wird ein vom Gesellschafter gesichertes, kapitalersetzendes Drittdarlehen im letzten Jahr vor der Konkurseröffnung zurückgezahlt, so hat der Gesellschafter den zurückgezahlten Betrag zu erstatten (§ 32b GmbHG).

V. Steuerstraf- und wirtschaftsstrafrechtliche Verantwortung des Steuerberaters
Beruftstypische Gefahren im Steuerstrafrecht und Steuerordnungswidrigkeitenrecht
Risiken steuerlicher Haftungstatbestände für den Steuerberater

Bearbeiter: Klaus Hartmann

Übersicht

	Rz.
I. Steuerstrafrechtliche Verantwortung	1–16
1. Konfliktsituation in der Praxis der Steuerberatung	1
2. Berufstypische Gefahrenlage	2
3. Beschränkung der Verantwortlichkeit des Steuerberaters durch den Beratungsvertrag	3
4. Mögliche steuerstrafrechtliche Kollision	4–9
a) Vorsätzliche und leichtfertige Steuerverkürzung	4
b) Beteiligungsformen: Mittäterschaft, Beihilfe und Anstiftung	5
c) Pflichten des Beraters	6–9
5. Steuerunehrlicher Mandant und Mandatsniederlegung	10
6. Verschulden von Mitarbeitern	11
7. Leichtfertige Verkürzung	12
8. Verletzung der Mitwirkungspflicht des Mandanten	13
9. Berichtigungspflicht gemäß § 153 AO	14, 15
10. Anhörung der Berufskammer gemäß § 411 AO	16
II. Berufstypische Risiken bei steuerlichen Haftungstatbeständen	17–20

	Rz.
III. Wirtschaftsstrafrechtliche Verantwortung	21–41
1. 1. Gesetz zur Bekämpfung der Wirtschaftskriminalität	22
2. Begehungsformen und Abgrenzung Täterschaft – Beihilfe	23, 24
3. Subventionsbetrug (§ 264 StGB)	25–30
a) Gefährdungsdelikt	25
b) Geschütztes Rechtsgut	26
c) Tatbestand	27, 28
d) Strafbefreiung	29
e) Beispiele	30
4. Kreditbetrug (§ 265b StGB)	31–33
a) Tatbestand	31
b) Täterkreis	32
c) Probleme der Strafverfolgung	33
5. Konkursstraftaten (§§ 283, 283a, 283b, 283c, 283d StGB)	34–41
a) Tatbestandsmäßiges Handeln im Sinne des § 283 Abs. 1 Ziff. 1 StGB (Strafbarkeitsbedingung)	34–37
b) Tatbestandsmäßiges Handeln gemäß § 283 Abs. 1 Ziff. 5, 6 und 7 StGB	38
c) Verletzung der Buchführungspflicht (§ 283b StGB)	39, 40
d) Untreue (§ 266 StGB), Schuldnerbegünstigung (§ 283d StGB), Hehlerei (§ 259 StGB), falsche Angaben (§ 82 Abs. 2 Ziff. 2 GmbH-Gesetz)	41

I. Steuerstrafrechtliche Verantwortung

1. Allgemeines

1 Die Angehörigen des steuerberatenden Berufes sehen sich in ihrer täglichen Berufsarbeit mit einer Flut von Steuergesetzen und Verordnungen konfrontiert.
Hinzu kommt, daß der Berater in der zwischen dem Staat und dem Bürger bestehenden **Interessenkonflikt** einbezogen wird. Einerseits soll er dem berechtigten Bestreben des Mandanten Rechnung tragen und die Steuerlast so niedrig wie möglich halten. Andererseits ist er als Organ der Steuerrechtspflege zur Beachtung der Steuergesetze verpflichtet. Das Bundesverfassungsgericht definiert die Stellung des Steuerberaters als die eines „Mittlers zwischen Verwaltung und Bürger".
Es kann nicht Aufgabe des Beraters sein, gegenüber seinem Mandanten als „Wahrer des Rechtes" aufzutreten, dessen Beruf einem öffentlichen Amt nahekommt (so aber OLG Celle, Der Betrieb 1960, Seite 1181). Aus einer derartigen Definition des Status des Steuerberaters versuchen verschiedene Strafverfolgungsbehörden dann die Pflicht des Beraters zur Aufdeckung von Mandantenverfehlungen oder zur Berichtigung von Erklärungen gem. § 153 AO abzuleiten (vgl. zum ganzen auch Wöhe DStR 1985, S. 583 ff).
Der Steuerberater haftet nach der Rechtsprechung der Zivilgerichte dem Mandanten auf Schadensersatz, soweit er nicht umfassend im Rahmen seiner Beratung jede mögliche Steuerersparnis aufzeigt. Umgekehrt wird der Berater in der täglichen Praxis mit der Gegenwirklichkeit der Strafverfolgungsbehörden konfrontiert, die

allzu leicht dazu neigen, über die Integrität des Berufsstandes im Einzelfall hinwegzusehen und sozialtypischen Reaktionen von Mandanten dahingehend, die strafrechtliche Verantwortung zu Lasten des Beraters zu verschieben, nachzugeben.

2. Berufstypische Gefahren

2   Die Verurteilung wegen einer Steuerstraftat ist für den Berater stets mit einer berufsgerichtlichen Ahndung verbunden. Im Falle der Zahlungsunfähigkeit des Mandanten droht zudem eine Haftung nach § 71 AO für die hinterzogenen Steuern. Eine Verurteilung des Beraters kann für dessen Existenz durchaus bedrohlich sein. Er sollte deshalb den möglichen Gefährdungen aus seiner Berufsarbeit stets ein kritisches Augenmerk widmen.

3. Beschränkung der Verantwortlichkeit des Steuerberaters durch den Beratungsvertrag

3   Eine Abgrenzung des Verantwortlichkeitsbereiches des Beraters ergibt sich aus dem ihm erteilten **Auftrag**. Anhand der sich aus dem Beratungsvertrag ergebenden Beschränkungen der Tätigkeit ist im Einzelfall festzustellen, welche Pflichten der Berater für den Mandanten übernommen hat. Eine allgemeine Pflicht des Beraters, seinen Mandanten über alle in seinem Betrieb anfallenden Steuerfragen zu beraten, besteht nicht.

Aus einer Beschränkung des Auftrages folgt somit auch eine Einschränkung des Pflichtenkreises.

Beispielsweise kann sich die Tätigkeit des Berufsangehörigen auf eine Mitwirkung bei der Erstellung der Bilanz und der Anfertigung der Steuererklärung beschränken, ohne daß eine Prüfung der Bücher und sonstigen Geschäftsunterlagen vereinbart worden ist. Bilanz und Steuererklärungen können weiter nach Büchern und Belegen, die vom Mandanten übergeben wurden, gefertigt werden. Des weiteren kann der Berater die Buchführung für den Mandanten übernehmen. Er trägt in diesem Fall die Verantwortung für deren Richtigkeit und Vollständigkeit.

4. Mögliche steuerstrafrechtliche Kollisionen

a) Vorsatz und Fahrlässigkeit

4   Das Steuerstrafrecht unterscheidet wie das allgemeine Strafrecht zwischen **Vorsatz-** und **Fahrlässigkeitsdelikten.** Zu den Vorsatzdelikten gehört die Steuerhinterziehung des § 370 AO. Als Ordnungswidrigkeit wird die leichtfertige Steuerverkürzung des § 378 AO behandelt. Die Leichtfertigkeit entspricht der sogenannten groben Fahrlässigkeit.

Ordnungswidrig handelt auch, wer leichtfertig oder auch vorsätzlich Steuergefährdung gemäß § 379 AO begeht.

b) Mittäterschaft

5   Die Beteiligung an einer Steuerhinterziehung des Mandanten gem § 370 AO ist möglich in Form der **Mittäterschaft**, der **Beihilfe** sowie der **Anstiftung**.

Die Lebenssituationen, die zu strafrechtlichen Kollisionen des Beraters führen können, sind vielfältig. Die Ermittlungsbehörden gehen bei Steuerstraftaten des Mandanten häufig von einer Verstrickung des Beraters aus und ermitteln gegen diesen wegen bedingt vorsätzlichen Verhaltens hinsichtlich der Vorsatztat des Mandanten oder Beihilfe. Die Abgrenzung der Mittäterschaft von der Beihilfe ist im Steuerstrafrecht besonders schwierig, da Täter einer Steuerhinterziehung nach § 370 AO auch derjenige sein kann, der zum Vorteil eines anderen eine Verkürzung von Steuereinnahmen bewirkt. Reines Schweigen ohne Rechtspflicht zum Handeln kann keine Beihilfe sein.

Steuerstrafrechtliche Verantwortung 6–9 **V**

c) Pflichten des Beraters

aa) Sorgfaltspflicht

6   Die höchstrichterliche Rechtsprechung stellt an die dem Steuerberater obliegende Sorgfaltspflicht sehr hohe Ansprüche. Dementsprechend ist der Rahmen der straf- und bußgeldrechtlichen Verantwortung des Beraters außerordentlich weit. Kollisionen sind insbesondere wegen der **Verletzung von Sorgfaltspflichten** denkbar.
Der Berater ist stets auf die Unterlagen angewiesen, die ihm vom Mandanten zur Verfügung gestellt werden. Es kann nicht seine Aufgabe sein, das zum Mandanten bestehende Vertrauensverhältnis durch Mißtrauen zu gefährden. Auch unzuverlässige Steuerpflichtige haben einen Anspruch auf ,,Beratung".
Leichtfertiges Handeln kann dem Berater nur dann vorgeworfen werden, wenn eine Sorgfaltspflicht, die zu erfüllen er nach seinen persönlichen Fähigkeiten und nach seinen Verhältnissen in der Lage war, grob fahrlässig vernachlässigt wurde.
Beispielsweise wird nach dem Ableben des Mandanten gelegentlich festgestellt, daß erhebliche Beträge auf einem Konto nicht mehr vorhanden sind. Für den Berater stellt sich die Frage, ob er auf diesen Umstand in der Erbschaftsteuererklärung hinweisen soll und ob er die Erklärung überhaupt zutreffend erstellen kann. Dem Berater sind in diesem Fall Ermittlungen gegen den Mandanten und dessen Erben nicht zumutbar. Er ist nicht in der Lage, alle Beteiligten und das Ausgabeverhalten seines früheren Mandanten zu überprüfen, um die Diskrepanzen aufzuklären.
Hat der Berater Bedenken wegen fehlender Zinseinkünfte des Mandanten im Hinblick auf die Höhe des zur Verfügung stehenden Einkommens, empfiehlt sich eine entsprechende Nachfrage. Die Vollständigkeitserklärung des Mandanten kann ggf. zu den Akten genommen werden.

7   Grundsätzlich kann auf die Richtigkeit einer **ausdrücklichen Erklärung des Mandanten** vertraut werden, auch wenn die Unrichtigkeit der Erklärung für möglich gehalten wird. Es besteht keine Verpflichtung des Beraters zu weitergehenden Maßnahmen, insbesondere zur Niederlegung des Mandates. Stellt die Finanzbehörde bei einer Betriebsprüfung fest, daß der Steuerpflichtige höhere Einnahmen hat, als vom Berater in den Steuererklärungen angegeben, so muß dabei berücksichtigt werden, daß der Behörde eben andere Mittel zur Verfügung stehen, als dem Berater, der auf die ihm vom Mandanten freiwillig zur Verfügung gestellten Unterlagen angewiesen ist.

bb) Prüfungs- und Belehrungspflicht

8   Ohne entsprechenden Auftrag ist der Berater **nicht verpflichtet,** die ihm übergebenen **Unterlagen** auf **Richtigkeit und Vollständigkeit** zu **prüfen.** Der Berater steht auch in keinem besonderen Treueverhältnis zur Finanzverwaltung. Das von ihm zu fordernde Maß an Sorgfalt bei der Erfüllung des ihm übertragenen Auftrages, bestimmt sich nach den allgemeinen Grundsätzen, die auch für den Steuerpflichtigen gelten. Zu beachten ist stets, daß die Überprüfungsmöglichkeiten des Beraters beschränkt sind.
Dem Berufsangehörigen kann es auch nicht obliegen, das Finanzamt beispielsweise über den Zustand der Buchführung des Mandanten zu unterrichten. Nur dann, wenn konkrete Feststellungen getroffen wurden, die die Ordnungsmäßigkeit der Buchführung als zweifelhaft erscheinen lassen, ist der Berater zur weitergehenden Überprüfung verpflichtet. Im Regelfall genügt der Berufsangehörige seinen Pflichten, wenn er den Steuerpflichtigen über die Steuerpflichtigkeit bestimmter Geschäftsvorfälle belehrt und ihn zur richtigen buchmäßigen Darstellung ermahnt. Eine weitergehende Plicht, zu überprüfen, ob der Mandant dieser Belehrung auch nachkommt, besteht nicht.

cc) Pflichten bei Buchführung und Bilanzerstellung

9   Die Übernahme der Buchführung durch den Berater befreit den Mandanten nicht von seiner Pflicht, für eine ordnungsgemäße Erfüllung seiner Steuerangelegenheiten Sorge zu tragen. Der Auftraggeber hat dem Berater die von diesem benötigten Unterlagen und Belege rechtzeitig vorzulegen, Grundaufzeichnungen sorgfältig zu fertigen und den Berater in tatsächlicher Hinsicht umfassend zu informieren.

Hartmann 1299

Andererseits obliegt dem Berater, der mit der Erstellung der Buchführung betraut ist, die Verantwortung für die ordnungsmäßige und zutreffende Buchführung. Insoweit muß er bei der Aufstellung der Bilanz **offenbare Zweifelsfragen klären.** Ihm zweifelhaft erscheinende Belege und Unterlagen sind zu überprüfen. Unterläßt dies der Berater, so kann hierin unter Umständen eine Verletzung seiner Sorgfaltspflicht liegen, die ggf. bußgeldrechtlich relevant werden kann.

In der fehlenden Abstimmung der Finanz- und Lohnbuchhaltung wurde beispielsweise ein fahrlässiges und damit ordnungswidriges Verhalten des Beraters gesehen.

Bei der Bilanzierung wird eine Verantwortung des Beraters seitens der Finanzverwaltung beispielsweise bei groben und offensichtlichen Fehlern bei der Erfassung von halbfertigen Leistungen angenommen. Gleichfalls deuten Rückstellungen, deren Höhe überhaupt nicht zu rechtfertigen ist, auf eine Verantwortlichkeit des Beraters hin, wenn sie vom Mandanten in Abstimmung mit dem Berater vorgenommen wurden. Auch rechtliche Konstruktionen legen die Annahme eines Einflusses des Beraters auf ihr Zustandekommen nahe.

5. Steuerunehrlicher Mandant und Mandatsniederlegung

10   Eine generelle Verpflichtung des Beraters bei von ihm festgestellter Steuerunehrlichkeit des Mandanten das Mandat niederzulegen, besteht nicht. Ist aber ein Zusammenhang zwischen dem erteilten Auftrag und dem dem Berater bekannten steuerunehrlichen Verhalten des Mandanten gegeben, so ist der **Berater an** einem **Tätigwerden gehindert.**

Eine zu weitgehende Ausdehnung der Verpflichtung des Beraters zur Niederlegung des Mandates würde in letzter Konsequenz dazu führen, daß steuerunehrliche Mandanten das Recht auf steuerliche Vertretung verlören, denn auch der nachfolgende Steuerberater stünde nach kurzer Einarbeitungszeit vor der Notwendigkeit einer sofortigen Mandatsniederlegung. Keinem Steuerpflichtigen kann aber das Recht auf angemessene Vertretung abgesprochen werden.

Festzuhalten ist der Grundsatz, daß der Berater sich jeglicher Hilfestellung bei einer unkorrekten Handlungsweise des Mandanten völlig zu entziehen hat. In der Praxis hat die konkrete Kenntnis des Beraters von einer Pflichtverletzung des Mandanten regelmäßig eine schwerwiegende Konfliktsituation zur Folge.

6. Verschulden von Mitarbeitern

11   Für das Verhalten von Mitarbeitern kann der Berater zur Rechenschaft gezogen werden, soweit ihn zugleich ein **eigenes Verschulden** trifft. Insbesondere, wenn der Berater die Buchführung des Mandanten zu erledigen hat, und mit dieser Aufgabe einen Erfüllungsgehilfen beauftragt hat, obliegen ihm besondere **Überwachungspflichten,** denen er durch gelegentliche Kontrollen entsprechen muß. Nicht in jedem Falle kann der Berater sich auf die Zuverlässigkeit und Sachkunde seiner Mitarbeiter berufen. Er muß vielmehr zumindest organisatorische Vorkehrungen für eine ausreichende Überwachung seines Kanzleipersonals, soweit dieses nicht dem steuerberatenden Beruf angehört, treffen.

7. Leichtfertige Steuerverkürzung

12   Nach § 378 Abs. 1 und 2 AO handelt ordnungswidrig, wer durch ,,leichtfertiges Verhalten" eine Steuerverkürzung herbeiführt. Leichtfertigkeit setzt eine **grobfahrlässige Verletzung der beruflichen Sorgfaltspflicht,** also ein erhöhtes Maß an Fahrlässigkeit voraus. Auch hier ergibt sich das Maß der vom Berater zu fordernden Sorgfalt aus dem Umfang des Auftrages.

Der Berufung des Beraters auf ,,**Arbeitsüberlastung**" wird seitens der Ermittlungsbehörde stets mit dem lebensfremden Argument begegnet, der Berater habe die Zahl der von ihm betrauten Mandate schließlich selbst in der Hand. Es steht fest, daß in keiner Steuerberaterkanzlei die Arbeitsbelastung kontinuierlich ist. Die Belastungssituationen sind nicht steuerbar, kurzfristig nicht zu ändern und durch eine Vielzahl äußerer Umstände bedingt.

8. Die Verletzung der Mitwirkungspflicht des Mandanten

13 Bei nur unzureichender Mitwirkung des Mandanten empfiehlt es sich, die Verantwortung durch einen entsprechenden Testatvermerk klarzustellen. Auf die Abschluß- und Prüfungsvermerke der Bundessteuerberaterkammer (berufsrechtliches Handbuch) wird in diesem Zusammenhang hingewiesen, ebenso auf Franzen-Gast-Samson, Steuerstrafrecht, Anm. 40 zu § 378 AO.

9. Berichtigungspflicht gem. § 153 AO

14 Das Oberlandesgericht Koblenz hat in seiner Entscheidung vom 15. 12. 1982 (AZ.: 1 SS 559/82) ausgeführt, daß ein Steuerpflichtiger, der nachträglich, aber noch vor Ablauf der Festsetzungsfrist entdeckt, daß die von ihm abgegebene Erklärung unrichtig oder unvollständig ist und es dadurch zu einer Verkürzung von Steuern kommen kann, verpflichtet ist, die **Erklärung unverzüglich** zu **berichtigen**. Diese Berichtigungspflicht aus § 153 Abs. 1 Nr. 1 AO soll nach dem OLG Koblenz nicht nur dem Steuerpflichtigen obliegen, sondern auch dessen Berater.

Dieser Entscheidung ist entgegenzuhalten, daß den Steuerberater eine Anzeige- und Berichtigungspflicht nur dann treffen kann, wenn er vorher eine Gefahrenlage geschaffen hat und er deshalb eine Garantiestellung hat.

Der Berater ist nicht Adressat des § 153 AO und damit auch nicht Träger der Nacherklärungspflicht. Er ist insbesondere nicht gehalten, eigene Ermittlungen anzustellen, um einer evtl. Nacherklärungspflicht zu entsprechen.

15 Im Einzelfall, wenn der Berater an der Schaffung der Gefahrenlage beteiligt war, besteht allerdings die Verpflichtung, den Mandanten zu belehren sowie zur Nacherklärung gem. § 153 AO aufzufordern; ggf. ist das Mandat niederzulegen, soweit die Belehrung nicht zum Erfolg führt. Eine Nacherklärung gem. § 153 AO gegen den Willen des Mandanten begegnet dagegen schwerwiegenden Bedenken. Zum Problemkreis ist auf Koch, AO 2. Auflage, Anmerkung 2 und 3 zu § 153 AO zu verweisen. Ein mit der Beratung und Vertretung beauftragter Angehöriger des steuerberatenden Berufes ist demnach **nicht zu** einer **Nacherklärung verpflichtet.** Anderes gilt, wenn die Steuererklärung vom Berater in eigener Verantwortung erstellt und von ihm selbst unterschrieben wurde.

10. Anhörung der Berufskammer gem. § 411 AO

16 Die Finanzbehörde hat vor Erlaß eines Bußgeldbescheides nach § 411 AO der zuständigen **Berufskammer** Gelegenheit zur Stellungnahme zu geben, damit diese die Gesichtspunkte, die nach ihrer Auffassung für die Entscheidung von Bedeutung sind, vorbringen kann. Die Einschaltung der Berufskammer ist auf den Bereich des ordnungswidrigen Verhaltens im Rahmen der Berufsausübung beschränkt.

Zu denken ist dabei beispielsweise an Fälle, in denen Abschriftfehler zu Differenzen zwischen Bilanz und Steuererklärungen führen, die zunächst unbemerkt bleiben und zu einer falschen Veranlagung führen.

II. Berufstypische Risiken bei steuerlichen Haftungstatbeständen

Steuerliche Haftungstatbestände finden sich in §§ 69 ff. AO sowie in verschiedenen Einzelsteuergesetzen.

17 Insbesondere die eingangs bereits erwähnte **Mithaftung** nach § 71 AO ist von Bedeutung. Eine Verurteilung des Beraters als Mittäter oder wegen Beihilfe zur Steuerhinterziehung kann sich bei einem zahlungsunfähigen Mandanten gefährlich auswirken.

18 Ferner ist eine Haftung denkbar bei einem Handeln des Beraters als **Vertreter** gem. §§ 69, 34, 35 AO. Eine Haftung als gesetzlicher Vertreter kann insbesondere dann in Betracht kommen, wenn der Steuerberater Vermögensverwalter im Sinne des § 34 Abs. 2 AO ist (BFH Bundessteuerblatt II 1973 Seite 832 für Liquidator). Eine Haftung nach § 69 AO ist gleichfalls denkbar für Konkurs-, Zwangs- und Nach-

laßverwalter sowie Testamentsvollstrecker, jedoch nicht für Vergleichsverwalter, deren Tätigkeit lediglich überwachender Natur ist.

19 Wird ein Steuerberater als **Treuhänder** tätig, kommt eine Haftung als Verfügungsberechtigter im Sinne des § 35 AO in Betracht.

20 Die vorgenannten Haftungstatbestände finden ihren Grund im Übergang der Verpflichtungen des Vertretenen auf den gesetzlichen Vertreter bzw. den Verfügungsberechtigten. Wesentlich ist, daß Voraussetzung einer Haftung nach § 69 AO Vorsatz oder grobe Fahrlässigkeit ist. Vorsätzlich handelt ein Berater, der bewußt und gewollt seine Pflichten verletzt; grob fahrlässiges Handeln liegt beispielsweise dann vor, wenn der Berater bei der Verteilung der Mittel die Forderungen wahllos, ungleichmäßig und ohne Berücksichtigung vorhandener Steuerschulden befriedigt.

Nach § 191 Abs. 1 AO steht die Inanspruchnahme des Haftenden im Ermessen der Finanzbehörde. In erster Linie muß der Steuerschuldner in Anspruch genommen werden. Die Ausübung des Ermessens ist von den Finanzgerichten nach § 102 FGO überprüfbar.

Im Falle der Haftung nach § 71 AO als Mittäter, Anstifter oder Gehilfe einer Steuerhinterziehung ist die Haftung allerdings weder akzessorisch noch subsidär.

III. Wirtschaftsstrafrechtliche Verantwortung

21 Im Bereich der steuerstrafrechtlichen Haftung zeigt sich, daß die Steuerberater aufgrund ihrer Kenntnis der Materie und der daraus folgenden Gefahrenlage in der beruflichen Praxis relativ mit dem Problem leben können. Steuerstrafverfahren in fremder Sache sind für Steuerberater seltener als die Verwicklung in wirtschaftsstrafrechtliche Vorgänge. Eine Kollision in dem letzteren Bereich ist meist auch existentiell gefährlich. Im einzelnen sollen nachstehend die bestehenden Gefahrenlagen dargestellt werden und die Bestimmungen des **1. Gesetzes zur Bekämpfung der Wirtschaftskriminalität** erläutert werden.

Dem Steuerberater droht in vielfältiger Weise bei einer Überschreitung der unklaren Grenzen des mit Sicherheit nicht rechtswidrigen Bereiches strafrechtliche Verfolgung. Immer dann, wenn der Berater dem Mandanten angeblich die rechtswidrigen Steuervorteile sichert oder dem Mandanten hilft, angeblich eine Steuerstraftat zu verschleiern – Verwandten-Darlehen; bei der Vermögenszuwachsrechnung; auftauchende Kopien; nachträgliche Belege – kann möglicherweise angenommen werden, der Steuerberater habe dem Mandanten geholfen, rechtswidrige Steuervorteile zu sichern und die Verfolgung verhindert. Eine Strafverfolgung kann wegen § 257 **StGB Begünstigung** oder § 258 StGB Strafvereitelung drohen.

Eine Bestrafung wegen **Untreue – § 266 StGB** – kann Platz greifen, wenn der Steuerberater angeblich zu Lasten des einen von ihm vertretenen Gesellschafters Rechte des anderen Gesellschafters, welchen er gleichfalls vertritt, in strafrechtlich relevanter Weise vernachlässigt.

1. Gesetz zur Bekämpfung der Wirtschaftskriminalität

22 Das 1. Gesetz zur Bekämpfung der Wirtschaftskriminalität beinhaltet Straftatbestände, die für die berufliche Praxis des Steuerberaters von Interesse sind. Im Entwurfsstadium befindet sich gegenwärtig ein 2. Gesetz zur Bekämpfung der Wirtschaftskriminalität mit geringerer berufsspezifischer Relevanz.

Von Bedeutung mit unterschiedlicher Gewichtung sind die nachstehenden Straftatbestände:
- **Subventionsbetrug (§ 264 StGB)**
- **Kreditbetrug (§ 265 b StGB)**
- **Verletzung der Konkursantrags- und Anzeigepflicht**
- **Bilanzfälschung**

Angehörige des steuerberatenden Berufes können gegen die obigen Bestimmungen im Rahmen ihrer beruflichen Tätigkeit bei der Führung der Bücher, der Aufstellung oder Prüfung der Jahresabschlüsse neben ihren Auftraggebern oder auch an deren Stelle verstoßen.

2. Begehungsformen und Abgrenzung Täterschaftsbeihilfe

23 a) Als **Täter** wird gemäß § 25 StGB bestraft, wer die Straftat selbst oder durch einen anderen oder mit einem oder mehreren anderen gemeinschaftlich begangen hat (Mittäterschaft). Im Regelfall wird Täter der Wirtschaftsstraftat der Mandant sein. Bei gemeinsamen Entschluß und entsprechender Tatherrschaft kommt aber auch der Berater als Mittäter in Betracht (§ 25 Abs. 2 StGB). Insbesondere ist der Berater gemäß § 14 Abs. 2 StGB dann Täter, wenn er von dem Inhaber eines Betriebes oder einem sonst dazu Befugten ausdrücklich dazu beauftragt ist, in eigener Verantwortung Pflichten zu erfüllen, die den Inhaber des Betriebes treffen (z. B. bei Übernahme der Buchführung eines buchführungspflichtigen Mandanten). Dabei genügt es, wenn die die Strafbarkeit begründenden persönlichen Merkmale (z. B. Überschuldung) bei dem Inhaber des Betriebs vorliegen.

24 b) Weiter ist eine Bestrafung des Beraters wegen **Beihilfe** möglich, wenn er dem Mandanten vorsätzlich zu dessen vorsätzlich begangener rechtswidriger Tat Hilfe geleistet hat (§ 27 StGB). Die Kenntnis der Tat, die gefördert werden soll, ist unumgänglich.

Vorsätzlich handelt im übrigen schon derjenige, der in Kenntnis des Tatbestandes den strafbaren Erfolg für möglich hält und diesen Erfolg für den Fall des Eintretens billigt (bedingter Vorsatz). – Siehe hierzu auch Teil K Rz. 226 ff.

3. Subventionsbetrug

25 a) Nach § 264 StGB ist bereits die Täuschungshandlung selbst unter Strafe gestellt. Da es sich somit um ein reines **Gefährdungsdelikt** handelt, ist ohne Bedeutung, ob die Subvention irrtümlich ausgereicht worden ist.

26 b) Der Gesetzgeber wollte die **Dispositionsfreiheit der öffentlichen Hand geschützt** wissen. Die Literatur orientiert sich eher an der Institution der Subvention als eines der Instrumente staatlicher Wirtschaftslenkung. Unter einer Subvention ist nur eine solche Leistung zu verstehen, die Betrieben oder Unternehmen gewährt wird und die teilweise unentgeltlich ist und der Wirtschaftsförderung dient.

27 c) Die Tathandlung besteht nach § 264 StGB darin, daß bezüglich **subventionserheblicher Tatsachen** unrichtige oder unvollständige Angaben gemacht werden (§ 264 Abs. 1 Nr. 1 StGB). Auch „wahre Angaben" sollen im übrigen strafbar sein, wenn sie sich auf Scheingeschäfte beziehen (§ 4 Subventionsgesetz).

Strafbar ist nach § 264 Abs. 1, 2 StGB, wer dem Subventionsgeber entgegen den Rechtsvorschriften über die Subventionsvergabe über subventionserhebliche Tatsachen in Unkenntnis läßt. Die Mitteilungspflichten finden sich in § 3 Subventionsgesetz. Unrichtige oder unvollständige Angaben im Sinne von § 264 Abs. 1 Nr. 1 StGB können von jedem gemacht werden. Täter nach § 264 Abs. 1 Ziff. 2 StGB wird im Regelfall nur der Pflichtige, d. h. der Mandant, sein können. Die Offenbarungspflicht nach § 3 Subventionsgesetz obliegt nämlich ausschließlich dem Subventionsnehmer und nicht dessen Berater. Jedoch wäre eine Strafbarkeit wegen Beihilfe denkbar.

28 § 264 Abs. 1 Ziff. 3 StGB betrifft schließlich den Fall, daß von einer **Bescheinigung** Gebrauch gemacht wird, **die durch unrichtige oder unvollständige Angaben erlangt wurde.**

Es sei darauf hingewiesen, daß in den Fällen des § 264 Abs. 1 Ziff. 1 und 2 StGB auch bestraft werden kann, wer **leichtfertig** handelt. Diese Ausdehnung des Straftatbestandes auf fahrlässige Begehungsformen beinhaltet für Berater und Mandanten ein erhebliches Risiko. Der Gesetzgeber begründet diese Ausdehnung damit, innerhalb bestimmter Berufs- und Pflichtenkreise dürfe größere Sorgfalt verlangt werden.

Diese Begründung kann nur teilweise überzeugen. Man denke hier nur an die den Tatbestand des Subventionsbetrugs bildenden relativ unbestimmten Begriffe – Subvention, marktmäßige Gegenleistung, Förderung der Wirtschaft, subventionserheblich, Subventionsnehmer, Subventionsgeber – oder daß Mitarbeiter bei der Vorbereitung des Antrages mitwirkten und der Berater bzw. der Mandant sich deren unrichtige Angaben zu eigen gemacht hat. Aus diesem Beispiel wird die Fragwürdigkeit einer Bestrafung der „leichtfertigen Begehung" offensichtlich.

29 d) Nach § 264 Abs. 4 StGB kann **Strafbefreiung** nur dann erfolgen, wenn der Täter dafür sorgt, daß die Subvention nicht gewährt wird, oder der Täter sich freiwillig und ernsthaft bemüht hat, die Gewährung der Subvention zu verhindern, und diese aus anderen Gründen ausgezahlt wurde.

30 e) **Praktische Beispiele** für Subventionsbetrug sind Verhandlungen mit den staatlichen Kreditanstalten, die sanierungsbedürftigen Unternehmen Kredite mit Zinsvergünstigung ausreichen. Häufig beteiligen sich hier staatliche Beteiligungsgesellschaften an einem zu sanierenden mittelständischen Betrieb. Die Stützungsverhandlungen werden meist unter Einschaltung eines Angehörigen des steuerberatenden Berufes geführt. Oft müssen Auflagen wegen der Einschießung von eigenen Mitteln der Gesellschafter erfüllt werden und der Zufluß bestätigt werden. Ferner müssen Auflagen im Hinblick auf die Beschränkung von Privatnahmen eingehalten werden. Manipulationen in diesem Bereich durch Gesellschafter sind nicht selten. Für den Steuerberater gilt es, die Gefahrenlage zu kennen und Distanz zu den Beteiligten zu halten, insbesondere bei Inventuren durch entsprechende Testatvermerke klarzustellen, daß eine Prüfung nicht erfolgt ist. Auch bei Außenständen und Wertangaben hinsichtlich des Grundbesitzes ist die notwendige Vorsicht zu beachten.

4. Kreditbetrug (§ 265b StGB)

Als Kreditbetrug werden bestimmte **Täuschungshandlungen** im Zusammenhang mit einem **Antrag auf Gewährung,** Belassung oder Veränderung der Bedingungen **eines Kredites** unter Strafe gestellt. Vergleichbar dem Subventionsbetrug kommt es auch hier nicht darauf an, ob die vom Kreditnehmer angestrebte Leistung bewilligt oder erbracht wird.

31 a) Der Tatbestand ist erfüllt, wenn vorsätzlich
(1) über wirtschaftliche Verhältnisse
 a) unrichtige oder unvollständige Unterlagen, namentlich in Bilanzen, Gewinn- und Verlustrechnungen, Vermögensübersichten oder Gutachten vorgelegt werden oder
 (b) schriftlich unrichtige oder unvollständige Angaben gemacht werden, die für den Kreditnehmer vorteilhaft und für die Entscheidung über einen solchen Antrag erheblich sind, oder
(2) solche Verschlechterungen der in den Unterlagen oder Angaben dargestellten wirtschaftlichen Verhältnisse bei der Vorlage nicht mitgeteilt werden, die für die Entscheidung über einen solchen Antrag erheblich sind.

Gleichfalls ist nicht erforderlich, daß der Kreditgeber infolge der Täuschung tatsächlich einen Schaden erlitten hat. Es handelt sich insoweit um ein sogenanntes Gefährdungsdelikt.

Betriebe und Unternehmen sind sowohl als Kreditnehmer, als auch als Kreditgeber nach der Definition des Gesetzes unabhängig von ihrem Gegenstand solche, die nach Art und Umfang einen in kaufmännischer Weise eingerichteten Geschäftsbetrieb erfordern. Kreditverhandlungen mit oder unter Privatpersonen können somit nie tatbestandsmäßig sein.

Die Täuschungshandlung kann sowohl darin bestehen, daß unrichtige oder unvollständige Unterlagen – Bilanzen, Gewinn- und Verlustrechnungen, Vermögensübersichten, Gutachten – vorgelegt werden, als auch darin, daß **schriftlich** unrichtige oder unvollständige Angaben gemacht werden. Gleichfalls strafbar ist die Täuschung durch Unterlassen (§ 265b Abs. 1 StGB).

Nur mündlich vorgetragene Umstände können den Tatbestand des Kreditbetruges nicht erfüllen. Damit sollen Beweisschwierigkeiten vermieden werden. **Zweck der Regelungen** zum Subventions- bzw. Kreditbetrug ist es ohnehin letztendlich, die sich bei der Anwendung des Betrugstatbestandes – § 263 StGB – ergebenden Beweisschwierigkeiten auszuräumen.

Da die Unterlagen, die bei Kreditverhandlungen vorgelegt werden, nur die wirtschaftliche Situation zur Zeit ihrer Erstellung zutreffend darstellen können, das Gesetz aber sicherstellen will, daß der Kreditgeber von einer zutreffenden Beurteilungsgrundlage ausgehen kann, muß der Antragsteller Verschlechterungen seiner wirtschaftlichen Lage bis zur Antragseinreichung mitteilen.

32 **b) Täter eines Kreditbetruges** kann jede Person sein, die bei Kreditverhandlungen vorsätzlich eine Täuschungshandlung begeht. Die Täuschungshandlung kann beim Berater beispielsweise darin gesehen werden, daß dieser in Stundungsanträgen beim Finanzamt auf die schlechte wirtschaftliche Situation des Unternehmens hinweist, jedoch in einer Handelsbilanz, die den Banken vorgelegt wird, eine optimistischere Entwicklung aufzeigt.

Eine Täterschaft des Beraters kommt in Betracht, wenn er für den Auftraggeber die von ihm gefertigten Unterlagen vorlegt oder schriftlich Angaben macht. Eine Bestrafung wegen Beihilfe oder evtl. auch Anstiftung ist denkbar, wenn die unrichtigen oder unvollständigen Unterlagen oder Angaben vom Mandanten erstellt wurden.

33 **c)** Die sich aus § 265b StGB ergebende **Gefährdung für den Berater** sollte nicht unterschätzt werden. Die Staatsanwaltschaften und Gerichte haben dem Berater regelmäßig voraus, daß sie das Endergebnis kennen. Hieraus ergibt sich in der Praxis durchaus die Gefahr eines **unzulässigen Rückschlusses** auf die gesamte eigentlich ex ante zu bestimmende Unrichtigkeit vorgelegter Unterlagen.

Verfolgung droht dem Steuerberater immer dann, wenn er, wie die Gerichte es ausdrücken, zumindest billigend in Kauf nimmt, daß aufgrund seiner Mitwirkung, die eine Täuschung über die wahren Kreditverhältnisse enthält, ein Kredit ausgereicht wird. **Gefahrpunkte** sind:

Bewertung des Warenbestandes, der Ausweis der Forderungen, Äußerungen über angebliche Sonderabschreibungen.

Die Staatsanwaltschaften betrachten diese Arbeitsteile des Steuerberaters kritisch, obwohl eigenes Sachverständnis bei den Bearbeitern der Staatsanwaltschaften in der Regel nicht vorausgesetzt werden kann. Die Staatsanwaltschaften ziehen Sachverständige hinzu, wobei Praxiserfahrung und qualifizierter Sachverstand jedoch erfahrungsgemäß kaum zu den gesetzlichen Tarifen zu finden sind, so daß sich häufig Ungereimtheiten einschleichen. Ein Steuerberater mußte beispielsweise erschüttert feststellen, daß seine Bewertungen des Warenbestandes, die auf Mandantenangaben beruhen, ihm angelastet wurden; dies obwohl die Banken eigene volkswirtschaftliche Abteilungen haben und jede Vergabe großer Kredite von genauesten Prüfungen abhängig machen.

Es steht fest, daß die **Banken** über ein Kreditprüfungssystem verfügen, das die Möglichkeiten eines Steuerberaters bei weitem übertrifft. Meist verfügen die Banken auch über eingehende Untersuchungen der Kreditwürdigkeit, die jedoch nicht offengelegt werden, wenn im Einzelfall angenommen wird, es könne die zusätzliche Haftung des Steuerberaters erreicht werden. Im Kollisionsfall sollte der Steuerberater stets darauf achten, in welcher Weise die Banken – wie häufig der Fall – eigene Kreditvergaberichtlinien mißachtet haben. Haben Mandanten den Steuerberater mit unrichtigen Angaben bedient, so daß Korrekturen beim Kapitalausweis, bei den Rückstellungen, bei Forderungen aus Warenlieferungen und Leistungen oder Rückstellungen aus Schuldwechseln, erforderlich sind, so geht es darum, die Gründe darzulegen, die die Zuweisung der Fehler in die Sphäre des Mandanten angezeigt erscheinen lassen. Oft wird dem Steuerberater angeboten, ein Verfahren gegen ihn nach § 153a StPO gegen Zahlung einer Auflage einzustellen. Von einem solchen „Freispruch zweiter Klasse" sollte ein Berufsangehöriger nur Gebrauch machen, wenn absehbar ist, daß keine zivilrechtlichen Haftungsfolgen auf ihn zukommen können.

5. Konkursstraftaten (§§ 283, 283a, 283b, 283c, 283d StGB)

a) Konkurs

34 Wesentliche Straftatbestimmung der sogenannten Konkursstraftaten ist der **Bankrott (§ 283 StGB)**. Die Tat ist nur dann strafbar, wenn der Täter seine Zahlungen eingestellt hat oder über sein Vermögen das Konkursverfahren eröffnet oder der Konkursantrag mangels Masse abgewiesen worden ist (§ 283 Abs. 6 StGB).

35 **aa) Konkursgründe** sind Überschuldung und drohende bzw. eingetretene Zahlungsunfähigkeit. Unter Zahlungsunfähigkeit ist das auf einem Mangel an Zahlungsmitteln beruhende dauernde Unvermögen des Schuldners zu verstehen, seine fälligen

Geldschulden ganz oder teilweise zu begleichen. Schwierig ist die Feststellung der Überschuldung. Die hierzu entwickelten Regeln sind kontrovers und teilweise abhängig von der unterstellten Vermögensverwertung, nämlich Unternehmensfortführung oder Einstellung. Überschuldung liegt vor, wenn die Summe der Fortführungs- oder Liquidationswerte die Schulden nicht mehr deckt. Damit steht fest, daß die für die Jahresbilanz maßgeblichen Bewertungsgrundsätze für die Feststellung der Überschuldung wenig aussagekräftig sein können.

Auch aus § 283 StGB ergibt sich für den Berater ein großes Risiko, da auch dieser Straftatbestand fahrlässig verwirklicht werden kann.

36 **bb)** Die für die Aufstellung laufender Bilanzen maßgeblichen **Bewertungsregeln** sollen für die Aufstellung der Überschuldungsbilanz unanwendbar sein. In der Literatur dominiert der **Ansatz von Tageswerten als Betriebsbestehenswerte,** verbunden mit der Forderung, nur die einzelverwertbaren Gegenstände in die Überschuldungsbilanz aufzunehmen.

Bei einer durchschnittlichen Eigenkapitalquote von ca. 30% der Bilanzsumme könnte festgestellt werden, daß ein erheblicher Teil der Kapitalgesellschaften zu einem Konkurs- oder Vergleichsantrag gezwungen wäre, soweit der Ansatz von Vermögensgegenständen abweichend von der Jahresbilanz in Einzelveräußerungswerten erfolgen würde.

Eine Bankrotthandlung wird deshalb nicht bereits bestraft, wenn der Täter seine Zahlungen eingestellt hat oder über sein Vermögen das Konkursverfahren eröffnet oder der Eröffnungsantrag mangels Masse abgewiesen wird und damit eine objektive Bedingung der Strafbarkeit eingetreten ist, sondern nur, wenn der Täter die Bankrotthandlung schuldhaft im Zeitpunkt der Krise vorgenommen hat oder wenn der Täter durch eine Bankrotthandlung seine Überschuldung oder Zahlungsunfähigkeit herbeigeführt hat (§ 283 Abs. 1 und 2 StGB). Eine Handlung in der Krise liegt vor, wenn der Täter bei Überschuldung oder bei drohender oder eingetretener Zahlungsunfähigkeit gehandelt hat.

37 **cc)** Steuerberater, die Bankrotthandlungen in eigener Verantwortung unternommen haben, können unter den Voraussetzungen des § 14 StGB als Täter bestraft werden, weil nach dieser Vorschrift ein Gesetz, nach dem besondere persönliche Merkmale die Strafbarkeit begründen, auch auf den Beauftragten anzuwenden ist, wenn diese Merkmale zwar nicht bei ihm, aber bei dem Inhaber des Betriebes oder Unternehmens vorliegen. In Betracht kommen kann aber auch eine Bestrafung wegen Beihilfe.

b) Überschuldung und Zahlungsunfähigkeit

38 Von besonderem Interesse für den steuerberatenden Beruf sind die **das Gebiet des Rechnungswesens betreffenden Bestimmungen** des § 283 Abs. 1 Ziff. 5 bis 7 StGB.

Mit Freiheitsstrafe bis zu 5 Jahren oder mit Geldstrafe wird bestraft, wer bei Überschuldung oder bei drohender oder eingetretener Zahlungsunfähigkeit...

(Ziff. 5) Handelsbücher, zu deren Führung er gesetzlich verpflichtet ist, zu führen unterläßt oder so führt oder verändert, daß die Übersicht über seinen Vermögensstand erschwert wird,

(Ziff. 6) Handelsbücher, oder sonstige Unterlagen, zu deren Aufbewahrung ein Kaufmann nach Handelsrecht verpflichtet ist, vor Ablauf der für Buchführungspflichtige bestehenden Aufbewahrungsfristen beiseite schafft, verheimlicht, zerstört oder beschädigt und dadurch die Übersicht über seinen Vermögensstand erschwert,

(Ziff. 7) entgegen dem Handelsrecht

a) Bilanzen so aufstellt, daß die Übersicht über seinen Vermögensstand erschwert wird oder

b) es unterläßt, die Bilanz seines Vermögens oder das Inventar in der vorgeschriebenen Zeit aufzustellen.

Im Zusammenhang mit den Buchführungsvorschriften genügt es, wenn die Übersicht über den Vermögensstand erschwert ist. Das könnte schon der Fall sein, wenn nicht die üblichen Buchführungs- und Bilanzierungsmethoden angewendet werden.

c) Verletzung der Buchführungspflicht

39   aa) In § 283b StGB sind nochmals die **Rechnungslegung und Bilanzierung betreffenden Bankrotthandlungen des § 283** Abs. 1 Ziff. 5–7 StGB zu einem selbständigen Tatbestand zusammengefaßt. Der Unterschied zu § 283 StGB besteht darin, daß die Tat nicht während der Krise begangen sein und auch nicht zur Überschuldung oder Zahlungsunfähigkeit geführt haben muß. Jedoch ist auch hier objektive Bedingung der Strafbarkeit, daß der Täter seine Zahlungen eingestellt hat oder über sein Vermögen das Konkursverfahren eröffnet oder der Eröffnungsantrag mangels Masse abgelehnt worden ist. Die Tathandlungen sind teilweise auch fahrlässig begehbar.

Aus dem Mandatsverhältnis kann sich eine Verpflichtung zur **Belehrung des Mandanten** dahingehend, Antrag auf Konkurseröffnung zu stellen, ergeben. Eine Überschuldung nach der Handels- oder Steuerbilanz bedeutet aber noch keine Überschuldung im Sinne des § 63 GmbH-Gesetz. Insoweit wäre auf den Vermögensstatus abzustellen.

40   bb) Bei strafrechtlichen Ermittlungen wegen des Verdachts einer Konkursstraftat wird in erster Linie geprüft, ob die Buchführung auf dem laufenden ist. Die Ermittlungsbehörde legt hier großen Wert auf die Feststellung der **zeitnahen Verbuchungen**. Hierbei kommt es nicht auf die Fristen an, die der steuerliche Berater einvernehmlich mit dem Finanzamt für die Erstellung der Bilanzen und Abgabe der Steuererklärungen generell erhält, sondern es wird geprüft, ob die jeweils gesetzlich vorgeschriebenen Fristen eingehalten worden sind (z. B. § 41 Abs. 2 GmbH-Gesetz – Aufstellung der Bilanz und der Gewinn- und Verlustrechnung innerhalb von 3 Monaten nach Ablauf des Geschäftsjahres).

Die im Zuge der Umsetzung des Bilanzrichtlinien-Gesetzes erfolgte Regelung in § 264 Abs. 1 HGB nF. sieht vor, daß Kapitalgesellschaften den **Jahresabschluß** sowie den **Lagebericht** für das vergangene Geschäftsjahr **innerhalb der ersten drei Monate** des Geschäftsjahres aufzustellen haben. Kleine Kapitalgesellschaften i. S. des § 267 Abs. 1 HGB nF. können abweichend den Jahresabschluß innerhalb der ersten 6 Monate des Geschäftsjahres aufstellen, soweit dies einem ordnungsgemäßen Geschäftsgang entspricht.

Eine allgemeine Regelung der Frist zur Bilanzerstellung ist im übrigen nicht erfolgt (§ 243 HGB nF.). Es obliegt deshalb der Rechtsprechung, im Einzelfall festzustellen, welche Frist als einem ordnungsgemäßen Geschäftsgang entsprechend anzusehen ist.

Einheitliche Grundsätze wurden bislang von der Rechtsprechung nicht entwickelt. Es wäre im Interesse der Rechtssicherheit begrüßenswert, wenn der Gesetzgeber eine Frist festlegen würde, da im Konkursfall des Auftraggebers regelmäßig und dann im Rahmen eines Strafprozesses geklärt werden muß, ob der Berater bei Überschreitung einer Frist von 6 Monaten die Bilanz dennoch innerhalb der einem ordnungsmäßigen Geschäftsgang entsprechenden Zeit aufgestellt hat.

d) Untreue, Schuldnerbegünstigung und Hehlerei

41   Weitere mögliche Kollisionsfälle des Beraters: Untreue (§ 266 StGB), Schuldnerbegünstigung (§ 283d StGB) und Hehlerei (§ 259 StGB).

In der Praxis kommt es gelegentlich vor, daß ein Steuerberater von einem Mandanten, der sich in Zahlungsschwierigkeiten befindet, zur Sicherung seines Honoraranspruches Waren übertragen läßt, von denen er dann angeblich hätte wissen müssen, daß diese von dem nicht mehr zahlungsfähigen Mandanten bestellt wurden oder sicherungsübereignet waren.

Die Gerichte nehmen in solchen Fällen oft an, der Berater sei hinsichtlich der Situation des Mandanten und der maßgeblichen Umstände informiert gewesen. In der Praxis kann dies dazu führen, daß der Berater wegen Anstiftung zum Betrug, Anstiftung zur Untreue oder auch wegen Hehlerei belangt wird, nur weil er in der kritischen Phase des Mandanten, der dann in Konkurs ging, statt Geld Ware angenommen hat.

Zu empfehlen ist es deshalb, in einer kritischen Situation des Mandanten unbedingt auf Geldzahlung zu bestehen.

Im übrigen ist abschließend auf den Straftatbestand nach § 82 Abs. 2 Ziff. 2 GmbH-Gesetz hinzuweisen. Tatbestandsmäßig ist die **unwahre Darstellung oder Verschleierung der Vermögenslage der Gesellschaft** in einer öffentlichen Mitteilung. Bei den sog. Buchführungs- und Bilanzdelikten wird allgemein der Verstoß gegen Grundsätze ordnungsgemäßer Buchführung und Bilanzierung unter Strafe gestellt.

W. Gebührenrecht

Bearbeiter: Dr. Klaus-Jürgen Lehwald

Übersicht

	Rz.
I. Grundlagen des Honoraranspruchs	1–4
II. Die Vergütung für Vorbehaltsaufgaben des Steuerberaters	5–44
1. Vereinbarte Vergütung	5–22
a) Zur Zulässigkeit von Honorarvereinbarungen	5–7
b) Vereinbarte Einzelvergütung	8–13
aa) Vereinbarung höherer Vergütungen	8, 9
bb) Vereinbarung niedrigerer Vergütungen	18, 11
cc) Vereinbarung anderer Vergütungsberechnungen	12, 13
c) Vereinbarte Pauschalvergütung	14–22
aa) Anforderungen des § 14 StBGebV	14–21
bb) ABC der pauschalierungsfähigen Tätigkeiten	22
2. Taxmäßige oder übliche Vergütung nach StBGebV	23–44
a) Überblick	23–33
b) Gebühren-ABC der Vorbehaltsaufgaben	34
c) Auslagenersatz	35–39
aa) Überblick	35–38
bb) Auslagen-ABC	39
d) Gebührentabellen der StBGebV	40–44
aa) Tabelle A: Beratungstabelle	40
bb) Tabelle B: Abschlußtabelle	41
cc) Tabelle C: Buchführungstabelle	42
dd) Tabelle D: Landwirtschaftliche Buchführung	43
ee) Tabelle E: Rechtsbehelfstabelle	44
III. Die Vergütung für vereinbare Tätigkeiten	45–57
1. Vereinbarte Vergütung	45–48
2. Vergütung nach speziellen Gebührenregelungen	49–56
3. Gebühren-ABC der vereinbaren Tätigkeiten	57

I. Grundlagen des Honoraranspruches

1 Der **Honoraranspruch** des Steuerberaters ergibt **sich dem Grunde nach** aus dem bürgerlichen Recht. Bearbeitet der Berater steuerliche Angelegenheiten seines Mandanten, so handelt es sich dabei entweder um einen Dienstvertrag (§ 611 BGB) oder Werkvertrag (§ 631 BGB), regelmäßig mit den zusätzlichen Elementen eines Geschäftsbesorgungsvertrages (§ 675 BGB).

2 Im allgemeinen hat die Vergütungsforderung ihre **Rechtsgrundlage** in einer ausdrücklichen – zumeist schriftlichen – Vereinbarung über die Vergütung. Als weitere schuldrechtliche Rechtsgrundlagen kommen darüber hinaus auch Auftrag oder Geschäftsführung ohne Auftrag in Betracht. Nur in seltenen Ausnahmefällen – z. B. bei Geschäftsunfähigkeit des Auftraggebers – wird ungerechtfertigte Bereicherung eine Anspruchsgrundlage für die Vergütung darstellen.

3 Ist vor Ausführung des Auftrages **keine Vereinbarung über die Vergütung** getroffen worden, so gilt eine solche nach § 612 Abs. 1 und § 632 Abs. 1 BGB als stillschweigend vereinbart. Bei einem Steuerberater, der sich für einen Auftraggeber, z. B. zur geschäftsmäßigen Hilfeleistung in Steuersachen verpflichtet, ist bereits nach den Umständen zu erwarten, daß dies nur gegen Entgelt geschieht.

Dies gilt gleichermaßen für eine Tätigkeit, die als Vorbehaltsaufgabe i. S. des § 33 StBerG anzusehen ist, wie auch für eine vereinbare Tätigkeit nach § 57 Abs. 3 StBerG. Ist dagegen die Tätigkeit eines Steuerberaters weder dem Bereich des § 33 StBerG noch dem des § 57 Abs. 3 StBerG zuzuordnen und liegt auch sonst keine berufsrechtlich zulässige Tätigkeit vor, so kann ein Vergütungsanspruch völlig entfallen.

Verstößt ein Steuerberater nämlich beispielsweise gegen das Verbot der unerlaubten Rechtsberatung, indem er Gesellschaftsverträge entwirft, so hat dies zur Folge, daß der Geschäftsbesorgungsvertrag gemäß § 134 BGB nichtig ist und der Steuerberater jeglichen Honoraranspruch verliert.

4 Soweit nicht eine besondere Vereinbarung über die Höhe der Vergütung zwischen Steuerberater und Mandant getroffen wurde, ist für sogenannte Vorbehaltsaufgaben die **Steuerberatergebührenverordnung** maßgeblich. Für vereinbare Tätigkeiten sind bei fehlender Gebührenvereinbarung entweder spezielle Gebührenregelungen heranzuziehen, wie z. B. bei einer Tätigkeit als Konkurs- oder Vergleichsverwalter, oder die „übliche" Vergütung anzusetzen.

II. Die Vergütung für Vorbehaltsaufgaben des Steuerberaters

1. Vereinbarte Vergütung

a) Zur Zulässigkeit von Honorarvereinbarungen

5   § 64 StBerG bestimmt, daß Steuerberater und Steuerbevollmächtigte an eine Gebührenordnung gebunden sind, die der Bundesminister der Finanzen erläßt. Daraus wird z. T. abgeleitet, daß die Angehörigen der steuerberatenden Berufe grundsätzlich und ausnahmslos die StBGebV zur Grundlage ihrer **Honorarvereinbarungen** zu machen hätten und nur über die §§ 4 und 14 StBGebV Honorarvereinbarungen treffen dürften (*Horn* StB 1983, 158 ff.; *Heinrich* StB 1982, 241 ff.).

6   Diese Auffassung ist nicht zutreffend. Der **Vergütungsanspruch** des Steuerberaters ist dem **Schuldrecht** zuzuordnen und damit grundsätzlich einer freien Vereinbarung zugänglich. In der Verordnungsbegründung wird hierzu ausgeführt:

„Die Gebührenverordnung schließt Abweichungen von den vorgeschriebenen Gebühren zivil- und preisrechtlich nicht aus; dies gilt sowohl für Gebührenüber- als auch für Gebührenunterschreitungen. Die berufsrechtlichen Grenzen einer Unter- oder Überschreitung aufzuzeigen und deren Einhaltung zu überwachen, gehört im Rahmen der gesetzlichen Ermächtigungen zu den Aufgaben der beruflichen Selbstverwaltungskörperschaften."

7   Soweit die StBGebV Abweichungen gegenüber den bürgerlich-rechtlichen Bestimmungen enthält, wie z. B. in den §§ 4 und 14, ist von *Eggesiecker* in der Literatur die Auffassung vertreten worden, daß die Verordnung insoweit über die Ermächtigung des § 64 StBerG hinausgehe (*Eggesiecker* 0022 ff.; E 1415 ff.; E 1616).

Unabhängig davon, ob die Zweifel *Eggesiecker's* begründet sind oder nicht, ist jedoch die Einhaltung auch der bürgerlich-rechtlichen Bestimmungen der StBGebV bereits aus standesrechtlichen Gründen geboten.

b) Vereinbarte Einzelvergütung

aa) Vereinbarung höherer Vergütungen

8   Für die Vereinbarung eines höheren als nach der Steuerberatergebührenverordnung geschuldeten Honorars ist nach § 4 StBGebV eine **schriftliche Erklärung** des Mandanten erforderlich.

Zu den formellen Voraussetzungen gehört neben der Schriftform auch das Verbot, die Honorarvereinbarung mit der Vollmacht oder anderen vordruckmäßigen Erklärungen zu verbinden.

9   Die Vergütungsvereinbarung kann sich sowohl auf die Gebühren als auch auf die Auslagen erstrecken. Als **Gestaltungsalternativen** bieten sich z. B. an:
– Höherer Gegenstandswert,
– höherer Gebührenrahmen,
– feste Vereinbarung des höchsten Rahmensatzes nach StBGebV,
– prozentualer Zuschlag zur gesetzlichen Gebühr,
– höhere Mindestgebühr,
– höherer Festbetrag bei Betragsrahmengebühren,
– höherer Stundensatz bei der Zeitgebühr als nach § 13 Abs. 1 StBGebV,
– Zeitgebühr zusätzlich zur Wertgebühr (z. B. bei Reisezeiten),
– höherer Pauschalsatz für Schreibauslagen,
– höherer Kilometersatz für Geschäftsreisen,
– Fahrtkostensatz auch für innerörtliche Fahrten,
– höheres Tages- und Abwesenheitsgeld oder
– feste Pauschalen für Übernachtungskosten ohne Einzelnachweis.

Das Gebot der Angemessenheit muß jedoch auch bei der Vereinbarung höherer Gebühren oder Auslagen stets beachtet werden.

Die Vergütung für Vorbehaltsaufgaben des Steuerberaters

bb) Vereinbarung niedrigerer Vergütungen

10 Die **Vereinbarung niedrigerer Vergütungen** ist zivilrechtlich nicht ausgeschlossen und **formfrei** möglich. Allerdings sind die wettbewerbsrechtlichen Grenzen des § 1 UWG zu beachten.

11 Die Vereinbarung einer Gebührenunterschreitung ist darüber hinaus auch am **Standesrecht** zu messen. Abschnitt 22 Abs. 2 der Standesrichtlinien der Steuerberater stellt fest, daß eine Unterschreitung der angemessenen Gebühr berufswidrig ist. Ausnahmen gelten dann, wenn nach Erledigung des Auftrags Gebühren oder Auslagenersatz gestrichen werden, weil der Auftraggeber z. B. bedürftig geworden ist.

Ein Unterschreiten des unteren Gebührenvolumens ist nach Standesrecht darüber hinaus nur in äußerst seltenen Ausnahmefällen zulässig, wenn z. B. durch das Zusammentreffen eines außerordentlich hohen Gegenstandswertes mit einem für die Bearbeitung der Angelegenheit ungewöhnlich geringen Zeitaufwand selbst die niedrigste Gebühr den Rahmen des Angemessenen übersteigen würde. Bei der Würdigung eines derartigen Sachverhaltes ist zu beachten, daß nach dem Sinn und Zweck der Gebührenverordnung durch den Ansatz von Wertgebühren ein Ausgleich zwischen Tätigkeiten mit niedrigen und hohen Gegenstandswerten geschaffen werden soll, so daß in der Praxis ein zulässiges Unterschreiten der Gebührensätze der StBGebV kaum vorkommen dürfte.

cc) Vereinbarung anderer Vergütungsberechnungen

12 Aufgrund der grundsätzlichen Vertragsfreiheit ist es zivilrechtlich nicht nur möglich, in der Höhe abweichende Honorare zu vereinbaren, sondern auch einen **Wechsel bei den Honorarbestandteilen** vorzunehmen.

So kann z. B. ein Ersatz der Wertgebühr durch die Zeitgebühr (*Lehwald* DStZ 1982, 316) erfolgen. Für die Beratung in steuerstrafrechtlichen oder bußgeldrechtlichen Angelegenheiten wird in der Praxis vielfach statt einer Betragsrahmengebühr ebenfalls eine Zeitgebühr vereinbart (*Eggesiecker* E 0460).

13 Die Vereinbarung einer anderen Vergütungsberechnung bedarf grundsätzlich **keiner besonderen Form,** wenn das angemessene Honorar nicht überschritten wird. Aus Zweckmäßigkeitsgründen empfiehlt sich jedoch auch hier die nach § 4 Abs. 1 StBGebV vorgeschriebene Form.

c) Vereinbarte Pauschalvergütung

aa) Anforderungen des § 14 StBGebV

14 Aus § 14 StBGebV ergibt sich, daß der Verordnungsgeber neben der Vereinbarung von **Einzelvergütungen** auch die Vereinbarung einer **Pauschalvergütung** als zulässig erachtet hat. Dabei wird eine Vielzahl von Leistungen des Steuerberaters durch eine Vergütung abgegolten, die durch einen einzigen Betrag der Höhe nach bestimmt ist.

15 Die Vereinbarung von Pauschalvergütungen erleichtert das Abrechnungsverfahren für wiederkehrende Tätigkeiten und war auch bereits vor Inkrafttreten der StBGebV weit verbreitet.

16 Die **pauschalierungsfähigen Tätigkeiten** werden in § 14 StBGebV in zweifacher Weise abgegrenzt. Es muß sich zum einen um einzelne oder mehrere laufend auszuführende Tätigkeiten für denselben Auftraggeber handeln. Zum anderen erfolgt durch eine Reihe von Ausschlußgründen eine negative Abgrenzung. Danach darf eine Pauschalvergütung nicht vereinbart werden für
1. die Anfertigung nicht mindestens jährlich wiederkehrender Steuererklärungen;
2. die Ausarbeitung von schriftlichen Gutachten (§ 22);
3. die in § 23 genannten Tätigkeiten;
4. die Teilnahme an Prüfungen (§ 29);
5. die Beratung und Vertretung im außergerichtlichen Rechtsbehelfsverfahren (§§ 40 bis 43), im Verwaltungsvollstreckungsverfahren (§ 44) und in gerichtlichen und anderen Verfahren (§ 45).

Zu Einzelfragen bei der Abgrenzung der pauschalierungsfähigen Tätigkeiten wird in der nachfolgenden ABC-Übersicht (vgl. Rz. 22) Stellung genommen.

17 Die Zulässigkeit der Pauschalvergütung ist an eine Reihe von **formalen Erfordernissen** geknüpft, die in der Vereinbarung über die Pauschalvergütung standesrechtlich zwingend beachtet werden müssen.

Im einzelnen ist vorgesehen, daß die Vereinbarung schriftlich und für einen Zeitraum von mindestens einem Jahr zu treffen ist. In der Vereinbarung sind darüber hinaus die vom Steuerberater zu übernehmenden Tätigkeiten und die Zeiträume, für die sie geleistet werden, im einzelnen aufzuführen.

18 Die vorgeschriebene **Mindestgeltungsdauer** ist nicht auf das Kalenderjahr beschränkt, sondern kann auch einen anderen beliebigen 12-Monats-Zeitraum, z. B. ein abweichendes Wirtschaftsjahr, umfassen. Da es sich lediglich um die Bestimmung einer Mindestgeltungsdauer handelt, sind selbstverständlich auch Zeiträume über ein Jahr hinaus zulässig, die gegebenenfalls auch nach Monaten bemessen werden können (z. B. 18 Monate).

19 Eine einzelne Aufführung der **zu übernehmenden Tätigkeiten und der Zeiträume,** für die sie geleistet werden, ist bereits dann gegeben, wenn die einzelnen Gebührentatbestände mit dem entsprechenden Leistungszeitraum (z. B. Veranlagungszeitraum 1985–1986) angegeben werden; eine detaillierte Darstellung jedes einzelnen Arbeitsvorganges ist nicht erforderlich. Im Gegensatz zur ALLGO ist es auch entbehrlich, daß die jeweils auf die einzelnen Tätigkeiten entfallenden Teile der Vergütung ausgewiesen werden.

Ebenfalls nicht erforderlich ist, daß die Pauschalierungsvereinbarung vorab getroffen werden muß. Auch nach Beginn der Tätigkeit kann noch eine entsprechende Vereinbarung erfolgen. Lediglich bei Angelegenheiten, für die bereits eine Gebührenberechnung erteilt wurde, ist die nachträgliche Einbeziehung in eine Pauschalierungsvereinbarung unzulässig.

20 Für die **Höhe der Pauschalvergütung** enthält die Gebührenverordnung keine gesonderten Bestimmungen, so daß der Steuerberater weitgehend Verhandlungsfreiheit hat. Grenzen ergeben sich lediglich insoweit aus der Gebührenverordnung, als diese vorschreibt, daß der Gebührenanteil der Pauschalvergütung in angemessenem Verhältnis zur Leistung des Steuerberaters stehen muß, und aus dem Berufsrecht, wonach die Pauschalvergütung nicht zu berufswidrigen Gebührenunterbietungen mißbraucht werden darf. Ein verschleierter Gebührennachlaß in Form eines Pauschalierungsrabattes ist daher unzulässig.

21 Die Verpflichtung, daß der Gebührenanteil in **angemessenem Verhältnis** zur Leistung des Steuerberaters stehen muß, gilt nicht nur beim erstmaligen Abschluß einer Pauschalierungsvereinbarung, sondern erfordert auch, daß der Steuerberater bei einem Wechsel der Verhältnisse zum frühestmöglichen Zeitpunkt bzw. Kündigungstermin auf eine Anpassung der Vergütung hinwirkt.

Besonders strenge Maßstäbe sind anzulegen, wenn eine Pauschalierungsvereinbarung erst nach Beginn oder gar nach Abschluß der Tätigkeit getroffen wird. In diesen Fällen ist die Unsicherheit hinsichtlich der Höhe der Gebührenbemessungsgrundlagen verringert bzw. völlig entfallen, so daß Abweichungen zwischen Pauschalvergütung und Summe der entsprechenden Individualvergütungen nur in geringerem Umfang bzw. überhaupt nicht entstehen dürfen (*Lehwald* StB 1982, 83 f.)

22 bb) ABC der pauschalierungsfähigen Tätigkeiten

Tätigkeit	StBGebV	pauschalierungsfähig		Anmerkungen
		ja	nein	
Abschlußarbeiten	§ 35	x		
Abschlußarbeiten für land- und forstwirtschaftliche Betriebe	§ 39 Abs. 3	x		
Abweichende Steuerfestsetzung aus Billigkeitsgründen, Antrag auf	§ 23 Nr. 4		x	
Anpassung der Vorauszahlungen, Antrag auf	§ 23 Nr. 3		x	
Aufhebung oder Änderung eines Steuerbescheides, Antrag auf	§ 23 Nr. 7		x	

Die Vergütung für Vorbehaltsaufgaben des Steuerberaters

Tätigkeit	StBGebV	pauschalierungsfähig ja	pauschalierungsfähig nein	Anmerkungen
Auskunft	§ 21	x		
Auseinandersetzungsbilanz, Aufstellung einer	§ 35 Abs. 1 Nr. 5		x	
Außenprüfung	§ 29		x	
Berichtigung einer Erklärung	§ 23 Nr. 1		x	
Berlinförderungsgesetz, Anträge nach	§ 24 Abs.1 Nr. 20	x		Nach *Eckert/Böttcher* § 24 Abs. 1 Nrn. 19–22 StBGebV Anm. 4 nur unter bestimmten Voraussetzungen pauschalierungsfähig.
Besprechung	§ 31	x		Nach *Eckert/Böttcher* § 31 StBGebV nur unter bestimmten Voraussetzungen pauschalierungsfähig.
Bescheinigungen	§ 38	x		Nach *Eckert/Böttcher* § 38 StBGebV Anm. 5 ist die Gebühr für die Erteilung einer Bescheinigung über die Beachtung steuerrechtlicher Vorschriften in Vermögensübersichten und Erfolgsrechnungen nicht pauschierungsfähig. Bei „laufend" gegebener Mitwirkung an der Erteilung von Steuerbescheinigungen sei eine Pauschalierung dagegen zulässig.
Beweisaufnahme in Verfahren vor Verwaltungsbehörden	§ 43		x	
Buchführung	§ 33	x		
Buchführungsarbeiten, laufende, für land- und forstwirtschaftliche Betriebe	§ 39 Abs. 2	x		
Eingangsabgaben, Erstellung der Steuererklärungen für	§ 24 Abs. 1 Nr. 16		x	Nach *Eckert/Böttcher* § 24 Abs. 1 Nrn. 16–22 StBGebV Anm. 4 ist eine Pauschalierung unter bestimmten Voraussetzungen zulässig.
Einkommensteuererklärung	§ 24 Abs. 1 Nr. 1	x		
Einrichtung einer Buchführung	§ 32 oder § 39 Abs. 4		x	
Entwicklung des nach § 30 KStG zu gliedernden verwendbaren Eigenkapitals	§ 24 Abs. 1 Nr. 4	x		
Erbschaftsteuererklärung	§ 24 Abs. 1 Nr. 12		x	

Lehwald

Tätigkeit	StBGebV	pauschalierungsfähig ja	pauschalierungsfähig nein	Anmerkungen
Erklärung zur Hauptfeststellung, Fortschreibung oder Nachfeststellung der Einheitswerte für Grundbesitz oder Mineralgewinnungsrechte	§ 24 Abs. 4 Nr. 1		x	
Erlaßantrag	§ 23 Nr. 5		x	
Ermittlung des Gewinns aus Land- und Forstwirtschaft nach Durchschnittssätzen	§ 26	x		
Eröffnungsbilanz, Aufstellung einer	§ 35 Abs. 1 Nr. 4		x	
Erstattungsantrag nach § 37 Abs. 2 AO	§ 23 Nr. 6		x	
Feststellung des verrechenbaren Verlustes gem. § 15a EStG	§ 24 Abs. 4 Nr. 2	x		A. A. *Eckert/Böttcher* § 24 Abs. 4 StBGebV Anm. 3; *Wielinski/Kotsch-Faßhauer* S. 22.
Gesonderte Feststellung der Einkünfte	§ 24 Abs. 1 Nr. 2	x		
Gesonderte Feststellung des gemeinen Wertes nicht notierter Anteile an Kapitalgesellschaften	§ 24 Abs. 1 Nr. 11	x		A. A. *Eggesiecker* E 1423
Gewerbesteuererklärung	§ 24 Abs. 1 Nr. 5	x		
Gewerbesteuerzerlegungserklärung	§ 24 Abs. 1 Nr. 6	x		
Gutachten	§ 22		x	
Inventurunterlagen, Anfertigung oder Berichtigung	§ 35 Abs. 1 Nr. 7	x		
Jahresabschluß, Aufstellung eines	§ 35 Abs. 1 Nr. 1	x		
Kapitalertragsteuererklärung	§ 24 Abs. 1 Nr. 14		x	Nach *Eckert/Böttcher* § 24 Abs. 1 Nr. 14, 15 Anm. 4 nur unter bestimmten Voraussetzungen pauschalierungsfähig.
Kapitalertragsteuererstattung, Antrag auf	§ 24 Abs. 1 Nr. 22		x	A. A. *Wielinski/Kotsch-Faßhauer* S. 22; nach *Eckert/Böttcher* § 24 Abs. 1 Nrn. 19–22 StBGebV unter bestimmten Voraussetzungen pauschalierungsfähig.
Körperschaftsteuererklärung	§ 24 Abs. 1 Nr. 3	x		
Körperschaftsteuervergütung, Antrag auf	§ 24 Abs. 1 Nr. 22		x	A. A. *Wielinski/Kotsch-Faßhauer* S. 22; nach *Eckert/Böttcher* § 24 Abs. 1 Nr. 19–22 Anm. 4 nur unter bestimmten Voraussetzungen pauschalierungsfähig.
Lohnsteueranmeldung, Anfertigung der	§ 24 Abs. 1 Nr. 15	x		
Lohnbuchführung	§ 34	x		

Die Vergütung für Vorbehaltsaufgaben des Steuerberaters

Tätigkeit	StBGebV	pauschalierungsfähig ja	pauschalierungsfähig nein	Anmerkungen
Lohnsteuerermäßigung, Antrag auf	§ 24 Abs. 3 Nr. 2	x		A. A. *Wielinski/ Kotsch-Faßhauer* S. 22; nach *Eckert/ Böttcher* § 24 nur unter bestimmten Voraussetzungen pauschalierungsfähig.
Lohnsteuerjahresausgleich, Antrag auf	§ 24 Abs. 3	x		Nach *Eckert/Böttcher* § 24 Abs. 3 StBGebV Anm. 4 nur unter bestimmten Voraussetzungen pauschalierungsfähig.
Prüfung der Erfolgsaussichten einer Berufung oder Revision bei Abraten	§ 21 Abs. 2		x	
Prüfung der Erfolgsaussichten einer Klage bei Abraten	§ 21 Abs. 1		x	
Prüfung der Erfolgsaussichten einer Klage, einer Berufung oder einer Revision bei Zuraten	§ 21 Abs. 1		x	
Prüfung einer Bilanz, einer G u V oder einer sonstigen Vermögensrechnung für steuerliche Zwecke nebst Berichterstattung	§ 36 Abs. 2	x		
Prüfung einer Buchführung, einzelner Konten oder einer Überschußrechnung für steuerliche Zwecke nebst Berichterstattung	§ 36 Abs. 1	x		
Prüfung von Steuerbescheiden	§ 28	x		
Rücknahme oder Widerruf eines Verwaltungsaktes, Antrag auf	§ 23 Nr. 8		x	
Schenkungsteuererklärung	§ 24 Abs. 13	x		
Selbstanzeige	§ 30	x		
Steuerbilanz, Entwicklung aus der Handelsbilanz	§ 35 Abs. 1 Nr. 3	x		
Stundungsantrag	§ 23 Nr. 1		x	
Überschuß der Betriebseinnahmen über die Betriebsausgaben, Ermittlung	§ 25	x		
Überschuß der Einnahmen über die Werbungskosten, Ermittlung	§ 27	x		
Umsatzsteuerjahreserklärung	§ 24 Abs. 1 Nr. 8	x		
Umsatzsteuervoranmeldung	§ 24 Abs. 1 Nr. 7	x		
Verbrauchsteueranmeldungen, soweit nicht als Eingangsabgaben erhoben	§ 24 Abs. 1 Nr. 17	x		
Verbrauchsteuervergütung, Antrag auf	§ 24 Abs. 1 Nr. 18		x	Nach *Eckert/Böttcher* § 24 Abs. 1 Nrn. 19–22 StBGebV Anm. 4 unter bestimmten Voraussetzungen pauschalierungsfähig.
Verfahren vor Verwaltungsbehörden	§§ 40–43		x	
Vergütung der abziehbaren Vorsteuerbeträge an nicht im Erhebungsgebiet Ansässige, Antrag auf	§ 24 Abs. 1 Nr. 21		x	Nach *Eckert/Böttcher* § 24 Abs. 1 Nr. 19–22 StBGebV Anm. 4 unter bestimmten

Lehwald

Tätigkeit	StBGebV	pauschalierungsfähig		Anmerkungen
		ja	nein	
				Voraussetzungen pauschalierungsfähig.
Vermögensaufstellung zur Ermittlung des Einheitswertes des Betriebsvermögens	§ 24 Abs. 1 Nr. 3	x		A. A. *Eggesiecker* E 1424.
Vermögensteuererklärung	§ 24 Abs. 1 Nr. 10	x		A. A. *Eggesiecker* E 1424 differenzierend *Mittelsteiner/Scholz*, 81.
Vermögens- und Finanzstatus für steuerliche Zwecke	§ 37		x	
Verwaltungsvollstreckungsverfahren und Aussetzung der Vollziehung	§ 44		x	
Wiedereinsetzung in den vorigen Stand außerhalb eines Rechtsbehelfsverfahrens, Antrag auf	§ 23 Nr. 9		x	
Zugewinnausgleichsforderung nach § 5 ErbStG, Ermittlung der	§ 24 Abs. 2		x	
Zwischenabschluß oder vorläufiger Abschluß, Aufstellung	§ 35 Abs. 1 Nr. 2		x	Nach *Eckert/Böttcher* § 35 StBGebV Anm. 12 nur unter bestimmten Voraussetzungen pauschalierungsfähig.

2. Taxmäßige oder übliche Vergütung nach StBGebV

a) Überblick

23 Die **Gebührenverordnung für Steuerberater, Steuerbevollmächtigte und Steuerberatungsgesellschaften**, die am 1. 4. 1982 in Kraft getreten ist, basiert auf der Ermächtigungsvorschrift des § 64 StBerG, wonach Steuerberater und Steuerbevollmächtigte an die Gebührenverordnung gebunden sind, die der Bundesminister der Finanzen durch Rechtsverordnung mit Zustimmung des Bundesrates erläßt. Der Bundesminister der Finanzen hat vorher die Bundessteuerberaterkammer zu hören. Die Höhe der Gebühren darf den Rahmen des Angemessenen nicht übersteigen und hat sich nach 1. Zeitaufwand, 2. Wert des Objekts und 3. Art der Aufgabe zu richten.

24 Unter den **persönlichen Geltungsbereich** der Verordnung fallen nach allgemeiner Auffassung nur Steuerberater, Steuerbevollmächtigte und Steuerberatungsgesellschaften. Andere zur Hilfeleistung in Steuersachen befugte Berufsgruppen, wie z. B. Rechtsanwälte und Wirtschaftsprüfer, sind nicht zur Anwendung der StBGebV verpflichtet, selbst wenn sie steuerberatend tätig werden.

25 Umstritten ist jedoch die Frage, ob eine unmittelbare Bindung an die Gebührenverordnung bei steuerberatenden Tätigkeiten auch für die Berufsangehörigen besteht, die über eine **Doppel- oder Mehrfachqualifikation** verfügen, wie z. B. Wirtschaftsprüfer/Steuerberater oder Rechtsanwalt/Steuerberater. Soweit ein solcher Berufsangehöriger bei Übernahme eines Auftrages nicht eindeutig und zweifelsfrei den Beruf erkennen läßt, nach dessen Bestimmungen er die steuerliche Hilfeleistung erbringen wird, wird man nach herrschender Auffassung davon ausgehen müssen, daß er alle in der StBGebV subsumierten typischen Steuerberaterleistungen als Steuerberater erbringt und demzufolge die StBGebV Anwendung findet (a. A. für Rechtsanwälte mit beachtlicher Argumentation, *Eggesiecker* E 0130ff.).

26 § 1 Abs. 1 StBGebV enthält neben der persönlichen Beschränkung des Geltungsbereiches der Verordnung eine weitere Einschränkung in sachlicher Hinsicht. Danach erstreckt sich der **sachliche Anwendungsbereich** lediglich auf die selbständig ausgeübte Berufstätigkeit im Sinne des § 33 StBerG. Hierunter fallen die Hilfeleistung

- bei der Bearbeitung von Steuerangelegenheiten,
- bei der Erfüllung allgemeiner steuerlicher Pflichten,
- bei der Erfüllung steuerlicher Buchführungs- und Aufzeichnungspflichten,
- in Steuerstrafsachen und
- in Bußgeldsachen wegen einer Steuerordnungswidrigkeit sowie die Vertretung in außergerichtlichen und finanzgerichtlichen Rechtsbehelfsverfahren. Diese Tätigkeiten werden allgemein als Vorbehaltsaufgaben bezeichnet. Darüber hinaus findet die Gebührenverordnung nach § 45 StBGebV nur noch Anwendung, wenn ein Steuerberater nach § 107 StBerG zum Verteidiger in berufsgerichtlichen Verfahren gewählt worden ist.

Da es sich um einen abschließenden Katalog handelt, gilt die StBGebV folglich nicht für die nach § 57 Abs. 3 StBerG mit dem Beruf des Steuerberaters vereinbaren Tätigkeiten. Dies trifft insbesondere für die Wirtschaftsberatung und die treuhänderische Tätigkeit zu.

27 Die StBGebV sieht im Regelfall pro bearbeiteter Angelegenheit einen gesonderten Vergütungsanspruch für den Steuerberater vor, so daß man auch von einer **Einzelvergütung** sprechen kann. Der Vergütungsanspruch setzt sich zusammen aus den Gebühren und dem Auslagenersatz.

28 Als **Gebührenformen** finden sich in der Verordnung Wertgebühren, Zeitgebühren und Betragsrahmengebühren. Bei Wertgebühren kann noch danach differenziert werden, ob es sich um eine feste Gebühr oder um eine Rahmengebühr handelt.

29 Die Gebühren stellen nicht nur das Entgelt für die berufliche Leistung des Steuerberaters dar, sondern gelten nach der ausdrücklichen Vorschrift des § 3 Abs. 2 StBGebV auch die **allgemeinen Geschäftskosten** ab. Ein gesonderter Auslagenersatz ist lediglich für Post- und Fernmeldegebühren, Schreibauslagen, Reisekosten und sogenannte besondere Aufwendungen, wie z. B. Gutachterhonorare oder Übersetzungskosten, zulässig. Bei den Post- und Fernmeldegebühren wird dem Steuerberater durch § 16 StBGebV das Wahlrecht eingeräumt, statt der tatsächlich entstandenen Kosten einen Pauschsatz zu fordern.

30 Eine zusammenfassende Übersicht enthält das nachfolgende **Schaubild**:

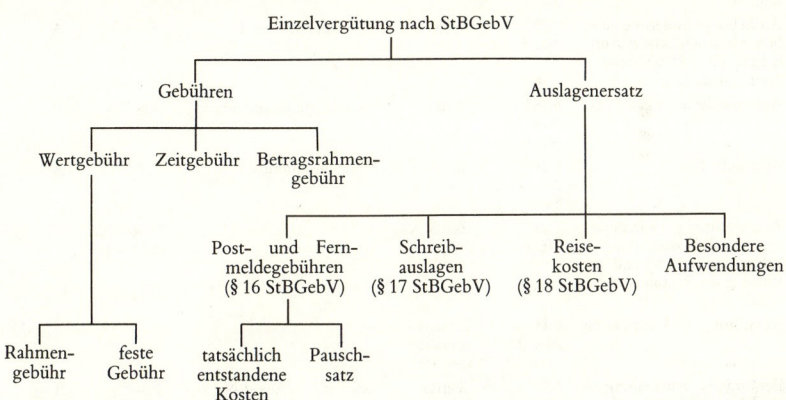

31 Die **Umsatzsteuer** ist in der Vergütung nach der StBGebV noch nicht enthalten. Sie wird nach § 15 StBGebV gesondert hinzugerechnet.

32 Mit Ausnahme der festen Wertgebühr wird in der StBGebV für die Gebühren lediglich ein **Rahmen** vorgegeben, innerhalb dessen der Steuerberater die Gebühr nach billigem Ermessen festzulegen hat. Dem Steuerberater wird insoweit ein **begrenztes Gegenleistungsbestimmungsrecht** eingeräumt (vgl. *Eggesiecker* E 0021).

33 Innerhalb des Gebührenrahmens hat der Steuerberater die Gebühr unter **Berücksichtigung aller Umstände,** insbesondere der Bedeutung der Angelegenheit, des Umfangs und der Schwierigkeit der beruflichen Tätigkeit zu bestimmen. Die Be-

rücksichtigung der Einkommens- und Vermögensverhältnisse des Mandanten werden zwar nicht ausdrücklich als weiteres Kriterium in § 11 StBGebV genannt, sie sind jedoch bei Berücksichtigung aller Umstände ebenfalls einzubeziehen. Bei Zeitgebühren ist umstritten, ob die Qualifikation und die Leistungsintensität des Tätigen zusätzlich als Gebührenbestimmungsfaktoren zu berücksichtigen sind (ablehnend *Eckert/Böttcher* § 13 StBGebV Anm. 4; differenzierend und teilweise befürwortend *Eggesiecker* E 1342; *Lehwald* BB 1983, 2110f.).

34 b) ABC der Vorbehaltsaufgaben

Tätigkeit	StBGebV	Gebühr	Gegenstandswert	Gebührensatz	Tabelle
Abschluß, Aufstellung eines (für Land- und Forstwirtschaft)	§ 39 Abs. 3 Nr. 2	WertG	a) Betriebsfläche gem. § 39 Abs. 6 b) Jahresumsatz zuzügl. Privateinlagen, mind. Aufwendungen zuzügl. Privatentnahmen, hälftiger Ansatz des DM 200 000 übersteigenden Betrages	3/10 bis 10/10 Summe a+b	D Teil a+b
Abschlußerstellung, Beratung bei (für Land- und Forstwirtschaft)	§ 39 Abs. 3 Nr. 4	WertG	siehe oben	1/20–10/20 Summe a+b	D Teil a+b
Abschlußprüfung für steuerliche Zwecke	§ 39 Abs. 3 Nr. 5	WertG	siehe oben	1/10–8/10 Summe a+b	D Teil a+b
Abschlußvorarbeiten	§ 35 Abs. 3	ZeitG	–	20–60 DM je ½ Std.	–
Abschlußvorarbeiten (für Land- und Forstwirtschaft)	§ 39 Abs. 3 Nr. 2	WertG	siehe oben	1/10–5/10 Summe a+b	D Teil a+b
Anpassung der Vorauszahlungen	§ 23 Nr. 3	WertG	Wert des Interesses	2/10–8/10	A
Aufhebung/Änderung eines Steuerbescheides oder Aufhebung einer Steueranmeldung, Antrag auf	§ 23 Nr. 7	WertG	Wert des Interesses	2/10–10/10	A
Auseinandersetzungsbilanz	§ 35 Abs. 1 Nr. 5	WertG	berichtigte Bilanzsumme	5/10–20/10	B
Auskunft, Rat	§ 21 Abs. 1 Satz 1	WertG	Wert des Interesses	1/10–10/10	A
Außenprüfung, Teilnahme an, einschl. Vorbereitung, Schlußbesprechung und Prüfung des Prüfungsberichts	§ 29 Nr. 1	ZeitG	–	20–60 DM je ½ Std.	–
Aussetzung der Vollziehung	§ 44 Abs. 2	keine gesonderte Gebühr	–	–	–
Beratung bei Aufstellung eines Jahresabschlusses	§ 35 Abs. 1 Nr. 7	WertG	wie bei § 35 Abs. 1 Nr. 1	2/10–10/10	B
Berichterstattung über Prüfung einer Bilanz, GuV oder sonstigen Vermögensrechnung für steuerliche Zwecke	§ 36 Abs. 2 Nr. 1	ZeitG	–	20–60 DM je ½ Std.	–
Berichtigung einer Erklärung	§ 23 Nr. 1	WertG	Wert des Interesses	2/10–10/10	A
Berlinförderungsgesetz, Anträge nach	§ 24 Abs. 1 Nr. 20	WertG	Bemessungsgrundlage für Förderungsmaßnahmen, mind. DM 25 000	1/20–12/20	A
Berufung oder Revision, Abraten von	§ 21 Abs. 2	WertG	Wert des Interesses	13/20	E

Die Vergütung für Vorbehaltsaufgaben des Steuerberaters 34 **W**

Tätigkeit	StBGebV	Gebühr	Gegenstandswert	Gebührensatz	Tabelle
Bescheinigung über bestimmte steuerliche Sachverhalte	§ 38	ZeitG	–	20–60 DM je ½ Std.	–
Besprechung mit Behörden oder Dritten in abgabenrechtlichen Sachen	§ 31	WertG	Wert des Interesses	5/10–10/10	A
Besprechung über tatsächliche Fragen, aber nicht für mündliche oder fernmündliche Nachfrage	§ 42	BesprechungsG	Wert des Interesses	5/10–10/10	E
Betreiben des Geschäfts einschl. der Information, der Einreichung und der Begründung des Rechtsbehelfs	§ 41	GeschäftsG	Wert des Interesses	5/10–10/10	E
Beweisaufnahme, Mitwirkung einer von einer Behörde angeordneten	§ 43	BeweisaufnahmeG	Wert des Interesses	5/10–10/10	E
Billigkeitsfestsetzung, Antrag auf	§ 23 Nr. 4	WertG	Wert des Interesses	2/10–8/10	A
Buchführung, Einrichtung einer	§ 32	ZeitG	–	20–60 DM je ½ Std.	–
Buchführung, Einrichtung einer (bei Land- und Forstwirtschaft)	§ 39 Abs. 4 Nr. 1	WertG	Betriebsfläche gem. § 39 Abs. 4	1/10–6/10	D Teil a+b
Buchführung mit Kontieren, mit Umsatzsteuervoranmeldung (Monatsgebühr)	§ 33 Abs. 1	WertG	Jahresumsatz	2/20–12/20	C
(bei Land- und Forstwirtschaft)	§ 39 Abs. 2 Nr. 1	WertG	a) Betriebsfläche gem. § 39 Abs. 6 b) Jahresumsatz zuzügl. Privateinlagen, mind. Aufwendungen zuzügl. Privatentnahmen, hälftiger Ansatz des DM 200 000 übersteigenden Betrages	3/10–20/10 Summe a+b jährl.	D Teil a+b
Buchführung nach erstellten Datenträgern, mit Umsatzsteuervoranmeldung (Monatsgebühr)	§ 33 Abs. 4	WertG	Jahresumsatz	1/20–10/20	C
(für Land- und Forstwirtschaft)	§ 39 Abs. 2 Nr. 3	WertG	a) Betriebsfläche gem. § 39 Abs. 6 b) Jahresumsatz zuzügl. Privateinlagen, mind. Aufwendungen zuzügl. Privatentnahmen, hälftiger Ansatz des DM 200 000 übersteigenden Betrages	1/20–16/20 Summe a+b jährl.	D Teil a+b
Buchführung nach kontierten Belegen, mit Umsatzsteuervoranmeldung (Monatsgebühr)	§ 33 Abs. 3	WertG	Jahresumsatz	1/10–6/10	C
(für Land- und Forstwirtschaft)	§ 39 Abs. 2 Nr. 2	WertG	a) Betriebsfläche gem. § 39 Abs. 6 b) Jahrsumsatz zuzügl. Privateinlagen, mind. Aufwendungen zuzügl. Privatentnahmen, hälftiger Ansatz des DM 200 000 übersteigenden Betrages	3/20–20/20 Summe a+b jährl.	D Teil a+b
Buchführung, laufende Überwachung, Monatsgebühr	§ 33 Abs. 5	WertG	Jahresumsatz	1/10–6/10	C
(für Land- und Forstwirtschaft)	§ 39 Abs. 2 Nr. 4	WertG	a) Betriebsfläche gem. § 39 Abs. 6 b) Jahresumsatz zuzügl.	1/10–6/10 Summe a+b jährl.	D Teil a+b

Lehwald 1319

Tätigkeit	StBGebV	Gebühr	Gegenstandswert	Gebührensatz	Tabelle
			Privateinlagen, mind. Aufwendungen zuzügl. Privatentnahmen, hälftiger Ansatz des DM 200000 übersteigenden Betrages		
Buchführung, sonstige Tätigkeiten in Zusammenhang mit	§ 33 Abs. 7	ZeitG	–	20–60 DM je ½ Std.	–
Erläuterungsbericht zu Tätigkeiten nach § 35 Abs. 1 Nr. 1–5	§ 35 Abs. 1 Nr. 6	WertG	wie bei zugrundeliegenden Abschlußarbeiten	²/₁₀–¹²/₁₀	B
Erlaß, Antrag auf	§ 23 Nr. 5	WertG	Wert des Interesses	²/₁₀–⁸/₁₀	A
Eröffnungsbilanz, Aufstellen einer	§ 35 Abs. 1 Nr. 4	WertG	berichtigte Bilanzsumme	⁵/₁₀–¹²/₁₀	B
Erstattung, Antrag auf	§ 23 Nr. 6	WertG	Wert des Interesses	²/₁₀–⁸/₁₀	A
Eigenkapitalentwicklung nach § 30 KStG, Erklärung über	§ 24 Abs. 1 Nr. 4	WertG	verwendbares Eigenkapital mind. DM 25000	¹/₁₀–⁶/₁₀	A
Einkommensteuererklärung ohne Ermittlung der Einkünfte	§ 24 Abs. 1 Nr. 1	WertG	Summe der positiven Einkünfte, mind. DM 12000	¹/₁₀–⁶/₁₀	A
Einwendungen, schriftliche, gegen Prüfungsbericht	§ 29 Nr. 2	WertG	Wert des Interesses	⁵/₁₀–¹⁰/₁₀	A
Erbschaftsteuererklärung ohne Ermittlung der Zugewinnausgleichsforderung nach § 5 ErbStG	§ 24 Abs. 1 Nr. 12	WertG	Erwerb von Todes wegen vor Abzug Schulden/Lasten mind. DM 25000	²/₁₀–¹⁰/₁₀	A
Gesonderte Feststellung der Einkünfte (ohne Ermittlung der Einkünfte), Erklärung	§ 24 Abs. 1 Nr. 2	WertG	Summe der positiven Einkünfte mind. DM 12000	¹/₁₀–⁵/₁₀	A
Gesonderte Feststellung des gemeinen Wertes nicht notierter Anteile an Kapitalgesellschaften, Erklärung	§ 24 Abs. 1 Nr. 10	WertG	Summe der Anteilswerte, mind. DM 50000	¹/₂₀–¹⁸/₂₀	A
Gesonderte Vermögensfeststellung von Gemeinschaften	§ 24 Abs. 1 Nr. 10	WertG	Rohvermögen, bei natürlichen Personen, mind. DM 25000, bei Körperschaften usw. mind. DM 50000	¹/₂₀–¹⁸/₂₀	A
Gewerbesteuererklärung nach Ertrag	§ 24 Abs. 1 Nr. 5 Buchst. a	WertG	Ertrag vor Freibetrag und Verlust, mind. DM 12000	¹/₁₀–⁶/₁₀	A
Gewerbesteuererklärung nach Kapital	§ 24 Abs. 1 Nr. 5 Buchst. b	WertG	Kapital vor Freibetrag, mind. DM 18000	¹/₂₀–¹²/₂₀	A
Gewerbesteuerzerlegungserklärung	§ 24 Abs. 1 Nr. 6	WertG	10 v. H. des einheitl. Steuermeßbetrags, mind. DM 8000	¹/₁₀–⁶/₁₀	A
Gewinnermittlung nach Durchschnittssätzen	§ 26 Abs. 1	WertG	Ausgangswert nach § 13a Abs. 4 EStG	⁵/₁₀–²⁰/₁₀	B
Gutachten, schriftliche	§ 22	WertG	Wert des Interesses	¹⁰/₁₀–³⁰/₁₀	A
Hauptfeststellung, Fortschreibung oder Nachfeststellung der Einheitswerte für Grundbesitz oder Mineralgewinnungsrechte	§ 24 Abs. 4 Nr. 1	ZeitG	–	20–60 DM je ½ Std.	–
Investitionszulageantrag	§ 24 Abs. 1 Nr. 19	WertG	Bemessungsgrundlage	¹/₁₀–⁶/₁₀	A

Die Vergütung für Vorbehaltsaufgaben des Steuerberaters

Tätigkeit	StBGebV	Gebühr	Gegenstandswert	Gebührensatz	Tabelle
Jahresabschluß, Aufstellung	§ 35 Abs. 1 Nr. 1	WertG	Mittel zwischen berichtigter Bilanzsumme und wirtschaftlichem Umsatz (bis zum Fünffachen der berichtigten Bilanzsumme)	10/10–30/10	B
Jahresabschluß, Zusammenstellung eines Jahresabschlusses aus übergebenen Endzahlen	§ 35 Abs. 1	WertG	wie bei § 35 Abs. 1 Nr. 1	2/10–6/10	B
Kapitalertragsteuererklärung	§ 24 Abs. 1 Nr. 14	WertG	Summe der kapitalertragsteuerpflichtigen Kapitalerträge, mind. DM 6000	1/10–6/10	A
Kapitalertragsteuererstattung, Anträge auf	§ 24 Abs. 1 Nr. 22	WertG	beantragte Erstattung, mind. DM 2000	1/10–6/10	A
Körperschaftsteuererklärung, ohne Eigenkapitalentwicklung nach § 30 KStG	§ 24 Abs. 1 Nr. 3	WertG	Einkommen vor Verlustabzug mind. DM 25000	2/10–8/10	A
Körperschaftsteuer, Anträge auf Vergütung der anrechenbaren	§ 24 Abs. 1 Nr. 22	WertG	beantragte Erstattung, mind. DM 2000	1/10–6/10	A
Kontieren der Belege (Monatsgebühr)	§ 33 Abs. 2	WertG	Jahresumsatz	1/10–6/10	C
Lohnkonten und Aufnahme der Stammdaten, erstmalige Einrichtung	§ 34 Abs. 1	BetragsrahmenG	–	5–12 DM je Arbeitnehmer	–
Lohnkonten, Führung von, und Anfertigung der Lohnabrechnung, mit Lohnsteuer-Anmeldung	§ 34 Abs. 3	BetragsrahmenG	–	5–12 DM je Arbeitnehmer und Abrechnungszeitraum	–
Lohnkonten, Führung von, und Anfertigung der Lohnabrechnung nach erstellten Buchungsunterlagen, mit Lohnsteuer-Anmeldung	§ 34 Abs. 3	BetragsrahmenG	–	2–8 DM je Arbeitnehmer und Abrechnungszeitraum	–
Lohnkonten, Führung von, und Anfertigung der Lohnabrechnung nach erstellten Datenträgern, mit Lohnsteuer-Anmeldung	§ 34 Abs. 4	BetragsrahmenG	–	1–5 DM je Arbeitnehmer und Abrechnungszeitraum	–
Lohnsteuerabzug und Lohnbuchführung, sonstige Tätigkeiten im Zusammenhang mit	§ 34 Abs. 5	ZeitG	–	20–60 DM je ½ Std.	–
Lohnsteueranmeldung	§ 24 Abs. 1 Nr. 15	WertG	20 v. H. der Arbeitslöhne einschl. sonstiger Bezüge, mind. DM 2000	1/20–6/20	A
Lohnsteuer-Ermäßigung Eintragung von Freibeträgen	§ 24 Abs. 3	WertG	Jahresarbeitslohn mind. DM 9000	1/20–4/20	A
Lohnsteuerjahresausgleich mit Ermittlung der Werbungskosten, Sonderausgaben, außergewöhnlichen Belastungen	§ 24 Abs. 3 Nr. 1b	WertG	Jahresarbeitslohn mind. DM 9000	2/20–7/20	A
Lohnsteuerjahresausgleich ohne Ermittlung der Werbungskosten, Sonderausgaben, außergewöhnlichen Belastungen	§ 24 Abs. 3 Nr. 1a	WertG	Jahresarbeitslohn mind. DM 9000	1/20–4/20	A
Nutzungswert der selbstgenutzten Wohnung im eigenen Einfamilienhaus oder Eigentumswohnung	§ 27 Abs. 3	WertG	Grundbetrag nach § 21a EStG	8/10–15/10	A

Lehwald

Tätigkeit	StBGebV	Gebühr	Gegenstandswert	Gebühren-satz	Tabelle
Prüfung einer Bilanz, G u. V oder sonstigen Vermögensrechnung für steuerliche Zwecke	§ 36 Abs. 2 Nr. 1	ZeitG	–	20–60 DM je ½ Std.	–
Prüfung einer Buchführung, einzelner Konten oder Überschußrechnung mit Berichterstattung	§ 36 Abs. 1	ZeitG	–	20–60 DM je ½ Std.	–
Prüfung eines Steuerbescheides	§ 28	ZeitG	–	20–60 DM je ½ Std.	–
Rat, Auskunft (nur steuerstrafrechtliche, bußgeldrechtliche und sonstige Angelegenheiten ohne Gegenstandswert)	§ 21 Abs. 1 Satz 2	BetragsrahmenG	–	DM 20–295	–
Rücknahme/Widerruf eines Verwaltungsaktes, Antrag auf	§ 23 Nr. 8	WertG	Wert des Interesses	$4/10$–$10/10$	A
Schenkungsteuererklärung	§ 24 Abs. 1 Nr. 13	WertG	Rohwert der Schenkung, mind. DM 25 000	$2/10$–$10/10$	A
Schriftlicher Erläuterungsbericht zum Abschluß (für Land- und Forstwirtschaft)	§ 39 Abs. 3 Nr. 6	WertG	a) Betriebsfläche gem. § 39 Abs. 6 b) Jahresumsatz zuzügl. Privateinlagen, mindestens Aufwendungen zuzügl. Privatentnahmen, hälftiger Ansatz des DM 200 000 übersteigenden Betrages	$1/10$–$8/10$ Summe a+b	D Teil a+b
Selbstanzeige einschl. Ermittlungen zur Berichtigung, Ergänzung oder Nachholung der Abgaben	§ 30	WertG	Wert des Interesses	$10/10$–$30/10$	A
Sonstige Anträge (soweit nicht in Steuererklärungen)	§ 23 Nr. 10	WertG	Wert des Interesses	$2/10$–$10/10$	A
Steuerbilanz, Entwicklung einer, aus Handelsbilanz oder Ableitung des steuerlichen Ergebnisses aus Handelsbilanz	§ 35 Abs. 1 Nr. 3	WertG	Mittel zwischen berichtigter Bilanzsumme und wirtschaftlichen Umsatz (bis zum Fünffachen der berichtigten Bilanzsumme)	$5/10$–$12/10$	B
Steuerlicher Abschluß aus betriebswirtschaftlicher Abschluß- oder Handelsbilanz (für Land- und Forstwirtschaft)	§ 39 Abs. 3 Nr. 3	WertG	a) Betriebsfläche gem. § 39 Abs. 6 b) Jahresumsatz zuzügl. Privateinlagen, mind. Aufwendungen zuzügl. Privatentnahmen, hälftiger Ansatz des DM 200 000 übersteigenden Betrages	$3/20$–$10/20$ Summe a+b	D Teil a+b
Stundung, Antrag auf	§ 23 Nr. 2	WertG	Wert des Interesses	$2/10$–$8/10$	A
Überschußermittlung bei Gewinneinkünften	§ 25 Abs. 1	WertG	höherer Betrag der Betriebseinnahmen oder Betriebsausgaben, mind. DM 25 000	$5/10$–$20/10$	B
Überschußermittlung bei Überschußeinkünften	§ 27 Abs. 1	WertG	höherer Betrag der Einnahmen oder Werbungskosten, mind. DM 12 000	$1/20$–$12/20$	A
Umsatzsteuerjahreserklärung	§ 24 Abs. 1 Nr. 8	WertG	10 v. H. der Entgelte zuzügl. Eigenverbrauch, mind. DM 12 000	$1/10$–$5/10$	A
Umsatzsteuervoranmeldung	§ 24 Abs. 1 Nr. 7	WertG	10 v. H. der Entgelte zuzügl. Eigenverbrauch, mind. DM 12 000	$1/10$–$5/10$	A
Verbrauchsteuern, Anmeldungen/Erklärungen für nicht als Eingangsabgaben erhobene Verbrauchsteuern	§ 24 Abs. 1 Nr. 17	WertG	angemeldeter festgesetzter Betrag, mind. DM 2000	$1/10$–$3/10$	A

Die Vergütung für Vorbehaltsaufgaben des Steuerberaters

Tätigkeit	StBGebV	Gebühr	Gegenstandswert	Gebührensatz	Tabelle
Verbrauchsteuervergütung/-erstattung, Antrag auf	§ 24 Abs. 1 Nr. 18	WertG	beantragte Vergütung/Erstattung, mind. DM 2000	1/10–3/10	A
Vermögensaufstellung zur Ermittlung des Betriebsvermögens-Einheitswertes	§ 24 Abs. 1 Nr. 9	WertG	Rohbetriebsvermögen mind. DM 25 000	1/20–18/20	A
Vermögens-/Finanzstatus, Erstellung	§ 37 Nr. 1	WertG	Summe der Vermögens-/Finanzwerte	5/10–15/10	B
Vermögens-/Finanzstatus aus übergebenen Endzahlen, Erstellung	§ 37 Nr. 2	WertG	Summe der Vermögens-/Finanzwerte	2/10–6/10	B
Vermögens-/Finanzstatus, Erläuterungsbericht zum	§ 37 Nr. 3	WertG	Summe der Vermögens- und Finanzwerte	1/10–6/10	B
Vermögensteuererklärung	§ 24 Abs. 1 Nr. 10	WertG	Rohvermögen, bei natürlichen Personen mind. DM 25 000, bei Körperschaften usw. mind. DM 50 000	1/20–18/20	A
Verrechenbarer Verlust gem. § 15a EStG, Feststellung	§ 24 Abs. 4 Nr. 2	ZeitG	–	20–60 DM je ½ Std.	–
Vollstreckungsverfahren	§ 44 Abs. 1	GeschäftsG	Wert des Interesses	3/10	E
		BesprechungsG	Wert des Interesses	3/10	E
		BeweisaufnahmeG	Wert des Interesses	3/10	E
Vorarbeiten, über das übliche Maß hinausgehend	§ 25 Abs. 2	ZeitG	–	20–60 DM je ½ Std.	–
Vorsteuerbeträge, Anträge auf Vergütung abziehbarer	§ 24 Abs. 1 Nr. 21	WertG	beantragte Vergütung, mind. DM 2000	1/10–6/10	A
Wiedereinsetzung, Antrag auf	§ 23 Nr. 9	WertG	Wert des Interesses	4/10–10/10	A
Zölle, Abschöpfungen, Verbrauchsteuern als Eingangsabgaben, Steuererklärungen für	§ 24 Abs. 1 Nr. 16	WertG	Betrag aus Anwendung der höchsten Abgabensätze auf die Waren, mind. DM 2000	1/10–3/10	A
Zugewinnausgleichsforderung nach § 5 ErbStG, Ermittlung der	§ 24 Abs. 2	WertG	Ermittelter Betrag, mind. DM 25 000	5/10–15/10	A
Zwischen- oder vorläufiger Abschluß, Aufstellung eines	§ 35 Abs. 1 Nr. 2	WertG	Mittel zwischen berichtigter Bilanzsumme und wirtschaftlichen Umsatz (bis zum Fünffachen der berichtigten Bilanzsumme)	5/10–12/10	B

c) **Auslagenersatz**

aa) **Überblick**

35 Nach § 3 Abs. 2 StBGebV sind die **allgemeinen Geschäftskosten** mit den Gebühren abgegolten, so daß insoweit ein gesonderter Ersatz nicht gewährt wird.
Ein zusätzlicher Anspruch besteht lediglich auf Zahlung der auf die Vergütung entfallenden Umsatzsteuer und auf Ersatz der Post- und Fernmeldegebühren, der Schreibauslagen und der Reisekosten.

36 Bei der Erstattung der **Post- und Fernmeldegebühren** hat der Steuerberater ein Wahlrecht. Er kann nach seinem freien Ermessen entweder die im Einzelfall tatsächlich entstandenen Post- und Fernmeldegebühren oder einen Pauschsatz berechnen. Der Pauschsatz beträgt 15% der Gebühr nach der Gebührenverordnung, jedoch höchstens DM 40,– bzw. DM 30,– in Strafsachen und Bußgeldverfahren für jede Angelegenheit.

37 Die Erstattung von **Schreibauslagen** ist in § 17 StBGebV, die von Reisekosten in den §§ 18–20 StBGebV geregelt.

Lehwald

38 Neben diesen Auslagen kann der Steuerberater unter Umständen die Erstattung weiterer **besonderer Aufwendungen** gemäß § 670 BGB fordern, der über § 675 BGB auch auf den Steuerberatungsvertrag anzuwenden ist. Danach sind dem Steuerberater alle notwendigen und nützlichen Auslagen zu erstatten, die er zum Zwecke der Ausführung seines Auftrags gemacht hat. Entscheidend ist, daß der Steuerberater nach den Verhältnissen zur Zeit der Aufwendungen der Auslagen diese nicht nur persönlich, sondern auch vom Standpunkt eines unbeteiligten Dritten für erforderlich halten durfte. Zu derartigen besonderen Aufwendungen können z. B. Übersetzungskosten, Kosten für die Beschaffung von Handelsregisterauszügen, Grundbuchauszügen und Urkunden über letztwillige Verfügungen etc. gehören. Weitere Einzelbeispiele sind im Auslagen-ABC angeführt.

39 bb) Auslagen-ABC

Abschriften und Ablichtungen. Siehe Schreibauslagen.

Abwesenheitsgeld. Siehe Tage- und Abwesenheitsgeld.

Allgemeine Geschäftskosten. Die allgemeinen Geschäftskosten werden durch die Gebühren abgegolten (§ 3 Abs. 2 StBGebV). Es kann nur der Ersatz der Auslagen (§§ 15, 16, 17, 19, 20 StBGebV) und der besonderen Aufwendungen (siehe Besondere Aufwendungen) verlangt werden. Allgemeine Geschäftskosten sind u. a. Kosten des Steuerberaterbüros wie Mieten, Gehälter, Aufwendungen für Literatur (siehe Literatur), Büromaschinen, die Grundgebühr für Fernsprecher, Fernschreiber, Mitgliedsbeiträge, auch bei einer Kreditauskunft, die allgemeinen Aufwendungen, wie Briefpapier, Formulare, Briefumschläge, übliche Verpackungen, Aufwendungen für Fahrspesen innerhalb des Ortsverkehrs.

Anschlußgebühren für Fernsprech- und Fernschreibanlagen, für Teletex-, Telefax- und Btx-Einrichtungen sind allgemeine Geschäftskosten und mit den Gebühren abgegolten. Siehe auch Fernmeldegebühren.

Auslandsreisen. Siehe Geschäftsreise, siehe Fahrtkostenentschädigung, siehe Tage- und Abwesenheitsgeld, siehe Übernachtungskosten.

Auskunftskosten für Auskünfte des Handelsregisters, des Gewerbeamtes sind keine Auslagen i. S. d. §§ 15 ff. StBGebV, sondern besondere Aufwendungen, deren Erstattung der Steuerberater fordern kann (§§ 670, 675 BGB).

Besondere Aufwendungen gehen über das Übliche hinaus. Es kann der Ersatz aller besonderer Aufwendungen, die der Steuerberater den Umständen nach für erforderlich halten durfte (§§ 675, 670 BGB), verlangt werden. Es empfiehlt sich mit dem Mandanten eine Vereinbarung zu treffen, wenn solche besonderen Aufwendungen, die über die allgemeinen Geschäftskosten und Auslagen hinausgehen, zu erwarten sind. Besondere Aufwendungen sind u. a. spezielle Verpackung durch Kisten, Vorschüsse auf Gerichtsgebühren, Detektivkosten, Kosten für Auskünfte des Handelsregisters und Gewerbeamtes, Übersetzungskosten, jedoch nicht wenn der Steuerberater selbst dolmetscht, Aufwendungen für Beweissicherungsfotos.

Bildschrimtext (Btx). Kosten für Anschaffung, Unterhaltung oder Leasing des Btx-Gerätes, Nebenkosten, Anschlußgebühren und die laufenden Grundgebühren sind allgemeine Geschäftskosten. Als Auslagenersatz nach § 17 StBGebV können nur die einzelnen Gebühreneinheiten gefordert werden.

Botengebühren, z. B. Taxikosten bei der Übermittlung eiliger Unterlagen an den Auftraggeber, sind als besondere Aufwendungen erstattungsfähig.

Eilzustellung. Kosten der Eilzustellung, siehe Postgebühren.

Erstattungsfähige Auslagen im gerichtlichen Verfahren sind die Auslagen nach §§ 25–30 BRAGO. Nicht erstattungsfähige Auslagen sind:
Eine die BRAGO-Gebühren übersteigende vereinbarte Vergütung, Aufwendungen für ein außergerichtliches Verfahren, wenn das Gericht die Hinzuziehung des Bevollmächtigten nicht für notwendig erklärt hat (§ 139 Abs. 2 S. 3 FGO) oder soweit der Streitgegenstand des Vorverfahrens überhaupt nicht mehr im FG-Prozeß streitbefangen war.

Expreßgutgebühren können als besondere Aufwendungen erstattungsfähig sein. Sie gehören nicht zu den Post- und Fernmeldekosten.

Die Vergütung für Vorbehaltsaufgaben des Steuerberaters

Fahrtkostenentschädigung. Umfang der bei Geschäftsreisen geltend zu machenden Fahrtkosten:
Fahrt mit eigenem PKW: Auslagenersatz in Höhe von DM 0,40 für jeden angefangenen Kilometer des Hin- und Rückweges. Ist der Steuerberater durch Umleitungen an der Benutzung der direkten Strecke gehindert, kann er die durch die Umleitungen verursachten Mehr-Kilometer ebenfalls berechnen. Der Steuerberater darf für seine Reise den zweckmäßigsten oder den der Verkehrssitte entsprechenden Reiseweg wählen, auch wenn dieser etwas länger ist als die kürzeste Straßenverbindung von Ort zu Ort. Beträgt z. B. die Entfernung einer von Ort zu Ort auf schlechten kurvenreichen und durch viele Ortschaften führenden Landstraße 95 km und kann der Zielort über die Autobahn mit 110 km erreicht werden, darf der Steuerberater die Autobahn benutzen und somit 110 km berechnen.

Andere Verkehrsmittel: Die tatsächlichen Aufwendungen; bei Benutzung der Bundesbahn, des Schiffs oder Flugzeugs kann 1. Klasse abgerechnet werden, zuzüglich darf Auslagenersatz der Kosten für Zu- und Abgang (z. B. Taxi) verlangt werden. Für zu Fuß oder mit dem Fahrrad zurückgelegte Strecken gibt es keinen Auslagenersatz. Nebenkosten der Reisekosten sind u. a. Aufwendungen für Aufbewahrung von Gepäck, Versicherungskosten, Paßgebühren, Auslagen für die Beförderung von Akten und anderen berufsnotwendigen Gegenständen, Kurtaxe, Auslagen für Zimmerbestellung, Kleiderablage, Trinkgelder, Post- und Telefonkosten, die mit der Reise zusammenhängen, Reiseunfallversicherung, Mehrkosten für zuschlagpflichtige Züge oder für den Flugschein, für Platzkarten und für die Benutzung von Schlafwagen oder Schiffskabinen, Liegegebühr für Nachtschnellzüge. Siehe auch Geschäftsreisen.

Fernmeldegebühren. Laufende Fernmeldekosten sind keine allgemeinen Geschäftskosten, sondern Auslagen, die in der Abrechnung getrennt geltend gemacht werden können (§ 16 StBGebV). Laufende Fernmeldegebühren sind u. a. die Gebühren für Ferngespräche, Fernschreiber (ausgenommen Grundgebühr) und Telegramme.

Fernmeldegebühren, die zu den allgemeinen Geschäftskosten gehören und mit den Steuerberatungsgebühren abgegolten sind, sind Kosten für die Fernsprech- und Fernschreibanlage sowie die Nebenkosten, die Grund- und Stammgebühren für den Telefon- oder Fernschreibanschluß, anteilige Kosten für Anschaffung und Unterhaltung bzw. Anmeldung der entsprechenden Anlagen; Berechnungsmodus: Einzelabrechnung (§ 9 StBGebV) oder Pauschale (§ 16 StBGebV). Bei Einzelabrechnung müssen die einzelnen Fernmeldegebühren in der Berechnung nicht im einzelnen aufgeführt werden. Die Angabe des Gesamtbetrages, dessen Höhe sich aus der jeweiligen Fernmeldeordnung und den Gebührenvorschriften ergibt, genügt. In den Handakten des Steuerberaters muß jedoch ein Nachweis geführt werden. Bei Inanspruchnahme der Pauschale können anstelle der tatsächlich entstandenen Kosten ein Pauschsatz von 15 v. H. der Gebühr berechnet werden, höchstens jedoch DM 40,– je Angelegenheit an Post- und Fernmeldegebühren, bei Strafsachen und Bußgeldverfahren höchstens DM 30,–. Der Pauschsatz gemäß § 16 StBGebV bezieht sich auf Post- und Fernmeldegebühren. Es ist unzulässig, für Postgebühren den Pauschsatz anzuwenden und für Fernmeldegebühren eine Einzelabrechnung vorzunehmen et vice versa. Das Berechnungswahlrecht gilt für jede einzelne Angelegenheit; eine Verpflichtung zur einheitlichen Ausübung für alle Angelegenheiten besteht nicht.

Sind Auslagen i. S. d. § 16 StBGebV aus der Natur der Sache heraus gar nicht entstanden, z. B. bei einer einmaligen Raterteilung in der Praxis, so darf die Pauschale nicht berechnet werden.

Fernschreibgebühren. Laufende Fernschreibgebühren sind Auslagen, die in der Abrechnung getrennt geltend gemacht werden können (§ 16 StBGebV). Weiteres siehe Fernmeldegebühren.

Allgemeine Geschäftskosten sind die Kosten der Anschaffung, Unterhaltung oder des Leasings, Anschlußgebühren, Nebenkosten und die laufenden Grundgebühren.

Finanzgerichtsverfahren. Siehe Gerichtliche Verfahren.

Flugkosten. Siehe Geschäftsreisen. Siehe Fahrtkostenentschädigung.

Fotografien. Herstellung von Fotografien (z. B. zur Beweissicherung) stellen keine Schreibauslagen (§ 17 StBGebV) dar, sondern sonstige Aufwendungen.

Fotokopien. Siehe Schreibauslagen.

Fremdsprachige Korrespondenz. Es ist kein über § 17 StBGebV hinausgehender Auslagenersatz z. B. für das höhere Gehalt einer Fremdsprachensekretärin, zulässig, wenn die notwendige Korrespondenz in einer Fremdsprache geführt werden muß. Dagegen können die Kosten für das Übersetzen von Schriftstücken aus der deutschen Sprache in eine andere Sprache oder umgekehrt nach § 670 BGB als zusätzlicher Auslagenersatz in Ansatz gebracht werden. Siehe auch Schreibauslagen.

Gerichtliche (insb. finanzgerichtliche) Verfahren. Ersatz von Auslagen, die dem Steuerberater für seine Tätigkeit im gerichtlichen, insbesondere finanzgerichtlichen Verfahren entstanden sind, kann in der Höhe bestimmt sein
– durch eine Vergütungsklausel im Vertrag (z. B. Geschäftsbesorgungs- oder Dienstvertrag),
– durch die Verabredung der gesetzlichen Gebühren (der BRAGO) oder
– wegen Fehlens einer besonderen Vereinbarung durch die Anwendung der BRAGO nach § 612 Abs. 2 BGB, § 45 StBGebV.

Die in der BRAGO rechtssatzmäßig festgelegten Auslagen sind Höchstsätze für Steuerberater, die gegenüber der den Prozeß verlierenden Partei (z. B. dem beklagten Finanzamt) geltend gemacht werden können (vgl. § 139 Abs. 3 S. 2 FGO). Dies schließt nicht aus, daß der Steuerberater einen vereinbarten höheren Auslagenersatz, welcher über die BRAGO-Gebühren hinausgeht, gegenüber dem Mandanten geltend machen kann.

Die Auslagen und besonderen Aufwendungen, die dem Steuerberater aufgrund des Prozesses entstehen, werden z. B. vom Kostenbeamten im Kostenfestsetzungsverfahren in ihrer Notwendigkeit und Zweckmäßigkeit überprüft. Zu differenzieren ist in erstattungspflichtige, d. h. die dem obsiegenden Beteiligten nach § 139 FGO in den Grenzen der §§ 25–30 BRAGO zu erstattenden Auslagen (und u. U. sogenannten notwendige Aufwendungen nach § 670 BGB), und nicht erstattungspflichtige Auslagen.

Die von der verlierenden Gegenpartei erstattungsfähigen Auslagen, die Gegenstand des Kostenfestsetzungsverfahrens sind, sind die Auslagen gem. §§ 25–30 BRAGO. Zu den nicht erstattungsfähigen Auslagen, die nicht von der verlierenden Gegenpartei gefordert werden können, sondern nur gegenüber dem Mandanten durchsetzbar sind, gehören:
– eine die BRAGO-Auslagen übersteigende vereinbarte Vergütung,
– Aufwendungen für ein außergerichtliches Vorverfahren, wenn das Gericht die Hinzuziehung des Steuerberaters nicht für notwendig erklärt hat (§ 139 Abs. 3 S. 3 FGO) oder soweit der Streitgegenstand des Vorverfahrens überhaupt nicht mehr im FG-Prozeß streitbefangen war.

Geschäftsbücher. Kosten für Geschäftsbücher können als besondere Aufwendungen nach §§ 670, 675 BGB erstattungsfähig sein.

Geschäftsreisen sind Reisen, die der Steuerberater in Erfüllung eines ihm übertragenen Auftrages angetreten hat. Auslagenersatz besteht grundsätzlich für die Kosten der in Anspruch genommenen Verkehrsmittel (siehe Fahrtkostenentschädigung), ein Tage- und Abwesenheitsgeld (siehe Tage- und Abwesenheitsgeld), die Übernachtungskosten (siehe Übernachtungskosten) und die Reisenebenkosten (s. Fahrtkostenentschädigung).

Für eine ursprünglich für andere Zwecke angesetzte Reise, in deren Verlauf sich (zufällig) positive Ergebnisse oder Material für den Mandanten ergeben hat, darf kein Auslagenersatz gefordert werden. Das Vorliegen einer Geschäftsreise setzt voraus, daß der Steuerberater außerhalb seines Büros oder von dem davon verschiedenen Wohnort aus unter Verlassen des entsprechenden Gemeindegebietes zu dem Ort steuerberatender Tätigkeit fährt. Für Geschäfte am Wohnort oder am Ort seiner Kanzlei darf der Steuerberater keine Reisekosten berechnen; es liegen allgemeine Geschäftskosten vor, die mit der Wert- und Zeitgebühr abgegolten sind. So erhält z. B. ein Berliner Steuerberater, der in Ausführung eines Mandats eine PKW-Fahrt innerhalb Berlins zurücklegt, keine Auslagen für eine Geschäftsreise. Geschäftsreisen zur Ausübung mehrerer Geschäfte: Die entstandenen Reisekosten und Abwesenheitsgelder sind nach dem Verhältnis der Kosten zu verteilen, die bei gesonderter

Ausführung der einzelnen Geschäfte entstanden wären (§ 19 StBGebV). Eine Aufteilung gemäß § 19 StBGebV ist nicht vorzunehmen, wenn eine Reise gleichzeitig Eigenangelegenheiten und Fremdangelegenheiten dient.

Grundgebühren und Stammgebühren für Fernsprech-, Fernschreib-, Teletex-, Telefax- und Btx-Anlagen sind allgemeine Geschäftskosten, die mit der Wert-, Zeit- und Pauschalgebühr abgegolten sind. Siehe auch Fernmeldegebühren.

Handelsregisterauszug. Siehe Auskunftskosten.

Informationsreisen als Geschäftsreisen; Kosten nur erstattungsfähig, wenn sie notwendig sind.

Literatur. Kosten für Literatur sind i. d. R. allgemeine Geschäftskosten und nicht erstattungsfähig; Ausnahmen: Im gerichtlichen Verfahren. Werden Ablichtungen von schwer zugänglicher Literatur gefertigt und dem Gericht vorgelegt, das sie auch benutzt, so sind die Ablichtungskosten erstattungsfähig.

Portogebühren. Siehe Postgebühren.

Postgebühren. Laufende Postgebühren sind keine allgemeinen Geschäftskosten, sondern Auslagen, die in der Abrechnung getrennt geltend gemacht werden können (§ 16 StBGebV). Laufende Postgebühren sind Portokosten für Briefe, Postkarten, Pakete, Warensendungen, einschließlich der zusätzlichen Gebühren für Eilzustellung, der Wertgebühr, der Einschreibegebühr und der Rückscheingebühr. Keine laufenden Postgebühren, die zu den Auslagen des § 16 StBGebV gehören, sondern erstattungsfähige besondere Aufwendungen sind Auslagen für die Besorgung eiliger Briefe durch Kanzleipersonal oder andere Boten (z. B. Straßenbahnkosten), Expreß- und Frachtkosten (bei der Bundesbahn oder einem Transportunternehmen). Berechnungsmodus: Siehe Fernmeldegebühren.

Rollgeld gehört nicht zu den Post- und Fernmeldegebühren, sondern ggfs. zu den besonderen Aufwendungen.

Schreibauslagen sind grundsätzlich durch die Wert, Zeit- und Pauschalgebühr des Steuerberaters abgegolten. Durch die Gebühren wird die Herstellung allen üblichen Schriftwerkes entgolten, das durch die betreffende gebührenpflichtige Tätigkeit veranlaßt und außerdem erforderlich ist, um den Auftraggeber über den Gang der Angelegenheit auf dem laufenden zu halten. Durch die Gebühren sind abgegolten: die Fertigung der Urschriften, Steuererklärungen, Aufstellungen und sonstige schriftliche Aufzeichnungen, Kosten für Entwürfe und die im eigenen Interesse (Handakten) gefertigten Mehrstücke, Briefe an den Auftraggeber oder an Dritte, Schriftstücke an das Gericht, Fertigung eines schriftlichen Gutachtens oder Verträge. Schriften mit großem Umfang lösen keine Schreibauslagen aus. Für Abschriften und Ablichtungen, die im Rahmen einer ordentlichen Geschäftsführung oder nach Übung zu fertigen sind, kann kein Auslagenersatz gefordert werden: Ablichtungen von Schriftsätzen im Rechtsbehelfsverfahren oder Klageverfahren, Antwortschreiben aufgrund einer Beanstandung der Steuererklärung durch das Finanzamt. Die Art und Weise der Herstellung einer schriftlichen Aufzeichnung ist für die Ersatzpflicht ohne Bedeutung. Dem Schreiben des Originals oder einer notwendigen Kopie stehen die Fotokopien, der Computer-Ausdruck und die Rückvergrößerung von Mikrofilmen gleich.

Eine Ausnahme besteht nach § 17 StBGebV, wenn zusätzliche Abschriften und Ablichtungen auf Wunsch oder im Einverständnis des Mandanten angefertigt werden, z. B. von Briefen an das Finanzamt, Vertragsurkunden, Rechnungen, Buchführungsunterlagen, Statistiken, Fotokopien von Gerichtsaktenauszügen. Zusätzliche Abschriften sind u. a. auch Abschriften, die der Mandant über die ihm üblicherweise erteilte Zahl hinaus fordert, nachträglich vom Mandanten geforderte Abschriften, sofern keine Unterlassung des Steuerberaters vorliegt, vom Mandanten geforderte Erteilung von Abschriften an Dritte. Eine Ausnahme von der Zulässigkeitsvoraussetzung wird für Kopien von Behörden- und Gerichtskosten gemacht, wo auch die im normalen Geschäftsgang üblicherweise anfallende Kopie beim Auslagenersatz geltend gemacht werden kann.

Berechnung der Schreibauslage: pro angefangene Seite, unabhängig von der Art der Herstellung DM 1,– (KV 1900, GKG). Gleichgültig ist, daß auf dem freien Markt Ablichtungen billiger hergestellt werden können.

Zu den Schreibauslagen, die gesondert berechnet werden dürfen, gehören nicht Aufwendungen für das Aktenexemplar des Beraters, für das Exemplar des Auftraggebers, für das Exemplar des Finanzamtes.

Schreibauslagen im gerichtlichen Verfahren (§ 27 BRAGO). Das Fertigen der üblichen Schreiben gehört zur Tätigkeit des Steuerberaters und wird durch die Wert-, Zeit- und Pauschalgebühr abgegolten. *Kein Ersatz der Schreibauslagen* für das Fertigen der Urschriften, Schreiben zur Unterrichtung des Auftraggebers, Abschriften, die den Schriftsätzen an das Gericht üblicherweise beizufügen sind, die notwendigen Abschriften von Entschädigungen der Gerichte, da der Steuerberater diese unentgeltlich vom Gericht erhält (zwei Abschriften: eine für die eigenen Akten, die andere nur zur Unterrichtung der Partei; darüber hinaus unentgeltlich eine weitere Abschrift, wenn der Beteiligte durch einen Bevollmächtigten vertreten ist), Abschriften für die Zustellung, da die Entscheidungen nunmehr von Amts wegen zugestellt werden, bedarf es einer Zustellung durch den Steuerberater nicht mehr, so daß Abschriften für die Zustellung nicht benötigt werden; Abschriften von Literatur für seine eigene Arbeit;

Ersatz der Schreibauslagen:
Für zusätzliche vom Auftraggeber verlangte Abschriften, die über das übliche Maß hinausgehen: Abschriften für Dritte, Abschriften oder Ablichtungen aus Akten, Beiakten usw., Abschriften und Ablichtungen, die als notwendige Anlagen den Schriftsätzen beizufügen sind.

Die Abschriften der Protokolle über Verhandlungen, Beweisaufnahmen usw. muß der Steuerberater nicht auf eigene Kosten anfertigen lassen. Nach Nr. 1900 Kost-Verz. (Anl. I zum GKG) ist eine Abschrift jeder Niederschrift über eine Sitzung frei von Auslagen zu erteilen.

Es ist – bis auf Bagatellprozesse und ganz einfach gelagerte Verfahren – üblich geworden, dem Mandanten Abschriften der gerichtlichen Beweisprotokolle zuzuleiten. Strittig ist, ob die Abschriften der Protokolle auslagenfrei zu erteilen sind. Eine Verteilung zur kostenlosen Erteilung ist zu verneinen.

Werden Ablichtungen von schwer zugänglicher Literatur und von unveröffentlichten Entscheidungen gefertigt und dem Gericht vorgelegt, das sie auch benutzt, so sind die Ablichtungskosten erstattungsfähig.

Tage- und Abwesenheitsgeld bei Geschäftsreisen gelten einerseits Mehraufwendungen ab und werden andererseits gezahlt, weil der Steuerberater seinem Wirkungskreis entzogen ist. Die nach Stundenzahl abgestuften Pauschalen gelten die Kosten, die nicht auf die Verkehrsmittel entfallen ab. Sie können auch angesetzt werden, wenn der Steuerberater geringere Kosten hatte. Höhere, über die Pauschale hinausgehende Kosten dürfen nicht gegen Beleg im einzelnen abgerechnet werden. Es sollte hierzu eine vorherige Vereinbarung mit dem Mandanten getroffen werden (§ 4 StBGebV), wenn solche Mehrkosten zu erwarten sind. Für Samstage oder Sonntage, die in die Reise fallen gibt es auch Tagegeld. Das Tage- und Abwesenheitsgeld bemißt sich nur nach den tatsächlichen für den Geschäftszweck verbrauchten Tagen. Bei Übernachtungen ist auch das Frühstück mit dem Tagegeld abgegolten.

Tage- und Abwesenheitsgeld bei Inlandsreisen:
bis 4 Stunden DM 20,–
4–8 Stunden DM 40,–
über 8 Stunden DM 75,–

Tage- und Abwesenheitsgeld bei Auslandsreisen:
Zu dem obigen Auslagenersatz gibt es einen Zuschlag von 50 v. H. Zwischen der Zeitgebühr (§ 13 StBGeV) und dem Tagegeld (§ 18 StBGebV) besteht ein Konkurrenzverhältnis, wenn für die vom Steuerberater verwandte Arbeitszeit sowie die An- und Abreise die Zeitgebühr angesetzt werden kann und zusätzlich die Tagegelder für die An- und Abreise geltend gemacht werden können. Es ist anzunehmen, daß ein Wahlrecht bezüglich der anzusetzenden Gebühren bei der An- und Abreise – Zeitgebühr oder Auslagenersatz – besteht.

Telefaxgebühren. Kosten für Anschaffung, Unterhaltung bzw. Anmietung einer Telefax-Anlage, Anschlußgebühren, Nebenkosten, Grundgebühren sind allgemeine Geschäftskosten. Nur für die Kosten der in Anspruch genommenen Gebühreneinheiten kann Auslagenersatz (§ 17 StBGebV) gefordert werden. Siehe auch Fernmeldegebühren.

Telefongebühren. Allgemeine Geschäftskosten, die durch Wert-, Zeit- oder Pauschalgebühr abgegolten sind: Kosten für Telefonanschluß und Nebenkosten, Grund- und Stammgebühren für Telefonanschluß.

Als Auslagen (§ 16 StBGebV) können gefordert werden die Gebühren für die einzelnen Telefongespräche.

Berechnungsmodus: Siehe Fernmeldegebühren.

Teletexgebühren. Kosten für Anschaffung und Unterhaltung bzw. Leasing der Teletexanlage, Nebenkosten, Anschlußgebühren, Grundgebühren sind allgemeine Geschäftskosten. Für die verbrauchten Gebühreneinheiten kann der Steuerberater Auslagenersatz verlangen (§ 17 StBGebV). Siehe auch Fernmeldegebühren.

Telexgebühren. Siehe Fernschreibgebühren.

Übernachtungskosten bei Geschäftsreisen, keine pauschale, Ersatz der tatsächlichen, in den Hotelrechnungen aufgeführten Übernachtungskosten. Bei Benutzung von Luxushotels empfiehlt sich die Einholung des Einverständnisses des Mandanten. Übernachtungskosten müssen alleine durch die Geschäftsreise – und nicht privat – bedingt sein. Bei noch zumutbarer Rückreise (z. B. bis 22.00 Uhr) darf kein Auslagenersatz für Übernachtungskosten gefordert werden. Bei Übernachtung im Schlafwagen sind die Kosten bereits durch die Fahrtkosten ersetzt. Übernachtet der Steuerberater ohne Vergütung bei Freunden oder Verwandten, kann er keine Übernachtungskosten ansetzen.

Übersetzungskosten. Keine Auslagen gemäß §§ 15 ff. StBGebV, sondern besondere Aufwendungen; jedoch allgemeine Geschäftskosten, wenn Steuerberater selbst dolmetscht.

Umsatzsteuer, die auf die Tätigkeit des Steuerberaters entfällt (§ 12 UStG), gehört nicht zu den allgemeinen Geschäftskosten und wird nicht durch die Gebühren abgedeckt. Die Umsatzsteuer ist der Vergütung hinzuzurechnen (§ 15 StBGebV); Ausnahme: Liegen die Voraussetzungen des § 19 Abs. 1 UStG vor, Gesamtumsatz des Steuerberaters unter DM 20 000,– und Nichtausübung der Option des in Betracht kommenden Vorsteuerabzuges, so darf auch kein Ersatz der entsprechenden Umsatzsteuer verlangt werden.

Liegen die Voraussetzungen des § 19 Abs. 3 UStG vor, Gesamtumsatz zwischen DM 20 000,– und DM 60 000,– und Inanspruchnahme der degressiven Ermäßigung, so kann die volle Umsatzsteuer in Rechnung gestellt werden. Umsatzsteuerpflichtig sind außer den in Rechnung gestellten Gebühren auch die Auslagen der §§ 16, 17, 18, 19 StBGebV. Nicht umsatzsteuerpflichtig sind durchlaufende Gelder sowie Auslagen, die der Steuerberater namens und für Rechnung des Auftraggebers gemacht hat. Ebenfalls dürfen deutsche Steuerberater ihrem ausländischen Auftraggeber keine deutsche Umsatzsteuer in Rechnung stellen (§§ 3a Abs. 3 i. V. m. Abs. 4 Nr. 3 UStG).

Verlegung der beruflichen Niederlassung. Reisekosten und Abwesenheitsgelder bei der Fortführung eines vor der Verlegung der beruflichen Niederlassung erhaltenen Auftrags dürfen nur insoweit verlangt werden, als wenn sie von seiner bisherigen beruflichen Niederlassung aus entstanden wären. Dem Mandanten dürfen keine Mehrkosten entstehen. Niedrigere Reisekosten und Abwesenheitsgelder müssen dem Mandanten zugute kommen.

d) Gebührentabellen der StBGebV
aa) Tabelle A: Beratungstabelle

Gegenstandswert bis ... DM	1/20 DM	1/10 DM	2/10 DM	3/10 DM	4/10 DM	5/10 DM	6/10 DM	7/10 DM	8/10 DM	9/10 DM	10/10 DM	15/10 DM	20/10 DM	25/10 DM	30/10 DM	Gegenstandswert bis ... DM
200	1,50[1]	3,—[1]	6,—[1]	9,—[1]	12,—	15,—	18,—	21,—	24,—	27,—	30,—	45,—	60,—	75,—	90,—	200
300	2,—[1]	4,—[1]	8,—[1]	12,—[1]	16,—	20,—	24,—	28,—	32,—	36,—	40,—	60,—	80,—	100,—	120,—	300
500	2,50[1]	5,—[1]	10,—[1]	15,—	20,—	25,—	30,—	35,—	40,—	45,—	50,—	75,—	100,—	125,—	150,—	500
700	3,—[1]	6,—[1]	12,—	18,—	24,—	30,—	36,—	42,—	48,—	54,—	60,—	90,—	120,—	150,—	180,—	700
900	3,50[1]	7,—[1]	14,—	21,—	28,—	35,—	42,—	49,—	56,—	63,—	70,—	105,—	140,—	175,—	210,—	900
1200	4,30[1]	8,50[1]	17,—	25,50	34,—	42,50	51,—	59,50	68,—	76,50	85,—	127,50	170,—	212,50	255,—	1200
1600	5,20[1]	10,30[1]	20,60	30,90	41,20	51,50	61,80	72,10	82,40	92,70	103,—	154,50	206,—	257,50	309,—	1600
2000	6,10[1]	12,20	24,20	36,30	48,40	60,50	72,60	84,70	96,80	108,90	121,—	181,50	242,—	302,50	363,—	2000
2400	7,—[1]	13,90	27,80	41,70	55,60	69,50	83,40	97,30	111,20	125,10	139,—	208,50	278,—	347,50	417,—	2400
2800	7,90[1]	15,70	31,40	47,10	62,80	78,50	94,20	109,90	125,60	141,30	157,—	235,50	314,—	392,50	471,—	2800
3200	8,80[1]	17,50	35,—	52,50	70,—	87,50	105,—	122,50	140,—	157,50	175,—	262,50	350,—	437,50	525,—	3200
3600	9,70[1]	19,30	38,60	57,90	77,20	96,50	115,80	135,10	154,40	173,70	193,—	289,50	386,—	482,50	579,—	3600
4000	10,60[1]	21,10	42,20	63,30	84,40	105,50	126,60	147,70	168,80	189,90	211,—	316,50	422,—	527,50	633,—	4000
4400	11,50[1]	22,90	45,80	68,70	91,60	114,50	137,40	160,30	183,20	206,10	229,—	343,50	458,—	572,50	687,—	4400
4800	12,40	24,70	49,40	74,10	98,80	123,50	148,20	172,90	197,60	222,30	247,—	370,50	494,—	617,50	741,—	4800
5200	13,30	26,50	53,—	79,50	106,—	132,50	159,—	185,50	212,—	238,50	265,—	397,50	530,—	662,50	795,—	5200
5600	14,20	28,30	56,60	84,90	113,20	141,50	169,80	198,10	226,40	254,70	283,—	424,50	566,—	707,50	849,—	5600
6400	16,10	32,10	64,20	96,30	128,40	160,50	192,60	224,70	256,80	288,90	321,—	481,50	642,—	802,50	963,—	6400
7200	17,90	35,80	71,60	107,40	143,20	179,—	214,80	250,60	286,40	322,20	358,—	537,—	716,—	895,—	1074,—	7200
8000	19,80	39,50	79,—	118,50	158,—	197,50	237,—	276,50	316,—	355,50	395,—	592,50	790,—	987,50	1185,—	8000
9000	22,10	44,20	88,40	132,60	176,80	221,—	265,20	309,40	353,60	397,80	442,—	663,—	884,—	1105,—	1326,—	9000
10000	24,50	48,90	97,80	146,70	195,60	244,50	293,40	342,30	391,20	440,10	489,—	733,50	978,—	1222,50	1467,—	10000
12000	27,60	55,20	110,40	165,60	220,80	276,—	331,20	386,40	441,60	496,80	552,—	828,—	1104,—	1380,—	1656,—	12000
14000	30,80	61,60	123,—	184,50	246,—	307,50	369,—	430,50	492,—	553,50	615,—	922,50	1230,—	1537,50	1845,—	14000
16000	33,90	67,70	135,40	203,10	270,80	338,50	406,20	473,90	541,60	609,30	677,—	1015,50	1354,—	1692,50	2031,—	16000
18000	37,—	73,90	147,80	221,70	295,60	369,50	443,40	517,30	591,20	665,10	739,—	1108,50	1478,—	1647,50	2217,—	18000
20000	40,—	80,—	160,—	240,—	320,—	400,—	480,—	560,—	640,—	720,—	800,—	1200,—	1600,—	2000,—	2400,—	20000
25000	44,—	88,—	176,—	264,—	352,—	440,—	528,—	616,—	704,—	792,—	880,—	1320,—	1760,—	2200,—	2640,—	25000
30000	48,—	98,—	192,—	288,—	384,—	480,—	576,—	672,—	768,—	864,—	960,—	1440,—	1920,—	2400,—	2880,—	30000
35000	52,—	104,—	208,—	312,—	416,—	520,—	624,—	728,—	832,—	936,—	1040,—	1560,—	2080,—	2600,—	3120,—	35000

Die Vergütung für Vorbehaltsaufgaben des Steuerberaters — 40 W

Gegenstandswert bis ... DM	1/20 DM	1/10 DM	2/10 DM	3/10 DM	4/10 DM	5/10 DM	6/10 DM	7/10 DM	8/10 DM	9/10 DM	10/10 DM	15/10 DM	20/10 DM	25/10 DM	30/10 DM	Gegenstandswert bis ... DM
40 000	56,—	112,—	224,—	336,—	448,—	560,—	672,—	784,—	896,—	1008,—	1120,—	1680,—	2240,—	2800,—	3360,—	40 000
45 000	60,—	120,—	240,—	360,—	480,—	600,—	720,—	840,—	960,—	1080,—	1200,—	1800,—	2400,—	3000,—	3600,—	45 000
50 000	61,80	123,50	247,—	370,50	494,—	617,50	741,—	864,50	988,—	1111,50	1235,—	1852,50	2470,—	3087,50	3705,—	50 000
55 000	63,50	127,—	254,—	381,—	508,—	635,—	762,—	889,—	1016,—	1143,—	1270,—	1905,—	2540,—	3175,—	3810,—	55 000
60 000	65,30	130,50	261,—	391,50	522,—	652,50	783,—	913,50	1044,—	1174,50	1305,—	1957,50	2610,50	3262,50	3915,—	60 000
65 000	67,—	134,—	268,—	402,—	536,—	670,—	804,—	938,—	1072,—	1206,—	1340,—	2010,—	2680,—	3350,—	4020,—	65 000
70 000	68,80	137,50	275,—	412,50	550,—	687,—	825,—	962,50	1100,—	1237,50	1375,—	2062,50	2750,—	3437,50	4125,—	70 000
75 000	70,50	141,—	282,—	423,—	564,—	705,—	846,—	987,—	1128,—	1269,—	1410,—	2115,—	2820,—	3525,—	4230,—	75 000
80 000	72,30	144,50	289,—	433,50	578,—	722,50	867,—	1011,50	1156,—	1300,50	1445,—	2167,50	2890,—	3612,50	4335,—	80 000
85 000	74,—	148,—	296,—	444,—	592,—	740,—	888,—	1036,—	1184,—	1332,—	1480,—	2220,—	2960,—	3700,—	4440,—	85 000
90 000	75,80	151,50	303,—	454,50	606,—	757,50	909,—	1060,50	1212,—	1363,50	1515,—	2272,50	3030,—	3787,50	4545,—	90 000
95 000	77,50	155,—	310,—	465,—	620,—	775,—	930,—	1085,—	1240,—	1395,—	1550,—	2325,—	3100,—	3875,—	4650,—	95 000
100 000	79,30	158,50	317,—	475,50	634,—	792,50	951,—	1109,50	1268,—	1426,50	1585,—	2377,50	3170,—	3962,50	4755,—	100 000
110 000	80,30	160,50	321,—	481,50	642,—	802,50	963,—	1123,50	1284,—	1444,50	1605,—	2407,50	3210,—	4012,50	4815,—	110 000
120 000	81,30	162,50	325,—	487,50	650,—	812,50	975,—	1137,50	1300,—	1462,50	1625,—	2437,50	3250,—	4062,50	4875,—	120 000
130 000	82,—	164,—	328,—	492,—	656,—	820,—	984,—	1148,—	1312,—	1476,—	1640,—	2460,—	3280,—	4100,—	4920,—	130 000
140 000	85,50	171,—	342,—	513,—	684,—	855,—	1026,—	1197,—	1368,—	1539,—	1710,—	2565,—	3420,—	4275,—	5130,—	140 000
150 000	89,—	178,—	356,—	534,—	712,—	890,—	1068,—	1246,—	1424,—	1602,—	1780,—	2670,—	3560,—	4450,—	5340,—	150 000
160 000	92,50	185,—	370,—	555,—	740,—	925,—	1110,—	1295,—	1480,—	1665,—	1850,—	2775,—	3700,—	4625,—	5550,—	160 000
170 000	96,—	192,—	384,—	576,—	768,—	960,—	1152,—	1344,—	1536,—	1728,—	1920,—	2880,—	3840,—	4800,—	5760,—	170 000
180 000	99,50	199,—	398,—	597,—	796,—	995,—	1194,—	1393,—	1592,—	1791,—	1990,—	2985,—	3980,—	4975,—	5970,—	180 000
190 000	103,—	206,—	412,—	618,—	824,—	1030,—	1236,—	1442,—	1648,—	1854,—	2060,—	3090,—	4120,—	5150,—	6180,—	190 000
200 000	106,50	213,—	426,—	639,—	852,—	1065,—	1278,—	1491,—	1704,—	1917,—	2130,—	3195,—	4260,—	5325,—	6390,—	200 000
220 000	111,80	223,50	447,—	670,50	894,—	1117,50	1341,—	1564,50	1788,—	2011,50	2235,—	3352,50	4470,—	5587,50	6705,—	220 000
240 000	116,90	233,80	467,60	701,40	935,20	1169,—	1402,80	1636,60	1870,40	2104,20	2338,—	3507,—	4676,—	5845,—	7014,—	240 000
260 000	122,—	244,—	488,—	732,—	976,—	1220,—	1464,—	1708,—	1952,—	2196,—	2440,—	3660,—	4880,—	6100,—	7320,—	260 000
280 000	127,—	254,—	508,—	762,—	1016,—	1270,—	1524,—	1778,—	2032,—	2286,—	2540,—	3810,—	5080,—	6350,—	7620,—	280 000
300 000	132,—	263,90	527,80	791,70	1055,60	1319,50	1583,40	1847,30	2111,20	2375,10	2639,—	3958,50	5278,—	6597,50	7917,—	300 000
320 000	136,80	273,60	547,20	820,80	1094,40	1368,—	1641,60	1915,20	2188,80	2462,40	2736,—	4104,—	5472,—	6840,—	8208,—	320 000
340 000	141,60	283,10	566,20	849,30	1132,40	1415,50	1698,60	1981,70	2264,80	2547,90	2831,—	4246,50	5662,—	7077,50	8493,—	340 000
360 000	146,30	292,50	585,—	877,50	1170,—	1462,50	1755,—	2047,50	2340,—	2632,50	2925,—	4387,50	5850,—	7312,50	8775,—	360 000
380 000	150,90	301,70	603,40	905,10	1206,80	1508,50	1810,20	2111,90	2413,60	2715,30	3017,—	4525,50	6034,—	7542,50	9051,—	380 000
400 000	155,40	310,80	621,60	932,40	1243,20	1554,—	1864,80	2175,60	2486,40	2797,20	3108,—	4662,—	6216,—	7770,—	9324,—	400 000
430 000	159,90	319,70	639,40	959,10	1278,80	1598,50	1918,20	2237,90	2557,60	2877,30	3197,—	4795,50	6394,—	7992,50	9591,—	430 000

Lehwald 1331

Gegenstandswert bis ... DM	1/20 DM	1/10 DM	2/10 DM	3/10 DM	4/10 DM	5/10 DM	6/10 DM	7/10 DM	8/10 DM	9/10 DM	10/10 DM	15/10 DM	20/10 DM	25/10 DM	30/10 DM	Gegenstandswert bis ... DM
460000	164,20	328,40	656,80	985,20	1313,60	1642,—	1970,40	2298,80	2627,20	2955,60	3284,—	4926,—	6568,—	8210,—	9852,—	460000
490000	168,50	337,—	674,—	1011,—	1348,—	1685,—	2022,—	2359,—	2696,—	3033,—	3370,—	5055,—	6740,—	8425,—	10110,—	490000
520000	172,70	345,40	690,80	1036,20	1381,60	1727,—	2072,40	2417,80	2763,20	3108,60	3454,—	5181,—	6908,—	8635,—	10362,—	520000
550000	176,90	353,70	707,40	1061,10	1414,80	1768,50	2122,20	2475,90	2829,60	3183,30	3537,—	5305,50	7074,—	8842,50	10611,—	550000
580000	180,90	361,80	723,60	1085,40	1447,20	1809,—	2170,80	2532,60	2894,40	3256,20	3618,—	5427,—	7236,—	9045,—	10854,—	580000
610000	184,90	369,70	739,40	1109,10	1478,80	1848,50	2218,20	2587,90	2957,60	3327,30	3697,—	5545,50	7394,—	9242,50	11091,—	610000
640000	188,80	377,50	755,—	1232,50	1510,—	1887,50	2265,—	2642,50	3020,—	3397,50	3775,—	5662,50	7550,—	9437,50	11325,—	640000
670000	192,60	385,10	770,20	1155,30	1540,40	1925,50	2310,60	2695,70	3080,80	3465,90	3851,—	5776,50	7702,—	9627,50	11553,—	670000
700000	196,30	392,60	785,20	1177,80	1570,40	1963,—	2355,60	2748,20	3140,80	3533,40	3926,—	5889,—	7852,—	9815,—	11778,—	700000
730000	200,—	399,90	799,80	1199,70	1599,60	1999,50	2399,40	2799,30	3199,20	3599,10	3999,—	5998,50	7998,—	9997,50	11997,—	730000
760000	203,50	407,—	814,—	1221,—	1628,—	2035,—	2442,—	2849,—	3256,—	3663,—	4070,—	6105,—	8140,—	10175,—	12210,—	760000
790000	207,—	414,—	828,—	1242,—	1656,—	2070,—	2484,—	2898,—	3312,—	3726,—	4140,—	6210,—	8280,—	10350,—	12420,—	790000
820000	210,40	420,80	841,60	1262,40	1683,20	2104,—	2524,80	2945,60	3366,40	3787,20	4208,—	6312,—	8416,—	10520,—	12624,—	820000
850000	213,80	427,50	855,—	1282,50	1710,—	2137,50	2565,—	2992,50	3420,—	3847,50	4275,—	6412,50	8550,—	10687,50	12825,—	850000
880000	217,—	434,—	868,—	1302,—	1736,—	2170,—	2604,—	3038,—	3472,—	3906,—	4340,—	6510,—	8680,—	10850,—	13020,—	880000
910000	220,20	440,30	880,60	1320,90	1761,20	2201,50	2641,80	3082,10	3522,40	3962,70	4403,—	6604,50	8806,—	11007,50	13209,—	910000
940000	223,30	446,50	893,—	1339,50	1786,—	2232,50	2679,—	3125,50	3572,—	4018,50	4465,—	6697,50	8930,—	11162,50	13395,—	940000
970000	226,30	452,50	905,—	1357,50	1810,—	2262,50	2715,—	3167,50	4072,50	4072,50	4525,—	6787,50	9050,—	11312,50	13575,—	970000
1000000	229,20	458,40	916,80	1375,20	1833,60	2292,—	2750,40	3208,80	3667,20	4125,60	4584,—	6876,—	9168,—	11460,—	13752,—	1000000
1050000	235,20	470,40	940,80	1411,20	1881,60	2352,—	2822,40	3292,80	3763,20	4233,60	4704,—	7056,—	9408,—	11760,—	14112,—	1050000
1100000	241,20	482,40	964,80	1447,20	1929,60	2412,—	2894,40	3376,80	3859,20	4341,60	4824,—	7236,—	9648,—	12060,—	14472,—	1100000
1150000	247,20	494,40	988,80	1483,20	1977,60	2472,—	2966,40	3460,80	3955,20	4449,60	4944,—	7416,—	9888,—	12360,—	14832,—	1150000
1200000	253,20	506,40	1012,80	1519,20	2025,60	2532,—	3038,40	3544,80	4051,20	4557,60	5064,—	7596,—	10128,—	12660,—	15192,—	1200000
1250000	259,20	518,40	1036,80	1555,20	2073,60	2592,—	3110,40	3628,80	4147,20	4665,60	5184,—	7776,—	10368,—	12960,—	15546,—	1250000
1300000	265,20	530,40	1060,80	1591,20	2121,60	2652,—	3182,40	3712,80	4243,20	4773,60	5304,—	7956,—	10608,—	13260,—	15912,—	1300000
1350000	271,20	542,40	1084,80	1627,20	2169,60	2712,—	3254,40	3796,80	4339,20	4881,60	5424,—	8136,—	10848,—	13560,—	16272,—	1350000
1400000	277,20	554,40	1108,80	1663,20	2217,60	2772,—	3326,40	3880,80	4435,20	4989,60	5544,—	8316,—	11088,—	13860,—	16632,—	1400000
1450000	283,20	566,40	1132,80	1699,20	2265,60	2832,—	3398,40	3964,80	4531,20	5097,60	5664,—	8496,—	11328,—	14160,—	16992,—	1450000
1500000	289,20	578,40	1156,80	1735,20	2313,60	2892,—	3470,40	4048,80	4627,20	5205,60	5784,—	8676,—	11568,—	14460,—	17352,—	1500000
1550000	295,20	590,40	1180,80	1771,20	2361,60	2952,—	3542,40	4132,80	4732,20	5313,60	5904,—	8856,—	11808,—	14760,—	17712,—	1550000
1600000	301,20	602,40	1204,80	1807,20	2409,60	3012,—	3614,40	4216,80	4819,20	5421,60	6024,—	9036,—	12048,—	15000,—	18072,—	1600000
1650000	307,20	614,40	1228,80	1843,20	2457,60	3072,—	3686,40	4300,80	4915,20	5529,60	6144,—	9216,—	12288,—	15360,—	18432,—	1650000
1700000	313,20	626,40	1252,80	1879,20	2505,60	3132,—	3758,40	4384,80	5011,20	5637,60	6264,—	9396,—	12528,—	15660,—	18792,—	1700000
1750000	319,20	638,40	1276,80	1915,20	2553,60	3192,—	3830,40	4468,80	5107,20	5745,60	6384,—	9576,—	12768,—	15960,—	19152,—	1750000

Die Vergütung für Vorbehaltsaufgaben des Steuerberaters — 40 W

Gegenstandswert bis ... DM	1/20 DM	1/10 DM	2/10 DM	3/10 DM	4/10 DM	5/10 DM	6/10 DM	7/10 DM	8/10 DM	9/10 DM	10/10 DM	15/10 DM	20/10 DM	25/10 DM	30/10 DM	Gegenstandswert bis ... DM
1800000	325,20	650,40	1300,80	1951,20	2601,60	3252,—	3902,40	4552,80	5203,20	5853,60	6504,—	9756,—	13008,—	16260,—	19512,—	1800000
1850000	331,20	662,40	1324,80	1987,20	2649,60	3312,—	3974,40	4636,80	5299,20	5961,60	6624,—	9936,—	13248,—	16560,—	19872,—	1850000
1900000	337,20	674,40	1348,80	2023,20	2697,60	3372,—	4046,40	4720,80	5395,20	6069,60	6744,—	10116,—	13488,—	16860,—	20232,—	1900000
1950000	343,20	686,40	1372,80	2059,20	2745,60	3432,—	4118,40	4804,80	5491,20	6177,60	6864,—	10296,—	13728,—	17160,—	20592,—	1950000
2000000	349,20	698,40	1396,80	2095,20	2793,60	3492,—	4190,40	4888,80	5587,20	6285,60	6984,—	10476,—	13968,—	17460,—	20952,—	2000000
2050000	355,20	710,40	1420,80	2131,20	2841,60	3552,—	4262,40	4972,80	5683,20	6393,60	7104,—	10656,—	14208,—	17760,—	21312,—	2050000
2100000	361,20	722,40	1444,80	2167,20	2889,60	3612,—	4334,40	5056,80	5779,20	6501,60	7224,—	10836,—	14448,—	18060,—	21672,—	2100000
2150000	367,20	734,40	1468,80	2203,20	2937,60	3672,—	4406,40	5140,80	5875,20	6609,60	7344,—	11016,—	14688,—	18360,—	22032,—	2150000
2200000	373,20	746,40	1492,80	2239,20	2985,60	3732,—	4478,40	5224,80	5971,20	6717,60	7464,—	11196,—	14928,—	18660,—	22392,—	2200000
2250000	379,20	758,40	1516,80	2275,20	3033,60	3792,—	4550,40	5308,80	6067,20	6825,60	7584,—	11376,—	15168,—	18960,—	22752,—	2250000
2300000	385,20	770,40	1540,80	2311,20	3081,60	3852,—	4622,40	5392,80	6163,20	6933,60	7704,—	11556,—	15408,—	19260,—	23112,—	2300000
2350000	391,20	782,40	1564,80	2347,20	3129,60	3912,—	4694,40	5476,80	6259,20	7041,60	7824,—	11736,—	15648,—	19560,—	23472,—	2350000
2400000	397,20	794,40	1588,80	2383,20	3177,60	3972,—	4766,40	5560,80	6355,20	7149,60	7944,—	11916,—	15888,—	19860,—	23832,—	2400000
2450000	403,20	806,40	1612,80	2419,20	3225,60	4032,—	4838,40	5644,80	6451,20	7257,60	8064,—	12096,—	16128,—	20160,—	24192,—	2450000
2500000	409,20	818,40	1636,80	2455,20	3273,60	4092,—	4910,40	5728,80	6547,20	7365,60	8184,—	12276,—	16368,—	20460,—	24552,—	2500000
2550000	415,20	830,40	1660,80	2491,20	3321,60	4152,—	4982,40	5812,80	6643,20	7473,60	8304,—	12456,—	16608,—	20760,—	24912,—	2550000
2600000	421,20	842,40	1684,80	2527,20	3369,60	4212,—	5054,40	5896,80	6739,20	7581,60	8424,—	12636,—	16848,—	21060,—	25272,—	2600000
2650000	427,20	854,40	1708,80	2563,20	3417,60	4272,—	5126,40	5980,80	6835,20	7689,60	8544,—	12816,—	17088,—	21360,—	25632,—	2650000
2700000	433,20	866,40	1732,80	2599,20	3465,60	4332,—	5198,40	6064,80	6931,20	7797,60	8664,—	12996,—	17328,—	21660,—	25992,—	2700000
2750000	439,20	878,40	1756,80	2635,20	3513,60	4392,—	5270,40	6148,80	7027,20	7905,60	8784,—	13176,—	17568,—	21960,—	26352,—	2750000
2800000	445,20	890,40	1780,80	2671,20	3561,60	4452,—	5342,40	6232,80	7123,20	8013,60	8904,—	13356,—	17808,—	22260,—	26712,—	2800000
2850000	451,20	902,40	1804,80	2707,20	3609,60	4512,—	5414,40	6316,80	7219,20	8121,60	9024,—	13536,—	18048,—	22560,—	27072,—	2850000
2900000	457,20	914,40	1828,80	2743,20	3657,60	4572,—	5486,40	6400,80	7315,20	8229,60	9144,—	13716,—	18288,—	22860,—	27432,—	2900000
2950000	463,20	926,40	1852,80	2779,20	3705,60	4632,—	5558,40	6484,80	7411,20	8337,60	9264,—	13896,—	18528,—	23160,—	27792,—	2950000
3000000	469,20	938,40	1876,80	2815,20	3753,60	4692,—	5630,40	6568,80	7507,20	8445,60	9384,—	14076,—	18768,—	23460,—	28152,—	3000000

vom Mehrbetrag bis 10000 Deutsche Mark erhöht sich die volle Gebühr für je 50000 Deutsche Mark um 120 Deutsche Mark.
vom Mehrbetrag bis 50000 Deutsche Mark erhöht sich die volle Gebühr für je 50000 Deutsche Mark um 90 Deutsche Mark.
vom Mehrbetrag bis 100000 Deutsche Mark erhöht sich die volle Gebühr für je 50000 Deutsche Mark um 70 Deutsche Mark.
vom Mehrbetrag über 100000 Deutsche Mark erhöht sich die volle Gebühr für je 50000 Deutsche Mark um 50 Deutsche Mark.
Gegenstandswerte über eine Million Deutsche Mark sind auf volle 50000 Deutsche Mark aufzurunden.

[1] Als selbständige Gebühr DM 12,— Mindestgebühr nach § 3.

Lehwald

bb) Tabelle B: Abschlußtabelle

Gegenstands-wert bis ... DM	1/10 DM	2/10 DM	3/10 DM	4/10 DM	5/10 DM	6/10 DM	7/10 DM	8/10 DM	9/10 DM	10/10 DM	15/10 DM	20/10 DM	25/10 DM	30/10 DM	Gegenstands-wert bis ... DM
6000	7,—[1]	14,—	21,—	28,—	35,—	42,—	49,—	56,—	63,—	70,—	105,—	140,—	175,—	210,—	6000
7000	8,40[1]	16,80	25,20	33,60	42,—	50,40	58,80	67,20	75,60	84,—	126,—	168,—	210,—	252,—	7000
8000	9,80[1]	19,60	29,40	39,20	49,—	58,80	68,60	78,40	88,20	98,—	147,—	196,—	245,—	294,—	8000
9000	11,20[1]	22,40	33,60	44,80	56,—	67,20	78,40	89,60	100,80	112,—	168,—	224,—	280,—	336,—	9000
10000	12,60	25,20	37,80	50,40	63,—	75,60	88,20	100,80	113,40	126,—	189,—	252,—	315,—	378,—	10000
12000	14,—	28,—	42,—	56,—	70,—	84,—	98,—	112,—	126,—	140,—	210,—	280,—	350,—	420,—	12000
14000	15,40	30,80	46,20	61,60	77,—	92,40	107,80	123,20	138,60	154,—	231,—	308,—	385,—	462,—	14000
16000	16,70	33,40	50,10	66,80	83,50	100,20	116,90	133,60	150,30	167,—	250,50	334,—	417,50	501,—	16000
18000	17,80	35,60	53,40	71,20	89,—	106,80	124,60	142,40	160,20	178,—	267,—	356,—	445,—	534,—	18000
20000	18,80	37,60	56,40	75,20	94,—	112,80	131,60	150,40	169,20	188,—	282,—	376,—	470,—	564,—	20000
25000	19,70	39,40	59,10	78,80	98,50	118,20	137,90	157,60	177,30	197,—	295,50	394,—	492,50	591,—	25000
30000	22,10	44,20	66,30	88,40	110,50	132,60	154,70	176,80	198,90	221,—	331,50	442,—	552,50	663,—	30000
35000	24,20	48,40	72,60	96,80	121,—	145,20	169,40	193,60	217,80	242,—	363,—	484,—	605,—	726,—	35000
40000	26,20	52,40	78,60	104,80	131,—	157,20	183,40	209,60	235,80	262,—	393,—	524,—	655,—	786,—	40000
45000	28,—	56,—	84,—	112,—	140,—	168,—	196,—	224,—	252,—	280,—	420,—	560,—	700,—	840,—	45000
50000	29,70	59,40	89,10	118,80	148,50	178,20	207,90	237,60	267,30	297,—	445,50	594,—	742,50	891,—	50000
75000	31,40	62,80	94,20	125,60	157,—	188,40	219,80	251,20	282,60	314,—	471,—	628,—	785,—	942,—	75000
100000	38,40	76,80	115,20	153,60	192,—	230,40	268,80	307,20	345,60	384,—	576,—	768,—	960,—	1152,—	100000
125000	44,40	88,80	133,20	177,60	222,—	266,40	310,80	355,20	399,60	444,—	666,—	888,—	1110,—	1332,—	125000
150000	49,60	99,20	148,80	198,40	248,—	297,60	347,20	396,80	446,40	496,—	744,—	992,—	1240,—	1488,—	150000
175000	51,80	103,60	155,40	207,20	259,—	310,80	362,60	414,40	466,20	518,—	777,—	1036,—	1295,—	1554,—	175000
200000	54,20	108,40	162,60	216,80	271,—	325,20	379,40	433,60	487,80	542,—	813,—	1084,—	1355,—	1626,—	200000
250000	62,10	124,20	186,30	248,40	310,50	372,60	434,70	496,80	558,90	621,—	931,50	1242,—	1552,50	1863,—	250000
300000	69,—	138,—	207,—	276,—	345,—	414,—	483,—	552,—	621,—	690,—	1035,—	1380,—	1725,—	2070,—	300000
350000	75,10	150,20	225,30	300,40	375,50	450,60	525,70	600,80	675,90	751,—	1126,50	1502,—	1877,50	2253,—	350000
400000	80,50	161,—	241,50	322,—	402,50	483,—	563,50	644,—	724,50	805,—	1207,50	1610,—	2012,50	2415,—	400000
450000	85,50	171,—	256,50	342,—	427,50	513,—	598,50	684,—	769,50	855,—	1282,50	1710,—	2137,50	2565,—	450000
500000	89,90	179,80	269,70	359,60	449,50	539,40	629,30	719,20	809,10	899,—	1348,50	1798,—	2247,50	2697,—	500000
600000	94,—	188,—	282,—	376,—	470,—	564,—	658,—	752,—	846,—	940,—	1410,—	1880,—	2350,—	2820,—	600000
700000	102,30	204,60	309,90	409,20	511,50	613,80	716,10	818,40	920,70	1023,—	1534,50	2046,—	2557,50	3069,—	700000
800000	109,60	219,20	328,80	438,40	548,—	657,60	767,20	876,80	986,40	1096,—	1644,—	2192,—	2740,—	3288,—	800000
900000	116,20	232,40	348,60	464,80	581,—	697,20	813,40	929,60	1045,80	1162,—	1743,—	2324,—	2905,—	3486,—	900000

Die Vergütung für Vorbehaltsaufgaben des Steuerberaters

Gegenstandswert bis ... DM	1/10 DM	2/10 DM	3/10 DM	4/10 DM	5/10 DM	6/10 DM	7/10 DM	8/10 DM	9/10 DM	10/10 DM	15/10 DM	20/10 DM	25/10 DM	30/10 DM	Gegenstandswert bis ... DM
1 000 000	122,30	244,60	366,90	489,20	611,50	733,80	856,10	978,40	1100,70	1223,—	1834,50	2446,—	3057,50	3669,—	1 000 000
1 250 000	128,—	256,—	384,—	512,—	640,—	768,—	896,—	1024,—	1152,—	1280,—	1920,—	2560,—	3200,—	3840,—	1 250 000
1 500 000	142,—	284,—	426,—	568,—	710,—	852,—	994,—	1136,—	1278,—	1420,—	2130,—	2840,—	3550,—	4260,—	1 500 000
1 750 000	154,40	308,80	463,20	617,60	772,—	926,40	1080,80	1235,20	1389,60	1544,—	2316,—	3088,—	3860,—	4632,—	1 750 000
2 000 000	165,40	330,80	496,20	661,60	827,—	992,40	1157,80	1323,20	1488,60	1654,—	2481,—	3308,—	4135,—	4962,—	2 000 000
2 500 000	175,30	350,60	525,90	701,20	876,50	1051,80	1227,10	1402,40	1577,70	1753,—	2629,50	3506,—	4382,50	5259,—	2 500 000
3 000 000	194,50	389,—	583,50	778,—	972,50	1167,—	1361,50	1556,—	1750,50	1945,—	2917,50	3890,—	4862,50	5835,—	3 000 000
3 500 000	211,30	422,60	633,90	845,20	1056,50	1267,80	1479,10	1690,40	1901,70	2113,—	3169,50	4226,—	5282,50	6339,—	3 500 000
4 000 000	226,40	452,80	679,20	905,60	1132,—	1358,40	1584,80	1811,20	2037,60	2264,—	3396,—	4528,—	5660,—	6792,—	4 000 000
4 500 000	240,—	480,—	720,—	960,—	1200,—	1440,—	1680,—	1920,—	2160,—	2400,—	3600,—	4800,—	6000,—	7200,—	4 500 000
5 000 000	252,40	504,80	757,20	1009,60	1262,—	1514,40	1766,80	2019,20	2271,60	2524,—	3786,—	5048,—	6310,—	7572,—	5 000 000
6 000 000	263,80	527,60	791,40	1055,20	1319,—	1582,80	1846,60	2110,40	2374,20	2638,—	3957,—	5276,—	6595,—	7914,—	6 000 000
7 000 000	286,70	573,40	860,10	1146,80	1433,50	1720,20	2006,90	2293,60	2580,30	2867,—	4300,50	5734,—	7167,50	8601,—	7 000 000
8 000 000	306,90	613,80	920,70	1227,60	1534,50	1841,40	2148,30	2455,20	2762,10	3069,—	4603,50	6138,—	7672,50	9207,—	8 000 000
9 000 000	325,20	650,40	975,60	1300,80	1626,—	1951,20	2276,40	2601,60	2926,80	3252,—	4878,—	6504,—	8130,—	9756,—	9 000 000
10 000 000	342,—	684,—	1026,—	1368,—	1710,—	2052,—	2394,—	2736,—	3078,—	3420,—	5130,—	6840,—	8550,—	10260,—	10 000 000
15 000 000	399,50	799,—	1198,50	1598,—	1997,50	2397,—	2796,50	3196,—	3595,50	3995,—	5992,50	7990,—	9987,50	11985,—	15 000 000
20 000 000	464,40	928,80	1393,20	1857,60	2322,—	2786,40	3250,80	3715,20	4179,60	4644,—	6966,—	9288,—	11610,—	13932,—	20 000 000
25 000 000	517,10	1034,20	1551,30	2068,40	2585,50	3102,60	3619,70	4136,80	4653,90	5171,—	7756,50	10342,—	12927,50	15513,—	25 000 000
30 000 000	561,10	1122,20	1683,30	2244,40	2805,50	3366,60	3927,70	4488,80	5049,90	5611,—	8416,50	11222,—	14027,50	16833,—	30 000 000
35 000 000	598,60	1197,20	1795,80	2394,40	2993,—	3591,60	4190,20	4788,80	5387,40	5986,—	8979,—	11972,—	14965,—	17958,—	35 000 000
40 000 000	630,80	1261,60	1892,40	2523,20	3154,—	3784,80	4415,60	5046,40	5677,20	6308,—	9462,—	12616,—	15770,—	18924,—	40 000 000
45 000 000	672,—	1344,—	2016,—	2688,—	3360,—	4032,—	4704,—	5376,—	6048,—	6720,—	10080,—	13440,—	16800,—	20160,—	45 000 000
50 000 000	709,90	1419,80	2129,70	2839,60	3549,50	4259,40	4969,30	5679,20	6389,10	7099,—	10648,50	14198,—	17747,50	21297,—	50 000 000
60 000 000	781,—	1562,—	2343,—	3124,—	3905,—	4686,—	5467,—	6248,—	7029,—	7810,—	11715,—	15620,—	19525,—	23430,—	60 000 000
70 000 000	846,10	1692,20	2538,30	3384,40	4230,50	5076,60	5922,70	6768,80	7614,90	8461,—	12691,50	16922,—	21152,50	25383,—	70 000 000
80 000 000	906,70	1813,60	2720,10	3626,80	4533,50	5440,20	6346,90	7253,60	8160,30	9067,—	13600,50	18134,—	22667,50	27201,—	80 000 000
90 000 000	963,50	1927,—	2890,50	3854,—	4817,50	5781,—	6744,50	7708,—	8671,50	9635,—	14452,50	19270,—	24087,50	28905,—	90 000 000
100 000 000	1071,10	2034,20	3051,30	4068,40	5085,50	6102,60	7119,70	8136,80	9153,90	10171,—	15256,50	20342,—	25427,50	30513,—	100 000 000

vom Mehrbetrag bis 250 000 000 DM erhöht sich die volle Gebühr für je angefangene 10 Millionen Deutsche Mark um 400 Deutsche Mark.
vom Mehrbetrag bis 500 000 000 DM erhöht sich die volle Gebühr für je angefangene 25 Millionen Deutsche Mark um 700 Deutsche Mark.
vom Mehrbetrag über 500 000 000 DM erhöht sich die volle Gebühr für je angefangene 50 Millionen Deutsche Mark um 1000 Deutsche Mark.

[1] Als selbständige Gebühr DM 12.— Mindestgebühr nach § 3.

cc) Tabelle C: Buchführungstabelle

Gegenstandswert bis ... DM	1/20 DM	1/10 DM	2/10 DM	3/10 DM	4/10 DM	5/10 DM	6/10 DM	7/10 DM	8/10 DM	9/10 DM	10/10 DM	11/10 DM	12/10 DM	Gegenstandswert bis ... DM
30000	5,50[1]	11,—[1]	22,—	33,—	44,—	55,—	66,—	77,—	88,—	99,—	110,—	121,—	132,—	30000
35000	6,10[1]	12,10	24,20	36,30	48,40	60,50	72,60	84,70	96,80	108,90	121,—	133,10	145,20	35000
40000	6,60[1]	13,20	26,40	39,60	52,80	66,—	79,20	92,40	105,60	118,80	132,—	145,20	158,40	40000
45000	7,20[1]	14,30	28,60	42,90	57,20	71,50	85,80	100,10	114,40	128,70	143,—	157,30	171,60	45000
50000	7,70[1]	15,40	30,80	46,20	61,60	77,—	92,40	107,80	123,20	138,60	154,—	169,40	184,80	50000
60000	8,30[1]	16,50	33,—	49,50	66,—	82,50	99,—	115,20	132,—	148,50	165,—	181,50	198,—	60000
70000	8,80[1]	17,60	35,20	52,80	70,40	88,—	105,60	123,20	140,80	158,40	176,—	193,60	211,20	70000
80000	9,40[1]	18,70	37,40	56,10	74,80	93,50	112,20	130,90	149,60	168,30	187,—	205,70	224,40	80000
90000	9,90[1]	19,80	39,60	59,40	79,20	99,—	118,80	138,60	158,40	178,20	198,—	217,80	237,60	90000
100000	10,50[1]	20,90	41,80	62,70	83,60	104,50	125,40	146,30	167,20	188,10	209,—	229,90	250,80	100000
125000	11,—[1]	22,—	44,—	66,—	88,—	110,—	132,—	154,—	176,—	198,—	220,—	242,—	264,—	125000
150000	12,10	24,20	48,40	72,60	96,80	121,—	145,20	169,40	193,60	217,80	242,—	266,20	290,40	150000
175000	13,20	26,40	52,80	79,20	105,60	132,—	158,40	184,80	211,20	237,60	264,—	290,40	316,80	175000
200000	14,30	28,60	57,20	85,80	114,40	143,—	171,60	200,20	228,80	257,40	286,—	314,60	343,20	200000
250000	16,—	31,90	63,80	95,70	127,60	159,50	191,40	223,30	255,20	287,10	319,—	350,90	382,80	250000
300000	17,60	35,20	70,40	105,60	140,80	176,—	211,20	246,40	281,60	316,80	352,—	387,20	422,40	300000
400000	20,90	41,80	83,60	125,40	167,20	209,—	250,80	292,60	334,40	376,20	418,—	459,80	501,60	400000
500000	24,20	48,40	96,80	145,20	193,60	242,—	290,40	338,80	387,20	435,60	484,—	532,40	580,80	500000
600000	27,50	55,—	110,—	165,—	220,—	275,—	330,—	385,—	440,—	495,—	550,—	605,—	660,—	600000
700000	30,80	61,60	123,20	184,80	246,40	308,—	369,60	431,20	492,80	554,40	616,—	677,60	739,20	700000
800000	33,60	67,10	134,20	201,30	268,40	335,50	402,60	469,70	536,80	603,90	671,—	738,10	805,20	800000
900000	36,30	72,60	145,20	217,80	290,40	363,—	435,60	508,20	580,80	653,40	726,—	798,60	871,20	900000
1000000	39,10	78,10	156,20	234,30	312,40	390,50	468,60	546,70	624,80	702,90	781,—	859,10	937,20	1000000
1100000	41,80	83,60	167,20	250,80	334,40	418,—	501,60	585,20	668,80	752,40	836,—	919,60	1003,20	1100000
1200000	44,60	89,10	178,20	267,30	356,40	445,50	534,60	623,70	712,80	801,90	891,—	980,10	1069,20	1200000
1300000	47,30	94,60	189,20	283,80	378,40	473,—	567,60	662,20	756,80	851,40	946,—	1040,60	1135,20	1300000
1400000	50,10	100,10	200,20	300,30	400,40	500,50	600,60	700,70	800,80	900,90	1001,—	1101,10	1201,20	1400000
1500000	52,80	105,60	211,20	316,80	422,40	528,—	633,60	739,20	844,80	950,40	1056,—	1161,60	1267,20	1500000
1600000	55,60	111,10	222,20	333,30	444,40	555,50	666,60	777,70	888,80	999,90	1111,—	1222,10	1333,20	1600000
1700000	58,30	116,60	233,20	349,80	466,40	583,—	699,60	816,20	932,80	1049,40	1166,—	1282,60	1399,20	1700000
1800000	61,10	122,10	244,20	366,30	488,40	610,50	732,60	854,70	976,80	1098,90	1221,—	1343,10	1465,20	1800000
1900000	63,80	127,60	255,20	382,80	510,40	638,—	765,60	893,20	1020,80	1148,40	1276,—	1403,60	1531,20	1900000

Die Vergütung für Vorbehaltsaufgaben des Steuerberaters 42 W

Gegen-stands-wert bis ... DM	1/20 DM	1/10 DM	2/10 DM	3/10 DM	4/10 DM	5/10 DM	6/10 DM	7/10 DM	8/10 DM	9/10 DM	10/10 DM	11/10 DM	12/10 DM	Gegen-stands-wert bis ... DM
2000000	66,60	133,10	266,20	399,30	532,40	665,50	798,60	931,70	1064,80	1197,90	1331,—	1464,10	1597,20	**2000000**
2100000	69,30	138,60	277,20	415,80	554,40	693,—	831,60	970,20	1108,80	1247,40	1386,—	1524,60	1663,20	**2100000**
2200000	72,10	144,10	288,20	432,30	576,40	720,50	864,60	1008,70	1152,80	1296,90	1441,—	1585,10	1729,20	**2200000**
2300000	74,80	149,60	299,20	448,80	598,40	748,—	897,60	1047,20	1196,80	1346,40	1496,—	1645,60	1795,20	**2300000**
2400000	77,60	155,10	310,20	465,30	620,40	775,50	930,60	1085,70	1240,80	1395,90	1551,—	1706,10	1861,20	**2400000**
2500000	80,30	160,60	321,20	481,80	642,40	803,—	963,60	1124,20	1284,80	1445,40	1606,—	1766,60	1927,20	**2500000**
2600000	83,10	166,10	332,20	498,30	664,40	830,50	996,60	1162,70	1328,80	1494,90	1661,—	1827,10	1993,20	**2600000**
2700000	85,80	171,60	343,20	514,80	686,40	858,—	1029,60	1201,20	1372,80	1544,40	1716,—	1887,60	2059,20	**2700000**
2800000	88,60	177,10	354,20	531,30	708,40	885,50	1062,60	1239,70	1416,80	1593,90	1771,—	1948,10	2125,20	**2800000**
2900000	91,30	182,60	365,20	547,80	730,40	913,—	1095,60	1278,20	1460,80	1643,40	1826,—	2008,60	2191,20	**2900000**
3000000	94,10	188,10	376,20	564,30	752,40	940,50	1128,60	1316,70	1504,80	1692,90	1881,—	2069,10	2257,20	**3000000**

über 1 000000 erhöht sich die volle Gebühr je angefangene 100000 Deutsche Mark um 55 Deutsche Mark.

[1] Als selbständige Gebühr DM 12.– Mindestgebühr nach § 3.

43 dd) Tabelle D: Landwirtschaftliche Buchführung

Teil a

Betriebsfläche	Volle Gebühr $\frac{10}{10}$	Betriebsfläche	Volle Gebühr $\frac{10}{10}$
bis ... Hektar	DM	bis ... Hektar	DM
40	550,—	380	1790,—
45	590,—	400	1838,—
50	628,—	420	1885,—
55	664,—	440	1931,—
60	698,—	460	1976,—
65	730,—	480	2020,—
70	760,—	500	2063,—
75	788,—	520	2105,—
80	814,—	540	2146,—
85	838,—	560	2186,—
90	860,—	580	2225,—
95	880,—	600	2263,—
100	898,—	620	2300,—
110	942,—	640	2336,—
120	985,—	660	2371,—
130	1027,—	680	2405,—
140	1068,—	700	2438,—
150	1108,—	750	2513,—
160	1147,—	800	2579,—
170	1185,—	850	2636,—
180	1222,—	900	2684,—
190	1258,—	950	2723,—
200	1293,—	1000	2753,—
210	1327,—		
220	1360,—		
230	1392,—		
240	1423,—		
250	1453,—	bis 2000 je ha	2,52 mehr
260	1482,—	bis 3000 je ha	2,29 mehr
270	1510,—	bis 4000 je ha	2,06 mehr
280	1537,—	bis 5000 je ha	1,83 mehr
290	1563,—	bis 6000 je ha	1,60 mehr
300	1588,—	und weiter	
320	1640,—		
340	1691,—		
360	1741,—		

Die Vergütung für Vorbehaltsaufgaben des Steuerberaters

Teil b

Jahresumsatz im Sinne von § 39 Absatz 5	Volle Gebühr $\frac{10}{10}$	Jahresumsatz im Sinne von § 39 Absatz 5	Volle Gebühr $\frac{10}{10}$
bis … DM	DM	bis … DM	DM
80 000	586,—	510 000	2728,—
85 000	615,—	520 000	2772,—
90 000	644,—	530 000	2815,—
95 000	673,—	540 000	2858,—
100 000	702,—	550 000	2901,—
110 000	759,—	560 000	2943,—
120 000	815,—	570 000	2985,—
130 000	871,—	580 000	3026,—
140 000	926,—	590 000	3067,—
150 000	981,—	600 000	3107,—
160 000	1035,—	610 000	3147,—
170 000	1089,—	620 000	3186,—
180 000	1142,—	630 000	3225,—
190 000	1195,—	640 000	3263,—
200 000	1247,—	650 000	3301,—
210 000	1299,—	660 000	3338,—
220 000	1350,—	670 000	3375,—
230 000	1401,—	680 000	3411,—
240 000	1452,—	690 000	3447,—
250 000	1502,—	700 000	3482,—
260 000	1552,—	710 000	3517,—
270 000	1602,—	720 000	3551,—
280 000	1652,—	730 000	3585,—
290 000	1701,—	740 000	3618,—
300 000	1750,—	750 000	3651,—
310 000	1799,—	760 000	3673,—
320 000	1848,—	770 000	3715,—
330 000	1896,—	780 000	3746,—
340 000	1944,—	790 000	3777,—
350 000	1992,—	800 000	3807,—
360 000	2040,—	820 000	3867,—
370 000	2088,—	840 000	3926,—
380 000	2135,—	860 000	3984,—
390 000	2182,—	880 000	4041,—
400 000	2229,—	900 000	4097,—
410 000	2276,—	920 000	4152,—
420 000	2322,—	940 000	4205,—
430 000	2368,—	960 000	4256,—
440 000	2414,—	980 000	4305,—
450 000	2460,—	1 000 000	4352,—
460 000	2505,—		
470 000	2550,—		
480 000	2595,—	bis je weitere 100 000	250,— mehr
490 000	2640,—		
500 000	2684,—		

Lehwald

ee) Tabelle E: Rechtsbehelfstabelle

Gegen-standswert bis ... DM	1/10 DM	2/10 DM	3/10 DM	4/10 DM	5/10 DM	6/10 DM	7/10 DM	8/10 DM	9/10 DM	10/10 DM	13/10 DM	Gegen-standswert bis ... DM
200	3,—	6,—	9,—[1]	12,—	15,—	18,—	21,—	24,—	27,—	30,—	39,—	200
300	4,—	8,—	12,—	16,—	20,—	24,—	28,—	32,—	36,—	40,—	52,—	300
500	5,—	10,—	15,—	20,—	25,—	30,—	35,—	40,—	45,—	50,—	65,—	500
700	6,—	12,—	18,—	24,—	30,—	36,—	42,—	48,—	54,—	60,—	78,—	700
900	7,—	14,—	21,—	28,—	35,—	42,—	49,—	56,—	63,—	70,—	91,—	900
1200	8,50	17,—	25,50	34,—	42,50	51,—	59,50	68,—	76,50	85,—	110,50	1200
1600	10,30[1]	20,60	30,90	41,20	51,50	61,80	72,10	82,40	92,70	103,—	139,90	1600
2000	12,10	24,20	36,30	48,40	60,50	72,60	84,70	96,80	108,90	121,—	157,30	2000
2400	13,90	27,80	41,70	55,60	69,50	83,40	97,30	111,20	125,10	139,—	180,70	2400
2800	15,70	31,40	47,10	62,80	78,50	94,20	109,90	125,60	141,30	157,—	204,10	2800
3200	17,50	35,—	52,50	70,—	87,50	105,—	122,50	140,—	157,50	175,—	227,50	3200
3600	19,30	38,60	57,90	77,20	96,50	115,80	135,10	154,40	173,70	193,—	250,90	3600
4000	21,10	42,20	63,30	84,40	105,50	126,60	147,70	168,80	189,90	211,—	274,30	4000
4400	22,90	45,80	68,70	91,60	114,50	137,40	160,30	183,20	206,10	229,—	297,70	4400
4800	24,70	49,40	74,10	98,80	123,50	148,20	172,90	197,60	222,30	247,—	321,10	4800
5200	26,50	53,—	79,50	106,—	132,50	159,—	185,50	212,—	238,50	265,—	344,50	5200
5600	28,30	56,60	84,90	113,20	141,50	169,80	198,10	226,40	254,70	283,—	367,90	5600
6400	32,10	64,20	96,30	128,40	160,50	192,60	224,70	256,80	288,90	321,—	417,30	6400
7200	35,80	71,60	107,40	143,20	179,—	214,80	250,60	286,40	322,20	358,—	465,40	7200
8000	39,50	79,—	118,50	158,—	197,50	237,—	276,50	316,—	355,50	395,—	513,50	8000
9000	44,20	88,40	132,60	176,80	221,—	265,20	309,40	353,60	397,80	442,—	574,60	9000
10000	48,90	97,80	146,70	195,60	244,50	293,40	342,30	391,20	440,10	489,—	635,70	10000
12000	55,20	110,40	165,60	220,80	276,—	331,20	386,40	441,60	496,80	552,—	717,60	12000
14000	61,50	123,—	184,50	246,—	307,50	369,—	430,50	492,—	553,50	615,—	799,50	14000
16000	67,70	135,40	203,10	270,80	338,50	406,20	473,90	541,60	609,30	677,—	880,10	16000
18000	73,90	147,90	221,70	295,60	369,50	443,40	517,30	591,20	665,10	739,—	960,70	18000
20000	80,—	160,—	240,—	320,—	400,—	480,—	560,—	640,—	720,—	800,—	1040,—	20000
25000	88,—	176,—	264,—	352,—	440,—	528,—	616,—	704,—	792,—	880,—	1144,—	25000
30000	96,—	192,—	288,—	384,—	480,—	576,—	672,—	768,—	864,—	960,—	1248,—	30000
35000	104,—	208,—	312,—	416,—	520,—	624,—	728,—	832,—	936,—	1040,—	1352,—	35000
40000	112,—	224,—	336,—	448,—	560,—	672,—	784,—	896,—	1008,—	1120,—	1456,—	40000
45000	120,—	240,—	360,—	480,—	600,—	720,—	840,—	960,—	1080,—	1200,—	1560,—	45000

Die Vergütung für Vorbehaltsaufgaben des Steuerberaters

Gegenstandswert bis ... DM	1/10 DM	2/10 DM	3/10 DM	4/10 DM	5/10 DM	6/10 DM	7/10 DM	8/10 DM	9/10 DM	10/10 DM	13/10 DM	Gegenstandswert bis ... DM
50 000	123,50	247,—	370,50	494,—	617,50	741,—	864,50	988,—	1111,50	1235,—	1605,50	50 000
55 000	127,—	254,—	381,—	508,—	635,—	762,—	889,—	1016,—	1143,—	1270,—	1651,—	55 000
60 000	130,50	261,—	391,50	522,—	652,50	783,—	913,50	1044,—	1174,50	1305,—	1696,50	60 000
65 000	134,—	268,—	402,—	536,—	670,—	804,—	938,—	1072,—	1206,—	1340,—	1742,—	65 000
70 000	137,50	275,—	412,50	550,—	687,50	825,—	962,50	1100,—	1237,50	1375,—	1787,50	70 000
75 000	141,—	282,—	423,—	564,—	705,—	846,—	987,—	1128,—	1269,—	1410,—	1833,—	75 000
80 000	144,50	289,—	433,50	578,—	722,50	867,—	1011,50	1156,—	1300,50	1445,—	1878,50	80 000
85 000	148,—	296,—	444,—	592,—	740,—	888,—	1036,—	1184,—	1332,—	1480,—	1924,—	85 000
90 000	151,50	303,—	454,50	606,—	757,50	909,—	1060,50	1212,—	1363,50	1515,—	1969,50	90 000
95 000	155,—	310,—	465,—	620,—	775,—	930,—	1085,—	1240,—	1395,—	1550,—	2015,—	95 000
100 000	158,50	317,—	475,50	634,—	792,50	951,—	1109,50	1268,—	1426,50	1585,—	2060,50	100 000
110 000	160,50	321,—	481,50	642,—	802,50	963,—	1123,50	1284,—	1444,50	1605,—	2086,50	110 000
120 000	162,50	325,—	487,50	650,—	812,50	975,—	1137,50	1300,—	1462,50	1625,—	2112,50	120 000
130 000	164,—	328,—	492,—	656,—	820,—	984,—	1148,—	1312,—	1476,—	1640,—	2132,—	130 000
140 000	171,—	342,—	513,—	684,—	855,—	1026,—	1197,—	1368,—	1539,—	1710,—	2223,—	140 000
150 000	178,—	356,—	534,—	712,—	890,—	1068,—	1246,—	1424,—	1602,—	1780,—	2314,—	150 000
160 000	185,—	370,—	555,—	740,—	925,—	1110,—	1295,—	1480,—	1665,—	1850,—	2405,—	160 000
170 000	192,—	384,—	576,—	768,—	960,—	1152,—	1344,—	1536,—	1728,—	1920,—	2496,—	170 000
180 000	199,—	398,—	597,—	796,—	995,—	1194,—	1393,—	1592,—	1791,—	1990,—	2587,—	180 000
190 000	206,—	412,—	618,—	824,—	1030,—	1236,—	1442,—	1648,—	1854,—	2060,—	2678,—	190 000
200 000	213,—	426,—	639,—	852,—	1065,—	1278,—	1491,—	1704,—	1917,—	2130,—	2769,—	200 000
220 000	225,—	450,—	675,—	900,—	1125,—	1350,—	1575,—	1800,—	2025,—	2250,—	2925,—	220 000
240 000	237,—	474,—	711,—	948,—	1185,—	1422,—	1659,—	1896,—	2133,—	2370,—	3081,—	240 000
260 000	249,—	498,—	747,—	996,—	1245,—	1494,—	1743,—	1992,—	2241,—	2490,—	3237,—	260 000
280 000	261,—	522,—	783,—	1044,—	1305,—	1566,—	1827,—	2088,—	2349,—	2610,—	3393,—	280 000
300 000	273,—	546,—	819,—	1092,—	1365,—	1638,—	1911,—	2184,—	2457,—	2730,—	3549,—	300 000
320 000	285,—	570,—	855,—	1140,—	1425,—	1710,—	1995,—	2280,—	2565,—	2850,—	3705,—	320 000
340 000	297,—	594,—	891,—	1188,—	1485,—	1782,—	2079,—	2376,—	2673,—	2970,—	3861,—	340 000
360 000	309,—	618,—	927,—	1236,—	1545,—	1854,—	2163,—	2472,—	2781,—	3090,—	4017,—	360 000
380 000	321,—	642,—	963,—	1284,—	1605,—	1926,—	2247,—	2568,—	2889,—	3210,—	4173,—	380 000
400 000	333,—	666,—	999,—	1332,—	1665,—	1998,—	2331,—	2664,—	2997,—	3330,—	4329,—	400 000
430 000	345,—	690,—	1035,—	1380,—	1725,—	2070,—	2415,—	2760,—	3105,—	3450,—	4485,—	430 000
460 000	357,—	714,—	1071,—	1428,—	1785,—	2142,—	2499,—	2856,—	3213,—	3570,—	4641,—	460 000
490 000	369,—	738,—	1107,—	1476,—	1845,—	2214,—	2583,—	2952,—	3321,—	3690,—	4797,—	490 000

Lehwald

W 44   Gebührenrecht

Gegen-standswert bis ... DM	1/10 DM	2/10 DM	3/10 DM	4/10 DM	5/10 DM	6/10 DM	7/10 DM	8/10 DM	9/10 DM	10/10 DM	13/10 DM	Gegen-standswert bis ... DM
520000	381,—	762,—	1143,—	1524,—	1905,—	2286,—	2667,—	3048,—	3429,—	3810,—	4953,—	520000
550000	393,—	786,—	1179,—	1572,—	1965,—	2358,—	2751,—	3144,—	3537,—	3930,—	5109,—	550000
580000	405,—	810,—	1215,—	1620,—	2025,—	2430,—	2835,—	3240,—	3645,—	4050,—	5265,—	580000
610000	417,—	834,—	1251,—	1668,—	2085,—	2502,—	2919,—	3336,—	3753,—	4170,—	5421,—	610000
640000	429,—	858,—	1287,—	1716,—	2145,—	2574,—	3003,—	3432,—	3861,—	4290,—	5577,—	640000
670000	441,—	882,—	1323,—	1764,—	2205,—	2646,—	3087,—	3528,—	3969,—	4410,—	5733,—	670000
700000	453,—	906,—	1359,—	1812,—	2265,—	2718,—	3171,—	3624,—	4077,—	4530,—	5889,—	700000
730000	465,—	930,—	1395,—	1860,—	2325,—	2790,—	3255,—	3720,—	4185,—	4650,—	6045,—	730000
760000	477,—	954,—	1431,—	1908,—	2385,—	2862,—	3339,—	3816,—	4293,—	4770,—	6201,—	760000
790000	489,—	978,—	1467,—	1956,—	2445,—	2934,—	3423,—	3912,—	4401,—	4890,—	6357,—	790000
820000	501,—	1002,—	1503,—	2004,—	2505,—	3006,—	3507,—	4008,—	4509,—	5010,—	6513,—	820000
850000	513,—	1026,—	1539,—	2052,—	2565,—	3078,—	3591,—	4104,—	4617,—	5130,—	6669,—	850000
880000	525,—	1050,—	1575,—	2100,—	2625,—	3150,—	3675,—	4200,—	4725,—	5250,—	6825,—	880000
910000	537,—	1074,—	1611,—	2148,—	2685,—	3222,—	3759,—	4296,—	4833,—	5370,—	6981,—	910000
940000	549,—	1098,—	1647,—	2196,—	2745,—	3294,—	3843,—	4392,—	4941,—	5490,—	7137,—	940000
970000	561,—	1122,—	1683,—	2244,—	2805,—	3366,—	3927,—	4488,—	5049,—	5610,—	7293,—	970000
1000000	573,—	1146,—	1719,—	2292,—	2865,—	3438,—	4011,—	4584,—	5157,—	5730,—	7449,—	1000000
1050000	588,—	1176,—	1764,—	2352,—	2940,—	3528,—	4116,—	4704,—	5292,—	5880,—	7644,—	1050000
1100000	603,—	1206,—	1809,—	2412,—	3015,—	3618,—	4221,—	4824,—	5427,—	6030,—	7839,—	1100000
1150000	618,—	1236,—	1854,—	2472,—	3090,—	3708,—	4326,—	4944,—	5562,—	6180,—	8034,—	1150000
1200000	633,—	1266,—	1899,—	2532,—	3165,—	3798,—	4431,—	5064,—	5697,—	6330,—	8229,—	1200000
1250000	648,—	1296,—	1944,—	2592,—	3240,—	3888,—	4536,—	5184,—	5832,—	6480,—	8424,—	1250000
1300000	663,—	1326,—	1989,—	2652,—	3315,—	3978,—	4641,—	5304,—	5967,—	6630,—	8619,—	1300000
1350000	678,—	1356,—	2034,—	2712,—	3390,—	4068,—	4746,—	5424,—	6102,—	6780,—	8814,—	1350000
1400000	693,—	1386,—	2079,—	2772,—	3465,—	4158,—	4851,—	5544,—	6237,—	6930,—	9009,—	1400000
1450000	708,—	1416,—	2124,—	2832,—	3540,—	4248,—	4956,—	5664,—	6372,—	7080,—	9204,—	1450000
1500000	723,—	1446,—	2169,—	2892,—	3615,—	4338,—	5061,—	5784,—	6507,—	7230,—	9399,—	1500000
1550000	738,—	1476,—	2214,—	2952,—	3690,—	4428,—	5166,—	5904,—	6642,—	7380,—	9594,—	1550000
1600000	753,—	1506,—	2259,—	3012,—	3765,—	4518,—	5271,—	6024,—	6777,—	7530,—	9789,—	1600000
1650000	768,—	1536,—	2304,—	3072,—	3840,—	4608,—	5376,—	6144,—	6912,—	7680,—	9984,—	1650000
1700000	783,—	1566,—	2349,—	3132,—	3915,—	4698,—	5481,—	6264,—	7047,—	7830,—	10179,—	1700000
1750000	798,—	1596,—	2394,—	3192,—	3990,—	4788,—	5586,—	6384,—	7182,—	7980,—	10374,—	1750000
1800000	813,—	1626,—	2439,—	3252,—	4065,—	4878,—	5691,—	6504,—	7317,—	8130,—	10569,—	1800000
1850000	828,—	1656,—	2484,—	3312,—	4140,—	4968,—	5796,—	6624,—	7452,—	8280,—	10764,—	1850000

Die Vergütung für Vorbehaltsaufgaben des Steuerberaters

Gegenstandswert bis ... DM	1/10 DM	2/10 DM	3/10 DM	4/10 DM	5/10 DM	6/10 DM	7/10 DM	8/10 DM	9/10 DM	10/10 DM	13/10 DM	Gegenstandswert bis ... DM
1900000	843,—	1686,—	2529,—	3372,—	4215,—	5058,—	5901,—	6744,—	7587,—	8430,—	10959,—	**1900000**
1950000	858,—	1716,—	2574,—	3432,—	4290,—	5148,—	6006,—	6864,—	7722,—	8580,—	11154,—	**1950000**
2000000	873,—	1746,—	2619,—	3492,—	4365,—	5238,—	6111,—	6984,—	7857,—	8730,—	11349,—	**2000000**
2050000	888,—	1776,—	2664,—	3552,—	4440,—	5328,—	6216,—	7104,—	7992,—	8880,—	11544,—	**2050000**
2100000	903,—	1806,—	2709,—	3612,—	4515,—	5418,—	6321,—	7224,—	8127,—	9030,—	11739,—	**2100000**
2150000	918,—	1836,—	2754,—	3672,—	4590,—	5508,—	6426,—	7344,—	8262,—	9180,—	11934,—	**2150000**
2200000	933,—	1866,—	2799,—	3732,—	4665,—	5598,—	6531,—	7464,—	8397,—	9330,—	12129,—	**2200000**
2250000	948,—	1896,—	2844,—	3792,—	4740,—	5688,—	6636,—	7584,—	8532,—	9480,—	12324,—	**2250000**
2300000	963,—	1926,—	2889,—	3852,—	4815,—	5778,—	6741,—	7704,—	8667,—	9630,—	12519,—	**2300000**
2350000	978,—	1956,—	2934,—	3912,—	4890,—	5868,—	6846,—	7824,—	8802,—	9780,—	12714,—	**2350000**
2400000	993,—	1986,—	2979,—	3972,—	4965,—	5958,—	6951,—	7944,—	8937,—	9930,—	12909,—	**2400000**
2450000	1008,—	2016,—	3024,—	4032,—	5040,—	6048,—	7056,—	8064,—	9072,—	10080,—	13104,—	**2450000**
2500000	1023,—	2046,—	3069,—	4092,—	5115,—	6138,—	7161,—	8184,—	9207,—	10230,—	13299,—	**2500000**
2550000	1038,—	2076,—	3114,—	4152,—	5190,—	6228,—	7266,—	8304,—	9342,—	10380,—	13494,—	**2550000**
2600000	1053,—	2106,—	3159,—	4212,—	5265,—	6318,—	7371,—	8424,—	9477,—	10530,—	13689,—	**2600000**
2650000	1068,—	2136,—	3204,—	4272,—	5340,—	6408,—	7476,—	8544,—	9612,—	10680,—	13884,—	**2650000**
2700000	1083,—	2166,—	3249,—	4332,—	5415,—	6498,—	7581,—	8664,—	9747,—	10830,—	14079,—	**2700000**
2750000	1098,—	2196,—	3294,—	4392,—	5490,—	6588,—	7686,—	8784,—	9882,—	10980,—	14274,—	**2750000**
2800000	1113,—	2226,—	3339,—	4452,—	5565,—	6678,—	7791,—	8904,—	10017,—	11130,—	14469,—	**2800000**
2850000	1128,—	2256,—	3384,—	4512,—	5640,—	6768,—	7896,—	9024,—	10152,—	11280,—	14664,—	**2850000**
2900000	1143,—	2286,—	3429,—	4572,—	5715,—	6858,—	8001,—	9144,—	10287,—	11430,—	14859,—	**2900000**
2950000	1158,—	2316,—	3474,—	4632,—	5790,—	6948,—	8106,—	9264,—	10422,—	11580,—	15054,—	**2950000**
3000000	1173,—	2346,—	3519,—	4692,—	5865,—	7038,—	8211,—	9384,—	10557,—	11730,—	15249,—	**3000000**

von dem Mehrbetrag über 3 Millionen Deutsche Mark erhöht sich die volle Gebühr für je 50000 Deutsche Mark um 150 Deutsche Mark. Gegenstandswerte über eine Million Deutsche Mark sind auf volle 50000 Deutsche Mark aufzurunden.

[1] Als selbständige Mindestgebühr DM 12,— Mindestgebühr nach § 3.

III. Die Vergütung für vereinbare Tätigkeiten

1. Vereinbarte Vergütung

45 Das **Honorar für** sogenannte **vereinbare Tätigkeiten** im Sinne des § 57 Abs. 3 StBGebV, die sachlich nicht unter die StBGebV fallen, kann grundsätzlich frei mit dem Auftraggeber vereinbart werden. Ausnahmen ergeben sich nur dann, wenn eine Gebührenregelung nach anderen speziellen Rechtsvorschriften stattfindet, wie z. B. in Konkurs- oder Vergleichsverfahren.

Im Rahmen der Vergütungsvereinbarung kann selbstverständlich auch auf andere Gebührenordnungen Bezug genommen werden. So ist z. B. in den §§ 50–54 ALLGO die reine betriebswirtschaftliche Beratung im Sinne einer Sachverständigentätigkeit geregelt. Denkbar ist auch die Vereinbarung einer sinngemäßen Anwendung der StBGebV oder der BRAGO.

46 Da die Honorierung der vereinbaren Tätigkeiten grundsätzlich nicht nach den Bestimmungen der StBGebV erfolgt, sind die dort niedergelegten **Formvorschriften,** nicht zu beachten. Sind bei bestimmten Tätigkeiten jedoch andere Gebührenordnungen anzuwenden, so kommen selbstverständlich die dort vorgesehenen Formvorschriften zur Geltung.

Wird mit dem Mandanten eine Gebührenvereinbarung getroffen, so empfiehlt es sich aus Zweckmäßigkeitsgründen, diese stets schriftlich abzuschließen, da der Berufsträger im Rechtsstreit für das Zustandekommen einer Gebührenvereinbarung beweispflichtig ist.

47 Wird zwischen dem Steuerberater und dem Mandanten bei Vertragsabschluß über die Höhe der Vergütung keine ausdrückliche Vereinbarung getroffen, so finden die Vorschriften des Bürgerlichen Gesetzbuches Anwendung. Danach ist die **übliche Vergütung** als vereinbart anzusehen.

48 Da § 15 StBGebV bei Gebührenvereinbarungen für vereinbare Tätigkeiten nicht eingreift, erscheint es im Hinblick auf die Entscheidung des OLG Karlsruhe vom 17. 11. 1978 (DB 1979, 447) empfehlenswert, die zusätzliche Inrechnungstellung der **Umsatzsteuer** ausdrücklich zu vereinbaren.

2. Vergütung nach speziellen Gebührenregelungen

49 Spezielle Gebührenregelungen existieren für eine ganze Reihe von vereinbaren Tätigkeiten.

50 Soweit Steuerberater nach dem Rechtsberatungsgesetz als **Rechtsbeistand** oder **Prozeßagent** zugelassen sind und eine nicht unter § 33 StBerG fallende rechtsberatende Tätigkeit entfalten, ist für die Vergütungsbemessung die BRAGO wie auch bei Rechtsanwälten heranzuziehen.

51 Die Vergütung des **Zwangsverwalters** bestimmt sich nach der Verordnung über die Geschäftsführung und die Vergütung des Zwangsverwalters. Danach hat der Verwalter Anspruch auf eine Vergütung für seine Geschäftsführung, auf Erstattung angemessener barer Auslagen und auf Ersatz der darauf entfallenden Umsatzsteuer.

52 Als **Regelvergütung** erhält der Verwalter nach § 24 bei vermieteten oder verpachteten Grundstücken von dem im Kalenderjahr an Miet- oder Pachtzinsen eingezogenen Betrag

bis zu 1000 DM	9 v. H. und aus den Beträgen
über 1000 DM	8 v. H.
über 2000 DM	7 v. H.
über 3000 DM	6 v. H.

Für anders genutzte Grundstücke bestimmt sich die Vergütung des Verwalters nach dem Umfang seiner Tätigkeit und den gezogenen Nutzungen.

53 Für die **Pflichtprüfung gemeindlicher Betriebe** gelten ab 1. 7. 1985 folgende Zeitgebührensätze je Tagewerk zu 8 Stunden:

– in Gemeinden über 50000 Einwohner	DM 651,00
– in Gemeinden über 20000 bis 50000 Einwohner	DM 625,00
– in Gemeinden über 5000 bis 20000 Einwohner	DM 576,00
– in Gemeinden bis 5000 Einwohner	DM 548,00

Die Vergütung für vereinbare Tätigkeiten   **54–57 W**

Ab 1. 7. 1986 werden voraussichtlich folgende Zeitgebühren pro Tagewerk gelten:
- in Gemeinden über 20000 Einwohner   DM 651,00
- in Gemeinden bis 20000 Einwohner   DM 576,00

54 Umsatzsteuer und Auslagenersatz werden zusätzlich vergütet. Die Einzelregelungen ergeben sich aus den **Gebührenerlassen der Länder,** deren Fundstellen nachstehend angegeben sind:

Bayern: Bekanntmachung des Bayerischen Staatsministeriums des Innern vom 11. 7. 1985 (Nr. I B 4 – 3036 – 19/1) MABl. S. 343.

Baden-Württemberg: Verwaltungsvorschrift des Innenministeriums vom 22. 5. 1985 (Az. IV 197 – 1/143) GABl. S. 609f.

Hessen: Erlaß des Hessischen Ministers des Innern vom 30. 5. 1985 (IV B 15 – 3 m 06/03) Staatsanzeiger Nr. 25 S. 1135.
Bezug: Erlaß vom 9. 1. 1979, StAnz. S. 220, zuletzt geändert durch Erlaß vom 16. 4. 1984, StAnz. S. 939.

Niedersachsen: Runderlaß des Niedersächsischen Ministeriums des Innern vom 4. 6. 1985 (34.2.10722) Nds. MBl. 19 S. 455.
Bezug: Runderlaß des Nds. MdI vom 5. 8. 1970 (III/4 393000/b) Nds. MBl. 31 S. 875, zuletzt geändert durch Runderlaß vom 19. 4. 1984, Nds. MBl. S. 442.

Nordrhein-Westfalen: Erlaß des Innenministers des Landes Nordrhein-Westfalen vom 20. 6. 1985 (III B 4 – 8/10 – 1361/85).
Bezug: Runderlaß des IM vom 19. 1. 1963 (III B 4 – 8/10 – 7264/62), zuletzt geändert durch Runderlaß vom 30. 5. 1984 (III B 4 – 8/10 – 7552/84).

Rheinland-Pfalz: Rundschreiben des Ministeriums des Innern und für Sport vom 10. 6. 1985 (364.06/2), MBl. S. 245, berichtigt MBl. S. 358.

Saarland: Erlaß des Ministers des Innern vom 18. 6. 1985 (C 5 – 4753 – 00 W/Fe).
Bezug: Gebührenordnung für die Pflichtprüfung kommunaler Wirtschaftsbetriebe im Saarland vom 14. 4. 1961, zuletzt geändert durch Erlaß vom 16. 5. 1984 (C 5 – 4731 – 00).

Schleswig-Holstein: Bekanntmachung des Innenministers des Landes Schleswig-Holstein vom 7. 6. 1985 (IV 320 c – 164.102.45) Amtsbl. Schl.-H. S. 198.
Bezug: Erlaß vom 31. 10. 1978, Amtsbl. Schl.-H. S. 627, zuletzt geändert durch Erlaß vom 11. 5. 1984, Amtsbl. Schl.-H. S. 228.

55 Die **Entschädigung von Sachverständigen,** die vom Gericht oder der Staatsanwaltschaft zu Beweiszwecken herangezogen werden, bestimmt sich ausschließlich nach dem Gesetz über die Entschädigung von Zeugen und Sachverständigen vom 1. 10. 1969 i. d. F. vom 21. 11. 1975 (BGBl. 3221).

Neben Aufwendungsersatz und der auf die Entschädigung entfallenden Umsatzsteuer erhält der Sachverständige eine Entschädigung von DM 20 bis DM 50 je Stunde der erforderlichen Zeit. Der Höchstsatz ist zu gewähren, wenn der Sachverständige hochqualifizierte Fachkenntnisse angewandt und schwierige Leistungen erbracht hat. Die Zubilligung des Höchstsatzes setzt eine außergewöhnlich schwierige gutachterliche Tätigkeit voraus, die ein hervorragendes Maß an fachlichen Kenntnissen verlangt. Auch einem besonders qualifizierten Sachverständigen steht sie nur in Ausnahmefällen zu (OLG Stuttgart vom 1. 4. 1977, NJW 1977, 1509).

56 Die Vergütungen des **Konkurs- und Vergleichsverwalters** sowie der **Mitglieder des Gläubigerausschusses und Gläubigerbeirats** richten sich nach der Verordnung vom 25. 5. 1960 (BGBl. I, 329) mit den inzwischen erfolgten Änderungen. Einzelheiten der Vergütungsberechnung werden dargestellt von *Uhlenbruck* WPg 1978, 671 f.; *ders.* DStR 1979, 123 ff.

57 3. Gebühren-ABC der vereinbaren Tätigkeiten

Abschlußprüfung. Zeitgebühren bzw. Kombination von Zeit- und Wertgebühren.

Abwicklung. Festsetzung einer angemessenen Vergütung durch das Gericht in Anlehnung an die Verordnung über die Vergütung des Konkursverwalters (AG Hamburg) vom 20. 1. 1969, MDR 1969, 847).

Anderkontenverwaltung. Die Ermittlung der Gebühren ergibt sich aus analoger Anrechnung von § 22 BRAGO (OLG Celle vom 2. 2. 1962, StB 1962, 75).

Lehwald

Betriebswirtschaftliche Beratung. Siehe Unternehmensberatung.
Gläubigerausschuß-Mitglied. Siehe Gläubigerbeirat, Mitglied des.
Gläubigerbeirat-Mitglied. Zeitgebühr; Regelsatz der Vergütung nach § 13 der Verordnung über die Vergütung des Konkursverwalters, des Vergleichsverwalters, der Mitglieder des Gläubigerausschusses und der Mitglieder des Gläubigerbeirats vom 25. 5. 1960.
DM 15,00 je Stunde.
Gutachten. Bei Tätigkeit als gerichtlicher Sachverständiger Entschädigung nach dem ZuSEntschG.
Bei Tätigkeit als Privatgutachter Zeitgebühr. Das OLG München hat bei einem Privatgutachten eines Wirtschaftsprüfers über schwierige Fragen der Unternehmensbewertung einen Stundensatz von DM 200,00 für angemessen und erstattungsfähig gehalten (OLG München vom 30. 3. 1979, StB 1980, 91).
Hausverwaltung. Gebühr: Vomhundertsatz bis zu 10% der jährlichen Roheinnahmen bei sinngemäßer Anwendung der Grundsätze über die Vermögensverwaltung.
Konkursverwaltung. Der Konkursverwalter erhält in der Regel
von den ersten DM 10000 der Teilungsmasse 15 v. H.,
von dem Mehrbetrag bis zu DM 50000 der Teilungsmasse 12 v. H.,
von dem Mehrbetrag bis zu DM 100000 der Teilungsmasse 6 v. H.,
von dem Mehrbetrag bis zu DM 500000 der Teilungsmasse 2 v. H.,
von dem Mehrbetrag bis zu DM 1000000 der Teilungsmasse 1 v. H.,
von dem darüber hinausgehenden Betrag ½ v. H.
Ein Abweichen vom Regelsatz kann erfolgen, wenn Besonderheiten der Geschäftsführung des Konkursverwalters es erfordern. Siehe auch Rz. 56.
Nachlaßverwaltung. Gebühr: Vom Nachlaßgericht nach billigem Ermessen festgesetzte Gebühr unter Berücksichtigung des Aktivnachlasses, des Umfangs und der Bedeutung der Nachlaßverwaltung.
Bei über die bloße Nachlaßverwaltung hinausgehender Tätigkeit Gebühr nach einer berufsüblichen Gebührenordnung.
Rechtsgrundlage: § 1987 BGB.
Organisationsberatung. Siehe Unternehmensberatung.
Pflegschaft (Nachlaßpflegschaft). Gebühr: Grundsätzlich werden Pflegschaften ehrenamtlich geführt. Eine Vergütung kann jedoch im Einzelfall gewährt werden.
Aufwendungen nach §§ 1960, 1915, 1835 BGB werden nicht vom Nachlaßgericht festgesetzt. Bestimmte Vergütungen für Nachlaßtätigkeit werden vom Nachlaßgericht nach §§ 1960, 1915, 1836 Abs. 1 Satz 2 BGB festgesetzt. Vergütung bei größeren Nachlässen beträgt 1–2% des Nachlaßaktivvermögens (OLG Köln, Beschl. vom 31. 7. 1967, NJW 1967, S. 2405, LG Berlin, Beschl. v. 30. 8. 1968, MDR 1969, S. 488).
Prüfung gemeindlicher Betriebe. Siehe Rz. 53.
Prüfungstätigkeit. Im allgemeinen Zeitgebühr bzw. Kombination von Zeit- und Wertgebühr. Siehe auch Abschlußprüfung und Prüfung gemeindlicher Betriebe.
Rechtsberatung. Gebühren nach BRAGO; siehe hierzu Rz. 50.
Schiedsrichtertätigkeit für den Beisitzer jeweils 10/10 bis 13/10 und für den Vorsitzenden bis zu 15/10 für
– Prozeßgebung
– Verhandlungsgebühr
– Beweisgebühr und
– Erledigungsgebühr
nach den BRAGO-Tabellen (entspricht Tabelle E StBGebV).
Testamentsvollstreckung. Tätigkeit: Testamentsvollstreckung im Rahmen der Verfügung von Todes wegen.
Gebühr: Vomhundertsatz vom Bruttowert des Nachlasses, wenn auch die Nachlaßverbindlichkeiten zum Arbeitsbereich des Testamentsvollstreckers gehören, d. h. sichten und regeln.

Die Vergütung für vereinbare Tätigkeiten

Gegenstandswert und Gebührensatz:
Bruttowert des Nachlasses
Nachlaßwert bis zu   DM   20000 brutto   4%
darüber hinaus bis zu DM   100000 brutto   3%
darüber hinaus bis zu DM 1000000 brutto   2%
darüber hinaus   1%
Tätigkeit: Erste Ordnung des Nachlasses (Inbesitznahme, Anfertigung des Nachlaßverzeichnisses, Regelung der Erblasser- und Steuerschulden u. a. m.)
Gebühr: KonstitutionsG (EinmalG)
Gegenstandswert und Gebührensatz:
Bruttowert vom Nachlaß ⅓ – ½%
Tätigkeit: längere Verwaltungstätigkeit
Gebühr: nach dem Jahresbetrag der Einkünfte berechnete Gebühr.
Tätigkeit: Eine mit der Testamentsvollstreckung verbundene Unternehmertätigkeit.
Gebühr: Vomhundertsatz des jährlichen Gewinns (z. B. 10%).

Unternehmensberatung. Zeitgebühr.

Vergleichsverwalter. Der Vergleichsverwalter erhält als Vergütung in der Regel ½ der für den Konkursverwalter bestimmten Sätze, mindestens DM 300. Die Vergütung des Vergleichsverwalters wird nach dem Aktivvermögen des Schuldners berechnet.
Vgl. auch Stichwort Konkursverwalter und Rz. 56.

Vermögensverwaltung. Grundsätze der Honorarberechnung sind dem BGH-U. vom 17. 4. 1985 – III ZR 180/72 zu entnehmen.
Konstitutionsgebühr; Vomhundertsatz des Vermögens.
Gegenstand und Gebührensatz:
Vermögen i. d. R.   1%
bei sehr großen Vermögen auch unter 1%.
Bei der Gebührenbemessung ist jedoch zu berücksichtigen, wenn Einkünfte nicht in ausreichendem Maße vorhanden sind.

Zwangsverwaltung. Siehe Rz. 51.

Lehwald

X. Tabellen

Bearbeiter: Klaus P. Blobel/Dr. Jürgen Pelka

Übersicht

	Rz.
I. AfA-Berechnungen	1–6
1. AfA-Tabelle für die allgemein verwendbaren Anlagegüter	1
2. Wesentliche Abschreibungsregelungen für bewegliche und unbewegliche Wirtschaftsgüter außer Gebäuden	2
3. Tabelle der Höchstsätze bei degressiver Abschreibung	3
4. Wesentliche Abschreibungsregelungen für Gebäude	4
5. Übersicht über die degressiven Absetzungen für Gebäude nach § 7 Abs. 5 EStG	5
6. Übersicht über die erhöhten Absetzungen für Wohngebäude nach §§ 7b, 54 EStG	6
II. Bewertungsrechtliche Tabellen	11–19
1. Hilfstafel 1 des BewG	11
2. Ergänzungstabelle zur Hilfstafel 1 des BewG	12
3. Hilfstafel 1a des BewG	13
4. Tabellen zur Bewertung unterjährlich und jährlich zahlbarer Renten	14–16
5. Hilfstafel 2 des BewG	17
6. Auszug aus der „Allgemeinen Sterbetafel für die Bundesrepublik Deutschland 1970/72"	18
7. Anlage 9 zum BewG	19
III. Finanzmathematische Tabellen	21–39
1. Rechenformeln für die allgemeine Zinsrechnung	21
2. Zinsdivisorentabelle	22
3. Kapitalbar- und -endwerte	23, 24
4. Zeitrentenberechnung	25–30
4.1. Rentenbarwerte bei	
4.1.1 monatlicher Zahlung	26
4.1.2 jährlicher Zahlung	27
4.2 Rentenendwerte bei	
4.2.1 monatlicher Zahlung	29
4.2.2 jährlicher Zahlung	30

	Rz.
5. Leibrentenberechnung	31, 32
5.1 Anwendung der Zeitrententabellen	31
5.2 Lebenserwartung nach abgekürzter Sterbetafel 1981/1983	32
6. Ertragsanteile von Renten	33, 34
7. Tilgungsdauer von Annuitätendarlehen	35
8. Ermittlung von Annuitäten	36
9. Effektivzinsen bei Annuitäten	37–39
9.1 mit fünfjähriger Konditionenfestschreibung	38
9.2 mit zehnjähriger Konditionenfestschreibung	39
IV. Geld- und Kapitalmarkt, Preisindices	50–57
1. Diskont- und Lombardsatz der Deutschen Bundesbank	50
2. Diskontsätze im Ausland	51
3. Geldmarktsätze	52
4. Geldmarktsätze im Ausland	53
5. Renditen inländischer Wertpapiere	54
6. Soll- und Habenzinsen	55
7. Preisindices	56
8. Entwicklung des Realzinses	57
V. Sonstige Informationen	60–77
1. Pfändungsfreigrenzen für Arbeitseinkommen	60
2. Monatliche Unterhaltsbedarfsbeträge nach BGB (Düsseldorfer Tabelle)	61, 62
3. Englische und amerikanische Maße und Gewichte mit Umrechnungstabellen	63–70
4. Ausgewählte Jahresabschluß-Verhältniszahlen	71
5. Adressenverzeichnisse	72–77
5.1 Berufskammern	72
5.2 Berufsverbände	73
5.3 Sonstige Verbände, wissenschaftliche Informationen	74
5.4 Finanzministerien, Oberfinanzdirektionen	75
5.5 Finanzgerichtsbarkeit	76
5.6 Bundesgerichte	77

I. AfA-Berechnungen*

Übersicht

	Rz.
1. AfA-Tabelle für die allgemein verwendbaren Anlagegüter	1
2. Wesentliche Abschreibungsregelungen für bewegliche und unbewegliche Wirtschaftsgüter außer Gebäuden	2
3. Tabelle der Höchstsätze bei degressiver Abschreibung	3
4. Wesentliche Abschreibungsregelungen für Gebäude	4

	Rz.
5. Übersicht über die degressiven Absetzungen für Gebäude nach § 7 Abs. 5 EStG	5
6. Übersicht über die erhöhten Absetzungen für Wohngebäude nach §§ 7b, 54 EStG	6

---

* Siehe auch Teil A Rz. 2–51.

1. AfA-Tabelle für die allgemein verwendbaren Anlagegüter*

Lfd. Nr.	Anlagegut	Nutzungs-dauer (ND) i. J.	Linearer AfA-Satz v. H.
	A. Einrichtungen an Grundstücken		
1	Straßen- u. Wegebrücken sow. Überwege		
	a) Stahl und Beton	33	3
	b) Holz	15	7
2	Fahrbahnen, Parkplätze, Gehsteige und Hofbefestigungen		
	a) mit schwerer Packlage	15	7
	b) ohne schwere Packlage	10	10
	c) in Kies, Schotter u. Schlacken (ohne schwere Packlage)	5	20
3	Grünanlagen	10	10
4	Bewässerungs-, Entwässerungs- und Kläranlagen		
	a) Brunnen	20	5
	b) Drainagen		
	aa) aus Ton	10	10
	bb) aus Beton	20	5
	c) Kläranlagen mit Zu- und Ableitung	20	5
	d) Löschwasserteiche	20	5
	e) Rohrleitungen für Abwässer	20	5
	f) Wasserkanäle		
	aa) Mauerwerk, Stein und Beton	20	5
	bb) Holz	10	10
	cc) Faschinen	10	10
	g) Wasserspeicher	20	5
5	Uferbefestigungen		
	a) Mauerwerk, Stein und Beton	20	5
	b) Stahlspundwände	20	5
	c) Holz	10	10
	d) Faschinen	10	10
6	Umzäunungen		
	a) aus Mauerwerk und Beton	20	5
	b) aus Eisen, mit Sockel	15	7
	c) aus Draht	10	10
	d) aus Holz	5	20
7	Wehre, Ein- und Auslaufbauwerke einschl. Rechen und Schützen		
	a) Bauwerke	33	3
	b) maschinelle Einrichtungen	20	5
	B. Betriebsanlagen allemeiner Art		
	I. Krafterzeugungsanlagen		
1	Dampferzeugung (Dampfkessel m. Zubehör, Speisewasseraufbereitungsanl. usw.)	15	7
2	Stromerzeugung (Gleichrichter, Ladeaggregate, Stromgeneratoren, Stromumformer usw.)		
	a) Großanlagen (AfA-Tabelle für den Wirtschaftszweig „Energie- und Wasserversorgung")	20	5
	b) andere	15	7

* *Quelle:* BMF-Schreiben IV A 7 – S 1478 – 109/82.

AfA-Berechnungen   1 **X**

Lfd. Nr.	Anlagegut	Nutzungs-dauer (ND) i. J.	Linearer AfA-Satz v. H.
3	Hilfsanlagen a) Heißluft-, Kälteanlagen, Kompressoren, Ventilatoren usw.	10	10
	b) Wasser-, Druckwasserkessel, Wind- und Druckkessel	15	7
	II. Verteilungsanlagen		
1	für Dampf (Leitungen, Speicher, Ventile, Heizungskörper und Meßgeräte)	15	7
2	für Gas und Luft (Leitungen einschl. der Ventile, Hähne, Meßuhren)	15	7
3	für Strom a) Frei- und Kabelleitungen	20	5
	b) Innenleitungen, Schalt- und Umspannungsanlagen	15	7
	c) Zähler	15	7
4	für Wasser a) Leitungen einschl. der Ventile, Hähne, Meßuhren	20	5
	b) Pumpen	15	7
	III. Antriebsanlagen		
1	Benzinmotoren	5	20
2	Diesel- und Elektromotoren	8	12
3	Dampfmaschinen und -turbinen	15	7
	IV. Transportanlagen		
1	Elevatoren, Förderschnecken, Transportbänder, Rollenbahnen	7	14
2	Bahnkörper und Gleisanlagen mit Drehscheiben, Weichen usw.		
	a) nach Bundesbahnvorschriften	25	4
	b) sonstige	10	10
3	Krananlagen a) ortsfest oder auf Schienen	15	7
	b) sonstige	10	10
4	Aufzüge und Hebebühnen	10	10
	V. Fahrzeuge aller Art		
1	Schienenfahrzeuge a) Lokomotiven und Waggons	20	5
	b) Kessel- und Spezialwagen	15	7
	c) Loren	5	20
2	Straßenfahrzeuge a) Personenkraftwagen und Kombiwagen	4	25
	b) Lastkraftwagen, Sattelschlepper	4	25
	c) Elektrolastwagen	5	20
	d) Traktoren und Raupenschlepper	4	25
	e) Lastkraftwagenanhänger	6	17
	f) Lkw-Wechselaufbauten	5	20
3	Flugzeuge a) Flugzeuge unter 5,7 t höchstzulässigem Fluggewicht	8	12

Lfd. Nr.	Anlagegut	Nutzungs- dauer (ND) i. J.	Linearer AfA-Satz v. H.
	b) Flugzeuge, deren höchstzulässiges Flugge- wicht mindestens 5,7 t beträgt	10–12	8–10
	c) Hubschrauber	5	20
4	Sonstige Beförderungsmittel (Elektrokarren, Stapler usw.)	5	20
	VI. Sonstige Betriebsanlagen		
1	Beleuchtungskörper		
	a) innen	8	12
	b) außen (einschl. Lichtreklame)	3	33
2	Be- und Entlüftungsanlagen, Klimaanlagen	8	12
3	Fuhrwerk-, Brücken- und Waggonwaagen	20	5
4	Raumheizungsanlagen		
	a) mit Dampf oder Wasser		
	aa) Feuerungs- und Kesselanlagen, Lager- tanks	10	10
	bb) Leitungen und Heizungskörper	15	7
	b) andere Raumheizungsanlagen	8	12
5	Laderampen, freistehend		
	a) aus Beton, Eisen	25	4
	b) aus Holz	10	10
6	Pumpenhäuser	20	5
7	Schornsteine aus Mauerwerk (einschl. Kessel- fuchs)	33	3
8	Schornsteine für Ölfeuerungsanlagen		
	a) Schornsteine herkömmlicher Art, die heute der Abführung von Ölgasen dienen	25	4
	b) neugebaute Schornsteine	33	3
9	Schornsteine aus Blech	10	10
10	Silobauten		
	a) Beton, Stahl	33	3
	b) Mauerwerk	20	5
11	Tank- und Garagenbetriebe, Waschhallen		
	a) Tank- und Zapfanlagen für Treib- und Schmierstoffe	10	10
	b) Portalwaschanlagen	7	14
	c) Autowaschstraßen	8	12
	d) Hallen		
	dd) in Leichtbauweise	10	10
	ee) massiv	25	4
	e) Hofbefestigungen siehe unter A 2		
12.	Im Freien stehende, nicht überdachte Tankbe- hälter für Flüssiggasversorgung	15	7
13	Transformatoren- und Schalthäuser	20	5
14	Wassertürme	33	3

AfA-Berechnungen 1 X

Lfd. Nr.	Anlagegut	Nutzungs- dauer (ND) i. J.	Linearer AfA-Satz v. H.
	C. Maschinen der Stoffver- und -bearbeitung		
	Maschinen folgender Grundarten: Abrichtemaschinen Bohrmaschinen Drehbänke Fräsmaschinen Hobelmaschinen Kombinationsmaschinen Poliermaschinen Pressen und Stanzen Sägen Schleifmaschinen Schneidemaschinen Schweiß- und Lötgeräte	10	10
	D. Betriebs- und Geschäftsausstattung		
I. 1.	Werkstätten-, Laborausstattungen und Lagereinrichtungen	10	10
2.	Ladeneinrichtungen	8	12
3.	Kühlmöbel	5	20
II.	Ausstattung für Belegschaftsbetreuung	8	12
III.	Ausstattung für Werksicherheit	8	12
IV.	Geräte des Nachrichtenwesens	8	12
V.	Büromaschinen und Organisationsmittel Zum Beispiel: Adressiermaschinen Buchungsmaschinen Diktier- und Tondbandgeräte Elektronenrechner Foto- und Filmgeräte Fotokopiergeräte Frankiermaschinen Lochkartenanlagen Rechenmaschinen Registrierkassen Schreibmaschinen Vervielfältigungsapparate Zeitstempler (Stechuhren)	5	20
VI.	Büroeinrichtungen		
	Büromöbel	10	10
	Panzerschränke	20	5

Anmerkungen: Die AfA-Tabelle beruht auf Erfahrungen der steuerlichen Betriebsprüfung und enthält solche Anlagegüter, deren betriebsgewöhnliche Nutzungsdauer von der Verwendung in einem bestimmten Wirtschaftszweig im allgemeinen unabhängig ist. Eine betriebsbedingte kürzere Nutzungsdauer geht den in dieser Tabelle genannten Nutzungsdauern vor. Die angegebene Nutzungsdauer schließt die wirtschaftliche und technische Abnutzung ein. Dabei sind die üblichen Verhältnisse eines **Einschichtbetriebs** zugrunde gelegt worden. Werden schichtabhängige Anlagegüter ganzjährig in Doppelschicht genutzt, so ist nach Auffassung der Finanzverwaltung der lineare AfA-Satz um 25% zu erhöhen.

Bei **Dreifachschichtbetrieb** kann unter sonst gleichen Voraussetzungen der AfA-Satz um 50% erhöht werden.

Die Tabelle berücksichtigt auch, daß infolge des raschen technischen Fortschritts die Nutzungsdauer eines Anlagegutes überwiegend von seiner wirtschaftlichen Abnutzung bestimmt wird.

2. Wesentliche Abschreibungsregelungen für bewegliche und unbewegliche Wirtschaftsgüter außer Gebäuden

Abschreibungs-gegenstand	Abschreibungs-art und -höhe	Bemessungs-grundlage	Rechtsnorm/ Richtlinie
Sämtliche abnutzbaren Wirtschaftsgüter	AfA in gleichen Jahresbeträgen gemäß der betriebsgewöhnlichen Nutzungsdauer des Wirtschaftsgutes	Anschaffungs- oder Herstellungskosten	§ 7 Abs. 1 S. 1 EStG
Sämtliche abnutzbaren beweglichen Wirtschaftsgüter	AfA nach Maßgabe der Leistung des Wirtschaftsgutes	Anschaffungs- oder Herstellungskosten	§ 7 Abs. 1 S. 3 EStG
Sämtliche abnutzbaren Wirtschaftsgüter	Absetzung für außergewöhnliche technische oder wirtschaftliche Abnutzung gemäß der außergewöhnlichen Wertminderung	Anschaffungs- oder Herstellungskosten	§ 7 Abs. 1 S. 4 EStG
Sämtliche beweglichen Wirtschaftsgüter des Anlagevermögens[1]	AfA in fallenden Jahresbeträgen gemäß der Nutzungsdauer bis zum Dreifachen der AfA in gleichen Jahresbeträgen, max. 30%	Anschaffungs- oder Herstellungskosten	§ 7 Abs. 2 EStG[2]
Wirtschaftsgüter eines inländischen Betriebes, die unmittelbar und zu mehr als 70% dem Umweltschutz dienen, wenn dies und das öffentliche Interesse der Anschaffung von der Landesbehörde bescheinigt sind[1]	Erhöhte Absetzungen statt AfA in gleichen oder fallenden Jahresbeträgen von bis zu 60% im Anschaffungs- oder Herstellungsjahr und jeweils bis zu 10% bis zur vollständigen Abschreibung	Ursprüngliche und nachträgliche Herstellungs- bzw. Anschaffungskosten sowie Anzahlungen auf Anschaffungskosten und Teil-Herstellungskosten	§ 7d EStG[2]
Abnutzbare Wirtschaftsgüter des Anlagevermögens, die dem Betrieb eines inländischen privaten Krankenhauses dienen, bei dem die Voraussetzungen des § 67 Abs. 1 oder 2 AO erfüllt sind[1]	Sonderabschreibung[3] von insgesamt bis zu 30% bei unbeweglichen und 50% bei beweglichen Wirtschaftsgütern im Jahr der Anschaffung oder Herstellung und in den 4 folgenden Jahren neben AfA in gleichen Jahresbeträgen	Ursprüngliche und nachträgliche Herstellungs- oder Anschaffungskosten sowie Anzahlungen auf Anschaffungskosten und Teil-Herstellungskosten	§ 7f EStG[2]
Neue bewegliche Wirtschaftsgüter des Anlagevermögens, die ausschließlich oder fast ausschließlich betrieblich genutzt werden, und die nach dem 18. 5. 1983 angeschafft oder hergestellt worden sind, sofern der Einheitswert des Betriebes im Zeitpunkt der Anschaffung oder Herstellung nicht mehr als TDM 120 und das Gewerbekapital nicht mehr als TDM 500 beträgt und das Wirtschaftsgut mindestens ein Jahr nach seiner Anschaffung oder Herstellung in einer inländischen Betriebsstätte dieses Betriebes verbleibt[1]	Sonderabschreibung[3] von 10% neben AfA in gleichen oder fallenden Jahresbeträgen	Anschaffungs- oder Herstellungskosten	§ 7g EStG[2]
Wirtschaftsgüter gemäß Anlage 1 und 2 der EStDV in land- und forstwirtschaftlichen Betrieben mit	Sonderabschreibung[3] von insgesamt bis zu 30% bei unbeweglichen Wirtschaftsgütern, Um- und	Anschaffungs- oder Herstellungskosten	§ 76 EStDV

AfA-Berechnungen

Abschreibungs-gegenstand	Abschreibungs-art und -höhe	Bemessungs-grundlage	Rechtsnorm/ Richtlinie
Gewinnermittlung nach §§ 4, 5 EStG	Ausbauten sowie von insgesamt bis zu 50% bei beweglichen Wirtschaftsgütern in den ersten 3 Jahren neben AfA in gleichen Jahresbeträgen		
Wirtschaftsgüter des Kohlen- und Erzbergbaus gemäß Anlagen 5 und 6 der EStDV[1]	Sonderabschreibung[3] von bis zu 30% bei unbeweglichen bzw. 50% bei beweglichen Wirtschaftsgütern innerhalb der ersten 5 Jahre nach Anschaffung neben AfA in gleichen Jahresbeträgen	Anschaffungs- oder Herstellungskosten sowie Anzahlungen auf Anschaffungskosten und Teil-Herstellungskosten	§ 81 EStDV
Sämtliche abnutzbaren Wirtschaftsgüter des Anlagevermögens, sofern sie als bewegliche Wirtschaftsgüter ausschließlich und als unbewegliche Wirtschaftsgüter zu mindestens einem Drittel 3 Jahre lang in einer inländischen Betriebsstätte der Forschung oder Entwicklung dienen und in der Zeit vom 19. 5. 1983 bis zum 31. 12. 1989 angeschafft oder hergestellt worden sind bzw. werden	Sonderabschreibung[3] von insgesamt bis zu 40% bei beweglichen und insgesamt 10 bzw. 15% bei unbeweglichen Wirtschaftsgütern in den ersten 5 Jahren neben AfA in gleichen Jahresbeträgen	Anschaffungs- oder Herstellungskosten sowie Anzahlungen auf Anschaffungskosten und Teil-Herstellungskosten	§ 82d EStDV
Schiffe und Luftfahrzeuge, die in einem inländischen Seeschiffsregister bzw. der deutschen Luftfahrzeugrolle eingetragen sind[1]	Sonderabschreibungen[3] von insgesamt 40% bei Schiffen bzw. 30% bei Luftfahrzeugen innerhalb der ersten 5 Jahre neben AfA in gleichen Jahresbeträgen; Veräußerungsverbot von 8 Jahren für Schiffe und 6 Jahren für Luftfahrzeuge	Anschaffungs- oder Herstellungskosten sowie Anzahlungen auf Anschaffungs- und Teil-Herstellungskosten	§ 82f EStDV
Abnutzbare bewegliche Wirtschaftsgüter des Anlagevermögens, die mindestens 3 Jahre nach ihrer Anschaffung oder Herstellung in einer Berliner Betriebsstätte verbleiben[1]	Erhöhte Absetzungen von insgesamt bis zu 75% innerhalb der ersten 5 Jahre statt AfA in gleichen fallenden Jahresbeträgen, danach lineare AfA vom Restwert	Anschaffungs- oder Herstellungskosten	§ 14 BerlinFG[4]
Bewegliche und unbewegliche Wirtschaftsgüter des Anlagevermögens, die nach Anschaffung mindestens 3 Jahre der selbständigen Arbeit dienen oder in der gewerblichen oder land- und forstwirtschaftlichen Betriebsstätte des Steuerpflichtigen im Zonenrandgebiet verbleiben[1]	Sonderabschreibungen[3] von insgesamt bis zu 40% bei unbeweglichen Wirtschaftsgütern und bis zu 50% bei beweglichen Wirtschaftsgütern des Anlagevermögens innerhalb der ersten 5 Jahre neben AfA in gleichen Jahresbeträgen	Anschaffungs- oder Herstellungskosten	§ 3 ZonenRFG i. V. m. RL zu § 3 ZonenRFG

[1] Das Wirtschaftsgut darf nicht Gegenstand des Privatvermögens sein.
[2] Zum Anwendungsbereich wird auf § 52 EStG verwiesen.
[3] Die Restwertabschreibung bemißt sich gemäß § 7a Abs. 9 EStG stets nach dem Restwert und der Restnutzungsdauer.
[4] Zum Anwendungsbereich wird auf § 31 BerlinFG verwiesen.

3. Tabelle der Höchstsätze bei degressiver Abschreibung

3   Bei abnutzbaren beweglichen Wirtschaftsgütern des Anlagevermögens, die nach dem 31. 12. 1960 angeschafft oder hergestellt worden sind, dürfen die nach § 7 Abs. 2 Satz 2 EStG anzuwendenden Hundertsätze die nachfolgenden Sätze nicht übersteigen:

Betriebsgewöhnliche Nutzungsdauer (Jahre)	Degressive AfA (v. H. des Buchwerts) bei Anschaffung oder Herstellung		
	1. 1. 1961–31. 8. 1977 (§ 7 Abs. 2 Satz 2 EStG 1975)	1. 9. 1977–29. 7. 1981 (§ 7 Abs. 2 Satz 2 EStG 1977)	ab 30. 7. 1981 (§ 7 Abs. 2 Satz 2) EStG 1981)
1	2	3	4
4–10	20,00	25,00	30,00
11	18,18	22,73	27,27
12	16,66	20,83	25,00
13	15,38	19,23	23,07
14	14,28	17,86	21,42
15	13,32	16,67	20,00
16	12,50	15,63	18,75
17	11,76	14,71	17,64
18	11,10	13,89	16,66
19	10,52	13,16	15,78
20	10,00	12,50	15,00
21	9,52	11,91	14,28
22	9,08	11,37	13,63
23	8,68	10,87	13,04
24	8,32	10,42	12,50
25	8,00	10,00	12,00
30	6,66	8,33	10,00
40	5,00	6,25	7,50

* *Rechtsquelle:* Abschn. 43 Abs. 6 EStR.

4. Wesentliche Abschreibungsregelungen für Gebäude

4

Abschreibungsgegenstand	Abschreibungsart und -höhe	Bemessungsgrundlage	Rechtsnorm/ Richtlinie
Sämtliche Gebäude, bei denen der Antrag auf Baugenehmigung vor dem 1. 4. 1985 gestellt worden ist, sowie Gebäude, die nicht zu einem Betriebsvermögen gehören, Wohnzwecken dienen und bei denen der Bauantrag nach dem 31. 3. 1985 gestellt worden ist.	Lineare AfA über 50 Jahre (2%); bei Gebäuden, die vor dem 1. 1. 1925 fertiggestellt worden sind 40 Jahre (2,5%); höhere v. H.-Sätze bei tatsächlich geringerer Nutzungsdauer möglich	Anschaffungs- oder Herstellungskosten	§ 7 Abs. 4 Nr. 2 EStG § 11 c EStDV
Gebäude, soweit sie zu einem Betriebsvermögen gehören, nicht Wohnzwecken dienen und bei denen der Antrag auf Baugenehmigung nach dem 31. 3. 1985 gestellt wurde	Lineare AfA über 25 Jahre (4%)	Anschaffungs- oder Herstellungskosten	§§ 7 Abs. 4 Nr. 1 EStG, 52 Abs. 8 EStG

AfA-Berechnungen 4

Abschreibungs-gegenstand	Abschreibungsart und -höhe	Bemessungsgrundlage	Rechtsnorm/Richtlinie
Im Inland belegene, selbst hergestellte oder im Jahr der Fertigstellung angeschaffte Gebäude, selbständige unbewegliche Gebäudeteile, Eigentumswohnungen und im Teileigentum stehende Räumlichkeiten, soweit sie zu einem Betriebsvermögen gehören, nicht Wohnzwecken dienen und bei denen der Antrag auf Baugenehmigung nach dem 31. 3. 1985 gestellt wurde	Abschreibung in Staffelsätzen Jahre AfA % 4 10 3 5 18 2,5	Herstellungs- oder Anschaffungskosten	§§ 7 Abs. 5 Nr. 1, 52 Abs. 8 EStG
Im Inland belegene, selbst hergestellte oder im Jahr der Fertigstellung angeschaffte Gebäude, selbständige unbewegliche Gebäudeteile, Eigentumswohnungen und im Teileigentum stehende Räumlichkeiten	Abschreibung in Staffelsätzen bei Antrag auf Baugenehmigung nach dem 29. 7. 1981: Jahre AfA % 8 5 6 2,5 36 1,25 bei Antrag auf Baugenehmigung vor dem 20. 7. 1981: Jahre AfA % 12 3,5 20 2 18 1 Im Fall der Anschaffung nur, wenn der Hersteller keine oder lineare AfA vorgenommen hat	Herstellungs- oder Anschaffungskosten	§ 7 Abs. 5 EStG
Im Inland belegene, Einfamilienhäuser, Zweifamilienhäuser, Zweifamilienhäuser und Eigentumswohnungen, die zu mehr als 66⅔% Wohnzwecken dienen, sowie bestimmte Ausbauten und Erweiterungen; vgl i. e. Tabelle zu § 7b EStG (beschränkt auf ein Begünstigungsobjekt pro Steuerpflichtiger)	Erhöhte Absetzungen statt linearer oder degressiver AfA für 8 Jahre von jeweils 5%. Nachholung in den ersten drei Jahren möglich	Anschaffungs- oder Herstellungskosten, max. von TDM 150 bei Einfamilienhaus oder Eigentumswohnung und TDM 200 bei Zweifamilienhaus bei Antrag auf Baugenehmigung nach dem 29. 7. 1981 Bemessungsgrundlage jeweils TDM 50 höher	§ 7b Nr. 2 EStG, § 15 EStDV
Betriebsgebäude, die nach dem 31. 12. 1974 und vor dem 1. 1. 1991 angeschafft oder hergestellt worden sind und die zu mehr als 70% dem Umweltschutz dienen (Bescheinigung der zuständigen Landesbehörde)	AfA im ersten Jahr bis zu 60%, in den folgenden Jahren bis jeweils 10%. Nicht in Anspruch genommene erhöhte Abschreibungen können nachgeholt werden.	Ursprüngliche Anschaffungs- oder Herstellungskosten, Anzahlungen sowie nachträgliche Herstellungskosten, sofern der Betrieb länger als 2 Jahre zu Anfang des Kalenderjahres besteht	§ 7d EStG
Fabrikgebäude, Lagerhäuser und landwirtschaftliche Betriebsgebäude von Vertriebenen und Verfolgten, die vor Ablauf des 10. Kalenderjahres seit der Auf-	Sonder-AfA[2] bis zu je 10% im Jahr der Herstellung und im Folgejahr	Herstellungskosten	§ 7e EStG § 13 EStDV § 22 EStDV

Blobel/Pelka

Abschreibungs-gegenstand	Abschreibungs-art und -höhe	Bemessungs-grundlage	Rechtsnorm/ Richtlinie
nahme einer gewerblichen oder land- und forstwirtschaftlichen Tätigkeit hergestellt worden sind[1]			
Gebäude, die dem Betrieb eines inländischen privaten Krankenhauses dienen, bei dem die Voraussetzungen des § 67 Abs. 1 oder 2 AO erfüllt sind[1]	Sonderabschreibung[2] von insgesamt bis zu 30% im Jahr der Anschaffung und in den folgenden 4 Jahren neben AfA in gleichen Jahresbeträgen	Ursprüngliche und nachträgliche Herstellungs- und Anschaffungskosten sowie Anzahlungen auf Anschaffungs- und Teil-Herstellungskosten	§ 7f EStG[3]
Gebäude und Baumaßnahmen des land- und forstwirtschaftlichen Betriebs gem. Anl. 2 EStDV[1]	Sonderabschreibung[2] von insgesamt bis zu 30% bei erworbenen oder hergestellten Gebäuden, Umbauten und Ausbauten neben AfA in gleichen Jahresbeträgen	Anschaffungs- oder Herstellungskosten	§ 76 EStDV
Bestimmte energiesparende, umweltfreundliche Anlagen, soweit diese in der Zeit vom 1. 7. 1983 bis zum 31. 12. 1987 fertiggestellt sind (gem. Anlage 7 EStDV)	Erhöhte Absetzungen statt Absetzungen in gleichen oder fallenden Beträgen von jeweils 10% im Jahr der Herstellung und den 9 Folgejahren	Herstellungskosten	§ 82a EStDV
Einbauten von Warmwasseranlagen, zentralen Heizungs- und Warmwasseranlagen etc., oder Anschaffung neuer Einzelöfen bei fehlender zentraler Heizungsanlage, wenn mit der Maßnahme nicht vor Ablauf von zehn Jahren seit Fertigstellung des Gebäudes begonnen ist, soweit diese nach dem 30. 6. 1985 und vor dem 1. 1. 1992 fertiggestellt oder angeschafft sind. Arbeiten für Erhaltungsaufwand i. S. d. § 82 (3) EStDV müssen nach dem 30. 6. 1985 und vor dem 1. 1. 1988 abgeschlossen sein	Erhöhte Absetzungen, statt Absetzungen in gleichen oder fallenden Beträgen, von jeweils 10% im Jahr der Herstellung und den 9 Folgejahren	Herstellungskosten/Erhaltungsaufwand	§ 82a Abs. 1 Nr. 5 EStDV, § 51 Abs. 1 Nr. 2 Buchstabe q) Doppelbuchstabe ee)
Gebäude des Anlagevermögens, sofern sie zu mindestens einem Drittel drei Jahre lang in einer inländischen Betriebsstätte der Forschung oder Entwicklung dienen und in der Zeit vom 19. 5. 1983 bis zum 31. 12. 1989 angeschafft, hergestellt, ausgebaut oder erweitert worden sind oder werden[1]	Sonderabschreibung[2] von insgesamt bis zu 10 bzw. 15% in den ersten 5 Jahren neben AfA in gleichen Jahresbeträgen	Anschaffungs- oder Herstellungskosten sowie Anzahlungen auf Anschaffungs- und Teil-Herstellungskosten	§ 82d EStDV
Baudenkmäler, deren Erhaltungsnotwendigkeit von der zuständigen Landesbehörde bescheinigt ist	Sonder-AfA von jeweils 10% im Jahr der Herstellung und den 9 Folgejahren	Herstellungskosten und nachträgliche Herstellungskosten	§ 82i EStDV
In Berlin-West belegene Gebäude, Gebäudeteile, Ei-	Erhöhte Absetzungen anstelle der AfA gemäß § 7	Anschaffungs- und Herstellungsko-	§ 14 BerlinFG[4]

AfA-Berechnungen 4 X

Abschreibungs-gegenstand	Abschreibungs-art und -höhe	Bemessungs-grundlage	Rechtsnorm/Richtlinie
gentumswohnungen oder im Teileigentum stehende Räumlichkeiten, die im eigenen gewerblichen Betrieb mindestens 3 Jahre nach Anschaffung oder Herstellung zu mehr als 80% unmittelbar bestimmten Betriebsmaßnahmen dienen, oder die steuerpflichtig errichtet worden sind und mindestens 3 Jahre nach ihrer Herstellung zu mehr als 80% Angehörigen des eigenen gewerblichen Betriebs zu Wohnzwecken dienen[1]	Abs. 4 oder 5 EStG bis zur Höhe von insgesamt 75% im Jahr der Anschaffung und den 4 Folgejahren	sten, nachträgliche Herstellungskosten sowie Anzahlungen auf Anschaffungskosten und Teilherstellungskosten	
1. In Berlin-West belegene Mehrfamilienhäuser, die zu 66⅔% Wohnzwecken dienen und von Steuerpflichtigen fertiggestellt oder im Jahr der Fertigstellung angeschafft werden, sowie Ausbauten und Erweiterungen, die zu 80% Wohnzwecken dienen	Erhöhte AfA statt Normal-AfA in den ersten 2 Jahren bis zu jeweils 10%, in den folgenden 10 Jahren bis zu jeweils 3%. Im Fall der Anschaffung nur, wenn der Hersteller keine oder lineare AfA vorgenommen hat.	Herstellungs- oder Anschaffungskosten	§ 14a Abs. 1 und 2 BerlinFG[3]
2. Mehrfamilienhäuser des steuerbegünstigten oder freifinanzierten Wohnungsbaus, die mindestens 3 Jahre nach Fertigstellung zu mehr als 80% Wohnzwecken dienen und vom Steuerpflichtigen hergestellt oder im Jahr der Fertigstellung angeschafft werden, sowie Ausbauten und Erweiterungen, die 3 Jahre nach Fertigstellung zu 80% Wohnzwecken dienen	Erhöhte AfA statt Normal-AfA in den ersten 3 Jahren von insgesamt bis zu 25%, in den Folgejahren Restwert gemäß § 7 Abs. 4 EStG. Im Fall der Anschaffung nur, wenn der Hersteller keine oder lineare AfA vorgenommen hat.	Herstellungs- oder Anschaffungskosten, Anzahlungen (nicht bei Ausbauten), Teilherstellungskosten bei Ausbauten	§ 14a Abs. 1 und 2 BerlinFG[4]
Modernisierungs-, Lärmschutz- und umweltfreundliche Energiespar-Maßnahmen, die nach dem 30. 6. 1978 (neue Gesetzesfassung) bzw. die nach dem 31. 12. 1976 und vor dem 1. 7. 1978 (alte Gesetzesfassung) hergestellt worden sind	Erhöhte AfA statt der AfA gemäß § 7 Abs. 4 oder 5 EStG im Jahr der Fertigstellung und den beiden Folgejahren von insgesamt bis zu 50%, danach Restwertabschreibung in 5 gleichen Jahresbeträgen	Nachträgliche Herstellungskosten	§ 14b BerlinFG[4]
1. In Berlin-West belegene Einfamilienhäuser, Zweifamilienhäuser, Eigentumswohnungen und Ausbauten sowie Erweiterungen an derartigen Objekten in Berlin-West	Erhöhte AfA statt AfA gemäß § 7 Abs. 4 oder 5 EStG im Jahr der Fertigstellung oder Anschaffung und im Folgejahr jeweils bis zu 10% und in den folgenden Jahren jeweils bis zu 3% der Bemessungsgrundlage	Anschaffungs- und Herstellungskosten, nachträgliche Herstellungskosten	§ 15 Abs. 1 BerlinFG[4]
2. In Berlin-West im steuerbegünstigten oder freifinanzierten Wohnungsbau hergestellte Einfamilienhäuser und Eigentumswohnungen, die mindestens 3 Jahre nach ihrer Fertigstel-	Im Jahr der Fertigstellung und den beiden folgenden Jahren erhöhte Absetzungen bis zu insgesamt 50% der Herstellungskosten; danach AfA nach Restwert und Restnutzungsdauer	Herstellungskosten	§ 15 Abs. 2 BerlinFG[4]

Abschreibungs- gegenstand	Abschreibungs- art und -höhe	Bemessungs- grundlage	Rechtsnorm/ Richtlinie
lung zu mehr als 80% Wohnzwecken dienen			
Betrieblich oder in der Land- und Forstwirtschaft genutzte oder der Ausübung einer selbständigen Arbeit dienende Gebäude, Ausbauten und Erweiterungen im Zonenrandgebiet gemäß Anlage zu § 9 ZonenRFG[1]	Sonderabschreibungen[2] von insgesamt bis zu 50%, innerhalb der ersten 5 Jahre neben AfA in gleichen Jahresbeträgen, wenn der Antrag auf Baugenehmigung oder der Beginn der Bauarbeiten nach dem 31. 3. 1985 liegt; bei vor dem 1. 4. 1985 begonnenen Maßnahmen 40%	Anschaffungs- oder Herstellungskosten	§ 3 ZonenRFG

[1] Das Wirtschaftsgut darf nicht Gegenstand des Privatvermögens sein.
[2] Die Restwertabschreibung bemißt sich gemäß § 7a Abs. 9 EStG stets nach dem Restwert und der Restnutzungsdauer.
[3] Zum Anwendungsbereich wird auf § 52 EStG verwiesen.
[4] Zum Anwendungsbereich wird auf § 31 BerlinFG verwiesen.

5. Übersicht über die degressiven Absetzungen für Gebäude nach § 7 Abs. 5 EStG (s. dazu Anlage 4 EStR)

	Zeitlicher Geltungsbereich	Begünstigte Objekte	Begünstigte Maßnahmen	AfA-Sätze	Gesetzliche Vorschriften
	1	2	3	4	5
1.	Fertigstellung nach dem 9. 10. 1965 vor dem 1. 1. 1965 und Antrag auf Baugenehmigung nach dem 9. 10. 1962	Gebäude und Eigentumswohnungen, die zu mehr als 66⅔% Wohnzwecken dienen und nicht nach § 7b oder § 54 EStG begünstigt sind	Herstellung	12 × 3,5% 20 × 2% 18 × 1%	§ 7 Abs. 5 Satz 2 EStG 1965
2.	Fertigstellung nach dem 31. 12. 1964 und vor dem 1. 9. 1977 und Antrag auf Baugenehmigung vor dem 9. 5. 1973	Gebäude und Eigentumswohnungen jeder Art, soweit nicht infolge der Beschränkung unter Nr. 3 ausgeschlossen			§ 7 Abs. 5 Satz 1 EStG 1965, § 7 Abs. 5 Satz 1 EStG 1974/75, § 52 Abs. 8 Satz 2 EStG 1977
3.	Fertigstellung vor dem 1. 2. 1972 und Antrag auf Baugenehmigung nach dem 5. 7. 1970 und vor dem 1. 2. 1971	wie Nr. 2, soweit die Gebäude und Eigentumswohnungen nicht zum Anlagevermögen gehören oder soweit sie zu mehr als 66⅔% Wohnzwecken dienen			§ 1 Abs. 3 der 2. Konj-VO
4.	Fertigstellung vor dem 1. 9. 1977 und Antrag auf Baugenehmigung nach dem 8. 5. 1973	Gebäude und Eigentumswohnungen, deren Nutzfläche zu mehr als 66⅔% mit Mitteln des sozialen Wohnungsbaus gefördert worden sind			§ 7 Abs. 5 Satz 1 EStG 1974/75, § 52 Abs. 8 Satz 2 EStG 1977
5.	Fertigstellung nach dem 31. 8. 1977 und vor dem 1. 1. 1979	Gebäude, selbständige Gebäudeteile, Eigentumswohnungen und Räume im Teileigentum jeder Art			§ 7 Abs. 5 EStG 1977. § 52 Abs. 8 Satz 1 EStG 1977, § 52 Abs. 8 Satz 2 EStG 1979
6.	Fertigstellung nach dem 31. 12. 1978 und vor dem 1. 1. 1983	wie zu 5., soweit im Ausland	Herstellung sowie Anschaffung, wenn Erwerb spätestens im Jahr der Fertigstellung	12 × 3,5% 20 × 2% 18 × 1%	§ 7 Abs. 5 EStG 1979/81, § 52 Satz 3 EStG 1981/83
7.	Fertigstellung nach dem 31. 12. 1978 und a) Antrag auf Baugenehmigung und Herstellungsbeginn bzw. Abschluß des obligatorischen Vertrags vor dem 30. 7. 1981 b) Antrag auf Baugenehmigung oder Herstellungsbeginn bzw. Abschluß des obligatorischen Vertrags nach dem 29. 7. 1981	wie zu 5., soweit im Inland		8 × 5% 6 × 2,5% 36 × 1,25%	§ 7 Abs. 5 EStG 1979/81, § 52 Abs. 8 Satz 3 EStG 1981/83, § 52 Abs. 8 Sätze 1 und 2 EStG 1981/83
8.	Fertigstellung nach dem 31. 12. 1984 und Antrag auf Baugenehmigung nach dem 31. 3. 1985	wie zu 5., soweit zu einem Betriebsvermögen gehörig und nicht Wohnzwecken dienend	wie zu 6. und 7.	4 × 10% 3 × 5% 18 × 2,5%	§ 7 Abs. 5 EStG 1985/86, § 52 Abs. 8 EStG; BGBl. I 1985 S. 2434

6. Übersicht über die erhöhten Absetzungen für Wohngebäude nach §§ 7b, 54 EStG
(Anlage zu Abschnitt 52 Abs. 5 EStR, Anlage 4a EStR)

	Geltungsbereich	Begünstigte Gebäude	Zulässige erhöhte Absetzungen und Absetzungen vom Restwert	Höchstgrenze der begünstigten Herstellungskosten/Anschaffungskosten	Zubauten, Ausbauten, Umbauten	Begünstigung der Anschaffung	Gesetzliche Vorschriften
	1	2	3	4	5	6	7
1.	Nach dem 31. 12. 1948 und vor dem 1. 1. 1953 errichtete Gebäude	Gebäude, die zu mehr als 80% Wohnzwecken dienen	je 10%: Jahr der Herstellung und folgendes Jahr, je 3%: die darauf folgenden 10 Jahre; anschließend AfA vom Restwert und nach der Restnutzungsdauer, ab 1. 1. 1965 (bzw. bei nach dem 31. 12. 1964 endenden Wj.) 2,5% vom Restwert	keine Gesetze	begünstigt, wenn die neu hergestellten Gebäudeteile zu mehr als 80% Wohnzwecken dienen	nicht begünstigt	§ 7b EStG 1951, § 7b Abs. 8 EStG 1975
2.	Nach dem 31. 12. 1952 errichtete Gebäude mit Antrag auf Baugenehmigung vor dem 9. 3. 1960	Gebäude, die zu mehr als 66⅔% Wohnzwecken dienen	wie zu 1.	120000 DM bei Ein- und Zweifamilienhäusern, die nach dem 31. 12. 1958 errichtet worden sind, im übrigen unbeschränkt	wie zu 1.	Ersterwerb von Kleinsiedlungen, Kaufeigenheimen, Eigentumswohnungen und eigentumsähnlichen Dauerwohnrechten, soweit Bauherr § 7b EStG nicht in Anspruch genommen hat	§ 7b EStG 1958, § 7b Abs. 8 EStG 1975
3.	Antrag auf Baugenehmigung nach dem 8. 3. 1960 und vor dem 10. 10. 1982	wie zu 2.	je 7,5%: Jahr der Fertigstellung und folgendes Jahr, je 4%: die darauf folgenden 8 Jahre; anschließend 2,5% vom Restwert	120000 DM bei Ein- und Zweifamilienhäusern, im übrigen unbeschränkt	wie zu 1.	wie zu 2., jedoch muß es sich bei Eigentumswohnungen um Kaufeigentumswohnungen i. S. des Zweiten Wohnungsbaugesetzes handeln	§ 7b EStG 1961, § 7b Abs. 8 EStG 1975
4.	Antrag auf Baugenehmigung nach dem 9. 10. 1962 und vor dem 1. 1. 1965	Eigenheime, Eigensiedlungen, eigengenutzte Eigentumswohnungen, Kaufeigen-	wie zu 3., beim Bauherrn von Kaufeigenheimen, Trägerkleinsiedlungen und Kaufeigen-	allgemein 120000 DM	nicht begünstigt	Ersterwerb von Kaufeigenheimen, Trägerkleinsiedlungen und Kaufeigentumswoh-	§ 54 EStG, § 7b Abs. 8 EStG 1975

AfA-Berechnungen 6 X

5.	Antrag auf Baugenehmigung nach dem 31.12.1964 und vor dem 9.5.1973 bzw. nach dem 31.12.1973	Einfamilienhäuser, Zweifamilienhäuser und Eigentumswohnungen, die zu mehr als 66⅔% Wohnzwecken dienen	je 5%: Jahr der Fertigstellung und die folgenden 7 Jahre; anschließend 2,5% vom Restwert. Beim Bauherrn von Kaufeigenheimen, Trägerkleinsiedlungen und Kaufeigentumswohnungen je 5% im Jahr der Fertigstellung und im folgenden Jahr	150 000 DM bei Einfamilienhäusern und Eigentumswohnungen; 200 000 DM bei Zweifamilienhäusern	begünstigt, wenn es Ausbauten oder Erweiterungen an vor dem 1.1.1964 fertiggestellten Ein- oder Zweifamilienhäusern oder Eigentumswohnungen sind und die neu hergestellten Gebäudeteile zu mehr als 80% Wohnzwecken dienen	**Ersterwerb:** bei Eigentumsübergang innerhalb von 8 Jahren nach Fertigstellung. Hat der Bauherr § 7b EStG nicht in Anspruch genommen, 8 Jahre je 5% der Anschaffungskosten; sonst 5% der Anschaffungskosten bis zum 7. Jahr nach dem Jahr der Fertigstellung anschließend 2% der Anschaffungskosten bis zum 7. Jahr nach dem Jahr des Ersterwerbs. Danach 2,5% vom Restwert. **Zweiterwerb:** bei Eigentumsübergang innerhalb von 8 Jahren nach Fertigstellung, wenn das Gebäude nach dem 30.11.1974 angeschafft worden ist und weder der Bauherr noch der Ersterwerber erhöhte Absetzungen in Anspruch genommen hat, 8 Jahre je 5% der Anschaffungskosten
6.	Antrag auf Baugenehmigung nach dem 8.5.1973 und vor dem 1.1.1974	keine Begünstigung des Bauherrn	nur für Ausbauten und Erweiterungen wie zu 5.			
7.	Herstellung nach dem 31.12.1976 oder Anschaffung, wenn diese auf einem nach dem 31.12.1976 rechtswirksam abgeschlossenen obligatorischen Vertrag oder gleichstehenden Rechtsakt beruht	wie zu 5.	je 5%: Jahr der Herstellung oder Anschaffung und die folgenden 7 Jahre; anschließend 2,5% vom Restwert. Beim Bauherrn von Kaufeigenheimen, Trägerkleinsiedlungen und Kaufeigentumswohnungen je 5% im Jahr der Fertigstellung und im folgenden Jahr			
8.	Antrag auf Baugenehmigung oder Baubeginn nach dem 29.7.1981 oder Anschaffung auf Grund eines	wie zu 5.	wie zu 7.; ggf. zusätzliche Steuerermäßigung nach § 34f EStG			§ 7b EStG 1975

Geltungsbereich	Begünstigte Gebäude	Zulässige erhöhte Absetzungen und Absetzungen vom Restwert	Höchstgrenze der begünstigten Herstellungskosten/Anschaffungskosten	Zubauten, Ausbauten, Umbauten	Begünstigung der Anschaffung	Gesetzliche Vorschriften
1	2	3	4	5	6	7
nach dem 29. 7. 1981 rechtswirksam abgeschlossenen obligatorischen Vertrags oder gleichstehenden Rechtsakts			wie zu 5.	wie zu 5.	nicht begünstigt, ausgenommen bei Anschaffung auf Grund eines nach dem 31. 12. 1976 rechtswirksam abgeschlossenen obligatorischen Vertrags oder gleichstehenden Rechtsakts, vgl. 7.	§ 1 Abs. 4 der 3. KonjVO
			wie zu 5.	wie zu 5.; jedoch nicht begünstigt, wenn das Objekt nach dem 31. 12. 1976 angeschafft worden ist	begünstigt ist jeder entgeltliche Erwerb, ausgenommen Anschaffungen zwischen zusammenveranlagten Ehegatten, ausgenommen wechselseitige Anschaffungen und Rückkäufe	§ 7b EStG 1977
			200 000 DM bei Einfamilienhäusern und Eigentumswohnungen; 250 000 DM bei Zweifamilienhäusern	wie zu 7.	wie zu 7.	§ 7b EStG 1983

Zu 5 bis 8.: Begünstigung grundsätzlich insgesamt nur für ein Objekt, bei Ehegatten für zwei Objekte (Objektbeschränkung). Diese Beschränkung gilt nicht für den Bauherrn von Kaufeigenheimen, Trägerkleinsiedlungen und Kaufeigentumswohnungen. Von der Objektbeschränkung sind Objekte ausgenommen, für die erhöhte Absetzungen nach § 7b EStG in einer vor dem Inkrafttreten des Gesetzes vom 16. 6. 1964 (BGBl. I S. 353) geltenden Fassung, nach § 54 EStG sowie – bei in Berlin (West) belegenen Objekten – nach § 53 Abs. 3 EStG und nach § 14a oder § 15 BerlinFG in der Fassung der Bekanntmachung von 18. 2. 1976 (BGBl. I S. 353) oder einer früheren Fassung in Anspruch genommen werden. Die bei einem Erstobjekt nicht ausgenutzten Abschreibungsjahre können unter den Voraussetzungen des § 7b Abs. 5 EStG 1983 auf ein Folgeobjekt übertragen werden.

II. Bewertungsrechtliche Tabellen

Übersicht

	Rz.		Rz.
1. Hilfstafel 1 des BewG	11	5. Hilfstafel 2 des BewG	17
2. Ergänzungstabelle zur Hilfstafel 1 des BewG	12	6. Auszug aus der „Allgemeinen Sterbetafel für die Bundesrepublik Deutschland 1970/72".....................	18
3. Hilfstafel 1 a des BewG...........	13	7. Anlage 9 zum BewG	19
4. Tabellen zur Bewertung unterjährlich und jährlich zahlbarer Renten	14–16		

1. Hilfstafel 1 des BewG

11 Berechnung des Gegenwartswerts einer unverzinslichen, befristeten Forderung oder Schuld im Kapitalwert von 100 DM

Der Gegenwartswert ist der Nennbetrag nach Abzug von Zwischenzinsen unter Berücksichtigung von Zinseszinsen (§ 12 Abs. 3 BewG).

Bei der Aufstellung der Hilfstafel sind die Zwischenzinsen und die Zinseszinsen mit 5½ vom Hundert angesetzt worden.

Anzahl der Jahre	Gegenwartswert DM	Anzahl der Jahre	Gegenwartswert DM
1	94,787	26	24,856
2	89,845	27	23,560
3	85,161	28	22,332
4	80,722	29	21,168
5	76,513	30	20,064
6	72,525	31	19,018
7	68,744	32	18,027
8	65,160	33	17,087
9	61,763	34	16,196
10	58,543	35	15,352
11	55,491	36	14,552
12	52,598	37	13,793
13	49,856	38	13,074
14	47,257	39	12,392
15	44,793	40	11,746
16	42,458	41	11,134
17	40,245	42	10,554
18	38,147	43	10,003
19	36,158	44	9,482
20	34,273	45	8,988
21	32,486	46	8,519
22	30,793	47	8,075
23	29,187	48	7,654
24	27,666	49	7,255
25	26,223	50	6,877

2. Ergänzungstabelle zur Hilfstafel 1 des BewG*

12 Die von der Finanzverwaltung erstellte Tabelle ermöglicht es, Gegenwartswerte von unverzinslichen Forderungen und Schulden ohne Interpolation zu ermitteln, deren Laufzeit nicht ein volles Jahr beträgt.

Anzahl der Jahre	Anzahl der Monate										
	0	1	2	3	4	5	6	7	8	9	10	11
0	100,000	99,566	99,131	98,697	98,262	97,828	97,394	96,959	96,525	96,090	95,656	95,221
1	94,787	94,375	93,963	93,551	93,140	92,728	92,316	91,904	91,492	91,080	90,669	90,257
2	89,845	89,455	89,064	88,674	88,284	87,893	87,503	87,113	86,722	86,332	85,942	85,551
3	85,161	84,791	84,421	84,051	83,681	83,311	82,942	82,572	82,202	81,832	81,462	81,092
4	80,722	80,371	80,021	79,670	79,319	78,968	78,618	78,267	77,916	77,565	77,215	76,864
5	76,513	76,181	75,848	75,516	75,184	74,851	74,519	74,187	73,854	73,522	73,190	72,857
6	72,525	72,210	71,895	71,580	71,265	70,950	70,635	70,319	70,004	69,689	69,374	69,059
7	68,744	68,445	68,146	67,848	67,550	67,251	66,952	66,654	66,355	66,056	65,757	65,459
8	65,160	64,877	64,594	64,311	64,028	63,745	63,461	63,178	62,895	62,612	62,329	62,046
9	61,763	61,495	61,226	60,958	60,690	60,421	60,153	59,885	59,616	59,348	59,080	58,811
10	58,543	58,289	58,034	57,780	57,526	57,271	57,017	56,763	56,508	56,254	56,000	55,745
11	55,491	55,250	55,009	54,768	54,527	54,286	54,045	53,803	53,562	53,321	53,080	52,839
12	52,598	52,370	52,141	51,913	51,684	51,456	51,227	50,999	50,770	50,542	50,313	50,085
13	49,856	49,639	49,423	49,206	48,990	48,773	48,557	48,340	48,123	47,907	47,690	47,474
14	47,257	47,052	46,846	46,641	46,436	46,230	46,025	45,820	45,614	45,409	45,204	44,998
15	44,793	44,598	44,404	44,209	44,015	43,820	43,626	43,431	43,236	43.042	42,847	42,653
16	42,458	42,274	42,089	41,905	41,720	41,536	41,352	41,167	40,983	40,798	40,614	40,429
17	40,245	40,070	39,895	39,721	39,546	39,371	39,196	39,021	38,846	38,672	38,497	38,322
18	38,147	37,981	37,816	37,650	37,484	37,318	37,153	36,987	36,821	36,655	36,490	36,324
19	36,158	36,001	35,844	35,687	35,530	35,373	35,216	35,058	34,901	34,744	34,587	34,430

Anwendungsbeispiel:
Forderung: 100000 DM
Rückzahlung nach: 11 Jahren 9 Monaten
Kapitalisierungsfaktor: 53,321
Gegenwartswert: $\dfrac{100000 \text{ DM} \times 53{,}321}{100} = 53{,}321 \text{ DM}$

* *Quelle:* Vfg. OFD Freiburg S 3103 H – 103 – St 24 1 v. 10. 10. 1972 u. a.; StEK BewG 1965 § 12 Nr. 21.

3. Hilfstafel 1a des BewG

13 **Aufstellung der Vervielfältiger zur unmittelbaren Ermittlung des Gegenwartswerts einer zinslosen in gleichen Jahresraten zu tilgenden Forderung oder Schuld im Kapitalwert von 100 DM mit einer Laufzeit bis zu 100 Jahren**

Bei der Aufstellung der Hilfstafel sind die Zinsen und Zinseszinsen mit 5,5 v. H. angesetzt.

Anzahl der Jahre	Gegenwartswert in DM	Anzahl der Jahre	Gegenwartswert in DM	Anzahl der Jahre	Gegenwartswert in DM
1	94,787	14	68,497	27	51,474
2	92,316	15	66,917	28	50,434
3	89,931	16	65,388	29	49,424
4	87,629	17	63,909	30	48,446
5	85,406	18	62,478	31	47,496
6	83,259	19	61,093	32	46,575
7	81,185	20	59,752	33	45,682
8	79,182	21	58,453	34	44,815
9	77,247	22	57,196	35	43,973
10	75,376	23	55,978	36	43,156
11	73,568	24	54,799	37	42,362
12	71,821	25	53,656	38	41,591
13	70,131	26	52,548	39	40,843

Bewertungsrechtliche Tabellen 14 X

Anzahl der Jahre	Gegenwartswert in DM	Anzahl der Jahre	Gegenwartswert in DM	Anzahl der Jahre	Gegenwartswert in DM
40	40,115	62	28,265	84	21,404
41	39,408	63	27,870	85	21,165
42	38,721	64	27,486	86	20,930
43	38,053	65	27,111	87	20,700
44	37,404	66	26,745	88	20,476
45	36,773	67	26,385	89	20,255
46	36,158	68	26,037	90	20,039
47	35,561	69	25,696	91	19,827
48	34,979	70	25,362	92	19,620
49	34,414	71	25,037	93	19,416
50	33,863	72	24,718	94	19,216
51	33,327	73	24,407	95	19,020
52	32,805	74	24,103	96	18,829
53	32,296	75	23,805	97	18,639
54	31,802	76	23,515	98	18,455
55	31,319	77	23,230	99	18,274
56	30,848	78	22,953	100	18,096
57	30,390	79	22,679		
58	29,943	80	22,414		
59	29,507	81	22,154		
60	29,084	82	21,898		
61	28,668	83	21,648		

4. Tabellen zur Bewertung unterjährlich und jährlich zahlbarer Renten/Raten★ (§ 13 Abs. 1 BewG)

14   Die Tabellen weisen die Rentenbarwerte unterjährlich (monatlich, vierteljährlich, halbjährlich) und jährlich zahlbarer Renten mit fester Laufzeit im Betrag von 1 DM aus. Dabei ist zwischen vorschüssiger (Tabelle 1) und nachschüssiger (Tabelle 2) Zahlungsweise unterschieden. Bei der Laufzeit wird immer von einer vollen Zahl von Kalenderjahren ausgegangen. Für unterjährliche Zahlungsweise ist in der Spalte a der Barwert für eine Rate im Betrag von 1 DM angegeben und in der Spalte b der Barwert für einen Jahresbetrag von 1 DM.

Hinweis: Der Barwert von lebenslänglichen Renten ist nach Tabelle 5 zu ermitteln.

Anwendungsbeispiele:
a) Vierteljährliche vorschüssige Rente von DM 1000,–, zahlbar am Stichtag noch 15 Jahre
Kapitalisierungsfaktor 41,531
Rentenbarwert: 1000 × 41,531 = 41531 DM
b) Jährliche vorschüssige Rente von 12000,–, zahlbar am Stichtag noch 20 Jahre
Kapitalisierungsfaktor 12,608
Rentenbarwert: 12000 × 12,608 = 151296 DM.

★ *Rechtsquelle:* Gleichlautende Erlasse der Obersten Finanzbehörden der Länder v. 2. 4. 1975, BStBl. I 1975, S. 508 ff.

Tabelle 1

Zur Ermittlung des Barwerts einer vorschüssig zahlbaren Rente im Ratenbetrag von 1 DM (Spalte a) und im Jahresbetrag von 1 DM (Spalte b)

Anzahl der Jahre	Zahlungsweise						
	monatlich		vierteljährlich		halbjährlich		jährlich
1	2		3		4		5
	a	b	a	b	a	b	
1	11,714	0,976	3,922	0,980	1,974	0,987	1,000
2	22,816	1,901	7,639	1,910	3,845	1,922	1,948
3	33,339	2,778	11,163	2,791	5,618	2,809	2,846
4	43,316	3,610	14,503	3,626	7,300	3,650	3,698
5	52,770	4,398	17,668	4,417	8,893	4,446	4,505
6	61,732	5,144	20,669	5,167	10,403	5,202	5,270
7	70,228	5,852	23,513	5,878	11,835	5,917	5,996
8	78,280	6,523	26,209	6,552	13,192	6,596	6,683
9	85,912	7,159	28,765	7,191	14,478	7,239	7,335
10	93,146	7,762	31,187	7,797	15,697	7,849	7,952
11	100,003	8,334	33,483	8,371	16,853	8,426	8,538
12	106,503	8,875	35,659	8,915	17,948	8,974	9,093
13	112,665	9,389	37,722	9,431	18,986	9,493	9,619
14	118,503	9,875	39,677	9,919	19,970	9,985	10,117
15	124,040	10,337	41,531	10,383	20,903	10,452	10,590
16	129,287	10,774	43,287	10,822	21,788	10,894	11,038
17	134,259	11,188	44,952	11,238	22,626	11,313	11,462
18	138,974	11,581	46,534	11,633	23,420	11,710	11,865
19	143,442	11,954	48,027	12,007	24,173	12,087	12,246
20	147,677	12,306	49,445	12,361	24,887	12,443	12,608
21	151,691	12,641	50,789	12,697	25,563	12,782	12,950
22	155,497	12,958	52,063	13,016	26,205	13,102	13,275
23	159,103	13,259	53,270	13,318	26,812	13,406	13,583
24	162,522	13,544	54,415	13,604	27,388	13,694	13,875
25	165,762	13,814	55,500	13,875	27,934	13,967	14,152
26	168,834	14,070	56,529	14,132	28,452	14,226	14,414
27	171,746	14,312	57,503	14,376	28,943	14,471	14,662
28	174,505	14,542	58,427	14,607	29,408	14,704	14,898
29	177,121	14,760	59,303	14,826	29,849	14,924	15,121
30	179,600	14,967	60,133	15,033	30,266	15,133	15,333
31	181,951	15,163	60,920	15,230	30,663	15,331	15,534
32	184,179	15,348	61,666	15,417	31,038	15,519	15,724
33	186,291	15,524	62,373	15,593	31,394	15,697	15,904
34	188,291	15,691	63,043	15,761	31,731	15,866	16,075
35	190,189	15,849	63,679	15,920	32,051	16,025	16,237
36	191,987	15,999	64,281	16,070	32,354	16,177	16,391
37	193,691	16,141	64,851	16,213	32,641	16,321	16,536
38	195,307	16,276	65,392	16,348	32,913	16,457	16,674
39	196,839	16,403	65,905	16,476	33,172	16,586	16,805
40	198,290	16,524	66,391	16,598	33,416	16,708	16,929
41	199,666	16,639	66,852	16,713	33,648	16,824	17,046
42	200,970	16,748	67,288	16,822	33,868	16,934	17,157
43	202,206	16,850	67,702	16,925	34,076	17,038	17,263
44	203,378	16,948	68,095	17,024	34,274	17,137	17,363
45	204,488	17,041	68,466	17,117	34,461	17,230	17,458

Bewertungsrechtliche Tabellen

Anzahl der Jahre	Zahlungsweise						
	monatlich		vierteljährlich		halbjährlich		jährlich
1	2		3		4		5
	a	b	a	b	a	b	
46	205,541	17,128	68,819	17,205	34,638	17,319	17,548
47	206,540	17,212	69,153	17,288	34,806	17,403	17,633
48	207,485	17,290	69,469	17,367	34,966	17,483	17,714
49	208,382	17,365	69,770	17,442	35,117	17,558	17,790
50	209,231	17,436	70,054	17,514	35,260	17,630	17,863
51	210,037	17,503	70,324	17,581	35,396	17,698	17,932
52	210,800	17,567	70,580	17,645	35,524	17,762	17,997
53	211,523	17,627	70,822	17,705	35,646	17,823	18,000
54	212,210	17,684	71,052	17,763	35,762	17,881	
55	212,860	17,738	71,269	17,817	35,871	17,936	
56	213,476	17,790	71,475	17,869	35,975	17,988	
57	214,060	17,838	71,671	17,918	36,000	18,000	
58	214,614	17,885	71,856	17,964	36,000		
59	215,139	17,928	72,000	18,000	36,000		
60	215,637	17,970					
61	216,000	18,000					
X	216,108	18,009	72,032	18,008	36,074	18,037	18,059

Anmerkung: Die jeweils letzte Eintragung in der Tabelle ist wegen der Begrenzung des Höchstwerts auf das 18fache abgerundet. Die in der Zeile X ausgewiesenen Werte stellen für die jeweils letzte Eintragung in der Tabelle den nicht abgerundeten Wert dar, der für eine ggf. erforderliche Interpolation benötigt wird.

Tabelle 2
zur Ermittlung des Barwerts einer nachschüssig zahlbaren Rente im Ratenbetrag von 1 DM (Spalte a) und im Jahresbetrag von 1 DM (Spalte b)

Anzahl der Jahre	Zahlungsweise						
	monatlich		vierteljährlich		halbjährlich		jährlich
1	2		3		4		5
	a	b	a	b	a	b	
1	11,663	0,972	3,871	0,968	1,923	0,961	0,948
2	22,717	1,893	7,540	1,885	3,745	1,872	1,846
3	33,194	2,766	11,017	2,754	5,472	2,736	2,698
4	43,127	3,594	14,314	3,578	7,109	3,555	3,505
5	52,541	4,378	17,438	4,360	8,661	4,331	4,270
6	61,464	5,122	20,400	5,100	10,132	5,066	4,996
7	69,922	5,827	23,207	5,802	11,526	5,763	5,683
8	77,940	6,495	25,868	6,467	12,848	6,424	6,335
9	85,538	7,128	28,390	7,097	14,100	7,050	6,952
10	92,741	7,728	30,781	7,695	15,288	7,644	7,538
11	99,569	8,297	33,047	8,262	16,413	8,207	8,093
12	106,040	8,837	35,195	8,799	17,480	8,740	8,619
13	112,175	9,348	37,231	9,308	18,491	9,246	9,117
14	117,989	9,832	39,160	9,790	19,450	9,725	9,590
15	123,501	10,292	40,990	10,247	20,358	10,179	10,038

X 16 Tabellen

Anzahl der Jahre	Zahlungsweise						
	monatlich		vierteljährlich		halbjährlich		jährlich
1	2		3		4		5
	a	b	a	b	a	b	
16	128,725	10,727	42,723	10,681	21,219	10,610	10,462
17	133,676	11,140	44,367	11,092	22,036	11,018	10,865
18	138,370	11,531	45,925	11,481	22,809	11,405	11,246
19	142,819	11,902	47,401	11,850	23,543	11,771	11,608
20	147,035	12,253	48,801	12,200	24,238	12,119	11,950
21	151,032	12,586	50,127	12,532	24,897	12,448	12,275
22	154,821	12,902	51,385	12,846	25,521	12,761	12,583
23	158,411	13,201	52,576	13,144	26,113	13,057	12,875
24	161,816	13,485	53,706	13,426	26,674	13,337	13,152
25	165,042	13,754	54,777	13,694	27,206	13,603	13,414
26	168,101	14,008	55,792	13,948	27,710	13,855	13,662
27	170,999	14,250	56,754	14,188	28,188	14,094	13,898
28	173,747	14,479	57,666	14,416	28,641	14,321	14,121
29	176,352	14,696	58,531	14,633	29,070	14,535	14,333
30	178,820	14,902	59,350	14,837	29,477	14,739	14,534
31	181,160	15,097	60,127	15,032	29,863	14,932	14,724
32	183,378	15,282	60,863	15,216	30,229	15,114	14,904
33	185,481	15,457	61,561	15,390	30,575	15,288	15,075
34	187,473	15,623	62,222	15,555	30,904	15,452	15,237
35	189,363	15,780	62,849	15,712	31,215	15,608	15,391
36	191,153	15,929	63,443	15,861	31,510	15,755	15,536
37	192,850	16,071	64,006	16,001	31,790	15,895	15,674
38	194,458	16,205	64,540	16,135	32,055	16,028	15,805
39	195,984	16,332	65,046	16,262	32,307	16,153	15,929
40	197,428	16,452	65,526	16,381	32,545	16,272	16,046
41	198,799	16,567	65,981	16,495	32,771	16,385	16,157
42	200,097	16,675	66,412	16,603	32,985	16,492	16,263
43	201,327	16,777	66,820	16,705	33,187	16,594	16,363
44	202,495	16,875	67,207	16,802	33,380	16,690	16,458
45	203,600	16,967	67,574	16,893	33,562	16,781	16,548
46	204,648	17,054	67,922	16,980	33,735	16,868	16,633
47	205,642	17,137	68,252	17,063	33,899	16,950	16,714
48	206,583	17,215	68,564	17,141	34,054	17,027	16,790
49	207,477	17,290	68,861	17,215	34,201	17,101	16,863
50	208,322	17,360	69,141	17,285	34,340	17,170	16,932
51	209,124	17,427	69,408	17,352	34,473	17,237	16,997
52	209,884	17,490	69,660	17,415	34,598	17,299	17,058
53	210,604	17,550	69,899	17,475	34,717	17,359	17,117
54	211,288	17,607	70,126	17,531	34,829	17,415	17,173
55	211,935	17,661	70,341	17,585	34,936	17,468	17,225
56	212,548	17,712	70,544	17,636	35,037	17,519	17,275
57	213,130	17,761	70,737	17,684	35,133	17,567	17,322
58	213,681	17,807	70,920	17,730	35,224	17,612	17,367
59	214,204	17,850	71,094	17,773	35,310	17,655	17,410
60	214,700	17,892	71,258	17,814	35,392	17,696	17,450
61	215,169	17,931	71,414	17,853	35,469	17,735	17,488
62	215,614	17,968	71,562	17,890	35,543	17,771	17,524
63	216,000	18,000	71,702	17,925	35,612	17,806	17,558
64			71,835	17,959	35,678	17,839	17,591
65			71,960	17,990	35,741	17,870	17,622

Bewertungsrechtliche Tabellen 17 X

Anzahl der Jahre	Zahlungsweise						
	monatlich		vierteljährlich		halbjährlich		jährlich
1	2		3		4		5
	a	b	a	b	a	b	
66			72,000	18,000	35,800	17,900	17,651
67					35,856	17,928	17,679
68					35,909	17,955	17,705
69					35,959	17,980	17,730
70					36,000	18,000	17,753
71							17,776
72							17,797
73							17,817
74							17,836
75							17,854
76							17,871
77							17,887
78							17,903
79							17,917
80							17,931
81							17,944
82							17,956
83							17,968
84							17,979
85							17,990
86							18,000
X	216,036	18,003	72,080	18,020	36,007	18,004	

Anmerkung: Die jeweils letzte Eintragung in der Tabelle ist wegen der Begrenzung des Höchstwerts auf das 18fache abgerundet. Die in der Zeile X ausgewiesenen Werte stellen für die jeweils letzte Eintragung in der Tabelle den nicht abgerundeten Wert dar, der für eine ggf. erforderliche Interpolation benötigt wird.

5. Hilfstafel 2 des BewG

Gegenwärtiger Kapitalwert einer Rente, Nutzung oder Leistung im Jahreswert von 1 DM auf eine bestimmte Anzahl von Jahren

17 Der Kapitalwert ist die Summe der einzelnen Jahreswerte abzüglich der Zwischenzinsen unter Berücksichtigung von Zinseszinsen (§ 13 Absatz 1 Satz 1 BewG). Bei der Aufstellung der Hilfstafel sind die Zwischenzinsen und Zinseszinsen mit 5½ vom Hundert angesetzt worden.

Anzahl der Jahre	Kapitalwert DM	Anzahl der Jahre	Kapitalwert DM
1	1,000	11	8,538
2	1,948	12	9,093
3	2,846	13	9,619
4	3,698	14	10,117
5	4,505	15	10,590
6	5,270	16	11,038
7	5,996	17	11,462
8	6,683	18	11,865
9	7,335	19	12,246
10	7,952	20	12,608

Anzahl der Jahre	Kapitalwert DM	Anzahl der Jahre	Kapitalwert DM
21	12,950	38	16,674
22	13,275	39	16,805
23	13,583	40	16,929
24	13,875	41	17,046
25	14,152	42	17,157
26	14,414	43	17,263
27	14,662	44	17,363
28	14,898	45	17,458
29	15,121	46	17,548
30	15,333	47	17,633
31	15,534	48	17,714
32	15,724	49	17,790
33	15,904	50	17,863
34	16,075	51	17,932
35	16,237	52	17,997
36	16,391	53	18,000
37	16,536	und mehr	

Anwendungsbeispiel siehe vor Tabelle 4.

6. Auszug aus der „Allgemeinen Sterbetafel für die Bundesrepublik Deutschland 1970/72" (Anlage zu Abschn. 56 Abs. 2 VStR)

(Die Zahlen der mittleren Lebenserwartung sind jeweils auf- oder abgerundet)

Bei einem erreichten Alter von ... Jahren	beträgt die mittlere Lebenserwartung für		Bei einem erreichten Alter von ... Jahren	beträgt die mittlere Lebenserwartung für	
	Männer	Frauen		Männer	Frauen
20	50	56	45	27	32
21	49	55	46	26	31
22	48	54	47	26	30
23	47	53	48	25	29
24	47	52	49	24	29
25	46	51	50	23	28
26	45	50	51	22	27
27	44	49	52	21	26
28	43	48	53	21	25
29	42	47	54	20	24
30	41	46	55	19	23
31	40	45	56	18	22
32	39	44	57	17	22
33	38	43	58	17	21
34	37	42	59	16	20
35	36	42	60	15	19
36	35	41	61	15	18
37	35	40	62	14	18
38	34	39	63	13	17
39	33	38	64	13	16
40	32	37	65	12	15
41	31	36	66	11	14
42	30	35	67	11	14
43	29	34	68	10	13
44	28	33	69	10	12

Bewertungsrechtliche Tabellen

Bei einem erreichten Alter von ... Jahren	beträgt die mittlere Lebenserwartung für		Bei einem erreichten Alter von ... Jahren	beträgt die mittlere Lebenserwartung für	
	Männer	Frauen		Männer	Frauen
70	9	12	81	5	6
71	9	11	82	5	5
72	8	10	83	4	5
73	8	10	84	4	5
74	8	9	85	4	4
75	7	9	86	4	4
76	7	8	87–89	3	4
77	6	8	90–91	3	3
78	6	7	92–93	2	3
79	6	7	94–98	2	2
80	5	6	99–100	1	2

Diese Tabelle ist zur Ermittlung des Gegenwartswerts einer unverzinslichen Kapitalforderung heranzuziehen, die bis zum Tod einer bestimmten Person befristet ist (Absch. 56 Abs. 2 VStR). Der Kapitalwert einer lebenslänglichen Rente ist nach der Tabelle 7 zu ermitteln (Allgemeine Sterbetafel 1960/62). Für andere Zwecke ist die Anwendung der Sterbetafel 1981/83 zu prüfen (siehe Tabelle Rz. 32).

7. Anlage 9 zum BewG

Kapitalwert einer lebenslänglichen Nutzung oder Leistung im Jahreswert von einer Deutschen Mark

19 Der Kapitalwert ist nach der „Allgemeinen Sterbetafel für die Bundesrepublik Deutschland 1960/62" unter Berücksichtigung von Zwischenzinsen und Zinseszinsen mit 5,5 vom Hundert errechnet worden. Der Kapitalwert der Tabelle ist der Mittelwert zwischen dem Kapitalwert für jährlich vorschüssige und jährlich nachschüssige Zahlungsweise.

Vollendetes Lebensalter in Jahren	Männer	Frauen	Vollendetes Lebensalter in Jahren	Männer	Frauen
0	17,269	17,611	20	16,896	17,359
1	17,839	18,068	21	16,830	17,297
2	17,835	18,071	22	16,760	17,232
3	17,814	18,058	23	16,687	17,163
4	17,785	18,038	24	16,608	17,090
5	17,751	18,015	25	16,524	17,015
6	17,715	17,989	26	16,434	16,935
7	17,675	17,959	27	16,338	16,853
8	17,631	17,927	28	16,236	16,767
9	17,583	17,892	29	16,130	16,677
10	17,532	17,854	30	16,017	16,583
11	17,476	17,814	31	15,898	16,484
12	17,418	17,771	32	15,774	16,381
13	17,357	17,726	33	15,643	16,273
14	17,293	17,679	34	15,506	16,160
15	17,227	17,630	35	15,362	16,043
16	17,160	17,580	36	15,213	15,920
17	17,093	17,528	37	15,056	15,793
18	17,027	17,473	38	14,894	15,660
19	16,961	17,417	39	14,724	15,521

Vollendetes Lebensalter in Jahren	Männer	Frauen	Vollendetes Lebensalter in Jahren	Männer	Frauen
40	14,548	15,377	70	6,942	7,802
41	14,365	15,227	71	6,660	7,465
42	14,174	15,071	72	6,379	7,130
43	13,975	14,908	73	6,100	6,799
44	13,769	14,739	74	5,824	6,473
45	13,555	14,563	75	5,553	6,153
46	13,334	14,381	76	5,288	5,842
47	13,106	14,193	77	5,028	5,540
48	12,872	13,997	78	4,773	5,248
49	12,632	13,794	79	4,525	4,966
50	12,384	13,583	80	4,284	4,695
51	12,132	13,364	81	4,052	4,436
52	11,873	13,138	82	3,830	4,189
53	11,611	12,903	83	3,617	3,954
54	11,344	12,659	84	3,415	3,733
55	11,075	12,407	85	3,221	3,523
56	10,803	12,147	86	3,035	3,325
57	10,530	11,879	87	2,857	3,139
58	10,255	11,602	88	2,689	2,963
59	9,980	11,318	89	2,534	2,802
60	9,705	11,026	90	2,394	2,658
61	9,430	10,727	91	2,272	2,528
62	9,156	10,421	92	2,162	2,411
63	8,881	10,108	93	2,065	2,308
64	8,607	9,790	94	1,978	2,217
65	8,332	9,467	95	1,901	2,136
66	8,057	9,140	96	1,835	2,067
67	7,780	8,809	97	1,780	2,006
68	7,502	8,475	98	1,722	1,955
69	7,223	8,140	99	1,682	1,908
			100 u. darüber	1,634	1,874

Anwendungsbeispiel:
Jahreswert einer Rente von DM 10000,–, zahlbar an eine Frau, die am Stichtag das 60. Lebensjahr vollendet hat. – Kapitalwert: 11,026 × 10000 = 110260 DM.

III. Finanzmathematische Tabellen

Übersicht

	Rz.		Rz.
1. Rechenformeln für die allgemeine Zinsrechnung	21	5. Leibrentenberechnung	31, 32
2. Zinsdivisorentabelle	22	5.1 Anwendung der Zeitrententabellen	31
3. Kapitalbar- und -endwerte	23, 24	5.2 Lebenserwartung nach abgekürzter Sterbetafel 1981/1983	32
4. Zeitrentenberechnung	25–30	6. Ertragsanteile von Renten	33, 34
4.1 Rentenbarwerte bei		7. Tilgungsdauer von Annuitätendarlehen	35
4.1.1 monatlicher Zahlung	26	8. Ermittlung von Annuitäten	36
4.1.2 jährlicher Zahlung	27	9. Effektivzinsen bei Annuitäten	37–39
4.2 Rentenendwerte bei		9.1 mit fünfjähriger Konditionenfestschreibung	38
4.2.1 monatlicher Zahlung	29	9.2 mit zehnjähriger Konditionenfestschreibung	39
4.2.2 jährlicher Zahlung	30		

1. Rechenformeln für die allgemeine Zinsrechnung

21 1.1 **Symbole**

Kapital = K
Zinsen = z
Zinssatz (p. a.) = p
Zeitraum = n

1.2 **Zinsberechnung**

1.2.1 Zinsen für das Jahr $= \dfrac{\text{Kapital} \times \text{Zinssatz} \times \text{Jahre}}{100}$

$z = \dfrac{K \times p \times n}{100}$

1.2.2 Zinsen für den Monat $= \dfrac{\text{Kapital} \times \text{Zinssatz} \times \text{Monate}}{100 \times 12}$

$z = \dfrac{K \times p \times n}{100 \times 12}$

1.2.3 Zinsen für den Tag $= \dfrac{\text{Kapital} \times \text{Zinssatz} \times \text{Tage}}{100 \times 360}$

$z = \dfrac{K \times p \times n}{100 \times 360}$

Zur Ermittlung der Tageszinsen siehe auch Tabelle: Zinsdivisoren

1.3 **Zinssatzermittlung**

Zinssatz aus dem Jahreszinsbetrag $\quad p = \dfrac{z \times 100}{K \times n}$

Zinssatz aus dem Monatszinsbetrag $\quad p = \dfrac{z \times 100 \times 12}{K \times n}$

Zinssatz aus dem Tageszinsbetrag $\quad p = \dfrac{z \times 100 \times 360}{K \times n}$

1.4 **Kapitalermittlung**

Kapital aus dem Jahreszinsbetrag $\quad K = \dfrac{z \times 100}{p \times n}$

Kapital aus dem Monatszinsbetrag $\quad K = \dfrac{z \times 100 \times 12}{p \times n}$

Kapital aus dem Tageszinsbetrag $\quad K = \dfrac{z \times 100 \times 360}{p \times n}$

2. Zinsdivisorentabelle

22 Ermittlung der Tageszinsen für das Jahr von 360 Tagen:
Das Kapital ist mit der Anzahl der Tage zu multiplizieren und durch den der Tabelle zu entnehmenden Divisor zu dividieren.

Formel:

Tageszinsen = z
Tage = t
Kapital = K
Divisor = D
Zinssatz p. a. = p

$$z = \frac{K \times t}{D}$$

$$D = \frac{360 \times 100}{p}$$

Beispiel:
Sie müssen eine Kapitalforderung von 10000 DM 36 Tage bei einem Zinssatz von 7 7/8% p. a. verzinsen. Der Divisor ist 4571.
Es ist zu rechnen:

$$\frac{10000 \times 36}{4571} = 78{,}76$$

Die Zinsen betragen 78,76 DM.

Zinssatz % p. a.	Divisor	Zinssatz % p. a.	Divisor	Zinssatz % p. a.	Divisor
1/8	288000	5 1/8	7024	10 1/8	3356
1/4	144000	5 1/4	6857	10 1/4	3512
3/8	96000	5 3/8	6698	10 3/8	3470
1/2	72000	5 1/2	6545	10 1/2	3429
5/8	57600	5 5/8	6400	10 5/8	3388
3/4	48000	5 3/4	6261	10 3/4	3349
7/8	41143	5 7/8	6128	10 7/8	3310
1	36000	6	6000	11	3273
1 1/8	32000	6 1/8	5878	11 1/8	3236
1 1/4	28800	6 1/4	5760	11 1/4	3200
1 3/8	26182	6 3/8	5647	11 3/8	3165
1 1/2	24000	6 1/2	5538	11 1/2	3130
1 5/8	22154	6 5/8	5434	11 5/8	3097
1 3/4	20571	6 3/4	5333	11 3/4	3064
1 7/8	19200	6 7/8	5236	11 7/8	3032
2	18000	7	5143	12	3000
2 1/8	16941	7 1/8	5053	12 1/8	2969
2 1/4	16000	7 1/4	4966	12 1/4	2939
2 3/8	15158	7 3/8	4881	12 3/8	2909
2 1/2	14400	7 1/2	4800	12 1/2	2880
2 5/8	13714	7 5/8	4721	12 5/8	2940
2 3/4	13091	7 3/4	4645	12 3/4	2824
2 7/8	12522	7 7/8	4571	12 7/8	2796
3	12000	8	4500	13	2769
3 1/8	11520	8 1/8	4431	13 1/8	2743
3 1/4	11077	8 1/4	4364	13 1/4	2717
3 3/8	10667	8 3/8	4299	13 3/8	2692
3 1/2	10286	8 1/2	4235	13 1/2	2667
3 5/8	9.931	8 5/8	4174	13 5/8	2633
3 3/4	9600	8 3/4	4114	13 3/4	2618
3 7/8	9290	8 7/8	4056	13 7/8	2595
4	9000	9	4000	14	2571
4 1/8	8727	9 1/8	3945	14 1/8	2549
4 1/4	8471	9 1/4	3892	14 1/4	2526
4 3/8	8229	9 3/8	3840	14 3/8	2504
4 1/2	8000	9 1/2	3789	14 1/2	2483
4 5/8	7784	9 5/8	3740	14 5/8	2453
4 3/4	7579	9 3/4	3692	14 3/4	2441
4 7/8	7385	9 7/8	3646	14 7/8	2420
5	7200	10	3600	15	2400

3. Kapitalwerte und Kapitalendwerte

23 Faktoren zur Ermittlung des Gegenwarts- und Zukunftswertes einer Zahlung von 1,- DM bei nachschüssiger jährlicher Zinsgutschrift für Zinssätze von 3–13% p. a. und Laufzeiten von 1 bis 50 Jahren

Anwendung der Tabelle anhand von Beispielen

1. Ermittlung des Gegenwartswertes einer einmaligen, zukünftigen Zahlung (Kapitalwert)

Sie erhalten in 15 Jahren eine einmalige Auszahlung von DM 100000,–. Bei einem für diese Laufzeit angenommenen Kapitalmarktzinssatz von 8% möchten Sie wissen, welchen Wert diese Zahlung heute darstellt.
Der Abzinsungsfaktor für 15 Jahre und 8% beträgt 0,315242. Diesen Faktor multiplizieren Sie mit der in der Zukunft liegenden Auszahlung.
0,315242 × 100000,– = 31524,20
DM 31524,20 stellen den heutigen Wert (Barwert oder Gegenwartswert) der Zahlung von DM 100000,– in 15 Jahren dar.

2. Ermittlung des Zukunftswertes einer einmaligen Anlage einschließlich Zinseszinsen (Kapitalendwert)

Sie legen heute einmalig DM 100000,– für 10 Jahre zu 8,75% Zins p. a. fest und wollen ermitteln, welchen Betrag Sie zu dem bestimmten Zeitpunkt rückgezahlt erhalten.
Der Tabelle entnehmen Sie den Abzinsungsfaktor für 10 Jahre und 8,75% von 0,432222. Sie dividieren nun den Anlagebetrag durch diesen Faktor.
100000,– : 0,432222 = 231362,59
DM 241362,59 stellen den Zukunftswert der Kapitalanlage von DM 100000,– in 10 Jahren dar.

3. Interpolation

Bei von vollen Jahren abweichenden Anlagedauern kann der Abzinsungsfaktor näherungsweise ermittelt (interpoliert) werden.
Beispiel:
Anlagedauer 4 Jahre   7 Monate
Zinssatz   9,25%

Abzinsungsfaktor 4 Jahre	0,701963
Abzinsungsfaktor 5 Jahre	0,642529
	0,059434
7/12 von 0,059434 =	0,034670
4-Jahresfaktor	0,701963
./. 7-Monatsanteil	0,034670
Faktor für 4 Jahre 7 Monate	0,667293

Kapitalbarwerte (Abzinsungsfaktoren)

24 Kapitalbarwert in DM eines unverzinslichen nach „n" Jahren fälligen Darlehns von 1,– DM

Jahre	Zinssatz in %						
	3,00	3,25	3,50	3,75	4,00	4,25	4,50
1	0,970874	0,968523	0,966184	0,963855	0,961538	0,959233	0,956938
2	0,942596	0,938037	0,933511	0,929017	0,924556	0,920127	0,915730
3	0,915142	0,908510	0,901943	0,895438	0,888996	0,882616	0,876297
4	0,888487	0,879913	0,871442	0,863073	0,854804	0,846634	0,838561
5	0,862609	0,852216	0,841973	0,831878	0,821927	0,812119	0,802451
6	0,837484	0,825391	0,813501	0,801810	0,790315	0,779011	0,767896
7	0,813092	0,799410	0,785991	0,772829	0,759918	0,747253	0,734828
8	0,789409	0,774247	0,759412	0,744895	0,730690	0,716789	0,703185
9	0,766417	0,749876	0,733731	0,717971	0,702587	0,687568	0,672904
10	0,744094	0,726272	0,708919	0,692020	0,675564	0,659537	0,643928
11	0,722421	0,703411	0,684946	0,667008	0,649581	0,632650	0,616199
12	0,701380	0,681270	0,661783	0,642899	0,624597	0,606858	0,589644
13	0,680951	0,659826	0,639404	0,619662	0,600574	0,582118	0,564272
14	0,661118	0,639056	0,617782	0,597264	0,577475	0,558387	0,539973
15	0,641862	0,618941	0,596891	0,575676	0,555265	0,535623	0,516720
16	0,623167	0,599458	0,576706	0,554869	0,533908	0,513787	0,494469
17	0,605016	0,580589	0,557204	0,534813	0,513373	0,492841	0,473176
18	0,587395	0,562314	0,538361	0,515483	0,493628	0,472749	0,452800
19	0,570286	0,544614	0,520156	0,496851	0,474642	0,453477	0,433302
20	0,553676	0,527471	0,502566	0,478892	0,456387	0,434989	0,414643
21	0,537549	0,510868	0,485571	0,461583	0,438834	0,417256	0,396787
22	0,521893	0,494787	0,469151	0,444899	0,421955	0,400246	0,379701
23	0,506692	0,479213	0,453286	0,428819	0,405726	0,383929	0,363350
24	0,491934	0,464129	0,437957	0,413319	0,390121	0,368277	0,347703
25	0,477606	0,449519	0,423147	0,398380	0,375117	0,353263	0,332731
26	0,463695	0,435370	0,408838	0,383981	0,360689	0,338862	0,318402
27	0,450189	0,421666	0,395012	0,370102	0,346817	0,325047	0,304691
28	0,437077	0,408393	0,381654	0,356725	0,333477	0,311796	0,291571
29	0,424346	0,395538	0,368748	0,343831	0,320651	0,299085	0,279015
30	0,411987	0,383088	0,356278	0,331403	0,308319	0,286892	0,267000
31	0,399987	0,371029	0,344230	0,319425	0,296460	0,275196	0,255502
32	0,388337	0,359350	0,332590	0,307879	0,285058	0,263977	0,244500
33	0,377026	0,348039	0,321343	0,296751	0,274094	0,253215	0,233971
34	0,366045	0,337084	0,310476	0,286025	0,263552	0,242892	0,223896
35	0,355383	0,326473	0,299977	0,275687	0,253415	0,232990	0,214254
36	0,345032	0,316197	0,289833	0,265722	0,243669	0,223492	0,205028
37	0,334983	0,306244	0,280032	0,256118	0,234297	0,214381	0,196199
38	0,325226	0,296604	0,270562	0,246861	0,225285	0,205641	0,187750
39	0,315754	0,287268	0,261413	0,237938	0,216621	0,197257	0,179665
40	0,306557	0,278226	0,252572	0,229338	0,208289	0,189216	0,171929
41	0,297628	0,269468	0,244031	0,221049	0,200278	0,181502	0,164525
42	0,288959	0,260986	0,235779	0,213059	0,192575	0,174103	0,157440
43	0,280543	0,252771	0,227806	0,205358	0,185168	0,167005	0,150661
44	0,272372	0,244815	0,220102	0,197955	0,178046	0,160197	0,144173
45	0,264439	0,237109	0,212659	0,190781	0,171198	0,153666	0,137964
46	0,256737	0,229645	0,205468	0,183885	0,164614	0,147401	0,132023
47	0,249259	0,222417	0,198520	0,177239	0,158283	0,141392	0,126338
48	0,241999	0,215416	0,191806	0,170833	0,152195	0,135628	0,120898
49	0,234950	0,208635	0,185320	0,164658	0,146341	0,130099	0,115692
50	0,228107	0,202068	0,179053	0,158707	0,140713	0,124795	0,110710

Kapitalbarwerte (Abzinsungsfaktoren)
Kapitalbarwert in DM eines unverzinslichen nach „n" Jahren fälligen Darlehns von 1,– DM

Jahre	Zinssatz in %						
	4,75	5,00	5,25	5,50	5,75	6,00	6,25
1	0,954654	0,952381	0,950119	0,947867	0,945626	0,943396	0,941176
2	0,911364	0,907029	0,902726	0,898452	0,894209	0,889996	0,885813
3	0,870037	0,863838	0,857697	0,851614	0,845588	0,839619	0,833706
4	0,830585	0,822702	0,814914	0,807217	0,799611	0,792094	0,784665
5	0,792921	0,783526	0,774265	0,765134	0,756133	0,747258	0,738508
6	0,756965	0,746215	0,735643	0,725246	0,715019	0,704961	0,695067
7	0,722640	0,710681	0,698949	0,687437	0,676141	0,6650	0,654180
8	0,689871	0,676839	0,664084	0,651599	0,639377	0,627412	0,615699
9	0,658588	0,644609	0,630959	0,617629	0,604612	0,591898	0,579481
10	0,628723	0,613913	0,599486	0,585431	0,571737	0,558395	0,545394
11	0,600213	0,584679	0,569583	0,554911	0,540650	0,526788	0,513312
12	0,572996	0,556837	0,541171	0,525982	0,511253	0,496969	0,483117
13	0,547013	0,530321	0,514177	0,498561	0,483454	0,468839	0,454699
14	0,522208	0,505068	0,488529	0,472569	0,457167	0,442301	0,427952
15	0,498528	0,481017	0,464161	0,447933	0,432309	0,417265	0,402778
16	0,475922	0,458112	0,441008	0,424581	0,408803	0,393646	0,379085
17	0,454341	0,436297	0,419010	0,402447	0,386575	0,371364	0,356786
18	0,433738	0,415521	0,398109	0,381466	0,365555	0,350344	0,335799
19	0,414070	0,395734	0,378251	0,361579	0,345679	0,330513	0,316046
20	0,395293	0,376889	0,359383	0,342729	0,326883	0,311805	0,297455
21	0,377368	0,358942	0,341457	0,324862	0,309109	0,294155	0,279958
22	0,360256	0,341850	0,324425	0,307926	0,292302	0,277505	0,263490
23	0,343920	0,325571	0,308242	0,291873	0,276408	0,261797	0,247990
24	0,328324	0,310068	0,292866	0,276657	0,261379	0,246979	0,233402
25	0,313436	0,295303	0,278258	0,262234	0,247167	0,232999	0,219673
26	0,299223	0,281241	0,264378	0,248563	0,233728	0,219810	0,206751
27	0,285655	0,267848	0,251190	0,235605	0,221019	0,207368	0,194589
28	0,272701	0,255094	0,238661	0,223322	0,209002	0,195630	0,183143
29	0,260335	0,242946	0,226756	0,211679	0,197637	0,184557	0,172370
30	0,248530	0,231377	0,215445	0,200644	0,186891	0,174110	0,162230
31	0,237260	0,220359	0,204699	0,190184	0,176729	0,164255	0,152687
32	0,226501	0,209866	0,194488	0,180269	0,167120	0,154957	0,143706
33	0,216231	0,199873	0,184787	0,170871	0,158033	0,146186	0,135252
34	0,206425	0,190355	0,175569	0,161963	0,149440	0,137912	0,127296
35	0,197065	0,181290	0,166812	0,153520	0,141315	0,130105	0,119808
36	0,188129	0,172657	0,158491	0,145516	0,133631	0,122741	0,112761
37	0,179598	0,164436	0,150585	0,137930	0,126365	0,115793	0,106128
38	0,171454	0,156605	0,143074	0,130739	0,119494	0,109239	0,099885
39	0,163679	0,149148	0,135937	0,123924	0,112997	0,103056	0,094009
40	0,156257	0,142046	0,129156	0,117463	0,106853	0,097222	0,088479
41	0,149171	0,135282	0,122714	0,111339	0,101043	0,091719	0,083275
42	0,142407	0,128840	0,116593	0,105535	0,095549	0,086527	0,078376
43	0,135949	0,122704	0,110777	0,100033	0,090353	0,081630	0,073766
44	0,129784	0,116861	0,105251	0,094818	0,085440	0,077009	0,069427
45	0,123899	0,111297	0,100001	0,089875	0,080795	0,72650	0,065343
46	0,118281	0,105997	0,095013	0,085190	0,076402	0,068538	0,061499
47	0,112917	0,100949	0,090274	0,080748	0,072247	0,064658	0,057882
48	0,107797	0,096142	0,085771	0,076539	0,068319	0,060998	0,054477
49	0,102909	0,091564	0,081492	0,072549	0,064604	0,057546	0,051272
50	0,098242	0,087204	0,077427	0,068767	0,061092	0,054288	0,048256

Kapitalbarwerte (Abzinsungsfaktoren)
Kapitalbarwert in DM eines unverzinslichen nach „n" Jahren fälligen Darlehns von 1,– DM

Jahre	\multicolumn{7}{c}{Zinssatz in %}
	6,50	6,75	7,00	7,25	7,50	7,75	8,00
1	0,938967	0,936768	0,934579	0,932401	0,930233	0,9280074	0,925926
2	0,881659	0,877535	0,873439	0,869371	0,865333	0,861322	0,857339
3	0,827849	0,822046	0,816298	0,810603	0,804961	0,799371	0,793832
4	0,777323	0,770067	0,762895	0,755807	0,748801	0,741875	0,735030
5	0,729881	0,721374	0,712986	0,704715	0,696559	0,688515	0,680583
6	0,685334	0,675760	0,666342	0,657077	0,647962	0,638993	0,630170
7	0,643506	0,633031	0,622750	0,612659	0,602755	0,593033	0,583490
8	0,604231	0,593003	0,582009	0,571244	0,560702	0,550379	0,540269
9	0,567353	0,555506	0,543934	0,532628	0,521583	0,510792	0,500249
10	0,532726	0,520381	0,508349	0,496623	0,485194	0,474053	0,463193
11	0,500212	0,487476	0,475093	0,463052	0,451343	0,439957	0,428883
12	0,469683	0,456652	0,444012	0,431750	0,419854	0,408312	0,397114
13	0,441017	0,427777	0,414964	0,402564	0,390562	0,378944	0,367698
14	0,414100	0,400728	0,387817	0,375351	0,363313	0,351688	0,340461
15	0,388827	0,375389	0,362446	0,349978	0,337966	0,326393	0,315242
16	0,365095	0,351653	0,338735	0,326320	0,314387	0,302917	0,291890
17	0,342813	0,329417	0,316574	0,304261	0,292453	0,281129	0,270269
18	0,321890	0,308587	0,295864	0,283693	0,272049	0,260909	0,250249
19	0,302244	0,289075	0,276508	0,264516	0,253069	0,242143	0,231712
20	0,283797	0,270796	0,258419	0,246635	0,235413	0,224727	0,214548
21	0,266476	0,253673	0,241513	0,229962	0,218989	0,208563	0,198656
22	0,250212	0,237633	0,225713	0,214417	0,203711	0,193562	0,183941
23	0,234941	0,222607	0,210947	0,199923	0,189498	0,179640	0,170315
24	0,220602	0,208531	0,197147	0,186408	0,176277	0,166719	0,157699
25	0,207138	0,195345	0,184249	0,173807	0,163979	0,154728	0,146018
26	0,194496	0,182993	0,172195	0,162058	0,152539	0,143599	0,135202
27	0,182625	0,171422	0,160930	0,151103	0,141896	0,133270	0,125187
28	0,171479	0,160583	0,150402	0,140889	0,131997	0,123685	0,115914
29	0,161013	0,150429	0,140563	0,131365	0,122788	0,114789	0,107328
30	0,151186	0,140917	0,131367	0,122484	0,114221	0,106532	0,099377
31	0,141959	0,132007	0,122773	0,114205	0,106252	0,098870	0,092016
32	0,133295	0,123660	0,114741	0,106484	0,098839	0,091759	0,085200
33	0,125159	0,115840	0,107235	0,099286	0,091943	0,085159	0,078889
34	0,117520	0,108516	0,100219	0,092575	0,085529	0,079034	0,073045
35	0,110348	0,101654	0,093663	0,086317	0,079562	0,0733349	0,067635
36	0,103613	0,095226	0,087535	0,080482	0,074011	0,068073	0,062625
37	0,097289	0,089205	0,081809	0,075041	0,068847	0,063177	0,057986
38	0,091351	0,083564	0,076457	0,069969	0,064044	0,058633	0,053690
39	0,085776	0,078280	0,071455	0,065239	0,059576	0,054416	0,049713
40	0,080541	0,073331	0,066780	0,060829	0,055419	0,050502	0,046031
41	0,075625	0,068694	0,062412	0,056717	0,051553	0,0468870	0,042621
42	0,071010	0,064350	0,058329	0,052883	0,047956	0,043499	0,039464
43	0,066676	0,060281	0,054513	0,049308	0,044610	0,040370	0,036541
44	0,062606	0,056469	0,050946	0,045975	0,041498	0,037466	0,033834
45	0,058785	0,052899	0,047613	0,042867	0,038603	0,034771	0,031328
46	0,055197	0,049554	0,044499	0,039969	0,035910	0,032270	0,029007
47	0,051828	0,046420	0,041587	0,037267	0,033404	0,029949	0,026859
48	0,048665	0,043485	0,038867	0,034748	0,031074	0,027795	0,024869
49	0,045695	0,040736	0,036324	0,032399	0,028906	0,025796	0,023027
50	0,042906	0,038160	0,033948	0,030209	0,026889	0,023941	0,021321

Finanzmathematische Tabellen

Kapitalbarwerte (Abzinsungsfaktoren)

Kapitalbarwert in DM eines unverzinslichen nach „n" Jahren fälligen Darlehns von 1,– DM

Jahre	\multicolumn{7}{c}{Zinssatz in %}
	8,25	8,50	8,75	9,00	9,25	9,50	9,75
1	0,923788	0,921659	0,919540	0,917431	0,915332	0,913242	0,911162
2	0,853383	0,849455	0,845554	0,841680	0,837832	0,834011	0,830216
3	0,788345	0,782908	0,777521	0,772183	0,766895	0,761654	0,756461
4	0,728263	0,821574	0,714962	0,708425	0,701963	0,695574	0,689258
5	0,672760	0,665045	0,657436	0,649931	0,642529	0,635228	0,628026
6	0,621488	0,612945	0,604539	0,596267	0,588127	0,580117	0,572233
7	0,574123	0,564926	0,555898	0,547034	0,538332	0,529787	0,521397
8	0,530367	0,520669	0,511171	0,501866	0,492752	0,483824	0,475077
9	0,489947	0,479880	0,470042	0,460428	0,451032	0,441848	0,432872
10	0,452607	0,442285	0,432222	0,422411	0,412844	0,403514	0,394416
11	0,418112	0,407636	0,397446	0,387533	0,377889	0,368506	0,359377
12	0,386247	0,375702	0,365468	0,355535	0,345894	0,336535	0,327450
13	0,356810	0,346269	0,336062	0,326179	0,316608	0,307338	0,298360
14	0,329617	0,319142	0,309023	0,299246	0,289801	0,280674	0,271855
15	0,304496	0,294140	0,284159	0,274538	0,265264	0,256323	0,247703
16	0,281289	0,271097	0,261295	0,251870	0,242805	0,234085	0,225698
17	0,259852	0,249859	0,240272	0,231073	0,222247	0,213777	0,205647
18	0,240048	0,230285	0,220939	0,211994	0,203430	0,195230	0,187378
19	0,221753	0,212244	0,203163	0,194490	0,186206	0,178292	0,170732
20	0,204853	0,195616	0,186816	0,178431	0,170440	0,162824	0,155564
21	0,189240	0,180292	0,171785	0,163698	0,156009	0,148697	0,141744
22	0,174818	0,166167	0,157963	0,150182	0,142800	0,135797	0,129152
23	0,161495	0,153150	0,145254	0,137781	0,130709	0,124015	0,117678
24	0,149187	0,141152	0,133567	0,126405	0,119642	0,113256	0,107224
25	0,137817	0,130094	0,122820	0,115968	0,109513	0,103430	0,097698
26	0,127314	0,119902	0,112938	0,106393	0,100240	0,094457	0,089019
27	0,117611	0,110509	0,103851	0,097608	0,091753	0,086262	0,081111
28	0,108647	0,101851	0,095495	0,089548	0,083985	0,078778	0,073905
29	0,100367	0,093872	0,087811	0,082155	0,076874	0,071943	0,067339
30	0,092718	0,086518	0,080746	0,075371	0,070365	0,065702	0,061357
31	0,085651	0,079740	0,074249	0,069148	0,064407	0,060002	0,055906
32	0,079124	0,073493	0,068275	0,063438	0,058954	0,54796	0,050940
33	0,073094	0,067736	0,062782	0,058200	0,053963	0,050042	0,046414
34	0,067523	0,062429	0,057730	0,053395	0,049394	0,045700	0,042291
35	0,062377	0,057539	0,053085	0,048986	0,045212	0,041736	0,038534
36	0,057623	0,053031	0,048814	0,044941	0,041384	0,038115	0,035110
37	0,053231	0,048876	0,044887	0,041231	0,037880	0,034808	0,031991
38	0,049174	0,045047	0,041275	0,037826	0,034672	0,031788	0,029149
39	0,045427	0,041518	0,037954	0,034703	0,031737	0,029030	0,026560
40	0,041965	0,038266	0,034900	0,031838	0,029050	0,026512	0,024200
41	0,038766	0,035268	0,032092	0,029209	0,026590	0,024211	0,022050
42	0,035812	0,032505	0,029510	0,026797	0,024339	0,022111	0,020091
43	0,033083	0,029959	0,027136	0,024584	0,022278	0,020193	0,018306
44	0,030561	0,027612	0,024952	0,022555	0,020392	0,018441	0,016680
45	0,028232	0,025448	0,022945	0,020692	0,018665	0,016841	0,015198
46	0,026081	0,023455	0,021099	0,018984	0,017085	0,015380	0,013848
47	0,024093	0,021617	0,019401	0,017416	0,015638	0,014045	0,012648
48	0,022257	0,019924	0,017840	0,015978	0,014314	0,012827	0,011497
49	0,020560	0,018363	0,016405	0,014659	0,013102	0,011714	0,010476
50	0,018993	0,016924	0,015085	0,013449	0,011993	0,010698	0,009545

Kapitalbarwerte (Abzinsungsfaktoren)
Kapitalbarwert in DM eines unverzinslichen nach „n" Jahren fälligen Darlehns von 1,– DM

Jahre	\multicolumn{7}{c}{Zinssatz in %}
	10,00	10,25	10,50	10,75	11,00	11,25	11,50
1	0,909091	0,907029	0,904977	0,902935	0,900901	0,898876	0,896861
2	0,826446	0,822702	0,818984	0,815291	0,811622	0,807979	0,804360
3	0,751315	0,746215	0,741162	0,736154	0,731191	0,726273	0,721399
4	0,683013	0,676839	0,670735	0,664699	0,658731	0,652830	0,646994
5	0,620921	0,613913	0,607000	0,600180	0,593451	0,586813	0,580264
6	0,564474	0,556837	0,549321	0,541923	0,534641	0,527473	0,520416
7	0,513158	0,505068	0,497123	0,489321	0,481658	0,474133	0,466741
8	0,466507	0,458112	0,449885	0,441825	0,433926	0,426187	0,418602
9	0,424098	0,415521	0,407136	0,398939	0,390925	0,383089	0,375428
10	0,385543	0,376889	0,368449	0,360216	0,352184	0,344350	0,336706
11	0,350494	0,341850	0,333438	0,325251	0,317283	0,309528	0,301979
12	0,318631	0,310068	0,301754	0,293681	0,285841	0,278227	0,270833
13	0,289664	0,281241	0,273080	0,265174	0,257514	0,250082	0,242900
14	0,263331	0,255094	0,247132	0,239435	0,231995	0,224802	0,217847
15	0,239932	0,231377	0,223648	0,216194	0,209004	0,202069	0,195379
16	0,217629	0,209866	0,202397	0,195209	0,188292	0,181635	0,175227
17	0,197845	0,190355	0,183164	0,176261	0,169633	0,163267	0,157155
18	0,179859	0,172657	0,165760	0,159152	0,152822	0,146757	0,140946
19	0,163508	0,156605	0,150009	0,143704	0,137678	0,131917	0,126409
20	0,148644	0,142046	0,135755	0,129755	0,124034	0,118577	0,113371
21	0,135131	0,128840	0,122855	0,117161	0,111742	0,106586	0,101678
22	0,122846	0,116861	0,111181	0,105788	0,100669	0,095808	0,091191
23	0,111678	0,105997	0,100616	0,095520	0,090693	0,086119	0,081786
24	0,101526	0,096142	0,091055	0,086248	0,081705	0,077410	0,073351
25	0,092296	0,087204	0,082403	0,077877	0,073608	0,069582	0,065785
26	0,083905	0,079096	0,074573	0,070317	0,066314	0,062546	0,059000
27	0,076278	0,071747	0,067487	0,063492	0,059742	0,056221	0,052915
28	0,069343	0,065073	0,061074	0,057329	0,053822	0,050536	0,047457
29	0,063039	0,059023	0,055271	0,051764	0,048488	0,045425	0,042563
30	0,057309	0,053536	0,050019	0,046740	0,043683	0,040832	0,038173
31	0,052099	0,048558	0,045266	0,042203	0,039354	0,036703	0,034236
32	0,047362	0,044044	0,040964	0,038107	0,035454	0,032991	0,030705
33	0,043057	0,039949	0,037072	0,034408	0,031940	0,029655	0,027538
34	0,039143	0,036235	0,033549	0,031068	0,028775	0,026656	0,024698
35	0,035584	0,032866	0,030361	0,028052	0,025924	0,023961	0,022150
36	0,032349	0,029811	0,027476	0,025329	0,023355	0,021538	0,019866
37	0,029408	0,027039	0,024865	0,022871	0,021040	0,019360	0,017817
38	0,026735	0,024525	0,022503	0,020651	0,018955	0,017402	0,015979
39	0,024304	0,022245	0,020364	0,018646	0,017077	0,015642	0,014331
40	0,022095	0,020177	0,018429	0,016836	0,015384	0,014060	0,012853
41	0,020086	0,018301	0,016678	0,015202	0,013860	0,012639	0,011527
42	0,018260	0,016600	0,015093	0,013727	0,012486	0,011361	0,010338
43	0,016600	0,015056	0,013659	0,012394	0,011249	0,010212	0,009272
44	0,015091	0,013657	0,012361	0,011191	0,010134	0,009179	0,008316
45	0,013719	0,012387	0,011187	0,010105	0,009130	0,008251	0,007458
46	0,012472	0,011235	0,010124	0,009124	0,008225	0,007417	0,006689
47	0,011338	0,010191	0,009162	0,008238	0,007410	0,006667	0,005999
48	0,010307	0,009243	0,008291	0,007439	0,006676	0,005992	0,005380
49	0,009370	0,008384	0,007503	0,006717	0,006014	0,005386	0,004825
50	0,008519	0,007604	0,006790	0,006065	0,005418	0,004842	0,004328

Finanzmathematische Tabellen 24 **X**

Kapitalbarwerte (Abzinszugsfaktoren)
Kapitalbarwert in DM eines unverzinslichen nach „n" Jahren fälligen Darlehns von 1,– DM

Jahre	Zinssatz in %					
	11,75	12,00	12,25	12,50	12,75	13,00
1	0,894855	0,892857	0,890869	0,888889	0,886918	0,884956
2	0,800765	0,797194	0,793647	0,790123	0,786623	0,783147
3	0,716568	0,711780	0,707035	0,702332	0,697670	0,693050
4	0,641224	0,635518	0,629875	0,624295	0,618776	0,613319
5	0,573802	0,567427	0,561136	0,554929	0,548804	0,542760
6	0,513470	0,506631	0,499899	0,493270	0,486744	0,480319
7	0,459481	0,452349	0,445344	0,438462	0,431702	0,425061
8	0,411168	0,403883	0,396743	0,389744	0,382884	0,376160
9	0,367936	0,360610	0,353446	0,346439	0,339587	0,332885
10	0,329249	0,321973	0,314874	0,307946	0,301186	0,294588
11	0,294630	0,287476	0,280511	0,273730	0,267127	0,260698
12	0,263651	0,256675	0,249899	0,243315	0,236920	0,230706
13	0,235929	0,229174	0,222627	0,216280	0,210128	0,204165
14	0,211123	0,204620	0,198331	0,192249	0,186367	0,180677
15	0,188924	0,182696	0,176687	0,170888	0,165292	0,159891
16	0,169059	0,163122	0,157405	0,151901	0,146600	0,141496
17	0,151284	0,145644	0,140227	0,135023	0,130023	0,125218
18	0,135377	0,130040	0,124924	0,120020	0,115319	0,110812
19	0,121143	0,116107	0,111291	0,106685	0,102279	0,098064
20	0,108405	0,103667	0,099145	0,094831	0,090713	0,086782
21	0,097007	0,092560	0,088326	0,084294	0,080455	0,076798
22	0,086807	0,082643	0,078687	0,074928	0,071357	0,067963
23	0,077680	0,073788	0,070099	0,066603	0,063288	0,060144
24	0,069512	0,065882	0,062449	0,059202	0,056131	0,053225
25	0,062203	0,058823	0,055634	0,052624	0,049784	0,047102
26	0,055663	0,052521	0,049563	0,046777	0,044154	0,041683
27	0,049810	0,046894	0,044154	0,041580	0,039161	0,036888
28	0,044573	0,041869	0,039335	0,036960	0,034733	0,032644
29	0,039886	0,037383	0,035043	0,032853	0,030805	0,028889
30	0,035692	0,033378	0,031218	0,029203	0,027321	0,025565
31	0,031939	0,029802	0,027811	0,025958	0,24232	0,022624
32	0,028581	0,026609	0,024776	0,023074	0,021492	0,020021
33	0,025576	0,023758	0,022072	0,020510	0,019061	0,017718
34	0,022887	0,021212	0,019664	0,018231	0,016906	0,015680
35	0,020480	0,018940	0,017518	0,016205	0,014994	0,013876
36	0,018327	0,016910	0,015606	0,014405	0,013299	0,012279
37	0,016400	0,015098	0,013903	0,012804	0,011795	0,010867
38	0,014676	0,013481	0,012386	0,011382	0,010461	0,009617
39	0,013132	0,012036	0,011034	0,010117	0,009278	0,008510
40	0,011752	0,010747	0,009830	0,008993	0,008229	0,007531
41	0,010516	0,009595	0,008757	0,007994	0,007298	0,006665
42	0,009410	0,008567	0,007801	0,007105	0,006473	0,005898
43	0,008421	0,007649	0,006950	0,006316	0,005741	0,005219
44	0,007535	0,006830	0,006192	0,005614	0,005092	0,004619
45	0,006743	0,006098	0,005516	0,004990	0,004516	0,004088
46	0,006034	0,005445	0,004914	0,004436	0,004005	0,003617
47	0,005400	0,004861	0,004378	0,003943	0,003552	0,003201
48	0,004832	0,004340	0,003900	0,003505	0,003151	0,002833
49	0,004324	0,003875	0,003474	0,003115	0,002794	0,002507
50	0,003869	0,003460	0,003095	0,002769	0,002478	0,002219

4. Zeitrentenberechnung

4.1 Rentenbarwerte

25 Faktoren zur Ermittlung des Gegenwartswertes gleichbleibender, jährlicher und monatlicher vorschüssiger Zahlungen von 1,– DM bei Zinssätzen von 3–13,25% bzw. 3–14% p. a. und Laufzeiten von 1–40 Jahren.

Anwendung der Tabelle anhand von Beispielen

1. Ermittlung des Gegenwartswertes monatlich gleichbleibender vorschüssiger Zahlungen

Sie erhalten eine monatlich vorschüssig gezahlte Rente von DM 1000,– auf die Dauer von 10 Jahren. Sie möchten wissen, wie hoch der Gegenwartswert dieser Zahlungen bei einem unterstellten Zinssatz von 4,25% p. a. ist.
Der Tabelle entnehmen Sie den Faktor für 10 Jahre und 4,25% von 97,966208 und multiplizieren diesen mit der monatlichen Zahlung von DM 1000,–.
97,966208 × 1000,– = 97966,21
DM 97966,21 stellen den heutigen Wert (Bar- oder Gegenwartswert) der gesamten Rentenzahlungen dar, oder anders formuliert, um eine Rente von DM 1000,– monatlich 10 Jahre lang zahlen zu können, ist ein Kapital von DM 97966,21 zu 4,25% p. a. anzulegen.

2. Ermittlung der Rentenhöhe bei gegebener Laufzeit sowie gegebenem Kapital und Zinssatz

Sie wollen ein Kapital von DM 100000,– in Form einer Rente bei Zugrundelegung eines Zinssatzes von 4% p. a. in 10 Jahren auszahlen. Der 10-Jahres-4%-Faktor beträgt 99,099409. Sie dividieren das Kapital durch diesen Faktor.
100000 : 99,099409 = 1009,09
Die monatlich vorschüssig zu leistende Rente zur Ablösung der Kapitalsumme beträgt DM 1009,09.

3. Ermittlung der Rentenlaufzeit bei gegebenem Kapital und Zinssatz sowie vorgegebener Rentenhöhe

Sie wollen ein Kapital von DM 100000,– in Form einer monatlich vorschüssig zahlbaren Rente von DM 1000,– bei Zugrundelegung eines Zinssatzes von 8% p. a. auszahlen.
Zur Ermittlung der Laufzeit dividieren Sie die Rente durch das Kapital und erhalten den Rentenbarwertfaktor.
100000 : 1000 = 100
Der 8%-Spalte der Tabelle entnehmen Sie, daß die Laufzeit zwischen 13 Jahren (Faktor 97,443821) und 14 Jahren (Faktor 101,548289) liegt. Sie ermitteln den Wert näherungsweise (interpolieren) wie folgt:

14 Jahres-Faktor	101,548289
./. 13 Jahres-Faktor	97,443821
Jahreswert für das 14. Jahr	4,104468
Monatswert für das 14. Jahr	0,342039

Ermittelter Rentenbarwertfaktor	100,000000
13 Jahres-Wert	97,443821
Differenz	2,556179

Diese Differenz dividieren Sie durch den angenäherten Monatswert und erhalten die Anzahl der über 13 Jahre hinausgehenden Monate.
2,556179 × 0,342039 = 7,473355
Die Rente von DM 1000,– ist bei den gegebenen Prämissen also ca. 13 Jahre und 7½ Monate zu entrichten.

Finanzmathematische Tabellen

4.1.1 Rentenbarwerte bei monatlicher Zahlung

26 Renten-Barwert in DM einer monatlichen vorschüssigen Rentenzahlung von 1,– DM

Jahre	Zinssatz in %					
	3,00	3,25	3,50	3,75	4,00	4,25
1	11,836772	11,823328	11,809908	11,796513	11,783141	11,769793
2	23,324145	23,269078	23,214201	23,159512	23,105012	23,050698
3	34,472431	34,349308	34,226808	34,104930	33,983669	33,863022
4	45,291641	45,075690	44,861184	44,648112	44,436463	44,226227
5	55,791489	55,459525	55,130317	54,803839	54,480066	54,158971
6	65,981400	65,511752	65,046753	64,586351	64,130495	63,679132
7	75,870524	75,242960	74,622605	74,009364	73,403142	72,803849
8	85,467740	84,663403	83,869571	83,086087	82,312796	81,549547
9	94,781663	93,783003	92,798946	91,829247	90,873667	89,931970
10	103,820657	102,611369	101,421638	100,251103	99,099409	97,966208
11	112,592837	111,157801	109,748181	108,363462	107,003140	105,666723
12	121,106079	119,431302	117,788745	116,177697	114,597467	113,047377
13	129,368025	127,440589	125,553152	123,704766	121,894501	120,121457
14	137,386094	135,194099	133,050889	130,955220	128,905881	126,901696
15	145,167485	142,700000	140,291112	137,939225	135,642789	133,400301
16	152,719184	149,966200	147,282667	144,666573	142,115970	139,628970
17	160,047970	157,000354	154,034095	151,146696	148,335747	145,598915
18	167,160425	163,809873	160,553642	157,388679	154,312041	151,320883
19	174,062933	170,401929	166,849272	163,401274	160,054383	156,805174
20	180,761692	176,783467	172,928677	169,192911	165,571931	162,061661
21	187,262716	182,961211	178,799282	174,771709	170,873486	167,099806
22	193,571842	188,941669	184,468259	180,145491	175,967503	171,928679
23	199,694734	194,731140	189,942533	185,321790	180,862106	176,556973
24	205,636890	200,335725	195,228790	190,307864	185,565102	180,993018
25	211,403644	205,761327	200,333489	195,110703	190,083991	185,244801
26	217,000175	211,013663	205,262865	199,737042	194,425981	189,319975
27	222,431507	216,098265	210,022940	204,193366	198,597997	193,225876
28	227,702516	221,020490	214,619528	208,485924	202,606692	196,969536
29	232,817934	225,785523	219,058245	212,620733	206,458460	200,557693
30	237,782355	230,398386	223,344512	216,603591	210,159445	203,996806
31	242,600235	234,863936	227,483566	220,440081	213,715548	207,293068
32	247,275901	239,186879	231,480462	224,135584	217,132442	210,452410
33	251,813550	243,371769	235,340083	227,695280	220,415575	213,480521
34	256,217255	247,423014	239,067144	231,124159	223,570185	216,382852
35	260,490972	251,344882	242,666197	234,427030	226,601303	219,164627
36	264,638536	255,141506	246,141640	237,608523	229,513763	221,830854
37	268,663672	258,816884	249,497717	240,673098	232,312209	224,386332
38	272,569994	262,374889	252,738529	243,625052	235,001106	226,835662
39	276,361008	265,819269	255,868033	246,468524	237,584742	229,183252
40	280,040119	269,153653	258,890054	249,207501	240,067236	231,433330

Rentenbarwerte bei monatlicher Zahlung

Renten-Barwert in DM einer monatlichen vorschüssigen Rentenzahlung von 1,– DM

Jahre	Zinssatz in %					
	4,50	4,75	5,00	5,25	5,50	5,75
1	11,756470	11,743170	11,729894	11,716641	11,703413	11,690208
2	22,996571	22,942630	22,888873	22,835301	22,781911	22,728705
3	33,742984	33,623553	33,504725	33,386496	33,268863	33,151823
4	44,017393	43,809949	43,603885	43,399191	43,195855	42,993868
5	53,840528	53,524713	53,211501	52,900867	52,592786	52,287235
6	63,232211	62,789683	62,351497	61,917606	61,487959	61,062510
7	72,211392	71,625684	71,046634	70,474157	69,908166	69,348578
8	80,796189	80,052576	79,318563	78,594008	77,878769	77,172710
9	89,003924	88,089303	87,187883	86,299445	85,423774	84,560659
10	96,851159	95,753929	94,674189	93,611620	92,565907	91,536741
11	104,353727	103,063681	101,769124	100,550604	99,326679	98,123917
12	111,526767	110,034991	108,571421	107,135442	105,726453	104,343869
13	118,384752	116,683529	115,016953	113,384210	111,784506	110,217068
14	124,941520	123,024239	121,148769	119,314059	117,519083	115,762845
15	131,210301	129,071373	126,982140	124,941267	122,947458	120,999453
16	137,203745	134,838524	132,531589	130,281278	128,085979	125,944129
17	142,933945	140,338655	137,810938	135,348752	132,950124	130,613147
18	148,412462	145,584130	142,833331	140,157596	137,554544	135,021874
19	153,650351	150,586739	147,611275	144,721012	141,913107	139,184822
20	158,658182	155,357726	152,156669	149,051524	146,038940	143,115691
21	163,446059	159,907816	156,480830	153,161020	149,944471	146,827421
22	168,023642	164,247237	160,594526	157,060780	153,641462	150,332228
23	172,400168	168,385741	164,508002	160,761507	157,141049	153,641647
24	176,584468	172,332633	168,231002	164,273360	160,453772	156,766571
25	180,584986	176,096783	171,772797	167,605979	163,589610	159,717285
26	184,409792	179,686653	175,142207	170,768511	166,558007	162,503502
27	188,066605	183,110311	178,347622	173,769637	169,367903	165,134391
28	191,562803	186,375453	181,397023	176,617594	172,027762	167,618612
29	194,905441	189,489419	184,298005	179,320200	174,545596	169,964342
30	198,101263	192,459208	187,057790	181,884873	176,928988	172,179301
31	201,156719	195,291496	189,683253	184,318652	179,185116	174,270780
32	204,077972	197,992648	192,180929	186,628219	181,320777	176,245662
33	206,870918	200,568736	194,557039	188,819913	183,342401	178,110447
34	209,541192	203,025552	196,817500	190,899748	185,256080	179,871273
35	212,094183	205,368616	198,967940	192,873436	187,067575	181,533936
36	214,535040	207,603197	201,013714	194,746392	188,782345	183,103908
37	216,868690	209,734316	202,959917	196,523758	190,405552	184,586357
38	219,099842	211,766764	204,811394	198,210413	191,942087	185,986161
39	221,232996	213,705110	206,572518	199,810985	193,396577	187,307928
40	223,272459	215,553709	208,248392	201,329870	194,773404	188,556009

Finanzmathematische Tabellen

Rentenbarwerte bei monatlicher Zahlung

Renten-Barwert in DM einer monatlichen vorschüssigen Rentenzahlung von 1,– DM

Jahre	Zinssatz in %					
	6,00	6,25	6,50	6,75	7,00	7,25
1	11,677027	11,663869	11,650735	11,637624	11,624537	11,611473
2	22,675681	22,622837	22,570174	22,517691	22,465387	22,413262
3	33,035371	32,919505	32,804221	32,689516	32,575385	32,461827
4	42,793219	42,593899	42,395896	42,199200	42,003803	41,809693
5	51,984189	51,683624	51,385518	51,089847	50,796588	50,505719
6	60,641212	60,224016	59,810879	59,401754	58,996595	58,959359
7	68,795308	68,248274	67,707395	67,172592	66,643786	66,120898
8	76,475694	75,787589	75,108262	74,437585	73,775430	73,121671
9	83,709892	82,871269	82,044590	81,229659	80,426282	79,634271
10	90,523821	89,526849	88,5455537	87,579600	86,628758	85,692338
11	96,941897	95,780203	94,638432	93,516188	92,413084	91,328740
12	102,987117	101,655638	100,348888	99,066332	97,807451	96,571736
13	108,681142	107,175994	105,700908	104,255186	102,838148	101,449131
14	114,044375	112,362730	110,716992	109,106270	107,529693	105,986418
15	119,096032	117,236007	115,418226	113,641569	111,904951	110,207315
16	123,854215	121,814770	119,824372	117,881642	115,985243	114,133882
17	128,335974	126,116818	123,953952	121,845704	119,790457	117,786645
18	132,557366	130,158873	127,824326	125,551725	123,339136	121,184695
19	136,533517	133,956649	131,451764	129,016500	126,648576	124,345795
20	140,278676	137,524907	134,851515	132,255734	129,734904	127,286467
21	143,806260	140,877520	138,037869	135,284108	132,613164	130,022082
22	147,128911	144,027519	141,024222	138,115349	135,297380	132,566939
23	150,258534	146,987149	143,823127	140,762289	137,800637	134,934339
24	153,206342	149,767915	146,446350	143,236925	140,135132	137,136658
25	155,982898	152,380627	148,904918	145,550474	142,312244	139,185406
26	158,598152	154,835440	151,209166	147,713421	144,342582	141,091292
27	161,061473	157,141899	153,368781	149,735570	146,236042	142,864278
28	163,381688	159,308967	155,392840	151,626086	148,001852	144,513631
29	165,567111	161,345070	157,289854	153,393539	149,648616	146,047972
30	167,625572	163,258121	159,067795	155,045938	151,184362	147,475322
31	169,564448	165,055558	160,734138	156,590773	152,616573	148,803141
32	171,390686	166,744368	162,295888	158,035047	153,952229	150,038369
33	173,110829	168,331116	163,759610	159,384304	155,197840	151,187463
34	174,731041	169,821969	165,131456	160,647667	156,359476	152,256429
35	176,257127	171,222723	166,417195	161,827855	157,442799	153,250855
36	177,694556	172,538823	167,622229	162,931218	158,453088	154,175938
37	179,048478	173,775385	168,751627	163,962757	159,395267	155,036514
38	180,323744	174,937216	169,810134	164,927148	160,273927	155,837081
39	181,524924	176,028832	170,802200	165,828761	161,093351	156,581823
40	182,656322	177,954477	171,731996	166,671684	161,857532	157,274633

Rentenbarwerte bei monatlicher Zahlung

Renten-Barwert in DM einer monatlichen vorschüssigen Rentenzahlung von 1,– DM

Jahre	7,50	7,75	Zinssatz in % 8,00	8,25	8,50	8,75
1	11,598432	11,585415	11,572420	11,559449	11,546501	11,533576
2	22,361314	22,309542	22,257947	22,206528	22,155283	22,104212
3	32,348838	32,236413	32,124551	32,013247	31,902499	31,792303
4	41,616861	41,425297	41,234992	41,045936	40,858120	40,671533
5	50,217216	49,931058	49,647223	49,365688	49,086433	48,809435
6	58,198003	57,804481	57,414752	57,028774	56,646504	56,267901
7	65,603853	65,092575	64,586990	64,087023	63,592603	63,103659
8	72,476187	71,838855	71,209557	70,588175	69,974593	69,368697
9	78,853438	78,083601	77,324580	76,576199	75,838285	75,110666
10	84,771272	83,864098	82,970957	82,091598	81,225772	80,373237
11	90,262786	89,214859	88,184604	87,171674	86,175729	85,196435
12	95,358691	94,167832	92,998685	91,850787	90,723687	89,616943
13	100,087488	98,752590	97,443821	96,160584	94,902294	93,668382
14	104,475622	102,996505	101,548289	100,130215	98,741546	97,381565
15	108,547636	106,924919	105,338196	103,786529	102,269004	100,784734
16	112,326301	110,561284	108,837650	107,154255	105,509987	103,903772
17	115,832752	113,927314	112,068911	110,256171	108,487763	106,762400
18	119,086599	117,043105	115,052533	113,113257	111,223706	109,382361
19	122,106038	119,927262	117,807495	115,744838	113,737456	111,783581
20	124,907957	122,597003	120,351320	118,168711	116,047058	113,984323
21	127,508026	125,068269	122,700191	120,401272	118,169092	116,001324
22	129,920786	127,355816	124,869047	122,457620	120,118791	117,849925
23	132,159731	129,473301	126,871685	124,351663	121,910149	119,544186
24	134,237383	131,433367	128,720844	126,096212	123,556027	121,096993
25	136,165360	133,247717	130,428286	127,703067	125,068239	122,520156
26	137,954447	134,927185	132,004872	129,183094	126,457641	123,824499
27	139,614647	136,481796	133,460631	130,546305	127,734206	125,019942
28	141,155247	137,920835	134,804823	131,801920	128,907097	126,115577
29	142,584862	139,252891	136,045998	132,958431	129,984736	127,119737
30	143,911487	140,485920	137,192051	134,023660	130,974857	128,040059
31	145,142543	141,627282	138,250272	135004812	131,884567	128,883544
32	146,284913	142,683793	139,227393	135,908523	132,720398	129,656606
33	147,344988	143,661760	140,129628	136,740906	133,488349	130,365125
34	148,328694	144,567023	140,962718	137,507590	134,193933	131,014490
35	149,241534	145,404987	141,731960	138,213760	134,842214	131,609638
36	150,088614	146,180654	142,442249	138,864194	135,437847	132,155098
37	150,874669	146,898657	143,098503	139,463289	135,985108	132,655018
38	151,604098	147,563281	143,703693	140,015099	136,487923	133,113198
39	152,280978	148,178496	144,262871	140,523356	136,949904	133,533126
40	152,909096	148,747974	144,779195	140,991496	137,374367	133,917993

Rentenbarwerte bei monatlicher Zahlung

Renten-Barwert in DM einer monatlichen vorschüssigen Rentenzahlung von 1,– DM

Jahre	Zinssatz in %					
	9,00	9,25	9,50	9,75	10,00	10,25
1	11,520675	11,507796	11,494940	11,482106	11,469296	11,456508
2	22,053315	22,002590	21,952037	21,901656	21,851445	21,801405
3	31,682656	31,573555	31,464997	31,356978	31,249496	31,142547
4	40,486168	40,302014	40,119062	39,937303	39,756728	39,577329
5	48,534674	48,262128	47,991778	47,723602	47,457580	47,193693
6	55,892925	55,521535	55,153692	54,789356	54,428488	54,071050
7	62,620119	62,141916	61,668979	61,201243	60,738640	60,281104
8	68,770377	68,179521	67,596022	67,019772	66,450668	65,888604
9	74,393177	73,685652	72,987931	72,299854	71,621266	70,952015
10	79,533755	78,707093	77,893021	77,091316	76,301756	75,524318
11	84,233468	83,286509	82,355246	81,439374	80,538594	79,652614
12	88,530125	87,462812	86,414591	85,385063	84,373833	83,380518
13	92,458293	91,271485	90,107431	88,965616	87,845538	86,746708
14	96,049574	94,744891	93,466856	92,214824	90,988169	89,786279
15	99,332859	97,912542	96,522969	95,163350	93,832917	92,530925
16	102,334565	100,801353	99,303155	97,839019	96,408019	95,009261
17	105,078838	103,435870	101,832327	100,267080	98,739033	97,247126
18	107,587758	105,838477	104,133148	102,470448	100,849096	99,267854
19	109,881507	108,029588	106,226236	104,469916	102,759151	101,092513
20	111,978541	110,027822	108,130345	106,284353	104,488157	102,740127
21	113,895729	111,850157	109,862538	107,930882	106,053275	104,227876
22	115,648496	113,512076	111,438337	109,425040	107,470038	105,571269
23	117,250942	115,027701	112,871862	110,780929	108,752511	106,784315
24	118,715960	116,409910	114,175958	112,011343	109,913420	107,879660
25	120,055334	117,670446	115,362312	113,127894	110,964290	108,868725
26	121,279842	118,820020	116,441554	114,141120	111,915551	109,761822
27	122,399333	119,868401	117,423354	115,060581	112,776644	110,568263
28	123,422815	120,824495	118,316511	115,894956	113,556116	111,296456
29	124,358521	121,696427	119,129027	116,652117	114,261703	111,953993
30	125,213980	122,491605	119,868184	117,339210	114,900410	112,547730
31	125,996072	123,216786	120,540605	117,962720	115,478575	113,083857
32	126,711091	123,878130	121,152315	118,528529	116,001938	113,567965
33	127,364789	124,481259	121,708795	119,041979	116,475692	114,005100
34	127,962424	125,031295	122,215033	119,507914	116,904540	114,399820
35	128,508805	125,532914	122,675564	119,930731	117,292739	114,756241
36	129,008327	125,990376	123,094515	120,314420	117,644141	115,078079
37	129,465010	126,407569	123,475641	120,662603	117,962235	115,368690
38	129,882526	126,788037	123,822356	120,978565	118,250177	115,631103
39	130,264235	127,135014	124,137767	121,265288	118,510826	115,868054
40	130,613209	127,451447	124,424700	121,525477	118,746769	116,082014

Rentenbarwerte bei monatlicher Zahlung

Renten-Barwert in DM einer monatlichen vorschüssigen Rentenzahlung von 1,– DM

Jahre	Zinssatz in %					
	10,50	10,75	11,00	11,25	11,50	11,75
1	11,443743	11,431001	11,418282	11,405585	11,392910	11,380258
2	21,751533	21,701830	21,652295	21,602927	21,553726	21,504691
3	31,036128	30,930236	30,824869	30,720023	30,615694	30,511881
4	39,399095	39,222020	39,046093	38,871305	38,697650	38,525117
5	46,931919	46,672240	46,414637	46,159089	45,905577	45,654083
6	53,717004	53,366312	53,018939	52,674846	52,333998	51,996360
7	59,828572	59,380979	58,938263	58,500362	58,067214	57,638759
8	65,333481	64,785197	64,243654	63,708756	63,180407	62,658512
9	70,291949	69,640921	68,998787	68,365403	67,740630	67,124330
10	74,758219	74,003821	73,260732	72,528752	71,807685	71,097339
11	78,781148	77,923915	77,080642	76,251059	75,434906	74,631923
12	82,404744	81,446145	80,504363	79,579047	78,669858	77,776461
13	85,668647	84,610891	83,572986	82,554487	81,554964	80,573995
14	88,608562	87,454436	86,323341	85,214727	84,128059	83,062818
15	91,256648	90,009380	88,788438	87,593155	86,422885	85,276997
16	93,641874	92,305014	90,997863	89,719627	88,469535	87,246839
17	95,790332	94,367656	92,978134	91,620833	90,294849	88,999306
18	97,725525	96,220953	94,753017	93,320636	91,922763	90,558386
19	99,468623	97,886152	96,343815	94,840371	93,374625	91,945420
20	101,038694	99,382344	97,769620	96,199115	94,669475	93,179393
21	102,452913	100,726683	99,047545	97,413921	95,824292	94,277196
22	103,726751	101,934580	100,192928	98,500038	96,854221	95,253855
23	104,874142	103,019883	101,219515	99,471097	97,772768	96,122739
24	105,907638	103,995035	102,139628	100,339289	98,591977	96,895740
25	106,838545	104,871216	102,964310	101,115509	99,322593	97,583440
26	107,677047	105,658469	103,703458	101,809501	99,974196	98,195251
27	108,432315	106,365822	104,365945	102,429975	100,555331	98,739548
28	109,112612	107,001383	104,959720	102,984720	101,073618	99,223781
29	109,725380	107,572439	105,491911	103,480698	101,535855	99,654579
30	110,277322	108,085536	105,968904	103,924136	101,948103	100,037837
31	110,774476	108,546557	106,396426	104,320598	102,315769	100,378803
32	111,222281	108,960788	106,779606	104,675061	102,643672	100,682142
33	111,625634	109,332976	107,123044	104,991974	102,936115	100,952008
34	111,988949	109,667390	107,430861	105,275316	103,196931	101,192094
35	112,316200	109,967864	107,706753	105,528642	103,429541	101,405686
36	112,610966	110,237841	107,954030	105,755132	103,636995	101,595707
37	112,876473	110,480417	108,175661	105,957629	103,822014	101,764760
38	113,115624	110,698373	108,374304	106,138674	103,987024	101,915158
39	113,331037	110,894208	108,552345	106,300541	104,134189	102,048959
40	113,525066	111,070168	108,711920	106,445260	104,265438	102,167995

Finanzmathematische Tabellen   26 X

Rentenbarwerte bei monatlicher Zahlung

Renten-Barwert in DM einer monatlichen vorschüssigen Rentenzahlung von
1,– DM

Jahre	Zinssatz in %					
	12,00	12,25	12,50	12,75	13,00	13,25
1	11,367628	11,355021	11,342436	11,329873	11,317333	11,304814
2	21,455821	21,407116	21,358574	21,310196	21,261981	21,213928
3	30,408580	30,305788	30,203503	30,101720	30,000438	29,899654
4	38,353699	38,183387	38,014173	37,846048	37,679004	37,513034
5	45,404589	45,157075	44,911523	44,667915	44,426233	44,186460
6	51,661895	51,330570	51,002350	50,677200	50,355088	50,035980
7	57,214937	56,795691	56,380962	55,970694	55,564829	55,163313
8	62,142980	61,633720	61,130641	50,633656	60,142678	59,657622
9	66,516368	65,916611	65,324929	64,741193	64,165278	63,597060
10	70,397527	69,708064	69,028769	68,359464	67,699975	67,050132
11	73,841859	73,064469	72,299510	71,546746	70,805947	70,076885
12	76,898529	76,035745	75,187796	74,354378	73,535194	72,729952
13	79,611168	78,666083	77,738348	76,827580	75,933409	75,055470
14	82,018498	80,994604	79,990657	79,006189	78,040744	77,093878
15	84,154881	83,055941	81,979599	80,925294	79,892479	78,880622
16	86,050812	84,880750	83,735970	82,615807	81,519616	80,446773
17	87,733355	86,496173	85,286964	84,104955	82,949398	81,819566
18	89,226526	87,926235	86,656596	85,416724	84,205760	83,022873
19	90,551639	89,192205	87,866075	86,572243	85,309737	84,077619
20	91,727611	90,312912	88,934126	87,590123	86,279813	85,002145
21	92,771225	91,305024	89,877287	88,486759	87,132228	85,812528
22	93,697380	92,183297	90,710163	89,276592	87,881253	86,522861
23	94,519296	92,960792	91,445648	89,972346	88,539428	87,145496
24	95,248704	93,649075	92,095131	90,585225	89,117773	87,691259
25	95,896017	94,258380	92,668669	91,125101	89,625970	88,169642
26	96,470474	94,797772	93,175142	91,600670	90,072528	88,588964
27	96,980276	95,275271	93,622391	92,019593	90,464923	88,956516
28	97,432699	95,697979	94,017343	92,388615	90,809723	89,278689
29	97,834201	96,072185	94,366112	92,713682	91,112703	89,561087
30	98,190514	96,403452	94,674099	93,000029	91,378934	89,808620
31	98,506724	96,696708	94,946072	93,252267	91,612874	90,025592
32	98,787344	96,956315	95,186242	93,474461	91,818440	90,215777
33	99,036380	97,186133	95,398329	93,670188	91,999072	90,382481
34	99,257387	97,389581	95,585616	93,842601	92,157795	90,528604
35	99,453520	97,569684	95,751004	93,994477	92,297267	90,656686
36	99,627577	97,729121	95,897052	94,128263	92,419822	90,768956
37	99,782045	97,870264	96,026022	94,246113	92,527512	90,867364
38	99,919126	97,995212	96,139911	94,349925	92,622140	90,953623
39	100,040780	98,105822	96,240484	94,441372	92,705291	91,029232
40	100,148741	98,203741	96,329296	94,521926	92,778357	91,095506

4.1.2 Rentenbarwerte bei jährlicher Zahlung

Renten-Barwert in DM einer jährlichen vorschüssigen Rentenzahlung von 1,– DM

Jahre	Zinssatz in %				
	3,00	3,25	3,50	3,75	4,00
1	1,000000	1,000000	1,000000	1,000000	1,000000
2	1,970874	1,968523	1,966184	1,963855	1,961538
3	2,913470	2,906560	2,899694	2,892873	2,886095
4	3,828611	3,815070	3,801637	3,788311	3,775091
5	4,717098	4,694983	4,673079	4,651384	4,629895
6	5,579707	5,547199	5,515052	5,483262	5,451822
7	6,417191	6,372590	6,328553	6,285072	6,242137
8	7,230283	7,172000	7,114544	7,057900	7,002055
9	8,019692	7,946247	7,873956	7,802796	7,732745
10	8,786109	8,696123	8,607687	8,520767	8,435332
11	9,530203	9,422395	9,316605	9,212787	9,110896
12	10,252624	10,125806	10,001551	9,879795	9,760477
13	10,954004	10,807076	10,663334	10,522694	10,385074
14	11,634955	11,466902	11,302738	11,142356	10,985648
15	12,296073	12,105958	11,920520	11,739620	11,563123
16	12,937935	12,724899	12,517411	12,315296	12,118387
17	13,561102	13,324358	13,094117	12,870165	12,652296
18	14,166118	13,904947	13,651321	13,404978	13,165669
19	14,753513	14,467261	14,189682	13,920461	13,659297
20	15,323799	15,011875	14,709837	14,417312	14,133939
21	15,877475	15,539346	15,212403	14,896204	14,590326
22	16,415024	16,050214	15,697974	15,357787	15,029160
23	16,936917	16,545002	16,167125	15,802686	15,451115
24	17,443608	17,024215	16,620410	16,231505	15,856842
25	17,935542	17,488343	17,058368	16,644824	16,246963
26	18,413148	17,937863	17,481515	17,043204	16,622080
27	18,876842	18,373233	17,890352	17,427185	16,982769
28	19,327031	18,794899	18,285365	17,797286	17,329586
29	19,764108	19,203292	18,667019	18,154011	17,663063
30	20,188455	19,598830	19,035767	18,497842	17,983715
31	20,600441	19,981917	19,392045	18,829245	18,292033
32	21,000428	20,352947	19,736276	19,148670	18,588494
33	21,388766	20,712297	20,068865	19,456549	18,873551
34	21,765792	21,060336	20,390208	19,753301	19,147646
35	22,131837	21,397420	20,700684	20,039326	19,411198
36	22,487220	21,723893	21,000661	20,315013	19,664613
37	22,832252	22,040090	21,290494	20,580735	19,908282
38	23,167235	22,346335	21,570525	20,836853	20,142579
39	23,492462	22,642939	21,841087	21,083714	20,367864
40	23,808215	22,930207	22,102500	21,321652	20,584485

Rentenbarwerte bei jährlicher Zahlung

Renten-Barwert in DM einer monatlichen vorschüssigen Rentenzahlung von 1,– DM

Jahre	Zinssatz in %				
	4,25	4,50	4,75	5,00	5,25
1	1,000000	1,000000	1,000000	1,000000	1,000000
2	1,959233	1,956938	1,954654	1,952381	1,950119
3	2,879360	2,872668	2,866018	2,859410	2,852844
4	3,761976	3,748964	3,736055	3,723248	3,710541
5	4,608610	4,587526	4,566640	4,545951	4,525455
6	5,420729	5,389977	5,359561	5,329477	5,299719
7	6,199740	6,157872	6,116526	6,075692	6,035363
8	6,946993	6,892701	6,839166	6,786373	6,734311
9	7,663782	7,595886	7,529036	7,463213	7,398396
10	8,351350	8,268790	8,187624	8,107822	8,029355
11	9,010887	8,912718	8,816348	8,721735	8,628840
12	9,643537	9,528917	9,416561	9,306414	9,198423
13	10,250395	10,118581	9,989557	9,863252	9,739595
14	10,832513	10,682852	10,536570	10,393573	10,253772
15	11,390900	11,222825	11,058778	10,898641	10,742301
16	11,926523	11,739546	11,557306	11,379658	11,206472
17	12,440309	12,234015	12,033228	11,837770	11,647469
18	12,933151	12,707191	12,487568	12,274066	12,066479
19	13,405900	13,159992	12,921306	12,689587	12,464588
20	13,859376	13,593294	13,335376	13,085321	12,842839
21	14,294366	14,007936	13,730669	13,462210	13,202223
22	14,711622	14,404724	14,108037	13,821153	13,543679
23	15,111868	14,784425	14,468293	14,163003	13,868104
24	15,495796	15,147775	14,812213	14,488574	14,176346
25	15,864073	15,495478	15,140538	14,798642	14,469212
26	16,217336	15,828209	15,453974	15,093945	14,747470
27	16,556198	16,146611	15,753197	15,375185	15,011848
28	16,881245	16,451303	16,038852	15,643034	15,263038
29	17,193041	16,742874	16,311553	15,898127	15,501699
30	17,492125	17,021889	16,571888	16,141074	15,728455
31	17,779017	17,288889	16,820418	16,372451	15,943901
32	18,054213	17,544391	17,057679	16,592811	16,148599
33	18,318190	17,788891	17,284180	16,802677	16,343087
34	18,571405	18,022862	17,500410	17,002549	16,527874
35	18,814298	18,246758	17,706836	17,192904	16,703443
36	19,047288	18,461012	17,903901	17,374194	16,870255
37	19,270780	18,666041	18,092029	17,546852	17,028745
38	19,485160	18,862240	18,271627	17,711287	17,179331
39	19,690801	19,049990	18,443081	17,867893	17,322404
40	19,888059	19,229656	18,606759	18,017041	17,458341

Rentenbarwerte bei jährlicher Zahlung

Renten-Barwert in DM einer jährlichen vorschüssigen Rentenzahlung von 1,– DM

Jahre	\	\	Zinssatz in %	\	\
	5,50	5,75	6,00	6,25	6,50
1	1,000000	1,000000	1,000000	1,000000	1,000000
2	1,947867	1,945626	1,943396	1,941176	1,938967
3	2,846320	2,839836	2,833393	2,826990	2,820626
4	3,697933	3,685424	3,673012	3,660696	3,648476
5	4,505150	4,485035	4,465106	4,445361	4,425799
6	5,270284	5,241167	5,212364	5,183869	5,155679
7	5,995530	5,956187	5,917324	5,878936	5,841014
8	6,682967	6,632328	6,582381	6,533116	6,484520
9	7,334566	7,271705	7,209794	7,148815	7,088751
10	7,952195	7,876317	7,801692	7,728297	7,656104
11	8,537626	8,448054	8,360087	8,273691	8,188830
12	9,092536	8,988703	8,886875	8,787003	8,689042
13	9,618518	9,499956	9,383844	9,270121	9,158725
14	10,117079	9,983410	9,852683	9,724819	9,599742
15	10,589648	10,440576	10,294984	10,152771	10,013842
16	11,037581	10,872886	10,712249	10,555549	10,402669
17	11,462162	11,281688	11,105895	10,934635	10,767764
18	11,864609	11,668263	11,477260	11,291421	11,110577
19	12,246074	12,033819	11,827603	11,627220	11,432466
20	12,607654	12,379498	12,158116	11,943266	11,734710
21	12,950382	12,706381	12,469921	12,240721	12,018507
22	13,275244	13,015490	12,764077	12,520678	12,284983
23	13,583170	13,307792	13,041582	12,784168	12,535196
24	13,875042	13,584200	13,303379	13,032158	12,770137
25	14,151699	13,845580	13,550358	13,265560	12,990739
26	14,413933	14,092747	13,783356	13,485233	13,197877
27	14,662495	14,326474	14,003166	13,691984	13,392373
28	14,898100	14,547494	14,210534	13,886573	13,574998
29	15,121422	14,756495	14,406164	14,069716	13,746477
30	15,333101	14,954132	14,590721	14,242086	13,907490
31	15,533745	15,141024	14,764831	14,404316	14,058676
32	15,723929	15,317753	14,929086	14,557003	14,200635
33	15,904198	15,484873	15,084043	14,700709	14,333929
34	16,075069	15,642906	15,230230	14,835961	14,459088
35	16,237033	15,792346	15,368141	14,963258	14,576609
36	16,390552	15,933660	15,498246	15,083066	14,686957
37	16,536068	16,067291	15,620987	15,195827	14,790570
38	16,673999	16,193656	15,736780	15,301955	14,887859
39	16,804738	16,313150	15,846019	15,401840	14,979210
40	16,928662	16,426146	15,949075	15,495849	15,064986

Rentenbarwerte bei jährlicher Zahlung

Renten-Barwert in DM einer jährlichen vorschüssigen Rentenzahlung von 1,– DM

Jahre	\multicolumn{5}{c}{Zinssatz in %}				
	6,75	7,00	7,25	7,50	7,75
1	1,000000	1,000000	1,000000	1,000000	1,000000
2	1,936768	1,934579	1,932401	1,930233	1,928074
3	2,814303	2,808018	2,801772	2,795565	2,789396
4	3,636349	3,624316	3,612375	3,600526	3,588767
5	4,406416	4,387211	4,368182	4,349326	4,330642
6	5,127790	5,100197	5,072897	5,045885	5,019157
7	5,803551	5,766540	5,729974	5,693846	5,658151
8	6,436581	6,389289	6,342633	6,296601	6,251184
9	7,029584	6,971299	6,913877	6,857304	6,801563
10	7,585091	7,515232	7,446505	7,378887	7,312355
11	8,105471	8,023582	7,943128	7,864081	7,786409
12	8,592947	8,498674	8,406180	8,315424	8,226365
13	9,049600	8,942686	8,837930	8,735278	8,634678
14	9,477377	9,357651	9,240495	9,125840	9,013622
15	9,878105	9,745468	9,615846	9,489154	9,365310
16	10,253494	10,107914	9,965824	9,827120	9,691703
17	10,605146	10,446649	10,292143	10,141507	9,994620
18	10,934563	10,763223	10,596404	10,433960	10,275750
19	11,243151	11,059087	10,880097	10,706009	10,536659
20	11,532225	11,335595	11,144612	10,959078	10,778802
21	11,803021	11,594014	11,391247	11,194491	11,003528
22	12,056695	11,835527	11,621209	11,413480	11,212091
23	12,294327	12,061240	11,835626	11,617191	11,405653
24	12,516934	12,272187	12,035549	11,806689	11,585293
25	12,725465	12,469334	12,221957	11,982967	11,752012
26	12,920811	12,653583	12,395764	12,146946	11,906740
27	13,103804	12,825779	12,557822	12,299485	12,050338
28	13,275226	12,986709	12,708925	12,441381	12,183609
29	13,435809	13,137111	12,849814	12,573378	12,307293
30	13,586238	13,277674	12,981178	12,696165	12,422082
31	13,727155	13,409041	13,103663	12,810386	12,528614
32	13,859162	13,531814	13,217867	12,916638	12,627484
33	13,982821	13,646555	13,324352	13,015478	12,719243
34	14,098662	13,753790	13,423638	13,107421	12,804402
35	14,207177	13,854009	13,516213	13,192950	12,883436
36	14,308831	13,947672	13,602529	13,272511	12,956785
37	14,404057	14,035208	13,683011	13,346522	13,024858
38	14,493262	14,117017	13,758052	13,415370	13,088036
39	14,576826	14,193473	13,828021	13,479414	13,146669
40	14,655107	14,264928	13,893259	13,538989	13,201085

Rentenbarwerte bei jährlicher Zahlung

Renten-Barwert in DM einer jährlichen vorschüssigen Rentenzahlung von 1,– DM

Jahre	Zinssatz in %				
	8,00	8,25	8,50	8,75	9,00
1	1,000000	1,000000	1,000000	1,000000	1,000000
2	1,925926	1,923788	1,921659	1,919540	1,917431
3	2,783265	2,777171	2,771114	2,765094	2,759111
4	3,577097	3,565516	3,554022	3,542616	3,531295
5	4,312127	4,293779	4,275597	4,257578	4,239720
6	4,992710	4,966540	4,940642	4,915014	4,889651
7	5,622880	5,588027	5,553587	5,519553	5,485919
8	6,206370	6,162150	6,118514	6,075451	6,032953
9	6,746639	6,692517	6,639183	6,586622	6,534819
10	7,246888	7,182464	7,119063	7,056664	6,995247
11	7,710081	7,635071	7,561348	7,488886	7,417658
12	8,138964	8,053183	7,968984	7,886332	7,805191
13	8,536078	8,439430	8,344686	8,251800	8,160725
14	8,903776	8,796240	8,690955	8,587862	8,486904
15	9,244237	9,125857	9,010097	8,896884	8,786150
16	9,559479	9,430353	9,304237	9,181043	9,060688
17	9,851369	9,711642	9,575333	9,442338	9,312558
18	10,121638	9,971494	9,825192	9,682610	9,543631
19	10,371887	10,211542	10,055476	9,903549	9,755625
20	10,603599	10,433295	10,267720	10,106712	9,950115
21	10,818147	10,638148	10,463337	10,293528	10,128546
22	11,016803	10,827388	10,643628	10,465313	10,292244
23	11,200744	11,002206	10,809796	10,623277	10,442425
24	11,371059	11,163701	10,962945	10,768530	10,580207
25	11,528758	11,312888	11,104097	10,902097	10,706612
26	11,674776	11,450705	11,234191	11,024917	10,822580
27	11,809978	11,578018	11,354093	11,137854	10,928972
28	11,935165	11,695629	11,464602	11,241705	11,026580
29	12,051078	11,804276	11,566453	11,337200	11,116128
30	12,158406	11,904643	11,660326	11,425012	11,198283
31	12,257783	11,997361	11,746844	11,505758	11,273654
32	12,349799	12,083012	11,826584	11,580007	11,342802
33	12,434999	12,162136	11,900078	11,648282	11,406240
34	12,513888	12,235230	11,967813	11,711064	11,464441
35	12,586934	12,302752	12,030243	11,768795	11,517835
36	12,654568	12,365129	12,087781	11,821880	11,566821
37	12,717193	12,422752	12,140812	11,870695	11,611763
38	12,775179	12,475984	12,189689	11,915581	11,652993
39	12,828869	12,525158	12,234736	11,956856	11,690820
40	12,878582	12,570585	12,276255	11,994810	11,725523

Finanzmathematische Tabellen

Rentenbarwerte bei jährlicher Zahlung

Renten-Barwert in DM einer jährlichen vorschüssigen Rentenzahlung von 1,– DM

Jahre	Zinssatz in %				
	9,25	9,50	9,75	10,00	10,25
1	1,000000	1,000000	1,000000	1,000000	1,000000
2	1,915332	1,913242	1,911162	1,909091	1,907029
3	2,753164	2,747253	2,741377	2,735537	2,729732
4	3,520059	3,508907	3,497838	3,486852	3,475947
5	4,222022	4,204481	4,187096	4,169865	4,152787
6	4,864551	4,839709	4,815122	4,790787	4,766700
7	5,452678	5,419825	5,387355	5,355261	5,323537
8	5,991010	5,949612	5,908752	5,868419	5,828605
9	6,483762	6,433436	6,383828	6,334926	6,286717
10	6,934793	6,875284	6,816700	6,759024	6,702238
11	7,347637	7,278798	7,211116	7,144567	7,079127
12	7,725526	7,647304	7,570493	7,495061	7,420977
13	8,071419	7,983839	7,897944	7,813692	7,731045
14	8,388027	8,291178	8,196304	8,103356	8,012286
15	8,677828	8,571852	8,468159	8,366687	8,267379
16	8,943092	8,828175	8,715862	8,606080	8,498757
17	9,185896	9,062260	8,941560	8,823709	8,708623
18	9,408143	9,276037	9,147207	9,021553	8,898978
19	9,611573	9,471266	9,334585	9,201412	9,071635
20	9,797778	9,649558	9,505317	9,364920	9,228240
21	9,968218	9,812382	9,660881	9,513564	9,370286
22	10,124227	9,961080	9,802625	9,648694	9,499126
23	10,267027	10,096876	9,931777	9,771540	9,615987
24	10,397736	10,220892	10,049455	9,883218	9,721984
25	10,517379	10,334148	10,156679	9,984744	9,818126
26	10,626891	10,437578	10,254377	10,077040	9,905329
27	10,727132	10,532034	10,343396	10,160945	9,984426
28	10,818885	10,618296	10,424506	10,237223	10,056169
29	10,902869	10,697074	10,498411	10,306567	10,121241
30	10,979743	10,769018	10,565751	10,369606	10,180264
31	11,050108	10,834719	10,627108	10,426914	10,233800
32	11,114516	10,894721	10,683014	10,479013	10,282358
33	11,173470	10,949517	10,733953	10,526376	10,326402
34	11,227432	10,999559	10,780368	10,569432	10,366351
35	11,276826	11,045259	10,822658	10,608575	10,402586
36	11,322037	11,086995	10,861192	10,644159	10,435452
37	11,363421	11,125109	10,896303	10,676508	10,465263
38	11,401301	11,159917	10,928294	10,705917	10,492302
39	11,435973	11,191705	10,957443	10,732651	10,516827
40	11,467710	11,220735	10,984003	10,756956	10,539072

Rentenbarwerte bei jährlicher Zahlung

Renten-Barwert in DM einer jährlichen vorschüssigen Rentenzahlung von 1,– DM

Jahre	Zinssatz in %				
	10,50	10,75	11,00	11,25	11,50
1	1,000000	1,000000	1,000000	1,000000	1,000000
2	1,904977	1,902935	1,900901	1,898876	1,896861
3	2,723961	2,718225	2,712523	2,706855	2,701221
4	3,465123	3,454380	3,443715	3,433128	3,422619
5	4,135858	4,119079	4,102446	4,085958	4,069614
6	4,742858	4,719258	4,695897	4,672771	4,649878
7	5,292179	5,261181	5,230538	5,200244	5,170294
8	5,789303	5,750502	5,712196	5,674376	5,637035
9	6,239188	6,192327	6,146123	6,100563	6,055637
10	6,646324	6,591266	6,537048	6,483652	6,431064
11	7,014773	6,951482	6,889232	6,828002	6,767771
12	7,348211	7,276733	7,206515	7,137530	7,069750
13	7,649964	7,570414	7,492356	7,415757	7,340583
14	7,923045	7,835588	7,749870	7,665849	7,583482
15	8,170176	8,075023	7,981865	7,890651	7,801329
16	8,393825	8,291217	8,190870	8,092720	7,996708
17	8,596221	8,486426	8,379162	8,274355	8,171935
18	8,779386	8,662687	8,548794	8,437622	8,329090
19	8,945146	8,821840	8,701617	8,584380	8,470036
20	9,095154	8,965544	8,839294	8,716296	8,596445
21	9,230909	9,095299	8,963328	8,834873	8,709816
22	9,353764	9,212460	9,075070	8,941459	8,811494
23	9,464945	9,318248	9,175739	9,037267	8,902685
24	9,565561	9,413768	9,266432	9,123386	8,984471
25	9,656616	9,500016	9,348137	9,200796	9,057822
26	9,739019	9,577893	9,421745	9,270379	9,123607
27	9,813592	9,648210	9,488058	9,332925	9,182607
28	9,881079	9,711702	9,547800	9,389146	9,235522
29	9,942153	9,769031	9,601622	9,439681	9,282979
30	9,997423	9,820796	9,650110	9,485107	9,325542
31	10,047442	9,867536	9,693793	9,525939	9,363715
32	10,092707	9,909739	9,733146	9,562642	9,397951
33	10,133672	9,947845	9,768600	9,595633	9,428655
34	10,170744	9,982253	9,800541	9,625288	9,456193
35	10,204293	10,013321	9,829316	9,651944	9,480891
36	10,234654	10,041373	9,855240	9,675905	9,503041
37	10,262131	10,066703	9,878594	9,697443	9,522907
38	10,286996	10,089574	9,899635	9,716802	9,540723
39	10,309499	10,110225	9,918590	9,734204	9,556703
40	10,329863	10,128871	9,935666	9,749847	9,571034

Finanzmathematische Tabellen 27 X

Rentenbarwerte bei jährlicher Zahlung

Renten-Barwert in DM einer jährlichen vorschüssigen Rentenzahlung von 1,– DM

Jahre	\multicolumn{5}{c}{Zinssatz in %}
	11,75	12,00	12,25	12,50	12,75
1	1,000000	1,000000	1,000000	1,000000	1,000000
2	1,894855	1,892857	1,890869	1,888889	1,886918
3	2,695619	2,690051	2,684515	2,679012	2,673541
4	3,412187	3,401831	3,391551	3,381344	3,371212
5	4,053411	4,037349	4,021426	4,005639	3,989988
6	4,627214	4,604776	4,582562	4,560568	4,538792
7	5,140684	5,111407	5,082461	5,053839	5,025536
8	5,600164	5,563757	5,527805	5,492301	5,457239
9	6,011333	5,967640	5,924547	5,882045	5,840123
10	6,379269	6,328250	6,277993	6,228485	6,179710
11	6,708518	6,650223	6,592867	6,536431	6,480896
12	7,003148	6,937699	6,873378	6,810161	6,748023
13	7,266799	7,194374	7,123277	7,053476	6,984943
14	7,502728	7,423548	7,345904	7,269757	7,195071
15	7,713851	7,628168	7,544235	7,462006	7,381438
16	7,902775	7,810864	7,720922	7,632894	7,546730
17	8,071834	7,973986	7,878327	7,784795	7,693330
18	8,223118	8,119630	8,018554	7,919818	7,823353
19	8,358495	8,249670	8,143478	8,039838	7,938672
20	8,479637	8,365777	8,254769	8,146523	8,040951
21	8,588042	8,469444	8,353914	8,241353	8,131664
22	8,685049	8,562003	8,442240	8,325647	8,212119
23	8,771856	8,644646	8,520926	8,400575	8,283475
24	8,849536	8,718434	8,591026	8,467178	8,346763
25	8,919048	8,784316	8,653475	8,526381	8,402894
26	8,981251	8,843139	8,709109	8,579005	8,452678
27	9,036913	8,895660	8,758672	8,625782	8,496832
28	9,086723	8,942554	8,802826	8,667362	8,535993
29	9,131296	8,984423	8,842161	8,704322	8,570725
30	9,171182	9,021806	8,877204	8,737175	8,601530
31	9,206874	9,055184	8,908422	8,766378	8,628852
32	9,238814	9,084986	8,936233	8,792336	8,653083
33	9,267395	9,111594	8,961010	8,815410	8,674575
34	9,292971	9,135352	8,983082	8,835920	8,693636
35	9,315858	9,156564	9,002746	8,854151	8,710542
36	9,336338	9,175504	9,020263	8,870356	8,725536
37	9,354665	9,192414	9,035869	8,884761	8,738835
38	9,371065	9,207513	9,049772	8,897565	8,750630
39	9,385740	9,220993	9,062158	8,908947	8,761091
40	9,398873	9,233030	9,073192	8,919064	8,770369

Blobel/Pelka 1399

Rentenbarwerte bei jährlicher Zahlung

Renten-Barwert in DM einer jährlichen vorschüssigen Rentenzahlung von 1,– DM

Jahre	Zinssatz in %				
	13,00	13,25	13,50	13,75	14,00
1	1,000000	1,000000	1,000000	1,000000	1,000000
2	1,884956	1,883002	1,881057	1,879121	1,877193
3	2,668102	2,662695	2,657319	2,651974	2,646661
4	3,361153	3,351166	3,341250	3,331406	3,321632
5	3,974471	3,959087	3,943833	3,928709	3,913712
6	4,517231	4,495882	4,474743	4,453810	4,433081
7	4,997550	4,969874	4,942505	4,915437	4,888668
8	5,422610	5,388410	5,354630	5,321263	5,288305
9	5,798770	5,757978	5,717735	5,678034	5,638864
10	6,131655	6,084307	6,037652	5,991678	5,946372
11	6,426243	6,372456	6,319517	6,267409	6,216116
12	6,686941	6,626893	6,567857	6,509810	6,452733
13	6,917647	6,851561	6,786658	6,722910	6,660292
14	7,121812	7,049944	6,979434	6,910251	6,842362
15	7,302488	7,225116	7,149281	7,074946	7,002072
16	7,462379	7,379793	7,298926	7,219732	7,142168
17	7,603875	7,516374	7,430772	7,347018	7,265060
18	7,729093	7,636975	7,546936	7,458917	7,372859
19	7,839905	7,743465	7,649283	7,557289	7,467420
20	7,937969	7,837497	7,739456	7,643771	7,550369
21	8,024752	7,920527	7,818904	7,719798	7,623131
22	8,101550	7,993843	7,888902	7,786636	7,686957
23	8,169513	8,058581	7,950575	7,845394	7,742944
24	8,229658	8,115745	8,004912	7,897050	7,792056
25	8,282883	8,166221	8,052786	7,942461	7,835137
26	8,329985	8,210791	8,094965	7,982384	7,872927
27	8,371668	8,250146	8,132128	8,017480	7,906077
28	8,408556	8,284898	8,164870	8,048334	7,935155
29	8,441200	8,315583	8,193718	8,075459	7,960662
30	8,470088	8,342678	8,219135	8,099304	7,983037
31	8,495653	8,366603	8,241529	8,120268	8,002664
32	8,518277	8,387729	8,261259	8,138697	8,019881
33	8,538299	8,406383	8,278642	8,154898	8,034983
34	8,556016	8,422855	8,293958	8,169141	8,048231
35	8,571696	8,437399	8,307452	8,181663	8,059852
36	8,585572	8,450242	8,319341	8,192670	8,070045
37	8,597851	8,461583	8,329816	8,202348	8,078987
38	8,608718	8,471596	8,339045	8,210855	8,086831
39	8,618334	8,480438	8,347176	8,218334	8,093711
40	8,626844	8,488246	8,354340	8,224909	8,099747

4.2 Rentenendwerte

28 Faktoren zur Ermittlung des Endwertes gleichbleibender jährlicher und monatlicher, vorschüssiger Einzahlungen von DM 1,– bei Zinssätzen von 3–13 bzw. 3–13,25% p. a. und Laufzeiten von 1–40 bzw. 1–30 Jahren bei nachschüssiger Verzinsung.

Anwendung der Tabelle anhand von Beispielen:

1. Ermittlung des Endwertes gleichbleibender vorschüssiger Zahlungen

Sie erhalten monatlich (a) eine Rente von DM 1000,– bzw. jährlich (b) eine Rente von DM 12000,– auf die Dauer von 10 Jahren. Sie möchten wissen, wie hoch der Endwert dieser Zahlungen einschließlich Zins und Zinseszins bei einem Zinssatz von 4,25% p. a. ist.

Den Tabellen entnehmen Sie die Faktoren für 10 Jahre und 4,25% und multiplizieren diese mit der jeweiligen Zahlung.

a) *jährliche Zahlung DM 12000,–*
12,662437 × 12000 = 151949,24

b) *monatliche Zahlung DM 1000,–*
149,735704 × 1000 = 149,73570

Der Endwert der Rente einschließlich Zins- und Zinseszins beträgt also DM 151949,24 bei Zahlung zu Beginn eines jeden Jahres und DM 149735,70 bei Zahlung zu Beginn eines jeden Monats.

2. Ermittlung der Rentenhöhe bei gegebener Laufzeit sowie vorgegebenem Endwert und Zinssatz

Sie wollen einen Endwert von DM 100000,– in Form einer Rente unter zugrunde legen eines Zinssatzes von 4% p. a. in 10 Jahren durch a) jährliche bzw. b) monatliche Zahlungen auszahlen.

Sie entnehmen den Tabellen die Endwertfaktoren für

a) jährliche Zahlungen: 12,486351
b) monatliche Zahlungen: 147,740637

Zur Ermittlung der Rentenhöhe dividieren Sie nun den Endwert durch die Endwertfaktoren:

a) *jährliche Rente:*
100000 : 12,486351 = DM 8008,74

b) *monatliche Rente:*
100000 : 147,740637 = DM 676,86

3. Ermittlung der Laufzeit einer vorgegebenen Rente bei gleichfalls gegebenem Endwert und Zinssatz

Sie wollen ermitteln, wie lange eine monatliche Rente von DM 1000,– bei einem Zinssatz von 4% p. a. zu leisten ist, um einen Endwert von DM 100000,– zu tilgen.

Sie dividieren den Endwert von DM 100000,– durch den Zahlungsbetrag von DM 1000,– und erhalten den Endwertfaktor von 100. Der Tabelle für monatliche Zahlungen entnehmen Sie, daß bei 4%-iger Verzinsung, die Laufzeit zwischen 7 und 8 Jahren liegen muß, da der Faktor für

siebenjährige Laufzeit   97,076673
und
achtjährige Laufzeit   113,294931

beträgt.

Der Jahreswert für das achte Jahr ergibt sich als Differenz der vorstehenden Werte mit 16,218258. Ein Zwölftel hiervon sind 1,351521 (Monatswert).

Ermittelter Rentenendwertfaktor	100,000000
Sieben-Jahres-Wert	97,067673
Differenz	2,923327

Diese Differenz dividieren Sie durch den Monatswert und erhalten die Anzahl der über sieben Jahre hinausgehenden Monate.
2,923327 : 1,3515215 = 2,163
Diese Ermittlung ergibt, daß die Rente – abgerundet – 7 Jahre und 2 Monate zu leisten ist.

4. Zinssatzermittlung

Sie möchten den Zinssatz ermitteln, mit dem bei vorgegebenem Endwert von DM 150785,– sowie vorgegebener Laufzeit von 8 Jahren eine Monatsrate von DM 1000,– zu verzinsen ist.
Sie dividieren den Endwert durch die Monatsrate und erhalten den Endwertfaktor.
150785 : 1000 = 150,784
In der 8-Jahreszeile entnehmen Sie die Endwertfaktoren für:
10,50%   150,784388

Finanzmathematische Tabellen

4.2.1 Rentenendwerte bei monatlicher Zahlung

29 Angesammeltes Kapital, zuzüglich Zinsen und Zinseszinsen einer monatlichen vorschüssigen Rentenzahlung von 1,– DM

Jahre	\multicolumn{6}{c}{Zinssatz in %}					
	3,00	3,25	3,50	3,75	4,00	4,25
1	12,196799	12,213362	12,229951	12,246565	12,263204	12,279869
2	24,764575	24,829625	24,894884	24,960352	25,026031	25,091920
3	37,714612	37,862079	38,010270	38,159187	38,308834	38,459216
4	51,058536	51,324455	51,592130	51,861574	52,132800	52,405820
5	64,808329	65,230935	65,657056	66,086725	66,519975	66,956838
6	78,976335	79,596168	80,222228	80,854584	81,493306	82,138464
7	93,575275	94,435289	95,305439	96,185856	97,076673	97,978027
8	108,618255	109,763931	110,925114	112,102035	113,294931	114,504040
9	124,118782	125,598242	127,100333	128,625438	130,173946	131,746253
10	140,090772	141,954903	143,850855	145,779229	147,740637	149,735704
11	156,548566	158,851146	161,197143	163,587460	166,023023	168,504777
12	173,506939	176,304771	179,160385	182,075098	185,050262	188,087259
13	190,981118	194,334165	197,762525	201,268063	204,852700	208,518400
14	208,986790	212,958322	217,026286	221,193265	225,461919	229,834981
15	227,540122	232,196863	236,975200	241,878639	246,910790	252,075373
16	246,657771	252,070054	257,633637	263,353187	269,233521	275,279614
17	266,356902	272,598832	279,026831	285,647016	292,465714	299,489473
18	286,655200	293,804824	301,180916	308,791384	316,644423	324,748532
19	307,570891	315,710370	324,122954	332,818739	341,808210	351,102261
20	329,122753	338,338547	347,880971	357,762769	367,997208	378,598101
21	351,330135	361,713194	372,483988	383,658446	395,253187	407,285547
22	374,212976	385,858936	397,962059	410,542077	423,619616	437,216242
23	397,791821	410,801211	424,346308	438,451352	453,141737	468,444065
24	422,087838	436,566293	451,668964	467,425403	483,866635	501,025231
25	447,122843	463,181328	479,963404	497,504851	515,843313	535,018389
26	472,919310	490,674352	509,264190	528,731869	549,122769	570,484734
27	499,500403	519,074331	539,607117	561,150239	583,758083	607,488109
28	526,889984	548,411183	571,029248	594,805410	619,804492	646,095125
29	555,112646	578,715814	603,568970	629,744571	657,319488	686,375282
30	584,193727	610,020149	637,266030	666,016705	696,362902	728,401089
31	614,159337	642,357169	672,161591	703,672668	736,997006	772,248198
32	645,036379	675,760938	708,298282	742,765255	779,286605	817,995541
33	676,852577	710,266647	745,720244	783,349274	823,299149	865,725469
34	709,636494	745,910649	784,473192	825,481626	869,104831	915,523903
35	743,417566	782,730494	824,604464	869,221382	916,776707	967,480487
36	778,226122	820,764970	866,163083	914,629866	966,390309	1021,688752
37	814,093412	860,054147	909,199815	961,770743	1018,026266	1078,246278
38	851,051641	900,639415	953,767233	1010,710105	1071,765431	1137,254879
39	889,133990	942,563531	999,919778	1061,516567	1127,694013	1198,820778
40	928,374650	985,870662	1047,713829	1114,261361	1185,901211	1263,054802

Rentenendwerte bei monatlicher Zahlung

Angesammeltes Kapital, zuzüglich Zinsen und Zinseszinsen einer monatlichen vorschüssigen Rentenzahlung von 1,– DM

Jahre	\multicolumn{6}{c}{Zinssatz in %}
	4,50	4,75	5,00	5,25	5,50	5,75
1	12,296560	12,313276	12,330017	12,346785	12,363577	12,380396
2	25,158021	25,224335	25,290862	25,357603	25,424558	25,491728
3	38,610336	38,762199	38,914808	39,068167	39,222280	39,377152
4	52,680648	52,957297	53,235781	53,516111	53,798302	54,082368
5	67,397348	67,841538	68,289442	68,741093	69,196527	69,655778
6	82,790130	83,448377	84,113276	84,784903	85,463332	86,148639
7	98,890054	99,812894	100,746689	101,691580	102,647713	103,615236
8	115,729606	116,971875	118,231098	119,507530	120,801429	122,113058
9	133,342763	134,963887	136,610043	138,281655	139,979156	141,702988
10	151,765066	153,829374	155,929289	158,065487	160,238658	162,449505
11	171,033687	173,610740	176,236945	178,913332	181,640956	184,420892
12	191,187504	194,352449	197,583579	200,882413	204,250511	207,689466
13	212,267185	216,101125	220,022347	224,033033	228,135422	232,331813
14	234,315262	238,905652	243,609125	248,428737	253,367631	258,429040
15	257,376224	262,817292	268,402648	274,136487	280,023134	286,067043
16	281,496602	287,889790	294,464654	301,226850	308,182217	315,336789
17	306,725067	314,179505	321,860042	329,774182	337,929694	346,334616
18	333,112523	341,745531	350,657030	359,856845	369,355163	379,162549
19	360,712213	370,649828	380,927326	391,557409	402,553275	413,928638
20	389,579829	400,957368	412,746309	424,962890	437,624021	450,747311
21	419,773618	432,736274	446,193211	460,164981	474,673033	489,739752
22	451,354505	466,057979	481,351320	497,260306	513,811900	531,034300
23	484,386212	500,997383	518,308184	536,350688	555,158508	574,766871
24	518,935389	537,633020	557,155832	577,543425	598,837389	621,081406
25	555,071750	576,047240	597,990999	620,951584	644,980102	670,130344
26	592,868209	616,326389	640,915371	666,694317	693,725627	722,075122
27	632,401031	658,561005	686,035835	714,897179	745,220783	777,086711
28	673,749983	702,846023	733,464748	765,692483	799,620670	835,346176
29	716,998499	749,280984	783,320214	819,219654	857,089138	897,045269
30	762,233845	797,970264	835,726380	875,625617	917,799280	962,387066
31	809,547294	849,023306	890,813745	935,065200	981,933951	1031,586632
32	859,034315	902,554864	948,719484	997,701555	1049,686322	1104,871729
33	910,794761	958,685267	1009,587791	1063,706611	1121,260459	1182,483565
34	964,933073	1017,540681	1073,570236	1133,261545	1196,871940	1264,677591
35	1021,558489	1079,253401	1140,826144	1206,557273	1276,748502	1351,724339
36	1080,785267	1143,962143	1211,522992	1283,794984	1361,130731	1443,910312
37	1142,732913	1211,812358	1285,836825	1365,186685	1450,272781	1541,538929
38	1207,526423	1282,956556	1363,952694	1450,955786	1544,443143	1644,931523
39	1275,296535	1357,554655	1446,065120	1541,337710	1643,925453	1754,428398
40	1346,179995	1435,774333	1532,378574	1636,580544	1749,019348	1870,389951

Rentenendwerte bei monatlicher Zahlung

Angesammeltes Kapital, zuzüglich Zinsen und Zinseszinsen einer monatlichen vorschüssigen Rentenzahlung von 1,– DM

Jahre	\multicolumn{6}{c}{Zinssatz in %}					
	6,00	6,25	6,50	6,75	7,00	7,25
1	12,397240	12,414110	12,431006	12,447928	12,464875	12,481849
2	25,559115	25,626719	25,694540	25,762579	25,830838	25,899316
3	39,532785	39,689186	39,846357	40,004302	40,163026	40,322533
4	54,368321	54,656176	54,945947	55,237647	55,531290	55,826891
5	70,118881	70,585871	71,056785	71,531658	72,010527	72,493428
6	86,840900	87,540193	88,246595	88,960187	89,681049	90,409261
7	104,594297	105,585047	106,587639	107,602230	108,628975	109,668035
8	123,442684	124,790579	126,157017	127,542279	128,946647	130,370413
9	143,453599	145,231446	147,036992	148,870712	150,733086	152,624606
10	164,698744	166,987106	169,315338	171,684200	174,094469	176,546935
11	187,254242	190,142130	193,085706	196,086145	199,144647	202,262442
12	211,200914	214,786527	218,448019	222,187146	226,005705	229,905539
13	236,624564	241,016096	245,508894	250,105506	254,808552	259,620716
14	263,616290	268,932799	274,382085	279,967764	285,693558	291,563291
15	292,272806	298,645155	305,188967	311,909270	318,811243	325,900228
16	322,696793	330,268664	338,059044	346,074797	354,323009	362,811003
17	354,997266	363,926254	373,130490	382,619198	392,401924	402,488547
18	389,289960	399,748761	410,550736	421,708111	433,233566	445,140252
19	425,697754	437,875437	450,477086	463,518705	477,016931	490,989057
20	464,351100	478,454490	493,077376	508,240484	523,965399	540,274609
21	505,388500	521,643661	538,530687	556,076147	574,307775	593,254523
22	548,956997	567,610838	587,028091	607,242510	628,289406	650,205721
23	595,212703	616,534707	638,773455	661,971481	686,173373	711,425884
24	644,321360	668,605448	693,984303	720,511117	748,241777	777,235006
25	696,458932	724,025474	752,892723	783,126547	814,797111	847,977067
26	751,812235	783,010217	815,746349	850,102174	886,163736	924,021833
27	810,579609	845,788965	882,809399	921,740962	962,689459	1005,766786
28	872,971626	912,605756	954,363785	998,367811	1044,747233	1093,639200
29	939,211846	983,720325	1030,710302	1080,330030	1132,736971	1188,098382
30	1009,537618	1059,409112	1112,169885	1167,999108	1227,087493	1289,638062
31	1084,200929	1139,966338	1199,084968	1261,772404	1328,258623	1398,788985
32	1163,469310	1225,705152	1291,820916	1362,074940	1436,743421	1516,121675
33	1247,626792	1316,958842	1390,767561	1469,361336	1553,070595	1642,249423
34	1336,974922	1414,082134	1496,340846	1584,117861	1677,807069	1777,831492
35	1431,833850	1517,452573	1608,984570	1706,864647	1811,560753	1923,576563
36	1532,543469	1627,471987	1729,172253	1838,158038	1954,983502	2080,246436
37	1639,464637	1744,568048	1857,409127	1978,593117	2108,774293	2248,660016
38	1752,980469	1869,195941	1994,234262	2128,806401	2273,682632	2429,697591
39	1873,497709	2001,840126	2140,222830	2289,478726	2450,512209	2624,305435
40	2001,448188	2143,016226	2295,988523	2461,338333	2640,124810	2833,500751

X 29

Rentenendwerte bei monatlicher Zahlung

Angesammeltes Kapital, zuzüglich Zinsen und Zinseszinsen einer monatlichen vorschüssigen Rentenzahlung von 1,– DM

Jahre	\	\	Zinssatz in %	\	\	\
	7,50	7,75	8,00	8,25	8,50	8,75
1	12,498848	12,515874	12,532926	12,550003	12,567107	12,584237
2	25,968015	26,036935	26,106078	26,175443	26,245032	26,314845
3	40,482828	40,643914	40,805795	40,968476	41,131961	41,296255
4	56,124463	56,424022	56,725581	57,029155	57,334760	57,642408
5	72,980400	73,471478	73,966702	74,466109	74,969738	75,477628
6	91,144906	91,888067	92,638827	93,397272	94,163488	94,937561
7	110,719571	111,783747	112,860730	113,950688	115,053791	116,170214
8	131,813867	133,277309	134,761040	136,265369	137,790607	139,337072
9	154,545769	156,497083	158,479066	160,492243	162,537151	164,614334
10	179,042407	181,581707	184,165675	186,795170	189,471064	192,194249
11	205,440782	208,680952	211,984261	215,352050	218,785690	222,286578
12	233,888533	237,956619	242,111776	246,356031	250,691462	255,120194
13	264,544756	269,583502	274,739859	280,016810	285,417414	290,944815
14	297,580901	303,750435	310,076058	316,562052	323,212825	330,032908
15	333,181728	340,661417	348,345143	356,238935	364,349007	372,681764
16	371,546340	380,536831	389,790544	399,315814	409,121252	419,215753
17	412,889296	423,614758	434,675892	446,084044	457,850957	469,988793
18	457,441814	470,152403	483,286702	496,859942	510,887925	525,387045
19	505,453059	520,427626	535,932186	551,986937	568,612879	585,831847
20	557,191542	574,740603	592,947218	611,837881	631,440193	651,782917
21	612,946618	633,415617	654,694471	676,817581	699,820871	723,741854
22	673,030105	696,802998	721,566714	747,365530	774,245779	802,255950
23	737,778030	765,281210	793,989321	823,958884	855,249172	887,922352
24	807,552504	839,259112	872,422969	907,115686	943,412528	981,392605
25	882,743752	919,178401	957,366571	997,398372	1039,368723	1083,377607
26	963,772292	1005,516248	1049,360449	1095,417575	1143,806573	1194,653017
27	1051,091288	1098,788146	1148,989775	1201,836253	1257,475779	1316,065152
28	1145,189085	1199,550990	1256,888285	1317,374175	1381,192309	1448,537425
29	1246,591938	1308,406400	1373,742318	1442,812788	1515,844256	1593,077368
30	1355,866959	1426,004314	1500,295178	1579,000505	1662,398210	1750,784296
31	1473,625283	1553,046870	1637,351864	1726,858438	1821,906201	1922,857667
32	1600,525492	1690,292593	1785,784186	1887,386634	1995,513247	2110,606203
33	1737,277294	1838,560933	1946,536319	2061,670835	2184,465578	2315,457845
34	1884,645493	1998,737147	2120,630799	2250,889821	2390,119576	2538,970616
35	2043,454269	2171,777592	2309,175035	2456,323386	2613,951518	2782,844467
36	2214,591783	2358,715435	2513,368349	2679,360994	2857,568167	3048,934206
37	2399,015147	2560,666817	2734,509608	2921,511171	3122,718313	3339,263609
38	2597,755776	2778,837519	2974,005482	3184,411714	3411,305321	3656,040807
39	2811,925157	3014,530165	3233,379396	3469,840767	3725,400796	4001,675084
40	3042,721063	3269,151993	3514,281517	3779,728847	4067,259454	4378,795200

Finanzmathematische Tabellen   29 X

Rentenendwerte bei monatlicher Zahlung

Angesammeltes Kapital, zuzüglich Zinsen und Zinseszinsen einer monatlichen vorschüssigen Rentenzahlung von 1,–DM

Jahre	Zinssatz in %					
	9,00	9,25	9,50	9,75	10,00	10,25
1	12,601393	12,618576	12,635785	12,653020	12,670281	12,687569
2	26,384884	26,455149	26,525640	26,596359	26,667306	26,738483
3	41,461361	41,627285	41,794030	41,961601	42,130003	42,299239
4	57,952116	58,263899	58,577771	58,893749	59,211846	59,532079
5	75,989818	76,506348	77,027258	77,552589	78,08 2381	78,616676
6	95,719580	96,509634	97,307812	98,114206	98,92 8908	99,752011
7	117,300130	118,443720	119,601162	120,772640	121,958338	123,158446
8	140,905085	142,494975	144,107073	145,741717	147,399251	149,080024
9	166,724347	168,867756	171,045136	173,257072	175,504160	177,787008
10	194,965634	197,786148	200,656737	203,578366	206,552020	209,578704
11	225,856149	229,495863	233,207218	236,991742	240,850997	244,786583
12	259,644407	264,266332	268,988255	273,812520	278,741525	283,777728
13	296,602236	302,392990	308,320474	314,388179	320,599686	326,958673
14	337,026965	344,199791	351,556321	359,101631	366,840944	374,779632
15	381,243812	390,041958	399,083221	408,374837	417,924266	427,739199
16	429,608505	440,309002	451,327051	462,672787	474,356679	486,389543
17	482,510139	495,428028	508,755955	522,507891	536,698303	551,342169
18	540,374312	555,867372	571,884539	588,444813	605,567910	623,274288
19	603,666543	622,140572	641,278483	661,105799	681,649064	702,935883
20	672,896021	694,810737	717,559607	741,176550	765,696910	791,157526
21	748,619703	774,495327	801,411449	829,412693	858,545663	888,859038
22	831,446788	861,871404	893,585384	926,646913	961,116894	997,059079
23	922,043625	957,681382	994,907359	1033,796809	1074,428673	1116,885771
24	1021,139070	1062,739337	1106,285296	1151,873553	1199,605677	1249,588458
25	1129,530352	1177,937921	1228,717223	1281,991435	1337,890348	1396,550729
26	1248,089483	1304,255951	1363,300223	1425,378377	1490,655231	1559,304853
27	1377,770279	1442,766720	1511,240261	1583,387520	1659,416594	1739,547743
28	1519,616028	1594,647124	1673,862991	1757,509997	1845,849477	1939,158659
29	1674,767886	1761,187654	1852,625633	1949,389000	2051,804319	2160,218793
30	1844,474059	1943,803367	2049,130036	2160,835290	2279,325324	2405,032975
31	2030,099842	2144,045906	2265,137026	2393,844285	2530,670752	2676,153699
32	2233,138603	2363,616686	2502,582188	2650,614889	2808,335330	2976,407739
33	2455,223801	2604,381347	2763,593209	2933,570245	3115,075018	3308,925618
34	2698,142122	2868,385613	3050,508943	3245,380603	3453,934360	3677,174253
35	2963,847857	3157,872665	3365,900370	3588,988513	3828,276702	4084,993097
36	3254,478623	3475,302208	3712,593635	3967,636603	4241,817580	4536,634171
37	3572,372559	3823,371368	4093,695368	4384,898172	4698,661591	5036,806401
38	3920,087140	4205,037606	4512,620528	4844,710916	5203,343141	5590,724707
39	4300,419746	4623,543852	4973,122997	5351,414086	5760,871443	6204,164382
40	4716,430175	5082,446058	5479,329225	5909,789435	6376,780244	6883,521304

Rentenendwerte bei monatlicher Zahlung

Angesammeltes Kapital, zuzüglich Zinsen und Zinseszinsen einer monatlichen vorschüssigen Rentenzahlung von 1,– DM

Jahre	Zinssatz in %					
	10,50	10,75	11,00	11,25	11,50	11,75
1	12,704884	12,722224	12,739592	12,756986	12,774407	12,791854
2	26,809889	26,881526	26,953394	27,025495	27,097829	27,170397
3	42,469315	42,640234	42,812002	42,984622	43,158100	43,332440
4	59,854463	60,179015	60,505749	60,834682	61,165829	61,499208
5	79,155515	79,698941	80,246995	80,799722	81,357163	81,919363
6	100,583610	101,423799	102,272676	103,130338	103,996885	104,872415
7	124,373154	125,602654	126,847143	128,106819	129,381884	130,672541
8	150,784388	152,512705	154,265339	156,042662	157,845051	159,672889
9	180,106231	182,462461	184,856336	187,288509	189,759642	192,270412
10	212,659443	215,795282	218,987288	222,236549	225,544175	228,911299
11	248,800131	252,893313	257,067834	261,325441	265,667917	270,097087
12	288,923647	294,181863	299,555017	305,045817	310,657037	316,391519
13	333,468914	340,134285	346,958766	353,946442	361,101507	368,428267
14	382,923222	391,277402	399,848023	408,641104	417,662840	426,919603
15	437,827566	448,197544	458,857563	469,816314	481,082762	492,666147
16	498,782558	511,547272	524,695618	538,239927	552,192941	566,567828
17	566,455001	582,052859	598,152376	614,770775	631,925893	649,636201
18	641,585180	660,522617	680,109464	700,369452	721,327208	743,008293
19	724,994964	747,856162	771,550532	796,110369	821,569268	847,962169
20	817,596794	845,054732	873,573053	903,195239	933,966612	965,934420
21	920,403665	953,232658	987,401502	1022,968159	1059,993182	1098,539834
22	1034,540208	1073,630149	1114,402047	1156,932486	1201,301650	1247,593494
23	1161,254992	1207,627500	1256,098947	1306,769702	1359,745087	1415,135624
24	1301,934183	1356,760925	1414,192847	1474,360521	1537,401270	1603,459516
25	1458,116705	1522,740166	1590,581189	1661,808496	1736,599921	1815,142919
26	1631,511081	1707,468091	1787,380985	1871,466419	1959,953268	2053,083325
27	1824,014115	1913,062516	2006,954224	2105,965858	2210,390291	2320,537625
28	2037,731648	2141,880478	2251,936224	2368,250183	2491,195139	2621,166695
29	2275,001590	2396,545262	2525,267254	2661,611512	2806,050194	2959,085501
30	2538,419499	2679,976474	2830,227834	2989,732033	3159,084362	3338,919424
31	2830,866969	2995,423512	3170,478097	3356,730221	3554,927216	3765,867576
32	3155,543161	3346,502820	3550,101724	3767,312534	3998,769708	4245,773959
33	3515,999789	3737,239348	3973,654956	4226,331228	4496,432243	4785,207460
34	3916,179981	4172,112698	4446,221275	4739,849032	5054,441002	5391,551764
35	4360,461411	4656,108477	4973,472418	5314,211473	5680,113529	6073,106423
36	4853,704187	5194,775456	5561,736450	5956,627787	6381,654686	6839,200454
37	5401,304020	5794,289187	6218,073712	6675,161400	7168,264252	7700,320039
38	6009,251243	6461,522796	6950,361557	7478,831142	8050,257566	8668,252055
39	6684,196348	7204,125787	7767,388899	8377,724447	9039,200796	9756,245411
40	7433,522733	8030,611735	8678,961695	9383,123967	10148,062618	10979,192398

Finanzmathematische Tabellen

Rentenendwerte bei monatlicher Zahlung

Angesammeltes Kapital, zuzüglich Zinsen und Zinseszinsen einer monatlichen vorschüssigen Rentenzahlung von 1,– DM

Jahre	Zinssatz in %					
	12,00	12,25	12,50	12,75	13,00	13,25
1	12,809328	12,826829	12,844357	12,861911	12,879492	12,897101
2	27,243200	27,316238	27,389512	27,463023	27,536773	27,610761
3	43,507647	43,683725	43,860679	44,038514	44,217234	44,396845
4	61,834834	62,172724	62,512894	62,855361	63,200141	63,547253
5	82,486367	83,058217	83,634960	84,216641	84,803306	85,395001
6	105,757031	106,650834	107,553928	108,466417	109,388409	110,320010
7	131,978997	133,301463	134,640150	135,995274	137,367055	138,755713
8	161,526565	163,406476	165,313023	167,246613	169,207663	171,196592
9	194,821505	197,413622	200,047476	202,723792	205,443309	208,206778
10	232,339076	235,828685	239,381329	242,998233	246,680651	250,429858
11	274,614815	279,223007	283,923614	288,718628	293,610085	298,600071
12	322,252175	328,241987	334,364013	340,621383	347,017306	353,555070
13	375,931145	383,614679	391,483530	399,542486	407,796459	416,250495
14	436,417952	446,164632	456,166588	466,430963	476,965108	487,776588
15	504,576000	516,822146	529,414721	542,364173	555,681278	569,377150
16	581,378194	596,638101	612,362081	628,565153	645,262836	662,471173
17	667,920829	686,799590	706,293004	726,422323	747,209559	768,677513
18	765,439236	788,647574	812,661887	837,511845	863,228241	889,843044
19	875,325418	903,696825	933,115718	963,623012	995,261270	1028,074773
20	999,147919	1033,658457	1069,519569	1106,787067	1145,519145	1185,776477
21	1138,674212	1180,465374	1223,985478	1269,309921	1316,517488	1365,690507
22	1295,895931	1346,301017	1398,905153	1453,809290	1511,119156	1570,945476
23	1473,057300	1533,631840	1596,986999	1663,256864	1732,582175	1805,110662
24	1672,687164	1745,243991	1821,298060	1901,026164	1984,614285	2072,258076
25	1897,635092	1984,284751	2075,311505	2170,946887	2271,435012	2377,033274
26	2151,112048	2254,309346	2362,960406	2477,366580	2597,846316	2724,736139
27	2436,736227	2559,333817	2688,698637	2825,220676	2969,312982	3121,413045
28	2758,584700	2903,894758	3057,569837	3220,111978	3392,054114	3573,961997
29	3121,251616	3293,116781	3475,285503	3668,400909	3873,147253	4090,252589
30	3529,913774	3732,788738	3948,313426	4177,307953	4420,646873	4679,262847
31	3990,404523	4229,449816	4483,977836	4755,029958	5043,719223	5351,235355
32	4509,297025	4790,486796	5090,572810	5410,872155	5752,795796	6117,855369
33	5093,998084	5424,243912	5777,490692	6155,398044	6559,747969	6992,454014
34	5752,853872	6140,146957	6555,367524	7000,599526	7478,085752	7990,240110
35	6495,269066	6948,843470	7436,247731	7960,090067	8523,183978	9128,564640
36	7331,841089	7862,361097	8433,770613	9049,323954	9712,539706	10427,222481
37	8274,511384	8894,286473	9563,381530	10285,845224	11066,065157	11908,796622
38	9336,735868	10059,967300	10842,571059	11689,570536	12606,421085	13599,050872
39	10533,677004	11376,740607	12291,145808	13283,108460	14359,396164	15527,377879
40	11882,420235	12864,190603	13931,535099	15092,126644	16354,338743	17727,310055

4.2.2 Rentenendwerte bei jährlicher Zahlung

30 Angesammeltes Kapital, zuzüglich Zinsen und Zinseszinsen einer jährlichen vorschüssigen Rentenzahlung von 1,– DM

Jahre	Zinssatz in %					
	3,00	3,25	3,50	3,75	4,00	4,25
1	1,030000	1,032500	1,035000	1,037500	1,040000	1,042500
2	2,090900	2,098556	2,106225	2,113906	2,121600	2,129306
3	3,183627	3,199259	3,214943	3,230678	3,246464	3,262302
4	4,309136	4,335735	4,362466	4,389328	4,416323	4,443450
5	5,468410	5,509147	5,550152	5,591428	5,632975	5,674796
6	6,662462	6,720694	6,779408	6,838607	6,898294	6,958475
7	7,892336	7,971616	8,051687	8,132554	8,214226	8,296710
8	9,159106	9,263194	9,368496	9,475025	9,582795	9,691820
9	10,463879	10,596748	10,731393	10,867838	11,006107	11,146223
10	11,807796	11,973642	12,141992	12,312882	12,486351	12,662437
11	13,192030	13,395285	13,601962	13,812116	14,025805	14,243091
12	14,617790	14,863132	15,113030	15,367570	15,626838	15,890922
13	16,086324	16,378684	16,676986	16,981354	17,291911	17,608786
14	17,598914	17,943491	18,295681	18,655654	19,023588	19,399660
15	19,156881	19,559155	19,971030	20,392742	20,824531	21,266645
16	20,761588	21,227327	21,705016	22,194969	22,697512	23,212978
17	22,414435	22,949715	23,499691	24,064781	24,645413	25,242029
18	24,116868	24,728081	25,357180	26,004710	26,671229	27,357316
19	25,870374	26,564244	27,279682	28,017387	28,778079	29,562501
20	27,676486	28,460082	29,269471	30,105539	30,969202	31,861408
21	29,536780	30,417534	31,328902	32,271996	33,247970	34,258018
22	31,452884	32,438604	33,460414	34,519696	35,617889	36,756483
23	33,426470	34,525359	35,666528	36,851685	38,082604	39,361134
24	35,459264	36,679933	37,949857	39,271123	40,645908	42,076482
25	37,553042	38,904531	40,313102	41,781290	43,311745	44,907233
26	39,709634	41,201428	42,759060	44,385588	46,084214	47,858290
27	41,930923	43,572975	45,290627	47,087548	48,967583	50,934767
28	44,218850	46,021596	47,910799	49,890831	51,966286	54,141995
29	46,575416	48,549798	50,622677	52,799237	55,084938	57,485530
30	49,002678	51,160167	53,429471	55,816709	58,328335	60,971165

Rentenendwerte bei jährlicher Zahlung

Angesammeltes Kapital, zuzüglich Zinsen und Zinseszinsen einer jährlichen vorschüssigen Rentenzahlung von 1,– DM

Jahre	Zinssatz in %					
	4,50	4,75	5,00	5,25	5,50	5,75
1	1,045000	1,047500	1,050000	1,052500	1,055000	1,057500
2	2,137025	2,144756	2,152500	2,160256	2,168025	2,175806
3	3,278191	3,294132	3,310125	3,326170	3,342266	3,358415
4	4,470710	4,498103	4,525631	4,553294	4,581091	4,609024
5	5,716892	5,759263	5,801913	5,844842	5,888051	5,931543
6	7,019152	7,080328	7,142008	7,204196	7,266894	7,330107
7	8,380014	8,464144	8,549109	8,634916	8,721573	8,809088
8	9,802114	9,913691	10,026564	10,140749	10,256260	10,373110
9	11,288209	11,432091	11,577893	11,725638	11,875354	12,027064
10	12,841179	13,022615	13,206787	13,393734	13,583498	13,776120
11	14,464032	14,688690	14,917127	15,149405	15,385591	15,625747
12	16,159913	16,433902	16,712983	16,997249	17,286798	17,581728
13	17,932109	18,262013	18,598632	18,942105	19,292572	19,650177
14	19,784054	20,176958	20,578564	20,989065	21,408663	21,837562
15	21,719337	22,182864	22,657492	23,143491	23,641140	24,150722
16	23,741707	24,284050	24,840366	25,411025	25,996403	26,596888
17	25,855084	26,485042	27,132385	27,797603	28,481205	29,183710
18	28,063562	28,790582	29,539004	30,309478	31,102671	31,919273
19	30,371423	31,205635	32,065954	32,953225	33,868318	34,812131
20	32,783137	33,735402	34,719252	35,735769	36,786076	37,871329
21	35,303378	36,385334	37,505214	38,664397	39,864310	41,106430
22	37,937030	39,161137	40,430475	41,746778	43,111847	44,527550
23	40,689196	42,068791	43,501999	44,990984	46,537998	48,145384
24	43,565210	45,114559	46,727099	48,405511	50,152588	51,971243
25	46,570645	48,305000	50,113454	51,999300	53,965981	56,017090
26	49,711324	51,646988	53,669126	55,781763	57,989109	60,295573
27	52,993333	55,147720	57,402583	59,762806	62,233510	64,820068
28	56,423033	58,814736	61,322712	63,952853	66,711354	69,604722
29	60,007070	62,655936	65,438848	68,362878	71,435478	74,664493
30	63,752388	66,679593	69,760790	73,004429	76,419429	80,015202

Rentenendwerte bei jährlicher Zahlung

Angesammeltes Kapital, zuzüglich Zinsen und Zinseszinsen einer jährlichen vorschüssigen Rentenzahlung von 1,– DM

Jahre	Zinssatz in %					
	6,00	6,25	6,50	6,75	7,00	7,25
1	1,060000	1,062500	1,065000	1,067500	1,070000	1,072500
2	2,183600	2,191406	2,199225	2,207056	2,214900	2,222756
3	3,374616	3,390869	3,407175	3,423533	3,439943	3,456406
4	4,637093	4,665298	4,693641	4,722121	4,750739	4,779496
5	5,975319	6,019380	6,063728	6,108364	6,153291	6,198509
6	7,393838	7,458091	7,522870	7,588179	7,654021	7,720401
7	8,897468	8,986722	9,076856	9,167881	9,259803	9,352630
8	10,491316	10,610892	10,731852	10,854213	10,977989	11,103196
9	12,180795	12,336572	12,494423	12,654372	12,816448	12,980677
10	13,971643	14,170108	14,371560	14,576042	14,783599	14,994276
11	15,869941	16,118240	16,370711	16,627425	16,888451	17,153861
12	17,882138	18,188130	18,499808	18,817276	19,140643	19,470016
13	20,015066	20,387388	20,767295	21,154942	21,550488	21,954093
14	22,275970	22,724100	23,182169	23,650401	24,129022	24,618264
15	24,672528	25,206856	25,754010	26,314303	26,888054	27,475588
16	27,212880	27,844784	28,493021	29,158019	29,840217	30,540069
17	29,905663	30,647583	31,410067	32,193685	32,999033	33,826724
18	32,759992	33,625557	34,516722	35,434259	36,378965	37,351661
19	35,785591	36,789655	37,825309	38,893571	39,995492	41,132156
20	38,992727	40,151508	41,348954	42,586387	43,865177	45,186738
21	42,392290	43,723477	45,101636	46,528468	48,005739	49,535276
22	45,995828	47,518695	49,098242	50,736640	52,436141	54,199084
23	49,815577	51,551113	53,354628	55,228863	57,176671	59,201017
24	53,864512	55,835558	57,887679	60,024311	62,249038	64,565591
25	58,156383	60,387780	62,715378	65,143452	67,676470	70,319096
26	62,705766	65,224516	67,856877	70,608135	73,483823	76,489731
27	67,528112	70,363549	73,332574	76,441684	79,697691	83,107736
28	72,639798	75,823771	79,164192	82,668998	86,346529	90,205547
29	78,058186	81,625256	85,374864	89,316655	93,460786	97,817949
30	83,801677	87,789335	91,989230	96,413030	101,073041	105,982251

Rentenendwerte bei jährlicher Zahlung

Angesammeltes Kapital, zuzüglich Zinsen und Zinseszinsen einer jährlichen vorschüssigen Rentenzahlung von 1,–DM

Jahre	\multicolumn{6}{c}{Zinssatz in %}					
	7,50	7,75	8,00	8,25	8,50	8,75
1	1,075000	1,077500	1,080000	1,082500	1,085000	1,087500
2	2,230625	2,238506	2,246400	2,254306	2,262225	2,270156
3	3,472922	3,489490	3,506112	3,522787	3,539514	3,556295
4	4,808391	4,837426	4,866601	4,895916	4,925373	4,954971
5	6,244020	6,289827	6,335929	6,382330	6,429030	6,476031
6	7,787322	7,854788	7,922803	7,991372	8,060497	8,130183
7	9,446371	9,541034	9,636628	9,733160	9,830639	9,929074
8	11,229849	11,357964	11,487558	11,618646	11,751244	11,885368
9	13,147087	13,315707	13,486562	13,659684	13,835099	14,012838
10	15,208119	15,425174	15,645487	15,869108	16,096083	16,326461
11	17,423728	17,698125	17,977126	18,260809	18,549250	18,842527
12	19,805508	20,147229	20,495297	20,849826	21,210936	21,578748
13	22,365921	22,786140	23,214920	23,652436	24,098866	24,554388
14	25,118365	25,629566	26,152114	26,686262	27,232269	27,790397
15	28,077242	28,693357	29,324283	29,970379	30,632012	31,309557
16	31,258035	31,994592	32,750226	33,525435	34,320733	35,136643
17	34,677388	35,551673	36,450244	37,373784	38,322995	39,298600
18	38,353192	39,384428	40,446263	41,539621	42,665450	43,824727
19	42,304681	43,514221	44,761964	46,049140	47,377013	48,746891
20	46,552532	47,964073	49,422921	50,930694	52,489059	54,099744
21	51,118972	52,758788	54,456755	56,214976	58,035629	59,920971
22	56,027895	57,925095	59,893296	61,935212	64,053658	66,251556
23	61,304987	63,491789	65,764759	68,127366	70,583219	73,136067
24	66,977862	69,489903	72,105940	74,830374	77,667792	80,622973
25	73,076201	75,952870	78,954415	82,086380	85,354555	88,764984
26	79,631916	82,916718	86,350768	89,941006	93,694692	97,619420
27	86,679310	90,420264	94,338830	98,443639	102,743741	107,248619
28	94,255258	98,505334	102,965936	107,647740	112,561959	117,720373
29	102,399403	107,216997	112,283211	117,611178	123,214725	129,108406
30	111,154358	116,603815	122,345868	128,396600	134,772977	141,492891

Rentenendwerte bei jährlicher Zahlung

Angesammeltes Kapital, zuzüglich Zinsen und Zinseszinsen einer jährlichen vorschüssigen Rentenzahlung von 1,– DM

Jahre	Zinssatz in %					
	9,00	9,25	9,50	9,75	10,00	10,25
1	1,090000	1,092500	1,095000	1,097500	1,100000	1,102500
2	2,278100	2,286056	2,294025	2,302006	2,310000	2,318006
3	3,573129	3,590016	3,606957	3,623952	3,641000	3,658102
4	4,984711	5,014593	5,044618	5,074787	5,105100	5,135557
5	6,523335	6,570943	6,618857	6,667079	6,715610	6,764452
6	8,200435	8,271255	8,342648	8,414619	8,487171	8,560308
7	10,028474	10,128846	10,230200	10,332544	10,435888	10,540240
8	12,021036	12,158264	12,297069	12,437468	12,579477	12,723114
9	14,192930	14,375404	14,560291	14,747621	14,937425	15,129734
10	16,560293	16,797629	17,038518	17,283014	17,531167	17,783031
11	19,140720	19,443909	19,752178	20,065607	20,384284	20,708292
12	21,953385	22,334971	22,723634	23,119504	23,522712	23,933392
13	25,019189	25,493456	25,977380	26,471156	26,974983	27,489065
14	28,360916	28,944100	29,540231	30,149594	30,772482	31,409194
15	32,003399	32,713930	33,441553	34,186679	34,949730	35,731136
16	35,973705	36,832468	37,713500	38,617380	39,544703	40,496078
17	40,301338	41,331972	42,391283	43,480075	44,599173	45,749426
18	45,018458	46,247679	47,513454	48,816882	50,159090	51,541242
19	50,160120	51,618089	53,122233	54,674028	56,274999	57,926719
20	55,764530	57,485262	59,263845	61,102246	63,002499	64,966708
21	61,873338	63,895149	65,988910	68,157215	70,402749	72,728295
22	68,531939	70,897951	73,352856	75,900043	78,543024	81,285446
23	75,789813	78,548511	81,416378	84,397797	87,497327	90,719704
24	83,700896	86,906748	90,245934	93,724083	97,347059	101,120974
25	92,323977	96,038122	99,914297	103,959681	108,181765	112,588373
26	101,723135	106,014149	110,501156	115,193249	120,099942	125,231182
27	111,968217	116,912958	122,093766	127,522091	133,209936	139,169878
28	123,135356	128,819906	134,787673	141,052995	147,630930	154,537290
29	135,307539	141,828247	148,687502	155,903162	163,494023	171,479862
30	148,575217	156,039860	163,907815	172,201221	180,943425	190,159048

Rentenendwerte bei jährlicher Zahlung

Angesammeltes Kapital, zuzüglich Zinsen und Zinseszinsen einer jährlichen vorschüssigen Rentenzahlung von 1,– DM

Jahre	Zinssatz in %					
	10,50	10,75	11,00	11,25	11,50	11,75
1	1,105000	1,107500	1,110000	1,112500	1,115000	1,117500
2	2,326025	2,334056	2,342100	2,350156	2,358225	2,366306
3	3,675258	3,692467	3,709731	3,727049	3,744421	3,761847
4	5,166160	5,196908	5,227801	5,258842	5,290029	5,321364
5	6,813606	6,863075	6,912860	6,962962	7,013383	7,064125
6	8,634035	8,708356	8,783274	8,858795	8,934922	9,011659
7	10,645609	10,752004	10,859434	10,967909	11,077438	11,188029
8	12,868398	13,015344	13,163972	13,314299	13,466343	13,620123
9	15,324579	15,521994	15,722009	15,924657	16,129972	16,337987
10	18,038660	18,298108	18,561430	18,828681	19,099919	19,375200
11	21,037720	21,372655	21,713187	22,059408	22,411410	22,769287
12	24,351680	24,777715	25,211638	25,653592	26,103722	26,562178
13	28,013607	28,548820	29,094918	29,652121	30,220650	30,800734
14	32,060035	32,725318	33,405359	34,100484	34,811025	35,537320
15	36,531339	37,350789	38,189948	39,049289	39,929293	40,830455
16	41,472130	42,473499	43,500843	44,554834	45,636161	46,745533
17	46,931703	48,146900	49,395936	50,679752	51,999320	53,355634
18	52,964532	54,430192	55,939488	57,493725	59,094242	60,742420
19	59,630808	61,388938	63,202832	65,074269	67,005080	68,997155
20	66,997043	69,095749	71,265144	73,507624	75,825664	78,221821
21	75,136732	77,631042	80,214309	82,889731	85,660615	88,530384
22	84,131089	87,083879	90,147884	93,327326	96,626586	100,050205
23	94,069854	97,552895	101,174151	104,939150	108,853643	112,923604
24	105,052188	109,147332	113,413307	117,857305	122,486812	127,309607
25	117,187668	121,988170	126,998771	132,228752	137,687796	143,386008
26	130,597373	136,209398	142,078636	148,216986	154,636892	161,351364
27	145,415097	151,959408	158,817286	166,003897	173,535135	181,427650
28	161,788683	169,402545	177,397187	185,791836	194,606675	203,862898
29	179,881494	188,720818	198,020878	207,805917	218,101443	228,934289
30	199,874051	210,115806	220,913174	232,296583	244,298109	256,951568

Rentenendwerte bei jährlicher Zahlung

Angesammeltes Kapital, zuzüglich Zinsen und Zinseszinsen einer jährlichen vorschüssigen Rentenzahlung von 1,– DM

Jahre	Zinssatz in %				
	12,00	12,25	12,50	12,75	13,00
1	1,120000	1,122500	1,125000	1,127500	1,130000
2	2,374400	2,382506	2,390625	2,398756	2,406900
3	3,779328	3,796863	3,814453	3,832098	3,849797
4	5,352847	5,384479	5,416260	5,448190	5,480271
5	7,115189	7,166578	7,218292	7,270334	7,322706
6	9,089012	9,166983	9,245579	9,324802	9,404658
7	11,299693	11,412439	11,526276	11,641214	11,757263
8	13,775656	13,932963	14,092061	14,252969	14,415707
9	16,548735	16,762251	16,978568	17,197723	17,419749
10	19,654583	19,938126	20,225889	20,517932	20,814317
11	23,133133	23,503047	23,879125	24,261469	24,650178
12	27,029109	27,504670	27,989016	28,482306	28,984701
13	31,392602	31,996492	32,612643	33,241300	33,882712
14	36,279715	37,038562	37,814223	38,607066	39,417464
15	41,753280	42,698286	43,666001	44,656966	45,671735
16	47,883674	49,051326	50,249252	51,478230	52,739060
17	54,749715	56,182614	57,655408	59,169204	60,725138
18	62,439681	64,187484	65,987334	67,840777	69,749406
19	71,052442	73,172951	75,360751	77,617977	79,946829
20	80,698736	83,259137	85,905845	88,641769	91,469917
21	91,502584	94,580882	97,769075	101,071094	104,491006
22	103,602894	107,289540	111,115210	115,085159	119,204837
23	117,155241	121,555008	126,129611	130,886016	135,831465
24	132,333870	137,567997	143,020812	148,701483	154,619556
25	149,333934	155,542576	162,023414	168,788423	175,850098
26	168,374007	175,719042	183,401340	191,436446	199,840611
27	189,698887	198,367125	207,451508	216,972093	226,949890
28	213,582754	223,789597	234,507946	245,763535	257,583376
29	240,332684	252,326323	264,946440	278,225886	292,199215
30	270,292606	284,358798	299,189745	314,827187	331,315113

5. LEIBRENTEN

5.1 Anwendung der Zeitrententabellen

31 Leibrenten sind Renten, deren Empfängern eine lebenslängliche Nutzung des Rentenstammrechtes zusteht.

Die Ermittlung von Gegenwarts- oder Barwerten von Leibrenten richtet sich nach der durchschnittlichen Lebensdauer des Rentenberechtigten, gerechnet vom vollendeten Lebensjahr des Rentenberechtigten bei Beginn der Rente.

Für Zwecke der Besteuerung ermitteln sich die Kapitalbarwerte solcher Renten auf der Basis eines Zinssatzes von 5,5% p. a. und der derzeit zugrunde liegenden Sterbetafel 1960/1962. Diese Werte sind als Anlage 9 zum BewG wiedergegeben (s. Rz. 19). Die Verwendung der Anlage 9 ist für Zwecke der Besteuerung gemäß § 14 Abs. 1 BewG zwingend.

Aufgrund der gestiegenen Lebenserwartung empfiehlt es sich jedoch, für Kaufpreisermittlungen oder andere Zwecke neuere Daten in die Berechnungen einzubeziehen und nach der „Abgekürzten Sterbetafel 1981/1983" vorzugehen, die im folgenden als Tabelle aufgeführt ist. Die Ermittlung der Barwerte von Leibrenten kann somit durch Entnahme der durchschnittlichen Lebenserwartung aus dieser Tabelle sowie der Anwendung dieser Laufzeit auf die Zeitrententabellen ermittelt werden.

Anwendungsbeispiel:
Der männliche Unternehmensverkäufer im Alter von 60 Jahren möchte den ermittelten Kaufpreis von 1 000 000 DM in Form einer lebenslänglichen, monatlich vorschüssig zahlbaren Rente ausgezahlt erhalten. Es wird ein Zinssatz von 7,25% p. a. vereinbart.
Der abgekürzten Sterbetafel 1981/83 entnehmen Sie die Lebenserwartung mit 17 Jahren.
Der 17-Jahres-7,25% Faktor der Rentenbarwerttabelle für monatlich vorschüssige Zahlungen (Rz. 26) beträgt 117,786645. Sie dividieren den Kaufpreis durch diesen Faktor.
1 000 000 : 117,786645 = 8489,93
Die monatlich vorschüssig zu leistende Rente zur Ablösung der Kapitalsumme beträgt 8489,93 DM.

5.2 Lebenserwartung nach abgekürzter Sterbetafel 1981/1983

32

Vollendetes Lebensalter	Lebenserwartung* Männer	Lebenserwartung* Frauen	Vollendetes Lebensalter	Lebenserwartung* Männer	Lebenserwartung* Frauen
20	52	58	46	28	33
21	51	57	47	27	32
22	50	56	48	26	31
23	49	55	49	25	31
24	48	54	50	24	30
25	47	53	51	24	29
26	46	52	52	23	28
27	45	51	53	22	27
28	44	50	54	21	26
29	44	50	55	20	25
30	43	49	56	20	24
31	42	48	57	19	23
32	41	47	58	18	23
33	40	46	59	17	22
34	39	45	60	17	21
35	38	44	61	16	20
36	37	43	62	15	19
37	36	42	63	15	18
38	35	41	64	14	18
39	34	40	65	13	17
40	33	39	66	13	16
41	32	38	67	12	15
42	31	37	68	11	15
43	30	36	69	11	14
44	30	35	70	10	13
45	29	34	71	10	12

Vollendetes Lebensalter	Lebenserwartung* Männer	Frauen	Vollendetes Lebensalter	Lebenserwartung* Männer	Frauen
72	9	12	82	5	6
73	9	11	83	5	6
74	8	10	84	5	5
75	8	10	85	4	5
76	7	9	86	4	5
77	7	9	87	4	4
78	6	8	88	4	4
79	6	8	89	4	4
80	6	7	90	3	4
81	5	7			

* Die Zahlen der mittleren Lebenserwartung sind jeweils auf- oder abgerundet. Quelle: Wirtschaft und Statistik 12/1984 S. 472* bis 474*.

6. Ertragsanteile aus Leibrenten

Leibrenten sind, insoweit als in den einzelnen bezügen Einkünfte aus Erträgen des Rentenrechts enthalten sind, als Sonstige Einkünfte einkommensteuerpflichtig. Der Ertrag des Rentenrechts (Ertragsanteil) ist der unter a) für § 22 Nr. 1a EStG aufgeführten Tabelle zu entnehmen.

Der Ertrag aus Leibrenten, die auf eine bestimmte Zeit beschränkt sind (abgekürzte Leibrenten), ist nach der Lebenserwartung unter Berücksichtigung der zeitlichen Begrenzung zu ermitteln. Der Ertragsanteil ist aus der nachstehenden, unter b) aufgeführten Tabelle für § 55 Abs. 2 EStDV zu entnehmen.

a) § 22 Nr. 1a EStG (für die Zeit ab 1982)

Bei Beginn der Retne vollendetes Lebensjahr des Rentenberechtigten	Ertragsanteil in v. H.	Bei Beginn der Rente vollendetes Lebensjahr des Rentenberechtigten	Ertragsanteil in v. H.	Bei Beginn der Rente vollendetes Lebensjahr des Rentenberechtigten	Ertragsanteil in v. H.
0 bis 2	72	42	48	66	23
3 bis 5	71	43 bis 44	47	67	22
6 bis 8	70	45	46	68	21
9 bis 10	69	46	45	69	20
11 bis 12	68	47	44	70	19
13 bis 14	67	48	43	71	18
15 bis 16	66	49	42	72	17
17 bis 18	65	50	41	73	16
19 bis 20	64	51	39	74	15
21 bis 22	63	52	38	75	14
23 bis 24	62	53	37	76 bis 77	13
25 bis 26	61	54	36	78	12
27	60	55	35	79	11
28 bis 29	59	56	34	80	10
30	58	57	33	81 bis 82	9
31 bis 32	57	58	32	83	8
33	56	59	31	84 bis 85	7
34	55	60	29	86 bis 87	6
35	54	61	28	88 bis 89	5
36 bis 37	53	62	27	90 bis 91	4
38	52	63	26	92 bis 93	3
39	51	64	25	94 bis 96	2
40	50	65	24	ab 97	1
41	49				

Finanzmathematische Tabellen 34 X

Anwendungsbeispiel: Ertragsanteile privater Leibrenten gemäß § 22 Nr. 1 Buchstabe a EStG

Geburtsdatum des Rentenberechtigten:	15. Januar 1921
Beginn des Rentenbezuges: 1. Januar 1985	
Vollendetes Lebensjahr des Rentenberechtigten bei Rentenbezug:	63 Jahre
Höhe des Rentenbezuges:	6000 DM/p. a.
Ertragsanteil der Rente lt. Tabelle:	26%
zu versteuernde Einnahmen: 0,26 × 6000 DM =	1560 DM

b) § 55 Abs. 2 EStDV (für die Zeit ab 1982)

Beschränkung der Laufzeit der Rente auf... Jahre ab Beginn des Rentenbezugs (ab 1. Januar 1955, falls die Rente vor diesem Zeitpunkt zu laufen begonnen hat)	Der Ertragsanteil beträgt, vorbehaltlich der Spalte 3, ... v. H.	Der Ertragsanteil ist der Tabelle in § 22 Nr. 1 Buchstabe a des Gesetzes zu entnehmen, wenn die Rentenberechtigte zu Beginn des Rentenbezugs (vor dem 1. Januar 1955, falls die Rente vor diesem Zeitpunkt zu laufen begonnen hat) das...te Lebensjahr vollendet hatte
1	2	3
1	0	entfällt
2	2	97
3	5	90
4	7	86
5	9	83
6	10	81
7	12	79
8	14	76
9	16	74
10	17	73
11	19	71
12	21	69
13	22	68
14	24	66
15	25	65
16	26	64
17	28	62
18	29	61
19	30	60
20	31	60
21	33	58
22	34	57
23	35	56
24	36	55
25	37	54
26	38	53
27	39	52
28	40	51
29	41	51
30	42	50
31	43	49
32	44	48
33	45	47
34	46	46
35	47	45
36	48	43
37–38	49	42
39	50	41
40	51	40
41–42	52	39
43	53	38
44	54	36

Beschränkung der Laufzeit der Rente auf ... Jahre ab Beginn des Rentenbezugs (ab 1. Januar 1955, falls die Rente vor diesem Zeitpunkt zu laufen begonnen hat)	Der Ertragsanteil beträgt, vorbehaltlich der Spalte 3, ... v. H.	Der Ertragsanteil ist der Tabelle in § 22 Nr. 1 Buchstabe a des Gesetzes zu entnehmen, wenn die Rentenberechtigte zu Beginn des Rentenbezugs (vor dem 1. Januar 1955, falls die Rente vor diesem Zeitpunkt zu laufen begonnen hat) das ... te Lebensjahr vollendet hatte
1	2	3
45–46	55	35
47–48	56	34
49	57	33
50–51	58	31
52–53	59	30
53–55	60	28
56–57	61	27
58–59	62	25
60–62	63	23
63–64	64	21
65–67	65	19
68–70	66	17
71–74	67	15
75–77	68	13
78–82	69	11
83–87	70	9
88–93	1	6
mehr als 93	Der Ertragsanteil ist immer der Tabelle in § 22 Nr. 1 Buchstabe a des Gesetzes zu entnehmen.	

Anwendungsbeispiel: Ertragsanteile privater abgekürzter Leibrenten gemäß § 55 Nr. 2 EStDV

Lebenslängliche Rente mit Beschränkung der Laufzeit auf:	10 Jahre
Geburtsdatum des Rentenberechtigten:	15. Januar 1919
Beginn des Rentenbezuges:	1. Januar 1985
Vollendetes Lebensjahr des Rentenberechtigten bei Rentenbezug:	65 Jahre
Höhe des Rentenbezugs:	6000 DM/P. a.
Ertragsanteil der Rente lt. Tabelle:	17%
zu versteuernde Einnahmen: 0,17 × 6000 DM =	1020 DM

7. Tilgungsdauer von Annuitätendarlehen

35 Die Tabelle gibt an, welche Laufzeit ein Darlehen bei bestimmtem Nominalzinssatz und Tilgungsprozentsatz p. a. hat, das in gleichbleibenden jährlichen Raten nachschüssig verzinst und getilgt wird.

Anwendung der Tabelle anhand von Beispielen:

Sie möchten wissen, welche Laufzeit ein Darlehen mit einer Anfangsannuität von 8%, bestehend aus einem Nominalzinssatz von 7% und 1% Tilgung, hat.
Der 7% Zins-Spalte und der 1% Tilgungs-Zeile entnehmen Sie die Laufzeit von 30 Jahren und 264 Tagen.
Bei gleicher Anfangsannuität von 8% p. a., jedoch zusammengesetzt aus 5,5% Nominalzinssatz und 2,5% Tilgung ergibt sich eine Laufzeit von 21 Jahren und 261 Tagen.

Finanzmathematische Tabellen 35 **X**

Laufzeit-Annuitäten

Laufzeit in Jahr und Tag eines Darlehens bei einer festen, jährlichen, nachschüssigen Annuität in % des Darlehens (Summe aus Zinssatz und Tilgungssatz)

Til- gung %	Zinsen in %										
	4,00		4,25		4,50		4,75		5,00		5,25	
	Jahre	Tage	Jahre	Tage	Jahre	Tage	Jahre	Tage	Jahre	Tage	Jahre	Tage
0,5	56	8	54	32	52	112	50	241	49	53	47	263
1,0	41	13	39	303	38	263	37	250	36	261	35	293
1,5	33	46	32	102	31	178	30	271	30	19	29	142
2,0	28	4	27	135	26	280	26	76	25	244	25	61
2,5	24	130	23	311	23	141	22	340	22	186	22	40
3,0	21	217	21	72	20	294	20	163	20	37	19	277
3,5	19	156	19	36	18	281	18	172	18	67	17	327
4,0	17	242	17	141	17	45	16	312	16	223	16	138
4,5	16	78	15	352	15	269	15	190	15	113	15	40
5,0	14	355	14	281	14	210	14	141	14	74	14	10
5,5	13	337	13	272	13	210	13	149	13	91	13	35
6,0	13	9	12	312	12	257	12	204	12	152	12	103
6,5	12	82	12	32	11	343	11	296	11	250	11	205
7,0	11	189	11	144	11	100	11	58	11	17	10	337
7,5	10	323	10	283	10	244	10	206	10	169	10	133
8,0	10	122	10	85	10	50	10	16	9	342	9	310
8,5	9	300	9	267	9	235	9	204	9	173	9	144
9,0	9	135	9	105	9	76	9	48	9	20	8	353
9,5	8	345	8	318	8	291	8	265	8	240	8	215
10,0	8	208	8	183	8	159	8	135	8	112	8	89

Til- gung %	Zinsen in %										
	5,50		5,75		6,00		6,25		6,50		6,75	
	Jahre	Tage	Jahre	Tage	Jahre	Tage	Jahre	Tage	Jahre	Tage	Jahre	Tage
0,5	46	148	45	64	44	7	42	335	41	326	40	338
1,0	34	346	34	56	33	142	32	244	31	358	31	126
1,5	28	278	28	65	27	224	27	32	26	209	26	36
2,0	24	247	24	82	23	285	23	135	22	351	22	214
2,5	21	261	21	128	21	1	20	239	20	123	20	11
3,0	19	163	19	53	18	308	18	206	18	109	18	16
3,5	17	230	17	138	17	49	16	324	16	241	16	162
4,0	16	56	15	337	15	261	15	188	15	117	15	49
4,5	14	329	14	261	14	195	14	131	14	70	14	10
5,0	13	309	13	249	13	191	13	135	13	81	13	29
5,5	12	341	12	288	12	237	12	188	12	140	12	93
6,0	12	54	12	8	11	322	11	278	11	236	11	194
6,5	11	162	11	121	11	80	11	41	11	2	10	325
7,0	10	299	10	261	10	225	10	189	10	155	10	121
7,5	10	98	10	65	10	31	9	359	9	328	9	297
8,0	9	278	9	247	9	217	9	188	9	160	9	132
8,5	9	115	9	87	9	60	9	33	9	7	8	341
9,0	8	327	8	301	8	276	8	252	8	228	8	204
9,5	8	191	8	168	8	145	8	122	8	100	8	79
10,0	8	67	8	45	8	24	8	3	7	343	7	323

Blobel/Pelka

Tilgung %	Zinsen in %											
	7,00		7,25		7,50		7,75		8,00		8,25	
	Jahre	Tage	Jahre	Tage	Jahre	Tage	Jahre	Tage	Jahre	Tage	Jahre	Tage
0,5	40	9	39	57	38	121	37	200	36	293	36	38
1,0	30	264	30	54	29	213	29	21	28	198	28	23
1,5	25	230	25	71	24	279	24	134	23	354	23	220
2,0	22	83	21	317	21	196	21	80	20	328	20	221
2,5	19	263	19	160	19	61	18	325	18	233	18	144
3,0	17	286	17	200	17	116	17	35	16	318	16	242
3,5	16	86	16	12	15	300	15	231	15	165	15	100
4,0	14	343	14	279	14	217	14	157	14	99	14	43
4,5	13	312	13	257	13	202	13	150	13	99	13	50
5,0	12	338	12	289	12	241	12	195	12	150	12	106
5,5	12	48	12	4	11	322	11	281	11	240	11	201
6,0	11	154	11	115	11	77	11	40	11	3	10	328
6,5	10	289	10	254	10	219	10	186	10	153	10	121
7,0	10	88	10	56	10	25	9	355	9	325	9	296
7,5	9	268	9	239	9	210	9	183	9	156	9	129
8,0	9	105	9	78	9	52	9	27	9	2	8	338
8,5	8	317	8	292	8	269	8	245	8	223	8	200
9,0	8	181	8	159	8	137	8	116	8	95	8	74
9,5	8	57	8	37	8	17	7	357	7	338	7	319
10,0	7	303	7	284	7	266	7	247	7	229	7	212

Tilgung %	Zinsen in %											
	8,50		8,75		9,00		9,25		9,50		9,75	
	Jahre	Tage	Jahre	Tage	Jahre	Tage	Jahre	Tage	Jahre	Tage	Jahre	Tage
0,5	35	155	34	282	34	60	33	207	33	3	32	168
1,0	27	215	27	54	26	259	26	110	25	327	25	190
1,5	23	92	22	328	22	209	22	94	21	343	21	237
2,0	20	118	20	18	19	281	19	188	19	99	19	12
2,5	18	58	17	335	17	255	17	177	17	102	17	30
3,0	16	170	16	99	16	31	15	325	15	261	15	199
3,5	15	37	14	337	14	278	14	221	14	165	14	111
4,0	13	348	13	295	13	244	13	194	13	145	13	98
4,5	13	1	12	315	12	269	12	225	12	182	12	140
5,0	12	63	12	22	11	341	11	302	11	263	11	226
5,5	11	163	11	126	11	90	11	54	11	20	10	346
6,0	10	294	10	260	10	228	10	196	10	165	10	134
6,5	10	90	10	60	10	30	10	1	9	333	9	306
7,0	9	268	9	240	9	213	9	187	9	161	9	136
7,5	9	104	9	78	9	54	9	30	9	6	8	343
8,0	8	315	8	291	8	269	8	247	8	225	8	204
8,5	8	179	8	157	8	137	8	116	8	96	8	77
9,0	8	54	8	35	8	16	7	357	7	338	7	320
9,5	7	300	7	282	7	264	7	247	7	230	7	213
10,0	7	195	7	178	7	161	7	145	7	129	7	113

Finanzmathematische Tabellen

| Tilgung % | Zinsen in % ||||||||||||
| | 10,00 || 10,25 || 10,50 || 10,75 || 11,00 || 11,25 ||
	Jahre	Tage	Jahre	Tage	Jahre	Tage	Jahre	Tage	Jahre	Tage	Jahre	Tage
0,5	31	340	31	159	30	345	30	178	30	16	29	221
1,0	25	57	24	289	24	166	24	47	23	292	23	181
1,5	21	134	21	34	20	298	20	204	20	114	20	27
2,0	18	288	18	206	18	128	18	51	17	337	17	265
2,5	16	319	16	251	16	184	16	120	16	57	15	357
3,0	15	139	15	80	15	23	14	328	14	274	14	222
3,5	14	59	14	8	13	318	13	270	13	223	13	177
4,0	13	52	13	7	12	323	12	281	12	240	12	199
4,5	12	100	12	60	12	21	11	343	11	306	11	270
5,0	11	190	11	154	11	119	11	85	11	52	11	20
5,5	10	313	10	281	10	250	10	220	10	190	10	161
6,0	10	105	10	76	10	47	10	20	9	353	9	326
6,5	9	279	9	252	9	226	9	201	9	176	9	152
7,0	9	111	9	87	9	64	9	41	9	18	8	356
7,5	8	320	8	298	8	277	8	255	8	235	8	214
8,0	8	183	8	163	8	143	8	123	8	104	8	85
8,5	8	57	8	39	8	20	8	2	7	344	7	327
9,0	7	302	7	285	7	268	7	251	7	235	7	218
9,5	7	196	7	180	7	164	7	149	7	133	7	118
10,0	7	98	7	83	7	68	7	54	7	39	7	25

| Tilgung % | Zinsen in % ||||||||||||
| | 11,50 || 11,75 || 12,00 || 12,25 || 12,50 || 12,75 ||
	Jahre	Tage	Jahre	Tage	Jahre	Tage	Jahre	Tage	Jahre	Tage	Jahre	Tage
0,5	29	70	28	285	28	145	28	9	27	238	27	111
1,0	23	73	22	329	22	228	22	130	22	35	21	303
1,5	19	302	19	220	19	140	19	62	18	347	18	274
2,0	17	195	17	127	17	61	16	357	16	295	16	234
2,5	15	297	15	240	15	184	15	130	15	76	15	25
3,0	14	171	14	121	14	73	14	25	13	339	13	295
3,5	13	133	13	89	13	47	13	6	12	325	12	286
4,0	12	160	12	121	12	84	12	47	12	11	11	336
4,5	11	235	11	201	11	167	11	135	11	102	11	71
5,0	10	349	10	318	10	287	10	258	10	229	10	201
5,5	10	132	10	104	10	77	10	50	10	24	9	358
6,0	9	300	9	275	9	250	9	225	9	202	9	178
6,5	9	129	9	105	9	83	9	60	9	38	9	17
7,0	8	334	8	313	8	292	8	271	8	251	8	232
7,5	8	194	8	175	8	155	8	136	8	118	8	100
8,0	8	67	8	48	8	31	8	13	7	356	7	339
8,5	7	310	7	293	7	277	7	260	7	244	7	299
9,0	7	202	7	187	7	172	7	156	7	142	7	127
9,5	7	103	7	89	7	75	7	60	7	47	7	33
10,0	7	12	6	358	6	345	6	331	6	319	6	306

Tilgung %	Zinsen in %										
	13,00		13,25		13,50		13,75		14,00		14,25	
	Jahre	Tage	Jahre	Tage	Jahre	Tage	Jahre	Tage	Jahre	Tage	Jahre	Tage
0,5	26	348	26	229	26	113	26	1	25	252	25	146
1,0	21	214	21	127	21	42	20	320	20	240	20	163
1,5	18	203	18	133	18	66	18	0	17	296	17	234
2,0	16	175	16	117	16	61	16	7	15	313	15	261
2,5	14	334	14	285	14	237	14	190	14	145	14	100
3,0	13	251	13	208	13	166	13	126	13	86	13	47
3,5	12	247	12	210	12	173	12	137	12	102	12	68
4,0	11	302	11	269	11	236	11	204	11	172	11	142
4,5	11	40	11	10	10	341	10	312	10	284	10	257
5,0	10	173	10	146	10	119	10	93	10	68	10	43
5,5	9	333	9	308	9	284	9	261	9	237	9	215
6,0	9	155	9	133	9	111	9	89	9	68	9	47
6,5	8	356	8	335	8	315	8	295	8	276	8	257
7,0	8	212	8	193	8	175	8	156	8	138	8	121
7,5	8	82	8	64	8	47	8	30	8	14	7	357
8,0	7	323	7	306	7	290	7	275	7	259	7	244
8,5	7	213	7	198	7	184	7	169	7	155	7	140
9,0	7	113	7	99	7	85	7	71	7	58	7	45
9,5	7	20	7	7	6	354	6	341	6	328	6	316
10,0	6	293	6	281	6	269	6	257	6	245	6	234

Tilgung %	Zinsen in %										
	14,50		14,75		15,00		15,25		15,50		15,75	
	Jahre	Tage	Jahre	Tage	Jahre	Tage	Jahre	Tage	Jahre	Tage	Jahre	Tage
0,5	25	43	24	303	24	205	24	111	24	18	23	288
1,0	20	87	20	13	19	302	19	232	19	164	19	97
1,5	17	173	17	114	17	57	17	0	16	305	16	251
2,0	15	210	15	161	15	112	15	65	15	19	14	334
2,5	14	57	14	14	13	332	13	292	13	252	13	213
3,0	13	9	12	332	12	295	12	260	12	225	12	191
3,5	12	34	12	1	11	329	11	297	11	266	11	236
4,0	11	112	11	82	11	53	11	25	10	358	10	330
4,5	10	229	10	203	10	177	10	152	10	127	10	102
5,0	10	18	9	354	9	331	9	308	9	285	9	263
5,5	9	192	9	170	9	149	9	128	9	107	9	87
6,0	9	27	9	7	8	347	8	328	8	309	8	290
6,5	8	238	8	219	8	201	8	183	8	166	8	149
7,0	8	103	8	86	8	70	8	53	8	37	8	21
7,5	7	341	7	325	7	310	7	295	7	280	7	265
8,0	7	229	7	215	7	200	7	186	7	172	7	158
8,5	7	127	7	113	7	99	7	86	7	73	7	60
9,0	7	32	7	19	7	6	6	354	6	342	6	330
9,5	6	304	6	292	6	280	6	269	6	257	6	246
10,0	6	222	6	211	6	200	6	189	6	179	6	168

Finanzmathematische Tabellen

8. Ermittlung von Annuitäten

Faktoren zur Ermittlung gleichbleibender Kapitaldienstraten (Zins und Tilgung) für Zinssätze von 4 bis 12,5% p. a. und Laufzeiten von 1 bis 35 Jahren bei nachschüssiger Verzinsung und Tilgung.

Anwendung der Tabelle anhand eines Beispiels:
Sie wollen ein Darlehen von DM 100 000,–, das zu 5% p. a. verzinst wird, in 10 Jahren durch gleichhohe Jahresraten ablösen.
Der 10 Jahres-Zeile und der 5%-Spalte entnehmen Sie den Annuitätenfaktor von 0,129505 und multiplizieren diesen mit der Darlehenssumme. Sie erhalten als gleichbleibenden Jahresbetrag (Annuität) DM 12950,50.

Annuitäten

Jährliche nachschüssig fällige, gleichbleibende Werte in DM für Zinsen und Tilgung für ein Darlehen von DM 1,–

Jahre	Zinssatz in %						
	4,00	4,25	4,50	4,75	5,00	5,25	5,50
1	1,040000	1,042500	1,045000	1,047500	1,050000	1,052500	1,055000
2	0,530196	0,532096	0,533998	0,535900	0,537805	0,539711	0,541618
3	0,360349	0,362060	0,363773	0,365490	0,367209	0,368930	0,370654
4	0,275490	0,277115	0,278744	0,280376	0,282012	0,283651	0,285294
5	0,224627	0,226207	0,227792	0,229381	0,230975	0,232573	0,234176
6	0,190762	0,192317	0,193878	0,195445	0,197017	0,198595	0,200179
7	0,166610	0,168152	0,169701	0,171257	0,172820	0,174389	0,175964
8	0,148528	0,150065	0,151610	0,153162	0,154722	0,156289	0,157864
9	0,134493	0,136029	0,137574	0,139128	0,140690	0,142261	0,143839
10	0,123291	0,124830	0,126379	0,127937	0,129505	0,131082	0,132668
11	0,114149	0,115693	0,117248	0,118813	0,120389	0,121975	0,123571
12	0,106552	0,108103	0,109666	0,111240	0,112825	0,114422	0,116029
13	0,100144	0,101703	0,103275	0,104860	0,106456	0,108064	0,109684
14	0,094669	0,096238	0,097820	0,099416	0,101024	0,102645	0,104279
15	0,089941	0,091520	0,093114	0,094721	0,096342	0,097977	0,099626
16	0,085820	0,087410	0,089015	0,090635	0,092270	0,093919	0,095583
17	0,082199	0,083800	0,085418	0,087051	0,088699	0,090363	0,092042
18	0,078993	0,080607	0,082237	0,083883	0,085546	0,087225	0,088920
19	0,076139	0,077764	0,079407	0,081068	0,082745	0,084439	0,086150
20	0,073582	0,075220	0,076876	0,078550	0,080243	0,081952	0,083679
21	0,071280	0,072931	0,074601	0,076289	0,077996	0,079721	0,081465
22	0,069199	0,070862	0,072546	0,074248	0,075971	0,077712	0,079471
23	0,067309	0,068986	0,070682	0,072400	0,074137	0,075894	0,077670
24	0,065587	0,067276	0,068987	0,070719	0,072471	0,074243	0,076036
25	0,064012	0,065715	0,067439	0,069185	0,070952	0,072741	0,074549
26	0,062567	0,064283	0,066021	0,067782	0,069564	0,071368	0,073193
27	0,061239	0,062967	0,064719	0,066494	0,068292	0,070111	0,071952
28	0,060013	0,061755	0,063521	0,065310	0,067123	0,068957	0,070814
29	0,058880	0,060635	0,062415	0,064218	0,066046	0,067896	0,069769
30	0,057830	0,059598	0,061392	0,063209	0,065051	0,066917	0,068805
31	0,056855	0,058637	0,060443	0,062276	0,064132	0,066013	0,067917
32	0,055949	0,057743	0,059563	0,061409	0,063280	0,065176	0,067095
33	0,055104	0,056911	0,058745	0,060605	0,062490	0,064400	0,066335
34	0,054315	0,056135	0,057982	0,059856	0,061755	0,063680	0,065630
35	0,053577	0,055410	0,057270	0,059158	0,061072	0,063011	0,064975

Annuitäten

Jährliche nachschüssig fällige, gleichbleibende Werte in DM für Zinsen und Tilgung für ein Darlehen von DM 1,–

Jahre	Zinssatz in %						
	5,75	6,00	6,25	6,50	6,75	7,00	7,25
1	1,057500	1,060000	1,062500	1,065000	1,067500	1,070000	1,072500
2	0,543527	0,545437	0,547348	0,549262	0,551176	0,553092	0,555009
3	0,372381	0,374110	0,375841	0,377576	0,379312	0,381052	0,382793
4	0,286941	0,288591	0,290245	0,291903	0,293564	0,295228	0,296896
5	0,235784	0,237396	0,239013	0,240635	0,242260	0,243891	0,245525
6	0,201768	0,203363	0,204963	0,206568	0,208179	0,209796	0,211418
7	0,177546	0,179135	0,180730	0,182331	0,183939	0,185553	0,187174
8	0,159446	0,161036	0,162633	0,164237	0,165849	0,167468	0,169094
9	0,145427	0,147022	0,148626	0,150238	0,151858	0,153486	0,155123
10	0,134263	0,135868	0,137482	0,139105	0,140737	0,142378	0,144027
11	0,125177	0,126793	0,128419	0,130055	0,131701	0,133357	0,135022
12	0,117648	0,119277	0,120917	0,122568	0,124230	0,125902	0,127585
13	0,111316	0,112960	0,114616	0,116283	0,117961	0,119651	0,121352
14	0,105926	0,107585	0,109257	0,110940	0,112637	0,114345	0,116065
15	0,101288	0,102963	0,104651	0,106353	0,108067	0,109795	0,111535
16	0,097260	0,098952	0,100658	0,102378	0,104111	0,105858	0,107618
17	0,093736	0,095445	0,097168	0,098906	0,100659	0,102425	0,104206
18	0,090630	0,092357	0,094098	0,095855	0,097626	0,099413	0,101214
19	0,087877	0,089621	0,091380	0,093156	0,094947	0,096753	0,098574
20	0,085423	0,087185	0,088962	0,090756	0,092567	0,094393	0,096235
21	0,083226	0,085005	0,086800	0,088613	0,090443	0,092289	0,094151
22	0,081249	0,083046	0,084860	0,086691	0,088540	0,090406	0,092288
23	0,079465	0,081278	0,083111	0,084961	0,086829	0,088714	0,090616
24	0,077848	0,079679	0,081529	0,083398	0,085284	0,087189	0,089111
25	0,076378	0,078227	0,080095	0,081981	0,083887	0,085811	0,087752
26	0,075039	0,076904	0,078790	0,080695	0,082619	0,084561	0,086521
27	0,073814	0,075697	0,077600	0,079523	0,081465	0,083426	0,085405
28	0,072693	0,074593	0,076513	0,078453	0,080413	0,082392	0,084390
29	0,071663	0,073580	0,075517	0,077474	0,079452	0,081449	0,083464
30	0,070716	0,072649	0,074603	0,076577	0,078572	0,080586	0,082620
31	0,069843	0,071792	0,073763	0,075754	0,077766	0,079797	0,081847
32	0,069038	0,071002	0,072989	0,074997	0,077025	0,079073	0,081140
33	0,068292	0,070273	0,072275	0,074299	0,076344	0,078408	0,080492
34	0,067603	0,069598	0,071617	0,073656	0,075716	0,077797	0,079896
35	0,066963	0,068974	0,071007	0,073062	0,075138	0,077234	0,079349

Annuitäten

Jährliche nachschüssig fällige, gleichbleibende Werte in DM für Zinsen und Tilgung für ein Darlehen von DM 1,–

Jahre	\multicolumn{7}{c}{Zinssatz in %}

Jahre	7,50	7,75	8,00	8,25	8,50	8,75	9,00
1	1,075000	1,077500	1,080000	1,082500	1,085000	1,087500	1,090000
2	0,556928	0,558848	0,560769	0,562692	0,564616	0,566542	0,568469
3	0,384538	0,386284	0,388034	0,389785	0,391539	0,393296	0,395055
4	0,298568	0,300242	0,301921	0,303603	0,305288	0,306977	0,308669
5	0,247165	0,248808	0,250456	0,252109	0,253766	0,255427	0,257092
6	0,213045	0,214677	0,216315	0,217959	0,219607	0,221261	0,222920
7	0,188800	0,190433	0,192072	0,193718	0,195369	0,197027	0,198691
8	0,170727	0,172367	0,174015	0,175669	0,177331	0,178999	0,180674
9	0,156767	0,158419	0,160080	0,161748	0,163424	0,165107	0,166799
10	0,145686	0,147353	0,149029	0,150714	0,152408	0,154110	0,155820
11	0,136697	0,138382	0,140076	0,141780	0,143493	0,145215	0,146947
12	0,129278	0,130981	0,132695	0,134419	0,136153	0,137897	0,139651
13	0,123064	0,124788	0,126522	0,128267	0,130023	0,131789	0,133567
14	0,117797	0,119541	0,121297	0,123064	0,124842	0,126632	0,128433
15	0,113287	0,115052	0,116830	0,118619	0,120420	0,122234	0,124059
16	0,109391	0,111178	0,112977	0,114789	0,116614	0,118451	0,120300
17	0,106000	0,107808	0,109629	0,111464	0,113312	0,115173	0,117046
18	0,103029	0,104859	0,106702	0,108559	0,110430	0,112315	0,114212
19	0,100411	0,102262	0,104128	0,106007	0,107901	0,109809	0,111730
20	0,098092	0,099965	0,101852	0,103754	0,105671	0,107602	0,109546
21	0,096029	0,097923	0,099832	0,101756	0,103695	0,105649	0,107617
22	0,094187	0,096102	0,098032	0,099978	0,101939	0,103915	0,105905
23	0,092535	0,094471	0,096422	0,098389	0,100372	0,102370	0,104382
24	0,091050	0,093006	0,094978	0,096966	0,098970	0,100989	0,103023
25	0,089711	0,091686	0,093679	0,095687	0,097712	0,099751	0,101896
26	0,088500	0,090495	0,092507	0,094536	0,096580	0,098640	0,100715
27	0,087402	0,089417	0,091448	0,093496	0,095560	0,097640	0,099735
28	0,086405	0,088438	0,090489	0,092556	0,094639	0,096738	0,098852
29	0,085498	0,087550	0,089619	0,091704	0,093806	0,095923	0,098056
30	0,084671	0,086741	0,088827	0,090931	0,093051	0,095186	0,097336
31	0,083916	0,086003	0,088107	0,090228	0,092365	0,094518	0,096686
32	0,083226	0,085330	0,087451	0,089589	0,091742	0,093912	0,096096
33	0,082594	0,084714	0,086852	0,089006	0,091176	0,093361	0,095562
34	0,082015	0,084151	0,086304	0,088474	0,090660	0,092861	0,095077
35	0,081483	0,083635	0,085803	0,087988	0,090189	0,092405	0,094636

Annuitäten

Jährliche nachschüssig fällige, gleichbleibende Werte in DM für Zinsen und Tilgung für ein Darlehen von DM 1,–

Jahre	Zinssatz in %						
	9,25	9,50	9,75	10,00	10,25	10,50	10,75
1	1,092500	1,095000	1,097500	1,100000	1,102500	1,105000	1,107500
2	0,570397	0,572327	0,574258	0,576190	0,578124	0,580059	0,581996
3	0,396816	0,398580	0,400346	0,402115	0,403886	0,405659	0,407435
4	0,310364	0,312063	0,313765	0,315471	0,317180	0,318892	0,320608
5	0,258762	0,260436	0,262115	0,263797	0,265484	0,267175	0,268871
6	0,224584	0,226253	0,227928	0,229607	0,231292	0,232982	0,234677
7	0,200360	0,202036	0,203718	0,205405	0,207099	0,208799	0,210504
8	0,182357	0,184046	0,185741	0,187444	0,189153	0,190869	0,192592
9	0,168498	0,170205	0,171919	0,173641	0,175370	0,177106	0,178850
10	0,157539	0,159266	0,161002	0,162745	0,164497	0,166257	0,168025
11	0,148687	0,150437	0,152196	0,153963	0,155740	0,157525	0,159319
12	0,141414	0,143188	0,144971	0,146763	0,148565	0,150377	0,152197
13	0,135354	0,137152	0,138960	0,140779	0,142607	0,144445	0,146293
14	0,130245	0,132068	0,133902	0,135746	0,137601	0,139467	0,141342
15	0,125896	0,127744	0,129603	0,131474	0,133355	0,135248	0,137151
16	0,122161	0,124035	0,125920	0,127817	0,129725	0,131644	0,133575
17	0,118932	0,120831	0,122741	0,124664	0,126599	0,128545	0,130503
18	0,116123	0,118046	0,119982	0,121930	0,123891	0,125863	0,127847
19	0,113665	0,115613	0,117574	0,119547	0,121533	0,123531	0,125541
20	0,111505	0,113477	0,115462	0,117460	0,119470	0,121493	0,123528
21	0,109598	0,111594	0,113602	0,115624	0,117659	0,119707	0,121766
22	0,107909	0,109928	0,111960	0,114005	0,116063	0,118134	0,120218
23	0,106409	0,108449	0,110504	0,112572	0,114653	0,116747	0,118853
24	0,105071	0,107134	0,109210	0,111300	0,113403	0,115519	0,117647
25	0,103876	0,105959	0,108057	0,110168	0,112292	0,114429	0,116579
26	0,102805	0,104909	0,107027	0,109159	0,111304	0,113461	0,115631
27	0,101845	0,103969	0,106106	0,108258	0,110422	0,112599	0,114788
28	0,100981	0,103124	0,105281	0,107451	0,109634	0,111830	0,114038
29	0,100203	0,102364	0,104540	0,106728	0,108929	0,111143	0,113368
30	0,099501	0,101681	0,103873	0,106079	0,108298	0,110528	0,112771
31	0,098868	0,101064	0,103274	0,105496	0,107731	0,109978	0,112237
32	0,098295	0,100507	0,102733	0,104972	0,107222	0,109485	0,111759
33	0,097776	0,100004	0,102246	0,104499	0,106765	0,109042	0,111331
34	0,097306	0,099549	0,101805	0,104074	0,106354	0,108645	0,110947
35	0,096880	0,099138	0,101408	0,103690	0,105983	0,108288	0,110603

Annuitäten

Jährliche nachschüssig fällige, gleichbleibende Werte in DM für Zinsen und Tilgung für ein Darlehen von DM 1,–

Jahre	\multicolumn{7}{c}{Zinssatz in %}
	11,00	11,25	11,50	11,75	12,00	12,25	12,50
1	1,110000	1,112500	1,115000	1,117500	1,120000	1,122500	1,125000
2	0,583934	0,585873	0,587813	0,589755	0,591698	0,593643	0,595588
3	0,409213	0,410994	0,412776	0,414562	0,416349	0,418139	0,419931
4	0,322326	0,324048	0,325774	0,327503	0,329234	0,330970	0,332708
5	0,270570	0,272274	0,273982	0,275694	0,277410	0,279130	0,280854
6	0,236377	0,238081	0,239791	0,241506	0,243226	0,244950	0,246680
7	0,212215	0,213932	0,215655	0,217384	0,219118	0,220858	0,222603
8	0,194321	0,196057	0,197799	0,199548	0,201303	0,203064	0,204832
9	0,180602	0,182360	0,184126	0,185899	0,187679	0,189466	0,191260
10	0,169801	0,171585	0,173377	0,175177	0,176984	0,178799	0,180622
11	0,161121	0,162932	0,164751	0,166579	0,168415	0,170260	0,172112
12	0,154027	0,155866	0,157714	0,159571	0,161437	0,163311	0,165194
13	0,148151	0,150018	0,151895	0,153782	0,155677	0,157582	0,159496
14	0,143228	0,145124	0,147030	0,148946	0,150871	0,152806	0,154751
15	0,139065	0,140990	0,142924	0,144869	0,146824	0,148789	0,150764
16	0,135517	0,137469	0,139432	0,141406	0,143390	0,145384	0,147388
17	0,132471	0,134452	0,136443	0,138444	0,140457	0,142479	0,144512
18	0,129843	0,131850	0,133868	0,135897	0,137937	0,139988	0,142049
19	0,127563	0,129596	0,131641	0,133696	0,135763	0,137840	0,139928
20	0,125576	0,127634	0,129705	0,131786	0,133879	0,135982	0,138096
21	0,123838	0,125921	0,128016	0,130123	0,132240	0,134368	0,136507
22	0,122313	0,124420	0,126539	0,128669	0,130811	0,132962	0,135125
23	0,120971	0,123101	0,125243	0,127396	0,129560	0,131735	0,133919
24	0,119787	0,121939	0,124103	0,126278	0,128463	0,130660	0,132866
25	0,118740	0,120913	0,123098	0,125294	0,127500	0,129717	0,131943
26	0,117813	0,120006	0,122210	0,124426	0,126652	0,128888	0,131134
27	0,116989	0,119202	0,121425	0,123659	0,125904	0,128159	0,130423
28	0,116257	0,118488	0,120730	0,122982	0,125244	0,127516	0,129797
29	0,115605	0,117854	0,120112	0,122381	0,124660	0,126949	0,129246
30	0,115025	0,117289	0,119564	0,121849	0,124144	0,126447	0,128760
31	0,114506	0,116786	0,119077	0,121377	0,123686	0,126004	0,128331
32	0,114043	0,116338	0,118643	0,120957	0,123280	0,125612	0,127952
33	0,113629	0,115938	0,118257	0,120584	0,122920	0,125265	0,127617
34	0,113259	0,115581	0,117912	0,120252	0,122601	0,124957	0,127321
35	0,112927	0,115262	0,117605	0,119957	0,122317	0,124684	0,127059

9. Effektivzinsen

Die Tabellen weisen für fünfjährige (Tabelle 9.1) und für zehnjährige (Tabelle 9.2) Konditionenfestschreibung die Effektivzinssätze (p. a.) aus für:

	5jährige Festschreibung	10jährige Festschreibung
Nominalzinssatz	4–14,75%	4–12%
Disagio	0–10%	0–10%

Die Verzinsung wird auf den Schuldbetrag am Jahresanfang vorgenommen. Eine Tilgung erfolgt nicht.

Anwendung der Tabellen anhand von Beispielen:

a) Sie möchten die Effektivzinsbelastung bei 6,25% p. a. Nominalzins und einem Disagio von 4,75% (Auszahlung 95,25%) ermitteln. Die Auszahlungsspalte 95,25 kombiniert mit der Nominalzinszeile von 6,25% weist einen Effektivzinssatz von 7,4216% aus.

b) Sie erhalten ein Darlehensangebot mit einem Effektivzins von 9,61% bei einem Disagio von 4,25% (Auszahlung 95,75%). Die Auszahlungsspalte 95,75 weist einen Nominalzinssatz von 8,5% für einen Effektivzinssatz von 9,61% aus.

9.1 Effektivzinsen bei fünfjähriger Konditionenfestschreibung

Effektivzinsen in Prozent eines verzinslichen tilgungsfreien Darlehens
– Konditionenbindung 5 Jahre –

Laufzeit: 5 Jahre
Tilgung %: 0,0

Zinssatz (nom) %	Auszahlung in %					
	90,00	90,25	90,50	90,75	91,00	91,25
4,00	6,3998	6,3358	6,2720	6,2084	6,1450	6,0818
4,25	6,6672	6,6027	6,5384	6,4743	6,4105	6,3469
4,50	6,9346	6,8696	6,8049	6,7403	6,6760	6,6119
4,75	7,2021	7,1366	7,0714	7,0064	6,9416	6,8770
5,00	7,4697	7,4037	7,3380	7,2725	7,2072	7,1422
5,25	7,7372	7,6708	7,6046	7,5386	7,4729	7,4074
5,50	8,0049	7,9380	7,8713	7,8048	7,7386	7,6726
5,75	8,2726	8,2052	8,1380	8,0711	8,0044	7,9379
6,00	8,5403	8,4724	8,4048	8,3374	8,2702	8,2032
6,25	8,8081	8,7397	8,6716	8,6037	8,5360	8,4686
6,50	9,0760	9,0071	8,9385	8,8701	8,8020	8,7341
6,75	9,3439	9,2745	9,2054	9,1365	9,0679	8,9995
7,00	9,6119	9,5420	9,4724	9,4030	9,3339	9,2651
7,25	9,8799	9,8095	9,7394	9,6696	9,6000	9,5306
7,50	10,1480	10,0771	10,0065	9,9361	9,8661	9,7962
7,75	10,4161	10,3447	10,2736	10,2028	10,1322	10,0619
8,00	10,6842	10,6124	10,5408	10,4695	10,3984	10,3276
8,25	10,9525	10,8801	10,8080	10,7362	10,6646	10,5933
8,50	11,2207	11,1479	11,0753	11,0030	10,9309	10,8591
8,75	11,4891	11,4157	11,3426	11,2698	11,1972	11,1249
9,00	11,7574	11,6836	11,6100	11,5367	11,4636	11,3908
9,25	12,0259	11,9515	11,8774	11,8036	11,7300	11,6567
9,50	12,2944	12,2195	12,1449	12,0705	11,9965	11,9227
9,75	12,5629	12,4875	12,4124	12,3375	12,2630	12,1887
10,00	12,8315	12,7556	12,6799	12,6046	12,5295	12,4547
10,25	13,1001	13,0237	12,9475	12,8717	12,7961	12,7208
10,50	13,3688	13,2918	13,2152	13,1388	13,0627	12,9870
10,75	13,6375	13,5600	13,4829	13,4060	13,3294	13,2531
11,00	13,9063	13,8283	13,7506	13,6732	13,5962	13,5194
11,25	14,1751	14,0966	14,0184	13,9405	13,8629	13,7856
11,50	14,4440	14,3650	14,2863	14,2078	14,1297	14,0519
11,75	14,7129	14,6334	14,5541	14,4752	14,3966	14,3183
12,00	14,9819	14,9018	14,8221	14,7426	14,6635	14,5846
12,25	15,2509	15,1703	15,0900	15,0101	14,9304	14,8511
12,50	15,5200	15,4389	15,3581	15,2776	15,1974	15,1175
12,75	15,7891	15,7074	15,6261	15,5451	15,4644	15,3840
13,00	16,0582	15,9761	15,8942	15,8127	15,7315	15,6506
13,25	16,3275	16,2448	16,1624	16,0803	15,9986	15,9172
13,50	16,5967	16,5135	16,4306	16,3480	16,2657	16,1838
13,75	16,8660	16,7823	16,6988	16,6157	16,5329	16,4505
14,00	17,1354	17,0511	16,9671	16,8835	16,8002	16,7172
14,25	17,4048	17,3199	17,2354	17,1513	17,0674	16,9839
14,50	17,6742	17,5888	17,5038	17,4191	17,3347	17,2507
14,75	17,9437	17,8578	17,7722	17,6870	17,6021	17,5175

Effektivzinsen in Prozent eines verzinslichen tilgungsfreien Darlehens
– Konditionenbindung 5 Jahre –

Laufzeit: 5 Jahre
Tilgung %: 0,0

Zins-satz (nom) %	Auszahlung in %					
	91,50	91,75	92,00	92,25	92,50	92,75
4,00	6,0189	5,9562	5,8937	5,8314	5,7693	5,7074
4,25	6,2835	6,2203	6,1573	6,0946	6,0320	5,9697
4,50	6,5480	6,4844	6,4210	6,3578	6,2948	6,2320
4,75	6,8127	6,7486	6,6847	6,6210	6,5576	6,4943
5,00	7,0774	7,0128	6,9484	6,8843	6,8204	6,7567
5,25	7,3421	7,2770	7,2122	7,1476	7,0833	7,0191
5,50	7,6069	7,5413	7,4761	7,4110	7,3462	7,2816
5,75	7,8718	7,8057	7,7399	7,6744	7,6091	7,5440
6,00	8,1365	8,0701	8,0039	7,9379	7,8721	7,8066
6,25	8,4015	8,3345	8,2678	8,2013	8,1351	8,0691
6,50	8,6664	8,5990	8,5318	8,4649	8,3982	8,3317
6,75	8,9314	8,8635	8,7959	8,7284	8,6613	8,5943
7,00	9,1964	9,1281	9,0599	8,9921	8,9244	8,8570
7,25	9,4615	9,3927	9,3241	9,2557	9,1876	9,1197
7,50	9,7266	9,6573	9,5882	9,5194	9,4508	9,3825
7,75	9,9918	9,9220	9,8524	9,7831	9,7140	9,6452
8,00	10,2570	10,1867	10,1167	10,0469	9,9773	9,9080
8,25	10,5223	10,4515	10,3810	10,3107	10,2407	10,1709
8,50	10,7876	10,7163	10,6453	10,5745	10,5040	10,4338
8,75	11,0529	10,9811	10,9096	10,8384	10,7674	10,6967
9,00	11,3183	11,2460	11,1740	11,1023	11,0309	10,9596
9,25	11,5837	11,5110	11,4385	11,3663	11,2943	11,2226
9,50	11,8492	11,7759	11,7030	11,6303	11,5578	11,4857
9,75	12,1147	12,0410	11,9675	11,8943	11,8214	11,7487
10,00	12,3802	12,3060	12,2320	12,1584	12,0850	12,0118
10,25	12,6458	12,5711	12,4966	12,4225	12,3486	12,2749
10,50	12,9115	12,8362	12,7613	12,6866	12,6122	12,5381
10,75	13,1771	13,1014	13,0260	12,9508	12,8759	12,8013
11,00	13,4428	13,3666	13,2907	13,2150	13,1396	13,0645
11,25	13,7086	13,6319	13,5554	13,4793	13,4034	13,3278
11,50	13,9744	13,8972	13,8202	13,7435	13,6672	13,5911
11,75	14,2402	14,1625	14,0850	14,0079	13,9310	13,8544
12,00	14,5061	14,4278	14,3499	14,2722	14,1949	14,1178
12,25	14,7720	14,6933	14,6148	14,5366	14,4588	14,3812
12,50	15,0380	14,9587	14,8797	14,8011	14,7227	14,6446
12,75	15,3040	15,2242	15,1447	15,0655	14,9867	14,9081
13,00	15,5700	15,4897	15,4097	15,3300	15,2507	15,1716
13,25	15,8361	15,7553	15,6748	15,5946	15,5147	15,4351
13,50	16,1022	16,0209	15,9398	15,8592	15,7788	15,6987
13,75	16,3683	16,2865	16,2050	16,1238	16,0429	15,9623
14,00	16,6345	16,5522	16,4701	16,3884	16,3070	16,2259
14,25	16,9007	16,8179	16,7353	16,6531	16,5712	16,4896
14,50	17,1670	17,0836	17,0005	16,9178	16,8354	16,7532
14,75	17,4333	17,3494	17,2658	17,1825	17,0996	17,0170

Finanzmathematische Tabellen 38 X

Effektivzinsen in Prozent eines verzinslichen tilgungsfreien Darlehens
– Konditionenbindung 5 Jahre –

Laufzeit: 5 Jahre
Tilgung %: 0,0

Zinssatz (nom) %	Auszahlung in %					
	93,00	93,25	93,50	93,75	94,00	94,25
4,00	5,6458	5,5843	5,5231	5,4621	5,4013	5,3406
4,25	5,9076	5,8457	5,7840	5,7225	5,6613	5,6002
4,50	6,1694	6,1071	6,0450	5,9830	5,9213	5,8598
4,75	6,4313	6,3685	6,3059	6,2436	6,1814	6,1195
5,00	6,6932	6,6300	6,5670	6,5041	6,4415	6,3791
5,25	6,9552	6,8915	6,8280	6,7647	6,7017	6,6388
5,50	7,2172	7,1530	7,0891	7,0254	6,9618	6,8986
5,75	7,4792	7,4146	7,3502	7,2860	7,2221	7,1583
6,00	7,7413	7,6762	7,6113	7,5467	7,4823	7,4181
6,25	8,0033	7,9378	7,8725	7,8074	7,7426	7,6779
6,50	8,2655	8,1995	8,1337	8,0682	8,0029	7,9378
6,75	8,5276	8,4612	8,3949	8,3289	8,2632	8,1976
7,00	8,7898	8,7229	8,6562	8,5898	8,5235	8,4575
7,25	9,0521	8,9847	8,9175	8,8506	8,7839	8,7175
7,50	9,3143	9,2465	9,1789	9,1115	9,0443	8,9774
7,75	9,5767	9,5083	9,4402	9,3724	9,3048	9,2374
8,00	9,8390	9,7702	9,7016	9,6333	9,5652	9,4974
8,25	10,1014	10,0321	9,9631	9,8943	9,8257	9,7574
8,50	10,3638	10,2940	10,2245	10,1553	10,0863	10,0175
8,75	10,6262	10,5560	10,4860	10,4163	10,3468	10,2776
9,00	10,8887	10,8180	10,7476	10,6774	10,6074	10,5377
9,25	11,1512	11,0800	11,0091	10,9384	10,8680	10,7879
9,50	11,4137	11,3421	11,2707	11,1996	11,1287	11,0581
9,75	11,6763	11,6042	11,5323	11,4607	11,3894	11,3183
10,00	11,9389	11,8663	11,7940	11,7219	11,6501	11,5785
10,25	12,2016	12,1285	12,0556	11,9831	11,9108	11,8387
10,50	12,4643	12,3907	12,3174	12,2443	12,1715	12,0990
10,75	12,7270	12,6529	12,5791	12,5056	12,4323	12,3593
11,00	12,9897	12,9152	12,8409	12,7669	12,6931	12,6197
11,25	13,2525	13,1774	13,1027	13,0282	12,9540	12,8800
11,50	13,5153	13,4398	13,3645	13,2895	13,2148	13,1404
11,75	13,7781	13,7021	13,6264	13,5509	13,4757	13,4008
12,00	14,0410	13,9645	13,8883	13,8123	13,7367	13,6613
12,25	14,3039	14,2269	14,1502	14,0738	13,9976	13,9217
12,50	14,5668	14,4893	14,4121	14,3352	14,2586	14,1822
12,75	14,8298	14,7518	14,6714	14,5967	14,5196	14,4427
13,00	15,0928	15,0143	14,9361	14,8582	14,7806	14,7033
13,25	15,3558	15,2768	15,1982	15,1198	15,0417	14,9638
13,50	15,6189	15,5394	15,4602	15,3813	15,3027	15,2244
13,75	15,8820	15,8020	15,7223	15,6429	15,5638	15,4851
14,00	16,1451	16,0646	15,9844	15,9046	15,8250	15,7457
14,25	16,4083	16,3273	16,2466	16,1662	16,0861	16,0064
14,50	16,6714	16,5900	16,5088	16,4279	16,3473	16,2671
14,75	16,9347	16,8527	16,7710	16,6896	16,6085	16,5278

Effektivzinsen in Prozent eines verzinslichen tilgungsfreien Darlehens
– Konditionenbindung 5 Jahre –

Laufzeit: 5 Jahre
Tilgung %: 0,0

Zinssatz (nom) %	Auszahlung in %					
	94,50	94,75	95,00	95,25	95,50	95,75
4,00	5,2802	5,2200	5,1600	5,1002	5,0406	4,9811
4,25	5,5394	5,4787	5,4183	5,3580	5,2980	5,2381
4,50	5,7985	5,7374	5,6766	5,6159	5,5554	5,4951
4,75	6,0577	5,9962	5,9349	5,8738	5,8129	5,7521
5,00	6,3170	6,2550	6,1932	6,1317	6,0703	6,0092
5,25	6,5762	5,5138	6,4516	6,3896	1,3278	6,2663
5,50	6,8355	6,7726	6,7100	6,6476	6,5854	6,5233
5,75	7,0948	7,0315	6,9684	6,9056	6,8429	6,7804
6,00	7,3541	7,2904	7,2269	7,1636	7,1005	7,0376
6,25	7,6135	7,5493	7,4853	7,4216	7,3581	7,2947
6,50	7,8729	7,8083	7,7438	7,6796	7,6157	7,5519
6,75	8,1323	8,0672	8,0024	7,9377	7,8733	7,8091
7,00	8,3918	8,3262	8,2609	8,1958	8,1309	8,0663
7,25	8,6512	8,5852	8,5195	8,4539	8,3886	8,3235
7,50	8,9107	8,8443	8,7781	8,7121	8,6463	8,5808
7,75	9,1703	9,1034	9,0367	8,9702	8,9040	8,8381
8,00	9,4298	9,3625	9,2953	9,2284	9,1618	9,0953
8,25	9,6894	9,6216	9,5540	9,4866	9,4195	9,3527
8,50	9,9490	9,8807	9,8127	9,7449	9,6773	9,6100
8,75	10,2086	10,1399	10,0714	10,0031	9,9351	9,8673
9,00	10,4683	10,3991	10,3301	10,2614	10,1929	10,1247
9,25	10,7280	10,6583	10,5889	10,5197	10,4508	10,3821
9,50	10,9877	10,9175	10,8477	10,7780	10,7087	10,6395
9,75	11,2474	11,1768	11,1065	11,0364	10,9665	10,8969
10,00	11,5072	11,4361	11,3653	11,2948	11,2244	11,1544
10,25	11,7670	11,6954	11,6242	11,5531	11,4824	11,4119
10,50	12,0268	11,9548	11,8830	11,8116	11,7403	11,6693
10,75	12,2866	12,2141	12,1419	12,0700	11,9983	11,9269
11,00	12,5465	12,4735	12,4008	12,3284	12,2563	12,1844
11,25	12,8063	12,7329	12,6598	12,5869	12,5143	12,4419
11,50	13,0663	12,9924	12,9188	12,8454	12,7723	12,6995
11,75	13,3262	13,2518	13,1777	13,1039	13,0304	12,9571
12,00	13,5862	13,5113	13,4368	13,3625	13,2884	13,2147
12,25	13,8461	13,7708	13,6958	13,6210	13,5465	13,4723
12,50	14,1061	14,0304	13,9548	13,8796	13,8046	13,7299
12,75	14,3662	14,2899	14,2139	14,1382	14,0628	13,9876
13,00	14,6262	14,5495	14,4730	14,3968	14,3209	14,2453
13,25	14,8863	14,8091	14,7321	14,6555	14,5791	14,5030
13,50	15,1464	15,0687	14,9913	14,9141	14,8373	14,7607
13,75	15,4066	15,3283	15,2504	15,1728	15,0955	15,0184
14,00	15,6667	15,5880	15,5096	15,4315	15,3537	15,2761
14,25	15,9269	15,8477	15,7688	15,6902	15,6119	15,5339
14,50	16,1871	16,1074	16,0280	15,9490	15,8702	15,7917
14,75	16,4473	16,3672	16,2873	16,2077	16,1285	16,0495

Finanzmathematische Tabellen

Effektivzinsen in Prozent eines verzinslichen tilgungsfreien Darlehens
– Konditionenbindung 5 Jahre –

Laufzeit: 5 Jahre
Tilgung %: 0,0

Zins-satz (nom) %	Auszahlung in %					
	96,00	96,25	96,50	96,75	97,00	97,25
4,00	4,9219	4,8629	4,8040	4,7454	4,6869	4,6287
4,25	5,1785	5,1190	5,0597	5,0007	4,9418	4,8831
4,50	5,4350	5,3752	5,3155	5,2560	5,1967	5,1376
4,75	5,6916	5,6313	5,5712	5,5113	5,4516	5,3921
5,00	5,9482	5,8875	5,8270	5,7666	5,7065	5,6466
5,25	6,2049	6,1437	6,0828	6,0220	5,9614	5,9011
5,50	6,4615	6,3999	6,3386	6,2774	6,2164	6,1556
5,75	6,7182	6,6562	6,5944	6,5328	6,4713	6,4101
6,00	6,9749	6,9124	6,8502	6,7882	6,7263	6,6647
6,25	7,2316	7,1687	7,1060	7,0436	6,9813	6,9192
6,50	7,4884	7,4250	7,3619	7,2990	7,2363	7,1738
6,75	7,7451	7,6813	7,6178	7,5544	7,4913	7,4284
7,00	8,0019	7,9377	7,8737	7,8099	7,7464	7,6830
7,25	8,2587	8,1940	8,1296	8,0654	8,0014	7,9376
7,50	8,5155	8,4504	8,3855	8,3209	8,2565	8,1922
7,75	8,7723	8,7068	8,6415	8,5764	8,5115	8,4469
8,00	9,0291	8,9632	8,8974	8,8319	8,7666	8,7015
8,25	9,2860	9,2196	9,1534	9,0874	9,0217	8,9562
8,50	9,5429	9,4760	9,4094	9,3430	9,2768	9,2109
8,75	9,7998	9,7325	9,6654	9,5986	9,5320	9,4656
9,00	10,0567	9,9890	9,9214	9,8541	9,7871	9,7203
9,25	10,3137	10,2455	10,1775	10,1097	10,0422	9,9750
9,50	10,5706	10,5020	10,4335	10,3654	10,2974	10,2297
9,75	10,8276	10,7585	10,6896	10,6210	10,5526	10,4844
10,00	11,0846	11,0150	10,9457	10,8766	10,8078	10,7392
10,25	11,3416	11,2716	11,2018	11,1323	11,0630	10,9940
10,50	11,5986	11,5282	11,4579	11,3880	11,3182	11,2487
10,75	11,8557	11,7847	11,7141	11,6436	11,5735	11,5035
11,00	12,1127	12,0414	11,9702	11,8993	11,8287	11,7583
11,25	12,3698	12,2980	12,2264	12,1550	12,0840	12,0131
11,50	12,6269	12,5546	12,4826	12,4108	12,3392	12,2679
11,75	12,8840	12,8113	12,7388	12,6665	12,5945	12,5228
12,00	13,1412	13,0679	12,9950	12,9223	12,8498	12,7776
12,25	13,3983	13,3246	13,2512	13,1780	13,1051	13,0325
12,50	13,6555	13,5813	13,5075	13,4338	13,3605	13,2874
12,75	13,9127	13,8381	13,7637	13,6896	13,6158	13,5422
13,00	14,1699	14,0948	14,0200	13,9454	13,8711	13,7971
13,25	14,4271	14,3516	14,2763	14,2013	14,1265	14,0520
13,50	14,6844	14,6083	14,5326	14,4571	14,3819	14,3069
13,75	14,9416	14,8651	14,7889	14,7129	14,6373	14,5619
14,00	15,1989	15,1219	15,0452	14,9688	14,8927	14,8168
14,25	15,4562	15,3787	15,3016	15,2247	15,1481	15,0718
14,50	15,7135	15,6356	15,5579	15,4806	15,4035	15,3267
14,75	15,9708	15,8924	15,8143	15,7365	15,6589	15,5817

Effektivzinsen in Prozent eines verzinslichen tilgungsfreien Darlehens
— Konditionenbindung 5 Jahre —

Laufzeit: 5 Jahre
Tilgung %: 0,0

Zins-satz (nom) %	Auszahlung in %					
	97,50	97,75	98,00	98,25	98,50	98,75
4,00	4,5706	4,5127	4,4550	4,3975	4,3402	4,2830
4,25	4,8246	4,7663	4,7082	4,6503	4,5926	4,5350
4,50	5,0787	5,0200	4,9615	4,9031	4,8450	4,7870
4,75	5,3328	5,2736	5,2147	5,1559	5,0974	5,0390
5,00	5,5868	5,5273	5,4679	5,4088	5,3498	5,2910
5,25	5,8409	5,7810	5,7212	5,6616	5,6023	5,5431
5,50	6,0950	6,0346	5,9745	5,9145	5,8547	5,7951
5,75	6,3491	6,2883	6,2277	6,1673	6,1071	6,0471
6,00	6,6033	6,5420	6,4810	6,4202	6,3596	6,2992
6,25	6,8574	6,7958	6,7343	6,6731	6,6120	6,5512
6,50	7,1115	7,0495	6,9876	6,9260	6,8645	6,8033
6,75	7,3657	7,3032	7,2409	7,1789	7,1170	7,0553
7,00	7,6199	7,5570	7,4943	7,4318	7,3695	7,3074
7,25	7,8741	7,8107	7,7476	7,6847	7,6219	7,5594
7,50	8,1283	8,0645	8,0009	7,9376	7,8744	8,8115
7,75	8,3825	8,3183	8,2543	8,1905	8,1269	8,0636
8,00	8,6367	8,5720	8,5076	8,4434	8,3794	8,3157
8,25	8,8909	8,8258	8,7610	8,6964	8,6320	8,5678
8,50	9,1452	9,0797	9,0144	8,9493	8,8845	8,8199
8,75	9,3994	9,3335	9,2678	9,2023	9,1370	9,0720
9,00	9,6537	9,5873	9,5212	9,4552	9,3895	9,3241
9,25	9,9079	9,8411	9,7746	9,7082	9,6421	9,5762
9,50	10,1622	10,0950	10,0280	9,9612	9,8946	9,8283
9,75	10,4165	10,3488	10,2814	10,2142	10,1472	10,0804
10,00	10,6708	10,6027	10,5348	10,4672	10,3997	10,3326
10,25	10,9252	10,8566	10,7883	10,7202	10,6523	10,5847
10,50	11,1795	11,1105	11,0417	10,9732	10,9049	10,8368
10,75	11,4338	11,3644	11,2952	11,2262	11,1575	11,0890
11,00	11,6882	11,6183	11,5486	11,4792	11,4101	11,3411
11,25	11,9425	11,8722	11,8021	11,7323	11,6626	11,5933
11,50	12,1969	12,1261	12,0556	11,9853	11,9152	11,8454
11,75	12,4513	12,3801	12,3091	12,2383	12,1678	12,0976
12,00	12,7057	12,6340	12,5626	12,4914	12,4205	12,3498
12,25	12,9601	12,8880	12,8161	12,7445	12,6731	12,6019
12,50	13,2145	13,1419	13,0696	12,9975	12,9257	12,8541
12,75	13,4689	13,3959	13,3231	13,2506	13,1783	13,1063
13,00	13,7234	13,6499	13,5767	13,5037	13,4310	13,3585
13,25	13,9778	13,9039	13,8302	13,7568	13,6836	13,6107
13,50	14,2323	14,1579	14,0837	14,0099	13,9363	13,8629
13,75	14,4867	14,4119	14,3373	14,2630	14,1889	14,1151
14,00	14,7412	14,6659	14,5909	14,5161	14,4416	14,3673
14,25	14,9957	14,9199	14,8444	14,7692	14,6942	14,6195
14,50	15,2502	15,1740	15,0980	15.0223	14,9469	14,8718
14,75	15,5047	15,4280	15,3516	15,2755	15,1996	15,1240

Finanzmathematische Tabellen

Effektivzinsen in Prozent eines verzinslichen tilgungsfreien Darlehens
– Konditionenbindung 5 Jahre –

Laufzeit: 5 Jahre
Tilgung %: 0,0

Zinssatz (nom) %	Auszahlung in %				
	99,00	99,25	99,50	99,75	100,00
4,00	4,2261	4,1693	4,1127	4,0562	4,0000
4,25	4,4776	4,4205	4,3635	4,3066	4,2500
4,50	4,7292	4,6717	4,6143	4,5570	4,5000
4,75	4,9809	4,9229	4,8651	4,8074	4,7500
5,00	5,2325	5,1741	5,1159	5,0578	5,0000
5,25	5,4841	5,4253	5,3667	5,3082	5,2500
5,50	5,7357	5,6765	5,6175	5,5586	5,5000
5,75	5,9873	5,9277	5,8683	5,8090	5,7500
6,00	6,2389	6,1789	6,1191	6,0594	6,0000
6,25	6,4906	6,4301	6,3699	6,3099	6,2500
6,50	6,7422	6,6814	6,6207	6,5603	6,5000
6,75	6,9939	6,9326	6,8715	6,8107	6,7500
7,00	7,2455	7,1838	7,1223	7,0611	7,0000
7,25	7,4971	7,4351	7,3732	7,3115	7,2500
7,50	7,7488	7,6863	7,6240	7,5619	7,5000
7,75	8,0005	7,9375	7,8748	7,8123	7,7500
8,00	8,2521	8,1888	8,1256	8,0627	8,0000
8,25	8,5038	8,4400	8,3765	8,3131	8,2500
8,50	8,7555	8,6913	8,6273	8,5635	8,5000
8,75	9,0071	8,9425	8,8781	8,8140	8,7500
9,00	9,2588	9,1938	9,1290	9,0644	9,0000
9,25	9,5105	9,4451	9,3798	9,3148	9,2500
9,50	9,7622	9,6963	9,6307	9,5652	9,5000
9,75	10,0139	9,9476	9,8815	9,8156	9,7500
10,00	10,2656	10,1989	10,1323	10,0661	10,0000
10,25	10,5173	10,4501	10,3832	10,3165	10,2500
10,50	10,7690	10,7014	10,6340	10,5669	10,5000
10,75	11,0207	10,9527	10,8849	10,8173	10,7500
11,00	11,2724	11,2040	11,1357	11,0678	11,0000
11,25	11,5241	11,4553	11,3866	11,3182	11,2500
11,50	11,7759	11,7065	11,6375	11,5686	11,5000
11,75	12,0276	11,9578	11,8883	11,8190	11,7500
12,00	12,2793	12,2091	12,1392	12,0695	12,0000
12,25	12,5311	12,4604	12,3900	12,3199	12,2500
12,50	12,7828	12,7117	12,6409	12,5703	12,5000
12,75	13,0346	12,9630	12,8918	12,8208	12,7500
13,00	13,2863	13,2144	13,1427	13,0712	13,0000
13,25	13,5381	13,4657	13,3935	13,3216	13,2500
13,50	13,7898	13,7170	13,6444	13,5721	13,5000
13,75	14,0416	13,9683	13,8953	13,8225	13,7500
14,00	14,2933	14,2196	14,1462	14,0729	14,0000
14,25	14,5451	14,4709	14,3970	14,3234	14,2500
14,50	14,7969	14,7223	14,6479	14,5738	14,5000
14,75	15,0487	14,9736	14,8988	14,8243	14,7500

9.2 Effektivzinsen bei zehnjähriger Konditionenfestschreibung

39 Effektivzinsen in Prozent eines verzinslichen tilgungsfreien Darlehens
– Konditionenbindung 10 Jahre –

Laufzeit: 10 Jahre
Tilgung %: 0,0

Zinssatz (nom) %	Auszahlung in %					
	90,00	90,25	90,50	90,75	91,00	91,25
4,00	5,3149	5,2799	5,2450	5,2102	5,1755	5,1409
4,25	5,5819	5,5464	5,5110	5,4757	5,4406	5,4056
4,50	5,8490	5,8130	5,7772	5,7414	5,7058	5,6703
4,75	6,1162	6,0797	6,0434	6,0072	5,9711	5,9352
5,00	6,3835	6,3465	6,3098	6,2731	6,2366	6,2001
5,25	6,6509	6,6135	6,5762	6,5391	6,5021	6,4652
5,50	6,9184	6,8805	6,8428	6,8052	6,7677	6,7303
5,75	7,1860	7,1477	7,1094	7,0713	7,0334	6,9955
6,00	7,4538	7,4149	7,3762	7,3376	7,2992	7,2609
6,25	7,7216	7,6823	7,6431	7,6040	7,5651	7,5263
6,50	7,9896	7,9497	7,9100	7,8705	7,8311	7,7918
6,75	8,2577	8,2173	8,1771	8,1371	8,0971	8,0574
7,00	8,5258	8,4850	8,4443	8,4037	8,3633	8,3231
7,25	8,7941	8,7528	8,7115	8,6705	8,6296	8,5889
7,50	9,0625	9,0206	8,9789	8,9374	8,8960	8,8547
7,75	9,3310	9,2886	9,2464	9,2043	9,1624	9,1207
8,00	9,5996	9,5567	9,5139	9,4714	9,4290	9,3867
8,25	9,8683	9,8248	9,7816	9,7385	9,6956	9,6529
8,50	10,1370	10,0931	10,0494	10,0058	9,9623	9,9191
8,75	10,4059	10,3615	10,3172	10,2731	10,2292	10,1854
9,00	10,6749	10,6300	10,5852	10,5405	10,4961	10,4518
9,25	10,9440	10,8985	10,8532	10,8080	10,7631	10,7183
9,50	11,2132	11,1672	11,1213	11,0756	11,0301	10,9848
9,75	11,4825	11,4359	11,3896	11,3433	11,2973	11,2515
10,00	11,7519	11,7048	11,6579	11,6111	11,5646	11,5182
10,25	12,0214	11,9737	11,9263	11,8790	11,8319	11,7850
10,50	12,2910	12,2428	12,1948	12,1470	12,0993	12,0519
10,75	12,5607	12,5119	12,4634	12,4150	12,3669	12,3189
11,00	12,8304	12,7811	12,7320	12,6831	12,6344	12,5859
11,25	13,1003	13,0504	13,0008	12,9514	12,9021	12,8531
11,50	13,3702	13,3199	13,2697	13,2197	13,1699	13,1203
11,75	13,6403	13,5893	13,5386	13,4881	13,4377	13,3876
12,00	13,9104	13,8589	13,8076	13,7565	13,7056	13,6550

Finanzmathematische Tabellen 39 X

Effektivzinsen in Prozent eines verzinslichen tilgungsfreien Darlehens
– Konditionenbindung 10 Jahre –

Laufzeit: 10 Jahre
Tilgung %: 0,0

Zinssatz (nom) %	Auszahlung in %					
	91,50	91,75	92,00	92,25	92,50	92,75
4,00	5,1065	5,0722	5,0379	5,0038	4,9699	4,9360
4,25	5,3707	5,3359	5,3012	5,2667	5,2323	5,1980
4,50	5,6350	5,5998	5,5646	5,5296	5,4948	5,4600
4,75	5,8994	5,8637	5,8281	5,7927	5,7573	5,7221
5,00	6,1639	6,1277	6,0917	6,0558	6,0200	5,9843
5,25	6,4284	6,3918	6,3553	6,3189	6,2827	6,2466
5,50	6,6931	6,6560	6,6190	6,5822	6,5455	6,5089
5,75	6,9579	6,9203	6,8829	6,8456	6,8084	6,7714
6,00	7,2227	7,1847	7,1468	7,1090	7,0714	7,0339
6,25	7,4876	7,4491	7,4107	7,3725	7,3344	7,2964
6,50	7,7527	7,7137	7,6748	7,6361	7,5975	7,5591
6,75	8,0178	7,9783	7,9390	7,8998	7,8607	7,8218
7,00	8,2830	8,2430	8,2032	8,1635	8,1240	8,0846
7,25	8,5483	8,5078	8,4675	8,4273	8,3873	8,3475
7,50	8,8136	8,7727	8,7319	8,6912	8,6507	8,6104
7,75	9,0791	9,0376	8,9964	8,9552	8,9142	8,8734
8,00	9,3446	9,3027	9,2609	9,2193	9,1778	9,1365
8,25	9,6103	9,5678	9,5255	9,4834	9,4415	9,3996
8,50	9,8760	9,8330	9,7903	9,7476	9,7052	9,6629
8,75	10,1418	10,0983	10,0550	10,0119	9,9690	9,9262
9,00	10,4077	10,3637	10,3199	10,2763	10,2328	10,1895
9,25	10,6736	10,6292	10,5849	10,5407	10,4968	10,4530
9,50	10,9397	10,8947	10,8499	10,8052	10,7608	10,7165
9,75	11,2058	11,1603	11,1150	11,0698	11,0248	10,9800
10,00	11,4720	11,4260	11,3801	11,3345	11,2890	11,2437
10,25	11,7383	11,6917	11,6454	11,5992	11,5532	11,5074
10,50	12,0047	11,9576	11,9107	11,8640	11,8175	11,7711
10,75	12,2711	12,2235	12,1761	12,1289	12,0818	12,0350
11,00	12,5376	12,4895	12,4416	12,3938	12,3462	12,2989
11,25	12,8042	12,7556	12,7071	12,6588	12,6107	12,5628
11,50	13,0709	13,0217	12,9727	12,9239	12,8753	12,8269
11,75	13,3377	13,2879	13,2384	13,1891	13,1399	13,0910
12,00	13,6045	13,5542	13,5041	13,4543	13,4046	13,3551

Effektivzinsen in Prozent eines verzinslichen tilgungsfreien Darlehens
– Konditionenbindung 10 Jahre –

Laufzeit: 10 Jahre
Tilgung %: 0,0

Zinssatz (nom) %	Auszahlung in %					
	93,00	93,25	93,50	93,75	94,00	94,25
4,00	4,9022	4,8686	4,8350	4,8016	4,7683	4,7351
4,25	5,1638	5,1297	5,0957	5,0618	5,0281	4,9945
4,50	5,4254	5,3908	5,3564	5,3221	5,2879	5,2539
4,75	5,6870	5,6521	5,6172	5,5825	5,5478	5,5133
5,00	5,9488	5,9133	5,8780	5,8429	5,8078	5,7729
5,25	6,2106	6,1747	6,1390	6,1033	6,0678	6,0324
5,50	6,4725	6,4362	6,4000	6,3639	6,3279	6,2921
5,75	6,7344	6,6977	6,6610	6,6245	6,5881	6,5518
6,00	6,9965	6,9592	6,9221	6,8851	6,8483	6,8116
6,25	7,2586	7,2209	7,1833	7,1459	7,1086	7,0714
6,50	7,5208	7,4826	7,4446	7,4067	7,3689	7,3313
6,75	7,7830	7,7444	7,7059	7,6675	7,6293	7,5912
7,00	8,0453	8,0062	7,9673	7,9284	7,8897	7,8512
7,25	8,3077	8,2681	8,2287	8,1894	8,1502	8,1112
7,50	8,5702	8,5301	8,4902	8,4504	8,4108	8,3713
7,75	8,8327	8,7922	8,7518	8,7115	8,6714	8,6315
8,00	9,0953	9,0543	9,0134	8,9727	8,9321	8,8917
8,25	9,3580	9,3165	9,2751	9,2339	9,1929	9,1520
8,50	9,6207	9,5787	9,5369	9,4952	9,4537	9,4123
8,75	9,8835	9,8410	9,7987	9,7565	9,7145	9,6727
9,00	10,1464	10,1034	10,0606	10,0179	9,9754	9,9331
9,25	10,4093	10,3659	10,3225	10,2794	10,2364	10,1936
9,50	10,6723	10,6284	10,5846	10,5409	10,4974	10,4541
9,75	10,9354	10,8909	10,8466	10,8025	10,7585	10,7147
10,00	11,1985	11,1535	11,1087	11,0641	11,0196	10,9753
10,25	11,4617	11,4162	11,3709	11,3258	11,2808	11,2360
10,50	11,7250	11,6790	11,6332	11,5875	11,5421	11,4968
10,75	11,9883	11,9418	11,8955	11,8493	11,8034	11,7576
11,00	12,2517	12,2047	12,1578	12,1112	12,0647	12,0184
11,25	12,5151	12,4676	12,4203	12,3731	12,3261	12,2793
11,50	12,7786	12,7306	12,6827	12,6351	12,5876	12,5403
11,75	13,0422	12,9936	12,9453	12,8971	12,8491	12,8013
12,00	13,3058	13,2567	13,2078	13,1591	13,1106	13,0623

Finanzmathematische Tabellen

Effektivzinsen in Prozent eines verzinslichen tilgungsfreien Darlehens
– Konditionenbindung 10 Jahre –

Laufzeit: 10 Jahre
Tilgung %: 0,0

Zinssatz (nom) %	Auszahlung in %					
	94,50	94,75	95,00	95,25	95,50	95,75
4,00	4,7020	4,6690	4,6361	4,6034	4,5707	4,5381
4,25	4,9609	4,9275	4,8942	4,8610	4,8279	4,7949
4,50	5,2199	5,1861	5,1523	5,1187	5,0852	5,0518
4,75	5,4789	5,4447	5,4105	5,3764	5,3425	5,3087
5,00	5,7380	5,7033	5,6687	5,6342	5,5999	5,5656
5,25	5,9972	5,9620	5,9270	5,8921	5,8573	5,8226
5,50	6,2564	6,2208	6,1853	6,1500	6,1147	6,0796
5,75	6,5156	6,4796	6,4437	6,4079	6,3722	6,3367
6,00	6,7749	6,7385	6,7021	6,6659	6,6298	6,5938
6,25	7,0343	6,9974	6,9606	6,9239	6,8874	6,8509
6,50	7,2937	7,2564	7,2191	7,1820	7,1450	7,1081
6,75	7,5532	7,5154	7,4777	7,4401	7,4027	7,3654
7,00	7,8128	7,7745	7,7363	7,6983	7,6604	7,6226
7,25	8,0723	8,0336	7,9950	7,9565	7,9182	7,8799
7,50	8,3320	8,2928	8,2537	8,2148	8,1760	8,1373
7,75	8,5917	8,5520	8,5125	8,4731	8,4338	8,3947
8,00	8,8514	8,8113	8,7713	8,7314	8,6917	8,6521
8,25	9,1112	9,0706	9,0301	8,9898	8,9496	8,9096
8,50	9,3711	9,3300	9,2890	9,2483	9,2076	9,1671
8,75	9,6310	9,5894	9,5480	9,5067	9,4656	9,4247
9,00	9,8909	9,8489	9,8070	9,7653	9,7237	9,6823
9,25	10,1509	10,1084	10,0660	10,0238	9,9818	9,9399
9,50	10,4110	10,3680	10,3251	10,2824	10,2399	10,1975
9,75	10,6711	10,6276	10,5843	10,5411	10,4981	10,4553
10,00	10,9312	10,8872	10,8434	10,7998	10,7563	10,7130
10,25	11,1914	11,1470	11,1027	11,0585	11,0146	10,9708
10,50	11,4517	11,4067	11,3619	11,3173	11,2729	11,2286
10,75	11,7120	11,6665	11,6212	11,5761	11,5312	11,4864
11,00	11,9723	11,9264	11,8806	11,8350	11,7896	11,7443
11,25	12,2327	12,1863	12,1400	12,0939	12,0480	12,0023
11,50	12,4931	12,4462	12,3994	12,3529	12,3064	12,2602
11,75	12,7536	12,7062	12,6589	12,6118	12,5649	12,5182
12,00	13,0142	12,9662	12,9184	12,8709	12,8235	12,7762

X 39 Tabellen

Effektivzinsen in Prozent eines verzinslichen tilgungsfreien Darlehens
– Konditionenbindung 10 Jahre –

Laufzeit: 10 Jahre
Tilgung %: 0,0

Zins-satz (nom) %	Auszahlung in %					
	96,00	96,25	96,50	96,75	97,00	97,25
4,00	4,5057	4,4733	4,4410	4,4089	4,3768	4,3449
4,25	4,7620	4,7293	4,6966	4,6641	4,6316	4,5992
4,50	5,0185	4,9853	4,9522	4,9192	4,8864	4,8536
4,75	5,2750	5,2414	5,2079	5,1745	5,1412	5,1080
5,00	5,5315	5,4974	5,4635	5,4297	5,3960	5,3624
5,25	5,7880	5,7536	5,7192	5,6850	5,6509	5,6169
5,50	6,0446	6,0097	5,9750	5,9403	5,9058	5,8714
5,75	6,3013	6,2659	6,2308	6,1957	6,1607	6,1259
6,00	6,5579	6,5222	6,4866	6,4511	6,4157	6,3804
6,25	6,8146	6,7785	6,7424	6,7065	6,6707	6,6350
6,50	7,0714	7,0348	6,9983	6,9619	6,9257	6,8895
6,75	7,3282	7,2911	7,2542	7,2174	7,1807	7,1442
7,00	7,5850	7,5475	7,5101	7,4729	7,4358	7,3988
7,25	7,8419	7,8039	7,7661	7,7284	7,6909	7,6534
7,50	8,0988	8,0604	8,0221	7,9840	7,9460	7,9081
7,75	8,3557	8,3169	8,2782	8,2396	8,2012	8,1628
8,00	8,6127	8,5734	8,5342	8,4952	8,4563	8,4176
8,25	8,8697	8,8300	8,7903	8,7509	8,7115	8,6723
8,50	9,1268	9,0866	9,0465	9,0066	8,9668	8,9271
8,75	9,3839	9,3432	9,3027	9,2623	9,2220	9,1819
9,00	9,6410	9,5998	9,5589	9,5180	9,4773	9,4368
9,25	9,8981	9,8565	9,8151	9,7738	9,7326	9,6916
9,50	10,1553	10,1133	10,0714	10,0296	9,9880	9,9465
9,75	10,4126	10,3700	10,3277	10,2854	10,2434	10,2014
10,00	10,6698	10,6268	10,5840	10,5413	10,4987	10,4564
10,25	10,9271	10,8837	10,8403	10,7972	10,7542	10,7113
10,50	11,1845	11,1405	11,0967	11,0531	11,0096	10,9663
10,75	11,4418	11,3974	11,3531	11,3090	11,2651	11,2213
11,00	11,6992	11,6543	11,6096	11,5650	11,5206	11,4763
11,25	11,9567	11,9113	11,8661	11,8210	11,7761	11,7314
11,50	12,2142	12,1683	12,1226	12,0770	12,0316	11,9864
11,75	12,4717	12,4253	12,3791	12,3331	12,2872	12,2415
12,00	12,7292	12,6823	12,6356	12,5891	12,5428	12,4966

Finanzmathematische Tabellen

Effektivzinsen in Prozent eines verzinslichen tilgungsfreien Darlehens
– Konditionenbindung 10 Jahre –

Laufzeit: 10 Jahre
Tilgung %: 0,0

Zinssatz (nom) %	Auszahlung in %					
	97,50	97,75	98,00	98,25	98,50	98,75
4,00	4,3130	4,2813	4,2497	4,2181	4,1867	4,1553
4,25	4,5670	4,5348	4,5028	4,4708	4,4390	4,4073
4,50	4,8210	4,7884	4,7559	4,7236	4,6914	4,6592
4,75	5,0749	5,0420	5,0091	4,9764	4,9437	4,9112
5,00	5,3290	5,2956	5,2623	5,2292	5,1961	5,1632
5,25	5,5830	5,5492	5,5155	5,4820	5,4485	5,4152
5,50	5,8371	5,8029	5,7688	5,7348	5,7009	5,6672
5,75	6,0911	6,0565	6,0220	5,9876	5,9534	5,9192
6,00	6,3452	6,3102	6,2753	6,2405	6,2058	6,1712
6,25	6,5994	6,5639	6,5286	6,4934	6,4582	6,4233
6,50	6,8535	6,8177	6,7819	6,7462	6,7107	6,6753
6,75	7,1077	7,0714	7,0352	6,9992	6,9632	6,9274
7,00	7,3619	7,3252	7,2886	7,2521	7,2157	7,1795
7,25	7,6161	7,5790	7,5419	7,5050	7,4682	7,4315
7,50	7,8704	7,8328	7,7953	7,7580	7,7207	7,6836
7,75	8,1247	8,0866	8,0487	8,0109	7,9733	7,9357
8,00	8,3790	8,3405	8,3021	8,2639	8,2258	8,1879
8,25	8,6333	8,5944	8,5556	8,5169	8,4784	8,4400
8,50	8,8876	8,8483	8,8090	8,7699	8,7310	8,6921
8,75	9,1420	9,1022	9,0625	9,0230	8,9836	8,9443
9,00	9,3964	9,3561	9,3160	9,2760	9,2362	9,1965
9,25	9,6508	9,6101	9,5695	9,5291	9,4888	9,4486
9,50	9,9052	9,8640	9,8230	9,7821	9,7414	9,7008
9,75	10,1597	10,1180	10,0766	10,0352	9,9941	9,9530
10,00	10,4141	10,3720	10,3301	10,2883	10,2467	10,2052
10,25	10,6686	10,6261	10,5837	10,5415	10,4994	10,4574
10,50	10,9231	10,8801	10,8373	10,7946	10,7521	10,7097
10,75	11,1777	11,1342	11,0909	11,0477	11,0048	10,9619
11,00	11,4322	11,3883	11,3445	11,3009	11,2575	11,2142
11,25	11,6868	11,6424	11,5982	11,5541	11,5102	11,4664
11,50	11,9414	11,8965	11,8518	11,8073	11,7629	11,7187
11,75	12,1960	12,1507	12,1055	12,0605	12,0156	11,9710
12,00	12,4507	12,4048	12,3592	12,3137	12,2684	12,2233

Effektivzinsen in Prozent eines verzinslichen tilgungsfreien Darlehens
– Konditionenbindung 10 Jahre –

Laufzeit: 10 Jahre
Tilgung %: 0,0

Zinssatz (nom) %	Auszahlung in %				
	99,00	99,25	99,50	99,75	100,00
4,00	4,1241	4,0929	4,0618	4,0309	4,0000
4,25	4,3756	4,3441	4,3126	4,2813	4,2500
4,50	4,6272	4,5952	4,5634	4,5316	4,5000
4,75	4,8787	4,8464	4,8142	4,7820	4,7500
5,00	5,1303	5,0976	5,0650	5,0324	5,0000
5,25	5,3819	5,3488	5,3157	5,2828	5,2500
5,50	5,6335	5,6000	5,5665	5,5332	5,5000
5,75	5,8851	5,8512	5,8173	5,7836	5,7500
6,00	6,1367	6,1024	6,0682	6,0340	6,0000
6,25	6,3884	6,3536	6,3190	6,2844	6,2500
6,50	6,6400	6,6048	6,5698	6,5348	6,5000
6,75	6,8917	6,8561	6,8206	6,7852	6,7500
7,00	7,1433	7,1073	7,0714	7,0357	7,0000
7,25	7,3950	7,3586	7,3223	7,2861	7,2500
7,50	7,6467	7,6098	7,5731	7,5365	7,5000
7,75	7,8983	7,8611	7,8239	7,7869	7,7500
8,00	8,1500	8,1123	8,0748	8,0373	8,0000
8,25	8,4017	8,3636	8,3256	8,2877	8,2500
8,50	8,6535	8,6149	8,5765	8,5382	8,5000
8,75	8,9052	8,8662	8,8273	8,7886	8,7500
9,00	9,1569	9,1175	9,0782	9,0390	9,0000
9,25	9,4086	9,3688	9,3290	9,2895	9,2500
9,50	9,6604	9,6201	9,5799	9,5399	9,5000
9,75	9,9121	9,8714	9,8308	9,7903	9,7500
10,00	10,1639	10,1227	10,0817	10,0408	10,0000
10,25	10,4157	10,3740	10,3325	10,2912	10,2500
10,50	10,6674	10,6254	10,5834	10,5416	10,5000
10,75	10,9192	10,8767	10,8343	10,7921	10,7500
11,00	11,1710	11,1280	11,0852	11,0425	11,0000
11,25	11,4228	11,3794	11,3361	11,2930	11,2500
11,50	11,6746	11,6307	11,5870	11,5434	11,5000
11,75	11,9265	11,8821	11,8379	11,7939	11,7500
12,00	12,1783	12,1335	12,0888	12,0443	12,0000

IV. Geld- und Kapitalmarkt, Preisindices

Übersicht

	Rz.
1. Diskont- und Lombardsatz der Deutschen Bundesbank	50
2. Diskontsätze im Ausland	51
3. Geldmarktsätze	52
4. Geldmarktsätze im Ausland	53
5. Renditen inländischer Wertpapiere	54
6. Soll- und Habenzinsen	55
7. Preisindices	56
8. Entwicklung des Realzinses	57

Geld- und Kapitalmarkt, Preisindices 50 X

1. Diskont- und Lombardsatz der Deutschen Bundesbank*

Gültig ab	Diskont satz[1] % p. a.	Lombard satz % p. a.	Gültig ab	Diskont satz[1] % p. a.	Lombard satz % p. a.
1948 1. Juli	5	6	18. Nov.	6½	8
1949 27. Mai	4½	5½	3. Dez.	6	7½
14. Juli	4	5	1971 1. April	5	6½
1950 27. Okt.	6	7	14. Okt.	4½	5½
1952 29. Mai	5	6	23. Dez.	4	5
21. Aug.	4½	5½	1972 25. Febr.	3	4
1953 8. Jan.	4	5	9. Okt.	3½	5
11. Juni	3½	4½	3. Nov.	4	6
1954 20. Mai	3	4	1. Dez.	4½	6½
1955 4. Aug.	3½	4½	1973 12. Jan.	5	7
1956 8. März	4½	5½	4. Mai	6	8
19. Mai	5½	6½	1. Juni	7	9[3]
6. Sept.	5	6	1974 25. Okt.	6½	8½
1957 11. Jan.	4½	5½	20. Dez.	6	8
19. Sept.	4	5	1975 7. Febr.	5½	7½
1958 17. Jan.	3½	4½	7. März	5	6½
27. Juni	3	4	25. April	5	6
1959 10. Jan.	2¾	3¾	23. Mai	4½	5½
4. Sept.	3	4	15. Aug.	4	5
23. Okt.	4	5	12. Sept.	3½	4½
1960 3. Juni	5	6	1977 15. Juli	3½	4
11. Nov.	4	5	16. Dez.	3	3½
1961 20. Jan.	3½	4½	1979 19. Jan.	3	4
5. Mai	3	4[2]	30. März	4	5
1965 22. Jan.	3½	4½	1. Juni	4	5½
13. Aug.	4	5	13. Juli	5	6
1966 27. Mai	5	6¼	1. Nov.	6	7
1967 6. Jan.	4½	5½	1980 29. Febr.	7	8½
17. Febr.	4	5	2. Mai	7½	9½
14. April	3½	4½	19. Sept.	7½	9[4]
12. Mai	3	4	1982 27. Aug.	7	8
11. Aug.	3	3½	22. Okt.	6	7
1969 21. März	3	4	3. Dez.	5	6
18. April	4	5	1983 18. März	4	5
20. Juni	5	6	9. Sept.	4	5½
11. Sept.	6	7½	1984 29. Juni	4½	5½
5. Dez.	6	9	1985 1. Febr.	4½	6
1970 9. März	7½	9½	16. Aug.	4	5½
16. Juli	7	9			

[1] Zugleich Zinssatz für Kassenkredite. Bis Mai 1956 galten für Auslandswechsel und Exporttratten auch niedrigere Sätze; für bestimmte Kredite an die Kreditanstalt für Wiederaufbau, die Ende 1958 ausliefen, wurden feste Sondersätze berechnet (Einzelheiten vgl. Anmerkungen zur gleichen Tabelle im Geschäftsbericht für das Jahr 1961, S. 95).
[2] Auf die in der Zeit vom 10. Dezember 1964 bis 31. Dezember 1964 in Anspruch genommenen Lombardkredite wurde den Kreditinstituten eine Vergütung von ¾% p. a. gewährt.
[3] Lombardkredit zum Lombardsatz ist den Kreditinstituten in folgenden Zeiten grundsätzlich nicht zur Verfügung gestellt worden: vom 1. Juni 1973 bis einschl. 3. Juli 1974; vom 20. Februar 1981 bis einschl. 6. Mai 1982.
[4] Seit 1. Januar 1951 unverändert.
* *Quelle:* Monatsberichte der Deutschen Bundesbank 37. Jahrgang Nr. 12. Dezember 1985.

2. Diskontsätze im Ausland*,**

Land	Satz am 9. 9. 1985 % p. a.	gültig ab	Vorheriger Satz % p. a.	gültig ab
I. Europäische Länder				
1. EG-Mitgliedsländer				
Belgien-Luxemburg[1]	8,75	9. 9.85	9	14. 11.85
Dänemark	7	27. 10.83	7½	22. 4.83
Frankreich	9½	31. 8.77	10½	23. 9.76
Griechenland	20½	1. 7.80	19	17. 10.85
Großbritannien[2]				
Irland, Rep.	11,90	30. 5.85	13,90	26. 11.84
Italien	15	8. 11.85	15½	4. 1.85
Niederlande	5	16. 8.85	5½	1. 2.85
2. EFTA-Mitgliedsländer				
Island	22½	1.85	16½	23. 1.84
Norwegen	8	6. 6.83	9	30. 11.79
Österreich	4	19. 8.85	4½	29. 6.84
Portugal	23	3. 8.83	25	10. 8.83
Schweden	10½	12. 7.85	11½	14. 5.85
Schweiz	4	18. 3.83	4½	3. 12.82
3. Sonstige europäische Länder				
Finnland	9	1. 2.85	9½	1. 7.83
Spanien	8	26. 7.77	7	10. 8.74
II. Außereuropäische Industrieländer				
Japan	5	22. 10.83	5½	11. 12.81
Kanada[3]	9,10	28. 11.85	8,78	31. 10.85
Neuseeland	13	7.81	14	7.80
Republik Südafrika	13	20. 11.85	14	22. 10.85
Vereinigte Staaten[4]	7½	20. 5.85	8	24. 12.84
III. Außereuropäische Entwicklungsländer				
Ägypten	13	7.82	12	1.81
Costa Rica	30	1.85	28	10.84
Ghana	18	12.84	16	11.84
Indien	10	11. 7.81	9	22. 7.74
Korea, Süd-	5	7. 5.82	5½	29. 3.82
Pakistan	10	7. 6.77	9	4. 9.74
Sri Lanka[5]	13	3.83	14	8.81

* Diskontsätze der Zentralbanken im Verkehr mit Geschäftsbanken; ohne Sonderkonditionen bei bestimmten Refinanzierungsgeschäften (z. B. beim Rediskont von Exportwechseln).
[1] Ab 9. 5. 1985 flexibler Diskontsatz, der am Satz für dreimonatige Schatzwechsel orientiert ist; zum Vergleich ist der vor rd. einem Monat geltende Satz angegeben.
[2] Vom 13. 10. 1972 bis 19. 8. 1981 „Minimum lending rate"; am 20. 8. 1981 hat die Bank von England die „Minimum lending rate" grundsätzlich suspendiert.
[3] Ab 13. 3. 1980 flexibler Diskontsatz (durchschnittlicher wöchentlicher Schatzwechsel-Emissionssatz plus ¼ Prozentpunkt); zum Vergleich ist der vor rd. einem Monat geltende Satz angegeben.
[4] Diskontsatz der Federal Reserve Bank of New York.
[5] Satz für die Lombardierung von Staatspapieren.
** *Quelle:* Monatsberichte der Deutschen Bundesbank 37. Jahrgang Nr. 12. Dezember 1985.

3. Geldmarktsätze*,**
(in Frankfurt am Main nach Monaten)

% p. a.

Zeit	Tagesgeld		Monatsgeld		Dreimonatsgeld	
	Monats-durch-schnitte	Niedrigst- und Höchst-sätze	Monats-durch-schnitte	Niedrigst- und Höchst-sätze	Monats-durch-schnitte	Niedrigst- und Höchst-sätze
1983 Juni	5,05	5,00–5,15	5,26	5,15–5,40	5,57	5,45–5,70
Juli	5,05	5,00–5,15	5,37	5,25–5,50	5,57	5,45–5,65
Aug.	5,06	5, 00–5,20	5,46	5,30–5,65	5,71	5,55–6,00
Sept.	5,42	5.00–5,60	5,65	5,50–5,80	5,88	5,80–6,00
Okt.	5,53	5,50–5,60	5,81	5,55–5,85	6,18	6,10–6,25
Nov.	5,57	5,50–5,70	5,75	5,60–5,90	6,30	6,15–6,50
Dez.	5,61	¹ 5,40–8,50	6,53	6,40–6,70	6,48	6,40–6,60
1984 Jan.	5,56	5,50–5,65	5,99	5,75–6,10	6,12	5,95–6,25
Febr.	5,53	5,45–5,60	5,57	5,40–5,80	5,95	5,80–6,15
März	5,53	5,45–5,60	5,79	5,65–5,90	5,86	5,75–6,00
April	5,49	3,50–5,60	5,64	5,60–5,70	5,84	5,75–5,90
Mai	5,54	5,50–5,60	5,84	5,70–6,00	6,10	5,80–6,30
Juni	5,52	5,40–5,60	5,71	5,65–5,80	6,13	6,05–6,25
Juli	5,56	5,50–5,60	5,85	5,80–5,90	6,13	6,05–6,20
Aug.	5,52	5,30–5,60	5,80	5,65–5,90	6,02	5,85–6,15
Sept.	5,55	5,50–5,65	5,69	5,60–5,75	5,82	5,75–5,90
Okt.	5,61	5,50–5,75	5,87	5,70–6,00	6.07	6,00–6,15
Nov.	5,51	5,35–5,60	5,61	5,45–5,80	5,96	5,80–6,10
Dez.	5,62	² 5,40–9,00	5,91	5,85–6,00	5,83	5,75–5,90
1985 Jan.	5,52	5,30–5,70	5,82	5,70–6,00	5,87	5,70–6,05
Febr.	5,78	5,40–6,10	5,64	5,50–5,80	6,16	6,00–6,25
März	5,85	5,40–6,15	6,21	6,05–6,50	6,39	6,20–6,60
April	5,70	5,25–6,00	5,80	5,60–5,90	6,02	5,85–6,20
Mai	5,67	5,30–6,05	5,77	5,70–5,90	5,84	5,75–6,00
Juni	5,52	4,85–5,75	5,56	5,45–5,70	5,68	5,60–5,80
Juli	5,13	4,45–6,00	5,31	5,00–5,65	5,34	5,05–5,70
Aug.	4,77	4,40–5,50	4,80	4,60–5,10	4,79	4,60–5,10
Sept.	4,59	4,30–5,50	4,66	4,55–4,75	4,69	4,60–4,75
Okt.	4,54	3,90–4,85	4,76	4,65–4,90	4,81	4,65–5,05
Nov.	4,61	4,45–5,60	4,63	4,55–4,75	4,84	4,75–5,00
Dez.			–			

* Geldmarktsätze werden nicht offiziell festgesetzt oder notiert. Die dargestellten Sätze basieren – soweit nicht anders vermerkt – auf täglichen Angaben vom Frankfurter Bankplatz; die daraus errechneten Monatsdurchschnitte sind ungewichtet.
¹ Ultimogeld 6,0–8,5%.
² Ultimogeld 5,5–9,0%.
** *Quelle:* Monatsberichte der Deutschen Bundesbank 37. Jahrgang Nr. 12. Dezember 1985.

4. Geldmarktsätze im Ausland*
Monats- bzw. Wochendurchschnitte aus täglichen Angaben[1] % p. a.

Monat bzw. Woche	Amsterdam		Brüssel		London		New York			Paris	Zürich	Euro-Dollar-Markt[9]			Nachrichtliche: Swap-Sätze am freien Markt[10]	
	Tägliches Geld	Schatzwechsel (3 Monate) Marktdiskont	Tagesgeld[2]	Schatzwechsel (3 Monate) Emissionssatz[3]	Tagesgeld[4]	Schatzwechsel (3 Monate) Emissionssatz[5]	Federal Funds[6]	Schatzwechsel (3 Monate) Emissionssatz[5]		Tagesgeld gesichert durch private Titel	Dreimonatsgeld[8]	Tagesgeld	Monatsgeld	Dreimonatsgeld	US-$/DM	£/DM
1983 Dez.	5,75	6,06	7,39	10,85	7,77	8,87	9,47	8,96		12,27	3,50	9,45	10,11	10,16	−3,84	−3,05
1984 Jan.	5,71	5,84	7,92	10,85	7,62	8,87	9,56	8,93		12,39	3,25	9,57	9,66	9,85	−3,81	−3,28
Febr.	5,80	5,86	7,17	12,25	8,45	8,85	9,59	9,03		12,30	3,00	9,67	9,76	9,98	−4,06	−3,36
März	6,06	5,98	10,93	12,25	7,71	8,43	9,91	9,44		12,48	3,00	10,00	10,23	10,47	−4,79	−3,16
April	5,78	5,92	11,13	11,75	7,39	8,38	10,29	9,69		12,15	3,00	10,50	10,66	10,90	−5,15	−3,07
Mai	5,61	5,92	9,03	11,75	6,07	8,82	10,32	9,90		12,04	3,25	10,49	10,94	11,61	−5,68	−3,37
Juni	5,72	5,99	9,55	11,75	7,56	8,86	11,06	9,94		12,11	3,25	11,26	11,40	11,76	−5,87	−3,53
Juli	5,97	6,27	10,03	11,75	9,54	10,97	11,23	10,13		11,45	3,92	11,29	11,64	12,11	−6,22	−5,52
Aug.	5,81	6,16	10,62	11,45	10,34	10,21	11,64	10,49		11,43	4,25	11,66	11,68	11,87	−6,21	−5,26
Sept.	5,83	6,14	8,68	11,00	9,27	10,02	11,30	10,41		11,36	4,58	11,43	11,57	11,74	−6,10	−5,10
Okt.	5,90	6,09	9,43	11,00	9,53	9,85	9,99	9,97		11,03	4,75	10,26	10,48	10,85	−5,01	−4,61
Nov.	5,57	5,80	10,07	10,75	8,37	9,23	9,43	8,79		11,18	4,50	9,30	9,31	9,57	−3,82	−4,04
Dez.	5,63	5,66	9,12	10,75	7,61	9,10	8,38	8,16		10,95	4,50	8,52	8,78	9,01	−3,33	−3,99
1985 Jan.	5,77	5,76	9,22	10,70	9,90	10,55	8,35	7,76		10,56	4,29	8,23	8,24	8,43	−2,70	−5,78
Febr.	6,48	6,85	8,99	10,70	12,40	12,69	8,50	8,22		10,65	4,81	8,53	8,70	9,11	−2,97	−7,50
März	6,90	7,05	9,13	10,45	12,79	12,94	8,58	8,57		10,67	5,00	8,56	8,91	9,38	−3,27	−7,32
April	6,76	6,72	9,45	9,50	11,95	11,93	8,27	8,00		10,49	4,88	8,44	8,54	8,76	−2,89	−6,78
Mai	7,12	6,83	8,94	9,00	11,80	11,94	7,97	7,56		10,16	4,58	7,97	8,00	8,18	−2,56	−6,91
Juni	6,84	6,56	8,00	8,90	11,68	11,89	7,53	7,01		10,23	4,50	7,61	7,61	7,69	−2,14	−6,80
Juli	6,61	6,21	6,97	9,50	11,76	11,39	7,88	7,05		9,89	4,49	7,89	7,86	7,95	−2,84	−6,88
Aug.	5,98	5,70	8,00	9,50	11,13	10,96	7,90	7,18		9,68	4,25	7,92	7,96	8,09	−3,46	−6,74
Sept.	5,74	5,67	7,91	9,15	10,47	11,06	7,92	7,08		9,59	4,20	7,97	8,08	8,21	−3,72	−6,95
Okt.	5,87	5,81	8,26	8,80	10,95	11,05	7,99	7,17		9,35	4,00	7,96	8,05	8,17	−3,42	−6,73
Nov.P					10,26	11,11		7,20		8,97	4,00	8,13	8,07	8,08	−3,33	−6,73
Dez.P																

Geld- und Kapitalmarkt, Preisindices

[Footnotes, rotated sideways:]

[1] Soweit nicht anders vermerkt.
[2] Sätze am Kompensationsmarkt, gewogen mit den ausgeliehenen Beträgen.
[3] Für Monats- und Wochenangaben jeweils letzter Satz.
[4] Durchschnitt aus den in der Financial Times täglich notierten niedrigsten und höchsten Sätzen für day-to-day money.
[5] Monate: Durchschnitt aus den bei den wöchentlichen Schatzwechselauktionen (New York: montags, London: freitags) erzielten Emissionssätzen; Wochen: Durchschnitt aus den am Ausgabetag erzielten Emissionssätzen.
[6] Wochendurchschnitt: jeweils Donnerstag bis Mittwoch.
[7] Eröffnungs-Sätze.
[8] Dreimonatsdepots bei Großbanken in Zürich; Monate: Durchschnitt aus den an 3 Stichtagen (10., 20. und Ultimo) gemeldeten Sätzen; Wert in der vierten Woche jeweils Stichtag Ultimo.
[9] Die Sätze basieren auf Angaben vom Frankfurter und Luxemburger Bankplatz.
[10] Sätze für Kontrakte mit dreimonatiger Laufzeit.
[p] Zum Teil vorläufige Zahlen.

* *Quellen*: Monatsberichte der Deutschen Bundesbank 37. Jahrgang Nr. 12. Dezember 1985.

5. Renditen inländischer Wertpapiere
% p.a.

Zeit	Tarifbesteuerte festverzinsliche Wertpapiere[1] im Berichtszeitraum erstmalig abgesetzte Wertpapiere (Emissionsrenditen)					im Umlauf befindliche Wertpapiere (Umlaufsrenditen)					nachrichtlich: DM-Anleihen ausländischer Emittenten[2]	Aktien[3]	
	festverzinsliche Wertpapiere insgesamt	darunter:				festverzinsliche Wertpapiere insgesamt	darunter:					mit Steuerguschrift[4]	ohne
		Pfandbriefe	Kommunalobligationen	Industrieobligationen	Anleihen der öffentlichen Hand		Pfandbriefe	Kommunalobligationen	Industrieobligationen	Anleihen der öffentlichen Hand			
1978	6,0	6,1	6,1	6,2	6,1	6,1	6,4	6,3	6,6	5,7	6,1	4,69	3,00
1979	7,5	7,5	7,5	–	7,6	7,6	7,7	7,7	7,7	7,4	7,2	5,44	3,48
1980	8,5	8,4	8,5	–	8,5	8,6	8,7	8,7	8,9	8,5	9,0	6,01	3,84
1981	10,2	10,1	10,3	–	10,2	10,6	10,6	10,6	11,1	10,4	10,8	5,83	3,73
1982	8,9	8,9	9,0	–	8,9	9,1	9,1	9,1	9,3	9,0	9,6	4,89	3,13
1983	7,9	8,0	7,9	–	7,9	8,0	8,0	8,0	7,9	7,9	8,3	3,34	2,14
1984	7,7	7,8	7,7	–	7,8	7,8	7,8	7,8	7,9	7,8	7,9	3,61	2,31
1984 Aug.	7,9	7,9	7,9	–	8,0	7,9	7,9	8,0	7,9	7,9	8,2	3,93	2,52
Sept.	7,7	7,7	7,7	–	7,7	7,7	7,7	7,7	7,7	7,6	7,9	3,69	2,36
Okt.	7,4	7,6	7,4	–	7,3	7,4	7,4	7,4	7,6	7,4	7,7	3,66	2,34
Nov.	7,1	7,0	7,2	–	7,1	7,2	7,2	7,2	7,3	7,2	7,5	3,68	2,36
Dez.	7,0	7,1	7,1	–	7,0	7,0	7,0	7,0	7,2	7,0	7,4	3,61	2,31
1985 Jan.	7,1	7,2	7,1	–	7,1	7,1	7,1	7,1	7,2	7,1	7,4	3,45	2,21
Febr.	7,4	7,5	7,4	–	7,6	7,5	7,5	7,5	7,2	7,4	7,7	3,44	2,20
März	7,6	7,6	7,6	–	7,5	7,7	7,7	7,7	7,3	7,6	7,8	3,48	2,22
April	7,2	7,4	7,3	7,4	7,3	7,3	7,4	7,4	7,3	7,3	7,6	3,60	2,30
Mai	7,1	7,1	7,1	–	7,1	7,1	7,2	7,2	7,2	7,1	7,4	3,38	2,16
Juni	6,9	7,0	7,0	–	6,9	7,0	7,0	7,0	7,1	6,9	7,3	3,22	2,06
Juli	6,8	6,8	6,8	–	6,8	6,8	6,8	6,8	6,9	6,7	7,2	3,36	2,15
Aug.	6,5	6,6	6,5	–	6,4	6,5	6,6	6,5	6,8	6,4	7,0	3,12	2,00
Sept.	6,4	6,7	6,4	–	6,4	6,4	6,5	6,4	6,8	6,3	6,9	2,97	1,90
Okt.	6,6	6,7	6,6	–	6,6	6,7	6,7	6,7	6,9	6,5	7,0	2,64	1,69
Nov.	…	…	…	…	…	6,7	6,8	6,8	7,0	6,6	7,2	…	…
Dez.													

[1] In der Renditenstatistik sind grundsätzlich nur tarifbesteuerte festverzinsliche Inhaberschuldverschreibungen mit einer längsten Laufzeit gemäß Emissionsbedingungen von über 4 Jahren enthalten. Solche Rentenwerte werden ab 1977 nur insoweit in die Berechnung der Durchschnittsrenditen einbezogen, als ihre mittlere Restlaufzeit mehr als 3 Jahre beträgt. Außer Betracht bleiben Wandelschuldverschreibungen, ab 1973 auch Bankschuldverschreibungen mit unplanmäßiger Tilgung. Den Renditen liegt bei Tilgungsanleihen die mittlere Restlaufzeit, ab 1973 die rechnerische Restlaufzeit zugrunde. Die Gruppenrenditen für die Wertpapierarten sind gewogen mit den Umlaufsbeträgen bzw. den Absatzbeträgen (bei Emissionsrenditen der in die Berechnung einbezogenen Schuldverschreibungen. Die Monatszahlen der Umlaufsrenditen werden aus den Renditen an den vier Bankwochenstichtagen eines Monats (einschließlich der Ultimorenditen des Vormonats) errechnet. Die Jahreszahlen sind ungewogene Mittel der Monatszahlen.
[2] Soweit an deutschen Börsen notiert.
[3] Dividendenrendite; Stand am Jahres- bzw. Monatsende. Quelle: Statistisches Bundesamt.
[4] Auf Grund des Körperschaftsteuerreformgesetzes vom 31. August 1976.

Quelle: Monatsberichte der Deutschen Bundesbank 37. Jahrgang Nr. 12. Dezember 1985.

6. Soll- und Habenzinsen***
(Durchschnittssätze)

Erhebungs-zeitraum[1]	Sollzinsen						
	Kontokorrentkredite[2]		Wechseldiskont-kredite[2,3]	Ratenkredite[4]	Hypothekarkredite auf Wohngrundstücke[2]		
					Gleitzinsen (Effektivverz.)[6]	Festzinsen (Effektivverzinsung)[6]	
	unter 1 Mio DM	von 1 Mio DM bis unter 5 Mio DM		von 5000 DM bis unter 10000 DM[5]		auf 2 Jahre	auf 5 Jahre	auf 10 Jahre
	durch-schnittlicher Zinssatz	durch-schnittlicher Zinssatz	durch-schnittlicher Zinssatz	durch-schnittlicher Zinssatz	durch-schnittlicher Zinssatz	durch-schnittlicher Zinssatz	durch-schnittlicher Zinssatz	durch-schnittlicher Zinssatz
1984 Aug.	9,91	8,44	6,28	0,43	8,40	8,68	9,05	9,30
Sept.	9,89	8,31	6,29	0,43	8,33	8,57	8,84	9,04
Okt.	9,89	8,37	6,25	0,43	8,24	8,34	8,56	8,79
Nov.	9,86	8,25	6,23	0,43	8,13	8,19	8,26	8,63
Dez.	9,78	8,27	6,18	0,43	7,98	7,98	8,10	8,44
1985 Jan.	9,80	8,26	6,20	0,43	7,96	7,93	8,08	8,42
Febr.	9,80	8,17	6,19	0,43	8,08	8,19	8,40	8,77
März	9,80	8,24	6,21	0,43	8,20	8,42	8,68	8,98
April	9,79	8,24	6,22	0,43	8,19	8,32	8,49	8,72
Mai	9,81	8,23	6,20	0,43	8,10	8,11	8,26	8,47
Juni	9,75	8,20	6,19	0,43	7,99	7,95	8,08	8,35
Juli	9,72	8,09	6,19	0,43	7,88	7,75	7,87	8,21
Aug.	9,39	7,79	5,80	0,41	7,63	7,46	7,56	8,03
Sept.	9,14	7,53	5,61	0,40	7,35	7,20	7,38	7,88
Okt.	9,11	7,52	5,58	0,39	7,32	7,20	7,46	7,98
Nov.P	9,12	7,55	5,57	0,39	7,38	7,33	7,66	8,17
Dez.								

Geld- und Kapitalmarkt, Preisindices

Habenzinsen

Erhebungs-zeitraum[1]	Festgelder mit vereinbarter Laufzeit von 3 Monaten[2]		Spareinlagen[2]			Sparbriefe mit laufender Zinszahlung[2]	
	unter 1 Mio DM	von 1 Mio DM bis unter 5 Mio DM	mit gesetzlicher Kündigungsfrist	mit vereinbarter Kündigungsfrist		vierjährige Laufzeit	fünfjährige Laufzeit
				von 12 Monaten	von 4 Jahren und darüber		
	durch-schnittlicher Zinssatz	durch-schnittlicher Zinssatz	durch-schnittlicher Zinssatz	durch-schnittlicher Zinssatz	durch-schnittlicher Zinssatz	durch-schnittlicher Zinssatz	durch-schnittlicher Zinssatz
1984 Aug.	4,91	5,74	3,01	4,51	5,84	7,25	7,44
Sept.	4,86	5,72	3,01	4,51	5,83	7,09	7,23
Okt.	4,93[3]	5,84[3]	3,01	4,50	5,83	6,82	7,03
Nov.	4,89[3]	5,86[3]	3,01	4,50	5,83	6,64	6,82
Dez.	4,87	5,72	3,01	4,49	5,81	6,45	6,69
1985 Jan.	4,72	5,53	3,00	4,49	5,80	6,37	6,61
Febr.	4,83	5,72	3,01	4,49	5,79	6,64	6,85
März	4,96	5,82	3,00	4,49	5,80	6,88	7,06
April	4,91	5,71	3,00	4,49	5,80	6,78	6,92
Mai	4,82	5,62	3,01	4,48	5,79	6,58	6,72
Juni	4,74	5,46	3,01	4,48	5,77	6,41	6,56
Juli	4,56	5,29	3,01	4,47	5,74	6,23	6,41
Aug.	4,08	4,65	3,00	4,40	5,67	5,97	6,13
Sept.	3,88	4,46	2,85	4,18	5,45	5,76	5,96
Okt.	3,88	4,55	2,62	4,04	5,34	5,79	6,00
Nov.[p]	3,94	4,67	2,53	4,00	5,31	6,01	6,17
Dez.							

* Zur Erhebungsmethode s. Monatsberichte der Deutschen Bundesbank, zuletzt 35. Jg., Nr. 1, Januar 1983, S. 14 ff. Die Durchschnittssätze sind als ungewichtetes arithmetisches Mittel aus den innerhalb der Streubreite liegenden Zinsmeldungen errechnet. Die Streubreite wird ermittelt, indem jeweils 5% der Meldungen mit den höchsten und den niedrigsten Zinssätzen ausgesondert werden.
[1] Jeweils die beiden mittleren Wochen der angegebenen Monate.
[2] Zinssätze in % p. a.
[3] Bundesbankfähige Abschnitte von 5000 DM bis unter 20000 DM.
[4] Zinssätze in % p. M. vom ursprünglichen in Anspruch genommenen Kreditbetrag. Neben der Verzinsung wird von den meisten Instituten eine einmalige Bearbeitungsgebühr (im allgemeinen 2% p. M. der Darlehenssumme, zum Teil auch 3%) berechnet.
[5] Mit Laufzeit von über 24 Monaten bis 48 Monate einschließlich.
[6] Die Angaben beziehen sich auf den Zeitpunkt des Vertragsabschlusses und nicht auf die Gesamtlaufzeit der Verträge. Bei Errechnung der Effektivverzinsung wird von einer jährlichen Grundtilgung von 1% zuzüglich ersparter Zinsen ausgegangen unter Berücksichtigung der von den beteiligten Instituten jeweils vereinbarten Rückzahlungsmodalitäten (überwiegend vierteljährige Zahlung mit jährlicher Anrechnung sowie monatliche Zahlung mit monatlicher oder vierteljährlicher Anrechnung).
[7] Zinssätze für Festgelder über Jahresultimo.
[p] Vorläufig.

** *Quelle*: Monatsberichte der Deutschen Bundesbank 37. Jahrgang Nr. 12. Dezember 1985.

7. Preisindices

Zeit	Index der Erzeugerpreise gewerblicher Produkte im Inlandsabsatz						Index der Erzeugerpreise landwirtschaftlicher Produkte[1]			Indizes der Preise im Außenhandel		Indizes der Durchschnittswerte im Außenhandel			Index der Weltmarkt-preise für Roh-stoffe[3][4]
	insgesamt		darunter: Erzeugnisse des				insgesamt		darunter: Pflanzliche Produkte	Ausfuhr	Einfuhr	Ausfuhr	Einfuhr	Austausch-verhältnis (Terms of Trade)[2]	
	1980 = 100	Veränderung gegen Vorjahr %	Grund-stoff- und Pro-duktions-güter-gewerbes	Investi-tions-güter-gewerbes	Verbrauchs-güter-gewerbes		1980 = 100	Veränderung gegen Vorjahr %		1980 = 100		1980 = 100			1980 = 100
1975 D	82,3	+ 4,6	79,4	84,6	82,6		91,1	+ 13,2	79,5	83,7	75,1	83,8	76,4	109,7	44,3
1976 D	85,4	+ 3,8	81,8	87,5	85,1		101,5	+ 11,5	102,0	87,0	79,7	85,9	79,1	108,6	47,5
1977 D	87,7	+ 2,7	81,7	90,7	87,6		100,5	− 1,1	94,2	88,5	80,9	86,7	76,8	112,9	52,3
1978 D	88,7	+ 1,1	81,0	92,8	89,0		97,0	− 3,5	93,6	89,9	77,9	86,7	76,8	106,8	51,4
1979 D	93,0	+ 4,8	89,6	95,5	93,4		98,4	+ 1,4	96,2	94,1	87,0	91,3	85,5	106,8	67,6
1980 D	100	+ 7,5	100	100	100		100	+ 1,6	100	100	100	100	100	100	100
1981 D	107,8	+ 7,8	109,7	104,1	104,9		106,0	+ 6,0	106,7	105,8	113,6	106,3	113,8	93,4	106,5
1982 D	114,1	+ 5,8	113,9	110,0	109,0		109,8	+ 3,6	105,5	110,4	116,2	110,9	114,5	96,9	101,2
1983 D	115,8	+ 1,5	113,4	113,0	111,0		108,2	− 1,5	107,2	112,3	115,8	112,4	114,1	98,5	92,6
1984 D	119,2	+ 2,9	118,0	115,5	114,5		106,9	− 1,2	106,5	116,2	122,8	116,3	120,8	96,3	90,7
1984 Juli	119,3	+ 3,2	117,8	115,6	114,8		108,7	+ 1,9	117,0	116,2	122,5	117,1	120,7	97,0	90,6
Aug.	119,3	+ 2,6	117,6	115,7	115,1		106,7	+ 1,1	104,5	116,5	123,2	117,6	122,2	96,2	90,3
Sept.	119,7	+ 2,7	118,3	116,1	115,3		107,4	− 2,3	100,7	117,1	124,7	117,5	122,5	95,9	90,0
Okt.	120,3	+ 3,1	119,7	116,2	115,8		106,7	− 3,0	100,7	117,5	125,5	118,3	123,3	96,7	89,7
Nov.	120,3	+ 2,9	119,3	116,3	115,8		106,0	− 3,9	100,7	117,5	124,7	118,4	122,5	96,2	89,7
Dez.	120,4	+ 2,8	119,5	116,4	115,8		105,7	− 4,5	101,8	117,6	125,5	119,2	124,4	95,8	89,0
1985 Jan.	121,2	+ 2,9	121,5	116,9	116,1		104,6	− 3,6	103,5	118,6	127,0	119,9	127,7	93,9	88,8
Febr.	121,6	+ 3,1	122,7	117,2	116,5		104,1	− 6,9	103,3	119,2	129,5	120,8	128,5	94,0	87,5
März	121,8	+ 3,0	122,9	117,4	116,7		104,3	− 7,9	103,7	119,7	130,4	121,7	129,2	94,2	87,2
April	122,0	+ 2,8	122,1	118,2	117,1		103,4	− 7,1	104,3	120,0	128,7	121,4	126,4	96,0	87,7
Mai	122,1	+ 2,7	122,1	118,5	117,4		103,4	− 5,0	103,6	120,2	127,7	121,7	126,6	96,1	87,4
Juni	122,0	+ 2,5	121,3	118,6	117,6		P104,0	P− 6,5	105,0	120,1	126,4	121,1	125,4	96,6	87,1
Juli	122,1	+ 2,3	120,6	118,8	117,8		103,7	− 4,7	101,6	120,0	124,5	122,6	123,6	99,2	87,1
Aug.	121,9	+ 2,2	120,0	118,8	117,8		102,7	− 3,8	96,7	119,6	122,4	121,6	121,7	99,6	86,8
Sept.	122,1	+ 2,0	120,5	118,9	117,9		P103,0	P− 4,2	97,3	119,5	123,0	120,9	120,7	100,2	86,4
Okt.	121,9	+ 1,3	119,7	119,0	118,0		P101,0	P− 5,3	96,9	119,0	119,6	118,9	119,8	99,2	86,6
Nov.	...		...	...	...		...	...	...	...	...	...	...	...	...
Dez.	...		...	...	...		...	...	...	...	...	...	...	...	...

Geld- und Kapitalmarkt, Preisindices

Zeit	Gesamtbaupreisindex für Wohngebäude [5]		Preisindex für Straßenbau [5]		Preisindex für die Lebenshaltung aller privaten Haushalte [6]								Lebenshaltung ohne Nahrungsmittel		Energieträger [7]	
					insgesamt		davon:									
	1980 = 100	Veränderung gegen Vorjahr %	1980[3] = 100	Veränderung gegen Vorjahr %	1980[8] = 100	Veränderung gegen Vorjahr %	Nahrungsmittel	andere Verbrauchs- und Gebrauchs- güter	Dienst- leistun- gen und Repara- turen	Wohn- ungs- und Garagen- nutzung			1980 = 100	Veränderung gegen Vorjahr %	1980 = 100	Veränderung gegen Vorjahr %
1975 D	72,4	+ 2,4	72,3	+ 2,4	82,0	+ 5,9	86,8	81,3	80,1	82,9			81,2	+ 6,0	83,3	+ 6,0
1976 D	74,8	+ 3,3	73,4	+ 1,5	85,6	+ 4,4	91,0	84,2	83,8	86,9			84,6	+ 4,2	86,7	+ 4,1
1977 D	78,5	+ 4,9	75,4	+ 2,7	88,7	+ 3,6	93,2	87,3	87,9	89,8			88,0	+ 4,0	90,1	+ 3,9
1978 D	83,2	+ 6,0	80,3	+ 6,5	91,1	+ 2,7	94,3	89,7	91,2	92,4			90,6	+ 3,0	92,6	+ 2,8
1979 D	90,4	+ 8,7	88,7	+ 10,5	94,9	+ 4,2	95,9	94,1	95,5	95,3			94,7	+ 4,5	95,5	+ 3,1
1980 D	100	+ 10,6	100	+ 12,7	100	+ 5,4	100	100	100	100			100	+ 5,6	100	+ 4,7
1981 D	105,7	+ 5,7	102,6	+ 2,6	106,3	+ 6,3	105,3	107,3	106,2	104,4			106,5	+ 6,5	105,1	+ 5,1
1982 D	109,2	+ 3,3	100,3	− 2,2	111,9	+ 5,3	110,4	112,9	112,0	110,2			112,2	+ 5,4	110,7	+ 5,3
1983 D	111,4	+ 2,0	99,5	− 2,8	115,6	+ 3,3	112,1	115,9	116,6	116,5			116,2	+ 3,6	114,9	+ 3,8
1984 D	114,3	+ 2,6	100,8	+ 1,3	118,5	+ 2,4	114,2	118,4	119,3	120,9			119,1	+ 2,5	117,7	+ 2,4
1984 Okt.	114,8	+ 2,0	101,3	+ 1,4	119,0	+ 2,1	112,3	119,5	119,9	122,4			120,1	+ 2,4	118,0	+ 2,0
Nov.	.	.	.	.	119,3	+ 2,1	112,5	119,3	119,9	122,7			120,3	+ 2,4	118,3	+ 2,1
Dez.	.	.	.	.	119,3	+ 2,0	112,6	119,7	120,2	122,9			120,4	+ 2,2	118,4	+ 2,0
1985 Jan.	114,8	+ 1,5	101,6	+ 1,6	120,0	+ 2,1	113,8	120,2	121,2	123,3			121,1	+ 2,5	119,1	+ 2,1
Febr.	.	.	.	.	120,5	+ 2,3	115,2	120,7	120,7	123,7			121,4	+ 2,6	119,5	+ 2,1
März	.	.	.	.	120,9	+ 2,5	115,8	121,1	121,7	124,0			121,8	+ 3,0	119,8	+ 2,0
April	114,8	+ 0,4	102,4	+ 1,6	121,1	+ 2,5	116,7	121,0	121,8	124,2			121,8	+ 2,8	120,2	+ 2,3
Mai	.	.	.	.	121,2	+ 2,5	116,8	121,2	122,0	124,4			122,0	+ 2,9	120,4	+ 2,2
Juni	.	.	.	.	121,3	+ 2,3	116,2	121,1	122,6	124,6			122,1	+ 2,7	120,5	+ 2,1
Juli	.	.	.	.	121,1	+ 2,3	115,0	121,0	122,7	124,8			122,1	+ 2,7	120,3	+ 2,0
Aug.	115,4	+ 0,3	103,0	+ 1,8	120,7	+ 2,1	112,9	120,7	122,8	125,0			122,1	+ 2,7	120,0	+ 1,9
Sept.	.	.	.	.	120,9	+ 2,2	112,6	121,2	122,8	125,3			122,6	+ 2,1	120,3	+ 1,9
Okt.	.	.	.	.	121,1	+ 1,8	112,0	121,5	122,8	125,5			122,6	+ 2,1	120,3	...
Nov.	.	.	.	.	...	...	...	...	...	...			...	...	...	...
Dez.	.	.	.	.	...	...	...	...	...	...			...	...	...	...

Quelle: Statistisches Bundesamt; für den Index der Weltmarktpreise: Hamburgisches Welt-Wirtschafts Archiv; *(aus* Monatsberichte der Deutschen Bundesbank 37. Jahrgang Nr. 12. Dezember 1985)
[1] Ohne Mehrwertsteuer.
[2] Index der Durchschnittswerte der Ausfuhr in % des Index der Durchschnittswerte der Einfuhr.
[3] Nahrungsmittel und Industrierohstoffe; auf Dollarbasis.
[4] Umbasiert von der Originalbasis 1975 = 100.
[5] Einschl. Mehrwertsteuer.
[6] Die Angaben für das Jahr 1975 wurden von der Originalbasis 1970 = 100, die Jahre von 1976 bis 1979 von der Originalbasis 1976 = 100 umgerechnet.
[7] Mineralölprodukte, Strom, Gas und Kohle (Eigene Berechnung).
[8] Dieser Index entspricht mit einer Abweichung von 0,0–0,1% dem Index eines 4-Personen-Arbeitnehmerhaushalts mit mittlerem Einkommen.
P Vorläufig; D = Durchschnitt.

8. Entwicklung des Realzinses*

Jahr	Kapitalmarkt[1] %	Inflationsrate[2] %	Realzins[3] %
1980	8,5	5,4	3,1
1981	10,2	6,3	3,9
1982	8,9	5,3	3,6
1983	7,9	3,3	4,6
1984	7,7	2,4	5,3
1985[4]	7,0	2,3	4,7

[1] Durchschnittliche Emissionsrendite aller festverzinslichen, tarifbesteuerten Wertpapiere.
[2] Preisindex für die Lebenshaltung aller privaten Haushalte (1980 = 100).
[3] Unterschiedsbetrag zwischen nominalem Kapitalmarkt und Inflationsrate.
[4] Arithmetisches Mittel der Werte Januar bis Oktober.
* *Quelle für Berechnungsdaten:* Monatsberichte der Deutschen Bundesbank, 31. Jahrgang Nr. 12. Dezember 1985.

V. Sonstige Informationen

Übersicht

	Rz.		Rz.
1. Pfändungsfreigrenzen für Arbeitseinkommen	60	5. Adressenverzeichnisse	72
2. Monatliche Unterhaltsbedarfsbeträge nach BGB (Düsseldorfer Tabelle)	61, 62	5.1 Berufskammern	72
3. Englische und amerikanische Maße und Gewichte mit Umrechnungstabellen	63–70	5.2 Berufsverbände	73
4. Ausgewählte Jahresabschluß-Verhältniszahlen	71	5.3 Sonstige Verbände, wissenschaftliche Informationen	74
		5.4 Finanzministerien, Oberfinanzdirektionen	75
		5.5 Finanzgerichtsbarkeit	76
		5.6 Bundesgerichte	77

1. Pfändungsfreigrenzen für Arbeitseinkommen*
(Anlage 2 zu § 850c ZPO)

Nettolohn monatlich	Pfändbarer Betrag bei Unterhaltspflicht* für					
	0	1	2	3	4	5 und mehr Personen
	in DM					
bis 759,99	–	–	–	–	–	–
760,00 bis 779,99	4,20	–	–	–	–	–
780,00 bis 799,99	18,20	–	–	–	–	–
800,00 bis 819,99	32,20	–	–	–	–	–
820,00 bis 839,99	46,20	–	–	–	–	–
840,00 bis 859,99	60,20	–	–	–	–	–
860,00 bis 879,99	74,20	–	–	–	–	–
880,00 bis 899,99	88,20	–	–	–	–	–
900,00 bis 919,99	102,20	–	–	–	–	–
920,00 bis 939,99	116,20	–	–	–	–	–
940,00 bis 959,99	130,20	–	–	–	–	–

Sonstige Informationen   60 **X**

Nettolohn monatlich	Pfändbarer Betrag bei Unterhaltspflicht* für					
	0	1	2	3	4	5 und mehr Personen
	in DM					
960,00 bis 979,99	144,20	–	–	–	–	–
980,00 bis 999,99	158,20	–	–	–	–	–
1 000,00 bis 1 019,99	172,20	–	–	–	–	–
1 020,00 bis 1 039,99	186,20	–	–	–	–	–
1 040,00 bis 1 059,99	200,20	–	–	–	–	–
1 060,00 bis 1 079,99	214,20	–	–	–	–	–
1 080,00 bis 1 099,99	228,20	–	–	–	–	–
1 100,00 bis 1 119,99	242,20	4,00	–	–	–	–
1 120,00 bis 1 139,99	256,20	14,00	–	–	–	–
1 140,00 bis 1 159,99	270,20	24,00	–	–	–	–
1 160,00 bis 1 179,99	284,20	34,00	–	–	–	–
1 180,00 bis 1 199,99	298,20	44,00	–	–	–	–
1 200,00 bis 1 219,99	312,20	54,00	–	–	–	–
1 220,00 bis 1 239,99	326,20	64,00	–	–	–	–
1 240,00 bis 1 259,99	340,20	74,00	–	–	–	–
1 260,00 bis 1 279,99	354,20	84,00	–	–	–	–
1 280,00 bis 1 299,99	368,20	94,00	–	–	–	–
1 300,00 bis 1 319,99	382,20	104,00	–	–	–	–
1 320,00 bis 1 339,99	396,20	114,00	–	–	–	–
1 340,00 bis 1 359,99	410,20	124,00	5,60	–	–	–
1 360,00 bis 1 379,99	424,20	134,00	13,60	–	–	–
1 380,00 bis 1 399,99	438,20	144,00	21,60	–	–	–
1 400,00 bis 1 319,99	452,20	154,00	29,60	–	–	–
1 420,00 bis 1 439,99	466,20	164,00	37,60	–	–	–
1 440,00 bis 1 459,99	480,20	174,00	45,60	–	–	–
1 460,00 bis 1 479,99	494,20	184,00	53,60	–	–	–
1 480,00 bis 1 499,99	508,20	194,00	61,60	–	–	–
1 500,00 bis 1 519,99	522,20	204,00	69,60	–	–	–
1 520,00 bis 1 539,99	536,20	214,00	77,60	–	–	–
1 540,00 bis 1 559,99	550,20	224,00	85,60	–	–	–
1 560,00 bis 1 579,99	564,20	234,00	93,60	–	–	–
1 580,00 bis 1 599,99	578,20	244,00	101,60	6,00	–	–
1 600,00 bis 1 619,99	592,20	254,00	109,60	12,00	–	–
1 620,00 bis 1 639,99	606,20	264,00	117,60	18,00	–	–
1 640,00 bis 1 659,99	620,20	274,00	125,60	24,00	–	–
1 660,00 bis 1 679,99	634,20	284,00	133,60	30,00	–	–
1 680,00 bis 1 699,99	648,20	294,00	141,60	36,00	–	–
1 700,00 bis 1 719,99	662,20	304,00	149,60	42,00	–	–
1 720,00 bis 1 739,99	676,20	314,00	157,60	48,00	–	–
1 740,00 bis 1 759,99	690,20	324,00	165,60	54,00	–	–
1 760,00 bis 1 779,99	704,20	334,00	173,60	60,00	–	–
1 780,00 bis 1 799,99	718,20	344,00	181,60	66,00	–	–
1 800,00 bis 1 819,99	732,20	354,00	189,60	72,00	1,20	–
1 820,00 bis 1 839,99	746,20	364,00	197,60	78,00	5,20	–
1 840,00 bis 1 859,99	760,20	374,00	205,60	84,00	9,20	–
1 860,00 bis 1 879,99	774,20	384,00	213,60	90,00	13,20	–
1 880,00 bis 1 899,99	788,20	394,00	221,60	96,00	17,20	–

Nettolohn monatlich	Pfändbarer Betrag bei Unterhaltspflicht* für					
	0	1	2	3	4	5 und mehr Personen
	in DM					
1900,00 bis 1919,99	802,20	404,00	229,60	102,00	21,20	–
1920,00 bis 1939,99	816,20	414,00	237,60	108,00	25,20	–
1940,00 bis 1959,99	830,20	424,00	245,60	114,00	29,20	–
1960,00 bis 1979,99	844,20	434,00	253,00	120,00	33,20	–
1980,00 bis 1999,99	858,20	444,00	261,60	126,00	37,20	–
2000,00 bis 2019,99	872,20	454,00	269,60	132,00	41,20	–
2020,00 bis 2039,99	886,20	464,00	277,60	138,00	45,20	–
2040,00 bis 2059,99	900,20	474,00	285,60	144,00	49,20	1,20
2060,00 bis 2079,99	914,20	484,00	293,60	150,00	53,20	3,20
2080,00 bis 2099,99	928,20	494,00	301,60	156,00	57,20	5,20
2100,00 bis 2119,99	942,20	504,00	309,60	162,00	61,20	7,20
2120,00 bis 2139,99	956,20	514,00	317,60	168,00	65,20	9,20
2140,00 bis 2159,99	970,20	524,00	325,60	174,00	69,20	11,20
2160,00 bis 2179,99	984,20	534,00	333,60	180,00	73,20	13,20
2180,00 bis 2199,99	998,20	544,00	341,60	186,00	77,20	15,20
2200,00 bis 2219,99	1012,20	554,00	349,60	192,00	81,20	17,20
2220,00 bis 2239,99	1026,20	564,00	357,60	198,00	85,20	19,20
2240,00 bis 2259,99	1040,20	574,00	365,00	204,00	89,20	21,20
2260,00 bis 2279,99	1054,20	584,00	373,60	210,00	93,20	23,20
2280,00 bis 2299,99	1068,20	594,00	381,60	216,00	97,20	25,20
2300,00 bis 2319,99	1082,20	604,00	389,60	222,00	101,20	27,20
2320,00 bis 2339,99	1096,20	614,00	397,60	228,00	105,20	29,20
2340,00 bis 2359,99	1110,20	624,00	405,60	234,00	109,20	31,20
2360,00 bis 2379,99	1124,20	634,00	413,60	240,00	113,20	33,20
2380,00 bis 2399,99	1138,20	644,00	421,60	246,00	117,20	35,20
2400,00 bis 2419,99	1152,20	654,00	429,60	252,00	121,20	37,20
2420,00 bis 2439,99	1166,20	664,00	437,60	258,00	125,20	39,20
2440,00 bis 2459,99	1180,20	674,00	445,60	264,00	129,20	41,20
2460,00 bis 2479,99	1194,20	684,00	453,60	270,00	133,20	43,20
2480,00 bis 2499,99	1208,20	694,00	461,60	276,00	137,20	45,20
2500,00 bis 2519,99	1222,20	704,00	469,60	282,00	141,20	47,20
2520,00 bis 2539,99	1236,20	714,00	477,60	288,00	145,20	49,20
2540,00 bis 2559,99	1250,20	724,00	485,60	294,00	149,20	51,20
2560,00 bis 1579,99	1264,20	734,00	493,60	300,00	153,20	53,20
2580,00 bis 2599,99	1278,20	744,00	501,60	306,00	157,20	55,20
2600,00 bis 2619,99	1292,20	754,00	509,60	312,00	161,20	57,20
2620,00 bis 2639,99	1306,20	764,00	517,60	318,00	165,20	59,20
2640,00 bis 2659,99	1320,20	774,00	525,60	324,00	169,20	61,20
2660,00 bis 2679,99	1334,20	784,00	533,60	330,00	173,20	63,20
2680,00 bis 2699,99	1348,20	794,00	541,60	336,00	177,20	65,20
2700,00 bis 2719,99	1362,20	804,00	549,60	342,00	181,20	67,20
2720,00 bis 2739,99	1376,20	814,00	557,60	348,00	185,20	69,20
2740,00 bis 2759,99	1390,20	824,00	565,60	354,00	189,20	71,20
2760,00 bis 2779,99	1404,20	834,00	573,60	360,00	193,20	73,20
2780,00 bis 2799,99	1418,20	844,00	581,60	366,00	197,20	75,20
2800,00 bis 2819,99	1432,20	854,00	589,60	372,00	201,20	77,20
2820,00 bis 2839,99	1446,20	864,00	597,60	378,00	205,20	79,20

Sonstige Informationen

Nettolohn monatlich	Pfändbarer Betrag bei Unterhaltspflicht* für					
	0	1	2	3	4	5 und mehr Personen
	in DM					
2840,00 bis 2859,99	1460,20	874,00	605,60	384,00	209,20	81,20
2860,00 bis 2879,99	1474,20	884,00	613,60	390,00	213,20	83,20
2880,00 bis 2899,99	1488,20	894,00	621,60	396,00	217,20	85,20
2900,00 bis 2919,99	1502,20	904,00	629,60	402,00	221,20	87,20
2920,00 bis 2939,99	1516,20	914,00	637,60	408,00	225,20	89,20
2940,00 bis 2959,99	1530,20	924,00	645,60	414,00	229,20	91,20
2960,00 bis 2979,99	1544,20	934,00	653,60	420,00	233,20	93,20
2980,00 bis 2999,99	1558,20	944,00	661,60	426,00	237,20	95,20
3000,00 bis 3019,99	1572,20	954,00	669,60	432,00	241,20	97,20
3020,00 bis 3039,99	1586,20	964,00	677,60	438,00	245,20	99,20
3040,00 bis 3059,99	1600,20	974,00	685,60	444,00	249,20	101,20
3060,00 bis 3079,99	1614,20	984,00	693,60	450,00	253,20	103,20
3080,00 bis 3099,99	1628,20	994,00	701,60	456,00	257,20	105,20
3100,00 bis 3119,99	1642,20	1004,00	709,60	462,00	261,20	107,20
3120,00 bis 3139,99	1656,20	1014,00	717,60	468,00	265,20	109,20
3140,00 bis 3159,99	1670,20	1024,00	725,60	474,00	269,20	111,20
3160,00 bis 3179,99	1684,20	1034,00	733,60	480,00	273,20	113,20
3180,00 bis 3199,99	1698,20	1044,00	741,60	486,00	277,20	115,20
3200,00 bis 3219,99	1712,20	1054,00	749,60	492,00	281,20	117,20
3220,00 bis 3239,99	1726,20	1064,00	757,60	498,00	285,20	119,20
3240,00 bis 3259,99	1740,20	1074,00	765,60	504,00	289,20	121,20
3260,00 bis 3279,99	1754,20	1084,00	773,60	510,00	293,20	123,20
3280,00 bis 3299,99	1768,20	1094,00	781,60	516,00	297,20	125,20
3300,00 bis 3302,00	1782,20	1104,00	789,60	522,00	301,20	127,20

Der Mehrbetrag über 3302,00 DM ist voll pfändbar.

* Zu berücksichtigen sind Unterhaltsleistungen des Schuldners gegenüber seinem Ehegatten, einem früheren Ehegatten, einem Verwandten oder der Mutter eines nichtehelichen Kindes nach §§ 1615 I, 1615n des Bürgerlichen Gesetzbuchs.
* Zu berücksichtigen sind Unterhaltsleistungen des Schuldners gegenüber seinem Ehegatten, einem früheren Ehegatten, einem Verwandten oder der Mutter eines nichtehelichen Kindes nach §§ 1615l, 1615n des Bürgerlichen Gesetzbuchs.
* Zu berücksichtigen sind Unterhaltsleistungen des Schuldners gegenüber seinem Ehegatten, einem früheren Ehegatten, einem Verwandten oder der Mutter eines nichtehelichen Kindes nach §§ 1615l, 1615n des Bürgerlichen Gesetzbuchs.
* *Rechtsquelle:* BGBl. I S. 366ff.; s. im übrigen auch Teil M Rz. 163ff.

2. Monatliche Unterhaltsbedarfsbeträge nach BGB für Ehegatten und eheliche Kinder sowie nichteheliche Kinder
(Düsseldorfer Tabelle – Stand 1. 1. 1985)

A. Kindesunterhalt

Altersstufe		bis Volldg. 6. Lbj.	v.7. bis Volldg. 12. Lbj.	v. 13. bis Volldg. 18. Lbj. (vgl. Anm. 8)	ab Volldg. 18. Lbj. (vgl. Anm. 7, 8)	
	Nichteheliche Kinder nach Regelunterhaltsverdienst 1984*		228	276	327	
Gruppe	Ehelicher Kinder nach Nettoeinkommen des Unterhaltspflichtigen[2] in DM					Bedarfskontrollbetrag in DM gem. Anmerkung 6
1	bis 1850		228	276	327	910/990
2	1850–2100		240	290	345	955/990
3	2100–2400		260	315	375	1045
4	2400–2800		295	360	425	1185
5	2800–3400		330	400	475	1320
6	3400–4000		365	440	525	1455
7	4000–4800		420	510	605	1685
8	4800–5800		480	580	685	1910
9	5800–7000		545	660	785	2185
	über 7000		nach den Umständen des Falles.			

* I. d. F. der Änderung v. 26. 7. 1984, BGBl. I 1984, S. 1035.
[2] Die neue Tabelle nebst Anmerkungen beruht wieder auf Koordinierungsgesprächen, die zwischen Richtern der Familiensenate der OLGe Köln, Hamm und Düsseldorf sowie Mitgliedern der Unterhaltskommission des Deutschen Familiengerichtstages e. V. stattgefunden haben und wird von allen Senaten für Familiensachen des OLG Düsseldorf angewandt.

Anmerkungen:

1. Monatliche *Unterhaltsbedarfsbeträge* nach BGB, bezogen auf einen gegenüber einem Ehegatten und zwei Kindern Unterhaltspflichtigen. Bei einer größeren/geringeren Anzahl Unterhaltsberechtigter sind *Ab- oder Zuschläge* in Höhe eines Zwischenbetrages oder durch Einstufung in eine niedrigere/höhere Gruppe angemessen. Die Zu- und Abschläge sind in der Regel durch die nächst niedrigere/höhere Gruppe begrenzt. Die Regelbegrenzung gilt nicht, wenn eine Unterhaltsverpflichtung nur gegenüber einem (1) Kind besteht. Bei überdurchschnittlicher Unterhaltslast ist Anmerkung 6 zu beachten.
2. Den Bedarfs- und Bedarfskontrollbeträgen der Gruppen 2–9 entsprechen folgende auf- und abgerundete Zuschläge auf den Basisbetrag der 1. Gruppe in %: 5, 15, 30, 45, 60, 85, 110 und 140.
3. *Berufsbedingte Aufwendungen* sind vom Einkommen abzuziehen, wobei ohne Nachweis eine Pauschale von 5% – mindestens 80 DM, höchstens 240 DM monatlich – des Nettoeinkommens geschätzt werden kann. Über die Pauschale hinausgehende berufsbedingte Aufwendungen sind auf konkreten Nachweis abzuziehen, soweit sie von den privaten Lebenshaltungskosten nach objektiven Merkmalen eindeutig abgrenzbar sind.
4. Berücksichtigungsfähige *Schulden* sind in der Regel vom Einkommen abzuziehen.

Sonstige Informationen

5. Der *notwendige Eigenbedarf (Selbstbehalt)* des nicht erwerbstätigen Unterhaltspflichten beträgt monatlich 910 DM, des erwerbstätigen Unterhaltspflichtigen mindestens monatlich 990 DM. Der *angemessene Eigenbedarf* beträgt gegenüber volljährigen Kindern in der Regel mindestens monatlich 1300 DM.

6. Der *Bedarfskontrollbetrag* des Unterhaltspflichtigen ab Gruppe 3 ist nicht identisch mit dem Eigenbedarf. Er soll nur eine ausgewogene Verteilung des Einkommens zwischen dem Unterhaltspflichtigen und den unterhaltsberechtigten Kindern gewährleisten. Wird er unter Berücksichtigung des Ehegattenunterhalts (vgl. auch BV) unterschritten, ist der Tabellenbetrag der nächst niedrigeren Gruppe, deren Bedarfskontrollbetrag nicht unterschritten wird, oder ein Zwischenbetrag anzusetzen.

7. Bei *volljährigen Kindern*, die noch im Haushalt der Eltern oder eines Elternteils wohnen, ist der Regel ein Zuschlag in Höhe der Differenz der 2. und 3. Altersstufe der jeweiligen Gruppe angemessen. Der angemessene Gesamtunterhaltsbedarf eines *Studierenden*, der nicht bei seinen Eltern oder einem Elternteil wohnt, beträgt in der Regel monatlich 800 DM. Dieser Bedarfssatz kann auch für ein Kind mit eigenen Haushalt angesetzt werden.

8. Die *Ausbildungsvergütung* eines in der Berufsausbildung stehenden Kindes, das im Haushalt der Eltern oder eines Elternteils wohnt, ist vor ihrer Anrechnung in der Regel um einen ausbildungsbedingten Mehrbedarf von monatlich 145 DM zu kürzen.

62 B. Ehegattenunterhalt

I. Monatliche Unterhaltsrichtsätze des nach neuem Recht berechtigten Ehegatten ohne gemeinsame unterhaltsberechtigte Kinder: Aus §§ 1361, 1569, 1578, 1581 BGB:
1. gegen einen erwerbstätigen Unterhaltspflichtigen:
   a) wenn der Berechtigte kein Einkommen hat: 3/7 des anrechnungsfähigen Nettoeinkommens des Pflichtigen, nach oben begrenzt durch den vollen Unterhalt, gemessen an den zu berücksichtigenden ehelichen Verhältnissen.
   b) wenn der Berechtigte ebenfalls Einkommen (z. B. Rente, Arbeitslohn, Zinsen) hat: 3/7 des Unterschiedsbetrages der anrechnungsfähigen Nettoeinkommen beider Ehegatten, wenn das des Pflichtigen höher ist, nach oben begrenzt durch den vollen Unterhalt, gemessen an den zu berücksichtigenden ehelichen Verhältnissen.
   c) wenn der Berechtigte erwerbstätig ist, obwohl ihn keine Erwerbsobliegenheit trifft: gem. § 1577 II BGB.
2. gegen einen nicht erwerbstätigen Unterhaltspflichtigen (z. B. Rentner): wie zu 1a, b oder c, jedoch 50%.

II. Monatliche Unterhaltsrichtsätze des nach bisherigem Recht berechtigten Ehegatten ohne gemeinsame unterhaltsberechtigte Kinder:
1. Aus §§ 58, 59 EheG: in der Regel wie I.
2. Aus § 60 EheG: in der Regel ½ des Unterhalts zu I.
3. Aus § 61 EheG: nach Billigkeit bis zu den Sätzen I.

III. Monatliche Unterhaltsrichtsätze des berechtigten Ehegatten mit von ihm versorgten gemeinsamen unterhaltsberechtigten minderjährigen Kindern:
Wie zu I bzw. II, jedoch wird vorab der Kinderunterhalt (Tabellenbetrag ohne Abzug von Kindergeld) vom Nettoeinkommen des Pflichtigen abgezogen.

IV. Monatlicher notwendiger Eigenbedarf (Selbstbehalt) gegenüber dem getrennt lebenden und dem geschiedenen Berechtigten:
1. Wenn der Unterhaltspflichtige erwerbstätig ist: 990 DM
2. Wenn der Unterhaltspflichtige nicht erwerbstätig ist: 910 DM.

V. Monatlicher notwendiger Eigenbedarf (Mindestbedarf) des unterhaltsberechtigten Ehegatten:
1. Als Haushaltungsvorstand:
   a) falls erwerbstätig: 990 DM,
   b) falls nicht erwerbstätig: 910 DM.
2. Bei gemeinsamem Haushalt mit dem Unterhaltspflichtigen:
   a) falls erwerbstätig: 745 DM,
   b) falls nicht erwerbstätig: 665 DM.

Anmerkung zu I–III:
Hinsichtlich berufbedingter Aufwendungen und berücksichtigungsfähiger Schulden gelten Anmerkungen A. 3 und 4 – auch für den erwerbstätigen Unterhaltsberechtigten – entsprechend. Jedoch sind diejenigen berufsbedingten Aufwendungen, die sich nicht nach objektiven Markmalen eindeutig von den privaten Lebenshaltungskosten abgrenzen lassen, pauschal in der Differenzquote von $\frac{1}{7}$ enthalten.

C. Mangelfälle

Reicht das Einkommen zur Deckung des notwendigen Bedarfs des Unterhaltspflichtigen und der gleichrangigen Unterhaltsberechtigten nicht aus (sog. Mangelfälle, ist die nach Abzug des notwendigen Eigenbedarfs (Selbstbehalt) des Unterhaltspflichtigen verbleibende Verteilungsmasse auf die Unterhaltsberechtigten im Verhältnis ihrer Mindestbedarfssätze (Kindesunterhalt: Gruppe 1; Ehegattenunterhalt: gemäß BV) gleichmäßig zu verteilen. Das Kindergeld ist bis zur Deckung des Mindestbedarfs in die Verteilungsmasse einzubeziehen.

Beispiel *(monatlich; aus Vereinfachungsgründen ohne Kindergeld):*
Bereinigtes Nettoeinkommen des Unterhaltspflichtigen (V): 2000 DM.
Unterhaltsberechtigte: 1 nicht erwerbstätige Ehefrau (F) und 2 minderjährige Kinder K 1 und K 2 (1. und 2. Altersstufe).
Notwendiger Eigenbedarf des V: 990 DM.
Verteilungsmasse: 2000 DM − 990 DM = 1010 DM.
Notwendiger Gesamtbedarf der Unterhaltsberechtigten: 910 DM (F) + 228 DM (K 1) + 276 DM (K 2) = 1414 DM.
Unterhaltsansprüche: F = 910 DM × 1010/1414 = 650 DM; K 1 = 228 DM × 1010/1414 = 163 DM; K 2 = 276 DM × 1010/1414 = 197 DM (Summe: 1010 DM = Verteilungsmasse).

3. Wesentliche Englische und Amerikanische Maßeinheiten
(teilweise abgerundete Werte)

63 Längenmaße

1 mile	=	1760 yards	=	1609,344 m	=	1,609344 km
1 yard	=	3 feet	=	0,9144 m	=	91,44 cm
1 foot	=	12 inches	=	0,3048 m	=	30,48 cm
1 inch	=		=	0,0254 m	=	2,54 cm

64 Flächenmaße

1 square mile/section	=	640 acres	=	2589988,11 m²	=	258,998 ha	=	25899,8 Ar
1 acre	=	4840 square yards	=	4.046,8564 m²	=	0,4046 ha	=	40,46 Ar
1 square yard	=	9 square feet	=	0,8361736 m²	=	–		–
1 square foot	=	144 square inches	=	0,09290304 m²	=	929,0304 cm²		
1 square inch	=		=	0,00064516 m²	=	6,4516 cm²		

65 Raummaße

a) **Allgemein gültig**

1 cubic yard	=	27 cubic feet	=	0,764555 m³				
1 cubic foot	=	1728 cubic inch	=	0,028317 m³	=	28,317 dm³		
1 cubic inch	=		=	0,000016 m³	=	0,016 dm³	=	16,387 cm³

Sonstige Informationen   66–68 **X**

b) Englische Maße

1 register ton	=	100 cubic feet	= 2,831685 m³	=	28,31685 hl	=	2831,685 dm³/l
1 barrel	=	36 gallons	= 0,163656 m³	=	1,63656 hl	=	163,656 dm³/l
1 gallon	=	4 quarts				=	4,546 dm³/l
1 quart	=	2 pints				=	1,1365 dm³/l
1 pint	=					=	0,56825 dm³/l

c) Amerikanische Maße

ca) **flüssig**

1 barrel	=	31,5 gallons	= 0,119240 m³	=	1,19240 hl	=	119,2404717 dm³/l
1 gallon						=	3,7854118 dm³/l
1 barrel Erdöl	=	42,0 gallons	= 0,158987 m³	=	1,58987 hl	=	158,9872956 dm³/l

cb) **trocken**

1 bushel	=	8 gallons		=	35,237 dm³
1 gallon				=	4,4049 dm³

66 Gewichte

a) Englische Gewichte

1 long ton	=	20 centweight	=	1016,0475 kg			
1 centweight	=	112 pound	=	50,8032 kg			
1 pound	=	16 ounce	=	0,45359 kg	=	453,59 gr.	
1 ounce					=	28,35 gr.	

b) Amerikanische Gewichte

1 short ton	=	20 centweight	=	907,18 kg
2 centweight	=	100 pound	=	45,359 kg

Umrechnungstabelle

67 Längenmaße

Multiplikand	Multiplikator	Produkt
Inch	2,54[1]	Zentimeter
Zentimeter	0,3937008	Inches
Foot	0,3048[1]	Zentimeter
Zentimeter	3,280840	Feet
Yard	0,9144[1]	Meter
Meter	1,093613	Yards
Mile	0,621371	Kilometer
Kilometer	1,609344[1]	Miles

Umrechnungstabelle

68 Flächenmaße

Multiplikand	Multiplikator	Produkt
Square Inch	6,4516[1]	Quadratzentimeter
Quadratzentimeter	0,1550	Square Inches
Square Foot	0,09290304[1]	Quadratmeter
Quadratmeter	10,7639104167	Square Feet
Square Yard	0,83612736[1]	Quadratmeter
Quadratmeter	1,1959900463	Square Yards
Arce	4046,8564224[1]	Quadratmeter
Acre	40,468564	Ar
Acre	0,404686	Hektar
Ar	0,02471054	Acres
Hektar	2,4710539	Acres
Square Mile/Section	2,589988	Quadratkilometer
Quadratkilometer	0,38610216	Square Miles
Square Mile	258,998811	Hektar
Square Mile	25899,8811	Ar

---

[1] Korrekter Basis-Wert.

Umrechnungstabelle

69 Raummaße

Multiplikand	Multiplikator	Produkt
a) Allgemein		
Cubic Inch	16,837064	Kubikzentimeter
Kubikzentimeter	0,05939278	Cubic Inches
Cubic Foot	28,316846	Liter
Liter	0,353147	Cubic Feet
Cubic Foot	0,028317	Kubikmeter
Kubikmeter	35,314667	Cubic Feet
Cubik Yard	0,764555	Kubikmeter
Kubikmeter	1,307950	Cubic Yards
b) Englisch		
Pint	0,56825	Liter
Liter	1,759788	Pints
Quart	1,1365	Liter
Liter	0,879894	Quarts
Gallon	4,546	Liter
Liter	0,219974	Gallons
Barrel	36	Gallons
Barrel	1,63656	Hektoliter
Hektoliter	0,6110338	Barrel
Register Ton	28,316846	Hektoliter
Hektoliter	0,353147	Register Ton
c) Amerikanisch		
ca) **Flüssig**		
Gallon	3,7854118	Liter
Liter	0,264172	Gallon
Barrel	31,5	Gallons
Barrel	1,19240	Hektoliter
Hektoliter	0,838645	Barrel
cb) **Trocken**		
Gallon	4,4049	Liter/dm^3
Liter	0,22702	Gallon
Bushel	35,237	Liter/dm^3
Liter	0,028379	Bushel

Umrechnungstabelle

70 Gewichte

Multiplikand	Multiplikator	Produkt
a) Englisch		
Ounce	28,35	Gramm
Gramm	0,0352734	Ounce
Pound	0,45359	Kilogramm
Kilogramm	2,204634	Pound
Centweight	50,8032	Kilogramm
Centweight	20	Long Ton
Long Ton	1016,0475	Kilogramm
b) Amerikanisch		
Pound	100	Centweight
Centweight	45,359	Kilogramm
Short Ton	907,18	Kilogramm

4. Ausgewählte Jahresabschluß-Verhältniszahlen**

Position	Alle Unternehmen						darunter: Kapitalgesellschaften						Personengesellschaften						Einzelkaufleute					
	1972	1974	1976	1978	1980*		1972	1974	1976	1978	1980*		1972	1974	1976	1978	1980*		1972	1974	1976	1978	1980*	
I. Bilanzstrukturzahlen	% der Bilanzsumme (bereinigt)																		% der Bilanzsumme (bereinigt)					
Vermögen																								
Sachanlagen (wertberichtigt)	35,9	34,4	33,3	31,8	30,0		38,5	35,9	34,6	32,6	28,8		31,1	29,6	28,6	27,9	26,4		32,9	32,8	32,3	32,5	32,7	
Vorräte	20,5	22,7	22,6	23,0	24,9		17,7	20,0	19,7	19,5	22,0		23,6	26,3	26,4	27,0	27,0		24,2	25,6	26,6	28,0	28,1	
Kassenmittel	4,5	3,7	4,6	5,0	4,2		4,8	3,7	4,7	5,4	4,5		4,7	4,0	4,9	5,0	4,5		3,4	3,2	3,6	3,6	3,0	
Forderungen (wertberichtigt)																								
kurzfristige	32,8	32,9	32,7	33,1	33,8		29,0	30,5	30,5	31,6	33,4		37,3	36,7	36,7	36,6	38,4		37,7	36,3	35,6	33,9	34,2	
langfristige	31,1	31,0	30,9	31,3	32,2		27,0	28,7	28,7	29,8	32,0		35,8	34,7	34,8	34,8	36,5		36,7	35,2	34,5	33,0	33,4	
Wertpapiere	1,8	1,9	1,8	1,8	1,6		2,1	1,8	1,8	1,8	1,4		1,6	2,0	1,9	1,9	1,9		1,0	1,1	1,2	0,9	0,8	
Beteiligungen	0,6	0,7	1,2	1,3	1,3		0,9	1,2	1,4	2,2	2,4		0,5	0,4	0,6	0,6	0,6		0,1	0,1	0,1	0,2	0,1	
	5,2	5,2	5,3	5,5	5,4		8,8	8,6	8,5	8,6	8,6		2,2	2,6	2,4	2,5	2,7		1,1	1,3	1,3	1,2	1,2	
Kapital																								
Eigenmittel (berichtigt)	24,6	23,7	23,1	22,4	19,8		28,9	28,0	27,1	26,6	25,1		20,0	18,7	18,3	17,6	15,1		20,7	18,9	18,4	17,5	13,5	
Verbindlichkeiten	63,3	63,2	61,8	62,1	65,4		53,8	53,2	51,3	51,2	53,4		71,0	71,6	71,4	71,6	74,1		73,8	75,8	76,3	77,4	81,1	
kurzfristige	42,5	42,7	41,3	42,0	46,7		33,2	34,5	33,2	34,3	40,2		48,5	49,4	48,5	47,8	51,4		57,8	57,6	57,1	56,6	59,0	
langfristige	20,8	20,4	20,5	20,1	18,7		20,6	18,7	18,1	16,9	13,2		22,4	22,2	22,9	23,7	22,7		16,3	17,9	19,2	20,9	22,1	
Rückstellungen	9,9	11,1	12,9	13,7	14,5		14,5	16,1	18,4	19,5	21,0		7,3	8,1	9,1	9,8	10,6		4,5	4,6	4,7	4,6	5,1	
Nachrichtlich:																								
Umsatz	155,7	170,8	172,9	173,0	177,0		129,0	147,4	143,6	146,9	161,5		193,4	214,1	219,5	221,9	218,1		194,7	207,4	213,3	206,5	206,0	
II. Strukturzahlen aus der Erfolgsrechnung	% des Umsatzes																		% des Umsatzes					
Materialaufwand, Wareneinsatz	20,8	20,6	63,4	63,2	63,8		23,2	22,3	60,4	60,4	64,0		19,7	19,3	65,4	65,5	65,2		17,8	17,5	67,3	67,2	65,1	
Personalaufwand			19,8	20,2	19,8				21,7	21,7	20,3				18,9	19,3	19,4				16,9	17,4	18,0	
Abschreibungen auf Sachanlagen	3,7	3,3	3,2	3,2	3,1		4,6	4,0	3,9	3,8	3,3		2,8	2,5	2,3	2,4	2,5		3,0	2,7	2,6	2,8	2,9	
Steuern	3,2	2,9	3,0	3,1	2,8		5,4	4,5	4,6	4,9	4,4		1,9	1,6	1,7	1,6	1,1		1,0	1,0	1,0	1,0	0,9	
Zinsaufwendungen	2,1	1,4	1,3	2,0	1,8		1,7	2,0	1,4	1,3	1,3		1,9	1,6	1,7	1,6	1,5		2,3	1,5	1,5	1,5	2,2	
Sonstige Abschreibungen	1,6	0,5	0,7	0,5	1,1		0,5	0,6	0,5	0,5	0,5		0,4	0,3	0,3	0,3	0,3		0,4	0,3	0,3	0,3	0,3	
Übrige Aufwendungen	10,9	10,8	10,7	11,0	10,9		11,7	11,5	11,5	11,8	11,4		10,4	10,2	10,2	10,3	10,3		9,4	9,2	9,2	9,5	9,1	
Rohertrag	40,3	38,6	37,6	38,0	37,6		44,2	41,4	40,7	40,5	37,7		37,9	35,7	35,3	35,6	35,8		34,2	34,2	33,3	34,4	35,4	
Jahresüberschuß	3,2	2,2	2,8	2,5	2,2		1,6	1,2	1,9	1,4	1,1		4,2	2,6	3,4	3,3	2,9		4,4	4,3	3,9	4,3	3,6	

Tabellen

Position	Alle Unternehmen					darunter: Kapitalgesellschaften					Personengesellschaften					Einzelkaufleute				
	1972	1974	1976	1978	1980*	1972	1974	1976	1978	1980*	1972	1974	1976	1978	1980*	1972	1974	1976	1978	1980*
Jahresüberschuß vor Steuern	6,4	5,0	5,7	5,6	5,0	7,1	5,7	6,5	6,3	5,5	6,0	4,2	5,0	4,9	4,0	5,7	4,4	5,0	5,3	4,5
Zinsaufwendungen (netto)	1,1	1,6	1,0	0,9	1,2	1,0	1,2	0,8	0,7	0,6	1,0	1,5	1,0	0,9	1,3	1,3	2,0	1,3	1,3	2,0
	% des Rohertrags																		% des Rohertrags	
Personalaufwand	51,6	53,2	52,8	53,3	52,7	52,5	53,9	53,3	53,6	53,9	51,9	53,9	53,5	54,1	54,3	50,4	51,2	50,7	50,7	50,8
Abschreibungen auf Sachanlagen	9,1	8,5	8,4	8,3	8,3	10,3	9,6	9,6	9,3	8,8	7,5	6,9	6,6	6,6	6,9	8,4	7,8	7,7	8,0	8,3
Steuern	8,0	7,4	7,7	8,1	7,4	12,3	11,0	11,3	12,1	11,7	4,9	4,4	4,8	4,5	3,1	3,6	3,1	3,1	3,0	2,5
Zinsaufwendungen	3,9	5,5	3,8	3,5	4,8	3,8	4,9	3,6	3,2	3,8	3,5	5,4	3,5	3,2	4,5	4,2	6,7	4,6	4,3	6,2
Sonstige Abschreibungen	0,9	1,2	1,1	1,1	1,2	1,4	1,0	1,3	1,3	1,1	0,9	1,1	1,1	1,1	1,0	0,9	1,0	1,0	0,8	0,8
Übrige Aufwendungen	27,0	27,8	28,4	29,0	29,0	26,5	27,7	28,2	29,2	30,1	27,3	28,5	28,9	29,0	28,7	26,5	27,0	27,7	27,5	25,7
Jahresüberschuß vor Steuern	7,9	5,6	7,4	6,6	6,0	3,7	2,9	4,7	3,3	2,9	11,0	7,4	9,5	9,3	8,0	12,4	9,8	11,8	12,4	10,3
Zinsaufwendungen (netto)	15,9	13,0	15,1	14,7	13,3	16,0	13,8	15,9	15,4	14,6	16,0	11,7	14,3	13,9	11,2	16,0	12,8	14,9	15,4	12,8
	2,8	4,0	2,7	2,4	3,3	2,4	2,9	2,0	1,6	1,7	2,7	4,3	2,7	2,5	3,6	3,6	5,9	4,0	3,8	5,6
III. Sonstige Verhältniszahlen																				
	% des Umsatzes																		% des Umsatzes	
Vorräte	13,2	13,3	13,1	13,3	14,1	13,7	13,6	13,6	13,3	13,6	12,2	12,3	12,0	12,2	12,4	12,4	12,4	12,5	13,6	13,6
kurzfristige Forderungen	20,5	18,7	18,3	18,5	18,6	21,3	19,8	20,2	20,5	20,1	19,2	16,8	16,4	16,2	17,2	19,5	17,6	16,7	16,4	16,7
	% der Sachanlagen (wertberichtigt)																		% der Sachanlagen (wertberichtigt)	
Eigenmittel (berichtigt)	68,6	69,0	69,5	70,2	65,9	74,9	78,1	78,5	81,6	87,0	64,4	63,3	63,9	63,0	57,0	63,1	57,5	57,0	53,8	41,3
Eigenmittel (berichtigt) und langfristige Verbindlichkeiten	126,5	128,3	131,0	133,3	128,3	128,4	130,3	131,0	133,5	132,8	136,4	138,2	143,9	148,0	142,9	112,5	112,0	116,5	117,9	108,8
	% der kurzfristigen Verbindlichkeiten																		% der kurzfristigen Verbindlichkeiten	
Liquide Mittel	87,1	84,9	90,5	91,3	80,9	99,9	98,7	107,6	110,0	96,7	86,9	81,7	85,6	86,7	80,9	72,0	68,7	68,6	66,7	62,0
Liquide Mittel und Vorräte	135,5	138,0	145,2	146,0	134,2	153,2	156,9	166,8	166,7	151,4	135,4	134,8	140,0	143,2	133,3	114,0	112,9	115,2	116,2	109,6

* Wegen Revision der Systematik der Wirtschaftszweige des Statistischen Bundesamtes mit den Ergebnissen für frühere Jahre nicht vergleichbar.
** *Quelle:* Jahresabschlüsse der Unternehmen in der Bundesrepublik Deutschland 1965–1981. Sonderdrucke der Deutschen Bundesbank Nr. 5 3. Aufl. 9/83.

Sonstige Informationen

5. Adressenverzeichnisse

5.1. Berufskammern

Steuerberater

Bundessteuerberaterkammer
– Körperschaft des öffentlichen Rechts –
Dechenstr. 14. Pf. 1340. 5300 Bonn 1,
T. 0228/631551-3. Telex 8869587, Telefax 633192
Präs. StB Dipl.-Kfm. Dr. Wilfried Dann

Steuerberaterkammer Berlin
– Körperschaft des öffentlichen Rechts –
Meierottostr. 7. Pf. 150680. 1000 Berlin 15,
T. 030/8835084/5
Präs. StB Volker Fasolt

Steuerberaterkammer Bremen
– Körperschaft des öffentlichen Rechts –
Kohlhökerstr. 53. 2800 Bremen 1,
T. 0421/323659
Präs. StB Dipl.-Kfm. Horst Danneberg

Steuerberaterkammer Düsseldorf
– Körperschaft des öffentlichen Rechts –
Uhlandstr. 11. Pf. 7729, 4000 Düsseldorf 1, T. 0211/685411
Präs. StB Kurt-Rolf Enters

Steuerberaterkammer Hamburg
– Körperschaft des öffentlichen Rechts –
Brahmsallee 48, 2000 Hamburg 13.
T. 040/446511
Präs. StB Karl-Heinz Mittelsteiner

Steuerberaterkammer Hessen
– Körperschaft des öffentlichen Rechts –
Eysseneckstr. 4. Pf. 180347, 6000 Frankfurt a. M., T. 069/590921-25
Präs. StB Achilles Wild

Steuerberaterkammer Köln
– Körperschaft des öffentlichen Rechts –
Volksgartenstr. 48, 5000 Köln 1.
T. 0221/315091
Präs. StB Hubert Möckershoff

Steuerberaterkammer München
– Körperschaft des öffentlichen Rechts –
Aldringenstr. 4, 8000 München 19.
T. 089/165814
Präs. StB Dipl.-Vw. Erwin Stein. MdL

Steuerberaterkammer Niedersachsen
– Körperschaft des öffentlichen Rechts –
Detmoldstr. 10. 3000 Hannover 1,
T. 0511/819004
Präs. StB Eckard Egberts

Steuerberaterkammer Nordbaden
– Körperschaft des öffentlichen Rechts –
Poststr. 11, 6900 Heidelberg, T. 06221/13077
Präs. StB Walter Ludwig Eckert

Steuerberaterkammer Nürnberg
– Körperschaft des öffentlichen Rechts –
Nunnenbeckstr. 2, 8500 Nürnberg,
T. 0911/553358/9
Präs. StB Dipl.-Vw. Heinz Sebiger

Steuerberaterkammer Rheinland-Pfalz
– Körperschaft des öffentlichen Rechts –
Hölderlinstr. 8. Pf. 3749, 6500 Mainz 1,
T. 06131/53086
Präs. StB Friedrich L. Jacob

Steuerberaterkammer Saarland
– Körperschaft des öffentlichen Rechts –
Am Kieselhumes 15. 6600 Saarbrücken 3, T. 0681/62261/62
Präs. StB Dipl.-Kfm. Dr. Wilfried Dann

Steuerberaterkammer Schleswig-Holstein
– Körperschaft des öffentlichen Rechts –
Königsweg 1, Pf. 4164, 2300 Kiel,
T. 0431/61766
Präs. StB Dipl.-Kfm. Hans-Jürgen Hasse

Steuerberaterkammer Stuttgart
– Körperschaft des öffentlichen Rechts –
Schloßstr. 84, 7000 Stuttgart 1. T. 0711/626091
Präs. StB/WP Hermann Oettinger

Steuerberaterkammer Südbaden
– Körperschaft des öffentlichen Rechts –
Colombistr. 17. Pf. 5345. 7800 Freiburg, T. 0761/23371 u. 31055
Präs. StB Max-Carl Müller

Steuerberaterkammer Westfalen-Lippe
– Körperschaft des öffentlichen Rechts –
Urbanstr. 1, 4400 Münster, T. 0251/40338/39
Präs. StB Dipl.-Vw. Alfred Nienhaus

Wirtschaftsprüfer

Wirtschaftsprüferkammer
– Körperschaft des öffentlichen Rechts –
Tersteegenstr. 14. Pf. 320580, 4000 Düsseldorf 30, T. 0211/4561-0
Präs. WP, RA, StB Dr. Wolfgang Dieter Budde

Landesgeschäftsstelle Baden-Württemberg
Eugenstr. 9, 7000 Stuttgart-S., T. 0711/247757

Landesgeschäftsstelle Bayern
Bavariaring 38, 8000 München 2,
T. 089/776760

Landesgeschäftsstelle Berlin
Institut der Wirtschaftsprüfer Berlin
e. V.
Hohenzollerndamm 123, 1000 Berlin 33, T. 030/8261023
Landesgeschäftstelle Hessen. Rheinland-Pfalz und Saarland
Steinweg 9 (Union-Haus), 6000 Frankfurt/Main, T. 069/282667
Landesgeschäftsstelle Norddeutschland
Nordkanalstr. 49 B, 2000 Hamburg 1, T. 040/233711
Landesgeschäftsstelle Nordrhein-Westfalen
Tersteegenstr. 14, 4000 Düsseldorf 30, T. 0211/4561–0

Rechtsanwälte, Notare
Bundesrechtsanwaltskammer
Joachimstr. 1
5300 Bonn 1
T. 0228/218069
Präs. RA/N Dr. Klaus Schmalz
Bundesnotarkammer
Burgmauer 53
5000 Köln 1
T. 0221/234315–16
Präs. Notar Prof. Helmut Schippel
Patentanwaltskammer
Morassistr. 2
8000 München 5
T. 089/226141, FS 528408 pak d
Präs. RA Dipl.-Chem. Dr. Franz Lederer
Rechtsanwaltskammer bei dem Bundesgerichtshof
Herrenstr. 45 a
7500 Karlsruhe 1
T. 0721/22656
Rechtsanwaltskammer Bamberg
Wilhelmsplatz 1
8600 Bamberg
T. 0951/27482
Rechtsanwaltskammer Berlin
Bundesallee 213/214
1000 Berlin 15
T. 030/247051/52
Rechtsanwaltskammer Braunschweig
Ritterbrunnen 7
3300 Braunschweig
T. 0531/45231
Rechtsanwaltskammer Bremen
Knochenhauerstr. 36/37
2800 Bremen
T. 0421/315130

Rechtsanwaltskammer Celle
Bahnhofstr. 6
3100 Celle
T. 05141/23924
Rechtsanwaltskammer Düsseldorf
Cäcilienallee 3
4000 Düsseldorf
T. 0211/446755
Rechtsanwaltskammer Frankfurt
Essenheimer Anlage 32 a
6000 Frankfurt a. M.
T. 0611/550197
Rechtsanwaltskammer Freiburg
Rempartstr. 11
7800 Freiburg
T. 0761/32563
Hanseatische Rechtsanwaltskammer
Sievekingplatz 1
2000 Hamburg 36
T. 040/345398
Rechtsanwaltskammer Hamm
Ostring 6
4700 Hamm 1
T. 02381/28076/77
Rechtsanwaltskammer Karlsruhe
Erzberger Str. 2
7500 Karlsruhe
T. 0721/71997
Rechtsanwaltskammer Kassel
Ulmenstr. 16
3500 Kassel
T. 0561/12021
Rechtsanwaltskammer Koblenz
Mainzer Str. 22 a
5400 Koblenz
T. 0261/37765
Rechtsanwaltskammer Köln
Reichenspergerplatz 1
5000 Köln 1
T. 0221/732227
Rechtsanwaltskammer München
Lehnbachplatz 2
8000 München 2
T. 089/594221/22
Rechtsanwaltskammer Nürnberg
Fürther Str. 110
8500 Nürnberg 80
T. 0911/312191
Rechtsanwaltskammer Oldenburg
Gartenstr. 16
2900 Oldenburg
T. 0441/502023
Rechtsanwaltskammer des Saarlandes
Am Schloßberg 5
6600 Saarbrücken
T. 0681/582048

Sonstige Informationen 73 **X**

Schleswig-Holsteinische Rechtsanwaltskammer
Gottorfstr. 13
2380 Schleswig
T. 04621/33015

Rechtsanwaltskammer Stuttgart
Charlottenplatz 6
7000 Stuttgart 1
T. 0711/246466

Rechtsanwaltskammer Tübingen
Brunnenstr. 8
7400 Tübingen
T. 07071/24244

Rechtsanwaltskammer Zweibrücken
Maxstr. 7–9
6660 Zweibrücken
T. 06332/6251

73 5.2. Berufsverbände

Steuerberater

DATEV
Datenverarbeitungsorganisation des steuerberatenden Berufes in der Bundesrepublik Deutschland eG
Paumgartnerstr. 6–14, 8500 Nürnberg 80,
T. 0911/276–0
Vors. StB Dipl. Vw. Heinz Sebiger

Deutscher Steuerberaterverband e. V.
Bertha-von-Suttner-Platz 25,
5300 Bonn 1, T. 0228/653773
Präs. StB Dieter Krüger

HLBS-Hauptverband der landwirtschaftlichen Buchstellen und Sachverständigen e. V.
Oxfordstr. 2, Pf. 2147, 5300 Bonn 1,
T. 0228/653841–43

Verband der Steuerberater und Steuerbevollmächtigten in Baden-Württemberg e. V.
Schloßstr. 84, 7000 Stuttgart 1, T. 0711/626091–93

Landesverband der Steuerberater und Steuerbevollmächtigten in Bayern e. V.
Isabellastr. 13, 8000 München 40,
T. 089/271 6262

Verband der steuerberatenden Berufe von Berlin e. V.
Kurfürstendamm 200, 1000 Berlin 15,
T. 030/8812971

Vereinigung der Sachverständigen im Lande Bremen e. V.
Am Deich 57, 2800 Bremen 44,
T. 9421/506474

Vereinigung der Steuerberater und Steuerbevollmächtigten Bremerhaven
Bgm.-Martin-Donandt-Platz 1,
2850 Bremerhaven-Mitte, T. 0471/44044

Verband der steuerberatenden Berufe e. V. Düsseldorf
Uhlandstr. 11, 4000 Düsseldorf 1,
T. 0211/685411

Steuerberaterverband Hamburg e. V.
Max-Brauer-Allee 16, 2000 Hamburg 50, T. 040/3898259

Verband der steuerberatenden Berufe in Hessen e. V.
Beethovenstr. 18, 6000 Frankfurt/Main 1, T. 069/747783

Verband der steuerberatenden Berufe Köln e. V.
Hohenzollernring 85–87, 5000 Köln 1,
T. 0221/524793

Verband der steuerberatenden Berufe in Niedersachsen e. V.
Walter-Gieseking-Str. 1, 3000 Hannover 1, T. 0511/816091

Steuerberaterverband Rheinland-Pfalz e. V.
Hölderlinstr. 8, 6500 Mainz 1,
T. 06131/51225

Verband des steuerberatenden Berufs in Schleswig-Holstein
Königsweg 9, 2300 Kiel 1, T. 0431/674686

Verband der steuerberatenden Berufe Westfalen-Lippe e. V.
Geiststr. 23 II. Pf. 8028, 4400 Münster (Westf.), T. 0251/40214

Bundesverband der Steuerberater e. V.
Gereonstr. 13, 5000 Köln 1, T. 0221/134626

Steuerberaterverein Bremen e. V.
Altmannstr. 11, 2800 Bremen 1,
T. 0421/342884, 343834

Verein der Steuerberater Köln e. V.
Gereonstr. 13, 5000 Köln, T. 0221/134626

Niedersächsischer Steuerberaterverein e. V.
Osterstr. 22, 3000 Hannover 1,
T. 0511/1605215

Steuerberaterverein Südwürttemberg-Hohenzollern
Pf. 361, 7470 Albstadt 1, T. 07431/2159

Vereinigung der Wirtschaftsprüfer, vereid. Buchprüfer und Steuerberater in Baden-Württemberg e. V.
Schloßstr. 84, 7000 Stuttgart 1, T. 0711/626091

Berliner Verband der Steuerberater und der vereidigten Buchprüfer e. V.
Düppelstr. 38, 1000 Berlin 41, T. 030/7922015

C. F. E. Confédération Fiscale Européenne
Vereinigung der Steuerberaterverbände der Länder der Europäischen Gemeinschaft
75008 Paris, 9 rue Richepanse
Generalsekretariat: Dechenstr. 14, Pf. 1340
5300 Bonn, T. 0228/631551–53
Generalsekretär: StB Dipl.-Vw. Karl-Heinz Gerhard
Präsident: Michael G. Spofforth, Worthing

Wirtschaftsprüfer
Institut der Wirtschaftsprüfer in Deutschland e. V.
Tersteegenstr. 14, Pf. 320580,
4000 Düsseldorf 30, T.0211/4561–0
(Landesgeschäftsstellen in: Berlin, Hamburg, Frankfurt/M., Stuttgart, München vgl. Wirtschaftsprüferkammer)
UEC-Europäische Union der Wirtschaftsprüfer Union Européenne des Experts Comptables Economics et Financiers
European Union of Accountants
Secrétariat Général: Belfortstr. 8/I,
8000 München 80, T. 089/4481400

Rechtsanwälte
Arbeitsgemeinschaft der Fachanwälte für Steuerrecht e. V.
Brüderstr. 2, 4630 Bochum, T. 0234/12566
Deutscher Anwaltverein e. V.
Adenauer Allee 106, 5300 Bonn 1,
T. 0228/26070

5.3 Sonstige Verbände, Wissenschaftliche Institutionen

Bund der Steuerzahler
Präsidium
Burgstr. 1–3, Pf. 4780, 6200 Wiesbaden,
T. 06121/374077, 374079

Bundesverband Deutscher Rechtsbeistände e. V. (BDR)
Hauptgeschäftsstelle: Reichenbachstr. 10.
8000 München 5, T. 089/2607226

Bundesverband der Freien Berufe (BFB)
Godesberger Allee 54, 5300 Bonn 2 (Bad Godesberg), T. 0228/376635

Deutsche Steuer-Gewerkschaft (DStG)
In der Raste 14 (DStG-Haus),
5300 Bonn 1.
T. 0228/239096–97, FS 886832 dstg

Rationalisierungs-Kuratorium der Deutschen Wirtschaft e. V.
Düsseldorfer Str. 40, Pf. 5867,
6236 Eschborn.
T. 06196/495251. Telex 0418362 rkw d

Wissenschaftliche Institutionen
Deutsches wissenschaftliches Steuerinstitut der Steuerberater und Steuerbevollmächtigten e. V.
Dechenstr. 14, 5300 Bonn, T. 0228/637822

Deutsche Steuerjuristische Gesellschaft e. V.
Bernhard-Feilchenfeld-Str. 9
Pf. 520429.
5000 Köln 51, T. 0221/3603411

Fachinstitut des Verbandes der steuerberatenden Berufe Westfalen-Lippe e. V.
Geiststr. 23 II. Pf. 8028, 4400 Münster,
T. 0251/40215

Institut „Finanzen und Steuern" e. V.
Markt 10, 5300 Bonn, T. 0228/654246

Institut für Mittelstandsforschung
Maximilianstr. 20, 5300 Bonn 1,
T. 0228/653014/15

Institut der Steuerberater in Hessen e. V.
Goethestr. 2, 6000 Frankfurt/Main,
T. 069/281823

International Bureau of Fiscal Documentation (IFA)
P. O. Box 20237, 100 HE Amsterdam,
T. 020/267726, Telex 13217 intax nl

International Fiscal Association (IFA)
Association Fiscale Internationale International Vereinigung für Steuerrecht
Erasmus University-Woudestein, P. O. Box 1738, 50 Burg, Oudlaan, 3000 DR Rotterdam

Sonstige Informationen

Deutsche Anschrift der IFA:
Gustav-Heinemann-Ufer 84–88,
5000 Köln 51

Karl-Bräuer-Institut
Burgstr. 1–3, Pf. 1722, 6200 Wiesbaden,
T. 06121/374078

5.4. Finanzministerien und Oberfinanzdirektionen

Der Bundesminister der Finanzen

Graurheindorfer Str. 108, 5300 Bonn 1,
T. 0228/682–1, FS 886645

Bundesamt für Finanzen

Friedhofstr. 1, 5300 Bonn, T. 0228/406–0

Baden-Württemberg

Finanzministerium Baden-Württemberg

Neues Schloß 1. Pf. 899, 7000 Stuttgart 1
T. 0711/2193–1, FS 721440, Fernkopierer 0711/21932831, Teletex 7111390/7111391

OFD Freiburg

Stefan-Meier-Str. 76, 7800 Freiburg
T. 0761/204–1, FS 0412571 ofd d

OFD Karlsruhe

Moltkestr. 10, Pf. 4809, 7500 Karlsruhe 1
T. 0721/435–1. FS 7825855

OFD Stuttgart

Rotebühlplatz 30, Pf. 1288, 7000 Stuttgart 1
T. 0711/66080, FS 722548

Bayern

Bayerisches Staatsministerium der Finanzen
Odeonsplatz 4, Pf. 8000 München 22
T. 089/23061, FS 523509, Fernkopierer 089/2809313

OFD München

Sophienstr. 6, Pf. 201828, 8000 München 2
T. 089/59951, FS 0523240

OFD Nürnberg

Krelingstr. 50, 8500 Nürnberg 10, Pf. 120420, 8500 Nürnberg 12. T. 0911/376–0, FS 0622257

Berlin

Der Senator für Finanzen

Nürnberger Str. 53, 1000 Berlin 30
T. 030/2123–1, FS 183798 sen d

OFD Berlin

Pf. 570, Kurfürstendamm 193–194, 1000 Berlin 15
T. 030/8882218, FS 0183389

Bremen

Der Senator für Finanzen

Contrescarpe 67/71 (Haus des Reichs).
Pf. 102709, 2800 Bremen 1. T. 0421/322–1, FS 244566

OFD Bremen

Contrescarpe 67/71 (Haus des Reichs).
Pf. 102709, 2800 Bremen 1
T. 0421/322–1 FS 244566

Hamburg

Freie und Hansestadt Hamburg Finanzbehörde

Gänsemarkt 36, Pf. 301741, 2000 Hamburg 36
T. 040/3598–1, FS 0212121 Senat Hamburg

OFD Hamburg

Rödingsmarkt 2, 2000 Hamburg 11
T. 040/3706–0

Hessen

Der Hessische Minister der Finanzen

Friedrich-Ebert-Allee 8, Pf. 3180,
6200 Wiesbaden 1, T. 06121/321. Telex 4186814 HMDl d

OFD Frankfurt am Main

Adickesallee 32, Pf. 111431, 6000 Frankfurt a. M. 11, T. 069/15601, Telex 412571 ofd d

Niedersachsen

Der Niedersächsischen Minister der Finanzen

Schiffgraben 10, 3000 Hannover 1
T. 0511/120–1, FS 0922800

OFD Hannover

Waterloostr. 5, Pf. 240, 3000 Hannover 1
T. 0511/101–1, FS 9022418

Nordrhein-Westfalen

Der Finanzminister des Landes Nordrhein-Westfalen
Jägerhofstr. 6, 4000 Düsseldorf 30
T. 0211/4972–1, FS 08584739

OFD Düsseldorf
PF. 1114, 4000 Düsseldorf,
T. 0211/8222–1, FS 8582767 ofd dd

OFD Köln
Riehler Platz 2, 5000 Köln 1.
T. 0221/7727–1

OFD Münster
Andreas-Hofer-Str. 50, Pf. 6163, 4400 Münster (Westf.), T. 0251/3991,
FS 892820 ofd muenster

Rheinland-Pfalz

Ministerium der Finanzen
Kaiser-Friedrich-Str. 1 Pf. 3320,
6500 Mainz 1, T. 0631/16–1,
FS 4187643 wvmz. Telefax 06131/164331

OFD Koblenz
Ferdinand-Sauerbruch-Str. 17, Pf. 1569,
5400 Koblenz 1, T. 0261/493–1

Saarland

Ministerium der Finanzen
Am Stadtgraben 6–8, 6600 Saarbrücken,
T. 0681/3000–1

OFD Saarbrücken
Präsident-Baitz-Str. 5, Pf. 1207,
6600 Saarbrücken 1, T. 0681/509–1,
FS 4428775

Schleswig-Holstein

Der Finanzminister des Landes Schleswig-Holstein
Düsternbrooker Weg 64, 2300 Kiel,
T. 0431/596–1, FS 0299871 1 drg kiel.
Telefax 596–3519

OFD Kiel
Adolfstr. 14/28, Pf. 1142, 2300 Kiel 1,
T. 0431/595–1, FS 292520 ofd d

5.5. Finanzgerichtsbarkeit

Finanzgerichte

Bundesfinanzhof
Ismaninger Str. 109, Pf. 860240,
8000 München 80, T. 089/92310

Baden-Württemberg
Finanzgericht Baden-Württemberg
Grenadierstr. 5, Pf. 2508, 7500 Karlsruhe 1,
T. 0721/1351
Senate Karlsruhe (I., VII. u. X. Senat)
Bezirk der OFD Karlsruhe
Außensenate Freiburg (II., III., u. XI. Senat)
Jacobistr. 42, 7800 Freiburg/Br.,
T. 0761/204–1
Bezirk der OFD Freiburg. In Zoll-, Verbrauchsteuer- u. Monopolsachen ganz Baden-Württemberg (II. Senat)
Außensenate Stuttgart (IV. bis VI. Senat, VIII. u. IX. Senat)
Gutenbergstr. 109 Pf. 1003, 7000 Stuttgart 1, T. 0711/66850
Bezirk der OFD Stuttgart

Bayern
Finanzgericht München
Maria-Theresia-Str. 17, Pf. 860360,
8000 München 80, T. 089/474015
Regierungsbezirke Oberbayern, Niederbayern und Schwaben. In Zoll-, Verbrauchsteuer- u. Monopolangelegenheiten ganz Bayern
Finanzgericht Nürnberg
Deutschherrnstr. 8, 8500 Nürnberg 80,
T. 0911/268921
Regierungsbezirke Oberpfalz, Oberfranken, Mittelfranken und Unterfranken

Berlin
Finanzgericht Berlin
Kleiststr. 23–26, 1000 Berlin 30, T. 030/3183–0
Bezirk: Land Berlin

Bremen
Finanzgericht Bremen
Haus des Reichs (Anbau) – Eingang Schillerstr. 22, 2800 Bremen 1, T. 0421/322–2888
Bezirk: Freie Hansestadt Bremen

Hamburg
Finanzgericht Hamburg
Oberstr. 18 d I, 2000 Hamburg 13,
T. 040/4112687

Sonstige Informationen

Bezirk: Freie und Hansestadt Hamburg. In Zoll-, Verbrauchsteuer-, Monopol- u. Marktordnungssachen; Hamburg, Niedersachsen und Schleswig-Holstein

Hessen

Hessisches Finanzgericht
Ständeplatz 19, Pf. 101740, 3500 Kassel,
T. 0561/16978
Bezirk: Land Hessen

Niedersachsen

Niedersächsisches Finanzgericht
Am Waterlooplatz 5 A, 3000 Hannover 1, T. 0511/12170
Bezirk: Land Niedersachsen

Nordrhein-Westfalen

Finanzgericht Düsseldorf
Grafenberger Allee 125, 4000 Düsseldorf 1, T. 0211/683321
Bezirk der OFD Düsseldorf. In Zoll- und Verbrauchsteuersachen ganz Nordrhein-Westfalen

Finanzgericht Köln
Adolf-Fischer-Str. 12–16, 5000 Köln 1,
T. 0221/135025

Bezirk der OFD Köln
Finanzgericht Münster
Warendorfer Str. 70, Pf. 2769,
4400 Münster, T. 0251/30981
Bezirk der OFD Münster

Rheinland-Pfalz

Finanzgericht Rheinland-Pfalz
Robert-Stolz-Str. 20, 6730 Neustadt
a. d. Weinstraße, T. 06321/4011
Bezirk: Land Rheinland-Pfalz

Saarland

Finanzgericht des Saarlandes
Reppersbergstr. 64, 6600 Saarbrücken 1,
T. 0681/54451
Bezirk der OFD Saarbrücken

Schleswig-Holstein

Schleswig-Holsteinisches Finanzgericht
Sophienblatt 46 II, III und IV,
2300 Kiel, T. 0431/673001
Bezirk der OFD Kiel

5.6 Bundesgerichte

Bundesverfassungsgericht
Schloßbezirk 3
7500 Karlsruhe
T. 0721/1491

Bundesgerichtshof
Herrenstr. 45a
7500 Karlsruhe
T. 0721/159–0

Bundesverwaltungsgericht
Hardenbergstr. 31
1000 Berlin 12
T. 030/3197–1

Bundesfinanzhof
Ismaninger Str. 109
Pf. 860240
8000 München 80
T. 089/92310

Bundesarbeitsgericht
Graf-Bernadotte-Platz 3
3500 Kassel 1
T. 0561/3061

Bundessozialgericht
Graf-Bernadotte-Platz 5
Pf. 410220
3500 Kassel 1
T. 0561/3071

Bundespatentgericht
Zweibrückenstr. 12
8000 München 2
T. 089/21951

Sachverzeichnis

Die Buchstaben bezeichnen die Teile, die Zahlen die Randziffern

Abandonrecht B 947; **T** 50
Abbauland, Bewertung **H** 256
Abbruchkosten, nachträgliche Anschaffungskosten **A** 79
Abfälle, Herstellungskosten **A** 291
Abfindungen
Arbeitnehmer bei Kündigung **M** 339
Besteuerung der Gesellschafter **H** 645
lohnsteuer- und sozialversicherungsrechtliche Behandlung **L** 500
Nachlaßverbindlichkeit **H** 286
Umsatzsteuer **H** 200
Umwandlung Kapitalgesellschaft **H** 636
Abgabenordnung *s.* Verfahrensrecht
Abgänge im Anlagevermögen B 170 ff.
geringwertige Wirtschaftsgüter **B** 172
nachträgliche Minderungen der Anschaffungs- und Herstellungskosten **B** 170
Abgangsverluste *s.* Verluste aus Abgängen
Abgeordnete, Beschlagnahmeverbot **K** 102
Ablaufdiagramme bei Prüfungen **C** 104
Ablaufhemmung I 89, 90
Außenprüfung **J** 15
Einzelfälle **I** 91 ff., 101 ff.
Steuerhinterziehung **K** 244
Ablichtungen, Auslagen **W** 39
Ablösungszahlungen, Grundstückanschaffungskosten **B** 333
Abmahnung des Arbeitnehmers
Sanktionscharakter **M** 298
Warnfunktion **M** 297
Abraumbeseitigungskosten, Rückstellungen **B** 1182 ff.
Absatzanalyse R 29
Absatzmarkt, Verkaufswert abgeleiteter **B** 574 f.
Absatzpreis B 540
Abschlagsverteilung im Konkurs **N** 200 ff.
Abschlagszahlungen
Arbeitsentgelt **M** 170
Lohnpfändung **M** 171
lohnsteuer- und sozialversicherungsrechtliche Behandlung **L** 501
Abschlußprüfer
s. auch Prüfungsrecht
s. auch vereidigter Buchprüfer
s. auch Wirtschaftsprüfer

Allgemeines **B** 25 ff.
Arbeitspapiere **C** 3 ff.
Auskunftsrechte **C** 7
Auswahlkriterien **C** 8
Auswahl der A. **G** 15 ff.
Berichterstattung *s. dort*
Berichtskritik **C** 30
computergestützte Prüfungstechnik **C** 61 ff.
Datenschutz und Prüfungstechnik **C** 67 ff.
Eigenverantwortlichkeit **C** 99
Gesamtplanung **C** 186
mehr als die Hälfte der Einnahmen von einer Kapitalgesellschaft **G** 26
Mitarbeiterbeaufsichtigung **C** 188
personelle Planung **C** 167
Prüfungsqualität **C** 182 ff.
Prüfungsrecht **G** 1 ff.; *s. im einzelnen dort*
Qualifikation der Mitarbeiter **C** 185
Redepflicht **C** 205 ff.
Unabhängigkeit und Unbefangenheit **C** 184
Unvereinbarkeit von Jahresabschlußmitwirkung und Prüfungstätigkeit **G** 23 ff.
Versicherungsschutzüberprüfung **C** 203
Abschlußprüfung
s. auch Prüfungen
s. auch Prüfungstechnik
Anweisungen für die Prüfungsdurchführung **C** 187
Art und Umfang der Prüfungshandlungen **C** 127
Auswahl, bewußte und Zufallsauswahl **C** 195 f.
Beachtung fachlicher Verlautbarungen **C** 126
Berichtskritik **C** 189
Berichterstattung bei Verstößen **C** 210
Bescheinigungen bei freiwilligen A. **C** 49
Bestätigungsvermerk bei freiwilligen A. **C** 46
Bestandsgefährdung des Unternehmens **C** 206
Bestandsnachweis-Prüfung **C** 129
Buchführungsprüfung *s. dort*
direkte Prüfung **C** 72
EDV-Buchführung **C** 76
formelle Prüfungen **C** 109 ff.
Fragebogen als Prüfungsmittel **C** 117
Gebühr **W** 57

1475

Sachverzeichnis

Buchstaben = Teile

Geschäftsführung **C** 121
Grundsätze ordnungsmäßiger Durchführung **C** 123 ff.
Hauptabschlußübersicht **C** 135
kleine Unternehmen **C** 147 ff.
Kontrollsystem internes **C** 128
Kontrollsystem internes bei EDV-Buchführung **C** 79 ff.
lückenlose Prüfung **C** 193
materielle Prüfungen **C** 157
Nachtragsprüfung **C** 159
Nachweis der Prüfungsdurchführung **C** 131
Planung der Prüfung **C** 162 ff.
progressive Prüfungen **C** 175
Prüffelder **C** 164
Prüfung der rechtlichen Verhältnisse **C** 199 ff.
Prüfungsprognosen **C** 172
Prüfungsumfang **C** 192 ff.
Prüfungsqualität **C** 182 ff.
retrograde Prüfung **C** 175
Schlußbesprechung **C** 215
schwerwiegende Verstöße gegen Gesetze oder Satzung **C** 208
Stichprobenprüfung **C** 194
Verprobungen **C** 226 ff.
Verwertung von Ergebnissen Dritter **C** 99 ff.
Vollständigkeitserklärung **C** 130, 234
Vorprüfungen **C** 236 ff.
Abschlußprüfergesellschaften, Mehrheit der Gesellschaftsrechte **G** 27
Abschlußtabelle W 41
Abschlußvorarbeiten, Gebühr **W** 11
Abschreibungen A 1 ff.; **X** 1 ff.
Abschreibung nach Maßgabe der Leistung **A** 25
Abschreibungsmethoden **A** 18 ff.
Abschreibungsplan **A** 7, 9 f.
Abschreibungsplanänderungen **A** 27 ff.
Abschreibungsursachen **A** 1 ff.
Absetzung für außergewöhnliche Abnutzung (AfaA) *s. dort*
AfA-Tabellen **A** 12; **X** 1 ff.
aktivische Vornahme **B** 178
Angabe im Anhang **B** 1978
Angabe und Begründung von A. aus steuerlichen Gründen im Anhang **B** 1978
Aufwand **B** 1790 ff., 1795 ff.
Außerplanmäßige Abschreibungen *s. dort*
Beendigung der A. **A** 30
Beginn der A. **A** 13 ff.; **B** 205, 213
Begriff **B** 176
Bemessungsgrundlage **A** 8
Berechnung der AfA **X** 1 ff.

Berichtspflicht über AfA-Verfahren im Anhang bzw. Geschäftsbericht **B** 204
betriebsgewöhnliche Nutzungsdauer **A** 10 f.
Betriebsvorrichtungen **B** 338
Buchwertmethode **B** 200
dauerhafte Wertminderung bei abnutzbaren Anlagegütern **B** 221
degressive Abschreibung **A** 20 ff.; *s. im einzelnen dort*
Disagio **A** 32; **B** 826, 828 f.
Einteilung von Abschreibungsarten **A** 3
Ende der A. **B** 207, 213
Erbbaurechte **B** 328
erhöhte Abschreibung *s. dort*
Erinnerungswert **A** 8
Ersatzteile **B** 206
Erweiterungsaufwendungen **A** 34
Finanzanlagen **B** 222
Folgen des Unterlassens von A. **A** 49 ff.
Gängigkeitsabschreibungen **B** 574
Gebäude **B** 334 ff.
Gebäude-AfA-Regelungen **X** 4
Gebäude auf fremdem Grund und Boden **B** 327 ff.
Geschäftswert **A** 33
gesetzliche Regelungen nach Handels- und Steuerrecht **A** 5 f.
gewerbliche Schutzrechte **B** 256
Großanlagen (Teilanlagen) **B** 205
immaterielle Vermögensgegenstände **B** 256
Ingangsetzungsaufwendungen **A** 34
kalkulatorische A. **A** 293 c; **R** 168
Konzessionen **B** 256
lineare Abschreibung **A** 19; *s. im einzelnen dort*
Lizenzen **B** 256
Nachholung der A. **B** 214
Nachholungsverbot **A** 51
nichtabnutzbare Vermögensgegenstände **B** 221
Nutzungsdauerschätzung **B** 196 ff.
planmäßige A. in der Handelsbilanz **B** 195 ff.
planmäßige A. in Sonderfällen **A** 31 ff.
planmäßige A. in der Steuerbilanz **B** 208 ff.
Planung der Abschreibungsdauer **A** 9 ff.
progressive Abschreibung **A** 24; **B** 200
Prüfung **B** 1794, 1797
Reparaturteile **B** 206
Restwert **B** 199, 212
Sachanlagen **B** 66
Saldierung der kumulierten A. mit Zuschreibungen in der Anfangsbilanz **B** 174

Zahlen = Randziffern

Sachverzeichnis

Schrottwert **A** 8
Sonderabschreibungen auf Grund steuerlicher Vorschriften **B** 1791
Sonderposten mit Rücklagenanteil **B** 223
Steuerbilanz **B** 179
steuerlich begründete A. **B** 223
steuerliche Sonderabschreibungen **B** 179
stillgelegte Anlagen **B** 206
Teilwertabschreibung **B** 234
Überbewertungen **A** 49 ff.
Verschmelzungsmehrwert **A** 35
Wahlrecht **B** 178
Wechsel der AfA-Methoden **A** 21, 26; **B** 203
Wechsel der A. bei Gebäuden **B** 336
Wertaufholungsgebot **B** 226 ff.
Wertzusammenhangsprinzip **B** 238
Zuschreibungen **A** 412
Abschreibungen für außergewöhnliche Abnutzung s. Absetzungen für außergewöhnliche Abnutzung (AfaA)
Abschreibungen auf Finanzanlagen,
Aufwand **B** 1845 ff.
außerplanmäßige A. **B** 1846
Prüfung **B** 1850
Abschreibungen auf Wertpapiere des Umlaufvermögens
Aufwand **B** 1845 ff.
Prüfung **B** 1850
Abschreibungsmethoden A 18 ff.; **B** 200 ff.
GoB entsprechende Verfahren **B** 202
Mischformen **B** 201 f.
Verteilungsabschreibung **B** 202
Wechsel der A. **A** 21, 26; **B** 203, 210
Abschreibungsplan A 7, 9 f.; **B** 195 ff.
Änderung des A. bei außerplanmäßigen Abschreibungen **B** 224
freiwillige Planänderungen **A** 29
notwendige Planänderungen **A** 28
Abschreibungstabellen B 196, 211; **X** 1 ff.
Anlagegüter **X** 1
Aufstellung **A** 12
Abschreibungsverfahren, Nutzungsdauerschätzung **B** 198
Abschriften, Auslagen **W** 39
Absetzung für außergewöhnliche Abnutzung (AfaA) A 38; **B** 231 ff.
Nachholung unzulässige **B** 233
Absonderung von Gegenständen im Konkurs **N** 119
Absonderungsrechte im Konkursverfahren **N** 181
Abstandszahlungen, Mandatsvertrag **S** 101

Abstimmungsprüfung C 111
Abtretung, Ausschluß vertraglicher **M** 176
Lohnpfändung **M** 177
Vergütungsansprüche des Arbeitnehmers **M** 174
Abwesenheitsgeld W 39
Abwesenheitspflegschaft P 38
Abwicklungen, Gebühr **W** 57
Abziehbare Aufwendungen, verwendbares Eigenkapital **H** 140
Abzugsteuern, Steuerverkürzung durch Gefährdung der A. **K** 430
Adressenverzeichnisse X 72
Ähnliche Rechte, Aktivierung **B** 252 ff.; s. im einzelnen Gewerbliche Schutzrechte
Änderung von Steuerbescheiden I 62 ff.
Änderungskündigung M 103, 330, 336
Änderungssperre, Außenprüfung **J** 4, 16
Äquivalenzziffernkalkulation R 179, 184, 192
AfaA s. Absetzungen für außergewöhnliche Abnutzung
AGB s. Allgemeine Auftragsbedingungen
Agio, Kapitalrücklage **B** 928
Akkordlohn
Mitbestimmungsrecht des Betriebsrats **M** 75
Stück-Geldakkord **M** 72
Stück-Zeitakkord **M** 73
Akkordarbeit M 45
Akteneinsicht, Steuerfahndung **K** 141
Aktien
Angabe eigener A. im Anhang **B** 1978
Angabe von Zahl und Nennbetrag im Anhang **B** 1978
Bewertung **H** 256
Aktiengesellschaft (AG)
gesonderte Angabe von Gewinnrücklagen **B** 953
gezeichnetes Kapital **B** 887
Aktienüberlassung, lohnsteuer- und sozialversicherungsrechtliche Behandlung **L** 503
Aktiva B 100 ff.
Anlagevermögen **B** 150 ff.; s. im einzelnen dort
ausstehende Einlagen **B** 100 ff.; s. im einzelnen dort
Erweiterungsaufwendungen **B** 120 ff.; s. im einzelnen dort
Finanzanlagen **B** 420 ff.; s. im einzelnen dort
Forderungen und sonstige Vermögensgegenstände **B** 650 ff.; s. im einzelnen dort
immaterielle Vermögensgegenstände **B** 250 ff.; s. im einzelnen dort

1477

Sachverzeichnis

Buchstaben = Teile

Ingangsetzungsaufwendungen **B** 120 ff.; *s. im einzelnen dort*
latente Steuern **B** 860 ff.; *s. im einzelnen dort*
nicht durch Eigenkapital gedeckter Freibetrag **B** 875 ff.; *s. im einzelnen Eigenkapital-Fehlbetrag*
Sachanlagen **B** 310 ff.; *s. im einzelnen dort*
Schecks, Kassenbestand, Bundesbankguthaben, Postgiroguthaben, Guthaben bei Kreditinstituten **B** 765 ff.; *s. jeweils im einzelnen dort*
Umlaufvermögen **B** 530 ff.; *s. im einzelnen dort*
Vorräte **B** 550 ff.; *s. im einzelnen dort*
Wertpapiere **B** 725 ff.; *s. im einzelnen dort*
Aktive Rechnungsabgrenzungsposten *s.* Rechnungsabgrenzungsposten aktive
Aktivierte Eigenleistungen *s.* Eigenleistungen aktivierte
Aktivierungsgebote und -verbote, Maßgeblichkeitsgrundsatz **A** 336
Aktivierungswahlrechte A 337 ff.
Anschaffungskosten bei unentgeltlichem Erwerb **A** 72
Allgemeine Auftragsbedingungen
Abkürzung der Verjährungsfrist **S** 88
Beweislast **S** 83
Einbeziehung zu Lasten Dritter **S** 84
fernmündliche Auskünfte **S** 87
Gewährleistungsbeschränkung durch AGB **S** 92 ff.
Haftungsbegrenzung durch AGB **S** 89 ff.
nachträgliche Einbeziehung in Mandatsvertrag **S** 83
standesrechtliche Kollision **S** 85 ff.
standesrechtliche Mindestversicherungssumme **S** 86
Steuerberatungsvertrag **S** 78 ff.
Voraussetzungen **S** 81 ff.
Allgemeine Geschäftsbedingungen *s.* Allgemeine Auftragsbedingungen
Alter, Vermögensteuerfreibetrag **H** 259
Altersentlastungsbetrag L 504
Altersfreibetrag, lohnsteuer- und sozialversicherungsrechtliche Behandlung **L** 505
Altersrenten L 11 ff.
Altersruhegeld L 11 ff.
flexibles A. **L** 14 ff.
Kinderzuschuß **L** 67 ff.
Krankengeldgewährung **L** 215
Nebenverdienst **L** 13, 17, 22
vorgezogenes A. **L** 19 ff.
Altersversorgung betriebliche *s.* Betriebliche Altersversorgung
Amerikanische Maßeinheiten X 63 ff.

Amortisationsrechnung R 135
Amtshilfe
Auskunftsersuchen über die Grenze **K** 122
Rechts- und Amtshilfeabkommen **K** 123 ff.
zwischenstaatliche A. **J** 61
Analogieverbot, Steuerstrafrecht **K** 202
Anderdepot/Anderkonten P 70 ff.
Besonderheiten gegenüber Eigenkonto **P** 73
Eröffnung und Führung **P** 72, 73
Gebühr für Verwaltung **W** 57
Geschäftsbedingungen besondere **P** 71
Kontovollmachten **P** 75
Pfändung **P** 77
Tod des Kontoinhabers **P** 76
Anfechtung, kapitalersetzende Gesellschafterleistungen **N** 131 j
Anfechtungsklage
Allgemeines **I** 192
Begründetheit **I** 218, 219
Beschwer **I** 207
Gericht zuständiges **I** 217
Klagebefugnis **I** 209
Klageinhalt notwendiger **I** 215
Klageform **I** 214
Klagefrist **I** 211
Musterschriftsätze **I** 268, 269
Passivlegitimation **I** 213
Vollmacht **I** 217
Vorverfahren erfolgloses **I** 205
Zulässigkeitsvoraussetzungen **I** 204 ff.
Angehörige, Beschlagnahmeverbot **K** 96
Angemessenheitsprinzip bei Ermittlung der Herstellungskosten **A** 301 ff.
Angestellte, ordentliche Kündigung **M** 316
Anhang B 1960 ff.
Abschlußposten zusammengefaßte **B** 1978
Abschlußposten zusammengefaßte in der GuV-Rechnung **B** 1979
Abschreibungen **B** 1978
Abschreibungen außerplanmäßige **B** 1979
Abschreibungen aus steuerlichen Gründen **B** 1978
Aktien, Zahl und Nennbetrag **B** 1978
alternative Gestaltungsmöglichkeit **B** 1976 ff.
Angaben (Schematisierung) **B** 51
Angabe von Beteiligungen **B** 88
Angabewahlrecht **B** 1976 ff.
Anlagegitter **B** 1978
Ausleihungen an GmbH-Gesellschafter **B** 1978
Ausnahmen von der Berichtspflicht **B** 1965
außerordentliche Aufwendungen und Erträge **B** 1979

Zahlen = Randziffern

Sachverzeichnis

Berichterstattung des Abschlußprüfers **C** 23
Beteiligungen **B** 1978
Bewertungsmethoden **B** 1976
Bilanzierungsmethoden **B** 1976, 1979
Börsenkurs, erhebliche Unterschiedsbeträge **B** 1978
Durchbrechung der Darstellungsstetigkeit **B** 1976
Einheit mit Jahresabschluß **B** 1961
Ergebnisbeeinflussung durch steuerliche Vergünstigungen **B** 1979
Ergebnisverwendungs-Darstellung **B** 1980
Erläuterungen der Bilanz **B** 1978
Ertragslage **B** 1976 f.
Ertragsteuern, ergebnisanteilige Zurechnung **B** 1979
Erweiterungsaufwendungen **B** 1978
Finanzlage **B** 1976 f.
Forderungen gegenüber GmbH-Gesellschaftern **B** 1978
Form und Aufbau **B** 1970 ff.
Fremdkapitalzinsen **B** 1976
Frist zur Aufstellung des A. **B** 1963
Gegenstand der Berichtspflicht **B** 1976 ff.
Genußrechte, Rechte aus Besserungsscheinen **B** 1978
Gewinnrücklagen, Einstellungen und Entnahmen **B** 1978
Gliederungsvorschriften verschiedene **B** 1976
Grundlagen **B** 1960 ff.
GuV-Rechnung **B** 1979
Haftungsverhältnisse und finanzielle Verpflichtungen **B** 1981
Ingangsetzungsaufwendungen **B** 1978
Inhalt **B** 1963, 1975 ff.
jährliche Berichtspflicht **B** 1964
Kapital genehmigtes **B** 1978
Kapitalherabsetzung, Verwendung der gewonnenen Beträge **B** 1978
Kapitalrücklagen, Einstellungen und Entnahmen **B** 1978
Lagebericht neben Anhang für Kapitalgesellschaften **B** 1962
latente Steuern **B** 1978
Marktpreis, erhebliche Unterschiedsbeträge **B** 1978
Name, Sitz, Beteiligungsquote, Eigenkapital, Ergebnis von Beteiligungen **B** 1984
Offenlegungspflicht **B** 52; **E** 5 f.
Organe, Organkredite und Aufwendungen für Organe **B** 1983
Pensionsrückstellungen **B** 1978
Prüfung des A. **B** 1985
Prüfungstechnik **B** 1990 ff.
Rechnungsabgrenzungsposten **B** 1978
Rücklagen aus steuerlichen Gründen **B** 1978
Rückstellungen **B** 1978
Schutzklausel **B** 1965
Sonderrechnung bei Aktiengesellschaften **B** 1978
Strukturierung des Anhangs **B** 1971
Übersicht **B** 1975 ff.
Umrechnungsmethoden **B** 1976
Umsatzerlös-Aufgliederung **B** 1979
Umsatzkostenverfahren **B** 1979
Verbindlichkeiten **B** 1978
Verbindlichkeiten nach Abschlußstichtag **B** 1978
Verbindlichkeiten gegenüber GmbH-Gesellschaftern **B** 1978
verbundene Unternehmen **B** 1982
Vergleichbarkeit einzelner Abschlußposten mit Vorjahr **B** 1976
Vermögensgegenstände nach Abschlußstichtag **B** 1978
Vermögensgegenstände, die unter mehrere Bilanzposten fallen **B** 1978
Vermögenslage **B** 1976 f.
Vorratsaktien und eigene Aktien **B** 1978
Währungsumrechnungen **B** 1976
Wandelschuldverschreibungen **B** 1978
Wertberichtigungen als Sonderposten mit Rücklageanteil **B** 1978
Zahl der Arbeitnehmer im Geschäftsjahr **B** 1984
Zuschreibungen unterlassene aus steuerlichen Gründen **B** 1978
Anlagen im Bau
s. auch Geleistete Anzahlungen
Abschreibungen außerplanmäßige **B** 402
Aktivierung **B** 399
Ausweis intern reservierter flüssiger Mittel **B** 399
Bewegungen im Anlagespiegel **B** 401
Bewertung **B** 403, 405
ertragsteuerliche Behandlung **B** 403 f.
Prüfung der Bewertung **B** 408 f.
Prüfung des internen Kontrollsystems **B** 406
Prüfung des Nachweises **B** 407
Anlagen technische *s.* Technische Anlagen
Anlageberatung
Berufshaftpflichtversicherung **T** 50
typische Fehler **U** 48, 49
Anlagegitter *s.* Anlagespiegel
Anlagegüter, AfA-Tabelle **X** 1
Anlagendeckungsformel R 250

1479

Sachverzeichnis

Buchstaben = Teile

Anlagespiegel B 161 ff., 1978
Geleistete Anzahlungen und Anlagen im Bau **B** 401
Anlagevermittler, MaBV-Prüfung **O** 4
Anlagevermögen B 150 ff.
Abgänge **B** 170 ff.
Abschreibungen **B** 176 ff.
Abschreibungen, Ausweis **B** 161
Abschreibungen außerplanmäßige in der Steuerbilanz **B** 231 ff.
Abschreibung außerplanmäßige in der Handelsbilanz **B** 220 ff.
Abschreibung planmäßige in der Handelsbilanz **B** 195 ff.
Abschreibung planmäßige in der Steuerbilanz **B** 208 ff.
Änderung gegenüber bisherigem Recht **B** 66
Aktivierungswahlrecht **B** 169
Anlagespiegel/Anlagegitter **B** 161 ff.
Anschaffungs- und Herstellungskosten nachträgliche **B** 167
Begriff und Definition **B** 150 ff.
Bewertungsgrundsätze **B** 185 ff.
Bruttoausweis **B** 66
Bruttoprinzip **B** 162
Feingliederung vertikale **B** 154
geringwertige Wirtschaftsgüter **B** 168, 172
Gliederung aufeinanderfolgender Bilanzen **B** 159
Gliederung horizontale **B** 161 ff.
Gliederung und Offenlegung des A. nach neuem und altem Recht **B** 155
Gliederung nach steuerrechtlichen Kriterien **B** 160
Gliederung vertikale **B** 154 ff.
Gliederungsänderungen, -erweiterungen und -ergänzungen **B** 156 f.
Grobgliederung vertikale **B** 154
immaterielle Vermögensgegenstände **B** 250 ff.; *s. im einzelnen dort*
Leerpositionen **B** 158
Mindestgliederung **B** 157
Minderungen der Anschaffungs- und Herstellungskosten, nachträgliche **B** 171
Nachaktivierungen **B** 167
Nettoprinzip **B** 162
Sonderabschreibungen **B** 179
Umbuchungen **B** 175
Wertberichtigungen **B** 177
Wertverzehr als Herstellungskosten **A** 293b
Zugänge **B** 166 ff.
Zusammenfassung einzelner Bilanzposten **B** 158
Zuschreibungen **A** 410 ff.
Zuschreibungen (Wertaufholungsgebot) **B** 173 f.
Anlaufhemmung I 84 ff.
Erbschaft- und Schenkungsteuer **I** 88
Vermögen- und Grundsteuer **I** 87
Zölle und Verbrauchsteuern **I** 86
Anleihen B 1480 ff.
Anleihestücke zurückgekaufte **B** 1483
Begriff **B** 1480
Bewertung **B** 1486
ertragsteuerliche Behandlung **B** 1485
Genußrechte **B** 1482
Gewinnschuldverschreibungen **B** 1481
Prüfung des Ausweises **B** 1490
Prüfung der Bewertung **B** 1489
Prüfung des internen Kontrollsystems **B** 1487
Prüfung des Nachweises **B** 1488
Wandelschuldverschreibungen **B** 1481
Anliegerbeiträge, Anschaffungskosten **B** 332
Annehmlichkeiten, lohnsteuer- und sozialversicherungsrechtliche Behandlung **L** 506
Annuitäten
Ermittlung **X** 36
Laufzeit-Annuitäten **X** 36
Annuitätendarlehen, Tilgungsdauer **X** 35
Annuitätsmethode R 141
Annulierungsentschädigungen, Umsatzsteuer **H** 200
Anordnung einstweilige *s.* Einstweilige Anordnung
Anrechnung, Quellensteuer ausländische **H** 710
Anrechnungsverfahren H 127 ff.
Ausschüttungsbelastung **H** 150 ff.
Berechnungsmöglichkeiten (Übersicht) **H** 176, 177
Besonderheiten im A. **H** 164 ff.
Körperschaftsteuererhöhung **H** 155 ff.
Körperschaftsteuerminderung **H** 150
Übersicht **H** 132
verdeckte Gewinnausschüttungen **H** 164 ff.
Verlustrücktrag **H** 173 f.
Anrechnungsmethode H 708
Anrufungsauskunft, lohnsteuer- und sozialversicherungsrechtliche Bedeutung **L** 507
Ansatzgebote und -verbote, Maßgeblichkeitsgrundsatz **A** 336
Ansatzwahlrechte A 337 ff.
Anschaffungskosten A 52 ff.
anschaffungsnahe Aufwendungen *s. dort*
Anschaffungsnebenkosten *s. dort*

Zahlen = Randziffern

Sachverzeichnis

Anschaffungsvorgang **A** 54
Aufteilung der A. bei bebauten Grundstücken **B** 331
Aufteilung der A. bei Erwerb mehrerer Wirtschaftsgüter zu einem Gesamtpreis **A** 60
Begriff **A** 52 f.
Durchschnittsmethode **A** 56
Eigenkapitalzinsen **A** 62
Einlagen **A** 75 ff.
Einzelermittlungsgrundsatz **A** 54
Ermittlung der A. von Grund und Boden **B** 332
Fifo-Verfahren **A** 58
Finanzierungskosten **A** 62 ff.
Fremdkapitalzinsen **A** 63
Gebäude auf fremdem Grund und Boden **B** 324, 326
Geldbeschaffungskosten **A** 64
Kaufpreis bei Auslandswährung **A** 61
Kauf auf Rentenbasis **A** 65
Lifo-Verfahren **A** 59
nachträgliche A. *s.* Anschaffungskosten nachträgliche
Perioden-lifo **A** 59
Sonderfälle **A** 60 ff.
Subventionen **A** 69 ff.
Tauschgeschäfte **A** 68
unentgeltlicher Erwerb **A** 72 ff.
Verbrauchsfolge-Fiktion **A** 57 ff.
Vereinfachungsverfahren zur Ermittlung der A. **A** 55 ff.
Zulagen **A** 69 ff.
Zuschüsse **A** 69 ff.
Zwangsversteigerungserwerb **A** 66 f.
Anschaffungskosten nachträgliche A 76 ff.; **B** 167
Abbruchkosten von Gebäuden **A** 79
Betriebsvorrichtungen **A** 80
bewegliche Wirtschaftsgüter **A** 80
handelsrechtliche A. **A** 76
steuerrechtliche A. **A** 77 ff.
Anschaffungsnahe Aufwendungen A 81 ff.; Herstellungskosten **A** 82
Anschaffungsnebenkosten A 86 ff.
Beispiele **A** 87
Pauschalierung **A** 89
Anschaffungswertprinzip A 90 ff.; **B** 186
Anschlußgebühren W 39
Anschlußkonkurs N 230
Massekosten **N** 134
Vergleichsverfahren **N** 258 ff.
Anschlußprüfung J 51
Anschriftenmaterial, Aktivierung **B** 252 ff.

Anspannungskoeffizient R 243
Ansprüche, Bewertung auflösend bedingter A. **H** 256
Anstiftung, Straftat **K** 220
Anteile, Verbuchung von Verkäufen **B** 441
Anteile eigene *s.* Eigene Anteile
Anteile einbringungsgeborene, Einbringung in Kapitalgesellschaft **H** 663, 665
Anteile an Genossenschaften, Bewertung **B** 458
Anteile an Kapitalgesellschaften, Bewertung **B** 449 ff.; **H** 256
Erwerb weiterer Anteile **B** 450
nichtnotierte Anteile an ausländischen K. **B** 457
Anteile an Personengesellschaften, Bewertung **H** 256
Anteile an verbundenen Unternehmen B 423 ff.
Begriff Anteil und auszuweisender Anteil **B** 427
Bewertung **B** 428, 430
Bewertung im Umlaufvermögen **B** 728, 732
Definition **B** 423
Erträge **B** 1812
ertragsteuerliche Behandlung **B** 429, 731
Konzernrechnungslegungspflicht **B** 424 f.
Pflicht zum gesonderten Ausweis **B** 428
Prüfung **B** 733
Prüfung des Ausweises **B** 431
Prüfung der Bewertung **B** 431
Prüfung des internen Kontrollsystems **B** 431
Prüfung des Nachweises **B** 431
Rücklagenbildung **B** 730
Übersicht altes Recht/neues Recht **B** 426
Umlaufvermögen **B** 727 ff.
Anteilscheine, Bewertung **H** 256
Antizipative Forderungen, ertragsteuerliche Behandlung **B** 716
Antizipative Posten B 713
Antragspflichten, Tabelle der A. **I** 11–26
Antriebsanlagen, AfA-Tabelle **X** 1
Anwachsung, Einbringung des Vermögens einer PersGes in KapGes **H** 621
Anwartschaftsdeckungsverfahren B 1099 ff.
Anzahlungen
erhöhte AfA bei Berlinvergünstigungen **H** 406
Investitionszulagen **H** 565
Anzahlungen erhaltene *s.* Erhaltene Anzahlungen auf Bestellungen

1481

Sachverzeichnis

Buchstaben = Teile

Anzahlungen geleistete s. Geleistete Anzahlungen
Anzeigepflichten
Grunderwerbsteuer **H** 327
Krankheit des Arbeitnehmers **M** 147 ff.
Lohnsteuer und Sozialversicherung **L** 508
MaBV-Prüfung **O** 70 ff.
Unternehmensgründungen **R** 106 ff.
Apotheker, Beschlagnahmeverbot **K** 100
Arbeit selbständige s. Selbständige Arbeit
Arbeitgeber
Anzeigepflichten bei Lohnsteuer und Sozialversicherung **L** 508
Meldepflichten (Übersichtstabelle) **L** 755
Mitwirkungspflichten bei Außenprüfung **J** 17
Arbeitgeberanteil, Lohnsteuer und Sozialversicherung **L** 510
Arbeitgeberdarlehen M 170
Lohnpfändung **M** 173
lohnsteuer- und sozialversicherungsrechtliche Behandlung **L** 514
Arbeitgeberhaftung s. unter Haftung
Arbeitgeberzuschüsse L 515
Arbeitnehmer
Berlinzulagen **H** 502 ff.
Konkurs des Arbeitgebers **N** 163 ff.
Umsatzsteuer bei Beförderung **H** 205
Umsatzsteuer bei Beköstigung **H** 205
Umsatzsteuer bei Essenslieferungen **H** 205
Umsatzsteuer bei Kfz-Überlassung **H** 205
Umsatzsteuer bei Sachgeschenken **H** 205
Umsatzsteuer bei Telefonbenutzung **H** 205
Umsatzsteuer bei Umsatz mit Arbeitgeber **H** 206
Umsatzsteuerbarkeit von Zuwendungen **H** 200
Arbeitnehmer-Einkünfte s. Nichtselbständige Arbeit
Arbeitnehmererfindungen, lohnsteuer- und sozialversicherungsrechtliche Behandlung **L** 517
Arbeitnehmerfreibeträge, lohnsteuer- und sozialversicherungsrechtliche Behandlung **L** 518
Arbeitnehmerjubiläum, lohnsteuer- und sozialversicherungsrechtliche Behandlung **L** 519
Arbeitnehmersparzulage, lohnsteuer- und sozialversicherungsrechtliche Behandlung **L** 520
Arbeitnehmerüberlassungsvertrag, Form **M** 125
Arbeitnehmervergünstigungen nach BerlinFG **H** 484 ff.

Arbeitsamt
Anmeldung von Arbeitnehmern **R** 110
Anzeige von Entlassungen **M** 344 f.
Arbeitsanweisungen, Aufbewahrungspflichten **A** 99; **I** 31
Arbeitseinkommen, Pfändungsfreigrenzen **X** 60
Arbeitsentgelt
s. auch Löhne und Gehälter und Arbeitslohn
Abschlagszahlungen **M** 170 f.
Abtretung von Vergütungsansprüchen **M** 174 ff.
Abtretungsausschluß **M** 17
Annahmeverzug des Arbeitgebers **M** 107
Aufrechnungsverbot **M** 168
Befreiung von der Arbeitspflicht ohne Lohnfortzahlung **M** 112 ff.
betriebliche Altersversorgung **M** 89 ff.
betriebliche Übung **M** 63
Betriebsstörungen **M** 108
Betriebsvereinbarungen **M** 62
Ecklohn **M** 68
Entlohnungsformen **M** 65 ff., 81
Essenszuschuß **M** 100
Fahrtkostenzuschuß **M** 101
Feiertagslohnzahlung **M** 109
Firmenwagen **M** 100
freie Entgeltabsprache **M** 54
Geldlohn **M** 65
Gratifikationen **M** 83
Krankheit **M** 105
Leistungslohn **M** 70
Lohnfortzahlung bei sozialer Selbstverwaltung **M** 106
Mischformen zwischen Akkord- und Zeitlohn **M** 74
Naturallohn **M** 65
pfändbares **A. M** 166
Prämien individuelle **M** 82
Prämienlohnsysteme **M** 76 ff.
Provisionen **M** 79
Soziallohn **M** 80
Stück-Geldakkord **M** 72
Stücklohn **M** 71
Stück-Zeitakkord **M** 73
Tarifbindung **M** 55 ff.
Umzugskostenzuschuß **M** 101
unverpfändbares **A. M** 164
Urlaubsgeld/Urlaubsentgelt **M** 85 ff.
Vereinbarung **M** 54 ff.
Vorschuß **M** 170
Weihnachtsgeld **M** 85
Werkswohnungen **M** 96 ff.
Zeitlohn **M** 69
Arbeitserlaubnis
Asylberechtigte **M** 9

Zahlen = Randziffern

Sachverzeichnis

Ausländer **M** 8
Schwerbehinderte **M** 12
Arbeitsgemeinschaften, Umsatzsteuer **H** 200
Arbeitskleidung, lohnsteuer- und sozialversicherungsrechtliche Behandlung **L** 521
Arbeitslohn
s. auch Arbeitsentgelt
Berliner Wertschöpfungsquote H 376
Bruttoeinkommen **L** 548
Insolvenzsicherung **N** 166
lohnsteuer- und sozialversicherungsrechtliche Behandlung **L** 522
Truckverbot **M** 66
Arbeitslohnrückzahlung L 643
Arbeitslosengeld
Anrechnung eigenen Einkommens **L** 342
Anspruch und Voraussetzungen **L** 323
Anwartschaft **L** 328
Begriff ,,Zumutbarkeit" **L** 326
Begriff ,,Zur Verfügung stehen" **L** 325
Bemessung **L** 341
Dauer des Anspruchs **L** 329 ff.
Höhe **L** 334
Kirchensteuerhebesatz **L** 337
Krankenversicherungsbeitrag **L** 338, 386 f.
Lohnsteuer-Leistungsgruppen **L** 336
Meldepflicht **L** 327
Minderung der Dauer des A. **L** 332, 335
Mutterschaftsgeldbezug **L** 247
Rentenversicherungsbeitrag **L** 339, 388
Ruhen des Anspruchs auf A. **L** 343
Sperrfrist **L** 332, 344 f.
Arbeitslosenhilfe
Anspruch auf A. **L** 346
Begriff ,,Bedürftigkeit" **L** 349 ff.
berücksichtigungsfähige Einkommen **L** 351
Dauer **L** 352
Erlöschen des Anspruchs **L** 347
Höhe **L** 348
Krankenversicherungsbeitrag **L** 386 f.
Kurzarbeitergeld s. dort
Mutterschaftsgeldbezug **L** 247
Rentenversicherungsbeitrag **L** 388
Arbeitslosenunterstützung L 323 ff.
Arbeitslosenversicherung
s. auch Arbeitsvermittlung
Allgemeines und Überblick **L** 300 ff.
Arbeitslosengeld s. dort
Arbeitslosenhilfe s. dort
Aufgaben der Bundesanstalt für Arbeit **L** 300 ff.
Barleistungen **L** 323 ff.
Beginn der Beitragspflicht **L** 305
beitragsfreie Personen **L** 305

Beitragsbemessungsgrenze **L** 538
Beitragssätze 1974 bis 1986 **L** 754
Bewertung der Ansprüche **H** 256
Einarbeitungszuschüsse **L** 383 ff.
Fortbildungsmaßnahmen s. dort
Konkursausfallgeld s. dort
pflichtversicherte Personen **L** 304
Sachleistungen **L** 306 ff.
Schlechtwettergeld s. dort
Träger der A. **L** 300
Winterbauförderung s. dort
Arbeitslosigkeit
Begriff **L** 324
Krankengeld **L** 223 f.
Rentenausfallzeit **L** 90
vorgezogenes Altersruhegeld **L** 19 ff.
Arbeitspapiere
bei Prüfungshandlungen **C** 3
computergestützte Prüfungstechnik **C** 61 ff.
Dauerakte **C** 4 ff.
Inhalt laufender A. **C** 5
Arbeitsplatzschutzgesetz für Wehrdienstpflichtige **M** 242
Arbeitsrecht M 1 ff.
Absorptionsprinzip **M** 3
Kombinationsprinzip **M** 3
Arbeitsschutz M 178 ff.
Arbeitsunfähigkeit L 523
Arbeitsverhältnis
s. auch Arbeitsvertrag
Abmahnung **M** 293 ff.
Abwicklung des A. **M** 387 ff.
Arbeitsleistung normale **M** 44
Ausgleichsquittung **M** 387
Auskunft des bisherigen gegenüber dem neuen Arbeitgeber **M** 391
Beendigung s. Kündigung
befristetes A. **M** 134 ff.
Beschäftigungsförderungsgesetz **M** 136 ff.
Betriebsnachfolge **M** 259 ff.; s. im einzelnen dort
Betriebsvereinbarungen und Betriebsnachfolge **M** 275
Eintritt in bestehende A. bei Betriebsnachfolge **M** 262 ff.
Erkrankung eines Kindes **M** 113
faktisches A. **M** 133
Fürsorgepflichten **M** 5
Haftung des Arbeitgebers **M** 288 ff.
Haftung des Arbeitnehmers **M** 281 ff.
Haftung des bisherigen Betriebsinhabers **M** 271 f.
Inhalt der Arbeitspflicht **M** 44 ff.
Kettenarbeitsvertrag **M** 138
Konkurrenzverbot **M** 47 ff.

1483

Sachverzeichnis

Buchstaben = Teile

Konkurs und Betriebsnachfolge **M** 276
Krankheit **M** 147 ff.
Kündigung *s. dort*
Kuren **M** 151
Kurzarbeit *s. dort*
Kurzarbeitergeld *s. dort*
Lohnpfändung **M** 163 ff.
Nebentätigkeit **M** 47 ff.
Probearbeitsverhältnis **M** 115 ff.
Sozialschutz bei Betriebsnachfolge **M** 263
Tarifverträge und Betriebsnachfolge **M** 275
Treuepflicht **M** 4
Umsetzung **M** 104
Urlaub, Erkrankung im **M** 150
Urlaubsabgeltung bei Beendigung des A. **M** 388
Vergleich und Betriebsnachfolge **M** 277
Verschwiegenheitspflicht **M** 50 ff.
Versetzung **M** 102 f.
Wehrdienst *s. dort*
Wehr- und Zivildienst **M** 112
Zeugnis bei Beendigung des A. **M** 390
Zivildienst *s. dort*
Arbeitsvermittlung
Arbeitserlaubnis für Ausländer **L** 312
Aufgabenumfang **L** 307 ff.
Beschäftigung im Ausland **L** 311
Meldepflicht **L** 327
Vermittlungsmonopol der BfA **L** 306 ff.
Arbeitsvertrag
s. auch Arbeitsverhältnis
Abgrenzung zum Dienstvertrag **M** 3
Abschluß **M** 1 ff.
Allgemeines **M** 1 ff.
Anfechtbarkeit **M** 131
Aufhebungsvertrag **M** 385
Ausgleichsquittung **M** 387
Begriff **M** 2
Form **M** 120 ff.
Knebelungsvertrag **M** 129
Kündigung im Konkurs **N** 163 ff.
Mängel des A. **M** 126 ff.
Nichtigkeit **M** 126 ff.
Teilnichtigkeit **M** 130
Vertragsfreiheit **M** 6
Zeitablauf befristeter A. **M** 384
Arbeitszeit M 22 ff.
gleitende A. **M** 31
Jugendliche **M** 192
Mehrarbeit **M** 28
Pausen **M** 30
regelmäßige und abweichende Arbeitszeit **M** 25, 26
Ruhezeiten **M** 29
Überstunden **M** 32

Vor- und Abschlußarbeiten **M** 27
Arbeitszeitordnung (AZO) M 23 ff.
Arbeitszeugnis M 390
Archive, Aktivierung **B** 252 ff.
Arithmetisch-degressive Abschreibung B 200, 208
Arrestanordnung K 145; Zustellung **I** 134
Arzneimittel L 180 ff.
Anspruch auf A. **L** 180
Bagatellmittel **L** 180
Verordnungsblattgebühr **L** 182
Arzt, Beschlagnahmeverbot **K** 100
Arztbehandlung L 176 ff.
Asylberechtigte, Arbeitserlaubnis **M** 9
Aufbewahrungsfristen A 103 ff.
Beginn **A** 107
Divergenz zwischen handels- und steuerrechtlichen A. **A** 106
kürzere A. nach Steuergesetzen **A** 104
Aufbewahrungspflichten
Arbeitsanweisungen **A** 99
auf Bild- und Tonträgern **A** 111 ff.
ausländische Betriebsstätten **A** 116
Bestandteil der Buchführungspflicht **A** 95
Buchungsbelege **A** 101
Bücher **A** 98
COM-Verfahren **A** 112
Definition der steuerrechtlich aufbewahrungspflichtigen Unterlagen **A** 97 ff.
Formen der Aufbewahrung **A** 108 ff.
Fristen *s.* Aufbewahrungsfristen
Geschäftsbriefe **A** 100
Handelsbriefe **A** 100
Inventurunterlagen **A** 325 ff.
MaBV-Prüfung **O** 81
Mitwirkungspflichten **I** 7
Organisationsunterlagen **A** 99
Ort der Aufbewahrung **A** 115 f.
Personenkreis verpflichteter **A** 96
Rechtsfolgen bei Verstößen **A** 117
sonstige Unterlagen **A** 102
Steuerberater **S** 72 ff.
Tabelle **I** 28–34
Unterlagen aufzubewahrende nach AO **A** 94
Unterlagen aufzubewahrende nach HGB **A** 93
Wiedergabe bei Abspeicherung auf Bild- und Datenträger **A** 113
Aufgabe eines Betriebs *s.* Betriebsaufgabe
Aufgeld *s.* Agio
Aufhebung von Steuerbescheiden **I** 62 ff.
Aufklärungspflicht des StB T 10
Auflagen, Nachlaßverbindlichkeit **H** 286

Zahlen = Randziffern

Sachverzeichnis

Auflassung, Grunderwerbsteuer **H** 307
Aufrechnung I 44
  Erlöschen des Steueranspruchs **I** 47
  Kommanditeinlage durch A. **U** 70
  Konkursverfahren **N** 129 ff.
  unzulässige A. mit Einlageansprüchen der GmbH **U** 62 ff., 69
  Verbot der A. mit Arbeitsentgelt **M** 169
Aufrechnungserklärung, Musterschriftsatz **I** 255
Aufrechnungsverbot, Forderungen mit Verbindlichkeiten **B** 661
Aufsichtsrat
  Allgemeines **P** 10, 11
  Angabe der Mitglieder im Anhang **B** 1983
  Rechte und Pflichten **P** 17, 18
Aufsichtsratkredite, Ausweis *s.* Sonstige Vermögensgegenstände
Aufsichtsratsmitglied
  Abberufungsrecht **P** 16
  Allgemeines **P** 10 ff.
  Arbeitnehmervertreter **P** 13
  Bestellung **P** 12 ff.
  Haftung **P** 19
  Mitbestimmungsrecht **P** 12
  Tantieme **P** 20
  Verbot der Überkreuzverflechtung **P** 15
Aufsichtsratstätigkeit, Umsatzsteuer **H** 200
Aufträge in Arbeit befindliche **B** 601
  Steuerberatungsvertrag *s.* dort
Aufwandsplanung R 33 ff.
Aufwandsrückstellungen B 1205 ff.
Aufwendungen
  Aufzeichnungspflichten bei A. nach § 4 Abs. 5 EStG **A** 186 f.
  Gebühr für besondere A. **W** 38
  soziale A. als Herstellungskosten **A** 296 f.
Aufwendungen abziehbare, verwendbares Eigenkapital **H** 140
Aufwendungen abzugsfähige H 13
Aufwendungen anschaffungsnahe *s.* Anschaffungsnahe Aufwendungen
Aufwendungen aus Abgängen *s.* Verluste aus Abgängen
Aufwendungen außerordentliche *s.* Außerordentliche Aufwendungen
Aufwendungen aus Verlustübernahme B 1855 ff.
  Allgemeines und Begriff **B** 1856
  Ausgleichszahlungen an Minderheitsaktionäre **B** 1858
  Ausweis **B** 1855, 1859
  Prüfung **B** 1860
  Zuschußausweis **B** 1857

Aufwendungen besondere, Auslagenersatz **W** 39
Aufwendungen betriebliche
  Einzelbeispiele **B** 1803
  Prüfung **B** 1804 ff.
Aufwendungen für Erweiterungen des Geschäftsbetriebs *s.* Erweiterungsaufwendungen
Aufwendungen für Ingangsetzung *s.* Ingangsetzungsaufwendungen
Aufwendungen nichtabziehbare
  Körperschaftsteuer (Übersicht) **H** 149
  verwendbares Eigenkapital (Übersicht) **H** 175
  verwendbares Eigenkapital **H** 146 ff.
Aufzeichnungen, Aufbewahrungspflichten **I** 28
Aufzeichnungspflichten A 177 ff.; **I** 27, 35
  Abgrenzung zur Buchführungspflicht **A** 177
  Aufwendungen nach § 4 Abs. 5 EStG **A** 186 f.
  außersteuerliche A. **A** 178; **I** 35
  Beendigung nach Handelsrecht **A** 190 ff.
  Beendigung nach Steuerrecht **A** 193
  Beginn nach Handelsrecht **A** 189 ff.
  Beginn nach Steuerrecht **A** 193
  Belegerteilung über Warenausgang **A** 184
  Bewilligung von Erleichterungen **A** 194
  Buchführungspflichten *s.* dort
  einkommensteuerliche A. **A** 186
  Einzelfälle nach § 140 AO bzw. anderen Gesetzen **A** 179
  freiwillige Führung von Aufzeichnungen **A** 195
  Lohnsteuerabzug **A** 188
  MaBV-Prüfung **O** 72 ff.
  Mitwirkungspflichten **I** 7
  Rechtsfolgen bei Verstößen **A** 196 f.
  Rechtsfolgen bei Verstoß gegen außersteuerliche. A. **A** 180
  Schätzung der Besteuerungsgrundlagen bei Verstößen **A** 197
  steuerrechtliche A. **A** 182 ff.; **I** 27
  strafrechtliche Folgen bei Verstößen **A** 197
  umsatzsteuerliche Zwecke **A** 185
  Warenausgang **A** 184
  Wareneingang **A** 183
  Zwangsgeldfestsetzung bei Verstößen **A** 197
Augenscheinnahme bei Außenprüfung **J** 124
Ausbauten
  Berlinförderung **H** 416, 443, 426
  Investitionszulage nach BerlinFG **H** 482

1485

Sachverzeichnis

Buchstaben = Teile

Ausbildungskosten, Rückstellungen **B** 1255
Ausbildungsverhältnis, Lohnsteuer und Sozialversicherung **L** 524
Auseinandersetzungsbilanz, Gebühr **W** 22, 34
Ausfallforderungen, Verteilungsverfahren **N** 199
Ausfallzeiten im Rentenrecht **L** 90
Ausfuhr, Bannbruch **K** 287
Ausgleichsanspruch der Handelsvertreter, Rückstellungen **B** 1250 ff.
Ausgleichsabgabe M 183
Ausgabekosten
Gesellschaftsanteile **B** 913
steuerliche Behandlung **B** 937 f.
Ausgabenplanung R 33 ff.
Ausgleichsquittung, Beendigung eines Arbeitsverhältnisses **M** 387
Ausgleichszahlungen
Aufwendungen aus Verlustübernahme **B** 1858
Ausweis in GuV-Rechnung **B** 1824
Umsatzsteuer **H** 200
Aushilfen
lohnsteuer- und sozialversicherungsrechtliche Behandlung **L** 525 ff.
Tabelle der Entgelts- und Arbeitszeitgrenzen **L** 750
Auskunft
Gebühr **W** 22, 34
Steuerfahndung **K** 106 ff.
telefonisch **S** 12
Auskunftserteilung, Außenprüfung **J** 120 f.
Auskunftskosten W 39
Auskunftsrechte des Abschlußprüfers **C** 7
Auskunftsvertrag T 25
Auskunftsverweigerungsrecht J 63
Außenprüfung **J** 116
Mitwirkung unzumutbare **I** 39
Zeugen im Steuerfahndungsverfahren **K** 116
Ausländer, Arbeitserlaubnis **M** 8
Auslagen, ABC der Auslagen **W** 39
Auslagenersatz W 30, 35 ff.
lohnsteuer- und sozialversicherungsrechtliche Behandlung **L** 528
Auslandsbeziehungen
Mitwirkungspflichten erhöhte **J** 127 ff.
Mitwirkungspflichten und Steuerfahndung **K** 137
Steuergefährdung bei Verstoß gegen Meldepflicht **K** 427
Auslandsinvestitionsgesetz, Anwendungsübersicht **H** 569

Auslandsreisen, Auslagen **W** 39
Auslandstätigkeiten, lohnsteuer- und sozialversicherungsrechtliche Behandlung **L** 529 ff.
Auslandsvermögen, Bewertung **H** 256
Ausleihungen B 485 ff.
Abzinsungswahlrecht **B** 497
Angabe von A. gegenüber Gesellschaftern im Anhang **B** 1978
Anschaffungskosten **B** 488
Baukostenzuschüsse **B** 486
Bewertung **B** 502
Damnum, Aktivierung **B** 488 f., 501
ertragsteuerliche Behandlung **B** 497 ff.
Fremdwährungsforderungen **B** 492
Laufzeit vereinbarte **B** 486
Mietvorauszahlungen **B** 486
Organkredite **B** 487
Prüfung der Bewertung **B** 507 ff.
Prüfung des Ausweises **B** 512
Prüfung des internen Kontrollsystems **B** 503
Prüfung des Nachweises **B** 504 ff.
unverzinsliche und niedrig verzinsliche A. **B** 490, 498 f.
verbundene Unternehmen **B** 495
Wertminderungen **B** 493
Zuschreibung **B** 500
Ausleihungen an Gesellschafter
GmbH **B** 481
Prüfung **B** 481
Ausleihungen an verbundenen Unternehmen B 432
Ausleihungen an Unternehmen mit Beteiligungsverhältnis B 471
Auslösungen, lohnsteuer- und sozialversicherungsrechtlicher Behandlung **L** 532
Aussageverweigerungsrechte
Angehörige steuerberatender Berufe **K** 117
Berufsgehilfen **K** 118
Pflicht auf Aussageverweigerung **K** 119
Zeugen im Steuerfahndungsverfahren **K** 115
Ausschlußfristen I 117; Wiedereinsetzung in vorigen Stand **I** 121
Ausschüttungen
Ausschüttungsbelastung **H** 150 ff.
Ausschüttungspolitik **H** 158 ff.
Ausschüttungssperre bei Ingangsetzungs- und Erweiterungsaufwendungen **B** 124
Außenanlagen
Investitionszulagen **H** 554
Investitionszulage nach BerlinFG **H** 473
Außengebiet, Umsatzsteuer **H** 204
Außenprüfung J 1 ff.

Zahlen = Randziffern

Sachverzeichnis

abgekürzte A. J 7
Abgrenzung zur Steuerfahndung J 112 ff.
Ablaufhemmung J 15; I 92
Änderungssperre J 4, 16
äußerer Betriebsvergleich J 103
Amtshilfe zwischenstaatliche J 61
in Amtsstelle J 125
Anschlußprüfung J 51
Augenscheinnahme J 124
Ausdehnung des Prüfungszeitraums J 56
Auskunftsverweigerungsrecht J 63, 116
Auskunftserteilung J 120, 121
Auskunftspersonen J 116
Aussetzung der Vollziehung J 174
Bankgeheimnis J 65
Bankgeheimnis und Bankenerlaß J 134
Beginn J 78, 83 ff.
bei sonstigen Steuerpflichtigen J 46
Betreten der Privatwohnung J 125
Betriebsaufgabe J 33
betriebsnahe Veranlagung J 26
Betriebs-Größenklassen J 53
Beschwerde J 174
Beschwerde gegen Mitwirkungsverlangen J 146
Beweisbeschaffungspflicht J 128
Beweisvorsorge J 128
Bundesamt für Finanzen J 69
Checkpunkte bei Beginn J 83 ff.
Checkliste der Prüfungsfelder J 96
Checkliste der Rechtsbehelfe J 175
Duldungspflichten J 125 ff.
Ehegatten J 35
Einkommen- und Körperschaftsteuer J 97
Einleitungsvermerk J 113
einstweilige Anordnung J 174
Einzelmaßnahmen J 27
Ermessen J 47
Ermittlungsverbot J 180
Erstprüfungen J 55
Erstreckungsprüfung J 58
Feuerschutzsteuerprüfung J 20
Finanzamt für Prüfungsdienste J 67
Gebühr W 22, 34
Gegenstand der A. J 48 ff.
Geldverkehrsrechnung J 105 ff.
Gemeinschaften J 42
Gesamtrechtsnachfolge J 38
in Geschäftsräumen J 125
Gläubigerbenennung verweigerte J 145 a
Groß- und Konzernbetriebsprüfungsstellen J 68
Gründungsgesellschaften J 37
Informationspflichten J 109 ff.
innerer Betriebsvergleich J 101
Juristische Person döR J 40

Kapitalverkehrsteuerprüfung J 18
Konkursverfahren J 34
Kontrollmitteilungen J 60 ff.
Liquidation J 39
Lohnsteueraußenprüfung J 14
Mitwirkungspflichten I 1 ff.; J 115 ff.
Mitwirkungspflichten bei Auslandsbeziehungen J 127 ff.
Mitwirkungspflichtenverletzung und deren Rechtsfolgen J 135 ff.
Mitwirkungsverweigerungsrechte J 62, 131 ff.
Mitwirkungsverweigerungsrechte bei Verdacht auf Steuerstraftat J 114
Nachkalkulation J 102
Nachprüfungsvorbehalt J 2
Nachschau J 28
Ort der Prüfung J 125
Personengesellschaften J 41
Plausibilitätsprüfung J 100
in Praxis des Bevollmächtigten J 125
Prüfung Dritter J 59
Prüfung bei Gesellschaften J 57 ff.
Prüfung bei Unternehmen J 32
prüfungsähnliche Maßnahmen J 1 ff., 25 ff.
Prüfungsanordnung J 72 ff.
Prüfungsbericht J 163 ff., s. im einzelnen dort
Prüfungsfelder einzelne J 96
Prüfungsgrundsätze J 93 ff.
Prüfungsmethoden J 100 ff.
Prüfungsschwerpunkte J 95 ff.
Prüfungssubjekte J 32
Prüfungszeitraum J 50
Quellensteuerprüfung J 22, 44
rechtliches Gehör J 109
Rechtsbehelfe J 81 ff.
Rechtsschutz gegen A. J 174 ff.
Rechtswirkungen des Prüfungsbeginns J 91
Richtsatzprüfung J 49
Sachverhaltsunterstellung J 136
Schätzungsmethoden J 100 ff.
Schlußbesprechung J 147 ff.; s. im einzelnen dort
Schmiergeld-Paragraph J 145 a
Schweigepflicht J 116
Schwerpunktprüfungen J 48
Selbstanzeige J 6
Selbstbezichtigung J 114
Sonderprüfungen J 8 ff.
Steueranrechnungs-Prüfung J 23
Steuerfahndung J 24
Steuerfahndung zur Beweissicherstellung J 138
Stichprobenprüfung J 100

Sachverzeichnis

Buchstaben = Teile

Teilnahmerecht der Gemeinden **J** 71
Teilschätzung **J** 144
Tod des Steuerpflichtigen **I** 36
Totalprüfung **J** 100
Überlassung von Arbeitsplatz und Hilfsmitteln **J** 125
Umsatzsteuerprüfung **J** 9 ff.
Umschlagen in Steuerfahndung **K** 137
Unsicherheitszuschlag **J** 143
Urkundenvorlage **J** 122, 123
veranlagende Betriebsprüfung **J** 68
verbindliche Zusage **J** 5
Verdacht einer Steuerstraftat oder Ordnungswidrigkeit **J** 112
Verjährung **J** 3
Vermögenszuwachsrechnung **J** 104
Versicherungsteuerprüfung **J** 19
Verwertungsverbote **J** 50, 176 ff.
Vollprüfung **J** 7
Vollschätzung **J** 145
Vorbereitungsmaßnahmen **J** 83 ff.
Vorlage von Vorstands- und Aufsichtsratsprotokollen **J** 123
vorrätige Steuererklärung **J** 54
in Wohnräumen **J** 125
Zeit der Prüfung **J** 126
Zulässigkeit **J** 29 ff.
Zuständigkeit **J** 66
Zwangsmittel **J** 135
Zwischenbesprechungen **J** 109
Außensteuergesetz H 719 ff.
aktive Einkünfte **H** 728
Einkunftsabgrenzung **H** 722
Gewinnberichtigung **H** 720
Hinzurechnungsbesteuerung **H** 726 ff.
nachgeschaltete Gesellschaften **H** 729
passive Einkünfte **H** 728
Vermögenszuwachsbesteuerung **H** 725
Verrechnungspreise **H** 730
Voraussetzungen für erweitert beschränkte Steuerpflicht **H** 724
Außergerichtlicher Vergleich N 15 ff.
Außerordentliche Aufwendungen B 1885 ff.
Begriff und Ausweis **B** 1885
Erläuterung im Anhang **B** 1979
Herstellungskosten **A** 293 d
Prüfung **B** 1887
Außerordentliche Erträge B 1876 ff.
Ausweis **B** 1877
Begriff und Umfang **B** 1878
Einzelbeispiele **B** 1880
Erläuterung im Anhang **B** 1979
periodenfremde Posten **B** 1879
Prüfung **B** 1881

Außerordentliches Ergebnis B 1890
gesonderter Ausweis **B** 82
Außerplanmäßige Abschreibungen A 36 ff.; **B** 231 ff.
Abschreibungen für außergewöhnliche Abnutzung **A** 38; *s. im einzelnen dort*
Abschreibungen nach dem Niederstwertprinzip **A** 36 ff.
Angabe des Betrags im Anhang **B** 1979
Beibehaltungswahlrecht **A** 45 ff.
Beteiligungen **B** 445 f.
Disagio **B** 826
Erhöhte Abschreibungen *s. dort*
Gebäude **B** 337
geleistete Anzahlungen und Anlagen im Bau **B** 402
Handelsbilanz **B** 220 ff.
Sonderabschreibungen handelsrechtliche **A** 43 f.
Sonderabschreibungen steuerliche *s. dort*
Steuerbilanz **B** 231 ff.
Teilwertabschreibungen *s. dort*
Zuschreibungen (Wertaufholungsgebot) **A** 45 ff.
Aussetzung der Vollziehung
Allgemeines **I** 171 ff.
Antrag beim Finanzamt **I** 181
Antrag beim Finanzgericht **I** 182 ff., 233 f.
Aussetzungsfähigkeit von Verwaltungsakten **I** 176
Außenprüfungsmaßnahmen **J** 174
Beschwerde zum BFH gegen ablehnenden FG-Bescheid **I** 241 ff.
ernstliche Zweifel an Rechtmäßigkeit **I** 173 f.
Gebühr **W** 22, 34
Glaubhaftmachung des Vorbringens vor dem Finanzgericht **I** 185
Grundlagenbescheide **I** 178 f.
Leistungsablehnungsbescheide **I** 180
Musterschriftsätze **I** 265–267
Steuerbescheid unter Vorbehalt der Nachprüfung **I** 177
Verhältnis zur einstweiligen Anordnung **I** 186 ff.
Vollstreckungsaufschub **I** 61
Voraussetzungen **I** 173 f.
Aussonderungsrechte im Konkurs **N** 116 ff., 181
Ausstehende Einlagen B 100 ff.
ausstehende Nebenleistungen **B** 101
Bewertung **B** 103, 106 f.
Einziehung von Nachschüssen **B** 101
ertragsteuerliche Behandlung **B** 104 f.
Prüfung des Ausweises **B** 111
Prüfung der Bewertung **B** 110

Zahlen = Randziffern

Sachverzeichnis

Prüfung des internen Kontrollsystems **B** 108
Prüfung des Nachweises **B** 109
Austausch, Umsatzsteuer bei Kfz-Teilen **H** 205
Austritt bei Kirchensteuer **H** 51
Ausweisprüfung
Anleihen **B** 1490
Anteile an verbundenen Unternehmen **B** 431
Ausleihungen **B** 512
ausstehende Einlagen **B** 111
Beteiligungen **B** 469f.
Betriebs- und Geschäftsausstattung **B** 397
Bundesbankguthaben **B** 785
Disagio **B** 834
eigene Anteile **B** 748
erhaltene Anzahlungen auf Bestellungen **B** 1514
Erhaltungsaufwendungen **B** 137
Eventualverbindlichkeiten **B** 1685
fertige Erzeugnisse **B** 635
Forderungen aus Lieferungen und Leistungen **B** 691f.
Forderungen gegen verbundene Unternehmen **B** 700
Gebäude **B** 355
Gebäude auf fremdem Grund und Boden **B** 355
geleistete Anzahlungen **B** 303, 410, 644
Geschäftswert **B** 291
gewerbliche Schutzrechte **B** 270
gezeichnetes Kapital **B** 923
grundstücksgleiche Rechte **B** 355
Guthaben bei Kreditinstituten **B** 803f.
Ingangsetzungsaufwendungen **B** 137
Kapitalrücklage **B** 943
Kassenbestand **B** 785
Konzessionen **B** 270
Lizenzen **B** 270
Maschinen **B** 383 ff., 410
Pensionsrückstellungen **B** 1134
Postgiroamtguthaben **B** 785
Rechnungsabgrenzungsposten aktive **B** 853
Rechnungsabgrenzungsposten passive **B** 1636
Rückstellungen für drohende Verluste aus schwebenden Geschäften **B** 1240f.
Rückstellungen für Gewährleistungen **B** 1202
Rückstellungen für Großreparaturen **B** 1212
Rückstellungen für Instandhaltung **B** 1190
Rückstellungen für latente Steuern **B** 1175
Rückstellungen für ungewisse Verbindlichkeiten **B** 1240f.

Schecks **B** 773
Sonderposten mit Rücklageanteil **B** 1069
sonstige Verbindlichkeiten **B** 1611
sonstige Vermögensgegenstände **B** 723
sonstige Wertpapiere **B** 760
Steuerrückstellungen **B** 1157
technische Anlagen **B** 383 ff.
unfertige Erzeugnisse **B** 623
Verbindlichkeiten gegenüber Kreditinstituten **B** 1504
Verbindlichkeiten aus Lieferungen und Leistungen **B** 1528
Waren **B** 635
Wechselverbindlichkeiten **B** 1543
Wertaufholungsrücklage **B** 997
Auszubildende
außerordentliche Kündigung **M** 378
Kündigungsschutz **M** 375 ff.
Probezeit **M** 375 ff.

Banken, Steuerfahndung **K** 113
Bankenerlaß J 65, 134
Bankgeheimnis J 65; Außenprüfung **J** 134
Bankguthaben, Bewertung **H** 256
Bankkonzerne, Konzernrechnungslegungspflicht **F** 4, 11
Bankrott
Verantwortung des StB **V** 34ff.
bei Zwangsvergleich **N** 220
Bankverbindlichkeiten s. Verbindlichkeiten gegenüber Kreditinstituten
Bannbruch K 286 ff.; Strafmaß **K** 289
Bargründung, Fehler bei der Kapitalbeschaffung **U** 61 ff.
Basisgesellschaften H 718
Baubetreuer
Gründungsvoraussetzungen **R** 22ff.
MaBV-Prüfung **O** 6
Bauherren
Berlinvergünstigungen **H** 442
Erlaubnispflicht nach MaBV **O** 5
Bauherrenmodell, Treuhänder **P** 1
Bauland, Bewertung **H** 256
Bausparkassenvertreter als Grundstücksmakler **O** 3
Bauträger, Gründungsvoraussetzungen **R** 22ff.
Bedarfsprüfungen, Umsatzsteuer **J** 11
Bedürftigkeit bei Arbeitslosenhilfe **L** 349ff.
Beförderung von Arbeitnehmern, Umsatzsteuer **H** 205
Beförderungsort, Umsatzsteuer **H** 202
Befristung von Arbeitsverträgen M 136 ff.
Begünstigung durch StB V 41

1489

Sachverzeichnis

Buchstaben = Teile

Begutachtungen s. Gutachten
Beibehaltungswahlrecht des niedrigeren Wertansatzes **A** 45 ff.
Beihilfe zu Straftat **K** 220
Beihilfen, lohnsteuer- und sozialversicherungsrechtliche Behandlung **L** 533 ff.
Beitragsbemessungsgrenzen in der Sozialversicherung **L** 537 ff.
Tabelle der Jahre 1970 bis 1986 **L** 753
Beitragsgruppen für Anmeldung und Abführung der monatlichen Beiträge (Tabelle) **L** 752
Beitragszeiten im Rentenrecht **L** 82 ff.
Beizulegender Wert A 118 ff.; **B** 539
Bekanntgabe eines Verwaltungsakts s. Zustellung
Belege A 123 ff.
Abgrenzung zu sonstigen Unterlagen **A** 125
Anforderungen an Beleginhalt **A** 128
Aufbewahrungspflicht **A** 101; **I** 33
Begriff **A** 123 ff.
Belegarten **A** 126
Belegbuchführung **A** 131
Belegerteilung über Warenausgang **A** 184
Belegprinzip s. dort
Bestandteile notwendige **A** 128
Buchfunktion von B. **A** 131
Offene-Posten-Buchhaltung **A** 131
Rechtsfolgen bei Verstößen gegen das Belegprinzip **A** 134
Belegbuchführung A 131
Belegenheitsort, Umsatzsteuer **H** 202
Belegprinzip A 127 ff.
bei EDV-Buchführung **A** 132
Inhalt und Bedeutung **A** 127
Belegprüfungen C 115
Belegschaftsaktien s. Aktienüberlassung
Belehrungspflichten des Steuerberaters **S** 17; **T** 7; **V** 8
Bemessungsgrundlage
Umsatzsteuer (Übersichten) **H** 205 f.
Beratung betriebswirtschaftliche, Gebühr **W** 57
Beratungspflicht des Steuerberaters **T** 5
Beratungstabelle W 40
Beratungsvertrag, Steuerberatungsvertrag s. dort
Berichterstattung, Gebühr **W** 22
Berichterstattung des Abschlußprüfers C 18 ff.
Allgemeine Auftragsbedingungen **C** 20
Angaben der rechtlichen Verhältnisse **C** 21
Bestätigungsvermerk **C** 25
Erläuterungsteil **C** 27
freiwillige Abschlußprüfungen **C** 28

Gliederung **C** 19
Jahresabschluß-Angaben **C** 23
Lagebericht **C** 24
Rechnungswesen-Angaben **C** 22
Redepflicht **C** 26
Schlußbemerkung **C** 25
steuerliche Verhältnisse **C** 21
Verstöße schwerwiegende **C** 210
wirtschaftliche Verhältnisse **C** 21
Berichterstattungspflicht, Lagebericht **D** 4
Berichtskritik des Abschlußprüfers **C** 30
Berichtigung
Gebühr **W** 34
Gebühr für B. einer Erklärung **W** 22
Steuerbescheide **I** 62 ff.
Berichtigungspflicht des Steuerberaters **V** 14
Biersteuer, Rechnungsabgrenzung **B** 842
Beköstigung von Arbeitnehmern, Umsatzsteuer **H** 205
Berlinförderung H 351 ff.
aktive Berlinzulage **H** 506
anteilige Steuervergünstigung **H** 492 f.
Antrag mit Wertschöpfungsberechnung **H** 382
Anwendungsbereich **H** 510
Arbeitnehmerzulagen **H** 502 ff.
Arbeitnehmervergünstigungen **H** 484 ff.
Arbeitslöhne **H** 376
Ausbauten und Erweiterungen **H** 416, 426, 443
Aufenthalt in Berlin **H** 491
Bearbeitungsbegriff **H** 361 ff.
Berechnung der Wertschöpfungsquote **H** 371
Bestandsveränderungen **H** 388
Betriebsstätte **H** 374, 407, 458, 495 f.
Darlehensförderung **H** 451 ff.
eigene Wohnungsnutzung **H** 446 ff.
Eigenleistungen **H** 388
Einkommensteuervergünstigungen **H** 403 ff.
Einschränkung des § 15a EStG **H** 450
Ein- und Zweifamilienhäuser und Eigentumswohnungen **H** 437 ff.
Entgeltbegriff **H** 368
Entgeltminderungen **H** 369
erhöhte AfA **H** 404 ff.
erhöhte AfA bei Modernisierungsmaßnahmen **H** 432 ff.
Festsetzung der Zulagenberechnung durch Finanzamt **H** 507
fiktive Lieferungen und Leistungen **H** 386 f.
Garagen **H** 422

Zahlen = Randziffern

Sachverzeichnis

Gebühr für Anträge **W** 22, 34
„Gelangen" in das Bundesgebiet **H** 364
Haftung des Arbeitgebers für Arbeitnehmerzulagen **H** 504
Herstellungsaufwand nachträglicher **H** 412
Herstellungsbegriff **H** 361 ff.
Herstellungskosten **H** 418
Innenumsätze **H** 357 ff.
Investitionszulage **H** 458 ff.
Kapitalvermögen **H** 486
Körperschaftsteuerermäßigung **H** 499 ff.
Konkursausfallgeld **H** 509
Kürzungsanspruch des Berliner Unternehmers **H** 352 ff.
Kürzungsanspruch für Innenumsätze **H** 357 ff.
Kürzungsanspruch des westdeutschen Unternehmers **H** 351
Kürzungsbetrag besonderer **H** 402
Lohnsteuerkarteneintrag **H** 423
Luftfahrzeuge **H** 411
Materialeinsatz **H** 393
Mehrfamilienhäuser **H** 421
Mitwirkungs- und Antragspflichten **I** 17
Mitunternehmerschaften **H** 496
Modernisierungsmaßnahmen **H** 419
Nachweispflichten **H** 365 ff.
negatives Kapitalkonto **H** 450
nichtselbständige Arbeit **H** 489
Organgesellschaften **H** 383, 498
passive Berlinzulage **H** 508
Pensionsrückstellungszinsfuß **H** 403
Schiffe **H** 410
Sonderausgaben und erhöhte AfA **H** 430
sonstige Einkünfte **H** 488
sonstige Leistungen **H** 395
Sozialversicherungspflicht von Arbeitnehmerzulagen **H** 505
Übersicht **H** 451 ff.
Umsatzsteuervergünstigungen **H** 351 ff.
Unternehmerlohn **H** 377
Verbrauchsteuern **H** 388
Verbuchung der Vergünstigung **H** 401
Vermietung und Verpachtung **H** 487
Verpackungsmaterial **H** 394
Versandnachweis **H** 366
Versendungsbeleg **H** 366
verwendbares Eigenkapital **H** 500
Vorleistungen **H** 390 f.
Vorleistungsquote **H** 398
Vorruhestandsregelung **H** 506
Werkleistungen **H** 363
Wertschöpfungsquote **H** 370 ff.
wirtschaftlicher Umsatz **H** 384
Wirtschaftsgüter bewegliche **H** 408
Wirtschaftsgüter unbewegliche **H** 413

Wohnungsbau **H** 427
Zinsen **H** 379
Zukunftsicherungsleistungen **H** 378
Berlindarlehen, Zusammenveranlagung **H** 457
Berlinvergünstigungen s. Berlinförderung
Berlinzulagen s. Berlinförderung
Berufsausbildungsverhältnis
Lohnsteuer und Sozialversicherung **L** 524
Probearbeitsverhältnis **M** 115
Weiterbeschäftigung nach Wehrdienst **M** 372
Berufsberatung L 314 ff.
Berufsgeheimnisträger, Mitwirkungsverweigerungsrechte **J** 131 ff.
Berufshaftpflichtversicherung T 36 ff.
ABC der Haftpflichtversicherung **T** 50
Anerkenntnisverbot **T** 50
Anlageberatungsfälle **T** 50
Anzeigepflichten **T** 50
Auslandserstreckung **T** 50
Erbenklausel **T** 50
Erfüllungsansprüche und Erfüllungssurrogate **T** 50
Erstprämie **T** 44
Erzwingungsgelder **T** 50
Folgeprämie **T** 45
Garantieerklärung **T** 50
Gesellschaften **T** 50
Grundprämie **T** 42
häusliche Gemeinschaft **T** 50
Mitbeteiligung **T** 50
Nebentätigkeiten **T** 50
Obliegenheiten des Versicherungsnehmers **T** 50
Personenschäden **T** 50
Praxisverwalter und Vertreter **T** 50
Prozeßkosten **T** 50
Rechtsbesorgung **T** 50
Rechtsbeziehungen zwischen StB und Versicherer **T** 39
Risikobeschreibung (RiB) **T** 41
Rückwärtsversicherung **T** 47
Sachschäden **T** 50
Säumniszuschläge **T** 50
Schadensfallabwicklung **T** 49
Serienschadenklausel **T** 50
Sozietät **T** 50
treuhänderische Tätigkeit **P** 8; **T** 50
unternehmerische Tätigkeit **T** 50
Verschwiegenheitspflicht **T** 50
Versicherungsfall (Begriff) **T** 50
Versicherungspflicht **T** 36 ff.
Versicherungsprämien **T** 42 ff.

Sachverzeichnis

Buchstaben = Teile

Versicherungsschutz, Inhalt und Umfang T 46 ff.
Versicherungssumme T 38 ff.
Versicherungsvertragsgesetz T 40
Verspätungszuschläge T 50
Vorsatz T 50
Berufsgenossenschaftsbeiträge, lohnsteuer- und sozialversicherungsrechtliche Behandlung L 543
Berufskammern, Adressen X 72
Berufskleidung s. Arbeitskleidung
Berufschule M 193 f.
Berufstypische Gefahren V 1 ff.
bei steuerlichen Haftungstatbeständen V 17 ff.
Berufsunfähigkeit, Rentenausfallzeit L 90
Berufsunfähigkeitsrente L 35 ff.
Kinderzuschuß L 67 ff.
Lohnsteuer L 545
Nebenverdienst L 41
Umwandlung in Altersruhegeld L 40
Wartezeit L 37 f.
Berufsverbände, Adressen X 73
Beschäftigung geringfügige
lohnsteuer- und sozialversicherungsrechtliche Behandlung L 527
Tabelle der Entgelts- und Arbeitszeitgrenzen L 750
Beschäftigung kurzfristige
lohnsteuer- und sozialversicherungsrechtliche Behandlung L 526
Tabelle der Entgelts- und Arbeitszeitgrenzen L 750
Beschäftigungsförderungsgesetz M 136 ff.
Beschäftigungsverbote M 8 ff.
Jugendliche M 201
Mutterschutz M 219 ff.
Beschäftigungszeiten im Rentenrecht L 87
Beschäftigungszulage H 551 ff.
Bescheinigungen
Gebühr W 22, 34
an Stelle von Bestätigungsvermerken C 48
Beschlagnahme K 66 ff.
Ablauf der B. K 140 ff.
Anordnung der B. K 69 ff.
Bestätigung nichtrichterlicher B. K 77
einstweilige B. K 84
Festnahmerecht K 86
freiwillige Herausgabe K 66 ff.
Hilfskräfte K 86
nachträglicher Antrag auf gerichtliche Entscheidung K 79
Patientenkartei K 85

Postbeschlagnahme K 81
Telefonüberwachung K 82
Übermaßverbot K 85
Verhältnismäßigkeitsgrundsatz K 85
Vollzug der B. K 85
Widerruf der Herausgabe K 66
Zufallsfunde K 83
Beschlagnahmeanordnung K 69 ff.
Anordnung durch Staatsanwaltschaft oder Steuerfahndung K 71
Antrag der Staatsanwaltschaft K 70
Belehrungspflicht K 75
Beschluß der B. K 72 ff.
Gefahr im Verzuge K 71
zuständiges Amtsgericht K 69
Beschlagnahmefreie Gegenstände K 91 ff.
Beschlagnahmeverbot K 87 ff.
Aufzeichnungen K 92
Ausnahmen K 104
beschlagnahmefreie Gegenstände K 91 ff.
Buchführungsunterlagen K 94 ff.
freiwillige Herausgabe K 87
geschützter Personenkreis K 96 ff.
schriftliche Mitteilungen K 91
Verschwiegenheitsgebot K 95
Verteidigerpost K 90
Verzicht auf Beschlagnahmefreiheit K 89
Beschränkte Steuerpflicht s. Steuerpflicht beschränkte
Beschwerde
Allgemeines I 151 ff.
Außenprüfungsmaßnahmen J 174
Aussetzung der Vollziehung durch Finanzgericht I 241 ff.
Behörde zuständige I 161 f.
einstweilige Anordnung durch Finanzgericht I 246 ff.
Entscheidung über die B. I 167 ff.
Finanzgerichtsverfahren I 230 ff.
Formlosigkeit I 160
Mitwirkungsverlangen bei Außenprüfung J 146
Musterschriftsätze I 262 ff.
Nichtzulassungsbeschwerde I 231 f., 273
Umdeutung in Einspruch I 154
Untätigkeitsbeschwerde I 163
Verwaltungsakte beschwerdefähige I 159
Vollziehungshemmung I 167 ff.
vorläufiger Rechtsschutz I 171 ff.
Beschaffungspreis B 540
Besprechung, Gebühr W 22, 34
Besitzwechsel
Wegfall als gesonderte Bilanzposition B 651
Bewertung B 672

Besserungsrechte, Passivierung **B** 1430
Besserungsscheine, Angabe im Anhang **B** 1978
Bestätigungsvermerk
Aufnahme in Prüfungsbericht **C** 37
Auftragsumfang **S** 11
Beanstandungen **C** 39
Berichterstattung des Abschlußprüfers **C** 25
Bescheinigung an Stelle eines B. bei Interessenwiderstreit **C** 47
eingeschränkter B. **C** 39
Einschränkung oder Versagung bei Verletzung der GoB **A** 276
Ergänzung des B. **C** 35
freiwillige Abschlußprüfungen **C** 46
Nachtragsprüfung **C** 159
Nachtragsprüfung (Wortlaut) **C** 44
Offenlegungspflicht **E** 5 ff.
Positivbefund **C** 34
Prüfung kleiner Unternehmen **C** 153
uneingeschränkter B. **C** 38
Unterzeichnung **C** 36
Unwirksamkeit bei nachträglicher Änderung der Verhältnisse **C** 43
Versagung des B. **C** 40
Vorbehalte **C** 42
Widerruf des B. **C** 45
Wortlaut **B** 25 ff.; **C** 32
Zusätze zum B. **C** 41, 43
Bestandsveränderungen an fertigen und unfertigen Erzeugnissen B 1710 ff.
Begriff **B** 1710
Leistungen noch nicht abgerechnete **B** 1712
Prüfung **B** 1715
selbsterzeugte Roh-, Hilfs- und Betriebsstoffe **B** 1713
Bestandsverzeichnis, Sachanlagevermögen für Inventur **A** 323
Bestattung, Nachlaßverbindlichkeit **H** 286
Besteuerungsgrundlagen, Schätzung **J** 139 ff.
Beteiligungen B 433 ff.
Angabe im Anhang **B** 1978, 1982
Anschaffungskosten in Fremdwährung **B** 446
Ansprüche aus Gesellschaftsverträgen **B** 436
Anteile an Genossenschaften **B** 456
Anteile an Kapitalgesellschaften **B** 434
Anteile an Personengesellschaften **B** 435
Anteilsverkäufe **B** 441
außerplanmäßige Abschreibung **B** 445 f.

Begriff **B** 87, 433, 1571
Bewertung **B** 437, 455 ff.; **U** 34
Dividendenforderungen **B** 440
Ermittlung der Buchwerte von B. **B** 453
Erträge aus B. **B** 452
ertragsteuerliche Behandlung von Anteilen an Kapitalgesellschaften **B** 449 ff.
ertragsteuerliche Behandlung von Beteiligungen an Personengesellschaften **B** 454
Erwerb weiterer Anteile **B** 450
Gewinne einer Personengesellschaft **B** 443
Gratisaktienerwerb **B** 453
Kapitalerhöhung aus Gesellschaftsmitteln **B** 442
Kapitalrückzahlungen **B** 441
Liquidationsraten **B** 441
nicht voll eingezahlte Anteile **B** 444
Prüfung des Ausweises **B** 469 f.
Prüfung der Bewertung **B** 464 ff.
Prüfung des internen Kontrollsystems **B** 460
Prüfung des Nachweises **B** 461 ff.
Stuttgarter Verfahren **B** 456
Teilwertabschreibungen **B** 449
thesaurierte Gewinne von Kapitalgesellschaften **B** 439
typisch stille B. **B** 459
Unterschiede zum bisherigen Recht **B** 447
Zuschüsse/Nachschüsse **B** 438
Beteiligungen an Kapitalgesellschaften
Beteiligung an ausländischen K. **H** 710
Einbringung in Kapitalgesellschaft *s. dort*
Einbringung in Personengesellschaft **H** 667
Beteiligungen an Personengesellschaften B 454
Beteiligungserträge *s.* Erträge aus Beteiligungen
Beteiligungsgesellschaften, Darstellung der Beziehungen im Jahresabschluß **B** 86 ff.
Betragsrahmengebühr W 30
Betreiben eines Geschäfts, Gebühr **W** 34
Betrieb
Einbringung in Kapitalgesellschaft *s. dort*
Einbringung in Personengesellschaft **H** 667
Betriebliche Altersversorgung L 546
Aufwendungen **B** 1784
Direktversicherung **M** 92
freiwillige Höher-/Weiterversicherung in der Rentenversicherung **M** 93
Insolvenzsicherung **N** 168
Pensions-/Unterstützungskassen **M** 91
Ruhegelddirektzusage **M** 90
Vereinbarung **M** 89 ff.
Wehrdienstzeit **M** 249
Betriebsabrechnung K 158 ff.

Sachverzeichnis

Buchstaben = Teile

Betriebsabrechnungsbogen R 173, 175
Betriebsanlagen, AfA-Tabelle **X** 1
Betriebsaufgabe, Außenprüfung **J** 33
Betriebsaufspaltung
Einbringung in Kapitalgesellschaft **H** 657
Fehler bei der Kapitalbeschaffung **U** 66
Gewerbesteuerpflicht **H** 189
Konzernrechnungslegungspflicht **F** 9
Rechtsformwahl **R** 88 ff.
Betriebsausgaben
Aufzeichnungspflichten nach § 4 Abs. 5 EStG **A** 186 f.
Ausgabekosten von Gesellschaftsanteilen **B** 913
Umsatzsteuer bei Tätigkeit nicht abzugsfähiger B. **H** 205
Betriebsausstattung, AfA-Tabellen **X** 1
Betriebsergebnisrechnung R 193 ff.
Betriebsfortführung im Konkurseröffnungsverfahren **N** 62
Betriebs- und Geschäftsausstattung B 390 ff.; **X** 1
Abgrenzungsfragen **B** 391 f.
Bewertung **B** 394, 396
ertragsteuerliche Behandlung **B** 395
geringwertige Wirtschaftsgüter **B** 395
Prüfung des Ausweises **B** 397
Prüfung der Bewertung **B** 397
Prüfung des internen Kontrollsystems **B** 397
Prüfung des Nachweises **B** 397
Betriebs-Größenklassen J 53
Betriebsgrundstücke, Bewertung **H** 256
Betriebsmittelkapitalbedarfsplan R 51
Betriebsmittelplan R 42
Betriebsnachfolge
Betriebsvereinbarungen **M** 274 f.
Eintritt in bestehende Arbeitsverhältnisse **M** 262 ff.
Einzelrechtsnachfolge **M** 260 ff.
Gesamtrechtsnachfolge **M** 259
Haftung des bisherigen Betriebsinhabers **M** 271
Konkurs **M** 276
Sozialschutz **M** 263
tarifvertragliche Regelungen **M** 275
Vergleich **M** 277
Betriebsnahe Veranlagung J 26
Betriebsprüfung s. Außenprüfung
Betriebsrat
Anhörungsrecht bei Kündigungen **M** 383
Kündigungsschutz **M** 351 f.
Kurzarbeit **M** 300
Schulungs- und Bildungsveranstaltungen **M** 41

Unterrichtung bei Massenentlassungen **M** 343, 346
Widerspruchsrecht bei Kündigungen **M** 383
Betriebsstörungen, Lohnfortzahlung **M** 108
Betriebsstätte
Berliner Wertschöpfungsquote **H** 374
Berlinförderung **H** 407, 495 f.
Doppelbesteuerung **H** 709
Investitionszulage nach BerlinFG **H** 458 ff.
Betriebsstättenprinzip H 705
Betriebsstoffe s. Roh-, Hilfs- und Betriebsstoffe
Betriebsübergang s. Betriebsnachfolge
Betriebsurlaub M 160
Betriebsveräußerung im Konkurs **N** 172
Betriebsveranstaltungen
lohnsteuer- und sozialversicherungsrechtliche Behandlung **L** 547
Umsatzsteuer **H** 205
Betriebsvereinbarungen
Arbeitsentgelt **M** 62
Betriebsnachfolge **M** 275
Betriebsvergleich, Außenprüfung **J** 101, 103
Betriebsvermögen H 251
Abgrenzung **A** 135 f.
Behandlung bei mehreren Berechtigten **A** 141
Behandlung bei unterschiedlichen Nutzungszwecken **A** 140
gewillkürtes B. **A** 138
notwendiges B. **A** 137
Privatvermögen s. dort
wirtschaftliche Zugehörigkeit **A** 142 ff.
Zeitpunkt der Zurechnung **A** 144
Zurechnung einzelner Wirtschaftsgüter zum B. in Sonderfällen **A** 140 ff.
Zurechnungsfragen **A** 143
Betriebsvermögensvergleich A 145 ff.
Arten des B. **A** 146
Unterschied zwischen B. nach § 4 Abs. 1 und § 5 EStG **A** 148
Betriebsvorrichtungen
Bewertung von Mietereinbauten und -umbauten **B** 368
Investitionszulagen **H** 555
Mietereinbauten und -umbauten, Bewertung **B** 396
nachträgliche Anschaffungskosten **A** 80
unselbständige Gebäudeteile und Abschreibung **B** 338
Betriebswirtschaftliche Beratung, Gebühr **W** 57
Bewegungsbilanzen R 262 ff.

1494

Zahlen = Randziffern

Sachverzeichnis

Beweisaufnahme, Gebühr **W** 22, 34
Beweisbeschaffungspflicht, Außenprüfung bei Auslandsbeziehungen **J** 128
Beweiserhebung, Sachverständige **Q** 4
Beweislast
Allgemeine Auftragsbedingungen **S** 83
Außenprüfung **J** 137
Außenprüfung und Auslandsbeziehungen **J** 127 ff.
Kündigung eines Arbeitsverhältnisses **M** 326
Leistungen an Gemeinschuldner **N** 98
Beweispflichten
erhöhte Mitwirkungspflicht **I** 5
Nachweispflichten bei Berlinförderung **H** 365 ff.
Beweissicherstellung, Steuerfahndung zur Beweissicherung **J** 138
Beweisverwertungsverbot
Durchsuchung **K** 34
Fernwirkung des B. **J** 180
Rechtsverletzungen in der Außenprüfung **J** 176 ff.
Beweisvorsorge, Außenprüfung **J** 128
Bewerbungskosten L 681
Bewertung H 251 ff.
s. auch Vermögensteuer
ABC der Vermögengegenstände **H** 256
Abschläge **B** 576 d
Anleihen **B** 1486
Anteile an Kapitalgesellschaften **B** 449 ff.
Anteile an verbundenen Unternehmen **B** 428, 430
Anteile an verbundenen Unternehmen im Umlaufvermögen **B** 728, 732
Ausleihungen **B** 502
Besitzwechsel **B** 672
Beteiligungen **B** 455 ff.
Betriebs- und Geschäftsausstattung **B** 394, 396
Bewertungsansatz von Maschinen bei nur vorübergehender Nutzung **B** 367
Bundesbankguthaben **B** 777 f.
Disagio **B** 830
eigene Anteile **B** 740, 742
Eigenkapital – Fehlbetrag **B** 879
Einlagen ausstehende **B** 103, 106 f.
Einzelbewertung von Forderungen aus Lieferungen und Leistungen **B** 671
Einzelbewertung der Roh-, Hilfs- und Betriebsstoffe **B** 554
Erbbaurechte **B** 328
Erbschaftsteuer **H** 279
Ergänzungstabelle zur Hilfstafel 1 **X** 12
erhaltene Anzahlungen auf Bestellungen **B** 1510
Erweiterungsaufwendungen **B** 131
Eventualverbindlichkeiten **B** 1660
Durchschnittsbewertung des Vorratsvermögens **B** 559
fertige Erzeugnisse und Waren **B** 630, 633
Festbewertung der Roh-, Hilfs- und Betriebsstoffe **B** 557 ff.
Festwerte bei Inventur **A** 320 f.
Fifo-Methode **B** 562
Forderungen aus Lieferungen und Leistungen **B** 671, 673
Forderungen gegen verbundene Unternehmen **B** 696, 698 ff.
Fortschreibungen **H** 254
Gebäude auf fremdem Grund und Boden **B** 323, 340 ff.; **H** 253, 256
geleistete Anzahlungen **B** 295, 636, 640
geleistete Anzahlungen und Anlagen im Bau **B** 403, 405
Geschäftswert **B** 282
gewerbliche Schutzrechte **B** 259 ff.
Gewinnrücklagen **B** 985
gezeichnetes Kapital **B** 917
Grundstücke **B** 340 ff.
Grundvermögen **H** 253
Gruppenbewertung bei Inventur **A** 322
gruppenweise Bewertung der Roh-, Hilfs- und Betriebsstoffe **B** 554
Guthaben bei Kreditinstituten **B** 794 f.
handelsrechtliche Bewertungsvorschriften und Maßgeblichkeitsgrundsatz **A** 346 ff.
Handelswaren **B** 631 a
Hauptfeststellung **H** 254
Hifo-Methode **B** 563
Hilfstafel 1 zum BewG **X** 11
Hilfstafel 1 a zum BewG **X** 13
Hilfstafel 2 zum BewG **X** 17
immaterielle Vermögensgegenstände **B** 259 ff.
Ingangsetzungsaufwendungen **B** 131
Kapitalrücklage **B** 939
Kassenbestand **B** 777 f.
Kifo-Methode **B** 565
Konzessionen **B** 259 ff.
land- und forstwirtschaftliches Vermögen **H** 252
Lifo-Methode **B** 561
Lizenzen **B** 259 ff.
Lofo-Methode **B** 564
Maschinen **B** 361, 364 ff.
Mietereinbauten und -umbauten bei Betriebsvorrichtungen **B** 368
Neuveranlagung **H** 255
Nichtigkeit des Jahresabschlusses bei Über- oder Unterbewertung **A** 358 f.
Nießbrauchsverpflichtungen **B** 1607

1495

Sachverzeichnis

Buchstaben = Teile

Pauschalbewertung von Forderungen aus Lieferungen und Leistungen **B** 671
Pensionsrückstellungen **B** 1128
Postgiroamtguthaben **B** 777 f.
Rechnungsabgrenzungsposten aktive **B** 849
Rechnungsabgrenzungsposten passive **B** 1632
Renten- und Ratentabellen **X** 14 f.
retrograde B. bei unfertigen Erzeugnissen **B** 606
Rücklage für eigene Anteile **B** 965
Rücklagen gesetzliche **B** 960
Rücklagen satzungsmäßige **B** 974
Rückstellungen **B** 1096 ff.
Rückstellungen für drohende Verluste aus schwebenden Geschäften **B** 1230
Rückstellungen für Gewährleistungen **B** 1198
Rückstellungen für Großreparaturen **B** 1208
Rückstellungen für Instandhaltung **B** 1187
Rückstellungen für latente Steuern **B** 1171
Rückstellungen für ungewisse Verbindlichkeiten **B** 1230
Sammelbewertung von Forderungen aus Lieferungen und Leistungen **B** 664
Sammelbewertung der Roh-, Hilfs- und Betriebsstoffe **B** 554
Scheck **B** 767
Sonderposten mit Rücklageanteil **B** 1065
sonstige Verbindlichkeiten **B** 1600 ff.
sonstige Vermögensgegenstände **B** 715, 718
sonstige Wertpapiere **B** 751, 753
Steuerrückstellungen **B** 1149
Steuerschulden **B** 1601 ff.
stille Beteiligungs-Verpflichtungen **B** 1606
Tabellen **X** 11 ff.
technische Anlagen **B** 361, 364 ff.
Umlaufvermögen **B** 546
unfertige Erzeugnisse **B** 603 f., 608 f.
Verbindlichkeiten **B** 1435 ff.
Verbindlichkeiten gegenüber Gesellschaftern **B** 1586
Verbindlichkeiten gegenüber Kreditinstituten **B** 1500 f.
Verbindlichkeiten aus Lieferungen und Leistungen **B** 1523
Verbindlichkeiten gegenüber verbundenen Unternehmen **B** 1562 ff.
Verbindlichkeiten gegenüber Unternehmen mit Beteiligungsverhältnis **B** 1574
Verbrauchsfolgefiktionen beim Vorratsvermögen **B** 560 ff., 576
Wechsel **B** 670

Wechselobligo **B** 1667
Wechselverbindlichkeiten **B** 1539
Wertabweichungen **H** 255
Wertaufholungsrücklage **B** 993
Wertpapiere **B** 477, 479
Wiederbeschaffungskosten **B** 572
Zurechnung **H** 254
Bewertungsgrundsätze
Anschaffungswertprinzip **B** 186
Einzelbewertungsprinzip **B** 185
Festwertprinzip (Fixwertprinzip) **B** 189
handelsrechtliche B. **B** 185 ff.
Niederstwertprinzip **B** 188
Niederstwertprinzip strenges **B** 537
steuerrechtliche B. **B** 191 ff.
Bewertungsmethoden, Erläuterung im Anhang **B** 1976
Bewertungsprüfung
Anlagen im Bau **B** 408 f.
Anleihen **B** 1489
Anteile an verbundenen Unternehmen **B** 431
Ausleihungen **B** 507 ff.
ausstehende Einlagen **B** 110
Beteiligungen **B** 464 ff.
Betriebs- und Geschäftsausstattung **B** 397
Bundesbankguthaben **B** 784
Disagio **B** 833
eigene Anteile **B** 747
erhaltene Anzahlungen auf Bestellungen **B** 1513
Erweiterungsaufwendungen **B** 135 f.
Eventualverbindlichkeiten **B** 1684
fertige Erzeugnisse **B** 635
Forderungen aus Lieferungen und Leistungen **B** 684 ff.
Forderungen gegen verbundene Unternehmen **B** 700
Gebäude **B** 351 ff.
Gebäude auf fremdem Grund und Boden **B** 351 ff.
geleistete Anzahlungen **B** 301 f., 408 f., 643
gewerbliche Schutzrechte **B** 267 ff.
Geschäftswert **B** 288 ff.
gezeichnetes Kapital **B** 922
grundstücksgleiche Rechte **B** 351 ff.
Guthaben bei Kreditinstituten **B** 802
handelsrechtliche B. **B** 534 ff.
Höchstwertprinzip **B** 189
Ingangsetzungsaufwendungen **B** 135 f.
Kapitalrücklage **B** 942
Kassenbestand **B** 784
Konzessionen **B** 267 ff.
Lizenzen **B** 267 ff.
Maschinen **B** 374 ff.
Maßgeblichkeitsprinzip **B** 191 ff.

Zahlen = Randziffern

Sachverzeichnis

Pensionsrückstellungen **B** 1133
Postgiroamtguthaben **B** 784
Rechnungsabgrenzungsposten aktive **B** 852
Rechnungsabgrenzungsposten passive **B** 1635
Roh-, Hilfs- und Betriebsstoffe **B** 590 ff.
Rückstellungen für drohende Verluste aus schwebenden Geschäften **B** 1236 ff.
Rückstellungen für Gewährleistungen **B** 1201
Rückstellungen für Großreparaturen **B** 1211
Rückstellungen für Instandhaltung **B** 1190
Rückstellung für latente Steuern **B** 1174
Rückstellungen für ungewisse Verbindlichkeiten **B** 1236 ff.
Schecks **B** 772
Sonderposten mit Rücklageanteil **B** 1068
sonstige Verbindlichkeiten **B** 1610
sonstige Vermögensgegenstände **B** 722
sonstige Wertpapiere **B** 756 ff.
Steuerrückstellungen **B** 1156
technische Anlagen **B** 374 ff.
unfertige Erzeugnisse **B** 615 ff.
Verbindlichkeiten gegenüber Kreditinstituten **B** 1503
Verbindlichkeiten aus Lieferungen und Leistungen **B** 1527
Waren **B** 635
Wechselverbindlichkeiten **B** 1542
Wertaufholungsrücklage **B** 996
Bewertungsrechte, Mitwirkungs- und Antragspflichten **I** 21
Bewirtungskosten, Aufzeichnungsfehler **U** 23
Bezugsrechte
Aktivierung **B** 252 ff.; *s. im einzelnen* Gewerbliche Schutzrechte
Buchwertermittlung **B** 453
BGB-Gesellschaft, Rechtsformwahl **R** 80
Bilanz
s. auch Handelsbilanz
s. auch Jahresabschluß
s. auch Steuerbilanz
Aufbewahrungspflichten **I** 30
Berichterstattung des Abschlußprüfers **C** 23
Bewegungsbilanzen **R** 262 ff.
Erläuterungen im Anhang **B** 1978
Frist der Erstellung der B. **V** 40
Gebühr **W** 34
Gebühr für Prüfung **W** 22
Gebühren bei Auseinandersetzungsbilanz **W** 22

Gliederungsschemata für die verschiedenen Größenklassen der Kapitalgesellschaften **B** 89
Offenlegungspflicht *s. dort*
Verhältniszählen **X** 71
Zeitpunkt der Erstellung **U** 28 ff.
Bilanzänderung
Antrag **A** 164
Begriff **A** 163
handelsrechtliche **A** 151 ff.
nachträgliche Änderung des Gewinnverwendungsbeschlusses **A** 168
Steuerbilanz ohne gleichzeitige Änderung der Handelsbilanz **A** 164, 167
steuerrechtliche **A** 155 ff.
Umfang der B. **A** 166
Zustimmung des Finanzamts **A** 164 f.
Bilanzanalyse R 223 ff.
Schema der Aufbereitungsmöglichkeiten der Basiszahlen aus Bilanz und GuV **R** 229
Bilanzberichtigung
Berichtigung nach Aufstellung der Folgebilanz **A** 160
keine Berichtigung bis zur Fehlerquelle **A** 162
handelsrechtliche **A** 151 ff.
nach rechtskräftiger Veranlagung **A** 159
Steuerbilanz ohne gleichzeitige B. der Handelsbilanz **A** 158
steuerrechtliche **A** 155 ff.
unrichtige Bilanzansätze **A** 157
von Amts wegen **A** 161
Zulässigkeit **A** 157
Zustimmungsfreiheit **A** 159
Bilanzgewinn
Begriff, Bildung und Höhe **B** 1008 f.
GuV-Rechnung **B** 1947
Bilanzierungshilfen, außerordentliche Aufwendungen und Jahresergebnis **A** 341
Bilanzierungsmethoden, Erläuterung im Anhang **B** 1976, 1979
Bilanzrichtlinien-Gesetz
Allgemeines und Überblick **B** 1 ff.
Aufbau des 3. Buchs des HGB **B** 5
Darstellung der Beziehungen zu Beteiligungsgesellschaften u. verbundenen Unternehmen **B** 86 ff.
Darstellung der Ergebnisverwendung **B** 85
Geltungsbereich **B** 12 ff.
Gliederung des Jahresabschlusses der Einzelunternehmen und Personenhandelsgesellschaften **B** 40 ff.

1497

Sachverzeichnis

Buchstaben = Teile

Gliederung des erweiterten Jahresabschlusses der Kapitalgesellschaften **B** 50 ff.
Grundkonzeption zur Umsetzung der EG-Richtlinien **B** 3
Inkrafttreten **B** 31
Offenlegung (Allgemeines) **B** 29 f.
Rechnungslegungsvorschriften für alle Kaufleute **B** 12 ff.
rechtsformspezifische Regelungen **B** 19 ff.
rechtsformunabhängige Regelungen **B** 12 ff.
Regelungen für Genossenschaften **B** 32
Regelungen für Kapitalgesellschaften **B** 19 ff.
Regelungen zur Verbesserung des Einblicks in die Ertragslage **B** 79 ff.
Regelungen zur Verbesserung des Einblicks in die Finanzlage **B** 74 ff.
Regelungen zur Verbesserung des Einblicks in die Vermögens- und Kapitalstruktur **B** 65 f.
Umsetzung der 4. und 7. EG-Richtlinie **B** 10 ff.
Umsetzung der 8. EG-Richtlinie **B** 36
wesentliche Neuerungen bei den Jahresabschlußposten **B** 66 ff.
Bilanzstrukturzahlen X 71
Bilanzverlust
Begriff, Bildung und Höhe **B** 1008 f.
GuV-Rechnung **B** 1947
Bildschirmtext, Auslagen **W** 39
Bildungsurlaub M 40 ff.
Blanco-Unterschrift unter Steuererklärung **U** 43
Börsenkurs, Ausweis erheblicher Unterschiedsbeträge im Anhang **B** 1978
Börsenpreis B 538, 546
Börsenumsatzsteuer
Anmeldungsfrist **I** 125
Anschaffungsnebenkosten **A** 87
Bonus, Rückstellungen **B** 1270
Botengebühren W 39
Braurechte, Aktivierung **B** 252 ff.; *s. im einzelnen* Gewerbliche Schutzrechte
Break-even-Analyse R 136
Brennrechte, Aktivierung **B** 252 ff.; *s. im einzelnen* Gewerbliche Schutzrechte
Briefkastengesellschaften H 718
Bruttoarbeitseinkommen L 548
Bruttomethode, Umsatzsteuer bei erhaltenen Anzahlungen **B** 1506
Bruttoprinzip beim Anlagevermögen **B** 162
Btx *s.* Bildschirmtext

Buchführung
Aufzeichnung von Werbegeschenken und Bewirtungskosten **U** 23
Buchungen von erheblicher Bedeutung **U** 26
EDV-Buchführung **A** 266 ff.; **U** 18
EDV-Buchführung, Prüfung **C** 76 ff.
Finanzbuchhaltung **U** 23
Gebühr **W** 22, 34
Grundaufzeichnungen **U** 14
Kommanditisten-Buchungen **U** 25
Offene-Posten-Buchhaltung **A** 375 ff.; *s. im einzelnen dort*
Stammdaten-Pflege **U** 21
Umstellung der B. **U** 19
Vorkontierung **U** 20
Buchführungsfehler U 14 ff.
Buchführungsgrenzen, Tabelle **I** 27
Buchführungspflichten A 169 ff.; **I** 27, 35; **V** 9
abgeleitete (außersteuerliche) B. **A** 170; **I** 135
Abgrenzung zu Aufzeichnungspflichten **A** 177
Anforderungen an die B. **A** 175
Aufbewahrungspflicht als Bestandteil der B. **A** 95
Aufzeichnungspflichten *s. dort*
außersteuerliche B. **I** 35
Beendigung nach Handelsrecht **A** 190 ff.
Beendigung nach Steuerrecht **A** 193
Beginn nach Handelsrecht **A** 189 ff.
Beginn nach Steuerrecht **A** 193
Betriebstätten und inländische Vertreter **A** 172
Bewilligung von Erleichterungen **A** 194
Einzelbetriebsverpflichtung **A** 173
Einzelfälle nach § 140 AO und anderen Gesetzen **A** 179
freiwillige Führung von Büchern **A** 195
Gewerbebetriebe bei bestimmten Größenordnungen **A** 171
Konkursverwalter **A** 192
Land- und Forstwirtschaft bei bestimmten Größenordnungen **A** 171
Mitwirkungspflicht **I** 7
originäre B. **A** 171
Ort der Aufbewahrung und Führung von Büchern **A** 174
Rechtsfolgen bei Verstößen **A** 196 f.
Schätzung der Besteuerungsgrundlagen bei Verstößen **A** 197
strafrechtliche Folgen bei Verstößen **A** 197
Übernahme ausländischer Buchführung **A** 174
Vergleichsverwalter **A** 191
Verletzung der B. durch StB **V** 39 ff.

Zahlen = Randziffern

Sachverzeichnis

Zwangsgeldfestsetzung bei Verstößen **A** 197
Buchführungsprüfung
Durchschreibebuchführung **C** 55
Lose-Blatt-Buchführung **C** 56
Umfang **C** 53 ff.
Buchführungssysteme A 236 ff.
doppelte Buchführung **A** 238
einfache Buchführung **A** 237
kameralistische Buchführung **A** 239
Buchführungstabelle W 42
Buchführungsunterlagen, Beschlagnahmeverbot **K** 94 ff.
Buchungen, Gesellschaftereinlagen **U** 27
Buchungsbelege *s.* Belege
Buchwertfortführung, Einbringung in Kapitalgesellschaft **H** 649
Buchwertmethode B 200
Kapitalkonsolidierung **F** 154 ff., 176
Bücher, Aufbewahrungspflichten **A** 98; **I** 28
Bürgschaften
Konkurs **N** 177, 184
Kreditgarantiegemeinschaften **R** 65 f.
LAB-Bürgschaften für freie Berufe **R** 67
Rückstellungen **B** 1275
Bürgschaftsverbindlichkeiten
Ausweis als Eventualverbindlichkeit **B** 1661
Eventualverbindlichkeiten **B** 1668 ff.
Büroorganisation mangelhafte **S** 23
Bundesamt für Finanzen
Adresse **X** 75
Außenprüfungen **J** 69
Bundesanstalt für Arbeit
Arbeitsvermittlung **L** 306
Aufgaben **L** 300 ff.
Berufsberatung **L** 314 ff.
Umschulungen **L** 321 f.
Weiterbildungsmaßnahmen **L** 317 ff.
Bundesanzeiger, Offenlegung des Jahresabschlusses **E** 10
Bundesanzeigerpublizität E 2
Bundesarbeitsgericht, Adresse **X** 77
Bundesbankguthaben B 776 ff.
Bewertung **B** 777 f.
Prüfung des Ausweises **B** 785
Prüfung der Bewertung **B** 784
Prüfung des internen Kontrollsystems **B** 779 ff.
Prüfung des Nachweises **B** 783
Bundesfinanzhof, Adresse **X** 76
Bundesgerichte, Adressen **X** 77
Bundesgerichtshof, Adresse **X** 77
Bundesfinanzministerium, Adresse **X** 75

Bundespatentgericht, Adresse **X** 77
Bundessozialgericht, Adresse **X** 77
Bundessteuerberaterkammer, Adresse **X** 72
Bundesurlaubsgesetz M 33 ff.
Bundesverfassungsgericht, Adresse **X** 77
Bundesverwaltungsgericht, Adresse **X** 77
Bußgeldbescheid K 508
Anhörung der Berufskammer **V** 16
Einspruch **K** 509
Entscheidung im Gerichtsverfahren **K** 510
Verböserung **K** 509
Bußgeldverfahren K 501 ff.
Ablauf des B. **K** 505 ff.
Anhörung der Berufskammer bei B. gegen Steuerberater **K** 511
Bußgeldbescheid **K** 508; *s. im einzelnen dort*
Einleitung des B. **K** 504
Entscheidung im Gerichtsverfahren **K** 510
Ermessensentscheidung **K** 505
rechtliches Gehör **K** 507
Verteidiger **K** 512
Zuständigkeit der Finanzbehörden **K** 503
Zuständigkeit des Gerichts **K** 503
Zuständigkeit der Verwaltungsbehörden **K** 502

Cash-flow R 235
Kreditwürdigkeitsprüfung (Schema) **R** 239
Stufen der Cash-flow-Ermittlung (Schema) **R** 236
Chiffre-Geheimnis, Steuerfahndung **K** 131
COM-Verfahren A 112, 268 f.
Computergestützte Prüfungstechnik C 58 ff.
Computer-Output on Microfilm *s.* COM-Verfahren
Courtage, Anschaffungsnebenkosten **A** 87

Damnum *s.* Disagio
Danksagungen, Nachlaßverbindlichkeit **H** 286
Darlehen
Annuitätendarlehen **X** 35
Arbeitgeberdarlehen **L** 514; **M** 170
Berlindarlehen **H** 451 ff.
Bürgschaft von Kreditgarantiegemeinschaften **R** 65 f.
Eigenkapital ersetzende Gesellschafterdarlehen **U** 74 ff.
Eigenkapitalhilfeprogramm **R** 59 ff.

Sachverzeichnis

Buchstaben = Teile

ERP-Darlehen **R** 63
kapitalersetzende Sicherheiten für Fremddarlehen **N** 131h
LAB-Bürgschaften für freie Berufe **R** 67
LAB-Ergänzungsprogramm **R** 64
Darlehensforderungen, Ausweis *s.* sonstige Vermögensgegenstände
Darlehen langfristige, Ausleihungen *s. dort*
Darlehensmakler, MaBV-Prüfung **O** 3ff.
Darlehensverbindlichkeiten B 1598
Darstellungstetigkeit, Erläuterung der Durchbrechung im Anhang **B** 1976
Datenerfassungsverordnung L 559; Meldepflichten des Arbeitgebers (Übersichtstabelle) **L** 755
Datenschutz bei Prüfungstechnik **C** 67ff.
Datenübermittlungsverordnung L 559
DATEV, Adresse **X** 73
Dauerakte, Inhalt bei Wiederholungsprüfungen **C** 4
Dauerschulden
Anzahlungen erhaltene **B** 1509
Bankverbindlichkeiten **B** 1498
Kontokorrentkredite **B** 1498
sonstige Verbindlichkeiten **B** 1596
Verbindlichkeiten aus Lieferungen und Leistungen **B** 1522
Verbindlichkeiten gegenüber verbundenen Unternehmen **B** 1551
Verbindlichkeiten gegenüber Unternehmen mit Beteiligungsverhältnis **B** 1573
Wechselverbindlichkeiten **B** 1538
Zwischenkredite **B** 1498
Deckungsbeitragsrechnungen R 201ff.; Verfahren der D. **R** 204ff.
Deckungsgeschäfte bei Fremdwährungsverbindlichkeiten **B** 1454
Degressive Abschreibung A 20ff.; **B** 200
Abschreibung mit fallenden Staffelsätzen **A** 23
AfA-Regelungen bei Gebäuden **X** 5
AfA-Tabellen beweglicher Wirtschaftsgüter **X** 3
arithmetisch-degressive A. **A** 22
Gebäude **B** 335; **X** 5
geometrisch-degressive A. **A** 21
steuerrechtliches Verbot der außergewöhnlichen AfA bei degressiver A. **A** 23
Tabelle der Höchstsätze bei beweglichen Wirtschaftsgütern **X** 3
Übergang von der geometrisch-degressiven zur linearen A. **A** 21
Deferral-Methode F 126
Deputate, Umsatzsteuer **H** 205

Deutsche Bundesbank, Diskont- und Lombardsatz **X** 50
Deutsche Steuergewerkschaft, Adresse **X** 74
Deutsche Steuerjuristische Gesellschaft, Adresse **X** 74
Deutsches wissenschaftliches Steuerinstitut, Adresse **X** 74
Dienstaufsichtsbeschwerde I 147
Dienstgang, lohnsteuer- und sozialversicherungsrechtliche Behandlung **L** 553
Dienstreisen, lohnsteuer- und sozialversicherungsrechtliche Behandlung **L** 552
Dienstvertrag, Abgrenzung zum Arbeitsvertrag **M** 3
Dienstwohnung, lohnsteuer- und sozialversicherungsrechtliche Behandlung **L** 555
Digitale Abschreibung B 200
Direct-costing R 204ff.
Direktversicherung
Abschluß **M** 92
lohnsteuer- und sozialversicherungsrechtliche Behandlung **L** 556
Disagio
Abschreibung **A** 32; **B** 826, 828f.
Aktivierungspflicht **B** 827, 1441
Ausleihungen **B** 488f., 501
Ausweis als Rechnungsabgrenzungsposten **B** 825
Bewertung **B** 830
ertragsteuerliche Behandlung **B** 827
Prüfung des Ausweises **B** 834
Prüfung der Bewertung **B** 833
Prüfung des internen Kontrollsystems **B** 831
Prüfung des Nachweises **B** 832
Rechnungsabgrenzungsposten passive **B** 1630
Diskontbeträge, Ausweis in GuV-Rechnung **B** 1866
Diskontsatz X 50
ausländische D. **X** 51
Dividenden, Doppelbesteuerung **H** 705
Dividendenforderungen, Aktivierung **B** 440
Dividendengarantie B 1823
Dividendenschulden, Passivierungsverbot **B** 1431
Divisionskalkulation R 179ff.
Domizilgesellschaften H 718
Doppelbesteuerung
Allgemeines **H** 701ff.
Anrechnung ausländischer Quellensteuer **H** 710
Anrechnungsmethode **H** 708

Zahlen = Randziffern

Sachverzeichnis

Auskunftsersuchen über die Grenze **K** 122
Beteiligung an ausländischen Kapitalgesellschaften **H** 710
Betriebstättengründung im Ausland **H** 709
Betriebstättenprinzip **H** 705
Dividendenbesteuerung **H** 705, 710
Freistellungsmethode **H** 706, 707
künftige Abkommen und laufende DBA-Verhandlungen **H** 714
Lizenzen **H** 705
OECD-Musterabkommen **H** 711
Progressionsvorbehalt **H** 707
Quellensteuerbegrenzung **H** 705
Schnellübersicht zu Grundsätzen der Besteuerung laufender ausländischer Einkünfte **H** 712
Stand der Doppelbesteuerungsabkommen **H** 713
Welteinkommen **H** 707
Zinsen **H** 705
Zuweisung der Besteuerungsrechte (Übersicht) **H** 711
Doppelte Haushaltsführung, lohnsteuer- und sozialversicherungsrechtliche Behandlung **L** 557
Drohende Verluste aus schwebenden Geschäften, Rückstellungen **B** 1228a
Düsseldorfer Tabelle X 61 f.
Duldungspflichten, Außenprüfung **J** 124 ff.
Durchfuhr, Bannbruch **K** 287
Durchlaufende Posten, Umsatzsteuer **H** 200
Durchschnittsbewertung B 559
Durchschnittsmethode, Ermittlung der Anschaffungskosten **A** 56
Durchschnittsverdienst, Mutterschutz **M** 233 ff.
Durchsuchung K 30 ff., 63 ff.
Ablauf der D. **K** 140
bei anderen Personen **K** 44 ff.
Anfangsverdacht **K** 37
Anordnung der D. **K** 34
Anwesenheit dritter Personen **K** 57
Anwesenheitsrecht des Gewahrsamsinhabers **K** 58
zur Ausforschung **K** 43
Beendigung der D. **K** 61
beschlagnahmefreie Papiere **K** 65
Beweisverwertungsgebot **K** 34
Durchführung der D. **K** 48 ff.
Durchsicht von Papieren an Ort und Stelle **K** 63 ff.
Durchsuchungsorte **K** 140
formelle Voraussetzungen **K** 30 ff.
Gefahr im Verzuge **K** 32

Gegenstände der D. **K** 50 ff.
körperliche Untersuchung **K** 54
materielle Voraussetzungen **K** 35 ff.
Mitteilung des Zwecks der D. **K** 48
Rechtsfolgen der D. **K** 62
richterliche Entscheidung **K** 33
Tatverdächtige **K** 40
Verbot zur Durchsicht von Papieren **K** 65 beim Verdächtigten **K** 36 ff.
Verhältnismäßigkeitsgrundsatz **K** 36, 44
Verhaltensregeln bei der D. **K** 141
Zeit der D. **K** 56
Zufallsfunde **K** 61
Durchwälzmethode R 182

Ecklohn M 68
Edelmetalle, Bewertung **H** 256
Edelsteine, Bewertung **H** 256
EDV-Buchführung A 266 ff.
Belegprinzip **A** 132
COM-Verfahren **A** 268 f.
EDV-Anlage als Prüfungsmittel **C** 91
außer Haus **C** 95
konventionelle **A** 266 f.
Prüfung **C** 76 ff.
Prüfung des EDV-Systems **C** 84
Prüfung mit Hilfe von Testfällen **C** 89
Prüfung der Verfahrensdokumentation **C** 85
sachlogische Programmprüfung **C** 90
Speicherbuchführung **A** 270
EDV-Daten, Überspielung von Speicherdaten des früheren StB **S** 65 ff.
EDV-Programme, Aktivierung **B** 252 ff.
Effektivverschuldung R 248
Effektiv-Verschuldungsgrad R 247
Effektivzinsen X 37
fünfjährige Konditionenfestschreibung **X** 38
zehnjährige Konditionenfestschreibung **X** 39
EG-Amtshilfeabkommen K 124
Ehegatten
Außenprüfung **J** 35
getrennt lebende E. **H** 10
Grundstücksübertragungen **U** 51
Pensionszusagen **B** 1123 ff.
Steuerklassenwahl **H** 4
Veranlagung **H** 5 ff.
Ehegattenarbeitsverträge, typische Fehler **U** 50
Ehegattenunterhalt, Düsseldorfer Tabelle **X** 62
Ehegattenveranlagung H 3
Haushaltsfreibetrag **H** 7

1501

Sachverzeichnis

Buchstaben = Teile

Kinderfreibeträge **H** 7
Vorsorgepauschale-Berechnung **H** 7
Ehescheidung, Steuerberatung **S** 30
Eheschließung, einkommensteuerliche Folgen **H** 3
Eidesstattliche Versicherung s. Versicherung an Eides statt
Eigene Anteile B 735 ff.
Ausweis **B** 737
Begriff **B** 735 f.
Bewertung **B** 742, 744
Bilanzierung **B** 740 f.
Erläuterungspflicht **B** 738
ertragsteuerliche Behandlung **B** 743
Prüfung des Ausweises **B** 748
Prüfung der Bewertung **B** 747
Prüfung des internen Kontrollsystems **B** 745
Prüfung des Nachweises **B** 746
Rücklagenbildung **B** 739
Eigenkapital
Änderung gegenüber bisherigem Recht **B** 69
eingeforderte Nachschüsse s. dort
ersetzende Gesellschafterleistungen **U** 74 ff.
Fehlbetrag nicht gedeckter **B** 74
Gewinnrücklagen s. dort
gezeichnetes Kapital s. dort
Gliederungsschema neues/altes Recht **B** 882
kalkulatorische Zinsen **R** 169
Kapitalrücklage s. dort
Kapitalspiegel **B** 883
Nachschußkapital s. dort
Eigenkapital verwendbares s. Verwendbares Eigenkapital
Eigenkapitalentwicklung, Gebühr **W** 34
Eigenkapital-Fehlbetrag B 875 ff.
Ausweis **B** 875
Bewertung **B** 879
Ermittlung **B** 876
ertragsteuerliche Behandlung **B** 878
Prüfung **B** 880
Eigenkapitalhilfeprogramm R 59 ff.
Eigenkapitalquote R 243
Eigenkapitalzinsen
Ermittlung der Anschaffungskosten **A** 62
Herstellungskosten **A** 298 f.
Eigenleistungen, Berlinförderung **H** 388
Eigenleistungen aktivierte B 1718 ff.
Aufwendungen des Geschäftsjahres **B** 1719
Begriff **B** 1718
Fremdmaterialien **B** 1720
Prüfung **B** 1721
Eigentumsvorbehalt, Konkurs **N** 173 ff.
Eigentumswohnungen, Berlinvergünstigungen **H** 437 ff.
Eigenverbrauch H 205

Eilzustellungsgebühren W 39
Einarbeitungszuschüsse des Arbeitsamtes **L** 383 ff.
Einbringung von Betrieben H 621
Einbringung in Kapitalgesellschaft H 646 ff.
AfA-Bemessung **H** 655
Allgemeines **H** 646
Ansatz eines originären Firmenwerts **H** 651
Ansatzwahlrechte **H** 648
Behandlung der übernommenen Wirtschaftsgüter bei der KapGes **H** 655
Besteuerung beim Einbringenden **H** 662
Beteiligung 100%ige an Kapitalgesellschaft **H** 647
Betrieb **H** 647
Betriebsaufspaltung als Sonderfall **H** 657
Buchwertfortführung **H** 649
Buchwertübernahme **H** 655
einbringungsgeborene Anteile **H** 663
einbringungsgeborene Anteile im Betriebsvermögen **H** 665
Einschränkung des Ansatzwahlrechts **H** 653
Einzelübertragungen **H** 659
Fiktion der Veräußerung einbringungsgeborener Anteile **H** 663
Gegenstand der E. **H** 647
Gewerbesteuer **H** 650
gewinnrealisierender Tausch **H** 656
höherer Wertansatz in Handelsbilanz **H** 654
Kapitalerhöhung (spätere) gegen Einlage **H** 664
Kapitalerhöhung aus Gesellschaftsmitteln **H** 664
Maßgeblichkeitsgrundsatz **H** 654
Mitunternehmeranteil **H** 647
Nichteinbringung einzelner Wirtschaftsgüter **H** 656
Rückwirkung steuerliche **H** 659 f.
Sonderabschreibungen des Einbringenden **H** 649
steuerliche Überlegungen zum Wahlrecht **H** 649
Teilbetrieb **H** 647
Teilwertansatz **H** 649, 651, 655
,,Umwandlung" durch Anwachsen **H** 666
Umwandlungsbilanz **H** 659
verunglückte Einbringung **H** 661
zurückbehaltene Wirtschaftsgüter des Sonderbetriebsvermögen **H** 656
Zurückbehaltung nichtwesentlicher Betriebsgrundlagen **H** 658

Zahlen = Randziffern

Sachverzeichnis

Zurückbehaltung wesentlicher Betriebsgrundlagen **H** 656
Zwischenwertansatz **H** 652, 655
Einbringung in Personengesellschaft H 667 ff.
Ansatz der Wirtschaftsgüter **H** 669
Behandlung des Einbringungsgewinns **H** 673
Beteiligung (100%) an Kapitalgesellschaft **H** 667
Betriebe **H** 667
Einbringender **H** 668
Einbringung mit Zuzahlung in das Privatvermögen **H** 671
Ergänzungsbilanzen **H** 670
Gegenstand der Einbringung **H** 667
Mitunternehmeranteile **H** 667
negative Ergänzungsbilanz **H** 670
steuerliche Rückwirkung **H** 672
Teilbetriebe **H** 667
Zwischenwertansatz **H** 673
Einbringungsgeborene Anteile, Einbringung in Kapitalgesellschaft **H** 663, 665
Einfamilienhäuser
Berlinvergünstigungen **H** 437 ff.
Bewertung **H** 256
Einfuhr, Bannbruch **K** 287
Eingangsabgaben
leichtfertige Steuerverkürzung durch Gefährdung von E. **K** 433
Strafmaß bei Hinterziehung **K** 289
Eingangsfrachten, Anschaffungsnebenkosten **A** 87
Eingangszölle, Anschaffungsnebenkosten **A** 87
Eingeforderte Nachschüsse B 708 ff., 945 ff.
Abandonrecht **B** 947
Prüfung **B** 949
steuerliche Behandlung **B** 949
Voraussetzung für Passivierung **B** 947
Einheitswertfortschreibung, Gebühr **W** 34
Einkommen
festzusetzende Einkommensteuer **H** 14
Körperschaftsteuer **H** 104 ff., 108
mit Körperschaftsteuer ermäßigt belastetes E. **H** 142 ff.
Schema des zu versteuernden E. **H** 13
Einkommensteuer H 1 ff.
abzugsfähige Aufwendungen **H** 15
Alter des Steuerpflichtigen **H** 2
Anrechnung von Körperschaftsteuer **H** 131
Aufzeichnungspflichten **A** 186; **I** 11 ff.
Berlinvergünstigungen **H** 403 ff.

Eheschließung **H** 3
Erbschaftsteuerbelastung **H** 285
festzusetzende E. **H** 14
Freibeträge **H** 16 ff.
Freigrenzen **H** 16 ff.
getrenntlebende Ehegatten **H** 10
Kirchensteuer **H** 50 f.
Kirchgeld **H** 50
Mitwirkungs- und Antragspflichten **I** 12
Pauschalabzugsbeträge **H** 16 ff.
Reisekostenpauschbeträge/-höchstbeträge **H** 35 ff.
Schema des zu versteuernden Einkommens **H** 13
Sonderausgaben-Pauschbetrag **H** 23 ff.
Steuerklassenwahl **H** 4
Steuerpflicht **H** 1
Vorsorgeaufwendungen-Berechnung **H** 23 ff
Vorsorgepauschale **H** 23 ff.
Vorsorgepauschale-Berechnung **H** 27 ff.
Vorsorge-Pauschbetrag **H** 23 ff.
Einkommensteuererklärung, Gebühr **W** 22, 34
Einkommensteuervorauszahlungen, Stundung **I** 59
Einkommensverlagerung ins Ausland **H** 716
Einkünfte sonstige s. sonstige Einkünfte
Einkunftsabgrenzung H 722
Einkunftsarten
Gewerbebetrieb s. dort
Kapitalvermögen s. dort
Land- und Forstwirtschaft s. dort
Nichtselbständige Arbeit s. dort
Selbständige Arbeit s. dort
Sonstige Einkünfte s. dort
Vermietung und Verpachtung s. dort
Einlagen
Buchungsfehler **U** 27
Ermittlung der Anschaffungskosten **A** 75
Fehler bei der Kapitalbeschaffung der KG **U** 70 ff.
Kapitalrücklage **B** 927
Einlagen ausstehende s. Ausstehende Einlagen
Einmal-Bezüge s. sonstige Bezüge
Einrichtungen
AfA-Tabelle bei E. an Grundstücken **X** 1
Zugehörigkeit zum Grundstück **B** 315
Einspruch
Allgemeines **I** 151 ff.
Behörde zuständige **I** 161 f.
Bußgeldbescheid **K** 509
Entscheidung über den E. **I** 167 ff.
Formlosigkeit **I** 160

1503

Sachverzeichnis

Buchstaben = Teile

Fristversäumnis **U** 6
Monats- und Jahresfrist **I** 166
Musterschriftsätze **I** 259–261
Rechtsbehelfsfristbeginn **I** 165
Steueranmeldung **I** 164
Umdeutung in Beschwerde **I** 154
Verwaltungsakte einspruchsfähige **I** 157, 158
Vollziehungshemmung **I** 167 ff.
vorläufiger Rechtsschutz **I** 171 ff.
Einstellung von Personel s. Personaleinstellung
Einstellung des Steuerstrafverfahrens **K** 327 ff.
Einstellungen in Gewinnrücklage B 1940
Einstellungen in Kapitalrücklage B 1943 f.
Einstellungsfragebogen M 16 ff.
Einstweilige Anordnung I 235 ff.
Anordnungsanspruch **I** 238 f.
Anordnungsgrund **I** 238 f.
Anwendungsfälle **I** 237
Außenprüfungsmaßnahmen **J** 174
Beschwerde zum BFH **I** 246 ff.
Musterschriftsatz **I** 272
Regelungsanordnung **I** 238
Sicherungsanordnung **I** 239
Verhältnis zur Aussetzung der Vollziehung **I** 186 ff.
Eintragungspflichten bei Unternehmensgründungen **R** 106 ff.
Einzelabstimmungen C 112
Einzelvergütung W 8
Einzelbewertung
Forderungen aus Lieferungen und Leistungen **B** 669, 671
Roh-, Hilfs- und Betriebsstoffe **B** 554
unfertige Erzeugnisse **B** 603 f.
Einzelbewertungsprinzip B 185
Einzelhandelsgründung R 12
Einzelunternehmen
Eventualverbindlichkeiten **B** 1651, 1655, 1657
feste und variable Kapitalkonten **B** 897 ff.
gezeichnetes Kapital **B** 895 ff.
Gliederung des Jahresabschlusses **B** 40 ff.
Rechtsformwahl **R** 79
Englische Maßeinheiten X 63 ff.
Enteignungsentschädigungen, Umsatzsteuer **H** 200
Entgelt, Berlinförderung **H** 368
Entgeltminderungen, Berlinförderung **H** 369
Entlassungen
Anzeigepflicht **M** 342 ff.

Ausschluß von Kurzarbeit durch Tarifvertrag **M** 348
Betriebsratsunterrichtung **M** 343
Sperrfrist **M** 347
Entlohnung für mehrere Kalenderjahre, lohnsteuer- und sozialversicherungsrechtliche Behandlung **L** 562
Entnahmen
aus Gewinnrücklage **B** 1936
aus Kapitalrücklage **B** 1933
Umsatzsteuer **H** 205
unberechtigte E. des Kommanditisten **U** 73
Entschädigungen, lohnsteuer- und sozialversicherungsrechtliche Behandlung **L** 532
Entwicklung, Investitionszulage nach BerlinFG **H** 479 f.
Equity-Methode
Kapitalkonsolidierung **F** 170 ff.
Konzernrechnung **F** 90
untergeordnete Bedeutung des Konzerns **F** 175
Erbauseinandersetzung H 286
Erbbaurechte
Abschreibung **B** 328
Bewertung **B** 328; **H** 253, 256
Grunderwerbsteuer **H** 307
Erbbauzinsanspruch, Bewertung **H** 256
Erben, Zustellung **I** 144
Erbengemeinschaft H 273
Zustellung **I** 144
Erbersatzanspruch H 286
Erbfall, Umsatzsteuer **H** 200
Erblasserschulden, Nachlaßverbindlichkeit **H** 286
Erbschaftsteuer H 271 ff.
ABC der Nachlaßverbindlichkeiten **H** 286
Anlaufhemmung **I** 88
Anzeigefristen **I** 125
Bewertung **H** 279
Einkommensteuerermäßigung **H** 285
Entstehung der Steuer **H** 278
Erbengemeinschaft **H** 273
Freibeträge **H** 280
Güterstand **H** 276
mehrfacher Erwerb **H** 283
Mitwirkungs- und Antragspflichten **I** 20
Nachlaßverbindlichkeiten **H** 279
persönliche Steuerpflicht **H** 272
Pflichtteil **H** 274
Steuergegenstand **H** 273
Steuerklassen **H** 281
Steuersätze **H** 282
Steuerschuldner **H** 284
Vermächtnis **H** 286

Zahlen = Randziffern

Sachverzeichnis

Versorgungsfreibetrag **H** 280
Vertrag zugunsten Dritter **H** 275
Wertermittlung **H** 279
Zugewinnausgleich **H** 276, 287
Zugewinngemeinschaft **H** 276
Erbschaftsteuererklärung, Gebühr **W** 22, 34
Erbschein H 286
Erbvertrag H 286
Erfindungen
Aktivierung **B** 252 ff.
Arbeitnehmererfindungen *s. dort*
Bewertung **H** 256
Erfolgsbeteiligung, lohnsteuer- und sozialversicherungsrechtliche Behandlung **L** 563
Erfolgsrechnungen
kurzfristige **R** 193
Strukturzahlen **X** 71
Erfolgswirtschaftliche Analyse *s.* Finanzanalyse
Erfüllungsbetrag von Verbindlichkeiten **B** 1435 ff.
Ergänzungsbilanzen, Einbringung in Personengesellschaft **H** 670
Ergänzungspfleger P 38
Ergebnis der gewöhnlichen Geschäftstätigkeit B 1873
Ergebnisplanung R 43 ff.
Ergebnisverwendung
Änderung gegenüber bisherigem Recht bei Darstellung der E. **B** 85
Darstellung im Anhang **B** 1980
Erhaltene Anzahlungen, fertige Erzeugnisse und Waren **B** 629
Erhaltene Anzahlungen auf Bestellungen B 1505 ff.
Begriff **B** 1505
Bewertung **B** 1510
Brutto- und Nettomethode **B** 1506
Dauerschulden **B** 1509
ertragsteuerliche Behandlung **B** 1508 f.
Mitzugehörigkeit zu anderen Bilanzposten **B** 1507
Prüfung des Ausweises **B** 1514
Prüfung der Bewertung **B** 1513
Prüfung des internen Kontrollsystems **B** 1511
Prüfung des Nachweises **B** 1512
Restlaufzeit bis zu einem Jahr **B** 1507
Umsatzsteuerausweis **B** 1506
Erhaltungsaufwand, Herstellungskosten **A** 288 ff.
Erhaltungssubventionen H 576
Erhebungsgebiet der Umsatzsteuer **H** 202

Erhöhte Abschreibungen A 39 ff.; **X** 2 ff.
außerplanmäßige Abschreibungen *s. dort*
Berlinvergünstigung **H** 404 ff., 432 ff., 437 ff.
Sonderposten mit Rücklageanteil **B** 1018 ff., 1046, 1057 ff.
Übersicht **X** 6
Erhöhung oder Verminderung des Bestands an Erzeugnissen *s.* Bestandsveränderungen an fertigen und unfertigen Erzeugnissen
Erholungsbeihilfen, lohnsteuer- und sozialversicherungsrechtliche Behandlung **L** 536
Erholungsurlaub *s.* Urlaub
Erinnerungswert bei Abschreibungen **A** 8
Erläuterungsbericht, Konzernrechnungslegung **F** 269 ff.
Erlaß
Allgemeines **I** 42
Begriff **I** 48
Beispiele **I** 60
Erlöschen des Steueranspruchs **I** 47
Fälligkeitsaufschub **I** 45
Form **I** 42
Frist **I** 42, 126
Nachweis der Gründe **I** 51
persönliche Gründe **I** 52, 54
sachliche Gründe **I** 52 f.
Säumniszuschläge bereits entstandene **I** 48
bei vereinnahmten und einbehaltenen Steuern **I** 55
Voraussetzungen **I** 49 ff.
Erlaßantrag
Gebühr **W** 34
Musterschriftsatz **I** 254
Erlaubnis nach § 34 c GewO O 8
Erlöspoolung, Umsatzsteuer **H** 200
Ermittlungsverbot, Außenprüfung **J** 180
Eröffnungsbilanz W 22
Gebühr **W** 34
Umwandlung Kapitalgesellschaft **H** 618
ERP-Darlehen R 63
Errichtende Umwandlung H 604, 606, 613
Ersatzteile
Abschreibung **B** 206
Spezialreserveteile, Ausweis **B** 358
Ersatzzeiten im Rentenrecht **L** 88 f.
Erschließungsbeiträge, Anschaffungskosten **B** 332
Erstattungsantrag, Gebühr **W** 22, 34
Erstattungsfähige Auslagen W 39
Erstprämie T 44

1505

Sachverzeichnis

Buchstaben = Teile

Erstprüfungen J 55
Umsatzsteuer J 10
Erträge, Zuschreibungserträge **A** 418
Erträge aus Abgängen
Ausbaukosten **B** 1728
Bruttoausweis (Saldierungsverbot) **B** 1730
Erlösschmälerungen **B** 1727
Finanzanlagen **B** 1726
Gegenstände des Anlagevermögens **B** 1725 ff.
Veräußerungserlös **B** 1727
Versicherungsentschädigungen als Surrogat **B** 1729
Erträge aus Ausleihungen des Finanzanlagevermögens **B** 1830 ff.
Erträge außerordentliche s. Außerordentliche Erträge
Erträge aus Beteiligungen
Anteile an verbundenen Unternehmen **B** 1812
Begriff **B** 1810
Bruttoausweis **B** 1811
Prüfung **B** 1813 f.
Erträge betriebliche
Einzelfälle **B** 1737
Prüfung **B** 1738 ff.
Erträge aus Rückstellungsauflösung B 1735
Erträge steuerfreie, verwendbares Eigenkapital **H** 141
Erträge aus Unternehmensverträgen B 1820 ff.
Ausgleichszahlungen **B** 1824
Dividendengarantie **B** 1823
Prüfung **B** 1825
Rentengarantie **B** 1823
Saldierungsverbot **B** 1822
Erträge aus Verlustübernahme B 1915 ff.
Begriff und Ausweis **B** 1915
Prüfung **B** 1917
Zuschüsse, Ausweis **B** 1916
Erträge aus Wertpapieren B 1830 ff.
Erträge aus Zuschreibungen
Gegenstände des Anlagevermögens **B** 1731
Pauschalwertberichtigung von Forderungen **B** 1732 f.
Ertragsanteile bei Leibrenten **X** 33 f.
Ertragskennzahlen R 259 ff.
Ertragslage
Änderungen gegenüber bisherigem Recht **B** 79 ff.
Erläuterung im Anhang **B** 1976 f.
Ertragsteuern
Angabe zu den E. im Anhang **B** 1979
gesonderter Ausweis **B** 83

Erweiterte beschränkte Steuerpflicht s. Steuerpflicht erweiterte beschränkte
Erweiterte unbeschränkte Steuerpflicht s. Steuerpflicht erweiterte unbeschränkte
Erweiterungsaufwendungen B 120 ff.
Abschreibung **A** 34; **B** 127
nicht aktivierungsfähige Aufwendungen **B** 125
Ausschüttungssperre **B** 124
Ausweisalternativen **B** 128 f.
Bewertung **B** 131
Erläuterung im Anhang **B** 1978
ertragsteuerliche Behandlung **B** 130
künftige Erträge als Voraussetzung **B** 123
Prüfung des Ausweises **B** 137
Prüfung der Bewertung **B** 135 f.
Prüfung des internen Kontrollsystems **B** 132
Prüfung des Nachweises **B** 133 f.
Rückstellungen **B** 1164
Rückstellung für latente Steuern bei Aktivierung von E. **B** 1163
Vorgänge außerordentlicher Art **B** 122
Erwerb unentgeltlicher, Ermittlung der Anschaffungskosten **A** 72 ff.
Erwerbsunfähigkeit, Vermögensteuerfreibetrag **H** 259
Erwerbsunfähigkeitsrente L 28 ff.
Kinderzuschuß **L** 67 ff.
Krankengeldgewährung **L** 215
Nebeneinkünfte **L** 34
Umwandlung in Altersruhegeld **L** 33
Wartezeit **L** 31
Erzeugnisse, Realisationszeitpunkt **A** 381
Erzeugnisse fertige s. Fertige Erzeugnisse
Erzeugnisse unfertige s. Unfertige Erzeugnisse
Erziehungsrente L 58, 63 ff.
Nebeneinkommen **L** 64
Wegfall des Rentenanspruchs **L** 66
Erzwingungsgelder, Haftpflichtversicherung **T** 50
Essenslieferungen an Arbeitnehmer, Umsatzsteuer **H** 205
Essenszuschuß
Arbeitsentgelt **M** 100
lohnsteuer- und sozialversicherungsrechtliche Behandlung **L** 564
Eventualverbindlichkeiten B 1650 ff.
Angabe im Anhang **B** 1652 ff.
Angabe der Vorjahreszahlen **B** 1657
Anpassung der Postenbezeichnungen **B** 1658
anteilige Haftung **B** 1662

Zahlen = Randziffern

Sachverzeichnis

Anzeichen für Inanspruchnahme **B** 1653
Ausweis und Arten **B** 1651
Begriff B 1650
Bewertung **B** 1660
Bürgschaftsverbindlichkeiten **B** 1661, 1668 ff.; *s. im einzelnen dort*
doppelte Absicherung der E. **B** 1656
gesamtschuldnerische Haftung **B** 1662
Gewährleistungsverbindlichkeiten **B** 1661
Gewährleistungsverpflichtungen **B** 1671 ff.
Haftungsverhältnisse aus der Bestellung von Sicherheiten **B** 1675 ff.
Kapitalgesellschaften **B** 1652, 1655 f.
Kurzbezeichnungen **B** 1659
Leerposten **B** 1657
Nebenkosten **B** 1663
Personengesellschaften und Einzelunternehmen **B** 1651, 1656 f.
Prüfung des Ausweises **B** 1685
Prüfung der Bewertung **B** 1684
Prüfung des internen Kontrollsystems **B** 1682
Prüfungstechnik **B** 1682 ff.
Prüfung des Nachweises **B** 1683
Risiko nicht bezifferbares **B** 1663
Rückgriffsansprüche gegenüberstehende **B** 1654
Rückstellungsbildung **B** 1653
verbundenen Unternehmen gegenüber **B** 1655
Wechselverbindlichkeiten **B** 1664 ff.; *s. im einzelnen dort*
Zinsen rückständige **B** 1663
Existenzgründungsberatung R 1 ff.
s. auch Unternehmensplanung
Abführung von Steuern und Abgaben **R** 113
Aufgabenstellung des Steuerberaters **R** 2 ff.
Banken und Bausparkassen **R** 26
Bauträger und Baubetreuer **R** 22 ff.
Beratung des werbenden Unternehmens **R** 111
Bundeszuschuß zur Unternehmensberatung **R** 116
Einzelhandel **R** 12
Gaststättengewerbe **R** 20
Großhandel **R** 13
Gründe für Scheitern von Existenzgründungen **R** 2
Handwerk **R** 14 ff.
handwerksähnliche Gewerbe **R** 18
Handwerksordnung Anlage A **R** 17
Handwerksordnung Anlage B **R** 18
Industriefabrikation **R** 19
Liquiditätsstatus täglicher **R** 112
Makler **R** 22

Melde- und Eintragungspflichten **R** 106 ff.
Mindestversicherungsschutz **R** 115
öffentlich-rechtliche Voraussetzungen **R** 7 ff.
persönliche Eigenschaften und Fähigkeiten **R** 4 ff.
Rechnungswesen-Überwachung **R** 114
Rechtsformwahl *s. dort*
sonstige erlaubnispflichtige Gewerbe **R** 25
Verkehrsgewerbe **R** 21
Vermittlungsgewerbe **R** 22 ff.
Versicherungen **R** 26
Existenzgründungsplanung, *s.* Unternehmensplanung
Exportbefreiung, Umsatzsteuer (Übersicht) **H** 204
Expreßgutgebühren W 39

Factoring, Finanzierungsinstrument **R** 75
Fälligkeit der Steuer I 45
Fälligkeitszinsen, Umsatzsteuer **H** 200
Fahndungsbericht K 149
Fahrlässigkeit bei Straftat **K** 209
Fahrtkosten
Auslagenersatz **W** 39
Krankenkassenübernahme **L** 234
Fahrten zwischen Wohnung und Arbeitsstätte, lohnsteuer- und sozialversicherungsrechtliche Behandlung **L** 565
Fahrzeuge, AfA-Tabelle **X** 1
Fahrzeuggestellung, lohnsteuer- und sozialversicherungsrechtliche Behandlung **L** 566
Familiengesellschaften, Interessenkollision bei Beratung **S** 26 f.
Familienhilfe L 254 ff.
Anspruch ohne Altersgrenze **L** 260
Anspruch auf Mutterschaftshilfe **L** 261 f.
Begriff Kinder **L** 256
Krankenhilfe und sonstige Hilfen **L** 254
Leistungen an sonstige Angehörige **L** 257
Sterbegeld **L** 263
Fehler bei der Kapitalaufbringung **U** 60 ff.
Fehlgeldentschädigungen *s.* Kassenfehlbeträge
Feiertagsarbeit *s.* Lohnzuschläge
Feiertagslohn M 109
Fernbuchführung A 271
Fernmeldegebühren *s.* Telefongebühren
Fernschreibgebühren W 39
Fertige Erzeugnisse *s. auch* Waren **B** 624 ff.
Bewertung der Handelswaren **B** 631 a
nicht ausgelieferte fertige E. **B** 626
Begriff **B** 624

1507

Sachverzeichnis

Buchstaben = Teile

Bewertung **B** 630, 633
Eigentumsvorbehalt **B** 627
erhaltene Anzahlungen **B** 629
ertragsteuerliche Behandlung **B** 632
Prüfung des Ausweises, der Bewertung und des Nachweises **B** 635
Prüfung des internen Kontrollsystems **B** 634
Verpackungen ausgeliehene **B** 628
Fertigung langfristige, Realisationszeitpunkt **A** 381
Fertigungseinzelkosten A 293f., 293b f.
Ermittlung **A** 294 f.
Fertigungskostenstellen R 173
Fertigungssonderkosten A 294 f.
Festbewertung
Durchschnittsmethode **B** 559
Inventur **A** 320 f.
Roh-, Hilfs- und Betriebsstoffe **B** 557 ff.
Festnahme bei Steuerfahndung **K** 27 f.
Feuerschutzsteuerprüfung J 20
Festsetzungsfrist verlängerte, bei Steuerhinterziehung **K** 244
Festsetzungsverjährung I 107 ff.
Ablaufhemmung *s. dort*
Allgemeines **I** 77 ff.
Anlaufhemmung *s. dort*
Beginn **I** 83 ff.
Einzelfälle **I** 91 ff., 101 ff.
Fristen **I** 79, 80 ff.
Steuerhinterziehung **I** 82
Steuerverkürzung leichtfertige **I** 82
Verbrauchsteuern **I** 86
Zölle **I** 86
Festwert *s.* Festbewertung
Festwertprinzip B 189
Feststellung gesonderte *s.* Gesonderte Feststellung
Feststellungsklage, Konkursforderung-Anmeldung **N** 196
Fifo-Methode A 58; **B** 562
Rückstellung für latente Steuern **B** 1163
Finanzlage
Änderungen gegenüber bisherigem Recht **B** 74 ff.
Verbesserungen gegenüber bisherigem Recht **B** 74 ff.
Finanzanalyse R 223 ff.
Ausgestaltung **R** 226 ff.
Schema der F. **R** 228
Finanzanlagen B 420 ff.
Anteile an verbundenen Unternehmen **B** 423 ff.; *s. im einzelnen dort*
Ausleihungen **B** 481 ff.
Ausleihungen an Unternehmen mit Beteiligungsverhältnis **B** 471

Ausleihungen an verbundenen Unternehmen **B** 432
Ausleihungen sonstige **B** 485 ff.; *s. im einzelnen* Ausleihungen
außerplanmäßige Abschreibung **B** 222
Beteiligungen **B** 433 ff.
Gliederung **B** 420
Wertpapiere **B** 475 ff.; *s. im einzelnen dort*
Finanzbuchhaltungsfehler U 23
Finanzforderungen langfristige *s.* Ausleihungen
Finanzgerichte, Adressen **X** 76
Finanzgerichtsverfahren
Aussetzung der Vollziehung **I** 232, 234
Beschwerde **I** 230 ff.
einstweilige Anordnung **I** 235 ff.
Gebühr **W** 22, 39
Kostennachteile bei verspätetem Vorbringen **I** 10
Musterschriftsätze **I** 266 ff.
Nichtzulassungsbeschwerde **I** 231 f.
Revision *s. dort*
Finanzierungskosten
Ermittlung der Anschaffungskosten **A** 62 ff.
Gebäude auf fremdem Grund und Boden **B** 325
Finanzierungsplanung R 55 ff.
Finanzierungsprogramme R 58 ff.
Finanzlage, Änderungen gegenüber bisherigem Recht **B** 74 ff.
Erläuterung im Anhang **B** 1976 f.
Verbesserungen gegenüber bisherigem Recht **B** 74 ff.
Finanzmathematische Tabellen X 21 ff.
Finanzmathematische Verfahren R 123
Finanzministerien, Adressen **X** 75
Finanzmittel-Fonds R 269 ff.
Finanzstatus, Gebühr **W** 22, 34
Finanzstrukturkennzahlen R 249 ff.
Kapitalumschlag und Kapitalbindungsdauer **R** 258
Finanzwechsel, Ausweis *s.* Sonstige Vermögensgegenstände
Finanz- und erfolgswirtschaftliche Kennzahlen R 230 ff.
Firmenwagen, Arbeitsentgelt **M** 100
Firmenwert *s.* Geschäftswert
Fixkostendeckungsrechnung R 207 ff.
Fixwertprinzip B 189
Flächenmaße X 64, 68
Flowcharts C 104
Flugkosten, Auslagen **W** 39
Förderungsgesetze H 569 ff.
Folgeprämie T 45
Fondsanteile, Bewertung **H** 256

Zahlen = Randziffern

Sachverzeichnis

Forderungen
s. auch Forderungen an Gesellschafter
s. auch Forderungen aus Lieferungen und Leistungen
s. auch Forderungen gegen Unternehmen mit Beteiligungsverhältnis
s. auch Forderungen gegen verbundene Unternehmen
Änderungen gegenüber bisherigem Recht **B** 75
antizipative F. **B** 716
Ausleihungen in Fremdwährung **B** 492
Bilanzierung **B** 650 ff.
Bürgschaftsübernahmeforderungen s. Sonstige Vermögensgegenstände
eingeforderte Nachschüsse **B** 708 ff.
Gegenwartswert einer unverzinslich befristeten F. **X** 11 f.
Organkredite **B** 653
Saldierungsverbot **B** 1418
Treuhandverhältnisforderungen s. Sonstige Vermögensgegenstände
Forderungen an Gesellschafter B 705 ff.
Begriff und Ausweis **B** 705
negative Kapitalanteile **B** 706
Saldierungsverbot **B** 706
Forderungen aus Lieferungen und Leistungen B 655 ff.
Abschreibungen aktivische **B** 667
Aufrechnungsverbot mit Verbindlichkeiten **B** 661
Bauarbeiten, noch nicht abgerechnete **B** 658
Beibehaltung des niedrigeren Wertansatzes **B** 668
Begriff **B** 655
Bewertung **B** 671, 673
Bilanzierung mit den Anschaffungskosten **B** 662
Einzelbewertung **B** 662, 671
Erfolgsrealisierung **B** 656
ertragsteuerliche Behandlung **B** 671 f.
Niederstwertprinzip **B** 666
Pauschalbewertung **B** 671
Pauschalwertberichtigung **B** 655
Prüfung des Ausweises **B** 691 f.
Prüfung der Bewertung **B** 684 ff.
Prüfung des internen Kontrollsystems **B** 674 ff.
Prüfung des Nachweises **B** 678 ff.
Restlaufzeit von mehr als einem Jahr **B** 669
Saldenbestätigung zum Stichtag **B** 692
Sammelbewertung **B** 664
Stundung längerfristige **B** 660
uneinbringliche Forderungen **B** 662

Unternehmen mit Beteiligungsverhältnis **B** 657
unverzinsliche bzw. niedrig verzinsliche Forderungen **B** 662
verbundene Unternehmen **B** 657
Währungsbuchführung **B** 663
Warenlieferungen mit Rückgaberecht **B** 659
Wechselforderungen **B** 670
Wechselkursänderungen **B** 663
Valutaforderungen **B** 663
Zukunftswert **B** 666
zweifelhafte F. **B** 662
Forderungen gegen Unternehmen mit Beteiligungsverhältnis B 701 f.
Forderungen gegen verbundene Unternehmen B 693 ff.
Begriff und Arten **B** 693
Bewertung **B** 696, 698 ff.
ertragsteuerliche Behandlung **B** 697
Prüfung des Ausweises **B** 700
Prüfung der Bewertung **B** 700
Prüfung des internen Kontrollsystems **B** 699
Prüfung des Nachweises **B** 699
Formblattunternehmen B 61
Forfaitierungsverträge B 1801
Formelle Prüfungen s. Prüfungen formelle
Forschung, Investitionszulage nach BerlinFG **H** 479 f.
Forstschäden-Ausgleichsgesetz, Anwendungsübersicht **H** 578
Fortbildungsmaßnahmen
Arbeitsamt **L** 319
Zuschüsse des Arbeitsamtes **L** 381 f.
Fortschreibungen H 254
Gebühr bei F. des Einheitswerts **W** 34
Fotografien/Fotokopien, Auslagen **W** 39
Frauen, vorgezogenes Altersruhegeld **L** 19 ff.
Freibeträge
Arbeitnehmerfreibeträge **L** 518
Einkommensteuer **H** 14 ff.
Erbschaftsteuer **H** 280
Gewerbesteuer **H** 181
Vermögensteuer **H** 258 f.
Freiberufliche Einkünfte s. Selbständige Arbeit
Freigrenzen
Einkommensteuer **H** 14 ff.
Grunderwerbsteuer **H** 315
Vermögensteuer **H** 258
Freihäfen H 204
Freistellungsmethode H 706 f.

1509

Sachverzeichnis

Buchstaben = Teile

Freitrunk, lohnsteuer- und sozialversicherungsrechtliche Behandlung **L** 570
Freizeichnungsklauseln
Allgemeine Geschäftsbedingungen (AGB) **S** 89 ff.
gegenüber Dritten **S** 84
Fremdanzeige K 285
Fremdkapital, Rückstellung für latente Steuern bei Aktivierung von Fremdkapitalzinsen **B** 1163
Fremdkapitalzinsen
Erläuterung im Anhang **B** 1976
Ermittlung der Anschaffungskosten **A** 63
Herstellungskosten **A** 297
Fremdsprachige Korrespondenz, Auslagen **W** 39
Fremdwährungsforderungen
Absicherung für Fremdwährungsverbindlichkeiten **B** 1455 ff.
Ausleihungen **B** 492
Fremdwährungsverbindlichkeiten
Absicherung durch Fremdwährungsforderungen **B** 1455 ff.
Abwertung bei langfristigen F. **B** 1453
Bilanzansatz **B** 1451 ff.
Briefkurs **B** 1451
Deckungsgeschäfte und andere Kompensationsgeschäfte **B** 1454
Devisentermingeschäfte als Abdeckung **B** 1454
Erläuterung im Anhang **B** 1457
Stichtagskurs bei kurz- und mittelfristigen F. **B** 1453
Wechselkursschwankungen während der Laufzeit **B** 1452
Fristen I 117 ff.
Aufbewahrungsfristen *s. dort*
Ausschlußfristen **I** 117
Beschwerde **I** 126
Erlaß **I** 126
Einspruch **I** 126
Fristverlängerung **I** 118
gewöhnliche Fristen **I** 120
Kündigung eines Arbeitsverhältnisses **M** 316 ff.
Rücknahme eines rechtswidrigen begünstigenden Verwaltungsakts **I** 126
tabellarische Übersicht über gesetzliche F. **I** 125 ff.
verlängerungsfähige Fristen **I** 117
Wiedereinsetzung in vorigen Stand **I** 121 ff.
Fristenkontrollbuch und Fristenkalender U 1
Fristverlängerungsantrag, Musterschriftsatz **I** 257
Fristversäumnis I 121 ff.; **U** 1 ff.

Einspruch **U** 6
Klage **U** 9 ff.
Frühgeburt, Mutterschaftsgeld **L** 240
Fürsorgepflichten, Arbeitgeber **M** 5
Funktionentrennung C 119, internes Kontrollsystem **C** 140
Fußgängerzone, Anschaffungskosten **B** 332

Gängigkeitsabschreibungen B 574
Garantieerklärung
Haftpflichtansprüche **T** 50
im Konkurs **N** 178
Garantieleistungen, Umsatzsteuer **H** 200
Garantieverpflichtungen, Rückstellungen **B** 1280 ff.
Gasanschlußkosten B 333
Gaststättengewerbe, Gründungsvoraussetzungen **R** 20
Gebäude
AfA-Regelungen **B** 334 ff.; **X** 4 f.
Aufteilung der Anschaffungskosten **B** 331
anschaffungsnahe Aufwendungen **A** 83 f.
außergewöhnliche Abschreibung **B** 337
Ausweis von Geschäfts-, Fabrik- und anderen Gebäuden **B** 317
Ausweis von G. zu Wohnzwecken **B** 319
Begriff **B** 312
Betriebsvorrichtungen **B** 338
Bewertung **H** 256
ertragsteuerliche Behandlung **B** 330 ff.
Gebäude auf fremdem Grund und Boden *s. dort*
Nutzungseinheit mit technischen Anlagen und Maschinen **B** 359
Prüfung des Ausweises **B** 355
Prüfung der Bewertung **B** 351 ff.
Prüfung des internen Kontrollsystems **B** 345
Prüfung des Nachweises **B** 346 ff.
Umsatzsteuer bei Abbruch **H** 205
Gebäude auf fremdem Grund und Boden
Abschreibung **B** 327 ff.
Anschaffungskosten **B** 324, 326
Ausweis **B** 322 ff.
Bewertung **B** 323, 340 ff.; **H** 253, 256
Finanzierungskosten **B** 325
Grunderwerbsteuer **H** 311
Prüfung des Ausweises **B** 355
Prüfung der Bewertung **B** 351 ff.
Prüfung des internen Kontrollsystems **B** 345
Prüfung des Nachweises **B** 346 ff.
Gebäudeabbruchkosten, nachträgliche Anschaffungskosten **A** 79

Sachverzeichnis

Zahlen = Randziffern

Gebäudeteile, Investitionszulagen **H** 554
Gebrauchsmuster, Aktivierung **B** 252 ff.;
  s. im einzelnen Gewerbliche Schutzrechte
Gebrechlichkeitspflegschaft P 38
Gebühren
ABC der Gebühren für vereinbare Tätigkeiten **W** 57
ABC der pauschalierungsfähigen Tätigkeiten **W** 22
ABC der Vorbehaltsaufgaben **W** 34
Anwendungsbereich sachlicher **W** 26
Arten von G. **W** 28
Auslagenersatz **W** 35 ff.
Einzelvergütung **W** 8 ff.
Form **W** 13
Geltungsbereich **W** 24
Gestaltungsalternativen **W** 9 ff.
Grundlagen **W** 1 ff.
Gutachten **W** 22, 57
Hausverwaltung **W** 57
höhere Vergütung **W** 8 ff.
Honoraranspruchskündigung **S** 53
Konkursverwalter **P** 53; **W** 56 f.
Mehrfachqualifikation **W** 25
Nachlaßverwalter **P** 44; **W** 57
niedrigere Vergütung **W** 10 ff.
Notgeschäftsführer **P** 64
Organisationsberatung **W** 57
Pauschalvergütung **S** 99; **W** 14 ff.
Pflegschaft **W** 57
Prozeßagent **W** 50
Prüfungen **W** 57
Rechtsanwalt **W** 50
Rechtsbehelfe **I** 259 ff.
Rechtsbeistand **W** 50
Sachverständiger **Q** 14; **W** 55
Schadensminderung durch Vorteilsvergleich **I** 32
Schiedsgerichtstätigkeit **Q** 43
Schiedsrichtertätigkeit **W** 57
schriftliche Vereinbarung **W** 8 ff.
Sonderhonorar **S** 109
Tabellen *s.* Gebührentabellen
taxmäßige Vergütung **W** 23 ff.
Testamentsvollstreckung **W** 57
treuhänderische Tätigkeit **P** 9
übliche Vergütung **W** 23 ff.
Umsatzsteuer **W** 31
Unternehmensberatung **W** 57
vereinbare Tätigkeiten **W** 45 ff.
vereinbarte Vergütung **W** 5 ff.
Vereinbarung **W** 3
Vergleichsverwalter **P** 56; **W** 56 f.
Vergütungsanspruch **W** 27
Vermögensverwaltung **W** 57
Vorbehaltsaufgaben **W** 5 ff.

Vormund **P** 36
Wechsel bei den Honorarbestandteilen **W** 12
Zwangsverwalter **W** 51
Gebührentabellen W 40 ff.
Abschlußtabelle **W** 41
Beratungstabelle **W** 40
Buchführungstabelle **W** 42
Landwirtschaftliche Buchführungs-Tabelle **W** 43
Rechtsbehelfstabelle **W** 44
Geburtsbeihilfen, lohnsteuer- und sozialversicherungsrechtliche Behandlung **L** 534 ff.
Gedächtnisprotokolle, Steuerfahndung **K** 141
Gefahrengeneigte Arbeit M 281 f.
Gegenvorstellung I 147
Gegenwartsverfahren, Pensionsrückstellungen **B** 1100
Gegenwartswert
Forderung unverzinslich befristete **X** 11 f.
Schuld unverzinslich befristete **X** 11 f.
Zahlungen monatliche **X** 25
Gehalt
s. Arbeitsentgelt
s. Löhne und Gehälter
Gehaltsvorschüsse, Ausweis *s.* Sonstige Vermögensgegenstände
Geistliche, Beschlagnahmeverbot **K** 97
Geldbeschaffungskosten
Aktivierung **B** 1442 f.
Ermittlung der Anschaffungskosten **A** 64
Geldmarktsätze X 52
ausländische G. **X** 53
Geldverbrauchsrechnung, private **J** 107
Geldverkehrsrechnung J 105 ff.
Geldwertschuld, Bilanzansatz **B** 1458
Geldwerter Vorteil, lohnsteuer- und sozialversicherungsrechtliche Behandlung **L** 575
Geleistete Anzahlungen
s. auch Anlagen im Bau **B** 292 ff., 636 ff.
Abschreibungen außerplanmäßige **B** 402
Begriff der geleisteten A. im Vorratsvermögen **B** 636
Begriff und Aktivierung **B** 398
Bewegungen im Anlagespiegel **B** 401
Bewertung **B** 295, 403, 405, 636, 640
Erbringung der Gegenleistung im Geschäftsjahr **B** 637
ertragsteuerliche Behandlung **B** 294, 403 f., 639
Prüfung des Ausweises **B** 303, 410, 644
Prüfung der Bewertung **B** 301 f., 408 f., 643

1511

Sachverzeichnis

Buchstaben = Teile

Prüfung des internen Kontrollsystems **B** 296, 406, 641
Prüfung des Nachweises **B** 297 ff., 407, 642
verbundene Unternehmen **B** 638
Gemeindebetriebe, Gebühr für Prüfung **W** 53
Gemeinden, Gewerbesteuerzerlegung **H** 187, 194 ff.
Gemeiner Wert, Schätzung **B** 456
Gemeinschaften
Außenprüfung **J** 42
Zustellung **I** 142
Gemeinschaftsverhältnisse im Konkurs **N** 162
Gemeinschuldner
Leistungen an G. bei Konkurseröffnung **N** 98
Rechtshandlungen des G. vor Konkurseröffnung **N** 95
Generalklauseln für den Jahresabschluß A 198 ff.
Auslegung und Umfang **A** 204 f.
bisherige Regelung im AktG **A** 203
Generalnorm des § 243 HGB **A** 198
Kapitalgesellschaften **A** 202
notwendiger Informationsgehalt des Jahresabschlusses **A** 199
Generalüberholung A 288
Generalreparaturen, Maschinen und technische Anlagen **B** 362
Generalübernehmer, MaBV-Prüfung **O** 5
Generalüberholungen, Maschinen und technische Anlagen **B** 362
Generalunternehmer, MaBV-Prüfung **O** 5
Genossenschaften
Bewertung von Anteilen an G. **B** 458
Rechnungslegungsvorschriften **B** 32
Genußrechte B 1482
s. im einzelnen bei Anleihen
Angabe im Anhang **B** 1978
Passivierung **B** 1429
Geometrisch degressive Abschreibung B 200, 208
Gerichte, Adressen **X** 76 f.
Gerichtliche Verfahren,
Gebühren **I** 259 ff.
Auslagen **W** 39
Gerichtskosten, Anschaffungsnebenkosten **A** 87
Geringstland, Bewertung **H** 256
Geringwertige Wirtschaftsgüter
Abschreibung außerplanmäßige **B** 225
aktivierungspflichtiger Zugang zum Anlagevermögen **B** 168

Betriebs- und Geschäftsausstattung **B** 395
fiktiver Abgang bei Sofortabschreibung **B** 172
Investitionszulage **H** 554
Investitionszulage nach BerlinFG **H** 468
Sofortabschreibung **B** 235
Gesamtabstimmungen C 111
Gesamtkonzernrechnungslegung F 7 ff.
geltendes Recht **F** 1 ff.
Gesamtkostenverfahren R 194
Allgemeines **B** 79 f.
GuV-Rechnung **B** 1692 ff.
Gesamtrechtsnachfolge, Außenprüfung **I** 144; **J** 38
Gesamtverkehrsrechnung J 106
Gesamtvermögen H 251
Bewertung **H** 256
Geschäft, Gebühr für Betreiben eines G. **W** 34
Geschäftsausstattung *s.* Betriebs- und Geschäftsausstattung
Geschäftsbericht, Konzernrechnungslegung **F** 260 ff.
Geschäftsbriefe, Aufbewahrungspflicht **A** 100; **I** 32
Geschäftsbücher
Aufbewahrungspflicht **A** 98; **I** 28
Auslagen **W** 39
Geschäftsfreundebuch A 247
Geschäftsführung
Angabe der Geschäftsführungsorgane im Anhang **B** 1983
· Umsatzsteuer **H** 200
Geschäftsgrundstücke, Bewertung **H** 256
Geschäftsguthaben, Bewertung **H** 256
Geschäftsjahr A 212 ff.
s. auch Wirtschaftsjahr
abweichendes Kalenderjahr **A** 216
Begriff handelsrechtlich **A** 212 ff.
Begriff steuerrechtlich **A** 217
Dauer **A** 213
Rumpfgeschäftsjahr **A** 214 f.
Umstellung des G. **A** 214
Wahlrecht des Bilanzstichtages **A** 214
Geschäftsjubiläum *s.* Arbeitnehmerjubiläum
Geschäftsjournal A 248
Geschäftskosten, Auslagenersatz **W** 35, 39
Geschäftsreisen, Auslagen **W** 39
Geschäftsveräußerung, Umsatzsteuer **H** 200, 205
Geschäftsvorfälle A 224 ff.
Begriff **A** 224 f.
Totalerfassung in der Buchführung **A** 226

Zahlen = Randziffern

Sachverzeichnis

Geschäftswert
Abschreibung **A** 33; **B** 276 ff., 281
Aktivierung **B** 271 ff.
Aktivierungswahlrecht **B** 276
Ausweisprüfung **B** 291
Bewertungsprüfung **B** 288 ff.
bewertungsrechtliche Behandlung **B** 282
derivativer G. **B** 273 ff.
ertragsteuerliche Behandlung **B** 280 f.
originärer G. **B** 272
Prüfung des internen Kontrollsystems **B** 283
Prüfung des Nachweises **B** 284 ff.
Geschmacksmuster, Aktivierung **B** 252 ff.; *s. im einzelnen* Gewerbliche Schutzrechte
Gesellschaft mit beschränkter Haftung
s. GmbH
Gesellschaften, Zustellung an aufgelöste G. **I** 142
Gesellschafter
Ausleihungen an GmbH-Gesellschafter **B** 481
Besteuerung bei Verschmelzung und Abfindung **H** 645
Umsatzsteuer bei Kfz-Überlassung **H** 205
Umsatzsteuer bei Umsatz mit Gesellschaft **H** 206
Umsatzsteuerbarkeit von Zuwendungen **H** 200
Gesellschafterbeiträge, Umsatzsteuer **H** 200
Gesellschafterdarlehen
Ausweis **B** 42, 1582
Eigenkapital ersetzende G. **U** 74 ff.
kapitalersetzende Gesellschafterleistungen
s. dort
Gesellschafter-Geschäftsführer
lohnsteuer- und sozialversicherungsrechtliche Behandlung **L** 577
Pensionsrückstellungen **B** 1120, 1122
Gesellschafterleistungen kapitalersetzende *s.* Kapitalersetzende Gesellschafterleistungen
Gesellschaftsanteile
Ausgabekosten **B** 913
Erwerb neuer Anteile, steuerliche Behandlung **B** 912, 915
Gesellschaftsteuer, Erwerb von Gesellschaftsrechten **B** 915 f.
Gesellschaftsverhältnisse im Konkurs **N** 162
Gesonderte Feststellung, Gebühr **W** 22, 34
Gesundheitsschutz für Jugendliche **M** 208 ff.

Garagen, Berlinvergünstigung **H** 422
Gewährleistungen, Rückstellungen **B** 1280 ff.
Gewährleistungsbeschränkung durch AGB
Fristen **S** 97
Nachbesserung **S** 92 ff.
Gewährleistungsrückstellungen
s. Rückstellungen für Gewährleistungen
Gewährleistungsverbindlichkeiten
Ausweis als Eventualverbindlichkeit **B** 1661
Passivierung **B** 1671 ff.
Gewährleistungsverpflichtungen, Eventualverbindlichkeiten **B** 1671 ff.
Gewerbeanmeldung R 107
Gewerbebetrieb-Einkünfte, Freibeträge und Freigrenzen **H** 15
Gewerbeertrag, Meßbetrag **H** 181, 183
Gewerbegründungen
erlaubnispflichtige Gewerbe **R** 25
Gaststättengewerbe **R** 20
Gewerbebegriff **R** 10
handwerksähnliche G. **R** 18
Verkehrsgewerbe **R** 21
Gewerbekapital, Meßbetrag **H** 181, 183
Gewerbeordnung, erlaubnispflichtige Gewerbe **R** 25
Gewerbesteuer H 181 ff.
Beginn der Steuerpflicht **H** 188
Betriebsaufspaltung **H** 189
Divisoren-Tabelle **H** 184
Einzelunternehmens-Übergang **H** 190
Ende der Steuerpflicht **H** 189
Ermittlung der Gewerbekapital- und Gewerbeertragsteuer **B** 1145
Ermittlung der Gewerbesteuerrückstellung **B** 1145
formwechselnde Umwandlung **H** 192
Gesellschafterwechsel bei Personengesellschaften **H** 191
Gewerbebetrieb **H** 188
Gewerbesteuerpflicht **H** 188 f.
Gewinnermittlung **H** 182
Hebesätze **H** 185
Kleinbetragsregelung **H** 197
Meßbetrag nach dem Gewerbeertrag **H** 181, 183
Meßbetrag nach dem Gewerbekapital **H** 181, 183
Mitwirkungs- und Antragspflichten **I** 18
Multiplikatorentabelle **B** 1146
Organschaft **B** 1559 ff.; **H** 193
Unternehmeridentität **H** 190
Verfahrensweg der Steuerfestsetzung **H** 186 f.

1513

Sachverzeichnis

Buchstaben = Teile

Verlustabzug und -vortrag **H** 190 ff.
Verpachtung **H** 189
Zerlegung **H** 187
Gewerbesteuererklärung
Gebühr **W** 22, 34
typische Fehler **U** 44
Gewerbesteuermeßbetrag, Zerlegung **H** 194 ff.
Gewerbesteuerrückstellungen B 1140 ff., 1143 f.
Ermittlung **B** 1145; **H** 182
Gewerbliche Schutzrechte
Abschreibungen **B** 256
Aktivierungsvoraussetzung **B** 253
Begriff **B** 252
Bewertung **B** 259 ff.
Bilanzierungsgebot **B** 254
ertragsteuerliche Behandlung **B** 258
Prüfung des Ausweises **B** 270
Prüfung der Bewertung **B** 267 ff.
Prüfung des internen Kontrollsystems **B** 262
Prüfung des Nachweises **B** 263 ff.
Gewichte, englische und amerikanische **X** 70
Gewinnabführungsvertrag B 1558
Erträge (Gewinne) **B** 1820 ff., 1920 f.
Gewinnbeteiligungszusagen, Rückstellungen **B** 1295
Gewinnberichtigung H 720
Gewinnermittlung nach Durchschnittsätzen, Gebühr **W** 34
Gewinngemeinschaft, Erträge (Gewinne) **B** 1820 ff., 1920 f.
Gewinnpoolung, Umsatzsteuer **H** 200
Gewinnrealisierung, unentgeltlicher Erwerb **A** 73
Gewinnrücklagen B 952 ff.
Aktiengesellschaften, gesonderter Ausweis **B** 953
„andere Rücklagen" **B** 980 ff.
Angabe im Anhang **B** 1978
Arten von G. **B** 953
Auflösung **B** 984
Begriff **B** 952
Bewertung **B** 985
Bildung **B** 981 ff.
Einstellungen **B** 1940
Entnahmen **B** 1936 f.
ertragsteuerliche Behandlung **B** 985
gesetzliche Rücklagen **B** 955 ff.; *s. im einzelnen* Rücklagen gesetzliche
Prüfungstechnik **B** 986 ff.
Rücklagen für eigene Anteile **B** 962 ff.
satzungsmäßige Rücklagen **B** 970 ff.
Verschiebungen innerhalb der G. **B** 1937

Wertaufholungsrücklagen **B** 990 ff.; *s. im einzelnen dort*
Gewinnschuldverschreibungen B 1481; *s. im einzelnen* Anleihen
Gewinn- und Verlustrechnung *s.* GuV-Rechnung
Gewinnvergleichsrechnungen R 129
Gewinnverlagerungen H 721
Gewinnvortrag B 1000 ff.
Ausweis **B** 1002
Begriff **B** 1001
GuV-Rechnung **B** 1928 ff.
Gezeichnetes Kapital B 885 ff.
Ausweis von Aktiengattungen **B** 889
Begriff **B** 885
Bewertung **B** 917
Eintragung im Handelsregister als Ausweisvoraussetzung **B** 888
Einzelunternehmen **B** 895 ff.
ertragsteuerliche Behandlung **B** 912 ff.
gesellschaftsteuerliche Behandlung **B** 915 f.
Grundkapital der AG **B** 887
Kapitalerhöhung, Ausweis **B** 891 f.
Kapitalgesellschaften **B** 885 ff.
Kapitalherabsetzung, Ausweis **B** 890
Kommanditisten-Kapitalkonten **B** 903
Personenhandelsgesellschaften **B** 895 ff.
Prüfung des Ausweises **B** 923
Prüfung der Bewertung **B** 922
Prüfung des internen Kontrollsystems **B** 918
Prüfung des Nachweises **B** 919 ff.
Saldierung von positiven und negativen Kapitalkonten **B** 902
Stammkapital der GmbH **B** 887
stille Gesellschaften **B** 909
Glaubhaftmachung, Sachverhalt **I** 6
Gläubigerausschuß
Allgemeines **P** 57
Aufgaben und Befugnisse **P** 58
Haftung **P** 60
Haftung der Mitglieder **N** 111
bei Konkurs **N** 109
Überwachung und Unterstützung des Konkursverwalters **N** 110
Vergütung für Mitglieder **P** 61; **W** 56
Gläubigerbeirat
Vergleichsverfahren **N** 241
Vergütung für Mitglieder **W** 57
Gläubigerversammlung
Beschlußfassung **N** 108
Konkurseröffnung **N** 105
Konkursverfahren **N** 84 f.
Stimmberechtigung **N** 106
Gläubigerverzeichnis N 198

Zahlen = Randziffern   **Sachverzeichnis**

Gleichartigkeit der Roh-, Hilfs- und Betriebsstoffe **B** 555
Gleichordnungskonzern, Kapitalkonsolidierung **F** 177 f.
Gliederung und Offenlegung des Anlagevermögens nach neuem und altem Recht **B** 155
Globalabstimmung C 111
GmbH
Aufrechnung mit Einlagenansprüchen **U** 62 ff., 69
Ausleihungen an Gesellschafter **B** 481
Eigenkapital ersetzende Gesellschafterdarlehen **U** 74 ff.
Einlagenerbringung mit Kreditmitteln **U** 68
Fehler bei der Kapitalaufbringung **U** 62 ff.
Fehler bei der Kapitalbeschaffung **U** 69
gezeichnetes Kapital **B** 887
Problemfälle bei der GmbH-Beratung **U** 52 ff.
Rechtsformwahl **R** 83
Zweckbestimmung von Einlagenzahlungen **U** 67
GmbH & Co KG
Erwerb von Gesellschaftsrechten **B** 915
Konzernrechnungslegungspflicht **F** 8
Rechtsformwahl **R** 84
GmbH & Still, Rechtsformwahl **R** 85 f.
Gnadenbezüge, lohnsteuer- und sozialversicherungsrechtliche Behandlung **L** 578
GoB A 229 ff.
Anforderungen an die Dokumentation **A** 236 ff.
Arten der Bücher **A** 241 ff.
Aufgabe der GoB **A** 232
Begriff **A** 232
Belegprinzip **A** 127 ff.
Bestätigungsvermerk, Einschränkung oder Versagen bei Verletzung der GoB **A** 276
Buchführungssysteme **A** 236 ff.
COM-Verfahren **A** 268 f.
EDV-Buchführung **A** 266 ff.
Fernbuchführung **A** 271
Form der Bücher **A** 251
formale und materielle GoB **A** 233 ff.
Geltungsbereich **A** 229
Generalklauseln für den Jahresabschluß *s. dort*
geordnete Verbuchung **A** 256 ff.
Grundbücher **A** 241 ff.
Hauptbücher **A** 244
historische Entwicklung **A** 231
Jahresabschluß, Frist zur Aufstellung **A** 272 f.

Klarheit der Verbuchung **A** 256 ff.
lebende Sprache **A** 264
Mikrofilmgrundsätze **A** 269
Nebenbücher **A** 245 ff.
Nichtigkeit des Jahresabschlusses bei wesentlichen Verstößen **A** 355 ff.
Ordnungsmäßigkeit der Eintragungen **A** 252 ff.
Prüfung der Einhaltung **C** 125
rechtliche Grundlagen **A** 229
Rechtsfolgen bei Fehlen der GoB **A** 274 ff.
richtige Verbuchung **A** 254
Schätzung der Besteuerungsgrundlagen bei Verletzung der GoB **A** 277
Speicherbuchführung **A** 270
strafrechtliche Folgen bei Verletzung der GoB **A** 275
Übersichtlichkeit der Verbuchung **A** 256 ff.
unbestimmter Rechtsbegriff **A** 230
Unveränderlichkeit der Eintragungen und Aufzeichnungen **A** 261 ff.
vollständige Verbuchung **A** 253
zeitgerechte Verbuchung **A** 255
Going-Concern-Prinzip A 227 ff.
Begriff **A** 227
Zeitpunkt der Noch-Anwendung **A** 228
GoS
s. auch EDV-Buchführung **A** 278 ff.
Begriff **A** 278
Grundsätze des AWV (Wortlaut) sowie BMF-Schreiben v. 5. Juli 1978 **A** 279
Grabpflege, Nachlaßverbindlichkeit **H** 286
Grabstätte, Nachlaßverbindlichkeit **H** 286
Gratifikationen
Arbeitnehmer **M** 83
lohnsteuer- und sozialversicherungsrechtliche Behandlung **L** 579
Rückstellung **B** 1300
Gratisaktien, Anschaffungskosten **B** 453
Großanlagen, Abschreibung von Teilanlagen **B** 205
Großbetriebsprüfungsstellen J 68
Großhandelsgründung R 13
Grünanlagen, Anschaffungskosten **B** 332
Gründungsgesellschaften
Außenprüfung **J** 37
Körperschaftsteuerpflicht **H** 103
Grundbuch-Umschreibung, Nachlaßverbindlichkeit **H** 286
Grundbücher A 241 ff.
Grunderwerbsteuer H 301 ff.
Abtretungsverpflichtung **H** 307
altes Recht **H** 302 ff.
Anschaffungsnebenkosten **A** 87

1515

Sachverzeichnis

Buchstaben = Teile

Anteilsvereinigungen H 307
Anzeigepflichten H 327
Aufhebung der Steuerfestsetzung H 329
Auflassung H 307
Bemessungsgrundlage H 317 ff.
Bruchteilseigentum H 315
Durchführung der Besteuerung H 321 ff.
Ehegattenerwerb H 315
Eigentumsübergang kraft Gesetzes H 307
Entstehung der Steuer H 325 ff.
Erbbaurechtsbestellung H 307
Erwerb durch ausländische Staaten H 315
Fälligkeit der Steuer H 326
fortgesetzte Gütergemeinschaft H 315
Freigrenze H 315
Gebäude auf fremdem Grund und Boden H 311
Gebietskörperschaften H 315
Gegenleistung H 317
gemischte Schenkung H 307
Genehmigungspflicht des Erwerbsvorgangs H 324 f.
Gesamthandseigentum H 315
grunderwerbsteuerbare Vorgänge H 307
Grundstücksbegriff H 309 ff.
Haftung H 322
Kaufangebot H 307
Kaufvertrag H 307
Konkurrenz mit anderen Steuern H 312 ff.
Meistgebot H 307
Mitwirkungs- und Antragspflichten I 22
Nacherhebungsfälle nach altem Recht H 302, 305
nichtsteuerbare Sachverhalte H 307
Optionsrecht H 307
Provisionsverpflichtung H 318
Ringtausch H 319
Schenkungen H 308
Steuerbefreiungen H 315
Steuerbefreiungen nach altem Recht H 331
Steuersatz H 320
Steuerschuldner H 321
Tatbestand H 306
Tausch H 307, 319
Treuhanderwerb H 315
Übergang vom alten zum neuen Recht (Tabelle) H 330
Übergangsvorschriften H 304 f.
Umsatzsteuer H 318
Umsatzsteuer-Konkurrenz H 314
Unbedenklichkeitsbescheinigung H 327
Verpflichtungsgeschäft H 307
Verwandtenerwerb H 315
Verwertungsbefugnis-Verschaffung H 307
Grundgebühren W 39
Grundkapital der AG B 887

Grundlagenbescheide
Ablaufhemmung I 98
Aussetzung der Vollziehung I 178 f.
Grundlohnberechnung für Sterbegeld L 249 f.
Grundprämie T 42
Grundsätze ordnungsmäßiger Buchführung s. GoB
Grundsätze ordnungsmäßiger Speicherbuchführung s. GoS
Grundsatz der Maßgeblichkeit s. Maßgeblichkeitsgrundsatz
Grundschulden
Ausleihungen s. dort
Nachlaßverbindlichkeit H 286
Grundsteuer
Anlaufhemmung I 87
Mitwirkungs- und Antragspflichten I 23
Grundstücke
Aufteilung der Anschaffungskosten B 331
Ausweis von Bauten auf fremden Grundstücken B 322 ff.
Ausweis von Geschäfts-, Fabrik- und anderen Bauten B 314
Ausweis von Grundstücken ohne Bauten B 320
Ausweis von Wohnungseigentum und Bauten zu Wohnzwecken B 319
Begriff B 312
Bewertung H 253
Bewertung baureifer G. H 256
bewertungsrechtliche Behandlung B 340 ff.
Ehegatten-Übertragung U 51
Einrichtungen B 315
Ermittlung der Anschaffungskosten von Grund und Boden B 332
ertragsteuerliche Behandlung B 330 ff.
Gebäude auf fremdem Grund und Boden s. dort
Grunderwerbsteuer H 306 ff.
obligatorische Rechte B 318
Grundstücksgleiche Rechte
Ausweis eigener Erbbaurechte an Grundstücken Dritter B 321
Ausweis von Erbbaurecht und Dauerwohnrecht B 319
Ausweis von Geschäfts-, Fabrik und anderen Bauten B 316
Begriff B 312
ertragsteuerliche Behandlung B 330 ff.
Prüfung des Ausweises B 355
Prüfung der Bewertung B 351 ff.
Prüfung des internen Kontrollsystems B 345
Prüfung des Nachweises B 346 ff.

Zahlen = Randziffern

Sachverzeichnis

Grundstückslasten Anschaffungskosten **B** 332
Grundstücksmakler, MaBV-Prüfung **O** 3 ff.
Grundstücksverkauf, Realisationszeitpunkt **A** 381
Grund und Boden
s. Gebäude auf fremdem Grund und Boden
s. Grundstücke
s. Grundstücksgleiche Rechte
Grundvermögen H 251
Gliederung **H** 253
Gruppenbewertung, Inventur **A** 322
Gütergemeinschaft fortgesetzte, Grunderwerbsteuer **H** 315
Güterkraftverkehr, Voraussetzungen **R** 21
Gutachten
Anschaffungsnebenkosten **A** 87
Gebühr **W** 22, 34, 57
Gutachtenstellen, Beschlagnahmeverbot **K** 101
Gutachtertätigkeit s. Sachverständiger
Guthaben bei Kreditinstituten B 790 ff.
Aufrechnungsvoraussetzungen **B** 792
ausländische Kreditinstitutsguthaben **B** 791
Begriff und Ausweis **B** 790
Bewertung **B** 794 f.
Prüfung des Ausweises **B** 803 f.
Prüfung der Bewertung **B** 802
Prüfung des internen Kontrollsystems **B** 796 ff.
Prüfung des Nachweises **B** 801
verbundene Kreditinstitute **B** 793
GuV-Rechnung B 1690 ff.
Abschreibungen **B** 1790 ff.; *s. im einzelnen dort*
Abschreibungen auf Finanzanlagen **B** 1845 ff.; *s. im einzelnen dort*
Abschreibungen auf Wertpapiere des Umlaufvermögens **B** 1845 ff.; *s. im einzelnen dort*
Allgemeines zu neuem/altem Recht **B** 1690 ff.
Aufwendungen aus Verlustübernahme **B** 1855 ff.; *s. im einzelnen dort*
außerordentliche Aufwendungen **B** 1885 ff.; *s. im einzelnen dort*
außerordentliches Ergebnis **B** 1890
außerordentliche Erträge **B** 1876 ff.; *s. im einzelnen dort*
Berichterstattung des Abschlußprüfers **C** 23
Bestandsveränderungen an fertigen und unfertigen Erzeugnissen **B** 1710 ff.; *s. im einzelnen dort*
Bilanzgewinn/Bilanzverlust **B** 1947
Bruttoprinzip **B** 1695
Eigenleistungen aktivierte **B** 1718 ff.; *s. im einzelnen dort*
Einstellung in Gewinnrücklagen **B** 1940
Einstellung in Kapitalrücklagen **B** 1943 f.
Entnahmen aus Gewinnrücklagen **B** 1936 f.
Entnahmen aus den Kapitalrücklagen **B** 1933
Ergebnis der gewöhnlichen Geschäftstätigkeit **B** 1873
Erträge aus Beteiligungen **B** 1810 ff.; *s. im einzelnen dort*
Erträge (Gewinne) aus Gewinngemeinschaft und Gewinnabführungsvertrag **B** 1820 ff.
Erträge (Gewinne) aus Verlustübernahme **B** 1915 ff., *s. im einzelnen dort*
Erträge aus Wertpapieren und Ausleihungen des Finanzanlagevermögens **B** 1830 ff.
Gebühren **W** 22
Gebühr für Prüfung **W** 34
Gesamtkostenverfahren **B** 1692 ff.
Gewinne auf Grund einer Gewinngemeinschaft bzw. Gewinnabführungsvertrag **B** 1920 f.
Gewinnvortrag/Verlustvortrag aus dem Vorjahr **B** 1928 ff.
Gliederungsalternativen **B** 60
Gliederungs-Schema neues Recht/altes Recht **B** 1697
Gliederungsschemata der großen Kapitalgesellschaften **B** 90
Jahresüberschuß/Jahresfehlbetrag **B** 1925
Konto- oder Staffelform **B** 1692 f.
Konzern-GuV-Rechnung *s. dort*
Materialaufwand **B** 1745 ff.; *s. im einzelnen dort*
Offenlegungspflicht **E** 5 f.
Offenlegungs-Schema neues Recht/altes Recht **B** 1697
Personalaufwand **B** 1760 ff.; *s. im einzelnen dort*
sonstige betriebliche Aufwendungen **B** 1798 ff.; *s. im einzelnen* Verluste aus Abgängen
sonstige betriebliche Erträge **B** 1725 ff.; *s. im einzelnen* Erträge aus Abgängen
sonstige Steuern **B** 1905 ff.

1517

Sachverzeichnis

Buchstaben = Teile

sonstige Zinsen und ähnliche Erträge **B** 1837 ff.; *s. im einzelnen* Zinserträge
Steuerberechnung für Körperschaften (Schema) **B** 1909
Steuern vom Einkommen und Ertrag **B** 1894 ff.; *s. im einzelnen dort*
Umsatzerlöse **B** 1699 ff.; *s. im einzelnen dort*
Umsatzkostenverfahren **B** 1692 ff.
Zinsen und ähnliche Aufwendungen **B** 1865 ff.; *s. im einzelnen* Zinsaufwendungen

Habenzinsen, Durchschnittssätze **X** 55
Häusliche Krankenpflege L 193 ff.
Haftbefehl K 308
Haftpflichtverbindlichkeiten, Rückstellungen **B** 1310 ff.
Haftpflichtversicherung des StB *s.* Berufshaftpflichtversicherung
Haftung
Arbeitgeber **M** 288 ff.
Arbeitgeber bei Berlinzulagen **H** 504
Arbeitnehmer gegenüber Arbeitgeber **M** 281 ff.
Arbeitnehmer gegenüber Betriebsangehörigen und Dritten **M** 284 f.
bisheriger Betriebsinhaber bei Betriebsnachfolge **M** 272
Grunderwerbsteuer **H** 322
Steuerberater als Treuhänder **V** 18 f.
Steuerhinterziehung **K** 244
Treuhänder **P** 7
Haftung gegenüber Dritten T 24 ff.
Haftung des Steuerberaters T 1 ff.
Auskunftsvertrag **T** 25
Belehrungspflicht des StB über bestehende Schadensersatzansprüche **T** 35
Beschreiten des sicheren Weges **T** 13
Haftung aus unerlaubter Handlung **T** 26
Haftung gegenüber Dritten **T** 24 ff.
Haftungsvoraussetzungen **T** 27 ff.
Kausalzusammenhang **T** 28
Mandatspflichten **T** 5 ff.
Mitverschulden des Geschädigten **T** 29 ff.
organisatorische Vorkehrungen **T** 14
Rechtsberatung **T** 19 ff.
Rechtsprechungskenntnis **T** 1 f.
Standespflicht-Verletzung **T** 4
Verjährung **T** 33 ff.
Verschulden **T** 27
Verschwiegenheitspflicht **T** 15 ff.
Vertragspflicht-Verletzung **T** 2 ff.
Vorteilsausgleichung **T** 32
vorvertragliche Ansprüche **T** 22
Haftungsbegrenzung *s.* Haftungsbeschränkung

Haftungsbeschränkung
durch AGB **S** 89 ff.
s. auch Allgemeine Auftragsbedingungen
fernmündliche Auskünfte **S** 87
gegenüber Dritten **S** 84
Haftungsverbindlichkeiten, Passivierung als Eventualverbindlichkeiten **B** 1675 f., 1677 ff.
Haftungsverhältnisse
Angabe im Anhang **B** 1981
Vermerkpflicht allgemein **B** 41
Haftung vertragliche Mehrfachqualifikation des StB **S** 24
Halb- und Teilerzeugnisse, Herstellungskosten **A** 291
Handelsbilanz
s. auch Bilanz
s. auch Jahresabschluß
s. auch Steuerbilanz
Abschreibungen außerplanmäßige **B** 220 ff.
Abschreibungen planmäßige **B** 195 ff.
Handelsbriefe, Aufbewahrungspflicht **A** 100; **I** 32
Handelsbücher, Aufbewahrungspflicht **A** 98
Handelsregister
Anmeldungen von Unternehmensgründungen **R** 109
Offenlegung des Jahresabschlusses **E** 9
Handelsregisterauszug, Auslagen **W** 39
Handelsvertreter, Überprüfung der Zahlungseingänge **U** 32
Handelsvertreter-Ausgleichsanspruch, Rückstellungen **B** 1250 ff.
Handelswaren
Bewertung **B** 631 a
Bilanzierung **B** 625
Handwerksgründungen
Abgrenzung zur industriellen Fabrikation **R** 19
Gründungsvoraussetzungen **R** 14 ff.
handwerksähnliche Gewerbe **R** 18
Handwerksordnung
Anlage A **R** 17
Anlage B **R** 18
Handwerksrolle, Eintragung **R** 108
Hauptabschlußübersicht, Prüfung **C** 135
Hauptbücher A 244
Hauptfeststellung H 254
Gebühr **W** 22, 34
Haushaltsfreibetrag H 7
Haushaltshilfe, Krankenkassenzuschüsse **L** 227 f.
Haushaltsführung doppelte *s.* Doppelte Haushaltsführung

Zahlen = Randziffern

Sachverzeichnis

Hausrat, Bewertung **H** 256
Hausverwalter als Grundstücksmakler **O** 3
Hausverwaltung, Gebühr **W** 57
Hebammen, Beschlagnahmeverbot **K** 100
Hebesätze, Gewerbesteuer **H** 185
Hehlerei des StB V 41
Hehlerei, Steuerhehlerei **K** 244
Heimarbeiter L 581
außerordentliche Kündigung **M** 381
Kündigungsschutz **M** 380 ff.
Heimfallverpflichtung, Rückstellungen **B** 1305 f.
Heiratsbeihilfen, lohnsteuer- und sozialversicherungsrechtliche Behandlung **L** 535 f.
Herstellung, Berlinförderung **H** 361 ff.
Herstellungsaufwand A 285, 288 f.
nachträglicher H. bei Berlinvergünstigung **H** 412
Herstellungskosten A 280 ff.
Abfälle **A** 291
Abgrenzung zwischen Herstellungs- und Erhaltungsaufwand **A** 289 e
aktivierungspflichtige und -fähige Kostenarten **A** 290 ff.
allgemeine Verwaltungskosten **A** 295 f.
Angemessenheitsprinzip **A** 301 ff.
anschaffungsnahe Aufwendungen **A** 82
außerordentliche Aufwendungen **A** 293 d
Begriff **A** 280
Berlinförderung **H** 418
betriebswirtschaftlicher Kostenbegriff **A** 282
Eigenkapitalzinsen **A** 298 f.
Erhaltungsaufwand **A** 288 ff.
Erweiterung **A** 285
Fertigungseinzelkosten **A** 293 f., 293 b f.
Fremdkapitalzinsen **A** 297
Generalüberholung **A** 288
Herstellung **A** 280
Herstellungsaufwand **A** 282, 285, 288 f.
Ingangsetzungsaufwendungen **A** 289 c
kalkulatorische Abschreibungen **A** 293 c
Kostenarten- und Kostenstellenzurechnung **A** 293 b
Kostenarten (Unterscheidungsschema Handelsrecht/Steuerrecht) **A** 299 a
kostenmäßige Abgrenzung zu Herstellungskosten **R** 189
kostenmäßige Ermittlung **R** 188
Materialeinzelkosten **A** 291
Materialgemeinkosten **A** 292 f.
Modernisierungsaufwand **A** 289 c
nachträgliche H. **B** 167

Risikorückstellungsaufwendungen **A** 293 d
Sonderkosten der Fertigung **A** 294 f.
soziale Aufwendungen **A** 296 f.
Steuern (KSt, GewSt) **A** 293 d
Veranlassung der Aufwendungen **A** 284 ff.
Verbrauch **A** 291
Wertobergrenzen **A** 299 ff.
Wertsteigerungen **A** 289 d
Wertuntergrenzen **A** 299 ff.
Wertverzehr des Anlagevermögens **A** 293 c
wesentliche Verbesserung **A** 288
Zinsen **A** 290 a
Hifo-Methode B 563
Hilfstafel 1 zum BewG X 11
Ergänzungstabelle **X** 12
Hilfstafel 1a zum BewG X 13
Hilfstafel 2 zum BewG X 17
Hilfsstoffe s. Roh-, Hilfs- und Betriebsstoffe
Hinterbliebenenrente
Allgemeines **L** 42 f.
Erziehungsrente **L** 58, 63 ff.
Scheidungsrente **L** 59 ff.
Waisenrente **L** 50 ff.
Witwenrente **L** 44 ff.
Witwerrente **L** 48
Hinterziehungszinsen K 244
Hinzurechnungsbesteuerung H 726 ff.
Höchstwertprinzip B 189
Bilanzierung von Verbindlichkeiten **B** 1437
Holdinggesellschaften, internationale H. **H** 718
Honorar s. Gebühren
Hypotheken
Ausleihungen s. dort
Nachlaßverbindlichkeit **H** 286

Immaterielle Vermögensgegenstände B 250 ff.
Abschreibungen **B** 256
Aktivierungsvoraussetzungen **B** 253
Bewertung **B** 259 ff.
Bilanzierungsgebot **B** 254
ertragsteuerliche Behandlung **B** 258
Geschäftswert s. dort
gewerbliche Schutzrechte **B** 252 ff.; s. im einzelnen dort
Gliederung **B** 250 f.
Konzessionen **B** 252 ff.; s. im einzelnen dort
Lizenzen **B** 252 ff.; s. im einzelnen dort
Prüfung des internen Kontrollsystems **B** 262
Immaterielle Wirtschaftsgüter
Investitionszulagen **H** 554

1519

Sachverzeichnis

Buchstaben = Teile

Investitionszulagen nach BerlinFG **H** 466
Maßgeblichkeitsgrundsatz **A** 340
Immobiliarsicherheiten im Konkursverfahren **N** 176, 183
Immobilienfond, Bewertung **H** 256
Imparitätsprinzip A 329 f.
Konzernrechnungslegung **F** 108
Importwarenabschlag B 576 b
Sonderposten mit Rücklageanteil **B** 1060
Zuschreibungen **A** 415
Indirekte Prüfung C 136
Individualabrede, Steuerberatungsvertrag **S** 80, 102 ff.
Informationsreisen Auslagen **W** 39
Ingangsetzungsaufwendungen B 120 ff.
Abschreibung **A** 34; **B** 127
Ausschüttungssperre **B** 124
Ausweisalternativen **B** 128 f.
Bewertung **B** 131
bei Einzelkaufleuten und Personengesellschaften **B** 126
Erläuterung im Anhang **B** 1978
ertragsteuerliche Behandlung **B** 130
künftige Erträge als Voraussetzung **B** 123
Herstellungskosten **A** 289 c
nicht aktivierungsfähige Aufwendungen **B** 125
Prüfung des Ausweises **B** 137
Prüfung der Bewertung **B** 135 f.
Prüfung des internen Kontrollsystems **B** 132
Prüfung des Nachweises **B** 133 f.
Rückstellungen **B** 1164
Rückstellung für latente Steuern bei Aktivierung von I. **B** 1163
Inhaberklausel, Versorgungszusagen **B** 1109
Innenumsätze, Umsatzsteuer **H** 200
Inseratensammlung, MaBV-Prüfung **O** 79
Insolvenzrecht
Allgemeines **N** 1 ff.
Arten des Insolvenzverfahrens **N** 3 ff.
bilaterale Abkommen **N** 30
deutsches internationales I. **N** 25 ff.
europäische Harmonisierung **N** 28 f.
gesetzliche Grundlagen **N** 18 ff.
Territorialitätsprinzip **N** 26
Universalitätsprinzip **N** 26
Vergleichsverfahren s. dort
Insolvenzrechtsreform N 21 ff.
Insolvenzsicherung N 20
Arbeitslohn **N** 166
betriebliche Altersversorgung **N** 164
außergerichtlicher Vergleich **N** 15 ff.
Konkursverfahren s. dort

Instandhaltungsrückstellungen s. Rückstellungen für Instandhaltung
International Fiscal Association, Adresse **X** 74
Interessenkollision
Steuerberatung **S** 34
Steuerberatungsmandat **S** 25 ff.
Internes Kontrollsystem s. Kontrollsystem internes
Interpolation, Abzinsungsfaktor **X** 23
Investitionshilfeabgabe L 584
Inventar A 305 ff.
Aufbewahrungspflicht **I** 29
Begriff **A** 305
Inventur A 305 ff.
Anlagen selbsterstellte **A** 324
Aufbewahrungspflichten **A** 325 ff.
Aufnahmezeitpunkt **A** 311 ff.
Bankguthaben und -verbindlichkeiten **A** 324
Begriff **A** 305
Bestandsverzeichnis des Anlagevermögens **A** 323
Durchführung **A** 306 ff.
Festwerte **A** 320 f.
Forderungen und Verbindlichkeiten **A** 324
Gruppenbewertung **A** 322
Inventurplanung **A** 309
Inventurunterlagen **A** 324
Kassenbestände etc. **A** 324
körperliche Gegenstände **A** 310
Klarheits-Grundsatz **A** 308
Nichtteilnahme des Prüfers und alternative Prüfungshandlungen **B** 589
permanente I. **A** 316
Richtigkeitsgrundsatz **A** 307
Schuldwechsel **A** 324
Stichprobeninventur **A** 318 f.
Stichtagsinventur **A** 311 ff.
Teilnahme des Prüfers **B** 582 ff.
Tonbandgeräte-Beiziehung **A** 328
Unterlagen **W** 22
Vollständigkeits-Grundsatz **A** 306
vor- und nachverlegte Stichtagsinventur **A** 314 ff.
Vorräte **A** 324
Inventurmethode, Kostenartenrechnung **R** 164
Investitionsrechnungen R 117 ff.
Amortisationsrechnung **R** 135
Annuitätsmethode **R** 141
Arten der I. **R** 121 ff.
break-even Analyse **R** 136
finanzmathematische Verfahren **R** 137 ff.
Gewinnvergleichsrechnungen **R** 129
Kapitalwertmethode **R** 139 f.

1520

Zahlen = Randziffern

Sachverzeichnis

Kostenvergleichsrechnungen **R** 124 ff.
Pay-off-Methode **R** 135
Rentabilitätsrechnungen **R** 130 ff.
Wirtschaftlichkeitsrechnungen **R** 122
Ziele der I. **R** 117 ff.
Zinsfußmethode interne **R** 142
Investitionszulagen H 551 ff.
s. auch Investitionszulagen nach BerlinFG
Antrag **H** 567
Anzahlungen **H** 565
Außenanlagen **H** 554
Beginn und Herstellung eines Wirtschaftsguts **H** 561
Begriff „neu" **H** 557
begünstigte Investitionen **H** 554
begünstigter Personenkreis **H** 552
Begünstigungsvolumen **H** 564
Begünstigungszeitraum **H** 560
Bemessungsgrundlage **H** 563
Betrieb- und Betriebstättenbegriff **H** 553
betriebliche Nutzung **H** 558
Betriebsbezogenheit **H** 566
Betriebsvorrichtungen **H** 555
Drei-Jahres-Zeitraum **H** 559
Ermittlung der Anschaffungskosten **A** 70
Gebäudeteile **H** 554
Gebühr **W** 34
geringwertige Wirtschaftsgüter **H** 554
immaterielle Wirtschaftsgüter **H** 554
Konkurrenz mit anderen Zulagen **H** 567
Lieferungs- und Fertigstellungstermin **H** 562
Mietereinbauten und -umbauten **H** 555
nachträgliche Herstellungsarbeiten **H** 556
Scheinbestandteile **H** 555
Teilherstellungskosten **H** 564 f.
Vergleichsvolumen **H** 566
zulagefähige Wirtschaftsgüter **H** 554 ff.
Investitionszulage nach BerlinFG H 458 ff.
abnutzbare unbewegliche Wirtschaftsgüter **H** 481
Antrag **H** 462
Anzahlungen **H** 464
Ausbauten und Erweiterungen **H** 482
Außenanlagen **H** 473
Begriff „neu" **H** 476
Forschung und Entwicklung **H** 479 f.
geringwertige Wirtschaftsgüter **H** 468
Gliederung des verwendbaren Eigenkapitals **H** 461
immaterielle Wirtschaftsgüter **H** 466
Luxusgüter **H** 470
nachträgliche Anschaffungs- und Herstellungskosten **H** 475
PKW **H** 469

Umlaufvermögen **H** 471
Vermischen oder Verbinden **H** 474
Vorführgerät **H** 476
Wirtschaftsgüter nicht begünstigte **H** 471
zeitliche Voraussetzungen **H** 478 ff.
Investitionszulagengesetz
Anwendungsübersicht **H** 568
Investitionszuschüsse
Ermittlung der Anschaffungskosten **A** 70
Investmentzertifikate, Bewertung **H** 256
Irrtum, Straftat **K** 211 f.
Ist-Kostenrechnungssysteme
auf Teilkostenbasis **R** 201 ff.
auf Vollkostenbasis **R** 199 f.

Jahresabschluß
s. auch Bilanz
s. auch Handelsbilanz
s. auch Steuerbilanz
Änderungen gegenüber bisherigem Recht **B** 65 ff.
Angaben im Anhang **B** 51
Berichterstattung des Abschlußprüfers **C** 23
Besonderheiten bei Prüfung des J. kleiner Unternehmen **C** 147 ff.
Darstellung der Beziehungen zu Beteiligungsgesellschaften und verbundenen Unternehmen **B** 86 ff.
Darstellung der Ergebnisverwendung **B** 85
in deutscher Sprache und Deutscher Mark **A** 265
Dreiteilung des J. **B** 50 ff.
Fehler bei Erstellung des J. **U** 28 ff.
Formblattunternehmen **B** 61
Frist zur Aufstellung **A** 272 f.
Gebühr **W** 22
Gegenüberstellung der Gliederungsschemata für verschiedene Größenklassen der KapGes **B** 89
Generalklauseln für den J. **A** 198 ff.; *s. im einzelnen dort*
Gliederung bei Einzelkaufleuten und Personenhandelsgesellschaften **B** 40 ff.
Gliederung des erweiterten J. der Kapitalgesellschaften **B** 50 ff.
Gliederung, Zwangscharakter bei Kapitalgesellschaften **B** 55 ff.
Größenkategorien der Kapitalgesellschaften **B** 56
Grundregeln **B** 41

1521

Sachverzeichnis

Buchstaben = Teile

Jahresgewinn-Überprüfung **U** 35
Mittelherkunftskontrolle **U** 37
Nachtragsprüfung **C** 159 f.
Nichtigkeit des J. **A** 354 ff.; *s. im einzelnen dort*
notwendige Hinweise bei Übersendung an Mandanten **U** 47
Offenlegungspflicht **E** 1 ff.; *s. im einzelnen dort*
Plausibilitätsprüfung **U** 36
Prüfung (Allgemeines) **B** 25
Publizität **B** 52
Regelungen zur Verbesserung des Einblicks in die Ertragslage **B** 79 ff.
Regelungen zur Verbesserung des Einblicks in die Finanzlage **B** 74 ff.
Regelungen zur Verbesserung des Einblicks in die Vermögens- und Kapitalstruktur **B** 65 f.
Überschuldungsfeststellung **U** 38
Vergleichbarkeit der Abschlüsse **B** 62 f.
Verhältniszahlen **X** 71
Verrechnungsverbot **B** 64
wesentliche Neuerungen **B** 66 ff.
Zeitpunkt der Erstellung **U** 28 ff.
Jahresabschlußkosten, Rückstellungen **B** 1315 ff.
Jahresarbeitslohn L 585 f.
Jahresarbeitsverdienst in der Sozialversicherung **L** 587
Jahresfehlbetrag
Begriff und Ausweis **B** 1005 ff.
GuV-Rechnung **B** 1925
Jahresüberschuß
Begriff und Ausweis **B** 1005 ff.
GuV-Rechnung **B** 1925
Jubiläum *s.* Arbeitnehmerjubiläum
Jubiläumsaufwendungen, Rückstellungen **B** 1320 f.
Jugendarbeitsschutzrecht M 187 ff.
Arbeitszeit **M** 192
Ausbildungsmaßnahmen und Prüfungen **M** 195
Beschäftigungsverbote **M** 201
Fünftagewoche **M** 199
Geltungsbereich sachlicher **M** 187 ff.
Gesundheitsschutz **M** 208 ff.
Jugendlichenbeschäftigung **M** 191
Kinderbeschäftigung **M** 190
Nachtruhe **M** 198
Pflichten des Arbeitgebers **M** 203 ff.
Ruhepausen **M** 196
tägliche Freizeit **M** 197
Urlaub **M** 200
Juristische Person döR, Außenprüfung **J** 40

Kanalanschlußgebühren, Anschaffungskosten **B** 332
Kantinenessen, Umsatzsteuer **H** 205
Kapital, Angabe des genehmigten K. im Anhang **B** 1978
Kapitalanlagen steuerbegünstigt P 1 ff.
Kapitalanteilsmethode, Kapitalkonsolidierung **F** 176
Kapitalaufbringung, Fehler bei der K. **U** 60 ff.
Kapitalbarwerte X 23 f.
Kapitalbedarfplanung R 47 ff.
Kapitalendwerte X 23
Kapitalerhöhung
ertragsteuerliche Behandlung **B** 912
Fehler bei der Kapitalbeschaffung **U** 64
gezeichnetes Kapital **B** 891 f.
Kapitalerhöhung aus Gesellschaftsmitteln Bewertung **B** 442
Kapitalerhöhung gegen Einlage, fiktive Veräußerung bei späterer K. **H** 664
Kapitalermittlung X 21
Kapitalersetzende Gesellschafterleistungen N 131 a ff.
Anfechtbarkeit von Rechtshandlungen **N** 131 j
Fremdvergleich **N** 131 c
Geltungsbereich der GmbH-Novelle **N** 131 d
GmbH-Novelle von 1980 **N** 131 c
Kapitalrückzahlung **N** 131 a
Konkurs **N** 131 g
Kreditunwürdigkeit **N** 131 e
Passivierung im Überschuldungsstatus **N** 131 g
Rechtsfolgen **N** 131 g–k
Rückzahlungen auf Gesellschafterdarlehen **N** 131 k
Sicherheiten für Fremddarlehen **N** 131 h
„Stehenlassen" **N** 131 f
Tatbestandsvoraussetzungen **N** 131 c
Tilgung von Sicherheiten aus dem Gesellschaftsvermögen **N** 131 i
Umgehungsformen **N** 131 b
wirtschaftlich entsprechende Tatbestände **N** 131 l
Kapitalertragsteuer
Gebühr für Erklärung **W** 22, 34
leichtfertige Steuerverkürzung **K** 430
typische Fehler bei der Anmeldung **U** 46
Kapitalflußrechnungen R 262 ff.
Aussagefähigkeit **R** 278
Kapitalforderungen, Bewertung **H** 256

Zahlen = Randziffern **Sachverzeichnis**

Kapitalforderungen langfristige s. Ausleihungen
Kapitalgesellschaften
Anteile an Kapitalgesellschaften s. dort
Eventualverbindlichkeiten B 1652, 1655 f.
Generalnorm für den Jahresabschluß A 202
gezeichnetes Kapital B 885 ff
Gliederung B 55 ff.
Gliederung des Jahresabschlusses B 50 ff.
Größenkategorien B 56
kapitalersetzende Gesellschafterleistungen s. dort
Prüfungspflicht G 5 ff., 11
Rechnungslegungsvorschriften B 19 ff.
Umwandlung auf Personengesellschaft s. dort
Kapital gezeichnetes s. Gezeichnetes Kapital
Kapitalherabsetzung
Angabe der bei K. gewonnenen Beträge im Anhang B 1978
gezeichnetes Kapital B 890
Kapitalrücklage bei Einziehung von Aktien B 934
Unterschiedsbetrag als Kapitalrücklage B 933
Kapitalkonsolidierung F 134 ff.
Abschluß des assoziierten Unternehmens F 176
Allgemeines F 18
Anteile eigene F 138
Ausgleichsposten für Anteile im Fremdbesitz F 164
Bewertungsstichtag F 176
Buchwertmethode F 154 ff., 176
Einlagen ausstehende F 137
Equity-Methode F 170 ff.
Erstkonsolidierung erfolgs*un*wirksame F 144 f.
Erstkonsolidierung erfolgswirksame F 146 ff.
geltendes Recht F 152
Gewinnrücklagen F 144
Gleichordnungskonzern F 177 f.
Interessenzusammenführungsmethode F 150 f., 162
Kapitalanteilsmethode F 176
Kapitalrücklagen F 144
Kernkonsolidierung F 179
Kettenkonsolidierung F 180
Konsolidierungsausgleichsposten F 139 ff.
konsolidierungspflichtiges Kapital F 135 f.
künftiges Recht F 153 ff.
latente Steuern F 120

Minderheitsanteile F 164 f.
Neubewertungsmethode F 165
passiver Unterschiedsbetrag F 160
Quotenkonsolidierung F 166 ff.
Simultankonsolidierung F 181
Sonderposten mit Rücklagenanteil F 136
Stichtagsmethode F 135 ff.
Tageswertmethode eingeschränkte F 155 ff.
Technik der K. im mehrstufigen Konzern F 179 ff.
Übergangsregelungen erleichternde F 163
Umbewertung F 176
Wertaufstockungen F 161
Zulässigkeit der Konsolidierungsmethoden F 152 ff.
Zurechnungsmethode F 158
Zwischengewinneliminierung F 176
Kapitalkonten
Einzelunternehmen B 895 ff.
Kommanditisten B 903
negative K. B 901, 907
Personengesellschaften B 895 ff.
Saldierung von K. B 902
stille Gesellschafter B 909
Unzulässigkeit der Zusammenfassung B 41 f.
Kapitalrücklagen B 925 ff.
Agio B 928
Angabe im Anhang B 1978
Ausweis B 926
Begriff B 925
Bewertung B 939
Einlagenumfang B 927
Einstellungen B 1943 f.
Entnahmen B 1933
ertragsteuerliche Behandlung B 937 f.
gesonderter Ausweis bei Aktiengesellschaften B 936
Kapitalherabsetzung durch Einziehung von Aktien B 934
keine abzugsfähige Schuld B 939
Prüfung des Ausweises B 943
Prüfung der Bewertung B 942
Prüfung des internen Kontrollsystems B 940
Prüfung des Nachweises B 941
Sacheinlagen B 929
Schütt aus-Hol zurück Verfahren B 932
Unterschiedsbetrag bei Kapitalherabsetzung B 933
Verwendung der K. B 935
Wandelschuldverschreibungen B 930
Zuzahlungen von Gesellschaftern B 931
Kapitalrückzahlungen N 131 a
Verbuchung B 441

1523

Sachverzeichnis

Buchstaben = Teile

Kapitalspiegel B 883
Kapitalstruktur, Änderungen gegenüber bisherigem Recht **B** 65 f.
Kapitalstrukturkennzahlen R 243 ff.
Leverage-Effekt **R** 245
Kapitalumschlagshäufigkeit R 258
Kapitalverkehrsteuer, Anzeigefrist **I** 125
Kapitalverkehrsteuerprüfung J 18
Kapitalvermögen
Berlinvergünstigungen **H** 486
Freibeträge und Freigrenzen **H** 18
Kapitalwert
lebenslängliche Nutzung oder Leistung **X** 19
Rente, Nutzung oder Leistung **X** 17
Kapitalwertmethode R 139 f.
Kappung der Kirchensteuer **H** 51
Kassenaufnahme-Protokoll B 786
Kassenbestand
Begriff **B** 775
Bewertung **B** 777 f.
Protokoll über die Kassenaufnahme **B** 786
Prüfung des Ausweises **B** 785
Prüfung der Bewertung **B** 784
Prüfung des internen Kontrollsystems **B** 779 ff.
Prüfung des Nachweises **B** 783
Kassenbuchführung, Verprobungen **C** 228
Kassenfehlbeträge, lohnsteuer- und sozialversicherungsrechtliche Behandlung **L** 589
Kaufangebot, Grunderwerbsteuer **H** 307
Kaufkraftausgleich L 590
Kaufvertrag, Grunderwerbsteuer **H** 307
Kautionen, Ausweis s. Sonstige Vermögensgegenstände
Kennzahlen
finanz- und erfolgswirtschaftliche **R** 230 ff.
Vermögensstruktur **R** 240 ff.
Kernkonsolidierung F 179
Kettenarbeitsvertrag M 138
Kettenkonsolidierung F 180
Kifo-Methode B 565
Kilometergelderstattung, lohnsteuer- und sozialversicherungsrechtliche Behandlung **L** 591
Kilometerpauschbeträge L 565
Kinder im Lohnsteuerrecht **L** 592
Kinderfreibeträge H 7
Kinderzuschuß zur Rente L 67 ff.
Begriff Kinder **L** 69
mehrere Berechtigte **L** 71
Kindesunterhalt, Düsseldorfer Tabelle **X** 61
Kirchensteuer H 50 f.; **L** 593
Hebesatz beim Arbeitslosengeld **L** 337

Kappungsmöglichkeiten **H** 51
Kirchgeld-Ermittlung **H** 50
Steuersätze **H** 51
Kirchgeld H 50
Kfz
Investitionszulage nach BerlinFG **H** 469
Umsatzsteuer bei Austauschteilen **H** 205
Umsatzsteuer bei Überlassung an Arbeitnehmer/Gesellschafter **H** 205
Klage
s. auch Finanzgerichtsverfahren
Allgemeines **I** 224
Anfechtungsklage s. dort
Feststellungsklage **I** 198
Fristversäumnis **U** 9 ff.
Leistungsklagen sonstige **I** 196 f.
Musterschriftsätze **I** 268 ff.
Sprungklage **I** 156
Untätigkeitsklage **I** 200
Verpflichtungsklage s. dort
Verzicht auf Vorverfahren **I** 156
Vornahmeklage **I** 195
Kleinunternehmer
Steuerabzugstabelle beim Voranmeldungsverfahren **H** 215 f.
Umsatzsteuervergünstigung **H** 213 ff.
Knebelungsvertrag M 129
Know-how, Aktivierung **B** 252 ff.
Körperersatzstücke L 196
Körperschaften, Steuerberechnungsschema **B** 1909
Körperschaften des öffentlichen Rechts, Rechnungslegung **B** 15
Körperschaftsteuer H 101 ff.
Anrechnung ausländischer Steuern **H** 126
Anrechnungsverfahren **H** 127 ff.
Ausschüttungsbelastung **H** 150 ff.
Berechnung der K. **B** 1147
Berechnungsmöglichkeiten im Anrechnungsverfahren (Übersicht) **H** 176 f.
Berlinvergünstigungen **H** 499 ff.
Einkommensermittlung **H** 104 ff., 108
Erhöhung der K. **H** 155 ff.
Gebühr **W** 34
Gründungsgesellschaft **H** 103
Minderung der K. **H** 153 f.
Mitwirkungs- und Antragspflichten **I** 13
nichtabziehbare Aufwendungen (Übersicht) **H** 149
Organschaft **B** 1558 ff.
Rückstellungen **B** 1143 ff.
Steuerpflicht **H** 101 ff.
Steuersätze **H** 124 ff.
Übersicht über Auswirkungen auf Teilbeträge des verwendbaren Eigenkapitals **H** 175

Zahlen = Randziffern

Sachverzeichnis

verdeckte Einlagen **H** 119 f.
verdeckte Gewinnausschüttungen **H** 109 ff.; *s. im einzelnen dort*
Verlustabzug **H** 121 ff.
verwendbares Eigenkapital **H** 133 ff.
Körperschaftsteuererklärung, Gebühr **W** 22
Kommanditeinlagen
Ausweis getrennter K. **B** 42
Erlaß der K. **U** 70
Fehler bei der Kapitalaufbringung **U** 70 ff.
Gewinnentnahme bei negativem Kapitalkonto **U** 72
Rückzahlung der K. **U** 71
Stundung der K. **U** 70
Kommanditgesellschaft
Entnahmen unberechtigte **U** 73
Rechtsformwahl **R** 82
Kommanditisten
feste und variable Kapitalkonten **B** 905
Kapitalkonten **B** 903 ff.
negatives Kapitalkonto **B** 907
Trennung von Privat- und Kapitalkonten **B** 906
Zusammenfassung der Kapitalanteile **B** 908
Kommissionen, Anschaffungsnebenkosten **A** 87
Konkurs
Anschlußkonkurs **N** 230, 258 ff.
kapitalersetzende Gesellschafterleistungen **N** 131 g
Nachlaßverwaltung **P** 39
unpfändbare Gegenstände **N** 113
Zurückbehaltungsrecht des StB **S** 63
Konkursanfechtung N 121 ff.
Absichtsanfechtung **N** 123
Anfechtungstatbestände **N** 122 ff.
Aufrechnung im Konkurs **N** 129 ff.
besondere K. **N** 124
Geltendmachung der K. **N** 126
Rechtswirkungen der K. **N** 127
Schenkungsanfechtung **N** 122
Konkursantrag
Abweisung des K. **N** 77
Abweisung mangels Masse **N** 70
Aussetzung des K. **N** 65
Entscheidung über K. **N** 68 ff.
Prüfung des K. **N** 54 ff.
Rechtsmittel gegen Abweisung des K. **N** 77
Rücknahme des K. **N** 66 f.
Zurückweisung des K. **N** 69
Konkursantragspflicht N 37
Konkursausfallgeld N 166
Anspruch **L** 362 f.

Antrag **L** 365
Berlinzulagen **H** 509
Höhe **L** 364
lohnsteuer- und sozialversicherungsrechtliche Behandlung **L** 594
Vorschuß **L** 366
Konkursbeschlag N 87
Konkurseröffnung
Aktivprozesse vor K. **N** 94
Anhörung **N** 55
Einwendungen **N** 55
Eröffnungsbeschluß **N** 76
gutgläubiger Erwerb **N** 95
Konkursverwalter-Ernennung **N** 82
Leistungen an Gemeinschuldner **N** 98
Massekostenvorschuß **N** 71
öffentliche Bekanntmachung **N** 86
Prüfung des Konkursantrags **N** 54 ff.
Rechtshandlungen des Gemeinschuldners vor K. **N** 95
Rechtsmittel **N** 64
Sachverständigenprüfung **N** 56
Schuldnerliste **N** 73
Sequestration **N** 61
Sonderverwalter **N** 82
Veräußerungsverbot **N** 59
Verfahren bis zur K. **N** 54 ff.
vorläufige Sicherungsmaßnahmen **N** 58 ff.
Konkurseröffnungsbeschluß N 81
Beschwerde **N** 78
Notfrist bei sofortiger Beschwerde **N** 79
sofortige weitere Beschwerde **N** 80
Konkurseröffnungsbilanz N 207
Konkursforderungen, Anmeldung zur Konkurstabelle **N** 191
Arbeitsentgeltansprüche rückständige **N** 101
bevorrechtigte K. **N** 101
Feststellungsklage gegen Anmeldung von K. **N** 196
Feststellungswirkung **N** 197
Gesellschaftereinlagen **N** 100
kapitalersetzende Darlehen **N** 100
Prüfungstermin für angemeldete K. **N** 192 ff.
quotale Befriedigung **N** 103
Umfang **N** 99
Vorrangklassen nachfolgende **N** 102
Widerspruch gegen angemeldete K. **N** 195
Konkursgläubiger
absonderungsberechtigte K. **N** 107
Begriff **N** 99
Gläubigerorgane **N** 104
Gläubigerversammlung **N** 105
Konkursforderungen **N** 99
Stellung des K. **N** 101

Sachverzeichnis

Buchstaben = Teile

Konkursgründe N 44 ff
Überschuldung **N** 51
Zahlungsunfähigkeit **N** 45 ff.
Konkursmasse N 112 ff.
Absonderung von Gegenständen **N** 119 f.
Anfechtung von Vermögensverfügungen **N** 121 ff.
Aussonderung **N** 116
Begriff **N** 112
Bereicherungsansprüche **N** 138
Bereicherung durch Verfügung des Gemeinschuldners **N** 96
Ersatzabsonderung **N** 120
Ersatzaussonderung **N** 118
Freigabe von Gegenständen **N** 115
Masseforderungen **N** 132
Massegläubiger **N** 132 ff.
Massekosten **N** 132
Masseschulden **N** 135 ff.
Masseunzulänglichkeit **N** 139 ff.
Masseverbindlichkeiten **N** 142
Neuerwerb von Gegenständen **N** 114
Verfolgungsrecht des Verkäufers **N** 117
Verwaltung und Verwertung **N** 143 ff.
Konkursmasse-Verteilung
Abschlagsverteilung **N** 200 ff.
Gläubigerverzeichnis **N** 198
Nachtragsverteilung **N** 206
Schlußverteilung **N** 204
Schlußverzeichnis **N** 205
Konkurssperre bei Vergleich **N** 228
Konkursstraftaten V 34 ff.
Konkurstabelle
Anmeldung von Konkursforderungen **N** 191
Feststellungswirkung der Eintragung in K. **N** 197
Verlesen der einzelnen Forderungen **N** 194
Konkursverfahren
s. auch Insolvenzrecht
Ablaufhemmung **I** 100
Absonderungsrechte **N** 181
Allgemeines **N** 4 ff.
Anschlußkonkurs **N** 134
Arbeitnehmeransprüche aus der Konkursvorzeit **N** 137
Arbeitnehmerverhältnisse im Konkurs **N** 163 ff.
Aufhebung des K. **N** 210
Ausfallforderungen **N** 199
Aussonderungsrechte **N** 181
Außenprüfung **J** 34
Beendigung des K. **N** 207 ff.
Betriebsnachfolge **M** 276
Betriebsschließung endgültige **N** 146
Betriebsveräußerung **N** 172

Bürgschaft **N** 177, 184
Drei-Wochen-Frist **N** 40
Eigentumsvorbehalt **N** 173 ff.
Einstellung des K. **N** 211
Erfüllungswahlrecht **N** 153
Feststellungsklage durch Gläubiger **N** 91
Forderungsabtretung und -verpfändung **N** 175
Form des Antrags **N** 42
Garantieerklärung **N** 178
Gemeinschaftsverhältnisse **N** 162
Gemeinschuldner als Mieter/Pächter **N** 155 ff.
Gemeinschuldner als Vermieter/Verpächter **N** 160
Gericht zuständiges **N** 43
Geschäftsführerpflichten **N** 39
Gesellschaftsverhältnisse **N** 162
gesetzliche Grundlage **N** 18
Gläubigerantrag **N** 33 ff.
Gläubigerausschuß **N** 145; **P** 57 ff.
Gläubigerversammlung **N** 145
Glaubhaftmachung der Gläubigerforderung **N** 35
Haftung bei Betriebsfortführung **N** 147
Immobiliarsicherheiten **N** 176, 183
Insolvenzsicherung des Arbeitslohns **N** 166
Insolvenzsicherung der betrieblichen Altersversorgung **N** 168
Konkursanfechtung s. dort
Konkursantrag **N** 31 ff.
Konkursbuchführung **N** 148
Konkurseröffnung s. dort
Konkursfähigkeit **N** 32
Konkursmasse s. dort
Kreditsicherheiten **N** 173 ff.
Leasingverträge **N** 161
Massegläubiger **N** 132 ff.
Masseunzulänglichkeit **N** 139 ff.
Mietverträge **N** 155 ff.
Mobiliarsicherheiten **N** 173 ff., 181 f.
nichterfüllte Verträge **N** 150 ff.
Patronatserklärungen **N** 179
Personalsicherheiten **N** 177 ff., 184
Rechtsschutzbedürfnis zur Konkursantragstellung **N** 34
Schlußrechnung **N** 207
Schlußtermin **N** 209
Schuldbeitritt **N** 180
Schuldnerantrag **N** 36
Sicherheitenpool **N** 186
Sicherungsmaßnahmen **N** 63
Sicherungsrechte in Kollision **N** 185
Sicherungsübereignung **N** 174
Sonderabnehmervertrag **N** 154
Sozialplan **N** 170

Zahlen = Randziffern

Sachverzeichnis

Steuern im Konkurs **N** 187 ff.
Tätigkeitsbericht **N** 207
Überschuldungsstatus **N** 52
Unterkapitalisierung **N** 51
Unternehmensfortführung im Konkurs **N** 144
Veräußerungsverbot **N** 87
Verbot der Einzelzwangsvollstreckung **N** 88
Verfahren bei Massearmut **N** 139 ff.
Verteilungsverfahren *s*. Konkursmasse-Verteilung
Vertragsabwicklung im Konkurs **N** 149 ff.
Vorgründungsgesellschaft **N** 32
Zahlungsunfähigkeit **N** 37
Zwangsvergleich **N** 212 ff.
Konkursverwalter
Aufgaben und Befugnisse **P** 48 ff., 51; **N** 84
Auskunftspflicht an Sicherungsgläubiger **N** 182
Bestellung **P** 45 ff.
Buchführungspflicht **A** 192
Ernennung **N** 82 ff.
Gebühr **W** 57
Haftung **P** 52
Kündigung von Arbeitsverhältnissen **N** 163 ff.
Rechtsstellung **N** 83
Sicherheitsauflage **N** 84
Steuerberater **P** 47
steuerliche Pflichten **N** 188 ff.
Vergütung **P** 53; **W** 56
Verhältnis zur Gläubigerversammlung **N** 84
Konsolidierungsgrundsätze F 278
Bewertungsvereinheitlichung **F** 36
Bewertungswahlrechte **F** 35
Bilanzansatzwahlrechte **F** 33
Einheitlichkeit der Abschlußstichtage **F** 45 ff.
Einheitlichkeit der Bewertung im Konzernabschluß **F** 26 ff.
Einheits- und Interessentheorie **F** 22 ff., 90
Fiktion der rechtlichen Einheit **F** 22
Klarheit **F** 20
latente Steuern **F** 38
Maßgeblichkeit der Einzelabschlüsse für den Konzernabschluß **F** 26 ff.
Sonderabschreibungen steuerlich bedingte **F** 37
Stetigkeit der Konsolidierung **F** 42 ff.
steuerliche Wertansätze **F** 32
true and fair view **F** 20
Vollständigkeit des Konzernabschlusses **F** 39 ff.
Weltabschlußprinzip **F** 41

Wirtschaftlichkeit der Konzernrechnungslegung **F** 48 f.
Konsolidierungskreis
beherrschender Einfluß **F** 67 ff.
Beteiligung zu gleichen Teilen (50:50) **F** 59 ff.
einheitliche Leitung **F** 51 ff., 63
geltendes Recht **F** 50 ff.
Gleichordnungskonzerne **F** 71
Konsolidierungsverbot **F** 72
Konzernunternehmen mit Sitz im Ausland **F** 62
künftiges Recht **F** 63 ff.
Mehrheit bei Besetzung der Aufsichts-, Verwaltungs- und Leistungsorgane **F** 66
Mehrheit der Stimmenrechte **F** 65
Mehrheitsbeteiligung **F** 54 ff.
Minderheitsbeteiligung **F** 57
Konsolidierungspflicht F 58
Konsolidierungsverbot F 56, 72
Konsolidierungswahlrecht F 57, 62
Beschränkungen bei der Ausübung der Rechte des Mutterunternehmens **F** 74
hohe Informationsbeschaffungskosten und Zeitverzögerungen **F** 75
untergeordnete Bedeutung der Konzernunternehmen **F** 73
zur Weiterveräußerung gehaltene Anteile **F** 76
Konten, analytische Durchsicht **C** 1
Kontenabstimmung U 30
Kontenbestände, Verprobungen **C** 226 ff.
Kontenplan, internes Kontrollsystem **C** 144
Kontieren, Gebühr **W** 34
Kontoführungsgebühren, Lohnsteuer- und sozialversicherungsrechtliche Behandlung **L** 595
Kontokorrentbuch A 247, 375
Kontokorrentkredite, Dauerschulden **B** 1498
Kontrollmitteilungen J 60 ff.; bei Außenprüfungen **K** 133 ff.
Kontrollsystem internes
Aufgaben des internen K. **C** 138 ff.
Dienst- und Arbeitsanweisungen **C** 143
Funktionentrennung **C** 119, 140
Kontenplan **C** 144
Organisationsplan **C** 142
Prüfung des internen K. **C** 128
Prüfungsplanung **C** 163
Konzernabschluß, Kapitalkonsolidierung *s*. dort
Prüfung (Allgemeines) **B** 25 ff.
Konzernanhang F 275 ff.

Sachverzeichnis

Buchstaben = Teile

Abgrenzung des Konsolidisierungsbereichs **F** 277
Erläuterungen zur Konzernbilanz und Konzernerfolgsrechnung **F** 279
Gegenstand der Berichtspflicht **F** 277 ff.
Konsolidisierungsgrundsätze **F** 278
sonstige Angaben **F** 280
Konzernbetriebsprüfungsstellen J 68
Konzernbilanz F 77 ff.
Anschaffungskosten **F** 84, 87, 91
Ausweis konsolidisierungstechnischer Posten **F** 77
Ausweis und Gliederung **F** 77 ff.
Bewertung **F** 80 ff.
current method **F** 102 f.
Equity-Methode **F** 90
funktionsspezifische Umrechnung **F** 109 f.
Herstellungskosten **F** 84 ff., 91
latente Steuern **F** 115 ff., *s. im einzelnen dort*
monetary method **F** 104
Niederstwertprinzip **F** 88 f.
Niederstwerttest **F** 108
Publizitätsgesetz **F** 78
Schuldenkonsolidierung **F** 182 ff., *s. im einzelnen dort*
Stichtagsmethode für Kursumrechnung **F** 98
systembedingte Abweichungen **F** 77, 79
temporal method **F** 106 ff.
Umrechnungsdifferenzen **F** 111 f.
Vereinfachungen für Konzernabschluß **F** 77
Vorschriften für große Kapitalgesellschaften **F** 79
Währungsumrechnung **F** 94 ff.; *s. im einzelnen dort*
Zwischengewinneliminierung **F** 81 ff., 90, 118
Zwischenverlusteliminierung **F** 89, 90, 92 ff.
Konzernergebnis F 253 ff.
Konzerngeschäftsbericht F 260 ff.
Abgrenzung des Konsolidierungskreises **F** 263 f.
ausländische Konzernunternehmen **F** 264
Erläuterungsbericht **F** 269 ff.
inländische Konzernunternehmen **F** 263
Lagebericht **F** 266 ff.
Schutzklausel **F** 272
Konzernlagebericht F 281 ff.
Einzelberichterstattung **F** 283
Konzernobergesellschaft, Sitz im Ausland **F** 5
Konzern-GuV-Rechnung F 204 ff.
aktienrechtliche Konzernerfolgsrechnung in vereinfachter Form **F** 248 ff.

aktienrechtliche teilkonsolidierte Konzernerfolgsrechnung **F** 243 ff.
assoziierte Unternehmen **F** 241
Ausweis und Gliederung **F** 204 ff.
Beteiligungsabschreibungen **F** 237 f.
Beteiligungserträge aufgrund von Ergebnisabführungsverträgen **F** 234 ff.
Beteiligungserträge ohne Ergebnisübernahmeverträge **F** 229 ff.
Ergebnisverwendung **F** 256
Erträge aus Leistungen **F** 224 f.
Erträge aus Lieferungen **F** 226
Innenumsätze aus Lieferungen **F** 213 ff.
Innenumsatzerlöse aus Leistungen **F** 221
Kapitalkonsolidierung **F** 239
Konsolidierung der Innenumsatzerlöse **F** 211 ff.
Konzernergebnis **F** 253 ff.
latente Steuern **F** 242
Publizitätsgesetz **F** 208
Rentabilitätsgarantie **F** 235
Rentengarantie **F** 236
Sammelausweis **F** 248 ff.
Schuldenkonsolidierung **F** 240
teilkonsolidierte GuV-Rechnung **F** 206
vereinfachte Form **F** 207
Verluste aus Lieferungen **F** 227 f.
vollkonsolidierte GuV-Rechnung **F** 205
vollkonsolidierte Konzernerfolgsrechnung **F** 211 ff.
Zwischenerfolgseliminierung **F** 212
Konzernrechnungslegung
Abschreibungen **F** 32
Anteile an verbundenen Unternehmen **B** 424 f.
Bankkonzerne **F** 4, 11
Betriebsaufspaltungen **F** 9
Einheitstheorie **F** 22 ff., 90
Eliminierung von Zwischenerfolgen **F** 18
Freistellung **F** 10
Funktion der K. **F** 17 ff.
geltendes Recht **F** 1 ff.
Gesamtkonzernrechnungslegung **F** 1 ff.; 7 ff.
GmbH & Co KG **F** 8
Größenkriterien nach altem Recht **F** 4
Grundlagen **F** 1 ff.
Kapitalkonsolidierung *s. dort*
Konsolidierungsgrundsätze *s. dort*
Konsolidierungskreis *s. dort*
Konzernanhang *s. dort*
Konzernbilanz *s. dort*
Konzerngeschäftsbericht *s. dort*
Konzernlagebericht *s. dort*
künftiges Recht **F** 6 ff.
Imparitätsprinzip **F** 108

Zahlen = Randziffern

Sachverzeichnis

Interessentheorie **F** 23
mehrstufiger Konzern **F** 179 ff.
Niederstwertprinzip **F** 108
Pflicht nach dem PublG **F** 4, 12, 31
Prüfung und Offenlegung **F** 284 ff., 295 ff.
Schuldenkonsolidierung *s. dort*
Sonderposten **F** 32
Teilkonzernrechnungslegung *s. dort*
Versicherungskonzerne **F** 4, 11
Wirtschaftlichkeit der K. **F** 48 f.
Zuschreibungen **F** 32
Konzessionen
Abschreibungen **B** 256
Aktivierungsvoraussetzung **B** 253
Begriff **B** 252
Bewertung **B** 259 ff.
Bilanzierungsgebot **B** 254
ertragsteuerliche Behandlung **B** 258
Prüfung des Ausweises **B** 270
Prüfung der Bewertung **B** 267 ff.
Prüfung des internen Kontrollsystems **B** 262
Prüfung des Nachweises **B** 263 ff.
Korrektur von Verwaltungsakten **I** 62 ff.
Korrespondenz fremdsprachige, Auslagen **W** 39
Kost und Logis, lohnsteuer- und sozialversicherungsrechtliche Behandlung **L** 645
Kosten
Begriff **R** 149 ff.
Einzelkosten **R** 153
fixe Kosten **R** 154
Gemeinkosten **R** 153
variable Kosten **R** 155
Kosten der Ingangsetzung *s.* Ingangsetzungsaufwendungen
Kosten- und Leistungsrechnung *s.* Kostenrechnung
Kostenarten
Unterscheidungsschema Handelsrecht/ Steuerrecht **A** 299 a
Zurechnung zu den Herstellungskosten **A** 293 b
Kostenartenrechnung R 158 ff.
kalkulatorische Kosten (Abschreibungen, Zinsen, Unternehmerlohn, Wagniszuschlag) **R** 168 ff.
Inventurmethode **R** 164
retrograde Methode **R** 165
Skontrationsmethode **R** 163
Kostenrechnung, Allgemeines **R** 143 ff.
Abgrenzung und Prinzipien der K. **R** 148 ff.
Aufbau der K. **R** 157 ff.
Begriff Kosten **R** 148 ff.

DATEV-Kost-Programm **R** 222
praxisorientierter Einsatz der K. **R** 221 f.
Kostenrechnungssysteme R 197 ff.
Ist-Kostenrechnungen **R** 199 ff.
Normalkostenrechnungssysteme **R** 214 ff.
Plankostenrechnungssysteme **R** 217 ff.
Kostenstellen, Zurechnung zu den Herstellungskosten **A** 293 b
Kostenstellenrechnung R 172 ff.
Betriebsabrechnungsbogen **R** 173, 175
verursachungsgerechte Aufteilung **R** 174
Wirtschaftlichkeitsrechnung **R** 176
Kostenträger*stück*rechnung R 177 ff.
einzelne Verfahren **R** 179 ff.
Kuppelproduktion **R** 190
Sortenfertigung **R** 184
Kostenträger*zeit*rechnung R 193 ff.
Kostenvergleichsrechnung R 124 ff.
Ausbringungsidentität **R** 125
unterschiedliche Produktmenge **R** 126 ff.
Kostenvorschüsse, Ausweis *s.* Sonstige Vermögensgegenstände
Krafterzeugungsanlagen, Afa-Tabelle **X** 1
Kraftfahrzeuggestellung *s.* Fahrzeuggestellung
Krankengeld L 212 ff.
Altersruhegeld-Antrag **L** 218
Altersruhegeldbezug **L** 215
Arbeitslose **L** 223 f.
Begrenzung zeitliche **L** 214
Berechnung und Höhe **L** 213
Erhöhung in späteren Jahren **L** 221
Erwerbsunfähigkeitsrentenbezug **L** 215
Fälle des Ruhens von K. **L** 216
Kurzarbeitergeldbezug **L** 219
lohnsteuer- und sozialversicherungsrechtliche Behandlung **L** 597
Regellohn **L** 213
Regellohnberechnung **L** 220
Regellohnhöchstsätze **L** 222
Rehabilitations-Antrag **L** 217
Schlechtwettergeldbezug **L** 219
Sperrfrist bei Arbeitslosen **L** 224
lohnsteuer- und sozialversicherungsrechtliche Behandlung **L** 598
Krankenhauspflege L 174; Eigenanteil **L** 175
Krankenhilfe L 170 ff.
Abgrenzung Krankheit/Gebrechen **L** 173
Anspruch auf K. **L** 172
Arzneiversorgung **L** 180 ff.
Arztbehandlung **L** 176 ff.
Eigenanteil bei Krankenhauspflege **L** 175
Empfängnisregelung **L** 209
Fahrtkostenübernahme **L** 234

Sachverzeichnis

Buchstaben = Teile

Familienhilfe s. dort
Früherkennung von Krankheiten L 199 ff.
Geldleistungen (Barleistungen) L 212 ff.
häusliche Krankenpflege L 193 ff.
Haushaltshilfe L 227 f.
kieferorthopädische Behandlungen L 190
Körperersatzstücke L 196
Krankengeld s. dort
Krankenhauspflege L 174 f.
Kuren L 197 f.
Kuren L 225 f.
Mehrleistungen L 170
Mutterschaftsgeld L 237 ff.
Mutterschaftshilfe L 203 ff.
Pflegegeld L 229 ff.
Regelleistungen L 170
Reisekosten für Familienheimfahrt L 235
Sachleistungen L 170 ff.
Sterilisationskosten L 210
Übernachtungskosten L 234
Verpflegungskosten L 234
zahnärztliche Behandlung L 187 ff.
Zahnersatzleistungen L 187 ff.
Krankenkassen s. Krankenversicherung
Krankenschein, ärztliche Behandlung L 176 f.
Krankenversicherung
Abmeldung L 168, 169
Allgemeines und Überblick L 150 ff.
Anmeldung L 163, 164
Arbeitgeberanteil L 511
Arbeitslosengeld L 386 f.
Arbeitslosenhilfe L 386 f.
Beitrag bei Arbeitslosigkeit L 338
Beitragsbemessungsgrenze L 539
Beitragssätze 1974 bis 1986 L 754
Berufsverbände der gesetzlichen Krankenversicherungsträger L 153
freiwillig weiterversicherte Mitglieder L 156
Grundlagen gesetzliche L 151
Krankenhilfe s. dort
Krankenversicherungsträger L 152
Kurzarbeitergeld L 389 ff.
Leistungen der K. s. Krankenhilfe
pflichtversicherte Mitglieder L 155
Mitgliedschafts-Beginn L 160 ff.
Mitgliedschafts-Ende L 165 ff.
nicht versicherungspflichtige Personen L 157 ff.
Schlechtwettergeld L 389 ff.
Sterbegeld L 248 ff.
Krankheit
Anzeige- und Nachweispflichten M 147 ff.
Arbeitspflichtbefreiung bei Erkrankung eines Kindes M 113

Lohnfortzahlung M 105
Rentenausfallzeit L 90
im Urlaub M 150, 159
Kreditbetrug V 31 ff.
Kreditinstitut-Guthaben s. Guthaben bei Kreditinstituten
Kreditsicherheiten, Konkursverfahren N 173 ff.
Kreditunwürdigkeit, kapitalersetzende Gesellschafterleistungen N 131 e
Kreditwürdigkeitsprüfung, Schema R 239
Kündigung eines Arbeitsverhältnisses
s. auch Kündigungsschutz
Abfindung des Arbeitnehmers M 339
Änderungskündigung M 103, 330
Angabe des Kündigungsgrundes M 312
Anhörungsrecht des Betriebsrats M 383
Arbeitsverhältnisse im Konkurs N 163 ff.
Auflösung durch Urteil M 339
Ausgleichsquittung M 387
außerordentliche K. M 329
betriebsbedingte K. M 322 ff.
Beweis- und Darlegungslast M 326
Form- und Wirksamkeitsvoraussetzungen M 309 ff.
Fristen abdingbare M 319 ff.
Fristen bei Angestellten M 316
Fristen bei Arbeitern M 317
Fristen bei außerordentlicher K. M 329
fristlose K. M 329
ordentliche K. M 315 ff.
personenbedingte K. M 328
sonstige Voraussetzungen M 325
Sozialauswahl M 324
Teilkündigung M 331
verhaltensbedingte K. M 327
Verträge von mehr als 5 Jahren M 318
Widerspruchsrecht des Betriebsrats M 383
Kündigung des Steuerberatungsvertrags S 37 ff.
Kündigungsschutz
s. auch Kündigung
Abfindung eines Arbeitnehmers M 339
Änderungskündigung M 336
anzeigepflichtige Entlassungen M 342 ff.
Auflösung durch Urteil M 339
Auszubildende M 375 ff.
Beschäftigungsanspruch M 338
Betriebsverfassungsmitglieder M 351 f.
Geltungsbereich des Kündigungsschutzgesetzes M 334
Heimarbeiter M 380 ff.
Klage gegen K. M 337
Mutterschutzzeit M 355 ff.
Schwangere M 362

Zahlen = Randziffern

Sachverzeichnis

Schwerbehinderte **M** 364 ff.
soziale Rechtfertigung der K. **M** 335
Wehrdienstpflichtige **M** 369 ff.
Zivildienst **M** 373 i. V. m. 368 ff.
Kürzungsbetrag, besonderer nach Berlinförderung **H** 402
Kundendienstaufwendungen, Rückstellungen **B** 1325
Kundenstamm, Aktivierung **B** 252 ff.
Kunstgegenstände, Bewertung **H** 256
Kuren
Anrechnungsverbot auf Urlaub **M** 152
Anzeige- und Nachweispflichten **M** 151
Unterkunft und Verpflegung **L** 197 f.
Zuschüsse **L** 225 f.
Kursumrechnung s. Währungsumrechnung
Kurzarbeit, Ausschluß durch Tarifvertrag **M** 348
Begriff **M** 300
drohende Massenentlassung **M** 301
Kurzarbeitergeld
Anspruch **L** 357 ff.
Anwendungsbereich **M** 302
Anzeigepflicht des Arbeitgebers **L** 361
Begriff **L** 353
Begriff „Unabwendbares Ereignis" **L** 356
Berechnung und Höhe **M** 306
Höchstdauer **M** 303
Höhe **L** 360
Krankengeldbezug **L** 219
Krankenversicherungsbeitrag **L** 389 ff.
lohnsteuer- und sozialversicherungsrechtliche Behandlung **L** 599
persönliche Voraussetzungen **M** 305
Rentenversicherungsbeitrag **L** 392
sachliche Voraussetzungen **M** 304
Voraussetzungen für Gewährung **L** 355
Kurzfristige Beschäftigung s. Beschäftigung kurzfristige
Kuxen, Bewertung **H** 256

LAB-Bürgschaften für freie Berufe **R** 67
LAB-Ergänzungsprogramm R 64
Ländergruppeneinteilung bei Reisekosten **H** 37
Längenmaße X 63, 67
Lagebericht D 1 ff.
Berichterstattungspflicht **D** 4
Berichterstattung des Abschlußprüfers **C** 24
formelle Gestaltung **D** 5
Forschungs- und Entwicklungsangaben **D** 17 ff.
Inhalt **D** 6 ff.
Konzernrechnungslegung **F** 266 ff., 281 ff.
Offenlegungspflicht **D** 3; **E** 5, 6

Prognosezeitraum **D** 16
Prüfung (Allgemeines) **B** 25 ff.
Prüfungstechnik **D** 21 ff.
den tatsächlichen Verhältnissen entsprechendes Bild **D** 8 ff.
verbale Berichterstattung **D** 10
voraussichtliche Entwicklung der Kapitalgesellschaft **D** 15 ff.
Vorgänge von Bedeutung nach Schluß des Geschäftsjahrs **D** 11 ff.
Zusatzrechnungen **D** 10
Zweck **D** 2
Lagerbücher A 250
Lagergelder, Anschaffungsnebenkosten **A** 87
Lagerkosten, Anschaffungsnebenkosten **A** 87
Lagerumschlagshäufigkeit, Verprobungen **C** 231
Lagerverwaltung, Prüfung **B** 580
Landarbeiterwohnungen-Verordnung
Anwendungsübersicht **H** 571, 572
Land- und Forstwirtschaft
Bewertung **H** 251 f.
Bewertung von Nebenbetrieben **H** 256
Freibeträge und Freigrenzen **H** 14
Gliederung des Vermögens **H** 252
Weinbaunutzungsbewertung **H** 256
Wohnteil-Bewertung **H** 256
Landwirtschaftliche Buchführungs-Tabelle W 43
Langfristkapitalquote R 243
Lasten, Bewertung auflösend bedingter L. **H** 256
Latente Steuern B 860 ff.
Anwendungsbeispiele **B** 865
Auflösung des aktivierten Betrags **B** 864
Begriff und Ausweis **B** 860 ff.
Bewertung beim Konzernabschluß **F** 122
Deferral-Methode **F** 126
Erläuterung im Anhang **B** 863
Erläuterung der Bilanzierungshilfe im Anhang **B** 1978
Gewinnausschüttungen bei Ausweis latenter St. **B** 863
Kapitalkonsolidierung **F** 120
kein Ausweis bei permanenten Zeitdifferenzen **B** 861, 862
Konzernbilanz **F** 115 ff., 129 f., 132 f.
konzerninterne Dividendenzahlungen **F** 123
Konzern-GuV-Rechnung **F** 242
Liability-Methode **F** 125
Rückstellungen für latente Steuern s. dort
Schuldenkonsolidierung **F** 119
steuerliche Auswirkungen **B** 867

1531

Sachverzeichnis

Buchstaben = Teile

Steuerabgrenzung aus Vorjahren **B** 866
Währungsumrechnung **F** 121
Zwischenerfolgseliminierung beim Konzernabschluß **F** 118
Laufzeit-Annuitäten X 35
Leasing
Finanzierungsinstrument **R** 74
Umsatzsteuer **H** 205
Leasingverträge, Behandlung im Konkurs **N** 161
Lebenserwartung X 32
Lebenshaltungskosten L 602
Lebensversicherung L 603
Leerpositionen des Anlagevermögens **B** 158
Legalitätsprinzip K 3
Leibrenten X 31 f.
Bewertung **B** 1440
Ertragsanteile **X** 33, 34
Umsatzsteuer **H** 205
Leichenfeier, Nachlaßverbindlichkeit **H** 286
Leichenschau, Nachlaßverbindlichkeit **H** 286
Leichtfertige Steuerverkürzung s. Steuerverkürzung leichtfertige
Leistungen
Anschaffungsnebenkosten innerbetrieblicher L. **A** 89
Kapitalwert lebenslänglicher L. **X** 17, 19
nicht abgerechnete L. **B** 601
Leistungsabhängige Abschreibung B 200
Leistungsforderungen, Ausleihungen s. dort
Leistungsklage s. Klage
Leistungslohn M 70
Leistungsmäßige Abschreibung B 209
Leistungsort, Umsatzsteuer **H** 202
Leistungsrechnung R 177 ff.
Leverage-Effekt R 245
Liability-Methode F 125
Lieferart, Umsatzsteuer **H** 201
Lieferungen und Leistungen
Realisationszeitpunkt **A** 381
Umsatzsteuer **H** 205
Verbindlichkeiten aus Lieferungen und Leistungen s. dort
Liegegelder, Anschaffungsnebenkosten **A** 87
Lifo-Methode A 59; **B** 561
Perioden-lifo **A** 59
Lineare Abschreibung A 19; **B** 200, 208
s. auch Abschreibungen
AfA-Sätze **A** 19; **X** 2 ff.
Gebäude **B** 334; **X** 4 ff.

Übergang von der geometrisch-degressiven zur linearen A. **A** 21
Liquidationen s. Gebühren
Liquidator
Allgemeines **P** 66 ff.
Befugnisse **P** 68
Haftung **P** 69
Steuerberater **P** 67
Liquidationsraten, Verbuchung **B** 441
Liquidationsvergleich N 224
Liquiditätsprüfung bei Zahlungsunfähigkeit **N** 48
Liquiditätsstatus, täglicher **R** 112
Liquiditätsstrukturkennzahlen R 249 ff.
Lizenzen
Abschreibungen **B** 256
Aktivierungsvoraussetzung **B** 253
Begriff **B** 252
Bewertung **B** 259 ff.
Bilanzierungsgebot **B** 254
Doppelbesteuerung **H** 705
ertragsteuerliche Behandlung **B** 258
Prüfung des Ausweises **B** 270
Prüfung der Bewertung **B** 267 ff.
Prüfung des internen Kontrollsystems **B** 262
Prüfung des Nachweises **B** 263 ff.
Löhne und Gehälter
s. auch Arbeitsentgelt **B** 1762 ff.
Aufsichtsrats- und Beiratsbezüge **B** 1767
Begriff **B** 1762 f.
Leiharbeitskräfte **B** 1768
Lohn- und Kirchensteuern **B** 1764
Neben- und Zusatzleistungen **B** 1764
Prüfung **B** 1769 ff.
Sachleistungen **B** 1765
Umfang **B** 1763
Lofo-Methode B 564
Lohnbuchführung, Gebühr **W** 34
Lohnbuchhaltungskontrolle U 22
Lohnfortzahlung L 573
Einzelfälle **M** 105 ff.
lohnsteuer- und sozialversicherungsrechtliche Behandlung **L** 605
Lohnjournal A 248
Lohnkonto
Aufzeichnungspflichten **A** 188
Gebühr für Führung des L. **W** 34
lohnsteuer- und sozialversicherungsrechtliche Behandlung **L** 606
Lohnpfändung L 607; **M** 163 ff.
Abschlagszahlungen **M** 171
Abtretung **M** 177
Darlehen **M** 173
Verpflichtung des Arbeitgebers **M** 167
Vorschüsse **M** 172

Sachverzeichnis

Zahlen = Randziffern

Lohnsteuer L 608
ABC der Lohnsteuer **L** 500 ff.
AdV gegen ablehnenden Erstattungsbescheid **I** 180
Anmeldungsfrist **I** 125
Arbeitgeberanteil **L** 510
Arbeitnehmeranteil **L** 516
Jahresausgleichsfrist **I** 126
leichtfertige Steuerverkürzung **K** 430
Leistungsgruppen beim Arbeitslosengeld **L** 336
Lohnsteuerabzug, Aufzeichnungspflichten **A** 188
Lohnsteueranmeldung
Gebühr **W** 22
Zeitraum **L** 609
Lohnsteuer-Außenprüfung J 14
Ablaufhemmung **J** 15
Änderungssperre **J** 16
Mitwirkungspflichten **J** 17
Prüfungsfelder **J** 17
Lohnsteuer-Jahresausgleich
durch Arbeitgeber **L** 588
Blanco-Unterschrift **U** 43
Gebühr **W** 22, 34
permanenter L. **L** 630
Lohnsteuerkarte L 611
Änderung **L** 502
Berlinvergünstigungen **H** 423
Lohnsteuerklassenwahl H 4; **L** 612
Lohnsteuernachforderung L 613
Lohnsteuerpauschalierung bei Direktversicherung **L** 556
Lohnwucher M 128
Lohnzahlungszeitraum, Lohnsteuer und Sozialversicherung **L** 614
Lohnzettel L 615
Lohnzuschläge, lohnsteuer- und sozialversicherungsrechtliche Behandlung **L** 616
Lombardsatz X 50
Luftfahrzeuge, Berlinförderung **H** 411
Luxusgegenstände
Bewertung **H** 256
Investitionszulage nach BerlinFG **H** 470

MaBV-Prüfung O 1 ff.
allgemeine Auftragsbedingungen **O** 19
Anforderungen an Prüfer und Prüfungsgrundsätze **O** 15
Anlagevermittler **O** 4
Anteilscheine an Kapitalgesellschaft **O** 4
Anzeigepflicht **O** 70 ff.
Architekten als Baubetreuer **O** 6
Art der durchgeführten Geschäfte **O** 30
Aufbewahrungspflichten **O** 81

aufklärungs- und nachweisgebende Personen **O** 21 f.
Aufzeichnungs- und Nachweispflichten **O** 72 ff.
ausländische Investmentanteile **O** 4
Ausnahmen von der Erlaubnispflicht **O** 7
Baubetreuer (Begriff) **O** 6
Bauherren erlaubnispflichtige **O** 5
Bausparkassenvertreter **O** 3
Bauvorhaben (Begriff) **O** 5
Berücksichtigung der Jahresabschlußprüfung **O** 23
Darlehensmakler **O** 3 ff.
Einzelfeststellungen **O** 50 ff.
Erbbaurechte **O** 3
Erklärung des Gewerbetreibenden **O** 30
erlaubnispflichtige Geschäfte **O** 3 ff.
Erlaubnisverfahren **O** 8
Generalübernehmer (Begriff) **O** 5
Generalunternehmer (Begriff) **O** 5
gewerbliche Räume (Begriff) **O** 3
gewerbsmäßiges Handeln **O** 2
Grundstücke (Begriff) **O** 3
grundstücksgleiche Rechte (Begriff) **O** 3
Grundstücksmakler **O** 3 ff.
Hilfspersonal **O** 58
Informationspflicht gegenüber Auftraggeber **O** 75 ff.
Inseratensammlung **O** 79
Kategorisierung der Gewerbetreibenden **O** 1
Mittelverwendung objektbezogene **O** 56
Musterverträge – Vorlage **O** 33
Ordnungsmäßigkeit der Buchführung (Feststellungen) **O** 37 ff.
Ordnungsmäßigkeitsprüfung (Begriff) **O** 13
organisatorische Vorkehrungen zur Einhaltung der MaBV **O** 36 ff.
Prüfungsauftrag **O** 18
Prüfungsbefugnis-Umfang für Steuerberater **O** 32
Prüfungsberechtigte **O** 14
Prüfungsbericht **O** 16
Prüfungsfeststellungen **O** 25
Prüfungsfrist **O** 16
Prüfungsvermerk **O** 84 ff.
Prüfungszeit und Prüfungsort **O** 20
Rechnungslegungspflicht **O** 67 ff.
rechtliche Verhältnisse des Gewerbetreibenden **O** 25 ff.
Sicherheitsleistung **O** 53 ff.
Sicherungspflichten abbedungene **O** 63 ff.
Sicherungspflichten, unzulässiger Ausschluß **O** 77 ff.
Stichprobenprüfung **O** 50
Teileigentumsrecht **O** 3

1533

Sachverzeichnis

Buchstaben = Teile

Unternehmensverbindungen des Gewerbetreibenden **O** 27
Umfang der durchgeführten Geschäfte **O** 35
verbriefte Forderungen **O** 4
Vermögensanlagen öffentlich angebotene **O** 4
Vermögensverwaltung getrennte **O** 60 ff.
Vermögenswerte, Entgegennahme **O** 41 ff., 51 ff.
Vermögenswerte, Verwendung **O** 45 ff., 51 ff.
Verstöße im neuen Geschäftsjahr **O** 83
Vertragsabschluß-Vermittlung **O** 3
vertretungsberechtigte Personen **O** 28
Vollständigkeitserklärung des Gewerbetreibenden **O** 24
Wohnräume (Begriff) **O** 3
Wohnungseigentumsrecht **O** 3
Mängelrügefristen S 97
Makler, Gründungsvoraussetzungen **R** 22 ff.
Makler- und Bauträgerverordnungsprüfung s. MaBV-Prüfung
Mandatsniederlegung T 8; **V** 10
Mandatspflichten T 5 ff.
Mandatsübernahme, Probleme bei M. **U** 56
Mandatsunterlagen, Zurückbehaltungsrecht **S** 54 ff.
Mandatsvertrag, Abstandszahlungen **S** 101
Mandatswechsel, Probleme bei M. **U** 57
Mankogelder s. Kassenfehlbeträge
Markenrechte
Aktivierung **B** 252 ff.; s. im einzelnen Gewerbliche Schutzrechte
Marktpreis B 538, 546
Ausweis erheblicher Unterschiedsbeträge im Anhang **B** 1978
Maschinen
Abbau- und Wiederaufstellungskosten **B** 361
AfA-Tabellen **X** 1
Ausweis **B** 356 ff.
Bewertung **B** 361, 364 ff.
Bewertung bei Preisveränderungen **B** 365
Bewertung bei vorübergehender Nutzung **B** 367
ertragsteuerliche Behandlung **B** 363
Generalreparaturen und Generalüberholungen **B** 362
Nutzungseinheit mit Gebäuden **B** 359
Prüfung des Ausweises **B** 383 ff., 410
Prüfung der Bewertung **B** 374 ff.
Prüfung des internen Kontrollsystems **B** 369

Prüfung des Nachweises **B** 370
Restwertansatz **B** 366
Spezialreserveteile **B** 358
Massearmut, Verfahren **N** 139 ff.
Masseforderungen N 132
Maßeinheiten englische und amerikanische **X** 63 ff.
Massekosten N 133
Massekostenvorschuß N 71
Massenentlassungen s. Entlassungen
Masseschulden N 135 ff.
Massekostenvorschuß **N** 71
Masseverbindlichkeiten N 142
Maßgeblichkeitsgrundsatz A 331 ff.
Aktivierungsgebote und -verbote **A** 336
Ansatzgebote und -verbote **A** 336
Ansatzwahlrechte **A** 337 ff.
Bedeutung der handelsrechtlichen Bewertungsvorschriften **A** 346 ff.
Begriff **A** 331; **B** 191 ff.
Bilanzierungshilfen **A** 341
gesetzliche Grundlagen **A** 331 ff.
handelsrechtliche Bewertungswahlrechte **A** 347
Inhalt und Bedeutung **A** 335 ff.
Korrekturen bei der Ermittlung des steuerlichen Gewinns **A** 332 ff.
Passivierungsgebote und -verbote **A** 336
Problemstellungen **A** 342 ff.
steuerrechtliche Bewertungswahlrechte **A** 348
Umkehrung des M. **A** 350 ff.
Materialaufwand B 1745 ff.
Aufwendungen für bezogene Leistungen **B** 1754
Aufwendungen für bezogene Waren **B** 1752
Aufwendungen für Roh-, Hilfs- und Betriebsstoffe **B** 1748 ff.
Festwertveränderungen **B** 1750
Gesamtkosten- und Umsatzkostenverfahren **B** 1745 f.
Inventur- und Bewertungsdifferenzen **B** 1749
Prüfung **B** 1753, 1755
Umsatzsteuerabzug **B** 1751
Materialeingang, Prüfung **B** 579
Materialeinzelkosten A 291 f.
Materialgemeinkosten A 292 f.
Materialkostenstellen R 173
Medaillen, Bewertung **H** 256
Mehrarbeitszuschläge s. Lohnzuschläge
Mehrfachbeschäftigung, lohnsteuer- und sozialversicherungsrechtliche Behandlung **L** 619

Zahlen = Randziffern

Sachverzeichnis

Mehrfachqualifikation des StB, Haftung vertragliche **S** 24
Mehrfamilienhäuser, Berlinvergünstigung **H** 421
Meistgebot, Grunderwerbsteuer **H** 307
Meldepflichten
Arbeitgeber (Übersichtstabelle) **L** 755
Unternehmensgründungen **R** 106 ff.
Mietereinbauten und -umbauten
Bewertung bei Betriebsvorrichtungen **B** 368, 396
immaterielle Wirtschaftsgüter des Mieters **B** 396
Investitionszulagen **H** 555
Mietverträge, Behandlung im Konkurs **N** 155 ff.
Mikrofilmgrundsätze A 269
Mindestvermögen H 256
Mindestversicherungssumme, weitergehende Haftungsbeschränkung durch AGB **S** 86
Mineralgewinnungsrechte, Bewertung **H** 256
Mitbestimmung
Akkordarbeiteinführung **M** 46
Akkordlohn **M** 75
Aufsichtsratsbestellung **P** 12
Betriebsrat **M** 300
Betriebsurlaub **M** 160
Personaleinstellungen **M** 15, 18
Prämienlohnsysteme **M** 78
Urlaub des einzelnen Arbeitnehmers **M** 161
Urlaubsgrundsätze und Urlaubsplan **M** 39
Mitgliederbeiträge, Umsatzsteuer **U** 200
Mittäterschaft, Straftat **K** 220
Mittelherkunftskontrolle U 37
Mitunternehmeranteil
Einbringung in Kapitalgesellschaft s. dort
Einbringung in Personengesellschaft s. dort
Mitunternehmerschaft, Berlinvergünstigungen **H** 496
Mitwirkungspflichten
Auskunftsverweigerungsrecht **I** 39
Außenprüfung **J** 115 ff.
Außenprüfung und Auslandsbeziehungen **J** 127 ff.
erhöhte M. **I** 5
Glaubhaftmachung **I** 6
Grenzen der M. **I** 36
Kostennachteile bei verspätetem Vorbringen **I** 10
Mandant **V** 13
Mandant gegenüber StB **S** 14
Nachholen der Mitwirkung **I** 9
Rechtsfolgen bei Verletzung **J** 135 ff.

bei Sachverhaltsaufklärung **I** 1 ff.
Schätzung der Besteuerungsgrundlagen **I** 8, 139 ff.
Steuerfahndung zur Beweissicherung **J** 138
Tabelle der M. **I** 11 ff.
Umfang **I** 37
Zwangsmittel **I** 9
Mitwirkungsverweigerungsrechte
Außenprüfung/Steuerfahndung **J** 114
Steuerberater **I** 40
Verweigerungsrechte in der Außenprüfung für Berufsgeheimnisträger **J** 131 ff.
Mobiliarsicherheiten im Konkursverfahren **N** 173 ff., 181 f.
Modernisierungsaufwand, Herstellungskosten **A** 289 c
Modernisierungsmaßnahmen, Berlinvergünstigung **H** 419, 432 ff.
Montagekosten, Anschaffungsnebenkosten **A** 87
Montageleistungen, Ausweis als Vorräte **B** 602
Mündel P 27
Münzen, Bewertung **H** 256
Multiplikatorentabelle B 1146
Musterschriftsätze zum Verfahrensrecht **I** 251 ff.
Mutterschaftsgeld L 237 ff.; **M** 236
Arbeitslosengeld- und Arbeitslosenhilfebezug **L** 247
Berechnung und Höhe **L** 238
Dauer **L** 239
einmalige Leistung bei Entbindung **L** 242
Frühgeburt **L** 240
Geburtsurkunde-Vorlage **L** 245
lohnsteuer- und sozialversicherungsrechtliche Behandlung **L** 621
Pauschbetrag **L** 243 f.
Ruhen bei Weiterbezug von Arbeitsentgelt **L** 246
Unterhaltsgeldbezug **L** 247
Voraussetzungen **L** 237
Zeit des Mutterschaftsurlaubs **L** 241
Mutterschaftshilfe L 203 ff.
Familienangehörige im Rahmen der Familienhilfe **L** 261 f.
lohnsteuer- und sozialversicherungsrechtliche Behandlung **L** 622
Mutterschaftsurlaub M 237
lohnsteuer- und sozialversicherungsrechtliche Behandlung **L** 623
Mutterschaftsgeld **L** 241
Mutterschutzrecht
Arbeitsentgeltschutz **M** 233 ff.
Aufhebungsvertrag **M** 359
Beschäftigungsverbote **M** 219 ff.

1535

Sachverzeichnis

Buchstaben = Teile

Durchschnittsverdienst-Anspruch **M** 233 ff.
Geltungsbereich **M** 215 ff.
Gestaltung des Arbeitsplatzes **M** 217
Kündigungsrecht der Schwangeren **M** 362
Kündigungsverbot **M** 355 ff.
Mitteilungspflichten **M** 231
Mutterschaftsgeld **M** 236
Nachtarbeit **M** 227
Nichtabdingbarkeit des Kündigungsverbots **M** 358
Rentenausfallzeit **L** 90
Schutzfristen vor und nach Entbindung **M** 219
Schwangerschaftsnachweis **M** 356
Stillzeit **M** 230
Verbot bestimmter Beschäftigungsarten **M** 223
Verbot bestimmter Entlohnungsformen **M** 224
Verbot von Mehr-, Nacht- und Sonntagsarbeit **M** 225 ff.

Nachaktivierung zum Anlagevermögen **B** 167
Nachbesserung S 92 ff.
Nacherklärungspflicht der StB V 15
Nachfahndung K 141
Nachfeststellung, Gebühr **W** 34
Nachholung der Abschreibung **B** 214
Nachholungsverbot für Abschreibungen **A** 51
Nachkalkulation, Außenprüfung **J** 102
Nachlaßpflegschaft H 286; **P** 38; Gebühr **W** 57
Nachlaßverbindlichkeiten H 279; ABC der N. **H** 286
Nachlaßverfahren, Ablaufhemmung **I** 100
Nachlaßverwalter P 39 ff.
Aufgaben **P** 40
Gebühr **W** 57
Haftung **P** 43
Steuerberater als N. **P** 39
Vergütung **P** 44
Nachlaßverwaltung H 286
Anordnung **P** 39
Aufhebung **P** 42
Wirkungen **P** 40
Nachnahmen, Umsatzsteuer **H** 205
Nachprüfungsvorbehalt J 2
Nachschau J 28
Nachschüsse, Aktivierung der Einziehung von N. **B** 101
Nachschüsse eingeforderte s. Eingeforderte Nachschüsse

Nachschußkapital B 945 ff.
Prüfung **B** 949
Verwendung des N. **B** 948
Voraussetzung für Passivierung **B** 947
Nachtarbeit
Lohnzuschläge s. dort
Mutterschaft **M** 227
Nachtragsprüfung C 159 f.
Bestätigungsvermerk **C** 44
Nachtragsverteilung im Konkurs **N** 206
Nachweislast s. Beweislast
Nachweisprüfung
Anlagen im Bau **B** 407
Anleihen **B** 1488
Anteile an verbundenen Unternehmen **B** 431
Ausleihungen **B** 504 ff.
ausstehende Einlagen **B** 109
Beteiligungen **B** 461 ff.
Betriebs- und Geschäftsausstattung **B** 397
Bundesbankguthaben **B** 783
Disagio **B** 832
eigene Anteile **B** 746
erhaltene Anzahlungen **B** 1512
Erweiterungsaufwendungen **B** 133 f.
Eventualverbindlichkeiten **B** 1683
fertige Erzeugnisse **B** 635
Forderungen aus Lieferungen und Leistungen **B** 678 ff.
Forderungen gegen verbundene Unternehmen **B** 699
Gebäude **B** 346 ff.
Gebäude auf fremdem Grund und Boden **B** 346 ff.
geleistete Anzahlungen **B** 297 ff., 407, 642
Geschäftswert **B** 284 ff.
gewerbliche Schutzrechte **B** 263 ff.
gezeichnetes Kapital **B** 919 ff.
grundstücksgleiche Rechte **B** 346 ff.
Guthaben bei Kreditinstituten **B** 801
Ingangsetzungsaufwendungen **B** 133 f.
Inventur-Teilnahme **B** 582
Kapitalrücklage **B** 941
Kassenbestand **B** 783
Konzessionen **B** 263 ff.
Lizenzen **B** 263 ff.
Maschinen **B** 370 ff.
Pensionsrückstellungen **B** 1130 ff.
Postgiroamtguthaben **B** 783
Rechnungsabgrenzungsposten aktive **B** 851
Rechnungsabgrenzungsposten passive **B** 1634
Roh-, Hilfs- und Betriebsstoffe **B** 581 ff.
Rückstellungen für drohende Verluste aus schwebenden Geschäften **B** 1232 ff.

1536

Zahlen = Randziffern

Sachverzeichnis

Rückstellungen für Gewährleistungen **B** 1200
Rückstellungen für Großreparaturen **B** 1210
Rückstellungen für Instandhaltung **B** 1189
Rückstellungen für latente Steuern **B** 1173
Rückstellungen für ungewisse Verbindlichkeiten **B** 1232 ff.
Schecks **B** 771
Sonderposten mit Rücklageanteil **B** 1067
sonstige Verbindlichkeiten **B** 1609
sonstige Vermögensgegenstände **B** 721
sonstige Wertpapiere **B** 755
Steuerrückstellungen **B** 1151 ff.
technische Anlagen **B** 370 ff.
unfertige Erzeugnisse **B** 611 ff.
Verbindlichkeiten aus Lieferungen und Leistungen **B** 1526
Verbindlichkeiten gegenüber Kreditinstituten **B** 1502
Waren **B** 635
Wechselverbindlichkeiten **B** 1541
Wertaufholungsrücklage **B** 995
Nachzahlung von Arbeitslohn L 627
Naturallohn M 65
Nebenbetriebe, Bewertung **H** 256
Nebenbücher A 245 ff.
Geschäftsfreundebuch **A** 247
Lagerbücher **A** 250
Lohn- und Geschäftsjournale **A** 248
Scheckkopierbücher **A** 249
Wechselkopierbücher **A** 249
Nebentätigkeit
im Arbeitsverhältnis **M** 47 ff.
Haftpflichtversicherung **T** 50
Negatives Kapitalkonto
Ausweis **B** 42
Berlinförderung **H** 450
Entnahmen unberechtigte **U** 72 f.
Gebühr **W** 22, 34
Kommanditisten **B** 901
Personengesellschaften **B** 901
steuerliche Behandlung **B** 914
stiller Gesellschafter **B** 911
Nettolohnvereinbarung, lohnsteuer- und sozialversicherungsrechtliche Behandlung **L** 628
Nettomethode, Umsatzsteuer bei erhaltenen Anzahlungen **B** 1506
Nettoprinzip beim Anlagevermögen **B** 162
Neuveranlagung H 255
Nicht durch Eigenkapital gedeckter Fehlbetrag s. Eigenkapital-Fehlbetrag
Nichtabziehbare Aufwendungen s. Aufwendungen nichtabziehbare

Nichtigkeit des Jahresabschlusses A 354 ff.
Nichtigkeitsfolge bei Verstößen gegen bestimmte Bilanzierungsgrundsätze **A** 355
Überbewertungen **A** 358
Unterbewertungen **A** 359
Verstoß gegen Klarheit und Übersichtlichkeit des Jahresabschlusses **A** 357
Nichtselbständige Arbeit
Berlinvergünstigung **H** 489
Freibeträge und Freigrenzen **H** 17
Nichtzulassungsbeschwerde I 231 f., Musterschriftsatz **I** 273
Niederlegung des Mandats T 8
Niederstwertprinzip A 369 ff.; **B** 188
Abschreibungen nach dem N. **A** 36 ff.
Begriff **A** 370
Betriebsvermögensvergleich nach § 5 EStG **A** 148
Forderungen aus Lieferungen und Leistungen **B** 666
gemildertes N. **A** 370
handelsrechtliches Wertprinzip **A** 370, 372
Konzern-Niederstwertprinzip **F** 88 f.
Konzernrechnungslegung **F** 108
steuerrechtlicher Teilwertbegriff s. Teilwert
strenges N. **A** 372
strenges N. bei unfertigen Erzeugnissen **B** 604
strenges N. beim Umlaufvermögen **B** 537, 541 f., 571
Niedrigsteuerland H 716
Nießbrauchslasten, Bewertung **H** 256
Nießbrauchsrechte
Aktivierung **B** 252 ff.; *s. im einzelnen* Gewerbliche Schutzrechte
Bewertung **B** 718; **H** 256
Normalkostenrechnungssysteme R 214 ff.
Notare, Beschlagnahmeverbot **K** 99
Notariatskosten, Anschaffungsnebenkosten **A** 87
Notarkammer, Adressen **X** 72
Notgeschäftsführer P 62 ff.
Beendigung **P** 65
Bestellung **P** 63
Steuerberater **P** 63
Vergütung **P** 64
Nutzungsdauer, Schätzung der N. bei Abschreibungen **B** 196 ff.
Nutzungsort, Umsatzsteuer **H** 202
Nutzungsrechte
Aktivierung **B** 252 ff.; *s. im einzelnen* Gewerbliche Schutzrechte

1537

Sachverzeichnis

Buchstaben = Teile

Bewertung **H** 256
Kapitalwert lebenslänglicher N. **X** 17, 19
Nutzungswert der Wohnung, Gebühr **W** 34
Nutzungszinsen, Umsatzsteuer **H** 200

Oasenbericht H 719
Oberfinanzdirektionen, Adressen **X** 75
OECD-Musterabkommen, Übersicht über Besteuerungsrecht **H** 711
Offenbarungspflicht der Arbeitnehmer **M** 16 ff.
Offene Handelsgesellschaft, Rechtsformwahl **R** 81
Offene-Posten-Buchhaltung A 131, 375 ff.
Addition der Rechnungsbeträge für längere Zeiträume **A** 378
Begriff **A** 376
Erlaß-Wortlaut **A** 377
Kontokorrentbuch **A** 375
Offenlegung, Gliederung und O. des Anlagevermögens nach neuem und altem Recht **B** 155
Offenlegungspflicht E 1 ff.
Änderung des Jahresabschlusses **E** 11
Allgemeines **B** 29 f.
Angabe des Handelsregisters und der Nummer des Bundesanzeigers **E** 7
Anhang **B** 52; **E** 5 f.
außerhalb des HGB **E** 13
Begriff **E** 2
Bekanntmachung der offenzulegenden Unterlagen im Bundesanzeiger **E** 8
Bestätigungsvermerk **E** 5 ff.
Bilanz **E** 5 f.
Bundesanzeigerpublizität **E** 2
Ergebnisverwendung **E** 5 f.
vor Feststellung und Prüfung des Jahresabschlusses **E** 6
Frist zur Bekanntmachung im Bundesanzeiger **E** 10
Frist zur Einreichung beim Handelsregister **E** 9
GuV-Rechnung **E** 5 f.
Inhalt und Form der Unterlagen **E** 6 f.
Konzernrechnungslegung **F** 284 ff., 295 ff.
Lagebericht **D** 3; **E** 5 f.
offenlegungspflichtige Personen **E** 4
Prüfungs- und Bekanntmachungspflicht des Registergerichts **E** 14
Rechtsfolgen bei Nichtbeachtung **E** 12
Registerpublizität **E** 2
Reihenfolge der Offenlegungsmaßnahmen **E** 8
Übersicht über die O. für kleine, mittelgroße und große Kapitalgesellschaften **E** 4 ff.
Umfang **E** 5
Zwangsgeld zur Durchsetzung **E** 12
Opportunitätskosten R 212
Opportunitätsprinzip K 3
Optionsrecht, Grunderwerbsteuer **H** 307
Ordnungswidrigkeiten s. Steuerordnungswidrigkeiten
Organe, Angabe der Mitglieder von Geschäftsführung und Aufsichtsrat im Anhang **B** 1983
Organgesellschaften, Berlinförderung **H** 383, 498
Organisationsberatung, Gebühr **W** 57
Organisationsunterlagen, Aufbewahrungspflicht **I** 31
Organkredite B 653
Angabe im Anhang **B** 1983
Ausleihungen **B** 487
Organschaftsverhältnis
Ausweis der Steuern vom Einkommen und Ertrag **B** 1896
Begriff **B** 1552 ff.
Besteuerungskonsequenzen **B** 1560 f.
finanzielle Eingliederung **B** 1555
Gewerbesteuer **B** 1559 ff.; **H** 193
Gewinnabführungsvertrag **B** 1558
Körperschaftsteuer **B** 1558 ff.
Organgesellschaft **B** 1554
organisatorische Eingliederung **B** 1556
wirtschaftliche Eingliederung **B** 1557
Organumlage B 1896
Ort der Lieferung bei der Umsatzsteuer (Übersicht) **H** 201
Ort der sonstigen Leistung bei der Umsatzsteuer (Übersicht) **H** 202

Pachterneuerungen, Rückstellungen **B** 1330
Passiva B 881 ff.
Bilanzgewinn **B** 1008 f.
Bilanzverlust **B** 1008 f.
Eigenkapital **B** 881 ff.; *s. im einzelnen dort*
eingeforderte Nachschüsse/Nachschußkapital **B** 945 ff.; *s. im einzelnen dort*
Eventualverbindlichkeiten **B** 1650 ff.; *s. im einzelnen dort*
Gewinnrücklagen **B** 952 ff.; *s. im einzelnen dort*
Gewinnvortrag **B** 1000 ff.; *s. im einzelnen dort*
gezeichnetes Kapital **B** 885 ff.; *s. im einzelnen dort*
Jahresfehlbetrag **B** 1005 ff.
Jahresüberschuß **B** 1005 ff.

Zahlen = Randziffern

Sachverzeichnis

Kapitalrücklage **B** 925 ff.; *s. im einzelnen dort*
Rechnungsabgrenzungsposten **B** 1630 ff.; *s. im einzelnen dort*
Rückstellungen **B** 1075 ff.; *s. im einzelnen dort*
Sonderposten mit Rücklageanteil **B** 1015 ff.; *s. im einzelnen dort*
Verbindlichkeiten **B** 1400 ff.; *s. im einzelnen dort*
Verlustvortrag **B** 1000 ff.; *s. im einzelnen dort*
Passive Rechnungsabgrenzungsposten
s. Rechnungsabgrenzungsposten passive
Passivierungsgebote und -verbote, Maßgeblichkeitsgrundsatz **A** 336
Passivierungswahlrechte A 337 ff.
Patente, Aktivierung **B** 252 ff.; *s. im einzelnen* Gewerbliche Schutzrechte
Patentverletzungen, Rückstellungen **B** 1331 f.
Patronatserklärungen im Konkurs **N** 179
Pauschalabzugsbeträge, Einkommensteuer **H** 14 ff.
Pauschalbewertung, Forderungen aus Lieferungen und Leistungen **B** 671
Pauschalvergütung W 14 ff.
ABC der pauschalierungsfähigen Tätigkeiten **W** 22
Angemessenheit **W** 21
Form **W** 17
Höhe **W** 20
Mindestgeltungsdauer **W** 18
Pauschalwertberichtigung
Änderung gegenüber bisherigem Recht **B** 67
Forderungen aus Lieferungen und Leistungen **B** 665
Zuschreibungen wegen Herabsetzung der P. zu Forderungen **B** 1732 f.
Pay-off-Methode R 135
Pensionsansprüche, Bewertung **H** 256
Pensionskassen
Rückstellungsverbot **B** 1118
Versorgungsleistungen **M** 91
Pensionsrückstellungen B 1091 ff.
Änderung gegenüber bisherigem Recht **B** 72
Angabe im Anhang **B** 1978
Anwartschaftsdeckungsverfahren **B** 1099
Auflösungen und Teilauflösungen **B** 1115
Ausweis einer Rückdeckungsversicherung **B** 1095
Ausweis von Versorgungsverpflichtungen **B** 1097

Barwertermittlung von Anwartschaften **B** 1098
Barwertermittlung bereits laufender Renten **B** 1097
Bestandsaufnahme am Bilanzstichtag **B** 1112
Bewertung **B** 1096 ff.
Bewertung **B** 1128
Bewertung **H** 256
Ehegatten-Pensionszusagen **B** 1123 ff.
Erläuterungen im Anhang **B** 1094
erstmalige Passivierung in der Steuerbilanz **B** 1110
ertragsteuerliche Behandlung **B** 1106 ff.
Gegenwartsverfahren **B** 1100
Gesellschafter-Geschäftsführer **B** 1120, 1122
gleichmäßige Verteilung auf die Wirtschaftsjahre **B** 1117
Inhaberklausel **B** 1109
Maßgeblichkeit der Verhältnisse am Bilanzstichtag **B** 1112 ff.
Nachholung **B** 1115 f.
Passivierungspflicht **B** 1092
Prüfung des Ausweises **B** 1134
Prüfung der Bewertung **B** 1133
Prüfung des internen Kontrollsystems **B** 1129
Prüfung des Nachweises **B** 1130 ff.
rechtsverbindliche Zusage **B** 1106
Schriftform der Verpflichtung **B** 1107
Teilwertansatz in der Steuerbilanz **B** 1111
Teilwertverfahren **B** 1101
Umwandlungsfolgegewinne **H** 641
versicherungsmathematische Näherungsverfahren **B** 1102
Vorbehalt der Kürzung oder des Widerrufs **B** 1108
Wechsel vom Arbeitnehmer zum Gesellschafter und umgekehrt **B** 1121
Zinsfuß bei Berlinvergünstigungen **H** 403
Zuwendungen an Pensions- und Unterstützungskassen **B** 1118
Pensionssicherungsverein N 168
Perioden-Lifo A 59
Perlen, Bewertung **H** 256
Permanente Inventur A 316
Personalaufwand B 1760 ff.
Altersversorgungsaufwendungen **B** 1784
Angabe im Anhang **B** 1761
Löhne und Gehälter **B** 1762 ff.; *s. im einzelnen dort*
Sozialabgaben **B** 1782 ff.
Umsatzkostenverfahren **B** 1760 f.
Unterstützungsaufwendungen **B** 1783
Personaleinstellung M 7 ff.

1539

Sachverzeichnis

Buchstaben = Teile

Fragerecht des Arbeitgebers **M** 16 ff.
Mitbestimmung bei der P. **M** 15
Stellenausschreibung **M** 13 f.
  unzulässige Fragen **M** 19, 21
  zulässige Fragen **M** 20
Personalgestellung, Umsatzsteuer **H** 200
Personalsicherheiten im Konkursverfahren **N** 184
Personenhandelsgesellschaften
Adressat des Verwaltungsakts **I** 138
Außenprüfung **J** 41
Bekanntgabe von Verwaltungsakten **I** 138 ff.
Beteiligungen an P. **B** 454
Empfangsbevollmächtigte **I** 139
Eventualverbindlichkeiten **B** 1651, 1655, 1657
feste und variable Kapitalkonten **B** 897 ff.
gezeichnetes Kapital **B** 895 ff.
Gliederung des Jahresabschlusses **B** 40 ff.
negatives Kapitalkonto **B** 901
Spiegelbildmethode **B** 454
Umwandlung auf Kapitalgesellschaft *s.*
  Umwandlung Personengesellschaft
Zuordnung von Grundstücken zum Betriebsvermögen **A** 141
Personenverkehr, Umsatzsteuer **H** 205
Petition I 147
Pfandgeld, Umsatzsteuer **H** 205
Pfändung
Anderkonto **P** 77
Gratifikationen **M** 83
Lohnpfändung *s. dort*
Pfändungsfreigrenzen für Arbeitseinkommen **X** 60
Pfändungsverfügungen, Zustellung **I** 134
Pflegegeld, erkranktes Kind **L** 229 ff.
Pfleger P 38
Pflegschaft, Gebühr **W** 57
Pflichten des Steuerberaters V 6 ff.
Belehrungspflichten **V** 8
Buchführungspflichten **V** 9
Prüfungspflichten **V** 8
Sorgfaltspflichten **V** 6 f.
Pflichtprüfungen, Gebühr für Prüfung von Gemeindebetrieben **W** 53
Pflichtteil H 274, 286
PKW *s.* Kfz.
Plankostenrechnung, Grenzplankostenrechnung **R** 220
Plankostenrechnungssysteme R 217 ff.
Planmäßige Abschreibungen *s.* Abschreibungen
Plausibilitätsprüfung C 136; **U** 36
Außenprüfung **J** 100

Poolung, Umsatzsteuer bei Erlöspoolung **H** 200
Poolvertrag im Konkursverfahren **N** 186
Portogebühren *s.* Postgebühren
Postbeschlagnahme K 81
Postgebühren
Auslagen **W** 39
Auslagenersatz **W** 30, 36
Postgiroamtguthaben B 776
Bewertung **B** 777 f.
Prüfung des Ausweises **B** 785
Prüfung der Bewertung **B** 784
Prüfung des internen Kontrollsystems **B** 779 ff.
Prüfung des Nachweises **B** 783
Praktikanten, Lohnsteuer und Sozialversicherung **L** 632
Prämien
Arbeitnehmer **M** 82
lohnsteuer- und sozialversicherungsrechtliche Behandlung **L** 633
Prämienlohnsysteme M 76 ff.
Praxisabwickler, Haftpflichtversicherung **T** 50
Praxisverwalter, Haftpflichtversicherung **T** 50
Preisindices X 56
Preisnachlässe, Bewertung **H** 256
Preissteigerungsrücklage B 576 c, 1024
Rückstellung für latente Steuern **B** 1162
Preisveränderungen, Bewertung von Maschinen und technischen Anlagen **B** 365
Presse, Beschlagnahmeverbot **K** 103
Privatvermögen A 139
Vermögensübergang bei Umwandlung einer KapGes **H** 642
Probearbeitsverhältnis M 115 ff.
befristetes P. **M** 119
Produkthaftpflichtrisiken, Rückstellungen **B** 1310 ff.
Produktionsverfahren, Aktivierung **B** 252 ff.
Progressionsvorbehalt H 707; **L** 634
Auslandsfähigkeit **L** 531
Progressive Prüfungen C 175
Proportionalitätsmethode R 192
Provisionen
Anschaffungsnebenkosten **A** 87
Arbeitsentgeltvereinbarung **M** 79
lohnsteuer- und sozialversicherungsrechtliche Behandlung **L** 635
Prozeßagent, Gebühr **W** 50
Prozeßkosten
Haftpflichtversicherung **T** 50

Zahlen = Randziffern

Sachverzeichnis

Nachlaßverbindlichkeit **H** 286
Rückstellung **B** 1335 f.
Prozeßzinsen, Umsatzsteuer **H** 200
Prüfgelder C 164
Prüfungen 4, 57
s. auch Prüfungstechnik
Abschlußprüfung *s. dort*
Gebühr bei Bilanzprüfung **W** 34; indirekte P. **C** 136
Pflichtprüfungen bei Gemeindebetrieben **W** 53
Sonderprüfungen **C** 217
Systemprüfung **C** 222
Unterschlagungsprüfungen **C** 224
Vorprüfungen **C** 236 ff.
Prüfungen formelle C 109 ff.
Abstimmungsprüfung **C** 110
Belegprüfungen **C** 115
Einzelabstimmungen **C** 112
Gesamtabstimmungen **C** 111
Rechenprüfungen **C** 114
Übertragungsprüfungen **C** 113
Prüfungen materielle C 157
Prüfungsanordnung **J** 72 ff.
Bekanntgabe **J** 74
Erweiterung der P. **J** 79
Inhalt **J** 77
Wirkungen der P. **J** 80
Prüfungsbericht J 163 ff.
Arbeitsbögen **J** 167
Bestätigungsvermerk **C** 37
Grundsätze zur Weiterleitung straf- und bußgeldrechtlicher Feststellungen **J** 170
Inhalt **J** 165
MaBV-Prüfung **O** 16
Nicht-Änderungsmitteilung **J** 173
Recht auf Stellungnahme **J** 171 f.
Rechtsnatur **J** 163 f.
Rotberichte **J** 168
Vollständigkeitsgebot **J** 166
Prüfungsfelder J 96
Prüfungsgrundsätze J 93 ff.
Prüfungsmethoden, Außenprüfung **J** 100 ff.
Prüfungspflicht
Auswahl der Abschlußprüfer **G** 15 ff.
Beginn der P. **G** 12 f.
Kapitalgesellschaften **G** 5 ff., 11
Konzernrechnungslegung **F** 284 ff., 295 ff.
Prüfungspflichten des StB V 8
Prüfungsplanung C 162 ff.
Prüfungsprognosen C 172
Prüfungsqualität C 182 ff.
Prüfungsrecht
s. auch vereidigter Buchprüfer Wirtschaftsprüfer

Allgemeines **G** 1 ff.
freiwillige Prüfungen **G** 19, 22
Grundsätze der Neuregelung **G** 4 ff.
Mehr als die Hälfte der Einnahmen von einer Kapitalgesellschaft **G** 26
Mehrheit der Gesellschaftsrechte **G** 27
prüfungsfreie Unternehmen **G** 10 ff.
prüfungspflichtige Unternehmen **G** 5 ff.
tabellarische Übersicht über Neuregelung **G** 68
Unvereinbarkeit von Jahresabschlußmitwirkung und Prüfungstätigkeit **G** 3, 23 ff.
vereidigte Buchprüfer, Umfang des P. **G** 17 ff.
Vereinbarkeit von Beratung und Prüfung **G** 25
Prüfungstechnik
ABC der P. **C** 1 ff.
Anhang **B** 1990 ff.
computergestützte P. **C** 58 ff.
Dauerakte **C** 4
Lagebericht **D** 21 ff.
Prüfung der Bilanzposten *s. dort*
Rechnungsabgrenzungsposten **B** 1633 ff.
Prüfungstermin, Konkursforderungen **N** 192
Prüfungsumfang C 192 ff.
Prüfungsvermerk, MaBV-Prüfung **O** 84 ff.
Prüfungsverfahren vereidigter Buchprüfer, Qualifikation **G** 38
vereidigter Buchprüfer, Qualifikation bei Übergangsregelung **G** 62
Wirtschaftsprüfer-Qualifikation **G** 32 ff.
Wirtschaftsprüfer-Qualifikation bei Übergangsregelung **G** 45 ff.
Prüfung des Anhangs B 1985
Prüfung des Ausweises *s.* Ausweisprüfung
Prüfung der Bewertung *s.* Bewertungsprüfung
Prüfung der Bilanzposten
Anleihen **B** 1487 ff.
Anteile an verbundenen Unternehmen **B** 431, 733
Ausleihungen **B** 503 ff.
Ausleihungen an Gesellschafter **B** 481
Ausleihungen an Unternehmen mit Beteiligungsverhältnis **B** 471
Ausleihungen an verbundenen Unternehmen **B** 432
Ausstehende Einlagen **B** 108 ff.
Beteiligungen **B** 460 ff.
Betriebs- und Geschäftsausstattung **B** 397
Bundesbankguthaben **B** 779 ff.

1541

Sachverzeichnis

Buchstaben = Teile

Disagio **B** 831 ff.
eigene Anteile **B** 745 ff.
nicht durch Eigenkapital gedeckter Fehlbetrag **B** 880
eingeforderte Nachschüsse **B** 710
eingeforderte Nachschüsse/Nachschußkapital **B** 949
erhaltene Auszahlungen auf Bestellungen **B** 1511 ff.
Erweiterungsaufwendungen **B** 132 ff.
Eventualverbindlichkeiten **B** 1682 ff.
fertige Erzeugnisse **B** 634 f.
Forderungen an Gesellschafter **B** 707
Forderungen aus Lieferungen und Leistungen **B** 674 ff.
Forderungen gegen Unternehmen mit Beteiligungsverhältnis **B** 702
Forderungen gegen verbundene Unternehmen **B** 698 ff.
Gebäude **B** 345 ff.
Gebäude auf fremdem Grund und Boden **B** 345 ff.
geleistete Anzahlungen **B** 296 ff., 641 ff.
geleistete Anzahlungen und Anlagen im Bau **B** 406 ff.
Geschäftswert **B** 283 ff.
gewerbliche Schutzrechte **B** 262 ff.
Gewinnrücklagen **B** 986 ff.
gezeichnetes Kapital **B** 918 ff.
Grundstücksgleiche Rechte **B** 345 ff.
Guthaben bei Kreditinstituten **B** 796 ff.
immaterielle Vermögensgegenstände **B** 262 ff.
Ingangsetzungsaufwendungen **B** 132 ff.
Kapitalrücklage **B** 940 ff.
Kassenbestand **B** 779 ff.
Konzessionen **B** 262 ff.
Lizenzen **B** 262 ff.
Maschinen **B** 369 ff.
Pensionsrückstellungen **B** 1129 ff.
Postgiroamtguthaben **B** 779 ff.
Rechnungsabgrenzungsposten **B** 850 ff.
Rechnungsabgrenzungsposten passive **B** 1533 ff.
Roh-, Hilfs- und Betriebsstoffe **B** 578 ff.
Rücklage für eigene Anteile **B** 966
Rücklagen gesetzliche **B** 961
Rücklagen satzungsmäßige **B** 975
Rückstellung für latente Steuern **B** 1172 ff.
Rückstellungen für drohende Verluste bei schwebenden Geschäften **B** 1231 ff.
Rückstellungen für Gewährleistungen **B** 1199 ff.
Rückstellungen für Großreparaturen **B** 1209 ff.
Rückstellungen für Instandhaltung **B** 1188 ff.
Rückstellungen für ungewisse Verbindlichkeiten **B** 1231 ff.
Schecks **B** 768 ff.
Sonderposten mit Rücklageanteil **B** 1066 ff.
sonstige Verbindlichkeiten **B** 1608 ff.
sonstige Vermögensgegenstände **B** 719 ff.
sonstige Wertpapiere **B** 754 ff.
Steuerrückstellungen **B** 1150 ff.
technische Anlagen **B** 369 ff.
unfertige Erzeugnisse **B** 610 ff.
Verbindlichkeiten gegenüber Gesellschaftern **B** 1587
Verbindlichkeiten gegenüber Kreditinstituten **B** 1502 ff.
Verbindlichkeiten aus Lieferungen und Leistungen **B** 1524 ff.
Verbindlichkeiten gegenüber Unternehmen mit Beteiligungsverhältnis **B** 1575
Verbindlichkeiten gegenüber verbundenen Unternehmen **B** 1565
Waren **B** 634 f.
Wechselverbindlichkeiten **B** 1540 ff.
Wertaufholungsrücklage **B** 994 ff.
Wertpapiere **B** 480

Prüfung der GuV-Posten
Abschreibungen **B** 1794, 1797
Abschreibungen auf Finanzanlagen und auf Wertpapiere des Umlaufvermögens **B** 1850
Aufwendungen aus Verlustübernahme **B** 1860
außerordentliche Aufwendungen **B** 1887
außerordentliche Erträge **B** 1881
Bestandsveränderungen an fertigen und unfertigen Erzeugnissen **B** 1715
Eigenleistungen aktivierte **B** 1721
Erträge aus Beteiligungen **B** 1813 f.
Erträge aus Wertpapieren und Ausleihungen des Finanzanlagevermögens **B** 1833
Gewinne (Erträge) auf Grund einer Gewinngemeinschaft bzw. Gewinnabführungsvertrag **B** 1921
Gewinne (Erträge) aus Unternehmensverträgen **B** 1825
Materialaufwand **B** 1753, 1755
Personalaufwand **B** 1769 ff., 1785
sonstige betriebliche Aufwendungen **B** 1804 ff.
sonstige betriebliche Erträge **B** 1738 ff.
sonstige Steuern **B** 1908
sonstige Zinsen und ähnliche Erträge **B** 1842

Zahlen = Randziffern

Sachverzeichnis

Steuern vom Einkommen und Ertrag **B** 1902
Umsatzerlöse **B** 1706 f.
Zinsen und ähnliche Aufwendungen **B** 1869
Prüfung des internen Kontrollsystems B 1682
Anlagen im Bau **B** 406
Anleihen **B** 1487
Anteile an verbundenen Unternehmen **B** 431
Ausleihungen **B** 503
ausstehende Einlagen **B** 108
Beteiligungen **B** 460
Betriebs- und Geschäftsausstattung **B** 397
Bundesbankguthaben **B** 779 ff.
Disagio **B** 831
eigene Anteile **B** 745
erhaltene Anzahlungen auf Bestellungen **B** 1511
Erweiterungsaufwendungen **B** 132
fertige Erzeugnisse **B** 634
Forderungen aus Lieferungen und Leistungen **B** 674 ff.
Forderungen gegen verbundene Unternehmen **B** 699
Gebäude **B** 345
Gebäude auf fremdem Grund und Boden **B** 345
geleistete Anzahlungen **B** 296, 406, 641
Geschäftswert **B** 283
gewerbliche Schutzrechte **B** 262
gezeichnetes Kapital **B** 918
grundstücksgleiche Rechte **B** 345
Guthaben bei Kreditinstituten **B** 796 ff.
immaterielle Vermögensgegenstände **B** 262
Ingangsetzungsaufwendungen **B** 132
Kapitalrücklage **B** 940
Kassenbestand **B** 779 ff.
Konzessionen **B** 262
Lagerverwaltung **B** 580
Lizenzen **B** 262
Maschinen **B** 369
Materialeingang **B** 579
Pensionsrückstellungen **B** 1129
Postgiroamtguthaben **B** 779 ff.
Rechnungsabgrenzungsposten **B** 850
Rechnungsabgrenzungsposten passive **B** 1633
Roh-, Hilfs- und Betriebsstoffe **B** 578 ff.
Rückstellung für latente Steuern **B** 1172
Rückstellungen für drohende Verluste aus schwebenden Geschäften **B** 1231
Rückstellungen für Gewährleistungen **B** 1199
Rückstellungen für Großreparaturen **B** 1209
Rückstellungen für Instandhaltung **B** 1188
Rückstellungen für ungewisse Verbindlichkeiten **B** 1231
Schecks **B** 768 ff.
Sonderposten mit Rücklageanteil **B** 1066
sonstige Verbindlichkeiten **B** 1608
sonstige Vermögensgegenstände **B** 720
sonstige Wertpapiere **B** 754
Steuerrückstellungen **B** 1150
technische Anlagen **B** 369
unfertige Erzeugnisse **B** 610
Verbindlichkeiten gegenüber Kreditinstituten **B** 1502
Verbindlichkeiten aus Lieferungen und Leistungen **B** 1524 f.
Waren **B** 634
Wechselverbindlichkeiten **B** 1540
Wertaufholungsrücklagen **B** 994
Prüfung des Jahresabschlusses, Allgemeines **B** 25
Prüfung des Konzernabschlusses, Allgemeines **B** 25 ff.
Prüfung der Lageberichte, Allgemeines **B** 25 ff.
Prüfung nach Makler- und Bauträgerverordnung s. MaBV-Prüfung
Prüfung des Nachweises s. Nachweisprüfung
Publizitätsgesetz
Konsolidierungsgrundsatz der Einheitlichkeit der Abschlußstichtage **F** 46
Konzernbilanzausweis und -gliederung **F** 78
Konzern-GuV-Rechnung **F** 208
Konzernrechnungslegungspflicht **F** 4, 12, 31
Schuldenkonsolidierung **F** 184

Quellensteuer
Begrenzung **H** 705
leichtfertige Steuerverkürzung **K** 430
Quellensteuerprüfung J 22, 44
Quotenkonsolidierung F 166 ff.
Quotenvergleich N 224

Rabatte, Rückstellungen **B** 1271
Rabattgewährung, lohnsteuer- und sozialversicherungsrechtliche Behandlung **L** 636
Rahmengebühr W 30
Rat
Gebühr **W** 34
telefonisch **S** 12
Raten, Tabellen zur Bewertung **X** 14 f.

1543

Sachverzeichnis

Buchstaben = Teile

Ratenkauf, Umsatzsteuer **H** 205
Raummaße X 65, 69
Räumungsentschädigungen, Umsatzsteuer **H** 200
Realzins, Entwicklung **X** 57
Realisationsprinzip A 379 ff.
Begriff **A** 380
Erträge außerhalb von Unternehmensleistungen **A** 382
Realisationszeitpunkt für bestimmte Vorgänge **A** 381
Rechenprüfungen C 114
Rechnungsabgrenzungsposten aktive B 1630 ff.
Änderung gegenüber bisherigem Recht **B** 73
Aktivierungspflicht **B** 821
Aktivierungswahlrecht **B** 820
Angabe im Anhang **B** 1978
antizipative Vorgänge **B** 835
Arten von R. **B** 820 ff.
Ausgaben **B** 837
Ausweis in einer Summe **B** 845 a
Begriff und Arten **B** 835
Bewertung **B** 849
Biersteuer **B** 842
Disagio **B** 825 ff.; s. im einzelnen dort
Erfolgswirksamkeit nach Bilanzstichtag **B** 838
ertragsteuerliche Behandlung **B** 846 ff.
Gliederungsübersicht neues/altes Recht **B** 822
Maßgeblichkeitsgrundsatz **A** 340
Offenlegungsübersicht neues/altes Recht **B** 822
Prüfung des Ausweises **B** 853
Prüfung der Bewertung **B** 852
Prüfung des internen Kontrollsystems **B** 850
Prüfung des Nachweises **B** 851
dransistorische Vorgänge **B** 835
Umsatzsteuer-Aufwand **B** 843 ff.
Voraussetzungen **B** 836 ff.
Zeitraum nicht eindeutig bestimmbarer **B** 839
Zölle und Verbrauchsteuern **B** 841, 847
Rechnungsabgrenzungsposten passive B 1630 ff.
Begriff **B** 1630
Bewertung **B** 1632
Disagio **B** 1630
ertragsteuerliche Behandlung **B** 1631
Prüfung des Ausweises **B** 1636
Prüfung der Bewertung **B** 1635

Prüfung des internen Kontrollsystems **B** 1633
Prüfung des Nachweises **B** 1634
Rechnungslegungspflicht, MaBV-Prüfung **O** 67 ff.
Rechnungslegungsvorschriften
Allgemeines und Überblick **B** 12 ff.
rechtsformspezifische Regelungen **B** 19 ff.
rechtsformunabhängige Regelungen **B** 12 ff.
Rechnungswesen, Berichterstattung des Abschlußprüfers **C** 22
Redepflicht des Abschlußprüfers C 205 ff.
Berichterstattung **C** 26
Rechtsanwalt
Gebühr **W** 50
Gebühr bei Doppelqualifikation **W** 25
Rechtsanwaltskammer, Adressen **X** 72
Rechtsanwälte
Beschlagnahmeverbot **K** 99
Prüfungsrecht s. dort
Rechtsbehelfe
Außenprüfung **J** 81 ff.
außerordentliche R. **I** 147
Beschwerden s. dort
Dienstaufsichtsbeschwerde **I** 147
Einspruch s. dort
Gegenvorstellung **I** 147
ordentliche R. **I** 148
Petition **I** 147
Rechtsbelehrung und Rechtsbehelfsfrist **I** 165
Übersicht **I** 147 ff.
Verfassungsbeschwerde **I** 150
vorläufiger Rechtsschutz **I** 149
Rechtsbehelfsentscheidungen I 134
Rechtsbehelfstabelle W 44
Rechtsbehelfsverfahren
Klage s. dort
Revision s. dort
Rechtsbeistand, Gebühr **W** 50
Rechtsberatung
Abgrenzung zur Steuerberatungstätigkeit **T** 19 ff.
Gebühr **W** 57
Rechtsformwahl R 77 ff.
Allgemeines **R** 77 f.
Bestimmungsrecht **R** 104
Betriebsaufspaltung **R** 88 ff.
BGB-Gesellschaft **R** 80
Einzelunternehmen **R** 79
Entscheidung über die R. **R** 105
GmbH **R** 83
GmbH & Co KG **R** 84
GmbH & Still **R** 85 f.

1544

Zahlen = Randziffern **Sachverzeichnis**

Haftungsbeschränkung **R** 91 f.
Kommanditgesellschaft **R** 82
Kriterien der R. **R** 91 ff.
Offene Handelsgesellschaft **R** 81
steuerfreie Zulagen und Zuschüsse **R** 98
steuerliche Überlegungen **R** 93 ff.
Überblick über wesentliche Rechtsformen **R** 79 ff.
Verlustausgleichsmöglichkeiten **R** 95
Verwaltungsaufwand adäquater **R** 102 f.
Wechsel der Rechsform **R** 99
Rechtshilfe s. Amtshilfe
Rechtsprechungskenntnis T 11 f.
Rechtsschutz-Checkliste K 127
Regellohn
Berechnung bei Krankengeld **L** 220
Höhe bei Krankengeld **L** 213
Regellohnhöchstsätze bei Krankengeld **L** 222
Regelungsanordnung I 238
Registerpublizität E 2
Rehabilitationsmaßnahmen im Rentenrecht **L** 72 ff.
Reisekosten
Auslagenersatz **W** 30
Höchstbeträge **H** 33 ff.; **L** 637 ff.
Krankenkassenübernahme bei Familienheimfahrten **L** 235
Ländergruppeneinteilung **H** 37
lohnsteuer- und sozialversicherungsrechtliche Behandlung **L** 637 ff.
Nachlaßverbindlichkeit **H** 286
Pauschbeträge **H** 34 ff.
Rekultivierungskosten, Rückstellungen **B** 1340 f.
Renditen, inländische Wertpapiere **X** 54
Rennwett-Lotterie-Sonderprüfung J 21
Rentabilitätsrechnungen R 130 ff.
Retabilitätskennzahlen R 259 ff.
Rente
Kapitalwert **X** 17
Lebenserwartung nach abgekürzter Sterbetafel **X** 32
Leibrenten **X** 31 f.
Rentenendwerte **X** 28
Tabellen zur Bewertung **X** 14 f.
Verdienstgrenzen und Beitragspflicht der Rentenbezieher (Tabelle) **L** 751
Zeitrentenberechnung **X** 25
Zeitrententabellen **X** 31
Rentenanpassung, Tabelle für die Jahre 1970 bis 1985 **L** 756
Rentenansprüche, Bewertung **H** 256
Rentenarten L 10 ff.; s. im einzelnen dort

Rentenbarwerte
jährliche Zahlungen **X** 27
monatliche Zahlungen **X** 26
Zeitrenten **X** 25
Rentenberechnung
Ausfallzeiten **L** 90
Beitragszeiten **L** 82 ff.
Berechnungsbeispiele **L** 92 ff.
Beschäftigungszeiten **L** 87
Ersatzzeiten **L** 88 f.
Formel **L** 75 ff.
Versicherungszeiten **L** 81
Wartezeiten **L** 85 f.
Zurechnungszeiten **L** 91
Rentenberechnungsbogen L 80
Rentenendwerte X 28
jährliche Zahlungen **X** 30
monatliche Zahlungen **X** 29
Rentengarantie B 1823
Rentenlasten, Bewertung **H** 256
Rentenschulden, Ausleihungen s. dort
Rentenverpflichtungen
Anschaffungskosten bei Kauf auf Rentenbasis **A** 65
Bewertung **B** 1439
Rentenversicherung
Allgemeines und Überblick **L** 1 ff.
Arbeitgeberanteil **L** 512
Arbeitslosengeld **L** 388
Arbeitslosenhilfe **L** 388
Beitrag bei Arbeitslosigkeit **L** 339
Beitragsbemessungsgrenze **L** 538
Beitragssätze 1974 bis 1986 **L** 754
freiwillige Höher-/Weiterversicherung **M** 93
freiwillig versicherte Personen **L** 9
Grundlagen gesetzliche **L** 2
Kinderzuschuß **L** 67 ff.
Kurzarbeitergeld **L** 392
Rehabilitationsmaßnahmen **L** 72 ff.
Rentenberechnung s. dort
Schlechtwettergeld **L** 392
Tabelle über Bruttoarbeitsentgelt, Bemessungsgrundlage und Rentenanpassung 1970 bis 1985 **L** 756
versicherungspflichtige Personen **L** 8
Versicherungszweige **L** 3
Wartezeit bei Altersruhegeld **L** 11, 14
Rentenversicherungsträger L 4
Selbstverwaltung **L** 5
Reparaturteile, Abschreibung **B** 206
Reproduktionskosten, unfertige Erzeugnisse **B** 605
Reproduktionskostenwert, niedrigerer **B** 606a

1545

Sachverzeichnis

Buchstaben = Teile

Restwert
AfA-Bemessung **A** 8; **B** 199, 212
angemessener Restwertansatz bei Maschinen und technischen Anlagen **B** 366
Restwertrechnung, Subtraktionsmethode **R** 191
Retrograde Bewertung unfertiger Erzeugnisse **B** 606
Retrograde Methode, Kostenartenrechnung **R** 165
Retrograde Prüfungen C 175
Return-on-Investment R 260
Revision
Aussetzung der Vollziehung **I** 241 ff.
einstweilige Anordnung **I** 246 ff.
Frist **I** 228
Fristversäumnis **U** 11
Gebühr **W** 22, 34
Musterschriftsätze **I** 274 f.
Umfang **I** 227
Vertretungszwang **I** 229
Rezepte, Aktivierung **B** 252 ff.
Richtsatzprüfung J 49
Risikobeschreibung (RiB) T 41
Roh-, Hilfs- und Betriebsstoffe B 553 ff.
am Absatzmarkt ermittelter Verkaufswert **B** 574 f.
Aufwendungen **B** 1748 ff.
Begriff Betriebsstoffe **B** 553
Begriff Hilfsstoffe **B** 553
Begriff Rohstoffe **B** 553
Bewertungsabschläge **B** 576 d
bewertungsrechtliche Behandlung **B** 577
Einzelbewertung **B** 554
ertragsteuerliche Behandlung **B** 575 f.
Festbewertung **B** 557 ff.
Fifo-Methode **B** 562
Gängigkeitsabschreibung **B** 574
Gleichartigkeit **B** 555
gruppenweise Bewertung **B** 554
Herstellungskosten **A** 291 f.
Hifo-Methode **B** 563
Importwarenabschlag **B** 576 b
Kifo-Methode **B** 565
Lifo-Methode **B** 561
Lofo-Methode **B** 564
Niederstwertprinzip strenges **B** 571
niedrigerer steuerlicher Wert **B** 574 b
niedrigerer Zukunftswert **B** 574 b
Preissteigerungsrücklage **B** 576 c
Prüfung der Bewertung **B** 590 ff.
Prüfung des internen Kontrollsystems **B** 578 ff.
Prüfung der Inventuraufnahme **B** 583 f.
Prüfung des Nachweises **B** 581 ff.
Prüfung der Unter- und Überbewertung **B** 587 f.
Sammelbewertung **B** 554
Schrottwert **B** 574
Teilwertermittlung **B** 577
Verbrauchsfolgefiktionen **B** 560 ff., 576
Wiederbeschaffungskosten **B** 572
Zeitwert **B** 576 a
Rohvermögen, Bewertung **H** 256
Rollgelder
Anschaffungsnebenkosten **A** 87
Auslagen **W** 39
Rotberichte J 168
Rücklage nach § 1 AuslInvG, Sonderposten mit Rücklageanteil **B** 1055
Rücklage für Ersatzbeschaffung, Sonderposten mit Rücklageanteil **B** 1047 ff.
Rücklage bei Erwerb gefährdeter Betriebe nach § 6 d EStG, Sonderposten mit Rücklageanteil **B** 1052 f.
Rücklage nach § 6 b EStG, begünstigte Wirtschaftsgüter **B** 1026 ff.
Sonderposten mit Rücklageanteil **B** 1025 ff.
Übertragungsmöglichkeiten **B** 1033
Veräußerung **B** 1035
Voraussetzung für Übertragung stiller Reserven **B** 1038
Zuschreibungen **B** 1039
Rücklage nach § 82 StBauFG, Sonderposten mit Rücklageanteil **B** 1045
Rücklage nach § 3 ZRFG, Sonderposten mit Rücklageanteil **B** 1042 ff.
Rücklagen
Angabe und Begründung von R. aus steuerlichen Gründen im Anhang **B** 1978
Bildung von R. bei eigenen Anteilen **B** 739
Bildung einer R. bei Anteilen an verbundenen Unternehmen **B** 730
Gewinnrücklagen *s. dort*
Kapitalrücklagen *s. dort*
Sonderposten mit Rücklageanteil *s. dort*
Sonderposten mit Rücklageanteil bei steuerlich bedingten Abschreibungen **B** 223
Wertaufholungsrücklagen **B** 990 ff.; *s. im einzelnen dort*
Zuschreibungserträge als R. **A** 418
Rücklage für eigene Anteile
Auflösung **B** 964
Begriff **B** 962
Bewertung **B** 965
Bildung **B** 963
ertragsteuerliche Behandlung **B** 965
Prüfungstechnik **B** 965
Rücklagen gesetzliche
Begriff **B** 955

Zahlen = Randziffern

Sachverzeichnis

Bewertung B 960
ertragsteuerliche Behandlung B 960
Höhe der jährlichen Bildung B 956
Prüfungstechnik B 961
Verwendung B 957 ff.
Rücklagen satzungsmäßige
Auflösung B 972
Begriff und Bildung B 970, 971
Bewertung B 974
ertragsteuerliche Behandlung B 974
Prüfungstechnik B 975
Verwendung B 973
Rücklagen steuerfreie, Umwandlungsfolgegewinne H 641
Rücklieferungen, Umsatzsteuer H 200
Rückstellungen B 1075 ff.
Abgrenzung von den Verbindlichkeiten B 1409 f.
Änderungen gegenüber bisherigem Recht B 71
Angabe und Erläuterung von R. im Anhang B 1978
Arten der zulässigen R. B 1083
Auflösung B 1081 f.
Aufwandsrückstellungen B 1205 ff.
Ausbildungskosten B 1255
Ausgleichsanspruch der Handelsvertreter B 1250 ff.
ausstehende Rechnungen B 1260
Ausweis in der Bilanz B 1084, 1088
Begriff B 1075 ff.
Berufsgenossenschaftsbeiträge B 1265
Bildung B 1082
Bonusverpflichtungen B 1270
Bürgschaftsübernahme B 1275
drohende Verluste aus schwebenden Geschäften B 1228 a
Einzelbeispiele an R. B 1250 ff.
Einzel- oder Sammelrückstellungen B 1080
Erläuterung im Anhang B 1085
Erträge aus Auflösung von R. B 1735
Erweiterungsaufwendungen B 1164
Garantieverpflichtungen B 1280 ff.
Geschäftsverlegung B 1290
Gewährleistungen B 1280 ff.
Gewerbesteuerrückstellung B 1145
Gewinnbeteiligungszusagen B 1295
Gliederungsschema neues/altes Recht B 1086
Gratifikationen B 1300
Haftpflichtverbindlichkeiten B 1310 ff.
Heimfallverpflichtung B 1305 f.
Ingangsetzungsaufwendungen B 1164
Jahresabschlußkosten B 1315 ff.
Jubiläumsaufwendungen B 1320 f.

Kundendienstaufwendungen B 1325
Pachterneuerung B 1330
Patentverletzungen B 1331 f.
Pensionsrückstellungen *s. dort*
Produkthaftpflichtrisiken B 1310 ff.
Prozeßkosten B 1335 f.
Rabattverpflichtungen B 1271
Rekultivierungskosten B 1340 f.
Rückstellungen für drohende Verluste aus schwebenden Geschäften *s. dort*
Rückstellungen für Gewährleistungen *s. dort*
Rückstellungen für Großreparaturen *s. dort*
Rückstellungen für Instandhaltungen *s. dort*
Rückstellungen für latente Steuern *s. dort*
Rückstellungen für ungewisse Verbindlichkeiten *s. dort*
Rückstellungsspiegel B 1087, 1090
Sozialpläne B 1345 f.
Steuerrückstellung B 1143 ff.
Steuerrückstellungen *s. dort*
Tantiemen B 1350
Überprüfungen U 33
Urlaubsverpflichtungen B 1355 f.
Vorruhestandsleistungen B 1360 ff.
Wechselobligo B 1370 f.
Weihnachtsgeld B 1375
Rückstellungen für Abraumbeseitigung B 1182 ff.; *s. im einzelnen* Rückstellungen für Instandhaltungen
Rückstellungen für Gewährleistungen B 1195 ff.
Begriff und Voraussetzung B 1195 f.
Bewertung B 1198
ertragsteuerliche Behandlung B 1197
Prüfung des Ausweises B 1202
Prüfung der Bewertung B 1201
Prüfung des internen Kontrollsystems B 1199
Prüfung des Nachweises B 1200
Rückstellungen für Großreparaturen B 1205 ff.
Begriff B 1206
Bewertung B 1208
ertragsteuerliche Behandlung B 1207
Prüfung des Ausweises B 1212
Prüfung der Bewertung B 1211
Prüfung des internen Kontrollsystems B 1209
Prüfung des Nachweises B 1210
Voraussetzungen B 1205
Wahlrecht B 1205
Rückstellungen für Instandhaltung B 1182 ff., 1186
Abgrenzung von den Verbindlichkeiten B 1409

1547

# Sachverzeichnis
Buchstaben = Teile

Bewertung **B** 1187
Nachholverbot **B** 1183
Nachweis unterlassener Instandhaltung **B** 1184
Prüfung des Ausweises **B** 1190
Prüfung der Bewertung **B** 1190
Prüfung des internen Kontrollsystems **B** 1188
Prüfung des Nachweises **B** 1189
Voraussetzungen **B** 1183
Rückstellungen für latente Steuern B 1160 ff.
Aktivierung von Fremdkapitalzinsen **B** 1163
Aktivierung von Ingangsetzungs- und Erweiterungsaufwendungen **B** 1163
Aktivierung latenter Steuererstattungsansprüche **B** 1168
aktivische latente Steuern **B** 1169
Auflösung **B** 1167
Bewertung **B** 1171
Bewertung nach der Fifo-Methode **B** 1163
Bildung **B** 1160 f.
ertragsteuerliche Behandlung **B** 1170
Höhe der R. **B** 1165
Preissteigerungsrücklage **B** 1162
Prüfung des Ausweises **B** 1175
Prüfung der Bewertung **B** 1174
Prüfung des internen Kontrollsystems **B** 1172
Prüfung des Nachweises **B** 1173
Wertaufholung beim abnutzbaren Anlagevermögen **B** 1164
Wertaufholungsgebot **B** 1164a
Rückstellungen für drohende Verluste aus schwebenden Geschäften B 1215, 1220 ff.
Absatzgeschäfte **B** 1223
Allgemeines und Begriff **B** 1221 f.
Bewertung **B** 1230
Bildung auf der Basis der Vollkosten oder der variablen Kosten **B** 1225
Dauerschuldverhältnisse **B** 1224
ertragsteuerliche Behandlung **B** 1226 ff.
Liefergeschäfte **B** 1228
Passivierungspflicht **B** 1220, 1226 f.
Prüfung des Ausweises **B** 1240 f.
Prüfung der Bewertung **B** 1236 ff.
Prüfung des internen Kontrollsystems **B** 1231
Prüfung des Nachweises **B** 1232 ff.
Rückstellungen für ungewisse Verbindlichkeiten B 1215 ff.
Abgrenzung von den Verbindlichkeiten **B** 1410
Begriff **B** 1216

Begründung durch Leistungszwang **B** 1218
Bewertung **B** 1230
ertragsteuerliche Behandlung **B** 1226 ff.
Passivierungspflicht **B** 1226
Prüfung des Ausweises **B** 1240 f.
Prüfung der Bewertung **B** 1236 ff.
Prüfung des internen Kontrollsystems **B** 1231
Prüfung des Nachweises **B** 1232 ff.
Schuldcharakter der Verpflichtung **B** 1217
Ungewißheit **B** 1219
Rückstellungsspiegel B 1087, 1090
Rückstellungen für ungewisse Verbindlichkeiten und drohende Verluste **B** 1232
Steuerrückstellungen **B** 1151
Rücktritt vom Vertrag s. Vertragsrücktritt
Rückübertragungen, Umsatzsteuer **H** 200
Rückwärtsversicherung T 47
Rückwirkung, Umwandlung Kapitalgesellschaft **H** 625 ff.
Rückwirkungsverbot, Steuerstrafrecht **K** 202
Rückzahlungsbetrag von Verbindlichkeiten **B** 1435 ff.
Ruhepausen, Jugendliche **M** 196
Rumpfgeschäftsjahr A 214 f.
Rundfunk, Beschlagnahmeverbot **K** 340

Sachanlagen B 310 ff.
Änderung gegenüber bisherigem Recht bei Abschreibungen auf das S. **B** 66
Anlagen im Bau **B** 398 ff.; s. im einzelnen dort
Betriebs- und Geschäftsausstattung **B** 390 ff.
geleistete Anzahlungen **B** 398 ff.; s. im einzelnen dort
Gliederung **B** 310
Grundstücke, grundstücksgleiche Rechte und Bauten **B** 312 ff.
Maschinen **B** 356 ff.; s. im einzelnen dort
technische Anlagen **B** 356 ff.; s. im einzelnen dort
Sachbezüge
Bewertung **H** 256
lohnsteuer- und sozialversicherungsrechtliche Behandlung **L** 644 ff.
Sacheinlagen, Kapitalrücklage **B** 929
Sachschäden, Haftpflichtversicherung **T** 50
Sachschuld, Aufwertung **B** 1460

Zahlen = Randziffern

Sachverzeichnis

Sachverhaltsaufklärung
von Amts wegen **I** 4
Glaubhaftmachung **I** 6
Mitwirkungspflichten **I** 1 ff.
Sachverständiger, Entschädigung **W** 55
Sachverständiger im Strafprozeß Q 15 ff.
Ablehnung **Q** 18
Allgemeines **Q** 15 ff.
Entschädigung **Q** 21
Ernennung **Q** 18
Erstattung des Gutachtens **Q** 19
Gutachtenerstattungspflicht **Q** 19
Gutachtenverweigerungsrecht **Q** 19
Sachverständiger im Zivilprozeß Q 1 ff.
Ablehnung **Q** 6, 7
Allgemeines **Q** 1 ff.
Ernennung **Q** 5
Erstattung des Gutachtens **Q** 10 ff.
Gutachtenerstattungspflicht **Q** 8
Gutachtenverweigerungsrecht **Q** 9
Haftung **Q** 13
Steuerberater **Q** 5
Vereidigung **Q** 12
Vergütung **Q** 14
Sachwertschuld, Bilanzansatz **B** 1458
Säumniszuschläge I 45
Erlaß des Steueranspruchs **I** 48
Haftpflichtversicherung **T** 50
Saldenbestätigung C 213
Forderungen aus Lieferungen und Leistungen **B** 692
Saldierungsverbot
debitorische Kreditoren und Verbindlichkeiten aus Lieferungen **B** 1517
Forderungen und Verbindlichkeiten **B** 1418
Zinserträge und Zinsaufwendungen **B** 1839, 1868
Sammelbewertung
Anteile an Kapitalgesellschaften **B** 449
Forderungen aus Lieferungen und Leistungen **B** 664
Roh-, Hilfs- und Betriebsstoffe **B** 554
Satzungsklauseln, verdeckte Gewinnausschüttungen **H** 118
Schachtelbeteiligungen, Bewertung **H** 256
Schadensersatz, Umsatzsteuer **H** 200
Schadensersatzansprüche, Ausweis *s.* Sonstige Vermögensgegenstände
Schadensersatzanspruch pauschalierter S 101
Schätzung
Besteuerungsgrundlagen **J** 139 ff.
Besteuerungsgrundlagen bei Verletzung der GoB **A** 277
Besteuerungsgrundlagen bei Verstoß gegen die Buchführungs- und Aufzeichnungspflichten **A** 197
Richtsatzsammlungen **A** 197
Verletzung der Mitwirkungspflicht **I** 8
Verstoß gegen Aufbewahrungspflichten **A** 117
Schätzungsmethoden, Außenprüfung **J** 100 ff.
Schecks
Ausweis **B** 766
Bewertung **B** 767
Prüfung des Ausweises **B** 773
Prüfung der Bewertung **B** 772
Prüfung des internen Kontrollsystems **B** 768 ff.
Prüfung des Nachweises **B** 771
Scheckbürgschaften, Passivierung **B** 1668 ff.
Scheckkopierbücher A 249
Scheidungsrente L 59 ff.
Wiederheirat **L** 62
Scheinbestandteile, Investitionszulagen **H** 555
Scheingewinne, Anschaffungswertprinzip **A** 92
Schenkungen
Anfechtung im Konkurs **N** 122
Begriff **H** 277
Grunderwerbsteuer **H** 308
Schenkung gemischte, Grunderwerbsteuer **H** 307
Schenkungsteuer *s. im einzelnen* Erbschaftsteuer
Schenkungsteuererklärung, Gebühr **W** 22
Schiedsgerichtsverfahren Q 22 ff.
Abgrenzung gegenüber Schiedsgutachten **Q** 25
Allgemeines **Q** 22 ff.
Gegenstand **Q** 23
Schiedsspruch **Q** 36 ff.
Verfahren **Q** 33 ff.
Vollstreckbarkeit **Q** 38
Schiedsgutachten Q 25
Schiedsrichter
Ablehnung **Q** 31
Auslagenersatz **Q** 44
Ernennung **Q** 28
Haftung **Q** 41
Vergütung **Q** 43
Schiedsrichtertätigkeit, Gebühr **W** 57
Schiedsrichtervertrag Q 26
Schiedsspruch Q 36 ff.

1549

Sachverzeichnis

Buchstaben = Teile

Rechtsmittel **Q** 39
Vollstreckbarkeit **Q** 38
Schiedsverfahren s. Schiedsgerichtsverfahren
Schiedsvergleich Q 40
Schiedsvertrag Q 24
Abgrenzung gegenüber Schiedsrichtervertrag **Q** 26
Abgrenzung gegenüber Schiedsgutachten **Q** 25
Formvorschriften **Q** 27
Schiffe, Berlinförderung **H** 410
Schiffshypotheken, Ausleihungen s. dort
Schlechtwettergeld
Anspruch **L** 378 f.
Anzeige **L** 380
Begriff „Witterungsgründe" **L** 377
Krankengeldbezug **L** 219
Krankenversicherungsbeitrag **L** 389 ff.
lohnsteuer- und sozialversicherungsrechtliche Behandlung **L** 649
Rentenausfallzeit **L** 90
Rentenversicherungsbeitrag **L** 392
Voraussetzungen **L** 376 ff.
Schlußbemerkung, Berichterstattung des Abschlußprüfers **C** 25
Schlußbesprechung J 147 ff.
Abschlußprüfung **C** 215
Bedeutung **J** 147 ff.
Beteiligtenkreis **J** 150
Gebühr **W** 34
gesetzliche Verpflichtung **J** 147 ff.
Inhalt **J** 150 ff.
Rechtswirkung **J** 155
Steuerfahndung **K** 146 ff.
straf- und bußgeldrechtliche Implikationen **J** 161
strafrechtliche Hinweise **J** 162
verbindliche Zusagen **J** 155, 156
Vorbereitung durch den Berater **J** 160, 161
Zwischenbesprechungen **J** 153
Schlußbilanz
Umwandlung Kapitalgesellschaft **H** 630
Verschmelzung von Kapitalgesellschaften **H** 620
Schlußverteilung im Konkurs **N** 204
Schlußverzeichnis im Konkursverteilungsverfahren **N** 205
Schmiergeld-Paragraph **J** 145 a
Schmuck, Bewertung **H** 256
Schmuggel K 288
Schmutzzulage s. Lohnzuschläge
Schreibauslagen W 30, 37, 39
Schrottwert
bei Abschreibungen **A** 8
Verkaufswert des Absatzmarktes **B** 574

Schütt aus-hol zurück-Verfahren, Kapitalrücklage **B** 932
Schulausbildung, Rentenausfallzeit **L** 90
Schuld, Gegenwartswert einer unverzinslich befristeten Sch. **X** 11, 12
Schulden, Bewertung **H** 256
Schuldbeitritt, Konkurs **N** 180
Schuldbuchforderungen, Bewertung **H** 256
Schuldenkonsolidierung F 182 ff.
Allgemeines **F** 18
Anzahlungen **F** 188
Aufrechnungsdifferenzen **F** 200 ff.
Begriff **F** 182 ff.
Berichterstattungspflicht **F** 198
Bürgschaften **F** 196
Drittschuldverhältnisse **F** 192
Einlagen ausstehende **F** 187
erfolgswirksame und erfolgsneutrale Sch. **F** 199 ff.
Eventualverbindlichkeiten **F** 193 ff.
Gewährleistungsverträge **F** 196
Haftungsverhältnisse **F** 193 ff.
konsolidierungspflichtige Forderungen und Verbindlichkeiten **F** 186 ff.
latente Steuern **F** 119
Pauschalwertberichtigungen **F** 190
Publizitätsgesetz **F** 184
Rechnungsabgrenzungsposten **F** 189
Rückstellungen **F** 191
Sicherheiten für Verbindlichkeiten **F** 198
Wechselobligo **F** 195
Schuldentilgungs-Koeffizient R 247
Schuldnerliste N 73
Schuldübernahme B 1669
Schutzklausel
Ausnahmen von der Berichterstattungspflicht im Anhang **B** 1965
Untergliederung der Umsatzerlöse **B** 84
Schutzrechte gewerbliche s. Gewerbliche Schutzrechte
Schwangerschaft s. Mutterschutzrecht
Schweigepflicht s. Verschwiegenheitspflicht
Schwerbehinderte
Arbeitserlaubnis **M** 12
Erwerbsunfähigkeitsrente **L** 32
flexibles Altersruhegeld **L** 18
Probearbeitsverhältnis **M** 117
Arbeitgeberpflichten **M** 184
Ausgleichsabgabe **M** 183
Ausnahme vom Kündigungsschutz **M** 366
Beschäftigungspflicht **M** 182
Feststellungsverfahren **M** 181
Fortfall des Schwerbehindertenschutzes **M** 185

Zahlen = Randziffern

Sachverzeichnis

Kündigungsschutz **M** 364 ff.
Vertrauensmann **M** 186
Voraussetzungen **M** 180
Zustimmung der Hauptfürsorgestelle bei Kündigung **M** 364 f.
Schwerpunktprüfungen J 48
Seelenamt, Nachlaßverbindlichkeit **H** 286
Selbständige Arbeit, Freibeträge und Freigrenzen **H** 16
Selbstanzeige K 245 ff., 408, 423
Ablaufhemmung **I** 97
Adressat der S. **K** 258
Ausschließungsgründe **K** 266 ff.
Außenprüfung **J** 6
Bekanntgabe der Einleitung eines Straf- oder Bußgeldverfahrens **K** 273 ff.
Beschwerde gegen Nachzahlungsfristsetzung **K** 265
Erscheinen des Außenprüfers, Steuer- oder Zollfahnders **K** 267
Form der S. **K** 250
Fortsetzungstat und Tatendeckung **K** 281
Fremdanzeige **K** 285
durch Fremdtäter **K** 261
Gebühr **W** 22, 34
Kreis der Anzeigenerstatter **K** 248
Mittäter oder Gehilfe **K** 257
Nachzahlung fristgerechte **K** 260
Nachzahlungsbetrag **K** 262
Nachzahlungsfrist **K** 263
notwendiger Inhalt **K** 252 ff.
Schätzung der Besteuerungsgrundlagen **K** 254
Sperrwirkung **K** 266 ff., 269 ff.
Sperrwirkungsende **K** 283
Steuerfahndung **K** 139
Tatendeckung **K** 278 ff.
Teilerklärungen **K** 254
Unwirksamkeit der S. **K** 266 ff.
durch Vertreter mit Vollmacht **K** 249
Wiedereinsetzung in vorigen Stand **K** 263
Wirkungslosigkeit der S. **K** 255
Zahlungsverpflichteter **K** 261
zuständiges FA für Fristsetzung **K** 265
Selbstbezichtigung, Außenprüfung **J** 114
Sequester/Sequestration N 61 ff.
Serienschadensklausel T 50
Sicherheiten, Haftungsverhältnisse aus der Bestellung von S. **B** 1675 ff.
Sicherheitspool im Konkursverfahren **N** 186
Sicherheitsleistung bei MaBV-Prüfung **O** 53 ff.
Sicherung der Steuerschuld K 145
Sicherungsanordnung I 238

Sicherungshypotheken, Ausleihungen *s. dort*
Sicherungsmaßnahmen bei Konkurseröffnung **N** 58 ff., 63
Sicherungsübereignung
Konkurs **N** 174
Umsatzsteuer **H** 200
Simultankonsolidierung F 181
Sitzort, Umsatzsteuer **H** 202
Skonti
Kundenskonti **B** 1867
Lieferantenskonti **B** 1520, 1838
Skontrationsmethode, Kostenartenrechnung **R** 163
Sofortabschreibung, geringwertige Wirtschaftsgüter **B** 235
Sollzinsen, Durchschnittssätze **X** 55
Sonderabschreibungen
Ausnahme von der aktivischen AfA bei S. **B** 179
Sonderposten mit Rücklageanteil **B** 1018
auf Grund steuerlicher Vorschriften **B** 1791
Sonderabschreibungen steuerliche A 39 ff.; **X** 2 ff.
Arten von S. **A** 40
außerplanmäßige Abschreibungen *s. dort*
erhöhte Abschreibungen *s. dort*
Sonderabschreibungen nach § 3 ZRFG, Sonderposten mit Rücklageanteil **B** 1042 ff.
Sonderausgaben, Pauschbetrag **H** 23 ff.
Sonderbetriebsvermögen, zurückbehaltene Wirtschaftsgüter bei Einbringung in KapGes **H** 656
Sonderposten mit Rücklageanteil
Änderung gegenüber bisherigem Recht **B** 70
Angabe im Anhang **B** 1024, 1980
Angabe der Wertberichtigungen im Anhang **B** 1978
Arten und Rechtsgrundlagen **B** 1017
Auflösung **B** 1022
Ausweis der Erträge aus der Auflösung **B** 1023
Begriff **B** 1015 f.
Bewertung **B** 1065
Einzelfälle **B** 1025 ff.
erhöhte Abschreibungen auf Baumaßnahmen **B** 1046
erhöhte Abschreibungen nach § 14 BerlinFG **B** 1058
erhöhte Abschreibungen für private Krankenanstalten (§ 7 f EStG) **B** 1057
erhöhte Abschreibungen für Wirtschaftsgüter des Umweltschutzes **B** 1059
ertragsteuerliche Behandlung **B** 1025 ff.

1551

Sachverzeichnis

Buchstaben = Teile

Gliederungsschema neues/altes Recht **B** 882
Importwarenabschlag **B** 1060
Preissteigerungsrücklage **B** 1024
Prüfung des Ausweises **B** 1069
Prüfung der Bewertung **B** 1068
Prüfung des internen Kontrollsystems **B** 1066
Prüfung des Nachweises **B** 1067
Rücklage aus der Änderung des Rechnungszinsfußes bei Pensionsrückstellungen **B** 1056
Rücklage nach § 1 AuslInvG **B** 1055
Rücklage für Ersatzbeschaffung nach Abschnitt 35 EStR **B** 1047 ff.
Rücklage bei Erwerb gefährdeter Betriebe (§ 6d EStG) **B** 1052 f.
Rücklage nach § 6b EStG **B** 1025 ff.
Rücklage nach § 82 StBauFG **B** 1045
Rücklage nach § 3 ZRFG **B** 1042 ff.
Sonderabschreibungen nach § 3 ZRFG **B** 1042 ff.
steuerlich bedingte Abschreibungen **B** 223, 1015 ff.
steuerliche Sonderabschreibungen und erhöhte Abschreibungen **B** 1018
Zuschüsse nach Abschnitt 34 EStR **B** 1040 f.
Sonderprüfungen J 8 ff.; **C** 217
Sonderurlaub M 43
Sonntagsarbeit s. Lohnzuschläge
Mutterschutz **M** 228
Sonstige Ausleihungen s. Ausleihungen
Sonstige Bezüge lohnsteuer- und sozialversicherungsrechtliche Behandlung **L** 656
Sonstige Einkünfte
Berlinvergünstigung **H** 488
Freibeträge und Freigrenzen **H** 20
Sonstige Steuern, Ausweis in GuV-Rechnung **B** 1905 ff.
Sonstige Verbindlichkeiten B 1590 ff.
Sonstige Vermögensgegenstände B 712 ff.
antizipative Forderungen **B** 716
antizipative Posten **B** 713
ausstehende Nebenleistungen **B** 101
Begriff und Arten **B** 712
Bewertung **B** 715, 718
ertragsteuerliche Behandlung **B** 716 f.
Prüfung des Ausweises **B** 723
Prüfung der Bewertung **B** 722
Prüfung des internen Kontrollsystems **B** 720
Prüfung des Nachweises **B** 721
Versicherungsvertragsansprüche **B** 718

Sonstige Wertpapiere B 750 ff.
Begriff und Ausweis **B** 750
Bewertung **B** 751, 753
ertragsteuerliche Behandlung **B** 752
Prüfung des Ausweises **B** 760
Prüfung der Bewertung **B** 756 ff.
Prüfung des internen Kontrollsystems **B** 754
Prüfung des Nachweises **B** 755
Wertpapierinventar **B** 754
Wertpapierbuch **B** 754
Sorgfaltspflichten des StB V 6, 7
Sortenfertigung R 184
Sozialabgaben B 1782 ff.
Sozialaufwendungen A 296 f.; **B** 1782 ff.
Sozialauswahl
betriebsbedingte Kündigung **M** 324
Kündigung bei Wehrdienst **M** 370
Soziallohn M 80
Sozialplan
Konkurs **N** 170
Rückstellungen **B** 1345 f.
Sozialversicherung
s. auch Arbeitslosenversicherung
s. auch Krankenversicherung
s. auch Rentenversicherung
ABC der Sozialversicherung **L** 500 ff.
Arbeitgeberanteil **L** 511
Arbeitnehmeranteil **L** 516
Berlinzulagen **H** 505
Entwicklung der Beitragssätze von 1974 bis 1986 **L** 754
Jahresarbeitsverdienst **L** 587
Sozialversicherungsansprüche, Bewertung **H** 256
Sozialversicherungsrechtliche Beratung T 21
Sozietät, Berufshaftpflichtversicherung **T** 50
Spareinlagen, Bewertung **H** 256
Spar-Prämiengesetz
Anwendungsübersicht **H** 574
Mitwirkungs- und Antragspflichten **I** 26
Sparzulage s. Vermögenswirksame Leistungen
Speicherbuchführung A 270
Prüfung **C** 78 ff.
Sperrfrist
Arbeitslosengeld **L** 332
Krankengeld **L** 224
Massenentlassungen **M** 347
Sperrwirkung
Ende der Sp. **K** 283
Selbstanzeige **K** 266 ff., 269 ff.

1552

Zahlen = Randziffern

Sachverzeichnis

Sperrzeit
Dauer **L** 345
Eintritt der Sp. **L** 344
Spezialreserveteile, Aktivierung **B** 358
Spiegelbildmethode, Beteiligungswert an Personengesellschaften **B** 454
Springverpflichtungsklage I 202
Sprungklage I 156
Allgemeines **I** 201
Städtebauförderungsgesetz H 579
Stahlinvestitionszulagengesetz, Anwendungsübersicht **H** 577
Stammdatenpflege U 21
Stammkapital der GmbH B 887
Aufrechnung (unzulässige) des Gesellschafters bzw. durch die Gesellschaft **U** 62 ff.
Eigenkapital ersetzende Gesellschafterdarlehen **U** 74 ff.
Fehler bei der Kapitalaufbringung **U** 60 ff.
Fehler bei der Kapitalbeschaffung **U** 69
Zahlung mit Kreditmitteln **U** 68
Standespflichten, Haftung bei Verletzung der St. **T** 4
Standortwahl R 30
Steckbrief, Steuerfahndung **K** 29
Steinkohlenbergbauförderung H 579
Stellenausschreibung M 13, 14
Sterbegeld L 248 ff.
Familienhilfe **L** 263
Grundlohnberechnung **L** 249 f.
Sterbetafel X 18
Lebenserwartung nach abgekürzter St. **X** 32
Steuerabgrenzung B 71
Steuerabzugstabelle für Kleinunternehmen **H** 215, 216
Steueranmeldung, Einspruch **I** 164
Steueranrechnungs-Prüfung J 23
Steuerbefreiungen, Umsatzsteuer (ABC) **H** 203
Steuerberater
Beschlagnahmeverbot **K** 99
Bußgeldverfahren **K** 511
Erkundigungspflicht und leichtfertige Steuerverkürzung **K** 419 ff.
Gebühr bei Doppelqualifikation **W** 22
Konkursverwalter **P** 47
Liquidator **P** 67
Mandatspflichten **T** 5 ff.
Mitwirkungsverweigerungsrechte **I** 40
Nachlaßverwalter **P** 39
Notgeschäftsführer **P** 63
Prüfungsrecht *s. dort*
Sachverständiger im Zivilprozeß **Q** 5
Teilnahmeverdacht **K** 120

Testamentsvollstrecker **P** 21
Treuhänder bei Kapitalanlagen **P** 2 ff.
Überprüfungspflicht und leichtfertige Steuerverkürzung **K** 420 ff.
Verteidiger im Bußgeldverfahren **K** 512
Verteidiger im Steuerstrafverfahren **K** 339 ff.
Vergleichsverwalter **P** 54 ff.
Vormund **P** 27
Werbung unzulässige **P** 3
Steuerberatergebühren *s.* Gebühren
Steuerberaterhaftung *s.* Haftung des Steuerberaters
Steuerberaterkammern, Adressen **X** 72
Steuerberaterkosten, Nachlaßverbindlichkeiten **H** 286
Steuerberater-Pflichten *s.* Pflichten des Steuerberaters
Steuerberaterverband, Adresse **X** 73
Steuerberatung, Mandatswechsel **U** 56, 57
Steuerberatungsauftrag, telefonischer Rat **S** 12
Steuerberatungskosten, Vorbehaltskosten **S** 50
Steuerberatungsvertrag
Ablehnung eines Mandats **S** 7
Abstandszahlungen **S** 101
Abweichung von Weisungen des Auftraggebers **S** 13
allgemeine Auftragsbedingungen **S** 78 ff.
Anspruch auf vereinbarte Vergütung **S** 46
Aufbewahrungspflichten **S** 72 ff.
Auftragseingrenzung **S** 11
Auftragsumfang **S** 5 ff.
Beendigung des St. **S** 37 ff.
Belehrungspflicht des StB **S** 17
Beratung bei Gesellschaftsverhältnissen **S** 26
berufliche Unabhängigkeit **S** 28
Beschränkung der Verantwortlichkeit **V** 2
Bestätigungsvermerk **S** 11
Büroorganisation mangelhafte **S** 23
Dienstvertrag **S** 1
Dienstvertragskündigung **S** 39
Ehescheidung **S** 30
Erfolg als Gegenleistungsschuld **S** 4
Familiengesellschaftsberatung **S** 26, 27
Generationen- und Gesellschafterwechsel **S** 42
Geschäftsbesorgungsvertrag **S** 2
Gewährleistungsbeschränkung durch AGB **S** 92 ff.
Haftungsbegrenzung durch AGB **S** 89 ff.
Haupt- und Nebenpflichten **S** 14 ff.
Hinweispflicht des StB **S** 16 f.

1553

Sachverzeichnis

Buchstaben = Teile

Honoraranspruch bei Kündigung **S** 53
Individualabrede **S** 80
Interessenkollision **S** 25 ff., 34
korrespondierende Rechte und Pflichten **S** 20 f.
Kündigung durch StB **S** 47 ff.
Kündigung des St. **S** 37 ff.
langjährige Mandatsbeziehung **S** 9
Mandantenpflichten **S** 19
Mandatsniederlegung bei Interessenkollision **S** 31
Mandatswechsel und Überspielung von EDV-Daten **S** 65 ff.
Mehrfachqualifikation des StB **S** 24
Mitwirkungs- und Informationspflichten des Mandanten **S** 14
Nachbesserung **S** 92 ff.
Nachfrage- und Aufklärungspflicht **S** 21
pauschalierter Schadensersatzanspruch **S** 101
pauschalierter Vergütungsanspruch **S** 99
persönliche Leistungserbringung **S** 15
Protokollierung von Absprachen **S** 30
Prüfungspflicht des Mandanten **S** 21
Sonderhonorar **S** 109
Steuerstrafverfahren **S** 33
stillschweigende Auftragserteilung **S** 8
Überspielung von EDV-Daten vom früheren StB **S** 65 ff.
Vergütungsanspruch bei Kündigung **S** 45
Verschwiegenheitspflicht **S** 32
vertragswidriges Verhalten des Mandanten **S** 49
Vorrang der Individualabrede **S** 102 ff.
Werkvertrag **S** 3
Werkvertragskündigung **S** 38
Zurückbehaltungsrecht **S** 54 ff.
Steuerberechnung für Körperschaften B 1147
Schema **B** 1909
Steuerbescheide
s. auch Steuerverwaltungsakte
Änderung **I** 62 ff.
Gebühr **W** 34
Gebühr für Prüfung **W** 22
Gebühr bei Aufhebung oder Änderung **W** 22
Grundlagenbescheide und AdV **I** 178, 179
Musterschriftsatz bei Änderungsantrag **I** 256
Vorbehalt der Nachprüfung und AdV **I** 177
Zustellung *s. dort*
Steuerbescheid-Eingangskalender U 3
Steuerbevollmächtigte, Prüfungsrecht *s. dort*

Steuerbilanz
s. auch Bilanz
s. auch Handelsbilanz
s. auch Jahresbilanz
Abschreibungen planmäßige **B** 208 ff.
Abschreibungen außerplanmäßige **B** 231 ff.
Gebühr **W** 22, 34
Steuerentstrickung H 725
Steuererklärungen
Blanco-Unterschriften **U** 43
Fehler bei Ausfüllen der St. **U** 40 ff.
Fristen zur Einreichung von St. (tabellarische Übersicht) **I** 125–127
vorrätige St. **J** 54
Steuererklärungspflichten, Mitwirkungspflichten **I** 7
Steuererstattungsansprüche
Aktivierung **B** 1168
Ausweis *s.* Sonstige Vermögensgegenstände
Steuerfahndung K 1 ff.
Abgrenzung während der Außenprüfung **J** 112 ff.
Ablaufhemmung **I** 93
Akteneinsicht **K** 141
Anfangsverdacht **K** 11
Aufdeckung unbekannter Steuerfälle **K** 14, 15
Aufgabenbereich **K** 3 ff.
Aufgabenerweiterung kraft Ersuchens oder Übertragens **K** 16
Auflistung der beschlagnahmten Unterlagen **K** 141
Arrestanordnung **K** 145
Auskünfteeinholung **K** 106 ff.
Auskunftsersuchen über die Grenze **K** 122 ff.
Außenprüfung **J** 24
Außenprüfung und St. **K** 137
bei Banken **K** 113
Beschlagnahme **K** 66 ff.; *s. im einzelnen dort*
im Besteuerungsverfahren **K** 18
Chiffre-Geheimnis **K** 131
Doppelfunktion der St. **K** 13, 14, 17
Durchsuchung **K** 30 ff.
Durchsuchungsablauf **K** 140 ff.
Durchsuchungsorte **K** 140
Einlassung des Beschuldigten während der St. **K** 142 ff.
Erforschung von Steuerstraftaten und Steuerordnungswidrigkeiten **K** 5 ff.
zur Erforschung von Straftaten **K** 19
Ermittlungen gegen Dritte **K** 105 ff.
Ermittlung von Besteuerungsgrundlagen **K** 13

Zahlen = Randziffern

Sachverzeichnis

Ermittlungshandlungen kraft Auftrags oder Ersuchens **K** 23
erster Zugriff **K** 24
Fahndungsbericht **K** 149
Fahndungsstellen **K** 1 ff.
Gedächtnisprotokolle **K** 141
Herbeirufung eines Steuerberaters oder Rechtsanwalts **K** 141
- Identitätsfeststellung **K** 26
Kompetenzkonflikte **K** 17 ff.
Kontrollmitteilungen **K** 133 ff.
Legalitätsprinzip **K** 3
Mandant als Zeuge **K** 121
Mitteilungspflichten nach Erbschaftsteuergesetz **K** 136
Mittel der Beweissicherstellung **J** 138
Nachfahndung **K** 141
Opportunitätsprinzip **K** 3
ordentlicher Rechtsweg **K** 20
Organisation der St. **K** 1 ff.
polizeiliche Befugnisse **K** 21 ff.
praktische Hinweise **K** 128 ff.
Querverbindungen aus anderen Steuerfahndungsaktionen **K** 130
Rechts- und Amtshilfeabkommen **K** 123 ff.
Rechtsmitteleinlegung **K** 141
Rechtsschutz-Checkliste **K** 127
Schlußbesprechung **K** 146 ff.
Selbstanzeige **K** 139
Spontanauskünfte ausländischer Staaten **K** 126
Spontanauskünfte aus ausländischen Staaten **K** 135
Steckbrief **K** 29
Steuerberater als Zeuge **K** 120, 121
Strafanzeige **K** 128
Strafanzeigen wegen Steuervergehens **K** 22
Subventionsbetrug **K** 8
Überprüfung des Durchsuchungsbefehls **K** 141
Verhaltensregeln bei der St. **K** 141
Vermeidung von Fahndungsmaßnahmen **K** 138 ff.
Vernehmung durch die St. **K** 142 ff.
Vernehmungskompetenz **K** 25
Vernehmungsmethoden **K** 144
Vorfeldermittlungen **K** 15
Vorlage der richterlichen Durchsuchungsanordnung **K** 141
vorläufige Festnahme **K** 27
vorübergehende Festnahme **K** 28
Zeugenvernehmung **K** 107
Steuerfestsetzung
Gebühren bei abweichender St. **W** 22
widerstreitende St. **I** 101 ff.
Steuerfreie Erträge s. Erträge steuerfreie

Steuerfreie Rücklagen s. Rücklagen steuerfreie
Steuergefährdung K 424 ff.
Ausstellen unrichtiger Belege **K** 425
Begriff **K** 424
Konteneinrichtung auf falschem Namen **K** 428
Meldepflicht bei Auslandsbeziehungen **K** 427
Verletzung von Buchführungs- und Aufzeichnungspflichten **K** 426
Steuergefälle internationales H 715
Steuergerichtsverfahren K 335
Steuerhehlerei K 290 ff.
Steuerhinterziehung K 226 ff.
Ablaufhemmung **I** 95; **K** 244
Eingangsabgaben eines Auslandsstaates **K** 238
Erlangung nicht gerechtfertigter Steuervorteile **K** 237
Festsetzungsfrist verlängerte **K** 244
Festsetzungsverjährung **I** 82
Haftung **K** 244
Hinterziehungszinsen **K** 244
pflichtwidriges Unterlassen **K** 230
Täterkreis **K** 226
Tatverhalten **K** 227 ff.
Schmuggel **K** 288
Selbstanzeige **K** 245 ff.; s. im einzelnen dort
steuerrechtliche Folgen **K** 244
Steuerverkürzung leichtfertige s. dort
Strafe und Strafzumessung **K** 241
unvollständige Angaben **K** 229
Versuch **K** 240
Vorsatz und Schuld **K** 239
Steuerklasse s. Lohnsteuerklasse
Steuerklassenwahl H 4; **L** 612
Steuerklassenwechsel L 502
Steuerklauseln verdeckte Gewinnausschüttungen **H** 118
Steuerliche Sonderabschreibungen s. Sonderabschreibungen steuerliche
Steuern, gesonderter Ausweis ertragsabhängiger St. **B** 83
Steuern vom Einkommen und Ertrag B 1894 ff.
ausländische Steuern **B** 1900
Begriff und Ausweis **B** 1894 f.
Körperschaftsteueranrechnungsbeträge **B** 1897
Organschaftsverhältnis **B** 1896
Organumlage **B** 1896
Prüfung **B** 1902
Steuererstattungen **B** 1895
Umfang **B** 1895
Vorauszahlungen **B** 1895

Sachverzeichnis

Buchstaben = Teile

Zuführungen zu den Rückstellungen **B** 1895
Steuern im Konkurs N 187 ff.
Steuern sonstige, Ausweis in GuV-Rechnung **B** 1905 ff.
Steueroasenländer H 716
Steuerordnungswidrigkeiten K 401 ff.
Begriff **K** 402 ff.
Fahrlässigkeit **K** 407
Geldbußen-Beträge **K** 413
Rechtswidrigkeit **K** 404
Selbstanzeige **K** 408
Steuergefährdung *s. dort*
Steuerverkürzung leichtfertige *s. dort*
Tatbestandsirrtum **K** 406
Tatbestandsmäßigkeit **K** 403
Tateinheit und Tatmehrheit **K** 412
Teilnahme **K** 410
Verbotsirrtum **K** 406
Versuch **K** 409
Vorsatz **K** 406
Vorwerfbarkeit **K** 405
Steuerpflicht
Alter **H** 2
Einkommensteuer **H** 1
Kirchensteuer **H** 51
Körperschaftsteuer **H** 101 ff.
Steuerpflicht beschränkte H 717
Einkommensteuer **H** 1
Erbschaftsteuer **H** 272
Gewerbesteuer **H** 181 ff.
Grunderwerbsteuer **H** 306 ff.
Körperschaftsteuer **H** 102
Umsatzsteuer **H** 200 ff.
Vermögensteuer **H** 251 ff.
Steuerpflicht erweiterte beschränkte H 1, 723
Steuerpflicht erweiterte unbeschränkte H 1
Steuerpflicht unbeschränkte
Einkommensteuer **H** 1, 719 ff.
Erbschaftsteuer **H** 272
Steuerpflichtige
Außenprüfung **J** 46
Mitwirkungspflichten **I** 1 ff.
Steuerrückstellungen B 1140 ff., 1143 ff.; **H** 183
Ausweis gesonderter **B** 1140
Begriff **B** 1141
Berechnung **B** 1142, 1145
Bewertung **B** 1149
ertragsteuerliche Behandlung **B** 1143 ff.
Prüfung des Ausweises **B** 1157
Prüfung der Bewertung **B** 1156
Prüfung des internen Kontrollsystems **B** 1150

Prüfung des Nachweises **B** 1151 ff.
Rückstellungsspiegel **B** 1151
Steuerberechnung für Körperschaften **B** 1147
Steuersätze
Erbschaftsteuer **H** 282
Gewerbesteuer **H** 185
Grunderwerbsteuer **H** 320
Kirchensteuer **H** 51
Körperschaftsteuer **H** 124 ff.
Umsatzsteuer **H** 207 ff.
Steuerschulden
Bewertung **H** 256; **B** 1601 ff.
Nachlaßverbindlichkeit **H** 286
Steuerschuldner, Grunderwerbsteuer **H** 321
Steuerstrafrecht K 201 ff.
s. auch Steuerstrafrechtliche Verantwortung des StB
s. auch wirtschaftsstrafrechtliche Verantwortung des StB
s. auch Steuerstraftat
Allgemeiner Teil **K** 201 ff.
Analogieverbot **K** 202
Bannbruch **K** 286 ff.
Beendigung des Ermittlungsverfahrens **K** 327
Bekanntgabe der Einleitung und Belehrung **K** 321, 322
Besonderer Teil **K** 226 ff.
Erfolgsdelikte **K** 204
Rückwirkungsverbot **K** 202
Selbstanzeige **K** 245 ff.; *s. im einzelnen dort*
Schmuggel **K** 288
Steuerhehlerei **K** 290 ff.
Steuerhinterziehung *s. dort*
strafrechtliche Konkurrenzen **K** 221
Straftat **K** 201 ff.; *s. im einzelnen* Steuerstraftat
Unterlassungsdelikte **K** 204
Steuerstrafrechtliche Verantwortung des StB V 1 ff.
Anhörung der Berufskammer **V** 16
Berichtigungs- und Nacherklärungspflicht **V** 14, 15
Verschulden von Mitarbeitern **V** 11
Steuerstraftat
Anstiftung **K** 220
Begriff **K** 201
Begriff und Arten **K** 304
Beihilfe **K** 220
Beteiligung an einer St. **K** 220
Fahrlässigkeit **K** 209
Gesetzeseinheit und Gesetzeskonkurrenz **K** 224
Handlungseinheit **K** 222

1556

Zahlen = Randziffern

Sachverzeichnis

Idealkonkurrenz **K** 223
Mittäterschaft **K** 220
Realkonkurrenz **K** 223
Rechtsfolgen der St. **K** 225
Rechtswidrigkeit **K** 206
Schuld **K** 207 ff.
Steuerhinterziehung *s. dort*
Strafaufhebungsgründe **K** 213
Subsumtionsirrtum **K** 211
Subventionsbetrug **K** 305
Tatbestandsirrtum **K** 211
Tatbestandsmäßigkeit **K** 202
Tateinheit von Straftat und Steuerstraftat **K** 314
Tatmehrheit von Straftat und Steuerstraftat **K** 316
Tateinheit und Tatmehrheit **K** 221
Tatvollendung **K** 219
Teilnahme **K** 220
Verbotsirrtum **K** 212
Versuch **K** 216
Verwirklichung der St. **K** 214 ff.
Vorbereitungshandlung **K** 215
Vorsatz **K** 209
Wahndelikt **K** 218
Steuerstrafverfahren K 301 ff.
Abgabe der Strafsache an Staatsanwaltschaft **K** 309
Anfangsverdacht **K** 317
Ansichziehen einer Strafsache durch Staatsanwaltschaft **K** 310
Antrag auf Beweisaufnahme **K** 318
Antrag auf Erlaß eines Strafbefehls **K** 330
Aussetzung des St. **K** 323 ff.
Bußgeldverfahren *s. dort*
Einleitung des St. **K** 317 ff.
Einleitungsbefugnis **K** 319
Einleitungsvermerk **K** 320
Einstellung gegen Auflagen **K** 329
Einstellung wegen Geringfügigkeit **K** 328
Einstellung mangels Tatverdachts **K** 327
Ermittlung allgemeiner Straftaten **K** 312
Ermittlungsbefugnis der Finanzbehörden **K** 303, 315
Ermittlungsbefugnis der Staatsanwaltschaft **K** 307 ff.
Evokationsrecht der Staatsanwaltschaft **K** 310
Haftbefehl **K** 308
Interessenkollision **S** 33
Mitwirkung der Finanzbehörden am Strafbefehls- und Gerichtsverfahren **K** 333 ff.
rechtliches Gehör **K** 318
Rechtsschutz im Ermittlungsverfahren **K** 326

Steuerstrafverteidigung **K** 336 ff.; *s. im einzelnen dort*
Strafbefehlsverfahren **K** 333 ff.; *s. im einzelnen dort*
Straftaten-Arten **K** 304
Tateinheit von Straftat und Steuerstraftat **K** 314
Tatmehrheit von Straftat und Steuerstraftat **K** 316
Ungeeignetheit des Strafbefehlsverfahrens **K** 311
Unterbringungsbefehl **K** 308
Verteidigerherbeiziehung **K** 318
Vorlage an die Staatsanwaltschaft **K** 331
Zuständigkeit der Finanzbehörden **K** 303 ff.
Steuerstrafverteidigung K 336 ff.
Akteneinsicht **K** 338
Ausschluß eines Verteidigers **K** 343
notwendige Verteidigung **K** 342
Person des Verteidigers **K** 339 ff.
Rechtsstellung des Verteidigers **K** 336 ff.
Steuerberater als Verteidiger **K** 339 ff.
Verbot der Mehrfachverteidigung **K** 344
Steuerverkürzung K 233 ff.
Fälligkeitsteuern **K** 236
Kompensationsverbot **K** 233
Schätzung **K** 234
Veranlagungsteuern **K** 235
Steuerverkürzung leichtfertige
Ablaufhemmung **I** 95
Erkundigungspflicht des Steuerberaters **K** 419 ff.
Festsetzungsverjährung **I** 82
Gefährdung von Abzugsteuern **K** 430
Gefährdung von Eingangsabgaben **K** 433
Leichtfertigkeitsbegriff **K** 418 ff.
Selbstanzeige **K** 423
durch Steuerberater **V** 12
durch Steuerberater u. ä. **K** 416
Täterkreis **K** 415
Tathandlungen **K** 417
Überprüfungspflicht des Steuerberaters **K** 420 ff.
unzulässiger Erwerb von Steuererstattungs- und Steuervergütungsansprüchen **K** 434
Verbrauchsteuergefährdung **K** 431
Steuerverwaltungsakte
Allgemeines zur Korrektur von St. **I** 62 ff.
Außenprüfung und erhöhte Bestandskraft **I** 74
begünstigende St. **I** 75
belastende St. **I** 76
beschwerdefähige St. **I** 159
einspruchsfähige St. **I** 157, 158

1557

Sachverzeichnis

Buchstaben = Teile

Grundsätze der Korrektur **I** 65 ff.
Korrektur von Steuerbescheiden **I** 73
rechtswidrig begünstigende St. **I** 70
rechtmäßig begünstigende St. **I** 72
rechtswidrig belastende St. **I** 69
rechtmäßig belastende St. **I** 71
Steuerhinterziehung und Berichtigung **I** 74
Zustellung *s. dort*
Steuervoranmeldungen, typische Fehler **U** 41
Stichprobeninventur A 318 f.
Stichprobenprüfung C 194
Außenprüfung **J** 100
Stichtagsinventur A 311 ff.
vor- und nachverlegte St. **A** 314 ff.
Stichtagskursmethode F 98 f.
Stichtagsmethode, Kapitalkonsolidierung **F** 135 ff.
Stichtagsprinzip A 383 f.
Begriff **A** 383
Wertaufhellung und Stichtagsprinzip **A** 384
Stiftungen, Rechnungslegung **B** 15
Stille Beteiligung, Bewertung typisch stiller B. **B** 459
Stille Gesellschaft
gezeichnetes Kapital **B** 909
Kreditorenkonto **B** 910
negatives Kapitalkonto **B** 911
Umsatzsteuer bei Leistungsaustausch **H** 200
Stillgelegte Anlagen, Abschreibungen **B** 206
Stillzeit M 230
Strafanzeige
praktische Hinweise **K** 128
Steuervergehen **K** 22
Strafbefehl, Antrag auf Erlaß eines St. **K** 330
Strafbefehlsverfahren K 333, 334
Einspruch **K** 334
Verböserungsverbot **K** 334
Strafe bei Steuerhinterziehung **K** 242
Strafrecht
s. Steuerstrafrecht
s. auch Steuerstraftat
Straftat *s.* Steuerstraftat
Stromanschlußkosten B 333
Strukturzahlen, Bilanz **X** 71
Studenten, lohnsteuer- und sozialversicherungsrechtliche Behandlung **L** 661
Stückkostenermittlungsverfahren R 180
Stückländereien, Bewertung **H** 256
Stücklohn M 71
Stundung
Allgemeines **I** 42

Beispiele **I** 59
Fälligkeitsaufschub **I** 45
Form und Frist **I** 42
Gebühr **W** 34
Gebühr für Antrag auf St. **W** 22
Nachweis der Gründe **I** 51
bei vereinnahmten und einbehaltenen Steuern **I** 55
Umwandlungen **H** 639
Vollstreckungshindernis **I** 45
Voraussetzungen **I** 49 ff.
Stundungsantrag, Musterschriftsätze **I** 251, 252
Stundungsvergleich N 224
Stundungszinsen I 45
Stuttgarter Verfahren B 456
Teilwertansatz bei Umwandlung einer Kapitalgesellschaft **H** 631
Subtraktionsmethode R 191
Subventionen, Ermittlung der Anschaffungskosten **A** 69 ff.
Subventionsbetrug V 25 ff.; **K** 305
Subsumtionsirrtum K 211
Systemprüfungen C 222

Tabellen X 1 ff.
AfA-Berechnungen **X** 1 ff.
Antragspflichten **I** 11–26
Aufbewahrungspflichten **I** 28–34
Bewertungsrecht **X** 11 ff.
Buchführungsgrenzen **I** 27
Divisoren-Tabelle (Gewerbesteuer) **H** 184
Düsseldorfer Tabelle **X** 61, 62
finanzmathematische T. **X** 21 ff.
Gebührentabellen *s. dort*
Geld- und Kapitalmarkt **X** 50 ff.
Mitwirkungspflichten **I** 11–26
Preisindices **X** 56
Sterbetafel **X** 18
Tätigkeiten *s.* Vereinbare Tätigkeiten
Tätigkeitsort, Umsatzsteuer **H** 202
Tagegeld, Auslagenersatz **W** 39
Taueswertmethode, Kapitalkonsolidierung **F** 155 ff.
Tantiemen
lohnsteuer- und sozialversicherungsrechtliche Behandlung **L** 662
Rückstellungen **B** 1350
Tarifvertrag
Arbeitsentgeltregelungen **M** 55 ff.
Ausschluß von Kurzarbeit **M** 348
Betriebsnachfolge **M** 275
Ecklohn **M** 68
Tatbestandsirrtum K 406, 211
Tateinheit K 221

1558

Zahlen = Randziffern

Sachverzeichnis

Tatmehrheit K 221
Tausch
Grunderwerbsteuer **H** 307, 319
Umsatzsteuer **H** 205
Tauschähnlicher Umsatz, Umsatzsteuer **H** 205
Tauschgeschäfte, Ermittlung der Anschaffungskosten **A** 68
Tauschgutachten A 68
Technische Anlagen
Abbau- und Wiederaufstellungskosten **B** 361
Ausweis **B** 356 ff.
Bewertung **B** 361, 364 ff.
Bewertung bei vorübergehender Nutzung **B** 367
Bewertung bei Preisveränderungen **B** 365
ertragsteuerliche Behandlung **B** 363
Generalreparaturen und Generalüberholungen **B** 362
Nutzungseinheit mit Gebäuden **B** 359
Prüfung des Ausweises **B** 383 ff.
Prüfung der Bewertung **B** 374 ff.
Prüfung des internen Kontrollsystems **B** 369
Prüfung des Nachweises **B** 370 ff.
Restwertansatz **B** 366
Spezialreserveteile **B** 358
Teilanlagen, Abschreibung von T. bei Großanlagen **B** 205
Teilbetrieb, Einbringung in Kapitalgesellschaft s. dort
Einbringung in Personengesellschaft **H** 667
Teilgeldverkehrsrechnung J 106, 107
Teilherstellungskosten, Investitionszulagen **H** 564, 565
Teilkonzernrechnungslegung F 13 ff.
altes Recht **F** 5 ff.
Konzernleitung mit Sitz in EG **F** 14
Konzernleitung mit Sitz außerhalb EG **F** 15
Teilkündigung M 331
Teilleistungen, Realisationszeitpunkt **A** 381
Teilschätzung, Außenprüfung **J** 144
Teilwert
Anlagevermögen abnutzbares **A** 389
Anlagevermögen nicht abnutzbares **A** 390
Ansatz des T. **A** 388 ff.
Begriff **A** 385 f.
Einzelveräußerungspreis als Untergrenze des T. **A** 398
Ermittlung des T. **A** 383 ff.
handelsrechtlicher Niederstwert s. Niederstwertprinzip
niedrigerer T. beim Umlaufvermögen **B** 546

Roh-, Hilfs- und Betriebsstoffe **B** 577
Teilwertfiktionen **A** 386
Teilwertvermutungen **A** 382 ff.
Teilwertvermutungen für einzelne Gruppen von Bilanzposten **A** 386
Teilwertvermutung und wertaufhellende Umstände **A** 405
Umlaufvermögen **A** 390
Wiederbeschaffungskosten als Obergrenze des T. **A** 397
Zuschreibung bei wieder gestiegenem Teilwert **A** 391
Zuschreibungen **A** 414
Teilwertabschreibung A 37; **B** 234
Beteiligungen **B** 449
Teilwertansatz
Einbringung in Kapitalgesellschaft **H** 649, 651
Umwandlung Kapitalgesellschaft **H** 631
Teilwertverfahren, Pensionsrückstellungen **B** 1101
Telefaxgebühren, Auslagen **W** 39
Telefon, lohnsteuer- und sozialversicherungsrechtliche Behandlung **L** 647
Telefonbenutzung, Umsatzsteuer **H** 205
Telefongebühren W 39
Auslagenersatz **W** 30, 36
Telefonische Auskünfte S 12
AGB-Klausel **S** 87
Teletexgebühren, Auslagen **W** 39
Telexgebühren, Auslagen **W** 39
Territorialitätsprinzip im Insolvenzrecht **N** 26
Testamentseröffnung, Nachlaßverbindlichkeit **H** 286
Testamentsvollstrecker P 21 ff.
Auskunftspflicht **P** 23
Beendigung **P** 24
Ernennung **P** 21
ordnungsgemäße Verwaltung **P** 25
Rechte und Pflichten **P** 22
Steuerberater **P** 21
Vergütung **P** 26; **W** 57
Testamentsvollstreckung, Nachlaßverbindlichkeit **H** 286
Todesanzeige, Nachlaßverbindlichkeit **H** 286
Totalprüfung, Außenprüfung **J** 100
Transportanlagen, AfA-Tabelle **X** 1
Transportkosten, Anschaffungsnebenkosten **A** 87
Transportversicherungen, Anschaffungsnebenkosten **A** 87
Trauerkleidung, Nachlaßverbindlichkeit **H** 286
Treuepflicht, Arbeitnehmer **M** 4

1559

Sachverzeichnis

Buchstaben = Teile

Treuhänder P 1 ff.
Bauherrenmodell P 1
Haftung **P** 7
Interessenkollision **P** 2
Vergütung **P** 9
Treuhändertätigkeit, Haftung des StB bei T. **V** 19
Treuhanderwerb, Grunderwerbsteuer **H** 315
Treuhandtätigkeit, Berufshaftpflichtversicherung **T** 50
Treuhandverbindlichkeiten, Passivierung **B** 1432 f.
Treuhandvertrag P 4 ff.
Inhalt **P** 5
Trinkgelder
lohnsteuer- und sozialversicherungsrechtliche Behandlung **L** 663
Umsatzsteuer **H** 205
Truckverbot M 66, 97
True and Fair View, Konzernrechnungslegung **F** 20

Überbestände
Bewertung **H** 256
unfertige Erzeugnisse, Bewertung **B** 606 d
Überbewertungen als Folge unterlassener Abschreibungen **A** 49 ff.
Überführungen, Nachlaßverbindlichkeit **H** 286
Übernachtungskosten
Auslagenersatz **W** 39
Krankenkassenübernahme **L** 234
Übernahmebilanz, Umwandlung Kapitalgesellschaft **H** 612, 618
Übernahmegewinn
Ermittlung des Ü. bei Personengesellschaft **H** 635
Sonderfälle **H** 636
Steuerliche Behandlung bei übernehmender PersGes **H** 637
Übernahmeverlust, Steuerliche Behandlung bei übernehmender PersGes **H** 638
Überschuldung N 51 ff.
Feststellung der Ü. **U** 38
Überschuldungsbilanz V 36
Überschuldungsstatus N 52
Passivierung von kapitalersetzenden Gesellschafterleistungen **N** 131 g
Überschußrechnung, Gebühr **W** 22, 34
Übersetzungskosten, Auslagen **W** 39
Überstunden M 32
lohnsteuer- und sozialversicherungsrechtliche Behandlung **L** 664
Übertragungsgewinn, Umwandlung Kapitalgesellschaft **H** 632 ff.

Übertragungsprüfungen C 113
Überverzinslichkeit, Bilanzansatz von Verbindlichkeiten **B** 1444 ff.
Umbuchungen im Anlagevermögen **B** 175
Umlaufvermögen B 530 ff.
Abgrenzung zum Anlagevermögen **B** 536 f.
Absatzpreis **B** 540
Abwertungen unter Niederstwert **B** 541
Arten des U. **B** 531
Begriff **B** 530, 533
Beibehaltungswahlrecht beim Wertansatz **B** 545
beizulegender Wert **B** 539
Beschaffungspreis **B** 540
Bewertung **B** 546
Bewertungsgrundsätze **B** 534 ff.
Börsenpreis **B** 546; **G** 538
Bundesbankguthaben **B** 776 ff.; *s. im einzelnen dort*
ertragsteuerliche Regelung **B** 546
Forderungen **B** 650 ff.; *s. im einzelnen dort*
Gliederungsübersicht neues/altes Recht **B** 532
Guthaben bei Kreditinstituten **B** 790 ff.; *s. im einzelnen dort*
Kassenbestand **B** 775 ff.; *s. im einzelnen dort*
Marktpreis **B** 538, 546
Niederstwertprinzip strenges **B** 537, 541 f.
Offenlegungsübersicht neues/altes Recht **B** 532
Postgiroamtguthaben **B** 776 ff.; *s. im einzelnen dort*
Rechnungsabgrenzungsposten **B** 820 ff.; *s. im einzelnen dort*
Schecks **B** 766 ff.; *s. im einzelnen dort*
sonstige Vermögensgegenstände **B** 712 ff.; *s. im einzelnen dort*
Teilwert niedriger **B** 546
Vorräte **B** 550 ff.; *s. im einzelnen dort*
Wertansatz für steuerrechtliche Zwecke **B** 544
Wertpapiere **B** 725 ff.; *s. im einzelnen dort*
Wertschwankungen **B** 542
Zeitwert **B** 538
Zukunftswert **B** 542 f.
Zuschreibungen **A** 415 ff.; **B** 545 f.
Umrechnung von Währungen *s.* Währungsumrechnung
Umrechnungsmethoden, Erläuterung im Anhang **B** 1976
Umsatzerlöse B 1699 ff.
Abstimmung der Umsätze mit USt-Erklärung **B** 1707
Aufgliederung im Anhang **B** 1705
Aufgliederung der U. im Anhang **B** 1979

1560

Zahlen = Randziffern

Sachverzeichnis

Begriff **B** 1699
Einzelerlöse **B** 1700
Entgeltrückgewährungen **B** 1702 f.
Erlösschmälerungen **B** 1701
gewöhnliche Geschäftstätigkeit **B** 1699
Prüfung **B** 1706 f.
Umsatzsteuerabzug **B** 1704
Untergliederung bei großen Kapitalgesellschaften **B** 84
Umsatzkostenverfahren R 195
Allgemeines **B** 79
Angabe im Anhang **B** 1979
GuV-Rechnung **B** 1692 ff.
Umsatzplan, Tabelle **R** 31
Umsatzplanung R 29 ff.
Umsatzprobe große C 111
Umsatzprovision, Ausweis in GuV-Rechnung **B** 1866
Umsatzrentabilität R 261
Umsatzschätzung, Verprobungen **C** 230
Umsatzsteuer H 200 ff.
ABC der steuerbaren und nichtsteuerbaren Vorgänge **H** 200
ABC der Steuerbefreiungen **H** 203
allgemeiner Steuersatz **H** 207
Aufzeichnungspflichten **A** 185
Bemessungsgrundlage **H** 205 f.
Berechnung **B** 1592
Berlinvergünstigungen **H** 351 ff.
ermäßigter Steuersatz **H** 208
Exportbefreiung (Übersicht) **H** 204
Grunderwerbsteuer-Konkurrenz **H** 314
Geschäftskosten **W** 39
Kleinunternehmer, Verzichtserklärung **I** 126
Kleinunternehmervergünstigung **H** 213 ff.
Mitwirkungs- und Beitragspflichten **I** 15 f.
Ort der Lieferung (Übersicht) **H** 201
Ort der sonstigen Leistung (Übersicht) **H** 202
Rechnungsabgrenzungsvoraussetzungen **B** 843 ff.
Schadensersatz **H** 200
Steuersätze in der EG **H** 209
Trinkgelder **H** 205
Umwandlung Kapitalgesellschaft **H** 628
Vergütungsantragsfrist **I** 125
Voranmeldungsfrist **I** 125
Vorsteuerabzug **H** 210 f.
Vorsteuerberichtigung **H** 212
Umsatzsteuer auf Anzahlungen
Brutto- und Nettomethode **B** 1506
ertragsteuerliche Behandlung **B** 1508
Lieferungen und Leistungen **B** 1519
Umsatzsteuererklärung, Gebühr **W** 22, 34

Umsatzsteuer-Sonderprüfung J 9 ff.
typische Prüfungsfelder **J** 13
Umsatzsteuerverprobung B 1592
Umsatzsteuervoranmeldung
Gebühr **W** 22, 34
Schätzung **U** 24
typische Fehler **U** 41
Umschlagkosten, Anschaffungsnebenkosten **A** 87
Umschulungen, Bundesanstalt für Arbeit **L** 321 f.
Umwandlung s. auch Umwandlung formwechselnde
s. auch Umwandlung übertragende formwechselnde U.
s. Umwandlung formwechselnde
s. übertragende Umwandlung
s. Umwandlung übertragende
Umsatzsteuer **H** 200
„Umwandlung" durch Anwachsen **H** 666
verunglückte U. **H** 629
Umwandlung errichtende H 604, 606, 613
Übernahmegewinnermittlung **H** 635
Umwandlung eines Einzelunternehmens auf Kapitalgesellschaft
H 619
s. im einzelnen Umwandlung Personengesellschaft
Umwandlung formwechselnde
Allgemeines **H** 603
Gewerbesteuer **H** 192
Steuerfolgen **H** 623
steuerliche Rückwirkung **H** 625 ff.
Umsatzsteuer **H** 200
Umwandlung Kapitalgesellschaft
Abfindungszahlungen **H** 636
Ablaufschema **H** 607 ff.
allgemeine Vorbereitungen **H** 607
Anteile in Gesellschafterbesitz der übernehmenden PersGes **H** 636
Anteilserwerb nach Umwandlungsstichtag **H** 636
Beurkundung **H** 609
Bilanzierung des Betriebsvermögens bei Personengesellschaft **H** 634
buchmäßige Behandlung des übernommenen Vermögens **H** 612
Einbringung in Kapitalgesellschaft s. dort
Eintragung ins Handelsregister **H** 609
Ermittlung des Übernahmeergebnisses bei Personengesellschaft **H** 635
errichtende Umwandlung **H** 613
Fortführung der Firma **H** 610
Gesellschafterbesteuerung bei Verschmelzung und Abfindung **H** 645

1561

Sachverzeichnis

Buchstaben = Teile

Gesellschafterversammlung **H** 608
Gewerbesteuer **H** 192, 633
Gewerbesteuer der übernehmenden Pers-Ges **H** 640
auf Kapitalgesellschaft **H** 644
Körperschaftsteuer **H** 632
Mißbrauchsregelungen **H** 643
Pensionsrückstellungen **H** 641
Rückbeziehung bzw. Rückwirkung **H** 609
Rücklagen steuerfreie **H** 641
Sicherheitsleistung **H** 611
Sonderpflichten der übernehmenden Personengesellschaft **H** 611
Steuerliche Behandlung des Übernahmegewinns bei übernehmender PersGes **H** 637
steuerliche Rückwirkung **H** 625 ff.
steuerliche Schlußbilanz der übertragenden Körperschaft **H** 630
Stundung der Steuern **H** 239
Teilwertansatz **H** 631
Übernahmebilanz **H** 612
Übernahmegewinn in Sonderfällen **H** 636
Übernahmeverlust **H** 638
Übertragungsgewinn **H** 632 ff.
Umsatzsteuerpflicht **H** 628
Umwandlungsbeschluß **H** 609
Umwandlungsbilanz **H** 607, 625
Umwandlungsfolgegewinne **H** 641
Umwandlungsstichtag **H** 607
Umwandlungsstichtag (Wahl) **H** 627
unzulässige Umwandlungen **H** 613
Vermögensübergang auf andere Kapitalgesellschaft **H** 644
Vermögensübergang auf Personengesellschaft mit Betriebsvermögen **H** 630 ff.
Vermögensübergang ins Privatvermögen **H** 642
Vermögensverwaltung getrennte **H** 611
verschmelzende Umwandlung **H** 613
verunglückte Umwandlungen **H** 629
Wertansätze **H** 612
Wirkung des Umwandlungsbeschlusses **H** 609
Zeitpunkt der U. **H** 607
Umwandlung einer Kapitalgesellschaft auf Personengesellschaft s. Umwandlung Kapitalgesellschaft
Umwandlung Personengesellschaft
allgemeine Vorbereitungen **H** 615
beizufügende Unterlagen **H** 616
Beschluß der U. **H** 616
buchmäßige Behandlung des übernommenen Vermögens **H** 618
Einbringung in Personengesellschaft s. dort
Einbringungsbilanz **H** 616
Eintragung ins Handelsregister **H** 616
Eröffnungsbilanz **H** 618
Fortführung der Firma **H** 617
Möglichkeiten der U. **H** 614
Sachgründungsbericht **H** 616
Übernahmebilanz **H** 618
Wertansätze **H** 618
Umwandlung einer Personengesellschaft auf Kapitalgesellschaft s. Umwandlung Personengesellschaft
Umwandlung übertragende
Allgemeines **H** 604
errichtende U. **H** 604 f.
Umsatzsteuer **H** 200
verschmelzende U. **H** 604 f.
Umwandlung verschmelzende H 604 f., 613
Übernahmegewinnermittlung **H** 635
Umwandlungsbeschluß, Umwandlung Kapitalgesellschaft **H** 609
Umwandlungsbilanz
Einbringung in Kapitalgesellschaft **H** 659
Umwandlung Kapitalgesellschaft **H** 607, 625
Umwandlungsfolgegewinne, Umwandlung Kapitalgesellschaft **H** 641
Umwandlungsrecht H 602 ff.
s. auch Umwandlungssteuerrecht
Anwachsung **H** 621
Begriffe **H** 602
Einbringung von Betrieben **H** 621
Gesamtrechtsnachfolge **H** 602
Umwandlungen im weiteren Sinne **H** 621
unzulässige Umwandlungen **H** 613
Verschmelzung von Kapitalgesellschaften **H** 620 ff.
Zusammenschluß mehrerer Einzelunternehmen zu Personengesellschaft **H** 621
Umwandlungssteuerrecht H 622 ff.
s. auch Umwandlungsrecht
Allgemeines **H** 622
Mitwirkungs- und Antragspflichten **I** 14
Umwandlungsstichtag
Umwandlung Kapitalgesellschaft **H** 607, 627
Umwandlungszeitpunkt, Umwandlung Kapitalgesellschaft **H** 607
Umzugskosten lohnsteuer- und sozialversicherungsrechtliche Behandlung **L** 666
Unabhängigkeit, Steuerberatung **S** 28
Unbedenklichkeitsbescheinigung, Grunderwerbsteuer **H** 327
Unbeschränkte Steuerpflicht
Körperschaftsteuer **H** 102
s. Steuerpflicht unbeschränkte

Zahlen = Randziffern

Sachverzeichnis

Unerlaubte Handlung, Haftung **T** 26
Unfallversicherungsansprüche, Bewertung **H** 256
Unfertige Erzeugnisse B 600 ff.
Begriff **B** 600
Berücksichtigung eines durchschnittlichen Unternehmensgewinns **B** 607
Bewertung **B** 608 f.
Bewertung von Überbeständen **B** 606 d
Einzelbewertung **B** 603 f.
ertragsteuerliche Behandlung **B** 607
Niederstwertprinzip strenges **B** 604
niedrigerer Reproduktionskostenwert **B** 606 a
Prüfung des Ausweises **B** 623
Prüfung der Bewertung **B** 615 ff.
Prüfung des internen Kontrollsystems **B** 610
Prüfung des Nachweises **B** 611 ff.
Reproduktionskosten **B** 605
retrograde Bewertung **B** 606
vom Verkaufspreis abgeleiteter Wert **B** 606
verlustfreie Bewertung **B** 606
Wiederbeschaffungskosten **B** 606 b
Unfertige Leistungen s. Unfertige Erzeugnisse
Universalitätsprinzip im Insolvenzrecht **N** 26
Unland, Bewertung **H** 256
Unselbständige Arbeit s. Nichtselbständige Arbeit
Untätigkeitsbeschwerde I 163
Musterschriftsatz **I** 264
Untätigkeitsklage s. Klage
Unterbringungsbefehl K 308
Unterhaltbedarfsbeträge, Düsseldorfer Tabelle **X** 61 f.
Unterhaltsgeld und Mutterschaftsgeld **L** 247
Unterhaltsleistungen, Nachlaßverbindlichkeit **H** 286
Unterhaltsverpflichtungen, Bewertung **H** 256
Unterkapitalisierung N 51
Unterlagen, Aufbewahrungspflicht **I** 34
Unterlassungsdelikte K 204
Unternehmen mit Beteiligungsverhältnis, Forderungen aus Lieferungen und Leistungen **B** 657
Unternehmen kleine, Besonderheiten bei Prüfung des Jahresabschlusses **C** 147 ff.
Unternehmensberatung R 1 ff.
Existenzgründungsberatung s. dort
Investitionsrechnung s. dort
Rechtsformwahl s. dort

Unternehmensplanung s. dort
Vergütung **W** 57
Unternehmensgründungen s. Existenzgründungsberatung
Unternehmensplanung R 28 ff.
s. auch Existenzgründungsberatung
Ablauf der Planung **F** 28
Absatzanalyse **R** 29
Aufwands- und Ausgabenplanung **R** 33 ff.
Betriebsmittelkapitalbedarf **R** 48, 51
Betriebsmittelplan **R** 39 ff., 42
Eigenkapitalermittlung **R** 55 f.
Ergebnisplanung **R** 38, 43 ff.
Factoring **R** 75
Finanzierungshilfen **R** 57 ff.
Finanzierungsplanung **R** 55 ff.
Finanzierungsprogramme **R** 58 ff.
Fremdfinanzierung über Kapitalversicherungen **R** 69
Gesamtfinanzierung und Kapitaldienst **R** 70 ff.
Gründungsinvestitionen **R** 33 ff.
Kapitalbedarfsplanung **R** 47 ff.
Investitionskapitalbedarf **R** 48
Leasing **R** 74
Miete als Finanzierungsinstrument **R** 73 f.
Nachfrageanalyse **R** 31
Planungsergebnis **R** 76
Standortwahl **R** 30
Umsatzplan **R** 31
Umsatzplanung **R** 29 ff.
Unternehmer, Sitzort (Umsatzsteuer) **H** 202
Unternehmerlohn
Berlinförderung **H** 377
kalkulatorischer **R** 170
Unterschlagungsprüfungen C 224
Unterstützungskassen
Begriff **B** 1119
lohnsteuer- und sozialversicherungsrechtliche Behandlung **L** 668
Rückstellungsverbot **B** 1118
Versorgungsleistungen **M** 91
Untreue des StB V 41
Unverzinslichkeit, Bilanzansatz von Verbindlichkeiten **B** 1448 ff.
Urheberrechte
Aktivierung **B** 252 ff.; s. im einzelnen Gewerbliche Schutzrechte
Bewertung **H** 256
Urkundenvorlage, Außenprüfung **J** 122 f.
Urlaub
Abgeltung **L** 670; **M** 35 f.
Abgeltung bei Beendigung des Arbeitsverhältnisses **M** 388

Sachverzeichnis

Buchstaben = Teile

Allgemeines **M** 33
Bescheinigung bei Beendigung des Arbeitsverhältnisses **M** 389
Betriebsurlaub **M** 160
Bildungsurlaub **M** 40 ff.
Dauer **M** 34
Direktionsrecht des Arbeitgebers **M** 153
Dissens mit Arbeitgeber und Mitbestimmung **M** 161
Erkrankung im U. **M** 37, 150, 159
Günstigkeitsprinzip **M** 33
Jugendliche **M** 200
lohnsteuer- und sozialversicherungsrechtliche Behandlung **L** 667, 669
Mitbestimmung des Betriebsrats **M** 39
Rückwirkungsverbot **M** 35
Sicherung des Erholungszwecks **M** 37
Sonderurlaub **M** 43
Teilurlaub **M** 34
Übertragung ins Folgejahr **M** 157
unbezahlter U. **M** 43
Urlaubsgewährung und -planung **M** 153 ff.
verschiedene Arbeitsstellen im Jahr **M** 158
Wehrdienstzeit **M** 250
Zerstückelungsverbot **M** 35
Urlaubsabgeltung lohnsteuer- und sozialversicherungsrechtliche Behandlung **L** 670
Urlaubsbescheinigung M 389
Urlaubsentgelt/Urlaubsgeld M 86 ff.
lohnsteuer- und sozialversicherungsrechtliche Behandlung **L** 671
Urlaubskasse L 672
Urlaubsverpflichtungen, Rückstellungen **B** 1355 f.

Valutaforderungen, Bewertung **B** 663
Veräußerung eines Betriebs notwendige Vorermittlungen **U** 45
Veräußerungsverbot
bei Konkurseröffnung **N** 59
im Konkursverfahren **N** 87
Veranlagung
betriebsnahe V. **J** 26
Ehegatten **H** 3, 5 ff.
Veranlagung getrennte H 3, 10
Verbände Adressen **X** 74
Verbesserungsvorschläge, lohnsteuer- und sozialversicherungsrechtliche Behandlung **L** 517
Verbindliche Zusagen
Antrag **J** 182 f.
aufgrund einer Außenprüfung **J** 181 ff.
Aufhebung und Änderung **J** 195 ff.
Außenprüfung **J** 5
Bindungswirkungen **J** 193 f.

Ermessensentscheidung **J** 185
Gegenstand der Zusage **J** 186 ff.
Geltungsdauer der Zusagen **J** 189
Inhalt der Zusagen **J** 190 ff.
Interesse an Zusage **J** 184
Rechtsbehelfe **J** 202
Rechtsnatur **J** 181
in Schlußbesprechung **J** 155 f.
Voraussetzungen **J** 182 ff.
Zuständiges Finanzamt **J** 182
Verbindlichkeiten B 1400 ff.
Änderungen gegenüber bisherigem Recht **B** 76
Angabe des Restbetrages der V. im Anhang **B** 1978
Anhang-Erläuterungspflichten **B** 1473 ff.
Anleihen *s. dort*
auflösend bedingte V. **B** 1426
aufschiebend bedingte V. **B** 1425
bedingte V. **B** 1425 f.
Begriff **B** 1400 ff.
Besserungsrechte **B** 1430
Bewertungsvorschriften allgemeine **B** 1435 ff.
Bilanzierung von V. in Sonderfällen **B** 1425 ff.
Damnum-Ansatz **B** 1441
Darlehensverbindlichkeiten **B** 1598
Dividendenschulden **B** 1431
Einzelfälle von V. **B** 1480 ff.
Erfüllungsbetrag – Ansatz **B** 1435 ff.
Erhaltene Anzahlungen auf Bestellungen *s. dort*
Erläuterungen von nach Abschlußstichtag entstehende V. im Anhang **B** 1978
Erweiterung oder Verbesserung eines Betriebs **B** 1596 f.
Erwerb eines Betriebs oder Teilbetriebs **B** 1596 f.
Eventualverbindlichkeiten *s. dort*
Fremdwährungsverbindlichkeiten **B** 1451 ff.
Geldbeschaffungskosten, Aktivierung **B** 1442 f.
Genußrechte **B** 1429
gewinnabhängige V. **B** 1427 ff.
Gliederung **B** 1470
Gliederungsschema **B** 1478
Gliederungsschema neues/altes Recht **B** 1478
Gliederungsvorschriften **B** 1470 f.
Gründung eines Betriebs oder Teilbetriebs **B** 1596 f.
Höchstwertprinzip **B** 1437
Leibrentenverpflichtungen, Bewertung **B** 1440

Zahlen = Randziffern **Sachverzeichnis**

Offenlegung **B** 1470
Passivierungspflicht **B** 1411 ff.
Quantifizierbarkeit der Leistung zum Bilanzstichtag **B** 1406
Rentenverpflichtungen, Bewertung **B** 1439
Rückstellung für ungewisse Verbindlichkeiten *s. dort*
Rückzahlungsbetrag – Ansatz **B** 1435 ff.
Saldierungspflicht **B** 1419
Saldierungsverbot **B** 1418
Sonderfälle an V. **B** 1425 ff.
„Sonstige Verbindlichkeiten" **B** 1590 ff.
soziale Sicherheit **B** 1593 f.
Sozialeinrichtungen **B** 1598
Steuerverbindlichkeiten **B** 1591
Treuhandverbindlichkeiten **B** 1432 f.
überverzinsliche V. **B** 1444 ff.
Umsatzsteuerverprobung **B** 1592
unterverzinsliche V. **B** 1448 ff.
Verbindlichkeiten gegenüber Gesellschaftern *s. dort*
Verbindlichkeiten gegenüber Kreditinstituten *s. dort*
Verbindlichkeiten aus Lieferungen und Leistungen *s. dort*
Verbindlichkeiten gegenüber verbundenen Unternehmen *s. dort*
Verbindlichkeiten aus Wechseln *s.* Wechselverbindlichkeiten
Wertschulden **B** 1458 ff.
Wertsicherungsklauseln **B** 1461 ff.
wirtschaftliche Belastung **B** 1407 f.
Zwang zur Leistung **B** 1400 ff.
Verbindlichkeiten gegenüber Gesellschaftern B 1580 ff.
Ausweis **B** 1580 f.
Bewertung **B** 1586
ertragsteuerliche Behandlung **B** 1582 ff.
Gesellschafterdarlehen **B** 1582
Lieferungen eines Gesellschafters **B** 1585
Mitzugehörigkeit zu anderen Bilanzpositionen **B** 1581
Prüfungstechnik **B** 1586
Verbindlichkeiten gegenüber Kreditinstituten B 1495 ff.
Arten **B** 1496
Bankverbindlichkeiten als Dauerschulden **B** 1498
Begriff **B** 1495
Bewertung **B** 1500 f.
ertragsteuerliche Behandlung **B** 1497 ff.
Kontokorrentkredite **B** 1498
Prüfung des Ausweises **B** 1504
Prüfung der Bewertung **B** 1503

Prüfung des internen Kontrollsystems **B** 1502
Prüfung des Nachweises **B** 1502
Zwischenkredite **B** 1498
Verbindlichkeiten aus Lieferungen und Leistungen B 1517 ff.
Begriff **B** 1517
Bewertung **B** 1523
Dauerschulden **B** 1522
ertragsteuerliche Behandlung **B** 1522
Laufzeit **B** 1518
Lieferantenskonti **B** 1520
Mitzugehörigkeit zu anderen Bilanzposten **B** 1521
Prüfung des Ausweises **B** 1528
Prüfung der Bewertung **B** 1527
Prüfung des internen Kontrollsystems **B** 1524 f.
Prüfung des Nachweises **B** 1526
Saldierungsverbot mit debitorischen Kreditoren **B** 1517
Teillieferungen und Teilleistungen **B** 1517
Umsatzsteueransatz (Bruttobetrag) **B** 1519
Verbindlichkeiten aus Steuern B 1591
Verbindlichkeiten gegenüber Unternehmen mit Beteiligungsverhältnis B 1570 ff.
Ausweis **B** 1570
Beteiligungen **B** 1571
Bewertung **B** 1574
Dauerschulden **B** 1573
ertragsteuerliche Behandlung **B** 1573
Mitzugehörigkeit zu anderen Bilanzposten **B** 1572
Prüfungstechnik **B** 1575
Verbindlichkeiten gegenüber verbundenen Unternehmen B 1547 ff.
Ausweis **B** 1549
Begriff **B** 1547
Dauerschulden **B** 1551
ertragsteuerliche Behandlung **B** 1551 ff.
Mitzugehörigkeit zu anderen Bilanzposten **B** 1550
Organschaft **B** 1552 ff.
Prüfungstechnik **B** 1565
Umfang **B** 1548
Verböserung
im Bußgeldverfahren **K** 509
im Strafbefehlsverfahren **K** 334
Verbotsirrtum K 212, 406
Verbrauch, Herstellungskosten **A** 291
Verbrauchsfolgefiktionen beim Vorratsvermögen **B** 560 ff., 576
Verbrauchsteuern
Berlinförderung **H** 388
Bewertung **H** 256

1565

Sachverzeichnis

Festsetzungsverjährung **I** 86
Gebühr **W** 22, 34
leichtfertige Steuerverkürzung durch Gefährdung der V. **K** 431
Rechnungsabgrenzungsvoraussetzungen **B** 841, 847
Verbundene Unternehmen
s. *auch* Anteile an verbundenen Unternehmen
Angabe der Beziehungen zu verbundenen U. im Anhang **B** 1982
Darstellung der Beziehungen im Jahresabschluß **B** 86 ff.
Forderungen aus Lieferungen und Leistungen **B** 657
geleistete Anzahlungen **B** 638
Übersicht altes Recht/neues Recht **B** 426
Verbindlichkeiten gegenüber verbundenen U. s. *dort*
Wechselverbindlichkeiten **B** 1531 f.
Verdeckte Einlagen, Körperschaftsteuer **H** 119 f.
Verdeckte Gewinnausschüttungen
Anrechnungsverfahren **H** 164 ff.
Begriff **H** 109
Ebene des Gesellschafters **H** 115 ff.
Ebene der Kapitalgesellschaft **H** 114
Formen von vGA **H** 111
Satzungs- und Steuerklauseln **H** 118
steuerliche Auswirkungen **H** 113 ff.
Vermeidung von vGA **H** 118
Voraussetzungen **H** 110
Vorteilsgewährung **H** 109
Verdienstausfall L 674
Veredelungsmethode R 183
Vereidigte Buchprüfungsgesellschaften, Mehrheit der Gesellschaftsrechte **G** 27
Vereidigter Buchprüfer
s. *auch* Prüfungsrecht
Dauer der Übergangsregelung **G** 66
Erwerb der Prüferqualifikation **G** 35 ff.
Erwerb der Prüferqualifikation bei Übergangsregelung **G** 60 ff.
Mehr als die Hälfte der Einnahmen von einer Gesellschaft **G** 26
Prüfungsumfang **G** 17 ff.
Prüfungsverfahren **G** 38
Prüfungsverfahren bei Übergangsregelung **G** 62
Prüfungszulassung, Frist bei Übergangsregelung **G** 61
tabellarische Übersicht über Neuregelung **G** 68
Überblick der Prüfung Übergangsregelung/Dauerregelung **G** 67

Buchstaben = Teile

Unwirksamkeit von Jahresabschlußmitwirkung und Prüfungstätigkeit **G** 23 ff.
vorläufige Bestellung ohne Prüfung **G** 63
Vereine, Rechnungslegung **B** 15
Vereinbare Tätigkeiten
ABC der Gebühren **W** 57
Gebühren **W** 45 ff.
spezielle Gebührenregelungen **W** 49 ff.
vereinbarte Vergütung **W** 45 ff.
Verfahrensrecht I 1 ff.
Antragspflichten (Tabelle) **I** 11–26
Aufbewahrungspflichten (Tabelle) **I** 28–34
Aufzeichnungspflichten außersteuerliche **I** 35
Buchführungsgrenzen **I** 27
Buchführungspflichten außersteuerliche **I** 35
Festsetzungsverjährung s. *dort*
Gebühren **W** 22
Mitwirkungspflichten s. *dort*
Musterschriftsätze **I** 251 ff.
Zahlungsverjährung s. *dort*
Vergleich, Zwangsvergleich **N** 212 ff.
Vergleich außergerichtlicher N 15 ff.
Vergleichbarkeit der Abschlüsse **B** 62 f.
Vergleichsverfahren N 221 ff.
s. *auch* Insolvenzrecht
Abstimmung der Gläubiger **N** 246 ff.
Allgemeines **N** 10 ff.; **P** 54 ff.
Anfechtung des Vergleichs bei arglistiger Täuschung **N** 253
Anfechtung von Vermögenshandlungen **N** 232
Anschlußkonkurs **N** 258 ff.
Anschlußkonkursverfahren **N** 230
Aufhebung des V. **N** 254
Aufrechnungsvoraussetzungen **N** 232
Beschwerde gegen ablehnenden Eröffnungsbeschluß **N** 231
Betriebsnachfolge **M** 277
Einstellung des V. **N** 257
Entscheidung über Eröffnung **N** 230 ff.
Eröffnungsbeschluß **N** 232
Eröffnungsverfahren **N** 229
Forderungen stimmberechtigte **N** 244
Fortführungsvergleich **N** 225
Fortsetzung des V. **N** 254
gerichtliche Maßnahmen bei Eröffnung **N** 229
gesetzliche Grundlage **N** 19
Gläubigerbeirat **N** 241
Gläubigerverzeichnis **N** 244
Konkurssperre **N** 228
Liquidationsvergleich **N** 224
Nachverfahren **N** 254
Quotenvergleich **N** 224

Zahlen = Randziffern

Sachverzeichnis

Schuldnerantrag **N** 221 ff.
Stundungsvergleich **N** 224
Veräußerungsverbot des Schuldners **N** 233
Verfügungsbeschränkungen **N** 229, 233 ff.
Vergleichsantrag **N** 221 ff.
Vergleichsbestätigung **N** 249 ff.
Vergleichsbilanz **N** 225
Vergleichsfähigkeit des Schuldners **N** 223
Vergleichsgläubiger **N** 238 ff.
Vergleichsgrund **N** 224
Vergleichsschuldner-Stellung **N** 233 ff.
Vergleichstatus **N** 225
Vergleichstermin **N** 242 ff.
Vergleichsverwalter **N** 237
Vergleichsvorschlag **N** 224, 243
Vergleichswürdigkeit **N** 224
Verjährungshemmung **N** 232
Verpflichtungsgeschäfte **N** 234 ff.
Verurteilung des Schuldners **N** 252
Verwalterdarlehen **N** 260
Verzug des Schuldners **N** 253
Zahlungsplan **N** 226
Vergleichsverwalter
Buchführungspflicht **A** 191
Steuerberater **P** 54 ff.
Vergütung **P** 56; **W** 56 f.
Vergütung
s. auch Arbeitsentgelt
s. auch Gebühren
Vergütungsanspruch pauschalierter S 99
Verhältniszahlen, Bilanz **X** 71
Verjährung
Abkürzung der V. in AGB **S** 88
Festsetzungsverjährung s. dort
Hemmung durch Außenprüfung **J** 3
Schadensersatzansprüche des Mandanten **T** 33
Zahlungsverjährung s. dort
Verjährungsfristen, Verkürzung der gesetzlichen V. **S** 98
Verkauf beweglicher Sachen, Realisationszeitpunkt **A** 381
Verlagsrechte
Aktivierung **B** 252 ff.
s. im einzelnen Gewerbliche Schutzrechte
Verlegung der Praxis, Auslagen **W** 39
Verlustabzug
Gewerbesteuer **H** 190 ff.
Körperschaftsteuer **H** 121 ff.
Verlustausgleich, Rechtsformwahlüberlegungen **R** 95
Verluste aus Abgängen
Forfaitierungsverträge **B** 1801
Gegenstände des Anlagevermögens **B** 1800

Gegenstände des Umlaufvermögens **B** 1801 f.
Nebenkosten **B** 1801
Wertminderungen **B** 1802
Verluste drohende aus schwebenden Geschäften, Rückstellungen s. dort
Verlustrücktrag
Anrechnungsverfahren **H** 173 f.
Körperschaftsteuer **H** 123
Verlustübernahme
Ausweis von Aufwendungen bei V. **B** 1855 ff.
Erträge aus V. **B** 1915 ff.
Verlustvortrag B 1000 ff.
Ausweis **B** 1002
Begriff **B** 1001
Gewerbesteuer **H** 190 ff.
GuV-Rechnung **B** 1928 ff.
Vermächtnis, Nachlaßverbindlichkeit **H** 286
Vermietung und Verpachtung
Berlinvergünstigung **H** 487
Freibeträge und Freigrenzen **H** 19
Vermögen
Gliederung des V. **H** 252 f.
Weltvermögensprinzip **H** 256
Vermögen sonstiges H 251
Vermögensarten H 251
Vermögensaufstellung, Gebühr **W** 22
Vermögensbildung H 574 f.
Vermögensbildungsgesetz
Anwendungsübersicht **H** 575
Mitwirkungs- und Antragspflichten **I** 24
Vermögensgegenstände immaterielle
s. Immaterielle Vermögensgegenstände
Vermögensgegenstände sonstige s.
Sonstige Vermögensgegenstände
Vermögenslage, Erläuterung im Anhang **B** 1976 f.
Vermögensrechnung, Gebühr **W** 22
Vermögensstatus, Gebühr **W** 22, 34
Vermögensteuer H 251 ff.
s. auch Bewertung
Anlaufhemmung **I** 87
Berechnung der V. **B** 1144
Freibeträge und Freigrenzen **H** 258 f.
Gesamtvermögen **H** 251
Mitwirkungs- und Antragspflichten **I** 19
Vermögensarten **H** 251
Zusammenveranlagung **H** 257
Vermögensteueraufstellung, Gebühr **W** 34
Vermögensteuererklärung, Gebühr **W** 22, 34

1567

Sachverzeichnis

Buchstaben = Teile

Vermögensstruktur
Änderungen gegenüber bisherigem Recht **B** 65 f.
Kennzahlen **R** 240 ff.
Vermögensverlagerung H 716
Vermögensverwalter, Vergütung **W** 57
Vermögensverwaltung, MaBV-Prüfung **O** 60 ff.
Vermögensverzeichnis P 31
Vermögenswirksame Leistungen
Arbeitgeberanteil **L** 513
lohnsteuer- und sozialversicherungsrechtliche Behandlung **L** 675
Vermögenszuwachsbesteuerung H 725; **J** 104
Verordnungsblattgebühr L 182
Befreiung in Härtefällen **L** 182 ff.
Verpachtung, Gewerbesteuerpflicht **H** 189
Verpackungen, Bilanzierung ausgeliehener V. **B** 627
Verpackungsmaterial, Berlinförderung **H** 394
Verpflegungskosten, Krankenkassenübernahme **L** 234
Verpflegungsmehraufwendungen
lohnsteuer- und sozialversicherungsrechtliche Behandlung **L** 640
Verpflichtungen
Abgrenzung von den Rückstellungen **B** 1409 f.
Ausweis nicht erkennbarer finanzieller V. **B** 78
Verpflichtungsgeschäft
Grunderwerbsteuer **H** 307
Umsatzsteuerbarkeit **H** 200
Verpflichtungsklage
Allgemeines **I** 193 ff.
Begründetheit **I** 222 f.
Musterschriftsatz **I** 270
Zulässigkeit **I** 221
Verprobung C 136, 226 ff.
durch Finanzverwaltung **C** 232
Kassenbuchführung **C** 228
Lagerumschlagshäufigkeit **C** 231
Umsatzschätzung **C** 230
Wareneinkäufe und -verkäufe **C** 228
Verrechnungspreise, Erlaß **H** 730
Verrechnungsverbot, Allgemeines **B** 41, 64
Versandnachweis, Berlinförderung **H** 366
Verschmelzende Umwandlung H 604 f., 613
Verschmelzungen, Besteuerung der Gesellschafter **H** 645

Verschmelzung von Kapitalgesellschaften H 620 ff.
Aufnahme einer Kapitalgesellschaft **H** 620
Neubildung einer Kapitalgesellschaft **H** 620
Schlußbilanz **H** 620
Verschmelzungsmehrwert, Abschreibung **A** 35
Verschuldung
kurzfristige V. **R** 243
langfristige V. **R** 243
Verschulden von Mitarbeitern V 11
Verschuldungsfaktor R 247
Verschuldungsgrad R 244
Verschwiegenheitspflicht T 15 ff.
Arbeitsverhältnis **M** 50 ff.
Mandatsbetreuung **S** 32
Versendungsbeleg, Berlinförderung **H** 366
Versendungskauf, Realisationszeitpunkt **A** 381
Versetzung, Arbeitsverhältnis **M** 102 f.
Versicherungen, Bewertung der Vertragsansprüche **B** 718
Versicherung an Eides Statt
Musterschriftsatz **I** 277
Zustellung **I** 134
Versicherung des StB s. Berufshaftpflichtversicherung
Versicherungsansprüche, Bewertung **H** 256
Versicherungskonzerne
Konzernrechnungslegung **F** 11
Konzernrechnungslegungspflicht **F** 4
Versicherungsleistungen, Umsatzsteuer **H** 200
Versicherungsmathematische Näherungsverfahren, Bewertung von Pensionsverpflichtungen **B** 1102 ff.
Versicherungsprämien T 42 ff.
Versicherungsteuer, Anmeldungsfrist **I** 125
Versicherungsteuerprüfung J 19
Versicherungsvertragsgesetz T 40
Versicherungszeiten
anrechnungsfähige **L** 15
im Rentenrecht **L** 81
Versorgungsansprüche, Bewertung **H** 256
Versorgungsaufwendungen B 1784
Versorgungsfreibetrag, Erbschaftsteuer **H** 280
Verspätungszuschläge, Haftpflichtversicherung **T** 50
Verteidiger, Beschlagnahmeverbot **K** 98

Zahlen = Randziffern

Sachverzeichnis

Verteilungsabschreibung B 202
Verteilungsanlagen, AfA-Tabelle **X** 1
Verteilungsmethode R 192
Vertrag, Steuerberatungsvertrag **S** 1 ff.; *s. im einzelnen dort*
Vertragsrücktritt, Umsatzsteuer **H** 200
Vertragstrafen, Umsatzsteuer **H** 200
Vertreter
Haftpflichtversicherung **T** 50
Haftung des StB als V. **V** 18
Vertriebskostenstellen R 173
Verwaltungsakt
Gebühr bei Antrag eines VA **W** 22
Steuerverwaltungsakte *s. dort*
Verwaltungskosten
allgemeine V. als Herstellungskosten **A** 295 f.
Verwaltungskostenstellen R 173
Verwaltungsverfahren *s.* Verfahrensrecht
Verwaltungsvollstreckungsverfahren, Gebühr **W** 22
Verwaltungszustellungsgesetz *s.* Zustellung
Verwendbares Eigenkapital H 133 ff.
abzugsfähige Aufwendungen **H** 140
Beeinflussungsmöglichkeiten **H** 139 ff.
Begriff **H** 135 ff.
Berechnungsmöglichkeiten im Anrechnungsverfahren (Übersicht) **H** 176 f.
Berlinvergünstigungen **H** 500
ermäßigt belastetes Einkommen **H** 142 ff.
Gebühr **W** 22
Gliederung **H** 135 ff.
Grundfälle **H** 139 ff.
nichtabziehbare Aufwendungen **H** 146 ff.
steuerfreie Erträge **H** 141
steuerpflichtige Erträge **H** 140
Übersicht über Auswirkungen auf Teilbeträge (Übersicht) **H** 175
Umwandlung auf Kapitalgesellschaft **H** 644
verdeckte Gewinnausschüttungen **H** 168
Verwertung von Sicherungsgut, Umsatzsteuer **H** 200
Verwertungsbefugnis, Grunderwerbsteuer **H** 307
Verwertungsverbot
Außenprüfung **J** 50
Fernwirkung des V. **J** 180
Rechtsverletzungen in der Außenprüfung **J** 176 ff.
Verzug, Lohnfortzahlung bei V. des Arbeitgebers **M** 207
Verzugszinsen, Umsatzsteuer **H** 200

Viertes Vermögensbildungsgesetz, Anwendungsübersicht **H** 575
Vollmacht, Klage beim Finanzgericht **I** 217
Vollschätzung, Außenprüfung **J** 145
Vollständigkeitserklärung, Abschlußprüfung **C** 130, 234
Vollstreckungsaufschub, Antrag (Musterschriftsatz) **I** 253
Aussetzung der Vollziehung **I** 61
Fälligkeitsaufschub **I** 45
bei fehlender Erlaßwürdigkeit **I** 57
Rechtsanspruch **I** 58
Voraussetzungen **I** 56 ff.
Vollstreckungsverfahren, Gebühr **W** 34
Voranmeldungszeitraum *s.* Lohnsteueranmeldung
Vorauszahlungen
Gebühr **W** 34
Gebühren bei Anpassung **W** 22
Vorbehalt der Nachprüfung
Ablaufhemmung **I** 96
Aussetzung der Vollziehung **I** 177
Vorbehaltsaufgaben, Gebühren **W** 5 ff., 34
Vorbehaltskosten, Mandatsberatung **S** 50
Vorbringen verspätetes, FG-Verfahren **I** 10
Vorführgerät, Investitionszulage nach BerlinFG **H** 476
Vorgründungsgesellschaft, Konkurrenzfähigkeit **N** 32
Vorkontierungsfehler U 20
Vorleistungen, Berlinförderung **H** 390 f.
Vorleistungsquote, Berlinförderung **H** 398 ff.
Vormund P 27 ff.
Ablehnung **P** 29
Aufsicht des Vormundschaftsgerichts **P** 33
Aufwendungsersatz **P** 37
Ernennung **P** 27
genehmigungspflichtige Rechtsgeschäfte **P** 32
Haftung **P** 35
Jugendamt **P** 33
Personensorgerecht **P** 30
Rechte und Pflichten **P** 30 ff.
Steuerberater **P** 27
Vergütung **P** 36
Vermögensverzeichnis **P** 31
Vertretungsmacht **P** 30
Vormundschaft
befreite V. **P** 33
Volljährige **P** 34
Vorprüfungen C 236 ff.

1569

Sachverzeichnis

Buchstaben = Teile

Vorräte B 550 ff.
Aufträge, in Arbeit befindliche B 601
Begriff B 550
fertige Erzeugnisse B 624 ff.; *s. im einzelnen dort*
geleistete Anzahlungen B 636 ff.; *s. im einzelnen dort*
Gliederung B 551
Leistungen, nicht abgerechnete B 601
in Montage befindliche Objekte B 602
Offenlegung B 551
Roh-, Hilfs- und Betriebsstoffe B 553 ff.; *s. im einzelnen dort*
unfertige Erzeugnisse B 600 ff.
Waren B 624 ff.; *s. im einzelnen dort*
Vorratsaktien, Angabe im Anhang B 1978
Vorratsvermögen, Bewertung *s. dort* sowie *unter* Roh-, Hilfs- und Betriebsstoffe
Vorruhestand, Berlinzulagen H 506
Vorruhestandsleistungen B 1360 ff.
Begriff B 1360
Erstattung durch überbetriebliche Versorgungseinrichtungen B 1365
konkretisierte V. B 1362
Passivierungspflicht B 1361
Rückstellungen B 1363
Zuschuß-Ausweis B 1364
Vorsatz, Straftat K 209
Vorschuß
Arbeitsentgelt M 170
Lohnpfändung M 172
lohnsteuer- und sozialversicherungsrechtliche Behandlung L 679
Vorsorgeaufwendungen, Berechnung der höchstens abzugsfähigen V. H 21 f.
Vorsorgepauschale H 23 ff.
Berechnung H 27 ff.
Vorsorge-Pauschbetrag H 23 ff.
Vorstandskredite, Ausweis *s.* Sonstige Vermögensgegenstände
Vorstandsmitglieder, lohnsteuer- und sozialversicherungsrechtliche Behandlung L 680
Vorstellungskosten L 681
Vorsteuern
Anschaffungsnebenkosten A 87
Gebühr W 22, 34
Vorsteuerabzug
Einzelpauschalierung H 210
Gesamtpauschalierung H 211
Vorsteuerberichtigung H 212
Vorteilsausgleichung bei Haftungsschäden T 32
Vorvertrag, Ansprüche aus V. T 22

Währungsbuchführung, Forderungen aus Lieferungen und Leistungen B 663
Währungskurse
Anschaffungskosten bei Kaufpreis in Fremdwährung A 61
Forderungen aus Lieferungen und Leistungen B 663
Fremdwährungsverbindlichkeiten, Bilanzansatz B 1451 ff.
Währungsumrechnung
current method F 102 f.
Erläuterung im Anhang B 1976
funktionsspezifische Umrechnung F 109 f.
Konzernabschluß F 94 ff.
latente Steuern F 121
monetary method F 104
Stichtagsmethode F 98
temporal method F 106 ff.
Umrechnungsdifferenzen F 111 f.
Umrechnungsmethoden F 98 ff.
Wagnisverluste, kalkulatorische Kosten R 171
Waisenrente L 50 ff.
Begriff Voll- und Halbwaise L 56
Wandelschuldverschreibungen B 1481; *s. im einzelnen* Anleihen
Angabe im Anhang B 1978
Kapitalrücklage B 930
Wärmeversorgungsanschlußkosten B 333
Waren B 624 ff.
s. auch Fertige Erzeugnisse
Begriff B 624
Bewertung B 630, 633
Eigentumsvorbehalt B 627
erhaltene Anzahlungen B 629
ertragsteuerliche Behandlung B 632
Handelswaren nicht eingegangene B 625
nicht ausgelieferte W. B 626
Prüfung des Ausweises, der Bewertung und des Nachweises B 635
Prüfung des internen Kontrollsystems B 634
Verpackungen ausgeliehene B 628
Warenausgang, Aufzeichnungspflichten A 184
Belegerteilung über W. A 184
Wareneingang, Aufzeichnungspflichten A 183
Wareneinkäufe und -verkäufe, Verprobungen C 228
Warenforderungen, Ausleihungen *s. dort*
Warenkreditversicherung, Umsatzsteuer H 200
Warenzeichen, Aktivierung B 252 ff.; *s. im einzelnen* Gewerbliche Schutzrechte

1570

Zahlen = Randziffern

Sachverzeichnis

Wartezeit
Altersruhegeld **L** 11, 14
Berechnung **L** 85f.
Berufsunfähigkeitsrente **L** 37f.
Erwerbsunfähigkeitsrente **L** 31
Wasseranschlußkosten B 333
Wasserkraftwerkbegünstigung H 579
Wechsel
Änderung gegenüber bisherigem Recht **B** 68
Bewertung **B** 670
am Bilanzstichtag zum Inkasso versandte W. **B** 670
Depotwechsel **B** 1666
Kautionswechsel **B** 1666
Kautions- bzw. Sicherungswechsel **B** 1533
Mobilisierungswechsel **B** 1666
Schuldwechsel **B** 1530
Wechselindossamente **B** 1534
Wechselbürgschaften, Passivierung **B** 1668ff.
Wechseldiskont, Ausweis in GuV-Rechnung **B** 1866
Wechseldiskont-Erstattungsansprüche, Ausweis s. Sonstige Vermögensgegenstände
Wechselforderungen
Besitzwechsel, Bewertung **B** 672
Bewertung **B** 670
Bilanzausweis **B** 670
Wechselkopierbücher A 249
Wechselkursänderungen, Forderungen aus Lieferungen und Leistungen **B** 663
Wechseloblige
Rückstellungen **B** 1370f.
wertaufhellende Umstände nach Bilanzstichtag **A** 406
Wechselspesen-Erstattungsansprüche, Ausweis s. Sonstige Vermögensgegenstände
Wechselsteuer B 1535
Wechselverbindlichkeiten B 1530ff.
Bankprovision **B** 1535
Begriff **B** 1530
Bewertung **B** 1539
Bewertung des Obligo **B** 1667
Dauerschulden **B** 1538
Diskontierungskosten **B** 1535
ertragsteuerliche Behandlung **B** 1537f.
Eventualverbindlichkeiten **B** 1664ff.
Gefälligkeitsindossamente **B** 1664
Kautions- bzw. Sicherungswechsel **B** 1533
Mitzugehörigkeit zu anderen Bilanzpositionen **B** 1536
Prüfung des Ausweises **B** 1543
Prüfung der Bewertung **B** 1542

Prüfung des internen Kontrollsystems **B** 1540
Prüfung des Nachweises **B** 1541
Schuldwechsel **B** 1530
gegenüber verbundenen Unternehmen **B** 1531
Wechselindossamente **B** 1534
Wechseloblige, Begriff **B** 1665
Wechselsteuer **B** 1535
Wehrdienst
Alters- und Hinterbliebenenversorgung **M** 249
Anzeige- und Meldepflichten **M** 243
Arbeitsentgeltweiterzahlung **M** 245
Arbeitsfreistellungsanspruch **M** 244
Arbeitsplatzschutzgesetz **M** 242
Arbeitspflichtbefreiung **M** 112
Arbeitsverhältnis **M** 242ff.
außerordentliche Kündigung **M** 371
Erstattungen von Mehraufwendungen des Arbeitgebers **M** 251
freiwillige Verpflichtung **M** 256
Kündigungsschutz **M** 369ff.
Ruhen des Arbeitsverhältnisses **M** 246
Sachbezüge vom Arbeitgeber **M** 248
Sozialauswahl bei Kündigung **M** 370
Urlaub **M** 250
Wehrübungen **M** 252f.
Weiterbeschäftigung nach Berufsausbildung **M** 372
Wohnraumüberlassung **M** 248
Wehrübungen während Arbeitsverhältnis **M** 252f.
Weihnachtsfreibetrag, lohnsteuer- und sozialversicherungsrechtliche Behandlung **L** 518
Weihnachtsgratifikation
Arbeitsentgelt **M** 85
lohnsteuer- und sozialversicherungsrechtliche Behandlung **L** 683
Rückstellungen **B** 1375
Weinbaunutzung, Bewertung **H** 256
Weiterbildungsmaßnahmen des Arbeitsamts s. Fortbildungsmaßnahmen
Weltabschlußprinzip F 41
Welteinkommen H 707
Weltvermögensprinzip H 256
Werbegeschenke, Aufzeichnungsfehler **U** 23
Werkleistungen, Berlinförderung **H** 363
Werkvertrag, Realisationszeitpunkt **A** 381
Werkswohnung M 96ff.
s. Dienstwohnung
Wert beizulegender A 118ff.; **B** 539
Wertaufhellung A 399ff.

1571

Sachverzeichnis

Buchstaben = Teile

Begriff **A** 399
Ereignisse *bis* Bilanzstichtag **A** 400
Ereignisse *nach* Bilanzstichtag **A** 401 ff.
Nichtberücksichtigung latenter Risiken **A** 406
objektive Standpunktbeurteilung **A** 402
Stichtagsprinzip **A** 384
Teilwertvermutung **A** 405
Wechselobligo – Rückstellung **A** 406
wertaufhellende Umstände **A** 401, 404
wertbeeinflussende Umstände **A** 402, 404
Wertaufholung
Angabe im Anhang **B** 1980
Begriff **B** 173
Kapitalgesellschaften **A** 411
Rückstellung für latente Steuern **B** 1164, 1164a
Wertaufholungsrücklagen
Auflösung **B** 992
Begriff und Bildung **B** 990 f.
Bewertung **B** 993
ertragsteuerliche Behandlung **B** 993
Prüfung des Ausweises **B** 997
Prüfung der Bewertung **B** 996
Prüfung des internen Kontrollsystems **B** 994
Prüfung des Nachweises **B** 995
Wertberichtigungen B 177
Änderung gegenüber bisherigem Recht **B** 67
Angabe von W. als Sonderposten mit Rücklageanteil im Anhang **B** 1978
Wertfortschreibung H 255
Wertgebühr W 30
Wertminderungen, Ausleihungen **B** 493
Wertpapierbuch B 754
Wertpapiere B 475 ff.
Anteile an verbundenen Unternehmen *s. dort*
ausweispflichtige W. **B** 475
Bewertung **H** 256; **B** 477, 479
Eigene Anteile *s. dort*
ertragsteuerliche Behandlung **B** 478
Gliederung **B** 725
Offenlegungspflicht **B** 726
Prüfung **B** 480
Renditen inländischer W. **X** 54
Sonstige Wertpapiere **B** 750 ff.; *s. im einzelnen dort*
Wertpapiererträge B 1830 ff.
Wertpapierinventar B 754
Wertschöpfungsquote, Berlinförderung **H** 370 ff.
Wertschuld
Aufwertung einer Sachschuld **B** 1460

Bilanzansatz **B** 1458 ff.
Wiederbeschaffungskostenansatz **B** 1459
Wertschwankungen des Umlaufvermögens **B** 542
Wertsicherungsklauseln, Verbindlichkeiten mit W. **B** 1461 ff.
Wertzusammenhangsprinzip, Zuschreibungen durch Rücknahme von Abschreibungen **B** 238
Wettbewerbsverbot M 47 ff.
Widerstreitende Steuerfestsetzung I 101 ff.
Wiederbeschaffungskosten
Roh-, Hilfs- und Betriebsstoffe **B** 572
Teilwertobergrenze **A** 397
unfertige Erzeugnisse **B** 606b
Vergleichswert des Beschaffungsmarkts für Roh-, Hilfs- und Betriebsstoffe **B** 572
Wiedereinsetzung in vorigen Stand I 121 ff.
Antrag **I** 123
Ausschlußfristen **I** 121
Gebühr **W** 22, 34
Musterschriftsatz **I** 258
Rechtsanspruch **I** 124
Selbstanzeige **K** 263
Verschulden **I** 121 f.
Wiederholungsprüfungen, Dauerakte **C** 4
Wiederkehrende Bezüge, Bewertung **B** 718
Winterbauförderung
Begriff **L** 368
lohnsteuer- und sozialversicherungsrechtliche Behandlung **L** 685
Mehrkostenzuschuß **L** 374
produktive W. **L** 371
Zuschüsse an Arbeitgeber **L** 372 ff.
Wirtschaftlichkeitsrechnungen R 122
Arten der W. **R** 124 ff.
Wirtschaftsgüter bewegliche, AfA-Regelungen **X** 2
Wirtschaftsgüter geringwertige *s.* Geringwertige Wirtschaftsgüter
Wirtschaftsgüter immaterielle
s. Immaterielle Wirtschaftsgüter
s. Immaterielle Vermögensgegenstände
Wirtschaftsgüter unbewegliche
AfA-Regelungen **X** 2
Berlinvergünstigung **H** 413
Wirtschaftsjahr
s. auch Geschäftsjahr
abweichendes W. **A** 223
Begriff **A** 217 f.
Dauer **A** 219

1572

Zahlen = Randziffern

Sachverzeichnis

Identität mit Kalenderjahr bei nichteingetragenen Gewerbetreibenden **A** 223
steuerliche Nichtanerkennung eines handelsrechtlich zulässigen Abschlußstichtages **A** 222
Umstellung des W. **A** 221
Wahl des Abschlußstichtages **A** 220
Wirtschaftskriminalität, Tatbestände **V** 22 ff.
Wirtschaftsprüfer
s. auch Prüfungsrecht
Beschlagnahmeverbot **K** 99
Besitzstandsnachweis bei Übergangsregelung **G** 42
Dauer der Übergangsregelung **G** 53 f.
Erwerb der Prüferqualifikation **G** 30 f.
Erwerb der Prüferqualifikation bei Übergangsregelung **G** 41 ff.
Gebühr bei Doppelqualifikation **W** 25
Mehr als die Hälfte der Einnahmen von einer Gesellschaft **G** 26
Prüfungserleichterung bei Übergangsregelung **G** 48
Prüfungsumfang **G** 16
Prüfungsverfahren **G** 32 ff.
Prüfungsverfahren bei Übergangsregelung **G** 45 ff.
Prüfungszulassung, Frist bei Übergangsregelung **G** 44
tabellarische Übersicht über Neuregelung **G** 68
Überblick der Prüfung Übergangsregelung/Dauerregelung **G** 55 ff.
Unvereinbarkeit von Jahresabschlußmitwirkung und Prüfungstätigkeit **G** 23 ff.
vorläufige Bestellung ohne Prüfung **G** 50 ff.
Wirtschaftsprüferkammer, Adressen **X** 72
Wirtschaftsprüfungsesellschaften, Mehrheit der Gesellschaftsrechte **G** 27
Wirtschaftsstrafrechtliche Verantwortung des StB V 21 ff.
Begehungsformen **V** 23 f.
Buchführungspflicht-Verletzung **V** 39 ff.
Hehlerei **V** 41
Konkursstraftaten **V** 34 ff.
Kreditbetrug **V** 31 ff.
Schuldnerbegünstigung **V** 41
Subventionsbetrug **V** 25 ff.
Überschuldung und Zahlungsunfähigkeit **V** 38
Untreue **V** 41
Witwenrente L 44 ff., 48
Wiederheirat **L** 44

Wohngebäude
s. auch Gebäude
AfA-Übersicht **X** 6
Wohnteil, Bewertung **H** 256
Wohnung, Nutzungswert *s. dort*
Wohnungsbau, Berlinvergünstigungen **H** 427
Wohnungsbaudarlehen, lohnsteuer- und sozialversicherungsrechtliche Behandlung **L** 686
Wohnungsbauprämie, Bewertung **H** 256
Wohnungsbaugesetz Zweites, Anwendungsübersicht **H** 570
Wohnungsbau-Prämiengesetz
Anwendungsübersicht **H** 573
Mitwirkungs- und Antragspflichten **I** 25
Wohnungseigentum
Ausweis von W. **B** 319
Bewertung **H** 253, 256

Zahlungen
Rentenbarwerte bei jährlichen Z. **X** 27
Rentenbarwerte bei monatlichen Z. **X** 26
Zahlungsaufschub
Abgrenzung zur Stundung **I** 46
Antrag **I** 43
Fälligkeitsaufschub **I** 45
Zahlungsmittel, Bewertung **H** 256
Zahlungsunfähigkeit
Konkursverfahren **N** 37, 45 ff.
Liquiditätsprüfung **N** 48
Zahlungseinstellung **N** 48
Zahlungsverjährung I 109 ff.
Ablauf **I** 112
Ablaufhemmung *s. dort*
Allgemeines **I** 77 ff.
Beginn **I** 110
Fristen **I** 79
Unterbrechung **I** 113 ff.
Zahnärzte, Beschlagnahmeverbot **K** 100
Zahnarztbehandlung L 187 ff.
Zahnersatzleistungen L 187 ff.
Zeitgebühr W 30
Zeitlohn M 69
Zeitrenten X 31
Berechnung **X** 25 ff.
Umsatzsteuer **H** 205
Zeitwert
Börsenpreis und Marktpreis **B** 538
Roh-, Hilfs- und Betriebsstoffe **B** 576a
Zerlegung, Gewerbesteuer **H** 187, 194 ff.
Zertifikate, Bewertung **H** 256
Zeugenvernehmung
Abschrift der Zeugenaussage **K** 111
Anwesenheitsrecht des Verteidigers oder Schuldners **K** 108

1573

Sachverzeichnis

Buchstaben = Teile

Auskunftsverweigerung **K** 116
Aussageverweigerungsrechte **K** 115
Aussageverweigerungsrechte von Angehörigen steuerberatender Berufe **K** 117ff.
Bankbeamte **K** 114
Erscheinenspflicht **K** 110
Ladung **K** 109
Mandant als Belastungszeuge **K** 121
Personenkreis der Zeugen **K** 112
Steuerfahndung **K** 107 ff.
Zeugnis, Arbeitszeugnis *s. dort*
Zinsaufwendungen B 1865 ff.
Ausweis in GuV-Rechnung **B** 1865 ff.
Einzelbeispiele an Z. **B** 1866
Kundenskonti **B** 1867
Prüfung **B** 1869
Saldierungsverbot **B** 1868
Zinsberechnung X 21
Zinsdivisorentabelle X 22
Zinsen
Berlinförderung **H** 379
Bilanzansatz über- und unterverzinslicher Verbindlichkeiten **B** 1444 ff., 1448 ff.
Doppelbesteuerung **H** 705
Effektivzinsen **X** 37
Eigenkapitalzinsen bei Ermittlung der Anschaffungskosten **A** 62
Eigenkapitalzinsen als Herstellungskosten **A** 298f.
Fremdkapitalzinsen bei Ermittlung der Anschaffungskosten **A** 63
Fremdkapitalzinsen als Herstellungskosten **A** 297
Habenzinsen (Durchschnittssätze) **X** 55
Herstellungskosten **A** 290a
Hinterziehungszinsen **K** 244
kalkulatorische **R** 169
Realzinsentwicklung **X** 57
Sollzinsen (Durchschnittssätze) **X** 55
Umsatzsteuer, Verzugszinsen **H** 200
Zinsersparnis L 688
Zinserträge B 1837 ff.
Erträge aus Anteilen an herrschender Kapitalgesellschaft **B** 1841
Lieferantenskonti **B** 1838
Prüfung **B** 1842
Saldierungsverbot **B** 1839
zinsähnliche Erträge **B** 1840
Zinsfußmethode, interne **R** 142
Zinsrechnung allgemeine, Rechenformeln **X** 21
Zinssatzermittlung X 21
Zivildienst
Arbeitspflichtbefreiung **M** 112
Arbeitsverhältnis **M** 257 i. V. m. 242 ff.

Zivildienstpflichtige, Kündigungsschutz **M** 373 i. V. m. 368 ff.
Zölle
Festsetzungsverjährung **I** 86
Rechnungsabgrenzungsvoraussetzungen **B** 841, 847
Zollerklärungen, Gebühr **W** 34
Zollfahndung, Ablaufhemmung **I** 93
Zollsachen, Amtshilfeabkommen **K** 125
Zonenrandförderungsgesetz, Anwendungsübersicht **H** 576
Zufallsfunde, Beschlagnahme **K** 83
Zufluß, Arbeitslohn **L** 689
Zugänge zum Anlagevermögen B 166 ff.
geringwertige Wirtschaftsgüter **B** 168
Nachaktivierungen **B** 167
nachträgliche Anschaffungs- und Herstellungskosten **B** 167
Zugewinnausgleich
Anspruch als Nachlaßverbindlichkeit **H** 286
Erbschaftsteuer **H** 276, 287
Gebühr **W** 22, 34
Zugewinngemeinschaft H 276
Zukunftsicherung, lohnsteuer- und sozialversicherungsrechtliche Behandlung **L** 690
Zukunftsicherungsleistungen, Berlinförderung **H** 378
Zukunftswert
Forderungen aus Lieferungen und Leistungen **B** 666
niedrigerer Z. **B** 574b
des Umlaufvermögens **B** 542 f.
Zulagen, Ermittlung der Anschaffungskosten **A** 69 ff.
Zumutbarkeit der Arbeitsaufnahme **L** 326
Zurechnungszeiten, im Rentenrecht **L** 91
Zurückbehaltungsrecht
Mandatsbeendigung **S** 54 ff.
Überspielung von EDV-Daten **S** 65 ff.
Zusage verbindliche *s.* Verbindliche Zusage
Zusammenveranlagung H 3, 5 ff.
Bekanntgabe an Ehegatten **I** 137
Berlindarlehen **H** 457
Berlinzulagen für Arbeitnehmer **H** 502
Vermögensteuer **H** 256
Zuschlagskalkulation R 179, 185 ff.
Zuschreibungen A 407 ff.; **B** 238
s. auch Wertaufholung
s. auch Wertaufholungsrücklagen

Zahlen = Randziffern

Sachverzeichnis

Abschreibungsverlängerung **A** 412
Angabe und Begründungen der Unterlassung von Z. aus steuerlichen Gründen **B** 1978
Anlagevermögen **A** 410 ff.
Ausleihungen abgezinste **B** 500
Begriff **A** 407; **B** 173
Behandlung der Erträge aus Z. **A** 418
Erträge aus Z. **B** 1731 ff.
Handelsbilanzansatz **A** 410
Importwarenabschlag **A** 415
Korrektur planmäßiger Abschreibungen **B** 174
Rücklage nach § 6b EStG **B** 1039
Rücklageneinstellung **A** 418
Saldierung mit den kumulierten Abschreibungen in der Anfangsbilanz **B** 174
Steuerbilanzansatz **A** 413
Teilwertansatz **A** 414
Umlaufvermögen **A** 415 ff.; **B** 545 f.
Wertaufholungsgebot **A** 45 ff.; **B** 226 ff.
Wertaufholungsgebot für Kapitalgesellschaften **A** 411
Wertaufholungsrücklage **A** 418
Wertzusammenhangsprinzip **B** 238
Zulässigkeit **A** 408 ff.
Zwischenwertansatz **A** 410, 415
Zuschüsse
Anschaffungskosten des Grund und Bodens **B** 332
Arbeitgeberzuschüsse **L** 515
Ermittlung der Anschaffungskosten **A** 69 ff.
Mutterschaftsgeld **L** 691
Sonderposten mit Rücklageanteil bei Zuschüssen nach Abschnitt 34 EStR **B** 1040 f.
Umsatzsteuer **H** 200
Winterbauförderung **L** 372 ff.
Zustellung
Abgrenzung Zustellung/einfache Bekanntgabe **I** 128 ff.
Begriff **I** 128
Bekanntgabe **I** 137 ff.
Bekanntgabe einfache **I** 128

Dreitagezeitraum **I** 131 ff.
Ehegatten bei Zusammenveranlagung **I** 137
Erben **I** 144
Erbengemeinschaft **I** 144
förmliche Z. nach der Abgabenordnung **I** 134
Gemeinschaften **I** 142
Gesellschaft aufgelöste **I** 142
Gesamtrechtsnachfolge **I** 144
Personengesellschaften **I** 138 ff.
Vereinfachte Z. **I** 143
Verwaltungszustellungsgesetz **I** 136
Zuteilungsrechte, Aktivierung **B** 252 ff.; *s. im einzelnen* Gewerbliche Schutzrechte
Zuzahlung von Gesellschaftern, Kapitalrücklage **B** 931
Zuwendungen, Umsatzsteuer **H** 200
Zwangsgeld, Verstoß gegen Offenlegungspflicht **E** 12
Zwangsmittel
Außenprüfung **J** 135
Mitwirkung, Durchsetzung **I** 9
Zwangsvergleich N 212 ff.
Bankrottverurteilung **N** 220
Wirkungen **N** 218 ff.
Zwangsvollstreckung **N** 219
Zwangsversteigerung
Anschaffungskosten bei Erwerb durch Z. **A** 66 f.
Grundstückanschaffungskosten **B** 332
Umsatzsteuer **H** 200
Zwangsverwalter, Gebühr **W** 51
Zwangsvollstreckung
Verbot der Einzelzwangsvollstreckung **N** 88
vorbereitende Handlungen **N** 90
bei Zwangsvergleich **N** 219
Zweifamilienhäuser
Berlinvergünstigungen **H** 437 ff.
Bewertung **H** 256
Zweites Wohnungsbaugesetz, Anwendungsübersicht **H** 570
Zwischenabschluß, Gebühr **W** 22, 34
Zwischenbesprechungen J 109, 153
Zwischenkredite, Dauerschulden **B** 1498

1575

Buchanzeigen

Handbuch zur Einkommensteuerveranlagung 1985
– mit Abrufziffern LEXinform –
1986. Rund 1200 Seiten. Gebunden DM 49,–. Subskriptionspreis* DM 43,–.
ISBN 3-406-31067-2. Erscheinungstermin: Ende März 1986

Einkommensteuer-Tabellenband 1986
Mit Erläuterungen. Gültig ab 1. Januar 1986
1986. XX, 516 Seiten. Gebunden DM 72,–. ISBN 3-406-31134-2

Handbuch zur Körperschaftsteuerveranlagung 1985
1986. Rund 370 Seiten. Gebunden DM 36,–. Subskriptionspreis* DM 32,–.
ISBN 3-406-31131-8. Erscheinungstermin: Ende März 1986

Handbuch zur Gewerbesteuerveranlagung 1985
1986. Rund 210 Seiten. Gebunden DM 30,–. Subskriptionspreis* DM 27,–.
ISBN 3-406-31133-4. Erscheinungstermin: Ende März 1986

Handbuch zur Umsatzsteuer 1985
1986. Rund 890 Seiten. Gebunden DM 59,–. Subskriptionspreis* DM 53,–.
ISBN 3-406-31123-7. Erscheinungstermin: April 1986

Handbuch der Steuerveranlagungen 1985
ESt · KSt · GewSt · USt
1986. Rund 2660 Seiten. Gebunden DM 138,–. Subskriptionspreis* DM 120,–.
ISBN 3-406-30976-3. Erscheinungstermin: April 1986

Handbuch zur Lohnsteuer 1986
– mit Abrufziffern LEXinform –
Textband. 1986. Rund 800 Seiten. Gebunden DM 55,–. Subskriptionspreis*
DM 49,50. ISBN 3-406-31132-6. Erscheinungstermin: April 1986

Lohnsteuer-Tabellenband 1986
Gültig ab 1. Januar 1986
1986. XVI, 544 Seiten. Gebunden DM 72,–. ISBN 3-406-31049-4

* *Diese Subskriptionspreise gelten für alle bis zum 31. Mai 1986 eingehenden Bestellungen.*

Verlag des wissenschaftlichen Instituts
der Steuerberater und Steuerbevollmächtigten G.m.b.H. Bonn
Verlag C. H. Beck München

Handbuch zur Vermögensteuer-Hauptveranlagung 1986
1986. Rund 540 Seiten. Gebunden DM 48,–. Subskriptionspreis bis zum 30. Juni 1986 DM 42,–. ISBN 3-406-31242-X. Erscheinungstermin: Mai 1986

Handbuch zur Einheitswertfeststellung des Grundvermögens
9., neubearbeitete Auflage. 1986. Rund 480 Seiten. Gebunden DM 57,50. Subskriptionspreis bis zum 30. Juni 1986 DM 52,–. ISBN 3-406-31244-6. Erscheinungstermin: April 1986

Handbuch-Gesamtband Vermögensteuer-Hauptveranlagung und Einheitswertfeststellung des Grundvermögens 1986
1986. Rund 1030 Seiten. Gebunden DM 79,–. Subskriptionspreis bis zum 30. Juni 1986 DM 73,–. ISBN 3-406-31243-8. Erscheinungstermin: Mai 1986

AO-Handbuch 1986
Handbuch des steuerlichen Verwaltungs- und Verfahrensrechts.
1986. Rund 890 Seiten. Gebunden DM 79,–. Subskriptionspreis bis zum 30. Juni 1986 DM 69,–. ISBN 3-406-31078-8. Erscheinungstermin: Mai 1986

Handbuch des Außensteuerrechts 1986
1986. Rund 700 Seiten. Gebunden ca. DM 75,–. Subskriptionspreis bis zum 30. Juni 1986 ca. DM 65,–. ISBN 3-406-31165-2. Erscheinungstermin: Juni 1986

Handbuch der Verkehrsteuern 1986
1986. Rund 600 Seiten. Gebunden ca. DM 75,–. Subskriptionspreis bis zum 30. Juni 1986 ca. DM 65,–. ISBN 3-406-31159-8. Erscheinungstermin: Juni 1986

Verlag des wissenschaftlichen Instituts
der Steuerberater und Steuerbevollmächtigten G.m.b.H. Bonn
Verlag C. H. Beck München